판례, 해설, 상담사례와 함께 살펴 본

교통사고 처리해법 총람

편저 이창범
감수 김태균

- □ 교통사고가 발생하면 해야 할 사항
- □ 교통사고 관련 법령 해설과 판례
- □ 교통사고 용어에 대한 해설 및 판례
- □ 교통사고 관련 상담 사례와 소장작성실례

법문북스

머리말

　오늘날 일상생활을 하는데 있어서 자동차는 없어서는 안 되는 생활필수품이 되어 자동차 보유대수가 2천 5백만대를 넘은지도 꽤 오래 되었습니다. 이에 따라서 하루에도 여러 가지 유형의 교통사고가 발생하고 있고, 연간 20만건의 넘고, 사상자도 부지기수로 늘어 가고 있는 것이 현 실정입니다. 이러한 관계로 오늘도 운전자는 본의 아니게 교통사고의 피해자가 되기도 하고, 가해자가 되기도 합니다. 특히 사고를 당하고도 나홀로 운전을 하는 경우가 대다수이다 보니, 너무 당황하여 사고처리를 제대로 하지 못하고 손해를 보는 경우가 비일비재합니다.

　교통사고의 발생은 운전자나 보행자에 의한 원인, 환경적 원인, 차량 자체 원인으로 나눌 수 있습니다. 그러나 많은 교통사고는 단 하나의 요인에 의한 사고도 발생 가능하지만 주로 복합적인 요인에 의하여 발생하는데, 이러한 교통사고의 발생원인에 대하여 철저한 분석이 있어야 그 원인을 제거하여 교통사고를 예방할 수 있을 것입니다.

　교통사고는 누구나 일어날 수 있습니다. 교통사고가 발생하면 당황하지 말고 사고 내용을 명확하게 알아놓아야 합니다. 나중에 주장을 번복할 수 있으므로 상대방의 확인서나 증거 또는 증언을 확보해야 하며, 서둘러 합의하지 않는 것도 중요합니다. 합의는 적절한 시기에 해야 합니다. 예를 들어 과실비율 및 손해액이 확정된 때 또는 확정이 아니더라도 비교적 정확히 예측할 수 있을 때 하여야 합니다. 교통사고는 극히 일부의 경우를 제외하고는 서로의 잘못이 원인이 되어 발생하는 것이 대부분이기 때문에 손해액이나 과실비율이 정확히 얼마인지 알지 못하는 상황에서 함부로 확인서와 각서, 차용증 등을 써 주어서는 안 됩니다.

　그래서 이 책에서는 교통사고가 발생하면 현명하게 대처하는데 도움을 주기 위해서 기본법들인 도로교통법과 교통사고처리특례법, 자동차손해배상보장법에 의해 그동안 특히 많이 발생한 교통사고들을 분야별로 정리하여 사고가 발생하였을 경우 신속하고 정확하게 대처할 수 있도록 법원의 판례를 교통사고 유형별로 분류하여 용어의 해설과 함께 알기 쉽게 수록하였으며, 교통사고법령에 대한 상담사례와 손해배상을 청구할 때 필요한 소장작성례도 정리하여 발행하였습니다.

  이러한 자료들은 대법원의 종합법률정보에 나타난 교통사고에 대한 판례와 법제처의 생활법령정보 및 대한법률구조공단의 상담자료들을 참고하여 누구나 알기 쉽게 일목요연하게 꾸몄습니다. 상담사례에 대한 답변은 법령의 개정이나 판례 등의 변경으로 내용이 바뀔 수 있으므로 참고용으로 활용하시기 바랍니다.

  이 책이 교통사고의 피해자 또는 가해자가 되어 어려움에 처해 있는 분들에게 큰 도움이 되리라 믿으며, 열악한 출판시장임에도 불구하고 흔쾌히 출간에 응해주신 법문북스 김현호 대표에게 감사를 드립니다.

2025. 8.

편저자

목차

Chapter 2. 교통사고의 신고 및 조사사항 ················ 55

Chapter 3. 자동차보유자는 보험가입은 필수 ···················· 89

Chapter 4. 교통사고 발생 시 형사처벌 ································ 160

Chapter 5. 교통사고 발생시 손해배상 ·············· 259

PART 2. 교통사고 관련 법령 해설과 판례 ········ 371

Chapter 1. 모든 차의 신호는 이런 경우에 하세요. ················· 373

Chapter 3. 음주운전을 하면 이런 처벌을 받습니다. ……… 527

Chapter 4. 무면허운전을 하면 처벌받아요 ····························· 619

Chapter 5. 횡단보도에서의 금지행위 ························· 678

[1] 횡단·유턴·후진의 금지 ··· 678

[2] 위반 시 제재 ·· 678

[3] 서행 및 일시정지 할 장소 ······································· 679

[4] 위반 시 제재 ·· 679

[5] 횡단보도사고에 대한 판례 ······································· 680

Chapter 6. 속도제한위반 및 안전거리 확보 ······················· 785

Chapter 7. 앞지르기 방법 위반과 양보운전 ·················· 866

Chapter 8. 철도건널목 및 교차로 통행위반 ···················· 953

Chapter 9. 보행자의 통행방법 ································· 1007

Chapter 10. 추락방지의무 위반 ································· 1068

[1] 승차 또는 적재 제한 ································· 1068

[2] 안전기준을 넘는 승차 및 적재의 허가 ································· 1069

[3] 위반시 제재 ································· 1070

[4] 추락방지의무 위반에 대한 판례 ································· 1071

PART 3. 교통사고 용어에 대한 해설 및 판례 … 1083

Chapter 2. 운전의 의미 ………………………………… 1121

Chapter 3. 자동차의 의미 ·· 1137

Chapter 4. 교통사고의 의미 ··· 1165

Chapter 5. 교통신호와 수신호의 의미 ························ 1181

Chapter 6. 도주의 의미 ·················· 1209

Chapter 7. 범칙금의 의미 ············· 1245

Chapter 8. 안전표지의 의미 ·········· 1269

[1] 안전표지 ·········· 1269

[2] 안전표지의 의미에 대한 판례 ·········· 1275

Chapter 9. 신호기의 의미 ·········· 1290

Chapter 13. 주차와 정차의 의미 ·· 1362

Chapter 14. 중앙선침범의 의미 ································· 1396

Chapter 15. 횡단보도의 의미 ··· 1423

[1] 보행자의 통행 ··· 1423

[2] 보행자의 보호 ··· 1423

[3] 횡단보도의 의미에 대한 판례 ··· 1425

PART 4. 교통사고 관련 상담 사례와 소장작성실례1441

Chapter 2. 도로교통법상 교통사고 상담사례 ···················· 1483

Chapter 3. 교통사고에 대한 손해배상 상담사례 ·················· 1582

Chapter 4. 교통사고 합의에 대한 상담사례 ·················· 1683

Chapter 5. 교통사고에 대한 각종 소장작성례 ·················· 1691

PART 1.
교통사고가 발생하면 해야 할 사항

Chapter 1. 교통사고가 발생한 경우

[1] 교통사고 발생 시 조치사항

① '교통사고'란 차의 운전 등 교통으로 인해 사람을 사상(死傷)하거나 물건을 손괴하는 것(이하 '교통사고'라 함)'을 말합니다(「도로교통법」제54조제1항).

② 판례는 교통사고를 「도로교통법」에서 정하는 도로에서의 교통사고로 제한해야 할 근거가 없다고 판시하고 있어 '차의 교통'에 의한 사고는 그 장소를 불문하고 「교통사고처리 특례법」의 적용을 받습니다(대법원 1987.11.10.선고87도1727판결).

[2] 피해자 구호조치

1. 피해자 구호조치의무

교통사고가 발생한 경우에는 그 차의 운전자나 그 밖의 승무원(이하 '운전자 등'이라 함)은 즉시 정차하여 다음의 조치를 해야 합니다(「도로교통법」제54조제1항).

1. 사상자를 구호하는 등 필요한 조치
2. 피해자에게 인적 사항(성명·전화번호·주소 등을 말함) 제공

2. 위반 시 제재

① 교통사고 발생 시의 조치를 하지 않은 사람(주·정차된 차만 손괴한 것이 분명한 경우에「도로교통법」제54조제1항제2호에 따라 피해자에게 인적 사항을 제공하지 않은 사람은 제외)은 5년 이하의 징역이나 1천 500만원 이하의 벌금 처벌을 받습니다(「도로교통법」제148조).

② 교통사고 발생 시의 조치 행위를 방해한 사람은 6개월 이하의 징역이나 200만원 이하의 벌금 또는 구류에 처해집니다(「도로교통법」제153조제1항제5호).

[3] 도주 시 가중처벌

1. 도주차량 운전자의 가중처벌

① 「도로교통법」제2조의 자동차, 원동기장치자전거 또는「건설기계관리법」제26조제1항 단서에 따른 건설기계 외의 건설기계의 교통으로 인하여 업무상과실·중과실 치사상 의 죄(「형법」제268조)를 범한 자동차 등의 운전자(이하 '사고운전자'라 함)가 피해자 를 구호(救護)하는 등 「도로교통법」제54조제1항에 따른 조치를 하지 않고 도주한 경우에는 다음 구분에 따라 가중처벌 됩니다(「특정범죄 가중처벌 등에 관한 법률」제 5조의3).

위반행위	피해자의 상태	처벌
단순도주	사망	무기 또는 5년 이상의 징역
	부상	1년 이상의 유기징역 또는 500만원 이상 3천만원 이하의 벌금
피해자를 사고 장소에서 옮겨 유기하고 도주	사망	사형, 무기 또는 5년 이상의 징역
	부상	3년 이상의 유기징역

2. 도주의 의미

① 「특정범죄 가중처벌등에관한법률」제5조의3제1항 소정의 '피해자를 구호하는 등 「도로교통법」제50조제1항의 규정에 의한 조치를 취하지 않고 도주한 때'라 함은, 사고 운전자가 사고로 인하여 피해자가 사상을 당한 사실을 인식하였음에도 불구하 고 피해자를 구호하는 등 도로교통법 제50조 제1항에 규정된 의무를 이행하기 이전 에 사고현장을 이탈하여 사고를 낸 자가 누구인지 확정될 수 없는 상태를 초래하는 경우라고 법원은 판단하고 있습니다(대법원 2004. 3.12. 선고 2004도250 판결).

② '피해자를 구호하는 등「도로교통법」제54조 제1항에 따른 조치를 취하지 않고 도주 한 때'의 판단
법원은 "피해자를 구호하는 등 도로교통법 제54조 제1항에 의한 조치를 취하지 아 니하고 도주한 때"라고 함은, 사고운전자가 사고로 인하여 피해자가 사상을 당한 사 실을 인식하였음에도 불구하고, 피해자를 구호하는 등 도로교통법 제54조 제1항에 규정된 의무를 이행하기 이전에 사고현장을 이탈하여 사고를 낸 자가 누구인지 확 정할 수 없는 상태를 초래하는 경우를 말하는 것이라고 판단하고 있습니다(대법원 2010.4.29. 선고, 2010도1920 판결).

3. 도주를 긍정한 사례

① 피해자에 대하여 자신의 신원을 확인할 수 있는 자료를 제공하여 주었다고 하더라도 피해자 구호의무를 이행하기 이전에 사고현장을 이탈하면 도주를 인정한 사례(대법원 2011.3.10, 선고, 2010도16027 판결)

② 사고발생시 피해자와 직접 대화함으로써 피해자에게 통증 진술의 기회를 부여하든지 아니면 적어도 피고인이 정차하여 피해자의 상태를 눈으로 확인하지 않고 구호여부를 판단하여 도주를 인정한 사례(대법원 2007. 5. 10. 선고 2007도2085 판결, 대법원 2010.10.14 선고, 2010도1330 판결 참조)

③ 도로변에 자동차를 주차한 후 운전석 문을 열다가 후방에서 진행하여 오던 자전거의 핸들 부분을 충격하여 운전자에게 상해를 입히고도 아무런 구호조치 없이 현장에서 이탈한 경우 '도주차량 운전자'에 해당한다고 판단한 사례(대법원 2010.4.29 선고, 2010도1920 판결)

4. 도주를 부정한 사례

① 사고 후 전화통화를 위해 10여분 동안 사고현장을 떠났다 돌아온 경우 도주의사를 부정한 사례(대법원 2012.7.12, 선고, 2012도1474 판결)

② 교통사고 운전자를 동승자로 허위 신고한 경우라도 사고장소를 이탈하지 않고 사고접수를 하고, 이틀 후 자수한 점등에 비추어 도주에 해당하지 않는다고 한 사례(대법원 2007.10.11 선고, 2007도1738판결, 대법원 2009.6.11,선고,2008도8627 판결)

③ 피해자의 상해가 경미한 경우 도주죄를 부정한 사례(대법원 2000. 2. 25. 선고 99도3910 판결, 대법원 2008.10.9, 선고, 2008도3078 판결 등 참조)

④ 사고후 피해 변상액을 합의하다가 합의에 이르지 못해 사고현장을 이탈하여도 피해자들에 대한 치료 내용과 경과 등을 보아 구호하는 등의 조치가 필요 없는 경우에는 도주죄를 부정한 사례(대법원 2007.3.29, 선고, 2006도7656 판결)

[4] 추가 교통사고 방지를 위한 조치

1. 방지조치

사고직후 후속차량에 의해 추가 교통사고가 발생하지 않도록 조치를 하여야 합니다. 특히 고속도로나 자동차전용도로 등 추가사고가 대형사고로 이어질 위험성이 있는 곳에서는 후속조치가 매우 중요합니다.

2. 고장자동차의 표지

① 사고가 나면 본인의 안전뿐만 아니라 타인의 안전을 위하여 그 차량을 고속도로 또는 자동차전용도로가 아닌 다른 곳으로 옮겨놓는 등의 필요한 조치를 하고, 그 자동차의 후방에서 접근하는 자동차의 운전자가 확인할 수 있는 위치에 안전삼각대를 설치해야 합니다(「도로교통법」제66조 및 「도로교통법 시행규칙」제40조제1항제1호·제3항).

② 밤인 경우에는 사방 500미터 지점에서 식별할 수 있는 적색의 섬광신호·전기제등 또는 불꽃신호를 해야 합니다(「도로교통법 시행규칙」제40조제1항제2호).

③ 사고차량의 안전조치가 끝난 후에는 운전자도 자신의 안전을 위해 도로 밖으로 신속히 대피해야 합니다. 특히 고속도로에서 사고가 난 경우 언뜻 고속도로상 갓길이 안전하다고 생각할 수 있지만 실제 갓길에서도 안전사고가 많이 발생하므로 반드시 도로 밖의 안전지대로 대피해야 합니다.

[5] 사고현장 보존 및 목격자, 진술서 확보

① 신호위반, 횡단보도 사고 등은 목격자의 진술에 의해 사고내용이 뒤바뀌는 경우가 많아 목격자의 확보가 가장 중요합니다.

② 사고당시 과실을 인정하는 가해자라도 추후 진술을 번복하거나 유리하게 진술하는 경우가 많습니다. 그러므로 주장을 번복하지 못하도록 상대방의 확인서를 받아두는 것이 좋습니다.

③ 음주운전 가해자의 경우 현장에서 합의키로 한 후 시간이 지나면 음주사실을 부인하는 경우도 있습니다. 음주의 경우 음주수치를 측정하거나 혈액을 채취해 놓지 않으면 그 입증이 어려우므로 경찰서에 신고하는 경우가 아니라면 가해자의 음주량, 음주시간, 음주를 시인하는 확인서를 받는 것이 좋습니다.

④ 또한, 가해자의 신원과 가해차량 및 보험가입 여부를 확인하고 메모해 두어야 합니다.

[6] 관련판례

> **판례1 |** 횡단보행자용 신호기가 설치되지 않은 횡단보도를 횡단하는 보행자가 있을 경우, 자동차 운전자의 보행자에 대한 주의의무[대법원 2022. 6. 16.선고 2022도1401 판결]

【판시사항】

횡단보행자용 신호기가 설치되지 않은 횡단보도를 횡단하는 보행자가 있을 경우, 자동차 운전자의 보행자에 대한 주의의무 / 운전자가 횡단보도 표시구역을 통과하면서 보행자가 횡단보도 노면표시가 없는 곳에서 갑자기 건너오지 않을 것이라고 신뢰하는 신뢰의 원칙은 상대방 교통관여자가 도로교통 관련 제반 법규를 지켜 자동차의 운행 또는 보행에 임하리라고 신뢰할 수 없는 특별한 사정이 있는 경우 적용이 배제되는지 여부(적극) / 자동차의 운전자가 통상 예견되는 상황에 대비하여 결과를 회피할 수 있는 정도의 주의의무를 다하지 못한 것이 교통사고 발생의 직접적인 원인이 된 경우, 업무상 주의의무 위반과 교통사고 발생 사이에 상당인과관계를 인정할 수 있는지 여부(적극)

【원심판결】

의정부지법 2022. 1. 13. 선고 2020노2839 판결

【주문】

원심판결을 파기하고, 사건을 의정부지방법원에 환송한다.

【이유】

상고이유를 판단한다.

1. 공소사실의 요지와 원심의 판단

가. 공소사실의 요지

피고인은 (차량번호 생략) 봉고3 차량의 운전업무에 종사하는 사람으로서 2020. 4. 8. 16:30경 고양시 (주소 생략) ○○○○○백화점 앞 횡단보도를 △△△△ 복지센터 방면에서 □□□□ 방면으로 미상의 속도로 진행하였다. 당시 그곳에는 신호등이 없는 횡단보도가 설치되어 있었으므로, 자동차의 운전업무에 종사하는 사람은 보행자가 있을 경우를 대비하여 서행함으로써 사고를 미리 방지하여야 할 업무상의 주의의무가 있었다.

그럼에도 피고인은 이를 게을리한 채 그대로 진행하다가 횡단보도 근처를 피고인 진행방향 왼쪽에서 오른쪽으로 횡단하는 피해자 공소외인 (만 9세, 여, 초등학교 4

학년)을 뒤늦게 발견하고 제동을 하였으나 미처 멈추지 못하고 피고인 차량 앞 범퍼 부분으로 피해자의 오른쪽 무릎 부위를 충격하여 피해자에게 약 2주간의 치료를 요하는 우측 족근관절염좌 등의 상해를 입게 하였음에도 피해자를 구호하는 등의 조치를 취하지 않고 그대로 도주하였다.

나. 원심의 판단

원심은 다음과 같이 피고인이 공소사실 기재 사고 발생을 예견하거나 회피할 업무상 주의의무를 다하지 못하였다고 인정하기 어렵다는 이유로 이 사건 공소사실을 유죄로 판단한 제1심판결을 파기하고 무죄로 판단하였다.

1) 위 사고가 횡단보도 안에서 발생하였다고 단정하기 어렵다.

2) 피해자가 넘어지면서 상해가 발생한 것으로 보이므로, 피해자 진술만으로 피고인의 차량이 피해자의 신체를 충격하였다고 단정하기 어려워 피고인이 차량을 급정거함으로써 사고를 방지할 수 있을 정도로 서행하고 있었을 가능성을 배제할 수 없다.

3) 피고인이 주의를 다하였다면 피해자의 존재를 좀 더 일찍 인식하고 피해자가 넘어지는 경우를 방지할 수 있었는지를 알 수 있는 자료가 없다.

2. 대법원의 판단

가. 관련 법리

도로교통법 제27조 제5항은 '모든 차의 운전자는 보행자가 횡단보도가 설치되어 있지 아니한 도로를 횡단하고 있을 때에는 안전거리를 두고 일시정지하여 보행자가 안전하게 횡단할 수 있도록 하여야 한다.'고 규정하고 있다. 따라서 자동차의 운전자는 횡단보행자용 신호기가 설치되지 않은 횡단보도를 횡단하는 보행자가 있을 경우에 그대로 진행하더라도 보행자의 횡단을 방해하지 않거나 통행에 위험을 초래하지 않을 경우를 제외하고는, 횡단보도에 먼저 진입하였는지 여부와 관계없이 차를 일시정지하는 등의 조치를 취함으로써 보행자의 통행이 방해되지 않도록 할 의무가 있다(대법원 2020. 12. 24. 선고 2020도8675 판결, 대법원 2022. 4. 14. 선고 2020도17724 판결 참조).

도로교통법 제10조 제4항은 '보행자는 횡단보도 표시구역이 아닌 곳에서 차의 바로 앞이나 뒤로 횡단하여서는 아니 된다.'는 취지로 규정하고 있으므로, 모든 차의 운전자는 횡단보도 표시구역을 통과하면서 보행자가 횡단보도 노면표시가 없는 곳에서 갑자기 건너오지 않을 것이라고 신뢰하는 것이 당연하고 그렇지 아니할 이례적인 사태의 발생까지 예상하여 그에 대한 주의의무를 다하여야 한다고는 할 수 없다. 다만 이러한 신뢰의 원칙은 상대방 교통관여자가 도로교통 관련 제반 법규를 지켜 자동차의 운행 또는 보행에 임하리라고 신뢰할 수 없는 특별한 사정이 있는 경우에는 적용이 배제된다(대법원 1985. 7. 9. 선고 85도833 판결, 대법원 2002. 10. 11. 선고 2002도4134 판결, 대법원 2010. 7. 29. 선고 2010도4078 판결 등 참조).

자동차의 운전자가 통상 예견되는 상황에 대비하여 결과를 회피할 수 있는 정도의 주의의무를 다하지 못한 것이 교통사고 발생의 직접적인 원인이 되었다면, 비록 자동차가 보행자를 직접 충격한 것이 아니고 보행자가 자동차의 급정거에 놀라 도로에 넘어져 상해를 입은 경우라고 할지라도, 업무상 주의의무 위반과 교통사고 발생 사이에 상당인과관계를 인정할 수 있다.

나. 이 사건의 판단

1) 원심판결 이유와 적법하게 채택한 증거들에 따르면, 다음과 같은 사정을 알 수 있다.

가) 피고인은 시야 확보에 지장이 없는 맑은 날씨의 오후에 트럭을 운전하여 횡단보도를 통과한 직후 횡단보도 부근에서 차량 진행방향 좌측에서 우측으로 도로를 횡단하려는 피해자를 뒤늦게 발견하고 급제동 조치를 취하였다.

나) 사고가 발생한 장소는 편도 1차선의 폭이 비교적 좁은 도로이고 양쪽에 상점들이 있어서 횡단보도 부근의 차도 가장자리나 인도에 통행하는 보행자들이 많이 있었고, 횡단보도에는 횡단보행자용 신호기가 설치되어 있지 않아 언제든지 보행자가 횡단할 수 있는 상황이었다.

다) 피해자는 '피고인의 트럭에 치어 넘어졌다.'고 경찰에서 진술하였고, 사고 목격자의 경찰 진술도 이에 부합한다.

라) 피해자는 사고 당일부터 다리와 무릎의 통증을 호소하였고 약 2주간의 치료가 필요한 '우측 족근관절염좌, 족부 좌상'으로 통원 치료를 받았다.

2) 위와 같은 사정을 앞서 본 법리에 비추어 살펴보면, 원심의 판단은 아래와 같은 이유로 받아들이기 어렵다.

가) 사고 지점 부근의 도로 상황, 사고 발생 시각, 사고 당시의 교통량, 횡단보도 부근의 보행자 현황 등을 종합해 볼 때, 트럭을 운전하던 피고인으로서는 횡단보행자용 신호기가 설치되어 있지 않은 횡단보도 구간을 통과한 직후 그 부근에서 도로를 횡단하려는 보행자가 흔히 있을 수 있음을 충분히 예상할 수 있었으므로, 무단횡단하는 보행자를 발견한 즉시 안전하게 정차할 수 있도록 제한속도 아래로 속도를 더욱 줄여 서행하고 전방과 좌우를 면밀히 주시하여 안전하게 운전함으로써 사고를 미연에 방지할 업무상 주의의무가 있었다.

나) 사고 전후의 경위와 관련자들의 진술에 비추어, 피고인의 트럭 앞 범퍼 부위로 피해자의 우측 무릎 부위를 직접 충격하여 피해자를 도로에 넘어지게 하였다고 볼 여지가 충분하다. 설령, 피고인의 트럭이 피해자를 직접 충격한 것이 아니었다고 할지라도, 피해자가 도로에 넘어진 직접적인 원인은 횡단보도를 통과하면서 감속하지 않은 피고인의 차량이 급정거한 때문으로 봄이 합리적이다.

다) 피고인의 트럭이 피해자를 직접 충격하지 않았더라도 피고인이 횡단보도 부근에서 안전하게 서행하였더라면 사고 발생을 충분히 피할 수 있었을 것이므로, 피고인의 업무상 주의의무 위반과 사고 발생 사이의 상당인과관계를 부정하기는 어렵다.

3) 그럼에도 원심은 판시와 같은 이유만으로 이 사건 공소사실을 무죄로 판단하였다. 이러한 원심의 판단에는 필요한 심리를 다하지 않은 채 논리와 경험의 법칙을 위반하여 자유심증주의의 한계를 벗어나거나 「특정범죄 가중처벌 등에 관한 법률」 위반(도주치상)죄에서 업무상 주의의무 위반 등에 관한 법리를 오해하여 판결에 영향을 미친 잘못이 있다. 이를 지적하는 검사의 주장은 이유 있다.

3. 결론

그러므로 원심판결을 파기하고, 사건을 다시 심리·판단하도록 원심법원에 환송하기로 하여, 관여 대법관의 일치된 의견으로 주문과 같이 판결한다.

판례2 | 도로교통법 제54조 제1항 제1호 의 취지 / 교통사고 발생 시 운전자가 취하여야 할 조치의 내용과 정도[대법원 2020. 2. 6.선고 2019도3225 판결]

【원심판결】

춘천지법 강릉지원 2019. 2. 14. 선고 2018노430 판결

【주문】

원심판결을 파기하고, 사건을 춘천지방법원 강릉지원 합의부에 환송한다.

【이유】

상고이유를 판단한다.

1. 검사의 상고이유에 관하여

가. 도로교통법 제54조 제1항 제1호의 취지는 도로에서 일어나는 교통상의 위험과 장해를 방지·제거하여 안전하고 원활한 교통을 확보하기 위한 것으로서 피해자의 피해를 회복시켜 주기 위한 것이 아니고, 이 경우 운전자가 취하여야 할 조치는 사고의 내용과 피해의 정도 등 구체적 상황에 따라 적절히 강구되어야 하고 그 정도는 건전한 양식에 비추어 통상 요구되는 정도의 조치를 말한다(대법원 2002. 10. 22. 선고 2002도4452 판결 등 참조).

나. 원심판결의 이유를 위 법리와 적법하게 채택된 증거에 비추어 살펴보면 다음과 같은 사정을 알 수 있다.

1) 피고인은 2018. 5. 13. 09:40경 (차량번호 1 생략) 25t 덤프트럭을 운전하여 삼척시 (주소 생략) ○○아파트 앞 편도 3차로 도로를 정라진 쪽에서 삼척온천 쪽으로 1차로를 따라 진행하던 중 2차로로 차선을 변경하게 되었다.

2) 피고인은 위와 같이 차선을 변경하는 과정에서 위 덤프트럭의 우측 앞바퀴 부분으로 당시 2차로로 주행하던 피해자 공소외 1 이 운전하는 (차량번호 2 생략) 그랜저 승용차의 좌측 뒤 펜더 부분을 충격하였다(이하 '이 사건 사고'라 한다).

3) 이 사건 사고로 인하여, 피해자 공소외 1의 목이 심하게 꺾이고 몸이 양옆으로 흔들리는 등 피해자 공소외 1과 그의 동승자인 피해자 공소외 2 는 2주간의 치료가 필요한 경추의 염좌 및 긴장 등의 상해를 입었고, 수초 동안 떨리면서 밀려난 위 승용차는 뒤 펜더 부분이 찌그러지는 등 수리비가 3,816,439원이 들 정도로 파손되었다.

4) 피해자 공소외 1은 이 사건 사고 직후 3차로와 갓길 사이에 승용차를 정차시켰는데, 피고인은 이 사건 사고를 인식하고도 정차하지도 않고 그대로 운전하여 도주하였다.

다. 위와 같은 사고 충격의 정도, 피해차량 운전자의 사고 직후 상태, 피해차량이 정차된 위치 등 제반 사정을 종합하여 보면, 피해차량 운전자가 실제로 피고인의 차량을 추격하지 않았다거나 그 추격 과정에서 교통상의 구체적 위험이 발생하지 않았다고 하더라도, 사고로 인한 교통상의 위험과 장해가 발생하였다고 보이고 피고인으로서는 그러한 위험과 장해를 방지·제거하여 원활한 교통을 확보하기 위한 조치를 취할 필요가 있었다고 판단된다.

그런데도 원심은 이와 달리 피고인에게 교통상의 위험과 장해를 방지·제거할 의무가 있었다고 보이지 않는다고 판단하여, 도로교통법 위반(사고후미조치) 부분 공소사실을 유죄로 인정한 제1심판결을 파기하고 판결이유에서 무죄로 판단하였다. 이러한 원심의 판단에는 도로교통법 위반(사고후미조치)에 관한 법리를 오해하여 판결에 영향을 미친 잘못이 있고, 이 점을 지적하는 검사의 상고이유 주장은 이유 있다.

2. 피고인의 상고이유에 관하여

원심은, 판시와 같은 이유를 들어, 피해자들이 이 사건 사고로 인하여 상해를 입었다고 보아, 이 사건 공소사실 중「특정범죄 가중처벌 등에 관한 법률」위반(도주치상) 부분을 유죄로 판단한 제1심판결을 유지하였다.

원심판결 이유를 원심이 적법하게 채택하여 조사한 증거들에 비추어 살펴보면, 원심의 판단에 논리와 경험칙을 위배하여 자유심증주의의 한계를 벗어나는 등의 잘못이 없다.

3. 파기의 범위

원심판결 중 도로교통법 위반(사고후미조치) 부분은 파기되어야 할 것인데 이는 원심이유죄로 인정한 나머지 부분과 상상적 경합 관계에 있으므로 결국 원심판결은 전부 파기되어야 한다.

4. 결론

그러므로 원심판결을 파기하고 사건을 다시 심리·판단하게 하기 위하여 원심법원에 환송하기로 하여, 관여 대법관의 일치된 의견으로 주문과 같이 판결한다.

판례3 ┃ 교통사고를 일으킨 운전자가 자신의 인적 사항이나 연락처를 알려주지 않은 채 사고 후 즉시 차량을 운전하여 현장을 벗어나는 경우, 필요한 조치를 다한 것인지 여부(소극)[대법원 2019. 7. 11.선고 2017도15651 판결]

【원심판결】

대전지법 2017. 9. 7. 선고 2017노1526 판결

【주문】

원심판결을 파기하고, 사건을 대전지방법원에 환송한다.

【이유】

상고이유를 판단한다.

1. 원심 판단

가. 이 사건 공소사실 중 도로교통법 위반(사고후미조치) 부분의 요지는 다음과 같다.

피고인은 2016. 12. 17. 16:51경 (차량번호 1 생략) 리베로 화물자동차(이하 '가해차량'이라 한다)를 운전하여 대전 ○구 △△△로 □□번길 에 있는 ◇◇아파트 ☆동 옆 도로를 상가 입구 쪽에서 관리사무소 쪽으로 우회전하여 진행하다가 후진을 하게 되었다. 피고인은 후방주시의무를 게을리한 채 그대로 후진하여 때마침 피고인의 진행 방향 뒤쪽에서 피고인의 화물차를 따라 진행 중이던 피해자가 운전하는 (차량번호 2 생략) 폭스바겐 승용차(이하 '피해차량'이라 한다)의 왼쪽 앞펜더 부분을 가해차량 뒤쪽 범퍼 부분으로 들이받았다.

피고인은 위와 같은 업무상 과실로 피해차량을 수리비 4,621,210원 상당이 들도록 손괴하고도 곧 정차하여 필요한 조치를 취하지 않고 그대로 도주하였다.

나. 원심은 이 부분 공소사실을 무죄로 인정한 제1심판결을 그대로 유지하였다. 그 이유는 다음과 같다.

피해차량의 견적수리비가 많이 나오긴 하였으나 실제 피해 정도가 경미하여 충돌로 인한 파편물이 도로에 흩어지지는 않았고, 피해자도 비교적 경미한 상해를 입었다.

피해자는 보험회사에 연락하고 경찰에 신고만 하였을 뿐 피고인을 추격하지는 않았다. 교통사고 장소는 아파트 단지 내의 도로로서 차량의 통행이 빈번하지 않고 주행 차량도 서행하는 곳이고, 날씨도 맑아 운전자들의 시야가 잘 확보된 상태여서 2차 사고의 위험성은 극히 낮았다. 검사가 제출한 증거만으로는 이 사건 교통사고로 인한 교통상의 위험과 장해를 제거하여 원활한 교통을 확보하기 위한 조치를 할 필요성이 있다고 인정하기 부족하다.

2. 대법원 판단

가. 구 도로교통법(2016. 12. 2. 법률 제14356호로 개정되기 전의 것, 이하 '구 도로교통법'이라 한다) 제54조 제1항은 도로에서 일어나는 교통상의 위험과 장해를 방지·제거하여 안전하고 원활한 교통을 확보하는 것을 목적으로 한다. 교통사고를 일으킨 운전자는 사고 내용과 피해 정도 등 구체적 상황에 따라 건전한 양식에 비추어 통상 요구되는 정도의 조치를 취해야 한다. 교통사고를 일으킨 운전자가 자신의 인적 사항이나 연락처를 알려주지 않은 채 사고 후 즉시 차량을 운전하여 현장을 벗어나는 경우에는 도주의 운전 자체는 물론 이를 제지하거나 뒤쫓아 갈 것으로 예상되는 피해자의 추격 운전으로 또 다른 교통상의 위험과 장애가 야기될 수 있다는 점에서 필요한 조치를 다한 것으로 보기 어렵다. 사고로 인하여 피해 차량이 경미한 물적 피해를 입은 데 그치고 파편물이 도로 위에 흩어지지 않았더라도 달리 특별한 사정이 없는 한 마찬가지이다(대법원 1993. 11. 26. 선고 93도2346 판결, 대법원 2010. 2. 25. 선고 2009도11057 판결 등 참조).

나. 원심판결 이유와 기록에 따르면 다음 사정을 알 수 있다.

피고인이 운전상 과실로 교통사고를 일으켰는데, 당시 차량이 흔들릴 정도의 충격이 있었고 수리비가 4,621,210원일 정도로 피해차량이 손괴되었으며, 피해자는 경추 염좌 등의 상해를 입고 1주일간 입원치료를 받았다. 피고인은 사고 직후 불과 몇 초간 피해차량 쪽을 쳐다본 다음 아무런 조치도 하지 않은 채 곧바로 차량을 운전하여 현장을 벗어났다. 피해자의 경찰 진술에 따르면 피고인의 얼굴을 보았을 때 술을 마신 것으로 보였다는 것이고, 피고인의 진술에 따르더라도 음주·무면허운전으로 처벌받아 집행유예 기간 중에 무면허로 운전한 것이 발각될 것을 염려하여 도주하였다는 것이다. 피해자는 피고인이 도주할 때까지 운전석 쪽의 손괴로 운전석 문이 열리지 않아 피해차량에서 하차하지 못하였고 가해차량의 번호도 확인하지 못하였다.

다. 이러한 사정을 위에서 본 법리에 비추어 살펴보면 다음과 같이 판단할 수 있다.

피고인은 교통사고를 일으키고도 사고 직후 아무런 조치를 하지 않은 채 가해차량을 운전하여 현장을 벗어났다. 피해자가 실제로 피고인을 추격하지는 않았지만 사고 내용이나 피해 정도, 가해자인 피고인의 행태 등에 비추어 피고인을 추격하려

했을 가능성을 배제하기 어렵다. 피고인이 경찰관 등을 피하기 위해 급하게 가해차량을 운전하여 도주함으로써 피고인의 도주 운전 자체는 물론 이를 제지하거나 뒤쫓는 피해자의 추격 운전으로 또 다른 교통상의 위험과 장애가 야기될 수 있었다. 교통사고로 파편물이 도로 위에 흩어지지 않았고 피해자가 실제 피고인을 추격하지 않았으며 사고 발생 장소가 아파트 단지 내 도로이고 날씨가 맑아 시야가 잘 확보된 상태였다는 등의 사정은 위와 같은 판단에 영향을 미칠 수 없다. 교통사고를 일으킨 피고인으로서는 구 도로교통법 제54조 제1항에 따라 필요한 조치를 했어야 하는데도 아무런 조치를 하지 않고 도주한 것이다.

도로교통법 위반(사고후미조치) 부분을 무죄로 인정한 제1심판결을 그대로 유지한 원심판결에는 논리와 경험의 법칙을 위반하여 자유심증주의의 한계를 벗어나거나 도로교통법 위반(사고후미조치)죄의 성립에 관한 법리를 오해하여 판결에 영향을 미친 잘못이 있다.

3. 결론

원심판결 중 도로교통법 위반(사고후미조치) 부분은 파기되어야 할 것인데 이는 원심이 유죄로 인정한 나머지 부분과 상상적 경합범 관계에 있으므로 결국 원심판결은 전부 파기되어야 한다.

그러므로 원심판결을 파기하고 사건을 다시 심리·판단하도록 원심법원에 환송하기로 하여, 대법관의 일치된 의견으로 주문과 같이 판결한다.

판례4 ┃ 특정범죄 가중처벌 등에 관한 법률 제5조의3 제1항에서 정한 '피해자를 구호하는 등 도로교통법 제54조 제1항에 따른 조치를 하지 아니하고 도주한 경우'의 의미 및 이 경우 운전자가 취하여야 할 조치의 내용과 정도

[대법원 2015. 5. 28.선고 2012도9697 판결]

【원심판결】

제주지법 2012. 7. 19. 선고 2012노129 판결

【주문】

상고를 기각한다.

【이유】

상고이유(상고이유서 제출기간이 지난 후에 제출된 상고이유보충서의 기재는 상고이유를 보충하는 범위 내에서)를 판단한다.

특정범죄 가중처벌 등에 관한 법률(이하 '특가법'이라 한다) 제5조의3 제1항에서 정한

'피해자를 구호하는 등 도로교통법 제54조 제1항에 따른 조치를 하지 아니하고 도주한 경우'라 함은 사고 운전자가 사고로 인하여 피해자가 사상을 당한 사실을 인식하였음에도 피해자를 구호하는 등 도로교통법 제54조 제1항에 규정된 의무를 이행하기 이전에 사고현장을 이탈하여 사고를 낸 자가 누구인지 확정될 수 없는 상태를 초래하는 경우를 말한다. 그런데 도로교통법 제54조 제1항의 취지는 도로에서 일어나는 교통상의 위험과 장해를 방지·제거하여 안전하고 원활한 교통을 확보하기 위한 것이므로, 이 경우 운전자가 취하여야 할 조치는 사고의 내용과 피해의 정도 등 구체적 상황에 따라 적절히 강구되어야 하고 그 정도는 건전한 양식에 비추어 통상 요구되는 정도의 것으로서, 여기에는 피해자나 경찰관 등 교통사고와 관계있는 사람에게 사고 운전자의 신원을 밝히는 것도 포함된다 할 것이다. 다만 위 특가법 제5조의3 제1항은 자동차와 교통사고의 급증에 상응하는 건전하고 합리적인 교통질서가 확립되지 못한 현실에서 교통사고를 야기한 운전자가 그 사고로 사상을 당한 피해자를 구호하는 등의 조치를 취하지 않고 도주하는 행위에 강한 윤리적 비난가능성이 있음을 감안하여 이를 가중처벌함으로써 교통의 안전이라는 공공의 이익을 보호함과 아울러 교통사고로 사상을 당한 피해자의 생명과 신체의 안전이라는 개인적 법익을 보호하기 위하여 제정된 것이라는 그 입법취지와 보호법익에 비추어 볼 때, 사고 운전자가 피해자를 구호하는 등 도로교통법 제54조 제1항에 정한 의무를 이행하기 전에 도주의 범의로써 사고현장을 이탈한 것인지 여부를 판정함에 있어서는 그 사고의 경위와 내용, 피해자의 상해 부위와 정도, 사고 운전자의 과실 정도, 사고 운전자와 피해자의 나이와 성별, 사고 후의 정황 등을 종합적으로 고려하여 합리적으로 판단하여야 한다(대법원 2009. 6. 11. 선고 2008도8627 판결, 대법원 2012. 8. 30. 선고 2012도3177 판결 등 참조).

원심은, 이 사건 교통사고의 피해 아동이 수사기관에서 "사고 직전 피고인과 눈이 마주쳤고 피고인 운행 차량이 지나가면서 피해자가 그 자리에 쓰러졌는데 곧바로 피고인이 차에서 내려 피해자에게 왔다."는 취지로 진술하고 있는 점, 피고인은 차량 운전 당시 피해 아동을 충격하는 느낌을 받거나 소리를 듣지 못했다고 변명하나, 피고인의 수사기관과 제1심법정 및 원심법정에서의 진술 내용이 계속 바뀌고 있고, 특히 피고인은 제1심법정에서 이 사건 공소사실을 모두 자백하였고 그 자백의 신빙성을 의심할 만한 아무런 사정이 보이지 않는 점 등 그 판시와 같은 사정에 비추어 피고인에게 도주의 범의를 충분히 인정할 수 있다는 이유로 이 사건 공소사실을 유죄로 인정하였다.

원심판결 이유를 앞서 본 법리와 원심이 적법하게 채택한 증거들에 비추어 살펴보면, 원심의 위와 같은 판단은 정당하고, 거기에 상고이유 주장과 같이 논리와 경험의 법칙을 위반하고 자유심증주의의 한계를 벗어나거나 특가법 제5조의3 제1항에서 규정한 도주에 관한 법리를 오해하는 등의 위법이 없다.

한편 형사소송법 제383조 제4호에 의하면 양형부당을 이유로 하는 상고는 원심에서 사형, 무기 또는 10년 이상의 징역이나 금고가 선고된 경우에만 할 수 있으므로, 피고인에 대하여 그보다 가벼운 형이 선고된 이 사건에서 형의 양정이 부당하다는 사유를 들어 대법원에 상고하는 것은 허용되지 아니한다.

또한 운전면허 취소를 면하게 하여 달라는 취지의 주장 역시 형사사건인 이 사건에서 적법한 상고이유가 되지 못한다.

그러므로 상고를 기각하기로 하여 관여 대법관의 일치된 의견으로 주문과 같이 판결한다.

판례5 │ 자동차 운전자인 피고인이, 갑이 운전하는 선행차량에 충격되어 도로에 쓰러져 있던 피해자 을을 다시 역과함으로써 사망에 이르게 하고도 필요한 조치를 취하지 않고 도주하였다고 하여 특정범죄 가중처벌 등에 관한 법률 위반(도주차량)으로 기소된 사안[대법원 2014.6.12.선고 2014도3163 판결]

【판결요지】

자동차 운전자인 피고인이, 갑이 운전하는 선행차량에 충격되어 도로에 쓰러져 있던 피해자 을을 다시 역과함으로써 사망에 이르게 하고도 필요한 조치를 취하지 않고 도주하였다고 하여 특정범죄 가중처벌 등에 관한 법률 위반(도주차량)으로 기소된 사안에서, 제출된 증거들만으로는 피고인 운전 차량이 2차로 을을 역과할 당시 아직 을이 생존해 있었다고 단정하기 어렵다는 이유로, 이와 달리 보아 피고인에게 유죄를 인정한 원심판결에 선행 교통사고와 후행 교통사고가 경합하여 피해자가 사망한 경우 후행 교통사고와 피해자의 사망 사이의 인과관계 증명책임에 관한 법리오해 등의 위법이 있다고 한 사례.

【원심판결】

대전지법 2014. 2. 13. 선고 2013노2932 판결

【주문】

원심판결을 파기하고, 대전지방법원 본원 합의부에 환송한다.

【이유】

상고이유를 판단한다.

1. 피고인에 대한 공소사실의 요지는, 피고인은 2013. 2. 22. 20:34경 (차량번호 1 생략) 쏘나타3 차량을 운전하여 충남 부여군 (주소 생략)에 있는 ○○정미소 앞 편도 1차로 도로를 초촌면 소재지 쪽에서 광석 방면으로 진행함에 있어, 전방 및 좌우를 잘 살펴 진로의 안전을 확인하면서 안전하게 운전하여야 할 업무상 주의의무를 위반한 과실로 같은 날 20:26경 원심 공동피고인 1 운전의 (차량번호 2 생략) 무쏘 차량에

충격되어 도로에 쓰러져 있던 피해자 공소외 1 을 다시 역과함으로써 피해자를 다발성손상 등으로 사망에 이르게 하고도 즉시 차량을 정차하여 구호조치를 하는 등 필요한 조치를 취하지 아니하고 그대로 도주하였다는 것이다.

2. 이에 대하여 원심은, ① 의사 공소외 2 작성의 사체검안서에 의하면, 피해자가 병원 이송 중 사망하였고 그 사망일시가 2013. 2. 22. 21:23경이라고 기재되어 있는 점(수사기록 46쪽), ② 국립과학수사연구원의 피해자에 대한 부검감정서에 의하면, 피해자가 원심 공동피고인 1의 차량에 의하여 치명적인 손상을 입었지만 즉사한 것으로는 보이지 아니하고, 원심 공동피고인 1 과 피고인의 차량이 모두 피해자의 가슴 및 배 부위를 역과해 피해자에게 심각한 압착성 손상을 유발시킨 것으로 보이는 점(수사기록 189쪽), ③ 원심 공동피고인 1이 피해자를 역과한 이후 불과 8분 만에 피고인이 재차 피해자를 역과한 점, ④ 원심 공동피고인 1은 이 사건 당시 시속 30~40km 정도의 속력으로 진행하고 있었고, 피고인은 시속 60~70km 정도의 속력으로 진행하고 있었던 점(수사기록 74쪽, 112쪽) 등을 종합하여 보면, 원심 공동피고인 1에 의한 1차 사고로 피해자가 치명적인 상해를 입었다 하더라도 불과 8분이 경과한 2차 사고 당시에 피해자가 사망한 상태였다고는 보기 어렵고, 오히려 피해자는 피고인에 의한 2차 사고로도 상당한 충격을 받은 후 그 이후 각 사고에서 받은 충격으로 인해 사망에 이르렀다고 봄이 상당하다는 이유로, 피고인을 유죄로 인정하였다.

3. 그러나 원심의 위와 같은 판단은 다음과 같은 이유에서 그대로 수긍하기 어렵다.

　　가. 형사재판에서 공소가 제기된 범죄사실에 대한 증명책임은 검사에게 있고, 유죄의 인정은 법관으로 하여금 합리적인 의심을 할 여지가 없을 정도로 공소사실이 진실한 것이라는 확신을 가지게 하는 증명력을 가진 엄격한 증거에 의하여야 하며, 이러한 법리는 선행차량에 이어 피고인 운전 차량이 피해자를 연속하여 역과하는 과정에서 피해자가 사망한 경우에도 마찬가지로 적용되므로, 피고인이 일으킨 후행 교통사고 당시에 피해자가 생존해 있었다는 증거가 없다면 설령 피고인에게 유죄의 의심이 있다고 하더라도 피고인의 이익으로 판단할 수밖에 없다.

　　나. 원심 공동피고인 1에 의한 1차 사고의 발생일시는 공소사실 기재 일시와 같고, 피고인의 차량이 피해자를 충격한 2차 사고는 1차 사고 발생 시로부터 약 8분이 경과한 때임을 알 수 있으므로, 이 사건 공소사실의 유죄 인정 여부는 과연 피해자가 1차 사고를 당한 후 2차 사고 시까지 생존해 있었는지에 따라 좌우된다.

　　다. 기록에 의하면, 원심 공동피고인 1 은 도로에 누워 있던 피해자를 무쏘 차량으로 충격한 후 그대로 100m 정도 끌고 가서 정차한 사실, 원심 공동피고인 1은 이때까지도 피해자를 발견하지 못하였다가, 다시 전진하던 중 피해자를 넘어가지 못하게 되자 비로소 피해자가 차량 하부에 깔려 있다는 사실을 깨닫고 후진하여 피해자를 차량에서 떨어뜨린 다음 도주한 사실, 피해자가 무쏘 차량에 의하여 끌려간 도로 상에는 피해자의 혈흔과 차량에 의하여 끌려간 흔적이 선형으로 선명하게 남은 사실, 사고 직후 사고현장을 촬영한 CCTV와 사고현장을 직접 확인한 공소외 3은 1차 사고 이후 2차 사고 발생 시까지 피해자가 미동도 하지 않았고, 피해자가 무쏘 차량에 의해 끌려간 자리에서 20m 정도의 혈흔과, 1m 정도의 뇌수, 주먹만한 핏덩어리를 목격한 사실이 있다는 내용의 사실확인서를 제1심법원에 제출한 사실 등을 알 수 있다.

이와 같은 1차 사고의 충격의 강도와 충격 후의 상황 등에 비추어 볼 때, 피해자가 그로 인해 두부와 흉복부 등에 치명적인 손상을 입었을 것임은 경험칙상 쉽게 예상할 수 있으므로, 이로 인하여 피해자가 1차 사고 후 2차 사고 발생 전에 이미 사망하였을 가능성을 완전히 배제할 수는 없을 것으로 보인다.

한편, 원심이 2차 사고 당시 피해자가 사망한 상태였다고 보기 어렵다고 판단한 근거로 삼은 증거들에 관하여 보건대, ① 의사 공소외 2 작성의 사체검안서의 기재에 의하면, 피해자가 병원 도착 당시 이미 사망하였다는 점은 인정할 수 있으나, 그 기재만으로 이송 중에는 생존해 있었다는 점을 인정하기는 어렵고, ② 국립과학수사연구원의 피해자에 대한 부검감정서에는 피해자가 1차 사고에 의하여 치명적인 손상을 입었을 가능성을 배제하기 어렵다고 기재되어 있을 뿐, 1차 사고 이후에도 생존해 있었다는 기재는 보이지 아니하며, ③ 1차 사고 이후 8분 만에 2차 사고가 발생하였거나, 2차 사고 당시의 피고인 운전 차량의 속력이 시속 60~70km로 1차 사고 당시 원심 공동피고인 1 운전 차량의 속력보다 빠르다는 이유만으로 피해자가 2차 사고로 충격을 받아 사망하였다고 보기는 어려우므로, 위 각 증거들만으로는 피고인 운전 차량이 2차로 피해자를 역과할 당시 아직 피해자가 생존해 있었다고 단정하기에 부족하고, 달리 이를 인정할 증거가 없다.

라. 결국 원심이 그 판시와 같은 이유만으로 피고인에 대한 이 사건 공소사실을 유죄로 인정한 데에는, 선행 교통사고와 후행 교통사고가 경합하여 피해자가 사망한 경우, 후행 교통사고와 피해자의 사망 사이의 인과관계의 증명책임에 관한 법리를 오해하여 필요한 심리를 다하지 아니함으로써 판결에 영향을 미친 위법이 있다.

4. 그러므로 나머지 상고이유에 대한 판단을 생략한 채 원심판결을 파기하고, 사건을 다시 심리·판단하게 하기 위하여 원심법원에 환송하기로 하여, 관여 대법관의 일치된 의견으로 주문과 같이 판결한다.

【원심판결】

대전지법 2013. 11. 27. 선고 2013노1270 판결

【주문】

원심판결을 파기하고, 대전지방법원 본원 합의부에 환송한다.

【이유】

상고이유를 판단한다.

1. 특정범죄 가중처벌 등에 관한 법률 제5조의3 도주차량 운전자의 가중처벌에 관한 규정의 입법 취지와 그 보호법익 등에 비추어 볼 때, 사고의 경위와 내용, 피해자의 나이와 그 상해의 부위 및 정도, 사고 뒤의 정황 등을 종합적으로 고려하여 사고운전자가 실제로 피해자를 구호하는 등 도로교통법 제54조 제1항의 규정에 따른 조치를 취할 필요가 있었다고 인정되지 아니하는 때에는 사고운전자가 피해자를 구호하는 등의 조치를 취하지 아니하고 사고 장소를 떠났다고 하더라도 특정범죄 가중처벌 등에 관한 법률 제5조의3 제1항 위반죄가 되지 아니한다. 또한, 도로교통법 제54조 제1항의 취지는 도로에서 일어나는 교통상의 위험과 장해를 방지·제거하여 안전하고 원활한 교통을 확보하기 위한 것으로서 피해자의 물적 피해를 회복시켜 주기 위한 것이 아니고, 이 경우 사고운전자가 취하여야 할 조치는 사고의 내용과 피해의 정도 등 구체적 상황에 따라 적절히 강구되어야 하며 그 정도는 건전한 양식에 비추어 통상 요구되는 정도의 조치를 말한다(대법원 2002. 6. 28. 선고 2002도2001 판결, 대법원 2013. 3. 14. 선고 2012도14114 판결 등 참조).

2. 원심은 피고인이 이 사건 사고로 상해를 입은 피해자들에게 구호조치가 필요하다는 사실을 인식하고도 피해자들을 구호하는 등 도로교통법 제54조 제1항 이 정한 의무를 이행하기 전에 사고 장소를 떠난 것은 특정범죄 가중처벌 등에 관한 법률 제5조의3 제1항이 정한 '도주'에 해당하고, 피고인에게 도주의 고의도 있었다고 인정된다는 등의 이유로 피고인에 대한 특정범죄 가중처벌 등에 관한 법률 제5조의3 제1항 제2호 위반죄 및 도로교통법 제148조 위반죄를 유죄로 인정한 제1심판결을 그대로 유지하였다.

3. 그러나 원심의 이러한 판단은 다음과 같은 이유로 수긍하기 어렵다.

　가. 원심판결 이유 및 원심이 채택한 증거에 의하면, ① 피고인은 2012. 4. 4. 14:30 경 자신의 승용차(이하 '가해 차량'이라 한다)를 시속 약 5km로 운전하다가 중앙 선을 침범하여 좌회전한 업무상 과실로 피해자 공소외 1 운전의 승용차(이하 '피해 차량'이라 한다) 좌측 문짝을 가해 차량 앞범퍼 우측 모서리 부분으로 들이받는 이 사건 사고를 낸 사실, ② 피고인은 가해 차량을 정차하고 차에서 내린 후 피해 차량 쪽으로 다가가 피해자 공소외 1 에게 피해 차량을 이동하여 달라고 요 청하였고, 도로 우측으로 이동 주차한 피해 차량에서 피해자 공소외 1 과 동승자 인 피해자 공소외 2 , 3 이 내린 후 피고인에게서 술 냄새가 난다고 하자, 보험처 리를 해 주겠다면서 사고신고를 만류한 사실, ③ 그럼에도 피해자들이 경찰에 사 고신고를 하자, 피고인은 가해 차량은 그대로 둔 채 사고 장소를 떠나 부근 골목 으로 걸어갔고, 그곳에서 전화로 보험회사에 사고접수를 한 사실, ④ 피고인이 사 고 장소를 벗어난 지 약 10분 만에 보험회사 직원이 현장에 도착하였고, 피고인 은 그의 전화를 받은 지 약 1~2분 만에 다시 사고 장소로 돌아온 사실, ⑤ 피해 자들이 피고인에게 곧 경찰이 올 테니 음주측정을 해 보자고 하자, 피고인은 다시 사고 장소를 벗어나 부근 골목으로 걸어갔다가 출동한 경찰이 사고조사를 마치고 돌아간 후에야 현장에 다시 나타난 사실, ⑥ 피해자들은 경찰의 사고조사 후 피해 차량을 운전하여 수리를 맡기고 정형외과에 가서 진단을 받은 사실, ⑦ 그런데 피 해자들은 사고 장소에서 피고인에게 자신들이 이 사건 사고로 외상을 입었다거나 통증이 있다는 말은 하지 아니한 사실, ⑧ 피해자들은 각 26세, 27세, 30세의 남 성들로서, 이 사건 사고 이후 목뼈, 허리뼈의 염좌 등으로 각 2주 진단을 받았으 나, 위 각 진단은 임상적 추정으로 이루어진 것이고, 피해자들이 물리치료 또는 약물치료 이외에 특별한 치료를 받지는 아니한 사실, ⑨ 피해 차량은 좌측 문짝이 찌그러져 수리비 견적이 511,390원으로 나왔으나, 가해 차량은 앞범퍼 우측 모서 리 부분이 조금 긁힌 정도이고, 각 차량의 파편이 도로에 떨어지지는 않은 사실 등을 알 수 있다.

　나. 이러한 사실관계와 원심이 채택한 증거에 의하여 알 수 있는 이 사건 사고의 경위 및 내용, 피해자들의 나이와 그 상해의 부위 및 정도, 피고인과 피해자들의 사고 장소에서의 대화 내용, 가해 차량 및 피해 차량의 이동 주차 경위와 당시 사고 현 장의 도로 상황 등을 앞서 본 법리에 비추어 살펴보면, 이 사건 사고 당시 피고인 이 실제로 피해자들을 구호하거나 나아가 교통상의 위험과 장해를 방지·제거하여 안전하고 원활한 교통을 확보하기 위한 조치를 취하여야 할 필요가 있었음에도 이 를 이행하지 아니하고 도주의 고의로써 사고 장소를 떠났다고 단정하기 어렵다.

그렇다면, 피고인이 이 사건 사고 직후 위와 같이 사고 장소를 일시 떠났다 하더라도 피고인을 특정범죄 가중처벌 등에 관한 법률 제5조의3 제1항 제2호 위반죄 및 도로교통법 제148조 위반죄로 처벌할 수는 없다고 할 것인바, 원심이 이와 달리 그 판시와 같은 이유로 위 각 죄를 유죄로 인정한 제1심판결을 유지한 데에는 특정범죄 가중처벌 등에 관한 법률 제5조의3 제1항 제2호 위반죄 및 도로교통법 제148조 위반죄에 관한 법리를 오해하여 판결에 영향을 미친 위법이 있다. 이 점을 지적하는 취지의 상고이유 주장은 이유 있다.

4. 그러므로 원심판결을 파기하고, 사건을 다시 심리·판단하도록 원심법원에 환송하기로 하여 관여 대법관의 일치된 의견으로 주문과 같이 판결한다.

판례7 | 구 특정범죄 가중처벌 등에 관한 법률 제5조의3의 '도주'에 해당하지 않는다고 한 사례[대법원 2007. 10. 11. 선고 2007도1738 판결]

【판결요지】

[1] 사고 운전자가 교통사고 현장에서 경찰관에게 동승자가 사고차량의 운전자라고 진술하거나 그에게 같은 내용의 허위신고를 하도록 하였더라도, 사고 직후 피해자가 병원으로 후송될 때까지 사고장소를 이탈하지 아니한 채 경찰관에게 위 차량이 가해차량임을 밝히고 경찰관의 요구에 따라 동승자와 함께 조사를 받기 위해 경찰 지구대로 동행한 경우, 구 특정범죄 가중처벌 등에 관한 법률(2005. 5. 31. 법률 제7545호로 개정되기 전의 것) 제5조의3의 '도주'에 해당하지 않는다고 한 사례.

[2] 사고 운전자가 사고로 손괴된 피해자의 오토바이에 대한 조치를 직접 취하지 않았더라도 사고현장을 떠나기 전에 이미 구조대원 등 다른 사람이 위 오토바이를 치워 교통상 위해가 될 만한 다른 사정이 없었던 경우, 구 도로교통법(2005. 5. 31. 법률 제7545호로 전문 개정되기 전의 것) 제106조 위반죄로 처벌할 수 없다고 한 사례.

【원심판결】

대구지법 2007. 2. 7. 선고 2006노3431 판결

【주문】

상고를 기각한다.

【이유】

상고이유를 본다.

1. 무죄부분에 대하여

구 특정범죄 가중처벌 등에 관한 법률(2005. 5. 31. 법률 제7545호로 개정되어 2006. 6. 1.부터 시행되기 전의 것, 이하 같다) 제5조의3 제1항 소정의 '피해자를 구호하는 등 도로교통법 제50조 제1항의 규정에 의한 조치를 취하지 아니하고 도주한 때'란, 사고 운전자가 사고로 인하여 피해자가 사상을 당한 사실을 인식하였음에도 피해자를 구호하는 등 구 도로교통법(2005. 5. 31. 법률 제7545호로 전문 개정되어 2006. 6. 1.부터 시행되기 전의 것, 이하 같다) 제50조 제1항에 규정된 의무를 이행하기 이전에 사고현장을 이탈하여 사고를 낸 자가 누구인지 확정될 수 없는 상태를 초래하는 경우를 말하고(대법원 2005. 4. 14. 선고 2005도790 판결, 대법원 2006. 3. 9. 선고 2006도448 판결 등 참조), 한편 구 도로교통법 제50조 제1항의 취지는 도로에서 일어나는 교통상의 위험과 장해를 방지·제거하여 안전하고 원활한 교통을 확보하기 위한 것으로서 피해자의 피해를 회복시켜 주기 위한 것이 아니므로, 이 경우 운전자가 취하여야 할 조치는 사고의 내용과 피해의 정도 등 구체적 상황에 따라 적절히 강구되어야 하고 그 정도는 건전한 양식에 비추어 통상 요구되는 정도의 조치를 말하나(대법원 2002. 10. 22. 선고 2002도4452 판결, 위 대법원 2005도790 판결 등 참조), 이러한 조치는 반드시 사고 운전자 본인이 직접 할 필요는 없고, 자신의 지배하에 있는 자를 통하여 하거나, 현장을 이탈하기 전에 타인이 먼저 구호조치 등을 하여도 무방하다(대법원 2005. 12. 9. 선고 2005도5981 판결 등 참조).

원심이 그 판시와 같이 적법하게 확정한 사실관계를 위 법리 및 기록에 비추어 살펴보면, 비록 피고인이 교통사고 현장에서 출동한 119 구조대원 및 경찰관에게 이 사건 차량의 동승자인 공소외인이 위 차량의 운전자인 것으로 진술하거나 그녀로 하여금 그와 같이 허위신고하도록 하였다고 하더라도, 피고인은 사고 직후 피해자가 119 구급차량에 의하여 병원으로 후송될 때까지 사고장소를 이탈하지 아니하였고, 출동한 경찰관에게 이 사건 차량이 가해차량임을 명백히 밝혔으며, 피해자 후송조치를 마친 후 사고현장에서 위 경찰관의 요구에 따라 공소외인과 함께 조사를 받기 위해 경찰 지구대로 동행한 점 등 제반 사정에 비추어, 피고인이 피해자를 구호하는 등의 의무를 이행하기 전에 도주의 범의를 가지고 사고현장을 이탈하였다고 볼 수는 없다 하겠다.

또한 위 법리와 기록에 비추어 살펴보면, 이 사건 교통사고 후 도로상에 넘어진 피해자의 오토바이는 피고인이 위 사고현장을 떠나기 이전에 이미 위 구조대원 등 다른 사람에 의해 도로 한쪽으로 치워졌고, 달리 사고현장에 교통상의 위해가 될 만한 사정이 있었음을 인정할 자료가 보이지 아니하는바, 그렇다면 피고인이 사고현장을 떠날 당시 교통상의 위험과 장해를 방지·제거하기 위하여 더 이상의 특별한 조치가 필요하였다고 할 수 없으므로, 이런 상황이라면 설사 피고인이 사고로 피해자의 오토바이를 손괴한 후 직접 위 오토바이에 대한 조치를 취하지 않았다 하더라도 이에 대하여 따로 구 도로교통법 제106조 위반죄로 처벌할 수는 없다.

따라서 피고인의 행위는 구 특정범죄 가중처벌 등에 관한 법률 제5조의3 제1항 및 구 도로교통법 제106조에 해당하지 아니한다고 판단한 다음, 도로교통법 위반(교통사고 후 미조치)의 점에 대하여는 무죄를 선고하고, 특정범죄 가중처벌 등에 관한 법률 위반(도주차량)의 공소사실에 포함된 교통사고 처리 특례법 위반죄를 유죄로 인정하여 주문에서 그 형을 선고하면서 특정범죄 가중처벌 등에 관한 법률 위반(도주차량)의 점에 대하여는 주문에서 따로 무죄의 선고를 하지 아니한 원심의 조치는 결론에 있어서 정당하고, 상고이유로 주장하는 바와 같이 채증법칙을 위배하여 사실을 오인하거나 구 특정범죄 가중처벌 등에 관한 법률 제5조의3 제1항 소정의 도주에 관한 법리 또는 구 도로교통법 제50조 제1항 소정의 교통사고발생시의 조치에 관한 법리를 오해하여 판결 결과에 영향을 미친 위법이 없다.

검사가 상고이유에서 원용하는 대법원판례는 이 사건과 사안을 달리하므로 원용하기에 적절하지 아니하다.

2. 유죄부분에 대하여

검사는 원심판결 중 유죄 부분에 대하여도 불복한다는 취지의 상고장을 제출하였음에도 상고이유서에 그 부분에 관한 상고이유를 기재하고 있지 아니하므로, 이 부분에 대한 상고는 이유 없다.

3. 결론

그러므로 상고를 기각하기로 관여 대법관의 의견이 일치되어 주문과 같이 판결한다.

판례8 | 특정범죄가중처벌등에관한법률위반죄(도주차량)에 있어서 구호조치 필요성 유무의 판단 기준[대법원 2007. 5. 10. 선고 2007도2085 판결]

【원심판결】

대구지법 2007. 2. 14. 선고 2006노2976 판결

【주문】

원심판결을 파기하고, 사건을 대구지방법원 합의부로 환송한다.

【이유】

상고이유를 본다.

특정범죄 가중처벌 등에 관한 법률 제5조의3 도주차량 운전자의 가중처벌에 관한 규정의 입법 취지와 보호법익 등에 비추어 볼 때, 사고의 경위와 내용, 피해자의 나이와 그 상해의 부위 및 정도, 사고 뒤의 정황 등을 종합적으로 고려하여 사고운전자가 실제로 피해자를 구호하는 등 구 도로교통법(법률 제7545호로 전문 개정되기 전의 것) 제50조 제1

항의 규정에 따른 조치를 취할 필요가 있었다고 인정되지 아니하는 때에는 사고운전자가 피해자를 구호하는 등의 조치를 취하지 아니하고 사고 장소를 떠났다고 하더라도 위 법률 제5조의3 제1항 위반죄가 되지 아니한다.

그런데 위 구호조치 필요성 유무는 피해자의 상해부위와 정도, 사고의 내용과 사고 후의 정황, 치료의 시작시점·경위와 기간 및 내용, 피해자의 연령 및 건강상태 등을 종합하여 판단하여야 하는 것이되, 대개의 경우는 피고인이 피해자와 직접 대화함으로써 피해자에게 통증 진술의 기회를 부여하든지 아니면 적어도 피고인이 정차하여 피해자의 상태를 눈으로 확인하여야 구호조치의 필요가 없는 경우라고 판단할 수 있을 것이고, 그렇지 않았던 경우에는 구호조치의 필요가 없었다고 쉽사리 판단하여서는 아니된다고 할 것이다 (대법원 2002. 1. 11. 선고 2001도2763 판결, 2002. 1. 11. 선고 2001도2869 판결, 2004. 5. 28. 선고 2004도1213 판결, 2004. 6. 11. 선고 2003도8092 판결, 2004. 10. 15. 선고 2004도5304 판결 등 참조).

원심은, 피고인이 사고 당시 피해자가 그 판시와 같은 상해를 입었을 수 있다는 사실을 미필적으로나마 인식하고도 피해자를 구호하는 등의 필요한 조치를 취하지 아니한 채 사고현장을 떠나 그대로 도주한 사실을 인정하면서도, 위와 같은 구호조치 필요성 유무에 관하여, 이 사건 기록에 의하여 인정되는 사실, 즉 사고 당시 아반떼와 피해자의 충돌부위와 그 충격정도(아반떼는 우측 후사경이 탈락되었으나 앞 범퍼나 보닛 부위에 충돌의 흔적이 전혀 없음), 이 사건 사고로 인한 피해자의 상해부위와 정도, 그 치료의 시작시점과 기간 및 경위와 내용, 이 사건 사고 당시 피해자의 연령, 성별 및 건강상태에다가 피해자가 이 사건 사고 직후 사고차량의 등록번호를 확인하여 경찰관서에 112 범죄신고 전화로 사고신고를 하고 그 신고에 따라 출동한 경찰관과 함께 사고현장 주변을 수색하여 피고인을 검거한 후 사고현장조사에 참여하고 장시간 동안 사고경위에 관한 조사를 받고 귀가하였다가 사고 당시로부터 상당한 시간이 경과한 뒤에 병원에 입원하여 치료를 받은 점, 피해자의 신고에 따라 사고현장에 출동한 경찰관도 만일 피해자를 병원으로 후송하는 등 구호의 필요성이 있었다면 즉시 피해자를 병원으로 후송하였을 것임에도 불구하고, 피해자를 병원으로 후송하기는커녕 오히려 피해자를 사고현장조사에 참여시키고 장시간 동안 피해자를 상대로 사고경위에 관한 조사를 한 후 귀가를 시킨 점, 피해자가 병원에 입원해 있으면서 혼자 외출을 하기도 하였던 점, 피해자는 이 사건 사고 후 1주일 가량 경과한 시점에 피고인과 이 사건 사고에 관한 합의를 하자 즉시 퇴원하였고 대구카톨릭대학병원에서 검진을 받은 결과 특별한 상해가 발견되지 아니한 점 등을 보태어 보면, 피해자가 이 사건 사고로 인하여 앞서 본 바와 같은 상해를 입었지만 그로 인하여 피고인 등으로부터 구호를 받아야 할 필요성이 있었다고 보기 어렵고, 그 밖에 달리 이를 인정할 만한 아무런 증거가 없으므로, 결국 피고인을 특가법위반(도주차량)죄로 처벌할 수 없다고 판단하였다.

그러나 원심이 내린 위 결론은 수긍하기 어렵다.

왜냐 하면, 이 사건 사고에 관하여 원심이 인정한 사실관계 그 자체에 의하더라도 이 사건이 사고운전자가 실제로 피해자를 구호하는 등의 조치를 취할 필요가 있었다고 인정되지 아니하는 때에 해당하는 경우라고 보기는 어렵기 때문이다. 원심이 인정한 사실관계에 의하면, 피고인은 이 사건 사고 후 차를 세울 듯 말 듯 하며 주춤주춤하다가 그대로 진행하여 가 버렸고, 피해자의 점퍼가 찢어지고 오른손과 오른 무릎에 찰과상이 있었으며, 아반떼의 우측 후사경이 부서져 있었던바, 이런 정도의 차량과 사람 사이의 충돌이 있은 경우에 구호조치의 필요가 없었다고 볼 수는 없다.

원심이 구호조치 필요성을 부정하면서 들고 있는 사정들을 보더라도, 차량과 인체가 부딪힌 사고에 있어서는 범퍼나 보닛 부위에 충돌 흔적이 없더라도 인체가 상당한 손상을 입을 수 있고, 피해자가 중상을 입지 않은 한 사고현장 주변에서 경찰관과 함께 가해차량을 찾는다든지 사고경위에 관한 수사에 협조한다든지 하는 일은 충분히 있을 수 있는 일이며, 피해자가 한밤중에 사고를 당한 후 범인검거, 경찰조사를 마치고 귀가하였다가 같은 날 11:52경 병원에 간 것을 두고서 원심의 판시처럼 '사고 당시로부터 상당한 시간이 경과한 뒤에 병원에 입원'한 것이라고 말할 수는 없다고 할 것이고, 사고일로부터 1주일 후의 퇴원을 두고서 사고 당시의 구호 필요성이 없었다는 주장의 근거로 사용할 수는 없다고 보아야 한다. 즉, 원심 판시의 사실만으로 이 사건 사고 당시 사고 운전자가 피해자를 구호할 필요가 있었다고 보기는 어렵다고 단정할 수는 없다 할 것이다.

그럼에도 불구하고, 이 사건 사고 당시의 상황이 피해자가 구호를 받아야 할 필요성이 있었다고 인정되지 아니하는 때에 해당한다 하여, 피고인을 특정범죄 가중처벌 등에 관한 법률 위반(도주차량)죄로 처벌할 수 없다고 한 원심판결에는 같은 법률상의 도주차량의 법리를 오해하였거나 그 이유에 모순이 있거나 채증법칙을 위반하여 판결 결과에 영향을 미친 위법이 있다 할 것이므로 이 점을 지적하는 상고논지는 이유 있다 하겠다.

그러므로 원심판결을 파기하고, 사건을 다시 심리·판단하게 하기 위하여 원심법원으로 환송하기로 하여 관여 대법관의 일치된 의견으로 주문과 같이 판결한다.

판례9 | 특정범죄 가중처벌 등에 관한 법률 제5조의3 제1항에 정한 도주운전죄가 성립하기 위한 상해의 정도 *[대법원 2007. 4. 13. 선고 2007도1405 판결]*

【원심판결】

광주지법 2007. 1. 18. 선고 2006노927 판결

【주문】

상고를 기각한다.

【이유】

상고이유를 판단한다.

특정범죄 가중처벌 등에 관한 법률 제5조의3 제1항이 정하는 '피해자를 구호하는 등 도로교통법 제50조 제1항에 의한 조치를 취하지 아니하고 도주한 때'라고 함은 사고운전 자가 사고로 인하여 피해자가 사상을 당한 사실을 인식하였음에도 불구하고, 피해자를 구 호하는 등 도로교통법 제50조 제1항에 규정된 의무를 이행하기 이전에 사고현장을 이탈 하여 사고를 낸 자가 누구인지 확정할 수 없는 상태를 초래하는 경우를 말하는 것이므로, 위 도주운전죄가 성립하려면 피해자에게 사상의 결과가 발생하여야 하고, 생명·신체에 대 한 단순한 위험에 그치거나 형법 제257조 제1항에 규정된 '상해'로 평가될 수 없을 정도 의 극히 하찮은 상처로서 굳이 치료할 필요가 없는 것이어서 그로 인하여 건강상태를 침 해하였다고 보기 어려운 경우에는 위 죄가 성립하지 않는다고 할 것이다(대법원 1997. 12. 12. 선고 97도2396 판결 등 참조).

또한, 구 도로교통법(2005. 5. 31. 법률 제7545호로 전문 개정되기 전의 것, 이하 같 다) 제50조 제1항을 위반하였을 때에 성립하는 같은 법 제106조 소정의 죄도 그 행위의 주체가 차의 교통으로 인하여 사람을 사상하거나 물건을 손괴한 운전자 및 그 밖의 승무 원으로서 위 특정범죄 가중처벌 등에 관한 법률 위반죄와 마찬가지로 사람을 사상하거나 물건을 손괴한 사실을 인식할 것을 필요로 하는 고의범에 해당하는바(대법원 1991. 6. 14. 선고 91도253 판결, 1993. 5. 11. 선고 93도49 판결 등 참조), 구 도로교통법 제 50조 제1항의 취지는 도로에서 일어나는 교통상의 위험과 장해를 방지·제거하여 안전하 고 원활한 교통을 확보함을 그 목적으로 하는 것이지 피해자의 물적 피해를 회복시켜 주 기 위한 규정은 아니며, 이 경우 운전자가 현장에서 취하여야 할 조치는 사고의 내용, 피 해의 태양과 정도 등 사고현장의 상황에 따라 적절히 강구되어야 할 것이고, 그 정도는 건전한 양식에 비추어 통상 요구되는 정도의 조치를 말한다고 할 것이다(대법원 1993. 11. 26. 선고 93도2346 판결, 1995. 1. 24. 선고 94도2691 판결, 1998. 3. 24. 선고 98도34 판결 등 참조).

이러한 법리와 기록에 의하여 살펴보면, 원심이 그 판시와 같은 사실들을 인정한 다음, 이 사건 사고로 피해자 공소외인 등이 상해죄에서의 '상해'로 평가될 수 없을 정도의 경 미한 부상을 입은 데 지나지 아니하여 구호조치 등이 필요하였다고 보기 어려우며 사고 후의 여러 정황상 피고인이 교통상의 위험과 장해를 방지·제거하여 안전하고 원활한 교통 을 확보하기 위한 조치를 취하여야 할 필요가 있었다고 보기도 어렵다고 판단하여 이 사건 공소사실에 대하여 피고인을 무죄로 판단한 것은 정당한 것으로 수긍이 가고, 거기에 상고이유의 주장과 같은 채증법칙 위반으로 인한 사실오인이나 심리미진 또는 법리오해 등의 위법이 있다고 할 수 없다.

그러므로 상고를 기각하기로 하여 관여 법관의 일치된 의견으로 주문과 같이 판결한다.

> **판례10 |** 사고 운전자가 실제로 피해자를 구호하는 등 구 도로교통법 제50조 제1항에 의한 조치를 취할 필요가 있었다고 인정되지 아니하는 경우, 구 특정범죄 가중처벌 등에 관한 법률 제5조의3 제1항 위반죄로 처벌할 수 있는지 여부(소극)[대법원 2007. 3. 29. 선고 2006도7656 판결]

【원심판결】

수원지법 2006. 10. 19. 선고 2006노2237 판결

【주문】

원심판결을 파기하고, 사건을 수원지방법원 본원 합의부에 환송한다.

【이유】

상고이유를 판단한다.

1. 특정범죄 가중처벌 등에 관한 법률 위반의 점에 관하여

　가. 구 특정범죄 가중처벌 등에 관한 법률(2005. 5. 31. 법률 제7545호로 개정되기 전의 것) 제5조의3 제1항 소정의 '피해자를 구호하는 등 도로교통법 제50조 제1항의 규정에 의한 조치를 취하지 아니하고 도주한 때'라 함은 사고 운전자가 사고로 인하여 피해자가 사상을 당한 사실을 인식하였음에도 불구하고 피해자를 구호하는 등 구 도로교통법(2005. 5. 31. 법률 제7545호로 전문 개정되기 전의 것) 제50조 제1항에 규정된 의무를 이행하기 이전에 사고현장을 이탈하는 경우를 말하는 것이나, 사고의 경위와 내용, 피해자의 상해의 부위와 정도, 사고 운전자의 과실 정도, 사고 운전자와 피해자의 나이와 성별, 사고 후의 정황 등을 종합적으로 고려하여 사고 운전자가 실제로 피해자를 구호하는 등 구 도로교통법 제50조 제1항에 의한 조치를 취할 필요가 있었다고 인정되지 아니하는 경우에는 사고 운전자가 피해자를 구호하는 등 구 도로교통법 제50조 제1항에 규정된 의무를 이행하기 이전에 사고현장을 이탈하였더라도 구 특정범죄 가중처벌 등에 관한 법률 제5조의3 제1항 위반죄로는 처벌할 수 없다 할 것이다(대법원 2002. 1. 11. 선고 2001도2869 판결 참조).

나. 원심은, 이 사건 공소사실 중 특정범죄 가중처벌 등에 관한 법률 위반의 점에 관하여, 그 채택 증거들에 의하여 그 판시와 같은 사실을 인정한 다음, 피고인은 사고운전자로서 최소한 미필적으로나마 피해자들이 상해를 입었음을 인식하였다고 볼 수 있고, 사고 직후 피고인이 피해자들이 대화할 때에 상해 여부에 대해서 별다른 언급이 없었다거나 피해 차량의 손괴 정도가 미약하였다는 사실만으로 이 사건 사고 당시 사고운전자가 피해자들을 구호할 필요가 있었다고 보기 어려운 상황이었다고 단정할 수는 없다고 판시하였다.

다. 그러나 앞서 본 법리와 기록에 비추어 살펴보면, 원심의 위와 같은 판단은 수긍하기 어렵다.

기록에 의하면, 피고인의 차량이 언덕길에 뒤로 밀리면서 후방에서 신호대기 중인 피해차량을 충격하자 피해차량에 출렁거릴 정도의 움직임이 있었고 이로 인하여 피해차량 운전자 공소외 1의 무릎이 핸들 아래의 패널에 부딪힌 사실, 피고인은 공소외 1의 남편 공소외 2로부터 사고가 났다는 말을 듣고 우선 차량을 다른 장소로 이동하기로 한 다음 함께 편의점이 있는 인근의 성당 앞으로 가서 피해차량의 번호판이 꺾이고 앞 범퍼의 가드에 흠집이 난 것을 확인한 사실, 이에 공소외 2가 피고인에게 수리비 20만 원을 요구함에 따라 피고인은 편의점에 있는 현금지급기에서 20만 원을 인출하여 피해자 측에 건네려 하였으나 가해차량에 동승한 공소외 3이 애들 때문에 합의를 봐준다는 등으로 기분 상하는 말을 하는 바람에 결말을 보지 못하고 공소외 2가 경찰을 부르려고 전화를 하자 피고인은 가해차량을 타고 가버린 사실, 사고 직후 피해자들은 피고인에게 통증을 호소하지 아니하였을 뿐만 아니라 피해자 공소외 1은 사고 당일 경찰 조사에서 "현재 외상이 전혀 없고 다친 곳도 없다"라는 내용의 진술서를 작성한 사실, 피해자들이 이 사건 사고일로부터 2일이 지난 2005. 7. 22. 의왕시 고천동에 있는 (명칭 생략)신경외과에 내원하여 진단을 받은 결과, 피해자들 모두 외상이 없었으나 공소외 1에 대하여는 그녀가 좌측 무릎, 경부·요부 및 좌측 견관절의 염좌로 인한 통증을 호소함에 따라 2005. 7. 22.부터 2005. 8. 3.까지 약물치료와 물리치료 등을 내용으로 한 입원치료가 시행되었고, 공소외 2에 대하여는 내원 당일 약물치료와 물리치료가 하루 동안 시행된 반면, 공소외 4, 5에 대하여는 일반 엑스선을 촬영한 것 외에 별다른 치료가 시행되지 아니한 사실, 가해차량의 보험회사는 피해차량 수리비로 105,100원을 지급한 사실을 각 인정할 수 있다.

이와 같이 피고인이 사고 직후 피해자들과 함께 차량을 인근의 성당 앞으로 이동시킨 뒤 피해자들과 피해 변상액을 협의하다가 다소 모욕적인 언사를 주고받으면서 상호 기분이 상하여 합의에 이르지 못하게 되자 경찰에 신고하는 피해자의 태도에

화가 나서 마음대로 하라면서 사고현장을 이탈한 점 등 이 사건 사고의 경위와 그 뒤의 정황, 사고 당시 충격의 태양과 그 정도, 피해차량의 파손 정도, 피해자들의 상해의 부위와 정도 및 사고 이후의 피해자들에 대한 치료 내용과 경과 등에 비추어 보면, 이 사건 사고에서 피고인이 실제로 피해자를 구호하는 등의 조치를 취하여야 할 필요가 있었다고 보기 어렵고, 따라서 피고인이 구 도로교통법 제50조 제1항의 규정에 따른 조치를 취하지 아니하고 사고 장소를 이탈하였다고 하여 피고인을 구 특정범죄 가중처벌 등에 관한 법률 제5조의3 제1항 제2호 위반죄로 처벌할 수 없다.

라. 그럼에도 불구하고, 원심이 피고인에 대한 이 사건 특정범죄 가중처벌 등에 관한 법률 위반(도주차량)의 공소사실을 유죄로 판단한 것은 구 특정범죄 가중처벌 등에 관한 법률 제5조의3 제1항 제2호 위반죄에 관한 법리를 오해한 위법이 있고, 이는 판결 결과에 영향을 미쳤다고 할 것이다.

2. 구 도로교통법 제106조 위반의 점에 관하여

가. 구 도로교통법 제50조 제1항의 취지는 도로에서 일어나는 교통상의 위험과 장해를 방지·제거하여 안전하고 원활한 교통을 확보함을 그 목적으로 하는 것이지 피해자의 물적 피해를 회복시켜 주기 위한 규정은 아니며, 이 경우 운전자가 현장에서 취하여야 할 조치는 사고의 내용, 피해의 태양과 정도 등 사고 현장의 상황에 따라 적절히 강구되어야 할 것이고, 그 정도는 건전한 양식에 비추어 통상 요구되는 정도의 조치를 말한다고 할 것이다(대법원 1999. 11. 12. 선고 99도3140 판결 등 참조).

나. 원심은, 이 사건 교통사고 후 미조치로 인한 도로교통법 위반의 공소사실에 관하여, 위 사고의 처리 과정에서 서로 기분이 상하여 피해자 공소외 2가 경찰에 신고를 하는 사이에 피고인이 자신의 인적사항이나 연락처를 전혀 알려 주지 아니한 채 그대로 가해차량을 운전하여 도주한 것이라면, 피고인이 도주시 급히 자동차를 운전하는 등으로 새로운 교통사고를 일으킬 가능성도 크고, 또한 피해자들이 이를 제지하거나 뒤쫓아 갈 것이 예상되는데 이 경우에도 또 다른 교통상의 위험과 장애가 야기될 수 있으므로, 이 사건 교통사고를 일으킨 피고인으로서 구 도로교통법 제50조 제1항 소정의 필요한 조치를 다하였다고 볼 수 없다고 판단하였다.

다. 그러나 앞서 본 법리와 기록에 비추어 살펴보면, 원심의 위와 같은 판단 역시 수긍하기 어렵다.
기록에 의하여 인정되는 사실관계에 의하면, 피해차량의 파손의 정도는 아주 경미하여 차량의 운행에 지장이 있을 정도로 부서지거나 파편이 도로에 떨어지지도 아니하였고 양 차량이 충격의 여력으로 위치를 이동하거나 조향력을 잃지도 아니하였으며, 사고 직후 피고인과 피해자들이 장소를 옮겨 차량을 정차해 두고 합의를 시도하다가 결렬되자 상호 감정이 상하여 피고인은 그대로 운전하여 가버린 반면, 피해자는 가해차량의 번호판을 보면서 경찰에 사고 신고를 하는 상황에 이른 것이라면 피고인이 현장을 이탈한다고 하여 피해자들이 피고인을 추격할 것으로 예상되지 아니할 뿐만 아니라 실제도 그와 같은 사태가 벌어지지도 아니한 이 사건에서 피고인이 사고로 인한 교통상의 위험과 장해를 방지·제거하여 원활한 교통을 확보하기 위한 조치를 취하여야 할 필요가 있었다고 보기도 어려우므로, 피고인이 구 도로교통법 제50조 제1항의 규정에 따른 조치를 취하지 아니하고 사고 장소를 이탈하였다고 하여 피고인을 구 도로교통법 제106조 위반죄로 처벌할 수도 없다.

그럼에도 불구하고, 원심이 피고인에 대한 이 사건 교통사고 발생시의 조치를 취하지 아니한 점에 관한 도로교통법위반의 공소사실을 유죄로 판단한 것은 구 도로교통법 제106조 위반죄에 관한 법리를 오해한 위법이 있고, 이는 판결 결과에 영향을 미쳤다고 할 것이다.

3. 결론

그러므로 원심판결을 파기하고, 사건을 원심법원에 환송하기로 하여 관여 대법관의 일치된 의견으로 주문과 같이 판결한다.

판례11 | 사고 운전자가 피해자를 구호하는 등 구 도로교통법 제50조 제1항에 의한 조치를 취할 필요가 있었다고 인정되지 아니하는 경우, 특정범죄가중처벌 등에 관한 법률 제5조의3 제1항 위반죄로 처벌할 수 있는지 여부(소극)*[대법원 2007. 2. 9. 선고 2006도 6737 판결]*

【원심판결】

전주지법 2006. 9. 15. 선고 2005노1611 판결

【주문】

상고를 기각한다.

【이유】

상고이유를 본다.

특정범죄가중처벌 등에 관한 법률 제5조의3 제1항 소정의 '피해자를 구호하는 등 도로교통법 제50조 제1항의 규정에 의한 조치를 취하지 아니하고 도주한 때'라 함은 사고 운전자가 사고로 인하여 피해자가 사상을 당한 사실을 인식하였음에도 불구하고, 피해자를 구호하는 등 도로교통법 제50조 제1항에 규정된 의무를 이행하기 이전에 사고현장을 이

탈하여 사고를 낸 자가 누구인지 확정될 수 없는 상태를 초래하는 경우를 말하는 것이나, 특정범죄가중처벌 등에 관한 법률 제5조의3 제1항의 입법 취지와 보호법익에 비추어 볼 때, 사고의 경위와 내용, 피해자의 상해의 부위와 정도, 사고 운전자의 과실 정도, 사고 운전자와 피해자의 나이와 성별, 사고 후의 정황 등을 종합적으로 고려하여 사고 운전자가 실제로 피해자를 구호하는 등 도로교통법 제50조 제1항에 의한 조치를 취할 필요가 있었다고 인정되지 아니하는 경우에는 사고 운전자가 피해자를 구호하는 등 도로교통법 제50조 제1항에 규정된 의무를 이행하기 이전에 사고현장을 이탈하였더라도 특정범죄가 중처벌 등에 관한 법률 제5조의3 제1항 위반죄로는 처벌할 수 없다 (대법원 2002. 6. 28. 선고 2002도2001 판결 등 참조).

이러한 법리에 따라 원심판결을 기록에 비추어 살펴보면, 원심이, 이 사건 사고 당시 피고인이 운전하던 승용차와 피해자들이 탑승한 화물차의 각 진행 속도와 방향, 충돌 부위와 각도 및 그로 인한 충격의 정도, 이 사건 사고로 인한 피해자들의 상해 부위와 정도, 특히 이 사건 사고로 인하여 외견상 쉽게 확인하기 어려운 좌상, 염좌 등의 상해만을 입은 피해자들이 교통사고 직후에 피고인과 정상적인 대화를 나누었고 사고 현장에 출동한 경찰관에게도 사고 상황에 관하여 구체적으로 설명한 점 등을 종합하여, 피해자들이 이 사건 사고로 인하여 피고인 등으로부터 구호를 받아야 할 정도의 상해를 입었다고 단정하기 어렵고, 나아가 피고인이 이미 목격자와 피해자들에게 자신의 신원을 구체적으로 알려 준 다음 경찰관들과 피고인의 아들 등이 사고를 수습하기 위하여 사고현장에 도착한 이후에 일시적으로 그 현장을 이탈한 것이기 때문에 교통사고를 낸 자가 누구인지 확정될 수 없는 상태를 초래하였다고 볼 수도 없다는 취지에서, 이 사건 공소사실 중 특정범죄가중처벌 등에 관한 법률 위반(도주차량)의 점에 관하여 판결이유에서 무죄로 판단한 것은 정당한 것으로 수긍할 수 있고, 거기에 상고이유로 주장하는 바와 같이 채증법칙 위반으로 인한 사실오인, 특정범죄가중처벌 등에 관한 법률 제5조의3에 정한 도주차량에 관한 법리를 오해한 위법 등이 있다고 할 수 없다.

그러므로 상고를 기각하기로 하여 관여 법관의 일치된 의견으로 주문과 같이 판결한다.

> **판례12** | 구 특정범죄가중처벌 등에 관한 법률 제5조의3 제1항의 '피해자를 구호하는 등 도로교통법 제50조 제1항의 규정에 의한 조치를 취하지 아니하고 도주한 때'및 구 도로교통법 제50조 제1항의 교통사고 후 운전자 등이 즉시 정차하여야 할 의무의 의미[대법원 2006. 9. 28. 선고 2006도3441 판결]

【판결요지】

[1] 구 특정범죄 가중처벌 등에 관한 법률(2005. 5. 31. 법률 제7545호로 개정되기 전의

것) 제5조의3 제1항 소정의 '피해자를 구호하는 등 도로교통법 제50조 제1항의 규정에 의한 조치를 취하지 아니하고 도주한 때'라 함은, 사고 운전자가 사고로 인하여 피해자가 사상을 당한 사실을 인식하였음에도 불구하고 피해자를 구호하는 등 도로교통법 제50조 제1항에 규정된 의무를 이행하기 전에 사고현장을 이탈하여 사고를 낸 자가 누구인지 확정할 수 없는 상태를 초래하는 경우를 말하고, 구 도로교통법(2005. 5. 31. 법률 제7545호로 전문 개정되기 전의 것) 제50조 제1항의 교통사고 후 운전자 등이 즉시 정차하여야 할 의무라 함은, 곧바로 정차함으로써 부수적으로 교통의 위험이 초래되는 등의 사정이 없는 한 즉시 정차하여야 할 의무를 말한다.

[2] 교통사고로 인하여 피고인이 받았을 충격의 정도, 사고 후 불가항력적으로 반대차선으로 밀려 역주행하다가 2차 사고까지 일으키게 된 정황, 정주행 차선으로 돌아온 후에도 후발사고의 위험이 없는 마땅한 주차 공간을 찾기 어려운 도로여건, 피고인이 스스로 정차한 후 개인택시조합 직원에게 사고처리를 부탁하는 전화를 마칠 무렵 경찰관이 도착한 사정 등에 비추어, 피고인이 교통사고 후 비록 가해차량을 운전하여 사고 현장으로부터 약 400m 이동하여 정차한 사실은 인정되나 이는 불가피한 것으로 볼 여지가 있고, 이로 인하여 피고인이 구 도로교통법(2005. 5. 31. 법률 제7545호로 전문 개정되기 전의 것) 제50조 제1항의 규정에 의한 조치를 제대로 이행하지 못하였다고 하더라도 피고인에게 도주의 범의가 있었다고 보기는 어렵다고 한 사례.

【원심판결】

창원지법 2006. 5. 10. 선고 2005노1025 판결

【주문】

원심판결을 파기하고, 사건을 창원지방법원 본원 합의부에 환송한다.

【이유】

상고이유를 본다.

1. 원심의 판단

원심이유지한 제1심판결에 의하면, 제1심은 피고인이 사고 현장으로부터 400m 떨어진 곳에 가해차량을 멈출 때까지 피해자를 구호하는 등의 필요한 조치를 취할 수 없는 불가피한 사정이 있었고, 차를 멈춘 후에는 즉시 개인택시조합 사무실에 사고연락을 하였으므로 도주의 범의가 없었다는 피고인의 주장에 대하여, 피고인은 사고 후 충격으로 반대차선으로 넘어가 역주행하다가 다시 정주행 차선으로 넘어와 약 200m를 주행한 후 우회전하여 멈춘 것으로 보이고, 사고 당시 피고인이 심신미약 상태였음을 인정할 수 없으며, 피고인은 경찰관이 피고인에게 도착한 후 사고 처리와 관련하여 도움을 받

기 위해 개인택시 사무실에 전화한 것으로 보일 뿐 아니라 피고인이 정차한 장소에 이르기 전에도 충분히 정차할 수 있었다는 이유로 피고인의 위 주장을 배척하고는 피고인이 이 사건 사고를 일으켜 피해자로 하여금 2주간의 치료를 요하는 경추염좌 등의 상해를 입게 하고 피해 차량에 수리비 3,567,300원이 들도록 손괴하고도 즉시 정차하여 피해자를 구호하는 등 필요한 조치를 취하지 않고 도주하였다는 이 사건 공소사실을 모두 유죄로 인정하였다.

2. 대법원의 판단

그러나 원심이유지한 제1심의 판단은 다음과 같은 이유로 수긍하기 어렵다.

구 특정범죄 가중처벌 등에 관한 법률(2005. 5. 31. 법률 제7545호로 개정되기 전의 것) 제5조의3 제1항 소정의 '피해자를 구호하는 등 도로교통법 제50조 제1항의 규정에 의한 조치를 취하지 아니하고 도주한 때'라 함은 사고 운전자가 사고로 인하여 피해자가 사상을 당한 사실을 인식하였음에도 불구하고, 피해자를 구호하는 등 도로교통법 제50조 제1항에 규정된 의무를 이행하기 전에 사고현장을 이탈하여 사고를 낸 자가 누구인지 확정될 수 없는 상태를 초래하는 경우를 말하고(대법원 2001. 1. 5. 선고 2000도2563 판결, 대법원 2004. 3. 12. 선고 2004도250 판결 등 참조), 구 도로교통법(2005. 5. 31. 법률 제7545호로 전문 개정되기 전의 것) 제50조 제1항의 교통사고 후 운전자 등이 즉시 정차하여야 할 의무라 함은, 곧바로 정차함으로써 부수적으로 교통의 위험이 초래되는 등의 사정이 없는 한, 즉시 정차하여야 할 의무를 말한다.

기록 및 원심이 채택한 증거들에 의하면, 이 사건 사고장소는 편도 2차선 도로의 교차로 구간으로 제한속도가 시속 80㎞인데 피해자가 진행하여 온 방향은 내리막길이고, 사고 당시는 비가 내리는 야간으로 가로등이 설치되어 있지 않아 어두웠으며, 노면은 비로 인하여 미끄러웠던 사실, 피고인은 서경자동차매매상사 앞에서 사천 방면으로 좌회전함에 있어 그곳은 적색점멸등이 설치되어 있어 교차로 직전에서 일시 정지한 후 다른 교통에 주의하면서 진행하여야 함에도 이를 게을리한 채 교차로에 진입하던 중 피해차량의 불빛을 뒤늦게 발견하고 핸들을 우측으로 돌리면서 가속하려 하였으나 미처 피하지 못하였고, 피해자 공소외 1은 시속 70 내지 80㎞로 위 내리막길을 진행하면서 가해차량의 불빛을 보았으나 정지할 것으로 생각하고 그대로 진행하던 중 가해차량이 정지하지 않고 교차로에 진입하는 바람에 피해차량의 앞범퍼 부분으로 가해차량의 왼쪽 앞문짝 뒷부분 및 뒷문짝 부분을 충격한 사실, 피고인이 가해차량의 핸들을 우측으로 조작하는 순간 위와 같이 충격당함으로써 가해차량은 요마크(Yaw Mark)를 남기면서 반대차선으로 밀려 진행하게 되었고, 이로 인하여 가해차량은 반대차선을 역주행하게 되었던 사실, 마침 피고인은 마주 오는 차량의 불빛을 보고 이를 피하고자 우측으로 핸들을 급히 돌리면서 가드레일로 된 중앙분리대를 충격하는 2차 사고를 일으켰고(사고지점으로부터 약 70 내지 80m 떨어진 곳임), 얼마간 더 진행하다가 중앙분리대가 가드레일에서 봉으로 바뀐 구간에서 반대차선(가해차량의 운전방향에서는 정주행할 수 있는 차선임)으로 넘어가 시속 약 10 내지 20㎞로 약 200m를 정주행한 후 우회전하여 멈추었는바, 그 사이 도로 우측으로는 갓길이 없어 안전하게 주차할 마땅한 장소를 찾아보기는 어려운 사실(그곳은 교통사고가 많이 발생하는 지역이고, 당시는 비가 내리는 야간이어서 2차선에 걸쳐 차량을 정차하는 경우 후발 교통사고의 위험이 예상된다), 이 사건 사고 후 가해차량을 뒤따라가던 공소외 2는 20:08:46경 피고인이 위와 같이 우회전하는 것을 보고는 바로 112번으로 교통사고를 내고 도주하는 택시를 잡아 놓았다고 신고한 사실, 피고인은 위와 같이 스스로 정차한 후 가해차량에서 내린 다음 피고인이 소속되어 있는 사천개인택시조합 사무실에 전화하여 여직원 공소외 3에게 사고가 났는데 어떻게 할지 모르겠으니 처리를 해 달라고 전화하였는바, 당시 피고인은 자신이 받친 것 같은데 상대차는 보이지 않고 어떻게 됐는지 모르겠다고 하면서 몇 번에 걸쳐 겨우 알아들을 정도로 말을 더듬고, 당황해 하였던 사실(피고인이 위와 같이 전화를 한 시각은 20:12:32경이고, 1분간 통화하였다), 공소외 3은 피고인의 전화를 받고는 읍내지구대 전화번호를 불러주면서 피고인에게 직접 신고하도록 하고, 무전기를 통하여 운행중인 개인택시 운전자들에게 사고 장소에 가까운 곳에 있는 차량은 가보도록 지령하였는바, 공소외 4가 위 지령을 받고 피고인이 있는 곳으로 간 사실, 당시 112 신고센터로부터 지령을 받고 사고 현장으로 간 경찰관 공소외 5는 사고 현장에 도착한 후 20:11:31경 도착하였다는 보고를 하고(제1심은 공소외 5가 위 시각에 사고 현장이 아닌 피고인에게 도착한 것으로 보았으나, 원심에서 공소외 5는 위 시각에 사고 현장에 도착하였다고 진술하였다) 가해차량을 추격하던 중 사고 현장에서 약 400m 떨어진 곳에서 가해차량과 그 차량 옆에 서 있는 피고인을 발견한 사실, 공소외 5가 피고인에게 사고 경위에 대하여 질문하였으나 피고인은 사고 충격으로 정신을 차리지 못하여 사고 경위에 대한 질문에 제대로 답변하지 못하고 엉뚱한 답변을 하는 등 횡설수설하였고, 경찰차에 타고 지구대로 이동한 후에도 머리가 아파 나중에 진술하겠다고 호소하여 지구대로 온 사천개인택시조합 회장 공소외 6에게 피고인을 병원에 데려가 치료를 받도록 한 사실, 이 사건 사고로 피해차량은 3,567,300원의 수리비가 들 정도로 심하게 파손되고 가해차량도 비슷한 정도로 파손되었으며, 피고인은 사고 당일 읍내지구대에서 나와 사천성모병원으로 가 두통 및 현기증이 있고 사고에 대하여 전혀 기억이 없으며 허리에도 통증이 있다고 호소하여 머리 부분에 대한 씨티(CT)촬영을 하고 입원치료를 받았는바, 2004. 11. 18. 경찰에서 피의자신문을 받을 때까지도 허리 통증으로 위 병원에서 치료를 받고 있었던 사실을 알 수 있는바, 이 사건 사고로 인하여 피고인이 받았을 충격의 정도, 사고 후 반대차선으로 밀려 역주행하다가 2차 사고까지 일으키게 된 정황, 정주행 차선으로 돌아온 후에도 후발 사고의 위험이 없는 마땅한 주차 공간을 찾기 어려운 도로여건, 피고인이 스스로 정차한 후 사천개인택시조합 직원에게 사고처리를 부탁하는 전화를 마칠 무렵 경찰관 공소외 5가 피고인에게 도착함으로써(제1심은 공소외 5가 도착한 이후 피고인이 사천개인택시조합에 전화하였다고 보았으나, 공소외 5가 피고인에게 도착하였을 것으로 예상되는 시각 및 공소외 5의 원심에서의 증언 내용에 비추어 보면 공소외 5는 피고인이 사천개인택시조합 직원과의 전화를 마치기 바로 전이나 마친 직후에 도착한 것으로 보인다) 달리 경찰에 신고할 필요가 없었고, 경찰관이 도착하지 않았더라면 피고인이나 피고인의 전화를 받고 사고처리를 도와주기 위해 피고인에게 온 공소외 4에 의해 사고신고 등의 조치가 이루어졌을 것으로 보이는 점 등의 사정에 비추어 보면, 피고인이 이 사건 사고 후 가해차량을 운전하여 사고 현장으로부터 약 400m 이동하여 정차한 것은 불가피한 것으로 볼 여지가 있고, 이로 인하여 피고인이 구 도로교통법 제50조 제1항의 규정에 의한 조치를 제대로 이행하지 못하였다고 하더라도 피고인에게 도주의 범의가 있었다고 보기는 어렵다고 할 것이다.

그럼에도 원심은 피고인이 위와 같이 사고 현장을 벗어나 정차하게 된 것을 불가피한 사정에 의한 것으로 보지 아니하고, 피고인이 이 사건 사고 후 즉시 정차하여 피해자를 구호하는 등 필요한 조치를 취하지 않고 도주하였다고 판단하였으니, 원심판결에는 채증법칙을 위배하여 사실을 오인하였거나 법리를 오해함으로써 판결 결과에 영향을 미친 위법이 있고, 이 점을 지적하는 상고이유의 주장은 이유가 있다.

3. 결론

그러므로 원심판결을 파기하고, 사건을 다시 심리·판단하도록 원심법원에 환송하기로 하여 관여 대법관의 일치된 의견으로 주문과 같이 판결한다.

판례13 | 교통사고로 인하여 피해차량이 경미한 물적 피해만을 입었고 파편물이 도로상에 비산되지는 않았다고 하더라도 가해차량이 즉시 정차하는 등 필요한 조치를 취하지 아니한 채 그대로 도주한 경우에는 교통사고 발생시의 필요한 조치를 다하였다고 볼 수 없다고 한 사례[대법원 2006. 9. 28. 선고 2005도6547 판결]

【원심판결】

광주지법 2005. 8. 19. 선고 2005노1233 판결

【주문】

원심판결 중 손괴 후 미조치로 인한 도로교통법 위반 부분을 파기하고, 이 부분 사건을 광주지방법원 본원 합의부에 환송한다.

【이유】

상고이유를 본다.

1. 공소사실 및 원심의 판단

이 사건 공소사실의 요지는, 피고인은 2005. 4. 27. 20:45경 전남 80가3976호 화물차를 운전하여 목포시 영해동 소재 별치킨호프 앞길을 선창 방면에서 남초등학교 방면으로 우회전하면서, 반대방향 차로까지 침범하여 우회전한 과실로 반대방향에서 진행 중인 피해자 공소외인 운전의 (차량번호 생략) 다마스 승합차의 운전석 뒤 문짝 부분을 위 화물차의 앞 범퍼 부분으로 들이받아 위 승용차를 뒤 범퍼 교환 등 수리비 425,000원 상당이 들도록 손괴하고도 교통사고 발생시의 조치를 취하지 아니하였다는 것이다.

이에 대하여 원심은, 이 사건 교통사고로 인한 피해차량의 손괴정도는 뒤 범퍼 부분이 약간 긁힌 흔적이 있는 정도이고, 수리비는 합계 425,000원으로 대부분 공임이며, 피해차량으로부터 비산물이 떨어진 것은 없었던 사실, 사고를 당한 피해차량은 즉각 피고인 차량을 따라간 사실을 인정할 수 있을 뿐이고, 이 사건 교통사고로 인하여 교통상의 위험과 장해가 야기되었다고 인정할 자료를 찾아볼 수 없으므로, 피고인이 사고현장을 이탈할 당시 교통상의 위험과 장해를 방지·제거하여 원활한 교통을 확보하기 위한 조치를 취하여야 할 필요가 있었다고 보기는 어렵다는 이유로 이에 대하여 무죄를 선고하였다.

2. 상고이유에 대한 판단

구 도로교통법(2005. 5. 31. 법률 제7545호로 전문 개정되어 2006. 6. 1.부터 시행되기 전의 것. 이하 '법'이라고 한다) 제50조 제1항의 취지는 도로에서 일어나는 교통상의 위험과 장해를 방지·제거하여 안전하고 원활한 교통을 확보함을 그 목적으로 하는 것인바, 이 경우 운전자가 하여야 할 필요한 조치는 사고의 내용, 피해의 태양과 정도 등 사고현장의 상황에 따라 적절히 강구되어야 할 것이고, 그 정도는 우리의 건전한 양식에 비추어 통상 요구되는 정도의 조치를 말한다(대법원 1993. 11. 26. 선고 93도2346 판결 등 참조).

기록에 의하면, 피고인은 공소사실 기재 일시·장소에서 위 화물차를 운전하여 우회전을 하면서 가상의 중앙선을 넘어서 진행함으로써 반대방향에서 오던 피해차량과 충돌하였는데, 당시 피해차량에는 운전자 외에 2명의 여자가 더 탑승해 있었고 피고인도 이를 알고 있었던 사실, 피고인은 사고 직후 정차하지도 않은 채 그대로 도주하였고, 이에 피해차량의 운전자가 경찰과 무선연락을 주고받으며 약 5km나 피고인을 추격하여 피고인을 검거한 사실, 사고지점은 목포시 선창 부근으로 근처에 술집들이 밀집해 있는 곳이고 사고시각에는 차량들의 흐름이 적지 않았던 사실 등을 인정할 수 있는바, 사실관계가 이와 같다면, 피고인은 법 제50조 제1항의 규정에 의한 즉시 정차하는 등 필요한 조치를 취하지 아니한 채 그대로 도주하였을 뿐 아니라, 피해자 등이 도주하는 피고인을 약 5km나 추격함으로써 새로운 교통상의 위험과 장해를 초래하였음이 분명하므로, 비록 위 사고로 인하여 피해차량이 경미한 물적 피해만을 입었고 파편물이 도로상에 비산되지는 않았다고 하더라도, 피고인이 법 제50조 제1항의 규정에 의한 교통사고 발생시의 필요한 조치를 다하였다고 볼 수는 없다고 할 것이다.

그럼에도 불구하고, 원심이 위 교통사고가 매우 경미한 접촉사고에 불과하여 피고인이 사고현장을 이탈할 당시 교통상의 위험과 장해를 방지·제거하여 원활한 교통을 확보하기 위한 조치를 취할 필요가 있었다고 보기 어렵다는 이유로 위 공소사실에 대하여 무죄를 선고한 것은 법 제106조, 제50조 제1항에 관한 법리를 오해하는 등으로 판결 결과에 영향을 미친 위법을 저지른 것이라고 하겠으므로, 이 점을 지적하는 상고이유의 주장은 이유 있다.

3. 결론

그러므로 원심판결 중 손괴 후 미조치로 인한 도로교통법 위반 부분을 파기하고, 이 부분 사건을 다시 심리·판단하게 하기 위하여 원심법원에 환송하기로 하여, 관여 대법관의 일치된 의견으로 주문과 같이 판결한다.

[7] 헌법재판소 결정례

판례1 │ 구 특정범죄가중처벌 등에 관한 법률 제5조의3 제1항의 '피해자를 구호하는 등 도로교통법 제50조 제1항의 규정에 의한 조치를 취하지 아니하고 도주한 때' 및 구 도로교통법 제50조 제1항의 교통사고 후 운전자 등이 즉시 정차하여야 할 의무의 의미[헌법재판소 2006. 9. 28. 선고., 2006도3441 결정]

【결정요지】

1. "교통사고를 일으키거나 …… 한 사람의 비율이 대통령령이 정하는 비율을 초과하는 때"라고 규정하고 있는 이 사건 조항은 행정처분의 기준이 되는 '교통사고'와 '사고 운전자의 비율'을 각 위임하고 있는 것이라고 볼 수 있다. 이러한 위임입법은 헌법 제75조의 포괄위임입법금지원칙에 위배된다.

가. '교통사고'는 이 사건 조항에서 행정제재의 기준이 되는 비율의 계산에 있어서 중요한 변수이나, 이 사건 조항은 대통령령에 규정될 '교통사고'가 어떤 종류나 범위의 것이 될 것인지에 관한 대강의 기준을 제시하지 않고 있으며 도로교통법의 전반적 체계와 관련규정을 보아도 이를 예측할만한 단서가 없다. 따라서 '교통사고' 부분의 위임은 지나치게 포괄적인 것으로서 예측가능성을 주지 못하며 위임입법에서 요구되는 구체성·명확성 요건을 충족하지 못하였다.

나. '사고 운전자의 비율'은 행정제재의 핵심적인 기준이므로 그 위임에 있어서는 법률에서 구체적 기준을 정하여야 한다. 그런데 이 사건 조항이나 도로교통법의 다른 조항들을 살펴보아도 그 비율의 대강이나 상하한선을 예상할 수 없다. 따라서 이 사건 조항은 운전전문학원 졸업자의 교통사고 비율을 대통령령에 너무 포괄적으로 위임한 것이다.

2. 가. 교통사고는 본질적으로 우연성을 내포하고 있고 사고의 원인도 다양하며, 이는 운전기술의 미숙함으로 인한 것일 수도 있으나, 졸음운전이나 주취운전과 같이 운전기술과 별다른 연관이 없는 경우도 있다. 이 사건 조항이 운전전문학원의 귀책사유를 불문하고 수료생이 일으킨 교통사고를 자동적으로 운전전문학원의 법적 책임으로 연관시키고 있는 것은 운전전문학원이 주체적으로 행해야 하는 자기책임의 범위를 벗어난 것이며, 교통사고율이 높아 운전교육이 좀더 충실히 행해져야 하며 오늘날 사회적 위험의 관리를 위한 위험책임제도가 필요하다는 사정만으로 정당화될 수 없다.

나. 운전교육과 기능검정이 철저하더라도 교통사고는 우연적 사정과 운전자 개인의 부

주의로 발생할 수 있다는 것을 감안하면, 교통사고를 예방하고 운전교육과 기능검정을 철저히 하도록 한다는 입법목적은 이 사건 조항으로 인하여 효과적으로 달성된다고 할 수 없다. 운전교육 및 기능검정의 내실화 및 이를 통한 교통사고 예방은 이 사건 조항이 아니더라도 운전전문학원의 지정 요건과 교육내용, 기능검정 등에 관하여 마련되어 있는 도로교통법과 동법시행령·시행규칙의 구체적이고 자세한 규정들이 제대로 집행된다면 가능하다. 이 사건 조항은 입법목적을 달성하기 위한 수단으로서 부적절하며, 운전전문학원의 영업 내지 직업의 자유를 필요 이상으로 제약하는 것이다.

다. 이 사건 조항이 추구하는 입법목적이 이 사건 조항을 통하여 달성될 것인지가 불투명한 반면, 이 사건 조항에 따른 행정제재를 당하는 운전전문학원은 자신이 충실히 운전교육과 기능검정을 하였더라도 피할 수 없는 제재를 당할 수 있게 되고, 그러한 제재가 가져오는 영업상의 손실은 큰 것이다. 이 사건 조항은 법익의 균형성 원칙에 위배된다.

라. 그러므로 이 사건 조항은 비례의 원칙에 어긋나 직업의 자유를 침해한다.

[재판관 김효종의 반대의견]

1. 이 사건 조항은 '비율'에 관한 상세한 규율을 대통령령에 위임하였을 뿐 '교통사고'에 관한 부분은 위임하였다고 볼 수 없다. '교통사고'에 관하여는 도로교통법이 명확하게 정의하고 있으며, 동법시행령이 '교통사고'를 '사망사고'에 한정한 것은 행정청이 법률을 집행하기 위하여 필요한 사항을 규정한 것으로서 허용된다. 한편 '교통사고의 비율'은, '도로에서 일어나는 교통상의 위험과 장해를 방지함에 부적절하다고 인정되는 교통사고의 비율로서 대통령령이 정하는 것'을 의미하며, 수범자들이 입법목적과 제반 요인을 함께 고려한다면 대통령령에 규정될 교통사고 비율의 대강을 충분히 예측할 수 있다. 따라서 이 사건 조항이 포괄위임입법금지원칙에 위배된다고 볼 수 없다.

2. 교통사고가 특정 행위자에게 귀속되는 것은 그의 과실을 매개로 하는 것이고, 운전전문학원의 교육내용이 결국 과실 인정의 기초가 되는 운전자의 주의의무의 내용을 이루게 마련이고 특히 운전전문학원이 기능검정까지 담당하고 있으므로 운전자의 운전능력과 운전전문학원의 조치 사이에는 상당한 상관관계가 존재한다. 이 사건 조항은 별도의 입법조치가 없더라도 높은 위험성을 안고 있는 운전전문학원에 대하여 행정청이 취할 수 있는 조치 즉 지정처분의 직권취소 또는 철회 등을 확인적으로 규정한 것이다. 이 사건 조항의 주된 기능은 운전전문학원이 조성하는 사회적 위험의 관리에 있는 바 이는 국민의 기본권을 보호할 국가적 책무에 속하는 것으로서 직업의 자유에 대한 제약을 정당화하는 우월한 공익에 속한다. 따라서 이 사건 조항은 직업의 자유를 침해

하지 않는다.

3. 한편 이 사건 조항은 친족의 행위로 인한 불이익 처우에 관하여 규정한 것이 아니므로 헌법 제13조 제3항이 규정한 연좌제금지에 반한다고 볼 수 없으나, '교통사고'의 발생에 대한 불이익처분은 의사주의적 요소를 지닌 엄격한 자기책임원리에 반한다고 볼 수 있으므로 일반적 행동자유권을 제약하고 있다. 그렇지만 이 사건 조항은, 일반 사회에 교통사고의 위험을 가져오게 마련인 자동차운전자를 배출한 운전전문학원은, 일반사회에 위험원(危險源)을 제공한 자로서 그 위험원에서 발생한 결과에 대하여 책임을 부담하여야 한다는 위험책임의 법리와 행정청은 개연성이 높은 위험을 억제, 방지할 책임을 부담한다는 행정상의 위험관리책임에 의하여 정당화될 수 있다.[재판관 권 성의 보충의견]

다수의견이 언급하고 있는 '자기책임'은 '자기책임의 원리'를 지칭하는 것으로 이해되는데 이 자기책임의 원리는 헌법에 내재되어 헌법의 기초를 이루고 있는 하나의 헌법상의 원리에 해당한다. 그러므로 자기책임의 원리는 이 사건 조항이 직업선택의 자유를 침해하는 것으로 되는 보충적인 논거를 제공하는 정도에서 그치는 것이 아니라 그 자체가 이 사건 조항의 위헌 여부를 판단함에 있어서 하나의 독자적인 기준이 될 수 있다. 자기책임의 원리를 기준으로 하여 이 사건 조항의 위헌 여부를 판단하면 그 결론은 위헌이라고 할 것인바 그 논거는 다수의견이 직업선택의 자유에 대한 침해를 인정하면서 밝힌 논거와 같다.

【제청법원】

창원지방법원

【주문】

도로교통법 제71조의15(2001. 12. 31. 법률 제6565호로 개정되고, 2005. 5. 31. 법률 제7545호로 전문개정되기 전의 것) 제2항 제8호 중 "당해 전문학원을 졸업하고 운전면허를 받은 사람 중 교통사고를 일으킨 사람의 비율이 대통령령이 정하는 비율을 초과하는 때" 부분은 헌법에 위반된다.

판례2 | 교통사고로 사람을 사상한 후 법 소정의 필요한 구호조치와 신고를 하지 아니한 때 운전면허를 필요적으로 취소하도록 규정하고 있는 구 도로교통법 (2001. 1. 26. 법률 제6392호로 개정되기 전의 것) 제78조 제1항 단서 중 제12호 부분(이하 '이 사건 법률 조항'이라 한다)이 과잉금지의 원칙에 위배하여 직업선택의 자유나 행복추구권을 침해하는지 여부(소극)[헌법재판소 2002. 4. 25. 선고, 2001헌가19 결정]

【결정요지】

1. "교이 사건 법률조항은 교통사고를 야기하여 사람을 사상한 후, 그에 필요한 피해자의 구호조치를 취하지 않고 경찰관서에 신고하지도 않은 것으로, 그 행위에 이중의 반규범성을 나타내는 아주 제한적인 경우를 그 대상으로 하고 있고, 법원의 재판을 통하여 그 구성요건 해당성이 더욱 엄격히 제한될 여지가 있으며, 그 면허취소 후 면허취득결격기간이 사정에 따라 1년, 4년, 5년으로 되는 등, 구체적 사안의 개별성과 특수성을 반영할 여지를 어느 정도 두고 있으며, 특히 과도한 교통량, 높은 교통사고발생률, 이른바 "뺑소니" 사범도 계속 늘어나고 있는 우리나라의 교통현실과 국민의 교통질서의식과 문화 등을 감안할 때, 면허정지처분의 여지를 전혀 두지 않고 반드시 면허취소하도록 규정하였다고 하여, 교통질서유지와 공공복리, 그리고 교통사고 피해자의 생명, 신체에 대한 보호를 위하여 국민의 행복추구권이나 직업선택의 자유를 제한함에 있어 필요 최소한의 범위를 넘었다고 볼 수는 없다.

또한 이 사건 법률조항이 교통질서확립이라는 일반적인 교통행정 규제뿐만 아니라 나아가 피해자 구호와 관련하여 교통사고가 야기된 후 발생할 지도 모를 생명, 신체에 대한 위험을 최대한 경감하고 예방하고자 하는 국가의 국민의 생명, 신체에 대한 보호를 그 입법목적으로 하고 있는 점, 교통사고를 야기하고 사람의 생명, 신체에 대한 위해를 발생시킨 자에 대하여 당연히 요구되는 자연법상의 의무인 구호조치의무를 법규로 확인한 그 법적의무를 위반한 자에 대한 행정적 제재라는 점과 이에 대하여 형사적 제재도 가하고 있는 점을 종합적으로 고려할 때, 도로를 사용하여 자동차 등의 운행을 할 수 있는 혜택이나 특권을 누리고, 그것을 영업의 수단으로 사용할 이익은 상대적으로 더 제한받을 소지가 있는 것이다. 그리고 이 사건 법률조항의 경우는 공공도로를 이용하여 자동차 등을 운행할 기본적인 자격이 결여되었다고 볼 수 있는 확실한 징표로서, 법이 규정하는 다른 필요적 면허취소 사유와 비교하여도 경하다고 할 수 없으며, 기타 운전 중 고의 또는 과실로 교통사고를 일으킨 때 등 다른 임의적 면허취소·정지 사유에 비하여도 훨씬 중하다고 할 것이고, 교통사고 야기 후 구호 등 조치를 하였더라도 사상자 수가 일정 수 이상일 경우에는 벌점초과로 면허취소처분을 받게 되는 등, 도로교통법상 면허취소·정지 사유간의 체계를 파괴할 만큼 형평성에서 벗어났다고 볼 수도 없다. 그렇다면 이 사건 법률조항은 교통사고로 인하여 발생할 국민의 생명·신체에 대한 위험을 예방하고 교통질서확립을 위하여, 도로를 사용하여 운행하는 혜택을 누리고 그것을 영업의 수단으로 하는 국민의 이익을 제한함에 있어서 법익균형성의 원칙을 위배하였다고 볼 수도 없다고 할 것이다.

따라서, 이 사건 법률조항은 헌법 제37조 제2항의 과잉금지의 원칙에 위배되지 아니하고, 헌법 제10조의 국민의 행복추구권과 헌법 제15조의 직업선택의 자유를 침해하는 것이라고 할 수 없으므로, 헌법에 위반되지 아니한다.

[재판관 하경철, 재판관 김효종의 반대의견]

입법자가 임의적 규정으로도 법의 목적을 실현할 수 있는 경우에 구체적 사안의 개별성과 특수성을 고려할 수 있는 가능성을 일체 배제하는 필요적 규정을 둔다면, 이는 비례의 원칙의 한 요소인 '최소침해의 원칙'에 위배된다는 것을 우리 헌법재판소는 여러 차례 확인한 바 있다.

설사 교통질서의 확립과 피해자의 구호가 긴요하여 행정적 제재를 강화할 필요가 있었다 하더라도 구법의 임의적 면허취소·정지조항이 규정하고 있는 규제권한의 범위내에서도, 사고당시의 정황, 피해의 정도, 도주에 이르게 된 경위, 위반행위의 태양 등 제반 사정을 고려하여 위법의 정도에 상응하게 면허의 취소나 정지 등의 제재수단을 선택함으로써 입법목적을 효과적으로 달성할 수 있다. 그럼에도 불구하고 이 사건 법률조항은 이에 그치지 아니하고 위와 같은 제반 사정이나 구체적 사안의 개별성과 특수성을 고려할 수 있는 여지를 일체 배제하고 그 사유에 해당하기만 하면 반드시 운전면허를 취소하도록 규정하고 있어서, 위법의 정도나 비난의 정도가 극히 미약한 경우까지도 재량의 여지없이 운전면허를 취소할 수 밖에 없게 되어 있다. 그렇다면, 기본권 침해의 정도가 덜한 임의적 취소·정지 제도의 적절한 운용을 통하여 입법목적을 달성하려는 노력을 기울이지 아니한 채 기본권 침해의 정도가 한층 큰 필요적 취소제도를 도입한 이 사건 법률조항은 행정편의적 발상으로서 피해최소성의 원칙에 위반된다 할 것이다.

그리고 이 사건 법률조항은 현대 사회·가정·경제생활에 있어서 필수적인 수단인 자동차를 운행하는데 필요한 면허를 취소하는 것으로 직업의 선택이나 수행 등 직업의 자유와 행복추구권과 같은 기본적인 인권에 대한 제한을 규정하는 것이고, 그 취소 후에 면허를 받을 수 없는 결격기간이 사안에 따라 1년, 4년, 5년으로 규정되어 있으나, 그 중 1년의 경우는 극히 예외적이고 일반적으로 4년 또는 5년으로 되어 있어, 자동차의 운행을 직업의 직접적인 수단으로 이용하는 국민에게는 특히 생계에 지장을 초래하게 될 만큼 중대한 제약을 과도하게 오랫동안 받게 한다. 교통질서의 확립과 피해자의 구호가 대단히 중요한 공익임에는 틀림이 없다. 그러나 위와 같이 자동차의 운전으로 생업을 영위하는 개인에게 있어서는 장기간의 운전면허취소는 생계에 심각한 타격을 초래한다. 이러한 사익의 침해를 결코 가볍게 볼 수는 없는 것이다. 그럼에도 불구하고 이 사건 법률조항은 행정당국이나 법원의 재판과정에서 구체적 사안의 개별성과 특수성을 고려하여 공익침해의 정도에 상응하는 제재조치를 선택할 수 있는 재량의 여지를 전혀 부여하지 않고 모두 필요적으로 면허를 취소하도록 규정함으로써, 공익침해의 정도가 현저히 낮은 경우에도 반드시 면허를 취소할 수 밖에 없게 하고 있으니, 이는 보호하고자 하는 공익에 비하여 기본권침해의 정도가 과중하다고 하지 아니할 수 없고, 따라서 법익균형성의 원칙에 위배된다.

그러므로 이 사건 법률조항은 과잉금지의 원칙에 위배되어 행복추구권과 직업선택의 자유를 침해하는 것이므로 헌법에 위반된다.

【제청법원】

부산지방법원

【주문】

구 도로교통법(2001. 1. 26. 법률 제6392호로 개정되기 전의 것) 제78조 제1항 단서 중 제12호 부분은 헌법에 위반되지 아니된다.

【이유】

1. 사건건의 개요와 심판의 대상

   가. 사건의 개요

   (1) 2001헌가19

   부산광역시 지방경찰청장은 2000. 12. 19. 제청신청인 한○호에 대하여, '한○호가 교통사고를 일으켜 사람을 다치게 하고도 도로교통법 제50조 제1항 및 제2항의 규정에 의한 구호조치와 신고의무를 이행하지 아니하였다'는 이유로, 도로교통법 제78조 제1항 단서 제12호를 적용하여 한○호의 자동차운전면허를 취소하는 내용의 처분을 하였다.

   이에 한○호는 부산지방법원에 위 처분의 취소를 구하는 내용의 행정소송을 제기하였고(같은 법원 2001구2577), 그 소송계속 중 도로교통법 제78조 제1항 단서 중 제12호 부분의 위헌여부가 그 재판의 전제가 된다고 하여 위헌제청신청을 하였으며, 부산지방법원은 이를 받아들여 우리 재판소에 위 법률조항에 대한 위헌여부심판을 제청하였다(같은 법원 2001아164 위헌제청).

   (2) 2001헌가20

   부산광역시 지방경찰청장은 2000. 6. 1. 제청신청인 한○길에 대하여, 위 한○길이 2000. 4. 3. 20:20 경 부산 강서구 녹산동에 있는 '삼성전기' 앞길 1차로를 진해방면에서 부산방면으로 부산 27너○○○○호 아반떼 승용차를 운전하다가 인적 피해를 수반하는 교통사고를 야기하고도 도로교통법 제50조 제1항 및 제2항의 규정에 의한 필요한 조치 및 신고를 하지 아니하였다는 이유로, 같은 법 제78조 제1항 단서, 제12호를 적용하여 위 한○길의 자동차운전면허를 취소하는 처분을 하였다.

   이에 위 한○길은 부산지방법원에 위 부산광역시 지방경찰청장의 처분의 취소를 구하는 소송을 제기하였고(같은 법원 2000구5593), 그 재판 계속 중 도로교통법

제78조 제1항 단서 중 제12호 부분의 위헌여부가 그 재판의 전제가 된다고 하여 위헌제청신청을 하였으며, 부산지방법원은 이를 받아들여 우리 재판소에 위 법률 조항에 대한 위헌여부심판을 제청하였다(같은 법원 2001아153 위헌제청).

나. 심판의 대상

이 사건의 심판대상은 구 도로교통법(2001. 1. 26. 법률 제6392호로 개정되기 전의 것, 이하 다만 "법"이라고 한다) 제78조 제1항 단서 중 제12호 부분(이하 "이 사건 법률조항"이라 한다)의 위헌여부이고, 그 법률조항 및 관련 법률조항의 내용은 다음과 같다.

법 제78조(면허의 취소·정지)

① 지방경찰청장은 운전면허(연습운전면허를 제외한다. 이하 이 조에서 같다)를 받은 사람이 다음 각호의 1에 해당하는 때에는 행정자치부령이 정하는 기준에 의하여 운전면허를 취소하거나 1년의 범위 안에서 그 운전면허의 효력을 정지시킬 수 있다. 다만, 제1호 내지 제3호, 제5호 내지 제7호, 제10호 내지 제12호에 해당하는 때에는 그 운전면허를 취소하여야 한다.

1.~11. 생략

12. 교통사고로 사람을 사상한 후 제50조 제1항 및 제2항의 규정에 의한 필요한 조치 및 신고를 하지 아니한 때

법 제50조(사고발생시의 조치)

① 차의 교통으로 인하여 사람을 사상하거나 물건을 손괴(이하 "교통사고"라 한다)한 때에는 그 차의 운전자 그밖의 승무원(이하 "운전자등"이라 한다)은 곧 정차하여 사상자를 구호하는 등 필요한 조치를 하여야 한다.

② 제1항의 경우 그 차의 운전자등은 경찰공무원이 현장에 있는 때에는 그 경찰공무원에게, 경찰공무원이 현장에 없는 때에는 가장 가까운 경찰관서(경찰지서·파출소·출장소를 포함한다. 이하 같다)에 지체없이 사고가 일어난 곳, 사상자수 및 부상정도, 손괴한 물건 및 손괴정도 그밖의 조치상황 등을 신속히 신고하여야 한다. 다만, 운행중인 차만이 손괴된 것이 분명하고 도로에서의 위험방지와 원활한 소통을 위하여 필요한 조치를 한 때에는 그러하지 아니하다.

법 제70조(운전면허의 결격기간)

② 다음 각호의 1에 해당하는 사람은 당해 각호에 규정된 기간이 지나지 아니하면 운전면허를 받을 자격이 없다. 이 경우 제1호 내지 제4호에 있어서는 벌금이상의 형(집행유예를 포함한다)의 선고를 받은 자에 한한다.

1. 제40조 제1항의 규정에 위반하여 자동차등을 운전한 경우에는 그 위반한 날(운전면허의 효력이 정지된 기간중 운전으로 인하여 취소된 경우에는 그 취소된 날)부터 2년(원동기장치자전거면허의 경우에는 6월). 다만, 사람을 사상한 후 제50조 제1항 및 제2항을 위반

한 경우에는 그 위반한 날부터 5년으로 한다.

2. 제41조 또는 제42조의 규정에 위반하여 사람을 사상한 후 제50조 제1항 및 제2항의 규정에 위반한 경우에는 운전면허가 취소된 날부터 5년

3. 제40조 내지 제42조외의 사유로 사람을 사상한 후 제50조 제1항 및 제2항의 규정에 의한 필요한 조치 및 신고를 하지 아니한 경우에는 운전면허가 취소된 날부터 4년

6. 제1호 내지 제5호에 정한 경우외의 사유로 운전면허가 취소된 경우에는 취소된 날부터 1년. 다만, 적성검사를 받지 아니하여 운전면허가 취소된 사람 또는 제1종 운전면허를 받은 사람이 적성검사에 불합격되어 다시 제2종 운전면허를 받고자 하는 사람의 경우에는 그러하지 아니하다.

2. 제청법원의 제청이유와 관계기관의 의견

가. 부산지방법원의 제청이유

입법자가 임의적 규정으로도 입법목적을 실현할 수 있는 경우에 구체적 사안의 개별성과 특수성을 고려할 수 있는 가능성을 일체 배제하는 필요적 규정을 둔다면, 이는 과잉금지의 원칙의 한 내용인 '최소침해의 원칙'에 위배된다고 할 것이다.

그런데 이 사건 법률조항은 교통사고로 사람을 사상하게 한 자가 피해자의 구호 등 필요한 조치 및 신고를 하지 아니하기만 하면, 사고당시의 정황, 피해의 정도, 도주에 이른 경위, 위반행위의 태양 등 제반 사정을 고려할 여지를 전혀 두지 않고 필요적으로 취소하도록 규정함으로써, 운전자에 대한 비난가능성이 극히 낮은 경우에도 운전면허를 취소할 수밖에 없도록 하고 있다. 게다가 법 제70조 제2항 제2호는 법 제50조 제1항 및 제2항을 위반한 경우로서 벌금 이상의 형의 선고를 받은 자에 대하여는 운전면허가 취소된 날로부터 5년간이나 운전면허를 받을 자격이 없는 것으로 규정하고 있는바, 현실적으로 도주차량의 경우 선택형으로 벌금형이 없어 이 사건 법률조항으로 면허취소된 자는 반드시 5년간 운전면허를 받을 수 없게 되는 결과, 자동차운전을 생업으로 하고 있는 국민에게는 그 생계를 위협할 수도 있다.

그렇다면 법 제50조 제1항 및 제2항에 위반한 모든 경우에 대하여 필요적으로 운전면허를 취소하게 할 것이 아니라, 행정당국의 법 집행과정이나 법원의 재판과정에서 구체적 사안에 따라 그 개별성과 특수성을 고려하여 공익침해의 정도에 상응하는 제재조치(예컨대 긴 기간의 면허정지나 면허취소 등)를 선택할 수 있도록 재량의 여지를 부여하는 것이 법익형량의 요청을 충족하는 길일 것이다. 그럼에도 불구하고 이 사건 법률조항은 사고당시의 정황 등 제반 구체적인 사정을 고려할 여지를 전혀 두지 않고 비난가능성이 극히 낮은 운전자에 대하여도 반드시 그의 운전면허를 취소하도록 하고, 나아가 향후 5년간 그가 운전면허를 취득할 수 없게 만들어버리는 것은 보호하고자 하는 공익에 비하여 기본권 침해의 정도가 과중하다고 할 것이어서 직업의 자유 및 행복추구권의 본질적 내용을 침해하고 있으므로 헌법에

위반된다.

나. 경찰청장의 의견

현행 도로교통법 제78조 제1항 단서 중 제12호 관련 조항 및 시행규칙에 의하면, 교통사고로 사람을 사상한 후 사상자 구호 등 필요한 조치와 신고를 하지 않은 경우에는 필요적 면허취소를 하고, 구호 등 조치는 하지 않았으나 신고기한(3시간 또는 12시간)내 자진 신고한 경우에는 벌점 30점을, 신고기한 후에 자진 신고를 한 경우에는 벌점 60점을 각 그 법규위반 및 사고결과에 대한 벌점과 별도로 부과하고 있고, 구호 등 조치는 하였으나 신고를 하지 않은 경우는 법규위반 및 사고결과에 대한 벌점만을 부과하여 그에 따라 면허정지 또는 면허취소 처분을 하고 있으며, 운전면허시험 응시제한기간(결격기간) 역시 벌금 이상의 형을 선고받은 자와 그렇지 않은 자를 구분하고, 음주운전이나 무면허운전을 병행한 자와 그렇지 않은 자를 각각 구분하여 처분하도록 함으로써, 객관적 기준에 따라 법규위반행위의 태양을 구분하여 행정처분을 하므로, 행정처분의 형평성 유지는 물론 개별화도 충분히 고려하고 있다.

그리고 혈중알콜 농도가 0.1% 이상인 상태에서 운전을 한 경우, 음주운전 여부에 대한 측정불응, 운전면허증을 다른 사람에 빌려주어 운전하게 한 경우에도 필요적 취소사유로 규정하고 있고, 교통사고 야기 후 구호 등 조치를 하였더라도 사상자가 일정 수 이상일 경우 벌점초과로 면허취소 처분을 하는 점에 비추어 볼 때, 사람을 사상한 후 구호 등 조치와 신고를 하지 않은 자에 대하여 반드시 취소처분을 하도록 한 이 사건 법률조항이 국민의 기본권을 침해할 정도의 과도한 것이라고 단정하기 어렵다.

또한 사회적 비난가능성에 대한 판단은 다분히 주관적일 수밖에 없기 때문에, "비난가능성이 낮은지 여부"를 결정할 수 있는 객관적 기준을 마련하는 것은 불가능할 뿐만 아니라, 설사 객관적 기준을 마련한다고 하더라도 각 기준에 따른 처벌을 모두 달리할 필요는 없다.

그렇다면 법원에서 선고유예를 할 수 없는 정도의 비난가능성이 인정되어 벌금 이상의 형을 선고한 경우에는 4년 또는 5년의 결격기간을 부여하고, 비난가능성이 낮아 선고유예를 한 경우에는 1년의 결격기간만을 부여하도록 하는 것이 국민의 기본권을 침해할 정도로 과다하다고 보기는 어렵다고 할 것이다.

3. 판단

가. 이 사건 법률조항의 입법경위와 입법취지

(1) 도로교통법이 1961. 12. 31. 법률 제941호로 제정될 당시 필요적 면허취소 규정은 존재하지 않았고, 임의적 면허취소·정지 규정만으로 규제하고 있었는데,

산업사회로 발전하면서 자동차 수가 늘어나고 이에 따라 교통사고가 증가하게 되어 교통질서 확립이 사회질서의 기본문제로 부각됨에 따라 수 차례에 걸친 법개정(1973. 3. 12. 법률 제2591호, 1984. 8. 4. 법률 제3744호, 1991. 12. 14. 법률 제4421호, 1995. 1. 5. 법률 제4872호, 1999. 1. 29. 법률 제5712호 등)을 통하여 필요적 면허취소 규정을 둠과 아울러 그 사유를 확대하여 왔고, 그 일환으로 이 사건 법률조항은 1999. 1. 29. 법률 제5712호 개정 법률로 신설된 것이다.

(2) 제청법원도 지적한 바와 같이 법 제50조 제1항, 제2항의 입법취지는 경찰공무원으로 하여금 교통사고의 발생을 신속하게 알게 하여 교통질서의 안전유지 및 도로상의 위험과 그에 따른 피해의 확대를 방지하며, 피해자의 구호와 교통질서회복에 대하여 적절한 조치를 취하도록 함으로써 교통소통을 원활하게 하고자 하는 것이고, 세계적으로 가장 높은 교통사고율을 나타내고 있으며, 특히 사고 후 피해자를 구호하지 않고 도주하는 이른바 '뺑소니' 사범도 계속 늘어나고 있는 우리나라 현실을 감안하여 그 위반시 엄격한 제재를 가함으로써 그 입법취지를 관철하여 바람직한 교통문화가 정착되도록 하고 건전한 교통질서를 확립하고자 하는데 있으며, 궁극적으로는 도로교통에서 일어나는 국민의 생명 또는 신체에 대한 위험과 장애를 방지, 제거하여 안전하고 원활한 교통을 확보함에 그 목적이 있다.

(3) 그리고 이 사건 법률조항과 교통사고로 사람을 사상한 후 법 제50조 제1항의 구호조치를 취하지 않고 법 제50조 제2항에 의한 필요한 신고도 하지 않은 경우는, 교통상의 장애를 방지, 제거하여 안전하고 원활한 교통을 확보하고자 하는 일반적인 교통질서행정상의 규제목적을 달성하는 것뿐만 아니라, 나아가 교통사고로 인하여 발생한 사람의 생명, 신체에 대한 추가적인 위험 또는 위해를 방지하고 그 안전을 확보하고자 하는 것과도 관련이 있다는 특성이 있다.

그래서 그에 대한 형사적 제재로는, 도로교통법 제2조에 규정된 자동차·원동기장치자전거 또는 궤도차의 교통으로 인하여 형법 제268조의 죄를 범한 당해 차량의 운전자가 피해자를 구호하는 등 도로교통법 제50조 제1항의 규정에 의한 조치를 취하지 아니하고 도주한 경우로서, 피해자를 치사하고 도주하거나 도주 후에 피해자가 사망한 때에는 무기 또는 5년 이상의 징역에, 피해자를 치상한 때에는 1년 이상의 유기징역에 처하도록 규정함으로써 특히 가중 처벌하도록 하고 있다(특정범죄가중처벌등에관한법률 제5조의3 제1항).

아울러 그에 대한 행정적 제재로서, 이 사건 법률조항은 도로교통법 제50조 제1항 및 제2항의 의무이행 확보수단으로, 교통사고로 사람을 사상한 후 법

제50조 제1항 및 제2항의 규정에 의한 필요한 구호조치 및 신고를 하지 아니한 자에 대하여, 그 운전자의 면허를 필요적으로 취소하도록 하고, 법 제70조 제2항 제1호 내지 제3호 또는 제6호에 의하여 그 취소 후 1년, 4년 또는 5년의 운전면허 결격기간을 부여하게 하고 있는 것이다.

나. 기본권제한의 최소침해성 위배여부

(1) 이 사건 법률조항에 해당하게 되면, 현행법상 면허정지나 면허의 유지의 여지는 없고, 반드시 면허취소를 받게 된다. 다만, 면허가 취소되는 경우에도 도주차량으로 처벌받으면서 형의 선고유예를 받은 경우에는 그 면허취소 후 결격기간이 1년이고, 징역형이나 그 집행유예를 선고받는 경우로서, 면허가 없는 상태에서 운전하다가 이 사건 법률조항에 해당한 경우는 그 결격기간이 위반한 날로부터 5년 간이고(법 제70조 제2항 제1호), 주취중이거나 과로·질병·마약의 영향을 받아 정상적으로 운전하지 못할 염려가 있는 상태에서 운전하다가 이 사건 법률조항에 해당된 경우는 그 결격기간이 운전면허가 취소된 날로부터 5년이며(제2호), 위 2가지 사유외 이 사건 법률조항에 해당하게 된 경우에는 그 결격기간이 운전면허가 취소된 날로부터 4년간이다(제3호).

(2) 그런데 운전면허 취소와 그 취소 후 면허결격기간 등 운전면허제도에 관한 외국의 입법례(이 사건 법률조항과 같이 필요적 취소제도를 두고 있는 예도 있고, 임의적 취소제도로 규율하고 있는 예도 있다)에서 보더라도, 교통질서의 확립을 관철하는 방법은 각각 나라마다 교통량, 교통사고발생률, 준법정신, 교통질서에 대한 시민의 의식수준이나 문화풍토 등에 따라 그 규정상 의무이행의 확보 수단과 그 규제의 강도에 있어서 차이를 보이고 있음을 알 수 있다.

그리고 이 사건 법률조항에 대한 입법취지와 관련하여 제청법원도 인정하였듯이, 특히 우리나라는 아직도 바람직한 교통문화가 정착되지 못하고 건전한 교통질서가 확립되지 못하여 세계적으로 가장 높은 교통사고율을 나타내고 있으며, 특히 사고 후 피해자를 구호하지 않고 도주하는 이른바 "뺑소니" 사범도 계속 늘어나고 있는 것이 현실이고, 특히 그러한 도주차량의 경우 특정범죄가중처벌등에관한법률에 의하여 다른 교통사범에 비하여 최소한 1년 이상의 징역형으로 가중처벌하고 있으며, 이 사건 법률조항 역시 그에 해당하는 경우 위와 같은 우리의 교통현실과 국민의 교통질서의식, 문화 등을 감안하여 그에 상응하는 행정적 제재수단으로 입법자가 필요적 면허취소라는 수단을 선택한 것으로 볼 수 있다.

또한 대법원은 "특정범죄가중처벌등에관한법률 제5조의3 제1항의 규정은 자동차와 교통사고의 격증에 상응하는 건전하고 합리적인 교통질서가 확립되지 못한 현실에서 자신의 과실로 교통사고를 야기한 운전자가 그 사고로 사상을 당한 피해자를 구호하는 등의 조치를 취하지 아니하고 도주하는 행위에는 강한 윤리적 비난가능성이 있음을 감안하여 이를 가중처벌함으로써 교통의 안전이라는 공공의 이익을 보호함과 아울러 교통사고로 사상을 당한 피해자의 생명·신체의 안전이라는 개인적 법익을 보호하기 위하여 제정된 것이라는 입법 취지와 보호법익에 비추어 볼 때, 사고의 경위와 내용, 피해자의 상해의 부위와 정도, 사고운전자의 과실 정도, 사고운전자와 피해자의 나이와 성별, 사고 후의 정황 등을 종합적으로 고려하여 사고운전자가 실제로 피해자를 구호하는 등 도로교통법 제50조 제1항에 의한 조치를 취할 필요가 있었다고 인정되지 아니하는 경우에는 사고운전자가 피해자를 구호하는 등 도로교통법 제50조 제1항에 규정된 의무를 이행하기 이전에 사고현장을 이탈하였더라도 특정범죄가중처벌등에관한법률 제5조의3 제1항 위반죄로는 처벌할 수 없다 할 것이다"(대법원 2002. 1. 11. 선고 2001도2869 판결)라고 판시하는 등, 도주차량의 경우, 그 법정형이 징역형만으로 되어 있고 가중처벌하고 있는 점을 감안, 사안의 개별성과 구체적인 사정을 종합적으로 고려하여, 그 구성요건을 엄격히 해석하고 있어서, 그 구체적 사정을 고려하여 가벌성이 없는 경우 그 범죄성립을 부인하고 있으므로, 그에 해당하는 경우 이 사건 법률조항에 의한 필요적 면허취소의 대상이 되지 않게 된다. 나아가 그 구성요건에 해당된다고 하더라도 징역형으로 처벌받지 않는 경우(선고유예를 선고받는 경우)에는 그 취소 후 면허결격기간은 1년에 그치게 된다.

따라서 이 사건 법률조항이 구체적 사안의 개별성과 특수성을 고려할 일체의 가능성을 배제하고 있는 것은 아니다.

그렇다면, 교통질서의 확립뿐만 아니라, 피해자의 생명, 신체에 대한 구호에도 만전을 기하고자 하는 이 사건 법률조항의 경우, 운전면허정지처분 등의 가능성을 배제하였다고 하여 그것으로 인하여, 공공의 도로를 이용하여 자동차 등을 운행할 이익이나 그것을 영업의 수단으로 이용할 편익을 과도하게 침해하였다고 보기는 어렵다고 할 것이다.

(3) 물론 제청법원의 의견처럼 피해자의 구호와 도로교통의 안전이라는 공익목적에 아무리 무게를 둔다고 하더라도, 기본권 침해의 정도가 덜하게 필요적 취소를 원칙으로 하면서 특별한 사정이 있는 경우 기간을 다소 길게 한 면허정지를 선택할 수 있게 하는 등 다소 완화된 필요적 취소에 의하여도 철저한 단속, 엄격한 법 집행 등 그 운용여하에 따라서는 입법목적을 효과적으로 달성할 수 있으므로, 최소침해의 원칙에 위배된다는 견해가 있을 수 있다.

그러나 이 사건 법률조항은 교통사고를 야기하여 사람을 사상한 후, i) 그에 필요한 피해자의 구호조치를 취하지 않고, ii) 경찰관서에 신고하지도 않은 것으로, 그 행위에 이중의 반규범성을 나타내는 아주 제한적인 경우를 그 대상으로 하고 있고(그 대상은 법원의 해석여하에 따라 더욱 축소될 여지가 있다), 위에서 살펴본 바와 같이 면허취소 후 그 면허결격기간이 1년, 4년, 5년으로 구체적 사안의 개별성과 특수성을 반영할 여지를 어느 정도 두고 있으며, 특히 교통량, 교통사고발생률 등 우리나라의 교통현실, 국민의 교통질서의식과 문화 등을 감안할 때, 제청법원의 주장처럼 면허정지처분의 여지를 두지 않았다고 하여, 이 사건 법률조항이 교통질서유지와 공공복리를 위하여 국민의 행복추구권이나 직업선택의 자유를 제한함에 있어 필요 최소한의 범위를 넘었다고 볼 수는 없다고 할 것이다.

요컨대, 이점과 관련한 입법자와 제청법원의 인식의 차이는, 그 입법목적을 달성하는데 필요한 수단을 선택하거나 평가함에 있어서, 우리나라 국민의 교통질서의식이나 수준에 대하여 바라보는 시각이 상대적으로 비관적이거나 낙관적 입장의 차이 정도에 불과하고, 이 사건 법률조항의 경우, 입법자가 그 수단의 선택에 있어서 그 입법재량을 일탈하여 헌법위반에 이를 정도는 아니라고 판단된다.

다. 기본권제한의 법익균형성 위배여부

(1) 이 사건 법률조항의 경우는 교통질서확립이라는 일반적인 교통행정 규제목적뿐만 아니라 나아가 피해자 구호와 관련하여 교통사고가 야기된 후 발생할 지도 모를 생명, 신체에 대한 위험을 최대한 경감하고 예방하고자 하는 국가의 국민의 생명, 신체에 대한 보호의무도 그 형량의 대상이 된다. 더군다나 이 사건의 경우는 교통사고를 야기하고 사람의 생명, 신체에 대한 위해를 발생시킨 자에 대하여 당연히 요구되는 자연법상의 의무인 구호조치의무를 법규로 확인한 그 법적의무를 위반한 자에 대한 행정적 제재라는 관점도 고려의 대상이 된다고 할 것이다. 나아가 형사법규에 의하여 이에 대하여 형사적 제재를 가하고 있는 점도 고려의 대상이 되어야 할 것이다.

그렇다면, 이와 같은 점을 종합적으로 고려할 때, 도로를 사용하여 자동차 등의 운행을 할 수 있는 혜택이나 특권을 누리고, 그것을 영업의 수단으로 사용할 이익은 상대적으로 더 제한받을 소지가 있는 것이고, 위와 같은 목적을 위하여 위 의무를 위반하여 이 사건 법률조항에 해당하는 자에게 구체적 사정에 따라 법원의 판단을 거쳐 1년, 4년 또는 5년 동안 위 이익을 제한하도록 하는 것이 헌법상 과도하다고 할 수는 없다고 할 것이다.

(2) 그리고 이 사건 법률조항은 교통사고를 야기하여 사람을 사상하고도 구호 등 필요한 조치를 하지 않고 경찰관서에 신고도 하지 않는 자에 대한 것으로, 이

는 공공 도로를 이용하여 자동차 등을 운행할 기본적인 자격이 결여되었다고 볼 수 있는 확실한 징표로서, 우리나라는 물론이고 외국의 입법례에서도 거의 예외없이 면허취소사유로 보고 있는 일반적 면허결격 사유인 정신병자·정신미약자·간질병자, 농아 등 신체장애자, 마약 등 의약품·알코올중독자 등과 비교하여도 결코 경하다고 할 수 없고, 그 외 허위 또는 부정한 수단으로 운전면허를 받은 자, 자동차 등을 이용하여 범죄행위를 한 자, 음주측정거부자 등 법상 다른 필요적 면허취소사유와 비교하여도 중하면 중하지 경하다고 할 수 없으며, 기타 법상 운전 중 고의 또는 과실로 교통사고를 일으킨 때나 교통단속업무를 수행하는 경찰공무원에 대하여 폭행한 때 등 다른 임의적 면허취소·정지 사유에 비하여도 훨씬 중하다고 할 것이다. 다시 말하면, 이 사건 법률조항은 도로교통법상 면허취소·정지 사유간의 체계를 파괴할 만큼 형평성에서 벗어났다고 볼 수도 없다.

(3) 또한 도로교통법과 그 시행규칙의 관계규정에 의하면, 경찰청장도 의견으로 제시한 바와 같이, 이 사건 법률조항 이외에 구호 등 조치를 하지 않았으나 신고기한(지역에 따라 3시간 또는 12시간)내 자진 신고한 경우나 신고시한 후 48시간이내에 자진 신고한 경우에는 법규위반 및 사고결과에 대한 벌점과 별도로 각 벌점 30점, 60점을 부과하고 있고, 구호 등 조치는 하였으나 신고를 하지 않은 경우에는 법규위반 및 사고경과에 대한 벌점만을 부과하고 있어, 벌점점수에 따라 운전면허정지나 취소를 하게 된다. 그래서 교통사고 야기 후 구호 등 조치를 하였더라도 사상자 수가 일정 수 이상일 경우에는 벌점초과로 면허취소처분을 받게 된다.

그렇다면, 이 사건 법률조항이 교통사고로 인하여 발생할 국민의 생명, 신체에 대한 위험을 예방하고 교통질서확립을 위하여, 도로를 사용하여 운행하는 혜택을 누리고 그것을 영업의 수단으로 하는 국민의 이익을 제한함에 있어서 법익균형성의 원칙을 위배하였다고 볼 수도 없다고 할 것이다.

따라서, 이 사건 법률조항은 헌법 제37조 제2항의 과잉금지의 원칙에 위배되지 아니하고, 헌법 제10조의 국민의 행복추구권과 헌법 제15조의 직업선택의 자유를 침해하는 것이라고 할 수 없으므로, 헌법에 위반되지 아니한다.

4. 결론

이상의 이유로 이 사건 법률조항은 헌법에 위반되지 아니하므로, 아래 5.와 같은 재판관 하경철, 재판관 김효종의 반대의견이 있는 외에 관여재판관의 일치된 의견으로 주문과 같이 결정한다.

5. 재판관 하경철, 재판관 김효종의 반대의견

우리도 교통질서의 확립과 피해자의 구호에 만전을 기하기 위하여 필요한 입법조치를 하고 행정제재를 강화하여야 한다는 데에는 이론이 없다. 다만, 운전면허의 임의적 취소·정지만으로도 그 목적을 달성할 수 있음에도 불구하고 필요적 취소를 규정한 이 사건 법률조항은 과잉규제로 헌법에 위반된다고 생각되어 다음과 같이 반대의견을 밝혀둔다.

가. 피해의 최소성

입법자가 임의적 규정으로도 법의 목적을 실현할 수 있는 경우에 구체적 사안의 개별성과 특수성을 고려할 수 있는 가능성을 일체 배제하는 필요적 규정을 둔다면, 이는 비례의 원칙의 한 요소인 '최소침해의 원칙'에 위배된다는 것을 우리 헌법재판소는 여러차례 확인한 바 있다(헌재 1998. 5. 28. 96헌가12, 헌재 2000. 6. 1. 99헌가11등).

이 사건 법률조항이 신설되기 전에는, 교통사고로 사람을 사상하게 한 자가 도로교통법 제50조 제1항 및 제2항의 규정에 의한 필요한 구호조치 및 신고를 하지 아니한 경우의 행정제재 수단으로 필요적 면허취소 규정은 없었고 임의적 면허취소·정지 규정만으로 규제하고 있었는데, 설사 교통질서의 확립과 피해자의 구호가 긴요하여 행정적 제재를 강화할 필요가 있었다 하더라도 구법의 임의적 면허취소·정지 조항이 규정하고 있는 규제권한의 범위내에서도 충분히 그 목적을 달성하는 것이 가능하였다고 할 것이다. 왜냐하면, 사고당시의 정황, 피해의 정도, 도주에 이르게 된 경위, 위반행위의 태양 등 제반 사정을 고려하여 위법의 정도에 상응하게 면허의 취소나 정지 등의 제재수단을 선택함으로써 입법목적을 효과적으로 달성하면서도 그에 필요한 범위내에서만 기본권을 제약하는 것이 가능하여 그 과정에서 발생할 수 있는 권리침해도 최소화 할 수 있었기 때문이다.

그런데 이 사건 법률조항은 이에 그치지 아니하고 위와 같은 제반 사정이나 구체적 사안의 개별성과 특수성을 고려할 수 있는 여지를 일체 배제하고 그 사유에 해당하기만 하면 반드시 운전면허를 취소하도록 규정하고 있다. 이에 따라 위법의 정도나 비난의 정도가 극히 미약한 경우까지도 재량의 여지없이 운전면허를 취소할 수 밖에 없게 되어 있다.

그러나 위에서 본 바와 같이 종전의 임의적 취소·정지 제도로도 철저한 단속, 엄격한 법집행 등 그 운용을 하기에 따라서는 위의 입법목적을 효과적으로 달성할 수 있었을 것으로 보이므로, 기본권 침해의 정도가 덜한 임의적 취소·정지 제도의 적절한 운용을 통하여 입법목적을 달성하려는 노력을 기울이지 아니한 채 기본권 침해의 정도가 한층 큰 필요적 취소제도를 도입한 이 사건 법률조항은 행정편의적 발상으로서 피해최소성의 원칙에 위반된다 할 것이다.

나. 법익의 균형성

이 사건 법률조항은 현대 사회·가정·경제생활에 있어서 필수적인 수단인 자동차를 운행하는데 필요한 면허를 취소하는 것으로 직업의 선택이나 수행 등 직업의 자유와 행복추구권과 같은 기본적인 인권에 대한 제한을 규정하는 것이고, 그 취소 후에 면허를 받을 수 없는 결격기간이 사안에 따라 1년, 4년, 5년으로 규정되어 있으나, 그 중 1년의 경우는 극히 예외적이고 일반적으로 4년 또는 5년으로 되어 있어, 자동차의 운행을 직업의 직접적인 수단으로 이용하는 국민에게는 특히 생계에 지장을 초래하게 될 만큼 중대한 제약을 과도하게 오랫동안 받게 한다.

교통질서의 확립과 피해자의 구호가 대단히 중요한 공익임에는 틀림이 없다. 그러나 위와 같이 자동차의 운전으로 생업을 영위하는 개인에게 있어서는 장기간의 운전면허취소는 생계에 심각한 타격을 초래한다. 이러한 사익의 침해를 결코 가볍게 볼 수는 없는 것이다.

그렇다면 모든 경우에 대하여 일률적으로 면허를 취소하게 할 것이 아니라 행정당국이나 법원의 재판과정에서 구체적 사안의 개별성과 특수성을 고려하여 공익침해의 정도에 상응하는 제재조치를 선택할 수 있는 재량의 여지를 부여하는 것이 법익형량의 요청을 충족하는 길이라 할 것이다. 그럼에도 불구하고 이 사건 법률조항은 일체의 구체적·개별적 사정을 전혀 고려하지 아니하고 모두 필요적으로 면허를 취소하도록 규정함으로써, 공익침해의 정도가 현저히 낮은 경우에도 반드시 면허를 취소할 수밖에 없게 하고 있으니, 이는 보호하고자 하는 공익에 비하여 기본권침해의 정도가 과중하다고 하지 아니할 수 없고, 따라서 법익균형성의 원칙에 위배된다 할 것이다.

Chapter 2. 교통사고의 신고 및 조사사항

[1] 교통사고의 신고

1. 신고 의무자 및 신고 시기

① 교통사고가 발생하면 차의 운전자 등은 경찰공무원이 현장에 있을 경우에는 그 경찰공무원에게, 경찰공무원이 현장에 없을 때에는 가장 가까운 경찰관서(지구대, 파출소 및 출장소 포함)에 지체 없이 신고해야 합니다(「도로교통법」제54조제2항 본문).

② 다만, 차만 손괴된 것이 분명하고 도로에서의 위험방지와 원활한 소통을 위해 필요한 조치를 한 경우에는 신고하지 않아도 됩니다(「도로교통법」제54조제2항 단서).

2. 신고사항

사고가 일어난 곳, 사상자 수 및 부상 정도, 손괴한 물건 및 손괴 정도, 그 밖의 조치사항 등을 신고해야 합니다(「도로교통법」제54조제2항).

3. 신고의무 불이행시 제재

① 신고의무가 있는 교통사고발생 시 조치상황 등의 신고를 하지 않은 사람은 30만원 이하의 벌금이나 구류에 처해집니다(「도로교통법」제154조제4호).

② 교통사고 발생 신고 행위를 방해한 사람은 6개월 이하의 징역이나 200만원 이하의 벌금 또는 구류에 처해집니다(「도로교통법」제153조제1항제5호).

[2] 경찰공무원의 교통사고 조사

1. 경찰공무원의 교통사고 조사사항

① 경찰공무원은 교통사고가 발생하면 아래 사항에 관해 필요한 조사를 합니다(「도로교통법 시행령」제32조 본문).

    1. 교통사고 발생일시 및 장소

    2. 교통사고 피해상황

    3. 교통사고 관련자, 차량등록 및 보험가입 여부

    4. 운전면허의 유효여부, 술에 취하거나 약물을 투여한 상태에서의 운전 여부 및 부상자에 대한 구호조치등 필요한 조치를 하였는지 여부

    5. 운전자 과실 유무

    6. 교통사고 현장상황

    7. 그 밖에 차, 노면전차 또는 교통안전시설의 결함 등 교통사고 유발 요인 및「교통안전법」제55조에 따라 설치된 운행기록장치 등 증거의 수집 등과 관련하여 필요한 사항

② 다만, 위 교통사고 조사 사항 중 1.에서 4.까지의 사항에 대한 조사결과 사람이 죽거나 다치지 않은 교통사고로서「교통사고처리 특례법」제3조제2항 또는 제4조제1항에 따라 공소를 제기할 수 없는 경우에는 5.부터 7.까지의 사항에 대한 조사를 생략할 수 있습니다(「도로교통법 시행령」제32조 단서).

2. 교통사고조사 이의신청

① 각 경찰서에 처리 중이거나 처리된 민원 중에 불공정한 수사·조사(편파적인 처리, 강압에 의한 수사, 지연처리)에 이의가 있는 경우에 이의신청을 할 수 있습니다.

② 이의신청 대상

    • 교통사고조사결과 원인결정 불복 등

    • 고소. 고발 진정사건의 수사관련 불복

③ 처리절차

    • 교통의 경우: 민원접수 순에 의거 1차 조사 서류 등과 새로운 증거 등을 자료로 현장답사 재조사 실시

    • 수사의 경우: 해당 사건의 수사과정에서 불공정 수사여부를 객관적으로 조사, 검토 하여 잘못된 경우 관련 경찰관 비위 내용을 적출하여 징계 등 조치를 하고 1차 조사기관으로 하여금 잘못된 부분을 정정하여 수사 또는 조사하도록 조치

④ 이의신청 접수 및 문의처

    • 각 시·도경찰청 감사 담당관실 또는 수사.교통 민원인의 신고센터

교통사고조사규칙

[시행 2023. 7. 31.] [경찰청훈령 제1088호, 2023. 7. 31., 일부개정.]

제1장 총칙

제1조(목적) 이 규칙은 교통사고가 발생했을 때에 경찰공무원이 처리해야 할 절차와 기준을 구체적으로 정함으로써 교통사고 조사업무의 신속·명확한 처리를 목적으로 한다.

제2조(용어의 정의) ① 이 규칙에서 사용되는 용어의 정의는 다음과 같다.

1. "교통"이란 차를 운전하여 사람 또는 화물을 이동시키거나 운반하는 등 차를 그 본래의 용법에 따라 사용하는 것을 말한다.
2. "교통사고"란 차의 교통으로 인하여 사람을 사상하거나 물건을 손괴한 것을 말한다.
3. "대형사고"란 3명 이상이 사망(교통사고 발생일부터 30일 이내에 사망한 것을 말한다)하거나 20명 이상의 사상자가 발생한 사고를 말한다.
4. "교통조사관"이란 교통사고 조사업무를 처리하는 경찰공무원을 말한다.
5. "스키드마크(Skid mark)"란 차의 급제동으로 인하여 타이어의 회전이 정지된 상태에서 노면에 미끄러져 생긴 타이어 마모흔적 또는 활주흔적을 말한다.
6. "요마크(Yaw mark)"란 급핸들 등으로 인하여 차의 바퀴가 돌면서 차축과 평행하게 옆으로 미끄러진 타이어의 마모흔적을 말한다.
7. "충돌"이란 차가 반대방향 또는 측방에서 진입하여 그 차의 정면으로 다른 차의 정면 또는 측면을 충격한 것을 말한다.
8. "추돌"이란 2대 이상의 차가 동일방향으로 주행 중 뒤차가 앞차의 후면을 충격한 것을 말한다.
9. "접촉"이란 차가 추월, 교행 등을 하려다가 차의 좌우측면을 서로 스친 것을 말한다.
10. "전도"란 차가 주행 중 도로 또는 도로 이외의 장소에 차체의 측면이 지면에 접하고 있는 상태(좌측면이 지면에 접해 있으면 좌전도, 우측면이 지면에 접해 있으면 우전도)를 말한다.
11. "전복"이란 차가 주행 중 도로 또는 도로 이외의 장소에 뒤집혀 넘어진 것을 말한다.
12. "추락"이란 차가 도로변 절벽 또는 교량 등 높은 곳에서 떨어진 것을 말한다.
13. "뺑소니"란 교통사고를 야기한 차의 운전자가 피해자를 구호하는 등 「도로교통법」 제54조제1항의 규정에 따른 조치를 취하지 아니하고 도주한 것을 말한다.
14. "교통사고 현장조사시스템"(이하 "현장조사시스템"이라 한다)이란 교통사고 현장에 출동한 경찰관이 업무용 휴대전화를 이용하여 사고차량과 관련된 정보 조회, 증거수집, 초동조치 사항 및 피해자 진술 청취 보고 등을 전자적으로 입력·처리할 수 있도록 지원하는 시스템을 말한다.
15. "전자문서"란 형사사법정보시스템(KICS)에 의하여 전자적인 형태로 작성되어 송신·수신되거나 저장되는 정보로서 문서형식이 표준화된 것을 말한다.
16. "전자화문서"란 종이문서나 그 밖에 전자적 형태로 작성되지 아니한 문서를 형사사법정보시스템이 처리할 수 있는 형태로 변환한 문서를 말한다.

② 제1항에서 규정되지 아니한 용어는 「도로교통법」 제2조(용어의 정의)를 따른다.

제3조(사고처리를 위한 준비사항) 교통조사관은 관내지리, 교통상황, 병·의원 등 구호시설의 위치 및 전화번호 등을 파악하고, 다음 각 호의 조사장비를 준비하는 등 사고조사를 위한 사전준비를 철저히 하여야 한다.

1. 사고보고서, 현장약도용지, 필기구, 분필·석필(石筆) 등 기록용구
2. 줄자, 굴림자, 음주측정기 등 계측장비
3. 야간촬영가능 사진기, 확대경 등 증거수집 장비
4. 출입금지표시, 사고현장표시등, 사고현장표지판, 라바콘, 출입금지용 로프, 스프레이 등 현장보존 용구

5. 이동식 경광등, 반사성 안전모, 반사성 혁대 등 2차사고 방지용 장구

6. 손전등, 신호봉(불봉) 등 조명용 장비

7. 들것, 모포, 응급의약품, 흰색 광목천 등 구급용 장비

8. 그 밖의 삽, 재크, 청소용구 등 작업용 장구

제4조(초동조치) ① 교통사고를 인지하거나 신고를 접수한 경찰공무원은 관할 또는 근무시간 여부와 관계없이 신속히 현장에 출동하여야 한다. 이 경우 소방 등 구호기관에도 통보하여 구급차 출동 등 사상자 구호활동이 이루어지도록 하여야 한다.

② 경찰공무원은 교통사고 신고를 접수할 때에는 상황판단, 출동경찰관 소요인원 판단 및 사고조사 보조 등을 위하여 신고자로부터 다음 각 호의 사항을 확인하여 기록하여야 한다.

1. 사고일시 및 장소

2. 피해정도 및 내용

3. 신고자의 성명, 연락처 및 사고 목격 여부

4. 신고자가 사고 당사자인 경우 사고차량 번호 및 차종

③ 사고현장에 출동한 경찰공무원은 다음 각 호의 초동조치를 취하여야 한다.

1. 수신호 또는 고장자동차 표지 설치 등 2차사고 예방을 위한 안전조치

2. 사상자에 대한 응급 구호조치

3. 사상자의 인적사항·피해정도 파악, 사상자가 차량 밖에 넘어져 있는 경우 넘어져 있는 위치 표시, 사상자 후송병원 기록

4. 사고차량 최종 정지지점 표시, 현장 유류품·타이어 흔적 등 증거수집 및 사진촬영

5. 사망·의식불명인 사람이 있는 경우 보호자 등에 통보

6. 사고 당사자 및 목격자 연락처 확보

④ 사망사고, 대형사고, 사회이목이 집중될 만한 사고는 반드시 경위 이상의 간부가 현장에 출동하여 초동조치를 지휘하여야 한다.

⑤ 다른 경찰서 관내의 교통사고 현장에 출동한 경찰공무원은 필요한 초동조치를 취한 후 신속히 해당 경찰서에 통보하여 그 경찰서에서 출동·조사하게 하여야 한다.

제4조의2(현장조사시스템의 구축·운영) ① 경찰청은 교통사고 현장 조사업무의 효율적인 처리를 위하여 현장조사시스템을 구축·운영할 수 있다. 이 경우 교통경찰업무관리시스템(TCS)와 연동하여 운영하여야 한다.

② 현장에 출동한 지역경찰, 고속도로순찰요원, 교통 외근 경찰관 등 (이하 "현장출동경찰관등"이라 한다)이 교통사고를 접수를 하는 경우 다음 각 호의 사항을 조사하여 현장조사시스템에 입력하여야 한다. 다만, 대형 교통사고의 발생 등으로 현장에서 입력하기 곤란한 경우에는 그러하지 아니하다.

1. 제4조제2항 및 제3항에 따른 확인·기록이 필요한 사항

2. 제14조에 따른 현장도면 작성

3. 제15조에 따른 사진 촬영

③ 현장출동경찰관등은 피해자 진술서를 갈음하여 현장조사시스템으로 별지 제1호서식에 따른 피해자 진술 청취보고서를 작성할 수 있다.

제5조(사상자 구호) ① 사고현장에 출동한 경찰공무원이 제4조제3항제2호의 규정에 따른 부상자의 응급구호를 할 때에는 다음 각 호의 기준과 절차에 따라 조치하되 사상자의 상태 및 현장상황을 합리적으로 판단하여 신속하게 처리하여야 한다.

1. 부상자에 대한 응급조치는 119구조대 또는 의료기관 응급구호요원이 없는 경우로써 부상자가 의식이 없거나 호흡이 정지한 때 등 긴급한 경우에 한하여 별표 1의 심폐소생술에 따라 조치

2. 부상자를 병·의원으로 후송하는 경우에는 본인 또는 보호자가 특정병원을 지정하는 경우를 제외하고는 부상정도가 심각한 사람부터 최단거리 병원 순으로 후송

3. 중상자를 안전한 장소로 옮기기 위하여 무리하게 이동시켜 부상정도가 악화되지 않도록 주의
4. 사상자 수에 비하여 출동한 경찰공무원이 소수인 경우에는 현장 가까이 있는 사람에게 협력 요청
5. 사고현장에서 응급 구호요원이나 일반인이 구호 활동에 참여하는 경우에는 증거자료가 변형되지 않도록 교양 등 조치

② 교통사고 현장에 사망한 사람이 있는 경우에는 다음 각 호에 따라 조치하여야 한다.
1. 단순히 의식이 없거나 호흡이 정지하였다는 사유로 사망한 것으로 판단하지 말고, 의료전문가의 판단이 있을 때 까지는 중상자와 동일하게 취급
2. 사망한 것이 명백한 사람에 대해서는 신속히 사진촬영 등 증거확보 및 보존 조치를 취하고 사람의 눈에 띄지 않는 적당한 장소로 이동하되, 사망자에 대한 예의에 어긋나지 않도록 조치
3. 사망자의 소지품은 현장에 출동한 경찰공무원이 관련자가 입회한 가운데 목록을 작성하여 목록과 함께 보관
4. 검시 및 사체에 대한 수속이 종료된 된 때에는 신속히 의사의 검안서를 첨부하여 소지품과 함께 사체를 유족에게 인계. 이 경우 유족이 없거나 유족이 사체의 인수를 거부하는 경우에는 이를 시장·군수·구청장에게 인계

제6조(교통통제 및 회복 등) ① 경찰공무원은 교통사고 현장에서 사상자 구호, 현장보존 등 부득이한 경우에는 일시적으로 교통을 통제하거나 일방통행 등의 조치를 취할 수 있다.
② 제1항의 규정에 따라 교통을 통제하거나 일방통행의 조치를 취할 경우에는 "교통사고 조사 중" 표지판을 사고현장 전·후 적합한 위치에 설치하고, 반드시 1명 이상의 경찰공무원이 차량과 군중을 정리하여 2차 사고를 예방하여야 한다.
③ 경찰공무원은 사상자 구호 및 현장조사가 종료한 때에는 즉시 교통통제 등의 조치를 해제하여 정상적인 교통소통이 될 수 있도록 하여야 한다.

제2장 교통사고조사

제7조(사고조사의 목적) 교통사고 조사의 목적은 다음 각 호와 같다.
1. 부상자의 구호 및 사체의 처리
2. 사고확대방지와 교통소통의 회복
3. 사고방지 대책을 위한 정확한 원인조사
4. 형사책임의 규명
5. 그 밖의 사고와 관련된 자료의 수집 등

제8조(현장보존) ① 교통조사관은 교통사고 발생원인 및 사고에 대한 책임소재를 규명하는데 필요한 증거를 수집하기 위하여 현장을 보존하여야 한다.
② 교통조사관은 다음 각 호에서 정하는 조치 등에 유의하여 사고현장을 보존하여야 한다.
1. 사고현장 보존을 위하여 필요한 최소 범위 내에서 교통을 통제하거나 일방통행의 조치를 취하는 경우에는 "교통사고 조사 중" 표지판, 적색 경광등 등을 설치하여 다른 차의 운전자가 사고현장임을 쉽게 알 수 있도록 조치
2. 사고현장의 보존은 사고차량의 상태와 정지지점을 표시한 후 현장을 촬영하여 사후에도 현장상황이 확인되도록 조치
3. 사고현장을 변경할 필요가 있는 때에는 제2호의 사진촬영 이외에 현장약도를 작성하여 사후 조사에 지장이 없도록 조치
4. 스키드마크·요마크 등 타이어흔적, 혈흔, 유리 또는 페인트 조각, 유류품 등 멸실의 우려가 있는 증거자료는 사진촬영 및 채취하여 보존 조치
5. 현장의 신호기, 표지판, 전주, 가로수, 그 밖의 재물 등의 파손상태는 사진촬영 등 보존 조치

6. 현장에 출동한 경찰공무원이 2명 이상일 경우에는 그 임무를 분담하여 수행하고, 상황에 따라 도로관리청 또는 일반인의 협조 조치

제9조(목격자 확보 및 조사) ① 교통조사관은 사고현장에 목격자가 있는 경우에는 즉석에서 그의 성명·주소, 연락할 전화번호 등을 확인하고 현장조사에 협조해 줄 것을 요청하여야 하며, 목격자는 가능한 한 다수인을 확보하여야 한다.

② 목격자에 대하여는 현장에서 다음 각 호의 사항을 확인·조사하여야 한다.

1. 목격자가 목격한 위치
2. 가해차량의 사고 전·후 진행경로, 속도, 경음기 사용여부, 충돌상황, 피해상황, 피해자 구호여부 등
3. 피해자 또는 피해차량의 사고 전·후 진행경로, 자세, 휴대품, 차량상태, 보행자인 경우 넘어져 있는 상태·방향, 피해상황 등
4. 가해자 및 피해자와의 관계

제10조(현장에서 조사할 사항) 교통조사관은 사고현장에서 다음 각 호에서 정한 사항을 반드시 조사하여야 한다.

1. 사고발생 년, 월, 일시 및 위치·방향
2. 맑음·흐림·비·눈·안개·바람·어둠 등 기상상황
3. 그 밖의 다음 각 목에서 정한 현장상황
   가. 도로의 폭 및 유효폭
   나. 보·차도 구분여부, 횡단보도·중앙선·정지선 유무와 그 폭
   다. 도로 포장여부, 자갈·건조·습기·적설·결빙·요철 등 노면상황
   라. 도로의 파괴부분, 공사여부, 노상 방치물, 노변 장애물 등 도로의 위험요소
   마. 도로의 직선·곡선 여부 및 경사도, 도로 양측의 상태 등
   바. 교차점의 유무와 그 상황, 좌우의 시야, 교차 각도
   사. 신호기, 도로표지의 유무와 그 위치, 종류
   아. 제한속도, 교통량, 주·정차 규제여부
   자. 야간사고의 경우 조명의 유무, 어둠의 정도
   차. 혈흔, 유류품, 스키드마크·요마크, 물건의 손괴상태 등 사고를 추정할 수 있는 증거의 유무

제11조(사고지점 확정) ① 교통조사관은 교통사고 발생원인을 명확히 규명하기 위하여 사고현장에서 사고와 관계있는 지점의 위치를 다음 각 호의 어느 하나의 방법을 이용하여 표시하여야 한다.

1. 필요지점을 확정하기 위하여 기점 2개소를 선정하고 필요지점까지의 거리를 측정하는 2점 방식
2. 필요지점을 확정하기 위하여 기점 3개소를 선정하고 필요지점까지의 거리를 측정하는 3점 방식

② 교통사고현장은 다음 각 호의 사항을 가해자, 피해자, 목격자, 그 밖의 입회인의 설명 및 증거자료 등을 종합하여 조사하여야 한다.

1. 가해차량의 진로
2. 가해자가 피해자를 발견할 수 있는 지점과 그 양자의 위치관계
3. 가해자가 피해자를 발견한 지점과 그 양자의 위치관계
4. 가해자가 사전에 경음기 취명, 서행, 방향전환 등 위험예방조치를 취한 지점과 그 양자의 위치관계
5. 가해자가 사고발생의 위험을 느낀 때의 지점과 그 양자의 위치관계
6. 가해자가 사고방지의 비상조치를 취한 지점과 그 양자의 위치관계
7. 충돌·추돌·접촉·전도·전복·추락의 지점
8. 가해자·피해자의 넘어진 지점과 방향
9. 가해차량의 진로
10. 목격자의 위치
11. 스키드마크·요마크 등 타이어 마찰흔적

제12조(가해차량 조사) 교통조사관은 가해차량을 조사할 때에는 다음 각 호의 사항을 명확히 조사하여야 한다.

1. 차량의 소속 및 등록번호
2. 명칭 및 연식·형식·용도·사용의 정도
3. 승차정원·적재량·차량의 제원·적재상태
4. 운전석의 위치, 전방 시야상태
5. 제동장치, 조향장치, 경음기, 전조등 그 밖의 자동차의 점검, 고장의 유무와 정도
6. 충돌부위, 최초의 파손부위 및 손상의 유무와 그 정도
7. 운행기록이 저장된 영상기록장치의 유무 및 그 내용
8. 차체에 엷게 묻은 먼지나 흙이 닦였거나 탈락한 경우 등 사고로 인하여 발생한 특별한 현상의 유무

제13조(피해상황 조사) 교통조사관은 피해상황을 조사할 때에는 다음 각 호의 사항을 명확히 조사하여야 한다.

1. 피해자의 신체 상해여부 및 그 정도와 원인
2. 피해자의 착의상태 및 소지품 파손상황, 피해자에게 가해차량의 도료 등 부착 유무
3. 가해·피해 차량의 충돌부위, 파손상태와 정도 및 고장유무
4. 피해자가 사망한 경우 사체의 모양·위치, 수족·두부의 방향
5. 그 밖의 물건의 손상상태

제14조(현장도면 작성) ① 교통조사관은 교통사고 현장도면을 작성할 때에는 사실 인정에 중요하다고 인정되는 부분은 정밀하게, 그렇지 않은 부분은 비교적 간단명료하게 작성한다.

② 「도로교통법 시행규칙」 별지 제21호서식 2쪽 앞면 교통사고보고서(2) 서식을 이용하여 도면을 작성하는 때에는 400분의 1의 축적으로 작성하는 것을 원칙으로 하고, 상황에 따라 축적비율을 조정하되 반드시 축적비율 및 방위를 표시하여야 한다.

③ 조사에 필요한 경우에는 평면도뿐 아니라 입체도를 작성할 수 있다. 이 경우에도 반드시 방위를 표시하여야 한다.

④ 거리를 측정하거나 지점을 확정하는 경우에는 각각의 지점의 명칭을 붙여 특정지어야 한다.

⑤ 각각의 지점을 표시하는 부호는 다음 각 호를 준용하는 등 통일을 기하여야 한다.

1. 가해자의 진로상의 지점 1. 2. 3.
2. 피해자의 진로상의 지점 가. 나. 다.
3. 그 밖의 물건, 인물의 지점

⑥ 도로의 광협, 자동차의 대소, 거리의 장단 등을 표시하는 때에는 그 비율에 따라 축적을 표시하여야 한다.

⑦ 교통사고의 발생지점과 사고차량의 정차지점을 표시하는 때에는 사고발생 지점을 도면의 중앙에 배치하고 가해차량의 진행방향이 위로 향하도록 하여 이동지점을 점선으로 표시하고 정차지점은 실선으로 표시한다.

⑧ 현장 도면에는 작성자가 계급, 성명을 기입하고 날인하여야 하며, 현장도면과 조서 사이에는 간인하여야 한다.

제15조(사진촬영) ① 교통조사관은 사고현장을 보존하고 사고원인 조사에 활용하기 위하여 다음 각 호의 항목에 대하여는 반드시 사진촬영을 하여야 한다.

1. 현장의 모양 및 최초 충돌지점, 유류품
2. 차량의 손상 상태
3. 피해상황
4. 전방 좌우에 대한 시야
5. 차량의 모양
6. 스키드마크·요마크
7. 혈액, 도장 및 유리 파편, 자동차부속품 등

② 사고현장은 대상물이 넓게 흩어져 있는 경우가 많으므로 파노라마식 촬영을 하여야 한다.

③ 사고현장에 대한 사진촬영을 할 때에는 사고지점 등 좁은 범위에 그치지 말고 주변의 지리적 상황, 교통안전시설, 좌·우의 시야상황, 그 밖의 특정물을 포함하여 다각적으로 촬영하여야 한다.

④ 사진촬영을 할 때에는 목적물의 방향과 남은 흔적 등에 주의하고, 반드시 그 크기를 파악할 수 있도록 하여야 한다.

⑤ 현장검증조서에 첨부하는 사진은 촬영의 위치, 방향을 도면에 명시하고 촬영자의 계급, 성명을 명기한 후 사진에 계인하여야 한다.

⑥ 현장사진을 촬영하지 않았거나, 촬영 후 현상이 되지 않은 경우에는 제1항에서 제5항까지 규정된 내용에 대하여 교통조사관이 목격한 상태를 그림으로 그려 기록·유지하여야 한다.

제16조(증거물 압수·감정) ① 교통조사관은 사고현장의 유류품은 사고원인을 밝히는 증거자료이므로 수집·보관하여야 한다. 이 경우 압수가 필요한 경우에는 형사소송절차에 따라야 한다.

② 유류품은 분실, 파손, 변질되지 않도록 유의하여 보관하여야 하며, 유류품으로 가해차량을 특정하기 위해서는 피해자의 신체, 착의에 나타난 차량의 형적 등에 대해서 전문가의 감정을 받아 두어야 한다.

③ 사고현장에서 증거가 될 물건을 발견하여 압수할 때에는 그 물건이 어느 장소에서 어떤 상태로 존재하였는가를 사진 촬영하여야 한다. 이 경우 입회인을 두어야 한다.

제17조(피해자 조사) 교통조사관은 목격자 조사 및 현장조사를 마치는 즉시 피해자에 대하여 다음 각 호의 사항을 조사하여야 한다.

1. 피해자의 신분 및 특수한 사정이 있는지 유무
2. 심신장애의 유무
3. 이동경로, 보행자세, 자전거 승차 여부 및 방향
4. 충돌 전 가해차량의 진행을 인식하였는지 여부와 인식하였다면 인식한 위치 및 가해차량과의 위치관계
5. 넘어진 지점, 방향 및 상황
6. 상해의 부분과 그 정도
7. 가해자에 대한 처벌희망 여부
8. 그 밖의 음주 또는 약물복용 여부, 질병유무와 고민 등 정신상태, 사고 직전의 행태 등 참고사항

제18조(가해자 조사) ① 교통조사관은 현장조사, 목격자 조사, 가해차량 조사, 피해자 조사를 마친 후 가해자에 대하여 다음 각 호의 사항을 조사하여야 한다.

1. 운전자의 신분관계, 가족관계, 자산 및 수입관계
2. 운전면허관계, 운전경력 관계
3. 자동차보험 및 공제 가입여부
4. 범죄경력, 교통사고 전력, 교통법규위반, 행정처분의 유무
5. 사고발생 전의 근무, 취업상황
6. 감정, 고민 등 사고당시의 심리상태
7. 질병, 피로, 졸음, 음주, 약물중독 등 사고당시의 신체상태
8. 사고당시 운전한 차량
9. 잡담, 장난, 흡연, 휴대전화 사용 또는 영상장치 시청 등 사고발생 직전의 상황
10. 도로형태, 주변상가 등 현장의 모양
11. 다음 각 목에 따른 사고발생 상황
    가. 진로, 속도
    나. 피해자를 발견한 시기, 위치, 거동, 이에 대한 판단
    다. 사고원인이 된 제3자의 행동
    라. 경음기 취명 장소와 횟수, 피해자의 반응, 급제동, 감속한 속도 등 사고방지 노력 여부
    마. 위험을 인식하였을 때의 사고차량 및 피해자의 위치, 상호간의 거리

바. 급정차 및 방향전환 등 비상조치를 취할 때의 사고차량과 피해자의 위치, 상호간의 거리

사. 충돌지점, 충돌부분 및 충돌상황

아. 정차지점·방향 및 차량피해상황

자. 피해자가 넘어진 지점, 방향, 자세

12. 피해자 구호, 경찰관서에 신고 유무 등 사고발생 후 운전자의 조치

13. 운전자가 사고를 인식하지 못한 경우 상당한 주의를 기울였다면 인식할 수 있었는지의 여부 및 인식할 수 있었는데 인식하지 못한 사유

14. 주의의무의 내용과 이를 태만히 한 이유

15. 그 밖의 필요한 사항

② 교통조사관이 교통사고의 가해자 또는 피의자로 주한미군·군속 또는 그 가족(이하 "주한미군등"이라 한다)을 조사하고자 하는 때에는 미정부 대표자의 출석을 요구하여 대표자가 입회한 후에 조사하여야 한다. 이 경우 주한미군등을 체포하여 조사하는 경우에는 지체 없이 체포사실을 당해 경찰서와 가장 인접한 주한미군 헌병감에게 통고하여야 한다.

제19조(실황조사서의 작성) ① 교통조사관은 교통사고를 접수한 경우에는 사고현장에 나아가 현장을 조사하고 그 결과를 「도로교통법 시행규칙」 별지 제21호서식의 교통사고보고서(이하 "실황조사서"라 한다)를 기재하여야 한다.

② 실황조사서를 작성할 때에는 다음 각 호의 사항에 유의하여 작성하여야 한다.

1. 실황조사서는 검찰, 법원에 제출되는 중요한 수사서류이므로 사고의 상황을 객관적으로 간명하게 작성

2. 교통조사관의 주관적 판단이나 의견 배제

3. 가해자, 피해자, 목격자 그 밖의 입회인의 진술, 설명의 기록은 사고발생 전·후의 상황을 명확히 하기 위한 사실확인 범위로 한정

4. 실황조사서는 "약" "비교적" "정도" 등 불확정 개념을 배제하고 명확한 용어를 사용하여 작성

제3장 교통사고처리

제20조(사고처리 기준) ① 사람을 사망하게 하거나 다치게 한 교통사고(이하 "인피사고"라 한다)는 다음 각 호의 기준에 따라 처리한다.

1. 사람을 사망하게 한 교통사고의 가해자는 「교통사고처리특례법」(이하 "교특법"이라 한다) 제3조제1항을 적용하여 송치 결정

2. 사람을 다치게 한 교통사고(이하 "부상사고"라 한다)의 피해자가 가해자에 대하여 처벌을 희망하지 아니하는 의사표시를 한 때에는 교특법 제3조제2항을 적용하여 입건 전 조사종결 또는 불송치 결정. 다만, 사고의 원인행위에 대하여는 「도로교통법」 적용하여 통고처분 또는 즉결심판 청구

3. 부상사고로써 피해자가 가해자에 대하여 처벌을 희망하지 아니하는 의사표시가 없거나 교특법 제3조제2항 단서에 해당하는 경우에는 같은 법 제3조제1항을 적용하여 송치 결정

4. 부상사고로써 피해자가 가해자에 대하여 처벌을 희망하지 아니하는 의사표시가 없는 경우라도 교특법 제4조제1항의 규정에 따른 보험 또는 공제(이하 "보험등"이라 한다)에 가입된 경우에는 다음 각 목에 해당하는 경우를 제외하고 같은 조항을 적용하여 입건 전 조사종결 또는 불송치 결정. 다만, 사고의 원인행위에 대하여는 「도로교통법」을 적용하여 통고처분 또는 즉결심판 청구

가. 교특법 제3조제2항 단서에 해당하는 경우

나. 피해자가 생명의 위험이 발생하거나 불구·불치·난치의 질병(이하 "중상해"라 한다)에 이르게 된 경우

다. 보험등의 계약이 해지되거나 보험사 등의 보험금 등 지급의무가 없어진 경우

5. 제4호 각 목의 어느 하나에 해당하는 경우에는 제2호·제3호의 기준에 따라 처리

② 교통조사관은 중상해에 해당될 가능성이 있는 때에는 진단서, 치료기간, 노동력상실률, 의료전문가 의견, 사회통념 등을 종합적으로 고려하여 중상해 여부를 판단하여야 한다.

③ 다른 사람의 건조물이나 그 밖의 재물을 손괴한 교통사고(이하 "물피사고"라 한다)는 다음 각 호의 기준

에 따라 처리한다.

1. 피해자가 가해자에 대하여 처벌을 희망하지 아니하는 의사표시를 하거나 가해 차량이 보험 또는 공제에 가입되어 있는 경우

　가. 현장출동경찰관등은 근무일지에 교통사고 발생 일시·장소 등을 기재 후 종결. 다만, 사고 당사자가 사고 접수를 원하는 경우에는 현장조사시스템에 입력

　나. 교통조사관은 교통경찰업무관리시스템(TCS)의 교통사고접수처리대장(이하 "대장"이라 한다)에 입력한 후 「도로교통법 시행규칙」 별지 제21호의2서식의 "단순 물적피해 교통사고 조사보고서"를 작성하고 종결

2. 피해자가 가해자에 대하여 처벌을 희망하지 아니하는 의사표시가 없거나 보험등에 가입되지 아니한 경우에는 「도로교통법」 제151조를 적용하여 송치 결정. 다만, 피해액이 20만원 미만인 경우에는 즉결심판을 청구하고 대장에 입력한 후 종결

④ 뺑소니 사고에 대하여는 다음 각 호의 기준에 따라 처리한다.

1. 인피 뺑소니 사고

　「특정범죄가중처벌 등에 관한 법률」(이하 "특가법"이라 한다)　제5조의3을 적용하여 송치 결정

2. 물피 뺑소니 사고

　가. 도로에서 교통상의 위험과 장해를 발생시키거나 발생시킬 우려가 있는 물피 뺑소니 사고에 대해서는 「도로교통법」 제148조를 적용하여 송치 결정

　나. 주·정차된 차만 손괴한 것이 분명하고 피해자에게 인적사항을 제공하지 않은 물피 뺑소니 사고에 대해서는 「도로교통법」 제156조제10호를 적용하여 통고처분 또는 즉심청구를 하고 교통경찰업무관리시스템(TCS)에서 결과보고서 작성한 후 종결

⑤ 교통사고를 야기한 후 사상자 구호 등 사후조치는 하였으나 경찰공무원이나 경찰관서에 신고하지 아니한 때에는 제1항, 제2항 및 「도로교통법」 제154조제4호의 규정을 적용하여 처리한다. 다만, 도로에서의 위험방지와 원활한 소통을 위하여 필요한 조치를 한 경우에는 「도로교통법」 제154조제4호의 규정은 적용하지 아니한다.

⑥ 「도로교통법」 제44조제1항의 규정을 위반하여 주취운전 중 인피사고를 일으킨 운전자에 대하여는 다음 각 호의 사항을 종합적으로 고려하여 특가법 제5조의11의 규정의 위험운전치사상죄를 적용한다.

1. 가해자가 마신 술의 양

2. 사고발생 경위, 사고위치 및 피해정도

3. 비정상적 주행 여부, 똑바로 걸을 수 있는지 여부, 말할 때 혀가 꼬였는지 여부, 횡설수설하는지 여부, 사고 상황을 기억하는지 여부 등 사고 전·후의 운전자 행태

⑦ 교통조사관은 부상사고로써 교특법 제3조제2항 단서에 해당하지 아니하는 사고를 일으킨 운전자가 보험 등에 가입되지 아니한 경우 또는 중상해 사고를 야기한 운전자에게는 특별한 사유가 없는 한 사고를 접수한 날부터 2주간 피해자와 손해배상에 합의할 수 있는 기간을 주어야 한다.

⑧ 교통조사관은 제6항의 규정에 따른 합의기간 안에 가해자와 피해자가 손해배상에 합의한 경우에는 가해자와 피해자로부터 별지 제1호의2 서식의 자동차교통사고합의서를 제출받아 교통사고조사 기록에 첨부하여야 한다.

제20조의2(교통사고의 수) ① 교통조사관은 교통사고와 관련된 차가 2대 이하인 경우로서 충돌, 추돌, 접촉 등 사고의 원인이 된 행위가 하나인 경우 1건의 사고로 처리한다.

② 교통조사관은 교통사고와 관련된 차가 3대 이상인 경우로서 하나의 원인행위로 인하여 시간·장소적으로 밀접한 연속선상에서 발생한 경우 1건으로 처리하고, 그 이외에는 수 건(數 件)으로 처리한다.

제20조의3(사고유형의 결정) 교통사고의 유형은 다음 각 호의 기준에 따라 정한다.

1. 차대차 사고: 차와 다른 차가 충돌·추돌 또는 접촉한 사고

2. 차대사람 사고: 차가 보행자를 충격한 사고

3. 차량단독 사고: 운전자, 차, 도로상에 설치된 각종 시설물 또는 자연물이 원인이 되어 차가 스스로 전도·전복·추락·충격한 사고(차량단독 사고 후 그 충격 등으로 다른 차 또는 보행자를 충격한 경우

차량단독 사고로 처리)

　　4. 건널목 사고: 철길건널목에서 차와 기차가 충돌한 사고

제20조의4(당사자 순위의 결정) 교통조사관은 다음 각 호의 기준에 따라 1건의 교통사고와 관련된 당사자의 순위를 결정한다.

　　1. 차대차 사고로서 당사자 간의 과실이 차이가 있는 경우 과실이 중한 당사자를 선순위로 지정

　　2. 차대차 사고로서 당사자 간의 과실이 동일한 경우 피해가 경한 당사자를 선순위로 지정

　　3. 차대사람 사고는 운전자를 선순위로 지정

　　4. 동승자가 있는 차대차 사고는 제1호부터 제3호에 따라 당사자의 순위를 정한 후 선순위의 차에 동승한 자를 다음 순위로, 후 순위의 차에 동승한 자를 그 다음 순위로 지정

　　5. 제1호부터 제4호 이외의 당사자는 그 다음 순위로 지정

제21조(안전사고 등) ① 교통조사관은 다음 각 호의 어느 하나에 해당하는 사고의 경우에는 교통사고로 처리하지 아니하고 업무 주무기능에 인계하여야 한다.

　　1. 자살·자해(自害)행위로 인정되는 경우

　　2. 확정적 고의(故意)에 의하여 타인을 사상하거나 물건을 손괴한 경우

　　3. 낙하물에 의하여 차량 탑승자가 사상하였거나 물건이 손괴된 경우

　　4. 축대, 절개지 등이 무너져 차량 탑승자가 사상하였거나 물건이 손괴된 경우

　　5. 사람이 건물, 육교 등에서 추락하여 진행중인 차량과 충돌 또는 접촉하여 사상한 경우

　　6. 그 밖의 차의 교통으로 발생하였다고 인정되지 아니한 안전사고의 경우

② 교통조사관은 제1항 각 호에 해당하는 사고의 경우라도 운전자가 이를 피할 수 있었던 경우에는 교통사고로 처리하여야 한다.

제22조(고속도로순찰대 초동조치 등) ① 고속도로순찰대 지구대장은 관할 지역 안에서 교통사고가 발생한 경우에는 제4조에서 제6조까지의 규정에 따른 초동조치, 사상자 구호 및 교통통제 등 사고조사 자료수집 및 2차사고 예방조치를 취하여야 한다.

② 고속도로에서 발생한 교통사고는 고속도로순찰대 지구대장이 별표 2의 서류(사건송치서, 불송치 사건기록 송부서, 불입건 편철서, 기록목록, 송치 결정서, 불송치 결정서, 불입건 결정서, 범죄경력조회서는 제외한다)를 작성하여 사고를 접수한 날부터 10일 이내에 관할 경찰서장에게 인계한다. 다만, 대형사고인 경우에는 즉시 관할 경찰서장에게 통보하여 경찰서장 주관하에 합동으로 조사·처리한다.

③ 제2항의 규정에 따라 고속도로순찰대 지구대장으로부터 교통사고를 인수한 경찰서장은 이를 보완하여 제20조의 규정에 따라 처리한다.

제22조의2(재조사) ① 사고 당사자는 사고조사 절차 또는 결과의 적정성·적법성이 현저히 침해되었다고 판단하는 경우 재조사를 신청할 수 있다.

② 제1항의 신청에 따른 재조사는 사고조사를 수행한 경찰관서 바로 위 상급 경찰관서의 교통사고 재조사팀이 담당한다.

③ 제1항의 신청을 접수한 재조사팀은 다음 각호의 어느 하나에 해당하는 경우에는 재조사하지 않을 수 있다.

　　1. 동일한 재조사 신청이 이미 접수되어 진행 중인 경우

　　2. 당해 신청에 구체적 사실이 적시되어 있지 않거나 내용이 불분명한 경우

　　3. 당해 신청이 근거없는 주장이거나 사실관계 또는 법령을 오인한 결과로 인한 경우

　　4. 당해 신청이 조사 및 수사를 방해하거나 지연시킬 목적이 명백한 경우

④ 재조사는 신청을 접수한 날로부터 4주 이내에 처리한다. 다만, 위 기간 내에 처리할 수 없는 상당한 이유가 있는 경우 소속 부서의 장의 허가를 받아 3개월의 범위 내에서 그 기간을 연장할 수 있다.

⑤ 재조사팀은 사고조사를 담당한 교통조사관에 대하여 다음 각 호의 요구를 할 수 있다. 이때 담당 교통조사관은 정당한 사유가 없는 한 재조사팀의 요구에 따라야 한다.

1. 출석 또는 서면을 통한 진술
2. 관계서류나 증거물 등의 제출
3. 당해사고의 개요를 확인하기 위한 TCS, KICS 등 전산정보시스템에 입력된 자료의 제출
4. 사고조사를 중단하는 등 원활한 재조사를 위해 필요한 조치

⑥ 재조사 결과는 재조사 신청자와 사고조사를 담당한 교통조사관에게 각각 통보한다. 이 때 담당 교통조사관은 재조사 결과를 반영하여 사고조사를 하여야 한다.

⑦ 재조사의 절차 또는 결과에 불복하는 경우「교통사고 민간심의위원회 운영규칙」에 따라 처리한다.

제23조(사고처리기간) ① 교통조사관은 특별한 사유가 없는 한 다음 각 호의 기간 안에 교통사고의 조사·보고·통보를 완료하여야 한다.

1. 제20조제3항제1호의 물피사고는 지체없이 처리
2. 인피사고, 제20조제3항제2호의 물피사고 및 제20조제4항제2호나목의 물피 뺑소니 사고는 접수한 날부터 2주 이내

② 교통사고 당사자의 의식불명, 당사자간의 합의 또는 국립과학수사연구원·도로교통공단 등 전문기관의 사고분석 기일 지연 등으로 인하여 2월 이내에 조사를 완료하지 못할 경우에는 경찰서장에게 그 이유를 보고한 후 빠른 시일내에 조사를 완료하여야 한다.

제4장 대형사고

제24조(보고 및 통보) ① 경찰서장(교통과장)은 관할 지역에서 대형사고가 발생한 경우 지체없이 별지 제3호서식의 "대형사고발생보고"를 작성하여 시·도경찰청장(교통과장 및 종합상황실장)에게 보고하여야 한다.

② 대형사고를 보고받은 시·도경찰청장은 이를 지체없이 다음 각 호에 따라 보고 및 통보하여야 한다. 이 경우 사고처리가 종료될 때까지 처리과정을 지속적으로 보고·통보하여야 한다.

1. 시·도청 교통과장은 경찰청 형사국장(강력범죄수사과장)
2. 시·도청 종합상황실장은 경찰청 종합상황실장

③ 시·도경찰청 종합상황실장은 시·도지사 및 사고차량 소속회사 등 관련기관·단체에 통보하여 사고수습 등 필요한 조치를 강구하게 하여야 한다.

제25조(지휘본부 설치) ① 대형사고가 발생한 때에는 사고의 신속한 처리와 사후수습을 위하여 필요한 때에는 시·도경찰청장 또는 경찰서장 소속으로 다음 각 호와 같이 지휘본부를 설치 운영한다.

1. 시·도경찰청 지휘본부: 시·도경찰청 교통안전계(야간에는 상황실)에 설치
2. 경찰서 지휘본부: 경찰서 교통과(야간에는 상황실)에 설치
3. 현장 지휘본부: 대형사고 규모에 따라 필요시 사고현장에 설치

② 지휘본부에는 통신망을 확보하고 책임간부 이외에 경찰공무원 2명 이상이 정착하여 동원 인력 및 장비, 사고수습 진행상황 등을 시·도경찰청 및 경찰청 강력범죄수사과(야간에는 종합상황실)에 보고하여야 한다.

③ 고속도로에서 대형사고가 발생한 때에는 관할 지구대 또는 사고현장에 지휘 본부를 설치하고 시·도경찰청·경찰서와 협조하여 제1항 및 제2항의 규정에 따라 운영한다.

제26조(수습대책위원회 설치) ① 시·도경찰청장 또는 경찰서장은 대형사고를 수습하기 위하여 필요한 때에는 수습대책위원회(이하 "위원회"라 한다)를 설치하여 운영할 수 있다.

② 위원회의 구성은 관할 시장·군수를 위원장으로, 경찰서장을 부위원장으로 하고, 경찰서 교통과장, 해당 시·군 교통국장(대중교통과장) 및 지역 기관장 등 일부를 위원으로 하는 것을 원칙으로 한다.

③ 시·도경찰청장 또는 경찰서장은 위원회의 효과적인 운영을 위하여 해당 기관·단체의 장과 협조하여 다음 각 호의 기준에 따른 집행부서를 설치하여 운영할 수 있도록 하여야 한다.

1. 현장조사 및 처리반 : 경찰서 교통·수사(형사)과 담당 경찰관
2. 유족확인 및 대표선출반 : 시·군 총무과장 및 읍·면·동·이장, 그 밖의 해당 지역 주민에게 신망이

두터운 지역 인사

　　3. 유족수습반: 관할 시장·군수가 지명한 사람, 시·도 대중교통과, 해당 회사대표, 그 밖의 해당 지역 주민에게 신망이 두터운 지역 인사

　　4. 사체처리반: 관할 경찰서장이 지정하는 경찰공무원, 관할 보건소장이 지정하는 의사 및 장의사

　　5. 경호 및 연락반: 관할 경찰서장이 지정하는 경찰공무원 2명, 관할 시·군 공무원 2명

제27조(위원회의 역할) ① 위원회는 사상자 처리와 관련하여 다음 각 호의 조치를 하여야 한다.

　　1. 사망자는 여러 곳의 병원에 분산안치

　　2. 관, 수의, 분향대, 독경, 예장 등 장례용품 준비

　　3. 보건소장으로 하여금 의사동원, 사상자 위생조치

② 위원회는 유족 확인 및 대표 선출과 관련하여 다음 각 호의 조치를 하여야 한다.

　　1. 유족은 주민등록 등·초본 또는 가족관계등록부 등 공정증서를 이용하여 확인

　　2. 유족은 일반인과 구분할 수 있도록 일련번호가 표시된 검은리본 패용 협조

　　3. 유족대표는 사고규모에 따라 3~5명으로 구성

③ 위원회는 유족에 대한 위자료가 다음 각 호의 기준에 따라 협의·조정하여 지급하여야 한다.

　　1. 1단계, 위원회가 유족대표 및 회사대표와 협의·조정

　　2. 2단계, 시·도지사 및 시·도경찰청장이유족대표, 회사대표와 협의·조정

④ 위원장은 회사대표 및 유족과 협의하여 장의절차가 개별 장의식으로 진행될 수 있도록 하여야 한다.

⑤ 위원회는 사체를 유족에게 인도하는 때에는 정확을 기하기 위하여 사체처리반 소속 경찰공무원 1명 이상을 책임자로 지정하여 인도 및 안장 여부를 확인하도록 하여야 한다.

제28조(최종보고) 시·도경찰청장은 발생된 대형사고에 대한 사후수습, 그 밖의 필요한 조치가 종료된 후에는 그 날부터 5일 이내에 다음 각 호의 사항을 경찰청장(강력범죄수사과장)에게 보고하여야 한다.

　　1. 별지 제4호서식의 "대형사고분석기록카드"

　　2. 유가족의 동향 등 사후수습 최종 결과

제29조(현장지도관 파견) ① 경찰청 형사국장은 교통사고 사망자가 5명 이상인 초대형 교통사고가 발생한 경우에는 강력범죄수사과 경감급 이상을 반장으로 하여 국립과학수사연구원 및 도로교통공단 연구원 등 4인 이상으로 구성된 현장지도관을 파견할 수 있다.

② 현장지도관은 다음 각 호의 임무를 수행한다.

　　1. 현장조치 및 언론대응 지도

　　2. 위원회 구성 및 운영 지도

　　3. 사고원인분석 및 감정

　　4. 그 밖의 경찰청 지원사항 파악 조치

제5장 뺑소니 사고

제30조(수사체제 확립 등) ① 경찰서장은 뺑소니 사고의 범인 검거를 위하여 예상 도주로의 인접 시·도경찰청 및 경찰서와의 협력체제를 구축하고, 지역경찰, 수사·형사, 감식, 교통경찰 등을 총동원하여 신속하고 조직적인 수사를 할 수 있는 체계를 확립하는 등 뺑소니 사고를 중요강력사건과 같은 비중으로 수사하여야 한다.

② 경찰서장은 관할지역에서 뺑소니 사고가 발생하면 신속하고 효과적으로 수사할 수 있도록 평소에 다음 각 호의 기초자료를 수집·정비하여야 한다.

　　1. 병원 또는 구호시설 등의 일람표

　　2. 관할 지역내 CCTV 설치 위치 및 종류

　　3. 교통·운수관계업체(대리운전·견인·중고차 매매업 포함) 대장

4. 이륜차 판매·수리업체
5. 타이어 모양 제원표 및 판매업소
6. 자동차 정비·판금·도장 공장 등 일람표
7. 자동차 유리·부속품 판매점 대장
8. 폐차장·세차장 일람표
9. 고속·시외·시내버스 운행 시간표
10. 자동차 식별대장

③ 경찰서장은 뺑소니 사고에 대한 시민 신고 활성화를 위하여 다음 각 호와 같은 시민 협조체계를 구축하여야 한다.
   1. 자동차 공업사 책임자·종업원 등과 평소 밀접한 연락체계 및 신고체계 구축
   2. 교통안전교육 등을 통하여 뺑소니 사례발표 및 신고보상금 지급 등 뺑소니 시민 신고 활성화 계획 추진
④ 경찰서장은 관할지역 내에서 뺑소니 사고가 발생한 때에는 지령실 및 교통조사기능을 통하여 전담 수사요원 소집·임무분담, 긴급배치, 수배, 순찰·수사용 차량을 집중 활용하는 등 전 경찰조직을 동원하여 초동수사를 전개하여야 한다.

제31조(초동수사요령) ① 교통조사관은 뺑소니 사고 발생신고를 접수한 때에는 다음 각 호의 사항을 조사하여야 한다.
   1. 신고자의 주소, 성명, 연령, 직업(뺑소니는 피해자 또는 목격자 신고가 일반적이며, 목격자를 가장한 가해자 신고에 주의)
   2. 신고시간(발생시간 추정에 활용)
   3. 발생일시 및 장소
   4. 발생개요
   5. 피해정도
   6. 차종, 등록번호, 도색, 형식, 상표, 적재물, 운전자 등 가해차량 상황
   7. 뺑소니 차량
② 경찰서장은 뺑소니 사고를 접수한 때에는 관할지역에 관계없이 발생일시·장소, 피해상황, 가해차량 번호·특징, 도주방향 등을 신속히 파악하여 발생지 경찰서장에게 통보하고 예상 도주로에 긴급배치수배 등 필요한 조치를 취하여야 한다.
③ 경찰서장은 사망자의 수 등 사건의 규모에 따라 추가보고 및 인접 시·도청·경찰서 긴급배치 등 필요한 후속조치를 계속하여야 한다.

제32조(현장조치 등) 뺑소니 사고 현장에 임하였을 때에는 제36조제1호의 규정에 의하여 보고하고 제8조에서 제17조까지의 규정에 의하여 조사한 후 제19조의 규정에 따른 실황조사서를 작성하여야 한다.

제33조(긴급배치 자동차 검문) ① 경찰공무원은 긴급배치로 인해 자동차를 검문할 때에는 자신이 부상당하지 않도록 주의하면서 정지·유도·검사·질문·추적 등 미리 정한 분담임무를 수행하되 검문한 차량의 등록번호 및 운전자의 주소, 성명, 운전면허번호, 행선지 등을 기록하여 두어야 한다.
② 차량을 검문할 때에는 다음 각 호의 요령을 참고하여 검문한다.
   1. 전조등·앞 범퍼·차량 앞부분·창유리·후사경·라디오 안테나 등의 파손, 결손
   2. 차량 도장의 흠, 결손, 혈액부착, 차체표면에 묻은 "먼지"가 없어진 흔적
   3. 과속 질주, 추월, 범인의 초조감에서 "지그재그"운전 또는 이상한 운전
   4. 사건직후 이유 없이 좌·우회전, 파출소 등의 회피, 이면도로 통행

제34조(지역경찰과의 협력) 뺑소니 사고 초동조치를 담당한 지구대·파출소 지역경찰은 초동조치 종료 후 다음 각 호와 같이 교통조사관의 뺑소니 사고 수사에 협력하여야 한다.
   1. 용의차량 검문검색 및 수배 유사차량을 발견시 교통과·계장 또는 야간 종합상황실장에게 즉보

2. 사고현장 부근의 거주자, 특정 통행인·통행차량, 도주방향 등 수사 및 목격자, 유류품 발견 지원
3. 사고의 전·후 상황, 용의차량 등에 대한 탐문
4. 자동차 수리업자 등에 대한 수사

제35조(적용배제) 제30조부터 제34조까지의 규정은 제20조제4항제2호나목의 물피 뺑소니 사고의 경우에는 적용하지 아니한다.

제6장 보 칙

제36조(개인정보보호) 교통사고 조사과정에서 사고 관련자의 인적사항 등 개인정보를 취득한 교통조사관은 사고조사목적 또는 법령에 의하여 이용되거나 제공하는 경우 이외의 다른 용도로 이를 이용하거나 타인에게 제공 또는 누설하여서는 아니된다.

제37조(보고 등) ① 교통사고에 관한 보고절차는 다음 각 호와 같다. 다만, 물피사고로서 도로에서의 위험방지와 원활한 소통을 위하여 필요한 조치가 이루어진 경우에는 그러하지 아니하다.
1. 교통사고를 현장목격 또는 인지하였거나 신고를 접수한 경찰공무원은 경찰서장(교통과·계장 또는 야간 종합상황실장)에게 발생일시·장소, 사고의 종류 및 피해상황 등 즉보
2. 경찰서장은 교통사고를 보고받은 즉시 교통조사관 현장출동 및 조사 하명
3. 현장에 출동한 교통조사관은 현장조사 후 즉시 그 결과를 별지 제5호서식의 "교통사고 발생보고서(초동조사용)"에 의하여 교통과·계장 또는 야간 종합상황실장에게 보고
4. 대형사고가 발생한 경우에는 제25조의 규정에 의하여 보고
5. 고위공무원, 정치인, 방송연예인 등 사회적 파장이 예상되는 사람의 교통사고는 대형사고에 준하여 보고
6. 주한 외교관의 교통사고는 외교부 통보 및 대형사고에 준하여 보고
② 주한미군등을 가해자로 조사한 경우에는 즉시 시·도경찰청을 경유하여 경찰청에 보고하고, 24시간 이내에 교통사고 발생사실을 관할 검찰청에 통보하여야 한다.

제38조(교통사고접수처리대장 기록 등) ① 교통사고를 접수한 교통조사관은 24시간 이내에 대장에 교통사고 내용을 입력하여야 한다.
② 경찰서 교통조사계장은 대장을 매 건마다 일일 결재하면서 사고처리상황 및 대장정리 상황을 확인·감독하여야 한다.
③ 교통사고를 조사한 교통조사관은 실황조사서를 작성하여 수결 및 운전면허 벌점부과 등 필요한 조치를 취한 후 이를 교통사고 행정처분 담당자에게 인계하여야 한다.

제39조(교통사고의 행정처분 등) ① 제38조 제3항의 규정에 의하여 실황조사서를 인수받은 행정처분 담당자는 대장에 입력된 사항과 대조하는 등 실황조사서와 대장의 등재내용이 일치하는지 확인하여야 한다.
② 행정처분 담당자는 실황조사서의 내용에 따라 운전면허행정처분, 운전면허대장기록 등 필요한 행정업무를 처리한다.

제40조(사고처리 진행상황 통지) ① 교통조사관은 접수한 교통사고를 조사할 때에는 그 진행상황을 가해자·피해자에게 통지하여야 한다.
② 제1항에 따라 사고처리 진행상황을 통지할 때에는 구두, 전화, 우편, 모사전송, 이메일, 문자메시지(SMS) 등 가해자·피해자가 희망하는 방법으로 통지할 수 있다.
③ 교통조사관은 사고처리 결과를 입건 전 조사종결, 검찰청에 송치 또는 불송치 기록 송부 타 관서로 이송하는 등 조사를 완료한 때에는 그 날부터 3일 이내에 가해자·피해자에게 조사결과를 통지하여야 한다. 이 경우 제2항의 규정에 불구하고 별지 제6호서식의 사고처리결과 통지에 따라 통지하여야 한다.
④ 경찰공무원은 제1항에서 제3항까지의 통지가 수사 또는 재판에 지장을 주거나 가·피해자 또는 사고관계인의 명예와 권리를 부당히 침해할 우려가 있는 때에는 통지하지 않을 수 있다.

제41조(교통사고 전산관리) ① 고속도로순찰대원 또는 교통조사관은 사고를 접수한 시간부터 24시간 이내에 교통경찰업무관리시스템(TCS)에 다음 각 호의 항목을 우선 입력하여야 한다.

1. 발생일시 및 장소(도로 구분 포함)
2. 피해 정도
3. 사고유형(차종 포함)
4. 사고 개요

② 고속도로순찰대원 또는 교통조사관은 사망사고의 경우에는 제1항의 규정에도 불구하고 사망사실 확인 후 8시간 이내에 제1항 각 호의 사항을 입력하여야 한다. 다만, 대형사고 처리 등 부득이한 사유가 있는 경우에는 24시간 이내에 입력할 수 있다.

③ 교통조사관은 사고조사가 종결된 후에는 그 날부터 3일 이내에 제1항에서 규정된 항목 이외에 별표 3의 교통사고 통계원표에 표시된 항목을 교통사고관리시스템(TCS)에 입력하여야 한다.

제41조의2(전자적 사건처리) ① 검사가 「형사소송법」 제448조에 따라 약식명령을 청구할 수 있는 사건 중 피의자가 전자적 처리절차에 따를 것을 동의한 다음 각 호의 어느 하나에 해당하는 경우 「약식절차 등에서의 전자문서 이용 등에 관한 법률」 제5조제1항에 따라 관련 수사서류를 전자문서 또는 전자화문서로 작성하여 송치하는 방법으로 처리한다.

1. 「도로교통법」 제148조의2제2항, 제152조제1호 및 제154조제2호에 해당하는 사건
2. 제1호에 해당하는 사건과 관련되는 「도로교통법」 제159조에 해당하는 사건

제41조의3(문서 작성) ① 제41조의2의 경우 경찰관은 형사사법정보시스템(KICS)을 통해 전자문서를 작성한 후 송치 기록 송부하고 민원인이 제출한 종이문서나 그 밖에 전자적 형태로 작성되지 아니한 문서(이하 "전자화대상문서"라 한다)는 스캔 후 전자화문서로 변환하여 송치한다.

② 제1항에 따라 작성하는 전자문서 및 전자화문서의 종류는 별표 4와 같다.

제41조의4(전자화대상문서 폐기) ① 제41조의2에 따라 전자적으로 송치한 사건에 대하여 검찰의 처분이나 법원의 판결이 확정된 경우 전자화대상문서는 폐기한다.

② 제1항에 따라 전자화대상문서를 폐기하는 경우 사건을 처리한 조사관은 별지 제5호의2서식의 전자화대상문서 폐기 관리대장을 작성하고 소속 부서장의 결재를 받아 폐기한다.

제42조(사고통계 취합 등) ① 경찰청 강력범죄수사과장은 정확한 교통사고 사망자 통계를 유지하기 위하여 경찰서에서 전산 입력한 교통사고 통계를 매일 취합·정리하여야 한다.

② 경찰청 강력범죄수사과장은 안전행정부, 보험개발원, 각종 공제조합 등 유관기관 또는 단체의 사망자 자료를 정기적으로 수집하여 경찰서에서 입력한 교통사고 통계와 대조·확인하여야 한다.

제43조(수사서류 등) ① 교통사고 조사에 필요한 수사서류는 별표 2와 같다.

② 이 규칙에서 정한 서식 이외에 교통사고 조사에 필요한 서식은 「범죄수사규칙」에서 정한 서식을 준용한다.

제44조(유효기간) 이 규칙은 「훈령·예규 등의 발령 및 관리에 관한 규정」에 따라 이 규칙을 발령한 후의 법령이나 현실 여건의 변화 등을 검토해야 하는 2026년 7월 31일까지 효력을 가진다.

부칙

〈제1088호, 2023. 7. 31.〉

이 규칙은 발령한 날부터 시행한다.

[3] 교통사고사실의 확인원 발급신청

① 경찰서장으로부터 교통사고 발생사실의 확인을 받으려는 교통사고의 가해자·피해자나 그 대리인은 교통사고사실확인원 발급 신청서(「도로교통법 시행규칙」별지 제144호의6서식) (대리인이 신청하는 경우에는 발급대상자의 위임장 및 신분증명서 사본을 첨부)를 경찰서장에게 제출하고, 신분증명서를 제시해야 합니다(「도로교통법 시행규칙」제129조의3제1항 본문).

② 다만, 신청인이 원하는 경우에는 신분증명서 제시를 갈음하여 전자적 방법으로 지문정보를 대조하여 본인 확인을 할 수 있습니다(「도로교통법 시행규칙」제129조의3제1항 단서).

■ 도로교통법 시행규칙 [별지 제144호의6서식]

교통사고사실확인원 발급 신청서

접수번호	접수일자		처리기간	즉시
발급 대상자 (당사자)	성 명		생년월일	
	주 소		전화번호	
대상 사고	일 시			
	장 소			
용도				

「도로교통법 시행규칙」 제129조의3제1항에 따라 위와 같이 교통사고사실확인원 발급을 신청합니다.

년   월   일

신청인   (서명 또는 인)

대리인   (서명 또는 인)

(   ) **경찰서장**   귀하

신청인 제출서류	1. 본인이 신청하는 경우: 신분증명서 2. 대리인이 신청하는 경우: 대리인의 신분증명서, 발급대상자의 위임장 및 신분증명서 사본 등 대리인임을 입증할 수 있는 서류 * 신분증명서는 확인 후 돌려드립니다	수수료 없음

※ 「도로교통법 시행규칙」 제129조의3제1항 단서에 따라 신청인이 원하는 경우에는 신분증명서 제시를 갈음하여 전자적 방법으로 지문정보를 대조하여 본인 확인을 할 수 있습니다. 이를 원하는 경우 동의서를 제출해 주시기 바랍니다.

※ 적성검사(갱신)기간 등의 운전면허 정보를 전자우편 및 휴대전화를 통해 제공하고 있습니다. 이를 원하는 경우 동의서를 제출해 주시기 바랍니다.

유의사항
교통사고사실확인원은 정부24 인터넷 홈페이지(www.gov.kr)를 통해서도 발급받을 수 있습니다.

[4] 관련판례

【판결요지】

음주운전 여부에 관한 조사방법 중 혈액 채취(이하 '채혈'이라고 한다)는 상대방의 신체에 대한 직접적인 침해를 수반하는 방법으로서, 이에 관하여 도로교통법은 호흡조사와 달리 운전자에게 조사에 응할 의무를 부과하는 규정을 두지 아니할 뿐만 아니라, 측정에 앞서 운전자의 동의를 받도록 규정하고 있으므로(제44조 제3항), 운전자의 동의 없이 임의로 채혈조사를 하는 것은 허용되지 아니한다.

그리고 수사기관이 범죄 증거를 수집할 목적으로 운전자의 동의 없이 혈액을 취득·보관하는 행위는 형사소송법상 '감정에 필요한 처분' 또는 '압수'로서 법원의 감정처분허가장이나 압수영장이 있어야 가능하고, 다만 음주운전 중 교통사고를 야기한 후 운전자가 의식불명 상태에 빠져 있는 등으로 호흡조사에 의한 음주측정이 불가능하고 채혈에 대한 동의를 받을 수도 없으며 법원으로부터 감정처분허가장이나 사전 압수영장을 발부받을 시간적 여유도 없는 긴급한 상황이 발생한 경우에는 수사기관은 예외적인 요건하에 음주운전 범죄의 증거 수집을 위하여 운전자의 동의나 사전 영장 없이 혈액을 채취하여 압수할 수 있으나 이 경우에도 형사소송법에 따라 사후에 지체 없이 법원으로부터 압수영장을 받아야 한다.

따라서 음주운전 여부에 대한 조사 과정에서 운전자 본인의 동의를 받지 아니하고 또한 법원의 영장도 없이 채혈조사를 한 결과를 근거로 한 운전면허 정지·취소 처분은 도로교통법 제44조 제3항을 위반한 것으로서 특별한 사정이 없는 한 위법한 처분으로 볼 수밖에 없다.

【원심판결】

부산고법 2014. 11. 20. 선고 (창원)2014누10830 판결

【주문】

원심판결을 파기하고, 사건을 부산고등법원에 환송한다.

【이유】

상고이유를 판단한다.

1. 원심은, 원고가 2012. 10. 26. 04:25경 승용차를 운전하여 김해시 도로를 진행하던 중 가드레일 등을 충격함으로써 중상을 입은 사고가 발생하여 의식이 없는 상태로 병원 응급센터로 후송된 사실, 담당 경찰관은 같은 날 06:05경 음주측정기에 의한 호흡측정을 할 수 없다는 사유로 원고의 어머니의 동의하에 원고의 혈액을 채취(이하 '이 사건 채혈'이라 한다)한 사실, 위 경찰관은 이 사건 채혈과 관련하여 원고의 동의를 얻거나 사후에 법원으로부터 영장을 발부받지는 않은 사실, 이 사건 채혈로 채취된 원고의 혈액을 감정한 결과 원고의 혈중알코올농도는 0.125%로 분석된 사실, 피고는 2013. 3. 6. 원고에 대하여 음주운전을 이유로 자동차운전면허를 취소(이하 '이 사건 처분'이라 한다)한 사실 등을 인정한 다음, 형사소송의 위법수집증거배제법칙이 행정소송에 그대로 적용된다고 볼 수 없고 원고의 어머니로부터 채혈에 대한 동의를 얻는 등 이 사건 채혈의 수단·방법이 현저히 반사회적이거나 원고의 인격권을 중대하게 침해한다고 볼 수 없어 주취운전자 적발보고서의 증거능력이 인정되며, 이에 따라 원고가 혈중알코올농도 0.125%의 술에 취한 상태로 음주운전하였다는 사실이 인정되므로 이 사건 처분은 적법하다고 판단하였다.

2. 그러나 원심의 위와 같은 판단은 다음과 같은 이유로 수긍하기 어렵다.
   도로교통법은 술에 취한 상태에서 자동차 등을 운전한 경우 형사처벌규정을 두고 있을 뿐만 아니라(제148조의2 제2항), 운전면허를 받은 사람이 술에 취한 상태에서 자동차 등을 운전한 경우 지방경찰청장이 운전면허를 취소하거나 1년 이내의 범위에서 운전면허의 효력을 정지시킬 수 있도록 규정하고 있다(제93조 제1항 제1호).
   한편 도로교통법 제44조는 술에 취한 상태에서 자동차 등을 운전하여서는 아니 된다고 규정하면서(제1항), 경찰공무원은 교통의 안전과 위험방지를 위하여 필요하다고 인정하거나 술에 취한 상태에서 자동차 등을 운전하였다고 인정할 만한 상당한 이유가 있는 경우에는 운전자가 술에 취하였는지를 호흡조사로 측정할 수 있고, 이 경우 운전자는 경찰공무원의 측정에 응하여야 하며(제2항), 위와 같은 측정 결과에 불복하는 운전자에 대하여는 그 운전자의 동의를 받아 혈액 채취 등의 방법으로 다시 측정할 수 있다고 규정하고 있다(제3항). 나아가 도로교통법 제54조 제6항과 도로교통법 시행령 제32조 제4호는 경찰공무원은 교통사고가 발생한 경우에 술에 취하거나 약물을 투여한 상태에서의 운전 여부 등에 관하여 필요한 조사를 하여야 한다고 규정하고 있다.
   이처럼 국가경찰공무원이 도로교통법 규정에 따라 호흡측정 또는 혈액 검사 등의 방법으로 운전자가 술에 취한 상태에서 운전하였는지를 조사하는 것은, 수사기관과 경찰행정 조사자의 지위를 겸하는 주체가 형사소송에서 사용될 증거를 수집하기 위한 수사로서의 성격을 가짐과 아울러 교통상 위험의 방지를 목적으로 하는 운전면허 정지·취소의 행정처분을 위한 자료를 수집하는 행정조사의 성격을 동시에 가지고 있다고 볼 수 있다.

그런데 음주운전 여부에 관한 위 각 조사방법 중 혈액 채취(이하 '채혈'이라고 한다)는 상대방의 신체에 대한 직접적인 침해를 수반하는 방법으로서, 이에 관하여 도로교통법은 호흡조사와 달리 운전자에게 조사에 응할 의무를 부과하는 규정을 두지 아니할 뿐만 아니라, 측정에 앞서 운전자의 동의를 받도록 규정하고 있으므로(제44조 제3항), 운전자의 동의 없이 임의로 채혈조사를 하는 것은 허용되지 아니한다.

그리고 수사기관이 범죄 증거를 수집할 목적으로 운전자의 동의 없이 그 혈액을 취득·보관하는 행위는 형사소송법상 '감정에 필요한 처분' 또는 '압수'로서 법원의 감정처분허가장이나 압수영장이 있어야 가능하고, 다만 음주운전 중 교통사고를 야기한 후 운전자가 의식불명 상태에 빠져 있는 등으로 호흡조사에 의한 음주측정이 불가능하고 채혈에 대한 동의를 받을 수도 없으며 법원으로부터 감정처분허가장이나 사전 압수영장을 발부받을 시간적 여유도 없는 긴급한 상황이 발생한 경우에는 수사기관은 예외적인 요건하에 음주운전 범죄의 증거 수집을 위하여 운전자의 동의나 사전 영장 없이 혈액을 채취하여 압수할 수 있으나 이 경우에도 형사소송법에 따라 사후에 지체 없이 법원으로부터 압수영장을 받아야 한다(대법원 2012. 11. 15. 선고 2011도15258 판결 참조). 따라서 음주운전 여부에 대한 조사 과정에서 운전자 본인의 동의를 받지 아니하고 또한 법원의 영장도 없이 채혈조사를 한 결과를 근거로 한 운전면허 정지·취소 처분은 도로교통법 제44조 제3항을 위반한 것으로서 특별한 사정이 없는 한 위법한 처분으로 볼 수밖에 없다.

이러한 법리에 비추어 앞서 본 사실관계를 살펴보면, 원고가 운전 중 교통사고를 야기하고 의식이 없는 상태로 병원에 후송된 상태에서 경찰관이 원고 본인의 동의를 받지 아니한 채 이 사건 채혈을 하고 이에 대하여 법원의 사후 영장을 받지 아니하였음에도 그 채혈조사 결과를 근거로 이 사건 처분을 하였으므로, 이 사건 처분은 도로교통법 제44조 제3항을 위반한 것으로서 위법하다고 보아야 한다.

그럼에도 원심은 그 판시와 같이 채혈조사 결과가 기재된 서증의 증거능력이 인정된다는 등의 이유만으로 이 사건 처분이 적법하다고 판단하였으니, 이러한 원심의 판단에는 도로교통법에 따른 채혈조사에 관한 법리를 오해하여 판결에 영향을 미친 위법이 있다. 이 점을 지적하는 상고이유 주장은 이유 있다.

3. 그러므로 원심판결을 파기하고, 사건을 다시 심리·판단하도록 원심법원에 환송하기로 하여, 관여 대법관의 일치된 의견으로 주문과 같이 판결한다.

판례2 | 교통사고를 낸 차의 운전자 등에게 도로교통법 제54조 제2항 본문에서 정한 신고의무가 있는 경우 및 위 조항 단서의 해석[대법원 2014. 2. 27. 선고 2013도15499 판결]

【원심판결】

청주지법 2013. 11. 21. 선고 2013노645 판결

【주문】

상고를 기각한다.

【이유】

상고이유를 판단한다.

도로교통법 제54조 제2항 본문은, 차의 운전 등 교통으로 인하여 사람을 사상하거나 물건을 손괴한 경우 그 차의 운전자나 그 밖의 승무원은 경찰공무원이 현장에 있을 때에는 그 경찰공무원에게, 경찰공무원이 현장에 없을 때에는 가장 가까운 국가경찰관서(지구대, 파출소 및 출장소를 포함한다)에 사고가 일어난 곳, 사상자 수 및 부상 정도, 손괴한 물건 및 손괴 정도, 그 밖의 조치사항 등을 지체 없이 신고하여야 한다고 규정하고 있다.

위와 같은 도로교통법상의 신고의무는, 교통사고가 발생한 때에 이를 지체 없이 경찰공무원 또는 경찰관서에 알려서 피해자의 구호, 교통질서의 회복 등에 관한 적절한 조치를 취하게 함으로써 도로상의 소통장해를 제거하고 피해의 확대를 방지하여 교통질서의 유지 및 안전을 도모하는 데 그 입법취지가 있다. 이와 같은 도로교통법상 신고의무 규정의 입법취지와 헌법상 보장된 진술거부권 및 평등원칙에 비추어 볼 때, 교통사고를 낸 차의 운전자 등의 신고의무는 사고의 규모나 당시의 구체적인 상황에 따라 피해자의 구호 및 교통질서의 회복을 위하여 당사자의 개인적인 조치를 넘어 경찰관의 조직적 조치가 필요하다고 인정되는 경우에만 있는 것이라고 해석하여야 한다(대법원 1991. 6. 25. 선고 91도1013 판결 참조).

그리고 위 조항 단서를 신설하여 '운행 중인 차만 손괴된 것이 분명하고 도로에서의 위험방지와 원활한 소통을 위하여 필요한 조치를 한 경우에는 그러하지 아니하다'고 규정한 것은 이와 같은 법리를 확인하는 것으로 해석된다.

원심이 이와 같은 취지에서 이 사건 공소사실에 대하여 범죄의 증명이 없음을 이유로 피고인에 대하여 무죄를 선고한 제1심판결을 그대로 유지한 것은 정당하고, 거기에 상고이유 주장과 같이 도로교통법 제54조 제2항에 관한 법리를 오해하는 등의 위법이 없다.

그러므로 상고를 기각하기로 하여 관여 대법관의 일치된 의견으로 주문과 같이 판결한다.

> **판례3 |** 피해 정도가 경미하고 교통사고 후 피해 상태를 확인한 후 피해변제조로 금원을 지급하려고 하였으나 피해자가 이를 거절하면서 사고신고하자고 하였는데도 인적 사항이나 연락처를 알려 주지 아니한 채 도주하였다면 위 "가" 항의 조치를 다하였다고 볼 수 없다 한 사례*[대법원 1993. 11. 26. 선고 93도2346 판결]*

【판결요지】

[가] 도로교통법 제50조 제1항의 취지는 도로에서 일어나는 교통상의 위험과 장해를 방지, 제거하여 안전하고 원활한 교통을 확보함을 그 목적으로 하는 것이지 피해자의 물적 피해를 회복시켜 주기 위한 규정이 아니나, 이 경우 운전자가 위 규정 소정의 필요한 조치를 다하였는지의 여부는 사고의 내용, 피해의 태양과 정도 등 사고현장의 상황에 비추어 우리의 건전한 양식상 통상 요구되는 정도의 조치를 다하였는지의 여부에 따라 결정되어야 한다.

[나] 피해 정도가 경미하고 교통사고 후 피해 상태를 확인한 후 피해변제조로 금원을 지급하려고 하였으나 피해자가 이를 거절하면서 사고신고하자고 하였는데도 인적 사항이나 연락처를 알려 주지 아니한 채 도주하였다면 위 "가"항의 조치를 다하였다고 볼 수 없다 한 사례.

【원심판결】

서울형사지방법원 1993.7.15. 선고 93노1975 판결

【주문】

원심판결을 파기하고, 사건을 서울형사지방법원 합의부에 환송한다.

【이유】

상고이유에 대하여 본다.

1. 피고인의 상고이유에 대하여

원심이 인용한 제1심판결이 채용한 증거들을 기록과 대조하여 검토하면, 피고인의 이 사건 폭력행위등처벌에관한법률위반의 범죄사실을 충분히 인정할 수 있고, 원심판결에 소론과 같이 채증법칙을 위반하여 사실을 잘못 인정한 위법이 있다고 할 수 없다. 논지는 이유 없다.

2. 검사의 상고이유에 대하여

도로교통법 제50조 제1항의 취지는 도로에서 일어나는 교통상의 위험과 장해를 방지, 제거하여 안전하고 원활한 교통을 확보함을 그 목적으로 하는 것이지 피해자의 물적 피해를 회복시켜 주기 위한 규정이 아님은 원심 판시와 같으나, 이 경우 운전자가 위 규정 소정의 필요한 조치를 다 하였는지의 여부는 사고의 내용, 피해의 태양과 정도 등 사고현장의 상황에 비추어 우리의 건전한 양식상 통상 요구되는 정도의 조치를 다 하였는지의 여부에 따라 결정되어야 할 것이다.

원심이 인정한 사실에 의하면, 피고인은 1992.12.3. 23:15경 판시 차량을 운전하고 판시 편도 4차선 도로의 4차선을 따라 진행하다가 앞서 진행하던 피해자 운전의 택시가 급제동하는 것을 뒤늦게 발견하고 급제동조치를 취하였으나 피하지 못하고 위 택

시의 뒷범버를 들이받는 사고를 발생시켰는데, 위 사고로 위 택시가 입은 피해는 뒷범버에 약간의 흠집이 난 정도이며(수리비 금 70,000원 상당), 피고인은 위 사고 후 차량에서 내려 피해의 정도를 살핀 후 피해자에게 미안하다고 하면서 금 10,000원을 피해자에게 주고 사건을 해결하려고 하였으나 피해자가 이를 거절하면서 인근 파출소에 동행할 것을 요구하자, 피고인은 당시 음주운전을 하고 있어서 그 사실이 발각될 것을 염려한 나머지 피해자의 제지에도 불구하고 자신의 인적사항 이나 연락처도 알려 주지 아니한 채 다시 승차하여 그대로 도주하였다는 것이다.

위 사실관계에 비추어 보면, 위 사고가 발생한 곳이 편도 4차선 도로의 맨 가장자리 차선인 4차선이었고 피해가 차량의 뒷범버에 약간의 흠집이 난 데 지나지 않았고, 또 피고인이 사고 직후 차에서 내려 피해 상태를 확인한 다음 피해자에게 피해변제조로 금10,000원을 지급하려고 하였다고 하더라도, 피해액이 얼마인지 알 수 없는 상태에서 그 액수에 관하여 의견이 일치되지 아니하여 피해자가 파출소에 신고하자고 하였는데도, 피고인이 자신의 인적사항이나 연락처를 전혀 알려 주지 아니한 채 피해자의 제지에도 불구하고 다시 승차하여 도주하였다면, 피고인이 도주시 급히 자동차를 운전하는 등으로 새로운 교통사고를 일으킬 가능성도 높고, 또한 피해자가 이를 제지하거나 뒤쫓아 갈 것이 예상되는데 이 경우에도 또다른 교통상의 위험과 장애가 야기될 수 있으므로, 이 사건 교통사고를 일으킨 피고인으로서 위 제50조 제1항 소정의 필요한 조치를 다하였다고 볼 수 없다고 할 것이다.

그러함에도 불구하고 원심은 위 사고가 발생한 장소 및 피해의 정도로 보아 위 사고로 인하여 또 다른 교통사고가 발생할 우려가 있었다고 볼 수 없고, 피고인이 사고 직후 차에서 내려 피해 상태를 확인한 다음 피해자에게 피해변제조로 금 10,000원을 지급하려고 하였으나 상대방이 이를 거절하여 그 현장을 떠난 것이어서, 피고인이 비록 그의 인적 사항이나 연락처를 알려 주지 아니한 채 현장을 떠났다고 하더라도 이를 가리켜 도로교통법 제50조 제1항 소정의 필요한 조치를 취하지 아니한 경우에 해당한다고 볼 수 없다고 판단하여 이 사건 도로교통법위반의 공소사실에 대하여 무죄를 선고하였으므로, 원심판결에는 필경 도로교통법 제50조 제1항 소정의 '필요한 조치'에 관한 법리를 오해한 위법이 있다고 할 것이고, 따라서 이를 지적하는 논지는 이유 있다.

3. 그러므로 검사의 상고는 이유 있어 원심판결을 파기하고 사건을 다시 심리판단하게 하기 위하여 원심법원에 환송할 것인바, 이 사건 폭력행위등처벌에관한법률위반 및 도로교통법위반의 각 범죄는 형법 제37조 전단의 경합범관계에 있어 같은 법 제38조 제1항 제2호에 의할 경우 하나의 형으로 처벌하여야 할 것이므로, 원심판결의 유죄 및 무죄부분 모두를 파기하기로 하여 관여 법관의 일치된 의견으로 주문과 같이 판결한다.

> **판례4 |** 가해자가 상해를 입은 피해자를 보고도 차에서 내리지도 않고 그대로 가
> 버렸다가 약 20분 후 구호를 위하여 제3자와 함께 현장으로 되돌아 온 경
> 우, 도주의 범의를 인정한 사례[대법원 1996. 12. 6.선고 96도2407 판결]

【판결요지】

피고인이 사고를 일으킨 직후 차를 되돌려 현장에 접근하여 두 피해자들이 피를 흘리며 신음하고 있는 것을 발견하였는바, 비록 피고인이 체격이 작은 여자인 데 비하여 피해자들은 건장한 청년들이고 사고 일시 및 장소는 심야에 차량이나 인적의 통행이 드문 산속이라 혼자의 힘으로 구호조치를 할 수 없다고 생각하였다 하더라도, 피고인으로서는 피해자들에게 최소한의 응급조치를 하고 병원으로 후송하도록 하거나, 피해자들에게 고지한 후 현장을 떠나 즉시 경찰관서나 병원에 연락 또는 신고를 하는 등 필요한 조치를 취하였어야 함에도 불구하고, 승용차에서 하차하지도 아니한 채 그대로 승용차를 운전하여 가버렸다면, 설사 약 20분 후 피해자들을 구호하기 위하여 사고 현장으로 되돌아 왔다 하더라도, 피고인에게는 특정범죄가중처벌등에관한법률 제5조의3 제1항 소정의 도주에 대한 범의가 있었다고 봄이 상당하다고 한 사례.

【원심판결】

광주지법 1996. 8. 23. 선고 96노497 판결

【주문】

원심판결을 파기하고, 사건을 광주지방법원 본원 합의부에 환송한다.

【이유】

상고이유를 본다.

1. 특정범죄가중처벌등에관한법률 제5조의3 제1항 소정의 '피해자를 구호하는 등 도로교통법 제50조 제1항의 규정에 의한 조치를 취하지 아니하고 도주한 때'라 함은 사고운전자가 사고로 인하여 피해자가 사상을 당한 사실을 인식하였음에도 불구하고 피해자를 구호하는 등 도로교통법 제50조 제1항에 규정된 의무를 이행하기 이전에 사고현장을 이탈하여 사고야기자로서 확정될 수 없는 상태를 초래하는 경우를 말한다 함이 당원의 견해이다(당원 1996. 8. 20. 선고 96도1415 판결 , 당원 1996. 4. 9. 선고 96도252 판결 등 참조).

2. 원심판결 이유에 의하면, 원심은 거시 증거에 의하여, 피고인이 1995. 9. 12. 01:20경 중앙선을 침범하여 이 사건 교통사고가 일어났는바, 이 사건 사고장소는 주위에 인

가가 없는 산속이고 사고 당시에 차량이나 사람의 통행이 없었으며, 피고인은 처음으로 교통사고를 낸 27세의 체중 43㎏의 비교적 체구가 작은 여자인 사실, 피고인은 사고 직후 차를 도로변 옆 풀밭으로 진입시켜서 되돌린 뒤 현장에 접근하여 건장한 두 청년인 피해자들이 가드레일 밑에서 피를 흘리며 신음하고 있는 것을 발견한 후 피고인의 집과는 반대편인 ○○읍 방향으로 차량을 운전하여 현장을 이탈한 사실, 당시 피고인의 차량은 운전석 앞바퀴가 펑크가 난 사실, 피고인은 ○○읍에 있는 금탑회관 앞의 공중전화에서 승용차 구입문제로 알게 된 자동차 외판원인 공소외 1에게 연락하여 사고사실을 말하고 도움을 요청하였는데, 사고현장과 위 금탑회관까지의 거리는 약 3㎞ 정도로 자동차로 약 3분 내지 4분 정도 걸리는 사실, 위 공소외 1은 즉시 자신의 차량을 가지고 나와 피고인과 함께 사고현장으로 갔으며 현장에는 01:40경 도착하였으나 피해자들을 발견하지 못한 사실, 이미 피해자들은 때마침 이 곳을 운행하던 공소외 2에게 발견되었고 위 공소외 2는 01:25경 핸드폰으로 119 신고를 하였으며 이를 접한 순천소방서 ○○소방파출소 소방교 공소외 3은 01:26경에 위 소방파출소를 출발, 01:31경에 현장에 도착하여 피해자들을 구조한 뒤 01:40경에 ○○읍 소재의 제일병원에 후송한 사실, 피고인은 02:00경 피고인과 같은 지역에서 근무하였던 관계로 알고 지내던 ○○읍내 파출소 소속 공소외 4 순경에게 전화로 연락한 뒤 위 파출소에 찾아가 사고사실을 알렸으며, 위 공소외 4 순경은 경비전화로 △△파출소 공소외 5 순경에게 피고인이 교통사고를 냈으니 사고처리하라고 통보한 사실, 피고인은 위 읍내파출소에서 나와 바로 피해자들이 후송되어 있는 병원으로 찾아가 피해자들에게 자신이 가해 운전자임을 알린 사실 등을 인정한 다음, 위 인정사실에 의하면 피고인은 처음으로 교통사고를 낸 체격이 작은 여자인 데다가 피해자들은 건장한 2명의 청년이고 이 사건 사고 일시 및 장소는 심야에 차량이나 인적의 통행이 드문 산속인 사정 등으로 당황하여 혼자의 힘으로 구호조치를 할 수 없다고 생각한 나머지 아는 사람에게 도움을 요청하러 사고현장을 이탈한 것이라고 판단되고, 또한 바로 그 사람과 같이 현장으로 돌아왔으나 피해자들이 이미 구조되어 현장에 없자 파출소에 사고사실과 자신이 가해 운전사임을 알린 뒤에 병원으로 피해자들을 찾아가 자신의 신분을 밝힌 사정과 사고현장에서 위 금탑회관까지의 거리 및 사고발생 후 경찰에 사고신고를 할 때까지 불과 30분 정도가 경과한 사정에 비추어 보면 위와 같은 사고현장 이탈이 도주 의사에 기한 것이라고는 보기 어려우며, 달리 피고인이 도주의 범의가 있었음을 인정할 아무런 증거가 없다고 판단하여, 피고인에 대한 특정범죄가중처벌등에관한법률 제5조의3 제1항 위반의 공소사실에 대하여 유죄를 선고한 제1심을 파기하고 위 공소사실 부분과 1죄의 관계에 있는 교통사고처리특례법위반죄만을 유죄로 인정하였다.

3. 그러나 원심의 위와 같은 판단은 다음과 같은 이유로 수긍하기 어렵다.

원심이 적법히 확정한 바와 같이 피고인은 승용차를 운전하여 중앙선을 침범하여 진행한 과실로 이 사건 사고를 일으킨 후 그 직후 차를 도로변 옆 풀밭으로 진입시켜서 되돌린 뒤 현장에 접근하여 두 피해자들이 가드레일 밑에서 피를 흘리며 신음하고 있는 것을 발견하였는바, 가사 피고인의 변소대로 피해자들은 건장한 청년들이고 이 사건 사고 일시 및 장소는 심야에 차량이나 인적의 통행이 드문 산속이라 혼자의 힘으로 구호조치를 할 수 없다고 생각하였다 하더라도, 피고인으로서는 승용차에서 하차하여 피해자들에게 필요한 최소한의 응급조치를 하고(기록에 의하면 피고인은 5년 경력을 가진 보건진료원인 사실을 알 수 있다) 피해자들을 부축하여 위 승용차에 실어 병원으로 후송하도록 시도하여 본 후 그것이 불가능하였다면 위 도로 상을 지나가는 차량을 기다려 그 차량 운전사 등의 도움을 받아 피해자들을 병원으로 후송하도록 하였어야 하고, 그 곳을 지나가는 차량이 없어 그조차 불가능하였다면 피해자들에게 경찰 등의 도움을 받기 위하여 연락을 취하고자 현장을 떠난다는 취지를 고지한 후 현장을 떠나 연락 가능한 장소에서 즉시 경찰관서나 병원에 연락 또는 신고를 하는 등 필요한 조치를 취하였어야 할 것인데, 피고인은 위 피해자들을 구호하는 등의 조치를 전혀 취하지 아니하고 위 승용차에서 하차하지도 아니한 채 그대로 위 승용차를 운전하여 진행하여 온 방향인 ○○읍 방향으로 되돌아 가 버린 것이므로 피고인에게는 특정범죄가중처벌등에관한법률 제5조의3 제1항 소정의 도주에 대한 범의가 있었다고 봄이 상당하다 할 것이다.

피고인이 사고현장을 이탈하여 도주한 이후, ○○읍 에 도착하여 평소 알고 지내던 자동차 외판원에게 연락하여 사고사실을 말하고 도움을 요청하여 그와 함께 사고발생 약 20분 뒤에 사고현장으로 되돌아 갔으나 피해자들이 이미 구조된 뒤이어서 피해자들을 발견하지 못하였고, 사고발생 약 40분 뒤 평소 알고 지내던 ○○읍내 파출소 소속 순경에게 전화로 연락한 뒤 위 파출소에 찾아가 사고사실을 신고하였으며, 곧바로 피해자들이 후송되어 있는 병원으로 찾아가 피해자들에게 자신이 가해 운전자임을 알렸다고 하는 원심 인정의 사정들은 피고인의 특정범죄가중처벌등에관한법률 제5조의3 제1항 위반의 범죄 완성 후의 정황에 불과할 뿐 그 점을 들어 피고인에게 도주의 범의가 없었다고 볼 수는 없는 것이다.

그렇다면 위에서 본 바와 같은 이유를 들어 피고인에게 도주의 범의가 있었다고 보기 어렵다고 판단한 원심에는 도주차량에 관한 법리를 오해하였거나 채증법칙을 위배한 위법이 있다고 하지 아니할 수 없다. 이 점을 지적하는 논지는 이유 있다.

4. 따라서 원심판결 중 특정범죄가중처벌등에관한법률 제5조의3 제1항 위반의 죄에 대한 무죄 부분은 파기를 면하지 못할 것인바, 원심이유죄로 인정한 교통사고처리특례법위반죄는 위 특정범죄가중처벌등에관한법률 제5조의3 제1항 이 정한 죄에 포함되어 있

는 것이므로 원심판결의 위 유죄 부분도 무죄 부분과 함께 파기되어야 할 것이다.

그러므로 원심판결 전부를 파기하고 사건을 원심법원에 환송하기로 하여 관여 법관의 일치된 의견으로 주문과 같이 판결한다.

판례5 | 특정범죄 가중처벌 등에 관한 법률 제5조의3 제1항에서 정한 '피해자를 구호하는 등 도로교통법 제50조 제1항의 규정에 의한 조치를 취하지 아니하고 도주한 때'의 의미[대법원 2006.1.26.선고 2005도8264 판결]

【원심판결】

대전지법 2005. 10. 7. 선고 2005노960 판결

【주문】

원심판결을 파기하고, 사건을 대전지방법원 본원 합의부에 환송한다.

【이유】

1. 원심의 무죄 판단

원심은, 피고인이 2004. 9. 22. 10:00경 이 사건 교통사고를 낸 후 즉시 피해자를 이 사건 사고차량에 태운 다음 인근에 위치한 제일병원으로 후송하였는데, 제일병원 접수창구 직원이 피고인을 알고 있었을 뿐만 아니라 피해자에 대해서도 잘 알고 있었던 사실, 그런데 제일병원은 교통사고 환자를 진찰하기에 부적절하므로 피고인은 바로 푸른정형외과로 피해자를 후송한 후, 피해자로부터 의료보험카드를 넘겨받아 이를 가지고 위 병원에서 입원수속절차를 밟고, 위 병원 담당 의사에게도 보험처리를 해 주겠다고 말한 후 위 병원을 떠난 사실, 피해자의 아들 공소외인 은 연락을 받고 뒤늦게 피해자가 입원한 위 병원으로 왔는데, 그 때까지 보험처리가 되지 않았을 뿐만 아니라 피해자나 병원 관계자가 피고인의 인적 사항을 제대로 알지 못하고 있어 같은 날 18:00경 경찰에 사고신고를 한 사실, 경찰은 피고인이 짧은 머리에 엘지전자써비스라고 적혀진 옷을 입고 있었다는 위 병원 관계자의 진술 등을 토대로 관내 엘지전자써비스에 전화하여 교통사고를 낸 사람이 있는지 확인한 사실, 피고인은 같은 날 19:40경 위 회사로부터 교통사고를 낸 사람이 있는지 경찰이 확인한다는 연락을 받고, 같은 날 19:54경 위 병원에 전화하여 자신의 연락처를 남기는 한편 보험회사에 사고신고 접수를 한 사실을 인정한 다음, 사실관계가 이와 같다면, 비록 피고인이 피해자나 병원 측에 자신의 신분을 밝히지 아니하였고, 사고 후 10여 시간이 경과하도록 보험회사에 사고 접수를 하지 않다가, 피해자 측에서 경찰에 신고하여 회사로부터 교통사고를 낸 사람이 있는지 경찰이 확인한다는 연락을 받고서야 비로소 피해자가 입원한 병

원에 전화를 하여 자신의 연락처를 남기고 보험회사에 사고신고 접수를 하였으며, 수사기관에서는 사실과 달리 사고 당일 10:30경 및 10:43경 보험회사에 전화하여 사고신고를 하였다고 거짓 진술을 하였다가 이를 번복한 사정이 있다고 하더라도, 이는 피고인이 피해자를 병원으로 2회 후송하여 입원수속 절차를 마치는 등 피해자에 대한 구호조치가 이루어진 이후의 사정으로서, 그러한 사정만으로는 사고 운전자가 사고로 인하여 피해자가 사상을 당한 사실을 인식하였음에도 불구하고 피해자를 구호하는 등 도로교통법 제50조 제1항 에 규정된 의무를 이행하기 이전에 사고현장을 이탈하여 사고를 낸 자가 누구인지 확정될 수 없는 상태를 초래한 때에 해당한다거나 피고인에게 도주의 범의가 인정된다고 보기 어렵고, 달리 이를 인정할 증거가 없으므로, 피고인의 행위는 '특정범죄 가중처벌 등에 관한 법률' 제5조의3 제1항 에 해당하지 아니한다고 하여 이 사건 공소사실에 대하여 무죄로 본 후, 위 공소사실에 포함된 교통사고처리특례법 위반죄에 대하여 피고인의 차량이 자동차종합보험에 가입되어 있다는 이유로 공소기각의 판결을 선고하고 주문에서 따로 이 사건 공소사실에 대한 무죄의 선고를 하지 아니한다고 판단하였다.

2. 상고이유에 대한 판단

'특정범죄 가중처벌 등에 관한 법률' 제5조의3 제1항에 정하여진 '피해자를 구호하는 등 도로교통법 제50조 제1항의 규정에 의한 조치를 취하지 아니하고 도주한 때'라고 함은 사고운전자가 사고로 인하여 피해자가 사상을 당한 사실을 인식하였음에도 불구하고 ' 도로교통법 제50조 제1항의 규정에 의한 조치'를 취하지 아니하고 사고장소를 이탈하여 사고를 낸 사람이 누구인지 확정될 수 없는 상태를 초래하는 경우를 말하므로, 위 ' 도로교통법 제50조 제1항의 규정에 의한 조치'에는 피해자나 경찰관 등 교통사고와 관계있는 사람에게 사고운전자의 신원을 밝히는 것도 포함된다(대법원 2003. 3. 25. 선고 2002도5748 판결 등 참조).

원심이 인정한 사실에 의하더라도, 피고인은 푸른정형외과 병원을 떠나기 전에 피해자나 위 병원관계자 혹은 이 사건 교통사고를 조사하는 경찰관에게 피고인의 신원을 밝힌 바 없음을 알 수 있고, 푸른정형외과 병원 이전에 들렀던 제일병원의 접수담당 직원이 피고인과 피해자를 알고 있다거나 피고인이 당시 자신이 근무하는 회사의 로고가 새겨진 옷을 입고 있었다고 하더라도, 그것만으로 피해자나 피해자를 치료하는 푸른정형외과 병원관계자가 피고인을 알고 있었다거나 쉽게 찾아낼 수 있다고 보이지 아니하는바, 이와 같이 피해자 등이 가해 운전자의 신원을 쉽게 확인할 수 없는 상태에서 피고인이 피해자 등에게 자신의 신원을 밝히지 아니한 채 병원을 이탈하였다면, 이는 사고를 낸 사람이 누구인지 확정될 수 없는 상태를 초래한 경우에 해당한다고 할 것이고, 따라서 비록 피고인이 이 사건 교통사고 후 피해자를 병원에 후송하여 치료를 받게 하는 등의 구호조치는 취하였다고 하더라도 그것만으로 '도로교통법 제50조 제1항의 규정에 의한 조치'를 모두 취하였다고 볼 수 없다. 나아가 피고인이 신원을 밝히지 않은 채 병원을 떠난 후 피고인이 가해 운전자임을 알게 된 경위, 특히 경찰관이 피고인의 인상착의에 관한 병원 관계자와 피해자의 진술을 종합하여 피고인 근무회사에 교통사고 가해자가 있는지를 확인하자 피고인이 교통사고 발생시로부터 10여 시간이 경과한 때에 비로소 자신의 신원을 밝힌 점에 비추어 볼 때, 피고인에게 도주의 범의가 없었다고 할 수도 없다.

그럼에도 불구하고, 원심은 이와 달리 피고인이 피해자를 병원에 후송하여 치료를 받게 하였다는 등 그 인정과 같은 사실만으로 피고인이 병원을 떠나기 전 '도로교통법 제50조 제1항의 규정에 의한 조치'를 모두 취하였다고 보아 이 사건 공소사실을 무죄라고 판단하였는바, 원심판결에는 '특정범죄 가중처벌 등에 관한 법률' 제5조의3 제1항 소정의 도주에 관한 법리를 오해하였거나 채증법칙을 위반하여 사실을 잘못 인정한 위법이 있다고 할 것이다.

3. 결론

그러므로 원심판결을 파기하고, 사건을 다시 심리·판단하게 하기 위하여 원심법원에 환송하기로 하여 관여 법관의 일치된 의견으로 주문과 같이 판결한다.

> **판례6 |** 음주운전을 하다가 교통사고를 야기한 후 그 형사처벌을 면하기 위하여 타인의 혈액을 자신의 혈액인 것처럼 교통사고 조사 경찰관에게 제출하여 감정하도록 한 경우, 위계에 의한 공무집행방해죄가 성립한다고 한 사례[대법원
> *2003.7.25.선고 2003도1609 판결]*

【판결요지】

[1] 수사기관이 범죄사건을 수사함에 있어서는 피의자나 참고인의 진술 여하에 불구하고 피의자를 확정하고 그 피의사실을 인정할 만한 객관적인 제반 증거를 수집·조사하여야 할 권리와 의무가 있는 것이고, 한편, 피의자는 진술거부권과 자기에게 유리한 진술을 할 권리와 유리한 증거를 제출할 권리가 있지만 수사기관에 대하여 진실만을 진술하여야 할 의무가 있는 것은 아니며, 또한 수사기관에서의 참고인은 형사소송절차에서 선서를 한 증인이 허위로 공술을 한 경우에 위증죄가 성립하는 것과 달리 반드시 진실만을 말하도록 법률상의 의무가 부과되어 있는 것은 아니므로, 피의자나 참고인이 피의자의 무고함을 입증하는 등의 목적으로 수사기관에 대하여 허위사실을 진술하거나 허위의 증거를 제출하였다 하더라도, 수사기관이 충분한 수사를 하지 아니한 채 이와 같은 허위의 진술과 증거만으로 잘못된 결론을 내렸다면, 이는 수사기관의

불충분한 수사에 의한 것으로서 피의자 등의 위계에 의하여 수사가 방해되었다고 볼 수 없어 위계에 의한 공무집행방해죄가 성립된다고 할 수 없을 것이나, 피의자나 참고인이 피의자의 무고함을 입증하는 등의 목적으로 적극적으로 허위의 증거를 조작하여 제출하였고 그 증거 조작의 결과 수사기관이 그 진위에 관하여 나름대로 충실한 수사를 하더라도 제출된 증거가 허위임을 발견하지 못하여 잘못된 결론을 내리게 될 정도에 이르렀다면, 이는 위계에 의하여 수사기관의 수사행위를 적극적으로 방해한 것으로서 위계에 의한 공무집행방해죄가 성립된다.

[2] 음주운전을 하다가 교통사고를 야기한 후 그 형사처벌을 면하기 위하여 타인의 혈액을 자신의 혈액인 것처럼 교통사고 조사 경찰관에게 제출하여 감정하도록 한 행위는, 단순히 피의자가 수사기관에 대하여 허위사실을 진술하거나 자신에게 불리한 증거를 은닉하는 데 그친 것이 아니라 수사기관의 착오를 이용하여 적극적으로 피의사실에 관한 증거를 조작한 것으로서 위계에 의한 공무집행방해죄가 성립한다고 한 사례.

【원심판결】

대전지법 2003. 3. 14. 선고 2002노3247 판결

【주문】

상고를 기각한다.

상고 후의 구금일수 중 120일을 본형에 산입한다.

【이유】

1. 원심은 제1심이 적법하게 조사하여 채택한 증거들에 의하여 그 판시와 같은 간접사실들을 인정한 다음, 이에 비추어 보면, 피고인이 음주운전을 하다가 교통사고를 야기한 후 그 형사처벌을 면하기 위하여 타인의 혈액을 자신의 혈액인 것처럼 교통사고조사 경찰관에게 제출하여 감정하도록 한 사실을 인정할 수 있다고 판단하였던바, 관련 증거들을 기록에 비추어 살펴보면, 위와 같은 원심의 인정 및 판단은 수긍되고, 거기에 채증법칙 위반으로 인한 사실오인이나 심리미진의 위법이 없다.

2. 수사기관이 범죄사건을 수사함에 있어서는 피의자나 참고인의 진술 여하에 불구하고 피의자를 확정하고 그 피의사실을 인정할 만한 객관적인 제반 증거를 수집·조사하여야 할 권리와 의무가 있는 것이고, 한편, 피의자는 진술거부권과 자기에게 유리한 진술을 할 권리와 유리한 증거를 제출할 권리가 있지만 수사기관에 대하여 진실만을 진술하여야 할 의무가 있는 것은 아니며, 또한 수사기관에서의 참고인은 형사소송절차에서 선서를 한 증인이 허위로 공술을 한 경우에 위증죄가 성립하는 것과 달리 반드시 진실만을 말하도록 법률상의 의무가 부과되어 있는 것은 아니므로, 피의자나 참고인이 피의자의 무

고함을 입증하는 등의 목적으로 수사기관에 대하여 허위사실을 진술하거나 허위의 증거를 제출하였다 하더라도, 수사기관이 충분한 수사를 하지 아니한 채 이와 같은 허위의 진술과 증거만으로 잘못된 결론을 내렸다면, 이는 수사기관의 불충분한 수사에 의한 것으로서 피의자 등의 위계에 의하여 수사가 방해되었다고 볼 수 없어 위계에 의한 공무집행방해죄가 성립된다고 할 수 없을 것이나, 피의자나 참고인이 피의자의 무고함을 입증하는 등의 목적으로 적극적으로 허위의 증거를 조작하여 제출하였고 그 증거 조작의 결과 수사기관이 그 진위에 관하여 나름대로 충실한 수사를 하더라도 제출된 증거가 허위임을 발견하지 못하여 잘못된 결론을 내리게 될 정도에 이르렀다면, 이는 위계에 의하여 수사기관의 수사행위를 적극적으로 방해한 것으로서 위계에 의한 공무집행방해죄가 성립된다 할 것이다. 그리고 헌법에 의하여 누구든지 형사상 자기에게 불리한 진술을 강요당하지 아니할 특권이 부여되어 있으나, 그렇다고 하여 자기의 형사처벌을 면하기 위하여 위법한 방법으로 허위의 증거를 조작하는 것까지 허용되는 것은 아니다.

원심은, 피고인이 위와 같이 교통사고 조사를 담당하는 경찰관에게 타인의 혈액을 마치 자신의 혈액인 것처럼 건네주어 위 경찰관으로 하여금 그것으로 국립과학수사연구소에 의뢰하여 혈중알콜농도를 감정하게 하고 그 결과에 따라 피고인의 음주운전 혐의에 대하여 공소권 없음의 의견으로 송치하게 한 행위는, 단순히 피의자가 수사기관에 대하여 허위사실을 진술하거나 자신에게 불리한 증거를 은닉하는 데 그친 것이 아니라 수사기관의 착오를 이용하여 적극적으로 피의사실에 관한 증거를 조작한 것이라고 판단한 다음, 이에 대하여 위계에 의한 공무집행방해죄로 의율하여 처단한 제1심판결을 유지하였던바, 위 법리를 전제로 기록을 검토하여 보면, 위와 같은 원심의 인정 및 판단은 수긍되고, 거기에 위계에 의한 공무집행방해죄에 관한 법리오해의 위법이 없다.

3. 그러므로 상고를 기각하고 상고 후의 구금일수 중 일부를 본형에 산입하기로 하여 관여 법관의 일치된 의견으로 주문과 같이 판결한다.

판례7 ┃ 갑 주식회사와 사고출동서비스 대행계약을 체결하고 을 보험회사의 고객들에게 교통사고가 발생한 경우 사고 초기에 현장에 출동하여 사고조사 등의 업무를 수행한 병 등이 근로기준법상 근로자에 해당하는지 문제 된 사안

[대법원 2022. 4. 14.선고 2020다 237117 판결]

【판결요지】

[1] 근로기준법상 근로자에 해당하는지는 계약의 형식보다 근로제공관계의 실질이 근로제공자가 사업 또는 사업장에 임금을 목적으로 종속적인 관계에서 사용자에게 근로를 제공하였는지에 따라 판단해야 한다. 여기에서 종속적인 관계인지는 업무 내용을 사

용자가 정하고 취업규칙 또는 복무규정 등의 적용을 받으며 업무수행과정에서 사용자가 지휘·감독을 하는지, 사용자가 근무시간과 근무장소를 지정하고 근로제공자가 이에 구속을 받는지, 근로제공자가 스스로 비품·원자재나 작업도구 등을 소유하거나 제3자를 고용하여 업무를 대행하게 하는 등 독립하여 자신의 계산으로 사업을 영위할 수 있는지, 근로제공을 통한 이윤의 창출과 손실의 초래 등 위험을 스스로 안고 있는지, 보수의 성격이 근로 자체의 대가적 성격인지, 기본급이나 고정급이 정하여졌고 근로소득세를 원천징수하였는지, 그리고 근로제공관계의 계속성과 사용자에 대한 전속성의 유무와 정도, 사회보장제도에 관한 법령에서 근로자로서 지위를 인정받는지 등의 경제적·사회적 여러 조건을 종합해서 판단해야 한다.

[2] 갑 주식회사와 사고출동서비스 대행계약을 체결하고 을 보험회사의 고객들에게 교통사고가 발생한 경우 사고 초기에 현장에 출동하여 사고조사 등의 업무를 수행한 병 등이 근로기준법상 근로자에 해당하는지 문제 된 사안에서, 갑 회사가 제작·배포한 사고출동 가이드북을 통한 지침 등을 갑 회사의 취업규칙이나 복무규정으로 평가하거나 이를 통해 병 등의 업무수행 과정에서 갑 회사가 상당한 지휘·감독을 하였다고 보기 어려운 점, 병 등은 출동 가능 여부 등을 스스로 결정하는 등 갑 회사가 지정한 근무시간과 근무장소에 구속되었다고 평가하기 어려운 점, 병 등은 스스로 업무수행에 필요한 차량, 카메라, 휴대폰 등 비품·작업도구를 마련하고, 주유비, 주차비 등 업무수행비용을 부담한 점, 병 등은 정해진 기본급이나 고정급 없이 매월 1회 일정한 날에 수수료를 지급받았는데, 사고출동건수에 따라 기본수수료, 등급수수료 등이 지급된 점, 겸업 사례가 있는 점 등을 이유로 병 등은 갑 회사에 임금을 목적으로 종속적인 관계에서 근로를 제공하였다고 보기 어려우므로 근로기준법의 적용을 받는 근로자에 해당하지 않는다고 본 원심판단을 수긍한 사례.

【원심판결】

서울중앙지법 2020. 5. 21. 선고 2018나58464 판결

【주문】

상고를 모두 기각한다. 상고비용은 원고들이 부담한다.

【이유】

상고이유(상고이유서 제출기간이 지난 다음 제출된 상고이유보충서 등은 이를 보충하는 범위에서)를 판단한다.

1. 근로기준법상 근로자에 해당하는지는 계약의 형식보다 근로제공관계의 실질이 근로제공자가 사업 또는 사업장에 임금을 목적으로 종속적인 관계에서 사용자에게 근로를

제공하였는지 여부에 따라 판단해야 한다. 여기에서 종속적인 관계인지는 업무 내용을 사용자가 정하고 취업규칙 또는 복무규정 등의 적용을 받으며 업무수행과정에서 사용자가 지휘·감독을 하는지, 사용자가 근무시간과 근무장소를 지정하고 근로제공자가 이에 구속을 받는지, 근로제공자가 스스로 비품·원자재나 작업도구 등을 소유하거나 제3자를 고용하여 업무를 대행하게 하는 등 독립하여 자신의 계산으로 사업을 영위할 수 있는지, 근로제공을 통한 이윤의 창출과 손실의 초래 등 위험을 스스로 안고 있는지, 보수의 성격이 근로 자체의 대가적 성격인지, 기본급이나 고정급이 정하여졌고 근로소득세를 원천징수하였는지, 그리고 근로제공관계의 계속성과 사용자에 대한 전속성의 유무와 그 정도, 사회보장제도에 관한 법령에서 근로자로서 지위를 인정받는지 등의 경제적·사회적 여러 조건을 종합해서 판단해야 한다(대법원 2006. 12. 7. 선고 2004다29736 판결, 대법원 2020.12.24. 선고 2018다298775, 298782 판결 등 참조).

2. 원심은, 피고와 사고출동서비스 대행계약(이하 '이 사건 계약'이라 한다)을 체결하고 삼성화재해상보험 주식회사의 고객들에게 교통사고가 발생한 경우 사고 초기에 현장에 출동하여 사고조사 등의 업무를 수행한 원고들(일반적으로 '에이전트'라 부른다)이 피고에게 임금을 목적으로 종속적인 관계에서 근로를 제공하였다고 보기 어려우므로 근로기준법의 적용을 받는 근로자에 해당하지 않는다고 판단하였다. 그 이유는 다음과 같다.

가. 사고출동 가이드북을 통한 지침 등은 사고출동서비스를 표준화하고 균질화하기 위한 의도로 제작·배포되는 것으로 이를 피고의 취업규칙이나 복무규정으로 평가하거나 이를 통해 원고들의 업무수행 과정에서 피고가 상당한 지휘·감독을 하였다고 보기 어렵다. 피고가 사고출동 가이드북을 통하여 원고들의 복장이나 차량관리 상태에 대하여 지침을 내리고 원고들의 차량에 특정한 표지를 하고 명찰 등을 소지하도록 한 것은 삼성화재해상보험 주식회사의 이미지 제고와 동일성 식별을 위한 것으로 이 사건 계약에서 예정되어 있었다고 볼 수 있다.

나. 원고들은 스마트애니카 시스템 애플리케이션을 통하여 출동 가능 상태를 표시하고, 개별 사고발생 시 출동 가능 여부를 묻는 메시지를 받으면 이를 수락한 다음 출동하는 방식으로 사고출동서비스를 수행하였다. 원고들은 출동 가능 상태로 표시할 것인지를 자유롭게 결정하는 것이 원칙이고, 출동 요청 메시지를 수락할 것인지도 스스로 결정하였다. 원고들은 출동을 수락한 다음에도 직접 업무를 수행하지 않고 다른 에이전트 등에게 출동 업무를 넘겨주기도 하였다. 피고가 원고들의 출동 가동률(출동 가능 상태의 비율), 관제 수용률(출동 요청 메시지에 대하여 출동을 수락한 비율) 등을 평가하였더라도 이를 근거로 수수료율을 차등 적용하거나 우선적으로 출동 요청을 받을 수 있는 권한을 부여하는 것 외에는 다른 불이익이 없었다. 한편 원고들의 관할구역은 이 사건 계약에 따라 정해진 것이고, 원고들이

사고출동서비스 업무를 수행하기 위하여 관할구역 가까운 곳에서 대기하다가 사고가 발생한 장소로 이동해야 하는 것은 업무의 특성에 기인한 것이다. 이러한 사정에 비추어 볼 때, 원고들이 피고가 지정한 근무시간과 근무장소에 구속되었다고 평가하기 어렵다.

다. 사고출동서비스 업무를 위하여 필요한 차량, 카메라, 핸드폰은 원고들의 소유이고, 출동에 필요한 주유비, 주차비 등의 비용도 원고들이 부담하였다. 이처럼 원고들은 스스로 업무수행에 필요한 비품·작업도구를 마련하고 업무수행비용을 부담하였다.

라. 원고들은 정해진 기본급이나 고정급 없이 매월 1회 일정한 날에 수수료를 지급받았는데, 사고출동건수에 따라 기본수수료, 등급수수료 등이 지급되었다. 위에서 보았듯이 수수료율은 개인별 출동 가동률, 관제 수용률, 고객만족도 등의 실적 평가에 기초한 등급에 따라 차등적으로 적용되었다. 원고들이 피고로부터 지급받는 수수료 금액은 시기별로 또는 사람별로 비교적 큰 차이가 발생하기도 하였다.

마. 계약기간 중에 렌터카 회사를 설립하여 운영한 에이전트가 존재하는 등 겸업 사례가 있다.

3. 원심판결 이유를 위에서 본 법리와 기록에 비추어 살펴보면, 원심판결에 상고이유 주장과 같이 근로기준법상 근로자를 판단하는 기준에 관한 법리를 오해하거나, 필요한 심리를 다하지 않은 채 논리와 경험의 법칙에 반하여 자유심증주의의 한계를 벗어나는 등 판결에 영향을 미친 잘못이 없다.

4. 원고들의 상고는 이유 없으므로 이를 모두 기각하고 상고비용은 패소자들이 부담하도록 하여, 대법관의 일치된 의견으로 주문과 같이 판결한다.

Chapter 3. 자동차보유자는 보험가입은 필수

[1] 보험가입 의무

1. 인적피해에 대한 배상을 위한 책임보험 가입의무

① 자동차보유자는 자동차의 운행으로 다른 사람이 사망하거나 부상한 경우에 피해자(피해자가 사망한 경우에는 손해배상을 받을 권리를 가진 자를 말함. 이하 같음)에게 일정한 한도금액(사망의 경우 1억5천만원 등)의 범위에서 발생한 손해액을 지급할 책임을 지는 책임보험 또는 책임공제에 가입해야 합니다.

② 여객자동차 운송사업자, 자동차 대여사업자, 화물자동차 운송사업자, 건설기계 대여업자, 생활물류서비스사업자는 책임보험 또는 책임공제 외에도 그 배상책임한도를 초과하여 피해자 1인당 1억원 이상의 금액 또는 피해자에게 발생한 모든 손해액을 지급할 책임을 지는 보험이나 공제에 가입해야 합니다.

2. 물적피해에 대한 배상을 위한 보험 가입의무

자동차보유자는 책임보험 또는 책임공제에 가입하는 외에 자동차의 운행으로 다른 사람의 재물이 멸실 또는 훼손된 경우에 피해자에게 사고 1건당 1천만원의 범위에서 사고로 인해 발생한 손해액을 지급할 책임을 지는 보험이나 공제에 가입해야 합니다(「자동차손해배상 보장법」제5조제2항).

[2] 자동차보험의 개념 및 종류

1. 자동차보험의 개념

자동차보험은 피보험자가 자동차를 소유·사용 또는 관리하는 동안에 발생한 사고로 생긴 손해를 보상하는 보험입니다(「상법」제726조의2 참조).

2. 자동차보험의 종류

자동차보험은 다음과 같이 구분할 수 있습니다[「보험업감독업무시행세칙」별표 15 표준약관 중 자동차보험(이하 "자동차보험 표준약관"이라 함)].

1. 개인용 자동차보험: 법정 정원 10인승 이하의 개인 소유 자가용승용차. 다만, 인가된 자동차학원 또는 자동차학원 대표자가 소유하는 자동차로서 운전교습, 도로주행

교육 및 시험에 사용되는 승용자동차는 제외

2. 업무용 자동차보험: 개인용 자동차를 제외한 모든 비사업용 자동차

3. 영업용 자동차보험: 사업용 자동차

4. 이륜 자동차보험: 이륜자동차 및 원동기장치자전거

5. 농기계 보험: 동력경운기, 농용트랙터 및 콤바인 등 농기계

3. 자동차보험의 구성

① 자동차보험은 자동차사고로 인해 타인(제3자)에게 피해를 입힌 경우 이를 보상하는 배상책임과 자신(피보험자)의 피해를 보상하는 배상책임 외의 보장종목으로 나뉩니다.

　1. 배상책임: 자동차사고로 인해 피보험자가 손해배상책임을 짐으로써 입은 손해를 보상

담보종목	보상하는 내용
대인배상 I	자동차사고로 다른 사람을 죽게 하거나 다치게 한 경우 「자동차손해배상보장법」에서 정한 한도에서 보상
대인배상 II	자동차사고로 다른 사람을 죽게 하거나 다치게 한 경우, 그 손해가 「대인배상 I」에서 지급하는 금액을 초과하는 경우에 그 초과손해를 보상
대물배상	자동차사고로 다른 사람의 재물을 없애거나 훼손한 경우에 보상

　2. 배상책임 이외의 보장종목: 자동차 사고로 인해 피보험자가 입은 손해를 보상

담보종목	보상하는 내용
자기신체사고	피보험자가 죽거나 다친 경우에 보상
무보험자동차에 의한 상해	무보험자동차에 의해 피보험자가 죽거나 다친 경우에 보상
자기차량손해	피보험자동차에 생긴 손해를 보상

[3] 자동차보험의 가입의무 등

1. 자동차손해배상책임

① 자기를 위해 자동차를 운행하는 사람은 그 운행으로 다른 사람을 죽거나 다치게 한 경우에는 그 손해를 배상할 책임을 져야 합니다(「자동차손해배상 보장법」제3조 본문).

② 다만, 다음에 해당하는 경우에는 손해를 배상할 책임이 없습니다(「자동차손해배상 보장법」제3조 단서).

  1. 승객이 아닌 사람이 사망하거나 부상한 경우에 자기와 운전자가 자동차의 운행에 주의를 게을리 하지 않았고, 피해자 또는 자기 및 운전자 외의 제3자에게 고의 또는 과실이 있으며, 자동차의 구조상 결함이나 기능상의 장해가 없었다는 것을 증명하는 경우

  2. 승객이 고의나 자살행위로 사망하거나 부상한 경우

2. 책임보험 등 가입의무

① 인적피해에 대한 배상을 위한 책임보험 가입의무

자동차보유자(자동차의 소유자나 자동차를 사용할 권리가 있는 자로서 자기를 위하여 자동차를 운행하는 자를 말함)는 자동차의 운행으로 다른 사람이 사망하거나 부상한 경우에 피해자(피해자가 사망한 경우에는 손해배상을 받을 권리를 가진 자를 말함)에게 다음의 보험금 또는 공제금을 지급할 책임을 지는 책임보험이나 책임공제(이하 '책임보험 등'이라 함)에 가입해야 합니다(「자동차손해배상 보장법」제5조제1항 및 「자동차손해배상 보장법 시행령」제3조제1항).

  1. 사망한 경우에는 1억5천만원의 범위에서 피해자에게 발생한 손해액. 다만, 그 손해액이 2천만원 미만인 경우에는 2천만원으로 합니다.

  2. 부상한 경우에는「자동차손해배상 보장법 시행령」별표 1에서 정하는 금액의 범위에서 피해자에게 발생한 손해액. 다만, 그 손해액이「자동차손해배상 보장법」제15조 제1항에 따른 자동차보험 진료수가(診療酬價)에 관한 기준에 따라 산출한 진료비 해당액에 미달하는 경우에는 「자동차손해배상 보장법 시행령」별표 1에서 정하는 금액의 범위에서 그 진료비 해당액으로 합니다.

[별표 1]

상해의 구분과 책임보험금의 한도금액(제3조제1항제2호 관련)

1. 상해 구분별 한도금액

상해 급별	한도 금액	상해내용
1급	3천만원	1. 수술 여부와 상관없이 뇌손상으로 신경학적 증상이 고도인 상해(신경학적 증상이 48시간 이상 지속되는 경우에 적용한다) 2. 양안 안구 파열로 안구 적출술 또는 안구내용 제거술과 의안 삽입술을 시행한 상해 3. 심장 파열로 수술을 시행한 상해 4. 흉부 대동맥 손상 또는 이에 준하는 대혈관 손상으로 수술 또는 스탠트 그라프트 삽입술을 시행한 상해 5. 척주(등골뼈) 손상으로 완전 사지마비 또는 완전 하반신마비를 동반한 상해 6. 척수 손상을 동반한 불안정성 방출성 척추 골절 7. 척수 손상을 동반한 척추 신연손상 또는 전위성(회전성) 골절 8. 상완신경총 완전 손상으로 수술을 시행한 상해 9. 위팔 부위 완전 절단(팔꿈치관절 부위 분리절단을 포함한다) 소실로 재접합술을 시행한 상해 10. 불안정성 골반뼈 골절로 수술을 시행한 상해 11. 비구 골절 또는 비구 골절 탈구로 수술을 시행한 상해 12. 넓적다리 부위 완전 절단(무릎관절 부위 분리절단을 포함한다) 소실로 재접합술을 시행한 상해 13. 골의 분절 소실로 유리생골 이식술을 시행한 상해(근육, 근막 또는 피부 등 연부 조직을 포함한 경우에 적용한다) 14. 화상·좌창·과사상처 등 연부 조직의 심한 손상이 몸 표면의 9퍼센트 이상인 상해 15. 그 밖에 1급에 해당한다고 인정되는 상해
2급	1,500 만원	1. 뇌손상으로 신경학적 증상이 중등도인 상해(신경학적 증상이 48시간 이상 지속되는 경우로 수술을 시행한 경우에 적용한다) 2. 흉부 기관, 기관지 파열, 폐 손상 또는 식도 손상으로 절제술을 시행한 상해 3. 내부 장기 손상으로 장기의 일부분이라도 적출 수술을 시행한 상해 4. 신장 파열로 수술한 상해 5. 척주 손상으로 불완전 사지마비를 동반한 상해 6. 신경 손상 없는 불안정성 방출성 척추 골절로 수술적 고정술을 시행한 상해 또는 목뼈 골절(치돌기 골절을 포함한다) 또는 탈구로 목뼈고정기(할로베스트)나 수술적 고정술을 시행한 상해

		7. 상완 신경총 상부간부 또는 하부간부의 완전 손상으로 수술을 시행한 상해
		8. 아래팔 완전 절단(손목관절 부위 분리절단을 포함한다) 소실로 재접합술을 시행한 상해
		9. 엉덩관절의 골절성 탈구로 수술을 시행한 상해(비구 골절을 동반하지 않은 경우에 적용한다)
		10. 넓적다리뼈머리 골절로 수술을 시행한 상해
		11. 넓적다리뼈 윗목부 분쇄 골절, 돌기 아랫부분 분쇄 골절, 관절융기 분쇄 골절, 정강이뼈(경골) 관절융기 분쇄 골절 또는 정강이뼈 먼쪽 관절 내 분쇄 골절
		12. 무릎관절의 골절 및 탈구로 수술을 시행한 상해
		13. 종아리 완전 절단(발목관절 부위 분리절단을 포함한다) 소실로 재접합술을 시행한 상해
		14. 팔다리 연부 조직에 손상이 심하여 유리 피판술을 시행한 상해
		15. 그 밖에 2급에 해당한다고 인정되는 상해
3급	1,200 만원	1. 뇌손상으로 신경학적 증상이 고도인 상해(신경학적 증상이 48시간 미만 지속되는 경우로 수술을 시행한 경우에 적용한다)
		2. 뇌손상으로 신경학적 증상이 중등도인 상해(신경학적 증상이 48시간 이상 지속되는 경우로 수술을 시행하지 않은 경우에 적용한다)
		3. 단안 안구 적출술 또는 안구 내용 제거술과 의안 삽입술을 시행한 상해
		4. 흉부 대동맥 손상 또는 이에 준하는 대혈관 손상으로 수술을 시행하지 않은 상해
		5. 절제술을 제외한 개흉 또는 흉강경 수술을 시행한 상해(진단적 목적으로 시행한 경우는 4급에 해당한다)
		6. 요도 파열로 요도 성형술 또는 요도 내시경을 이용한 요도 절개술을 시행한 상해
		7. 내부 장기 손상(장간막 파열을 포함한다)으로 장기 적출 없이 재건수술 또는 지혈수술 등을 시행한 상해
		8. 척주 손상으로 불완전 하반신마비를 동반한 상해
		9. 어깨관절 골절 및 탈구로 수술을 시행한 상해
		10. 위팔 부위 완전 절단(팔꿈치관절 부위 분리절단을 포함한다) 소실로 재접합술을 시행하지 않은 상해
		11. 팔꿈치관절 부위 골절 및 탈구로 수술을 시행한 상해
		12. 손목 부위 완전 절단 소실로 재접합술을 시행한 상해
		13. 넓적다리뼈 또는 정강이뼈 골절(넓적다리뼈머리 골절은 제외한다)
		14. 넓적다리 부위 완전 절단(무릎관절 부위 분리절단을 포함한다) 소실로

		재접합술을 시행하지 않은 상해
		15. 무릎관절의 전방 및 후방 십자인대의 파열
		16. 발목관절 골절 및 탈구로 수술을 시행한 상해
		17. 발목관절의 손상으로 발목뼈의 완전탈구가 동반된 상해
		18. 발목 완전 절단 소실로 재접합술을 시행한 상해
		19. 그 밖에 3급에 해당한다고 인정되는 상해
4급	1천만원	1. 뇌손상으로 신경학적 증상이 고도인 상해(신경학적 증상이 48시간 미만 지속되는 경우로 수술을 시행하지 않은 경우에 적용한다)
		2. 각막 이식술을 시행한 상해
		3. 후안부 안내 수술을 시행한 상해(유리체 출혈, 망막 박리 등으로 수술을 시행한 경우에 적용한다)
		4. 흉부 손상 또는 복합 손상으로 인공호흡기를 시행한 상해(기관절개술을 시행한 경우도 포함한다)
		5. 진단적 목적으로 복부 또는 흉부 수술을 시행한 상해(복강경 또는 흉강경 수술도 포함한다)
		6. 상완신경총 완전 손상으로 수술을 시행하지 않은 상해
		7. 상완신경총 불완전 손상(2개 이상의 주요 말초신경 장애를 보이는 손상에 적용한다)으로 수술을 시행한 상해
		8. 위팔뼈목 골절
		9. 위팔뼈 몸통 분쇄성 골절
		10. 위팔뼈 위관절융기 또는 위팔뼈 먼쪽 부위 관절내 골절(경과 골절, 과간 골절, 내과 골절, 작은 머리 골절에 적용한다)로 수술을 시행한 상해
		11. 노뼈 먼쪽 부위 골절과 자뼈머리 탈구가 동반된 상해(갈레아찌 골절을 말한다)
		12. 자뼈 몸쪽 부위 골절과 노뼈머리 탈구가 동반된 상해(몬테지아 골절을 말한다)
		13. 아래팔 완전 절단(손목관절 부위 분리절단을 포함한다) 소실로 재접합술을 시행하지 않은 상해
		14. 노손목관절 골절 및 탈구(손목뼈간 관절 탈구, 먼쪽 노자관절 탈구를 포함한다)로 수술을 시행한 상해
		15. 손목뼈 골절 및 탈구가 동반된 상해
		16. 무지 또는 다발성 손가락의 완전 절단 소실로 재접합술을 시행한 상해
		17. 불안정성 골반뼈 골절로 수술하지 않은 상해
		18. 골반고리가 안정적인 골반뼈 골절(엉치뼈 골절 및 꼬리뼈 골절을 포함한다)로 수술을 시행한 상해
		19. 골반뼈 관절의 분리로 수술을 시행한 상해
		20. 비구 골절 또는 비구 골절 탈구로 수술을 시행하지 않은 상해
		21. 무릎관절 탈구로 수술을 시행한 상해

		22. 종아리 완전 절단(발목관절 부위 분리절단을 포함한다) 소실로 재접합술을 시행하지 않은 상해
		23. 목말뼈 또는 발꿈치뼈 골절
		24. 무족지 또는 다발성 발가락의 완전 절단 소실로 재접합술을 시행한 상해
		25. 팔다리의 연부 조직에 손상이 심하여 유경 피판술 또는 원거리 피판술을 시행한 상해
		26. 화상, 좌창, 괴사상처 등으로 연부 조직의 손상이 몸 표면의 약 4.5퍼센트 이상인 상해
		27. 그 밖에 4급에 해당한다고 인정되는 상해
5급	900만원	1. 뇌손상으로 신경학적 증상이 중등도에 해당하는 상해(신경학적 증상이 48시간 미만 지속되는 경우로 수술을 시행한 경우에 적용한다)
		2. 안와 골절에 의한 겹보임[복시(複視)]으로 안와 골절 재건술과 사시 수술을 시행한 상해
		3. 복강내 출혈 또는 장기 파열 등으로 중재적 방사선학적 시술을 통하여 지혈술을 시행하거나 경피적 배액술 등을 시행하여 보존적으로 치료한 상해
		4. 안정성 추체 골절
		5. 상완 신경총 상부 몸통 또는 하부 몸통의 완전 손상으로 수술하지 않은 상해
		6. 위팔뼈 몸통 골절
		7. 노뼈머리 또는 자뼈 갈고리돌기 골절로 수술을 시행한 상해
		8. 노뼈와 자뼈의 몸통 골절이 동반된 상해
		9. 노뼈 붓돌기 골절
		10. 노뼈 먼쪽부위 관절 내 골절
		11. 손목 손배뼈 골절
		12. 손목 완전 절단 소실로 재접합술을 시행하지 않은 상해
		13. 무지를 제외한 단일 손가락의 완전 절단 소실로 재접합술을 시행한 상해
		14. 엉덩관절의 골절성 탈구로 수술을 시행하지 않은 상해(비구 골절을 동반하지 않은 경우에 적용한다)
		15. 엉덩관절 탈구로 수술을 시행한 상해
		16. 넓적다리뼈머리 골절로 수술을 시행하지 않은 상해
		17. 넓적다리뼈 또는 몸쪽 정강이뼈의 견열골절
		18. 무릎관절의 골절 및 탈구로 수술을 시행하지 않은 상해
		19. 무릎관절의 전방 또는 후방 십자인대의 파열
		20. 무릎뼈 골절
		21. 발목관절의 양과 골절 또는 삼과 골절(내과, 외과, 후과를 말한다)
		22. 발목관절 탈구로 수술을 시행한 상해
		23. 그 밖의 발목뼈 골절(목말뼈 및 발꿈치뼈는 제외한다)

		24. 발목발허리(리스프랑)관절 손상
		25. 3개 이상의 발허리뼈 골절로 수술을 시행한 상해
		26. 발목 완전 절단 소실로 재접합술을 시행하지 않은 상해
		27. 무족지를 제외한 단일 발가락의 완전 절단 소실로 재접합술을 시행한 상해
		28. 아킬레스건, 무릎인대, 넓적다리 사두건 또는 넓적다리 이두건 파열로 수술을 시행한 상해
		29. 팔다리 근육 또는 힘줄 파열로 6개 이상의 근육 또는 힘줄 봉합술을 시행한 상해
		30. 다발성 팔다리의 주요 혈관 손상으로 봉합술 또는 이식술을 시행한 상해
		31. 팔다리의 주요 말초 신경 손상으로 수술을 시행한 상해
		32. 23치 이상의 치과보철을 필요로 하는 상해
		33. 그 밖에 5급에 해당한다고 인정되는 상해
6급	700만원	1. 뇌손상으로 신경학적 증상이 경도인 상해(수술을 시행한 경우에 적용한다)
		2. 뇌손상으로 신경학적 증상이 중등도에 해당하는 상해(신경학적 증상이 48시간 미만 지속되는 경우로 수술을 시행하지 않은 경우에 적용한다)
		3. 전안부 안내 수술을 시행한 상해(외상성 백내장, 녹내장 등으로 수술을 시행한 경우에 적용한다)
		4. 심장 타박
		5. 폐타박상(한쪽 폐의 50퍼센트 이상 면적을 흉부 CT 등에서 확인한 경우에 한정한다)
		6. 요도 파열로 유치 카테타, 부지 삽입술을 시행한 상해
		7. 혈흉(혈액가슴증) 또는 기흉(공기가슴증)이 발생하여 폐쇄식 흉관 삽관수술을 시행한 상해
		8. 어깨관절의 회전근개 파열로 수술을 시행한 상해
		9. 외상성 상부관절와순 파열로 수술을 시행한 상해
		10. 어깨관절 탈구로 수술을 시행한 상해
		11. 어깨관절의 골절 및 탈구로 수술을 시행하지 않은 상해
		12. 위팔뼈 대결절 견열 골절
		13. 위팔뼈 먼쪽 부위 견열골절(외상과 골절, 내상과 골절 등에 해당한다)
		14. 팔꿈치관절 부위 골절 및 탈구로 수술을 시행하지 않은 상해
		15. 팔꿈치관절 탈구로 수술을 시행한 상해
		16. 팔꿈치관절 내측 또는 외측 측부 인대 파열로 수술을 시행한 상해
		17. 노뼈 몸통 또는 먼쪽 부위 관절외 골절
		18. 노뼈목 골절
		19. 자뼈 팔꿈치머리 부위 골절
		20. 자뼈 몸통 골절(몸쪽 부위 골절은 제외한다)

		21. 다발성 손목손허리뼈 관절 탈구 또는 다발성 골절탈구
		22. 무지 또는 다발성 손가락의 완전 절단 소실로 재접합술을 시행하지 않은 상해
		23. 무릎관절 탈구로 수술을 시행하지 않은 상해
		24. 무릎관절 내측 또는 외측 측부인대 파열로 수술을 시행한 상해
		25. 반월상(반달모양) 연골 파열로 수술을 시행한 상해
		26. 발목관절 골절 및 탈구로 수술을 시행하지 않은 상해
		27. 발목관절 내측 또는 외측 측부인대의 파열 또는 골절을 동반하지 않은 먼쪽 정강이뼈·종아리뼈 분리
		28. 2개 이하의 발허리뼈 골절로 수술을 시행한 상해
		29. 무족지 또는 다발성 발가락의 완전 절단 소실로 재접합술을 시행하지 않은 상해
		30. 팔다리 근육 또는 힘줄 파열로 3개 이상 5개 이하의 근육 또는 힘줄 봉합술을 시행한 상해
		31. 19치 이상 22치 이하의 치과보철을 필요로 하는 상해
		32. 그 밖에 6급에 해당한다고 인정되는 상해
7급	500만원	1. 다발성 얼굴 머리뼈 골절 또는 뇌신경 손상과 동반된 얼굴 머리뼈 골절
		2. 겹보임을 동반한 마비 또는 제한 사시로 사시수술을 시행한 상해
		3. 안와 골절로 재건술을 시행한 상해
		4. 골다공증성 척추 압박골절
		5. 쇄골(빗장뼈) 골절
		6. 어깨뼈(어깨뼈가시, 어깨뼈몸통, 가슴우리 탈구, 어깨뼈목, 봉우리돌기 및 부리돌기 포함) 골절
		7. 견봉 쇄골인대 및 오구 쇄골인대 완전 파열
		8. 상완신경총 불완전 손상으로 수술을 시행하지 않은 상해
		9. 노뼈머리 또는 자뼈 갈고리돌기 골절로 수술을 시행하지 않은 상해
		10. 자뼈 붓돌기 기저부 골절
		11. 삼각섬유연골 복합체 손상
		12. 노손목관절 탈구(손목뼈간관절 탈구, 먼쪽 노자관절 탈구를 포함한다)로 수술을 시행한 상해
		13. 노손목관절 골절 및 탈구(손목뼈간관절 탈구, 먼쪽 노자관절 탈구를 포함한다)로 수술을 시행하지 않은 상해
		14. 손배뼈 외 손목뼈 골절
		15. 손목 부위 손배뼈·반달뼈 사이 인대 파열
		16. 손목손허리뼈 관절의 탈구 또는 골절탈구
		17. 다발성 손허리뼈 골절
		18. 손허리손가락관절의 골절 및 탈구

		19. 무지를 제외한 단일 손가락의 완전 절단 소실로 재접합술을 시행하지 않은 상해
		20. 골반뼈 관절의 분리로 수술을 시행하지 않은 상해
		21. 엉덩관절 탈구로 수술을 시행하지 않은 상해
		22. 종아리뼈 몸통 골절 또는 뼈머리 골절
		23. 발목관절 탈구로 수술을 시행하지 않은 상해
		24. 발목관절 내과, 외과 또는 후과 골절
		25. 무족지를 제외한 단일 발가락의 완전 절단 소실로 재접합술을 시행하지 않은 상해
		26. 16치 이상 18치 이하의 치과보철을 필요로 하는 상해
		27. 그 밖에 7급에 해당한다고 인정되는 상해
8급	300만원	1. 뇌손상으로 신경학적 증상이 경도인 상해(수술을 시행하지 않은 경우에 적용한다) 2. 위턱뼈, 아래턱뼈, 이틀뼈 등의 얼굴 머리뼈 골절 3. 외상성 시신경병증 4. 외상성 안검하수로 수술을 시행한 상해 5. 복합 고막 파열 6. 혈흉 또는 기흉이 발생하여 폐쇄식 흉관 삽관수술을 시행하지 않은 상해 7. 3개 이상의 다발성 갈비뼈 골절 8. 각종 돌기 골절(극돌기, 가로돌기) 또는 후궁 골절 9. 어깨관절 탈구로 수술을 시행하지 않은 상해 10. 위팔뼈 위관절융기 또는 위팔뼈 먼쪽 부위 관절 내 골절(경과 골절, 과간 골절, 내과 골절, 작은 머리 골절 등을 말한다)로 수술을 시행하지 않은 상해 11. 팔꿈치관절 탈구로 수술을 시행하지 않은 상해 12. 손허리뼈 골절 13. 손가락뼈의 몸쪽 손가락뼈 사이 또는 먼쪽 손가락뼈 사이 골절 탈구 14. 다발성 손가락뼈 골절 15. 무지 손허리손가락관절 측부인대 파열 16. 골반고리가 안정적인 골반뼈 골절(엉치뼈 골절 및 꼬리뼈 골절을 포함한다)로 수술을 시행하지 않은 상해 17. 무릎관절 십자인대 부분 파열로 수술을 시행하지 않은 상해 18. 3개 이상의 발허리뼈 골절로 수술을 시행하지 않은 상해 19. 손발가락뼈 골절 및 탈구로 수술을 시행한 상해 20. 팔다리의 근육 또는 힘줄 파열로 하나 또는 두 개의 근육 또는 힘줄 봉합술을 시행한 상해 21. 팔다리의 주요 말초 신경 손상으로 수술을 시행하지 않은 상해 22. 팔다리의 감각 신경 손상으로 수술을 시행한 상해 23. 팔다리의 다발성 주요 혈관손상으로 봉합술 혹은 이식술을 시행한 상해

		24. 팔다리의 연부 조직 손상으로 피부 이식술이나 국소 피판술을 시행한 상해
		25. 13치 이상 15치 이하의 치과보철을 필요로 하는 상해
		26. 그 밖에 8급에 해당한다고 인정되는 상해
9급	240만원	1. 얼굴 부위의 코뼈 골절로 수술을 시행한 상해
		2. 2개 이하의 단순 갈비뼈 골절
		3. 고환 손상으로 수술을 시행한 상해
		4. 음경 손상으로 수술을 시행한 상해
		5. 복장뼈(흉골) 골절
		6. 추간판 탈출증
		7. 흉쇄관절 탈구
		8. 팔꿈치관절 내측 또는 외측 측부 인대 파열로 수술을 시행하지 않은 상해
		9. 노손목관절 탈구(손목뼈간관절 탈구, 먼쪽 노자관절 탈구를 포함한다)로 수술을 시행하지 않은 상해
		10. 손가락뼈 골절로 수술을 시행한 상해
		11. 손가락관절 탈구
		12. 무릎관절 측부인대 부분 파열로 수술을 시행하지 않은 상해
		13. 2개 이하의 발허리뼈 골절로 수술을 시행하지 않은 상해
		14. 발가락뼈 골절 또는 발가락관절 탈구로 수술을 시행한 상해
		15. 그 밖에 견열골절 등 제불완전골절
		16. 아킬레스건, 무릎인대, 넓적다리 사두건 또는 넓적다리 이두건 파열로 수술을 시행하지 않은 상해
		17. 손가락·발가락 폄근힘줄 1개의 파열로 힘줄 봉합술을 시행한 상해
		18. 팔다리의 주요 혈관손상으로 봉합술 혹은 이식술을 시행한 상해
		19. 11치 이상 12치 이하의 치과보철을 필요로 하는 상해
		20. 그 밖에 9급에 해당한다고 인정되는 상해
10급	200만원	1. 3cm 이상 얼굴 부위 찢김상처(열상)
		2. 안검과 누소관 찢김상처로 봉합술과 누소관 재건술을 시행한 상해
		3. 각막, 공막 등의 찢김상처로 일차 봉합술만 시행한 상해
		4. 어깨관절부위의 회전근개 파열로 수술을 시행하지 않은 상해
		5. 외상성 상부관절와순 파열 중 수술을 시행하지 않은 상해
		6. 손발가락관절 골절 및 탈구로 수술을 시행하지 않은 상해
		7. 다리 3대 관절의 혈관절증
		8. 연부조직 또는 피부 결손으로 수술을 시행하지 않은 상해
		9. 9치 이상 10치 이하의 치과보철을 필요로 하는 상해
		10. 그 밖에 10급에 해당한다고 인정되는 상해
11	160만원	1. 뇌진탕

급		2. 얼굴 부위의 코뼈 골절로 수술을 시행하지 않는 상해
		3. 손가락뼈 골절 또는 손가락관절 탈구로 수술을 시행하지 않은 상해
		4. 발가락뼈 골절 또는 발가락관절 탈구로 수술을 시행하지 않은 상해
		5. 6치 이상 8치 이하의 치과보철을 필요로 하는 상해
		6. 그 밖에 11급에 해당한다고 인정되는 상해
12급	120만원	1. 외상 후 급성 스트레스 장애
		2. 3cm 미만 얼굴 부위 찢김상처
		3. 척추 염좌
		4. 팔다리 관절의 근육 또는 힘줄의 단순 염좌
		5. 팔다리의 찢김상처로 창상 봉합술을 시행한 상해(길이에 관계없이 적용한다)
		6. 팔다리 감각 신경 손상으로 수술을 시행하지 않은 상해
		7. 4치 이상 5치 이하의 치과보철을 필요로 하는 상해
		8. 그 밖에 12급에 해당한다고 인정되는 상해
13급	80만원	1. 결막의 찢김상처로 일차 봉합술을 시행한 상해
		2. 단순 고막 파열
		3. 흉부 타박상으로 갈비뼈 골절 없이 흉부의 동통을 동반한 상해
		4. 2치 이상 3치 이하의 치과보철을 필요로 하는 상해
		5. 그 밖에 13급에 해당한다고 인정되는 상해
14급	50만원	1. 방광, 요도, 고환, 음경, 신장, 간, 지라 등 내부장기 손상(장간막파열을 포함한다)으로 수술을 시행하지 않은 상해
		2. 손발가락 관절 염좌
		3. 팔다리의 단순 타박
		4. 1치 이하의 치과보철을 필요로 하는 상해
		5. 그 밖에 14급에 해당한다고 인정되는 상해

2. 영역별 세부지침

영역	내용
공통	가. 2급부터 11급까지의 상해 내용 중 2가지 이상의 상해가 중복된 경우에는 가장 높은 등급에 해당하는 상해부터 하위 3등급(예: 상해내용이 2급에 해당하는 경우에는 5급까지) 사이의 상해가 중복된 경우에만 가장 높은 상해 내용의 등급보다 한 등급 높은 금액으로 배상(이하 "병급"이라 한다)한다.
	나. 일반 외상과 치과보철을 필요로 하는 상해가 중복된 경우에는 각각의 상해 등급별 금액을 배상하되, 그 합산액이 1급의 금액을 초과하지 않는 범위에서 배상한다.
	다. 1개의 상해에서 2개 이상의 상향 또는 하향 조정의 요인이 있을 때 등급 상향 또는 하향 조정은 1회만 큰 폭의 조정을 적용한다. 다만, 상향 조정 요인과 하향 조정 요인이 여러 개가 함께 있을 때에는 큰 폭의 상향 또는 큰 폭의 하향 조정 요인을 각각 선택하여 함께 반영한다.
	라. 재해 발생 시 만 13세 미만인 사람은 소아로 인정한다.
	마. 연부 조직에 손상이 심하여 유리 피판술, 유경 피판술, 원거리 피판술, 국소 피판술이나 피부 이식술을 시행할 경우 얼굴 부위는 1등급 상위등급을 적용하고, 손 부위, 발 부위에 국한된 손상에 대해서는 한 등급 아래의 등급을 적용한다.
머리	가. "뇌손상"이란 국소성 뇌손상인 외상성 머리뼈안의 출혈(경막상·하 출혈, 뇌실 내 및 뇌실질 내 출혈, 거미막하 출혈 등을 말한다) 또는 경막하 수활액낭종, 거미막 낭종, 머리뼈 골절(머리뼈 기저부 골절을 포함한다) 등과 미만성 축삭 손상을 포함한 뇌 타박상을 말한다.
	나. 4급 이하(4급에서 14급까지를 말한다)에서 의식 외에 뇌신경 손상이나 국소성 신경학적 이상 소견이 있는 경우 한 등급을 상향 조정할 수 있다.
	다. 신경학적 증상은 글라스고우 혼수척도(Glasgow coma scale)로 구분하며, 고도는 8점 이하, 중등도는 9점 이상 12점 이하, 경도는 13점 이상 15점 이하를 말한다.
	라. 글라스고우 혼수척도는 진정치료 전에 평가하는 것을 원칙으로 한다.
	마. 글라스고우 혼수척도 평가 시 의식이 있는 상태에서 기관지 삽관이 필요한 경우는 제외한다.
	바. 의무기록 상 의식상태가 혼수(coma)와 반혼수(semicoma)는 고도, 혼미(stupor)는 중등도, 기면(drowsy)은 경도로 본다.
	사. 두피 타박상, 찢김상처(열창)는 14급으로 본다.
	아. 만성 경막하 혈종으로 수술을 시행한 경우에는 6급 2호를 적용한다.
	자. 외상 후 급성 스트레스 장애는 다른 진단이 전혀 없이 단독 부상 및 질병으로 외상 후 1개월 이내 발병된 경우에 적용한다.

흉·복부		심장타박(6급)의 경우, ①심전도에서 Tachyarrythmia 또는 ST변화 또는 부정맥, ②심초음파에서 심장막액증가소견이 있거나 심장벽운동저하, ③심장효소치증가 (CPK-MB, and Troponin T)의 세가지 요구 충족 시 인정한다.
척추		가. 완전 마비는 근력등급 3 이하인 경우이며, 불완전 마비는 근력등급 4인 경우로 정한다.
		나. 척추관 협착증이나 추간판 탈출증이 외상으로 증상이 발생한 경우나 악화된 경우는 9급으로 본다.
		다. 척주 손상으로 인하여 신경근증 이나 감각이상을 호소하는 경우는 9급으로 본다.
		라. 마미증후군은 척수손상으로 본다.
팔·다리	공통	가. 2급부터 11급까지의 내용 중 팔다리 골절에서 별도로 상해 등급이 규정되지 않은 경우, 보존적 치료를 시행한 골절은 해당 등급에서 2급 낮은 등급을 적용하며, 도수 정복 및 경피적 핀고정술을 시행한 경우에는 해당 등급에서 1급 낮은 등급을 적용한다.
		나. 2급부터 11급까지의 상해 내용 중 개방성 골절 또는 탈구에서 거스틸로 2형 이상(개방창의 길이가 1cm 이상인 경우를 말한다)의 개방성 골절 또는 탈구에서만 1등급 상위 등급을 적용한다.
		다. 2급부터 11급까지의 상해 내용 중 "수술적 치료를 시행하지 않은"이라고 명확하게 기록되지 않은 각 등급 손상 내용은 수술적 치료를 시행한 경우를 말하며, 보존적 치료를 시행한 경우가 따로 명시되지 않은 경우는 두 등급 하향 조정함을 원칙으로 한다.
		라. 양측 또는 단측을 별도로 규정한 경우에는 병합하지 않으나, 별도 규정이 없는 양측 손상인 경우에는 병합한다.
		마. 골절에 주요 말초신경의 손상 동반 시 해당 골절보다 1등급 상위 등급을 적용한다.
		바. 재접합술을 시행한 절단소실의 경우 해당부위의 절단보다 2급 높은 등급을 적용한다.
		사. 아절단은 완전 절단에 준한다.
		아. 관절 분리절단의 경우는 상위부 절단으로 본다.
		자. 골절 치료로 인공관절 치환술 시행할 경우 해당부위의 골절과 동일한 등급으로 본다.
		차. 팔다리 근육 또는 힘줄의 부분 파열로 보존적으로 치료한 경우 근육 또는 힘줄의 단순 염좌(12급)로 본다.
		카. 팔다리 관절의 인공관절 치환 후 재치환 시 해당 부위 골절보다 1등급 높은 등급을 적용한다.
		타. 보존적으로 치료한 팔다리 주요관절 골절 및 탈구는 해당관절의 골절 및 탈구보다 3등급 낮은 등급을 적용한다.
		파. 수술을 시행한 팔다리 주요 관절 탈구는 해당 관절의 보존적으로 치료한 탈구보다 2등급 높은 등급을 적용한다.
		하. 동일 관절 혹은 동일 골의 손상은 병합하지 않으며 상위 등급을 적용한다

		거. 분쇄 골절을 형성하는 골절선은 선상(선모양) 골절이 아닌 골절선으로 판단한다.
		너. 손발가락 절단 시 절단부위에 따른 차이는 두지 않는다.
		더. "근육(근), 힘줄(건), 인대 파열"이란 완전 파열을 말하며, 부분 파열은 수술을 시행한 경우에 완전 파열로 본다.
		러. 팔다리뼈 골절 중 상해등급에서 별도로 명시하지 않은 팔다리뼈 골절(견열골절을 포함한다)은 제불완전골절로 본다. 다만, 개방정복(피부와 근육 절개 후 골절된 뼈를 바로잡는 시술을 말한다)을 시행한 경우는 해당 부위 골절 항에 적용한다.
		머. 팔다리뼈 골절 시 시행한 외고정술도 수술을 한 것으로 본다.
		버. 소아의 경우, 성인의 동일 부위 골절보다 1급 낮게 적용한다. 다만, 성장판 손상이 동반된 경우와 연부조직 손상은 성인과 동일한 등급을 적용한다.
		서. 주요 동맥 또는 정맥 파열로 봉합술을 시행한 상해의 경우, 주요 동맥 또는 정맥이란 수술을 통한 혈행의 확보가 의학적으로 필요한 경우를 말하며, "다발성 혈관 손상"이란 2개 부위 이상의 주요 동맥 또는 정맥의 손상을 말한다.
	팔	가. 상부관절순 파열은 외상성 파열만 인정한다.
		나. 회전근개 파열 개수에 따른 차등을 두지 않는다.
		다. 6급의 어깨관절 탈구에서 재발성 탈구를 초래할 수 있는 해부학적 병변이 동시 확인된 경우는 수술 여부에 상관없이 6급을 적용한다.
		라. 견봉 쇄골간 관절 탈구, 관절낭 또는 견봉 쇄골간 인대 파열은 견봉 쇄골인대 및 오구 쇄골인대의 완전 파열에 포함되고, 견봉 쇄골인대 및 오구 쇄골인대의 완전 파열로 수술한 경우 7급을 적용하며, 부분 파열로 보존적 치료를 시행한 경우 9급을 적용하고, 단순 염좌의 경우 12급을 적용한다.
	다리	가. 양측 두덩뼈가지(치골지) 골절, 두덩뼈(치골) 위아래 가지 골절 등에서는 병급하지 않는다.
		나. 엉치뼈 골절, 꼬리뼈 골절은 골반뼈 골절로 본다.
		다. 무릎관절 십자인대 파열은 전후방 십자인대의 동시 파열이 별도로 규정되어 있으므로 병급하지 않으나 내외측 측부인대 동시 파열, 십자인대와 측부인대 파열, 반월상 연골판 파열 등은 병급한다.
		라. 후경골건 및 전경골건 파열은 발목관절 측부인대 파열로 수술을 시행한 경우의 등급으로 본다.
		마. 넓적다리뼈 또는 정강이뼈·종아리뼈의 견열성 골절의 경우, 동일 관절의 인대 손상에 대하여 수술적 치료를 시행한 경우는 인대 손상 등급으로 본다.
		바. 정강이뼈 후과의 단독 골절 시 발목관절 내과 또는 외과의 골절로 본다.
		사. 엉덩관절이란 넓적다리뼈머리와 골반뼈의 비구를 포함하며, "골절 탈구"란 골절과 동시에 관절의 탈구가 발생한 상태를 말한다.
		아. 불안정성 골반 골절은 골반고리를 이루는 골간의 골절 탈구를 포함한다.

		자. "다리의 3대 관절"이란 엉덩관절, 무릎관절, 발목관절을 말한다.
		차. 무릎관절의 전방 또는 후방 십자인대의 파열은 완전파열(또는 이에 준하는 파열)로 인대 복원수술을 시행한 파열에 적용한다.
		카. 골반고리가 안정적인 골반뼈의 수술을 시행한 골절은 두덩뼈 골절로 수술한 경우 등을 포함한다.

3. 부상에 대한 치료를 마친 후 더 이상의 치료효과를 기대할 수 없고 그 증상이 고정된 상태에서 그 부상이 원인이 되어 신체의 장애(이하 '후유장애'라 함)가 생긴 우에는「자동차손해배상 보장법 시행령」별표 2에서 정하는 금액의 범위에서 피해자에게 발생한 손해액

[별표 2]

후유장애의 구분과 책임보험금의 한도금액(제3조제1항제3호 관련)

장애급별	한도금액	신체장애 내용
1급	1억5천만원	1. 두 눈이 실명된 사람 2. 말하는 기능과 음식물을 씹는 기능을 완전히 잃은 사람 3. 신경계통의 기능 또는 정신기능에 뚜렷한 장애가 남아 항상 보호를 받아야 하는 사람 4. 흉복부 장기의 기능에 뚜렷한 장애가 남아 항상 보호를 받아야 하는 사람 5. 반신불수가 된 사람 6. 두 팔을 팔꿈치관절 이상의 부위에서 잃은 사람 7. 두 팔을 완전히 사용하지 못하게 된 사람 8. 두 다리를 무릎관절 이상의 부위에서 잃은 사람 9. 두 다리를 완전히 사용하지 못하게 된 사람
2급	1억3,500만원	1. 한쪽 눈이 실명되고 다른 쪽 눈의 시력이 0.02 이하로 된 사람 2. 두 눈의 시력이 각각 0.02 이하로 된 사람 3. 두 팔을 손목관절 이상의 부위에서 잃은 사람 4. 두 다리를 발목관절 이상의 부위에서 잃은 사람 5. 신경계통의 기능 또는 정신기능에 뚜렷한 장애가 남아 수시로 보호를 받아야 하는 사람 6. 흉복부 장기의 기능에 뚜렷한 장애가 남아 수시로 보호를 받아야 하는 사람
3급	1억2천만원	1. 한쪽 눈이 실명되고 다른 쪽 눈의 시력이 0.06 이하로 된 사람 2. 말하는 기능이나 음식물을 씹는 기능을 완전히 잃은 사람 3. 신경계통의 기능 또는 정신기능에 뚜렷한 장애가 남아 일생 동안 노무에

		종사할 수 없는 사람
		4. 흉복부 장기의 기능에 뚜렷한 장애가 남아 일생 동안 노무에 종사할 수 없는 사람
		5. 두 손의 손가락을 모두 잃은 사람
4급	1억500만원	1. 두 눈의 시력이 0.06 이하로 된 사람 2. 말하는 기능과 음식물을 씹는 기능에 뚜렷한 장애가 남은 사람 3. 고막이 전부 결손되거나 그 외의 원인으로 인하여 두 귀의 청력을 완전히 잃은 사람 4. 한쪽 팔을 팔꿈치관절 이상의 부위에서 잃은 사람 5. 한쪽 다리를 무릎관절 이상의 부위에서 잃은 사람 6. 두 손의 손가락을 모두 제대로 못쓰게 된 사람 7. 두 발을 발목발허리(리스프랑)관절 이상의 부위에서 잃은 사람
5급	9천만원	1. 한쪽 눈이 실명되고 다른 쪽 눈의 시력이 0.1 이하로 된 사람 2. 한쪽 팔을 손목관절 이상의 부위에서 잃은 사람 3. 한쪽 다리를 발목관절 이상의 부위에서 잃은 사람 4. 한쪽 팔을 완전히 사용하지 못하게 된 사람 5. 한쪽 다리를 완전히 사용하지 못하게 된 사람 6. 두 발의 발가락을 모두 잃은 사람 7. 신경계통의 기능 또는 정신기능에 뚜렷한 장애가 남아 특별히 손쉬운 노무 외에는 종사할 수 없는 사람 8. 흉복부 장기의 기능에 뚜렷한 장애가 남아 특별히 손쉬운 노무 외에는 종사할 수 없는 사람
6급	7,500만원	1. 두 눈의 시력이 0.1 이하로 된 사람 2. 말하는 기능이나 음식물을 씹는 기능에 뚜렷한 장애가 남은 사람 3. 고막이 대부분 결손되거나 그 외의 원인으로 인하여 두 귀의 청력이 귀에 입을 대고 말하지 않으면 큰 말소리를 알아듣지 못하게 된 사람 4. 한 귀가 전혀 들리지 않게 되고 다른 귀의 청력이 40센티미터 이상의 거리에서는 보통의 말소리를 알아듣지 못하게 된 사람 5. 척주(등골뼈)에 뚜렷한 기형이나 뚜렷한 운동장애가 남은 사람 6. 한쪽 팔의 3대 관절 중 2개 관절을 못쓰게 된 사람 7. 한쪽 다리의 3대 관절 중 2개 관절을 못쓰게 된 사람 8. 한쪽 손의 5개 손가락을 잃거나 한쪽 손의 엄지손가락과 둘째손가락을 포함하여 4개의 손가락을 잃은 사람
7급	6천만원	1. 한쪽 눈이 실명되고 다른 쪽 눈의 시력이 0.6 이하로 된 사람 2. 두 귀의 청력이 모두 40센티미터 이상의 거리에서는 보통의 말소리를 알아듣지 못하게 된 사람

		3. 한쪽 귀가 전혀 들리지 않게 되고 다른 쪽 귀의 청력이 1미터 이상의 거리에서는 보통의 말소리를 알아듣지 못하게 된 사람
		4. 신경계통의 기능 또는 정신기능에 장애가 남아 손쉬운 노무 외에는 종사하지 못하는 사람
		5. 흉복부 장기의 기능에 장애가 남아 손쉬운 노무 외에는 종사하지 못하는 사람
		6. 한쪽 손의 엄지손가락과 둘째손가락을 잃은 사람 또는 한쪽 손의 엄지손가락이나 둘째손가락을 포함하여 3개 이상의 손가락을 잃은 사람
		7. 한쪽 손의 5개의 손가락 또는 한쪽 손의 엄지손가락과 둘째손가락을 포함하여 4개의 손가락을 제대로 못쓰게 된 사람
		8. 한쪽 발을 발목발허리관절 이상의 부위에서 잃은 사람
		9. 한쪽 팔에 가관절(假關節: 부러진 뼈가 완전히 아물지 못하여 그 부분이 마치 관절처럼 움직이는 상태를 말한다. 이하 같다)이 남아 뚜렷한 운동장애가 남은 사람
		10. 한쪽 다리에 가관절이 남아 뚜렷한 운동장애가 남은 사람
		11. 두 발의 발가락을 모두 제대로 못쓰게 된 사람
		12. 외모에 뚜렷한 흉터가 남은 사람
		13. 양쪽의 고환을 잃은 사람
8급	4,500 만원	1. 한쪽 눈이 시력이 0.02 이하로 된 사람
		2. 척추에 운동장애가 남은 사람
		3. 한쪽 손의 엄지손가락을 포함하여 2개의 손가락을 잃은 사람
		4. 한쪽 손의 엄지손가락과 둘째손가락을 제대로 못쓰게 된 사람 또는 한쪽 손의 엄지손가락이나 둘째손가락을 포함하여 3개 이상의 손가락을 제대로 못쓰게 된 사람
		5. 한쪽 다리가 5센티미터 이상 짧아진 사람
		6. 한쪽 팔의 3대 관절 중 1개 관절을 제대로 못쓰게 된 사람
		7. 한쪽 다리의 3대 관절 중 1개 관절을 제대로 못쓰게 된 사람
		8. 한쪽 팔에 가관절이 남은 사람
		9. 한쪽 다리에 가관절이 남은 사람
		10. 한쪽 발의 발가락을 모두 잃은 사람
		11. 비장 또는 한쪽의 신장을 잃은 사람
9급	3,800 만원	1. 두 눈의 시력이 각각 0.6 이하로 된 사람
		2. 한쪽 눈의 시력이 0.06 이하로 된 사람
		3. 두 눈에 반맹증·시야협착 또는 시야결손이 남은 사람
		4. 두 눈의 눈꺼풀에 뚜렷한 결손이 남은 사람

		5. 코가 결손되어 그 기능에 뚜렷한 장애가 남은 사람
		6. 말하는 기능과 음식물을 씹는 기능에 장애가 남은 사람
		7. 두 귀의 청력이 모두 1미터 이상의 거리에서는 보통의 말소리를 알아듣지 못하게 된 사람
		8. 한쪽 귀의 청력이 귀에 입을 대고 말하지 않으면 큰 말소리를 알아듣지 못하고 다른 쪽 귀의 청력이 1미터 이상의 거리에서는 보통의 말소리를 알아듣지 못하게 된 사람
		9. 한쪽 귀의 청력을 완전히 잃은 사람
		10. 한쪽 손의 엄지손가락을 잃은 사람 또는 둘째손가락을 포함하여 2개의 손가락을 잃은 사람 또는 엄지손가락과 둘째손가락 외의 3개의 손가락을 잃은 사람
		11. 한쪽 손의 엄지손가락을 포함하여 2개의 손가락을 제대로 못쓰게 된 사람
		12. 한쪽 발의 엄지발가락을 포함하여 2개 이상의 발가락을 잃은 사람
		13. 한쪽 발의 발가락을 모두 제대로 못쓰게 된 사람
		14. 생식기에 뚜렷한 장애가 남은 사람
		15. 신경계통의 기능 또는 정신기능에 장애가 남아 노무가 상당한 정도로 제한된 사람
		16. 흉복부 장기의 기능에 장애가 남아 노무가 상당한 정도로 제한된 사람
10급	2,700 만원	1. 한쪽 눈이 시력이 0.1 이하로 된 사람
		2. 말하는 기능이나 음식물을 씹는 기능에 장애가 남은 사람
		3. 14개 이상의 치아에 대하여 치과보철을 한 사람
		4. 한쪽 귀의 청력이 귀에 입을 대고 말하지 않으면 큰 말소리를 알아듣지 못하게 된 사람
		5. 두 귀의 청력이 모두 1미터 이상의 거리에서 보통의 말소리를 듣는 데 지장이 있는 사람
		6. 한쪽 손의 둘째손가락을 잃은 사람 또는 엄지손가락과 둘째 가락 외의 2개의 손가락을 잃은 사람
		7. 한쪽 손의 엄지손가락을 제대로 못쓰게 된 사람 또는 한쪽 손의 둘째손가락을 포함하여 2개의 손가락을 제대로 못쓰게 된 사람 또는 한 쪽 손의 엄지손가락과 둘째손가락 외의 3개의 손가락을 제대로 못쓰게 된 사람
		8. 한쪽 다리가 3센티미터 이상 짧아진 사람
		9. 한쪽 발의 엄지발가락 또는 그 외의 4개의 발가락을 잃은 사람
		10. 한쪽 팔의 3대 관절 중 1개 관절의 기능에 뚜렷한 장애가 남은 사람
		11. 한쪽 다리의 3대 관절 중 1개 관절의 기능에 뚜렷한 장애가 남은 사람
11급	2,300 만원	1. 두 눈이 모두 근접반사 기능에 뚜렷한 장애가 남거나 뚜렷한 운동장애가 남은 사람

		2. 두 눈의 눈꺼풀에 뚜렷한 장애가 남은 사람
		3. 한쪽 눈의 눈꺼풀에 결손이 남은 사람
		4. 한쪽 귀의 청력이 40센티미터 이상의 거리에서는 보통의 말소리를 알아듣지 못하게 된 사람
		5. 두 귀의 청력이 모두 1미터 이상의 거리에서는 작은 말소리를 알아듣지 못하게 된 사람
		6. 척주에 기형이 남은 사람
		7. 한쪽 손의 가운데손가락 또는 넷째손가락을 잃은 사람
		8. 한쪽 손의 둘째손가락을 제대로 못쓰게 된 사람 또는 한쪽 손의 엄지손가락과 둘째손가락 외의 2개의 손가락을 제대로 못쓰게 된 사람
		9. 한쪽 발의 엄지발가락을 포함하여 2개 이상의 발가락을 제대로 못쓰게 된 사람
		10. 흉복부 장기의 기능에 장애가 남은 사람
		11. 10개 이상의 치아에 대하여 치과보철을 한 사람
12급	1,900 만원	1. 한쪽 눈의 근접반사 기능에 뚜렷한 장애가 있거나 뚜렷한 운동장애가 남은 사람
		2. 한쪽 눈의 눈꺼풀에 뚜렷한 운동장애가 남은 사람
		3. 7개 이상의 치아에 대하여 치과보철을 한 사람
		4. 한쪽 귀의 귓바퀴가 대부분 결손된 사람
		5. 쇄골(빗장뼈), 복장뼈(흉골), 갈비뼈, 어깨뼈 또는 골반뼈에 뚜렷한 기형이 남은 사람
		6. 한쪽 팔의 3대 관절 중 1개 관절의 기능에 장애가 남은 사람
		7. 한쪽 다리의 3대 관절 중 1개 관절의 기능에 장애가 남은 사람
		8. 장관골에 기형이 남은 사람
		9. 한쪽 손의 가운데손가락이나 넷째손가락을 제대로 못쓰게 된 사람
		10. 한쪽 발의 둘째발가락을 잃은 사람 또는 한쪽 발의 둘째발가락을 포함하여 2개의 발가락을 잃은 사람 또는 한쪽 발의 가운데 발가락 이하의 3개의 발가락을 잃은 사람
		11. 한쪽 발의 엄지발가락 또는 그 외의 4개의 발가락을 제대로 못쓰게 된 사람
		12. 국부에 뚜렷한 신경증상이 남은 사람
		13. 외모에 흉터가 남은 사람
13급	1,500 만원	1. 한쪽 눈의 시력이 0.6 이하로 된 사람
		2. 한쪽 눈에 반맹증, 시야협착 또는 시야결손이 남은 사람
		3. 두 눈의 눈꺼풀의 일부에 결손이 남거나 속눈썹에 결손이 남은 사람
		4. 5개 이상의 치아에 대하여 치과보철을 한 사람
		5. 한쪽 손의 새끼손가락을 잃은 사람
		6. 한쪽 손의 엄지손가락 마디뼈의 일부를 잃은 사람

		7. 한쪽 손의 둘째손가락 마디뼈의 일부를 잃은 사람
		8. 한쪽 손의 둘째손가락의 끝관절을 굽히고 펼 수 없게 된 사람
		9. 한쪽 다리가 1센티미터 이상 짧아진 사람
		10. 한쪽 발의 가운데발가락 이하의 발가락 1개 또는 2개를 잃은 사람
		11. 한쪽 발의 둘째발가락을 제대로 못쓰게 된 사람 또는 한쪽 발이 둘째발가락을 포함하여 2개의 발가락을 제대로 못쓰게 된 사람 또는 한쪽 발의 가운데 발가락 이하의 발가락 3개를 제대로 못쓰게 된 사람
14급	1천만원	1. 한쪽 눈의 눈꺼풀의 일부에 결손이 있거나 속눈썹에 결손이 남은 사람
		2. 3개 이상의 치아에 대하여 치과보철을 한 사람
		3. 한쪽 귀의 청력이 1미터 이상의 거리에서는 보통의 말소리를 알아듣지 못하게 된 사람
		4. 팔의 노출된 면에 손바닥 크기의 흉터가 남은 사람
		5. 다리의 노출된 면에 손바닥 크기의 흉터가 남은 사람
		6. 한쪽 손의 새끼손가락을 제대로 못쓰게 된 사람
		7. 한쪽 손의 엄지손가락과 둘째손가락 외의 손가락 마디뼈의 일부를 잃은 사람
		8. 한 손의 엄지손가락과 둘째손가락 외의 손가락 끝관절을 제대로 못쓰게 된 사람
		9. 한 발의 가운데발가락 이하의 발가락 1개 또는 2개를 제대로 못쓰게 된 사람
		10. 국부에 신경증상이 남은 사람

비고
1. 신체장애가 둘 이상 있는 경우에는 중한 신체장애에 해당하는 장애등급보다 한 등급 높은 금액으로 배상한다.
2. 시력의 측정은 국제식 시력표로 하며, 굴절 이상이 있는 사람에 대해서는 원칙적으로 교정시력을 측정한다.
3. "손가락을 잃은 것"이란 엄지손가락은 가락뼈사이관절, 그 밖의 손가락은 몸쪽가락뼈사이관절 이상을 잃은 경우를 말한다.
4. "손가락을 제대로 못쓰게 된 것"이란 손가락 끝부분의 2분의 1 이상을 잃거나 손허리손가락관절(중수지관절) 또는 몸쪽가락뼈사이관절(엄지손가락의 경우에는 가락뼈사이관절을 말한다)에 뚜렷한 운동장애가 남은 경우를 말한다.
5. "발가락을 잃은 것"이란 발가락의 전부를 잃은 경우를 말한다.
6. "발가락을 제대로 못쓰게 된 것"이란 엄지발가락은 끝관절의 2분의 1 이상을, 그 밖의 발가락은 끝관절 이상을 잃거나 발허리발가락관절(중족지관절) 또는 몸쪽가락뼈사이관절(엄지발가락의 경우에는 가락뼈사이관절을 말한다)에 뚜렷한 운동장애가 남은 경우를 말한다.
7. "흉터가 남은 것"이란 성형수술을 한 후에도 맨눈으로 식별이 가능한 흔적이 있는 상태를 말한다.
8. "항상 보호를 받아야 하는 것"이란 일상생활에서 기본적인 음식섭취, 배뇨 등을 다른 사람에게 의존해야 하는 것을 말한다.
9. "수시로 보호를 받아야 하는 것"이란 일상생활에서 기본적인 음식섭취, 배뇨 등은 가능하나, 그 외의 일은 다른 사람에게 의존해야 하는 것을 말한다.
10. "항상보호 또는 수시보호를 받아야 하는 기간"은 의사가 판정하는 노동능력상실기간을 기준으로 하여 타당한 기간으로 정한다.

11. "제대로 못 쓰게 된 것"이란 정상기능의 4분의 3 이상을 상실한 경우를 말하고, "뚜렷한 장애가 남은 것"이란 정상기능의 2분의 1 이상을 상실한 경우를 말하며, "장애가 남은 것"이란 정상기능의 4분의 1 이상을 상실한 경우를 말한다.

12. "신경계통의 기능 또는 정신기능에 뚜렷한 장애가 남아 특별히 손쉬운 노무 외에는 종사할 수 없는 것"이란 신경계통의 기능 또는 정신기능의 뚜렷한 장애로 노동능력이 일반인의 4분의 1 정도만 남아 평생 동안 특별히 쉬운 일 외에는 노동을 할 수 없는 사람을 말한다.

13. "신경계통의 기능 또는 정신기능에 장애가 남아 노무가 상당한 정도로 제한된 것"이란 노동능력이 어느 정도 남아 있으나 신경계통의 기능 또는 정신기능의 장애로 종사할 수 있는 직종의 범위가 상당한 정도로 제한된 경우로서 다음 각 목의 어느 하나에 해당하는 경우를 말한다.

    가. 신체적 능력은 정상이지만 뇌손상에 따른 정신적 결손증상이 인정되는 경우
    나. 전간(癲癎) 발작과 현기증이 나타날 가능성이 의학적·타각적(他覺的) 소견으로 증명되는 사람
    다. 팔다리에 경도(輕度)의 단마비(單痲痹)가 인정되는 사람

14. "흉복부 장기의 기능에 뚜렷한 장애가 남아 특별히 손쉬운 노무 외에는 종사할 수 없는 것"이란 흉복부 장기의 장애로 노동능력이 일반인의 4분의 1 정도만 남은 경우를 말한다.

15. "흉복부 장기의 기능에 장애가 남아 손쉬운 노무 외에는 종사할 수 없는 것"이란 중등도(中等度)의 흉복부 장기의 장애로 노동능력이 일반인의 2분의 1 정도만 남은 경우를 말한다.

16. "흉복부 장기의 기능에 장애가 남아 노무가 상당한 정도로 제한된 것"이란 중등도의 흉복부 장기의 장애로 취업가능한 직종의 범위가 상당한 정도로 제한된 경우를 말한다.

② 물적피해에 대한 배상을 위한 보험 가입의무

자동차보유자는 책임보험 등에 가입하는 것 외에 자동차의 운행으로 다른 사람의 재물이 멸실되거나 훼손된 경우에 피해자에게 사고 1건당 2천만원의 범위에서 사고로 인하여 피해자에게 발생한 손해액을 지급할 책임을 지는「보험업법」에 따른 보험이나「여객자동차 운수사업법」, 화물자동차 운수사업법」,「건설기계관리법」및「생활물류서비스산업발전법」에 따른 공제에 가입해야 합니다(「자동차손해배상 보장법」제5조제2항 및「자동차손해배상 보장법 시행령」제3조제3항).

3. 가입의무 면제

① 보험 등에의 가입의무가 없는 자동차는 다음과 같습니다(「자동차손해배상 보장법 시행령」제5조).

1. 대한민국에 주둔하는 국제연합군대가 보유하는 자동차

2. 대한민국에 주둔하는 미합중국군대가 보유하는 자동차

3. 위 두 가지에 해당하지 않는 외국인으로서 국토교통부장관이 지정하는 자가 보유하는 자동차

4. 견인되어 육지를 이동할 수 있도록 제작된 피견인자동차

[4] 보험가입의무 위반시 제재

1. 서류제출 명령

특별자치도지사·특별자치시장·시장·군수 또는 구청장은 의무보험에 가입하지 않은 자동차보유자에 대해 지체 없이 10일 이상 15일 이하의 기간을 정해 의무보험에 가입하고 그 사실을 증명할 수 있는 서류를 제출할 것을 명하게 됩니다(「자동차손해배상 보장법」제6조제3항).

2. 자동차등록번호판 영치

① 특별자치도지사·특별자치시장·시장·군수 또는 구청장은 의무보험에 가입되지 않은 자동차의 등록번호판을 영치할 수 있습니다(「자동차손해배상 보장법」제6조제4항).

② 등록번호판을 부착하지 않은 자동차는 운행할 수 없고(임시운행허가번호판을 붙인 경우에는 제외), 운행하는 경우 위반횟수에 따라 최고 300만원의 과태료를 부과 받습니다(「자동차관리법」제10조제4항, 제84조제3항제1호, 「자동차관리법 시행령」제20조 및 별표 2).

3. 의무보험 미가입 자동차의 운행금지

① 의무보험에 가입되어 있지 않은 자동차는 도로에서 운행해서는 안 됩니다(「자동차손해배상 보장법」제8조 본문).

② 다만, 다음의 자동차는 의무보험에 가입되어 있지 않아도 운행할 수 있습니다(「자동차손해배상 보장법」제8조 단서 및 「자동차손해배상 보장법 시행령」제5조).

　1. 대한민국에 주둔하는 국제연합군대가 보유하는 자동차

　2. 대한민국에 주둔하는 미합중국군대가 보유하는 자동차

　3. 위의 두 가지에 해당하지 않는 외국인으로서 국토교통부장관이 지정하는 자가 보유하는 자동차

　4. 견인되어 육지를 이동할 수 있도록 제작된 피견인자동차

③ 의무보험에 가입되어 있지 않은 자동차를 운행한 자동차보유자는 1년 이하의 징역 또는 1천만원 이하의 벌금에 처해집니다(「자동차손해배상 보장법」제46조제3항제2호).

④ 의무보험 미가입 차량 운행금지를 위반한 사람 중 다음에 해당하지 않는 사람은 아래 표와 같은 범칙금을 부과받게 됩니다(「자동차손해배상 보장법」제50조제2항, 「자동차손해배상 보장법 시행령」제37조제1항, 제38조 및 별표 6).

　1. 범칙행위를 상습적으로 하는 자

2. 죄를 범한 동기·수단 및 결과 등을 헤아려 통고처분을 하는 것이 상당하지 않다고 인정되는 자

의무보험에 가입하지 않고 운행한 자동차		범칙금액
사업용 자동차	승합자동차	200만원
	화물자동차	100만원
	특수자동차	100만원
	건설기계	100만원
	승용자동차	100만원
비사업용 자동차	승합자동차	50만원
	화물자동차	50만원
	특수자동차	50만원
	건설기계	50만원
	승용자동차	40만원
이륜자동차		10만원

⑤ 다만, 의무보험 가입 명령을 받고 2개월 이내에 의무보험에 가입하지 않은 사람과 의무보험에 가입되어 있지 않은 자동차를 운행하다가 교통사고를 일으킨 사람은 범칙자에서 제외됩니다(「자동차손해배상 보장법 시행령」 제38조제2항).

4. 과태료의 부과

① 자동차보유자가 의무보험에 가입하지 않으면 300만원 이하의 과태료를 부과받습니다(「자동차손해배상 보장법」 제6조, 제48조제3항제1호 및 「자동차손해배상 보장법 시행령」 별표 5).

인적피해에 대한 배상을 위한 책임보험을 가입하지 않은 경우		
자동차의 종류	가입하지 않은 기간	과태료 금액
이륜 자동차	10일 이내인 경우	6천원
	10일을 넘는 경우	6천원에 11일째부터 계산하여 1일마다 1천200원을 더한 금액. 다만, 과태료의 총액은이륜자동차 1대당 20만원을 넘지 못함.
비사업용자동차	10일 이내인 경우	1만원
	10일을 넘는 경우	1만원에 11일째부터 계산하여 1일마다 4천원을 더한 금액. 다만, 과태료의 총액은 자동차 1대당 60만원을 넘지 못함.
사업용 자동차	10일 이내인 경우	3만원

	10일을 넘는 경우	3만원에 11일째부터 계산하여 1일마다 8천원을 더한 금액. 다만, 과태료의 총액은 자동차 1대당 100만원을 넘지 못함.

물적피해에 대한 배상을 위한 보험을 가입하지 않은 경우		
자동차의 종류	가입하지 않은 기간	과태료 금액
이륜 자동차	10일 이내인 경우	3천원
	10일을 넘는 경우	3천원에 11일째부터 기산하여 매 1일당 6백원을 더한 금액. 다만, 과태료의 총액은 이륜자동차 1대당 10만원을 넘지 못함.
비사업용자동차	10일 이내인 경우	5천원
	10일을 넘는 경우	5천원에 11일째부터 계산하여 1일마다 2천원을 더한 금액. 다만, 과태료의 총액은 자동차 1대당 30만원을 넘지 못함.
사업용 자동차	10일 이내인 경우	5천원
	10일을 넘는 경우	5천원에 11일째부터 계산하여 1일마다 2천원을 더한 금액. 다만, 과태료의 총액은 자동차 1대당 30만원을 넘지 못함.

[5] 자동차보험가입자의 교통사고 발생 시 특례

1. 교통사고 후 공소제기 면제

① 교통사고를 일으킨 차가 보험 또는 공제에 가입된 경우에는 다음 중 어느 하나에 해당하는 죄를 범한 해당 자동차의 운전자에 대해 공소를 제기할 수 없습니다(「교통사고처리 특례법」제4조제1항 본문).

1. 교통사고로 인한 업무상과실치상죄

2. 교통사고로 인한 중과실치상죄

3. 차의 운전자가 업무상 필요한 주의를 게을리 하거나 중대한 과실로 다른 사람의 건조물이나 그 밖의 재물을 손괴한 경우

② 다만, 다음 어느 하나에 해당하는 경우에는 공소제기가 가능합니다(「교통사고처리 특례법」제4조제1항 단서).

㉠ 차의 운전자가 교통사고로 인하여 업무상과실치상죄 또는 중과실치상죄를 범하고도 피해자를 구호(救護)하는 등「도로교통법」제54조제1항에 따른 조치를 하지 않고

도주하거나 피해자를 사고 장소로부터 옮겨 유기(遺棄)하고 도주한 경우, 같은 죄를 범하고 「도로교통법」 제44조제2항을 위반하여 음주측정 요구에 따르지 않은 경우(운전자가 채혈 측정을 요청하거나 동의한 경우는 제외)와 다음 각 호의 어느 하나에 해당하는 행위로 인하여 같은 죄를 범한 경우

1. 「도로교통법」 제5조에 따른 신호기가 표시하는 신호 또는 교통정리를 하는 경찰공무원 등의 신호를 위반하거나 통행금지 또는 일시정지를 내용으로 하는 안전표지가 표시하는 지시를 위반하여 운전한 경우

2. 「도로교통법」 제13조제3항을 위반하여 중앙선을 침범하거나 같은 법 제62조를 위반하여 횡단, 유턴 또는 후진한 경우

3. 「도로교통법」 제17조제1항 또는 제2항에 따른 제한속도를 시속 20킬로미터 초과하여 운전한 경우

4. 「도로교통법」 제21조제1항, 제22조, 제23조에 따른 앞지르기의 방법·금지시기·금지장소 또는 끼어들기의 금지를 위반하거나 같은 법 제60조제2항에 따른 고속도로에서의 앞지르기 방법을 위반하여 운전한 경우

5. 「도로교통법」 제24조에 따른 철길건널목 통과방법을 위반하여 운전한 경우

6. 「도로교통법」 제27조제1항에 따른 횡단보도에서의 보행자 보호의무를 위반하여 운전한 경우

7. 「도로교통법」 제43조, 「건설기계관리법」 제26조 또는 「도로교통법」 제96조를 위   반하여 운전면허 또는 건설기계조종사면허를 받지 않거나 국제운전면허증을 소지하지않고 운전한 경우. 이 경우 운전면허 또는 건설기계조종사면허의 효력이 정지 중이거나 운전의 금지 중인 때에는 운전면허 또는 건설기계조종사면허를 받지 않거나 국제운전면허증을 소지하지 아니한 것으로 본다.

8. 「도로교통법」 제44조제1항을 위반하여 술에 취한 상태에서 운전을 하거나 같은 법 제45조를 위반하여 약물의 영향으로 정상적으로 운전하지 못할 우려가 있는 상태에서 운전한 경우

9. 「도로교통법」 제13조제1항을 위반하여 보도(步道)가 설치된 도로의 보도를 침범하거나 같은 법 제13조제2항에 따른 보도 횡단방법을 위반하여 운전한 경우

10. 「도로교통법」 제39조제3항에 따른 승객의 추락 방지의무를 위반하여 운전한 경우

11. 「도로교통법」 제12조제3항에 따른 어린이 보호구역에서 같은 조 제1항에 따른 조치를 준수하고 어린이의 안전에 유의하면서 운전하여야 할 의무를 위반하여 어린이의 신체를 상해(傷害)에 이르게 한 경우

12. 「도로교통법」제39조제4항을 위반하여 자동차의 화물이 떨어지지 않도록 필요한 조치를 하지 않고 운전한 경우

ⓛ 피해자가 신체의 상해로 인하여 생명에 대한 위험이 발생하거나 불구(不具)가 되거나 불치(不治) 또는 난치(難治)의 질병이 생긴 경우

ⓒ 보험계약 또는 공제계약이 무효로 되거나 해지되거나 계약상의 면책 규정 등으로 인하여 보험회사, 공제조합 또는 공제사업자의 보험금 또는 공제금 지급의무가 없어진 경우

2. 자동차보험가입자의 형사소추면제에 대한 제한

① 구「교통사고처리특례법」제4조제1항 본문 중 업무상 과실 또는 중대한 과실로 인한 교통사고로 말미암아 피해자로 하여금 중상해(신체의 상해로 인해 생명에 대한 위험이 발생하거나 불구 또는 불치나 난치의 질병에 이르게 한 경우)에 이르게 한 경우에 공소를 제기할 수 없도록 규정한 부분이 헌법에 위반된다는 헌법재판소의 선고에 따라 종합보험에 가입하고 사망사고(「형법」제268조) 또는「교통사고 처리특례법」제3조제2항 단서의 사고 후 도주·10대 중과실사고에 해당하지 않더라도 피해자가 중상해에 이르면「교통사고 처리특례법」제3조제2항에 따라 피해자와 합의가 이루어지지 않은 경우 공소제기가 되어 처벌이 가능하게 되었습니다(헌법재판소 2009. 2. 26. 선고 2005헌마764 참조).

② 헌법재판소의 이러한 위헌결정내용은 2010년 1월 25일 공포·시행된「교통사고처리특례법」제4조제1항에 반영되어 11대 중과실 위반에 해당하는 경우, 피해자가 신체의 상해로 인하여 생명에 대한 위험이 발생하거나 불구(不具)가 되거나 불치(不治) 또는 난치(難治)의 질병이 생긴 경우, 보험계약 또는 공제계약이 무효로 되거나 해지되거나 계약상의 면책 규정 등으로 인하여 보험회사, 공제조합 또는 공제사업자의 보험금 또는 공제금 지급의무가 없어진 경우(「교통사고처리 특례법」제4조제1항)에는 보험·공제에 가입하였더라도 공소제기가 가능합니다.

[6] 중고자동차 보험계약의 승계

1. 보험계약한 자동차를 양도하는 경우

① 보험계약자가 보험기간 중에 보험계약한 자동차를 양도한 경우에는 이 보험계약으로 인하여 생긴 권리와 의무는 피보험자동차의 양수인에게 승계되지 않고, 보험계약자가 이 권리와 의무를 양수인에게 이전하려고 한다는 뜻을 서면으로 보험회사에 통

지하여 이에 대한 승낙을 얻은 경우에 한하여 보험계약으로 인하여 생긴 권리와 의무가 승계됩니다(「상법」제726조의4제1항).

② 의무보험에 가입된 자동차가 양도된 경우에 그 자동차의 양도일(양수인이 매매대금을 지급하고 현실적으로 자동차의 점유를 이전받은 날을 말함)부터「자동차관리법」제12조에 따른 자동차소유권 이전등록 신청기간이 끝나는 날(자동차소유권 이전등록 신청기간이 끝나기 전에 양수인이 새로운 책임보험등의 계약을 체결한 경우에는 그 계약 체결일)까지의 기간은 「상법」 제726조의4에도 불구하고 자동차의 양수인이 의무보험의 계약에 관한 양도인의 권리의무를 승계합니다(「자동차손해배상 보장법」제26조제1항).

③ 만일 보험회사가 이 서면통지를 받은 날로부터 10일 이내에 승인여부를 보험계약자에게 발송하지 않으면, 그 10일 되는 날의 다음 0시에 승인한 것으로 봅니다(「상법」 제726조의4제2항 및「자동차보험 표준약관」제48조제2항).

2. 보험계약한 자동차를 다른 자동차로 교체(대체)하는 경우

① 보험계약자 또는 기명피보험자가 보험기간 중 기존의 자동차를 폐차 또는 양도하고 그 자동차와 동일한 차종의 다른 자동차로 교체한 경우에는, 보험계약자가 이 보험계약을 교체된 자동차에 승계시키고자 한다는 뜻을 서면으로 보험회사에 통지하여 이에 대한 승인을 청구하고 보험회사가 승인한 때부터 이 보험계약을 교체된 자동차에 적용합니다(「자동차보험 표준약관」제49조제1항).

② 보험회사가 승인을 하는 경우에는 교체된 자동차에 적용하는 보험요율에 따라 보험계약자에게 보험료를 반환하거나 추가 보험료를 청구할 수 있습니다(「자동차보험 표준약관」제49조제4항 본문).

③ 이 경우 기존의 피보험자동차를 말소등록한 날 또는 소유권을 이전등록한 날부터 승계를 승인한 날의 전날까지 기간에 해당하는 보험료를 일할로 계산하여 보험계약자에게 반환 됩니다(「자동차보험 표준약관」제49조제4항 단서).

[7] 상담사례

■ 고의로 교통사고를 발생시킨 경우에도 자동차보험이 적용되나요?

> **Q.** 저는 얼마 전 택시기사와의 말다툼 끝에 위 택시기사가 저희 차를 가로막고 진행을 방해하여 "비키지 않으면 치어 버리겠다."라고 경고하였으나 듣지 않아 홧김에 그대로 출발하였습니다. 그런데 예상과 달리 그가 비키지 않아 상해를 입혔는바, 이 경우에도 자동차보험을 적용받을 수 있는지요?

A. 「상법」 제659조는 "보험사고가 보험계약자 또는 피보험자나 보험수익자의 고의 또는 중대한 과실로 인하여 생긴 때에는 보험자는 보험금액을 지급할 책임이 없다."라고 규정하고 있으며, 자동차보험의 약관상으로도 보험회사는 피보험자가 자동차의 사고로 법률상 손해배상책임을 짐으로써 입은 손해를 보험약관에서 정한 바에 따라 보상하는 책임을 지게 되나 보험계약자, 피보험자의 고의에 의한 손해는 보상하지 아니한다고 규정하고 있습니다.

교통사고의 경우는 일반적으로 운전자의 안전운전 주의의무위반, 즉 과실에 의한 사고를 말하지만, 위 사안의 경우는 고의 내지 미필적 고의에 의한 사고로서 형사적으로는 위험한 물건에 의한 상해에 해당하므로 특수상해(형법 제258조의2 제1항)의 처벌까지 받게 된다 하겠습니다.

관련 판례도 "자동차보험약관상 면책사유인 '피보험자의 고의에 의한 사고'에서의 '고의'라 함은 자신의 행위에 의하여 일정한 결과가 발생하리라는 것을 알면서 이를 행하는 심리상태를 말하고, 여기에는 확정적 고의는 물론 미필적 고의도 포함된다고 할 것이며, 고의와 같은 내심의 의사는 이를 인정할 직접적인 증거가 없는 경우에는 사물의 성질상 고의와 상당한 관련성이 있는 간접사실을 증명하는 방법에 의하여 입증할 수밖에 없고, 무엇이 상당한 관련성이 있는 간접사실에 해당할 것인가는 사실관계의 연결상태를 논리와 경험칙(經驗則)에 의하여 합리적으로 판단하여야 할 것이다."라고 하면서 "출발하려는 승용차 보닛 위에 사람이 매달려 있는 상태에서 승용차를 지그재그로 운행하여 도로에 떨어뜨려 상해를 입게 한 경우, 운전자에게 상해발생에 대한 미필적 고의가 있다."라고 하였습니다(대법원 2001. 3. 9. 선고 2000다67020 판결, 2010. 1. 28. 선고 2009다72209 판결).

따라서 위 사안과 같은 경우는 고의로 평가되는 행위로 인한 사고로서 보험적용을 받을 수 없다 할 것이며 민·형사상의 책임도 면하기는 어려울 것으로 보입니다.

■ 교통사고 피해자가 가해자의 의무보험에 기하여 지급받은 보험금이 압류된 경우,

어떤 조치를 취해야 이 보험금을 인출할 수 있나요?

> **Q.** A는 횡단보도 횡단 중, B가 운전하는 자동차에 부딪혀 다리가 골절되었습니다. A는 B와 의무보험계약이 체결되어 있는 보험회사 D로부터 손해배상금을 계좌로 입금받았는데, 이 계좌는 A의 채권자 C이 압류해놓은 것이어서, A는 인출을 못하고 있습니다. A는 어떤 조치를 취해야 이 보험금을 인출할 수 있나요.

A. 자동차손해배상법 제10조에 따라, 보험가입자에게 손해배상책임이 발생할 경우 피해자는 보험회사 등에게 보험금의 지급을 직접 청구할 수 있고 이 보험금직접청구권은 자동차손해배상법 제40조에 따라 압류가 금지됩니다.

이와 같이 압류가 금지된 채권에 대하여 법원의 압류 및 전부명령이 있는 경우 그 압류 및 전부명령의 효력에 대해 판례는 "규정취지는 자동차사고로 인한 피해자의 보호를 목적으로 책임보험금의 한도안에서 피해자의 보험회사에 대한 직접청구권과 가불금청구권을 제도적으로 보장하기 위하여 그 청구권의 압류를 금지하려는데 있으므로 위 규정은 강행규정이라 할 것이고 따라서 압류가 금지된 위 청구권(채권)에 대하여 법원으로부터 압류 및 전부명령을 받았다 하더라도 그로 인하여 실체법상의 효과를 발생시킬 수 없다."(대법원 1988. 2. 9. 선고 87다카2540 판결 참조)고 하여 그 전부명령의 효력을 부정하고 있습니다.

그렇다면, C의 압류는 압류할 수 없는 채권에 대한 압류라고 볼 수는 없더라도, 원래의 압류금지의 취지는 참작되어야 하므로 채무자의 신청에 의하여 압류명령을 취소하도록 한 것으로서 민사집행법 제246조 제3항과 같은 압류금지채권의 범위변경에 해당한다고 할 것이고, 따라서 A는 압류금지범위변경신청을 통하여 D로부터 지급받은 보험금 범위 내에서 압류를 취소한 뒤, 이를 인출할 수 있을 것입니다.

■ 위탁받은 보험사업자로부터 또다시 피해보상금을 수령한 경우, 위 보험사업자의 부당이득반환청구권의 소멸시효기간은?

> **Q.** A는 1997.경 교통사고를 입고 가해차량이 가입된 보험사로부터 치료비로 700만원, 합의금으로 3,000만원을 지급받았습니다. A는 다시 1998. 11.경 정부의 자동차손해배상 보장사업을 위탁받은 보험사 B에게 가해차량이 무보험차량이라 보험금을 전혀 받지 못하였다고 주장하여 B로부터 피해보상금으로 3,900만원을 지급받았습니다. B는 뒤늦게 2005. 5.경 피해자 甲에게 A가 B로부터 지급받은 보상금은 법률상 원인 없는 부당이득이라 주장하며 그 반환을 청구할 수 있는지요?

A. 이와 유사한 사례에서 판례는, "구 자동차손해배상보장법(1999. 2. 5.법률 제5793호로 전부 개정되기 전의 것) 제14조 제2항은 보험가입자 등(의무보험에 가입한 자와

당해 의무보험 계약의 피보험자)이 아닌 자가 같은 법 제3조의 규정에 의한 손해배상의 책임을 지게 되는 경우에 정부가 피해자의 청구에 따라 책임보험금의 한도 안에서 그가 입은 피해를 보상한다고 규정하고 있을 뿐이고, 같은 법 제14조 이하에서 규정하고 있는 자동차손해배상 보장사업은 정부가 자동차의 보유자를 알 수 없거나 무보험 자동차의 운행으로 인한 사고로 인하여 사망하거나 부상을 입은 피해자의 손해를 책임보험의 보험금의 한도 안에서 보상하는 것을 주된 내용으로 하는 것으로서, 뺑소니 자동차 또는 무보험 자동차에 의한 교통사고의 피해자 보호를 목적으로 하면서 법률상 가입이 강제되는 자동차책임보험제도를 보완하려는 것이지 피해자에 대한 신속한 보상을 주목적으로 하고 있는 것이 아니다(대법원 2007. 12. 27.선고 2007다54450판결). 따라서 피고가 이 사건 가해차량이 가입한 책임보험의 보험자로부터 이 사건 사고로 인한 보험금을 수령하였음에도 불구하고 자동차손해배상 보장사업을 위탁받은 원고회사로부터 또다시 피해보상금을 수령한 것을 원인으로 한 원고회사의 피고에 대한 이 사건 부당이득반환청구권에 관하여는 상법 제64조가 적용되지 아니하고, 그 소멸시효기간은 민법 제162조 제1항에 따라 10년이라고 봄이 상당하다"고 판시하였습니다(대법원 2010. 10. 14. 선고 2010다32276 판결).

따라서 위 사안에서 보험사 B는 피해자 A에게 자신이 지급한 보상금 상당의 부당이득반환채권을 가지게 되고, 이의 소멸시효기간은 10년이라 할 것인데, 부당이득반환채권이 발생한 1998. 11.경부터 B가 A에게 그 반환을 청구한 2005. 5.경에는 10년이 도과하지 않았으므로 부당이득반환을 청구할 수 있습니다.

■ 교통사고로 사망한 자가 생명보험에 가입된 경우에 생명보험금은 배상액에서 공제되나요?

> Q. 저는 1년 전 남편을 피보험자로 생명보험에 가입한 사실이 있는데, 얼마 전 남편이 교통사고로 인하여 사망하였습니다. 현재 가해자 측과 합의를 하려고 하였더니 가해자 측은 생명보험으로부터 받는 보상금액만큼은 제외하고 그 나머지만 배상을 하겠다고 합니다. 그것이 타당한지요?

A. 불법행위로 인한 손해배상은 실손해(實損害)의 전보(塡補)를 목적으로 하는 것인 만큼 피해자로 하여금 실손해 이상의 이익을 취득하게 하는 것은 손해배상의 본질에 반하는 것이므로, 손해를 입은 것과 동일한 원인으로 인하여 이익을 얻을 때에는 그 이익은 공제되어야 하고, 이것을 '손익상계(損益相計)'라고 합니다(대법원 1978. 3. 14. 선고 76다2168 판결).

따라서 교통사고로 인한 손해배상을 청구할 경우에도 그 사고로 인하여 피해자 측이 이득을 얻었을 경우에는 그 이득을 공제하여야 합니다. 그런데 이러한 경우 생명보험금이 그 이득에 해당하여 공제를 해야 하는지 문제가 되나, 학설은 일치하여 공제대상이 아니라고 합니다. 다만, 그 이론적 근거는 각기 차이가 있습니다.

첫째, 보험계약은 불법한 가해자에게 이익을 주는 객관적 목적을 가진 제도가 아니다라는 정책적 이유라는 것입니다.

둘째, 생명보험금은 손해보험과는 달리 손해의 전보를 목적으로 하는 것이 아니고, 따라서 보험자의 대위가 인정되지 않는다는 것입니다.

셋째, 손익상계를 할 경우 불법행위와 인과관계가 있어야 하는데, 생명보험금은 그 인과관계가 없는 별개의 사유라는 것입니다.

넷째, 생명보험금은 이미 납부한 보험료의 대가일 뿐이라는 이유입니다.

다섯째, 보험청구권의 특수성에 그 근거를 찾아볼 때 생명보험금은 기대권의 변형이며, 불확정기한이 도래된 것으로서 불법행위 그 자체에 의한 이득이 아니라는 것입니다.

일본의 최고재판소의 판례(1980. 5. 1.)에 의하면 "생명보험금은 이미 불입한 보험료의 대가로서 지급되는 것으로서 불법행위의 원인과 관계없이 지급되는 것이니 손해배상액에서 공제될 것이 아니다."라고 하고 있습니다. 따라서 생명보험금은 손해배상금에서 공제할 항목이 아니라 할 것입니다.

■ 보험사가 교통사고 가해자에게 구상할 수 있는 범위는?

Q. 제가 교통사고의 가해자이고, 피해자에게 1억원의 손해를 입히게 되었습니다. 자동차상해보험계약에 따른 보험금액 7000만원을 보험사가 지급하고, 자배법상의 책임공제금 2000만원을 제가 지급한 결과, 피해자는 아직 1000만원의 손해액이 회복이 되지 않은 상태입니다. 이와 같이 피해자가 전부 손해가 배상되지 않은 상황에서 보험사가 가해자인 저에게 보험자대위를 통하여 직접 7000만원을 구상할 수 있는지요?

A. 피해자가 전부 손해를 회복한 것이 아니라 일부 회복하지 못하고 남는 손해가 있게 되므로, 귀하에 대한 관계에서 보험사가 보험자대위로 취득할 수 있는 권리는 존재하지 않는다고 보는 것이 판례입니다.

자동차상해보험은 피보험자가 피보험자동차를 소유·사용·관리하는 동안에 생긴 피보험자동차의 사고로 인하여 상해를 입었을 때에 보험자가 보험약관에 정한 사망보험금이나 부상보험금 또는 후유장해보험금 등을 지급할 책임을 지는 것으로서 그 성질상 상해보험에 속하므로, 자동차상해보험계약에 따른 보험금을 지급한 보험자는 상법 제729조 단서에 의하여 보험자대위를 허용하는 취지의 약정이 있는 때에 한하여 피보험자의 권리를 해하지 않는 범위 내에서 그 권리를 대위할 수 있는 것입니다.(대법원 2005. 9. 9. 선고 2004다51177 판결, 대법원 2015.11.12. 선고 2013다71227 판결 등 참조).

즉, 보험약관에 보험사가 피보험자에게 자동차상해 특별약관에 따라 보험금을 지급한 경우 그 보험금의 한도 내에서 피보험자의 제3자에 대한 권리를 취득한다고 정하고 있다 하더라도, 피보험자인 피해자가 이 사건 교통사고로 인하여 총 1억원의 손해를 입고 보험사로부터 7천만원의 보험금을 지급받아 나머지 1천만원의 손해를 회복하지 못하고 있는 이 사례에서, 피해자로서는 자동차손해배상 보장법 시행령 제3조 제1항 제2호 본문에 의하여 귀하께서 지급할 의무가 있는 책임공제금 20,000,000원을 전부 지급받더라도 역시 회복하지 못하고 남는 손해가 있게 되므로, 가해자인 귀하에 대한 관계에서 보험사가 보험자대위로 취득할 수 있는 권리는 존재하지 않는다고 보아야 하는 것입니다.

■ 고소작업차의 와이어 단절로 인한 사고의 경우, 보험약관상 '교통사고로 인한 상해'로 볼 수 있는지요?

> Q. A는 고소작업차의 작업대에 탑승하여 아파트 10층 높이에서 외벽도장공사를 하던 중 고소작업차의 와이어가 끊어지면서 추락하여 사망하였습니다. 그러나 A를 피보험자로 하는 상해보험의 보험회사는 보험약관상 보험금 지급사유인 '탑승 중 교통사고로 인한 상해의 직접결과로써 사망한 경우'에 해당하지 않음을 주장하며 보험금 지급을 거부하고 있는데, A는 보험금을 받을 수 있는지요?

A. 교통사고만의 담보특약부 상해보험계약에 적용되는 약관상 '운행'이라 함은 자동차손해배상 보장법 제2조에서 규정하고 있는 바와 같이 자동차를 당해 장치의 용법에 따라 사용하고 있는 것을 말하고, 여기서 '당해 장치'라 함은 자동차에 계속적으로 고정되어 있는 장치로서 자동차의 구조상 설비되어 있는 자동차의 고유의 장치를 뜻하는 것인데, 위와 같은 각종 장치의 전부 또는 일부를 각각의 사용 목적에 따라 사용하는 경우에는 운행 중에 있다고 할 것이나, 자동차에 타고 있다가 사망하였다 하더라도 그 사고가 자동차의 운송수단으로서의 본질이나 위험과는 전혀 무관하게 사용되었을 경우까지 자동차의 운행 중의 사고라고 보기는 어렵다고 할 것입니다(대법원 2000. 9. 8. 선고 2000다89 판결 등 참조). 그러나 대법원은 유사한 사안으로서 보험약관에서 보험금 지급사유로 '운행 중인 자동차에 운전을 하고 있지 않은 상태로 탑승 중이거나 운행 중인 기타 교통수단에 탑승하고 있을 때에 급격하고도 우연한 외래의 사고('탑승 중 교통사고')로 인한 상해의 직접결과로써 사망한 경우'를 규정한 사안에서, '고소작업차는 자동차관리법 시행규칙 제2조에 따른 특수자동차로 등록된 차량으로, 보험약관에서 '운행 중인 자동차'로 규정한 특수자동차에 해당하는 점 등에 비추어, 위 사고는 고소작업차의 당해 장치를 용법에 따라 사용하던 중에 발생한 사고로서 보

험약관에서 정한 자동차 운행 중의 교통사고에 해당한다'고 판단한 사례가 있습니다 (대법원 2015.1.29. 선고 2014다73053 판결). 그러므로 단순히 고소작업차 작업 중의 사망이라고 하여 교통사고에 해당하지 않는 것으로 볼 수 는 없으며, 약관 및 계약의 내용 등에 비추어 당해 장치를 그 용법에 따라 사용하던 중에 발생한 사고인 경우에는 보험계약상 보험금 지급사유인 교통사고에 해당한다고 할 수 있습니다.

■ 다른 자동차 운전담보 특별약관'이 교통사고처리특례법상의 '보험'에 해당하는지요?

> **Q.** 무보험 차량을 운전하다가 업무상 과실로 사고를 내자 별도의 차량을 피보험차량으로 한 자동차보험에 들면서 가입해 두었던 '다른 자동차 운전담보 특별약관(대인배상 1은 적용되지 않음)'에 따라 피해자에게 피해액을 배상하였다면 교통사고처리특례법 제4조 제1항의 '보험'에 해당하나요.

A. 교통사고처리 특례법 제4조 제1항은 교통사고를 일으킨 차가 보험업법, 여객자동차 운수사업법, 화물자동차 운수사업법에 따른 보험 또는 공제에 가입된 경우에는 교통으로 사람을 다치게 한 운전자에 대하여 공소를 제기할 수 없도록 하여 처벌되지 않도록 하고 있습니다(생명에 위험이 발생되거나 불구 등으로 심하게 다친 경우는 제외). 그리고 제2항은 "제1항에서 '보험 또는 공제'란 피해자 간의 손해배상에 관한 합의 여부와 상관없이 피보험자나 공제조합원을 갈음하여 피해자의 치료비에 관하여는 통상비용의 전액을, 그 밖의 손해에 관하여는 보험약관이나 공제약관으로 정한 지급기준금액을 대통령령으로 정하는 바에 따라 우선 지급하되, 종국적으로는 확정판결이나 그 밖에 이에 준하는 집행권원상 피보험자 또는 공제조합원의 교통사고로 인한 손해배상금 전액을 보상하는 보험 또는 공제를 말한다."라고 규정하고 있습니다.

차량이 아닌 운전자만 보험에 가입된 경우와 관련하여 판례는 "특례법상 형사처벌 등 특례의 적용대상이 되는 '보험 또는 공제에 가입된 경우'에는, '교통사고를 일으킨 차'가 위 보험 등에 가입된 경우는 물론 '그 차의 운전자'가 차의 운행과 관련한 보험 등에 가입한 경우에도 그 가입한 보험에 의하여 특례법 제4조 제2항 에서 정하고 있는 교통사고 손해배상금 전액의 신속·확실한 보상의 권리가 피해자에게 주어지는 경우라면 이 또한 여기에 포함된다고 볼 수 있을 것이다."라고 하였습니다(대법원 2008. 6. 12. 선고 2008도2092 판결).

따라서 교통사고처리 특례법 제4조 제2항 에서 정하고 있는 교통사고 손해배상금 전액이 지급되는 경우에는 특례법상의 '보험'에 해당되어 처벌되지 않는다고 할 것인데, 甲의 경우에는 '다른 자동차 운전담보 특별약관'에 의한 배상 범위에서 대인배상 1이 배제되어 있으므로 치료비 전액을 우선 지급 받지 못할 가능성이 존재하기에 특례법상의 '보험'에 해당하지 않습니다.

■ 고소작업차의 작업대에 탑승하여 외벽도장공사를 하던 중 고소작업차의 와이어가 끊어지면서 추락하여 사망한 경우가 자동차 운행 중의 교통사고에 해당하는지요?

Q. 갑은 고소작업차의 작업대에 탑승하여 외벽도장공사를 하던 중 고소작업차의 와이어가 끊어지면서 추락하여 사망하였는데 상해보험계약의 보험자 을은 이러한 사고가 자동차 운행 중의 교통사고가 아니라는 이유로 보험금 지급을 거부하고 있습니다. 을의 주장은 타당한지요.

A. 이와 관련하여 판례는 "교통사고만의 담보특약부 상해보험계약에 적용되는 약관상 '운행'이라 함은 자동차손해배상 보장법 제2조에서 규정하고 있는 바와 같이 자동차를 당해 장치의 용법에 따라 사용하고 있는 것을 말하고, 여기서 '당해 장치'라 함은 자동차에 계속적으로 고정되어 있는 장치로서 자동차의 구조상 설비되어 있는 자동차의 고유의 장치를 뜻하는 것인데, 위와 같은 각종 장치의 전부 또는 일부를 각각의 사용목적에 따라 사용하는 경우에는 운행 중에 있다고 할 것이나, 자동차에 타고 있다가 사망하였다 하더라도 그 사고가 자동차의 운송수단으로서의 본질이나 위험과는 전혀 무관하게 사용되었을 경우까지 자동차의 운행 중의 사고라고 보기는 어렵다는 것이 대법원의 판례이다(대법원 2000. 9. 8. 선고 2000다89 판결 등 참조). 그런데 ① 이 사건 고소작업차는 자동차관리법 시행규칙 제2조에 따른 특수자동차로 등록된 차량으로, 이 사건 보험약관에서 '운행 중인 자동차'로 규정한 특수자동차에 해당하는 사실, ② 또한 이 사건 고소작업차는 위 법령상 특수자동차 중 견인형 내지 구난형에 속하지 아니하는 특수작업형 차량으로, 트럭에 고정된 크레인 붐대와 그에 고정된 작업대 등의 구조상 설비를 갖추고 그 작업대에 작업자가 탑승한 후 크레인 붐대에 의한 작업대의 상승, 하강을 통하여 높은 곳(고소)에서의 작업이 가능하도록 하는 자동차인 사실, ③ 이 사건 사고는 위와 같이 이 사건 고소작업차 고유의 장치인 크레인 붐대와 작업대를 사용하여 망인이 아파트 고층에서의 외벽도장작업을 하던 중 발생한 사고인 사실 등을 알 수 있다. 이러한 사실관계를 앞서 본 대법원의 판례에 비추어 볼 때, 이 사건 사고는 이 사건 고소작업차의 당해 장치를 그 용법에 따라 사용하던 중에 발생한 사고로서 이 사건 보험약관에서 정한 자동차 운행 중의 교통사고에 해당한다고 할 것이다. 그럼에도 원심은 그 판시와 같은 사정만으로 이 사건 사고를 자동차 운행 중의 교통사고로 보기 어렵다고 판단하였으니, 이러한 원심판결에는 소액사건심판법 제3조 제2호에서 정한 '대법원의 판례에 상반되는 판단'을 한 위법이 있다."라고 판시하였습니다(대법원 2015.1.29, 선고, 2014다73053, 판결).

[8] 관련판례

【판결요지】

자동차손해배상 보장법(이하 '자동차손배법'이라 한다) 제5조 제1항은 '자동차보유자는 자동차의 운행으로 다른 사람이 사망하거나 부상한 경우에 피해자에게 대통령령으로 정하는 금액을 지급할 책임을 지는 책임보험이나 책임공제에 가입하여야 한다.'는 취지로 정하고 있다. 이는 자동차사고 피해자에 대한 보호와 그에 따른 사회적 손실의 방지 등을 위하여 자동차보유자에게 의무보험의 가입을 강제하는 한편, 이로써 초래될 자동차보유자의 계약의 자유 및 재산권 등에 대한 제한, 자동차운송 위축에 따른 사회적 손실 등을 고려하여 그 의무보험이 보장하여야 할 책임보험금액을 대통령령으로 정하도록 위임한 것이다.

이에 따라 자동차손해배상 보장법 시행령(이하 '자동차손배법 시행령'이라 한다) 제3조 제1항은 그 책임보험금액에 대하여 자동차의 운행으로 사람이 사망한 경우 '1억 5,000만 원의 범위에서 피해자에게 발생한 손해액. 다만 그 손해액이 2,000만원 미만인 경우에는 2,000만원으로 한다.'(제1호)는 취지로, 부상한 경우 '[별표 1]에서 정하는 금액의 범위에서 피해자에게 발생한 손해액. 다만 그 손해액이 자동차보험진료수가기준에 따라 산출한 진료비 해당액에 미달하는 경우에는 [별표 1]에서 정하는 금액의 범위에서 진료비 해당액으로 한다.'(제2호)는 취지로 정하고 있다. 즉, 사망하거나 부상한 경우의 책임보험금액을 피해자에게 발생한 손해액으로 정하되, 자동차보유자의 이익 등을 고려하여 본문에서 책임보험금의 상한을 정하고 자동차사고 피해자의 보호 등을 고려하여 단서에서 책임보험금의 하한을 정한 것이다.

자동차손배법 시행령 제3조 제2항 제1호는 부상한 사람이 치료 중 그 부상이 원인이 되어 사망한 경우 피해자에게 지급되어야 할 책임보험금액을 '제1항 제1호와 같은 항 제2호에 따른 한도금액의 합산액 범위에서 피해자에게 발생한 손해액'으로 정하고 있다.

위 규정에서 '한도'는 수량이나 범위가 제한된 정도를, '범위'는 일정하게 한정된 영역을 뜻하고, 위 규정은 상한과 하한을 구분하지 않고 '한도금액의 합산액'이라 표현하고 있으므로, '제1항 제1호와 같은 항 제2호에 따른 한도금액의 합산액 범위에서'라는 문언은 자동차손배법 시행령 제3조 제1항 제1호, 제2호 각 본문에서 정한 각 상한의 합산액

뿐만 아니라 각 단서에서 정한 각 하한의 합산액도 책임보험금의 한도로 정한다는 의미로 볼 수 있다.

이와 같이 위 규정에서 피해자가 부상하여 사망한 경우 피해자에게 지급되어야 할 책임보험금의 하한을 정해두었다고 보는 것이 피해자가 사망하거나 부상한 경우 피해자를 보호하기 위하여 책임보험금의 하한을 설정해 둔 자동차손배법 및 그 시행령의 취지 및 규정 체계에 부합한다.

또한 자동차손배법 시행령 제3조 제1항이 피해자가 사망한 경우 책임보험금의 하한을 2,000만 원(제1호 단서)으로, 피해자가 부상한 경우 책임보험금의 하한을 진료비 해당액(제2호 단서)으로 설정한 것은 피해자에게 사망 또는 부상 중 어느 하나만 발생한 상황을 전제한 것이므로, 피해자가 부상하여 사망에 이른 경우 피해자에게 지급될 책임보험금은 위 각 하한의 합산액만큼은 보장되어야 한다.

이러한 자동차손배법 시행령 제3조 제2항 제1호의 문언, 책임보험금액의 설정에 관한 자동차손배법과 그 시행령 규정의 취지 및 체계 등을 고려하면, 교통사고로 부상한 피해자가 치료를 받던 도중 사망한 경우의 책임보험금에 관한 위 규정의 '제1항 제1호와 제2호에 따른 한도금액의 합산액 범위에서 피해자에게 발생한 손해액'은 자동차손배법 시행령 제3조 제1항 제1호, 제2호 각 본문 금액, 즉 상한의 합산액 범위에서 피해자에게 발생한 손해액을 책임보험금으로 하되, 그 손해액이 같은 항 제1호, 제2호 각 단서 금액, 즉 하한의 합산액에 미달할 경우에는 그 합산액만큼은 피해자에게 책임보험금으로 지급되어야 한다는 의미로 해석함이 타당하다.

【원심판결】

서울중앙지법 2024. 4. 17. 선고 2023나41651 판결

【주문】

원심판결을 파기하고 사건을 서울중앙지방법원에 환송한다.

【이유】

상고이유를 판단한다.

1. 사안의 개요

원심판결 및 기록에 의하면 다음 사실을 알 수 있다.

　가. 원고는 소외 1과 원고 차량에 대하여 자동차손해배상 보장법(이하 '자동차손배법'이라 한다) 제5조의 책임보험계약을 체결한 보험회사이고, 피고는 소외 2와 자동차보험계약을 체결한 보험회사이다.

　나. 2017. 10. 31. 소외 1이 운전하는 원고 차량과 소외 2가 운전하는 피고 차량이

충돌하였다(이하 '이 사건 사고'라 한다). 소외 2는 이 사건 사고로 두개골 골절 등의 상해를 입었고, 치료를 받다가 2019. 12. 19. 사망하였다.

다. 원고와 피고 사이의 '자동차보험 구상금분쟁심의에 관한 상호협정'에 의하면, 이 사건 사고에서 피고는 원고의 소외 2 측에 대한 책임보험금을 포함하여 소외 2 측에게 보험금을 지급한 다음 원고에게 위 책임보험금 상당액을 청구하여야 한다. 이에 따라 피고는 소외 2 측에게 174,430,750원의 보험금을 지급한 다음 원고에게 위 금액 전부의 지급을 청구하였고, 원고는 피고에게 위 금액을 지급하였다.

라. 원고는 이 사건 사고 발생에 소외 1의 과실이 없으므로 소외 2측에 지급할 책임보험금이 없고 따라서 피고에게도 위 174,430,750원을 지급할 의무가 없음에도 불구하고 이를 지급하였다고 주장하면서 피고를 상대로 174,430,750원의 부당이득반환을 구하는 이 사건 소를 제기하였다.

마. 원심은 이 사건 사고에 대한 소외 1의 과실비율을 10%로 인정한 다음, 원고가 피고에게 소외 1의 과실비율이 20%라는 전제에서 위 174,430,750원을 지급하였다면서 그중 1/2인 87,215,375원이 원고가 소외 2 측에게 지급할 책임보험금이라고 보고, 그 나머지인 87,215,375원은 지급할 의무 없이 이를 피고에게 지급하였으므로 피고는 원고에게 위 87,215,375원을 부당이득으로 반환하여야 한다고 판단하였다.

2. 관련 법리

가. 자동차손배법 제5조 제1항은 '자동차보유자는 자동차의 운행으로 다른 사람이 사망하거나 부상한 경우에 피해자에게 대통령령으로 정하는 금액을 지급할 책임을 지는 책임보험이나 책임공제에 가입하여야 한다.'는 취지로 정하고 있다. 이는 자동차사고 피해자에 대한 보호와 그에 따른 사회적 손실의 방지 등을 위하여 자동차보유자에게 의무보험의 가입을 강제하는 한편, 이로써 초래될 자동차보유자의 계약의 자유 및 재산권 등에 대한 제한, 자동차운송 위축에 따른 사회적 손실 등을 고려하여 그 의무보험이 보장하여야 할 책임보험금액을 대통령령으로 정하도록 위임한 것이다.

이에 따라 자동차손배법 시행령 제3조 제1항은 그 책임보험금액에 대하여 자동차의 운행으로 사람이 사망한 경우 '1억 5,000만 원의 범위에서 피해자에게 발생한 손해액. 다만 그 손해액이 2,000만 원 미만인 경우에는 2,000만 원으로 한다.'(제1호)는 취지로, 부상한 경우 '[별표 1]에서 정하는 금액의 범위에서 피해자에게 발생한 손해액. 다만 그 손해액이 자동차보험진료수가기준에 따라 산출한 진료비 해당액에 미달하는 경우에는 [별표 1]에서 정하는 금액의 범위에서 진료비 해당액으로 한다.'(제2호)는 취지로 정하고 있다. 즉, 사망하거나 부상한 경우의 책임보험금액을 피해자에게 발생한 손해액으로 정하되, 자동차보유자의 이익 등을 고려하여 본문에서 책임보험금의 상한을 정하고 자동차사고 피해자의 보호 등을 고려하여 단서에서 책임보험금의 하한을 정한 것이다.

나. 자동차손배법 시행령 제3조 제2항 제1호(이하 '이 사건 규정'이라 한다)는 부상한 사람이 치료 중 그 부상이 원인이 되어 사망한 경우 피해자에게 지급되어야 할 책임보험금액을 '제1항 제1호와 같은 항 제2호에 따른 한도금액의 합산액 범위에서 피해자에게 발생한 손해액'으로 정하고 있다.

이 사건 규정에서 '한도'는 수량이나 범위가 제한된 정도를, '범위'는 일정하게 한정된 영역을 뜻하고, 이 사건 규정은 상한과 하한을 구분하지 않고 '한도금액의 합산액'이라 표현하고 있으므로, '제1항 제1호와 같은 항 제2호에 따른 한도금액의 합산액 범위에서'라는 문언은 자동차손배법 시행령 제3조 제1항 제1호, 제2호 각 본문에서 정한 각 상한의 합산액뿐만 아니라 각 단서에서 정한 각 하한의 합산액도 책임보험금의 한도로 정한다는 의미로 볼 수 있다.

이와 같이 이 사건 규정에서 피해자가 부상하여 사망한 경우 피해자에게 지급되어야 할 책임보험금의 하한을 정해두었다고 보는 것이 피해자가 사망하거나 부상한 경우 피해자를 보호하기 위하여 책임보험금의 하한을 설정해 둔 자동차손배법 및 그 시행령의 취지 및 규정 체계에 부합한다.

또한 자동차손배법 시행령 제3조 제1항이 피해자가 사망한 경우 책임보험금의 하한을 2,000만 원(제1호 단서)으로, 피해자가 부상한 경우 책임보험금의 하한을 진료비 해당액(제2호 단서)으로 설정한 것은 피해자에게 사망 또는 부상 중 어느 하나만 발생한 상황을 전제한 것이므로, 피해자가 부상하여 사망에 이른 경우 피해자에게 지급될 책임보험금은 위 각 하한의 합산액만큼은 보장되어야 한다.

다. 이러한 이 사건 규정의 문언, 책임보험금액의 설정에 관한 자동차손배법과 그 시행령 규정의 취지 및 체계 등을 고려하면, 교통사고로 부상한 피해자가 치료를 받던 도중 사망한 경우의 책임보험금에 관한 이 사건 규정의 '제1항 제1호와 제2호에 따른 한도금액의 합산액 범위에서 피해자에게 발생한 손해액'은 자동차손배법 시행령 제3조 제1항 제1호, 제2호 각 본문 금액, 즉 상한의 합산액 범위에서 피해자에게 발생한 손해액을 책임보험금으로 하되, 그 손해액이 같은 항 제1호, 제2호 각 단서 금액, 즉 하한의 합산액에 미달할 경우에는 그 합산액만큼은 피해자에게 책임보험금으로 지급되어야 한다는 의미로 해석함이 타당하다.

3. 판단

이러한 법리를 앞서 본 사실관계에 비추어 살펴보면, 이 사건 사고로 소외 2 측에 발생한 적극적 손해, 소극적 손해 및 정신적 손해에 따른 손해액을 산정한 후 자동차손배법 시행령 제3조 제1항 제1호 및 제2호 각 본문에 따른 책임보험금 상한의 합산액 범위에서 그 손해액이 같은 항 제1호 및 제2호 각 단서에 따른 책임보험금 하한의 합산액 이상인 경우에는 그 손해액을, 위 책임보험금 하한의 합산액에 미달하는 경우에는 위 합산액을 책임보험금으로 산정하여야 한다. 그런데 이와 달리 원심은 이 사건 사고로 인하여 소외 2에게 발생한 손해액과 위 시행령 제3조 제1항 제1호와 제2호, 제2항 제1호에서 정한 금액에 관하여 살펴보지 않은 채 피고가 소외 2 측에 지급한 보험금 174,430,750원의 1/2인 87,215,375원을 원고가 지급의무를 부담하는 책임보험금으로 산정하였다. 이러한 원심판단에는 자동차손배법 시행령 제3조 제2항 제1호의 책임보험금 산정에 관한 법리를 오해하여 필요한 심리를 다하지 아니하는 등으로 판결에 영향을 미친 잘못이 있다.

4. 결론

그러므로 원심판결을 파기하고, 사건을 다시 심리·판단하도록 원심법원에 환송하기로 하여, 관여 대법관의 일치된 의견으로 주문과 같이 판결한다.

> **판례2 |** 자동차손해배상 보장법상 자동차손해배상보장사업의 취지 및 공동불법행위로 인한 사고에 대하여 복수의 가해자 모두에게 자동차손해배상 보장법 제3조에 따른 운행자 책임이 있으나 피해자가 적어도 일방 가해자가 가입한 책임보험으로부터 손해배상을 받을 수 있는 경우, 피해자의 보장사업자에 대한 청구가 인정되는지 여부(소극)[대법원 2023. 2. 2. 선고 2022다267501 판결]

【원심판결】

서울남부지법 2022. 7. 21. 선고 2022나50685 판결

【주문】

원심판결 중 피고들 패소 부분을 파기하고, 이 부분 사건을 서울남부지방법원에 환송한다. 원고의 상고를 모두 기각한다.

【이유】

상고이유를 판단한다.

1. 사실관계

원심판결 이유와 기록에 의하면, 다음과 같은 사실을 알 수 있다.

가. 소외 1은 2019. 11. 17. 03:31 무렵 소외 2가 운전하는 무등록 이륜차량(이하 '이 사건 이륜차량'이라 한다)에 동승하였다. 당시 소외 1과 소외 2 모두 안전모

등 보호 장구를 착용하지 않았다.

나. 소외 2는 안양시 (주소 생략) 우편집중국 앞 사거리 교차로 인근에 이르러 3차로에서 2차로로 급격히 차로를 변경하다가 좌측으로 미끄러져 넘어지면서 중앙선을 침범하였고, 이때 반대편 차로에서 직진 신호에 따라 직진 주행하던 소외 3 운전의 (차량번호 생략) 택시(이하 '이 사건 택시'라 한다)와 충돌하였다(이하 '이 사건 사고'라 한다). 이 사건 사고로 소외 1과 소외 2가 모두 사망하였다.

다. 이 사건 택시는 피고 합자회사 해동상운(이하 '피고 해동상운'이라고만 한다) 소유의 차량이고, 피고 전국택시운송사업조합연합회(이하 '피고 연합회'라고만 한다)는 이 사건 택시에 관하여 공제계약을 체결한 공제사업자이다.

라. 이 사건 이륜차량은 책임보험이나 공제에 가입되어 있지 않았고, 소외 1의 상속인인 원고보조참가인들은 「자동차손해배상 보장법」(이하 '자동차손배법'이라 한다) 제30조 제1항, 제45조 제1항 제1호에 따라 정부로부터 보상에 관한 업무를 위탁받은 삼성화재해상보험 주식회사(이하 '소외 회사'라 한다)에 보상을 청구하여 2020. 2. 20. 소외 회사로부터 정부보장사업금으로 180,000,000원을 지급받았다.

마. 원고는 자동차손배법 제45조 제1항 제4호에 따라 정부의 손해배상청구권의 대위행사에 관한 업무를 법률상 위탁받은 재단법인이다. 원고는 이 사건 사고가 망 소외 2 및 소외 3의 공동불법행위로 발생한 것이라고 주장하며 피고들을 상대로 자동차손배법 제39조 제1항에 따라 원고보조참가인들에게 지급한 보상금에 대하여 피해자의 손해배상청구권을 대위행사하고 있다.

2. 피고들의 상고이유에 관한 판단

1) 원심은 판시와 같은 이유로 이 사건 택시를 운전한 소외 3과 이 사건 이륜차량을 운전한 망 소외 2의 공동불법행위를 인정하고, 이 사건 택시의 운행자인 피고 해동상운과 이 사건 택시에 관하여 공제계약을 체결한 피고 연합회는 공동하여 원고에게 구상금 36,000,000원(= 원고 지급금 180,000,000원 × 이 사건 택시의 과실 비율 20%) 및 이에 대한 지연손해금을 지급할 의무가 있다고 판단하였다.

2) 자동차손배법 제30조 이하에서 규정하고 있는 자동차손해배상보장사업은 정부가 자동차의 보유자를 알 수 없거나 무보험 자동차의 운행으로 인한 사고에 의하여 사망하거나 부상을 입은 피해자의 손해를 책임보험의 한도에서 보상하는 것을 주된 내용으로 하는 것으로서, 자동차보유자를 알 수 없는 자동차의 운행으로 사망하거나 부상한 경우 또는 보험가입자 등이 아닌 자가 손해배상책임을 지게 되는 경우에 해당하는 교통사고의 피해자 보호를 목적으로 하면서 법률상 강제되는 자동차책임보험제도를 보완하려는 것이다. 따라서 공동불법행위로 인한 사고의 경우에

복수의 가해자 모두에게 자동차손배법 제3조에 따른 운행자책임이 있으나 적어도 일방 가해자가 가입한 책임보험으로부터 피해자가 손해배상을 받을 수 있다면 피해자의 보장사업자에 대한 청구는 인정되지 않는다(대법원 2007. 12. 28. 선고 2007다54351 판결, 대법원 2015. 1. 15. 선고 2013다60418 판결 등 참조).

3) 앞서 본 사실관계를 위 법리에 비추어 살펴보면, 원심의 판단은 다음과 같은 이유에서 수긍하기 어렵다.

 가) 원고는 이 사건 사고가 무보험 차량인 이 사건 이륜차량을 운행하던 망 소외 2 및 이 사건 택시를 운전한 소외 3의 공동불법행위로 인하여 발생한 것이라고 주장하며 자동차손배법 제39조 제1항에 근거하여 피고들을 상대로 피해자인 망 소외 1의 손해배상청구권을 대위행사하는 이 사건 소를 제기하였다.

 나) 그런데 위에서 살펴보았듯이 소외 3이 운전한 이 사건 택시에 관하여 피고 해동상운과 피고 연합회가 공제계약을 체결하였다.

 다) 따라서 원고의 주장 자체로 피해자는 이 사건 택시의 책임보험자인 피고 연합회로부터 손해배상을 받을 수 있고, 이러한 경우 피해자의 보장사업자에 대한 보상청구는 인정되지 않는다.

4) 그런데도 원심은 이 사건 사고가 망 소외 2 및 이 사건 택시 운전자인 소외 3의 공동불법행위로 발생하였다고 인정하면서도 보장사업자의 보상이유효함을 전제로 원고의 자동차손배법 제39조 제1항에 따른 손해배상청구권의 대위행사를 받아들여 원고의 청구를 일부 인용하였다. 이러한 원심판결에는 자동차손배법에 따른 보상청구권의 성립요건 및 손해배상청구권의 대위행사 등에 관한 법리를 오해하여 판결에 영향을 미친 잘못이 있다. 이를 지적하는 피고들의 이 부분 상고이유 주장은 이유 있다.

3. 원고의 상고이유에 관한 판단

이 사건 사고가 자동차손배법 제30조 제1항에서 정한 보장사업의 대상에 해당하지 아니한 점은 앞서 본 바와 같으므로, 원고가 소외 1의 상속인인 원고보조참가인들에게 보상금 명목으로 금전을 지급하였더라도 이를 들어 자동차손배법이 정한 유효한 보상금의 지급이라고 볼 수 없고, 이에 따라 원고의 피고들에 대한 자동차손배법 제39조 제1항에 따른 손해배상청구권의 대위행사도 인정될 수 없다. 따라서 원고의 피고들에 대한 손해배상청구권의 대위행사가 인정됨을 전제로 한 원고의 상고이유 주장은 더 나아가 살펴볼 필요 없이 이유 없다.

4. 결론

그러므로 피고들의 나머지 상고이유에 관한 판단을 생략한 채, 원심판결 중 피고들 패소

부분을 파기하고, 이 부분 사건을 다시 심리·판단하도록 원심법원에 환송하며, 원고의 상고를 모두 기각하기로 하여, 관여 대법관의 일치된 의견으로 주문과 같이 판결한다.

> **판례3** | 화물자동차 운송사업이 위탁된 경우, 위탁 운송사업자는 자동차손해배상 보장법에 따른 책임보험 등과 화물자동차 운수사업법에 따른 공제에 가입할 의무를 부담하는지 여부(적극)*[대법원 2022. 12. 1. 선고 2021두35711 판결]*

【원심판결】

수원고법 2021. 1. 20. 선고 2020누11769 판결

【주문】

상고를 기각한다. 상고비용은 원고가 부담한다.

【이유】

상고이유를 판단한다.

1. 사안의 개요

원심판결이 인용하는 제1심판결 이유와 기록에 의하면 다음과 같은 사실을 알 수 있다.

가. 화물자동차 운송사업을 하는 회사인 원고는 2013. 8. 1. 소외 1과 이 사건 1차량에 관하여 위·수탁관리계약을 체결하였다. 소외 1은 이 사건 1차량에 관하여 2014. 2. 10.부터 2014. 3. 12.까지, 2014. 7. 29.부터 2014. 7. 31.까지 및 2014. 9. 30.부터 2014. 10. 29.까지 3회에 걸쳐 의무보험에 가입하지 않은 채 이 사건 1차량을 운행하면서 유가보조금을 받았다. 이 사건 1차량에 관한 위·수탁 차주는 2018. 9.경 소외 2로 변경되었다.

피고는 2019. 5. 2. 위와 같은 2014년의 의무보험 미가입 차량에 대한 유가보조금 수급행위에 대하여, 소외 1에게 유가보조금 환수 처분을 하였고, 원고에 대하여 6개월의 유가보조금 지급정지 처분을 하였다.

나. 원고는 2014. 5. 9. 소외 3과 이 사건 2차량에 관하여 위·수탁관리계약을 체결하였다. 소외 3은 이 사건 2차량에 관하여 2015. 5. 11.부터 같은 해 7. 20.까지 의무보험에 가입하지 않은 채 이 사건 2차량을 운행하면서 유가보조금을 받았다. 피고는 2016. 8. 23. 원고에 대하여 6개월의 유가보조금 지급정지 처분을 하였다.

원고는 2016. 11. 1. 이 사건 2차량에 관한 위·수탁차주를 소외 4로 변경하였는데, 소외 4는 위 차량에 관하여 2017. 6. 9.부터 같은 해 7. 30.까지 의무보험을 가입하지 않은 채 이 사건 2차량을 운행하면서 유가보조금을 받았다.

피고는 2019. 5. 2. 위와 같은 2016년의 의무보험 미가입 차량에 대한 유가보조

금 수급행위에 대하여 소외 4에게 유가보조금 환수 처분을 하였고, 원고에 대하여 5년 내에 다시 유가보조금 부정수급행위를 하였음을 이유로 위반차량 감차 처분을 하였다.

2. 상고이유 제1, 2점에 관하여

가. 원심의 판단

원심은 제1심판결 이유를 인용하는 등 판시와 같은 이유로, 위탁 운송사업자인 원고는 「자동차손해배상 보장법」(이하 '자동차손배법'이라 한다) 제5조에 따른 의무보험에 가입할 의무를 부담함에도 이 사건 각 차량에 관하여 일정기간 의무보험에 가입하지 않았고, 같은 기간 동안 이 사건 각 차량에 관하여 유가보조금이 지급되었으므로, 이는 원고가 의무보험에 가입할 의무를 이행하지 아니하여 유가보조금이 부정하게 지급된 것으로서 「화물자동차 운수사업법」(이하 '화물자동차법'이라 한다) 제43조 제2항에 따라 대통령령으로 정하는 사항을 위반하여 거짓이나 부정한 방법으로 보조금을 지급받은 경우에 해당한다고 판단하였다.

나. 관련 법령과 법리

1) 위탁 운송사업자가 이 사건 각 처분의 상대방이 될 수 있는지

가) 구 「화물자동차 운수사업법」(2015. 6. 22. 법률 제13382호로 개정되기 전의 것, 이하 '구 화물자동차법'이라 한다) 제43조 제2항은 운송사업자, 운송가맹사업자 및 제40조 제1항에 따라 화물자동차 운송사업을 위탁받은 자(이하 통틀어 '운송사업자 등'이라고 한다)에게 유류에 부과되는 각호에서 정한 세액 등의 인상액에 상당하는 금액(이하 '보조금'이라 한다)의 전부 또는 일부를 보조할 수 있고 보조금의 지급대상·지급방법·신청서류 및 절차 등에 필요한 사항은 국토교통부장관이 정하여 고시한다고 규정하였고, 구 화물자동차법 제44조의2 제1항 제5호는 운송사업자 등이 '제43조 제2항 후단에 따라 국토교통부 장관이 정하여 고시하는 사항을 위반하여 보조금을 지급받은 경우'에 해당하면 대통령령이 정하는 바에 따라 1년의 범위에서 제43조 제2항에 따른 보조금의 지급을 정지하여야 한다고 규정하였다.

화물자동차법 제43조 제2항은 운송사업자 등에게 보조금의 전부 또는 일부를 대통령령으로 정하는 바에 따라 보조할 수 있다고 규정하고, 화물자동차법 제44조의2 제1항 제5호는 운송사업자 등이 '제43조 제2항에 따라 대통령령으로 정하는 사항을 위반하여 거짓이나 부정한 방법으로 보조금을 지급받은 경우'에 해당하면 대통령령이 정하는 바에 따라 1년의 범위에서 제43조 제2항에 따른 보조금의 지급을 정지하여야 한다고 정하고 있다. 화물자동차법 제19조 제1항 제12호는, 국토교통부 장관은 법 제44조의2 제1항에 따른 보조금의 지급이 정지된 자가 그날부터 5년 이내에 다시 같은 항 각호의 어느 하나에 해당하게

된 경우에는 그 허가를 취소하거나 6개월 이내의 기간을 정하여 그 사업의 전부 또는 일부의 정지를 명령하거나 감차 조치를 명할 수 있다고 규정하고 있다. 화물자동차법 제19조 제3항의 위임에 따른 구 화물자동차 운수사업법 시행령(2018. 7. 3. 대통령령 제29028호로 개정되기 전의 것, 이하 '구 화물자동차법 시행령'이라 한다) 제5조 제1항 제3호 [별표 1의13]은 법 제44조의2 제1항에 따라 보조금의 지급이 정지된 자가 그날부터 5년 이내에 다시 법 제44조의2 제1항 각호의 어느 하나에 해당하게 된 경우 위반차량 감차 처분을 하도록 규정하고 있다.

나아가 구 화물자동차법 제43조 제2항 후단의 위임에 따라 구 「화물자동차 유가보조금 관리 규정」(2013. 4. 26. 개정 국토교통부고시 제2013-208호, 이하 '구 관리규정'이라 한다) 제6조는 보조금 지급에 관한 일반원칙을 규정하였고, 화물자동차법 제43조 제2항의 위임에 따라 구 화물자동차법 시행령 제9조의14 제1항은 보조금 지급요건을 규정하면서 같은 조 제4항은 '전항에서 규정한 사항 외에 유가보조금의 산정기준, 지급 방법 및 절차 등에 관한 세부사항은 국토교통부장관이 정하여 고시한다.'고 규정하였다.

한편 구 관리규정 제28조 및 「화물자동차 유가보조금 관리 규정」(이하 '이 사건 관리규정'이라 한다) 제28조는 구 관리규정 제6조와 구 화물자동차법 시행령 제9조의14 제1항에서 정한 보조금 지급요건 사항을 직영 운송사업자, 위·수탁차주, 운송가맹사업자를 의미하는 '화물차주'의 행위금지사항으로 구체화하여 규정하고, 구 관리규정 제29조, 이 사건 관리규정 제29조는 제28조를 위반한 화물차주에 대하여 유가보조금 환수 처분, 지급정지 처분, 감차 처분 등의 행정상 제재를 규정하고 있다.

나) 이러한 관련 규정의 문언 내용과 제재적 처분의 성질과 목적 및 취지 등 아래에서 보는 사정을 종합적으로 고려하면, 유가보조금을 현실적으로 지급받지 않는 위탁 운송사업자라고 하더라도 법령 위반 및 거짓이나 부정한 방법으로 유가보조금이 지급되게 한 경우에는 유가보조금 지급정지 처분과 감차 처분의 상대방이 될 수 있다.

(1) 화물자동차법이 규정하는 유가보조금 지급정지 처분과 감차 처분은 유가보조금 부정수급행위에 대한 제재적 처분으로서, 화물자동차 운수사업을 효율적으로 관리하고 건전하게 육성하여 화물의 원활한 운송을 도모함으로써 공공복리의 증진에 기여하고자 하는 화물자동차법의 입법 목적, 유가보조금은 유가인상에 따른 운수사업자의 부담을 덜어주기 위하여 예산의 범위 내에서 운수사업자들에 대하여 유류사용량에 따라 안분하여 지급되는 것인 점 등을 고려하여 볼 때, 관련 법령에 따라 적법하게 운행하는 차량에 대하여만 유가보조금을 지급하고, 이를 위반한 경우에는 제재적 처분을

함으로써, 그 입법 목적과 취지 실현에 이바지 하여야 한다.

(2) 구 화물자동차법 제44조의2 제1항과 화물자동차법 제44조의2 제1항은 위탁 운송사업자와 위·수탁차주를 포함하는 '운송사업자 등'이 같은 항 각호의 경우에 해당하면 유가보조금 지급정지 처분을 하도록 규정하면서, 그러한 사유로 '구 화물자동차법 제43조 제2항 후단에 따라 국토교통부장관이 정하여 고시하는 사항을 위반하여 유가보조금을 지급받은 경우(구 화물자동차법 제44조의2 제1항 제5호)', '화물자동차법 제43조 제2항에 따라 대통령령으로 정하는 사항을 위반하여 거짓이나 부정한 방법으로 유가보조금을 지급받은 경우(화물자동차법 제44조의2 제1항 제5호)'를 규정하고 있다.

화물자동차법 제19조 제1항은 '운송사업자'가 같은 항 각호의 경우에 해당 하면 허가 취소 등 처분을 명하도록 정하면서, 제12호로 화물자동차법 제44조의2 제1항에 따라 보조금의 지급이 정지된 자가 그날부터 5년 이내에 다시 같은 항 각호의 어느 하나에 해당하게 된 경우를 규정하고 있다.

이와 같이 유가보조금 지급정지 처분에 관한 구 화물자동차법 제44조의2 제1항, 화물자동차법 제44조의2 제1항과 감차 처분 등 제재적 처분에 관한 화물자동차법 제19조 제1항은 처분의 상대방을 '운송사업자 등' 또는 '운송사업자'로 정하면서, 유가보조금 지급에 관한 사항을 정한 구 관리규정 제6조와 화물자동차법 시행령 제9조의14 제1항을 위반하여 유가보조금을 지급받은 경우에 해당할 것을 처분사유로 정하고 있을 뿐, 그 처분의 상대방을 '유가보조금을 수급한 운송사업자 등'으로 한정하거나 위·수탁차량의 경우 '위·수탁차주'로 한정하고 있지 않다.

구 관리규정 제28조 및 이 사건 관리규정 제28조는 일반적인 유가보조금 지급요건에 관한 구 관리규정 제6조와 구 화물자동차법 시행령 제9조의14 제1항을 '화물차주'의 행위금지사항으로 구체화하면서 구 관리규정 제29조 및 이 사건 관리규정 제29조에서 그 위반에 대한 행정상 제재를 정하고 있을 뿐이고, 구 화물자동차법 제44조의2 제1항 및 화물자동차법 제44조의2 제1항이 정하는 제재적 처분의 상대방을 '화물차주'로 한정하는 내용이 아니다.

(3) 위·수탁차량의 경우 유가보조금 부정수급행위에 대하여 위탁 운송사업자에 대하여는 제재적 처분을 할 수 없고 위·수탁차주에 대하여만 제재적 처분을 할 수 있다면, 위탁 운송사업자로서는 당해 차량에 관한 위·수탁관리계약을 해소하고 원래 화물운송사업허가를 이용하여 직영 또는 새로운 위·수탁계약을 체결하는 방법으로 화물운송사업을 계속 영위할 수 있고 그 화물운송허가에 관한 차량에 대하여 유가보조금도 수급할 수 있으므로, 유가보조금 부정수급행위에 대한 제재적 처분으로서의 실효성을 확보하기 어렵다.

2) 위탁 운송사업자에 대한 처분사유가 존재하는지

가) 자동차손배법 제8조는 "의무보험에 가입되어 있지 아니한 자동차는 도로에서 운영하여서는 아니 된다."고 규정함으로써 의무보험 미가입 자동차의 도로 운행을 금지하고 있다. 자동차손배법 제2조 제3호는 자동차보유자를 '자동차의 소유자나 자동차를 사용할 권리가 있는 자로서 자기를 위하여 자동차를 운행하는 자'로 정의하고, 자동차손배법 제5조 제1항과 제2항은 자동차보유자에게 책임보험이나 책임공제(이하 '책임보험 등'이라 한다), 대물손해에 관하여 화물자동차법에 따른 공제에 가입할 의무를 규정하고 있으며, 같은 조 제3항은 화물자동차법에 따라 운송허가를 받은 화물자동차 운송사업자에게 대인손해에 관하여 화물자동차법에 따른 공제에 가입할 의무를 규정하고 있다.

이러한 법령 규정 내용을 종합하면, 화물자동차 운송사업이 위탁된 경우 위탁 운송사업자는 자동차손배법이 정하는 자동차보유자로서 자동차손배법 제5조가 정하는 바에 따라 책임보험 등과 화물자동차법에 따른 공제에 가입할 의무를 부담한다.

나) 구 관리규정 제6조는 보조금 지급에 관한 일반원칙을 규정하면서 '화물자동차법, 자동차손배법 및 다른 법령에 의해 사업 또는 운행의 제한을 받지 않는 차량일 것'(제2호)을 지급원칙 중 하나로 규정하였다. 화물자동차법 시행령 제9조의14 제1항은 다음 각호의 요건을 모두 갖춘 경우에 유가보조금을 지급한다고 규정하면서 '법 또는 다른 법령에 따라 운행의 제한을 받지 아니할 것'(제2호), '그 밖에 유가보조금의 부정수급을 방지하기 위하여 국토교통부 장관이 정하여 고시하는 사항을 지킬 것'(제8호)을 정하고 있다.

이러한 관련 규정 내용을 종합하면, 의무보험에 가입되어 있지 아니한 자동차를 운행하는 경우 그 차량은 구 화물자동차법 제43조 제2항 후단, 구 관리규정 제6조 제2호 및 화물자동차법 제43조 제2항, 구 화물자동차법 시행령 제9조의14 제1항 제2호가 정하는 것으로서 유가보조금을 지급받기 위하여 갖추어야 할 요건을 갖추지 못하였다고 보아야 한다.

나아가 의무보험에 가입되지 않은 차량에 대하여 유가보조금을 지급받았다면 이는 구 화물자동차법 제43조 제2항 후단에 따라 구 관리규정 제6조 제2호가 정하는 사항을 위반하여 보조금을 받은 경우, 화물자동차법 제43조 제2항에 따라 구 화물자동차법 시행령 제9조의14 제1항 제2호가 정하는 사항을 위반하여 보조금을 받은 경우에 해당한다. 화물자동차법 제44조의2 제1항 제5호가 정하는 '거짓이나 부정한 방법'이란 화물자동차법령과 그 하위 규정들에 따르면 유가보조금을 지급받을 수 없는 경우임에도 불구하고 이를 청구하여 지급받은 행위를 모두 포함하므로(대법원 2021. 7. 21. 선고 2018두49789 판결 등 참조), 의무보험에 가입되지 않은 차량에 대하여 유가보조금을 지급받았다면 이는 유가보조금을 지급받을 수 없는 경우임에도 유가보조금을 청구하여 지급받은 행위라고 볼 수 있으므로 '거짓이나 부정한 방법'으로 유가보조금을 지급받은 경우에 해당한다.

다) 따라서 의무보험에 가입하지 않은 위·수탁차량에 관하여 유가보조금이 지급되었다면, 위·수탁차주뿐만 아니라 위탁 운송사업자도 구 화물자동차법 제43조 제2항 후단과 그에 따른 관리규정 제6조 제2호를 위반하여 유가보조금을 교부되게 하였거나 화물자동차법 제43조 제2항과 그에 따른 구 화물자동차법 시행령 제9조의14 제1항 제2호를 위반하여 거짓이나 부정한 방법으로 유가보조금을 교부되게 하였다고 볼 수 있다.

다. 이 부분 상고이유에 대한 판단

원심판결 이유를 이러한 법령과 법리에 비추어 살펴보면, 원심의 이유 설시에 다소 부적절한 점이 있으나, 위·수탁차량의 의무보험 미가입으로 인한 유가보조금 수급 행위에 대하여 위탁 운송사업자인 원고에 대하여도 유가보조금 지급정지 처분 사유와 화물자동차법 제19조 제1항 제12호의 감차 처분 사유가 존재한다고 본 원심의 판단은 정당하고, 거기에 상고이유 주장과 같이 법률유보의 원칙, 자기책임의 원칙 등에 관한 법리를 오해하거나 판단을 누락하고 필요한 심리를 다하지 아니하는 등으로 판결에 영향을 미친 잘못이 없다.

3. 상고이유 제3, 4, 5점에 관하여

원심은 판시와 같은 이유를 들어, 이 사건 각 처분은 비례원칙, 평등원칙, 자기책임원칙에 반한다거나 직업수행의 자유를 침해하였다거나 그 밖에 재량권을 일탈·남용하였다고 볼 수 없고, 이 사건 각 처분은 원고가 위탁 운송사업자의 지위에 있을 때 발생한 유가보조금 부정수급을 원인으로 하는 것으로서 이 사건 관리규정 제31조와는 무관하다고 판단하였다.

원심판결 이유를 관련 법리와 기록에 비추어 살펴보면, 원심의 판단은 정당하고, 거기에 법률유보의 원칙, 자기 책임의 원칙, 비례의 원칙, 직업수행의 자유, 재량권 행사에 관한 법리를 오해하거나 판단을 누락하고 필요한 심리를 다하지 아니하는 등으로 판결에 영향을 미친 잘못이 없다.

4. 결론

그러므로 상고를 기각하고, 상고비용은 패소자가 부담하도록 하여, 관여 대법관의 일치된 의견으로 주문과 같이 판결한다.

판례4 | 자동차사고로 피해자에게 부상으로 인한 치료비 등 손해가 발생한 경우, 그 치료비 등 손해액과 관련하여 부상으로 인한 책임보험금이 아닌 후유장애로 인한 책임보험금을 청구할 수 있는지 여부(소극)*[대법원 2022. 7. 14. 선고 2020다230857 판결]*

【판결요지】

　책임보험자의 보험금지급책임은 유한보상책임으로서 책임보험약관과 자동차손해배상 보장법 시행령이 규정한 바에 따라 사망, 부상, 후유장애라는 항목별로 소정의 한도액 범위 안에서 피해자가 입은 손해액의 지급의무를 부담하는 것에 그칠 뿐, 자동차사고로 인하여 피해자가 입은 일체의 손해를 배상할 책임을 부담하는 것은 아니다.

　즉, 구 자동차손해배상 보장법 시행령(2021. 1. 5. 대통령령 제31380호로 개정되기 전의 것)은 자동차손해배상 보장법 제5조 제1항의 책임보험금 액수를, ① 부상한 경우(제3조 제1항 제2호)와 ② 후유장애가 생긴 경우(제3조 제1항 제3호)를 구분하면서, ③ 부상한 자에게 후유장애가 생긴 경우에는 제3조 제1항 제2호에 따라 산정된 '부상으로 인한 책임보험금'과 제3호에 따라 산정된 '후유장애로 인한 책임보험금'을 각 한도액의 범위에서 합산하여 지급하도록 규정하고 있고(제3조 제2항 제2호), 여기서 말하는 '후유장애'란 부상한 경우와 달리 부상에 대한 치료를 마친 후 더 이상의 치료효과를 기대할 수 없고 그 증상이 고정된 상태에서 그 부상이 원인이 되어 신체의 장애가 생긴 경우를 의미한다 (제3조 제1항 제3호). 따라서 자동차사고로 인하여 피해자에게 부상으로 인한 치료비 등 손해가 발생하였더라도 그 손해와 관련하여 부상으로 인한 책임보험금이 아닌 후유장애로 인한 책임보험금으로 청구할 수는 없다.

【원심판결】

　울산지법 2020. 5. 7. 선고 2019나10910 판결

【주문】

　원심판결의 피고 패소 부분 중 30,522,635원 및 이에 대한 지연손해금 부분을 파기하고, 이 부분 사건을 울산지방법원에 환송한다.

【이유】

　상고이유를 판단한다.

1. 원심이 인용한 제1심판결 이유와 기록에 의하면 다음과 같은 사실을 알 수 있다.

　가. 원고는 2016. 9. 8. 자동차보험의 피보험자가 아닌 소외 1이 운전하던 소외 2 소유의 (차량번호 생략) 차량(이하 '가해차량'이라 한다)에 의해 양쪽 다리가 2차례 역과되는 등의 사고(이하 '이 사건 사고'라 한다)를 당하여 우측 하지 경·비골 개방성 골절 등 상해를 입었다.

　나. 원고는 2016. 12. 7. 소외 1과 소외 2를 상대로 대구지방법원 경주지원 2016가단5484호로 손해배상을 구하는 소(이하 '선행사건'이라 한다)를 제기하였고, 법원은 2018. 1. 9. 소외 1과 소외 2가 공동하여 원고에게 손해배상금 175,635,334

원 및 이에 대한 지연손해금을 지급하라는 판결을 선고하여 그대로 확정되었다.

다. 그 후 원고는 이 사건 사고로 인하여 후유장애를 입었음을 이유로, 2018. 3. 15. 가해차량의 보험회사인 피고를 상대로 책임보험금 범위 내에서 손해배상을 구하는 이 사건 소를 제기하였다.

2. 원심은 판시와 같은 이유로, 이 사건 사고로 원고가 입은 후유장애에 관하여 원고는 「자동차손해배상 보장법 시행령」[별표 2]에서 정한 후유장애 4급 중 '한쪽 다리를 무릎관절 이상의 부위에서 잃은 사람'에 해당하여 피고가 부담하는 책임보험금의 한도액이 1억 500만 원이라고 보아, 원고가 구하는 청구금액 중 90,522,635원(= 일실수입 42,747,635원 + 향후치료비 17,775,000원 + 위자료 30,000,000원) 및 이에 대한 지연손해금을 인용하였다.

3. 그러나 원심의 판단은 다음과 같은 이유로 수긍하기 어렵다.

가. 후유장애 급수 부분(상고이유 제1점)

1) 「자동차손해배상 보장법」(이하 '자동차손배법'이라 한다)은 자동차보유자는 자동차의 운행으로 다른 사람이 사망하거나 부상한 경우에 피해자에게 대통령령이 정하는 금액을 지급할 책임을 지는 책임보험 또는 책임공제에 가입하여야 한다고 정하고 있고(제5조 제1항), 구 자동차손배법 시행령(2021. 1. 5. 대통령령 제31380호로 개정되기 전의 것, 이하 '동법 시행령'이라 한다)은 자동차손배법 제5조 제1항에 따라 자동차보유자가 가입하여야 하는 책임보험 또는 책임공제의 보험금 또는 공제금(이하 '책임보험금'이라 한다)의 액수에 관하여, 부상에 대한 치료를 마친 후 더 이상의 치료효과를 기대할 수 없고 그 증상이 고정된 상태에서 그 부상이 원인이 되어 신체의 장애(이하 '후유장애'라 한다)가 생긴 경우에는 [별표 2]에서 정하는 금액의 범위에서 피해자에게 발생한 손해액으로 정하고 있다(제3조 제1항 제3호).

동법 시행령 [별표 2]는 노동능력상실 정도에 따라 1급에서 14급까지 분류하고 장애급수별로 책임보험금의 한도금액을 1,000만 원부터 1억 5,000만 원까지 구분하면서 139종의 유형적인 신체장애 내용만 열거하고 있으므로, 같은 급수로 정하여져 있는 신체장애 상호 간에도 노동능력 상실 정도에 약간의 차이가 있고, 각 급수에 정해져 있는 신체장애 중에서도 일정 폭이 있는 것도 있다. 이러한 후유장애 급수는 의료기관에서 신체감정 등을 통하여 산정된 노동능력상실률과 반드시 일치하는 것이 아니고 그 노동능력상실률에 따라 후유장애 급수를 결정해야 하는 것도 아니며(대법원 2001. 12. 24. 선고 2000두598 판결 참조), 의학적 신체기능장해율에 대한 감정인의 감정 결과도 사실인정에 관하여 특별한 지식과 경험을 요하는 경우에 법관이 그 특별한 지식, 경험을 이용하는 데 불과하여 보조자료의 하나로써 이용될 뿐이므로(대법원 1993. 6. 11. 선고 92다53330 판결 등 참조), 법원으로서는 자동차의 운행으로 인하여 부상을 당한 사람의 후유장애 급수를 정함에 있어 감정 결과를 비롯한 증거에 의하여 인정되는 상해의 내용 및 정도 등을 동법 시행령 [별표 2]에서 정한 신체장애 내용의 문언상 의미와 각 급수별 신체장애 내용의 체계 등에 비추어 규범적으로 판단하여야 한다.

2) 앞서 본 사실관계 및 기록에 의하여 알 수 있는 다음과 같은 사정들을 위 법리에 비추어 보면, 원고가 동법 시행령 [별표 2]의 후유장애 중 4급인 '한쪽 다리를 무릎관절 이상의 부위에서 잃은 사람'에 해당한다고 보기 어렵다.

가) 선행사건의 신체감정촉탁 결과상 정형외과 전문의는 맥브라이드 노동능력 평가표에 의해 원고의 다리 여러 부위에 발생된 복합장해로 인한 노동능력상실률을 산정하면서 그 노동능력상실률에 따라 원고의 후유장애 등급도 동법 시행령 [별표 2] 후유장애 중 '한쪽 다리를 무릎관절 이상의 부위에서 잃은 사람'에 해당한다고 평가하였다.

그러나 앞서 본 바와 같이 자동차의 운행으로 부상을 당한 사람의 노동능력상실률과 동법 시행령 [별표 2]의 후유장애 등급이 반드시 일치해야 하는 것이 아니므로, 원고의 후유장애 급수는 위 신체감정촉탁 결과의 노동능력상실률과는 별도로 자동차손배법령에 따라 정해질 수 있다.

나) 동법 시행령 [별표 2]는 후유장애를 1급부터 14급까지 구분하면서 그중 '다리' 부위의 신체장애 내용에 관하여는 '한쪽 다리를 무릎관절 이상의 부위에서 잃은 사람'을 4급으로, '한쪽 다리를 완전히 사용하지 못하게 된 사람'을 5급으로, '한쪽 다리의 3대 관절 중 2개 관절을 못쓰게 된 사람'을 6급으로, '한쪽 다리에 가관절이 남아 뚜렷한 운동장애가 남은 사람'을 7급으로 정하고 있는 등, 한쪽 다리를 잃은 경우와 한쪽 다리를 완전히 사용하지 못한 경우 내지 정상기능의 일부를 상실하여 제대로 못 쓰게 되거나 뚜렷한 장애가 남은 경우 등을 문언상 명확하게 구분하고 있다.

그런데 원고의 다리 부위에 대한 진단명은 '우측 경·비골 간부 개방성 골절', '좌측 슬관절 부위 탈피 손상 및 슬와동맥 파열', '좌측 비골 원위부 골절'이고, 선행사건의 신체감정촉탁 결과상 원고의 좌측 슬관절 부위와 족관절 부위에 운동제한이 존재하고 좌측 족지가 굴곡위치상 움직임이 없으며 양측 하지에 저림 증상 및 통증 등이 발생한 사실을 알 수 있을 뿐, 한쪽 다리가 절단되었다거나 그에 준하는 내용이 확인되지는 않는다.

다) 이처럼 원고의 다리 부위에 운동제한이 발생하는 등 정상기능의 전부 또는 일부가 상실되었다고 하더라도, 이러한 사정만으로 원고가 '한쪽 다리 중 무릎관

절 이상의 부위를 잃은 사람'에 해당한다고 볼 수 없고, 달리 원고의 후유장애 급수가 동법 시행령 [별표 2]에서 정한 4급에 해당한다고 볼 만한 다른 사정도 찾기 어렵다.

라) 게다가 원고는 제1심에서 자신의 후유장애 급수를 입증하기 위하여 신체감정을 신청하였으나 채택되지 않았고, 피고도 제1심부터 원심에 이르기까지 후유장애 급수에 대하여 다투면서 사실조회 신청 등을 하였으나, 원심은 이에 대한 별다른 심리 없이 제1회 변론기일에서 변론을 종결한 후, 앞서 본 사정만을 들어 원고의 후유장애가 위 4급에 해당한다고 판단하였을 뿐이다.

3) 이와 같은 원심의 판단에는 자동차손배법령이 정한 후유장애 급수결정 등에 관한 법리를 오해하거나 필요한 심리를 다하지 않아 판결에 영향을 미친 잘못이 있다. 이를 지적하는 상고이유 주장은 이유 있다.

나. 향후치료비 부분(상고이유 제2점)

1) 책임보험자의 보험금지급책임은 유한보상책임으로서 책임보험약관과 시행령이 규정한 바에 따라 사망, 부상, 후유장애라는 항목별로 소정의 한도액 범위 안에서 피해자가 입은 손해액의 지급의무를 부담하는 것에 그칠 뿐, 자동차사고로 인하여 피해자가 입은 일체의 손해를 배상할 책임을 부담하는 것은 아니다 (대법원 2014. 10. 30. 선고 2012다67177 판결 참조).

즉, 동법 시행령은 자동차손배법 제5조 제1항의 책임보험금 액수를, ① 부상한 경우(제3조 제1항 제2호)와 ② 후유장애가 생긴 경우(제3조 제1항 제3호)를 구분하면서, ③ 부상한 자에게 후유장애가 생긴 경우에는 제3조 제1항 제2호에 따라 산정된 '부상으로 인한 책임보험금'과 제3호에 따라 산정된 '후유장애로 인한 책임보험금'을 각 한도액의 범위에서 합산하여 지급하도록 규정하고 있고(제3조 제2항 제2호), 여기서 말하는 '후유장애'란 부상한 경우와 달리 부상에 대한 치료를 마친 후 더 이상의 치료효과를 기대할 수 없고 그 증상이 고정된 상태에서 그 부상이 원인이 되어 신체의 장애가 생긴 경우를 의미한다 (제3조 제1항 제3호). 따라서 자동차사고로 인하여 피해자에게 부상으로 인한 치료비 등 손해가 발생하였더라도 그 손해와 관련하여 부상으로 인한 책임보험금이 아닌 후유장애로 인한 책임보험금으로 청구할 수는 없다.

2) 앞서 본 사실관계 및 기록에 의하여 알 수 있는 다음과 같은 사정들을 위 법리에 비추어 보면, 원고가 구하는 향후치료비가 후유장애로 인한 책임보험금 항목에 해당한다고 보기 어렵다.

가) 피고는 원고에게 이 사건 사고와 관련하여 동법 시행령 제3조 제1항 각호의 책임보험금 중 부상으로 인한 책임보험금을 한도액까지 이미 전부 지급하였고, 이

에 따라 원고는 피고를 상대로 후유장애로 인한 책임보험금만을 구하고 있다.

나) 그런데 원고에 대한 향후치료비 17,775,000원 중 성형외과 치료비 15,775,000원은 원고가 이 사건 사고로 입은 부상에 대한 반흔성형술, 진피지방 이식술을 위한 3일간 입원비 및 수술비, 2주간의 통원치료비 등이고, 정형외과 치료비 2,000,000원도 원고의 좌측 비골 골절 부위에 삽입된 금속판 제거술을 위한 5일간 입원비 및 수술비 등이다.

다) 이는 모두 원고가 이 사건 사고로 입은 부상을 직접 치료하기 위한 것으로, 그 치료가 전부 마쳐진 이후에야 비로소 원고에게 더 이상의 치료효과를 기대할 수 없고 원고의 증상이 고정된 상태에 이르게 된다고 볼 수 있는 이상, 이러한 각 치료비가 이 사건 청구 이전까지 지급되지 않아 향후치료비에 해당하더라도 이는 모두 부상으로 인한 책임보험금 항목에 해당한다.

3) 그럼에도 원고가 구하는 향후치료비를 후유장애로 인한 책임보험금에 해당하는 것으로 본 원심의 판단에는 후유장애로 인한 책임보험금 등에 관한 법리를 오해한 잘못이 있다. 이를 지적하는 상고이유 주장도 이유 있다.

4. 그러므로 원심판결 중 피고 패소 부분은 파기되어야 할 것인데, 피고가 그중 일부에 대하여만 상고하여 파기 범위는 피고의 상고 부분에 한정되므로, 원심판결의 피고 패소 부분 중 30,522,635원 및 이에 대한 지연손해금 부분을 파기하고, 이 부분 사건을 다시 심리·판단하도록 원심법원에 환송하기로 하여, 관여 대법관의 일치된 의견으로 주문과 같이 판결한다.

판례5 | 자동차손해배상 보장법 시행령 제3조 제1항 제1호에 따라 책임보험자가 지급하여야 할 금액인 '피해자에게 발생한 손해액'은 적극적 손해, 소극적 손해 및 정신적 손해를 모두 포함하는지 여부(적극) [대법원 2017. 10. 12. 선고 2017다231119 판결]

【판결요지】

자동차손해배상 보장법(이하 '자동차손배법'이라고 한다) 제3조에 기한 보험자의 배상책임은 사고와 상당인과관계 있는 법률상 손해 일체를 내용으로 하는 것으로서, 사망사고의 경우 배상의 대상이 되는 손해에는 치료비 등 적극적 손해, 일실 수입 등 소극적 손해 및 정신적 손해 모두를 포함하고, 자동차손배법 제5조에 기하여 책임보험자가 피해자에게 지급하여야 할 금액은 자동차손배법 시행령에 정한 책임보험금의 한도 내에서 피해자가 실제로 입은 손해액이므로, 자동차손배법 시행령 제3조 제1항 제1호에 따라 책임보험자가 지급하여야 할 금액인 '피해자에게 발생한 손해액'도 적극적 손해, 소극적 손해 및 정신적 손해를 모두 포함하는 것으로 해석하여야 한다.

【원심판결】

대전지법 2017. 4. 28. 선고 2016나111001 판결

【주문】

1. 원심판결을 파기하고, 제1심판결을 다음과 같이 변경한다.

　가. 피고는 원고에게 19,444,698원 및 이에 대하여 2013. 6. 19.부터 2017. 4. 28. 까지는 연 5%, 그 다음 날부터 갚는 날까지는 연 15%의 각 비율로 계산한 돈을 지급하라.

　나. 원고의 나머지 청구를 기각한다.

2. 소송총비용 중 10%는 원고가, 90%는 피고가 각 부담한다.

【이유】

1. 사실관계

　가. 소외 1 등은 2012. 4. 중고상품 도매업(플라스틱류)을 영위할 목적으로 이 사건 상사를 개업하고 5t 크레인 트럭(이하 '이 사건 차량'이라고 한다)을 구입한 후, 피고와 사이에 이 사건 차량의 사고로 생긴 손해배상책임에 관하여 보험기간을 2012. 5. 21.부터 2013. 5. 21.까지로 하는 업무용자동차 종합보험계약(이하 '이 사건 보험계약'이라고 한다)을 체결하였다.

　나. 이 사건 상사 소속 근로자인 소외 2는 2013. 1. 30. 09:36경 이 사건 사업장 창고 내에서 이 사건 차량 적재함에 실려 있는 폐압축 비닐과 플라스틱류를 크레인을 이용하여 선별하는 작업을 하던 중 부주의로 적재함에 실려 있던 폐압축 비닐(무게 135㎏)을 떨어뜨려 위 차량 아래쪽에서 분리작업을 하던 피해자 소외 3(이하 '피재자'라고 한다)을 두개골 골절 등으로 사망에 이르게 하였다(이하 '이 사건 사고'라고 한다).

　다. 원고는 고용노동부장관으로부터 산업재해보상보험 사업을 위탁받아 수행하는 법인의 지위에서 피재자의 유족(상속인인 피해자의 자녀들)에게 산업재해보상보험법(이하 '산재보험법'이라고 한다)에 따라 유족급여로 62,515,700원, 장의비로 9,300,770원을 지급하였다.

2. 원심의 판단

　원고는 피해자 및 유족에게 지급한 보험급여의 범위를 한도로, 피재자 및 유족의 가해자 또는 그 보험자에 대한 손해배상채권 가운데 보험급여와 동일한 성질에 해당하는 부분을 대위할 수 있다. 그리고 자동차손해배상 보장법(이하 '자동차손배법'이라고 한

다) 시행령 제3조 제1항 제1호(이하 '이 사건 조항'이라고 한다)에 의하면, 자동차보유자가 가입하여야 하는 책임보험의 보험금(이하 '책임보험금'이라고 한다)은 피해자 1명당 '사망한 경우에는 1억 5천만 원의 범위에서 피해자에게 발생한 손해액. 다만 그 손해액이 2천만 원 미만인 경우에는 2천만 원'으로 정해져 있다. 이러한 책임보험금 지급기준은 피해자가 보험자인 피고에 대하여 직접청구권을 행사할 때뿐만 아니라 그 청구권을 대위 행사하는 원고에 대하여도 그대로 적용된다.

한편 위 사실관계를 기초로 피재자가 입은 일실수입 손해를 산정하면 그 액수는 17,344,698원(일실수입 24,778,140원 × 과실상계 0.7)이 되고, 장례비는 2,100,000원(3,000,000원 × 과실상계 0.7)이 된다. 그런데 사망한 피재자가 입은 위 일실수입 손해가 2천만 원에 미치지 못하므로, 원고는 유족급여 지급액 62,515,700원의 한도 내에서 이 사건 조항 단서에 정한 책임보험금 2천만 원을 구상할 수 있다. 그리고 장례비 손해는 피재자에게 직접 발생한 손해가 아니라 유족이 지출한 비용으로 인한 유족의 손해이므로, 이 사건 조항의 '피해자에게 발생한 손해액'에 포함된다고 할 수 없으므로, 원고는 유족에게 지급한 장의비 9,300,770원의 한도 내에서 유족을 대위하여 장례비 손해 2,100,000원을 구상할 수 있다.

3. 대법원의 판단

가. (1) 자동차손배법 제3조는 "자기를 위하여 자동차를 운행하는 자는 그 운행으로 다른 사람을 사망하게 하거나 부상하게 한 경우에는 그 손해를 배상할 책임을 진다."라고 규정하고, 자동차손배법 제5조 제1항은 "자동차보유자는 자동차의 운행으로 다른 사람이 사망하거나 부상한 경우에 피해자(피해자가 사망한 경우에는 손해배상을 받을 권리를 가진 자를 말한다)에게 대통령령으로 정하는 금액을 지급할 책임을 지는 책임보험이나 책임공제에 가입하여야 한다."라고 규정하고 있다. 그런데 자동차손배법 제3조에 기한 보험자의 배상책임은 그 사고와 상당인과관계 있는 법률상 손해 일체를 그 내용으로 하는 것으로서, 사망사고의 경우 그 배상의 대상이 되는 손해에는 치료비 등 적극적 손해, 일실 수입 등 소극적 손해 및 정신적 손해 모두를 포함하는 것이고(대법원 2013. 10. 11. 선고 2013다42755 판결 등 참조), 자동차손배법 제5조에 기하여 책임보험자가 피해자에게 지급하여야 할 금액은 자동차손배법 시행령에 정한 책임보험금의 한도 내에서 피해자가 실제로 입은 손해액이라 할 것이므로(대법원 2005. 8. 19. 선고 2004다4942 판결 참조), 이 사건 조항에 따라 책임보험자가 지급하여야 할 금액인 '피해자에게 발생한 손해액'도 적극적 손해, 소극적 손해 및 정신적 손해를 모두 포함하는 것으로 해석하여야 한다.

(2) 산재보험법 제87조 제1항 본문은 "공단은 제3자의 행위에 따른 재해로 보험급

여를 지급한 경우에는 그 급여액의 한도 안에서 급여를 받은 자의 제3자에 대한 손해배상청구권을 대위한다."라고 규정하고 있다. 여기서 '급여를 받은 자의 제3자에 대한 손해배상청구권'은 근로복지공단이 지급한 보험급여와 동일한 성질의 것으로서 상호보완의 관계에 있는 것에 한한다(대법원 2002. 4. 12. 선고 2000다45419 판결 등 참조).

그런데 자동차손배법에 기한 배상책임의 대상이 되는 위자료는 산재보험법이 규정한 보험급여에 의하여 전보되지 아니하는 손해이므로, 근로복지공단이 산재보험법에 따라 지급한 보험급여에 기하여 피해자의 보험자에 대한 위자료청구권을 대위할 수 없다(대법원 2015. 9. 24. 선고 2014다233626 판결 등 참조).

나. 이러한 법리에 비추어 원심의 판단을 살펴본다.

먼저 원심은, 피재자의 유족이 지출한 장례비 손해는 유족의 손해이므로 이 사건 조항에 규정된 '피해자에게 발생한 손해액'에 포함된다고 할 수 없다고 하였다. 그러나 자동차손배법 제5조 제1항은 피해자가 사망한 경우에는 손해배상을 받을 권리를 가진 자를 피해자로 규정하고 있으므로, 피재자의 유족이 지출한 장례비 손해는 이 사건 조항에 규정된 '피해자에게 발생한 손해액'에 포함된다고 보는 것이 옳다.

다음으로 원심은, 이 사건 조항 단서에 규정된 책임보험 금액은 피해자가 보험자인 피고에 대하여 직접청구권을 행사할 때뿐만 아니라 그 청구권을 대위 행사하는 원고에 대하여도 그대로 적용된다고 판단하였다. 그러나 산재보험법에 따라 보험급여를 지급한 근로복지공단은 피해자의 손해배상청구권 중 보험급여와 동일한 성질의 것으로서 상호보완의 관계에 있는 것에 한하여 대위할 수 있으므로, 근로복지공단이 유족급여와 장의비를 지급한 경우 피해자의 위자료 청구권에 대해서는 대위할 수 없다. 그리고 피해자가 책임보험자를 상대로 자동차손배법에 의한 직접청구권을 행사하는 경우에 책임보험자가 피해자에게 지급하여야 할 금액은 이 사건 조항에 정한 책임보험금의 한도 내에서 피해자가 실제로 입은 손해액이라고 할 것이므로, 근로복지공단이 유족급여와 장의비를 지급한 경우 책임보험자에 대하여 대위할 수 있는 금액은 책임보험금의 한도 내에서 피해자가 실제로 입은 손해액 가운데 위자료를 제외한 나머지 손해액에 한한다고 보아야 한다. 이 사건 조항 단서는 자동차사고로 피해자가 사망한 경우 피해자에게 발생한 손해액이 2천만 원 미만인 때에도 2천만 원의 책임보험금을 지급하도록 규정하고 있으나, 이는 피해자에게 발생한 적극적 손해, 소극적 손해 및 정신적 손해의 손해액을 합친 금액이 2천만 원에 미치지 못할 때에도 피해자에게 최소한 2천만 원의 손해배상액이 지급되도록 하려는 데 그 취지가 있는 것이지 피해자의 정신적 손해에 대한 손해배상청구권을 대위할 지위에 있지 않은 근로복지공단에게 그 부분까지 구상권을 행사할 수 있다는 뜻은 아니라고 보아야 한다.

원심은 이 사건 자동차 사고로 피해자가 입은 일실수입 손해액은 17,344,698원(일실수입 24,778,140원 × 과실상계 0.7), 장례비 손해는 2,100,000원(3,000,000원 × 과실상계 0.7)이 된다고 판단하였다. 원심의 판단에 따르면, 원고가 구상할 수 있는 금액은 유족급여 지급액 62,515,700원의 한도 내에서 피해자가 실제로 입은 일실수입 손해액 17,344,698원과 장의비 지급액 9,300,770원의 한도 내에서 피해자가 실제로 입은 장례비 손해액 2,100,000원을 합한 19,444,698원이 된다고 할 것이다.

그럼에도 원심은 이와 달리 그 판시와 같은 이유로 피재자의 일실수입이 2,000만 원에 미치지 못하므로 이 사건 단서 조항에 의하여 사망 시 책임보험금 지급액인 2,000만 원과 장례비 2,100,000원을 합한 22,100,000원과 그 지연손해금을 지급할 책임이 있다고 판단하였으니, 원심판결에는 산재보험법 제87조 제1항의 규정에 의한 구상권 행사의 범위 및 이 사건 조항에서 규정하고 있는 책임보험금의 범위에 관한 법리를 오해하여 판결에 영향을 미친 잘못이 있다. 이를 지적하는 상고이유 주장은 이유 있다.

4. 결론

그러므로 원심판결을 파기하되, 이 사건은 대법원이 직접 재판하기에 충분하므로 민사소송법 제437조에 따라 자판하기로 한다.

앞서 인정한 바에 의하면, 원고는 산재보험법에 따라 지급한 보험급여의 한도 내에서 유족급여에 기하여 피재자의 일실수입 손해 17,344,698원, 장의비에 기하여 유족의 장례비 손해 2,100,000원 합계 19,444,698원을 구상할 수 있다. 따라서 피고는 원고에게 구상금으로 19,444,698원 및 이에 대하여 원고의 보험급여 지급 이후로 원고가 구하는 2013. 6. 19.부터 피고가 그 이행의무의 존부나 범위에 관하여 항쟁함이 상당하다고 인정되는 원심판결 선고일인 2017. 4. 28.까지는 민법에서 정한 연 5%, 그 다음 날부터 다 갚는 날까지는 소송촉진 등에 관한 특례법에서 정한 연 15%의 각 비율로 계산한 지연손해금을 지급할 의무가 있다.

원고의 이 사건 청구는 위 인정 범위 내에서 이유 있어 이를 인용하고, 나머지 청구는 이유 없어 이를 기각할 것인바, 제1심판결은 이와 결론을 달리하여 부당하므로 이와 같이 변경하고 소송총비용의 부담을 정하기로 하여, 관여 대법관의 일치된 의견으로 주문과 같이 판결한다.

판례6 | 보험계약의 법적 성질(=불요식의 낙성계약) 및 보험계약 내용이 보험약관의 규정에 국한되는지 여부(소극)[대법원 2017. 6. 15.선고 2013다215454 판결]

【원심판결】

서울남부지법 2013. 10. 10. 선고 2013나51877 판결

【주문】

원심판결 중 (차량번호 1 생략) 및 (차량번호 2 생략) 타이어식 지게차에 관한 부분을 파기하고, 이 부분 사건을 서울남부지방법원 합의부에 환송한다. 나머지 상고를 기각한다.

【이유】

상고이유를 판단한다.

1. (차량번호 3 생략) 및 (차량번호 4 생략) 타이어식 지게차에 관한 상고이유에 대하여

　가. 보험계약은 당사자 일방이 약정한 보험료를 지급하고, 상대방이 재산 또는 생명이나 신체에 관하여 불확정한 사고가 생길 경우에 일정한 보험금액 기타의 급여를 지급할 것을 약정함으로써 효력이 생기는 불요식의 낙성계약이므로, 계약 내용이 반드시 보험약관의 규정에 국한되지는 아니한다. 그리고 보험약관이 계약당사자 사이에 구속력을 갖는 것은 그 자체가 법규범이거나 또는 법규범적 성질을 가지기 때문이 아니라 당사자가 그 약관의 규정을 계약 내용에 포함시키기로 합의하였기 때문이라고 볼 것인바, 일반적으로 당사자 사이에 보험약관을 계약내용에 포함시킨 보험계약서가 작성된 경우에는 계약자가 그 보험약관의 내용을 알지 못하는 경우에도 그 약관의 구속력을 배제할 수 없는 것이 원칙이나, 당사자 사이에서 명시적으로 약관의 내용과 달리 약정한 경우에는 위 약관의 구속력은 배제된다(대법원 1989. 3. 28. 선고 88다4645 판결, 대법원 1997. 9. 5. 선고 95다47398 판결, 대법원 1998. 10. 13. 선고 97다3163 판결 등 참조).

　　나아가 법률행위의 해석은 당사자가 그 표시행위에 부여한 객관적 의미를 명백하게 확정하는 것으로서 당사자 사이에 법률행위의 해석을 둘러싸고 이견이 있어 당사자의 의사해석이 문제되는 경우에는 법률행위의 내용, 그러한 법률행위가 이루어진 동기와 경위, 법률행위에 의하여 달성하려는 목적, 당사자의 진정한 의사 등을 종합적으로 고찰하여 논리와 경험칙에 따라 합리적으로 해석하여야 한다(대법원 1994. 4. 29. 선고 94다1142 판결, 대법원 2011. 12. 27. 선고 2011다5134 판결 등 참조).

　나. 원심은 제1심판결 이유를 인용하는 등의 판시와 같은 이유를 들어, (1) ① 원고는 소외 1 회사 , 소외 2 회사 와 사이에 위 각 타이어식 지게차(이하 이들을 '이 사건 대인배상Ⅰ 지게차'라 한다)의 사고로 인하여 피보험자들이 손해배상책임을 짐으로써 입은 손해를 보상하는 내용의 각 보험계약을 체결한 사실, ② 위 각 보험계약의 담보내용은 '대인배상Ⅰ(책임보험) 및 대물배상'으로 이루어지고, 대인배상

Ⅰ 가입금액은 자동차손해배상 보장법(이하 '자동차손배법'이라 한다) 시행령에서 정한 금액으로, 대물배상 가입금액은 1,000만 원으로 되어 있으며, 해당 보험가입 자들은 원고에게 위 각 담보내용에 따라 산출된 보험료를 납부한 사실, ③ 그 후 이 사건 대인배상Ⅰ 지게차로 인하여 판시 각 사고가 발생하여 피고가 그 피해자들에게 산업재해보상보험법에 따라 보험급여를 지급하는 한편 피해자들을 대위하여 원고에게 위 각 보험계약에 따른 보험금의 지급을 청구한 사실, ④ 원고가 이에 응하여 피고에게 각 책임보험금 명목으로 판시 금액의 돈을 각 지급한 사실 등의 판시 사실들을 인정하고, (2) ① 이 사건 각 지게차는 자동차손배법이 적용되는 건설기계에는 해당하지 아니하나, 위 각 보험계약은 이 사건 대인배상Ⅰ 지게차에 대하여도 자동차손배법이 적용되는 건설기계와 동일하게 취급하여 그 운행과 관련하여 발생한 사고에 관하여 자동차손배법과 동일한 내용으로 보상하여 주기로 약정한 것으로서 그에 따라 보험금을 지급할 의무가 있으며, "대인배상Ⅰ은 자동차손배법에 의한 손해배상책임에 한한다."는 이 사건 보험약관 규정(이하 '이 사건 보험약관 단서 규정'이라 한다) 등을 내세워 위 약정과 달리 보험금 지급책임을 면한다는 주장은 받아들일 수 없다고 판단하고, ② 원고가 위 각 보험계약에 대하여 자신의 판단으로 승낙한 이상 이 사건 대인배상Ⅰ 지게차가 교통기능을 수행하던 중에 난 사고에만 보험금을 지급하는 것으로 수정해석할 수 없다고 판단한 다음, ③ 상법 제724조 제2항에 의하여 피해자에게 직접 손해배상책임을 지는 책임보험자인 원고는 산업재해보상보험법 제87조 제1항에서 정한 제3자에 해당하므로, 피고는 산업재해보상보험법에서 위 각 사고의 가해자에 대하여 손해배상 청구권의 대위를 허용하는지 여부와 상관없이 피해자의 원고에 대한 손해배상청구권을 대위행사할 수 있다는 취지로 판단하였다.

다. 원심판결 이유 등에서 나타난 것과 같이, 자동차손배법상의 '자동차'에 해당하지 아니하는 지게차라 하더라도 자동차손배법이 적용되는 건설기계와 동일하게 취급하여 대인배상Ⅰ의 보상책임을 보장하는 내용의 자동차보험계약을 체결할 수 있고, 이 사건 보험약관의 가입대상 규정에서 일반 건설기계에 대한 가입제한을 두고 있지 아니할 뿐만 아니라, 위 각 보험계약에서 대인배상Ⅰ에 따른 보상을 부정한다면 위 각 보험계약의 효력을 전면적으로 부정하는 결과가 되어 위 각 보험계약을 체결한 보험목적을 전혀 달성할 수 없게 된다. 이 점을 고려하여 원고도 이 사건 소송 과정이나 상고이유서에서 위 각 보험계약 체결 당시 당사자들 사이에 이 사건 보험약관의 보상내용 관련 규정과는 다른 공동의 인식 또는 의사의 합치가 있어 보험계약으로서 유효할 수 있다는 점에 대하여는 수긍하는 것으로 보인다. 또한 타이어식 지게차가 도로를 운행할 때뿐만 아니라 공사현장 등에서 작업을 할 때에도 그 본래의 사용방법에 따른 운행 과정에서 사고가 발생할 수 있다는 점에서 자동차손배법이 적용되는 자동차나 건설기계와 다를 것이 없다.

　라. 이러한 사정들과 아울러 앞에서 본 법리에 비추어 원심판결 이유를 살펴보면, 위와 같은 원심의 결론은 수긍할 수 있고, 거기에 상고이유 주장과 같이 약관의 해석, 자동차손배법에서 정한 손해배상책임과 산업재해보상보험법에서 정한 손해배상청구권의 대위행사 등에 관한 법리를 오해하거나 필요한 심리를 다하지 아니하는 등의 위법이 없다. 그리고 위와 같은 원심의 판단에 잘못이 없는 이상, 원고가 이 사건 보험약관 단서규정을 설명하지 아니하였으므로 그 책임을 면할 수 없다는 내용의 원심판결 이유 부분의 당부는 결론에 영향이 없다. 따라서 이 부분 원심판결 이유를 다투어, 원심판결에 보험자의 설명의무 등에 관한 법리를 오해하는 등의 사유로 판결에 영향을 미친 잘못이 있다는 상고이유 주장은 받아들이지 아니한다.

2. (차량번호 1 생략) 및 (차량번호 2 생략) 타이어식 지게차에 관한 상고이유에 대하여

　가. 원심판결 이유와 적법하게 채택된 증거들에 의하면 아래와 같은 사실을 알 수 있다.

　　(1) 원고는 ○○콘크리트, 주식회사 한아와 사이에 위 각 타이어식 지게차(이하 '이 사건 대인배상Ⅰ·Ⅱ 지게차'라 한다)의 사고로 인하여 피보험자들이 손해배상책임을 짐으로써 입은 손해를 보상하는 내용의 각 보험계약을 체결하였다.

　　(2) 위 각 보험계약의 담보내용은 '대인배상Ⅰ·Ⅱ 및 대물배상 등'으로 이루어지고, 대인배상Ⅰ 가입금액은 자동차손배법 시행령에서 정한 금액으로, 대인배상Ⅱ 가입금액은 제한이 없으며, 대물배상 가입금액은 1억 원으로 되어 있고, 해당 보험가입자들은 원고에게 위 각 담보내용에 따라 산출된 보험료를 납부하였다.

　　(3) 그 후 이 사건 대인배상Ⅰ·Ⅱ 각 지게차로 인하여 판시 각 사고가 발생하여 피고가 그 피해자들에게 산업재해보상보험법에 따라 보험급여를 지급하는 한편, 그 피해자들을 대위하여 원고에게 이 사건 각 보험계약에 따른 보험금의 지급을 청구하였고, 원고가 이에 응하여 피고에게 책임보험금 명목으로 판시 금액의 돈을 각 지급하였다.

　　(4) 이 사건 보험약관은 업무용 자동차보험약관으로서, 이륜자동차와 법정승차정원 10인승 이하의 개인소유 자가승용차를 제외한 모든 비사업용 자동차 등을 그 대상으로 하고 있으며(제2조), 대인배상Ⅰ 보험계약의 보상내용은 '자동차사고로 다른 사람을 죽게 하거나 다치게 한 경우에 자동차손배법에서 정한 한도 내에서 보상'하는 것으로 되어 있고, 한편 대인배상Ⅱ 보험계약의 보상내용은 '자동차사고로 다른 사람을 죽게 하거나 다치게 한 경우, 그 손해가 대인배상Ⅰ에서 지급하는 금액을 초과하는 경우에 그 초과손해를 보상'하는 것으로 되어 있다(제3조 제1항).

　　(5) 그리고 이 사건 보험약관 제10조는 배상책임에 관하여, '대인배상Ⅰ(책임보험)

및 대물배상은 자동차손배법에 의한 의무보험을 말하며, 자동차를 소유한 사람이면 누구나 가입하여야 합니다. 또한 대인배상II는 대인배상I에 가입하는 경우에 한하여 가입할 수 있습니다'라고 규정하고, 나아가 구체적인 보상내용에 관하여 '보험회사는 피보험자가 피보험자동차를 소유, 사용, 관리하는 동안에 생긴 피보험자동차의 사고로 인하여 남을 죽게 하거나 다치게 하여 법률상 손해배상책임을 짐으로써 입은 손해를 보상합니다'라고 정하면서, '대인배상I은 자동차손배법에 의한 자동차손해배상책임에 한합니다'라는 이 사건 보험약관 단서규정을 두는 한편, 대인배상II의 보상내용은 '대인배상I로 지급되는 금액 또는 피보험자동차가 대인배상I에 가입되어 있지 아니한 경우에는 대인배상I로 지급될 수 있는 금액을 공제한 금액을 보상하는 것'으로 되어 있다.

(6) 그런데 이 사건 보험약관은 '피보험자가 피보험자동차를 사용자의 업무에 사용하는 경우 그 사용자의 업무에 종사 중인 다른 피용자로서 산업재해보상보험법에 의한 재해보상을 받을 수 있는 사람이 죽거나 다친 경우'를 대인배상II에 관한 면책사유로 정하는 한편, '다만, 그 사람이 입은 손해가 산업재해보상보험법에 의한 보상범위를 넘는 경우에는 그 초과손해를 보상합니다'라고 하여 예외를 인정하고 있다(이하 이 면책사유에 관한 규정을 '산업재해 면책규정'이라 한다).

(7) 자동차손배법 시행령 제2조에서는 자동차손배법이 적용되는 건설기계를 정하고 있는데, 이 사건 대인배상I·II 지게차와 같은 타이어식 지게차는 이에 해당하지 아니한다.

나. (1) 원심판결 이유 등에서 나타난 것과 같이, 자동차손배법상의 '자동차'에 해당하지 아니하는 지게차라 하더라도 자동차손배법이 적용되는 건설기계와 동일하게 취급하여 대인배상I·II의 보상책임을 보장하는 내용의 자동차보험계약을 체결할 수 있고, 이 사건 보험약관의 가입대상 규정에서 일반 건설기계에 대한 가입제한을 두고 있지 아니하므로, 위 각 보험계약은 이 사건 대인배상I·II 지게차에 발생한 사고에 관하여 보상하여 주기로 약정한 보험으로서 유효하다고 보인다. 다만 앞에서 본 이 사건 대인배상I 지게차의 경우와는 달리, 이 사건 대인배상I·II 지게차의 경우에는 이 사건 보험약관에서 정한 대인배상I·II의 보험에 모두 가입되어 있고 산업재해 면책규정도 적용되므로 이 사건 보험약관에서 정한 대인배상I과 대인배상II의 보상내용을 고려하여 그 보상의 대상 및 범위를 해석하여야 한다.

(2) (가) 그런데 타이어식 지게차의 운행으로 인한 사고는 자동차손배법에서 정한 자동차의 운행으로 인한 사고에 해당하지 아니하므로, 대인배상I의 보상 대상을 자동차손배법에 의한 손해배상책임으로 제한하는 이 사건 단서 규정의 문언에

의하면 타이어식 지게차의 운행 중 사고로 인한 손해배상책임은 대인배상Ⅰ의 보상내용에 해당하지 아니한다.

(나) 한편 대인배상Ⅱ 보험계약의 보상내용은 '자동차사고로 다른 사람을 죽게 하거나 다치게 한 경우 그 손해가 대인배상Ⅰ에서 지급하는 금액을 초과하는 경우에 그 초과손해를 보상'하는 것으로 되어 있다.

이는 피보험자가 법률상 손해배상책임을 짐으로써 손해 중 대인배상Ⅰ로 지급되거나 지급될 수 있는 금액이 있으면 이를 보험자가 보상할 금액에서 공제하고 그 나머지만을 보상한다는 취지로서, 만약 피보험자가 피해자에 대하여 자동차손배법에 의한 손해배상책임을 지지 아니하는 관계로 대인배상Ⅰ이 적용될 여지가 없어 대인배상Ⅰ로 지급되거나 지급될 수 있는 금액이 전혀 없는 경우에까지 대인배상Ⅰ이 적용될 수 있는 경우를 가상하여 산정한 금액을 넘는 손해만을 보상한다는 취지는 아니며, 그 경우에는 다른 특별한 사정이 없는 한 피보험자가 법률상 손해배상책임을 짐으로써 입은 손해의 전부를 이 사건 대인배상Ⅱ로 보상받을 수 있다는 취지로 해석된다.

이 사건 보험약관에서 대인배상Ⅰ에 가입하는 경우에 한하여 대인배상Ⅱ에 가입할 수 있도록 제한하고 있으므로, 보험가입자로서는 이 사건 대인배상Ⅰ·Ⅱ 지게차로 인한 사고에 대하여 대인배상Ⅱ로 보상받을 것을 염두에 두고 대인배상Ⅱ에 가입하는 것을 전제로 대인배상Ⅰ에 가입하였다고 볼 여지가 충분하다.

(다) 따라서 이 사건 대인배상Ⅰ·Ⅱ 지게차에 대한 보험계약을 체결할 당시에 원고와 보험가입자들 사이에서는 그 각 지게차의 사고로 인하여 피보험자들이 자동차손배법에 의한 손해배상책임 외의 손해배상책임을 짐으로써 손해가 발생한 경우에 이를 모두 대인배상Ⅱ에 포함시켜 보상하는 한편, 산업재해 면책규정 등의 면책사유가 적용되도록 약정한 것으로 해석되며, 이와 달리 대인배상Ⅰ의 보상범위에 관한 이 사건 단서 규정을 배제하고 원고가 그 손해의 일부를 대인배상Ⅰ로 보상한다는 내용의 특약이 있다고 보기는 어렵다(대법원 2012. 11. 15. 선고 2012다57385 판결 등 참조).

다. 그럼에도 이와 달리 원심은 이에 어긋나는 판시와 같은 이유로, 이 사건 대인배상 Ⅰ·Ⅱ 지게차에 대하여 원고와 보험가입자들 사이에 자동차손배법이 적용되는 건설기계와 동일하게 취급하여 대인배상Ⅱ가 아니라 대인배상Ⅰ에 의하여 자동차손배법에 의한 의무보험과 동일한 내용으로 보상하여 주기로 하였다고 판단하였다. 결국 이러한 원심의 판단에는 개별약정 우선의 원칙 내지 약관해석의 기본원칙에 관한 법리를 오해하여 판결에 영향을 미친 잘못이 있다. 이를 지적하는 상고이유 주장은 이유 있다.

3. 결론

그러므로 이 사건 대인배상Ⅰ·Ⅱ 지게차에 관한 나머지 상고이유에 대한 판단을 생략하고, 원심판결 중 이 사건 대인배상Ⅰ·Ⅱ 지게차에 관한 부분을 파기하며, 이 부분 사건을 다시 심리·판단하게 하기 위하여 원심법원에 환송하고, 나머지 상고를 기각하기로 하여, 관여 대법관의 일치된 의견으로 주문과 같이 판결한다.

> **판례7 |** 영업용자동차보험약관에서 대인배상Ⅱ에 의한 보험자의 보상책임에 관하여 '대인배상Ⅰ로 지급되거나 지급될 수 있는 금액을 공제한 손해'를 보상한다고 규정하고 있는데, 피보험자가 피해자에 대하여 자동차손해배상 보장법에 의한 손해배상책임을 지지 아니하여 대인배상Ⅰ로 지급되거나 지급될 수 있는 금액이 전혀 없는 경우, 피보험자가 법률상 손해배상책임을 짐으로써 입은 손해 전부를 대인배상Ⅱ로 보상받을 수 있는지 여부(원칙적 적극)[대법원 2015. 12. 23. 선고 2013다214413 판결]

【원심판결】

서울남부지법 2013. 9. 26. 선고 2013나51754 판결

【주문】

원심판결 중 피고 패소 부분을 파기하고, 이 부분 사건을 서울남부지방법원 합의부에 환송한다.

【이유】

상고이유에 대하여 판단한다.

1. 원심판결 이유 및 기록에 의하면, ① 나산이엔씨 주식회사(이하 '나산이엔씨'라고 한다)는 피고와 이 사건 굴삭기에 관하여 영업용자동차보험계약을 체결하였는데, 그 보험증권에 자동차의 종류가 '굴삭기(무한궤도식)'로, 대인배상Ⅰ의 가입금액이 '자배법'으로 기재되어 있는 사실, ② 이 사건 보험계약의 담보내용은 대인배상Ⅰ, 대인배상Ⅱ, 대물배상으로 이루어져 있고, 나산이엔씨는 피고에게 위 각 담보내용별로 산출된 보험료를 납부한 사실, ③ 이 사건 보험약관 제10조는 '대인배상Ⅱ는 대인배상Ⅰ에 가입하는 경우에 한하여 가입할 수 있고, 대인배상Ⅰ은 자배법에 의한 자동차손해배상책임에 한한다'고 규정한 다음, 대인배상Ⅱ는 '피보험자가 피보험자동차를 소유, 사용, 관리하는 동안에 생긴 피보험자동차의 사고로 인하여 남을 죽게 하거나 다치게 하여 법률상 손해배상책임을 짐으로써 입은 손해 중 대인배상Ⅰ로 지급되는 금액 또는 피보험자동차가 대인배상Ⅰ에 가입되어 있지 아니한 경우에는 대인배상Ⅰ로 지급될 수 있는 금액을 공제한 손해'를 보상한다고 규정하고 있는 사실을 알 수 있다.

2. 이 사건 보험약관 제10조가 대인배상Ⅱ에 의한 보험자의 보상책임에 관하여 규정하면서 '피보험자가 피보험자동차를 소유, 사용, 관리하는 동안에 생긴 피보험자동차의 사고로 인하여 남을 죽게 하거나 다치게 하여 법률상 손해배상책임을 짐으로써 입은 손해 중 대인배상Ⅰ로 지급되는 금액 또는 피보험자동차가 대인배상Ⅰ에 가입되어 있지 아니한 경우에는 대인배상Ⅰ로 지급될 수 있는 금액을 공제한 손해'를 보상한다고 규정하고 있는 것은, 피보험자가 법률상 손해배상책임을 짐으로써 입은 손해 중 대인배상Ⅰ로 지급되거나 지급될 수 있는 금액이 있으면 피보험자동차가 대인배상Ⅰ에 가입되어 있는지를 묻지 않고 이를 보험자가 보상할 금액에서 공제하고 그 나머지만을 보상한다는 취지이지, 피보험자가 피해자에 대하여 자동차손해배상 보장법(이하 '자배법'이라고 한다)에 의한 손해배상책임을 지지 아니하는 관계로 대인배상Ⅰ이 적용될 여지가 없어 대인배상Ⅰ로 지급되거나 지급될 수 있는 금액이 전혀 없는 경우에까지 대인배상Ⅰ이 적용될 경우를 가상하여 산정한 금액을 넘는 손해만을 보상한다는 취지는 아니며, 그 경우에는 다른 특별한 사정이 없는 한 피보험자가 법률상 손해배상책임을 짐으로써 입은 손해의 전부를 대인배상Ⅱ로 보상받을 수 있다고 할 것이다(대법원 2000. 10. 6. 선고 2000다32840 판결 등 참조).

이러한 법리에 비추어 살펴보면, 이 사건 굴삭기는 무한궤도식이므로 자배법의 적용을 받는 건설기계에 해당하지 않는다 할 것이고, 이와 같이 대인배상Ⅰ이 적용될 여지가 없어 대인배상Ⅰ로 지급될 수 있는 금액이 전혀 없는 경우에도 특별한 사정이 없는 한 나산이엔씨는 이 사건 굴삭기의 사고로 인하여 법률상 손해배상책임을 짐으로써 입은 손해의 전부를 대인배상Ⅱ로 보상받을 수 있으므로, 나산이엔씨로서는 대인배상Ⅱ에 의한 보상을 염두에 두고 대인배상Ⅱ에 가입하기 위한 전제로 대인배상Ⅰ에 가입하였다고 볼 여지가 충분히 있다. 그리고 그러한 취지에서 이 사건 보험계약을 체결할 때 그 자동차보험증권의 '자동차'란에 '무한궤도식 굴삭기'로 기재한 것으로 볼 수 있다.

이러한 사정들을 종합하여 보면, 비록 이 사건 보험약관에 산업재해 면책규정이 있어 피고가 대인배상Ⅱ의 보상책임을 면하게 된다는 점을 고려하더라도 이 사건 보험계약을 체결할 당시 나산이엔씨와 피고 사이에 이 사건 굴삭기의 사고로 인하여 나산이엔씨가 자배법에 의한 손해배상책임 이외의 손해배상책임을 짐으로써 손해가 발생한 경우 대인배상Ⅰ의 보상범위에 관한 이 사건 보험약관의 규정을 배제하고 피고가 이를 대인배상Ⅰ로 보상한다는 내용의 약정이 있었다고 보기는 어렵다(대법원 2012. 11. 15. 선고 2012다57385 판결 참조).

그럼에도 원심은 판시와 같은 이유만으로 나산이엔씨는 이 사건 굴삭기에 대하여도 자배법의 적용을 받는 건설기계와 같은 내용으로 피고로부터 보상을 받을 의사로, 피고도 이 사건 굴삭기가 자배법의 적용을 받는 건설기계가 아니라도 자배법의 적용을 받는 건설기계와 같은 내용으로 보상할 의사로 이 사건 보험계약을 체결하였다고 보아야 한다고 판단하였으므로, 이러한 원심판결에는 보험계약 및 보험약관의 해석에 관한 법리를 오해하여 판결에 영향을 미친 잘못이 있다. 이 점을 지적하는 상고이유의 주장에는 정당한 이유가 있다.

3. 그러므로 나머지 상고이유에 대한 판단을 생략한 채 원심판결 중 피고 패소 부분을 파기하고, 이 부분 사건을 다시 심리·판단하도록 원심법원에 환송하기로 하여, 관여 대법관의 일치된 의견으로 주문과 같이 판결한다.

판례8 | 구 자동차손해배상 보장법 시행령 제3조 제1항 제2호, 제3호에 따른 책임보험금의 산출방법[대법원 2011. 3. 24. 선고 2010다94021 판결]

【판결요지】

구 자동차손해배상 보장법 시행령(2008. 9. 25. 대통령령 제21036호로 전부 개정되기 전의 것) 제3조 제1항 제2호, 제3호는, 피해자가 부상하고, 그 부상이 원인이 되어 후유장해가 생긴 경우에는 그 각 손해액이 구 법 시행령의 [별표 1], [별표 2]에서 정한 금액을 초과하는 때에는 [별표 1], [별표 2]에서 정한 금액, 그 각 손해액이 [별표 1], [별표 2]에서 정한 금액에 미달하는 때에는 그 각 손해액을 각각 책임보험금으로 하되, 부상으로 인한 손해액이 자동차보험 진료수가기준에 의하여 산출한 진료비 해당액에조차 미달하는 때에는 그 진료비 해당액을 부상으로 인한 책임보험금으로 한다는 뜻이다.

【원심판결】

창원지법 2010. 10. 27. 선고 2010나4886 판결

【주문】

원심판결을 파기하고, 사건을 창원지방법원 본원 합의부에 환송한다.

【이유】

상고이유를 본다.

1. 제1, 2, 3점에 대하여

약관의 해석은, 신의성실의 원칙에 따라 당해 약관의 목적과 취지를 고려하여 공정하고 합리적으로 해석하되, 개개 계약 당사자가 기도한 목적이나 의사를 참작함이 없이 평균적 고객의 이해가능성을 기준으로 객관적·획일적으로 해석하여야 한다(대법원 2009. 5. 28. 선고 2008다81633 판결 등 참조).

전국화물자동차공제조합의 자동차공제약관 제13조에 의하면, 기명조합원으로부터 허락

을 얻어 공제계약 자동차를 운행하는 자가 죽거나 다친 경우 대인배상II에서 정한 공제조합의 보상금 지급의무가 면책되는 것으로 규정되어 있으므로, 공제조합으로서는 죽거나 다친 피해자가 위 면책조항에서 정한 승낙조합원에 해당한다는 사유가 있으면 대인배상II에서 정한 보상금 지급의무의 면책을 주장할 수 있다.

원심판결 이유에 의하면, 원심은 그 채택 증거를 종합하여 원고는 2006. 10. 25. 진산운수 주식회사와의 사이에 이 사건 차량에 관하여 대인배상I·II 등을 담보하는 이 사건 공제계약을 체결한 사실, 피고는 자신의 공사현장에서 사용하던 자재인 유로폼을 옮기기 위하여 진산운수로부터 운전기사인 소외인과 함께 이 사건 차량을 임차한 사실, 피고는 2007. 10. 19. 약 4미터 높이의 유로폼 더미 위에 올라가 유로폼에 줄을 묶어 크레인 고리에 걸어주는 작업을 하고 있었는데, 소외인이 크레인을 잘못 작동하여 크레인에 걸린 줄로 피고를 추락하게 하여 상해를 입게 한 사실을 인정한 다음, 피고는 기명조합원으로부터 허락을 얻어 공제계약 자동차를 운행하는 자에 해당하므로, 원고는 위 면책조항에 따라 대인배상II에 의한 보상금을 피고에게 지급할 의무가 없다고 판단하였다.

앞서 본 법리와 기록에 비추어, 원심의 위와 같은 사실인정과 판단은 정당한 것으로 수긍할 수 있다.

원심판결에는 상고이유에서 주장하는 바와 같이 대인배상II에서의 승낙조합원 해당 여부 및 승낙조합원 면책조항의 해석에 관한 법리를 오해하는 등의 위법이 없다.

2. 상고이유 제4점에 대하여

구 자동차손해배상 보장법 (2008. 3. 28. 법률 제9065호로 전부 개정되기 전의 것, 이하 '구 법'이라 한다) 제5조 제1항은 "자동차보유자는 자동차의 운행으로 다른 사람이 사망하거나 부상한 경우에 피해자(피해자가 사망한 경우에는 손해배상을 받을 권리를 가진 자를 말한다. 이하 같다)에게 대통령령이 정하는 금액을 지급할 책임을 지는 책임보험 또는 책임공제(이하 '책임보험 등'이라 한다)에 가입하여야 한다."라고 규정하고, 구 법 시행령(2008. 9. 25. 대통령령 제21036호로 전부 개정되기 전의 것) 제3조 제1항은 " 법 제5조 제1항의 규정에 의하여 자동차보유자가 가입하여야 하는 책임보험 또는 책임공제(이하 '책임보험 등'이라 한다)의 보험금 또는 공제금(이하 '책임보험금'이라 한다)은 피해자 1인당 다음 각 호의 금액과 같다."고 규정하면서, 그 제2호에서 "부상한 경우에는 [별표 1]에서 정하는 금액의 범위 안에서 피해자에게 발생한 손해액. 다만 그 손해액이 법 제13조 제1항의 규정에 의한 자동차보험 진료수가에 관한 기준(이하 '자동차보험 진료수가기준'이라 한다)에 의하여 산출한 진료비 해당액에 미달하는 경우에는 [별표 1]에서 정하는 금액의 범위 안에서 그 진료비 해당액으로 한다."고 규정하며, 제3호에서 "부상에 대한 치료가 완료된 후 당해 부상이 원인이 되어 신체의 장해(이하 '후유장해'라 한다)가 생긴 경우에는 [별표 2]에서 정하는 금액의 범위 안에서 피해자에게 발생한 손해액"이라고 규정하고 있다.

위와 같은 구 법 시행령 제3조 제1항 제2호, 제3호의 규정은 피해자가 부상하고, 그 부상이 원인이 되어 후유장해가 생긴 경우에는 그 각 손해액이 구 법 시행령의 [별표 1], [별표 2]에서 정한 금액을 초과하는 때에는 [별표 1], [별표 2]에서 정한 금액, 그 각 손해액이 [별표 1], [별표 2]에서 정한 금액에 미달하는 때에는 그 각 손해액을 각각 책임보험금으로 하되, 부상으로 인한 손해액이 자동차보험 진료수가기준에 의하여 산출한 진료비 해당액에조차 미달하는 때에는 그 진료비 해당액을 부상으로 인한 책임보험금으로 한다는 뜻이다 (대법원 2010. 7. 8. 선고 2010다2862 판결 참조).

원심은 이 사건 사고로 인한 피고의 부상등급이 구 법 시행령 [별표 1]의 1급 12항에, 후유장해등급이 구 법 시행령 [별표 2]의 10급 11항에 각 해당하는 사실을 인정하면서도, 원고가 피고에게 이미 지급한 보상금 6,789만 원 중 2,522만 원이 대인배상Ⅰ 보상금에 해당한다는 이유로, 피고는 원고에게 위 대인배상Ⅰ 보상금을 초과하는 금액을 부당이득으로 반환할 의무가 있다고 판단하였다.

그러나 구 법 시행령에 의하면, [별표 1]의 1급 12항의 부상등급에 대한 책임보험금 한도금액은 2,000만 원이고, [별표 2]의 10급 11항의 후유장해등급에 대한 책임보험금 한도금액은 1,880만 원이므로, 원심으로서는 먼저 피고의 부상으로 인한 손해액과 후유장해로 인한 손해액을 각각 산정하여 위 각 손해액이 위 각 책임보험금 한도금액을 초과하는지 여부를 심리하여 대인배상Ⅰ 보상금의 금액을 먼저 확정하였어야 할 것이다.

그럼에도 원심은 이를 심리하지도 아니한 채 아무런 근거도 없이 지급된 보상금 중 2,522만 원이 대인배상Ⅰ 보상액에 해당한다는 취지로 판단하였으니, 원심판결에는 구 법 시행령 제3조 제1항 제2호, 제3호에 관한 법리를 오해하였거나 필요한 심리를 다하지 아니하여 판결에 영향을 미친 위법이 있다고 할 것이다.

이 점을 지적하는 상고이유의 주장은 이유 있다.

3. 결론

그러므로 원심판결을 파기하고, 사건을 다시 심리·판단하게 하기 위하여 원심법원에 환송하기로 하여, 관여 대법관의 일치된 의견으로 주문과 같이 판결한다.

판례9 | 보험사업자가 보험약관에 정한 바에 따라 산출한 피해자의 손해액을 초과한 금액을 피해자에게 지급한 경우 그 초과지급금액에 대하여 부당이득으로 반환을 청구할 수 있는지 여부(적극)*[대법원 2010. 7. 8. 선고 2010다2862 판결]*

【원심판결】

부산지법 2009. 12. 9. 선고 2009나2795 판결

【주문】

원심판결을 파기하고, 사건을 부산지방법원 본원 합의부에 환송한다.

【이유】

상고이유를 본다.

1. 구 자동차손해배상 보장법(2008. 3. 28. 법률 제9065호로 전부 개정되기 전의 것, 이하 '구 법'이라 한다) 제5조 제1항은 "자동차보유자는 자동차의 운행으로 다른 사람이 사망하거나 부상한 경우에 피해자(피해자가 사망한 경우에는 손해배상을 받을 권리를 가진 자를 말한다. 이하 같다)에게 대통령령이 정하는 금액을 지급할 책임을 지는 책임보험 또는 책임공제(이하 '책임보험 등'이라 한다)에 가입하여야 한다."라고 규정하고, 구 법 시행령(2004. 2. 21. 대통령령 제18286호로 개정되어 2005. 2. 22. 시행되기 전의 것) 제3조 제1항은 " 법 제5조 제1항의 규정에 의하여 자동차보유자가 가입하여야 하는 책임보험 또는 책임공제(이하 '책임보험 등'이라 한다)의 보험금 또는 공제금(이하 '책임보험금'이라 한다)은 피해자 1인당 다음 각호의 금액과 같다."고 규정하면서 그 제2호에서 "부상한 경우에는 별표 1에서 정하는 금액의 범위 안에서 피해자에게 발생한 손해액. 다만, 그 손해액이 법 제13조 제1항의 규정에 의한 자동차보험 진료수가에 관한 기준(이하 '자동차보험 진료수가기준'이라 한다)에 의하여 산출한 진료비 해당액에 미달하는 경우에는 별표 1에서 정하는 금액의 범위 안에서 그 진료비 해당액으로 한다."라고 규정하고 있다.

위와 같은 구 법 시행령 제3조 제1항 제2호 본문과 단서의 규정은 피해자가 부상한 경우에 그 손해액이 구 법 시행령의 별표 1에서 정한 금액을 초과하는 때에는 별표 1에서 정한 금액, 그 손해액이 별표 1에서 정한 금액에 미달하는 때에는 그 손해액을 각각 책임보험금으로 하되, 그 손해액이 자동차보험 진료수가기준에 의하여 산출한 진료비 해당액에조차 미달하는 때에는 그 진료비 해당액을 책임보험금으로 한다는 뜻이다.

따라서 피해자의 손해액이 구 법 시행령의 별표 1에서 정한 금액을 초과하는 때에는 구 법 시행령 제3조 제1항 제2호 단서가 적용될 수 없고, 이 경우에 보험사업자가 보험약관에서 정한 바에 따라 산출한 피해자의 손해액을 초과한 금액을 피해자에게 지급하였다면 보험사업자는 특별한 사정이 없는 한 그 초과지급금액에 대하여 부당이득으로서 반환을 청구할 수 있다고 할 것이다.

2. 원심은 제1심판결의 이유를 인용하여, 피고 1이 피고 2 회사의 피보험차량을 운전하여 가다가 그 판시 일시, 장소에서 마산시청 근로자인 소외인이 타고 가던 자전거를 충격하여 소외인에게 상해를 가한 사실, 이에 기여한 소외인의 과실은 30%, 기왕증의 기여도는 60%인 사실, 위 사고로 인한 소외인의 일실소득액은 기왕증의 기여도를 고려하여

산출한 12,360,512원이고, 치료비는 기왕증의 기여도를 고려하지 아니하고 과실상계를 하지 아니하여 산출한 7,928,690원인 사실, 원고 공단은 소외인에게 휴업급여 4,372,120원, 장해일시금 25,067,950원, 요양급여 1,101,660원을 각 지급한 사실, 한편 피고 2 회사는 소외인에게 치료비로 6,827,030원을 지급한 사실 등을 인정하였다. 원심은 나아가, 소외인의 치료비 중 기왕증의 기여도와 과실비율을 감안하여 피고들이 실제 배상책임을 지는 금액은 2,220,033원뿐인데 피고 2 회사가 이를 초과하여 6,827,030원을 지급하였으므로 그 차액 4,606,997원은 원고 공단의 피고들에 대한 구상청구 금액에서 공제되거나 상계되어야 한다는 피고들의 주장에 대하여, 피고 2 회사의 위와 같은 치료비 지급은 구 법 시행령 제3조 제1항 제2호 단서 및 피고 2 회사의 자동차보험약관에서 정한 지급기준에 따라 지급된 것으로서 피고 2 회사가 법률상 또는 약관에 따라 부담하는 손해배상액에 해당하여 치료비가 초과지급되었다고 할 수 없으므로 피고들의 공제 내지 상계의 주장은 그 이유가 없다고 판단하였다.

그러나 원심의 판단은 다음과 같은 이유에서 그대로 받아들일 수 없다.

먼저, 기록을 살펴보더라도, 피고 2 회사의 위와 같은 치료비의 지급이 피고 2 회사의 자동차보험약관에서 정한 지급기준에 따라서 지급된 것이라고 볼 아무런 자료가 없다. 다음으로, 이 사건 사고로 인한 소외인의 손해액이 구 법 시행령의 별표 1에서 정한 금액을 초과함이 수리 및 계산상 명백하므로 앞에서 본 법리에 따라 이 사건에는 구 법 시행령 제3조 제1항 제2호 단서의 규정이 적용될 여지가 없다고 할 것이다.

그럼에도 불구하고 원심은 피고 2 회사의 자동차보험약관의 내용이 어떤 것인지를 심리·판단하지도 아니한 채 위에서 본 바와 같은 판단을 하고 말았으니, 원심판결에는 책임보험에 관한 법리를 오해하였거나 필요한 심리를 다하지 아니하여 판결에 영향을 미친 위법이 있다고 할 것이다. 이 점을 지적하는 취지의 상고이유의 주장은 이유 있다.

3. 그러므로 원심판결을 파기하고, 사건을 다시 심리·판단하도록 원심법원에 환송하기로 하여 관여 대법관의 일치된 의견으로 주문과 같이 판결한다.

| 판례10 | 자동차손해배상보장법상 자동차보유자의 책임보험 가입의무의 발생시점[대법 원 2002.9. 27.자 2001마604 결정] |

【판결요지】

자동차손해배상보장법 제5조 제1항 에서는, "자동차를 운행하고자 하는 자는 자동차의 운행으로 다른 사람이 사망하거나 부상한 경우에 피해자(피해자가 사망한 경우에는 손해배상을 받을 권리를 가진 자를 말한다. 이하 같다)에게 대통령령이 정하는 금액을 지급할 책임을 지는 책임보험 또는 책임공제(이하 '책임보험'이라 한다)에 가입하여야 한다."고 규정하고 있고, 제2항 에서는, "제1항의 규정은 대통령령이 정하는 자동차와 도로(도로교통법 제2조 제1호 의 규정에 의한 도로를 말한다. 이하 같다)가 아닌 장소에 한하여 운행하는 자동차에 대하여는 이를 적용하지 아니한다."고 규정하고 있으므로, 자동차를 보유한다고 하더라도 자동차를 도로에서 운행하지 아니할 것임이 분명한 경우에는 운행하지 아니하는 기간 동안은 책임보험 등에 가입할 의무를 부담하지 아니한다고 보아야 할 것이나, 자동차를 보유하는 자는 자동차를 운행할 목적으로 보유한다고 추정하는 것이 마땅하므로, 특별한 사정이 없는 한 자동차보유자는 원칙적으로 그 등록시부터 책임보험에 가입할 의무를 부담한다고 보아야 할 것이다.

【원심판결】

부산지법 2001. 1. 5. 자 2000라325 결정

【주문】

재항고를 기각한다.

【이유】

자동차손해배상보장법 제5조 제1항에서는, "자동차를 운행하고자 하는 자는 자동차의 운행으로 다른 사람이 사망하거나 부상한 경우에 피해자(피해자가 사망한 경우에는 손해배상을 받을 권리를 가진 자를 말한다. 이하 같다)에게 대통령령이 정하는 금액을 지급할 책임을 지는 책임보험 또는 책임공제(이하 '책임보험등'이라 한다)에 가입하여야 한다."고 규정하고 있고, 제2항에서는, "제1항의 규정은 대통령령이 정하는 자동차와 도로(도로교통법 제2조 제1호의 규정에 의한 도로를 말한다. 이하 같다)가 아닌 장소에 한하여 운행하는 자동차에 대하여는 이를 적용하지 아니한다."고 규정하고 있으므로, 자동차를 보유한다고 하더라도 자동차를 도로에서 운행하지 아니할 것임이 분명한 경우에는 운행하지 아니하는 기간 동안은 책임보험 등에 가입할 의무를 부담하지 아니한다고 보아야 할 것이나, 자동차를 보유하는 자는 자동차를 운행할 목적으로 보유한다고 추정하는 것이 마땅하므로, 특별한 사정이 없는 한 자동차보유자는 원칙적으로 그 등록시부터 책임보험에 가입할 의무를 부담한다고 보아야 할 것이다.

원심은, 재항고인은 1999. 3. 6. 자동차대여업 등을 목적으로 설립되었는데, 부산광역시장은 1999. 5. 3. '대여자동차 100대를 등록한 후 자동차등록증 사본을 부산광역시에 제출하고 자동차대여사업을 개시하여야 하고, 자동차 최저등록대수인 100대를 등록하기 전에는 사업을 개시하여서는 아니 되며, 이 때 기 등록한 차량은 영업장별 차고에 주차할 것 등'을 조건으로 자동차대여사업 등록을 수리한 사실, 재항고인은 이 사건 자동차들에 대하여 1999. 6. 5.까지 등록을 마쳤으나 원심 판시 기간 동안 책임보험에 가입하지 아니하다가, 1999. 9. 2.에야 운송개시를 한 사실, 부산광역시 중구청장은 1999. 12. 20. 재항고인에게 이 사건 자동차들에 대한 책임보험가입의무 불이행을 이유로 이 사건 과태

료를 부과한 사실을 인정한 다음, 재항고인이 운송개시를 할 수 있는 조건이 정해져 있다 할지라도 이 사건 자동차들에 대한 책임보험가입의무가 운송개시 신고시에 이르러 비로소 발생한다고는 볼 수 없고, 재항고인이 차량등록을 하여 운행이 가능하게 된 이상 그 때부터 책임보험가입의무가 있으므로, 이 사건 과태료 부과는 정당하다고 판단하였다.

기록에 비추어 살펴보면, 원심이 인정한 위 사실관계는 정당한 것으로 수긍이 되는바, 사실관계가 원심이 인정한 바와 같다면, 비록 재항고인이 자동차대여사업을 하기 위하여 이 사건 자동차들을 보유하고, 부산광역시장이 위 등록조건으로 '자동차 최저등록대수인 100대를 등록하기 전에는 사업을 개시하여서는 아니 되며, 이 때 기 등록한 차량은 영업장별 차고에 주차할 것'을 요구하였다고 할지라도, 위 조건의 의미는 최저등록대수를 충족하여 사업개시신고를 하기 전에는 이미 등록한 자동차를 가지고 자동차대여사업을 하여서는 아니 된다는 의미일 뿐, 이미 등록한 자동차를 자동차대여사업 이외의 용도로 운행하는 것까지 금지하거나 그러한 운행시 어떠한 제재를 가한다는 의미는 아니라고 보여지며(여객자동차운수사업법에 의하여도 그와 같은 경우에 어떠한 제재를 가할 수 있는 근거조항이 없다), 실제로도 재항고인은 이미 등록한 차량 중 1대를 재항고인 회사의 업무용으로 운행한 사실이 기록상 인정되므로, 이 사건 자동차들이 자동차대여사업 이외의 용도로 도로교통법 소정의 도로에서 운행될 가능성을 배제할 수 없다 할 것이고, 그러한 경우 그 운행으로 다른 사람이 사망하거나 부상한 경우에 피해자에게 대통령령이 정하는 금액을 지급할 책임을 지는 책임보험 등에 가입하여야 할 필요성이 없다고 할 수는 없을 것이므로, 원심이 이 사건 자동차들에 대한 책임보험 가입의무가 운송개시 신고시에 이르러 비로소 발생한다고는 볼 수 없고, 재항고인이 차량등록을 하여 운행이 가능하게 된 이상 그 때부터 책임보험 가입의무가 있으므로 이 사건 과태료 부과는 정당하다고 판단한 것도 옳다고 수긍이 가고, 거기에 재항고이유에서 주장하는 바와 같은 보험 가입의무에 관한 법리오해 등의 위법이 있다고 할 수 없다.

그러므로 재항고를 기각하기로 하여 관여 법관의 일치된 의견으로 주문과 같이 결정한다.

Chapter 4. 교통사고 발생 시 형사처벌

[1] 교통사고에 대한 형사 처벌

1. 교통사고에 대한 처벌

① 교통사고 가해자 및 교통법규 위반자에 대해 가해지는 금고나 벌금 등을 형사처벌이라고 하고, 이에 관한 법률로는「도로교통법」,「형법」,「교통사고처리 특례법」,「특정범죄 가중처벌 등에 관한 법률」등이 있습니다.

② 「도로교통법」에 따르면 차의 운전자가 업무상 필요한 주의를 게을리 하거나 중대한 과실로 다른 사람의 건조물이나 그 밖의 재물을 부서지게 한 때에는 2년 이하의 금고나 500만원 이하의 벌금에 처해지게 됩니다(「도로교통법」제151조).

③ 차의 운전자가 교통사고로 인하여 업무상 과실 또는 중대한 과실로 인해 사람을 죽거나 다치게 한 경우(「형법」제268조)에는 5년 이하의 금고 또는 2천만원 이하의 벌금에 처해집니다(「교통사고처리 특례법」제3조제1항).

④ 자동차 등의 운전자가「도로교통법」제12조제3항에 따른 어린이 보호구역에서「도로교통법」제12조제1항을 위반하여 어린이(13세 미만)에게「교통사고처리 특례법」제3조제1항의 죄를 범한 경우에는 다음 각 호의 구분에 따라 가중처벌됩니다(「특정범죄 가중처벌 등에 관한 법률」제5조의13).

  1. 어린이를 사망에 이르게 한 경우에는 무기 또는 3년 이상의 징역
  2. 어린이를 상해에 이르게 한 경우에는 1년 이상 15년 이하의 징역 또는 500만원 이상 3천만원 이하의 벌금

※ 법령용어해설

업무상 과실(業務上 過失): 업무상 요구되는 주의를 태만히 한 것을 말합니다. 의사나 자동차운전자와 같이 사람의 생명·신체 등에 위험이 따르는 각종 업무에 종사하고 있는 자가 그 업무상 필요한 주의의무를 게을리하여 사람을 다치게 하거나 사망케 하면 보통의 과실범에 비하여 형이 무겁게 처벌됩니다.

---

[2] 상담사례

■ 교통사고 시 민사 이외에 별도로 형사상 위로금을 청구할 수 있는지요?

> **Q.** 저의 남편은 회사에서 퇴근하여 귀가하던 중 횡단보도상에서 과속으로 질주하던 승용차에 치어 현장에서 사망하였습니다. 가해자는 구속되었고, 그 차량은 종합보험에 가입은 되어 있지만, 가해자 측에서는 한 번도 찾아오지 않고 위로의 말 한마디 없습니다. 저는 보험금 이외에 별도로 형사상 위로금을 청구하고 싶은데 그것이 가능한지요?

A. 교통사고가 발생하면 형사상의 처벌문제와 민사상의 손해배상문제가 동시에 발생하는 경우가 많습니다. 결국 형사상의 처벌문제는 국가와 가해운전자와의 관계이고, 민사상 인사사고에 대한 손해배상문제는 피해자와 가해운전자 및 운행의 지배이익을 가지는 자(통상 차주가 될 것임)와의 관계이므로 교통사고로 인한 인사사고의 피해자는 특별한 사정이 없는 한 가해운전자 및 운행의 지배이익을 가지는 자를 상대로 민사상의 손해배상책임을 물을 수 있습니다.

그러나 형사상 위로금, 이른바 형사합의금은 가해운전자 자신이 형사처벌을 조금이라도 가볍게 받기 위하여 피해자에게 임의로 지급하면 받을 수는 있으나, 그렇지 아니한 경우에 민사상 손해배상금 이외에 별도로 법률상 당연히 청구할 수 있는 성질의 것은 아니라 할 것입니다.

참고로 형사합의금의 성질에 관하여 판례는 "불법행위의 가해자에 대한 수사과정이나 형사재판과정에서, 피해자가 가해자로부터 합의금 명목의 금원을 지급받고 가해자에 대한 처벌을 원치 않는다는 내용의 합의를 한 경우에, 그 합의 당시 지급받은 금원을 특히 위자료 명목으로 지급 받는 것임을 명시하였다는 등의 특별한 사정이 없는 한 그 금원은 재산상 손해배상금의 일부로 지급되었다고 봄이 상당하며(대법원 1994. 10. 14. 선고 94다14018 판결), 이 점은 가해자가 형사합의금을 피해자에게 직접 지급하지 않고 형사상의 처벌과 관련하여 금원을 공탁한 경우에도 마찬가지라고 할 것이고, 교통사고의 가해자측이 피해자의 유족들을 피공탁자로 하여 위로금 명목으로 공탁한 돈을 위 유족들이 출급한 경우, 공탁서상의 위로금이라는 표현은 민사상 손해배상금 중 정신적 손해인 위자료에 대한 법률가가 아닌 일반인의 소박한 표현에 불과한 것으로서 그 공탁금은 민사상 손해배상금의 성질을 갖고, 자동차종합보험계약에 의한 보험자의 보상범위에도 속한다."라고 한 사례가 있습니다(대법원 1999. 1. 15. 선고 98다43922 판결).

따라서 형사합의금을 특별히 위로금 등으로 명시하지 아니한 경우에는 민사상 재산적 손해배상으로, 위로금이라고 명시한 경우에는 민사상 정신적 손해배상인 위자료로 보아야 할 것인바, 이 모두가 민사상 손해배상금에 해당하는 것입니다. 결국 형사위로금이라고 하는 것이 민사상 손해배상금 이외에 별도로 청구할 수 있는 그런 권리는 아닌 것입니다.

■ 교통사고처리특례법 제3조가 정한 형사처벌 등의 특례가 형법상 교통방해의 죄에 적용되는지요?

> **Q.** A는 승객 25명을 태우고 버스를 운전하던 중 운행과실로 자동차를 전복시켜 그 차에 타고 있던 승객들에게 뇌진탕 등의 상해를 입게 하였는 바, 승객들과는 원만히 합의하였으나, 업무상과실자동차전복죄로 기소가 되었습니다. 이러한 경우 처벌이 되는지요?

A. 관련 대법원 판례는 없으나, 하급심 판례에 의하면 "교통사고처리특례법 제1조, 제2조 제2호, 제3조 제1항, 제2항의 제반규정을 살펴보면 위 특례법은 업무상과실 또는 중대한 과실로 교통사고를 일으킨 운전자에 대한 형사처벌 등의 특례를 정한 법률로서 그 적용대상이 되는 교통사고는 형법 제268조 및 도로교통법 제151조에 한정되는 것이므로 형법체계상 교통방해죄의 한 태양으로서 공중교통안전을 그 보호법익으로 하는 공공위험죄에 속하는 형법 제189조 제2항, 제187조 소정의 업무상과실자동차전복죄와는 그 입법취지, 보호법익 및 적용대상 등에 있어 차이가 있다고 할 것이므로 교통사고처리특례법 제3조 제1항이 형법 제189조 제2항, 제187조 에 대한 특별법규라로 볼 수 없고 별개의 독립된 구성요건이라고 해석함이 상당하다(춘천지방법원 1988. 1. 28. 선고 87노615 판결)하였습니다.
따라서, 이러한 경우 교통사고처리특례법으로 처벌이 되지 않는다고 하더라도 형법상 업무상과실자동차전복죄가 성립되며, 처벌될 수 있습니다. 다만, 피해자들과 합의한 점을 고려하여 가벼운 처벌이 될 것으로 보입니다.

■ 위험운전치사상죄의 입법 취지 및 교통사고처리특례법 위반죄와의 관계는?

> **Q.** Q. A는 음주의 영향으로 정상적인 운전이 곤란한 상태에서 운전하다 사람을 치어 상해를 입히게 되었습니다. 이 때 甲은 특정범죄가중처벌 등에 관한 법률 위반(위험운전치사상)죄 외에 업무상과실치상으로 인한 교통사고처리특례법 위반죄도 별도로 성립하여 처벌받게 되는지요?

A. A. 음주로 인한 특정범죄가중처벌 등에 관한 법률 위반(위험운전치사상)죄는 그 입법 취지와 문언에 비추어 볼 때, 주취상태의 자동차 운전으로 인한 교통사고가 빈발

하고 그로 인한 피해자의 생명·신체에 대한 피해가 중대할 뿐만 아니라, 사고발생 전 상태로의 회복이 불가능하거나 쉽지 않은 점 등의 사정을 고려하여, 형법 제268조에서 규정하고 있는 업무상과실치사상죄의 특례를 규정하여 가중처벌함으로써 피해자의 생명·신체의 안전이라는 개인적 법익을 보호하기 위한 것입니다. 따라서 그 죄가 성립하는 때에는 차의 운전자가 형법 제268조의 죄를 범한 것을 내용으로 하는 교통사고처리특례법 위반죄는 그 죄에 흡수되어 별죄를 구성하지 않습니다(대법원 2008. 12. 11. 선고 2008도9182 판결).

그러므로 A에게는 특정범죄가중처벌 등에 관한 법률 위반(위험운전치사상)죄만이 성립하고, 교통사고처리특례법 위반죄는 성립하지 않습니다.

[3] 「교통사고처리 특례법」에 따른 처벌 특례

1. 개념

① 피해의 회복을 신속하게 처리하기 위하여 「교통사고처리 특례법」은 업무상과실(業務上過失) 또는 중대한 과실로 교통사고를 일으킨 운전자에 관한 형사처벌 등의 특례를 정하고 있습니다(「교통사고처리 특례법」제1조).

② '교통사고'란 차의 교통으로 인하여 사람을 사상(死傷)하거나 물건을 손괴(損壞)하는 것을 말합니다(「교통사고처리 특례법」제2조제2호).

2. 상담사례

■ 「교통사고처리특례법」상 중앙선 침범에 해당하는지요?

> **Q.** 상대방이 운전하는 차량에 들이받혀 중앙선을 침범하였는데 이로 인하여 반대차선에 있는 차량과 충돌한 경우「교통사고처리특례법」상의 예외사유인 "중앙선 침범"에 해당하는지 궁금합니다.

A. 교통사고처리특례법 제3조 제2항 단서 제2호 전단이 규정하고 있는 '도로교통법 제12조 제3항의 규정에 위반하여 차선이 설치된 도로의 중앙선을 침범하였을 때'라 함은 교통사고의 발생지점이 중앙선을 넘어선 모든 경우를 가리키는 것이 아니라 부득이한 사유가 없이 중앙선을 침범하여 교통사고를 발생케 한 경우를 뜻하며, 여기서 '부득이한 사유'라 함은 진행차로에 나타난 장애물을 피하기 위하여 다른 적절한 조치를 취할 겨를이 없었다거나 자기 차로를 지켜 운행하려고 하였으나 운전자가 지배할 수 없는 외부적 여건으로 말미암아 어쩔 수 없이 중앙선을 침범하게 되었다는 등 중앙선 침범 자체에는 운전자를 비난할 수 없는 객관적 사정이 있는 경우를 말하는 것이라는 것이 대법원의 일관된 견해입니다(대법원 1997. 5. 23. 선고 95도1232 판결, 1996. 6. 11. 선고 96도1049 판결 , 1994. 9. 27. 선고 94도1629 판결 , 1991. 10. 11. 선고 91도1783 판결 , 1990. 9. 25. 선고 90도536 판결 , 1988. 3. 22. 선고 87도2171 판결 등 참조).
또한 중앙선 침범행위가 교통사고 발생의 직접적인 원인이 된 이상 사고장소가 중앙선을 넘어선 반대차선이어야 할 필요는 없으나, 중앙선 침범행위가 교통사고 발생의 직접적인 원인이 아니라면 교통사고가 중앙선 침범 운행 중에 사고가 일어났다고 하여 모두 이에 포함되는 것은 아니라고 할 것입니다(대법원 1991. 12. 10. 선고 91도1319 판결 참조).

따라서 상대방 운전차량에 들이받혀 중앙선을 침범하였고 이로 인하여 반대차선의 차량과 충돌하게 된 경우에는 「교통사고처리특례법」에서 규정하고 있는 예외사유에 해당하지 않고 피해자가 처벌불원의 의사를 표시하면 운전자는 처벌을 받지 않습니다.

■ 「교통사고처리특례법」 제4조 제1항에서 규정하고 있는 '당해 차의 운전자'에 해당하는지요?

> Q. 26세 이상 가족운전자 한정운전의 특약이 붙은 자동차종합보험에 가입된 피보험자동차를 26세 미만의 가족이나 제3자가 운전한 경우, 교통사고처리특례법 제4조 제1항에서 규정하고있는 '당해 차의 운전자'에 해당하는지요?

A. 교통사고처리특례법 제4조 제1항은 교통사고를 일으킨 차가 보험업법 제4조 및 제126조 내지 제128조, 육운진흥법 제8조 또는 화물자동차운수사업법 제36조 의 규정에 의하여 보험 또는 공제에 가입된 경우에는 제3조 제2항 본문에 규정된 죄를 범한 당해 차의 운전자에 대하여 공소를 제기할 수 없다고 규정하고, 제3항은 제1항의 보험 또는 공제에 가입된 사실은 보험사업자 또는 공제사업자가 제2항의 취지를 기재한 서면에 의하여 증명되어야 한다고 규정하고 있는바, 이와 같은 규정의 내용에 비추어 보면, 26세 이상 가족운전자 한정운전 특약이 붙은 자동차종합보험에 가입된 피보험자동차의 경우에 같은 법 제4조 제1항 에 정하여진 '당해 차의 운전자'라고 함은 보험증권에 기재된 피보험자와 그 가족인 26세 이상인 사람으로서 그들의 배상책임을 보험의 대상으로 하는 경우를 말하고, 피보험자의 명시적이거나 묵시적인 의사에 기하지 아니한 채 26세 미만의 가족이나 제3자가 피보험자동차를 운전한 때에는 26세 이상 한정운전 특별약관에 정하여진 '피보험자동차를 도난당하였을 경우'에 해당하여 보험회사가 보험금을 지급할 책임을 부담한다고 하더라도 이는 기명피보험자의 배상책임을 보험의 대상으로 하여 피해자와 피보험자를 보호함으로써 보험제도의 실효성을 거두기 위한 것에 불과할 뿐, 당해 운전자의 피해자에 대한 배상책임을 보험의 대상으로 하는 것은 아니므로 그와 같은 운전자는 교통사고처리특례법 제4조 제1항 에 정하여진 '당해 차의 운전자'에 해당하지 아니한다고 해석함이 상당하는 것이 대법원 판례의 태도입니다(대법원 2004. 7. 9. 선고 2004도2551 판결).

따라서 26세 이상 가족운전자 한정운전 특약이 붙은 자동차종합보험에 가입된 피보험자동차를 26세 미만의 가족이나 제3자가 운전한 경우, 교통사고처리특례법 제4조 제1항에 정하여진 '당해 차의 운전자'에 해당하지 않습니다.

■ 건설회사가 임의로 설치한 황색 점선이 중앙선 또는 안전표지에 해당하는지요?

Q. A는 운전 중 도로상 황색 점선을 주의의무를 위반하여 넘어가다가 교통사고를 발생시켰습니다. 그런데 위 황색 점선은 건설회사가 고속도로 건설공사와 관련하여 지방도의 확장공사를 위하여 우회도로를 개설하면서 기존의 도로와 우회도로가 연결되는 부분에 임의로 설치한 것입니다. 이 경우 교통사고처리특례법 제3조 제2항 단서 제1호에 해당하는지요.

A. 차의 운전자가 교통사고로 인하여 업무상 과실 또는 중대한 과실로 인하여 사람을 사상에 이르게 한 경우에는 교통사고처리특례법 제3조에 의해 처벌 됩니다. 다만 피해자의 명시적인 의사에 반하여 공소를 제기할 수는 없으나(교통사고처리특례법 제3조 제2항 본문), 동조 동항 단서의 각 호 사유에 해당할 경우 피해자의 처벌불원 의사와 상관 없이 동조 제1항에 따라 처벌 됩니다.

유사한 사안에서 판례는 "건설회사가 고속도로 건설공사와 관련하여 지방도의 확장공사를 위하여 우회도로를 개설하면서 기존의 도로와 우회도로가 연결되는 부분에 설치한 황색 점선이 도로교통법상 설치권한이 있는 자나 그 위임을 받은 자가 설치한 것이 아니라면 이것을 가리켜 교통사고처리특례법 제3조 제2항 단서 제2호에서 규정하는 중앙선이라고 할 수 없을 뿐만 아니라, 건설회사가 임의로 설치한 것에 불과할 뿐 도로교통법 제64조의 규정에 따라 관할경찰서장의 지시에 따라 설치된 것도 아니고 황색 점선의 설치 후 관할경찰서장의 승인을 얻었다고 인정할 자료도 없다면, 결국 위 황색 점선은 교통사고처리특례법 제3조 제2항 단서 제1호 소정의 안전표지라고 할 수 없다."라고 판시한바 있습니다(대법원 2003. 6. 27. 선고 2003도1895 판결) 따라서 이 사안의 경우 A는 피해자의 처벌불원 의사표시와 상관 없이 교통사고처리특례법 제3조에 의해 처벌될 것입니다.

■ 공장 내에서 교통사고가 난 경우 교통사고특례법이 적용되는지요?

Q. A는 연탄제조공장 내의 작업장에서 업무를 수행하기 위해 차량을 운전하다가 다른 직원을 치어 상해를 입혔습니다. 차량은 보험에 가입이 되어져 있었는데, 甲은 처벌을 받아야 하나요?

A. 교통사고처리 특례법 제4조 제1항은 "교통사고를 일으킨 차가 「보험업법」 제4조, 제126조, 제127조 및 제128조, 「여객자동차 운수사업법」 제60조, 제61조 또는 「화물자동차 운수사업법」 제51조에 따른 보험 또는 공제에 가입된 경우에는 제3조제2항 본문에 규정된 죄를 범한 차의 운전자에 대하여 공소를 제기할 수 없다. 다만, 다음 각 호의 어느 하나에 해당하는 경우에는 그러하지 아니하다."고 규정하고 있습니다. 따라서 이 조항이 적용된다면 A는 처벌되지 아니합니다.

공장 내 작업장에서 발생한 사고에 관하여 판례는 "교통사고처리특례법은 업무상과실 또는 중대한 과실로 교통사고를 일으킨 운전자에 관한 형사처벌 등의 특례를 정함으로써 교통사고로 인한 피해의 신속한 회복을 촉진하고 국민생활의 편의를 증진함을 목적으로 하고 있고(같은 법 제1조) 같은 법에서 교통사고라 함은 차의 교통으로 인하여 사람을 사상하거나 물건을 손괴하는 모든 경우를 말하는 것이므로(같은 법 제2조 제2호) 이를 도로교통법이 정하는 도로에서의 교통사고의 경우로 제한하여 새겨야 할 아무런 근거가 없다고 보는 것이 당원의 견해이다(당원 1987.11.10. 선고 87도1727 판결). 원심이 이와 달리 교통사고처리특례법은 공공의 도로교통에 있어서 행하여진 범죄행위의 경우에만 적용된다는 견해에서 피고인의 이 사건 범죄행위를 교통사고처리특례법이 아닌 형법상의 업무상과실치사죄로 처단하였음은 교통사고처리특례법의 법리를 오해한 위법이 있다 할 것이므로 이 점을 지적하는 상고논지는 그 이유 있다."고 하였습니다(대법원 1988. 5. 24. 선고 88도255 판결).

위 판례에 따르면 도로가 아닌 공장 내의 작업장에서 일어난 교통사고에도 교통사고처리 특례법 제4조 제1항이 적용되는 것으로 해석되므로, 보험에 가입된 차량을 운전한 甲은 처벌되지 않을 것입니다.

■ 「교통사고처리특례법」상 예외사유에는 어떤 것이 있는지요?

Q. 「교통사고처리특례법」상 예외사유에는 어떤 것이 있는지요?

A. 「교통사고처리특례법」이란 업무상과실 또는 중대한 과실로 교통사고를 일으킨 운전자에 관한 형사처벌 등의 특례를 정함으로써 교통사고로 인한 피해의 신속한 회복을 촉진하고 국민생활의 편익을 증진함을 목적으로 제정된 법률입니다.

이에 의하면 교통사고 피해자가 사망하지 않고, 피해자가 운전자의 처벌을 원치 않을 때에는 검사가 공소를 제기하지 못하도록 되어 있습니다. 피해자가 운전자의 처벌을 원치 않을 경우란 통상 피해자와 합의를 함으로써 인정되고, 또한 가해차량이 자동차종합보험이나 공제조합에 가입되어 있을 경우에도 마찬가지입니다(같은 법 제4조).

그러나 피해자가 사망한 경우와 차의 운전자가 피해자를 구호조치하지 않고 도주하거나 피해자를 사고장소로부터 옮겨 유기하고 도주한 경우의 뺑소니운전자 및 같은 법 제3조 제2항 단서 규정의 11가지 사유에 해당되는 경우에는 피해자와의 합의나 종합보험가입 여부에 상관없이 처벌을 받게됩니다. 특례의 예외규정 11가지는 다음과 같습니다.

1) 신호위반: 교통신호기 또는 교통정리를 위한 경찰관(이를 보조하는 교통순시원, 전투경찰대원 포함)의 신호나 통행의 금지 또는 일시정지를 내용으로 하는 안전표지가 표시하는 지시에 위반한 경우

2) 중앙선 침범: 차선이 설치된 도로의 중앙선을 침범하거나 횡단, 회전이 금지된 도

로에서 횡단 또는 회전하는 경우

3) 속도위반: 제한속도를 시속 20킬로미터를 초과하여 운전한 경우

4) 앞지르기방법 또는 금지 위반의 경우

5) 건널목 통과방법 위반의 경우

6) 보행자보호 위반과 횡단보도상의 사고

7) 무면허운전

8) 음주운전

9) 보도 설치된 도로의 보도를 침범하거나, 보도횡단방법에 위반한 경우

10) 승객의 추락방지의무를 위반하여 운전한 경우

11) 어린이보호구역에서 어린이에게 상해를 가한 경우

한편 교통사고처리 특례법(시행 2010. 1.25. 법률 제9941호) 개정으로 교통사고를 일으킨 차가 종합보험 등에 가입되어 있는 경우에는 업무상 과실 또는 중대한 과실로 인한 교통사고로 피해자가 중상해에 이르게 된 때에도 공소를 제기할 수 없도록 규정한 부분에 대하여 헌법재판소가 재판절차 진술권 및 중상해자와 사망자 사이의 평등권을 침해한다는 이유로 위헌결정(헌재 2009. 2. 26. 선고 2005헌마764, 2008 헌마118 병합)함에 따라, 이 경우 피해자가 「형법」 제258조 제1항 또는 제2항의 중상해에 이르게 된 때에는 공소를 제기할 수 있도록 개정되었으며, 교통사고 야기자가 술에 취한 상태에서 자동차 등을 운전하였다고 인정할 만한 상당한 이유가 있음에도 경찰공무원의 음주측정요구에 불응할 경우 음주운전 사고 운전자와 동일하게 처벌하도록 신설하였습니다.

■ 긴급자동차 우선이 교통사고처리특례법에서도 적용되는지요?

> Q. 경기가 들어 다리가 꼬이고 거품을 내며 숨을 제대로 못쉬는 2세된 애기를 태우고 병원으로 가고 있는 중에, 정지신호를 무시하고 교차로를 통행하던 중 교통사고를 일으킨 경우, 교통사고특례법 제3조 제2항 단서 제1호의 신호위반에 해당하지 아니하므로 같은법 제4조 제1항 에 의하여 공소를 제기할 수 없는 것인지 궁금합니다.

A. 판례는 '구 도로교통법(1984.8.4. 법률 제3744호로 개정되기 전의 것) 제24조 제2항 의 취의는 단순히 긴급자동차는 이 법 또는 이 법에 의한 명령의 규정에 의하여 정지하여야 할 경우에도 불구하고 정지하지 않을 수 있다는 것을 규정할 뿐 도로교통법이 정하는 일절의 의무규정의 적용을 배제하는것이 아님은 물론 진행방향에 사람 또는 차량이 통행하고 있음에도 불구하고 정지하지 아니하고 계속 전진할 수 있다는 규정이 아니다'라고 판시하였습니다.

따라서 생명이 위급한 상병인을 운반중인 긴급자동차라도 이로써 진행방향에 사람 또는 차량이 통행하고 있음을 확인하였음에도 계속 전진할 수 있다고 해석할 수 는 없다고 할 것입니다.

■ 교통사고처리특례법상의 "안전표지가 표시하는 지시에 위반하여 운전한 경우"에 해당하는지요?

Q. A는 일방통행도로를 역행하던 중 주위를 잘 살피지 아니하고 노폭이 좁은 도로에서 빠르게 달린 과실로 승용차의 우측 후사경으로 피해자 B의 배를 충격하여 그에게 약 2주간의 치료를 요하는 복부좌상을 입혔습니다. 이 경우 안전표지가 표시하는 지시에 위반하여 운전한 것으로 볼 수 있는가요.

A. 도로교통법 제13조 제4항 제1호는 도로가 일방통행인 경우 차마의 운전자는 도로의 중앙이나 좌측 부분을 통행할 수 있다고 규정하고 있습니다. 그리고 교통사고처리특례법 제3조 제2항 단서 제1호는 "안전표지가 표시하는 지시를 위반하여 운전한 경우"를 11대 주의의무 위반 중 하나로 규정하고 있습니다.

일방통행도로 역주행과 관련해 판례는 "특별한 다른 사정이 없는 한 피고인이 일방통행도로를 역행하여 차를 운전한 것은 교통사고처리특례법 제3조 제2항 단서 제1호 소정의 '통행의 금지를 내용으로 하는 안전표지가 표시하는 지시에 위반하여 운전한 경우'에 해당한다고 보아야 할 것이므로, 그렇다면 피해자가 피고인의 처벌을 원하지 않고 있다고 하여 형사소송법 제327조 제2호 에 해당한다는 이유로 공소를 기각할 수는 없을 것이다."라고 하였습니다(대법원 1993. 11. 9. 선고 93도2562 판결).

따라서 A는 안전표지가 표시하는 지시를 위반한 것으로 이는 11대 주의의무 위반에 해당됩니다.

■ 교통사고처리특례법상 승객의 추락방지의무를 위반한 것인지요?

Q. 저는 화물차를 운전하는 운전자인데 화물자동차에서 철근을 적재하는 피해자가 작업이 끝난 이후에 하차하는 것을 확인하지 않고 출발했습니다. 이로 인하여 피해자는 전치 16주의 상해를 입게 되었는데 저는 저의 화물자동차를 전국화물자동차운송사업자의 공제조합에 가입하였습니다. 저는 종합보험에 가입되어 있기 때문에 처벌을 받지 않을 것이라 생각했는데, 피해자의 상해이유가 승객의 추락방지의무를 위반한 것이기 때문에 종합보험에 가입되어 있어도 처벌을 받는다고 합니다. 저의 행위가 교통사고처리특례법상 승객의 추락방지의무를 위반한 것인지요.

A. 교통사고처리특례법 제3조 제2항 단서 제10호는 "도로교통법 제35조 제2항(현행 도

로교통법 제39조 제3항)의 규정에 의한 승객의 추락방지의무를 위반하여 운전한 경우"라고 규정함으로써 그 대상을 "승객"이라고 명시하고 있고, 도로교통법 제35조 제2항 역시 "모든 차의 운전자는 '운전중' 타고 있는 사람 또는 타고 내리는 사람이 떨어지지 아니하도록 하기 위하여 문을 정확히 여닫는 등 필요한 조치를 취하여야 한다."고 규정하고 있습니다.

판례는 교통사고처리특례법 제3조 제2항 단서 제10호는 "도로교통법 제35조 제2항의 규정에 의한 승객의 추락방지의무를 위반하여 운전한 경우"라고 규정함으로써 '승객'이라는 표현을 명시하고 있고, 위 단서 10호와 도로교통법 제35조 제2항 의 해석상 위 단서 10호의 입법취지는 '폐문발차'에 의한 '승객'의 추락을 방지하기 위한 것이라는 점에 비추어 보면, 위 단서 10호 소정의 의무는 그것이 주된 것이든 부수적인 것이든 사람의 운송에 공하는 차의 운전자가 그 승객에 대하여 부담하는 의무라고 봄이 상당하다고 할 것이므로 이러한 사고는 위 특례 법 제3조 제2항 단서 제10호 소정의 의무를 위반함으로써 일어난 사고에 해당하지 않는다고 할 것이라고 판시하였습니다.(대법원 2000. 2. 22. 선고 99도3716 판결 참조)

따라서 귀하의 화물차가 종합보험에 가입되어 있고, 이 사건 사고가 교통사고처리특례법상 추락방지의무를 위반한 것이 아니기 때문에 교통사고처리특례법 제4조 제1항에 따라 공소기각사유에 해당할 것으로 보입니다.

[4] 공소의 제기

① 차의 교통으로「형법」제268조의 죄 중 업무상과실치상죄(業務上過失致傷罪) 또는 중과실치상죄(重過失致傷罪)와「도로교통법」제151조의 죄를 범한 운전자에 대하여는 피해자의 명시적인 의사에 반하여 공소(公訴)를 제기할 수 없습니다(「교통사고처리 특례법」제3조제2항 본문).

② 다만, 차의 운전자가 위의 죄 중 업무상과실치상죄 또는 중과실치상죄를 범하고도 피해자를 구호(救護)하는 등「도로교통법」제54조제1항에 따른 조치를 하지 않고 도주하거나 피해자를 사고 장소로부터 옮겨 유기(遺棄)하고 도주한 경우, 같은 죄를 범하고「도로교통법」제44조제2항을 위반하여 음주측정 요구에 따르지 않은 경우(운전자가 채혈 측정을 요청하거나 동의한 경우는 제외함)와 다음 어느 하나에 해당하는 행위로 인하여 같은 죄를 범한 경우에는 피해자의 명시적인 의사에 반하여도 공소를 제기할 수 있습니다(「교통사고처리 특례법」제3조제2항 단서).

1. 「도로교통법」제5조에 따른 신호기가 표시하는 신호 또는 교통정리를 하는 경찰 공무원등의 신호를 위반하거나 통행금지 또는 일시정지를 내용으로 하는 안전표지가 표시하는 지시를 위반하여 운전한 경우

2. 「도로교통법」제13조제3항을 위반하여 중앙선을 침범하거나「도로교통법」제62조를 위반하여 횡단, 유턴 또는 후진한 경우

3. 「도로교통법」제17조제1항 또는 제2항에 따른 제한속도를 시속 20킬로미터 초과하여 운전한 경우

4. 「도로교통법」제21조제1항, 제22조, 제23조에 따른 앞지르기의 방법·금지시기·금지장소 또는 끼어들기의 금지를 위반하거나「도로교통법」제60조제2항에 따른 고속도로에서의 앞지르기 방법을 위반하여 운전한 경우

5. 「도로교통법」제24조에 따른 철길건널목 통과방법을 위반하여 운전한 경우

6. 「도로교통법」제27조제1항에 따른 횡단보도에서의 보행자 보호의무를 위반하여 운전한 경우

7. 「도로교통법」제43조,「건설기계관리법」제26조 또는「도로교통법」제96조를 위반하여 운전면허 또는 건설기계조종사면허를 받지 않거나 국제운전면허증을 소지 하지 않고 운전한 경우. 이 경우 운전면허 또는 건설기계조종사면허의 효력이 정지 중 이거나 운전의 금지 중인 때에는 운전면허 또는 건설기계조종사면허를 받지 않거나 국제운전면허증을 소지하지 않은 것으로 본다.

8. 「도로교통법」제44조제1항을 위반하여 술에 취한 상태에서 운전을 하거나 같은

법 제45조를 위반하여 약물의 영향으로 정상적으로 운전하지 못할 우려가 있는 상태에서 운전한 경우

9. 「도로교통법」제13조제1항을 위반하여 보도(步道)가 설치된 도로의 보도를 침범하거나「도로교통법」제13조제2항에 따른 보도 횡단방법을 위반하여 운전한 경우

10. 「도로교통법」제39조제3항에 따른 승객의 추락 방지의무를 위반하여 운전한 경우

11. 「도로교통법」제12조제3항에 따른 어린이 보호구역에서「도로교통법」제12조제1항에 따른 조치를 준수하고 어린이의 안전에 유의하면서 운전하여야 할 의무를 위반하여 어린이의 신체를 상해(傷害)에 이르게 한 경우

12. 「도로교통법」제39조제4항을 위반하여 자동차의 화물이 떨어지지 않도록 필요한 조치를 하지 않고 운전한 경우

[5] 치료비와 손해를 전액 보상하는 보험 또는 공제에 가입된 경우

1. 교통사고 후 공소제기 면제

① 교통사고를 일으킨 차가「보험업법」제4조, 제126조, 제127조 및 제128조,「여객자동차 운수사업법」제60조, 제61조 또는「화물자동차 운수사업법」제51조에 따른 보험 또는 공제에 가입된 경우에는「교통사고처리 특례법」제3조제2항 본문에 규정된 죄를 범한 차의 운전자에 대하여 공소를 제기할 수 없습니다(「교통사고처리 특례법」제3조제2항 및 제4조제1항 본문).

② 다만, 아래의 어느 하나에 해당하는 경우에는 공소를 제기할 수 있습니다(「교통사고처리 특례법」제4조제1항 단서).

  1. 위 1부터 12까지(「교통사고처리 특례법」제3조제2항 단서)에 해당하는 경우

  2. 피해자가 신체의 상해로 인하여 생명에 대한 위험이 발생하거나 불구(不具)가 되거나 불치(不治) 또는 난치(難治)의 질병이 생긴 경우

  3. 보험계약 또는 공제계약이 무효로 되거나 해지되거나 계약상의 면책 규정 등으로 인하여 보험회사, 공제조합 또는 공제사업자의 보험금 또는 공제금 지급의무가 없어진 경우

③ '보험 또는 공제'란 교통사고의 경우「보험업법」에 따른 보험회사나「여객자동차 운수사업법」또는「화물자동차 운수사업법」에 따른 공제조합 또는 공제사업자가 인가된 보험약관 또는 승인된 공제약관에 따라 피보험자와 피해자 간 또는 공제조합원과 피해자 간의 손해배상에 관한 합의 여부와 상관없이 피보험자나 공제조합원을 갈음하

여 피해자의 치료비에 관하여는 통상비용의 전액을, 그 밖의 손해에 관하여는 보험약관이나 공제약관으로 정한 지급기준금액을 다음의 우선 지급할 치료비에 관한 통상비용의 범위에 따라 지급하되, 종국적으로는 확정판결이나 그 밖에 이에 준하는 집행권원(執行權原)상 피보험자 또는 공제조합원의 교통사고로 인한 손해배상금 전액을 보상하는 보험 또는 공제를 말합니다(「교통사고처리 특례법」제4조제2항 및 「교통사고처리 특례법 시행령」제2조제1항).

1. 진찰료
2. 일반병실의 입원료. 다만, 진료상 필요로 일반 병실보다 입원료가 비싼 병실에 입원한 경우에는 그 병실의 입원료
3. 처치·투약·수술 등 치료에 필요한 모든 비용
4. 의지·의치·안경·보청기·보철구 기타 치료에 부수하여 필요한 기구 등의 비용
5. 호송·전원·퇴원 및 통원에 필요한 비용
6. 보험약관 또는 공제약관에서 정하는 환자식대·간병료 및 기타 비용

2. 자동차보험가입자의 형사소추면제에 대한 제한

① 구「교통사고처리 특례법」제4조제1항 본문 중 업무상 과실 또는 중대한 과실로 인한 교통사고로 말미암아 피해자로 하여금 중상해(신체의 상해로 인해 생명에 대한 위험이 발생하거나 불구 또는 불치나 난치의 질병에 이르게 한 경우)에 이르게 한 경우에 공소를 제기할 수 없도록 규정한 부분이 헌법에 위반된다는 헌법재판소의 선고에 따라 종합보험에 가입하고 사망사고(「형법」제268조) 또는 「교통사고 처리특례법」제3조제2항 단서의 사고 후 도주·10대 중과실사고에 해당하지 않더라도 피해자가 중상해에 이르면 「교통사고 처리특례법」제3조제2항에 따라 피해자와 합의가 이루어지지 않은 경우 공소제기가 되어 처벌이 가능하게 되었습니다(헌법재판소 2009. 2. 26. 선고 2005헌마764 참조).

② 헌법재판소의 이러한 위헌결정내용은 2010년 1월 25일 공포·시행된 「교통사고처리 특례법」제4조제1항에 반영되어 11대 중과실 위반에 해당하는 경우, 피해자가 신체의 상해로 인하여 생명에 대한 위험이 발생하거나 불구(不具)가 되거나 불치(不治) 또는 난치(難治)의 질병이 생긴 경우, 보험계약 또는 공제계약이 무효로 되거나 해지되거나 계약상의 면책 규정 등으로 인하여 보험회사, 공제조합 또는 공제사업자의 보험금 또는 공제금 지급의무가 없어진 경우(「교통사고처리 특례법」제4조제1항)에는 보험·공제에 가입하였더라도 공소제기가 가능합니다.

3. '보험 또는 공제에 가입된 경우'란

"특례법상 형사처벌 등 특례의 적용대상이 되는 '보험 또는 공제에 가입된 경우'란 '교통사고를 일으킨 차'가 위 보험 등에 가입되거나 '그 차의 운전자'가 차의 운행과 관련한 보험 등에 가입한 경우에 그 가입한 보험에 의하여 특례법 제4조 제2항에서 정하고 있는 교통사고 손해배상금 전액의 신속·확실한 보상의 권리가 피해자에게 주어지는 경우를 가리킨다"고 법원은 판단하고 있습니다(대법원 2012.10.25.선고, 2011도6273 판결).

[6] 관련판례

【판결요지】

교통사고처리 특례법(이하 '교통사고처리법'이라 한다)은 업무상과실 또는 중대한 과실로 교통사고를 일으킨 운전자에 관한 형사처벌 등의 특례를 정함으로써 교통사고로 인한 피해의 신속한 회복을 촉진하고 국민생활의 편의를 증진하기 위하여 제정된 법률로(제1조), 차의 운전자가 교통사고로 인하여 업무상과실치상 또는 중과실치상 등의 죄를 범한 경우 피해자가 명시적으로 처벌을 희망하지 않거나 차가 일정한 보험 또는 공제에 가입되어 있으면 차의 운전자에 대하여 공소를 제기할 수 없다는 특례를 규정하고 있다(제3조 제2항 본문, 제4조 제1항 본문).

한편 교통사고처리법의 '차'에는 건설기계관리법 제2조 제1항 제1호에 따른 건설기계가 포함되고(제2조 제1호), '교통사고'는 차의 교통으로 인하여 사람을 사상하거나 물건을 손괴하는 것을 의미한다(제2조 제2호). 여기서 '차의 교통'은 차량을 운전하는 행위 및 그와 동일하게 평가할 수 있을 정도로 밀접하게 관련된 행위를 말하고, 차량을 운전하는 행위 등에 해당하는 이상 그 목적, 동기, 경위, 장소 등을 불문한다.

따라서 건설기계 운전자가 건설기계의 이동을 위해서 건설기계를 운전하는 행위 또는 그와 동일하게 평가할 수 있을 정도로 밀접하게 관련된 행위로 업무상과실치상 또는 중과실치상 등의 죄를 범하였다면, 여기에는 교통사고처리법 제3조 제2항 본문, 제4조 제1항 본문의 특례 규정이 적용된다. 건설기계의 이동을 위한 운전행위 등이 작업수행 과정에서 이루어졌거나 작업수행에 수반하여 이루어진 경우라도 마찬가지이다.

【원심판결】

대구지법 2024. 9. 13. 선고 2023노3326 판결

【주문】

상고를 기각한다.

【이유】

상고이유를 판단한다.

「교통사고처리 특례법」(이하 '교통사고처리법'이라 한다)은 업무상과실 또는 중대한 과실로 교통사고를 일으킨 운전자에 관한 형사처벌 등의 특례를 정함으로써 교통사고로 인한 피해의 신속한 회복을 촉진하고 국민생활의 편의를 증진하기 위하여 제정된 법률로(제1조), 차의 운전자가 교통사고로 인하여 업무상과실치상 또는 중과실치상 등의 죄를 범한 경우 피해자가 명시적으로 처벌을 희망하지 않거나 차가 일정한 보험 또는 공제에 가입되어 있으면 차의 운전자에 대하여 공소를 제기할 수 없다는 특례를 규정하고 있다(제3조 제2항 본문, 제4조 제1항 본문).

한편 교통사고처리법의 '차'에는 건설기계관리법 제2조 제1항 제1호에 따른 건설기계가 포함되고(제2조 제1호), '교통사고'는 차의 교통으로 인하여 사람을 사상하거나 물건을 손괴하는 것을 의미한다(제2조 제2호). 여기서 '차의 교통'은 차량을 운전하는 행위 및 그와 동일하게 평가할 수 있을 정도로 밀접하게 관련된 행위를 말하고(대법원 2007. 1. 11. 선고 2006도7272 판결 등 참조), 차량을 운전하는 행위 등에 해당하는 이상 그 목적, 동기, 경위, 장소 등을 불문한다.

따라서 건설기계 운전자가 건설기계의 이동을 위해서 건설기계를 운전하는 행위 또는 그와 동일하게 평가할 수 있을 정도로 밀접하게 관련된 행위로 업무상과실치상 또는 중과실치상 등의 죄를 범하였다면, 여기에는 교통사고처리법 제3조 제2항 본문, 제4조 제1항 본문의 특례 규정이 적용된다. 건설기계의 이동을 위한 운전행위 등이 작업수행 과정에서 이루어졌거나 작업수행에 수반하여 이루어진 경우라도 마찬가지이다.

원심은, 피고인이 저수지 준설 공사현장에서 굴착기로 덤프트럭 적재함에 흙을 퍼 담는 작업을 수행하던 중 후방주시의무 등을 게을리한 채 굴착기를 후진한 업무상 주의의무 위반으로 굴착기의 뒷부분으로 공사현장 근로자인 피해자를 들이받아 피해자로 하여금 상해를 입게 하였다는 이 사건 공소사실에 대하여, 피고인이 '차'인 굴착기를 운전하여 후진하다가 피해자에게 상해를 입게 한 것인 이상 작업수행 과정에서 굴착기를 운전하였더라도 교통사고처리법 제4조 제1항 본문의 특례 규정이 적용된다고 보아, 공소기각판결을 선고하였다.

이러한 원심의 판단은 앞서 본 법리에 따른 것으로서 정당하고, 거기에 상고이유 주장과 같이 교통사고처리법 제4조 제1항 본문 특례 규정의 적용범위 등에 관한 법리를 오해하여 판결에 영향을 미친 잘못이 없다.

그러므로 상고를 기각하기로 하여, 관여 대법관의 일치된 의견으로 주문과 같이 판결한다.

판례2 | 진로변경을 금지하는 안전표지인 백색실선이 교통사고처리 특례법 제3조 제2항 단서 제1호에서 정하고 있는 '통행금지를 내용으로 하는 안전표지'에

해당하여 이를 침범하여 교통사고를 일으킨 운전자에 대하여 위 조항 본문의 반의사불벌죄 규정 및 제4조 제1항의 종합보험 가입특례 규정의 적용이 배제되는지 여부(소극)[대법원 2024. 6. 20. 선고 2022도12175 전원합의체 판결]

【판결요지】

진로변경을 금지하는 안전표지인 백색실선은 교통사고처리 특례법(이하 '교통사고처리법'이라 한다) 제3조 제2항 단서 제1호(이하 '단서 제1호'라 한다)에서 정하고 있는 '통행금지를 내용으로 하는 안전표지'에 해당하지 않으므로, 이를 침범하여 교통사고를 일으킨 운전자에 대하여는 교통사고처리법 제3조 제2항 본문의 반의사불벌죄 규정 및 제4조 제1항의 종합보험 가입특례 규정(이하 위 각 규정을 합하여 '처벌특례'라 한다)이 적용된다고 보아야 한다. 구체적인 이유는 다음과 같다.

① 단서 제1호는 '안전표지' 위반의 경우 '통행금지 또는 일시정지'를 내용으로 하는 안전표지를 위반하는 경우로 그 적용 범위를 한정하고 있다. 그런데 도로교통법 시행규칙 제8조 제2항 [별표 6] II. 개별기준 제5호 중 일련번호 506(진로변경제한선 표시)에 따르면 백색실선은 교차로 또는 횡단보도 등 차의 진로변경을 금지하는 도로구간에 설치하여 통행하고 있는 차의 진로변경을 제한하는 것을 표시하는 안전표지이다.

② 도로교통법 제6조 제1항은 '도로에서의 위험을 방지하고 교통의 안전과 원활한 소통을 확보하기 위하여 필요하다고 인정한 때'에는 '구간을 정하여 통행을 금지하거나 제한'할 수 있도록 규정하는 한편, 통행금지 또는 제한을 위반한 행위를 같은 법 제156조 제2호에 따라 처벌하고 있다. 반면 도로교통법 제14조 제5항 본문은 '안전표지가 설치되어 특별히 진로변경이 금지된 곳에서는 차마의 진로를 변경하여서는 아니 된다.'고 규정하는 한편, 진로변경금지나 제한을 위반한 행위를 같은 법 제156조 제1호에 따라 처벌하고 있다. 도로교통법 제156조가 제1호와 제2호의 위반 행위에 대하여 동일한 형을 정하고 있기는 하나, 도로교통법은 통행금지와 진로변경금지를 구분하여 규율하면서 처벌 체계를 달리하고 있으므로, 통행금지와 진로변경금지에 관하여 서로 다른 금지규범을 규정한 것으로 보아야 한다. 따라서 진로변경금지 위반을 통행금지 위반으로 보아 단서 제1호에 해당한다고 보는 것은 문언의 객관적인 의미를 벗어나 피고인에게 불리한 해석을 하는 것이다.

③ 단서 제1호가 규율하는 것은 크게 신호위반, 통행금지를 내용으로 하는 안전표지 지시위반, 일시정지를 내용으로 하는 안전표지 지시위반의 세 가지이다. 진로변경제한선과 같이 해당 표지에 위반하여 진로를 변경하는 것 자체는 금지되어 있으나, 진로를 변경한 이후 해당 방향으로의 계속 진행이 가능한 경우 그 위반행위를 '통행방법제한'을 위반한 것으로 볼 수는 있어도, 법문언에서 말하는 '통행금지위반'으로 볼 수는 없다.

④ 교통사고처리법 제정 당시부터 현재까지 단서 제1호의 문언은 거의 변동이 없다. 그런데 교통사고처리법 제정 당시 시행되고 있던 구 도로교통법 시행규칙(1982. 6. 21. 내무부령 제376호로 개정되기 전의 것)은 노면표시의 하나로 진로변경제한선을 규정하고 있지 않았다. 그렇다면 입법자는 교통사고처리법을 제정하면서 진로변경을 금지하는 백색실선을 단서 제1호의 '통행금지를 내용으로 하는 안전표지'로 고려하지 않았다고 보는 것이 합리적이다.

⑤ 진로변경을 금지하는 안전표지인 백색실선이 설치된 교량이나 터널에서 백색실선을 넘어 앞지르기를 하는 경우에는 별도의 처벌특례 배제사유가 규정되어 있으므로(교통사고처리법 제3조 제2항 단서 제4호), 백색실선을 '통행금지를 내용으로 하는 안전표지'로 보지 않는다고 하여 중대 교통사고의 발생 위험이 크게 증가한다고 보기는 어렵다.

⑥ 청색실선으로 전용차로가 구분되어 있는 경우, 전용차로 표시에 관한 도로교통법 시행규칙 제8조 제2항 [별표 6] II. 개별기준 제5호 중 일련번호 504에 따르면, 전용차로제가 시행되지 않는 시간대에는 전용차로와 일반차로를 구분하는 청색실선을 위 제5호 중 일련번호 503의 차선표시로 보게 되므로 이 시간대에는 백색실선과 동일한 의미를 가진다. 그런데 백색실선을 단서 제1호에서 규정하는 '통행금지를 내용으로 하는 안전표지'로 볼 경우, 전용차로제가 시행되는 시간대는 물론 전용차로제가 시행되지 않는 시간대에도 일반 차량의 운전자가 청색실선을 넘어 진로를 변경하는 과정에서 교통사고가 발생하면 처벌특례의 적용을 받을 수 없는 문제가 있다.

【원심판결】

대구지법 2022. 9. 6. 선고 2022노434 판결

【주문】

상고를 기각한다.

【이유】

상고이유를 판단한다.

1. 사건의 개요와 쟁점

가. 이 사건 공소사실의 요지

피고인은 2021. 7. 9. 승용차를 운전하여 편도 4차로 도로의 1차로를 진행하다가 진로변경을 제한하는 안전표지인 백색실선이 설치되어 있어 진로를 변경하지 아니할 업무상 주의의무가 있음에도 1차로에서 2차로로 진로를 변경하였다. 당시 2차로를 따라 진행하던 개인택시의 운전자가 추돌을 피하기 위해 갑자기 정지하였고, 이로 인하여 택시 승객인 피해자가 약 2주간의 치료가 필요한 경추의 염좌 및 긴

장 등의 상해를 입었다.

나. 원심의 판단

원심은 도로면의 백색실선이 「교통사고처리 특례법」(이하 '교통사고처리법'이라 한다) 제3조 제2항 단서 제1호(이하 단서 각호의 규정을 '처벌특례 배제사유'라 하고 그중 제1호를 '단서 제1호'라 한다)에서 정한 '통행금지를 내용으로 하는 안전표지'에 해당하지 않으며, 피고인이 운전한 승용차가 자동차종합보험에 가입되어 있었으므로 이 사건 공소제기의 절차가 법률의 규정을 위반하여 무효인 때에 해당한다고 보아 검사의 공소를 기각한 제1심판결을 그대로 유지하였다.

다. 이 사건의 쟁점

이 사건의 쟁점은 도로상에 안전표지로 표시한 노면표시 중 진로변경제한선 표시인 백색실선이 단서 제1호에서 정하고 있는 '통행금지를 내용으로 하는 안전표지'에 해당하여 이를 침범하여 교통사고를 일으킨 운전자에 대하여 교통사고처리법 제3조 제2항 본문의 반의사불벌죄 규정 및 제4조 제1항의 종합보험 가입특례 규정(이하 위 각 규정을 합하여 '처벌특례'라 한다)의 적용이 배제되는지 여부이다.

2. 쟁점에 관한 판단

진로변경을 금지하는 안전표지인 백색실선은 단서 제1호에서 정하고 있는 '통행금지를 내용으로 하는 안전표지'에 해당하지 않으므로, 이를 침범하여 교통사고를 일으킨 운전자에 대하여는 처벌특례가 적용된다고 보아야 한다. 구체적인 이유는 다음과 같다.

가. 단서 제1호는 '안전표지' 위반의 경우 '통행금지 또는 일시정지'를 내용으로 하는 안전표지를 위반하는 경우로 그 적용 범위를 한정하고 있다. 그런데 도로교통법 시행규칙 제8조 제2항 [별표 6] II. 개별기준 제5호 중 일련번호 506(진로변경제한선 표시)에 따르면 백색실선은 교차로 또는 횡단보도 등 차의 진로변경을 금지하는 도로구간에 설치하여 통행하고 있는 차의 진로변경을 제한하는 것을 표시하는 안전표지이다. 도로교통법 제6조는 시·도경찰청장이나 경찰서장은 각 요건에 따라 보행자, 차마 또는 노면전차의 통행을 금지하거나 제한할 수 있고, 그 경우에는 도로관리청에 그 사실을 알리고 도로관리자와 협의하며, 통행금지·제한 사실을 공고하도록 규정하고 있다. 도로교통법 시행규칙 제10조 제1항 [별표 8]을 비롯하여 같은 규칙 제10조는 그 공고의 구체적인 방법을 규정하고 있으며, 차마의 통행이 금지되는 경우에 관한 안전표지를 만드는 방식, 규격, 설치기준 및 장소, 통행금지구간·기간 및 이유를 명시한 보조표지에 대하여는 도로교통법 시행규칙 제8조 제2항 [별표 6]이 구체적으로 규정하고 있다[위 별표 II. 개별기준 제2호 (나)목 일련번호 201 내지 207, 210 등]. 그런데 진로변경금지의 경우 그 금지 사실을 도로관리청에 알리거나 공고하도록 하는 등의 규정을 두고 있지 않다. 진로변경을 금지하는 안전표지인 백색실

선은 도로교통법 시행규칙 제8조 제2항 [별표 6]에 안전표지의 하나로 규정되어 있기는 하나, 통행금지 안전표지와 달리 규제표지가 아닌 노면표시 항목(위 별표 Ⅱ. 개별기준 제5호 중 일련번호 506)에 규정되어 있을 뿐만 아니라, 금지구간·기간 및 이유를 명시한 보조표지에 관한 규정이 존재하지 않으며, '도로표지의 종류', '표시하는 뜻', '설치기준 및 장소'에 '진로변경을 제한 또는 금지한다.'는 취지의 기재가 있을 뿐 '통행을 금지한다.'는 취지가 기재되어 있지 않아 일반적인 통행금지 안전표지와는 달리 취급되고 있다.

나. 도로교통법 제6조 제1항은 '도로에서의 위험을 방지하고 교통의 안전과 원활한 소통을 확보하기 위하여 필요하다고 인정한 때'에는 '구간을 정하여 통행을 금지하거나 제한'할 수 있도록 규정하는 한편, 통행금지 또는 제한을 위반한 행위를 같은 법 제156조 제2호에 따라 처벌하고 있다. 반면 도로교통법 제14조 제5항 본문은 '안전표지가 설치되어 특별히 진로변경이 금지된 곳에서는 차마의 진로를 변경하여서는 아니 된다.'고 규정하는 한편, 진로변경금지나 제한을 위반한 행위를 같은 법 제156조 제1호에 따라 처벌하고 있다. 도로교통법 제156조가 제1호와 제2호의 위반 행위에 대하여 동일한 형을 정하고 있기는 하나, 도로교통법은 통행금지와 진로변경금지를 구분하여 규율하면서 처벌 체계를 달리하고 있으므로, 통행금지와 진로변경금지에 관하여 서로 다른 금지규범을 규정한 것으로 보아야 한다. 따라서 진로변경금지 위반을 통행금지 위반으로 보아 단서 제1호에 해당한다고 보는 것은 문언의 객관적인 의미를 벗어나 피고인에게 불리한 해석을 하는 것이다.

다. 단서 제1호가 규율하는 것은 크게 신호위반, 통행금지를 내용으로 하는 안전표지 지시위반, 일시정지를 내용으로 하는 안전표지 지시위반의 세 가지이다. 신호위반이나 일시정지 지시위반의 경우에는 도로교통법규의 문언만으로도 비교적 명확하게 그 해당 여부를 알 수 있다. 통행금지의 경우에도, 도로교통법(제15조 제3항)이 직접 정해진 차종 이외의 통행을 금지하고 있는 전용차로 구분선이나, 도로교통법 시행규칙 제8조 제2항 [별표 6] Ⅱ. 개별기준 제2호 (나)목 일련번호 201 내지 207, 210, 211 등과 같이 위 별표의 도로표지 도안이나 '표시하는 뜻', '설치기준 및 장소' 등에 '통행금지' 또는 '진입금지'라는 문언이 사용된 경우에는 단서 제1호에 포함된다고 볼 수 있다. 반면 이 사건에서 문제가 된 진로변경제한선과 같이 해당 표지에 위반하여 진로를 변경하는 것 자체는 금지되어 있으나, 진로를 변경한 이후 해당 방향으로의 계속 진행이 가능한 경우 그 위반행위를 '통행방법제한'을 위반한 것으로 볼 수는 있어도, 법문언에서 말하는 '통행금지위반'으로 볼 수는 없다.

라. 교통사고처리법 제정 당시부터 현재까지 단서 제1호의 문언은 거의 변동이 없다. 그런데 교통사고처리법 제정 당시 시행되고 있던 구 도로교통법 시행규칙(1982.

6. 21. 내무부령 제376호로 개정되기 전의 것)은 노면표시의 하나로 진로변경제한선을 규정하고 있지 않았다. 그렇다면 입법자는 교통사고처리법을 제정하면서 진로변경을 금지하는 백색실선을 단서 제1호의 '통행금지를 내용으로 하는 안전표지'로 고려하지 않았다고 보는 것이 합리적이다.

마. 진로변경을 금지하는 안전표지인 백색실선이 설치된 교량이나 터널에서 백색실선을 넘어 앞지르기를 하는 경우에는 별도의 처벌특례 배제사유가 규정되어 있으므로(교통사고처리법 제3조 제2항 단서 제4호), 백색실선을 '통행금지를 내용으로 하는 안전표지'로 보지 않는다고 하여 중대 교통사고의 발생 위험이 크게 증가한다고 보기는 어렵다.

바. 청색실선으로 전용차로가 구분되어 있는 경우, 전용차로 표시에 관한 도로교통법 시행규칙 제8조 제2항 [별표 6] II. 개별기준 제5호 중 일련번호 504에 따르면, 전용차로제가 시행되지 않는 시간대에는 전용차로와 일반차로를 구분하는 청색실선을 위 제5호 중 일련번호 503의 차선표시로 보게 되므로 이 시간대에는 백색실선과 동일한 의미를 가진다. 그런데 백색실선을 단서 제1호에서 규정하는 '통행금지를 내용으로 하는 안전표지'로 볼 경우, 전용차로제가 시행되는 시간대는 물론 전용차로제가 시행되지 않는 시간대에도 일반 차량의 운전자가 청색실선을 넘어 진로를 변경하는 과정에서 교통사고가 발생하면 처벌특례의 적용을 받을 수 없는 문제가 있다.

3. 판례 변경의 범위

이와 달리 도로교통법 제14조 제5항에 따라 통행하고 있는 차의 진로변경을 금지하는 안전표지인 백색실선이 단서 제1호에서 규정하는 '통행금지를 내용으로 하는 안전표지'에 해당한다고 판단한 대법원 2004. 4. 28. 선고 2004도1196 판결 등은 이 판결의 견해에 배치되는 범위 내에서 변경하기로 한다.

4. 이 사건에 대한 판단

이 사건 공소사실을 앞서 본 법리에 따라 살펴보면, 피고인이 진로변경을 금지하는 안전표지인 백색실선을 넘어 주행한 것은 단서 제1호에서 규정한 '통행금지를 내용으로 하는 안전표지'를 위반하여 운전한 경우에 해당하지 않으므로 이로 인한 업무상과실치상죄에 대하여는 처벌특례가 적용된다. 그런데 이 사건 당시 피고인이 운전한 승용차가 자동차종합보험에 가입되어 있었음은 원심이 인정한 바와 같으므로, 처벌특례에 따라 검사의 공소제기는 그 절차가 법률의 규정을 위반하여 무효인 때에 해당한다.

같은 취지의 원심판단은 정당하고, 거기에 상고이유 주장과 같은 교통사고처리법상 처벌특례 배제사유에 관한 법리를 오해한 잘못이 없다.

5. 결론

그러므로 상고를 기각하기로 하여, 관여 법관의 일치된 의견으로 주문과 같이 판결한다.

> **판례3** | 교통사고처리 특례법 제3조 제2항 단서 제7호에서 말하는 '도로교통법 제43조를 위반'한 행위도 도로교통법 위반(무면허운전)죄와 마찬가지로 유효한 운전면허가 없음을 알면서도 자동차를 운전하는 경우만을 의미하는지 여부(적극)[대법원 2023. 6. 29. 선고 2021도7733 판결]

【판결요지】

　도로교통법 위반(무면허운전)죄는 도로교통법 제43조를 위반하여 운전면허를 받지 아니하고 자동차를 운전하는 경우에 성립하는 범죄로, 유효한 운전면허가 없음을 알면서도 자동차를 운전하는 경우에만 성립하는 고의범이다. 교통사고처리 특례법 제3조 제2항 단서 제7호는 도로교통법 위반(무면허운전)죄와 동일하게 도로교통법 제43조를 위반하여 운전면허를 받지 아니하고 자동차를 운전하는 행위를 대상으로 교통사고 처벌 특례를 적용하지 않도록 하고 있다. 따라서 위 단서 제7호에서 말하는 '도로교통법 제43조를 위반'한 행위는 도로교통법 위반(무면허운전)죄와 마찬가지로 유효한 운전면허가 없음을 알면서도 자동차를 운전하는 경우만을 의미한다고 보아야 한다.

【원심판결】

　인천지법 2021. 12. 10. 선고 2020노4118 판결

【주문】

　상고를 기각한다.

【이유】

　상고이유를 판단한다.

　법규정 문언의 가능한 의미를 벗어나 형벌법규를 해석하는 것은 유추해석으로서 죄형법정주의에 위반된다. 유추해석금지의 원칙은 모든 형벌법규의 구성요건과 가벌성에 관한 규정에 준용되므로, 위법성 및 책임의 조각사유나 소추조건 또는 처벌조각사유인 형면제사유에 관하여 범위를 제한적으로 유추적용하면 행위자의 가벌성의 범위가 확대되어 행위자에게 불리하고, 이는 가능한 문언의 의미를 넘어 범죄구성요건을 유추적용하는 것과 같은 결과를 초래하므로 죄형법정주의의 파생원칙인 유추해석금지의 원칙을 위반하여 허용될 수 없다(대법원 1997. 3. 20. 선고 96도1167 전원합의체 판결 참조).

　도로교통법 위반(무면허운전)죄는 도로교통법 제43조를 위반하여 운전면허를 받지 아니하고 자동차를 운전하는 경우에 성립하는 범죄로, 유효한 운전면허가 없음을 알면서도 자

동차를 운전하는 경우에만 성립하는 고의범이다(대법원 2004. 12. 10. 선고 2004도 6480 판결 참조). 「교통사고처리 특례법」제3조 제2항 단서 제7호는 도로교통법 위반(무면허운전)죄와 동일하게 도로교통법 제43조를 위반하여 운전면허를 받지 아니하고 자동차를 운전하는 행위를 대상으로 교통사고 처벌 특례를 적용하지 않도록 하고 있다. 따라서 위 단서 제7호에서 말하는 '도로교통법 제43조를 위반'한 행위는 도로교통법 위반(무면허운전)죄와 마찬가지로 유효한 운전면허가 없음을 알면서도 자동차를 운전하는 경우만을 의미한다고 보아야 한다.

원심은 판시와 같은 이유로 이 사건 공소사실 중 도로교통법 위반(무면허운전) 부분에 대하여는 범죄의 증명이 없다고 보아 무죄를 선고하고, 「교통사고처리 특례법」위반(치상) 부분에 대하여는 공소를 기각한 제1심판결을 그대로 유지하였다. 원심판결 이유를 위 법리와 기록에 비추어 살펴보면, 원심의 판단에 논리와 경험의 법칙을 위반하여 자유심증주의의 한계를 벗어나거나 도로교통법 위반(무면허운전)죄의 고의, 「교통사고처리 특례법」위반(치상)죄의 소추조건에 관한 법리를 오해한 잘못이 없다.

그러므로 상고를 기각하기로 하여, 관여 대법관의 일치된 의견으로 주문과 같이 판결한다.

> **판례4 |** 운전자가 교통신호를 위반하여 운전하다가 교통사고를 야기하였다는 사정만으로 곧바로 그 사고가 국민건강보험법 제53조 제1항 제1호에서 정한 국민건강보험급여 제한사유에 해당한다고 단정할 수 있는지 여부(소극) 및 그에 해당하는지 판단하는 기준[대법원 2021. 2. 4. 선고 2020두41429 판결]

【판결요지】

교통사고처리 특례법 제3조 제2항 단서 제1호, 제4조 제1항 단서 제1호는 운전자가 교통신호나 지시를 위반하여 업무상과실치상죄 또는 중과실치상죄 등을 범한 경우 피해자가 처벌을 원하지 않거나 교통사고를 일으킨 차가 자동차 종합보험 등에 가입된 경우라도 공소를 제기할 수 있는 것으로 규정하고 있다. 위 규정은 일상생활에서 자동차 운전이 필수적으로 되었음을 고려하여 운전자에게 피해자와 합의나 종합보험 등의 가입을 유도함으로써 교통사고로 인한 피해의 신속한 회복을 촉진하기 위하여 차의 교통으로 업무상과실치상죄 등을 범한 운전자에 대하여 피해자와 합의나 종합보험 등의 가입이 있는 경우 공소를 제기하지 않는 형사처벌의 특례를 부여하되, 교통신호 위반 등의 경우에는 그러한 특례의 예외로 인정함으로써 교통신호 준수 등을 운전 시 지켜야 할 중대한 의무로 정한 것이다. 이와 같이 교통사고처리 특례법 관계 규정의 입법 취지는 국민건강보험급여 제한사유를 정한 국민건강보험법 제53조 제1항 제1호의 입법 취지와 다르다. 그뿐만 아니라 교통사고처리 특례법 제3조 제2항 단서가 '차의 운전자가 다음 각호의 어느 하나에 해당하는 행위로 인하여 업무상과실치상죄 또는 중과실치상죄를 범한 경우에는 그러하지 아니하다.'라고 규정하여 중과실이 아닌 경과실로 교통신호를 위반하는 경우도 있음을 예정하고 있다. 그러므로 운전자가 교통신호를 위반하여 운전하다가 교통사고를 야기하였다는 사정만으로 곧바로 그 사고가 국민건강보험법 제53조 제1항 제1호에서 정한 국민건강보험급여 제한사유에 해당한다고 단정하여서는 아니 되고, 그 사고가 발생한 경위와 양상, 운전자의 운전 능력과 교통사고 방지 노력 등과 같은 사고 발생 당시의 상황을 종합적으로 고려하여 판단하여야 한다.

【원심판결】

서울고법 2020. 6. 3. 선고 2019누65599 판결

【주문】

원심판결을 파기하고, 사건을 서울고등법원에 환송한다.

【이유】

상고이유를 판단한다.

1. 관련 규정과 법리

국민건강보험법 제53조 제1항 제1호는 보험급여를 받을 수 있는 사람이 '고의 또는 중대한 과실로 인한 범죄행위에 그 원인이 있거나 고의로 사고를 일으킨 경우'에는 보험급여를 하지 아니한다고 규정하고 있다. 국민건강보험법은 국민의 질병·부상에 대한 예방·진단·치료·재활과 출산·사망 및 건강증진에 대하여 보험급여를 실시함으로써 국민보건 향상과 사회보장 증진에 이바지함을 목적으로 하며(제1조), 국민건강보험 제도는 국가공동체가 구성원인 국민에게 제공하는 가장 기본적인 사회안전망에 해당한다. 이러한 국민건강보험법의 입법 목적과 국민건강보험 제도의 특성을 고려하면, 국민건강보험급여 제한사유 중 '중대한 과실'이라는 요건은 되도록 엄격하게 해석·적용하여야 한다(대법원 2003. 2. 28. 선고 2002두12175 판결 등 참조).

한편 「교통사고처리 특례법」 제3조 제2항 단서 제1호, 제4조 제1항 단서 제1호는 운전자가 교통신호나 지시를 위반하여 업무상과실치상죄 또는 중과실치상죄 등을 범한 경우 피해자가 처벌을 원하지 않거나 교통사고를 일으킨 차가 자동차 종합보험 등에 가입된 경우라도 공소를 제기할 수 있는 것으로 규정하고 있다. 위 규정은 일상생활에서 자동차 운전이 필수적으로 되었음을 고려하여 운전자에게 피해자와 합의나 종합보험 등의 가입을 유도함으로써 교통사고로 인한 피해의 신속한 회복을 촉진하기 위하여 차의 교통으로 업무상과실치상죄 등을 범한 운전자에 대하여 피해자와 합의나 종합보험 등의 가입이 있는 경우 공소를 제기하지 않는 형사처벌의 특례를 부여하되, 교통신호 위반 등의 경우에는 그러한 특례의 예외로 인정함으로써 교통신호 준수 등을 운전 시 지켜

야 할 중대한 의무로 정한 것이다. 이와 같이「교통사고처리 특례법」관계 규정의 입법 취지는 국민건강보험급여 제한사유를 정한 국민건강보험법 제53조 제1항 제1호의 입법 취지와 다르다. 뿐만 아니라 「교통사고처리 특례법」제3조 제2항 단서가 '차의 운전자가 다음 각호의 어느 하나에 해당하는 행위로 인하여 업무상과실치상죄 또는 중과실치상죄 를 범한 경우에는 그러하지 아니하다.'라고 규정하여 중과실이 아닌 경과실로 교통신호 를 위반하는 경우도 있을 수 있음을 예정하고 있다. 그러므로 운전자가 교통신호를 위 반하여 운전하다가 교통사고를 야기하였다는 사정만으로 곧바로 그 사고가 국민건강보 험법 제53조 제1항 제1호에서 정한 국민건강보험급여 제한사유에 해당한다고 단정하여 서는 아니 되고, 그 사고가 발생한 경위와 양상, 운전자의 운전 능력과 교통사고 방지 노력 등과 같은 사고 발생 당시의 상황을 종합적으로 고려하여 판단하여야 한다.

2. 이 사건에 관한 판단

원심판결의 이유와 기록에 의하면, 원고는 원심 판시 일시, 장소에서 오토바이를 운전 하던 중 정지신호를 위반하고 직진하여 교차로에 진입하였으나 신호에 따라 좌회전하 던 피해 차량을 발견하고 제동장치를 작동시켜 정차하려 하였다가 피하지 못하고 피 해 차량을 들이받아 이 사건 교통사고가 발생한 사정을 알 수 있다.

위와 같은 이 사건 교통사고의 경위에 비추어 보면 원고에게 교통신호를 위반한 과실 이 있었음은 인정되나, 당시 순간적인 집중력 저하나 판단착오로 교통신호를 위반하였 을 가능성도 배제할 수 없으므로 이 사건 교통사고와 그로 인한 원고의 부상이 '중대 한 과실'로 인한 범죄행위에 그 원인이 있는 경우라고 단정하기 어렵다.

그런데도 원심은 그 판시와 같은 사정만으로 이 사건 교통사고와 그로 인한 원고의 부상이 '중대한 과실'로 인한 범죄행위에 그 원인이 있는 경우에 해당한다고 판단하였 다. 이러한 원심판단에는 국민건강보험법상 보험급여 제한사유에 관한 법리를 오해하 여 필요한 심리를 다하지 아니함으로써 판결 결과에 영향을 미친 잘못이 있다.

3. 결론

그러므로 나머지 상고이유에 대한 판단을 생략한 채 원심판결을 파기하고, 사건을 다 시 심리·판단하도록 원심법원에 환송하기로 하여, 관여 대법관의 일치된 의견으로 주 문과 같이 판결한다.

판례5 | 교통사고처리 특례법 제3조 제2항 단서 제6호의 '횡단보도에서의 보행자 보 호의무를 위반하여 운전한 경우'에 해당하여 보험 또는 공제 가입 여부나 처 벌에 관한 피해자의 의사를 묻지 않고 교통사고처리 특례법 제3조 제1항에 의한 처벌의 대상이 되는 지 여부(적극)[대법원 2020. 12. 24. 선고 2020도8675 판결]

【판결요지】

횡단보행자용 신호기가 설치되지 않은 횡단보도를 횡단하는 보행자가 있을 경우에, 모든 차 또는 노면전차(이하 구별하지 않고 '차'라고만 한다)의 운전자는, 그대로 진행하더라도 보행자의 횡단을 방해하지 않거나 통행에 위험을 초래하지 않을 경우를 제외하고는, 횡단보도에 차가 먼저 진입하였는지 여부와 관계없이 차를 일시정지하는 등의 조치를 취함으로써 보행자의 통행이 방해되지 않도록 할 의무가 있다. 만일 이를 위반하여 형법 제268조의 죄를 범한 때에는 교통사고처리 특례법 제3조 제2항 단서 제6호의 '횡단보도에서의 보행자 보호의무를 위반하여 운전한 경우'에 해당하여 보험 또는 공제 가입 여부나 처벌에 관한 피해자의 의사를 묻지 않고 같은 법 제3조 제1항에 의한 처벌의 대상이 된다고 보아야 한다.

【원심판결】

서울동부지법 2020. 6. 11. 선고 2019노1470 판결

【주문】

상고를 기각한다.

【이유】

상고이유를 판단한다.

1.가. 횡단보행자용 신호기가 설치되지 않은 횡단보도를 횡단하는 보행자가 있을 경우에, 모든 차 또는 노면전차(이하 구별하지 않고 '차'라고만 한다)의 운전자는, 그대로 진행하더라도 보행자의 횡단을 방해하지 않거나 통행에 위험을 초래하지 않을 경우를 제외하고는, 횡단보도에 차가 먼저 진입하였는지 여부와 관계없이 차를 일시정지하는 등의 조치를 취함으로써 보행자의 통행이 방해되지 않도록 할 의무가 있다. 만일 이를 위반하여 형법 제268조의 죄를 범한 때에는「교통사고처리 특례법」제3조 제2항 단서 제6호의 '횡단보도에서의 보행자 보호의무를 위반하여 운전한 경우'에 해당하여 보험 또는 공제 가입 여부나 처벌에 관한 피해자의 의사를 묻지 않고 같은 법 제3조 제1항에 의한 처벌의 대상이 된다고 보아야 한다.

나. 도로교통법 제27조 제1항은 "모든 차 또는 노면전차의 운전자는 보행자(제13조의 2 제6항에 따라 자전거에서 내려서 자전거를 끌고 통행하는 자전거 운전자를 포함한다)가 횡단보도를 통행하고 있을 때에는 보행자의 횡단을 방해하거나 위험을 주지 아니하도록 그 횡단보도 앞(정지선이 설치되어 있는 곳에서는 그 정지선을 말한다)에서 일시정지하여야 한다."라고 규정하고 있다. 그 입법 취지는 차를 운전하여 횡단보도를 지나는 운전자의 보행자에 대한 주의의무를 강화하여 횡단보도를

통행하는 보행자의 생명·신체의 안전을 두텁게 보호하려는 데에 있다(대법원 2009. 5. 14. 선고 2007도9598 판결 참조).「교통사고처리 특례법」제3조 제2항 단서 제6호, 제4조 제1항 단서 제1호가 '도로교통법 제27조 제1항에 따른 횡단보도에서의 보행자 보호의무를 위반하여 운전한 경우'에는「교통사고처리 특례법」제3조 제2항 본문, 제4조 제1항 본문의 각 규정에 의한 처벌의 특례가 적용되지 않도록 규정한 취지도 마찬가지로 해석된다.

위 각 규정의 내용과 취지를 종합하면, 자동차의 운전자는 횡단보행자용 신호기의 지시에 따라 횡단보도를 횡단하는 보행자가 있을 때에는 횡단보도에의 진입 선후를 불문하고 일시정지하는 등의 조치를 취함으로써 보행자의 통행이 방해되지 않도록 하여야 하고, 다만 자동차가 횡단보도에 먼저 진입한 경우로서 그대로 진행하더라도 보행자의 횡단을 방해하지 않거나 통행에 위험을 초래하지 않을 상황이라면 그대로 진행할 수 있는 것으로 해석된다(대법원 2017. 3. 15. 선고 2016도17442 판결 참조). 이러한 법리는 그 보호의 정도를 달리 볼 이유가 없는 횡단보행자용 신호기가 설치되지 않은 횡단보도를 횡단하는 보행자에 대하여도 마찬가지로 적용된다고 보아야 한다. 따라서 모든 차의 운전자는 보행자보다 먼저 횡단보행자용 신호기가 설치되지 않은 횡단보도에 진입한 경우에도, 보행자의 횡단을 방해하지 않거나 통행에 위험을 초래하지 않을 상황이 아니고서는, 차를 일시정지하는 등으로 보행자의 통행이 방해되지 않도록 할 의무가 있다.

2. 원심은, 피고인이 운전하는 자동차가 이 사건 사고 장소인 횡단보도에 진입한 순간 피고인 자동차 진행 방향 좌측에 주차되어 있던 차량의 뒤쪽에서 피해자가 뛰어서 피고인 자동차 진행 방향 좌측에서 우측으로 횡단보도를 건너기 시작한 사실, 피해자가 횡단보도의 중간에 다다르기 직전에 피고인 자동차의 앞 범퍼 부분과 충돌한 사실을 인정한 다음, 이 사건 사고 장소는 횡단보행자용 신호기가 설치되지 않아 언제든지 보행자가 횡단할 수 있는 곳이고, 당시 도로 양쪽으로 주차된 차량으로 인해 횡단보도 진입부에 보행자가 있는지 여부를 확인할 수 없는 상황이었으므로, 피고인으로서는 자동차를 일시정지하여 횡단보도를 통행하는 보행자가 없는 것을 확인하거나 발견 즉시 정차할 수 있도록 자동차의 속도를 더욱 줄여 진행하였어야 하고, 그럼에도 피고인이 이를 게을리한 것은 도로교통법 제27조 제1항에서 정한 '횡단보도에서의 보행자 보호의무'를 위반한 것이라고 판단하였다. 이러한 판단에 따라 원심은, 피고인이 '횡단보도에서의 보행자 보호의무'를 위반하지 않았다고 보아 공소기각 판결을 선고한 제1심판결을 파기하고 사건을 제1심법원에 환송하였다.

3. 적법하게 채택한 증거에 비추어 살펴보면, 원심의 위와 같은 판단과 조치는 앞서 본 법리에 따른 것으로서 정당하다. 거기에 상고이유 주장과 같이 도로교통법 제27조 제

1항의 해석·적용에 관한 법리를 오해하거나 논리와 경험의 법칙을 위반하여 자유심증주의의 한계를 벗어난 잘못이 없다.

4. 그러므로 상고를 기각하기로 하여, 관여 대법관의 일치된 의견으로 주문과 같이 판결한다.

> **판례6 |** 자동차 운전자인 피고인이 정지선과 횡단보도가 없는 사거리 교차로의 신호등이 황색등화로 바뀐 상태에서 교차로에 진입하였다가 甲이 운전하는 견인차량을 들이받은 과실로 甲에게 상해를 입게 함과 동시에 甲의 차량을 손괴하였다고 하여 교통사고처리 특례법 위반(치상) 및 도로교통법 위반으로 기소된 사안[대법원 2018.12.27. 선고 2018 도14262 판결]

【판결요지】

자동차 운전자인 피고인이 정지선과 횡단보도가 없는 사거리 교차로의 신호등이 황색등화로 바뀐 상태에서 교차로에 진입하였다가 甲이 운전하는 견인차량을 들이받은 과실로 甲에게 상해를 입게 함과 동시에 甲의 차량을 손괴하였다고 하여 교통사고처리 특례법 위반(치상) 및 도로교통법 위반으로 기소된 사안에서, 피고인이 교차로를 직진 주행하여 교차로에 진입했다가 피고인 진행방향 오른쪽에서 왼쪽으로 주행하던 甲의 견인차량을 들이받은 점, 피고인은 당시 그곳 전방에 있는 교차로 신호가 황색으로 바뀌었음을 인식하였음에도 정지하지 않은 채 교차로 내에 진입한 점, 당시 교차로의 도로 정비 작업이 마무리되지 않아 정지선과 횡단보도가 설치되지 않았던 점 등을 종합하면, 교차로 진입 전 정지선과 횡단보도가 설치되어 있지 않았더라도 피고인이 황색 등화를 보고서도 교차로 직전에 정지하지 않았다면 신호를 위반한 것이라는 이유로, 이와 달리 보아 공소사실을 모두 무죄로 판단한 원심판결에 도로교통법 시행규칙 제6조 제2항 [별표 2]의 '황색의 등화'에 관한 법리를 오해한 잘못이 있다고 한 사례.

【원심판결】

수원지법 2018. 8. 22. 선고 2018노1935 판결

【주문】

원심판결을 파기하고, 사건을 수원지방법원 본원 합의부에 환송한다.

【이유】

상고이유를 판단한다.

1. 도로교통법 시행규칙 제6조 제2항 [별표 2]는 "황색의 등화"의 뜻을 '1. 차마는 정지선이 있거나 횡단보도가 있을 때에는 그 직전이나 교차로의 직전에 정지하여야 하며, 이

미 교차로에 차마의 일부라도 진입한 경우에는 신속히 교차로 밖으로 진행하여야 한다'라고 규정하고 있다. 위 규정에 의하면 차량이 교차로에 진입하기 전에 황색의 등화로 바뀐 경우에는 차량은 정지선이나 '교차로의 직전'에 정지하여야 하며, 차량의 운전자가 정지할 것인지 또는 진행할 것인지 여부를 선택할 수 없다(대법원 2006. 7. 27. 선고 2006도3657 판결 등 참조).

2. 원심은 도로교통법 시행규칙 제6조 제2항 [별표 2]에서 정하는 '황색의 등화'를 정지선이나 횡단보도가 없을 때에는 교차로의 직전에 정지하여야 한다는 의미로 해석할 수 없다고 보아 이 사건 공소사실을 모두 무죄로 판단한 제1심판결을 그대로 유지하였다. 적색의 등화 신호에 '차마는 정지선, 횡단보도 및 교차로의 직전'에서 정지하여야 한다고 병렬적으로 규정하여 황색의 등화에 대한 규정 내용과 달리 교차로 직전에 정지하여야 함을 명시적으로 표시하고 있고, 황색의 등화에 이미 교차로에 차마의 일부라도 진입한 경우에는 신속히 교차로 밖으로 진행하여야 한다고 규정하여 황색의 등화 신호에서 교차로 통행을 전면 금지하고 있지 않다는 등의 이유를 들었다.

적법하게 채택한 증거에 의하면, 피고인은 2016. 12. 11. 09:50경 (차량번호 생략) 렉스턴 승용차량을 운전하여 화성시 남양읍 남양리 우림필유 아파트 앞 사거리 교차로를 엘에이치(LH)9단지 아파트 쪽에서 남양읍 시내 쪽으로 미상의 속도로 직진 주행하여 위 교차로에 진입했다가 피고인 진행방향 오른쪽에서 왼쪽으로 주행하던 견인차량을 들이받은 사실, 피고인은 당시 그곳 전방에 있는 위 교차로 신호가 황색으로 바뀌었음을 인식하였음에도 정지하지 않은 채 교차로 내에 진입한 사실, 당시 위 교차로의 도로 정비 작업이 마무리되지 않아 정지선과 횡단보도가 설치되어 있지 않았던 사실을 알 수 있다.

이러한 사정을 앞에서 본 법리에 비추어 살펴보면, 교차로 진입 전 정지선과 횡단보도가 설치되어 있지 않았다 하더라도 피고인이 황색의 등화를 보고서도 교차로 직전에 정지하지 않았다면 신호를 위반하였다고 봄이 타당하다. 그런데도 원심은 판시와 같은 이유만으로 피고인이 신호를 위반하지 않았다고 판단하고 말았다. 이러한 원심판단에는 도로교통법 시행규칙 제6조 제2항 [별표 2]의 '황색의 등화'에 관한 법리를 오해하여 판결에 영향을 미친 잘못이 있다. 이 점을 지적하는 상고이유 주장은 정당하다.

3. 그러므로 원심판결을 파기하고 사건을 다시 심리·판단하게 하기 위하여 원심법원에 환송하기로 하여, 관여 대법관의 일치된 의견으로 주문과 같이 판결한다.

판례7 | 도로교통법 제29조 제2항이 긴급자동차 운전자에 대하여 도로교통법상 의무 규정의 적용을 모두 면제하는 취지인지 여부(소극) / 도로교통법상 긴급자동차 운전자의 업무상 주의의무[대법원 2017. 12. 22. 선고 2017도12194 판결]

【원심판결】

광주지법 2017. 7. 20. 선고 2016노4011 판결

【주문】

원심판결을 파기하고, 사건을 광주지방법원 본원 합의부에 환송한다.

【이유】

상고이유를 판단한다.

1. 이 사건 공소사실의 요지는, 경찰관인 피고인이 2015. 6. 15. 23:52경 경찰용 자동차인 이 사건 승합차를 운전하여 적색점멸 신호기와 횡단보도가 설치된 이 사건 교차로를 지날 때, 교차로 진입 전 일시정지한 후 다른 교통에 주의하면서 안전하게 진행하여 사고를 미리 방지하여야 할 업무상 주의의무가 있는데도 일시정지를 하지 않고 그대로 진행한 과실로, 진행 방향 왼쪽에서 오른쪽으로 황색점멸 신호에 따라 위 교차로를 지나던 승용차를 들이받아 위 승용차의 운전자 및 이 사건 승합차의 동승자에게 각각 상해를 입게 하였다는 것이다.

원심은, 피고인이 위 사고 당시 강도범인 검거 등 범죄수사 및 그 밖의 긴급한 경찰업무 수행을 위하여 이 사건 승합차의 사이렌을 울리고 경광등을 켠 상태로 운전하였으므로 이 사건 승합차는 도로교통법 제29조 제2항에서 규정한 긴급자동차에 해당하고, 피고인이 적색점멸 신호였는데도 일시정지하지 않은 것은 위 조항에서 규정한 '긴급하고 부득이한 경우'였기 때문이므로, 피고인의 행위는 교통사고처리 특례법 제3조 제2항 단서 제1호에서 규정한 '신호를 위반하여 운전한 경우'에 해당하지 아니한다고 판단한 후, 이 사건 승합차가 사고 당시 자동차종합보험에 가입되어 있었고 피해자들이 피고인의 처벌을 원하지 않는다는 의사를 명시적으로 표시하였다는 이유로 이 사건 공소를 기각한 제1심판결을 그대로 유지하였다.

2. 그러나 원심의 위와 같은 판단은 받아들일 수 없다.

도로교통법 제29조는 제2항에서 "긴급자동차는 이 법이나 이 법에 따른 명령에 따라 정지하여야 하는 경우에도 불구하고 긴급하고 부득이한 경우에는 정지하지 아니할 수 있다."라고 규정하고, 제3항에서 "긴급자동차의 운전자는 제1항이나 제2항의 경우에 교통안전에 특히 주의하면서 통행하여야 한다."라고 규정하고 있다.

도로에서 일어나는 교통상의 모든 위험과 장해를 방지하고 제거하여 안전하고 원활한 교통을 확보하고자 하는 도로교통법의 목적 및 위 각 조항을 포함한 관련 규정의 내용과 체계 등을 고려하면, 도로교통법 제29조 제2항이 긴급자동차의 운전자에 대하여 도로교통법상 의무 규정의 적용을 모두 면제하는 취지의 규정이라고 해석할 수는 없

다. 따라서 긴급자동차의 운전자는 긴급하고 부득이한 사유로 정지하지 않는 경우에도 도로교통법 제29조 제3항에 따라 교통안전에 특히 주의하면서 통행하여야 하고, 만약 진행 방향에 사람이 보행하고 있거나 자동차가 교차 진행하는 경우에는 당연히 정지하여야 한다(대법원 1985. 11. 12. 선고 85도1992 판결 참조).

위 법리에 따르면, 원심으로서는 피고인이 이 사건 교차로에서 일시정지하지 아니하고 진행한 것이 긴급하고 부득이한 사유 때문이었다고 판단하였더라도, 위 판단에 더하여 추가로 피고인이 당시 교통안전에 특히 주의하여 통행하였는지에 대하여 심리한 후 피고인의 행위가 교통사고처리 특례법 제3조 제2항 단서 제1호에서 규정한 '신호를 위반하여 운전한 경우'에 해당하는지를 판단하였어야 한다. 그런데도 원심은 이와 달리 긴급하고 부득이한 경우라는 이유만으로 피고인이 신호 위반을 하지 아니하였다고 판단하였다. 이러한 원심판결에는 도로교통법상 긴급자동차의 우선 통행에 관한 법리를 오해하여 필요한 심리를 다하지 아니한 잘못이 있다.

3. 그러므로 원심판결을 파기하고, 사건을 다시 심리·판단하도록 원심법원에 환송하기로 하여, 관여 대법관의 일치된 의견으로 주문과 같이 판결한다.

판례8 | 회전교차로에 설치된 회전교차로 표지 및 유도표시에 표시된 화살표의 방향과 반대로 진행한 것이 교통사고처리 특례법 제3조 제2항 단서 제1호에서 정한 '도로교통법 제5조에 따른 통행금지를 내용으로 하는 안전표지가 표시하는 지시를 위반하여 운전한 경우'에 해당하는지 여부(적극)*[대법원 2017. 11. 29. 선고 2017도9392 판결]*

【원심판결】

서울동부지법 2017. 5. 26. 선고 2016노1663 판결

【주문】

원심판결을 파기하고, 사건을 서울동부지방법원 합의부에 환송한다.

【이유】

상고이유를 판단한다.

1. 이 사건 공소사실의 요지 및 원심의 판단

이 사건 공소사실의 요지는, 피고인은 2016. 5. 14. 13:10경 차량을 운전하여 서울 송파구 풍성로25길 44 앞 도로를 기업은행 풍납지점 쪽에서 풍납동 전통시장 쪽으로 진행하던 중, 회전교차로에 이르러 회전교차로 표지판 및 노면 표시 방향과는 달리 역주행하여 진행한 과실로 진행방향 우측에서 좌측으로 도로를 횡단하던 피해자를 피고

인의 위 차량 앞범퍼 부분으로 충격하여, 피해자에게 상해를 입혔다는 것이다.

이에 대하여 원심은, ① 이 사건 회전교차로에 있는 회전교차로 표지판의 의미는 '표지판이 화살표 방향으로 자동차가 회전 진행할 것을 지시하는 것'이고, ② 이 사건 회전교차로 노면에 표시된 진행방향 표시의 의미는 '교차로에서 회전 시 통행하여야 할 방향을 표시하는 것'일 뿐이므로, ③ 피고인이 회전교차로 표지와 노면의 진행방향 표시가 표시하는 지시를 위반하였다 하더라도 이를 교통사고처리 특례법 제3조 제2항 단서 제1호의 '통행금지를 내용으로 하는 안전표지가 표시하는 지시를 위반하여 운전한 경우'에 해당한다고 보기 어려운데, ④ 피고인이 운전한 차량이 사고 당시 자동차종합보험에 가입되어 있었다는 이유로 이 사건 공소를 기각하였다.

2. 그러나 원심의 위와 같은 판단은 다음과 같은 점에 비추어 수긍하기 어렵다.

가. 교통사고처리 특례법 제3조 제2항은, 차의 교통으로 인한 업무상과실치상죄는 원칙으로는 피해자의 명시한 의사에 반하여 공소를 제기할 수 없고, 다만 그 단서에 해당하는 경우에는 그러하지 아니하다는 취지를 규정하면서 그 제1호로 '도로교통법 제5조의 규정에 의한 신호기 또는 교통정리를 위한 경찰공무원 등의 신호를 위반하거나 통행금지 또는 일시정지를 내용으로 하는 안전표지가 표시하는 지시를 위반하여 운전한 경우'를 규정하고 있다. 도로교통법 제5조 제1항은 "도로를 통행하는 보행자와 차마의 운전자는 교통안전시설이 표시하는 신호 또는 지시와 다음 각호의 어느 하나에 해당하는 사람이 하는 신호 또는 지시를 따라야 한다."라고 규정하고 있고, 도로교통법 시행규칙 제8조 제1항 제3, 5호는 교통안전시설 중 안전표지 일부에 관하여 '지시표지: 도로의 통행방법·통행구분 등 도로교통의 안전을 위하여 필요한 지시를 하는 경우에 도로사용자가 이에 따르도록 알리는 표지', '노면표시: 도로교통의 안전을 위하여 각종 주의·규제·지시 등의 내용을 노면에 기호·문자 또는 선으로 도로사용자에게 알리는 표지'를 규정하고 있다. 그리고 [별표 6]은 ① 지시표시 중의 하나로 '304. 회전교차로 표지, 표지판이 화살표 방향으로 자동차가 회전 진행할 것을 지시하는 것', ② 노면표시 중의 하나로 '526. 유도표시, 교차로에서 회전 시 통행하여야 할 방향을 표시하는 것'이라고 규정하고 있다.

나. 이와 같은 관계 법령의 각 규정을 종합하여 볼 때, 회전교차로에 설치된 회전교차로 표지 및 유도표시는, 회전교차로에 진입하려는 차마로 하여금 진행방향 차로를 준수하도록 함으로써 이미 회전교차로 내에 진입하였거나 진입하려는 다른 차마와 반대방향으로 진행할 경우 발생할 수 있는 사고를 방지하여 차마의 안전한 운행과 원활한 교통을 확보하기 위하여 설치된 것이어서, 화살표 방향과 반대로 진행하지 말 것을 지시하는 내용의 안전표지로 봄이 상당하다. 따라서 회전교차로 내에 화살표의 방향과 반대로 통행할 것을 금지하는 내용의 안전표지가 개별적으로 설치

되어 있지 않다고 하더라도, 통행금지를 내용으로 하는 안전표시가 없다고 볼 것은 아니다. 그렇다면 피고인이 회전교차로에 설치된 회전교차로 표지 및 유도표시에 표시된 화살표의 방향과 반대로 진행한 것은 교통사고처리 특례법 제3조 제2항 단서 제1호가 정한 '도로교통법 제5조에 따른 통행금지를 내용으로 하는 안전표지가 표시하는 지시를 위반하여 운전한 경우'에 해당한다.

다. 그럼에도 회전교차로에 설치된 회전교차로 표지 및 유도표시가 통행금지를 내용으로 하는 안전표지에 해당하지 아니한다고 판단한 원심판결에는 통행금지를 내용으로 하는 안전표지에 관한 법리를 오해하여 판결 결과에 영향을 미친 위법이 있다.

3. 결론

그러므로 원심판결을 파기하고, 사건을 다시 심리·판단하도록 원심법원에 환송하기로 하여, 관여 대법관의 일치된 의견으로 주문과 같이 판결한다.

판례9 | 교통사고처리 특례법 제4조 제1항 본문이 차의 운전자에 대한 공소제기의 조건을 정한 것인지 여부(적극) 및 같은 법 제2조 제2호에서 정한 '교통사고'의 정의 중 '차의 교통'의 의미[대법원 2017. 5. 31. 선고 2016도21034 판결]

【판결요지】

교통사고처리 특례법(이하 '특례법'이라 한다) 제1조는 업무상과실 또는 중대한 과실로 교통사고를 일으킨 운전자에 관한 형사처벌 등의 특례를 정함으로써 교통사고로 인한 피해의 신속한 회복을 촉진하고 국민생활의 편익을 증진함을 목적으로 한다고 규정하고 있고, 제4조 제1항 본문은 차의 교통으로 업무상과실치상죄 등을 범하였을 때 교통사고를 일으킨 차가 특례법 제4조 제1항에서 정한 보험 또는 공제에 가입된 경우에는 그 차의 운전자에 대하여 공소를 제기할 수 없다고 규정하고 있다. 따라서 특례법 제4조 제1항 본문은 차의 운전자에 대한 공소제기의 조건을 정한 것이다.

그리고 특례법 제2조 제2호는 '교통사고'란 차의 교통으로 인하여 사람을 사상하거나 물건을 손괴하는 것을 말한다고 규정하고 있는데, 여기서 '차의 교통'은 차량을 운전하는 행위 및 그와 동일하게 평가할 수 있을 정도로 밀접하게 관련된 행위를 모두 포함한다.

【원심판결】

광주지법 2016. 11. 29. 선고 2016노741 판결

【주문】

원심판결 및 제1심판결 중 피고인 1에 대한 부분을 파기하고, 이 부분 사건을 광주지방법원 목포지원에 환송한다. 나머지 상고를 기각한다.

【이유】

상고이유를 판단한다.

1. 교통사고처리 특례법(이하 '특례법'이라 한다) 제1조는 업무상과실 또는 중대한 과실로 교통사고를 일으킨 운전자에 관한 형사처벌 등의 특례를 정함으로써 교통사고로 인한 피해의 신속한 회복을 촉진하고 국민생활의 편익을 증진함을 목적으로 한다고 규정하고 있고, 제4조 제1항 본문은 차의 교통으로 업무상과실치상죄 등을 범하였을 때 교통사고를 일으킨 차가 특례법 제4조 제1항에서 정한 보험 또는 공제에 가입된 경우에는 그 차의 운전자에 대하여 공소를 제기할 수 없다고 규정하고 있다. 따라서 특례법 제4조 제1항 본문은 차의 운전자에 대한 공소제기의 조건을 정한 것이다.

그리고 특례법 제2조 제2호는 '교통사고'란 차의 교통으로 인하여 사람을 사상하거나 물건을 손괴하는 것을 말한다고 규정하고 있는데, 여기서 '차의 교통'은 차량을 운전하는 행위 및 그와 동일하게 평가할 수 있을 정도로 밀접하게 관련된 행위를 모두 포함한다(대법원 2007. 1. 11. 선고 2006도7272 판결 참조).

2. 가. 제1심은 판시와 같은 이유를 들어, (1) 이 사건 사고 당시 트럭이 완전히 정차되어 있었다 하더라도 이 사건 사고는 트럭의 이동과 정차 과정에서 발생한 것으로 특례법 제2조 제2호에서 정한 교통사고에 해당하며, 피고인 2는 위 트럭의 운전자로서, 피고인 1은 피고인 2와 공동하여, 교통사고로 인하여 형법 제268조의 죄를 범하였다고 인정한 다음, (2) 결국 이 사건 공소사실은 특례법 제3조 제1항에 해당하는 죄로서 특례법 제4조 제1항에 의하여 교통사고를 일으킨 차가 같은 항에서 정한 보험에 가입한 경우에 공소를 제기할 수 없는데, 위 트럭이 특례법 제4조 제1항에서 정한 보험에 가입한 사실이 인정되므로 이 사건 공소는 공소제기의 절차가 법률의 규정에 따라 무효인 때에 해당한다고 보아, 피고인들에 대한 공소를 각 기각하는 판결을 선고하였다.

나. 그리고 원심은 판시와 같은 이유를 들어, 이 사건 사고가 제1심 인정과 같이 교통사고로 봄이 타당하다는 취지로 판단하여, 이를 다투는 검사의 항소이유를 받아들이지 아니하고 피고인들에 대하여 원심의 결론을 유지하였다.

3. 제1심 및 원심의 각 판결 이유를 앞에서 본 법리와 적법하게 채택된 증거들에 비추어 살펴보면, 위 트럭의 운전자인 피고인 2에 대하여 이 사건 사고가 특례법 제2조 제2호에서 정한 교통사고에 해당한다고 보아 특례법 제4조 제1항을 적용하여 공소를 기각한 제1심판결 및 이를 유지한 원심의 결론은 수긍할 수 있고, 이 부분 원심의 판단에 상고이유 주장과 같이 특례법의 '교통사고'에 관한 법리를 오해한 위법이 없다.

4. 그러나 피고인 1에 대한 원심의 판단을 앞에서 본 법리에 비추어 살펴보면 아래와 같

은 이유로 수긍할 수 없다.

가. 피고인 1에 대한 이 사건 공소사실은, 피고인 1이 공소외 주식회사의 작업팀장으로서 오리의 상하차 업무를 담당하면서, ○○오리농장 내 공터에서 피해자가 사육한 오리를 피고인 2가 운전한 트럭 적재함의 오리케이지에 상차하는 작업을 하였는데, 트럭이 경사진 곳에 정차하였음에도 트럭을 안전한 장소로 이동하게 하거나 오리케이지를 고정하는 줄이 풀어지지 않도록 필요한 조치를 하지 아니한 채 작업을 진행하게 한 업무상의 과실로 이 사건 사고가 발생하였다는 것이다.

즉 피고인 1은 트럭을 운전하지 아니하였을 뿐 아니라 피고인 2가 속하지 아니한 회사의 작업팀장으로서 위 트럭의 이동·정차를 비롯한 오리의 상하차 업무 전반을 담당하면서 상하차 작업 과정에서 사고가 발생하지 않도록 필요한 조치를 제대로 하지 아니한 업무상의 과실을 이유로 기소되었으므로, 이러한 공소사실이 인정된다면 피고인 1이 담당하는 업무 및 그에 따른 주의의무와 과실의 내용이 피고인 2의 경우와 달라 피고인 1은 특례법이 적용되는 운전자라 할 수 없고 형법 제268조에서 정한 업무상과실치상의 죄책을 진다.

나. 그럼에도 이와 달리 제1심은 위와 같은 사정을 제대로 심리하지 아니하고 피고인 2와 마찬가지로 피고인 1에 대하여도 특례법이 적용된다는 전제에서 공소를 기각하였고, 원심은 이러한 제1심의 판단을 그대로 유지하였으니, 이 부분 제1심 및 원심의 판단에는 특례법 제4조 제1항 및 형법 제268조에 관한 법리를 오해하여 판결에 영향을 미친 위법이 있다.

5. 그러므로 원심판결 및 제1심판결 중 피고인 1에 대한 부분을 파기하고, 이 부분 사건을 다시 심리·판단하게 하기 위하여 형사소송법 제393조에 의하여 제1심법원에 환송하며, 검사의 나머지 상고를 기각하기로 하여, 관여 대법관의 일치된 의견으로 주문과 같이 판결한다.

> **판례10 | 자동차 운전자의 횡단보도에서의 보행자 보호의무의 내용**[대법원 2017. 3. 15. 선고 2016 도17442 판결]

【판결요지】

교통사고처리 특례법 제3조 제2항 본문, 단서 제6호, 제4조 제1항 본문, 단서 제1호, 도로교통법 제27조 제1항의 내용 및 도로교통법 제27조 제1항의 입법 취지가 차를 운전하여 횡단보도를 지나는 운전자의 보행자에 대한 주의의무를 강화하여 횡단보도를 통행하는 보행자의 생명·신체의 안전을 두텁게 보호하려는 데 있음을 감안하면, 모든 차의 운전자는 신호기의 지시에 따라 횡단보도를 횡단하는 보행자가 있을 때에는 횡단보도에의 진입 선후를 불문하고 일시정지하는 등의 조치를 취함으로써 보행자의 통행이 방해되지 아니하도록 하여야 한다. 다만 자동차가 횡단보도에 먼저 진입한 경우로서 그대로 진행하더라도 보행자의 횡단을 방해하거나 통행에 아무런 위험을 초래하지 아니할 상황이라면 그대로 진행할 수 있다.

【원심판결】

의정부지법 2016. 10. 7. 선고 2015노3482 판결

【주문】

상고를 기각한다.

【이유】

상고이유를 판단한다.

교통사고처리 특례법 제3조 제2항 단서 제6호, 제4조 제1항 단서 제1호의 각 규정에 의하면 '도로교통법 제27조 제1항의 규정에 따른 횡단보도에서의 보행자 보호의무를 위반하여 운전한 경우'에는 교통사고처리 특례법 제3조 제2항 본문, 제4조 제1항 본문의 각 규정에 의한 처벌의 특례가 적용되지 아니한다. 그리고 도로교통법 제27조 제1항은 "모든 차의 운전자는 보행자(제13조의2 제6항에 따라 자전거에서 내려서 자전거를 끌고 통행하는 자전거 운전자를 포함한다)가 횡단보도를 통행하고 있을 때에는 보행자의 횡단을 방해하거나 위험을 주지 아니하도록 그 횡단보도 앞(정지선이 설치되어 있는 곳에서는 그 정지선을 말한다)에서 일시정지하여야 한다."라고 규정하고 있다.

위 각 규정의 내용 및 도로교통법 제27조 제1항의 입법 취지가 차를 운전하여 횡단보도를 지나는 운전자의 보행자에 대한 주의의무를 강화하여 횡단보도를 통행하는 보행자의 생명·신체의 안전을 두텁게 보호하려는 데 있는 것임을 감안하면, 모든 차의 운전자는 신호기의 지시에 따라 횡단보도를 횡단하는 보행자가 있을 때에는 횡단보도에의 진입 선후를 불문하고 일시정지하는 등의 조치를 취함으로써 보행자의 통행이 방해되지 아니하도록 하여야 한다. 다만 자동차가 횡단보도에 먼저 진입한 경우로서 그대로 진행하더라도 보행자의 횡단을 방해하거나 통행에 아무런 위험을 초래하지 아니할 상황이라면 그대로 진행할 수 있다고 보아야 한다.

원심은, 그 판시와 같은 사정 등을 종합하면 피고인이 이 사건 공소사실 기재와 같이 횡단보도의 보행자 신호가 녹색 등화로 바뀌었음에도 횡단보도 위에서 일시정지를 하지 아니한 업무상 과실로 피해자를 충격하여 피해자에게 상해를 입혔고, 위와 같은 피고인의 과실과 피해자가 입은 상해 사이에 상당인과관계도 인정된다는 이유를 들어, 피고인이 도로교통법 제27조 제1항에서 정한 '횡단보도에서의 보행자 보호의무'를 위반하여 이 사건 사고가 발생한 것으로 보기는 어렵다고 보아 공소기각 판결을 선고한 제1심판결을 파기

하여 제1심법원에 환송하였다.

원심판결 이유를 앞서 본 법리와 기록에 비추어 살펴보면, 원심의 위와 같은 판단은 수긍할 수 있다. 거기에 상고이유의 주장과 같이 논리와 경험의 법칙에 반하여 자유심증주의의 한계를 벗어나거나 도로교통법 제27조 제1항에 관한 법리를 오해하고 증거재판주의와 죄형법정주의를 위반하는 등의 잘못이 없다.

그러므로 상고를 기각하기로 하여, 관여 대법관의 일치된 의견으로 주문과 같이 판결한다.

> **판례11 |** 안전표지에 따라 좌회전이나 유턴을 하기 위하여 중앙선을 넘어 운행하다가 반대편 차로를 운행하는 차량과 충돌하는 교통사고를 낸 것이 교통사고처리 특례법에서 규정한 중앙선 침범 사고인지 여부(소극)*[대법원 2017. 1. 25. 선고 2016도18941 판결]*

【판결요지】

도로교통법 제2조 제5호 본문은 '중앙선이란 차마의 통행 방향을 명확하게 구분하기 위하여 도로에 황색 실선이나 황색 점선 등의 안전표지로 표시한 선 또는 중앙분리대나 울타리 등으로 설치한 시설물을 말한다'고 규정하고, 제13조 제3항은 '차마의 운전자는 도로(보도와 차도가 구분된 도로에서는 차도를 말한다)의 중앙(중앙선이 설치되어 있는 경우에는 그 중앙선을 말한다) 우측 부분을 통행하여야 한다'고 규정하고, 교통사고처리 특례법 제3조 제1항, 제2항 제2호 전단은 '도로교통법 제13조 제3항을 위반하여 중앙선을 침범'한 교통사고로 인하여 형법 제268조의 죄를 범한 경우는 피해자의 명시한 의사와 상관없이 처벌 대상이 되는 것으로 규정하고 있다.

이와 같이 도로교통법이 도로의 중앙선 내지 중앙의 우측 부분을 통행하도록 하고 중앙선을 침범하여 발생한 교통사고를 처벌 대상으로 한 것은, 각자의 진행방향 차로를 준수하여 서로 반대방향으로 운행하는 차마의 안전한 운행과 원활한 교통을 확보하기 위한 것이므로, 황색 실선이나 황색 점선으로 된 중앙선이 설치된 도로의 어느 구역에서 좌회전이나 유턴이 허용되어 중앙선이 백색 점선으로 표시되어 있는 경우, 그 지점에서 좌회전이나 유턴이 허용되는 신호 상황 등 안전표지에 따라 좌회전이나 유턴을 하기 위하여 중앙선을 넘어 운행하다가 반대편 차로를 운행하는 차량과 충돌하는 교통사고를 내었더라도 이를 교통사고처리 특례법에서 규정한 중앙선 침범 사고라고 할 것은 아니다.

【원심판결】

대구지법 2016. 10. 27. 선고 2016노186 판결

【주문】

상고를 기각한다.

【이유】

상고이유를 판단한다.

1. 도로교통법 제2조 제5호 본문은 '중앙선이란 차마의 통행 방향을 명확하게 구분하기 위하여 도로에 황색 실선이나 황색 점선 등의 안전표지로 표시한 선 또는 중앙분리대나 울타리 등으로 설치한 시설물을 말한다'고 규정하고, 제13조 제3항은 '차마의 운전자는 도로(보도와 차도가 구분된 도로에서는 차도를 말한다)의 중앙(중앙선이 설치되어 있는 경우에는 그 중앙선을 말한다) 우측 부분을 통행하여야 한다'고 규정하고, 교통사고처리 특례법 제3조 제1항, 제2항 제2호 전단은 '도로교통법 제13조 제3항을 위반하여 중앙선을 침범'한 교통사고로 인하여 형법 제268조의 죄를 범한 경우는 피해자의 명시한 의사와 상관없이 처벌 대상이 되는 것으로 규정하고 있다.

이와 같이 도로교통법이 도로의 중앙선 내지 중앙의 우측 부분을 통행하도록 하고 중앙선을 침범하여 발생한 교통사고를 처벌 대상으로 한 것은, 각자의 진행방향 차로를 준수하여 서로 반대방향으로 운행하는 차마의 안전한 운행과 원활한 교통을 확보하기 위한 것이므로, 황색 실선이나 황색 점선으로 된 중앙선이 설치된 도로의 어느 구역에서 좌회전이나 유턴이 허용되어 중앙선이 백색 점선으로 표시되어 있는 경우, 그 지점에서 좌회전이나 유턴이 허용되는 신호 상황 등 안전표지에 따라 좌회전이나 유턴을 하기 위하여 중앙선을 넘어 운행하다가 반대편 차로를 운행하는 차량과 충돌하는 교통사고를 내었다고 하더라도 이를 위 교통사고처리 특례법에서 규정한 중앙선 침범사고라고 할 것은 아니다.

2. 이 사건 공소사실의 요지는, 피고인이 2015. 6. 15. 22:15경 (차량번호 1 생략) K5 승용차를 운전하여 안동시 경동로 길주초등사거리 순회수족관 앞길을, 용상 쪽에서 법흥교 쪽으로 진행하다가 중앙선을 넘어 유턴하게 되었는데, 그곳 전방은 교통정리가 행하여지고 있는 사거리교차로이고 노면에 유턴을 허용하는 중앙선이 설치되어 있으므로, 전방·좌우를 잘 살펴 다른 차량의 정상적인 통행을 방해하지 아니하고 안전하게 유턴하여 중앙선을 침범하지 아니하여야 할 업무상 주의의무가 있음에도 이를 게을리한 채 적색신호에 그대로 중앙선을 침범하여 유턴허용구역에서 유턴하다가 맞은편에서 직진신호에 따라 정상적으로 진행하여 오던 피해자 공소외인 운전의 (차량번호 2 생략) SQ125cc 오토바이 앞부분을 위 승용차 앞 범퍼 우측 부분으로 충돌하여 피해자에게 약 2주간의 치료를 요하는 우측 견관절부 염좌 등의 상해를 입게 하였다는 것이다.

3. 이에 대하여 원심은, 피고인은 유턴을 상시 허용하는 안전표지에 따라 유턴허용구역 내에서 흰색 점선인 표시선을 넘어 유턴하였는데, 피고인이 횡단한 부분의 도로에 도

로교통법이 정하고 있는 중앙선이 그어져 있지는 않았지만 유턴허용구역의 흰색 점선에는 중앙선의 의미도 있다고 전제한 다음, 그 판시와 같은 사정에 비추어 이 사건 사고는 피고인이유턴 허용 지점에서 유턴을 함에 있어서 지켜야 할 업무상 주의의무를 게을리한 과실로 인하여 발생한 것일 뿐, 중앙선 침범이라는 운행상의 과실을 직접적인 원인으로 하여 발생한 것으로 볼 수 없다고 보아, 이 사건 사고가 교통사고처리 특례법이 규정한 중앙선 침범 사고라는 검사의 주장을 배척하고 피고인에 대한 공소를 기각한 제1심판결을 그대로 유지하였다.

앞에서 본 법리와 기록에 비추어 살펴보면, 피고인이유턴을 상시 허용하는 안전표지에 따라 유턴허용구역 내에서 흰색 점선인 표시선을 넘어 유턴한 행위는 중앙선을 침범한 행위라고 할 수 없으므로, 원심의 이유 설시에는 다소 적절하지 않은 점이 있다. 그러나 이 사건 사고가 중앙선 침범 사고에 해당하지 않는다고 한 결론은 정당하고, 거기에 상고이유 주장과 같이 판결에 영향을 미친 법리오해 등의 잘못이 없다.

4. 그러므로 관여 대법관의 일치된 의견으로 상고를 기각하기로 하여 주문과 같이 판결한다.

판례12 | 교통사고처리 특례법 제3조 제1항, 제2항 단서, 형법 제268조를 적용하여 공소가 제기된 사건[대법원 2015. 5. 28. 선고 2013도10958 판결]

【원심판결】

청주지법 2013. 8. 22. 선고 2013노114 판결

【주문】

상고를 기각한다.

【이유】

상고이유를 판단한다.

1. 증거능력 및 진술의 신빙성에 대하여

원심은, 피고인이 이 사건 교통사고와 관련하여 신호를 위반하였다는 점에 부합하는 듯한 증인 공소외 1의 법정진술, 목격자 공소외 2와의 대화내용을 기재한 수사보고서 및 거짓말탐지검사 결과는 모두 증거능력이 없고, 피해자 공소외 3의 법정 및 수사기관에서의 진술을 기재한 조서는 그 판시와 같은 이유로 믿기 어려우며, 달리 이를 인정할 증거가 없다고 판단하였다. 기록에 비추어 살펴보면 원심의 위와 같은 판단은 정당하고, 거기에 상고이유 주장과 같이 증거능력 및 증거의 증명력에 관한 법리를 오해하거나 논리와 경험의 법칙을 위반하여 자유심증주의의 한계를 벗어난 위법이 없다.

2. 공소기각 판결의 요건에 대하여

교통사고처리특례법 제3조 제1항, 제2항 단서, 형법 제268조를 적용하여 공소가 제기된 사건에서, 심리 결과 교통사고처리특례법 제3조 제2항 단서에서 정한 사유가 없고 같은 법 제3조 제2항 본문이나 제4조 제1항 본문의 사유로 공소를 제기할 수 없는 경우에 해당하면 공소기각의 판결을 하는 것이 원칙이다. 그런데 사건의 실체에 관한 심리가 이미 완료되어 교통사고처리특례법 제3조 제2항 단서에서 정한 사유가 없는 것으로 판명되고 달리 피고인이 같은 법 제3조 제1항의 죄를 범하였다고 인정되지 않는 경우, 설령 같은 법 제3조 제2항 본문이나 제4조 제1항 본문의 사유가 있더라도, 사실심법원이 피고인의 이익을 위하여 교통사고처리특례법 위반의 공소사실에 대하여 무죄의 실체판결을 선고하였다면, 이를 위법이라고 볼 수는 없다고 할 것이다(대법원 2015. 5. 14. 선고 2012도11431 판결 참조).

원심은, 피고인이 교통신호를 위반하여 차량을 운행한 과실로 피해자로 하여금 약 2주간의 치료를 요하는 경추의 염좌 및 긴장 등의 상해를 입히고 피해차량 수리비 시가 61,090,480원(대물한도 5천만 원 초과) 상당의 재물을 손괴함으로써 교통사고처리특례법 제3조 제1항, 제2항 단서 제1호 및 도로교통법 제151조에 해당한다는 공소사실에 대하여, 앞서 본 바와 같이 신호위반 사실을 인정할 증거가 없다고 판단한 다음, 피고인에 대하여 무죄를 선고한 제1심판결을 그대로 유지하였다.

원심판결 이유를 앞서 본 법리와 기록에 비추어 살펴보면, 피고인이 신호위반 외의 다른 업무상 과실로 이 사건 교통사고를 일으켰다고 인정할 만한 별다른 증거나 사정을 찾을 수 없는 이상, 원심이 피고인의 이익을 위하여 무죄의 판결을 유지한 것에 상고이유 주장과 같이 공소기각 판결의 요건을 오해하여 판결에 영향을 미친 위법이 없다.

3. 결론
상고를 기각하기로 하여 관여 대법관의 일치된 의견으로 주문과 같이 판결한다.

[7] 헌법재판소 결정례

> **판례1** | 청구인이 주장하는 입법의 결함이 헌법재판소의 위헌결정에 의하여 발생한 경우에 그와 같은 입법의 결함, 즉 부진정입법부작위의 위헌확인을 구하는 헌법소원 심판청구의 적법 여부(소극)*[헌법재판소 2012.12.27. 선고 2012헌바60]*

【결정요지】

헌법재판소법 제47조 제2항과 제75조 제6항은 위헌으로 결정된 법률 또는 법률조항은 원칙적으로 그 결정이 있는 날로부터 효력을 상실하도록 규정하고 있는바, 법규범에 대한 헌법재판소의 위헌결정은 소송 당사자나 국가기관 이외의 일반 사인에게도 그 효력이 미치고, 일반 국민은 헌법재판소가 위헌으로 선언한 법규범이 적용되지 않는 것을 수인해야 한다. 헌법재판소에 의하여 이미 위헌 선언되어 효력이 상실된 법률조항 부분이 입법의 결함에 해당한다고 주장하는 이 사건 헌법소원 심판청구는 종전의 위헌결정에 대한 불복이거나, 위헌으로 선언된 규범의 유효를 주장하는 것이어서 법률조항에 대한 위헌결정의 법규적 효력에 반하여 허용될 수 없으므로 부적법하다.

【당해사건】

대법원 2011도14592 교통사고처리특례법위반 등

【주문】

이 사건 심판청구를 각하한다.

【이유】

1. 사건의 개요와 심판의 대상

가. 사건의 개요

(1) 청구인은 승용차의 운전업무에 종사하는 자로서, 2009. 6. 16. 18:30경 승용차를 운전하던 중 급하게 진로를 변경한 과실로, 피해자 운전의 오토바이의 진로를 방해하여 청구인의 승용차 우측 앞 부분으로 위 오토바이 앞 부분을 충격하여 피해자에게 약 16주간의 치료를 요하는 우측요골두 골절상 등의 중상해를 입혔다는 취지의 범죄사실로 유죄판결을 선고받고[춘천지방법원 영월지원 2009고단537, 2010고단51(병합)] 항소하였으나 기각되었다[서울고등법원 춘천형사부 2011노62, 78(병합)].

(2) 청구인은 이에 불복하여 상고(대법원 2011도14592)하는 한편, 그 소송 계속

중 구 '교통사고처리 특례법'(2003. 5. 29. 법률 제6891호로 개정되고 2010. 1. 25. 법률 제9941호로 개정되기 전의 것) 제4조 제1항에 대하여 위헌법률심판제청을 신청하였으나(대법원 2011초기662), 2012. 1. 27. 그 신청이 각하되자, 2012. 2. 15. 위 조항의 위헌확인을 구하는 이 사건 헌법소원심판을 청구하였다.

나. 심판대상 조항 및 관련 조항

이 사건 심판대상은 구 '교통사고처리 특례법'(2003. 5. 29. 법률 제6891호로 개정되고 2010. 1. 25. 법률 제9941호로 개정되기 전의 것) 제4조 제1항(이하 '심판대상 조항'이라 한다)이 헌법에 위반되는지 여부이며, 심판대상 조항 및 관련 조항의 내용은 다음과 같다.

[심판대상 조항]

구 교통사고처리 특례법(2003. 5. 29. 법률 제6891호로 개정되고 2010. 1. 25. 법률 제9941호로 개정되기 전의 것)

제4조(보험 등에 가입된 경우의 특례)

① 교통사고를 일으킨 차가 보험업법 제4조 및 제126조 내지 제128조, 육운진흥법 제8조 또는 화물자동차 운수사업법 제51조의 규정에 의하여 보험 또는 공제에 가입된 경우에는 제3조 제2항 본문에 규정된 죄를 범한 당해 차의 운전자에 대하여 공소를 제기할 수 없다. 다만, 제3조 제2항 단서에 해당하는 경우나 보험계약 또는 공제계약이 무효 또는 해지되거나 계약상의 면책규정 등으로 인하여 보험사업자 또는 공제사업자의 보험금 또는 공제금 지급의무가 없게 된 경우에는 그러하지 아니하다.

[관련 조항]

구 교통사고처리 특례법(1996. 8. 14. 법률 제5157호로 개정되고 2010. 1. 25. 법률 제9941호로 개정되기 전의 것)

제3조(처벌의 특례)

① 차의 운전자가 교통사고로 인하여 형법 제268조의 죄를 범한 때에는 5년 이하의 금고 또는 2천만 원 이하의 벌금에 처한다.

구 교통사고처리 특례법(2005. 5. 31. 법률 제7545호로 개정되고 2010. 1. 25. 법률 제9941호로 개정되기 전의 것)

제3조(처벌의 특례)

② 차의 교통으로 제1항의 죄 중 업무상과실치상죄 또는 중과실치상죄와 도로교통법 제151조의 죄를 범한 운전자에 대하여는 피해자의 명시한 의사에 반하여 공소를 제기할 수 없다. 다만, 차의 운전자가 제1항의 죄 중 업무상과실치상죄 또는 중과실치상죄를 범하고

피해자를 구호하는 등 도로교통법 제54조 제1항의 규정에 의한 조치를 하지 아니하고 도주하거나 피해자를 사고장소로부터 옮겨 유기하고 도주한 경우와 다음 각 호의 1에 해당하는 행위로 인하여 동죄를 범한 때에는 그러하지 아니하다.

구 교통사고처리 특례법(2010. 1. 25. 법률 제9941호로 개정되고, 2011. 4. 12. 법률 제10575호로 개정되기 전의 것)

제4조(보험 등에 가입된 경우의 특례)

① 교통사고를 일으킨 차가 보험업법 제4조 및 제126조부터 제128조까지, 여객자동차 운수사업법 제60조·제61조 또는 화물자동차 운수사업법 제51조에 따라 보험 또는 공제에 가입된 경우에는 제3조 제2항 본문에 규정된 죄를 범한 당해 차의 운전자에 대하여 공소를 제기할 수 없다. 다만, 다음 각 호의 어느 하나에 해당하는 경우에는 그러하지 아니하다.

1. 제3조 제2항 단서에 해당하는 경우

2. 피해자가 신체의 상해로 인하여 생명에 대한 위험이 발생하거나 불구 또는 불치나 난치의 질병에 이르게 된 경우

3. 보험계약 또는 공제계약이 무효 또는 해지되거나 계약상의 면책규정 등으로 인하여 보험회사, 공제조합 또는 공제사업자의 보험금 또는 공제금 지급의무가 없게 된 경우

교통사고처리 특례법(2010. 1. 25. 법률 제9941호) 부칙

① (시행일) 이 법은 공포한 날부터 시행한다.

구 헌법재판소법(1988. 8. 5. 법률 제4017호로 제정되고 2011. 4. 5. 법률 제10546호로 개정되기 전의 것)

제47조(위헌결정의 효력)

① 법률의 위헌결정은 법원 기타 국가기관 및 지방자치단체를 기속한다.

② 위헌으로 결정된 법률 또는 법률의 조항은 그 결정이 있는 날로부터 효력을 상실한다. 다만, 형벌에 관한 법률 또는 법률의 조항은 소급하여 그 효력을 상실한다.

제75조(인용결정)

⑥ 제5항의 경우 및 제68조 제2항의 규정에 의한 헌법소원을 인용하는 경우에는 제45조 및 제47조의 규정을 준용한다.

2. 청구인의 주장

　가. 심판대상 조항이 위헌으로 결정되면 자동차종합보험에 가입한 청구인은 무죄판결 내지 공소기각 판결을 받을 수 있는바, 그 위헌여부에 따라 다른 내용의 재판을 하는 경우에 해당하므로 재판의 전제성이 인정된다.

　　(2) 헌법재판소의 위헌결정[헌재 2009. 2. 26. 2005헌마764, 2008헌마118(병합)]으로 인하여 과거 처벌되지 않던 중상해 결과를 야기한 교통사고 운전자를

처벌하는 것은 죄형법정주의의 형벌불소급 원칙에 반한다.

(3) 상해와 중상해를 구별하는 기준 자체가 모호하여 피해자의 처벌불원의사에 공소제기가 좌우되는 결과에 이르게 되었는바, 심판대상 조항은 상해와 중상해를 합리적 이유 없이 차별하고 있다. 나아가 심판대상 조항은 생명의 박탈이라는 가장 중대한 법익을 침해하는 사망과 그 정도에 이르지 아니한 중상해를 동일하게 취급하고 있으며, 과실로 인한 범죄의 피해자가 처벌 여부를 좌우하게 함으로써 고의로 인한 범죄의 피해자와 동일하게 취급하여 다른 것을 같게 취급하고 있다. 따라서 심판대상 조항은 헌법 제11조의 평등원칙에 반한다.

3. 판단

가. 구 '교통사고처리 특례법' 제4조 제1항에 대한 종전의 일부위헌 결정의 존재

헌법재판소는 2009. 2. 26. 선고된 2005헌마764, 2008헌마118(병합) 결정에서 구 '교통사고처리 특례법'(2003. 5. 29. 법률 제6891호로 개정된 것) 제4조 제1항 본문 중 업무상 과실 또는 중대한 과실로 인한 교통사고로 말미암아 피해자로 하여금 중상해에 이르게 한 경우에 공소를 제기할 수 없도록 규정한 부분은 헌법에 위반된다는 결정을 하였는바, 그 요지는 다음과 같다.

『교통사고 피해자가 중상해를 입은 경우 사고발생 경위, 피해자의 특이성(노약자 등)과 사고발생에 관련된 피해자의 과실 유무 및 정도 등을 살펴 가해자에 대하여 정식 기소 이외에도 약식기소 또는 기소유예 등 다양한 처분이 가능하고, 정식 기소된 경우에는 피해자가 재판절차진술권을 행사할 수 있게 하여야 함에도, 심판대상 조항에서 가해차량이 종합보험 등에 가입하였다는 이유로 '교통사고처리 특례법' 제3조 제2항 단서조항에 해당하지 않는 한 무조건 면책되도록 한 것은 기본권 침해의 최소성에 위반된다. 나아가 교통사고의 신속한 처리 또는 전과자의 양산 방지라는 공익을 위하여 피해자의 사익을 현저히 경시하여 법익균형성에도 위반된다. 따라서 심판대상 조항은 과잉금지원칙에 위반하여 업무상 과실 또는 중대한 과실에 의한 교통사고로 중상해를 입은 피해자의 재판절차진술권을 침해한 것이다.

한편 '교통사고처리 특례법' 제3조 제2항 단서조항에 해당하지 않는 교통사고로 인하여 중상해를 입은 피해자는, 우연하게도 단서조항에 해당하는 교통사고를 당한 중상해 피해자가 재판절차진술권을 행사하게 되는 것과 비교할 때 합리적인 이유 없이 차별취급을 당하게 된다. 또한 교통사고로 인하여 중상해를 입은 결과 식물인간이 되거나 평생 심각한 불구 또는 난치의 질병을 안고 살아가야 하는 피해자의 경우 그 결과의 불법성이 사망사고 보다 결코 작다고 단정할 수 없으므로, 교통사고로 인하여 피해자가 사망한 경우와 달리 중상해를 입은 경우 가해 운전자를 기소하지 않음으로써 그 피해자의 재판절차진술권을 제한하는 것 또한 합리적인 이유가

없는 차별취급이다. 따라서 심판대상 조항은 위 단서조항에 해당하지 아니하는 교통사고로 중상해를 입은 피해자들의 평등권도 침해한다.」

나. 종전 결정으로 인한 심판대상 조항의 축소

헌법재판소가 위헌으로 결정한 법률 또는 법률의 조항은 그 결정이 있는 날로부터 효력을 상실하는바(헌법재판소법 제47조 제2항, 제75조 제6항), 구 '교통사고처리 특례법'(2003. 5. 29. 법률 제6891호로 개정된 것) 제4조 제1항은 헌법재판소의 일부위헌 결정이 있었던 2009. 2. 26.로부터 2010. 1. 25. 법률 제9941호로 개정되기 전까지 "본문 중 업무상 과실 또는 중대한 과실로 인한 교통사고로 말미암아 피해자로 하여금 중상해에 이르게 한 경우에 공소를 제기할 수 없도록 규정한 부분"을 제외한 나머지 부분에 한하여 법률로서 유효한 효력을 가진다.

즉 심판대상 조항은 종전 위헌결정 이후 그 적용범위가 축소되어, 업무상 과실 또는 중대한 과실로 인한 교통사고로 말미암아 피해자로 하여금 중상해에 미치지 아니하는 정도의 상해에 이르게 한 경우에 한하여 적용된다.

다. 이 사건 심판청구의 성격과 재판의 전제성

(1) 심판대상 조항은 교통사고를 내어 피해자로 하여금 중상해에 미치지 아니하는 상해에 이르게 한 경우 공소를 제기할 수 없도록 하는 것이므로 심판대상 조항이 위헌으로 판단된다고 하더라도, 종전 위헌결정이 있은 후 교통사고를 내어 피해자로 하여금 중상해에 이르게 하였다는 범죄사실로 유죄판결을 선고받은 청구인에게는 아무런 영향이 없다고 보아 심판대상 조항의 재판의 전제성을 부인할 수도 있다.

(2) 그러나 청구인이 이 사건 심판청구에 이른 진정한 의도는, 헌법재판소가 종전 결정을 번복하여 심판대상 조항에 존재하는 입법적 결함을 인정하도록 함으로써 당해사건에서 청구인에 대하여 공소권이 없다는 판결을 선고받기 위한 것이라고 볼 수 있다.

이러한 측면에서, 위헌결정의 직접적인 효력으로서 심판대상 조항 자체의 효력이 상실되는 것만으로는 청구인에 대하여 공소권이 없다는 판결이 선고될 수 없다는 이유로 심판대상 조항의 재판의 전제성이 없다고 한다면 이 사건 심판청구가 지니는 진정한 의미를 외면하는 것이 되고 만다.

따라서 이 사건 심판청구는 종전 결정으로 발생한 입법의 흠결을 보충하기 위한 부진정입법부작위를 다투는 청구로 이해하고 판단하기로 한다.

(3) 부진정입법부작위의 위헌 확인 청구와 재판의 전제성

헌법재판소법 제68조 제2항에 의한 헌법소원은 '법률'의 위헌성을 적극적으로 다투는 제도이므로 '법률의 부존재' 즉, 진정입법부작위를 다투는 것은 그 자

체로 허용되지 아니하나(헌재 2000. 1. 27. 98헌바12, 공보 42, 136, 140 참조), 다만 법률이 불완전·불충분하게 규정되었음을 근거로 법률 자체의 위헌성을 다투는 취지 즉, 부진정입법부작위를 다투는 것으로 이해될 경우에는 그 법률이 당해 사건의 재판의 전제가 된다는 것을 요건으로 허용될 수 있다(헌재 2004. 1. 29. 2002헌바36, 판례집 16-1, 87, 95-96; 헌재 2010. 2. 25. 2008헌바67, 판례집 22-1상, 189, 193 참조).

한편 심판대상 법률조항의 적용에서 배제된 자가 부진정입법부작위를 다투는 경우, 심판대상 법률조항에 대한 위헌 결정만으로는 당해사건 재판의 결과에 영향이 없다고 하더라도, 위헌 또는 헌법불합치 결정의 취지에 따라 당해 법률조항이 개정되는 때에는 당해사건의 결과에 영향을 미칠 가능성이 있으므로 재판의 전제성이 인정될 수 있다(헌재 2003. 12. 18. 2002헌바14, 판례집 15-2하, 466, 473; 헌재 2011. 6. 30. 2009헌바430, 판례집 23-1하, 377, 384 참조).

라. 종전 결정의 효력과 이 사건 심판청구

이와 같이 이 사건 심판청구가 부진정입법부작위를 다투는 청구로서 재판의 전제성을 지니고 있다고 이해한다 하더라도, 이 사건에서 청구인이 입법의 결함이라 주장하고 있는 실질을 살펴보면, 헌법재판소의 2005헌마764, 2008헌마118(병합) 결정에서 위헌으로 결정되어 효력을 상실한 법률조항 부분과 일치하고, 이에 따라 청구인의 주장은 위 결정을 번복하여 합헌선언을 할 것을 구하는 것과 다름이 없다.

헌법재판소법은 위헌으로 결정된 법률 또는 법률조항은 원칙적으로 그 결정이 있는 날로부터 효력을 상실하도록 규정하고 있다(제47조 제2항, 제75조 제6항). 이에 따라 법률 또는 법률조항에 대한 위헌 결정은 일반적 기속력과 대세적·법규적 효력을 가진다. 즉 법규범에 대한 헌법재판소의 위헌결정은 소송 당사자나 국가기관 이외의 일반 사인에게도 그 효력이 미치고, 종전 위헌결정의 기초가 된 사실관계 등의 근본적인 변화에 따른 특별한 정당화 사유가 있어 반복입법이 이루어지는 경우가 아닌 한, 일반 국민은 헌법재판소가 위헌으로 선언한 법규범이 적용되지 않는 것을 수인해야 하고, 위헌으로 선언한 법규범에 더 이상 구속을 받지 않게 된다. 이러한 효력은 법원에서의 구체적·개별적 소송사건에서 확정된 판결이 그 기속력이나 확정력에 있어서 원칙적으로 소송 당사자에게만 한정하여 그 효력이 미치는 것과 크게 다른 것이다.

한편 법률에 대한 헌법재판소의 위헌결정에 대한 불복이 허용된다면, 종전에 헌법재판소의 위헌결정으로 효력이 상실된 법률 또는 법률조항에 대하여 새로이 합헌결정이 선고되어 그 효력이 되살아날 수 있게 되고, 이러한 결과는 그 문제된 법률 또는 법률조항과 관련되는 모든 국민의 법률관계에 이루 말할 수 없는 커다란 혼란을 초래하거나 그 법적 생활에 대한 불안을 가져오게 할 수도 있다(헌재 1992. 6. 26. 90헌아1, 판례집 4, 378, 384참조).

그렇다면 종전 결정에서 이미 위헌 선언되어 효력이 상실된 법률조항 부분이 입법의 결함에 해당한다고 주장하는 이 사건 헌법소원심판청구는 종전의 위헌결정에 대한 불복이거나, 위헌으로 선언된 규범의 유효를 주장하는 것이어서 법률조항에 대한 위헌결정의 법규적 효력에 반하여 허용될 수 없다.

4. 결론

따라서 이 사건 심판청구는 부적법하므로 이를 각하하기로 하여 관여 재판관 전원의 일치된 의견으로 주문과 같이 결정한다.

> **판례2 |** 교통사고처리 특례법(2003. 5. 29. 법률 제6891호로 개정된 것) 제4조 제1항 본문 중 업무상 과실 또는 중대한 과실로 인한 교통사고로 말미암아 피해자로 하여금 중상해에 이르게 한 경우에 공소를 제기할 수 없도록 규정한 부분은 헌법에 위반된다.*[헌법재판소 2009.2.26. 선고 2005헌마764]*

【결정요지】

업무상과실 또는 중대한 과실로 인한 교통사고로 말미암아 피해자로 하여금 중상해에 이르게 한 경우에 공소를 제기할 수 없도록 규정한 부분은 청구인들의 재판절차진술권 및 평등권을 침해하여 헌법에 위반되는바, 종전에 헌법재판소가 이 결정과 견해를 달리하여 구 교통사고처리 특례법(1984. 8. 4. 법률 제3744호로 개정되고, 1997. 8. 30. 법률 제5480호로 개정되기 전의 것) 제4조 제1항이 헌법에 위반되지 아니한다고 판시한 1997. 1. 16. 90헌마110 등 결정은 이 결정과 저촉되는 범위 내에서 이를 변경하기로 하여 주문과 같이 결정한다.

【주문】

교통사고처리특례법(2003. 5. 29. 법률 제6891호로 개정된 것) 제4조 제1항 본문 중 업무상 과실 또는 중대한 과실로 인한 교통사고로 말미암아 피해자로 하여금 중상해에 이르게 한 경우에 공소를 제기할 수 없도록 규정한 부분은 헌법에 위반된다.

【이유】

1. 사건의 개요와 심판의 대상

가. 사건의 개요

(1) 2005헌마764 사건

청구인은 대학생으로 2004. 9. 5. 12:59경 서울 강남구 ○○동 467 소재 ○

동 아파트 앞 3차선 도로를 횡단하던 중 청구외 이○주 운전의 승용차 왼쪽 앞 휀더 및 유리창 부분에 부딪혀 약 12주 간의 치료를 요하는 폐쇄성두개천장골절 등의 상해를 입었다. 그 이후 청구인은 뇌손상으로 인한 좌측 편마비와 안면마비가 오는 등 심각한 교통사고 후유증을 앓게 되었고, 결국 학업마저 중단하였다.

위 교통사고를 담당한 검사는 2004. 12. 13. 교통사고처리특례법 제4조 제1항 규정에 따라 가해운전자에 대하여 공소권 없음 결정을 하였고, 이에 청구인은 교통사고처리특례법 제4조 제1항이 국가의 기본권보호의무에 관한 과소보호금지 원칙에 위배되고, 청구인의 평등권 및 재판절차진술권을 침해하였다고 주장하면서 2005. 8. 16. 이 사건 헌법소원심판을 청구하였다.

(2) 2008헌마118 사건

청구인 송○문은 2007. 12. 14. 12:50경 처 황○희, 친구인 청구인 김○경과 그의 처 정○신을 태우고 자신의 소나타 승용차를 운전하여 제천시 금성면 ○○리 소재 중앙고속도로 271.2km지점을 춘천방면에서 대구 방면으로 3차로를 따라 진행하던 중, 뒤따라오면서 졸음운전을 한 청구외 손○원 운전의 5톤 대형화물차에 추돌당하여 위 황○희, 정○신은 모두 하악골 개방성 골절 또는 두개골 골절 등으로 사망하고, 청구인 송○문은 목디스크, 두정부 두피 열상 등을, 청구인 김○경은 늑골 골절, 다발성 두피 열상 등의 상해를 입었다. 그 이후 청구인들은 외상성 스트레스 증후군이나 불면증과 같은 심각한 교통사고 후유증을 앓게 되었다.

위 교통사고사건을 담당한 검사는 교통사고처리특례법 제4조 제1항 규정에 따라 2007. 12. 28. 가해운전자에 대하여 공소권 없음 결정을 하였고(사망사고 부분에 관하여는 같은 날 구속 기소되었다), 이에 청구인들은 교통사고처리특례법 제4조 제1항이 국가의 기본권보호의무에 관한 과소보호금지 원칙에 위배되고, 청구인들의 평등권 및 재판절차진술권을 침해하였다고 주장하면서 2008. 1. 24. 이 사건 헌법소원심판을 청구하였다.

나. 심판의 대상

(1) 이 사건 심판의 대상은 교통사고처리특례법(2003. 5. 29. 법률 제6891호로 개정된 것, 이하 '교특법'이라 한다) 제4조 제1항 본문 중 교통사고로 인하여 업무상과실치상죄 또는 중과실치상죄(도로교통법위반죄 부분은 제외)를 범한 차의 운전자에 대하여 공소를 제기할 수 없도록 한 부분(이하 '이 사건 법률조항'이라고 한다)이 청구인들의 기본권을 침해하였는지 여부이다.

(2) 청구인들은 명시적으로 이 사건 법률조항 전체의 위헌성을 다투면서도, 특히

이 사건 법률조항 중 '중과실에 의한 교통사고로 인하여 피해자가 중상해를 입은 경우'에도 공소를 제기할 수 없도록 한 부분이 청구인들의 재판절차진술권 등 기본권을 침해하여 위헌이라고 주장한다.

그러나 교특법 제3조 제1항에 의하여 준용되는 형법 제268조는 "업무상 과실 또는 중대한 과실로 인하여 사람을 사상에 이르게 한 자는 5년 이하의 금고 또는 2천만원 이하의 벌금에 처한다."라고 하여 업무상 과실과 중대한 과실을 분리하여 규정하지 않고 있고, 교특법 제3조 제2항 본문에서도 "차의 교통으로 제1항의 업무상과실치상죄 또는 중과실치상죄……를 범한 운전자에 대하여는 피해자의 명시한 의사에 반하여 공소를 제기할 수 없다."라고 하여 업무상 과실 및 중대한 과실을 함께 나열하고 있는바, 형벌법규의 체계상 중대한 과실을 업무상 과실의 가중된 요건으로 하였다거나 위 두 가지 과실의 주의의무위반의 정도가 현저히 다른 것으로 취급한 것이라고는 보이지 않으므로, 업무상 과실 또는 중대한 과실로 인한 교통사고로 피해자에게 상해를 입힌 가해 운전자에 대하여 공소를 제기할 수 없도록 한 이 사건 법률조항 전체를 이 사건 심판의 대상으로 삼기로 한다.

(3) 이 사건 심판대상조항 및 관련조항의 내용은 아래와 같다.

[심판대상조항]

교통사고처리특례법(2003. 5. 29. 법률 제6891호로 개정된 것) 제4조(보험 등에 가입된 경우의 특례)

① 교통사고를 일으킨 차가 보험업법 제4조 및 제126조 내지 제128조, 육운진흥법 제8조 또는 화물자동차운수사업법 제36조의 규정에 의하여 보험 또는 공제에 가입된 경우에는 제3조 제2항 본문에 규정된 죄를 범한 당해 차의 운전자에 대하여 공소를 제기할 수 없다. 다만, 제3조 제2항 단서에 해당하는 경우나 보험계약 또는 공제 계약이 무효 또는 해지되거나 계약상의 면책규정 등으로 인하여 보험사업자 또는 공제사업자의 보험금 또는 공제금 지급의무가 없게 된 경우에는 그러하지 아니하다.

[관련조항]

교통사고처리특례법(2003. 5. 29. 법률 제6891호로 개정되고, 2005. 5. 31. 법률 제7545호로 개정되기 전의 것)

제3조 (처벌의 특례)

① 차의 운전자가 교통사고로 인하여 형법 제268조의 죄를 범한 때에는 5년 이하의 금고 또는 2천만원 이하의 벌금에 처한다.

② 차의 교통으로 제1항의 죄 중 업무상과실치상죄 또는 중과실치상죄와 도로교통법 제108조의 죄를 범한 운전자에 대하여는 피해자의 명시한 의사에 반하여 공소를 제기할 수

없다. 다만, 차의 운전자가 제1항의 죄 중 업무상과실치상죄 또는 중과실치상죄를 범하고 피해자를 구호하는 등 도로교통법 제50조 제1항의 규정에 의한 조치를 하지 아니하고 도주하거나 피해자를 사고장소로부터 옮겨 유기하고 도주한 경우와 다음 각호의 1에 해당하는 행위로 인하여 동죄를 범한 때에는 그러하지 아니하다.

1. 도로교통법 제5조의 규정에 의한 신호기 또는 교통정리를 하는 경찰공무원 등의 신호나 통행의 금지 또는 일시정지를 내용으로 하는 안전표지가 표시하는 지시에 위반하여 운전한 경우

2. 도로교통법 제12조 제3항의 규정에 위반하여 중앙선을 침범하거나 동법 제57조의 규정에 위반하여 횡단·유턴 또는 후진한 경우

3. 도로교통법 제15조 제1항 또는 제2항의 규정에 의한 제한속도를 매시 20킬로미터를 초과하여 운전한 경우

4. 도로교통법 제19조 제1항·제20조 내지 제20조의3 또는 제56조 제2항의 규정에 의한 앞지르기의 방법·금지시기·금지장소 또는 끼어들기의 금지에 위반하여 운전한 경우

5. 도로교통법 제21조의 규정에 의한 건널목 통과방법을 위반하여 운전한 경우

6. 도로교통법 제24조 제1항의 규정에 의한 횡단보도에서의 보행자보호의무를 위반하여 운전한 경우

7. 도로교통법 제40조 제1항, 건설기계관리법 제26조 또는 도로교통법 제80조의 규정에 위반하여 운전면허 또는 건설기계조종사면허를 받지 아니하거나 국제운전면허증을 소지하지 아니하고 운전한 경우. 이 경우 운전면허 또는 건설기계조종사면허의 효력이 정지중에 있거나 운전의 금지중에 있는 때에는 운전면허 또는 건설기계조종사면허를 받지 아니하거나 국제운전면허증을 소지하지 아니한 것으로 본다.

8. 도로교통법 제41조 제1항의 규정에 위반하여 주취중에 운전을 하거나 동법 제42조의 규정에 위반하여 약물의 영향으로 정상한 운전을 하지 못할 염려가 있는 상태에서 운전 경우

9. 도로교통법 제12조 제1항의 규정에 위반하여 보도가 설치된 도로의 보도를 침범하거나 동법 제12조 제2항의 규정에 의한 보도횡단방법에 위반하여 운전한 경우

10. 도로교통법 제35조 제2항의 규정에 의한 승객의 추락방지의무를 위반하여 운전한 경우

교통사고처리특례법(2005. 5. 31. 법률 제7545호로 개정되고, 2007. 12. 21. 법률 제8718호로 개정되기 전의 것)

제3조(처벌의 특례)

① 차의 운전자가 교통사고로 인하여 형법 제268조의 죄를 범한 때에는 5년 이하의 금고 또는 2천만원 이하의 벌금에 처한다.

② 차의 교통으로 제1항의 죄 중 업무상과실치상죄 또는 중과실치상죄와 도로교통법 제151조의 죄를 범한 운전자에 대하여는 피해자의 명시한 의사에 반하여 공소를 제기할 수 없다. 다만, 차의 운전자가 제1항의 죄 중 업무상과실치상죄 또는 과실치상죄를 범하고

피해자를 구호하는 등 도로교통법 제54조 제1항의 규정에 의한 조치를 하지 아니하고 도주하거나 피해자를 사고장소로부터 옮겨 유기하고 도주한 경우와 다음 각호의 1에 해당하는 행위로 인하여 동죄를 범한 때에는 그러하지 아니하다.

1. 도로교통법 제5조의 규정에 의한 신호기 또는 교통처리를 하는 경찰공무원 등의 신호나 통행의 금지 또는 일시정지를 내용으로 하는 안전표지가 표시하는 지시에 위반하여 운전한 경우

2. 도로교통법 제13조 제3항의 규정에 위반하여 중앙선을 침범하거나 동법 제62조의 규정에 위반하여 횡단·유턴 또는 후진한 경우

3. 도로교통법 제17조 제1항 또는 제2항의 규정에 의한 제한속도를 매시 20킬로미터를 초과하여 운전한 경우

4. 도로교통법 제21조 제1항·제22조·제23조 또는 제60조 제2항의 규정에 의한 앞지르기의 방법·금지시기·금지장소 또는 끼어들기의 금지에 위반하여 운전한 경우

5. 도로교통법 제24조의 규정에 의한 건널목 통과방법을 위반하여 운전한 경우

6. 도로교통법 제27조 제1항의 규정에 의한 횡단보도에서의 보행자보호의무를 위반하여 운전한 경우

7. 도로교통법 제43조 제1항, 건설기계관리법 제26조 또는 도로교통법 제96조의 규정에 위반하여 운전면허 또는 건설기계조종사면허를 받지 아니하거나 국제운전면허증을 소지하지 아니하고 운전한 경우. 이 경우 운전면허 또는 건설기계조종사면허의 효력이 정지중에 있거나 운전의 금지중에 있는 때에는 운전면허 또는 건설기계조종사면허를 받지 아니하거나 국제운전면허증을 소지하지 아니한 것으로 본다.

8. 도로교통법 제44조 제1항의 규정에 위반하여 주취중에 운전을 하거나 동법 제45조의 규정에 위반하여 약물의 영향으로 정상한 운전을 하지 못할 염려가 있는 상태에서 운전한 경우

9. 도로교통법 제13조 제1항의 규정에 위반하여 보도가 설치된 도로의 보도를 침범하거나 동법 제13조 제2항의 규정에 의한 보도횡단방법에 위반하여 운전한 경우

10. 도로교통법 제39조 제2항의 규정에 의한 승객의 추락방지의무를 위반하여 운전한 경우

형법 제258조 (중상해, 존속중상해)

① 사람의 신체를 상해하여 생명에 대한 위험을 발생하게 한 자는 1년 이상 10년 이하의 징역에 처한다.

② 신체의 상해로 인하여 불구 또는 불치나 난치의 질병에 이르게 한 자도 전항의 형과 같다.

형법 제268조 (업무상과실·중과실 치사상)

업무상 과실 또는 중대한 과실로 인하여 사람을 사상에 이르게 한 자는 5년 이하의 금고 또는 2천만원 이하의 벌금에 처한다.

2. 청구인들의 주장 및 이해관계기관의 의견

가. 청구인들의 주장 요지

(1) 국가의 기본권보호의무 위반

생명·신체의 안전에 대한 기본권은 다른 모든 기본권들이 존재하기 위한 토대가 되는 중대한 것이다. 교특법 제4조 제1항의 입법취지가 교통사고로 인하여 가해운전자에 대하여 전과자를 양산하는 것을 방지하고, 종합보험을 정착시켜 교통사고 피해자에 대하여 손해의 전보를 신속히 한다는 데 있다 하더라도, 가해운전자의 중과실 여부나 피해자에 대한 중상해 여부를 나누지 아니하고 일률적으로 교통사고를 낸 운전자의 행위가 교특법 제3조 제2항 단서에 해당하지 아니하고 가해차량이 종합보험에 가입되어 있기만 하면 공소제기 자체를 하지 못하도록 한 것은, 교통사고 피해자의 생명·신체의 안전에 대한 기본권보다 가해운전자의 전과자가 되지 아니할 이익을 더 우선시하는 것으로 국가의 기본권보호의무에 있어서 과소보호금지원칙을 위반한 것이다.

(2) 평등권 침해

이 사건 법률조항은 교특법 제3조 제2항 단서조항에 해당하는 교통사고의 피해자들과 위 단서조항에 해당하지 않는 중과실로 인한 교통사고로 중상해를 입은 피해자를 그 생명·신체의 보호에 있어서 차별하고 있고, 위와 같은 차별을 정당화할 만한 중대한 공익의 실현을 위한 불가피한 사유가 존재한다고 볼수 없으므로 청구인의 평등권을 침해한다.

(3) 재판절차진술권 침해

중과실로 인하여 중상해의 결과를 발생시킨 교통사고에 있어서는 피해자의 생활기반이 무너지는 등 피해자 본인이나 그 가족들이 받아야 하는 정신적·경제적 고통은 사망의 경우보다 결코 가볍다고 볼 수 없음에도 불구하고 이러한 경우마저 이 사건 법률조항에 따라 불기소처분이 내려짐으로써 피해자는 형사피해자로서 재판절차에서의 진술권을 전혀 행사할 수 없게 되는바, 이는 헌법 제37조 제2항에 근거한 과잉금지의 원칙에 위반된다.

나. 서울중앙지방검찰청 검사장의 의견 요지

(1) 헌법재판소는 1997. 1. 16. 90헌마110·136 사건에서 이 사건 법률조항이 평등원칙 및 과잉금지원칙에 위배되지 아니하고, 국가의 기본권 보호의무에 위배되지 아니한다는 취지의 결정을 선고한 바 있고, 이 사건 헌법소원심판청구는 위 사건에 대한 재심에 해당하는 것으로서 성질상 재심이 허용될 수 없는 사안이므로 각하되어야 할 것이다.

(2) 국가의 기본권보호의무는 입법자의 입법을 통하여 구체화되는 것이고 보호의무를 어느 정도 이행할 것인지에 대하여는 제반 사정을 참작하여 입법정책적

으로 판단하여야 하는 입법재량의 범위에 속한 것이다. 헌법재판소는 국가가 특정조치를 취하여만 당해 법익을 효율적으로 보호할 수 있는 유일한 수단인 특정조치를 취하지 아니한 때에 보호의무의 위반을 확인하게 되는 것이고, 교통과실범에 있어서 국가의 국민의 신체와 생명에 대한 보호의무는 사후처벌뿐 아니라 교통관련법규의 정비, 운전자 및 국민에 대한 계몽, 교육, 교통안전에 관한 시설의 유지 및 확충, 교통사고 피해자 보상제도 등 여러 사전적, 사후적 조치를 취하여 이루어지는 것이므로, 형벌은 국가가 취할 수 있는 여러 수단 중 하나일 뿐이지 그를 위한 유일한 수단이라고 할 수 없다. 따라서 일정 과실범에 대하여 형벌권을 행사할 수 없다고 하여 그것이 곧 국가보호의무 위반이라고 볼 수 없다.

(3) 이 사건 법률조항의 경우 입법자가 입법목적을 실현하기 위하여 형사처벌 여부를 결정하는 기준으로 행위의 경과실, 중과실을 차별의 기준으로 삼았고, 이러한 기준은 입법목적을 달성하는 데 적합한 것이며, 입법자가 규율대상을 빠짐없이 포착한다는 것이 불가능한 것이기 때문에 언제나 불가피하게 소수의 불이익이 따르게 마련이다. 또한 이미 입법자가 법률제정 이후 단서조항을 추가하는 등 계속하여 평등원칙에 합치하려는 노력을 기울였으므로 중과실로 인한 교통사고 유형의 일부가 교특법 제3조 제2항 단서에 포함되지 않았다고 하여도 이는 범죄의 유형화에 따른 불가피한 결과일 뿐 평등원칙에 반한다고 할 수 없다.

(4) 또한 형사피해자의 재판절차진술권은 재판절차로의 이행을 전제로 하는 권리이므로 검사의 공소제기 자체를 금지하는 데 정당한 목적이 있다고 평가하는 이상 이 사건 법률조항이 재판절차진술권을 부당하게 침해한다고 평가할 수 없다.

다. 법무부장관의 의견 요지

위 나.항과 대체로 같다.

3. 적법요건에 대한 판단

가. 자기관련성, 현재성, 직접성

이 사건 법률조항은 교특법 제3조 제2항 단서조항(이하 '단서조항'이라고만 한다)에 해당되는 사고가 아닌 한 가해자가 보험업법 제4조 및 제126조 내지 제128조, 육운진흥법 제8조 또는 화물자동차운수사업법 제36조의 규정에 의하여 보험 또는 공제에 가입된 경우(이하 '종합보험 등'이라고만 한다) 공소제기를 하지 못하도록 하고 있어 가해운전자에 대하여 검사의 불기소처분이 내려졌고, 이는 이 사건 법률조항이 재량의 여지없이 기계적으로 적용된 결과이므로, 청구인들에 대하여 자기관련성과 기본권 침해의 현재성, 직접성이 모두 인정된다.

나. 권리보호이익

(1) 헌법재판소법 제47조 제2항은 "위헌으로 결정된 법률 또는 법률조항은 그 결정이 있는 날로부터 효력을 상실한다. 다만, 형벌에 관한 법률 또는 법률의 조항은 소급하여 그 효력을 상실한다."라고 규정하고 있다. 그런데 이 사건 법률조항은 비록 형벌에 관한 것이기는 하지만 불처벌의 특례를 규정한 것이어서 위헌결정의 소급효를 인정할 경우 오히려 그 조항에 의거하여 형사처벌을 받지 않았던 자들에게 형사상의 불이익이 미치게 되므로 이와 같은 경우까지 헌법재판소법 제47조 제2항 단서의 적용범위에 포함시키는 것은 법적 안정성과 이미 면책받은 가해자의 신뢰보호의 이익을 크게 해치게 되므로 그 규정취지에 반한다.

따라서 이 사건 법률조항에 대하여 위헌선언을 하더라도 그 소급효는 인정되지 아니하므로, 가해자인 피의자들에 대한 불기소처분을 취소하고 그들을 처벌할 수는 없어 이 사건 심판청구는 주관적인 권리보호이익을 결여하고 있다.

(2) 그러나 헌법소원은 개인의 주관적 권리구제 기능뿐 아니라 객관적인 헌법질서의 보장기능도 수행하기 때문에 주관적 권리구제에 도움이 되지 않는 경우에도 그러한 침해행위가 앞으로도 반복될 위험이 있거나 당해분쟁의 해결이 헌법질서의 수호·유지를 위하여 긴요한 사항이어서 그 해명이 헌법적으로 중대한 의미를 지니고 있는 경우에는 헌법소원의 이익을 인정할 수 있는바, 이 사건 법률조항에 대하여 위헌성이 엿보이는 경우에도 주관적 권리보호이익이 없다는 이유로 헌법적 해명을 하지 아니한다면 향후 교통사고 피해자는 헌법소원을 제기할 수 없고, 위헌적인 법률조항에 의한 불기소처분이 반복될 우려가 있으므로 헌법재판소로서는 이 사건 법률조항에 대하여 예외적으로 심판을 할 이익 내지는 필요성이 인정된다.

4. 본안에 대한 판단

가. 관련 기본권

이 사건의 쟁점은 이 사건 법률조항이 재판절차진술권 및 평등권을 침해한 것인지의 여부, 그리고 생명·신체의 안전에 관한 국가의 기본권보호의무를 위반한 것인지 여부이다. 이하에서는 각 기본권 침해 여부를 판단함에 있어 업무상 과실 또는 중대한 과실로 인한 교통사고로 말미암아 피해자가 중상해를 입은 경우와 그 이외의 경우로 나누어 살펴보기로 한다.

나. 재판절차진술권의 침해 여부

(1) 업무상 과실 또는 중대한 과실로 인하여 중상해를 입은 경우

헌법 제27조 제5항에 의한 형사피해자의 재판절차에서의 진술권은 피해자 등에 의한 사인소추를 전면 배제하고 형사소추권을 검사에게 독점시키고 있는 현행 기소독점주의의 형사소송체계 아래에서 형사피해자로 하여금 당해 사건의 형사

재판절차에 참여하여 증언하는 이외에 형사사건에 관한 의견진술을 할 수 있는 청문의 기회를 부여함으로써 형사사법의 절차적 적정성을 확보하기 위하여 이를 기본권으로 보장하는 것이다(헌재 1989. 4. 17. 88헌마3, 판례집 1, 31, 37; 헌재 1993. 3. 11. 92헌마48, 판례집 5-1, 121, 129 등 참조).

피해자가 교통사고로 인하여 생명에 대한 위험이 발생하거나 또는 불구 또는 불치나 난치의 질병에 이르게 된 경우, 즉 중상해를 입은 경우(형법 제258조 제1항 및 제2항 참조)에도 그 교통사고가 단서조항에 해당하지 않는다면, 검사로서는 이 사건 법률조항으로 말미암아 교통사고를 발생시킨 차량의 운전자에 대하여 기계적으로 공소권없음을 이유로 불기소처분을 하지 않을 수 없는데, 이 때 교통사고로 중상해를 입은 피해자는 직장을 잃거나 학업을 중단하게 되는 등 정상적 생활기반이 무너지고 평생 불구의 몸으로 또는 질병의 고통 속에서 살아가야 하는 육체적, 정신적 고통이 매우 크고, 가족 등 주변인이 받아야 하는 정신적·경제적 고통도 심대하여 사망의 경우에 비견될 정도인데도, 이 사건 법률조항으로 인하여 형사재판절차에서 그 피해에 대하여 진술할 기회조차 가지지 못하게 된다.

따라서, 이 사건 법률조항 중 업무상 과실 또는 중대한 과실로 인한 교통사고로 피해자가 중상해를 입은 경우에 공소를 제기할 수 없도록 한 부분이 과잉금지의 원칙에 위반하여 재판절차진술권을 침해한 것인지 여부를 살펴보기로 한다.

(가) 목적의 정당성 및 수단의 적절성

교특법은 업무상 과실 또는 중대한 과실로 교통사고를 일으킨 운전자에 관한 형사처벌 등의 특례를 정함으로써 교통사고로 인한 피해의 신속한 회복을 촉진하고 국민생활의 편익을 증진함을 목적으로 한다(교특법 제1조).

특히 이 사건 법률조항은 자동차 수의 증가 및 자가운전 확대에 즈음하여 운전자들의 종합보험 가입을 유도하여 교통사고 피해자의 손해를 신속하고 적절하게 구제하고, 교통사고로 인한 전과자 양산을 방지하기 위하여 추진된 것이라 할 수 있어 그 목적의 정당성이 인정되며, 그 이후 자동차종합보험가입률이 꾸준히 증가하여 2005년 현재 전체 등록차량의 87%에 이르는 점 및 2005년 기준 교통사고사건의 기소율이 34.2%에 불과한 점 등으로 보아 이 사건 법률조항이 그 입법목적에 부응하는 역할을 하였음을 알 수 있으므로 수단의 적절성도 인정된다고 하겠다.

(나) 피해의 최소침해성 및 법익의 균형성

그러나 교통사고로 인하여 피해자에게 중상해를 입힌 경우에도 사고의 발생 경위, 피해자의 특이성(노약자 등)과 사고발생에 관련된 피해자의 과실 유무 및 정도 등을 살펴 정식 기소 이외에도 약식기소 또는 기소유예 등 다양한 처분이 가능하고 정식 기소된 경우에는 피해자의 재판절차진술권을 행사할 수 있게 하여야 함에도, 종합보험 등에 가입하였다는 이유로 단서조항에 해당하지 않는 한 무조건 면책되도록 한 것은 최소침해성에 위반된다고 아니할 수 없다.

한편, 우리나라는 국제적으로 비교하여도 각종 통계상 교통사고율이 매우 높은 바, 2004년 기준 OECD 국가별 인구 10만명당 교통사고 발생건수는 일본 (745.7건), 미국(647.0건), 오스트리아(521.8건), 캐나다(437.3건), 벨기에 (468.2건) 다음으로 우리나라(459.1건)가 6위, 자동차 1만 대당 교통사고 발생 건수는 우리나라가 119.3건으로 가장 많고, 전체 교통사고 사망자 중 보행 중 사망자의 비율은 우리나라가 39.3%로 가장 높다('OECD 회원국 교통사고 비교', 도로교통안전관리공단, 2006).

이러한 심각한 교통사고율에도 불구하고, 사망사고나 단서조항에 해당하지 않는 한 교통사고 가해자들을 종합보험 등의 가입을 이유로 형사처벌을 무조건적으로 면책하여 주는바, 이와 같이 교통사고를 야기한 차량이 종합보험 등에 가입되어 있다는 이유만으로 그 차량의 운전자에 대하여 공소제기를 하지 못하도록 한 입법례는 선진 각국의 사례에서 찾아보기 힘들다. 또한 교통사고발생 후에도 대부분 사고관련자들은 보험사에만 사고발생사실을 알려 사건을 해결하고 경찰에는 신고하지 아니하여 보험사의 교통사고 통계가 경찰의 그것과 현저히 차이가 나며 현재에도 교통사고는 계속 증가하고 있다는 주장이 제기되고 있다.

가해자는 단서조항에 해당하는 과실만 범하지 않는다면 교통사고를 내더라도 종합보험 등에 가입함으로써 처벌을 면할 수 있으므로 자칫 사소한 교통법규위반을 대수롭지 않게 생각하여 운전자로서 요구되는 안전운전에 대한 주의의무를 해태하기 쉽고, 교통사고를 내고 피해자가 중상해를 입은 경우에도 보험금 지급 등 사고처리는 보험사에 맡기고 피해자의 실질적 피해회복에 성실히 임하지 않는 풍조가 있음을 부인할 수 없다.

그러한 측면에서 이 사건 법률조항에 의하여 중상해를 입은 피해자의 재판절차진술권의 행사가 근본적으로 봉쇄됨으로써 교통사고의 신속한 처리 또는 전과자의 양산 방지라는 공익을 위하여 위 피해자의 사익이 현저히 경시된 것이므로 법익의 균형성을 위반하고 있다고 할 것이다.

(2) 업무상 과실 또는 중대한 과실로 인하여 중상해가 아닌 상해를 입은 경우

그러나 이 사건 법률조항이 교통사고로 인한 피해자에게 중상해가 아닌 상해의 결과만을 야기한 경우 가해 운전자에 대하여 가해차량이 종합보험 등에 가입되어 있음을 이유로 공소를 제기하지 못하도록 규정한 한도 내에서는, 그 제정목적인 교통사고로 인한 피해의 신속한 회복을 촉진하고 국민생활의 편익을 도모하려는 공익과 동 법률조항으로 인하여 침해되는 피해자의 재판절차에서의 진술권과 비교할 때 상당한 정도 균형을 유지하고 있으며, 단서조항에 해당하

지 않는 교통사고의 경우에는 대부분 가해 운전자의 주의의무태만에 대한 비난가능성이 높지 아니하고, 경미한 교통사고 피의자에 대하여는 비형벌화하려는 세계적인 추세 등에 비추어도 위와 같은 목적의 정당성, 방법의 적절성, 피해의 최소성, 이익의 균형성을 갖추었으므로 과잉금지의 원칙 내지 비례의 원칙에도 반하지 않는다고 할 것이다.

(3) 소결

따라서 이 사건 법률조항은 과잉금지원칙에 위반하여 업무상 과실 또는 중대한 과실에 의한 교통사고로 중상해를 입은 피해자의 재판절차진술권을 침해한 것이라고 할 것이다.

다. 평등권 침해 여부

교통사고에 의하여 피해자가 사망하였는지의 여부 및 교통사고가 단서조항에 해당하는지의 여부에 따라 교통사고로 인한 피해자들 사이에 재판절차진술권을 행사함에 있어 차별이 발생하게 되는바, 이러한 차별이 헌법적으로 정당한지가 문제된다.

(1) 업무상 과실 또는 중대한 과실로 인하여 중상해를 입은 경우

이 사건 법률조항으로 인하여 단서조항에 해당하지 않는 교통사고로 중상해를 입은 피해자를 단서조항에 해당하는 교통사고의 중상해 피해자 및 사망사고의 피해자와 재판절차진술권의 행사에 있어서 달리 취급한 것이 평등권을 침해하였는지의 여부를 살펴보기로 한다.

(가) 심사기준

일반적으로 차별에 대한 정당성 여부에 대해서는 자의성 여부를 심사하지만, 헌법에서 특별히 평등을 요구하고 있는 경우나 차별적 취급으로 인하여 관련 기본권에 대한 중대한 제한을 초래하게 된다면 입법형성권은 축소되어 보다 엄격한 심사척도가 적용된다.(헌재 1999. 12. 23. 98헌마363, 판례집 11-2, 771, 787-789; 헌재 1999. 12. 23. 98헌바33, 판례집 11-2, 732, 749; 헌재 2000. 8. 31. 97헌가12, 판례집 12-2, 167, 181).

자의심사의 경우에는 차별을 정당화하는 합리적인 이유가 있는지만을 심사하기 때문에 그에 해당하는 비교대상간의 사실상의 차이나 입법목적(차별목적)의 발견·확인에 그치는 반면에, 비례심사의 경우에는 단순히 합리적인 이유의 존부 문제가 아니라 차별을 정당화하는 이유와 차별간의 상관관계에 대한 심사, 즉 비교대상간의 사실상의 차이의 성질과 비중 또는 입법목적(차별목적)의 비중과 차별의 정도에 적정한 균형관계가 이루어져 있는가를 심사한다(헌재 2001. 2. 22. 2000헌마25, 판례집 13-1, 386, 403).

국민의 생명·신체의 안전은 다른 모든 기본권의 전제가 되며, 인간의 존엄성에 직결되는 것이므로, 단서조항에 해당하지 않는 교통사고로 중상해를 입은 피해

자 와 단서조항에 해당하는 교통사고의 중상해 피해자 및 사망사고 피해자 사이의 차별 문제는 단지 자의성이 있었느냐의 점을 넘어서 입법목적과 차별 간에 비례성을 갖추었는지 여부를 더 엄격하게 심사하는 것이 바람직하고, 교통사고 운전자의 기소 여부에 따라 피해자의 헌법상 보장된 재판절차진술권이 행사될 수 있는지 여부가 결정되어 이는 기본권 행사에 있어서 중대한 제한을 구성하기 때문에, 이 사건에 대하여는 종전 선례인 헌법재판소 1997. 1. 16. 90 헌마110 등 사건의 결정 이후에 변화된 판례에 따라 엄격한 심사기준에 의하여 판단하기로 한다.

(나) 판단

이 사건 법률조항에 따르면 교통사고로 인하여 피해자가 중상해를 입은 경우에도, 가해 운전자가 어떠한 태양의 주의의무를 위반하였느냐에 따라 기소여부가 달라진다. 즉 단서조항에 해당하는 교통사고라면 가해 운전자는 기소될 것이고, 단서조항에 해당하지 않으면 종합보험 등에 가입한 조건으로 면책된다. 이 때 단서조항에 해당하지 않는 교통사고로 인하여 중상해를 입은 피해자는, 자신에게 발생한 교통사고의 유형이 단서조항에 해당하지 않는다는 우연한 사정에 의하여 형사재판절차에서의 진술권을 전혀 행사하지 못하게 되는바, 이는 역시 우연하게도 단서조항에 해당하는 교통사고를 당한 중상해 피해자가 재판절차진술권을 행사하게 되는 것과 비교할 때 합리적인 이유 없이 차별취급을 당하는 것이다.

한편, 교특법은 피해자가 사망한 경우에는 단서조항에 해당하는 사고인지의 여부와 관계없이 기소하게 되어 있고(교특법 제3조 제1항, 형법 제268조 참조), 이는 사고관련자들의 주의의무 위반의 정도나 태양이 어떠하든 간에 생명권의 침해라는 크나큰 불법적 요소 때문이라 할 것이다. 그런데 교통사고로 인하여 중상해를 입은 결과, 식물인간이 되거나 평생 심각한 불구 또는 난치의 질병을 안고 살아가야 하는 피해자도 비록 생명권이 침해된 것은 아니지만 이에 비견될 정도의 육체적, 정신적 고통을 받게 되고, 정상적인 생활이 불가능해짐에 따라 가족 등 주변인들의 정신적, 경제적 고통도 이루 말할 수 없는 것이므로, 그 결과의 불법성이 사망사고보다 결코 작다고 단정할 수 없다. 따라서 교통사고로 인하여 피해자가 사망한 경우와 달리 중상해를 입은 경우 가해 운전자를 기소하지 않음으로써 그 피해자의 재판절차진술권을 제한하는 것 또한 합리적인 이유가 없는 차별취급이라고 할 것이다.

그리고 위와 같은 중상해 피해자 간 및 사망사고 피해자와의 차별취급은 중상해 피해자의 재판절차진술권 행사를 사고관련자들의 주의의무의 위반 정도 및 결과의 불법성의 크기 등에 관계없이, 사고유형이 단서조항에 해당하는지의 여부만으로 달리 취급하는 것이므로 신속한 피해회복이라는 이 사건 법률조항의 입법목적이라는 측면에서 보아도 그 차별의 정도에 적정한 균형관계를 이루고 있다고 보기 어렵다.

(2) 업무상 과실 또는 중대한 과실로 인하여 중상해가 아닌 상해를 입은 경우

업무상 과실 또는 중대한 과실로 인한 교통사고로 피해자에게 중상해가 아닌 상해의 결과만을 야기한 경우에는, 위 나.(2) 부분에서 살펴본 바와 같은 이유로 재판절차진술권의 행사에 있어 중상해 피해자와 비교하여 달리 취급할 만한 정당한 사유가 있다 할 것이므로 피해자 보호 및 가해운전자의 처벌에 있어서 평등의 원칙에 반하지 아니한다고 할 것이다.

(3) 소결

이 사건 법률조항으로 인하여 단서조항에 해당하지 아니하는 교통사고로 중상해를 입은 피해자를 단서조항에 해당하는 교통사고의 중상해 피해자 및 사망사고의 피해자와 재판절차진술권의 행사에 있어서 달리 취급한 것은, 단서조항에 해당하지 아니하는 교통사고로 중상해를 입은 피해자들의 평등권을 침해하는 것이라 할 것이다.

라. 기본권보호의무 위반 여부

(1) 의의 및 심사기준

기본권 보호의무란 기본권적 법익을 기본권 주체인 사인에 의한 위법한 침해 또는 침해의 위험으로부터 보호하여야 하는 국가의 의무를 말하며, 주로 사인인 제3자에 의한 개인의 생명이나 신체의 훼손에서 문제되는데, 이는 타인에 의하여 개인의 신체나 생명 등 법익이 국가의 보호의무 없이는 무력화 될 정도의 상황에서만 적용될 수 있다.

이 사건에서는 교통사고를 방지하는 다른 보호조치에도 불구하고 국가가 형벌권이란 최종적인 수단을 사용하여야만 가장 효율적으로 국민의 생명과 신체권을 보호할 수 있는가가 문제된다. 만일 형벌이 법익을 가장 효율적으로 보호할 수 있는 유일한 방법임에도 불구하고 국가가 형벌권을 포기한 것이라면 국가는 기본권보호의무를 위반함으로써 생명·신체의 안전과 같은 청구인들의 중요한 기본권을 침해한 것이 될 것이다.

그런데 국가가 국민의 생명·신체의 안전을 보호할 의무를 진다하더라도 국가의 보호의무를 입법자 또는 그로부터 위임받은 집행자가 어떻게 실현하여야 할 것인가 하는 문제는 원칙적으로 권력분립과 민주주의의 원칙에 따라 국민에 의하여 직접 민주적 정당성을 부여받고 자신의 결정에 대하여 정치적 책임을 지는 입법자의 책임범위에 속하므로, 헌법재판소는 단지 제한적으로만 입법자 또는 그로부터 위임받은 집행자에 의한 보호의무의 이행을 심사할 수 있는 것이다(헌재 1997. 1. 16. 90헌마110등, 판례집 9-1, 90, 121; 헌재 2007. 7.

31. 2006헌마711, 공보 142, 1146, 1149 참조).

따라서 국가가 국민의 생명·신체의 안전에 대한 보호의무를 다하지 않았는지 여부를 헌법재판소가 심사할 때에는 국가가 이를 보호하기 위하여 적어도 적절하고 효율적인 최소한의 보호조치를 취하였는가 하는 이른바 '과소보호 금지 원칙'의 위반 여부를 기준으로 삼아, 국민의 생명·신체의 안전을 보호하기 위한 조치가 필요한 상황인데도 국가가 아무런 보호조치를 취하지 않았든지 아니면 취한 조치가 법익을 보호하기에 전적으로 부적합하거나 매우 불충분한 것임이 명백한 경우에 한하여 국가의 보호의무의 위반을 확인하여야 하는 것이다(헌재 1997. 1. 16. 90헌마110등, 판례집 9-1, 90, 122 참조).

(2) 과소보호금지 원칙 위반 여부

국가의 신체와 생명에 대한 보호의무는 교통과실범의 경우 발생한 침해에 대한 사후처벌뿐이 아니라, 무엇보다도 우선적으로 운전면허취득에 관한 법규 등 전반적인 교통관련법규의 정비, 운전자와 일반국민에 대한 지속적인 계몽과 교육, 교통안전에 관한 시설의 유지 및 확충, 교통사고 피해자에 대한 보상제도 등 여러가지 사전적·사후적 조치를 함께 취함으로써 이행된다. 그렇다면 이 사건에서는 교통사고를 방지하는 다른 보호조치에도 불구하고 국가가 형벌권이란 최종적인 수단을 사용하여야만 가장 효율적으로 국민의 생명과 신체권을 보호할 수 있는가가 문제된다. 이를 위하여는 무엇보다도 우선적으로 형벌권의 행사가 곧 법익의 보호로 직결된다는 양자간의 확연하고도 직접적인 인과관계와 긴밀한 내적인 연관관계가 요구되고, 형벌이 법익을 가장 효율적으로 보호할 수 있는 유일한 방법인 경우, 국가가 형벌권을 포기한다면 국가는 그의 보호의무를 위반하게 된다.

그러나 교통과실범에 대한 국가형벌권의 범위를 확대한다고 해서 형벌권의 행사가 곧 확실하고도 효율적인 법익의 보호로 이어지는 것은 아니다. 형벌의 일반예방효과와 범죄억제기능을 어느 정도 감안한다 하더라도 형벌을 통한 국민의 생명·신체의 안전이라는 법익의 보호효과는 그다지 확실한 것이 아니며, 결국 이 경우 형벌은 국가가 취할 수 있는 유효적절한 수많은 수단 중의 하나일 뿐이지, 결코 형벌까지 동원해야만 보호법익을 유효적절하게 보호할 수 있다는 의미의 최종적인 유일한 수단이 될 수는 없는 것이다.

(3) 그러므로 이 사건 법률조항을 두고 국가가 일정한 교통사고범죄에 대하여 형벌권을 행사하지 않음으로써 도로교통의 전반적인 위험으로부터 국민의 생명과 신체를 적절하고 유효하게 보호하는 아무런 조치를 취하지 않았다든지, 아니면 국가가 취한 현재의 제반 조치가 명백하게 부적합하거나 부족하여 그 보호의

무를 명백히 위반한 것이라고 할 수 없다.

5. 결론

이상의 이유로 이 사건 법률조항 중 업무상과실 또는 중대한 과실로 인한 교통사고로 말미암아 피해자로 하여금 중상해에 이르게 한 경우에 공소를 제기할 수 없도록 규정한 부분은 청구인들의 재판절차진술권 및 평등권을 침해하여 헌법에 위반되는바, 종전에 헌법재판소가 이 결정과 견해를 달리하여 구 교통사고처리특례법(1984. 8. 4. 법률 제3744호로 개정되고, 1997. 8. 30. 법률 제5480호로 개정되기 전의 것) 제4조 제1항이 헌법에 위반되지 아니한다고 판시한 1997. 1. 16. 90헌마110 등 결정은 이 결정과 저촉되는 범위 내에서 이를 변경하기로 하여 주문과 같이 결정한다.

이 결정에는 아래 6.과 같은 재판관 조대현, 재판관 민형기의 반대의견(합헌의견)이 있는 외에는 나머지 관여 재판관들의 의견이 일치되었다.

6. 재판관 조대현, 재판관 민형기의 반대의견

우리는 다수의견과 달리 이 사건 법률조항이 헌법에 위반되지 않는다고 보므로 다음과 같은 견해를 밝힌다.

가. 헌법재판소는 1997. 1. 16. 이 사건의 선례인 90헌가110·136(병합) '교통사고처리특례법 제4조 등에 대한 헌법소원' 사건에서 구 교통사고처리특례법 제4조 제1항이 평등권 및 재판절차진술권을 침해하지 아니하고 국가의 기본권 보호의무를 위반하지 아니하여 헌법에 위반되지 아니한다고 결정하였는바, 그와 같은 결론은 정당하고 이를 변경하여야 할 사정이나 필요성이 있다고 보이지 아니하므로 그 결정 이유를 이 사건에서도 그대로 원용하고, 다만 이와 별개로 다음과 같은 이유를 추가하기로 한다.

나. 교특법은 자동차 운전이 일상에 있어 필수적인 상황임을 고려하여 운전자로 하여금 종합보험 등의 가입을 유도함으로써 교통사고로 인한 피해의 신속한 회복을 촉진하고 국민생활의 편익을 증진하려는 목적으로 제정된 것이기는 하나, 비록 명시되어 있지는 않지만 그 입법취지 속에는 교통사고를 일으킨 운전자가 중대한 과실을 범하지 않은 경우 형사처벌의 위험에서 벗어날 수 있도록 하려는 부수적이지만 중요한 의도 또한 포함하고 있으며, 이는 이미 교통사고와 관련하여 모든 국민이 잠재적인 가해자이자 피해자로서 피해의 회복 못지않게 매우 중요한 의미를 가진다 할 것이다.

그런데 교특법의 위 두 가지 입법목적 중에서는 교통사고 피해자에 대한 신속하고도 확실한 피해회복이 물론 우선되어야 할 것으로서, 교특법상 단서조항에 해당하지 않는 교통사고로 인한 피해에 대하여 실질적이고도 충분한 피해회복이 이루어지거나 피해자가 가해 운전자의 처벌을 원하지 아니하는 경우에는 그 범위 내에서 굳이 가해 운전자를 처벌할 필요가 없다고 보여지므로 가해 운전자가 단서조항에 해당하는 정도의 중대한 주의의무를 위반하지 아니하는 한 종합보험 등에 가입한 경우에는 공소를 제기할 수 없도록 한 것은 위와 같은 입법목적을 달성하기 위하여 적절한 수단이라고 아니할 수 없다.

이와 달리 다수의견이 밝힌 바와 같이 교통사고에 있어 가해 운전자에 대하여 공소를 제기하여 처벌할 수 있는 범위를 확대한다면, 이는 강력한 심리적인 압박으로 작용하여 가해 운전자는 처벌을 경감받기 위하여 피해자의 피해회복에 보다 성실히 임할 가능성은 있다 할 것이나, 그렇다고 하여 일반적으로 피해회복이 보다 원만하고 신속하게 이루어질 것이라고 단정할 수는 없는 것이고, 오히려 종합보험 등에 가입하여 개관적인 손해의 담보가 예정되어 있는데도 피해자가 처벌을 빌미로 좀 더 많은 배상을 받기 위하여 가해 운전자를 압박하는 등 또 다른 크고 작은 폐해가 초래될 가능성을 배제할 수 없다.

또한 단서조항에 해당하지 않은 교통사고로 중상해를 입은 피해자에 대하여 재판절차에서 진술할 권리를 보장한다 하더라도, 피해자가 피해보상을 받은 경우에는 선처를 구하는 내용이 될 것인 반면 피해보상을 받지 못한 경우에는 그러한 사정과 함께 엄벌하여 달라는 호소가 그 주된 내용이 될 것으로, 재판절차진술권을 보장함으로써 피해자의 신원(伸寃)이 이루어주는 것 이외에는 현실적으로 피해회복을 담보하기에 쉽지 않을 것이다.

결국 교통사고로 인한 피해의 신속한 회복은 특단의 사정이 없는 한 그와 별개의 문제로 보여지는 가해 운전자에 대한 형사처벌을 통하여서가 아니라 민사적인 수단과 방법으로, 특히 종합보험 등에 의하여 손해를 담보함으로써 해결되도록 함이 바람직하고, 피해자에 대한 신속하고도 완전한 회복을 위하여는 보험료를 인상 하고 사고차량에 대한 보험료 할증제도를 보완하며 보험금 지급수준을 현실화하는 등 교통사고 피해자의 손해의 담보를 확충하는 제도적인 정비가 필수적으로 뒤따라야 함은 두말할 나위가 없다 할 것이다.

그럼에도 불구하고 다수의견이 교특법 제4조 제1항 중 업무상과실 또는 중과실로 인한 교통사고로 인하여 중상해에 이르게 한 경우 피해자의 명시적인 처벌의사가 있거나 가해자가 종합보험 등에 가입되었다 하더라도 공소를 제기할 수 있도록 하여 교통사고 가해자에 대한 형사처벌의 범위를 확대하려는 것은 이에 반하는 것으로서, 형사책임과 민사책임을 분리하여 후자를 강조하는 시대적인 조류를 거스르는 조치가 아닌지 의문이 든다.

다. 또한 교특법의 위와 같은 입법목적을 달성하기 위하여는 공소제기의 요건이 명확하여야 할 것이다.

다수의견과 같이 단서조항에 해당하지 않는데도 피해자에게 중상해를 입혔다 하여 공소를 제기할 수 있도록 한다면, 교통사고로 피해자가 크게 다친 경우 운전자나 경찰관이 피해자의 상해 정도가 기소에 해당하는 중상해인지 여부를 명백히 판단하기 어렵고, 교통사고로 인한 상해 정도는 운전자의 과실 정도에 비례하는 것이 아니라 피해자의 나이, 성별, 부상부위, 신체적 특이성 등 우연한 사정에 의하여 달라질 수 있는 것이므로, 수사기관으로서는 사고 관련자의 과실 유무 및 정도에 대한 수사와 의사의 감정이 마쳐져야 공소제기 여부를 결정할 수 있게 될 것이며, 공소제기 후에도 중상해에 관한 법률적 평가는 종국적으로 법관의 판단에 따라 달라질 수 있을 것이다. 결국 가해 운전자에 대한 공소제기 요건이 구비되었는지 여부가 공소를 제기하는 검사의 판단에 따라 달라지고 형사재판 절차까지 마쳐야 비로소 확정될 수 있게 되어 법 적용의 예측 가능성과 통일성을 확보하기 어렵게 될 것이다.

라. 그리고 형사피해자는 법률이 정하는 바에 의하여 당해 사건의 재판절차에서 진술할 수 있고(헌법 제27조 제5항), 법원은 범죄로 인한 피해자의 신청이 있는 경우에는 그 피해자를 증인으로 신문하여야 하며(형사소송법 제294조의 2 제1항), 피해자를 신문하는 경우 피해의 정도 및 결과, 피고인의 처벌에 관한 의견, 그 밖에 당해 사건에 관한 의견을 진술할 기회를 주어야 하나(형사소송법 제294조의 2 제2항), 이러한 피해자의 재판절차진술권은 피의자가 이미 공소제기된 것을 전제로 하는 것으로서, 종합보험 등 가입을 이유로 검사의 공소권 없음의 불기소처분이 내려진 교통사고 사건의 피해자는 재판절차진술권을 가지고 있다고 볼 수 없다 할 것이므로, 이러한 피해자의 재판절차진술권을 보장하기 위하여 수사기관에 공소제기를 요구할 수는 없는 것이다.

따라서 종합보험 등에 가입한 경우 공소제기할 수 없도록 하여 소추조건을 제한하였다 하더라도 이것이 곧바로 피해자의 재판절차진술권이 침해되는 것이라고 보기는 어렵다 할 것이다.

마. 그러므로 이 사건 법률조항은 헌법에 위반되지 아니한다.

판례3 │ 교통사고처리 특례법(이하 "특례법"이라 한다) 제4조 제1항이 헌법에 위반되는지 여부[헌법재판소 1997. 1.16. 선고 90헌마110]

【결정요지】

특례법 제4조 제1항은 비록 형벌에 관한 것이기는 하지만 불처벌의 특례를 규정한 것이어서 위 법률조항에 대한 위헌결정의 소급효를 인정할 경우 오히려 형사처벌을 받지 않았던 자들에게 형사상의 불이익이 미치게 되므로 이와 같은 경우까지 헌법재판소법 제47조 제2항 단서의 적용범위에 포함시키는 것은 그 규정취지에 반하고, 따라서 위 법률

조항이 헌법에 위반된다고 선고되더라도 형사처벌을 받지 않았던 자들을 소급하여 처벌할 수 없다.

【주문】

1. 청구인들의 이 사건 각 심판청구 중 각 불기소처분에 대한 청구부분을 모두 각하한다.

2. 청구인들의 나머지 심판청구를 모두 기각한다.

【이유】

1. 사건의 개요 및 심판의 대상

　가. 사건의 개요

　　이 사건 각 기록과 대구지방검찰청 상주지청 1990년 형제1759호 불기소사건기록 및 서울지방검찰청 의정부지청 1990년 형제15302·15718호 불기소사건기록에 의하면 다음과 같은 사실들이 인정된다.

　　(1) 청구인 박○영은 1990. 3. 6. 대구지방검찰청 상주지청에 청구외 백○기를 교통사고처리특례법위반죄로 고소한바, 고소사실의 요지는 다음과 같다.

　　청구외 백○기는 1990. 1. 29. 12:20경 서울5바○○○○호 관광버스를 운전하여 경북 예천군 용궁○ 읍부리 소재 ○○정류장 앞 도로를 점촌방면에서 용궁방면으로 시속 80킬로미터로 운행하다가 도로변 인도에 위 청구인이 세워 둔 오토바이를 위 버스 앞부분으로 들이받고 그 충격으로 위 오토바이에 왼쪽 발을 얹어 둔 채 청구외 이○우와 대화하고 있던 위 청구인을 땅에 넘어뜨려 동인에게 16주간의 치료를 요하는 우측다리 분쇄골절상 등을 입게 하였다.

　　(2) 청구인 구○운은 1990. 6. 13. 서울지방검찰청 의정부지청에 청구외 김○진을 교통사고처리특례법위반죄로 고소한바, 고소사실의 요지는 다음과 같다.

　　청구외 김○진은 1990. 4. 28. 08:30경 경기7고○○○○호 포터화물트럭을 운전하여 경기 파주○ 파주1리 706 소재 편도 1차선 도로상을 진행하던 중 앞서 가던 버스가 우측도로변의 정류장에 정차하여 승객을 승하차시키는 것을 보고 위 버스를 추월하던 중 진행차선 전방에서 도로를 횡단하는 위 청구인을 충격하여 동인으로 하여금 약 12주간의 치료를 요하는 뇌경막상 혈종상 등을 입게 하였다.

　　(3) 피청구인 1은 청구인 박○영이 고소한 위 (1) 고소사실에 대하여 대구지방검찰청 상주지청 1990년 형제1759호로, 피청구인 2는 청구인 구○운이 고소한 위 (2) 고소사실에 대하여 서울지방검찰청 의정부지청 1990년 형제15302·15718호로 각 수사한 후, 피청구인 1은 같은 해 6. 28., 피청구인 2는 같은 해 7. 25. "위 청구외인들에 대한 혐의사실이 교통사고처리특례법(1993. 6. 11. 법

률 제4548호로 개정되기 전의 것, 이하 '특례법'이라고 약칭한다.) 제3조 제2항의 본문에 규정된 죄에 해당하고, 위 차량들이 특례법 제4조 소정의 보험에 가입되었으므로 각 공소권이 없다"는 이유로 각 불기소처분을 하였다.

이에 청구인 박○영은 같은 해 7. 4. 피청구인 1의 위 불기소처분 및 특례법 제4조에 대하여, 청구인 구○운은 같은 해 8. 22. 피청구인 2의 위 불기소처분 및 같은 법 제4조에 대하여 이 사건 각 헌법소원을 제기하였다.

나. 심판의 대상

이 사건 헌법소원심판의 대상은 피청구인 1의 대구지방검찰청 상주지청 1990년 형제1759호 불기소처분 및 피청구인 2의 서울지방검찰청 의정부지청 1990년 형제15302·15718호 불기소처분과 위 각 불기소처분의 근거가 된 특례법 제4조 제1항(이하 "이 사건 법률조항"이라 한다)이 청구인들의 기본권을 침해하였는지 여부이다 (특례법 제4조 제2항, 제3항은 위 불기소처분과 직접 관련이 없으므로 이 사건 심판의 대상이 아니라고 할 것이다).

이 사건 심판대상 조항 및 관계조문의 내용은 다음과 같다.

제4조(보험 등에 가입된 경우의 특례)

① 교통사고를 일으킨 차가 보험업법 제5조·제7조 또는 육운진흥법 제8조의 규정에 의하여 보험 또는 공제에 가입된 경우에는 제3조 제2항의 본문에 규정된 죄를 범한 당해 제차의 운전자에 대하여 공소를 제기할 수 없다. 다만, 제3조 제2항 단서에 해당하는 경우나 보험계약 또는 공제계약이 무효 또는 해지되거나 계약상의 면책규정 등으로 인하여 보험사업자 또는 공제사업자의 보험금 또는 공제금 지급의무가 없게 된 경우에는 그러하지 아니하다.

[관련조문]

제3조(처벌의 특례)

② 차의 교통으로 제1항의 죄중 업무상과실치상죄 또는 중과실치상죄와 도로교통법 제108조의 죄를 범한 운전자에 대하여는 피해자의 명시한 의사에 반하여 공소를 제기할 수 없다. 다만, 차의 운전자가 제1항의 죄중 업무상 과실치상죄 또는 중과실치상죄를 범하고 피해자를 구호하는 등 도로교통법 제50조 제1항의 규정에 의한 조치를 하지 아니하고 도주하거나 피해자를 사고장소로부터 옮겨 유기하고 도주한 경우와 다음 각호의 1에 해당하는 행위로 인하여 동죄를 범한 때에는 그러하지 아니하다.

1. 도로교통법 제5조의 규정에 의한 신호기 또는 교통처리를 위한 경찰관(이를 보조하는 교통순시원 및 전투경찰순경을 포함한다)의 신호나 운행의 금지 또는 일시정지를 내용으로 하는 안전표지가 표시하는 지시에 위반하여 운전한 경우
2. 도로교통법 제13조 제2항의 규정에 위반하여 차선이 설치된 도로의 중앙선을 침범하거나 동법 제57조의 규정에 위반하여 횡단·회전 또는 후진한 경우

3. 도로교통법 제15조 제1항 또는 제2항의 규정에 의한 제한속도를 매시 20킬로미터를 초과하여 운전한 경우

4. 도로교통법 제19조 제1항·제20조 또는 제56조 제2항의 규정에 의한 앞지르기의 방법 또는 금지에 위반하여 운전한 경우

5. 도로교통법 제21조의 규정에 의한 건널목 통과방법을 위반하여 운전한 경우

6. 도로교통법 제48조 제3호의 규정에 의한 횡단보도에서의 보행자보호의무를 위반하여 운전한 경우

7. 도로교통법 제40조 또는 제80조의 규정에 위반하여 운전면허를 받지 아니하거나 국제운전면허증을 소지하지 아니하고 운전한 경우. 이 경우 운전면허의 효력이 정지중에 있거나 운전의 금지중에 있는 때에는 운전면허를 받지 아니하거나 국제운전면허증을 소지하지 아니한 것으로 본다.

8. 도로교통법 제41조 제1항의 규정에 위반하여 주취중에 운전을 하거나 동법 제42조의 규정에 위반하여 약물의 영향으로 정상한 운전을 하지 못할 염려가 있는 상태에서 운전한 경우

위 특례법 제3조 제2항은 1995. 1. 5. 법률 제4872호로 최종 개정되어 현행 규정은 다음과 같다.

제3조(처벌의 특례)

② 차의 교통으로 제1항의 죄중 업무상과실치상죄 또는 중과실치상죄와 도로교통법 제108조의 죄를 범한 운전자에 대하여는 피해자의 명시한 의사에 반하여 공소를 제기할 수 없다. 다만, 차의 운전자가 제1항의 죄중 업무상 과실치상죄 또는 중과실치상죄를 범하고 피해자를 구호하는 등 도로교통법 제50조 제1항의 규정에 의한 조치를 하지 아니하고 도주하거나 피해자를 사고장소로부터 옮겨 유기하고 도주한 경우와 다음 각호의 1에 해당하는 행위로 인하여 동죄를 범한 때에는 그러하지 아니하다.

1. 도로교통법 제5조의 규정에 의한 신호기 또는 교통처리를 하는 경찰공무원 등의 신호나 통행의 금지 또는 일시정지를 내용으로 하는 안전표지가 표시하는 지시에 위반하여 운전한 경우

2. 도로교통법 제12조 제3항의 규정에 위반하여 중앙선을 침범하거나 동법 제57조의 규정에 위반하여 횡단·유턴 또는 후진한 경우

3. 도로교통법 제15조 제1항 또는 제2항의 규정에 의한 제한속도를 매시 20킬로미터를 초과하여 운전한 경우

4. 도로교통법 제19조 제1항·제20조 내지 제20조의3 또는 제56조 제2항의 규정에 의한 앞지르기의 방법·금지시기·금지장소 또는 끼어들기의 금지에 위반하여 운전한 경우

5. 도로교통법 제21조의 규정에 의한 건널목 통과방법을 위반하여 운전한 경우

6. 도로교통법 제24조 제1항의 규정에 의한 횡단보도에서의 보행자보호의무를 위반하여 운전한 경우

7. 도로교통법 제40조 제1항, 중기관리법 제19조 또는 도로교통법 제80조의 규정에 위반하여 운전면허 또는 중기조종사면허를 받지 아니하거나 국제운전면허증을 소지하지 아니하고 운전한 경우. 이 경우 운전면허 또는 중기조종사면허의 효력이 정지중에 있거나 운전의 금지중에 있는 때에는 운전면허 또는 중기조종사면허를 받지 아니하거나 국제운전면허

증을 소지하지 아니한 것으로 본다.

8. 도로교통법 제41조 제1항의 규정에 위반하여 주취중에 운전을 하거나 동법 제42조의 규정에 위반하여 약물의 영향으로 정상한 운전을 하지 못할 염려가 있는 상태에서 운전한 경우

9. 도로교통법 제12조 제1항의 규정에 위반하여 보도가 설치된 도로의 보도를 침범하거나 동법 제12조 제2항의 규정에 의한 보도횡단방법에 위반하여 운전한 경우

10. 도로교통법 제35조 제2항의 규정에 의한 승객의 추락방지의무를 위반하여 운전한 경우

2. 청구인들의 주장과 피청구인들의 답변 및 관계인의 의견

가. 청구인들의 주장요지

특례법 제4조 및 제3조 제2항은 업무상과실치상죄를 범한 중기조종사·기관사·전철수·선장 등에 대하여는 보험업법 제5조, 제7조 또는 육운진흥법 제8조의 규정에 의하여 보험 또는 공제에 가입해 있더라도 공소를 제기하지 않는다는 특례법상의 처벌상의 특례를 적용하지 않고, 같은 죄를 범한 자동차의 운전자만 위와 같은 처벌상의 특례를 적용함으로써 사회적 신분에 의하여 차별을 인정하였고, 종합보험가입 등을 처벌조각사유로 규정하여 경제적 능력이 없어 종합보험 등에 가입하지 못하는 운전자에게 그러하지 아니한 운전자에 비하여 차별을 인정함으로써 헌법 제11조의 평등의 원칙에 반한다.

그리고 피청구인들은 위와 같이 헌법에 위배된 무효인 법률규정을 근거로 가해자들을 불기소함으로써 청구인들의 헌법상의 기본권인 청원권 및 평등권을 침해받았다.

나. 피청구인들의 답변요지

(1) 적법요건의 결여

(가) 이 사건 각 헌법소원 중 위 각 불기소처분에 대한 부분은 항고 및 재항고의 구제절차를 거치지 아니한채 곧바로 제기된 것이므로 부적법하다.

(나) 청구인 박○영은 가해자에 대한 국가소추권행사 청원권이 침해되었다고 주장하고 있으나, 어느 특정인에 대한 국가소추권의 불행사를 청구인의 기본권 침해의 내용으로 주장할 수는 없는 것이고, 또한 청구인 박○영은 이미 고소권을 행사하였으므로 국가소추권행사 청원권이 침해되었다고 볼 수도 없다. 따라서 청구인 박○영의 위 불기소처분에 대한 헌법소원은 결국 침해된 기본권이 특정되어 있다고 보기 어려우므로 부적법하다.

(2) 본안에 있어서의 합헌성

(가) 특례법이 자동차운전자에게 처벌상의 특례를 인정하였다 하더라도, 위 법은 자동차의 운전이라는 사실행위를 전제로 하여 불특정 일반국민을 그 적용의 대상으로 상정한 것이어서 자동차 운전자라는 새로운 사회적 신분을 창설한 것이 아니라, 자동차를 운전하다가 사고를 일으킨 범죄자의 속성에 의한 신분에 따라

처벌을 완화한 것이다. 그러므로 자동차의 운전자를 헌법 제11조의 사회적 신분에 속한다고 보기 어렵다. 이와 같이 범죄자의 속성에 의한 범죄의 경중 또는 처벌여부는 그 시대적 상황에 따라 윤리적 비난의 정도·가벌성 등을 고려하여 입법자가 결정하는 성질의 것으로 입법정책이나 형사정책의 문제에 불과하다.

특례법은 입법정책적 관점에서 경미한 과실의 교통사고 운전자 등을 피해보전을 전제로 형사처벌 내지 전과자화의 위험에서 구제하고자 하려는 것이므로 이러한 자동차 운전자에 대한 처벌상의 특례가 합리적인 근거 없는 차별대우라고 볼 수 없으며, 특례법에 근거한 위 각 불기소처분 역시 헌법을 위반하여 청구인들의 평등권이나 재판절차상의 진술권을 침해한 것이 아니다.

다. 법무부장관 및 검찰총장의 의견

특례법 제4조 제1항의 위헌 여부에 관한 헌법소원심판의 적법 여부에 관하여 다음과 같은 의견을 밝힌 것외에는 피청구인들의 답변과 같다.

(1) 우리나라에서는 법률이 헌법에 위반되는 여부가 재판의 전제가 된 경우에 한하여 그 효력을 다툴 수 있도록 한 구체적 규범통제만을 인정하고 있다. 그런데 이 사건 각 헌법소원 중 이 사건 법률조항에 대한 부분은 그 위헌 여부가 어떠한 재판의 전제가 되고 있지 아니함에도 불구하고 위 법조항을 직접 헌법소원심판의 대상으로 하고 있으므로 부적법하다.

(2) 이 사건 법률조항은 운전자에 대하여 일정한 경우 공소를 제기할 수 없도록 하는 형사처벌상의 특례를 규정한 것이므로, 그 규정으로 인하여 교통사고 피해자인 청구인 자신들의 어떠한 권리도 직접적·현재적으로 침해받고 있다고 할 수 없다.

라. 내무부장관의 의견

피청구인들의 답변 중 위 (2) (가)와 같은 이유로 이 사건 법률조항이 합헌적 규정이라는 의견을 제출하였다.

3. 판단

가. 적법요건에 관한 판단

(1) 이 사건 각 불기소처분에 대한 각 심판청구

헌법재판소법 제68조 제1항은 "공권력의 행사 또는 불행사로 인하여 헌법상 보장된 기본권을 침해받은 자는 법원의 재판을 제외하고는 헌법재판소에 헌법소원심판을 청구할 수 있다."라고 규정하고 있다. 이처럼 헌법소원은 청구인의 침해된 기본권의 구제를 목적으로 하는 제도이므로 이 제도의 목적상 침해된 권리의 보호이익이 없는 경우에는 그 헌법소원은 원칙적으로 부적법하다(헌법재판소 1989. 4. 17. 선고, 88헌마3 결정 참조).

그런데 헌법재판소법 제47조 제2항은 "위헌으로 결정된 법률 또는 법률조항은 그 결정이 있는 날로부터 효력을 상실한다. 다만, 형벌에 관한 법률 또는 법률의 조항은 소급하여 그 효력을 상실한다."라고 규정하고 있다. 위 법 제47조 제2항 단서의 규정취지는 형벌에 관한 법률조항에 있어서는 이를 소급적으로 실효시킴으로써 당해 법률조항이 적용되는 유죄판결을 제거 내지 방지함으로써 실질적 정의를 실현하는 것이 법치국가의 원리의 또 다른 이념인 법적 안정성의 요청보다 중요하며, 형사판결에 있어서의 실질적 정의는 위헌적인 법률을 적용한 확정된 유죄판결에까지도 그 법률에 대한 위헌결정의 효력을 미치게 할 때에 실현될 수 있다는 데 있다. 그런데 이 사건 법률조항인 특례법 제4조 제1항은 비록 형벌에 관한 것이기는 하지만 불처벌의 특례를 규정한 것이어서 위 법률조항에 대한 위헌결정의 소급효를 인정할 경우 오히려 그 조항에 의거하여 형사처벌을 받지 않았던 자들에게 형사상의 불이익이 미치게 되므로 이와 같은 경우까지 헌법재판소법 제47조 제2항 단서의 적용범위에 포함시키는 것은 그 규정취지에 반한다.

따라서 위 각 불기소처분의 근거가 된 이 사건 법률조항이 헌법에 위반된다고 선고되더라도 위 법 제47조 제2항 단서가 적용되지 아니한다고 보아야 할 것이므로, 이 사건 각 헌법소원에 의하여서는 그 결정의 효력이 이 사건 교통사고를 야기한 위 청구외인들의 각 업무상과실치상행위 당시로 소급하여 이 사건 법률조항을 실효시키는 효력이 없어 결국 이 사건 불기소처분을 취소할 수 있는 여지도 없다고 할 것이다. 그렇다면 이 사건 각 불기소처분에 대한 헌법소원으로써 청구인들의 기본권이 구제될 수 없다 할 것이니, 청구인들의 이 사건 각 심판청구 중 불기소처분에 대한 부분은 주관적 권리보호의 이익이 없는 경우에 해당하여 모두 부적법하다고 할 것이다.

(2) 이 사건 법률조항에 대한 심판청구

  (가) 헌법재판소의 판례에 의하면 헌법소원이 적법하려면 청구인에 있어서 공권력에 의한 기본권침해의 자기성·현재성·직접성이 있어야 한다. 이 사건의 경우 피청구인들은 교통사고의 직접 피해자들인 청구인들이 제기한 고소사건에 대하여 사고차량이 종합보험 등에 가입되어 있음을 이유로 이 사건 법률조항을 재량의 여지없이 기계적으로 적용하여 위 각 불기소처분을 한 것이므로, 결국 청구인들은 이 사건 법률조항으로 말미암아 직접 헌법 제27조 제5항 소정의 형사피해자의 재판절차에서의 진술권을 현재 침해받았다고 할 것이다. 따라서 위 법률조항에 대한 이 사건 헌법소원은 자기성·현재성·직접성의 요건을 갖추었다고 할 것이다.

  (나) 헌법재판소법 제68조 제1항에 의한 헌법소원에 있어서는 재판의 전제성이 심

판청구의 적법요건으로서 요구되는 것이 아니므로, 이 사건 법률조항이 청구인들의 기본권을 직접 침해하였음을 이유로 한 이 사건 헌법소원 심판청구가 재판의 전제성을 결여하여 부적법하다고 할 수는 없다.

(다) 위 (1)항에서 본 바와 같이, 이 사건 법률조항이 위헌으로 선언된다고 하더라도 그 결정의 효력을 이 사건 교통사고들을 야기한 위 청구외인들의 이 사건 업무상과실치상의 행위시까지 소급시킬 수 없기 때문에 청구인들이 다투고 있는 이 사건 각 불기소처분은 취소할 수 없으며, 결국 청구인들의 이 사건 각 심판청구 중 이 사건 법률조항에 관한 부분도 청구인들의 기본권구제에 도움이 되지 아니하므로 그 심판청구는 주관적인 권리보호의 이익을 결여하고 있는 경우에 해당한다고 할 것이다.

그러나 헌법소원은 개인의 주관적 권리구제의 기능뿐만 아니라 객관적인 헌법질서의 보장기능도 수행하는 것이므로 헌법소원에 있어서의 권리보호이익은 일반법원의 소송사건에서처럼 주관적 기준으로 엄격하게 해석하여서는 아니된다. 따라서 침해행위가 이미 종료되어서 이를 취소할 여지가 없기 때문에 헌법소원이 주관적 권리구제에 별 도움이 되지 않는 경우에도 그러한 침해행위가 앞으로도 반복될 위험이 있거나 당해분쟁의 해결이 헌법질서의 수호·유지를 위하여 긴요한 사항이어서 그 해명이 헌법적으로 중대한 의미를 지니고 있는 경우에는 헌법소원의 이익을 인정하여야 할 것이다(1992. 1. 28. 선고, 91헌마111 결정 ; 1992. 4. 14. 선고, 90헌마82 결정 ; 1993. 12. 23. 선고, 93헌가2 결정 등 참조).

이 사건의 경우 위 각 불기소처분의 근거가 된 이 사건 법률조항이 정작 위헌인 경우에도 위 각 불기소처분이 어차피 취소될 수 없다는 이유로 이에 대한 헌법적 해명을 하지 아니한다면, 향후 교통사고 피해자는 헌법소원을 제기할 수 없고, 교통사고 가해자는 그에게 유리한 위 법률조항에 대한 헌법소원이나 위헌여부확인심판의 제청신청도 할 리 없으며, 법원이 직권으로 위헌법률심판제청을 하는 경우도 기대하기 어려워져 결국 앞으로는 위헌적인 위 법률조항에 의한 위헌적 불기소처분을 방지할 수 있는 길은 영영 없게 되어, 이 사건 법률조항에 의한 불기소처분은 수없이 반복될 것이고 그때마다 그러한 불기소처분으로 인하여 교통사고 피해자들의 평등권과 형사피해자의 재판절차상의 진술권 등의 기본권이 침해될 것이 예상된다.

그러므로 이 사건 법률조항에 의하여 침해된 청구인들의 권리구제에는 직접 도움은 주지 못한다고 하더라도, 앞으로 무수히 반복되는 교통사고 피해자의 기본권구제를 위하여 이에 대한 헌법적 해명이 필요하다고 할 것이다. 따라서 개인의 기본권구제만이 아니라 헌법의 수호·유지를 그 임무로 하는 헌법재판소로서는 이 사건 헌법소원 중 위 불기소처분의 근거법령인 이 사건 법률조항에 대하여 예외적으로 심판을 할 이익 내지는 필요성이 있다고 할 것이다.

(라) 피청구인 1은 청구인 박○영의 이 사건 심판청구는 침해된 기본권이 특정되어 있지 않아 부적법하다고 주장한다. 그러나 헌법재판소법 제71조 제1항 제2호에 헌법소원의 심판청구서에는 침해된 권리를 기재할 것을 요구하고 있지만, 그 기재는 헌법재판소법 제68조 제1항에 비추어 헌법재판소로 하여금 헌법상 보장된 기본권의 침해가 있다는 주장인 것으로 인식할 수 있는 정도의 표시로 족하고, 헌법재판소의 심판에 있어서는 반드시 그 표시된 권리에 구애되는 것이 아니라 청구인이 주장하는 침해된 기본권과 침해의 원인이 되는 공권력의 행사를 직권으로 조사하여 판단할 수 있는 것이다(헌법재판소 1993. 5. 13. 선고, 91헌마190 결정 참조). 뿐만 아니라 청구인 박○영의 경우 헌법소원심판 청구서에 침해된 권리로서 헌법 제11조의 평등권, 국가형벌권의 행사를 구하는 청원권 등을 기재한 것이 그 문면상 명백하므로 그 헌법소원이 침해된 권리의 기재가 부정확하여 부적법한 헌법소원이라고 할 수 없다.

나. 이 사건 법률조항의 위헌 여부에 관한 판단

(1) 재판관 김문희, 재판관 정경식, 재판관 고중석, 재판관 신창언의 합헌의견

(가) 문제의 제기

이 사건의 쟁점은 이 사건 법률조항인 특례법 제4조 제1항이 같은 법 제3조 제2항 단서에 해당하지 아니하는 중대한 과실로 인한 교통사고로 말미암아 피해자에게 생명에 대한 위험을 발생하게 하거나, 불구 또는 불치나 난치의 질병 등 이른바 중상해에 이르게 한 경우에도 단순히 자동차종합보험 등에 가입하였다는 것만으로 공소제기조차 하지 못하도록 규정한 것이 헌법에 위반된 것인지의 여부에 관한 문제이다.

1) 특례법은 자동차의 폭증과 자가운전제의 정착으로 자동차의 운전이 국민생활의 불가결한 기본요소로 되어가고 있는 현실에 부응하여, 자동차보험제도를 도입하여 그 가입을 유도함으로써 교통사고로 인한 손해의 전보를 신속하고 확실하게 담보함과 아울러 교통사고를 일으킨 운전자에 대한 형사처벌을 면제하여 줌으로써 교통사고로 인한 번잡한 법적 분규와 부작용을 미리 해소하는 한편 전과자의 양산을 막는 등 국민생활의 편익을 증진하려는 목적으로 제정된 것이다. 그리고 이와 같은 교통사고의 피해에 대한 보험에 의한 처리방식은 세계적인 추세이기도 하다.

2) 이 사건 법률조항은 교통사고를 일으킨 자동차가 보험업법 제5조, 제7조 또는 육운진흥법 제8조의 규정에 의하여 보험 또는 공제에 가입된 경우에는 특례법 제3조 제2항의 단서에 해당하는 경우를 제외하고는 공소를 제기할

수 없는 것으로 규정하고 있다. 여기서 보험 또는 공제는 손해배상에 관한 합의 여부에 불구하고 피보험자 또는 조합원에 갈음하여 피해자의 치료비에 관하여는 통상비용의 전액을, 기타의 손해에 관하여는 보험약관 또는 공제약관에서 정한 지급기준금액을 우선 지급하되 종국적으로는 확정판결 기타 이에 준하는 채무명의상 피보험자 또는 공제조합원의 교통사고로 인한 손해배상금 전액을 보상하는 보험(소위 종합보험) 또는 공제를 말한다(제4조 제2항). 이 사건 법률조항 본문의 적용이 배제되는 같은 법 제3조 제2항 단서의 경우는 자동차의 운전자가 교통사고를 일으키고 피해자에 대한 구호조치를 하지 않고 도주하거나 피해자를 사고장소로부터 옮겨 유기하거나, 같은 조항 단서에 열거한 8개 유형의 중과실, 즉 교통사고의 원인이 신호·정차표지위반, 중앙선침범, 제한시속 20킬로미터 초과, 앞지르기금지위반, 건널목통과방법위반, 횡단보도에서의 보행자보호의무위반, 무면허운전, 주취중 또는 약물복용으로 정상운전불능시의 운전 등으로 교통사고를 일으킨 경우이다(그 뒤 인도침범운전, 개문발차운전이 1993. 6. 11. 법률 제4548호로 개정되면서 추가되었다).

3) 이 사건 법률조항에 대하여, 청구인들은 특례법 제3조 제2항 단서가 정한 8가지(현행법에 의하면 10가지) 유형은 중대한 과실로 인한 교통사고의 모든 경우가 다 포함된 것은 아니며, 중과실로 피해자에게 중상해를 입힌 교통사고의 일부가 특례법 제3조 2항 단서에 해당하는 교통사고 유형들과 행위의 과실의 정도나 그 결과의 중대함에 있어서 원칙적으로 동일한 형법적 의미를 가져야 함에도 불구하고, 합리적인 이유없이 형법적으로 달리 평가됨으로써 형사피해자의 재판절차진술권의 부여에 있어서 교통사고의 피해자를 부당하게 차별하고 있고, 또한 이로써 형사피해자의 재판절차 진술권을 비례의 원칙에 위반되게 과잉제한한 것이라고 주장함과 아울러 생명·신체의 안전이라는 기본권적 법익의 중요성과 교통사고에 의한 침해의 심각성에 비추어 볼 때 교통사고를 일으킨 가해자에 대한 형사처벌 이외에 기본권침해를 막을 수 있는 다른 효율적인 수단이 없는데도 종합보험 등에 가입하였다는 이유만으로 국가의 소추권을 박탈한 것은 국가의 형벌권행사를 자의적으로 포기하여 국민의 생명·신체의 안전에 대한 기본권 보호의무에 위반되고, 그 보호의무이행에 있어서 준수하여야 할 평등원칙에 반한다"는 이유를 들어 헌법에 위반된다고 주장하고 있다.

우리는 이 사건 법률조항이 형사피해자의 재판절차진술권을 과잉제한하거나 국가의 국민의 생명·신체의 안전에 대한 기본권보호의무를 위반한 것이 아니므로 헌법에 위반되지 아니한다는 의견이다.

(나) 평등권의 침해 여부

1) 헌법은 입법, 사법, 행정 등 모든 국가기관이 헌법에 의하여 부여된 고유기능을 행사함으로써 비로소 구체화되고 실현되며, 헌법재판소가 다른 국가기관에 의한 헌법의 구체화를 일정 범위 내에서 존중하여야만 각 기능의 독자성이유지될 수 있다. 그러므로 민주주의와 권력분립원칙은 헌법재판소에 의한 헌법실현에 한계를 요구한다.

   권력분립원칙은 국가권력간의 견제와 균형이라는 자유보장적 측면과 아울러 국가의 기능을 상이한 기능주체에게 귀속시킴으로써 각 국가기관에게 독자적인 활동 및 결정영역을 분배한다는 기능적 측면을 가지고 있다. 헌법재판소와 입법자는 헌법이 부여한 기능에 있어서 서로 다르다. 입법자는 헌법의 한계 내에서 정치적 결정을 통하여 공동체를 형성하는데 중심적 역할을 하고, 이에 대하여 헌법재판소는 헌법에서 입법자의 형성권의 한계를 유출해 냄으로써, 입법자의 정치적 형성의 헌법적 한계를 제시한다. 즉 입법자는 입법활동을 통하여 헌법을 구체화하고 실현하는데 있어서 포괄적, 주도적, 형성적으로 기능하나, 헌법재판소는 그의 사법적 성격에 내재된 한계 때문에 매우 한정된 특정대상에 관련하여 헌법재판의 형태로 부분적, 사후적, 통제적 역할을 하게 된다.

   헌법재판소와 입법자는 모두 헌법에 기속되나, 그 기속의 성질은 서로 다르다. 헌법은 입법자와 같이 적극적으로 형성적 활동을 하는 국가기관에게는 행위의 지침이자 한계인 행위규범을 의미하나, 헌법재판소에게는 다른 국가기관의 행위의 합헌성을 심사하는 기준으로서의 재판규범 즉 통제규범을 의미한다.

   평등원칙은 행위규범으로서 입법자에게, 객관적으로 같은 것은 같게 다른 것은 다르게, 규범의 대상을 실질적으로 평등하게 규율할 것을 요구하고 있다. 그러나 헌법재판소의 심사기준이 되는 통제규범으로서의 평등원칙은 단지 자의적인 입법의 금지기준만을 의미하게 되므로 헌법재판소는 입법자의 결정에서 차별을 정당화할 수 있는 합리적인 이유를 찾아 볼 수 없는 경우에만 평등원칙의 위반을 선언하게 된다. 즉 헌법에 따른 입법자의 평등실현의무는 헌법재판소에 대하여는 단지 자의금지원칙으로 그 의미가 한정축소된다. 따라서 헌법재판소가 행하는 규범에 대한 심사는 그것이 가장 합리적이고 타당한 수단인가에 있지 아니하고 단지 입법자의 정치적 형성이 헌법적 한계 내에 머물고 있는가 하는 것에 국한시켜야 하며, 그럼으로써 입법자의 형성의 자유와 민주국가의 권력분립적 기능질서가 보장될 수 있다.

2) 입법자도 당연히 평등원칙의 기속을 받기 때문에 원칙적으로 동일한 위법과 책임조건을 갖춘 행위에 대하여 형사처벌에 있어서도 동일하게 규율함으로써 형법영역에서 평등원칙을 준수하고 실현할 의무가 있다. 그러나 어떤 행위를 범죄로 하고 이를 어떻게 처벌해야 하는가, 즉 범죄의 유형과 형량을 결정하

는 것은 원칙적으로 형성의 자유를 갖는 입법자의 결정사항에 속한다. 따라서 평등원칙의 위반 여부에 대한 헌법재판소의 판단은 단지 자의금지의 원칙을 기준으로 차별을 정당화할 수 있는 합리적인 이유가 있는가의 여부만을 심사하게 된다.

입법자는 특례법의 입법목적을 실현하기 위하여 형사처벌의 여부를 결정하는데 있어서 행위의 경과실·중과실을 차별의 기준으로 삼았다. 경과실·중과실이란 차별의 기준은 특례법이 의도하는 입법목적을 달성하기에 적합한 것이며, 또한 경과실·중과실간의 그 성질과 비중에 있어서 확인될 수 있는 차이가 형사처벌에 관한 차별대우를 정당화한다 하겠다. 다수의 불특정인, 불특정한 경우에 적용되는 법규범의 성격에 맞도록 입법자는 교통사고와 같은 대중적 현상을 규율함에 있어서 규율대상을 유형화하는 규정을 둘 수 있고, 이러한 유형화는 그 당연한 결과로 규율대상을 빠짐없이 포착한다는 것이 불가능한 것이기 때문에 언제나 불가피하게 소수의 불이익이 따르기 마련이다. 그리고 행위의 유형화에 따른 불가피한 불평등한 결과의 발생이 상대적으로 규율대상의 적은 일부에만 관련된다면 이를 헌법적으로 평등원칙에 반한다고 비난할 수 없다.

또한 입법자가 규율의 결과를 쉽게 예측할 수 없는 복잡한 사실관계의 규율에 있어서는 입법자에게 시간적으로 적응할 수 있는 기간이 주어지며, 입법자가 시간의 경과와 함께 그 규정의 부정적 효과와 그로 인한 규범의 위헌성을 충분히 인식하고 경험할 시간을 가졌음에도 불구하고 사후적인 개선의 노력을 하지 않은 경우에 비로소 헌법적으로 비난할 여지가 있다. 따라서 교통과실범에 대한 규율과 같이 규율의 효과를 쉽게 조감할 수 없는 규율영역에서는 우선 입법자에게 경험을 축적할 적절한 시간을 부여해야 하고, 입법목적을 달성하려는 실용적인 측면에서 입법자는 이 초기단계에서는 대강의 유형화와 일반화를 통하여 대상을 규율할 수 있다. 그러한 경우에는 입법자가 보다 합리적인 해결책을 위한 경험자료의 축적에도 불구하고, 법규정의 사후적 보완노력과 입법자가 새롭게 인식한 내용에 상응하는 보다 상세한 차별화를 실시하지 않았을 때에 비로소 그 규범은 헌법재판소에 의하여 위헌으로 선언될 수 있다.

그러나 이 사건의 법률조항은 입법자가 법률제정 이후 이미 한 차례 그 사이의 경험을 토대로 현실에 나타난 규율의 결점을 보완하였고, 계속적인 차별화를 통하여 평등원칙에 합치하려는 노력을 기울였으므로, 특례법 제3조 제2항 단서에 포함되지 아니한 다른 중과실 유형에 대한 형벌의 필요성은 입법자에게 입법개선촉구의 계기가 될 수는 있으나 헌법에 위반된다는 결정을 하는 것은 타당하지 않다고 생각한다. 위헌이라는 주장에 따르면, 행위의 불법과 행위자의 책임에 있어서 특례법 제3조 제2항의 단서에 해당하는 교통사고의 유형과 형법적으로 동등한 평가를 할 수 있는 모든 행위를 모두 빠짐없이 규율하기를 입법자에게 요구하고, 아울러 이를 헌법재판소의 심사기준으로 삼아야 한다는 것을 뜻한다. 이는 곧 입법자의 헌법에의 구속의 정도와 헌법재판소에 의한 사법적 심사의 기준을 동일시함으로써 결과적으로 사회현실에 대한 헌법재판소의 판단과 일치하지 않는 입법자의 판단을 실질적으로 부정하는 것을 의미하게 된다.

3) 특례법 제3조 제2항 단서는, 입법자가 사법부에게 판례를 통한 중과실 개념의 구체화를 위임할 수도 있으나, 법적 안정성, 법의 신속하고 통일적인 적용, 범죄인의 균등한 처벌이란 취지에서 입법자가 도로교통에서 자동차에 의한 사고 중 인간의 생명과 신체를 현저하게 위협할 수 있는 중과실인 동시에 그 판별이 상식적으로 비교적 용이한 전형적인 행위를 8가지 유형으로 직접 구체화하였다. 비록 이 단서에 포함된 8가지 유형이 생각할 수 있는 중과실의 경우를 빠짐없이 유형화하지는 못하였으나 중과실로 볼 수 있는 행위를 법적 안정성이라는 측면에서 구성요건화한 것이다. 이러한 구체적인 입법자의 시도가 모든 중과실을 포함하기에 미흡한 것은 형사상 처벌의 대상이 되는 범죄행위는 반드시 법률로서 구성요건을 규정하여 처벌되는 행위와 처벌되지 않는 행위에 대한 경계를 미리 명확히 규정해야 함에 따른 본질적인 한계가 있기 때문이다.

입법자가 1993년의 법개정을 통하여 특례법 제3조 제2항 단서의 사유를 8개에서 10개로 확대된 것도 바로 이러한 유형화의 한계를 극복하려는 시도의 표현이라 할 것이다. 만일 위헌주장과 같이 특별법 제3조 제2항 단서의 사유 외에 중과실로 인한 중상해까지 처벌의 대상이 되는 것으로 법률이 개정된다면, 논리적인 당연한 결과로 위 단서의 사유를 한정적으로 열거한 것이 아닌 것으로 해석해야 하기 때문에 법 적용의 예측성과 통일성을 통하여 교통사고로 인한 피해의 신속한 회복을 담보하는 동시에 법적 분규를 미리 해소하고 형사처벌로 인한 전과자의 양산을 막고자 한 특례법의 입법의 목적은 도저히 이룰 수 없게 될 것이 명백하다.

그러므로 이 사건 법률조항은 중과실로 인하여 발생하는 교통사고로 말미암아 신체의 피해를 입게 된 일부를 특례법 제3조 제2항 단서에 포함시키지 못한 것이 매우 아쉽기는 하나 이는 범죄의 유형화에 따른 어쩔 수 없는 결과이므로 그 이유만으로 평등원칙에 반한다고 할 수 없다.

(다) 재판절차진술권의 침해 여부

청구인들은 이 사건 법률조항이 특례법 제3조 제2항 단서에 해당하지 않는 그밖의 중과실의 경우에 공소를 제기할 수 없도록 하고 그 결과로서 교통사고 피해자로 하여금 재판절차에서의 진술권을 행사할 수 없게 한 것은 형사피해자의 재판절차진술권을 과도하게 제한한다고 주장한다.

그러나 이미 우리가 위의 평등권의 위반 여부에서 밝힌 바와 같은 이유로 범죄유형의 정형화로 말미암아 그 당연한 결과로 발생하는 일부 소수 형사피해자의 재판절차진술권에 대한 제한은 특례법이 달성하려는 입법목적, 즉 법적 안정성, 법의 신속하고 통일적인 적용, 범죄인의 균등한 처벌 등의 측면에 비추어 정당화된다고 할 것이므로 이 사건 법률조항은 과잉제한금지원칙에 위반되지 아니한다.

(라) 국가의 기본권보호의무 위반 여부

1) 우리 헌법은 제10조에서 국가는 개인이 가지는 불가침의 기본적 인권을 확인하고 이를 보장할 의무를 진다고 규정함으로써, 소극적으로 국가권력이 국민의 기본권을 침해하는 것을 금지하는데 그치지 아니하고 나아가 적극적으로 국민의 기본권을 타인의 침해로부터 보호할 의무를 부과하고 있다. 국민의 기본권에 대한 국가의 적극적 보호의무는 궁극적으로 입법자의 입법행위를 통하여 비로소 실현될 수 있는 것이기 때문에, 입법자의 입법행위를 매개로 하지 아니하고 단순히 기본권이 존재한다는 것만으로 헌법상 광범위한 방어적 기능을 갖게되는 기본권의 소극적 방어권으로서의 측면과 근본적인 차이가 있다. 즉 기본권에 대한 보호의무자로서의 국가는 국민의 기본권에 대한 침해자로서의 지위에 서는 것이 아니라 국민과 동반자로서의 지위에 서는 점에서 서로 다르다.

따라서 국가가 국민의 기본권을 보호하기 위한 충분한 입법조치를 취하지 아니함으로써 기본권보호의무를 다하지 못하였다는 이유로 입법부작위 내지 불완전한 입법이 헌법에 위반된다고 판단하기 위하여는, 국가권력에 의해 국민의 기본권이 침해당하는 경우와는 다른 판단기준이 적용되어야 마땅하다.

국가가 소극적 방어권으로서의 기본권을 제한함으로써 기본권의 침해자로서의 지위에 서는 경우 국가는 원칙적으로 개인의 자유와 권리를 침해하여서는 아니되며, 예외적으로 기본권을 제한하는 때에도 국가안전보장·질서유지 또는 공공복리를 위하여 필요한 경우에 한하고, 자유와 권리의 본질적인 내용을 침해할 수는 없으며 그 형식은 법률에 의하여야 하고 그 침해범위도 필요최소한도에 그쳐야 한다(헌법 제37조 제2항). 이러한 요건을 갖추지 아니한 채 국민의 기본권을 제한한 경우에는 그 침해의 정도가 비록 작다 하더라도 이는 헌법에 위반되는 위헌적인 조치라고 판단하여야 한다.

그러나 국가가 적극적으로 국민의 기본권을 보장하기 위한 제반조치를 취할 의무를 부담하는 경우에는 설사 그 보호의 정도가 국민이 바라는 이상적인 수준에 미치지 못한다고 하여 언제나 헌법에 위반한다고 판단할 수 있는 것인지는 의문이다. 왜냐하면 국가의 기본권보호의무의 이행은 입법자의 입법을 통하여 비로소 구체화되는 것이고, 국가가 그 보호의무를 어떻게 어느 정도로 이행할 것인지는 원칙적으로 한 나라의 정치·경제·사회·문화적인 제반여건과 재정사정 등을 감안하여 입법정책적으로 판단하여야 하는 입법재량의 범위에 속하는 것이기 때문이다.

국가의 보호의무를 입법자가 어떻게 실현하여야 할 것인가 하는 문제는 원칙적으로 권력분립원칙과 민주주의원칙에 따라 국민에 의해 직접 민주적 정당성을 부여받고 자신의 결정에 대해 정치적 책임을 지는 입법자의 책임범위에 속한다. 따라서 헌법재판소는 단지 제한적으로만 입법자에 의한 보호의무의 이행을 심사할 수 있다.

2) 물론 입법자가 보호의무를 최대한으로 실현하려고 노력하는 것이 이상적이기는 하나, 그것은 헌법이 입법자에 대하여 하고 있는 요구로서 주기적으로 돌아오는 선거를 통한 국민심판의 대상이 될 문제이지, 헌법재판소에 의한 심사기준을 의미하지는 않는다. 만일 헌법재판소에 의한 심사기준을 입법자에 대한 헌법의 요구와 일치시킨다면, 이는 바로 공동체의 모든 것이 헌법재판소의 판단에 의하여 결정되는 것을 의미하며, 결과적으로 헌법재판소가 입법자를 물리치고 정치적 형성의 최종적 주체가 됨으로써 우리 헌법이 설정한 권력분립적 기능질서에 반하게 된다.

그러므로 헌법재판소는 권력분립의 관점에서 소위 "과소보호금지원칙"을, 즉 국가가 국민의 법익보호를 위하여 적어도 적절하고 효율적인 최소한의 보호조치를 취했는가를 기준으로 심사하게 된다. 따라서 입법부작위나 불완전한 입법에 의한 기본권의 침해는 입법자의 보호의무에 대한 명백한 위반이 있는 경우에만 인정될 수 있다. 다시 말하면 국가가 국민의 법익을 보호하기 위하여 전혀 아무런 보호조치를 취하지 않았든지 아니면 취한 조치가 법익을 보호하기에 명백하게 전적으로 부적합하거나 불충분한 경우에 한하여 헌법재판소는 국가의 보호의무의 위반을 확인할 수 있을 뿐이다.

헌법재판소는 원칙적으로 국가의 보호의무에서 특정 조치를 취해야 할, 또는 특정법률을 제정해야 할 구체적인 국가의 의무를 이끌어 낼 수 없다. 단지 국가가 특정조치를 취해야만 당해 법익을 효율적으로 보호할 수 있는 유일한 수단일 경우에만 입법자의 광범위한 형성권은 국가의 구체적인 보호의무로 축소되며, 이 경우 국가가 보호의무이행의 유일한 수단인 특정조치를 취하지 않은 때에는 헌법재판소는 보호의무의 위반을 확인하게 된다. 그러므로 이 사건에서는 국가가 교통사고로부터 국민을 적절하고 효율적으로 보호하기 위하여 취해야 할 최소한의 조치를 취함으로써 헌법이 입법자에게 요구하는 최소한의 요청을 충족시켰는가의 문제가 판단되어야 한다.

3) 청구인들은 열악한 우리 국민의 교통의식과 교통문화란 현실 앞에서 다른 보

호대책들이 헌법이 요구하는 생명과 신체의 보호를 위한 최소 수준을 충족시키지 못하기 때문에, 즉 생명과 신체를 보호할 수 있는 다른 효율적인 수단이 마련되어 있지 않기에, 국가의 빈틈없는 형벌권행사가 유일한 효율적인 보호수단이라고 주장한다. 그러나 우리는 국가가 취한 제반의 보호조치와 교통과실범에 대한 형사처벌조항을 고려한다면, 단지 일정 과실범에 대하여 형벌권을 행사할 수 없는 법망의 틈새가 존재한다고 하여, 그것이 곧 국가보호의무의 위반을 의미하지는 않는다고 생각한다.

개인의 생명이나 신체에 대한 보호의무에서 기계적으로 형법조문을 제정할 국가의 의무나 아니면 국가형벌권을 행사할 의무가 나오는 것은 결코 아니다. 형벌권의 행사 여부는 원칙적으로 입법자의 입법재량에 속하는 문제이며, 국가의 형벌권은 사회공동체의 가치실현이나 법적 평화유지를 위한 보충적, 최후적 수단으로서 행사되어야 한다. 따라서 형벌이 법익보호를 위한 유일한 효율적이고 적절한 수단일 때에만 비로소 국가의 보호의무는 형벌권을 행사해야 할 국가의 의무로 구체화되고, 국가가 이러한 경우에도 형벌권을 포기할 때에만 보호의무를 위반하는 것이 된다.

국가의 신체와 생명에 대한 보호의무는 교통과실범의 경우 발생한 침해에 대한 사후처벌뿐이 아니라, 무엇보다도 우선적으로 운전면허취득에 관한 법규 등 전반적인 교통관련법규의 정비, 운전자와 일반국민에 대한 지속적인 계몽과 교육, 교통안전에 관한 시설의 유지 및 확충, 교통사고 피해자에 대한 보상제도 등 여러가지 사전적·사후적 조치를 함께 취함으로써 이행된다. 그렇다면 이 사건에서는 교통사고를 방지하는 다른 보호조치에도 불구하고 국가가 형벌권이란 최종적인 수단을 사용하여야만 가장 효율적으로 국민의 생명과 신체권을 보호할 수 있는가가 문제된다. 이를 위하여는 무엇보다도 우선적으로 형벌권의 행사가 곧 법익의 보호로 직결된다는 양자간의 확연하고도 직접적인 인과관계와 긴밀한 내적인 연관관계가 요구되고, 형벌이 법익을 가장 효율적으로 보호할 수 있는 유일한 방법인 경우, 국가가 형벌권을 포기한다면 국가는 그의 보호의무를 위반하게 된다.

4) 그러나 교통과실범에 대한 국가형벌권의 범위를 확대한다고 해서 형벌권의 행사가 곧 확실하고도 효율적인 법익의 보호로 이어지는 것은 아니다. 형벌이 과실범에 대하여 일반예방효과와 범죄억제기능을 어느 정도 한다 하더라도 국민의 법익보호와 형벌권행사간의 인과관계가 그 효율성에 있어서 뚜렷하지 않기 때문에, 대체 형벌로써 얼마만큼 법익에 대한 보호효과를 얻을 수 있는지 의문이다. 결국 이 경우 형벌을 통한 법익의 보호효과는 상당히 불확실하므로 형벌은 국가의 보호의무의 실현수단으로 효율적이지도 못하고 유일한 수단은 더욱 아니다. 형벌은 이 경우, 국가가 취할 수 있는 유효적절한 수많

은 수단 중의 하나일 뿐이지, 결코 형벌까지 동원해야만 보호법익을 유효적 절하게 보호할 수 있다는 의미의 최종적인 유일한 수단이 될 수 없다.

따라서 형벌이 법익을 효율적으로 보호할 수 있는 최종적이고 유일한 수단일 경우에 한하여 입법자의 보호의무는 구체적인 형벌행사권의 의무로 축소된다고 하는 전제를, 특례법에서의 상황은 형벌의 불확실한 법익보호 효과때문에 전혀 충족시켜 주지 못하고 있다. 다른 보호조치가 불충분하기 때문에 그 대신 보호효과가 불확실한 형벌이라도 빠짐없이 동원하여야만 그제서야 비로소 보호의무의 최소수준에 부합된다고 하는 청구인들의 주장은 헌법재판소가 입법자의 판단재량을 심사하는데 있어서 헌법이 요구하는 최소수준의 명백한 일탈에 관한 심사에 국한시켜야 한다는 기준을 벗어난 것이다. 또한 현실에 있어서 국가의 보호조치가 어느 생활영역에서도 완벽할 수 없다는 사실을 당연한 전제로 한다면, 국가가 취한 다른 조치가 불충분·불완전하기 때문에 그 부족분을 형벌을 동원해서라도 메워야 한다는 것은 바로 형벌권 행사에 의하여 개선의 여지가 있는 모든 사회현상을 국가는 형벌로써 규율하여야 한다는 주장과 다름없다.

요컨대 이 사건 법률조항을 두고 국가가 일정한 교통과실범에 대하여 형벌권을 행사하지 않음으로써 도로교통의 전반적인 위험으로부터 국민의 생명과 신체를 적절하고 유효하게 보호하는 아무런 조치를 취하지 않았다든지, 아니면 국가가 취한 현재의 제반 조치가 명백하게 부적합하거나 불충분하다고까지 말할 수는 없고, 비록 이 사건의 경우와 같이 교통사고를 일으킨 운전자가 형사처벌을 면치 못하는 예외사유에 청구인들이 말하는 사유가 누락되었다고 하더라도 이는 오로지 법적 안정성, 법적용의 통일성을 기하기 위하여 범죄유형의 정형화가 필요하다는 입법정책에 따른 어쩔 수 없는 결과이고, 이를 막기 위하여 중상해·중과실과 같은 일반적 규정을 두는 것은 특례법의 입법취지에 반하는 결과를 가져온다는 점을 아울러 생각할 때 그것만으로 입법자가 국민의 기본권의 보호의무를 다하지 아니하여 헌법에 위반된 것으로 볼 수 없다.

(마) 결론

따라서 이 사건 법률조항은 헌법에 위반되지 아니하므로 청구인들의 이 사건 법률조항에 대한 각 심판청구부분은 그 이유가 없어 모두 기각되어야 한다.

(2) 재판관 김용준, 재판관 김진우, 재판관 황도연, 재판관 이재화, 재판관 조승형의 위헌의견

(가) 재판관 김진우, 재판관 이재화, 재판관 조승형의 위헌의견

우리는 이 사건 법률조항이 생명·신체에 대한 국가의 기본권보호의무에 위반되고, 그 보호의무 이행에 있어서 준수하여야 할 평등원칙에 반한다고 생각하여

다음과 같이 위헌의견을 개진한다.

1) 생명·신체에 대한 국가의 기본권보호의무의 헌법적 근거

헌법전문의 "우리 대한국민은……우리들과 우리들의 자손의 안전과 자유와 행복을 영원히 확보할 것을 다짐하면서……"라는 부분, 제10조의 "모든 국민은 인간으로서의 존엄과 가치를 가지며 행복을 추구할 권리를 가진다. 국가는 개인이 가지는 불가침의 기본적 인권을 확인하고 이를 보장할 의무를 진다.", 제30조의 "타인의 범죄행위로 인하여 생명·신체에 대한 피해를 받은 국민은 법률이 정하는 바에 의하여 국가로부터 구조를 받을 수 있다.", 제37조 제1항의 "국민의 자유와 권리는 헌법에 열거되지 아니한 이유로 경시되지 아니한다."는 규정내용으로부터 국민의 생명·신체의 안전에 대한 기본권과 그 생명·신체를 사인에 의한 침해로부터 적절히 보호할 국가의 의무가 도출된다고 할 것이다. 즉 기본권은 단순히 국가권력의 부당한 침해로부터 개인의 자유를 보장할 뿐만 아니라 공동체의 가치질서의 구성요소로서 국민의 기본권을 사인에 의한 침해로부터 보호할 의무를 국가에게 적극적으로 부과하는 것이기도 하다. 오늘날 사인이나 기타 사회적 세력에 의한 사인의 기본적 자유의 침해가 점증하고 있는 현실에서 기본권규범이 국민의 기본권에 대한 공권력의 위법한 침해행위를 금지할 뿐만 아니라, 국가로 하여금 사인에 의한 기본권적 법익의 침해로부터 국민의 기본권을 보호하도록 의무를 부과할 때 비로소 국민의 기본권은 사회생활의 실제에서 실효적으로 행사될 수 있게 된다.

2) 형법에 의한 생명·신체에 대한 보호의무실현

국가는 국민에게 기본권을 실제적으로 보장하기 위하여 사인에 의한 침해, 특히 범죄의 피해로부터 국민을 보호할 의무를 이행하기 위하여 형벌법규를 제정하여 범죄의 예방에 힘쓰고 있다. 물론 기본권적 법익을 보호하기 위하여 그 침해행위를 범죄로 규정할 것인가 또 이를 어떻게 처벌할 것인가 하는 문제는 원칙적으로 우리의 역사와 문화, 입법 당시의 시대적 상황과 국민 일반의 가치관 내지 법감정, 범죄의 실태와 죄질 및 보호법익 그리고 범죄예방효과 등을 종합적으로 고려하여야 할 국가의 입법정책에 관한 사항으로서 그 규율에 있어서 입법자에게 원칙적으로 광범위한 입법재량 내지 형성의 자유가 인정되어야 한다고 할 것이다(헌법재판소 1995. 4. 20. 선고, 91헌바11 결정 참조). 그러므로 과실범을 어느 범위내에서 처벌할 것인가는 원칙적으로 입법정책상의 문제라고 할 수 있다. 우리 형법도 제14조에서 고의범 처벌의 원칙에 입각하여 법률에 특별한 규정이 있는 경우에 한하여 과실범을 처벌하는 것으로 규정하고 있다.

그러나 헌법 제10조에서 천명한 인간으로서의 존엄과 가치를 유지하고 행복

을 추구함에는 무엇보다도 국민의 생명·신체의 안전을 침해하는 범죄로부터의 국민의 보호가 전제된다. 그러므로 국가는 국민의 생명·신체의 안전을 침해하는 범죄로부터 국민을 보호하기 위하여 형법에서 고의로 타인의 생명·신체를 해하는 범죄를 처벌하는 외에 형법 제266조의 과실상해죄, 제267조의 과실치사죄, 제268조의 업무상과실치사상죄와 중과실치사상죄를 처벌대상으로 규정함으로써 과실로 사람의 생명·신체를 해하는 범죄도 이를 형사처벌하는 것을 원칙으로 하고 있다.

생명·신체라는 기본권적 법익이 헌법질서에서 차지하는 의미와 비중의 중대성에 비추어 볼 때, 그 침해의 사전예방 및 그 침해행위에 대한 사후제재를 위하여 형벌이라는 최종적 수단을 이를 대체할 만한 다른 효과적인 방안이 마련되지 않는 가운데서 포기할 수 없다는 점에서 형법의 위와 같은 원칙은 정당하다고 할 것이다.

3) 기소독점주의와 기본권보호의무

우리 나라의 형사소송제도는 원칙적으로 국가기관인 검사만이 공소를 제기할 수 있는 국가소추주의와 기소독점주의를 채택하고 있는 한편, 공소제기권자인 검사는 범죄의 증명이 충분하고 소송조건이 구비되었다고 하더라도 형법 제51조의 사항을 참작하여 공소를 제기하지 아니하고 불기소처분할 수 있는 기소편의주의를 채택하고 있다(형사소송법 제247조 제1항 참조).

이처럼 가해자에 대한 사적 복수를 허용하지 아니하고 국가기관이 공소권을 독점하는 법제도 아래에서는 국가가 적극적인 사전 조치에 의하여 범죄를 예방하고, 또 이미 범죄가 발생한 경우에는 그 피해자의 보호에 최선을 다할 때 비로소 국민의 생명·신체·재산에 대한 국가의 보호의무를 다하는 것이라고 할 것이다. 따라서 국가가 사인에 의한 침해로부터 생명·신체와 같은 국민의 기본권적 법익을 보호하여야 할 의무를 현저하게 위반한 경우에는 그로 인하여 생명·신체의 안전에 관련된 국민의 기본권까지 침해하게 되는 것이다. 즉, 국민은 생명·신체의 안전에 대한 기본권, 제27조 제5항의 형사피해자의 재판절차에서의 진술권, 제30조에 내포된 보호의무위반이 중대할 때는 국가를 상대로 그 기본권이 침해되었음을 주장할 수 있는 것이다(헌법재판소 1989. 4. 17. 선고, 88헌마3 결정 ; 1993. 3. 11. 선고, 92헌마48 결정 참조).

4) 특례법에 의한 공소권제한

우리 법제는 위에서 본 바와 같이 원칙적으로 기소편의주의를 채택하고 있으나, 특례법은 제4조 제1항에서 가해운전자가 중과실로 같은 법 제3조 제2항 단서에 해당하지 아니하는 교통사고를 일으켜 그 피해자에게 중상해를 입힌 경우에도 가해차량이 종합보험 등에 가입되어 있는 경우는 재량의 여지없이 가해운전자를 기소할 수 없다고 하여 기소편의주의의 예외를 규정하고 있다.

따라서 이 사건 법률조항에 의하여 가해운전자에 대하여 불기소처분이 될 경우 교통사고 피해자는 그 신체의 침해에 대하여 단지 종합보험 등에 의한 금전배상이라는 방법외에는 국가의 보호가 배제된다. 이 경우 피해자로서는 헌법 제10조에 내포된 인간으로서의 존엄과 가치 그리고 생명·신체의 안전에 관한 기본권, 헌법 제27조 제5항의 형사피해자의 재판절차에서의 진술권 등의 기본권을 침해당할 여지가 있는 점은 기소편의주의에 따라 불기소처분이 된 일반적인 경우와 마찬가지라고 할 것이다.

이에 반하여 특례법 제3조 제2항 단서에 해당하는 교통사고를 유발한 가해운전자에 대하여는 그 사고차량이 종합보험 등에 가입되어 있는 여부에 관계없이 기소하여 형사처벌할 수 있도록 규정하고 있다. 그런데 입법자가 특례법 제4조 제1항에서 같은 법 제3조 제2항 단서에 규정한 경우와 동등한 또는 그 이상의 불법내용을 내포하고 있는 행위에 대한 형사처벌 여부를 전적으로 가해차량이 종합보험 등에 가입되어 있는 여부에 따라 결정하도록 한 것은, 한편으로는 입법자가 그에게 부과된 일반 국민의 생명·신체에 대한 기본권보호의무를 충분히 이행하고 있는가에 관한 의문을, 다른 한편으로는 특례법 제3조 2항 단서의 각호에 해당하는 유형의 교통사고를 유발한 자들을 원칙적으로 형사처벌하도록 하고 있는 것과의 체계적 일관성을 현저히 저해하고 있지는 않는가, 따라서 평등원칙에 저촉되지 않는가 하는 의문을 야기한다.

5) 기본권보호에 있어서의 과소보호금지의 원칙 및 평등원칙

과실범의 처벌범위를 정하는 것이 비록 입법재량의 범위에 속한다 하더라도 그것이 이 사건 법률조항과 같이 국민의 생명·신체에 대한 국가의 보호의무와 관계가 있는 때에는 국민의 생명·신체에 대한 국가의 보호가 과소(過少)하여서는 아니되는 동시에 그 보호에 있어서 평등원칙에 반해서는 안된다.

가) 앞에서 본 바와 같이 헌법은 국민에게 모든 기본권의 전제로서 생명·신체의 안전에 대한 기본권을 보장하는 동시에 국가에게 국민의 생명과 신체를 사인의 침해로 부터 보호하여야 할 의무를 부과하고 있다. 국가는 이 기본권보호의무를 이행함에 있어서 국민의 생명·신체에 대한 보호의 정도가 헌법이 요구하는 최소한도의 보호수준에 미달해서는 아니된다는 의미에서 이른바 국가의 국민에 대한 과소보호금지(過少保護禁止)라는 헌법상의 원칙을 준수하여야 한다. 헌법이 요구하는 최소한도의 보호수준은 생명·신체라는 법익이 헌법질서에서 차지하는 위상, 이 법익의 침해에 대한 위험의 태양과 정도, 상충하는 법익의 의미 등을 비교교량함으로써 밝혀지게 된다.

물론 국가는 그 보호의무를 이행하기 위한 보호대책을 강구함에 있어서 원칙적으로 사인에 의한 국민의 생명·신체에 대한 침해위험의 정도나 종

류, 심각성, 발생의 빈도, 각종 대책의 효과뿐만 아니라 상충하는 보호법익과의 형량, 문화적·사회적·경제적·재정적 여건 등을 종합적으로 감안할 필요가 있기 때문에 보호의무를 어떤 수단을 통하여 어떻게 이행할 것인가는 원칙적으로 국가의 광범위한 재량에 맡겨져 있다. 그에 따라 헌법재판소로서는 원칙적으로 국가가 보호의무를 위반한 것이 명백한 경우에만 국가의 해당 작위나 부작위의 위헌성을 확인할 수 있다고 할 것이나, 헌법재판소의 통제의 강도는 일률적인 것이 아니고 관련된 기본권적 법익의 중대성, 그 침해의 심각성, 그 침해의 빈도 등에 따라서 달라지게 된다고 보아야 한다. 그에 따라 기본권적 법익에 관한 보호입법에 대한 심사에 있어서 헌법재판소가 가하는 통제의 강도 역시 보호의무 위반이 일견 명백한지의 여부에 대한 통제, 입법자가 문제의 법률을 통하여 제시한 보호구상(보호구상) 자체가 설득력이 있는지의 여부에 국한된 통제, 그리고 입법내용에 대한 엄밀한 통제 등으로 분화될 수 있다.

그러므로 이 사건 법률조항과 같이 입법자가 교통사고에서 비롯되는 국민의 생명·신체의 위험에 대한 보호대책을 마련하고 있는 경우에 과연 입법자가 그 보호의무를 충분하게 이행하고 있는지를 심사함에 있어서는 생명·신체라는 법익의 중대성, 그에 대한 위험의 직접성·심각성·상대적으로 높은 개연성에 비추어 볼 때 이 사건 법률조항에 의한 보호의무위반이 명백한지의 여부에 대한 통제를 넘어 입법내용에 대한 엄격한 통제를 가하여야 한다.

나) 헌법은 제11조 제1항에서 "모든 국민은 법 앞에 평등하다. 누구든지 성별·종교 또는 사회적 신분에 의하여 정치적·경제적·사회적·문화적 생활의 모든 영역에 있어서 차별을 받지 아니한다."고 규정하여 모든 국민에게 평등권을 보장하고 있다. 입법자는 입법활동에 있어서 일반적으로 폭넓은 형성의 여지를 보유하며, 평등원칙도 입법자가 국민의 법적 지위를 규율함에 있어서 합리적인 사유가 있는 경우에는 차별적 취급을 하는 것을 금지하지는 않는다. 그러나 입법자에게 부여되는 입법형성의 여지는 그 규율영역이나 그 입법내용과는 무관하게 일률적으로 획정될 수 있는 사항이 아니며, 오히려 그 규율대상이나 관련된 기본권, 그 규율의 내용 등에 따라 상이하게 획정되는 것이다. 즉, 입법자에게 부여되는 입법형성의 여지는 관련된 기본권이 기본권체계에 있어서 근본적인 의미를 갖는 것일수록, 그리고 그 침해의 정도가 크면 클수록 좁아진다고 할 것이다. 그에 따라 여타의 기본권들의 출발점이 되는 생명·신체의 안전성 등과 같은 기본권적 법익과 관련하여 또는 그러한 기본권적 법익을 소송을 통하여 관철할 수 있는 가능성과 관련하여 입법자가 국민들을 차별할 수 있는

여지는 현저히 축소된다. 따라서 중대한 공익이 그러한 법익과 관련한 차별적 취급을 필요로 하는 경우에만 입법자의 차별적 규율은 헌법적으로 정당화될 수 있다. 따라서 헌법재판소는 그와 같은 입법의 합헌성 여부를 심사함에 있어서 그에 상당한 엄격한 심사기준을 적용하여야 한다. 그러므로 이 사건 법률조항처럼 입법자가 헌법상의 기본권체계에 있어서 중심적인 의미를 갖는 국민의 생명·신체의 안전 등과 같은 근원적인 기본권적 법익들의 보호에 관하여 규율하고 있는 경우에 입법자가 그 법익보호와 관련하여 그 기본권주체들의 법적 지위를 차별적으로 형성할 수 있는 여지는 현저히 축소되며 헌법재판소는 그에 상응하여 입법자가 그 보호입법에 있어서 평등의 원칙을 준수하고 있는가에 관하여 엄격한 심사기준을 적용하여야 하는 것이다.

6) 기본권보호의무 및 평등원칙의 준수 여부

가) 특례법 제3조 제2항 단서에 해당되지 않는 중대한 과실로 인한 교통사고로 말미암아 피해자에게 신체에 대한 중대한 침해 즉, 생명에 대한 위험을 발생시킨 경우나 불구 또는 불치나 난치의 질병에 이르게 한 경우(이하 "중상해"라고 한다)에 교통사고를 일으킨 차량이 종합보험 등에 가입되어 있다는 사정만으로 공소조차 제기하지 못하도록 한 것은 국가의 국민의 생명·신체에 대한 보호로서는 너무도 부족하여 과소보호금지의 원칙에 반한다.

물론 형벌권의 행사가 교통사고로부터 국민의 생명·신체를 보호하기 위한 유일한 수단은 아니다. 따라서 다른 보호대책들을 통해서 교통사고로부터 국민의 생명·신체를 효과적으로 보호할 수 있다면, 보충적·최후의 수단이어야 할 형벌권을 굳이 행사하여야 할 필요는 없을 것이다. 그런데 입법자가 이 사건 법률조항을 통하여 제3조 제2항 단서 각호의 경우 이외에는 과실치상에 대한 형사처벌에 대한 대안으로 제시한 것은 사고차량이 가입한 종합보험 등에 의한 손해배상금의 확보뿐이다.

생명·신체라는 기본권적 법익은 모든 여타 기본권들의 전제이자 기초이며, 그 성질상 일단 침해되면 그 침해의 정도에 따라서는 원상으로 회복하는 것이 불가능하거나 완전한 회복이 어려운 법익이므로, 그에 대한 실효적인 보호를 위해서는 이미 침해가 발생한 경우에 그 치료비, 소득상실 등 주로 재산적 손해를 제거하기 위한 사후적인 보호수단보다는 그에 대한 침해를 미연에 방지하기 위한 사전예방적 대책이 우선적으로 강구되어야 한다. 그러므로 국민의 생명·신체에 대한 "보호", 즉 그 "침해의 방지"라는 목적의 달성에 차량에 대한 종합보험 등에의 가입유도는 부적합하고 불충분한 보호수단이라 하지 않을 수 없다. 형벌권의 무조건적 포기, 따라서 그에 결부된 범죄의 일반예방적 효과의 무조건적 포기와 결부되는 종합보험 등에의 가입유도는 도리어 운전자의 주의를 저하시켜 타인의 생명·신체에 대한 침해위험을 제고시키는 부작용을 초래할 수도 있기 때문이다.

물론 특정 행위에 대한 형사처벌이 법익의 보호를 위하여 헌법적으로 요청되는가는 침해되는 법익의 가치, 침해행위의 사회적 유해성, 사회윤리적으로 유사하게 평가되는 행위들의 형법적 처벌여부, 형벌에 의한 위하의 실제적 효과, 다른 법적 제재를 통한 형벌의 대체가능성 등을 종합적으로 평가하여 결정할 문제인 것이다. 그렇다면 과실로 교통사고를 일으켜 타인에게 중상해를 입힌 자를 형사처벌하는 것이 국민의 생명·신체에 대한 국가의 보호의무를 이행하기 위하여 필요한 것인지의 여부를 판단함에 있어서 국민의 생명·신체라는 법익이 모든 여타 기본권행사의 출발점이 되는 근원적인 보호법익으로 기본권체계에 있어서 핵심적 지위를 점하고 있다는 점, 이에 대한 중대한 침해는 그것이 고의든 과실이든 간에 개인적·사회적 해악이 매우 크다는 점, 교통사고의 발생원인이 운전자의 중과실일 뿐만 아니라 그러한 과실행위의 결과로 교통사고피해자가 중상해를 입어 가해운전자의 행위의 불법성의 정도가 중대하다는 점, 우리 나라의 교통사고율이 세계최고에 가까울 정도로 교통법규에 대한 국민의 준법의식이 낮아 형사처벌의 위하를 통한 운전자들의 주의의무의 제고와 이를 위반한 운전자에 대한 형사제재에 의한 교화가 절실하다는 점 등이 고려되어야 한다. 나아가 입법자가 위 특별법 소정의 차량운행 이외의 과실행위에 의한 신체훼손의 경우에 그 행위를 여전히 형사처벌하고 있을 뿐만 아니라 특례법 자체가 제3조 제2항 단서 소정의 각 차량운행으로 인한 신체훼손행위를 여전히 형사처벌함으로써, 즉 입법자가 일정한 유형의 교통사고를 유발한 자에게 제재를 가하기 위하여 형벌권이라는 최후의 수단을 사용함으로써 교통법규위반자에 대한 벌점부과나 과태료부과, 운전면허박탈제도, 운전자에 대한 운전교육의 강화, 교통문화의 개선을 위한 시민계몽, 교통사고피해자에 대한 민사배상의 확보, 교통시설의 개선 등 여타의 보호대책만으로는 교통사고로부터 국민의 생명·신체의 안전을 보호하는 데 충분하지 않다는 판단을 이미 스스로 내리고 있다고 볼 수 있는 점도 고려하여야 한다. 그리고 형벌 이외의 위와 같은 여타의 보호대책들이 헌법이 요구하는 생명·신체에 대한 최소한도의 보호를 제공하기에 충분한가의 여부를 판단하기 위한 기준시점도 여타의 대책들이 충분히 개선될 가능성이 있는 막연한 장래의 시점이 아니라, 입법 당시 내지 심리 종결시라는 점에 유의하여야 한다.

위와 같은 제반사항을 감안할 때 입법자가 이 사건 법률조항을 통하여 특례법 제3조 제2항 단서 각호의 경우를 제외하고는 중과실로 인한 중상해에 있어서까지 형법상 이미 존재하고 있던 보호수단을 포기한 것은 입법자가 보호방법의 선택에 있어서 아무리 폭넓은 재량권을 행사할 수 있다 하더라도 입법재량의 한계를 일탈하여 국민의 생명·신체에 대한 보호에 부당한 흠결을 발생시키고 있으며, 그로 인하여 교통사고로부터 국민의 생명·신체를 보호하여야 할 헌법적 의무를 다하지 못하고 있다고 볼 수밖에 없다. 형벌권의 행사가 생명·신체의 안전이라는 기본권적 법익을 효과적으로 보호하기 위한 유일한 수단임에도 그러한 보호수단을 포기할 경우에만 국가는 그 보호의무를 위반하게 된다는 주장도 있으나 그러한 주장은 기본권적 법익보호를 위하여 국가가 마련한 보호대책들이 발휘하는 보호효과의 총합이 헌법이 요구하는 최소한도의 보호수준에 미달하는 경우에도 국가의 보호의무 위반을 인정할 수 있다는 점을 간과하는 것이다. 이 사건 법률조항의 경우에도 위에서 살펴본 바와 같은 여러 가지 사정 때문에 종합보험 등에의 가입유도를 통한 민사배상의 확보라는 수단이 생명·신체의 안전이라는 기본권적 법익의 보호에 부적합할 뿐만 아니라 오히려 교통사고를 조장할 수 있는 위험을 내포하고 있는데다가, 교통사고로부터 생명과 신체의 안전성을 확보하기 위하여 가장 강력하고도 효과적인 수단이라 할 수 있는 형벌권행사를 대체하는 이 사건 법률조항에 의한 보호대책과 여타의 보호대책들에 의한 보호효과의 총합도 생명·신체의 안전이라는 기본권적 법익을 헌법이 요구하는 최소한도의 수준으로 보호하기에는 현저히 미흡하므로 보호의무위반을 인정할 수 있는 것이다. 이 점은 입법자가 특례법을 제정한 시점을 위헌판단의 기준시점으로 삼는 경우만이 아니라 이 사건에 대한 심리 종결시인 현재시점을 위헌판단의 기준시점으로 삼는 경우에도 마찬가지이다.

그리고 이 사건 법률조항의 경우에는 가해운전자의 신체의 자유에 대한 일시적 제한 내지 벌금부과에 의한 재산상의 불이익 및 전과로 인한 불이익에 대하여 피해자가 평생에 걸쳐 고통을 느낄 신체에 대한 중대한 침해와 그에 동반하는 정신적·재산적 어려움 및 교통안전에 대한 위해가 상호 대립되고 있기 때문에 생명·신체의 안전이라는 기본권적 법익에 대한 보호의무를 이행하기 위하여 중과실로 피해자에게 중상해를 유발한 가해운전자를 형벌이라는 수단을 선택하여 형사처벌한다 하더라도, 형벌권의 행사가 적정선을 유지하는 한 가해운전자의 기본권제한에 있어서 과잉금지의 원칙에 반하지도 아니한다.

나) 이 사건 법률조항은 헌법 제11조에 보장된 평등권을 침해한다.

가해차량이 종합보험 등에 가입되어 있는 여부에 따라 피해자에 대한 보호의 방법과 정도를 달리하는 특례법의 규정이 일정한 범위에서 헌법적으로 정당화될 수 있다고 하더라도, 특례법 제3조 제2항 단서에 포함되어 있지 아니한 교통사고로서 그 발생의 원인 및 그 결과의 심각성 면에서 같은 단서조항에 열거된 교통사고의 유형에 비추어 동등한 정도 또는 그 이상의 불법내용을 내포하고 있는 교통사고를 유발한 자를 그 사고차량이 종합보험 등에 가입되어 있다는 이유만으로 아예 형사처벌의 대상에서 제외하는 것까지 헌법적으로 정당화될 수는 없다.

그런데 이 사건 법률조항에 의하면 중대한 과실로 인한 중상해의 결과가 발생한 경우에 있어서까지 같은 법 제3조 제2항 단서에 해당하지 않는 한 피해자에 대한 보호대책으로는 "종합보험" 등만이 존재한다. 반면 특례법 제3조 제2항 단서의 경우에는 종합보험뿐만 아니라 그러한 행위의 형사처벌을 원칙으로 함으로써 한편으로는 피해자에게 형사재판절차상의 진술의 기회를 부여하여 피해자를 보호하면서, 다른 한편으로는 국민의 생명·신체의 보호를 위하여 형법의 일반예방적 효과를 유지하고 있다. 한편 특례법은 과실치사의 경우에는 형사처벌을 원칙으로 하고 있다(같은법 제3조 제1항, 형법 제268조 참조). 이는 특례법이 교통사고의 태양이 어떠하든 간에 그 피해자의 사망에 담긴 막중한 불법적 요소를 묵과할 수 없었다는 데 기인한다고 생각된다. 이 같은 맥락에서 볼 때 교통사고에 있어서 가해운전자가 중과실로 피해자와 그 가족에게 사망에 못지 않은 중상해라는 고통을 가한 경우에 그 사고유형이 특례법 제3조 제2항 단서의 각호의 경우에 해당하지 않는 때에는 종합보험 등에 의한 손해배상이 확보되었다는 이유만으로 이를 아예 형사처벌의 대상에서 제외시키고 있는 것은 형평의 원칙에 어긋난다고 할 것이다.

그러므로 이 사건 법률조항은 중과실로 중상해를 유발한 교통사고의 일부에 대하여 가해차량이 종합보험 등에 가입되어 있다는 이유로 아예 형사처벌의 대상에서 제외함으로써 동질의 행위들에 대해서는 원칙적으로 같은 형법적 평가가 내려져야 한다는 형사적 정의에 반할 뿐만 아니라, 같은 법 제3조 제2항 단서에 해당하는 교통사고의 피해자들과 같은 단서조항에 규정된 경우에 해당하지 아니한 중과실로 인한 교통사고로 중상해를 입은 피해자를 그 생명·신체의 보호에 있어서 차별하고 있는 바, 형벌권행사를 통한 기본권보호에 있어서의 이와 같은 차별을 정당화할 만한 중대한 공익의 실현을 위한 불가피한 사유가 존재하지 않으므로 평등의 원칙에도 저촉된다고 할 것이다.

다) 헌법 제12조 제1항의 죄형법정주의에 따라 처벌법규의 구성요건은 명확해야 한다. 그러나 처벌법규의 구성요건이 다소 광범위하여 어떤 범위에

서는 법관의 보충적인 해석을 필요로 하는 개념을 사용하였다고 하더라도, 그 점만으로 헌법이 요구하는 처벌법규의 명확성에 반드시 배치되는 것이라고는 볼 수 없다(헌법재판소 1989. 12. 22. 선고, 89헌가13 결정 ; 1990. 1. 15. 선고, 89헌가103 결정 각 참조).

특히 주의의무를 현저히 소홀히 한 경우인 중대한 과실은 형법 제171조, 제189조 제2항, 제268조, 제364조 등에서, 생명에 대한 위험의 발생, 불구·불치 또는 난치의 질병에 이르는 상해를 뜻하는 중상해는 형법 제258조에서 형법상의 개념으로 이미 정립된 것이라고 할 것이다. 여기서 생명에 대한 위험을 발생한 경우란 식물인간의 경우와 같이 치명상을 입은 경우를 말하고, 불구는 고유한 기능을 갖고 있는 신체의 중요부분의 상실 또는 기능상실을 말하며, 불치와 난치의 질병과의 균형상 평생 사회생활에서 고통을 느끼게 하는 신체의 중요한 부위의 중대한 불구만을 뜻한다고 할 것이다. 어느 것이 자동차 운전업무상의 중대한 과실인가, 그리고 신체의 중요한 부위이고 중대한 불구 또는 난치인가는 법관의 건전한 전문적 판단으로 보충할 수 있는 것이다. 뿐만 아니라 입법자에 있어서는 중대한 과실을 개괄적으로 규정하여도 되고, 또는 구체적으로 열거하면서 그에 준하는 중대한 과실이 있는 경우라는 포괄조항을 법정할 수도 있다. 또 불구나 난치에 있어 중요한 신체의 부위나 중대한 불구의 범위도 구체적으로 법정할 수도 있다. 따라서 위와 같은 중대한 과실로 신체의 중요한 부위에 불구·마비 등 영구난치의 결과를 발생케 한 교통사고를 야기한 운전자를 특례법 제4조 제1항 본문의 적용대상에서 제외하는 입법을 한다 하여도 개념의 명확성의 결여로 죄형법정주의에 반한다고는 할 수 없을 것이다.

불구 또는 난치의 결과가 불분명한 경우 장기간 기소 여부를 결정할 수 없어 피의자의 법적안정성을 해한다고 할지 모르나, 그 법적안정성에 대한 피의자의 불안 내지 불이익은 피해자의 고통에 비하면 내세울 정도가 못되며, 생명에 대한 위험을 발생케 한 경우인지 신체의 중요한 부위의 불구 또는 난치인지는 의사의 진단으로 수사단계에서도 대개 구분할 수 있을 것이다.

라) 중대한 과실로 인하여 중상해의 결과를 초래한 교통사고 이외의 교통사고에 대한 평가

중대한 과실로 인하여 중상해의 결과를 초래한 교통사고 이외의 교통사고, 즉 중과실이든 단순한 과실이든 교통사고로 인한 피해자에게 중상해가 아닌 상해의 결과만을 야기한 경우와 비록 피해자에게 중상해의 결과를 가져온 교통사고에 있어서도 가해운전자에게 중대한 과실이 아닌 단

순한 과실만 있는 경우에 있어서 사고차량이 종합보험 등에 가입되어 있는 경우의 처벌 여부는 원칙적으로 입법재량의 범위 내에 속한다고 할 것이고 그러한 경우에 가해차량이 종합보험 등에 가입되어 있는지의 여부에 따라 가해운전자에 대하여 공소를 제기하지 못하도록 하는 이 사건 법률조항은 국가의 국민의 생명·신체에 대한 보호에 있어서 과소보호금지의 원칙에 반하지 아니하며, 같은 법 제3조 제2항 단서에 해당하는 유형의 교통사고와 달리 취급할 정당한 사유가 있으므로 생명·신체에 대한 기본권보호에 있어서의 평등원칙에도 반하지 아니한다.

7) 결론

그러므로 이 사건 법률조항에서 같은 법 제3조 제2항 단서에 해당되지 않는 중대한 과실로 인한 교통사고로 말미암아 피해자에게 중상해의 결과가 발생한 경우 사고차량이 종합보험에 가입되어 있음을 이유로 가해운전자에 대하여 공소를 제기할 수 없도록 규정한 것은 헌법 제11조의 평등의 원칙뿐만 아니라 헌법 제10조에 내포된 생명·신체에 대한 국가의 기본권보호의무에도 저촉되어 헌법에 위반된다고 생각된다.

(나) 재판관 김용준, 재판관 황도연의 위헌의견

1) 이 사건 법률조항 및 그 관련조문인 제3조 제2항의 입법취지와 내용

가) 현대사회에서 교통수단으로서의 자동차 운행은 일상생활의 불가결한 요소이다. 이른바 마이카시대에 접어들어 급격한 차량의 증가로 인하여 교통사고의 발생빈도가 높아지고 있으며, 소득이 증가함에 따라 인신사고로 인한 배상액 또한 급격히 증가되고 있는 것이 작금의 현실이다. 이에 따라 교통사고 피해의 전보에 필요한 자력이 부족한 차량 소유자와 운전자가 증가함으로써 교통사고 피해자에 대한 피해전보가 어려운 경우가 빈번하게 발생하는 한편, 과실로 인한 모든 교통사고를 처벌한다면 국민의 상당수가 전과자로 될 우려마저도 있게 되었다. 특례법은 이와 같은 시대상황을 배경으로 하여 교통사고를 일으킨 운전자에 대한 형사처벌 등의 특례를 정함으로써 교통사고로 인한 피해의 신속한 회복을 촉진하고 국민생활의 편익을 증진한다는(특례법 제1조) 공익상의 목적에서 1981. 12. 31. 법률 제3490호로써 제정되었고 그후 1984. 8. 4.과 1993. 6. 11. 및 1995. 1. 5.의 3차에 걸쳐 개정되어 현재에 이르고 있다.

나) 특례법 제3조 제2항은 같은 법 제2조 소정의 교통사고로 인하여 업무상 과실치상죄 또는 중과실치상죄를 범한 운전자에 대하여는 같은 법 제3조 제2항 단서에 정한 경우를 제외하고 피해자의 명시한 의사에 반하여 공소를 제기할 수 없다고 규정하고, 이 사건 법률조항인 같은 법 제4조 제

1항은 교통사고를 일으킨 차가 보험업법 제5조·제7조 또는 육운진흥법 제8조의 규정에 의하여 보험 또는 공제에 가입된 경우에는 같은 법 제3조 제2항 단서에 해당하는 경우를 제외하고는 공소를 제기할 수 없는 것으로 규정하고 있다. 여기서 보험 또는 공제는 손해배상에 관한 합의 여부에 불구하고 피보험자 또는 조합원에 갈음하여 피해자의 치료비에 관하여는 통상 비용의 전액을, 기타의 손해에 관하여는 보험약관 또는 공제약관에서 정한 지급기준금액을 우선 지급하되 종국적으로는 확정판결 기타 이에 준하는 채무명의상 피보험자 또는 공제조합원의 교통사고로 인한 손해배상금 전액을 보상하는 보험(이른바 종합보험) 또는 공제를 말한다(제4조 제2항). 특례법 제3조 제2항 본문과 제4조 제1항 본문의 적용이 배제되는 같은법 제3조 제2항 단서의 경우는 차의 운전자가 교통사고를 일으키고 피해자에 대한 구호조치를 하지 않고 도주하거나 피해자를 사고장소로부터 옮겨 유기하거나, 동 조항 단서에 열거한 8개 유형의 중과실, 즉 교통사고의 원인이 신호·정차표지위반, 중앙선침범, 제한시속 20킬로미터 초과, 앞지르기금지위반, 건널목통과방법위반, 횡단보도에서의 보행자보호의무위반, 무면허운전, 주취중 또는 약물복용으로 정상운전불능시의 운전 등으로 교통사고를 일으킨 경우이다(그후 인도침범운전, 개문발차운전이 1993. 6. 11. 법률 제4548호로 개정되면서 추가되었다).

다) 특례법 제3조 제2항 단서에는 교통사고 운전자에게 중대한 과실이 있는 경우가 위 8가지(현행법에 의하면 10가지)의 유형으로 열거되어 있지만 여기에 중대한 과실로 일으킨 교통사고의 모든 경우가 다 포함된 것은 아니다. 그 결과 그 이외의 중대한 과실로 일으킨 교통사고로 인하여 피해자의 신체를 상해하여 생명에 대한 위험을 발생하게 하거나 불구 또는 불치나 난치의 질병 등의 중상해에 이르게 한 경우, 심지어 의학적으로 의식불명의 상태가 해소될 가능성이 없는 상태로 된 경우(이른바 식물인간)의 경우까지도 이에 포함되지 않는다. 그러므로 중대한 과실로 인한 교통사고라고 하여도 위 8가지(현행법에 의하면 10가지) 유형에 포함되지 않는 중대한 과실(예컨대, 상가주택가학교주변 등 사람의 통행이 빈번하고 언제 사람이 뛰쳐 나올지 모르는 좁은 골목길에서의 난폭운행사고 등)로 일으킨 교통사고의 경우에는 이로 인하여 피해자의 신체를 상해하여 생명에 대한 위험을 발생하게 하거나 신체의 중요한 부위의 불구(신체의 중요한 부위의 절단·영구마비 등) 또는 불치나 난치의 질병 등 중상해에 이르게 하였더라도 가해차량이 종합보험 등에 가입되어 있는 이상 검사로서는 그 차량의 운전자에 대하여 기계적으로 공소권없음을 이유로 불기소처분하지 않을 수 없다.

라) 이와 같이 중대한 과실로 인하여 중상해의 결과를 야기한 교통사고에 대하여 그 차량이 종합보험 등에 가입되어 있다는 이유만으로 공소제기를 하지 못하도록 한 입법례는 세계 어느 나라에서도 찾아 볼 수 없다.

위 특례법이 시행되자 교통사고는 급증하였다. 법무연수원 1992년도간 범죄백서 기재 교통사고지수에 의할 때 전년대비 교통사고증가율이 특례법 시행 전인 1980년에는 0.6%, 1981년에는 0.4%에 불과하였으나 그 시행 후인 1982년에는 16%, 1983년에는 11%, 1984년에는 12%로 급증하였음을 알 수 있다. 이와 같이 특례법 시행후 교통사고가 급증한 원인으로는 교통시설등의 개선이 차량의 급속한 증가를 뒷받침하지 못한 점과 신규 자동차 운전자의 증가 등도 들 수 있겠지만, 특례법의 시행으로 인한 운전자의 안전의식의 해이가 더 큰 원인이 된 것으로 보인다.

2) 이 사건 법률조항의 위헌 여부

가) 어떤 침해행위를 범죄로 규정할 것인가 또 이를 어떻게 처벌할 것인가 하는 문제는 원칙적으로 우리의 역사와 문화, 입법 당시의 시대적 상황과 국민 일반의 가치관 내지 법감정, 범죄의 실태와 죄질 및 보호법익 그리고 범죄예방효과 등을 종합적으로 고려하여야 할 국가의 입법정책에 관한 사항으로서 그 규율에 있어서 입법자에게 원칙적으로 광범위한 입법재량 내지 형성의 자유가 인정되어야 한다(헌법재판소 1995. 4. 20. 선고, 91헌바11 결정 참조). 우리 형법은 제14조에서 고의범처벌의 원칙에 입각하여 과실행위는 법률에 특별한 규정이 있는 경우에 한하여 처벌하는 것으로 규정하고 있다. 그러므로 과실행위를 어느 범위내에서 범죄로 규정하여 처벌할 것인가는 원칙적으로 입법정책상의 문제라고 할 것이다.

그러나 처벌의 대상이 되는 과실범의 범위를 정하는 것이 비록 입법재량의 범위에 속한다 하더라도, 그 입법권행사에 있어서는 헌법 제11조 제1항에 보장된 평등원칙에 반해서는 안되며, 이 사건 법률조항과 같이 일단 처벌의 대상으로 된 과실범에 대하여 종합보험 등의 가입을 이유로 공소를 제기할 수 없도록 함으로써 헌법상 보장된 기본권인 피해자의 형사재판절차상의 진술권을 제한하는 입법은 국가작용의 한계를 명시한 헌법 제37조 제2항에 규정된 과잉제한금지의 원칙 내지 비례의 원칙에 위반되어서는 아니된다.

나) 먼저 이 사건 법률조항들이 평등원칙에 위반되는지를 본다.

① 헌법은 그 제27조 제5항에서 "형사피해자는 법률이 정하는 바에 의하여 당해 사건의 재판절차에서 진술할 수 있다"고 규정함으로써 범죄로 인한 피해가 발생한 경우에는 그 피해자에게 형사재판절차에서 진술할

기회를 부여하여 적절하고 공평한 재판을 기하도록 하는 한편, 형사피해자에게 법관으로 하여금 적절한 형벌권을 행사하여 줄 것을 청구할 수 있는 사법절차상의 기본권을 보장하여 주고 있다. 헌법재판소도 "헌법 제27조 제5항에 의한 형사피해자의 재판절차에서의 진술권은 피해자 등에 의한 사인소추를 전면 배제하고 형사소추권을 검사에게 독점시키고 있는 현행 기소독점주의의 형사소송체계 아래에서 형사피해자로 하여금 당해 사건의 형사재판절차에 참여하여 증언하는 이외에 형사사건에 관한 의견진술을 할 수 있는 청문의 기회를 부여함으로써 형사사법의 절차적 적정성을 확보하기 위하여 이를 기본권으로 보장하는 것이다"라고 판시한 바 있다(헌법재판소 1989. 4. 17. 선고, 88헌마3 결정 ; 1993. 3. 11. 선고, 92헌마48 결정 등 참조).

② 과실로 인한 교통사고로 타인의 신체를 상해에 이르게 한 범죄행위에 대하여 특례법 제3조 제2항과 같이 피해자의 명시한 의사에 반하여 처벌할 수 없도록 할 것인지 아니면 피해자의 의사와 관계없이 처벌할 것인지, 또는 가해차량이 종합보험 등에 가입되어 있음을 조건으로 하여 형사처벌의 대상에서 제외할 것인지는 원칙적으로 입법재량의 문제라고 볼 수 있을 것이다.

그러나 특례법은 제3조 제2항 단서에서 제3조 제2항 및 제4조 제1항의 본문에 정하여진 원칙에 대한 예외로서 국민의 생명·신체에 대한 고도의 위험을 내포하고 있고 그만큼 반사회성이 커서 그 행위에 대한 형법적 평가를 전적으로 피해자 개인의 의사에 맡겨둘 수 없거나 가해차량이 종합보험 등에 가입되어 있다는 것을 이유로 가해운전자를 공소제기의 대상에서 제외할 수 없다고 평가되는 중대한 과실로 인한 교통사고유형들에 대하여는 피해자의 의사나 가해차량이 종합보험 등에 가입되어 있는 여부와 관계없이 기소하여 형사처벌을 할 수 있도록 규정하고 있다. 따라서 위 유형에 속하는 교통사고의 피해자는 헌법 제27조 제5항에 정한 형사재판절차에서의 피해자 진술권을 행사할 수 있으므로, 행위의 과실의 정도와 그 결과의 중대함에 있어서 특례법 제3조 제2항 단서와 같은 의미를 갖는 그 밖의 교통사고유형들에 대해서도 원칙적으로 동일한 형법적 평가를 내려서 그 가해자는 처벌하고, 그 피해자는 위 형사재판절차에서의 진술권을 행사할 수 있도록 하는 것이 형벌체계의 일관성을 해하지 아니하고 형사적 정의 및 평등의 원칙을 충족하는 것이다.

그러나 이 사건 법률조항에 의하면 제3조 제2항 단서의 각호에 해당하지 아니하는 유형의 교통사고를 중과실로 발생시켜 피해자에게 중상해를 입힌 경우에 가해차량이 종합보험 등에 가입되어 있으면 피해자의 의사를 묻지 아니하고 가해운전자에 대하여 공소를 제기할 수 없게 되어 있다. 그러므로 그 피해자는 종합보험금 등을 지급받는 것으로 만족하여야 할 뿐 형사피해자로서 재판절차에서 진술할 권리를 행사할 수 없게 된다. 이는 특례법 제3조 제2항 단서의 각호에 해당하는 교통사고 유형들에 대하여는 피해자의 의사 여하 또는 가해차량이 종합보험 등에 가입되어 있는 여부와 관계없이 원칙적으로 형사처벌하고, 그에 따라 그 형사피해자에게도 재판절차에서의 진술권을 행사할 수 있는 기회가 부여되고 있는 것에 비추어 볼 때 현저히 균형을 잃은 것이며, 이와 같은 차별취급을 정당화할 만한 합리적 사유도 발견되지 아니한다.

오히려 입법자는 이 사건 법률조항에서 제3조 제2항 단서 각호 이외의 중과실로 피해자에게 중상해를 유발한 교통사고에 대하여 가해차량이 종합보험 등에 가입되어 있다는 것을 이유로 아예 공소를 제기할 수 없도록 규정함으로써 그러한 사고유형이 갖는 의미를 전적으로 가해운전자와 피해자간의 피해배상관계에 국한시켜 피해자로 하여금 민사배상금 등의 확보로만 만족하도록 하고 있다. 이로써 가해운전자들의 형사처벌에 있어서의 형평성 및 형벌위하(형벌위혁)에 의한 교통사고의 일반예방적 효과의 측면은 완전히 간과되고 있으며, 그 결과 중과실로 피해자에게 중상해를 입힌 교통사고의 일부가 특례법 제3조 제2항 단서에 해당하는 교통사고 유형들과 원칙적으로 동등한 의미를 가져야 함에도 불구하고, 특례법 제3조 제2항 및 제4조 제1항에 의하여 그 차별을 정당화 할 수 있는 공익상의 이유도 없이 형법적으로 다른 의미를 갖게 된다.

한편 특례법은 과실치사의 경우에는 형사처벌을 원칙으로 하고 있다(같은 법 제3조 제1항, 형법 제268조 참조). 이는 교통사고의 태양이 어떠하든 간에 피해자가 사망한 경우에는 그 생명침해에 담긴 막중한 불법적 요소를 묵과할 수 없다는 데 기인한다고 판단된다. 우리 사회의 일반적 경험칙에 비추어 보면, 피해자를 소위 식물인간의 상태가 되게 하는 등 중상해를 야기한 교통사고에 있어서 피해자나 그 가족이 받게 될 고통은 피해자가 사망한 경우에 못지 않은 것이다. 그럼에도 불구하고 이 사건 법률조항은 이러한 교통사고에 있어서도 그 사고유형이 특례법 제3조 제2항 단서의 각호의 경우에 해당하지 않는 경우에는 민사상 손해배상 등이 확보되었다는 이유만으로 그 과실의 경중을 묻지 아니하고 이를 아예 공소제기의 대상에서 제외시키고 있다. 이 사건 법률조항은 이러한 점에서도 피해자에게 동등의 고통을 안겨 주는 행위와 동등의 과실행위들에 대한 형사처벌에 있어서 현저히 균형을 잃고 있다.

③ 중과실과 단순과실, 중상해와 단순상해의 구분이 용이하지 않고, 그에 따라 "중과실로 피해자에게 중상해를 입힌 경우"를 독자적인 구성요건으로 규정할 경우 교통사고의 신속한 처리라는 특례법의 목적달성이 어렵다는 사정 때문에 이 사건 법률조항에 따른 차별은 합리적 차별이라는 주장도 있을 수 있다.

그러나 아래 라)항에서 살펴보는 바와 같이 그러한 사고유형을 제외하는 것이 형벌규정의 명확성의 요청을 충족시키기 위하여 불가피한 것이라고 볼 수도 없다. 또한 특례법의 관련규정을 개정하여 그러한 사고유형에 대하여는 가해차량이 종합보험 등에 가입되어 있는지 여부와 관계없이 공소를 제기할 수 있도록 규정한다고 하더라도, 교통사고의 신속한 처리와 전과자 양산의 방지라는 특례법의 입법목적은 큰 지장 없이 달성될 수 있다. 왜냐하면 그러한 사고유형의 적용범위는 교통사고를 유발하는 행위의 양상(중과실)과 행위의 결과(중상해)의 측면에서 이중적으로 제한을 받고 있는 까닭에 대부분의 교통사고들은 그러한 사고유형에 해당하지 않을 것이고 그 해당여부 또한 대부분 용이하게 판단할 수 있을 것이기 때문이다. 그러므로 그러한 사고유형의 신설로 특례법의 목적이 "전혀" 또는 "현저한 부분" 달성될 수 없다는 주장은 설득력이 없다. 설사 특례법의 목적을 달성하는 것이 다소 어려워진다고 하더라도, 중과실로 일으킨 교통사고로 타인에게 중상해를 입힌 운전자에 대하여 그 사고유형이 특례법 제3조 제2항 단서에 해당하지 않는 한 가해차량이 종합보험 등에 가입되어 있다는 것만을 이유로 아예 공소제기의 대상에서 제외시키는 것은 다음과 같은 이유 때문에 정당화될 수 없다. 그것은 첫째로 교통사고율이 세계최고를 점할 정도로 운전자들의 준법의식이 박약할 뿐만 아니라 자동차수의 폭증세에 비하여 도로여건의 개선은 더디게 이루어지는 현실에서 형벌의 위하를 통하여 국민의 생명·신체를 침해하는 반사회성이 강한 교통사고유발행위를 억제함과 아울러 원활한 도로교통을 보장해야 한다는 공익상의 요청이 매우 크다는 점을 간과하는 것이고, 둘째로 가해운전자들의 형사처벌에 있어서의 형평성의 측면을 도외시하는 것이며, 셋째로 교통사고 피해자의 이익은 경시하고 가해운전자의 편익만을 강조하는 것이고, 넷째로 국민의 법감정과 현저하게 상충되는 것이어서 헌법적으로 정당화될 수 없는 것이다. 그러므로 특례법 제3조 제2항 단서 이외의 중과실로 중상해의 결과를 발생시킨 사고유형에 대하여 가해차량의 종합보험 등에의 가입여부와 관계없이 공소를 제기할 수 있도록 함으로써 교통사고의 신속한 처리라는 특례법의 목적의 달성이 다소 어려워진다고 하더라도 이는 보다 더 중요한 법익의 실현을 위하여 감수하여야 하는 것이다.

그렇다면 이 사건 법률조항이 제3조 제2항 단서의 각호에 해당하지 않는 그 밖의 중과실에 의하여 중상해를 유발한 교통사고에 대하여 가해차량이 종합보험 등에 가입되어 있는 경우에는 공소를 제기하지 못하도록 하여 형사처벌의 대상에서 제외한 것은 그 행위의 실태와 죄질, 그에 대한 행위자의 책임, 처벌규정의 보호법익 및 형벌의 범죄예방효과 등에 비추어 특례법 제3조 제2항 단서의 각호에 해당하는 교통사고 유발행위에 비하여 지나치게 관대하게 평가하고 있는 것으로써 이는 형사처벌체계에 현저히 반하고 결과적으로 범죄행위자들의 형사처벌에 있어서 지켜져야 할 평등의 원칙에도 반하는 것이다.

다) 이 사건 법률조항은 과잉금지의 원칙에도 위반된다.

헌법 제37조 제2항에 근거한 과잉금지의 원칙 내지 비례의 원칙은 국민의 기본권을 제한하는 입법을 함에 있어서 그 입법목적의 정당성, 기본권제한방법의 적합성, 피해의 최소성, 이익의 균형성을 갖추어야 하는 것을 의미하는 것으로, 그 어느 하나에라도 저촉되면 위헌이 된다는 헌법상의 원칙이다(헌법재판소 1989. 12. 22. 선고, 88헌가13 결정 참조). 중과실로 인하여 중상해의 결과를 발생시킨 교통사고에 있어서는 피해자의 정상적 생활기반이 무너지는 등 피해자 본인이나 그 가족이 받아야 하는 정신적·경제적 고통은 사망의 경우보다 가볍지 아니한 경우가 허다할 터인데도 이러한 경우 위 법률조항으로 인하여 피해자는 형사피해자로서의 재판절차에서의 진술권을 전혀 행사할 수 없게 된다.

교통사고율이 세계최고에 가까운 우리의 현실과 특례법 제3조 제2항 단서에 정하지 아니한 중대한 과실로 일으킨 교통사고로 타인에게 중상해를 입힌 자를 형사처벌하여 교통사고를 미연에 방지하고 이를 통하여 국민의 생명·신체가 침해되는 것을 억제하여야 할 공익적 요청이 크다는 점 및 피해자가 중상해를 입은 경우에까지 가해차량이 종합보험 등에 가입해 있기만 하면 처벌을 면할 수 있다는 사고의 만연에서 오는 인명경시 풍조의 방지의 필요성 등에 비추어 볼 때, 가해운전자가 중과실로 교통사고를 일으켜 타인에게 중상해를 유발한 경우에는 교통사고의 신속한 처리 등과 관련된 가해운전자의 이익은 후퇴하거나 상대적으로 가볍게 평가될 수밖에 없다. 그럼에도 불구하고 가해운전자의 이익만을 일방적으로 강조하면서 교통사고 피해자의 헌법상 보장된 재판절차에서의 진술권의 행사를 근본적으로 봉쇄하고 있다는 점에서 입법자가 이 사건 법률조항을 제정함에 있어서 행한 법익형량의 부당성은 명백히 드러난다.

그렇다면 이 사건 법률조항의 규정이 제3조 제2항 단서에 해당되지 않는 그 밖의 중과실로 교통사고를 일으켜 피해자에게 위와 같은 중상해의 결과를 유발한 경우에까지 가해차량이 종합보험 등에 가입되어 있다는 것만을 이유로 공소를 제기할 수 없도록 하여 그러한 유형의 교통사고 피해자로 하여금 형사피해자로서의 재판절차에서의 진술권을 행사할 수 없게 한 것은 형사피해자의 기본권제한에 있어서 위 규정에 의하여 실현되는 이익과 그로 인하여 제한되는 기본권 상호간에 지켜져야 할 법익상의 균형을 잃은 것이라고 아니할 수 없어 과잉금지의 원칙에 위반된다.

라) 헌법 제12조 제1항의 죄형법정주의에 따라 처벌법규의 구성요건은 명확해야 한다. 그러나 처벌법규의 구성요건이 다소 광범위하여 어떤 범위에서는 법관의 보충적인 해석을 필요로 하는 개념을 사용하였다고 하더라도, 그 점만으로 헌법이 요구하는 처벌법규의 명확성에 반드시 배치되는 것이라고는 볼 수 없다(헌법재판소 1989. 12. 22. 선고, 88헌가13 결정 ; 1990. 1. 15. 선고, 89헌가103 결정 등 참조).

특히 주의의무를 현저히 소홀히 한 경우인 중대한 과실은 형법 제171조, 제189조 제2항, 제268조, 제364조 등에서, 생명에 대한 위험의 발생, 불구 또는 불치나 난치의 질병에 이르는 상해를 뜻하는 중상해는 형법 제258조에서 형법상의 개념으로 이미 정립된 것이다. 여기서 생명에 대한 위험을 발생하게 한 경우란 생명에 대한 구체적 위험을 의미라는 것으로 식물인간의 경우와 같이 치명상을 가한 경우를 말하고, 불구는 고유한 기능을 갖고 있는 신체의 중요부분의 상실 또는 기능상실을 말하는 것으로서 불치나 난치의 질병과의 균형상 사회생활에서 평생 고통을 느끼게 하는 신체의 중요한 부위의 중대한 불구만을 뜻한다. 어느 것이 자동차 운전업무상의 중대한 과실인가, 그리고 어느 것이 신체의 중요한 부위이고 기능상실이며 불치 또는 난치인가는 법관의 건전한 전문적 판단으로 보충할 수 있는 것이다. 뿐만 아니라 입법자로서는 중대한 과실을 개괄적으로 규정하여도 되고 또는 구체적으로 열거하면서 그에 준하는 중대한 과실이 있는 경우라는 포괄조항을 법정할 수도 있다. 또 불구에 있어서 신체의 중요한 부위나 기능상실의 범위도 구체적으로 법정할 수도 있다. 따라서 위와 같은 중대한 과실로 중상해의 결과를 발생케 한 교통사고를 야기한 운전자를 제4조 제1항 본문의 적용대상에서 제외하는 입법을 한다 하여도 개념의 명확성의 결여로 죄형법정주의에 반한다고는 할 수 없다.

불구 또는 불치나 난치의 결과가 불분명한 경우 장기간 기소여부를 결정할 수 없어 피의자의 법적안정성을 해한다고 할 지도 모르나, 그 법적안정성에 대한 피의자의 불안 내지 불이익은 피해자의 고통에 비하면 내세울 정도가 못되며, 생명에 대한 위험을 발생케 한 경우인지 신체의 중요한 부위의 불구 또는 불치나 난치인지는 의사의 진단으로 수사단계에서도 대개 구분할 수 있을 것이다.

마) 그러므로 이 사건 법률조항에서 제3조 제2항 단서에 해당되지 않는 중대한 과실로 일으킨 교통사고로 말미암아 피해자에게 중상해의 결과가 발생한 경우 가해차량이 종합보험 등에 가입되어 있다는 이유로 가해운전자를 공소제기의 대상에서 제외하여 처벌할 수 없도록 규정한 것은 헌법 제11조 제1항, 제27조 제5항, 제37조 제2항에 위반하여 헌법에 위반된다고 할 것이다(1993. 6. 11. 법률 제4548호로 특례법 제3조 제2항 단서에 두가지 사고유형이 추가되었다고 하더라도 그것으로 중대한 과실로 인한 교통사고로 말미암아 피해자에게 중상해가 발생한 경우가 모두 형사처벌의 대상이 되는 것은 아니어서 이 사건 법률조항들의 위헌성이 불식된 것은 아니다).

바) 그러나 중대한 과실로 인하여 중상해의 결과를 초래한 교통사고 이외의 교통사고, 즉 중과실이든 단순한 과실이든 교통사고로 인한 피해자에게 중상해가 아닌 상해의 결과만을 야기한 경우와 비록 피해자에게 중상해의 결과를 가져온 교통사고에 있어서도 가해운전자에게 중대한 과실이 아닌 단순한 과실만 있는 경우에 있어서 운전자에 대하여 가해차량이 종합보험 등에 가입되어 있음을 이유로 공소를 제기하지 못하도록 규정한 한도 내에서, 이 사건 법률조항은 그 제정목적인 교통사고로 인한 피해의 신속한 회복을 촉진하고 국민생활의 편익을 도모하려는 공익과 동 법률조항으로 인하여 침해되는 피해자의 재판절차에서의 진술권과 비교할 때 상당한 정도 균형을 유지하고 있으며, 특히 중대한 과실이 아닌 단순한 과실범은 그 주의의무태만에 대한 비난가능성이 높지 아니하고, 이러한 단순한 과실범에 대하여는 비형벌화하려는 세계의 추세 등에 비추어도 위와 같은 목적의 정당성, 방법의 적절성, 피해의 최소성, 이익의 균형성을 갖추었으므로 과잉금지의 원칙 내지 비례의 원칙에도 반하지 않는다고 할 것이며, 이를 형법적으로 달리 취급할 만한 정당한 사유가 있다 할 것이므로 피해자보호 및 가해운전자의 형사처벌에 있어서의 평등의 원칙에 반하지 아니한다고 할 것이다.

4. 결론
그러므로 청구인들의 이 사건 각 심판청구 중 각 불기소처분에 대한 청구부분은 관여 재판관 전원의 일치된 의견에 의하여 이를 모두 각하하기로 하고, 이 사건 법률조항에 대한 각 심판청구부분에 관하여는 재판관 김문희, 재판관 정경식, 재판관 고중석, 재판관 신창언 등 4명이 헌법에 위반되지 아니한다는 의견이고, 재판관 김용준, 재판관 김진우, 재판관 황도연, 재판관 이재화, 재판관 조승형 등 5명이 헌법에 위반된다는 의견이나, 위와 같은 위헌론에 찬성한 재판관은 5인이어서 다수의견이기는 하지만 헌법재판소법 제23조 제2항 단서 제1호에 정한 헌법소원의 인용결정의 정족수에 이르지 못하여 이 부분에 대한 청구인들의 각 심판청구를 모두 기각할 수밖에 없으므로 이에 주문과 같이 결정한다.

Chapter 5. 교통사고 발생시 손해배상

[1] 손해배상

1. 자동차 운전에 따른 손해 배상

　자동차를 운행 중 타인의 신체나 재물을 손상시켰을 때에는 그 손해를 배상해야 합니다(「자동차손해배상 보장법」제3조 및「민법」제750조 참고).

2. 「자동차손해배상 보장법」에 따른 손해배상

① 「자동차손해배상 보장법」은 자동차의 운행으로 사람이 사망 또는 부상하거나 재물이 멸실 또는 훼손된 경우에 있어서의 손해배상을 보장하는 제도를 확립함으로써 피해자를 보호하고 자동차운행의 건전한 발전을 촉진하려고 제정된 법으로「민법」의 특별법입니다.

② 자기를 위하여 자동차를 운행하는 자의 손해배상책임에 대하여는「자동차손해배상 보장법」제3조에 따른 경우 외에는「민법」에 따릅니다(「자동차손해배상 보장법」제4조).

3. 자동차 보유자의 손해배상 책임

① 자기를 위해 자동차를 운행하는 자는 그 운행으로 다른 사람을 사망하게 하거나 부상하게 한 경우에는 그 손해를 배상할 책임을 집니다(「자동차손해배상 보장법」제3조 본문).

② 다만, 다음의 경우에는 손해배상책임을 지지 않습니다(「자동차손해배상 보장법」 제3조 단서).

　　1. 승객이 아닌 자가 사망하거나 부상한 경우에는 다음을 증명하는 경우

　　　- 자기와 운전자가 자동차의 운행에 주의를 게을리 하지 않았을 것

　　　- 피해자 또는 자기 및 운전자 외의 제3자에게 고의 또는 과실이 있음

　　　- 자동차의 구조상의 결함이나 기능상의 장해가 없었다는 것

　　2. 승객이 고의나 자살행위로 사망하거나 부상한 경우

4. 「민법」에 따른 손해배상

① 자기를 위해 자동차를 운행하는 자의 손해배상책임에 관해서는「자동차손해배상 보장법」제3조에 따르는 경우 외에는 「민법」을 따릅니다. 여기서 말하는 「민법」은 주로

같은 법 제3편제5장 불법행위(제750조부터 제766조까지)의 규정을 말합니다.

② 따라서 손해배상의 성립 요건, 손해배상의 범위, 손해배상의 방법, 과실상계, 손해배상자의 대위, 손해배상청구권자의 범위, 손해배상청구권의 상속, 법정대리, 손해배상청구권의 소멸, 손익상계, 감액청구, 공동불법행위, 사용자책임 등에 관하여도 「민법」의 규정이 적용됩니다.

③ 고의 또는 과실로 인한 위법행위로 타인에게 손해를 가한 자는 그 손해를 배상할 책임이 있습니다(「민법」제750조).

[2] 자동차손해배상 보장사업

□ 정부의 자동차사고 피해자 보상

① 정부는 다음 어느 하나에 해당하는 경우에는 피해자의 청구에 따라 책임보험의 보험금 한도에서 그가 입은 피해를 보상합니다(「자동차손해배상 보장법」제30조제1항 본문).

  1. 자동차보유자를 알 수 없는 자동차의 운행으로 사망하거나 부상한 경우

  2. 보험가입자 등이 아닌 자가 「자동차손해배상 보장법」제3조에 따라 손해배상의 책임을 지게 되는 경우. 다만, 다음의 자동차 운행으로 인한 경우는 제외합니다 (「자동차손해배상 보장법」제5조제4항 및 「자동차손해배상 보장법 시행령」제5조).

    - 대한민국에 주둔하는 국제연합군대가 보유하는 자동차

    - 대한민국에 주둔하는 미합중국군대가 보유하는 자동차

    - 위의 두 가지에 해당하지 않는 외국인으로서 국토교통부장관이 지정하는 자가 보유하는 자동차

    - 견인되어 육지를 이동할 수 있도록 제작된 피견인자동차

    - 도로(「도로교통법」제2조제1호에 따른 도로를 말함)가 아닌 장소에서만 운행하는 자동차

  3. 자동차보유자를 알 수 없는 자동차의 운행 중 해당 자동차로부터 낙하된 물체로 인하여 사망하거나 부상한 경우

② 다만, 정부는 피해자가 청구하지 않는 경우에도 직권으로 조사하여 책임보험의 보험금 한도에서 그가 입은 피해를 보상할 수 있습니다(「자동차손해배상 보장법」제30조제1항 단서).

[3] 교통사고 피해자의 지원

정부는 자동차의 운행으로 인한 사망자나 중증 후유장애인(重症 後遺障碍人)의 유자녀(幼子女) 및 피부양가족이 경제적으로 어려워 생계가 곤란하거나 학업을 중단해야 하는 문제 등을 해결하고 중증 후유장애인이 재활할 수 있도록 지원할 수 있습니다(「자동차손해배상 보장법」제30조제2항).

1. 지원대상자

정부가 지원할 수 있는 대상자는 다음 각 호의 요건을 모두 갖춘 사람으로서 「자동차손해배상 보장법 시행령」 제23조제2항에 따라 지원대상자로 결정된 사람입니다(「자동차손해배상 보장법 시행령」제21조제1항 본문).

- 중증 후유장애인, 사망자 또는 중증 후유장애인의 유자녀 및 피부양가족일 것
- 생활형편이 「국민기초생활 보장법」에 따른 기준 중위소득을 고려하여 국토교통부장관이 정하는 기준에 해당되어 생계 유지, 학업 또는 재활치료(중증 후유장애인인 경우만 해당)를 계속하기 곤란한 상태에 있을 것

2. 지원 기준(「자동차손해배상 보장법 시행령」제22조제1항)

(1) 중증후유장애인의 경우:
  가. 「의료법」에 따른 의료기관 또는 「장애인복지법」에 따른 재활시설을 이용하거 나 그 밖에 요양을 하기 위하여 필요한 비용의 보조
  나. 학업의 유지를 위한 학업장려금의 지급

(2) 유자녀의 경우:
  가. 생활자금의 대출
  나. 학업의 유지를 위한 학업장려금의 지급
  다. 자립지원을 위하여 유자녀의 보호자(유자녀의 친권자, 후견인, 유자녀를 보호·양육·교육하거나 그 의무가 있는 자 또는 업무·고용 등의 관계로 사실상 유자녀를 보호·감독하는 자를 말함)가 유자녀의 명의로 저축한 금액에 따른 지원자금(이하 '자립지원금' 이라 함)의 지급

(3) 피부양가족: 노부모 등의 생활의 정도를 고려한 보조금의 지급

(4) 위의 (1)부터 (3)까지의 규정에 해당하는 사람에 대한 심리치료 등의 정서적 지원 사업

3. 지원금액

① 지원을 위한 재원을 고려하여 국토교통부장관이 기준금액의 2분의 1의 범위에서 가감하여 정하는 금액을 지원합니다(「자동차손해배상 보장법 시행령」제22조제2항 및 별표 4).

유자녀 등에 대한 지원의 기준금액

지원 대상	지원 구분	기준금액
1. 중증 후유장애인	가. 재활보조금 지급	월 20만원
	나. 학업장려금 지급	분기 30만원
2. 유자녀	가. 생활자금의 무이자 대출	월 25만원
	나. 학업장려금 지급	분기 30만원
	다. 자립지원금 지급	월 6만원
3. 피부양가족	보조금 지급	월 20만원

비고: 유자녀에 대한 생활자금의 무이자 대출은 유자녀가 30세가 되는 날부터 20년 이내에 유자녀의 선택에 따라 일시 또는 분할로 상환하도록 하되, 대출 및 상환에 관한 구체적인 조건은 제23조제3항에 따른 지원업무의 처리에 관한 규정에 따른다.

② 자동차사고 피해자지원업무는 자동차손해배상진흥원에서 위임받아 시행하고 있습니다(「자동차손해배상 보장법 시행령」제35조제3항).

[4] 자동차사고 피해자 지원사업

1. 자동차사고 피해자 지원사업이란?

자동차손해배상보장법에 의거하여, 자동차사고로 인한 사망 또는 중증후유장애로 인하여 어려움을 겪고 있는 가족이 경제적, 정서적 어려움을 해소할 수 있도록 운영하는 각종 사업을 의미합니다.

2. 지원대상자

① 중증 후유장애를 입은 사람
자동차사고로 인하여 시행령 별표2에 의한 1급~4급에 해당하는 중증후유장애를 얻은 사람

② 유자녀(幼子女)
자동차사고로 인하여 사망하거나 중증후유장애를 입은 사람의 0세부터 18세 미만의

자녀(고등학교 재학의 경우 20세 이하)

③ 피부양노부모 다음 각목의 어느 하나에 해당하는 경우

    1. 자동차사고로 인하여 사망하거나 중증후유장애를 입은 사람이 사고 당시 부양하고 있던 직계존속 또는 배우자의 직계존속으로서 현재 부양의무자가 없거나, 부양능력이 없거나 부양을 받을 수 없는 65세 이상의 노부모

    2. 사망자 또는 중증후유장애인의 직계존속 또는 배우자의 직계존속이면서 현재 중증후유장애인 또는 유자녀와 생계를 같이하는 자로서 부양의무자가 없거나 부양의무자가 있어도 부양능력이 없거나 부양을 받을 수 없는 65세 이상인 자

3. 지원요건

국민기초생활보장법에 의한 수급자, 차상위계층

1. 수급자: 국민기초생활 보장법에 따라 생계급여, 주거급여, 의료급여, 교육급여, 해산급여 및 자활급여를 받는 수혜자

2. 차상위계층: 기초생활수급자가 아닌 저소득층으로서 소득인정액이 기준 중위소득의 100분의 50 이하이지만 고정재산이 있거나 자신을 부양할 만한 연령대의 가구원이 있어 기초생활보장 대상자에서 제외된 사람

4. 경제적 지원사업

재활보조금, 장학금, 유자녀 생활자금대출, 유자녀 자립지원금, 피부양보조금 등 자동차사고 피해자의 생계유지를 위한 각종 재정 지원사업을 운영합니다.

① 재활보조금

    자동차사고로 인하여 경제적 어려움을 겪고 있는 중증후유장애인에게 의료기관 또는 재활시설을 이용하거나 기타 요양에 필요한 비용을 보조

② 생활자금대출

    자동차사고로 인한 사망자나 중증후유장애를 입어 생계가 곤란한 사람의 유자녀(幼子女)에게 생활자금을 무이자로 대출해 줌으로써 건전한 사회 구성원으로서의 성장을 돕기 위함

③ 자립지원금

    자동차사고로 유자녀(幼子女)의 원활한 사회진출을 도모하는 적금형태의 지원

    * 유자녀희망계좌(직접납입, 10만원 한도) + 정부매칭계좌(적립지원, 7만원 한도)

④ 피부양보조금

    자동차사고로 인한 사망자나 중증후유장애인의 피부양가족 중 경제적 어려움을 겪

고 있는 노부모 등에게 부양을 위한 비용을 보조

⑤ 지원내용

지원대상	지원구분		주기	지원금액	지원기간
중증후유장애인	재활보조금		월	22만원	사망시까지(매년 재심사)
	장학금	초등학생	분기	25만원	18세까지
		중학생	분기	35만원	
		고등학생	분기	45만원	
유자녀(幼子女)	생활자금대출(무이자)		월	25만원	18세 또는 재학 중인 경우 졸업 시까지 (2년마다 재심사)
	장학금	초등학생	분기	25만원	18세까지
		중학생	분기	35만원	
		고등학생	분기	45만원	
	자립지원금		월	7만원 한도 매칭	18세 또는 재학 중인 경우 졸업 시까지
피부양노모	피부양보조금(무상		월	22만원	사망 시까지(매년 재심사)

⑥ 처리절차

서류제출		제출서류 검토		지원통보		지원개시
연중 상시 **(주말,공휴일 제외)**	▶	미비서류 보완요청 등	▶	지원자 개별통보	▶	지원통보일 기준 익월부터 지급

* 제출서류는 사업별로 상이하므로, 신청 전 문의사항이 있으신 경우 자동차손해배상진흥원으로 연락 바랍니다.

⑦ 자주하는 질문

【질문 ①】 자동차사고 피해자 지원사업 신청기간은 정해져 있나요?

【답변】

장학금을 제외한 경제적 지원사업은 연중 수시 신청 가능하십니다. (장학금은 신청기간 별도 안내)

【질문 ②】 피해자 지원사업 지원대상인데, 어떤 서류를 제출해야 하나요?

【답변】

지원신청서, 자동차사고로 인한 사망 또는 중증 후유장애 증명서류, 주민등록등본, 생활형편 증명서류, 가족관계증명서, 예금통장 사본 등이며, 신청하시는 사업에 따라 별도 추가 서류를 요청할 수 있습니다. 자세한 내용은 홈페이지 또는 1544-0049(2번)에 문의해주시기 바랍니다.

* 행정정보공동이용 사전동의를 완료하신 분은 일부 서류의 실물 제출을 면제받으실 수 있습니다. 자세한 내용은 자동차사고피해가족지원 홈페이지(https://tvsis.tacss.or.kr/tvsis/) 〉 경제적 지원 〉 행정정보공동이용 사전동의를 참고하여 주시기 바랍니다.

【질문 ③】지원금을 신청했는데, 언제부터 받을 수 있나요?

【답변】

심사 완료일 기준 다음달 말일부터 신청 계좌로 지급됩니다. 서류 미비 등으로 심사 완료가 지연될 수 있음을 사전 안내드립니다.

【질문 ④】 지원제도를 늦게 신청했는데 소급 지원이 되나요?

【답변】

서류접수 후 지원결정이 속한 다음달부터 매월 지급되므로, 소급 지원은 어려움을 안내드립니다.

【질문 ⑤】 지원금을 받고 있다가 사망한 경우는 어떻게 해야 하나요?

【답변】

사망 즉시 자동차손해배상진흥원으로 통보 후, 증명서류를 제출하셔야 합니다. 사망 이후 지원된 금액이 확인될 시에는 반납을 요청드릴 수 있음을 참고해주시기 바랍니다.

【질문 ⑥】 서류제출은 어디로 해야 하나요?

【답변】

자동차손해배상진흥원으로 서류 사전 문의 후 우편 또는 팩스로 발송 바랍니다.

5. 정서적 지원사업

① 지원사업

방문케어서비스, 유자녀 멘토링, 심리안정 지원 등 자동차사고 피해자의 정서적 안정 및 치유를 위한 사업을 운영합니다.

 1. 방문케어서비스

   자동차사고 피해 중증후유장애인과 피부양가족을 대상으로 맞춤형 돌봄과 생활지원서비스 제공

 2. 유자녀멘토링

   자동차사고 피해가정 유자녀와 대학생 멘토의 1:1 매칭하여 교과학습, 체험학습, 진로설계 등 멘토링 활동을 진행

 3. 심리안정지원

   자동차사고로 인한 심리적 충격과 외상 후 스트레스 장애로 정신적 고통을 받고 있는 가정을 대상으로 전문 상담사 매칭을 통한 심리안정 서비스를 제공

 4. 기타

   출산상조용품 지원, 주거환경 개선 및 외부재원을 활용한 추가 사업 시행 예정

② 지원내용

사업명	세부 지원내용	신청시기
방문케어서비스	수혜가정이 필요로 하는 서비스를 7종으로 분류하여, 방문케어 봉사단원이 직접 방문하여 활동 진행 * 7종 서비스: 생활환경 개선, 건강 서비스, 행정 서비스, 여가 서비스, 의사소통, 식사 서비스, 생활 서비스	1월 ~ 2월
유자녀 멘토링(대면)	상담, 학습지도, 체험학습, 문화활동, 진로탐색, 친목도모 등 수혜가정과 대학생 멘토의 협의하에 자유롭게 활동 구성	3월 ~
심리안정지원	심리상담 전문기관의 심리검사 결과를 바탕으로 전문 상담사의 방문상담 진행	1월 ~ 2월
출산·상조용품	자동차사고 피해자 지원사업 수혜가정 자녀 출생 축하, 지원대상자 사망시 상조용품 지원	연중 상시
주거환경개선	자동차사고 중증후유장애인 가정의 특성을 고려하여 적합하고 안전한 생활환경을 조성	5월
기 타	만원의 행복보험 등 기존 지원사업 유지, 추후 각종 외부기관과의 협업을 통하여 추가 지원사업 기획, 운영 예정	개별안내

* 운영상황에 따라 실제 신청 시기는 달라질 수 있음(홈페이지 게시, 문자, 우편 등으로 별도 안내문 발송 예정)

③ 자주하는 질문

【질문 ①】 지원대상 요건은 무엇인가요?

【답변】

자동차손해배상보장법에 의거하여, 자동차사고로 인한 사망 또는 중증후유장애로 인하여 어려움을 겪고 있는 가족으로, 경제적 지원사업 지원대상과 동일합니다.

【질문 ②】 봉사단원, 멘토 활동은 어떻게 진행되나요?

【답변】

수혜가정 모집 및 봉사단원·멘토 모집 완료 후 활동 참여자 간 주거지, 기타 요청사항 등을 고려하여 매칭(사전 안내 후 승인 여부 개별 통지), 매칭 이후 수혜가정과 봉사자 간 커뮤니케이션을 통해 일정 조율하여 활동 가능합니다.

【질문 ③】 봉사시간을 인정받을 수 있나요?

【답변】

활동실적 검토 후 희망자에 한하여 봉사시간 인정 예정입니다.

【질문 ④】 대면 멘토링 서비스만 제공하나요?

【답변】

외부 교육기관과의 협업을 통한 비대면(온라인) 멘토링 서비스도 제공 예정입니다.

【질문 ⑤】 사업신청 안내는 어떻게 받을 수 있나요?

【답변】

자동차사고피해가족지원 홈페이지, 우편, SMS 등 다양한 방법을 통하여 사업 내용, 신청기간, 문의처 등을 안내드릴 예정입니다.
* 원활한 안내를 위하여 주소, 전화번호 등이 변경되었을 경우 자동차손해배상진흥원으로 변경내용을 통보하여 주시면 감사드리겠습니다.

【질문 ⑥】 신청 시 서류제출은 어디로 해야 하나요?

【답변】

자동차손해배상진흥원 담당자에게 우편 또는 팩스로 제출가능합니다.

[5] 공제분쟁조정

1. 자동차손해배상보장위원회 공제분쟁조정분과위원회란?

자동차손해배상보장법 제23조의3에 근거하여 설치된 국토교통부 산하 자동차손해배상
보장위원회의 분과위원회로 공제조합과 자동차사고 피해자 및 기타 이해관계인 사이에 발
생하는 분쟁을 심의·의결 또는 조정합니다.

2. 조정대상

공제분쟁조정분과위원회는 공제조합과 자동차사고 피해자, 기타 이해관계인 사이에 발
생한 다음의 분쟁 사안을 조정합니다.

- 공제계약에 관한 분쟁
- 공제금의 지급에 관한 분쟁
- 자동차사고로 인한 피해자의 손해사정에 관한 분쟁
- 다른 법령에 따라 위원회에 조정을 신청할 수 있는 분쟁
- 기타 자동차 사고와 관련된 공제사업자 간의 분쟁

3. 분과위원회 구성

분과위원회는 위원장 1인을 포함한 15인 이내의 위원으로 구성됩니다. 본 위원회의 위
원은 비상근으로 국토교통부 장관이 위촉하며, 위촉의 기준은 다음과 같습니다.

1. 국토교통부의 자동차손해배상 관련 업무 담당 과장 또는 팀장
2. 법 제39조의13제2항에 따라 법 제39조의11에 따른 자동차사고피해지원기금의 관리
   ·운용에 관한 사무를 위탁받은 단체의 소속 임직원 중에서 해당 단체의 장이 지명
   하는 사람
3. 다음 각 목의 사람 중에서 국토교통부장관이 위촉하는 사람
   가. 교통·의료·건축 또는 장애인복지 분야에서 5급 이상의 공무원(고위공무원단에
       속하는 일반직 공무원을 포함한다)으로서 3년 이상 근무한 사람
   나. 「고등교육법」제2조제1호에 따른 대학에서 경제·경영·법률·의료·교통·건축
       ·장애인복지·재활 또는 자동차보험 관련 분야의 조교수 이상으로 3년 이상 재
       직한 사람
   다. 판사·검사 또는 변호사로 3년 이상 재직한 사람
   라. 「의료법」에 따른 전문의로 3년 이상 종사한 사람

마. 그 밖에 경제·경영·법률·의료·교통·건축·장애인복지·재활·소비자보호 또
는 자동차보험 분야의 전문지식과 경험이 풍부한 사람

4. 조정기간

자동차손해배상보장법 시행령 제16조의13(분쟁 조정의 절차 등) 제3항에 따라 분과위
원회는 분쟁 조정을 신청 받은 날부터 30일 이내에 조정안을 작성하는 것이 원칙이나 부
득이한 사정이 있으면 분과위원회의 의결로 30일 이내의 범위에서 그 기간을 연장할 수
있습니다. 처리기간에 산입하지 아니하는 기간에 대하여는 행정절차법 시행령 제11조를
준용합니다.

5. 조정의 효력

자동차손해배상보장법 제23조의4 제3항에 따라 각 당사자가 조정안을 수락한 경우에
는 당사자 간에 조정조서와 동일한 내용의 합의가 성립된 것으로 봅니다.

6. 조정신청 방법

접수방법

1) 시스템접수

자동차손해배상보장위원회 공제분쟁조정분과위원회 홈페이지(url:https://admc.tacss.or.kr)
로 접속(온라인, 모바일) 후 본인인증절차를 거쳐 접수할 수 있습니다.

2) 서면접수

공제분쟁조정 신청 서식을 작성하여 입증자료와 함께 우편 또는 FAX 송신의 방법
으로 서면 접수할 수 있습니다.

※ 필요 시 담당자가 추가자료 제출을 요청할 수 있으며 모든 서류의 주민등록번호 뒷 자리는 삭제 후
사본으로 제출해주시기 바랍니다.
우편 자동차손해배상진흥원 소비자보호부 분쟁조정팀
[서울특별시 영등포구 선유로52길11, 2층 (당산동6가)]
팩스 02-2283-5748

7. 신청서식

공제분쟁조정 신청서				처리기간
				30 일
신청인	성 명		주민등록번호	
	주 소		전 화 번 호	
피신청인	상 호		대 표 자	
	소 재 지		전 화 번 호	
조정을 받으려는 사항				
분쟁이 발생하게 된 사유와 당사자 간 교섭 경과				

「자동차손해배상보장법」제23조3에 따라 공제분쟁조정을 신청합니다.

년   월   일

신청인 또는 대리인: 주 소
                  성 명   (서명 또는 인)

자동차손해배상보장위원회 공제분쟁조정분과위원회 귀하

수수료 : 없음

※ 첨부서류

1. 당사자 간의 교섭경위서(분쟁발생 시부터 신청 시까지의 교섭내용과 그 증명자료)
2. 그 밖에 분쟁조정 신청사건의 심사·조정에 참고가 될 수 있는 객관적인 자료

210㎜×297㎜(신문용지 54g/㎡)

당사자 교섭 및 조정전 합의경위

□ 당사자 교섭경위

신청인		피신청인	
년월일	내 용	년월일	내 용

□ 조정전 합의경위

년월일	

당사자 교섭 및 조정전 합의경위 (작성예시)

□ 당사자 교섭경위

신청인		피신청인	
년월일	내 용	년월일	내 용
2017.12.0.	교통사고 발생		
2019.12.01	후유장애진단서 발급	2019.12.20	의료자문결과 회신
2018.01.03	공제금 1차 청구	2018.01.0.	공제금 분쟁 발생
2019.07.04	공제금 2차 청구	2019.07.05	공제금 분쟁 발생
2019.12.30	손해배상금 23,000,000원 산출	2019.12.30.	대인손해배상금 500만원 제시, 합의진행 종료
2020.01.	무과실, 영구장애 주장	2020.01.	과실 10%, 한시장애 주장

□ 조정전 합의경위

년월일	
2019.12.30.	○ 신청인 측 23,000,000원 청구하였으나 피신청인 측 보상담당자 대인손해배상금 총액 5,000,000원 제시함.
2020.01.10.	○ 과실 및 장애율에 대하여 합의에 이르지 못하여 공제분쟁조정 신청.

* 개인정보 이용·수집 제공 동의서
* 주장사항을 입증할 수 있는 객관적인 서류 일체
* 신청서류 및 공제분쟁조정 관련 문의는 자동차손해배상진흥원 분쟁(02-2283-5771~2)로 연락주시기 바랍니다.

8. 분쟁조정 업무처리 절차

[6] 의료전문심사

1. 의료전문심사란?

공제분쟁조정분과위원회 내에 구성된 의료전문위원을 통해 자동차 사고 피해자와 공제조합간의 의료분쟁에 대한 전문소견을 받을 수 있는 의료전문심사 절차입니다.

2. 의료전문심사 대상

공제조합과 자동차사고 피해자 사이에 발생한 다음의 의료분쟁 사안에 대해 심사를 합니다.

- 피해자의 치료와 사고와의 인관관계(관여여부)에 대한 분쟁
- 피해자의 장애평가의 적정여부 및 예상장애의 평가에 대한 분쟁
- 기타 진료내용 등 의료관련 분쟁

3. 의료전문위원의 구성

의료전문위원은 자동차사고로 발생할 수 있는 상해에 해당되는 다양한 진료과의 전문의로 구성됩니다. 의료전문위원은 국토교통부 장관의 승인을 받아 위원장이 위촉하며, 위촉의 기준은 다음과 같습니다.

1. 국·공립의료기관, 의과대학부속병원 기타 종합병원 등에 종사하는 과장급 이상 및 이에 준하는 경력 있는 자
2. 의과대학의 부교수급 이상 및 이에 준하는 경력 있는 자
3. 기타 전문의로서 제1호 및 제2호에 상당하는 임상경력을 갖춘 자

4. 의료전문심사 결과의 효력

의료전문심사의 결과는 의료분쟁 당사자간 분쟁 해결을 위한 참고자료일 뿐, 심사 결과가 법적 강제력을 지니고 있지 않습니다.

5. 의료전문심사 신청방법

심사신청가이드 및 첨부서류 체크리스트 안내

① 접수방법

  1) 신청서 및 심사자료 접수

    의료전문심사 신청은 신청서식을 작성하여 우편 또는 전산을 통해 접수하셔야 합니다.

    ※ 필요 시 담당자가 추가자료 제출을 요청할 수 있으며 모든 서류의 주민등록번호 뒷 자리는 삭제 후 사본으로 제출해 주시기 바랍니다.

우　　편 : 자동차손해배상진흥원 의료정책팀
　　　　　　우) 서울특별시 영등포구 선유로52길 11, 6층 (당산동6가)
팩　　스 : FAX 02-2283-5749
이 메 일 : E-mail : hyeyun.jeong@tacss.or.kr
전산접수 : http://admc.tacss.or.kr 접속하여 신청 및 심사자료 업로드
* 홈페이지 접속하여 본인인증 후 심사신청가능

② 신청서식

심사의뢰서

20　.　.　.

자동차손해배상보장위원회 공제분쟁조정분과위원회 위원장 귀하

다음 내용에 대한 심사를 얻고자 관계자료를 첨부하여 심사를 의뢰합니다

1. 사고개요
　가. 사고일시 : *0000. 00. 00 00:00*
　나. 공제조합 : *○○공제조합(○○지부)*
　　　　　　　 담당자 : ○○○(전화번호 : 000-0000-0000)
　다. 접수번호 : *2021-12-1111*
　라. 피해자 성별 및 생년월일 : *홍길동, 000000-1*

2. 분쟁내용 및 쟁점
□ 후유장해 적정평가 □ 향후치료비 □ 사고와의 인과관계여부 □ 기타

3. 심사의뢰내용 (*별첨 양식 작성 부탁드립니다.)

4. 첨부자료
　1) 사고차량사진
　2) 후유장해진단서 또는 소견서 등
　3) 의료기록 사본(경과기록지 등)
　4) CD 및 판독지

5. 대리인 유무(*대리인이 있는 경우 작성하시기를 바랍니다.)
　- *대리인 성함 및 전화번호 : ○○○, 000-0000-0000*

※ 의료심사를 위해 제출된 자료는 분쟁 상대방이 열람할 수 있습니다.

위 내용을 확인하고 심사의뢰 하오니 그 결과를 회신하여 주시기 바랍니다.

신청인 :　　　　　㊞

심사 의뢰 내용

피 해 자		성 명		만 세	남 / 여	직업	
사고 관련 사항	사고형태	차대차 / 차대인 / 기타 ( )					
	차량파손정도 (차대차)	탑승차량 : 대파 / 중파 / 소파 상대차량 : 대파 / 중파 / 소파					
	사고내용						
치료 관련 사항	주요병명	1. 2.					
	치료병원		치료병원	진료과목	치료기간	입원/외래	
		1	*OO병원*	*정형외과*	*00.00.00 ~ 00.00.00*	입원	
		2					
		3					
	주요 치료과정						
주장 사항	공제조합측	*의료자문 시행하였다면 자문서소견 기재*					
	피해자측	*후유장애진단서, 소견서 또는 향후치료비추정서 등 내용 기재* *ex) 고관절 부전강직 II-A-1항 12% 한시 5년 [0000.00.00.* *후유장애진단서 - oo대학병원 정형외과 ooo 교수]*					
심사의뢰사항 (30자 내외)		1. 2. 3.					

* 개인정보 이용·수집 제공 동의서

* 진단서, CT, MRI 등 의료심사에 필요한 기초 판단 자료

③ 문의

신청서류 및 의료전문심사 관련 문의는 자동차손해배상진흥원의(02-2283-5773)로 연락주시기 바랍니다.

6. 의료전문심사 업무처리 절차

[7] 피해자의 배상 청구

1. 보험금 등의 청구

① 교통사고가 발생하는 경우 피해자는 보험사업자 등에 대해 보험금 등을 자기에게 직접 지급할 것을 청구할 수 있고, 자동차보험 진료수가에 해당하는 금액을 진료를 한 의료기관에 직접 지급할 것을 청구할 수 있습니다(「자동차손해배상 보장법」제10조제1항).

② 의무보험에 가입한 자와 그 의무보험 계약의 피보험자(이하 '보험가입자 등'이라 함) 또는「자동차손해배상 보장법」제10조제1항 후단에 따른 피해자가 청구하거나 그 밖의 원인으로 교통사고환자가 발생한 것을 안 경우에는 지체 없이 그 교통사고환자를 진료하는 의료기관에 해당 진료에 따른 자동차보험진료수가의 지급 의사 유무와 지급 한도를 알려야 합니다(「자동차손해배상 보장법」제12조제1항).

③ 보험가입자 등은 보험회사(공제사업자를 포함함. 이하 '보험회사 등'이라 함)가 보험금등을 지급하기 전에 피해자에게 손해에 대한 배상금을 지급한 경우에는 보험회사 등에게 보험금 등의 보상한도에서 그가 피해자에게 지급한 금액의 지급을 청구할 수 있습니다(「자동차손해배상 보장법」제10조제2항).

2. 피해자에 대한 가불금

① 보험가입자 등이 자동차의 운행으로 다른 사람을 사망하게 하거나 부상하게 한 경우에는 피해자는 「자동차손해배상 보장법 시행령」 제7조의 절차에 따라 보험회사 등에게 자동차보험진료수가에 대하여는 그 전액을, 그 외의 보험금 등에 대하여는 다음과 같이 정한 금액을 「자동차손해배상 보장법」 제10조에 따른 보험금 등을 지급하기 위한 가불금(假拂金)으로 지급할 것을 청구할 수 있습니다(「자동차손해배상 보장법」제11조제1항).

② 피해자 1명당 다음의 구분에 따른 금액의 범위에서 피해자에게 발생한 손해액의 100분의 50에 해당하는 금액(「자동차손해배상 보장법 시행령」제10조)
   - 사망의 경우: 1억 5천만원
   - 부상한 경우: 「자동차손해배상 보장법 시행령」별표 1에서 정하는 상해 내용별 한도금액
   - 후유장애가 생긴 경우: 「자동차손해배상 보장법 시행령」별표 2에서 정하는 신체장애 내용별 한도금액

3. 교통사고 피해자에 대한 손해배상 절차

4. 보험금 청구시 구비서류

□ 보험금 지급청구서

①청구인 성명, 주소, ②청구인과 사망자의 관계, ③피해자 및 가해자의 성명, 주소, ④사고발생의 일시·장소·개요, ⑤사고자동차의 종류 및 등록번호, ⑥보험가입자의 성명, 주소, ⑦청구금액과 그 산출기초를 기재함.

□ 진단서 또는 검안서

□ 증명서류 (②,③,④를 증명하는 서류)

□ 치료비의 내역별로 단위,단가,수량 및 금액을 명시해 의료기관이 발행한 치료비 청구명세서 및 치료비 추정서 (주치의의 치료에 대한 의견 표시)

5. 자동차손해배상 보장사업 보상금 청구시 구비서류

□ 보험금 지급청구서

① 청구인의 성명 및 주소, ② 청구인과 사망자의 관계(피해자가 사망한 경우만 해당함), ③ 피해자 및 가해자(자동차보유자를 알 수 없는 자동차의 운행으로 사망·부상하거나 자동차보유자를 알 수 없는 자동차의 운행 중 해당 자동차로부터 낙하된 물체로 인하여 사망하거나 부상한 경우는 제외함)의 성명 및 주소, ④ 사고 발생의 일시·장소 및 개요, ⑤해당 자동차의 종류 및 등록번호(자동차보유자를 알 수 없는 자동차의 운행으로 사망하거나 부상한 경우는 제외함), ⑥청구금액을 기재함.

□ 진단서 또는 검안서

②,③,④를 증명할 수있는 서류(④를 증명하는 서류는 사고장소를 관할하는 경찰서장의 확인이 있을 것)

6. 도로의 관리부족으로 차량 파손 등 손해발생시 국가배상청구

□ 도로 관리청의 확인

도로의 관리청은 다음의 구분에 따릅니다(「도로법」제20조제1항)

- 국도(지선을 포함): 국토교통부장관
- 국가지원지방도: 특별자치시장·도지사·특별자치도지사(특별시와 광역시에 있는 구간은 해당 시장)
- 그 밖의 도로: 해당 노선을 인정한 행정청

□ 국가배상청구

'국가배상청구'란 공무원의 직무상 불법행위나 도로·하천과 같은 영조물의 설치·관리의 잘못으로 손해를 입은 국민이 국가 또는 지방자치단체를 상대로 손해배상을 청구하는 것을 말합니다(「국가배상법」제2조 및 제5조).

□ 배상심의회에 배상 신청

　　배상금의 지급을 받으려는 사람은 그 사람의 주소지·소재지 또는 배상원인 발생지를 관할하는 지구심의회에 배상신청을 해야 합니다(「국가배상법」제12조제1항).

□ 배상심의회에는 본부배상심의회(법무부)와 그 소속 지구배상심의회(전국 14개)가 있습니다.

※ 국가배상청구에 대한 자세한 내용은 〈법무부 사이트 법무정보업무지원 송무업무〉에서 확인할 수 있습니다.

※ 한국도로교통공단은 '도로이용불편신고센터'(☎080-048-2000)를 운영하고 있으며, 이곳에서 파손된 도로에 의한 피해보상과 관련된 사항을 접수 및 안내를 하고 있습니다.

[관련판례]

| **판례1** | 교통사고로 부상한 피해자가 치료를 받던 도중 사망한 경우의 책임보험금에 관하여 규정하고 있는 자동차손해배상 보장법 시행령 제3조 제2항 제1호의 '제1항 제1호와 제2호에 따른 한도금액의 합산액 범위에서 피해자에게 발생한 손해액'의 의미 [대법원 2025. 3. 13.선고 2024다238217판결] |

【판결요지】

　　도자동차손해배상 보장법(이하 '자동차손배법'이라 한다) 제5조 제1항은 '자동차보유자는 자동차의 운행으로 다른 사람이 사망하거나 부상한 경우에 피해자에게 대통령령으로 정하는 금액을 지급할 책임을 지는 책임보험이나 책임공제에 가입하여야 한다.'는 취지로 정하고 있다. 이는 자동차사고 피해자에 대한 보호와 그에 따른 사회적 손실의 방지 등을 위하여 자동차보유자에게 의무보험의 가입을 강제하는 한편, 이로써 초래될 자동차보유자의 계약의 자유 및 재산권 등에 대한 제한, 자동차운송 위축에 따른 사회적 손실 등을 고려하여 그 의무보험이 보장하여야 할 책임보험금액을 대통령령으로 정하도록 위임한 것이다.

　　이에 따라 자동차손해배상 보장법 시행령(이하 '자동차손배법 시행령'이라 한다) 제3조 제1항은 그 책임보험금액에 대하여 자동차의 운행으로 사람이 사망한 경우 '1억 5,000만 원의 범위에서 피해자에게 발생한 손해액. 다만 그 손해액이 2,000만 원 미만인 경우에는 2,000만 원으로 한다.'(제1호)는 취지로, 부상한 경우 '[별표 1]에서 정하는 금액의 범위에서 피해자에게 발생한 손해액. 다만 그 손해액이 자동차보험진료수가기준에 따라 산출한 진료비 해당액에 미달하는 경우에는 [별표 1]에서 정하는 금액의 범위에서 진료비 해당액으로 한다.'(제2호)는 취지로 정하고 있다. 즉, 사망하거나 부상한 경우의 책임보험금액을 피해자에게 발생한 손해액으로 정하되, 자동차보유자의 이익 등을 고려하여 본문에서 책임보험금의 상한을 정하고 자동차사고 피해자의 보호 등을 고려하여 단서에서 책임보험금의 하한을 정한 것이다.

자동차손배법 시행령 제3조 제2항 제1호는 부상한 사람이 치료 중 그 부상이 원인이 되어 사망한 경우 피해자에게 지급되어야 할 책임보험금액을 '제1항 제1호와 같은 항 제2호에 따른 한도금액의 합산액 범위에서 피해자에게 발생한 손해액'으로 정하고 있다.

위 규정에서 '한도'는 수량이나 범위가 제한된 정도를, '범위'는 일정하게 한정된 영역을 뜻하고, 위 규정은 상한과 하한을 구분하지 않고 '한도금액의 합산액'이라 표현하고 있으므로, '제1항 제1호와 같은 항 제2호에 따른 한도금액의 합산액 범위에서'라는 문언은 자동차손배법 시행령 제3조 제1항 제1호, 제2호 각 본문에서 정한 각 상한의 합산액뿐만 아니라 각 단서에서 정한 각 하한의 합산액도 책임보험금의 한도로 정한다는 의미로 볼 수 있다.

이와 같이 위 규정에서 피해자가 부상하여 사망한 경우 피해자에게 지급되어야 할 책임보험금의 하한을 정해두었다고 보는 것이 피해자가 사망하거나 부상한 경우 피해자를 보호하기 위하여 책임보험금의 하한을 설정해 둔 자동차손배법 및 그 시행령의 취지 및 규정 체계에 부합한다.

또한 자동차손배법 시행령 제3조 제1항이 피해자가 사망한 경우 책임보험금의 하한을 2,000만 원(제1호 단서)으로, 피해자가 부상한 경우 책임보험금의 하한을 진료비 해당액(제2호 단서)으로 설정한 것은 피해자에게 사망 또는 부상 중 어느 하나만 발생한 상황을 전제한 것이므로, 피해자가 부상하여 사망에 이른 경우 피해자에게 지급될 책임보험금은 위 각 하한의 합산액만큼은 보장되어야 한다.

이러한 자동차손배법 시행령 제3조 제2항 제1호의 문언, 책임보험금액의 설정에 관한 자동차손배법과 그 시행령 규정의 취지 및 체계 등을 고려하면, 교통사고로 부상한 피해자가 치료를 받던 도중 사망한 경우의 책임보험금에 관한 위 규정의 '제1항 제1호와 제2호에 따른 한도금액의 합산액 범위에서 피해자에게 발생한 손해액'은 자동차손배법 시행령 제3조 제1항 제1호, 제2호 각 본문 금액, 즉 상한의 합산액 범위에서 피해자에게 발생한 손해액을 책임보험금으로 하되, 그 손해액이 같은 항 제1호, 제2호 각 단서 금액, 즉 하한의 합산액에 미달할 경우에는 그 합산액만큼은 피해자에게 책임보험금으로 지급되어야 한다는 의미로 해석함이 타당하다.

【원심판결】

서울중앙지법 2024. 4. 17. 선고 2023나41651 판결

【주문】

원심판결을 파기하고 사건을 서울중앙지방법원에 환송한다.

【이유】

상고이유를 판단한다.

1. 사안의 개요

원심판결 및 기록에 의하면 다음 사실을 알 수 있다.

가. 원고는 소외 1 과 원고 차량에 대하여 자동차손해배상 보장법(이하 '자동차손배법'이라 한다) 제5조의 책임보험계약을 체결한 보험회사이고, 피고는 소외 2와 자동차보험계약을 체결한 보험회사이다.

나. 2017. 10. 31. 소외 1이 운전하는 원고 차량과 소외 2 가 운전하는 피고 차량이 충돌하였다(이하 '이 사건 사고'라 한다). 소외 2는 이 사건 사고로 두개골 골절 등의 상해를 입었고, 치료를 받다가 2019. 12. 19. 사망하였다.

다. 원고와 피고 사이의 '자동차보험 구상금분쟁심의에 관한 상호협정'에 의하면, 이 사건 사고에서 피고는 원고의 소외 2측에 대한 책임보험금을 포함하여 소외 2측에게 보험금을 지급한 다음 원고에게 위 책임보험금 상당액을 청구하여야 한다. 이에 따라 피고는 소외 2 측에게 174,430,750원의 보험금을 지급한 다음 원고에게 위 금액 전부의 지급을 청구하였고, 원고는 피고에게 위 금액을 지급하였다.

라. 원고는 이 사건 사고 발생에 소외 1의 과실이 없으므로 소외 2측에 지급할 책임보험금이 없고 따라서 피고에게도 위 174,430,750원을 지급할 의무가 없음에도 불구하고 이를 지급하였다고 주장하면서 피고를 상대로 174,430,750원의 부당이득반환을 구하는 이 사건 소를 제기하였다.

마. 원심은 이 사건 사고에 대한 소외 1의 과실비율을 10%로 인정한 다음, 원고가 피고에게 소외 1의 과실비율이 20%라는 전제에서 위 174,430,750원을 지급하였다면서 그중 1/2인 87,215,375원이 원고가 소외 2 측에게 지급할 책임보험금이라고 보고, 그 나머지인 87,215,375원은 지급할 의무 없이 이를 피고에게 지급하였으므로 피고는 원고에게 위 87,215,375원을 부당이득으로 반환하여야 한다고 판단하였다.

2. 관련 법리

가. 자동차손배법 제5조 제1항은 '자동차보유자는 자동차의 운행으로 다른 사람이 사망하거나 부상한 경우에 피해자에게 대통령령으로 정하는 금액을 지급할 책임을 지는 책임보험이나 책임공제에 가입하여야 한다.'는 취지로 정하고 있다. 이는 자동차사고 피해자에 대한 보호와 그에 따른 사회적 손실의 방지 등을 위하여 자동차보유자에게 의무보험의 가입을 강제하는 한편, 이로써 초래될 자동차보유자의

계약의 자유 및 재산권 등에 대한 제한, 자동차운송 위축에 따른 사회적 손실 등을 고려하여 그 의무보험이 보장하여야 할 책임보험금액을 대통령령으로 정하도록 위임한 것이다.

이에 따라 자동차손배법 시행령 제3조 제1항은 그 책임보험금액에 대하여 자동차의 운행으로 사람이 사망한 경우 '1억 5,000만 원의 범위에서 피해자에게 발생한 손해액. 다만 그 손해액이 2,000만 원 미만인 경우에는 2,000만 원으로 한다.'(제1호)는 취지로, 부상한 경우 '[별표 1]에서 정하는 금액의 범위에서 피해자에게 발생한 손해액. 다만 그 손해액이 자동차보험진료수가기준에 따라 산출한 진료비 해당액에 미달하는 경우에는 [별표 1]에서 정하는 금액의 범위에서 진료비 해당액으로 한다.'(제2호)는 취지로 정하고 있다. 즉, 사망하거나 부상한 경우의 책임보험금액을 피해자에게 발생한 손해액으로 정하되, 자동차보유자의 이익 등을 고려하여 본문에서 책임보험금의 상한을 정하고 자동차사고 피해자의 보호 등을 고려하여 단서에서 책임보험금의 하한을 정한 것이다.

나. 자동차손배법 시행령 제3조 제2항 제1호(이하 '이 사건 규정'이라 한다)는 부상한 사람이 치료 중 그 부상이 원인이 되어 사망한 경우 피해자에게 지급되어야 할 책임보험금액을 '제1항 제1호와 같은 항 제2호에 따른 한도금액의 합산액 범위에서 피해자에게 발생한 손해액'으로 정하고 있다.

이 사건 규정에서 '한도'는 수량이나 범위가 제한된 정도를, '범위'는 일정하게 한정된 영역을 뜻하고, 이 사건 규정은 상한과 하한을 구분하지 않고 '한도금액의 합산액'이라 표현하고 있으므로, '제1항 제1호와 같은 항 제2호에 따른 한도금액의 합산액 범위에서'라는 문언은 자동차손배법 시행령 제3조 제1항 제1호, 제2호 각 본문에서 정한 각 상한의 합산액뿐만 아니라 각 단서에서 정한 각 하한의 합산액도 책임보험금의 한도로 정한다는 의미로 볼 수 있다.

이와 같이 이 사건 규정에서 피해자가 부상하여 사망한 경우 피해자에게 지급되어야 할 책임보험금의 하한을 정해두었다고 보는 것이 피해자가 사망하거나 부상한 경우 피해자를 보호하기 위하여 책임보험금의 하한을 설정해 둔 자동차손배법 및 그 시행령의 취지 및 규정 체계에 부합한다.

또한 자동차손배법 시행령 제3조 제1항이 피해자가 사망한 경우 책임보험금의 하한을 2,000만 원(제1호 단서)으로, 피해자가 부상한 경우 책임보험금의 하한을 진료비 해당액(제2호 단서)으로 설정한 것은 피해자에게 사망 또는 부상 중 어느 하나만 발생한 상황을 전제한 것이므로, 피해자가 부상하여 사망에 이른 경우 피해자에게 지급될 책임보험금은 위 각 하한의 합산액만큼은 보장되어야 한다.

다. 이러한 이 사건 규정의 문언, 책임보험금액의 설정에 관한 자동차손배법과 그 시행령 규정의 취지 및 체계 등을 고려하면, 교통사고로 부상한 피해자가 치료를 받던 도중 사망한 경우의 책임보험금에 관한 이 사건 규정의 '제1항 제1호와 제2호에 따른 한도금액의 합산액 범위에서 피해자에게 발생한 손해액'은 자동차손배법 시행령 제3조 제1항 제1호, 제2호 각 본문 금액, 즉 상한의 합산액 범위에서 피해자에게 발생한 손해액을 책임보험금으로 하되, 그 손해액이 같은 항 제1호, 제2호 각 단서 금액, 즉 하한의 합산액에 미달할 경우에는 그 합산액만큼은 피해자에게 책임보험금으로 지급되어야 한다는 의미로 해석함이 타당하다.

3. 판단

이러한 법리를 앞서 본 사실관계에 비추어 살펴보면, 이 사건 사고로 소외 2 측에 발생한 적극적 손해, 소극적 손해 및 정신적 손해에 따른 손해액을 산정한 후 자동차손배법 시행령 제3조 제1항 제1호 및 제2호 각 본문에 따른 책임보험금 상한의 합산액 범위에서 그 손해액이 같은 항 제1호 및 제2호 각 단서에 따른 책임보험금 하한의 합산액 이상인 경우에는 그 손해액을, 위 책임보험금 하한의 합산액에 미달하는 경우에는 위 합산액을 책임보험금으로 산정하여야 한다. 그런데 이와 달리 원심은 이 사건 사고로 인하여 소외 2 에게 발생한 손해액과 위 시행령 제3조 제1항 제1호 와 제2호, 제2항 제1호에서 정한 금액에 관하여 살펴보지 않은 채 피고가 소외 2 측에 지급한 보험금 174,430,750원의 1/2인 87,215,375원을 원고가 지급의무를 부담하는 책임보험금으로 산정하였다. 이러한 원심판단에는 자동차손배법 시행령 제3조 제2항 제1호 의 책임보험금 산정에 관한 법리를 오해하여 필요한 심리를 다하지 아니하는 등으로 판결에 영향을 미친 잘못이 있다.

4. 결론

그러므로 원심판결을 파기하고, 사건을 다시 심리·판단하도록 원심법원에 환송하기로 하여, 관여 대법관의 일치된 의견으로 주문과 같이 판결한다.

판례2 | 구 보험업법 제102조에 의한 손해배상책임에서 보험계약자에게 손해의 발생 또는 확대에 관하여 과실이 있거나 보험회사의 책임을 제한할 사유가 있는 경우, 배상책임의 범위를 정할 때 이를 참작하여야 하는지 여부(적극)

[대법원 2024. 12. 12.선고 2022다 200317,200324 판결]

【판결요지】

구 보험업법(2020. 3. 24. 법률 제17112호로 개정되기 전의 것) 제102조에 의한 손해배상책임에서 보험계약자에게 손해의 발생 또는 확대에 관하여 과실이 있거나 보험회사의 책임을 제한할 사유가 있는 경우에는 배상책임의 범위를 정함에 있어서 당연히 이를 참작하여야 하나, 과실상계 또는 책임제한 사유에 관한 사실인정이나 그 비율을 정하는 것은 그것이 형평의 원칙에 비추어 현저히 불합리하다고 인정되지 않는 한 사실심의 전권사항에 속한다.

【원심판결】

울산지법 2021. 11. 25. 선고 2020나12264, 14352 판결

【주문】

원심판결 중 예비적 반소청구에 관한 피고(반소원고) 1 패소 부분을 파기하고, 이 부분 사건을 울산지방법원에 환송한다. 원고(반소피고)와 피고(반소원고) 2, 피고(반소원고) 3의 상고 및 피고(반소원고) 1의 나머지 상고를 모두 기각한다. 원고(반소피고)와 피고(반소원고) 2, 피고(반소원고) 3 사이의 상고비용은 각자 부담한다.

【이유】

상고이유를 판단한다.

1. 피고(반소원고, 이하 '피고'라고만 한다)들의 본소청구 및 주위적 반소청구에 관한 상고이유에 대하여

   피고들은 원심판결 중 본소청구 및 주위적 반소청구 부분에 대하여도 상고를 제기하였으나, 상고장이나 상고이유서에 이에 대한 불복이유의 기재가 없다.

2. 원고(반소피고, 이하 '원고'라고만 한다)와 피고 1의 예비적 반소청구에 관한 상고이유에 대하여

   가. 사안의 개요

   원심판결 이유와 기록에 의하면 다음과 같은 사실을 알 수 있다.

   1) 피고 1은 원고 소속 보험설계사인 소외 1 의 권유에 따라 원고와 2014. 4. 2. 및 2015. 4. 23. 남편인 소외 2(이하 '망인'이라 한다)를 피보험자로, 망인의 법정상속인을 사망보험금의 수익자로 하는 원심 판시 별지 목록 제2항 기재 각 보험계약(이하 같은 목록 제2항의 가. (보험계약명 1생략)종합보험 을 '제1보험계약', 나. (보험계약명 2생략)운전자보험 을 '제2보험계약'이라 하고, 위 각 계약을 통틀어 '이 사건 각 보험계약'이라 한다)을 체결하였다. 이 사건 각 보험계약에는 '피보험자가 보험기간 중에 이륜자동차를 운전하는 중에 발생한 급격하고도 우연한 외래의 상해사고를 직접 원인으로 보험계약에서 정한 보험금 지급사유가 발생하더라도 보험금을 지급하지 않는다.'는 내용의 이륜자동차 운전 중 상해 부담보특약(이하 '이 사건 특약'이라 한다)이 포함되어 있었다.

   2) 망인은 이 사건 보험계약 체결 당시 원고의 계열사인 울산 △구 에 있는 소외 3 회사 의 협력사 직원으로 근무하고 있었다. 망인은 2017. 1. 16. 이륜자동

차를 운전하여 소외 3 회사 로 출근하던 중 발생한 교통사고에 의한 상해로 사망하였다(이하 '이 사건 사고'라 한다).

나. 원고의 상고이유에 대하여

1) 반소의 적법성에 관한 부분(원고의 제1 상고이유)

민사소송법 제412조 제1항은 상대방의 심급의 이익을 해할 우려가 없는 경우 또는 상대방의 동의를 받은 경우 항소심에서 반소를 제기할 수 있다고 규정하고 있고, 여기서 '상대방의 심급의 이익을 해할 우려가 없는 경우'란 반소청구의 기초를 이루는 실질적인 쟁점이 제1심에서 본소의 청구원인 또는 방어방법과 관련하여 충분히 심리되어 상대방에게 제1심에서의 심급의 이익을 잃게 할 염려가 없는 경우를 말한다(대법원 2005. 11. 24. 선고 2005다20064, 20071 판결 등 참조).

원심은, 이 사건 반소의 주요 쟁점은 원고가 제1심에서부터 본소로써 그 부존재 확인을 구하고 있는 피고들의 원고에 대한 보험금채권 내지 손해배상채권의 존재 여부에 관한 것인데, 피고들은 제1심에서부터 원고가 피고들에게 이를 지급할 의무가 있다고 주장하였고 이에 대하여 원고는 위 각 채권이 존재하지 않는다고 반박하는 등 반소청구의 기초를 이루는 실질적인 쟁점이 이미 제1심에서 본소의 청구원인 및 방어방법과 관련하여 충분히 심리되었으므로, 이 사건 반소청구는 원고에게 제1심에서의 심급의 이익을 잃게 할 염려가 없는 경우에 해당하여 적법하다고 판단하였다.

원심판결 이유를 앞서 본 법리와 기록에 비추어 살펴보면, 이러한 원심의 판단은 정당하고, 거기에 상고이유 주장과 같이 반소의 적법성에 관한 법리를 오해하는 등으로 판결에 영향을 미친 잘못이 없다.

2) 구 보험업법(2020. 3. 24. 법률 제17112호로 개정되기 전의 것, 이하 '구 보험업법'이라 한다) 제102조 제1항 에 따른 손해배상책임의 성립 부분(원고의 제2, 3 상고이유)

가) 원심은 다음과 같은 이유를 들어, 보험설계사인 소외 1은 이 사건 각 보험계약을 모집하면서 이 사건 특약의 적용 범위 및 보험금 지급 여부를 결정짓는 중요한 사항에 관하여 고객인 피고 1이 이해할 수 있도록 구체적으로 설명하여야 하고, 피고 1에게 비운행 확인서 제출의사를 확인하거나 비운행 확인서를 피고 1 에게 교부하여 망인의 서명을 받을 수 있는 기회를 부여하고 망인의 출입증 제출을 요구하는 등의 조치를 취하였어야 함에도 이러한 의무를 위반하여 이 사건 각 보험계약을 체결하게 함으로써 피고 1로 하여금 이 사건 사고에 대하여 이 사건 각 보험계약에 따른 보험금을 지급받지 못하는 손해를 입게 하였다고 판단하였다.

(1) 원고는 이 사건 특약에도 불구하고 피보험자가 울산 △구에 있는 원고의 계열사 직원으로 울산 △구 지역에 거주하며 이륜자동차로 회사에 출퇴근하는 경우에 한하여 '회사에 출퇴근 시 이외에는 이륜자동차를 운행하지 않는다.'는 취지의 비운행 확인서와 □□ 계열사 출입증(사원증)을 제출하여 보험계약에 가입한 경우에는 출퇴근 시 발생한 이륜자동차 교통사고로 인한 상해 및 사망 보험금을 지급하고 있다.

(2) 보험설계사 소외 1은 망인이 소외 3 회사 협력사 직원으로서 울산 △구 지역에서 이륜자동차를 이용하여 출퇴근한다는 사실을 알고 피고 1 에게 '망인이 출퇴근 시 이륜자동차를 운전하다가 사고가 나더라도 보험금을 지급받을 수 있다.'고 하면서 이 사건 각 보험계약의 체결을 권유하였다.
이 사건 각 보험계약에 포함된 이 사건 특약에도 불구하고 이륜자동차로 출퇴근 시 발생한 사고에 대하여 이 사건 각 보험계약에 따른 보험금을 지급받기 위해서는 망인의 자필서명을 받은 비운행 확인서와 망인의 출입증을 보험청약서와 함께 원고에게 제출하여야 한다. 이는 이 사건 각 보험계약에 포함된 이 사건 특약의 적용 범위에 관한 것으로서 보험금 지급 여부를 결정짓는 중요한 사항이고 피고 1이 이 사건 각 보험계약을 체결할 것인지 여부를 결정하는 데에도 직접적인 영향을 미치는 사항이다.

(3) 소외 1은 이 사건 각 보험계약을 모집하면서 이 사건 특약에도 불구하고 이륜자동차로 출퇴근 시 발생한 보험사고에 관하여 보험금을 지급받을 수 있는 정확한 요건에 대하여 피고 1 이 이해할 수 있도록 구체적으로 설명하여야 함에도 이를 제대로 이행하지 않았다. 나아가 소외 1 은 이 사건 각 보험계약 모집 당시 피고 1에게 비운행 확인서 제출의사가 있는지 확인하거나 비운행 확인서를 피고 1 에게 교부하여 망인에게 서명할 수 있는 기회를 부여하고 망인의 출입증 제출을 요구하는 등의 조치를 취하였어야 함에도 그러한 조치를 취하지 않았다.

나) 원심판결 이유를 관련 법리와 기록에 비추어 살펴보면, 이러한 원심의 판단은 정당하고, 거기에 상고이유 주장과 같이 보험금 지급요건과 보험설계사의 주의의무에 관한 법리를 오해하거나 논리와 경험의 법칙을 위반하여 자유심증주의의 한계를 벗어나는 등으로 판결에 영향을 미친 잘못이 없다.

3) 소멸시효의 기산점에 관한 부분(원고의 제4, 5 상고이유)

원심은 판시와 같은 이유로, 피고들은 제1심법원이 원고의 본소청구를 받아들인 2020. 5. 27. 원고로부터 이 사건 각 보험계약에 따른 보험금을 지급받을 수 없는 손해가 발생하였다는 사실을 알게 되었다고 봄이 상당하므로, 피고 1 의 원고에 대한 손해배상청구권의 소멸시효는 2020. 5. 27.부터 진행한다고 판단하였다.

원심판결 이유를 관련 법리와 기록에 비추어 살펴보면, 원고의 소멸시효 항변을 배척한 원심의 판단은 정당한 것으로 수긍할 수 있고, 거기에 상고이유 주장과 같이 이유가 모순되거나 소멸시효 기산점에 관한 법리를 오해하는 등으로 판결에 영향을 미친 잘못이 없다.

4) 책임제한에 관한 부분(원고의 제6 상고이유)

구 보험업법 제102조에 의한 손해배상책임에서 보험계약자에게 손해의 발생 또는 확대에 관하여 과실이 있거나 보험회사의 책임을 제한할 사유가 있는 경우에는 배상책임의 범위를 정함에 있어서 당연히 이를 참작하여야 하나, 과실상계 또는 책임제한 사유에 관한 사실인정이나 그 비율을 정하는 것은 그것이 형평의 원칙에 비추어 현저히 불합리하다고 인정되지 않는 한 사실심의 전권사항에 속한다(대법원 1994. 11. 22. 선고 94다19617 판결, 대법원 2012. 10. 11. 선고 2010다42532 판결 등 참조).

원심판결 이유를 이러한 법리와 기록에 비추어 살펴보면, 원심이 원고의 손해배상책임을 제한하지 아니한 데에 상고이유 주장과 같이 책임제한에 관한 법리를 오해하거나 판단을 누락하는 등으로 판결에 영향을 미친 잘못이 없다.

다. 피고 1의 상고이유에 대하여

1) 원심은 망인이 자필서명한 비운행 확인서와 망인의 출입증이 제출되어 이 사건 각 보험계약이 체결되었을 경우, 피고 1은 ① 이 사건 각 보험계약 중 월 지급형 특약을 제외한 일시금 합계 2억 5,000만 원(= 제1보험계약 1억 5,000만 원 + 제2보험계약 1억 원), ② 제2보험계약 월 지급형 특약에 따른 정기금으로 지급사유 발생일인 2017. 1. 16.부터 10년이 되는 2026. 12. 16.까지 지급사유 발생 해당일인 매월 16일에 월 지급액 200만 원 중 상속분인 3/7에 해당하는 보험금을 지급받을 수 있었을 것이므로, 원고는 피고 1에게 손해배상으로 위 일시금과 정기금 중 피고 1 의 상속분에 해당하는 금액 및 지연손해금을 지급할 의무가 있다고 판단하였다.

2) 그러나 이러한 원심의 판단은 다음과 같은 이유로 수긍할 수 없다.

가) 구 보험업법 제102조 제1항은 "보험회사는 그 임직원·보험설계사 또는 보험대리점(보험대리점 소속 보험설계사를 포함한다)이 모집을 하면서 보험계약자에게 손해를 입힌 경우 배상할 책임을 진다. 다만 보험회사가 보험설계사 또는 보험대리점에 모집을 위탁하면서 상당한 주의를 하였고 이들이 모집을 하면서 보험계약자에게 손해를 입히는 것을 막기 위하여 노력한 경우에는 그러하지 아니하다."라고 규정한다. 위 규정은 보험 모집 과정에서 보험설계사 등의 행위로 보

험계약자가 입은 손해에 대하여 보험회사에 무과실에 가까운 손해배상책임을 부담하게 함으로써 보험계약자의 이익을 보호함과 동시에 보험사업의 건전한 육성을 기하고자 하는 데에 그 의의가 있다(대법원 1997. 11. 14. 선고 97다 26425 판결 등 참조).

생명보험은 피보험자의 사망, 생존, 사망과 생존에 관한 보험사고가 발생할 경우에 약정한 보험금을 지급하는 내용의 보험이고(상법 제730조), 보험계약자는 보험수익자를 지정 또는 변경할 권리를 가진다(상법 제731조 제1항). 보험계약자는 피보험자의 사망 등에 관한 보험사고로 인하여 발생할 불이익에 대비하여 일정한 사고 발생 시 자신이 지정하는 보험수익자에게 보험금이 지급되도록 할 목적으로 생명보험계약을 체결한다. 따라서 보험계약자와 보험수익자가 다른 타인을 위한 생명보험에서 보험계약자는 유효한 보험계약 체결과 보험금 지급에 관한 법적 이해관계 내지 이익을 가진다. 보험설계사의 위법행위로 보험계약이 무효가 되거나 일정한 사고를 담보하지 못하여 보험계약자가 지정한 보험수익자에게 보험금이 지급되지 않은 경우 그와 상당인과관계가 있는 것으로서 보험계약자에게 발생한 손해는 보험설계사의 위법행위가 없었으면 보험계약자의 의사에 따라 정해지는 보험수익자에게 지급되었을 전체 보험금 상당액이라고 봄이 타당하다.

나) 원심판결 이유를 앞서 본 법리에 비추어 살펴본다.

피고 1은 보험설계사인 소외 1 을 통해 피보험자를 망인으로 한 이 사건 각 보험계약을 체결하였다. 그런데 소외 1은 이 사건 각 보험계약을 모집하면서 이 사건 특약의 적용 범위 및 보험금 지급 여부를 결정짓는 중요사항인 보험금 지급요건 사실을 피고 1이 이해할 수 있도록 구체적으로 설명하여 피고 1로 하여금 망인이 자필서명한 비운행 확인서 및 출입증을 제출할 수 있는 기회를 제공해야 함에도 그와 같은 의무를 위반하여 원고와 피고 1이 이 사건 각 보험계약을 체결하게 하였다. 그 결과 이 사건 사고의 발생에도 불구하고 피고 1이 지정한 보험수익자의 보험금청구권은 발생하지 않았다. 만약 소외 1의 의무 위반이 없었다면 피고 1이 지정한 보험수익자에게 전체 보험금 상당액이 지급되었을 것이다.

따라서 보험계약자인 피고 1은 보험회사인 원고를 상대로 구 보험업법 제102조 제1항에 기한 손해배상으로 이 사건 각 보험계약에 따른 전체 보험금 상당액의 지급을 청구할 수 있다고 봄이 타당하다.

3) 그런데도 원심은 판시와 같은 이유를 들어 원고가 피고 1에게 이 사건 각 보험계약에 따른 보험금 상당액 중 피고 1의 상속분에 해당하는 부분에 대하여만 손해배상책임을 부담한다고 판단하였다. 이러한 원심판결에는 구 보험업법 제102조 제1항에 따른 손해의 범위에 관한 법리를 오해하여 판결에 영향을 미친 잘못이 있다.

3. 결론

그러므로 원심판결 중 예비적 반소청구에 관한 피고 1 패소 부분을 파기하고, 이 부분 사건을 다시 심리·판단하도록 원심법원에 환송하며, 원고와 피고 2, 피고 3 의 상고 및 피고 1의 나머지 상고를 모두 기각하고, 원고와 피고 2, 피고 3 사이의 상고비용은 각자 부담하기로 하여, 관여 대법관의 일치된 의견으로 주문과 같이 판결한다.

> **판례3** | 피고인이 자전거를 운행하던 중 전방주시의무를 게을리하여 보행자인 피해자 갑을 들이 받아 중상해를 입게 하였다는 교통사고처리 특례법 위반(치상)의 공소사실로 기소되었고, 위 사고로 의식불명이 된 갑에 대하여 성년후견이 개시되어 성년후견인으로 갑의 법률상 배우자 을이 선임되었는데, 을이 피고인 측으로부터 합의금을 수령한 후 제1심 판결선고 전에 갑을 대리하여 처벌불원의사를 표시한 사안[대법원 2023. 7. 17.선고 2021도11126 전원합의체 판결]

【판결요지】

피고인이 자전거도로에서 자전거를 운행하던 중 전방주시의무를 게을리하여 보행자인 피해자 갑을 들이받아 중상해를 입게 하였다는 교통사고처리 특례법 위반(치상)의 공소사실로 기소되었고, 위 사고로 의식불명이 된 갑에 대하여 성년후견이 개시되어 성년후견인으로 갑의 법률상 배우자 을이 선임되었는데, 을이 피고인 측으로부터 합의금을 수령한 후 제1심 판결선고 전에 갑을 대리하여 처벌불원의사를 표시한 사안에서, 위 특례법 제3조 제2항에서 차의 운전자가 교통사고로 인하여 범한 업무상과실치상죄는 '피해자의 명시적인 의사'에 반하여 공소를 제기할 수 없도록 규정하여 문언상 그 처벌 여부가 '피해자'의 '명시적'인 의사에 달려 있음이 명백하므로, 갑의 성년후견인인 을이 갑을 대신하여 처벌불원의사를 형성하거나 결정할 수 있다고 해석하는 것은 법의 문언에 반한다는 이유로, 같은 취지에서 공소사실을 유죄로 인정한 원심의 판단이 정당하다고 한 사례.

【원심판결】

수원지법 2021. 8. 11. 선고 2020노7245 판결

【주문】

상고를 기각한다.

【이유】

상고이유를 판단한다.

1. 사건의 개요와 쟁점

가. 공소사실의 요지

피고인은 2018. 11. 19. 자전거를 운행하던 중 전방주시의무를 게을리하여 진행한 과실로 전방에서 보행하고 있던 피해자 공소외 1 (남, 69세)을 보지 못하고 자전거 앞바퀴 부분으로 피해자를 들이받아 넘어지게 하였다. 결국 피고인은 업무상 과실로 피해자에게 열린 두개 내 상처가 없는 미만성 뇌손상 등의 중상해를 입게 하였다.

나. 성년후견인의 처벌불원 의사표시

1) 피해자는 위 사고로 의식불명이 되었고 치료를 받던 중인 2019. 6. 14.경 담당의사로부터 의사표현이 불가능한 식물인간 상태라는 취지의 진단을 받았다. 피해자는 제1심 변론종결일 무렵인 2020. 9. 21.경까지도 의식을 회복하지 못하였다.

2) 피해자에 대하여 2019. 6. 20. 수원가정법원 2019느단50598 심판 으로 성년후견이 개시되면서 성년후견인으로 피해자의 법률상 배우자인 공소외 2 가 선임되었다. 위 법원은 성년후견인의 법정대리권의 범위에 '소송행위'를 포함시키고 그 대리권 행사에 법원의 허가를 받도록 정하였다.

3) 공소외 2는 피고인 측으로부터 합의금을 수령한 후 제1심 판결선고 전인 2020. 11. 10. 제1심법원에 "피해자는 4,000만 원을 지급받고 피고인의 형사처벌을 원하지 않는다."라는 내용의 서면을 제출하였다.

다. 원심의 판단

원심은 형사소송절차에서는 명문의 규정이 없으면 소송행위의 법정대리가 허용되지 않는다는 이유로 피해자가 의사능력이 없더라도 피해자의 성년후견인이 반의사불벌죄에 관해서 피해자를 대리하거나 독립하여, 처벌불원의사를 표시하거나 처벌희망 의사표시를 철회하는 것은 허용되지 않는다면서 공소사실을 유죄로 인정한 제1심 판결을 그대로 유지하였다.

라. 이 사건의 쟁점

이 사건의 쟁점은 피해자의 성년후견인이 피해자를 대리하여 반의사불벌죄에 관하여 처벌불원의사나 처벌희망 의사표시의 철회를 결정할 수 있는지 여부이다.

2. 대법원의 판단

가. 「교통사고처리 특례법」은 제3조 제1항에서 차의 운전자가 교통사고로 인하여 형법 제268조 의 죄를 범한 경우에는 5년 이하의 금고 또는 2천만 원 이하의 벌금에 처하도록 하면서, 같은 조 제2항에서 "차의 교통으로 제1항의 죄 중 업무상과실치상죄 또는 중과실치상죄를 범한 운전자에 대하여는 피해자의 명시적인 의사에 반하여 공소를 제기할 수 없다."라고 정하여 차의 교통으로 인한 업무상과실치상

죄를 이른바 반의사불벌죄로 규정하고 있다.

반의사불벌죄에서 성년후견인은 명문의 규정이 없는 한 의사무능력자인 피해자를 대리하여 피고인 또는 피의자에 대하여 처벌을 희망하지 않는다는 의사를 결정하거나 처벌을 희망하는 의사표시를 철회하는 행위를 할 수 없다. 이는 성년후견인의 법정대리권 범위에 통상적인 소송행위가 포함되어 있거나 성년후견개시심판에서 정하는 바에 따라 성년후견인이 소송행위를 할 때 가정법원의 허가를 얻었더라도 마찬가지이다.

나. 구체적인 이유는 아래와 같다.

1) 법의 문언적·합리적 해석

「교통사고처리 특례법」과 형사소송법의 문언상 처벌을 원하지 아니하는 의사결정 자체는 피해자가 하여야 하고 대리될 수 없다.

가) 형사소송절차 규정을 해석·적용할 때에는 절차적 안정성과 명확성이 무엇보다 중요하므로 문언의 객관적인 의미에 충실한 해석이 필수적이다. 특히 반의사불벌죄에서 처벌불원의사와 같이 소송조건과 관련된 규정은 국가소추권·형벌권 발동의 기본 전제가 되므로, 형사소송절차의 명확성과 안정성, 예측가능성을 확보하기 위해서 법문에 충실한 해석의 필요성이 무엇보다 크다.

「교통사고처리 특례법」제3조 제2항에 따르면, 차의 운전자가 교통사고로 인하여 범한 형법 제268조의 업무상과실치상죄는 '피해자의 명시적인 의사'에 반하여 공소를 제기할 수 없도록 규정하므로, 문언상 그 처벌 여부가 '피해자'의 '명시적'인 의사에 달려 있음이 명백하다. 따라서 제3자가 피해자를 대신하여 처벌불원의사를 형성하거나 결정할 수 있다고 해석하는 것은 법의 문언에 반한다.

나) 형벌법규를 해석할 때 피고인에게 유리한 경우에는 유추해석이나 확장해석이 가능할 수 있지만, 이 경우에도 문언의 범위를 넘어서는 해석은 그렇게 해석하지 아니하면 그 결과가 현저히 형평과 정의에 반하거나 심각한 불합리가 초래되는 경우에만 가능하고, 그렇지 않다면 나름의 근거와 합리성을 가진 입법자의 재량을 존중하여야 한다(대법원 2004. 11. 11. 선고 2004도4049 판결 등 참조).

어떤 범죄를 친고죄 또는 반의사불벌죄로 정할 것인지는 입법자에게 광범위한 형성의 자유가 인정되고(헌법재판소 2021. 4. 29. 선고 2018헌바113 전원재판부 결정 등 참조), 처벌불원의사에 관하여 의사능력만을 요구할 것인지 여부(대법원 2009. 11. 19. 선고 2009도6058 전원합의체 판결 등 참조) 또는 불가분의 원칙에 따라 피해자 의사의 효력에 제한을 가할 것인지 여부(대법원 1994. 4. 26. 선고 93도1689 판결 등 참조) 등 반의사불벌죄의 요건과 효과를 어떻게 정할 것인지는 입법정책의 문제에 해당한다. 처벌불원의사의 형성 및 표시에 관하여 법정대리인에 의한 대리를 허용할 것인지 여부도 마찬가지다. 특히 형사소송절차의 소송능력은 의사능력만 있으면 원칙적으로 인정되는 바(대법원 2009. 11. 19. 선고 2009도6058 전원합의체 판결 등 참조), 이와 같은 형사소송절차의 독자적인 원리는 자기책임의 원칙 또는 실체적 진실 발견의 원칙에 기인한 것이므로, 형사소송절차에서 소송행위는 근본적으로 '대리'와 친하지 않다.

「교통사고처리 특례법」은 물론 형법·형사소송법에도 반의사불벌죄에서 피해자의 처벌불원의사에 관하여 대리가 가능하다거나 법정대리인의 대리권에 피해자의 처벌불원 의사표시가 포함된다는 규정을 두고 있지 않다. 따라서 반의사불벌죄의 처벌불원의사는 원칙적으로 대리가 허용되지 않는다고 보아야 한다.

2) 반의사불벌죄에서 피해자 의사의 우선성

형사사법의 목적과 보호적 기능, 국가소추주의 내지 국가형벌독점주의에 대한 예외로서 반의사불벌죄의 지위 등을 감안하면, 반의사불벌죄에서 피고인 또는 피의자에 대하여 처벌을 원하지 않거나 처벌희망의 의사표시를 철회하는 의사 결정 그 자체는 특별한 규정이 없는 한 피해자 본인이 하여야 한다.

가) 범죄행위를 하여 처벌을 받아야 할 자에 대해서는 합리적 의심의 여지가 없는 증명이 있음을 전제로 그에 상응한 처벌이 이루어져야 한다는 형사사법의 보호적 기능을 담보하기 위하여 현행법은 국가소추주의 내지 국가형벌독점주의를 원칙으로 정하고 있다.

그런데 반의사불벌죄는 특정 유형의 범죄에 관하여 피해자의 의사를 최대한 존중하는 취지에서 특별히 피해자의 명시적인 의사를 소극적 소추조건으로 규정한 것인바, 이는 우리 법질서가 사인의 형사사법절차에 대한 개입을 예외적으로 인정한 부분이다. 그럼에도 법이 예정한 범위나 정도를 벗어나 사인의 형사사법절차에 대한 개입을 확대하게 되면, 궁극적으로 형사사법의 보호적 기능이 약화되고 결과적으로 국가형벌권이 불공평하게 행사되는 결과가 초래될 수 있다. 그러므로 반의사불벌죄를 해석할 때에는 피해자의 일방적인 의사에 의해 국가의 공적인 형벌기능이 좌우되는 것을 방지할 수 있도록 국가소추권·형벌권의 공평한 행사, 법익보호와 책임원칙이라는 형사사법의 대원칙까지 고려하여야 한다.

나) 반의사불벌죄는 피해자의 일방적 의사표시만으로 이미 개시된 국가의 형사사법절차가 일방적으로 중단·소멸되는 강력한 법률효과가 발생한다는 점에서도 처벌불원의사는 피해자의 진실한 의사에 기한 것이어야 한다.

따라서 피고인 또는 피의자의 처벌을 원하지 않거나 처벌을 원하는 의사표시를 철회하는 경우, 그러한 피해자의 의사는 흠이 없는 진실한 것이어야 하고, 명백하고 믿을 수 있는 방법으로 표현되어야 한다(대법원 2001. 6. 15. 선고

2001도1809 판결 등 참조). 법원이 피해자의 나이, 지능, 지적 수준, 발달성숙도 및 사회적응력 등에 비추어 피해자에게 범죄의 의미, 피해를 당한 정황, 처벌을 원하지 않는다는 의사표시 또는 처벌을 원하는 의사표시의 철회가 가지는 의미·내용·효과 등을 이해하고 알아차릴 수 있는 능력이 있는지 여부 및 그러한 의사표시가 진실한 것인지를 세밀하고 신중하게 조사·판단하여야 하는 것도 그 때문이다(대법원 2009. 11. 19. 선고 2009도6058 전원합의체 판결 등 참조). 반의사불벌죄에 대한 처벌불원의사는 친고죄의 고소와 달리 공범자 간 불가분의 원칙이 적용되지 않으므로(대법원 1994. 4. 26. 선고 93도1689 판결 등 참조), 피고인 또는 피의자 각자의 처벌 여부에 대한 피해자의 진실한 의사 확인이 더욱 중요한 의미를 가진다.

다) 처벌불원에 관한 법정대리인의 의사표시를 피해자 본인의 의사와 같다고 볼 수는 없다. 법정대리인의 의사표시는 그 자체로 피해자의 의사가 아닐 뿐만 아니라 피해자의 진실한 의사에 부합한다는 점에 관한 담보가 전혀 없기 때문이다. 결국 피해자의 처벌불원의사는 입법적 근거 없이 타인의 의사표시에 의하여 대체될 수 있는 성질의 것이 아니므로, 일신전속적인 특성을 가진다 . 대법원이 미성년자인 피해자의 법정대리인을 통하여 처벌불원 의사표시가 이루어진 경우에도 법정대리인이 밝힌 처벌불원의 의사표시에 피해자 본인의 의사가 포함되어 있는지 여부를 심리하여야 한다고 판시한 것 역시 같은 맥락에서 이해할 수 있다(대법원 2009. 12. 24. 선고 2009도11859 판결, 대법원 2010. 5. 13. 선고 2009도5658 판결 등 참조).

3) 친고죄와 반의사불벌죄의 준별

형사소송법은 친고죄의 고소 및 고소취소와 반의사불벌죄의 처벌불원의사를 달리 규정하였으므로, 반의사불벌죄의 처벌불원의사는 친고죄의 고소 또는 고소취소와 동일하게 취급할 수 없다.

가) 형사소송법은 고소 및 고소취소에 관하여, 고소권자에 관한 규정(제223조 내지 제229조), 친고죄의 고소기간에 관한 규정(제230조), 고소취소의 시한과 재고소의 금지에 관한 규정(제232조 제1항, 제2항), 불가분에 관한 규정(제233조) 등 다수의 조문을 두고 있다. 특히 형사소송법 제236조는 "고소 또는 그 취소는 대리인으로 하여금 하게 할 수 있다."라고 하여 대리에 의한 고소 및 고소취소에 관한 명시적 근거규정을 두었다.

반면 반의사불벌죄에 관하여는 형사소송법 제232조 제3항에서 "피해자의 명시한 의사에 반하여 공소를 제기할 수 없는 사건에서 처벌을 원하는 의사표시를 철회한 경우에도 제1항과 제2항을 준용한다."라고 하여 고소취소의 시한과 재고소의 금지에 관한 규정을 준용하는 규정 하나만을 두었을 뿐 반의사불벌죄의 처벌불원의사에 대하여는 대리에 관한 근거규정을 두지 않았고, 대리에 의한 고소 및 고소취소에 관한 형사소송법 제236조를 준용하는 근거규정도 두지 않았다.

나) 친고죄와 반의사불벌죄는 피해자의 의사가 소추조건이 된다는 점에서는 비슷하지만 소추조건으로 하는 이유·방법·효과는 같다고 할 수 없다 . 반의사불벌죄는 비교적 경미하고 주로 피해자 개인의 법익을 침해하는 범죄에 관하여 피해자의 의사·감정을 무시하면서까지 처벌할 필요가 없는 것 중 법익침해의 정도가 상대적으로 덜 경미하여 처벌의 필요성이 적지 않은데도 이를 친고죄로 하는 경우 피해자가 심리적 압박감이나 후환이 두려워 고소를 주저하여 법이 그 기능을 다하기 어려운 상황에 대비한 것이므로(대법원 1994. 4. 26. 선고 93도1689 판결 등 참조), 피해자에 대한 형사사법적인 보호를 확대하기 위한 것이다. 피고인 또는 피의자의 처벌 여부에 관한 피해자의 의사표시가 없는 경우 친고죄는 불처벌을, 반의사불벌죄는 처벌을 원칙으로 하도록 형사소송법이 달리 취급하는 것도 그 때문이라고 할 수 있다.

형사소송법이 친고죄와 달리 반의사불벌죄에 관하여 고소취소의 시한과 재고소의 금지에 관한 규정을 준용하는 규정 외에 다른 근거규정이나 준용규정을 두지 않은 것은 이러한 반의사불벌죄의 특성을 고려하여 고소 및 고소취소에 관한 규정에서 규율하는 법원칙을 반의사불벌죄의 처벌불원의사에 대하여는 적용하지 않겠다는 입법적 결단으로 이해하여야 한다.

다) 대법원은 형사소송법이 반의사불벌죄에 대하여 고소취소의 시한과 재고소의 금지에 관한 규정(제232조 제1항, 제2항)을 준용하는 규정(제232조 제3항)을 두면서도 고소와 고소취소의 불가분에 관한 규정(제233조)을 준용하는 규정을 두지 않은 것은 처벌불원의사에 대하여 친고죄와 달리 공범자 간에 불가분의 원칙을 적용하지 않고자 함에 있다고 볼 것이지 입법의 불비로 볼 것은 아니라고 판시한 바 있다(대법원 1994. 4. 26. 선고 93도1689 판결 등 참조). 이는 대법원도 형사소송법의 체계·내용에서 알 수 있는 친고죄와 반의사불벌죄의 준별이 단순한 입법적 흠결이 아니라 입법자의 결단임을 명시적으로 인정한 것이라고 볼 수 있다.

라) 피해자가 아닌 제3자에 의한 고소 및 고소취소 또는 처벌불원의사를 허용할 것인지 여부는 친고죄와 반의사불벌죄의 성질상 차이 외에 입법정책의 문제이기도 하다. 즉, 형사소송법은 고소에 관하여는 피해자 본인(제223조) 외에도, 법정대리인(제225조 제1항), 피해자가 사망한 경우 그 배우자·직계친족·형제자매(제225조 제2항), 사자명예훼손죄의 경우 그 친족·자손(제227조), 지정고소권자(제228조) 등 다수의 제3자에게 고소권을 인정하고, 대리에 의한 고소 및 고소취소(제236조)를 인정하면서도 반의사불벌죄에 관하여는 피해자 외에 처벌불원의사를 표시하거나 처벌을 희망하는 의사표시를 철회할 수 있는 사람을 별도로

정하지 않았고, 대리에 의한 처벌불원 의사표시를 허용하는 근거규정이나 대리 고소에 관한 제236조 를 준용하는 규정을 두지 않았다. 이는 반의사불벌죄에 서 처벌불원 의사결정 자체는 피해자 본인이 해야 한다는 입법자의 결단이 드 러난 것으로, 피해자 본인의 진실한 의사가 확인되지 않는 상황에서는 함부로 피해자의 처벌불원의사가 있는 것으로 추단해서는 아니 됨을 의미한다.

4) 성년후견인에 의한 처벌불원의사 대리의 한계

민법상 성년후견인이 형사소송절차에서 반의사불벌죄의 처벌불원 의사표시를 대리할 수 있다고 보는 것은 피해자 본인을 위한 후견적 역할에 부합한다고 볼 수도 없다.

가) 피해자를 사건본인으로 하는 성년후견개시심판과 피고인 또는 피의자를 당사자 로 하는 형사소송절차는 완전히 별개의 절차로, 가정법원에 의한 성년후견인 선임은 형사소송절차에 대한 별도의 고려 없이 가사재판이 추구하는 가치를 충 실히 구현할 수 있는 관점에서 이루어진다. 피해자 본인의 의사가 무엇보다 중 요한 형사소송절차에서 반의사불벌죄에 대한 처벌불원의사에까지 성년후견인에 게 대리를 허용하는 것은 피해자 보호를 비롯한 형사사법이 추구하는 보호적 기능의 구현과 무관할 뿐만 아니라 오히려 이에 역행한다고 볼 여지도 있다.

나) 반의사불벌죄가 아닌 범죄에서 피해자와의 합의 내지 피해자의 처벌불원의사는 유리한 양형참작사유에 해당할 여지가 있으므로, 피고인이나 피의자는 피해자 와 합의를 하려는 적극적인 유인이 있고, 이러한 합의는 성년후견인을 통해서 도 당연히 가능하다. 그러나 반의사불벌죄에서 피해자의 진실한 처벌불원의사 가 확인되지 않음에도 성년후견인에 의한 처벌불원의사의 대리를 허용하는 것 은 피해자가 아닌 피고인 또는 피의자의 이익·관점에 지나치게 경도된 것이다. 반의사불벌죄가 아닌 범죄에서는 성년후견인을 통해 합의가 이루어지더라도 단 지 유리한 양형참작사유를 마련하는 것에 그치지만 반의사불벌죄에서는 소추조 건 자체를 흠결시킴으로써 국가형벌기능을 아예 중단·소멸시키기 때문이다. 반 면에 성년후견인에 의한 처벌불원의사의 대리를 허용하지 않더라도 현행 양형 기준 제도하에서 피해자 복리나 보호의 관점에 특별한 문제가 생긴다거나 이에 부정적인 영향을 미친다고 보이지도 않는다.

다) 반의사불벌죄에서 처벌불원의사로 국가의 형사사법기능이 중단되는 것은 그것이 '피해자'의 의사라는 점에서 정당성을 찾을 수 있으므로, 피해자가 의사무능력인 상황에서 성년후견인이 처벌불원의사를 대신 결정할 수 있도록 하는 것이 피해 자 복리·보호에 부합한다고 추단할 수는 없다. 범죄로 인하여 원치 않은 피해를 입은 피해자의 진실한 의사는 민사소송절차를 통한 손해배상이나 금전적·경제적 보상과 함께 형사소송절차를 통한 정당한 형사처벌을 기대하는 것이라고 볼 수 있기 때문이다. 일반 범죄가 아닌 반의사불벌죄의 경우에는 그 법적 성질 및 형

사소송법의 규정에 비추어 더욱 그러할 것인데, 성년후견인을 통한 신속한 피해보상과 분쟁해결이 형사처벌에 관한 피해자의 진실한 의사와 관계없이 이루어진다면, 이는 피해자의 진정한 복리나 보호를 위한 것이라고 보기 어렵다.

특히 처벌불원의사에는 형사소송법 제232조 제2항에 따른 고소취소 및 재고소 금지에 관한 규정이 준용되므로, 피해자가 의사무능력 상태여서 진실한 의사를 확인할 수 없는 상황에서 성년후견인이 피해자를 대리하여 처벌불원의사를 표시하였다가 이후 피해자가 의사능력을 회복하여 피고인 또는 피의자에 대한 처벌을 다시 희망하더라도 성년후견인이 한 처벌불원 의사표시를 취소할 수 없다. 이러한 상황은 피해자를 위한 성년후견인의 대리행위의 범위가 형사소송절차에까지 확대될 경우에는 피해자 의사가 무엇보다 중요한 반의사불벌죄에서 오히려 피해자의 의사를 무력하게 할 뿐만 아니라 피해자 보호를 위한 후견적 기능에 역행하는 부당한 결과가 초래될 수 있음을 의미한다.

라) 형사사법은 국가형벌권의 발생요건인 범죄와 그 법적 효과인 형벌을 규율하고, 국가형벌권의 구체적 실현을 위하여 필요한 절차를 정함으로써 국가의 공정한 형벌권 행사를 통해 법익보호와 질서유지라는 공적인 목적을 추구한다. 피성년후견인의 복리·보호라는 개인적 차원의 목적을 위하여 행위능력의 보완 또는 법률관계의 조정적 기능을 수행하는 성년후견제도의 취지를 가사절차가 아닌 형사사법절차에서 어느 정도 반영할 것인지는 형사사법절차가 가지는 고유한 가치와 법리에 근거한 입법정책의 문제이다. 이와 달리 보는 것은 공정하고 신속하며 경제적인 소송절차의 진행을 목적으로 하는 민사소송의 이념 및 이를 구현하는 가사재판의 가치와 법리를 형사재판의 영역에까지 무비판적으로 확대·수용하자는 것과 다름없다.

5) 소극적 소송조건이 아닌 양형인자로서의 '합의'

반의사불벌죄는 피해자에 대한 피해회복 등 당사자 사이에 사적인 분쟁해결을 촉진하고 존중하려는 취지도 포함되어 있다. 그러나 피해자의 처벌불원의사의 존부에 지나치게 무게중심을 두는 형사사법절차는 현실적으로 피해자에 대한 2차 가해와 같은 사회적 갈등이나 추가적인 법적 분쟁을 일으키는 주요한 원인이 될 수도 있다. 처벌불원의사를 표시하지 않는 행위가 피고인 또는 피의자에 대한 가혹함으로 치부되어, 결과적으로 피해자가 원치 않는 의사표시를 강요당하는 상황에 처할 수 있기 때문이다.

2023. 7. 1. 시행된 대법원 양형기준은 '처벌불원' 또는 '합의'의 지위를 범죄별로 차등하여 규정하고, 정의 규정을 새롭게 정비함으로써 처벌불원과 합의의 양형인자로서의 기능을 체계적으로 세분화하였다. 새로 시행된 형사공탁제도는 인적사항이 특정되지 않은 상황에서도 피해자에 대한 공탁을 가능하게 함으로

써 피해자의 보호라는 형사사법의 목적을 훼손하지 않으면서 피해회복과 유리한 양형인자를 확보할 수 있게 하였다. 이러한 제도적 변화까지 고려하면, 양형기준을 포함한 현행 형사사법 체계 아래에서 성년후견인이 의사무능력자인 피해자를 대리하여 피고인 또는 피의자와 합의를 한 경우에는 이를 소극적인 소추조건이 아니라 양형인자로서 고려하면 충분하다.

3. 이 사건에 관한 판단

원심판결 이유를 앞서 본 법리에 비추어 살펴보면, 반의사불벌죄에서 피해자가 의사능력이 없는 경우 피해자의 성년후견인이 피해자를 대리하여 처벌불원 의사표시를 하거나 처벌을 희망하는 의사표시를 철회하는 것은 허용되지 않는다고 본 원심의 판단에 반의사불벌죄에서 처벌불원의사에 관한 법리를 오해하여 필요한 심리를 다하지 아니함으로써 판결에 영향을 미친 잘못이 없다.

4. 결론

그러므로 상고를 기각하기로 하여 주문과 같이 판결한다. 이 판결에는 대법관 박정화, 대법관 민유숙, 대법관 이동원, 대법관 이흥구, 대법관 오경미의 반대의견이 있는 외에는 관여 법관의 의견이 일치하였고, 다수의견에 대한 대법관 노정희, 대법관 천대엽의 보충의견, 그리고 반대의견에 대한 대법관 민유숙의 보충의견이 있다.

5. 대법관 박정화, 대법관 민유숙, 대법관 이동원, 대법관 이흥구, 대법관 오경미의 반대의견

가. 반대의견의 요지

형사소송법은 반의사불벌죄에서 피해자의 의사능력이 결여된 경우 처벌불원 의사표시에 관하여 명시적인 규정을 두고 있지 않은 법률 흠결상태이다. 피해자가 의사무능력인 경우에도 피해자의 자기결정권을 구현하고 피해자의 복리·보호를 위하여 제3자가 피해자의 의사를 지원·보완하는 방법을 통해 처벌불원 의사표시를 하는 것이 필요하므로 피고인에게 유리한 방향으로 형사소송법의 관련 규정들을 유추적용할 필요성이 매우 크다. 그것이 본인의 의사와 잔존능력을 존중하여 가능한 최대한도에서 정상적인 사회의 구성원으로 활동할 수 있도록 새롭게 도입된 성년후견제도의 취지를 반영하는 해석이다.

따라서 반의사불벌죄에서 의사능력이 없는 피해자에게 성년후견이 개시되어 있는 경우 성년후견인이 가정법원의 허가를 받아 처벌불원의 의사표시를 할 수 있다고 보아야 한다.

나. 반의사불벌죄에 관한 입법 체계와 법률의 흠결

반의사불벌죄의 유형과 기능은 개별 범죄마다 다르고 일관된 입법 취지나 기준을 찾기 어려워 통일적인 해석도 쉽지 않다. 따라서 현행 법률에서 반의사불벌죄 및 처벌불원의사의 본질 내지 보편적인 특징을 도출하여 이 사건 쟁점의 근거로 삼는

것은 타당하지 않다.

1) 1953. 9. 18. 형법 제정 당시 도입된 반의사불벌죄는 우리나라에만 존재하는 제도이다. 제정 형법이 반의사불벌죄를 둔 것은 전통적 미풍양속을 고려함과 동시에 형벌법규의 형식적·기계적 적용에 따른 폐단을 최소화하면서 당사자 사이의 사적·자율적 분쟁해결을 최대한 존중하려는 취지인 것으로 평가된다.

2) 어떤 범죄를 반의사불벌죄로 정할 것인지는 입법부에 광범위한 형성의 자유가 인정되는 영역이기는 하다(헌법재판소 2021. 4. 29. 선고 2018헌바113 전원재판부 결정 등 참조).

대법원은 반의사불벌죄를 비교적 경미하고 주로 피해자 개인의 법익을 침해하는 범죄로서 구태여 피해자의 의사나 감정을 무시하면서까지 처벌할 필요가 없는 유형의 범죄 중 상대적으로 덜 경미하여 처벌의 필요성이 적지 않은데도 이를 친고죄로 하는 경우 피해자가 심리적 압박감이나 후환이 두려워 고소를 주저하여 법이 그 기능을 다하기 어려울 것에 대비한 것이라고 하였다. 피해자에 대한 배상이나 당사자 사이의 개인적 차원에서 이루어지는 분쟁해결을 촉진하고 존중하려는 취지도 포함되어 있다고 보았다(대법원 1994. 4. 26. 선고 93도1689 판결 등 참조).

3) 그러나 실제 형법 및 특별법에서 인정되는 반의사불벌죄의 유형은 실로 다양하다. 폭행·협박죄와 그 가중유형 중 일부(형법 제260조 제1항 및 제2항, 제283조 제1항 및 제2항, 제107조, 제108조 등), 명예훼손죄 중 일부(형법 제307조, 제309조, 「정보통신망 이용촉진 및 정보보호 등에 관한 법률」제70조 제1항 및 제2항 등), 과실치상죄(형법 제266조 제1항), 교통사고로 인한 업무상과실치상죄 등(「교통사고처리 특례법」제3조 제1항), 수표 부도 또는 과실 부정수표 발행으로 인한 각「부정수표 단속법」위반죄(「부정수표 단속법」제2조 제2항, 제3항) 등이 있다.

비교적 경미한 범죄에 한하여 반의사불벌죄가 인정되는 것도 아니다. 이 사건과 같이 차의 교통으로 인한 업무상과실치상죄의 법정형은 5년 이하의 금고 또는 2천만 원 이하의 벌금이다(교통사고처리 특례법 제3조 제1항). 디자인보호법(제220조 제1항), 실용신안법(제45조 제1항) 의 각 권리침해죄의 경우 그 법정형이 7년 이하의 징역 또는 1억 원 이하의 벌금이다. 아래에서 볼 청소년에 대한 강간죄의 법정형은 일정기간 동안 3년 이상의 유기징역이었다.

4) 특히 아동·청소년에 대한 성폭력행위를 규율하는 법률의 경우 시대적 변화나 사회적·정치적 요구에 따라 피고인 또는 피의자의 처벌에 관한 피해자 의사의 법률적 지위가 변화되어 왔다.

구 「청소년의 성보호에 관한 법률」(2007. 8. 3. 법률 제8634호로 개정되기 전의 것)의 청소년 등에 대한 강간, 강제추행 등 범죄(제10조)는 친고죄로 규정되어 있었다가 비판이 높아짐에 따라 2007. 8. 3. 개정으로 반의사불벌죄로 변경되었고(제7조, 제16조), 이후 후속 개정을 통하여 전면적 비친고죄로 변경되기에 이르렀다. 친고죄를 비친고죄로 변경하는 과도기 속에서 반의사불벌죄가 변화의 충격을 완화하기 위한 타협적 입법형태로서 이용된 것으로 볼 수 있다.

5) 「교통사고처리 특례법」은 입법 목적으로 '피해의 신속한 회복'을 내세우며 자동차운전자의 업무상과실치상죄를 반의사불벌죄로 규정하나, 제정 당시의 입법자료에 의하면 교통사고를 일으킨 운전자의 형사책임을 면제시켜 주면서 교통사고를 신속하게 처리할 필요성이 부각되었던 점을 알 수 있다.

6) 반의사불벌죄의 입법 목적, 피해자 의사를 조건으로 하는 이유나 방법, 형법 등의 규율현황 등에 비추어 반의사불벌죄는 친고죄와 함께 국가형벌독점주의의 예외에 해당한다. 국가형벌권의 공적 성질을 고려할 때 친고죄와 반의사불벌죄는 본질적으로 유사성을 갖고 그 법적 효과면에서 통일적으로 처리할 필요성이 높다. 그럼에도 형사소송법이 고소 및 고소취소에 대하여 대리를 허용하는 규정을 두면서도 처벌불원의사에 대하여는 이에 관한 규정을 두지 않은 것은 해석에 의한 보충이 필요한 입법의 불비이자 법률의 흠결에 해당한다.

다. 피해자의 복리·보호를 위한 형사절차규정의 유추해석 필요성

피해자가 의사무능력인 경우에도 피해자의 자기결정권을 구현하고 피해자의 복리를 위하여 제3자가 피해자의 의사를 지원·보완하는 방법을 통해 처벌불원 의사표시를 하는 것이 필요하다. 형사소송법이 명시적으로 규정하고 있지 않으나 이를 금지하는 규정 또한 존재하지 않는다. 피고인 또는 피의자가 의사무능력일 경우 일정한 범위에서 법정대리인에 의한 소송행위 대리를 규정한 형사소송법 제26조 와 새로 도입된 성년후견제도의 유추적용·활용을 통해 피해자가 의사무능력자인 경우 성년후견인에 의한 처벌불원 의사표시를 인정할 수 있다.

1) 처벌불원의사와 형사소송절차에서 의사능력

반의사불벌죄에서 피해자가 제1심 판결선고 전까지 처벌불원 의사표시를 하면, 법원은 공소기각 판결을 선고하여야 한다(형사소송법 제232조, 제327조). 따라서 반의사불벌죄에서는 제1심판결 시까지 피고인에 대한 처벌이 피해자의 처벌불원의사 표명에 달려 있고 이는 직권으로 판단하여야 할 사항이다.

피해자의 처벌불원 의사표시는 형사소송절차에서 소극적 소송조건으로서 법원에 대한 피해자의 소송행위에 해당하므로 피해자에게 소송능력이 있어야 하고,

형사소송법상 소송능력은 소송당사자가 유효하게 소송행위를 할 수 있는 능력, 즉 자기의 소송상 지위와 이해관계를 이해하고 이에 따라 방어행위를 할 수 있는 의사능력을 의미한다(대법원 2009. 11. 19. 선고 2009도6058 전원합의체 판결 등 참조).

그리고 의사능력은 구체적인 행위와 관련하여 판단되어야 하므로 피해자가 유효한 처벌불원의 의사를 표시하려면 그 표시 당시 피해자가 처벌불원서 제출의 법률상 의미와 그 효과, 즉 피고인 또는 피의자가 처벌을 면하게 되며 향후 피해자가 처벌을 원하더라도 이를 번복할 수 없다는 점을 모두 이해하여야 한다.

2) 피해자의 의사능력결여에 관한 법률의 흠결

가) 형사소송법은 반의사불벌죄의 피해자에게 의사능력이 결여된 경우 그 처리에 관하여 아무런 규정을 두고 있지 않다. 이런 경우 의사능력을 갖추지 못한 사람은 적법한 처벌불원 의사표시를 할 방법이 없는지, 아니면 형사소송법상 다른 규정들을 유추하여 이를 긍정할 수 있는지 가려야 한다.

법률에 특정한 규정이 존재하는 경우의 해석원칙에 관하여는 대법원이 이미 여러 차례의 판시를 통해 확인한 바 있다(대법원 2009. 4. 23. 선고 2006다81035 판결 등 참조).

반면 법률이 어떤 사안을 규율하기 위하여 필요한 규정을 두지 않아 그 법률을 문언의 의미상 가능한 한도까지 해석하여도 당해 사안에 대한 해결책을 발견할 수 없는 이른바 '법률의 흠결'이 있는 경우에 해석을 통하여 그러한 흠결을 보충하는 것은 다른 차원의 문제이다.

법적 규율이 없는 절차법상 많은 영역의 쟁점들 모두 '입법재량'으로 보아 방치할 수 없다. 보충이 가능한 '법률의 흠결'로 평가될 부분이 있고, 그와 같이 평가되는 영역에서는 관련된 다른 법률규정을 유추적용할 필요성이 인정된다.

특히 형벌법규는 죄형법정주의에 따라 엄격하게 해석할 것이 요구되나(대법원 2016. 5. 19. 선고 2014도6992 전원합의체 판결 등 참조) 법률문언의 통상적인 의미를 벗어나지 않는 한 그 법률의 입법 취지와 목적, 입법연혁 등을 고려한 목적론적 해석이 배제되는 것은 아니다(대법원 2006. 5. 12. 선고 2005도6525 판결 등 참조).

오히려 처벌의 필요성 등을 들어 범죄의 성립을 긍정함으로써 피고인에게 불이익하게 해석하는 것은 죄형법정주의에 어긋나는 것이다(대법원 2016. 5. 19. 선고 2014도6992 전원합의체 판결 등 참조). 처벌조각사유의 범위를 제한적으로 유추적용하면 행위자의 가벌성 범위가 확대되어 행위자에게 불리해지고 가능한 문언의 의미를 넘어 범죄의 구성요건을 유추적용하는 것과 같은 결과가 초래되는바 이 역시 죄형법정주의에 반하는 것으로 허용될 수 없다(대법원

1997. 3. 20. 선고 96도1167 전원합의체 판결 등 참조). 형사소송법의 유추적용을 통하여 재심사유를 인정하는 것은 헌법상 재판받을 권리를 보장하는 헌법합치적 해석으로 허용된다(대법원 2018. 5. 2. 자 2015모3243 결정 등 참조)는 법리 역시 같은 맥락에서 이해할 수 있다.

나) 형사소송법에 의사무능력인 피해자의 처벌불원의사의 대리에 관한 규정이 없는 것은 그 제정 당시 "자기결정권의 지원과 보완을 통해 의사결정능력의 실질적 회복 및 행사"라는 관념 내지 그 필요성을 알지 못하였고 이를 예상할 수도 없었기 때문이다(대법원 2006. 6. 22. 자 2004스42 전원합의체 결정 의 취지 참조). 따라서 그 법률의 흠결은 입법재량 내지 입법결단이 아닌 보충의 대상이 되는 입법공백이고 그러한 입법공백은 입법자에 의해 의도된 것이거나 결단의 산물이 아니다.

3) 피고인에게 유리한 형사소송법 제26조 의 유추적용

가) 형사소송법 제26조는 일정한 경우 피고인 또는 피의자가 의사능력이 없는 때에는 그 법정대리인이 소송행위를 대리한다고 정한다. 그러나 그에 대한 반대해석으로 명문의 규정이 없으면 언제나 소송행위의 대리는 허용되지 않는다고 보아야 하는 것은 아니다. 소송행위의 대리가 허용되는지 여부는 소송행위의 의미나 목적, 절차의 형식적 확실성, 소송관계인의 이익, 소송행위의 특성 등을 종합적으로 고려하여 결정해야 한다.

나) 이와 달리 피해자에 대하여는 의사능력이 없는 경우의 법적 규율은 공백으로 남아 있지만 대법원은 형사소송법 제26조 에 대해서 '의사능력이 있으면 소송능력이 있다.'라는 형사소송 고유의 법원칙에 근거한 것으로 이러한 원칙이 피해자 등 제3자가 소송행위를 하는 경우에도 마찬가지로 적용된다고 보았다(대법원 2009.11.19. 선고 2009도6058 전원합의체 판결 등 참조).

다) 최근 대법원은 친고죄의 경우 형사소송법 제225조 제1항의 법정대리인의 고소권과 관련하여, 부재자의 보호를 위하여 부재자 재산관리인의 관리대상 재산에 관한 범죄에 대하여 법원이 허가한 경우 부재자 재산관리인에게 고소권을 인정하였다(대법원 2022. 5. 26. 선고 2021도2488 판결 참조).
반의사불벌죄에 관하여도 의사무능력인 피해자의 보호필요성은 형사소송법 제26조라는 '법률의 규정'과 '법원의 허가심판'을 권한의 근거로 삼을 수 있는 점에서 위 대법원판결과 이 사건은 크게 다르지 않다. 나아가 부재자 재산관리인 제도와 성년후견제도에서의 법원의 후견적 역할이나 각 제도에서 법원의 허가결정이 구체적·실체적 심리 끝에 이루어진다는 점에서도 위와 같이 취급할 수 있다.

라. 성년후견제도의 도입으로 인한 유추적용의 정당성

1) 성년후견제도 도입 이전

성년후견제도가 도입되기까지는 의사능력이 없는 성년 피해자에 대하여 그의 의사능력을 보완·보충할 방법이 없었다.

2011. 3. 7. 법률 제10429호로 개정되기 전 민법(이하 '구 민법'이라 한다)상 의사능력이 결여된 사람에 대하여 금치산 선고가 가능하였으나 후견인에게 금치산자의 신상에 관한 의사결정을 지원·조력할 권한은 부여되지 않는다고 해석되었고, 설령 그 권한을 긍정하더라도 금치산자의 배우자와 혈족 중 촌수·연령의 정해진 순위에 따라 자동적으로 후견인이 되는 경직성, 감독기관인 친족회의 유명무실함으로 실제 금치산자의 후견인이 적극적으로 처벌불원 의사표시를 하여 법률적 효력이 다투어진 사례를 찾기 어려웠다.

2) 성년후견제도 도입의 의미

의사결정능력이 충분하지 않은 사람도 자기결정권, 즉 본인의 의사와 잔존능력을 존중하여 가능한 최대한도에서 정상적인 사회의 구성원으로 활동할 수 있어야 한다. 의사결정능력이 흠결되었다는 이유로 자신의 신상에 관한 의사결정을 할 필요가 없다거나 법률효과를 수반하는 의사결정을 할 수 없다고 보는 것은 의사결정능력을 흠결한 사람들의 인간으로서의 존엄성이나 행복추구권을 부정하는 것과 다름없다.

2011. 3. 7. 개정되어 2013. 7. 1.부터 시행된 민법으로 도입된 성년후견제도는 의사결정능력이 부족하거나 흠결된 사람들의 자기결정권을 지원·보완함으로써 그들의 인간으로서의 존엄성과 행복추구권을 실질적으로 보장하려는 데에 그 사상적·이론적 기초가 있다.

성년후견제도는 이전의 금치산·한정치산과 근본적으로 다른 새로운 전제와 원칙에 입각한 제도로서 구 민법이 갖지 못하였던 규정에 따라 새로운 기능을 수행하며 법률효과가 부여된다.

가정법원이 정신적 제약으로 사무를 처리할 능력이 지속적으로 결여된 사람에 대하여 성년후견개시의 심판을 하고(민법 제9조) 성년후견인을 선임하면(민법 제936조 제1항), 성년후견인은 피후견인의 법정대리인이 된다(민법 제938조 제1항). 가정법원은 그 법정대리권의 범위를 정할 수 있고 법정대리권의 행사에 법원의 허가를 요구하는 등의 제한을 둘 수 있다(민법 제938조 제2항).

또한 민법 제947조의2는 피후견인의 신상에 대한 결정에 관하여 정하고 있다. 피후견인은 자신의 신상에 관하여 그의 상태가 허락하는 범위에서 단독으로 결정함을 원칙으로 하지만(제1항), 일부 중요한 행위에 대하여 의사결정능력이 없는 경우에는 성년후견인이 이를 대신할 수 있고 (제3항), 피후견인의 신체와 거주에 중요한 영향을 미치는 행위에 대하여는 가정법원의 허가를 받아야 한다(제2항, 제3항, 제4항). 민법은 신상에 관한 사항 중 일부에 관하여만 정하고 있지만 가정법원은 성년후견인이 피후견인의 신상에 관하여 결정할 수 있는 권한의 범위를 설정할 수 있는 점(민법 제938조 제3항) 등에 비추어 성년후견인이 민법 제947조의2에서 정한 사항에 한하여만 피후견인의 신상에 관한 결정을 할 수 있다고 제한할 것은 아니고 널리 신상에 관한 사항 일반에 관하여 위 규정을 적용함이 상당하다.

위 해석은 국제규범과 유사한 법률규정으로 뒷받침된다. 즉, 개정 민법의 성년후견제도는 2006년 제정되고 2008년 발효된 「장애인의 권리에 관한 협약(Convention on the Rights of Persons with Disabilities)」이 일반 원칙으로 장애인에게 선택의 자유를 포함한 개인의 자율성 및 자립에 대한 존중과 완전하고 효과적인 사회 참여 및 통합을 규정하고, 당사국이 합리적인 편의 제공을 보장하기 위한 모든 절차를 취하도록 하는 것에 대응하는 제도이다.

「발달장애인 권리보장 및 지원에 관한 법률」도 제8조 제1항에서 발달장애인은 주거지 결정, 의료행위 등 개인의 신상에 관한 사항을 스스로 결정한다고 규정하는 한편 제8조 제3항에서 발달장애인이 스스로 의사를 결정할 능력이 충분하지 아니한 경우에는 그 의사결정을 지원할 수 있도록 규정하고, 제9조 제1항에서 발달장애인이 일상생활에서 의사를 결정할 능력이 부족하여 의사결정의 대리 또는 지원이 필요하다고 볼 만한 상당한 이유가 있는 경우에는 지방자치단체의 장이 가정법원에 후견개시의 심판을 청구할 수 있도록 규정하고 있다.

3) 신상에 관한 의사결정권의 실질적 보호

가) 의사능력이 결여된 사람이 직면하는 어려움은 재산상 문제에 한정되지 않고 신상에 관한 의사결정도 포함되는데 특히 신상에 관한 것은 본인의 자기결정권이 최대한 존중되어야 한다. 현행 성년후견제도하에서도 피후견인은 의사능력이 잔존하는 한 자신의 신상에 관하여 그의 상태가 허락하는 범위에서 단독으로 결정할 수 있다.

그런데 피후견인이 그러한 단독의사결정을 할 수 있는 신체적·정신적 상태에 있지 않은 경우, 이때에도 피후견인만 신상에 관한 결정을 할 수 있다고 한다면, 의사결정권자인 피후견인의 의사무능력으로 말미암아 결국 법률상 적법유효한 의사결정을 할 주체가 없게 되어 그 범위에서 피후견인에 대한 보호의 공백이 발생한다. 이처럼 피후견인이 의사능력 결여로 스스로 신상에 관한 결정을 할 수 없는 상태에서는 피후견인만이 그 의사결정을 할 수 있는 것이라고 하여 자기결정권존중의 원칙을 좁게 새기는 입장을 고수할 것이 아니라 성년후견인이 그 결정을 대신할 수 있도록 함으로써 궁극적으로 피후견인의 자기결정권이 실질적으로 구현되도록 하여야 한다.

성년후견제도는 독자적인 사무처리능력이 부족한 사람을 조력하여 본인의 의사결정을 지원함으로써 궁극적으로 자기결정권을 존중하고 본인의 복리·보호를 추구한다는 것이 핵심이므로, 성년후견인에 의한 신상에 관한 결정을 단순히 의사결정의 대행이라는 차원에서만 그 의미를 파악하는 것은 부당하다.

나) 이른바 무의미한 연명치료장치 제거에 관한 대법원 2009. 5. 21. 선고 2009다17417 전원합의체 판결 은 지속적 식물인간상태로서 의식을 회복할 가능성이 희박한 상태에 있는 환자에 대하여는, 법원이 그의 자기결정권 및 의사를 '추정'하여 연명치료의 중단의사를 인정할 수 있다고 판시하였다. 연명치료장치 제거는 생명유지에 직결되는 것으로, 한 개인에게는 그 어떠한 상황보다도 중요한 의사결정이 요구되는 문제라고 할 것이다. 위 판결은 의사능력이 결여된 사람의 신상에 관한 자기결정권을 보장하기 위하여는 법령상 이를 허용하는 명문의 규정이 존재하지 않는다는 이유로 부정할 것이 아니라 의사추정 등의 방법으로 유효한 자기결정권의 실질적 행사를 가능케 함이 타당하다고 보았다. 중요한 의사결정의 존재에 관하여 본인의 진실된 의사를 명시적으로 확인하지 못하였음에도 완화된 추정 법리에 따라 이를 받아들인 이유는 그것이 궁극적으로 본인의 인간으로서의 존엄과 가치 및 행복추구권에 부합한다고 보았기 때문이다.

특히 위 전원합의체 판결 중 대법관 김지형, 대법관 박일환의 별개의견은 구 민법 제947조 제2항 본문을 유추적용하여, 후견인이 의료인에게 연명치료의 중단을 요구하는 것이 금치산자의 자기결정권을 실질적으로 보장할 수 있는 최선의 판단인지 여부에 관하여 법원의 허가를 받아야 한다는 해석론을 전개함으로써 의사무능력자의 실질적 자기결정권 보장을 위한 법원의 후견감독기능을 강조하였다. 이는 자기결정권의 지원·보완을 위하여 공적 성격의 지위를 갖는 성년후견인을 선임하여 그를 통해 본인 신상에 관한 의사결정을 허용함과 동시에 후견감독기관인 가정법원의 심리·재판을 받는 경우에 한하여 성년후견인에 의한 처벌불원 의사표시를 허용하려는 반대의견의 취지와 맥을 같이한다.

마. 유추적용 범위의 명확한 한정

1) 반대의견은 명문의 규정이 없는 모든 경우에 제3자에 의한 소송행위의 대리 내지 대행을 일반적으로 인정하자는 것이 아니다. 피해자에게 의사능력이 존재하는 경우 처벌불원의사는 피해자에 의하여 결정됨으로써 족하다.

또한 피해자의 진정한 의사가 확인되지 않는다면, 충분한 심리를 거쳐 피해자의 의사를 확정하여야 할 것이다.

이 사건은 '사무처리능력이 지속적으로 결여되었음이 법원에 의하여 인정되어 성년후견이 개시되었고 피후견인에게 의사능력이 없어 형사절차에서 적법유효한 처벌불원 의사표시를 할 수 없는 경우'를 다루고, 이에 한정하여 해결법리를 찾는 것이다.

2) 일반적으로 의사능력이 없는 피해자의 성년후견인에게 모든 소송행위의 대리를 허용할 것도 아니다. 증인의 증언 등 소송행위의 의미나 목적에 비추어 대리가 허용되는 소송행위와 그렇지 않은 소송행위를 구분하는 것은 법률상 충분히 가능하다.

3) 피후견인이 어떤 상태에 있을 때 본인이 직접 의사결정권을 행사할 수 있고 어느 경우에 '의사능력에 흠결'이 있어 후견인에 의한 의사능력의 보완을 허용할 것인지 그 기준에 대하여는 민법상 규정이 없다.

   그 기준을 법령으로 정하고 있는 일부 외국의 입법례는 대체로 의사결정 관련 정보의 이해·기억·이용능력, 결정된 의사를 타인에게 전달할 능력, 의사결정으로 인한 결과와 위험에 대한 이해능력, 그러한 이해에 기초한 결정능력 등을 정하고 있으므로 이를 참고할 수 있을 것이다.

4) 성년후견인의 처벌불원 의사표시에 관한 가정법원의 허가는 형식적 절차가 아니라 피해자에게 의사결정능력이 결여되어 있는지, 처벌불원의 의사표시가 피해자의 복리에 저해될 우려는 없는지 등을 포함하여 구체적인 사정들을 종합적으로 심리·판단함으로써 발생가능한 문제들을 사전에 충분히 파악할 수 있는 실체적 심리절차에 해당한다. 성년후견인은 법원의 관여하에 선임되고 그 권한도 법률규정과 법원의 심판에 근거한다. 선임의 주체, 선임의 절차, 대리권의 근거 등에 비추어 볼 때 성년후견인의 '공적 성격의 지위'를 인정할 수 있다.

   이러한 성년후견인의 공적인 지위와 아울러 성년후견인이 성년후견개시심판에서 정한 바에 따라 가정법원의 허가를 받아 처벌불원의사를 표시한 경우 그 행위의 유효성을 적극적으로 새기는 것이 바람직하다.

바. 다수의견에 대한 반박

1) 법의 문언적·합리적 해석이라는 주장에 대하여

   형사소송법이 피해자의 의사무능력에 관하여 그 대리에 관한 아무런 규정을 두지 않은 것은 보충이 필요한 법률의 흠결에 해당한다. 성년후견인에 의한 처벌불원 의사표시의 허용은 피고인에게 불리하지 않으므로 유추해석을 허용하더라도 죄형법정주의에 반하지 않는다. 다수의견은 형사소송법상의 법률의 흠결을 입법정책 내지 입법재량으로만 이해하고 새로운 제도의 도입으로 인한 유추해석의 필요성과 허용성을 지나치게 협소하게 파악하였다. 그러한 해석론은 피해자의 생활반경을 극히 제한적인 영역으로만 한정하면서 성년후견제도의 이용가능성을 원천적으로 봉쇄하여 피해자의 복리와 보호를 후퇴시키고 소극적 소송조건을 부당하게 축소해석함으로써 결과적으로 처벌 범위를 확대하는 것이 되어 타당하지 않다.

2) 피해자의 의사에 부합하지 않는다거나 피해자의 복리·보호에 부합하지 않을 수

있다는 주장에 대하여

성년후견인에 의한 피후견인의 자기결정권에의 지원·보완은 관련 민법 규정들과 성년후견제도에 의하여 허용된다.

의사결정능력이 제한되거나 상실된 사람의 자기결정권 행사를 지원·보완하는 것은「장애인의 권리에 관한 협약」을 비롯하여 국민의 헌법상의 권리인 인간으로서의 존엄과 가치, 행복을 추구할 권리를 보장받기 위한 제도적 장치이다. 형사재판의 피해자라는 이유로 보호에서 제외될 수 없다. 특히 예상하지 못한 사고로 인지능력을 상실한 피해자는 가해자에 대한 민사소송과 가해자를 피고인으로 하는 형사소송 등 여러 법률적 분쟁에 휘말리게 된다. 그런데 위 민사소송과 형사소송은 피해를 입게 된 원인인 역사적 사실이 서로 동일한 점, 따라서 인지능력을 상실한 피해자를 대신하여 각 소송을 수행하는 성년후견인으로서는 민사와 형사를 분리하여 각 소송별로 독자적인 해결책을 모색하기보다는 이들을 통틀어 일체로 파악하여 총체적·전체적 관점에서 피해자의 최선의 이익을 추구하는 방향으로 해결책을 모색할 가능성이 높다는 점에서, 각 소송은 상호 밀접하게 관련되어 있다. 따라서 민사소송에서든 형사소송에서든 성년후견인의 행위는 피해자의 최선의 이익이라는 동일한 지향점 위에 상호 유기적으로 연결되어 있다고 볼 수 있고 양자를 분리하여 파악하는 것은 타당하다고 보기 어렵다. 손해배상금을 수령하는 행위와 처벌불원서를 제출하는 행위는 밀접하게 결합되어 전체적으로 피해자를 법률분쟁으로부터 해방시키는 절차를 구성하는 것이다. 이때 가정법원은 후견감독기관으로서 각 행위를 위한 허가재판에서 피해자의 의사능력결여 정도와 피해자복리 적합성을 심리하여 재판한다. 가정법원의 성년후견심판과 형사재판은 전혀 관계가 없다는 견해는 동의하기 어렵다.

개인의 신상에 관한 의사결정이 본인의 진실된 의사로 이루어져야 한다는 점은 반대의견의 전제이기도 하다. 그러나 인간은 예상하지 못한 사유로 의사능력을 상실할 수 있고 그때에도 여전히 결정하여야 할 대상이 존재한다. 성년후견인에 의한 의사결정권의 지원·보완은 제3자에 의한 의사결정의 대행·대체가 아니라 본인의사에 관한 진지하고 철저한 탐구·확인을 통하여 가정법원이 선임한 공적 지위의 성년후견인으로 하여금 본인의사가 실질적으로 실현된 것과 동일한 법률적 효과를 지향하고 그 과정에서도 법원의 후견감독기능을 개입시켜 본인의 자기결정권 행사를 담보하려는 것이다. 다수의견이 우려하는 피해자복리와의 충돌, 피해자 의사의 무력화 등의 위험은 가정법원의 허가재판에서 걸러지게 될 것이다.

3) 다수의견이 논거로 인용하는 선례 등에 관하여

가) 강학상 형사소송절차에서 명문의 규정이 없는 한 소송행위 대리가 허용되지 않는다는 견해의 근거로 인용되는 선례들(대법원 1953. 6. 9. 자 4286형항3 결정, 대법원 1994. 10. 28. 자 94모25 결정, 대법원 2014. 11. 13. 선고 2013도1228 판결 등)은 그 관련 판시 내용이 방론에 해당하거나 성년후견제도가 도입되기 전의 것들로 사안이 달라 이 사건에서 원용할 수 있는 선례가 아니라고 볼 수 있다. 그 판시 내용을 구체적으로 살펴보더라도 부정설을 뒷받침하는 선례라고 보기 어렵다.

나) 원심이 인용한 대법원 2009. 11. 19. 선고 2009도6058 전원합의체 판결 은 반의사불벌죄와 관련하여 피해자에게 의사능력이 있는 이상 단독으로 처벌불원 의사표시를 할 수 있고 법정대리인에 의해 대리되어야 한다고 볼 것은 아니라는 것이지, 나아가 '의사능력이 없는' 피해자의 경우에도 법정대리인에 의한 대리를 부정하는 취지까지 포함하고 있다고 볼 것은 아니다. 피해자에게 '의사능력이 없는' 이 사건과는 사안이 다르다.

다) 대법원 2013. 9. 26. 선고 2012도568 판결은 성년인 피해자가 의사능력을 상실하여 처벌희망 여부에 관한 의사표시를 할 수 없는 경우 그의 아버지가 처벌불원 의사표시를 할 수 없다고 판시하였다. 이는 당시 성년의 경우 의사무능력자라고 할지라도 그의 근친자에게 법정대리권을 인정할 법률상 근거가 전무하였고, 당해 사건에서도 법정대리권이 인정될 수 있는 별다른 사정이 없었던 데에 따른 불가피한 결론이었다.

라) 고소불가분원칙은 반의사불벌죄의 처벌불원의사에 적용되지 않는다는 대법원 1994. 4. 26. 선고 93도1689 판결 역시 친고죄의 고소불가분 규정에 관한 판시일 뿐 반의사불벌죄의 처벌불원 의사표시에 대하여 형사소송법상 어떠한 규정의 적용 또는 유추적용도 전면적으로 금지한다는 취지로 볼 것은 아니다. 나아가 위 판결에 대하여는 친고죄와 반의사불벌죄의 본질적 유사성에 비추어 비판하는 견해도 상당하다는 점을 지적해 둔다.

4) 양형참작사정으로서의 기능에 관하여

다수의견은 의사무능력자인 피해자의 성년후견인이 한 처벌불원의사 내지 형사합의는 양형참작사정으로 고려하는 것으로 충분하다고 한다.

성년후견인이 피해자를 대리하여 손해배상금을 수령하는 행위를 피해변제로 참작할 수 있다는 점에 대하여는 반대의견도 이견이 없다. 피해변제의 측면에서 형사공탁제도의 취지와 도입배경에 관한 다수의견의 이해 역시 이를 다투지 않는다.

그러나 피해자의 처벌불원의사는 '피해자 본인의 진정한 의사'에 기하여 '상대방을 용서'하는 것이다. 다수의견이 가해자를 용서하고 그의 처벌을 원하지 않는다는 의사의 결정은 의사능력을 갖춘 피해자 본인에 의하여만 할 수 있다고 하면서도 처벌불원서를 양형참작사정으로서 적법유효한 처벌불원의사로 취급하는 것은 수긍하기 어렵다. 이러한 시각은 소극적 소송조건으로서의 처벌불원의사와 양형요소로서 기능할 수 있는 처벌불원의사의 의미를 이원적으로 파악하는 것인데 그와 같은 이원적 취급의 근거를 알기 어렵다. '처벌불원의사'의 의미를 형사소송절차 전반에 걸쳐 동일하게 새겨야 하는 것이 타당함은 다언을 요하지 않을 것이다. '처벌불원의사'의 소송절차상의 지위나 기능을 그 절차적 특성이나 심리의 단계에 따라 다르게 파악하는 것은 '처벌불원의사'의 개념을 정의한 이후에 비로소 논의될 성질의 문제이다. 다수의견은 '처벌불원의사'의 의미를 심리절차에 따라 다르게 파악하고 있다는 점에서 동의하기 어렵다. 이 점에서 피해자 본인의 진실한 의사에 따른 처벌불원서가 항소심에서 제출되는 경우 양형참작사정으로 인정되는 것과는 다르다고 할 것이다.

사. 이 사건의 판단

1) 피해자에 대하여 성년후견이 개시되어 공소외 2 가 성년후견인으로 선임된 사실, 가정법원은 공소외 2 가 피해자를 대리하여 하는 소송행위에 대하여는 허가를 받도록 정한 사실, 공소외 2 는 제1심 판결선고 전 피고인 측으로부터 합의금을 수령하고 처벌불원서를 작성하여 법원에 제출한 사실은 위 1.항에서 본 바와 같고, 기록에 의하면 피해자는 제1심 판결선고일 무렵 의사표현이 불가능한 상태였던 사실, 피해자가 피고인의 부모를 상대로 이 사건 공소사실 기재 행위로 인한 손해의 배상을 구한 민사소송(서울고등법원 2022. 4. 22. 선고 2021나2026756 판결 로 확정)에서는 피고인 등의 손해배상책임 범위 산정에 관하여 공소외 2 가 피해자의 법정대리인으로서 피고인 측으로부터 수령한 합의금이 고려된 사실을 알 수 있다.

2) 위와 같은 사정을 앞서 본 법리에 비추어 살펴보면, 피해자의 성년후견인인 공소외 2 가 가정법원으로부터 허가를 받은 뒤 의사능력 없는 피해자를 대리하여 처벌불원의 의사표시를 한 경우에는 그 효력을 인정할 여지가 있다.

3) 그럼에도 원심은, 위의 요건들을 충분히 살펴보지 않은 채 그 판시와 같은 사유들만을 내세워 이 사건 공소사실을 유죄로 인정한 제1심판결을 그대로 유지하였다. 이러한 원심판단에는 반의사불벌죄에서 성년후견인의 피해자의 소송행위 대리에 관한 법리를 오해하고 필요한 심리를 다하지 않아 판결에 영향을 미친 잘못이 있다. 이를 지적하는 상고이유 주장은 이유 있다. 그러므로 원심판결을 파기하고 사건을 원심법원에 환송하여야 한다.

이상과 같은 이유로 다수의견에 찬성할 수 없음을 밝힌다.

6. 다수의견에 대한 대법관 노정희, 대법관 천대엽의 보충의견

다수의견에서 든 논거를 보충하면서, 반대의견이 들고 있는 논거에 대하여 필요한 범위에서 의견을 밝히기로 한다.

가. 반의사불벌죄 및 성년후견제도 취지의 측면

반대의견은 피해자 본인의 복리·보호를 위하여 성년후견제도를 활용한 처벌불원 의사표시를 허용하자는 것이나, 의사무능력인 피해자를 대리하여 성년후견인으로 하여금 처벌불원 의사표시를 하도록 하는 것은 오히려 반의사불벌죄나 성년후견제도의 취지에 실질적으로 배치된다.

1) 반대의견이 적절히 지적하는 바와 같이 이 사건의 쟁점은 '피해자가 의사무능력이어서 형사절차에서 적법유효한 처벌불원 의사표시를 할 수 없는 경우'에 피해자를 대신한 제3자(성년후견인)의 처벌불원의사를 허용할 수 있는지 여부이다. 의사능력이 다소 부족할 뿐 잔존능력에 의한 의사결정이 어느 정도 가능한 경우와 달리 의사능력이 완전히 결여되어 의사의 결정 및 표시 자체가 불가능한 경우에는 피해자의 의사가 실재(실재)하는지 불분명하고, 설령 이를 긍정하더라도 그 진정한 의미를 파악하는 것은 불가능하다. 성년후견인의 대리행위가 피해자의 객관적 이익에 다소라도 부응하면 그 대리행위가 피해자의 진정한 의사에 부합하리라는 것은 성급한 추단일 뿐이다.

피해자의 진정한 의사를 확인하기 어려운 상황에서 처벌불원의사의 대리를 허용하는 것은 피해자의 처벌불원의사나 그의 복리가 피해자의 진정한 의사와 무관하게 금전적·경제적 보상으로 대체될 수 있음을 전제로 하는 것으로 보인다. 그러나 반의사불벌죄에서 처벌불원의사는 금전적·경제적 보상으로 온전히 대체될 성질의 것이 아니다. 피해회복과 별개로 피고인에 대한 형사처벌을 원하는 경우도 얼마든지 있을 수 있고, 피해자의 진지하고 자발적인 의사가 수반되지 않는 금전적·경제적 보상의 일방적인 제공만으로는 피해자의 치유가 이루어질 수 없기 때문이다. 신속한 피해회복은 피해자의 복리에 관한 중요한 요소 중 하나일 뿐 유일한 요소는 아니다. 반의사불벌죄의 취지나 가해자 및 범죄에 대한 피해자의 감정·의사를 고려하면 가해자의 처벌에 관한 피해자의 의사도 피해자의 복리와 밀접한 관련이 있다. 피해자가 처벌을 원하거나 그 처벌불원 의사가 분명하지 아니함에도 금전적·경제적 보상을 이유로 가해자가 국가형벌권으로부터 자유롭게 된다는 것은 반의사불벌죄의 취지에 반하는 것은 물론 피해자의 복리를 위한 것이라고 단정할 수 있을지도 의문이다.

성년후견제도가 기존의 행위무능력자제도와 달리 피후견인의 잔존능력에 대한 존중을 전제로 그의 자기결정권 및 인권과 복리를 실질적으로 보장·보호하는

것을 기본이념으로 하고 있음은 반대의견이 지적하는 바와 같다. 성년후견인은 이를 위하여 피후견인의 재산관리에 관한 사무의 대행이나 지원뿐만 아니라, 피후견인이 의사능력을 완전히 상실하거나 잔존능력이 거의 남아있지 않아 신상에 관하여 단독결정을 할 수 없을 때에는 피후견인의 신상을 보호하는 사무의 대행이나 지원을 할 수 있다. 이때 '신상'에는 치료나 의식주의 결정, 복지서비스의 제공 등 피후견인의 신체적·정신적 복리와 관련된 여러 사정이 포함될 수 있다. 하지만 형사절차에서 피의자나 피고인에 대한 처벌불원의사를 결정하고 표시하는 것은 피후견인의 재산관리 사무의 대행이나 지원과 직접적인 관련이 없음은 물론 그의 신상을 보호·지원하는 사무와도 분명한 차이가 있다. 처벌불원의사는 피해자의 진실한 의사에 기한 것이어야 한다. 따라서 성년후견인이나 후견감독기관으로서의 가정법원이 처벌불원 의사표시가 피해자의 복리나 보호를 저해할 우려가 없는지 여부를 판단할 수 있고 또 판단한다 하더라도, 그것만으로 피해자의 처벌불원의사가 있음을 인정하거나 그 결정을 대신하기에 충분하다고 할 수 없다. 자칫 피후견인의 복리·보호라는 관점에 치우쳐 피해자의 처벌의사를 충분히 반영, 존중하지 않는 결과를 초래할 수 있는 이러한 해석은 성년후견제도의 도입취지와도 모순된다는 지적 역시 가능하다.

2) 연명치료중단에 관한 대법원 2009. 5. 21. 선고 2009다17417 전원합의체 판결 은 이 사건과는 사안이 다르다. 위 전원합의체 판결은 이미 환자가 "회복불가능한 사망의 단계(의식의 회복가능성이 없고 생명과 관련된 중요한 생체기능의 상실을 회복할 수 없으며 짧은 시간 내에 사망에 이를 수 있음이 명백한 경우)"에 있어서 추가적인 치료가 질병의 호전을 목적으로 하는 것이 아니라 질병의 호전을 사실상 포기한 상태에서 오로지 현 상태를 유지하기 위하여 이루어지는 것에 불과하여 의학적으로 무의미한 신체침습행위에 해당하는 연명치료를 환자에게 강요하는 것이 오히려 인간의 존엄과 가치를 해하게 되는 경우에 환자의 '의사추정'을 허용한다는 것이다. 이는 논리적으로 제3자의 '연명치료중단 의사'를 전제로 이를 환자의 진정한 의사로 의제하는 것이 아니라 환자의 관점에서 그의 진정한 의사를 추정한 후 그것이 '추정된 의사'임을 그대로 전제하는 한편, 그러한 의사추정을 하지 않으면 환자의 인간으로서의 존엄과 가치를 오히려 해하게 되는 극히 예외적인 경우에 한해 허용되는 것이라는 점에서, 반대의견이 성년후견인의 처벌불원의사로 피후견인의 의사를 사실상 갈음하고, 대리의 목적이나 허용에 관한 별다른 한계를 두지 않고서 모든 의사무능력자의 처벌불원의사를 대리할 수 있다고 보는 것과는 본질적인 차이가 있다.

3) 성년후견인이 피해자의 처벌불원의사에 갈음할 만한 구체적인 합의금액을 결정

하는 것은 적절하지도 않고 가능하지도 않다. 성년후견인의 대리행위에 대하여 가정법원의 허가가 있다고 해서 달리 볼 수도 없다. 이 사건과 같이 의사능력이 없는 식물인간 상태에 빠진 피해자의 진정한 의사를 탐구하는 것은 자연과학적 인지의 영역을 사실상 넘어서므로 불가능하다는 점에서는 가정법원과 성년후견인 사이에 별반 차이가 없다. 가정법원의 허가는 성년후견인의 대리행위가 사회통념이나 일반적 기준에 비추어 피해자의 최선의 이익에 부합하는지 혹은 후견의 취지를 넘어 대리권을 남용하거나 도리어 피후견인의 복리와 안전을 해치는 것은 아닌지 등 객관적인 적정성 통제를 담보할 수 있음에 그치고, 의사무능력 상태에 처한 피해자의 진정한 의사를 확인할 수 있는 위치에 있지 않음은 성년후견인의 경우와 다를 바 없기 때문이다.

4) 성년후견인의 판단으로 피해자의 처벌불원의사를 대체하는 것은 결과적으로 피해자의 보호를 위한 것이라기보다 피고인의 형사절차상 이익을 제고하기 위한 것이 될 뿐이다. 합의 과정에서 피고인이 형사처벌을 면하기 위한 적정한 보상금액의 산정이 최우선적으로 다뤄질 것이고 피고인의 처벌에 대한 피해자의 진정한 의사에 관한 고려는 사실상 배제되거나 금전적·경제적 기준에 따른 객관적 평가의 대상으로 전락하게 될 가능성이 많다. 이러한 결과는 피해자의 의사를 존중하려는 차원에서 예외적으로 형사절차에의 개입을 허용하는 반의사불벌죄의 취지에 반함은 물론 피해자의 자기결정권 실현과 복리 향상을 목적으로 하는 성년후견제도의 도입취지 및 가정법원의 역할에도 배치된다.

나. 양형심리 절차에서의 피해자 측의 용서 내지 합의와의 구별

1) 형사공판절차는 범죄의 성립 여부 및 소추조건의 구비 여부를 심리하는 절차와 이를 전제로 적정한 양형을 심리하는 절차로 구별할 수 있다. 각 절차는 그 목적이나 지향점이 다르므로 심리대상, 심리방식, 지도원리 등에 차이가 있다. 예컨대 무죄추정 원칙과 공개재판 원칙은 전자의 절차에서는 중요한 의미를 갖지만 이를 전제로 하는 양형심리 절차에서는 적정한 양형을 위하여 피고인의 삶 전반이나 인격적인 요소 등 해당범죄와 직접적 관련이 없는 부분까지를 포함한 종합적 심리가 보다 중요한 의미를 갖게 된다. '공판절차 이분론'을 제도적으로 도입·정비해야 한다는 주장이 제기되는 것도 이 때문이다. 또 심리대상이 동일·유사하더라도 각 절차의 목적이나 심리방식에 따라 해당 절차에서의 의미나 평가를 반드시 동일하게 새길 필요는 없다.

2) 형법 제51조는 형을 정할 때 참작하여야 할 사항으로 범인의 연령·성행·지능과 환경, 피해자에 대한 관계, 범행의 동기·수단과 결과, 범행 후의 정황을 정하고 있다. 양형은 법정형을 기초로 형법 제51조 에서 정한 양형의 조건이 되는 사

항을 두루 참작하여 합리적이고 적정한 범위 내에서 이루어지는 재량 판단으로(대법원 2020. 9. 3. 선고 2020도8358 판결 참조), 양형의 기초가 되는 정상관계는 다양하고 복잡하며 비유형적이므로 양형의 조건에 원칙적으로 특별한 제한이 없다. 형법 제51조에서 정한 사항에 해당하기만 하면 모두 양형의 요소로 고려될 수 있고, 공판중심주의와 직접주의를 취하고 있는 우리 형사소송법에서는 각 심급별로 양형판단에 관한 고유한 재량이 있다(대법원 2015. 7. 23. 선고 2015도3260 전원합의체 판결 참조).

3) 피해자의 처벌불원의사는 소극적 소송조건으로서의 측면과 양형요소로서의 측면으로 구별된다. 반의사불벌죄에서 소극적 소송조건으로서의 처벌불원의사는 국가형벌권 실현을 위한 소송상 전제조건으로, 그 유무에 관한 심리는 전자의 절차에 해당한다. 여기서 처벌불원의사 유무에 관한 심리는 피해자의 진정한 의사가 있는지를 대상으로 한다. 처벌을 불희망하는 피해자의 진정한 의사가 확인되면 법원은 소극적 소송조건이 충족되었음을 이유로 검사의 공소를 기각하여야 하고, 처벌희망 여부에 관한 피해자의 진정한 의사를 확인할 수 없다면 양형에 관한 심리절차로 나아가게 된다.

4) 의식불명 등으로 피해자의 처벌불원에 관한 진정한 의사를 확인할 수 없어 소극적 소송조건으로서의 처벌불원 의사표시가 불가능한 경우라도 피고인이 피해자를 위해 한 사죄의 표시 및 금전적 보상을 매개로 한 피해자의 가족 등 피해자의 이해관계인의 용서나 합의는 양형요소로서 기능할 수 있다. 이러한 의미에서 피해자 측과의 합의나 용서가 전체 형사공판절차에서 배제되는 것은 아님을 알 수 있다.

오히려 형사소송에서 피고인이 자신을 방어하기 위하여 형사절차의 진행과정과 결과에 적극적으로 영향을 미칠 수 있도록 그에 필요한 절차상 권리를 보장하는 것은 헌법이 보장한 공정한 재판을 받을 권리의 내용이 되고, 양형에 관하여 피고인이 자신에게 유리한 자료를 제출할 수 있는 기회를 보장하는 것도 그러한 공정한 재판을 받을 권리에 포함된다[헌법재판소 2021. 8. 31. 선고 2019헌마516, 586, 768, 2020헌마411(병합) 전원재판부 결정 등 참조]. 피고인에게 유리한 양형자료라고 하는 것은 공정한 재판을 받을 피고인의 권리 보장의 측면에서 엄격한 증명의 대상이 되는 것에 한정되지 않으므로 용서 내지 합의 등 처벌불원과 관련한 양형자료 역시 피해자의 객관적 이해관계 혹은 피해자 가족의 주관적 의사에 부합하는 것만으로도 이에 해당할 수 있다.

이처럼 소극적 소송조건인 반의사불벌죄의 처벌불원의사와 양형요소인 널리 피해자 측의 용서 내지 합의는 각자의 취지 및 적용하는 국면을 달리함에도 단지 그 형태의 유사성을 들어 동일하게 해석하거나 더 나아가 후자의 처벌불원 관련 양형자료를 근거로 전자의 소극적 소송조건으로까지 취급하는 것은 전체 형사공판절차의 다층적 성격을 간과한 것으로 동의하기 어렵다. 의사무능력인 피해자를 위한 금전적·경제적 보상을 매개로 한 피해자 측의 용서나 합의 혹은 그 노력은 그것이 소극적 소송조건으로서의 처벌불원의사에 해당하는지와 무관하게 양형요소로서 얼마든지 참작할 수 있고, 그것으로 충분하다고 보아야 한다.

다. 합의만능주의와 피해자에 대한 2차 가해의 우려

1) 친고죄와 반의사불벌죄는 피해자의 '진정한 의사'를 전제로 형사사법에 대한 사인의 의사개입을 예외적으로 허용하는 것이므로 명시적 근거 없이 그 적용을 확장하는 것은 경계해야 한다. 특히 '합의'가 되었다는 이유로 피해자의 진정한 의사를 함부로 추단하고 이를 근거로 범죄에 대한 국가형벌권의 실현을 원천적으로 막는 것은 더욱 신중하여야 한다. 우리 형사법이 국가형벌권의 행사에 관한 당사자처분권주의를 원칙적으로 채택하고 있지 않을 뿐만 아니라 자칫 '범죄를 저질러도 합의만 하면 된다.'라는 합의만능주의 및 범죄를 저지르고도 처벌이 이루어지지 않는 실질적 비범죄화를 조장할 우려가 있기 때문이다. 이 경우 국가는 범죄에 효과적으로 대응할 수 없게 되고 그 결과 형사법의 법익보호기능과 책임원칙 등이 후퇴하는 것은 물론 궁극적으로 법질서 전체 및 사법에 대한 국민의 신뢰가 심각하게 훼손될 수 있다. 최근 친고죄 및 반의사불벌죄에 대하여 가해자가 금전적·경제적 보상을 매개로 처벌을 면하는 현상에 대한 비판이 높아지고, 범죄에 상응한 처벌이 필요하다는 공감대 위에 비친고죄화·비반의사불벌죄화의 국민적·사회적 요구가 커지고 있다. 이러한 시대적 요구를 반영한 입법이 이루어지고 있음은 반대의견이 지적하는 바와 같지만 그것이 함의하는 바는 피해자의 진정한 용서가 수반되지 않는 금전적·경제적·명목적 합의에 기한 국가형벌권의 무력화 현상에 대한 경계라는 점에서 반대의견과는 그 지향점을 달리한다.

2) 형사소송법은 의사능력을 근간으로 소송능력을 규율하면서 피고인 및 피의자의 의사무능력과 달리 피해자의 의사무능력에 대하여는 별다른 규정을 두고 있지 않다. 반의사불벌죄의 취지와 그 무분별한 확장에 따른 부정적 파급효과를 감안할 때 이러한 형사소송법의 태도는 소극적 소송조건으로서의 처벌불원의사에 대하여는 대리를 허용하지 않으려는 입법자의 의지로 이해함이 온당하다. 그럼에도 더 나아가 진정한 의사를 확인할 수 없는 피해자를 상대로 현행 형사소송법령이 예정하고 있지 아니한 성년후견제도를 이용하여 피해자의 처벌불원의사를 갈음하는 것은 범죄행위에 상응한 형사책임을 져야 할 피고인이유리한

양형자료를 확보하기 위해 무리한 수단을 동원해서라도 피해자 측에 합의를 종용하여 받아내고 형사법원이 무비판적으로 이를 피고인에 유리한 양형의 요소로 원용함으로써 필연적으로 피해자의 2차 피해를 야기해 온 과거의 구습을 다시금 부활시킬 우려가 있다. 이는 공탁법 개정을 통해 형사공탁제도를 공식적으로 도입함으로써 2차 피해를 근절하려는 입법적, 사법적 노력에 역행하는 것이기도 하다.

3) 피고인의 입장에서는, 피해자의 의식이 불명한 경우 그 의식이 회복되어 진정한 의사를 확인할 수 있는 경우에 비해 처벌불원의 기회를 제공받지 못하는 불이익이 있을 수 있다. 그러나 이러한 불이익은 개별 사안에서 피해자의 의사능력 유무에 따른 현상이나 결과에 불과하고, 처벌불원의사를 확보할 기회가 반드시 법적인 권리로 보호받아야 하는 것도 아니다. 피해자의 의사무능력 상태가 피고인의 범죄행위로 인해 초래된 이 사건의 경우에는 더욱 그러하다.
피고인이 피해자 측에 금전적·경제적 보상을 제공하고 피해자 측과 형사합의를 하는 것은 얼마든지 가능하다. 설령 그러한 피고인의 노력이 피해자의 완전한 용서나 합의에까지 이르지 못한 경우에도 그 금전적·경제적 보상의 노력과 실질은 피고인에 대한 양형심리 과정에서 유리한 양형요소로 참작할 수 있을 것이다. 이는 새로 도입된 형사공탁제도가 예정하고 있는 영역에 속하는 것이기도 하다. 다만 피해자의 진정한 의사를 확인할 수 없는 가운데 이루어진 위와 같은 사정들은 양형심리 단계에서 양형요소로 반영되어야 할 뿐, 그 진정한 용서나 합의의 의사를 의제하여 반의사불벌죄의 소극적 소송조건으로 취급하는 것은 지나치게 피고인 위주의 관점·이익에 치우친 것이어서 받아들이기 어렵다. 피고인의 방어권에 대한 법적 보장은 양형심리 과정에서 반영하는 것으로 충분하다고 볼 수 있기 때문이다.

라. 형사소송절차의 독자성·완결성에 대한 존중의 함의와 필요성

1) 반대의견은 결국 형사소송법의 문언과 다른 유추해석을 하자는 것이다. 이것은 반대의견의 논증이 현행 형사소송법의 문언만으로는 채택하기 어려운 것이자 오히려 다수의견의 결론이 현행법의 문언해석에 따른 논리적 귀결임을 방증하는 것이다.

2) 형법의 근본적인 기능과 역할은 범죄를 처벌하고 예방함으로써 사회공동체 질서를 유지하고 그 구성원들의 생명, 신체, 자유, 재산 등의 법익을 보호하는 것이고, 형사소송절차의 과제는 헌법의 정신에 입각하여 형사실체법이 요구하는 국가형벌권을 적법절차를 통해 실현하는 일이다. 혐의사실이 증명된 범죄자에게는 상응한 처벌이 이루어지고, 무고한 자에 대하여는 처벌이 이루어지지

않도록 하는 것이 형사법의 해석론이 견지하여야 할 기본적인 태도이다.

한편 형사법은 형벌권의 주체인 국가와 그 객체인 범죄자, 형벌권 행사를 위해 수사·소추·공소유지 기능을 수행하는 검사와 그 상대방인 피의자 또는 피고인을 직접적 수범자 및 절차 당사자로 상정하여 그들의 법률관계를 규율하는 것을 핵심으로 한다. 형사법적 법률효과는 피해자 개개인의 의사와 무관하게 법공동체의 공통된 윤리규범을 바탕으로 입법자가 범죄로 규정하고 형벌을 부과하기로 결단한 사항에 대하여 국가에 의해 부여되는 것이지, 피해자 개인의 손해를 전보하거나 가해자에 대한 보복을 대신하기 위한 것이 아니다.

요컨대 형사법은 피해자 개개인으로부터 이격되어 공정한 형벌권 행사를 통해 법익보호 및 질서유지를 목적으로 하는 공적인 절차이다. 형사사법기능은 원칙적으로 피해자의 의사에 달려 있는 것이 아니며 피해자의 의사에 따라 국가형벌권의 실행이 좌우될 수도 없다. 구체적인 사건에서 피해자의 의사나 피해의 회복은 그 자체가 형사사법의 목적이나 규율영역에서 본질적으로 해결해야 할 성질의 것이 아니다.

3) 형사소송법의 각 규정과 형사소송절차는 위와 같은 형사법의 이념과 가치의 구현을 위하여 전체적으로 일관되고 상호 유기적인 관계를 맺고 있다. 민사나 가사 등 비형사법적인 규정이나 제도의 어느 일면에만 주목하여 그 규정이나 제도를 엄격한 검증 없이 형사사법절차에 적용하는 것은 입법자가 설계·설정한 형사사법제도의 성격이나 취지에 어긋나거나 형사사법제도의 통일적·유기적인 운영을 저해할 수 있다.

4) 반대의견은 가사소송절차의 성년후견제도와 형사소송절차 사이의 본질적 차이를 간과하고 성년후견의 법리를 형사사법에 그대로 도입하자는 것으로, 자칫 '민사의 형사화' 위험보다 더욱 경계되어야 할 '형사의 민사화' 위험을 내포하고 있다는 점에서도 선뜻 받아들이기 어렵다.

성년후견제도는 피후견인 개인을 중심으로 법률관계 전반에 걸쳐 부족한 행위능력을 보완하기 위하여 후견적 개입이 필요한 사항을 규율함으로써 피후견인의 복리를 향상시키는 것을 목적으로 하는 것임에 반해, 형사사법의 본질은 수범자인 피고인 또는 피의자의 삶 전반이 아닌 특정 범죄행위를 중심으로 국가형벌권의 적절한 실현을 통한 법익보호와 사회질서유지를 목적으로 하고, 국가형벌권의 실현 과정에서 절차적 정의를 추구함에 있다. 피후견인의 복리라는 개인적 행위능력의 회복과 일반 법률관계의 조정이라는 기능을 목적으로 하는 성년후견제도는 범죄에 관한 국가형벌권의 정당한 구현 및 그 과정에서의 절차적 정당성 확보를 목적으로 하는 형사사법과 친하지 않은 것이다. 성년후견제도의 목적이나 이를 새롭게 도입하게 된 필요성 내지 경위에 십분 공감할 바가 있더라도 그러한 사정은 명시적 근거규정 없이 성년후견제도를 형사사법으로까지 확장하는 것을 긍정하기에 적절한 논거가 될 수 없다.

이상과 같이 다수의견에 대한 보충의견을 밝힌다.

7. 반대의견에 대한 대법관 민유숙의 보충의견

가. 다수보충의견에 대한 재반박 및 반대보충의견의 취지

1) 다수의견에 대한 보충의견은 성년후견인에 의한 처벌불원 의사표시를 허용하면 금전보상을 이유로 가해자인 피고인이 처벌을 면하는 이익을 얻고 형사합의를 종용하여 피해자에게 2차 가해를 야기할 우려가 있다고 비판한다.

그러나 처벌불원의사로 인하여 범죄자가 국가형벌권으로부터 자유롭게 되는 것은 반의사불벌죄의 본질에서 유래하는 것이지 성년후견제도의 활용에 의하여 새롭게 발생하는 문제가 아니다. 이미 오래전부터 동일한 취지의 비판을 근거로 삼아 반의사불벌죄 폐지·개혁론이 주장되어 왔다. 반의사불벌죄를 유지하는 이상 법원은 처벌불원서 제출과정에서 피해자의 진실한 의사 여부를 판단하기 위해 세밀한 주의를 기울여 가해자에 의한 강압이나 2차 가해 유무를 심리해야 할 것이다.

'합의만능주의' 역시 반의사불벌죄의 부작용으로 지적되어 왔으며, 특히 대법원 2009. 11. 19. 선고 2009도6058 전원합의체 판결, 대법원 2010. 10. 14. 선고 2010도5610, 2010전도31 판결 등은 14세 무렵의 성폭력피해자가 보호자의 조력을 받지 못한 상황에서 표명한 처벌불원의사일지라도 유효하다고 판단함으로써 의사능력 법리가 '의사능력이 존재한다면 처벌불원의사로 인정된다.'라는 형식적인 판단과 결합하여 오히려 합의만능주의에 가깝게 되었다는 비판을 받게 되었다. 아래에서 반대의견을 채택함으로써 합의만능주의를 배격할 수 있다는 점을 자세히 설명하기로 한다.

가정법원은 실질적 심리를 통하여 피해자의 최선의 이익을 대변할 수 있는 사람으로서 성년후견인을 선임한다. 성년후견인은 그와 같은 '공적인 지위'에서 다시 법원의 감독하에 처벌불원 의사표시를 하게 된다. 형사합의가 피해자가 아닌 가해자의 이익을 위한 것으로 악용되거나 피해자에 대한 2차 가해가 발생할 우려는 다른 경우보다 오히려 적다고 볼 수 있다.

결국 다수보충의견이 염려하는 바는 반대의견에 대한 비판으로서는 부족한 논거라고 할 것이다.

2) 관점을 넓혀 반의사불벌죄뿐 아니라 형사합의가 이루어지는 형사재판절차 전체에서 피해자 의사결정에 대한 지원은 의사무능력자를 포함하여 사무처리능력이 결

여되거나 부족한 사람들 모두에게 일반적으로 필요한 것임을 실증적으로 검토하고 지원·보완의 근거 및 방법을 밝힘으로써 반대의견을 보충하고자 한다. 이러한 논의의 확장은 사안의 적절한 해결과 함께 형사절차의 운용에서 주요 관계인 중 하나인 피해자의 지위·보호를 고양하고 헌법지향성을 강화하고자 함이다.

나. 처벌불원의사에 관한 종래의 판단 기준 및 실무에 대한 비판

1) 처벌희망 여부에 관한 피해자의 의사는 반의사불벌죄의 소극적 소송조건으로서만 의미를 가지는 것이 아니다. 형사재판에서 처벌불원 의사표시, 즉 형사합의서의 제출은 소극적 소송조건에 해당하는지 여부를 떠나 양형심리에서도 큰 의미를 갖는다. 대법원 양형기준이 양형심리의 기본 틀로 자리 잡은 현재의 실무에서 처벌불원의사는 권고영역이나 형량범위를 결정하고 구체적 선고형을 정하는 데 중요한 요소이다. 피고인의 공판 외 소송행위는 대부분 피해회복 및 처벌불원의사 확보에 집중되어 있다.

2) 반의사불벌죄의 처벌불원의사가 피해자의 진실한 의사에 의하여야 함은 반복적으로 확인된 법리이다. 그러나 구체적 사안에서 대법원과 하급심의 실무는, 표시된 처벌불원의사가 피해자의 '진실한 의사'에 해당하는지에 초점을 맞추기보다는 사법(私法)상 의사표시해석론을 형식적으로 적용하여 '표시된 효과의사'를 대상으로 하자의 유무에만 집중하여 심리하여 온 것으로 보인다. 그 결과 피해자들에게 의사능력이 있고 의사표시에 폭행, 협박, 강압 등의 하자가 없어 의사표시를 무효로 볼 수 없다면 그 의사표시는 '흠이 없어 진실'하다고 보았다. 이에 대하여는 '진실한 의사표시'가 무엇을 의미하는지, 처벌불원의사의 진실성이 사법(私法)적 의사표시해석론에 의하여 확인될 수 있는 것인지 등의 의문이 있었고, 피해자의 진실한 의사표시를 진정하게 확인할 수 있는 판단 기준과 심리방법이 불명확하다는 한계가 있음에도 형사소송절차가 '피해자의 진실한 의사표시'에 명목상으로만 의존한다는 유력한 비판이 제기되어 왔다.

3) 그간의 형사재판실무는 성인인 피해자가 의사능력이 완전히 결여된 것으로 볼 수 없다면 형사합의서의 내용과 그 제출로 인한 법률효과의 의미를 인식할 수 있다고 손쉽게 인정함으로써 그와 같이 제출된 합의서의 효과를 그대로 부여하여 왔다. 범죄사실 자체에서 이미 피해자의 인지능력이나 의사결정능력이 현저히 부족한 상태에 있음을 알 수 있는 경우에도 마찬가지였다. 예컨대 피고인이 피해자의 사리분별 및 의사결정 능력이 부족한 것을 이용하여 피해자의 노동력을 장기간 착취한 사실로 준사기죄 및 근로기준법 위반죄 등으로 기소되었던 이른바 '염전노예' 사건에서 피해자 본인 명의로 제출된 합의서가 그의 '진실한 의사'에 기초한 처벌불원의사로 인정되어 소극적 소송조건을 구비한

것으로 되거나 피고인에게 유리한 양형요소로 참작되었다.

4) 나아가 의사형성에 관한 지원·보완을 받지 못한 아동·청소년 피해자가 제출한 형사합의서가 그대로 처벌불원에 관한 '진실한 의사'로 손쉽게 인정되기도 하였다. 친권자와 동거하지 않는 등의 사정으로 인해 친권자나 법정대리인으로부터 의사결정에 관한 원조를 받을 수 없는 형편의 아동·청소년 피해자는 미성년으로서의 미성숙한 의사결정능력이나 판단력을 보정받기 어렵다. 그들 중 의사의 결정 및 표시에 어려움을 겪는 정신적·신체적 장애를 갖고 있는 경우도 상당하다. 그럼에도 그들 명의의 처벌불원서가 제출된 경우 그 진실성이나 피해자의 진정한 의사에 관한 세밀한 심리 없이 처벌불원서 그대로의 효과가 인정되는 경우가 많았다. 광주인화학교 사건에서도 청각·언어 장애 4급인 아동·청소년 피해자가 항소심에서 제출한 형사합의서가 피고인들에 대한 유리한 양형자료로 그대로 활용되었다.

5) 형사절차 전반에 지대한 영향을 미치는 처벌불원 여부에 관하여, 지원·보완이 필요한 불완전한 의사표시가 이루어졌음에도, 그간 다수의 실무가 피해자에게 기초적 의사형성능력이 존재한다는 점에만 주목하여 의사표시해석론을 기계적·형식적으로 적용하여 왔음을 부정하기 어렵다. 이 같은 실무의 경향은 일부 가해자를 형사처벌로부터 부당하게 면제시킴으로써 피해자의 진실한 의사의 왜곡을 초래하였을 가능성이 크다.

6) 처벌불원의사가 전제하는 자기결정권은 어떤 강압도 받지 않고 자신의 행위가 어떠한 법률적 효과를 불러올 것인가에 대한 것을 명확하게 인식한 상태에서 자유롭게 자신의 의사를 결정할 수 있는 경우에만 진정으로 실현될 수 있다(대법원 2009. 11. 9. 선고 2009도6058 전원합의체 판결 중 대법관 김영란의 반대의견 참조). 유독 형사소송절차에서 의사능력이 있는 한 피해자가 단독으로 처벌불원 의사표시를 할 수 있고 또 그래야만 한다는 법리는 자기결정권의 실질적 실현과 부합하지 않는다. 의사능력이 완전히 결여되거나 의사능력이 일부 인정되더라도 인지능력이나 판단력이 불완전한 사람에게 법률적으로 처분적인 효력을 가지는 행위를 단독으로 행사할 수 있도록 하는 것은 그 사람의 자기결정권에 대한 진정한 보호라고 볼 수 없다. 의사결정능력이 결여되거나 부족한 피해자에 대하여는 형식적·외형적으로 표시된 의사표시의 하자 유무만을 검토하는 것으로는 그 피해자의 처벌희망 여부에 관한 진실한 의사를 알 수 없다.

다. 성년후견제도를 이용한 피해자 의사결정능력의 지원·보완

1) 피해자의 의사결정능력이 결여된 경우나 부족한 경우를 포괄하여 이를 지원·보완함으로써 피해자의 자기결정권이 실질적으로 구현되도록 하여야 한다. 이것

은 피해자의 의사결정을 제3자가 대신하여 한다는 관점이 아니라 여전히 피해자가 의사결정의 주체로 남아 있되 부족한 부분만큼에 한하여 제3자가 보조자로서 지원·보완한다는 관점이다.

2) 의사능력에 관한 지원필요성의 관점에서는 의사능력이 결여된 경우와 부족한 경우를 전적으로 달리 취급하는 것은 타당하지 않다. 불완전한 의사능력을 보완·보정해야 한다는 점에서 의사능력이 결여된 경우나 부족한 경우는 다르지 않고, 다만 보완·보정의 정도 차이가 있을 뿐이기 때문이다. 또한 구체적이고 개별적인 상황에서 의사능력이 완전히 결여된 경우와 그것이 부족할 뿐인 경우를 명확하게 구분할 수 있는 것도 아니다. 의사능력의 유무나 정도는 구체적인 법률행위와 관련하여 개별적으로 판단되어야 함이 원칙인데(대법원 2006. 9. 22. 선고 2006다29358 판결 등 참조) 구체적인 상황마다 이를 정확하게 파악하는 것은 쉬운 일이 아니다.

나아가 '의사능력 본위'의 형사소송 고유의 법리는 지원필요성이 더 큰 의사능력결여자를 지원대상에서 배제하는 역설적인 결과를 초래하는 측면도 있다.

3) 새로운 성년후견제도는 신상보호를 주된 후견사무의 하나로 수용하였다. 의사능력의 결여 내지 부족으로 자기방어능력이 취약한 사람들의 신상에 관한 결정의 일차적 과제는 착취와 학대로부터 그들을 보호하는 것이다. 특히 사회취약계층의 경우 그 보호의 필요성이 더욱 절실하다. 신상보호기능을 매개로 성년후견제도는 의사무능력 장애인의 인권보호 기능을 수행하게 되었고, 이를 계기로 사회취약계층의 성년후견이용에 대한 국가나 사회의 역할과 책임이 더욱 중요해졌다.

4) 형사소송절차에서 「성폭력범죄의 처벌 등에 관한 특례법」, 「아동·청소년의 성보호에 관한 법률」, 「아동학대범죄의 처벌 등에 관한 특례법」 등은 피해자를 위한 국선변호사제도를 두었다. 피해자 국선변호사는 의사능력이 완전하지 않아 그 진실한 의사를 알기 어려운 피해자들의 의사형성을 지원·보완하는 기능을 수행한다. 다만 피해자를 위한 국선변호사제도는 특정범죄에 관하여만 제한적으로 적용되는 한계가 있다.

5) 성년후견제도의 도입으로 인하여 기존 규율의 공백을 보완하고 의사무능력 피해자를 위한 지원 및 보호를 강화·확대할 수 있게 되었고, 실제로 성년후견제도를 활용하여 장애인이나 치매환자 등 의사결정능력장애인들을 지원하기 위한 입법과 사업은 이미 다양한 형태로 시도되고 있다. 발달장애인을 위한 「발달장애인 권리보장 및 지원에 관한 법률」, 정신질환자를 위한 「정신건강증진 및 정신질환자 복지서비스 지원에 관한 법률」, 치매환자를 위한 치매관리법 등에서

의 각 성년후견제도를 이용한 지원이 그 예이다.

6) 성년후견제도는 의사능력이 결여되거나 부족한 사람들의 인간으로서의 존엄성을 보장하고 그들의 자기결정권을 실질적으로 구현하기 위한 것이다. 헌법적 가치로서 인간존엄성과 자기결정권의 실현은 영역과 분야를 가리지 않는다.

성년후견제도가 형사절차를 전적으로 염두에 둔 것은 아니라는 사정은 성년후견인이 형사절차에서 피후견인을 지원하는 것을 배제하거나 제한하기에 충분하거나 타당한 이유가 될 수 없다. 피후견인을 위한 헌법적 가치를 구현하기 위해서라면 형사절차의 고유한 특징과 목적은 합리적인 범위 내에서 제한될 수 있다. 성년후견인이 피후견인의 처벌불원의사를 지원·보완하는 것은 그 합리적인 범위 내에 있다.

형사절차에서의 처벌불원의사가 피해자의 신상에 관한 지원·보완과 무관하다는 지적도 수긍하기 어렵다. 새로운 성년후견제도는 주로 재산상 사무에 국한되었던 기존의 금치산·한정치산제도가 피후견인의 자기결정권 실현 및 복리를 위하여 불충분하다는 반성적 고려에서 신상보호 내지 신상결정의 대행을 후견사무의 한 유형으로 도입하였다. 신상 내지 신상결정의 개념이 명확한 것은 아니지만 대체로 자신의 인격이 발현되는 터전인 생활관계의 기본적 내용을 형성하고 규정하는 행위 또는 자신의 생활관계를 형성함에 있어 본질적으로 재산관리행위로 환원될 수 없는 일신전속적 의사결정에 관한 것 등으로 이해되고 있다. 성년후견제도가 재산상 사무에 더하여 신상결정을 후견사무에 포함시킨 것은 피후견인의 생활관계 전반을 보호영역에 포섭함으로써 자기결정권의 지원·보완에 관한 공백을 최소화하려는 것이다. 범죄로 인해 피해를 당한 사람의 가해자에 대한 형사처벌희망에 관한 의사는 피해자의 생활관계에서 본인의 의사결정을 요하는 중요한 사항에 해당하고, 피해자의 정신적 복리 및 인격적 이익과 무관하지 않다. 그에 대한 지원·보완은 피해자의 자기결정권 실현이라는 관점에서 파악되어야 할 것이다.

라. 유추해석의 정당성과 필요성

1) 입법자는 가능한 한 많은 사례를 염두에 두고 이를 모두 규율하기 위해 법을 만들지만 아무리 주도면밀한 입법자라고 하더라도 발생할 수 있는 모든 상황을 예상하여 이를 법으로 정하는 것은 불가능하고, 필연적으로 법으로 규율되지 않은 영역이 발생하게 된다. 법이 명백하게 규율하지 않은 영역에서 발생하는 법률문제에 관하여도 법이 지침을 제공하고 있다는 믿음이 시민법의 전통인데, 법학적 유추는 이러한 믿음에 기초하고 있다. 두 개의 유사한 사례가 동일한 취급을 받아야 하는 것이 정의에 부합한다면 그중 한 사례에 대하여만

법이 특정한 법률효과를 부여하고 있는 경우 법이 명백하게 규율하지 않은 다른 사례에 대하여도 동일한 법률효과가 부여되어야 한다는 인식이다. 법관이유추에 의하여 발견하는 법규범은 현행법으로부터 연역적으로 도출된 법의 일부 또는 법내재적인 것으로 평가될 수 있다.

대법원은 여러 차례 문언해석과 유추해석의 구분 및 한계에 관하여 판단하였다. 그러나 어떠한 법률문언 범위 내에서만 또는 입법 당시 입법자가 상정하였던 범위 내에서만 법률을 해석하여야 한다고 단정한 적은 없다.

완벽한 입법은 존재할 수 없다. 법률의 흠결은 불가피하다. 법의 해석에 관하여는 다양한 방법들이 있는데 법의 발견·해석은 그러한 다양한 방법들의 종합과 선택이라고 말할 수 있다. 종합과 선택에 관한 구체적인 법칙은 없다. 어떠한 법률문제에 대하여 법률의 문언을 넘은 해석이 허용되지 않는다거나 그러한 해석을 하였다는 사정만으로 부당하다고 평가하는 것은 온당하지 않다. 법률 자체에 흠결이 있는 경우나 사회제도의 변화로 규범상황이 변한 경우 등과 같이유추해석이 필요한 경우도 있다. 입법자가 입법 당시의 특정한 목적을 위하여 제정한 법이 현재의 사회윤리적 표상에 적합하지 않은 경우에는 일정한 한계 내에서 그 법이 현재의 사회윤리적 표상에 적합하도록 해석을 통하여 이를 보완할 필요가 있다.

2) 사회적 약자에 대한 보호와 지원은 인간존엄성을 보호하고 사회의 질서를 유지하며 지속가능한 발전을 이루기 위해 필수적인 사회구성원리이면서 구현해야 할 헌법적 가치이다. 우리 헌법 제34조 제5항 은 "신체장애자 및 질병·노령 기타의 사유로 생활능력이 없는 국민은 법률이 정하는 바에 의하여 국가의 보호를 받는다."라고 정하는데, 이는 장애인과 같은 사회적 약자들이 스스로 헌법상 기본권을 행사할 수 있도록 국가가 그 조건을 형성하고 유지해야 함을 강조하는 것이다[헌법재판소 2009. 5. 28. 선고 2005헌바20, 22, 2009헌바30(병합) 전원재판부 결정 등 참조]. 불측의 위험에 노출된 채 살아가는 것이 인간의 숙명이다. 누구라도 불의의 사고로 그 능력을 일시적 혹은 영구적으로 잃을 위험이 있다. 입법자는 이를 위하여 헌법의 취지에 따라 유연하고 사회통합적인 성년후견제도를 도입하였다(헌법재판소 2022. 12. 22. 선고 2020헌가8 전원재판부 결정 참조).

의사능력이 부족하거나 상실된 사람의 불완전한 의사형성을 지원하고 보완할 필요는 형사소송절차에서도 다를 바 없다. 그것이 소극적 소송조건에 관한 것이든 양형요소에 관한 것이든 마찬가지다. 형사소송 고유의 법리라는 것도 헌법적 가치에 뿌리를 두었다. 의사의 객관적 확인이 어렵다는 이유로 피해자를 절차에서 배제하는 것은 사회적 약자 보호라는 헌법적 요청을 도리어 외면하는 것이다. 그들의 의사가 실질적으로 구현·반영될 수 있는 길을 모색하는 것이 사회적 약자와 동행하려는 우리 사회 일련의 제도적·의식적 변화에 부응하는 것임을 유념해야 한다.

이상과 같은 이유로 반대의견을 보충한다.

> **판례4** │ 자동차손해배상 보장법상 자동차손해배상보장사업의 취지 및 공동불법행위로 인한 사고에 대하여 복수의 가해자 모두에게 자동차손해배상 보장법 제3조에 따른 운행자 책임이 있으나 피해자가 적어도 일방 가해자가 가입한 책임보험으로부터 손해배상을 받을 수 있는 경우, 피해자의 보장사업자에 대한 청구가 인정되는지 여부(소극)[대법원 2023. 2. 2. 선고 2022다267501 판결]

【원심판결】

서울남부지법 2022. 7. 21. 선고 2022나50685 판결

【주문】

원심판결 중 피고들 패소 부분을 파기하고, 이 부분 사건을 서울남부지방법원에 환송한다. 원고의 상고를 모두 기각한다.

【이유】

상고이유를 판단한다.

1. 사실관계

원심판결 이유와 기록에 의하면, 다음과 같은 사실을 알 수 있다.

가. 소외 1은 2019. 11. 17. 03:31 무렵 소외 2가 운전하는 무등록 이륜차량(이하 '이 사건 이륜차량'이라 한다)에 동승하였다. 당시 소외 1과 소외 2 모두 안전모 등 보호 장구를 착용하지 않았다.

나. 소외 2는 안양시 (주소 생략) 우편집중국 앞 사거리 교차로 인근에 이르러 3차로에서 2차로로 급격히 차로를 변경하다가 좌측으로 미끄러져 넘어지면서 중앙선을 침범하였고, 이때 반대편 차로에서 직진 신호에 따라 직진 주행하던 소외 3 운전의 (차량번호 생략) 택시(이하 '이 사건 택시'라 한다)와 충돌하였다(이하 '이 사건 사고'라 한다). 이 사건 사고로 소외 1과 소외 2가 모두 사망하였다.

다. 이 사건 택시는 피고 합자회사 해동상운(이하 '피고 해동상운'이라고만 한다) 소유의 차량이고, 피고 전국택시운송사업조합연합회(이하 '피고 연합회'라고만 한다)는 이 사건 택시에 관하여 공제계약을 체결한 공제사업자이다.

라. 이 사건 이륜차량은 책임보험이나 공제에 가입되어 있지 않았고, 소외 1의 상속인인 원고보조참가인들은 「자동차손해배상 보장법」(이하 '자동차손배법'이라 한다) 제30조 제1항, 제45조 제1항 제1호에 따라 정부로부터 보상에 관한 업무를 위탁받은 삼성화재해상보험 주식회사(이하 '소외 회사'라 한다)에 보상을 청구하여 2020. 2. 20. 소외 회사로부터 정부보장사업금으로 180,000,000원을 지급받았다.

마. 원고는 자동차손배법 제45조 제1항 제4호에 따라 정부의 손해배상청구권의 대위행사에 관한 업무를 법률상 위탁받은 재단법인이다. 원고는 이 사건 사고가 망 소외 2 및 소외 3의 공동불법행위로 발생한 것이라고 주장하며 피고들을 상대로 자동차손배법 제39조 제1항에 따라 원고보조참가인들에게 지급한 보상금에 대하여 피해자의 손해배상청구권을 대위행사하고 있다.

2. 피고들의 상고이유에 관한 판단

1) 원심은 판시와 같은 이유로 이 사건 택시를 운전한 소외 3과 이 사건 이륜차량을 운전한 망 소외 2의 공동불법행위를 인정하고, 이 사건 택시의 운행자인 피고 해동상운과 이 사건 택시에 관하여 공제계약을 체결한 피고 연합회는 공동하여 원고에게 구상금 36,000,000원(= 원고 지급금 180,000,000원 × 이 사건 택시의 과실 비율 20%) 및 이에 대한 지연손해금을 지급할 의무가 있다고 판단하였다.

2) 자동차손배법 제30조 이하에서 규정하고 있는 자동차손해배상보장사업은 정부가 자동차의 보유자를 알 수 없거나 무보험 자동차의 운행으로 인한 사고에 의하여 사망하거나 부상을 입은 피해자의 손해를 책임보험의 한도에서 보상하는 것을 주된 내용으로 하는 것으로서, 자동차보유자를 알 수 없는 자동차의 운행으로 사망하거나 부상한 경우 또는 보험가입자 등이 아닌 자가 손해배상책임을 지게 되는 경우에 해당하는 교통사고의 피해자 보호를 목적으로 하면서 법률상 강제되는 자동차책임보험제도를 보완하려는 것이다. 따라서 공동불법행위로 인한 사고의 경우에 복수의 가해자 모두에게 자동차손배법 제3조에 따른 운행자책임이 있으나 적어도 일방 가해자가 가입한 책임보험으로부터 피해자가 손해배상을 받을 수 있다면 피해자의 보장사업자에 대한 청구는 인정되지 않는다(대법원 2007. 12. 28. 선고 2007다54351 판결, 대법원 2015. 1. 15. 선고 2013다60418 판결 등 참조).

3) 앞서 본 사실관계를 위 법리에 비추어 살펴보면, 원심의 판단은 다음과 같은 이유에서 수긍하기 어렵다.

가) 원고는 이 사건 사고가 무보험 차량인 이 사건 이륜차량을 운행하던 망 소외 2 및 이 사건 택시를 운전한 소외 3의 공동불법행위로 인하여 발생한 것이라고 주장하며 자동차손배법 제39조 제1항에 근거하여 피고들을 상대로 피해자

인 망 소외 1의 손해배상청구권을 대위행사하는 이 사건 소를 제기하였다.

　나) 그런데 위에서 살펴보았듯이 소외 3이 운전한 이 사건 택시에 관하여 피고 해동상운과 피고 연합회가 공제계약을 체결하였다.

　다) 따라서 원고의 주장 자체로 피해자는 이 사건 택시의 책임보험자인 피고 연합회로부터 손해배상을 받을 수 있고, 이러한 경우 피해자의 보장사업자에 대한 보상청구는 인정되지 않는다.

4) 그런데도 원심은 이 사건 사고가 망 소외 2 및 이 사건 택시 운전자인 소외 3의 공동불법행위로 발생하였다고 인정하면서도 보장사업자의 보상이유효함을 전제로 원고의 자동차손배법 제39조 제1항에 따른 손해배상청구권의 대위행사를 받아들여 원고의 청구를 일부 인용하였다. 이러한 원심판결에는 자동차손배법에 따른 보상청구권의 성립요건 및 손해배상청구권의 대위행사 등에 관한 법리를 오해하여 판결에 영향을 미친 잘못이 있다. 이를 지적하는 피고들의 이 부분 상고이유 주장은 이유 있다.

3. 원고의 상고이유에 관한 판단

이 사건 사고가 자동차손배법 제30조 제1항에서 정한 보장사업의 대상에 해당하지 아니한 점은 앞서 본 바와 같으므로, 원고가 소외 1의 상속인인 원고보조참가인들에게 보상금 명목으로 금전을 지급하였더라도 이를 들어 자동차손배법이 정한 유효한 보상금의 지급이라고 볼 수 없고, 이에 따라 원고의 피고들에 대한 자동차손배법 제39조 제1항에 따른 손해배상청구권의 대위행사도 인정될 수 없다. 따라서 원고의 피고들에 대한 손해배상청구권의 대위행사가 인정됨을 전제로 한 원고의 상고이유 주장은 더 나아가 살펴볼 필요 없이 이유 없다.

4. 결론

그러므로 피고들의 나머지 상고이유에 관한 판단을 생략한 채, 원심판결 중 피고들 패소 부분을 파기하고, 이 부분 사건을 다시 심리·판단하도록 원심법원에 환송하며, 원고의 상고를 모두 기각하기로 하여, 관여 대법관의 일치된 의견으로 주문과 같이 판결한다.

판례5 | 교통사고의 피해자가 가해자가 가입한 자동차보험회사로부터 치료비를 지급받은 경우, 피해자의 과실비율에 해당하는 부분을 가해자의 손해배상액에서 공제해야 하는지 여부(적극) [대법원 2021. 9. 30.선고 2021다241311 판결]

【원심판결】

대구지법 2021. 5. 12. 선고 2020나301863 판결

【주문】

원심판결 중 원고의 재산상 손해에 관한 부분을 파기하고, 이 부분 사건을 대구지방법원에 환송한다. 원고와 피고 주식회사 케이비손해보험의 나머지 상고와 피고 전국택시운송사업조합연합회의 나머지 부대상고를 모두 기각한다.

【이유】

상고이유를 판단한다.

1. 원고의 상고이유에 관한 판단

가. 책임 제한과 개호비 산정의 적법 여부(상고이유 제1, 2점)

불법행위로 인한 손해배상청구 사건에서 책임감경사유에 관한 사실인정이나 그 비율을 정하는 것은 형평의 원칙에 비추어 현저히 불합리하다고 인정되지 않는 한 사실심의 전권사항에 속한다. 인신사고의 피해자가 치료종결 후에도 개호가 필요한지 여부와 그 정도에 관한 판단은 전문가의 감정을 통하여 밝혀진 후유장해의 내용에 따라 피해자의 연령, 정신상태, 사회적·경제적 조건 등 모든 구체적인 사정을 종합하여 논리와 경험의 법칙에 비추어 규범적으로 하는 평가이다(대법원 2012. 4. 13. 선고 2009다77198, 77204 판결 참조).

원심은 신체감정 결과 등을 종합하여 원고에게 사고일부터 8주간 개호가 필요하지만 그 후에는 개호가 필요하지 않다고 판단하고, 원고가 사고 장소를 벗어나 안전한 장소로 피하지 않은 사실 등을 고려해서 피고들의 책임을 90%로 제한하였다.

원심판결 이유를 기록에 비추어 살펴보면, 원심판결에 상고이유 주장과 같이 필요한 심리를 다하지 않고 논리와 경험의 법칙에 반하여 자유심증주의의 한계를 벗어나거나 책임 제한 등에 관한 법리오해나 판단누락의 잘못이 없다.

나. 보조구 비용 산정의 적법 여부(상고이유 제3점)

(1) 원심판결 이유에 따르면 다음 사실을 알 수 있다. 원고는 이 사건 사고로 양쪽 다리의 종아리 아래 부분이 절단되어 장애인보조기구인 의지(의지)가 필요하다. 원고는 양쪽 다리에 필요한 의지 구입비와 의지 소모품 비용에 해당하는 재산상 손해를 청구하였다.

원심은 이러한 사실을 전제로 다음과 같이 판단하였다. 원고가 2017. 6. 7. 구입한 양쪽 다리 의지 구입비 2,000만 원(= 1,000만 원 × 2개)과 소모품 구입비 1,000만 원은 재산상 손해에 해당한다. 원고는 위와 같이 구입한 의지의 내구연한이 지난 2020. 6. 7.부터 여명 종료일까지 3년마다 '건강보험 수가' 기준으로 '일반적 실리콘형 의지 구입비 181만 원'이 필요하고 그 소모품은 필요하지 않다.

(2) 그러나 원심판결은 다음과 같은 이유로 받아들일 수 없다.

원심이 의지 구입비의 기준으로 삼은 '건강보험 수가'가 무엇인지 명확하지 않지만, 구 국민건강보험법 시행규칙(2021. 2. 26. 보건복지부령 제783호로 개정되어 2021. 3. 1. 시행되기 전의 것) 제26조 제1항 [별표 7]에서 정한 보조기기에 대한 보험급여기준인 것으로 보인다. 위 별표는 다리 의지 중 '종아리 굴곡 체중 부하 의지'의 실리콘형 기준액을 181만 원, 내구연한을 3년으로 정하고 있다.

원심이 국민건강보험법 시행규칙 제26조 제1항 [별표 7]에서 정한 기준금액, 즉 단가를 기준으로 의지 구입비를 산정한다면, 양쪽 다리를 절단당한 원고에게 2개의 의지가 필요한지 심리하여 재산상 손해를 산정했어야 한다.

또한 원심은 원고가 여명 종료일까지 계속 의지를 사용해야 하고 이미 구입한 의지에 대해 소모품인 소켓과 실리콘라이너가 필요하다고 인정했으므로 향후 구입할 의지에 대해서도 소모품이 필요한지 심리하여 재산상 손해를 산정했어야 한다.

그런데 원심은 필요한 의지의 개수와 소모품의 필요성에 대해 심리하지 않고 의지 1개 금액을 기초로 의지 구입비를 산정하고 소모품이 필요하지 않다고 단정하였다. 원심판결에는 필요한 심리를 다하지 않고 논리와 경험의 법칙에 반하여 자유심증주의의 한계를 벗어나 판결에 영향을 미친 잘못이 있다. 이를 지적하는 원고의 상고이유 주장은 정당하다.

2. 피고들의 상고이유에 관한 판단

가. 공제 주장에 대한 판단누락 여부

(1) 교통사고의 피해자가 가해자가 가입한 자동차보험회사로부터 치료비를 지급받은 경우 치료비 중 피해자의 과실비율에 해당하는 부분은 가해자의 재산상 손해배상액에서 공제해야 한다(대법원 2009. 7. 9. 선고 2008다91180 판결 참조).

(2) 기록에 따르면 다음 사실을 알 수 있다.

피고 주식회사 케이비손해보험(이하 '피고 케이비손해보험'이라 한다)은 원심에서 다음과 같이 공제를 주장하며 지급사실에 부합하는 사실확인서를 제출하였다. 피고 케이비손해보험은 원고에게 치료비와 보조구 비용 등 합계 86,838,900원을 지급했다. 그중 원고가 이 사건에서 공제를 자인하는 의지 등 비용을 제외하고 나머지 80,358,900원에 대해서는 원고의 과실비율에 해당하는 금액을 손해배상액에서 공제해야 한다.

피고 전국택시운송사업조합연합회도 원심에서 피고 케이비손해보험이 원고에게 지급한 치료비 중에서 원고의 과실비율 부분을 공제해야 한다고 주장했다.

한편 원심은 위 1. 가.에서 보았듯이 원고의 과실비율을 10%로 인정하였다.

(3) 이러한 사실관계를 위에서 본 법리에 비추어 살펴보면, 이 사건 사고에 관하여

원고의 과실을 인정한 원심으로서는 피고 케이비손해보험이 원고에게 치료비 등을 지급한 사실이 있는지 심리하고, 지급액 중 원고의 과실비율에 해당하는 금액을 피고들이 원고에게 배상할 재산상 손해액에서 공제했어야 한다.

그런데 원심은 피고 케이비손해보험이 지급한 치료비 등을 심리하지 않고 피고들의 공제 주장에 대해서 아무런 판단을 하지 않았다. 원심판결에는 필요한 심리를 다하지 않고 공제 주장에 대한 판단을 누락하여 판결에 영향을 미친 잘못이 있다. 이를 지적하는 피고들의 상고이유 주장은 정당하다.

나. 법정 이율 적용의 적법 여부

(1) 「소송촉진 등에 관한 특례법」(이하 '소송촉진법'이라 한다) 제3조 제2항이 정하는 '채무자가 그 이행의무의 존부나 범위에 관하여 항쟁함이 상당하다고 인정하는 때'란 이행의무의 존부나 범위에 관하여 항쟁하는 채무자의 주장에 상당한 근거가 있는 때를 가리키므로, 항쟁함이 상당한지는 해당 사건에 관한 법원의 사실인정과 그 평가에 관한 것이다. 제1심이 인용한 청구액을 항소심이 그대로 유지한 경우 특별한 사정이 없는 한 피고가 항소심 절차에서 위 인용금액에 대해서 이행의무의 존부와 범위를 다툰 것은 상당하다고 볼 수 없다. 생명 또는 신체에 대한 불법행위로 입게 된 적극적 손해, 소극적 손해와 정신적 손해에 대해서는 그 손해배상의무의 존부나 범위에 관하여 항쟁함이 상당한지를 각 손해마다 따로 판단해야 한다(대법원 2002. 9. 10. 선고 2002다34581 판결, 대법원 2008. 11. 13. 선고 2006다61567 판결 참조).

(2) 원심판결 이유에 따르면 다음 사실을 알 수 있다.

제1심은 피고들이 원고에게 적극적 손해, 소극적 손해와 위자료를 배상할 의무가 있다고 인정하였다.

원심은 제1심에 비해 소극적 손해액과 위자료를 많이 인정하고 적극적 손해액을 적게 인정하였다. 원심은 소극적 손해액과 위자료 중 원심에서 추가로 인용한 금액과 적극적 손해액에 대해서는 원심판결 선고일 다음 날부터 소송촉진법 제3조 제2항 이 정한 법정 이율의 적용을 명하였다. 그러나 원심은 소극적 손해액과 위자료 중 제1심이 인용한 금액에 대해서는 제1심 판결 선고 이후에는 피고들이 그 이행의무의 존부나 범위에 관하여 항쟁함이 상당하다고 볼 수 없다는 이유로 제1심 판결 선고일 다음 날부터 소송촉진법 제3조 제2항 이 정한 법정 이율의 지급을 명하였다.

(3) 원심판결 이유를 위에서 본 법리에 비추어 살펴보면, 원심판결은 정당하고 상고이유 주장과 같이 소송촉진법에 관한 법리를 오해한 잘못이 없다.

3. 결론

원심판결 중 원고의 재산상 손해에 관한 부분을 파기하고 이 부분 사건을 다시 심리·판단하도록 원심법원에 환송하며, 원고와 피고 케이비손해보험의 나머지 상고와 피고 전국택시운송사업조합연합회의 나머지 부대상고를 모두 기각하기로 하여, 대법관의 일치된 의견으로 주문과 같이 판결한다.

> **판례6** │ 불법행위로 사망한 피해자의 일실수입 산정 기준 / 의과대학 등과 같이 전문직을 양성하는 대학에 재학 중인 피해자가 장차 전문직으로서 소득을 얻을 수 있는 상당한 개연성이 있는지 판단하는 기준[대법원 2021. 7. 15.선고 2016다260097 판결]

【판결요지】

불법행위로 사망한 피해자의 일실수입은 원칙적으로 불법행위로 손해가 발생할 당시에 피해자가 종사하고 있던 직업의 소득을 기준으로 산정해야 한다. 피해자가 사고 당시 일정한 직업의 소득이 없는 사람이라면 그 수입상실액은 보통사람이면 누구나 종사하여 얻을 수 있는 일반노동임금을 기준으로 하되, 특정한 기능이나 자격 또는 경력을 가지고 있어서 장차 그에 대응한 소득을 얻을 수 있는 상당한 개연성이 인정되는 경우에는 그 통계소득을 기준으로 산정할 수 있다. 이 경우 의과대학 등과 같이 전문직을 양성하는 대학에 재학 중인 피해자가 장차 전문직으로서 소득을 얻을 수 있는 상당한 개연성이 있는지 여부는 피해자의 연령, 재학 기간, 학업 성과, 전공 학과, 전문직을 수행하기 위한 자격의 취득가능성 등 피해자의 개인적인 경력은 물론 전문직을 양성하는 대학 졸업생의 졸업 후 진로, 취업률 그 밖의 사회적·경제적 조건을 모두 고려하여 경험칙에 따라 개별적으로 판단해야 한다.

【원심판결】

서울중앙지법 2016. 10. 7. 선고 2016나33539 판결

【주문】

원심판결 중 일실수입 손해에 관한 원고들 패소 부분을 파기하고, 이 부분 사건을 서울중앙지방법원에 환송한다. 나머지 상고를 모두 기각한다.

【이유】

상고이유(상고이유서 제출기간이 지난 다음 제출된 상고이유보충서는 이를 보충하는 범위에서)를 판단한다.

1. 사실관계

원심판결이 인용한 제1심판결 이유에 따르면 다음 사실을 알 수 있다.

가. 소외 1은 2014. 9. 7. 혈중알코올농도 0.170%의 술에 취한 상태로 차량을 운전하여 천안시 (주소 생략) 에 있는 도로를 지나가다 횡단보도를 건너던 소외 2 를 충격하였고, 그로 인해 소외 2 는 2014. 9. 18. 사망하였다(이하 '이 사건 사고' 라 한다).

나. 원고들은 소외 2 의 부모이고, 피고는 소외 1이 운전한 차량에 관하여 자동차종합보험계약을 체결한 보험자이다.

다. 소외 2는 이 사건 사고 당시 만 24세 5개월 남짓의 연령으로 ○○ 대학교 의학과 본과 3학년에 재학 중이었다.

2. 전문직 양성 대학에 재학 중인 피해자의 일실수입 산정 기준과 방법

가. 불법행위로 사망한 피해자의 일실수입은 원칙적으로 불법행위로 손해가 발생할 당시에 피해자가 종사하고 있던 직업의 소득을 기준으로 산정해야 한다. 피해자가 사고 당시 일정한 직업의 소득이 없는 사람이라면 그 수입상실액은 보통사람이면 누구나 종사하여 얻을 수 있는 일반노동임금을 기준으로 하되, 특정한 기능이나 자격 또는 경력을 가지고 있어서 장차 그에 대응한 소득을 얻을 수 있는 상당한 개연성이 인정되는 경우에는 그 통계소득을 기준으로 산정할 수 있다(대법원 1992. 3. 10. 선고 91다27044 판결 참조). 이 경우 의과대학 등과 같이 전문직을 양성하는 대학에 재학 중인 피해자가 장차 전문직으로서 소득을 얻을 수 있는 상당한 개연성이 있는지 여부는 피해자의 연령, 재학 기간, 학업 성과, 전공 학과, 전문직을 수행하기 위한 자격의 취득가능성 등 피해자의 개인적인 경력은 물론 전문직을 양성하는 대학 졸업생의 졸업 후 진로, 취업률 그 밖의 사회적·경제적 조건을 모두 고려하여 경험칙에 따라 개별적으로 판단해야 한다.

나. 원심은 이 사건 사고로 인한 피고의 손해배상책임을 인정하고 2014년 고용형태별 근로실태조사보고서의 대졸 이상 학력을 가진 25~29세 남자 전 경력자의 전 직종 월 평균소득을 기준으로 소외 2의 일실수입을 산정하였다. 그 이유로 '학생과 같이 불법행위 당시 일정한 수입이 없는 피해자의 장래 수입상실액은 일반노동임금을 기준으로 하여야 하고, 피해자의 학력이나 경력 등을 참작하여 그 수입을 책정할 수 없다. 다만 장차 피해자의 수입이 증가될 것임이 상당한 정도로 확실시되는 객관적인 자료가 있는 경우에는 예외적으로 이를 참작할 수 있다. 소외 2 가 졸업 후 의사로서 수입을 얻을 수 있다고 보기 부족하다.'는 사정을 들었다.

다. 원심판결 이유에 따르면 다음 사실을 알 수 있다.

소외 2는 사고 당시 ○○ 대학교 의학과 본과 3학년 2학기에 재학 중이었다. 예과 2년간 학점 평균은 3.16, 본과 3학년 1학기까지 본과 학점 평균은 3.01로 비교적

양호한 성적을 거두었다. 소외 2 와 같이 위 의과대학에 입학하여 유급이나 휴학 없이 본과 3학년 2학기까지 등록한 학생의 2012년부터 2015년까지 의사국가고시 합격률이 92~100%였다.

라. 이러한 사실을 위에서 본 법리에 비추어 살펴보면, 원심판결을 그대로 받아들일 수 없다.

소외 2와 같이 피해자가 전문직을 양성하는 대학에 재학 중 사망한 경우에 전문직으로서 소득을 얻을 상당한 개연성이 인정된다면 전문직 취업자의 일반통계에 의한 수입의 평균 수치를 기초로 일실수입을 산정해야 하므로, 일반 대학에 재학 중인 학생과 달리 볼 필요가 있다.

소외 2는 장차 의과대학을 졸업하고 의사국가고시에 합격하여 의사로서 종사할 상당한 개연성이 인정된다고 볼 여지가 있다. 따라서 원심으로서는 전문직 양성 대학에 재학 중 사망한 피해자 소외 2의 연령, 재학 기간, 학업 성과, 전공 학과, 전문직을 수행하기 위한 자격의 취득가능성 등 피해자의 개인적인 경력은 물론 전문직 양성 대학 졸업생의 졸업 후 진로, 취업률 그 밖의 사회적·경제적 조건을 기초로 피해자가 전문직으로서 소득을 얻을 수 있는 상당한 개연성이 있는지를 심리하여, 일실수입 산정의 기초가 되는 소득을 정했어야 한다.

그런데도 원심이 소외 2의 일실수입을 고용형태별 근로실태조사보고서의 대졸 이상 전 직종 평균소득을 기준으로 산정한 것은 일실수입 산정에 관한 법리를 오해하여 필요한 심리를 다하지 않아 판결에 영향을 미친 잘못이 있다. 이를 지적하는 원고들의 상고이유 주장은 정당하다.

3. 위자료 액수 산정

불법행위로 입은 정신적 고통에 대한 위자료 액수에 관해서는 사실심법원이 여러 사정을 참작하여 그 직권에 속하는 재량에 따라 이를 확정할 수 있다(대법원 1999. 4. 23. 선고 98다41377 판결 등 참조).

원심은 이 사건 변론에 나타난 여러 사정을 고려하여 원고들에 대한 위자료 액수를 정하였다. 원심판결 이유를 기록에 비추어 살펴보면, 원심판결에 상고이유 주장과 같이 위자료 산정에 관한 법리를 오해하는 등으로 판결에 영향을 미친 잘못이 없다.

4. 결론

원심판결 중 일실수입에 관한 원고들 패소 부분을 파기하고 이 부분 사건을 다시 심리·판단하도록 원심법원에 환송하며, 나머지 상고를 모두 기각하기로 하여, 대법관의 일치된 의견으로 주문과 같이 판결한다.

판례7 | 자동차손해배상 보장법 제3조에서 정한 '자기를 위하여 자동차를 운행하는

【판결요지】

자동차손해배상 보장법 제3조는 자기를 위하여 자동차를 운행하는 자가 그 운행으로 다른 사람을 사망하게 하거나 부상하게 한 경우에는 그 손해를 배상할 책임을 진다고 규정하고 있다. 여기서 '자기를 위하여 자동차를 운행하는 자'란 자동차에 대한 운행을 지배하여 그 이익을 향수하는 책임주체로서의 지위에 있는 자를 의미하고, '다른 사람'이란 자기를 위하여 자동차를 운행하는 자 및 당해 자동차의 운전자를 제외한 그 이외의 자를 의미한다. 따라서 자동차 보유자나 사용권자의 배우자나 직계존비속 등의 친족이라도 운행자나 운전자에 해당하지 않는 한 '다른 사람'에 해당한다. 그리고 자동차 운행자나 운전자의 운행 중 과실로 인하여 피해를 입은 자가 운행자나 운전자와 신분상 내지 생활관계상 일체를 이루는 관계에 있더라도 그 운행자나 운전자와 피해자 사이에서 운행자나 운전자의 과실은 손해배상채무의 성립 요건이 될 뿐 손해배상책임의 감면 사유가 될 수 없다.

【원심판결】

서울중앙지법 2019. 1. 11. 선고 2018나35621 판결

【주문】

원심판결을 파기하고, 사건을 서울중앙지방법원에 환송한다.

【이유】

상고이유를 판단한다.

1. 원심의 판단

가. 원심판결 이유와 기록에 의하면 다음과 같은 사실을 알 수 있다.

1) 소외 1이 운전하던 피고 차량과 소외 2가 운전하던 원고 차량이 충돌하는 사고가 발생하였고(이하 '이 사건 사고'라고 한다), 이로 인하여 원고 차량에 타고 있던 소외 3이 상해를 입었다. 피해자인 소외 3은 소외 2의 남동생으로서 사고 당시 미성년자였고 가족들과 동거 중이었으며, 이들 가족의 생계는 소외 2가 책임지고 있었다.

2) 원고는 원고 차량에 관해 자동차책임보험계약을 체결한 보험자이고, 피고는 피고 차량에 관해 자동차종합보험계약을 체결한 보험자이다. 피고는 손해배상으로 소외 3측에게 합계 88,045,842원을 지급하였는데 그중 11,045,842원은

치료비 조로 지급되었다.

3) 피고는 원고와 가해자이자 원고의 피보험자인 소외 2 를 상대로 구상금 청구소송을 제기하였다(이하 '선행 소송'이라 한다). 법원은 원고에 대한 소를 각하하고, 소외 2에 대해서는 과실비율을 50%로 인정하여 피고의 청구를 일부 인용하였다.

4) 그 후 원고는 소외 2의 보험자로서 소외 2를 대신하여 피고에게 선행 소송의 판결에 따라 원금 44,022,921원(= 88,045,842원 × 50%) 및 그에 대한 지연손해금 11,349,471원을 합한 55,372,392원을 지급하였다.

나. 원심은 다음과 같은 이유로 원고의 이 사건 손해배상금 청구를 일부 인용하였다.

1) 소외 2와 소외 3은 신분상 또는 사회생활상 일체를 이루는 관계에 있으므로 이 사건 사고로 인한 손해배상에는 피해자 측 과실이 적용된다.

2) 이러한 경우「자동차보험 구상금 분쟁심의에 관한 상호협정」(이하 '이 사건 상호협정'이라고 한다) 및 그 시행규약(이하 '이 사건 시행규약'이라고 한다)상 선처리사인 피고로서는 이 사건 시행규약 제45조에 따라 소외 2의 과실을 피해자 측 과실로 참작하여 산정한 손해배상금을 지급할 의무가 있었음에도 소외 3측에게 손해배상금을 지급할 때 소외 2의 과실을 피해자 측 과실로 참작하지 않았고, 원고를 상대로 직접 구상권을 행사하지 않았으나 소외 2를 상대로 선행 소송을 제기하여 소외 2를 매개로 원고에게 구상금을 청구하는 것과 같은 결과를 발생시켰으며, 이 사건 시행규약 제45조 제2항, 제3항이 정한 절차를 거치지도 않았다. 따라서 피고는 이 사건 상호협정 및 시행규약을 위반한 것이다.

3) 나아가 피고가 간단한 조사만으로도 소외 3과 소외 2의 관계 등을 확인할 수 있었을 뿐만 아니라, 피해자 측의 과실을 고려하기 어렵다고 판단한 경우에는 이 사건 시행규약 제45조 제2항, 제3항에 따라 원고에게 통지하여 의견을 들을 수 있었음에도 이러한 절차를 전혀 취하지 아니한 사정을 종합하면, 피고의 과실이 인정되고, 원고는 피고의 위와 같은 행위로 인하여 피해자 측 과실로 인한 손해배상금 상당액을 추가로 지급하는 손해를 입었다.

2. 대법원의 판단

가. 이 사건 상호협정에 따른 이 사건 시행규약 제45조의 의미

1) 이 사건 상호협정은 협정당사자들 사이에 자동차손해배상 보장법 등에 정한 자동차보험 또는 자동차공제의 책임이 경합되었음을 이유로 그 책임의 유무와 범위에 관하여 보험사업자 또는 공제사업자 사이에 발생된 분쟁을 합리적·경제적으로 신속히 해결함을 목적으로 작성·체결되었다(제1조, 제2조 제1호 및 제

3조 참조). 이 사건 상호협정에서 위임된 사항과 이 사건 상호협정의 구체적인 시행기준 및 세부 처리절차를 규율하기 위하여 이 사건 시행규약이 작성되었다. 이 사건 상호협정 제36조는 이 사건 상호협정의 원활한 시행과 보험금의 신속한 지급을 위해 구상업무와 관련된 '우선보상처리기준'을 시행규약으로 마련하도록 정하면서(제1항), 하나의 교통사고에 복수의 협정회사가 관여된 경우 이들 중 피해자에게 먼저 보상할 협정회사를 정하고 있다(제2항, 제3항). 이 사건 시행규약 제45조(이하 '이 사건 조항'이라고 한다)에서는 '우선보상처리기준'의 일부로서 피해자 측에 과실이 있는 경우 선처리사가 타차 탑승인에 대하여 피해자 측 과실의 적용 가능 여부를 조사하여 직계가족 등 이를 적용할 수 있는 경우에는 피해자 측 과실을 적용하여 처리하고 그 부분에 대하여는 구상하지 아니하도록 한다(제1항). 나아가 피해자 측 과실의 적용 가능 여부에 대하여 다툼의 소지가 있는 경우에는 선처리사가 이를 후처리사에 통지하고 의견을 들어야 하며(제2항), 후처리사에 통지한 결과 이의가 없는 경우 또는 통지한 날로부터 10일 내에 후처리사가 의견을 제시하지 아니한 경우에 선처리사가 우선 보상하고 후처리사에게 구상을 청구할 수 있도록 규정하고 있다(제3항).

2) 이 사건 조항에서 말하는 '피해자 측 과실'은 불법행위로 인한 손해배상에서 널리 사용되는 용어로서 '피해자와 신분상 내지 생활관계상 일체를 이루는 관계에 있는 자의 과실'을 의미하는데, 보통 불법행위로 인한 손해배상의 범위를 정할 때 손해의 공평한 분담을 위하여 피해자 본인의 과실과 함께 참작된다(대법원 1996. 11. 12. 선고 96다26183 판결 등 참조). 이 사건 조항에 따르면, 선처리사는 사고조사를 진행할 때 적절한 방법으로 공동불법행위자와 피해자가 신분상 내지 생활관계상 일체를 이루는 관계에 있는지 여부에 대하여 조사·확인해야 하고, 그 결과 피해자 측 과실이 적용되지 않음이 명백한 경우가 아니라면 이 사건 조항이 정하는 절차·방법에 따라 손해배상금을 산정·지급해야 한다(대법원 2020. 5. 14. 선고 2018다269739 판결 참조).

나. 이 사건 조항 위반의 효과

이 사건 조항이 포함된 시행규약 제8장의 '우선보상처리기준'은 하나의 교통사고에 관여된 협정회사가 복수인 경우 협정회사들 사이에서 피해자에 대한 보상순위 및 그에 따른 구상절차를 정한 것이고, 다음과 같은 점에 비추어 보면 이 사건 조항에 따른 절차를 위반한다고 하여 그로 인한 손해배상의무가 발생한다고까지 보기는 어렵다.

먼저 '우선보상처리기준'의 근거가 되는 이 사건 상호협정과 그 시행규약에는 선처리사가 이 사건 조항을 위반한 경우 후처리사에 대한 구상권 행사가 제한된다거나 그렇게 해석할 여지가 있는 내용은 찾아볼 수 없다. 이 사건 상호협정과 그 시행규약을 마련한 주된 취지가 피해자에 대한 신속한 보상을 보장하는 것이라는 점에서 형식적 절차위반을 이유로 신속하게 보험금을 지급한 선처리사에 불이익을 주고 후처리사에 의도치 않은 이익을 주는 것은 형평에 맞지 않는다. 또 '우선보상처리기준'의 일부인 이 사건 조항에는 선처리사가 이 사건 조항을 위반한 경우 후처리사에 대해 갖고 있던 구상권이 소멸되거나 구상권 행사가 제한된다는 내용은 명시되어 있지 않다. 따라서 선처리사가 이 사건 조항을 위반하였다고 하더라도 이 사건 상호협정 제30조에 따라 제재금을 부과받는 불이익을 받는 것에 그치게 된다.

나아가 이 사건 조항을 포함하여 이 사건 상호협정과 그 시행규약은 협정회사들 사이의 계약이므로 협정회사가 아닌 피보험자 등의 제3자에 대해서는 적용될 수 없는 것은 당연하다. 따라서 선처리사가 피해자에게 손해를 배상한 이상 그 과정에서 이 사건 조항을 위반하였더라도 공동불법행위자인 후처리사의 피보험자를 상대로 구상권을 행사하는 데에는 아무런 지장이 없다.

다. 상고이유 제1점에 관하여

앞서 살펴본 법리에 따르면, 선처리사인 피고는 설령 피해자인 소외 3에게 손해배상금을 지급하는 과정에서 이 사건 조항을 위반하였더라도 이후 후처리사인 원고를 상대로 적법하게 구상권을 행사할 수 있다. 또 피고가 원고의 피보험자이자 공동불법행위자인 소외 2를 상대로 구상권을 행사함으로써 소외 2의 책임보험자인 원고가 구상금 해당 액을 지출하게 한 경우에도, 이는 결과적으로 피고가 원고에게 직접 구상권을 행사한 것과 동일하므로 역시 적법하다.

그럼에도 원심은 피고가 피해자 측 과실을 참작하지 않은 채 소외 3에게 손해배상금을 지급한 후 소외 2를 상대로 선행 소송을 제기하여 소외 2를 매개로 원고에게서 구상금을 지급받은 것이 이 사건 조항을 위반하여 원고에게 손해를 입힌 것이라고 판단하였다. 이러한 원심판단에는 이 사건 조항 위반의 효과에 관한 법리를 오해하여 판결에 영향을 미친 잘못이 있다. 이 점을 지적하는 피고의 상고이유 주장은 이유 있다.

라. 상고이유 제2점에 관하여

자동차손해배상 보장법 제3조는 자기를 위하여 자동차를 운행하는 자가 그 운행으로 다른 사람을 사망하게 하거나 부상하게 한 경우에는 그 손해를 배상할 책임을 진다고 규정하고 있다. 여기서 '자기를 위하여 자동차를 운행하는 자'란 자동차에 대한 운행을 지배하여 그 이익을 향수하는 책임주체로서의 지위에 있는 자를 의미하고, '다른 사람'이란 자기를 위하여 자동차를 운행하는 자 및 당해 자동차의 운전자를 제외한 그 이외의 자를 의미한다(대법원 2009. 5. 28. 선고 2007다87221 판결 등). 따라서 자동차 보유자나 사용권자의 배우자나 직계존비속 등의 친족이라도 운행자나 운전자에 해당하지 않는 한 '다른 사람'에 해당한다. 그리고 자동차 운행자나 운전자의 운행 중 과실로 인하여 피해를 입은 자가 운행자나 운전자와 신분상 내지 생활관계상 일체를 이루는 관계에 있더라도 그 운행자나 운전자와 피해자 사이에서 운행자나 운전자의 과실은 손해배상채무의 성립 요건이 될 뿐 손해배상책임의 감면 사유가 될 수 없다(대법원 1997. 11. 14. 선고 97다35344 판결 참조).

앞서 본 사실관계를 위 법리에 따라 살펴보면, 피해자 소외 3은 당시 미성년자로서 원고 차량의 조수석에 앉아 있다가 피해를 입었고 원고 차량의 운행을 지배하여 그 이익을 향수하고 있지 않았으므로, 자동차손해배상 보장법 제3조의 '다른 사람'에 해당하고, 따라서 원고 차량의 운전자인 소외 2 와 그 책임보험자인 원고는 소외 3에 대하여 손해배상책임을 부담한다.

그럼에도 원심은 원고가 소외 3과 신분상 내지 생활관계상 일체를 이루는 관계에 있는 소외 2 의 과실로 인한 손해배상금을 지급할 책임이 없다고 판단하였다. 이러한 원심판단에는 자동차 운전자와 그 책임보험자의 손해배상책임에 관한 법리를 오해하여 판결에 영향을 미친 잘못이 있다. 이 점을 지적하는 피고의 상고이유 주장도 정당하다.

3. 결론

그러므로 원심판결을 파기하고, 사건을 다시 심리·판단하도록 원심법원에 환송하기로 하여, 관여 대법관의 일치된 의견으로 주문과 같이 판결한다.

판례8 | 불법행위로 인한 손해배상채무는 채무 성립과 동시에 지연손해금이 발생하는지 여부 (원칙적 적극)[대법원 2020. 1. 30.선고 2018다204787 판결]

【판결요지】

[1] 불법행위로 인한 손해배상채무는 특별한 사정이 없는 한 채무 성립과 동시에 지연손해금이 발생한다.

[2] 비용, 이자, 원본에 대한 변제충당에 관해서는 민법 제479조에 충당 순서가 법정되어 있고 지정변제충당에 관한 민법 제476조는 준용되지 않으므로 당사자가 법정 순서와 다르게 일방적으로 충당 순서를 지정할 수 없다. 민법 제479조에 따라 변제충당을 할 때 지연손해금은 이자와 같이 보아 원본보다 먼저 충당된다. 당사자 사이에 명시적·묵시적 합의가 있다면 법정변제충당의 순서와 달리 인정할 수 있지만 이러한 합의가 있는지는 이를 주장하는 자가 증명할 책임이 있다.

[3] 가집행이 붙은 제1심판결 선고 이후 채무자가 제1심판결에 기한 강제집행을 피하기 위해 돈을 지급한 경우 그에 따라 확정적으로 변제의 효과가 발생하는 것이 아니므로 채무자가 항소심에서 위와 같이 돈을 지급한 사실을 주장하더라도 항소심법원은 그러한 사유를 참작하지 않고 청구의 당부를 판단해야 한다.

【원심판결】

대전지법 2017. 12. 7. 선고 2016나103819 판결

【주문】

원심판결 중 원고 패소 부분을 파기하고, 이 부분 사건을 대전지방법원에 환송한다.

【이유】

상고이유(상고이유서 제출기간이 지난 다음 제출된 상고이유보충서 등은 이를 보충하는 범위에서)를 판단한다.

1. 불법행위로 인한 손해배상채무는 특별한 사정이 없는 한 채무 성립과 동시에 지연손해금이 발생한다(대법원 1994. 11. 25. 선고 94다30065 판결, 대법원 2018. 10. 4. 선고 2016다41869 판결 등 참조).

   비용, 이자, 원본에 대한 변제충당에 관해서는 민법 제479조에 충당 순서가 법정되어 있고 지정변제충당에 관한 민법 제476조는 준용되지 않으므로 당사자가 법정 순서와 다르게 일방적으로 충당 순서를 지정할 수 없다(대법원 1990. 11. 9. 선고 90다카7262 판결 등 참조). 민법 제479조에 따라 변제충당을 할 때 지연손해금은 이자와 같이 보아 원본보다 먼저 충당된다.

   당사자 사이에 명시적·묵시적 합의가 있다면 법정변제충당의 순서와 달리 인정할 수 있지만 이러한 합의가 있는지는 이를 주장하는 자가 증명할 책임이 있다 (대법원 1994. 2. 22. 선고 93다49338 판결 등 참조).

   가집행이 붙은 제1심판결 선고 이후 채무자가 제1심판결에 기한 강제집행을 피하기 위해 돈을 지급한 경우 그에 따라 확정적으로 변제의 효과가 발생하는 것이 아니므로 채무자가 항소심에서 위와 같이 돈을 지급한 사실을 주장하더라도 항소심법원은 그러한 사유를 참작하지 않고 청구의 당부를 판단해야 한다(대법원 1993. 10. 8. 선고 93다26175, 26182 판결, 대법원 1995. 6. 30. 선고 95다15827 판결 등 참조).

2. 원심은 피고가 제1심판결 선고 이후 원고에게 손해배상금의 일부로 지급한 1억 원을 손해배상채무 원금에서 공제하였다. 그 이유로 원고와 피고 모두 항소하여 손해배상금이 확정되지 않았고 피고가 제1심판결에서 인정한 지연손해금을 먼저 변제한다는 의사로 위 돈을 지급하였다고 보이지 않는다는 점을 들었다.

   그러나 원심판결 이유를 위에서 본 법리와 기록에 비추어 살펴보면, 피고의 손해배상채무에 대해서는 이 사건 교통사고가 발생한 날부터 지연손해금이 발생하고, 지연손해금이 발생한 이후에 손해배상금 중 일부로 지급한 1억 원은 민법 제479조에 따라 지연손해금에 우선 충당되었다고 볼 여지가 있다. 또한 1억 원은 가집행이 붙은 제1심

판결 선고 이후 지급한 것이므로 원심으로서는 피고가 1억 원을 지급한 경위를 살펴 위 돈의 법적 성격을 심리할 필요가 있다.

그런데도 원심이 1억 원을 손해배상채무의 원금에 우선 충당한 것은 필요한 심리를 다하지 않아 변제충당의 순서, 변제충당 합의에 관한 주장·증명책임 등에 관한 법리를 오해한 잘못이 있다.

3. 원고의 상고는 이유 있으므로 원심판결 중 원고 패소 부분을 파기하고 이 부분 사건을 원심법원에 환송하기로 하여, 대법관의 일치된 의견으로 주문과 같이 판결한다.

판례9 | 교통사고 피해자가 자동차손해배상 보장법에 따라 손해배상을 주장하지 않았더라도 같은 법을 민법에 우선하여 적용하여야 하는지 여부(적극)[대법원 2020. 1. 30.선고 2016다 267890 판결]

【원심판결】

대구지법 2016. 10. 26. 선고 2016나305370 판결

【주문】

원심판결 중 피고들 패소 부분을 파기하고, 이 부분 사건을 대구지방법원 본원 합의부에 환송한다.

【이유】

상고이유를 판단한다.

1. 원심의 판단

(1) 소외인 은 오토바이를 운전하던 중 중앙선을 침범하여 반대차선에 있던 원고차량을 충격하였고, 이로 인하여 소외인 은 부상을 입고 치료를 받다가 사망하였다. 원고차량에 관하여 자동차종합보험계약을 체결한 보험자인 원고는 가불금으로 소외인 의 치료비 합계 74,177,860원을 지급하였다. 원고는 소외인 의 상속인인 피고들을 상대로 부당이득의 반환으로 위 74,177,860원의 지급을 구하는 이 사건 소를 제기하였다.

(2) 한편 위 자동차종합보험약관은 '대인배상Ⅰ에서 부상보험금은 과실상계 후의 금액이 치료관계비 해당액에 미달하면 치료관계비 해당액을 보상한다. 대인배상Ⅱ에서 사망보험금, 부상보험금 및 후유장애보험금을 합산한 금액을 기준으로 과실상계한 후의 금액이 치료관계비 해당액에 미달하면 치료관계비 해당액을 보상한다.'고 규정하고 있다(이하 '치료관계비 보상규정'이라 한다).

(3) 원심은 소외인 의 과실비율을 80%로 인정한 후 위 74,177,860원 중 소외인 의 과실비율에 해당하는 금액인 59,342,288원을 피고들이 각 그 상속지분에 따라 원고에게 부당이득으로 반환할 의무가 있다고 판단하였다. 이 과정에서 원심은, 위 자동차종합보험약관의 보험금 산정규정에 의하면 피해자와 보험자 사이에 부당이득반환청구소송 등이 제기된 경우에는 보험자가 약관에서 정한 보험금 지급기준이 아니라 일반적인 손해배상액 산정기준에 따라 산정된 실제 손해액을 기준으로 보상해야 한다고 전제하였다. 그리하여 보험자인 원고와 피해자 측인 피고들 사이에서 이 사건 부당이득반환청구소송이 계속 중이라는 이유를 들어, 부당이득액 산정 시 치료관계비 보상규정에 근거한 치료관계비 상당액이 공제되어야 한다는 피고들의 주장을 배척하였다.

2. 대법원의 판단

(1) 원심이 치료관계비 보상규정에 근거한 피고들의 치료관계비 상당액 공제 주장을 배척한 것은 대법원 2014. 8. 28. 선고 2012다118273 판결에 따른 것으로서 정당하다.

(2) 그런데 교통사고 피해자가 자동차손해배상 보장법에 의하여 손해배상을 주장하지 않았더라도 법원은 민법에 우선하여 자동차손해배상 보장법을 적용하여야 한다(대법원 1997. 11. 28. 선고 95다29390 판결 참조). 자동차손해배상 보장법 시행령 제3조 제1항 제2호 단서(이하 '자동차손배법 시행령 단서'라고 한다)는 피해자에게 발생한 손해액이 자동차손해배상 보장법 제15조 제1항의 규정에 의한 자동차보험 진료수가기준에 따라 산출한 진료비 해당액에 미달하는 경우에는 [별표 1]에서 정하는 금액의 범위에서 그 진료비 해당액을 책임보험금으로 지급하도록 규정하고 있다. 위 규정의 취지는 교통사고 피해자가 입은 손해 중 그의 과실비율에 해당하는 금액을 공제한 손해액이 위 규정의 진료비 해당액에 미달하는 경우에도 교통사고로 인한 피해자의 치료 보장을 위해 그 진료비 해당액을 손해액으로 보아 이를 책임보험금으로 지급하라는 것으로 해석되므로, 교통사고 피해자로서는 교통사고의 발생에 기여한 자신의 과실의 유무나 다과에 불구하고 위 규정에 의한 진료비 해당액을 자동차손해배상 보장법에 의한 책임보험금으로 청구할 수 있다(대법원 2012. 10. 11. 선고 2012다44563 판결 참조). 보험약관상 치료관계비 보상규정과 자동차손배법 시행령 단서는 각 규정에 의해 보장되는 치료관계비의 액수에 차이가 있으나 피해자 보호를 위한 제도라는 도입 취지나 보상액의 산정 방식이 동일하다는 점을 감안하면, 치료관계비 보상규정에 따른 치료관계비 상당액이 공제되어야 한다는 피고들의 주장 속에는 치료관계비 보상규정이 적용되지 않을 경우에는 자동차손배법 시행령 단서에 따른 치료관계비 상당액이 공제되어야 한다는 취지가 포함된 것으로 볼 수 있다.

그럼에도 원심은 원고와 피고들 사이의 이 사건 소송에서 보험약관상 치료관계비 보상규정이 적용되지 않는다고만 판단하였을 뿐, 자동차손배법 시행령 단서에 따른 치료비 상당액을 산정하여 이를 피고들이 반환할 부당이득액에서 공제하는 판단을 아예 하지 않았다. 이러한 원심에는 자동차손배법 시행령 단서에 따른 치료관계비 상당액의 지급에 대한 법리를 오해하여 부당이득액 산정에 관하여 필요한 심리를 다하지 않음으로써 판결에 영향을 미친 잘못이 있다.

3. 결론

그러므로 원심판결 중 피고들 패소 부분을 파기하고, 이 부분 사건을 다시 심리·판단하도록 원심법원에 환송하기로 하여, 관여 대법관의 일치된 의견으로 주문과 같이 판결한다.

판례10 | 교통사고로 인한 피해자의 후유증이 사고와 피해자의 기왕증이 경합하여 나타난 경우, 후유증 전체에 대한 기왕증의 기여도를 판정하는 방법/대법원

2019.8.9.선고 2017다 20159판결

【원심판결】

춘천지법 강릉지원 2017. 5. 16. 선고 2015나912 판결

【주문】

원심판결의 적극적 손해에 관한 피고 패소 부분 중 60,000,000원과 이에 대한 지연손해금 부분을 파기하고, 이 부분 사건을 춘천지방법원 강릉지원 합의부에 환송한다.

【이유】

상고이유를 판단한다.

1. 상고이유 제1점에 대하여

교통사고로 인한 피해자의 후유증이 사고와 피해자의 기왕증이 경합하여 나타난 경우, 법원이 기왕증의 후유증 전체에 대한 기여도를 정할 때에는 반드시 의학적으로 정확히 판정하여야 하는 것이 아니고 변론에 나타난 기왕증의 원인과 정도, 기왕증과 후유증의 상관관계, 피해자 연령과 직업, 건강상태 등 제반 사정을 고려하여 합리적으로 판단할 수 있다(대법원 2011. 5. 13. 선고 2009다100920 판결 등 참조).

위 법리와 원심이 적법하게 인정한 사실관계에 비추어 보면, 원심이 그 판시와 같은 사정을 참작하여 신경외과 기왕증 기여도를 10%로 인정한 것에 상고이유 주장과 같이 기왕증의 기여도에 관한 법리를 오해하는 등의 잘못이 없다.

2. 상고이유 제2점에 대하여

가. 손해배상청구소송에서 기왕증과 관련하여 일실수입 손해를 계산하기 위한 노동능력상실률을 산정함에 있어 기왕증의 기여도를 참작하였다면 특별한 사정이 없는 한 치료비, 개호비 등의 손해를 산정함에 있어서도 그 기왕증의 기여도를 참작하여야 하며, 가해자 측이 피해자가 주장하는 후유장해가 기왕증에 의한 것이라고 다투는 경우에 가해자 측의 그와 같은 주장은 소송법상 인과관계의 부인에 해당하므로 피해자가 적극적으로 그 인과관계의 존재, 즉 당해 사고와 상해 사이에 인과관계가 있다거나 소극적으로 기왕증에 의한 후유장해가 없었음을 증명하여야 한다 (대법원 2008. 7. 24. 선고 2007다52294 판결, 대법원 2016. 8. 18. 선고 2016다14775 판결 등 참조).

나. 그런데 원심판결 이유에 의하면 원심은 일실수입을 산정하면서 원고의 기왕증이 신경외과 후유장해에 미친 기여도가 10%라고 인정하였으면서도 기왕증의 기여도를 참작하지 아니하여야 할 특별한 사정에 관한 충분한 심리나 이유의 설시 없이 개호비의 손해를 산정함에 있어 기왕증의 기여도를 참작하지 아니하였는바, 원심판결에는 기왕증이 있는 경우의 손해배상금 산정에 관한 법리를 오해하여 필요한 심리를 다하지 아니한 잘못이 있다.

3. 결론

그러므로 원심판결의 적극적 손해에 관한 피고 패소 부분 중 피고가 상고한 범위에 해당하는 금 60,000,000원 및 이에 대한 지연손해금 부분을 파기하고, 이 부분 사건을 다시 심리·판단하게 하기 위하여 원심법원에 환송하기로 하여, 관여 대법관의 일치된 의견으로 주문과 같이 판결한다.

판례11 | 가해행위와 이로 인한 현실적인 손해의 발생 사이에 시간적 간격이 있는 불법행위의 경우, 손해배상채권의 소멸시효의 기산점이 되는 '불법행위를 안 날'의 의미 및 이때 신체에 대한 가해행위가 있은 후 상당한 기간 동안 치료가 계속되는 과정에서 어떠한 증상이 발현되어 그로 인한 손해가 현실화된 사안[대법원 2019. 7. 25.선고 2016다 1687 판결]

【판결요지】

불법행위로 인한 손해배상의 청구권은 피해자나 그 법정대리인이 손해 및 가해자를 안 날로부터 소멸시효가 시작된다. 가해행위와 이로 인한 현실적인 손해의 발생 사이에 시간적 간격이 있는 불법행위의 경우 소멸시효의 기산점이 되는 불법행위를 안 날은 단지 관념적이고 부동적인 상태에서 잠재하고 있던 손해에 대한 인식이 있었다는 정도만으로는 부족하고 그러한 손해가 그 후 현실화된 것을 안 날을 의미한다. 이때 신체에 대한 가해행위가 있은 후 상당한 기간 동안 치료가 계속되는 과정에서 어떠한 증상이 발현되어 그로 인한 손해가 현실화된 사안이라면, 법원은 피해자가 담당의사의 최종 진단이나 법원의 감정 결과가 나오기 전에 손해가 현실화된 사실을 알았거나 알 수 있었다고 인정하는 데 매우 신중할 필요가 있다. 특히 가해행위가 있을 당시 피해자의 나이가 왕성하게 발육·성장활동을 하는 때이거나, 최초 손상된 부위가 뇌나 성장판과 같이 일반적으로 발육·성장에 따라 호전가능성이 매우 크거나(다만 최초 손상의 정도나 부위로 보아 장차 호전가능성이 전혀 없다고 단정할 수 있는 경우는 제외한다), 치매나 인지장애 등과 같이 증상의 발현 양상이나 진단 방법 등으로 보아 일정한 연령에 도달한 후 전문가의 도움을 받아야 정확하게 진단할 수 있는 등의 특수한 사정이 있는 때에는 더욱 그러하다.

【원심판결】

서울중앙지법 2015. 12. 3. 선고 2014나52987 판결

【주문】

원심판결을 파기하고, 사건을 서울중앙지방법원 합의부에 환송한다.

【이유】

상고이유를 판단한다.

1. 상고이유 제1점에 대하여

가. 불법행위로 인한 손해배상의 청구권은 피해자나 그 법정대리인이 손해 및 가해자를 안 날로부터 소멸시효가 시작된다. 가해행위와 이로 인한 현실적인 손해의 발생 사이에 시간적 간격이 있는 불법행위의 경우 소멸시효의 기산점이 되는 불법행위를 안 날은 단지 관념적이고 부동적인 상태에서 잠재하고 있던 손해에 대한 인식이 있었다는 정도만으로는 부족하고 그러한 손해가 그 후 현실화된 것을 안 날을 의미한다(대법원 1992. 12. 8. 선고 92다29924 판결, 대법원 2001. 1. 19. 선고 2000다11836 판결 등 참조). 이때 신체에 대한 가해행위가 있은 후 상당한 기간 동안 치료가 계속되는 과정에서 어떠한 증상이 발현되어 그로 인한 손해가 현실화된 사안이라면, 법원은 피해자가 담당의사의 최종 진단이나 법원의 감정 결과가 나오기 전에 손해가 현실화된 사실을 알았거나 알 수 있었다고 인정하는 데 매우 신중할 필요가 있다. 특히 가해행위가 있을 당시 피해자의 나이가 왕성하게 발육·성장활동을 하는 때이거나, 최초 손상된 부위가 뇌나 성장판과 같이 일반적으로 발육·성장에 따라 호전가능성이 매우 크거나(다만 최초 손상의 정도나 부위로 보아 장차 호전가능성이 전혀 없다고 단정할 수 있는 경우는 제외한다), 치매나 인지장애 등과 같이 증상의 발현 양상이나 진단 방법 등으로 보아 일정한 연령에 도달한 후 전문가의 도움을 받아야 정확하게 진단할 수 있는 등의 특수한

사정이 있는 때에는 더욱 그러하다.

나. 원심은, 원고가 이 사건 사고로 인하여 입은 손해에 대하여 상법 제724조 제2항에 의하여 보험자인 피고에게 직접 손해배상청구권을 행사할 수 있는데, 이 사건 사고가 발생한 2006. 3.경에 이 사건 사고로 인한 손해와 가해자를 알았음에도 그로부터 3년이 지난 2012. 3. 21.경에야 비로소 피고에게 손해배상을 청구한 이상 원고의 손해배상청구권은 시효가 완성되어 소멸하였다고 판단하였다.

다. 그러나 원심의 판단은 수긍하기 어렵다.

1) 기록에 의하면 다음과 같은 사실을 알 수 있다.

가) 원고 (생년월일 생략) 는 만 15개월 무렵인 2006. 3.경 이 사건 사고를 당하였는데, 그로부터 2개월가량 지난 후 작성된 진단서의 병명란에는 "강직성 편마비, 두개내 개방성 상처가 없는 미만성 뇌손상, 외상성 경막하 출혈, 외상성 거미막하 출혈, 뇌실내 뇌내출혈", 향후치료의견란에는 "향후 지속적인 신경발달 치료와 합병증, 간질 등의 집중 관찰을 요합니다."라고 기재되어 있다.

나) 원고는 이 사건 사고 직후 약간의 발달지체 등의 증상을 보이다가 계속 치료를 받아 증상이 호전되기도 하였으나, 2007. 4.경부터 경련이 발생하고 2008. 1.경에는 전신경련이 발생한 이후 발달단계가 현저히 퇴행하는 양상을 보였다.

다) 원고가 만 6세 때인 2011. 11.경 작성된 진단서의 병명란에는 "강직성 편마비, 강직성(외반성) 편평족, 언어장애 및 실어증, 난치성 간질을 동반하지 않은 각성 시 대발작을 동반한 간질"이라고 기재되어 처음으로 의학적 장애진단이 내려졌다.

라) 이 사건 소가 제기되고 1심 변론 진행 중인 2014. 1.경 실시된 신체감정에서 원고는 "치매, 주요 인지장애"의 진단을 받았다.

마) 한편 원고는 이 사건 사고 직후부터 다른 공동불법행위자의 보험자인 동부화재 보험 주식회사로부터 치료비를 계속 지급받던 중 이 사건 소 제기 직전인 2012. 3.경 최종적으로 동부화재보험 주식회사와 손해배상에 관하여 합의를 하고 그에 따라 손해배상금을 지급받았다.

2) 위와 같은 사실관계를 앞서 본 법리와 기록에 비추어 보면, 이 사건 사고 직후에는 원고에게 약간의 발달지체 등의 증상이 있을 뿐 2011. 11.경의 진단명인 "언어장애나 실어증", 감정 결과인 "치매, 주요 인지장애"와 직접 관련된 증상이 제대로 드러나지 않았고, 이후 치료가 계속되면서 발달지체 등의 증상이 호전되기도 하고 또 여러 차례의 경련이 발생하면서 그러한 증상이 악화되기도 하였으며 이후 위 병명과 관련된 증상이 점차 분명하게 드러난 사실을 알 수 있다. 이러한 치료경과나 증상의 발현시기, 정도와 함께 기록에 나타난 이 사건 사고

당시 원고의 나이, 최초 손상의 부위 및 정도, 최종 진단경위나 병명 등을 종합적으로 고려하면, 이 사건 사고 직후에는 "언어장애나 실어증", "치매, 주요 인지장애"로 인한 손해가 현실화되었다고 단정하기 어렵고, 나아가 원고나 그 법정대리인으로서도 그 무렵에는 혹시라도 장차 상태가 악화되면 원고에게 어떠한 장애가 발생할 수도 있을 것이라고 막연하게 짐작할 수 있었을지언정 뇌 손상으로 인하여 발생할 장애의 종류나 정도는 물론 장애가 발생할지 여부에 대해서조차 확실하게 알 수 없었을 것으로 볼 여지가 충분히 있다.

3) 그런데도 원심은 이러한 특수한 사정에 관하여 충분하게 심리하지 않은 채 바로 원고가 이 사건 사고 직후 손해가 발생한 사실을 알았다고 단정하고 말았다. 이러한 원심판단에는 소멸시효의 기산점에 관한 법리를 오해하여 필요한 심리를 다하지 않은 잘못이 있다. 이 점을 지적하는 상고이유 주장은 정당하다.

2. 결론

그러므로 나머지 상고이유에 관한 판단을 생략한 채 원심판결을 파기하고, 사건을 다시 심리·판단하게 하기 위하여 원심법원에 환송하기로 하여, 관여 대법관의 일치된 의견으로 주문과 같이 판결한다.

판례12 | 선행차량 운전자의 과실이 후행사고들로 인한 손해배상책임에 관한 분담 범위를 정할 때에 참작되어야 하는지 여부(적극)*[대법원 2019. 6. 27.선고 2018다 226015 판결]*

【판결요지】

도로교통법령에 의하면 고속도로에서 특별한 사정이 없는 한 차를 정차 또는 주차하여서는 아니 되고, 자동차의 운전자는 고장이나 그 밖의 사유로 고속도로에서 자동차를 운행할 수 없게 된 때에는 도로교통법 시행규칙이 정하는 '고장자동차의 표지'를 도로상에 설치하여야 하며, 그 자동차를 고속도로 외의 곳으로 이동하는 등의 필요한 조치(이하 '안전조치'라 한다)를 하여야 한다.

그리고 고속도로에서 선행차량이 사고 등의 사유로 안전조치를 취하지 아니한 채 주행차로에 정지해 있는 사이에 뒤따라온 자동차에 의하여 추돌사고가 발생한 경우에, 안전조치를 취하지 아니한 정차로 인하여 후행차량이 선행차량을 충돌하고 나아가 그 주변의 다른 차량이나 사람들을 충돌할 수도 있다는 것을 충분히 예상할 수 있으므로, 선행차량 운전자가 정지 후 안전조치를 취할 수 있었음에도 과실로 이를 게을리하였거나, 또는 정지 후 시간적 여유 부족이나 부상 등의 사유로 안전조치를 취할 수 없었다고 하더라도 그 정지가 선행차량 운전자의 과실로 발생된 선행사고로 인한 경우 등과 같이 그의 과실에 의하여 비롯된 것이라면, 안전조치 미이행 또는 선행사고의 발생 등으로 인한 정지와 후행 추돌사고 및 그로 인하여 연쇄적으로 발생된 사고들 사이에는 특별한 사정이 없는 한 인과관계가 있고, 손해의 공평한 분담이라는 손해배상 제도의 이념에 비추어 볼 때에 선행차량 운전자의 과실은 후행사고들로 인한 손해배상책임에 관한 분담범위를 정할 때에 참작되어야 한다.

【원심판결】

서울중앙지법 2018. 3. 28. 선고 2017나65342 판결

【주문】

원심판결을 파기하고, 사건을 서울중앙지방법원 합의부에 환송한다.

【이유】

상고이유를 판단한다.

1. 상고이유 제1, 2, 3점에 관하여

가. 2006년 서해대교에서 대규모 연쇄추돌 및 화재사고가 발생하여 서해대교 1차로에서 보행 중인 보행자에게 상해를 입힌 차량의 보험자인 원고가 그 손해를 배상한 후 2 차로에서 연쇄추돌 사고를 일으킨 차량들의 보험자인 피고들도 공동불법행위책임을 부담한다는 전제에서 피고들을 상대로 구상금을 청구하는 이 사건에서, 원심은 피고들의 2차로에서 발생한 사고에 대한 과실과 1차로에서 발생한 원고에 대한 사고는 전혀 별개로 존재하는 사고로서 상당인과관계가 있다고 보기 어렵다고 판단하였다.

나. 도로교통법령에 의하면 고속도로에서 특별한 사정이 없는 한 차를 정차 또는 주차 하여서는 아니 되고, 자동차의 운전자는 고장이나 그 밖의 사유로 고속도로에서 자동차를 운행할 수 없게 된 때에는 도로교통법 시행규칙이 정하는 '고장자동차의 표지'를 도로상에 설치하여야 하며, 그 자동차를 고속도로 외의 곳으로 이동하는 등의 필요한 조치(이하 '안전조치'라 한다)를 하여야 한다 .
그리고 고속도로에서 선행차량이 사고 등의 사유로 안전조치를 취하지 아니한 채 주행차로에 정지해 있는 사이에 뒤따라온 자동차에 의하여 추돌사고가 발생한 경우에, 안전조치를 취하지 아니한 정차로 인하여 후행차량이 선행차량을 충돌하고 나아가 그 주변의 다른 차량이나 사람들을 충돌할 수도 있다는 것을 충분히 예상할 수 있으므로, 선행차량 운전자가 정지 후 안전조치를 취할 수 있었음에도 과실로 이를 게을리하였거나, 또는 정지 후 시간적 여유 부족이나 부상 등의 사유로 안전조치를 취할수 없었다고 하더라도 그 정지가 선행차량 운전자의 과실로 발생된 선행사고로 인한경우 등과 같이 그의 과실에 의하여 비롯된 것이라면, 그 안전조치 미이행 또는 선

행사고의 발생 등으로 인한 정지와 후행 추돌사고 및 그로 인하여 연쇄적으로 발생된 사고들 사이에는 특별한 사정이 없는 한 인과관계가 있다고 할 것이며, 손해의 공평한 분담이라는 손해배상 제도의 이념에 비추어 볼 때에 선행차량 운전자의 과실은 후행사고들로 인한 손해배상책임에 관한 분담범위를 정할 때에 참작되어야 한다(대법원 2009. 12. 10. 선고 2009다64925 판결, 대법원 2012. 3. 29. 선고 2011다110692 판결, 대법원 2012. 8. 17. 선고 2010다28390 판결 등 참조).

나아가 공동불법행위의 성립에는 공동불법행위자 상호 간에 의사의 공통이나 공동의 인식이 필요하지 아니하고 객관적으로 각 그 행위에 관련공동성이 있으면 되며, 그 관련공동성 있는 행위에 의하여 손해가 발생하였다면 그 손해배상책임을 면할 수 없다(대법원 1988. 4. 12. 선고 87다카2951 판결, 대법원 2008. 6. 26. 선고 2008다22481 판결 등 참조).

다. 원심이 인용한 제1심판결 이유와 기록에 의하면, ① 소외 1은 2006. 10. 3. 07:40경 (차량번호 1 생략) 25t 트럭(피고 1의 피보험차량, 이하 '피고1 차량'이라 한다)을 운전하여 서해안고속도로 상행선 목포 기점 279.8㎞ 부근 서해대교 3차로를 진행하던 중 당시 안개가 짙게 끼어 전방의 시야가 확보되지 않은 탓에 앞에서 서행하던 1t 트럭을 추돌(이하 '이 사건 선행사고'라 한다)한 후, 피고1 차량을 2차로에 정차시켜 둔 채 '고장자동차의 표지'를 설치하는 등의 안전조치를 취하지는 않은 사실, ② 피고1 차량을 뒤따라오던 이스타나 승합차가 피고1 차량을 추돌하였고, 위 승합차를 뒤따라오던 승용차는 위 사고를 미리 목격하고 2차로에 정차하였는데, 바로 뒤이어 소외 2가 같은 날 07:43경 (차량번호 2 생략) EF소나타 택시(피고 2의 피보험차량, 이하 '피고2 차량'이라 한다)로 위 승용차를 추돌한 후 안전조치를 취하지 아니한 채 주행차로에 정지해 있었던 사실, ③ 그 뒤로 소외 3 운전의 (차량번호 3 생략) 소나타Ⅲ(피고 3의 피보험차량, 이하 '피고3 차량'이라 한다) 차량 등이 2차로에서 연쇄적으로 추돌사고를 일으킨 사실, ④ 소외 4는 피고3 차량의 동승자로 연쇄적인 추돌사고를 당한 후 또 다른 연쇄추돌로 인한 충격을 피하기 위하여 차량에서 바깥으로 나왔다가 3차로 쪽에서 차량들의 연쇄추돌로 발생한 화재를 피하여 반대편인 1차로 쪽으로 피해 있었던 사실, ⑤ 소외 5는 (차량번호 4 생략) 카캐리어 트랙터(원고의 피보험차량, 이하 '원고 차량'이라 한다)를 운전하여 1차로로 진행 중 위와 같이 1차로 쪽으로 피해 있던 소외 4의 발 부위를 원고 차량 뒷바퀴로 충격(이하 '이 사건 후행사고'라 한다)하여 소외 4에게 골반골절, 우측 하지절단 등의 상해를 입힌 사실, ⑥ 한편 3차로에서 추돌사고를 일으킨 탱크로리 차량과 그 이후의 연쇄추돌 사고로 화재가 발생하여 많은 인명이 희생된 사실을 알 수 있다.

이러한 사실관계를 앞서 본 법리에 비추어 살펴보면, 피고1 차량의 운전자인 소외

1 은 전방주시의무 위반 등의 과실로 이 사건 연쇄추돌 사고의 최초의 원인이 된 이 사건 선행사고를 일으켰고, 사고 후 안전조치를 취하지 아니한 채 주행차로에 정지해 있는 사이에 뒤따라온 차량들에 의해 후행 추돌사고가 발생하였으므로, 설령 소외 1이 사고 후 안전조치 등을 취할 시간적 여유가 없었다고 하더라도 후행 추돌사고에 대하여 과실이 있다고 할 것이다. 그 후 연쇄적인 후행 추돌사고가 발생하여 화재에까지 이르렀고, 소외 1로서는 당시 안개가 짙게 낀 서해안고속도로를 운행하는 후행차량들이 2차로에 정차한 피고1 차량을 추돌하고 나아가 그 주변의 다른 차량이나 대피하는 사람들을 추돌할 수도 있다는 것을 충분히 예상할 수 있었다고 할 것이므로, 소외 1 의 위와 같은 과실과 연쇄적인 후행 추돌사고로 인한 이 사건 후행사고 사이에는 상당인과관계도 있다고 할 것이다(상고이유에서 지적한 대법원 2012. 8. 17. 선고 2010다28390 판결 에서 피고1 차량의 후행사고에 대한 과실이 인정된 바 있다). 그리고 피고2 차량의 운전자인 소외 2는 전방주시의무 위반 등의 과실로 위와 같은 사고를 목격하고 정지한 승용차를 충격하는 사고를 일으킨 후 안전조치를 취하지 아니한 채 주행차로에 정지해 있는 사이에 뒤따라온 차량들에 의해 후행 추돌사고가 발생하였고, 피고3 차량의 운전자인 소외 3은 전방주시의무 위반 등의 과실로 위와 같은 사고로 정지해 있던 피고2 차량을 충격하는 사고를 일으킨 후 안전조치를 취하지 아니한 채 주행차로에 정지해 있는 사이에 뒤따라온 차량들에 의해 후행 추돌사고가 발생하였으며, 이러한 소외 2, 소외 3의 각 과실과 연쇄적인 후행 추돌사고로 인한 이 사건 후행사고 사이에도 상당인과관계가 있다고 할 것이다. 나아가 이 사건 선행사고와 그로 인한 연쇄추돌 사고 및 이 사건 후행사고는 시간적으로나 장소적으로 근접하여 발생한 일련의 연쇄추돌 사고들 중의 일부로서, 객관적으로 보아 그 행위에 관련공동성이 있다고 할 것이므로, 소외 1, 소외 2, 소외 3은 공동불법행위자로서 이 사건 후행사고로 인한 손해에 대하여 연대배상책임을 부담한다고 할 것이다.

비록 소외 4가 피고3 차량에서 내려 1차로로 대피하던 중 이 사건 후행사고가 발생하였다고 하더라도, 소외 4가 1차로로 대피하게 된 것은 소외 1 등에 의해 야기된 이 사건 선행사고로 인한 연쇄적인 후행 추돌사고와 그로 인한 화재에서 비롯된 것으로서, 이 사건과 같이 다수 운전자들의 과실로 다수 차량이 연쇄추돌한 후 화재까지 발생한 경우, 단순히 원고 차량과 피고들 차량 사이의 직접적인 충격이 없었다고 하여 소외 1, 소외 2, 소외 3의 위 각 과실과 이 사건 후행사고 사이의 인과관계가 단절된다고 볼 수는 없고, 이 사건 후행사고가 1차로상에서 발생하였다고 하여 달리 평가할 수 있는 것도 아니다.

라. 그럼에도 원심은 피고들에게 전방주시의무와 안전거리 준수의무 위반으로 인한 이 사건 선행사고와 그로 인한 사고 차량을 안전한 장소로 이동시키거나 고장 등 경

우의 표시를 설치하는 등의 안전조치의무를 이행하지 아니한 과실이 있더라도 이 사건 선행사고와 이 사건 후행사고의 경위, 원고 차량과 소외 4 의 과실 등 이 사건 변론에 나타난 제반 사정에 비추어 볼 때 피고들의 그와 같은 과실과 이 사건 후행사고는 전혀 별개로 존재하는 사고로 봄이 타당하므로 이 사건 선행사고 등과 이 사건 후행사고 사이에 상당인과관계가 있다고 보기는 어렵다고 판단하였으니, 이러한 원심의 판단에는 상당인과관계와 공동불법행위의 성립에 관한 법리를 오해하여 판결에 영향을 미친 위법이 있다.

2. 결론

그러므로 원고의 상고는 이유 있어 나머지 상고이유에 관한 판단을 생략한 채 원심판결을 파기하고, 사건을 다시 심리·판단하게 하기 위하여 원심법원에 환송하기로 하여, 관여 대법관의 일치된 의견으로 주문과 같이 판결한다.

판례13 | 교통사고 피해자의 기왕증이 사고와 경합하여 악화됨으로써 손해 확대 등에 기여한 경우, 손해배상의 범위 *[대법원 2019. 5. 30.선고 2015다8902 판결]*

【판결요지】

교통사고 피해자의 기왕증이 사고와 경합하여 악화됨으로써 피해자에게 특정 상해의 발현 또는 치료기간의 장기화, 나아가 치료종결 후 후유장해 정도의 확대라는 결과 발생에 기여한 경우에는, 기왕증이 특정 상해를 포함한 상해 전체의 결과 발생에 기여하였다고 인정되는 정도에 따라 피해자의 전체 손해 중 그에 상응한 배상액을 부담하게 하는 것이 손해의 공평한 부담을 위하여 타당하다.

【원심판결】

수원지법 2015. 1. 8. 선고 2012나32444 판결

【주문】

원심판결 중 피고 패소 부분을 파기하고, 이 부분 사건을 수원지방법원에 환송한다.

【이유】

상고이유를 판단한다.

1. 원고 1 에게 이 사건 사고로 복합부위통증증후군(CRPS)이라는 후유장해가 발생하였는지 여부(상고이유 제1점)

   가. 감정인의 신체감정 결과는 증거방법의 하나로서 법원이 어떤 사항을 판단할 때 특별한 지식과 경험이 필요한 경우에 판단의 보조수단으로 이용하는 데에 지나지 않

는다. 법관은 모든 증거를 종합하여 자유로운 심증으로 특정 감정 결과에 따라 후유장해의 인정 여부를 판단할 수 있고, 이러한 판단은 논리와 경험의 법칙에 반하지 않는 한 적법하다(대법원 2015. 2. 26. 선고 2012다70777 판결 등 참조).

나. 원심은 다음과 같이 판단하였다.

제1심법원의 ○○○○병원장 에 대한 마취통증의학과 신체감정촉탁 결과(이하 '이 사건 신체감정촉탁 결과'라 한다)는 원고 1의 주관적 통증 호소뿐만 아니라 체열검사, 피부색의 비대칭성 검사 등 객관적인 검사 결과를 근거로 하고 있고, △△△△ 대학교병원 의사가 작성한 진단서와 소견서 등으로도 뒷받침된다. 이 사건 사고 이후 원고 1 에 대한 복합부위통증증후군 진단 무렵까지 이 사건 사고 외에 발병 원인이 될 만한 다른 요인은 없었던 것으로 보인다. 진료기록 등에 나타난 질병 증상과 징후 발생·전개의 경과와 정도, 원고 1이 이 사건 사고 바로 다음 날 2곳의 병원을 방문하여 심한 통증을 호소하고 입원치료를 받는 등의 치료 경과와 내역 등을 종합하면, 원고 1에게 이 사건 사고로 복합부위통증증후군이라는 후유장해가 발생하였다고 볼 수 있다.

다. 원심판결 이유를 위에서 본 법리와 적법하게 채택된 증거에 비추어 살펴보면, 원심이 이 사건 신체감정촉탁 결과 중 복합부위통증증후군의 발생 여부 부분에 기초하여 원고 1에게 이 사건 사고로 복합부위통증증후군이라는 후유장해가 발생하였다고 판단한 것은 정당하다. 원심의 판단에 상고이유 주장과 같이 논리와 경험의 법칙에 반하여 자유심증주의의 한계를 벗어난 잘못이 없다.

2. 원고 1 의 노동능력상실률 평가방법이 적정한지 여부(상고이유 제2점)

가. 노동능력상실률은 단순한 의학적 신체기능장애율이 아니라 피해자의 연령, 교육 정도, 종전 직업의 성질, 경력, 기능 숙련 정도, 신체기능장애 정도, 유사 직종이나 다른 직종으로 전업할 가능성과 확률, 그 밖의 사회적·경제적 조건을 모두 참작하여 경험칙에 따라 정한 수익상실률로서 합리적이고 객관성이 있어야 한다(대법원 1990. 4. 13. 선고 89다카982 판결, 대법원 1997. 5. 30. 선고 97다4784 판결 등 참조).

나. 원심이 인용한 제1심판결 이유에 따르면, 원심은 이 사건 신체감정촉탁 결과 중 신체기능장애율 부분에 기초하여 원고 1 의 노동능력상실률을 정하였다.

다. 원심판결 이유와 적법하게 채택된 증거에 따르면 다음 사실을 알 수 있다.

(1) 복합부위통증증후군은 통증을 주된 증상으로 하는 질환으로서 진단에 사용되는 기준은 수정 국제통증학회(International Association for the Study of Pain, IASP) 기준, 미국의사협회(American Medical Association, AMA) 신

체장해평가지침(이하 'AMA 지침'이라 한다) 제5판 기준, AMA 지침 제6판 기준 등 여러 기준이 있다.

(2) AMA 지침 제5판 기준은 증상(환자가 호소하는 주관적 상태를 말한다)을 배제하고 징후(객관적으로 나타나는 신체의 상태를 말한다)만을 기준으로 진단한다. 총 11개의 징후 중 8개 이상을 충족하여야 복합부위통증증후군일 가능성이 있다고 보고, 이를 토대로 신체기능장애율을 산정한다.

(3) 수정 국제통증학회 기준은 증상과 징후를 모두 고려하여 진단한다. 그중 임상용 진단기준은 총 4개의 범주 중 3개 이상의 범주에서 각각 1개 이상의 증상이 있고, 2개 이상의 범주에서 각각 1개 이상의 징후가 있어야 복합부위통증증후군일 가능성이 있다고 본다.

(4) AMA 지침 제5판 기준이 징후만을 기준으로 삼는 것은 너무 엄격하다는 비판이 제기되자 이를 완화하여 AMA 지침 제6판 기준이 마련되었다. AMA 지침 제6판 기준은 징후 외에 증상도 고려한다는 점에서 수정 국제통증학회 기준을 기본으로 하되, 부가적 요건이 추가되어 있고, 이를 토대로 신체기능장애율을 산정한다.

(5) 이 사건 신체감정촉탁 결과는 복합부위통증증후군의 발생 여부에 관해서는 수정 국제통증학회 기준 중 임상용 진단기준 또는 AMA 지침 제6판 기준을 적용하였는데도, 그에 따른 신체기능장애율 산정에 관해서는 AMA 지침 제5판 기준을 적용하였다.

(6) AMA 지침 제5판 기준을 적용하면, 원고 1 은 총 11개의 징후 중 8개 이상을 충족하여야 한다는 진단기준에 해당하지 않는다.

라. 이러한 사실관계를 위에서 본 법리에 비추어 살펴본다.

AMA 지침 제5판 기준은 징후만을 기준으로 총 11개의 징후 중 8개 이상을 충족하여야 복합부위통증증후군일 가능성이 있다고 본다. 수정 국제통증학회 기준 중 임상용 진단기준 또는 AMA 지침 제6판 기준은 징후 외에 증상도 고려하고, 징후는 총 4개의 범주 중 2개 이상의 범주에서 각각 1개 이상만 있으면 되므로 AMA 지침 제5판 기준보다 완화된 것이다.

이 사건 신체감정촉탁 결과는 복합부위통증증후군의 발생 여부에 관해서는 AMA 지침 제5판 기준이 아니라 수정 국제통증학회 기준 중 임상용 진단기준 또는 AMA 지침 제6판 기준을 적용하였는데도, 그에 따른 신체기능장애율 산정에 관해서는 아무런 설명 없이 AMA 지침 제5판 기준을 적용하였다.

원심은 위와 같이 복합부위통증증후군의 발생 여부에 관해서는 수정 국제통증학회 기준 중 임상용 진단기준 또는 AMA 지침 제6판 기준에 따라 판단하였다. 그러나 복합부위통증증후군의 발생 여부에 관하여 AMA 지침 제5판 기준을 적용하면 원고 1 은 복합부위통증증후군이 발생하였다고 보기 어렵다.

원심은 이 사건 신체감정촉탁 결과 중 AMA 지침 제5판 기준을 적용한 신체기능장애율 부분에 기초하여 원고 1 의 노동능력상실률을 정하였으나, 이는 위에서 본 바와 같은 이유로 논리와 경험의 법칙에 반하여 자유심증주의의 한계를 벗어나거나 노동능력상실률 평가방법에 관한 법리를 오해하여 판결에 영향을 미친 잘못이 있다. 이를 지적하는 상고이유 주장은 정당하다.

3. 기왕증 기여도의 고려 범위가 타당한지 여부(상고이유 제3점)

가. 교통사고 피해자의 기왕증이 사고와 경합하여 악화됨으로써 피해자에게 특정 상해의 발현 또는 치료기간의 장기화, 나아가 치료종결 후 후유장해 정도의 확대라는 결과 발생에 기여한 경우에는, 기왕증이 특정 상해를 포함한 상해 전체의 결과 발생에 기여하였다고 인정되는 정도에 따라 피해자의 전체 손해 중 그에 상응한 배상액을 부담하게 하는 것이 손해의 공평한 부담을 위하여 타당하다(대법원 2002. 4. 26. 선고 2000다16237 판결, 대법원 2015. 4. 9. 선고 2014다88383, 88390 판결 등 참조).

나. 원심이 인용한 제1심판결 이유와 원심판결 이유에 따르면, 원심은 원고 1 의 기왕증과 관련하여 다음과 같이 판단하였다.

원고 1은 이 사건 사고 이전에 기왕증이 있었고, 기왕증이 노동능력상실률에 기여한 정도는 10%로 보아야 하므로, 이를 고려한 노동능력상실률에 따라 일실수입을 산정한다. 그러나 노동능력상실률 판단에서 기왕증 기여도와 치료비 판단에서 기왕증 기여도는 원칙적으로 서로 구별되고, 원고 1 의 기왕증을 피고의 책임제한 사유로 참작한 이상 기왕치료비와 향후치료비에 관해서는 원고 1 의 기왕증을 별도로 고려하지 않는다.

다. 위에서 본 법리에 비추어 보면, 원심은 원고 1의 기왕증이 노동능력상실률에 기여한 정도를 심리하였으므로, 특별한 사정이 없으면 기왕치료비와 향후치료비에 관해서도 원고 1의 기왕증이 기여한 정도를 심리할 수 있었다. 원심은 원고 1의 기왕증을 피고의 책임제한 사유로만 참작할 것이 아니라 일실수입의 경우와 마찬가지로 기왕치료비와 향후치료비에 관해서도 원고 1 의 기왕증이 기여한 정도를 심리한 다음 기왕증 기여도를 고려한 나머지를 손해로 인정했어야 한다.

그런데도 원심이 원고 1의 기왕증을 피고의 책임제한 사유로 참작하였다는 이유로 기왕치료비와 향후치료비에 관하여 원고 1의 기왕증을 별도로 고려하지 않은 것은 기왕증 기여도의 고려 범위에 관한 법리를 오해하여 필요한 심리를 다하지 않아 판결에 영향을 미친 잘못이 있다. 이를 지적하는 상고이유 주장은 정당하다.

4. 결론

원심판결 중 피고 패소 부분을 파기하고, 이 부분 사건을 다시 심리·판단하도록 원심 법원에 환송하기로 하여, 대법관의 일치된 의견으로 주문과 같이 판결한다.

> **판례14** | 교통사고 피해자가 소송을 통하여 보험회사 등에 직접 손해배상을 청구하는 경우, 자동차보험진료수가가 치료비 손해액 산정의 절대적 기준인지 여부(소극) [대법원 2017. 10. 26.선고 2017다226148 판결]

【원심판결】

서울중앙지법 2017. 4. 11. 선고 2016나15531 판결

【주문】

상고를 기각한다. 상고비용은 피고가 부담한다.

【이유】

상고이유를 판단한다.

자동차손해배상 보장법 제2조 제7호는 "자동차보험진료수가란 자동차의 운행으로 사고를 당한 자(이하 '교통사고환자'라 한다)가 의료법에 따른 의료기관에서 진료를 받음으로써 발생하는 비용으로서, 보험회사(공제사업자를 포함한다. 이하 '보험회사 등'이라 한다)의 보험금(공제금을 포함한다. 이하 '보험금 등'이라 한다)으로 해당 비용을 지급하는 경우[(가)목], 제30조에 따른 자동차손해배상 보장사업의 보상금으로 해당 비용을 지급하는 경우[(나)목], 교통사고환자에 대한 배상(제30조에 따른 보상을 포함한다)이 종결된 후 해당 교통사고로 발생한 치료비를 교통사고환자가 의료기관에 지급하는 경우[(다)목] 중 어느 하나의 경우에 적용되는 금액을 말한다."라고 규정하고 있다.

이에 따라 자동차손해배상 보장법 제15조는 "국토교통부장관은 교통사고환자에 대한 적절한 진료를 보장하고 보험회사 등, 의료기관 및 교통사고환자 간의 진료비에 관한 분쟁을 방지하기 위하여 자동차보험진료수가에 관한 기준(이하 '자동차보험진료수가기준'이라 한다)을 정하여 고시할 수 있다. 자동차보험진료수가기준에는 자동차보험진료수가의 인정범위, 청구절차 및 지급절차, 그 밖에 국토교통부령이 정하는 사항이 포함되어야 한다."라고 규정하고, 자동차손해배상 보장법 제12조 제2항은 '교통사고환자를 진료하는 의료기관은 보험회사 등에게 자동차보험진료수가기준에 따라 자동차보험진료수가를 청구할 수 있다'는 취지로 규정하고 있다.

위 규정들에 의하면 자동차보험진료수가기준은 교통사고환자에 대한 적절한 진료를 보장하고, 보험회사 등과 의료기관 간의 교통사고환자의 진료비에 관한 분쟁이나, 교통사고

환자에 대한 배상이 종결된 후 해당 교통사고로 발생한 치료비를 교통사고환자가 의료기관에 지급하는 경우에 교통사고환자와 의료기관 간의 진료비에 관한 분쟁을 방지하기 위한 기준으로서의 의미를 가진다.

한편 교통사고 피해자가 소송을 통하여 보험회사 등에 직접 손해배상을 청구하는 경우에는 교통사고로 인한 치료비로 그 불법행위와 상당인과관계가 있는 범위 내의 실제 손해액을 배상받을 수 있으므로, 당해 치료행위에 대한 치료비는 부상의 정도, 치료내용, 횟수, 의료보험수가 등 의료사회 일반의 보편적인 진료비 수준 등 여러 사정을 고려하여 합리적으로 그 범위를 산정하여야 한다(대법원 2003. 2. 14. 선고 2002다63411 판결 참조).

이러한 점들을 종합하면, 교통사고 피해자가 소송을 통하여 보험회사 등에 직접 손해배상을 청구하는 경우 자동차보험진료수가는 치료비 손해액 산정의 일응의 기준이 될 수 있으나 이를 절대적 기준으로 볼 수는 없고, 법원이 자동차보험진료수가에 따라 치료비 손해액을 산정하지 않았더라도 신체감정 등 다양한 증거방법을 통하여 해당 교통사고 피해자의 부상과 장해의 정도, 치료내용, 횟수 및 의료사회 일반에서 보편적인 진료비 수준, 해당 부상과 장해에 대한 자동차보험진료수가의 적용 가능성이나 그 적정성 등을 참작한 다음 합리적인 범위로 치료비 손해액을 산정하였다면 이를 상당인과관계 있는 손해가 아니라고 할 수 없다(대법원 2017. 8. 29. 선고 2016다265511 판결 참조).

이와 같은 법리에 따라 기록을 살펴보면, 원심이 신체감정촉탁 결과에 의하여 원고의 방광(비뇨기과) 향후치료비를 산정한 데에 자동차손해배상 보장법이 정한 자동차보험진료수가에 관한 법리 등을 오해하여 필요한 심리를 다하지 아니한 잘못이 없다.

그러므로 상고를 기각하고, 상고비용은 패소자가 부담하도록 하여, 관여 대법관의 일치된 의견으로 주문과 같이 판결한다.

> **판례15 |** 교통사고 피해자가 소송을 통하여 보험회사 등에 직접 손해배상을 청구하는 경우, 자동차보험진료수가가 치료비 손해액 산정의 절대적 기준이 되는지 여부(소극)*[대법원 2017. 8. 29.선고 2016다265511 판결]*

【판결요지】

자동차손해배상 보장법 제2조 제7호, 제15조, 제12조 제2항에 의하면 '자동차보험진료수가에 관한 기준'은 교통사고 환자에 대한 적절한 진료를 보장하고, 보험회사 등과 의료기관 간의 교통사고 환자의 진료비에 관한 분쟁이나, 교통사고 환자에 대한 배상이 종결된 후 해당 교통사고로 발생한 치료비를 교통사고 환자가 의료기관에 지급하는 경우에 교통사고 환자와 의료기관 간의 진료비에 관한 분쟁을 방지하기 위한 기준으로서의 의미를 가진다.

한편 교통사고 피해자가 소송을 통하여 보험회사 등에 직접 손해배상을 청구하는 경우에는 교통사고로 인한 치료비로 불법행위와 상당인과관계가 있는 범위 내의 실제 손해액을 배상받을 수 있으므로, 당해 치료행위에 대한 치료비는 부상의 정도, 치료내용, 횟수, 의료보험수가 등 의료사회 일반의 보편적인 진료비 수준 등 제반 사정을 고려하여 합리적으로 그 범위를 산정하여야 한다.

이러한 점들을 모두 종합하면, 교통사고 피해자가 소송을 통하여 보험회사 등에 직접 손해배상을 청구하는 경우 자동차보험진료수가는 치료비 손해액 산정의 일응의 기준이 될 수 있으나 이를 절대적 기준으로 볼 수는 없고, 법원이 자동차보험진료수가에 따라 치료비 손해액을 산정하지 않았더라도 신체감정 등 다양한 증거방법을 통하여 해당 교통사고 피해자의 부상과 장해의 정도, 치료내용, 횟수 및 의료사회 일반에서 보편적인 진료비 수준, 해당 부상과 장해에 대한 자동차보험진료수가의 적용 가능성이나 적정성 등을 참작한 다음 합리적인 범위로 치료비 손해액을 산정하였다면 이를 상당인과관계 있는 손해가 아니라고 할 수 없다.

【원심판결】

서울중앙지법 2016. 10. 6. 선고 2015나72834 판결

【주문】

상고를 기각한다. 상고비용은 피고가 부담한다.

【이유】

상고이유를 판단한다.

1. 상고이유 제1점 내지 제3점에 관하여

원심은 그 판시와 같은 사실과 사정을 종합하여, ① 군인으로서 명령에 따라 안전띠가 없는 5/4t 군용 차량의 뒤 칸에 탑승한 원고에게 과실이 있다거나, 피고의 책임을 제한할 사정이 있다고 보기 어렵고, ② 원고가 사지마비로 인하여 노동능력상실률 100%의 영구장해를 입었고, 원고 상해의 부위와 정도, 치료경과, 후유장해의 부위와 정도, 개호의 내용과 필요성, 예상되는 여명 등 제반 사정을 고려하여 여명 종료일까지 1일 8시간의 성인여자 1인의 개호가 필요하다고 판단하여 손해배상액을 산정하였다.

관련 법리와 기록에 비추어 살펴보면, 원심의 위와 같은 판단에 상고이유 주장과 같이 필요한 심리를 다하지 아니한 채 논리와 경험의 법칙에 반하여 자유심증주의의 한계를 벗어나거나 손해배상책임의 제한에 대한 법리를 오해한 잘못이 없다.

2. 상고이유 제4점에 관하여

자동차손해배상 보장법(이하 '자동차손배법'이라고 한다) 제2조 제7호에서는 '자동차보

험진료수가(이하 '자보수가'라고 한다)란 교통사고 환자가 의료법에 따른 의료기관에서 진료를 받음으로써 발생하는 비용으로서, ① 보험회사(공제사업자를 포함한다, 이하 '보험회사 등'이라고 한다)의 보험금(공제금을 포함한다)으로 해당 비용을 지급하는 경우[(가)목], ② 제30조 에 따른 자동차손해배상 보장사업의 보상금으로 해당 비용을 지급하는 경우[(나)목] 및 ③ 교통사고 환자에 대한 배상(제30조 에 따른 보상을 포함한다)이 종결된 후 해당 교통사고로 발생한 치료비를 교통사고 환자가 의료기관에 지급하는 경우[(다)목] 중 어느 하나의 경우에 적용되는 금액을 말한다'고 규정하고 있다.

이에 따라 자동차손배법 제15조에서는 '자동차보험진료수가에 관한 기준(이하 '자보수가 기준'이라고 한다)으로서 국토교통부장관이 자보수가의 인정 범위, 청구절차, 지급절차 그 밖에 국토교통부령이 정하는 사항을 포함시켜 고시할 수 있다'고 규정하고, 자동차손배법 제12조 제2항 에서는 '교통사고 환자를 진료하는 의료기관은 보험회사 등에게 자보수가 기준에 따라 자보수가를 청구할 수 있다'고 규정하고 있다.

위 규정들에 의하면 자보수가 기준은 교통사고 환자에 대한 적절한 진료를 보장하고, 보험회사 등과 의료기관 간의 교통사고 환자의 진료비에 관한 분쟁이나, 교통사고 환자에 대한 배상이 종결된 후 해당 교통사고로 발생한 치료비를 교통사고 환자가 의료기관에 지급하는 경우에 교통사고 환자와 의료기관 간의 진료비에 관한 분쟁을 방지하기 위한 기준으로서의 의미를 가진다.

한편 교통사고 피해자가 소송을 통하여 보험회사 등에 직접 손해배상을 청구하는 경우에는 교통사고로 인한 치료비로 그 불법행위와 상당인과관계가 있는 범위 내의 실제 손해액을 배상받을 수 있으므로, 당해 치료행위에 대한 치료비는 부상의 정도, 치료내용, 횟수, 의료보험수가 등 의료사회 일반의 보편적인 진료비 수준 등 제반 사정을 고려하여 합리적으로 그 범위를 산정하여야 한다(대법원 2003. 2. 14. 선고 2002다63411 판결 등 참조).

이러한 점들을 모두 종합하면, 교통사고 피해자가 소송을 통하여 보험회사 등에 직접 손해배상을 청구하는 경우 자보수가는 치료비 손해액 산정의 일응의 기준이 될 수 있으나 이를 절대적 기준으로 볼 수는 없고, 법원이 자보수가에 따라 치료비 손해액을 산정하지 않았더라도 신체감정 등 다양한 증거방법을 통하여 해당 교통사고 피해자의 부상과 장해의 정도, 치료내용, 횟수 및 의료사회 일반에서 보편적인 진료비 수준, 해당 부상과 장해에 대한 자보수가의 적용 가능성이나 그 적정성 등을 참작한 다음 합리적인 범위로 치료비 손해액을 산정하였다면 이를 상당인과관계 있는 손해가 아니라고 할 수 없다.

원심판결 이유를 이와 같은 법리와 기록에 비추어 살펴보면, 경희대학교 병원장에 대한 신체감정촉탁 결과에 의하여 원고의 향후치료비를 산정한 원심의 판단에 자동차손배법상의 자보수가에 관한 법리를 오해하여 필요한 심리를 다하지 아니한 잘못이 없다.

3. 결론

그러므로 상고를 기각하고, 상고비용은 패소자가 부담하기로 하여, 관여 대법관의 일치된 의견으로 주문과 같이 판결한다.

[9] 헌법재판소 결정례

판례1 | 의료기관의 교통사고환자에 대한 진료비의 직접청구를 제한하고 그 위반에 대하여 과태료를 부과하는 구 자동차손해배상보장법 제11조 제5항 본문 및 제40조 제2항 제1호(이하 '이 사건 법률조항들'이라 한다)가 재산권을 침해하는지 여부(소극)*[헌법 재판소 2004. 2.26. 선고 2002헌바97 결정]*

【결정요지】

가. (1) 이 사건 법률조항들의 입법목적은 의료기관이 보험사업자로부터 자동차보험 진료수

가의 지급의사 및 지급한도의 통지를 받아 보험사업자에게 자동차보험 진료수가를 청구할 수 있음에도 불구하고 교통사고환자에게 진료비를 청구할 수 있도록 하면, 교통사고환자가 보험사업자에 대한 청구에 앞서 먼저 진료비를 마련하여야 하는 부담을 안게 되는 등의 피해를 방지하는 데 있으므로 그 정당성이 인정되고, 또한 대환자청구(對患者請求)의 금지와 과태료의 부과가 위와 같은 입법목적을 달성하기 위한 효과적이고 적절한 방법의 하나가 될 수 있다.

(2) 의료기관으로서는 교통사고환자에 대한 청구권이 일정한 범위에서 제한되는 대신에 충분한 경제적 능력을 갖추고 있다고 보여지는 보험사업자에 대한 진료비 청구권을 취득하게 되어 대환자청구의 금지가 의료기관에게 반드시 불리한 규정이라고만 볼 수는 없고, 대환자청구금지조항에 대하여는 같은 법 제11조 제5항 단서에서 충분한 예외규정을 두어 의료기관이 대환자청구의 금지에 의하여 부당하게 피해를 입지 않도록 배려하고 있으며, 보험사업자는 자동차보험 진료수가분쟁심의회에 심사청구를 하는 방법에 의하지 아니하고는 의료기관의 지급청구액을 삭감하지 못하도록 하여 의료기관으로 하여금 정당한 진료수가를 보장받게 하는 제도적 장치가 마련되어 있으므로, 대환자청구금지조항은 피해 최소성의 원칙에 어긋나지 않는다.

또한 일정한 경우 환자에 대한 진료비의 청구를 금지하고 이에 대한 제재방법으로 행정형벌보다 그 정도가 약한 행정질서벌인 과태료를 선택하고 있고, 이 사건 법률조항들 중 과태료 조항이 정한 2,000만원 이하의 과태료가 지나치게 과중한 것으로 보기 어려우므로, 과태료조항 또한 피해의 최소성 원칙에 어긋나지 않는다.

(3) 의료기관이 대환자청구의 금지에 의하여 입게 되는 재산상의 불이익에 비하여

교통사고에 의한 다수의 환자에게 보다 적절한 치료를 보장함으로써 개인과 가정 그리고 사회가 얻게 되는 사회적 공익은 매우 크다고 볼 수 있으므로, 공익에 비하여 사익이 과도하게 침해된다고 하는 법익형량상의 문제도 존재하지 않는다.

(4) 결국 이 사건 법률조항들 중 대환자청구금지조항 및 과태료조항에 의한 진료비청구권의 제한은 과잉금지의 원칙에 위배되지 아니하므로 청구인의 재산권을 침해하는 것이라고 볼 수 없다.

나. 교통사고 피해자의 가해자에 대한 손해배상청구권은 피해자의 보험사업자에 대한 직접청구권을 이유로 제한되지 아니함에도 불구하고 의료기관의 교통사고환자에 대한 진료비청구권은 의료기관이 보험사업자에게 진료비를 청구할 수 있다고 하여 이를 제한하는 것은, 우선적으로 보호를 받아야 할 교통사고의 환자와 우선 보호의 대상이 아닌 의료기관 사이의 차이에 상응하여 양자를 달리 취급하는 것으로서 합리적인 이유가 있는 것이므로 평등의 원칙에 위배되지 아니한다.

또한 약국경영자가 교통사고환자에게 약제비를 직접 청구함을 법이 허용하면서 의료기관의 대환자 진료비청구를 부정하는 것은, 약제비가 진료비에 비하여 상대적으로 소액인 데다가 약국까지 법의 규율대상으로 할 경우 보험처리가 매우 번잡하여질 우려가 있음을 고려한 결과라고 할 것이므로, 위와 같은 차별 역시 합리적 근거가 있는 것이어서 평등원칙에 위배되지 아니한다.

다. 의료법상 의료기관의 진료의무가 규정되어 있으므로 이 사건 조항들로 인하여 교통사고환자가 진료거절의 위험에 처하게 된다고는 보기 어렵고, 오히려 교통사고환자에게 진료비를 청구할 수 있도록 하면 진료비지급능력이 없는 교통사고환자의 경우 정당한 치료를 받지 못하는 결과가 발생할 우려가 더욱 크다고 할 수 있으며, 또한 교통사고환자는 불가피한 경우가 아니더라도 자기가 진료비를 부담하는 조건으로 스스로의 선택이나 요구에 의하여 의료기관으로부터 선택진료를 받거나 상급병실을 사용할 수 있는 길도 열려 있으므로, 어느 모로 보나 이 사건 조항들이 교통사고환자가 충분한 진료를 받을 수 있는 기회를 박탈함으로써 행복추구권을 침해하는 것으로는 볼 수 없다.

【대상사건】

서울지방법원 남부지원 2000과2779 자동차손해배상보장법위반(이의신청)

【주문】

자동차손해배상보장법(2003. 8. 21. 법률 제6969호로 개정되기 전의 것) 제11조 제5항 본문 및 제40조 제2항 제1호는 헌법에 위반되지 아니한다.

【이유】

1. 사건의 개요와 심판의 대상

가. 사건의 개요

(1) 청구인은 ○○대학교 부속 ○○병원을 운영하는 자인데 교통사고환자인 청구외 김○길이 1997. 12. 18. 위 병원에 입원하여 치료를 받으면서 2인실을 사용하였고 역시 교통사고환자인 청구 외 배○직이 1999. 11. 4. 위 병원에 입원하여 지정진료를 받았다.

(2) 청구인은 위 김○길에 대하여는 상급병실인 2인실의 사용으로 인한 입원비초과발생분 금액을, 위 배○직에 대하여는 지정진료비 및 각종 재료비 등 금액을 위 환자들에게 청구하여 수령하였다.

(3) 위 각 사고의 가해차량에 대한 보험사업자인 ○○화재해상보험주식회사에게 청구인이 위에서 본 진료수가를 청구할 수 있음에도 불구하고 교통사고환자에게 이를 청구하였다는 이유로 영등포구청장이 2000. 7. 4. 자동차손해배상보장법 제40조 제2항 제1호에 의하여 청구인에게 과태료를 부과하였다.

위 처분에 대한 청구인의 이의로 행하여진 서울지방법원 남부지원의 과태료부과 약식재판에 대하여 청구인이 다시 이의(2000과2779)를 하면서 자동차손해배상보장법(2003. 8. 21. 법률 제6969호로 개정되기 전의 것) 제11조 제5항 본문 및 제40조 제2항 제1호에 대하여 위헌제청신청(2002카기692)을 하였고 이 신청이 기각되자 이 소원을 제기하였다.

나. 심판대상

심판대상 법률조항은 자동차손해배상보장법(2003. 8. 21. 법률 제6969호로 개정되기 전의 것, 이하 '법'이라 한다) 제11조 제5항 본문(이하 대환자(對患者)청구금지조항이라고도 부른다) 및 제40조 제2항 제1호(이하 과태료조항이라고도 부른다)이고 그 규정내용은 다음과 같다.

법 제11조(자동차보험 진료수가의 청구 및 지급)

① 보험사업자 등은 보험가입자 등의 청구 또는 제9조 제1항 후단의 규정에 의한 피해자의 청구가 있거나 기타의 원인에 의하여 교통사고환자의 발생을 안 때에는 지체 없이 그 교통사고환자를 진료하는 의료기관에게 당해 진료에 따른 자동차보험 진료수가의 지급의 사유무 및 지급한도를 통지하여야 한다.

② 제1항의 규정에 의하여 보험사업자 등으로부터 자동차보험 진료수가의 지급의사 및 지급한도의 통지를 받은 의료기관은 당해 보험사업자 등에게 제13조의 규정에 의하여 건설교통부장관이 고시한 기준에 따라 자동차보험 진료수가를 청구할 수 있다.

③, ④ 생략

---

⑤ 의료기관은 제2항의 규정에 의하여 보험사업자 등에게 자동차보험 진료수가를 청구할 수 있는 경우에는 교통사고환자(환자의 보호자를 포함한다)에게 이에 해당하는 진료비를 청구하여서는 아니된다. 다만, 다음 각호의 1에 해당하는 경우에는 그러하지 아니하다.

1. 보험사업자 등이 지급의사가 없다는 사실의 통지를 하거나 지급의사를 철회한 경우
2. 보험사업자 등의 보상대상이 아닌 비용의 경우
3. 제1항의 규정에 의하여 보험사업자 등이 통지한 지급한도를 초과한 진료비의 경우
4. 제9조 제1항 또는 제10조 제1항의 규정에 의하여 피해자가 보험사업자 등에 대하여 자동차 보험 진료수가를 자기에게 직접 지급할 것을 청구한 경우
5. 기타 건설교통부령이 정하는 사유에 해당하는 경우

법 제40조(과태료)

① 생략
② 다음 각호의 1에 해당하는 자는 2천만원 이하의 과태료에 처한다.

1. 제11조 제5항 본문의 규정에 위반하여 자동차보험 진료수가를 교통사고환자(환자의 보호자를 포함한다)에게 청구한 의료기관의 개설자
2. 3. 생략

③ 생략

2. 청구인의 주장과 관계기관의 의견

가. 청구인의 주장

(1) 교통사고 피해자의 가해자에 대한 손해배상청구권은 피해자의 보험사업자에 대한 청구권을 이유로 제한되지 아니하고 약제비의 경우에도 약국의 환자에 대한 청구권을 인정하고 있으므로 이 사건 조항들은 교통사고의 피해자 및 약국경영자에 비하여 의료기관을 차별하고 있어 평등의 원칙에 위배된다.

(2) 교통사고로 인한 손해배상청구권, 진료계약상의 진료비청구권, 보험가입자의 보험사업자에 대한 보험금청구권 등은 모두 사법상의 권리인데 의료기관이 보험사업자에 대하여 진료비의 청구권을 가진다는 이유로 환자에 대한 진료계약상의 진료비청구를 제한하는 것은 국민의 재산권을 보장한 헌법 제23조 제1항의 규정에 위반된다.

(3) 이 사건 조항들로 인하여 의료기관은 보험사업자로부터 진료비를 청구할 수 있는 범위를 벗어날 위험이 있는 진료행위를 거절할 것이고 그 결과 교통사고환자는 충분한 진료를 받을 수 있는 기회를 잃게 되어 그 행복추구권이 침해된다.

나. 관계기관의 의견 : 별지 기재와 같다.

3. 판단

가. 재산권의 침해 여부

(1) 재산권에 대한 과잉제한 여부

이 사건 조항들은 교통사고환자를 진료한 의료기관이 보험사업자에게 자동차보험 진료수가를 청구할 수 있는 경우에는 교통사고환자에게 이에 해당하는 진료비를 청구할 수 없도록 하고 이에 위반한 의료기관의 개설자를 2천만원 이하의 과태료에 처하도록 하고 있는데 이것은 진료계약에 따라 의료기관이 갖는 진료비청구권이라는 재산권을 제한하는 것이다.

그러므로 이러한 제한이 헌법에 위배되지 않기 위해서는 헌법 제37조 제2항에서 정하고 있는 입법활동의 한계인 과잉금지의 원칙, 즉 입법의 목적이 정당하고 방법이 적정하고 피해가 가장 적고 침해되는 사익이 공익에 비하여 과도하여서는 안된다는 원칙이 지켜져야 하므로 이 점을 살펴보기로 한다.

(가) 목적의 정당성과 방법의 적정성

법 제1조는 "이 법은 자동차의 운행으로 사람이 사망하거나 부상한 경우에 있어서의 손해배상을 보장하는 제도를 확립함으로써 피해자를 보호하고 자동차운송의 건전한 발전을 촉진함을 목적으로 한다."라고 규정하고 있다.

의료기관이 보험사업자로부터 자동차보험 진료수가의 지급의사 및 지급한도의 통지를 받아 보험사업자에게 자동차보험 진료수가를 청구할 수 있음에도 불구하고 교통사고환자에게 진료비를 청구할 수 있도록 놓아두면 교통사고환자가 먼저 진료비를 지불한 다음 이를 보험사업자에게 청구하여야 하므로 우선 그 비용을 환자 스스로 마련하여야 하는 부담을 안게 되고 그 마련이 어려운 경우에는 진료를 일부 포기하거나 뒤로 미루게 되어 피해를 입을 우려가 있다. 게다가 청구된 진료비 가운데 보험대상이 안되는 부분이 있다는 등의 이유로 보험사업자가 지급을 거절할 경우 실제로 환자의 경제적 부담이 크게 가중된다. 이 사건 조항들의 입법목적은 교통사고환자의 위에서 본 이러한 피해를 방지하는 데 있다고 인정된다. 이러한 입법목적은 피해자의 보호를 주된 목적의 하나로 삼고 있는 법의 취지에 부합하므로 그 정당성을 인정할 수 있다.

또한 대환자청구(對患者請求)의 금지와 과태료의 부과가 위와 같은 입법목적을 달성하기 위한 효과적이고 적절한 방법의 하나가 될 수 있음은 물론이다.

(나) 피해의 최소성

대환자청구금지조항은 피해 최소성의 원칙에 어긋나지 않는다. 그 이유는 다음과 같다.

첫째, 대환자청구의 금지가 의료기관에게 반드시 불리한 규정이라고만 볼 수는 없다. 이 금지조항이 비록 교통사고환자에 대한 진료비의 청구를 금지하고 있다고 하더라도 이는 보험사업자에게 진료비를 청구할 수 있음을 전제로 하는 것인데 의료기관으로서는 진료비변제능력이 충분하지 않을 수도 있는 교통사고

환자에 대한 청구권이 일정한 범위에서 제한되는 대신에 충분한 경제적 능력을 갖추고 있다고 보여지는 보험사업자에 대한 진료비 청구권을 취득하게 되므로 이 금지조항이 교통사고환자의 보호를 위하여 의료기관의 일방적 희생을 강요하는 규정이라고는 볼 수 없는 것이다.

둘째, 대환자청구금지조항에 대하여는 법 제11조 제5항 단서에서 충분한 예외 규정을 두고 있다. 즉, ⅰ) 보험사업자 등이 지급의사가 없다는 사실의 통지를 하거나 지급의사를 철회한 경우 ⅱ) 보험사업자 등의 보상대상이 아닌 비용의 경우 ⅲ) 법 제11조 제1항의 규정에 의하여 보험사업자 등이 통지한 지급한도를 초과한 진료비의 경우 ⅳ) 법 제9조 제1항 또는 제10조 제1항의 규정에 의하여 피해자가 보험사업자 등에 대하여 자동차보험 진료수가를 자기에게 직접 지급할 것을 청구한 경우 ⅴ) 기타 건설교통부령이 정하는 사유에 해당하는 경우 등이 바로 그것이다.

특히 제2호의 '보험사업자 등의 보상대상이 아닌 비용의 경우'와 관련하여 자동차보험진료수가에관한기준(2002. 4. 25. 건설교통부 고시 제2002-76호)은 제5조 제2항 각호에서 자동차보험 진료수가의 인정범위에서 제외되어 교통사고환자의 부담에 속하고 따라서 의료기관이 교통사고환자에 대하여 진료비를 청구할 수 있는 경우로 ① 자동차사고와 인과관계 없는 상병에 대한 진료비(제1호) ② 자동차사고 전의 기왕증에 대한 진료비(제2호) ③ 선택진료비(제3호) ④ 상급병실료 및 비치료목적의 진료비(제4호) ⑤ 의료기관의 퇴원 또는 전원(轉院) 지시에 불응한 경우에 그 후의 입원으로 증가된 진료비(제5호) 등을 구체적으로 규정하고 있다.

선택진료비와 상급병실료의 경우를 보면 선택진료(종전의 지정진료에 해당함)가 불가피하거나 상급병실의 사용이 자동차보험약관 또는 자동차보험 진료수가분쟁심의회가 정하는 기준에 의하여 부득이한 것으로 인정되는 경우에는 진료수가의 인정범위에 포함시켜 보험사업자에게만 진료비를 청구할 수 있지만 위와 같은 경우에 해당하지 아니함에도 교통사고환자가 스스로의 선택이나 요구에 의하여 선택진료를 받거나 상급병실을 사용한 경우에는 의료기관이 선택진료비나 일반병실료와의 차액을 교통사고환자에게 청구할 수 있도록 하고 있다. 이러한 예외규정들은 의료기관이 대환자청구의 금지에 의하여 부당하게 피해를 입지 않도록 배려하는 것이다. 의료기관의 대환자청구금지라는 것이, 형식적으로는 이 규정에 의하여 환자에 대한 청구가 금지되지만 위와 같은 예외규정의 존재를 통하여 실제로는 일정한 범위내에서 대환자청구를 합리적으로 제한하는 것에 불과할 뿐이다.

셋째, 자동차보험 진료수가에 관한 보험사업자와 의료기관간의 분쟁을 해소하기 위하여 자동차보험 진료수가분쟁심의회가 구성되어 있는데(법 제14조 제1

항) 이것은 의료기관에게 정당한 진료수가를 보장하는 기능을 담당한다.

의료기관이 교통사고환자를 치료함에 있어서 진료비의 부담자가 명백한 경우에는 그에 따라 보험사업자 또는 교통사고환자에게 진료비를 청구하면 될 것이므로 문제가 없을 것이다. 그러나 '보험사업자 등의 보상대상이 아닌 비용의 경우'와 같이 진료비의 부담자가 항상 명백한 것만은 아니다. 의료기관은 자신의 전문적 판단에 의하여 명백히 교통사고환자의 부담에 속하는 경우를 제외하고는 보험사업자에게 진료수가를 청구하는 것이 원칙이라고 할 것이고 이러한 의료기관의 판단은 원칙적으로 존중되어야 할 것이다.

그러나 보험사업자는 자동차보험 진료수가기준을 의료기관이 부당하게 적용한 것이 아닌지 의심하게 되는 경우도 있을 것이므로 이러한 때에 보험사업자는 그 지급청구일부터 60일 이내에 위 심의회에 그 심사를 청구할 수 있게 되어 있다(법 제15조 제1항). 그렇지만 위와 같은 심사청구에 의하지 아니하고는 의료기관의 지급청구액을 삭감하여서는 아니 되기 때문에(법 제15조 제4항) 이러한 규정은 의료기관으로 하여금 정당한 진료수가를 보장받게 하는 제도적 장치가 된다.

과태료조항 또한 피해의 최소성 원칙에 어긋나지 않는다.

과태료는 행정의 실효성확보수단의 하나로 행정상의 질서유지를 위한 행정질서벌이며 행정법규위반이 직접적으로 행정목적이나 사회공익을 침해하는 데까지는 이르지 않고 간접적으로 행정상의 질서에 장애를 줄 위험성이 있는 정도의 단순한 의무위반이라고 인정될 경우 이에 대한 제재로서 과하여지는 것이다.

어떤 행정법규위반의 행위에 대하여 이를 단지 간접적으로 행정상의 질서에 장애를 줄 위험성이 있음에 불과한 경우로 보아 행정질서벌인 과태료를 부과할 것인지 아니면 직접적으로 행정목적과 공익을 침해하는 행위로 보아 행정형벌을 과할 것인지 여하는 기본적으로 입법권자가 제반사정을 고려하여 결정할 입법재량에 속하는 문제이다(헌재 1994. 4. 28. 91헌바14, 판례집 6-1, 281, 303).

그런데 법은 교통사고환자를 보호하기 위하여 일정한 경우 환자에 대한 진료비의 청구를 금지하고 이에 대한 제재방법으로 행정형벌보다 그 정도가 약한 행정질서벌인 과태료를 선택하고 있으므로 이러한 선택 자체는 피해의 최소성의 요건에 위반될 여지가 없다고 할 것이다.

또한 입법권자가 그 재량으로 행정질서벌인 과태료를 과하기로 입법상의 결단을 한 경우에 그 과태료의 액수를 정하는 것 역시 입법재량에 속한다고 볼 것이다. 다만, 의무위반의 책임을 추궁하는 데 필요한 정도를 현저히 넘어서고 다른 행정법규 위반자와 비교하여도 불합리하게 형평이 맞지 않을 정도로 과태료의 액수가 지나치게 무거운 때에는 재량의 한계를 일탈한 것이 된다(헌재 1998. 5. 28. 96헌바83, 판례집 10-1, 624, 636-637 참조).

위와 같은 입법재량의 본질에다 교통사고환자를 보호하여야 할 중요성을 더하여 생각해보면 이 사건 조항이 정한 2,000만원 이하의 과태료라고 하는 것은 지나치게 과중한 것으로 보기 어렵고 따라서 피해의 최소성 원칙에 반한다고 할 수 없다.

(다) 공익의 우월

위에서 본바와 같이 대환자청구금지가 의료기관에게 반드시 불리하다고만 할 것은 아니라고 하는 데서 드러나는 것처럼 의료기관이 대환자청구의 금지에 의하여 입게 되는 재산상의 불이익은 그다지 크다고 보기 어려움에 반하여, 빈발하는 교통사고에 의한 다수의 환자에게 보다 적절한 치료를 보장함으로써 개인과 가정 그리고 사회가 보다 건강하여질 수 있다고 하는 사회적 공익은 매우 크다고 볼 수 있으므로 공익에 비하여 사익이 과도하게 침해된다고 하는 법익 형량상의 문제도 존재하지 않는다.

(2) 소결론

결국 대환자청구금지조항 및 과태료조항에 의한 진료비청구권의 제한은 과잉금지의 원칙에 위배되지 아니하므로 청구인의 재산권을 침해하는 것이라고 볼 수 없다.

나. 평등원칙의 위반 여부

(1) 교통사고 피해자의 가해자에 대한 손해배상청구권은 피해자가 보험사업자에게 손해액 상당의 보험금을 청구할 수 있다고 하여도 전혀 제한되지 아니함에 반하여 의료기관의 교통사고환자에 대한 진료비청구권은 의료기관이 보험사업자에게 진료비를 청구할 수 있다고 하여 이를 제한하는 것은 평등의 원칙에 위배된다고 청구인은 주장한다.

수없이 빈발하는 교통사고로 말미암아 수없이 많은 사람들이 부상을 입어 치료를 받아야 하고 이로 인하여 환자 본인이 고통을 받고 경제적 손실을 입는 것은 물론이고 나아가 가정과 사회까지도 모두 크고 작은 고통과 손실을 입게 되므로 교통사고환자에 대한 적절하고 충분한 보호는 사회적으로나 국가적으로나 매우 중대한 과제가 되었다. 그러므로 법은 한편으로는 교통사고환자가 가진 가해자에 대한 손해배상청구권과 보험사업자에 대한 보험금청구권을 병렬적으로 존치시켜 환자를 두텁게 보호하고 다른 한편으로는 환자가 부담하는 채무인 의료기관의 환자에 대한 진료비지급청구권은 그 청구를 일정한 경우에 제한하여 역시 환자를 두텁게 보호하려고 한다. 이 모두가 사회적 공익의 견지에서 교통사고환자를 보다 우선적으로 보호하고자 하는 공통의 목적을 가진 것이다. 결국 교통사고환자는 의료기관에 비하여 우선적인 보호의 대상이 되고 있는 것이다. 바꾸어 말하면 진료비의 지급과 관련된 측면에 한하여는 교통사고환자는 보호의 대상이 되는 반면 의료기관은 그에 상응하여 권리가 제한되는 대상이 되는 차이를 보인다. 그러므로 우선적으로 보호를 받아야 할 교통사고의 환자와 우선 보호의 대상이 아닌 의료기관 사이의 이러한 차이에 상응하여 양자를 달리 취급하는 것은 합리적인 이유가 있는 것이고 더 나아가 양자를 애당초 같은 차원에서 비교의 대상으로 삼는 것 자체가 불합리한 일이다.

(2) 다음으로 약국경영자가 교통사고환자에게 약제비를 직접 청구함을 법이 허용하면서 의료기관의 대환자 진료비청구를 부정하는 것은 평등의 원칙에 위배된다고 청구인은 주장한다.

법 제2조 제7호는 '자동차보험 진료수가'라 함은 교통사고환자가 의료기관에서 진료를 받음으로 인하여 발생하는 비용을 보험사업자 등의 보험금 등에 의하여 변제하는 금액을 말한다고 하여 약국경영자를 그 규율대상에서 제외하고 있고 법 제11조 제5항이 대환자청구를 금지하는 대상 또한 의료기관에 한정되어 있으므로 약국경영자는 교통사고환자에 대하여 직접 약제비를 청구할 수 있게 되어 있다. 그러나 이것은 약제비가 진료비에 비하여 상대적으로 소액인데다가 약국까지 법의 규율대상으로 할 경우 보험처리가 매우 번잡하여질 우려가 있음을 고려한 결과라고 할 것이다.

따라서 의료기관의 진료비청구와 약국의 약제비청구에 있어서의 위와 같은 차별은 역시 합리적 근거가 있는 것이어서 평등원칙에 위배되지 아니한다.

다. 교통사고환자의 행복추구권 침해 여부

이 사건 조항들로 인하여 의료기관은 보험사업자로부터 진료비를 받지 못할 우려가 있는 진료행위를 주저 내지 거절할 것이고 그 결과 교통사고환자는 충분한 진료를 받을 수 있는 기회를 잃게 되어 행복추구권이 침해된다고 청구인은 주장한다.

먼저 의료법 제16조 제1항은 "의료인은 진료……의 요구를 받은 때에는 정당한 이유 없이 이를 거부하지 못한다."라고 하고 있고 같은 법 제68조는 이에 위반한 자에 대하여 1년 이하의 징역 또는 300만원 이하의 벌금에 처하도록 하여 의료기관의 진료의무를 규정하고 있는데 이러한 진료의무는 교통사고환자에 대하여서도 당연히 적용되므로 이 사건 조항들로 인하여 교통사고환자가 진료거절의 위험에 처하게 된다고는 보기 어렵다.

오히려 교통사고환자에게 진료비를 청구할 수 있도록 하면 진료비지급능력이 없는 교통사고환자의 경우 정당한 치료를 받지 못하는 결과가 발생할 우려가 더욱 크다고 할 수 있다. 또한 앞에서 본바와 같이 대환자청구의 금지는 예외 없이 관철되는 것이 아니므로 교통사고환자는 불가피한 경우가 아니더라도 자기가 진료비를 부담하는 조건으로 스스로의 선택이나 요구에 의하여 의료기관으로부터 선택진료를 받거나 상급병실을 사용할 수 있는 길도 열려 있다.

따라서 어느 모로 보나 이 사건 조항들이 교통사고

환자가 충분한 진료를 받을 수 있는 기회를 박탈함으로써 행복추구권을 침해하는 것으로는 볼 수 없다.

4. 결론

따라서 이 사건 조항들은 헌법에 위반되지 아니하므로 관여재판관 전원의 일치된 의견으로 주문과 같이 결정한다.

〔별 지〕

관계기관의 의견

(1) 서울지방법원 남부지원의 위헌제청신청기각이유

(가) 이 사건 조항들이 교통사고환자를 진료한 의료기관이 보험사업자에게 청구할 수 있는 진료비를 환자측에게 청구할 수 없도록 하고 이를 위반한 의료기관의 개설자에게 과태료를 부과하도록 규정하고 있는 것은 교통사고환자가 그 진료와 관련하여 부당한 피해를 입지 않도록 하려는 데에 그 목적이 있다.

한편, 법 제11조 제5항 단서에 같은 조항 본문의 예외사유를 규정하여 둠으로써 보험사업자에게 진료비를 청구할 수 있는 범위를 벗어나는 진료행위에 대하여는 의료기관이 환자측에게 진료비를 직접 청구할 수 있도록 하고 있으므로 환자측으로서는 의료기관에 대하여 진료비를 직접 부담하는 것을 조건으로 교통사고환자 스스로 진료행위의 내용을 선택할 수 있고 이로 인한 부담은 교통사고로 인한 손해배상청구권 또는 보험청구권으로 보상받을 수 있다 할 것이다. 따라서 이 사건 조항들 교통사고를 당한 국민이 충분한 진료를 받을 수 있는 행복추구권을 침해한다고는 볼 수 없다.

(나) 이 사건 조항들이 교통사고환자를 진료한 의료기관에게 환자측에 대한 진료비의 청구를 일정한 경우 제한하고 있는 것은 위에서 본 입법목적에 비추어 충분히 합리적인 근거가 있다고 할 것이므로 교통사고 피해자의 가해자에 대한 손해배상청구권은 피해자의 보험사업자에 대한 직접청구권을 이유로 제한되지 아니하고 약제비의 경우에는 환자에 대하여 직접 청구할 수 있다고 하더라도 이로써 평등의 원칙에 위배된다고는 할 수 없다.

(다) 이 사건 조항들은 의료기관이 보험사업자에게 자동차보험 진료수가를 청구할 수 있는 경우에만 환자측에게 진료비를 청구할 수 없도록 하고 있고 법 제14조에서 자동차보험 진료수가에 관한 보험사업자와 의료기관간의 분쟁을 해소하기 위하여 보험사업자와 의료기관이 협의하여 자동차보험 진료수가분쟁심의회를 구성·운영하도록 규정하여 정당한 진료수가의 보장을 위한 제도적인 장치를 마련하고 있는 점을 고려하면 이 사건 조항들이 진료비청구권을 침해하여 재

산권을 보장한 헌법 제23조 제1항에 위반된다고 볼 수 없다.

(라) 이 사건 조항들은 과태료 부과를 수단으로 하여 교통사고환자가 그 진료와 관련하여 부당한 피해를 입지 않도록 하려는 취지로서 그 입법목적에 있어서 정당할 뿐 아니라 그 입법에 의하여 보호하려는 공공의 필요가 있고 그 목적 달성을 위하여 적절한 방법을 취하고 있다고 할 것이므로 이 사건 조항들이 과잉금지의 원칙에 위배된다고 볼 수 없다.

(2) 건설부장관 및 영등포구청장의 의견

(가) 이 사건 조항들에서 의료기관이 보험사업자로부터 자동차보험 진료수가의 지급의사 및 지급한도의 통지를 받은 경우에 환자측에게 진료비를 청구하지 못하도록 한 것은 의료기관이 교통사고환자에게 진료비를 직접 청구하게 되면 환자가 우선 진료비를 부담하고 이를 보험사업자에게 청구하여야 하고 이 경우 보험사업자가 이를 인정하지 않게 되면 교통사고환자가 교통사고로 인한 피해 이외에 경제적 부담이 가중되는 등의 고통을 함께 부담하는 것을 방지하기 위한 것이다.

(나) 의료기관이 환자측에게 우선적으로 진료비를 청구할 수 있도록 하면 진료비를 지급할 경제적 능력이 없어 진료비를 지급하지 않을 경우 진료를 거부당하거나 정당한 치료를 받지 못하는 결과가 발생할 수 있는바 이 사건 조항들의 취지는 경제적 능력이 충분한 보험사업자에게 진료비지급의무를 부과하여 교통사고환자의 자력여부에 무관하게 치료가 가능하도록 함으로써 국민의 정당한 진료권을 보장하고 행복추구권을 보호하기 위한 것이다.

(다) 교통사고 피해자의 가해자에 대한 손해배상청구권이 피해자의 보험사업자에 대한 직접청구권을 이유로 제한되지 않는 것은 피해자의 편리에 따라 손해배상청구권 행사의 대상을 정하도록 함으로써 사회적 약자인 피해자를 보호하기 위한 것이고 약제비의 경우는 금액이 소액이며 반복적인 지급이 가능하다는 점에서 진료비 경우와 차별을 둔 것이다.

그런데 일정한 자격을 가진 자만이 의료행위를 할 수 있도록 함으로써 강한 보호를 받고 있는 의료기관의 진료비 청구는 위의 경우와 달리 취급할 합리적인 이유가 존재한다고 할 것이므로 이들을 달리 취급한다고 하여 평등권의 침해라고는 할 수 없다.

(라) 의료기관과 보험사업자간에 진료비가 자동차보험 진료수가 범위내의 것인지에 대해 다툼이 있는 경우에 자동차보험 진료수가분쟁심의회의 심사를 받을 수 있도록 하고 있고 그 심사결정에 대하여는 소를 제기할 수 있는 장치도 마련되어 있으며 오히려 의료기관은 환자측에게 진료비를 직접 청구하지 못하는

대신 경제적 능력을 갖추고 보험사업자로부터 진료비를 신속히 지급받을 수 있는 이익을 향유하고 있으므로 이 사건 조항들로 인하여 재산권을 침해받고 있다고 볼 수 없다.

(마) 이 사건 조항들은 의료기관 및 보험사업자에 비하여 상대적으로 경제적 약자의 위치에 있는 교통사고 피해자를 최대한 보호하기 위한 것으로서 그 입법목적이 명확하고 이로 인한 의료기관의 불이익에 비하여 현재의 혹은 잠재적인 교통사고 피해자의 이익보호라는 공익적 요청이 매우 크다고 할 수 있으므로 이 사건 조항들이 과잉금지의 원칙에 위반된다고 할 수 없다.

PART 2.
교통사고 관련 법령
해설과 판례

Chapter 1. 모든 차의 신호는
이런 경우에 하세요.

[1] 신호의 시기 및 방법

모든 차의 운전자는 좌회전·우회전·횡단·유턴·서행·정지 또는 후진을 하거나 같은 방향으로 진행하면서 진로를 바꾸려고 하는 경우와 회전교차로에 진입하거나 회전교차로에서 진출하는 경우에는 손이나 방향지시기 또는 등화로써 그 행위가 끝날 때까지 신호(신호의 시기 및 방법은「도로교통법 시행령」별표 2 참고)를 해야 합니다(「도로교통법」제38조 및 「도로교통법 시행령」제21조).

※ 도로교통법 시행령 [별표 2]

신호의 시기 및 방법(제21조 관련)

신호를 하는 경우	신호를 하는 시기	신호의 방법
1. 좌회전·횡단·유턴 또는 같은 방향으로 진행하면서 진로를 왼쪽으로 바꾸려는 때	그 행위를 하려는 지점(좌회전할 경우에는 그 교차로의 가장자리)에 이르기 전 30미터(고속도로에서는 100미터) 이상의 지점에 이르렀을 때	왼팔을 수평으로 펴서 차체의 왼쪽 밖으로 내밀거나 오른팔을 차체의 오른쪽 밖으로 내어 팔꿈치를 굽혀 수직으로 올리거나 왼쪽의 방향지시기 또는 등화를 조작할 것
2. 우회전 또는 같은 방향으로 진행하면서 진로를 오른쪽으로 바꾸려는 때	그 행위를 하려는 지점(우회전할 경우에는 그 교차로의 가장자리)에 이르기 전 30미터(고속도로에서는 100미터) 이상의 지점에 이르렀을 때	오른팔을 수평으로 펴서 차체의 오른쪽 밖으로 내밀거나 왼팔을 차체의 왼쪽 밖으로 내어 팔꿈치를 굽혀 수직으로 올리거나 오른쪽의 방향지시기 또는 등화를 조작할 것
3. 정지할 때	그 행위를 하려는 때	팔을 차체의 밖으로 내어 45도 밑으로 펴거나 자동차안전기준에 따라 장치된 제동등을 켤 것
4. 후진할 때	그 행위를 하려는 때	팔을 차체의 밖으로 내어 45도 밑으로 펴서 손바닥을 뒤로 향하게 하여 그 팔을 앞뒤로 흔들거나 자동차안전기준에 따라 장치된 후진등을 켤 것

5. 뒤차에게 앞지르기를 시키려는 때	그 행위를 시키려는 때	오른팔 또는 왼팔을 차체의 왼쪽 또는 오른쪽 밖으로 수평으로 펴서 손을 앞뒤로 흔들 것
6. 서행할 때	그 행위를 하려는 때	팔을 차체의 밖으로 내어 45도 밑으로 펴서 위아래로 흔들거나 자동차안전기준에 따라 장치된 제동등을 깜박일 것
7. 회전교차로에 진입하려는 때	그 행위를 하려는 지점에 이르기 전 30미터 이상의 지점에 이르렀을 때	왼팔을 수평으로 펴서 차체의 왼쪽 밖으로 내밀거나 오른팔을 차체의 오른쪽 밖으로 내어 팔꿈치를 굽혀 수직으로 올리거나 왼쪽의 방향지시기 또는 등화를 조작할 것
8. 회전교차로에서 진출하려는 때	그 행위를 하려는 때	오른팔을 수평으로 펴서 차체의 오른쪽 밖으로 내밀거나 왼팔을 차체의 왼쪽 밖으로 내어 팔꿈치를 굽혀 수직으로 올리거나 오른쪽의 방향지시기 또는 등화를 조작할 것

[2] 수신호의 동작

자회전-횡당-유턴 시
왼팔을 수평으로 펴서
차체 밖으로 내민다.

우회전 시
왼팔을 차체 밖으로
내어 팔꿈치를 굽혀
수직으로 올린다.

정지 시
팔을 차체 밖으로
내어 45도 밑으로
편다.

서행 시
45도 밑으로 펴서
아래 위로 흔든다.

후진 시

45도 밑으로 펴서 손바
닥을 뒤로 향하게 하여
앞뒤로 흔든다.

앞지르기
시키고자 할 때
수평으로 펴서 손바
닥을 앞으로 향하게
하여 앞뒤로 흔든다.

※ 제동등의 점멸
앞차가 제동등을 점멸하면 같이 서행하여야하며, 뒤
따르는 차가 너무 가깝게 따라올 때에는 브레이크를
2~3회 반복해서 밟아 제동등을 점멸하여 뒤차에게
주의를 환기시켜야 추돌사고를 예방할 수 있다.

[3] 위반 시 제재(「도로교통법」제156조제1호,「도로교통법 시행령」제93조 및 별표8 제52호)

위반 행위	범칙금
방향전환·진로변경 시 신호 불이행	승합차 등 : 3만원 승용차 등 : 3만원 이륜차 등 : 2만원 자전거 등 : 1만원

※ 관련판례

□ 자전거도로를 운행하는 자전거 운전자가 진로를 변경하고자 하는 경우의 주의의무

【판결요지】

도로교통법 제19조 제2항에서 "모든 차의 운전자는 차의 진로를 변경하고자 하는 경우에 그 변경하고자 하는 방향으로 오고 있는 다른 차의 정상적인 통행에 장애를 줄 우려가 있는 때에는 진로를 변경하여서는 아니 된다", 제38조 제1항에서 "모든 차의 운전자는 같은 방향으로 진행하면서 진로를 바꾸려고 하는 때에는 손이나 방향지시기 또는 등화로써 그 행위가 끝날 때까지 신호를 하여야 한다"고 규정하고 있고, 자전거는 도로교통법상 '차'에 해당하는 점에 비추어 보면, 자전거도로를 운행하는 자전거의 운전자가 진로를 변경하고자 하는 경우에 다른 자전거의 정상적인 통행에 장애를 줄 우려가 있는 때에는 진로를 변경하여서는 아니 되고, 그 운전자 주위에 다른 자전거의 운전자가 근접하여 운행하고 있는 때에는 손이나 적절한 신호방법으로 진로를 변경한다는 것을 표시할 주의의무가 있다[대법원 2010. 2. 11. 선고 2009다94278 판결].

[4] 차의 등화를 켜야 하는 경우

① 모든 차의 운전자는 다음 어느 하나에 해당하는 경우에는 전조등(前照燈), 차폭등(車幅燈), 미등(尾燈)과 그 밖의 등화를 켜야 합니다(도로교통법 제37조 제1항).

   1. 밤(해가 진 후부터 해가 뜨기 전까지를 말함)에 도로에서 차를 운행하거나 고장이나 그 밖의 부득이한 사유로 도로에서 차를 정차 또는 주차하는 경우

   2. 안개가 끼거나 비 또는 눈이 올 때에 도로에서 차를 운행하거나 고장이나 그 밖의 부득이한 사유로 도로에서 차를 정차 또는 주차하는 경우

   3. 터널 안을 운행하거나 고장 또는 그 밖의 부득이한 사유로 터널 안 도로에서 차를 정차 또는 주차하는 경우

② 모든 차 또는 노면전차의 운전자는 밤에 차 또는 노면전차가 서로 마주보고 진행하거나 앞차의 바로 뒤를 따라가는 경우에는 아래 5.에서 정하는 바에 따라 등화의 밝기를 줄이거나 잠시 등화를 끄는 등의 필요한 조작을 하여야 합니다.

[5] 운행상황별 등화 대상

모든 차의 운전자가 위에 따라 도로에서 차를 운행하는 경우에 켜야 하는 등화는 다음과 같습니다(「도로교통법 시행령」 제19조).

운행상황	차의 종류	등화 대상
운행하는 경우	자동차	자동차안전기준에서 정하는 전조등·차폭등·미등·번호등과 실내조명등(승합자동차와 「여객자동차 운수사업법」에 따른 여객자동차 운송사업용 승용자동차만 해당)
	원동기장치자전거	전조등·미등
	견인되는 차	미등·차폭등 및 번호 등
	자동차·원동기장치자전거 외의 모든 차	시·도경찰청장이 고시하는 등화
정차·주차 하는 경우	자동차 (이륜자동차 제외)	자동차안전기준에서 정하는 미등 및 차폭등
	이륜자동차 (원동기장치자전거 포함)	미등(후부반사기 포함)
	자동차·원동기장치자전거 외의 모든 차	시·도경찰청장이 고시하는 등화

[6] 마주보고 진행하는 경우 등의 등화 조작

① 모든 차의 운전자는 등화를 켜고 조작할 때, 다음의 방법에 따라야 합니다(「도로교통법」제37조 제2항 및「도로교통법 시행령」제20조).

1. 밤에 서로 마주보고 진행하는 때에는 전조등의 밝기를 줄이거나 빛의 방향을 아래로 향하게 하거나 일시적으로 등을 꺼야 합니다. 다만, 도로의 상황으로 보아 마주보고 진행하는 차 또는 노면전차의 교통을 방해할 우려가 없는 경우에는 등을 끄지 않아도 됩니다(「도로교통법 시행령」제20조제1항제1호).

2. 밤에 앞의 차 또는 노면전차의 바로 뒤를 따라가는 때에는 전조등 불빛의 방향을 아래로 향하도록 하여야 하고, 전조등 불빛의 밝기를 함부로 조작하여 앞의 차 또는 노면전차의 운전을 방해해서는 안됩니다(「도로교통법 시행령」제20조제1항제2호).

3. 교통이 빈번한 곳에서 운행하는 때에는 전조등의 불빛을 계속 아래로 유지하여야 합니다. 다만, 시·도경찰청장이 교통의 안전과 원활한 소통을 확보하기 위하여 필요하다고 인정하여 지정한 지역에서는 그렇지 않습니다(「도로교통법시행령」제20조제2항).

② 위반 시 제재(「도로교통법」제156조제1호,「도로교통법 시행령」제93조 및 별표 8 제61호)

위반 행위	범칙금
등화 점등·조작 불이행 (안개가 끼거나 비 또는 눈이 올 때는 제외함)	승합차 등 : 2만원 승용차 등 : 2만원 이륜차 등 : 1만원 자전거 등 : 1만원

※ 관련판례

□ 사고의 발생과 작업차량들의 주차 위치나 등화를 켜지 않은 것 사이에 상당인과관계를 인정할 수 없다고 본 원심판단에 법리오해 등의 잘못이 있다고 한 사례

【판결요지】

甲 등이 일몰 시간 이후 보도와 차도가 구분되어 있지 않은 편도 1차로의 국도에서 전선지중화 작업을 수행하였고, 당시 작업차량1은 차폭등과 미등을 켜지 않은 상태로 좌측 전방부가 도로 안쪽으로 향하도록 도로 우측에 비스듬히 정차하고 있었으며, 작업차량2는 작업차량1 전방에서 도로 우측에 정차하고 있었는데, 乙이 만취 상태에서 가해차량을 운전하여 작업현장 부근을 주행하다가 도로 우측에 정차하고 있던 작업차량들을 발견하지 못하고 가해차량 오른쪽 앞부분으로 작업차량1의 왼쪽 뒤 모서리 부분부터 후사경 부분까지 긁고 지나가듯 충격하고, 마침 작업을 마친 후 작업차량2에 탑승하기 위해 도로 위를 도보로 이동하던 甲 등을 연달아 들이받아 甲 등이 모두 사망한 사안에서, 제반 사정에 비추어 작업차량들이 도로교통법 규정에 따라 점등을 하고 우측 공간을 확보하여 정차하였다면 가해차량이 보다 멀리서 작업차량들을 발견하고 필요한 조치를 취하였거나, 그렇지 않더라도 피해자 일행이 작업차량들 우측으로 보행함으로써 피해를 최소화하여 최소한 전원이 현장에서 즉사하는 사고는 피할 수 있었을 여지가 충분하므로, 도로교통법상 주정차방법을 위반하여 점등을 하지 않거나 도로 우측 공간을 확보하지 않은 작업차량들의 과실과 사고의 발생 및 손해의 확대 사이에 아무런 인과관계가 없다고 단정할 수 없고, 만취 상태에서 운전한 가해차량의 과실이 중대하다고 하여 작업차량들의 과실과 사고 발생 사이의 인과관계가 단절되었다고 할 수도 없는데도, 사고의 발생과 작업차량들의 주차 위치나 등화를 켜지 않은 것 사이에 상당인과관계를 인정할 수 없다고 본 원심판단에 법리오해 등의 잘못이 있다고 한 사례[대법원 2019. 8. 29. 선고 2016다259417 판결].

[7] 관련판례

> **판례1** | 진로변경을 금지하는 안전표지인 백색실선이 교통사고처리 특례법 제3조 제2항 단서 제1호에서 정하고 있는 '통행금지를 내용으로 하는 안전표지'에 해당하여 이를 침범하여 교통사고를 일으킨 운전자에 대하여 위 조항 본문의 반의사불벌죄 규정 및 제4조 제1항의 종합보험 가입특례 규정의 적용이 배제되는지 여부(소극)[대법원 2024. 6. 20.선고 2022도12175 전원합의체 판결]

【판결요지】

진로변경을 금지하는 안전표지인 백색실선은 교통사고처리 특례법(이하 '교통사고처리법'이라 한다) 제3조 제2항 단서 제1호(이하 '단서 제1호'라 한다)에서 정하고 있는 '통행금지를 내용으로 하는 안전표지'에 해당하지 않으므로, 이를 침범하여 교통사고를 일으킨 운전자에 대하여는 교통사고처리법 제3조 제2항 본문의 반의사불벌죄 규정 및 제4조 제1항의 종합보험 가입특례 규정(이하 위 각 규정을 합하여 '처벌특례'라 한다)이 적용된다고 보아야 한다. 구체적인 이유는 다음과 같다.

① 단서 제1호는 '안전표지' 위반의 경우 '통행금지 또는 일시정지'를 내용으로 하는 안전표지를 위반하는 경우로 그 적용 범위를 한정하고 있다. 그런데 도로교통법 시행규칙 제8조 제2항 [별표 6] II. 개별기준 제5호 중 일련번호 506(진로변경제한선 표시)에 따르면 백색실선은 교차로 또는 횡단보도 등 차의 진로변경을 금지하는 도로구간에 설치하여 통행하고 있는 차의 진로변경을 제한하는 것을 표시하는 안전표지이다.

② 도로교통법 제6조 제1항은 '도로에서의 위험을 방지하고 교통의 안전과 원활한 소통을 확보하기 위하여 필요하다고 인정한 때'에는 '구간을 정하여 통행을 금지하거나 제한'할 수 있도록 규정하는 한편, 통행금지 또는 제한을 위반한 행위를 같은 법 제156조 제2호에 따라 처벌하고 있다. 반면 도로교통법 제14조 제5항 본문은 '안전표지가 설치되어 특별히 진로변경이 금지된 곳에서는 차마의 진로를 변경하여서는 아니 된다.'고 규정하는 한편, 진로변경금지나 제한을 위반한 행위를 같은 법 제156조 제1호에 따라 처벌하고 있다. 도로교통법 제156조가 제1호와 제2호의 위반 행위에 대하여 동일한 형을 정하고 있기는 하나, 도로교통법은 통행금지와 진로변경금지를 구분하여 규율하면서 처벌 체계를 달리하고 있으므로, 통행금지와 진로변경금지에 관하여 서로 다른 금지규범을 규정한 것으로 보아야 한다. 따라서 진로변경금지 위반을 통행금지 위반으로 보아 단서 제1호에 해당한다고 보는 것은 문언의 객관적인 의미를 벗어나

피고인에게 불리한 해석을 하는 것이다.

③ 단서 제1호가 규율하는 것은 크게 신호위반, 통행금지를 내용으로 하는 안전표지 지시위반, 일시정지를 내용으로 하는 안전표지 지시위반의 세 가지이다. 진로변경제한선과 같이 해당 표지에 위반하여 진로를 변경하는 것 자체는 금지되어 있으나, 진로를 변경한 이후 해당 방향으로의 계속 진행이 가능한 경우 그 위반행위를 '통행방법제한'을 위반한 것으로 볼 수는 있어도, 법문언에서 말하는 '통행금지위반'으로 볼 수는 없다.

④ 교통사고처리법 제정 당시부터 현재까지 단서 제1호의 문언은 거의 변동이 없다. 그런데 교통사고처리법 제정 당시 시행되고 있던 구 도로교통법 시행규칙(1982. 6. 21. 내무부령 제376호로 개정되기 전의 것)은 노면표시의 하나로 진로변경제한선을 규정하고 있지 않았다. 그렇다면 입법자는 교통사고처리법을 제정하면서 진로변경을 금지하는 백색실선을 단서 제1호의 '통행금지를 내용으로 하는 안전표지'로 고려하지 않았다고 보는 것이 합리적이다.

⑤ 진로변경을 금지하는 안전표지인 백색실선이 설치된 교량이나 터널에서 백색실선을 넘어 앞지르기를 하는 경우에는 별도의 처벌특례 배제사유가 규정되어 있으므로(교통사고처리법 제3조 제2항 단서 제4호), 백색실선을 '통행금지를 내용으로 하는 안전표지'로 보지 않는다고 하여 중대 교통사고의 발생 위험이 크게 증가한다고 보기는 어렵다.

⑥ 청색실선으로 전용차로가 구분되어 있는 경우, 전용차로 표시에 관한 도로교통법 시행규칙 제8조 제2항 [별표 6] II. 개별기준 제5호 중 일련번호 504에 따르면, 전용차로제가 시행되지 않는 시간대에는 전용차로와 일반차로를 구분하는 청색실선을 위 제5호 중 일련번호 503의 차선표시로 보게 되므로 이 시간대에는 백색실선과 동일한 의미를 가진다. 그런데 백색실선을 단서 제1호 에서 규정하는 '통행금지를 내용으로 하는 안전표지'로 볼 경우, 전용차로제가 시행되는 시간대는 물론 전용차로제가 시행되지 않는 시간대에도 일반 차량의 운전자가 청색실선을 넘어 진로를 변경하는 과정에서 교통사고가 발생하면 처벌특례의 적용을 받을 수 없는 문제가 있다.

【원심판결】

대구지법 2022. 9. 6. 선고 2022노434 판결

【주문】

상고를 기각한다.

【이유】

상고이유를 판단한다.

1. 사건의 개요와 쟁점

가. 이 사건 공소사실의 요지

피고인은 2021. 7. 9. 승용차를 운전하여 편도 4차로 도로의 1차로를 진행하다가 진로변경을 제한하는 안전표지인 백색실선이 설치되어 있어 진로를 변경하지 아니할 업무상 주의의무가 있음에도 1차로에서 2차로로 진로를 변경하였다. 당시 2차로를 따라 진행하던 개인택시의 운전자가 추돌을 피하기 위해 갑자기 정지하였고, 이로 인하여 택시 승객인 피해자가 약 2주간의 치료가 필요한 경추의 염좌 및 긴장 등의 상해를 입었다.

나. 원심의 판단

원심은 도로면의 백색실선이 「교통사고처리 특례법」(이하 '교통사고처리법'이라 한다) 제3조 제2항 단서 제1호(이하 단서 각호의 규정을 '처벌특례 배제사유'라 하고 그중 제1호를 '단서 제1호'라 한다)에서 정한 '통행금지를 내용으로 하는 안전표지'에 해당하지 않으며, 피고인이 운전한 승용차가 자동차종합보험에 가입되어 있었으므로 이 사건 공소제기의 절차가 법률의 규정을 위반하여 무효인 때에 해당한다고 보아 검사의 공소를 기각한 제1심판결을 그대로 유지하였다.

다. 이 사건의 쟁점

이 사건의 쟁점은 도로상에 안전표지로 표시한 노면표시 중 진로변경제한선 표시인 백색실선이 단서 제1호에서 정하고 있는 '통행금지를 내용으로 하는 안전표지'에 해당하여 이를 침범하여 교통사고를 일으킨 운전자에 대하여 교통사고처리법 제3조 제2항 본문의 반의사불벌죄 규정 및 제4조 제1항의 종합보험 가입특례 규정(이하 위 각 규정을 합하여 '처벌특례'라 한다)의 적용이 배제되는지 여부이다.

2. 쟁점에 관한 판단

진로변경을 금지하는 안전표지인 백색실선은 단서 제1호에서 정하고 있는 '통행금지를 내용으로 하는 안전표지'에 해당하지 않으므로, 이를 침범하여 교통사고를 일으킨 운전자에 대하여는 처벌특례가 적용된다고 보아야 한다. 구체적인 이유는 다음과 같다.

가. 단서 제1호는 '안전표지' 위반의 경우 '통행금지 또는 일시정지'를 내용으로 하는 안전표지를 위반하는 경우로 그 적용 범위를 한정하고 있다. 그런데 도로교통법 시행규칙 제8조 제2항 [별표 6] II. 개별기준 제5호 중 일련번호 506(진로변경제한선 표시)에 따르면 백색실선은 교차로 또는 횡단보도 등 차의 진로변경을 금지하는 도로구간에 설치하여 통행하고 있는 차의 진로변경을 제한하는 것을 표시하는 안전표지이다. 도로교통법 제6조는 시·도경찰청장이나 경찰서장은 각 요건에 따라 보행자, 차마 또는 노면전차의 통행을 금지하거나 제한할 수 있고, 그 경우에는 도로관리청에 그 사실을 알리고 도로관리자와 협의하며, 통행금지·제한 사실을 공고하도록 규정하고 있다. 도로교통법 시행규칙 제10조 제1항 [별표 8]을 비롯하여 같은 규칙 제10조

는 그 공고의 구체적인 방법을 규정하고 있으며, 차마의 통행이 금지되는 경우에 관한 안전표지를 만드는 방식, 규격, 설치기준 및 장소, 통행금지구간·기간 및 이유를 명시한 보조표지에 대하여는 도로교통법 시행규칙 제8조 제2항 [별표 6]이 구체적으로 규정하고 있다[위 별표 II. 개별기준 제2호 (나)목 일련번호 201 내지 207, 210 등]. 그런데 진로변경금지의 경우 그 금지 사실을 도로관리청에 알리거나 공고하도록 하는 등의 규정을 두고 있지 않다. 진로변경을 금지하는 안전표지인 백색실선은 도로교통법 시행규칙 제8조 제2항 [별표 6]에 안전표지의 하나로 규정되어 있기는 하나, 통행금지 안전표지와 달리 규제표지가 아닌 노면표시 항목(위 별표 II. 개별기준 제5호 중 일련번호 506)에 규정되어 있을 뿐만 아니라, 금지구간·기간 및 이유를 명시한 보조표지에 관한 규정이 존재하지 않으며, '도로표지의 종류', '표시하는 뜻', '설치기준 및 장소'에 '진로변경을 제한 또는 금지한다.'는 취지의 기재가 있을 뿐 '통행을 금지한다.'는 취지가 기재되어 있지 않아 일반적인 통행금지 안전표지와는 달리 취급되고 있다.

나. 도로교통법 제6조 제1항은 '도로에서의 위험을 방지하고 교통의 안전과 원활한 소통을 확보하기 위하여 필요하다고 인정한 때'에는 '구간을 정하여 통행을 금지하거나 제한'할 수 있도록 규정하는 한편, 통행금지 또는 제한을 위반한 행위를 같은 법 제156조 제2호에 따라 처벌하고 있다. 반면 도로교통법 제14조 제5항 본문은 '안전표지가 설치되어 특별히 진로변경이 금지된 곳에서는 차마의 진로를 변경하여서는 아니 된다.'고 규정하는 한편, 진로변경금지나 제한을 위반한 행위를 같은 법 제156조 제1호에 따라 처벌하고 있다. 도로교통법 제156조가 제1호와 제2호의 위반 행위에 대하여 동일한 형을 정하고 있기는 하나, 도로교통법은 통행금지와 진로변경금지를 구분하여 규율하면서 처벌 체계를 달리하고 있으므로, 통행금지와 진로변경금지에 관하여 서로 다른 금지규범을 규정한 것으로 보아야 한다. 따라서 진로변경금지 위반을 통행금지 위반으로 보아 단서 제1호에 해당한다고 보는 것은 문언의 객관적인 의미를 벗어나 피고인에게 불리한 해석을 하는 것이다.

다. 단서 제1호가 규율하는 것은 크게 신호위반, 통행금지를 내용으로 하는 안전표지 지시위반, 일시정지를 내용으로 하는 안전표지 지시위반의 세 가지이다. 신호위반이나 일시정지 지시위반의 경우에는 도로교통법규의 문언만으로도 비교적 명확하게 그 해당 여부를 알 수 있다. 통행금지의 경우에도, 도로교통법(제15조 제3항)이 직접 정해진 차종 이외의 통행을 금지하고 있는 전용차로 구분선이나, 도로교통법 시행규칙 제8조 제2항 [별표 6] II. 개별기준 제2호 (나)목 일련번호 201 내지 207, 210, 211 등과 같이 위 별표의 도로표지 도안이나 '표시하는 뜻', '설치기준 및 장소' 등에 '통행금지' 또는 '진입금지'라는 문언이 사용된 경우에는 단서 제1호 에 포함된다고 볼 수 있다. 반면 이 사건에서 문제가 된 진로변경제한선과 같이 해당 표지에 위반하여 진로를 변경하는 것 자체는 금지되어 있으나, 진로를 변경한 이후 해당 방향으로의 계속 진행이 가능한 경우 그 위반행위를 '통행방법제한'을 위반한 것으로 볼 수는 있어도, 법문언에서 말하는 '통행금지위반'으로 볼 수는 없다.

라. 교통사고처리법 제정 당시부터 현재까지 단서 제1호의 문언은 거의 변동이 없다. 그런데 교통사고처리법 제정 당시 시행되고 있던 구 도로교통법 시행규칙(1982. 6. 21. 내무부령 제376호로 개정되기 전의 것)은 노면표시의 하나로 진로변경제한선을 규정하고 있지 않았다. 그렇다면 입법자는 교통사고처리법을 제정하면서 진로변경을 금지하는 백색실선을 단서 제1호의 '통행금지를 내용으로 하는 안전표지'로 고려하지 않았다고 보는 것이 합리적이다.

마. 진로변경을 금지하는 안전표지인 백색실선이 설치된 교량이나 터널에서 백색실선을 넘어 앞지르기를 하는 경우에는 별도의 처벌특례 배제사유가 규정되어 있으므로(교통사고처리법 제3조 제2항 단서 제4호), 백색실선을 '통행금지를 내용으로 하는 안전표지'로 보지 않는다고 하여 중대 교통사고의 발생 위험이 크게 증가한다고 보기는 어렵다.

바. 청색실선으로 전용차로가 구분되어 있는 경우, 전용차로 표시에 관한 도로교통법 시행규칙 제8조 제2항 [별표 6] Ⅱ. 개별기준 제5호 중 일련번호 504에 따르면, 전용차로제가 시행되지 않는 시간대에는 전용차로와 일반차로를 구분하는 청색실선을 위 제5호 중 일련번호 503의 차선표시로 보게 되므로 이 시간대에는 백색실선과 동일한 의미를 가진다. 그런데 백색실선을 단서 제1호에서 규정하는 '통행금지를 내용으로 하는 안전표지'로 볼 경우, 전용차로제가 시행되는 시간대는 물론 전용차로제가 시행되지 않는 시간대에도 일반 차량의 운전자가 청색실선을 넘어 진로를 변경하는 과정에서 교통사고가 발생하면 처벌특례의 적용을 받을 수 없는 문제가 있다.

3. 판례 변경의 범위

이와 달리 도로교통법 제14조 제5항에 따라 통행하고 있는 차의 진로변경을 금지하는 안전표지인 백색실선이 단서 제1호에서 규정하는 '통행금지를 내용으로 하는 안전표지'에 해당한다고 판단한 대법원 2004. 4. 28. 선고 2004도1196 판결 등은 이 판결의 견해에 배치되는 범위 내에서 변경하기로 한다.

4. 이 사건에 대한 판단

이 사건 공소사실을 앞서 본 법리에 따라 살펴보면, 피고인이 진로변경을 금지하는 안전표지인 백색실선을 넘어 주행한 것은 단서 제1호에서 규정한 '통행금지를 내용으로 하는 안전표지'를 위반하여 운전한 경우에 해당하지 않으므로 이로 인한 업무상과실치상죄에 대하여는 처벌특례가 적용된다. 그런데 이 사건 당시 피고인이 운전한 승용차가 자동차종합보험에 가입되어 있었음은 원심이 인정한 바와 같으므로, 처벌특례에 따라 검사의 공소제기는 그 절차가 법률의 규정을 위반하여 무효인 때에 해당한다.

같은 취지의 원심판단은 정당하고, 거기에 상고이유 주장과 같은 교통사고처리법상 처벌특례 배제사유에 관한 법리를 오해한 잘못이 없다.

5. 결론

그러므로 상고를 기각하기로 하여, 관여 법관의 일치된 의견으로 주문과 같이 판결한다.

판례2 | 운전자가 교통신호를 위반하여 운전하다가 교통사고를 야기하였다는 사정만으로 곧바로 그 사고가 국민건강보험법 제53조 제1항 제1호에서 정한 국민건강보험급여 제한 사유에 해당한다고 단정할 수 있는지 여부(소극)[대법원 2021. 2. 4.,선고, 2020두41429, 판결]

【판결요지】

교통사고처리 특례법 제3조 제2항 단서 제1호, 제4조 제1항 단서 제1호는 운전자가 교통신호나 지시를 위반하여 업무상과실치상죄 또는 중과실치상죄 등을 범한 경우 피해자가 처벌을 원하지 않거나 교통사고를 일으킨 차가 자동차 종합보험 등에 가입된 경우라도 공소를 제기할 수 있는 것으로 규정하고 있다. 위 규정은 일상생활에서 자동차 운전이 필수적으로 되었음을 고려하여 운전자에게 피해자와 합의나 종합보험 등의 가입을 유도함으로써 교통사고로 인한 피해의 신속한 회복을 촉진하기 위하여 차의 교통으로 업무상과실치상죄 등을 범한 운전자에 대하여 피해자와 합의나 종합보험 등의 가입이 있는 경우 공소를 제기하지 않는 형사처벌의 특례를 부여하되, 교통신호 위반 등의 경우에는 그러한 특례의 예외로 인정함으로써 교통신호 준수 등을 운전 시 지켜야 할 중대한 의무로 정한 것이다. 이와 같이 교통사고처리 특례법 관계 규정의 입법 취지는 국민건강보험급여 제한 사유를 정한 국민건강보험법 제53조 제1항 제1호의 입법 취지와 다르다. 그뿐만 아니라 교통사고처리 특례법 제3조 제2항 단서가 '차의 운전자가 다음 각호의 어느 하나에 해당하는 행위로 인하여 업무상과실치상죄 또는 중과실치상죄를 범한 경우에는 그러하지 아니하다.'라고 규정하여 중과실이 아닌 경과실로 교통신호를 위반하는 경우도 있음을 예정하고 있다. 그러므로 운전자가 교통신호를 위반하여 운전하다가 교통사고를 야기하였다는 사정만으로 곧바로 그 사고가 국민건강보험법 제53조 제1항 제1호에서 정한 국민건강보험급여 제한사유에 해당한다고 단정하여서는 아니 되고, 그 사고가 발생한 경위와 양상, 운전자의 운전 능력과 교통사고 방지 노력 등과 같은 사고 발생 당시의 상황을 종합적으로 고려하여 판단하여야 한다.

【원심판결】

서울고법 2020. 6. 3. 선고 2019누65599 판결

【주문】

원심판결을 파기하고, 사건을 서울고등법원에 환송한다.

【이유】

상고이유를 판단한다.

1. 관련 규정과 법리

국민건강보험법 제53조 제1항 제1호는 보험급여를 받을 수 있는 사람이 '고의 또는 중대한 과실로 인한 범죄행위에 그 원인이 있거나 고의로 사고를 일으킨 경우'에는 보험급여를 하지 아니한다고 규정하고 있다. 국민건강보험법은 국민의 질병·부상에 대한 예방·진단·치료·재활과 출산·사망 및 건강증진에 대하여 보험급여를 실시함으로써 국민보건 향상과 사회보장 증진에 이바지함을 목적으로 하며(제1조), 국민건강보험 제도는 국가공동체가 구성원인 국민에게 제공하는 가장 기본적인 사회안전망에 해당한다. 이러한 국민건강보험법의 입법 목적과 국민건강보험 제도의 특성을 고려하면, 국민건강보험급여 제한사유 중 '중대한 과실'이라는 요건은 되도록 엄격하게 해석·적용하여야 한다(대법원 2003. 2. 28. 선고 2002두12175 판결 등 참조).

한편 「교통사고처리 특례법」 제3조 제2항 단서 제1호, 제4조 제1항 단서 제1호는 운전자가 교통신호나 지시를 위반하여 업무상과실치상죄 또는 중과실치상죄 등을 범한 경우 피해자가 처벌을 원하지 않거나 교통사고를 일으킨 차가 자동차 종합보험 등에 가입된 경우라도 공소를 제기할 수 있는 것으로 규정하고 있다. 위 규정은 일상생활에서 자동차 운전이 필수적으로 되었음을 고려하여 운전자에게 피해자와 합의나 종합보험 등의 가입을 유도함으로써 교통사고로 인한 피해의 신속한 회복을 촉진하기 위하여 차의 교통으로 업무상과실치상죄 등을 범한 운전자에 대하여 피해자와 합의나 종합보험 등의 가입이 있는 경우 공소를 제기하지 않는 형사처벌의 특례를 부여하되, 교통신호 위반 등의 경우에는 그러한 특례의 예외로 인정함으로써 교통신호 준수 등을 운전 시 지켜야 할 중대한 의무로 정한 것이다. 이와 같이 「교통사고처리 특례법」 관계 규정의 입법 취지는 국민건강보험급여 제한사유를 정한 국민건강보험법 제53조 제1항 제1호의 입법 취지와 다르다. 뿐만 아니라 「교통사고처리 특례법」 제3조 제2항 단서가 '차의 운전자가 다음 각호의 어느 하나에 해당하는 행위로 인하여 업무상과실치상죄 또는 중과실치상죄를 범한 경우에는 그러하지 아니하다.'라고 규정하여 중과실이 아닌 경과실로 교통신호를 위반하는 경우도 있을 수 있음을 예정하고 있다. 그러므로 운전자가 교통신호를 위반하여 운전하다가 교통사

고를 야기하였다는 사정만으로 곧바로 그 사고가 국민건강보험법 제53조 제1항 제1호에서 정한 국민건강보험급여 제한사유에 해당한다고 단정하여서는 아니 되고, 그 사고가 발생한 경위와 양상, 운전자의 운전 능력과 교통사고 방지 노력 등과 같은 사고 발생 당시의 상황을 종합적으로 고려하여 판단하여야 한다.

2. 이 사건에 관한 판단

원심판결의 이유와 기록에 의하면, 원고는 원심 판시 일시, 장소에서 오토바이를 운전하던 중 정지신호를 위반하고 직진하여 교차로에 진입하였으나 신호에 따라 좌회전하던 피해 차량을 발견하고 제동장치를 작동시켜 정차하려 하였다가 피하지 못하고 피해 차량을 들이받아 이 사건 교통사고가 발생한 사정을 알 수 있다.

위와 같은 이 사건 교통사고의 경위에 비추어 보면 원고에게 교통신호를 위반한 과실이 있었음은 인정되나, 당시 순간적인 집중력 저하나 판단착오로 교통신호를 위반하였을 가능성도 배제할 수 없으므로 이 사건 교통사고와 그로 인한 원고의 부상이 '중대한 과실'로 인한 범죄행위에 그 원인이 있는 경우라고 단정하기 어렵다.

그런데도 원심은 그 판시와 같은 사정만으로 이 사건 교통사고와 그로 인한 원고의 부상이 '중대한 과실'로 인한 범죄행위에 그 원인이 있는 경우에 해당한다고 판단하였다. 이러한 원심판단에는 국민건강보험법상 보험급여 제한사유에 관한 법리를 오해하여 필요한 심리를 다하지 아니함으로써 판결 결과에 영향을 미친 잘못이 있다.

3. 결론

그러므로 나머지 상고이유에 대한 판단을 생략한 채 원심판결을 파기하고, 사건을 다시 심리·판단하도록 원심법원에 환송하기로 하여, 관여 대법관의 일치된 의견으로 주문과 같이 판결한다.

> **판례3** | 교차로 직전의 횡단보도에 따로 차량보조등이 설치되어 있지 아니한 경우, 교차로 차량신호등이 적색이고 횡단보도 보행등이 녹색인 상태에서 횡단보도를 지나 우회전하다가 업무상과실치상의 결과가 발생하면 교통사고처리특례법 제3조 제1항, 제2항 단서 제1호의 '신호위반'에 해당하는지 여부(적극)[대법원 2011. 7.28.,선고, 2009도8222, 판결]

【판결요지】

[1] 교차로와 횡단보도가 연접하여 설치되어 있고 차량용 신호기는 교차로에만 설치된 경우에 있어서는, 그 차량용 신호기는 차량에 대하여 교차로의 통행은 물론 교차로 직전의 횡단보도에 대한 통행까지도 아울러 지시하는 것이라고 보아야 할 것이고, 횡단

보도의 보행등 측면에 차량보조등이 설치되어 있지 아니하다고 하여 횡단보도에 대한 차량용 신호등이 없는 상태라고는 볼 수 없다. 위와 같은 경우에 그러한 교차로의 차량용 적색등화는 교차로 및 횡단보도 앞에서의 정지의무를 아울러 명하고 있는 것으로 보아야 하므로, 그와 아울러 횡단보도의 보행등이 녹색인 경우에는 모든 차량이 횡단보도 정지선에서 정지하여야 하고, 나아가 우회전하여서는 아니되며, 다만 횡단보도의 보행등이 적색으로 바뀌어 횡단보도로서의 성격을 상실한 때에는 우회전 차량은 횡단보도를 통과하여 신호에 따라 진행하는 다른 차마의 교통을 방해하지 아니하고 우회전할 수 있다. 따라서 교차로의 차량신호등이 적색이고 교차로에 연접한 횡단보도 보행등이 녹색인 경우에 차량 운전자가 위 횡단보도 앞에서 정지하지 아니하고 횡단보도를 지나 우회전하던 중 업무상과실치상의 결과가 발생하면 교통사고처리 특례법 제3조 제1항, 제2항 단서 제1호의 '신호위반'에 해당하고, 이때 위 신호위반 행위가 교통사고 발생의 직접적인 원인이 된 이상 사고장소가 횡단보도를 벗어난 곳이라 하여도 위 신호위반으로 인한 업무상과실치상죄가 성립함에는 지장이 없다.

[2] 자동차 운전자인 피고인이, 삼거리 교차로에 연접한 횡단보도에 차량보조등은 설치되지 않았으나 그 보행등이 녹색이고, 교차로의 차량신호등은 적색인데도, 횡단보도를 통과하여 교차로에 진입·우회전을 하다가 당시 신호에 따라 교차로를 지나 같은 방향으로 직진하던 자전거를 들이받아 그 운전자에게 상해를 입힌 사안에서, 위와 같은 경우 피고인은 횡단보도 정지선에서 정지하여야 하고 교차로에 진입하여 우회전하여서는 아니되는데도 교차로의 차량용 적색등화를 위반하여 우회전하다가 사고가 발생하였고, 또한 신호위반의 우회전행위와 사고발생 사이에는 직접적인 원인관계가 존재한다고 보는 것이 타당하므로, 위 사고는 교통사고처리 특례법 제3조 제1항, 제2항 단서 제1호의 신호위반으로 인한 업무상과실치상죄에 해당한다는 이유로, 이와 달리 피고인에게 신호위반의 책임이 없다고 보아 공소를 기각한 원심판결에 도로교통법상 신호 또는 지시에 따를 의무에 관한 법리오해의 위법이 있다고 한 사례.

【원심판결】

인천지법 2009. 7. 31. 선고 2009노1873 판결

【주문】

원심판결을 파기하고, 사건을 인천지방법원 본원 합의부에 환송한다.

【이유】

상고이유를 본다.

1. 도로교통법 제4조는 "교통안전시설의 종류, 교통안전시설을 만드는 방식과 설치하는

곳 그 밖에 교통안전시설에 관하여 필요한 사항은 행정안전부령으로 정한다"고 정하고 있고, 구 도로교통법 시행규칙(2010. 8. 24. 행정안전부령 제156호로 개정되기 전의 것. 이하 '구 시행규칙'이라고 한다) 제6조 제2항 [별표 2] '신호기가 표시하는 신호의 종류 및 신호의 뜻'은 차량신호등 중 적색의 등화가 표시하는 신호의 뜻으로 "차마는 정지선, 횡단보도 및 교차로의 직전에서 정지하여야 한다. 다만, 신호에 따라 진행하는 다른 차마의 교통을 방해하지 아니하고 우회전할 수 있다"고 정하고 있다.

그런데 교차로와 횡단보도가 연접하여 설치되어 있고 차량용 신호기는 교차로에만 설치된 경우에 있어서는, 그 차량용 신호기는 차량에 대하여 교차로의 통행은 물론 교차로 직전의 횡단보도에 대한 통행까지도 아울러 지시하는 것이라고 보아야 할 것이고, 횡단보도의 보행등 측면에 차량보조등이 설치되어 있지 아니하다고 하여 횡단보도에 대한 차량용 신호등이 없는 상태라고는 볼 수 없다. 위와 같은 경우에 그러한 교차로의 차량용 적색등화는 교차로 및 횡단보도 앞에서의 정지의무를 아울러 명하고 있는 것으로 보아야 하므로, 그와 아울러 횡단보도의 보행등이 녹색인 경우에는 모든 차량이 횡단보도 정지선에서 정지하여야 하고, 나아가 우회전하여서는 아니되며, 다만 횡단보도의 보행등이 적색으로 바뀌어 횡단보도로서의 성격을 상실한 때에는 우회전 차량은 횡단보도를 통과하여 신호에 따라 진행하는 다른 차마의 교통을 방해하지 아니하고 우회전할 수 있다(대법원 1997. 10. 10. 선고 97도1835 판결도 참조). 따라서 교차로의 차량신호등이 적색이고 교차로에 연접한 횡단보도 보행등이 녹색인 경우에 차량 운전자가 위 횡단보도 앞에서 정지하지 아니하고 횡단보도를 지나 우회전하던 중 업무상과실치상의 결과가 발생하면 교통사고처리특례법 제3조 제1항, 제2항 단서 제1호의 신호위반에 해당하고, 이때 위 신호위반행위가 교통사고 발생의 직접적인 원인이 된 이상 그 사고장소가 횡단보도를 벗어난 곳이라 하여도 위 신호위반으로 인한 업무상과실치상죄가 성립함에는 지장이 없다(대법원 1998. 7. 28. 선고 98도832 판결, 대법원 2011. 4. 28. 선고 2009도12671 판결 등 참조).

2. 원심은, 그 판시 차량을 운전하던 피고인이 삼거리 교차로에서 차량용 신호기가 적색등화인 때에 우회전하다가 신호에 따라 진행하던 피해자 자전거의 교통을 방해하여 이 사건 사고가 발생하였다고 하더라도 피고인에게는 그 우회전에 대하여 신호위반의 책임이 없다고 판단하고 이 사건 공소를 기각한 제1심판결을 그대로 유지하였다.

그러나 기록에 의하면, 위 삼거리 교차로에 연접하여 횡단보도가 설치되어 있었으며 그 횡단보도에 차량용 보조등은 설치되어 있지 아니하였으나 거기에 설치되어 있던 보행등은 녹색이었고, 위 삼거리 교차로의 차량용 신호등은 적색이었던 사실, 그럼에도 불구하고 피고인은 횡단보도 정지선에서 정지하지 아니한 채 횡단보도를 통과하여 교차로에 진입·우회전을 하다가 당시 신호에 따라 위 교차로를 지나 같은 방향으로 직진하던 피해자 운전의 자전거를 왼쪽 앞 범퍼로 들이받아 피해자에게 그 판시의 상해를 입힌 사실을 알 수 있다.

앞서 본 법리에 비추어 살펴보면, 위와 같은 경우 피고인은 횡단보도 정지선에서 정지하여야 하고 교차로에 진입하여 우회전하여서는 아니된다고 할 것임에도 교차로의 차량용 적색등화를 위반하여 우회전하다가 이 사건 사고가 발생한 것이고, 또한 위 신호위반의 우회전행위와 위 사고 발생 사이에는 직접적인 원인관계가 존재한다고 봄이 상당하다. 그렇다면 이 사건 사고는 교통사고처리특례법 제3조 제1항, 제2항 단서 제1호의 신호위반으로 인한 업무상과실치상죄에 해당한다 할 것이므로, 이와 달리 피고인이 신호를 위반하지 아니하였다고 판단하여 공소기각사유에 해당한다고 본 원심판결에는 도로교통법의 신호 또는 지시에 따를 의무에 관한 법리를 오해하여 판결 결과에 영향을 미친 위법이 있다고 할 것이다.

3. 그러므로 원심판결을 파기하고 사건을 다시 심리·판단하게 하기 위하여 원심법원에 환송하기로 하여, 관여 대법관의 일치된 의견으로 주문과 같이 판결한다.

> **판례4** | 택시 운전자인 피고인이 교차로에서 적색등화에 우회전하다가 신호에 따라 진행하던 피해자 운전의 승용차를 충격하여 그에게 상해를 입혔다고 하여 구 교통사고처리 특례법 위반으로 기소된 사안에서, 위 사고가 같은 법 제3조 제2항 단서 제1호에서 정한 '신호위반'으로 인한 사고에 해당하지 아니한다고 본 원심판단을 수긍한 사례[대법원 2011. 7. 28., 선고, 2011도3970, 판결]

【판결요지】

[1] 구 도로교통법 시행규칙(2010. 8. 24. 행정안전부령 제156호로 개정되기 전의 것, 이하 '구 시행규칙'이라고 한다) 제6조 제2항 [별표 2]의 조문 체계, [별표 2]는 녹색등화에 우회전 또는 비보호좌회전표시가 있는 곳에서 좌회전을 하는 경우에도 다른 교통에 방해가 되지 아니하도록 진행하여야 하나 다만 좌회전을 하는 경우에만 다른 교통에 방해가 된 때에 신호위반책임을 진다고 명시적으로 규정하고 있는 점, 비보호좌회전표시가 있는 곳에서 녹색등화에 좌회전을 하다 다른 교통에 방해가 된 경우 신호위반의 책임을 지우는 대신 안전운전의무위반의 책임만 지우도록 하기 위하여 2010. 8. 24. 행정안전부령 제156호로 구 시행규칙 [별표 2] 중 녹색등화에 관한 규정을 개정하였으나 비보호좌회전표지·표시가 있는 곳에서 녹색등화에 좌회전을 하더라도 여전히 반대방면에서 오는 차량 또는 교통에 방해가 되지 아니하도록 하여야 하는 점에다가 우리나라의 교통신호체계에 관한 기본태도나 그 변화 등에 비추어 보면, 적색등화에 신호에 따라 진행하는 다른 차마의 교통을 방해하지 아니하고 우회전할 수 있다는 구 시행규칙 [별표 2]의 취

지는 차마는 적색등화에도 원활한 교통소통을 위하여 우회전을 할 수 있되, 신호에 따라 진행하는 다른 차마의 신뢰 및 안전을 보호하기 위하여 다른 차마의 교통을 잘 살펴 방해하지 아니하여야 할 안전운전의무를 부과한 것이고, 다른 차마의 교통을 방해하게 된 경우에 신호위반의 책임까지 지우려는 것은 아니다.

[2] 택시 운전자인 피고인이 교차로에서 적색등화에 우회전하다가 신호에 따라 진행하던 피해자 운전의 승용차를 충격하여 그에게 상해를 입혔다고 하여 구 교통사고처리 특례법 (2011. 4. 12. 법률 제10575호로 개정되기 전의 것) 위반으로 기소된 사안에서, 위 사고가 같은 법 제3조 제2항 단서 제1호에서 정한 '신호위반'으로 인한 사고에 해당하지 아니한다고 본 원심판단을 수긍한 사례.

【원심판결】

대전지법 2011. 3. 18. 선고 2010노3070 판결

【주문】

상고를 기각한다.

【이유】

상고이유를 판단한다.

도로교통법 제4조는 "교통안전시설의 종류, 교통안전시설을 만드는 방식과 설치하는 곳 그 밖에 교통안전시설에 관하여 필요한 사항은 행정안전부령으로 정한다"고 정하고 있고, 구 도로교통법 시행규칙(2010. 8. 24. 행정안전부령 제156호로 개정되기 전의 것. 이하 '시행규칙'이라고 한다) 제6조 제2항 [별표 2] '신호기가 표시하는 신호의 종류 및 신호의 뜻'은 차량신호등 중 적색의 등화가 표시하는 신호의 뜻으로 "차마는 정지선, 횡단보도 및 교차로의 직전에서 정지하여야 한다. 다만, 신호에 따라 진행하는 다른 차마의 교통을 방해하지 아니하고 우회전할 수 있다"고 정하고 있다.

그러한 시행규칙 [별표 2]의 조문 체계, 시행규칙 [별표 2]는 녹색등화에 우회전 또는 비보호좌회전표시가 있는 곳에서 좌회전을 하는 경우에도 다른 교통에 방해가 되지 아니하도록 진행하여야 하나 다만 좌회전을 하는 경우에만 다른 교통에 방해가 된 때에 신호위반책임을 진다고 명시적으로 규정하고 있는 점, 비보호좌회전표시가 있는 곳에서 녹색등화에 좌회전을 하다 다른 교통에 방해가 된 경우 신호위반의 책임을 지우는 대신 안전운전의무위반의 책임만 지우도록 하기 위하여 2010. 8. 24. 행정안전부령 제156호로 시행규칙 [별표 2] 중 녹색등화에 관한 규정을 개정하였으나 비보호좌회전표지·표시가 있는 곳에서 녹색등화에 좌회전을 하더라도 여전히 반대방면에서 오는 차량 또는 교통에 방해가 되지 아니하도록 하여야 하는 점에다가 우리나라의 교통신호체계에 관한 기본태도나

그 변화 등에 비추어 보면, 적색등화에 신호에 따라 진행하는 다른 차마의 교통을 방해하지 아니하고 우회전할 수 있다는 시행규칙 [별표 2]의 취지는 차마는 적색등화에도 원활한 교통소통을 위하여 우회전을 할 수 있되, 신호에 따라 진행하는 다른 차마의 신뢰 및 안전을 보호하기 위하여 다른 차마의 교통을 잘 살펴 방해하지 아니하여야 할 안전운전 의무를 부과한 것이고, 다른 차마의 교통을 방해하게 된 경우에 신호위반의 책임까지 지우려는 것은 아니라고 할 것이다.

원심은, 영업용 택시를 운전하던 피고인이 교차로에서 적색등화에 우회전하다 신호에 따라 진행하던 피해자 차량의 교통을 방해하여 이 사건 교통사고가 발생하였다고 하더라도 그 사고는 교통사고처리특례법 제3조 제2항 단서 제1호의 신호위반으로 인한 사고에 해당하지 아니한다고 판단하고 이 사건 공소를 기각한 제1심판결을 그대로 유지하였다. 위에서 본 법리를 기록에 비추어 살펴보면 그러한 원심의 판단은 정당한 것으로 수긍할 수 있고, 거기에 도로교통법의 신호 또는 지시에 따를 의무에 관한 법리를 오해하여 판결결과에 영향을 미친 위법이 있다고 할 수 없다.

그러므로 상고를 기각하기로 하여 관여 대법관의 일치된 의견으로 주문과 같이 판결한다.

판례5 | 다른 차량들의 전행방향이 정지신호일 경우를 이용하여 교통법규에 위배되지 않게 진행하는 차량 운전자에게 다른 차량이 신호를 위반하여 진행하여 올 것까지 예상하여야 할 주의의무는 없다[대법원 2002. 9. 6. 선고,. 2002다38767 판결].

【판결요지】

신호등에 의하여 교통정리가 행하여지고 있는 교차로를 진행신호에 따라 진행하는 차량의 운전자는 특별한 사정이 없는 한 다른 차량들도 교통법규를 준수하고 충돌을 피하기 위하여 적절한 조치를 취할 것으로 믿고 운전하면 충분하고, 다른 차량이 신호를 위반하고 자신의 진로를 가로질러 진행하여 오거나 자신의 차량을 들이받을 경우까지 예상하여 그에 따른 사고발생을 미리 방지할 특별한 조치까지 강구할 주의의무는 없다. 다만 신호를 준수하여 진행하는 차량의 운전자라고 하더라도 이미 교차로에 진입하고 있는 다른 차량이 있다거나 다른 차량이 그 진행방향의 신호가 진행신호에서 정지신호로 바뀐 직후에 교차로를 진입하여 계속 진행하고 있는 것을 발견하였다거나 또는 그 밖에 신호를 위반하여 교차로를 진입할 것이 예상되는 특별한 경우라면 그러한 차량의 동태를 두루 살피던서 서행하는 등으로 사고를 방지할 태세를 갖추고 운전하여야 할 주의의무는 있다 할 것이지만, 그와 같은 주의의무는 어디까지나 신호가 바뀌기 전이나 그 직후에 교차로에 진입하여 진행하고 있는 차량에 대한 관계에서 인정되는 것이고, 신호가 바뀐 후 다른 차량이 신호를 위반하여 교차로에 서로 진입하여 진행하여 올 경우까지를 예상하여 그에 따른 사고발생을 방지하기 위한 조치까지 강구할 주의의무는 없고, 이러한 법리는 교차로에서 자신의 진행방향에 대한 별도의 진행신호가 없다고 하여도, 다른 차량들의 진행방향이 정지신호일 경우를 이용하여 교통법규에 위배되지 않게 진행하는 경우도 마찬가지라고 할 것이다,

【원심판결】

광주고등법원 2002. 6. 12. 2001나8997 판결

【이유】

상고이유를 본다.

1. 원심판결 이유에 의하면, 원심은 그 채용 증거를 종합하여, 피고 1은 1999. 11. 2. 10:15경 피고 주식회사 한양전업 소유로서 피고 신동아화재해상보험 주식회사의 피보험차량인 (차량등록번호 생략) 5t 트럭을 운전하여 전주시 덕진구 화전동 화전마을 입구 삼거리 교차로에 이르러 삼례 방면으로 좌회전하는 차량을 위한 별도의 신호등이 설치되어 있지 아니하였으므로 동승한 소외 1로 하여금 전주 삼례간 편도 2차선 간선도로에 설치된 횡단보도상 보행자 신호등 수동조작 버튼을 눌러 위 횡단보도의 보행자신호등이 녹색으로 바뀜과 동시에 위 간선도로의 차량진행신호등이 적색으로 바뀐 기회를 이용하여 화전마을 방면에서 삼례 방면으로 좌회전하던 중 삼례 방면에서 전주 방면으로 1차로를 따라 시속 57.3km로 진행하던 소외 2 운전의 전북 (오토바이등록번호 생략) 125cc 오토바이를 미처 발견치 못하고 위 트럭의 좌측 뒷바퀴 부분으로 위 오토바이의 앞 부분을 충격하여, 위 소외 2로 하여금 뇌경막하 출혈 등으로 사망에 이르게 한 사실 등을 인정한 다음, 이 사건 교차로는 도로교통법상 교통정리가 행하여지지 않는 곳이라는 전제하에, 위 인정 사실에 의하면, 피고 1로서는 당시 위 트럭의 전방에는 좌회전 신호등이 없으므로, 횡단보도에 보행자 신호등이 들어오더라도 교차로 내의 교통상황을 잘 살펴 안전하게 좌회전을 하여야 하고 교차로에 진입하기에 앞서 미리 속도를 줄이고 다른 방향에서 교차로로 진행하여 오는 차량이 있는지를 주의 깊게 살펴 경음기를 적절히 사용하면서 교차로에 진입하여 사고를 예방하여야 할 주의의무가 있음에도 불구하고 간선도로상의 횡단보도에 보행자 신호등이 들어온 것만 보고 주변 차량의 동태를 잘 살피지 아니한 채 좌회전하다가 삼례 방면에서 전주 방면으로 횡단보도상의 정지신호를 위반한 채 진행하는 망인 운전의 오토바이를 미처 발견치 못함으로써 이 사건 교통사고를 야기하였다는 이유로, 피고들의 면책항변을 배척하면서 다만 과실상계에 관하여는 위 피해자측인 위 소외 2의 과실비율을 80%로, 위 피고의 과실비율을 20%로 각 인정하였다.

2. 그러나 원심의 위와 같은 판단은 선뜻 수긍되지 않는다.

신호등에 의하여 교통정리가 행하여지고 있는 교차로를 진행신호에 따라 진행하는 차

량의 운전자는 특별한 사정이 없는 한 다른 차량들도 교통법규를 준수하고 충돌을 피하기 위하여 적절한 조치를 취할 것으로 믿고 운전하면 충분하고, 다른 차량이 신호를 위반하고 자신의 진로를 가로질러 진행하여 오거나 자신의 차량을 들이받을 경우까지 예상하여 그에 따른 사고발생을 미리 방지할 특별한 조치까지 강구할 주의의무는 없다. 다만 신호를 준수하여 진행하는 차량의 운전자라고 하더라도 이미 교차로에 진입하고 있는 다른 차량이 있다거나 다른 차량이 그 진행방향의 신호가 진행신호에서 정지신호로 바뀐 직후에 교차로를 진입하여 계속 진행하고 있는 것을 발견하였다거나 또는 그 밖에 신호를 위반하여 교차로를 진입할 것이 예상되는 특별한 경우라면 그러한 차량의 동태를 두루 살피면서 서행하는 등으로 사고를 방지할 태세를 갖추고 운전하여야 할 주의의무는 있다 할 것이지만, 그와 같은 주의의무는 어디까지나 신호가 바뀌기 전이나 그 직후에 교차로에 진입하여 진행하고 있는 차량에 대한 관계에서 인정되는 것이고, 신호가 바뀐 후 다른 차량이 신호를 위반하여 교차로에 새로 진입하여 진행하여 올 경우까지를 예상하여 그에 따른 사고발생을 방지하기 위한 조치까지 강구할 주의의무는 없는 것이다(대법원 1994. 6. 14. 선고 93다57520 판결, 1998. 6. 12. 선고 98다14252, 14269 판결, 1999. 8. 24. 선고 99다30428 판결, 2001. 7. 27. 선고 2001다31509 판결, 2001. 9. 7. 선고 2001다40732 판결 등 참조). 그리고 이러한 법리는 교차로에서 자신의 진행방향에 대한 별도의 진행신호가 없다고 하여도, 다른 차량들의 진행방향이 정지신호일 경우를 이용하여 교통법규에 위배되지 않게 진행하는 경우도 마찬가지라고 할 것이다(대법원 2001. 11. 9. 선고 2001다56980 판결 참조).

그런데 원심이 인정한 사실관계에 의하더라도, 위 사고 현장은 삼례 방면과 전주 방면을 연결하는 편도 2차로의 포장도로와 화전마을 진입로인 편도 1차로가 만나는 삼거리 교차로로서 삼례 방면 쪽에 횡단보도와 보행자신호등이 설치되어 있는데, 이 곳은 사람의 통행이 많지 않아 횡단보도의 보행자신호등은 수동으로 조작되어 보행자가 수동버튼을 누르면, 보행자신호등이 녹색으로 바뀜과 동시에 차량진행신호등이 적색으로 바뀌고, 이때 좌회전하고자 하는 차량은 화전마을 쪽에서 삼례 방면으로 좌회전하여 횡단보도 앞 정지선에 정차할 수 있으며, 화전마을 방면에서 삼례 방면으로의 좌회전 진행방향에는 좌회전신호등이 설치되어 있지는 아니하고(중앙선의 황색선은 끊어져 있고, 좌회전을 금지하는 교통표지판도 없다.) 전주 쪽에서 화전마을 방면으로는 좌회전금지 표지판이 설치되어 있다는 것이므로, 화전마을 방면에서 삼례 방면으로 좌회전을 하고자 하는 차량은 다른 교통법규를 위반하지 아니하는 한 간선도로상의 차량진행신호등이 적색으로 바뀐 기회를 이용하여 좌회전을 하는 것이 허용된다고 볼 것이니, 결국 이 사건 교차로는 신호등에 의하여 교통정리가 행해지는 교차로에 해당한다고 보아야 할 것이다. 따라서 피고 1로서는 그 신호체계의 지시에 부합하는 방법으로 이 사건 교차로에 진입한 것인 이상, 다른 특별한 사정이 없는 한 다른 차량들도 교통법규를 준수하고 충돌을 피하기 위하여 적절한 조치를 취할 것으로 믿고 운전하면 충분하고, 다른 차량이 신호를 위반하여 교차로에 진입하여 자신의 차량을 들이받을 경우까지 예상하여 그에 따른 사고발생을 미리 방지할 특별한 조치까지 강구할 주의의무는 없다고 할 것이다.

나아가 이 사건 교통사고에 관하여 위 피고를 면책시킬 수 없는 특별한 사정이 있는가를 보건대, 원심판결 이유 및 기록에 의하면, 이 사건 교통사고 발생 당시 이 사건 교통사고를 직접 목격한 소외 3은 삼례 방면에서 전주 방면을 향하여 위 간선도로의 2차로를 따라 아반테 승용차를 운행 중 횡단보도 전방 30m 지점에서 진행신호가 정지신호로 바뀌는 것을 보고 서행하여 정상적으로 횡단보도 앞 정지선 2차로상에 정차하였는데 뒤따라오던 오토바이 운전자인 소외 2는 1차선을 이용하여 그 아반테 승용차 옆을 과속으로 통과한 다음 신호를 무시한 채 이 사건 교차로로 그대로 진입한 사실, 피고 1은 간선도로의 직진신호가 정지신호로 바뀌고 나서 위 아반테 승용차가 횡단보도 정지선상에 정차한 것을 확인한 다음 좌회전을 시작하여 이미 화물차량의 전면부는 교차로의 중앙 부분을 넘어 삼례 방면으로 향하는 간선도로에 진입함으로써 거의 좌회전을 완료하였고 다만 화물차량의 후미 부분 일부만이 아직 교차로상의 중앙부분에 머물러 있었던 상태였는데 위 오토바이가 위 교차로 내로 뒤늦게 진입하면서 아직 중앙선 부분에 남아 있었던 화물차량의 좌측 뒷바퀴 부분을 오토바이의 전면부로 충격함으로써 이 사건 교통사고가 발생한 사실 등을 인정할 수 있으므로, 위 오토바이 운전자 소외 2가 이 사건 교차로로 진입한 것은 신호등이 정지신호로 바뀌기 이전이나 그 직후가 아니라 이미 정지신호로 바뀌고서도 어느 정도 시간이 경과되었음에도 정지신호를 무시한 채 교차로로 진입한 것이라고 볼 것이며, 이러한 경우 위 피고로서는 위 오토바이가 신호를 위반하여 교차로를 진입해 들어와 자신의 차량을 충돌할 것까지 예상할 수 있는 상황에 있지는 아니하였다고 할 것이므로, 이러한 상황하에서는 이 사건 교통사고에는 위 피고를 면책시킬 수 없는 특별한 사정이 있다고 인정되지도 아니한다고 판단되고, 달리 기록상 이러한 사정을 찾아볼 자료도 없다.

그럼에도 불구하고, 위 피고에게 이 사건 교통사고 발생에 관하여 운전상의 과실이 있다고 판단한 원심판결에는 신호등에 의하여 교통정리가 행해지는 교차로에서의 운전자의 주의의무와 그 면책 등에 관한 법리를 오해하여 판결에 영향을 미친 위법이 있다고 할 것이므로, 이 점을 지적하는 상고이유의 주장은 이유 있다.

판례6 │ 편도 3차선 도로 중 1,2차선의 차량들이 모두 교통신호기상의 신호가 녹색신호임에도 의무전투경찰 순경의 수신호에 따라 정지해 있는데도 교통신호기의 신호만을 보고 3차선을 따라 교차로에 진입하다가 수신호에 따라 교차로에 진입한 다른 차량과 충돌한 경우, 의무전투경찰 순경에게 교통정리상의 과실이 없다[대법원 1998. 7. 24. 선고,. 98다 18339 판결].

【판결요지】

[1] 의무전투경찰 순경은 치안업무를 보조하는 업무의 일환으로서 경찰공무원법의 규정에 의한 경찰공무원과 마찬가지로 단독으로 교통정리를 위한 지시 또는 신호를 할 수 있다.

[2] 교통정리를 위한 수신호(手信號)는 도로교통법시행규칙 제7조 [별표 7]의 규정에 따라 보행자나 차마의 운전자가 명료하게 이해할 수 있는 방법으로 행하여져야 한다.

[3] 편도 3차선 도로 중 1,2차선의 차량들이 모두 교통신호기상의 신호가 녹색신호임에도 의무전투경찰 순경의 수신호에 따라 정지해 있는데도 교통신호기의 신호만을 보고 3차선을 따라 교차로에 진입하다가 수신호에 따라 교차로에 진입한 다른 차량과 충돌한 경우, 의무전투경찰 순경에게 교통정리상의 과실이 없다고 본 사례.

【원심판결】

서울지방법원 1998. 3. 18. 97나52607 판결

【이유】

상고이유를 본다.

구 도로교통법(1997. 8. 30. 법률 제5405호로 개정되기 전의 것) 제5조, 같은법시행령 제4조, 구 전투경찰대설치법(1996. 8. 8. 법률 제5153호로 개정되기 전의 것) 제1조 내지 제2조의3 및 같은법시행령 제2조 제1항 제5호의 각 규정에 의하면, 도로를 통행하는 보행자나 차마는 신호기 또는 안전표지가 표시하는 신호 또는 지시와 교통정리를 하는 경찰공무원 등의 지시 또는 신호에 따라야 하고, 신호기 또는 안전표지가 표시하는 신호 또는 지시와 경찰공무원 등의 신호 또는 지시가 다른 때에는 경찰공무원 등의 신호 또는 지시에 따라야 하며, 의무전투경찰순경은 치안업무를 보조하는 업무의 일환으로서 경찰공무원법의 규정에 의한 경찰공무원과 마찬가지로 단독으로 교통정리를 위한 지시 또는 신호를 할 수 있고, 이 경우 그 수신호(수신호)는 도로교통법시행규칙 제7조 [별표 7]의 규정에 따라 보행자나 차마의 운전자가 명료하게 이해할 수 있는 방법으로 행하여져야 한다.

원심판결의 이유에 의하면, 원심은 거시 증거에 의하여, 소외 1은 1995. 12. 10. 19:55경 자신의 처인 소외 2 소유의 (차량등록번호 1 생략) 르망승용차를 운전하고 서울 마포구 노고산동 107의 1 앞 편도 3차선 도로 중 3차선을 서산파출소 방면에서 연세대 방면으로 진행하다가 신촌로타리 교차로에 진입하게 되었는데, 당시 위 교차로에서 피고 산하 마포경찰서 소속 의무전투경찰순경인 소외 2가 정체차량의 소통을 위하여 교통정리를 하고 있었던 사실, 위 소외 2는 위 교차로에서 교통정리를 하면서 위 소외 1 진행 방향의 차량들이 교통신호기상으로는 녹색신호이나 진행하지 못하고 교차로 내에까지 정체가 계속되자 위 소외 1 진행 방향 1, 2차선 중앙 전방 2m 지점에서 적색불이 켜진 신호

봉을 이용하여 위 소외 1 진행 방향의 차량들에 대하여 정지신호를 보내어 위 소외 1 진행 방향의 1, 2차선의 차량들이 정지수신호에 따라 정지하는 것을 본 다음 당시 3차선 상으로는 진행 차량이 없자 뒤로 돌아 서서 위 소외 1 진행 방향의 좌측인 동교동 방면에서 서강대 방면으로 진행하는 차량들에 대하여 진행 수신호를 하여 이에 따라 소외 3 이 (차량등록번호 2 생략) 티코승용차를 운전하여 동교동 방면에서 서강대 방면으로 시속 약 15km 내지 25km의 속력으로 진행하게 된 사실, 한편 위 소외 1은 위 교차로에 진입하기 전에 자신의 진행 방향 1, 2차선의 차량들이 줄을 이어 모두 정지해 있었는데도 교통신호기의 신호만을 보고 자신이 진행하던 차선 전방에 아무런 차량이 없자 속도를 줄여 정지하거나 서행하지 않고 진행하던 속도 그대로 교차로에 진입하여 위 소외 3 운전의 티코승용차와 충돌한 사실, 위 교통사고 장소는 교차로의 진입지점에서 위 소외 3의 진행 방향으로 약 15.1m, 위 소외 1의 진행 방향으로 약 5.1m 떨어진 지점으로 위 교통사고는 위 소외 1이 교차로에 진입함과 동시에 발생한 사실을 인정한 다음, 이 사건 사고는 오로지 위 소외 1이 자신의 진행 방향 1, 2차선의 차량들이 교통신호기상의 신호가 녹색신호임에도 불구하고 위 소외 2의 수신호에 따라 모두 정차하고 있었으므로 속도를 줄여 정지하거나 서행하면서 전방 좌우를 잘 살펴 도로상황을 파악하여 교차로에 진입하지 않아야 함에도 불구하고 이를 게을리 한 채 그대로 교차로에 진입한 과실에 의하여 발생한 것이라 할 것이고 달리 위 소외 2의 교통정리에 어떤 잘못이 있어 발생하였다고 볼 자료가 없다고 판단하여 원고의 이 사건 청구를 기각하였다.

기록에 의하면, 이 사건 사고지점인 신촌로터리는 평소 차량의 통행이 빈번한 곳으로서 교통경찰관이 상주하면서 차량 등의 통행이 정체되는 때에는 교통원활을 도모하기 위하여 신호기가 표시하는 신호와 관계없이 수신호에 의하여 교통의 흐름을 조절하여 온 점, 이 사건 당시에도 위 신촌로터리에 차량 등이 몰려 교통이 현저히 혼잡한 상황에서 위 소외 2가 신호봉을 들고 수신호에 의하여 교통정리를 하고 있었고 위 소외 1에 앞서서 위 교차로에 도착한 모든 차량은 위 소외 2의 수신호에 따라 진행 또는 정지하거나 좌·우회전을 하고 있었던 점을 엿볼 수 있고, 도로교통법 제22조 제3항에 의하면, 신호기에 의하여 교통정리가 행하여 지고 있는 교차로에 들어가는 모든 차량은 진행하고자 하는 진로의 앞쪽에 있는 차의 상황에 따라 교차로(정지선이 설치되어 있는 경우에는 그 정지선을 넘은 부분)에 정지하게 되어 다른 차의 통행에 방해가 될 우려가 있는 경우에는 그 교차로에 들어가서는 아니되도록 규정하고 있는 점과 앞서 본 법리에 비추어 볼 때, 원심의 위와 같은 판단은 수긍이 가고, 거기에 소론과 같이 수신호를 실시할 경우의 주의의무 내용 및 의무전투경찰순경의 직무범위 등에 관한 법리오해의 위법이 있다고 할 수 없다. 논지는 이유 없다.

| 교차로 직전에 설치된 횡단보도에 따로 차량보조등이 설치되어 있지 아니한 경우, 교차로 신호가 적색이고 횡단보도의 보행자 신호등이 녹색인 상태에서 우회전하기 위하여 횡단보도로 들어간 차량은 신호를 위반한 것이다/대법원 1997,10.10.선고,.97도1835 판결/.

【판결요지】

도로교통법 제4조 , 도로교통법시행규칙 제4조, 제6조 제2항, [별표 4] '신호등의 종류, 만드는 방식 및 설치기준' 등 관계 규정들에 의하면, 교차로와 횡단보도가 인접하여 설치되어 있고 차량용 신호기는 교차로에만 설치된 경우에 있어서는, 그 차량용 신호기는 차량에 대하여 교차로의 통행은 물론 교차로 직전의 횡단보도에 대한 통행까지도 아울러 지시하는 것이라고 보아야 할 것이고, 횡단보도의 보행등 측면에 차량보조등이 설치되어 있지 않다고 하여 횡단보도에 대한 차량용 신호등이 없는 상태라고는 볼 수 없다.

【원심판결】

대전지방법원 1997. 6. 25. 97노418 판결

【이유】

횡단보도에는 횡단보행자용 신호기만 설치되어 있고 별도의 차량용 신호기가 설치되어 있지 않으므로, 이러한 경우 횡단보행자용 신호기의 신호가 보행자 통행신호인 녹색으로 되었을 때 차량 운전자가 횡단보도상을 운행하였다고 하여도 신호기의 신호에 위반하여 운전한 것이라고 할 수 없고, 또한 교차로상의 신호가 적색신호라 하여도 차량 운전자로서는 측면교통을 방해하지 아니하는 한 우회전할 수 있는 것이며, 피해자의 오토바이 운행은 위 측면교통에 해당하지 않으므로, 피고인은 교통사고처리특례법 제3조 제1항 제1호의 신호에 위반하여 운전한 경우에 해당한다고 할 수 없고, 한편 피고인이 운전한 차량은 같은 법 제4조에 정한 공제에 가입되어 있는 사실이 인정되므로, 이 사건은 공소제기의 절차가 법률에 위반하여 무효인 때에 해당한다고 하여 형사소송법 제327조 제2호에 따라 공소를 기각한 제1심판결을 그대로 유지하였다.

기록에 의하여 살펴보면, 이 사건 사고장소는 피고인의 진행방향으로 보아 전방의 교차로 직전에 횡단보도가 설치되어 있고 횡단보도 직전에 정지선이 있으며, 교차로 건너편에 차량용 신호기가 있고, 횡단보도에는 횡단보행자용 보행등이 있을 뿐 보행등의 측면에 차량보조등이 따로 설치되어 있지 아니한 사실을 알 수 있다.

먼저 도로교통법 제4조는 신호기의 종류, 만드는 방식, 설치하는 곳 그 밖의 필요한 사항은 내무부령으로 정하도록 규정하고 있고, 도로교통법시행규칙(이하 규칙이라 한다) 제4조는 신호기의 설치장소에 관하여, 신호기는 지방경찰청장이 필요하다고 인정하는 교차로 그 밖의 도로에 설치하되 그 앞쪽에서 잘 보이도록 설치하여야 한다고 규정하고 있으며, 규칙 제6조 제2항, [별표 4] '신호등의 종류, 만드는 방식 및 설치기준'에 의하면, 교차로와 횡단보도에는 그 통행량 등의 설치기준에 따라 차량용 신호등을 설치하도록 하고, 횡단보도에는 보행자용 보행등을 설치하는 외에 보행등의 측면에 차량보조등을 설치하도록 규정하고 있다.

위 관계 규정들에 비추어 보면, 이 사건에서와 같이 교차로와 횡단보도가 인접하여 설치되어 있고 차량용 신호기는 교차로에만 설치된 경우에 있어서는, 그 차량용 신호기는 차량에 대하여 교차로의 통행은 물론 교차로 직전의 횡단보도에 대한 통행까지도 아울러 지시하는 것이라고 보아야 할 것이고, 횡단보도의 보행등 측면에 차량보조등이 설치되어 있지 않다고 하여 횡단보도에 대한 차량용 신호등이 없는 상태라고는 볼 수 없다고 할 것이다.

나아가 규칙 제5조 제2항, [별표 3]에서 신호기의 적색 등화의 뜻은 "1. 보행자는 횡단하여서는 아니 된다. 2. 차마는 정지선이나 횡단보도가 있는 때에는 그 직전 및 교차로 직전에서 정지하여야 한다. 3. 차마는 신호에 따라 직진하는 측면 교통을 방해하지 아니하는 한 우회전 할 수 있다."라고 규정하고 있다.

따라서 이 사건에서 차량용 적색신호등은 위 제2호에 의하여 교차로 및 횡단보도 직전에서의 정지의무를 아울러 명하고 있는 것으로 보아야 하므로, 횡단보도의 보행등이 녹색인 경우에는 모든 차량이 횡단보도 정지선에서 정지하여야 하고, 다만 횡단보도의 보행등이 적색으로 바뀌어 횡단보도로서의 성격을 상실한 때에는 우회전 차량은 횡단보도를 통과하여 위 제3호가 정한 제한에 따라 우회전할 수 있다고 해석해야 할 것이며, 만약 차량보조등이 설치되어 있다면 우회전 차량은 보행등의 상황을 살피지 않고도 차량보조등의 지시에 따라 횡단보도를 통과할 수 있게 된다고 할 것이다.

결국 이 사건 사고 당시 만약 피고인이 차량 신호등은 적색이고 횡단보도의 보행등은 녹색이었음에도 불구하고 우회전하기 위하여 횡단보도를 침범하여 운행한 것이라면, 이는 도로교통법 제5조의 규정에 의한 신호기의 신호에 위반하여 운전한 경우에 해당한다고 보아야 할 것이다.

제1심판결이 원용한 대법원 1988. 8. 23. 선고 88도632 판결은 차량이 교차로에서 좌회전신호에 의하여 좌회전하던 중 교차로를 완전히 벗어나기 전에 신호가 변경되어 교차로가 끝나는 좌측 도로의 횡단보도에서 발생한 사고에 관한 것으로서 이 사건과는 사례를 달리 하는 것이다.

기록에 의하면, 이 사건 피해자는 사고 당시 횡단보도의 보행등이 녹색이었다고 진술하고 있고, 공소사실도 횡단보도가 보행자 횡단신호의 상태임을 전제로 한 것이라고 보이므로, 원심으로서는 사고 당시 보행등의 등화 상태를 심리하여 확정한 다음 공소제기 절차의 정당성 여부를 판단하였어야 할 것임에도 불구하고, 이에 이르지 아니한 채 위와 같은 판단하에 공소를 기각하고 말았으니, 원심판결에는 신호기의 신호에 관한 법리를 오해함으로써 심리를 다하지 아니한 위법이 있다 할 것이므로, 이 점을 지적하는 논지는 이유 있다.

판례8 | 비보호좌회전 표시가 있는 곳에서 녹색 등화시 같은 진행방향에서 진행하는 후방차량에 방해가 된 경우 신호위반이 아니다*[대법원 1996. 5. 28. 선고,. 96도690 판결].*

【판결요지】

  비보호좌회전 표시가 있는 곳에서 녹색의 등화가 있는 경우 좌회전하면서 반대 방면에서 신호에 따라 마주 진행하여 오는 다른 차량에 방해가 된 때에는 신호위반의 책임을 지지만 같은 진행방향에서 진행신호에 따르는 후방차량에 방해가 된 때에는 차선변경시 주의의무위반 등 다른 의무위반은 별론으로 하고 신호위반의 책임은 지지 아니한다(이 사건은 편도 2차선 도로의 2차선을 진행하던 피고인 운전의 택시가 좌회전하다가 같은 방향 1차선을 직진신호에 따라 진행하던 피해자 운전의 오호바이와 충돌한 사안임).

【원심판결】

  서울지방법원 1996. 2. 13. 95노7854 판결

【이유】

  원심은 도로교통법시행규칙 제3조의 별표 1.안전표지의 종류, 만드는 방식, 표시하는 뜻, 설치기준'의 3.'지시표지 320' 및 6,'노면표지 713-2', 같은 시행규칙 제5조 제2항의 별표 3.'신호기가 표시하는 신호의 종류와 뜻'의 각 규정을 종합하여 보면, 비보호 좌회전 표시가 있는 곳에서 녹색의 등화가 있는 경우 좌회전하면서 반대 방면에서 신호에 따라 마주 진행하여 오는 다른 차량에 방해가 된 패에는 신호위반의 책임을 지지만, 그 이외의 경우, 이 사건에 있어서와 같이 같은 진행방향에서 진행신호에 따르는 후방차량에 방해가 된 때에는 차선변경시 주의의무위반 등 다른 의무위반은 별론으로 하고 신호위반의 책임은 지지 아니한다고 봄이 상당하며, 따라서 피고인의 행위는 교통사고처리특례법 제3조 제1항, 제2항 제1호, 형법 제268조에 해당하지 아니하고 위 특례법 제3조 제1항, 형법 제268조에만 해당하는 것이라고 판단하였는바, 원심의 이러한 판단은 정당하고, 거기에 상고이유로 주장하는 바와 같은 법리오해의 위법이 없다. 그러므로 상고를 기각하기로 하여 관여 법관의 일치된 의견으로 주문과 같이 관결한다.

판례9 | 신호기가 있는 교차로를 신호에 따라 통과하는 차량 운전자는 비록 자신은 교통신호를 준수하면서 운행하고 있다고 하더라도, 좌우에서 이미 교차료를 진입하고 있는 차량이 있는지 여부를 살펴보고 또한 그러한 차량이 있는 경우 그 동태를 두루 살피면서 서행하는 등으로 사고를 방지할 태세를 갖추고 운전하여야 할 주의의무가 있다*[대법원 1995. 10. 13. 선고,. 95다29369 판결].*

【판결요지】

　　교차로의 신호가 진행신호에서 정지신호로, 또는 정지신호에서 진행신호로 바뀌는 즈음에는 신호를 위반하여 교차로를 통과하는 차량이 종종 있으므로 신호가 정지신호에서 진행신호로 막 바뀐 즈음에 진행신호를 따라 교차로를 통과하려는 자동차 운전자는 비록 자신은 교통신호를 준수하면서 운행하고 있다고 하더라도, 좌우에서 이미 교차로를 진입하고 있는 차량이 있는지 여부를 살펴보고 또한 그러한 차량이 있는 경우 그 동태를 두루 살피면서 서행하는 등으로 사고를 방지할 태세를 갖추고 운전하여야 할 주의의무가 있다.

【원심판결】

　　대전고등법원 1995. 5. 25. 94나4781 판결

【이유】

　　교차로의 신호가 진행신호에서 정지신호로, 또는 정지신호에서 진행신호로 바뀌는 즈음에는 신호를 위반하여 교차로를 통과하는 차량이 종종 있으므로 신호가 정지신호에서 진행신호로 막 바뀐 즈음에 진행신호를 따라 교차로를 통과하려는 자동차 운전자는 비록 자신은 교통신호를 준수하면서 운행하고 있다고 하더라도, 좌우에서 이미 교차로를 진입하고 있는 차량이 있는지 여부를 살펴보고 또한 그러한 차량이 있는 경우 그 동태를 두루 살피면서 서행하는 등으로 사고를 방지할 태세를 갖추고 운전하여야 할 주의의무가 있다고 보아야 할 것이다(당원 1994. 10. 25. 선고 94다8693 판결 참조), 원심판결 이유에 의하면, 원심은 신호등이 있는 교차로상에서 피해자 소외 망 이변관 운전의 오토바이와 소외 유△종이 운전하던 피고 소유의 화물트럭이 충돌한 이 사건 사고에 관하여, 거시증거에 의하여, 판시 도로는 편도 3차선의 노폭이 넓은 직선도로로 전방에 시야장애물이 전혀 없는 곳이었는데도 위 유△종은 만연히 진행신호만 믿고 전방주시를 게을리 한 채 시속 약 70km 이상의 빠른 속도로 달리다가 위 교차로에 이르러서도 속도를 줄이지 않고 그대로 진입한 탓으로 이미 위 교차로에 진입하여 도로 3차선상을 위 화물트럭의 왼쪽에서 통과중이던 위 오토바이를 미처 발견하지 못하고 충돌한 사실을 인정한 다음, 위 화물트럭의 운전사인 위 유△종에게도 속도를 준수하면서 이미 교차로에 진입한 다른 방향의 차량이 있는지 여부를 잘 살피며 안전하게 운행하여야 할 주의의무를 위반하여 만연히 진행신호만 믿고 전방주시를 게을리 한 채 과속으로 사고지점을 통과한 과실이 있다고 판단하였는바, 원심의 위와 같은 판단은 당원의 위 견해를 따른 것으로서 정당하고, 거기에 소론과 같은 위법이 있다고 할 수 없다. 논지는 이유 없다.

판례10 | 교차로에서 신호를 무시하고 운전한 운전자의 과실을 60%로 인정한 것은 과소하다*[대법원 1995. 10. 13. 선고,. 95다29369 판결].*

【원심판결】

대전고등법원 1995. 5. 25. 94나4781 판결

【이유】

제2점에 대하여

손해배상 사건에 있어 과실상계사유에 관한 사실인정이나 그 비율을 정하는 것이 사실심의 전권사항이라고 하더라도 그것이 형평의 원칙에 비추어 현저히 불합리하여서는 아니된다고 할 것이다(당원 1992. 11. 27선고 92다32821 판결 등 참조). 원심판결 이유에 의하면, 원심은 그 판시와 같은 사고발생의 경위를 바탕으로 하여, 위 망인에게도 신호를 위반하여 오토바이를 운전한 과실이 있고, 이러한 위 망인의 과실은 이로써 피고의 책임을 전부 면하게 할 정도로 중대한 것은 아니라고 하더라도 위 사고발생의 중대한 원인이 되었다고 하면서 그 과실의 비율을 60%로 인정하여 과실상계를 하고 있다. 그러나 이 사건 기록에 의하면, 이 사건 사고지점은 교통이 빈번한 편도 3차선 직선도로의 교차로이고, 위 사고 당시는 위 망인에 대하여 정지신호가 계속되고 있었던 때로서, 진행신호에서 정지신호로 또는 정지신호에서 진행신호로 바뀌는 과정에 있었던 것도 아닌 사실이 인정되는바, 비록 신호를 준수하면서 교차로를 통과하려는 자동차 운전자인 위 유△종에게도 앞서 본 바와 같이 좌우에서 이미 교차로를 진입하고 있는 차량이 있는지 여부를 살펴보고 또한 그러한 차량이 있는 경우 그 동태를 두루 살피면서 서행하는 등으로 사고를 방지할 태세를 갖추고 운전하여야 할 주의의무가 있다고 하더라도, 신호준수의 의무는 자동차 운전의 가장 기본적이고 필수적인 점을 감안한다면, 위와 같이 교차로에서 신호를 무시하고 운전한 위 망인의 과실을 60%로 본 것은, 이를 지나치게 적게 참작한 것으로서 형평의 원칙에 비추어 현저히 불합리하다고 하지 않을 수 없다고 할 것이다. 따라서 이를 지적하는 논지는 이유 있다.

> **판례11 |** 교차로에서 정지하였다가 신호에 따라 출발한 운전자에게도 구체적 상황에 비추어 과실이 있다고 하여 면책주장을 배척한 원심판결을 수긍하였다
> *[대법원 1994. 10. 25. 선고, 94다8693 판결].*

【판결요지】

교차로의 신호가 진행신호에서 주의신호 내지 정지신호로 바뀌는 경우에도 그 교통신호에 따라 정지함이 없이 진행하던 속도 그대로 교차로를 통과하는 차량이 흔히 있는 것이 현실이며, 이는 자동차를 운전하는 사람이면 누구든지 쉽게 예상할 수 있는 상황이므로, 교차로 정지선 맨 앞에서 신호를 받기 위하여 정지하였다가 출발하는 자동차 운전자

는 다른 방향에서 그 교차로를 통과하려는 차량의 운전자가 교통신호를 철저히 준수할 것이라는 신뢰만으로 자동차를 운전할 것이 아니라 좌우에서 이미 교차로를 진입하고 있는 차량이 있는지 여부를 살펴보고 또한 그의 동태를 두루 살피면서 서행하는 등 어느 때라도 정지할 수 있는 태세를 갖추고 출발하여야 할 업무상의 주의의무가 있다고 보아야 할 것이고, 현실적인 차량 운전자의 교통도덕 수준 등에 비추어 이와 같은 주의의무를 부과한다 하더라도 그것이 사회적 상당성의 한도를 넘는 과대한 요구라고 말할 수 없을 것이라는 전제아래, 교차로에서 정지하였다가 신호에 따라 출발한 운전자에게도 구체적 상황에 비추어 과실이 있다고 하여 면책주장을 배척한 원심판결을 수긍한 사례.

【원심판결】

서울고등법원 1993. 12. 28. 93나27590 판결

【이유】

원심판결 이유에 의하면, 원심은 신호등이 있는 교차로상에서 피해자의 오토바이와 피고의 승용차가 충돌한 이 사건 사고에 관하여, 당시 피해자는 피고의 진행방향 왼쪽에서 오른쪽으로 위 교차로를 시속 30 내지 40km로 진행하다가 교차로 앞 차량정지선 통과 당시 이미 신호등이 주의신호에서 정지신호로 바뀌었음에도 정지하지 아니한 채 그대로 통과하고 있었고, 피고는 편도 6차선 중 4차선의 제일 선두에서 신호대기하고 있어 교차로 좌측의 교통상황을 살피는데 아무런 장애가 없었음에도 교차로 왼쪽의 교통상황을 제대로 살피지 아니한 채 진행신호가 나자마자 출발하다가 충돌하게 된 것이라고 사실인정을 한 다음, 이러한 경우 피고로서도 교통신호기의 직진신호에 따라, 교차로를 진행한다 하더라도 교차로의 전방 및 좌우를 잘 살펴 진로의 안전함을 확인하고 진행하여야 하고, 피고가 좌측을 주시하는 데에 있어서 아무런 시야장애가 없었음에도 불구하고 전방 좌측 주시의무를 게을리하고 그대로 진행한 과실이 있다고 할 것이라는 이유로 피고의 면책주장을 배척하고 있다.

교차로의 신호가 진행신호에서 주의신호 내지 정지신호로 바뀌는 경우에도 그 교통신호에 따라 정지함이 없이 진행하던 속도 그대로 교차로를 통과하는 차량이 흔히 있는 것이 현실이며, 이는 자동차를 운전하는 사람이면 누구든지 쉽게 예상할 수 있는 상황이므로, 교차로 정지선 맨 앞에서 신호를 받기 위하여 정지하였다가 출발하는 자동차 운전자는 다른 방향에서 위 교차로를 통과하려는 차량의 운전자가 교통신호를 철저히 준수할 것이라는 신뢰만으로 자동차를 운전할 것이 아니라 좌우에서 이미 교차로를 진입하고 있는 차량이 있는지 여부를 살펴보고 또한 그의 동태를 두루 살피면서 서행하는 등 어느 때라도 정지할 수 있는 태세를 갖추고 출발하여야 할 업무상의 주의의무가 있다고 보아야 할 것이고, 현실적인 차량 운전자의 교통도덕 수준등에 비추어 이와 같은 주의의무를 부과한다 하더라

도 그것이 사회적 상당성의 한도를 넘는 과대한 요구라고 말할 수는 없을 것이다.

원심이 같은 취지에서 피고에게 그 판시와 같은 업무상의 주의의무가 있다고 판단한 것은 당시의 구체적 상황에 비추어 정당하고, 거기에 소론과 같이 자동차 운전자에게 신뢰의 원칙에 반하는 업무상의 주의의무를 인정한 위법 등이 있다고 볼 수 없으며, 피고가 인용한 대법원판례는 형사사건에 관한 것일 뿐 아니라 이 사건에 적절한 것이라고 할 수 없다. 논지도 이유 없다.

판례12 | 특별한 사정이 없는 한 일방통행 도로를 역행하여 운전한 것은 안전표지가 표시하는 지시에 위반하여 운전한 경우에 해당한다[대법원 1993. 11. 9. 선고,. 93도2562 판결].

【판결요지】

특별한 다른 사정이 없는 한 일방통행 도로를 역행하여 차를 운전한 것은 교통사고처리특례법 제3조 제2항 단서 제1호 소정의 "통행의 금지를 내용으로 하는 안전표지가 표시하는 지시에 위반하여 운전한 경우"에 해당한다.

【원심판결】

부산고등법원 1993. 8. 17. 93노368 판결

【이유】

1. 피고인은 1992. 8. 15. 23:15경 부산 4나1992호 르망승용차를 운전하여 부산 동래구 복천동에 있는 모자보건소앞 일방통행도로를 법륜사쪽에서 동래구청쪽으로 역행하던 중 경찰순찰차량이 이를 발견하고 피고인을 단속하기 위해 정거하자 단속을 피해 도주하다가 주위를 잘 살피지 아니하고 노폭이 좁은 도로에서 빠르게 달린 과실로 승용차의 우측후사경으로 동래구청쪽에서 법륜사쪽으로 보행하던 피해자 송□영의 배를 충격하여 그에게 약 2주간의 치료를 요하는 복부좌상을 입히고도 곧 정거하여 그를 구호하는 등의 필요한 조치를 취하지 아니하고 도주하였다.

2. 검사의 상고이유 제1점에 대한 판단.
   원심은, 특정범죄가중처벌등에관한법률 제5조의3 제1항에서 말하는 "도주"란 피해자가 교통사고로 인하여 부상을 당한 것이 분명하거나 또는 그렇게 예견하는 것이 가능하여 현장에서 응급조치를 할 필요가 분명한 경우임에도 불구하고 이를 그대로 방치하고 떠나는 것을 말하는바, 이 사건의 경우 피해자는 병원에 가볼 필요조차 없을 정도로 극히 가벼운 상처를 입은데 불과하였고, 사고를 당한 직후에도 넘어지는 등 하지 아니하고 그대로 서서 욕설을 한 정도이었으며, 피고인 역시 그전에 이미 떨어진 일이 있는 후사경이 피해자를 가볍게 스치면서 다시 떨어진 것이어서 별다른 상처를 입지 아니하였을 것으로 보고 그대로 간 것이니, 이와 같은 사실관계 하에서는 피고인에게 도주의 범의, 즉 피해자가 부상을 당한 것이 명료하여 현장에서 응급조치를 할 필요가 있음이 분명한 경우임에도 불구하고 구호를 하지 아니하고 도주할 의사가 있었던 것이라고 보기 어렵고, 달리 이를 인정할 증거가 없다는 이유로, 이 사건 공소사실중 도주의 점은 범죄사실의 증명이 없는 때에 해당한다고 판단하였다.

관계증거를 기록과 대조하여 검토하면, 원심의 위와 같은 판단은 정당한 것으로 수긍이 되고, 그 과정에 소론과 같이 심리를 제대로 하지 아니하거나 채증법칙을 위반한 위법이 있다고 볼 수 없으므로, 논지는 이유가 없다.

3. 같은 상고이유 제2점에 대한 판단.

원심은, 이 사건 공소사실은 피고인이 도주하였다는 점을 인정할 증거가 없어 범죄의 증명이 없는 때에 해당하여 무죄라고 하더라도, 위 공소사실 중 피고인이 업무상과실로 피해자를 치상케 한 행위는 교통사고처리특례법 제3조 제1항에 해당하고, 공소가 제기된 특정범죄가중처벌 등에 관한 법률위반죄의 공소사실의 일부로서 그 부분에 관하여는 법원은 공소장변경의 절차가 없이도 이를 심리판단 할 수 있다고 할 것인데, 피해자는 이 사건 공소제기전인 1992.8.31. 피고인과 합의하여 그 처벌을 원하지 않고 있는 사실을 인정할 수 있으므로, 형사소송법 제327조 제2호에 해당한다는 이유로, 이 사건 공소를 기각하였다.

그러나 교통사고처리특례법 제3조 제2항은 차의 교통으로 업무상과실치상죄 또는 중과실치상죄를 범한 운전자에 대하여는 피해자의 명시한 의사에 반하여 공소를 제기할 수 없다고 규정하면서, 그러하지 아니할 예외사유의 하나로 단서 제1호에서 "도로교통법 제5조의 규정에 의한 신호기 또는 교통정리를 위한 경찰관(이를 보조하는 교통순시원 및 전투경찰순경을 포함한다)의 신호나 통행의 금지 또는 일시정지를 내용으로 하는 안전표지가 표시하는 지시에 위반하여 운전한 경우"를 들고 있고, 원심도 채용하고 있는 증거들에 의하면 피고인이 차의 교통으로 이 사건 업무상과실치상죄를 범할 당시 공소장에 공소사실로 기재된 바와 같이 일방통행도로를 역행하고 있었던 사실을 인정할 수 있는바, 특별한 다른 사정이 없는 한 피고인이 일방통행도로를 역행하여 차를 운전한 것은 교통사고처리특례법 제3조 제2항 단서 제1호 소정의 "통행의 금지를 내용으로 하는 안전표지가 표시하는 지시에 위반하여 운전한 경우"에 해당한다고 보아야 할 것이므로, 그렇다면 피해자가 피고인의 처벌을 원하지 않고 있다고 하여 형사소송법 제327조 제2호에 해당한다는 이유로 공소를 기각할 수는 없을 것이다.

그럼에도 불구하고, 원심은 판시한 바와 같은 이유만으로 이 사건 공소를 기각하였으니, 원심판결에는 교통사고처리특례법 제3조 제2항 단서 제1호에 관한 법리를 오해한 위법이 있다고 하지 않을 수 없고, 이와 같은 위법은 판결에 영향을 미친 것임이 명백하므로, 이 점을 지적하는 논지는 이유가 있다.

【판결요지】

[1] 도로교통법 제2조 제11호, 제5조, 같은 법 시행규칙 제4조 내지 제6조, 제9조 별표 3,4의 각 규정을 종합하면 횡단보도상의 신호기는 횡단보도를 통행하고자 하는 보행자에 대한 횡단보행자용 신호기이지 차량의 운행용 신호기라고는 풀이되지 아니하므로 횡단보행자용 신호기의 신호가 보행자통행신호인 녹색으로 되었을 때 차량운전자가 그 신호를 따라 횡단보도 위를 보행하는 자를 충격하였을 경우에는 교통사고처리특례법 제3조 제2항 단서 제6호의 보행자 보호의무를 위반한 때에 해당함은 별문제로 하고 이를 같은 조항 단서 제1호의 신호기의 신호에 위반하여 운전한 때에 해당한다고는 할 수 없다.

[2] 피고인에 대하여 교통사고처리특례법 제3조 제2항 단서 제1호의 위반사유를 들어 공소가 제기되었다면 법원으로는 그 심판범위를 넘어서 같은 조항 제6호의 위반여부까지 판단할 수 없다.

【원심판결】

서울지방법원 1988. 2. 19. 87노5287 판결

【이유】

도로교통법 제2조 제11호, 제5조, 같은 법 시행규칙 제4조 내지 제6조, 제9조 별표 3,4의 각 규정을 종합하면, 횡단보도상의 신호기는 횡단보도를 통행하고자 하는 보행자에 대한 횡단보행자용 신호기이지 차량의 운행용 신호기라고는 풀이되지 아니함으로 횡단보행자용 신호기의 신호가 보행자 통행신호인 녹색으로 되었을 때 차량운전자가 그 신호를 따라 횡단보도 위를 보행하는 자를 충격하였을 경우에는 교통사고처리특례법 제3조 제2항 단서 제6호의 보행자 보호의무를 위반한 때 해당함은 별문제로 하고 이를 같은 조항 단서 제1호의 신호기의 신호에 위반하여 운전한 때에 해당한다고는 할 수 없다 하겠다.

이와 견해를 같이 한 원심판결은 정당하고 거기에 주장하는 바와 같은 법리오해의 위법이 없다. 또 피고인에 대하여 교통사고처리특례법 제3조 제2항 단서 제1호의 위반 사유를 들어 공소가 제기된 이상 법원으로는 그 심판범위를 넘어서 같은 조항 제6호의 위반여부까지 판단할 수도 없다. 주장은 모두 이유 없다.

판례14 | 신호등의 진행신호만 믿고 무단횡단자에 대한 보호조치를 하지 않고 자동차를 운행한 운전수에게도 과실이 있다 [대법원 1987. 9. 29. 선고,. 86 다카2617 판결].

【판결요지】

횡단보도상의 신호등이 보행자정지 및 차량진행신호를 보내고 있다 하더라도 도로상에는 항상 사람 또는 장애물이 나타날 가능성이 있을 뿐만 아니라 사고지점이 차량과 사람의 통행이 비교적 번잡한 곳이라면 이러한 곳에서는 교통신호를 무시한 채 도로를 무단횡단 하는 보행자가 흔히 있는 것이어서 자동차를 운전하는 사람이면 누구든지 이를 쉽게 예상할 수 있는 상황이므로 이러한 곳을 통과하는 자동차운전수는 보행자가 교통신호를 철저히 준수할 것이라는 신뢰만을 가지고 자동차를 운전할 것이 아니라 좌우에서 횡단보도에 진입한 보행자가 있는지 여부를 살펴보고 또한 그의 동태를 잘 살피면서 서행하는등 보행자의 안전을 위해 어느 때라도 정지할 수 있는 태세를 갖추고 자동차를 운전하여야 할 주의의무가 있다 할 것이니 위와 같은 주의의무를 태만히 한 채 차량진행신호만 믿고 운전하다가 사고를 일으켰다면 운전수에게도 과실이 있다고 할 것이다.

【원심판례】

서울고등법원 1986. 10. 22. 86나1483 판결

【이유】

1. 제1점에 대하여.

원심판결 이유에 의하면, 원심은 피고회사 소속운전수인 소외 김□현이 1984.8.15. 21 : 00경 피고소유인 경기 2바3208호 영업용 택시를 운전하여 성남시 모란방면에서 같은 시 성호종합시장 방면을 향하여 운행하던 중 같은 시 수진동 8단지 앞 4거리 횡단보도상에서 마침 그곳 좌측에서 우측으로 길을 건너던 원고 이○준을 충격하여 상해를 입힌 사실을 인정한 다음, 피고의 면책항변에 대하여 이 사건 사고장소는 노폭 19.2미터인 편도 3차선 도로상으로서 제한속도는 시속 50킬로미터 지점이고, 사고지점은 2차선의 횡단도보상이며 그곳 4거리와 횡단보도 양도로가에는 자동차신호등과 보행자 신호등이 각 설치되어있는 사실, 사고당시 위 김□현은 위 도로의 2차선을 따라 시속 약 40킬로미터의 속도로 진행 중이었는데 마침 보행자신호등이 적색신호이고 자동차신호등이 진행신호인 녹색신호이므로 위 횡단보도 앞에서 서행등을 함이 없이 계속 같은 속도로 진행하다가 위 횡단보도에 거의 이르렀을 때 횡단보도를 따라 좌측에서 우측으로 뛰어서 길을 건너는 위 원고를 3-4미터 전방에서 발견하고, 급정차조치를 취하였으나 거리근접으로 미치지 못하여 이 사건 사고가 발생한 사실 및 사고당시 그곳 도로상에는 1차선 상에 좌회전하기 위하여 신호 대기중이던 택시 1대 외에는

전방 및 좌우에 시야장애가 없었던 사실을 인정하고, 위와 같은 경우 보행자인 위 원고가 교통신호를 무시한 채 함부로 길을 건넌 점에 잘못이 있기는 하나 운전수인 위 김□현으로서도 신호등의 신호가 자동차진행신호라 하여 신호만 믿고 진행할 것이 아니라 그때에도 전방 및 좌우를 잘 살펴 길을 건너는 사람이 있는지의 여부를 확인하고 진행하여야 할 주의의무가 있다할 것이고, 그와 같은 주의의무를 태만히 한 과실로 인하여 이 사건 사고가 발생한 것이라고 판단하여 피고의 위 면책항변을 배척하고 있는바, 횡단보도상의 신호등이 보행자정지 및 차량진행신호를 보내고 있었다 하더라도 도로상에는 항상 사람 또는 장애물이 나타날 가능성이 있고, 원심이 채용하고 있는 갑 제10호증(실황조사서)에 의하면, 이 사건 사고지점은 매시간 당 차량은 800여대, 사람은 500여명이 통행하는 비교적 번잡한 곳인 사실을 인정할 수 있으므로 이러한 곳에서는 교통신호를 무시한 채 도로를 무단 횡단하는 보행자가 흔히 있는 것 또한 부정할 수 없는 현실이며 이는 자동차를 운전하는 사람이면 누구든지 쉽게 예상할 수 있는 상황이므로 이러한 곳을 통과하는 자동차운전수는 보행자가 교통신호를 철저히 준수할 것이라는 신뢰만을 가지고 자동차를 운전할 것이 아니라 좌우에서 횡단보도에 진입한 보행자가 있는지 여부를 살펴보고 또한 그의 동태를 잘 살피면서 서행하는 등 하여 보행자의 안전을 위해 어느 때라도 정지할 수 있는 태세를 갖추고 자동차를 운전하여야 할 주의의무가 있다 할 것이고 위와 같은 주의의무를 태만히 한 채 차량진행신호만을 믿고 운전하다가 사고를 일으켰다면 운전수에게도 과실이 있다고 할 것인바, 원심이 같은 취지에서 이 사건 택시운전수인 위 김□현에게도 과실이 있다고 판단한 조치는 수긍이 가고 거기에 소론과 같은 법리를 오해한 위법이 있다고 할 수 없고 피고가 인용한 판례는 형사사건에 관한 것으로서 상황이 다른 이 사건에 그대로 적용된다고 할 수는 없다. 논지는 이유 없다.

2. 제2점에 대하여,

원심판결 이유에 의하면, 원심은 이 사건 사고는 앞서 본 바와 같이 보행자인 원고 이○준이 보행자 적색신호를 무시한 채 횡단보도를 뛰어서 무단횡단한 과실과 택시운전수인 위 김□현이 횡단보도의 좌우를 잘 살피지 아니하고 감속운행하지 아니한 채자동차진행신호만을 믿고 운전한 과실이 경합하여 발생한 사실을 인정한 다음, 그 과실의 정도는 위 원고나 위 택시운전수에게 각각 50퍼센트씩 있다고 판단하고 있는바, 기록에 비추어 보건대 원심의 조치는 수긍이 가고 거기에 소론과 같은 법리오해의 위법이 있다 할 수 없다.

3. 따라서 상고를 기각하고, 상고비용은 패소자의 부담으로 하기로 하여 관여법관의 일치된 의견으로 주문과 같이 판결한다.

판례15 | 도로교통법시행규칙 제3조 제2항 별표1의 일련번호 706호의 정지선 표지만 되어 있는 횡단보도에서 일단정지함이 없이 자동차를 운행한 것이 교통사고처리특례법 제3조 제2항 단서 제1호 소정의 일시정지를 내용으로 하는 안정표지가 표시하는 지시에 위반하여 운전한 경우에 해당하지 않는다[대법원 1985. 2. 26. 선고,. 84도2204 판결].

【판결요지】

도로교통법상의 안전표지의 종류, 제식, 표시하는 뜻, 설치기준 및 설치장소의 내용을 규정하고 있는 같은 법 시행규칙 제3조 제2항의 별표1에 의하면 일련번호 706호의 정지선표지는 제차가 정지하여야 할 곳을 표시하는 뜻으로 일시정지하여야 할 지점에 설치한다고 되어 있으며 위 정지선표시는 그 자체가 일시정지 의무 있음을 표시하는 것은 아니고 다만 일시정지를 하여야 할 경우에 정지하여야 할 지점이라는 것을 표시하는 안전표지라고 풀이되므로 자동차운전자가 위 정지선 표시만 되어 있는 횡단보도에서 일시정지함이 없이 자동차를 운행하였다 하더라도 교통사고처리특례법 제3조 제2항 단서 제1호에서 말하는 "일시정지를 내용으로 하는 안전표지가 표시하는 지시에 위반하여 운전한 경우"에 해당한다고 볼 수 없다.

【원심판결】

대구지방법원 1984. 6. 29. 84노609 판결

【이유】

도로교통법상의 안전표지의 종류, 제식, 표시하는 뜻, 설치기준 및 설치장소의 내용을 규정하고 있는 같은 법 시행규칙 제3조 제2항의 별표1에 의하면 일련번호 224번의 일시정지표지는 자동차가 일시정지하여야 할 장소임을 지정하는 것을 표시하는 뜻으로 자동차가 일시정지하여야 하는 교차로 기타 필요한 지점의 우측에 설치한다고 되어 있고 , 같은 614번의 일시정지 표시는 자동차가 일시정지하여야 할 것을 표시하는 뜻으로 교차로, 횡단보도등 자동차가 일시정지 하여야 할 장소의 2미터 내지 3미터 지점에 설치한다고 되어 있으며 같은 706번의 정지선표지는 제차가 정지하여야 할 곳을 표시하는 뜻으로 일시정지하여야 할 지점에 설치한다고 되어 있다.

위 각 안전표지가 표시하는 뜻 및 설치기준 및 설치장소 등에 비추어 보면 224번과 614번의 일시정지표지는 자동차운전자에게 그 설치장소에서 일시정지의무가 있음을 표시하는 안전표지임이 명백하나 706번의 정지선표시는 그 자체가 일시정지의무 있음을 표시하는 것은 아니고 다만 일시정지를 하여야 할 경우에 정지하여야 할 지점이라는 것을 표시하는 안전표지라고 풀이되므로 자동차운전자가 위 시행규칙 706번의 정지선표시만 되어 있는 횡단보도에서 일시 정지함이 없이 자동차를 운행하였다 하더라도 교통사고처리특례법위반 제3조 제2항 단서 제1호에서 말하는 "일시정지를 내용으로 하는 안전표지가 표시하는 지시에 위반하여 운전한 경우"에 해당한다고 볼 수 없을 것이다.

원심이 적법하게 확정한 사실에 의하면 이 사건 사고발생지점은 위 도로교통법시행규칙 제3조 제2항 별표 1의 706번에 해당하는 정지선표지만이 설치된 횡단보도인데 피고인이 그곳에서 일시정지 하지 아니한 채 시속 40킬로미터의 속도로 자동차를 운행하다가 횡단보도에서 약 6미터가량 떨어진 차도를 좌측에서 우측으로 무단횡단 하던 피해자에게 상해를 입게 하였다는 것이므로 피고인의 소위가 교통사고처리특례법 제3조 제2항 단서 제1호의 "일시정지를 내용으로 하는 안전표지가 표시하는 지시에 위반하여 운전한 경우"에 해당하지 아니한다고 본 원심판단은 정당하고 거기에 소론과 같은 법리오해가 있다 할 수 없다.

> **판례16** | 신호등에 따라 교차로를 직진하는 운전자는 다른 차량이 신호를 위반하고 직진하는 차량의 앞을 가로질러 좌회전할 경우까지를 예상하여 할 주의의무는 없다[대법원 1985. 1. 22. 선고,. 84도1493 판결].

【판결요지】

신호등에 의하여 교통정리가 행하여지고 있는 교차로를 녹색등화에 따라 직진하는 차량의 운전자는 특별한 사정이 없는 이상, 다른 차량들도 교통법규를 준수하고 충돌을 피하기 위하여 적절한 조치를 취할 것으로 믿고 운전하면 족하고, 다른 차량이 신호를 위반하고 직진하는 차량의 앞을 가로 질러 좌회전할 경우까지를 예상하여 그에 따른 사고발생을 미연에 방지할 특별한 조치까지 강구할 업무상의 주의의무는 없다.

【원심판결】

마산지방법원 1984. 5. 18. 84노255 판결

【이유】

원심판결 이유에 의하면, 원심은 피고인이 경남 4파1355호 택시를 운전하여 1983.9.15. 22:50경 마산시 석전동 마산역 앞 교차로상을 석전동쪽에서 시외버스 주차장쪽으로 직진하게 되었던 바, 그곳은 자동신호등이 설치된 넓은 광장으로 직진신호에 의하여 진행하는 차량이라도 광장에 진입하여 진행할 때 신호가 바뀌는 경우가 많은 곳이므로 진행신호가 들어 오더라도 교차로 안 광장으로 좌회전하는 차량들의 동태를 잘 살피면서 조심스럽게 서행하여야 함에도 불구하고, 만연히 직진신호에 따라 시속 약70킬로미터의 과속으로 전방주시를 태만히 한 채 직진한 과실로 때마침 안의식 운전의 시내버스가 좌회전하기 위하여 직진신호에서 교차로에 진입하여 황색신호등에 좌회전하려고 하는 것을 전혀 보지 못하고 위 택시의 좌측 옆 차체부분으로 위 버스 앞부분을 충돌하여 택시에 타고 있던 승객 김광춘으로 하여금 사망에 이르게 한 사실을 인정한 후, 피고인을 업무상과실치사죄로 의율처단하였다.

그러나 신호등에 의하여 교통정리가 행하여지고 있는 교차로를 녹색등화에 따라 직진하는 차량의 운전자는 특별한 사정이 없는 이상, 다른 차량들도 교통법규를 준수하고 충돌을 피하기 위하여 적절한 조치를 취할 것으로 믿고 운전하면 족하고, 다른 차량이 신호를 위반하고 직진하는 차량의 앞을 가로질러 좌회전할 경우까지를 예상하여 그에 따른 사고발생을 미연에 방지할 특별한 조치까지 강구할 업무상의 주의의무는 없다고 할 것이고, 이는 대향차량이 좌회전하기 위하여 직진신호중에 교차로 중앙까지 서서히 진입하고 있었다 하더라도 변함이 없을 것이다.

이 사건에 있어서, 원심인정과 같이 피고인은 녹색등화에 따라 이 사건 교차로에 진입하였고 대향버스는 녹색등화인데도, 좌회전하기 위하여 교차로에 진입하여 황색등으로 바뀌자 좌회전하였다면 피고인으로서는 대향버스가 좌회전하기 이전 상태에서는 대향 버스가 교통법규를 어기고 녹색등화중에 앞질러 좌회전하지는 않으리라 믿고 운행함은 당연하고 대향차량이 직진신호중에 좌회전할 우려가 있다는 것까지 예상하고 그에 대응한 조치를 취할 업무상의 주의의무가 있다고는 할 수 없고, 또 피고인의 과속운행은 그것이 앞서본 신뢰할 수 있는 상황아래에서의 운행인 이상, 도로교통법위반에 해당함은 별론으로 하고, 그 과속운행이 이 사건 사고의 원인이 되었다고는 보여지지 않는다. 다만, 이 사건 사고에 대하여 피고인에게 업무상과실책임이 있다하기 위하여는 대향버스가 교통법규를 위반하고 좌회전을 개시한 시점에서 피고인이 이를 발견하고, 거기에 대응한 응급조치를 취하였다면 사고발생을 방지할 수 있었던 상황이었는데도 피고인 이 그러한 조치를 태만하였다던가, 진로의 안전확인의무를 태만하여 좌회전하는 것을 발견하지 못한 경우이어야 할 것이고, 또 그것을 위하여는 먼저 대향버스가 좌회전을 개시한 지점 및 그 시점에서의 피고인 운전택시와의 거리 등이 확정되어야할 것인바(기록에 의하면, 피고인이 위 좌회전순간에 발견하고 급제동조치 등을 취하였더라도 그 충돌사고를 피할 수 없었던 것이 아닌가하는 의문이 간다), 원심은 이러한 점에 대하여는 아무런 심리확정도 함이 없이 피고인의 과속운전과 위 좌회전사실을 미리 발견하지 못한 것을 주의의무 위반의 내용으로 삼아 업무상과실치사죄에 해당한다 하여 유죄를 선고한 제1심판결을 유지한 원심 판결에는, 판결에 영향을 미친 업무상 주의의무에 관한 법리를 오해한 위법이 있다 할 것이고 논지는 결국 이유 있다.

그러므로 원심판결을 파기하고, 사건을 마산지방법원 합의부에 환송하기로 하여 관여법관의 일치된 의견으로 주문과 같이 판결한다.

Chapter 2. 자동차 통행의 일반적인 기준

[1] 보도와 차도가 구분된 도로에서는 차도를 통행

① 운전자는 보도와 차도가 구분된 도로에서는 차도를 통행해야 합니다. 다만, 도로가 아닌 곳에 출입할 때에는 보도를 횡단해서 통행할 수 있습니다(「도로교통법」제13조 제1항).

② 통행구분 위반 시 제재(「도로교통법」제156조제1호,「도로교통법 시행령」별표 8 제5호 및「도로교통법 시행규칙」별표 28 제3호 가목 20.)

위반 행위	범칙금	벌점
통행구분 위반	승합차 등: 7만원 승용차 등: 6만원 이륜차 등: 4만원 자전거 등: 3만원	10 (※ 단, 자전거 등은 벌점 부과 대상에서 제외)

[2] 도로의 중앙이나 좌측부분 통행이 가능한 경우

① 차마(車馬)의 운전자는 도로(보도와 차도가 구분된 도로에서는 차도를 말한다)의 중앙(중앙선이 설치되어 있는 경우에는 그 중앙선) 우측 부분을 통행해야 합니다. 다만 다음의 어느 하나에 해당하는 경우에는 도로의 중앙이나 좌측 부분을 통행할 수 있습니다(「도로교통법」제13조제3항 및 제4항).

 1. 도로가 일방통행인 경우

 2. 도로의 파손, 도로공사나 그 밖의 장애 등으로 도로의 우측부분을 통행 할 수 없는 경우

 3. 도로의 우측부분의 폭이 6m가 되지 않는 도로에서 다른 차를 앞지르려는 경우. 다만, 다음의 어느 하나에 해당하는 경우에는 도로의 중앙이나 좌측부분을 통행할 수 없습니다.

   - 도로의 좌측부분을 확인할 수 없는 경우

   - 반대방향의 교통을 방해할 우려가 있는 경우

   - 안전표지 등으로 앞지르기가 금지되거나 제한되어 있는 경우

 4. 도로 우측 부분의 폭이 차마(車馬)의 통행에 충분하지 않은 경우

5. 가파른 비탈길의 구부러진 곳에서 교통의 위험을 방지하기 위해 시·도경찰청장이 필요하다고 인정하여 구간 및 통행방법을 지정하고 있는 경우에 그 지정에 따라 통행하는 경우

차	-자동차 -건설기계 -원동기장치자전거 -자전거 -사람 또는 가축의 힘이나 그 밖의 동력에 의해 도로에서 운전되는 것
우마	교통이나 운수(運輸)에 사용되는 가축

② 차마(車馬)란 차와 우마(牛馬)를 말합니다(「도로교통법」제2조제17호).

[3] 중앙선 침범 시 제재

위반 행위	범칙금(과태료)	벌점
중앙선 침범	승합차 등: 7만원(10만원) 승용차 등: 6만원(9만원) 이륜차 등: 4만원(7만원) 자전거 등: 3만원	30 ※ 단, 자전거 등은 벌점 부과 대상에서 제외

※ 「도로교통법」제13조제3항의 경우 고속도로, 자동차전용도로, 중앙분리대가 있는 도로에서 고의로 위반하여 운전한 사람은 제외합니다(「도로교통법」제156조제1호).

[4] 각 차로별로 통행할 수 있는 차량의 종류

① 2차로 이상의 도로와 일방통행도로는 각 차로별로 통행할 수 있는 차량의 종류가 정해져 있습니다(「도로교통법」제14조제1항, 「도로교통법 시행규칙」제16조제1항 및 별표 9).

② 앞지르기를 할 때에는 통행기준에 지정된 차로의 바로 옆 왼쪽 차로로 통행해야 합니다(「도로교통법 시행규칙」별표 9 (주)제2호).

위반 행위	범칙금	벌점
지정차로 통행 위반	승합차 등: 3만원 승용차 등: 3만원 이륜차 등: 2만원 자전거 등: 1만원	10 ※ 단, 자전거 등은 벌점 부과 대상에서 제외

③ 지정차로 통행 위반시 제재

[5] 전용차로의 통행

① 전용차로의 종류에 따라 통행할 수 있는 차가 정해져 있습니다(「도로교통법」제15조제2항,「도로교통법 시행령」제9조제1항 및 별표 1).

② 전용차로의 종류는 다음과 같습니다(「도로교통법 시행령」별표 1).
  - 버스 전용차로
  - 다인승 전용차로
  - 자전거 전용차로

③ '전용차로'란 차의 종류나 승차 인원에 따라 지정된 차만 통행할 수 있는 차로를 말합니다(「도로교통법」제15조제1항). 다만, 다음의 경우에는 전용차로 통행차가 아니라도 전용차로를 이용할 수 있습니다(「도로교통법」제15조제3항 및 「도로교통법 시행령」제10조).

  1. 긴급자동차가 그 본래의 긴급한 용도로 운행되고 있는 경우

  2. 전용차로 통행차의 통행에 장해를 주지 않는 범위에서 택시가 승객의 승·하차를 위해 일시 통행하는 경우. 이 경우 택시운전자는 승객의 승·하차가 끝나는 즉시 전용차로를 벗어나야 합니다.

  3. 도로의 파손·공사 그 밖의 부득이한 장애로 인해 전용차로가 아니면 통행할 수 없는 경우

위반 장소	범칙금(과태료)	벌점
고속도로 버스전용차로 다인승전용차로	승합차 등: 7만원(10만원) 승용차 등: 6만원(9만원) 이륜차 등: 4만원(7만원) 자전거 등: 3만원	30
일반도로 버스전용차로	승합차등: 5만원(6만원) 승용차등: 4만원(5만원) 이륜차등: 3만원(4만원) 자전거등: 2만원	10

④ 전용차로 통행 위반시 제재

※ 다만, 위의 경우에 벌점은 자동차 등을 운전한 경우에 한해 부과됩니다.

[6] 관련판례

판례1 | 중앙선을 침범한 교통사고로 발생한 손해배상청구권이 면책결정에 따라 면
책되는지 여부[대법원 2024. 5. 17.선고 2023다308270 판결]

【판결요지】

갑이 고가도로 1차로를 주행하던 중 차로에 다른 차량이 진입하는 것을 발견하고 충돌을 피하려다가 중앙선을 침범하여 맞은편에서 진행하는 피해차량을 충격하였고, 위 사고로 피해차량에 타고 있던 3명 중 1명은 사망하였고, 2명은 중상을 입었으며, 을 보험회사가 피해자들에게 보상금을 지급한 후 갑을 상대로 피해자들의 손해배상청구권을 대위행사하는 소를 제기하여 청구를 인용하는 판결이 선고·확정되었는데, 그 후 갑이 파산 및 면책을 신청하여 면책결정이 확정됨에 따라 을 회사의 위 판결에 따른 채권이 면책되었는지 문제 된 사안에서, 교통사고처리 특례법 제3조 제2항 단서는 중과실이 아닌 경과실로 중앙선을 침범하는 경우도 있음을 예정하고 있으므로, 채무자가 위 조항 단서 제2호에서 정한 중앙선 침범 사고를 일으켰다는 사정만으로 곧바로 채무자 회생 및 파산에 관한 법률 제566조 제4호에서 규정하는 중대한 과실이 존재한다고 단정하여서는 안 되는 점, 갑은 다른 사고의 발생을 피하려는 과정에서 중앙선을 침범하게 된 것으로 보이는 점, 갑은 사고 당시 제한속도를 현저히 초과하여 주행하지 않았고, 그 밖에 다른 주의의무를 위반하였다고 볼 만한 사정을 찾기 어려운 점, 피해자들 중 1명이 사망하였고, 2명이 중상을 입었다는 사정은 '타인의 생명 또는 신체 침해의 중한 정도'에 관한 것으로서 채무자에게 중대한 과실이 있는지를 판단하는 직접적인 기준이 될 수 없는 점에 비추어 갑이 약간의 주의만으로도 쉽게 피해자들의 생명 또는 신체 침해의 결과를 회피할 수 있는 경우임에도 주의의무를 현저히 위반하여 사고를 일으켰다고 보기 어려운데도, 위 판결에 따른 채권이 중대한 과실로 타인의 생명 또는 신체를 침해한 불법행위로 인하여 발생한 손해배상청구권에 해당하여 면책의 대상에서 제외된다고 본 원심판단에 법리오해의 잘못이 있다고 한 사례.

【원심판결】

서울남부지법 2023. 11. 23. 선고 2023나57119 판결

【주문】

원심판결을 파기하고, 사건을 서울남부지방법원에 환송한다.

【이유】

상고이유를 판단한다.

1. 원심판결 이유와 기록에 따르면 다음 사실을 알 수 있다.

　가. 피고는 1997. 1. 2. 10:00경 차량을 운전하여 서울 종로구(주소 생략)에 있던 청계고가도로의 편도 3차선 중 1차로를 진행하다가 중앙선을 침범하여 맞은편에서 진행하는 피해차량을 충격하였다(이하 '이 사건 사고'라 한다). 이 사건 사고로 피해차량에 타고 있던 3명 중 1명은 사망하였고, 2명은 중상을 입었다.

　나. 소외 회사 는 1999. 2. 23.경 이 사건 사고로 인한 자동차손해배상 보장사업에 따른 보상금으로 피해자들에게 45,143,800원을 지급하였다. 소외 회사 는 피고를 상대로 피해자들의 손해배상청구권을 대위행사하는 소를 제기하였고, 피고는 2002. 6. 11. 청구를 인낙하였다. 소외 회사 는 소멸시효 중단 및 연장을 위하여 피고를 상대로 다시 소를 제기하였고, 2012. 9. 14. 청구를 인용하는 판결이 선고되어 그대로 확정되었다(이하 위 판결에 따른 채권을 '이 사건 채권'이라 한다).

　다. 피고는 의정부지방법원 2014하단150호, 2014하면150호로 파산 및 면책을 신청하여 2015. 6. 26. 면책결정(이하 '이 사건 면책결정'이라 한다)이 확정되었는데, 피고가 제출한 채권자목록에 소외 회사 의 이 사건 채권이 포함되어 있었다.

　라. 원고는 「자동차손해배상 보장법」 제45조 제1항 제4호에 따른 업무를 수행하기 위하여 2020. 2. 28. 소외 회사 로부터 이 사건 채권을 양수하였다.

2. 원심은, 다음과 같은 이유로 이 사건 채권이 이 사건 면책결정에 따라 면책되었다는 피고의 본안전항변을 배척하고 원고의 청구를 인용하였다.
이 사건 사고는 고가도로에서 상당한 속도로 차량을 운전하다가 1차로로 진입하는 다른 차량을 발견하고 핸들을 과대 조작하여 중앙선을 침범한 피고의 과실로 발생하였다. 이 사건 사고로 피해자 1명은 사망하고 피해자 2명은 중상을 입었다. 이러한 사정을 종합하여 보면, 이 사건 채권은 「채무자 회생 및 파산에 관한 법률」(이하 '채무자회생법'이라 한다) 제566조 제4호 에서 규정한 비면책채권인 '중대한 과실로 타인의 생명 또는 신체를 침해한 불법행위로 인하여 발생한 손해배상청구권'에 해당한다.

3. 그러나 원심의 판단은 다음과 같은 이유로 수긍하기 어렵다.

　가. '채무자가 중대한 과실로 타인의 생명 또는 신체를 침해한 불법행위로 인하여 발생한 손해배상청구권'을 비면책채권의 하나로 규정한 채무자회생법 제566조 제4호에서 '중대한 과실'이란 채무자가 어떠한 행위를 함에 있어서 조금만 주의를 기울였다면 생명 또는 신체 침해의 결과가 발생하리라는 것을 쉽게 예견할 수 있음에도 그러한 행위를 만연히 계속하거나, 조금만 주의를 기울여 어떠한 행위를 하였더라면 생명 또는 신체 침해의 결과를 쉽게 회피할 수 있음에도 그러한 행위를 하지 않는 등 일반인에게 요구되는 주의의무를 현저히 위반하는 것을 말한다(대법

원 2010. 3. 25. 선고 2009다91330 판결, 대법원 2010. 5. 13. 선고 2010다 3353 판결 참조). 이때 채무자에게 채무자회생법 제566조 제4호에서 규정한 '중대한 과실'이 있는지 여부는 주의의무 위반으로 타인의 생명 또는 신체를 침해한 사고가 발생한 경위, 주의의무 위반의 원인 및 내용 등과 같이 주의의무 위반 당시의 구체적 상황을 종합적으로 고려하여 판단하여야 한다.

나. 원심판결 이유 및 원심이 적법하게 채택한 증거에 따른 아래의 사정을 이러한 법리에 비추어 살펴보면, 피고가 약간의 주의만으로도 쉽게 피해자들의 생명 또는 신체 침해의 결과를 회피할 수 있는 경우임에도 주의의무를 현저히 위반하여 이 사건 사고를 일으켰다고 보기 어렵다.

1) 「교통사고처리 특례법」 제3조 제2항 단서는 중과실이 아닌 경과실로 중앙선을 침범하는 경우도 있음을 예정하고 있으므로, 채무자가 위 조항 단서 제2호에서 정한 중앙선 침범 사고를 일으켰다는 사정만으로 곧바로 채무자회생법 제566 조 제4호에서 규정하는 중대한 과실이 존재한다고 단정하여서는 안 된다.

2) 피고는 고가도로 1차로를 주행하던 중 차로에 다른 차량이 진입하는 것을 발견하고 충돌을 피하려다가 중앙선을 침범하였다. 이와 같이 피고는 다른 사고의 발생을 피하려는 과정에서 중앙선을 침범하게 된 것으로 보인다.

3) 피고는 이 사건 사고 당시 제한속도를 현저히 초과하여 주행하지 않았고, 그 밖에 다른 주의의무를 위반하였다고 볼 만한 사정을 찾기 어렵다.

4) 피해자들 중 1명이 사망하였고, 2명이 중상을 입었다는 사정은 '타인의 생명 또는 신체 침해의 중한 정도'에 관한 것으로서 채무자에게 중대한 과실이 있는지를 판단하는 직접적인 기준이 될 수 없다.

다. 이와 달리 이 사건 채권이 중대한 과실로 타인의 생명 또는 신체를 침해한 불법행위로 인하여 발생한 손해배상청구권에 해당하여 면책의 대상에서 제외된다고 본 원심판단에는 채무자회생법 제566조 제4호에서 규정하는 비면책채권에 관한 법리를 오해하여 판결에 영향을 미친 잘못이 있다. 이를 지적하는 상고이유 주장은 이유 있다.

4. 그러므로 원심판결을 파기하고, 사건을 다시 심리·판단하도록 원심법원에 환송하기로 하여, 관여 대법관의 일치된 의견으로 주문과 같이 판결한다.

판례2 | 지방자치단체가 설치·관리하는 도로에서 중앙선을 침범하여 다른 차량과 충돌하는 바람에 갑이 사망하고 동승자인 그의 처(妻) 정이 상해를 입자, 을 회사가 위 특약의 피보험자인 갑과 정에게 자동차상해보험금을 지급한 다음 사고지점 도로가 설치·관리상 하자로 통상 갖추어야 할 안전성을 갖추지 못

【판결요지】

　갑이 을 보험회사와 자동차보험계약을 체결하면서 자동차상해 특약을 가입하였는데, 갑이 운전하던 피보험차량이 병 지방자치단체가 설치·관리하는 도로에서 중앙선을 침범하여 다른 차량과 충돌하는 바람에 갑이 사망하고 동승자인 그의 처(처) 정이 상해를 입자, 을 보험회사가 위 특약의 피보험자인 갑과 정에게 자동차상해보험금을 지급한 다음 사고지점 도로가 설치·관리상 하자로 통상 갖추어야 할 안전성을 갖추지 못하였다며 병 지방자치단체를 상대로 갑과 정의 손해에 관하여 보험자대위청구를 한 사안에서, 위 보험계약의 보통약관 조항에서 보험자대위가 허용되지 않는 경우로 정한 '자기신체사고'는 보통약관에서 정하는 위 보험계약의 담보종목 중 하나인 '자기신체사고보험'을 가리키는 것으로 보이는데, 위 보험계약의 특별약관에는 '자동차상해 특약에 가입할 경우 자기신체사고보험에 가입할 수 없고, 자기신체사고보험에 적용되는 보통약관을 자동차상해 특약에 적용되는 특별약관으로 대체하여 적용한다.'고 기재되어 있기는 하나, 보험자대위에서도 '자기신체사고'를 '자동차상해'로 간주하여 적용한다는 내용은 존재하지 않는 점, 자동차상해보험은 자기신체사고보험을 대체하는 보험으로서 그 보장범위를 확대한 것이므로 자동차사고로 인하여 전혀 피해보상을 받지 못하는 피보험자의 구제가 가장 주된 목적이지 실손해를 초과하여 중복보상을 하기 위한 목적으로 개발된 것이 아닌데, 위 보험계약의 자동차상해 특약에는 배상의무자 또는 제3자로부터 아직 지급받지 않은 손해배상금 등을 공제하는 규정이 없어 보험자대위를 허용하지 않을 경우 피보험자에게 중복보상이 이루어질 가능성이 있는 점 등 제반 사정을 살펴보면, 위 보험계약의 보통약관 조항에서 보험자대위를 배제하는 '자기신체사고'에 자동차상해 특약으로 담보되는 사고가 포함되어 있다고 보기 어렵고, 보통약관의 다른 조항에서 위 조항의 경우를 제외하고는 보험자대위를 허용하고 있으므로, 자동차상해 특약에 의하여 보험금을 지급한 경우에도 보험자대위가 허용된다고 봄이 타당한데도, 이와 달리 보아 을 회사의 보험자대위청구를 기각한 원심판단에는 법리오해 등의 잘못이 있다고 한 사례.

【원심판결】

　제주지법 2018. 1. 10. 선고 2016나5863 판결

【주문】

　원심판결의 원고 패소 부분 중 소외 1, 소외 2 의 손해에 관한 보험자대위청구 부분을 파기하고, 이 부분 사건을 제주지방법원에 환송한다. 원고의 나머지 상고와 피고의 상고를 모두 기각한다.

【이유】

상고이유(상고이유서 제출기간이 지난 다음 제출된 피고의 준비서면들은 상고이유를 보충하는 범위에서)를 판단한다.

1. 사실 개요

원심판결 이유와 기록에 따르면, 다음 사실을 알 수 있다.

가. 소외 1 은 이 사건 차량을 운전하여 서귀포시(주소 생략)로 ○○○휴게소 남측 2km 지점 부근의 편도 1차로를 진행하다가 우로 굽은 내리막길에서 중앙선을 침범하여 맞은편에서 진행하는 버스를 충격하였다(이하 '이 사건 사고'라 한다). 이 사건 사고로 소외 1 과 이 사건 차량의 동승자 2명이 사망하고, 이 사건 차량의 나머지 동승자 소외 2(소외 1 의 처)와 소외 3, 피해버스의 운전자와 승객 14명이 상해를 입었다.

나. 원고는 소외 1 과 이 사건 차량에 대하여 개인용 자동차종합보험계약(이하 '이 사건 보험계약'이라 한다)을 체결하였는데, 소외 1 은 피보험자가 피보험자동차를 소유·사용·관리하는 동안에 생긴 피보험자동차의 사고로 인하여 상해를 입었을 때에 보험자가 보험약관에 정한 사망보험금이나 부상보험금 또는 후유장애보험금을 지급하는 내용의 자동차상해 특약(이하 '자동차상해 특약'이라 한다)에 가입하였다.

다. 원고는 이 사건 보험계약에 따라 자동차상해 특약에 따른 보험금으로 소외 1 의 상속인에게 71,807,710원을, 소외 1 의 처 소외 2 에게 43,062,160원을 지급하였고, 이들을 제외한 나머지 피해자들에게 대인배상에 따른 책임보험금을 지급하였다.

라. 이 사건 보험계약의 보통약관 제34조 제1항은 "보험회사가 피보험자에게 보험금을 지급한 경우에는 지급한 보험금의 범위에서 제3자에 대한 피보험자의 권리를 취득합니다."라고 정하고, 제34조 제2항은 "보험회사는 다음의 권리는 취득하지 않습니다."라고 정한 다음, 제1호로 "자기신체사고의 경우 제3자에 대한 피보험자의 권리. 다만 보험금을 '별표 1 대인배상, 무보험차에 의한 상해지급기준'에 따라 지급할 때는 피보험자의 권리를 취득합니다."라고 정하고 있다.

2. 원고의 상고이유(소외 1, 소외 2 의 손해에 관한 원고의 보험자대위 인정 여부)에 대한 판단

가. 자동차상해보험은 그 성질상 상해보험에 속하므로, 자동차상해보험계약에 따른 보험금을 지급한 보험자는 상법 제729조 단서에 따라 보험자대위를 허용하는 약정이 있는 때에 한하여 피보험자의 권리를 해치지 않는 범위에서 그 권리를 대위할 수 있다(대법원 2004. 7. 9. 선고 2003다29463 판결 , 대법원 2015. 11. 12. 선고 2013다71227 판결 등 참조).

나. 원심은 다음과 같은 이유로 이 사건 보험계약의 보통약관 제34조 제2항 제1호에서 보험자대위를 배제하는 '자기신체사고'에 자동차상해 특약으로 담보되는 사고가 포함된다고 판단하여, 자동차상해 특약에 따라 보험금을 지급받은 소외 1, 소외 2 의 손해에 관한 원고의 보험자대위청구를 기각하였다.

이 사건 보험계약의 특별약관에는 '자동차상해 특약에 가입한 경우 자기신체사고 특약에 가입할 수 없고, 보험회사는 보통약관의 자기신체사고를 이 특별약관으로 대체하여 적용한다.'고 기재되어 있다. 이 사건 보험계약의 보통약관 제34조 제2항 제1호는 '자기신체사고'라고 정할 뿐이고, '자기신체사고 특약에 의하여 담보되는 자기신체사고'라고 정하고 있지 않다. 따라서 이 사건 보험계약의 보통약관 제34조 제2항 제1호에 정한 '자기신체사고'는 '피보험자가 피보험자동차를 소유·사용·관리하는 동안에 생긴 피보험자동차의 사고로 사망하거나 상해를 입은 경우'를 포괄하는 것으로 해석해야 하고, 성질상 자기신체사고에 관한 손해를 보상하는 것을 그 내용으로 하는 자동차상해 특약에 따라 담보되는 사고도 '자기신체사고'에 포함된다.

다. 그러나 기록에서 알 수 있는 다음과 같은 사정들을 살펴보면, 이 사건 보험계약의 보통약관 제34조 제2항 제1호에서 보험자대위를 배제하는 '자기신체사고'에 자동차상해 특약에서 담보하는 사고가 포함되어 있다고 보기는 어렵다. 이 사건 보험계약의 보통약관 제34조 제1항에서는 제34조 제2항의 경우를 제외하고는 보험자대위를 허용하고 있으므로, 자동차상해 특약에 의하여 보험금을 지급한 경우에도 보험자대위가 허용된다고 봄이 타당하다.

(1) 이 사건 보험계약의 보통약관은 이 사건 보험계약의 담보종목을 대인배상Ⅰ, 대인배상Ⅱ, 대물배상, 자기신체사고, 무보험자동차상해, 자기차량손해로 정하고 있는데, 이 사건 보험계약의 보통약관 제34조 제2항은 자기신체사고의 경우와 자기차량손해의 경우를 보험자대위가 허용되지 않는 경우로 정하고 있다. 이와 같은 용어의 동일성을 고려하면, 이 사건 보험계약의 보통약관 제34조 제2항 제1호에 정한 '자기신체사고'는 보통약관에서 정하는 이 사건 보험계약의 담보종목 중 하나인 '자기신체사고'보험을 가리키는 것으로 보인다.

(2) 이 사건 보험계약의 특별약관에는 '자동차상해 특약에 가입할 경우 자기신체사고보험에 가입할 수 없고, 자기신체사고보험에 적용되는 보통약관을 자동차상해 특약에 적용되는 특별약관으로 대체하여 적용한다.'는 기재가 있기는 하나, 보험자대위에서도 '자기신체사고'를 '자동차상해'로 간주하여 적용한다는 내용은 존재하지 않는다.

(3) 자기신체사고보험은 원래 피보험자가 피보험차량을 운행하던 중 자기의 단독사고 또는 무보험차량과의 충돌사고 등으로 보험혜택을 받지 못하게 되는 경우를 대비하기 위하여 개발된 것으로서 다른 차량과 충돌하는 사고에서 그 다

른 차량이 자동차보험에 가입되어 있어 그 보험금을 지급받을 수 있는 경우에 이에 더하여 중복하여 보상을 하거나 다른 차량이 가입한 보험의 보험금으로도 전보받지 못한 나머지 손해를 보상하고자 개발된 것은 아니다(대법원 2004. 11. 25. 선고 2004다28245 판결 등 참조). 자동차상해보험은 자기신체사고보험을 대체하는 보험으로서 그 보장범위를 확대한 것이므로, 자동차상해보험 역시 자동차사고로 인하여 전혀 피해보상을 받지 못하는 피보험자의 구제가 가장 주된 목적이지, 실손해를 초과하여 중복하여 보상을 하기 위한 목적으로 개발된 것으로 보기는 어렵다.

이 사건 보험계약의 자동차상해 특약에서도 이러한 취지를 반영하여 보험자는 피보험자에게 보험가입금액의 한도 내에서 보통약관의 '별표 1. 대인배상, 무보험자동차에 의한 상해지급기준'에 따른 사망보험금이나 부상보험금 또는 후유장애보험금을 지급하도록 하여 보험자가 피보험자에게 실손해액에 준하는 보험금을 지급하도록 하면서도 자동차보험 대인배상Ⅰ, 대인배상Ⅱ에 의하여 보상받을 수 있는 금액과 자동차상해 특약에 따라 지급받을 수 있는 금액을 합한 액수가 피보험자의 실제 손해액을 초과하는 경우에는 그 초과액 등을 공제하거나 피보험자가 배상의무자 또는 제3자로부터 이미 받은 금액 등을 공제하도록 함으로써 피보험자가 실손해액을 초과하는 금액을 수령하지 않도록 하고 있다. 그런데 이 사건 보험계약의 자동차상해 특약에는 위와 같이 배상의무자의 책임보험자로부터 지급받을 대인배상보험금을 제외하고는 피보험자가 배상의무자 또는 제3자로부터 아직 지급받지 않은 손해배상금 등을 공제하는 규정이 없다. 이러한 상황에서 만일 보험자대위를 허용하지 않는다면, 피보험자에게 중복보상이 이루어질 가능성이 있고, 피보험자가 배상의무자 또는 제3자로부터 손해배상금 등을 지급받은 경우에 비하여 피보험자가 과도한 이익을 얻게 되는 불합리가 발생한다.

라. 나아가 이 사건 보험계약의 보통약관 제34조 제2항 제1호는 자기신체사고의 경우라도 보험회사가 '별표 1. 대인배상, 무보험자동차에 의한 상해지급기준'에 따라 보험금을 지급할 때는 피보험자의 권리를 취득한다고 정하고 있다. 그런데 위에서 보았듯이 자동차상해 특약은 위 별표 1.의 기준에 따라 보험금을 지급하므로, 설령 이 사건 보험계약의 보통약관 제34조 제2항 제1호에 정한 '자기신체사고'에 자동차상해 특약에 의하여 담보되는 사고가 포함된다고 보더라도 보험자대위가 허용된다고 볼 수 있다.

마. 그런데도 원심은 이러한 사정을 구체적으로 살펴보지 않은 채 이 사건 보험계약의 보통약관 제34조 제2항 제1호에서 보험자대위를 허용하지 않고 있는 '자기신체사고'에 자동차상해 특약에 따라 담보되는 사고도 포함된다고 보아 보험자대위의 범

위 등에 관하여 전혀 심리하지 않은 채 소외 1 , 소외 2 의 손해와 관련한 원고의 보험자대위청구를 기각하였다. 원심판결에는 약관해석 등에 대한 법리를 오해하여 필요한 심리를 다하지 않아 판결에 영향을 미친 잘못이 있다.

3. 원고의 나머지 상고 부분에 대한 판단

원고는 원심판결 중 원고 패소 부분의 취소를 구하였으나, 원고 패소 부분 중 위 소외 1 , 소외 2 의 손해에 관한 보험자대위청구 부분에 관해서만 상고이유를 제출하고, 나머지 부분에 관해서는 아무런 상고이유를 제출하지 않았다. 이는 민사소송법 제429조 에서 정한 상고기각 사유에 해당한다.

4. 피고의 상고이유(피고의 국가배상책임 인정 여부)에 대한 판단

원심은 다음과 같이 판단하였다. 이 사건 사고 지점 도로는 그 위험성에 비례하여 노면표시, 시선유도표지 등의 도로안전시설이 설치되어 있어야 하는데도 피고의 설치·관리상의 하자로 통상 갖추어야 할 안전성을 갖추지 못한 상태였다. 위와 같은 하자는 이 사건 사고로 인한 손해의 발생과 확대의 한 원인이 되었다. 따라서 피고는 이 사건 차량의 운전자인 소외 1 과 공동불법행위자로서 소외 1 의 상속인과 연대하여 이 사건 사고의 피해자들이 입은 손해를 배상할 책임이 있다.

원심판결 이유를 기록에 비추어 살펴보면, 원심판결에 상고이유 주장과 같이 논리와 경험칙에 반하여 자유심증주의의 한계를 벗어나거나 국가배상책임의 성립 등에 관한 법리를 오해하여 판결에 영향을 미친 잘못이 없다.

5. 결론

원심판결의 원고 패소 부분 중 소외 1, 소외 2 의 손해에 관한 보험자대위청구 부분을 파기하고, 이 부분 사건을 다시 심리·판단하도록 원심법원에 환송하며, 원고의 나머지 상고와 피고의 상고는 이유 없어 이를 모두 기각하기로 하여, 대법관의 일치된 의견으로 주문과 같이 판결한다.

판례3 | 안전표지에 따라 좌회전이나 유턴을 하기 위하여 중앙선을 넘어 운행하다가 반대편 차로를 운행하는 차량과 충돌하는 교통사고를 낸 것이 교통사고처리특례법에서 규정한 중앙선 침범 사고인지 여부(소극)*[대법원 2017. 1. 25., 선고, 2016도18941, 판결]*

【판결요지】

도로교통법 제2조 제5호 본문은 '중앙선이란 차마의 통행 방향을 명확하게 구분하기 위하여 도로에 황색 실선이나 황색 점선 등의 안전표지로 표시한 선 또는 중앙분리대나 울타리 등으로 설치한 시설물을 말한다'고 규정하고, 제13조 제3항은 '차마의 운전자는

도로(보도와 차도가 구분된 도로에서는 차도를 말한다)의 중앙(중앙선이 설치되어 있는 경우에는 그 중앙선을 말한다) 우측 부분을 통행하여야 한다'고 규정하고, 교통사고처리 특례법 제3조 제1항, 제2항 제2호 전단은 '도로교통법 제13조 제3항을 위반하여 중앙선을 침범'한 교통사고로 인하여 형법 제268조의 죄를 범한 경우는 피해자의 명시한 의사와 상관없이 처벌 대상이 되는 것으로 규정하고 있다.

이와 같이 도로교통법이 도로의 중앙선 내지 중앙의 우측 부분을 통행하도록 하고 중앙선을 침범하여 발생한 교통사고를 처벌 대상으로 한 것은, 각자의 진행방향 차로를 준수하여 서로 반대방향으로 운행하는 차마의 안전한 운행과 원활한 교통을 확보하기 위한 것이므로, 황색 실선이나 황색 점선으로 된 중앙선이 설치된 도로의 어느 구역에서 좌회전이나 유턴이 허용되어 중앙선이 백색 점선으로 표시되어 있는 경우, 그 지점에서 좌회전이나 유턴이 허용되는 신호 상황 등 안전표지에 따라 좌회전이나 유턴을 하기 위하여 중앙선을 넘어 운행하다가 반대편 차로를 운행하는 차량과 충돌하는 교통사고를 내었더라도 이를 교통사고처리 특례법에서 규정한 중앙선 침범 사고라고 할 것은 아니다.

【원심판결】

대구지법 2016. 10. 27. 선고 2016노186 판결

【주문】

상고를 기각한다.

【이유】

상고이유를 판단한다.

1. 도로교통법 제2조 제5호 본문은 '중앙선이란 차마의 통행 방향을 명확하게 구분하기 위하여 도로에 황색 실선이나 황색 점선 등의 안전표지로 표시한 선 또는 중앙분리대나 울타리 등으로 설치한 시설물을 말한다'고 규정하고, 제13조 제3항은 '차마의 운전자는 도로(보도와 차도가 구분된 도로에서는 차도를 말한다)의 중앙(중앙선이 설치되어 있는 경우에는 그 중앙선을 말한다) 우측 부분을 통행하여야 한다'고 규정하고, 교통사고처리 특례법 제3조 제1항, 제2항 제2호 전단은 '도로교통법 제13조 제3항을 위반하여 중앙선을 침범'한 교통사고로 인하여 형법 제268조의 죄를 범한 경우는 피해자의 명시한 의사와 상관없이 처벌 대상이 되는 것으로 규정하고 있다.

이와 같이 도로교통법이 도로의 중앙선 내지 중앙의 우측 부분을 통행하도록 하고 중앙선을 침범하여 발생한 교통사고를 처벌 대상으로 한 것은, 각자의 진행방향 차로를 준수하여 서로 반대방향으로 운행하는 차마의 안전한 운행과 원활한 교통을 확보하기 위한 것이므로, 황색 실선이나 황색 점선으로 된 중앙선이 설치된 도로의 어느 구역에서 좌회전이나 유턴이 허용되어 중앙선이 백색 점선으로 표시되어 있는 경우, 그 지점

에서 좌회전이나 유턴이 허용되는 신호 상황 등 안전표지에 따라 좌회전이나 유턴을 하기 위하여 중앙선을 넘어 운행하다가 반대편 차로를 운행하는 차량과 충돌하는 교통사고를 내었다고 하더라도 이를 위 교통사고처리 특례법에서 규정한 중앙선 침범 사고라고 할 것은 아니다.

2. 이 사건 공소사실의 요지는, 피고인이 2015. 6. 15. 22:15경(차량번호 1 생략) K5 승용차를 운전하여 안동시 경동로 길주초등사거리 순회수족관 앞길을, 용상 쪽에서 법흥교 쪽으로 진행하다가 중앙선을 넘어 유턴하게 되었는데, 그곳 전방은 교통정리가 행하여지고 있는 사거리교차로이고 노면에 유턴을 허용하는 중앙선이 설치되어 있으므로, 전방·좌우를 잘 살펴 다른 차량의 정상적인 통행을 방해하지 아니하고 안전하게 유턴하여 중앙선을 침범하지 아니하여야 할 업무상 주의의무가 있음에도 이를 게을리한 채 적색신호에 그대로 중앙선을 침범하여 유턴허용구역에서 유턴하다가 맞은편에서 직진신호에 따라 정상적으로 진행하여 오던 피해자 공소외인 운전의 (차량번호 2 생략) SQ125cc 오토바이 앞부분을 위 승용차 앞 범퍼 우측 부분으로 충돌하여 피해자에게 약 2주간의 치료를 요하는 우측 견관절부 염좌 등의 상해를 입게 하였다는 것이다.

3. 이에 대하여 원심은, 피고인은 유턴을 상시 허용하는 안전표지에 따라 유턴허용구역 내에서 흰색 점선인 표시선을 넘어 유턴하였는데, 피고인이 횡단한 부분의 도로에 도로교통법이 정하고 있는 중앙선이 그어져 있지는 않았지만 유턴허용구역의 흰색 점선에는 중앙선의 의미도 있다고 전제한 다음, 그 판시와 같은 사정에 비추어 이 사건 사고는 피고인이유턴 허용 지점에서 유턴을 함에 있어서 지켜야 할 업무상 주의의무를 게을리한 과실로 인하여 발생한 것일 뿐, 중앙선 침범이라는 운행상의 과실을 직접적인 원인으로 하여 발생한 것으로 볼 수 없다고 보아, 이 사건 사고가 교통사고처리 특례법이 규정한 중앙선 침범 사고라는 검사의 주장을 배척하고 피고인에 대한 공소를 기각한 제1심판결을 그대로 유지하였다.

앞에서 본 법리와 기록에 비추어 살펴보면, 피고인이유턴을 상시 허용하는 안전표지에 따라 유턴허용구역 내에서 흰색 점선인 표시선을 넘어 유턴한 행위는 중앙선을 침범한 행위라고 할 수 없으므로, 원심의 이유 설시에는 다소 적절하지 않은 점이 있다. 그러나 이 사건 사고가 중앙선 침범 사고에 해당하지 않는다고 한 결론은 정당하고, 거기에 상고이유 주장과 같이 판결에 영향을 미친 법리오해 등의 잘못이 없다.

4. 그러므로 관여 대법관의 일치된 의견으로 상고를 기각하기로 하여 주문과 같이 판결한다.

판례4 | 교통사고처리특례법 제3조 제2항 단서 제2호 전단에서의 '도로교통법 제13조 제3항의 규정에 위반하여 중앙선을 침범하였을 때'의 의미*[대구지법 2008. 3. 28., 선고, 2007고단 4674, 판결 : 확정]*

【판결요지】

[1] 교통사고처리특례법 제3조 제2항 단서 제2호 전단이 규정하는 '도로교통법 제13조 제3항의 규정에 위반하여 중앙선을 침범하였을 때'라 함은 교통사고의 발생지점이 중앙선을 넘어선 모든 경우를 가리키는 것이 아니라 부득이한 사유가 없이 중앙선을 침범하여 교통사고를 발생케 한 경우를 뜻하며, 여기서 '부득이한 사유'라 함은 진행차로에 나타난 장애물을 피하기 위하여 다른 적절한 조치를 취할 겨를이 없었다거나 자기 차로를 지켜 운행하려고 하였으나 운전자가 지배할 수 없는 외부적 여건으로 말미암아 어쩔 수 없이 중앙선을 침범하게 되었다는 등 중앙선 침범 자체에는 운전자를 비난할 수 없는 객관적 사정이 있는 경우를 말하는 것이며, 중앙선 침범행위가 교통사고 발생의 직접적인 원인이 된 이상 사고 장소가 중앙선을 넘어선 반대차선이어야 할 필요는 없다.

[2] 피고인이 추월의 목적으로 중앙선을 침범하여 반대차로로 운행하다가 자신의 차로로 되돌아왔지만, 피고인의 중앙선 침범 운행을 발견한 피해자가 충돌을 피하기 위하여 어쩔 수 없이 중앙선을 침범하여 피고인 진행차로로 진입하였다가 피고인 운전의 차량과 충돌하게 된 경우라면, 비록 피고인 진행차로에서 교통사고가 발생하였다 하더라도 그 사고는 피고인이 중앙선을 침범하여 운행한 행위가 직접적인 원인이 되어 발생한 것이므로, 교통사고처리특례법 제3조 제2항 단서 제2호 전단의 중앙선 침범사고에 해당한다고 한 사례.

【참조판례】

대법원 1990. 9. 25. 선고 90도536 판결(공1990, 2217),
대법원 1998. 7. 28. 선고 98도832 판결(공1998하, 2351)

【이유】

【범죄사실】

피고인은 2007. 6. 25. 16:25경 업무로 (차량번호 생략)카고 화물차를 운전하여 영천시 청통면 신덕1리 공소외 1 집 앞 편도 1차로를 청통 방면에서 금호 방면으로 진행하게 되었는바, 중앙선을 침범하여 반대차로로 운행한 과실로, 반대차로에서 (차량번호 생략)포터 화물차를 운전하여 직진하던 피해자 공소외 2(37세)가 사고를 피하기 위하여 중앙선을 넘어 피양하였으나 때마침 제 차로로 되돌아온 피고인 운전의 위 카고 화물차의 좌측 앞부분으로 위 포터 화물차의 좌측 앞부분을 들이받아 그 충격으로 위 피해자로 하여금 약 12주간의 치료를 요하는 경골 근위부 골절 등의 상해를 입게 하였다.

【증거의 요지】

1. 피고인의 일부 법정진술(제3회 기일)

1. 공소외 2, 공소외 3에 대한 경찰 진술조서

1. 경찰 실황조사서

1. 수사보고(진단서 접수)

1. 수사보고(교통사고 조사분석 결과통보)

【법령의 적용】

1. 범죄사실에 대한 해당법조 및 형의 선택
   교통사고처리특례법 제3조 제1항, 제2항 단서 제2호, 형법 제268조(금고형 선택)

1. 집행유예
   형법 제62조 제1항(피해자와 합의한 점 등 정상 참작)

피고인의 주장에 대한 판단

1. 피고인은 범죄사실 기재와 같은 경위로 사고가 발생하였지만, 피고인 진행차로에서 사고가 발생하였으므로 중앙선 침범사고에 해당하지 않는다고 주장한다.

2. 그러므로 살피건대, 교통사고처리특례법 제3조 제2항 단서 제2호 전단이 규정하는 '도로교통법 제13조 제3항의 규정에 위반하여 중앙선을 침범하였을 때'라 함은 교통사고의 발생지점이 중앙선을 넘어선 모든 경우를 가리키는 것이 아니라, 부득이한 사유가 없이 중앙선을 침범하여 교통사고를 발생케 한 경우를 뜻하며, 여기서 '부득이한 사유'라 함은 진행차로에 나타난 장애물을 피하기 위하여 다른 적절한 조치를 취할 겨를이 없었다거나 자기 차로를 지켜 운행하려고 하였으나 운전자가 지배할 수 없는 외부적 여건으로 말미암아 어쩔 수 없이 중앙선을 침범하게 되었다는 등 중앙선 침범 자체에는 운전자를 비난할 수 없는 객관적 사정이 있는 경우를 말하는 것이며, 중앙선 침범행위가 교통사고 발생의 직접적인 원인이 된 이상 사고장소가 중앙선을 넘어선 반대차선이어야 할 필요는 없다(대법원 1998. 7. 28. 선고 98도832 판결, 1990. 9. 25. 선고 90도536 판결 등 참조)

3. 공소외 2, 3에 대한 각 경찰진술조서의 기재와 도로교통안전관리공단 작성의 교통사고 종합분석서의 기재에 의하면, 피고인은 앞서 진행하던 지게차를 추월하려고 중앙선을 침범하였다가 추월 후 자신의 차로로 되돌아왔고, 반대차로에서 진행하던 피해자 공소외 2은 중앙선을 침범하여 운행하는 피고인 차량을 발견하고 충돌을 피하기 위하여 어쩔 수 없이 중앙선을 넘어 피고인 진행 차로로 진입하다가 때마침 자신의 차로로 되돌아온 피고인 운전의 화물차와 충돌한 사실을 인정할 수 있다.

4. 위 인정 사실에 의하면, 이 사건 사고는 부득이한 사유가 없음에도 중앙선을 침범하여 운행한 피고인의 행위가 직접적인 원인이 되어 발생하였다 할 것이므로, 사고장소가 비록 피고인 진행차로라 하더라도 교통사고처리특례법 제3조 제2항 단서 제2호 전단이 규정하는 중앙선 침범사고에 해당한다.

5. 따라서 피고인의 위 주장은 이유 없다.

판례5 | 좌회전 또는 유턴(U-turn)을 하기 위하여 중앙선을 넘어 반대차선으로 들어간 경우에도 중앙선침범이다*[대법원 2000. 7. 7. 선고., 2000도2116 판결].*

【판결요지】

도로교통법 제12조 제3항에 의하여 차마는 차도의 중앙선으로부터 우측 부분을 통행하도록 의무 지워져 있으며, 차선이 설치된 도로상에 차량의 통행이 방향별로 명확하게 구분되게 하기 위하여 도로상에 황색실선으로 표시된 중앙선은 그 선을 경계로 서로 반대방향으로 운행하는 차선이 접하게 되는 것이어서 각 차선을 운행하는 운전자로서는 특단의 사정이 없는 한 반대차선 내에 있는 차량이 그 경계선을 넘어 들어오지 않을 것으로 신뢰하여 운행하는 것이므로 부득이한 사유가 없음에도 고의로 경계인 그 중앙선을 넘어 들어가 침범당하는 차선의 차량운행자의 신뢰에 어긋난 운행을 하였다면 그러한 침범운행의 동기가 무엇인가에 따라 책임의 유무가 달라질 수 없는 것이므로 좌회전 또는 유턴을 하려고 하였다 하더라도 중앙선 침범의 죄책을 면할 수 없다.

【원심판례】

서울지방법원 2000. 4. 28. 2000노1191 판결

【이유】

도로교통법 제12조 제3항에 의하여 차마는 차도의 중앙선으로부터 우측 부분을 통행하도록 의무 지워져 있으며 차선이 설치된 도로상에 차량의 통행이 방향별로 명확하게 구분되게 하기 위하여 도로상에 황색실선으로 표시된 중앙선은 그 선을 경계로 서로 반대방향으로 운행하는 차선이 접하게 되는 것이어서 각 차선을 운행하는 운전자로서는 특단의 사정이 없는 한 반대차선 내에 있는 차량이 그 경계선을 넘어 들어오지 않을 것으로 신뢰하여 운행하는 것이므로 부득이한 사유가 없음에도 고의로 경계인 그 중앙선을 넘어 들어가 침범당하는 차선의 차량운행자의 신뢰에 어긋난 운행을 하였다면 그러한 침범운행의 동기가 무엇인가에 따라 책임의 유무가 달라질 수 없는 것이므로 좌회전 또는 유턴(U-turn)을 하려고 하였다 하더라도 중앙선 침범의 죄책을 면할 수 없다. 그리고 이러한 해석은 그 법 제16조 제1항이 "차마는 보행자나 다른 차마의 정상적인 통행을 방해할 염

려가 있는 때에는 도로를 횡단하거나 유턴 또는 후진하여서는 아니 된다고 규정하여 중앙선 우측 부분내에서의 횡단 또는 유턴 등을 따로 금지하고 있다고 하여 달라질 것도 아니다. 이 사건에서 원심이 같은 취지에서 피고인이 좌회전하기 위하여 황색실선의 중앙선을 넘어 반대차"선으로 들어간 피고인의 행위를 그 법 제113조 제1호, 제12조 제3항 위반죄로 처벌하였음은 정당하고 거기에 그 법조 위반죄의 성립에 해당한다.

> **판례6 |** 중앙선이 설치된 차도에서 상대방 차량이 중앙선을 침범하여 진입함으로써 충돌사고가 발생한 경우, 피해 차량이 지정 차로가 아닌 다른 차로를 따라 운행하였다는 사실만으로 과실을 인정할 수 있지 않다[*대법원 2000. 2.25. 선고,. 99다40548 판결*].

【판결요지】

중앙선이 설치된 도로를 자기 차선을 따라 운행하는 자동차운전자로서는 마주 오는 자동차도 자기 차선을 지켜 운행하리라고 신뢰하는 것이 보통이므로, 중앙선이 설치된 차도에서 상대방 차량이 중앙선을 침범하여 피해 차량이 진행하는 차로로 넘어 들어옴으로써 충돌사고가 발생한 경우, 당시 피해 차량의 운전수가 상대방 차량의 비정상적인 운행을 예견할 수 있었다는 특별한 사정이 없는 이상 단순히 피해 차량이 지정차로인 2차로를 운행하지 아니하고 1차로를 따라 운행하였다는 것만으로 그 충돌사고의 발생에 과실책임이 있다고 단정할 수는 없다 ,

【원심판결】

서울지방법원 1999. 6. 24. 98나53331 판결

【이유】

1. 피고 대한화재해상보험 주식회사(아래에서는 '피고 대한화재'라고 줄여 쓴다)에 대한 상고이유에 관한 판단

제3점에 관하여

원심은 제1심판결을 인용하여, 원심공동피고 주식회사 이글렌터카(아래에서는 '이글렌터카'라고 줄여 쓴다)가 1996. 7. 1. 피고 대한화재와 사이에 이글렌터카 소유의 (차량번호 생략) 아반떼 승용차(아래에서는 '이 사건 승용차'라고 쓴다)에 관하여 보험기간을 1년으로 하여 이글렌터카를 피보험자로 하는 운전자연령 21세 이상 한정운전 특별약관부 영업용자동차종합보험계약을 체결하였는데, 그 특별약관 제2조는 "제1항: 회사는 이 특별약관에 의하여 21세 미만의 자가 피보험자동차를 운전하던 중에 발생된 사고에 대하여는 보험금을 지급하지 아니한다. 제2항: 그러나 피보험자동차를 도난당하였을 경우 그 도난

당하였을 때로부터 발견될 때까지의 사이에 발생한 피보험자동차의 사고로 피보험자가 배상책임을 짐으로써 입은 손해에 대하여는 그러하지 아니하다."라는 취지로 규정되어 있는 사실, 이글렌터카는 자동차대여업, 운송알선 및 주선업 등을 목적으로 하는 법인인데, 이글렌터카의 강서영업소장인 소외 ○○○은 1996. 8. 13. 소외 △△△에게 이 사건 자동차를 기간은 1996. 8. 13.부터 1996. 9. 13.까지, 총 사용요금은 금 1,200,000원으로 정하여 대여하였고, 소외 1이 이를 연대보증하였으며, 당시 이 사건 자동차는 소외 1이 업무로 사용하기로 하였는데, △△△는 자동차 운전면허는 있으나 1975. 12. 22.생으로 21세가 되지 않았고, 소외 1은 1971. 3. 12.생으로 21세 이상이나 자동차 운전면허가 없어 주운전자는 다시 통보해 주기로 약정하였으며, 위의 계약체결 직후 이 사건 자동차는 △△△에게 즉시 인도되어 △△△가 이를 운전하여 간 사실, 소외 1은 고양시 덕양구 토양동 소재 단란주점을 경영하고 있고, △△△는 그 단란주점의 종업원인데, 이 사건 자동차의 대여계약상 임차인은 △△△이나, 그 실질적인 임차인은 소외 1로서 그가 위의 임차비용을 모두 부담하였고, 그는 이 사건 자동차를 인도받은 후 △△△ 등 단란주점 종업원들에게 단란주점의 영업 등에 필요한 때마다 운전을 시켜왔으며, 때때로 소외 1 스스로 이 사건 자동차를 운전하여 온 사실, 소외 1은 1996. 9. 3. 새벽 △△△로부터 이 사건 자동차의 열쇠를 건네 받아 운전하여 고양시 벽제에 있는 낚시터로 놀러가서 그 곳에 있던 그의 주점 종업원인 소외 2에게 물을 사오라고 심부름을 시켰고, 소외 2는 다른 종업원들인 □□□, ◇◇◇, ☆☆☆, ▽▽▽가 피곤하여 차 안에서 자고 있던 상태에서 그대로 이 사건 자동차를 운전하여 가다가 판시와 같이 소외 2를 포함한 동승자 전원이 사망하는 사고를 내게 된 사실, 소외 2는 1980. 6. 10.생으로 이 사건 사고 당시의 연령은 16세 3월에 불과하였고 자동차 운전면허도 없었던 사실, ○○○은 동아렌터카의 직원으로 근무할 당시인 사고 발생일 약 1년 전부터 단란주점 영업을 하는 △△△, 소외 1에게 렌터카를 대여하는 거래를 계속하여 왔고, 이글렌터카 강서영업소장으로 근무하게 된 1996. 7. 8. 이후에도 계속하여 △△△ 등에게 렌터카를 대여하여 왔는데, 이 사건 자동차 대여계약일로부터 20일이 지난 1996. 9. 3. 이 사건 사고일까지 △△△, 소외 1로부터 주운전자에 대한 아무런 통보를 받지 못하였음에도 차량반납 등의 조치를 취하지 않았고, 다만 전화상으로 그 차량사용료 등 미수금 1,500,000원에 대한 독촉만을 하다가 이 사건 사고일에 이르게 된 사실을 인정하였다.

제1심판결이 채용한 증거들과 대조하여 보니, 원심의 그 사실인정은 정당하고, 거기에 채증법칙 위배 또는 심리미진으로 인한 사실오인 등의 위법은 없다.

상고이유 중의 이 주장을 받아들이지 아니한다.

제1점, 제2점에 관하여

자동차종합보험의 21세 이상 한정운전 특별약관 제2조 제2항 소정의 '피보험자동차를 도난당하였을 경우'라 함은 피보험자의 명시적이거나 묵시적인 의사에 기하지 아니한 채 제3자가 피보험자동차를 운전한 경우를 말하고, 여기서 '묵시적인 의사'라 함은 명시적인 의사와 동일하게 위 약관의 적용으로 이어진다는 점에서 피보험자의 도난운전에 대한 승인 의도가 명시적으로 표현되어 있는 경우와 동일시할 수 있을 정도로 그의 승인 의도를 추단할 만한 사정이 있는 경우에 한정되어야 하고, 따라서 묵시적인 의사의 존부에 관하여는 피보험자와 도난운전자와의 관계뿐만 아니라, 평소 사고 차량의 운전 및 관리 상황, 당해 도난운전이 가능하게 된 경위와 그 운행 목적, 평소 도난운전자에 대한 피보험자가 취해 온 태도 등의 제반 사정을 함께 참작하여 인정하여야 할 것이고(대법원 1998. 7. 10. 선고 98다1072 판결 참조), 나아가 기명피보험자의 승낙을 받아 자동차를 사용하거나 운전하는 자로서 보험계약상 피보험자로 취급되는 자(이른바 승낙피보험자)의 승인만이 있는 경우에는 보험계약자나 피보험자의 묵시적인 승인이 없다고 보는 것이 옳다(대법원 1996. 2. 23. 선고 95다49776 판결, 1996. 10. 29. 선고 96다29847 판결들 참조).

그러나 원심이 적법하게 확정한 사실관계에 의하니, 기명피보험자인 이글렌터카의 영업소장인 ○○○은 자동차종합보험약관상 피보험자동차를 운행할 자격이 없는 만 21세 미만자인 △△△ 또는 자동차 운전면허가 없는 소외 1을 임차인으로 하여 이 사건 자동차를 대여하고 21세 미만자인 △△△에게 이 사건 차량을 현실적으로 인도해 주었다는 것이므로, 이는 ○○○이 그 대여 당시 21세 미만의 자가 △△△ 또는 소외 1로부터 지시 또는 승낙을 받아 이 사건 자동차를 운전하는 것을 승인할 의도가 있었음을 추단할 수 있는 직접적 또는 간접적 표현이 있는 때에 해당한다고 봄이 상당하고, 따라서 소외 2의 이 사건 자동차의 운전은 승낙피보험자의 승인만이 아니라 기명피보험자의 묵시적인 승인도 있는 때에 해당한다 할 것이므로, 같은 취지의 원심의 판단은 정당하고 거기에 보험계약자 또는 기명피보험자의 묵시적 승인에 관한 판례 위반이나 법리오해 등의 위법은 없다. 상고이유의 주장이 들고 있는 판례들은 모두 이 사건과 사안을 달리하는 것들이어서 이 사건에 원용하기에 적절하지 아니하다.

상고이유 중의 이 주장들도 모두 받아들이지 아니한다.

2. 피고 전국버스운송사업조합연합회에 대한 상고이유에 관한 판단

원심은 제1심판결을 인용하여, 소외 2가 이 사건 자동차를 운전하고 편도 2차로의 국도인 이 사건 사고지점을 2차로를 따라 시속 약 113km의 속도로 진행하다가 운전부주의로 우측 바퀴가 노견턱으로 떨어지자 핸들을 좌측으로 돌리면서 급제동조치를 취하였는데, 이 사건 자동차가 좌측으로 밀리면서 중앙선을 넘어 반대방향 2차로상으로 진입하여 2차로상을 시속 약 70km로 진행하여 오던 경기 73아1050호 버스의 좌측 뒷바퀴 옆부분을 이 사건 자동차의 좌측 옆면으로 충돌하고, 뒤로 튕겨져 나오면서 1차로상을 시속 약 64km의 속도로 진행하여 오던 이 사건 버스의 정면을 이 사건 자

동차의 우측 측면으로 다시 충돌한 사실을 인정한 다음, 판시와 같은 경위로 일시적으로 버스지정차로가 아닌 1차로상을 제한속도 내인 시속 약 64km로 정상적으로 진행하고 있던 이 사건 버스의 운전자로서는 이 사건 자동차가 위와 같이 갑자기 중앙선을 침범하여 2차로상을 진행하던 버스와 충돌하고 튕겨져 나오는 것을 미처 피하지 못한 데 어떠한 과실이 있다고 보기 어렵다고 판단하였다.

중앙선이 설치된 도로를 자기 차선을 따라 운행하는 자동차운전자로서는 마주 오는 자동차도 자기 차선을 지켜 운행하리라고 신뢰하는 것이 보통이므로, 중앙선이 설치된 차도에서 상대방 차량이 중앙선을 침범하여 피해차량이 진행하는 차로로 넘어 들어옴으로써 충돌사고가 발생한 경우, 당시 피해차량의 운전수가 상대방 차량의 비정상적인 운행을 예견할 수 있었다는 특별한 사정이 없는 이상 단순히 피해차량이 지정차로인 2차로를 운행하지 아니하고 1차로를 따라 운행하였다는 것만으로 그 충돌사고의 발생에 과실책임이 있다고 단정할 수는 없다 할 것이니(대법원 1990. 6. 26. 선고 90다카2441 판결 참조), 같은 취지의 원심의 판단은 정당하고 거기에 상고이유로 주장하는 바와 같은 법리오해 또는 심리미진 등의 위법은 없다. 상고이유의 이 주장을 받아들이지 아니한다.

3. 결 론

그러므로 각 상고를 모두 기각하고, 상고비용을 원고들의 부담으로 하기로 관여 대법관들의 의견이 일치되어 주문에 쓴 바와 같이 판결한다.

> **판례7** | 황색 점선의 구간이라 하여 반대차선의 차량이 중앙선을 침범하여 들어 올 경우까지 예상하여 운전하여야 할 주의의무는 없으나 과속운행을 하지 아니하였더라면 상대방 자동차의 중앙선 침범을 발견하는 즉시 정차 또는 감속으로 충돌을 피할 수 있었다는 사정이 있었던 경우에 한하여 과속운행을 과실로 볼 수 있다 *[대법원 1999. 7. 23. 선고., 99 다19346 판결].*

【판결요지】

[1] 일반적으로 중앙선이 설치된 도로를 자기 차선을 따라 운행하는 자동차 운전자로서는 마주 오는 차량도 자기 차선을 지켜 운행하리라고 신뢰하는 것이 보통이므로, 상대방 차량의 비정상적인 운행을 예견할 수 있는 특별한 사정이 없다면 상대방 차량이 중앙선을 침범해 들어올 경우까지 예상하여 운전하여야 할 주의의무는 없고, 비록 자동차가 도로 양측으로 넘어가는 것이 허용된 황색점선의 중앙선이라고 하더라도 그 운전자가 중앙선을 넘을 당시의 객관적인 여건으로 보아 장애물을 피하기 위하여 다른 적절한 조치를 할 겨를이 없는 등의 급박한 사정 때문에 부득이 중앙선을 넘을 필요가 있는 경우나, 반대 방향의 교통에 충분한 주의를 기울이면서 중앙선을 침범하여 반대

차선으로 넘어가는 경우 등 특별한 사정이 있는 경우에 한하여 중앙선을 넘는 것이 허용된다고 할 것이 이와 같은 특별한 사정이 있음을 알았거나 알 수 있었던 경우가 아닌 한, 그 사고 장소가 황색점선의 구간이라 하여 반대차선의 차량이 중앙선을 침범해 들어 올 경우까지 예상하여 운전하여야 할 주의의무는 없다.

[2] 중앙선을 침범하여 운행하던 자동차가 반대차선에서 과속으로 운행하던 자동차와 충돌한 경우, 운전자가 제한속도를 초과하여 운전한 사정만을 들어 그에게 과실이 있다고 탓할 수는 없고 그와 같이 과속운행을 하지 아니하였더라면 상대방 자동차의 중앙선침범을 발견하는 즉시 정차 또는 감속으로 충돌을 피할 수 있었다는 사정이 있었던 경우에 한하여 과속운행을 과실로 볼 수 있다.

【원심판결】

부산지방법원 1999. 2. 19. 98나3587 판결

【이유】

상고이유를 판단한다.

1. 피고들의 상고이유에 대하여

가. 원심판결 이유에 의하면, 원심은, 그 판시 증거들을 종합하여 망 소외 1은 1995. 4. 15. 05:40경 (차량등록번호 1 생략) 엘란트라 승용차(이하 '사고 승용차'라 한다)를 운전하여 그의 처인 소외 2를 조수석에, 딸인 소외 3을 뒷좌석에 태우고 소외 3을 같은 날 06:30 대구공항에서 출발하는 비행기편에 탑승시키기 위하여 상당히 빠른 속도로 구마고속도로를 상행하고 있었고, 피고 1은 (차량등록번호 2 생략) 11t 카고트럭(이하 '사고 트럭'이라 한다)을 운전하여 그 적재함에 철판코일 등 약 12t의 화물을 싣고 마산의 효성중공업에 가기 위하여 시속 약 70km의 속력으로 구마고속도로를 하행하던 중 구마고속도로 대구기점 42.9km 지점에서 사고 승용차가 선행 트럭을 추월하기 위하여 중앙선을 넘다가 마주 오던 사고 트럭을 발견하고 급히 자기차선으로 복귀하던 중 사고 트럭의 좌측 옆 연료탱크 보호망과 좌측 뒷바퀴 사이 부분을 사고 승용차의 좌측 앞 부분 및 문짝 부분으로 충격함으로써 이 사건 사고가 발생한 사실을 인정한 다음, 이 사건 사고는 사고 승용차의 운전자인 망 소외 1 피고 1이 내리막의 직선도로를 진행하다가 그 직선도로가 끝나는 지점으로서 오른쪽으로 굽은 오르막길이 시작되는 사고 지점에 이르러 선행하던 번호불상 트럭을 추월하기 위하여 중앙선을 침범한 것이 가장 큰 원인이 되었다 할 것이나, 한편 사고 트럭의 운전자인 망 소외 1의 과실과 피고 1의 과실이 경합하여 발생하였다고 판단하여 피고들의 면책항변을 배척하였다.

나. 그러나 일반적으로 중앙선이 설치된 도로를 자기차선을 따라 운행하는 자동차 운

전자로서는 마주 오는 차량도 자기차선을 지켜 운행하리라고 신뢰하는 것이 보통이므로, 상대방 차량의 비정상적인 운행을 예견할 수 있는 특별한 사정이 없다면 상대방 차량이 중앙선을 침범해 들어올 경우까지 예상하여 운전하여야 할 주의의무는 없고(대법원 1991. 8. 9. 선고 91다9169 판결, 1997. 1. 24. 선고 96다39158 판결 등 참조), 비록 자동차가 도로 양측으로 넘어가는 것이 허용된 황색점선의 중앙선이라고 하더라도 그 운전자가 중앙선을 넘을 당시의 객관적인 여건으로 보아 장애물을 피하기 위하여 다른 적절한 조치를 취할 겨를이 없는 등의 급박한 사정 때문에 부득이 중앙선을 넘을 필요가 있는 경우나, 반대 방향의 교통에 충분한 주의를 기울이면서 중앙선을 침범하여 반대차선으로 넘어가는 경우 등 특별한 사정이 있는 경우에 한하여 중앙선을 넘는 것이 허용된다고 할 것이므로(대법원 1990. 10. 26. 선고 90도1656 판결 참조), 이와 같은 특별한 사정이 있음을 알았거나 알 수 있었던 경우가 아닌 한, 그 사고 장소가 황색점선의 구간이라 하여 반대차선의 차량이 중앙선을 침범해 들어올 경우까지 예상하여 운전하여야 할 주의의무는 없다고 할 것이다.

그런데 원심이 인정한 바와 같이 이 사건 사고 당시 짙은 안개로 인해 사고 장소인 고속도로 상의 시계가 50m 정도 밖에 되지 않았다면(원심은 이를 전제로, 시계가 50m 정도도 채 안되는 도로 상황 및 자동차 진행 상황 아래서는 도로교통법시행규칙 제12조 제2항 제2호에 따라 제한시속의 50%를 감속하여 운행하여야 하므로, 이 사건 사고 당시 피고 1로서는 사고 지점의 원래의 제한시속 80km의 50%인 시속 40km 정도로 감속운행 하여야 했는데도 70km 정도로 과속운행하였다고 인정하였다.), 피고 1은 안개가 짙게 낀 고속도로 상에서 사고 승용차가 비정상적인 방법으로 중앙선을 침범하여 운행하리라는 것을 예견할 수 없었다 할 것이고, 나아가 사고 승용차가 중앙선을 침범하여 운행하는 것을 알 수 있었던 때의 두 차량 간의 거리는 50m가 채 안되었을 것이며(원심은 사고 트럭과 약 50m 정도의 거리를 두고 뒤따라 오던 8t 트럭 운전자인 소외 4가, 사고 승용차로 보이는 차량 1대가 약 500m 전방에서부터 선행하던 번호불상 트럭을 추월하기 위해 중앙선을 넘었다가 다시 자기차선으로 복귀하는 등 앞 차에 대한 추월을 시도하는 것을 보았다고 진술하였음에 의거하여, 피고 1로서도 주의를 기울여 전방을 주시하였다면 사고 승용차가 그 선행 트럭을 추월해 오리라는 것을 미리 예상할 수 있었을 것이라고 판시하고 있으나, 이와 같은 원심 판단은 사고 당시의 시계가 50m 정도도 되지 않는다는 앞의 사실인정과 어긋나므로 수긍하기가 어렵다.), 또한 원심이 인정한 바와 같이 피고 1이 제한속도를 초과하여 운전하였다고 하더라도, 그 사정만을 들어 그에게 과실이 있다고 탓할 수는 없고 그와 같이 과속운행을 하지 아니하였더라면 상대방 자동차의 중앙선 침범을 발견하는 즉시 정차 또는 감속으로 충돌을 피할 수 있었다는 사정이 있었던 경우에 한하여 과속운행을 과실로 볼 수 있을 것 이므로(대법원 1994. 9. 9. 선고 94다18003 판결, 1995. 10. 12. 선고 95다28700 판결 등 참조), 사고 승용차가 중앙선 침범을 할 당시 두 차량 간의 거리가 얼마였는지, 또한 사고 승용차가 중앙선을 침범한 것을 피고 1이 발견할 수 있었던 때로부터 사고 트럭과 충돌할 때까지 걸린 시간 및 진행한 거리가 얼마였는지 등을 심리하여 확정한 다음 위 피고가 이 사건 사고 당시 사고 승용차와 충돌을 피하기 위하여 충분히 대처할 수 있는 상황이었는지, 제한속도를 지켜 운전하였더라면 사고의 발생을 충분히 방지할 수 있었는지 여부를 가렸어야 할 것이다.

그럼에도 불구하고 원심이 위와 같은 인정 사실만 가지고 피고들의 면책항변을 쉽게 배척하였음은 자동차 운전자의 과실에 관한 법리를 오해하였거나 심리를 다하지 아니한 위법을 저질렀다고 할 것이다.

이 점을 지적하는 상고이유의 주장은 이유 있다.

2. 원고들의 부대상고이유에 대하여

원심판결 이유에 의하면, 원심은 그 판결에서 채용하고 있는 증거들을 종합하여, 이 사건 사고에 관한 그 판시와 같은 사실 등을 인정한 후, 이 사건 사고에 경합된 원고 측의 과실을 70%로 정함이 상당하다고 평가하였는바, 위에서 본 바와 같이 이 사건 사고가 피고측의 과실로 인하여 발생하였다고 보기 어려운 점에 비추어, 원심 인정 사실과는 다른 사고경위를 전제로 피고측의 과실을 원심보다 오히려 더 무겁게 인정하여야 한다는 상고이유의 주장은 더 살펴 볼 것도 없이 이유 없을 뿐만 아니라, 가사 원심의 사실인정을 그대로 따르는 경우에도, 원고측의 과실비율에 관한 원심의 판단이 형평의 원칙에 비추어 불합리하다고 인정되지는 아니한다.

3. 그러므로 원심판결 중 피고들 패소 부분을 파기하여 이 부분 사건을 다시 심리·판단하도록 하기 위하여 원심법원에 환송하기로 하며, 원고들의 부대상고를 기각하고, 부대상고비용은 패소자인 원고들의 부담으로 하여 관여 법관의 일치된 의견으로 주문과 같이 판결한다.

판례8 | 차량에 들이 받힌 차량이 중앙선을 넘으면서 마주 오던 차량들과 충격하여 일어난 사고는 중앙선 침범사고로 볼 수 없다*[1998. 7. 28. 선고., 98도832 판결].*

【판결요지】

피고인 운전차량에게 들이받힌 차량이 중앙선을 넘으면서 마주오던 차량들과 충격하여 일어난 사고가 중앙선 침범사고로 볼 수 없다고 한 사례.

【원심판결】

창원지방법원 1998. 2. 27. 98노119 판결

【이유】

1. 교통사고처리특례법 제3조 제2항 단서 제2호 전단이 규정하는 '도로교통법 제12조 제3항의 규정에 위반하여 차선이 설치된 도로의 중앙선을 침범하였을 때'라 함은 교통사고의 발생지점이 중앙선을 넘어선 모든 경우를 가리키는 것이 아니라 부득이한 사유가 없이 중앙선을 침범하여 교통사고를 발생케 한 경우를 뜻하며, 여기서 '부득이한 사유'라 함은 진행차로에 나타난 장애물을 피하기 위하여 다른 적절한 조치를 취할 겨를이 없었다거나 자기 차로를 지켜 운행하려고 하였으나 운전자가 지배할 수 없는 외부적 여건으로 말미암아 어쩔 수 없이 중앙선을 침범하게 되었다는 등 중앙선 침범 자체에는 운전자를 비난할 수 없는 객관적 사정이 있는 경우를 말하는 것이며(대법원 1997. 5. 23. 선고 95도1232 판결, 1996. 6. 11. 선고 96도1049 판결, 1994. 9. 27. 선고 94도1629 판결, 1991. 10. 11. 선고 91도1783 판결, 1990. 9. 25. 선고 90도536 판결, 1988. 3. 22. 선고 87도2171 판결 등 참조), 중앙선 침범행위가 교통사고 발생의 직접적인 원인이 된 이상 사고장소가 중앙선을 넘어선 반대차선이어야 할 필요는 없으나, 중앙선 침범행위가 교통사고 발생의 직접적인 원인이 아니라면 교통사고가 중앙선 침범 운행중에 일어났다고 하여 모두 이에 포함되는 것은 아니라고 할 것이다(대법원 1991. 12. 10. 선고 91도1319 판결 참조).

2. 먼저 피고인의 상고이유를 본다.

원심은 그 내세운 증거들에 의하여, 피고인이 편도 2차선 도로의 2차로를 진행하다가 운전기기 조작을 제대로 하지 못하여 1차선으로 급차선변경을 함으로써 1차선에서 진행하던 피해자 공소외 1 운전의 차량을 들이받아서 그 차량이 밀리면서 중앙선을 넘어가서 마주오던 공소외 2 운전의 차량과 충돌하여 공소외 1 차량에 타고 있던 피해자 공소외 3이 사망하였고, 공소외 1과 공소외 2 차량에 타고 있던 피해자 공소외 4, 공소외 5가 각 상해를 입었으며, 피고인 차량도 곧바로 중앙선을 침범하여 들어가서 마주오던 피해자 공소외 6, 공소외 7 운전의 차량을 순차로 들이받아서 공소외 6, 공소외 7과 그 차량에 타고 있던 피해자 공소외 8 외 3인이 각 상해를 입은 사실을 인정함으로써 결과적으로 피고인이 공소외 1 차량에 들이받혀서 부득이하게 중앙선을 넘어간 것이라는 피고인의 주장을 배척하였는바, 관련 증거들을 기록과 대조하여 검토하여 보면, 그와 같은 원심의 사실인정과 판단은 정당하고, 거기에 논하는 바와 같이 채증법칙에 위배하여 판결에 영향을 미치는 사실을 잘못 인정한 위법이나 교통사고처리특례법이 규정하는 중앙선 침범에 관한 법리를 오해한 위법이 있다고 할 수 없으므로, 논지는 모두 이유가 없다.

3. 그러나 직권으로 살피건대, 피해자 공소 외 1, 공소 외 4, 공소 외 5에 관한 상해의 교통사고는 원심이 인정한 바와 같이 피고인 차량이 공소 외 1 차량을 들이받은 충격으로 인하여 공소외 1 차량이 중앙선을 넘어가서 일어난 것일 뿐 피고인 차량이 중앙선을 침범하여 충격한 사고로 인한 것이 아니므로, 비록 위 사고가 중앙선을 넘은 지점에서 발생하였다고 하더라도 위 사고의 발생에 있어서는 피고인의 중앙선 침범행위가 직접적인 원인이 되지 않았음이 명백하다.

따라서 이 부분 교통사고는 교통사고처리특례법 제3조 제2항 제2호 단서 전단이 규정하는 중앙선침범사고라고 할 수 없는데, 기록에 의하면 피고인 차량은 자동차종합보험에 가입되어 있는 사실이 인정되므로 이 부분에 관한 공소는 그 절차가 법률에 위반하여 무효인 경우에 해당하므로 그 부분 공소를 기각하였어야 함에도 불구하고 원심이 이 부분까지 유죄로 인정하여 그와 상상적 경합의 관계에 있는 나머지 부분과 함께 하나의 형을 선고한 것은 위 특례법이 규정하는 중앙선 침범에 관한 법리를 오해한 위법을 저질렀다고 할 것이므로 원심판결은 이 점에서 전부 파기를 면할 수 없다.

4. 그러므로 원심판결을 전부 파기하여 사건을 원심법원에 환송하기로 하여 관여 법관의 일치된 의견으로 주문과 같이 판결한다.

> **판례9 |** 장마철 집중호우로 종단면상 유(U) 자형 도로의 가운데 부분에 차량통행에 장애가 될 정도로 빗물이 고여 있어 그 곳을 진행하는 차량이 고인빗물을 피하려고 중앙선을 침범하여 교통사고를 일으킨 사안*[대법원 1998. 2. 13. 선고., 97다49800 판결].*

【판결요지】

[1] 영조물인 도로의 설치·관리상의 하자는 도로의 위치 등 장소적인 조건, 도로의 구조, 교통량, 사고시에 있어서의 교통 사정 등 도로의 이용 상황과 본래의 이용 목적 등 제반 사정과 물적 결함의 위치, 형상 등을 종합적으로 고려하여 사회통념에 따라 구체적으로 판단하여야 하는바, 도로의 설치 후 집중호우 등 자연력이 작용하여 본래 목적인 통행상의 안전에 결함이 발생한 경우에는 그 결함이 제3자의 행위에 의하여 발생한 경우와 마찬가지로, 도로에 그와 같은 결함이 있다는 것만으로 성급하게 도로의 보존상 하자를 인정하여서는 안 되고, 당해 도로의 구조, 장소적 환경과 이용상황 등 제반 사정을 종합하여 그와 같은 결함을 제거하여 원상으로 복구할 수 있는데도 이를 방치한 것인지 여부를 개별적·구체적으로 심리하여 하자의 유무를 판단하여야 한다.

[2] 종단면상 유(U)자형 도로의 가운데 부분에 빗물이 고여 있어 그 곳을 진행하는 차량이

그 고인 빗물을 피하려고 중앙선을 침범하여 교통사고를 일으킨 사안에서, 도로관리청이 사고지점 도로에 빗물이 고여 차량의 통행에 장애가 되는 것을 막을 수 있었는데도 이를 방치한 것인지 여부를 심리하여야 함에도 불구하고 이에 이르지 않은 채 사고가 운전자의 일방적 과실로 인하여 발생한 것이라고 판단한 원심판결을 파기한 사례.

【원심판결】

대전고등법원 1997. 9. 26. 97나3017 판결

【이유】

상고이유를 본다.

1. 원심판결 이유에 의하면, 원심은 거시 증거에 의하여, 이 사건 사고지점의 도로는 황색실선의 중앙선이 설치되어 있는 도로폭 합계 약 7m인 편도 1차선의 직선도로이고 사고 트럭 진행방향 차선의 도로폭은 약 3.5m이며 그 우측으로 약 1.2m 가량의 갓길이 나 있는데, 위 사고 당시 위 트럭 진행방향 차선 위에는 삼각형 형태로 길이가 최대 약 10m이고 폭이 갓길 끝으로부터 최대 약 3.5m 정도의 빗물이 고여 있었기 때문에 폭이 최대인 지점의 경우 빗물이 고여 있지 않은 부분은 중앙선으로부터 약 1.2m 정도였던 사실, 위 빗물이 고여 있던 지점은 종단면상 유(U)자형 도로의 가운데 부분으로 가장 낮은 지대이고 횡단면상 구배가 2%(길이 100m에 2m의 경사도)인데, 피고가 1986.경 위 도로를 개설할 당시 그 지점 및 그 곳으로부터 신단양 방면으로 약 30m 정도 떨어진 지점에 각 집수구를 설치하여 도로밑의 배수구를 통하여 강변 쪽으로 배수되도록 한 사실, 평소에는 위 집수구를 통하여 배수가 잘 되었으나 위 사고 당시에는 일시에 많은 양의 비가 내렸던 관계로(위 사고 당일 단양지역의 1일 강수량은 178.5mm 상당이었다) 위 집수구를 통하여 배수가 완전하게 되지 못하고 위와 같이 도로 일부에 빗물이 고이게 된 것일 뿐 위 도로 중 일부가 파이거나 함몰되어 위 빗물이 고인 것은 아닌 사실(피고는 위 사고 이후 위와 같이 빗물이 고여 있던 지점을 포함한 그 부근의 도로 폭 약 2.6m 내지 3m, 길이 약 60m 내지 70m 정도를 포장하여 지대를 북돋웠는데, 그 과정에서 위 빗물이 고여 있던 지점에 설치되어 있던 집수구 위까지 포장하여 지대를 북돋웠다), 망 소외 1은 위 사고 당시 차폭이 약 1.7m인 위 트럭을 운전하여 위 사고지점 도로를 과속으로 진행하던 중 위와 같이 빗물이 고여 있던 지점에서 중앙선을 넘어 진행하다가 그 곳으로부터 약 50m 정도를 지난 반대차선에서 소외 2 운전의 승용차를 충격한 사실, 위 망 소외 1은 위 사고 당시 충북 단양읍에 거주하면서 같은 지역에 위치한 주식회사 단양석회공업에 다니고 있었던 관계로 위 사고지점의 도로를 잘 알고 있었던 사실 등을 인정한 다음, 위 인정사실에 의하면 평소 유(U)자형의 직선도로인 위 사고지점의 도로상황을 잘 알고 있었

던 위 망 소외 1이 위 도로를 진행함에 있어서 비록 위와 같이 진행 차선의 도로 일부에 빗물이 고여 있었다 하더라도 당시 많은 양의 비가 내리고 있었으므로 속도를 줄이고 전방주시를 철저히 하여 반대차선에서 진행해 오는 차량이 있을 경우에는 위 빗물이 고여 있는 지점에서 일시 정지하였다가 진행하거나 빗물에 미끄러지지 않도록 느린 속도로 진행 차선을 정상적으로 진행하던지, 아니면 마주 오는 차량의 동태를 잘 살피면서 중앙선에 근접하여 진행함으로써 충분히 이 사건 사고를 방지할 수 있었음에도 불구하고, 이 사건 사고는 위와 같이 많은 양의 비가 오는데도 내리막길에서 과속으로 진행하다가 진행 차선의 도로 일부에 빗물이 고여 있는 것을 발견하고는 전방주시를 태만히 한 채 이를 피하여 진행하고자 중앙선을 침범하여 계속하여 진행하다가 위 빗물이 고여 있던 지점으로부터 약 50m 지난 지점의 반대차선에서 마주 오던 위 소외 2의 위 승용차를 충격하여 발생한 것으로서 위 망 소외 1의 전적인 과실에 의하여 발생한 것으로 봄이 상당하다 할 것이므로, 이 사건 사고가 위 사고지점 도로의 설치·보존상의 하자로 인하여 발생한 것임을 전제로 한 원고의 이 사건 청구는 더 나아가 살펴볼 필요 없이 이유 없다고 판단하였다.

2. 그러나 원심의 위와 같은 인정, 판단은 수긍하기 어렵다.

영조물인 도로의 설치·관리상의 하자는 도로의 위치 등 장소적인 조건, 도로의 구조, 교통량, 사고시에 있어서의 교통 사정 등 도로의 이용 상황과 그 본래의 이용 목적 등 제반 사정과 물적 결함의 위치, 형상 등을 종합적으로 고려하여 사회통념에 따라 구체적으로 판단하여야 할 것인바, 도로의 설치 후 집중호우 등 자연력이 작용하여 그 본래 목적인 통행상의 안전에 결함이 발생한 경우에는 그 결함이 제3자의 행위에 의하여 발생한 경우와 마찬가지로, 도로에 그와 같은 결함이 있다는 것만으로 성급하게 도로의 보존상 하자를 인정하여서는 안 되고, 당해 도로의 구조, 장소적 환경과 이용 상황 등 제반 사정을 종합하여 그와 같은 결함을 제거하여 원상으로 복구할 수 있는데도 이를 방치한 것인지 여부를 개별적·구체적으로 심리하여 하자의 유무를 판단하여야 한다 할 것이다(당원 1992. 9. 14. 선고 92다3243 판결, 1997. 4. 22. 선고 97다3194 판결 등 참조).

원심이 인정한 사실에 의하더라도, 이 사건 사고지점의 도로는 황색실선의 중앙선이 설치되어 있는 도로 폭 합계 7m의 편도 1차선의 직선도로이고 사고 트럭 진행방향 차선의 도로폭은 약 3.5m이며 그 우측으로 약 1.2m 가량의 갓길이 나 있는데 사고 당시 사고 트럭 진행방향 차선 위에는 삼각형 형태로 길이가 최대 약 10m이고 폭이 갓길 끝으로부터 최대 약 3.5m 정도의 빗물이 고여 있었기 때문에 폭이 최대인 지점의 경우 빗물이 고여 있지 않은 부분은 중앙선으로부터 약 1.2m 정도이었다는 것이므로, 그 지점을 통과하는 차량으로서는 위 빗물을 피하기 위하여는 부득이 중앙선을 넘어 반대차선을 일부 이용하여 진행할 수밖에 없어 교통사고를 일으킬 위험성이 높았다 할 것이니, 이는 도로가 본래 갖추어야 할 안전성을 갖추지 못한 것이라 할 것이고, 나아가 원심이 인정한 바에 의하면 위 빗물이 고여 있던 지점은 종단면상 유(U)자형 도로의 가운데 부분으로 가장 낮은 지대라는 것이고, 피고가 사고 이후 위와 같이 빗물이 고여 있던 지점을 포함한 그 부근의 도로 폭 약 2.6m 내지 3m, 길이 약 60m 내지 70m 정도를 포장하여 지대를 북돋웠는데 그 과정에서 위 빗물이 고여 있던 지점에 설치되어 있던 집수구 위까지 포장하여 지대를 북돋웠다는 것이므로, 위 도로의 구조상 많은 양의 비가 내리는 경우에는 그 가운데 낮은 부분으로 일시에 다량의 빗물이 모여들 것이 예상되고 그 경우 그 곳을 진행하는 차량이 그 고인 빗물을 피하다가 교통사고를 일으킬 위험성이 예견되므로 위와 같은 도로의 관리청인 피고로서는 일시에 많은 양의 비가 내리는 경우에 대비하여 도로에 물이 고이지 않도록 집수구 등 배수시설을 갖추고 그 시설이 그 기능을 다 할 수 있도록 관리하며, 도로에 내린 비가 신속히 집수구 쪽으로 흘러들어 갈 수 있도록 도로의 구배 등 구조를 적절히 유지, 관리하는 등의 방호조치를 취할 의무가 있다 할 것인데, 피고가 사고 이후 위와 같이 빗물이 고여 있던 지점에 설치되어 있던 집수구 위까지 포장하여 지대를 북돋웠다는 사실에 비춰보면 사고 당시 위 도로는 집수구로 빗물이 잘 흘러가지 않는 상태이었고 집수구 중 위 빗물이 고여 있던 지점에 설치된 것은 그 집수 기능을 제대로 하지 못한 상태에 있었다고 볼 여지가 있으니 피고로서는 위 도로의 구조, 장소적 환경 등에 비추어 요구되는 방호조치의무를 다하지 못한 것으로 볼 여지가 있다 할 것이다.

사고 당일 사고지점이 속한 단양지역의 1일 강수량이 178.5mm이었다 하더라도 매년 장마철을 겪고 있는 우리 나라와 같은 기후 여건 하에서는 위와 같은 집중호우를 전혀 예측할 수 없는 천재지변이라고 보기 어려우므로 피고로서는 이와 같은 경우에도 역시 도로에 물이 고이지 않도록 앞에서 본 방호조치를 취할 의무가 있다 할 것이다.

또한 원심은 이 사건 사고는 위와 같이 위 망 소외 1이 많은 양의 비가 오는데도 내리막길에서 과속으로 진행하다가 진행 차선의 도로 일부에 빗물이 고여 있는 것을 발견하고는 전방주시를 태만히 한 채 이를 피하기 위해 중앙선을 침범하여 계속 진행하다가 위 빗물이 고여 있던 지점으로부터 약 50m 지난 지점의 반대차선에서 마주 오던 위 소외 2 운전의 승용차를 충격하여 발생한 것으로서 위 망인의 전적인 과실에 의하여 발생한 것으로 봄이 상당하다고 판단하고 있으나, 원심 인정 사실에 의하더라도 자동차를 운전하여 사고지점을 진행하던 위 망인이 진행 도로 상에 빗물이 고여 있으므로 이를 피하여 진행하려 한 것이고, 이를 피하려면 중앙선을 침범할 수밖에 없어 중앙선을 넘어 빗물이 고여 있는 지점으로부터 약 50m를 더 진행하여 가다가 이 사건 사고를 일으킨 것이므로, 위 도로의 설치·관리상의 하자와 이 사건 사고 사이의 인과관계를 부정하기 어렵다 할 것이다.

따라서 원심으로서는 피고가 이 사건 사고 이후 빗물이 고여 있던 지점을 포함한 그 부근의 도로 폭 약 2.6m 내지 3m, 길이 약 60m 내지 70m 정도를 포장하여 지대를 북돋운 이유, 그 과정에서 위 빗물이 고여 있던 지점에 설치되어 있던 집수구 위까지 포장한 이유 등에 관하여 심리하는 등 피고가 사고지점 도로에 빗물이 고여 차량의 통행에 장해가 되는 것을 막을 수 있었는데도 이를 방치한 것인지를 살펴본 다음 이 사건 도로의 설치·관리상의 하자가 있었는지를 판단하였어야 하는데도 불구하고, 원심은 이와 같은 점에 대하여 나아가 심리하지 않은 채 이 사건 사고는 오로지 위 망 소외 1의 전적인 과실에 의하여 발생한 것으로 봄이 상당하다고 판단하였으니, 원심에는 필요한 심리를 다하지 않아 채증법칙에 위배하였거나, 도로의 설치 또는 관리의 하자에 관한 법리나 인과관계에 관한 법리를 오해하여 판결에 영향을 미친 위법이 있다 할 것이다. 이 점을 지적하는 취지가 포함된 논지는 이유 있다.

판례10 | 편도 1차로 도로에서 정차한 버스를 앞서가기 위하여 황색실선의 중앙선을 넘어가는 행위는 허용된다고 볼 수 없다[대법원 1997. 7. 25. 선고., 97도927 판결].

【판결요지】

도로에 중앙선이 설치되어 있는 경우, 차마는 도로의 중앙선으로부터 우측 부분을 통행하여야 하고, 다만 도로의 우측 부분의 폭이 6m가 되지 아니하는 도로에서 다른 차를 앞지르고자 하는 때에는, 그 도로의 좌측 부분을 확인할 수 있으며 반대방향의 교통을 방해할 염려가 없고 안전표지 등으로 앞지르기가 금지 또는 제한되지 아니한 경우에 한하여 도로의 중앙이나 좌측 부분을 통행할 수 있도록 되어 있으나, 한편 도로교통법 제3조, 제4조, 도로교통법시행규칙 제3조, 제10조, [별표 1]에 의하면, 중앙선 표지는 안전표지 중 도로교통법 제13조에 따라 도로의 중앙선을 표시하는 노면표지로서 그 중 황색실선은 자동차가 넘어갈 수 없음을 표시하는 것이라고 규정되어 있으므로, 편도 1차로 도로로서 황색실선의 중앙선 표지가 있는 장소에서는 설사 앞서가던 버스가 정차하여 후행 차량의 진행로를 막고 있었다고 하더라도, 그 버스를 피하여 앞서가기 위하여 황색실선의 중앙선을 넘어 자동차를 운행할 수는 없다.

【원심판결】

전주지방법원 1997. 3. 21. 96노868 판결

【이유】

1. 이 사건 즉결심판청구서 및 관계 증거에 의하면, 피고인은 선행차량보다 앞서가기 위

하여 중앙선을 넘어 진행한 혐의로 적발되어 즉결심판이 청구되었음이 분명하므로, 원심이 심판이 청구되지 아니한 범죄사실을 유죄로 인정한 잘못이 있다고 볼 수 없다.

2. 피고인은 제1심과 원심의 법정에서 앞서 진행하던 버스가 정차하므로 중앙선을 넘어 진행한 사실이 있음을 스스로 인정하였을 뿐 아니라, 원심이유지한 제1심의 채용증거에 의하여도 그 사실을 넉넉히 인정할 수 있으므로, 원심판결에 심리미진 등의 위법이 있다고 볼 수 없다.

3. 도로교통법의 관계 규정에 의하면, 도로에 중앙선이 설치되어 있는 경우, 차마는 도로의 중앙선으로부터 우측 부분을 통행하여야 하고(제12조 제3항), 다만 도로의 우측 부분의 폭이 6m가 되지 아니하는 도로에서 다른 차를 앞지르고자 하는 때에는, 그 도로의 좌측 부분을 확인할 수 있으며 반대방향의 교통을 방해할 염려가 없고 안전표지 등으로 앞지르기가 금지 또는 제한되지 아니한 경우에 한하여 도로의 중앙이나 좌측 부분을 통행할 수 있도록 되어 있으나(제12조 제4항 제3호), 한편 도로교통법 제3조, 제4조, 도로교통법시행규칙 제3조, 제10조, [별표 1] '안전표지의 종류, 만드는 방식, 표시하는 뜻, 설치기준'에 의하면, 중앙선 표지는 안전표지 중 도로교통법 제13조에 따라 도로의 중앙선을 표시하는 노면표지로서 그 중 황색실선은 자동차가 넘어갈 수 없음을 표시하는 것이라고 규정되어 있는바([별표 1]의 일련번호 601), 이 사건 위반 장소는 편도 1차로 도로로서 중앙선 표시는 자동차가 넘어갈 수 없는 황색실선으로 되어 있음이 기록상 분명하므로, 피고인으로서는 설사 앞서가던 버스가 정차하여 피고인의 진행로를 막고 있었다고 하더라도, 그 버스를 피하여 앞서가기 위하여 황색실선의 중앙선을 넘어 자동차를 운행할 수는 없는 것이다(대법원 1985. 9. 10. 선고 85도1264 판결 참조), 따라서 피고인의 행위가 도로교통법 제113조 제1호, 제12조 제3항(제1심판결에서 제12조 제2항으로 기재한 것은 오기임이 분명하다)에 해당한다고 본 제1심판결을 유지한 원심의 조치는 정당하고, 거기에 관계 법령에 관한 법리오해의 위법이 있다고 할 수 없다.

4. 그 밖에 기록을 검토하여 보아도 원심판결에 상고이유에서 지적하는 바와 같은 위법사유가 있음을 찾아볼 수 없다. 논지는 모두 이유 없다.

판례11 | 교통사고처리특례법에 의한 처벌특례의 예외사유인 중앙선 침범 및 보도 침범의 의미는 운전자를 비난할 수 없는 객관적 사정이 있는 경우를 말하는 것이다[대법원 1997. 5. 23. 선고., 95도1232 판결].

【판결요지】

중앙선 및 보도 침범이 운전자가 지배할 수 없는 외부적 여건으로 말미암아 어쩔 수 없었던 것이라고 볼 수 없다는 이유로 원심판결을 파기한 사례.

【원심판결】

대전지방법원 1995. 5. 10. 95노379 판결

【이유】

1. 원심판결 이유에 의하면, 원심은, 택시운전업무에 종사하는 피고인이 1994. 12. 4, 21:50경 충남 1사 3861호 택시를 운전하여 온양시 권곡동 소재 올림픽아파트 뒤편 도로상을 박물관 4거리 방면에서 터미널 방면으로 시속 약 30km으로 진행하던 중 중앙선을 침범한 과실로 반대차로의 인도턱을 택시 앞부분으로 들이받고 그 충격으로 차가 회전되면서 뒷부분이 인도를 침범하여 마침 그 곳을 걸어가던 피해자 권오근(남, 20세)의 다리부분을 우측 뒤펜더 부분으로 들이받아 피해자로 하여금 전치 약 20주간의 뇌좌상 등의 상해를 입게 하였다는 이 사건 공소사실에 대하여, 그 채택한 증거들을 종합하여 피고인은 택시를 운전하여 시속 약 30km의 속도로 사고지점을 진행하다가 이미 내린 눈으로 노면이 결빙된 까닭에 차가 갑자기 미끄러지면서 중앙선을 넘어가게 되었고, 중앙선을 넘은 차는 피고인이 제동조치를 취하였음에도 불구하고 계속 전진하여 앞 범퍼 부분으로 도로 중앙선에 세워진 교통표지판을 들이받고 회전하면서 차의 진행방향 반대쪽에 있는 보도의 턱을 차의 앞범퍼 부분으로 들이받고 계속하여 차 뒷바퀴가 인도상으로 올라가 차의 우측 뒷부분으로 피해자의 다리 부위를 충격한 사실을 인정한 다음, 사고 경위가 위와 같이 피고인의 택시가 빙판길에서 갑자기 미끄러지면서 제동불능상태가 되어 중앙선과 보도를 침범한 것이라면 이는 피고인이 지배할 수 없는 외부적 여건으로 말미암아 어쩔 수 없이 중앙선과 보도를 침범한 것으로서, 중앙선 및 보도 침범행위 자체에는 피고인을 비난할 수 없는 객관적 사정이 있는 경우라 할 것이어서 이 사건 사고는 교통사고처리특례법 제3조 제2항 단서 소정의 중앙선 침범 또는 보도 침범사고에 해당하지 아니하고, 피고인이 운전하는 택시는 교통사고처리특례법 제4조 제2항 소정의 공제에 가입되어 있으므로, 결국 이 사건 공소는 공소제기의 절차가 법률의 규정에 위반하여 무효인 때에 해당한다는 이유로 공소를 기각하였다.

2. 교통사고처리특례법(1995. 1. 5. 법률 제4872호로 개정되기 전의 것) 제3조 제2항 단서 제2호 전단 소정의 '도로교통법 제13조 제2항의 규정에 위반하여 차선이 설치된 도로의 중앙선을 침범하였을 때'라 함은 교통사고의 발생지점이 중앙선을 넘어선 모든 경우를 가리키는 것이 아니라 부득이한 사유가 없이 중앙선을 침범하여 교통사고를 발생케 한 경우를 뜻하며, 여기서 '부득이한 사유'라 함은 진행차로에 나타난 장애물을 피하기 위하여 다른 적절한 조치를 취할 겨를이 없었다거나 자기 차로를 지켜 운행하려고 하였으나 운전자가 지배할 수 없는 외부적 여건으로 말미암아 어쩔 수 없이 중앙선

을 침범하게 되었다는 등 중앙선 침범 자체에는 운전자를 비난할 수 없는 객관적 사정이 있는 경우를 말하는 것이고(대법원 1990. 9. 25. 선고 90도536 판결, 1991. 10. 11. 선고 91도1783 판결 등 참조), 이와 같은 법리는 같은 법 제3조 제2항 단서 제9호 소정의 보도 침범의 경우에도 그대로 적용되는 것으로 보아야 할 것이다.

그런데, 노면에 내린 눈이 얼어붙어 있었다고 하더라도 경사로가 아닌 한 과속, 급차선변경 또는 급제동 등 비정상적인 운전조작을 하지 않는 이상 그 진로를 이탈할 정도로 미끄러질 수는 없다 할 것이어서 단순히 빙판길 사고라 하여 운전자가 지배할 수 없는 외부적 여건으로 말미암은 것이라고 단정할 수는 없다 할 것인데, 기록에 의하면 이 사건 사고지점은 평탄한 편도 2차로의 직선로로서 사고지점의 노면만이 국지적으로 얼어 있었던 것이 아니라 그 지역 일대의 노면이 비교적 광범위하게 얼어 있었던 것으로 인정되고, 사고지점은 제한속도가 시속 40km지점으로서 위와 같이 노면이 얼어 있는 상황이므로 평상시 제한속도의 반 이하로 줄여 운행하여야 할 것인데도(도로교통법 제15조 제1항, 제2항, 같은 법 시행규칙 제12조 제2항 제2호(나)목 참조), 피고인은 이러한 도로사정에 유의하지 아니한 채 시속 30km 정도로 과속한 잘못과 얼어붙은 노면에서 운전조작을 제대로 하지 못한 과실로 중앙선을 침범한 사실을 엿볼 수 있으므로, 피고인의 중앙선 침범 및 보도 침범이 운전자가 지배할 수 없는 외부적 여건으로 말미암아 어쩔 수 없었던 것이라고 볼 수는 없다 할 것이다(이에 대하여 피고인은 사고지점의 도로에 요철이 있어서 뒷바퀴가 틀어져 중앙선을 침범하였다고 변소하고 있으나, 이 변소는 신빙성이 없다). 그럼에도 불구하고 원심은 이 사건 사고가 교통사고처리특례법 제3조 제2항 단서 소정의 중앙선 침범 또는 보도 침범사고에 해당하지 아니한다고 판단하였으니 원심판결에는 중앙선 침범 또는 보도 침범의 점에 대하여 심리를 다하지 아니하거나 그 법리를 오해한 위법이 있다 할 것이고, 이러한 위법은 판결 결과에 영향을 미쳤음이 명백하므로 이 점을 지적하는 논지는 이유가 있다.

3. 그러므로 원심판결을 파기하고, 사건을 다시 심리·판단하게 하기 위하여 대전지방법원 합의부에 환송하기로 관여 법관의 의견이 일치되어 주문과 같이 판결한다.

판례12 | 주취상태로 전방에 횡단보도가 설치된 편도 1차선 도로를 법정 제한속도를 초과하여 운행하였다는 사실만으로는 반대방향에서 중앙선을 침범해 온 차량과 충돌한 운전자는 과실이 없다*[대법원 1997. 1. 24. 선고., 96다39158 판결].*

【판결요지】

혈중알코올농도 미상의 주취상태로 전방에. 횡단보도가 설치된 편도 1차선 도로를 법정 제한속도를 시속 약 14km 정도 초과하여 운행하였다는 사실만으로는 반대 방향에서 불법주차 된 트럭을 피하려다 넘어지면서 중앙선을 침범해 온 오토바이와 충돌한 데 대하여 운전자에게 과실이 없다고 본 사례.

【원심판결】

전주지방법원 1996. 7. 18. 94나4601 판결

【이유】

상고이유에 대하여

원심판결 이유에 의하면 원심은, 피고는 1992. 11. 7. 22:40경 그 소유의 승용차를 운전하여 전북 김제군 만경면 몽산리 옥산부락 앞 도로를 진봉쪽에서 만경쪽으로 진행하게 되었는데, 때마침 반대방향에서 소외 1이 소외 2를 태우고 등록되지 않은 125cc 오토바이를 운전하다가 진행방향 도로 우측과 노견에 걸쳐 불법주차된 원심 공동피고였던 소외 3 소유의 (차량등록번호 생략) 2.5톤 트럭을 뒤늦게 발견하고 이를 피하려고 급제동조치를 취하며 핸들을 좌측으로 꺾었으나 위 오토바이가 중심을 잡지 못하고 넘어지면서 중앙선을 넘어들어가자, 피고는 위 오토바이를 뒤늦게 발견하고 급제동조치를 취하였으나 미치지 못하여 위 승용차의 앞밤바 부분으로 위 오토바이를 충격하여 위 소외 1로 하여금 뇌출혈 등으로 병원으로 후송 도중 사망에 이르게 한 사실, 이 사건 사고 장소는 진봉쪽에서 만경쪽으로 연결되는 노폭 6m의 편도 1차선의 지방도로로서 황색실선의 중앙선이 설치되어 있고 제한시속이 60km인 사실, 피고가 진행하여 온 도로는 피고의 진행방향에서 보았을 때 우로 굽은 도로로 그 전방에는 횡단보도가 설치되어 있었고 위 승용차와 위 오토바이가 충돌한 지점은 횡단보도로부터 약 12m 떨어진 지점인 사실, 피고는 야간에 혈중알코올농도 미상의 주취상태로 위 승용차를 시속 약 74km의 속도로 운전하다가 이 사건 사고가 발생하게 된 사실 등을 인정한 다음, 이에 터잡아 피고는 야간에 전방에 횡단보도가 설치된 편도 1차선 도로를 진행하였으므로 속도를 줄이고 전방을 잘 살필 주의의무가 있음에도 이를 게을리한 과실이 있고 또 혈중알코올농도 미상의 주취상태에서 제한속도를 초과하여 운행한 과실이 인정되며, 이러한 피고의 과실은 이 사건 사고의 한 원인이 되었다고 판단하여 피고의 면책항변을 배척하였다.

그러나 중앙선이 설치된 도로를 자기 차선을 따라 운행하는 자동차 운전자로서는 마주오는 차량도 자기 차선을 지켜 운행하리라고 신뢰하는 것이 보통이므로, 상대방 차량의 비정상적인 운행을 예견할 수 있는 특별한 사정이 없다면 상대방 차량이 중앙선을 침범해 들어올 경우까지 예상하여 운전하여야 할 주의의무는 없다는 것이 당원의 일관된 견해이다(당원 1991. 8. 9. 선고 91다9169 판결, 1994. 9. 9. 선고 94다18003 판결, 1995. 10. 12. 선고 95다28700 판결 등 참조).

원심이 배척하지 아니한 증거들에 의하면, 피고는 피고의 진행방향에서 보았을 때 우로 굽은 도로의 형태와 전방에 불법주차된 위 트럭에 가려서 이 사건 사고지점에 이르기까지 위 오토바이를 발견하지 못한 것으로 보이는바, 피고로서는 위 오토바이가 위 트럭을 피하기 위하여 핸들을 좌측으로 꺾으면서 급제동조치를 취하다가 넘어지면서 갑자기 중앙선을 침범하여 들어오리라고 예상하기는 어렵다고 할 것일 뿐만 아니라, 피고 운전의 위 승용차가 이 사건 사고지점인 위 트럭의 옆을 통과할 무렵 갑자기 위 오토바이가 위 트럭의 옆으로 돌출하여 중앙선을 넘어 들어온 이상 피고로서는 제동장치의 작동 등 그 대응조치를 취할 만한 시간적인 여유도 없었다고 인정된다.

그렇다면 피고가 위 오토바이의 위와 같은 비정상적인 운행을 예견할 수 있는 특별한 사정이 있었다고 볼 아무런 자료가 없는 이 사건에 있어서 단순히 원심이 인정한 바와 같이 피고가 혈중알코올농도 미상의 주취상태로 부근에 횡단보도가 설치된 지점에서 그 법정 제한속도를 14km 가량 초과하여 운행하였더라도 그것이 곧바로 이 사건 사고 발생의 한 원인이 되었다고 볼 수는 없다고 할 것이다{더군다나 원심판결 이유를 기록에 비추어 살펴보면, 원심이 피고가 혈중알코올농도 미상의 주취상태에서 위 승용차를 시속 약 74km로 운행하였다고 인정한 것은 주로 소외 3 작성의 진술서(갑 제9호증의 9)의 기재와 원심 증인 소외 4의 증언 및 소외 4 작성의 교통사고분석보고서(갑 제12호증)의 기재에 터잡은 것으로 보여지는바, 소외 3은 위 진술서 작성 이후의 수사기관에서의 진술에서 위 진술서의 취지는 피고와 같이 있었던 장소에서 자신이 술을 마셨다는 취지이지 피고가 술을 마셨다는 취지가 아니라고 진술하고 있고, 소외 4는 원고 1의 의뢰에 따라 이 사건 사고를 분석한 자로서 이 사건 사고 후 3년 18일이나 지난 후 현장에 가서 사고조사를 하고 의뢰인이 제공한 자료를 참고로 하여 위 교통사고분석보고서를 작성한 것으로 보이므로, 위 각 증거들은 선뜻 믿기 어려운 증거라고 하지 않을 수 없다}.

결국 원심이 앞에서 본 바와 같은 이유만으로 피고의 면책항변을 배척한 것은 자동차 운전자의 과실에 관한 법리를 오해하여 판결에 영향을 미친 위법을 저질렀다고 아니할 수 없고, 이 점을 지적하는 논지는 이유가 있다.

이에 원심판결 중 피고 패소 부분을 파기하고, 사건을 다시 심리·판단하게 하기 위하여 원심법원에 환송하기로 관여 법관의 의견이 일치되어 주문과 같이 판결한다.

판례13 | 약 62m 전방에서 시속 약 126km의 속도로 중앙선을 침범하여 오는 대향차량을 보고 핸들을 좌측으로 조작하였으나 대향차량이 다시 정상차선으로 복귀하려고 시도하는 바람에 중앙선 부근에서 충돌한 경우, 방어운전 조치를 게을리한 경우에 해당하지 않는다[대법원 1996. 12. 6. 선고., 96다39318 판결].

【판결요지】

[1] 일반적으로 중앙선이 설치된 도로를 자기 차선을 따라 운행하는 자동차운전자로서는 마주 오는 자동차도 차선을 지켜 운행하리라고 신뢰하는 것이 보통이므로, 상대방 자동차의 비정상적인 운행을 예견할 수 있는 특별한 사정이 없다면, 상대방 자동차가 도로의 중앙선을 침범하여 들어 올 것까지 예상하여 특별한 조치를 강구하여야 할 주의의무는 없는 것이나, 다만 마주 오는 차가 이미 비정상적으로 중앙선을 침범하여 진행하여 오는 것을 미리 목격한 경우라면, 그 차가 그대로 비정상적으로 운행을 계속함으로써 진로를 방해할 것에 대비하여 경음기나 전조등을 이용하여 경고신호를 보내거나 감속하면서 도로 우측단으로 피행하는 등으로 그 차와 자기 차와의 접촉 충돌에 의한 위험의 발생을 방지하기 위한 적절한 방어운전조치를 취하여 이에 충분히 대처할 수 있는 상황이었음에도 불구하고 그러한 제반 조치를 게을리한 경우에 한하여 그에게 상대방 자동차와 자기 차의 충돌에 의한 사고의 발생에 대하여 과실이 있다.

[2] 약 62m 전방에서 시속 약 126km의 속도로 중앙선을 침범하여 오는 대향차량을 보고 핸들을 좌측으로 조작하였으나 대향차량이 다시 정상차선으로 복귀하려고 시도하는 바람에 중앙선 부근에서 충돌하게 된 사안에서, 방어운전조치를 게을리한 경우에 해당하지 않는다고 본 사례.

【원심판결】

광주고등법원 1996. 7. 26. 96나2230 판결

【이유】

일반적으로 중앙선이 설치된 도로를 자기 차선을 따라 운행하는 자동차운전자로서는 마주 오는 자동차도 차선을 지켜 운행하리라고 신뢰하는 것이 보통이므로, 상대방 자동차의 비정상적인 운행을 예견할 수 있는 특별한 사정이 없다면, 상대방 자동차가 도로의 중앙선을 침범하여 들어 올 것까지 예상하여 특별한 조치를 강구하여야 할 주의의무는 없는 것이나, 다만 마주 오는 차가 이미 비정상적으로 중앙선을 침범하여 진행하여 오는 것을 미리 목격한 경우라면, 그 차가 그대로 비정상적으로 운행을 계속함으로써 진로를 방해할 것에 대비하여 경음기나 전조등을 이용하여 경고신호를 보내거나 감속하면서 도로 우측단으로 피행하는 등으로 그 차와 자기 차와의 접촉 충돌에 의한 위험의 발생을 방지하기 위한 적절한 방어운전조치를 취하여 이에 충분히 대처할 수 있는 상황이었음에도 불구하고 그러한 제반 조치를 게을리한 경우에 한하여 그에게 상대방 자동차와 자기 차의 충돌에 의한 사고의 발생에 대하여 과실이 있다고 인정할 수 있는 것이다(당원 1994. 9. 9. 선고 94다18003 판결 참조), 원심판결 이유에 의하면, 원심은 거시 증거에 의하여 인정되는 판시와 같은 사실에 의하면, 판시 화물자동차를 운전하던 소외 김·환이 약

62m 전방에서 시속 약 126km로 질주하여 오는 판시 스쿠프 승용차를 발견하고 즉시 경고신호, 감속운행, 일단정지, 피행조치 등의 방어운전조치를 취하였다고 하더라도, 위 승용차와의 충돌의 위험을 운전자의 지각신경이 느끼는데 소요되는 시간, 안전교행을 위하여 이에 대한 대응조치를 취하는데 소요되는 시간, 도로굴곡 상태가 좌회전 방향이어서 위 김·환이 상대방 차량의 중앙선침범을 발견한 지점이 그 자신도 좌회전을 시도하는 지점이고, 그 운전차량이 비교적 운전이 불편한 2.75t 화물트럭인 점, 기타 위 도로 및 차량들의 폭 등을 감안할 때, 위 승용차와의 충돌을 피하기는 어려웠을 것으로 보이고, 위 스쿠프 승용차가 위와 같이 제한시속의 2배가 넘는 속도로 진행하다가 그 우회전 커브 길을 정상진행하지 못하고 중앙선을 완전히 넘어와 위 화물자동차의 운행차선으로 질주하여 오는 상황에서, 위 김O환으로서는 위 승용차가 그 원심력 때문에 자신의 정상차선으로 바로 복귀할 수 없다고 판단할 수도 있었을 것인 만큼, 위 김O환이 핸들을 좌측으로 돌린 것에 과실이 있다고 할 수 없고, 가사 핸들을 우측으로 돌렸다 하더라도 위와 같은 상대방 차량의 돌출행동을 발견한 지점, 양 차량의 속도, 지각신경에 의한 감지 및 그에 따른 대응조치에 소요되는 시간 등을 감안할 때 역시 그 충돌을 피할 수는 없었다고 판단하였는바, 관계 증거를 기록과 대조·검토하여 보면 원심의 위와 같은 인정 및 판단은 정당하고 거기에 소론과 같은 위법이 있다고 할 수 없다. 논지는 이유 없다.

판례14 | 진행차선에 나타난 장애물을 피하기 위하여 다른 적절한 조치를 취할 겨를이 없었다거나, 자기 차선을 지켜 운행하려고 하였으나 운전자가 지배할 수 없는 외부적 여건으로 말미암아 어쩔 수 없이 중앙선을 침범하게 된 경우, 운전자에게 과실이 없다[대법원 1996. 6. 11. 선고., 96도1049 판결].

【판결요지】

운전자가 진행차선에 나타난 장애물을 피하기 위하여 다른 적절한 조치를 취할 겨를이 없었다거나, 자기 차선을 지켜 운행하려고 하였으나 운전자가 지배할 수 없는 외부적 여건으로 말미암아 어쩔 수 없이 중앙선을 침범하게 되었다는 등 중앙선 침범 자체에 대하여 운전자를 비난할 수 없는 객관적인 사정이 있는 경우에는 운전자가 중앙선을 침범하여 운행하였다 하더라도 그 중앙선 침범 자체만으로 그 운전자에게 어떠한 과실이 있다고 볼 수는 없다.

【원심판결】

광주지방법원 1996. 4. 8. 95노949 판결

【이유】

운전자가 진행차선에 나타난 장애물을 피하기 위하여 다른 적절한 조치를 취할 겨를이 없었다거나, 자기 차선을 지켜 운행하려고 하였으나 운전자가 지배할 수 없는 외부적 여건으로 말미암아 어쩔 수 없이 중앙선을 침범하게 되었다는 등 중앙선 침범 자체에 대하여 운전자를 비난할 수 없는 객관적인 사정이 있는 경우에는 운전자가 중앙선을 침범하여 운행하였다 하더라도 그 중앙선 침범 자체만으로 그 운전자에게 어떠한 과실이 있다고 볼 수는 없다(당원 1994. 9. 27. 선고 94도1629 판결 참조).

그러나 원심이유지한 제1심판결이 채용한 관계 증거를 기록과 대조하여 검표하여 보면, 피고인은 피해자 이o남이 운전하는 승용차가 중앙선에 근접하여 운전하여 오는 것을 상당한 거리에서 발견하고도 두 차가 충돌하는 것을 피하기 위하여 할 수 있는 적절한 조치를 취하지 아니하고 그대로 진행하다가 두 차가 매우 가까워진 시점에서야 급제동 조치를 취하며 조향장치를 왼쪽으로 조작하여 중앙선을 넘어가며 피해자의 승용차를 들이받았다고 하는 원심의 사실인정은 수긍이 가고 여기에 채증법칙을 위반하여 사실을 오인한 위법이 있다고 할 수 없으며, 그와 같은 사실관계라면 피고인에게 과실이 있는 것으로 판단한 원심의 조처도 옳다고 할 것이다, 논지는 이유가 없다.

> **판례15 |** 좌회전 금지구역에서 좌회전한 행위와 사고발생 사이에 상당인과관계가 인정되지 않는다고 보아 사고운전자의 행위는 교통사고특례법상의 사고에 해당하지 않는다*[대법원 1996. 5. 28. 선고., 95도1200 판결].*

【판결요지】

피고인이 좌회전 금지구역에서 좌회전한 것은 잘못이나 이러한 경우에도 피고인으로서는 50여 미터 후방에서 따라오던 후행차량이 중앙선을 넘어 피고인 운전차량의 좌측으로 돌진하는 등 극히 비정상적인 방법으로 진행할 것까지를 예상하여 사고발생 방지조치를 취하여야 할 업무상 주의의무가 있다고 할 수는 없고, 따라서 좌회전 금지구역에서 좌회전한 행위와 사고발생 사이에 상당인과관계가 인정되지 아니한다는 이유로 피고인의 과실로 사고가 발생하였음을 전제로 하는 특정범죄가중처벌등에관한법률위반(도주차량)의 점에 관하여 무죄를 선고한 원심판결을 수긍한 사례.

【원심판결】

서울고등법원 1995. 4. 28. 95노248 판결

【이유】

1. 원심판결 이유를 기록과 대조하여 보면 원심이 그 거시증거에 의하여 판시와 같은 경위로 이 사건 교통사고가 발생한 사실을 인정한 다음, 이에 터잡아 이 사건 사고 당시

피고인이 좌회전 금지구역에서 좌회전한 것은 잘못이나 이러한 경우에도 피고인으로서는 50여m 후방에서 따라오던 후행차량이 중앙선을 넘어 피고인 운전차량의 좌측으로 돌진하는 등 극히 비정상적인 방법으로 진행할 것까지를 예상하여 사고발생 방지조치를 취하여야 할 업무상 주의의무가 있다고 할 수는 없고, 따라서 피고인이 좌회전 금지구역에서 좌회전한 행위와 이 사건 사고발생 사이에 상당인과관계가 인정되지 아니한다는 이유로 피고인의 과실로 이 사건 사고가 발생하였음을 전제로 하는 특정범죄 가중처벌등에관한법률위반(도주차량)의 점에 관하여 무죄로 판단한 조치는 정당한 것으로 수긍이 가고, 그 과정에 소론이 주장하는 바와 같이 심리를 다하지 아니하고 채증법칙을 위배하여 사실을 오인한 위법이나 업무상 과실에 관한 법리를 오해한 위법이 있다 할 수 없으므로, 이를 다투는 논지는 이유 없다.

2. 면소 부분에 관한 판단

그러나 이 사건 공소사실 중 피고인의 구호조치 불이행의 점은 1995. 8. 10. 이전에 범한 도로교통법위반죄에 관한 것으로서, 1995. 12. 2.자 일반사면령(대통령령 제14818호) 제1조 제1항 제11호에 의하여 사면되었으므로, 사면법 제5조 제1항 제1호, 형사소송법 제326조 제2호를 적용하여 피고인에 대하여 면소판결을 하여야 할 것이니, 이 부분에 대하여 피고인을 유죄로 인정한 제1심판결이나 원심판결은 피고인의 상고이유에 나아가 판단할 필요 없이 파기를 면할 수 없다.

그러므로 원심판결 및 제1심판결 중 도로교통법위반의 점에 관한 부분을 파기하고, 그 부분에 대하여 당원이 자판하기로 하며 검사의 상고는 기각하기로 관여 법관의 의견이 일치되어 주문과 같이 판결한다.

판례16 | 중앙선을 넘어 달리던 갑 차량이 반대 차선에서 과속운행 하던 을 차량과 충돌한 경우, 을 차량 운전자의 과속이 과실로 인정된다 *[대법원 1995.10.12. 선고, 95다28700 판결].*

【판결요지】

중앙선이 설치된 도로를 자기 차선을 따라 운행하는 자동차 운전자로서는 마주 오는 자동차도 자기 차선을 지켜 운행하리라고 신뢰하는 것이 보통이므로, 상대방 자동차의 비정상적인 운행을 예견할 수 있는 특별한 사정이 없다면 상대방 자동차가 중앙선을 침범해 들어올 경우까지 예상하여 운전하여야 할 주의의무는 없으며, 또한 운전자가 제한속도를 초과하여 운전하였다는 사정만을 들어 그에게 과실이 있다고 탓할 수는 없고, 다만 그와 같이 과속운행을 하지 아니하였더라면 상대방 자동차의 중앙선 침범을 발견하는 즉시 정차 또는 감속으로 충돌을 피할 수 있었다는 사정이 있었던 경우에 한하여 과속 운행을 과실로 볼 수 있다.

【원심판결】

　　대전고등법원 1995. 5. 30. 94나2105 판결

【이유】

　　원심은, 소외 서□덕은 자기 소유인 프레스토 승용차를 운전하고 대전과 천안 사이의 편도 1차선의 국도를 천안에서 대전 방면으로 진행하다가 약 7.7도의 경사를 이루는 오르막 도로(포장된 노폭 약 6.9m, 갓길을 포함한 노폭 약 9.2m)를 주행하게 되었을 때, 전방에서 같은 방향으로 시속 50Km의 속도로 진행하던 길이 약 16.5m의 트레일러 차량을 앞지르기 위하여 황색 중앙선을 침범하여 반대편 차선으로 진행하게 된 사실, 한편 피고는 르망승용차를 운전하고 위 도로 고개 정상 너머의 약간 오르막 경사진 도로를 대전에서 천안 방면으로(위 서□덕쪽을 향하여) 제한속도 시속 60Km를 약 17Km 초과한 77Km의 속도로 주행하다가 고개정상에서 내리막길로 막 들어서는 순간, 위 서□덕이 위와 같이 트레일러를 앞지르기 위하여 중앙선을 침범하여 피고의 진행차선을 따라 오르막길을 올라오고 있는 것을 충돌지점 약 50m 전방에서 발견하고 급제동조치를 취하였으나 급제동으로 인하여 차량이 중앙선쪽으로 쏠려 31.1m 가량 미끄러지면서, 중앙선을 침범하였다가 미처 자기 차선으로 완전히 복귀하지 못한 위 프레스토 차량을 중앙선 부근에 차체가 반쯤 걸린 상태에서 충격하고, 그로 인하여 프레스토 차량이 뒤에서 올라오던 트레일러 차량에게 다시 들이받혀 그 충격으로 프레스토 차량의 조수석에 타고 있던 소외 임△철이 사망한 사실 등을 인정한 다음, 위 사고의 주된 원인은 위 서□덕 운전의 프레스토 승용차가 중앙선을 침범한데 있다고 할 것이지만, 위 르망승용차의 운전자인 피고가 도로 바깥쪽으로 피하지 못하고 오히려 급제동시 반대차선쪽으로 차가 밀려 위 프레스토 승용차와 충돌하게 된 것은 피고의 과속이 그 원인이 되었다고 할 것이어서 피고에게도 이 사건 사고의 발생에 대하여 과실이 있다는 이유고, 피고의 면책주장을 배척하였다.

　　그러나 중앙선이 설치된 도로를 자기 차선을 따라 운행하는 자동차 운전자로서는 마주 오는 자동차도 자기 차선을 지켜 운행하리라고 신뢰하는 것이 보통이므로, 상대방 자동차의 비정상적인 운행을 예견할 수 있는 특별한 사정이 없다면, 상대방 자동차가 중앙선을 침범해 들어올 경우까지 예상하여 운전하여야 할 주의의무는 없으며, 또한 위 운전자가 제한속도를 초과하여 운전하였다는 사정만을 들어 그에게 과실이 있다고 탓할 수는 없고, 다만 그와 같이 과속운행을 하지 아니하였더라면 상대방 자동차의 중앙선 침범을 발견하는 즉시 정차 또는 감속으로 충돌을 피할 수 있었다는 사정이 있었던 경우에 한하여 과속 운행을 과실로 볼 수 있다 할 것이다(당원 1992.4.10.선고, 91다 44469 판결, 1994. 9. 9. 선고, 94다 18003 판결 등 참조). 그런데 원심이 인정한 사실관계에 의하면, 피고가 고개 정상을 막 넘어서는 순간 위 서□덕 운전의 프레스토 승용차가 트레일러 차량을

추월하기 위하여 중앙선을 침범하여 오르막길을 올라오는 것을 발견하였는데 그 발견지점과 사고지점의 거리는 약 50m라는 것이고, 그후 충돌당시까지도 위 프레스토 승용차가 자기 차선으로 완전히 복귀하지 못하여 중앙선에 차체가 반쯤 걸려있는 상태에서 피고인의 차량과 충돌하게 되었다는 것인바, 위 도로가 포장되지 않은 갓길을 포함하여 노폭이 불과 9.2m 밖에 되지 않는 좁은 도로인데도 당시 반대편 차선은 대형 트레일러가 차지하고 있고 피고인의 진행차선은 프레스토 차량이 길이가 16.2m나 되는 트레일러를 앞지르기 위하여 질주하여 오고 있는 상황이었다면, 피고가 충돌을 피하기 위하여 취할 수 있는 조치는 급제동 외에 달리 다른 방도가 없었다고 할 것이고, 한편 위와 같은 상황에서 르망 승용차의 운전자인 피고가 고개 정상을 넘어 아래쪽에서 올라오는 위 프레스토 승용차를 발견하고 충돌위험을 느껴 그에 필요한 대응조치를 취하는데는 어느 정도의 시간이 필요할 것이고 , 위와 같은 내리막 도로에서는 피고가 제한시속 60Km로 주행하였다고 가정하더라도 급제동 후 차량이 정지하기까지는 상당한 거리가 필요할 것이며, 위와 같은 내리막 도로에서는 피고가 시속 60Km의 제한속도로 주행하였다고 하여 급제동시에 차량이 중앙선쪽으로 쏠리지 않았을 것이라고 단정할 수 없으므로, 피고가 제한속도로 주행하였다고 하더라도 위 프레스토 차량을 발견한 시점에서는 위 충돌사고를 피하기는 거의 어려웠다고 보여진다.

그렇다면, 피고의 과속이 사고발생의 한 원인이 되었다는 이유로 피고의 면책항변을 배척한 원심판결에는 자동차 운전자의 과실에 관한 판단을 그르친 위법이 있고, 그와 같은 위법은 판결에 영향을 미쳤다고 할 것이므로, 이 점을 지적하는 논지는 이유가 있다.

판례17 | 반대차선에 연결된 소로에서 주도로로 진입하는 차량이 황색중앙선을 침범하여 자기 진행차선으로 진행할 것까지 예상하여 진행할 주의의무는 없다[대법원 1995. 7. 11. 선고., 95도382 판결].

【판결요지】

두 줄의 황색중앙선 표시가 있는 직선도로상을 운행하는 차량의 운전자로서는 특별한 사정이 없는 한 상대방향에서 운행하여 오는 차량이 도로중앙선을 넘어 자기가 진행하는 차선에 진입하지 않으리라고 믿는 것이 우리의 경험법칙에 함당하고, 또 반대차선에 연결된 소로에서 주도로로 진입하는 차량이 있다고 하더라도 그 차량이 법률상 금지된 중앙선을 침범하여 자기가 진행하는 차선에 진입하는 범법행위까지를 예상하여 자기가 운전하는 차량을 서행하거나 일일이 그 차량의 동태를 예의주시할 의무가 있다고 할 수 없다.

【원심판결】

고등군사법원 1995. 1. 9. 94노69 판결

【이유】

　원심판결 이유에 의하면 원심은 거시증거에 의하여 피고인은 1993. 7. 16. 서을 강서 라4827호 99cc 오토바이를 운전하여 시속 약 40Km로 서울 양천구 신월동 소재 신정병 원방면에서 남부순환로 방면으로 편도 2차선 도로의 1차선을 따라 운행하던 중 같은 날 12:30경 같은 동 445 소재 양강국민학교앞 노상에 이르렀는바, 이 도로는 40도정도 경 사진 내리막길이고 좌우측에 폭 약 3m의 도로가 있어 이 도로로부터 차량 및 오토바이 가 주도로상에 진입하는 경우가 있으므로, 이러한 경우 운전업무에 종사하는 자로서는 전 방을 주시하여 안전하게 운행함으로써 충돌 등에 의한 사고발생을 미연에 방지할 업무상 주의의무가 있음에도 불구하고, 이를 게을리한 채 위험이 없는 것으로 가볍게 생각하고 계속하여 같은 속도로 위 오토바이를 운행한 과실로 마침 피고인이 진행하던 차선의 좌 측 대월연립과 광명연립 사이의 주택가 골목도로로부터 피고인 진행차선의 중앙선을 횡단 하여 나오던 피해자 안삼룡 운전의 오토바이를 10m 전방에서 발견하였으나, 그대로 진 행하여 위 오토바이의 앞바퀴 부분으로 피해자가 운전하던 오토바이의 우측 뒷바퀴 부분 을 들이 받아 그 충격으로 피해자를 도로에 넘어지게 하여 피해자로 하여금 약 3개월의 치료를 요하는 좌측 관절부 골절탈골 등의 상해를 입게 한 사실을 인정하고 있다. 그러나 두 줄의 황색중앙선 표시가 있는 편도 2차선의 직선도로상을 운행하는 차량의 운전자로 서는 특별한 사정이 없는 한 상대방향에서 운행하여 오는 차량이 도로중앙선을 넘어 자 기가 진행하는 차선에 진입하지 않으리라고 믿는 것이 우리의 경험법칙에 합당하다고 할 것이고, 또 반대차선에 연결된 소로에서 주도로로 진입하는 차량이 있다고 하더라도 그 차량이 법률상 금지된 중앙선을 침범하였다고 볼 수 없다.

판례18 | 차선이 접속하는 가상의 경계선인 중앙선을 침범한 사고는 교통사고처리
　　　　특례법 제3조 제2항 단서 제2호 소정의 중앙선 침범사고에 해당한다*[대법원*
　　　　1995. 5. 12. 선고., 95도 512 판결.

【판결요지】

　차선이 설치된 도로의 중앙선은 서로 반대방향으로 운행하는 차선이 접속하는 경계선 에 다름 아니어서 차선을 운행하는 운전자로서는 특단의 사정이 없는 한 반대차선 내에 있는 차량은 이 경계선을 넘어 들어오지 않을 것으로 신뢰하여 운행하는 것이므로, 부득 이한 사유가 없는데도 고의로 이러한 경계선인 중앙선을 넘어 들어가 침범당한 차선의 차량운행자의 신뢰에 어긋난 운행을 함으로써 사고를 일으켰다면 교통사고처리특례법 제 3조 제2항 단서 제2호가 정한 처벌특례의 예외규정인 중앙선 침범사고에 해당한다.

【원심판결】

춘천지방법원 1995. 1. 26. 94노515 판결

【이유】

1. 원심판결 이유에 의하면 원심은, 피고인이 강원 1다7524호 승용차를 운전하고 1994.8. 7. 10:30경 속초시 장사동 소재 능라도 막국수집 앞 7번 국도에 이르러 황색실선의 중앙선을 침범한 업무상 과실로 마침 반대차선을 진행하던 피해자 신명선 운전의 오토바이를 들이받아 피해자에게 전치 8주간의 좌4중수골골절상 등을 입게 한 것이라는 이 사건 공소사실에 대하여, 제1심이 적법하게 조사, 채택한 증거에 의하면 피고인이 횡단보도를 통하여 좌회전하다가 이 사건 교통사고를 일으킨 사실이 인정되는데, 피고인의 차량이 반대차선으로 넘어간 통로에 해당되는 도로부분이 횡단보도로서 실제로 중앙선이 그어져 있지 아니한 이 사건은 중앙선 침범사고에 해당하지 아니한다 할 것이고, 한편 피고인의 차량은 종합보험에 가입되어 있으므로, 결국 이 사건은 공소제기의 절차가 법률의 규정에 위반하여 무효인 때에 해당한다 하여 피고인에 대한 이 사건 공소를 기각하였다.

2. 그러나 차선이 설치된 도로의 중앙선은 서로 반대방향으로 운행하는 차선이 접속하는 경계선에 다름 아니어서 차선을 운행하는 운전자로서는 특단의 사정이 없는 한 반대차선 내에 있는 차량은 이 경계선을 넘어 들어오지 않을 것으로 신뢰하여 운행하는 것이므로, 부득이한 사유가 없는데도 고의로 이러한 경계선인 중앙선을 넘어 들어가 침범당한 차선의 차량운행자의 신뢰와 어긋난 운행을 함으로써 사고를 일으켰다면 교통사고처리특례법 제3조 제2항 단서 제2호가 정한 처벌특례의 예외규정에 해당한다고 할 것이다(당원 1989. 4. 11. 선고 88도1678 판결 참조). 이 사건에서 원심이 배척하지 아니한 제1심이 조사, 채택한 증거들을 살펴보면, 이 사건 사고 당시 피고인이 운전하던 차량이 신호등이 설치되어 있지 아니한 횡단보도를 통로로 하여 반대차선으로 넘어가기는 하였으나, 폭 6.4m의 위 횡단보도를 제외한 이 사건 사고지점 도로에는 황색실선의 중앙선이 곧바로 이어져 설치되어 있어서 그 곳은 좌회전이 금지된 장소인 사실, 피고인은 위 횡단보도를 통하여 반대차선으로 넘어간 다음 횡단보도를 지나 중앙선이 설치되어 있는 부분의 반대차선을 거쳐 왼쪽 골목길로 좌회전을 하려다가 반대차선에서 직진하여 오던 피해자의 오토바이와 횡단보도 못미쳐 중앙선이 설치된 도로부분에서 충돌한 사실 등이 각 인정되는바, 위와 같은 사고경위에 비추어 보면 피고인이 좌회전이 금지된 장소에서 위와 같이 반대차선으로 넘어 들어간 행위는 반대차선에서 오토바이를 운행하던 피해자의 신뢰에 크게 어긋남과 아울러 교통사고의 위험성이 큰 운전행위로서 이 사건 사고발생의 직접적인 원인이 되었다고 보지 않을 수 없고, 피고인의 차량이 반대차선으로 넘어간 통로에 해당되는 도로부분이 횡단보도로서 실제로 중앙선이 그어져 있지 아니하다는 이유만으로 이를 달리 볼 것은 아니다.

결국 원심판결에는 교통사고처리특례법 제3조 제2항 단서 제2호의 규정에 관한 법률해석을 그르침으로써 판결에 영향을 미친 위법이 있고, 이 점을 지적하는 논지는 이유 있다.

3. 그러므로 원심판결을 파기하고 사건을 원심법원에 환송하기로 하여 관여 법관의 일치된 의견으로 주문과 같이 판결한다.

판례19 | 교행하는 차량이 도로중앙부위를 넘어서 운행할 가능성에 대비하여 필요한 조치를 취할 주의의무가 있다*[대법원 1994.12.2., 선고, 94도814 판결].*

【판결요지】

오르막 경사가 있고 왼쪽으로 굽은 편도 1차선 도로 중 일부 구간이 마을 진입로를 위해 중앙선이 지워져 있는 지점에서 야간에 승용차와 교행하게 된 화물 트럭 운전자로서는 상대방 차량이 도로 중앙 부위를 넘어서 운행할 가능성이 있으므로 이에 대비하여 상대방 차량의 동태를 예의 주시하면서 경음기를 울리거나 차량 전조등을 깜박거려 상대방 차량운전사에게 경고를 보내고 속도를 줄이면서 최대한 도로의 우측 가장자리로 진행하는 등 사고발생 방지에 필요한 조치를 취할 주의의무가 있다고 한 사례.

【원심판결】

대구지방법원 1994. 2. 18. 93노1414 판결

【이유】

피고인 변호인의 상고이유를 본다. 원심이 채용한 증거를 기록에 대조하여 살펴보면, 이 사건 도로는 노폭 7.5m의 편도 1차선 포장도로로서 피고인이 운전하는 1톤 화물트럭(차폭 약 1.7m)의 진행방향으로 보아 전방은 5도 정도 오르막경사가 있고, 40도 정도의 왼쪽으로 굽은 길이며 이 사건 사고지점 전후 약 18m 부분은 오른쪽으로 통하는 마을진입로를 위하여 중앙선이 지워져 있는 사실, 이 사건 사고지점으로부터 피고인의 진행방향 약 71m 후방에는 좌로 굽은 도로표지판이, 약 104m 후방에는 위험 및 서행표지판이 각 설치되어 있는 사실을 알 수 있는바, 사정이 이와 같다면, 야간에 위와 같은 지점을 판시 승용차(경북1모4646호)와 교행하게 된 위 화물트럭 운전사인 피고인으로서는 상대방 차량이 도로중앙부위를 넘어서 운행할 가능성이 있으므로, 이에 대비하여 상대방 차량의 동태를 예의주시하면서 경음기를 울리거나 차량전조등을 깜박거려 상대방 차량 운전사에게 경고를 보내고 속도를 줄이면서 최대한 도로의 우측 가장자리로 진행하는 등 사고발생방지에 필요한 조치를 취할 주의의무가 있다고 할 것인데, 기록에 의하면 사고당시 피고인은 밤중에 위 화물트럭을 운전하고 사고지점에 접근하였을 때 반대방향에서 위 승용차가

다가오는 것을 발견하고서도 속도를 줄이면서 도로우측으로 진행하거나 경음기를 울려 상대방에게 경고를 보내는 등의 사고방지조치를 취하지 아니하고 시속 60km의 속력으로 도로중앙부분에 가깝게 운행하다가 이 사건 충돌사고를 일으킨 것임을 알 수 있으므로, 같은 취지에서 피고인의 과실책임을 인정한 원심판결은, 그 이유 설시가 다소 미흡하나 정당하고, 거기에 소론과 같은 채증법칙위배, 심리미진의 위법이나 법리오해의 위법이 없다. 피고인이 이 사건 사고지점의 도로상황을 잘 알 고 있었는지 여부는 위의 결론에 직접적으로 영향을 미치지는 아니한다고 할 것이므로 이에 관한 사실인정이 잘못되었다는 소론 주장도 받아들일 수 없다.

그리고 지적하는 당원 판례는 이 사건과 사안을 달리하여 이 사건에 원용하기에 적절하지 아니하다. 논지는 모두 이유 없다.

> **판례20** | 황색실선의 중앙선 침범에 비난할 수 없는 객관적 사정이 있는 경우, 그 중앙선 침범 자체만으로 운전자에게 과실이 있다고 볼 것인지 여부*[대법원 1994. 9. 27. 선고., 94도1629 판결].*

【판결요지】

가. 진행차선에 나타난 장애물을 피하기 위하여 다른 적절한 조치를 취할 겨를이 없었다거나 자기차선을 지켜 운행하려고 하였으나 운전자가 지배할 수 없는 외부적 여건으로 말미암아 어쩔 수 없이 중앙선을 침범하게 되었다는 등 중앙선 침범 자체에 대하여 운전자를 비난할 수 없는 객관적인 사정이 있는 경우에는 운전자가 중앙선을 침범하여 운행하였다 하더라도 그 중앙선 침범 자체만으로는 그 운전자에게 어떠한 과실이 있다고 볼 수 없다.

나. 황색실선의 중앙선 침범 자체에 대하여 피고인을 비난할 수 없는 객관적 사정이 있다고 볼 여지가 있음에도, 피고인 차량이 중앙선을 침범하여 반대차선에서 다른 차량과 충돌하였다는 사정만으로 피고인에게 과실이 있다고 판단한 원심판결을 심리미진, 채증법칙 위배를 이유로 파기한 사례.

【원심판결】

대전지방법원 1994.5.20. 선고 94노244 판결

【주문】

원심판결을 파기하고, 사건을 대전지방법원 합의부에 환송한다.

【이유】

상고이유를 함께 본다.

1. 원심은 피고인이 판시 일시 및 장소에서 1톤 화물차를 운전하여 천안방면에서 온양방면으로 시속 약 70km로 운행하던 중 황색실선으로 표시된 중앙선을 침범하여 진행한 과실로 때마침 반대방향에서 진행하던 피해자 강용식이 운전하던 그레이스 승합차를 미처 발견하지 못하고 위 화물차 좌측 앞부분으로 위 승합차 좌측 옆부분을 충격하여 위 승합차가 중심을 잃고 전복되면서 중앙선을 넘어 천안방면에서 온양방면으로 진행하던 피해자 임종환 운전의 르망승용차 앞부분을 충격하여 그 판시와 같이 피해자들로 하여금 사망 또는 상해를 입게 함과 동시에 위 피해차량들을 각 손괴하였다는 이 사건 공소사실을 유죄로 인정한 제1심판결을 유지하면서 이 사건 사고는 위 강용식이 운전하는 승합차가 갑자기 중앙선을 침범함으로써 발생한 것으로서, 피고인에게는 아무런 과실이 없다는 피고인의 주장을 배척하였다.

2. 도로교통법 제13조 제2항에 의하면 차마는 차선이 설치되어 있는 도로에서는 이 법 또는 이 법에 의한 명령에 특별한 규정이 있는 경우를 제외하고는 그 차선에 따라 통행하여야 한다고 규정하고 있고, 같은법시행규칙 제10조 제1항 별표1, 제6항 노면표지 제601호 중앙선표시에 의하면 도로의 중앙선을 표시하는 것으로는 황색실선, 황색점선, 황색실선과 점선의 복선 등 3가지가 있는데, 그중 황색실선은 자동차가 넘어갈 수 없음을 표시하는 것이라고 규정하고 있으므로, 차마를 운행하는 운전자로서는 특단의 사정이 없는 한 황색실선으로 표시된 중앙선(이하 중앙선이라 한다)을 넘어갈 수 없다고 할 것이나 ,그 입법취지에 비추어 진행차선에 나타난 장애물을 피하기 위하여 다른 적절한 조치를 취할 겨를이 없었다거나 자기차선을 지켜 운행하려고 하였으나 운전자가 지배할 수 없는 외부적 여건으로 말미암아 어쩔 수 없이 중앙선을 침범하게 되었다는 등 중앙선침범 자체에 대하여 운전자를 비난할 수 없는 객관적인 사정이 있는 경우에는 가사 운전자가 중앙선을 침범하여 운행하였다 하더라도 그 중앙선침범 자체만으로는 그 운전자에게 어떠한 과실이 있다고 볼 수 없다 할 것이다.

3. 그런데 피고인은 경찰이래 원심에 이르기까지 편도 2차선 도로 중 2차선으로 진행하다가 앞서 가던 대형화물차를 추월하기 위하여 1차선으로 진입하는데 위 강용식이 운전하는 승합차가 중앙선을 침범하여 피고인의 진행차선으로 돌진하여 오고, 우측에는 추월하려는 위 대형화물차가 진행중이어서 그 진행차선에서는 이를 피할 다른 방법이 없어 불가피하게 조향장치를 좌측으로 틀고 진행하는 순간 자기차선으로 되돌아 가려는 위 승합차와 피고인의 진행차선에서 충돌한 것이라고 주장하고 있는바, 사고상황 중 그 충돌지점이 피고인의 진행차선이라는 점을 제외한 나머지 상황이 피고인 주장과 같았다면, 이 사건 사고가 피고인의 차량이 중앙선을 침범하여 반대차선으로 진행하다가 발생한 사실이 인정된다고 하더라도 위와 같은 사정은 중앙선침범 자체에 대하여 피고인을

비난할 수 없는 객관적인 사정이 있는 경우에 해당한다고 볼 여지가 있고, 제1심에서 증거로 채택된 사법경찰리 작성의 실황조사서의 기재에 의하면 피고인이 진행하던 1차선에서부터 반대차선에 이르기까지 사고당시 피고인 차량의 우측 뒷타이어에서 발생한 것으로 보이는 차량흔(Yaw Mark)이 대각선 방향으로 약 38m 정도 나타나 있었다는 것이며, 차량흔은 차량이 예상하지 못하였던 장애물의 출현 등으로 인하여 비정상적인 운행을 할 때 나타나는 것임에 비추어 볼때, 위 사고를 전후하여 피고인의 진행차선에서 피고인이 예상하지 못하였던 장애물이 갑자기 출현함으로써 이를 피하기 위하여 조향장치를 좌측으로 틀었을 가능성도 배제할 수는 없다고 할 것이다.

4. 사정이 이러하다면 원심으로서는 단지 피고인의 차량과 위 승합차의 충돌이 피고인의 진행차선이 아닌 중앙선을 침범한 반대차선에서 있었다는 사정만으로는 피고인에게 과실이 있다고 볼 수 없고, 과연 사고당시 위와 같은 중앙선침범 자체에 대하여 피고인을 비난할 수 없는 객관적인 사정이 있었는지 여부에 관하여 심리한 후에야 비로소 그 과실유무를 판단할 수 있다 할 것이다.

더구나 기록에 의하면 공소외 박동철은 사고당시 자기의 승용차를 운전하고 피고인의 차량 바로 뒤를 따라가다가 이 사건 사고를 목격하였다는 것이므로(기록에 의하면 경찰에서는 당초 이 사건 사고가 위 강용식이 운전하던 승합차가 중앙선을 침범함으로써 발생한 것으로 조사되어 그에 따른 검찰의 지휘까지 받았다가 사고발생 3일만에 위 박동철이 사고를 목격하였다고 진술하는 바람에 동인의 진술을 토대로 다시 재수사가 이루어져 피고인의 차량이 중앙선을 침범하여 사고가 발생한 것으로 조사되었다), 원심으로서는 이 사건 사고의 수사에 있어서 결정적인 단서를 제공한 위 박동철을 증인으로 채택하는 등의 증거조사를 통하여 피고인 진행차선과 같은 방향에서 출현한 장애물이 있었는지, 그러한 장애물이 없었다면 피고인의 주장과 같이 위 승합차가 먼저 중앙선을 침범하여 피고인의 진행차선으로 진입하였다가 다시 자기차선으로 되돌아 가다가 이를 피하기 위하여 중앙선을 침범한 피고인의 차량과 충돌하였는지 여부에 관하여 심리하는 등 사고당시 장애물의 출현여부, 출현하였다면 그 종류, 위치 및 피양가능성 등에 관하여, 출현하지 않았다면 피고인이 장애물의 출현이 없었음에도 중앙선을 침범하게 된 이유 등에 관하여 좀더 세밀히 심리하여 그 과실유무 및 과실내용을 구체적으로 확정한 다음, 피고인에게 그에 상응하는 책임을 물어야 옳았음에도 불구하고 이에 이르지 아니하고, 피고인의 차량이 중앙선을 침범하여 반대차선에서 위 승합차와 충돌하였다는 사실이 인정된다는 사정만으로 피고인에게 과실이 있다고 판단한 것은 업무상과실치사상죄에 있어서의 과실에 관한 법리를 오해하여 심리를 다하지 아니하거나 채증법칙을 위반하여 사실을 오인한 위법을 범하였다고 아니할 수 없으며, 이는 판결결과에 영향을 미쳤음이 명백하다 하겠으므로, 논지는 이유 있다.

5. 그러므로 원심판결을 파기하고, 다시 심리판단하도록 하게 하기 위하여 사건을 원심법원에 환송하기로 하여 관여 법관의 일치된 의견으로 주문과 같이 판결한다.

판례21 | 대향차선상의 상대방 자동차가 중앙선을 침범 진행해 오는 것을 이미 목격한 경우에 요구되는 자동차운전자의 주의의무[대법원 1994. 9. 9. 선고 94다18003 판결].

【판결요지】

가. 일반적으로 중앙선이 설치된 도로를 자기 차선을 따라 운행하는 자동차운전자로서는 마주오는 자동차도 제 차선을 지켜 운행하리라고 신뢰하는 것이 보통이므로, 상대방 자동차가 도로의 중앙선을 침범하여 들어 올 것까지 예상하여 특별한 조치를 강구하여야 할 주의의무는 없는 것이나, 다만 마주 오는 차가 이미 비정상적으로 중앙선을 침범하여 진행하여 오는 것을 미리 목격한 경우라면, 그 차가 그대로 비정상적으로 운행을 계속함으로써 진로를 방해할 것에 대비하여 경음기나 전조등을 이용하여 경고 신호를 보내거나 감속하면서 도로 우측단으로 피행하는 등으로 그 차와 자기 차와의 접촉 충돌에 의한 위험의 발생을 방지하기 위한 적절한 방어운전조치를 취하여 이에 충분히 대처할 수 있는 상황이었음에도 불구하고 그러한 제반 조치를 게을리 한 경우에 한하여 그에게 상대방 자동차와 자기 차의 충돌에 의한 사고의 발생에 대하여 과실이 있다고 인정할 수 있다.

나. 중앙선이 설치된 도로에서 제 차선을 지켜 진행하던 버스가 대향차선에서 중앙선을 침범하여 진입해 온 승용차와 자기 차선 내에서 충돌하여 사고가 발생한 경우에, 버스의 운전자가 제한속도를 초과하여 버스를 운전하였다는 사실만을 들어 곧바로 그에게 과실이 있다고 탓할 수는 없고, 다만 그와 같이 과속운행을 아니하였더라면 상대방 승용차의 중앙선 침범을 발견하는 즉시로 정차 또는 감속으로 충돌을 피할 수 있었다는 사정이 있었던 경우라야만 과속운행을 과실로 볼 수 있다.

【원심판결】

서울고등법원 1994. 2. 17. 선고 93나24911 판결

【주문】

원심판결 중 피고 패소부분을 파기한다.

이 부분 사건을 서울고등법원에 환송한다.

【이유】

상고이유를 판단한다.

1. 원심판결이 인용한 제1심판결 이유에 의하면, 원심은 원심공동피고 합자회사 경인렌트카 소유의 (차량등록번호 1 생략) 승용차를 임차한 소외 1이 위 차를 운전하여 1992.9.10. 04:30경 영동고속도로 신갈기점 24.56km상을 신갈방면에서 강릉방면으로 진행하던 중에 전방주시를 게을리한 채 도로 중앙선을 차체의 1/3가량 침범하여 운전하다가 때마침 소외 2가 운전하는 피고 소유의 (차량등록번호 2 생략) 버스가 대향차선에서 시속 약 95km의 과속으로 마주 진행하여 오는 것을 뒤늦게 발견하고 자기차선으로 복귀하려고 하였으나 이미 때가 늦어 위 승용차의 앞 좌측부분으로 위 버스의 앞 범퍼 좌측부분을 충돌하여 그 충격으로 위 승용차의 뒷좌석에 타고 있던 소외 3을 사망에 이르게 한 사실을 인정한 다음, 피고의 면책항변에 대하여, 위 사고지점은 편도 1차선이기는 하나 위 버스가 진행하는 도로의 우측단으로는 자동차 1대가 통행가능한 정도의 포장된 갓길이 있고, 위 소외 2는 위 승용차가 중앙선을 침범하여 운행하여 오는 것을 미리 발견하고도 전조등을 깜박여 경고하였을 뿐 우측으로 피행하는 등의 조치를 취하지 않고 그대로 운전하다가 이 사건 교통사고를 일으킨 것이라는 사실을 인정하고, 이에 터잡아 위 사고의 발생에는 위 소외 2의 운전상의 과실도 경합되어 있다고 판단하여 피고의 위 주장을 배척하였다.

2. 일반적으로 중앙선이 설치된 도로를 자기차선을 따라 운행하는 자동차 운전자로서는 마주오는 자동차도 제차선을 지켜 운행하리라고 신뢰하는 것이 보통이므로, 상대방 자동차가 도로의 중앙선을 침범하여 들어 올 것까지 예상하여 특별한 조치를 강구하여야 할 주의의무는 없는 것이나, 다만 마주오는 차가 이미 비정상적으로 중앙선을 침범하여 진행하여 오는 것을 미리 목격한 경우라면, 그 차가 그대로 비정상적으로 운행을 계속함으로써 진로를 방해할 것에 대비하여 경음기나 전조등을 이용하여 경고신호를 보내거나 감속하면서 도로 우측단으로 피행하는 등으로 그 차와 자기의 차와의 접촉 충돌에 의한 위험의 발생을 방지하기 위한 적절한 방어운전조치를 취하여 이에 충분히 대처할 수 있는 상황이었음에도 불구하고 그러한 제반조치를 게을리한 경우에 한하여 그에게 상대방 자동차와 자기 차의 충돌에 의한 사고의 발생에 대하여 과실이 있다고 인정할 수 있을 것이다.

그러므로, 원심이 인정한 바와 같이 위 버스의 운전자인 위 소외 2가 비록 마주 오던 위 승용차가 도로 중앙선을 침범하여 진행하여 오는 것을 미리 목격한 경우라고 하더라도, 위 버스의 운전자로서 과연 충분히 위와 같은 방어운전조치를 취할 수 있는 상황이었는지의 여부를 가리기 위하여 우선적으로 위 소외 2가 어느 정도의 전방거리에서 위 승용차의 중앙선 침범운행을 발견하였는지의 점을 정확히 밝혀 보아야 할 것이다. 그런데 이 사건 기록에 의하면 위 버스 운전자인 위 소외 2는 이 사건 교통사고와 관련한 형사 사건의 수사를 받으면서 자기는 위 승용차가 대향차선에서 도로 중앙선을 침범하여 진입하는 것을 전방 20 내지 30m 지점에서 발견하였다고 진술하고 있음을 알 수 있으며(기록 128면 참조), 더욱이 그 지점은 2차선 고속도로로서, 위 버스의 진행방향에서 볼 때 좌회전 방향으로 커브진 곳이고 그 진행차선 우측단에 폭 2m 정도의 갓길이 붙어 있으며, 위 승용차는 위 커브도로의 굴곡정점 부근에서 막 중앙선을 침범하기 시작하였음이 분명하다. 위 소외 2가 위 승용차의 중앙선 침범을 발견하였을 때 두 차량의 실제 거리와 그 도로상의 위치가 위와 같은 사정인 이상, 위 소외 2로서는 원심이 인정하는 바와 같이 전조등의 조작방법 등을 통하여 경고신호를 보내는 조치 외에 특별히 다른 방어운전방법으로서 위 버스를 그 진행차선 우측단의 갓길 쪽으로 방향을 급전환시켜 안전하게 피행하는 등의 사고방지조치를 기대할 수는 없는 상황이었고, 또 그러한 조치를 취하였다 하더라도 이 사건 사고를 제대로 면할 수도 없었던 것으로 보인다. 원심은 위 버스 운전자인 위 소외 2가 과속운행한 과실로 인하여 위와 같은 갓길로의 피행 등 방어운전조치를 제대로 취하지 못함으로써 이 사건 충돌사고를 일으키게 된 것이라고 보았을 수도 있으나, 이 사건에 있어서와 같이 중앙선이 설치된 도로에서 제 차선을 지켜 진행하던 위 버스가 대향차선에서 중앙선을 침범하여 진입해 온 위 승용차와 자기 차선내에서 충돌하여 사고가 발생한 경우에, 위 버스의 운전자가 제한속도를 초과하여 버스를 운전하였다는 사실만을 들어 곧바로 그에게 과실이 있다고 탓할 수는 없고, 다만 그와 같이 과속운행을 아니하였더라면 상대방 승용차의 중앙선 침범을 발견하는 즉시로 정차 또는 감속으로 충돌을 피할 수 있었다는 사정이 있었던 경우라야만 과속운행을 과실로 볼 수 있을 것이다. 그런데 원심이 인정한 바와 같이 이 사건 사고지점은 2차선인 고속도로상으로서 감속이 요구되는 특별한 사정이 없는 한 그 최고제한속도는 시속 80km인 곳이라 할 것이므로(도로교통법 제15조, 동법 시행규칙 제12조 제1항 제3호 나목 참조), 만일 위에서 본 바와 같이 위 버스 운전자인 위 소외 2가 대향차선위로 마주오던 위 승용차가 중앙선을 침범운행하는 것을 불과 전방 20 내지 30m 지점에서 발견한 경우라면, 설사 그 당시 위 소외 2가 위 제한속도를 지켜 정상적으로 진행하였다고 하더라도, 실제로 위 승용차와의 충돌의 위험을 운전자의 지각 신경이 느끼는데 소요되는 시간, 안전교행을 위하여 이에 대한 대응조치를 취하는데 소요되는 시간, 도로굴곡 상태가 좌회전 방향이어서 위 버스 운전수가 상대방 차량의 중앙선 침범을 발견한 지점이 그 자신도 좌회전을 시도하는 지점인 점과 도로폭의 여유 등을 감안할 때 거의 충돌을 피하기 어려웠을 것으로 짐작된다.

따라서 원심으로서는 피고 소유 버스를 운전한 소외 2가 상대방 승용차의 중앙선 침범을 어느 위치에서 발견하였는지의 점을 분명하게 심리 확정한 다음, 그가 이 사건 사고당시 승용차와 충돌을 피하기 위하여 충분히 대처할 수 있는 상황이었는지, 그가 제한속도를 지켜 버스를 운전하였더라면 위 사고의 발생을 충분히 방지할 수 있었는지 여부를 가렸어야 함에도 불구하고, 위와 같은 인정 사실만 가지고 피고의 면책항변을 쉽사리 배척하였음은 자동차 운전자의 과실에 관한 판단을 그르친 위법을 저질렀다고 하겠다. 상고이유중 이 점을 지적하는 부분은 이유 있다.

3. 그러므로 나머지 상고이유에 대하여는 판단할 필요없이 원판결 중 피고 패소부분을 파기하고 이 부분 사건을 다시 심리.판단하게 하기 위하여 원심법원에 환송하기로 하여, 관여 법관의 일치된 의견으로 주문과 같이 판결한다.

판례22 | 교통사고처리특례법상의 중앙선 침범사고 여부의 판정기준[대법원 1994. 6. 28. 선고 94도 1200 판결]

【판결요지】

교통사고처리특례법이 규정하는 중앙선 침범사고는 교통사고가 도로의 중앙선을 침범하여 운전한 행위로 인해 일어난 경우, 즉 중앙선 침범행위가 교통사고 발생의 직접적인 원인이 된 경우를 말하며, 중앙선 침범행위가 교통사고 발생의 직접적인 원인이 아니라면 교통사고가 중앙선 침범운행 중에 일어났다고 하여 이에 포함되는 것은 아니다.

【원심판결】

대전지방법원 1993.4.8. 선고 93노1601 판결

【주문】

상고를 기각한다.

【이유】

검사의 상고이유를 판단한다.

이 사건 공소사실은 피고인이 판시 엑셀 승용차를 운전하여 충남 부여군 규암면 라복리 방면에서 부여읍 방면으로 운행하다가 라복리 삼거리에 이르러 좌회전하고자 하였는 바, 피고인이 진입하고자 하는 서천 부여간 도로는 편도 1차선의 황색실선의 중앙선이 설치된 도로이고 공소외 1이 운전하는 판시 프레스토 승용차가 서천에서 부여읍 방면으로 직진중이었으므로, 좌회전하여 위 도로에 진입하고자 하는 피고인으로서는 직진하는 차량에 진로를 양보한 후 차선을 지키면서 안전하게 좌회전하여야 할 업무상 주의의무가 있음에도, 직진하는 위 승용차에 앞서 위 도로에 좌회전 진입하기 위하여 중앙선을 침범하며 좌회전 진입하여 위 엑셀 승용차의 오른쪽 앞문 부분으로 위 프레스토 승용차의 앞범퍼 왼쪽부분을 들이받아 위 프레스토 승용차가 밀리면서 위 도로 오른쪽에 정차하여 있던 공소외 2가 운전하는 택시의 뒷부분을 위 승용차의 앞부분으로 들이받게 하여 그 충격으로 택시 승객인 피해자들에 판시 상해를 입게 하였다는 것이다.

이에 대하여, 원심은 거시증거들에 의하면 피고인이 좌회전을 시도한 지점의 부여, 서천 간 도로는 위 라복리 입구로부터 차량이 진입할 수 있도록 흰색 실선의 대기선이 설치되어 있는 좌회전 허용지점이고 피고인이 위 라복리 입구로부터 좌회전을 하는 과정에서 피고인의 승용차의 일부가 서천 방향 차선의 중앙선이 설치된 지점에 걸쳐 있는 순간에 위 공소외 1의 승용차와 충돌하여 이 사건 사고가 일어났음을 인정할 수 있는바, 피고인이 좌회전이 허용된 지점에서 좌회전을 하는 과정에서 피고인의 차량의 일부가 서천 방향 차선의 중앙선이 설치된 지점에 걸쳐 있었다 하더라도 그 상태를 도로교통법 제13조 제2항의 규정에 위반하여 중앙선을 침범한 경우라고 볼 수 없고, 더욱이 이 사건에서는 피고인의 승용차의 일부가 중앙선에 걸쳐 있었던 것과 위 공소외 1 운전의 승용차가 충돌된 것 사이에 인과관계가 있다고 볼 수 없어, 이 사건 교통사고를 위 교통사고처리특례법 제3조 제2항 단서 제2호 전단의 '도로교통법 제13조 제2항의 규정에 위반하여 차선이 설치된 도로의 중앙선을 침범하였을 때'에 규정된 중앙선 침범사고로 볼 수 없다고 판단하고 있다.

기록에 비추어 살펴보면 원심의 위와 같은 조치는 정당한 것으로 수긍이 가고, 이에 소론 위법사유가 있다 할 수 없다.

위 특례법이 규정하는 중앙선 침범사고는 위 특례법의 입법취지에 비추어 그 교통사고가 도로의 중앙선을 침범하여 운전한 행위로 인해 일어난 경우, 즉 중앙선 침범행위가 교통사고 발생의 직접적인 원인이 된 경우를 말한다고 할 것이어서, 중앙선 침범행위가 교통사고 발생의 직접적인 원인이 아니라면 교통사고가 중앙선 침범운행중에 일어났다고 하여 이에 포함되는 것은 아니라고 새겨야 할 것인바(당원 1991.12.10. 선고 91도1319 판결; 1991.1.11. 선고 90도2000 판결 등 참조), 이 사건은 결국 피고인이 좌회전 허용지점에서 좌회전을 함에 있어서 지켜야 할 업무상 주의의무를 게을리 한 과실로 인하여 발생한 것으로 보여질 뿐 중앙선 침범이라는 운행상의 과실을 직접적인 원인으로 하여 발생한 것으로 볼 수 없다고 할 것이다.

원심판결에 소론과 같은 중앙선 침범사고에 관한 법리오해의 위법이 있다 할 수 없다. 논지는 이유 없다.

그러므로 상고를 기각하기로 하여 관여 법관의 일치된 의견으로 주문과 같이 판결한다.

> **판례23 |** 관광버스가 국도상에 생긴 웅덩이를 피하기 위하여 중앙선을 침범운행한 과실로 마주오던 트럭과 충돌하여 발생한 교통사고에 대하여 국가의 공동불법행위자로서의 손해배상책임을 인정한 사례[대법원 1993. 6. 25. 선고 93다14424 판결]

【판결요지】

관광버스가 국도상에 생긴 웅덩이를 피하기 위하여 중앙선을 침범운행한 과실로 마주

오던 트럭과 충돌하여 발생한 교통사고에 대하여 국가의 공동불법행위자로서의 손해배상책임을 인정한 사례.

【원심판결】

　서울고등법원 1993.2.3. 선고 92나46242 판결

【주문】

　상고를 기각한다.

　상고비용은 피고의 부담으로 한다.

【이유】

　상고이유에 대하여

　기록을 살펴본바, 이 사건 교통사고가 발생한 강원도 인제읍 합강 3리 소재 44번 국도 상에 아스팔트가 패여서 생긴 길이 1.2미터, 폭 0.7미터의 웅덩이가 있어서 이곳을 통과하던 소외 합자회사 중부관광여행사 소속 관광버스가 이를 피하기 위하여 중앙선을 침범 운행한 과실로 마주오던 타이탄 화물트럭과 충돌하여 이 사건 교통사고가 발생하였는바, 피고는 위 도로의 관리책임자로서 위 도로를 주행하는 차량들의 안전운행을 위하여 도로 상태의 안전점검을 철저하게 하였어야 함에도 불구하고 이를 게을리 하여 위와 같은 웅덩이를 방치함으로써 이 사건 교통사고의 발생에 한 원인을 제공하였으므로, 피고는 위 소외 회사와 공동불법행위자로서 손해배상책임이 있다는 원심의 인정판단은 정당하고 거기에 소론과 같은 법리오해의 위법은 없다. 논지는 이유 없다.

　그러므로 상고를 기각하고 상고비용은 패소자의 부담으로 하여 관여 법관의 일치된 의견으로 주문과 같이 판결한다.

판례24 | 중앙선침범 사실의 인정에 있어 심리미진이나 채증법칙을 위배한 위법이 있다 하여 원심판결을 파기한 사례*[대법원 1993. 5. 11. 선고 93도799 판결]*

【판결요지】

　중앙선침범 사실의 인정에 있어 심리미진이나 채증법칙을 위배한 위법이 있다 하여 원심판결을 파기한 사례.

【원심판결】

　광주지방법원 1993.2.26. 선고 92노1419 판결

【주문】

원심판결을 파기하고, 사건을 광주지방법원 합의부에 환송한다.

【이유】

상고이유를 본다.

1. 원심이 인정한 범죄사실에 의하면, 피고인은 1992. 5. 9. (차량등록번호 1 생략) 1톤 화물트럭을 운전하여 영광에서 송정리 쪽으로 가는 하지고개 편도 1차선을 시속 약 65Km의 속도로 진행중, 피고인 진행 전방은 왼쪽으로 구부러진 길이고 오른쪽 도로 변으로 피해자 공소외 1이 걸어 가고 있었으며, 피고인 진행의 전방 약 25m 거리 반대차선에서 피해자 공소외 2 운전의 (차량등록번호 2 생략) 르망승용차가 왼쪽으로 구부러진 길에서 중앙선을 물은 채 진행하여 오는 것을 발견하였는바, 이러한 경우 운전 업무에 종사하는 피고인으로서는 제동장치를 정확히 조작하여 서행하고 전방좌우 특히 반대차선에서 진행하여 오는 차량 및 위 공소외 1의 동태를 잘 살펴 안전하게 진행하여 사고를 미리 방지하여야 할 업무상의 주의의무가 있음에도 불구하고 당황하여 제동장치를 제대로 조작하지 못하고 조향장치를 너무 오른쪽으로 조작하여 진행한 과실로 피고인 운전차량의 오른쪽 후사경부분으로 위 공소외 1의 왼쪽 팔부위를 충격하고, 다시 조향장치를 왼쪽으로 과대하게 조작하여 중앙선을 침범하여 피해자 공소외 2 운전의 승용차의 진로를 방해함으로써 그로 하여금 이를 피하여 조향장치를 오른쪽으로 조작하였다가 편도 1차선의 길이어서 도로에서 벗어날 위험을 느끼고 다시 조향장치를 왼쪽으로 조작하여 중앙선을 넘어가 피고인 운전차량 뒤 약 50m 거리에서 진행하여 오던 피해자 공소외 3 운전의 (차량등록번호 3 생략) 12톤 카고트럭의 왼쪽 앞 범퍼부분을 위 승용차의 오른쪽 앞 펜더부분으로 충격하게 하여 피해자 공소외 2와 같은 피해자 운전의 승용차에 타고 있던 피해자 공소외 4를 사망에 이르게 하는 등 이 사건 교통사고를 일으켰다는 것이다.

2. 기록에 의하여 원심이 들고 있는 증거를 보건대, 피고인은 경찰 이래 원심법정에 이르기까지 피해자 공소외 1의 왼쪽 팔부위를 충격한 후 핸들을 중앙선쪽으로 약간 틀어 피하기는 하였으나 중앙선을 침범하지는 아니하였다고 진술하고 있고, 다만 경찰에서의 공소외 3과의 대질신문에서 약간의 중앙선 침범사실을 시인하였으나 이는 제1심이나 원심이 증거로 쓴 것이 아니다.

한편 피해자 공소외 1은 검찰 및 법정에서 자신은 피고인 운전의 차량에 어깨를 부딪혀 넘어진 일이 있을 뿐 이 사건 사고경위나 피고인의 중앙선 침범 여부는 알지 못한다는 것이어서 이것만 가지고 판시 사실을 유죄로 인정할 증거가 되지 못하고, 공소외 5, 공소외 6의 경찰에서의 진술과 공소외 7의 진술서는 사망한 피해자들의 유족으로서 사망자의 신원을 확인하는 진술이거나 피해자의 가족으로서 피해사실을 확인하는 진술에 불과하며, 증인 공소외 8의 법정진술은 그가 이 사건 교통사고를 조사한 담당 경찰관으로서 그 당시의 사고현장 상황이나 관계인들이 한 진술의 내용에 관한 것을 진술한 것일 뿐 피고인의 중앙선 침범여부에 관한 직접증거가 되지 못하고, 제1심의 검증조서도 피고인이나 공소외 3의 진술을 토대로 사고당시의 상황을 재현한 것일 뿐, 이들 증거가 피고인의 중앙선 침범이나 과실을 인정할 증거는 되지 못한다.

3. 그렇게 보면 원심이 든 증거 중 판시 사실을 인정할 수 있는 유력한 증거로는 위 공소외 3의 검찰 및 공판정에서의 진술뿐인 셈인데, 위 공소외 3은 사고직후 경찰에서 "영광 쪽에서 송정리 쪽으로 사고장소를 시속 약 70Km 속도로 진행하여 가는데 앞서 같은 방향으로 진행하는 피고인 운전의 화물차량이 도로 오른쪽에서 영광 쪽으로 걸어오는 노인의 오른쪽 팔을 차량 오른쪽으로 충격하면서 중앙선을 침범해 들어가자 송정리 쪽에서 영광 쪽으로 진행해 온 르망승용차가 이를 피하면서 제(공소외 3) 차선으로 갑자기 들어와 제가 급제동을 하였으나 승용차가 앞 오른쪽 모서리부분으로 저의 차량 앞 왼쪽 모서리부분부터 오른쪽까지 스치며 충격하였다"고 진술하였고(수사기록 27면), 실황조사서도 위 공소외 3의 진술을 토대로 하여 작성된 것으로 보이는데(수사기록 8면), 그의 이와 같은 진술은 영광 쪽에서 송정리 쪽으로 가다가 왼쪽 팔을 피고인 운전의 차량에 부딪혔다는 피해자 공소외 1의 진술에 반하고, 또 그는 그 다음날 경찰에서 피고인과의 대질신문에서는 "피고인 운전의 화물차량이 노인(공소외 1)을 충격하면서 핸들을 왼쪽으로 조작 중앙선을 침범하자 맞은편에서 진행해 온 자가용 승용차가 이를 피하면서 제 차선으로 진행해 들어와 제 차량과 충돌하였는데 그 자가용 승용차가 화물차량을 피할 때 화물차량 앞부분으로 해서 중앙선을 진입해 들어온 것이 아니라 화물차량과 서로 교행하면서 바로 중앙선을 진입해 들어와 제 차량과 충돌한 것으로 생각이 된다"고 하여(수사기록 40면), 피해차량이 피고인 운전차량의 앞으로 중앙선을 침범하여 진입하여 들어왔다는 종전의 진술을 번복하였고, 그 후 다시 경찰, 검찰에서 "르망승용차를 사고 직전 발견치 못했으며 충격 후에야 제 차와 부딪혔다는 것을 알았고", "전혀 보지도 않은 순간에 반대방향에서 진행해 오는 승용차가 저의 차선으로 45도 각도로 들어와 충격한 후에야 저의 차와 승용차가 충격한 것을 알게 되었다, 피고인 운행의 봉고차는 반대차선편 3분의 1 가량을 점하고 진행하다가 자기 차선 쪽으로 진행하였다"고 하여 피해차량의 진행방향을 자세히 보았다는 위의 진술을 다시 번복하고(수사기록 70면, 137-140면), 법정에서는 "피고인의 차량이 노인을 친 후 45도 정도로 급히 핸들을 왼쪽으로 꺾어 그 차량의 3분의 2 정도가 중앙선을 넘어갔다가 다시 진행차선으로 복귀하여 정차하였다"고 진술하여(공판기록 46면), 피고인 운전차량의 중앙선 침범정도에 대한 종전의 진술을 번복하는 등 그 진술에 일관성이 없을 뿐만 아니라, 동인은 피고인과 반대 이해당사자이어서 그 진술의

객관적 신빙성이 담보되어 있다고 할 수 없고, 그의 검찰 및 법정에서의 진술에 의하면 그는 반대방향에서 오던 르망승용차를 사고 직전까지 발견치 못하였다가 충격 후에야 부딪힌 것을 알았다는 것인데 전방주시의무를 다하지 아니하여 반대방향에서 오던 피해차량을 사고 직전까지 보지 못하였다는 그가 이 사건 사고의 경위를 자세히 알고 있다고 보아야 할 것인지도 의문이다.

한편 그의 검찰진술에 의하면, 그는 앞에 사고가 난 것을 보고 브레이크를 밟으면서 중앙선에 그의 자동차의 뒤 타이어가 물리면서 진행하게 되었고 앞 바퀴는 중앙선을 넘지 않았다는 것이고(수사기록 138-9면), 이러한 사실은 자동차 바퀴의 스키드마크를 고려하여 당시 상황을 재현한 제1심법원의 검증결과에 의해서도 확인되고(공판기록 96-7면), 증인 공소외 8의 제1심법정에서의 증언에 의하더라도 사고 직후 위 공소외 3 운전의 자동차는 앞바퀴의 스키드마크는 오른쪽으로 조금 나와 있었고, 뒷바퀴의 스키드마크는 중앙선 쪽으로 약간 나와 있었다, 앞바퀴가 노견까지 나올 만큼 각이 지게 길을 가로지르듯이 정차하여 있었다는 것인바(공판기록 75면, 106면), 위 공소외 3의 진술대로 반대쪽에서 진행하던 피해차량의 진행상황을 전혀 모른 상태에서 단순히 앞에서 사고가 난 것을 보고 브레이크를 밟은 것이라면 본능적으로 오히려 사고지점의 반대방향인 중앙선 쪽을 향하여 핸들을 틀었을 가능성이 많은데 사고가 난 방향으로 핸들을 틀어 정차한 것으로 되어 있는 점에 비추어 보면 그가 중앙선 쪽으로 진행하다가 반대방향에서 진행하여 오던 피해차량을 피하기 위하여 사고지점으로 핸들을 틀어 정차하였을 개연성을 배제할 수 없고, 또 기록에 의하면 이 사건 도로는 왕복 2차선(편도 1차선)의 도로로서 그 노폭은 포장부분이 6.6m(편도는 3.3m)이고 비포장의 노견이 0.7 내지 0.9Cm 정도에 지나지 아니한바, 공소사실 자체에 의하더라도 피고인은 피해차량이 먼저 중앙선을 물은 채 침범하여 진행하여 오므로 이를 피할 의도에서 조향장치를 오른쪽으로 너무 조작하여 위 공소외 1의 왼쪽 팔 부위를 충격하였다는 것이고, 그 순간 이번에는 위 공소외 1을 피할 의도에서 다시 조향장치를 왼쪽으로 조작하였다는 것인데, 이 사건과 같은 좁은 도로에서 피해차량이 피고인의 차량을 피하여 갈 수 있는 정도라면 피해자 공소외 2로서는 르망승용차를 자기차선으로 계속 운행하였으면 될 것이고, 위 공소외 2가 중앙선을 침범하여 위와 같은 방법으로 위 공소외 1의 차량을 충격하였다면 이는 그의 조향장치 조작에 과실이 있었다고 볼 수 있을 것인바, 이러한 여러 사정에 비추어 보면 원심이 들고 있는 증거만으로는 판시 범죄사실이 합리적인 의심을 배제할 정도로 증명이 되었다고 보기 어렵다.

4. 원심으로서는 피고인과 위 공소외 2, 공소외 3이 운전하던 자동차의 진행경로를 자세히 살펴서 피고인에게 어떠한 점에서 과실이 있는지 구체적으로 밝혀야 할 것이다. 그렇다면 원심판결에는 형사재판에 있어서의 증명의 정도를 오해하여 심리를 미진하였거

나 채증법칙을 어긴 위법이 있다고 할 것이고, 논지는 이 범위 안에서 이유 있다.

그러므로 원심판결을 파기환송하기로 하여 관여 법관의 일치된 의견으로 주문과 같이 판결한다.

판례25 | 중앙선이 설치된 도로를 자기 차선을 따라 운행하는 자동차 운전자의 주 의의무와 제한속도를 초과한 경우[대법원 1992. 4. 10. 선고 91다44469 판결]

【판결요지】

가. 중앙선이 설치된 도로를 자기 차선을 따라 운행하는 자동차 운전자로서는 마주 오는 자동차도 제 차선을 지켜 운행하리라고 신뢰하는 것이 보통이므로, 상대방 자동차의 비정상적인 운행을 예견할 수 있는 특별한 사정이 없다면, 상대방 자동차가 중앙선을 침범해 들어 올 경우까지 예상하여 운전하여야 할 주의의무는 없으며, 또한 위 운전자가 제한속도를 초과하여 운전하였다는 사정만을 들어 그에게 과실이 있다고 탓할 수는 없고, 다만 그와 같이 과속운행을 아니하였더라면 상대방 자동차의 중앙선 침범을 발견하는 즉시 정차 또는 감속으로 충돌을 피할 수 있었다는 사정이 있었던 경우에 한하여 과속운행을 과실로 볼 수 있다.

나. 운전자가 상대방 오토바이의 중앙선 침범을 발견하였을 때 두 차량의 거리가 얼마였는지 또한 오토바이가 중앙선을 침범한 후 진행한 거리가 얼마였는지를 심리하여 확정한 다음 동인이 제한속도를 지켜 운전하였더라면 사고의 발생을 충분히 방지할 수 있었는지 여부를 가렸어야 했는데도 이를 게을리한 잘못이 있다 하여 원심판결을 파기한 사례.

【원심판결】

서울고등법원 1991.10.17. 선고 91나32710 판결

【주문】

원심판결을 파기하고 사건을 서울고등법원에 환송한다.

【이유】

상고이유에 대하여

1. 원심이 인용한 제1심 판결 이유에 의하면, 제1심은, 피고 소속 (차량등록번호 생략) 직행 버스의 운전사인 소외 1이 1990.9.21. 21:50경 수원과 안양을 잇는 편도 3차선 도로의 2차선을 따라 위 버스를 운행하던 중 수원시 장안구 송죽동 221 앞길에서 중앙선을 침범하여 좌회전하는 망 소외 2의 오토바이를 충격하여 그를 치사하고 오토바이를 손괴한 사실을 인정한 다음, 피고의 면책항변에 대하여, 위 소외 1은 제한시속이 60km인 사고

지점을 시속 92km로 진행했을 뿐 아니라 위 오토바이의 중앙선 침범을 30-40m거리에서 발견하고 급정차조치를 취하였음에도 주행 탄력으로 인하여 그를 충격하고 40여m 가량 끌고 가서야 정차한 사실이 인정되므로, 위 소외인이 전방 주시를 철저히 하고 제한 속도를 준수하여 진행하였더라면 위 오토바이를 발견하고 급제동조치 또는 우회전 및 감속조치를 취하여 이 사건 사고의 발생을 미리 막을 수 있었는데도, 위와 같은 과속운행으로 인하여 이 사건 사고를 일으켰다는 이유를 들어, 이를 배척하였다.

2. 중앙선이 설치된 도로를 자기 차선을 따라 운행하는 자동차 운전자로서는 마주 오는 자동차도 제 차선을 지켜 운행하리라고 신뢰하는 것이 보통이므로, 상대방 자동차의 비정상적인 운행을 예견할 수 있는 특별한 사정이 없다면, 상대방 자동차가 중앙선을 침범해 들어 올 경우까지 예상하여 운전하여야 할 주의의무는 없으며, 또한 이 사건과 같이 피고 버스 운전사가 제한속도를 초과하여 버스를 운전하였다는 사정만을 들어 그에게 과실이 있다고 탓할 수는 없고, 다만 그와 같이 과속운행을 아니하였더라면 상대방 자동차의 중앙선 침범을 발견하는 즉시 정차 또는 감속으로 충돌을 피할 수 있었다는 사정이 있었던 경우에 한하여 과속운행을 과실로 볼 수 있다 (당원 1990.6.26. 선고 90다카2441 판결 참조). 그런데, 원심이 인용한 제1심 판결의 확정 사실에 의하면, 이 사건 사고 지점은 제한시속이 60km이고 피고 버스 운전사는 상대 오토바이의 중앙선 침범을 30-40m 거리에서야 발견하였다는 것이며, 위 제1심이 채택한 갑 제8호증의 6, 7 (각 교통사고보고)의 기재로, 그곳은 아스팔트로 포장된 도로로서 당시는 건조한 상태였던 사실 및 소외 망인의 오토바이는 중앙선을 넘어 90도 각도로 좌회전한 게 아니라 중앙선을 침범하고 나서 피고 버스와 충돌하기까지 상당한 거리를 비스듬하게 마주 진행한 사실을 알 수 있는바, 그렇다면 가사 소외 1이 위 버스를 제한시속인 60km로 운전하였다 하더라도, 두 차량이 불과 1초 남짓의 순식간에 충돌하게 되리라는 것은 계산상 명백하므로, 위 소외 1로서는 그 판시와 같이 사고방지조치를 취할 시간적 여유도 없었고, 설사 동인이 그러한 조치를 취하였다 하여도 이 사건 사고를 면할 수는 없었다고 하겠다.

3. 뿐만 아니라 소외 1이 상대 오토바이의 중앙선 침범을 목격하였을 때 두 차량의 거리가 30-40m에 불과하였다는 제1심의 사실인정은, 사리에도 어긋난다. 왜냐하면, 위을 제8호증의 7의 기재에 의하면 피고 버스의 스키드 마크가 시작된 지점부터 상대 오토바이의 중앙선 침범지점까지의 거리가 원심이 인정한 40m 이상으로 보이고, 위소외 1로서는 피고 버스의 스키드 마크가 생기기 전에 오토바이의 중앙선 침범을 발견하였어야 함이 당연하기 때문이다(이른 바 '공주거리'가 있어야 한다는 뜻이다).
따라서 원심으로서는 소외 1이 버스를 과속으로 운전하였다는 사실만을 들어 그에게 과실이 있다고 인정할 것이 아니라, 그가 위 오토바이의 중앙선 침범을 발견하였을 때

(피고 버스의 '공주거리'까지 계산하여) 두 차량의 거리가 얼마였는지 또한 위 오토바이가 중앙선을 침범한 후 진행한 거리가 얼마였는지를 심리하여 확정한 다음, 동인이 제한속도를 지켜 버스를 운전하였더라면 이 사건 사고의 발생을 충분히 방지할 수 있었는지 여부를 가렸어야 했는데도, 이를 게을리 한 채 피고의 면책항변을 배척함으로써 판결에 영향을 미친 잘못을 저질렀다고 할 것이므로, 논지는 결국 이유 있다.

4. 그러므로 원심판결을 파기하고 사건을 다시 심리·판단하게 하기 위하여 원심법원에 환송하기로 관여 법관의 의견이 일치되어 주문과 같이 판결한다.

판례26 | 전방의 횡단보도 우측에서 서 있는 보행자들을 발견하고 급제동조치를 취하다가 빗길에 미끄러지면서 중앙선을 침범하여 교통사고가 발생한 경우 교통사고처리특례법 제3조 제2항 단서 제2호 전단의 중앙선침범에 해당한다고 본 사례[대법원 1991. 10. 11. 선고 91도1783 판결]

【판결요지】

가. 교통사고처리특례법 제3조 제2항 단서 제2호 전단 소정의 '도로교통법 제13조 제2항의 규정에 위반하여 차선이 설치된 도로의 중앙선을 침범하였을 때'라 함은 교통사고의 발생지점이 중앙선을 넘어선 모든 경우를 가리키는 것이 아니라 부득이한 사유가 없이 중앙선을 침범하여 교통사고를 발생케 한 경우를 뜻하며, 그 부득이한 사유라 함은 진행차선에 나타난 장애물을 피하기 위하여 다른 적절한 조치를 취할 겨를이 없었다거나 자기 차선을 지켜 운행하려고 하였으나 운전자가 지배할 수 없는 외부적 여건으로 말미암아 어쩔 수 없이 중앙선을 침범하게 되었다는 등 중앙선침범 자체에는 운전자를 비난할 수 없는 객관적 사정이 있는 경우를 말한다.

나. 차량진행방향 좌측으로 휘어지는 완만한 커브길(편도 1차선)을 비오는 상태에서 시속 50Km로 화물자동차를 운전하다가 약 20m 앞 횡단보도 우측에 보행자들이 서있는 것을 발견하고 당황한 나머지 감속을 하기 위하여 급제동조치를 취하다가 차가 빗길에 미끄러지면서 중앙선을 침범하여 반대편 도로변에 있던 피해자들을 차량으로 치어 중상을 입힌 것이라면, 운전자가 진행차선에 나타난 장애물을 피하기 위하여 다른 적절한 조치를 취할 겨를이 없었다고는 할 수 없으며, 또 빗길이라 하더라도 과속상태에서 핸들을 급히 꺽지 않는 한 단순한 급제동에 의하여서는 차량이 그 진로를 이탈하여 중앙선 반대편의 도로변을 덮칠 정도로 미끄러질 수는 없는 것이어서 그 중앙선 침범이 운전자가 지배할 수 없는 외부적 여건으로 말미암아 어쩔 수 없었던 것이라고도 할 수 없다 할 것이므로 위의 중앙선 침범은 교통사고처리특례법 제3조 제2항 단서 제2호 전단에 해당한다.

【원심판결】

대구지방법원 1991.5.2. 선고 90노2064 판결

【주문】

원심판결을 파기하고 사건을 대구지방법원 합의부에 환송한다.

【이유】

검사의 상고이유를 본다.

원심판결 이유에 의하면, 원심은 교통사고처리특례법 제3조 제2항단서 제2호 소정의 '도로교통법 제13조 제2항의 규정에 위반하여 차선이 설치된 도로의 중앙선을 침범하였을 때'라 함은 교통사고의 발생지점이 중앙선을 넘어선 모든 경우를 말하는 것이 아니라 계속적인 중앙선침범운행을 하였거나 부득이한 사유가 없이 중앙선을 침범하여 교통사고를 발생케 한 경우를 말한다고 봄이 상당한데, 이 사건 교통사고는 피고인이 커브길을 운행 중 전방의 횡단보도 우측에 보행자들이 서있는 것을 보고 당황한 나머지 급제동하자 차량이 노면에 미끄러지면서 중앙선을 침범하여 발생한 것으로서 이는 교통사고처리특례법 제3조 제2항 단서 제2호의 중앙선침범에 해당하지 아니한다는 취지로 판단하였다.

교통사고처리특례법 제3조 제2항 단서 제2호 전단 소정의 '도로 교통법 제13조 제2항의 규정에 위반하여 차선이 설치된 도로의 중앙선을 침범하였을 때'라 함은 교통사고의 발생지점이 중앙선을 넘어선 모든 경우를 가리키는 것이 아니라 부득이한 사유가 없이 중앙선을 침범하여 교통사고를 발생케 한 경우를 뜻함은 원심의 판시와 같으나 그 부득이한 사유라 함은 진행차선에 나타난 장애물을 피하기 위하여 다른 적절한 조치를 취할 겨를이 없었다거나 자기 차선을 지켜 운행하려고 하였으나 운전자가 지배할 수 없는 외부적 여건으로 말미암아 어쩔 수 없이 중앙선을 침범하게 되었다는 등 중앙선침범 자체에는 운전자를 비난할 수 없는 객관적 사정이 있는 경우를 말한다고 할 것인데(당원 1988.3.22. 선고 87도2171 판결 참조), 기록에 의하면 이 사건 사고지점은 차량진행방향 좌측으로 휘어지는 커브길이기는 하나 그 곡각 정도가 매우 완만하여 그로 인한 시야장애는 별로 없어 보이는 차도폭 6미터인 편도 1차선의 포장도로이고, 그 사고경위는 비가 약간 내리고 있는 상태에서 피고인이 1톤 화물자동차를 시속 50키로미터의 속력으로 운전하다가 약 20미터 앞에 설치되어 있던 횡단보도 우측에 보행자들이 그 횡단을 시도한 것이 아니라 그대로 서 있는 것을 발견하고 당황한 나머지 감속을 하기 위하여 급제동 조치를 취하다가 차가 빗길에 미끄러지면서 중앙선을 침범하여 반대편 도로변에 서서 버스를 기다리고 있던 피해자들을 차량 좌측으로 치어 중상을 입힌 것으로서, 사고당시의 상황과 사고경위가 이와 같다면 운전자가 진행차선에 나타난 장애물을 피하기 위하여 다른 적절한 조치를 취할 겨를이 없었다고는 할 수 없으며, 또 빗길이라 하더라도 과속상태

에서 핸들을 급히 꺽지 않는 한 단순한 급제동에 의하여서는 차량이 그 진로를 이탈하여 중앙선 반대편의 도로변을 덮칠 정도로 미끄러질 수는 없는 것이어서 그 중앙선침범이 운전자가 지배할 수 없는 외부적 여건으로 말미암아 어쩔 수 없었던 것이라고도 할 수 없다 할 것이므로 이 사건에 있어서 중앙선 침범은 교통사고처리특례법 제3조 제2항 단서 제2호 전단에 해당한다 고 보지 않을 수 없다.

그럼에도 불구하고 원심이 이 사건 사고를 위 법조 소정의 중앙선침범에 해당하지 아니한다고 판단한 것은 그 법리를 오해하여 판결에 영향을 미쳤다고 할 것이고 이를 지적하는 논지는 이유있다.

이에 원심판결을 파기하고 사건을 원심법원에 환송하기로 관여 법관의 의견이 일치되어 주문과 같이 판결한다.

판례27 | 중앙선이 설치된 차도에서 자기차선을 따라 운행하는 자동차 운전사의 중앙선 침범 차량에 대한 주의의무[대법원 1991. 8. 9. 선고 91다9169 판결]

【판결요지】

가. 교행하는 차선을 구분하는 중앙선이 설치된 차도에서 자기차선을 따라 운행하는 자동차의 운전사로서는 반대차선을 따라오는 상대방 차량과 교행할 경우 상대방 차량도 정상적으로 자기차선을 따라 운행하리라고 신뢰하는 것이 보통이므로, 상대방 차량이 비정상적으로 운행함을 예견할 수 있는 특별한 사정이 없는 한 상대방 차량이 중앙선을 침범하여 자기차선에 돌입할 경우까지 예상하여 운전할 주의의무는 없다.

나. 야간에 주차금지구역인 편도 1차선 도로 위에 진행방향과 반대방향으로 주차한 청소차를 오토바이가 추돌하면서 중앙선을 침범하여 반대차선을 과속운행하던 택시와 충돌한 사고에 대하여 청소차 및 택시 운전사의 과실을 인정한 원심판결에 운전사의 과실에 관한 법리를 오해한 위법 등이 있다 하여 파기한 사례

【원심판결】

서울고등법원 1991.1.24. 선고 90나37725 판결

【주문】

원심판결 중 피고들 패소부분을 파기하고 이 부분 사건을 서울고등법원에 환송한다.

【이유】

1. 피고 안양시 소송대리인의 상고이유에 대하여

원심판결 이유에 의하면, 원심은 그 적시증거에 의하여 피고시 소유의 (차량등록번호

1 생략) 복사 청소차의 운전사 소외 1이 1989.3.5. 05:00경 안양시 박달동 111의2 앞 편도 1차선 도로 위에 위 청소차를 도로의 진행방향의 반대방향으로 정차하고 우측인도변에 있는 쓰레기적재작업을 하였던바, 소외 2가 그 소유의 50씨씨 오토바이를 운전하여 위 사고지점을 안산시 방면에서 안양시 방면으로 주행하다가 위 청소차를 충돌하면서 반대차선으로 넘어가 소외 3이 운전하던 피고 동양교통 주식회사 소속의 (차량등록번호 2 생략) 택시와 충돌하여 사망한 사실을 인정하고, 피고시는 자기를 위하여 위 청소차를 운행하는 자로서 그 운행 중 발생한 이 사건 사고로 인한 손해를 배상할 책임이 있다고 인정하는 한편, 위 소외 1이 도로교통법상 주·정차가 허용되지 아니하는 곳에 노폭의 절반 이상을 점거한 채 정상진행방향과 역방향으로 위 청소차를 주차하고 있었고, 그 전방에 수신호를 하는 사람을 두거나 작업표시 삼각대를 놓아두지 아니한 과실을 들어 피고시의 면책항변을 배척하였다.

원심이 채택한 증거에 의하면, 이 사건 사고 지점의 도로는 중앙선이 황색1선으로 되어 있는 포장된 편도 1차선 직선구간으로 차도의 폭은 약 8미터 정도로서, 위 소외 1은 도로의 진행방향과 반대방향으로 도로변에 바짝 붙여 폭 2.05미터의 위 청소차를 정차하여 그 차선의 절반 가량을 점거하고 있었으며, 전조등은 끄고 미등과 차폭등 및 위 차량의 옆에 달려 있는 작업등만을 켜 두고 있고, 사고 당시는 새벽이었으나 가로등불이 켜 있었고 작업장 앞의 경비실 불빛으로 인하여 비교적 밝은 상태에 있었음을 알 수 있다. 이러한 사실에 비추어 비록 위 소외 1이 위 청소차를 주차금지구역에 주차, 청소작업을 하고 있었다 하더라도 안전표시등을 켜고 있었고, 위 오토바이가 통과할 수 있는 충분한 공간이 있었으므로, 위 소외 2가 그 오토바이를 운전함에 있어 전방의 안전확인이라고 하는 운전자로서의 기본적인 주의의무를 다하였더라면 그 전방에 주차, 작업 중인 청소차를 쉽게 발견할 수 있었고, 그리하여 청소차가 점거하고 있는 나머지 도로 부분으로 오토바이를 안전하게 운행하는 등 추돌사고의 방지를 위한 조치를 취하여 이 사건 사고를 용이하게 방지할 수 있었던 터이라고 인정된다.

그렇다면 이 사건 추돌사고는 위 소외 2의 과실에 의하여 발생한 것이라고 할 것이고, 그 사고 지점이 주차금지지역이라고 할지라도 이는 도로교통법 제28조에 위반이 됨은 별론으로 하고 그 때문에 이 사건 사고의 원인이 되었다고 볼 수 없다. 원심은 위 청소차의 전방에 수신호를 하는 사람을 배치하거나 작업표시삼각대를 설치하지 아니한 점을 위 소외 1의 과실의 하나로 들고 있으나 위 청소차의 운전사에게 야간에 청소차의 미등이나 차폭등을 밝히는 외에 그와 같은 내용의 조치를 할 의무가 있다고 할 수 없을 뿐만 아니라 오토바이를 운전한 위 소외 2에게 전방주시 의무를 이행하지 아니한 과실이 인정되는 이 사건의 경우 추돌사고와 위와 같은 조치를 하지 아니한 위 소외 1의 과실 사이에 상당인과관계가 있다고 할 수도 없다.

원심판결은 채증법칙을 어기고 사실을 오인한 위법이 있거나 위 소외 1의 과실에 관한 법리를 오해한 위법이 있어 판결에 영향을 미쳤다 할 것이다. 논지는 이유있다.

2. 피고 동양교통 주식회사 소송대리인의 상고이유에 대하여

원심판결 이유에 의하면, 원심은 그 적시증거에 의하여 소외 3이 피고 회사 소유의 (차량등록번호 2 생략) 택시를 운행하고 안양시 방면에서 안산시 방면으로 제한속도를 약 20킬로미터 초과한 시속 약 60킬로미터의 속력으로 이 사건 사고 지점을 통과하던 중, 반대차선에서 위 청소차를 추돌하고 진로 전방에 떨어지는 위 오토바이를 충격하여 이 사건 사고를 야기한 사실을 인정한 다음, 피고 회사에 대하여 자기를 위하여 자동차를 운행하는 자로서 손해배상의 책임이 있다고 판단하고, 반대편에서 진행하는 차량이 중앙선을 넘어 올지도 모른다는 점을 예견하여 서행하여야 함에도 그 법정제한속도를 초과한 속력으로 운행하였고, 충돌 직후 적절한 대응조치를 취하지 못한 과실이 있다는 이유로 피고 회사의 면책항변을 배척하였다.

교행하는 차선을 구분하는 중앙선이 설치된 차도에서 자기차선을 따라 운행하는 자동차의 운전사로서는 반대차선을 따라오는 상대방 차량과 교행할 경우 상대방 차량도 정상적으로 자기차선을 따라 운행하리라고 신뢰하는 것이 보통이므로, 상대방 차량이 비정상적으로 운행함을 예견할 수 있는 특별한 사정이 없는 한 상대방 차량이 중앙선을 침범하여 자기차선에 돌입할 경우까지 예상하여 운전할 주의의무는 없다는 것이 당원의 일관된 견해(1987.3.24. 선고 86다카1073 판결; 1988.9.6. 선고 87다카2331 판결; 1990.6.22. 선고 90다카6733 판결; 1990.6.26. 선고 90다카2441 판결 참조)이다.

원심이 채택한 증거에 의하면, 위 소외 3은 전방의 청소차에 가려서 이 사건 사고지점에 이르기까지 오토바이를 발견하지 못한 것으로 보이고, 당시는 새벽이어서 차량의 통행이 빈번하지 아니하였던 사실을 알 수 있다. 그렇다면 위 소외 3으로서는 오토바이가 청소차를 추돌하고 갑자기 청소차의 앞으로 중앙선을 침범하여 들어오리라고 예상하기는 어려운 일이고, 따라서 위 소외 3에게 그로 인한 사고방지를 위한 조치를 취할 의무가 있다고 할 수는 없을 것이다. 위 소외 3으로서는 오토바이가 반대차선에서 주행하여 오는 것을 목격하지 못하였고, 이 사건 사고지점인 청소차의 옆을 통과할 무렵 갑자기 오토바이가 청소차를 추돌하고 그 전면으로 넘어 들어온 이상 충돌 직후 그 제동장치의 작동 등 그 대응조치를 취할만한 시간적인 여유가 없었다고 인정된다. 또한 원심이 인정한 바와 같이 위 소외 3이 그 법정제한속도를 20킬로미터 가량 초과하여 운행하였다 하더라도 그 속도초과와 위 오토바이가 중앙선을 넘어 들어가 발생하게 된 이 사건 사고 사이에 상당인과관계가 있다고 할 수 없다. 그리하여 위 소외 3으로서는 위 오토바이가 그 중앙선을 넘어 들어오리라고는 예상을 할 수 없었던 것이고, 따라서 이 사건 사고발생에 대하여 과실이 있다고 할 수 없을 것이다.

필경 원심판결은 반대차선을 운행하는 운전사의 과실에 관한 법리를 오해하여 판결에

영향을 미친 위법이 있다고 할 것이다. 논지는 이유있다.

이상의 이유로 원심판결 중 피고들의 패소부분을 파기하고 이 부분 사건을 원심법원에 환송하기로 하여 관여 법관의 일치된 의견으로 주문과 같이 판결한다.

판례28 | 승합차량 운전자가 황색점선으로 중앙선이 표시되어 있는 편도 1차선 직선도로에서 같은 방향으로 앞서 진행하던 피해자 운전의 자전거를 안전하게 앞지르기 위하여 대향 차선에 진행중인 차량이 없음을 확인한 후 중앙선을 넘어 대향차선에 진입한 경우[대법원 1991. 6. 11. 선고 91도821 판결]

【판결요지】

피고인이 승합차량을 운전하고 황색점선으로 중앙선이 표시되어 있는 편도 1차선 직선도로의 바깥쪽으로부터 3분의1 정도의 지점에서 같은 방향으로 앞서 진행하던 피해자 운전의 자전거를 안전하게 앞지르기 위하여 대향차선에 진행중인 차량이 없음을 확인한 후 중앙선을 넘어 대향차선에 진입하였는데, 이어서 피해자도 도로를 횡단하기 위하여 중앙선을 넘어 대향차선으로 들어와 충돌하게 되었다면, 피고인이 황색점선의 중앙선을 넘어 반대차선으로 들어간 행위는, 도로교통법에 규정된 통행방법에 따른 것으로서, 교통사고처리특례법 제3조 제2항 단서 제2호 전단 소정의 " 도로교통법 제13조 제2항의 규정에 위반하여 차선이 설치된 도로의 중앙선을 침범한 경우"에 해당하지 아니할 뿐만 아니라, 피고인의 위 중앙선을 침범한 행위가 위 교통사고의 직접적인 원인이 되었다고 볼 수도 없으므로, 위 교통사고가 교통사고처리특례법 제3조 제2항 단서 제2호 전단 소정의 중앙선침범사고에 해당하지 아니한다고 할 것이다.

【원심판결】

대전지방법원 1991.2.7. 선고 90노1028 판결

【주문】

상고를 기각한다.

【이유】

검사의 상고이유에 대하여 판단한다.

원심이유지한 제1심판결의 이유에 의하면, 제1심은 피고인이 승합차량을 운전하여 황색점선으로 중앙선이 표시되어 있는 편도 1차선의 직선도로를 운행하던 중, 피해자가 자전거를 타고 같은 방향으로 앞서가는 것을 발견하고 이를 앞지르기 위하여 대향차선에 진행중인 차량이 없음을 확인한 후 중앙선을 넘어 대향차선에 진입하였는데, 이어서 피해자도 도로를 횡단하기 위하여 중앙선을 넘어 대향차선으로 들어오는 것을 보고 급제동

조치를 취하였으나 미치지 못하고 승합차량의 우측 앞밤바부분으로 위 자전거의 좌측 뒷부분을 들이받음으로써, 피해자를 땅에 넘어지게 하여 피해자에게 약 12주간의 치료를 요하는 대퇴경부골절 등의 상해를 입게 한 사실을 인정한 다음, 피고인이 앞서가는 자전거를 앞지르기 위하여 대향차선에 차량이 없는 것을 확인한 후 황색점선의 중앙선을 넘은 것은 도로교통법 제13조 제2항의 차선에 따른 운행이라고 할 것이므로, 이 사건 교통사고는 교통사고처리특례법 제3조제2항 제2호 소정의 중앙선침범사고라고 볼 수 없다고 판단하였다.

관계증거를 기록과 대조하여 검토하여 보면, 피고인이 이 사건 교통사고가 일어나기 직전에 편도 1차선 직선도로의 바깥쪽으로부터 3분의1 정도의 지점으로 진행하던 자전거를 안전하게 앞지르기 위하여 그 당시의 객관적인 여건으로 보아 중앙선을 넘어야 할 필요가 있었고, 또 중앙선을 넘어감에 있어서 반대방향의 교통에 충분한 주의를 기울이는 등의 조치를 취하였다고 보여지므로, 원심의 위와 같은 사실인정은 정당한 것으로 수긍이 되고, 원심판결에 소론과 같이 채증법칙을 위반한 위법이 있다고 볼 수 없다.

또 사실관계가 위와 같다면, 피고인이 황색점선으로 표시된 중앙선을 넘어 반대차선으로 들어간 행위는, 도로교통법 제13조 제2항 및 같은법시행규칙 제10조 제1항 [별표1]6.에 규정된 통행방법에 따른 것으로서, 교통사고처리특례법 제3조 제2항 단서 제2호 전단 소정의 "도로교통법 제13조 제2항의 규정에 위반하여 차선이 설치된 도로의 중앙선을 침범한 경우"에 해당하는 것이라고 볼 수 없을 뿐만 아니라, 피고인이 차선이 설치된 도로의 중앙선을 침범한 행위가 이 사건 교통사고의 직접적인 원인이 되었다고 볼 수도 없으므로, 이 사건 교통사고가 교통사고처리특례법 제3조 제2항 단서 제2호 전단 소정의 중앙선침범사고에 해당하지 아니한다 고 본 원심의 판단은 정당한 것으로 수긍이 되고(당원 1990.4.10. 선고 89도2218 판결, 1991.1.11. 선고 90도2000 판결 등 참조), 원심판결에 소론과 같이 중앙선침범사고에 관한 법리를 오해한 위법이 있다고 볼 수도 없다. 결국 논지는 모두 받아들일 수 없는 것이다.

그러므로 검사의 상고를 기각하기로 관여법관의 의견이 일치되어 주문과 같이 판결한다.

판례29 | 황색실선의 중앙선이 설치된 왕복 2차선 국도에서 중앙선에 근접하여 운행한 오토바이 운전자의 과실 유무[대법원 1991. 5. 28. 선고 91다9572 판결]

【판결요지】

가. 황색실선의 중앙선이 설치된 왕복 2차선 국도에서 승용차가 무리하게 선행차량을 추월하려고 중앙선을 침범하였다가 반대차선으로 마주오던 오토바이를 충돌한 경우, 오토바이 운전자가 중앙선에 근접하여 운행하였다는 것만으로는 과실이 있다고 보기 어

렵고, 다만 그가 중앙선을 넘어오는 승용차를 미리 발견하고 이를 피할 수 있을 만한 상황이었음에도 불구하고 적절한 피행조치를 취하지 아니한 것이라야 과실이 있다고 할 것이다.

나. 위 "가"항의 경우에 있어 제차선을 운행중인 오토바이 운전자가 승용차가 중앙선을 넘어오는 것을 보고 이를 피하기 위하여 부득이 반대차선으로 진입하다가 제차선으로 돌아가는 승용차와 충돌하였다면 그 충돌지점이 승용차 진행차선 내라고 하여 그에게 과실이 있다고 보기 어렵다.

【원심판결】

서울고등법원 1991.1.31. 선고 90나42277 판결

【주문】

원심판결 중 원고들 패소부분을 파기하고 이 부분 사건을 서울고등법원에 환송한다.

【이유】

원고들 소송대리인의 상고이유를 본다.

1. 원심판결 이유에 의하면 원심은 1심판결 이유를 인용하여 피고가 그 판시 일시경 그 소유의 르망승용차를 운전하고 충남 공주군 온천리 1구 사기소부락 앞 대전, 공주간 왕복2차선 국도를 공주방면으로 진행 중 그곳은 황색실선의 중앙선이 설치되어 있어 추월이 금지되어 있는 곳임에도 반대차선의 교통상황에 유의하지 아니한 채 무모하게 선행하는 번호미상의 차량을 추월하여 나아간 과실로 마침 반대차선으로 마주오던 소외인 운전의 (차량등록번호 생략) 125씨씨 오토바이 앞바퀴부분을 충격하여 위 소외인으로 하여금 뇌좌상을 입고 후송 중 사망하게 한 사실을 인정하고 특별한 사정이 없는 한 피고는 자동차손해배상보장법 제3조 소정의 자기를 위하여 자동차를 운행하는 자로서 이 사건 사고로 말미암아 위 망인이나 그와 가족관계가 있는 원고들이 입게된 모든 손해를 배상할 책임이 있다고 한 다음, 한편 위 망인으로서도 왕복 2차선 국도로 오토바이를 타고가면서 진로전방 및 반대차선의 교통상황에 유의하지 아니한 채 지나치게 중앙선에 근접하여 운전하다가 중앙선을 넘어오는 위 사고차량을 발견하고 이를 피행하기 위하여 대향차선으로 진입함으로써 이 사건 사고를 당한 사실을 인정할 수 있고 이러한 위 망인의 잘못도 이 사건 사고로 인한 손해의 발생의 한 원인을 이루었다 할 것이나 그 과실정도는 전체의 30%에 해당한다고 판단하였다.

2. 그러나 위 원심판시 사실만으로는 피고 소유차량이 피해자의 오토바이와 충돌한 지점이 반대차선 즉 피해자의 오토바이 진행차선 내이라는 것인지 아니면 피고 소유차량의 진행차선내이라는 것인지 분명치 않는바, 만일 피해자의 오토바이 진행차선 내라면

원심판시와 같이 피고 소유차량이 무리하게 선행차량을 추월하려고 중앙선을 침범하였다가 충돌하게 된 사고발생경위로 보아 피해자가 중앙선에 근접하여 운행하였다는 것만으로 과실이 있다고 보기 어려울 것이다.

다만 피해자가 위와 같이 중앙선을 넘어오는 피고 소유차량을 미리 발견하고 이를 피할 수 있을 만한 상황이었음에도 불구하고 적절한 피행조치를 취하지 아니한 것이라면 피해자에게도 과실이 있다고 하겠으나, 원심판시 사실로는 피해자가 피고 소유차량의 중앙선침범을 미리 발견할 수 있을 만한 상황이었는지 분명치 않다.

한편 원심은 피해자가 중앙선을 넘어오는 피고 소유차량을 발견하고 이를 피행하기 위하여 대향차선으로 진입함으로써 이 사건 사고를 당한 것이라고 설시하고 있어 그 충돌지점이 피고 소유차량의 진행차선 내인 것처럼 설시한 것으로도 보여지나, 만일 피해자 오토바이가 제차선을 운행중이었는데 피고 소유차량이 중앙선을 넘어오는 것을 보고 이를 피하기 위하여 부득이 반대차선으로 진입하다가 제차선으로 돌아가는 피고 소유차량과 충돌한 것이라면 그 충돌지점이 피고 소유차량 진행차선 내라고 하여 피해자에게 과실이 있다고 보기 어려울 것이므로 위와 같은 원심판시 사실만으로는 역시 피해자의 과실유무가 분명하지 않다.

원심으로서는 좀더 위에서 지적한 점들을 고려하여 충돌지점과 쌍방의 과실유무를 심리판단하였어야 함에도 불구하고 이에 이름이 없이 위와 같이 판단하고 말았음은 심리미진과 이유불비로 판결에 영향을 미친 위법을 저지른 것이라고 할 것이다.

3. 그러므로 원심판결 중 원고들 패소부분을 파기환송하기로 하여 관여 법관의 일치된 의견으로 주문과 같이 판결한다.

판례30 | 피고인이 좌회전 전용차선인 1차선에서 만연히 직진하려다 피고인의 차량으로 중앙선이 그어져 있지 아니한 횡단보도 위에 설치된 안전지대를 충격하여 타이어가 터지면서 위 안전지대를 타고 차체가 반대차선 쪽으로 넘어가자 급제동조치를 취하였으나 빗길에 미끄러지면서 피해차량을 충격한 경우[대법원 1991. 5. 14. 선고., 91도654 판결]

【원심판결】

서울형사지방법원 1990.12.28. 선고 90노6067 판결

【주문】

상고를 기각한다.

【이유】

검사의 상고이유를 본다.

원심판결이유에 의하면 원심은 피고인이 원심판시일시 장소에서 횡단보도 위에 설치된 안전지대 구조물을 미처 발견하지 못한 채 편도 5차선 중 좌회전 전용차선인 제1차선을 이용하여 만연히 직진하려 이 사건 사고에 이르른 사실은 인정되지만 피고인의 차량이 반대차선으로 넘어간 통로에 해당되는 도로부분은 횡단보도로서 실제로 중앙선이 그어져 있지 아니할 뿐 아니라 피고인이 반대차선으로 넘어간 경위가 피고인의 차량좌측 앞바퀴 부분으로 위 안전지대의 턱을 충격하여 그 바퀴의 타이어가 터지면서 위 안전지대를 타고 올라 갔다가 차체가 반대차선 쪽으로 넘어가자 급제동 조치를 취하였으나 빗길에 미끄러지면서 피해차량을 충격한 것이라고 인정하고 피고인의 위 중앙선 침범행위가 이 사건 사고발생의 직접적인 원인이 되었다고 볼 수는 없다하여 공소기각의 판결을 선고한 제1심판결을 그대로 유지하였는바, 기록에 의하여 살펴보면 위와 같은 원심의 조치는 수긍이 가고 거기에 소론과 같은 중앙선침범에 관한 법리를 오해한 위법이 있다고 할 수 없으므로 상고 논지는 받아들일 수 없다.

그러므로 상고를 기각하기로 하여 관여 법관의 일치된 의견으로 주문과 같이 판결한다.

판례31 | 중앙선이 설치된 편도 1차선 도로에서 자기 차선을 따라 운행하는 자동차 운전자가 차체 측면을 중앙선에 붙인채 운전한 것이 잘못인지 여부*[대법원 1991. 4. 26. 선고 90다 20077 판결]*

【판결요지】

가. 손해배상청구사건에서 과실상계비율의 산정은 형평의 원칙에 비추어 현저히 불합리하다고 인정되지 않는 한 사실심의 전권에 속한다.

나. 중앙선이 설치된 편도 1차선 도로를 자기 차선을 따라 운행하는 자동차운전자로서는 마주오는 상대방 차와 교행할 경우 상대방 차도 제 차선을 지켜 운행하리라고 신뢰하는 것이 보통이어서, 상대방 차가 비정상적인 방법으로 운행하리라는 것을 예견할 수 있는 특별한 사정이 없는 한 상대방 차가 중앙선을 침범하여 이쪽 차선에 돌입할 경우까지 예상하여 운전할 주의의무는 없으므로, 자기 차를 도로의 오른쪽에 붙이거나 노견부분을 따라서 운전하지 아니하고 차체 측면을 중앙선에 붙인 채 운전하였다 하여 이를 잘못이라고 할 수 없다.

다. 도로교통법 제34조 제1항 소정의 경음기를 울려야 할 "비탈길, 굴곡이 많은 산속도로"라 함은 모든 비탈길 또는 굴곡이 많은 산속도로를 뜻하는 것이 아니고 그 중 전방의 교통을 살필 수 없어 교통상의 위험이 발생할 우려가 있는 장소만을 의미한다.

【원심판결】

서울고등법원 1990.11.15. 선고 90나36067 판결

【주문】

원판결 중 피고 주식회사 ○○의 패소부분을 파기하여 사건을 서울고등법원에 환송한다.

원고 1의 상고를 기각한다.

상고기각된 부분의 상고소송비용은 원고 1의 부담으로 한다.

【이유】

1. 원고대리인의 상고이유에 대하여

   (1) 원심이 이 사건 사고의 원인은 망 소외 1 운전하던 자동차의 중앙선 침범에 있다고 인정하였음은 옳고 여기에 소론과 같은 채증법칙위배, 심리미진의 위법이 있다고 할 수 없다. 논지는 이유없다.

   (2) 손해배상청구사건에서 과실상계비율의 산정은 형평의 원칙에 비추어 현저히 불합리하다고 인정되지 않는 한 사실심의 전권에 속하는 사항인바, 원심이 망 소외 2의 과실비율을 설시와 같이 평가하였음은 적정하다고 보이고, 여기에 소론과 같은 위법은 없으므로 논지 역시 이유없다.

2. 피고 주식회사 ○○ 대리인 변호사 김정웅의 상고이유와 이에 관계된 변호사 서홍직의 추가상고이유 부분에 대하여

   원판결 및 원판결이 인용한 제1심판결 이유에 의하면, 원심은 피고 주식회사 ○○(이하 피고라고만 한다) 소유인 직행버스의 운전사 소외 3이 1989.10.1. 07:50경 위 버스를 운전하고 강원 삼척군 근덕면 본촌리에 있는 한치재 정상 부근 7번 국도에 이르러 교행도중 갑자기 중앙선을 넘어온 12인승 승합자동차를 버스의 좌측 앞부분으로 들이받아 위 승합자동차의 승객인 소외 2를 치사한 사실, 위 사고장소는 피고 버스의 진행방향에서 보아 왼쪽으로 120도(원심이 표시한 바는 없으나 원심의 설시자료들에 의하면 내각을 뜻하는 것으로 보인다 이하 같다) 가량 구부러지고 약 5도 내리막길이자 노폭 6.7미터인 왕복 2차선 아스팔트 포장도로이고 오른쪽에 아스팔트로 포장된 폭 3.8미터의 노견이 있고 그 왼쪽은 절벽으로서 그 밑은 동해바다인 사실을 확정한 다음, 이 확정사실에 의하면 이 사건 사고는 승합자동차 운전자가 중앙선을 침범한 과실도 있지만 피고 버스운전사가 차체를 중앙선에 붙인 채 서행하지 아니하고 시속 약 50킬로미터로 운전한데다가 고갯길 내리막의 곡각지점인 사고장소를 운행하면서 경음기를 울려 상대방 차의 운전자에게 주의를 환기시키지 아니한 과실(도로교통법 제34조 제1항)에도 터잡아 발생하였다 하여 피고의 면책항변을 배척하고서 피고는 망 소외

2와 그 가족인 원고들이 위 사고로 입은 손해를 배상할 책임이 있다고 판단하였다.

요컨대 원심의 위 판단은 피고 버스 운전사인 소외 3이 버스의 차체를 도로 중앙선에 붙인 채 서행하지 아니하고 시속 약 50킬로미터로 운전했다는 점과 이 사건 사고장소는 도로교통법 제34조 제1항 소정의 경음기를 울려야 할 곳인데도 경음기를 울리지 아니하였다는 점을 과실로 본 취지이다.

그러나 중앙선이 설치된 편도 1차선 도로를 자기 차선을 따라 운행하는 자동차 운전자로서는 마주오는 상대방 차와 교행할 경우 상대방 차도 제 차선을 지켜 운행하리라고 신뢰하는 것이 보통이므로, 상대방 차가 비정상적인 방법으로 운행하리라는 것을 예견할 수 있는 특별한 사정이 없는 한 상대방 차가 중앙선을 침범하여 이쪽 차선에 돌입할 경우까지 예상하여 운전할 주의의무는 없는 것인바(당원 1990.6.26. 선고 90다카2441 판결 참조), 원심이 인용한 제1심판결 확정한 사실에 의하면 이 사건 교통사고는 위 승합자동차가 피고버스와 교행도중 중앙선을 약 45센티미터나 침범해 들어옴으로써 발생하였다는 것이고, 위 제1심 판결이 설시한 증거들에 의하여도 피고 버스의 운전사가 위 승합자동차의 위와 같이 비정상적인 운행을 예견할 수 있는 특별한 사정이 있었다고 인정할 수 없으므로, 피고버스의 운전사에게 버스를 도로의 오른쪽에 붙이거나 노견부분을 따라서 운전하여야 할 의무가 있다고 할 수 없고, 동인이 차체 측면을 중앙선에 붙인 채 버스를 운전하였다 하여(이 점을 인정할 만한 증거도 없다) 이를 잘못이라고 흠잡을 수도 없으며, 이 사건 사고 장소의 제한시속은 50킬로미터이므로(기록 98장) 같은 속도로 버스를 운전한 사실이 과실이 될 수는 없다.

또한 도로교통법 제34조 제1항에는 "모든 차의 운전자는 좌우를 살필 수 없는 교차로, 도로의 모퉁이, 비탈길 또는 굴곡이 많은 산속도로를 통행하는 때에는 경음기를 울려야 한다"고 규정되어 있는데, 이와 같이 경음기를 울려야 할 "비탈길, 굴곡이 많은 산속도로"라 함은 도로교통법의 목적이 도로에서 일어나는 모든 위험과 장해를 방지, 제거하여 안전하고 원활한 교통을 확보함에 있는 점

(제1조), 위 조항이 경음기를 울려야 할 장소로 "좌우를 살필 수 없는 교차로, 도로의 모퉁이"도 함께 열거하고 있는 점에 비추어, 모든 비탈길 또는 굴곡이 많은 산속도로를 뜻하는 것이 아니고 그 중 전방의 교통을 살필 수 없어 교통상의 위험이 발생할 우려가 있는 장소만을 의미한다고 한정하여 해석함이 타당한바, 위 제1심판결 및 그 설시증거들에 의하면 이 사건 사고 장소의 도로상황은 피고버스의 진행방향에서 볼 때 울진-삼척간 한치재의 정상을 막 넘어선 약 5도의 내리막길로서 왼쪽으로 120도 가량 구부러진 후 늘어진 역 에스자 형태를 이루고 있기는 하나, 위 고갯길의 정상에서 막 좌회전하고 나면 전방 내리막길의 교통상황이 한눈에 들어오고 상대방 차의 운전자로서도 고갯길 정상까지의 교통상황을 멀리서부터 살피는데 아무 장애가 없는 장소이며(기록 129-131장의 각 영상 참조), 피고버스 운전사가 좌회전후 최초로 상대방

차를 발견했을 때 양차사이의 거리가 약 44.3미터였다(기록 128장의 도면 참조)는 것이므로, 이 사건 사고장소는 위 규정 소정의 경음기를 울려야 할 곳에 해당하지 아니한다고 보일 뿐더러, 이 사건 사고발생 당시의 상황이 도로교통법 제34조 제3항 단서 소정의 예외적으로 경음기를 울려야 할 경우인 "위험을 방지하기 위하여 긴급한 때"에 해당한다고도 할 수 없고, 따라서 피고 버스의 운전사에게 위 좌회전에 즈음하여 또는 상대방 차를 최초로 발견했을 때 경음기를 울려 그 주의를 환기할 의무가 있다고는 할 수 없다.

결국 원판결에는 자동차 운전자의 주의의무, 도로교통법 제34조 제1항에 관한 법리를 오해하거나 채증법칙에 위배하여 증거없이 사실을 인정하여 피고의 면책항변을 배척함으로써 판결에 영향을 미친 위법이 있다고 하지 않을 수 없어 논지는 이유있다.

3. 그러므로 원고 1의 상고는 기각하되, 원판결 중 피고 주식회사 ○○의 패소부분을 파기하고 이 부분 사건을 더 심리케 하기 위하여 원심법원에 환송하기로 관여법관의 의견이 일치되어 주문과 같이 판결한다.

판례32 | 황색실선의 중앙선을 침범하였다가 급히 자기 차선으로 복귀 중이던 버스와 반대차선을 운전면허 없는 피고인이 운전하던 봉고차가 충돌한 교통사고가 피고인의 운전업무상 과실이 경합되어 발생하였다고 판단한 것이 이유불비와 심리미진의 위법을 저질렀다고 하여 원심판결을 파기한 사례*[대법원 1991. 4. 9. 선고 91도415 판결]*

【판결요지】

황색실선의 중앙선을 침범하였다가 급히 자기 차선으로 복귀 중이던 원심공동피고인 운전의 버스와 반대차선을 운전면허 없는 피고인이 운전하던 봉고차가 충돌한 교통사고에 관하여 충돌 당시 위 각 차량의 중앙선침범 여부와 피고인이 위 버스를 미리 발견할 수 있었던 거리에서 피행운행이 가능하였는지의 여부를 심리하여 피고인의 과실유무를 가려봄이 없이 진로전방 상당거리까지 접근해 온 위 버스를 발견하고서도 운전기술의 미숙으로 제동조치를 하지 아니한 피고인의 과실이 경합되어 위 사고가 발생하였다고 판단한 것이 이유불비와 심리미진의 위법을 저질렀다고 하여 원심판결을 파기한 사례

【원심판결】

대전지방법원 1991.1.15. 선고 90노998 판결

【주문】

원심판결을 파기하고 사건을 대전지방법원 합의부에 환송한다.

【이유】

피고인의 상고이유를 본다.

1. 원심이유지한 1심판결의 판시 범죄사실 요지는 다음과 같다. 즉 원심공동피고인은 판시 일시 및 장소에서 시속 60km 이상의 속력으로 시외버스를 운행하던 중 당시는 야간이고 그곳은 굴곡이 비교적 심한 좌향곡각도로인 데다가 전방에 교량이 설치되어 있어 황색실선의 중앙선이 그어진 추월금지구역이었는데도 전조등을 상향조정한 채 선행중인 승용차 3대를 추월하면서 중앙선을 침범한 과실로 때 마침 피고인이 반대방향에서 봉고 베스타승합자동차를 운행해 오는 것을 뒤늦게 발견하고 핸들을 급히 우측으로 틀면서 급제동하였으나 피하지 못하고 위 버스의 좌측앞부분으로 위 봉고차의 좌측앞부분을 충격하여 그 판시와 같이 피해자들로 하여금 사망 또는 상해를 입게 하였고, 한편 피고인은 운전면허 없이 같은 일시 및 장소에서 시속 약 60km의 속력으로 위 봉고차를 운행하던 중 당시는 야간이고 그곳은 곡각도로로서 운행이 비교적 용이하지 아니하였으므로 이러한 경우 자동차운전업무에 종사하는 자로서는 속력을 줄이고 반대방향 차량의 진행을 잘 살피면서 제동장치 및 조향장치를 정확하게 조작하여 안전하게 운전하는 등 사고를 미연에 방지할 업무상 주의의무가 있는 데도 이를 게을리하여 무면허로 운전기술이 미숙한 상태에서 제대로 속력을 줄이거나 진로전방을 살피지 아니한 채 운행하다가 뒤늦게 진로전방 상당거리까지 접근해 온 위 버스를 발견하고서도 당황한 나머지 제동조차도 제대로 하지 아니한 과실로 가까스로 충돌을 피하려고 제차선으로 복귀중인 위 버스의 좌측 앞부분을 위 봉고차의 좌측 앞부분으로 충격하여 그 판시와 같이 피해자들로 하여금 사망 또는 상해를 입게 함과 동시에 위 버스를 손괴하였다는 것이다.

2. 그러나 우선 위 판시 사실자체에 의하더라도 충돌당시 위 버스와 위 봉고차의 각 중앙선침범 여부가 분명치 아니하여 피고인의 운전상 과실이 명백하게 설시되어 있다고 볼 수 없다. 위 버스가 일단 중앙선을 침범하였다가 가까스로 제차선에 복귀하였는데도 위 봉고차가 중앙선을 침범하였기 때문에 위 버스 진행차선에서 충돌한 것이라면 피고인의 과실을 인정하기에 어렵지 않으나, 위 버스가 미처 제차선에서 복귀하지 못한 채 제차선을 운행중인 위 봉고차와 봉고차 진행차선에서 충돌한 것이라면 당시 피고인이 위 버스의 중앙선침범운행을 미리 발견할 수 있었던 거리에서 피행운행이 가능하였는지의 여부가 가려지지 않고서는 피고인의 과실유무를 판단할 수 없을 것이다.

원심이 위 각 차량의 중앙선침범 여부와 피고인이 위 버스를 미리 발견할 수 있었던 거리에서 피행운행이 가능하였는지의 여부를 심리하여 피고인의 과실유무를 가려봄이 없이 위와 같이 판단하고 믿은 것은 이유불비와 심리미진으로 판결에 영향을 미친 위법을 저지른 것으로서 이 점에 관한 논지는 이유있다.

3. 그러므로 원심판결을 파기환송하기로 하여 관여 법관의 일치된 의견으로 주문과 같이 판결한다.

판례33 | 반대차선 건너 골목에서 반대차선의 바깥차선 쪽으로 들어오는 차를 미리 발견한 운전자의 주의의무와 중앙선침범의 예상*[대법원 1991. 3. 27. 선고 90다 13635 판결]*

【판결요지】

중앙선으로 황색실선이 설치된 직선도로를 정해진 차선을 따라 운행하는 자는 특별한 사정이 없는 한 반대차선을 운행하는 차도 교통법규에 맞추어 안전하게 운행할 것이라는 신뢰하에 진행한다고 하여야 할 것이며, 가사 반대차선 건너 골목에서 반대차선의 바깥차선쪽으로 들어오는 차를 미리 발견하였다 하더라도 그 차가 중앙선을 넘어 자신의 진로에 방해되는 방법으로 돌진할 것을 예상하기는 어렵다 할 것이다.

【원심판결】

서울고등법원 1990.10.10. 선고 90나5292 판결

【주문】

원심판결 중 피고 패소부분을 파기한다.

사건을 서울고등법원에 환송한다.

【이유】

상고이유를 본다.

중앙선으로 황색실선이 설치된 직선도로를 정해진 차선을 따라 운행하는 자는 특별한 사정이 없는 한 반대차선을 운행하는 차도 교통법규에 맞추어 안전하게 운행할 것이라는 신뢰하에 진행한다고 하여야 할 것이며, 가사 반대차선 건너 골목에서 반대차선의 바깥차선쪽으로 들어오는 차를 미리 발견하였다 하더라도 그 차가 중앙선을 넘어 자신의 진로에 방해되는 방법으로 돌진할 것을 예상하기는 어렵다 할 것이다.

원심과 원심이 인용한 제1심판결 이유를 기록과 대조하여 살펴보면 피고는 소외인이 운전하던 그레이스 소승합차의 소유자로서 자기를 위하여 자동차를 운행하는 자인바 위 소외인은 사고당시 황색실선의 중앙선이 있는 편도 2차선의 직선도로인 인천 남구 학익1동 252 앞 노상을 문학방면에서 학익삼거리를 향하여 시속 약 50킬로미터의 속력으로 진행중 사고지점 약 40미터 전방에 이르렀을 때 반대차선 건너 대흥아파트 골목에서 반대차선의 2차선 쪽으로 서서히 나오는 제1심 공동피고가 운전하던 승용차를 발견하였으

나 그곳이 황색실선이 있는 곳이어서 골목길에서 좌회전은 금지된 곳이므로 제1심 공동피고가 중앙선을 넘어 좌회전하리라고는 생각하지 못하였고 좌회전하더라도 피고의 차가 진행한 다음에 중앙선을 넘을 것으로 예측하고 그대로 진행하였으나 제1심 공동피고는 좌회전을 시도하다가 중앙선을 넘어 피고의 차의 뒷부분을 들이받아 그 충격으로 피고차로 하여금 왼쪽으로 쏠리게 하여 중앙선을 침범하여 마주오던 승용차를 충격하는 사고를 일으키게 한 사실을 인정할 수 있다.

원심은 위 소외인이 당시 과속한 점과 주행차선을 2차선에서 1차선으로 변경한 점을 과실로 들고 있는 듯하나 기록에 의하면 그곳은 제한시속 60킬로지점이므로 시속 50킬로로 주행한 것이 과속이라 하기 어렵고, 사고지점에서 차선을 바꾼 점에 대하여는 이에 부합하는 증거로 수사기관에서의 제1심 공동피고의 진술이 있을 뿐인데 비하여 경찰의 교통사고 실황조사서에 의하면 소외인이 사고당시 1차선과 2차선의 중간쯤을 계속 진행한 것으로 되어 있어 당시 길가에 주차된 차들이 서있어 이를 피하느라고 1차선과 2차선 중간으로 계속 진행하였을 뿐 차선을 변경하지 아니하였다는 소외인의 진술을 뒷받침하고 있다.

위와 같은 사실 및 법리판단을 종합하면 원심이 성급하게 피고의 자동차손해배상보장법상의 면책주장을 배척한 것은 심리미진으로 채증법칙에 위배하여 사실을 인정하였거나 자동차손해배상보장법상의 면책요건에 대한 법리를 오해한 잘못을 범한 것으로 여겨져 원심은 다른 상고이유를 판단할 필요없이 파기를 면치 못한다 할 것이다. 논지는 이유있다.

그러므로 원심판결 중 피고 패소부분을 파기하여 사건을 서울고등법원에 환송하기로 관여 법관의 의견이 일치되어 주문과 같이 판결한다.

판례34 | 정차 중인 버스를 앞지르기 하던 화물자동차의 왼쪽 일부가 중앙선을 침범한 상태에서 버스 앞쪽을 통해 오른쪽에서 왼쪽으로 횡단하던 사람을 그 진행차선 내에서 부딪쳐 상해를 입게 한 경우 교통사고처리특례법 제3조 제2항 단서 제2호 소정의 중앙선 침범사고에 해당하는지 여부(소극)[대법원 1991. 2. 12. 선고 90도2420 판결]

【판결요지】

피고인이 화물자동차를 운전하던 중, 도로 오른쪽에 정차하고 있던 시내 버스를 앞지르기 위하여 화물자동차의 왼쪽 일부가 중앙선을 침범한 상태로 진행하다가, 화물자동차의 진행차선 내에서 화물자동차의 차체 오른쪽 부분으로, 시내버스의 앞쪽으로 나와 오른쪽에서 왼쪽으로 도로를 횡단하던 피해자를 부딪쳐 상해를 입게 한 경우 피고인의 중앙선 침범행위로 인하여 위 교통사고가 발생하였다고 볼 수 없으므로 위 사고는 교통사고처리특례법 제3조 제2항 단서 제2호 소정의 중앙선 침범사고에 해당하지 아니한다.

【원심판결】

대구지방법원 1990.9.20. 선고 90노836 판결

【주문】

상고를 기각한다.

【이유】

검사의 상고이유에 대하여 판단한다.

원심은, 피고인이 화물자동차를 운전하여 매시 약 40킬로미터의 속도로 진행하던 중, 도로 오른쪽에 정차하고 있던 시내버스를 앞지르기 위하여 화물자동차의 왼쪽 일부가 중앙선을 침범한 상태로 진행하다가, 화물자동차의 진행차선내에서 화물자동차의 차체 오른쪽부분으로, 시내버스의 앞쪽으로 나와 오른쪽에서 왼쪽으로 도로를 횡단하던 피해자 공소외인을 부딪쳐 땅에 넘어지게 함으로써, 그가 약4주간의 치료를 요하는 좌측쇄골골절상 등의 상해를 입게 된 사실을 인정한 다음, 이와 같이 피고인이 운전하던 화물자동차의 진행차선 내에서, 도로의 오른쪽에서 왼쪽으로 횡단하던 피해자를 화물자동차의 차체 오른쪽부분으로 부딪쳐 이 사건 교통사고가 발생한 만큼, 피고인이 중앙선을 침범한 행위로 인하여 이 사건 교통사고가 발생하였다고 볼 수 없으므로, 이 사건 교통사고는 교통사고처리특례법 제3조 제2항 단서 제2호 소정의 중앙선 침범사고에 해당하지 아니하는 것이라고 판단하였다.

원심의 이와 같은 판단은 정당한 것으로 수긍이 되고, 원심 판결에 소론과 같이 중앙선 침범사고에 관한 법리를 오해한 위법이 있다고 볼 수 없으므로, 논지는 이유가 없다.

소론이 내세우는 당원 1989.4.11. 선고 88도1678 판결 등은 이 사건과 사안을 달리하는 사건에 관한 것들이어서 이 사건에 원용하기에는 적절하지 않다.

그러므로 검사의 상고를 기각하기로 관여법관의 의견이 일치되어 주문과 같이 판결한다.

판례35 | 교통사고처리특례법 제3조 제2항 제2호 전단의 "차선이 설치된 도로의 중앙선을 침범한 행위"의 의미[대법원 1991. 1. 11. 선고 90도2000 판결]

【판결요지】

가. 교통사고처리특례법 제3조 제2항 제2호 전단의 '도로교통법 제13조 제2항의 규정에 위반하여 차선이 설치된 도로의 중앙선을 침범하였을 때'라 함은 교통사고가 중앙선을 침범하여 운전한 행위로 인하여 일어난 경우, 즉 중앙선 침범행위가 교통사고발생의 직접적인 원인이 된 경우를 말하므로 중앙선 침범행위가 교통사고발생의 직접적인 원인이 된 이상 사고장소가 중앙선을 넘어선 반대차선이어야 할 필요는 없으나 중앙

선 침범행위가 교통사고발생의 직접적인 원인이 아니라면 교통사고가 중앙선 침범 운행중에 일어났다 하여 모두 이에 포함되는 것은 아니라 할 것이다.

나. 택시운전사가 약 30m 앞에서 같은 방향으로 자전거를 타고 가는 피해자를 피해가기 위하여 중앙선을 약 30cm 침범하여 진행하는데 피해자가 갑자기 자전거를 좌회전하여 위 택시 앞으로 들어오기 때문에 이를 피하지 못해 충격하였다면 교통사고처리특례법 제3조 제2항 제2호 소정의 중앙선 침범사고에 해당하지 아니한다.

【원심판결】

춘천지방법원 1990.6.21. 선고 90노316 판결

【주문】

상고를 기각한다.

【이유】

검사의 상고이유에 대하여

교통사고처리특례법 제3조 제2항 제2호 전단의 '도로교통법 제13조 제2항의 규정에 위반하여 차선이 설치된 도로의 중앙선을 침범하였을 때'라 함은 위 특례법의 입법취지에 비추어 그 교통사고가 중앙선을 침범하여 운전한 행위로 인하여 일어난 경우, 즉 중앙선 침범 행위가 교통사고 발생의 직접적인 원인이 된 경우를 말한다 할 것이다. 따라서 중앙선 침범 행위가 교통사고 발생의 직접적인 원인이 된 이상 사고 장소가 중앙선을 넘어선 반대차선이어야 할 필요는 없으나(당원 1990.9.25. 선고 90도536 판결 참조) 중앙선 침범행위가 교통사고 발생의 직접적인 원인이 아니라면 교통사고가 중앙선침범운행중에 일어났다 하여 모두 이에 포함되는 것은 아니라 할 것이다.

원심이 확정한 사실에 의하면, 피고인은 택시를 운전하여 사고지점 부근을 시속 약 60 킬로미터로 가던 중 약 30미터 전방에서 같은 방향으로 자전거를 타고 가는 피해자를 발견하고 이를 피해가기 위하여 중앙선을 약 30센티미터 침범하여 진행하였는데 피해자가 갑자기 자전거를 좌회전하여 위 택시 앞으로 들어오기 때문에 이를 피하지 못해 충격하였다는 것이므로 이 사건 사고가 위 특례법에 해당하지 아니한다고 한 원심의 판단은 앞에서 본 법리에 비추어 정당하다. 논지는 이유 없다.

이에 상고를 기각하기로 하여 관여 법관의 일치된 의견으로 주문과 같이 판결한다.

판례36 | 특별히 개별적으로 회전 등의 진로변경이 금지된 곳이 아닌 한 황색점선의 중앙선이 표시된 곳에서 좌회전이 가능한지 여부(적극)*[대법원 1990. 10. 26. 선고 90도1656 판결]*

【판결요지】

가. 비록 중앙선이 표시된 도로라고 하더라도 그 중앙선이 황색점선으로 표시된 것이라면 그곳이 특히 개별적으로 회전 등의 진로변경이 금지된 곳이 아닌 이상 좌회전도 가능한 지점이라고 판단한 것은 정당하다.

나. 비록 자동차가 도로 양측으로 넘어가는 것이 허용된 황색점선의 중앙선이라고 하더라도, 차의 운전자가 그 중앙선을 침범할 당시의 객관적인 여건으로 보아 장애물을 피하기 위하여 다른 적절한 조치를 취할 겨를이 없는 등의 급박한 사정 때문에 부득이 중앙선을 넘을 필요가 있고, 또 반대방향의 교통에 충분한 주의를 기울이면서 중앙선을 침범하여 반대차선으로 넘어가는 경우가 아닌 한, 교통사고처리특례법 제3조 제2항 단서 제2호 전단 소정의 " 도로교통법 제13조 제2항의 규정에 위반하여 차선이 설치된 도로의 중앙선을 침범한 경우"에 해당하는 것이라고 해석하여야 할 것이다.

다. 자동차 운전사가 좌회전이 금지되지 아니한 곳에서 왼쪽으로 난 길로 들어서기 위하여 반대차선으로 넘어들어 갔다면 객관적으로 보아 중앙선을 넘을 필요가 있었다고 하겠지만, 반대차선에서 오토바이가 진행하여 오고 있는 것을 보고도 좌회전하기 위하여 반대차선으로 넘어 들어가다가 미처 반대차선을 완전히 벗어나기도 전에 반대차선에서 진행하여 오던 오토바이와 부딪쳤다면, 다른 특별한 사정이 없는 한 피고인이 반대방향의 교통에 충분한 주의를 기울이면서 중앙선을 침범하여 반대차선으로 넘어들어갔다고 인정하기는 어려운 것이므로, 단지 운전사가 당시 중앙선을 넘을 필요가 있었고 반대방향의 교통을 살펴보고 충분히 좌회전할 수 있을 것으로 생각하였다는 사유만으로 위 교통사고가 교통사고처리특례법 제3조 제2항 단서 제2호 전단 소정의 중앙선 침범사고에 해당하지 아니한다고 할 수 없다.

【원심판결】

대구지방법원 1990.5.10. 선고 89노1789 판결

【주문】

원심판결을 파기한다.

사건을 대구지방법원 본원합의부에 환송한다.

【이유】

검사의 상고이유에 대하여 판단한다.

1. 도로교통법 제13조 제2항은 "차마는 차선이 설치되어 있는 도로에서는 이 법 또는 이 법에 의한 명령에 특별한 규정이 있는 경우를 제외하고는 그 차선에 따라 통행하여야

한다. 다만, 시.도 지사가 통행방법을 따로 지정한 때에는 그 지정한 바에 따라 통행하여야 한다"고 규정하고 있고, 같은법시행규칙 제10조 제1항 [별표 1] 6. 노면표지 제601호 중앙선표시에 의하면 도로의 중앙선을 표시하는 것으로는 황색실선. 황색점선. 황색실선과 점선의 복선등의 세 가지가 있는데, 그중 황색실선은 자동차가 넘어갈 수 없음을 표시하는 것이고 황색점선은 반대방향의 교통에 주의하면서 도로 양측으로 넘어갈 수 있음을 표시하는 것이라고만 규정되어 있을 뿐, 황색점선으로 된 중앙선을 넘어 반대차선으로 들어갈 수 있는 경우를, 다른 차를 앞지르고자 하는 때 등 중앙선을 넘어 어느 정도 계속하여 반대차선으로 진행하는 때로만 제한함으로써, 좌회전하거나 역회전하는 것 등을 특히 금지하고 있지는 않으므로, 이와 같은 규정들 이외에 달리 황색점선으로 된 중앙선이 있는 경우에 좌회전 등을 일반적으로 금지하는 규정이 없는 이상, 중앙선이 자동차가 넘어갈 수 없음을 표시한 황색실선이 아니고 황색점선으로 된 도로에서는 좌회전이 허용된다고 보아야 할 것인바, 차마의 통행방법을 규정하고 있는 도로교통법에 황색점선으로 된 중앙선의 경우 좌회전을 일반적으로 금지하는 규정은 없고, 다만 자동차는 고속도로 또는 자동차전용도로를 횡단하거나 회전 또는 후진하여서는 아니된다는 제57조, 차마는 안전표지로써 특별히 진로변경이 금지된 곳에서는 진로를 변경하여서는 아니된다는 제13조 제3항, 시도지사가 특히 필요하다고 인정하는 때에는 도로의 구간을 지정하여 차마의 횡단이나 회전 또는 후진을 금지할 수 있다는 제16조 제2항 등과 같이, 도로의 중앙선의 표시와는 관계없이 개별적으로 특정된 곳에서의 횡단·회전·후진 등 진로의 변경을 금지하는 규정이 있을 뿐이다. 그렇다면 비록 중앙선이 표시된 도로라고 하더라도 그 중앙선이 황색점선으로 표시된 곳이라면 그곳이 특히 위와 같이 개별적으로 회전 등의 진로변경이 금지된 곳이 아닌 이상 좌회전도 가능하다고 보아야 할 것인바, 원심이 이와 같은 견해에서 이 사건 교통사고가 일어난 곳은 중앙선이 황색점선으로 표시되어 있는 일반도로로서 주위에 좌회전금지표시가 되어 있지 않으므로 피고인이 진행하던 도로의 왼쪽으로 난 도로로 좌회전하는 것이 허용되는 지점이라고 판단한 것은 정당하고, 중앙선이 황색점선으로 표시되어 있는 도로라도 특히 좌회전을 허용한다는 내용의 도로표지가 없는 이상 차마의 좌회전은 금지되는 것이라는 전제에서 이 사건 교통사고가 일어난 곳이 좌회전금지지점이라고 주장하는 소론은 받아들일 것이 못된다.

2. 교통사고처리특례법 제3조 제2항 단서 제2호 전단에서 "도로교통법 제13조 제2항의 규정에 위반하여 차선이 설치된 도로의 중앙선을 침범한 경우"를 같은 항 본문의 적용을 배제하는 사유로 삼은 취지는, 차의 운전자가 특별한 주의를 기울이지 않는 한 차선이 설치된 도로의 중앙선을 침범하여 반대차선으로 넘어 들어가는 행위 그 자체가 반대차선 운전자의 차선에 대한 신뢰를 심히 해치는 행위가 될 뿐만 아니라 그로 인

하여 대형교통사고를 유발할 가능성이 극히 많기 때문이라고 할 것이므로, 비록 자동차가 도로 양측으로 넘어가는 것이 허용된 황색점선의 중앙선이라고 하더라도, 차의 운전자가 그 중앙선을 침범할 당시의 객관적인 여건으로 보아, 장애물을 피하기 위하여 다른 적절한 조치를 취할 겨를이 없는 등의 급박한 사정 때문에 부득이 중앙선을 넘을 필요가 있고, 또 반대방향의 교통에 충분한 주의를 기울이면서 중앙선을 침범하여 반대차선으로 넘어가는 경우가 아닌 한, 위 특례법 제3조 제2항 단서 제2호 전단 소정의 ' 도로교통법 제13조 제2항의 규정에 위반하여 차선이 설치된 도로의 중앙선을 침범한 경우"에 해당하는 것이라고 해석하여야 할 것이다(당원 1987.7.7.선고 86도2597 판결; 1990.9.25.선고 90도536 판결 등 참조).

원심은, 피고인이 이 사건 사고지점에 이르러 피해자가 50여미터 앞에서 오토바이를 타고 오는 것을 발견하고 충분히 좌회전하여 갈 수 있으리라고 생각하고 진행하던 도로의 왼쪽으로 난 길을 들어서려고 좌회전하였으나 미처 다 건너지 못하고 이 사건 사고를 발생하게 한 사실을 인정한 다음, 위 인정사실에 의하면 피고인은 객관적으로 중앙선을 넘을 필요가 있는 상태에서 반대방향의 교통에도 주의를 기울렸지만 이 사건 사고를 발생하게 하였다고 할 것이므로, 이는 위 특례법 제3조 제2항 단서 제2호 전단 소정의 "중앙선을 침범한 경우"에 해당하지 아니한다고 판단하였다.

그러나 원심이 인정한 바와 같이 피고인이 좌회전이 금지되지 아니한 곳에서 왼쪽으로 난 길을 들어서기 위하여 반대차선으로 넘어 들어 갔다면, 객관적으로 보아 중앙선을 넘을 필요가 있었다고 할 것이기는 하지만, 반대차선에서 오토바이가 진행하여 오고 있는 것을 보고도 좌회전하기 위하여 반대차선으로 넘어 들어가다가 미처 반대차선을 완전히 벗어나기도 전에 반대차선에서 진행하여 오던 오토바이와 부딪쳤다면, 다른 특별한 사정이 없는 한 피고인이 반대방향의 교통에 충분한 주의를 기울이면서 중앙선을 침범하여 반대차선으로 넘어 들어갔다고 인정하기는 어려운 것이다. 왜냐하면 만약 차의 운전자가 황색점선으로 된 중앙선을 넘어가면서 위와 같이 반대차선에서 진행하여 오고 있는 오토바이를 보고도 충분히 좌회전할 수 있을 것으로 판단하였다는 사유만으로, 위 특례법 제3조 제2항 단서 제2호 전단 소정의 ".....중앙선을 침범한 경우"에 해당하지 않는다고 본다면, 앞서 본 바와 같이 중앙선침범으로 인한 대형교통사고의 발생을 예방하고 반대차선 운전자의 차선에 대한 신뢰와 안전을 보호하려는 위 법조항의 목적은 달성될 수 없다고 할 것이므로, 이와 같은 경우 "반대방향의 교통에 충분한 주의를 기울여야 한다"고 함은 중앙선을 침범하여 반대차선으로 넘어감으로써 발생할지도 모르는 교통사고를 미리 막을 수 있을 만큼의 충분한 주의를 기울여야 한다는 뜻으로 보아야 하기 때문이다.

그럼에도 불구하고 원심은 피고인이 이 사건 교통사고가 발생할 당시의 중앙선을 침범함에 있어서 위와 같이 반대방향의 교통에 충분한 주의를 기울였는지의 여부나 만약의 충분한 주의를 기울였는데도 교통사고가 발생하였다면 그렇게 된 특별한 사정이 있었는지의 여부에 관하여는 아무런 심리판단도 하지 아니한 채, 단지 피고인이 당시 중앙선을 넘을 필요가 있었고 반대방향의 교통을 살펴보고 충분히 좌회전할 수 있을 것으로 생각하였다는 사유만으로 이 사건 교통사고가 위 특례법 제3조 제2항 단서 제2호 전단 소정의 중앙선침범 사고에 해당하지 아니한다고 판단하였으니, 원심판결에는 심리를 제대로 하지 아니 하였거나 위 법조항 소정의 중앙선침범사고에 관한 법리를 오해한 위법이 있다고 하지 않을 수 없고 이와 같은 위법은 판결에 영향을 미친 것임이 명백하므로, 이 점을 지적하는 논지는 이유가 있다.

3. 그러므로 원심판결을 파기하고, 다시 심리판단하도록 하게 하기 위하여 사건을 원심법원에 환송하기로 관여 법관의 의견이 일치되어 주문과 같이 판결한다.

판례37 | 교통사고처리특례법 제3조 제2항 단서 제2호의 "차선이 설치된 도로의 중앙선을 침범한 행위"의 의미[대법원 1990. 9. 25. 선고 90도536 판결]

【판결요지】

가. 교통사고처리특례법 제3조 제2항 단서 제2호의 "차선이 설치된 도로의 중앙선을 침범한 행위"에는 중앙선 침범행위가 진행차선에 나타난 장해물을 피하기 위하여 다른 적절한 조치를 취할 겨를이 없이 이루어졌다거나 자기차선을 지켜 운행하려 하였으나 운전자가 지배할 수 없는 외부적 여건으로 말미암아 어쩔 수 없이 이루어진 경우 등을 제외한 모든 중앙선침범이 해당한다고 보아야 할 것이고, 한편 그 중앙선 침범행위가 교통사고발생의 직접적인 원인이 된 이상 그 사고장소가 중앙선을 넘어선 반대차선이어야만 된다거나 피해차량이 마주오던 차량이어야만 이에 해당한다고 볼 수는 없다.

나. 트럭운전사가 진행방향에 정차 중인 버스를 추월하기 위하여 황색실선인 중앙선을 침범하여 운행중 마주오던 카고트럭과의 충돌을 피하기 위하여 급정거 조치를 취하면서 핸들을 오른쪽으로 꺾어 원래의 자기차선으로 들어왔으나 주행탄력으로 계속 진행하면 도로 옆의 인가를 덮칠 염려가 있는데다가 급회전으로 인하여 차체가 불안정해져서 그 균형을 바로잡기 위하여 다시 핸들을 왼쪽으로 꺾는 바람에 자기차선의 앞에서 막 출발하려는 버스를 충격하여 발생한 교통사고는 트럭운전사의 중앙선침범이란 운행상의 과실을 직접적인 원인으로 하여 발생한 것이라 보아야 하므로 교통사고처리특례법 제3조 제2항 단서 제2호의 "중앙선을 침범한 행위"로 인한 교통사고에 해당한다.

【원심판결】

전주지방법원 1989.11.1. 선고 89노514 판결

【주문】

원심판결을 파기하고 사건을 전주지방법원 합의부에 환송한다.

【이유】

상고이유를 본다.

이 사건 공소사실의 요지는 피고인이 트럭을 운전하여 시속 약 60킬로미터로 진행하다가 앞쪽에 정차하고 있던 시내버스를 추월하려고 황색실선의 중앙선을 넘어 진행할 무렵 때마침 반대방향에서 대형트럭이 마주 오는것을 보고 급히 자기차선으로 들어가려고 핸들을 꺾었으나 차체가 기우뚱거리자 다시 핸들을 좌측으로 급히 꺾어 막 출발하려는 위 버스의 우측 뒷부분을 들이받아 그 충격으로 버스승객 25명에게 상해를 입혔다는 것이다.

원심판결 이유에 의하면 원심은 교통사고처리특례법 제3조 제2항 단서의 "차선이 설치된 도로의 중앙선을 침범한 행위로 인하여 발생한 때"에 있어서의 도로의 중앙선을 침범한다는 말은 황색실선의 중앙선인 경우로서 교통사고가 발생지점이 중앙선을 넘어선 경우 중에서 중앙선을 침범하여 계속적인 침범운행을 한 행위로 인하여 교통사고를 발생케 하였거나 계속적인 침범운행은 아니었다 하더라도 부득이한 사유가 없는데도 중앙선을 침범하여 교통사고를 발생케 한 경우를 뜻하는 것이고 그 입법취지는 반대차선 운전자의 차선에 대한 신뢰와 안전을 보호하고 중앙선침범으로 인한 대형사고를 방지하려는데 있다고 전제하고 나서 이 사건 공소사실에 따르면 그 사고의 발생장소가 중앙선을 넘어선 반대차선이 아닐 뿐만 아니라 피해차량도 마주오던 차량이 아니라 피고인이 진행하던 차선에 정차하였다가 막떠나려는 차량이라는 것이어서 이는 위 특례법 제3조 제2항 단서 제2호의 요건에 해당할 수 없다고 판단하였다.

그러나 위 특례법 제3조 제2항 단서 제2호는 차선이 설치된 도로의 중앙선을 침범한 행위로 인하여 업무상과실치사상죄 등을 범한 때를 그 조항의 처벌특례에 대한 예외사유로 하고 있으므로 그 중앙선 침해행위가 진행차선에 나타난 장해물을 피하기 위하여 다른 적절한 조치를 취할 겨를이 없이 이루어졌다거나 자기차선을 지켜 운행하려 하였으나 운전자가 지배할 수 없는 외부적여건으로 말미암아 어쩔수 없이 이루어진 경우 등을 제외하고는 위 특례법상의 중앙선침범에 해당한다고 보아야 할 것이고 한편 그 중앙선 침범행위가 교통사고발생의 직접적인 원인이 된 이상 그 사고장소가 중앙선을 넘어선 반대차선이어야 된다거나 피해차량이 마주오던 차량이어야 한다는 등의 장소와 피해차량에 따라 특례법상의 처벌특례에 대한 예외를 달리 구성할 수는 없다고 보아야 할 것이다.

그런데 피고인이 법정 및 수사기관에서의 진술과 기록에 있는 교통사고보고서의 기재 내용에 의하면 피고인이 진행방향에 정차중인 버스를 추월함에 있어서 그곳이 약간 왼쪽으로 굽은 도로이었고 그 중앙선에 황색실선이 그어져 있었는데도 반대차선에서 차량이 마주오고 있는가를 확인하지도 아니한 채 시속약 60킬로로 위 중앙선을 침범하여 운행중 마주오던 11톤 카고트럭을 발견하고서야 충돌을 피하기 위하여 급정거 조치를 취하면서 핸들을 오른쪽으로 꺾어 원래의 자기차선으로 진입해 들어 왔으나 위 속력에 의한 주행탄력으로 계속 진행하는 경우 도로옆의 인가를 덮칠 염려가 있는데다가 급회전으로 인하여 차체가 불안정해져서 그 균형을 바로잡기 위하여 다시 핸들을 왼쪽으로 꺾게 되어 그 바람에 그 앞에서 막 출발하려는 피해버스를 충격하여 이 사건 사고가 발생한 사실을 알아 볼 수 있으므로 사실이이와 같다면 피고인은 그 차량의 운행상 반드시 황색실선의 중앙선을 침범하여야 할 부득이한 사정이 없었는데도 위 중앙선을 침범하여 운행하였고 또한 위 중앙선을 침범하였다가 원래의 자기차선으로 복귀하는 조치를 취한 후 이 사건 사고가 발생할 때까지 다른 운행상의 과실이 있었다고 보여지지 아니하므로 결국 이 사건 사고는 피고인의 중앙선침범이란 운행상의 과실을 직접적인 원인으로 하여 발생한 것이라 보아야 할 것이다.

그런데도 원심이 피고인의 위 중앙선침범과 이 사건 사고와의 인과관계에 대하여는 심리판단함이 없이 그 판시와 같은 이유만으로 이 사건 사고가 위 특례법 제3조 제2항 단서의 예외사유에 해당하지 아니한다고 하여 이 사건 공소를 기각한 것은 위 특례법 조항에 관한 법리를 오해하여 심리를 다하지 아니함으로써 판결결과에 영향을 미쳤다 할 것이다.

이점을 지적하는 주장은 이유있다.

그러므로 원심판결을 파기하고 사건을 원심법원에 환송하기로 관여 법관의 의견이 일치되어 주문과 같이 판결한다.

판례38 | 중앙선침범 사고이나 부득이한 사유로 인한 것이어서 교통사고처리특례법 제 3조 제2항 제2호에 해당되지 않는다고 본 사례[대법원 1990. 5. 8. 선고 90도606 판결]

【판결요지】

차량충돌 사고장소가 편도 1차선의 아스팔트 포장도로이고, 피고인 운전차량이 제한속도(시속 60킬로미터)의 범위 안에서 운행하였으며(시속 40 내지 50킬로미터), 비가 내려 노면이 미끄러운 상태였고, 피고인이 우회전을 하다가 전방에 정차하고 있는 버스를 발견하고 급제동조치를 취하였으나 빗길 때문에 미끄러져 미치지 못하고 중앙선을 침범하기에 이른 것이라면, 피고인이 버스를 피하기 위하여 다른 적절한 조치를 취할 방도가 없는 상황에서 부득이 중앙선을 침범하게 된 것이어서 교통사고처리특례법 제3조 제2항 단서 제2호에 해당되지 않는다는 원심의 판단은 수긍이 간다.

【원심판결】

대전지방법원 1990.1.12. 선고 88노652 판결

【주문】

상고를 기각한다.

【이유】

상고이유를 본다.

기록을 살펴보면 제1심이나 원심의 사실인정은 수긍이 되고 거기에 소론과 같은 채증법칙을 어긴 위법이 있다고 할 수 없으며 사실이 그와 같아 사고장소는 편도 1차선의 아스팔트 포장도로이고 피고인 운전차량이 제한속도(시속 60킬로미터)의 범위 안에서 운행하였으며(시속 40 내지 50킬로미터) 비가 내려 노면이 미끄러운 상태였고 피고인이 우회전을 하다가 전방에 정차하고 있는 버스를 발견하고 급제동조치를 취하였으나 빗길 때문에 미끄러져 미치지 못하고 중앙선을 침범하기에 이른 것이라면 피고인이 버스를 피하기 위하여 다른 적절한 조치를 취할 방도가 없는 상황에서 부득이 중앙선을 침범하게 된 것이라는 원심의 판단도 수긍이 되는 바라고 할 것이다.

따라서 논지는 이유 없고, 그러므로 상고를 기각하기로 하여 관여법관의 일치된 의견으로 주문과 같이 판결한다.

판례39 | 반대차선에서 중앙선을 넘어온 오토바이를 충돌한 자동차운전자의 과실을 부정한 사례[대법원 1990. 4. 24. 선고 89도2547 판결]

【판결요지】

피고인이 봉고트럭을 운전하여 황색중앙선이 표시된 편도 1차선을 주행하던 중 반대차선으로 오던 피해자 운전의 오토바이가 약 15미터 앞에서 갑자기 중앙선을 넘어오는 바람에 미처 피하지 못하여 사고가 발생하였다면 피고인에게 위 오토바이가 갑자기 중앙선을 넘어 들어 올 것을 예상하여 어떤 조치를 취할 것을 기대할 수는 없다 할 것이므로 업무상 과실책임을 물을 수 없다.

【원심판결】

전주지방법원 1989.10.25. 선고 88노517 판결

【주문】

상고를 기각한다.

【이유】

상고이유를 본다.

원심이 확정한 바와 같이, 피고인이 봉고트럭을 운전하여 황색중앙선이 표시된 편도1차선을 주행하던 중 반대차선으로 오던 피해자 운전의 오토바이가 약 15미터 앞에서 갑자기 중앙선으로 넘어오는 바람에 미처 피하지 못하여 이 사건 사고가 발생하였다면 피고인에게 위 오토바이가 갑자기 중앙선을 넘어 들어 올 것을 예상하여 어떤 조치를 취할 것을 기대할 수는 없다 할 것이므로 같은 취지에서 원심이 피고인에게 이 사건 업무상과실책임을 물을 수 없다고 판단한 것은 옳게 수긍이 가고 거기에 지적하는 바와 같은 법리의 오해나 채증법칙을 어긴 위법이 없다.

그러므로 상고를 기각하기로 관여법관의 의견이 일치되어 주문과 같이 판결한다.

판례40 | 도로중앙선을 넘은 지점에서 일어난 사고이지만 교통사고처리특례법 제3조 제2항 단서 제2호 소정의 중앙선침범사고로 볼 수 없는 사례[대법원 1990. 4. 10. 선고 89도2218 판결]

【판결요지】

피고인이 1톤 봉고트럭을 운전하여 편도 1차선 도로를 시속 약 76킬로미터로 진행하던중 전방 50미터 정도에서 도로 중앙부분으로 자전거를 타고 가는 피해자를 발견하고 이를 추월하고자 경적을 울리면서 중앙선을 침범하여 30여미터 진행하다가 위 자전거를 추월할 무렵 피해자가 전방 좌측에 나 있는 길 쪽으로 좌회전하여 들어오는 바람에 도로 중앙선을 넘은 지점에서 피해자를 충격하였다면, 피고인의 중앙선 침범행위가 위 사고발생의 직접적 원인이 되었다고는 할 수 없으니 사고 장소가 중앙선을 넘은 지점이라는 이유만으로 피해자의 명시한 의사에 반하여 공소를 제기할 수 없도록 된 특례의 예외사유인 교통사고처리특례법 제3조 제2항 단서 제2호를 적용할 수는 없다고 할 것이다.

【원심판결】

대전지방법원 1989.6.22. 선고 89노292 판결

【주문】

상고를 기각한다.

【이유】

검사의 상고이유를 본다.

원심판결이 적법히 확정한 사실에 의하면 피고인은 이 사건 사고당시 1톤 봉고트럭을 운전하여 편도 1차선 도로인 이 사건 사고지점을 시속 약76킬로미터로 진행하던 중 전방

50미터 정도에서 도로 중앙부분으로 자전거를 타고 가는 피해자를 발견하고 이를 추월하고자 경적을 울리면서 중앙선을 침범하여 30여미터 진행하다가 위 자전거를 추월할 무렵 피해자가 전방 좌측에 나 있는 길 쪽으로 좌회전하여 들어오는 바람에 도로 중앙선을 넘은 지점에서 피해자를 충격하였다는 것이다. 사실관계가 위와 같다면 피고인의 중앙선 침범행위가 이 사건 사고발생의 직접적 원인이 되었다고는 할 수 없으니 사고 장소가 중앙선을 넘은 지점이라는 이유만으로 교통사고처리특례법 제3조 제2항 단서 제2호를 적용할 수는 없다고 할 것이다.

이와 같은 취지로 판단한 제1심판결을 그대로 유지한 원심의 조처는 정당하고, 논지가 주장하는 것처럼 법리오해의 위법 있음을 찾아볼 수 없으므로 논지는 이유 없다.

따라서 검사의 상고를 기각하기로 하여 관여 법관의 일치된 의견으로 주문과 같이 판결한다.

판례41 | 교통사고처리특례법 제13조 제2항 제2호 전단의 중앙선침범의 의미[대법원 1989. 5. 23. 선고 88 도2010 판결]

【판결요지】

교통사고처리특례법 제13조 제2항 소정의 피해자의 명시한 의사에 반하여 공소를 제기할 수 없는 처벌특례의 예외규정인 같은 항 제2호 전단의 중앙선을 침범하였을 때라 함은 입법취지에 비추어 그 교통사고가 중앙선을 침범하여 운전한 행위로 인하여 일어난 경우를 말하고, 교통사고가 중앙선을 넘어선 지점에서 일어난 모든 경우를 포함하는 것은 아니다.

【원심판결】

인천지방법원 1988.5.12. 선고 87노759 판결

【주문】

상고를 기각한다.

【이유】

검사의 상고이유를 본다.

교통사고처리특례법 제3조 제2항 소정의 피해자의 명시한 의사에 반하여 공소를 제기할 수 없는 처벌특례의 예외규정인 같은 항 제2호 전단의 중앙선을 침범하였을 때라 함은 위 특례법의 입법취지에 비추어 그 교통사고가 중앙선을 침범하여 운전한 행위로 인하여 일어난 경우를 말하고 교통사고가 중앙선을 넘어선 지점인 모든 경우를 포함하는 것은 아니라는 것이 당원이 견지해 온 견해이다.(1985.3.12.선고 84도2651 판결 ; 1985.3.26.선고 85도83 판결 등).

이 사건에서 원심이유지한 1심판결이 적법히 확정한 사실에 의하면, 피고인은 사고차량을 운전하여 번호미상 영업용 차량을 뒤따라 가다가 앞차가 급정차하자 충돌을 피하기 위하여 핸들을 좌측으로 틀면서 급제동을 하였으나 주행탄력으로 사고차량이 미끄러지면서 중앙선을 침범하여 때마침 위 도로를 횡단키 위해 그곳에 서있던 피해자들을 충돌하였다는 것이므로, 이 사건 사고가 비록 중앙선을 넘어선 지점에서 발생하였다고 하여도 중앙선침범은 부득이한 것이어서 위 처벌특례의 예외인 중앙선침범에 해당하지 않는다고 판단한 원심판결은 정당하다.

기록에 의하여 살펴보아도 논지가 주장하는 것과 같이 원심판결에 채증법칙을 위반하여 사실을 오인하고 심리미진으로 판결에 영향을 미친 위법이 없으며, 논지는 사실심 변론에서 조사되지 아니한 증거들을 들어 원심인정을 탓하고 있어 채용할 수 없다.

그러므로 상고를 기각하기로 하여 관여 법관의 일치된 의견으로 주문과 같이 판결한다.

판례42 | 중앙선이 설치된 도로에서 다른 차량운행자의 신뢰와 어긋난 운행을 한 경우 교통사고처리특례법 제3조 제2항 단서 제2호에의 해당여부(적극)[대법원 1989. 4. 11. 선고 88도 1678 판결]

【판결요지】

차선이 설치된 도로의 중앙선은 서로 반대방향으로 운행하는 차선이 접속하는 경계선이어서 차선을 운행하는 운전자로서는 특단의 사정이 없는 한 반대차선내에 있는 차량은 이 경계선을 넘어 들어오지 않을 것으로 신뢰하여 운행하는 것이므로, 부득이한 사유 없이 고의로 중앙선을 넘어 들어가, 침범당한 차선의 차량운행자의 신뢰와 어긋난 운행을 함으로써 사고를 일으켰다면 교통사고처리특례법 제3조 제2항 단서 제2호가 정한 처벌특례의 예외규정에 해당한다.

【원심판결】

마산지방법원 1988.5.20. 선고 87노1024 판결

【주문】

원심판결을 파기하고 사건을 마산지방법원 합의부에 환송한다.

【이유】

검사의 상고이유를 본다.

1. 원심판결 이유에 의하면, 원심은 이 사건 사고는 피고인이 편도 1차선 도로를 경운기를 운전하여 자기차선을 따라 운행하던 중 이 사건 사고지점에 이르러 그 부근의 우

측 밭에서 채취한 고구마를 싣고 되돌아 갈 때의 편의를 위하여 미리 방향을 바꾸어 우측 노견에 경운기를 세워둘 목적으로 중앙선을 넘어 반대차선으로 들어갔다가 원래의 진행차선으로 진입하면서 위 경운기의 차체가 중앙선과 직각을 이루고 있을 때(이 때 경운기의 차체 및 적재함은 모두 원래의 진행차선에 들어와 있었고 다만 위 경운기의 적재함 좌측 뒷부분만이 중앙선에 다소물린 상태였었다) 위 경운기의 원래의 진행방향으로 운행하여 오던 피해자 운전의 오토바이와 노견쪽을 향하고 있던 위 경운기의 엔진부위가 충돌함으로써 피해자가 상해를 입은 사실을 인정할 수 있는 바, 위 인정사실에 의하면 피고인이 위 경운기를 회전시키는 과정에서 중앙선을 침범하였다고 하더라도 이 사건 사고지점은 중앙선을 넘어선 반대차선이 아닐 뿐만 아니라 그 사고경위에 비추어 피고인의 중앙선 침범행위가 이 사건 사고의 직접적인 원인이 되었다고 볼 수도 없다 할 것이므로 이 사건 사고는 교통사고처리특례법 제3조 제2항 단서 제2호에 규정된 중앙선 침범사고가 아니라고 판단하였다.

2. 그러나 차선이 설치된 도로의 중앙선은 서로 반대방향으로 운행하는 차선이 접속하는 경계선에 다름 아니어서 차선을 운행하는 운전자로서는 특단의 사정이 없는 한 반대차선내에 있는 차량은 이 경계선을 넘어 들어오지는 않을 것으로 신뢰하여 운행하는 것이므로, 부득이한 사유가 없는데도 고의로 이러한 경계선인 중앙선을 넘어 들어가 침범당한 차선의 차량운행자의 신뢰와 어긋난 운행을 함으로써 사고를 일으켰다면 교통사고처리특례법 제3조 제2항 단서 제2호가 정한 처벌특례의 예외규정에 해당한다고 할 것이다.

이 사건에서 원심이 채용한 증거(특히 사법경찰관직무취급 작성의 실황조사서의 기재)를 보면, 피고인이 운행하던 경운기는 일단 중앙선을 넘어 완전히 반대차선에 들어간 다음 반대방향으로 바꾸기 위하여 우회전하면서 다시 중앙선을 거의 직각으로 넘어 원래의 차선에 들어오다가 그 차선에서 운행하던 피해자의 오토바이를 충돌한 사실이 인정되는 바, 위와 같은 사고경위에 비추어보면 피고인이 일단 반대차선 내에 완전히 들어간 다음 방향을 바꾸기 위하여 중앙선을 넘어 이쪽 차선으로 다시 들어온 행위는 이쪽 차선에서 오토바이를 운행하던 피해자의 신뢰에 어긋나는 운전행위로서 이 사건 사고발생의 원인이 되었다고 보지 않을 수 없고, 피고인이 원래부터 반대차선에서 운행해 온 것이 아니라 원래 이쪽차선에서 운행하던 자로서 그 사고장소도 원래 피고인이 운행하던 차선내라고 하여 달리 볼일이 아니다.

3. 결국 원심판결에는 교통사고처리특례법 제3조 제2항 단서 제2호의 규정에 관한 법률해석을 그릇침으로써 판결에 영향을 미친 위법이 있고 이 점에 관한 논지는 이유 있으므로, 원심판결을 파기환송하기로 하여 관여 법관의 일치된 의견으로 주문과 같이 판결한다.

【판결요지】

가. 중앙선이 설치되어 있는 도로를 운행하는 자동차 운전사가 반대방향에서 진행하여 오는 자동차와 서로 교행 하는 경우 상대방 자동차가 정상적인 방법에 따라 그 차선을 지켜 운행하리라는 신뢰를 가지는 것이 일반적이고 특별한 사정이 없는 한 그 자동차가 중앙선을 넘어 자기 차선 안으로 들어올 것까지도 예견하고 운전하여야 할 주의의무는 없다.

나. 반대방향에서 주행하여 오던 자동차가 좌회전하기 위하여 회전신호를 조작하면서 정차하고 있었다면 일반적으로 직진 자동차의 진행이 끝나고 나서 회전하겠다는 뜻이 담긴 것이라고 할 것이므로 직진자동차의 운전사로서는 정지한 자동차에 의하여 그 진로가 침범되지 아니하리라는 신뢰를 가지고 주행할 수 있고 이를 비정상적 대처라 할 수 없다.

【원심판결】

대구고등법원 1988.2.26. 선고 87나245 판결

【주문】

원심판결중 피고 패소부분을 파기하고, 이 부분 사건을 대구고등법원에 환송한다.

【이유】

피고 소송대리인의 상고이유에 대하여, 원심판결은 이 사건 사고경위를 다음과 같이 설명하고 있다. 피고 소유의 직행버스 운전사인 소외 1은 1985.10.9. 위 버스에 승객을 태우고 포항시를 출발하여 강릉방면으로 향하던 중 그날 13:20쯤 경북 영일군 송라면 방석 1리 입구 소로와 직각으로 연결된 편도 1차선인 아스팔트 포장국도에 이르렀던바 그곳 반대차선에는 맞은편에서 소외 2가 운전하는 봉고버스가 진행해 오고 그 뒤로 소외 3이 운전하는 포터트럭이 빠른 속도로 뒤따라오고 있었는데 봉고버스가 위 연결소도로로 꺾어 들려고 그 연결지점에 정지하면서 좌회전 신호를 넣고 있었음에도 소외 1은 자기의 차선을 그대로 진행한 나머지 위 트럭이 그 좌측 앞 범퍼로써 급히 정차하는 봉고버스의 뒷 파넬 부분을 충격한 때문에 정지되어 있던 봉고버스가 중앙선을 넘어 직행버스의 진로에 비스듬히 마주보면서 밀려들어 오는 것을 미처 피하지 못하고 직행버스의 좌측앞부분과 봉고버스의 앞부분이 충돌하게 되어 봉고버스의 운전사인 소외 2와 그 승객 두 사람이 사망하게 되었다는 것이다.

그리고 직행버스에 구조상의 결함이나 기능상의 장애가 없었고 소외 3 운전의 트럭이 봉고버스를 추돌한 잘못을 저질러 위 사고의 시초의 원인을 제공한 것은 분명하나 소외 1 이 사고지점 약 150미터전방에서 위 봉고버스를 발견하였고 곧이어 포터트럭이 봉고버스를 근접해 따라오는 것과 아울러 봉고버스가 좌회전 신호를 조작하면서 정차하는 것을 보았는데도 속도를 저감하거나 직행버스를 도로우측으로 붙여 운행함이 없이 도리어 봉고버스가 좌회전하기전에 삼거리 교차점을 먼저 통과하려는 생각에서 좌회전 신호를 본 후 직행버스의 전조등을 두어번 점멸하는 신호를 보내면서 더욱 가속하여 진행하다가 진행차선 앞으로 밀려들어오는 봉고버스를 약 20미터 전에서야 겨우 발견하고서 급제동하였으나 미치지 못하여 충돌하였음을 인정한 다음 좌회전신호를 보내고 있는 봉고버스가 어느틈에 좌회전진입을 해올지 모르는 상황이었는데다가 그 뒤로 포터트럭이 뒤따르고 있어 직행버스의 높은 차체에서 내려다 볼 수 있는 소외 1로서는 그 상황을 잘 주시하였더라면 봉고버스의 좌회전이 트럭에 의한 재촉 또는 추돌에 의해서도 일어날 수 있는것 마저 예견할 수 있었다고 할 것이므로 그러한 상황을 발견한 즉시 언제라도 급정거할 수 있는 정도로 감속 서행하는 민활한 조치와 우측노견에로의 접근진행을 할 주의의무가 있음에도 불구하고 이를 다하지 못하였으므로 피고는 원고들에 대하여 자동차손해배상보장법상의 책임을 면치 못한다고 판시하였다. 그러나 중앙선이 설치되어 있는 도로를 운행하는 자동차운전사가 반대방향에서 진행하여오는 자동차와 서로교행하는 경우 상대방 자동차가 정상적인 방법에 따라 그 차선을 지켜 운행하리라는 신뢰를 가지는 것이 일반적이고 특별한 사정이 없는 한 그 자동차가 중앙선을 넘어 자기차선 안으로 들어올 것까지도 예견하고 운전하여야 할 주의의무는 없다. 더욱 반대방향에서 진행하여 오는 자동차가 좌회전하기 위하여 회전신호를 조작하면서 정차하고 있었다면 일반적으로 직진자동차의 진행이 끝나고 나서 회전하겠다는 뜻이 담긴 것이라 할 것이고(도로교통법 제23조 제1항 참조) 따라서 직진자동차의 운전사로서는 정지한 자동차에 의하여 그 진로가 침범되지 아니하리라는 신뢰를 가지고 주행을 계속하게 되는 것이며 이를 결코 비정상적인 대처라 할 수 없다.

원심이 인정한 대로 하더라도 소외 1은 사고지점에 이르러 봉고버스가 좌회전 신호를 넣으면서 정지하고 있는 것을 보고 전조등을 두어번 점멸하는 신호까지 보내면서 진행하였다는 것이므로 그러한 상황이라면 소외 1은 정지하고 있는 봉고버스가 소외 1의 운전버스 전방으로 달려들 조짐이 보이지 아니하는 것을 확인하고 진행한 것이라고 보아야 할 것이고 그 무렵 다소 과속으로 진행하였다고 하더라도 그것이 이 사건 사고의 원인을 조성한 것이라고 할 수 없다. 그 사고는 오로지 봉고버스가 미리부터 좌회전할 준비를 하지 않고 좌회전하려는 지점인 사고 장소에 거의 다다라서야 좌측방향지시기를 조작하면서 정차하는 바람에 보다 빠른 속도로 뒤따라오던 포터트럭에 의하여 그 뒷부분이 추돌되고 그로 인하여 봉고버스는 중앙선을 넘어 반대방향에서 오는 직행버스의 진행선상으로 들어

오는 바람에 직행버스가 급정차 우회전조치를 취하였으나 미치지 못해서 봉고버스와 서로 충돌하게 된 사정을 알 수 있으므로 위 직행버스를 운전하는 소외 1로서는 이러한 돌발적인 사태까지 예견하여 사고를 피할 수 있는 적절한 조치를 취하여야 할 주의의무가 있다고 볼 것은 아니라 할 것이다.

원심판결은 자동차운전자의 주의의무에 관한 법리를 오해하였거나 심리를 다하지 아니한 위법을 저질렀다고 아니할 수 없고 이는 소송촉진등에관한특례법 제12조 제2항에 해당하므로 논지는 이유있다.

이에 원심판결중 피고 패소부분을 파기하고, 이 부분 사건을 원심법원에 환송하기로 하여 관여 법관의 일치된 의견으로 주문과 같이 판결한다.

판례44 | 반대방향에서 오는 차의 중앙선침범에 대처할 주의의무가 없다고 한 사례
[대법원 1988. 9. 6. 선고 87다카2331 판결]

【판결요지】

반대차선을 달리고 있는 차가 특별한 경우가 아니 한 중앙선을 넘어 자기 차선으로 진입한다는 것은 자동차운전자로서 일반적으로 예기할 수 없는 것인 바, 사고당시는 해가 져서 어두운 때였고 도로폭은 7미터도 못되는 왕복 1차선 도로이고 완만히 굽은 커브길의 추월금지구역인 상황이라면 트럭의 운전자로서는 반대방향의 오토바이가 앞 차의 추월을 시도하고 중앙선을 침범하리라고 미리 예상하여 이에 대처할 운전을 하여야 한다고는 할 수 없다.

【원심판결】

서울고등법원 1987.7.23. 선고 87나1193 판결

【주문】

원심판결 중 피고 패소부분을 파기하고, 이 부분 사건을 서울고등법원에 환송한다.

【이유】

피고 소송대리인의 상고이유에 대하여,

원심판결 이유에 의하면, 원심은 피고소유의 4.5톤 덤프트럭과 소외 1 운전의 125씨씨 오토바이 충돌사고에 관하여 사고지점 부근에 이르러 위 소외 1이 중앙선을 침범하여 야기된 사고이므로 피고에게 사고책임을 물을 수 없다고 한 피고의 주장을 배척하면서 증거를 종합하여 대체로 다음과 같이 인정하였다.

사고지점은 차도폭이 약 6.83미터인데, 피고 차량의 진행차선 폭은 3.7미터이고 그 반

대편 차선의 폭은 2.98미터(중앙선폭이 0.15미터)인 왕복 1차선 포장도로로 피고 차량의 진행방향으로 보아 우측으로 완만히 굽은 횡단 구배 8.8퍼센트(4도)인 커브길이며 사고당시는 해가 진지 40분 뒤여서 비교적 어두운 때였던 사실, 위 트럭운전사 소외 2는 당시 위 도로가 진행방향으로 보아 우측으로 완만히 구부러져 있어 전방 반대편에서 달려오는 차량의 동태를 앞차뿐만 아니라 뒤차까지도 쉽게 살필 수 있었을 뿐 아니라 당시 소외 1이 앞서가는 차를 추월하기 위하여 왼쪽 방향지시 등을 켜고 도로 중앙선 쪽으로 나오고 있었으므로 전방을 예의 주시하여 위 소외 1의 오토바이를 발견한 즉시 경적을 울려 주의를 환기시키고 위 트럭 진행차선의 폭이 반대편보다 더 넓은 것을 고려하여 길 가장자리로 피행하면서 진행하여야 함에도 이를 게을리하고 전방주시의무를 해태한 결과 위 오토바이를 5미터 전방에서 비로소 발견한 잘못으로 위 트럭 좌측전조등 부분으로 오토바이 좌측핸들 끝부분을 충격하여 위 사고를 야기하였는데 위 충격당시 오토바이는 좌측핸들 끝부분이 도로 중앙선을 약 55센티미터 정도 침범하고 우측핸들 끝부분이 진행차선 쪽에 물린 상태로 진행하고 있었고 위 트럭이 진행하던 차선의 폭이 약 3.7미터이고 트럭의 차폭이 약 2.14미터인 점을 감안하면 위 트럭운전사가 전방을 예의주시하여 오토바이를 조금 일찍 발견하고 도로 우측으로 약간만 피행하였어도 위 충돌사고를 미연에 방지할 수 있었다고 인정하였다. 원심은 그밖에 소외 1은 운전면허가 없었으며 피해자 원고 1은 오토바이 뒷좌석에 동승하여 안전운전을 하도록 오토바이 운전자에게 적절한 지시를 하지 않는 등 주의를 태만히 하였으며 오토바이는 커브길에서 추월이 금지되고 있음에도 앞차를 추월하고자 도로 중앙선 쪽으로 나오다가 중앙선을 약간 침범하여 위 사고를 야기하였다고 인정한 다음 이 사건 사고는 쌍방의 과실이 반반으로 경합되어 발생하였다고 판단하였다.

요컨대, 원심은 이 사건 충돌지점에 관하여 오토바이가 중앙선을 침범하여 상대방 차선으로 들어온 위치라고 인정하면서 피고 소유 트럭운전사의 과실을 인정하고 그 근거로서 트럭의 진행방향으로 보아 도로가 우측으로 완만히 구부러져 있어 전방 반대편에서 달려오는 차량의 동태를 쉽게 살필 수 있었을 뿐만 아니라 당시 반대편의 오토바이가 앞서가는 차를 추월하기 위하여 왼쪽 방향지시등을 켜고 도로 중앙선 쪽을 나오고 있었으므로 전방을 예의 주시하여 오토바이를 발견한 즉시 경적을 울려 주의를 환기시키고 길 가장자리로 피행하면서 진행하여야 하는데 전방주시의무를 태만히 하여 결국 오토바이를 5미터 전방에서 발견한 과실이 있음을 들고 있는 것이다.

그러나 반대차선을 달리고 있는 차가 특별한 경우가 아닌 한 중앙선을 넘어 자기차선으로 진입한다는 것은 자동차운전자로서 일반적으로 예기할 수 없는 일이다. 원심이 확정한 사실관계에서 보더라도 사고당시는 해가 져서 어두운 때였고 도로폭은 7미터도 못되는 왕복 1차선 도로이고 완만히 굽은 커브길의 추월금지구역이었다는 것이므로 이와 같은 상황에서 트럭의 운전자로서 반대방향의 오토바이가 앞차의 추월을 시도하고 중앙선을 침범하리라고 미리 예상하여 이에 대처한 운전을 하여야 한다고 주문하는 것은 지나친 일이 아닐 수 없다. 그럼에도 불구하고 원심은 트럭운전사가 5미터 전방에서 비로소 오토바이를 발견하였다고 인정하면서 마치 그것이 반대방향에서 오는 차의 중앙선침범에 대처할 주의의무를 게을리한 탓으로 돌리고 있으니 이는 필경 자동차운전사의 주의의무에 관한 법리를 오해하고 나아가 이유불비, 심리미진의 위법을 범한 것으로서 소송촉진등에 관한특례법 제12조 제2항에 해당한다고 할 것이다. 논지는 이유있다.

이에 원심판결 중 피고 패소부분을 파기하고, 이 부분 사건을 원심법원에 환송하기로 하여 관여법관의 일치된 의견으로 주문과 같이 판결한다.

> **판례45 |** 교통사고처리특례법 제3조 제2항 단서 제2호 전단 소정의 도로교통법 제13조 제2항의 규정에 위반하여 차선이 설치된 도로의 중앙선을 침범하였을 때의 의미*[대법원 1988. 3. 22. 선고 87도2171 판결]*

【판결요지】

가. 교통사고처리특례법 제3조 제2항 단서 제2호 전단 소정의 도로교통법 제13조 제2항의 규정에 위반하여 차선이 설치된 도로의 중앙선을 침범하였을 때라 함은 교통사고의 발생지점이 중앙선을 넘어선 모든 경우를 가리키는 것이 아니라 부득이한 사유가 없이 중앙선을 침범하여 교통사고를 발생케한 경우를 뜻하며 이 때의 부득이한 사유라 함은 진행차선에 나타난 장애물을 피하기 위하여 다른 적절한 조치를 취할 겨를이 없었다거나 자기 차선을 지켜 운행하려고 하였으나 운전자가 지배할 수 없는 외부적 요건으로 말미암아 어쩔 수 없이 중앙선을 침범하게 되었다는 등 중앙선침범 자체에 대하여는 운전자를 비난할 수 없는 객관적 사정을 말한다.

나. 비오는 날 포장도로상을 운행하는 차량이 전방에 고인 빗물을 피하기 위하여 차선을 변경하다가 차가 빗길에 미끄러지면서 중앙선을 침범한 경우는 그 고인 빗물이 차량운행에 지장을 주는 장애물이라고 할 수 없고 가사 장애물이라 하더라도 이를 피하기 위하여 다른 적절한 조치를 취할 겨를이 없었다고도 할 수 없으며 또 빗길이라 하더라도 과속상태에서 핸들을 급히 꺾지 않는 한 단순한 차선변경에 의하여서는 차량이 운전자의 의사에 반하여 그 진로를 이탈할 정도로 미끄러질 수는 없는 것이어서 그 중앙선침범이 운전자가 지배할 수 없는 외부적 여건으로 말미암아 어쩔 수 없었던 것이라고 할 수 없으므로 그 중앙선침범이 부득이한 사유에 기한 것이라고는 할 수 없다.

【원심판결】

서울형사지방법원 1987.3.19 선고, 87노554 판결

【주문】

원심판결을 파기하고, 사건을 서울형사지방법원 합의부에 환송한다.

【이유】

검사의 상고이유를 판단한다.

원심판결 이유에 의하면, 원심은 교통사고처리특례법 제3조 제2항 단서 제2호 전단 소정의 " 도로교통법 제13조 제2항의 규정에 위반하여 차선이 설치된 도로의 중앙선을 침범하였을때"라 함은 교통사고의 발생지점이 중앙선을 넘어선 모든 경우를 가리키는 것이 아니라 부득이한 사유가 없이 중앙선을 침범하여 교통사고를 발생케 한 경우를 뜻한다고 풀이할 것인데 이 사건 교통사고는 피고인이 사고택시를 시속 60킬로미터의 속력으로 운행하던 중 진행차선인 2차선상에 고여 있는 빗물을 피해가기 위하여 1차선으로 차선을 변경하다가 차가 빗길에 미끄러지면서 중앙선을 침범하게 되었고 그때 마침 반대차선 1차선상을 운행하여 오던 르망승용차와 충돌하고 그 충격으로 사고택시가 다시 반대차선 2차선으로 튕기면서 영업용택시와 충돌한 사고에 불과하므로 이 사건 교통사고는 교통사고처리특례법 제3조 제2항 단서 제2호 전단의 경우에는 해당하지 아니한다는 취지로 판단하고 있다.

살피건대, 교통사고처리특례법 제3조 제2항 단서 제2호 전단 소정의 도로교통법 제13조 제2항의 규정에 위반하여 차선이 설치된 도로의 중앙선을 침범하였을 때라 함은 교통사고의 발생지점이 중앙선을 넘어선 모든 경우를 가리키는 것이 아니라 부득이한 사유가 없이 중앙선을 침범하여 교통사고를 발생케한 경우를 뜻함은 원심의 설시와 같다고 하겠으나 이때의 부득이한 사유라 함은 진행차선에 나타난 장애물을 피하기 위하여 다른 적절한 조치를 취할 겨를이 없었다거나 자기 차선을 지켜 운행하려고 하였으나 운전자가 지배할 수 없는 외부적 여건으로 말미암아 어쩔수 없이 중앙선을 침범하게 되었다는 등 중앙선침범 자체에 대하여는 운전자를 비난할 수 없는 객관적 사정을 말한다고 할 것인바, 위와 같은 기준에 의하면 이 사건에 있어서와 같이 비오는 날 포장도로상을 운행하는 차량이 전방에 고인 빗물을 피하기 위하여 차선을 변경하다가 차가 빗길에 미끄러지면서 중앙선을 침범한 경우는 그 고인 빗물이 차량운행에 지장을 주는 장애물이라고 할 수 없고 가사 장애물이라 하더라도 이를 피하기 위하여 다른 적절한 조치를 취할 겨를이 없었다고도 할 수 없으며 또 빗길이라 하더라도 과속상태에서 핸들을 급히 꺾지 않는 한 단순한 차선변경에 의하여서는 차량이 운전자의 의사에 반하여 그 진로를 이탈할 정도로 미끄러질 수는 없는 것이어서 그 중앙선침범이 운전자가 지배할 수 없는 외부적 여건으로 말미암아 어쩔수 없었던 것이라고 할 수 없으므로 그 중앙선 침범이 부득이한 사유에 기한 것이라고는 할 수

없다 할 것이고 따라서 그 중앙선침범으로 인하여 교통사고가 발생하였다면 이는 교통사고처리특례법 제3조 제2항단서 제2호 전단에 해당한다고 할 것이다.

그럼에도 불구하고 원심이 위에서 본 바와 같이 전방에 고인 빗물을 피하기 위하여 차선을 변경하다가 차가 빗길에 미끄러지게 됨으로써 중앙선을 침범한 것은 그 중앙선침범이 부득이한 것이었으므로 그로인한 사고는 교통사고처리특례법 제3조 제2항 단서 제2호 전단에 해당하지 아니한다고 판단한 것은 위 법조항의 법리를 오해한 나머지 판결결과에 영향을 미친 것이라 할 것이므로 이를 지적하는 논지는 이유있다.

따라서 원심판결을 파기하고, 사건을 다시 심리판단케 하기 위하여 원심법원에 환송하기로 관여법관의 의견이 일치되어 주문과 같이 판결한다.

판례46 | 황색점선이 교통사고처리특례법 제3조 제2항 제2호의 '중앙선'에 해당하는 지 여부[대법원 1987. 7. 7. 선고 86도2597 판결]

【판결요지】

가. 도로교통법 제13조 제2항 및 동법 시행규칙 제10조 제1항 별표 1의 6 노면표시 제601호 중앙선표시의 규정들에 의하면 황색점선도 중앙선의 한 종류로서 규정된 것이므로 교통사고처리특례법 제3조 제2항 제2호의 전단의 차선이 설치된 도로의 '중앙선'에 해당된다.

나. 교통사고처리특례법 제3조 제2항 제2호 전단의 차선이 설치된 도로의 중앙선을 '침범' 한다는 뜻은 황색실선의 중앙선일 경우 교통사고의 발생지점이 중앙선을 넘어선 모든 경우를 말하는 것이 아니라 중앙선을 침범하여 계속적인 침범운행을 한 행위로 인하여 교통사고를 발생케 하였거나 계속적인 침범운행은 아니었다 하더라도 부득이한 사유가 없는데도 중앙선을 침범하여 교통사고를 발생케 한 경우를 뜻하는 것이다.

다. 황색점선인 중앙선의 경우에 있어서는 그 차선의 성질상 운행당시의 객관적인 여건이 장애물을 피해가야 하는 등 중앙선을 넘을 필요가 있어 반대방향의 교통에 주의하면서 그 선을 넘어가는 경우는 도로교통법 제13조 제2항의 차선에 따른 운행에 해당한다 할 것이나 그와 같은 월선의 필요성도 없고 반대방향의 교통에 주의를 기울이지도 아니한 채 중앙선을 넘어 운행하는 것은 위 특례법 제3조 제2항 제2호 전단의 도로교통법 제13조 제2항에 위반하여 차선이 설치된 도로의 중앙선을 '침범'한 경우에 해당한다고 해석함이 상당하다.

【원심판결】

청주지방법원 1986.9.26 선고 85노418 판결

【주문】

원심판결을 파기하고, 사건을 청주지방법원 합의부에 환송한다.

【이유】

상고이유를 판단한다.

원심판결 이유에 의하면, 원심은 그 채택한 증거들을 종합하여 이 사건 사고는 피고인이 1985.4.5. 00:05경 포니 영업용택시를 운전하여 원심판시 편도 1차선의 노상을 진행함에 있어서 당시 진행방향 전방에 번호불상의 개인택시가 정차하고 있어 이를 피해가기 위하여 황색점선의 중앙선을 넘어서 진행할 즈음 때마침 피해자가 오토바이를 운전하고 반대방향에서 진행하여 오다가 피고인의 택시를 발견하고 당황하여 오토바이의 핸들을 좌로 꺾어 피고인의 차선으로 진입함과 동시에 피고인도 위 오토바이와의 충돌을 피하기 위하여 다시 자신의 차선으로 들어감으로써 피고인의 진행차선 위에서 위 택시의 우측 범퍼부분으로 위 오토바이를 들이받아 일어난 사실을 인정한 다음, 도로교통법시행규칙 제10조 제1항 별표1의 6 노면표지 제601호 중앙선 표시에 의하면 중앙선중 황색점선은 반대방향의 교통에 주의하면서 도로 양측으로 넘어갈 수 있음을 표시하는 것임에 비추어 피고인이 위 황색점선을 넘어 반대차선으로 진행했던 것을 교통사고처리특례법 제3조 제2호 전단의 " 도로교통법제13조 제2항(1984.8.4 개정되기 전에는 제11조의2 제2항임, 원심은 위 개정되기 전의 조항을 인용하고 있으나 잘못된 것임)의 규정에 위반하여 차선이 설치된 도로의 중앙선을 침범하였을 때"에 해당한다고 할 수 없다고 판단하고 있다.

살피건대, 도로교통법 제13조 제2항은 "차마는 차선이 설치되어 있는 도로에서는 이법 또는 이법에 의한 명령에 특별한 규정이 있는 경우를 제외하고는 그 차선에 따라 통행하여야 한다. 다만, 시.도지사가 통행방법을 따로 지정한 때에는 그 지정한 바에 따라 통행하여야 한다"라고 규정하고, 도로교통법시행규칙 제10조 제1항 별표 1의 6 노면표시 제601호 중앙선표시에 의하면 중앙선의 종류를 황색실선, 황색점선, 황색실선과 점선의 복선으로 나누고 있는데 그중 황색실선은 자동차가 넘어갈 수 없음을 표시하고 황색점선은 반대방향의 교통에 주의하면서 도로양측으로 넘어갈 수 있음을 표시하는 것이라고 규정하고 있다.

위 각 규정들에 의하면, 황색점선도 중앙선의 한 종류로서 규정된 것이므로 위 특례법 제3조 제2항 제2호의 전단의 차선이 설치된 도로의 "중앙선"에 해당된다 할 것이고 또한 위 법조항의 차선이 설치된 도로의 중앙선을 "침범"한다는 뜻을 황색실선의 중앙선일 경우 교통사고의 발생지점이 중앙선을 넘어선 모든 경우를 말하는 것이 아니라 중앙선을 침범하여 계속적인 침범운행을 한 행위로 인하여 교통사고를 발생케 하였거나 계속적인 침범운행은 아니었다 하더라도 부득이 한 사유가 없는데도 중앙선을 침범하여 교통사고를 발생케 한 경우를 뜻하는 것이라고 함이 당원의 견해 (1986.9.9 선고 86도1142 판결 참조)임과 교통사고처리특례법의 입법취지에 비추어 황색점선인 중앙선의 경우에 있어서는 그 차선의 성질상 운행당시의 객관적인 여건이 장애물을 피해가야 하는 등 중앙선을 넘을 필요가 있어 반대방향의 교통에 주의하면서 그 선을 넘어가는 경우는 도로교통법 제13조 제2항의 차선에 따른 운행에 해당한다 할 것이나 그와 같은 월선의 필요성도 없고 반대방향의 교통에 주의를 기울이지도 아니한 채 중앙선을 넘어 운행하는 것은 위 특례법 제3조 제2항 제2호 전단 의 도로교통법 제13조 제2항에 위반하여 차선이 설치된 도로의 중앙선을 '침범'한 경우에 해당한다고 해석함이 상당하다 할 것이다. 위와 같이 해석하지 아니하면 위에서 본 바와 같은 월선의 필요성도 없이 반대방향의 교통에 주의도 하지 아니한 채 황색점선의 중앙선을 넘어 운행을 한 행위로 인하여 교통사고를 발생케 한 경우도 위 특례법 조항의 중앙선을 '침범'한 것이 되지 아니하여 반대차선 운전자의 차선에 대한 신뢰와 안전을 보호하고 중앙선 침범으로 인한 대형사고를 방지하려는 위 특례법조항의 입법취지에 어긋나기 때문이다.

원심이 적법하게 확정한 바와 같이 피고인이 피고인의 택시를 운행함에 있어서 진행방향 전방에 번호불상의 개인택시가 정차하고 있어 이를 피해가기 위하여 황색점선의 중앙선을 넘어서 진행한 것이라면 이는 운행당시의 객관적인 여건으로서 중앙선을 넘을 필요성은 조성되어 있었다 할 것이므로 이 사건의 경우에 있어서는 피고인이 황색점선의 중앙선을 넘어감에 있어서 반대방향의 교통에 주의하였는지의 여부가 위 특례법 조항의 적용여부를 결정하는 관건이 된다 할 것이다.

그러함에도 불구하고 원심이 위와 견해를 달리하여 피고인이 황색점선의 중앙선을 넘어감에 있어서 반대방향의 교통에 주의하였는지 여부에 관하여는 심리판단하지 아니한 채 만연히 황색점선은 반대방향의 교통에 주의하면서 도로양측으로 넘어갈 수 있음을 표시하는 것임에 비추어 피고인이 위 황색점선을 넘어 반대차선으로 진행했던 것을 위 특례법 조항의 " 도로교통법 제13조 제2항의 규정에 위반하여 차선이 설치된 도로의 중앙선을 침범하였을 때"에 해당되지 않는다고만 판단한 조치는 위 특례법 조항 및 도로교통법 조항의 법리를 오해하여 심리를 다하지 아니함으로써 판결결과에 영향을 미친 위법을 저지른 것이라 할 것이고 이 점을 탓하는 논지는 이유있다.

그러므로 원심판결을 파기하고, 사건을 원심법원으로 환송하기로 관여법관의 의견이 일치되어 주문과 같이 판결한다.

판례47 | 교통사고처리특례법 제3조 제2항 제2호 소정의 차선이 설치된 도로의 중앙선을 침범한 경우의 의미[대법원 1986. 9. 9. 선고 86도1142 판결]

【판결요지】

교통사고처리특례법 제3조 제2항 본문의 처벌특례에 대한 예외규정인 같은 항 제2호 소정의 도로교통법 제13조 제2항의 규정에 위반하여 차선이 설치된 도로의 중앙선을 침범한 경우라 함은 교통사고의 발생지점이 중앙선을 넘어선 모든 경우를 말하는 것이 아니라 중앙선을 침범하여 계속적인 침범운행을 한 행위로 인하여 교통사고를 발생케 하였거나 계속적인 침범운행은 없었다 하더라도 부득이 한 사유가 없는데도 중앙선을 침범하여 교통사고를 발생케 한 경우를 뜻하는 것이어서 운행당시의 객관적인 여건이 장애물을 피행하여야 되는등 긴박하여 부득이 중앙선을 침범할 수 밖에 없었다면 그로 인하여 중앙선을 넘어선 지점에서 교통사고를 일으켰다 하더라도 위 처벌특례의 예외규정에 해당하지 아니한다.

【원심판결】

대구지방법원 1985.10.24 선고 85노1497 판결

【주문】

상고를 기각한다.

【이유】

검사의 상고이유를 판단한다.

피해자의 명시한 의사에 반하여 공소를 제기할 수 없다는 교통사고처리특례법 제3조 제2항 본문의 처벌특례에 대한 예외규정인 같은항 제2호에서 도로교통법 제13조 제2항의 규정에 위반하여 차선이 설치된 도로의 중앙선을 침범한 경우라함은 그 입법취지에 비추어 교통사고의 발생지점이 중앙선을 침범하여 계속적인 침범운행을 한 행위로 인하여 교통사고를 발생케 하였거나 계속적인 침범운행은 없었다 하더라도 부득이 한 사유가 없는데도 중앙선을 침범하여 교통사고를 발생케 한 경우를 뜻하는 것이라고 풀이함이 상당하므로 운행당시의 객관적인 여건이 장애물을 피행하여야 되는등 긴박하여 부득이 중앙선을 침범할 수 밖에 없었다면 그로 인하여 중앙선을 넘어선 지점에서 교통사고를 일으켰다 하더라도 위 처벌특례의 예외규정에 해당하지 아니한다 할 것이다(당원 1984.3.27 선고 84도193 판결; 1984.11.27 선고 84도2134 판결; 1985.3.12 선고 84도2651 판결; 1985.4.23 선고 85도329 판결; 1985.9.10 선고 85도1407 판결; 1986.3.11 선고 86도56 판결등 참조)

원심이 확정한 사실에 의하면 이 사건 교통사고의 발생지점이 중앙선을 넘어선 지점이기는 하나 피고인이 봉고승용차를 시속 약 70킬로미터의 속도로 운행하던중 판시 지점을 통과할 무렵 우측 전방 20미터 노견에 정차중인 충남 5다3684호 봉고승용차를 충돌 직전에서야 뒤늦게 발견하고 급정차한 과실로 피고인 차를 그곳 노면에 미끄러지게 하여 우측 앞 밤바부분으로 위 정차해 있는 봉고승용차의 좌측 뒷부분을 가볍게 1차 충격하면

서 당황한 나머지 더 큰 충격을 피하여야겠다는 일념으로 핸들을 좌측으로 급히 과대조작하는 바람에 그곳 도로의 중앙분리대를 넘어 반대차선으로 미끄러져 들어가게 되었고 그때 마침 반대차선상을 운행하던 피해자 김인근 운전의 대구 1가7200호 자가용 승용차의 전면을 피고인차 앞 밤바부분으로 2차 충격하게 되어 판시 교통사고를 일으켰다는 것이므로 그 교통사고가 교통사고처리특례법 제3조 제2항 제2호 소정의 경우에 해당하지 않는다고 본 원심의 판단은 앞서본 법리에 비추어 수긍할 수 있고 거기에 소론과 같은 법리오해가 있다고 할 수 없다.

그러므로 상고를 기각하기로 관여법관의 의견이 일치되어 주문과 같이 판결한다.

판례48 | 반대방향에서 오는 차량이 이미 중앙선을 침범하여 비정상적인 운행을 하고 있음을 목격한 자동차운전자의 주의의무 [대법원 1986. 2. 25. 선고 85도2651 판결]

【판결요지】

침범금지의 황색중앙선이 설치된 도로에서 자기차선을 따라 운행하는 자동차운전수는 반대방향에서 오는 차량도 그쪽 차선에 따라 운행하리라고 신뢰하는 것이 보통이고 중앙선을 침범하여 이쪽 차선에 돌입할 경우까지 예견하여 운전할 주의의무는 없으나, 다만 반대방향에서 오는 차량이 이미 중앙선을 침범하여 비정상적인 운행을 하고 있음을 목격한 경우에는 자기의 진행전방에 돌입할 가능성을 예견하여 그 차량의 동태를 주의깊게 살피면서 속도를 줄여 피행하는 등 적절한 조치를 취함으로써 사고발생을 미연에 방지할 업무상 주의의무가 있다.

【원심판결】

청주지방법원 1985.11.8 선고 85노257 판결

【주문】

상고를 기각한다.

【이유】

피고인 변호인의 상고이유를 본다.

침범금지의 황색중앙선이 설정된 도로에서 자기차선을 따라 운행하는 자동차의 운전수는 반대방향에서 오는 차량도 그쪽 차선에 따라 운행하리라고 신뢰하는 것이 보통이고 중앙선을 침범하여 이쪽 차선에 돌입할 경우까지 예견하여 운전할 주의의무는 없으나, 다만 반대방향에서 오는 차량이 이미 중앙선을 침범하여 비정상적인 운행을 하고 있음을 목격한 경우에는 자기의 진행전방에 돌입할 가능성을 예견하여 그 차량의 동태를 주의깊게 살피면서 속도를 줄여 피행하는 등 적절한 조치를 취함으로써 사고발생을 미연에 방지할 업무상 주의의무가 있다고 할 것이다.

원심이 인용한 1심판결 채용증거 중 사법경찰리 작성의 한 덕조에 대한 진술조서기재에 의하면 피해자의 오토바이가 커브를 돌면서 황색중앙선을 넘으며 일직선으로 오다가 피고인 운전차량 좌측전면을 충돌한 사실이 인정되고, 사법경찰리 작성의 실황조사서 기재에 의하면 이 사건 사고발생지점에서 피고인 차량의 전방주시 가능거리는 약 200m로서 그 전방은 커브길인데 피고인은 반대방향에서 달려오던 피해자 오토바이를 전방 약 100m 거리에서 발견한 사실이 인정되며, 한편 검사 및 사법경찰리 작성의 피고인에 대한 각 피의자신문조서(제2회) 기재에 의하면, 피고인은 피해자 오토바이를 발견하고도 속도를 줄여 도로우측으로 피하는 등 조치를 취함이 없이 계속 운행한 사실이 인정된다.

위와 같은 사실들을 종합해 보면, 피고인은 피해자 오토바이가 커브길을 돌면서 중앙선을 침범하여 비정상적인 운행을 하고 있음을 약 100m 전방에서 이미 발견하였으면서도 만연히 교행이 가능하리라고 경신하여 속도를 줄여 도로우측으로 피하는 등 사고발생방지에 필요한 조치를 취함이 없이 만연히 운행한 과실이 있다고 하겠으므로, 피고인의 과실책임을 인정한 원심판결은 정당하고 논지가 주장하는 것과 같은 채증법칙위반, 심리미진 및 법리오해의 위법이 없으며 소론 적시 각 판례는 이 사건에 적절한 선례라고 볼 수 없으니 논지는 이유없다. 그러므로 상고를 기각하기로 하여 관여법관의 일치된 의견으로 주문과 같이 판결한다.

판례49 | 앞서 가던 버스가 진행로를 막고 정차해 있어 이를 추월키 위해 중앙선을 넘은 것이 교통사고처리특례법 제3조 제2항 단서 제2호 소정의 "도로의 중앙선을 침범한 경우"에 해당하는지 여부 *[대법원 1985. 9. 10. 선고 85도1264 판결]*

【판결요지】

사고지점에 표시된 중앙선이 자동차가 통과할 수 없음을 표시하는 황색실선이었다면 설령 앞서가던 버스가 정차하여 진행로를 가로막고 있었다 하더라도 이를 피해 앞서가기 위해 그 중앙선을 침범하여 자동차를 운행할 수는 없는 곳이므로 이에 위반한 소위는 구 교통사고처리특례법 제3조 제2항 단서 제2호 소정의 "도로교통법 제11조의 2 제2항의 규정에 위반하여 차선이 설치된 도로의 중앙선을 침범한 경우"에 해당한다.

【원심판결】

청주지방법원 1985.5.10. 선고 85노51 판결

【주문】

상고를 기각한다.

【이유】

피고인의 상고이유를 본다.

상고논지는, 이 사건 사고지점이 추월금지구역이라 하더라도 피고인은 앞서 가던 버스가 진행로를 막고 정차해 있어 이를 추월하기 위하여 중앙선을 침범하였던 것이므로 피고인의 소위는 교통사고처리특례법(84.8.4 개정전) 제3조 제2항 단서 제2호 소정의 도로교통법 제11조의 2 제2항의 규정에 위반하여 차선이 설치된 도로의 중앙선을 침범한 때에 해당하지 아니한다는 취지이다.

그러나 도로교통법상(84.8.4 개정전) 차마가 차선이 설치되어 있지 아니한 도로를 통행함에 있어서는 일정한 경우에 도로의 중앙 좌측부분을 통행할 수 있도록 되어 있으나(도로교통법 제11조 제4항), 내무부령으로 정하는 차선이 설치되어 있는 도로에 있어서는 서울특별시장, 직할시장 또는 도지사가 통행방법을 따로 지정한 때를 제외하고 제차는 그 차선에 따라 통행하여야 하며(같은법 제11조의 2 제2항), 중앙선표시는 도로교통법 제11조의 2에 따라 도로의 중앙선임을 표시하는 노면표지로서 그중 황색실선은 자동차가 통과할 수 없음을 표시하는 것(도로교통법시행규칙 제10조, 별표 1 일련번호 601)이라고 규정되어 있는바, 이 사건 사고지점에 표시된 중앙선은 자동차가 통과할 수 없음을 표시하는 황색실선인 것이 기록상 분명하므로 설령 피고인 주장과 같이 앞서가던 버스가 정차하여 진행로를 가로막고 있었다 하더라도 이를 피해 앞서가기 위해 그 중앙선을 침범하여 자동차를 운행할 수는 없었던 곳이라 할 것이다. 따라서 피고인의 소위는 교통사고처리특례법 제3조 제2항 단서 제2호 소정의 「도로교통법 제11조의 2 제2항의 규정에 위반하여 차선이 설치된 도로의 중앙선을 침범한 경우」에 해당한다고 본 원심 및 제1심판결은 정당하고 거기에 소론과 같은 법리오해나 심리미진의 위법이 있다고 볼 수 없으므로 논지 이유없다.

그러므로 상고를 기각하기로 관여 법관의 의견이 일치되어 주문과 같이 판결한다.

판례50 ┃ 통상 예견하기 어려운 이례적인 사태의 발생으로 인한 사고여서 자동차운전자에게 책임이 없다고 한 사례[대법원 1985. 7. 9. 선고 85도833 판결]

【원심판결】

대구지방법원 1984.12.21. 선고 84노599 판결

【주문】

상고를 기각한다.

【이유】

검사의 상고이유를 본다.

원심판결은 그 이유에서 이 사건 사고경위에 관하여 피고인은 1983.11.16. 19:40경 24.5톤 추레라(폭 248쎈티미터, 길이 593쎈티미터)를 운전하고 경주방면에서 포항방면을 향하여 약 40킬로미터로 진행중이었고, 그 도로는 왕복 4차선의 산업도로로서 제한속도 가 60킬로미터 지점이며 부락이 밀집해 있는 주변이기는 하나 차도의 가장자리에 별도의 보행자인도가 없고 교차로 등지에만 신호등과 횡단보도가 설치되어 있을 뿐이어서 차량들만이 빠른 속도로 빈번히 통행하는 곳이며, 또 사고당시에는 야간인데다가 진눈개비가 약간 내리고 있어 전방의 시야가 똑똑히 보이지 않는 상황이었는데, 피고인이 2차선을 따라 사고지점에 이르렀을 무렵 뒤에서 따라오던 고속버스 1대는 1차선으로 진입하면서 피고인의 차량을 추월하여 앞서다가 술에 취한 피해자가 도로중앙에서 1차선으로 뛰어드는 것을 미리 발견하고 핸들을 좌측으로 꺾어 중앙선 쪽으로 진입함으로서 간신히 피해 지나갈 수 있었으나 피고인은 그 고속버스에 가려진 피해자를 볼 수 없었고 피해자가 고속버스가 지나간 후 갑자기 좌측에서 2차선상으로 뛰어드는 것을 1미터 전방에서 비로소 발견하였으므로 미처 제동조치를 취하지 못해 자동차의 전면으로 피해자를 충돌 사망케 하였다고 인정하였는바, 관계증거에 비추어 보면 위와 같은 원심의 사실인정은 적법하고 거기에 소론과 같이 채증법칙위반으로 사실을 그릇 인정한 허물이 있다할 수 없다. 또한 자동차의 운전자는 통상 예견되는 사태에 대비하여 그 결과를 회피할 수 있는 정도의 주의의무를 다함으로써 족하고 통상 예견하기 어려운 이례적인 사태의 발생을 예견하여 이에 대비하여야 할 주의의무까지 있다 할 수 없는 것이므로 원심이 사고발생의 경위를 그 판시내용과 같이 확정한 이상 판시 사고가 피고인의 업무상 주의의무 태만에 기인된 것으로 볼 수 없다고 한 판단도 수긍되고, 거기에 소론과 같은 법리오해의 위법이 있다고 볼 수 없다. 논지 이유없다.

그러므로 상고를 기각하기로 관여 법관의 의견이 일치되어 주문과 같이 판결한다.

판례51 | 급 브레이크를 밟자 자동차가 미끄러져 중앙선을 넘어 전복된 경우 교통 사고처리특례법 제3조 제2항 단서 제2호의 적용여부[대법원 1985. 5. 14. 선고 85 도384 판결]

【판결요지】

교통사고처리특례법 제3조 제2항 단서 제2호의 규정에 의하면 도로교통법 제13조 제2 항의 규정에 위반하여 차선이 설치된 도로의 중앙선을 침범한 경우에는 피해자의 명시한 의사에 반하여도 공소를 제기할 수 있다 할 것이나 여기서 중앙선을 침범한 경우라 함은 사고차량의 중앙선침범행위가 교통사고 발생의 직접적 원인이 된 경우를 말하고 교통사고

발생장소가 중앙선을 넘어선 지점에 있는 모든 경우를 가리키는 것은 아니라 할 것이므로 급브레이크를 밟은 과실로 자동차가 미끄러져 중앙선을 넘어 도로 언덕 아래에 굴러 떨어져 전복되게 하여 그 충격으로 치상케 한 경우에는 위 중앙선 침범행위가 위 사고발생의 직접적 원인이 되었다고는 할 수 없어 비록 위 사고장소가 중앙선을 넘어선 지점이라 하여도 위 특례법 제3조 제2항 단서 제2호를 적용할 수 없다.

【원심판결】

대구지방법원 안동지원 1985.1.11. 선고 84고단407 판결

【주문】

비약적 상고를 기각한다.

【이유】

검사의 비약적 상고이유를 본다.

교통사고처리특례법 제3조 제2항 단서 제2호에 의하면 차의 교통으로 업무상과실치상죄 또는 중과실치상죄와 도로교통법 제108조의 죄를 범한 운전자에 대하여는 피해자의 명시한 의사에 반하여 공소를 제기할 수 없으나 다만 도로교통법 제13조 제2항의 규정에 위반하여 차선이 설치된 도로의 중앙선을 침범한 경우에는 그러하지 아니한다고 규정하고 있는바, 위 규정에서 중앙선을 침범한 경우라 함은 사고차량의 중앙선 침범행위가 교통사고 발생의 직접적 원인이 된 경우를 말하고 교통사고 발생장소가 중앙선을 넘어선 지점에 있는 모든 경우를 가리키는 것은 아니라고 할 것이다.

제1심판결이 적법히 확정한 사실에 의하면, 피고인은 2.5톤 타이탄화물자동차 운전수로서 위 차를 운전하여 영주시에서 경북 풍기읍 방면으로 시속 약 70킬로미터로 진행하던중 이 사건 사고지점에 이르러 갑자기 폭우가 내리자 적재함에 실은 연탄에 덮개를 씌우려고 급브레이크를 밟은 과실로 위 자동차를 미끄러지게 하여 중앙선을 넘어 도로좌측 언덕 아래에 굴러떨어져 전복되게 함으로써 그 충격으로 그차 운전석 옆좌석에 탔던 피해자 공소외인으로 하여금 전치 8주를 요하는 제12흉추압박골절상을 입게 하였다는 것이므로, 피고인의 중앙선 침범행위가 이 사건 사고발생의 직접적 원인이 되었다고는 할 수 없으니 사고장소가 중앙선을 넘어선 지점이라는 이유만으로 교통사고처리특례법 제3조 제2항 단서 제2호를 적용할 수는 없다 고 할 것이다.

이와 같은 취지로 판단한 원심조치는 정당하고, 논지가 주장하는 것처럼 위 법률의 적용에 착오가 있다고 볼 수 없으므로 결국 논지는 이유없다.

그러므로 비약적 상고를 기각하기로 하여 관여 법관의 일치된 의견으로 주문과 같이 판결한다.

【판결요지】

차선이 설치된 도로를 운행하던 차량이 중앙선을 침범하지 아니하고 차선대로 운행을 계속하게 되면 많은 인명피해를 가져올 교통사고가 발생될 것이 예견되는 경우 그 운전자가 그 교통사고를 피하기 위하여 반대차선에 차량의 통행이 없는 틈을 이용하여 중앙선을 침범하여 운행한 경우는 구 교통사고처리특례법(1981.12.31 법률 제3490호) 제3조 제2항 단서 제2호 전단의 " 도로교통법 제11조의2 제2항의 규정에 위반하여 차선이 설치된 도로의 중앙선을 침범하는" 경우에 해당하지 아니한다.

【원심판결】

서울형사지방법원 1984.12.24. 선고 84노3971 판결

【주문】

상고를 기각한다.

【이유】

상고이유를 판단한다.

차선이 설치된 도로를 운행하던 차량이 중앙선을 침범하지 아니하고 차선대로 운행을 계속하게 되면 많은 인명피해를 가져올 교통사고가 발생될 것이 예견되는 경우 그 운전자가 그 교통사고를 피하기 위하여 반대차선에 차량의 통행이 없는 틈을 이용하여 중앙선을 침범하여 운행한 경우는 구 교통사고처리특례법(1981.12.31 법률 제3490호) 제3조 제2항 단서 제2호 전단의" 도로교통법 제11조의2 제2항의 규정에 위반하여 차선이 설치된 도로의 중앙선을 침범" 하는 경우에 해당하지 아니한다고 함이 상당할 것이다.

같은 취지에서 원심이 이 사건 교통사고는 피고인 이 1983.9.1.10:50경 경성여객소속 시내버스를 시속 약 40킬로미터의 속도로 운전하고 서울 동대문구 중량교 방면에서 시조사 방면을 향하여 2차선상으로 진행하던중 같은구 휘경동 34 앞노상에 이르러 버스정류장으로 진입하고자 브레이크를 밟았으나 제동장치에 이상이 생겨 제동이 되지 않는 것을 발견하게 되었는데 때마침 사고버스 진행방향의 전방에는 신호등이 있는 횡단보도가 설치되어 있어 많은 사람들이 보행인 진행신호를 받고 위 횡단보도를 건너고 있었기 때문에 그대로 진행

한다면 위 보행인들에게 위해를 입게 할 염려가 있으므로 보다 큰 인명피해를 막기 위하여 반대편에서 차량이 오지 않는 것을 확인하고 부득이 위 사고버스의 방향을 돌려 중앙선을 침범한 후 감속하려고 노력하면서 약 100여미터 이상을 진행하다가 이 사건 교통사고를 일으키게 된 사실을 인정하고 피고인의 소위는 위 특례법 제3조 제2항 단서 제2호에서 말하는 차선이 설치된 도로의 중앙선을 침범한 경우에는 해당하지 아니한다고 판시한 것은 정당하고 거기에 소론과 같은 법리오해의 위법이 없으므로 논지는 이유없다.

따라서 상고를 기각하기로 하여 관여 법관의 일치된 의견으로 주문과 같이 판결한다.

판례53 | 좌회전하기 위해 중앙선을 넘어가다가 충돌사고를 일으킨 경우 교통사고 처리특례법 제3조 제2항 제2호 소정의 "중앙선을 침범하였을 때"에의 해당여부[대법원 1984. 6. 26. 선고 84도981 판결]

【판결요지】

교통사고처리특례법 제3조 제2항 단서 제2호 소정의 "중앙선을 침범하였을 때"라 함은 교통사고가 중앙선을 침범한 행위로 인하여 일어난 경우를 의미하는 것이고 중앙선을 넘어선 지점인 모든 경우를 포함한다 할 수 없으므로 좌회전 지점에서 좌회전하기 위해 중앙선을 넘다가 충돌사고를 일으킨 경우에는 위 단서 제2호 소정의 "중앙선 침범"에 해당하지 않는다.

【원심판결】

서울형사지방법원 1984.3.21. 선고 84노577 판결

【주문】

원심판결을 파기하고, 사건을 서울형사지방법원 합의부에 환송한다.

【이유】

피고인의 상고이유를 판단한다.

원심이유지한 제1심 판결이유에 의하면, 피고인이 판시 일시, 장소에서 판시 트럭을 운전하여 골목길에서 개봉동 방면으로 좌회전함에 있어 판시와 같은 업무상 주의의무를 태만히 한 채 중앙선을 침범하여 부당한 좌회전을 한 과실로 우측에서 전진하던 판시 오토바이를 우측 후엔다로 충돌하여 넘어지게 함으로써 오토바이 뒷좌석에 타고 있던 피해자에게 판시와 같은 상해를 입힌 사실을 인정하고 이에 대하여 교통사고처리특례법(이하 특례법이라함) 제3조 제1항, 형법 제268조를 적용하여 처단하고 있다.

그런데 위 특례법 제3조 제1항은 운전자가 형법 제268조의 죄를 범한 때의 처벌규정

이고 같은조 제2항은 제1항의 죄중 업무상 과실치상죄를 범한 경우에는 피해자의 명시한 의사에 반하여 공소를 제기할 수 없다. 다만, ...경우와 다음 각호의 1에 해당하는 행위로 인하여 동죄를 범한 경우에는 그러하지 아니하다고 하고 같은항 제2호에는 도로교통법 제11조의 2 제2항의 규정에 위반하여 차선이 설치된 도로의 중앙선을 침범하거나 같은법 제47조의 7의 규정에 위반하여 횡단, 회전 또는 후진한 경우라고 규정하고 있는바 원심의 위 법률적용에 의하면, 피고인의 소위를 위 특례법 제3조 제2항 본문 및 제1항의 규정에 위반하였다는 것인지, 제3조 제2항 단서 제2호, 제1항의 규정에 위반하였다는 것인지 분명하지 아니하나 전자의 경우에 해당한다면 기록에 의하면 피해자는 치료만 해주면 처벌을 원치 않는다는 것인데 원심 및 제1심은 피해자의 치료비 지급여부를 심리한 흔적이 없고 나아가 기록에 의하면 피고인의 차량은 종합보험에 가입되어 있다는 것이니 다른 사정이 없다면 피해자는 그 보험금을 수령할 것으로 예견되는바, 만약 그렇다면 피고인의 이건 소위에 대하여 공소를 제기할 수 없다 할 것이고, 후자의 경우에 해당한다면 (이 사건공소장의 적용법률에 의하면 이 경우에 해당하는 것으로 공소를 제기하였음이 명백하다) 위 법조 단서 제2호에서 중앙선을 침범하였을 때라 함은 교통사고가 중앙선을 침범한 행위로 인하여 일어난 경우를 의미하는 것이고 중앙선을 넘어선 지점인 모든 경우를 포함한다 할 수 없는바 기록에 의하면(교통사고보고서기록 제10면) 이건 사고지점은 피고인 운전의 차량이 중앙선을 넘은 지점임이 분명하므로 위 단서 규정에 해당하지 아니할 뿐만 아니라 피고인은 법정에서 위 지점은 좌회전이 허용된 지점이므로 이를 좌회하여 가려면 중앙선을 타고 넘어야 함은 공지의 사실이고 피고인은 중앙선이 끊어진 부분으로 좌회하였다고 변명하고 있고 위 같은법 제11조 제3항은 마차는 도로의 중앙으로부터 우측부분을 통행하도록 되어 있고 같은법 제11조의 2는 차선이 설치되어 있는 도로에서는 그 차선을 따라 통행하여야 한다고 규정하고 있으니 판시 지점이 소론과 같이 좌회전 허용지점이라면 피고인이 좌회전을 위하여 중앙선을 넘은 행위는 위법하다 할 수 없을 것인바 원심은 당해 지점이 좌회전이 금지된 지점인 여부에 대하여 아무런 증거가 없음에도 기록에 의하면 피고인은 정식재판청구서(기록 38정)에 사고지점은 좌회전이 허용된 지역으로서 좌회전을 하려면 어쩔 수 없이 서행으로 중앙선을 횡단하지 않을 수 없었다는 변소가 기재되어 있음에도 불구하고 제1심은 그 범죄의 구성요건이라고 할 수 있는 판시장소가 좌회전이 금지된 곳인지의 여부, 위 차량이 중앙선을 침범한 채 사고가 발생한 여부에 관하여 심리를 한 바도 없고 따라서 그 점에 관한 피고인의 자백이 없음에도 판시 장소에서 좌회전하였다는 진술만으로 공소사실을 모두 자백한 것으로 보아 간이공판절차에 의하여 증거조사를 거치지 아니한 교통사고보고서 등을 이 사건 증거로 하였음은 결국 증거능력 없는 증거에 의하여 사실을 인정한 위법을 범하였다 할 것이다. '중앙선을 침범하여 부당한 좌회전'을 한 것이라고 인정한 제1심 판시를 그대로 유지하고 있으니 원심판결에는 피고인의 행위를 위의 어느 경우에 해당하는 것으로 법률적용을 한 것인지 분명하지 아니하고, 전자의 경우라면 피해자의 처벌에 대한 명시한 의사표시가 있은 여부에 대한 심리를 다하지 아니한 채 이를 유죄로 인정한 잘못이 있다 할 것이고 후자의 경우라면 위 특례법 제3조 제2항 단서 제2호의 중앙선 침범의 해석을 잘못하였거나 증거없이 판시 지점이 좌회전이 금지된 지점인 것처럼 부당한 좌회전을 하였다고 인정한 제1심 판결을 유지함으로써 채증법칙을 어긴 위법이 있다 할 것이므로 나머지 상고이유를 판단할 필요도 없이 판결의 결과에 영향을 미쳤다 할 것이므로 논지는 이유있다.

따라서 원심판결을 파기하고, 사건을 다시 심리하게 하기 위하여 원심법원에 환송하기로 관여 법관의 의견이 일치되어 주문과 같이 판결한다.

판례54 | 중앙선을 침범한 대향차량에 대한 반대차선상의 운전자의 주의의무[대법원 1984. 4. 10. 선고 84도223 판결]

【판결요지】

차선이 확실히 구분되어 있을 뿐만 아니라 고저가 있는 지형이기 때문에 상대방을 주시할 수 없는 지점을 운전하는 운전자는 특단의 사정이 없는 한 반대차선을 운전중인 대향차량이 중앙선을 침범하여 운행할 경우까지 예상하여 이에 대비하는 조치를 취하여야 할 업무상 주의의무는 없다.

【원심판결】

대전지방법원 1983.10.26. 선고 83노720 판결

【주문】

상고를 기각한다.

【이유】

검사의 상고이유를 판단한다.

원심판결이유에 의하면, 원심은 차선이 확실히 구분되어 있을 뿐만 아니라 고저가 있는 지형이기 때문에 상대방을 주시할 수 없는 이건 사고지점과 같은 곳을 운전하는 대향운전자인 피고인으로서는 또 다른 특별한 사정이 없는 이상 반대차선을 운전중인 상대방 자동차가 도로중앙선을 침범하여 운행할 경우까지를 예상하여 이에 대비하는 조치를 취하여야 할 업무상 주의의무가 있는 것이 아니며 또 피고인은 사고지점의 제한시속 45키로미터 보다 훨씬 느린 시속 35키로미터로 운행하였다는 것이므로 피고인으로서는 속도위반의 잘못이 있다 할 수 없는데다 피고인은 사고당시 도로 우측에 버스를 근접시켜서 운행하고 있었는데 시야가 불량한 야간에 피고인이 도로 우측으로 더 이상 버스를 밀접시켜서 운행한 경우에는 노변의 가로수에 충돌하거나 낭떠러지로 추락할 위험이 있으므로 중앙선으로부터

더 멀리 떨어져 운행할 수 없는 사정 하에 있었음을 종합하여 피고인에게 과실이 있음을 인정할 수 없다는 이유로 무죄를 선고하였는바 기록에 의하여 살펴건대, 원심의 그와 같은 조치에 수긍이 가고 거기에 소론과 같은 채증법칙 위배로 인한 사실오인과 교통사고처리특례법 및 도로교통법에 관한 법리오해의 위법이 있다 할 수 없으므로 논지 이유없다.

그러므로 상고를 기각하기로 하여 관여법관의 일치된 의견으로 주문과 같이 판결한다.

판례55 | 교통사고처리특례법 제3조 제2항 제2호 소정의 "도로의 중앙선을 침범하였을 때"의 의미[대법원 1984. 3. 27. 선고 84도193 판결]

【판결요지】

교통사고처리특례법 제3조 제2항 제2호 소정의 "도로교통법 제11조의 2 제2항의 규정에 위반하여 차선이 설치된 도로의 중앙선을 침범하였을 때" 라 함은 교통사고가 중앙선을 운전한 행위로 인하여 일어난 경우를 말하는 것이고 교통사고장소가 중앙선을 넘어선 지점인 모든 경우를 포함한다 볼 수 없으므로 도로의 우측차선을 따라 운행하다가 횡단보행자를 피하려고 좌측으로 핸들을 꺾었으나 미치지 못한 채 중앙선을 넘은 지점에서 피해자를 충격한 사고가 발생된 경우는 이에 해당하지 않는다 할 것이다.

【원심판결】

대구지방법원 1983.10.14. 선고 83노191 판결

【주문】

상고를 기각한다.

【이유】

상고이유를 본다.

교통사고처리특례법 제3조 제2항 소정 피해자의 명시한 의사에 반하여 공소를 제기할 수 없는 처벌특례의 예외규정인 위 같은항 제2호 전단의 도로교통법 제11조의2 제2항의 규정에 위반하여 차선이 설치된 도로의 중앙선을 침범하였을 때라 함은 위 특례법의 입법취지에 비추어 그 교통사고가 중앙선을 침범하여 운전한 행위로 인하여 일어난 경우를 말하는 것이고 교통사고장소가 중앙선을 넘어선 지점인 모든 경우를 포함하는 것이 아니라고 풀이함이 상당하다고 할 것이다.

원심거시의 증거를 모아보면 이 사건 사고는 피고인이 중앙선을 넘어 반대편차선으로 오도바이를 운전하여 일어난 것이 아니라 피고인이 편도 1차선씩인 이 사건 사고지점의 우측차선을 따라 운행하다가 진행 전방 약 7미터 지점에서 도로를 횡단하는 피해자를 발

견하고 이를 피할려고 좌측으로 핸들을 꺾었으나 미치지 못한 채 도로중앙선을 넘은 지점에서 피해자를 충격하게 된 사고경위를 인정하기에 넉넉하므로 그렇다면 이와 같은 경우는 위 특례법 제3조 제2항 제2호에 해당하지 아니한다고 할 것이니 이와 같은 뜻에서 이 사건 공소를 기각한 제1심 판결을 유지한 원심조치는 정당하다고 할 것이고, 원심의 이에 이르는 과정에 채증법칙 위반과 심리미진 및 교통사고처리특례법의 법리 오해 등 위법을 가려낼 수가 없으므로 상고논지는 그 이유가 없다고 할 것이다.

그러므로 상고를 기각하기로 관여법관의 의견이 일치하여 주문과 같이 판결한다.

판례56 | 대향차선상을 달려오는 차량에 대한 주의의무 유무*[대법원 1984.2. 14. 선고 83도 3086 판결]*

【판결요지】

중앙선 표시가 있는 직선도로에 있어서 특별한 사정이 없는 한 그 대향차선상의 차량은 그 차선을 유지운행하고 도로중앙선을 넘어 반대차선에 진입하지 않으리라고 믿는 것이 우리의 경험칙에 합당하다고 할 것이므로 대향차선상을 달려오는 차량을 발견하였다 하여 자기가 운전하는 차를 정지 또는 서행하거나 일일이 그 차량의 동태를 예의주시할 의무가 있다고 할 수 없다.

【원심판결】

수원지방법원 1983.10.21. 선고 83노960 판결

【주문】

원심판결을 파기하고, 사건을 수원지방법원 합의부에 환송한다.

【이유】

상고이유를 판단한다.

1. 원심판결이유지한 제1심판결은, 피고인에 대한 범죄사실로서 피고인은 ○○교통소속 (차량번호 생략) 시내버스 운전사인바 1983.2.24. 23:30경 업무로서 위 차를 운전하여 시흥군 과천면 중앙동 2번지 앞길을 안양시 쪽에서 서울시 쪽으로 제한속도 40킬로미터지점을 시속 약 62킬로미터 과속으로 직진하고 있었는데 그곳은 횡단보도가 설치되어 있고 그 당시 반대차선에서 피해자 공소외인(32세)이 90씨씨 오토바이를 중앙선 부근으로 운전하고 진행하여 오는 것을 발견하였으므로 이러한 경우 운전업무에 종사하는 피고인으로서는 일단 정지하거나 서행하면서 앞과 양옆을 잘 살펴 위 오토바이의 동태를 예의주시하여 진행하여야 할 업무상 주의의무가 있음에도 이런 조치를

취함이 없이 제한시속이 넘은 시속 62키로미터로 만연히 진행한 잘못으로 위 오토바이가 동도로 중앙선을 넘어 피고인의 진로방향으로 진입하여 오는 것을 충돌직전에서야 뒤늦게 발견하고 급제동조치를 취하였으나 미치지 못하고 위 차량 앞밤바 좌측부분으로 동 오토바이 앞바퀴부분을 충돌하여 동인을 땅에 넘어뜨려서 동인에게 두부손상 및 뇌출혈 등 상해를 입혀 그로 인하여 현장에서 사망케 한 사실을 단정하고 있다.

2. 기록에 의하여 제1심 검증조서를 검토하건대, 본건 사고지점은 중앙선표시가 있는 편도 2 차선(현재는 3차선으로 확장됨)의 직선 도로임이 분명한 바 이런 도로상을 운행하는 버스의 운전자가 중앙선부근의 대향차선을 운행하여 오는 차량을 발견한 경우에 특별한 사정이 없는 한 그 대향차선상의 차량은 그 차선을 유지 운행하고 도로중앙선을 넘어 반대차선(본건에서는 피고인이 운행하던 차선)에 진입하지 않으리라고 믿는 것이 우리의 경험칙에 합당하다고 할 것이며, 따라서 대향차선상을 달려오는 차량을 발견하였다하여 자기가 운전하는 차를 정지 또는 서행하거나 일일이 그 차량의 동태를 예의주시 할 의무가 있다고 할 수 없으며, 만일에 대향차선상의 운행차량을 발견할 때마다 정지 또는 서행하여야 한다면 자기차선상의 후속차량과의 관계에 있어 도리어 교통혼잡을 일으키는 결과를 초래하게 될 것이다.

피고인의 검찰진술에 의하면, 위 오토바이가 약 10미터 전방에서 갑자기 중앙선을 넘어 피고인이 운행하는 차선상으로 진입하기에 이를 피하려고 우측으로 방향조정을 함과 동시에 급정차조치를 취하였으나 타력으로 전진하다가 충돌이 되었다는 것이니 위 오토바이가 중앙선을 침범하리라고 엿볼만한 사정이 없는 본건에서 이 차량사고에 대하여 피고인의 과속운전이 상당인과관계가 있다고 할 수 없으므로 제한속도를 위반한 점을 들어 단속함은 모르되 본건 충돌사고에 있어 과실책임을 지울 수는 없다고 할 것이다.

그렇다면 위 제1심판결을 지지한 원심판결에는 업무상의 주의의무에 관한 법리를 오해한 위법이 있다 할 것이고 이의 위법은 재판의 결과에 영향을 미쳤음이 분명하다 할 것이니 이 점을 논란하는 소론은 이유있다고 할 것이다.

그러므로 원심판결을 파기환송하기로 관여 법관의 의견이 일치되어 주문과 같이 판결한다.

판례57 | 긴급자동차가 중앙선 등을 침범하거나 회전금지 구간을 회전할 때 도로교통법의 적용 유무(적극)[대법원 1983. 12. 27. 선고 83도2719 판결]

【판결요지】

긴급자동차의 경우에 있어서도 긴급자동차가 중앙선 등 설치차선을 침범하거나 회전금지구간을 회전할 때에는 제차의 경우와 마찬가지로 도로교통법 제11조의 2, 제14조의 적용을 받는다.

【원심판결】

서울형사지방법원 1983.9.23. 선고 83노3405 판결

【주문】

상고를 기각한다.

【이유】

피고인의 상고이유를 판단한다.

1. 원심이 인용한 제1심판결의 거시증거들을 기록과 대조하여 살펴보면, 피고인에 대한 판시 범죄사실을 인정한 원심의 조치는 정당하며 거기에 소론과 같은 채증법칙 위배로 인한 사실오인과 심리미진의 위법이 있다 할 수 없다.

2. 도로교통법 제24조, 제25조의 규정에 의하면, 긴급자동차의 우선통행권과 속도제한, 앞지르기 금지의 적용을 배제하는 각 특례를 규정하고 있을 뿐이고 같은법 제11조의 2, 제14조에 규정된 중앙선등 설치차선의 침범금지조항이나, 회전금지조항을 배제하는 특례는 규정하고 있지 아니하므로 긴급자동차의 경우에 있어서도 긴급자동차가 중앙선 등 설치 차선을 침범하거나 회전금지구간을 회전할 때에는 제차의 경우와 마찬가지로 같은법 제11조의 2, 제14조의 적용을 받게 되는 이치라 할 것 이므로 피고인을 유죄로 인정한 원심판결은 정당하고, 긴급자동차의 특권에 관한 법리오해의 위법이 있다는 논지 이유없다.

그러므로 상고를 기각하기로 하여 관여법관의 일치된 의견으로 주문과 같이 판결한다.

판례58 │ 버스에 충격된 트럭이 그 충격을 피행하려다 중앙선을 침범하여 발생된 사고에 관해서 트럭운전자의 과실을 인정키 위한 사정[대법원 1983. 8. 23. 선고 83도1328 판결]

【판결요지】

가. 피고인이 그가 운전하던 버스가 트럭이 운행하는 차선전방에 갑자기 진입하여 트럭과 충돌하면서 이를 피하려던 그 트럭이 중앙선을 넘어서 마주오던 승용차와 충돌한 사고가 발생된 사실을 알면서 그대로 진행해 갔다면 동 사고로 인한 사상자에 대한 구호조치를 취함이 없이 도주한 경우에 해당한다.

나. 2차선을 따라 정상적으로 운행하고 있던 트럭이 3차선으로부터 트럭의 진로전방으로 차선을 변경하여 진입해오는 버스와 충돌한 사고에 있어서 트럭운전자에게 그 충격방지를 위한 필요한 조치를 취할 주의의무가 있다고 하기 위해서는 위 버스가 차선을

변경하여 트럭의 진로전방에 진입한다는 사실을 예견할 수 있었다는 사정을 전제로 하여서만 가능한 것이므로 이같은 경우 법원으로서는 당시 전방의 도로교통 상황이나 버스가 차선을 변경하게 된 경위등을 심리하여 트럭운전자가 과연 버스의 진입을 예상하고서도 필요한 조치를 해태한 것인지 여부를 판단하였어야 한다.

다. 트럭이 버스에 충격된 후 중앙선을 침범하여 발생된 본건 사고에 있어서 위 트럭이 진행중 불시에 받게 된 충격의 강도나 영향 등에 관해서 심리판단함이 없이 그 충격으로 인하여 차체가 중앙선까지 떠밀릴 정도가 아니었다거나 트럭운전자가 운전면허증을 발급받은지가 5개월에 불과하여 시내운전에 극히 미숙하다는 등의 막연한 사정만을 설시하여 트럭운전자에게 업무상 과실책임을 인정함은 위법하다.

【원심판결】

서울고등법원 1983.4.14 선고 83노444 판결

【주문】

피고인 1의 상고는 기각한다.

상고후 구금일수중 130일을 그 본형에 산입한다.

피고인 2에 대한 원심판결을 파기하고, 그 부분 사건을 서울고등법원에 환송한다.

【이유】

1. 피고인 1 및 그 변호인의 상고이유를 판단한다.

원심이유지한 제1심판결 이유설시의 증거를 기록에 대조하여 살펴보면, 원심인정의 제1심 판시 피고인에 대한 범죄사실을 인정하기에 충분하고, 그 인정과정에 소론과 같은 채증법칙 위반이나 심리미진의 위법이 없고, 본건 사고의 경위가 원심판시와 같다면, 피고인 운전의 버스가 트럭의 우측차선을 진행하다가 아무런 신호나 예고없이 급작히 그 진로를 변경하여 트럭의 진로전방에 진입하면서 그 트럭을 충격하기에 이른 사고는 원판시와 같은 피고인의 업무상과실에 기인한 것으로 인정될 뿐 아니라, 그 충격행위로 인하여 그 충격을 미행하려던 트럭이 중앙선을 침범함으로써 본건 사고를 발생케 할 수도 있으리라는 점은 우리의 경험칙상 예견 가능한 범위에 속한다 할 것이고 위와 같이 트럭을 충돌한 후 위 트럭이 중앙선을 넘어서 마주오던 승용차와 충돌한 사고가 발생된 사실을 알면서 그대로 진행하여 갔다면 동 사고로 인한 사상자에 대한 구호조치를 취함이 없이 도주한 경우에 해당한다 할 것이므로 같은 취지에서 본건 사고에 대하여 피고인의 업무상과실 및 도주책임을 인정한 원심의 조치는 정당하고, 거기에 소론과 같은 과실에 관한 법리나 인과관계 또는 도주차량에 관한 법리를 오해한 위법이 없으며, 또 위 범죄사실을 부인하며 소론 사실오인에 귀착되는 사유나 양형부당의 사유는 징역 10년 미만의 형이 선고된 본건에 있어서는 적법한 상고이유가 될 수 없으므로 논지는 모두 이유없다.

2. 피고인 2 및 그 변호인의 상고이유에 관하여,

원심판결 및 원심판결이유지한 제1심판결 이유에 의하면, 원심은 피고인 1이 운전하던 버스는 당시 시속 60킬로미터로 진행하면서 진로를 3차선에서 2차선으로 변경코자 하였으면, 2차선상의 후속차량의 진행상태를 면밀히 살펴 안전하게 진입할 주의의무가 있고 피고인이 운전하던 트럭으로서는 버스보다 속력이 뒤진 시속 50킬로미터로 진행 중이었으므로 버스가 진로를 변경하고자 하고 있었으니 감속하는 등의 조치를 취하여야 할 주의의무가 있었음에도 불구하고 그와 같은 주의의무를 각자 다하지 못한 채 진행하여 피고인 1은 진로변경시 트럭의 우측 적재함 모서리 부분을 충격하였고, 피고인은 그로 인한 충격이 차체를 중앙선까지 떠밀릴 정도의 것이 아니었는데도 운전미숙(면허증 발급받은지 5개월에 불과함)으로 당황한 나머지 조향장치를 급격히 좌회전 시킴으로써 1차선을 지나 중앙선 마저 침범하였고 위와 같은 피고인들의 과실이 상호 경합되어 본건 사고가 발생하였다고 판단하였다. 살피건대, 도로상을 운행하는 차량의 운전자는 도로교통의 상황 및 당해차의 구조, 성능에 따라 타인에게 위해를 주는 속도나 방법으로 운전하여서는 아니되고, 특히 다른 차량의 정상적인 운행을 방해할 염려가 있는 방법으로 운전하여서는 아니된다 할 것인바, 3차선을 운행하고 있던 피고인 1 운전의 버스가 2차선을 따라 정상적으로 주행하고 있던 피고인의 트럭 진로 전방으로 차선을 변경하여 진입하다가 트럭을 충격하게 된 원판시와 같은 사고에 있어서 피고인에게 그 충격을 방지하기 위하여 감속등 필요한 조치를 취할 주의의무가 있다고 하기 위하여는 피고인이 위 버스가 차선을 변경하여 피고인의 진로전방에 진입한다는 사실을 예상할 수 있었다는 사정이 있음을 전제로 하여서만 가능한 것이므로 원심으로서는 당시 전방의 도로교통의 상황이나 버스가 차선을 변경하게 된 경위 등을 좀더 심리하여 피고인이 과연 위 버스의 진입을 예상하면서도 그 필요한 조치를 해태한 것인지의 여부를 판단하였어야 할 것임에도 불구하고, 그러한 사정에 대한 아무런 이유 설시도 없이 만연히 피고인은 버스의 진입을 발견하고서도 감속등 조치를 취하지 아니한 과실이 있다고 판시한 원심의 조치는 이유불비 내지 심리미진의 위법이 있다 할 것이고, 또 그 충격후 피고인의 트럭이 중앙선을 침범하여 발생하게 된 본건 사고에 관하여서도 위 트럭이 운행중 불시에 받게 된 충격의 강도나 영향 등에 관하여는 심리판단함이 없이 그 충격으로 인하여 차체가 중앙선까지 떠밀릴 정도가 아니었다거나, 피고인은 운전면허증을 발급받은지 5개월에 불과하여 그 시내운전이 극히 미숙하였다는 등의 막연한 사정만을 설시하여 피고인의 본건 업무상 과실책임을 인정한 원심판결에는 위에서 본 바와 같은 내용의 위법이 있다 할 것이므로 논지는 이유있고 원심판결중 피고인에 대한 부분은 파기를 면할 수 없다.

3. 따라서 피고인 1의 상고는 이유없으므로 이를 기각하고, 형법 제57조를 적용하여 상고이후의 미결구금일수중 130일을 그 본형에 산입하고, 원심판결중 피고인 2에 대한 부분을 파기하고, 그 부분 사건을 다시 심리판단케 하기 위하여 원심인 서울고등법원에 환송하기로 하여 관여법관의 일치된 의견으로 주문과 같이 판결한다.

판례59 | 고속도로상에서의 중앙선 침범과 신뢰의 원칙[대법원 1982. 4. 13. 선고 81도2720 판결]

【판결요지】

고속도로상에서 자동차는 원칙으로 우측차선으로 통행하여야 하므로 자동차운전자는 반대방향에서 운행하여 오는 차량이 앞지르기를 하거나 도로의 상황 기타 사정으로 부득이 중앙선을 침범하게 되는 경우를 제외하고는 그 차량이 중앙선을 침범하는 일은 없으리라고 믿고 운전하면 족한 것이므로 상대방 차량이 중앙선을 침범하여 진입할 것까지를 예견하고 감속하는 등 조치를 강구하여야 할 주의의무는 없다.

【원심판결】

춘천지방법원 1981.9.17. 선고 81노258 판결

【주문】

원심판결을 파기하고, 사건을 춘천지방법원 합의부로 환송한다.

【이유】

상고이유를 판단한다.

원심판결과 제1심판결 이유에 의하면 원심은 원판시 이 사건 사고발생지점은 강원도 동해시 망상동 소재 동해고속도로상이고 그곳은 피고인이 진행하던 차선쪽의 중앙선은 황색선으로서 추월금지선이고 반대방향에서 오는 차선쪽의 중앙선은 백색으로서 추월선으로 되어 있으므로 이러한 도로사정 아래에서는 피고인이 진행하던 반대방향에서 진행하여 오는 차량들이 위 백색추월선을 넘어 피고인의 진로 앞으로 진행하여 오는 경우를 예견할수 있으므로 피고인으로서는 이러한 경우에 대비하여 제한속도내에서 감속서행하여야 함은 물론 전방좌우를 잘 살펴서 운행하여야 할 업무상의 주의의무가 있음에도 불구하고 전방주시를 태만히 하고 제한속도를 넘어 시속약 80키로미터로 운행한 과실로 마침 반대방향에서 피해자 공소외인 운전하던 트럭이 중앙선을 침범하면서 진행하여 오는것을 뒤늦게 발견하고 핸들을 좌측으로 꺾어 피고인이 운전하던 차량 좌측면을 들이 받아 이 사건 사고를 일으켰다는 것을 이유로 하여 피고인을 업무상과실치상죄 등으로 처단하고 있다.

그러나 자동차는 고속도로에서 앞지르기를 하거나 도로의 상황 기타 사정으로 부득이한 경우를 제외하고는 진행방향의 우측차선으로 통행하여야 하는 것이므로 고속도로에서 자동차를 운전하는 자는 반대방향에서 운행하여 오는 차량이 앞지르기를 하거나 도로의 상황 기타 사정으로 부득이 중앙선을 침범하게 되는 경우를 제외하고는 그 차량이 도로의 중앙선을 침범하는 일은 없을 것이라고 믿고 운전하면 족한 것이므로 원판시와 같은 도로상황하에서(기록에 의하면 그 당시에는 반대방향에서 오는 차량이 중앙선을 침범하여 운행할 사정이 있었다고 볼 아무런 자료도 없다) 자동차를 운전하는 피고인은 위 공소외인이 운전하던 차량과 같이 교통법규를 위반하고 중앙선을 침범하여 자기가 운전하는 차량 전방에 진입할 것까지를 예견하고 감속하는 등 충돌을 사전에 방지할 조치를 강구하지 않으면 안될 주의의무는 없다 할 것이다.

또 원판시 사고발생경위에 비추어 보면 이 사건 충돌사고는 피해차량이 교통법규를 위반하고 도로의 중앙선을 침범하여 운행한대 그 직접적인 원인이 있었음을 알 수 있고 기록에 의하면 피고인이 상대방 차량이 중앙선을 침범하는 것을 발견한 때의 그 차량과의 거리는 15미터에 불과하였다는 것이므로 그 제동거리 도로의 상황 및 상대방 차량의 속력과 그 제동거리 등을 고려하면 피고인이 제한속도인 시속 70키로 미터의 속력으로 운행하였다 하더라도 그 충돌사고를 피할 수 있었겠는가 하는 점에 의심이 가는바 이러한 경우 위와 같은 제반사항을 밝혀보고 피고인이 제한속도를 넘어 과속으로 운행한 것이 사고의 원인이 되었는지의 여부를 심리판단하지 아니하고서는 이 사건에 있어서 제한속도보다 과속으로 운행한 피고인에게 이 사건 사고발생의 원인이 되는 과실이 있다고 할 수 없을 것이다.

원심이 위와 같은 점들에 대한 심리를 다하지 아니하고 이 사건 사고에 있어서 피고인에게 업무상의 주의의무를 다하지 아니한 과실이 있다고 판단한 제 1 심판결을 그대로 유지한 것은 결과에 있어서 업무상의 주의의무에 대한법리를 오해하고 심리를 다하지 아니하고 피고인에게 과실이 있다고 판단한 위법이 있다 할 것이므로 논지는 이유있다. 그러므로 원심판결을 파기하여 사건을 춘천지방법원 합의부로 환송하기로 하여 관여법관의 일치된 의견으로 주문과 같이 판결한다.

판례60 | 곡각지점에서 중앙선을 침범하여 오던 차량과 충돌한 상대방 차량 운전자의 과실[대법원 1981. 7. 28. 선고 80다2569 판결]

【판결요지】

내각 약 100도의 좌향 하경사 곡각지점을 제한속도를 초과하고 경적 취명도 하지 않은 채 중앙선을 침범하여 반대차선으로 내려오던 피고 측 차량이 그 곡각지점 반대방향에서 마주 올라오던 원고 운전 차량과 충돌한 경우에도 원고가 경음기를 울려 내려오는 피고 측 차량의 운전자에게 주의를 환기시켰는지 또 경적을 울렸다 해도 상대방의 운전과실로 이건 사고를 피치 못할 특별한 사정이 있었는지를 심리하여 피고의 과실상계항변을 판단하여야 한다.

【원심판결】

대구고등법원 1980.10.2. 선고 79나1200 판결

【주문】

원심판결을 파기하여, 사건을 대구고등법원으로 환송한다.

【이유】

피고 소송대리인의 상고이유를 판단한다.

원심판결 이유에 의하면, 원심은 그 거시의 증거에 의하여 피고 소속 운전사인 소외인이 택시를 운전하고 이 건 사고지점 전방 고개를 넘어 노폭 약 6미터에 중앙선이 그어져 있는 하경사 도로를 따라 내려가다가 마침 좌측은 낭떠러지로 노변의 가로수가 우거져 시야에 장애가 있었고, 우측은 산이 연접되어 모두 대피할 곳이 없는 내각 약 100도의 직향 하경사 곡각지점을 회전하면서도 전방주시를 태만히 함은 물론 경적취명도 하지 않은 채 제한속도 30킬로미터를 초과한 70킬로미터의 속도로 중앙선을 침범하여 반대차선으로 내려 간 과실로 인하여 때마침 그 곡각지점 반대방향에서 마주 올라오던 원고 운전차량을 충격하여 원고에게 상해를 입게 한 사실을 인정하고, 이어 곡각지점의 반대방향에서 차량이 내려온다 해도 그 차량은 자기 소정 차선으로 진행해 오리라 신뢰하면서 원고 역시 자기차선을 따라 제한속도대로 운전해 간 것이므로 원고에게는 아무런 과실이 없고, 오로지 소외인의 일방적 과실로 인하여 이 건 사고가 발생했다는 이유로 피고가 내세운 과실상계의 주장을 배척하였다.

그러나 살피건대, 도로교통법은 그 제1조에서 도로에서 발생하는 모든 교통상의 위해를 방지하여 교통의 안전과 원활을 도모함을 그 목적으로 한다고 규정하고, 제32조 제 1항에서 제차의 운전자는 좌우를 살필 수 없는 교차로 또는 도로의 모퉁이 지점, 경사로 또는 굴곡이 많은 산중도로를 통행할 때에는 경음기를 울려야 한다고 규정하고, 동 법 제26조에서 서행의무에, 동 법 제43조에서 안전운전 의무등에 관하여 각 규정하는 일방 이에 위배된 때에는 동 법 제72조 이하에서 처벌하고 있다. 그러므로 위와 같은 도로교통법의 목적이나 그 이하 관계 제규정에 비추어 보면, 교통사고가 운전자의 위와 같은 도로교통법규 위반으로 인하여 발생한 때에는 특별한 사정이 없는 한 그 운전자의 과실은 추정된다 할 것이다.

그런데 이 건 사고지점이 그 판시와 같이 하경사 곡각지점으로 전방시야에 장애가 있

었기 때문에 피고 소속 운전수인 소외인과 같이 하향하는 차량으로서도 반대방향에서 차량이 올라오는지 식별할 수 없어서 함부로 중앙선을 침범하여 과속으로 회전하는 경우가 허다하므로(물론 이 점에 있어서 위 소외인의 과실이 매우 크다) 운전업무에 종사하는 원고로서도 이러한 경우를 예상하여 곡각지점을 회전할 때에는 경음기를 울려 내려오는 차량의 운전자에게 주의를 환기시켜야 하는데도 이를 이행치 아니한 점이 엿보이므로 원심은 모름지기 원고도 경음기를 울렸는지 또 울렸다 해도 소외인의 운전과실로 이 건 사고를 피치 못할 특별한 사정이 있었는지를 심리 판단해야 되는데도, 만연히 원고가 자기 차선 따라 제한속도로 진행했으니 아무런 과실이 없다고 함은 필경 과실상계에 관한 법리를 오해하였거나 심리미진으로 사실을 오인함으로써 판결에 영향을 미쳤다 할 것이니 이 점에 관한 논지는 이유있다.

따라서 나머지 상고이유에 대하여 더 나아가 살펴볼 필요도 없이 사건을 다시 심리 판단케 하기위하여 원심판결을 파기하기로 하여 관여법관의 일치된 의견으로 주문과 같이 판결한다.

Chapter 3. 음주운전을 하면 이런 처벌을 받습니다.

[1] 음주운전 금지

① 누구든지 술에 취한 상태에서 자동차등(「건설기계관리법」제26조제1항 단서에 따른 건설기계 외의 건설기계를 포함함), 노면전차 또는 자전거를 운전 운전해서는 안 됩니다(「도로교통법」제44조제1항 및 제2조제21호).

② 운전이 금지되는 술에 취한 상태의 기준은 운전자의 혈중알코올농도가 0.03퍼센트 이상인 경우입니다(「도로교통법」제44조제4항).

③ 경찰공무원은 교통의 안전과 위험방지를 위하여 필요하다고 인정하거나 술에 취한 상태에서 자동차 등을 운전하였다고 인정할 만한 상당한 이유가 있는 경우에는 운전자가 술에 취하였는지를 호흡조사로 측정할 수 있습니다. 이 경우 운전자는 경찰공무원의 측정에 응해야 합니다(「도로교통법」제44조제2항).

> ※ 술에 취한 상태의 측정 방법
> 1. 호흡조사: 호흡을 채취하여 술에 취한 정도를 객관적으로 환산하는 측정 방법
> 2. 혈액 채취: 혈액을 채취하여 술에 취한 정도를 객관적으로 환산하는 측정 방법

④ 술에 취한 상태에서 운전하거나 술에 취한 상태에서 운전했다고 인정할 만한 상당한 이유가 있음에도 불구하고 경찰공무원의 측정 요구에 불응한 때는 운전면허가 취소됩니다(「도로교통법 시행규칙」제91조제1항 및 별표 28 제2호 2. 3.).

⑤ 술에 취한 상태에 있다고 인정할 만한 상당한 이유가 있는 사람으로서 위의 경찰공무원의 측정에 응하지 않으면 1년 이상 5년 이하의 징역이나 500만원 이상 2천만원 이하의 벌금에 처해집니다(「도로교통법」제148조의2제2항).

⑥ 음주운전 호흡조사 측정 결과에 불복하는 운전자에 대하여는 그 운전자의 동의를 받아 혈액 채취 등의 방법으로 다시 측정할 수 있습니다(「도로교통법」제44조제3항).

⑦ 술에 취한 상태에 있다고 인정할 만한 상당한 이유가 있는 사람은 자동차등, 노면전차 또는 자전거를 운전한 후 측정을 곤란하게 할 목적으로 추가로 술을 마시거나 혈중알코올농도에 영향을 줄 수 있는 의약품 등 행정안전부령으로 정하는 물품을 사용하는 행위(이하 "음주측정방해행위"라 함)를 하여서는 안 됩니다(「도로교통법」제44조제5항).

⑧ 술에 취한 상태의 측정방법 및 절차는 다음과 같습니다.

　1. 호흡조사로 측정하는 경우 다음 각 목의 절차를 따를 것

　　가. 경찰공무원이 교통의 안전과 위험방지를 위하여 필요하다고 인정하는 경우나 운전자의 외관, 언행, 태도, 운전 행태 등 객관적 사정을 종합하여 운전자가 술에 취한 상태에서 운전한 것으로 의심되는 경우에 실시할 것

　　나. 입 안의 잔류 알코올을 헹궈낼 수 있도록 운전자에게 음용수를 제공할 것

　2. 혈액 채취로 측정하는 경우 다음 각 목의 절차를 따를 것

　　가. 운전자가 처음부터 혈액 채취로 측정을 요구하거나 호흡조사로 측정한 결과에 불복하면서 혈액 채취로의 측정에 동의하는 경우 또는 운전자가 의식이 없는 등 호흡조사로 측정이 불가능한 경우에 실시할 것

　　나. 가까운 병원 또는 의원 등의 의료기관에서 비알콜성 소독약을 사용하여 채혈할 것

[2] 과로한 때 등의 운전 금지

① 자동차등(개인형 이동장치는 제외합니다.) 또는 노면전차의 운전자는 술에 취한 상태 외에 과로, 질병 또는 약물(「마약류 관리에 관한 법률」 제2조제1호에 따른 마약류 및 그 밖에 행정안전부령으로 정하는 것을 말합니다.)의 영향과 그 밖의 사유로 정상적으로 운전하지 못할 우려가 있는 상태에서 자동차등 또는 노면전차를 운전하여서는 안 됩니다(「도로교통법」제45조제1항).

② 경찰공무원은 약물의 영향으로 정상적으로 운전하지 못할 우려가 있는 상태에서 자동차등 또는 노면전차를 운전하였다고 인정할 만한 상당한 이유가 있는 경우에는 운전자가 약물을 복용하였는지를 타액 간이시약검사 등 행정안전부령으로 정하는 방법으로 측정할 수 있습니다. 이 경우 운전자는 경찰공무원의 측정에 응하여야 합니다(「도로교통법」제45조제2항)..

③ ②에 따른 측정 결과에 불복하는 운전자에 대하여는 그 운전자의 동의를 받아 혈액 채취 등 행정안전부령으로 정하는 방법으로 다시 측정할 수 있습니다(「도로교통법」제45조제3항).

④ ② 및 ③에 따른 측정의 절차, 방법 등에 필요한 사항은 행정안전부령으로 정합니다.(「도로교통법」제45조제4항).

⑤ 운전자가 과로 상태에 놓이게 되면 신체가 온전하게 기능하지 못하고 졸 수 있는 가능성이 높으며, 정신질환이 있거나 마약 등의 약물을 복용하면 갑작스럽게 발작을 일으키거나 감각 또는 지각의 평형을 잃을 수 있어 안전운전을 기대하기 어렵기 때문입니다.

[3] 운전할 때 복용이 금지되는 약물의 종류

자동차 등의 운전자가 그 영향으로 인하여 운전이 금지되는 약물은 마약, 대마 및 향정신성의약품과 흥분·환각 또는 마취의 작용을 일으키는 유해화학물질로서 다음 어느 하나에 해당하는 환각물질을 말합니다(「도로교통법」제45조,「도로교통법 시행규칙」제28조 및 「화학물질관리법 시행령」제11조).

- 톨루엔, 초산에틸 또는 메틸알코올
- 톨루엔, 초산에틸 또는 메틸알코올이 들어있는 시너(도료의 점도를 감소시키기 위하여 사용되는 유기용제를 말함), 접착제, 풍선류 또는 도료
- 부탄가스
- 아산화질소(의료용으로 사용되는 경우는 제외)

[4] 음주운전 위반 시 제재

① 술에 취한 상태에서 자동차 등을 운전하여 다음에 해당하는 때에는 운전면허가 취소됩니다(「도로교통법」 제93조 및 「도로교통법 시행규칙」 별표 28 제2호 2.).

　　1. 술에 취한 상태의 기준(혈중알코올농도 0.03퍼센트 이상)을 넘어서 운전을 하다가 교통사고로 사람을 죽게 하거나 다치게 한 때

　　2. 혈중알코올농도 0.08퍼센트 이상의 상태에서 운전한 때

　　3. 술에 취한 상태의 기준을 넘어 운전하거나 술에 취한 상태의 측정에 불응한 사람이 다시 술에 취한 상태(혈중알코올농도 0.03퍼센트 이상)에서 운전한 때

② 술에 취한 상태의 기준을 넘어서 운전을 한 때(혈중알코올농도 0.03퍼센트 이상 0.08퍼센트 미만)에는 1년 이내의 범위에서 운전면허가 정지되고　벌점 100점을 부과 받습니다(「도로교통법」 제93조제1항제1호 및 「도로교통법 시행규칙」 별표 28 제3호 가목 2.).

③ 약물(마약·대마·향정신성 의약품 및 「유해화학물질 관리법 시행령」 제11조에 따른 환각물질)의 투약·흡연·섭취·주사 등으로 정상적인 운전을 하지 못할 염려가 있는 상태에서 자동차 등을 운전한 때에는 운전면허가 취소됩니다(「도로교통법」 제93조제1항제4호 및 「도로교통법 시행규칙」 별표 28 제2호 6.).

④ 술에 취한상태 또는 약물의 영향으로 정상적인 운전이 곤란한 상태에서 운전하여 사람을 다치게 하거나 사망에 이르게 한 사람이 사고발생시 조치의무를 위반하여

집행유예를 포함한 벌금 이상의 형의 선고를 받게 되면, 운전면허가 취소된 날로부터 5년 동안 운전면허를 받을 수 없습니다(「도로교통법」 제82조제2항제3호).

⑤ 다만, 벌금 미만의 형이 확정되거나 선고유예의 판결이 확정된 경우 또는 기소유예나 「소년법」 제32조에 따른 보호처분의 결정이 있는 경우에는 위 기간 내라도 운전면허를 받을 수 있습니다(「도로교통법」 제82조제2항 단서).

[5] 벌칙

① 술에 취한 상태에서 자동차 등을 운전한 사람은 다음의 구분에 따라 처벌받습니다 (「도로교통법」 제148조의2제3항).

혈중알코올농도	벌칙
0.2퍼센트 이상	2년 이상 5년 이하의 징역이나 1천만원 이상 2천만원 이하의 벌금
0.08퍼센트 이상 0.2퍼센트 미만	1년 이상 2년 이하의 징역이나 500만원 이상 1천만원 이하의 벌금
0.03퍼센트 이상 0.08퍼센트 미만	1년 이하의 징역이나 500만원 이하의 벌금

② 「도로교통법」제44조제1항, 제2항 또는 제5항을 위반(자동차등 또는 노면전차를 운전한 경우로 한정합니다. 다만, 개인형 이동장치를 운전한 경우는 제외합니다.)하여 벌금 이상의 형을 선고받고 그 형이 확정된 날부터 10년 내에 다시 같은 조 제1항, 제2항 또는 제5항을 위반한 사람(형이 실효된 사람도 포함한다)은 다음 각 호의 구분에 따라 처벌한다(「도로교통법」제148조의2제1항).

  1. 제44조제2항 또는 제5항을 위반한 사람은 1년 이상 6년 이하의 징역이나 500만원 이상 3천만원 이하의 벌금에 처합니다.

  2. 제44조제1항을 위반한 사람 중 혈중알코올농도가 0.2퍼센트 이상인 사람은 2년 이상 6년 이하의 징역이나 1천만원 이상 3천만원 이하의 벌금에 처합니다.

  3. 제44조제1항을 위반한 사람 중 혈중알코올농도가 0.03퍼센트 이상 0.2퍼센트 미만인 사람은 1년 이상 5년 이하의 징역이나 500만원 이상 2천만원 이하의 벌금에 처해집니다.

③ 음주 또는 약물의 영향으로 정상적인 운전이 곤란한 상태에서 자동차등을 운전하여 사람을 상해에 이르게 한 사람은 1년 이상 15년 이하의 징역 또는 1천만원 이상 3천만원 이하의 벌금에 처하고, 사망에 이르게 한 사람은 무기 또는 3년 이상의 징

역에 처해집니다(「특정범죄 가중처벌 등에 관한 법률」 제5조의11제1항).

④ 다음 각 호의 어느 하나에 해당하는 사람은 1년 이상 5년 이하의 징역이나 500만원 이상 2천만원 이하의 벌금에 처해집니다(「도로교통법」 제148조의2제2항).

　1. 술에 취한 상태에 있다고 인정할 만한 상당한 이유가 있는 사람으로서 제44조제2항에 따른 경찰공무원의 측정에 응하지 아니하는 사람(자동차 등 또는 노면전차를 운전한 경우로 한정합니다)

　2. 술에 취한 상태에 있다고 인정할 만한 상당한 이유가 있는 사람으로서 제44조제5항을 위반하여 자동차등 또는 노면전차를 운전한 후 음주측정방해행위를 한 사람

⑤ 「도로교통법」 제45조제1항[약물의 영향으로 인하여 정상적으로 운전하지 못할 우려가 있는 상태에서 자동차등(개인형 이동장치는 제외합니다) 또는 노면전차를 운전한 경우에 한정합니다.] 또는 제2항을 위반하여 벌금 이상의 형을 선고받고 그 형이 확정된 날부터 10년 내에 다시 같은 조 제1항 또는 제2항을 위반한 사람(형이 실효된 사람도 포함합니다)은 다음 각 호의 구분에 따라 처벌합니다(「도로교통법」제148조의2제4항).

　1. 제45조제1항을 위반한 사람은 2년 이상 6년 이하의 징역이나 1천만원 이상 3천만원 이하의 벌금에 처해집니다.

　2. 제45조제2항을 위반한 사람은 1년 이상 6년 이하의 징역이나 500만원 이상 3천만원 이하의 벌금에 처해집니다.

⑥ 제45조제1항을 위반하여 약물의 영향으로 인하여 정상적으로 운전하지 못할 우려가 있는 상태에서 자동차등(개인형 이동장치는 제외합니다) 또는 노면전차를 운전한 사람은 5년 이하의 징역이나 2천만원 이하의 벌금에 처해집니다(「도로교통법」 제148조의2제5항).

⑦ 약물의 영향으로 인하여 정상적으로 운전하지 못할 우려가 있는 상태에 있다고 인정할 만한 상당한 이유가 있는 사람으로서 제45조제2항에 따른 경찰공무원의 측정에 응하지 아니하는 사람은 5년 이하의 징역이나 2천만원 이하의 벌금에 처해집니다(「도로교통법」 제148조의2제6항).

⑧ 과로·질병으로 인하여 정상적으로 운전하지 못할 우려가 있는 상태에서 자동차 등을 운전한 사람은 30만원 이하의 벌금이나 구류에 처해집니다(「도로교통법」 제154조제3호).

[6] 음주운전에 대한 관련판례

> **판례1** | 위드마크(Widmark) 공식을 적용하여 수학적 방법에 따른 계산결과로 운전 당시의 혈중알코올농도를 추정할 때 사용되는 방식 및 이때 그 적용의 전제가 되는 개별적이고 구체적인 사실에 관하여 엄격한 증명을 요하는지 여부(적극)[대법원 2023. 12. 28. 선고 2020도6417 판결]

【판결요지】

음주하고 운전한 직후에 운전자의 혈액이나 호흡 등 표본을 검사하여 혈중알코올농도를 측정할 수 있는 경우가 아니라면 이른바 위드마크(Widmark) 공식을 사용하여 수학적 방법에 따른 계산결과로 운전 당시의 혈중알코올농도를 추정할 수 있다. 운전 시부터 일정한 시간이 경과한 후에 음주측정기 또는 혈액채취 등에 의하여 측정한 혈중알코올농도는 운전 시가 아닌 측정 시의 수치에 지나지 아니하므로 운전 시의 혈중알코올농도를 구하기 위하여는 여기에 운전 시부터 측정 시까지의 알코올분해량을 더하는 방식이 사용된다.

일반적으로 범죄구성요건 사실의 존부를 알아내기 위하여 위와 같은 과학공식 등의 경험칙을 이용하는 경우에는 그 법칙 적용의 전제가 되는 개별적이고 구체적인 사실에 관하여 엄격한 증명을 요한다고 할 것이다. 시간의 경과에 의한 알코올의 분해소멸에 관해서는 평소의 음주정도, 체질, 음주속도, 음주 후 신체활동의 정도 등이 시간당 알코올분해량에 영향을 미칠 수 있으므로, 특별한 사정이 없는 한 해당 운전자의 시간당 알코올분해량이 평균인과 같다고 쉽게 단정할 것이 아니라 증거에 의하여 명확히 밝혀야 하고, 증명을 위하여 필요하다면 전문적인 학식이나 경험이 있는 사람들의 도움 등을 받아야 하며, 만일 공식을 적용할 때 불확실한 점이 남아 있고 그것이 피고인에게 불이익하게 작용한다면 그 계산결과는 합리적인 의심을 품게 하지 않을 정도의 증명력이 있다고 할 수 없다. 그러나 시간당 알코올분해량에 관하여 알려져 있는 신빙성 있는 통계자료 중 피고인에게 가장 유리한 것을 대입하여 위드마크 공식을 적용하여 운전 시의 혈중알코올농도를 계산하는 것은 피고인에게 실질적인 불이익을 줄 우려가 없으므로 그 계산결과는 유죄의 인정자료로 사용할 수 있다고 하여야 한다.

【원심판결】

전주지법 2020. 5. 7. 선고 2020노300 판결

【주문】

상고를 기각한다.

【이유】

상고이유를 판단한다.

1. 공소사실의 요지

피고인은 2019. 9. 10. 전주지방법원 정읍지원에서 도로교통법 위반(음주운전)죄로 징역 6월에 집행유예 2년을 선고받고, 같은 달 18일경 위 판결이 확정되었다. 피고인은 2019. 7. 20. 16:25경 정읍시 (주소 1 생략)에 있는 ○○고등학교에서부터 (주소 2 생략)에 있는 △△ 부근 삼거리에 이르기까지 약 60m 구간에서 혈중알코올농도 0.054%의 술에 취한 상태로 5t 화물차량을 운전하였다.

이로써 피고인은 술에 취한 상태에서 운전 금지 규정을 2회 이상 위반하였다.

2. 인정 사실

원심판결 이유 및 기록에 의하면 다음의 사실을 알 수 있다.

가. 피고인은 2019. 7. 20. 16:25경 공소사실 기재 장소에서 공소사실 기재의 화물차량을 운전하다가 맞은편에 있던 승용차를 충격하였다(이하 '이 사건 사고'라고 한다).

나. 경찰관은 2019. 7. 20. 16:53경 교통사고가 발생하였다는 112 신고를 받고 공소사실 기재 △△ 부근 삼거리에 도착하여, 같은 날 17:20경 피고인에게 호흡측정 방식으로 음주측정을 실시한 결과 피고인의 혈중알코올농도가 0.169%로 측정되었다.

다. 피고인은 이 사건 사고가 발생한 직후인 16:43경 사고현장을 이탈하여 소주(360㎖) 1병에 복숭아 음료 1캔을 섞어 마셨다(이하 '후행음주'라고 한다).

라. 수사기관은 2019. 9. 24. 피고인에게 후행음주와 동일한 방식으로 소주 1병에 복숭아 음료 1캔을 섞어 마시도록 한 뒤 음주측정을 실시한 결과 혈중알코올농도가 0.115%로 측정되었다.

마. 피고인이 이 사건 사고 당일 차를 운전하기 전에 마신 음주량에 관한 자료는 없다.

3. 원심의 판단

원심은 후행음주로 인한 혈중알코올농도 증가분을 산정하기 위하여 위드마크 공식을 사용하였는데, 이미 알려진 신빙성 있는 체내흡수율과 위드마크 상수에 관한 통계자료 중 피고인에게 가장 유리한 수치인 체내흡수율 0.9, 위드마크 상수 0.52를 적용하여 계산된 결과인 0.141%[= (술의 양 360㎖ × 알코올농도 0.17 × 알코올비중 0.7894 × 체내흡수율 0.9) ÷ (피고인의 체중 59kg × 위드마크 상수 0.52 × 10)]와 2019. 9. 24. 측정된 음주수치인 0.115% 중 피고인에게 보다 더 유리한 0.141%를 후행음주로 인한 혈중알코올농도 증가분으로 추정하고, 이를 이 사건 사고 당시 측정치인 0.169%에서 공제하는 방법으로 이 사건 사고 당시 피고인의 혈중알코올농도 추정치는 0.028%(= 0.169% - 0.141%)가 된다고 본 다음, 이는 도로교통법상 음주운전 처벌기준치인 0.03%에 미치지 아니하므로 이 사건 공소사실은 범죄의 증명이 없는 경우에 해당한다고 보아 이 사건 공소사실을 유죄로 인정한 제1심판결을 파기하고 무죄로 판단하였다.

4. 대법원의 판단

  1) 법리

  음주하고 운전한 직후에 운전자의 혈액이나 호흡 등 표본을 검사하여 혈중알코올농도를 측정할 수 있는 경우가 아니라면 이른바 위드마크(Widmark) 공식을 사용하여 수학적 방법에 따른 계산결과로 운전 당시의 혈중알코올농도를 추정할 수 있다. 운전 시부터 일정한 시간이 경과한 후에 음주측정기 또는 혈액채취 등에 의하여 측정한 혈중알코올농도는 운전 시가 아닌 측정 시의 수치에 지나지 아니하므로 운전 시의 혈중알코올농도를 구하기 위하여는 여기에 운전 시부터 측정 시까지의 알코올 분해량을 더하는 방식이 사용된다.

  일반적으로 범죄구성요건 사실의 존부를 알아내기 위하여 위와 같은 과학공식 등의 경험칙을 이용하는 경우에는 그 법칙 적용의 전제가 되는 개별적이고 구체적인 사실에 관하여 엄격한 증명을 요한다고 할 것이다. 시간의 경과에 의한 알코올의 분해소멸에 관해서는 평소의 음주정도, 체질, 음주속도, 음주 후 신체활동의 정도 등이 시간당 알코올분해량에 영향을 미칠 수 있으므로, 특별한 사정이 없는 한 해당 운전자의 시간당 알코올분해량이 평균인과 같다고 쉽게 단정할 것이 아니라 증거에 의하여 명확히 밝혀야 하고, 증명을 위하여 필요하다면 전문적인 학식이나 경험이 있는 사람들의 도움 등을 받아야 하며, 만일 공식을 적용할 때 불확실한 점이 남아 있고 그것이 피고인에게 불이익하게 작용한다면 그 계산결과는 합리적인 의심을 품게 하지 않을 정도의 증명력이 있다고 할 수 없다(대법원 2000. 10. 24. 선고 2000도3145 판결, 대법원 2000. 10. 24. 선고 2000도3307 판결, 대법원 2000. 12. 26. 선고 2000도2185 판결 등 참조). 그러나 시간당 알코올분해량에 관하여 알려져 있는 신빙성 있는 통계자료 중 피고인에게 가장 유리한 것을 대입하여 위드마크 공식을 적용하여 운전 시의 혈중알코올농도를 계산하는 것은 피고인에게 실질적인 불이익을 줄 우려가 없으므로 그 계산결과는 유죄의 인정자료로 사용할 수 있다고 하여야 한다(대법원 2001. 6. 26. 선고 99도5393 판결 등 참조).

  2) 이 사건의 경우

  원심판결 이유를 관련 법리와 기록에 비추어 살펴보면, 그 판시와 같은 이유로 이 사건 공소사실을 무죄로 본 원심의 판단에 논리와 경험의 법칙을 위반하여 자유심증주의의 한계를 벗어나거나 도로교통법 위반(음주운전)죄의 성립에 관한 법리를 오해한 잘못이 없다.

이 사건의 경우와 같이, 형사처벌을 모면하기 위해 의도적인 추가음주를 하는 행위가 드물지 않게 발생하고 있다. 죄증을 인멸하기 위한 의도적인 추가음주행위를 통해 음주운전자가 정당한 형사처벌을 회피하게 되는 결과를 그대로 용인하는 것은 정의의 관념이나 음주운전에 대한 강력한 처벌을 통해 안전사회를 염원하는 국민적 공감대 및 시대적 흐름에 비추어 바람직하지 않다. 국민의 건강과 사회의 안전을 보호하고 의도적인 법질서교란행위에 대한 정당한 처벌이 이루어질 수 있는 방향으로 추가음주 사안의 현황과 문제점을 체계적으로 파악하여 이를 해결하기 위한 입법적 조치 등이 이루어질 필요가 있지만, 이러한 조치가 없는 현재의 상황에서는 죄형법정주의와 검사의 엄격한 증명책임이라는 형사법의 대원칙을 존중하여 판단할 수밖에 없다.

5. 결론

그러므로 상고를 기각하기로 하여, 관여 대법관의 일치된 의견으로 주문과 같이 판결한다.

판례2 | 도로교통법위반(음주운전)·도로교통법위반(무면허운전)·도로교통법위반·도로교통법위반(사고후미조치)·자동차손해배상보장법위반[대법원 2024. 12. 26.선고 2024도 9537 판결]

【판결요지】

치료감호 등에 관한 법률(이하 '치료감호법'이라 한다)은 심신장애 상태, 마약류·알코올이나 그 밖의 약물중독 상태, 정신성적(정신성적) 장애가 있는 상태 등에서 범죄행위를 한 자로서 재범(재범)의 위험성이 있고 특수한 교육·개선 및 치료가 필요하다고 인정되는 자에 대하여 적절한 보호와 치료를 함으로써 재범을 방지하고 사회복귀를 촉진하는 것을 목적으로 한다(제1조).

치료감호법은 알코올을 섭취하는 습벽이 있거나 그에 중독된 자로서 금고 이상의 형에 해당하는 죄를 지은 자를 치료감호대상자라고 규정하고(제2조 제1항 제2호), 검사는 치료감호대상자가 치료감호를 받을 필요가 있는 경우 관할 법원에 치료감호를 청구할 수 있으며(제4조 제1항), 그 경우 정신건강의학과 등 전문의의 진단이나 감정(감정)을 참고하여야 하고(제4조 제2항 본문), 공소제기한 사건의 경우 항소심 변론종결 시까지 치료감호를 청구할 수 있다고(제4조 제5항) 규정하면서, 법원은 공소제기된 사건의 심리 결과 치료감호를 할 필요가 있다고 인정할 때에는 검사에게 치료감호청구를 요구할 수 있다고 규정한다(제4조 제7항). 이는 검사가 공소제기 당시 피고인의 치료감호 사유에 대한 의견을 달리하거나 그 판단에 필요한 고려요소를 간과하고 치료감호를 청구하지 않았으나 공소제기 후 재판과정에서 치료감호의 필요성이 충분히 드러나게 된 경우, 법원으로 하여금 검사에게 치료감호청구를 요구할 수 있도록 함으로써 검사가 치료감호청구 권한을 독점함에 따라 나타날 수 있는 폐해를 보완하고 치료감호대상자의 재범 방지를 위한 실질적인 조치가 가능할 수 있도록 직권주의적 요소를 가미한 것이다.

대법원은, 치료감호법 제4조 제1항, 제7항의 규정 형식과 내용 등에 비추어 볼 때 치료감호법 제4조 제7항 이 법원에 대하여 치료감호청구 요구에 관한 의무를 부과하고 있는 것으로 볼 수 없다고 하면서도, 법원으로서는 심신장애의 정도가 불분명한 피고인에 대하여 정신감정을 하여야 하고, 그러한 피고인에 대하여 정신감정을 실시함에 있어 그 장애가 장차 사회적 행동에 있어서 미칠 영향 등에 관하여도 아울러 감정하게 하며, 그 감정의견을 참작하여 객관적으로 판단한 결과 정신질환이 계속되어 피고인을 치료감호에 처함이 상당하다고 인정될 때에는 치료 후의 사회복귀와 사회안전을 도모하기 위하여 별도로 보호처분이 실시될 수 있도록 검사에게 치료감호청구를 요구할 수 있다고 강조한 바 있다.

이러한 치료감호법의 목적, 치료감호대상자의 범위, 치료감호청구의 요건과 절차, 치료감호청구 요구 제도의 취지와 기능, 치료감호청구 요구에 관한 판례 법리 등을 종합하여 보면, 치료감호법이 법원에 대하여 치료감호청구 요구에 관한 의무를 부과하고 있는 것으로 볼 수 없어 치료감호청구 요구 여부가 법관의 재량에 맡겨져 있다고 하더라도, 거기에는 치료감호대상자의 재범 방지와 사회복귀 촉진이라는 치료감호법의 목적에 따른 재량의 내재적 한계가 있으므로, 공소제기된 사건의 심리 결과 피고인의 재범 가능성과 아울러 일정한 강제력을 수반하는 감호 상태에서 치료받아야 할 필요성에 관한 구체적인 사정이 명백하게 확인되었는데도 그러한 요구 권한을 행사하지 아니한 것이 매우 불합리하다고 인정되는 경우라면 그러한 권한의 불행사는 재량의 한계를 현저하게 벗어난 것으로 위법하다.

【원심판결】

제주지법 2024. 5. 30. 선고 2024노284 판결

【주문】

원심판결 중 인적사항 미제공으로 인한 도로교통법 위반 부분을 제외한 나머지 부분을 모두 파기하고, 이 부분 사건을 제주지방법원에 환송한다.

【이유】

직상고이유를 판단한다.

1. 사안의 개요

가. 주요 공소사실의 요지

피고인은 자동차 운전면허를 받지 아니하고 ① 2022. 11. 2. 20:24경 혈중알코올농도 0.250%의 술에 취한 상태로 승용차를 운전하고, ② 2022. 12. 8. 01:14경

혈중알코올농도 0.203%의 술에 취한 상태로 승용차를 운전하고, ③ 2023. 3. 1. 22:21경 혈중알코올농도 0.217%의 술에 취한 상태로 승용차를 운전하고 업무상과실로 신호대기 중이던 피해차량을 손괴한 후 도주하고, ④ 2023. 4. 6. 11:52경 승용차 운전 중 업무상과실로 주차되어 있던 피해차량을 손괴하고도 인적사항을 제공하지 아니하고 도주하였다.

나. 소송의 경과

피고인은 공소사실을 모두 인정하였고, 제1심은 이 사건 공소사실을 전부 유죄로 판단하면서 피고인을 징역 3년 8개월 및 구류 20일에 처하는 판결을 선고하였다. 제1심판결에 대하여 피고인은 양형부당 등을 이유로 항소하였고, 원심은 제1심의 형이 너무 무거워서 부당하다고는 인정되지 않는다고 판단하여 피고인의 항소를 기각하는 판결을 선고하였다. 이에 대해 피고인이 상고하였고, 상고이유로 원심이 검사에게 치료감호청구를 요구하지 아니한 것은 재범의 위험성을 방치한 행위로서 재량권을 일탈·남용한 잘못이 있다고 주장한다.

2. 대법원의 판단

가. 「치료감호 등에 관한 법률」(이하 '치료감호법'이라 한다)은 심신장애 상태, 마약류·알코올이나 그 밖의 약물중독 상태, 정신성적(정신성적) 장애가 있는 상태 등에서 범죄행위를 한 자로서 재범(재범)의 위험성이 있고 특수한 교육·개선 및 치료가 필요하다고 인정되는 자에 대하여 적절한 보호와 치료를 함으로써 재범을 방지하고 사회복귀를 촉진하는 것을 목적으로 한다(제1조).

치료감호법은 알코올을 섭취하는 습벽이 있거나 그에 중독된 자로서 금고 이상의 형에 해당하는 죄를 지은 자를 치료감호대상자라고 규정하고(제2조 제1항 제2호), 검사는 치료감호대상자가 치료감호를 받을 필요가 있는 경우 관할 법원에 치료감호를 청구할 수 있으며(제4조 제1항), 그 경우 정신건강의학과 등 전문의의 진단이나 감정(감정)을 참고하여야 하고(제4조 제2항 본문), 공소제기한 사건의 경우 항소심 변론종결 시까지 치료감호를 청구할 수 있다고(제4조 제5항) 규정하면서, 법원은 공소제기된 사건의 심리 결과 치료감호를 할 필요가 있다고 인정할 때에는 검사에게 치료감호청구를 요구할 수 있다고 규정한다(제4조 제7항). 이는 검사가 공소제기 당시 피고인의 치료감호 사유에 대한 의견을 달리하거나 그 판단에 필요한 고려요소를 간과하고 치료감호를 청구하지 않았으나 공소제기 후 재판과정에서 치료감호의 필요성이 충분히 드러나게 된 경우, 법원으로 하여금 검사에게 치료감호청구를 요구할 수 있도록 함으로써 검사가 치료감호청구 권한을 독점함에 따라 나타날 수 있는 폐해를 보완하고 치료감호대상자의 재범 방지를 위한 실질적인 조치가 가능할 수 있도록 직권주의적 요소를 가미한 것이다 .

대법원은, 치료감호법 제4조 제1항, 제7항의 규정 형식과 내용 등에 비추어 볼 때 치료감호법 제4조 제7항이 법원에 대하여 치료감호청구 요구에 관한 의무를 부과하고 있는 것으로 볼 수 없다고 하면서도 [대법원 2006. 9. 14. 선고 2006도4211 판결 , 대법원 2020. 10. 15. 선고 2020도10690, 2020전도121(병합) 판결 등 참조], 법원으로서는 심신장애의 정도가 불분명한 피고인에 대하여 정신감정을 하여야 하고, 그러한 피고인에 대하여 정신감정을 실시함에 있어 그 장애가 장차 사회적 행동에 있어서 미칠 영향 등에 관하여도 아울러 감정하게 하며, 그 감정의견을 참작하여 객관적으로 판단한 결과 정신질환이 계속되어 피고인을 치료감호에 처함이 상당하다고 인정될 때에는 치료 후의 사회복귀와 사회안전을 도모하기 위하여 별도로 보호처분이 실시될 수 있도록 검사에게 치료감호청구를 요구할 수 있다고 강조한 바 있다 (대법원 1998. 4. 10. 선고 98도549 판결 등 참조).

이러한 치료감호법의 목적, 치료감호대상자의 범위, 치료감호청구의 요건과 절차, 치료감호청구 요구 제도의 취지와 기능, 치료감호청구 요구에 관한 판례 법리 등을 종합하여 보면, 치료감호법이 법원에 대하여 치료감호청구 요구에 관한 의무를 부과하고 있는 것으로 볼 수 없어 치료감호청구 요구 여부가 법관의 재량에 맡겨져 있다고 하더라도, 거기에는 치료감호대상자의 재범 방지와 사회복귀 촉진이라는 치료감호법의 목적에 따른 재량의 내재적 한계가 있으므로, 공소제기된 사건의 심리 결과 피고인의 재범 가능성과 아울러 일정한 강제력을 수반하는 감호 상태에서 치료받아야 할 필요성에 관한 구체적인 사정이 명백하게 확인되었는데도 그러한 요구 권한을 행사하지 아니한 것이 매우 불합리하다고 인정되는 경우라면 그러한 권한의 불행사는 재량의 한계를 현저하게 벗어난 것으로 위법하다.

나. 원심판결 이유와 기록에 의하면 다음과 같은 사실 내지 사정을 알 수 있다.

1) 피고인은 2021. 12. 5. 13:29경 혈중알코올농도 0.209%의 상태로 승용차를 운전하여, 도로교통법 위반(음주운전)죄로 벌금 1,000만 원의 약식명령을 받아 확정되었다.

2) 피고인은 앞서 본 바와 같이 ① 2022. 11. 2. 혈중알코올농도 0.250% 상태에서 무면허로 약 3km를 운전하고 ② 2022. 12. 8. 혈중알코올농도 0.203% 상태에서 무면허로 약 17km를 운전하여 2023. 2. 27. 불구속 상태로 기소되었다(제주지방법원 2023고단379). 피고인은 다시 ③ 2023. 3. 1. 혈중알코올농도 0.217% 상태에서 무면허로 약 4km를 운전하다가 추돌사고를 내고 그대로 도주하였고, ④ 2023. 4. 6. 무면허 운전을 하다가 타인의 차량을 들이받고 그대로 도주하여 기소되었다(같은 법원 2023고단1044). 즉, 피고인은 네 달 사이에 혈중알코올농도 0.2%가 넘는 위험한 상태에서 세 번에 걸쳐 무면허로 운전을 하였고 급기야 교통사고를 내고 그대로 도주하기까지 하였다.

3) 피고인은 기소된 이후인 2023. 11. 30. 형과 누나와 함께 ○○○병원에 내원하였다가 입원하였고 2023. 12. 29. 퇴원하였다. 피고인은 2024. 2. 28. 제1심 제3회 공판기일에 처음 출석하였고 제1심법원은 도망의 염려가 있다는 이유로 피고인을 구속하였다.

4) 피고인의 변호인은 2024. 3. 18. 제1심법원에 의견서를 제출하고 다음 날 피고인 담당의사의 진단서와 진료기록부, 장기요양인정서 등을 참고자료로 제출하였는데, 담당의사는 피고인의 병명(주상병)을 '알코올 사용에 의한 상세불명의 정신 및 행동 장애', '상세불명의 알츠하이머병에서의 치매'라고 하면서, 치료 내용 및 향후 치료에 대한 소견으로 '입원 당시 알코올 금단 증상 및 인지기능 저하, 지남력 장애 등이 심한 상태였으며 충분히 회복되지 않은 상태로 퇴원하였음. 자기 관리능력이 없는 상태이므로 보호 및 치료가 필요한 상태로 사료됨'이라는 의견을 밝혔다.

피고인에 대한 ○○○병원의 의무기록과 진단서 등에 의하면, 피고인은 입원 전 1년 이상 매일 소주 2~3병을 마셨고, 입원 기간 심각한 인지기능 저하, 현실 검증력의 결핍, 부적절한 행동, 뚜렷한 사고의 장애, 거동의 불안정성 등을 보여 자기 관리가 어려운 상태였으며, 간병인의 도움을 받았다. 피고인에 대한 각종 평가보고서는, 피고인이 고위험 음주군에 속하고, 중등도의 절망감, 중증의 인지기능 저하를 나타내며, 일상생활에서 상당한 어려움을 겪을 가능성을 시사한다. 피고인의 보호자인 피고인의 형 등은 피고인의 병원비와 간병비 부담으로 입원 유지의 어려움을 호소하였고, 이에 따라 피고인은 2023. 12. 29. 퇴원하였다.

5) 제1심법원은 2024. 3. 20. 변론을 종결하고 2024. 4. 17. 피고인에 대해 징역 3년 8개월을 선고하였고, 원심법원은 제1회 공판기일에 피고인 측의 항소이유서를 진술하도록 하고 피고인의 알츠하이머병에서의 치매 등 정신병력과 정신병원 입원치료 등을 언급하며 선처를 구하는 변호인의 구술변론을 들은 후 변론을 종결하고 바로 피고인의 항소를 기각하는 판결을 선고하였다.

6) 피고인은 음주운전 전과에서부터 이 사건으로 기소된 세 차례의 음주운전 범죄사실에 이르기까지 혈중알코올농도가 모두 0.2%가 넘는데, 이는 음주운전 범죄에 관하여 도로교통법이 정한 가장 중한 단계에 해당한다(2023. 7. 1. 이후 기소사건에 적용되는 대법원 양형위원회의 양형기준에 의하여도 가장 중한 권고형이 설정된 범죄유형에 해당한다). 피고인은 음주 및 무면허 운전으로 적발된 지 한 달 만에 다시 음주 및 무면허 운전을 하였고, 두 번의 음주 및 무면허 운전으로 기소된 이후 재차 음주 및 무면허 운전을 하여 사고를 내고 그대로 도주하기까지 하였다. 피고인은 이후에도 무면허 운전을 감행하다가 사고를

내고 다시 도주하는 이례적인 범행을 계속하였다. 이러한 피고인에 대하여 제1심 및 원심 공판과정에서 형법 제51조 에서 정한 양형조건(피고인의 성행, 지능과 환경, 범행의 동기, 범행 후의 정황 등 참작할만한 정상)을 비롯하여 변호인이 주장하는 피고인의 정신병원 입원 병명(알코올 사용에 의한 상세불명의 정신 및 행동 장애 등)이나 피고인의 정신질환, 정신상태 및 징역형 복역 후 재범위험성과 관련된 양형조사도 이루어진 바가 없다.

7) 한편 피고인은 구속 이후 제주교도소에 수감된 상태로 ○○○병원의 화상진료를 받고 있는데, 기억력 장애가 있고 자기 관리가 열악한 모습을 보이고 있다.

다. 위와 같은 피고인의 범죄 전력, 이 사건 범행의 내용, 이 사건 범행과 입원기간 사이의 간격, 피고인의 건강상태와 담당의사의 의학적 소견 등을 종합하여 보면, 피고인은 알코올을 섭취하는 습벽이 있거나 그에 중독된 자로서 금고 이상의 형에 해당하는 죄를 범하였고 재범의 위험성과 치료의 필요성이 있다고 볼 여지가 충분하다.

피고인은 제1심에서 구속된 이후 계속해서 외래 진료를 받았음에도 기억력 장애가 있고 자기 관리가 열악한 모습을 보였다. 정신질환자가 가족 등 지지환경이 열악한 경우 치료의 단절 가능성과 재범의 위험성이 증가할 수 있는데, 피고인은 동거가족이 없는 것으로 보이고, 앞서 본 피고인의 퇴원 경위 등에 비추어 보면, 피고인의 가족 등에 의하여 충분한 지지환경이 조성되기는 쉽지 않아 보인다. 한편 국민건강보험공단은 2024. 1.경 피고인에 대하여 장기요양등급 4등급을 인정하고 장기요양급여의 종류 및 내용을 정하면서 재가급여 또는 노인요양시설에서의 시설급여를 이용할 수 있도록 결정한 바 있다. 이러한 사정을 종합하여 보면, 피고인에 대한 치료감호시설 밖에서의 치료보다는 치료감호시설에서의 치료가 치료의 목적 달성 가능성과 재범 방지 등의 측면에서 보다 적절하다고 평가할 수 있다.

라. 피고인은 알코올을 섭취하는 습벽이 있거나 그에 중독된 자로서 금고 이상의 형에 해당하는 죄를 범하였고 재범의 위험성과 치료의 필요성이 인정될 여지가 충분한 점, 피고인에 대한 치료감호시설에서의 치료가 적절하다고 평가할 수 있는 점 등을 앞서 본 법리에 비추어 살펴보면, 원심으로서는 피고인의 알코올 섭취 습벽과 재범의 위험성 및 치료감호시설에서의 치료의 필요성에 관하여 정신감정을 실시하는 등으로 충실한 심리를 하여, 피고인에 대해 치료감호를 할 필요가 있는지 살펴보고 치료감호청구 요구 여부를 판단하였어야 한다.

그럼에도 원심은 위와 같은 사정에 대해 충실하게 심리하지 아니한 채 소송절차를 진행하여 변론을 종결하고 원심판결을 선고하였다. 이러한 원심의 조치와 판단은 재량의 한계를 현저하게 벗어난 것으로서 원심판결에는 치료감호청구 요구에 관한 법리를 오해하여 판결에 영향을 미친 잘못이 있다.

마. 한편 원심은 피고인에 대한 이 사건 공소사실을 모두 유죄로 인정한 다음 인적사항 미제공으로 인한 도로교통법 위반의 점을 제외한 나머지 죄에 대하여는 하나의 징역형을 선고하고 인적사항 미제공으로 인한 도로교통법 위반의 점에 대하여는 이와 별개로 구류형을 병과한 제1심판결을 유지하였다. 인적사항 미제공으로 인한 도로교통법 위반은 치료감호법 제2조 제1항 제2호 에서 정한 '금고 이상의 형에 해당하는 죄'에 해당하지 아니하고, 별개의 구류형이 병과된 인적사항 미제공으로 인한 도로교통법 위반 부분은 소송상 별개로 분리 취급되어야 하므로, 이 부분은 파기 범위에 속하지 아니한다.

3. 결론

원심판결 중 인적사항 미제공으로 인한 도로교통법 위반 부분을 제외한 나머지 부분을 모두 파기하고, 이 부분 사건을 다시 심리·판단하도록 원심법원에 환송하기로 하여, 관여 대법관의 일치된 의견으로 주문과 같이 판결한다.

판례3 | 음주측정거부 전력이 있는 피고인이 음주측정요구에 불응하였다는 공소사실에 대하여, 원심이 도로교통법 제148조의2 제1항 중 '제44조 제2항을 위반한 사람으로서 다시 같은 조 제2항을 위반한 사람'에 관한 부분('해당 법률조항')을 적용하여 유죄를 선고한 제1심판결을 유지하였는데, 헌법재판소가 구 도로교통법 제148조의2 제1항과 도로교통법 제148조의2 제1항 중 각 '제44조 제1항 또는 제2항을 2회 이상 위반한 사람' 부분과 관련하여 일련의 위헌결정들을 한 사안[대법원 2022. 7. 28. 선고 2022도3929 판결]

【판결요지】

음주측정거부 전력이 있는 피고인이 술에 취한 상태로 자동차를 운전하였다고 인정할 만한 상당한 이유가 있어 음주측정을 요구받고도 이에 응하지 않았다는 공소사실에 대하여, 원심이 도로교통법(2020. 6. 9. 법률 제17371호로 개정된 것, 이하 같다) 제148조의2 제1항 중 '제44조 제2항을 위반한 사람으로서 다시 같은 조 제2항을 위반한 사람'에 관한 부분(이하 '해당 법률조항'이라 한다)을 적용하여 유죄를 선고한 제1심판결을 유지하였는데, 헌법재판소가 구 도로교통법(2018. 12. 24. 법률 제16037호로 개정되고, 2020. 6. 9. 법률 제17371호로 개정되기 전의 것) 제148조의2 제1항과 도로교통법 제148조의2 제1항 중 각 '제44조 제1항 또는 제2항을 2회 이상 위반한 사람' 부분과 관련하여 일련의 위헌결정들을 한 사안에서, 원심이 적용한 해당 법률조항은 위헌결정들의 심판대상이 되지는 않았지만, 헌법재판소는 위헌결정들을 통해 음주운전 전력과 음주측정거부 전력, 음주운전행위와 음주측정거부행위를 달리 취급하지 않은 채 동일한 논거로 각 심판대상조항의 위헌 여부를 판단하였고, '음주측정거부'가 가중처벌 요건(전력)이 되는 경우와 가중처벌 대상(범행)이 되는 경우 모두에 대하여 위헌을 선언하였기 때문에, 해당 법률조항도 위헌결정들 이유와 같은 이유에서 책임과 형벌 사이의 비례원칙에 어긋난다고 볼 여지가 있고 위헌이 선언된 법률조항과 실질적으로 동일하며, 피고인에게 음주운전 및 음주측정거부 전력이 있음에도 검사는 그의 음주측정거부 전력만을 음주측정거부행위의 가중요건으로 삼아 공소를 제기하였으므로, 원심으로서는 해당 법률조항의 위헌 여부 또는 그 적용에 따른 위헌적 결과를 피하면서도 피고인 행위의 가벌성과 책임에 합당한 형벌법규를 적용하기 위한 공소장 변경절차 등의 필요 유무 등에 관하여 심리·판단하였어야 한다는 이유로, 이를 살펴보지 않은 채 제1심판결을 유지한 원심판결에 결과적으로 판결에 영향을 미친 잘못이 있다고 한 사례.

【원심판결】

춘천지법 강릉지원 2022. 3. 24. 선고 2021노468 판결

【주문】

원심판결을 파기하고, 사건을 춘천지방법원 강릉지원에 환송한다.

【이유】

직권으로 판단한다.

1. 가. 2018. 12. 24. 법률 제16037호로 개정되고, 2020. 6. 9. 법률 제17371호로 개정되기 전의 도로교통법(이하 '구 도로교통법'이라고 한다) 제148조의2 제1항은 "제44조 제1항 또는 제2항을 2회 이상 위반한 사람(자동차 등 또는 노면전차를 운전한 사람으로 한정한다)은 2년 이상 5년 이하의 징역이나 1천만 원 이상 2천만 원 이하의 벌금에 처한다."라고 정하였다. 이후 2020. 6. 9. 개정된 도로교통법(법률 제17371호로 개정된 것, 이하 '도로교통법'이라고 한다) 제148조의2 제1항은 "제44조 제1항 또는 제2항을 2회 이상 위반한 사람(자동차 등 또는 노면전차를 운전한 사람으로 한정한다. 다만 개인형 이동장치를 운전하는 경우는 제외한다. 이하 이 조에서 같다)은 2년 이상 5년 이하의 징역이나 1천만 원 이상 2천만 원 이하의 벌금에 처한다."라고 정하였다. 위 2020. 6. 9. 개정으로 '개인형 이동장치를 운전하는 경우'가 제외되었을 뿐이고 나머지 부분은 변경되지 않았다.

나. 도로교통법 제44조 제1항 또는 제2항 위반 전력이 있는 사람이 도로교통법 제148조의2 제1항에 따라 처벌되는 사건은 ① 음주운전 전력이 있는 사람이 음주운전행위를 한 경우, ② 음주운전 전력이 있는 사람이 음주측정거부행위를 한 경우, ③ 음주측정거부 전력이 있는 사람이 음주운전행위를 한 경우, ④ 음주측정거부 전력이

있는 사람이 음주측정거부행위를 한 경우, 즉 4가지 유형으로 분류할 수 있다.

한편 위와 같이 2020. 6. 9. 도로교통법 개정에 따라 가중대상 범행 시점을 기준으로 2020. 12. 10. 이후 범행은 개정된 도로교통법이 적용되므로(도로교통법 부칙 제1조 참조), 위 ① 내지 ④항의 유형은 구 도로교통법 제148조2 제1항이 적용되는 유형들(이하 '구법-① 내지 ④ 유형'이라고 한다)과 도로교통법 제148조의2 제1항이 적용되는 유형들(이하 '신법-① 내지 ④ 유형'이라고 한다)로 다시 분류할 수 있다.

2. 가. 헌법재판소는 2021. 11. 25. 구법-① 유형에 대해서 책임과 형벌 사이의 비례성을 인정할 수 없다는 이유로 위헌결정을 하였다(헌법재판소 2021. 11. 25. 선고 2019헌바446 등 전원재판부 결정 참조, 이하 '제1위헌결정'이라 한다).

그리고 2022. 5. 26. 신법-①, ③ 유형에 대해서 위헌결정을 하고(헌법재판소 2022. 5. 26. 선고 2021헌가30 등 전원재판부 결정 참조, 이하 '제2위헌결정'이라 한다), 구법-②, 신법-② 유형에 대해서도 위헌결정을 하였다(헌법재판소 2022. 5. 26. 선고 2021헌가32 등 전원재판부 결정 참조, 이하 '제3위헌결정'이라 한다). 위 제2, 3위헌결정 요지도 음주운전 전력 또는 음주측정거부 전력을 가중요건으로 삼으면서 아무런 시간적 제한을 두지 않고, 과거 위반 전력 시기 및 내용이나 혈중알코올농도 수준 또는 음주측정거부 당시의 음주 의심 정도와 발생한 위험 등을 고려할 때 비난가능성이 상대적으로 낮은 음주운전행위 또는 음주측정거부행위의 재범행위까지 가중처벌 대상으로 하면서 법정형의 하한을 과도하게 높게 책정하여 책임과 형벌 사이의 비례원칙에 반하여 위헌이라는 것이다.

나. 결국 헌법재판소는 최근 위 일련의 위헌결정들을 통해 제1위헌결정 심판대상조항과 동일성이유지되고 있는 개정 도로교통법 조항에 대하여도 같은 판단을 하였고(제2위헌결정), 음주운전 전력과 음주측정거부 전력, 음주운전행위와 음주측정거부행위를 달리 취급하지 않은 채 동일한 논거로 각 심판대상조항의 위헌 여부를 판단하였다(제1, 2, 3위헌결정).

3. 이 사건 공소사실 요지는, 음주측정거부 전력이 있는 피고인이 2021. 7. 1. 및 2021. 7. 22. 술에 취한 상태로 자동차를 운전하였다고 인정할 만한 상당한 이유가 있어 음주측정을 요구받고도 정당한 사유 없이 이에 응하지 않았다는 것이고(앞서 본 신법-④ 유형에 해당한다), 원심은 피고인에게 유죄를 선고한 제1심판결을 그대로 유지하였다. 원심이 피고인에게 적용한 신법-④ 유형인 "도로교통법 제148조의2 제1항 중 '제44조 제2항을 위반한 사람으로서 다시 같은 조 제2항을 위반한 사람'에 관한 부분"(이하 '이 사건 법률조항'이라 한다)은 위 위헌결정들의 심판대상이 되지는 않았다.

4. 가. 제1위헌결정이 선고된 후 제2, 3위헌결정 이전에도 대법원은 도로교통법 제148조의2 제1항 중 제44조 제1항을 2회 이상 위반한 사람에 관한 부분(신법-① 유형)

은, 제1위헌결정의 심판대상이 되지 않았지만 제1위헌결정 이유와 같은 이유에서 책임과 형벌 사이의 비례원칙에 어긋날 수 있기 때문에 그 부분의 위헌 여부 또는 그 적용에 따른 위헌적 결과를 피하기 위한 공소장 변경절차 등의 필요 유무 등에 관하여 심리·판단하였어야 한다는 이유로 원심판결을 파기·환송해 왔다(대법원 2021. 12. 30. 선고 2021도11995 판결 등 참조). 또한 제2위헌결정 이후 대법원은 구 도로교통법 제148조의2 제1항 중 제44조 제2항을 1회 이상 위반한 사람으로서 다시 제44조 제1항을 위반한 사람에 관한 부분(구법-③ 유형)은, 제2위헌결정의 심판대상이 되지 않았지만 제2위헌결정 이유와 같은 이유에서 책임과 형벌 사이의 비례원칙에 어긋날 수 있기 때문에 그 부분의 위헌 여부 또는 그 적용에 따른 위헌적 결과를 피하기 위한 공소장 변경절차 등의 필요 유무 등에 관하여 심리·판단하였어야 한다는 이유로 원심판결을 파기·환송했다(대법원 2022. 6. 30. 선고 2022도1629 판결 등 참조).

나. 이 사건 법률조항에서 '음주측정거부'는 가중처벌 요건(전력)이자 동시에 가중처벌 대상(범행)으로 역할을 하는데, 제2, 3위헌결정은 '음주측정거부'가 가중처벌 요건이 되는 경우(신법-③ 유형)와 가중처벌 대상이 되는 경우(구법-②, 신법-② 유형) 모두에 대하여 위헌을 선언하였기 때문에, 이 사건 법률조항도 앞서 본 위헌결정들 이유와 같은 이유에서 책임과 형벌 사이의 비례원칙에 어긋난다고 볼 여지가 있다. 만일 헌법재판소가 이 사건 법률조항에 대해서 위헌결정을 한다면 유죄의 확정판결에 대한 재심사유가 될 수 있다(헌법재판소법 제47조 제3항, 제4항 참조).

다. 피고인에게 2008년의 음주운전, 2014년, 2015년의 각 음주측정거부 전력이 있고 2021년 2건의 음주측정거부행위에 대하여 검사는 그의 음주측정거부 전력만을 음주측정거부행위의 가중요건으로 삼아 공소제기하였다. 법원이, 헌법재판소의 위헌 판단이 선언되지 않았지만 종전 위헌결정 이유에 비추어 동일한 위헌 소지가 있는 법률조항에 대하여 위헌 관련 판단을 하는 데는 신중해야 한다. 그런데 이 사건 공소사실에 적용되는 법률조항은 제1, 2, 3위헌결정들 이유에 비추어 볼 때 위헌이 선언된 법률조항과 실질적으로 동일하기 때문에, 원심으로서는 이 사건 법률조항의 위헌 여부 또는 그 적용에 따른 위헌적 결과를 피하면서도 피고인 행위의 가벌성과 책임에 합당한 형벌법규를 적용하기 위한 공소장 변경절차 등의 필요 유무 등에 관하여 심리·판단하여야 한다. 원심이 이를 살펴보지 않은 채 이 사건 공소사실에 이 사건 법률조항을 적용하여 유죄로 인정한 제1심판결을 그대로 유지한 것에는 결과적으로 판결에 영향을 미친 잘못이 있다.

5. 그러므로 원심판결을 파기하고, 사건을 다시 심리·판단하도록 원심법원에 환송하기로 하여, 관여 대법관의 일치된 의견으로 주문과 같이 판결한다.

판례4 | 위드마크 공식의 적용을 위한 자료에 관하여 엄격한 증명이 필요한지 여부 (적극)/위드마크 공식에 따라 혈중알코올농도를 추산할 때 그 전제가 되는 사실에 대한 증명 정도와 증명 방법[대법원 2022. 5. 12. 선고 2021도14074 판결]

【판결요지】

[1] 범죄구성요건사실을 인정하기 위하여 과학공식 등의 경험칙을 이용하는 경우에 그 법칙 적용의 전제가 되는 개별적·구체적 사실에 대하여는 엄격한 증명을 요한다. 위드마크 공식은 알코올을 섭취하면 최고 혈중알코올농도가 높아지고, 흡수된 알코올은 시간의 경과에 따라 일정하게 분해된다는 과학적 사실에 근거한 수학적인 방법에 따른 계산결과를 통해 운전 당시 혈중알코올농도를 추정하는 경험칙의 하나이므로, 그 적용을 위한 자료로 섭취한 알코올의 양·음주시각·체중 등이 필요하고 이에 관하여는 엄격한 증명이 필요하다. 나아가 위드마크 공식에 따른 혈중알코올농도의 추정방식에는 알코올의 흡수분배로 인한 최고 혈중알코올농도에 관한 부분과 시간경과에 따른 분해소멸에 관한 부분이 있고, 그중 최고 혈중알코올농도의 계산에 관하여는 섭취한 알코올의 체내흡수율과 성별·비만도·나이·신장·체중 등이 결과에 영향을 미칠 수 있으며, 개인의 체질, 술의 종류, 음주속도, 음주 시 위장에 있는 음식의 정도 등에 따라 최고 혈중알코올농도에 이르는 시간이 달라질 수 있고, 알코올의 분해소멸에 관하여도 평소의 음주정도, 체질, 음주속도, 음주 후 신체활동의 정도 등이 시간당 알코올 분해량에 영향을 미칠 수 있는 등 음주 후 특정 시점의 혈중알코올농도에 영향을 줄 수 있는 다양한 요소가 존재한다. 한편 형사재판에서 유죄의 인정은 법관으로 하여금 합리적인 의심을 할 여지가 없을 정도로 공소사실이 진실한 것이라는 확신을 가지게 할 수 있는 증명이 필요하므로, 위 영향요소를 적용할 때 피고인이 평균인이라고 쉽게 단정하여서는 아니 되고, 필요하다면 전문적인 학식이나 경험이 있는 자의 도움을 받아 객관적이고 합리적으로 혈중알코올농도에 영향을 줄 수 있는 요소를 확정하여야 한다. 만일 위드마크 공식의 적용에 관해서 불확실한 점이 남아 있고 그것이 피고인에게 불이익하게 작용한다면, 그 계산결과는 합리적인 의심을 품게 하지 않을 정도의 증명력이 있다고 할 수 없다.

[2] 혈중알코올농도 측정 없이 위드마크 공식을 사용해 피고인이 마신 술의 양을 기초로 피고인의 운전 당시 혈중알코올농도를 추산하는 경우로서 알코올의 분해소멸에 따른 혈중알코올농도의 감소기(위드마크 제2공식, 하강기)에 운전이 이루어진 것으로 인정되는 경우에는 피고인에게 가장 유리한 음주 시작 시점부터 곧바로 생리작용에 의하여 분해소멸이 시작되는 것으로 보아야 한다. 이와 다르게 음주 개시 후 특정 시점부터 알코올의 분해소멸이 시작된다고 인정하려면 알코올의 분해소멸이 시작되는 시점

이 다르다는 점에 관한 과학적 증명 또는 객관적인 반대 증거가 있거나, 음주 시작 시점부터 알코올의 분해소멸이 시작된다고 보는 것이 그렇지 않은 경우보다 피고인에게 불이익하게 작용되는 특별한 사정이 있어야 한다.

【원심판결】

전주지법 2021. 9. 30. 선고 2021노608 판결

【주문】

원심판결을 파기하고, 사건을 전주지방법원에 환송한다.

【이유】

1. 피고인에 대한 공소사실 중 2021. 1. 1. 15:37경 도로교통법 위반(음주운전) 부분(이하 '1차 음주운전 부분'이라 한다)에 관한 상고이유를 판단한다.

　가. 범죄구성요건사실을 인정하기 위하여 과학공식 등의 경험칙을 이용하는 경우에 그 법칙 적용의 전제가 되는 개별적·구체적 사실에 대하여는 엄격한 증명을 요한다. 위드마크 공식은 알코올을 섭취하면 최고 혈중알코올농도가 높아지고, 흡수된 알코올은 시간의 경과에 따라 일정하게 분해된다는 과학적 사실에 근거한 수학적인 방법에 따른 계산결과를 통해 운전 당시 혈중알코올농도를 추정하는 경험칙의 하나이므로, 그 적용을 위한 자료로 섭취한 알코올의 양·음주시각·체중 등이 필요하고 이에 관하여는 엄격한 증명이 필요하다. 나아가 위드마크 공식에 따른 혈중알코올농도의 추정방식에는 알코올의 흡수분배로 인한 최고 혈중알코올농도에 관한 부분과 시간경과에 따른 분해소멸에 관한 부분이 있고, 그중 최고 혈중알코올농도의 계산에 관하여는 섭취한 알코올의 체내흡수율과 성별·비만도·나이·신장·체중 등이 결과에 영향을 미칠 수 있으며, 개인의 체질, 술의 종류, 음주속도, 음주 시 위장에 있는 음식의 정도 등에 따라 최고 혈중알코올농도에 이르는 시간이 달라질 수 있고, 알코올의 분해소멸에 관하여도 평소의 음주정도, 체질, 음주속도, 음주 후 신체활동의 정도 등이 시간당 알코올 분해량에 영향을 미칠 수 있는 등 음주 후 특정 시점의 혈중알코올농도에 영향을 줄 수 있는 다양한 요소가 존재한다. 한편 형사재판에서 유죄의 인정은 법관으로 하여금 합리적인 의심을 할 여지가 없을 정도로 공소사실이 진실한 것이라는 확신을 가지게 할 수 있는 증명이 필요하므로, 위 영향요소를 적용할 때 피고인이 평균인이라고 쉽게 단정하여서는 아니 되고, 필요하다면 전문적인 학식이나 경험이 있는 자의 도움을 받아 객관적이고 합리적으로 혈중알코올농도에 영향을 줄 수 있는 요소를 확정하여야 한다. 만일 위드마크 공식의 적용에 관해서 불확실한 점이 남아 있고 그것이 피고인에게 불이익하게 작용한다면, 그 계산결과는 합리적인 의심을 품게 하지 않을 정도의 증명력

이 있다고 할 수 없다(대법원 2000. 11. 24. 선고 2000도2900 판결 등 참조).

나. 원심은, '실제 몸무게는 74kg이고, 이 사건 당시 공소외 1·공소외 2와 소주 6병을 나누어 마셨으나 자신의 음주량은 소주 2병보다 적은 668.57ml이며, 음주를 종료한 시점은 2021. 1. 1. 12:47이다.'라는 피고인의 주장을 기초로 하여, 피고인이 경찰에서 운전을 시작한 시점으로 진술한 같은 날 14:30경 혈중알코올농도에 관하여 체내흡수율을 70%, 체중과 관련한 위드마크 상수를 0.86, 음주 후부터 운전시점까지 경과한 시간을 103/60시간(같은 날 12:47경부터 14:30경까지)으로 적용한 위드마크 공식에 따라 계산하면 운전 시작 시점의 혈중알코올농도는 0.0515%가 되고, 피고인이 운전한 차에 설치된 블랙박스 영상을 통해 운전 사실이 분명하게 확인되는 같은 날 15:00경 운전한 것으로 보아 음주 후부터 운전 시점까지 경과한 시간을 133/60시간(같은 날 12:47경부터 15:00경까지)으로 계산하더라도 운전 시작 시점의 혈중알코올농도는 0.0365%가 되어 처벌기준인 0.03%를 초과한다고 판단하였다.

다. 그러나 원심의 판단은 다음과 같은 이유로 그대로 수긍하기 어렵다.
이 사건과 같이 혈중알코올농도 측정 없이 위드마크 공식을 사용해 피고인이 마신 술의 양을 기초로 피고인의 운전 당시 혈중알코올농도를 추산하는 경우로서 알코올의 분해소멸에 따른 혈중알코올농도의 감소기(위드마크 제2공식, 하강기)에 운전이 이루어진 것으로 인정되는 경우에는 피고인에게 가장 유리한 음주 시작 시점부터 곧바로 생리작용에 의하여 분해소멸이 시작되는 것으로 보아야 한다. 이와 다르게 음주 개시 후 특정 시점부터 알코올의 분해소멸이 시작된다고 인정하려면 알코올의 분해소멸이 시작되는 시점이 다르다는 점에 관한 과학적 증명 또는 객관적인 반대 증거가 있거나, 음주 시작 시점부터 알코올의 분해소멸이 시작된다고 보는 것이 그렇지 않은 경우보다 피고인에게 불이익하게 작용되는 특별한 사정이 있어야 한다.
기록에 따르면, 피고인은 공소외 1·공소외 2와 2021. 1. 1. 11:10경 소주 6병 등을 구입한 후 공소외 2의 집에서 술을 마셨는데, 음주 시작 시점과 관련하여 공소외 2는 경찰과의 전화통화에서 "피고인과 같은 날 12:00경부터 술자리를 하였다."라고 진술하고, 피고인은 원심에서 "자신은 같은 날 11:30경 이전부터 술을 마셨다."라고 주장한 사실이 인정되고, 한편 피고인이 음주 종료 시점이라고 주장하는 같은 날 12:47경 대부분의 술을 일시에 마셨다고 인정할 증거는 없다.
그렇다면 피고인이 주장하는 체중, 음주 시작 및 종료 시점, 음주량에 관하여 엄격한 증명이 있다고 보아 이를 기초로 혈중알코올농도에 영향을 줄 수 있는 이미 알려진 신빙성 있는 통계자료 중 피고인에게 가장 유리한 것을 대입하여 위드마크 공식에 따라 그로부터 30분에서 90분 사이의 혈중알코올농도 최고 시점을 경과한 후의 운전 시작 시점의 혈중알코올농도를 추정하는 경우, 즉 섭취한 알코올 중 70% 만이 체내에 흡수되고, 음주 시작 시점부터 곧바로 생리작용에 의하여 분해소멸이 시작되며, 성별, 비만도, 나이, 신장, 체중 등에 의한 영향을 받는 위드마크 상수를 0.86, 평소의 음주정도, 체질, 음주속도, 음주 후 신체활동의 정도 등에 좌우되는 시간당 알코올 분해량을 0.03%로 하여 계산하면, 피고인의 음주 시작 시점을 2021. 1. 1. 12:00경으로 보고 피고인이 운전을 시작한 시각을 같은 날 14:30경으로 볼 경우 운전 시작 시점의 혈중알코올농도는 0.028%가 되고, 음주 시작 시점을 같은 날 11:30경으로 하거나 운전 시작 시점을 같은 날 15:00경으로 하여 위드마크 공식에 대입하면 운전 시작 당시 혈중알코올농도는 0.028%에 미치지 못하게 되므로, 결국 위드마크 공식의 적용결과로는 피고인이 1차 음주운전 당시 혈중알코올농도가 0.03% 이상이었다고 단정할 수 없다.

그런데도 원심은 피고인이 2021. 1. 1. 14:30경 또는 15:00경 운전 시작 당시에 혈중알코올농도 0.03% 이상의 술에 취한 상태에 있었다고 단정함으로써, 피고인에 대한 1차 음주운전 부분을 유죄로 인정한 제1심판결을 그대로 유지하였다. 이러한 원심판결에는 위드마크 공식의 적용에 관한 법리를 오해하여 판결에 영향을 미친 잘못이 있다.

2. 피고인에 대한 공소사실 중 2021. 1. 1. 17:00경 도로교통법 위반(음주운전) 부분(이하 '2차 음주운전 부분'이라 한다)에 관하여 직권으로 판단한다.

가. 원심은 피고인에 대한 공소사실 중 2차 음주운전 부분에 대하여 피고인이 도로교통법 제148조의2 제1항이 정한 '제44조 제1항을 2회 이상 위반한 사람'에 해당된다는 이유로 도로교통법 제148조의2 제1항, 제44조 제1항을 적용하여 유죄를 선고한 제1심판결을 그대로 유지하였다.

나. 그런데 기록에 의하면, 피고인이 2021. 1. 1. 이전에 술에 취한 상태에서의 운전을 금지하는 도로교통법 제44조 제1항을 위반한 사실이 없음을 알 수 있고, 앞서 본 것과 같이 원심이유지한 제1심판결 중 피고인에 대한 1차 음주운전 부분에 관하여는 위드마크 공식의 적용에 관한 법리를 오해하는 등 판결에 영향을 미친 잘못이 있는바, 원심이 피고인에 대한 1차 음주운전 부분이유죄임을 전제로 2차 음주운전 부분에 대하여 도로교통법 제148조의2 제1항, 제44조 제1항을 적용한 결과 유죄를 선고한 제1심판결을 그대로 유지한 부분 역시 관련 법리를 오해하여 판결에 영향을 미친 잘못이 있다.

다. 나아가 2018. 12. 24. 법률 제16037호로 개정되고, 2020. 6. 9. 법률 제17371호로 개정되기 전의 도로교통법(이하 '구 도로교통법'이라 한다) 제148조의2 제1항은 "제44조 제1항 또는 제2항을 2회 이상 위반한 사람(자동차 등 또는 노면전차를 운전한 사람으로 한정한다)은 2년 이상 5년 이하의 징역이나 1천만 원 이상 2천만 원 이하의 벌금에 처한다."라고 규정하였다. 이후 2020. 6. 9. 법률 제

17371호로 개정된 도로교통법(이하 '도로교통법'이라 한다) 제148조의2 제1항은 "제44조 제1항 또는 제2항을 2회 이상 위반한 사람(자동차 등 또는 노면전차를 운전한 사람으로 한정한다. 다만 개인형 이동장치를 운전하는 경우는 제외한다. 이하 이 조에서 같다)은 2년 이상 5년 이하의 징역이나 1천만 원 이상 2천만 원 이하의 벌금에 처한다."라고 규정한다.

그런데 헌법재판소는 2019헌바446, 2020헌가17(병합), 2021헌바77(병합) 사건에서 2021. 11. 25. "구 도로교통법 제148조의2 제1항 중 '제44조 제1항을 2회 이상 위반한 사람'에 관한 부분"은 헌법에 위반된다는 위헌결정을 선고하였다(이하 위헌결정이 선고된 법률조항을 '이 사건 위헌 법률 조항'이라 한다). 위헌결정의 이유는, 이 사건 위헌 법률 조항은 음주운전 금지규정 위반 전력을 가중요건으로 삼으면서 해당 전력과 관련하여 형의 선고나 유죄의 확정판결을 받을 것을 요구하지 않는 데다 아무런 시간적 제한도 두지 않은 채 재범에 해당하는 음주운전행위를 가중처벌하도록 하고, 비형벌적인 반복 음주운전 방지 수단에 대한 충분한 고려 없이 위반 전력이나 혈중알코올농도 수준 등을 고려하였을 때 비난가능성이 상대적으로 낮은 음주운전 재범행위까지 가중처벌 대상으로 하면서 법정형의 하한을 과도하게 높게 책정하여 책임과 형벌 사이의 비례원칙에 반하여 위헌이라는 것이다.

원심이 피고인에 대하여 적용한 도로교통법 제148조의2 제1항 중 제44조 제1항을 2회 이상 위반한 사람에 관한 부분은, 위 헌법재판소 결정의 심판대상이 되지는 않았지만 앞서 본 이 사건 위헌 법률 조항에 대한 위헌결정 이유와 같은 이유에서 책임과 형벌 사이의 비례원칙에 어긋날 수 있다. 따라서 원심으로서는 도로교통법 제148조의2 제1항 중 제44조 제1항을 2회 이상 위반한 사람에 관한 부분의 위헌 여부 또는 그 적용에 따른 위헌적 결과를 피하기 위한 공소장 변경절차 등의 필요 유무 등에 관하여 심리·판단하였어야 한다. 그럼에도 원심은 이를 살펴보지 아니한 채 2차 음주운전 부분을 유죄로 인정함으로써 판결에 영향을 미친 잘못이 있다.

3. 결론

그러므로 원심판결을 파기하고, 사건을 다시 심리·판단하도록 원심법원에 환송하기로 하여, 관여 대법관의 일치된 의견으로 주문과 같이 판결한다.

판례5 | 도로 외의 곳에서의 음주운전·음주측정거부 등에 대해서 운전면허의 취소·정지 처분을 부과할 수 있는지 여부(소극)[대법원 2021. 12. 10. 선고 2018두42771 판결]

【판결요지】

구 도로교통법(2010. 7. 23. 법률 제10382호로 개정되기 전의 것) 제2조 제24호는

"운전이라 함은 도로에서 차마를 그 본래의 사용방법에 따라 사용하는 것(조종을 포함한다)을 말한다."라고 규정하여 도로교통법상 '운전'에는 도로 외의 곳에서 한 운전은 포함되지 않는 것으로 보았다. 위 규정은 2010. 7. 23. 법률 제10382호로 개정되면서 "운전이라 함은 도로(제44조, 제45조, 제54조 제1항, 제148조 및 제148조의2에 한하여 도로 외의 곳을 포함한다)에서 차마를 그 본래의 사용방법에 따라 사용하는 것(조종을 포함한다)을 말한다."라고 규정하여, 음주운전에 관한 금지규정인 같은 법 제44조 및 음주운전·음주측정거부 등에 관한 형사처벌 규정인 같은 법 제148조의2의 '운전'에는 도로 외의 곳에서 한 운전도 포함되게 되었다. 이후 2011. 6. 8. 법률 제10790호로 개정되어 조문의 위치가 제2조 제26호로 바뀌면서 "운전이란 도로(제44조, 제45조, 제54조 제1항, 제148조 및 제148조의2의 경우에는 도로 외의 곳을 포함한다)에서 차마를 그 본래의 사용방법에 따라 사용하는 것(조종을 포함한다)을 말한다."라고 그 표현이 다듬어졌다.

위 괄호의 예외 규정에는 음주운전·음주측정거부 등에 관한 형사처벌 규정인 도로교통법 제148조의2가 포함되어 있으나, 행정제재처분인 운전면허 취소·정지의 근거 규정인 도로교통법 제93조는 포함되어 있지 않기 때문에 도로 외의 곳에서의 음주운전·음주측정거부 등에 대해서는 형사처벌만 가능하고 운전면허의 취소·정지 처분은 부과할 수 없다.

【원심판결】

대구고법 2018. 4. 6. 선고 2017누7666 판결

【주문】

상고를 기각한다. 상고비용은 피고가 부담한다.

【이유】

상고이유를 판단한다.

구 도로교통법(2010. 7. 23. 법률 제10382호로 개정되기 전의 것) 제2조 제24호는 "운전이라 함은 도로에서 차마를 그 본래의 사용방법에 따라 사용하는 것(조종을 포함한다)을 말한다."라고 규정하여 도로교통법상 '운전'에는 도로 외의 곳에서 한 운전은 포함되지 않는 것으로 보았다. 위 규정은 2010. 7. 23. 법률 제10382호로 개정되면서 "운전이라 함은 도로(제44조, 제45조, 제54조 제1항, 제148조 및 제148조의2에 한하여 도로 외의 곳을 포함한다)에서 차마를 그 본래의 사용방법에 따라 사용하는 것(조종을 포함한다)을 말한다."라고 규정하여, 음주운전에 관한 금지규정인 같은 법 제44조 및 음주운전·음주측정거부 등에 관한 형사처벌 규정인 같은 법 제148조의2의 '운전'에는 도로 외의 곳에서 한 운전도 포함되게 되었다. 이후 2011. 6. 8. 법률 제10790호로 개정되어 조문의 위치가 제2조 제26호로 바뀌면서 "운전이란 도로(제44조, 제45조, 제54조 제1항, 제148조 및 제148조의2의 경우에는 도로 외의 곳을 포함한다)에서 차마를 그 본래의 사용

방법에 따라 사용하는 것(조종을 포함한다)을 말한다."라고 그 표현이 다듬어졌다.

위 괄호의 예외 규정에는 음주운전·음주측정거부 등에 관한 형사처벌 규정인 도로교통법 제148조의2가 포함되어 있으나, 행정제재처분인 운전면허 취소·정지의 근거 규정인 도로교통법 제93조는 포함되어 있지 않기 때문에 도로 외의 곳에서의 음주운전·음주측정거부 등에 대해서는 형사처벌만 가능하고 운전면허의 취소·정지 처분은 부과할 수 없다 (대법원 2013. 10. 11. 선고 2013두9359 판결의 취지 참조).

원심은, 원고가 정당한 사유 없이 음주측정 요구에 응하지 아니하였다는 이유로 이루어진 이 사건 운전면허 취소 처분은, 원고가 승용차를 운전한 장소가 아파트 단지 내로서 도로교통법상의 도로에 해당하지 않으므로 그 처분사유가 존재하지 않아 위법하다고 판단하였다.

원심판결 이유를 앞서 본 법리에 비추어 살펴보면, 위와 같은 원심판단에 상고이유 주장과 같이 논리와 경험의 법칙을 위반하여 자유심증주의의 한계를 벗어나거나 도로교통법상의 도로 등에 관한 법리오해의 잘못이 없다.

그러므로 상고를 기각하고 상고비용은 패소자가 부담하기로 하여, 관여 대법관의 일치된 의견으로 주문과 같이 판결한다.

판례6 | 자동차를 운전하는 피고인이 음주 상태에서 귀가하기 위해 대리운전기사를 호출하였는데, 대리운전기사가 도로를 출발하여 잠시 운전하는 도중에 목적지까지의 경로에 대하여 피고인과 이견이 생겨 갑자기 차를 정차한 후 그대로 하차·이탈하자, 위 도로의 약 3m 구간에서 자동차를 운전하여 도로교통법위반(음주운전)으로 기소된 경우[서울중앙지법 2020. 3. 23., 선고, 2019고정2908, 판결 : 확정]

【판결요지】

자동차를 운전하는 피고인이 음주 상태에서 귀가하기 위해 대리운전기사를 호출하였는데, 대리운전기사가 도로를 출발하여 잠시 운전하는 도중에 목적지까지의 경로에 대하여 피고인과 이견이 생겨 갑자기 차를 정차한 후 그대로 하차·이탈하자, 혈중알코올농도 0.097%의 술에 취한 상태로 위 도로의 약 3m 구간에서 자동차를 운전하여 도로교통법위반(음주운전)으로 기소된 사안이다.

대리운전기사가 차를 정차한 위치는 양방향 교차 통행을 할 수 없는 좁은 폭의 1차로이자 대로로 이어지는 길목이어서, 정차가 계속될 경우 피고인의 차량 뒤쪽에서 대로로 나아가려는 차량과 피고인의 차량 앞쪽으로 대로에서 들어오려는 차량 모두 진로가 막히게 되어, 결국 피고인의 차량은 앞뒤 양쪽에서 교통을 방해하는 상황에 놓이게 되는 점, 실제로 대리운전기사가 하차·이탈한 직후 피고인의 차량 뒤쪽에서 대로로 나아가려는 승용차의 진로가 막히게 되자, 피고인은 조수석에서 하차하여 위 승용차 운전자에게 양해를 구하면서 다른 대리운전 호출을 시도한 것으로 보이고, 얼마 후 피고인의 차량 앞쪽으로 대로에서 들어오려는 택시까지 나타나자 비로소 피고인은 진로 공간을 확보해 주기 위하여 운전을 한 점 등 여러 사정을 종합하면, 피고인은 교통 방해와 사고 위험을 줄이기 위하여 도로의 우측 가장자리로 약 3m가량 차를 이동시켰을 뿐 더 이상 차를 운전할 의사는 없었던 것으로 보이고, 당시 피고인의 혈중알코올농도, 차량을 이동한 거리, 도로의 형상 및 다른 차량의 통행상황 등에 비추어 피고인의 행위로 인하여 타인의 생명과 안전에 발생하는 위험은 그다지 크지 않은 것으로 평가되는 반면, 이로 인하여 확보되는 법익이 침해되는 이익보다 우월한 것으로 평가할 수 있으므로, 피고인이 위와 같이 운전한 행위는 자기 또는 타인의 법익에 대한 현재의 위난을 피하기 위한 행위로서 상당한 이유가 있어 형법 제22조 제1항의 긴급피난에 해당한다는 이유로 무죄를 선고한 사례이다.

【주문】

피고인은 무죄.

피고인에 대한 판결의 요지를 공시한다.

【이유】

1. 이 사건 공소사실의 요지

피고인은 2019. 11. 9. 23:02경 혈중알코올농도 0.097%의 술에 취한 상태로 서울 (주소 생략) 앞 노상 약 3m 구간에서 (차량번호 생략) 포르테 승용차를 운전하였다.

2. 피고인 및 변호인의 주장

피고인의 음주운전은 형법 제22조 제1항의 긴급피난에 해당하여 위법성이 조각되어 범죄가 되지 아니한다.

3. 판단

가. 형법 제22조 제1항의 긴급피난이란 자기 또는 타인의 법익에 대한 현재의 위난을 피하기 위한 상당한 이유 있는 행위를 말하고, 여기서 '상당한 이유 있는 행위'에 해당하려면, 첫째 피난행위는 위난에 처한 법익을 보호하기 위한 유일한 수단이어야 하고, 둘째 피해자에게 가장 경미한 손해를 주는 방법을 택하여야 하며, 셋째 피난행위에 의하여 보전되는 이익은 이로 인하여 침해되는 이익보다 우월해야 하고, 넷째 피난행위는 그 자체가 사회윤리나 법질서 전체의 정신에 비추어 적합한 수단일 것을 요하는 등의 요건을 갖추어야 한다(대법원 2006. 4. 13. 선고 2005도9396 판결 등 참조).

나. 위 법리에 비추어 이 사건에 관하여 살피건대, 이 법원에서 채택하여 조사한 증거들에 의하여 인정되는 사실들 혹은 사정들을 종합하여 보면, 피고인은 교통 방해

와 사고 위험을 줄이기 위하여 1차로(이하 '이 사건 도로'라 한다)의 우측 가장자리로 약 3m가량 차를 이동시켰을 뿐 더 이상 차를 운전할 의사는 없었던 것으로 보이고, 당시 피고인의 혈중알코올농도, 차량을 이동한 거리, 이 사건 도로의 형상 및 타 차량 통행상황 등에 비추어 보면, 피고인의 행위로 인하여 타인의 생명과 안전에 대하여 발생하는 위험은 그다지 크지 않았던 것으로 평가되는 반면, 피고인의 행위로 인하여 확보되는 법익이 위 침해되는 이익보다는 우월하였던 것으로 평가할 수 있다.

따라서 피고인이 이 사건 공소사실 기재와 같이 운전한 행위는 자기 또는 타인의 법익에 대한 현재의 위난을 피하기 위한 행위로서 상당한 이유가 있다고 할 것이어서 형법 제22조 제1항의 긴급피난에 해당한다.

1) 피고인은 음주 상태에서 귀가하기 위하여 평소에 자주 이용하던 대리운전 모바일 애플리케이션을 통해 대리운전기사를 호출하였는데, 위 대리운전기사는 이 사건 도로를 출발하여 잠시 운전하는 도중에 목적지까지의 경로에 대하여 피고인과 이견이 생기자, 갑자기 차를 정차한 후 그대로 하차·이탈하였다.

2) 위 정차 위치는 양방향 교차 통행을 할 수 없는 좁은 폭의 1차로이자 동작대로로 이어지는 길목이어서, 정차가 계속될 경우 피고인의 차량 뒤쪽에서 동작대로로 나아가려는 차량과 피고인의 차량 앞쪽으로 동작대로에서 들어오려는 차량 모두 진로가 막히게 되어, 결국 피고인의 차량은 앞뒤 양쪽에서 교통을 방해하는 상황에 놓이게 된다.

3) 실제로 대리운전기사가 하차·이탈한 직후에 피고인의 차량 뒤쪽에서 동작대로로 나아가려는 승용차의 진로가 막히게 되자, 피고인은 조수석에서 하차하여 위 승용차 운전자에게 양해를 구하면서 다른 대리운전 호출을 시도한 것으로 보이고, 얼마 후 피고인의 차량 앞쪽으로 동작대로에서 들어오려는 택시까지 나타나자 비로소 피고인은 진로 공간을 확보해 주기 위하여 운전을 하였다.

4) 피고인은 대리운전기사가 정차시킨 지점에서 우측 앞으로 약 3m 정도 운전하여 이 사건 도로의 가장자리 끝 지점에 차를 정차시킴으로써 차량 1대가 통행할 수 있는 공간을 만들었고, 이에 따라 위 택시가 먼저 이 사건 도로로 들어갔고 이어서 위 승용차가 동작대로로 나아갈 수 있었다.

5) 피고인은 차를 정차시킨 후 곧바로 하차하여 위 택시와 위 승용차의 통행을 돕다가, 인근에서 몰래 피고인의 운전을 관찰하던 대리운전기사의 신고를 받고 출동한 경찰관에 의하여 음주운전으로 단속되었다.

6) 당시 피고인에게는 운전을 부탁할 만한 지인이나 일행은 없었고, 위 승용차와 위 택시의 운전자 또는 주변 행인에게 운전을 부탁하는 것은 현실적으로 어려

움이 있었을 것으로 판단된다. 또한 다른 대리운전기사를 호출하여 도착할 때까지 기다리기에는 당면한 교통 방해 및 사고 발생 위험이 급박할 수 있었던 상황이었다.

　　7) 한편 대리운전기사가 하차·이탈하거나 경찰신고를 하는 과정에서 피고인이 대리운전기사에게 공격적인 언행을 한 사정은 엿보이지 아니한다.

4. 결론

그렇다면 이 사건 공소사실은 범죄로 되지 아니하는 경우에 해당하므로 형사소송법 제325조 전단에 의하여 피고인에게 무죄를 선고하고, 형법 제58조 제2항에 의하여 피고인에 대한 판결의 요지를 공시하기로 하여, 주문과 같이 판결한다.

> **판례7** | 음주운전으로 인한 운전면허취소처분의 재량권 일탈·남용 여부를 판단할 때, 운전면허의 취소로 입게 될 당사자의 불이익보다 음주운전으로 인한 교통사고를 방지하여야 하는 일반예방적 측면이 더 강조되어야 하는지 여부 (적극)[대법원 2019. 1. 17. 선고 2017두 59949 판결]

【판결요지】

자동차가 대중적인 교통수단이고 그에 따라 자동차운전면허가 대량으로 발급되어 교통 상황이 날로 혼잡해짐에 따라 교통법규를 엄격히 지켜야 할 필요성은 더욱 커지는 점, 음주운전으로 인한 교통사고 역시 빈번하고 그 결과가 참혹한 경우가 많아 대다수의 선량한 운전자 및 보행자를 보호하기 위하여 음주운전을 엄격하게 단속하여야 할 필요가 절실한 점 등에 비추어 보면, 음주운전으로 인한 교통사고를 방지할 공익상의 필요는 더욱 중시되어야 하고 운전면허의 취소는 일반의 수익적 행정행위의 취소와는 달리 그 취소로 인하여 입게 될 당사자의 불이익보다는 이를 방지하여야 하는 일반예방적 측면이 더욱 강조되어야 한다.

【원심판결】

서울고법 2017. 8. 30. 선고 (춘천)2016누1009 판결

【주문】

원심판결을 파기하고, 사건을 서울고등법원에 환송한다.

【이유】

상고이유를 판단한다.

1. 원심은 제1심판결 이유를 인용하여, 원고가 2016. 1. 15. 03:49경 혈중알코올농도

0.129%의 술에 취한 상태에서 운전한 사실을 인정한 다음 아래와 같은 사정을 들어 운전면허취소로 달성하려는 공익에 비해 원고가 입게 되는 불이익이 더 크므로, 이 사건 운전면허취소처분에는 재량권의 범위를 일탈하거나 남용한 위법이 있다는 이유로 그 취소를 구하는 원고의 청구를 인용하였다.

가. 원고는 2016. 1. 14. 22:00경까지 술을 마신 후 그로부터 약 5시간 이상이 지난 다음 날 03:49경 운전을 하다가 적발되었다.

나. 원고는 제1종 보통면허와 제1종 대형면허를 취득한 이후 이 사건 음주운전으로 단속되기 전에는 음주운전을 한 전력이 없고, 당시 운전한 거리도 그리 길지 않았다.

다. 원고는 ○○○○○교육지원청 지방운전주사보로 근무하다가 이 사건 운전면허취소처분으로 인하여 2016. 3. 22. 직권면직처분을 받았는데, 그동안 2회의 모범공무원 표창을 받는 등으로 성실하게 공무원 생활을 하면서 가족들을 부양한 원고에게 지나치게 가혹한 결과로 보인다.

2. 그러나 원심 판단은 다음과 같은 이유로 납득하기 어렵다.

가. 자동차가 대중적인 교통수단이고 그에 따라 자동차운전면허가 대량으로 발급되어 교통상황이 날로 혼잡해짐에 따라 교통법규를 엄격히 지켜야 할 필요성은 더욱 커지는 점, 음주운전으로 인한 교통사고 역시 빈번하고 그 결과가 참혹한 경우가 많아 대다수의 선량한 운전자 및 보행자를 보호하기 위하여 음주운전을 엄격하게 단속하여야 할 필요가 절실한 점 등에 비추어 보면, 음주운전으로 인한 교통사고를 방지할 공익상의 필요는 더욱 중시되어야 하고 운전면허의 취소는 일반의 수익적 행정행위의 취소와는 달리 그 취소로 인하여 입게 될 당사자의 불이익보다는 이를 방지하여야 하는 일반예방적 측면이 더욱 강조되어야 한다(대법원 1999. 12. 10. 선고 99두9681 판결, 대법원 2018. 2. 28. 선고 2017두67476 판결 등 참조).

나. 같은 취지에서 대법원은 음주운전으로 인하여 자동차운전면허를 취소한 행정처분에 재량권의 일탈·남용이 있어 위법하다고 본 하급심 재판에 대하여 엄격한 태도를 취하여 왔다. 즉 ① 새벽까지 술을 마신 후 약 5시간 수면을 취하여 음주운전이라고 생각하지 못한 채 승용차를 8㎞ 정도 운전하다 정차하여 졸음에 빠져 교통방해를 야기한 운전자에 대한 운전면허취소를 정당하다고 판단하였고(위 대법원 99두9681 판결 참조), ② 운전이 생계수단이거나, 직장에서 담당하는 업무의 성격상 또는 암 투병을 하는 배우자의 통원치료를 위하여 자동차 운전이 필요하다거나, 음주운전자에게 음주운전 전력이 없다거나, 가족의 생계를 책임져야 한다는 등의 사유가 있다 하더라도 운전면허를 취소한 행정처분에 위법이 없다고 판단하였으며(위 대법원 99두9681 판결, 대법원 2006. 2. 9. 선고 2005두13087 판결, 대법원 2007. 12. 27. 선고 2007두17021 판결 등 참조), ③ 음주운전 거리가

약 1, 2m에 불과한 사안에서도 실제 교통사고가 발생한 경우에는 운전면허취소를 정당하다고 보았고(대법원 2007. 3. 29. 선고 2006두20327 판결, 대법원 2007. 7. 26. 선고 2007두9174 판결 등 참조), ④ 지방운전주사보로 임용되어 약 21년 간 성실하게 근무하였고 자동차운전면허가 취소되는 경우 직장에서 파면 혹은 해임이 될 가능성이 큰 사정만으로는 운전면허취소처분을 취소할 만한 위법이 있다고 보기 어려우며(위 대법원 2017두67476 판결 참조), ⑤ 혈중알코올농도 0.141%로 운전한 사람에 대한 운전면허취소 사안에서 위와 같은 정도의 혈중알코올농도에서 대법원이 운전면허취소를 면하게 한 전례가 보이지 않는다고 설시한 것(대법원 2007. 4. 12. 선고 2007두320 판결 참조)이 그것이다.

다. 기록에 의하면, 원고가 음주한 시점으로부터 약 5시간 이상 경과한 때에 측정된 혈중알코올농도가 0.129%로서 도로교통법 시행규칙상 취소처분 개별기준을 훨씬 초과하는 점, 원고가 음주운전을 하다가 교통사고를 일으킬 뻔하여 상대방 운전자와 실랑이를 벌이다 신고를 받고 출동한 경찰이 원고에 대하여 음주측정을 한 점을 알 수 있다. 이러한 사정을 앞서 본 법리에 비추어 보면, 원심이 들고 있는 위 사정만으로 이 사건 운전면허취소처분이 재량권의 한계를 일탈하거나 남용한 위법한 처분이라고 할 수 없다.

라. 그런데도 원심은 판시와 같은 이유만으로 이 사건 운전면허취소처분이 재량권의 한계를 일탈하거나 남용하여 위법하다고 판단하고 말았다. 거기에는 재량권 일탈·남용에 관한 법리를 오해하여 판결에 영향을 미친 잘못이 있다. 이 점을 지적하는 상고이유 주장은 정당하다.

3. 그러므로 원심판결을 파기하고 사건을 다시 심리·판단하게 하기 위하여 원심법원에 환송하기로 하여, 관여 대법관의 일치된 의견으로 주문과 같이 판결한다.

판례8 | 도로교통법 제148조의2 제1항 제1호에서 '제44조 제1항을 2회 이상 위반한 사람'의 의미(=2회 이상 음주운전 금지규정을 위반하여 음주운전을 하였던 사실이 인정되는 사람)*[대법원 2018. 12. 27. 선고 2018도6870 판결]*

【원심판결】

의정부지법 2018. 4. 19. 선고 2017노2920 판결

【주문】

원심판결을 파기하고, 사건을 의정부지방법원 본원 합의부에 환송한다.

【이유】

상고이유를 판단한다.

1. 도로교통법(이하 '법'이라 한다) 제44조 제1항은 술에 취한 상태에서 자동차 등의 운전을 금지하고, 법 제148조의2 제1항 제1호(이하 '이 사건 조항'이라 한다)는 '제44조 제1항을 2회 이상 위반한 사람'으로서 다시 같은 조 제1항을 위반하여 술에 취한 상태에서 자동차 등을 운전한 사람을 1년 이상 3년 이하의 징역이나 500만 원 이상 1천만 원 이하의 벌금에 처한다고 정하고 있다.

이 사건 조항은 행위주체를 단순히 2회 이상 음주운전 금지규정을 위반한 사람으로 정하고 있고, 이러한 음주운전 금지규정 위반으로 형을 선고받거나 유죄의 확정판결을 받은 경우 등으로 한정하고 있지 않다. 이것은 음주운전 금지규정을 반복적으로 위반하는 사람의 반규범적 속성, 즉 교통법규에 대한 준법정신이나 안전의식의 현저한 부족 등을 양형에 반영하여 반복된 음주운전에 대한 처벌을 강화하고, 음주운전으로 발생할 국민의 생명·신체에 대한 위험을 예방하며 교통질서를 확립하기 위한 것으로 볼 수 있다.

위와 같은 이 사건 조항의 문언 내용과 입법 취지 등을 종합하면, 이 사건 조항 중 '제44조 제1항을 2회 이상 위반한 사람'은 문언 그대로 2회 이상 음주운전 금지규정을 위반하여 음주운전을 하였던 사실이 인정되는 사람으로 해석해야 하고, 그에 대한 형의 선고나 유죄의 확정판결 등이 있어야만 하는 것은 아니다.

이 사건 조항을 적용할 때 위와 같은 음주운전 금지규정 위반자의 위반전력 유무와 그 횟수는 법원이 관련 증거를 토대로 자유심증에 따라 심리·판단해야 한다. 다만 이는 공소가 제기된 범죄의 구성요건을 이루는 사실이므로, 그 증명책임은 검사에게 있다(대법원 2018. 11. 15. 선고 2018도11378 판결 참조).

2. 이 부분 공소사실의 요지는 다음과 같다.

가. 피고인은 2006. 9. 28. 의정부지방검찰청에서 도로교통법 위반(음주운전)죄로 소년보호사건 송치처분을 받고, 2009. 11. 11. 서울북부지방법원에서 같은 죄로 벌금 100만 원의 약식명령을 받았다.

나. 피고인은 2016. 10. 9. 03:15경 서울 강북구 미아동 미아사거리 인근 도로에서부터 서울 성북구 정릉로 321 앞 도로에 이르기까지 약 3km 구간에서 혈중알코올농도 0.134%의 술에 취한 상태로 (차량 번호 생략) 스포티지 승용차를 운전하였다.

다. 이로써 피고인은 음주운전 금지규정을 2회 이상 위반한 사람으로서 다시 위 규정을 위반하여 술에 취한 상태에서 자동차를 운전하였다.

3. 기록에 의하면, 피고인은 2006. 9. 28. 의정부지방검찰청에서 도로교통법 위반(음주운전)으로 소년보호사건 송치처분을 받아 의정부지방법원으로부터 보호처분인 보호관찰 결정을 받은 사실을 알 수 있다.

위와 같은 사실관계를 앞에서 본 법리에 비추어 보면, 피고인의 위 보호처분을 받은 전력도 음주운전을 한 사실 자체가 인정되는 경우에는 음주운전 금지규정을 위반한 전력에 포함되므로, 특별한 사정이 없는 한 피고인이 이 부분 공소사실 기재 음주운전 행위 당시 이미 음주운전 금지규정을 2회 위반하였다고 볼 수 있어, 이 부분 공소사실 기재 음주운전 행위에 대하여는 이 사건 조항을 적용하여야 한다.

4. 원심은 이와 달리 음주운전으로 단속되어 소년보호사건 송치처분을 받았다는 사실만으로는 이 사건 조항에서 말하는 음주운전 금지규정을 위반한 전력에 포함되지 않는다고 판단한 후 위 소년보호사건 송치처분을 제외하면, 이 부분 공소사실에 대하여 이 사건 조항을 적용할 수 없게 되므로 결국 범죄의 증명이 없다고 보아 이를 유죄로 인정한 제1심판결을 파기하고 이유에서 무죄로 판단하였다.

원심의 이러한 판단에는 이 사건 조항에 관한 법리를 오해하여 판결에 영향을 미친 잘못이 있다. 이를 지적하는 검사의 상고이유 주장은 정당하다.

5. 파기의 범위

원심판결 중 이유에서 무죄로 판단한 이 사건 조항에 관한 도로교통법 위반(음주운전) 부분은 파기되어야 한다. 이 부분 공소사실과 유죄로 인정된 공소사실은 일죄 또는 형법 제37조 전단의 경합범 관계에 있으므로, 원심판결 전부를 파기하여야 한다.

6. 결론

그러므로 원심판결을 파기하고, 사건을 다시 심리·판단하도록 원심법원에 환송하기로 하여, 관여 대법관의 일치된 의견으로 주문과 같이 판결한다.

판례9 | 음주운전 금지규정 위반자의 위반전력 유무와 그 횟수를 심리·판단하는 방법 및 그에 대한 증명책임 소재(=검사)[대법원 2018. 11. 15. 선고 2018도11378 판결]

【판결요지】

도로교통법(이하 '법'이라 한다) 제44조 제1항은 술에 취한 상태에서 자동차 등의 운전을 금지하고, 법 제148조의2 제1항 제1호는 '제44조 제1항을 2회 이상 위반한 사람'으로서 다시 같은 조 제1항을 위반하여 술에 취한 상태에서 자동차 등을 운전한 사람을 1년 이상 3년 이하의 징역이나 500만 원 이상 1천만 원 이하의 벌금에 처한다고 정하고 있다.

법 제148조의2 제1항 제1호는 행위주체를 단순히 2회 이상 음주운전 금지규정을 위반한 사람으로 정하고 있고, 이러한 음주운전 금지규정 위반으로 형을 선고받거나 유죄의 확정판결을 받은 경우 등으로 한정하고 있지 않다. 이것은 음주운전 금지규정을 반복적으로 위반하는 사람의 반규범적 속성, 즉 교통법규에 대한 준법정신이나 안전의식의 현저한 부족 등을 양형에 반영하여 반복된 음주운전에 대한 처벌을 강화하고, 음주운전으로 발생할 국민의 생명·신체에 대한 위험을 예방하며 교통질서를 확립하기 위한 것으로 볼 수 있다.

위와 같은 법 제148조의2 제1항 제1호의 문언 내용과 입법 취지 등을 종합하면, 위 조항 중 '제44조 제1항을 2회 이상 위반한 사람'은 문언 그대로 2회 이상 음주운전 금지규정을 위반하여 음주운전을 하였던 사실이 인정되는 사람으로 해석해야 하고, 그에 대한 형의 선고나 유죄의 확정판결 등이 있어야만 하는 것은 아니다.

법 제148조의2 제1항 제1호를 적용할 때 위와 같은 음주운전 금지규정 위반자의 위반 전력 유무와 그 횟수는 법원이 관련 증거를 토대로 자유심증에 따라 심리·판단해야 한다. 다만 이는 공소가 제기된 범죄의 구성요건을 이루는 사실이므로, 그 증명책임은 검사에게 있다.

【원심판결】

제주지법 2018. 6. 28. 선고 2018노159 판결

【주문】

원심판결 중 유죄 부분과 2017. 2. 27. 도로교통법 위반(음주운전) 무죄 부분을 파기하고, 이 부분 사건을 제주지방법원에 환송한다. 나머지 상고를 기각한다.

【이유】

상고이유를 판단한다.

1. 성폭력범죄의 처벌 등에 관한 특례법 위반(카메라 등 이용촬영)

원심은 이 사건 공소사실 중 성폭력범죄의 처벌 등에 관한 특례법 위반(카메라 등 이용촬영) 부분에 대하여 범죄의 증명이 없다고 보아 이를 유죄로 인정한 제1심판결을 파기하고 무죄를 선고하였다. 원심판결 이유를 관련 법리와 기록에 비추어 살펴보면, 원심의 판단에 상고이유 주장과 같이 필요한 심리를 다하지 않은 채 논리와 경험의 법칙에 반하여 자유심증주의의 한계를 벗어나거나 영장 발부 사유로 된 범죄 혐의사실과 무관한 별개의 증거를 압수한 경우 이를 유죄 인정의 증거로 사용하기 위한 요건이나 그 증거를 다시 임의제출 받는 경우 제출의 임의성에 관한 증명책임과 증명의 정도 등에 관한 법리를 오해한 잘못이 없다.

2. 2017. 2. 27.자 도로교통법 위반(음주운전)

가. 도로교통법(이하 '법'이라 한다) 제44조 제1항은 술에 취한 상태에서 자동차 등의 운전을 금지하고, 법 제148조의2 제1항 제1호(이하 '이 사건 조항'이라 한다)는 '제44조 제1항을 2회 이상 위반한 사람'으로서 다시 같은 조 제1항을 위반하여 술에 취한 상태에서 자동차 등을 운전한 사람을 1년 이상 3년 이하의 징역이나

500만 원 이상 1천만 원 이하의 벌금에 처한다고 정하고 있다.

이 사건 조항은 행위주체를 단순히 2회 이상 음주운전 금지규정을 위반한 사람으로 정하고 있고, 이러한 음주운전 금지규정 위반으로 형을 선고받거나 유죄의 확정판결을 받은 경우 등으로 한정하고 있지 않다. 이것은 음주운전 금지규정을 반복적으로 위반하는 사람의 반규범적 속성, 즉 교통법규에 대한 준법정신이나 안전의식의 현저한 부족 등을 양형에 반영하여 반복된 음주운전에 대한 처벌을 강화하고, 음주운전으로 발생할 국민의 생명·신체에 대한 위험을 예방하며 교통질서를 확립하기 위한 것으로 볼 수 있다.

위와 같은 이 사건 조항의 문언 내용과 입법 취지 등을 종합하면, 이 사건 조항 중 '제44조 제1항을 2회 이상 위반한 사람'은 문언 그대로 2회 이상 음주운전 금지규정을 위반하여 음주운전을 하였던 사실이 인정되는 사람으로 해석해야 하고, 그에 대한 형의 선고나 유죄의 확정판결 등이 있어야만 하는 것은 아니다.

이 사건 조항을 적용할 때 위와 같은 음주운전 금지규정 위반자의 위반전력 유무와 그 횟수는 법원이 관련 증거를 토대로 자유심증에 따라 심리·판단해야 한다. 다만 이는 공소가 제기된 범죄의 구성요건을 이루는 사실이므로, 그 증명책임은 검사에게 있다.

나. 이 부분 공소사실의 요지는 다음과 같다. 피고인은 2008. 3. 12. 제주지방법원에서 도로교통법 위반(음주운전)죄로 벌금 150만 원의 약식명령을 받았고, 2017. 2. 2. 23:30경 혈중알코올농도 0.125%로 술에 취한 상태로 차량을 운전하였다는 이유로 도로교통법 위반(음주운전)으로 단속되었다. 피고인은 2017. 2. 27. 02:10경 제주시 한경면 저지리에 있는 상호를 알 수 없는 통닭집 앞부터 같은 시 용금로 562에 있는 저지치안센터 앞 도로까지 약 1㎞ 구간에서 혈중알코올농도 0.177%의 술에 취한 상태에서 승용차를 운전하였다.

다. 기록에 따르면, 피고인은 이미 약식명령이 확정된 도로교통법 위반(음주운전) 전력 1회 외에도, 이 부분 공소사실 기재 음주운전 행위 이전인 2017. 2. 2.자 음주운전 행위에 대하여 동시에 기소가 이루어져 함께 재판을 받게 된 사실을 알 수 있다.

위와 같은 사실관계를 위에서 본 법리에 비추어 보면, 비록 피고인의 2017. 2. 2. 자 음주운전 행위에 대한 유죄판결이 선고되거나 확정되기 이전이더라도, 피고인이 이 부분 공소사실 기재 음주운전 행위 당시 이미 음주운전 금지규정을 2회 위반한 사실이 인정되는 이상, 이 부분 공소사실 기재 음주운전 행위에 대하여는 이 사건 조항을 적용하여야 한다.

라. 원심은 이와 달리 이 사건 조항의 '제44조 제1항을 2회 이상 위반한 사람'을 제44조 제1항을 2회 이상 위반하여 유죄판결이 확정된 경우를 의미한다고 판단하였다. 이에 따라 원심은 원심판결 당시 유죄판결이 확정되지 않은 피고인의 2017.

2. 2.자 음주운전 행위를 제외하면, 이 부분 공소사실에 대해 이 사건 조항을 적용할 수 없어, 이 사건 조항을 적용한 이 부분 공소사실은 범죄의 증명이 없다고 보아 이를 유죄로 인정한 제1심판결을 직권으로 파기하고 이유에서 무죄로 판단하였다.

원심의 이러한 판단에는 이 사건 조항에 관한 법리를 오해하여 판결에 영향을 미친 잘못이 있다. 이를 지적하는 검사의 상고이유 주장은 정당하다.

3. 파기의 범위

원심판결 중 이유에서 무죄로 판단한 2017. 2. 27. 도로교통법 위반(음주운전) 부분은 파기되어야 한다. 이 부분 공소사실과 유죄로 인정된 공소사실은 일죄 또는 형법 제37조 전단의 경합범 관계에 있으므로, 원심판결 중 유죄 부분 전부(이유에서 무죄로 판단한 부분 포함)를 파기하여야 한다.

4. 결론

원심판결 중 유죄 부분과 2017. 2. 27. 도로교통법 위반(음주운전) 무죄 부분을 파기하고, 이 부분 사건을 다시 심리·판단하도록 원심법원에 환송하기로 하며, 나머지 상고를 기각하기로 하여, 대법관의 일치된 의견으로 주문과 같이 판결한다.

> **판례10 |** 운전면허를 받은 사람이 음주운전을 한 경우, 운전면허의 취소 여부가 행정청의 재량행위인지 여부(적극) 및 운전면허 취소에서 강조되어야 할 측면[대법원 2018. 2. 28. 선고 2017두67476 판결]

【판결요지】

[1] 운전면허를 받은 사람이 음주운전을 한 경우에 운전면허의 취소 여부는 행정청의 재량행위이나, 음주운전으로 인한 교통사고의 증가와 그 결과의 참혹성 등에 비추어 보면 음주운전으로 인한 교통사고를 방지할 공익상의 필요는 더욱 중시되어야 하고, 운전면허의 취소에서는 일반의 수익적 행정행위의 취소와는 달리 취소로 인하여 입게 될 당사자의 불이익보다는 이를 방지하여야 하는 일반예방적 측면이 더욱 강조되어야 한다.

[2] 갑이 혈중알코올농도 0.140%의 주취상태로 배기량 125cc 이륜자동차를 운전하였다는 이유로 관할 지방경찰청장이 갑의 자동차운전면허[제1종 대형, 제1종 보통, 제1종 특수(대형견인·구난), 제2종 소형]를 취소하는 처분을 한 사안에서, 갑에 대하여 제1종 대형, 제1종 보통, 제1종 특수(대형견인·구난) 운전면허를 취소하지 않는다면, 갑이 각 운전면허로 배기량 125cc 이하 이륜자동차를 계속 운전할 수 있어 실질적으로는 아무런 불이익을 받지 않게 되는 점, 갑의 혈중알코올농도는 0.140%로서 도로교

통법령에서 정하고 있는 운전면허 취소처분 기준인 0.100%를 훨씬 초과하고 있고 갑에 대하여 특별히 감경해야 할 만한 사정을 찾아볼 수 없는 점, 갑이 음주상태에서 운전을 하지 않으면 안 되는 부득이한 사정이 있었다고 보이지 않는 점, 처분에 의하여 달성하려는 행정목적 등에 비추어 볼 때, 처분이 사회통념상 현저하게 타당성을 잃어 재량권을 남용하거나 한계를 일탈한 것이라고 단정하기에 충분하지 않음에도, 이와 달리 위 처분 중 제1종 대형, 제1종 보통, 제1종 특수(대형견인·구난) 운전면허를 취소한 부분에 재량권을 일탈·남용한 위법이 있다고 본 원심판단에 재량권 일탈·남용에 관한 법리 등을 오해한 위법이 있다고 한 사례.

【원심판결】

서울고법 2017. 9. 29. 선고 2017누41230 판결

【주문】

원심판결을 파기하고, 사건을 서울고등법원에 환송한다.

【이유】

상고이유를 판단한다.

1. 운전면허를 받은 사람이 음주운전을 한 경우에 그 운전면허의 취소 여부는 행정청의 재량행위라고 할 것이나, 음주운전으로 인한 교통사고의 증가와 그 결과의 참혹성 등에 비추어 보면 음주운전으로 인한 교통사고를 방지할 공익상의 필요는 더욱 중시되어야 하고, 운전면허의 취소에서는 일반의 수익적 행정행위의 취소와는 달리 그 취소로 인하여 입게 될 당사자의 불이익보다는 이를 방지하여야 하는 일반예방적 측면이 더욱 강조되어야 한다(대법원 2012. 5. 24. 선고 2012두1051 판결 등 참조).

2. 원심은, 원고가 2016. 9. 11. 12:30경 혈중알코올농도 0.140%의 주취상태로 배기량 125cc 이륜자동차를 운전한 사실, 피고가 2016. 10. 18. 위 음주운전을 이유로 원고의 자동차운전면허[제1종 대형, 제1종 보통, 제1종 특수(대형견인·구난), 제2종 소형]를 2016. 10. 27.자로 취소하는 처분(이하 '이 사건 처분'이라고 한다)을 한 사실을 인정한 다음, ① 원고가 지방운전주사보로 임용되어 약 21년간 성실하게 근무한 점, ② 원고의 자동차운전면허가 취소되는 경우 직장에서 파면 혹은 해임이 될 가능성이 큰 점, ③ 원고는 1982년부터 이 사건 사고일까지 별다른 사고나 교통위반 전력이 없는 점, ④ 운전이 원고 가족의 생계를 유지할 중요한 수단에 해당하는 점 등을 비롯하여 원심판시 사정들에 비추어 보면, 이 사건 처분 중 제2종 소형 운전면허를 제외한 제1종 대형, 제1종 보통, 제1종 특수(대형견인·구난) 운전면허를 취소한 부분은 재량권의 범위를 일탈·남용하여 위법하다고 판단하였다.

3. 그러나 원심의 이러한 판단을 앞서 본 법리에 비추어 보면, 다음과 같은 이유로 수긍하기 어렵다.

　　가. 원고에 대하여 제1종 대형, 제1종 보통, 제1종 특수(대형견인·구난) 운전면허를 취소하지 않는다면, 원고는 위 각 운전면허로 배기량 125cc 이하 이륜자동차를 계속 운전할 수 있어 실질적으로는 아무런 불이익을 받지 아니하게 된다.

　　나. 원고의 혈중알코올농도는 0.140%로서 도로교통법령에서 정하고 있는 운전면허 취소처분 기준인 0.100%를 훨씬 초과하고 있고, 원고에 대하여 특별히 감경해야 할 만한 사정을 찾아볼 수 없다.

　　다. 원고가 당시 음주상태에도 불구하고 운전을 하지 않으면 안 되는 부득이한 사정이 있었다고 보이지도 아니한다.

　　라. 이 사건 처분에 의하여 달성하려는 행정목적 등에 비추어 볼 때, 원심이 들고 있는 사정만으로는 이 사건 처분이 사회통념상 현저하게 타당성을 잃어 재량권을 남용하거나 그 한계를 일탈한 것이라고 단정하기에 충분하지 않다.

4. 그럼에도 원심은 이와 달리 판단하여 이 사건 처분 중 제1종 대형, 제1종 보통, 제1종 특수(대형견인·구난) 운전면허를 취소한 부분에 재량권을 일탈·남용한 위법이 있다고 인정하였으니, 원심의 판단에는 재량권 일탈·남용에 관한 법리 등을 오해하여 판결에 영향을 미친 위법이 있다.

5. 그러므로 원심판결을 파기하고, 사건을 다시 심리·판단하게 하기 위하여 원심법원에 환송하기로 하여, 관여 대법관의 일치된 의견으로 주문과 같이 판결한다.

판례11 | 주취 중 운전금지 규정을 상습적으로 위반한 자를 가중 처벌하는 도로교통법 제148조의2 제1항 제1호가 평등의 원칙이나 과잉금지원칙에 위배되어 위헌인지 여부(소극)*[대법원 2018. 2. 13. 선고 2017도21363 판결]*

【원심판결】

　춘천지법 2017. 11. 29. 선고 2017노398 판결

【주문】

　상고를 기각한다.

【이유】

　상고이유를 판단한다.

1. 도로교통법 제44조 제1항은 술에 취한 상태에서 자동차 등의 운전을 금지하고, 도로

교통법 제148조의2 제1항 제1호(이하 '이 사건 대상조항'이라 한다)는 2회 이상 주취 운전을 한 사람이 다시 술에 취한 상태에서 자동차 등을 운전한 경우 1년 이상 3년 이하의 징역이나 500만 원 이상 1천만 원 이하의 벌금에 처하도록 정하고 있다.

이 사건 대상조항은 주취 중 운전금지 규정을 상습적으로 위반한 자에 대하여 이를 가중 처벌함으로써 국민의 생명, 신체와 재산을 보호하고 도로교통과 관련된 안전을 확보하고자 하는 데 그 입법 목적이 있다. 이는 헌법 제37조 제2항이 정한 질서유지나 공공복리를 위한 것으로 정당성이 인정된다. 또한 주취 중 운전금지 규정을 3회 위반한 사람은 음주운전행위 사이의 간격이나 주취 정도와 관계없이 교통법규에 대한 준법정신이나 안전의식이 현저히 부족하다고 볼 수 있으므로, 위반 당시의 주취 정도의 경중을 고려하지 않고 3회 이상의 위반 횟수를 별도의 가중적 구성요건으로 하여 가중 처벌하는 것은 입법 목적 달성에 적절한 수단이라고 할 것이다. 이 사건 대상조항은 법정형을 1년 이상 3년 이하의 징역이나 500만 원 이상 1천만 원 이하의 벌금으로 폭넓게 정하여 음주운전이 반복된 횟수, 기간, 정도에 따라 법원이 그에 상응하는 처벌을 할 수 있도록 하고 있으므로 피해의 최소성 원칙에 반한다고 볼 수도 없다. 이 사건 대상조항은 음주운전으로 인하여 발생할 국민의 생명, 신체에 대한 위험을 예방하고 교통질서를 확립하려는 공익과 자동차 등을 운전하는 사람의 기본권이라는 사익 사이의 균형을 고려한 것으로 법익균형의 원칙에도 반하지 않는다. 이 사건 대상조항이 평등의 원칙이나 과잉금지원칙에 위배된다고 볼 수 없다. 따라서 이 사건 대상조항이 위헌이라는 상고이유 주장은 받아들일 수 없다.

2. 피고인의 상고는 이유없으므로 이를 기각하기로 하여, 대법관의 일치된 의견으로 주문과 같이 판결한다.

판례12 | 음주운전의 혐의가 있는 운전자에 대하여 도로교통법 제44조 제2항에 따른 호흡측정이 이루어진 경우, 운전자의 불복이 없는데도 다시 음주측정을 하는 것이 허용되는지 여부(원칙적 소극)[대법원 2017. 9. 21. 선고 2017도661 판결]

【판결요지】

[1] 음주운전에 대한 수사과정에서 음주운전의 혐의가 있는 운전자에 대하여 도로교통법 제44조 제2항에 따른 호흡측정이 이루어진 경우에는 그에 따라 과학적이고 중립적인 호흡측정 수치가 도출된 이상 다시 음주측정을 할 필요가 사라졌으므로 운전자의 불복이 없는 한 다시 음주측정을 하는 것은 원칙적으로 허용되지 아니한다. 또한 도로교통법 제44조 제2항, 제3항의 내용 등에 비추어 보면, 호흡측정 방식에 따라 혈중알코올농도를 측정한 경찰공무원에게 특별한 사정이 없는 한 혈액채취의 방법을 통하

여 혈중알코올농도를 다시 측정할 수 있다는 취지를 운전자에게 고지하여야 할 의무가 있다고 볼 수 없다.

[2] 위드마크 공식은 운전자가 음주한 상태에서 운전한 사실이 있는지에 대한 경험법칙에 의한 증거수집 방법에 불과하다. 따라서 경찰공무원에게 위드마크 공식의 존재 및 나아가 호흡측정에 의한 혈중알코올농도가 음주운전 처벌기준 수치에 미달하였더라도 위드마크 공식에 의한 역추산 방식에 의하여 운전 당시의 혈중알코올농도를 산출할 경우 그 결과가 음주운전 처벌기준 수치 이상이 될 가능성이 있다는 취지를 운전자에게 미리 고지하여야 할 의무가 있다고 보기도 어렵다.

【원심판결】

춘천지법 2016. 12. 22. 선고 2015노1148 판결

【주문】

원심판결을 파기하고, 사건을 춘천지방법원 본원 합의부에 환송한다.

【이유】

상고이유를 판단한다.

1. 가. 도로교통법 제44조 제2항은 "경찰공무원은 교통의 안전과 위험방지를 위하여 필요하다고 인정하거나 제1항을 위반하여 술에 취한 상태에서 자동차 등을 운전하였다고 인정할 만한 상당한 이유가 있는 경우에는 운전자가 술에 취하였는지를 호흡조사로 측정할 수 있다. 이 경우 운전자는 경찰공무원의 측정에 응하여야 한다."라고 규정하고 있다. 그리고 그 제3항은 "제2항에 따른 측정 결과에 불복하는 운전자에 대하여는 그 운전자의 동의를 받아 혈액 채취 등의 방법으로 다시 측정할 수 있다."라고 규정하고 있다

음주운전에 대한 수사과정에서 음주운전의 혐의가 있는 운전자에 대하여 도로교통법 제44조 제2항에 따른 호흡측정이 이루어진 경우에는 그에 따라 과학적이고 중립적인 호흡측정 수치가 도출된 이상 다시 음주측정을 할 필요가 사라졌으므로 운전자의 불복이 없는 한 다시 음주측정을 하는 것은 원칙적으로 허용되지 아니한다 (대법원 2015. 7. 9. 선고 2014도16051 판결 참조). 또한 위와 같은 도로교통법 규정 내용 등에 비추어 보면, 호흡측정 방식에 따라 혈중알코올농도를 측정한 경찰공무원에게 특별한 사정이 없는 한 혈액채취의 방법을 통하여 혈중알코올농도를 다시 측정할 수 있다는 취지를 운전자에게 고지하여야 할 의무가 있다고 볼 수 없다.

   나. 위드마크 공식은 운전자가 음주한 상태에서 운전한 사실이 있는지에 대한 경험법칙에 의한 증거수집 방법에 불과하다(대법원 2005. 2. 25. 선고 2004도8387 판

결 참조). 따라서 경찰공무원에게 위드마크 공식의 존재 및 나아가 호흡측정에 의한 혈중알코올농도가 음주운전 처벌기준 수치에 미달하였더라도 위드마크 공식에 의한 역추산 방식에 의하여 운전 당시의 혈중알코올농도를 산출할 경우 그 결과가 음주운전 처벌기준 수치 이상이 될 가능성이 있다는 취지를 운전자에게 미리 고지하여야 할 의무가 있다고 보기도 어렵다.

2. 원심이 적법하게 채택한 증거들에 의하면, 다음과 같은 사실을 알 수 있다.

① 피고인은 2015. 6. 6. 20:30까지 소주 2병을 마셨고, 그 다음 날인 2015. 6. 7. 05:30경부터 덤프트럭을 운전하다가 같은 날 06:38경 이 사건 교통사고를 일으켰다.

② 이 사건 교통사고 발생 후인 2015. 6. 7. 07:26경 피고인에 대하여 호흡측정에 의한 방법으로 음주측정을 한 결과, 피고인의 혈중알코올농도는 0.047%로 측정되었다. 이에 경찰공무원은 별다른 조치 없이 피고인을 귀가하게 하였다.

③ 경찰공무원은 위드마크 공식에 의한 역추산 방식을 이용하여 위 호흡측정에 의한 혈중알코올농도 수치를 기초로 이 사건 교통사고 발생 당시 피고인의 혈중알코올농도를 0.053%(= 0.047% + 0.008% × 48분/60분)로 산출하였다. 검사는 이를 토대로 이 사건 공소를 제기하였다.

이러한 사실관계를 앞서 본 법리에 비추어 살펴보면, 이 사건은 피고인이 호흡측정 결과에 불복하여 혈액채취 등의 방법에 의한 재측정을 요구하였음을 인정할 자료가 없고, 위 호흡측정에 의한 혈중알코올농도가 피고인의 실제 혈중알코올농도보다 수치가 높게 나왔다고 인정할 만한 객관적 사정도 없다. 따라서 경찰공무원이 호흡측정 이후 피고인에게 혈액채취의 방법을 통하여 혈중알코올농도를 다시 측정할 수 있다거나, 위드마크 공식의 존재 및 위드마크 공식에 의한 역추산 방식에 의하여 운전 당시의 혈중알코올농도를 산출할 경우 그 결과가 음주운전 처벌기준 수치 이상이 될 가능성이 있다는 취지를 운전자에게 고지하지 아니하였다고 하여, 피고인에 대한 호흡측정에 의한 혈중알코올농도 측정 결과(0.047%)의 증명력을 부정할 수는 없다.

3. 그럼에도 원심은, 호흡측정 방식에 따라 혈중알코올농도를 측정한 경찰공무원이 피고인에게 혈액채취의 방법을 통하여 혈중알코올농도를 다시 측정할 수 있다는 취지를 고지하였음을 인정할 증거가 없고, 만약 피고인이 당시 위드마크 공식에 따른 역추산 방식에 의하여 음주운전으로 입건될 가능성이 있음을 알았다면 혈액채취를 요구하였을 가능성이 매우 높을 것으로 보임에도 아무런 조치 없이 피고인을 귀가시킴으로써 결과적으로 피고인은 혈액채취의 방법에 의한 혈중알코올농도 측정 기회를 박탈당한 것으로 판단된다는 등의 이유로 이 사건 호흡측정에 의한 혈중알코올농도 측정 결과

(0.047%)는 그 증명력을 인정할 수 없다고 판단하였다.

이러한 원심의 판단에는 도로교통법 제44조 제2항, 제3항 및 혈중알코올농도의 증명 등에 관한 법리를 오해하여 판결 결과에 영향을 미친 위법이 있다. 이 점을 지적하는 상고이유 주장은 이유 있다.

4. 그러므로 원심판결을 파기하고, 사건을 다시 심리·판단하도록 원심법원에 환송하기로 하여, 관여 대법관의 일치된 의견으로 주문과 같이 판결한다.

판례13 | 경찰공무원이 운전자의 음주 여부나 주취 정도를 확인하기 위하여 음주측정기에 의한 측정의 사전절차로서 음주감지기에 의한 시험을 요구할 수 있는지 여부(적극)[대법원 2017. 6. 15., 선고, 2017도5115, 판결]

【원심판결】

서울서부지법 2017. 3. 23. 선고 2016노1399 판결

【주문】

원심판결을 파기하고, 사건을 서울서부지방법원 합의부에 환송한다.

【이유】

상고이유를 판단한다.

1. 검사의 상고이유에 관하여

가. 이 사건 공소사실 중 도로교통법위반(음주측정거부)의 점의 요지는, 피고인은 2016. 6. 11. 05:45경 공무집행방해 혐의로 현행범인으로 체포되어 ○○○지구대로 인치된 후 위와 같이 체포된 경위, 피고인의 혈색이 붉고 말이 어눌한 상태인 점, 피고인에 대한 음주감지기 시험에서 음주반응이 나타난 점 등을 종합하여 볼 때 피고인이 술에 취한 상태에서 운전하였다고 인정할 만한 상당한 이유가 있어 경찰관 공소외 1로부터 음주측정 요구를 받고도 "경찰서에 가서 조사를 받겠다."라고 주장하며 이를 거부하는 등 약 30분 동안 3회에 걸쳐 정당한 이유 없이 경찰공무원의 음주측정 요구에 불응하였다는 것이다.

이에 대하여 원심은, 도로교통법 제44조 제2항에 의해 경찰공무원이 운전자가 술에 취하였는지 여부를 알아보기 위하여 실시하는 측정은 호흡을 채취하여 그로부터 주취의 정도를 객관적으로 환산하는 측정방법, 즉 음주측정기에 의한 측정으로 이해하여야 한다고 전제한 다음, 여기에 음주감지기에 의한 시험은 음주측정을 하기 위한 요건을 객관적으로 확인하기 위한 하나의 수단으로 사용되는 점을 더하여 보면, 당시 피고인이 호흡측정기에 의한 측정을 요구받고도 이에 응하지 않은 사실이

없는 이상, 도로교통법위반(음주측정거부)죄는 성립하지 않고, 나아가 호흡측정의 사전 단계로써 단순히 음주 여부를 감지하는 음주감지기를 호흡측정기와 동일한 것으로 볼 수 없다는 이유로 피고인이 음주감지기에 의한 시험 요구를 거부하였더라도 위 죄가 성립할 수 없다고 판단하였다.

나. 그러나 원심의 위와 같은 판단은 다음과 같은 이유로 수긍하기 어렵다.

(1) 도로교통법 제44조 제2항에 의하여 경찰공무원이 운전자가 술에 취하였는지를 알아보기 위하여 실시하는 측정은 호흡을 채취하여 그로부터 주취의 정도를 객관적으로 환산하는 측정방법 즉, 음주측정기에 의한 측정으로 이해하여야 한다(대법원 2000. 3. 10. 선고 99도5377 판결, 대법원 2008. 5. 8. 선고 2008도2170 판결 등 참조). 다만 경찰공무원은 음주 여부나 주취 정도를 측정함에 있어 필요한 한도 내에서 그 측정방법이나 측정횟수에 관하여 어느 정도 재량을 갖는 것이므로(대법원 1992. 4. 28. 선고 92도220 판결 참조), 운전자의 음주 여부나 주취 정도를 확인하기 위하여 운전자에게 음주측정기를 면전에 제시하면서 호흡을 불어넣을 것을 요구하는 것 이외에도 그 사전절차로서 음주측정기에 의한 측정과 밀접한 관련이 있는 검사방법인 음주감지기에 의한 시험도 요구할 수 있다고 봄이 타당하다.

도로교통법 제148조의2 제1항 제2호에서 말하는 '경찰공무원의 측정에 응하지 아니한 경우'란 전체적인 사건의 경과에 비추어 술에 취한 상태에 있다고 인정할 만한 상당한 이유가 있는 운전자가 음주측정에 응할 의사가 없음이 객관적으로 명백하다고 인정되는 때를 의미한다. 경찰공무원이 술에 취한 상태에 있다고 인정할 만한 상당한 이유가 있는 운전자에게 음주 여부를 확인하기 위하여 음주측정기에 의한 측정의 사전 단계로 음주감지기에 의한 시험을 요구하는 경우, 그 시험 결과에 따라 음주측정기에 의한 측정이 예정되어 있고 운전자가 그러한 사정을 인식하였음에도 음주감지기에 의한 시험에 명시적으로 불응함으로써 음주측정을 거부하겠다는 의사를 표명하였다면, 음주감지기에 의한 시험을 거부한 행위도 음주측정기에 의한 측정에 응할 의사가 없음을 객관적으로 명백하게 나타낸 것으로 볼 수 있다.

(2) 그런데 원심이 적법하게 채택한 증거들에 의하면, 다음과 같은 사실을 알 수 있다.

① 목격자인 공소외 2는 2016. 6. 11. 05:10경 차종과 차량번호를 특정하여 피고인이 차량에서 비틀거리며 내린 후 다시 탑승하여 운전하는 것을 목격하고 112로 음주운전을 신고하였다.

② 경찰관 공소외 1은 신고내용을 접수하고 곧바로 근무하고 있던 ○○○지구대 밖

으로 나갔고, 때마침 신호대기 중이던 피고인의 차량을 발견하고 운전석 쪽으로 다가가 유리창을 두드리거나 호각을 불면서 창문을 내릴 것과 차량을 도로 우측 가장자리로 이동시킬 것을 요청하였으나, 피고인은 자신의 휴대전화를 조작하거나 시선을 주지 않은 채 아무런 반응을 보이지 않았다. 뒤따라온 동료경찰관 공소외 3도 운전석 쪽으로 다가가 창문을 내릴 것과 차량을 우측으로 이동시킬 것을 요구하였으나, 피고인은 이에 불응한 채 차량을 10~15m 정도 2~3회에 걸쳐 조금씩 진행하다 멈추는 것을 반복하였고, 공소외 3이 운전석의 손잡이를 잡아당기면서 하차할 것을 요구하는 순간, 갑자기 차량을 급히 출발시키면서 5m 정도 진행하여 도주를 시도하던 중 때마침 좌측 대각선 방면에서 진행해 오던 순찰차량에 의해 진로가 막히자 도로 우측에 정차하게 되었다.

③ 피고인의 차량을 뒤쫓아 달려온 공소외 1과 공소외 3 등 경찰관들이 피고인 차량의 운전석 앞 유리창을 삼단봉으로 깨뜨리자 피고인과 공소외 4는 차량에서 내렸는데, 피고인에게서는 술 냄새가 나고 얼굴이 붉었고 보행상태도 다소 비틀거렸으며 공소외 4는 완전히 만취된 상태로 몸을 가누지 못하였다.

④ 경찰관 공소외 5는 같은 날 05:45경 차량에서 내린 피고인에게 특수공무집행방해 혐의로 체포한다고 고지한 후 공소외 1, 공소외 3과 함께 피고인을 현행범으로 체포한 다음 인근의 ○○○지구대로 연행하였다. 그 직후부터 같은 날 06:30경까지 공소외 1이 위 지구대에서 피고인에게 음주감지기에 의한 시험에 응할 것을 요구함과 동시에 주취운전자 정황진술보고서에 서명할 것을 요구하였으나, 피고인은 자신에 대한 체포나 수사에 대한 불만을 이유로 인적사항을 밝히기를 거부한 채 위와 같은 요구에 전혀 응하지 않았고, ○○○지구대에서 경찰관들의 발이나 엉덩이를 걷어차거나 욕설하면서 계속 소란을 피웠다.

⑤ 피고인은 위 지구대에서 △△경찰서로 이송된 후 이루어진 경찰조사에서 당시 자신과 공소외 4가 부당하게 체포되거나 자신의 차량이 손괴된 것으로 인하여 너무 화가 나 도저히 음주측정에 응할 수 없었다고 진술하였다.

⑥ 한편 피고인이 체포된 때로부터 약 4시간 뒤 △△경찰서에서 이루어진 음주감지기에 의한 시험에서 혈중알코올농도 0.1% 이상에서 반응하는 적색불이 감지되었다.

(3) 위와 같은 사실관계에 의하여 알 수 있는 피고인에 대한 현행범 체포 경위, 음주감지기에 의한 시험요구 당시 피고인의 상태 및 시험요구를 받은 후에 보인 피고인의 태도 등을 종합하여 보면, 피고인에게는 당시 술에 취한 상태에서 자동차를 운전하였다고 인정할 만한 상당한 이유가 있었고, 이로 인하여 경찰관 공소외 1이 음주측정기에 의한 측정의 사전단계로 음주감지기에 의한 시험을 요구하였음에도 피고인이 이를 명시적으로 거부함으로써 결국 피고인은 음주측정기에 의한 측정 요구에도 응할 의사가 없음을 객관적으로 명백하게 표

시하였다고 보기에 충분하고, 이러한 피고인의 행위는 도로교통법위반(음주측정거부)죄에 해당한다고 봄이 타당하다. 이는 공소외 1이 당시 피고인에게 음주측정기에 의한 측정을 명시적으로 요구하지 않았다고 하더라도 달리 볼 것은 아니다.

(4) 그럼에도 원심이 그 판시와 같은 이유를 들어 이 사건 공소사실 중 도로교통법위반(음주측정거부)의 점을 무죄라고 판단하였으니, 이러한 원심의 판단에는 도로교통법위반(음주측정거부)죄의 구성요건 및 도로교통법 제44조 제2항이 정한 경찰공무원의 측정의 의미에 관한 법리를 오해함으로써 판결에 영향을 미친 잘못이 있다. 이를 지적하는 검사의 상고이유 주장은 이유 있다.

(5) 한편 검사는 원심판결 중 유죄 부분에 대하여도 상고하였으나 상고장에 이유의 기재가 없고 상고이유서에도 불복사유의 기재가 없다.

2. 피고인의 상고이유에 관하여

원심판결 이유를 원심이유지한 제1심이 적법하게 채택한 증거들에 비추어 살펴보면, 원심이 그 판시와 같은 이유를 들어 이 사건 공소사실 중 각 특수공무집행방해의 점이 유죄로 인정된다고 판단한 것은 정당하고, 거기에 상고이유 주장과 같이 논리와 경험의 법칙을 위반하여 자유심증주의의 한계를 벗어나거나 특수공무집행방해죄에 관한 법리를 오해하는 등의 잘못이 없다.

3. 파기의 범위

원심판결 중 무죄 부분은 파기되어야 하는데, 이 부분과 나머지 유죄 부분은 형법 제37조 전단의 경합범 관계에 있어 그 전체에 대하여 하나의 형이 선고되어야 하므로, 결국 원심판결은 전부 파기되어야 한다.

4. 결론

원심판결을 파기하고, 사건을 다시 심리·판단하도록 원심법원에 환송하기로 하여, 관여 대법관의 일치된 의견으로 주문과 같이 판결한다.

판례14 | 피고인이 술에 취한 상태에서 굴삭기를 운전하여 화물차에 적재하였다고 하여 도로교통법 위반(음주운전)으로 기소된 경우[대법원 2016. 9. 28. 선고 2015도2798 판결]

【원심판결】

서울중앙지법 2015. 2. 5. 선고 2014노2389 판결

【주문】

상고를 기각한다.

【이유】

상고이유를 판단한다.

1. 위법한 임의동행에 의한 음주측정결과로서 증거능력이 없다는 주장에 대하여

　원심은, 피고인이 경찰관으로부터 음주측정을 위해 경찰서에 동행할 것을 요구받고 자발적인 의사에 의해 순찰차에 탑승하였고, 경찰서로 이동하던 중 하차를 요구한 바 있으나 그 직후 경찰관으로부터 수사 과정에 관한 설명을 듣고 경찰서에 빨리 가자고 요구하였으므로, 피고인에 대한 임의동행은 피고인의 자발적인 의사에 의하여 이루어졌고, 그 후에 이루어진 음주측정결과는 증거능력이 있다고 판단하였다.

　관련 법리와 기록에 의하여 살펴보아도, 원심의 위와 같은 판단에 피고인의 상고이유 주장과 같이 임의동행의 적법성과 위법수집증거 배제의 법칙에 관한 법리를 오해한 잘못이 없다.

2. 증인 공소외 1의 증언 중 전문진술은 증거능력이 없다는 주장에 대하여

　원심은, 경찰관 공소외 1이 이 사건 현장에 출동하여 피고인에게 질문하고 답변을 들은 경위, 피고인이 공소외 1의 질문에 답변할 당시의 행동, 임의동행 과정과 피의자신문 당시의 상황 등을 종합하면, 증인 공소외 1의 증언 중 피고인의 진술을 내용으로 하는 부분은 그 진술이 특히 신빙할 수 있는 상태에서 행하여졌음이 증명되는 때에 해당하여 증거능력이 있다고 보고, 증인 공소외 1의 증언과 증인 공소외 2의 증언 등을 종합하여 피고인이 공소사실 기재와 같이 음주운전을 하였다고 판단하였다.

　관련 법리와 기록에 의하여 살펴보아도, 원심의 위와 같은 판단에 피고인의 상고이유 주장과 같이 피고인이 아닌 자의 공판기일에서의 진술이 피고인 또는 피고인 아닌 타인의 진술을 내용으로 한 때의 증거능력에 관한 법리를 오해한 잘못이 없다.

3. 그러므로 상고를 기각하기로 하여, 관여 대법관의 일치된 의견으로 주문과 같이 판결한다.

판례15 | 구 도로교통법 제44조 제2항, 제3항의 취지 및 이 규정들이 음주운전에 대한 수사방법으로서의 혈액 채취에 의한 측정 방법을 운전자가 호흡측정 결과에 불복하는 경우에만 한정하여 허용하려는 취지인지 여부(소극)*[대법원 2015. 7. 9., 선고, 2014도16051, 판결]*

【판결요지】

[1] 구 도로교통법(2014. 12. 30. 법률 제12917호로 개정되기 전의 것, 이하 같다) 제

44조 제2항, 제3항, 제148조의2 제1항 제2호의 입법연혁과 내용 등에 비추어 보면, 구 도로교통법 제44조 제2항, 제3항은 음주운전 혐의가 있는 운전자에게 수사를 위한 호흡측정에도 응할 것을 간접적으로 강제하는 한편 혈액 채취 등의 방법에 의한 재측정을 통하여 호흡측정의 오류로 인한 불이익을 구제받을 수 있는 기회를 보장하는 데 취지가 있으므로, 이 규정들이 음주운전에 대한 수사방법으로서의 혈액 채취에 의한 측정의 방법을 운전자가 호흡측정 결과에 불복하는 경우에만 한정하여 허용하려는 취지의 규정이라고 해석할 수는 없다.

[2] 음주운전에 대한 수사 과정에서 음주운전 혐의가 있는 운전자에 대하여 구 도로교통법 (2014. 12. 30. 법률 제12917호로 개정되기 전의 것) 제44조 제2항에 따른 호흡측정이 이루어진 경우에는 그에 따라 과학적이고 중립적인 호흡측정 수치가 도출된 이상 다시 음주측정을 할 필요성은 사라졌으므로 운전자의 불복이 없는 한 다시 음주측정을 하는 것은 원칙적으로 허용되지 아니한다. 그러나 운전자의 태도와 외관, 운전 행태 등에서 드러나는 주취 정도, 운전자가 마신 술의 종류와 양, 운전자가 사고를 야기하였다면 경위와 피해 정도, 목격자들의 진술 등 호흡측정 당시의 구체적 상황에 비추어 호흡측정기의 오작동 등으로 인하여 호흡측정 결과에 오류가 있다고 인정할 만한 객관적이고 합리적인 사정이 있는 경우라면 그러한 호흡측정 수치를 얻은 것만으로는 수사의 목적을 달성하였다고 할 수 없어 추가로 음주측정을 할 필요성이 있으므로, 경찰관이 음주운전 혐의를 제대로 밝히기 위하여 운전자의 자발적인 동의를 얻어 혈액 채취에 의한 측정의 방법으로 다시 음주측정을 하는 것을 위법하다고 볼 수는 없다. 이 경우 운전자가 일단 호흡측정에 응한 이상 재차 음주측정에 응할 의무까지 당연히 있다고 할 수는 없으므로, 운전자의 혈액 채취에 대한 동의의 임의성을 담보하기 위하여는 경찰관이 미리 운전자에게 혈액 채취를 거부할 수 있음을 알려주었거나 운전자가 언제든지 자유로이 혈액 채취에 응하지 아니할 수 있었음이 인정되는 등 운전자의 자발적인 의사에 의하여 혈액 채취가 이루어졌다는 것이 객관적인 사정에 의하여 명백한 경우에 한하여 혈액 채취에 의한 측정의 적법성이 인정된다.

【원심판결】

인천지법 2014. 11. 5. 선고 2014노2303 판결

【주문】

원심판결을 파기하고, 사건을 인천지방법원 본원 합의부에 환송한다.

【이유】

상고이유를 판단한다.

1. 구 도로교통법(2014. 12. 30. 법률 제12917호로 개정되기 전의 것, 이하 같다) 제44조 제2항은 "경찰공무원(자치경찰공무원은 제외한다. 이하 이 항에서 같다)은 교통의 안전과 위험방지를 위하여 필요하다고 인정하거나 제1항을 위반하여 술에 취한 상태에서 자동차등을 운전하였다고 인정할 만한 상당한 이유가 있는 경우에는 운전자가 술에 취하였는지를 호흡조사로 측정할 수 있다. 이 경우 운전자는 경찰공무원의 측정에 응하여야 한다."고 규정하고, 제3항은 "제2항에 따른 측정 결과에 불복하는 운전자에 대하여는 그 운전자의 동의를 받아 혈액 채취 등의 방법으로 다시 측정할 수 있다."고 규정하며, 제148조의2 제1항 제2호는 "술에 취한 상태에 있다고 인정할 만한 상당한 이유가 있는 사람으로서 제44조 제2항에 따른 경찰공무원의 측정에 응하지 아니한 사람은 1년 이상 3년 이하의 징역이나 500만 원 이상 1천만 원 이하의 벌금에 처한다."고 규정하고 있다. 여기서 교통안전과 위험방지를 위한 필요 없음에도 주취운전을 하였다고 인정할 만한 상당한 이유가 있다는 이유만으로 이루어지는 음주측정은 이미 행하여진 주취운전이라는 범죄행위에 대한 증거 수집을 위한 수사절차로서의 의미를 가지는 것이다(대법원 2012. 12. 13. 선고 2012도11162 판결 등 참조). 도로교통법은 이러한 수사절차로서의 음주측정에 관하여는 아무런 규정을 두지 아니하다가 1995. 1. 5. 법률 제4872호로 개정되면서 비로소 '술에 취한 상태에서 자동차 등을 운전하였다고 인정할 만한 상당한 이유가 있는 때'에는 운전자에게 수사를 위한 호흡측정에도 응할 의무를 부과하면서 이에 응하지 아니하는 행위를 음주측정불응죄로 처벌하는 규정을 두었고, 이와 더불어 구 도로교통법 제44조 제3항과 같은 규정을 신설하여 호흡측정에 대한 운전자의 불복절차를 규정하였다. 이와 같은 도로교통법 규정들의 입법연혁과 그 규정 내용 등에 비추어 보면, 구 도로교통법 제44조 제2항, 제3항은 음주운전 혐의가 있는 운전자에게 수사를 위한 호흡측정에도 응할 것을 간접적으로 강제하는 한편 혈액 채취 등의 방법에 의한 재측정을 통하여 호흡측정의 오류로 인한 불이익을 구제받을 수 있는 기회를 보장하는 데 그 취지가 있다고 할 것이므로, 이 규정들이 음주운전에 대한 수사방법으로서의 혈액 채취에 의한 측정의 방법을 운전자가 호흡측정 결과에 불복하는 경우에만 한정하여 허용하려는 취지의 규정이라고 해석할 수는 없다.

한편 수사기관은 수사의 목적을 달성하기 위하여 필요한 조사를 할 수 있으나(형사소송법 제199조 제1항 본문 참조), 수사는 그 목적을 달성함에 필요한 최소한도의 범위 내에서 사회통념상 상당하다고 인정되는 방법과 절차에 따라 수행되어야 하는 것이다(대법원 1999. 12. 7. 선고 98도3329 판결 참조). 음주운전에 대한 수사 과정에서 음주운전 혐의가 있는 운전자에 대하여 구 도로교통법 제44조 제2항에 따른 호흡측정이 이루어진 경우에는 그에 따라 과학적이고 중립적인 호흡측정 수치가 도출된 이상 다시 음주측정을 할 필요성은 사라졌다고 할 것이므로 운전자의 불복이 없는 한 다시 음주측정을 하는 것은 원칙적으로 허용되지 아니한다고 할 것이다. 그러나 운전자의 태도와 외관, 운전 행태 등에서 드러나는 주취 정도, 운전자가 마신 술의 종류와 양, 운전자가 사고를 야기하였다면 그 경위와 피해의 정도, 목격자들의 진술 등 호흡측정 당시의 구체적 상황에 비추어 호흡측정기의 오작동 등으로 인하여 호흡측정 결과에 오류가 있다고 인정할 만한 객관적이고 합리적인 사정이 있는 경우라면 그러한 호흡측정 수치를 얻은 것만으로는 수사의 목적을 달성하였다고 할 수 없어 추가로 음주측정을 할 필요성이 있다고 할 것이므로, 경찰관이 음주운전 혐의를 제대로 밝히기 위하여 운전자의 자발적인 동의를 얻어 혈액 채취에 의한 측정의 방법으로 다시 음주측정을 하는 것을 위법하다고 볼 수는 없다. 이 경우 운전자가 일단 호흡측정에 응한 이상 재차 음주측정에 응할 의무까지 당연히 있다고 할 수는 없으므로, 운전자의 혈액 채취에 대한 동의의 임의성을 담보하기 위하여는 경찰관이 미리 운전자에게 혈액 채취를 거부할 수 있음을 알려주었거나 운전자가 언제든지 자유로이 혈액 채취에 응하지 아니할 수 있었음이 인정되는 등 운전자의 자발적인 의사에 의하여 혈액 채취가 이루어졌다는 것이 객관적인 사정에 의하여 명백한 경우에 한하여 혈액 채취에 의한 측정의 적법성이 인정된다고 보아야 한다.

2. 원심이 적법하게 채택한 증거들에 의하면, 피고인은 2013. 6. 2. 00:05경 그랜저XG 승용차량을 운전하고 이 사건 사고 장소인 편도 4차로 도로의 1차로를 진행하다가 전방에서 신호대기 중이던 레이 승용차량 뒷부분을 세게 들이받아 그 차량이 앞으로 밀리면서 다른 차량 2대를 충격하게 한 사실, 피고인은 곧바로 그 자리에서 1, 2m 후진한 후 중앙선을 넘어 다시 진행하면서 왼쪽으로 원을 그리듯 회전하여 중앙선을 또다시 넘은 다음 당초 진행방향의 차로 쪽으로 돌진하였고, 그곳 2, 3, 4차로에서 신호대기 중이던 다른 차량 3대를 잇달아 들이받고 나서 보도 경계석에 부딪혀 멈춰선 사실, 이 사고로 인하여 피해차량들에 승차하고 있던 피해자들 중 3명은 각 3주간의 치료가 필요한 상해를, 7명은 각 2주간의 치료가 필요한 상해를 입은 사실, 인천삼산경찰서 교통조사계 소속 경사 공소외인은 사고 직후 현장에 출동하여 사고 경위를 파악한 다음 피고인과 함께 경찰서로 이동하였고, 그곳에서 호흡측정기로 음주측정을 한 결과 혈중알코올농도 0.024%로 측정된 사실, 그런데 당시 피고인은 얼굴색이 붉고 혀가 꼬부라진 발음을 하며 걸음을 제대로 걷지 못한 채 비틀거리는 등 술에 상당히 취한 모습을 보였고, 공소외인이 경찰서 내에 대기하던 피해자들에게 호흡측정 결과를 알려주자, 일부 피해자들은 측정 결과를 믿을 수 없다며 공소외인에게 혈액 채취에 의한 측정을 요구한 사실, 이에 공소외인은 피고인에게 호흡측정 수치를 알려주고 '피해자들이 처벌수치 미달로 나온 것을 납득하지 못하니 정확한 조사를 위하여 채혈에 동

의하겠느냐. 채혈 결과가 최종 음주수치가 된다'고 말하며 혈액 채취에 의한 음주측정에 응하도록 설득하였고, 이에 피고인이 순순히 응하여 '음주량이 어느 정도인지 확인하고자 혈액 채취를 승낙한다'는 내용의 혈액 채취 동의서에 서명·무인한 다음 공소외인과 인근 병원에 동행하여 그곳 의료진의 조치에 따라 혈액을 채취한 사실, 공소외인은 이와 같이 채취된 혈액을 제출받아 국립과학수사연구원에 송부하여 그에 대한 감정을 의뢰하였는데, 혈중알코올농도가 0.239%로 측정된 사실을 알 수 있다.

이러한 사실관계를 앞서 본 법리에 비추어 살펴보면, 피고인에 대한 호흡측정 결과 처벌기준치에 미달하는 수치로 측정되기는 하였으나, 당시 피고인의 태도나 외관 등에서 정상적인 보행이 어려울 정도로 술에 상당히 취한 상태임이 분명히 드러났던 점, 피고인이 1차로 추돌 사고를 낸 후 곧바로 중앙선을 넘어 왼쪽으로 회전하다가 중앙선을 또다시 넘은 다음 다른 피해차량 여러 대를 들이받는 사고를 추가로 내고서야 멈춰서는 등 비정상적인 운전 행태를 보인 점, 이 사건 사고로 인하여 상해를 입은 피해자들이 10명에 이르렀고, 그중 경찰서에 대기하며 피고인의 모습을 목격한 일부 피해자들이 호흡측정 결과를 믿을 수 없다며 경찰관에게 혈액측정을 요구한 점 등 호흡측정 당시의 여러 구체적 상황으로 보아 처벌기준치에 미달한 호흡측정 결과에 오류가 있다고 인정할 만한 객관적이고 합리적인 사정이 있었다고 할 것이다. 나아가 피고인이 처벌기준치 미달로 나온 호흡측정 결과를 알면서도 경찰관의 설득에 따라 혈액 채취에 순순히 응하여 혈액 채취 동의서에 서명·무인하였고, 그 과정에서 경찰관이나 피해자들의 강요를 받았다는 정황은 없는 점, 피고인이 경찰서에서 병원으로 이동하여 혈액을 채취할 때까지 이를 거부하는 의사를 표시하였다는 사정도 없는 점 등에 비추어 보면 피고인에 대한 혈액 채취는 피고인의 자발적인 의사에 따라 이루어졌다고 볼 수 있다. 그렇다면 이 사건 사고 조사를 담당한 경찰관이 피고인의 음주운전 혐의를 제대로 밝히기 위하여 피고인의 자발적인 동의를 얻어 혈액 채취에 의한 측정방법으로 다시 음주측정을 한 조치를 위법하다고 할 수 없고, 이를 통하여 획득한 혈액측정 결과 또한 위법한 절차에 따라 수집한 증거라고 할 수 없으므로 그 증거능력을 부정할 수 없다고 할 것이다.

3. 그럼에도 원심은 구 도로교통법 제44조 제2항, 제3항의 해석상 경찰관이 호흡측정이 이루어진 운전자에 대하여 다시 혈액 채취의 방법으로 측정할 수 있는 경우는 운전자가 호흡측정 결과에 불복한 경우에 한정된다고 보아, 피고인이 호흡측정 결과에 불복하지 아니하였음에도 경찰관의 요구로 채혈하여 획득한 혈액과 이를 기초로 한 혈중알코올 감정서, 주취운전자 적발보고서, 수사보고(혈액감정결과 등), 수사결과보고가 모두 적법한 절차에 따르지 아니한 채 수집한 위법수집증거이거나 위법수집증거의 2차적 증거로서 증거능력이 없다고 판단하였다. 이러한 원심의 판단에는 구 도로교통법

제44조 제2항, 제3항 및 혈액측정 결과의 증거능력 등에 관한 법리를 오해하여 판결 결과에 영향을 미친 위법이 있다. 이 점을 지적하는 상고이유의 주장은 이유 있다.

4. 그러므로 원심판결을 파기하고, 사건을 다시 심리·판단하게 하기 위하여 원심법원에 환송하기로 하여 관여 대법관의 일치된 의견으로 주문과 같이 판결한다.

> **판례16 |** 음주운전과 관련한 도로교통법 위반죄의 범죄수사를 위하여 미성년자인 피의자의 혈액채취가 필요한 경우, 법정대리인이 의사능력 없는 피의자를 대리하여 채혈에 관한 동의를 할 수 있는지 여부(원칙적 소극)[대법원 2014. 11. 13. 선고 2013도1228 판결]

【판결요지】

형사소송법상 소송능력이란 소송당사자가 유효하게 소송행위를 할 수 있는 능력, 즉 피고인 또는 피의자가 자기의 소송상의 지위와 이해관계를 이해하고 이에 따라 방어행위를 할 수 있는 의사능력을 의미하는데, 피의자에게 의사능력이 있으면 직접 소송행위를 하는 것이 원칙이고, 피의자에게 의사능력이 없는 경우에는 형법 제9조 내지 제11조의 규정의 적용을 받지 아니하는 범죄사건에 한하여 예외적으로 법정대리인이 소송행위를 대리할 수 있다(형사소송법 제26조). 따라서 음주운전과 관련한 도로교통법 위반죄의 범죄수사를 위하여 미성년자인 피의자의 혈액채취가 필요한 경우에도 피의자에게 의사능력이 있다면 피의자 본인만이 혈액채취에 관한 유효한 동의를 할 수 있고, 피의자에게 의사능력이 없는 경우에도 명문의 규정이 없는 이상 법정대리인이 피의자를 대리하여 동의할 수는 없다.

【원심판결】

의정부지법 2013. 1. 10. 선고 2012노2116 판결

【주문】

상고를 모두 기각한다.

【이유】

상고이유를 판단한다.

1. 검사의 상고이유에 관하여

   가. 형사소송법 제308조의2는 "적법한 절차에 따르지 아니하고 수집한 증거는 증거로 할 수 없다."라고 규정하고 있고, 기본적 인권 보장을 위하여 강제처분에 관한 적법절차와 영장주의의 근간을 선언한 헌법과 이를 이어받아 실체적 진실 규명과 개인의 권리보호 이념을 조화롭게 실현할 수 있도록 압수·수색·검증과 감정처분절차

에 관한 구체적 기준을 마련하고 있는 형사소송법의 규범력은 확고히 유지되어야 하므로, 헌법과 형사소송법이 정한 절차에 따르지 아니하고 수집한 증거는 물론 이를 기초로 하여 획득한 2차적 증거 또한 기본적 인권 보장을 위해 마련된 적법한 절차에 따르지 않은 것으로서 원칙적으로 유죄 인정의 증거로 삼을 수 없다.

형사소송법 규정에 따르면, 사법경찰관이 범죄수사에 필요한 때에는 검사에게 신청하여 검사의 청구로 판사가 발부한 영장에 의하여 압수, 수색 또는 검증을 할 수 있고(제215조 제2항), 사법경찰관은 제200조의2, 제200조의3, 제201조 또는 제212조의 규정에 의하여 피의자를 체포 또는 구속하는 경우에 필요한 때에는 체포현장에서 영장없이 압수, 수색, 검증을 할 수 있으나, 압수한 물건을 계속 압수할 필요가 있는 경우에는 체포한 때부터 48시간 이내에 지체 없이 압수수색영장을 청구하여야 하며(제216조 제1항 제2호, 제217조 제2항), 범행 중 또는 범행 직후의 범죄 장소에서 긴급을 요하여 판사의 영장을 받을 수 없는 때에는 영장 없이 압수, 수색 또는 검증을 할 수 있으나, 이 경우에는 사후에 지체 없이 영장을 받아야 하고(제216조 제3항), 검사 또는 사법경찰관으로부터 감정을 위촉받은 감정인은 감정에 관하여 필요한 때에는 검사의 청구에 의해 판사로부터 허가장을 발부받아 감정에 필요한 처분을 할 수 있다(제221조, 제221조의4, 제173조 제1항).

위와 같이 수사기관의 강제처분에 관하여 상세한 절차조항을 규정하고 있는 형사소송법의 취지에 비추어 볼 때, 수사기관이 법원으로부터 영장 또는 감정처분허가장을 발부받지 아니한 채 피의자의 동의 없이 피의자의 신체로부터 혈액을 채취하고 사후에도 지체 없이 영장을 발부받지 아니한 채 그 혈액 중 알코올농도에 관한 감정을 의뢰하였다면, 이러한 과정을 거쳐 얻은 감정의뢰회보 등은 형사소송법상 영장주의 원칙을 위반하여 수집하거나 그에 기초하여 획득한 증거로서, 그 절차위반 행위가 적법절차의 실질적인 내용을 침해하여 피고인이나 변호인의 동의가 있더라도 유죄의 증거로 사용할 수 없다(대법원 2012. 11. 15. 선고 2011도15258 판결 등 참조).

한편 형사소송법상 소송능력이라고 함은 소송당사자가 유효하게 소송행위를 할 수 있는 능력, 즉 피고인 또는 피의자가 자기의 소송상의 지위와 이해관계를 이해하고 이에 따라 방어행위를 할 수 있는 의사능력을 의미하는데(대법원 2009. 11. 19. 선고 2009도6058 전원합의체 판결 등 참조), 피의자에게 의사능력이 있으면 직접 소송행위를 하는 것이 원칙이고, 피의자에게 의사능력이 없는 경우에는 형법 제9조 내지 제11조의 규정의 적용을 받지 아니하는 범죄사건에 한하여 예외적으로 그 법정대리인이 소송행위를 대리할 수 있다(형사소송법 제26조). 따라서 음주운전과 관련한 도로교통법위반죄의 범죄수사를 위하여 미성년자인 피의자의 혈액채취가 필요한 경우에도 피의자에게 의사능력이 있다면 피의자 본인만이 혈액채취에 관한 유효한 동의를 할 수 있고, 피의자에게 의사능력이 없는 경우에도 명문의 규정이 없는 이상 법정대리인이 피의자를 대리하여 동의할 수는 없다.

나. 원심은, 피고인이 2011. 2. 24. 02:30경 오토바이를 운전하여 가다가 교통사고를 일으키고 의식을 잃은 채 병원 응급실로 후송된 사실, 병원 응급실로 출동한 경찰관은 사고 시각으로부터 약 1시간 20분 후인 2011. 2. 24. 03:50경 법원으로부터 압수·수색 또는 검증 영장이나 감정처분허가장을 발부받지 아니한 채 피고인의 아버지의 동의만 받고서 응급실에 의식을 잃고 누워 있는 피고인으로부터 채혈한 사실 등을 인정한 후, 위 채혈에 관하여 사후적으로라도 영장을 발부받지 아니하였으므로 피고인의 혈중알코올농도에 대한 국립과학수사연구소의 감정의뢰회보와 이에 기초한 다른 증거는 위법수집증거로서 증거능력이 없고, 피고인의 자백 외에 달리 이를 보강할 만한 증거가 없다는 이유로 이 부분 공소사실을 무죄로 판단하였다.

다. 원심판결 이유와 증거에 의하면, 당시 피고인은 의식불명상태여서 혈액채취에 대한 피고인 본인의 동의를 기대할 수는 없었던 상황으로 보이고, 이 사건 범죄는 형사소송법 제26조에 의하여 예외적으로 그 법정대리인이 소송행위를 대리할 수 있는 경우에도 해당하지 않으며, 달리 법정대리인에 의한 채혈동의를 허용하는 명문 규정이 없는 이상, 피고인이 아닌 피고인의 아버지의 동의만으로는 혈액채취에 관한 유효한 동의가 있었다고 볼 수 없다. 같은 취지에서 원심이 법원으로부터 영장 또는 감정처분허가장을 발부받지 아니한 채 피고인의 동의 없이 피고인으로부터 혈액을 채취하고 사후에도 영장을 발부받지 아니하였다는 이유로 감정의뢰회보 등의 증거능력을 부정한 후 이 부분 공소사실에 관하여 무죄를 선고한 것은 옳고, 거기에 위법수집증거 배제원칙에 관한 법리오해의 위법이 없다.

2. 피고인의 상고이유에 관하여

원심이 그 판시와 같은 이유를 들어 과실재물손괴의 점을 유죄로 판단한 것은 타당하고, 거기에 상고이유의 주장과 같이 논리와 경험의 법칙을 위반하고 자유심증주의의 한계를 벗어나 사실을 잘못 인정하거나, 형사소송법 제310조에 규정된 자백 보강법칙에 관한 법리를 오해하거나, 필요한 심리를 다하지 아니하는 등으로 판결에 영향을 미친 위법이 없다.

3. 결론

그러므로 상고를 모두 기각하기로 하여 관여 대법관의 일치된 의견으로 주문과 같이 판결한다.

판례17 | 운전 시점과 혈중알코올농도 측정 시점 사이에 시간 간격이 있고 그때가 혈중알코올 농도의 상승기인 경우, 운전 당시에도 혈중알코올농도가 처벌 기준치 이상이었다고 볼 수 있는지 판단하는 기준*[대법원 2014. 6. 12. 선고 2014도 3360 판결]*

【판결요지】

[1] 운전 시점과 혈중알코올농도의 측정 시점 사이에 시간 간격이 있고 그때가 혈중알코올농도의 상승기로 보이는 경우라 하더라도, 그러한 사정만으로 실제 운전 시점의 혈중알코올농도가 처벌기준치를 초과한다는 점에 대한 입증이 불가능하다고 볼 수는 없다. 이러한 경우 운전 당시에도 처벌기준치 이상이었다고 볼 수 있는지 여부는 운전과 측정 사이의 시간 간격, 측정된 혈중알코올농도의 수치와 처벌기준치의 차이, 음주를 지속한 시간 및 음주량, 단속 및 측정 당시 운전자의 행동 양상, 교통사고가 있었다면 그 사고의 경위 및 정황 등 증거에 의하여 인정되는 여러 사정을 종합적으로 고려하여 논리와 경험칙에 따라 합리적으로 판단하여야 한다.

[2] 피고인이 혈중알코올농도 0.158%의 술에 취한 상태로 자동차를 운전하였다고 하여 도로교통법 위반(음주운전)으로 기소된 사안에서, 피고인이 마지막으로 술을 마신 시각이라고 주장하는 때로부터 약 98분이 경과한 시각에 측정한 혈중알코올농도가 처벌기준치인 0.1%를 크게 상회하는 0.158%로 나타난 점, 피고인이 처음으로 음주를 한 시각을 기준으로 하면 1시간 50분 뒤에 운전이 이루어진 것이어서 운전 당시에 혈중알코올농도의 상승기에 있었다고 단정하기 어려운 점 등 제반 사정에 비추어 볼 때, 피고인이 차량을 운전할 당시 적어도 혈중알코올농도 0.1% 이상의 술에 취한 상태에 있었다고 봄이 타당한데도, 이와 달리 보아 무죄를 인정한 원심판결에 음주운전에서 혈중알코올농도의 입증에 관한 법리오해 등 위법이 있다고 한 사례.

【원심판결】

대구지법 2014. 2. 13. 선고 2013노2309 판결

【주문】

원심판결을 파기하고, 사건을 대구지방법원 본원 합의부에 환송한다.

【이유】

상고이유를 판단한다.

1. 이 사건 공소사실의 요지 및 원심의 판단

가. 이 사건 공소사실의 요지는 '피고인은 2012. 9. 22. 08:30경 대구 북구 산격동에 있는 ○○○ 감자탕 음식점 앞 도로에서부터 △△△△ 상가 앞 도로까지 약 200m의 구간에서 혈중알코올농도 0.158%의 술에 취한 상태로 승용차를 운전하였다'는 것이고, 그 적용법조는 도로교통법 제148조의2 제2항 제2호, 제44조 제1항(혈중알코올농도가 0.1% 이상 0.2% 미만인 경우)이다.

나. 원심은 그 판시와 같은 이유를 들어 피고인의 최종 음주 시점은 주취운전자 정황진술 보고서에 기재되어 있는 2012. 9. 22. 04:30경으로 단정할 수 없고 오히려 2012. 9. 22. 08:00경 혹은 그 이후일 가능성을 배제할 수 없다고 전제한 다음, 다음과 같은 이유를 들어 피고인이 2012. 9. 22. 08:30경 음주운전을 한 시각의 혈중알코올농도가 음주측정을 한 시각인 2012. 9. 22. 09:48경의 혈중알코올농도 0.158%와 같다고 볼 수 없고 달리 피고인의 운전 당시의 혈중알코올농도가 0.1% 이상이었다고 단정할 수 없다고 판단하여 이 사건 공소사실에 대하여 무죄를 선고한 제1심판결을 그대로 유지하였다.

① 음주로 인한 혈중알코올농도는 피검사자의 체질, 음주한 술의 종류, 음주 속도, 음주 시 위장에 있는 음식의 정도 등에 따라 개인차가 있기는 하지만 통상 음주 후 30분 내지 90분 사이에 최고치에 이르렀다가 그 후로 시간당 약 0.008%~0.03%씩 점차 감소하는 것으로 알려져 있다.

② 음주 후 혈중알코올농도가 최고치에 도달할 때까지 시간당 어느 정도의 비율로 증가하는지에 대해서는 아직까지 과학적으로 알려진 신빙성 있는 통계자료가 없고, 음주측정기에 의하여 호흡측정을 한 혈중알코올농도 측정치로는 혈중알코올농도가 최고치에 도달한 이후 하강기에 해당하는 구간의 혈중알코올농도를 역추산할 수 있을 뿐 상승기에 해당하는 구간의 혈중알코올농도는 산정할 수 없다.

③ 따라서 피고인에게 가장 유리한 전제사실에 따라 최종음주 후 90분이 경과한 시점에서 혈중알코올농도가 최고치에 이른다는 것을 기초로 할 경우, 피고인이 차량을 운전한 시점인 2012. 9. 22. 08:30경은 피고인의 최종음주 시점일 가능성이 있는 2012. 9. 22. 08:00경 혹은 그 이후로부터 90분 이내로서 혈중알코올농도의 상승기에 해당할 가능성이 높다.

2. 이 법원의 판단

가. 우선 음주 종료 시점에 관한 상고이유를 살펴본다.

기록에 비추어 살펴보면, 음주 종료 시점에 관한 원심의 위와 같은 판단은 수긍할 수 있다. 거기에 상고이유의 주장과 같이 논리와 경험칙을 위반하여 사실을 잘못 인정하는 등의 위법이 있다고 할 수 없다.

나. 다음으로 음주운전에 있어서 혈중알코올농도의 입증에 관한 상고이유에 대하여 보면, 원심의 판단은 다음과 같은 이유로 그대로 수긍하기 어렵다.

(1) 음주운전 시점이 혈중알코올농도의 상승시점인지 하강시점인지 확정할 수 없는 상황에서는 운전을 종료한 때로부터 상당한 시간이 경과한 시점에서 측정된 혈중알코올농도가 처벌기준치를 약간 넘었다고 하더라도, 실제 운전 시점의 혈중알코올농도가 처벌기준치를 초과하였다고 단정할 수는 없다. 개인마다 차이는 있지만 음주 후 30분~90분 사이에 혈중알코올농도가 최고치에 이르고 그 후 시간당 약 0.008%~0.03%(평균 약 0.015%)씩 감소하는 것으로 일반적으로 알려져 있는데, 만약 운전을 종료한 때가 혈중알코올농도의 상승기에 속하여 있다면 실제 측정된 혈중알코올농도보다 운전 당시의 혈중알코올농도가 더 낮을 가능성이 있기 때문이다.

그러나 비록 운전 시점과 혈중알코올농도의 측정 시점 사이에 시간 간격이 있고 그때가 혈중알코올농도의 상승기로 보이는 경우라 하더라도, 그러한 사정만으로 실제 운전 시점의 혈중알코올농도가 처벌기준치를 초과한다는 점에 대한 입증이 불가능하다고 볼 수는 없다. 이러한 경우 운전 당시에도 처벌기준치 이상이었다고 볼 수 있는지 여부는 운전과 측정 사이의 시간 간격, 측정된 혈중알코올농도의 수치와 처벌기준치의 차이, 음주를 지속한 시간 및 음주량, 단속 및 측정 당시 운전자의 행동 양상, 교통사고가 있었다면 그 사고의 경위 및 정황 등 증거에 의하여 인정되는 여러 사정을 종합적으로 고려하여 논리와 경험칙에 따라 합리적으로 판단하여야 한다(대법원 2013. 10. 24. 선고 2013도6285 판결 등 참조).

(2) 기록에 의하면 다음의 각 사정들이 인정된다.

① 피고인이 마지막으로 술을 마신 시각이라고 주장하는 2012. 9. 22. 08:10경으로부터 약 98분이 경과한 같은 날 09:48경 측정한 혈중알코올농도는 처벌기준치인 0.1%를 크게 상회하는 0.158%로 나타났다.

② 비록 '음주 후 30분~90분 사이에 혈중알코올농도가 최고치에 이른다'는 일반적인 기준을 피고인에게 유리하게 적용할 경우 운전 당시는 혈중알코올농도의 상승기라고 볼 여지가 있기는 하다. 그러나 피고인의 진술에 의하면 피고인은 2012. 9. 22. 06:40경부터 지인들과 식사 겸 술을 마셨다는 것이므로 처음으로 음주를 한 시각을 기준으로 하면 1시간 50분이나 뒤에 운전이 이루어진 것이어서 운전 당시에 반드시 혈중알코올농도의 상승기에 있었다고 단정하기 어렵다.

③ 피고인은 차량을 운전하다가 2012. 9. 22. 08:30경 진행방향 오른쪽에 주차되어 있는 차량을 충돌하고도 사고 사실을 전혀 인식하지 못하고 그대로 진행하여 갔는데, 사고가 음주를 마친 후 얼마 되지 아니한 시각에 발생한 점을 감안하면

피고인은 상당히 술에 취한 것으로 인하여 반응 능력이 떨어진 상태에 있었다고 볼 수 있다.

④ 피고인은 사고 후 사고지점에서 약 50m 정도 떨어져 있는 피고인이 운영하는 '□□□□□ □□점'에서 잠을 자고 있다가 경찰관에게 검거되었고, 당시 그곳 테이블에는 뚜껑이 열려져 있으나 마시지 아니한 맥주 1병과 뚜껑이 닫혀 있는 맥주 1병이 놓여 있기는 하였으나 피고인이 사고 후 '□□□□□ □□점'으로 가서 술을 더 마셨다고 보이지 아니한다. 피고인이 검거된 후인 2012. 9. 22. 09:48경 작성된 '주취운전자 정황진술 보고서'에는 '언행은 술 냄새가 나고 약간 어눌함, 보행은 약간 비틀거림, 혈색은 얼굴과 눈동자에 충혈'이라고 기재되어 있고, 피고인을 발견한 경찰관도 피고인이 만취 상태에 있었다고 진술하고 있다.

(3) 이러한 사정들을 앞서 본 법리에 비추어 보면, 피고인은 이 사건 차량을 운전할 당시 적어도 혈중알코올농도 0.1% 이상의 술에 취한 상태에 있었다고 봄이 상당하다.

그럼에도 원심은 이와 달리 그 판시와 같은 이유만으로 운전 당시 피고인의 혈중알코올농도가 0.1% 이상이었다고 보기 어렵다고 보아 피고인에게 무죄를 선고한 제1심판결을 그대로 유지하였다. 이러한 원심판결에는 논리와 경험칙을 위반하여 사실을 잘못 인정하거나 음주운전에 있어서 혈중알코올농도의 입증에 관한 법리를 오해하여 판결에 영향을 미친 위법이 있다고 할 것이다. 이 점을 지적하는 상고이유 주장은 이유 있다.

3. 그러므로 원심판결을 파기하고 사건을 다시 심리·판단하게 하기 위하여 원심법원에 환송하기로 하여 관여 대법관의 일치된 의견으로 주문과 같이 판결한다.

판례18 | 운전 시점과 혈중알코올농도 측정 시점 사이에 시간 간격이 있고 혈중알코올농도의 상승기인 경우[대법원 2013. 11. 28. 선고 2013도8649 판결]

【원심판결】

서울북부지법 2013. 6. 27. 선고 2013노543 판결

【주문】

원심판결을 파기하고, 사건을 서울북부지방법원 합의부에 환송한다.

【이유】

상고이유에 대하여 판단한다.

1. 원심은, 음주운전에 있어 혈중알코올농도의 수치는 과학적·구체적으로 입증되어야 한

다고 전제한 다음, 그 판시와 같은 이유로 피고인이 이 사건 승합차를 운전할 당시 혈중알코올농도가 0.255%였다는 점이 합리적 의심을 배제할 정도로 입증되지 않았다고 판단하여 이 사건 공소사실을 유죄로 인정한 제1심판결을 파기하고 피고인에 대하여 무죄를 선고하였다.

2. 그러나 이러한 원심의 판단은 다음과 같은 이유로 그대로 수긍하기 어렵다.

가. 비록 운전 시점과 혈중알코올농도의 측정 시점 사이에 시간 간격이 있고 그때가 혈중알코올농도의 상승기로 보이는 경우라 하더라도, 그러한 사정만으로 무조건 실제 운전 시점의 혈중알코올농도가 처벌기준치를 초과한다는 점에 대한 입증이 불가능하다고 볼 수는 없다. 이러한 경우 운전 당시에도 처벌기준치 이상이었다고 볼 수 있는지 여부는 운전과 측정 사이의 시간 간격, 측정된 혈중알코올농도의 수치와 처벌기준치의 차이, 음주를 지속한 시간 및 음주량, 단속 및 측정 당시 운전자의 행동 양상, 교통사고가 있었다면 그 사고의 경위 및 정황 등 증거에 의하여 인정되는 여러 사정을 종합적으로 고려하여 논리와 경험칙에 따라 합리적으로 판단하여야 한다(대법원 2013. 10. 24. 선고 2013도6285 판결 참조).

나. 원심이 적법하게 채택한 증거에 의하면, 피고인은 2012. 12. 13. 송년회자리에서 저녁부터 술을 마시기 시작하여 2012. 12. 14. 01:00경까지 상당한 양의 술을 마신 후 잠을 잤고 같은 날 아침 10:00경부터 11:30경까지 소주 1병을 마신 후 같은 날 11:45경부터 11:55경까지 이 사건 승합차량을 운전한 사실, 피고인이 운전을 종료한 시각으로부터 59분이 경과한 같은 날 12:54경 측정한 혈중알코올농도는 가중처벌기준치인 0.2%를 크게 상회하는 0.255%로 나타난 사실, '음주 후 30분~90분 사이에 혈중알코올농도가 최고치에 이른다'는 일반적인 기준을 적용하면 최종 음주를 한 때부터 15분~25분 후에 이루어진 이 사건 음주운전은 혈중알코올농도의 상승기 이전에 이루어진 사실, 최종 음주 후 84분 뒤에 음주측정이 이루어진 이상 음주측정이 혈중알코올농도의 상승기에 이루어졌다고 볼 여지가 있기는 하나, 피고인이 잠자기 이전에 마지막으로 술을 마신 2012. 12. 14. 01:00를 기준으로 하면 11시간 54분 뒤에 음주측정이 이루어지고 새로 술을 마시기 시작한 2012. 12. 14. 10:00를 기준으로 하더라도 174분 뒤에 음주측정이 이루어진 것이므로 음주측정 당시 반드시 혈중알코올농도의 상승기에 있었다고 단정하기는 어려워 보이는 사실, 제1심이 증거로 채택한 주취운전자정황진술보고서에는 위 음주측정 당시의 피고인의 상태에 대하여 '언행은 발음이 정확하지 않음, 보행은 비틀거림, 혈색은 안면 홍조'라고 기재되어 있는 사실, 피고인이 단속된 이유는 피고인이 도로를 역주행하다 정상적으로 운행하던 버스 옆을 충격하는 사고를 일으키게 되어 버스기사가 피고인이 음주운전을 한 것 같다고 판단하여 경찰에 신고하

였기 때문인 사실, 피고인은 아침 시간대에 중앙선을 침범하여 역주행하다가 버스를 충격하는 매우 이례적인 사고를 일으켰는데 이는 만취 상태에서가 아니라면 발생하기 어려운 사고인 사실, 피고인은 이 사건 음주운전 직후 알코올중독으로 병원에 입원하여 치료를 받는 바람에 53일이나 지나서야 경찰의 조사를 받았을 정도로 알코올중독 증세가 심하였던 사실, 피고인 스스로도 제1심은 물론 원심에서까지도 자신의 혈중알코올농도에 대하여 전혀 다투지 아니한 채 벌금액수를 깎아달라고만 주장한 사실 등을 알 수 있다.

이러한 사실관계를 앞서 본 법리에 비추어 보면, 피고인은 이 사건 승합차량을 운전할 당시 적어도 혈중알코올농도 0.2% 이상의 술에 취한 상태에 있었다고 봄이 상당하다.

다. 그럼에도 원심은 이와 달리 그 판시와 같은 이유만으로 피고인이 운전 당시 혈중알코올농도가 0.2% 이상이었다는 점에 관한 입증이 없다고 판단하여 피고인에게 무죄를 선고하였으므로, 이러한 원심판결에는 논리와 경험법칙을 위반하여 자유심증주의의 한계를 벗어나거나, 음주운전에 있어서 혈중알코올농도의 입증에 관한 법리를 오해하여 판결에 영향을 미친 위법이 있다.

3. 그러므로 원심판결을 파기하고, 사건을 다시 심리·판단하도록 원심법원에 환송하기로 하여 관여 대법관의 일치된 의견으로 주문과 같이 판결한다.

판례19 | 음주운전 시점과 혈중알코올농도 측정 시점 사이에 시간 간격이 있고 그때가 혈중알코올농도의 상승기인 경우, 운전 당시에도 혈중알코올농도가 처벌기준치 이상이었다고 볼 수 있는지 판단하는 기준[대법원 2013. 10. 24. 선고 2013도6285 판결]

【판결요지】

　음주운전 시점과 혈중알코올농도의 측정 시점 사이에 시간 간격이 있고 그때가 혈중알코올농도의 상승기로 보이는 경우라 하더라도, 그러한 사정만으로 무조건 실제 운전 시점의 혈중알코올농도가 처벌기준치를 초과한다는 점에 대한 증명이 불가능하다고 볼 수는 없다. 이러한 경우 운전 당시에도 처벌기준치 이상이었다고 볼 수 있는지 여부는 운전과 측정 사이의 시간 간격, 측정된 혈중알코올농도의 수치와 처벌기준치의 차이, 음주를 지속한 시간 및 음주량, 단속 및 측정 당시 운전자의 행동 양상, 교통사고가 있었다면 그 사고의 경위 및 정황 등 증거에 의하여 인정되는 여러 사정을 종합적으로 고려하여 논리와 경험칙에 따라 합리적으로 판단하여야 한다.

【원심판결】

서울고법 2013. 5. 9. 선고 2013노387 판결

【주문】

원심판결을 파기하고, 사건을 서울고등법원에 환송한다.

【이유】

상고이유를 판단한다.

1. 음주운전 시점이 혈중알코올농도의 상승시점인지 하강시점인지 확정할 수 없는 상황에서는 운전을 종료한 때로부터 상당한 시간이 경과한 시점에서 측정된 혈중알코올농도가 처벌기준치를 약간 넘었다고 하더라도, 실제 운전 시점의 혈중알코올농도가 처벌기준치를 초과하였다고 단정할 수는 없다. 개인마다 차이는 있지만 음주 후 30분~90분 사이에 혈중알코올농도가 최고치에 이르고 그 후 시간당 약 0.008%~0.03%(평균 약 0.015%)씩 감소하는 것으로 일반적으로 알려져 있는데, 만약 운전을 종료한 때가 상승기에 속하여 있다면 실제 측정된 혈중알코올농도보다 운전 당시의 혈중알코올농도가 더 낮을 가능성이 있기 때문이다.

   그러나 비록 운전 시점과 혈중알코올농도의 측정 시점 사이에 시간 간격이 있고 그때가 혈중알코올농도의 상승기로 보이는 경우라 하더라도, 그러한 사정만으로 무조건 실제 운전 시점의 혈중알코올농도가 처벌기준치를 초과한다는 점에 대한 입증이 불가능하다고 볼 수는 없다. 이러한 경우 운전 당시에도 처벌기준치 이상이었다고 볼 수 있는지 여부는 운전과 측정 사이의 시간 간격, 측정된 혈중알코올농도의 수치와 처벌기준치의 차이, 음주를 지속한 시간 및 음주량, 단속 및 측정 당시 운전자의 행동 양상, 교통사고가 있었다면 그 사고의 경위 및 정황 등 증거에 의하여 인정되는 여러 사정을 종합적으로 고려하여 논리와 경험칙에 따라 합리적으로 판단하여야 한다.

2. 원심판결 이유에 의하면, ① 피고인은 2012. 7. 8. 01:45경까지 '○○국수'에서 안주와 함께 소주 4잔 정도를 마신 사실, ② 이후 피고인은 운전을 시작하여 02:08경까지 운전을 하였고 02:31경 경찰로부터 호흡측정을 받았는데, 그 혈중알코올농도는 0.080%로 측정된 사실, ③ 이에 피고인이 채혈측정을 요구하여 02:43경 서울성북성심의원에서 채혈이 이루어졌으며, 감정의뢰를 받은 국립과학수사연구원의 감정결과에 의한 혈중알코올농도는 0.201%로 측정된 사실 등을 알 수 있다.

3. 우선 주위적 공소사실에 대한 상고이유에 대하여 본다.

   이 부분 공소사실의 요지는 '피고인은 2012. 7. 8. 02:31경 혈중알코올농도 0.201%의 주취 상태로 운전을 하였다'는 것으로서 그 적용법조는 도로교통법 제148조의2 제2항 제1호(혈중알코올농도가 0.2% 이상인 경우)이다.

   그런데 앞서 본 법리와 위 사실관계에 의하면, 피고인의 운전 시점은 혈중알코올농도

의 상승시점인지 하강시점인지를 확정하기 어려운 때인 것으로 보이고 운전을 종료한 때로부터 35분이 경과한 시점에서 측정된 혈중알코올농도가 위 규정이 적용되는 기준치인 0.2%를 불과 0.001% 초과한 경우이므로, 실제 운전 시점의 혈중알코올농도가 위 처벌기준치를 초과하였다고 단정할 수는 없다고 할 것이다.

원심의 이 부분 판단에 다소 부적절한 점은 있으나, 이 부분 공소사실을 무죄로 판단한 결론은 정당하고, 거기에 상고이유로 주장하는 법리오해 등의 위법이 없다.

4. 다음으로 예비적 공소사실에 대한 상고이유에 대하여 본다.

이 부분 공소사실의 요지는 '피고인은 2012. 7. 8. 02:31경 혈중알코올농도 0.08%의 주취 상태로 운전을 하였다'는 것으로서 그 적용법조는 도로교통법 제148조의2 제2항 제3호(혈중알코올농도가 0.05% 이상 0.1% 미만인 경우)이다.

이에 대하여 원심은 그 판시와 같은 이유로, 피고인이 운전을 종료할 당시에도 혈중알코올농도가 0.05% 이상이었다는 점이 합리적 의심을 배제할 정도로 입증되었다고 보기 어렵다고 판단하여 이 부분 공소사실에 대하여 무죄를 선고한 제1심판결을 그대로 유지하였다.

그러나 원심의 위와 같은 판단은 앞서 본 법리와 기록에 비추어 그대로 납득하기 어렵다. 그 이유는 아래와 같다.

① 우선 앞서 본 바와 같이 이 사건의 경우 피고인이 운전을 종료한 시점과 호흡측정을 한 시점의 시간 간격은 23분에 불과하고, 그 측정된 수치가 0.08%로서 처벌기준치인 0.05%를 크게 상회하고 있다.

② 제1심이 증거로 채택한 주취운전자정황진술보고서에는 위 호흡측정 당시의 피고인의 상태에 대해서 '언행은 더듬거림, 보행은 약간 비틀거림, 혈색은 약간 붉음'이라고 기재되어 있고, 제1심이 적법하게 채택한 증거들에 의하면 당시 피고인이 단속된 이유는 피고인이 운전 중 택시와 시비가 되어 정차하여 서로 이야기를 하게 되었는데 택시기사가 술냄새를 맡고 경찰에 신고하였기 때문임을 알 수 있다. 즉 당시 피고인은 외관상으로도 상당히 취해 있었던 것으로 보인다.

③ 비록 앞서 본 '음주 후 30분~90분 사이에 혈중알코올농도가 최고치에 이른다'는 일반적인 기준을 피고인에게 유리하게 적용할 경우 음주 종료 시부터 46분이 경과한 위 호흡측정 당시 및 58분이 경과한 혈액측정 당시에도 여전히 혈중알코올농도의 상승기라고 볼 여지가 있기는 하지만, 피고인의 경찰 및 법정에서의 진술에 의하면 피고인은 2012. 7. 7. 23:30경부터 2시간 이상에 걸쳐 국수, 제육볶음 등의 안주와 함께 술을 마셨다는 것이므로 반드시 상승기에 있었다고 단정하기는 어려워 보인다.

④ 위 호흡측정으로부터 불과 12분만에 피고인의 요구에 따라 혈액측정이 있었고 그 수치가 0.201%로 측정되었는데, 앞서 본 바와 같이 운전 종료시점에 0.2%가 넘

었을 것이라고 단정하기는 어렵다고 하더라도, 적어도 0.05% 이상이었을 가능성은 충분해 보인다. 한편 이와 관련하여 원심은 호흡측정수치와 혈액측정수치 사이에 비정상적으로 큰 편차가 있고 혈액을 냉장포장하지 않고 일반포장으로 처리한 점 등 그 판시와 같은 이유로 위 혈액측정결과에 오류가 있을 가능성을 배제하기 어렵다고 판단하였다. 그러나 호흡측정기에 의한 측정의 경우 그 측정기의 상태, 측정방법, 상대방의 협조정도 등에 의하여 그 측정결과의 정확성과 신뢰성에 문제가 있을 수 있어, 혈액의 채취 또는 검사과정에서 인위적인 조작이나 관계자의 잘못이 개입되는 등 혈액채취에 의한 검사결과를 믿지 못할 특별한 사정이 없는 한, 혈액검사에 의한 음주측정치가 호흡측정기에 의한 음주측정치보다 측정 당시의 혈중알코올농도에 더 근접한 음주측정치라고 보는 것이 경험칙에 부합하는 것이므로 (대법원 2004. 2. 13. 선고 2003도6905 판결 등 참조), 원심이 든 사정만으로 혈액측정의 결과가 잘못되었다고 볼 수 있는지 의문이다(원심은 단속 경찰관인 공소외인의 증언에 기초하여 피고인의 혈액이 냉장포장되지 않고 일반포장으로 처리되었다고 인정한 것으로 보이나, 위 증언의 취지는 혈액을 채취한 후 경찰서에서는 냉장보관을 하다가 국립과학수사연구원에 택배로 보내는 과정에서 냉장포장이 아닌 일반포장을 하였다는 것에 불과한 것으로 보인다).

결국 운전 종료 당시 피고인의 혈중알코올농도가 0.05% 이상이었다고 보기 어렵다고 한 원심의 위와 같은 판단에는 음주운전에 있어서 혈중알코올농도의 입증에 관한 법리를 오해하여 필요한 심리를 다하지 못하였거나 논리와 경험칙을 위반하여 자유심증주의의 한계를 벗어난 위법이 있다고 할 것이다. 이 점을 지적하는 취지의 상고이유의 주장은 이유 있다.

5. 따라서 원심판결 중 예비적 공소사실에 관한 부분은 파기를 면할 수 없고 이와 동일체의 관계에 있는 주위적 공소사실에 관한 부분 역시 함께 파기될 수밖에 없다.

이에 관여 대법관의 일치된 의견으로 원심판결을 파기하고, 사건을 다시 심리·판단하도록 원심법원에 환송하기로 하여 주문과 같이 판결한다.

판례20 | 음주운전 중 교통사고를 내고 의식불명 상태에 빠져 병원으로 후송된 운전자에 대하여 수사기관이 영장 없이 강제채혈을 할 수 있는지 여부(한정적극) 및 이 경우 사후 압수영장을 받아야 하는지 여부(적극)[대법원 2012. 11. 15. 선고 2011도15258 판결]

【판결요지】

음주운전 중 교통사고를 야기한 후 피의자가 의식불명 상태에 빠져 있는 등으로 도로교통법이 음주운전의 제1차적 수사방법으로 규정한 호흡조사에 의한 음주측정이 불가능하고 혈액 채취에 대한 동의를 받을 수도 없을 뿐만 아니라 법원으로부터 혈액 채취에 대한 감정처분허가장이나 사전 압수영장을 발부받을 시간적 여유도 없는 긴급한 상황이 생길 수 있다. 이러한 경우 피의자의 신체 내지 의복류에 주취로 인한 냄새가 강하게 나는 등 형사소송법 제211조 제2항 제3호가 정하는 범죄의 증적이 현저한 준현행범인의 요건이 갖추어져 있고 교통사고 발생 시각으로부터 사회통념상 범행 직후라고 볼 수 있는 시간 내라면, 피의자의 생명·신체를 구조하기 위하여 사고현장으로부터 곧바로 후송된 병원 응급실 등의 장소는 형사소송법 제216조 제3항의 범죄 장소에 준한다 할 것이므로, 검사 또는 사법경찰관은 피의자의 혈중알코올농도 등 증거의 수집을 위하여 의료법상 의료인의 자격이 있는 자로 하여금 의료용 기구로 의학적인 방법에 따라 필요최소한의 한도 내에서 피의자의 혈액을 채취하게 한 후 그 혈액을 영장 없이 압수할 수 있다. 다만 이 경우에도 형사소송법 제216조 제3항 단서, 형사소송규칙 제58조, 제107조 제1항 제3호에 따라 사후에 지체 없이 강제채혈에 의한 압수의 사유 등을 기재한 영장청구서에 의하여 법원으로부터 압수영장을 받아야 한다.

【원심판결】

수원지법 2011. 10. 20. 선고 2011노3958 판결

【주문】

상고를 기각한다.

【이유】

상고이유를 판단한다.

1. 가. 우리 헌법은 "누구든지 법률에 의하지 아니하고는 체포·구속·압수·수색 또는 심문을 받지 아니하며"(헌법 제12조 제1항 후문), "체포·구속·압수 또는 수색을 할 때에는 적법한 절차에 따라 검사의 신청에 의하여 법관이 발부한 영장을 제시하여야 한다. 다만 현행범인인 경우와 장기 3년 이상의 형에 해당하는 죄를 범하고 도피 또는 증거인멸의 염려가 있을 때에는 사후에 영장을 청구할 수 있다."고 규정하여(같은 조 제3항) 압수·수색에 관한 적법절차와 영장주의의 근간을 선언하고 있다.

이를 이어받아 형사소송법은 사법경찰관이 범죄수사에 필요한 때에는 검사에게 신청하여 검사의 청구로 판사가 발부한 영장에 의하여 압수, 수색 또는 검증을 할 수 있고(제215조 제2항), 검사 또는 사법경찰관은 제200조의2, 제200조의3, 제201조 또는 제212조의 규정에 의하여 피의자를 체포 또는 구속하는 경우에 필요한 때에는 체포현장에서 영장 없이 압수, 수색, 검증을 할 수 있으나, 압수한 물건을 계속 압수할 필요가 있는 경우에는 체포한 때부터 48시간 이내에 지체 없이 압수·수

색영장을 청구하여야 하며(제216조 제1항 제2호, 제217조 제2항), 범행 중 또는 범행 직후의 범죄 장소에서 긴급을 요하여 판사의 영장을 받을 수 없는 때에는 영장 없이 압수, 수색 또는 검증을 할 수 있으나, 이 경우에는 사후에 지체 없이 영장을 받아야 하고(제216조 제3항), 검사 또는 사법경찰관으로부터 감정을 위촉받은 감정인은 감정에 관하여 필요한 때에는 검사의 청구에 의해 판사로부터 허가장을 발부받아 감정에 필요한 처분을 할 수 있다고 규정함으로써(제221조 제2항, 제221조의4, 제173조 제1항) 실체적 진실 규명과 개인의 권리보호 이념을 조화롭게 실현할 수 있도록 압수·수색·검증과 감정처분절차에 관한 구체적 기준을 마련하고 있다. 그리고 나아가 "적법한 절차에 따르지 아니하고 수집한 증거는 증거로 할 수 없다."고 규정함으로써(제308조의2) 위와 같은 구체적 기준을 마련하고 있는 형사소송법의 규범력이 확고히 유지되도록 하고 있다.

따라서 헌법과 형사소송법이 정한 절차에 따르지 아니하고 수집된 증거는 기본적 인권 보장을 위해 마련된 적법한 절차에 따르지 않은 것으로서 원칙적으로 유죄 인정의 증거로 삼을 수 없고, 위와 같은 법리는 이를 기초로 하여 획득한 2차적 증거에도 마찬가지로 적용된다고 할 것이다. 그렇다면 수사기관이 법원으로부터 영장 또는 감정처분허가장을 발부받지 아니한 채 피의자의 동의 없이 피의자의 신체로부터 혈액을 채취하고 사후에도 지체 없이 영장을 발부받지 아니한 채 그 혈액 중 알코올농도에 관한 감정을 의뢰하였다면, 이러한 과정을 거쳐 얻은 감정의뢰회보 등은 형사소송법상 영장주의 원칙을 위반하여 수집하거나 그에 기초하여 획득한 증거로서, 원칙적으로 그 절차위반행위가 적법절차의 실질적인 내용을 침해하여 피고인이나 변호인의 동의가 있더라도 유죄의 증거로 사용할 수 없다고 할 것이다(대법원 2011. 4. 28. 선고 2009도2109 판결 등 참조).

나. 한편 수사기관이 범죄 증거를 수집할 목적으로 피의자의 동의 없이 피의자의 혈액을 취득·보관하는 행위는 법원으로부터 감정처분허가장을 받아 형사소송법 제221조의4 제1항, 제173조 제1항에 의한 '감정에 필요한 처분'으로도 할 수 있지만, 형사소송법 제219조, 제106조 제1항에 정한 압수의 방법으로도 할 수 있고, 압수의 방법에 의하는 경우 혈액의 취득을 위하여 피의자의 신체로부터 혈액을 채취하는 행위는 그 혈액의 압수를 위한 것으로서 형사소송법 제219조, 제120조 제1항에 정한 '압수영장의 집행에 있어 필요한 처분'에 해당한다고 할 것이다.

그런데 음주운전 중 교통사고를 야기한 후 피의자가 의식불명 상태에 빠져 있는 등으로 도로교통법이 음주운전의 제1차적 수사방법으로 규정한 호흡조사에 의한 음주측정이 불가능하고 혈액 채취에 대한 동의를 받을 수도 없을 뿐만 아니라 법원으로부터 혈액 채취에 대한 감정처분허가장이나 사전 압수영장을 발부받을 시간적 여유도 없는 긴급한 상황이 생길 수 있다. 이러한 경우 피의자의 신체 내지 의복류에 주취로 인한 냄새가 강하게 나는 등 형사소송법 제211조 제2항 제3호가 정하는 범죄의 증적이 현저한 준현행범인으로서의 요건이 갖추어져 있고 교통사고 발생 시각으로부터 사회통념상 범행 직후라고 볼 수 있는 시간 내라면, 피의자의 생명·신체를 구조하기 위하여 사고현장으로부터 곧바로 후송된 병원 응급실 등의 장소는 형사소송법 제216조 제3항의 범죄 장소에 준한다 할 것이므로, 검사 또는 사법경찰관은 피의자의 혈중알코올농도 등 증거의 수집을 위하여 의료법상 의료인의 자격이 있는 자로 하여금 의료용 기구로 의학적인 방법에 따라 필요최소한의 한도 내에서 피의자의 혈액을 채취하게 한 후 그 혈액을 영장 없이 압수할 수 있다고 할 것이다. 다만 이 경우에도 형사소송법 제216조 제3항 단서, 형사소송규칙 제58조, 제107조 제1항 제3호에 따라 사후에 지체 없이 강제채혈에 의한 압수의 사유 등을 기재한 영장청구서에 의하여 법원으로부터 압수영장을 받아야 함은 물론이다.

2. 원심은 그 채택 증거에 의하여, 피고인이 2011. 3. 5. 23:45경 판시 장소에서 오토바이를 운전하여 가다가 선행 차량의 뒷부분을 들이받는 교통사고를 야기한 후 의식을 잃은 채 119 구급차량에 의하여 병원 응급실로 후송된 사실, 사고 시각으로부터 약 1시간 후인 2011. 3. 6. 00:50경 사고신고를 받고 병원 응급실로 출동한 경찰관은 법원으로부터 압수·수색 또는 검증 영장을 발부받지 아니한 채 피고인의 아들로부터 동의를 받아 간호사로 하여금 의식을 잃고 응급실에 누워 있는 피고인으로부터 채혈을 하도록 한 사실 등을 인정하였다. 그리고 나아가 이 사건 채혈은 법관으로부터 영장을 발부받지 않은 상태에서 이루어졌고 사후에 영장을 발부받지도 아니하였으므로 피고인의 혈중알코올농도에 대한 국립과학수사연구소의 감정의뢰회보 및 이에 기초한 주취운전자 적발보고서, 주취운전자 정황보고서 등의 증거는 위법수집증거로서 증거능력이 없으므로, 피고인의 자백 외에 달리 이를 보강할 만한 증거가 없다는 이유로 이 사건 공소사실을 무죄로 판단하였다.

원심판결 이유를 앞서 본 법리와 기록에 비추어 살펴보면, 원심이 적법한 절차에 따르지 아니하고 수집된 피고인의 혈액을 이용한 혈중알코올농도에 관한 감정의뢰회보 등의 증거능력을 부정한 것은 정당하고, 달리 위와 같은 증거의 증거능력을 배제하는 것이 헌법과 형사소송법이 형사소송에 관한 절차 조항을 마련하여 적법절차의 원칙과 실체적 진실 규명의 조화를 도모하고 이를 통하여 형사사법 정의를 실현하려 한 취지에 반하는 결과를 초래하는 것으로 평가되는 예외적인 경우에 해당한다고 볼 사유도 찾아볼 수 없다.

3. 그러므로 상고를 기각하기로 하여 관여 대법관의 일치된 의견으로 주문과 같이 판결한다.

【판결요지】

[1] 호흡측정기에 의한 혈중알코올 농도의 측정은 장에서 흡수되어 혈액 중에 용해되어 있는 알코올이 폐를 통과하면서 증발하여 호흡공기로 배출되는 것을 측정하는 것이므로, 최종 음주시로부터 상당한 시간이 경과하지 아니하였거나, 트림, 구토, 치아보철, 구강청정제 사용 등으로 인하여 입 안에 남아 있는 알코올, 알코올 성분이 있는 구강 내 타액, 상처부위의 혈액 등이 폐에서 배출된 호흡공기와 함께 측정될 경우에는 실제 혈중알코올의 농도보다 수치가 높게 나타나는 수가 있어, 피측정자가 물로 입 안 헹구기를 하지 아니한 상태에서 한 호흡측정기에 의한 혈중알코올농도의 측정 결과만으로는 혈중알코올농도가 반드시 그와 같다고 단정할 수 없고, 오히려 호흡측정기에 의한 측정수치가 혈중알코올 농도보다 높을 수 있다는 의심을 배제할 수 없다.

[2] 음주종료 후 4시간 정도 지난 시점에서 물로 입 안을 헹구지 아니한 채 호흡측정기로 측정한 혈중알코올농도 수치가 0.05%로 나타난 사안에서, 위 증거만으로는 피고인이 혈중알코올농도 0.05% 이상의 술에 취한 상태에서 자동차를 운전하였다고 인정하기 부족하다고 한 사례.

【원심판결】

고등군사법원 2009. 2. 17. 선고 2008노233 판결

【주문】

원심판결을 파기하고, 사건을 고등군사법원에 환송한다.

【이유】

상고이유를 살펴본다.

1. 호흡측정기에 의한 혈중알코올농도의 측정은 장에서 흡수되어 혈액 중에 용해되어 있는 알코올이 폐를 통과하면서 증발하여 호흡공기로 배출되는 것을 측정하는 것이므로, 최종 음주시로부터 상당한 시간이 경과하지 아니하였거나, 트림, 구토, 치아보철, 구강청정제 사용 등으로 인하여 입 안에 남아 있는 알코올, 알코올 성분이 있는 구강 내 타액, 상처부위의 혈액 등이 폐에서 배출된 호흡공기와 함께 측정될 경우에는 실제 혈중알코올의 농도보다 수치가 높게 나타나는 수가 있어, 피측정자가 물로 입 안 헹구기를 하지 아니한 상태에서 한 호흡측정기에 의한 혈중알코올농도의 측정 결과만으로는 혈중알코올농도가 반드시 그와 같다고 단정할 수 없고, 오히려 호흡측정기에 의한 측

정수치가 혈중알코올농도보다 높을 수 있다는 의심을 배제할 수 없다(대법원 2006. 11. 23. 선고 2005도7034 판결 등 참조).

2. 원심판결 이유에 의하면, 원심은 그 채용 증거에 의하여 그 판시 사실들을 인정한 다음, 최종 음주시로부터 4시간이나 지난 시점에 음주측정을 하였으므로 피고인의 입안은 물론 혈중에도 알코올이 잔존할 가능성이 전혀 없으므로 호흡측정기에 의한 측정 결과(혈중알코올농도 0.05%)는 충분히 신빙성이 있다는 이유로, 피고인에 대하여 무죄를 선고한 제1심판결을 파기하고 유죄를 선고하였다.

3. 그러나 원심의 위와 같은 판단은 다음과 같은 이유에서 수긍하기 어렵다.

원심판결 이유 및 기록에 의하면, 음주종료시로부터 4시간 정도 경과시 알코올이 체내에 모두 흡수되어 위장 등에 잔존하지 않는다는 것일 뿐이고 혈중에 알코올이 잔존하지 않는다고 할 수 없는 점, 혈중에 알코올 성분이 없다면 호흡측정기에 의한 측정시 음주수치가 나올 리가 없는 점, 혈중알코올은 체내의 액체에 고루 분산되는데 대부분이 물인 타액에도 혈액에 함유된 양 정도의 알코올이 존재하므로, 타액 내에 포함된 이러한 알코올 성분이 음주측정시 영향을 미칠 수 있는 점, 피고인은 만성 치주염을 앓고 있고 여러 개의 치아보철물이 있으며 그 밖에 피고인의 나이와 직업 등을 감안하면 잇몸과 치아의 틈새 등에 알코올이 잔존해 있을 가능성도 있는 점, 그럼에도 물로 입 안을 헹구지 아니한 채 음주측정을 하였기 때문에 피고인의 입 안에 잔존해 있던 알코올로 인해 호흡측정기에 의한 측정수치가 혈중알코올농도보다 높게 나올 가능성을 배제할 수 없는 점, 피고인에 대한 호흡측정기에 의한 음주측정 결과 측정수치는 처벌 한계수치인 0.05%에 불과한 점, 주취운전자 정황진술보고서에 음주측정 당시 피고인의 언행상태가 정상적인 목소리, 보행상태가 보통이었다고 기재되어 있는 점 등을 알 수 있다.

앞서 본 법리에 위와 같은 사정을 비추어 보면, 검찰관이 제출한 증거만으로는 피고인이 혈중알코올농도 0.05% 이상의 술에 취한 상태에서 자동차를 운전하였다는 공소사실을 인정하기 부족하다고 할 것이다.

그렇다면 이 사건 공소사실은 그 범죄의 증거가 없다고 보아야 할 것인바, 원심이 이와 달리 범죄의 증거가 있다고 판시한 것에는 채증법칙을 위반하여 사실을 오인함으로써 판결 결과에 영향을 미친 잘못이 있다. 이 점을 지적하는 피고인의 주장은 이유 있다.

4. 그러므로 원심판결을 파기하고, 사건을 다시 심리·판단하게 하기 위하여 원심법원에 환송하기로 하여, 관여 대법관의 일치된 의견으로 주문과 같이 판결한다.

판례22 | 음주측정 결과를 유죄의 증거로 삼기 위한 요건[대법원 2008. 8. 21. 선고 2008도 5531 판결]

【판결요지】

[1] 도로교통법 제44조 제2항의 규정에 의하여 실시한 음주측정 결과는 그 결과에 따라서는 운전면허를 취소하거나 정지하는 등 당해 운전자에게 불이익한 처분을 내리게 되는 근거가 될 수 있고 향후 수사와 재판에 있어 중요한 증거로 사용될 수 있으므로, 음주측정은 음주측정 기계나 운전자의 구강 내에 남아 있는 잔류 알코올로 인하여 잘못된 결과가 나오지 않도록 미리 필요한 조치를 취하는 등 그 측정결과의 정확성과 객관성이 담보될 수 있는 공정한 방법과 절차에 따라 이루어져야 하고, 만약 당해 음주측정 결과가 이러한 방법과 절차에 의하여 얻어진 것이 아니라면 이를 쉽사리 유죄의 증거로 삼아서는 아니 된다.

[2] 범죄구성요건사실의 존부를 알아내기 위해 과학공식 등의 경험칙을 이용하는 경우에 그 법칙 적용의 전제가 되는 개별적이고 구체적인 사실에 대하여는 엄격한 증명을 요하는바, 위드마크 공식의 경우 그 적용을 위한 자료로 섭취한 알코올의 양, 음주 시각, 체중 등이 필요하므로 그런 전제사실에 대한 엄격한 증명이 요구된다. 한편, 위드마크 공식에 따른 혈중알코올농도의 추정방식에는 알코올의 흡수분배로 인한 최고 혈중알코올농도에 관한 부분과 시간경과에 따른 분해소멸에 관한 부분이 있고, 그 중 최고 혈중알코올농도의 계산에서는 섭취한 알코올의 체내흡수율과 성, 비만도, 나이, 신장, 체중 등이 그 결과에 영향을 미칠 수 있으며 개인마다의 체질, 음주한 술의 종류, 음주 속도, 음주시 위장에 있는 음식의 정도 등에 따라 최고 혈중알코올농도에 이르는 시간이 달라질 수 있고, 알코올의 분해소멸에는 평소의 음주 정도, 체질, 음주 속도, 음주 후 신체활동의 정도 등이 시간당 알코올 분해량에 영향을 미칠 수 있는 등 음주 후 특정 시점에서의 혈중알코올농도에 영향을 줄 수 있는 다양한 요소들이 있는바, 형사재판에 있어서 유죄의 인정은 법관으로 하여금 합리적인 의심을 할 여지가 없을 정도로 공소사실이 진실한 것이라는 확신을 가지게 할 수 있는 증명이 필요하므로, 위 각 영향요소들을 적용함에 있어 피고인이 평균인이라고 쉽게 단정하여서는 아니 되고 필요하다면 전문적인 학식이나 경험이 있는 자의 도움을 받아 객관적이고 합리적으로 혈중알코올농도에 영향을 줄 수 있는 요소들을 확정하여야 한다.

[3] 운전자에 대한 음주측정시 구강 내 잔류 알코올 등으로 인한 과다측정을 방지하기 위한 조치를 전혀 취하지 않았고, 위드마크(Widmark) 공식에 따라 혈중알코올농도를 산출하면서 적합하지 아니한 체중 관련 위드마크인수를 적용한 점 등에 비추어, 혈중알코올농도 측정치가 0.062%로 나왔다는 사실만으로는 운전자가 혈중알코올농도 0.05% 이상의 상태에서 자동차를 운전하였다고 단정할 수 없다고 한 사례.

【원심판결】

서울중앙지법 2008. 6. 12. 선고 2008노1424 판결

【주문】

원심판결을 파기하고, 사건을 서울중앙지방법원 합의부에 환송한다.

【이유】

상고이유를 본다.

도로교통법 제44조 제2항의 규정에 의하여 실시한 음주측정 결과는 그 결과에 따라서는 운전면허를 취소하거나 정지하는 등 당해 운전자에게 불이익한 처분을 내리게 되는 근거가 될 수 있고 향후 수사와 재판에 있어 중요한 증거로 사용될 수 있으므로, 음주측정을 함에 있어서는 음주측정 기계나 운전자의 구강 내에 남아 있는 잔류 알코올로 인하여 잘못된 결과가 나오지 않도록 미리 필요한 조치를 취하는 등 그 측정 결과의 정확성과 객관성이 담보될 수 있는 공정한 방법과 절차에 따라 이루어져야 하고, 만약 당해 음주측정 결과가 이러한 방법과 절차에 의하여 얻어진 것이 아니라면 이를 쉽사리 유죄의 증거로 삼아서는 아니 된다(대법원 2006. 5. 26. 선고 2005도7528 판결 참조).

한편, 범죄구성요건사실의 존부를 알아내기 위해 과학공식 등의 경험칙을 이용하는 경우에는 그 법칙 적용의 전제가 되는 개별적이고 구체적인 사실에 대하여는 엄격한 증명을 요하는 바, 위드마크 공식의 경우 그 적용을 위한 자료로 섭취한 알코올의 양, 음주 시각, 체중 등이 필요하므로 그런 전제사실에 대한 엄격한 증명이 요구된다. 나아가 위드마크 공식에 따른 혈중알코올농도의 추정방식에는 알코올의 흡수분배로 인한 최고 혈중알코올농도에 관한 부분과 시간경과에 따른 분해소멸에 관한 부분이 있고, 그 중 최고 혈중알코올농도의 계산에 있어서는 섭취한 알코올의 체내흡수율과 성, 비만도, 나이, 신장, 체중 등이 그 결과에 영향을 미칠 수 있으며 개인마다의 체질, 음주한 술의 종류, 음주 속도, 음주시 위장에 있는 음식의 정도 등에 따라 최고 혈중알코올농도에 이르는 시간이 달라질 수 있고, 알코올의 분해소멸에 있어서는 평소의 음주 정도, 체질, 음주 속도, 음주 후 신체활동의 정도 등이 시간당 알코올 분해량에 영향을 미칠 수 있는 등 음주 후 특정 시점에서의 혈중알코올농도에 영향을 줄 수 있는 다양한 요소들이 있는바, 형사재판에 있어서 유죄의 인정은 법관으로 하여금 합리적인 의심을 할 여지가 없을 정도로 공소사실이 진실한 것이라는 확신을 가지게 할 수 있는 증명이 필요하므로, 위 각 영향요소들을 적용함에 있어 피고인이 평균인이라고 쉽게 단정하여서는 아니 되고 필요하다면 전문적인 학식이나 경험이 있는 자의 도움을 받아 객관적이고 합리적으로 혈중알코올농도에 영향을 줄 수 있는 요소들을 확정하여야 한다(대법원 2000. 11. 10. 선고 99도5541 판결 등 참조).

기록에 의하면, 피고인은 2007. 10. 13. 22:15경 술을 마신 상태에서 소나타 승용차

를 운전하다가 공소외인 운전의 오토바이를 충격하는 사고를 낸 사실(이하 '이 사건 사고'라 한다), 피고인은 이 사건 사고 직후 인근에 있는 '부부닭한마리'라는 상호의 식당에서 참이슬 소주 1병을 사서, 그 중 3분지 2 정도를 마신 사실, 경찰은 같은 날 22:25경 피고인으로 하여금 물로 입안을 헹구게 하지 아니한 채 음주측정기로 피고인의 혈중알코올농도를 측정하였는데, 그 혈중알코올농도가 0.109%로 측정된 사실, 경찰은 피고인이 이 사건 사고 후 알코올도수 0.21%의 소주 260㎖를 마셨다는 것을 기초로 하여, 체내흡수율 70%, 피고인의 체중과 관련한 위드마크인수 0.86을 각 적용한 위드마크공식에 의하여 피고인이 이 사건 사고 후 마신 술에 의한 혈중알코올농도를 0.047%로 계산한 다음, 위 측정수치 0.109%에서 위 0.047%를 감한 0.062%를 이 사건 사고 당시 피고인의 혈중알코올농도로 계산한 사실 등을 알 수 있다.

위 법리에 비추어 살펴보면, 피고인에 대한 음주측정은 피고인이 음주한 후 불과 10분도 경과되지 아니한 시기에 피고인으로 하여금 물로 입안을 헹구게 하는 등 구강 내 잔류 알코올 등으로 인한 과다측정을 방지하기 위한 조치를 취하지 않은 상태에서 이루어진 것이므로, 구강 내 잔류 알코올로 인하여 과다측정되었을 가능성을 배제할 수 없어 유죄의 증거로 사용할 수 없고, 또한 경찰은 피고인이 이 사건 사고 후 마신 술에 의한 혈중알코올농도를 추산하기 위하여 위드마크공식을 사용하면서 피고인의 체중과 관련한 위드마크인수로 0.86을 적용하였으나, 기록상 피고인의 신체적 조건 등이 위 수치를 적용하기에 적합하다고 볼 아무런 자료가 없고, 이미 알려진 신빙성 있는 통계자료 중 피고인의 체중과 관련한 위드마크인수로 위 0.86 대신에 이 사건에서 피고인에게 가장 유리한 0.52를 적용하여 피고인이 이 사건 사고 후 마신 술에 의한 혈중알코올농도를 계산해보면 0.077%[={260㎖ × 0.21(참이슬 소주의 알콜도수) × 0.7894g/㎖(알코올의 비중) × 0.7(체내흡수율)}/{75㎏ × 0.52 × 10}]가 되므로, 이 사건 사고 당시 피고인의 혈중알코올농도는 0.032%(=0.109% - 0.077%)에 불과하게 되어, 결국 어느 모로 보나 피고인이 이 사건 사고 당시 혈중알코올농도 0.05% 이상의 주취상태에 있었다고 단정할 수 없고, 달리 이를 인정할 수 있는 어떠한 자료도 보이지 않는다.

그런데도 원심은 피고인이 이 사건 사고 당시 혈중알코올농도 0.062%의 주취상태에 있었다고 속단하여 이 사건 각 공소사실을 모두 유죄로 인정한 제1심판결을 그대로 유지하였으니, 원심판결에는 채증법칙을 위반하거나 음주측정방법 내지 위드마크공식의 적용에 관한 법리를 오해하여 판결에 영향을 미친 위법이 있고, 이를 지적하는 상고이유의 주장은 이유 있다.

그러므로 원심판결을 파기하고, 사건을 다시 심리·판단하게 하기 위하여 원심법원에 환송하기로 관여 대법관의 의견이 일치되어 주문과 같이 판결한다.

【판결요지】

개인택시운송사업자가 음주운전을 하다가 사망한 후 상속인이 그 지위를 승계하기 위하여 상속 신고를 한 경우에, 망인의 음주운전은 운전면허의 취소사유에 불과할 뿐 개인택시운송사업면허의 취소사유가 될 수 없고, 개인택시운송사업의 양도·양수 인가의 제한에 관한 규정이 개인택시운송사업의 상속 신고에도 적용된다고 볼 근거도 없으므로, 관할관청이 망인의 음주운전을 이유로 상속 신고의 수리를 거부하는 것은 위법하다고 한 사례.

【원심판결】

서울고법 2007. 11. 22. 선고 2007누14628 판결

【주문】

원심판결을 파기하고, 사건을 서울고등법원에 환송한다.

【이유】

상고이유를 판단한다.

1. 이 사건 개인택시운송사업면허 취소처분의 적법 여부에 관하여

구 여객자동차운수사업법(2007. 7. 13. 법률 제8511호로 개정되기 전의 것, 이하 '법'이라고 한다) 제76조 제1항 제15호, 법 시행령 제29조에는 관할관청은 개인택시운송사업자의 운전면허가 취소된 때에 그의 개인택시운송사업면허를 취소할 수 있도록 규정되어 있을 뿐 그에게 운전면허 취소사유가 있다는 사유만으로 개인택시운송사업면허를 취소할 수 있도록 하는 규정이 없으므로, 관할관청으로서는 비록 개인택시운송사업자에게 운전면허 취소사유가 있다 하더라도 그로 인하여 운전면허 취소처분이 이루어지지 않은 이상 개인택시운송사업면허를 취소할 수는 없다 할 것이다.

원심판결 이유에 의하면, 원심은 그 채용 증거들을 종합하여 판시와 같은 사실을 인정한 다음, 망 소외인(이하 '망인'이라고 한다)에게 음주운전으로 인하여 운전면허 취소사유가 있는 것으로 확인되고 그 운전면허가 취소되었으므로 비록 운전면허대장에 직접적인 취소사유가 사망으로 기재되어 있다고 하더라도 그 실질적 취소사유는 음주운전인 이상, 이는 법 제76조 제1항 제15호에 의한 개인택시운송사업면허의 취소사유가

되므로 피고가 망인의 음주운전이 운전면허 취소사유에 해당한다는 이유로 한 이 사건 개인택시운송사업면허 취소처분은 적법하다고 판단하였다.

그러나 망인이 음주운전을 하다가 사망하였다면 망인에 대하여 음주운전을 이유로 한 운전면허 취소처분은 불가능하고, 음주운전은 운전면허 취소사유에 불과할 뿐 개인택시운송사업면허 취소사유가 될 수는 없으므로 피고의 이 사건 개인택시운송사업면허 취소처분은 취소사유 없이 행해진 처분으로서 위법하다 할 것이다.

따라서 원심이 망인의 음주운전이 개인택시운송사업면허의 취소사유가 될 수 있다고 한 것은 개인택시운송사업면허의 취소사유에 관한 법리오해의 위법이 있다 할 것이므로 이 점을 지적하는 상고이유의 주장은 이유 있다.

2. 이 사건 상속신고 불수리처분의 적법 여부에 관하여

법에 의하면, 여객자동차운송사업자가 사망한 경우 상속인이 그 여객자동차운송사업을 계속하고자 하는 때에는 피상속인이 사망한 날부터 90일 이내에 건설교통부장관 또는 시·도지사에게 신고하도록 되어 있고(법 제16조 제1항), 위와 같이 신고를 한 상속인은 피상속인의 운송사업자의 지위를 승계하도록 되어 있으며(법 제16조 제3항), 개인택시운송사업의 면허를 받은 자가 사망한 경우 상속인 본인이 개인택시운송사업의 면허기준을 정한 제1항 또는 제7항의 규정에 의한 요건을 갖춘 때에는 법 제16조 제1항의 규정에 의한 신고를 하고 그 사업을 직접 승계할 수 있도록 되어 있다(법 시행규칙 제17조 제4항).

위와 같은 규정에 의하면, 개인택시운송사업자가 사망한 경우 관계 법령에서 정한 요건을 갖춘 상속인은 관할관청에 상속 신고를 함으로써 그 운송사업자로서의 지위를 승계받을 수 있으므로, 관할관청은 법률이 정한 사유가 있거나 또는 공공의 복리를 위하여 꼭 필요하다고 인정되는 경우에 한하여 그 신고의 수리를 거부할 수 있는 것으로 보아야 한다(대법원 2007. 3. 29. 선고 2006두17543 판결 참조).

원심판결 이유에 의하면 원심은, 망인의 음주운전은 개인택시운송사업면허 취소사유가 된다고 전제한 다음, 개인택시운송사업의 양도·양수 인가 신청시 양도인·양수인에게 음주운전 등 도로교통법 위반으로 인한 운전면허 취소처분이 있었거나 운전면허 취소사유가 있는 경우 양도·양수 인가를 제한하도록 한 법 제15조 제2항, 법 시행령 제29조, 법 시행규칙 제35조 제5항, 제6항은 개인택시운송사업의 상속 신고에 있어서도 적용되어야 하므로 망인이 음주운전을 하다가 사망한 이상 피고로서는 그 상속 신고의 수리를 거부할 수 있으므로 이 사건 불수리처분은 적법하다고 하였다.

그러나 앞서 본 바와 같이 망인의 음주운전은 운전면허 취소사유는 될 수 있으나 개인택시운송사업면허 취소사유는 될 수 없고, 개인택시운송사업의 양도·양수 인가를 제한하도록 한 위 법조항이 개인택시운송사업의 상속 신고에 있어서도 적용되어야 한다

고 볼 근거도 없으므로 피고가 망인이 음주운전을 하였다는 이유만으로 원고의 이 사건 상속 신고의 수리를 거부한 것은 위법하다 할 것이다.

따라서 원심이 이 사건 상속신고 불수리처분이 적법하다고 한 것은 개인택시운송사업의 상속 신고에 관한 법리오해의 위법이 있다 할 것이므로 이 점을 지적하는 상고이유의 주장도 이유 있다.

3. 결 론

그러므로 나머지 상고이유에 대한 판단을 생략한 채, 원심판결을 파기하고, 사건을 다시 심리·판단하게 하기 위하여 원심법원에 환송하기로 하여 관여 대법관의 일치된 의견으로 주문과 같이 판결한다.

판례24 │ 도로교통법 제44조 제2항에서 말하는 '측정'의 의미(=호흡측정기에 의한 측정) 및 운전자가 혈액채취 방법에 의한 혈중알콜농도 측정을 요구할 수 있는 시한[대법원 2008. 5. 8. 선고 2008도2170 판결]

【원심판결】

대전지법 2008. 2. 13. 선고 2007노2156 판결

【주문】

상고를 기각한다. 원심판결 중 판결선고 일자를 "2008. 2. 13."로 경정한다.

【이유】

상고이유를 본다.

도로교통법 제44조 제2항에 의하여 경찰공무원이 운전자가 술에 취하였는지의 여부를 알아보기 위하여 실시하는 측정은 호흡을 채취하여 그로부터 주취의 정도를 객관적으로 환산하는 측정 방법 즉, 호흡측정기에 의한 측정으로 이해하여야 할 것이고, 또한 운전자가 경찰공무원에 대하여 호흡측정기에 의한 측정 결과에 불복하여 그 즉시, 또는 2차, 3차 호흡측정을 실시하여 그 재측정 결과에도 불복하면서 혈액채취의 방법에 의한 측정을 요구할 수 있는 것은 경찰공무원이 운전자에게 호흡측정의 결과를 제시하여 확인을 구하는 때로부터 상당한 정도로 근접한 시점에 한정된다 할 것이고, 운전자가 정당한 이유 없이 위 시점으로부터 상당한 시간이 경과한 후에야 호흡측정 결과에 이의를 제기하면서 2차 호흡측정 또는 혈액채취의 방법에 의한 측정을 요구하는 경우에는 이를 정당한 요구라고 할 수 없으므로, 이와 같은 경우에는 경찰공무원이 2차 호흡측정 또는 혈액채취의 방법에 의한 측정을 실시하지 않았다고 하더라도 1차 호흡측정기에 의한 측정의 결과만으로 음주운전 사실을 증명할 수 있다 (대법원 2002. 3. 15. 선고 2001도7121 판결 등

참조).

기록에 의하면, 피고인은 이 사건 음주운전으로 단속당할 당시 단속경찰관에게 호흡측정기에 의한 혈중알콜농도 측정 결과에 불복하면서 상당한 시간 내에 명시적으로 2차 호흡측정 또는 혈액채취에 의한 혈중알콜농도 측정을 요구하였음을 인정할 자료가 없고, 또한 피고인에 대한 호흡측정기에 의한 혈중알콜농도 측정 결과가 피고인의 실제 음주 정도보다 높게 나왔다고 인정할 만한 객관적 사정도 없는 이상, 이 사건 음주운전단속 당시 피고인에 대한 호흡측정기에 의한 혈중알콜농도 측정 결과의 신빙성을 부정할 수 없다 할 것이다.

같은 취지에서 원심이 1차 호흡측정기에 의한 측정 결과 등을 근거로 피고인의 음주운전 사실을 유죄로 인정한 제1심판결을 그대로 유지한 것은 앞서 본 법리에 비추어 정당하고, 거기에 상고이유의 주장과 같은 위법이 있다 할 수 없다.

그러므로 상고를 기각하고 원심판결의 판결선고 일자는 오기임이 명백하므로 이를 경정하기로 하여 관여 대법관의 일치된 의견으로 주문과 같이 판결한다.

> **판례25 |** 교통단속처리지침 제38조 제6항에서 음주운전자가 채혈을 요구할 경우 '즉시' 채혈을 하도록 규정한 것의 의미*[대법원 2008. 4. 24. 선고 2006다32132 판결]*

【판결요지】

[1] 교통단속처리지침 제38조 제6항은 호흡측정기에 의한 측정결과의 오류방지와 음주운전 단속자에게 정확한 혈중알콜농도 측정의 기회를 제공하기 위한 규정으로서, 위 규정의 '주취운전자 적발보고서를 작성한 후 즉시'의 의미는 상당한 시간 경과 등으로 운전 당시의 혈중알콜농도 입증이 곤란하여지는 것 등을 방지하기 위하여 운전자가 경찰공무원에 대하여 호흡측정기에 의한 측정결과에 불복하고 혈액채취의 방법에 의한 측정을 요구한 때로부터 상당한 이유 없이 장시간 지체하지 않을 것을 의미한다고 해석함이 상당하다.

[2] 범죄의 예방·진압 및 수사는 경찰관의 직무에 해당하며 그 직무행위의 구체적 내용이나 방법 등이 경찰관의 전문적 판단에 기한 합리적인 재량에 위임되어 있으므로, 경찰관이 구체적 상황하에서 그 인적·물적 능력의 범위 내에서의 적절한 조치라는 판단에 따라 범죄의 진압 및 수사에 관한 직무를 수행한 경우, 경찰관에게 그와 같은 권한을 부여한 취지와 목적, 경찰관이 다른 조치를 취하지 아니함으로 인하여 침해된 국민의 법익 또는 국민에게 발생한 손해의 심각성 내지 그 절박한 정도, 경찰관이 그와 같은 결과를 예견하여 그 결과를 회피하기 위한 조치를 취할 수 있는 가능성이 있는지 여부 등을 종합적으로 고려하여 볼 때, 그것이 객관적 정당성을 상실하여 현

저하게 불합리하다고 인정되지 않는다면 그와 다른 조치를 취하지 아니한 부작위를 내세워 국가배상책임의 요건인 법령 위반에 해당한다고 할 수 없다.

[3] 경찰관이 음주운전 단속시 운전자의 요구에 따라 곧바로 채혈을 실시하지 않은 채 호흡측정기에 의한 음주측정을 하고 1시간 12분이 경과한 후에야 채혈을 하였다는 사정만으로는 위 행위가 법령에 위배된다거나 객관적 정당성을 상실하여 운전자가 음주운전 단속과정에서 받을 수 있는 권익이 현저하게 침해되었다고 단정하기 어렵다고 본 사례.

【원심판결】

청주지법 2006. 5. 2. 선고 2005나5059 판결

【주문】

원심판결 중 피고 패소부분을 파기하고, 이 부분 사건을 청주지방법원 본원 합의부에 환송한다.

【이유】

상고이유를 본다.

1. 원심은, 원고가 '피고 소속 경찰공무원에게 호흡측정기에 의한 음주측정 직후 즉시 채혈하여 줄 것을 요구하였음에도 교통단속처리지침 제38조 제6항에 위반하여 채혈 요구시부터 1시간 12분이 경과한 뒤 채혈하여 원고의 혈중알콜농도가 단속기준을 초과하는 것으로 측정되도록 함으로써 원고에게 재산적 및 정신적 손해를 가하였다'고 주장한 데 대하여, 교통단속처리지침 제38조 제6항에서 "피측정자가 채혈을 요구하거나 측정 결과에 불복하는 때에는 주취운전자 적발보고서를 작성한 후 즉시 피측정자의 동의를 얻어 가장 가까운 병원 등 의료기관에서 채혈한 혈액을 국립과학수사연구소에 감정의뢰하여야 한다"고 규정하고 있는바, 위 지침상의 '즉시'라는 개념은 단순한 시간적 개념이라기보다는 '현장에서 곧바로' 또는 '다른 절차에 앞서 곧바로'라는 개념으로 이해되어야 하고, 이를 위하여 적어도 음주운전 단속 업무에 임하는 경찰공무원으로서는 운전자의 혈액채취 요구에 응하기 위하여 필요한 장비를 현장에 비치하여, 그 요구가 있는 경우 현장에서 곧바로 또는 다른 절차에 앞서 그 운전자와 함께 가장 가까운 병원으로 가 혈액채취를 할 수 있도록 미리 필요한 준비를 하였어야 한다고 해석한 다음, 이 사건에서 원고가 호흡측정기에 의한 측정결과에 불복하여 즉시 혈액채취의 방법에 의한 측정을 요구하였음에도, 이 사건 단속 현장에 채혈용기가 비치되어 있지 않았던 이유로 이를 구하는데 1시간 이상이 소요되었으므로(그 동안 원고는 피의자신문을 받았다), 원고는 위 교통단속처리지침 제38조 제6항에 위반된 경찰공무원의 단속 행위로 인하여 정당한 절차에 따른 단속을 받을 권리를 침해당하였다고 보이고, 나중

에 원고가 행정사건이나 형사사건에서 유리한 판결을 받았는지에 관계없이, 이로 인하여 정신적 고통을 받았을 것임은 경험칙상 명백하므로 피고는 원고에게 위자료를 배상할 의무가 있다고 판단하였다.

2. 그러나 원심이 교통단속처리지침 제38조 제6항에 규정된 '즉시'의 의미를 '현장에서 곧바로' 또는 '다른 절차에 앞서 곧바로'라는 개념으로만 이해하여야 한다고 판단한 것은 그대로 수긍하기 어렵다. 즉, 경찰공무원은 호흡측정기에 의한 측정결과에 불복하는 운전자에 대하여 그 운전자의 동의를 얻어 혈액채취 등의 방법으로 다시 측정할 수 있는바{구 도로교통법(2005. 5. 31. 법률 제7545호로 전문 개정되기 전의 것) 제41조 제2항, 제3항}, 경찰공무원이 운전자의 정당한 요구에도 불구하고 혈액채취의 방법에 의한 측정을 실시하지 않았다면 위 호흡측정기에 의한 측정의 결과만으로 운전자의 주취운전 사실을 증명할 수는 없으므로(대법원 2002. 3. 15. 선고 2001도7121 판결 참조), 경찰공무원이 혈액채취를 요구하는 운전자의 정당한 요구에 응하지 않게 되면 음주운전에 대한 증거를 확보하지 못하게 될 뿐인 점, 교통단속처리지침의 목적은 위 지침 제1조에서 규정하는 바와 같이 교통법규 위반자 단속 업무에 관한 처리기준과 절차 등을 구체적으로 규정함으로써 업무의 능률성을 제고할 뿐만 아니라 업무처리의 공정성·정확성을 보장하기 위한 것인 점, 음주로 인한 혈중알콜농도는 개인의 체질, 섭취된 음식류, 술의 종류 등에 따라 크게 차이가 있으나 음주 후 30분 내지 90분 사이에 혈중알콜농도가 최고에 이르렀다가 그 후 하강하게 되어 있고, 음주운전자 단속과 관련하여 혈중알콜농도가 상승기인지 하강기인지 여부에 따라 조치를 달리할지 여부 등에 대하여는 아무런 규정이 마련되어 있지 않은 점을 감안하면, 비록 위 지침상 경찰공무원에게 부과된 직무상 의무에 부수하여 교통법규 위반자의 입장에서도 이와 같은 단속절차 규정이 준수됨으로써 정당한 절차에 따른 단속을 받을 이익이 있다고 하더라도, 위 지침 제38조 제6항은 호흡측정기에 의한 측정결과의 오류방지와 음주운전 단속자에게 정확한 혈중알콜농도 측정의 기회를 제공하기 위한 규정으로서 위 규정의 '주취운전자 적발보고서를 작성한 후 즉시'의 의미는 상당한 시간 경과 등으로 운전 당시의 혈중알콜농도 입증이 곤란하여지는 것 등을 방지하기 위하여 운전자가 경찰공무원에 대하여 호흡측정기에 의한 측정결과에 불복하고 혈액채취의 방법에 의한 측정을 요구한 때로부터 상당한 이유 없이 장시간 지체하지 않을 것을 의미한다고 해석함이 상당하다.

또한, 범죄의 예방·진압 및 수사는 경찰관의 직무에 해당하며('경찰관직무집행법' 제2조 제1호 참조), 그 직무행위의 구체적 내용이나 방법 등이 경찰관의 전문적 판단에 기한 합리적인 재량에 위임되어 있으므로, 경찰관이 구체적 상황하에서 그 인적·물적 능력의 범위 내에서의 적절한 조치라는 판단에 따라 범죄의 진압 및 수사에 관한 직무를 수행한 경우, 경찰관에게 그와 같은 권한을 부여한 취지와 목적, 경찰관이 다른 조치를 취하지 아니함으로 인하여 침해된 국민의 법익 또는 국민에게 발생한 손해의 심각성 내지 그 절박한 정도, 경찰관이 그와 같은 결과를 예견하여 그 결과를 회피하기 위한 조치를 취할 수 있는 가능성이 있는지 여부 등을 종합적으로 고려하여 볼 때, 그것이 객관적 정당성을 상실하여 현저하게 불합리하다고 인정되지 않는다면 그와 다른 조치를 취하지 아니한 부작위를 내세워 국가배상책임의 요건인 법령 위반에 해당한다고 할 수 없다(대법원 1998. 5. 8. 선고 97다54482 판결, 대법원 2004. 9. 23. 선고 2003다49009 판결, 대법원 2007. 10. 25. 선고 2005다23438 판결 등 참조).

원심이 적법하게 확정한 사실과 기록에 의하면, 원고는 청주시 상당구 탑동 소재 (상호 생략) 식당에서 2004. 3. 3. 저녁에 친구들과 만나 22:20경까지 소주 2잔 반 가량을 마신 뒤 위 식당에서 나와 (차량번호 생략) 라비타 승용차를 운전하던 중, 같은 날 22:30경 ○○지구대 소속 경찰공무원에 단속되어, 같은 날 22:43경 호흡측정기로 음주측정을 받은 결과, 원고의 혈중알콜농도는 0.055%로 측정된 사실, 원고는 위 음주측정 결과에 불복하여 단속 경찰공무원에게 혈액채취에 의한 음주측정을 즉시 해달라고 요구하였으나, 이에 대하여 단속 경찰공무원은 경찰청에서 혈액채취시 사용하도록 지시한 채혈용기가 단속 현장에 없다는 이유로 같은 근무조원으로 하여금 단속지점에서 상당한 거리에 있는 ○○지구대에 가서 경찰청이 보급한 채혈용기를 가져오도록 하고(이에 따라 위 근무조원은 ○○지구대에 갔으나 당시 위 지구대에 채혈용기가 구비되어 있지 않아 다시 인근의 다른 지구대에 가서 이를 구하여 가져왔다), 그동안 자신은 원고와 함께 △△치안센터로 가서 원고에 대한 신원 파악 및 피의자신문조서 등을 작성한 후, 같은 날 23:55경 단속현장에 인접한 □□병원에서 원고의 혈액을 채취하였으며, 그 혈액의 감정결과 원고의 혈중알콜농도는 0.078%로 나타난 사실, 한편 경찰청은 이 사건 단속이 있기 전인 2003년 12월경부터 혈액보관의 안전성을 위하여 음주단속 경찰공무원이 채혈을 할 경우 경찰청에서 보급하는 항응고제와 부패방지제가 함유된 투명플라스틱 채혈용기를 사용하도록 하고 있는 사실을 인정할 수 있고, 달리 단속 경찰공무원이 부당하게 채혈을 지연시켰다고 인정할 만한 증거가 없다.

위 인정 사실에 의하면 단속 경찰공무원이 원고에 대한 음주운전을 단속하면서 한 일련의 조치 및 그로 인한 채혈의 지연이 합리적인 재량의 범위를 벗어나 부당한 의도나 불합리한 사유에서 비롯된 것으로 보이지는 아니하고, 단순히 이 사건 단속현장에서 다른 절차에 앞서 채혈이 곧바로 실시되지 않은 채 호흡측정기에 의한 음주측정으로부터 1시간 12분이 경과한 후 채혈이 이루어졌다는 사정만으로는 단속 경찰공무원의 행위가 법령에 위반된다거나 그 객관적 정당성을 상실하여 운전자가 음주운전에 대한 단속과정에서 받을 수 있는 권익이 현저하게 침해되었다고 단정하기는 어렵다.

뿐만 아니라 주취 상태에서의 운전은 구 '도로교통법' 제41조의 규정에 의하여 금지되어 있는 범죄행위인바, 위 인정 사실에서 본 바와 같이 호흡측정기에 의한 호흡측정 수치가 0.055%가 나온 이상 원고의 음주운전 혐의가 분명하므로, 단속 경찰공무원이 임의수사절차의 하나로 원고에 대하여 피의자신문조서를 작성하는 것은 증거확보와 신속한 업무처리를 위한 것이라 할 것인데, 단속 경찰공무원이 원고로부터 피의자신문조서를 작성하는 과정에서 원고의 의사에 반하는 어떠한 강제력을 행사하였다고 볼 자료를 기록상 찾아볼 수 없는 이 사건에서, 단속 경찰공무원이 원고로부터 혈액채취를 하기 전에 원고로부터 피의자신문조서를 받았다고 하여 위 교통단속처리지침상 경찰공무원에게 부여된 직무상 의무에 부수하는 원고의 이익을 침해하였다고 할 수도 없다.

그렇다면 이 사건 혈액채취 과정의 절차적인 면에서의 위법을 이유로 국가배상책임을 인정한 원심의 판단에는 국가배상책임의 성립요건에 관한 법리를 오해하여 판결 결과에 영향을 미친 위법이 있다. 이 점을 지적하는 상고이유의 주장은 이유 있다.

3. 그러므로 원심판결 중 피고 패소 부분을 파기하고, 이 부분 사건을 다시 심리·판단하게 하기 위하여 원심법원에 환송하기로 하여 관여 대법관의 일치된 의견으로 주문과 같이 판결한다.

판례26 | 음주상태로 동일한 차량을 일정기간 계속하여 운전하다가 1회 음주측정을 받은 경우 음주운전행위가 포괄일죄에 해당하는지 여부(적극)[대법원 2007. 7. 26. 선고 2007도4404 판결]

【판결요지】

[1] 음주운전으로 인한 도로교통법 위반죄의 보호법익과 처벌방법을 고려할 때, 혈중알콜농도 0.05% 이상의 음주상태로 동일한 차량을 일정기간 계속하여 운전하다가 1회 음주측정을 받았다면 이러한 음주운전행위는 동일 죄명에 해당하는 연속된 행위로서 단일하고 계속된 범의하에 일정기간 계속하여 행하고 그 피해법익도 동일한 경우이므로 포괄일죄에 해당한다.

[2] 음주상태로 자동차를 운전하다가 제1차 사고를 내고 그대로 진행하여 제2차 사고를 낸 후 음주측정을 받아 도로교통법 위반(음주운전)죄로 약식명령을 받아 확정되었는데, 그 후 제1차 사고 당시의 음주운전으로 기소된 사안에서 위 공소사실이 약식명령이 확정된 도로교통법 위반(음주운전)죄와 포괄일죄 관계에 있다고 본 사례.

【원심판결】

광주지법 2007. 5. 10. 선고 2006노1850 판결

【주문】

상고를 모두 기각한다.

【이유】

상고이유를 판단한다.

1. 검사의 상고에 대하여

음주운전을 처벌하는 목적은 음주로 인하여 책임능력이 결여되거나 미약한 상태에서 운전함으로써 교통사고를 유발할 위험성을 방지하기 위한 것이고, 음주운전을 처벌하는 방법으로는 혈중알콜농도의 일정기준치를 초과하면 무조건 처벌하는 방법과 혈중알콜농도의 구체적 수치와 상관없이 운전능력저하 여부를 기준으로 처벌하는 방법이 있을 수 있는데, 도로교통법은 전자의 방법을 취하여 도로교통법 제44조 제4항에서 '술에 취한 상태'의 기준을 혈중알콜농도 0.05% 이상으로 규정한 다음 도로교통법 제44조 제1항에서 '술에 취한 상태에서 자동차 등을 운전'하는 것을 금지하고 있다.

한편, 동일 죄명에 해당하는 수개의 행위 혹은 연속된 행위를 단일하고 계속된 범의하에 일정기간 계속하여 행하고 그 피해법익도 동일한 경우에는 이들 각 행위를 통틀어 포괄일죄로 처단하여야 할 것인바(대법원 2005. 9. 30. 선고 2005도4051 판결, 대법원 2006. 5. 11. 선고 2006도1252 판결 등 참조), 앞서 본 음주운전으로 인한 도로교통법 위반죄의 보호법익과 처벌방법을 고려할 때, 피고인이 혈중알콜농도 0.05% 이상의 음주 상태로 동일한 차량을 일정기간 계속하여 운전하다가 1회 음주측정을 받았다면 이러한 음주운전행위는 동일 죄명에 해당하는 연속된 행위로서 단일하고 계속된 범의하에 일정기간 계속하여 행하고 그 피해법익도 동일한 경우이므로 포괄일죄에 해당한다.

기록에 의하면 피고인은 목포시 남교동 순대골목에서 친구들과 술을 마신 후 술에 취한 상태로 레간자 승용차를 운전하여 2006. 7. 28. 03:20경 목포시 용당동 소재 ○○광장 △△△여관 앞 노상에 이르러 노상에 주차되어 있던 라세티 승용차의 우측 휀더 및 앞범퍼 측면부를 손괴하고(제1차 사고), 그 즉시 필요한 조치를 취하지 아니하고 차량을 정차하거나 하차함이 없이 그대로 진행하여 그로부터 20분 후인 같은 날 03:40경 목포시 상동 소재 □□칼국수 앞 노상에 이르러 노상에 주차되어 있던 칼로스 승용차 좌측 앞 휀다 부분을 손괴한 후(제2차 사고), 같은 날 03:50경 음주측정을 받았는데 혈중알콜농도가 0.161%로 측정된 사실, 그 후 피고인은 "혈중알콜농도 0.161%의 술에 취한 상태로 목포시 남교동 소재 순대골목에서 목포시 상동 소재 □□□칼국수 앞 노상까지 3km의 거리를 운전"한 도로교통법 위반(음주운전)죄로 벌금 150만 원의 약식명령을 받아 그 약식명령이 확정된 사실을 알 수 있고, 이 사건 음주운전으로 인한 도로교통법 위반죄의 공소사실은 "피고인이 2006. 7. 28. 03:20경 혈중알콜농도 0.161%의 술에 취한 상태로 위 레간자 승용차를 운전하여 목포시 상동 소재 □□□칼국수 방향으로 3km의 거리를 운전하던 중 목포시 용당동 소재 ○○광장 △△△여관 앞 노상에 이르렀다."는 것으로서 제1차 사고 당시의 음주운전행위를 대상으로 하고 있다.

그렇다면 피고인은 이 사건 제1차 사고 이후 제2차 사고에 이르기까지 20여 분 간 단일하고 계속된 범의하에 동일한 차량을 계속하여 음주운전을 한 경우에 해당할 뿐 아니라 위 약식명령이 확정된 도로교통법 위반(음주운전)죄의 음주운전 구간인 목포시 남교동 순대골목에서 상동 소재 □□□ 칼국수 앞 노상까지의 3km 안에 제1차 사고 지점인 목포시 용당동 소재 ○○광장 △△△여관 앞 노상이 포함되어 있으므로(남교동 ~ 용당동 ~ 상동), 원심이 이 사건 공소사실인 제1차 사고 당시의 음주운전에 대한 도로교통법 위반죄가 위 약식명령이 확정된 도로교통법 위반(음주운전)죄와 포괄일죄 관계에 있으므로 위 확정된 약식명령의 기판력이 이 사건 공소사실에 미치게 되어 결국 이 사건 공소사실은 이미 확정판결이 있는 때에 해당한다는 이유로 제1심판결을 파기하여 이 사건 공소사실에 대해 면소를 선고한 것은 정당하고, 거기에 상고이유의 주장과 같은 음주운전으로 인한 도로교통법 위반죄의 보호법익과 죄수에 관한 법리오해 등의 위법이 없다.

2. 피고인의 상고에 대하여

피고인은 상고이유로 원심이 재물손괴후 미조치로 인한 도로교통법 위반죄와 음주운전으로 인한 도로교통법 위반죄를 형법 제37조 전단 경합범으로 보아 벌금 100만 원을 선고한 제1심판결을 파기하여 음주운전으로 인한 도로교통법 위반죄에 대하여 면소를 선고하면서도 벌금액수는 그대로 100만 원을 유지한 것은 부당하다는 취지의 주장을 하나, 이와 같은 양형부당을 사유로 한 상고는 형사소송법 제383조 제4호의 규정에 의하여 사형, 무기 또는 10년 이상의 징역이나 금고가 선고된 사건에 있어서만 허용되는 것이므로 그보다 가벼운 벌금형이 선고된 이 사건에 있어서는 형의 양정이 부당하다는 사유는 적법한 상고이유가 되지 못한다.

3. 결 론

그러므로 검사와 피고인의 상고를 모두 기각하기로 하여, 관여 대법관의 일치된 의견으로 주문과 같이 판결한다.

판례27 | 주취운전한 자동차의 일부가 주차장을 벗어나 도로에 진입한 경우, 도로에서의 주취 운전에 해당하는지 여부(적극) [대법원 2007. 3. 30. 선고 2007도678 판결]

【원심판결】

수원지법 2007. 1. 4. 선고 2006노3663 판결

【주문】

상고를 기각한다.

【이유】

상고이유를 판단한다.

도로교통법 제2조 제1호 (다)목은 도로법에 의한 도로 또는 유료도로법에 의한 유료도로가 아니더라도, "현실적으로 불특정 다수의 사람 또는 차마의 통행을 위하여 공개된 장소로서 안전하고 원활한 교통을 확보할 필요가 있는 장소"도 도로에 해당하는 것으로 규정하고 있는 한편, 도로교통법 제41조 제1항이 술에 취한 상태에서의 자동차의 운전을 금지하는 것은 도로에서 일어나는 교통상의 위험과 장해를 방지하고 제거하여 안전하고 원활한 교통을 확보하자는 데에 목적이 있는데(도로교통법 제1조), 주취운전한 자동차가 도로의 일부에라도 진입하였을 때에는 이와 같은 도로교통의 안전이 해쳐질 우려가 있다고 할 것이므로 자동차의 일부라도 주차장을 벗어나 도로에 진입한 경우에는 도로에서 주취운전을 한 경우에 해당한다고 할 것이다(대법원 1993. 1. 19. 선고 92도2901 판결 등 참조).

이러한 법리 및 기록에 의하여 살펴보면, 원심이 같은 취지에서 피고인이 0.134%의 주취상태로 판시 보보스 쉐르빌 주상복합건물의 1층 주차장에서 판시 승용차를 운전하여 주차장을 빠져나와 그 주차장 입구와 연결된 횡단보도에 위 승용차의 앞 부분이 30cm가량 걸치도록 진입한 행위를 주취운전에 해당하는 것으로 본 조치는 옳고, 거기에 상고이유에서 주장하는 바와 같은 채증법칙 위반으로 인한 사실오인, 도로교통법상 도로에서의 운전에 관한 법리오해 등의 위법이 없다.

그러므로 상고를 기각하기로 하여 관여 법관의 일치된 의견으로 주문과 같이 판결한다.

판례28 | 음주운전 시점으로부터 상당한 시간이 경과한 후 측정한 혈중알코올농도를 기초로 위드마크 공식만을 적용하여 산출한 혈중알코올농도 수치가 운전면허취소 등 행정처분의 기준이 될 수 있는지 여부(한정 소극)*[대법원 2007. 1. 11. 선고 2006두15035 판결]*

【판결요지】

음주운전 시각이 혈중알코올농도가 최고치를 향하여 상승하고 있는 상황에 속하는지 아니면 최고치에 이른 후 하강하고 있는 상황에 속하는지 확정할 수 없고 오히려 상승하는 상황에 있을 가능성이 농후한 경우에는, 그 음주운전 시점으로부터 상당한 시간이 경과한 후 측정한 혈중알코올농도를 기초로 이른바 위드마크 공식 중 시간경과에 따른 분해소멸에 관한 부분만을 적용하여 혈중알코올농도 측정시점으로부터 역추산하여 음주운전 시점의 혈중알코올농도를 확인할 수는 없으므로, 위와 같은 경우 그러한 위드마크 공식만을 적용한 역추산 방식에 의하여 산출해 낸 혈중알코올농도 수치는 해당 운전자에 대한 운전면허취소 등 행정처분의 기준이 될 수 없다.

【원심판결】

서울고법 2006. 8. 10. 선고 2005누27132 판결

【주문】

상고를 기각한다. 상고비용은 피고가 부담한다.

【이유】

음주운전 시각이 혈중알코올농도가 최고치를 향하여 상승하고 있는 상황에 속하는지 아니면 최고치에 이른 후 하강하고 있는 상황에 속하는지 확정할 수 없고 오히려 상승하는 상황에 있을 가능성이 농후한 경우에는, 그 음주운전 시점으로부터 상당한 시간이 경과한 후 측정한 혈중알코올농도를 기초로 이른바 위드마크 공식 중 시간경과에 따른 분해소멸에 관한 부분만을 적용하여 혈중알코올농도 측정시점으로부터 역추산하여 음주운전 시점의 혈중알코올농도를 확인할 수는 없다 할 것이므로, 위와 같은 경우 그러한 위드마크 공식만을 적용한 역추산 방식에 의하여 산출해 낸 혈중알코올농도 수치는 해당 운전자에 대한 운전면허취소 등 행정처분의 기준이 될 수 없다.

원심판결 이유에 의하면, 원고는 2005. 1. 29. 19:10 내지 19:50경 사이에 술을 마신 상태에서 같은 날 20:10경 자신의 자동차를 운전하였고, 같은 날 21:50경 호흡측정기에 의해 측정한 원고의 혈중알코올농도는 0.111%, 같은 날 23:25경 채취한 혈액을 감정 의뢰하여 측정한 원고의 혈중알코올농도는 0.114%이었으며, 약간의 개인차가 있기는 하나 통상 음주 후 30~90분이 경과하면 혈중알코올농도가 최고치에 이르는 사실, 피고가 혈액감정에 의해 측정한 위 혈중알코올농도 0.114% 및 위 혈액채취시로부터 호흡측정기에 의한 측정시까지의 95분을 기초로 이른바 위드마크 공식 중 시간경과에 따른 분해소멸에 관한 부분만에 의해 역추산하여 원고의 혈중알코올농도

0.126%0.126%{=0.114%+0.012%(=0.008%×95분/60분)}

로 인정하고 이를 기준으로 2005. 3. 9. 원고의 제1종 자동차운전면허를 취소하는 이 사건 처분을 한 사실 등을 알 수 있다.

위에서 본 법리 및 여러 사실에 비추어 보면, 달리 볼 자료가 없으므로 원고에게 가장 유리한 전제사실, 즉 최종 음주 후 90분이 경과한 다음 혈중알코올농도가 최고치에 이른다는 것을 기초로 계산할 경우, 원고의 혈중알코올농도가 최고치에 이르는 시점은 원고의

최종 음주시각인 위 같은 날 19:50경으로부터 90분이 경과한 위 같은 날 21:20경이라고 할 것이고 원고의 위 운전시점은 그로부터 70분 전이어서 혈중알코올농도가 상승하는 상황에 있었다고 할 것인데, 피고가 이 사건 처분의 기준으로 삼은 원고의 위 혈중알코올농도 0.126%는 원고의 위 운전시점으로부터 195분이 경과한 후에 측정한 혈중알코올농도를 기초로 이른바 위드마크 공식 중 시간경과에 따른 분해소멸에 관한 부분만을 적용하여 역추산한 것이고, 더구나 원고의 위 운전시점의 혈중알코올농도를 역추산한 것도 아니어서 이 사건 처분의 기준이 될 수 없고, 달리 원고가 위 운전시점에 혈중알코올농도 0.1% 이상의 주취상태에 있었음을 인정할 증거가 없으므로, 피고의 이 사건 처분은 부적법하여 취소를 면할 수 없다.

같은 취지의 원심의 판단은 정당하고, 거기에 상고이유 주장과 같은 채증법칙 위반, 심리미진, 도로교통법 제44조 소정의 술에 취한 상태에 관한 법리오해 등의 위법이 없다.

그러므로 상고를 기각하고 상고비용은 패소자가 부담하기로 하여 관여 대법관의 일치된 의견으로 주문과 같이 판결한다.

판례29 | 피측정자가 물로 입 안을 헹구지 아니한 상태에서 호흡측정기로 측정한 혈중알코올 농도 수치의 신빙성*[대법원 2006. 11. 23. 선고 2005도7034 판결]*

【판결요지】

[1] 호흡측정기에 의한 혈중알코올 농도의 측정은 장에서 흡수되어 혈액 중에 용해되어 있는 알코올이 폐를 통과하면서 증발되어 호흡공기로 배출되는 것을 측정하는 것이므로, 최종 음주시로부터 상당한 시간이 경과하지 아니하였거나 또는 트림, 구토, 치아보철, 구강청정제 사용 등으로 인하여 입 안에 남아 있는 알코올, 알코올 성분이 있는 구강 내 타액, 상처부위의 혈액 등이 폐에서 배출된 호흡공기와 함께 측정될 경우에는 실제 혈중알코올의 농도보다 수치가 높게 나타나는 수가 있어, 피측정자가 물로 입 안 헹구기를 하지 아니한 상태에서 한 호흡측정기에 의한 혈중알코올농도의 측정결과만으로는 혈중알코올농도가 반드시 그와 같다고 단정할 수 없거나 호흡측정기에 의한 측정수치가 혈중알코올농도보다 높을 수 있다는 의심을 배제할 수 없다.

[2] 물로 입 안을 헹굴 기회를 달라는 피고인의 요구를 무시한 채 호흡측정기로 측정한 혈중알코올농도 수치가 0.05%로 나타난 사안에서, 피고인이 당시 혈중알코올농도 0.05% 이상의 술에 취한 상태에서 운전하였다고 단정할 수 없다고 한 사례.

【원심판결】

청주지법 2005. 9. 14. 선고 2005노416 판결

【주문】

상고를 기각한다.

【이유】

상고이유에 대하여 판단한다.

호흡측정기에 의한 혈중알코올 농도의 측정은 장에서 흡수되어 혈액 중에 용해되어 있는 알코올이 폐를 통과하면서 증발되어 호흡공기로 배출되는 것을 측정하는 것이므로, 최종 음주시로부터 상당한 시간이 경과하지 아니하였거나 또는 트림, 구토, 치아보철, 구강청정제 사용 등으로 인하여 입 안에 남아 있는 알코올, 알코올 성분이 있는 구강 내 타액, 상처부위의 혈액 등이 폐에서 배출된 호흡공기와 함께 측정될 경우에는 실제 혈중알코올의 농도보다 수치가 높게 나타나는 수가 있어, 피측정자가 물로 입 안 헹구기를 하지 아니한 상태에서 한 호흡측정기에 의한 혈중알코올농도의 측정결과만으로는 혈중알코올농도가 반드시 그와 같다고 단정할 수 없거나 호흡측정기에 의한 측정수치가 혈중알코올 농도보다 높을 수 있다는 의심을 배제할 수 없다.

기록에 나타난 여러 사정에 비추어 살펴보면, 호흡측정기에 의한 측정수치가 0.05%로 나타난 이 사건에 있어, 물로 입 안을 헹굴 기회를 달라는 피고인의 요구를 무시한 채로 한 이 사건 호흡측정기에 의한 혈중알코올농도 측정결과만으로는 피고인이 당시 혈중알코올농도 0.05% 이상의 술에 취한 상태에서 운전하였다고 단정할 수 없고 달리 아무런 증거가 없으므로, 같은 취지에서 이 사건 공소사실에 대하여 무죄를 선고한 원심은 정당하다.

위와 같이 이 사건 호흡측정기에 의한 혈중알코올농도 측정결과가 신빙성이 없는 이상, 그 나머지 상고이유가 지적하는 바와 같은 원심의 조치는 판결 결과에 영향이 없으며, 피고인이 항소이유로 사실오인을 주장하였음이 분명한 이 사건에서, 원심이 이 사건 공소사실에 대하여 무죄를 선고한 것이 항소심의 심판범위를 일탈한 것이라는 취지의 주장도 이유가 없다.

상고이유는 모두 받아들일 수 없다.

그러므로 상고를 기각하기로 하여 관여 대법관의 일치된 의견으로 주문과 같이 판결한다.

판례30 | 음주시각과 혈액채취에 의한 혈중알코올농도를 측정한 시각과의 시간적 간격이 87분에 불과한 점 등을 고려할 때 처벌기준치를 겨우 0.003% 넘는 0.053%의 호흡측정 결과 수치만으로는 합리적 의심을 넘는 충분한 정도로 음주운전의 증명이 있다고 볼 수 없다고 한 사례/대법원 2006. 10. 26. 선고 2006도5683 판결/

【원심판결】

대전지법 2006. 7. 27. 선고 2006노654 판결

【주문】

원심판결을 파기하고, 사건을 대전지방법원 본원 합의부로 환송한다.

【이유】

상고이유를 본다.

기록에 의하면, 피고인은 2005. 8. 29. 21:00경부터 같은 날 22:30경까지 대전 유성구 궁동에 있는 상호불상의 호프집에서 소주 4~5잔을 마신 후 자신의 승용차를 운전하여 집으로 귀가하다가 음주단속에 적발되어 같은 날 23:26경 호흡식 음주측정기에 의하여 혈중알코올농도를 측정한 결과 그 수치가 0.053%로 나왔고, 이에 피고인이 혈액채취에 의한 혈중알코올농도 측정을 요구하여 같은 날 23:57경 대전 소재 성심병원에서 혈액을 채취하여 혈중알코올농도를 측정한 결과 그 수치가 0.046%로 나온 사실이 인정된다.

원심판결 이유에 의하면, 원심은, 혈액채취결과를 가지고 위드마크 공식에 따라 피고인의 음주운전 적발시점인 2005. 8. 29. 23:26경의 혈중알코올농도를 계산하면 0.05%로서 처벌기준치의 최소한도에 해당할 뿐만 아니라, 피고인의 이 사건 음주시각과 혈액채취시각과의 시간적 간격이 87분에 불과한 등의 사정으로 인하여 이 사건 음주운전 당시의 시각이 혈중알코올농도 상승기에 속하는지 아니면 하강기에 속하는지 확정할 수 없는 등의 사유로 위드마크 공식에 의한 역추산 방식에도 상당 정도의 불확실성이 내재할 수밖에 없는 점 등을 고려할 때, 혈액채취방식으로 사후측정된 혈중알코올농도에 그 사이의 감소치를 가산하여 나온 수치가 처벌기준치인 0.05%에 해당한다는 점만으로는 이 사건 공소사실을 유죄로 인정하기에 부족하다는 것은 제1심의 판단과 같다고 하면서도, 한편 이 사건의 경우에는 위 혈액채취 방식에 의한 측정수치 외에 음주단속 현장에서 호흡측정 방식에 의하여 측정된 혈중알코올농도 0.053%의 측정수치가 존재하는 사실, 이 사건 음주측정기는 주식회사 삼안전자의 SA-2000(일련번호 002485) 제품으로서 2005. 6. 22. 그 오차를 반영하여 0.100%의 알코올표준가스를 사용하여 그 프로그램의 교정이 이루어졌고 그 유효기간은 교정일로부터 4개월인 사실, 이에 따라 이 사건 음주측정기에서는 모든 경우에 실제 혈중알코올농도 수치보다 0.005% 정도 낮게 음주수치가 측정되게 된 사실, 2005. 8. 29. 이 사건 음주측정기로 측정된 피고인의 혈중알코올농도는 0.053%인 사실을 인정한 다음, 이러한 인정 사실과 혈액채취 방식에 의하여 측정된 혈중알코올농도에 피고인에게 가장 유리한 수치를 적용하여 위드마크 공식에 의하여 산출된 혈중알코올농도가 위 수치에 근접한 0.050%인 점을 종합하여 보면, 피고인이 혈중알코올농도 0.053%의 술에 취한 상태에서 음주운전을 하였다는 취지로 원심에서 변경된 공소

사실을 그대로 인정할 수 있다고 판단하여 피고인에 대하여 유죄를 선고하였다.

그러나 원심도 인정한 바와 같이, 이 사건 음주시각과 혈액채취에 의한 혈중알코올농도를 측정한 시각과의 시간적 간격이 87분에 불과하여, 그 도중에 있는 적발시점과 혈액채취시점 사이에 혈중알콜농도가 상승기였는지 하강기였는지를 알 수 없는 등의 사유로 위드마크 공식에 의한 역추산 방식에 상당한 의문과 불확실성이 내재할 수밖에 없고, 위드마크 공식에 의한 혈중알코올농도가 겨우 0.05%에 불과한 점 등을 고려할 때 혈액채취 결과를 가지고 역산한 수치는 유죄의 증거가 될 수 없다면, 처벌기준치를 겨우 0.003% 넘는 0.053%의 호흡측정결과 수치만으로는 합리적 의심을 넘는 충분한 정도로 음주운전의 입증이 있다고 볼 수는 없다고 할 것이다.

그렇다면 이 사건 공소사실은 그 증명이 없어서 무죄라고 판단하여야 할 것인바, 원심이 이와 달리 범죄의 증명이 있다고 판시한 것은, 채증법칙을 위반한 위법이 있다고 할 것이고 이는 판결의 결과에 영향을 미쳤다 할 것이다. 이 점을 지적하는 피고인의 상고논지는 이유 있다.

그러므로 원심판결을 파기하고, 사건을 다시 심리·판단하게 하기 위하여 원심법원으로 환송하기로 하여 관여 대법관의 일치된 의견으로 주문과 같이 판결한다.

판례31 | 음주측정 결과를 유죄의 증거로 삼기 위한 요건[대법원 2006. 5. 26. 선고 2005도 7528 판결]

【판결요지】

[1] 구 도로교통법(2005. 5. 31. 법률 제7545호로 전문 개정되기 전의 것) 제41조 제2 항의 규정에 의하여 실시한 음주측정 결과는 그 결과에 따라서는 운전면허를 취소하거나 정지하는 등 당해 운전자에게 불이익한 처분을 내리게 되는 근거가 될 수 있고 향후 수사와 재판에 있어 중요한 증거로 사용될 수 있는 것이므로, 음주측정을 함에 있어서는 음주측정 기계나 운전자의 구강 내에 남아 있는 잔류 알코올로 인하여 잘못된 결과가 나오지 않도록 미리 필요한 조치를 취하는 등 음주측정은 그 측정결과의 정확성과 객관성이 담보될 수 있는 공정한 방법과 절차에 따라 이루어져야 하고, 만약 당해 음주측정 결과가 이러한 방법과 절차에 의하여 얻어진 것이 아니라면 이를 쉽사리 유죄의 증거로 삼아서는 아니 될 것이다.

[2] 피고인에 대한 음주측정시 구강 내 잔류 알코올 등으로 인한 과다측정을 방지하기 위한 조치를 전혀 취하지 않았고, 1개의 불대만으로 연속적으로 측정한 점 등의 사정에 비추어, 혈중알코올농도 측정치가 0.058%로 나왔다는 사실만으로는 피고인이 음주운전의 법정 최저 기준치인 혈중알코올농도 0.05% 이상의 상태에서 자동차를 운전하였

다고 단정할 수 없다고 한 원심의 판단을 수긍한 사례.

[3] 군사법원법 제442조 제7호의 해석상 검찰관은 원심의 형의 양정이 가볍다는 사유를 상고이유로 주장할 수 없다.

[4] 형법 제151조에서 규정하는 범인도피죄는 범인은닉 이외의 방법으로 범인에 대한 수사·재판 및 형의 집행 등 형사사법의 작용을 곤란 또는 불가능하게 하는 행위를 말하는 것으로서 그 방법에는 아무런 제한이 없고, 또한 범인도피죄는 위험범으로서 현실적으로 형사사법의 작용을 방해하는 결과가 초래되어야만 하는 것은 아니다.

【원심판결】

고등군사법원 2005. 9. 27. 선고 2005노74 판결

【주문】

상고를 모두 기각한다.

【이유】

1. 검찰관의 상고이유에 대한 판단

　가. 사실오인 주장에 관하여

도로교통법 제41조 제2항은 경찰공무원은 교통안전과 위험방지를 위하여 필요하다고 인정하거나 술에 취한 상태에서 자동차 등을 운전하였다고 인정할 만한 상당한 이유가 있는 때에는 운전자가 술에 취하였는지의 여부를 측정할 수 있으며, 운전자는 이러한 경찰공무원의 측정에 응하여야 한다고 규정하고 있는바, 위 규정에 의하여 실시한 음주측정 결과는 그 결과에 따라서는 운전면허를 취소하거나 정지하는 등 당해 운전자에게 불이익한 처분을 내리게 되는 근거가 될 수 있고 향후 수사와 재판에 있어 중요한 증거로 사용될 수 있는 것이므로, 음주측정을 함에 있어서는 음주측정 기계나 운전자의 구강 내에 남아 있는 잔류 알코올로 인하여 잘못된 결과가 나오지 않도록 미리 필요한 조치를 취하는 등 음주측정은 그 측정결과의 정확성과 객관성이 담보될 수 있는 공정한 방법과 절차에 따라 이루어져야 하고, 만약 당해 음주측정 결과가 이러한 방법과 절차에 의하여 얻어진 것이 아니라면 이를 쉽사리 유죄의 증거로 삼아서는 아니 될 것이다.

원심은, 그 채용증거들에 의하여 그 판시와 같은 사실을 인정한 다음, 이 사건 피고인에 대한 음주측정은 사전에 피고인으로 하여금 물로 입을 헹구게 하는 등 구강 내 잔류 알코올 등으로 인한 과다측정을 방지하기 위한 조치를 전혀 취하지 않은 상태에서 이루어졌을 뿐만 아니라, 음주측정용 불대를 교체하지 않은 채 1개의 불대만으로 약 5분 사이에 5회에 걸쳐 연속적으로 음주측정을 실시한 하자가 있으며,

2번에 걸친 측정결과 사이에 무려 0.021%라는 현저한 차이가 있었던 만큼, 측정자로서는 음주측정기의 기능상 결함을 염두에 두고 측정방법이나 기계에 문제가 없는지를 면밀하게 확인한 후 다시 측정을 실시했어야 마땅함에도, 이러한 조치를 취하지 아니한 채 만연히 위 2번의 측정결과 중 낮은 수치를 피고인의 음주수치로 간주해 버렸던 사정 등에 비추어 보면, 이 사건 음주측정 결과 피고인의 혈중알코올농도 측정치가 0.058%로 나왔다는 사실만으로는 피고인이 음주운전의 법정 최저 기준치인 혈중알코올농도 0.05% 이상의 상태에서 자동차를 운전하였다고 단정할 수 없고, 달리 이를 인정할 만한 증거가 없다는 이유로 피고인의 음주운전 공소사실에 대하여 무죄를 선고하였다.

위 법리 및 기록에 비추어 살펴보면, 원심의 증거취사와 사실인정 및 판단은 수긍할 수 있고, 거기에 상고이유로 주장하는 바와 같은 채증법칙 위배로 인한 사실오인 등의 위법이 있다고 할 수 없다.

나. 양형부당 주장에 관하여

군사법원법 제442조 제7호의 해석상 검찰관은 원심의 형의 양정이 가볍다는 사유를 상고이유로 주장할 수 없는 것이므로(대법원 1994. 8. 12. 선고 94도1705 판결, 2005. 9. 15. 선고 2005도1952 판결 등 참조), 이를 탓하는 상고이유의 주장은 받아들일 수 없다.

2. 피고인의 상고이유에 대한 판단

형법 제151조에서 규정하는 범인도피죄는 범인은닉 이외의 방법으로 범인에 대한 수사·재판 및 형의 집행 등 형사사법의 작용을 곤란 또는 불가능하게 하는 행위를 말하는 것으로서 그 방법에는 아무런 제한이 없고, 또한 범인도피죄는 위험범으로서 현실적으로 형사사법의 작용을 방해하는 결과가 초래되어야만 하는 것은 아니다(대법원 1995. 3. 3. 선고 93도3080 판결, 2000. 11. 24. 선고 2000도4078 판결 등 참조).

원심이 채용한 증거들을 기록에 비추어 살펴보면, 피고인은 음주운전 혐의로 적발되자 평소 알고 지내던 공소외 1을 불러내어 그로 하여금 단속경찰관인 공소외 2가 피고인에 대한 주취운전자 적발보고서를 작성하거나 재차 음주측정을 하지 못하도록 제지하는 등으로 공소외 2의 수사를 곤란하게 했던 사실을 인정할 수 있는바, 이러한 피고인의 행위는 범인도피죄에서 말하는 도피에 해당하고, 나아가 피고인이 위 공소외 1에게 전화를 걸어 음주단속 현장으로 나오게 한 점이나 그에게 "어떻게 좀 해 보라"고 계속 재촉한 사정 등에 비추어 보면 피고인에게 범인도피교사에 대한 범의가 없었다고 보기도 어렵다.

같은 취지에서, 피고인에 대한 범인도피교사의 범죄사실을 유죄로 인정한 원심의 조치도 수긍이 가고, 거기에 상고이유로 주장하는 바와 같은 범인도피죄에 있어 도피의 개념 및 도피의 범의에 관한 법리오해 등의 위법이 없다.

3. 결 론

그러므로 상고를 모두 기각하기로 하여, 관여 대법관의 일치된 의견으로 주문과 같이 판결한다.

판례32 | 위드마크 공식에 의한 역추산 방식을 이용한 혈중 알코올농도의 산정에 있어서 주의 할 점[대법원 2005. 7. 28. 선고 2005도3904 판결]

【판결요지】

[1] 음주운전에 있어서 운전 직후에 운전자의 혈액이나 호흡 등 표본을 검사하여 혈중알코올농도를 측정할 수 있는 경우가 아니라면 소위 위드마크 공식을 사용하여 수학적 방법에 따른 계산 결과로 운전 당시의 혈중 알코올농도를 추정할 수 있으나, 범죄구성요건 사실의 존부를 알아내기 위해 과학 공식 등의 경험칙을 이용하는 경우에는 그 법칙 적용의 전제가 되는 개별적이고 구체적인 사실에 대하여는 엄격한 증명을 요한다고 할 것이고, 한편 위드마크 공식에 의한 역추산 방식을 이용하여 특정 운전시점으로부터 일정한 시간이 지난 후에 측정한 혈중알코올농도를 기초로 하고 여기에 시간당 혈중알코올의 분해소멸에 따른 감소치에 따라 계산된 운전시점 이후의 혈중알코올분해량을 가산하여 운전시점의 혈중알코올농도를 추정함에 있어서는, 피검사자의 평소 음주정도, 체질, 음주속도, 음주 후 신체활동의 정도 등의 다양한 요소들이 시간당 혈중 알코올의 감소치에 영향을 미칠 수 있는바, 형사재판에 있어서 유죄의 인정은 법관으로 하여금 합리적인 의심을 할 여지가 없을 정도로 공소사실이 진실한 것이라는 확신을 가지게 할 수 있는 증명이 필요하므로, 위 영향요소들을 적용함에 있어 피고인이 평균인이라고 쉽게 단정하여 평균적인 감소치를 적용하여서는 아니 되고, 필요하다면 전문적인 학식이나 경험이 있는 자의 도움을 받아 객관적이고 합리적으로 혈중알코올농도에 영향을 줄 수 있는 요소들을 확정하여야 할 것이고, 위드마크 공식에 의하여 산출한 혈중알코올농도가 법이 허용하는 혈중알코올농도를 상당히 초과하는 것이 아니고 근소하게 초과하는 정도에 불과한 경우라면 위 공식에 의하여 산출된 수치에 따라 범죄의 구성요건 사실을 인정함에 있어서 더욱 신중하게 판단하여야 한다.

[2] 피고인에게 가장 유리한 감소치를 적용하여 위드마크 공식에 따라 계산한 혈중알코올농도가 도로교통법상 처벌기준인 0.05%를 넘는 0.051%이었으나, 사건발생시간을 특정하는 과정에서 발생하는 오차가능성 등의 여러 사정을 고려할 때 피고인의 운전 당시 혈중알코올농도가 처벌기준치를 초과하였으리라고 단정할 수는 없다고 한 사례.

【원심판결】

춘천지법 2005. 5. 20. 선고 2004노696 판결

【주문】

원심판결을 파기하고, 사건을 춘천지방법원 본원 합의부에 환송한다.

【이유】

원심판결 이유에 의하면, 원심은, 피고인이 2003. 12. 11. 15:05경 혈중알코올농도 0.051%의 주취상태에서 승용차를 운전하였다는 이 사건 공소사실에 대하여, 그 채택 증거를 종합하여, 피고인이 2003. 12. 11. 새벽에 소주 2병 반 정도를 마시고 (차량등록번호 및 차종 생략)승용차를 운전하던 중 경찰의 요구로 2003. 12. 11. 15:07경 음주측정기에 의하여 혈중알코올농도를 측정한 결과, 그 수치가 0.058%로 나왔던 사실, 당시 피고인의 언행상태 및 보행상태는 정상이었으나 눈동자가 충혈되어 있었고, 눈주변이 붉었던 사실, 피고인이 음주측정기에 의한 측정에 불복하며 혈액채취를 요구하여 같은 날 15:37 성심병원에서 혈액을 채취하여 혈중알코올농도를 측정한 결과 그 수치가 0.047%이었던 사실, 혈중알코올농도는 일반적으로 음주 후 30~90분 사이에 상승하여 혈중 최고농도에 이른 후 시간당 0.008~0.03%(평균 0.015%)씩 감소하는 사실을 인정한 다음, 피고인의 운전 시점은 음주 후 상당 시간이 지난 후로서 혈중알코올농도의 하강시점이었음이 명백하므로, 일반적인 혈중알코올농도의 감소수치에 근거하여 운전시점부터 일정 시간 경과 후 혈액 또는 음주측정기로 측정한 혈중 알코올농도 수치에 따라 운전 당시의 혈중알코올농도 수치에 따라 운전 당시의 혈중알코올농도를 역추산하는 방식인 위드마크 공식의 적용이 가능한 시점이었고, 나아가 피고인이 음주측정기에 의하여 최초로 혈중알코올농도를 측정할 당시부터 30분 후 혈액채취방법에 의해 혈중 알코올농도를 측정할 때까지의 혈중알코올농도의 감소치 역시 위드마크 공식의 전제가 되는 일반적인 감소치의 범주에 속하는 시간당 0.022%{= (0.058 - 0.047) × 2}로 나타났으므로, 이미 혈중알코올농도의 하강시점에 있던 피고인에게 가장 유리한 수치인 시간당 혈중알코올농도 감소치인 0.008%를 적용하면, 피고인의 운전 당시 혈중알코올농도는 적어도 0.051%{= 0.047 + (0.008 × 30/60)}가 된다는 이유로 이 사건 공소사실을 모두 유죄로 인정하여, 이 사건 공소사실을 무죄로 본 제1심판결을 파기하고 피고인에 대하여 그 판시의 형을 선고하였다.

음주운전에 있어서 운전 직후에 운전자의 혈액이나 호흡 등 표본을 검사하여 혈중알코올농도를 측정할 수 있는 경우가 아니라면 소위 위드마크 공식을 사용하여 수학적 방법에 따른 계산 결과로 운전 당시의 혈중알코올농도를 추정할 수 있으나, 범죄구성요건 사실의 존부를 알아내기 위해 과학 공식 등의 경험칙을 이용하는 경우에는 그 법칙 적용의 전제가 되는 개별적이고 구체적인 사실에 대하여는 엄격한 증명을 요한다고 할 것이고, 한편 위드마크 공식에 의한 역추산 방식을 이용하여 특정 운전시점으로부터 일정한 시간

이 지난 후에 측정한 혈중알코올농도를 기초로 하고 여기에 시간당 혈중알코올의 분해소멸에 따른 감소치에 따라 계산된 운전시점 이후의 혈중알코올 분해량을 가산하여 운전시점의 혈중알코올농도를 추정함에 있어서는, 피검사자의 평소 음주정도, 체질, 음주속도, 음주 후 신체활동의 정도 등의 다양한 요소들이 시간당 혈중알코올의 감소치에 영향을 미칠 수 있는바, 형사재판에 있어서 유죄의 인정은 법관으로 하여금 합리적인 의심을 할 여지가 없을 정도로 공소사실이 진실한 것이라는 확신을 가지게 할 수 있는 증명이 필요하므로, 위 영향요소들을 적용함에 있어 피고인이 평균인이라고 쉽게 단정하여 평균적인 감소치를 적용하여서는 아니되고, 필요하다면 전문적인 학식이나 경험이 있는 자의 도움을 받아 객관적이고 합리적으로 혈중알코올농도에 영향을 줄 수 있는 요소들을 확정하여야 할 것이고(대법원 2000. 10. 24. 선고 2000도3307 판결, 2000. 11. 10. 선고 99도5541 판결 등 참조), 위드마크 공식에 의하여 산출한 혈중알코올농도가 법이 허용하는 혈중 알코올농도를 상당히 초과하는 것이 아니고 근소하게 초과하는 정도에 불과한 경우라면 위 공식에 의하여 산출된 수치에 따라 범죄의 구성요건 사실을 인정함에 있어서 더욱 신중하게 판단하여야 할 것이다(대법원 2001. 7. 13. 선고 2001도1929 판결 참조).

일반적으로 확인된 시간당 혈중 알코올농도 감소치의 최소한이 원심이 인정한 바와 같이 0.008%라고 할 때, 이 수치는 곧 피고인에게 가장 유리한 수치가 된다고 할 것인데, 이와 같이 피고인에게 가장 유리한 감소치를 적용하여 위드마크 공식에 따라 피고인의 음주운전 적발시점인 15:05경의 혈중알코올농도를 계산하더라도 0.051%가 되어 도로교통법상 처벌기준인 0.05%를 넘는 결과가 됨은 원심의 판단과 같다.

그러나 그 초과 정도가 0.001%에 불과하고, 혈중알코올농도의 시간당 감소치를 0.008%로 볼 때, 이는 약 7분 30초간의 감소치에 불과한바, 수사기관에서 사건발생시각을 특정함에 있어서 그 이상의 정확성을 기하기는 어렵다는 점에서 대략 10분 단위로 끊어서 특정하고 있는 점을 감안하면(이 사건의 경우는 주취운전자 적발보고서상 주취운전 측정 일시가 1분단위로 기재되어 있지만 사정은 마찬가지라고 할 것이다), 이와 같은 사건발생시각을 특정하는 과정에서 발생하는 오차가능성과 위에서 살펴본 바와 같이 개인의 특성과 그 밖의 다양한 요소가 시간당 혈중 알코올의 감소치에 영향을 미칠 수 있어 위드마크 공식에 의한 역추산 방식에도 상당 정도의 불확실성이 내재할 수밖에 없는 점 등을 종합적으로 고려할 때 피고인의 운전 당시 혈중알코올농도가 처벌기준치를 초과하였으리라고 단정할 수는 없다.

그런데도 원심이 피고인의 운전 당시 혈중알코올농도가 0.05%를 상회한다고 판단한 것은 심리를 다하지 아니하여 사실을 오인하였거나 도로교통법 제41조 소정의 술에 취한 상태에 관한 법리를 오해함으로써 판결 결과에 영향을 미친 위법이 있다고 할 것이다.

그러므로 원심판결을 파기하고, 사건을 다시 심리·판단하게 하기 위하여 원심법원에 환송하기로 관여 대법관의 의견이 일치되어 주문과 같이 판결한다.

판례33 | 위드마크 공식에 의하여 운전시점의 혈중알코올농도를 추정함에 있어서 피고인에게 가장 유리한 시간당 감소치를 적용하여 산출된 결과의 증명력

[대법원 2005. 2. 25. 선고 2004도8387 판결]

【판결요지】

음주운전에 있어서 운전 직후에 운전자의 혈액이나 호흡 등 표본을 검사하여 혈중알코올농도를 측정할 수 있는 경우가 아니라면 소위 위드마크 공식을 사용하여 수학적 방법에 따른 결과로 운전 당시의 혈중알코올농도를 추정할 수 있고, 이 때 위드마크 공식에 의한 역추산 방식을 이용하여 특정 운전시점으로부터 일정한 시간이 지난 후에 측정한 혈중알코올농도를 기초로 하고 여기에 시간당 혈중 알코올의 분해소멸에 따른 감소치에 따라 계산된 운전시점 이후의 혈중알코올분해량을 가산하여 운전시점의 혈중알코올농도를 추정함에 있어서는, 피검사자의 평소 음주정도, 체질, 음주속도, 음주 후 신체활동의 정도 등 다양한 요소들이 시간당 혈중알코올의 감소치에 영향을 미칠 수 있으나 그 시간당 감소치는 대체로 0.03%에서 0.008% 사이라는 것은 이미 알려진 신빙성 있는 통계자료에 의하여 인정되는바, 위와 같은 역추산 방식에 의하여 운전시점 이후의 혈중알코올 분해량을 가산함에 있어서 시간당 0.008%는 피고인에게 가장 유리한 수치이므로 특별한 사정이 없는 한 이 수치를 적용하여 산출된 결과는 운전 당시의 혈중알코올농도를 증명하는 자료로서 증명력이 충분하다.

【원심판결】

대전지법 2004. 11. 23. 선고 2004노2041 판결

【주문】

상고를 기각한다.

【이유】

상고이유를 본다.

음주운전에 있어서 운전 직후에 운전자의 혈액이나 호흡 등 표본을 검사하여 혈중알코올농도를 측정할 수 있는 경우가 아니라면 소위 위드마크 공식을 사용하여 수학적 방법에 따른 결과로 운전 당시의 혈중알코올농도를 추정할 수 있고, 이 때 위드마크 공식에 의한 역추산 방식을 이용하여 특정 운전시점으로부터 일정한 시간이 지난 후에 측정한 혈중알코올농도를 기초로 하고 여기에 시간당 혈중알코올의 분해소멸에 따른 감소치에 따라 계산된 운전시점 이후의 혈중알코올분해량을 가산하여 운전시점의 혈중알코올농도를

추정함에 있어서는, 피검사자의 평소 음주정도, 체질, 음주속도, 음주 후 신체활동의 정도 등 다양한 요소들이 시간당 혈중알코올의 감소치에 영향을 미칠 수 있으나 그 시간당 감소치는 대체로 0.03%에서 0.008% 사이라는 것은 이미 알려진 신빙성 있는 통계자료에 의하여 인정되는바, 위와 같은 역추산 방식에 의하여 운전시점 이후의 혈중알코올분해량을 가산함에 있어서 시간당 0.008%는 피고인에게 가장 유리한 수치이므로 특별한 사정이 없는 한 이 수치를 적용하여 산출된 결과는 운전 당시의 혈중알코올농도를 증명하는 자료로서 증명력이 충분하다(대법원 2001. 8. 21. 선고 2001도2823 판결 등 참조).

원심판결 이유에 의하면 원심은, 피고인이 음주단속 경찰관에게 적발되어 운전 직후 실시한 호흡측정기에 의한 음주측정결과에 대하여 동의하지 아니하므로 혈액채취의 방법에 의한 음주측정결과 밝혀진 피고인의 혈중알코올농도 0.046%를 기초로 여기에 위드마크 공식에 의할 때 피고인에게 가장 유리한 수치인 시간당 알코올분해량을 0.008%로, 경과시간도 최종 운전시점을 기준으로 하여 운전 당시의 혈중알코올농도가 0.0517%라고 인정한 다음, 피고인이 혈중 알코올농도 0.051%의 술에 취한 상태에서 자동차를 운전하였다는 공소사실을 유죄로 판단하였는바, 앞서 본 법리와 기록에 비추어 살펴보면, 원심의 위와 같은 인정과 판단은 정당하고, 거기에 채증법칙 위배로 인한 사실오인이나 위드마크 공식에 의한 혈중알코올농도의 인정에 관한 법리오해 등으로 판결에 영향을 미친 위법이 있다고 할 수 없다. 상고이유의 주장은 이유 없다.

그리고 위드마크 공식은 그 존재를 혈중알코올농도의 피측정자에게 미리 알려야 하고 음주측정에 대하여 피측정자의 귀책사유에 의한 지연이 있을 때만 적용하여야 한다거나 혈액채취의 방법에 의한 음주측정을 한 이상 호흡측정기에 의한 음주측정은 아무런 증거능력이 없다는 등 상고이유의 주장은, 위드마크 공식은 운전자가 음주한 상태에서 운전을 한 사실이 있는지에 대한 경험법칙에 의한 채증방법에 불과하다는 점에 비추어 결국 독자적인 주장에 불과하고 모두 이유 없다.

또한 벌금형이 선고된 이 사건에서 형이 너무 무겁다는 취지의 주장은 적법한 상고이유가 될 수 없다.

그러므로 상고를 기각하기로 하여 관여 대법관의 일치된 의견으로 주문과 같이 판결한다.

Chapter 4. 무면허운전을 하면 처벌받아요

[1] 무면허운전 금지

① 자동차와 원동기장치자전거를 운전하기 위해서는 운전면허를 취득하고 운전해야 합니다.

② "원동기장치자전거"란, 「자동차관리법」제3조에 따른 이륜자동차 가운데 배기량 125시시 이하(전기를 동력으로 하는 경우에는 최고정격출력 11킬로와트 이하)의 이륜자동차와 그 밖에 배기량 125시시 이하(전기를 동력으로 하는 경우에는 최고정격출력 11킬로와트 이하)의 원동기를 단 차(「자전거 이용 활성화에 관한 법률」제2조제1호의2에 따른 전기자전거 및 제21호의3에 따른 실외이동로봇은 제외한다)의 원동기를 단 차를 말합니다(「도로교통법」제2조제19호).

③ 「도로교통법」에서는 단순히 운전면허를 취득하지 못한 사람뿐만 아니라 운전면허의 효력이 정지된 사람에 대해서도 운전을 금지하고 있습니다(「도로교통법」 제43조).

[2] 위반 시 제재

① 운전면허(원동기장치자전거면허는 제외)를 받지 않거나 운전면허의 효력이 정지된 사람과 국제운전면허증 또는 상호인정외국면허증을 받지 아니하고(운전이 금지된 경우와 유효기간이 지난 경우를 포함함) 자동차를 운전한 사람은 1년 이하의 징역 또는 300만원 이하의 벌금에 처해집니다(「도로교통법」 제152조제1호).

② 원동기장치자전거를 운전할 수 있는 운전면허를 받지 아니하거나(원동기장치자전거를 운전할 수 있는 운전면허의 효력이 정지된 경우를 포함함), 국제운전면허증 또는 상호인정외국면허증 중 원동기장치자전거를 운전할 수 있는 것으로 기재된 국제운전면허증 또는 상호인정외국면허증을 발급받지 아니하고(운전이 금지된 경우와 유효기간이 지난 경우를 포함함), 원동기장치자전거를 운전한 사람(다만, 개인형 이동장치를 운전하는 경우는 제외함)은 30만원 이하의 벌금 또는 구류에 처해집니다(「도로교통법」 제154조제2호).

③ 무면허운전 금지와 운전면허의 효력이 정지된 기간에 운전 금지를 위반하여 벌금 이상의 형을 선고받은 사람은 그 위반한 날(운전면허효력정지 기간에 운전하여 취소된 경우에는 그 취소된 날)부터 다음과 같은 기간이 지나지 않으면 운전면허를 재취득 할 수 없습니다(「도로교통법」 제82조제2항제1호 본문).

운전면허 종류	결격기간
원동기장치자전거면허를 제외한 운전면허	1년
원동기장치자전거 운전면허	6개월 (단, 공동 위험행위 금지를 위반한 경우는 1년)

④ '공동 위험행위의 금지'란 도로에서 2명 이상이 공동으로 2대 이상의 자동차 등을 정당한 사유 없이 앞뒤로 또는 좌우로 줄지어 통행하면서 다른 사람에게 위해(危害)를 끼치거나 교통상의 위험을 발생하게 해서는 안 됩니다(「도로교통법」 제46조제1항).

⑤ 다만, 무면허 운전으로 사람을 죽거나 다치게 한 후 사고발생시 조치의무를 위반한 경우에는 그 위반한 날부터 5년 이내에는 운전면허를 취득할 수 없습니다(「도로교통법」제82조제2항제1호 단서).

⑥ 무면허 운전을 3회 이상 위반한 경우에는 그 위반한 날(운전면허의 효력이 정지된 기간 중 운전으로 인하여 취소된 경우에는 그 취소된 날)부터 2년 이내에는 운전면허를 취득할 수 없습니다(「도로교통법」 제82조제2항제2호). 다만, 벌금 미만의 형이 확정되거나 선고유예의 판결이 확정된 경우 또는 기소유예나 「소년법」 제32조에 따른 보호처분의 결정이 있는 경우에는 위 기간 내라도 운전면허를 받을 수 있습니다(「도로교통법」제82조제2항 단서).

⑦ 무면허로 자동차등을 운전한 경우에는 그 위반한 날(운전면허효력 정지기간에 운전하여 취소된 경우에는 그 취소된 날)부터 1년(원동기장치자전거면허를 받으려는 경우에는 6개월로 하되, 제46조를 위반한 경우에는 그 위반한 날부터 1년). 다만, 사람을 사상한 후 필요한 조치 및 제2항에 따른 신고를 하지 아니한 경우에는 그 위반한 날부터 5년내에는 운전면허를 취득할 수 없습니다(「도로교통법」제82조제2항 제1호).

[3] 무면허운전의 유형

무면허운전의 유형을 살펴보면 다음과 같습니다.

- 운전면허를 받지 않고 운전하는 경우(「도로교통법」제152조제1호 참고)
- 운전면허가 없는 자가 단순히 군운전면허를 가지고 군용차량이 아닌 차량을 운전하는 경우
- 운전면허증의 종별에 따른 자동차 이외의 자동차를 운전한 경우
- 면허가 취소된 자가 그 면허로 운전한 경우
- 면허취소처분을 받은 자가 운전하는 경우

- 운전면허 효력 정지기간 중에 운전하는 경우
- 운전면허시험에 합격한 후 면허증을 교부받기 전에 운전하는 경우
- 연습면허를 받지 않고 운전연습을 하는 경우
- 외국인이 입국 후 1년이 지난 상태에서의 국제운전면허를 가지고 운전하는 경우(「도로교통법」제152조제1호 참고)
- 외국인이 국제면허를 인정하지 않는 국가에서 발급받은 국제면허를 가지고 운전하는 경우

[4] 관련판례

【판결요지】

도로교통법 위반(무면허운전)죄는 도로교통법 제43조를 위반하여 운전면허를 받지 아니하고 자동차를 운전하는 경우에 성립하는 범죄로, 유효한 운전면허가 없음을 알면서도 자동차를 운전하는 경우에만 성립하는 고의범이다. 교통사고처리 특례법 제3조 제2항 단서 제7호는 도로교통법 위반(무면허운전)죄와 동일하게 도로교통법 제43조를 위반하여 운전면허를 받지 아니하고 자동차를 운전하는 행위를 대상으로 교통사고 처벌 특례를 적용하지 않도록 하고 있다. 따라서 위 단서 제7호에서 말하는 '도로교통법 제43조를 위반'한 행위는 도로교통법 위반(무면허운전)죄와 마찬가지로 유효한 운전면허가 없음을 알면서도 자동차를 운전하는 경우만을 의미한다고 보아야 한다.

【원심판결】

인천지법 2021. 12. 10. 선고 2020노4118 판결

【주문】

상고를 기각한다.

【이유】

도로교통법 위반(무면허운전)죄는 도로교통법 제43조를 위반하여 운전면허를 받지 아니하고 자동차를 운전하는 경우에 성립하는 범죄로, 유효한 운전면허가 없음을 알면서도 자동차를 운전하는 경우에만 성립하는 고의범이다(대법원 2004. 12. 10. 선고 2004도6480 판결 참조).「교통사고처리 특례법」제3조 제2항 단서 제7호는 도로교통법 위반(무면허운전)죄와 동일하게 도로교통법 제43조를 위반하여 운전면허를 받지 아니하고 자동차를 운전하는 행위를 대상으로 교통사고 처벌 특례를 적용하지 않도록 하고 있다. 따라서 위 단서 제7호에서 말하는 '도로교통법 제43조를 위반'한 행위는 도로교통법 위반(무면허운전)죄와 마찬가지로 유효한 운전면허가 없음을 알면서도 자동차를 운전하는 경우만을 의미한다고 보아야 한다.

원심은 판시와 같은 이유로 이 사건 공소사실 중 도로교통법 위반(무면허운전) 부분에

대하여는 범죄의 증명이 없다고 보아 무죄를 선고하고,「교통사고처리 특례법」위반(치상) 부분에 대하여는 공소를 기각한 제1심판결을 그대로 유지하였다. 원심판결 이유를 위 법리와 기록에 비추어 살펴보면, 원심의 판단에 논리와 경험의 법칙을 위반하여 자유심증주의의 한계를 벗어나거나 도로교통법 위반(무면허운전)죄의 고의,「교통사고처리 특례법」위반(치상)죄의 소추조건에 관한 법리를 오해한 잘못이 없다.

판례2 | 무면허운전으로 인한 도로교통법 위반죄의 죄수(죄수)[대법원 2022. 2. 24. 선고 2021도17110 판결]

【원심판결】

창원지법 2021. 11. 25. 선고 2021노2373 판결

【주문】

원심판결을 파기하고, 사건을 창원지방법원에 환송한다.

【이유】

1. 도로교통법 위반(무면허운전) 부분에 대한 직권판단

가. 이 부분 공소사실의 요지는, 피고인이 원동기장치자전거 운전면허 없이 2021. 5. 5. 13:00경 부산 강서구 (주소 1 생략)에 있는 '○○○' 앞 도로에서 창원시 (주소 2 생략)에 있는 '△△△ △△ 식당' 앞 도로에 이르기까지 약 2km 구간에서 (차량번호 생략) 원동기장치자전거를 운전하고(이하 '제1 무면허운전'이라고 한다), 같은 날 15:17경 위 '△△△ △△ 식당' 앞 도로에서 창원시 (주소 3 생략)에 있는 '□□□ □□ □□' 앞 도로에 이르기까지 약 120m 구간에서 위 원동기장치자전거를 운전하였다(이하 '제2 무면허운전'이라고 한다)는 것이다.

나. 원심은, 피고인의 각 무면허운전으로 인한 도로교통법 위반죄가 실체적 경합 관계에 있음을 전제로, 제1 무면허운전으로 인한 도로교통법 위반죄에 대하여는 벌금형을 선택하고 제2 무면허운전으로 인한 도로교통법 위반죄에 대하여는 형이 더 중한 음주운전으로 인한 도로교통법 위반죄로 처벌하면서 징역형을 선택하여 피고인에 대하여 벌금형 및 징역형을 선고한 제1심판결을 그대로 유지하였다.

다. 그러나 원심의 판단은 다음과 같은 이유로 받아들이기 어렵다.

1) 동일 죄명에 해당하는 수 개의 행위 혹은 연속된 행위를 단일하고 계속된 범의 하에 일정 기간 계속하여 행하고 그 피해법익도 동일한 경우에는 이들 각 행위를 통틀어 포괄일죄로 처단하여야 할 것이나, 범의의 단일성과 계속성이 인정되지 아니하거나 범행방법이 동일하지 않은 경우에는 각 범행은 실체적 경

합범에 해당한다(대법원 2005. 9. 30. 선고 2005도4051 판결 등 참조). 한편 무면허운전으로 인한 도로교통법 위반죄에 있어서는 어느 날에 운전을 시작하여 다음 날까지 동일한 기회에 일련의 과정에서 계속 운전을 한 경우 등 특별한 경우를 제외하고는 사회통념상 운전한 날을 기준으로 운전한 날마다 1개의 운전행위가 있다고 보는 것이 상당하므로 운전한 날마다 무면허운전으로 인한 도로교통법 위반의 1죄가 성립한다고 보아야 한다(대법원 2002. 7. 23. 선고 2001도6281 판결 참조).

2) 위 법리 및 제1심, 원심이 적법하게 채택하여 조사한 증거들에 의하여 인정되는 다음과 같은 사실에 비추어 보면, 피고인의 제1 무면허운전 행위와 제2 무면허운전 행위는 단일하고 계속된 범의 아래 같은 날 근접하여 이루어진 일련의 행위에 해당하고 그 피해법익도 동일하여 포괄하여 일죄에 해당할 뿐, 실체적 경합 관계에 있다고 보기 어렵다.

가) 피고인은 2021. 5. 5. 13:00경 자신의 거주지인 위 'OOO' 앞 도로에서 위 '△△△ △△ 식당' 앞 도로까지 제1 무면허운전을 한 후, 위 식당에서 친구와 만나 점심 식사를 하면서 소주 3~4병을 함께 마셨다.

나) 위 점심 식사를 마친 피고인은 같은 날 15:17경 위 식당 앞 도로에서 자신의 거주지로 가기 위하여 창원시 (주소 3 생략)에 있는 '□□□ □□ □□' 앞 도로까지 제2 무면허운전을 하였다.

3) 그럼에도 피고인의 제1 무면허운전으로 인한 도로교통법 위반죄와 제2 무면허운전으로 인한 도로교통법 위반죄가 실체적 경합 관계에 있다고 본 원심의 판단에는 '죄수관계'에 관한 법리를 오해하여 판결에 영향을 미친 잘못이 있다.

2. 결론

그러므로 원심판결을 파기하고, 사건을 다시 심리·판단하도록 원심법원에 환송하기로 하여, 관여 대법관의 일치된 의견으로 주문과 같이 판결한다.

판례3 │ 무면허운전 처벌규정의 적용대상인 구 도로교통법 제2조 제18호에서 정한 '자동차'가 구 자동차관리법 제2조 제1호에서 정한 자동차로서 같은 법 제3조에서 정한 각종 자동차에 해당하는 것에 한정되는지 여부(적극)[대법원 2021. 9. 30. 선고 2017도13182 판결]

【판결요지】

구 도로교통법 제152조 제1호, 제43조의 무면허운전 처벌규정의 적용대상인 구 도로교통법 제2조 제18호에서 정한 자동차는 구 자동차관리법 제2조 제1호에서 정한 자동차로서 같은 법 제3조에서 정한 각종 자동차에 해당하는 것에 한정된다고 보아야 한다. 농업용 동력운반차는 농업기계화 촉진법 제2조 제1호에서 정한 농업기계로서 구 자동차관리법 제2조 제1호에서 정한 자동차나 이를 전제로 하는 구 자동차관리법 제3조에서 정한 각종 자동차에 해당하지 않으므로 무면허운전 처벌규정의 적용대상인 구 도로교통법 제2조 제18호에 정한 자동차에도 해당하지 않는다.

【원심판결】

창원지법 2017. 8. 10. 선고 2017노593 판결

【주문】

원심판결 중 유죄 부분을 파기하고, 이 부분 사건을 창원지방법원에 환송한다.

【이유】

상고이유를 판단한다.

1. 공소사실 요지와 원심판단

가. 이 사건 공소사실 중 도로교통법 위반(무면허운전) 부분(이하 '이 부분 공소사실'이라 한다)의 요지는 다음과 같다.

1) 피고인은 2015. 9. 11. 09:20경 사천시 (주소 1 생략) 앞 도로에서 자동차운전면허 없이 1,007cc 무등록 이륜자동차(이하 '이 사건 차량'이라 한다)를 운전하였다.

2) 피고인은 2016. 3. 24. 13:50경 같은 리에 있는 자가에서 (주소 2 생략) 앞 도로까지 자동차운전면허 없이 이 사건 차량을 운전하였다.

나. 원심은, 다음과 같은 이유로 이 사건 부분 공소사실에 대해서 무죄로 판단한 제1심판결을 파기하고 유죄로 판단하였다. 이 사건 차량은「농업기계화 촉진법」(이하 '농업기계화법'이라 한다) 제2조 제1호에서 정한 농업기계로서 '농업용 동력운반차'에 해당한다. 그러나 이 사건 차량이 구 자동차관리법(2019. 8. 27. 법률 제16564호로 개정되기 전의 것, 이하 '구 자동차관리법'이라 한다) 제3조, 구 자동차관리법 시행규칙(2018. 6. 12. 국토교통부령 제522호로 개정되기 전의 것, 이하 '구 자동차관리법 시행규칙'이라 한다) [별표 1]에서 정한 '중소형·다목적형 승용자동차'로 볼 수 있는 이상, 구 도로교통법(2020. 6. 9. 법률 제17371호로 개정되기 전의 것, 이하 '구 도로교통법'이라 한다) 제152조 제1호, 제43조의 무면허운전 처벌규정의 적용대상인 구 도로교통법 제2조 제18호에서 정한 자동차에 해당한다.

2. 대법원 판단

그러나 원심판결은 다음과 같은 이유로 받아들일 수 없다.

가. 형벌법규의 해석은 엄격해야 하고 명문규정의 의미를 지나치게 확장해석하거나 유추해석하는 것은 죄형법정주의 원칙에 어긋나는 것으로서 허용되지 않는다. 그리고 이러한 법해석의 원리는 형벌법규의 적용대상이 행정법규가 규정한 사항을 내용으로 하고 있는 경우에 그 행정법규를 해석할 때에도 마찬가지로 적용된다(대법원 1990. 11. 27. 선고 90도1516 전원합의체 판결 등 참조).

구 도로교통법 제152조 제1호, 제43조는 운전면허를 받지 않고 자동차 등을 운전한 사람을 처벌하고 있고, 구 도로교통법 제2조 제18호는 '자동차'에 대해 '철길이나 가설된 선을 이용하지 아니하고 원동기를 사용하여 운전되는 차로서, 자동차관리법 제3조에 따른 자동차(원동기장치자전거를 제외한다)인 승용자동차·승합자동차·화물자동차·특수자동차·이륜자동차와 건설기계관리법 제26조 제1항 단서에 따른 건설기계'로 정의하고 있다.

구 자동차관리법 제3조 제1항은 '자동차는 다음 각호와 같이 구분한다.'고 하면서 제1호부터 제5호까지 승용자동차, 승합자동차, 화물자동차, 특수자동차, 이륜자동차로 구분하고 있고, 같은 조 제3항은 국토교통부령으로 자동차의 종류를 세분할 수 있다고 정하고 있다. 한편 구 자동차관리법 제2조 제1호는 '자동차란 원동기에 의하여 육상에서 이동할 목적으로 제작한 용구 또는 이에 견인되어 육상을 이동할 목적으로 제작한 용구를 말한다. 다만 대통령령으로 정하는 것은 제외한다.'고 정하고 있고, 자동차관리법 시행령 제2조 제2호는 구 자동차관리법 제2조 제1호 단서의 위임에 따라 자동차에서 제외되는 것 중 하나로 '농업기계화법에 따른 농업기계'를 정하고 있다.

나. 위에서 본 규정을 체계적·종합적으로 살펴보면, 구 도로교통법 제152조 제1호, 제43조의 무면허운전 처벌규정의 적용대상인 구 도로교통법 제2조 제18호에서 정한 자동차는 구 자동차관리법 제2조 제1호에서 정한 자동차로서 같은 법 제3조에서 정한 각종 자동차에 해당하는 것에 한정된다고 보아야 한다(대법원 1993. 2. 23. 선고 92도3126 판결 참조). 농업용 동력운반차인 이 사건 차량은 농업기계화법 제2조 제1호에서 정한 농업기계로서 구 자동차관리법 제2조 제1호에서 정한 자동차나 이를 전제로 하는 구 자동차관리법 제3조에서 정한 각종 자동차에 해당하지 않으므로 무면허운전 처벌규정의 적용대상인 구 도로교통법 제2조 제18호에 정한 자동차에도 해당하지 않는다.

다. 그런데도 이 부분 공소사실을 유죄로 판단한 원심판결에는 구 도로교통법 제2조 제18호에서 정한 자동차의 해석에 관한 법리를 오해하여 판결에 영향을 미친 잘못이 있다. 이를 지적하는 상고이유 주장은 정당하다.

원심이 원용한 대법원 1995. 12. 22. 선고 94도1519 판결은 이 사건과는 사안이 다르므로, 이 사건에 원용하기에 적절하지 않다.

3. 결론

피고인의 나머지 상고이유에 관한 판단을 생략한 채, 원심판결 중 유죄 부분을 파기하고, 이 부분 사건을 다시 심리·판단하도록 원심법원에 환송하기로 하여, 대법관의 일치된 의견으로 주문과 같이 판결한다.

> **판례4 |** 자동차 운전면허 취소처분을 받은 사람이 자동차를 운전하였으나 운전면허 취소처분의 원인이 된 교통사고 또는 법규 위반에 대하여 범죄사실의 증명이 없는 때에 해당한다는 이유로 무죄판결이 확정된 경우[대법원 2021. 9. 16. 선고 2019도11826 판결]

【판결요지】

구 도로교통법(2020. 6. 9. 법률 제17371호로 개정되기 전의 것) 제93조 제1항 제1호에 의하면, 지방경찰청장은 운전면허를 받은 사람이 같은 법 제44조 제1항을 위반하여 술에 취한 상태에서 자동차를 운전한 경우 행정안전부령으로 정하는 기준에 따라 운전면허를 취소하거나 1년 이내의 범위에서 운전면허의 효력을 정지시킬 수 있다. 그러나 자동차 운전면허가 취소된 사람이 그 처분의 원인이 된 교통사고 또는 법규 위반에 대하여 혐의없음 등으로 불기소처분을 받거나 무죄의 확정판결을 받은 경우 지방경찰청장은 구 도로교통법 시행규칙(2020. 12. 10. 행정안전부령 제217호로 개정되기 전의 것) 제91조 제1항 [별표 28] 1. 마.항 본문에 따라 즉시 그 취소처분을 취소하고, 같은 규칙 제93조 제6항에 따라 도로교통공단에 그 내용을 통보하여야 하며, 도로교통공단도 즉시 취소당시의 정기적성검사기간, 운전면허증 갱신기간을 유효기간으로 하는 운전면허증을 새로이 발급하여야 한다.

그리고 행정청의 자동차 운전면허 취소처분이 직권으로 또는 행정쟁송절차에 의하여 취소되면, 운전면허 취소처분은 그 처분 시에 소급하여 효력을 잃고 운전면허 취소처분에 복종할 의무가 원래부터 없었음이 확정되므로, 운전면허 취소처분을 받은 사람이 운전면허 취소처분이 취소되기 전에 자동차를 운전한 행위는 도로교통법에 규정된 무면허운전의 죄에 해당하지 아니한다.

위와 같은 관련 규정 및 법리, 헌법 제12조가 정한 적법절차의 원리, 형벌의 보충성 원칙을 고려하면, 자동차 운전면허 취소처분을 받은 사람이 자동차를 운전하였으나 운전면허 취소처분의 원인이 된 교통사고 또는 법규 위반에 대하여 범죄사실의 증명이 없는 때에 해당한다는 이유로 무죄판결이 확정된 경우에는 그 취소처분이 취소되지 않았더라도 도로교통법에 규정된 무면허운전의 죄로 처벌할 수는 없다고 보아야 한다.

【원심판결】

수원지법 2019. 7. 24. 선고 2019노1256 판결

【주문】

원심판결 중 유죄 부분을 파기하고, 이 부분 사건을 수원지방법원에 환송한다.

【이유】

상고이유를 판단한다.

1. 관련 규정 및 법리

구 도로교통법(2020. 6. 9. 법률 제17371호로 개정되기 전의 것, 이하 '구 도로교통법'이라 한다) 제93조 제1항 제1호에 의하면, 지방경찰청장은 운전면허를 받은 사람이 같은 법 제44조 제1항을 위반하여 술에 취한 상태에서 자동차를 운전한 경우 행정안전부령으로 정하는 기준에 따라 운전면허를 취소하거나 1년 이내의 범위에서 운전면허의 효력을 정지시킬 수 있다. 그러나 자동차 운전면허가 취소된 사람이 그 처분의 원인이 된 교통사고 또는 법규 위반에 대하여 혐의없음 등으로 불기소처분을 받거나 무죄의 확정판결을 받은 경우 지방경찰청장은 구 도로교통법 시행규칙(2020. 12. 10. 행정안전부령 제217호로 개정되기 전의 것) 제91조 제1항 [별표 28] 1. 마.항 본문에 따라 즉시 그 취소처분을 취소하고, 같은 규칙 제93조 제6항에 따라 도로교통공단에 그 내용을 통보하여야 하며, 도로교통공단도 즉시 취소당시의 정기적성검사기간, 운전면허증 갱신기간을 유효기간으로 하는 운전면허증을 새로이 발급하여야 한다.

그리고 행정청의 자동차 운전면허 취소처분이 직권으로 또는 행정쟁송절차에 의하여 취소되면, 운전면허 취소처분은 그 처분 시에 소급하여 효력을 잃고 운전면허 취소처분에 복종할 의무가 원래부터 없었음이 확정되므로, 운전면허 취소처분을 받은 사람이 운전면허 취소처분이 취소되기 전에 자동차를 운전한 행위는 도로교통법에 규정된 무면허운전의 죄에 해당하지 아니한다(대법원 1999. 2.5.선고 98도4239 판결, 대법원 2008.1.31. 선고 2007도9220 판결 등 참조).

위와 같은 관련 규정 및 법리, 헌법 제12조가 정한 적법절차의 원리, 형벌의 보충성 원칙을 고려하면, 자동차 운전면허 취소처분을 받은 사람이 자동차를 운전하였으나 운전면허 취소처분의 원인이 된 교통사고 또는 법규 위반에 대하여 범죄사실의 증명이 없는 때에 해당한다는 이유로 무죄판결이 확정된 경우에는 그 취소처분이 취소되지 않았더라도 도로교통법에 규정된 무면허운전의 죄로 처벌할 수는 없다고 보아야 한다.

2. 이 사건에 대한 판단

가. 원심판결 이유와 기록에 의하면, 다음과 같은 사실을 알 수 있다.

1) 경기남부지방경찰청장은 2018. 6. 4. '피고인이 2017. 10. 24. 01:49경 술에 취한 상태에서 자동차를 운전하였다.'(이하 '이 사건 음주운전'이라 한다)는 이유로 구 도로교통법 제93조 제1항 제1호에 따라 피고인에 대한 자동차 운전면허를 취소하였다(이하 '이 사건 취소처분'이라 한다).

2) 피고인은 이 사건 취소처분을 받았음에도 2018. 11. 1. 20:20경 도로에서 자동차를 운전하다가 경찰관에게 적발되었다(이하 '이 사건 무면허운전'이라 한다).

3) 검사는 2018. 9. 18. 피고인을 이 사건 음주운전을 이유로 도로교통법 위반(음주운전)으로 기소하고, 2018. 11. 21. 재차 피고인을 이 사건 무면허운전을 이유로 도로교통법 위반(무면허운전)으로 기소하였다. 제1심은 위 두 사건을 병합하여 심리한 후 이 사건 공소사실 중 도로교통법 위반(음주운전) 부분에 대하여는 범죄의 증명이 부족하다는 이유로 무죄로 판단하고, 나머지 도로교통법 위반(무면허운전) 부분에 대하여는 유죄로 판단하였다. 이에 대하여 피고인과 검사가 각각 항소하였으나, 원심은 제1심판결을 그대로 유지하였다.

4) 피고인은 원심판결 중 도로교통법 위반(무면허운전) 부분에 대하여 상고를 제기하였으나, 검사는 상고를 제기하지 않아 원심판결 중 도로교통법 위반(음주운전) 부분은 무죄가 확정되었다.

나. 이러한 사실관계를 앞서 본 법리에 비추어 살펴본다.

이 사건 취소처분의 원인이 된 이 사건 음주운전에 대한 증명이 부족하다는 이유로 이 사건 공소사실 중 도로교통법 위반(음주운전) 부분에 관하여 무죄판결이 확정되었으므로, 앞서 살펴본 법리에 따라 운전면허 취소처분이 취소되지 않았더라도 피고인을 도로교통법 위반(무면허운전)죄로 처벌할 수는 없다. 따라서 이 사건 공소사실 중 도로교통법 위반(무면허운전) 부분에 대하여 유죄를 인정한 원심판결은 더 이상 유지될 수 없다. 이를 지적하는 취지의 피고인의 상고이유 주장은 이유 있다.

3. 결론

그러므로 원심판결 중 유죄 부분을 파기하고, 이 부분 사건을 다시 심리·판단하도록 원심법원에 환송하기로 하여, 관여 대법관의 일치된 의견으로 주문과 같이 판결한다.

판례5 | 도로교통법 제152조, 제43조를 위반한 무면허운전이 성립하기 위해서는 운전면허를 받지 않고 자동차 등을 운전한 곳이 도로교통법 제2조 제1호에서 정한 '도로'에 해당해야 하는지 여부(적극)[대법원 2017. 12. 28. 선고 2017도17762 판결]

【판결요지】

[1] 도로교통법 제43조는 '누구든지 제80조에 따라 지방경찰청장으로부터 운전면허를 받지 않거나 운전면허의 효력이 정지된 경우에는 자동차 등을 운전하여서는 안 된다'고 정하고, 이를 위반한 경우 처벌하고 있다(도로교통법 제152조 제1호).

도로교통법 제2조 제1호는 '도로'란 도로법에 따른 도로[(가)목], 유료도로법에 따른 유료도로[(나)목], 농어촌도로 정비법에 따른 농어촌도로[(다)목], 그 밖에 현실적으로 불특정 다수의 사람 또는 차마가 통행할 수 있도록 공개된 장소로서 안전하고 원활한 교통을 확보할 필요가 있는 장소[(라)목]를 말한다고 정하고 있다.

도로교통법 제2조 제26호는 '운전'이란 도로에서 차마를 그 본래의 사용방법에 따라 사용하는 것(조종을 포함한다)을 말한다고 정하되, 다음 세 경우에는 도로 외의 곳에서 운전한 경우를 포함한다고 정하고 있다. '술에 취한 상태에서의 운전'(도로교통법 제148조의2 제1항, 제44조), '약물(마약, 대마 및 향정신성의약품과 그 밖에 행정안전부령으로 정하는 것을 말한다)로 인하여 정상적으로 운전하지 못할 우려가 있는 상태에서의 운전'(제148조의2 제3항, 제45조), '차의 운전 등 교통으로 인하여 사람을 사상하거나 물건을 손괴하고 사상자를 구호하는 등 필요한 조치나 피해자에게 인적 사항(성명·전화번호·주소 등을 말한다) 제공을 하지 않은 경우(주·정차된 차만 손괴한 것이 분명한 경우에 제54조 제1항 제2호에 따라 피해자에게 인적 사항을 제공하지 아니한 사람은 제외한다)'(도로교통법 제148조, 제54조 제1항)가 그것이다.

개정 도로교통법(2017. 10. 24. 법률 제14911호로 개정되어 2018. 4. 25. 시행될 예정이다) 제2조 제26호는 차의 운전 등 교통으로 인하여 주·정차된 차만 손괴한 것이 분명한데, 제54조 제1항 제2호에 따라 피해자에게 인적 사항을 제공하지 않은 경우(도로교통법 제156조 제10호)에도 도로 외의 곳에서 한 운전을 운전 개념에 추가하고 있다.

위와 같이 도로교통법 제2조 제26호가 '술이 취한 상태에서의 운전' 등 일정한 경우에 한하여 예외적으로 도로 외의 곳에서 운전한 경우를 운전에 포함한다고 명시하고 있는 반면, 무면허운전에 관해서는 이러한 예외를 정하고 있지 않다. 따라서 도로교통법 제152조, 제43조를 위반한 무면허운전이 성립하기 위해서는 운전면허를 받지 않고 자동차 등을 운전한 곳이 도로교통법 제2조 제1호에서 정한 도로, 즉 '도로법에 따른 도로', '유료도로법에 따른 유료도로', '농어촌도로 정비법에 따른 농어촌도로', '그 밖에 현실적으로 불특정 다수의 사람 또는 차마가 통행할 수 있도록 공개된 장소로서 안전하고 원활한 교통을 확보할 필요가 있는 장소' 중 하나에 해당해야 한다.

위에서 본 도로가 아닌 곳에서 운전면허 없이 운전한 경우에는 무면허운전에 해당하지 않는다. 도로에서 운전하지 않았는데도 무면허운전으로 처벌하는 것은 유추해석이나 확장해석에 해당하여 죄형법정주의에 비추어 허용되지 않는다.

따라서 운전면허 없이 자동차 등을 운전한 곳이 위와 같이 일반교통경찰권이 미치는 공공성이 있는 장소가 아니라 특정인이나 그와 관련된 용건이 있는 사람만 사용할 수 있고 자체적으로 관리되는 곳이라면 도로교통법에서 정한 '도로에서 운전'한 것이 아니므로 무면허운전으로 처벌할 수 없다.

[2] 아파트 단지 내 지하주차장은 아파트 단지와 주차장의 규모와 형태, 아파트 단지나 주차장에 차단 시설이 설치되어 있는지 여부, 경비원 등에 의한 출입 통제 여부, 아파트 단지 주민이 아닌 외부인이 주차장을 이용할 수 있는지 여부 등에 따라서 도로교통법 제2조 제1호에서 정한 도로에 해당하는지가 달라질 수 있다.

[3] 피고인이 자동차운전면허를 받지 않고 아파트 단지 안에 있는 지하주차장 약 50m 구간에서 승용차를 운전하여 도로교통법 위반(무면허운전)으로 기소된 사안에서, 위 주차장이 아파트 주민이나 그와 관련된 용건이 있는 사람만 이용할 수 있고 경비원 등이 자체적으로 관리하는 곳이라면 도로에 해당하지 않을 수 있는데, 도로교통법 제2조 제1호에서 정한 도로에 해당하는지가 불분명하여 피고인의 자동차 운전행위가 도로교통법에서 금지하는 무면허운전에 해당하지 않는다고 볼 여지가 있는데도, 아파트 단지와 주차장의 규모와 형태, 아파트 단지와 주차장의 진·출입에 관한 구체적인 관리·이용 상황 등에 관하여 심리하지 아니한 채 피고인의 자동차 운전행위가 무면허운전에 해당한다고 보아 유죄를 인정한 원심판결에 심리미진 및 도로교통법에서 정한 도로와 무면허운전에 관한 법리오해의 잘못이 있다고 한 사례.

【원심판결】

춘천지법 강릉지원 2017. 10. 12. 선고 2017노330 판결

【주문】

원심판결을 파기하고, 사건을 춘천지방법원 강릉지원에 환송한다.

【이유】

상고이유를 판단한다.

1. 이 사건 공소사실의 요지와 쟁점

이 사건 공소사실 중 도로교통법위반(무면허운전)의 요지는, 피고인이 자동차운전면허를 받지 않고 2017. 5. 14. 07:00경 강릉시 (주소 생략)아파트 ○○○동 지하주차장에서부터 같은 아파트 △△△동 지하주차장에 이르기까지 약 50m 구간(이하 '이 사건 주차장'이라 한다)에서 (차량등록번호 생략) SM6 승용차를 운전하였다는 것이다.

원심은 피고인의 행위가 도로교통법 제152조 제1호, 제43조를 위반한 무면허운전에 해

당한다고 보아, 위 공소사실에 대하여 유죄를 선고한 제1심판결을 그대로 유지하였다.

이 사건의 쟁점은 ① 도로에서 운전한 경우에만 무면허운전에 해당하는지, ② 이 사건 운전 장소가 도로에 해당하는지 여부이다.

2. 무면허운전은 도로교통법상 도로에서 운전한 경우에 한하여 적용되는지 여부

도로교통법 제43조는 '누구든지 제80조에 따라 지방경찰청장으로부터 운전면허를 받지 않거나 운전면허의 효력이 정지된 경우에는 자동차 등을 운전하여서는 안 된다.'고 정하고, 이를 위반한 경우 처벌하고 있다(도로교통법 제152조 제1호).

도로교통법 제2조 제1호는 '도로'란 도로법에 따른 도로[(가)목], 유료도로법에 따른 유료도로[(나)목], 농어촌도로 정비법에 따른 농어촌도로[(다)목], 그 밖에 현실적으로 불특정 다수의 사람 또는 차마가 통행할 수 있도록 공개된 장소로서 안전하고 원활한 교통을 확보할 필요가 있는 장소[(라)목]를 말한다고 정하고 있다.

도로교통법 제2조 제26호는 '운전'이란 도로에서 차마를 그 본래의 사용방법에 따라 사용하는 것(조종을 포함한다)을 말한다고 정하되, 다음 세 경우에는 도로 외의 곳에서 운전한 경우를 포함한다고 정하고 있다. ① '술에 취한 상태에서의 운전'(도로교통법 제148조의2 제1항, 제44조), ② '약물(마약, 대마 및 향정신성의약품과 그 밖에 행정안전부령으로 정하는 것을 말한다)로 인하여 정상적으로 운전하지 못할 우려가 있는 상태에서의 운전'(제148조의2 제3항, 제45조), ③ '차의 운전 등 교통으로 인하여 사람을 사상하거나 물건을 손괴하고 사상자를 구호하는 등 필요한 조치나 피해자에게 인적 사항(성명·전화번호·주소 등을 말한다) 제공을 하지 않은 경우(주·정차된 차만 손괴한 것이 분명한 경우에 제54조 제1항 제2호에 따라 피해자에게 인적 사항을 제공하지 아니한 사람은 제외한다)'(도로교통법 제148조, 제54조 제1항)가 그것이다.

개정 도로교통법(2017. 10. 24. 법률 제14911호로 개정되어 2018. 4. 25. 시행될 예정이다) 제2조 제26호는 차의 운전 등 교통으로 인하여 주·정차된 차만 손괴한 것이 분명한데, 제54조 제1항 제2호에 따라 피해자에게 인적 사항을 제공하지 않은 경우(도로교통법 제156조 제10호)에도 도로 외의 곳에서 한 운전을 운전 개념에 추가하고 있다.

위와 같이 도로교통법 제2조 제26호가 '술이 취한 상태에서의 운전' 등 일정한 경우에 한하여 예외적으로 도로 외의 곳에서 운전한 경우를 운전에 포함한다고 명시하고 있는 반면, 무면허운전에 관해서는 이러한 예외를 정하고 있지 않다. 따라서 도로교통법 제152조, 제43조를 위반한 무면허운전이 성립하기 위해서는 운전면허를 받지 않고 자동차 등을 운전한 곳이 도로교통법 제2조 제1호에서 정한 도로, 즉 '도로법에 따른 도로', '유료도로법에 따른 유료도로', '농어촌도로 정비법에 따른 농어촌도로', '그 밖에 현실적으로 불특정 다수의 사람 또는 차마가 통행할 수 있도록 공개된 장소로서

안전하고 원활한 교통을 확보할 필요가 있는 장소' 중 하나에 해당해야 한다.

위에서 본 도로가 아닌 곳에서 운전면허 없이 운전한 경우에는 무면허운전에 해당하지 않는다. 도로에서 운전하지 않았는데도 무면허운전으로 처벌하는 것은 유추해석이나 확장해석에 해당하여 죄형법정주의에 비추어 허용되지 않는다.

따라서 운전면허 없이 자동차 등을 운전한 곳이 위와 같이 일반교통경찰권이 미치는 공공성이 있는 장소가 아니라 특정인이나 그와 관련된 용건이 있는 사람만 사용할 수 있고 자체적으로 관리되는 곳이라면 도로교통법에서 정한 '도로에서 운전'한 것이 아니므로 무면허운전으로 처벌할 수 없다.

3. 아파트 단지 내 지하주차장이 도로교통법상 도로에 해당하는지 여부

아파트 단지 내 지하주차장은 아파트 단지와 주차장의 규모와 형태, 아파트 단지나 주차장에 차단 시설이 설치되어 있는지 여부, 경비원 등에 의한 출입 통제 여부, 아파트 단지 주민이 아닌 외부인이 주차장을 이용할 수 있는지 여부 등에 따라서 도로교통법 제2조 제1호에서 정한 도로에 해당하는지가 달라질 수 있다.

이 사건 주차장이 아파트 단지 안에 있는 지하주차장으로서, 아파트 주민이나 그와 관련된 용건이 있는 사람만 이용할 수 있고 경비원 등이 자체적으로 관리하는 곳이라면 도로에 해당하지 않을 수 있다. 원심이유지한 제1심이 적법하게 채택한 증거에 의하더라도 이 사건 주차장이 도로교통법 제2조 제1호에서 정한 도로에 해당하는지 여부가 불분명하다.

따라서 피고인이 2017. 5. 14.에 한 자동차 운전행위는 도로교통법에서 금지하는 무면허운전에 해당하지 않는다고 볼 여지가 있다. 원심으로서는 아파트 단지와 주차장의 규모와 형태, 아파트 단지와 이 사건 주차장의 진·출입에 관한 구체적인 관리·이용 상황 등에 관하여 구체적으로 심리한 다음 이 사건 주차장이 도로교통법 제2조 제1호에서 정한 도로에 해당하는지 여부를 판단하였어야 할 것이다.

그런데도 원심은 이 사건 주차장의 진·출입에 관한 구체적인 관리·이용 상황 등에 관해서 별다른 심리를 하지 않은 채 피고인의 자동차 운전행위가 무면허운전에 해당한다고 보아 이 부분 공소사실을 유죄로 인정한 제1심판결을 그대로 유지하였다. 이러한 원심판결에는 필요한 심리를 다하지 않은 채 도로교통법에서 정한 도로와 무면허운전에 관한 법리를 오해하여 판결에 영향을 미친 잘못이 있다. 이를 지적하는 상고이유 주장은 정당하다.

4. 결론

원심판결 중 도로교통법위반(무면허운전) 부분은 파기되어야 하는데, 원심은 이 부분과 유죄로 인정된 나머지 부분이 형법 제37조 전단의 경합범 관계 등에 있다는 이유로 하나의 형을 선고하였으므로, 결국 원심판결은 전부 파기되어야 한다.

나머지 상고이유에 관한 판단을 생략한 채 원심판결 전부를 파기하고 사건을 다시 심리·판단하도록 원심법원에 환송하기로 하여, 대법관의 일치된 의견으로 주문과 같이 판결한다.

판례6 | 무면허운전을 처벌하는 도로교통법 제152조 제1호, 제43조 위반의 죄가 고의범인지 여부(적극)[대법원 2017. 12. 13. 선고 2017도14160 판결]

【원심판결】

수원지법 2017. 8. 16. 선고 2017노2173 판결

【주문】

원심판결을 파기하고, 사건을 수원지방법원 본원 합의부에 환송한다.

【이유】

상고이유를 판단한다.

1. 피고인의 상고이유에 대하여

범죄사실의 인정은 합리적인 의심이 없는 정도의 증명에 이르러야 하나(형사소송법 제307조 제2항), 사실 인정의 전제로 행하여지는 증거의 취사 선택 및 증거의 증명력은 사실심 법원의 자유판단에 속한다(형사소송법 제308조).

원심은 판시와 같은 이유를 들어 판시 범죄사실을 유죄로 인정하였다.

상고이유 주장은 이러한 원심의 판단에 이른 사실인정을 다투는 취지로서, 실질적으로 사실심 법원의 자유판단에 속하는 원심의 증거 선택 및 증명력에 관한 판단을 탓하는 것에 불과하다. 그리고 원심판결 이유를 위 법리와 적법하게 채택된 증거들에 비추어 살펴보아도, 원심의 판단에 상고이유 주장과 같이 논리와 경험의 법칙에 반하여 자유심증주의의 한계를 벗어난 위법이 없다.

2. 검사의 상고이유에 대하여

가. 도로교통법 제152조 제1호, 제43조 위반의 죄는 유효한 운전면허가 없음을 알면서도 자동차를 운전하는 경우에만 성립하는 이른바 고의범이다. 기존의 운전면허가 취소된 상태에서 자동차를 운전하였더라도 운전자가 면허취소 사실을 인식하지 못하였다면 도로교통법 위반(무면허운전)죄에 해당한다고 볼 수 없으나, 운전자가 운전면허취소처분 통지를 받았다면 그 후 그 운전면허취소처분이 취소되거나 철회되었다는 등의 특별한 사정이 없는 한 운전면허취소 사실을 인식하였다고 볼 수 있다.

나. 원심은 이 사건 공소사실 중 도로교통법 위반(무면허운전) 부분에 관하여, 피고인이 검찰에서 원심 판시 범죄사실 기재 2016. 7. 16.자 교통사고와 관련하여 불기

소 처분 결과 통지[특정범죄 가중처벌 등에 관한 법률 위반(도주치상)죄에 대하여 혐의없음 처분을 하였다는 내용 등으로서, 이하 '이 사건 불기소 통지'라 한다]를 받았고, 무면허운전 단속 현장에서 "검찰에서 경찰로 무슨 서류가 갈 것이다. 나는 면허가 유효한 것으로 알고 있다."라고 말하였으며, 공소사실 기재 운전(이하 '이 사건 운전'이라 한다) 당시 이 사건 불기소 통지와 달리 위 교통사고와 관련하여 공소가 제기되었다는 사실을 알지 못하였다고 보인다는 등의 사정을 들어, 이 사건 운전 당시 피고인이 운전면허가 취소되었다는 사정을 알았다는 점에 대한 증명이 부족하다고 인정하여, 이 부분 공소사실을 유죄로 인정한 제1심판결을 직권으로 파기하고 무죄로 판단하였다.

다. 그러나 원심판결 이유를 앞에서 본 법리와 적법하게 채택된 증거들을 비롯한 기록에 비추어 살펴보면, 피고인은 제1심에서 이 사건 운전에 대하여 무면허운전 사실을 자백하였고, 이 부분 공소사실을 포함한 공소사실 전부를 유죄로 인정한 제1심판결에 대하여 양형부당만을 이유로 항소하였으며, 원심이 든 위와 같은 사정들을 무면허운전의 경위에 관한 정상사유로만 주장하였음을 알 수 있다.

그렇다면 원심으로서는 이 사건 운전 당시 피고인이 운전면허취소 사실을 인식하였는지를 직권으로 심리하여 이를 부정하려면, 먼저 피고인이 운전면허취소통지를 받았는지의 여부를 확인하고 나아가 그 통지를 받았음에도 그 운전면허취소처분이 취소 또는 철회 등에 의하여 효력이 부정될 수 있는 사정들이 있는지에 대하여 확인하였어야 한다.

그럼에도 원심은 이러한 사정들에 대하여는 전혀 심리하지 아니한 채, 운전면허취소처분을 통지받았을 경우에 그 운전면허취소처분의 효력에 대한 피고인의 인식을 부정하기에 충분하지 아니한 판시 사정들만을 이유로 들어, 이 사건 운전 당시 피고인에게 무면허운전에 관한 고의의 증명이 부족하다고 속단하고 말았다.

이러한 원심의 판단에는 운전면허취소처분의 통지 및 그 효력, 무면허운전의 고의에 관한 법리를 오해하여 필요한 심리를 다하지 아니함으로써 판결에 영향을 미친 위법이 있다. 이를 지적하는 상고이유 주장은 이유 있다.

3. 파기 부분

원심판결 중 무죄 부분은 파기되어야 하고, 위 부분과 유죄로 인정된 나머지 부분은 형법 제37조 전단의 관계에 있어 하나의 형이 선고되어야 하므로, 결국 원심판결은 전부 파기되어야 한다.

4. 결론

그러므로 원심판결을 파기하고, 사건을 다시 심리·판단하게 하기 위하여 원심법원에 환송하기로 하여, 관여 대법관의 일치된 의견으로 주문과 같이 판결한다.

【판결요지】

[1] 도로교통법은 제1조에서 "이 법은 도로에서 일어나는 교통상의 모든 위험과 장해를 방지하고 제거하여 안전하고 원활한 교통을 확보함을 목적으로 한다."라고 규정하고, 제80조 제1항 본문에서 "자동차 등을 운전하려는 사람은 지방경찰청장으로부터 운전면허를 받아야 한다."라고 규정하면서, 제85조 제1항에서 "운전면허를 받으려는 사람은 운전면허시험에 합격하여야 한다."라고 규정한 것을 비롯하여 운전면허를 받기 위한 자격, 결격사유, 운전면허시험, 적성검사, 운전면허의 취소 등에 관하여 상세한 규정을 두고 있고, 한편 제96조 제1항에서 외국의 권한 있는 기관에서 1949년 제네바에서 체결된 '도로교통에 관한 협약'이나 1968년 비엔나에서 체결된 '도로교통에 관한 협약' 중 어느 하나에 해당하는 협약에 따른 운전면허증(이하 '국제운전면허증'이라고 한다)을 발급받은 사람은, 제80조 제1항에 따라 지방경찰청장으로부터 운전면허를 받지 않더라도 '국내에 입국한 날부터 1년 동안만' 그 국제운전면허증으로 자동차 등을 운전할 수 있다고 규정하고 있으며, 제152조 제1호에서 제80조에 따른 운전면허(원동기장치자전거면허는 제외한다)를 받지 아니하거나 제96조에 따른 국제운전면허증을 받지 아니하고(운전이 금지된 경우와 유효기간이 지난 경우를 포함한다) 자동차를 운전한 사람을 도로교통법 위반(무면허운전)죄로 처벌하도록 하고 있다.

이러한 도로교통법의 입법 취지와 목적, 운전면허 제도, 무면허운전 처벌규정의 체계와 내용 등을 종합하여 보면, 도로교통법은 교통상의 위험 방지 및 안전 확보 등을 위하여 운전면허시험 등 도로교통법이 정한 절차에 따라 운전면허를 받은 사람에 한하여 국내 도로에서 자동차 등 운전행위를 적법하게 할 수 있도록 허가하여 주고, 그러한 운전면허를 받지 아니하고 운전하는 경우를 무면허운전으로 처벌하는 것을 원칙으로 하되, 다만 1949년 제네바에서 체결된 '도로교통에 관한 협약'이나 1968년 비엔나에서 체결된 '도로교통에 관한 협약'을 존중하여 그에 따른 국제운전면허증을 발급받은 사람에 대하여는 별도의 허가 없이 입국한 날부터 1년 동안에 한하여 도로교통법이 정한 절차에 따른 운전면허를 받지 아니하고도 운전을 할 수 있도록 허용하는 예외를 두고 있는 것으로 이해된다. 이와 같이 운전면허가 허가라는 행정행위로서의 성격을 가지는 이상, 도로교통법 제80조 제1항 본문에 따라 운전면허를 받을 수 있는 사람은 내국인 또는 출입국관리법이 정한 적법한 절차에 따라 대한민국에 입국한 외국인이라고 보아야 한다. 따라서 국제운전면허증에 의하여 동일한 법률적 효과를 부여받기 위해서는 마찬가지 전제가 충족되어야 한다. 그런데도 국제운전면허증에 의한 운전의 경우에는 불법으로 입국한 외국인도 도로교통법 제96조 제1항에 의한 법률적 효과를 받을 수 있다고 본다면, 운전면허를 받아야 하는 경우와는 달리 운전행위 허가를 받을 수 없는 사람에게 국내에서의 운전행위를 허용해 주는 결과가 된다. 그리고 불법으로 입국한 사람도 입국한 날부터 1년 동안 국제운전면허증에 의한 운전을 할 수 있는 것으로 해석한다면, 밀입국의 특성상 입국 시기를 객관적으로 특정하기 어려워 사실상 당사자의 주장에 의존할 수밖에 없는 경우가 많아, 적법하게 입국한 사람보다 불법으로 입국한 사람이 더 유리하게 되는 불합리한 결과를 낳게 될 위험도 있다.

그러므로 도로교통법 제96조 제1항의 '국내에 입국한 날'은 출입국관리법에 따라 적법한 입국심사절차를 거쳐 입국한 날을 의미하고, 그러한 적법한 입국심사절차를 거치지 아니하고 불법으로 입국한 경우에는 국제운전면허증을 소지하고 있는 경우라도 도로교통법 제96조 제1항이 예외적으로 허용하는 국제운전면허증에 의한 운전을 한 경우에 해당한다고 볼 수 없다.

[2] 외국인인 피고인이 운전면허 없이 도로에서 자동차를 운전하였다고 하여 도로교통법위반(무면허운전)으로 기소되었는데, 피고인은 법무부장관이 발급한 사증 없이 입국심사를 받지 않고 국내에 입국한 후 1년 이내에 자동차를 운전하였고, 운전을 하기 전에 필리핀에서 1949년 제네바에서 체결된 '도로교통에 관한 협약'에 따른 국제운전면허증을 발급받은 사안에서, 피고인이 출입국관리법에 따른 정상적인 입국심사절차를 거치지 아니하고 불법으로 입국한 이상, 비록 국제운전면허증을 발급받아 소지하고 있고 국내에 입국한 날부터 1년 이내에 자동차를 운전하였더라도, 도로교통법 제96조 제1항이 예외적으로 허용하는 국제운전면허증에 의한 운전이라고 하기 어려워 도로교통법 제152조 제1호에서 규정하는 무면허운전에 해당함에도, 이와 달리 보아 공소사실을 무죄로 판단한 원심판결에 도로교통법 제96조 제1항에 관한 법리오해의 잘못이 있다고 한 사례.

【원심판결】

수원지법 2017. 6. 1. 선고 2017노1885 판결

【주문】

원심판결 중 무죄 부분을 파기하고, 이 부분 사건을 수원지방법원 본원 합의부에 환송한다.

【이유】

상고이유를 판단한다.

1. 도로교통법은 제1조에서 "이 법은 도로에서 일어나는 교통상의 모든 위험과 장해를 방지하고 제거하여 안전하고 원활한 교통을 확보함을 목적으로 한다."라고 규정하고, 제80조 제1항 본문에서 "자동차 등을 운전하려는 사람은 지방경찰청장으로부터 운전면허를 받아야 한다."라고 규정하면서, 제85조 제1항에서 "운전면허를 받으려는 사람은 운전면허시험에 합격하여야 한다."라고 규정한 것을 비롯하여 운전면허를 받기 위한 자격, 결격사유, 운전면허시험, 적성검사, 운전면허의 취소 등에 관하여 상세한 규정을 두고 있고, 한편 제96조 제1항에서 외국의 권한 있는 기관에서 1949년 제네바에서 체결된「도로교통에 관한 협약」이나 1968년 비엔나에서 체결된「도로교통에 관한 협약」중 어느 하나에 해당하는 협약에 따른 운전면허증(이하 '국제운전면허증'이라고 한다)을 발급받은 사람은, 제80조 제1항에 따라 지방경찰청장으로부터 운전면허를 받지 않더라도 '국내에 입국한 날부터 1년 동안만' 그 국제운전면허증으로 자동차 등을 운전할 수 있다고 규정하고 있으며, 제152조 제1호에서 제80조에 따른 운전면허(원동기장치자전거면허는 제외한다)를 받지 아니하거나 제96조에 따른 국제운전면허증을 받지 아니하고(운전이 금지된 경우와 유효기간이 지난 경우를 포함한다) 자동차를 운전한 사람을 도로교통법 위반(무면허운전)죄로 처벌하도록 하고 있다.

이러한 도로교통법의 입법 취지와 목적, 운전면허 제도, 무면허운전 처벌규정의 체계와 내용 등을 종합하여 보면, 도로교통법은 교통상의 위험 방지 및 안전 확보 등을 위하여 운전면허시험 등 도로교통법이 정한 절차에 따라 운전면허를 받은 사람에 한하여 국내 도로에서 자동차 등 운전행위를 적법하게 할 수 있도록 허가하여 주고, 그러한 운전면허를 받지 아니하고 운전하는 경우를 무면허운전으로 처벌하는 것을 원칙으로 하되, 다만 1949년 제네바에서 체결된「도로교통에 관한 협약」이나 1968년 비엔나에서 체결된 「도로교통에 관한 협약」을 존중하여 그에 따른 국제운전면허증을 발급받은 사람에 대하여는 별도의 허가 없이 입국한 날부터 1년 동안에 한하여 도로교통법이 정한 절차에 따른 운전면허를 받지 아니하고도 운전을 할 수 있도록 허용하는 예외를 두고 있는 것으로 이해된다. 이와 같이 운전면허가 허가라는 행정행위로서의 성격을 가지는 이상, 도로교통법 제80조 제1항 본문에 따라 운전면허를 받을 수 있는 사람은 내국인 또는 출입국관리법이 정한 적법한 절차에 따라 대한민국에 입국한 외국인이라고 보아야 한다. 따라서 국제운전면허증에 의하여 동일한 법률적 효과를 부여받기 위해서는 마찬가지 전제가 충족되어야 한다. 그런데도 국제운전면허증에 의한 운전의 경우에는 불법으로 입국한 외국인도 도로교통법 제96조 제1항에 의한 법률적 효과를 받을 수 있다고 본다면, 운전면허를 받아야 하는 경우와는 달리 운전행위 허가를 받을 수 없는 사람에게 국내에서의 운전행위를 허용해 주는 결과가 된다.

그리고 불법으로 입국한 사람도 입국한 날부터 1년 동안 국제운전면허증에 의한 운전을 할 수 있는 것으로 해석한다면, 밀입국의 특성상 입국 시기를 객관적으로 특정하기 어려워 사실상 당사자의 주장에 의존할 수밖에 없는 경우가 많아, 적법하게 입국한 사람보다 불법으로 입국한 사람이 더 유리하게 되는 불합리한 결과를 낳게 될 위험도 있다. 그러므로 도로교통법 제96조 제1항의 '국내에 입국한 날'은 출입국관리법에 따라 적법한 입국심사절차를 거쳐 입국한 날을 의미하고, 그러한 적법한 입국심사절차를 거치지 아니하고 불법으로 입국한 경우에는 국제운전면허증을 소지하고 있는 경우라고 하더라도 도로교통법 제96조 제1항이 예외적으로 허용하는 국제운전면허증에 의한 운전을 한 경우에 해당한다고 볼 수 없다.

2. 이 사건 공소사실 중 도로교통법 위반(무면허운전)의 점의 요지는, 피고인이 자동차운전면허를 받지 아니하고 2016. 12. 1.경부터 2017. 1. 23.경까지 수원시 등 일대 도로에서 승용차를 운전하였다는 것이다.

이에 대하여 원심은 그 판시 증거를 종합하여, 피고인이 2016. 2. 중순경 법무부장관이 발급한 사증 없이 입국심사를 받지 않고 대한민국에 입국한 사실, 피고인이 2016. 10. 10. 필리핀에서 1949년 제네바에서 체결된 「도로교통에 관한 협약」에 따른 국제운전면허증을 발급받은 사실 등을 인정한 후, 피고인이 국내에 입국한 날부터 1년 이내에 공소사실과 같이 자동차를 운전한 것은 도로교통법 제96조 제1항의 국제운전면허증에 의한 운전에 해당한다고 보아, 위 공소사실에 대하여 무죄를 선고한 제1심판결을 그대로 유지하였다.

3. 그러나 원심이 인정한 사실관계를 앞서 본 법리에 비추어 살펴보면, 피고인이 출입국관리법에 따른 정상적인 입국심사절차를 거치지 아니하고 불법으로 입국한 이상, 비록 국제운전면허증을 발급받아 소지하고 있고, 국내에 입국한 날부터 1년 이내에 공소사실과 같이 자동차를 운전한 것이라 하더라도 이를 도로교통법 제96조 제1항이 예외적으로 허용하는 국제운전면허증에 의한 운전이라고 하기 어렵고, 따라서 이는 도로교통법 제152조 제1호에서 규정하는 무면허운전에 해당하는 것으로 보아야 한다.

그럼에도 원심은 그 판시와 같은 이유만으로 이와 달리 판단하였으니, 이러한 원심판단에는 도로교통법 제96조 제1항에 관한 법리를 오해하여 판결에 영향을 미친 잘못이 있다. 이를 지적하는 상고이유 주장은 이유 있다.

4. 그러므로 원심판결 중 무죄 부분을 파기하고, 이 부분 사건을 다시 심리·판단하도록 원심법원에 환송하기로 하여, 관여 대법관의 일치된 의견으로 주문과 같이 판결한다.

판례8 | 연습운전면허를 받은 사람이 '주행연습 외의 목적으로 운전하여서는 아니된다'는 준수 사항을 위반하여 운전한 경우, 도로교통법상 무면허운전이라고 보아 처벌할 수 있는지 여부(소극)*[대법원 2015. 6. 24. 선고 2013도15031 판결]*

【원심판결】

고등군사법원 2013. 11. 26. 선고 2013노189 판결

【주문】

상고를 기각한다.

【이유】

상고이유를 판단한다.

구 도로교통법(2013. 3. 23. 법률 제11690호로 개정되기 전의 것) 제80조 제2항은 "지방경찰청장은 운전을 할 수 있는 차의 종류를 기준으로 다음 각 호와 같이 운전면허의 범위를 구분하고 관리하여야 한다. 이 경우 운전면허의 범위에 따라 운전할 수 있는 차의 종류는 행정안전부령으로 정한다."라고 규정하면서 운전면허의 종류를 제1종 운전면허(대형면허, 보통면허, 소형면허, 특수면허), 제2종 운전면허(보통면허, 소형면허, 원동기장치 자전거면허), 연습운전면허(제1종 보통연습면허, 제2종 보통연습면허)로 구분하고 있고, 그 위임에 따라 도로교통법 시행규칙 제53조 [별표 18]에서는 각 운전면허별로 운전할 수 있는 차의 종류를 구분하여 나열하고 있다. 또한 도로교통법 제43조는 "누구든지 제80조에 따라 지방경찰청장으로부터 운전면허를 받지 아니하거나 운전면허의 효력이 정지된 경우에는 자동차 등을 운전하여서는 아니 된다."고 규정하고, 도로교통법 제152조 제1호는 '제43조를 위반하여 제80조에 따른 운전면허를 받지 아니하고 자동차를 운전한 사람'을 무면허운전으로 처벌한다고 규정하고 있다.

한편 도로교통법 시행규칙 제55조는 연습운전면허를 받은 사람이 도로에서 주행연습을 할 때에 지켜야 할 준수사항을 규정하면서 제1호에서는 운전면허를 받은 날부터 2년이 경과한 사람이 함께 타서 그의 지도를 받아야 하고, 제2호에서는 사업용 자동차를 운전하는 등 주행연습 외의 목적으로 운전하여서는 아니되며, 제3호에서는 주행연습 중인 사실을 다른 차의 운전자가 알 수 있도록 표지를 붙여야 한다고 규정하고 있다. 또한 도로교통법 제93조 제3항은 "지방경찰청장은 연습운전면허를 발급받은 사람이 운전 중 고의 또는 과실로 교통사고를 일으키거나 이 법이나 이 법에 따른 명령 또는 처분을 위반한 경우에는 연습운전면허를 취소하여야 한다."고 규정하고 있고, 도로교통법 시행규칙 제91조 제2항 [별표 29] 일련번호 제13번에서는 연습운전면허를 받은 사람이 지켜야 할 위 준수사항 중 하나라도 위반한 경우를 연습운전면허 취소처분요건에 해당하는 것으로 규정하고 있다.

이러한 규정들을 종합하여 볼 때, 운전을 할 수 있는 차의 종류를 기준으로 운전면허의 범위가 정해지게 되고, 해당 차종을 운전할 수 있는 운전면허를 받지 아니하고 운전한 경우가 무면허운전에 해당된다고 할 것이므로 실제 운전의 목적을 기준으로 운전면허의 유효범위나 무면허운전 여부가 결정된다고 볼 수는 없다. 따라서 연습운전면허를 받은 사

람이 운전을 함에 있어 주행연습 외의 목적으로 운전하여서는 아니된다는 준수사항을 지키지 않았다고 하더라도 준수사항을 지키지 않은 것에 대하여 연습운전면허의 취소 등 제재를 가할 수 있음은 별론으로 하고 그 운전을 무면허운전이라고 보아 처벌할 수는 없다(대법원 2001. 4. 10. 선고 2000도5540 판결 참조).

원심판결 이유를 위 법리와 기록에 비추어 살펴보면, 원심이 그 판시와 같은 이유를 들어 이 사건 공소사실 중 도로교통법위반(무면허운전)의 점에 대하여 피고인이 주행연습 외의 목적으로 운전하였더라도 유효한 연습운전면허를 발급받고 있었던 이상 무면허운전에 해당되지 아니한다는 이유로 무죄로 판단한 제1심을 그대로 유지한 것은 정당하고, 거기에 도로교통법위반(무면허운전)죄에 관한 법리를 오해한 위법이 없다.

그러므로 상고를 기각하기로 하여 관여 대법관의 일치된 의견으로 주문과 같이 판결한다.

> **판례9 |** 산업연수생으로 국내에 입국한 피고인이 운전면허 없이 자동차를 운전하였다고 하여 구 도로교통법 위반으로 기소된 사안[대법원 2012. 6. 14. 선고 2010도9067 판결]

【판결요지】

산업연수생으로 국내에 입국한 피고인이 운전면허 없이 자동차를 운전하였다고 하여 구 도로교통법(2011. 6. 8. 법률 제10790호로 개정되기 전의 것) 위반으로 기소되었는데, 입국 전 파키스탄에서 발급받아 소지하고 있던 국제운전면허증에 1926년 파리협약에 따라 발급된 것으로 기재되어 있고, 파키스탄은 1968년 비엔나에서 체결된 '도로교통에 관한 협약'(이하 '비엔나협약'이라 한다)에 가입하고 있는 사안에서, 위 국제운전면허증은 비엔나협약 부속서 7에서 규정하고 있는 국제운전면허증 양식과 부합하지 않을 뿐만 아니라 위 부속서 7에서 규정하고 있는 인쇄사항 중 일부가 누락되어 있으므로, 위 국제운전면허증이 비엔나협약에서 정한 양식과 다른 양식으로 발급된 사정을 심리하여 유효성 여부를 판단하였어야 하는데도, 이를 심리하지 아니한 채 위 운전면허증이 파키스탄에서 정상적으로 발급된 국제운전면허증이라고 인정하여 무죄를 선고한 원심판결에 국제운전면허증에 관한 법리를 오해하여 심리를 다하지 아니한 위법이 있다고 한 사례.

【원심판결】

의정부지법 2010. 6. 24. 선고 2009노1452 판결

【주문】

원심판결을 파기하고, 사건을 의정부지방법원 본원 합의부에 환송한다.

【이유】

원심은, 피고인이 2008. 2. 13. 파키스탄에서 국제운전면허증을 발급받은 후 산업연수생으로 입국한 사실, 파키스탄이 1968년 비엔나에서 체결된「도로교통에 관한 협약」(이하 '비엔나협약'이라 한다)에 가입한 사실, 피고인이 소지하고 있던 국제운전면허증에 운전할 수 있는 자동차로 'Motor Car'가 기재되어 있는 사실 등을 인정한 후, 비록 피고인이 소지하고 있던 국제운전면허증에 1926년 파리협약에 따라 발급된 국제운전면허증이라고 기재되어 있지만, 비엔나협약에 가입한 파키스탄에서 발급된 국제운전면허증이 위조된 것이라고 볼 만한 사정이 없는 이상 구 도로교통법(2011. 6. 8. 법률 제10790호로 개정되기 전의 것, 이하 같다) 제96조 제1항에서 정한 유효한 국제운전면허증에 해당한다는 이유로, 이 사건 공소사실을 유죄로 인정한 제1심판결을 파기하고 피고인에 대하여 무죄를 선고하였다.

그러나 원심의 판단은 다음과 같은 이유로 수긍할 수 없다.

구 도로교통법 제96조 제1항은 '외국의 권한 있는 기관에서 1949년 제네바에서 체결된 「도로교통에 관한 협약」 또는 1968년 비엔나에서 체결된 「도로교통에 관한 협약」의 규정에 의한 운전면허증(이하 '국제운전면허증'이라 한다)을 발급받은 사람은 국내에 입국한 날부터 1년의 기간에 한하여 그 국제운전면허증으로 자동차등을 운전할 수 있다. 이 경우 운전할 수 있는 자동차의 종류는 그 국제운전면허증에 기재된 것에 한한다'고 규정하고 있다. 그리고 비엔나협약 제41조 제2항은 체약당사국이 협약의 부속서(Annex) 7에서 정한 국제운전면허증을 유효한 운전면허증으로 인정하여야 한다고 규정하고, 위 협약의 부속서 7에서는 국제운전면허증은 148×105mm 크기의 수첩으로 하고, 앞 표지의 겉지에는 발급국가의 명칭, 국제운전면허증의 근거 협약, 유효기간, 발급기관, 발급장소, 발급일자, 국내운전면허증의 번호 등이 인쇄되어 있어야 하고, 그 속지에는 운전면허증이 그 소지자가 통상 거주하는 영토에서는 효력이 없고, 다른 모든 체약당사국의 영토에서 효력이 있다는 내용 등이 인쇄되어 있어야 하며, 마지막 속지에는 운전자의 성명 등에 관한 사항과 면허증이 효력을 가지는 차량의 종류 등이 인쇄되어 있어야 한다고 규정하면서, 그 운행할 수 있는 차량을 5가지로 구분하고 있다.

그런데 기록에 의하면, 피고인이 소지하고 있던 국제운전면허증은 비엔나협약 부속서 7에서 규정하고 있는 국제운전면허증 양식과 부합하지 않을 뿐만 아니라 위 부속서 7에서 규정하고 있는 인쇄사항 중 일부가 누락되어 있는 사정을 알 수 있으므로, 원심으로서는 피고인이 소지하고 있던 국제운전면허증이 비엔나협약에서 정한 양식과 다른 양식으로 발급된 사정을 심리하여 그 유효성 여부를 판단하였어야 함에도 불구하고, 그러한 사정을 심리하지 아니한 채 피고인이 소지하고 있던 운전면허증이 파키스탄에서 정상적으로 발급된 국제운전면허증이라고 인정하였으므로, 이러한 원심판결에는 국제운전면허증에 관한 법리를 오해하여 심리를 다하지 아니하여 판결에 영향을 미친 위법이 있다 할 것이다.

그러므로 원심판결을 파기하고, 사건을 다시 심리·판단하도록 원심법원에 환송하기로 하여 관여 대법관의 일치된 의견으로 주문과 같이 판결한다.

> **판례10 |** '운전면허를 받지 아니하고'라는 법률문언의 통상적 의미에 '운전면허를 받았으나 그 후 운전면허의 효력이 정지된 경우'가 당연히 포함되는지 여부(소극)[대법원 2011. 8. 25. 선고 2011도7725 판결]

【판결요지】

[1] 도로교통법 제43조는 무면허운전 등을 금지하면서 "누구든지 제80조의 규정에 의하여 지방경찰청장으로부터 운전면허를 받지 아니하거나 운전면허의 효력이 정지된 경우에는 자동차 등을 운전하여서는 아니된다"고 정하여, 운전자의 금지사항으로 운전면허를 받지 아니한 경우와 운전면허의 효력이 정지된 경우를 구별하여 대등하게 나열하고 있다. 그렇다면 '운전면허를 받지 아니하고'라는 법률문언의 통상적인 의미에 '운전면허를 받았으나 그 후 운전면허의 효력이 정지된 경우'가 당연히 포함된다고는 해석할 수 없다.

[2] 피고인이 '원동기장치자전거면허의 효력이 정지된 상태에서' 원동기장치자전거를 운전하였다고 하며 도로교통법 위반(무면허운전)으로 기소된 사안에서, 도로교통법 제43조 해석상 '운전면허를 받지 아니하고'라는 법률문언의 통상적 의미에 '운전면허를 받았으나 그 후 운전면허의 효력이 정지된 경우'가 당연히 포함된다고는 해석할 수 없는데, 자동차의 무면허운전과 관련하여 도로교통법 제152조 제1호 및 제2호가 운전면허의 효력이 정지된 경우도 운전면허를 애초 받지 아니한 경우와 마찬가지로 형사처벌된다는 것을 명문으로 정하고 있는 반면, 원동기장치자전거의 무면허운전죄에 대하여 규정한 제154조 제2호는 처벌의 대상으로 "제43조의 규정을 위반하여 제80조의 규정에 의한 원동기장치자전거면허를 받지 아니하고 원동기장치자전거를 운전한 사람"을 정하고 있을 뿐, 운전면허의 효력이 정지된 상태에서 원동기장치자전거를 운전한 경우에 대하여는 아무런 언급이 없다는 이유로 위 행위가 도로교통법 제154조 제2호, 제43조 위반죄에 해당하지 않는다고 보아 무죄를 인정한 원심판단을 수긍한 사례.

【원심판결】

의정부지법 2011. 6. 3. 선고 2011노36 판결

【주문】

상고를 기각한다.

【이유】

상고이유를 판단한다.

죄형법정주의는 국가형벌권의 자의적인 행사로부터 개인의 자유와 권리를 보호하기 위하여 범죄와 형벌을 법률로 정할 것을 요구한다. 그러한 취지에 비추어 보면 형벌법규의 해석은 엄격하여야 하고, 명문의 형벌법규의 의미를 피고인에게 불리한 방향으로 지나치게 확장해석하거나 유추해석하는 것은 죄형법정주의의 원칙에 어긋나는 것으로서 허용되지 아니한다(대법원 1992. 10. 13. 선고 92도1428 전원합의체 판결, 대법원 2004. 2. 27. 선고 2003도6535 판결 등 참조).

원심은 다음과 같은 이유를 들어 원동기장치자전거면허의 효력이 정지된 상태에서 원동기장치자전거를 운전한 행위가 도로교통법 제154조 제2호, 제43조의 구성요건에 해당하지 아니한다고 보고, 결국 이 부분 공소사실은 범죄가 되지 아니한다고 판단하였다. 즉 도로교통법 제43조는 무면허운전 등을 금지하면서 "누구든지 제80조의 규정에 의하여 지방경찰청장으로부터 운전면허를 받지 아니하거나 운전면허의 효력이 정지된 경우에는 자동차 등을 운전하여서는 아니된다"고 정하여, 운전자의 금지사항으로 운전면허를 받지 아니한 경우와 운전면허의 효력이 정지된 경우를 구별하여 대등하게 나열하고 있다. 그렇다면 '운전면허를 받지 아니하고'라는 법률문언의 통상적인 의미에 '운전면허를 받았으나 그 후 운전면허의 효력이 정지된 경우'가 당연히 포함된다고는 해석할 수 없다 . 그런데 자동차의 무면허운전과 관련하여서는 도로교통법 제152조 제1호 및 제2호가 운전면허의 효력이 정지된 경우도 운전면허를 애초 받지 아니한 경우와 마찬가지로 형사처벌된다는 것을 명문으로 정하고 있는 반면, 원동기장치자전거의 무면허운전죄에 대하여 규정하는 제154조 제2호는 그 처벌의 대상으로 " 제43조의 규정을 위반하여 제80조의 규정에 의한 원동기장치자전거면허를 받지 아니하고 원동기장치자전거를 운전한 사람"을 정하고 있을 뿐이고, 운전면허의 효력이 정지된 상태에서 원동기장치자전거를 운전한 경우에 대하여는 아무런 언급이 없다는 것이다.

앞서 본 형벌법규의 해석에 관한 원칙에 비추어 보면, 원심의 위와 같은 판단은 정당하다. 이와 다른 전제에서 원심판결에 이들 도로교통법 규정에 대한 해석을 그르친 잘못이 있다는 상고이유의 주장은 받아들일 수 없다.

그러므로 상고를 기각하기로 하여 관여 대법관의 일치된 의견으로 주문과 같이 판결한다.

판례11 | 동종 전력이 있는 피고인이 음주운전 등으로 집행유예 선고와 함께 보호관찰을 명받은 후 보호관찰관의 지도·감독에 불응하며 동종의 무면허운전을 한 사안*[대법원 2010. 5. 27.자 2010모446 결정]*

【판결요지】

이미 수차례 음주 및 무면허운전으로 처벌받은 전력이 있는 피고인이 같은 범행으로 집행유예 선고와 함께 보호관찰 등을 명받았음에도 보호관찰관의 지도·감독에 불응하여 집행유예취소 청구가 되어 유치되기까지 하였음에도, 위 집행유예취소 청구가 기각된 후에 종전과 같이 보호관찰관의 지도·감독에 불응하며 동종의 무면허운전을 한 사안에서, 보호관찰 대상자로서의 준수사항을 심각하게 위반하였다고 할 것임에도, 피고인에 대한 집행유예취소 청구를 기각한 원심결정에 법리오해 및 심리미진의 위법이 있다고 한 사례.

【원심결정】

대구지법 2010. 3. 8.자 2010로23 결정

【주문】

원심결정을 파기하고, 사건을 대구지방법원 본원 합의부에 환송한다.

【이유】

재항고이유를 판단한다.

법원이 보호관찰 등에 관한 법률에 의한 검사의 청구에 의하여 형법 제64조 제2항에 규정된 집행유예취소의 요건에 해당하는가를 심리함에 있어, 보호관찰기간 중의 재범에 대하여 따로 처벌받는 것과는 별도로 보호관찰자 준수사항 위반 여부 및 그 정도를 평가하여야 하고, 보호관찰이나 사회봉사 또는 수강명령은 각각 병과되는 것이므로 사회봉사 또는 수강명령의 이행 여부는 보호관찰자 준수사항 위반 여부나 그 정도를 평가하는 결정적인 요소가 될 수 없다고 할 것이다.

원심결정 이유와 기록에 의하면, 피고인은 무면허운전 및 음주운전으로 수차례 처벌받은 전력이 있는데, 2008. 10. 21. 대구지방법원에서 도로교통법 위반(음주운전)죄 및 도로교통법 위반(무면허운전)죄로 징역 6월에 집행유예 2년, 보호관찰을 받을 것과 준법운전강의 40시간의 수강 및 80시간의 사회봉사를 명받고 같은 달 29일 위 판결이 확정된 사실, 피고인은 위 판결 확정일로부터 10일이 훨씬 지난 2009. 1. 19.에서야 보호관찰소에 신고서를 제출하였고, 이후 보호관찰관의 지도·감독과 수회에 걸친 수강명령 집행지시에 불응하였으며, 보호관찰관은 수회에 걸쳐 '계속하여 준수사항을 위반할 경우에는 구인·유치·처분취소 등 불이익한 처분을 받게 된다'는 경고를 한 사실, 대구지방검찰청 검사는 피고인에 대한 유치허가를 받아 피고인을 유치한 다음 2009. 7. 22. 대구지방법원에 피고인이 보호관찰관의 지도·감독에 불응하였다는 이유 등으로 집행유예취소 청구를 하였으나, 대구지방법원은 2009. 7. 24. '피고인이 사회봉사명령을 완료하였고, 손가락 및 갈비뼈 골절로 입원치료를 받기도 하였으며, 잘못을 반성하고 앞으로 수강명령을 성실히 이행하겠다고 다짐하고 있다'는 등의 이유를 들어 집행유예취소 청구를 기각한 사실, 피고인은 위 집행유예취소 청구가 기각된 후에도 보호관찰관의 지도·감독에 불응하고 수강명령을 제대로 이행하지 않아 보호관찰관은 다시 위와 같은 내용의 경고를 한 사실, 그러던 중 피고인은 2009. 9. 대구 북구 침산동 소재 ○○찜 식당 유리창을 깨뜨린 혐의로 2009. 11. 10. 대구지방검찰청에서 기소유예 처분을 받고, 2009. 10. 28. 무면허운전을 한 사실을 알 수 있다.

위 법리에 앞서 본 사실관계를 비추어 보면, 피고인은 이미 수차례 음주 및 무면허운전으로 처벌받은 전력이 있고 같은 범행으로 집행유예 선고와 함께 보호관찰 등을 명받았음에도 보호관찰관의 지도·감독에 불응하고 급기야 집행유예취소 청구가 되어 유치되기까지 하였음에도 위 집행유예취소 청구가 기각된 후에 종전과 같이 보호관찰관의 지도·감독에 불응하며 동종의 무면허운전을 하였으므로, 피고인이 사회봉사명령과 수강명령을 이행하였고 재범에 대하여는 당해 재판을 통하여 그에 상응하는 처벌을 받는 것과는 별도로, 보호관찰 대상자로서의 준수사항을 심각하게 위반하였다고 할 것이다. 그런데도 원심이 판시와 같은 이유로 피고인에 대한 위 집행유예의 선고를 취소한 제1심을 파기하고 이 사건 집행유예취소 청구를 기각한 데에는, 집행유예취소 요건에 관한 법리를 오해하고 심리를 다하지 않음으로써 재판에 영향을 미친 위법이 있다고 할 것이다.

그러므로 원심결정을 파기하고, 사건을 다시 심리·판단하게 하기 위하여 원심법원에 환송하기로 하여 관여 대법관의 일치된 의견으로 주문과 같이 결정한다.

| 판례12 | 피고인이 '원동기장치자전거면허의 효력이 정지된 상태에서' 원동기장치자전거를 운전하였다고 하며 도로교통법 위반(무면허운전)으로 기소된 사안 |

[대법원 2011. 8. 25., 선고, 2011도7725, 판결]

【판결요지】

피고인이 '원동기장치자전거면허의 효력이 정지된 상태에서' 원동기장치자전거를 운전하였다고 하며 도로교통법 위반(무면허운전)으로 기소된 사안에서, 도로교통법 제43조 해석상 '운전면허를 받지 아니하고'라는 법률문언의 통상적 의미에 '운전면허를 받았으나 그 후 운전면허의 효력이 정지된 경우'가 당연히 포함된다고는 해석할 수 없는데, 자동차의 무면허운전과 관련하여 도로교통법 제152조 제1호 및 제2호가 운전면허의 효력이 정지된 경우도 운전면허를 애초 받지 아니한 경우와 마찬가지로 형사처벌된다는 것을 명문으로 정하고 있는 반면, 원동기장치자전거의 무면허운전죄에 대하여 규정한 제154조 제2호는 처벌의 대상으로 "제43조의 규정을 위반하여 제80조의 규정에 의한 원동기장치자전거면허를 받지 아니하고 원동기장치자전거를 운전한 사람"을 정하고 있을 뿐, 운전면허의 효력이 정지된 상태에서 원동기장치자전거를 운전한 경우에 대하여는 아무런 언급이 없다는 이유로 위 행위가 도로교통법 제154조 제2호, 제43조 위반죄에 해당하지 않는다고 보아 무죄를 인정한 원심판단을 수긍한 사례.

【원심판결】

의정부지법 2011. 6. 3. 선고 2011노36 판결

【주문】

상고를 기각한다.

【이유】

상고이유를 판단한다.

죄형법정주의는 국가형벌권의 자의적인 행사로부터 개인의 자유와 권리를 보호하기 위하여 범죄와 형벌을 법률로 정할 것을 요구한다. 그러한 취지에 비추어 보면 형벌법규의 해석은 엄격하여야 하고, 명문의 형벌법규의 의미를 피고인에게 불리한 방향으로 지나치게 확장해석하거나 유추해석하는 것은 죄형법정주의의 원칙에 어긋나는 것으로서 허용되지 아니한다(대법원 1992. 10. 13. 선고 92도1428 전원합의체 판결, 대법원 2004. 2. 27. 선고 2003도6535 판결 등 참조).

원심은 다음과 같은 이유를 들어 원동기장치자전거면허의 효력이 정지된 상태에서 원동기장치자전거를 운전한 행위가 도로교통법 제154조 제2호, 제43조의 구성요건에 해당하지 아니한다고 보고, 결국 이 부분 공소사실은 범죄가 되지 아니한다고 판단하였다. 즉 도로교통법 제43조는 무면허운전 등을 금지하면서 "누구든지 제80조의 규정에 의하여 지방경찰청장으로부터 운전면허를 받지 아니하거나 운전면허의 효력이 정지된 경우에는 자동차 등을 운전하여서는 아니된다"고 정하여, 운전자의 금지사항으로 운전면허를 받지 아니한 경우와 운전면허의 효력이 정지된 경우를 구별하여 대등하게 나열하고 있다. 그렇다면 '운전면허를 받지 아니하고'라는 법률문언의 통상적인 의미에 '운전면허를 받았으나 그 후 운전면허의 효력이 정지된 경우'가 당연히 포함된다고는 해석할 수 없다 . 그런데 자동차의 무면허운전과 관련하여서는 도로교통법 제152조 제1호 및 제2호가 운전면허의 효력이 정지된 경우도 운전면허를 애초 받지 아니한 경우와 마찬가지로 형사처벌된다는 것을 명문으로 정하고 있는 반면, 원동기장치자전거의 무면허운전죄에 대하여 규정하는 제154조 제2호는 그 처벌의 대상으로 " 제43조의 규정을 위반하여 제80조의 규정에 의한 원동기장치자전거면허를 받지 아니하고 원동기장치자전거를 운전한 사람"을 정하고 있을 뿐이고, 운전면허의 효력이 정지된 상태에서 원동기장치자전거를 운전한 경우에 대하여는 아무런 언급이 없다는 것이다.

앞서 본 형벌법규의 해석에 관한 원칙에 비추어 보면, 원심의 위와 같은 판단은 정당하다. 이와 다른 전제에서 원심판결에 이들 도로교통법 규정에 대한 해석을 그르친 잘못이 있다는 상고이유의 주장은 받아들일 수 없다.

그러므로 상고를 기각하기로 하여 관여 대법관의 일치된 의견으로 주문과 같이 판결한다.

판례13 | 특정범죄 가중처벌 등에 관한 법률 위반(도주차량)으로 운전면허취소처분을 받은 자가 자동차를 운전하였다고 하더라도 그 후 피의사실에 대하여 무혐의 처분을 받고 이를 근거로 행정청이 운전면허 취소처분을 철회하였다면, 위 운전행위는 무면허운전에 해당하지 않는다고 한 사례[대법원 2008. 1. 31. 선고 2007도9220 판결]

【원심판결】

광주지법 2007. 10. 18. 선고 2007노1453 판결

【주문】

원심판결을 파기하고, 사건을 광주지방법원 본원 합의부에 환송한다.

【이유】

상고이유를 본다.

제1심판결의 채택증거 및 기록에 의하면, 피고인은 1997. 8. 23. 전라남도 지방경찰청장으로부터 피고인이 특정범죄 가중처벌 등에 관한 법률 위반(도주차량)의 범행을 저질렀다는 이유로 자동차 운전면허 취소처분(이하 '이 사건 운전면허 취소처분'이라 한다)을 받은 사실, 그 후 창원지방검찰청 진주지청은 1997. 11. 28. 피고인의 위 특정범죄 가중처벌 등에 관한 법률 위반(도주차량)의 범행에 대하여 무혐의 처분을 한 사실, 전라남도지방경찰청장은 2007. 6. 8. 피고인이 위와 같이 무혐의처분을 받았음을 이유로 이 사건 운전면허 취소처분을 철회한 사실 등을 알 수 있는바, 이와 같이 피고인이 특정범죄 가중처벌 등에 관한 법률 위반(도주차량)의 범행을 저지른 사실이 없음을 이유로 전라남도 지방경찰청장이 이 사건 운전면허 취소처분을 철회하였다면, 이 사건 운전면허 취소처분은 행정쟁송절차에 의하여 취소된 경우와 마찬가지로 그 처분시에 소급하여 효력을 잃게 되고, 피고인은 그 처분에 복종할 의무가 당초부터 없었음이 후에 확정되었다고 봄이 타당하다(대법원 2002. 11. 8. 2002도4597 판결 참조).

따라서 피고인이 2007. 4. 9.에 한 자동차 운전행위는 무면허운전에 해당하지 않는데도, 원심은 판시와 같은 이유로 무면허운전에 해당한다고 오인하여 이 사건 공소사실을 유죄로 인정한 제1심판결을 그대로 유지하였으니, 원심판결에는 운전면허 취소처분의 철회의 효력 및 무면허운전에 관한 법리를 오해하여 판결에 영향을 미친 위법이 있고, 이를 지적하는 상고이유의 주장은 이유 있다.

그러므로 원심판결을 파기하고, 사건을 다시 심리·판단하게 하기 위하여 원심법원에 환

송하기로 관여 대법관의 의견이 일치되어 주문과 같이 판결한다.

> **판례14 |** 무면허운전의 피해자들이 기명피보험자인 렌트카 회사의 보험자에게 직접 손해배상을 청구하는 사안에서, 렌트카 회사가 승낙피보험자인 운전자의 무면허운전에 대하여 명시적 또는 묵시적인 승인을 하였다고 보기 어렵다는 이유로 보험자의 무면허운전 면책주장을 배척한 사례*[대법원 2007. 11. 16. 선고 2007다37820 판결]*

【원심판결】

서울고법 2007. 5. 11. 선고 2007나2772 판결

【주문】

상고를 기각한다. 상고비용은 보조참가로 인한 부분을 포함하여 피고가 부담한다.

【이유】

상고이유를 판단한다.

1. 상고이유 제1점에 대하여

관계 법리와 기록에 비추어 살펴보면, 원심이 그 판시의 사정을 인정한 다음, 소외인이 자동차대여업체인 주식회사 금다렌트카(이하 '금다렌트카'라 한다)로부터 이 사건 승용차를 임차하여 운행하던 도중 사고를 일으킬 당시 금다렌트카가 차량에 대한 운행지배와 운행이익을 가지고 있었다고 판단한 것은 정당한 것으로 수긍할 수 있고, 거기에 운행지배 및 운행이익의 상실에 관한 법리오해의 위법이 있다고 할 수 없다.

2. 상고이유 제2점에 대하여

원심은 보험계약자 및 기명피보험자인 금다렌트카에게 이 사건 승용차를 임대함에 있어 소외인의 무면허 사실을 제대로 확인하지 아니한 중대한 과실이 있으므로 보험자인 피고는 상법 제659조 제1항에 의하여 면책된다는 피고의 주장에 대하여 판단을 누락하였다.

그러나 이 사건 보험계약에 적용되는 영업용자동차보험 보통약관은 '보험계약자 또는 피보험자의 고의로 인한 손해'를 면책사항으로 규정하고, 상법 제659조 제1항과는 달리 중대한 과실로 인한 보험사고를 면책사유에서 제외하고 있으므로 피고로서는 금다렌트카의 중과실에 의한 면책을 주장할 수 없다 할 것이다.

원심의 판단누락은 결과적으로 판결에 영향을 미치지 아니하였고, 상고이유의 주장은 받아들일 수 없다.

3. 상고이유 제3점에 대하여

하나의 사고에 대하여 배상책임이 있는 피보험자가 복수인 경우에는 면책조항의 적용 여부도 각 피보험자별로 결정하여야 할 것이니, 소외인의 무면허운전의 피해자인 원고들이 기명피보험자인 금다렌트카의 책임을 물어 보험자인 피고에게 직접 손해배상을 청구하는 이 사건에 있어서, 피고는 소외인이 승낙피보험자라는 이유만으로 무면허운전 면책조항의 적용을 주장할 수 없고, 소외인의 무면허운전이 기명피보험자인 금다렌트카의 명시적 또는 묵시적 승인하에 이루어진 경우에 한하여 면책주장이 허용될 수 있을 것이다(대법원 1997. 6. 27. 선고 97다10512 판결 참조).

기록에 의하면, 금다렌트카가 소외인의 무면허운전에 대하여 명시적이거나 묵시적인 승인을 하였다고 보기 어렵다 할 것이므로, 피고의 무면허운전 면책주장은 배척될 수밖에 없다.

원심은 이 부분 주장에 대하여도 판단을 누락하였으나, 그 잘못이 판결 결과에 영향을 미치지는 아니하였다.

4. 상고이유 제4점에 대하여

기록을 살펴보아도 사고 당시 이 사건 승용차의 운행이 자동차보험약관상의 유상운송에 해당한다고 볼 자료를 찾을 수 없으므로, 피고의 유상운전 면책주장은 받아들일 수 없다. 위 주장에 대한 원심의 판단 또한 누락되었지만, 결과적으로 판결에 영향을 미치지 아니하였다.

5. 결 론

그러므로 상고를 기각하기로 하여 관여 대법관의 일치된 의견으로 주문과 같이 판결한다.

판례15 | 일반교통에 사용되는 곳으로 볼 여지가 있음에도, 위 장소가 도로교통법상의 도로에 해당하지 않는다고 보아 무면허운전의 점에 대하여 무죄를 선고한 원심판결을 파기한 사례[대법원 2006. 1. 13. 선고 2005도6986 판결]

【원심판결】

서울서부지법 2005. 8. 25. 선고 2005노540 판결

【주문】

원심판결을 파기하고, 사건을 서울서부지방법원 합의부에 환송한다.

【이유】

1. 원심은 이 사건 공소사실에서 피고인이 운전을 한 것으로 특정된 장소인 '청화아파트

단지'와 '서울정수기능대학'이 도로교통법상 일반교통에 사용되는 곳임을 인정할 아무런 증거가 없다는 이유로, 이 사건 공소사실 중 무면허운전의 점에 대하여 무죄를 선고하였다.

2. 그러나 원심의 위와 같은 판단은 다음과 같은 이유로 수긍할 수 없다.

기록에 의하면, 검사는 피고인이 운전을 한 것으로 특정된 장소인 '청화아파트 단지'와 '서울정수기능대학'이 도로법상 일반교통에 사용되는 곳임을 뒷받침하는 증거로서 현장사진을 포함한 수사보고서를 원심법원에 제출하였는바, 그에 의하면 피고인이 차량을 운전한 장소는 비록 아파트단지 또는 대학구내의 통행로이기는 하지만 그 일부에 중앙선이 그어져 있고, 특히 위 아파트단지의 정문에서 후문을 통하여 다른 도로로 연결되어 있을 뿐만 아니라, 그 입구에 차단기가 설치되어 있지 아니하거나 또는 차단기가 설치되어 있더라도 위 아파트단지 내 '청화상가' 건물 안에 식당 및 학원 등이 모여 있어 불특정 다수의 사람들이 차량을 운행하는 데 대하여 아파트 경비원들이 별다른 통제를 하지도 않고, 정수기능대학의 경우에도 심야시간에만 정문을 닫고 그 외에는 항상 개방하기 때문에 별다른 통제 없이 누구나 차량으로 통행하고 있다는 것이므로, 이와 같은 아파트단지와 대학구내 통행로의 관리 및 이용 상황에 비추어 보면, 피고인이 운전한 위 도로는 불특정 다수의 사람이나 차량의 통행을 위하여 공개된 장소로서 일반교통에 사용되는 곳으로 볼 여지가 있다.

따라서 원심으로서는 검사가 추가입증을 위하여 원심법원에 제출한 수사보고서를 증거로 제출하는지 여부를 확인하고 이에 관한 증거조사를 통하여 위 장소가 도로교통법상의 '도로'에 해당하는지 여부를 따져 보았어야 할 것임에도 불구하고, 만연히 위 장소가 도로교통법상의 '도로'에 해당한다는 증거가 없다고 판단하였으니, 원심판결에는 필요한 심리를 다하지 아니하고, 도로교통법상의 '도로'의 개념에 관한 법리를 오해함으로써 판결 결과에 영향을 미친 위법이 있다고 할 것이므로, 이 점을 지적하는 취지의 상고이유의 주장은 이유 있다.

3. 그러므로 원심판결을 파기하고, 사건을 다시 심리·판단하게 하기 위하여 원심법원에 환송하기로 하여 관여 대법관의 일치된 의견으로 주문과 같이 판결한다.

판례16 | 피고인에 대한 통지에 갈음하여 행해진 면허관청의 운전면허정지처분의 공고가 적법하므로, 그 정지기간 중의 자동차 운전행위는 무면허운전에 해당한다고 한 사례[대법원 2005. 6. 10. 선고 2004도8508 판결]

【원심판결】

인천지법 2004. 11. 24. 선고 2004노1073 판결

【주문】

원심판결 중 무죄부분을 파기하고, 이 부분 사건을 인천지방법원 본원 합의부에 환송한다.

【이유】

상고이유를 본다.

1. 피고인에 대한 공소사실 중 도로교통법위반(무면허운전)의 점에 관한 부분은, "피고인은 자동차운전면허 없이 2004. 2. 9. 무렵부터 같은 달 19. 무렵까지 사이에 인천 계양구 계산동 소재 대우마이빌 1차 (호수 생략) 피고인의 집 앞 도로를 비롯한 인천 일대에서 (자동차 등록번호 생략) 무쏘 승용차를 운전한 것이다."라고 함에 있고, 이에 대하여 원심은, 광주서부경찰서가 2003. 11. 8. 피고인에 대한 자동차운전면허정지결정을 한 다음 같은 달 19. 1차 통지서를 운전면허대장에 기재된 주소지에 일반우편으로 발송하고 같은 달 29. 2차 통지서를 같은 장소에 등기우편으로 발송하였으나 반송되자 같은 해 12. 6. 피고인의 소재불명을 이유로 하여 통지에 갈음한 공고를 하였는데, ① 위 2차 통지서의 반송서면에는 반송사유도 기재되어 있지 않은 점, ② 피고인은 위 공고 이후인 2004. 4. 13.까지 운전면허대장에 기재된 주소지(위 2차 통지서가 발송된 주소와 같다)에 주민등록이 되어 있던 점 등에 비추어 이와 같은 경우가 운전자인 피고인이 소재불명인 경우라 보기 어렵고, 공판기록 59쪽에 편철된 자동차운전면허정지결정 통지여부 확인보고의 기재에 의하면, 광주서부경찰서 교통면허계 담당자 성명불상자가 위 2차 통지서는 피고인이 이사하였기 때문에 송달되지 않았다는 취지로 진술하였다는 것이나 이는 위 ①, ② 사실에 비추어 단지 관행적인 진술로 보여 믿기 어려우며, 피고인이 위 공고 이후인 2004. 2. 4.에 이르러서야 면허관청인 광주서부경찰서도 아닌 안양경찰서에 출석하여 "2003. 3. 무렵부터 위 주민등록지와 인천 부평을 오가며 생활하였다."고 진술한 점만으로는 위 공고 당시 피고인이 소재불명이어서 광주서부경찰서가 피고인에게 이 사건 면허정지처분을 통지할 수 없었다고 보기에 부족하므로, 이 사건 면허정지처분은 적법한 통지 또는 공고가 없어 무효라 할 것이어서, 피고인의 이 사건 자동차운전은 무면허운전이라고 할 수 없다고 판단하여, 위 공소사실에 대하여 무죄를 선고하였다.

2. 그러나 원심이 이 사건 면허정지처분은 적법한 공고가 없어 무효라고 판단한 부분은, 다음과 같은 이유로 이를 수긍할 수 없다.

도로교통법 제78조 제3항은, "지방경찰청장은 제1항의 규정에 의하여 운전면허를 취소하거나 정지한 때 또는 제2항의 규정에 의하여 연습운전면허를 취소한 때에는 그 운전면허 또는 연습운전면허를 받은 사람에게 행정자치부령이 정하는 바에 의하여 그 사실을 통지하여야 한다. 다만, 소재불명으로 통지를 할 수 없는 때에는 그 면허증에 기재된 주소지를 관할하는 경찰관서에 10일간 공고함으로써 통지에 갈음할 수 있다."고 규정하고 있는바, 여기의 '소재불명'이라 함은 그 처분의 대상자가 주소지에 거주하고 있으면서 일시 외출 등으로 주소지를 비운 경우를 말하는 것이 아니고, 같은법시행규칙 제53조의2 제1항 소정의 '운전면허정지·취소 사전통지서'의 송달에서와 같이 '대상자의 주소 등을 통상적인 방법으로 확인할 수 없거나 발송이 불가능한 경우'를 말하는 것으로서, 그 대상자가 운전면허대장에 기재된 주소지에 거주하지 아니함이 확인되었음에도 주민등록은 같은 주소지로 되어 있는 등의 사정으로 통상적인 방법으로 그 대상자의 주소 등을 확인할 수 없는 경우를 지칭하는 것으로 해석함이 상당하다 할 것이다(대법원 2004. 12. 10. 선고 2004도6583 판결 참조).

기록에 의하면, 이 사건 운전면허정지처분의 결정문이 피고인의 운전면허대장에 기재된 주소지인 광주 남구 월산동 (번지 생략)에 등기우편으로 발송되었으나 반송되었고, 그 반송사유도 수취인부재나 폐문부재가 아닌 '이사감'인 사실(공판기록 127면), 당시 피고인의 주민등록은 같은 주소지로 되어 있었으나, 피고인은 이미 위 주소지를 떠나 인천 소재 여관에서 장기투숙하는 등 전전하다가 이 사건 운전면허정지처분 이전인 2003. 9. 6.경부터는 인천 계양구 계산동 1083-7 대우마이빌 1차 (호수 생략)에서 거주하고 있던 사실(수사기록 27면, 270면, 332면, 364면)을 알 수 있는바, 사정이 이와 같다면, 피고인이 당시 위 운전면허대장기재 주소지에 거주하지 아니하면서도 주민등록은 같은 주소지로 되어 있는 등의 사정으로 대상자의 주소 등을 통상적인 방법으로 확인할 수 없거나 발송이 불가능한 경우에 해당한다고 볼 수 있어, 피고인에 대한 통지에 갈음하여 행해진 면허관청의 이 사건 공고는 법에서 정한 소정의 절차를 거친 것이 되어 적법하다 할 것이다.

그럼에도 불구하고, 원심이 위 2차 통지서의 반송서면에 아무런 반송사유도 기재되어 있지 않다고 속단한 나머지, 아직 소재불명이라고 보기 어려운 피고인에게 한 이 사건 면허정지처분의 공고는 부적법하여 그 효력이 발생되지 않았다고 판단한 것은 채증법칙을 위반하여 사실을 오인하였거나 운전면허정지처분의 효력에 관한 법리를 오해한 잘못을 범하였다고 할 것이다. 이 점을 지적하는 상고이유의 주장은 이유 있다.

3. 그러므로 원심판결 중 무죄부분을 파기하고, 이 부분 사건을 다시 심리·판단하게 하기 위하여 원심법원에 환송하기로 하여 관여 대법관의 일치된 의견으로 주문과 같이 판결한다.

판례17 | 무면허운전에 의한 도로교통법위반죄가 고의범인지 여부(적극) 및 그 범의의 인정기준[대법원 2004. 12. 10. 선고 2004도6480 판결]

【판결요지】

도로교통법 제109조 제1호, 제40조 제1항 위반의 죄는 유효한 운전면허가 없음을 알면서도 자동차를 운전하는 경우에만 성립하는, 이른바 고의범이므로, 기존의 운전면허가 취소된 상태에서 자동차를 운전하였더라도 운전자가 면허취소사실을 인식하지 못한 이상 도로교통법위반(무면허운전)죄에 해당한다고 볼 수 없고, 관할 경찰당국이 운전면허취소처분의 통지에 갈음하는 적법한 공고를 거쳤다 하더라도, 그것만으로 운전자가 면허가 취소된 사실을 알게 되었다고 단정할 수는 없으며, 이 경우 운전자가 그러한 사정을 알았는지는 각각의 사안에서 면허취소의 사유와 취소사유가 된 위법행위의 경중, 같은 사유로 면허취소를 당한 전력의 유무, 면허취소처분 통지를 받지 못한 이유, 면허취소 후 문제된 운전행위까지의 기간의 장단, 운전자가 면허를 보유하는 동안 관련 법령이나 제도가 어떻게 변동하였는지 등을 두루 참작하여 구체적·개별적으로 판단하여야 한다.

【원심판결】

대전지법 2004. 9. 10. 선고 2004노1290 판결

【주문】

원심판결을 파기하고 사건을 대전지방법원 본원 합의부에 환송한다.

【이유】

1. 이 사건 공소사실의 요지는 피고인이 정기적성검사를 받지 않음으로 인하여 1종 보통 운전면허가 취소되어 자동차운전면허가 없는 상태에서, 2003. 9. 21. 16:20경 충남 태안군 근흥면 신진도 해안 앞길부터 서산시 팔봉면 어송리 어송경찰초소 앞길까지 약 30km에 걸쳐 승용차를 운전한 사실을 인정하였다는 것인데, 원심은 피고인이 정하여진 기간 안에 정기적성검사를 받지 아니하였음을 이유로 관할 경찰청장이 적법한 공고를 거쳐 피고인의 자동차운전면허를 취소한 사실을 인정한 다음, 위 면허취소처분은 정당하므로, 가사 피고인이 면허가 취소된 사실을 모르고 자동차를 운전하였다 하여도, 그러한 행위는 도로교통법상의 무면허운전에 해당한다고 판단하여 피고인을 유죄로 처단한 원심을 유지하였다.

2. 그러나 원심의 이러한 판단은 수긍할 수 없다.

   가. 도로교통법 제109조 제1호, 제40조 제1항 위반의 죄는 유효한 운전면허가 없음을 알면서도 자동차를 운전하는 경우에만 성립하는, 이른바 고의범이므로, 기존의 운전면허가 취소된 상태에서 자동차를 운전하였더라도 운전자가 면허취소사실을 인식하지 못한 이상 도로교통법위반(무면허운전)죄에 해당한다고 볼 수 없고, 관할 경찰당국이 운전면허취소처분의 통지에 갈음하는 적법한 공고를 거쳤다 하더라도, 그것만으로 운전자가 면허가 취소된 사실을 알게 되었다고 단정할 수는 없으며

(대법원 1993. 3. 23. 선고 92도3045 판결 참조), 이 경우 운전자가 그러한 사정을 알았는지는 각각의 사안에서 면허취소의 사유와 취소사유가 된 위법행위의 경중, 같은 사유로 면허취소를 당한 전력의 유무, 면허취소처분 통지를 받지 못한 이유, 면허취소 후 문제된 운전행위까지의 기간의 장단, 운전자가 면허를 보유하는 동안 관련 법령이나 제도가 어떻게 변동하였는지 등을 두루 참작하여 구체적·개별적으로 판단하여야 한다.

나. 피고인은 수사기관 이래 원심 법정에 이르기까지 자신이 위 면허취소사실을 전혀 알지 못하였으므로 범의가 없었다는 취지로 일관되게 변명하고 있는바, 기록을 살펴보아도 피고인이 운전면허가 취소된 사정을 알면서 자동차를 운전하였다고 인정할 만한 증거를 찾을 수 없고, 피고인이 운전면허취소통지를 받지 못한 데다가 면허가 취소된 날부터 보름이 갓 지난 2003. 9. 21. 이 사건 공소사실 기재와 같이 차량을 운전한 점, 피고인이 이전에 이와 동일한 사정으로 면허취소처분을 받은 전력이 없는 점, 도로교통법상 정기적성검사를 받는 주기(주기)는 피고인이 최초로 면허를 취득할 당시는 3년이던 것이, 도로교통법의 순차 개정에 따라, 최초 정기적성검사 당시에는 5년으로, 1999. 1. 29. 이후로는 7년으로, 각 연장된 점, 정기적성검사에 관하여 사전에 대상자에게 통보하는 제도가 마련되어 있지 아니한 점 등을 고려하여 볼 때, 피고인이 소지하고 있던 운전면허증 앞면에 적성검사기간이 "2002. 6. 5. ~ 2002. 9. 4."로 기재되어 있고, 뒷면 하단에는 "적성검사 또는 면허증 갱신기간 내에 적성검사 또는 면허증을 갱신하지 아니하면 범칙금이 부과되며 1년이 지나면 운전면허가 취소됩니다."라는 경고 문구가 있다는 점만으로는 피고인이 정기적성검사 미필로 면허가 취소된 사실을 미필적으로나마 인식하였다고 추단하기 어렵다.

다. 그럼에도 불구하고, 원심은 피고인에게 면허취소사실을 인식하였는지 여부를 따져 보지 아니하고 피고인을 도로교통법위반(무면허운전)죄로 처단하였으니, 원심의 이러한 조치에는 도로교통법위반(무면허운전)죄의 범의에 관한 법리를 오해하여 심리를 다하지 아니한 위법이 있다고 아니할 수 없다.

3. 그러므로 원심판결을 파기하고, 사건을 추가 심리·판단하도록 원심법원에 환송하기로 하여 주문과 같이 판결한다.

판례18 | 적성검사 미필로 운전면허가 취소되고 그 취소사실의 통지에 갈음하여 적법한 공고가 있었으나 면허취소사실을 모르고 운전한 경우, 무면허운전에 해당하는지 여부(적극) [대법원 2002. 10. 22. 선고 2002도4203 판결]

【판결요지】

[1] 적성검사를 받지 아니하여 운전면허가 취소되고 그 취소 사실의 통지에 갈음하여 적법한 공고가 이루어졌다면 운전면허를 받은 사람이 면허가 취소된 사실을 모르고 자동차를 운전하였다고 하더라도 그 운전행위는 무면허운전에 해당한다.

[2] 면허증에 그 유효기간과 적성검사를 받지 아니하면 면허가 취소된다는 사실이 기재되어 있고, 이미 적성검사 미필로 면허가 취소된 전력이 있는데도 면허증에 기재된 유효기간이 5년 이상 지나도록 적성검사를 받지 아니한 채 자동차를 운전하였다면 비록 적성검사 미필로 인한 운전면허 취소사실이 통지되지 아니하고 공고되었다 하더라도 면허취소사실을 알고 있었다고 보아야 하므로 무면허운전죄가 성립한다고 한 사례.

【원심판결】

대구지법 2002. 7. 24. 선고 2002노1321 판결

【주문】

원심판결을 파기하고, 사건을 대구지방법원 본원 합의부에 환송한다.

【이유】

1. 공소사실의 요지

피고인은 운전면허를 받지 아니하고 2001. 2. 10. 12:15경 대구 수성구 지산동 751-3 앞길부터 대구 남구 봉덕동 소재 상동교 앞길까지 자동차를 운전하였다.

2. 원심의 판단

피고인이 적성검사를 받지 아니하여 1996. 8. 28. 운전면허가 취소되고 그 취소사실이 공고되었으나, 운전면허 취소통지에 갈음하여 적법한 공고가 있어 운전면허 취소처분이 효력을 발생하게 되었다고 하더라도 그것만으로 피고인이 운전면허가 취소된 사실을 알게 되었다고 볼 수 없고, 피고인이 운전면허가 취소된 사실을 알고도 운전을 하였다는 점을 인정할 수 있는 증거가 없다. 따라서 이 사건 공소사실은 범죄사실의 증명이 없는 경우에 해당한다.

3. 이 법원의 판단

적성검사를 받지 아니하여 운전면허가 취소되고 그 취소 사실의 통지에 갈음하여 적법한 공고가 이루어졌다면 운전면허를 받은 사람이 면허가 취소된 사실을 모르고 자동차를 운전하였다고 하더라도 그 운전행위는 무면허운전에 해당한다(대법원 1991. 11. 8. 선고 91누2588 판결 참조). 또 이 사건에서 보면, 피고인은 적성검사를 받지 아니하여 운전면허가 취소되었다가 1991. 11. 4. 운전면허를 다시 취득한 전력이 있

고, 당시 피고인이 교부받은 운전면허증에는 그 유효기간이 1995. 8. 27.까지로 기재되어 있고 "정기적성검사는 면허증의 유효기간 내에 하지 않으면 운전면허가 취소됩니다."라는 안내문도 기재되어 있는데, 피고인이 그 기간 안에 적성검사를 받지 아니하여 1996. 8. 28. 운전면허가 다시 취소되었으며, 그 면허취소 사실이 피고인의 주소지로 통지되었으나 피고인의 소재불명으로 통지가 반송되자 피고인의 면허증에 기재된 주소지를 관할하는 경찰관서에 면허 취소 사실이 1996. 9. 17.부터 10일간 공고되어 위 운전면허 취소처분의 효력이 발생하였다.

그렇다면 피고인이 위와 같이 운전면허가 취소된 뒤 자동차를 운전한 것은 무면허운전에 해당할 뿐만 아니라, 피고인이 소지하고 있던 면허증에 그 유효기간과 적성검사를 받지 아니하면 면허가 취소된다는 사실이 분명하게 기재되어 있고 이미 적성검사를 받지 아니하여 면허가 취소된 전력이 있는데도 면허증에 기재된 유효기간이 5년 이상 지나도록 적성검사를 받지 아니한 피고인으로서는 이 사건 당시 운전면허가 취소된 사실을 알고 있었다고 보아야 한다.

그럼에도 불구하고, 원심이 피고인에 대한 운전면허 취소 사실이 피고인에게 통지되지 아니하고 공고되었다는 사정만을 들어 피고인이 운전면허 취소 사실을 알고도 자동차를 운전하였다는 증거가 없다고 판단한 것은 무면허운전에 관한 법리를 오해하였거나 채증법칙에 위배하여 판결에 영향을 미친 잘못을 저지른 것이고, 이를 지적하는 상고이유는 이유가 있다. 원심은 운전면허 취소 사실이 공고된 사실만으로는 운전자가 그 면허 취소사실을 알게 되었다고 볼 수 없다고 하면서 이 법원의 판결(대법원 1993. 3. 23. 선고 92도3045 판결)을 인용하고 있으나, 이 판결은 법규위반이나 교통사고로 인한 벌점 또는 누산점수가 운전면허 취소기준에 해당하여 면허가 취소된 사실을 모르고 자동차를 운전한 사안에 대한 것으로서 이 사건과는 사안을 달리 한다.

4. 결 론

그러므로 주문과 같이 원심판결을 파기하여 사건을 원심법원에 환송하기로 판결한다.

판례19 | 무면허운전 면책약관의 적용 범위[대법원 2002. 9. 24. 선고 2002다27620 판결]

【판결요지】

[1] 자동차보험에 있어서 피보험자의 명시적·묵시적 승인하에서 피보험자동차의 운전자가 무면허운전을 하였을 때 생긴 사고로 인한 손해에 대하여는 보상하지 않는다는 취지의 무면허운전 면책약관은 무면허운전이 보험계약자나 피보험자의 지배 또는 관리가 가능한 상황에서 이루어진 경우에 한하여 적용된다.

[2] 자동차보험에 있어서 26세 이상 한정운전 특별약관 제2조 제2항 소정의 '피보험자동

차를 도난당하였을 경우'라 함은 피보험자의 명시적이거나 묵시적인 의사에 기하지 아니한 채 제3자가 피보험자동차를 운전한 경우를 말한다.

[3] 무면허운전 면책약관 또는 26세 이상 한정운전 특별약관 제2조 제2항 소정의 '피보험자동차를 도난당하였을 경우'에 있어서 피보험자의 묵시적 승인(의사)은 명시적 승인의 경우와 동일하게 면책약관이 적용되므로 무면허 또는 도난운전에 대한 승인 의도가 명시적으로 표현되는 경우와 동일시할 수 있는 정도로 그 승인 의도를 추단할 만한 사정이 있는 경우에 한정되어야 하고, 무면허 또는 도난운전이 보험계약자나 피보험자의 묵시적 승인하에 이루어졌는지 여부는 보험계약자나 피보험자와 무면허 또는 도난운전자의 관계, 평소 차량의 운전 및 관리 상황, 당해 무면허 또는 도난운전이 가능하게 된 경위와 그 운행 목적, 평소 무면허 또는 도난운전자의 운전에 관하여 보험계약자나 피보험자가 취해 온 태도 등의 제반 사정을 함께 참작하여 인정할 것이다.

[4] 무면허운전 면책약관 및 26세 이상 한정운전 특별약관에 따라 면책된다는 항변을 배척한 사례.

【원심판결】

대구고법 2002. 4. 25. 선고 2001나6368 판결

【주문】

상고를 기각한다. 상고비용은 피고의 부담으로 한다.

【이유】

자동차보험에 있어서 피보험자의 명시적·묵시적 승인하에서 피보험자동차의 운전자가 무면허운전을 하였을 때 생긴 사고로 인한 손해에 대하여는 보상하지 않는다는 취지의 무면허운전 면책약관은 무면허운전이 보험계약자나 피보험자의 지배 또는 관리가능한 상황에서 이루어진 경우에 한하여 적용되는 것이고

(대법원 2000. 5. 30. 선고 99다66236 판결 등 참조), 26세 이상 한정운전 특별약관 제2조 제2항 소정의 '피보험자동차를 도난당하였을 경우'라 함은 피보험자의 명시적이거나 묵시적인 의사에 기하지 아니한 채 제3자가 피보험자동차를 운전한 경우를 말하는 것이며(대법원 2000. 2. 25. 선고 99다40548 판결 등 참조), 위 각 경우에 있어서 묵시적 승인(의사)은 명시적 승인의 경우와 동일하게 면책약관이 적용되므로 무면허 또는 도난운전에 대한 승인 의도가 명시적으로 표현되는 경우와 동일시할 수 있는 정도로 그 승인 의도를 추단할 만한 사정이 있는 경우에 한정되어야 하고, 무면허 또는 도난운전이 보험계약자나 피보험자의 묵시적 승인하에 이루어졌는지 여부는 보험계약자나 피보험자와 무면허 또는 도난운전자의 관계, 평소 차량의 운전 및 관리 상황, 당해 무면허 또는 도난운

전이 가능하게 된 경위와 그 운행 목적, 평소 무면허 또는 도난운전자의 운전에 관하여 보험계약자나 피보험자가 취해 온 태도 등의 제반 사정을 함께 참작하여 인정할 것이다.

원심이 인용한 제1심판결은, 피고의 무면허운전 면책약관 및 26세 이상 한정운전 특별약관에 따라 면책되어야 한다는 피고의 항변에 대하여 그 채택 증거들에 의하여, 이 사건 승용차의 소유자이며 피보험자인 소외 1은 식당을 운영하면서 가정용 및 개인업무용으로 자신만이 운전하던 위 승용차의 열쇠를 평소 본인이 직접 관리하여 왔으나, 사고 당일 오후 친구들과의 계모임으로 외출하면서 식당관리를 처제 및 종업원에게 맡기고 식당열쇠와 같이 묶여 있던 차량열쇠를 방안에 있던 바구니에 넣어둔 사실, 사고 당시 만 15세인 소외 1의 아들 소외 2가 위 열쇠를 몰래 들고 나와 무면허로 이 사건 승용차를 운전하다가 이 사건 사고를 발생시킨 사실, 소외 1은 평소 소외 2가 가끔 자신의 식당 주차장 내에 주차된 이 사건 승용차를 주차장 내에서 운전하는 것을 볼 때마다 주차장 내에서는 운전 연습을 하더라도 주차장 밖으로 나가서는 안 된다고 주의를 주어 이 사건 사고 전에는 소외 2가 위 승용차를 운전하여 위 주차장 밖으로 나간 적이 없었던 사실을 각 인정한 다음, 이와 같은 피보험자인 소외 1과 운전자인 소외 2의 관계, 평소 차량의 관리 상황, 만 15세의 소외 2가 위 승용차를 무면허로 운전하게 된 경위, 평소 소외 2의 운전에 관하여 소외 1이 취해 온 태도 등에 비추어 소외 1이 만 15세의 소외 2가 위 승용차를 무면허로 운전하는 데 대하여 묵시적으로 승인하였다고 보기 어렵다고 할 것이라는 이유로 피고의 면책항변을 배척하였는바, 앞서 본 법리와 그 채택증거들을 기록과 비추어 살펴보면, 원심의 사실인정과 판단은 모두 수긍이 되고, 거기에 상고이유의 주장과 같은 심리미진, 채증법칙 위반으로 인한 사실오인 또는 면책약관의 적용에 관한 법리오해의 위법이 없다.

따라서 상고를 기각하고, 상고비용은 패소자의 부담으로 하여 주문과 같이 판결한다.

판례20 | 무면허운전으로 인한 도로교통법위반죄의 죄수 [대법원 2002. 7. 23. 선고 2001도6281 판결]

【판결요지】

무면허운전으로 인한 도로교통법위반죄에 있어서는 어느 날에 운전을 시작하여 다음날까지 동일한 기회에 일련의 과정에서 계속 운전을 한 경우 등 특별한 경우를 제외하고는 사회통념상 운전한 날을 기준으로 운전한 날마다 1개의 운전행위가 있다고 보는 것이 상당하므로 운전한 날마다 무면허운전으로 인한 도로교통법위반의 1죄가 성립한다고 보아야 할 것이고, 비록 계속적으로 무면허운전을 할 의사를 가지고 여러 날에 걸쳐 무면허운전행위를 반복하였다 하더라도 이를 포괄하여 일죄로 볼 수는 없다.

【원심판결】

서울지법 200 1. 10. 31. 선고 2001노8603 판결

【주문】

원심판결 중 면소부분을 파기하고, 사건을 서울지방법원 본원 합의부에 환송한다.

【이유】

상고이유를 본다.

1. 공소사실의 요지

피고인은 자동차운전면허 없이 2001. 5. 4. 00:10경 서울 영등포구 여의도동 소재 순복음교회 앞길에서부터 고양시 일산구 탄현동 1249 탄현마을아파트 앞길까지 (차량번호 생략) 아반테 승용차를 운전하였다.

2. 원심의 판단

원심은, 기록에 의하여 피고인이 2001. 4. 11. 출소한 후 승용차를 이용한 여객운송사업을 하기 위하여 자가용을 구입한 후 면허 없이 운전하던 중 2001. 5. 5. 운전면허 없이 자동차를 운전하였다는 범죄사실에 대하여, 2001. 6. 8. 서울지방법원 남부지원(2001고약12422)에서 도로교통법위반(무면허운전)죄로 벌금 1,500,000원의 약식명령을 발령받아 같은 해 9. 2. 위 약식명령이 확정된 사실을 인정한 다음, 위 인정 사실에 의하면, 이 사건 공소사실은 위 약식명령이 확정된 도로교통법위반(무면허운전) 사건의 범죄사실 가운데 포함되어 있다고 할 것이므로 결국 확정판결이 있는 때에 해당한다는 이유로, 이 사건 공소사실을 유죄로 처단한 제1심판결을 파기하고 면소를 선고하였다.

3. 대법원의 판단

원심이 이 사건 공소사실이 위 약식명령이 확정된 도로교통법위반(무면허운전) 사건의 범죄사실 가운데 포함되어 있다고 본 것은 수긍할 수 없다.

무면허운전으로 인한 도로교통법위반죄에 있어서는 어느 날에 운전을 시작하여 다음날까지 동일한 기회에 일련의 과정에서 계속 운전을 한 경우 등 특별한 경우를 제외하고는 사회통념상 운전한 날을 기준으로 운전한 날마다 1개의 운전행위가 있다고 보는 것이 상당하므로 운전한 날마다 무면허운전으로 인한 도로교통법위반의 1죄가 성립한다고 보아야 할 것이고, 비록 계속적으로 무면허운전을 할 의사를 가지고 여러 날에 걸쳐 무면허운전행위를 반복하였다 하더라도 이를 포괄하여 일죄로 볼 수는 없다고 할 것이다.

기록에 의하면, 위 약식명령이 확정된 도로교통법위반(무면허운전) 사건의 범죄사실은 피고인이 자동차운전면허 없이 2001. 5. 5. 11:35경 서울 구로구 가리봉동 소재 가리봉 5거리 앞 길에서부터 서울 구로구 신도림동 소재 대림아파트 앞길까지 약 5㎞ 가량을 (차량번호 생략) 아반테 승용차를 운전하였다는 것임을 알 수 있고, 위 범죄사실과 이 사건 공소사실은 피고인이 운전한 차량에 있어서는 동일하나, 운전한 일자가 다르고, 전후 운전행위 사이에 하루 반 정도의 시간적 간격이 있으며, 전후 운전행위를 사회통념상 동일한 기회에 일련의 과정에서 계속된 하나의 운전행위로 볼 만한 자료도 찾아볼 수 없으므로 앞서 본 법리에 비추어 보면 위 각 무면허운전행위는 수죄로 처벌되어야 할 것으로 보인다.

그럼에도 불구하고, 원심이 그 내세우는 사정만으로 이 사건 공소사실이 위 약식명령이 확정된 사건의 범죄사실에 포함되어 있다고 보았으니, 원심에는 무면허운전으로 인한 도로교통법위반죄의 죄수에 관한 법리를 오해함으로써 판결에 영향을 미친 위법이 있다고 하지 않을 수 없다. 이 점을 지적하는 상고이유의 주장은 이유 있다.

4. 그렇다면 원심판결 중 면소부분은 위법하여 파기하고, 사건을 다시 심리·판단하게 하기 위하여 원심법원에 환송하기로 하여 관여 대법관의 일치된 의견으로 주문과 같이 판결한다.

판례21 | 무면허 운전의 도로교통법위반죄의 공소사실이 이미 판결이 확정된 무면허 운전의 도로교통법위반죄의 범죄사실 중에 포함되어 있어서 확정판결이 있는 때에 해당하므로 면소의 판결을 선고하여야 한다고 본 사례[대법원

2001. 9. 7. 선고 2001도3026 판결]

【원심판결】

서울지법 200 1. 5. 23. 선고 2001노2729 판결

【주문】

원심판결을 파기하고, 사건을 서울지방법원 본원 합의부로 환송한다.

【이유】

상고이유를 본다.

1. 제2점에 대하여

원심판결 이유에 의하면, 원심은, 피고인이 ① 1999. 7. 28. 23:00경 고양시 일산구 주엽동 17 소재 썬프라자 지하 주차장에서 간판작업용 공구가 적재된 채 주차되어 있던 피해자 박문빈 소유의 서울 81마4788호 포터화물차를 소지하고 있던 보조열쇠로 시동을 걸고 운전하여 가 이를 절취하고, ② 관할관청으로부터 자동차운전면허를 받지 아니하고 위 일시경 위 주차장으로부터 성남시 태평3동 앞길까지 약 20㎞의 거리에서 위 화물차를 운전하였다는 공소사실(이하 '이 사건'이라 한다)을 모두 유죄로 인정한 다음, 피고인이 2000. 1. 27. 수원지방법원에서 징역 6월의 형을 선고받아 같은 날 확정된 도로교통법위반죄(이하 '종전 사건'이라 한다)와 그 판결이 확정되기 전에 범한

이 사건 절도죄 및 도로교통법위반죄는 형법 제37조 후단의 경합범 관계에 있다는 이유로 형법 제39조 제1항에 따라 판결을 받지 아니한 이 사건에 대하여 징역 6월의 형을 선고하였다.

그런데 기록에 의하면, 피고인은 위와 같이 절취한 화물차를 운전면허 없이 운전하고 다니다가 1999. 12. 2.경 안산경찰서 목감경찰초소에서 검거된 후 이러한 무면허 운전의 범죄사실로 구속 기소되어 위와 같이 실형을 선고받았고, 이 사건 수사과정에서 종전 사건의 내용과 처벌받은 경위를 진술하였으며 그 공판과정에서도 그러한 사정을 들어 이 사건 공소제기는 이중 기소에 해당한다는 취지의 주장을 한 사실을 알 수 있는바, 이러한 사실관계에 의하면 종전 사건의 범죄사실은 피고인이 위와 같이 화물차를 훔친 때로부터 검거될 때까지 무면허로 운전하였다는 것으로 보이고, 사정이 그러하다면 이 사건 도로교통법위반의 점은 종전 사건의 범죄사실 가운데 포함되어 있어 확정판결이 있는 때에 해당하므로 면소의 판결을 선고하였어야 할 것이다.

그럼에도 종전 사건의 범죄사실 가운데 이 사건 도로교통법위반의 점이 포함되어 있는지 여부를 조사하지 아니한 채 이 사건 공소사실 전부에 대하여 유죄를 선고한 원심판결에는 확정판결의 존부에 관한 심리미진 내지 법리오해의 위법이 있다 할 것이고, 따라서 이 점을 지적하는 상고이유의 주장은 이유 있다.

2. 제1점에 대하여

가. 형사소송법 제246조와 제247조에 의하여 검사는 범죄의 구성요건에 해당하여 형사적 제재를 함이 상당하다고 판단되는 경우에는 공소를 제기할 수 있고 또 형법 제51조의 사항을 참작하여 공소를 제기하지 아니할 수 있는 재량권이 부여되어 있다. 그러나 검사가 자의적으로 공소권을 행사하여 피고인에게 실질적인 불이익을 줌으로써 소추재량권을 현저히 일탈하였다고 보여지는 경우에 이를 공소권의 남용으로 보아 공소제기의 효력을 부인할 수 있는 것이고, 여기서 자의적인 공소권의 행사라 함은 단순히 직무상의 과실에 의한 것만으로는 부족하고 적어도 미필적이나마 어떤 의도가 있어야 한다(대법원 1996. 2. 13. 선고 94도2658 판결, 1998. 7. 10. 선고 98도1273 판결, 1999. 12. 10. 선고 99도577 판결 등 참조).

나. 기록에 의하여 인정되는 이 사건과 종전 사건의 사실관계 및 공소제기의 경위는 다음과 같다.

1) 간판업을 영위하던 피해자 박문빈은 종업원으로 근무하던 피고인이 앞서 본 바와 같이 그 소유의 화물차를 훔쳐가자 1999. 7. 29. 고양경찰서 주엽2파출소에 피고인의 차량절취 장면이 녹화된 테이프를 제출하며 도난신고를 하였고, 이에 고양경찰서는 피해자에 대한 진술조서를 작성하고 위 화물차를 도난차량으로 수배하는 한편 피고인의 소재를 파악하였으나 소재불명으로 밝혀지자

1999. 10. 18. 피고인에 대하여 절도죄로 지명수배하고 1999. 11. 18. 서울 지방검찰청 의정부지청에 사건을 송치하였으며, 위 지청의 검사는 1999. 11. 25. 위 사건을 기소중지하였다.

2) 피고인은 위 화물차를 운전하고 다니다가 1999. 12. 2.경 안산경찰서 목감경 찰초소에 설치된 차량자동판독기에 위 화물차가 도난차량으로 확인되어 그 곳 에 근무하던 경찰관들에게 이 사건 절도 범행의 기소중지자로서 검거되었다.

3) 그런데 안산경찰서 경찰관은, 피고인이 이 사건 절도 범행뿐만이 아니라 종전 사건의 도로교통법위반 범행도 저지른 사실이 밝혀지자, 피고인의 신병을 수배 관서인 고양경찰서에 인계하지 아니한 채, 종전 사건의 범인으로 피고인을 구 속하여 종전사건만을 조사한 다음 수원지방검찰청에 송치하였고, 위 화물차도 압수하지 않고 있다가 1999. 12. 6. 피해자에게 반환하였다.

4) 수원지방검찰청 검사 또한 송치받은 종전 사건을 조사하여 1999. 12. 13. 수 원지방법원에 종전 사건의 도로교통법위반 범행만을 기소하였다.

5) 피고인은 2000. 1. 27. 수원지방법원에서 도로교통법위반죄로 징역 6월의 형을 선고받고 같은 날 항소 포기로 그 판결이 확정되어 수원교도소에서 그 징역형 을 복역하다가 2000. 5. 10. 가석방으로 출소하던 중 수원경찰서 경찰관들에게 이 사건 절도 범행의 기소중지자로 긴급체포되어 고양경찰서로 인계되었다.

6) 고양경찰서 경찰관은 같은 날 이 사건 절도 범행의 피의자로서 조사를 받은 피 고인으로부터 종전 사건의 내용과 긴급체포된 경위에 관한 진술을 받았고 그 범죄경력 조회서에도 종전 사건의 전과 내용이 기재되어 있음에도, 피고인이 이 사건 절도 범행을 자백하면서 그 범행의 경위로서 평소에도 운전면허 없이 위 화물차를 운전하였다고 진술하자, 종전 사건의 내용을 확인하지 않은 채, 이 사건 도로교통법위반죄를 추가로 인지한 다음, 서울지방검찰청 의정부지청 에 기소중지자 소재발견보고를 하고 그 수사지휘에 따라 2000. 5. 11. 피고인 에 대하여 이 사건 절도죄와 도로교통법위반죄로 구속영장을 청구하였다.

7) 위 영장청구를 받은 서울지방법원 의정부지원의 담당판사는 수사기관이 이 사건 절도 범행으로 인하여 피고인에 대하여 1999. 10. 18. 지명수배조치가 취하여 진 사실을 알고 있었음에도 불구하고 1999년 12월경 피고인을 별개의 도로교 통법위반(무면허운전)죄로 구속 기소하면서 이 사건 절도 범행에 대하여는 아무 런 조치를 취하지 않다가 위 도로교통법위반죄로 인한 징역형을 복역하고 출소 하는 날 피고인을 이 사건 절도 범행을 들어 긴급체포한 것은 피고인에게 가혹 하고 수사권남용의 여지가 있다는 이유로 구속영장을 발부하지 아니하였다.

8) 이어 서울지방검찰청 의정부지청의 검사는 2000. 7. 21. 피고인에 대한 피의

자 심문에서 피고인으로부터 화물차를 절취한 후 6개월간 무면허로 운전하다가 1999. 12. 2. 안산시 목감검문소에서 검거되었다는 진술을 받았고 그 검찰 서기의 수사보고를 통하여 피고인이 2000. 1. 27. 종전 도로교통법위반죄로 징역 6월의 형을 선고받고 그 형을 복역하다가 2000. 5. 10. 가석방된 사실도 알고 있었음에도, 종전 사건의 내용을 확인하지 아니한 채, 2000. 7. 28. 이 사건 절도죄와 아울러 이미 처벌받은 도로교통법위반죄도 기소하였다.

다. 위에서 인정한 사실관계에 비추어 보면, 종전 사건만을 송치받아 수사한 검사로서는 그 수사기록과 피고인에 대한 심문을 통하여 피고인이 이 사건 절도 범행으로 기소중지된 사정을 알고 있었을 것이므로 서울지방검찰청 의정부지청으로 하여금 이 사건을 재기하여 이송하도록 하거나 종전 사건을 위 지청에 이송하여 관련 사건인 이 사건과 종전 사건이 함께 기소되도록 하여야 함에도 그러한 조치를 취하지 아니한 채 종전 사건만을 기소한 것으로 보이고, 이 사건을 수사한 검사로서도, 기소중지자체포업무처리지침(대검예규)상 기소중지자를 체포한 경찰관서는 수배 경찰관서를 통하여 기소중지한 검찰청에 보고하게 되어 있음에 비추어 기소중지된 피고인이 종전 사건으로 구속되었다는 보고를 받았을 것으로 보이며, 따라서 피고인의 소재가 파악되었을 뿐만 아니라 종전 사건이 구속 사건으로서 그 기소와 재판이 곧 이루어질 것으로 예상되므로 이 사건을 신속히 재기하여 종전 사건을 관할하는 수원지방검찰청에 이송하는 등의 조치를 취하여야 함에도 피고인이 종전 사건으로 재판을 받고 그 형을 복역하고 출소하기까지 별다른 이유 없이 이 사건을 재기하지도 아니한 채 내버려 둔 것이 아닌가하는 의심이 드는데다가, 이 사건과 종전 사건은 동일한 기회에 저질러진 경합범이고 종전 사건은 피고인이 이 사건 절도 범행의 기소중지자로 체포되면서 비로소 입건된 범행이며 종전 사건에 대한 기소 당시 피고인이 이 사건 절도 범행을 모두 자백하고 그 보강증거도 충분히 확보되어 이를 분리하여 기소할 필요도 이유도 없었으며, 종전 사건의 수사과정에서 피고인이 절취한 화물차가 피해자에게 반환되고 그 수사기록 등에서 피고인이 운전한 차량이 이 사건 절도 범행으로 취득한 화물차임이 나타나 종전 사건의 재판에서 그러한 사정이 양형의 요소로 참작되었다고 보여지고, 나아가 종전 사건의 공소사실 가운데 피고인이 무면허로 운전한 화물차가 이 사건 절도 범행으로 취득한 것임이 적시되어 그 공판과정에서 심리되었다면 피고인으로서는 종전 사건으로 처벌받음으로써 이 사건 절도 범행도 아울러 처벌받은 것으로 믿어 그에 대한 추가 기소와 처벌은 없을 것으로 기대함이 상당하다 할 것이다.

사정이 이러하다면 종전 사건의 판결이 확정되고 나아가 피고인이 그 형을 복역하고 출소한 다음에서야 이미 처벌받은 종전 사건의 일부 범죄사실까지 포함하는 이 사건 공소를 제기하여 다시 피고인에 대한 재판과 처벌을 반복하는 것은 관련 사건을 함께 재판받을 이익을 박탈함으로써 현저하게 피고인의 권리나 이익을 침해한다 할 것이어서 공소권을 자의적으로 행사한 것이 아닌가 하는 의심이 든다

그렇다면 원심으로서는, 안산경찰서 경찰관들이 이 사건 절도 범행의 기소중지자인 피고인을 체포하고도 그 수배관서에 인계하지 않은 채 종전 사건으로 구속하였을 뿐만 아니라 그 체포 과정에서 확보된 화물차를 압수하지 않고 피해자에게 반환한 경위, 이 사건 절도 범행을 기소중지 한 서울지방검찰청 의정부지청의 검사가 종전 사건을 수사한 안산경찰서나 수원지방검찰청으로부터 피고인이 종전 사건으로 구속 되었다는 통지를 받았는지 여부 및 그러한 통지를 받았다면 기소중지 한 피고인의 소재가 밝혀졌음에도 이 사건을 재기하지 않고 있다가 종전 사건의 형을 복역하고 출소하는 피고인이 기소중지자로 긴급 체포된 다음에야 이 사건을 재기한 이유와 경위 및 종전 사건의 공소사실에 무면허 운전에 이용된 화물차가 이 사건 절도 범 행으로 취득한 사정이 적시되어 공판과정에서 그에 대하여 심리되었는지 여부 등을 상세히 조사하여, 검사의 이 사건 공소제기가 형사절차의 적정성의 원칙에 위반하 는 자의적인 공소권의 행사로서 피고인의 적정하고도 신속한 재판을 받을 권리를 침해하는 등으로 그 소추재량권을 현저히 일탈하여 공소권을 남용한 것인지 여부를 따져 보았어야 할 것이다

그럼에도 불구하고 만연히 이 사건 공소제기가 적법한 것으로 보아 이를 유죄로 인 정한 원심판결에는 기소편의주의와 공소권 남용에 관한 법리를 오해하였거나 이에 관한 심리를 제대로 하지 아니한 위법이 있다 할 것이고, 따라서 이 점을 지적하는 상고이유의 주장은 이유 있다.

3. 그러므로 원심판결을 파기하고, 사건을 원심법원에 환송하기로 하여 관여 법관의 일치 된 의견으로 주문과 같이 판결한다.

판례22 | 연습운전면허 취득자가 준수사항을 어겨서 운전한 경우, 무면허운전죄에 해당하는지 여부(소극)[대법원 2001. 4. 10. 선고 2000도5540 판결]

【판결요지】

구 도로교통법(1999. 1. 29. 법률 제5712호로 개정되기 전의 것) 제68조의2 제2항은 "연습운전면허를 받은 사람이 운전할 수 있는 자동차의 종류, 그 밖의 필요한 사항은 내 무부령으로 정한다."라고 규정하고, 그 위임을 받은 구 도로교통법시행규칙(1999. 1. 5. 행정자치부령 제31호로 개정되기 전의 것) 제26조의2는 연습운전면허를 받은 사람이 도 로에서 주행연습을 하는 때에 지켜야 할 준수사항을 규정하면서 제1호에서 운전면허를 받은 날부터 2년이 경과한 사람과 함께 타서 그의 지도를 받아야 한다고 규정하고 있는

바, 연습운전면허를 받은 사람이 도로에서 주행연습을 함에 있어서 위와 같은 준수사항을 지키지 않았다고 하더라도 준수사항을 지키지 않은 데에 따른 제재를 가할 수 있음은 별론으로 하고 그 운전을 무면허운전이라고 할 수는 없다.

【원심판결】

고등군사법원 2000. 9. 19. 선고 2000노301 판결

【주문】

원심판결을 파기하고, 사건을 고등군사법원으로 환송한다.

【이유】

국선변호인의 상고이유를 본다.

1. 교통사고처리특례법위반의 점에 대하여

원심판결 이유를 기록과 대조하여 살펴보면, 피고인이 중앙선을 침범하여 이 사건 교통사고를 야기하였다고 판단하여 피고인에 대한 이 사건 교통사고처리특례법위반의 점을 유죄로 인정한 원심의 판단은 정당하고, 거기에 상고이유에서 주장하는 바와 같은 채증법칙 위배의 잘못이 있다고 할 수 없다.

2. 무면허 운전으로 인한 도로교통법위반의 점에 대하여

구 도로교통법(1999. 1. 29. 법률 제5712호로 개정되기 전의 것) 제68조의2 제2항은 "연습운전면허를 받은 사람이 운전할 수 있는 자동차의 종류, 그 밖의 필요한 사항은 내무부령으로 정한다."라고 규정하고, 그 위임을 받은 구 도로교통법시행규칙(1999. 1. 5. 행정자치부령 제31호로 개정되기 전의 것) 제26조의2는 연습운전면허를 받은 사람이 도로에서 주행연습을 하는 때에 지켜야 할 준수사항을 규정하면서 제1호에서 운전면허를 받은 날부터 2년이 경과한 사람과 함께 타서 그의 지도를 받아야 한다고 규정하고 있는바, 연습운전면허를 받은 사람이 도로에서 주행연습을 함에 있어서 위와 같은 준수사항을 지키지 않았다고 하더라도 준수사항을 지키지 않은 데에 따른 제재를 가할 수 있음은 별론으로 하고 그 운전을 무면허운전이라고 할 수는 없다.

따라서 원심이 제2종 연습운전면허를 받은 피고인이 위와 같은 준수사항을 위반하여 한 운전을 무면허운전에 해당한다고 판단하여 이에 관한 공소사실을 유죄로 인정한 데에는 연습운전면허와 무면허운전에 관한 법리를 오해한 위법이 있다고 할 것이므로 이 점을 지적하는 논지는 정당하다.

3. 그렇다면 원심판결 중 무면허운전으로 인한 도로교통법위반의 점에 대한 부분은 파기를 면하지 못할 것이고, 교통사고처리특례법위반의 점에 관한 상고는 이유 없다고 할 것이나 원심은 이들 각 죄를 유죄로 인정하고 형법 제37조 전단의 경합범에 해당한다

고 하여 하나의 형을 선고하였으므로 원심판결 전부를 파기하고, 사건을 원심법원에 환송하기로 하여 관여 대법관의 일치된 의견으로 주문과 같이 판결한다.

판례23 | 무면허운전 면책약관의 적용 범위 및 무면허운전에 대한 보험계약자나 피보험자의 '묵시적 승인'의 존부에 관한 판단 기준[대법원 2000. 10. 13. 선고 2000다2542 판결]

【판결요지】

[1] 자동차보험에 있어서 피보험자의 명시적·묵시적 승인하에서 피보험자동차의 운전자가 무면허운전을 하였을 때 생긴 사고로 인한 손해에 대하여는 보상하지 않는다는 취지의 무면허운전 면책약관은 무면허운전이 보험계약자나 피보험자의 지배 또는 관리가 능한 상황에서 이루어진 경우에 한하여 적용되는 것으로서, 이 경우에 있어서 묵시적 승인은 명시적 승인의 경우와 동일하게 면책약관이 적용되므로 무면허운전에 대한 승인 의도가 명시적으로 표현되는 경우와 동일시 할 수 있는 정도로 그 승인 의도를 추단할 만한 사정이 있는 경우에 한정되어야 하고, 무면허운전이 보험계약자나 피보험자의 묵시적 승인하에 이루어졌는지 여부는 보험계약자나 피보험자와 무면허운전자의 관계, 평소 차량의 운전 및 관리 상황, 당해 무면허운전이 가능하게 된 경위와 그 운행 목적, 평소 무면허운전자의 운전에 관하여 보험계약자나 피보험자가 취해 온 태도 등의 여러 사정을 함께 참작하여 인정하여야 하며, 보험계약자나 피보험자가 과실로 운전자가 무면허임을 알지 못하였다거나 무면허운전이 가능하게 된 데에 과실이 있었다거나 하는 점은 무면허운전 면책약관의 적용에서 고려할 사항이 아니다.

[2] 구 도로교통법시행규칙 [별표 14]의 개정에 의하여 운전면허를 받은 사람이 운전할 수 있는 자동차 등의 종류가 달라짐으로써 종전에 제1종 보통면허만으로 운전할 수 있던 차량이 제1종 대형면허가 있어야만 운전할 수 있는 것으로 변경되었음에도 피보험자나 그 종업원은 이를 모른 채 그 차량을 그 종업원이 운전하여 무면허운전이 된 경우, 피보험자가 그 종업원이 무면허 운전을 하는데 묵시적 승인을 하였다고 볼 수 없다고 한 사례.

[3] 업무용자동차보험의 피보험자가 피해자와의 손해배상 판결 확정 후 피해자에게 배상금을 지급하지 아니한 채 보험금지급을 청구한 경우, 업무용자동차보험약관에 의하여 보험자는 피해자가 피보험자로부터 배상을 받기 전에는 피보험자의 보험금지급청구를 거절할 권리가 있으나 보험자가 이를 포기하였거나 행사하지 아니하였다면 그 보험금 지급을 거절할 수 없다고 본 사례.

[4] 피보험자에게 지급할 보험금액에 관하여 확정판결에 의하여 피보험자가 피해자에게 배상하여야 할 지연손해금을 포함한 금액으로 규정하고 있는 자동차종합보험약관의 규정 취지에 비추어 보면, 보험자는 피해자와 피보험자 사이에 판결에 의하여 확정된 손해액은 그것이 피보험자에게 법률상 책임이 없는 부당한 손해라는 등의 특별한 사정이 없는 한 원본이든 지연손해금이든 모두 피보험자에게 지급할 의무가 있다.

【원심판결】

대구고법 1999. 12. 10. 선고 99나2875 판결

【주문】

상고를 기각한다. 상고비용은 피고의 부담으로 한다.

【이유】

상고이유를 본다.

1. 상고이유 제1점에 대하여

자동차보험에 있어서 피보험자의 명시적·묵시적 승인하에서 피보험자동차의 운전자가 무면허운전을 하였을 때 생긴 사고로 인한 손해에 대하여는 보상하지 않는다는 취지의 무면허운전 면책약관은 무면허운전이 보험계약자나 피보험자의 지배 또는 관리가능한 상황에서 이루어진 경우에 한하여 적용되는 것으로서, 이 경우에 있어서 묵시적 승인은 명시적 승인의 경우와 동일하게 면책약관이 적용되므로 무면허운전에 대한 승인 의도가 명시적으로 표현되는 경우와 동일시 할 수 있는 정도로 그 승인 의도를 추단할 만한 사정이 있는 경우에 한정되어야 하고, 무면허운전이 보험계약자나 피보험자의 묵시적 승인하에 이루어졌는지 여부는 보험계약자나 피보험자와 무면허운전자의 관계, 평소 차량의 운전 및 관리 상황, 당해 무면허운전이 가능하게 된 경위와 그 운행 목적, 평소 무면허운전자의 운전에 관하여 보험계약자나 피보험자가 취해 온 태도 등의 여러 사정을 함께 참작하여 인정하여야 하며(대법원 2000. 5. 30. 선고 99다66236 판결 참조), 보험계약자나 피보험자가 과실로 운전자가 무면허임을 알지 못하였다거나 무면허운전이 가능하게 된 데에 과실이 있었다거나 하는 점은 무면허운전 면책약관의 적용에서 고려할 사항이 아니다(대법원 1999. 11. 26. 선고 98다42189 판결 참조).

원심판결 이유에 의하면, 원심은 원고와 피고 회사 사이의 이 사건 업무용자동차보험약관 제11조 제1항 제6호가 피고 회사가 보상하지 아니하는 손해로서 '피보험자 본인이 무면허운전을 하였거나 피보험자의 명시적·묵시적 승인하에서 피보험자동차의 운전자가 무면허운전을 하였을 때에 생긴 사고로 인한 손해'를 규정하고 있는 사실, 1995. 7. 1. 개정 전의 도로교통법시행규칙 [별표 14]에 의하면 적재구조가 적재함

형식인 11t 이하의 차량으로 고압가스 등 위험물을 운반할 경우에 적재량이 그 차량의 적재정량 60% 미만일 때에는 제1종 보통면허로도 운전할 수 있고 60% 이상일 때에는 제1종 대형면허가 있어야 운전할 수 있었으나 개정 후의 시행규칙에 의하면 적재정량 3t 이상의 차량으로 위험물을 운반할 경우에는 제1종 대형면허가 있어야만 운전할 수 있는 것으로 변경되었는데, 원고나 종업원으로서 이 사건 사고차량을 운전한 소외 1을 비롯한 고압가스판매업을 경영하는 업주나 그 종업원들은 대체로 위 시행규칙이 개정되었음을 모른 채 제1종 보통면허만 가지고도 고압가스를 적재한 5t 화물차량을 운전할 수 있는 것으로 잘못 알고 있었고, 위 시행규칙의 개정 전후에 두 차례에 걸쳐 원고와 자동차종합보험계약을 체결한 피고 회사의 직원조차도 그 개정 사실을 알지 못하였으며, 그 후 이러한 법규개정으로 고압가스배달차량이 사고를 일으켰을 경우 무면허운전이 되어 피해자에 대한 보상이 소홀하게 되는 사례가 빈발하고 그러한 문제점이 언론에 보도되는 등 사회적 관심이 높아지자 피고 회사를 비롯한 보험회사들은 직원들에게 보험모집 당시 고객들에게 이 점에 대한 주의를 환기시키도록 교육을 시켰고 고압가스판매업을 경영하는 업주나 종업원들도 제1종 대형면허를 추가로 취득하는 등의 조치를 취한 사실 등을 인정한 후, 그와 같이 원고가 위 시행규칙이 개정됨으로써 제1종 대형면허가 있어야 고압가스를 적재한 5t 화물차량을 운전할 수 있게 되었다는 것을 모르고 있었다면 특별한 사정이 없는 한 제1종 보통면허만을 가진 위 소외 1이 제1종 대형면허 없이 결국 무면허 상태에서 이 사건 5t 화물차량을 운전하는데 묵시적으로 승인하였다고 볼 수 없다는 취지로 판단하여 피고 회사의 면책항변을 배척하였다.

기록에 의하여 관계 증거를 살펴보면, 원심의 이유설시에 다소 미흡한 면이 없지 아니하나 위와 같은 원심의 사실인정 및 판단은 정당한 것으로 수긍이 가고, 거기에 채증법칙 위배로 인한 사실오인 등의 잘못이 있다고 할 수 없다. 상고이유 주장은 받아들일 수 없다.

2. 상고이유 제2점에 대하여

원심판결 이유를 살펴보면, 원심은 원고의 명시적·묵시적 승인하에서 피보험자동차의 운전자가 무면허운전을 하였다고 볼 수 없다고 판단한 것이지, 피고 회사가 고압가스운반차량이 3t을 넘는 경우에는 제1종 대형면허가 있어야 한다는 도로교통법시행규칙의 개정내용을 설명할 의무가 있음에도 불구하고 이를 게을리하였다고 판단하여 그 효과로서 피고 회사의 면책항변을 배척한 것이 아님이 분명하다.

따라서 원심의 판단에 설명의무에 관한 법리오해의 잘못이 있다는 상고이유 주장은 나아가 판단할 필요 없이 받아들일 수 없다.

3. 상고이유 제3점에 대하여

이 사건 업무용자동차보험약관 제2조와 제16조는 피고 회사가 지급하는 보험금은 "이 약관의 보험금 지급기준에 의하여 산출한 금액으로 하되, 다만 소송이 제기되었을 경우에는 대한민국 법원의 확정판결에 의하여 피보험자가 손해배상청구권자에게 배상하여야 할 금액(지연배상금 포함)"이라고 규정하고, 같은 약관 제18조 제1항, 제2항, 제3항은 "피보험자는 대한민국 법원에 의한 판결의 확정, 재판상의 화해, 중재 또는 서면에 의한 합의로 손해액이 확정되었을 때 보험금의 지급을 청구할 수 있고, 피고 회사는 피보험자가 제출한 보험금청구에 관한 서류 또는 증거를 접수받은 때에는 지체 없이 지급할 보험금을 정하고 그 정하여진 날로부터 10일 이내에 보험금을 지급한다." 는 취지로 규정하는 한편, 같은 약관 제18조 제4항은 "제3항의 규정에도 불구하고 피고 회사는 손해배상청구권자가 손해배상을 받기 전에는 보험금의 전부 또는 일부를 피보험자에게 지급하지 않으며 피보험자가 지급한 손해배상액을 초과하여 지급하지 않습니다."고 규정하고 있는바, 원칙적으로 보험자인 피고 회사는 손해배상청구권자가 피보험자로부터 배상을 받기 전에는 피보험자의 보험금지급청구를 거절할 권리가 있다 할 것이나, 피고 회사가 이러한 지급거절권을 포기하였다거나 이를 행사하지 않았다면 특별한 사정이 없는 한 위 약관 제2조, 제16조, 제18조 제1항, 제2항, 제3항에 따른 보험금지급의무를 면할 수 없다 할 것이다.

기록에 의하면, 피고 회사는 위 지급거절권에 대하여 원심 변론종결시까지 주장한 바가 없는바, 따라서 원심이 피보험자인 원고가 피해자에게 실제로 지급한 금원이 아닌 피해자와의 사이에 확정된 판결에 의하여 배상하여야 할 금액을 피고 회사에게 지급의무가 있는 보험금이라고 판단한 것은 정당하고, 거기에 심리미진으로 인한 사실오인이나 확정보험금의 지급에 관한 법리오해 등의 잘못이 있다 할 수 없다.

그리고 위 약관 제2조와 제16조의 규정 취지에 비추어 보면, 보험자는 피해자와 피보험자 사이에 판결에 의하여 확정된 손해액은 그것이 피보험자에게 법률상 책임이 없는 부당한 손해라는 등의 특별한 사정이 없는 한 원본이든 지연손해금이든 모두 피보험자에게 지급할 의무가 있다 할 것인바(대법원 1995. 9. 15. 선고 94다17888 판결 참조), 기록에 의하여 살펴보면, 이 사건 사고의 피해자인 소외 망인의 유족들과 원고 사이의 확정판결에서 인용된 지연손해금 중 소송촉진등에관한특례법이 정하는 비율에 의한 부분을 피보험자인 원고에게 법률상 책임이 없는 부당한 손해라고 할 수는 없으므로, 같은 취지로 판단한 원심판결에 지연손해금에 관한 법리오해 등의 잘못이 있다고 할 수 없다.

상고이유 주장도 받아들일 수 없다.

4. 그러므로 상고를 기각하고, 상고비용은 패소자의 부담으로 하기로 하여 관여 법관의 일치된 의견으로 주문과 같이 판결한다.

판례24 | 자동차손해배상책임 공제계약상의 무면허운전 면책약관의 적용 범위 및 공제조합원의 무면허운전에 대한 '묵시적 승인'의 존부에 관한 판단 기준[대법원 1999. 11. 26. 선고 98다42189 판결]

【판결요지】

자동차손해배상책임 공제계약상의 무면허운전 면책약관이 공제조합원의 지배 또는 관리가능성이 없는 무면허운전의 경우에까지 적용된다고 보는 경우에는 그 약관 조항은 신의성실의 원칙에 반하는 공정을 잃은 조항으로서 약관의규제에관한법률 제6조 제1항, 제2항, 제7조 제2호, 제3호의 규정들에 비추어 무효라고 볼 수밖에 없으므로, 무면허운전 면책약관은 위와 같은 무효의 경우를 제외하고 무면허운전이 공제조합원의 지배 또는 관리가능한 상황에서 이루어진 경우, 즉 무면허운전이 공제조합원의 명시적 또는 묵시적 승인하에 이루어진 경우에 한하여 적용되는 것으로 수정 해석함이 상당하고, 이 경우 '묵시적 승인'은 명시적 승인의 경우와 동일하게 면책약관의 적용으로 이어진다는 점에서 공제조합원의 무면허운전에 대한 승인 의도가 명시적으로 표현되는 경우와 동일시할 수 있는 정도로 그 승인 의도를 추단할 만한 사정이 있는 경우에 한정되어야 할 것이므로, 과연 어떠한 사정이 있어야 이러한 묵시적 승인이 있었다고 보아야 할 것이냐는 평소 무면허운전자의 운전에 관하여 공제계약자나 공제조합원이 취해 온 태도뿐만 아니라, 공제계약자 또는 공제조합원과 무면허운전자의 관계, 평소 차량의 운전 및 관리 상황, 무면허운전이 가능하게 된 경위와 그 운행 목적 등 모든 사정을 함께 참작하여 인정하여야 할 것이고, 공제조합원이 과실로 지입차주가 무면허운전자임을 알지 못하였다거나, 무면허운전이 가능하게 된 데에 과실이 있었다거나 하는 점은 무면허운전 면책약관의 적용에서 고려할 사항이 아니다.

【원심판결】

대전고법 1998. 7. 29. 선고 98나626 판결

【주문】

상고를 기각한다. 상고비용은 피고의 부담으로 한다.

【이유】

상고이유를 본다.

자동차손해배상책임 공제계약상의 무면허운전 면책약관이 공제조합원의 지배 또는 관리가능성이 없는 무면허운전의 경우에까지 적용된다고 보는 경우에는 그 약관 조항은 신의성실의 원칙에 반하는 공정을 잃은 조항으로서 약관의규제에관한법률 제6조 제1, 2항,

제7조 제2, 3호의 규정들에 비추어 무효라고 볼 수밖에 없으므로, 무면허운전 면책약관은 위와 같은 무효의 경우를 제외하고 무면허운전이 공제조합원의 지배 또는 관리가능한 상황에서 이루어진 경우, 즉 무면허운전이 공제조합원의 명시적 또는 묵시적 승인하에 이루어진 경우에 한하여 적용되는 것으로 수정 해석함이 상당하다(대법원 1991. 12. 24. 선고 90다카23899 전원합의체 판결 참조).

이 경우 '묵시적 승인'은 명시적 승인의 경우와 동일하게 면책약관의 적용으로 이어진다는 점에서 공제조합원의 무면허운전에 대한 승인 의도가 명시적으로 표현되는 경우와 동일시할 수 있는 정도로 그 승인 의도를 추단할 만한 사정이 있는 경우에 한정되어야 할 것이다. 따라서 과연 어떠한 사정이 있어야 이러한 묵시적 승인이 있었다고 보아야 할 것이냐는 평소 무면허운전자의 운전에 관하여 공제계약자나 공제조합원이 취해 온 태도뿐만 아니라, 공제계약자 또는 공제조합원과 무면허운전자의 관계, 평소 차량의 운전 및 관리 상황, 무면허운전이 가능하게 된 경위와 그 운행 목적 등 모든 사정을 함께 참작하여 인정하여야 할 것이고(대법원 1995. 7. 28. 선고 94다47087 판결, 1999. 4. 23. 선고 98다61395 판결 등 참조), 공제조합원이 과실로 지입차주가 무면허운전자임을 알지 못하였다거나, 무면허운전이 가능하게 된 데에 과실이 있었다거나 하는 점은 무면허운전 면책약관의 적용에서 고려할 사항이 아니다.

그리고 자동차보험(자동차손해배상책임 공제계약도 마찬가지이다)에서 동일 자동차사고로 인하여 피해자에 대하여 배상책임을 지는 피보험자가 복수로 존재하는 경우에는 그 피보험이익도 피보험자마다 개별로 독립하여 존재하는 것이니만큼 각각의 피보험자마다 손해배상책임의 발생요건이나 면책약관의 적용 여부 등을 개별적으로 가려 그 보상책임의 유무를 결정하여야 한다(대법원 1997. 6. 27. 선고 97다10512 판결 등 참조).

원심이 적법하게 확정한 사실관계에 의하면, 원고가 소외인과 화물자동차 위수탁관리계약을 체결하면서, 그가 음주운전으로 운전면허가 취소된 사실을 알지 못한 채 이를 숨기고 운전면허증을 집에 두고 왔다는 그의 말만 믿고 계약을 체결한 다음 여러 차례에 걸쳐 운전면허증 사본의 제출을 요구하였으나, 그가 여러 가지 핑계로 그 제출을 미루면서 무면허로 운전을 계속하다가 이 사건 사고를 일으켰다는 것이므로, 원심이, 만일 원고가 소외인이 무면허운전자라는 사실을 알았더라면 그와 위수탁관리계약을 체결하고 그로 하여금 무면허운전을 하도록 용인할 리 없고, 또 승낙 조합원인 소외인의 무면허운전으로 인한 손해를 기명조합원인 원고가 피해자들에게 배상하고 피고에게 그 공제금의 지급을 구하는 이 사건의 경우 원고에 대하여 면책약관이 적용되는지 여부를 결정하여야 하는 것이지, 소외인이 승낙 조합원이라 하여 그 이유만으로 원고에 대하여 면책약관이 적용된다고 할 수는 없다는 이유로 면책약관의 적용을 배제한 것은 위에서 본 법리에 따른 것으로 정당하고, 거기에 상고이유로 주장하는 바와 같은 무면허운전 면책약관에 관한 법리오해의 위법이 없다. 이 점을 다투는 상고이유의 주장은 받아들일 수 없다.

그러므로 상고를 기각하고, 상고비용은 패소자의 부담으로 하기로 하여 관여 법관의 일치된 의견으로 주문과 같이 판결한다.

> **판례25 |** 운전면허를 받지 아니한 사람이 자동차를 운전하는 것을 알고도 이를 말리지 아니한 고용주가 도로교통법 제109조 제4호에 해당하는지 여부(소극)*[대법원 1999. 2. 23. 선고 98도3714 판결]*

【판결요지】

도로교통법 제109조 제4호는 고용주 등이 운전면허를 받지 아니한 사람에게 적극적으로 자동차를 운전하도록 시키는 행위를 처벌 대상으로 규정한 것이고, 고용주 등이 운전면허를 받지 아니한 사람이 자동차 등을 운전하는 것을 알고도 이를 말리지 아니하는 경우까지 처벌 대상으로 규정한 것이 아님이 명백하다.

【원심판결】

대구지법 1998. 10. 12. 선고 98노1113 판결

【주문】

상고를 기각한다.

【이유】

상고이유를 본다.

도로교통법 제40조는 무면허운전을 금지하고 있고, 같은 법 제52조 제1항은 차의 운전자를 고용하고 있는 사람이나 직접 이를 관리하는 지위에 있는 사람 또는 차의 사용자를 '고용주 등'이라고 하고, 같은 조 제2항은 고용주 등은 제40조 내지 제42조의 규정에 의하여 운전을 하지 못할 운전자가 자동차 등을 운전하는 것을 알고도 이를 말리지 아니하거나 그러한 운전자에게 자동차 등을 운전하도록 시켜서는 아니된다고 규정하고 있다.

같은 법 제109조는 다음 각 호의 1에 해당하는 사람은 1년 이하의 징역이나 100만원 이하의 벌금의 형으로 벌한다고 규정하고, 그 제4호에서 제52조 제2항의 규정을 위반하여 운전면허를 받지 아니한 사람(운전면허의 효력이 정지된 사람과 제40조 제2항의 규정에 의한 운전연습허가를 받지 아니한 사람을 포함한다)에게 자동차를 운전하도록 시킨 고용주 등을 들고 있다.

이와 같은 관련 규정들을 살펴보면 같은 법 제109조 제4호는 고용주 등이 운전면허를 받지 아니한 사람에게 적극적으로 자동차를 운전하도록 시키는 행위를 처벌 대상으로 규

정한 것이고, 고용주 등이 운전면허를 받지 아니한 사람이 자동차 등을 운전하는 것을 알고도 이를 말리지 아니하는 경우까지 처벌 대상으로 규정한 것이 아님이 명백하다.

원심판결 이유에 의하면, 원심은 피고인이 운전면허를 받지 아니한 공소외인에게 자동차를 운전하도록 시켰음을 인정할 증거가 없다 하여 피고인에 대하여 무죄를 선고하였는 바, 관련 증거를 기록과 대조하여 검토하여 보면 원심의 위와 같은 조치에 채증법칙 위반의 위법이 있다고 할 수 없고, 피고인이 운전면허를 받지 아니한 사람에게 자동차를 운전하도록 시킨 사실을 인정할 수 없는 이상 설령 검사가 주장하는 것처럼 피고인이 공소외인을 고용하였고, 피고인이 공소외인이 무면허운전을 할 가능성이 많음을 알면서도 사실상 공장을 운영하는 피고인의 아내로 하여금 공소외인이 무면허운전을 하지 못하도록 말리게 하지 아니하였다 하더라도 피고인을 도로교통법 제109조 제4호 위반죄로 처벌할 수는 없는 것이므로 원심의 무죄 판단은 정당하고, 원심의 조치에 검사가 논하는 바와 같은 법리오해의 위법이 있다고 할 수 없다. 논지는 모두 이유가 없다.

그러므로 상고를 기각하기로 하여 관여 법관의 일치된 의견으로 주문과 같이 판결한다.

판례26 | 운전면허취소처분을 받은 후 자동차를 운전하였으나 위 취소처분이 행정쟁송절차에 의하여 취소된 경우, 무면허운전의 성립 여부(소극)*[대법원 1999. 2. 5. 선고 98도4239 판결]*

【판결요지】

피고인이 행정청으로부터 자동차 운전면허취소처분을 받았으나 나중에 그 행정처분 자체가 행정쟁송절차에 의하여 취소되었다면, 위 운전면허취소처분은 그 처분시에 소급하여 효력을 잃게 되고, 피고인은 위 운전면허취소처분에 복종할 의무가 원래부터 없었음이 후에 확정되었다고 봄이 타당할 것이고, 행정행위에 공정력의 효력이 인정된다고 하여 행정소송에 의하여 적법하게 취소된 운전면허취소처분이 단지 장래에 향하여서만 효력을 잃게 된다고 볼 수는 없다.

【원심판결】

수원지법 1998. 11. 12. 선고 98노2169 판결

【주문】

상고를 기각한다.

【이유】

검사의 상고이유를 판단한다.

피고인이 행정청으로부터 자동차 운전면허취소처분을 받았으나 나중에 그 행정처분 자체가 행정쟁송절차에 의하여 취소되었다면, 위 운전면허취소처분은 그 처분시에 소급하여 효력을 잃게 되고, 피고인은 위 운전면허취소처분에 복종할 의무가 원래부터 없었음이 후에 확정되었다고 봄이 타당할 것이고(대법원 1993. 6. 25. 선고 93도277 판결 참조), 행정행위에 공정력의 효력이 인정된다고 하여 행정소송에 의하여 적법하게 취소된 운전면허취소처분이 단지 장래에 향하여서만 효력을 잃게 된다고 볼 수는 없는 것이다.

따라서 피고인이 1997. 3. 1. 자동차 운전면허취소처분을 받은 후 처분청을 상대로 운전면허취소처분의 취소소송을 제기하여 1997. 11. 27. 서울고등법원에서 승소판결을 받았고 그 판결이 대법원의 상고기각 판결로 확정되었다면, 피고인이 1997. 11. 18. 자동차를 운전한 행위는 도로교통법에 규정된 무면허운전의 죄에 해당하지 아니한다 할 것이므로, 이와 같은 취지에서 피고인에 대하여 무죄를 선고한 제1심판결을 유지한 원심의 조치는 정당하고, 거기에 상고이유에서 지적하는 바와 같은 법리오해의 위법이 있다고 할 수 없다.

그러므로 상고를 기각하기로 하여 관여 법관의 일치된 의견으로 주문과 같이 판결한다.

판례27 │ 자동차대여사업자가 무면허자에게 승용차를 대여한 행위와 무면허자의 운전미숙으로 인한 교통사고 사이에 상당인과관계가 있는지 여부(적극)*[대법원 1998. 11. 27. 선고 98다 39701 판결]*

【판결요지】

자동차대여사업자가 자동차운전면허가 없는 사람에게 무면허자임을 알면서도 승용차를 대여하였고, 그 무면허자가 대여받은 승용차를 운전하던 중 운전미숙의 과실로 인하여 교통사고가 발생한 경우, 무면허운전은 도로교통법 제40조 제1항에 의하여 금지되어 있는 범죄행위임이 명백하고 운전기술이 없거나 미숙한 사람이 자동차를 운전할 경우에는 타인의 생명이나 신체에 위해를 미칠 위험이 큰 점에 비추어 볼 때, 달리 특별한 사정이 없는 한 자동차대여사업자가 무면허자에게 위 자동차를 대여한 행위와 무면허자의 위와 같은 운전미숙이 원인이 되어 발생한 교통사고 사이에는 상당인과관계가 있다고 보아야 한다.

【원심판결】

전주지법 1998. 7. 2. 선고 97나7335 판결

【주문】

원심판결을 파기한다. 사건을 전주지방법원 본원 합의부에 환송한다.

【이유】

상고이유를 판단한다.

1. 원심판결 이유에 의하면, 원심은 그 판결에서 채용하고 있는 증거들을 종합하여, 소외 인이 1996. 10. 16. 운전면허를 받은 바 없이 피고 소유의 원심 판시 승용차를 운전하던 중 진행차선을 3차로에서 1차로로 변경함에 있어 1차로에서 진행하고 있는 차량에 주의를 하면서 안전한 방법으로 변경하여야 함에도 이를 게을리한 채 만연히 차선을 변경한 과실로 때마침 1차로에서 진행하여 오는 원고 소유의 원심 판시 렉카트럭의 전면 밤바 부분을 위 승용차의 좌측면 뒤 후엔다 부분으로 충격하였는데, 피고는 소외인이 자동차운전면허가 없는 자임을 알면서도 소외인에게 위 승용차를 렌트하여 준 사실을 인정한 다음, 피고는 자동차손해배상보장법상의 자기를 위하여 자동차를 운행하는 자 또는 이 사건 교통사고를 일으킨 소외인의 사용자에 해당하거나, 무면허자에 대한 자동차대여행위를 함으로써 이 사건 교통사고를 야기시킨 불법행위자 본인에 해당하므로 이 사건 교통사고로 원고 소유의 위 렉카트럭이 파손됨으로써 발생한 원고의 재산상 손해를 배상할 책임이 있다는 취지의 주장을 하면서 피고에 대하여 그 손해의 배상을 구하는 원고의 이 사건 청구에 대하여, 자동차손해배상보장법은 물적 손해에 대하여는 적용이 없고, 피고가 소외인에게 차량을 렌트하여 준 사실만으로는 렌트카업주인 피고와 소외인 사이에 사용자관계가 설정되었다고 보기에 부족하며, 나아가 피고가 소외인이 무면허자라는 사실을 알면서 위 승용차를 대여하여 주었다고 하더라도 이러한 사정만으로 피고의 차량대여행위와 이 사건 교통사고 사이에 상당인과관계가 있다고 보기 어렵다는 이유로 원고의 위 주장을 배척하고 원고의 이 사건 청구를 기각하고 있다.

2. 그러나 원심이 확정한 위와 같은 사실관계에 의하면, 자동차대여사업자인 피고는 소외인이 무면허자임을 알면서도 소외인에게 위 승용차를 대여하였고, 소외인이 피고로부터 대여받은 승용차를 운전하던 중 차선을 3차로에서 1차로로 변경함에 있어 1차로에서 진행하여 오던 원고 소유의 위 렉카트럭에 대한 주의를 게을리한 과실로 인하여 이 사건 교통사고가 발생하였다는 것인데, 무면허운전은 도로교통법 제40조 제1항에 의하여 금지되어 있는 범죄행위임이 명백하고 운전기술이 없거나 미숙한 사람이 자동차를 운전할 경우에는 타인의 생명이나 신체에 위해를 미칠 위험이 큰 점에 비추어 볼 때, 달리 특별한 사정이 없는 한 피고가 무면허자인 소외인에게 이 사건 자동차를 대여한 행위와 소외인의 위와 같은 운전미숙이 원인이 되어 발생한 이 사건 교통사고 사이에는 상당인과관계가 있다고 보아야 할 것이다.

그럼에도 불구하고 원심은 위와 같은 상당인과관계를 부정할 만한 특별한 사정에 대한 아무런 설시 없이 피고의 위 자동차대여행위와 이 사건 교통사고 사이에 상당인과관계가 있다고 보기 어렵다고 판단하여 원고의 이 사건 청구를 배척하고 말았으니, 원심의 이러한 조치에는 상고이유에서 지적하는 바와 같은 법리오해의 위법이 있다고 할 것이다. 상고이유 중 이 점을 지적하는 부분은 이유 있다.

3. 그러므로 상고이유 중 나머지 부분에 대한 판단을 생략한 채 원심판결을 파기하고, 사건을 다시 심리·판단케 하기 위하여 원심법원에 환송하기로 관여 법관의 의견이 일치되어 주문과 같이 판결한다.

Chapter 5. 횡단보도에서의 금지행위

[1] 횡단·유턴·후진의 금지

① 차마(車馬)의 운전자는 보행자나 다른 차마(車馬)의 정상적인 통행을 방해할 우려가 있는 경우에는 차마(車馬)를 운전하여 도로를 횡단하거나 유턴 또는 후진해서는 안 됩니다(「도로교통법」제18조제1항).

② 시·도경찰청장은 도로에서의 위험을 방지하고 교통의 안전과 원활한 소통을 확보하기 위하여 특히 필요하다고 인정하는 경우에는 도로의 구간을 지정하여 차마(車馬)의 횡단이나 유턴 또는 후진을 금지할 수 있습니다(「도로교통법」제18조제2항).

③ 차마(車馬)의 운전자는 길가의 건물이나 주차장 등에서 도로에 들어갈 때에는 일단 정지한 후에 안전한지 확인하면서 서행해야 합니다(「도로교통법」제18조제3항).

[2] 위반 시 제재

횡단·유턴·후진의 금지 위반시 다음과 같은 범칙금을 부과 받습니다(「도로교통법」제156조제1호 및 「도로교통법 시행령」별표 8 제7호).

위반 행위	범칙금
횡단·유턴·후진의 금지 위반	승합차 등: 7만원 승용차 등: 6만원 이륜차 등: 4만원 자전거 등, 손수레 등: 3만원

[3] 서행 및 일시정지 할 장소

모든 차의 운전자는 다음에 해당하는 곳에서 서행하거나 일시정지해야 합니다(「도로교통법」제31조).

서행 장소	일시정지 장소
- 교통정리를 하고 있지 않는 교차로 - 도로가 구부러진 부근 - 비탈길의 고갯마루 부근 - 가파른 비탈길의 내리막 - 시·도경찰청장이 도로에서의 위험을 방지하고 교통의 안전과 원활한 소통을 확보하기 위해 필요하다고 인정하여 안전표지로 지정한 곳	- 교통정리가 행해지고 있지 않고 좌우를 확인할 수 없거나 교통이 빈번한 교차로 - 시·도경찰청장이 도로에서의 위험을 방지하고 교통의 안전과 원활한 소통을 확보하기 위해 필요하다고 인정하여 안전표지로 지정한 곳

[4] 위반 시 제재

서행 및 일시정지 의무 위반 시 다음과 같은 범칙금을 부과받습니다.

위반 행위	범칙금
서행 및 일시정지 의무 위반	승합차 등: 3만원 승용차 등: 3만원 이륜차 등: 2만원 자전거 등, 손수레 등: 1만원

[5] 횡단보도사고에 대한 판례

> **판례1** | 자동차 운전자인 피고인이 왕복 7차선 도로의 삼거리 교차로로부터 약 31m 떨어진 상시유턴구역에서 유턴을 하던 중 맞은편 반대차로에서 직진 진행하던 차량과 충격하여 난 사고*[대구지법 2025. 1. 14. 선고 2024고합568 판결 : 항소]*

【판결요지】

자동차 운전자인 피고인이 왕복 7차선 도로의 삼거리 교차로로부터 약 31m 떨어진 상시유턴구역에서 유턴을 하던 중 맞은편 반대차로에서 직진 진행하던 甲이 운전하는 원동기장치자전거(오토바이) 앞부분을 피고인 차량의 조수석 문짝 부위로 충격하는 교통사고를 냄으로써 업무상의 과실로 甲에게 약 14주간의 치료가 필요한 손목 골절상 등의 상해를 입게 하였다는 교통사고처리 특례법 위반(치상)으로 기소된 후 국민참여재판으로 진행된 사안이다.

① 피고인은 교차로에서 유턴하기 위해 차량을 1차로 상시유턴구역에 정차한 후 좌측 방향지시등을 켜고 대기하였고, 평소 운전습관에 따라 전방의 신호기가 좌회전신호로 바뀌는 것을 기다려 유턴을 시도한 것으로 보이며, 수사기관이 작성한 교통사고 발생상황보고 및 실황조사서에도 직진 및 좌회전신호를 받고 유턴하던 중이었다고 기재되어 있는 점, ② 교통사고 장면을 촬영한 CCTV 영상에 의하면, 甲이 운전한 오토바이가 진행한 방향의 교통신호가 적색신호로 바뀌었을 때 피고인의 시선을 기준으로 9시 방향에서 우회전을 시도하거나, 12시 방향에서 직진을 시도하여 교차로 또는 피고인이유턴하려는 반대차선에 진입하려 하는 차량 등을 발견할 수 없는 점, ③ 교통사고가 발생한 삼거리 교차로의 신호체계가 명확하지 않으나, 피고인 차량은 전방 교통신호가 좌회전신호로 변경되고도 일정 시간이 지난 후에 유턴을 시도한 것으로 볼 수 있고, 피고인이 급하게 유턴을 시도하거나 차선을 변경하는 등 위험한 방법으로 운전한 정황이 발견되지 않으며, 오히려 피고인의 차량 운행방식이나 유턴 진행속도 등에 비추어 교통사고를 회피하기 위한 방어운전의 형태로 보이는 점, ④ 甲이 운전하는 오토바이는 전방 교통신호가 적색 정지신호임에도 이를 위반하여 정지선 및 교차로를 통과하였을 뿐만 아니라 피고인 차량의 맞은편 반대차선 노면에 표시된 제한속도(50km/h)를 초과하여 평균주행속도 약 61~63km/h의 빠른 속도로 진행한 점, ⑤ 상시유턴구역에서는 반대 방면에서 마주 진행하여 오는 다른 차량에 방해가 되지 않는다면 전방의 신호기 신호와 관계없이 언제나 유턴이 가능함에도 피고인은 전방 교통신호가 좌회전신호로 바뀌는 것을 확인한 다음 유턴을 시작하였는데, 이러한 피고인 행동은 맞은편 반대차선의 교통신호가 정지신호일 경우

를 이용하여 보다 안전하게 유턴을 진행하기 위한 것으로 볼 여지가 크고, 당시 피고인의 입장에서 교차로 및 피고인이유턴하려는 반대차로에 차량 등이 진입할 것이라고 예상할 만한 정황도 없었던 점, ⑥ 피고인이 교통사고가 발생한 시점까지 甲의 오토바이가 접근 하는 것을 발견하지 못하였다는 사정만으로 반대차로의 차량 통행을 확인하기 위한 주의 의무를 게을리한 채 만연히 유턴하였다고 보기 어려운 점, ⑦ 도로교통법 시행규칙상 甲 의 오토바이는 3차로 또는 4차로로 통행하였어야 하는데도 2차로를 따라 진행하여 지정 차로 기준을 준수하지 아니한 점, ⑧ 이처럼 교통사고는 甲의 신호위반, 제한속도 초과 운행, 전방주시의무 위반, 지정차로 미준수 등의 과실로 발생하였다고 볼 여지가 크고, 피고인에게 타인이 교통법규를 위반하는 경우까지 예상하여 사고발생을 미리 방지할 특별 한 조치까지 강구할 주의의무는 없는 점, ⑨ 배심원(7명) 전원이 피고인에 대하여 무죄 의견을 밝혔고, 국민참여재판 제도의 입법 취지 등을 고려할 때 이를 최대한 존중함이 타 당한 점 등 제반 사정을 종합하면, 검사가 제출한 증거들만으로는 피고인이 업무상 주의 의무를 위반하였다거나 피고인의 행위와 교통사고의 발생 사이에 상당인과관계가 있다고 보기 어렵다는 이유로, 피고인에게 무죄를 선고한 사례이다.

【주문】

피고인은 무죄. 이 판결의 요지를 공시한다.

【이유】

1. 공소사실의 요지

피고인은 (차량번호 1 생략) QM3 승용차량의 운전업무에 종사하는 사람이다.

피고인은 2024. 3. 10. 18:47경 위 차량을 운전하여 경주시 백률로 7 푸르지오 앞 도로에서 황성공원 방면으로 유턴 진행하게 되었다.

그곳은 시청삼거리 교차로로부터 약 31m 떨어진 상시유턴구역으로, 유턴 차량의 운 전자는 반대차로의 차량 통행을 방해할 염려가 없음을 확인하고 안전하게 유턴하여야 할 업무상 주의의무가 있었다.

그럼에도 피고인은 이를 게을리한 채 만연히 유턴한 과실로 마침 경주교 방면에서 황 성공원 방면으로 직진 진행하던 피해자 공소외 1(남, 52세)이 운전하는 (차량번호 2 생 략) 114cc 원동기장치자전거 앞부분을 피고인 차량의 조수석 문짝 부위로 충격하였다. 이로써 피고인은 위와 같은 업무상 과실로 피해자에게 약 14주간의 치료가 필요한 좌 측 손목 요골 하단의 골절 상해 등을 입게 하였다.

2. 피고인 및 변호인의 주장 요지

가. 피고인은 상시유턴구역에서 교통신호가 좌회전신호로 바뀌고 맞은편 반대차선 및 전방 교차로에 차량이 없는 것을 확인한 뒤 정상적으로 유턴을 하였으므로 자동차

운전자로서 필요한 주의의무를 다하였다.

나. 이 사건 교통사고는 피해자의 오토바이가 적색 정지신호를 위반하여 교차로를 통과한 후 제한속도를 초과해 주행하던 중 전방주시의무를 위반한 과실로 인하여 정상적으로 유턴을 하던 피고인 차량의 측면 부위를 충격한 것이고, 피고인에게 그러한 비정상적이거나 이례적인 교통상황까지 예견하여 안전운전을 할 의무가 없으므로, 피고인의 행위와 이 사건 교통사고 발생 사이에는 상당인과관계가 인정되지 않는다.

3. 배심원 평결 결과

   ○ 무죄: 7명(만장일치)

   ○ 유죄: 0명

4. 판단

   가. 관련 법리

   1) 형사재판에서 유죄의 인정은 법관으로 하여금 합리적인 의심을 할 여지가 없을 정도로 공소사실이 진실한 것이라는 확신을 가지게 하는 증명력을 가진 증거에 의하여야 하고, 그러한 증거가 없다면 설령 피고인에게 유죄의 의심이 간다 하더라도 피고인의 이익으로 판단할 수밖에 없다(대법원 2008. 6. 12. 선고 2007도5389 판결 등 참조).

   2) 자동차의 운전자는 통상 예견되는 사태에 대비하여 그 결과를 회피할 수 있는 정도의 주의의무를 다함으로써 족하고 통상 예견하기 어려운 이례적인 사태의 발생을 예견하여 이에 대비하여야 할 주의의무까지 있다 할 수 없다(대법원 1985.7.9.선고 85도833 판결 등 참조).

   3) 신호등에 의하여 교통정리가 행하여지고 있는 교차로를 진행신호에 따라 진행하는 차량의 운전자는 특별한 사정이 없는 한 다른 차량들도 교통법규를 준수하고 충돌을 피하기 위하여 적절한 조치를 취할 것으로 믿고 운전하면 충분하고, 다른 차량이 신호를 위반하고 자신의 진로를 가로질러 진행하여 오거나 자신의 차량을 들이받을 경우까지 예상하여 그에 따른 사고발생을 미리 방지할 특별한 조치까지 강구할 주의의무는 없다. 다만 신호를 준수하여 진행하는 차량의 운전자라고 하더라도 이미 교차로에 진입하고 있는 다른 차량이 있다거나 다른 차량이 그 진행방향의 신호가 진행신호에서 정지신호로 바뀐 직후에 교차로를 진입하여 계속 진행하고 있는 것을 발견하였다거나 또는 그 밖에 신호를 위반하여 교차로를 진입할 것이 예상되는 특별한 경우라면 그러한 차량의 동태를 두루 살피면서 서행하는 등으로 사고를 방지할 태세를 갖추고 운전

하여야 할 주의의무는 있다 할 것이지만, 그와 같은 주의의무는 어디까지나 신호가 바뀌기 전이나 그 직후에 교차로에 진입하여 진행하고 있는 차량에 대한 관계에서 인정되는 것이고, 신호가 바뀐 후 다른 차량이 신호를 위반하여 교차로에 새로 진입하여 진행하여 올 경우까지를 예상하여 그에 따른 사고발생을 방지하기 위한 조치까지 강구할 주의의무는 없는 것이다. 그리고 이러한 법리는 교차로에서 자신의 진행방향에 대한 별도의 진행신호가 없다고 하여도, 다른 차량들의 진행방향이 정지신호일 경우를 이용하여 교통법규에 위배되지 않게 진행하는 경우도 마찬가지라고 할 것이다(대법원 2002. 9. 6. 선고 2002다38767 판결 등 참조).

신호기에 의하여 교통정리가 행하여지고 있는 교차로의 전방에 노면표지로서 유턴을 허용하는 안전표지가 설치되어 있으나, 전방의 교차로에 설치된 신호기에는 좌회전신호 시 또는 보행신호 시 유턴하라는 등의 별도 표지가 부착되어 있지 아니한 경우 이와 같은 유턴 허용구역에서 유턴하려 하는 차량의 운전자는 구 도로교통법 제16조 제1항의 규정에 따른 통행방법에 따라 보행자나 다른 차마의 정상적인 통행을 방해할 염려가 없을 때에는 유턴할 수 있다고 할 것이고, 반드시 전방의 신호기가 좌회전신호로 바뀐 후에야 유턴하여야 하는 것은 아니라 할 것이며, 따라서 이와 같은 교차로에 설치된 신호기의 신호가 적색등화로 바뀐 다음 유턴 허용구역에서 다른 차마의 정상적인 통행을 방해할 염려가 없음을 확인하고 유턴하는 운전자로서는 특별한 사정이 없는 한 다른 차량들도 교통법규를 준수하고 충돌을 피하기 위하여 적절한 조치를 취할 것으로 믿고 운전하면 충분하고, 맞은편 반대차선에서 정지신호를 위반하고 교차로를 통과하여 직진하여 오거나 자신의 차량을 들이받을 경우까지 예상하여 그에 따른 사고발생을 미리 방지할 특별한 조치까지 강구할 주의의무는 없다고 할 것이다(대법원 2005. 6. 10. 선고 2004다29934 판결 등 참조).

나. 구체적 판단

1) 이 법원이 적법하게 채택하여 조사한 증거에 의하면 다음과 같은 사실이 인정된다.

① 이 사건 교통사고가 발생한 지점은 아래 실황조사서 사고현장약도와 같다(증거기록 9면).

② 이 사건 교통사고 장면을 촬영한 CCTV 영상에 의하면, 황성지하도 방면(피해자가 운전한 오토바이가 진행한 방향)의 교통신호가 황색신호 및 적색신호로 순차로 바뀌는 장면(CCTV 영상 파일 00:05경 구간), 위 교통신호가 적색신호로 바뀐 지 약 1초 후에 피해자가 운전한 오토바이가 영상에 나타난 장면(CCTV 영상 파일 00:06경 구간), 피해자 오토바이가 시청삼거리 교차로를 지나 2차로로

계속 직진 주행하여 피고인 차량의 전방 맞은편 반대차로 횡단보도 부근에 진입하고, 그 무렵 정차 중인 피고인 차량이유턴을 시작하는 장면(CCTV 영상 00:07경 구간), 피고인 차량이유턴을 진행하여 차량 앞부분과 중앙부분이 1차로에 걸쳐 있고 뒷부분(우측 뒷바퀴 부위)은 아직 황색점선의 중앙선에 걸쳐 있는 장면(CCTV 영상 00:08 구간), 피고인 차량이 계속 유턴을 진행하여 차량 앞부분이 2차로에 진입한 이후 피해자 오토바이가 제동을 시도하면서 오토바이 후면 브레이크등이 최초로 점등된 장면(CCTV 영상 00:09경 구간), 피고인 차량이 계속 유턴을 진행하여 차량 앞부분이 3차로에, 중앙부분이 2차로에, 뒷부분이 1차로에 각 걸쳐있고, 피해자 오토바이가 2차로에서 오토바이 앞부분으로 피고인 차량의 우측 중앙부분(조수석 문짝 부위)을 들이받은 이 사건 교통사고 장면(CCTV 영상 00:10경 구간)이 각 확인된다.

③ 도로교통공단 경상북도지부의 교통사고 분석서(증거목록 순번 16)에 의하면, 피해자 오토바이가 속도분석구간(위에서 본 실황조사서 사고현장약도에서 '약 31m'로 표시한 구간과 동일하다)을 이동하는 데 소요된 시간은 약 1.8초로, 이 사건 교통사고 발생 직전의 평균주행속도는 약 61~63km/h로 추정된다는 것이다.

2) 앞서 본 증거들에 의하여 인정되는 다음과 같은 사정들을 위에서 본 법리 및 인정사실에 비추어 살펴보면, 검사가 제출한 증거들만으로는 피고인이 업무상 주의의무를 위반하였다는 점이나 피고인의 행위와 이 사건 교통사고의 발생 사이에 상당인과관계가 있다는 점을 인정하기에 부족하고, 달리 이를 인정할 증거가 없다.

① 피고인은 교차로에서 유턴하기 위해 차량을 1차로 상시유턴구역에 정차한 후 좌측 방향지시등을 켜고 대기하였고, 평소 운전습관에 따라 전방의 신호기가 좌회전신호로 바뀌는 것을 기다려 유턴을 시도한 것으로 보인다. 수사기관이 작성한 교통사고 발생상황 보고 및 실황조사서에도 피고인의 차량이 직진 및 좌회전신호를 받고 유턴하던 중이었다고 기재되었다(증거기록 5, 9면).

② CCTV 영상에 의하면, 황성지하도 방면(피해자가 운전한 오토바이가 진행한 방향)의 교통신호가 적색신호로 바뀌었을 때 피고인의 시선을 기준으로 9시 방향에서 우회전을 시도하거나, 12시 방향에서 직진을 시도하여 교차로 또는 피고인이유턴하려는 반대차선에 진입하려 하는 차량 등을 발견할 수 없다.

③ 증거기록상 이 사건 교통사고가 발생한 시청삼거리 교차로의 신호체계가 명확하지 않으나, 이 법정에 증인으로 출석한 피고인의 남편 공소외 2의 진술 및 피고인이 증거로 제출한 피해자 측 도로영상에 의하면 황성지하도 방면 교통신호가 적색신호로 변경되는 것과 동시에 또는 매우 가까운 시점에 피고인 차량 전방의 교통신호가 좌회전신호로 변경되는 것으로 보이고, 그렇다면 피고인 차량은 전방 교통신호가 좌회전신호로 변경되고도 일정 시간이 지난 후에 유턴을 시도한 것으로 볼 수 있다. 그리고 피고인이 급하게 유턴을 시도하거나 차선을 변경하

는 등 위험한 방법으로 운전을 한 정황이 발견되지 않고, 오히려 피고인의 차량 운행방식이나 유턴 진행속도 등에 비추어 보면 교통사고를 회피하기 위한 방어운전의 형태로 보이며, 달리 피고인에게 사고의 원인이 될 만한 도로교통법상 주의의무 위반이 있었다고 볼 만한 증거도 없다.

④ 피해자가 운전하는 오토바이는 전방의 교통신호가 적색 정지신호임에도 이를 위반하여 정지선 및 교차로를 통과하였을 뿐만 아니라 피고인 차량의 맞은편 반대차선 노면에 표시된 제한속도(50km/h)를 초과하여 평균주행속도 약 61~63km/h의 빠른 속도로 진행하였는데, 60km/h로 진행할 경우 1초당 이동거리가 약 17m에 달하는 점을 고려하면 피해자 오토바이가 교통신호를 위반해 정지선 및 교차로를 통과하여 이 사건 교통사고 발생 지점에 도달하기까지는 불과 몇 초가 걸리지 않았을 것으로 보인다.

⑤ 상시유턴구역에서는 반대 방면에서 마주 진행하여 오는 다른 차량에 방해가 되지 않는다면 전방의 신호기의 신호와 관계없이 언제나 유턴이 가능함에도 피고인은 전방 교통신호가 좌회전신호로 바뀌는 것을 확인한 다음 유턴을 시작하였고, 이러한 피고인의 행동은 맞은편 반대차선의 교통신호가 정지신호일 경우를 이용하여 보다 안전하게 유턴을 진행하기 위한 것으로 볼 여지가 크다. 그리고 앞서 본 피고인 차량의 반대차선 교통신호가 적색신호로 바뀌었을 때 교통상황에 비추어 보면, 당시 피고인의 입장에서 교차로 및 피고인이유턴하려는 반대차로에 차량 등이 진입할 것이라고 예상할 만한 정황도 없었던 것으로 보인다.

⑥ 피고인은 이 사건 교통사고가 발생한 시점까지 피해자 오토바이가 접근하는 것을 발견하지 못한 것으로 보이나, 야간 상태에서 유턴을 위해 피고인 차량을 크게 좌조향하면서 운전자인 피고인의 시야가 제한되었던 점이나, 아래에서 보는 바와 같이 피해자의 오토바이가 지정차로를 준수하지 않고 2차로를 따라 진행하였고 당시 피고인 차량 전방에 좌회전을 위해 정차 중인 차량이 1대 있었기 때문에 피고인이유턴을 진행하면서 반대차선 2차로에서 빠른 속도로 접근하는 피해자의 오토바이를 발견하기 어려울 것으로 보이는 점 등을 감안하면, 위와 같은 사정만으로는 피고인이 반대차로의 차량 통행을 확인하기 위한 주의의무를 게을리한 채 만연히 유턴한 것으로 보기는 어렵다. 또한 피해자가 피고인의 차량을 발견하여 제동을 시도할 무렵에 피고인 역시 피해자 오토바이를 발견하였다고 가정하더라도, 당시 피해자 오토바이의 진행방향 및 속도와 피고인 차량이 반대차로의 직각 방향으로 2차로에 걸쳐있었던 점을 고려하면 그와 같은 상황에서 피고인이 피해자 오토바이와의 충돌을 방지하거나 회피하기는 어려웠을 것으로 보인다.

⑦ 한편 도로교통법 시행규칙 제16조 제1항 [별표 9]에 의하면, 고속도로 외의 도로에서 원동기장치자전거는 오른쪽 차로로 통행하여야 하므로 이 사건의 경우

피해자가 운전하는 오토바이는 3차로 또는 4차로로 통행하였어야 하고, 최소한 2차로로 통행하여서는 아니 된다. 그런데 피해자 오토바이는 2차로를 따라 진행하여 지정차로 기준을 준수하지 아니하였다.

⑧ 앞서 본 여러 사정들에 비추어 보면, 이 사건 교통사고는 피해자의 신호위반, 제한속도를 초과한 운행, 전방주시의무위반, 지정차로 미준수 등의 과실로 인하여 발생한 것으로 볼 여지가 크고, 피고인에게 맞은편 반대차선에 정지신호를 위반하고 교차로를 통과한 차량이 접근하는 등 타인이 교통법규를 위반하는 경우까지 예상하여 그에 따른 사고발생을 미리 방지할 특별한 조치까지 강구할 주의의무는 없다고 할 것이다.

⑨ 사법의 민주적 정당성과 신뢰를 높이기 위하여 국민이 형사재판에 참여하도록 하고 있는 국민참여재판의 취지를 고려하면, 비록 배심원들의 평결 결과에 법원이 법률적으로 기속되지는 않는다 하더라도 국민의 의견을 대표하는 배심원들의 평결 결과를 존중하여야 한다. 국민참여재판으로 진행된 이 사건에서 배심원 전원이 피고인에 대하여 무죄 의견을 밝혔고, 국민참여재판 제도의 입법 취지 등을 고려할 때 이러한 배심원들의 의견은 최대한 존중함이 타당하다.

5. 결론

그렇다면 이 사건 공소사실은 범죄사실의 증명이 없는 때에 해당하므로 형사소송법 제325조 후단에 따라 피고인에 대하여 무죄를 선고하고, 형법 제58조 제2항 본문에 의하여 이 판결의 요지를 공시하기로 하며, 이 사건을 피고인의 희망에 따라 국민의 형사재판 참여에 관한 법률에서 정한 국민참여재판을 거쳐 주문과 같이 판결한다.

판례2 ｜ 오토바이를 타고 보행자 신호에 따라 횡단보도를 건너가던 원고의 오토바이 좌측 부분을 버스의 앞부분으로 충격한 사고[대법원 2021. 4. 8. 선고 2020다255078 판결]

【원심판결】

서울중앙지법 2020. 7. 16. 선고 2019나27887 판결

【주문】

상고를 기각한다. 상고비용은 보조참가로 인한 부분을 포함하여 피고가 부담한다.

【이유】

상고이유를 판단한다.

1. 사안 개요

소외 2는 2015. 3. 25. 이 사건 버스를 운전하던 중 차량진행신호가 정지신호로 바

꿰었는데도 그대로 진행한 잘못으로 버스 진행방향 우측에서 좌측으로 오토바이를 타고 보행자 신호에 따라 횡단보도를 건너가던 원고의 오토바이 좌측 부분을 버스의 앞부분으로 충격하였다(이하 '이 사건 사고'라고 한다). 원고는 위 사고로 외상성 뇌출혈 등의 상해를 입었다. 피고는 위 버스에 관하여 공제계약을 체결한 공제사업자이다.

2. 과실비율(상고이유 제1점)

불법행위에서 과실상계는 공평이나 신의칙의 견지에서 피해자의 과실을 고려하여 손해배상액을 정하는 것으로, 이때 고려할 사항에는 가해자와 피해자의 고의·과실의 정도, 그것이 위법행위의 발생과 손해의 확대에 어느 정도의 원인이 되어 있는지 등을 포함한다. 과실상계 사유에 관한 사실인정이나 그 비율을 정하는 것은 형평의 원칙에 비추어 현저히 불합리하다고 인정되지 않는 한 사실심의 전권사항에 속한다(대법원 2000. 6. 9. 선고 98다54397 판결 등 참조).

원심은, 원고가 이 사건 사고 당시 오토바이를 타고 횡단보도를 건너간 사정 등 이 사건 사고의 여러 경위 등을 고려하여 원고의 과실비율을 10%로 판단하였다. 원심판결 이유를 위에서 본 법리에 비추어 살펴보면, 원심판결에 상고이유 주장과 같이 필요한 심리를 다하지 않은 채 논리와 경험의 법칙에 반하여 자유심증주의의 한계를 벗어나거나 과실상계에 관한 법리를 오해하는 등의 잘못이 없다.

> **판례3 |** 횡단보행자용 신호기가 설치되지 않은 횡단보도를 횡단하는 보행자가 있을 경우, 자동차 운전자의 보행자에 대한 주의의무[대법원 2020. 12. 24. 선고 2020도 8675 판결]

【판결요지】

[1] 횡단보행자용 신호기가 설치되지 않은 횡단보도를 횡단하는 보행자가 있을 경우에, 모든 차 또는 노면전차(이하 구별하지 않고 '차'라고만 한다)의 운전자는, 그대로 진행하더라도 보행자의 횡단을 방해하지 않거나 통행에 위험을 초래하지 않을 경우를 제외하고는, 횡단보도에 차가 먼저 진입하였는지 여부와 관계없이 차를 일시정지하는 등의 조치를 취함으로써 보행자의 통행이 방해되지 않도록 할 의무가 있다. 만일 이를 위반하여 형법 제268조의 죄를 범한 때에는 교통사고처리 특례법 제3조 제2항 단서 제6호의 '횡단보도에서의 보행자 보호의무를 위반하여 운전한 경우'에 해당하여 보험 또는 공제 가입 여부나 처벌에 관한 피해자의 의사를 묻지 않고 같은 법 제3조 제1항에 의한 처벌의 대상이 된다고 보아야 한다.

[2] 도로교통법 제27조 제1항은 "모든 차 또는 노면전차(이하 구별하지 않고 '차'라고만 한다)의 운전자는 보행자(제13조의2 제6항에 따라 자전거에서 내려서 자전거를 끌고

통행하는 자전거 운전자를 포함한다)가 횡단보도를 통행하고 있을 때에는 보행자의 횡단을 방해하거나 위험을 주지 아니하도록 그 횡단보도 앞(정지선이 설치되어 있는 곳에서는 그 정지선을 말한다)에서 일시정지하여야 한다."라고 규정하고 있다. 그 입법 취지는 차를 운전하여 횡단보도를 지나는 운전자의 보행자에 대한 주의의무를 강화하여 횡단보도를 통행하는 보행자의 생명·신체의 안전을 두텁게 보호하려는 데에 있다. 교통사고처리 특례법 제3조 제2항 단서 제6호, 제4조 제1항 단서 제1호가 '도로교통법 제27조 제1항에 따른 횡단보도에서의 보행자 보호의무를 위반하여 운전한 경우'에는 교통사고처리 특례법 제3조 제2항 본문, 제4조 제1항 본문의 각 규정에 의한 처벌의 특례가 적용되지 않도록 규정한 취지도 마찬가지로 해석된다.

위 각 규정의 내용과 취지를 종합하면, 자동차의 운전자는 횡단보행자용 신호기의 지시에 따라 횡단보도를 횡단하는 보행자가 있을 때에는 횡단보도에의 진입 선후를 불문하고 일시정지하는 등의 조치를 취함으로써 보행자의 통행이 방해되지 않도록 하여야 하고, 다만 자동차가 횡단보도에 먼저 진입한 경우로서 그대로 진행하더라도 보행자의 횡단을 방해하지 않거나 통행에 위험을 초래하지 않을 상황이라면 그대로 진행할 수 있는 것으로 해석된다. 이러한 법리는 그 보호의 정도를 달리 볼 이유가 없는 횡단보행자용 신호기가 설치되지 않은 횡단보도를 횡단하는 보행자에 대하여도 마찬가지로 적용된다고 보아야 한다. 따라서 모든 차의 운전자는 보행자보다 먼저 횡단보행자용 신호기가 설치되지 않은 횡단보도에 진입한 경우에도, 보행자의 횡단을 방해하지 않거나 통행에 위험을 초래하지 않을 상황이 아니고서는, 차를 일시정지하는 등으로 보행자의 통행이 방해되지 않도록 할 의무가 있다.

【원심판결】

서울동부지법 2020. 6. 11. 선고 2019노1470 판결

【주문】

상고를 기각한다.

【이유】

상고이유를 판단한다.

1.가. 횡단보행자용 신호기가 설치되지 않은 횡단보도를 횡단하는 보행자가 있을 경우에, 모든 차 또는 노면전차(이하 구별하지 않고 '차'라고만 한다)의 운전자는, 그대로 진행하더라도 보행자의 횡단을 방해하지 않거나 통행에 위험을 초래하지 않을 경우를 제외하고는, 횡단보도에 차가 먼저 진입하였는지 여부와 관계없이 차를 일시정지하는 등의 조치를 취함으로써 보행자의 통행이 방해되지 않도록 할 의무가 있다. 만일 이를 위반하여 형법 제268조의 죄를 범한 때에는 「교통사고처리 특례법」

제3조 제2항 단서 제6호의 '횡단보도에서의 보행자 보호의무를 위반하여 운전한 경우'에 해당하여 보험 또는 공제 가입 여부나 처벌에 관한 피해자의 의사를 묻지 않고 같은 법 제3조 제1항에 의한 처벌의 대상이 된다고 보아야 한다.

나. 도로교통법 제27조 제1항은 "모든 차 또는 노면전차의 운전자는 보행자(제13조의 2 제6항에 따라 자전거에서 내려서 자전거를 끌고 통행하는 자전거 운전자를 포함한다)가 횡단보도를 통행하고 있을 때에는 보행자의 횡단을 방해하거나 위험을 주지 아니하도록 그 횡단보도 앞(정지선이 설치되어 있는 곳에서는 그 정지선을 말한다)에서 일시정지하여야 한다."라고 규정하고 있다. 그 입법 취지는 차를 운전하여 횡단보도를 지나는 운전자의 보행자에 대한 주의의무를 강화하여 횡단보도를 통행하는 보행자의 생명·신체의 안전을 두텁게 보호하려는 데에 있다(대법원 2009. 5. 14. 선고 2007도9598 판결 참조). 「교통사고처리 특례법」제3조 제2항 단서 제6호, 제4조 제1항 단서 제1호가 '도로교통법 제27조 제1항에 따른 횡단보도에서의 보행자 보호의무를 위반하여 운전한 경우'에는 「교통사고처리 특례법」제3조 제2항 본문, 제4조 제1항 본문의 각 규정에 의한 처벌의 특례가 적용되지 않도록 규정한 취지도 마찬가지로 해석된다.

위 각 규정의 내용과 취지를 종합하면, 자동차의 운전자는 횡단보행자용 신호기의 지시에 따라 횡단보도를 횡단하는 보행자가 있을 때에는 횡단보도에의 진입 선후를 불문하고 일시정지하는 등의 조치를 취함으로써 보행자의 통행이 방해되지 않도록 하여야 하고, 다만 자동차가 횡단보도에 먼저 진입한 경우로서 그대로 진행하더라도 보행자의 횡단을 방해하지 않거나 통행에 위험을 초래하지 않을 상황이라면 그대로 진행할 수 있는 것으로 해석된다(대법원 2017. 3. 15. 선고 2016도17442 판결 참조). 이러한 법리는 그 보호의 정도를 달리 볼 이유가 없는 횡단보행자용 신호기가 설치되지 않은 횡단보도를 횡단하는 보행자에 대하여도 마찬가지로 적용된다고 보아야 한다. 따라서 모든 차의 운전자는 보행자보다 먼저 횡단보행자용 신호기가 설치되지 않은 횡단보도에 진입한 경우에도, 보행자의 횡단을 방해하지 않거나 통행에 위험을 초래하지 않을 상황이 아니고서는, 차를 일시정지하는 등으로 보행자의 통행이 방해되지 않도록 할 의무가 있다.

2. 원심은, 피고인이 운전하는 자동차가 이 사건 사고 장소인 횡단보도에 진입한 순간 피고인 자동차 진행 방향 좌측에 주차되어 있던 차량의 뒤쪽에서 피해자가 뛰어서 피고인 자동차 진행 방향 좌측에서 우측으로 횡단보도를 건너기 시작한 사실, 피해자가 횡단보도의 중간에 다다르기 직전에 피고인 자동차의 앞 범퍼 부분과 충돌한 사실을 인정한 다음, 이 사건 사고 장소는 횡단보행자용 신호기가 설치되지 않아 언제든지 보행자가 횡단할 수 있는 곳이고, 당시 도로 양쪽으로 주차된 차량으로 인해 횡단보도 진

입부에 보행자가 있는지 여부를 확인할 수 없는 상황이었으므로, 피고인으로서는 자동차를 일시정지하여 횡단보도를 통행하는 보행자가 없는 것을 확인하거나 발견 즉시 정차할 수 있도록 자동차의 속도를 더욱 줄여 진행하였어야 하고, 그럼에도 피고인이 이를 게을리한 것은 도로교통법 제27조 제1항에서 정한 '횡단보도에서의 보행자 보호의무'를 위반한 것이라고 판단하였다. 이러한 판단에 따라 원심은, 피고인이 '횡단보도에서의 보행자 보호의무'를 위반하지 않았다고 보아 공소기각 판결을 선고한 제1심판결을 파기하고 사건을 제1심법원에 환송하였다.

3. 적법하게 채택한 증거에 비추어 살펴보면, 원심의 위와 같은 판단과 조치는 앞서 본 법리에 따른 것으로서 정당하다. 거기에 상고이유 주장과 같이 도로교통법 제27조 제1항의 해석·적용에 관한 법리를 오해하거나 논리와 경험의 법칙을 위반하여 자유심증주의의 한계를 벗어난 잘못이 없다.

4. 그러므로 상고를 기각하기로 하여, 관여 대법관의 일치된 의견으로 주문과 같이 판결한다.

판례4 | 평소처럼 대중교통을 이용하여 귀가하던 중 횡단보도를 건너다 차량에 부딪쳐 사망한 사고[대법원 2020. 3. 26. 선고 2018두35391 판결]

【판결요지】

갑 건설회사가 진행하는 아파트 신축공사의 안전관리팀 팀장인 을이 갑 회사가 개최한 목업(Mock-up) 품평회에 참석하여 2차 회식까지 마친 후 평소처럼 대중교통을 이용하여 귀가하던 중 횡단보도를 건너다 차량에 부딪쳐 사망한 사안에서, 제반 사정에 비추어 을은 사업주인 갑 회사의 중요한 행사로서 자신이 안전관리 업무를 총괄한 품평회를 마치고 같은 날 사업주가 마련한 회식에서 술을 마시고 퇴근하던 중 위 사고가 발생하였으므로, 위 사고는 사업주의 지배·관리를 받는 상태에서 발생한 업무상 재해로 볼 여지가 있는데도, 이와 달리 본 원심판단에 법리오해의 잘못이 있다고 한 사례.

【원심판결】

서울고법 2018. 1. 10. 선고 2017누42004 판결

【주문】

원심판결을 파기하고, 사건을 서울고등법원에 환송한다.

【이유】

상고이유를 판단한다.

1. 근로자가 회사 밖의 행사나 모임에 참가하던 중 재해를 입은 경우에 그 행사나 모임

의 주최자, 목적, 내용, 참가인원과 그 강제성 여부, 운영방법, 비용부담 등의 사정에 비추어, 사회통념상 그 행사나 모임의 전반적인 과정이 사용자의 지배나 관리를 받는 상태에 있고 또한 근로자가 그와 같은 행사나 모임의 순리적인 경로를 벗어나지 않은 상태에 있다고 인정되는 경우 산업재해보상보험법에서 정한 업무상 재해에 해당한다고 볼 수 있다(대법원 2007. 11. 15. 선고 2007두6717 판결 등 참조).

사업주의 지배나 관리를 받는 상태에 있는 회식 과정에서 근로자가 주량을 초과하여 음주를 한 것이 주된 원인이 되어 부상·질병·신체장해 또는 사망 등의 재해를 입은 경우 이러한 재해는 상당인과관계가 인정되는 한 업무상 재해로 볼 수 있다(대법원 2008. 10. 9. 선고 2008두9812 판결, 대법원 2015. 11. 12. 선고 2013두25276 판결 등 참조). 이때 상당인과관계는 사업주가 과음행위를 만류하거나 제지하였는데도 근로자 스스로 독자적이고 자발적으로 과음을 한 것인지, 업무와 관련된 회식 과정에서 통상적으로 따르는 위험의 범위 내에서 재해가 발생하였다고 볼 수 있는지 아니면 과음으로 인한 심신장애와 무관한 다른 비정상적인 경로를 거쳐 재해가 발생하였는지 등 여러 사정을 고려하여 판단하여야 한다(위 대법원 2013두25276 판결, 대법원 2017. 5. 30. 선고 2016두54589 판결 등 참조).

2. 원심판결 이유와 원심이 적법하게 채택한 증거에 따르면, 다음과 같은 사정을 알 수 있다.

가. 주식회사 호반건설(이하 '호반건설'이라 한다)은 (아파트 명칭 생략) 아파트 신축공사(이하 '이 사건 공사'라 한다)를 진행하던 중 2016. 4. 14. 이 사건 품평회를 개최하였다. 이것은 이 사건 공사를 일부 완료한 상태에서 한 세대를 정하여 인테리어 공사를 포함한 마무리 공사까지 마치고 본사의 건설부문 대표, 기술부문장, 유관부서 실장과 팀장 등과 관계자를 불러서 완성된 모습을 시연하는 행사로, 완성될 건물의 안정성과 완성도를 미리 예측하고 향후 공사의 진행 방향과 전략을 정하는 중요한 행사였다.

나. 원고의 남편인 소외 1은 이 사건 공사의 안전관리팀 팀장으로서 이 사건 품평회의 총괄적인 안전관리계획을 수립하고 이행 여부를 관리하였으며 2016. 3.과 같은 해 4. 내내 계속하여 이 사건 품평회를 준비하였다.

다. 이 사건 품평회는 이 사건 사고 당일 오전 8시경부터 오후 1시경까지 진행되었고, 같은 날 개최된 호반건설의 상반기 문화행사는 오후 6시 30분경부터 7시 30분경까지 볼링장에서 진행되었다. 바로 이어진 이 사건 1차 회식은 오후 7시 30분경부터 9시경까지 식당에서, 이 사건 2차 회식은 오후 9시 20분경부터 10시 50분경까지 유흥주점인 노래방에서 진행되었다.

라. 이 사건 1차 회식에는 이 사건 공사의 현장직원 23명 전원이 참석했고, 이 사건 2차 회식에는 이 사건 공사를 총괄하고 있는 공사부장 소외 2, 공사과장 소외 3과

이 사건 품평회의 안전관리 업무를 담당한 소외 1 등 안전관리팀 5명을 포함하여 총 9명이 참석하였다. 소외 1은 이 사건 1차 회식과 이 사건 2차 회식에서 술을 마셨고, 이 사건 1차, 2차 회식 비용은 모두 호반건설의 법인카드로 결제하였다.

마. 소외 1은 평소 자신의 차량이나 대중교통을 이용하여 출퇴근을 하였고, 호반건설은 이 사건 품평회 등 회사 전체적인 행사가 있는 경우 대중교통을 이용하여 이동하도록 권고하였다. 소외 1이 대중교통을 이용하는 경우 통상적으로 ○○선 △△역에서 전철을 타고 □□□□역에서 내린 후 버스정류장까지 도보로 약 5분간 걸어가 ◇◇◇번 버스를 이용하여 귀가하였다. 소외 1은 이 사건 2차 회식을 마친 후 평소처럼 대중교통을 이용하여 집으로 향했다. ○○선 △△역에서 전철을 타고 23:35경 □□□□역에서 내린 다음, ◇◇◇번 버스정류장으로 이동하던 중 왕복 11차선 도로의 횡단보도를 건너다 차량에 부딪치는 이 사건 사고가 발생하였다.

3. 이러한 사정을 위에서 본 법리에 비추어 살펴보면, 소외 1은 사업주인 호반건설의 중요한 행사로서 자신이 안전관리 업무를 총괄한 이 사건 품평회를 마치고 같은 날 사업주가 마련한 회식에서 술을 마시고 퇴근하던 중 이 사건 사고가 발생하였으므로, 이 사건 사고는 사업주의 지배·관리를 받는 상태에서 발생한 업무상 재해로 볼 여지가 있다.

그런데도 원심은 이 사건 사고를 업무상 재해로 인정하기 어렵다고 판단하였다. 원심 판단에는 업무상 재해에 관한 법리를 오해하여 판결에 영향을 미친 잘못이 있다. 이를 지적하는 상고이유 주장은 정당하다.

4. 그러므로 원심판결을 파기하고, 사건을 다시 심리·판단하도록 원심법원에 환송하기로 하여, 대법관의 일치된 의견으로 주문과 같이 판결한다.

판례5 | 교차로 진입 전 정지선과 횡단보도가 설치되어 있지 않았더라도 피고인이 황색 등화를 보고서도 교차로 직전에 정지하지 않았다면 신호를 위반한 것이라고 한 사례[대법원 2018. 12. 27. 선고 2018도14262 판결]

【판결요지】

[1] 도로교통법 시행규칙 제6조 제2항 [별표 2]는 '황색의 등화'의 뜻을 '1. 차마는 정지선이 있거나 횡단보도가 있을 때에는 그 직전이나 교차로의 직전에 정지하여야 하며, 이미 교차로에 차마의 일부라도 진입한 경우에는 신속히 교차로 밖으로 진행하여야 한다'라고 규정하고 있다. 위 규정에 의하면 차량이 교차로에 진입하기 전에 황색의 등화로 바뀐 경우에는 차량은 정지선이나 '교차로의 직전'에 정지하여야 하며, 차량의 운전자가 정지할 것인지 또는 진행할 것인지 여부를 선택할 수 없다.

[2] 자동차 운전자인 피고인이 정지선과 횡단보도가 없는 사거리 교차로의 신호등이 황색 등화로 바뀐 상태에서 교차로에 진입하였다가 갑이 운전하는 견인차량을 들이받은 과실로 갑에게 상해를 입게 함과 동시에 갑의 차량을 손괴하였다고 하여 교통사고처리 특례법 위반(치상) 및 도로교통법 위반으로 기소된 사안에서, 피고인이 교차로를 직진 주행하여 교차로에 진입했다가 피고인 진행방향 오른쪽에서 왼쪽으로 주행하던 갑의 견인차량을 들이받은 점, 피고인은 당시 그곳 전방에 있는 교차로 신호가 황색으로 바뀌었음을 인식하였음에도 정지하지 않은 채 교차로 내에 진입한 점, 당시 교차로의 도로 정비 작업이 마무리되지 않아 정지선과 횡단보도가 설치되지 않았던 점 등을 종합하면, 교차로 진입 전 정지선과 횡단보도가 설치되어 있지 않았더라도 피고인이 황색 등화를 보고서도 교차로 직전에 정지하지 않았다면 신호를 위반한 것이라는 이유로, 이와 달리 보아 공소사실을 모두 무죄로 판단한 원심판결에 도로교통법 시행규칙 제6조 제2항 [별표 2]의 '황색의 등화'에 관한 법리를 오해한 잘못이 있다고 한 사례.

【원심판결】

수원지법 2018. 8. 22. 선고 2018노1935 판결

【주문】

원심판결을 파기하고, 사건을 수원지방법원 본원 합의부에 환송한다.

【이유】

상고이유를 판단한다.

1. 도로교통법 시행규칙 제6조 제2항 [별표 2]는 "황색의 등화"의 뜻을 '1. 차마는 정지선이 있거나 횡단보도가 있을 때에는 그 직전이나 교차로의 직전에 정지하여야 하며, 이미 교차로에 차마의 일부라도 진입한 경우에는 신속히 교차로 밖으로 진행하여야 한다'라고 규정하고 있다. 위 규정에 의하면 차량이 교차로에 진입하기 전에 황색의 등화로 바뀐 경우에는 차량은 정지선이나 '교차로의 직전'에 정지하여야 하며, 차량의 운전자가 정지할 것인지 또는 진행할 것인지 여부를 선택할 수 없다(대법원 2006. 7. 27. 선고 2006도3657 판결 등 참조).

2. 원심은 도로교통법 시행규칙 제6조 제2항 [별표 2]에서 정하는 '황색의 등화'를 정지선이나 횡단보도가 없을 때에는 교차로의 직전에 정지하여야 한다는 의미로 해석할 수 없다고 보아 이 사건 공소사실을 모두 무죄로 판단한 제1심판결을 그대로 유지하였다. 적색의 등화 신호에 '차마는 정지선, 횡단보도 및 교차로의 직전'에서 정지하여야 한다고 병렬적으로 규정하여 황색의 등화에 대한 규정 내용과 달리 교차로 직전에 정지하여야 함을 명시적으로 표시하고 있고, 황색의 등화에 이미 교차로에 차마의 일

부라도 진입한 경우에는 신속히 교차로 밖으로 진행하여야 한다고 규정하여 황색의 등화 신호에서 교차로 통행을 전면 금지하고 있지 않다는 등의 이유를 들었다.

적법하게 채택한 증거에 의하면, 피고인은 2016. 12. 11. 09:50경 (차량번호 생략) 렉스턴 승용차량을 운전하여 화성시 남양읍 남양리 우림필유 아파트 앞 사거리 교차로를 엘에이치(LH)9단지 아파트 쪽에서 남양읍 시내 쪽으로 미상의 속도로 직진 주행하여 위 교차로에 진입했다가 피고인 진행방향 오른쪽에서 왼쪽으로 주행하던 견인차량을 들이받은 사실, 피고인은 당시 그곳 전방에 있는 위 교차로 신호가 황색으로 바뀌었음을 인식하였음에도 정지하지 않은 채 교차로 내에 진입한 사실, 당시 위 교차로의 도로 정비 작업이 마무리되지 않아 정지선과 횡단보도가 설치되어 있지 않았던 사실을 알 수 있다.

이러한 사정을 앞에서 본 법리에 비추어 살펴보면, 교차로 진입 전 정지선과 횡단보도가 설치되어 있지 않았다 하더라도 피고인이 황색의 등화를 보고서도 교차로 직전에 정지하지 않았다면 신호를 위반하였다고 봄이 타당하다. 그런데도 원심은 판시와 같은 이유만으로 피고인이 신호를 위반하지 않았다고 판단하고 말았다. 이러한 원심판단에는 도로교통법 시행규칙 제6조 제2항 [별표 2]의 '황색의 등화'에 관한 법리를 오해하여 판결에 영향을 미친 잘못이 있다. 이 점을 지적하는 상고이유 주장은 정당하다.

3. 그러므로 원심판결을 파기하고 사건을 다시 심리·판단하게 하기 위하여 원심법원에 환송하기로 하여, 관여 대법관의 일치된 의견으로 주문과 같이 판결한다.

> **판례6 |** 차량 보조 신호등이 적색등인 경우 차량에 대하여 횡단보도 직전에 정지할 것과 우회전의 금지를 지시하는 것으로 보아야 하는데도, 차량 보조 신호등이 원형 등화라는 이유만으로 우회전이 금지되는 것으로 볼 수 없다고 본 원심판단에 법리오해의 위법이 있다고 한 사례*[대법원 2017. 5. 11. 선고 2017도2730 판결]*

【원심판결】

대구지법 2017. 1. 26. 선고 2016노2419 판결

【주문】

원심판결을 파기하고, 사건을 대구지방법원 본원 합의부에 환송한다.

【이유】

상고이유를 판단한다.

1. 이 사건 공소사실의 요지는, 피고인은 2015. 7. 28. 17:33경 부산 서구 동래구 소재 내성교차로를 교대 방면에서 동래경찰서 방면으로 우회전하였는데, 그 교차로는 차량

보조 신호등(이하 '이 사건 차량 보조 신호등'이라 한다)이 설치된 교차로이므로 운전자로서는 신호에 따라 운전하여야 함에도 피고인은 신호를 위반하여 우회전하여 진행하였다는 것이다.

이에 대하여 원심은, ① 이 사건 차량 보조 신호등은 원형 등화일 뿐 화살표 등화가 아닌 이상, 적색 등화인 상태에서 우회전하였다는 사정만으로 신호위반을 하였다고 볼 수는 없고, ② 이 사건과 같이 교차로와 횡단보도가 연접하여 설치되어 있는 경우, 차량용 신호기가 차량에 대하여 교차로 직전의 횡단보도에 대한 통행까지도 지시하는 것으로 보아야 할 법적 근거가 없으므로, 피고인이 우회전할 당시 교차로에 설치된 차량용 신호기가 적색 등화였고, 횡단보도 보행신호등이 녹색등이었다고 하더라도 신호를 위반한 것으로 볼 수 없다고 보아 이 사건 공소사실에 대하여 무죄라고 판단하였다.

2. 그러나 원심의 위와 같은 판단은 다음과 같은 점에 비추어 수긍하기 어렵다.

원심은 이 사건 차량 보조 신호등은 원형 등화일 뿐이므로, 우회전을 금지하기 위해서는 화살표 등화를 사용하였어야 한다고 보았다. 그러나 화살표 등화는 구 도로교통법 시행규칙이 2010. 8. 24. 행정안전부령 제156호로 개정되면서 신설된 것이어서, 그 이전까지는 차량 신호등 중 '화살표 등화'는 존재하지 아니하여 이 사건 차량 보조 신호등과 같이 종형삼색등 형태의 원형 신호등이 설치되었고 아직까지 교체되지 못하고 사용되고 있는 것으로 보이는 점, 구 도로교통법 시행규칙(2010. 8. 24. 행정안전부령 제156호로 개정된 것, 이하 같다) 시행 이전에 횡단보도의 보행등 측면에 설치된 차량 보조등은 주신호등을 보조하기 위하여 도로 측면에 설치된 것으로서 차량용 신호등이었던 점, 구 도로교통법 시행규칙이 시행되었다고 하여 횡단보도의 보행등 측면에 설치된 차량 보조등의 이와 같은 성격이 변경되었다고 볼 수는 없는 점 등을 종합하여 보면, 이 사건 차량 보조 신호등이 적색등인 경우 차량에 대하여 횡단보도 직전에 정지할 것과 우회전의 금지를 지시하는 것으로 봄이 상당하므로, 원심이 이 사건 차량 보조 신호등이 화살표 등화가 아니라 원형 등화라는 이유만으로 우회전이 금지되는 것으로 볼 수 없다고 판단한 것은 도로교통법의 신호 또는 지시에 따를 의무에 관한 법리를 오해하여 판결에 영향을 미친 위법이 있다.

3. 그러므로 원심판결을 파기하고, 사건을 다시 심리·판단하도록 원심법원에 환송하기로 하여, 관여 대법관의 일치된 의견으로 주문과 같이 판결한다.

판례7 | 자동차 운전자의 횡단보도에서의 보행자 보호의무의 내용[대법원 2017. 3. 15. 선고 2016도 17442 판결]

【판결요지】

교통사고처리 특례법 제3조 제2항 본문, 단서 제6호, 제4조 제1항 본문, 단서 제1호, 도로교통법 제27조 제1항의 내용 및 도로교통법 제27조 제1항의 입법 취지가 차를 운전하여 횡단보도를 지나는 운전자의 보행자에 대한 주의의무를 강화하여 횡단보도를 통행하는 보행자의 생명·신체의 안전을 두텁게 보호하려는 데 있음을 감안하면, 모든 차의 운전자는 신호기의 지시에 따라 횡단보도를 횡단하는 보행자가 있을 때에는 횡단보도에의 진입 선후를 불문하고 일시정지하는 등의 조치를 취함으로써 보행자의 통행이 방해되지 아니하도록 하여야 한다. 다만 자동차가 횡단보도에 먼저 진입한 경우로서 그대로 진행하더라도 보행자의 횡단을 방해하거나 통행에 아무런 위험을 초래하지 아니할 상황이라면 그대로 진행할 수 있다.

【원심판결】

의정부지법 2016. 10. 7. 선고 2015노3482 판결

【주문】

상고를 기각한다.

【이유】

상고이유를 판단한다.

교통사고처리 특례법 제3조 제2항 단서 제6호, 제4조 제1항 단서 제1호의 각 규정에 의하면 '도로교통법 제27조 제1항의 규정에 따른 횡단보도에서의 보행자 보호의무를 위반하여 운전한 경우'에는 교통사고처리 특례법 제3조 제2항 본문, 제4조 제1항 본문의 각 규정에 의한 처벌의 특례가 적용되지 아니한다. 그리고 도로교통법 제27조 제1항은 "모든 차의 운전자는 보행자(제13조의2 제6항에 따라 자전거에서 내려서 자전거를 끌고 통행하는 자전거 운전자를 포함한다)가 횡단보도를 통행하고 있을 때에는 보행자의 횡단을 방해하거나 위험을 주지 아니하도록 그 횡단보도 앞(정지선이 설치되어 있는 곳에서는 그 정지선을 말한다)에서 일시정지하여야 한다."라고 규정하고 있다.

위 각 규정의 내용 및 도로교통법 제27조 제1항의 입법 취지가 차를 운전하여 횡단보도를 지나는 운전자의 보행자에 대한 주의의무를 강화하여 횡단보도를 통행하는 보행자의 생명·신체의 안전을 두텁게 보호하려는 데 있는 것임을 감안하면, 모든 차의 운전자는 신호기의 지시에 따라 횡단보도를 횡단하는 보행자가 있을 때에는 횡단보도에의 진입 선후를 불문하고 일시정지하는 등의 조치를 취함으로써 보행자의 통행이 방해되지 아니하도록 하여야 한다. 다만 자동차가 횡단보도에 먼저 진입한 경우로서 그대로 진행하더라도 보행자의 횡단을 방해하거나 통행에 아무런 위험을 초래하지 아니할 상황이라면 그대로 진행할 수 있다고 보아야 한다.

원심은, 그 판시와 같은 사정 등을 종합하면 피고인이 이 사건 공소사실 기재와 같이 횡단보도의 보행자 신호가 녹색 등화로 바뀌었음에도 횡단보도 위에서 일시정지를 하지 아니한 업무상 과실로 피해자를 충격하여 피해자에게 상해를 입혔고, 위와 같은 피고인의 과실과 피해자가 입은 상해 사이에 상당인과관계도 인정된다는 이유를 들어, 피고인이 도로교통법 제27조 제1항에서 정한 '횡단보도에서의 보행자 보호의무'를 위반하여 이 사건 사고가 발생한 것으로 보기는 어렵다고 보아 공소기각 판결을 선고한 제1심판결을 파기하여 제1심법원에 환송하였다.

원심판결 이유를 앞서 본 법리와 기록에 비추어 살펴보면, 원심의 위와 같은 판단은 수긍할 수 있다. 거기에 상고이유의 주장과 같이 논리와 경험의 법칙에 반하여 자유심증주의의 한계를 벗어나거나 도로교통법 제27조 제1항에 관한 법리를 오해하고 증거재판주의와 죄형법정주의를 위반하는 등의 잘못이 없다.

그러므로 상고를 기각하기로 하여, 관여 대법관의 일치된 의견으로 주문과 같이 판결한다.

> **판례8 |** 교차로 진입 직전에 백색실선이 설치되어 있으나 교차로에서의 진로변경을 금지하는 내용의 안전표지가 개별적으로 설치되어 있지 않은 경우, 자동차 운전자가 교차로에서 진로변경을 시도하다가 야기한 교통사고[대법원 2015. 11. 12. 선고 2015도3107 판결]

【판결요지】

교통사고처리 특례법 제3조 제2항 단서 제1호, 구 도로교통법(2013. 5. 22. 법률 제11780호로 개정되기 전의 것) 제14조 제4항, 제22조 제3항 제1호, 제25조, 도로교통법 시행규칙 제8조 제1항 제5호, 제2항 [별표 6]을 종합하여 볼 때, 교차로 진입 직전에 설치된 백색실선을 교차로에서의 진로변경을 금지하는 내용의 안전표지와 동일하게 볼 수 없으므로, 교차로에서의 진로변경을 금지하는 내용의 안전표지가 개별적으로 설치되어 있지 않다면 자동차 운전자가 교차로에서 진로변경을 시도하다가 교통사고를 야기하였다고 하더라도 이를 교통사고처리 특례법 제3조 제2항 단서 제1호에서 정한 '도로교통법 제5조에 따른 통행금지를 내용으로 하는 안전표지가 표시하는 지시를 위반하여 운전한 경우'에 해당한다고 할 수 없다.

【원심판결】

서울중앙지법 2015. 2. 5. 선고 2014노3022 판결

【주문】

원심판결을 파기하고, 사건을 서울중앙지방법원 합의부에 환송한다.

【이유】

상고이유(상고이유서 제출기간이 경과한 후에 제출된 상고이유보충서의 기재는 상고이유를 보충하는 범위 내에서)를 판단한다.

1. 원심의 판단

원심은, 이 사건 교차로 내에 차로가 표시되어 있지 않으나, 피고인 진행차로의 교차로 직전에는 횡단보도가, 위 횡단보도 직전에는 차의 진로변경을 제한하는 백색실선 및 직진표지가 각 표시되어 있으므로, 위 백색실선 및 직진표지는 백색실선이 표시되어 있는 구간뿐만 아니라 그 다음에 위치하고 있는 횡단보도 및 교차로 내에서도 진로변경을 금지하고 직진할 것을 지시하는 의미의 안전표지라 할 것이므로, 피고인이 교차로 내에서 진로를 변경한 행위는 교차로 내에 실제로 백색실선이 표시되어 있지 않았더라도 교통사고처리 특례법 제3조 제2항 단서 제1호가 규정한 '도로교통법 제5조에 따른 통행금지를 내용으로 하는 안전표지가 표시하는 지시를 위반하여 운전한 경우'에 해당한다고 판단하였다.

2. 대법원의 판단

가. 교통사고처리 특례법 제3조 제2항은, 차의 교통으로 인한 업무상과실치상죄는 원칙으로는 피해자의 명시한 의사에 반하여 공소를 제기할 수 없고, 다만 그 단서에 해당하는 경우에는 그러하지 아니하다는 취지를 규정하면서 그 예외 사유로서 제1호로 '도로교통법 제5조의 규정에 의한 신호기 또는 교통정리를 위한 경찰공무원 등의 신호나 통행의 금지 또는 일시정지를 내용으로 하는 안전표지가 표시하는 지시에 위반하여 운전한 경우'를 규정하고 있다. 도로교통법(2013. 5. 22. 법률 제11780호로 개정되기 전의 것, 이하 같다) 제14조 제4항은 "차마의 운전자는 안전표지가 설치되어 특별히 진로변경이 금지된 곳에서는 차마의 진로를 변경하여서는 아니된다."라고 규정하고 있고, 도로교통법 시행규칙 제8조 제1항 제5호는 위 안전표지 중의 하나로 '노면표시: 도로교통의 안전을 위하여 각종 주의·규제·지시 등의 내용을 노면에 기호·문자 또는 선으로 도로사용자에게 알리는 표지'를 규정하고 있으며, [별표 6]으로 노면표시 중의 하나로 '506, 진로변경제한선표시, 도로교통법 제14조 제4항에 따라 통행하고 있는 차의 진로변경을 제한하는 것, 교차로 또는 횡단보도 등 차의 진로변경을 금지하는 도로구간에 백색실선을 설치'라고 규정하고 있다. 한편 도로교통법은 교차로에서의 앞지르기 금지(제22조 제3항 제1호)와 교차로에서의 통행방법(제25조)을 규정하고 있으면서도, 교차로에서의 진로변경을 금지하는 규정을 두고 있지 않다. 이와 같은 관계 법령의 각 규정을 종합하여 볼 때, 교차로 진입 직전에 설치된 백색실선을 교차로에서의 진로변경을 금

지하는 내용의 안전표지와 동일하게 볼 수 없으므로, 교차로에서의 진로변경을 금지하는 내용의 안전표지가 개별적으로 설치되어 있지 않다면 자동차 운전자가 그 교차로에서 진로변경을 시도하다가 교통사고를 야기하였다고 하더라도 이를 교통사고처리 특례법 제3조 제2항 단서 제1호가 정한 '도로교통법 제5조에 따른 통행금지를 내용으로 하는 안전표지가 표시하는 지시를 위반하여 운전한 경우'에 해당한다고 할 수 없다.

나. 원심이 적법하게 채택한 증거들에 의하면, 피고인은 BMW 승용차를 운전하여 진로변경을 금지하는 내용의 안전표지가 설치되지 아니한 이 사건 교차로 내에서 진로변경을 시도하다가 그 진행방향 우측에서 진행하던 마티즈 차량을 충격하였고, 계속하여 마티즈 차량이 그 진행방향 우측에서 진행하던 산타페 차량을 충격하여 이러한 연쇄충돌로 인해 산타페 차량이 보도를 침범하여 때마침 횡단보도를 건너기 위해 서 있던 피해자에게 판시와 같은 상해를 입힌 사실을 알 수 있다.

다. 이러한 사실관계를 앞서 본 법리에 비추어 보면, 피고인이 이 사건 교차로 내에서 진로변경을 시도하다가 야기한 이 사건 교통사고를 교통사고처리 특례법 제3조 제2항 단서 제1호의 안전표지가 표시하는 지시위반 사고에 해당한다고 볼 수 없다.

라. 그럼에도 원심은 이 사건 공소사실을 유죄로 인정하였으므로, 이러한 원심판단에는 교통사고처리 특례법 제3조 제2항 단서 제1호의 안전표지가 표시하는 지시위반에 관한 법리를 오해하여 판결에 영향을 미친 잘못이 있고, 이 점을 지적하는 상고이유 주장은 이유 있다.

3. 결론

그러므로 나머지 상고이유에 대한 판단을 생략한 채 원심판결을 파기하고, 사건을 다시 심리·판단하게 하기 위하여 원심법원에 환송하기로 하여, 관여 대법관의 일치된 의견으로 주문과 같이 판결한다.

판례9 | 지하철 공사구간 현장안전업무 담당자인 피고인이 공사현장에 인접한 기존의 횡단보도 표시선 안쪽으로 돌출된 강철빔 주위에 라바콘 3개를 설치하고 신호수 1명을 배치하였는데, 피해자가 위 횡단보도를 건너면서 강철빔에 부딪혀 상해를 입은 사고[대법원 2014. 4. 10. 선고 2012도11361 판결]

【원심판결】

서울중앙지법 2012. 8. 29. 선고 2012노1954 판결

【주문】

피고인 2에 대한 원심판결을 파기하고, 이 부분 사건을 서울중앙지방법원 합의부에 환송한다. 피고인 1에 대한 공소를 기각한다.

【이유】

1. 피고인 1에 대하여

기록에 의하면 피고인 1은 검사의 이 사건 상고제기 이후인 2013. 5. 9. 사망한 사실이 인정되므로, 형사소송법 제382조, 제328조 제1항 제2호에 의하여 위 피고인에 대한 공소를 기각한다.

2. 피고인 2에 대하여

가. 이 사건 공소사실의 요지는 '피고인은 ○○○○개발 소속 이 사건 지하철 공사구간 현장안전업무를 담당하는 사람인바, 2008. 6.부터 이 사건 공사현장은 △△아파트사거리 교차로 상 횡단보도와 바로 인접해 설치되어 있고 기존의 횡단보도를 표시하는 도로 위 흰색표시가 완전히 지워지지 않은 채 흔적이 많이 남아 있는 상태였으며, 이 사건 공사현장에 H 강철빔(이하 '이 사건 강철빔'이라 한다)이 적재된 트럭이 있었고 이 사건 강철빔이 기존의 횡단보도 표시선 안쪽으로 돌출되어 있었음에도, 안전시설로 위 트럭 주위에 라바콘 3개만을 설치하고 차량통행 관리를 위한 신호수 1명만 세워 두었을 뿐 다른 특별한 조치를 취하지 아니한 업무상 과실로, 2010. 11. 3. 16:40 피해자 공소외 1(14세)이 위 횡단보도를 건너면서 이 사건 강철빔에 얼굴이 부딪혀 약 5주간의 치료가 필요한 폐쇄성 골절 등의 상해를 입게 하였다'는 것이다.

나. 원심은 제1심판결 이유를 인용하여, 기존의 횡단보도를 침범하여 돌출된 이 사건 강철빔이 방치된 이 사건 공사현장에 라바콘 3개를 세워 두고 신호수 1명을 배치한 것만으로는 안전사고예방을 위하여 충분한 주의의무를 다하였다고 볼 수 없고, 비록 흔적이 남아 있던 기존의 횡단보도를 따라 무단횡단을 하던 피해자에게도 전방을 제대로 살피지 않은 채 부주의하게 보행한 과실이 있어 그것도 이 사건 사고 발생의 한 원인이 되었다고 하더라도, 피고인의 주의의무 위반이 이 사건 사고 발생에 대한 유력한 원인이 된 이상 그 주의의무 위반과 상해의 결과 사이에 인과관계가 있다는 이유로 제1심의 유죄판결을 그대로 유지하였다.

다. 그러나 원심의 위와 같은 판단은 기록에 의하여 알 수 있는 다음과 같은 사정에 비추어 볼 때 쉽게 수긍할 수 없다.

① 이 사건 사고 발생 당시 이 사건 강철빔 위에서 작업하던 공소외 2는 일관되게 피해자가 횡단보도를 건너기 전까지 왼손으로 책을 들고 읽으며 오다가 횡단보도 보행자 신호가 얼마 남지 않은 상황에서 기존의 횡단보도가 시작되는

지점의 오른쪽에 길게 설치된 가드레일을 뛰어넘은 다음 팔을 굽혀 책을 든 자세 그대로 이 사건 강철빔 방향으로 달려왔다고 진술하였고, 피해자도 만화책을 읽으면서 횡단보도 방향으로 가다가 횡단보도에 다다르기 얼마 전에 보행자 신호가 15초 정도 남은 것을 보고 급하게 뛰어가다가 이 사건 강철빔을 미처 발견하지 못하고 부딪혔다고 진술하였는바, 이에 비추어 보면 피해자가 책을 읽으면서 걸어가던 중 보행자 신호가 얼마 남지 않은 상황에서 급히 횡단보도를 뛰어 건너려다가 주변을 제대로 살피지 않았을 가능성이 크다.

② 한편, 피해자는 위 가드레일이 있는 쪽에서 건너기 시작한 것이 아니라 청담역에서 나와 언덕을 내려오다가 횡단보도의 왼쪽 부분에서부터 건너기 시작하였다는 취지로 진술하였다. 그러나 이 사건 강철빔이 적재된 트럭과 라바콘이 설치되어 있는 바닥 부분에는 기존의 횡단보도 표시선 흔적이 별로 남아 있지 않았던 점, 라바콘과 위 트럭 사이를 지나게 되면 그다음부터는 차량이 신호대기 중인 지점으로서 그 바닥에 선명하게 차량 정지선이 그어져 있는 점, 피해자가 말한 횡단보도 진입 지점에서 출발하여 라바콘과 이 사건 강철빔이 적재된 트럭 사이를 지나는 것은 횡단보도를 건너는 최단거리의 직진 경로가 아닌 점 등에 비추어 볼 때 피해자가 진술한 방향으로 횡단보도를 건너는 것은 그 이동 경로가 부자연스럽고, 그와 같이 건너는 사람으로서는 횡단보도가 아닌 부분을 통과하여 건넌다는 사실을 충분히 알 수 있었을 것이다.

③ 위 공소외 2와 이 사건 사고 당시 사고 장소에서 신호수 업무를 보았던 공소외 3의 진술에 의하면 이 사건 강철빔 끝에 묶여진 안전띠가 바닥까지 늘어뜨려져 있었던 사실을 알 수 있고, 그 밖에 이 사건 강철빔 주변에는 3개의 라바콘이 놓여 있었고 신호수 1명도 배치되어 있었던 점, 이 사건 강철빔이 적재된 트럭과 공사장의 위치, 작업 상황, 라바콘이 놓인 지점 및 라바콘과 위 트럭과의 간격 등에 비추어 볼 때 횡단보도를 건너는 보행자로서는 라바콘과 위 트럭 사이를 지나가는 것이 위험하다는 것을 충분히 인지할 수 있는 상황이었다고 보인다.

④ 피해자는 평소 통학하면서 이 사건 도로를 지나다니기 때문에 이 사건 사고 장소에서 공사가 진행 중인 사실을 잘 알고 있었다고 진술하였다.

⑤ 피고인이 관련 법령이나 내부 규칙 등에서 정하고 있는 안전조치를 제대로 이행하지 않았다고 볼 만한 증거가 없다.
이러한 사정에 비추어 보면, 피고인이 안전조치를 취하여야 할 업무상 주의의무를 위반하였다고 보기 어렵고, 일부 도로 지점에서 기존의 횡단보도 표시선이 제대로 지워지지 않고 드러나 있었다거나 라바콘을 3개만 설치하고 신호수

1명을 배치하는 외에 별다른 조치를 취하지 아니하였다고 하더라도 그것과 이 사건 사고 발생 사이에 상당인과관계에 있다고 보기도 어렵다 할 것임에도, 원심이 이와 달리 판단한 것은 필요한 심리를 다하지 아니하거나 업무상과실치상죄의 업무상 주의의무 또는 상당인과관계에 관한 법리를 오해하여 판단을 그르친 것이다.

3. 결론

그러므로 피고인 2에 대한 원심판결을 파기하고, 이 부분 사건을 다시 심리·판단하게 하기 위하여 원심법원에 환송하며, 피고인 1에 대한 공소는 기각하기로 하여, 관여 대법관의 일치된 의견으로 주문과 같이 판결한다.

판례10 | 택시 운전자인 피고인이 교통신호를 위반하여 진행한 과실로 교차로 내에서 갑이 운전하는 승용차와 충돌하여 갑 등으로 하여금 상해를 입게 한 사고[대법원 2012. 3. 15. 선고 2011도17117 판결]

【판결요지】

택시 운전자인 피고인이 교통신호를 위반하여 4거리 교차로를 진행한 과실로 교차로 내에서 갑이 운전하는 승용차와 충돌하여 갑 등으로 하여금 상해를 입게 하였다고 하여 교통사고처리 특례법 위반으로 기소된 사안에서, 피고인의 택시가 차량 신호등이 적색 등화임에도 횡단보도 앞 정지선 직전에 정지하지 않고 상당한 속도로 정지선을 넘어 횡단보도에 진입하였고, 횡단보도에 들어선 이후 차량 신호등이 녹색 등화로 바뀌자 교차로로 계속 직진하여 교차로에 진입하자마자 교차로를 거의 통과하였던 갑의 승용차 오른쪽 뒤 문짝 부분을 피고인 택시 앞 범퍼 부분으로 충돌한 점 등을 종합할 때, 피고인이 적색 등화에 따라 정지선 직전에 정지하였더라면 교통사고는 발생하지 않았을 것임이 분명하여 피고인의 신호위반행위가 교통사고 발생의 직접적인 원인이 되었다고 보아야 하는데도, 이와 달리 보아 공소를 기각한 원심판결에 신호위반과 교통사고의 인과관계에 관한 법리 오해의 위법이 있다고 한 사례.

【원심판결】

광주지법 2011. 11. 25. 선고 2011노2629 판결

【주문】

원심판결을 파기하고, 사건을 광주지방법원 본원 합의부에 환송한다.

【이유】

상고이유를 판단한다.

교통사고처리 특례법 제3조 제2항 제1호, 제4조 제1항 제1호의 규정에 의하면, 신호기에 의한 신호에 위반하여 운전한 경우에는 위 특례법 제4조 제1항 소정의 보험 또는 공제에 가입한 경우에도 공소를 제기할 수 있다 할 것이나, 여기서 신호기에 의한 신호에 위반하여 운전한 경우라 함은 신호위반행위가 교통사고 발생의 직접적인 원인이 된 경우를 말한다.

이 사건 공소사실의 요지는, '피고인은 2011. 5. 21. 02:27경 업무로 택시를 운전하여 광주 동구 소재 광남4거리 교차로를 북동 방면에서 문화전당 방면을 향하여 편도 3차로 중 3차로를 따라 진행하게 되었는데, 교통신호에 따라 안전하게 운전하여 사고를 방지하여야 할 업무상 주의의무가 있음에도 이를 게을리한 채 신호를 위반하여 진행한 과실로, 교차로 내에서 피해자 공소외인 운전의 승용차와 충돌하여 공소외인 등으로 하여금 상해를 입게 하였다'는 것이다.

이에 대하여 원심은, 그 채택 증거들을 종합하여 판시와 같은 사실 및 사정들을 인정한 다음, 이 사건 교통사고가 피고인의 신호위반 운행 중에 발생한 사고이기는 하지만 피고인의 신호위반행위가 이 사건 교통사고 발생의 직접적 원인이 된 것이라고 단정하기 어렵다는 이유를 들어 이 사건 공소를 기각한 제1심판결을 그대로 유지하였다.

그러나 원심의 이와 같은 판단은 앞서 본 법리와 아래와 같은 사정에 비추어 볼 때 이를 그대로 수긍하기 어렵다.

먼저, 원심판결 이유와 원심 및 제1심이 적법하게 채택한 증거들에 의하면, 피고인은 택시를 운전하여 이 사건 교차로를 향하여 시속 약 77km의 속도로 2차로를 따라 진행하다가 1, 2차로에 신호대기 중인 차량이 있는 것을 보고 사고 발생 6초 전에 3차로로 진로를 변경한 사실, 피고인은 사고 발생 3초 전에 시속 약 61km의 속도로 진행방향의 횡단보도 앞 정지선 직전에 이르렀는데 차량 신호등이 적색 등화임에도 횡단보도 앞의 정지선 직전에 정지하지 아니한 채 계속하여 택시를 운전하여 횡단보도로 진입한 사실, 피고인의 택시는 사고 발생 2초 전에 시속 약 57km의 속도로 위 횡단보도 위를 지나게 되었고 그 순간 피고인 진행방향의 차량 신호등이 적색 등화에서 녹색 등화로 바뀐 사실, 이후 피고인의 택시는 계속 직진하면서 사고 발생 1초 전에는 시속 약 51km의 속도로 감속되었다가 이어 시속 약 46km의 속도로 공소외인의 승용차를 충돌한 사실, 사고 발생 당시 공소외인의 승용차는 피고인 택시의 진행방향 왼쪽에서 오른쪽으로 교차로를 거의 통과한 상태였는데(공소외인의 승용차가 교차로 내에서 진행한 거리는 약 20m 정도이다), 피고인의 택시는 교차로에 진입하자마자 공소외인이 운전하던 승용차의 오른쪽 뒤 문짝 부분을 앞 범퍼 부위로 충돌한 사실 등을 알 수 있다.

그런데 이와 같이 피고인의 택시는 적색 등화임에도 불구하고 정지선 직전에 정지하지 아니한 채 상당한 속도로 정지선을 넘어 횡단보도에 진입하였고 횡단보도에 들어선 이후 녹색 등화로 바뀌자 교차로로 직진하여 그대로 진행하였을 뿐만 아니라 피고인의 택시가 교차로에 진입하자마자 교차로를 거의 통과하였던 공소외인 운전의 승용차 오른쪽 뒤 문 짝 부분을 피고인 택시의 앞 범퍼 부분으로 충돌하였던 점 등을 종합하여 보면, 피고인이 적색 등화에 따라 정지선 직전에 정지하였더라면 이 사건 교통사고는 발생하지 않았을 것임이 분명하고, 따라서 피고인의 신호위반행위는 이 사건 교통사고 발생의 직접적인 원 인이 되었다고 보아야 할 것이다.

그럼에도 원심은 판시와 같은 이유를 들어 이 사건 공소를 기각한 제1심의 조치를 그 대로 유지하였으니, 이러한 원심판결에는 신호위반과 교통사고 사이의 인과관계에 관한 법리를 오해함으로써 판결에 영향을 미친 위법이 있다고 할 것이다. 이러한 점을 지적하 는 검사의 상고이유 주장은 이유 있다.

그러므로 원심판결을 파기하고, 사건을 다시 심리·판단하게 하기 위하여 원심법원에 환 송하기로 하여, 관여 대법관의 일치된 의견으로 주문과 같이 판결한다.

> **판례11** │ 교차로 직전의 횡단보도에 따로 차량보조등이 설치되어 있지 아니한 경우, 교차로 차량신호등이 적색이고 횡단보도 보행등이 녹색인 상태에서 횡단 보도를 지나 우회전하다 일어난 사고[대법원 2011. 7. 28. 선고 2009도8222 판결]

【판결요지】

교차로와 횡단보도가 연접하여 설치되어 있고 차량용 신호기는 교차로에만 설치된 경 우에 있어서는, 그 차량용 신호기는 차량에 대하여 교차로의 통행은 물론 교차로 직전의 횡단보도에 대한 통행까지도 아울러 지시하는 것이라고 보아야 할 것이고, 횡단보도의 보 행등 측면에 차량보조등이 설치되어 있지 아니하다고 하여 횡단보도에 대한 차량용 신호 등이 없는 상태라고는 볼 수 없다. 위와 같은 경우에 그러한 교차로의 차량용 적색등화는 교차로 및 횡단보도 앞에서의 정지의무를 아울러 명하고 있는 것으로 보아야 하므로, 그 와 아울러 횡단보도의 보행등이 녹색인 경우에는 모든 차량이 횡단보도 정지선에서 정지 하여야 하고, 나아가 우회전하여서는 아니되며, 다만 횡단보도의 보행등이 적색으로 바뀌 어 횡단보도로서의 성격을 상실한 때에는 우회전 차량은 횡단보도를 통과하여 신호에 따 라 진행하는 다른 차마의 교통을 방해하지 아니하고 우회전할 수 있다. 따라서 교차로의 차량신호등이 적색이고 교차로에 연접한 횡단보도 보행등이 녹색인 경우에 차량 운전자가 위 횡단보도 앞에서 정지하지 아니하고 횡단보도를 지나 우회전하던 중 업무상과실치상의 결과가 발생하면 교통사고처리 특례법 제3조 제1항, 제2항 단서 제1호의 '신호위반'에 해 당하고, 이때 위 신호위반 행위가 교통사고 발생의 직접적인 원인이 된 이상 사고장소가 횡단보도를 벗어난 곳이라 하여도 위 신호위반으로 인한 업무상과실치상죄가 성립함에는 지장이 없다.

【원심판결】

인천지법 2009. 7. 31. 선고 2009노1873 판결

【주문】

원심판결을 파기하고, 사건을 인천지방법원 본원 합의부에 환송한다.

【이유】

상고이유를 본다.

1. 도로교통법 제4조는 "교통안전시설의 종류, 교통안전시설을 만드는 방식과 설치하는 곳 그 밖에 교통안전시설에 관하여 필요한 사항은 행정안전부령으로 정한다"고 정하고 있고, 구 도로교통법 시행규칙(2010. 8. 24. 행정안전부령 제156호로 개정되기 전의 것. 이하 '구 시행규칙'이라고 한다) 제6조 제2항 [별표 2] '신호기가 표시하는 신호의 종류 및 신호의 뜻'은 차량신호등 중 적색의 등화가 표시하는 신호의 뜻으로 "차마는 정지선, 횡단보도 및 교차로의 직전에서 정지하여야 한다. 다만, 신호에 따라 진행하는 다른 차마의 교통을 방해하지 아니하고 우회전할 수 있다"고 정하고 있다.

그런데 교차로와 횡단보도가 연접하여 설치되어 있고 차량용 신호기는 교차로에만 설치된 경우에 있어서는, 그 차량용 신호기는 차량에 대하여 교차로의 통행은 물론 교차로 직전의 횡단보도에 대한 통행까지도 아울러 지시하는 것이라고 보아야 할 것이고, 횡단보도의 보행등 측면에 차량보조등이 설치되어 있지 아니하다고 하여 횡단보도에 대한 차량용 신호등이 없는 상태라고는 볼 수 없다. 위와 같은 경우에 그러한 교차로의 차량용 적색등화는 교차로 및 횡단보도 앞에서의 정지의무를 아울러 명하고 있는 것으로 보아야 하므로, 그와 아울러 횡단보도의 보행등이 녹색인 경우에는 모든 차량이 횡단보도 정지선에서 정지하여야 하고, 나아가 우회전하여서는 아니되며, 다만 횡단보도의 보행등이 적색으로 바뀌어 횡단보도로서의 성격을 상실한 때에는 우회전 차량은 횡단보도를 통과하여 신호에 따라 진행하는 다른 차마의 교통을 방해하지 아니하고 우회전할 수 있다(대법원 1997. 10. 10. 선고 97도1835 판결도 참조). 따라서 교차로의 차량신호등이 적색이고 교차로에 연접한 횡단보도 보행등이 녹색인 경우에 차량 운전자가 위 횡단보도 앞에서 정지하지 아니하고 횡단보도를 지나 우회전하던 중 업무상과실치상의 결과가 발생하면 교통사고처리특례법 제3조 제1항, 제2항 단서 제1호의 신호위반에 해당하고, 이때 위 신호위반행위가 교통사고 발생의 직접적인 원인이 된 이상 그 사고장소가 횡단보도를 벗어난 곳이라 하여도 위 신호위반으로 인한 업무상과실치상죄가 성립함에는 지장이 없다 (대법원 1998. 7. 28. 선고 98도832 판결, 대법원 2011. 4. 28. 선고 2009도12671 판결 등 참조).

2. 원심은, 그 판시 차량을 운전하던 피고인이 삼거리 교차로에서 차량용 신호기가 적색등화인 때에 우회전하다가 신호에 따라 진행하던 피해자 자전거의 교통을 방해하여 이 사건 사고가 발생하였다고 하더라도 피고인에게는 그 우회전에 대하여 신호위반의 책임이 없다고 판단하고 이 사건 공소를 기각한 제1심판결을 그대로 유지하였다.

그러나 기록에 의하면, 위 삼거리 교차로에 연접하여 횡단보도가 설치되어 있었으며 그 횡단보도에 차량용 보조등은 설치되어 있지 아니하였으나 거기에 설치되어 있던 보행등은 녹색이었고, 위 삼거리 교차로의 차량용 신호등은 적색이었던 사실, 그럼에도 불구하고 피고인은 횡단보도 정지선에서 정지하지 아니한 채 횡단보도를 통과하여 교차로에 진입·우회전을 하다가 당시 신호에 따라 위 교차로를 지나 같은 방향으로 직진하던 피해자 운전의 자전거를 왼쪽 앞 범퍼로 들이받아 피해자에게 그 판시의 상해를 입힌 사실을 알 수 있다.

앞서 본 법리에 비추어 살펴보면, 위와 같은 경우 피고인은 횡단보도 정지선에서 정지하여야 하고 교차로에 진입하여 우회전하여서는 아니된다고 할 것임에도 교차로의 차량용 적색등화를 위반하여 우회전하다가 이 사건 사고가 발생한 것이고, 또한 위 신호위반의 우회전행위와 위 사고 발생 사이에는 직접적인 원인관계가 존재한다고 봄이 상당하다. 그렇다면 이 사건 사고는 교통사고처리특례법 제3조 제1항, 제2항 단서 제1호의 신호위반으로 인한 업무상과실치상죄에 해당한다 할 것이므로, 이와 달리 피고인이 신호를 위반하지 아니하였다고 판단하여 공소기각사유에 해당한다고 본 원심판결에는 도로교통법의 신호 또는 지시에 따를 의무에 관한 법리를 오해하여 판결 결과에 영향을 미친 위법이 있다고 할 것이다.

3. 그러므로 원심판결을 파기하고 사건을 다시 심리·판단하게 하기 위하여 원심법원에 환송하기로 하여, 관여 대법관의 일치된 의견으로 주문과 같이 판결한다.

판례12 | 피고인이 자동차를 운전하다 횡단보도를 걷던 보행자 갑을 들이받아 그 충격으로 횡단보도 밖에서 갑과 동행하던 피해자 을이 밀려 넘어져 상해를 입은 사고[대법원 2011. 4. 28. 선고 2009도12671 판결]

【판결요지】

[1] 교통사고처리 특례법(이하 '특례법'이라고 한다) 제3조 제2항 단서 제6호, 제4조 제1항 단서 제1호는 '도로교통법 제27조 제1항의 규정에 의한 횡단보도에서의 보행자 보호의무를 위반하여 운전하는 행위로 인하여 업무상과실치상의 죄를 범한 때'를 특례법 제3조 제2항, 제4조 제1항 각 본문의 처벌 특례 조항이 적용되지 않는 경우로 규정하고, 도로교통법 제27조 제1항은 모든 차의 운전자는 "보행자가 횡단보도를 통

행하고 있는 때에는 그 횡단보도 앞에서 일시 정지하여 보행자의 횡단을 방해하거나 위험을 주어서는 아니된다."라고 규정하고 있다. 따라서 차의 운전자가 도로교통법 제27조 제1항에 따른 횡단보도에서의 보행자에 대한 보호의무를 위반하고 이로 인하여 상해의 결과가 발생하면 그 운전자의 행위는 특례법 제3조 제2항 단서 제6호에 해당하게 되는데, 이때 횡단보도 보행자에 대한 운전자의 업무상 주의의무 위반행위와 상해의 결과 사이에 직접적인 원인관계가 존재하는 한 위 상해가 횡단보도 보행자 아닌 제3자에게 발생한 경우라도 위 단서 제6호에 해당하는 데에는 지장이 없다.

[2] 피고인이 자동차를 운전하다 횡단보도를 걷던 보행자 갑을 들이받아 그 충격으로 횡단보도 밖에서 갑과 동행하던 피해자 을이 밀려 넘어져 상해를 입은 사안에서, 위 사고는, 피고인이 횡단보도 보행자 갑에 대하여 구 도로교통법(2009. 12. 29. 법률 제9845호로 개정되기 전의 것) 제27조 제1항에 따른 주의의무를 위반하여 운전한 업무상 과실로 야기되었고, 을의 상해는 이를 직접적인 원인으로 하여 발생하였다는 이유로, 피고인의 행위가 구 교통사고처리 특례법(2010. 1. 25. 법률 제9941호로 개정되기 전의 것) 제3조 제2항 단서 제6호에서 정한 횡단보도 보행자 보호의무의 위반행위에 해당한다고 한 사례.

【원심판결】

청주지법 2009. 10. 28. 선고 2009노939 판결

【주문】

원심판결을 파기하고, 사건을 청주지방법원 본원 합의부에 환송한다.

【이유】

상고이유를 판단한다.

교통사고처리 특례법(이하 '특례법'이라고 한다) 제3조 제2항 단서 제6호, 제4조 제1항 단서 제1호는 ' 도로교통법 제27조 제1항의 규정에 의한 횡단보도에서의 보행자 보호의무를 위반하여 운전하는 행위로 인하여 업무상과실치상의 죄를 범한 때'를 특례법 제3조 제2항, 제4조 제1항 각 본문 소정의 처벌의 특례 조항이 적용되지 않는 경우로 규정하고, 도로교통법 제27조 제1항은 모든 차의 운전자는 "보행자가 횡단보도를 통행하고 있는 때에는 그 횡단보도 앞에서 일시 정지하여 보행자의 횡단을 방해하거나 위험을 주어서는 아니된다."라고 규정하고 있다. 따라서 차의 운전자가 도로교통법 제27조 제1항의 규정에 따른 횡단보도에서의 보행자에 대한 보호의무를 위반하고 이로 인하여 상해의 결과가 발생하면 그 운전자의 행위는 특례법 제3조 제2항 단서 제6호에 해당하게 될 것인 바, 이때 횡단보도 보행자에 대한 운전자의 업무상 주의의무 위반행위와 그 상해의 결과 사이에 직접적인 원인관계가 존재하는 한 위 상해가 횡단보도 보행자 아닌 제3자에게 발

생한 경우라 해도 단서 제6호에 해당함에는 지장이 없다.

원심판결 이유에 의하면 원심은, 특례법 제3조 제2항 단서 제6호 및 도로교통법 제27조 제1항의 입법 취지에는 차를 운전하여 횡단보도를 지나는 운전자의 보행자에 대한 주의의무뿐만 아니라 횡단보도를 통행하는 보행자의 생명·신체의 안전을 두텁게 보호하기 위한 목적까지도 포함된 것으로 봄이 상당하다고 한 다음, 피고인이 운전하는 자동차가 이 사건 횡단보도를 통행하는 공소외인을 충격하고, 그로 인하여 공소외인이 부축하던 피해자가 밀려 넘어져 상해를 입게 되었다고 하더라도 피해자가 횡단보도 밖에서 통행하고 있었던 이상 피해자는 특례법 제3조 제2항 단서 제6호 및 도로교통법 제27조 제1항에 의한 보호대상이 될 수 없다는 이유를 들어 특례법 제3조 제2항 및 제4조 제1항 각 본문을 적용하여 피고인에게 공소기각을 선고한 제1심판결을 그대로 유지하고, 검사의 항소를 기각하였다.

그러나 원심의 인정 사실에 의하면, 이 사건 사고는 도로교통법 제27조 제1항의 규정에 따른 횡단보도 보행자인 공소외인에 대하여 피고인이 그 주의의무를 위반하여 운전한 업무상 과실로써 야기된 것이고, 피해자의 상해는 이를 직접적인 원인으로 하여 발생한 것으로 보아야 하는 이상, 앞서 본 법리에 비추어 이는 특례법 제3조 제2항 단서 제6호에서 정한 횡단보도 보행자 보호의무의 위반행위에 해당한다 할 것이다.

그럼에도 이 사건 범죄의 성립과 직접 관련이 없는 부수적인 사정을 들어 이와 달리 판단한 원심판결에는 특례법 제3조 제2항 단서 제6호에 관한 법리를 오해하여 판결에 영향을 미친 위법이 있다. 이 점을 지적하는 취지의 상고이유의 주장은 이유 있다.

그러므로 원심판결을 파기하고 사건을 다시 심리·판단하도록 원심법원에 환송하기로 하여 관여 대법관의 일치된 의견으로 주문과 같이 판결한다.

| 판례13 | 도로교통법 제27조 제1항에 정한 '횡단보도에서의 보행자보호의무의 대상'에 보행신호등의 녹색등화가 점멸하고 있는 동안에 횡단보도를 통행하는 보행자도 포함되는지 여부(적극)[대법원 2009. 5. 14. 선고 2007도9598 판결] |

【판결요지】

교통사고처리 특례법 제3조 제2항 제6호, 도로교통법 제5조 제1항, 제27조 제1항 및 도로교통법 시행규칙 제6조 제2항 [별표 2] 등의 규정들을 종합하면, 보행신호등의 녹색등화 점멸신호는 보행자가 준수하여야 할 횡단보도의 통행에 관한 신호일 뿐이어서, 보행신호등의 수범자가 아닌 차의 운전자가 부담하는 보행자보호의무의 존부에 관하여 어떠한 영향을 미칠 수 없다. 이에 더하여 보행자보호의무에 관한 법률규정의 입법 취지가 차를 운전하여 횡단보도를 지나는 운전자의 보행자에 대한 주의의무를 강화하여 횡단보도를 통행하는 보행자의 생명·신체의 안전을 두텁게 보호하려는 데 있는 것임을 감안하면, 보행신호등의 녹색등화의 점멸신호 전에 횡단을 시작하였는지 여부를 가리지 아니하고 보행신호등의 녹색등화가 점멸하고 있는 동안에 횡단보도를 통행하는 모든 보행자는 도로교통법 제27조 제1항에서 정한 횡단보도에서의 보행자보호의무의 대상이 된다.

【원심판결】

서울서부지법 2007. 11. 1. 선고 2007노1189 판결

【주문】

원심판결을 파기하고, 사건을 서울서부지방법원 합의부로 환송한다.

【이유】

상고이유를 판단한다.

교통사고처리 특례법 제3조 제2항은 "차의 교통으로 인한 업무상과실치상죄는 원칙으로는 피해자의 명시한 의사에 반하여 공소를 제기할 수 없고, 다만 그 단서에 해당하는 경우에는 그러하지 아니하다."고 규정하면서 그 예외 사유로서 제6호로 "도로교통법 제27조 제1항의 규정에 의한 횡단보도에서의 보행자보호의무를 위반하여 운전한 경우"를 규정하고, 도로교통법 제27조 제1항은 "모든 차의 운전자는 보행자가 횡단보도를 통행하고 있는 때에는 그 횡단보도 앞(정지선이 설치되어 있는 곳에서는 그 정지선을 말한다)에서 일시 정지하여 보행자의 횡단을 방해하거나 위험을 주어서는 아니 된다."고 규정하고 있다. 한편, 도로교통법 제5조 제1항은 "도로를 통행하는 보행자와 차마의 운전자는 교통안전시설이 표시하는 신호 또는 지시와 교통정리를 하는 국가경찰공무원(전투경찰순경을 포함한다) 및 제주특별자치도의 자치경찰공무원이나 대통령령이 정하는 국가경찰공무원 및 자치경찰공무원을 보조하는 사람의 신호나 지시를 따라야 한다."고 규정하고, 도로교통법 시행규칙 제6조 제2항 [별표 2]는 보행신호등의 '녹색 등화의 점멸신호'의 의미를 '보행자는 횡단을 시작하여서는 아니 되고, 횡단하고 있는 보행자는 신속하게 횡단을 완료하거나 그 횡단을 중지하고 보도로 되돌아와야 한다.'라고 규정하고 있다.

이러한 규정들을 종합하면, 보행신호등의 녹색등화 점멸신호는 보행자가 준수하여야 할 횡단보도의 통행에 관한 신호일 뿐이어서 보행신호등의 수범자가 아닌 차의 운전자가 부담하는 보행자보호의무의 존부에 관하여 어떠한 영향을 미칠 수 없는 것이고, 이에 더하여 보행자보호의무에 관한 법률규정의 입법 취지가 차를 운전하여 횡단보도를 지나는 운전자의 보행자에 대한 주의의무를 강화하여 횡단보도를 통행하는 보행자의 생명·신체의 안전을 두텁게 보호하려는 데 있는 것임을 감안하면, 보행신호등의 녹색 등화의 점멸신호 전에 횡단을 시작하였는지 여부를 가리지 아니하고 보행신호등의 녹색등화가 점멸하고 있는 동안에 횡단보도를 통행하는 모든 보행자는 도로교통법 제27조 제1항에서 정한 횡단보도에서의 보행자보호의무의 대상이 된다 고 할 것이다.

이와 달리 원심은 피해자가 보행신호등의 녹색등화 점멸신호 중에 횡단보도를 횡단하기 시작한 경우에는 녹색등화의 점멸신호에 위반한 것이므로 횡단보도를 통행중인 보행자라고 볼 수 없다는 전제하에 녹색등화의 점멸신호 중에 횡단보도를 통행하던 피해자를 운전차량으로 충격하여 상해를 입힌 피고인에게 도로교통법 제27조 제1항 소정의 보행자 보호의무를 위반한 잘못이 없고, 이 사건 교통사고가 교통사고처리 특례법 제3조 제2항 제6호 해당하지 않고 피해자가 피고인의 처벌을 원하지 않는다는 이유로 이 사건 공소를 기각하였는바, 이러한 원심의 판단에는 도로교통법 제27조 제1항에 관한 법리를 오해하여 판결에 영향을 미친 위법이 있다.

원심이 원용하는 대법원 2001. 10. 9. 선고 2001도2939 판결은 피해자가 보행신호등의 녹색등화가 점멸되고 있는 상태에서 횡단보도를 횡단하기 시작하였지만 횡단을 완료하기 전에 보행신호등이 적색등화로 변경된 후 차량신호등의 녹색등화에 따라서 직진하던 운전차량에 충격된 사안에 대한 것으로서 이 사건에 원용하기에 적절하지 아니하다.

그러므로 원심판결을 파기하고, 사건을 다시 심리·판단하게 하기 위하여 원심법원으로 환송하기로 하여 관여 법관의 일치된 의견으로 주문과 같이 판결한다.

> **판례14 |** 보행자 신호기가 고장난 횡단보도 상에서 교통사고가 발생한 사안에서, 적색등의 전구가 단선되어 있었던 위 보행자 신호기는 그 용도에 따라 통상 갖추어야 할 안전성을 갖추지 못한 관리상의 하자가 있어 지방자치단체의 배상책임이 인정된다고 한 사례[대법원 2007. 10. 26. 선고 2005다51235 판결]

【원심판결】

청주지방법원 2005. 7. 28. 선고 2005나1125 판결

【주문】

상고를 기각한다. 상고비용은 피고가 부담한다.

【이유】

상고이유를 본다.

국가배상법 제5조 제1항에 정해진 영조물의 설치 또는 관리의 하자라 함은 영조물이 그 용도에 따라 통상 갖추어야 할 안전성을 갖추지 못한 상태에 있음을 말하는 것이며, 다만 영조물이 완전무결한 상태에 있지 아니하고 그 기능상 어떠한 결함이 있다는 것만으로 영조물의 설치 또는 관리에 하자가 있다고 할 수 없고, 위와 같은 안전성의 구비 여부를 판단함에 있어서는 당해 영조물의 용도, 그 설치장소의 현황 및 이용 상황 등 제반 사정을 종합적으로 고려하여 설치·관리자가 그 영조물의 위험성에 비례하여 사회통념상

일반적으로 요구되는 정도의 방호조치의무를 다하였는지 여부를 그 기준으로 삼아야 할 것이며, 만일 객관적으로 보아 시간적·장소적으로 영조물의 기능상 결함으로 인한 손해발생의 예견가능성과 회피가능성이 없는 경우, 즉 그 영조물의 결함이 영조물의 설치·관리자의 관리행위가 미칠 수 없는 상황 아래에 있는 경우임이 입증되는 경우라면 영조물의 설치·관리상의 하자를 인정할 수 없다고 할 것이다(대법원 2000. 2. 25. 선고 99다54004 판결, 대법원 2001. 7. 27. 선고 2000다56822 판결 등 참조).

원심판결 이유를 기록에 비추어 살펴보면, 이 사건 사고 장소가 평소 차량 및 일반인들의 통행이 많은 곳일 뿐만 아니라 가해 버스가 진행하던 도로는 편도 3차선의 넓은 도로여서 횡단보도 및 신호기가 설치되지 않을 경우 무단횡단 등으로 인하여 교통사고가 발생할 위험성이 높은 곳인 점, 이 사건 사고 장소에는 가해 버스의 진행방향에서 보아 교차로 건너편에 차량용 신호가 있고 교차로를 지난 직후 이 사건 보행자 신호기가 설치된 횡단보도가 있는데, 교차로를 통행하는 운전자로서는 차량용 신호기가 진행신호인 경우 횡단보도에 설치된 보행자 신호기가 정지신호일 것이라고 신뢰하고 횡단보도 앞에서 감속하거나 일단정지를 하지 않을 것이므로, 횡단보도에 설치된 보행자 신호기가 고장이 나서 그 신호기의 신호와 차량용 신호기의 신호가 불일치 또는 모순되는 경우 교통사고가 발생할 위험성이 큰 점, 보행자 신호기에 아무런 표시등도 켜져 있지 않은 경우 보행자가 횡단보도를 건너다가 사고가 발생하였다 하더라도 그 사고가 오로지 보행자의 과실에만 기인한 것이고 보행자 신호기의 고장과는 무관한 것이라고 할 수 없는 점, 특히 이 사건에서 피고와의 교통신호등 유지보수공사 계약에 따라 사고 장소의 각 신호기를 관리하여 오던 삼홍전설이라는 업체는 매일 순회하면서 신호기의 정상작동 여부를 확인, 점검하여 고장 신호기를 보수하고 있는데 이 사건 사고 발생 이틀 후에야 비로소 위 고장 신호기가 수리된 점 등의 각 사정에 비추어, 피고가 자신이 관리하는 영조물인 이 사건 보행자 신호기의 위험성에 비례하여 사회통념상 일반적으로 요구되는 정도의 방호조치의무를 다하였다고는 볼 수 없고, 객관적으로 보아 시간적·장소적으로 영조물의 기능상 결함으로 인한 손해발생의 예견가능성과 회피가능성이 없는 경우에 해당한다고 볼 수도 없다는 이유로, 이 사건 사고 당시 적색등의 전구가 단선되어 있었던 이 사건 보행자 신호기에는 그 용도에 따라 통상 갖추어야 할 안전성을 갖추지 못한 관리상의 하자가 있었다고 본 원심의 판단은 정당하고, 거기에 상고이유의 주장과 같이 경험칙이나 판례의 위반 또는 판결에 영향을 미친 판단누락 등의 위법은 없다. 상고논지는 모두 이유 없다.

그러므로 상고를 기각하고, 상고비용은 패소자가 부담하는 것으로 하여 관여 대법관의 일치된 의견으로 주문과 같이 판결한다.

판례15 | 보행등이 설치되어 있지 아니한 횡단보도를 진행하는 차량의 운전자가 인접한 교차로의 차량진행신호에 따라 진행하다 교통사고를 낸 경우, 횡단보도에서의 보행자보호의무 위반의 책임을 지게 되는지 여부(적극)[대법원 2003. 10. 23. 선고 2003도3529 판결]

【판결요지】

횡단보도에 보행자를 위한 보행등이 설치되어 있지 않다고 하더라도 횡단보도표시가 되어 있는 이상 그 횡단보도는 도로교통법에서 말하는 횡단보도에 해당하므로, 이러한 횡단보도를 진행하는 차량의 운전자가 도로교통법 제24조 제1항의 규정에 의한 횡단보도에서의 보행자보호의무를 위반하여 교통사고를 낸 경우에는 교통사고처리특례법 제3조 제2항 단서 제6호 소정의 횡단보도에서의 보행자보호의무 위반의 책임을 지게 되는 것이며, 비록 그 횡단보도가 교차로에 인접하여 설치되어 있고 그 교차로의 차량신호등이 차량진행신호였다고 하더라도 이러한 경우 그 차량신호등은 교차로를 진행할 수 있다는 것에 불과하지, 보행등이 설치되어 있지 아니한 횡단보도를 통행하는 보행자에 대한 보행자보호의무를 다하지 아니하여도 된다는 것을 의미하는 것은 아니므로 달리 볼 것은 아니다.

【원심판결】

수원지법 2003. 6. 4. 선고 2003노114 판결

【주문】

원심판결을 파기하고, 사건을 수원지방법원 본원 합의부에 환송한다.

【이유】

상고이유를 본다.

1. 이 사건 공소사실의 요지는, 피고인은 경기 (차량번호 생략) 승용차량을 운전하는 자로서, 2002. 5. 8. 20:40경 위 차량을 운전하여 화성시 태안읍 안녕리 소재 현충탑 앞편도 2차로 중 1차로를 태안 방면에서 안녕리 방면으로 시속 40km로 진행하던 중, 그 곳은 전방에 횡단보도가 설치되어 있으므로 이러한 경우 자동차의 운전업무에 종사하는 자로서는 속도를 줄이고 전방 및 좌우를 잘 살펴 길을 건너는 사람이 있는지 여부를 확인하고 안전하게 운전하여야 할 업무상의 주의의무가 있음에도 이를 게을리한 채 그대로 진행한 과실로, 마침 진행방향 우측에서 좌측으로 횡단보도상을 건너던 피해자(여, 15세)를 위 차량의 앞부분으로 들이받아, 그 충격으로 위 피해자로 하여금 약 6주간의 치료를 요하는 좌측척골주두골절 등의 상해를 입게 하였다는 것이다.

2. 원심판결 이유에 의하면, 원심은 그 채택증거를 종합하여, 피고인은 당시 위 차량을 운전하여 1차로로 운행중이었는데, 당시는 차량이 많은 관계로 약간 지체되는 상황이었기 때문에 시속 약 30km 미만으로 진행하고 있었던 사실, 사고지점은 네거리 교차로에 인접한 횡단보도상으로 보행자신호등은 없었고, 차량신호등만 교차로에 설치되어 있었던 사실, 사고 당시의 신호는 피고인 진행방향의 차량신호등이 파란색으로서 차량진행신호였던 사실, 피해자는 피고인 진행방향의 우측에서 길을 건너려고 횡단보도로 뛰어나오다가 피고인 운행 차량의 우측 휀다부분 및 백미러에 충격한 사실을 인정한 다음, 교차로와 횡단보도가 인접하여 설치되어 있고 차량용 신호기는 교차로에만 설치된 경우에 있어서는 그 차량용 신호기는 차량에 대하여 교차로의 통행은 물론 교차로 직전의 횡단보도에 대한 통행까지도 아울러 지시하는 것이라고 보아야 할 것이고(대법원 1997. 10. 10. 선고 97도1835 판결 참조), 교통사고 발생 당시의 신호가 차량진행신호였다면 사고지점이 비록 교통신호대가 있는 횡단보도상이라고 하더라도 운전자가 그 횡단보도 앞에서 감속하거나 일단정지하지 아니하였다 하여 횡단보도에서의 보행자보호의무를 위반하였다고 할 수 없는 것이므로(대법원 1985. 9. 10. 선고 85도1228 판결 참조), 차량신호등의 신호지시에 따라 천천히 진행하던 피고인이 횡단보도를 건너던 피해자를 충격하였다고 하더라도 횡단보도에서의 보행자보호의무를 소홀히 하였다고 보기 어려워 피고인에게 교통사고처리특례법 제3조 제2항 단서 제6호의 횡단보도에서의 보행자보호의무 위반의 책임을 인정할 수 없다는 이유로 피고인에 대하여 유죄를 인정한 제1심판결을 파기하는 한편, 피고인이 운전한 차량이 자동차종합보험에 가입되어 있는 사실이 인정되므로 이 사건 공소는 공소제기의 절차가 법률의 규정에 위반하여 무효인 때에 해당한다고 하여 형사소송법 제327조 제2호에 의하여 공소를 기각하였다.

3. 그러나 위와 같은 원심의 판단은 수긍하기 어렵다.

횡단보도에 보행자를 위한 보행등이 설치되어 있지 않다고 하더라도 횡단보도표시가 되어 있는 이상 그 횡단보도는 도로교통법에서 말하는 횡단보도에 해당하므로, 이러한 횡단보도를 진행하는 차량의 운전자가 도로교통법 제24조 제1항의 규정에 의한 횡단보도에서의 보행자보호의무를 위반하여 교통사고를 낸 경우에는 교통사고처리특례법 제3조 제2항 단서 제6호 소정의 횡단보도에서의 보행자보호의무 위반의 책임을 지게 되는 것이며, 비록 그 횡단보도가 교차로에 인접하여 설치되어 있고 그 교차로의 차량신호등이 차량진행신호였다고 하더라도 이러한 경우 그 차량신호등은 교차로를 진행할 수 있다는 것에 불과하지, 보행등이 설치되어 있지 아니한 횡단보도를 통행하는 보행자에 대한 보행자보호의무를 다하지 아니하여도 된다는 것을 의미하는 것은 아니므로 달리 볼 것은 아니라고 할 것이다.

그런데 원심은 피고인이 이 사건 보행등이 설치되어 있지 아니한 횡단보도를 통행하는 피해자를 충격하였다고 하더라도 인접한 교차로의 차량진행신호에 따라 진행한 이상 횡단보도에서의 보행자보호의무 위반의 책임이 없다고 판단한 나머지 이 사건 공소를 기각하고 말았으니, 거기에는 횡단보도에서의 보행자보호의무에 관한 법리를 오해하여 판결 결과에 영향을 미친 위법이 있다고 하지 않을 수 없다(원심이 들고 있는 위 대법원 1997. 10. 10. 선고 97도1835 판결은 교차로에 차량용 신호기가 설치되어 있고 인접한 횡단보도에 보행등도 설치되어 있으나 보행등 측면에 차량보조등이 설치되어 있지 않은 경우 차량 신호등은 적색이고 횡단보도의 보행등은 녹색인 상태에서 횡단보도를 침범하여 차량을 운행하였다면 교차로의 차량용 신호기는 교차로의 통행은 물론 교차로 직전의 횡단보도에 대한 통행까지도 아울러 지시하는 것이라고 보아야 하므로 신호기의 신호를 위반하여 운전한 경우에 해당된다는 것으로서 이 사건과는 사례를 달리하며, 또한 대법원 1985. 9. 10. 선고 85도1228 판결은 횡단보도에 설치된 교통신호대에서 차량진행신호를 받고 진행한 차량과 보행자정지신호임에도 횡단보도를 통행하는 보행자가 충돌한 사안에 관한 것으로서 이 사건과는 사례를 달리한다). 이 점을 지적하는 검사의 상고이유에서의 주장은 이유 있다.

4. 그러므로 원심판결을 파기하고, 사건을 다시 심리·판단하게 하기 위하여 원심법원에 환송하기로 하여 관여 대법관의 일치된 의견으로 주문과 같이 판결한다.

> **판례16 |** 신호등에 의하여 교통정리가 행하여지고 있는 교차로의 통행 방법과 운전자의 주의 의무 및 교차로에서 자신의 진행방향에 대한 별도의 진행신호는 없지만, 다른 차량들의 진행방향이 정지신호일 경우를 이용하여 교통법규에 위배되지 않게 진행하는 차량 운전자에게 다른 차량이 신호를 위반하여 진행하여 올 것까지 예상하여야 할 주의의무가 있는지 여부(소극)*[대법원 2002. 9. 6. 선고 2002다38767 판결]*

【판결요지】

신호등에 의하여 교통정리가 행하여지고 있는 교차로를 진행신호에 따라 진행하는 차량의 운전자는 특별한 사정이 없는 한 다른 차량들도 교통법규를 준수하고 충돌을 피하기 위하여 적절한 조치를 취할 것으로 믿고 운전하면 충분하고, 다른 차량이 신호를 위반하고 자신의 진로를 가로질러 진행하여 오거나 자신의 차량을 들이받을 경우까지 예상하여 그에 따른 사고발생을 미리 방지할 특별한 조치까지 강구할 주의의무는 없다. 다만 신호를 준수하여 진행하는 차량의 운전자라고 하더라도 이미 교차로에 진입하고 있는 다른 차량이 있다거나 다른 차량이 그 진행방향의 신호가 진행신호에서 정지신호로 바뀐 직후에 교차로를 진입하여 계속 진행하고 있는 것을 발견하였다거나 또는 그 밖에 신호를 위반하여 교차로를 진입할 것이 예상되는 특별한 경우라면 그러한 차량의 동태를 두루 살피면서 서행하는 등으로 사고를 방지할 태세를 갖추고 운전하여야 할 주의의무는 있다 할 것이지만, 그와 같은 주의의무는 어디까지나 신호가 바뀌기 전이나 그 직후에 교차로에 진입하여 진행하고 있는 차량에 대한 관계에서 인정되는 것이고, 신호가 바뀐 후 다른 차량이 신호를 위반하여 교차로에 새로 진입하여 진행하여 올 경우까지를 예상하여 그에 따른 사고발생을 방지하기 위한 조치까지 강구할 주의의무는 없고, 이러한 법리는 교차로에서 자신의 진행방향에 대한 별도의 진행신호가 없다고 하여도, 다른 차량들의 진행방향이 정지신호일 경우를 이용하여 교통법규에 위배되지 않게 진행하는 경우도 마찬가지라고 할 것이다.

【원심판결】

광주고법 2002. 6. 12. 선고 2001나8997 판결

【주문】

원심판결 중 피고들 패소 부분을 파기하고, 이 부분 사건을 광주고등법원으로 환송한다.

【이유】

상고이유를 본다.

1. 원심판결 이유에 의하면, 원심은 그 채용 증거를 종합하여, 피고 1은 1999. 11. 2. 10:15경 피고 주식회사 한양전업 소유로서 피고 신동아화재해상보험 주식회사의 피보험차량인 (차량등록번호 생략) 5t 트럭을 운전하여 전주시 덕진구 화전동 화전마을 입구 삼거리 교차로에 이르러 삼례 방면으로 좌회전하는 차량을 위한 별도의 신호등이 설치되어 있지 아니하였으므로 동승한 소외 1로 하여금 전주 삼례간 편도 2차선 간선도로에 설치된 횡단보도상 보행자 신호등 수동조작 버튼을 눌러 위 횡단보도의 보행자신호등이 녹색으로 바뀜과 동시에 위 간선도로의 차량진행신호등이 적색으로 바뀐 기회를 이용하여 화전마을 방면에서 삼례 방면으로 좌회전하던 중 삼례 방면에서 전주 방면으로 1차로를 따라 시속 57.3km로 진행하던 소외 2 운전의 전북 (오토바이등록번호 생략) 125cc 오토바이를 미처 발견치 못하고 위 트럭의 좌측 뒷바퀴 부분으로 위 오토바이의 앞 부분을 충격하여, 위 소외 2로 하여금 뇌경막하 출혈 등으로 사망에 이르게 한 사실 등을 인정한 다음, 이 사건 교차로는 도로교통법상 교통정리가 행하여지지 않는 곳이라는 전제하에, 위 인정 사실에 의하면, 피고 1로서는 당시 위 트럭의 전방에는 좌회전 신호등이 없으므로, 횡단보도에 보행자 신호등이 들어오더라도 교차로 내의 교통상황을 잘 살펴 안전하게 좌회전을 하여야 하고 교차로에 진입하기에 앞서 미리 속도를 줄이고 다른 방향에서 교차로로 진행하여 오는 차량이 있는지를

주의 깊게 살펴 경음기를 적절히 사용하면서 교차로에 진입하여 사고를 예방하여야 할 주의의무가 있음에도 불구하고 간선도로상의 횡단보도에 보행자 신호등이 들어온 것만 보고 주변 차량의 동태를 잘 살피지 아니한 채 좌회전하다가 삼례 방면에서 전주 방면으로 횡단보도상의 정지신호를 위반한 채 진행하는 망인 운전의 오토바이를 미처 발견치 못함으로써 이 사건 교통사고를 야기하였다는 이유로, 피고들의 면책항변을 배척하면서 다만 과실상계에 관하여는 위 피해자측인 위 소외 2의 과실비율을 80%로, 위 피고의 과실비율을 20%로 각 인정하였다.

2. 그러나 원심의 위와 같은 판단은 선뜻 수긍되지 않는다.

신호등에 의하여 교통정리가 행하여지고 있는 교차로를 진행신호에 따라 진행하는 차량의 운전자는 특별한 사정이 없는 한 다른 차량들도 교통법규를 준수하고 충돌을 피하기 위하여 적절한 조치를 취할 것으로 믿고 운전하면 충분하고, 다른 차량이 신호를 위반하고 자신의 진로를 가로질러 진행하여 오거나 자신의 차량을 들이받을 경우까지 예상하여 그에 따른 사고발생을 미리 방지할 특별한 조치까지 강구할 주의의무는 없다. 다만 신호를 준수하여 진행하는 차량의 운전자라고 하더라도 이미 교차로에 진입하고 있는 다른 차량이 있다거나 다른 차량이 그 진행방향의 신호가 진행신호에서 정지신호로 바뀐 직후에 교차로를 진입하여 계속 진행하고 있는 것을 발견하였다거나 또는 그 밖에 신호를 위반하여 교차로를 진입할 것이 예상되는 특별한 경우라면 그러한 차량의 동태를 두루 살피면서 서행하는 등으로 사고를 방지할 태세를 갖추고 운전하여야 할 주의의무는 있다 할 것이지만, 그와 같은 주의의무는 어디까지나 신호가 바뀌기 전이나 그 직후에 교차로에 진입하여 진행하고 있는 차량에 대한 관계에서 인정되는 것이고, 신호가 바뀐 후 다른 차량이 신호를 위반하여 교차로에 새로 진입하여 진행하여 올 경우까지를 예상하여 그에 따른 사고발생을 방지하기 위한 조치까지 강구할 주의의무는 없는 것이다(대법원 1994. 6. 14. 선고 93다57520 판결, 1998. 6. 12. 선고 98다14252, 14269 판결, 1999. 8. 24. 선고 99다30428 판결, 2001. 7. 27. 선고 2001다31509 판결, 2001. 9. 7. 선고 2001다40732 판결 등 참조). 그리고 이러한 법리는 교차로에서 자신의 진행방향에 대한 별도의 진행신호가 없다고 하여도, 다른 차량들의 진행방향이 정지신호일 경우를 이용하여 교통법규에 위배되지 않게 진행하는 경우도 마찬가지라고 할 것이다(대법원 2001. 11. 9. 선고 2001다56980 판결 참조).

그런데 원심이 인정한 사실관계에 의하더라도, 위 사고 현장은 삼례 방면과 전주 방면을 연결하는 편도 2차로의 포장도로와 화전마을 진입로인 편도 1차로가 만나는 삼거리 교차로로서 삼례 방면 쪽에 횡단보도와 보행자신호등이 설치되어 있는데, 이 곳은 사람의 통행이 많지 않아 횡단보도의 보행자신호등은 수동으로 조작되어 보행자가 수동보턴을 누르면, 보행자신호등이 녹색으로 바뀜과 동시에 차량진행신호등이 적색으로 바뀌고, 이때 좌회전하고자 하는 차량은 화전마을 쪽에서 삼례 방면으로 좌회전하여 횡단보도 앞 정지선에 정차할 수 있으며, 화전마을 방면에서 삼례 방면으로의 좌회전 진행방향에는 좌회전신호등이 설치되어 있지는 아니하고(중앙선의 황색선은 끊어져 있고, 좌회전을 금지하는 교통표지판도 없다.) 전주 쪽에서 화전마을 방면으로는 좌회전 금지 표지판이 설치되어 있다는 것이므로, 화전마을 방면에서 삼례 방면으로 좌회전을 하고자 하는 차량은 다른 교통법규를 위반하지 아니하는 한 간선도로상의 차량진행신 호등이 적색으로 바뀐 기회를 이용하여 좌회전을 하는 것이 허용된다고 볼 것이니, 결국 이 사건 교차로는 신호등에 의하여 교통정리가 행해지는 교차로에 해당한다고 보아야 할 것이다. 따라서 피고 1로서는 그 신호체계의 지시에 부합하는 방법으로 이 사건 교차로에 진입한 것인 이상, 다른 특별한 사정이 없는 한 다른 차량들도 교통법 규를 준수하고 충돌을 피하기 위하여 적절한 조치를 취할 것으로 믿고 운전하면 충분하고, 다른 차량이 신호를 위반하여 교차로에 진입하여 자신의 차량을 들이받을 경우까지 예상하여 그에 따른 사고발생을 미리 방지할 특별한 조치까지 강구할 주의의무는 없다고 할 것이다.

나아가 이 사건 교통사고에 관하여 위 피고를 면책시킬 수 없는 특별한 사정이 있는가를 보건대, 원심판결 이유 및 기록에 의하면, 이 사건 교통사고 발생 당시 이 사건 교통사고를 직접 목격한 소외 3은 삼례 방면에서 전주 방면을 향하여 위 간선도로의 2차로를 따라 아반테 승용차를 운행 중 횡단보도 전방 30m 지점에서 진행신호가 정지신호로 바뀌는 것을 보고 서행하여 정상적으로 횡단보도 앞 정지선 2차로상에 정차하였는데 뒤따라오던 오토바이 운전자인 소외 2는 1차선을 이용하여 그 아반테 승용차 옆을 과속으로 통과한 다음 신호를 무시한 채 이 사건 교차로로 그대로 진입한 사실, 피고 1은 간선도로의 직진신호가 정지신호로 바뀌고 나서 위 아반테 승용차가 횡단보도 정지선상에 정차한 것을 확인한 다음 좌회전을 시작하여 이미 화물차량의 전면부는 교차로의 중앙 부분을 넘어 삼례 방면으로 향하는 간선도로에 진입함으로써 거의 좌회전을 완료하였고 다만 화물차량의 후미 부분 일부만이 아직 교차로상의 중앙부분에 머물러 있었던 상태였는데 위 오토바이가 위 교차로 내로 뒤늦게 진입하면서 아직 중앙선 부분에 남아 있었던 화물차량의 좌측 뒷바퀴 부분을 오토바이의 전면부로 충격함으로써 이 사건 교통사고가 발생한 사실 등을 인정할 수 있으므로, 위 오토바이 운전자 소외 2가 이 사건 교차로로 진입한 것은 신호등이 정지신호로 바뀌기 이전이나 그 직후가 아니라 이미 정지신호로 바뀌고서도 어느 정도 시간이 경과되었음에도 정지신호를 무시한 채 교차로로 진입한 것이라고 볼 것이며, 이러한 경우 위 피고로서는 위 오토바이가 신호를 위반하여 교차로를 진입해 들어와 자신의 차량을 충돌할 것까지 예상할 수 있는 상황에 있지는 아니하였다고 할 것이므로, 이러한 상황하에서는 이 사건 교통사고에는 위 피고를 면책시킬 수 없는 특별한 사정이 있다고 인정되지도 아니한다고 판단되고, 달리 기록상 이러한 사정을 찾아볼 자료도 없다

그럼에도 불구하고, 위 피고에게 이 사건 교통사고 발생에 관하여 운전상의 과실이 있다고 판단한 원심판결에는 신호등에 의하여 교통정리가 행해지는 교차로에서의 운전자의 주의의무와 그 면책 등에 관한 법리를 오해하여 판결에 영향을 미친 위법이 있다고 할 것이므로, 이 점을 지적하는 상고이유의 주장은 이유 있다.

3. 그러므로 원심판결 중 피고들 패소 부분을 파기하고, 이 부분 사건을 다시 심리·판단하게 하기 위하여 원심법원으로 환송하기로 하여 관여 법관의 일치된 의견으로 주문과 같이 판결한다.

> **판례17 |** 보행신호등의 녹색등화가 점멸되고 있는 상태에서 횡단보도에 진입한 보행자가 보행신호등이 적색등화로 변경된 후 차량신호등의 녹색등화에 따라 진행하던 차량에 충격 된 경우, 횡단보도상의 사고에 해당하는지 여부 **(소극)** *[대법원 2001. 10. 9. 선고 2001도2939 판결]*

【판결요지】

도로를 통행하는 보행자나 차마는 신호기 또는 안전표지가 표시하는 신호 또는 지시 등을 따라야 하는 것이고(도로교통법 제5조), '보행등의 녹색등화의 점멸신호'의 뜻은, 보행자는 횡단을 시작하여서는 아니되고 횡단하고 있는 보행자는 신속하게 횡단을 완료하거나 그 횡단을 중지하고 보도로 되돌아와야 한다는 것인바(도로교통법시행규칙 제5조 제2항 [별표 3]), 피해자가 보행신호등의 녹색등화가 점멸되고 있는 상태에서 횡단보도를 횡단하기 시작하여 횡단을 완료하기 전에 보행신호등이 적색등화로 변경된 후 차량신호등의 녹색등화에 따라서 직진하던 피고인 운전차량에 충격된 경우에, 피해자는 신호기가 설치된 횡단보도에서 녹색등화의 점멸신호에 위반하여 횡단보도를 통행하고 있었던 것이어서 횡단보도를 통행중인 보행자라고 보기는 어렵다고 할 것이므로, 피고인에게 운전자로서 사고발생방지에 관한 업무상 주의의무위반의 과실이 있음은 별론으로 하고 도로교통법 제24조 제1항 소정의 보행자보호의무를 위반한 잘못이 있다고는 할 수 없다.

【원심판결】

서울지법 200 1. 5. 22. 선고 2001노2420 판결

【주문】

상고를 기각한다.

【이유】

검사의 상고이유를 본다.

1. 원심은, 사고 당시 피해자는 보행자용 녹색등화가 점멸하기 시작한 이후에 횡단보도를 건너기 시작하여 횡단보도 중간을 넘어 반대쪽의 4차로 중 2차로 부근에 이르렀을 무렵에 보행자용 신호등이 적색으로 바뀌어 정지선에 정차한 차량들을 향하여 손을 들고 횡단을 계속하게 된 사실, 피고인은 피해자가 보행하는 방향의 우측에서 좌측으로 3차로를 따라 진행하던 중 신호등이 차량진행신호로 바뀌자 앞에 정차 중인 차량들을 피하여 4차로로 차선을 변경하여 진행하다가 뒤늦게 피해자를 발견하고 피해자를 충돌하는 사고를 일으킨 사실을 인정한 다음, 사실관계가 이러하다면 피고인에게 사고발생 방지에 관한 일반적인 업무상 주의의무 위반의 과실이 있음은 별론으로 하고 교통사고처리특례법 제3조 제2항 단서 제6호에 규정된 도로교통법 제24조 제1항의 횡단보도에서의 보행자보호의무를 위반한 운전에 해당하지 않는다고 판단하였다.

2. 도로를 통행하는 보행자나 차마는 신호기 또는 안전표지가 표시하는 신호 또는 지시 등을 따라야 하는 것이고(도로교통법 제5조), '보행등의 녹색등화의 점멸신호'의 뜻은, 보행자는 횡단을 시작하여서는 아니되고 횡단하고 있는 보행자는 신속하게 횡단을 완료하거나 그 횡단을 중지하고 보도로 되돌아와야 한다는 것인바(도로교통법시행규칙 제5조 제2항 [별표 3]), 이 사건의 경우와 같이 피해자가 보행신호등의 녹색등화가 점멸되고 있는 상태에서 횡단보도를 횡단하기 시작하여 횡단을 완료하기 전에 보행신호 등이 적색등화로 변경된 후 차량신호등의 녹색등화에 따라서 직진하던 피고인 운전차량에 충격된 경우에, 피해자는 신호기가 설치된 횡단보도에서 녹색등화의 점멸신호에 위반하여 횡단보도를 통행하고 있었던 것이어서 횡단보도를 통행중인 보행자라고 보기는 어렵다고 할 것이므로, 피고인에게 운전자로서 사고발생방지에 관한 업무상 주의의무위반의 과실이 있음은 별론으로 하고 도로교통법 제24조 제1항 소정의 보행자보호의무를 위반한 잘못이 있다고는 할 수 없다.

같은 취지의 원심의 판단은 정당하고, 이와 달리 원심판결에 교통사고처리특례법 제3조 제2항 단서 제6호의 해석을 그르친 위법이 있다는 상고이유는 받아들일 수 없다.

3. 그러므로 상고를 기각하기로 하여 관여 대법관의 일치된 의견으로 주문과 같이 판결한다.

판례18 | 출장 중 밤늦게 퇴근한 근로자가 동료들과 함께 자정 무렵까지 회식을 한 다음, 택시로 이동하여 술을 더 마신 후 횡단보도를 건너던 중 교통사고를 당한 경우, 업무상 재해에 해당하지 않는다고 본 사례*[대법원 1998. 5. 29. 선고 98두2973 판결]*

【판결요지】

[1] 근로자가 사업장을 떠나 출장 중인 경우에는 그 용무의 이행 여부나 방법 등에 있어 포괄적으로 사업주에게 책임을 지고 있다 할 것이어서 특별한 사정이 없는 한 출장과정의 전반에 대하여 사업주의 지배하에 있다고 말할 수 있으므로 그 업무수행성을 인정할 수 있고, 다만 출장 중의 행위가 출장에 당연히 또는 통상 수반하는 범위 내의 행위가 아닌 자의적 행위이거나 사적 행위일 경우에 한하여 업무수행성을 인정할 수 없고, 그와 같은 행위에 즈음하여 발생한 재해는 업무기인성을 인정할 여지가 없게 되어 업무상 재해로 볼 수 없다.

[2] 근로자가 출장 중 밤늦게 일을 마치고 부근에서 동료들과 함께 자정이 지날 때까지 저녁식사 겸 술을 마신 다음, 택시로 이동하여 포장마차에서 술을 더 마시고 밖으로 나와 횡단보도를 건너던 중 동료들보다 약 5m 쳐져서 뒤늦게 횡단을 하다가 교통사고를 당한 경우, 위 사고가 출장과정에 당연히 또는 통상 수반되는 행위중에 발생한 것으로서 업무상의 재해에 해당한다고 본 원심판결을 파기한 사례.

【원심판결】

부산고법 1997. 12. 24. 선고 97구1723 판결

【주문】

원심판결을 파기하고, 사건을 부산고등법원에 환송한다.

【이유】

피고 및 피고 보조참가인(이하 참가인이라 한다)의 각 상고이유를 함께 판단한다.

원심은, 원고는 참가인의 ○○공장 △△△△부에 소속되어 근무하여 오던 중 참가인이 제작한 크레인을 울산 소재 현대중공업 주식회사에 설치시공하는 하도급업체에 대한 지도 감독 및 기술지원을 위하여 1995. 11. 15.부터 같은 달 23.까지 출장명령을 받고 출장근무를 하고 있었던 사실, 원고는 울산 시내에 집을 두고 평소에는 참가인의 독신자 숙소에서 혼자 기거하다가 위 출장기간 중에는 집에서 위 회사로 출퇴근을 하였고, 원고와 함께 출장을 간 동료들은 여관에서 생활하고 있었던 사실, 원고는 같은 달 22. 22:40경 작업이 끝나 23:00경 퇴근을 하면서 함께 출장을 간 팀장인 소외 1 차장이 출장을 온 지 1주일이 지났는데도 회식도 한 번 못해서 미안하다고 하며 같이 식사를 하자고 제의하여 같이 출장을 간 4명이 근처 식당에서 저녁식사를 하면서 반주를 들고, 다시 포장마차에 들러 술을 약간 마신 후 다음날 02:00경에 귀가하기 위하여 횡단보도를 건너다가 택시에 치여 교통사고를 당한 사실을 인정한 다음, 이 사건 사고는 원고가 출장 중에 일과를 마치고 귀가하는 과정에서 발생한 것으로 그 귀가행위는 출장과정에 당연히 또는 통상 수반하는 범위 내의 행위이므로 위 사고는 업무상의 재해에 해당한다고 판단하였다.

근로자가 사업장을 떠나 출장 중인 경우에는 그 용무의 이행 여부나 방법 등에 있어 포괄적으로 사업주에게 책임을 지고 있다 할 것이어서 특별한 사정이 없는 한 출장과정의 전반에 대하여 사업주의 지배하에 있다고 말할 수 있으므로 그 업무수행성을 인정할 수 있고, 다만 출장 중의 행위가 출장에 당연히 또는 통상 수반하는 범위 내의 행위가 아닌 자의적 행위이거나 사적 행위일 경우에 한하여 업무수행성을 인정할 수 없고, 그와 같은 행위에 즈음하여 발생한 재해는 업무기인성을 인정할 여지가 없게 되어 업무상 재해로 볼 수 없다고 할 것이다(대법원 1985. 12. 24. 선고 84누403 판결, 1992. 11. 24. 선고 92누11046 판결, 1997. 9. 26. 선고 97누8892 판결 등 참조).

그런데 기록에 의하면 원심이 확정한 사실 외에도, 원고는 위 소외 1, 소외 2와 함께 퇴근하여 저녁식사를 하러 가면서 같이 출장을 와서 부근에 숙소를 둔 소외 3을 불러내어 모두 4명이 다음날 00:30경까지 저녁식사 겸 술을 마신 다음, 술을 더 마시기 위하여 택시를 타고 단란주점이 많이 있는 곳으로 갔으나 이미 자정이 지나 영업 중인 업소를 찾지 못하고 부근에 있는 포장마차에 가서 맥주 4, 5병을 더 마신 후 02:00경에야 밖으로 나와 횡단보도를 건너게 되었는데, 일행 3명은 횡단신호를 보고 앞서 건넜는 데도 원고는 약 5m 쳐져서 뒤늦게 횡단을 하다가 사고를 당하게 되었음을 알 수 있는바, 원심이 확정한 사실에다가 위와 같은 사정을 종합하여 보면, 원고가 밤늦게 일을 마치고 부근에서 동료들과 저녁식사를 한 것까지는 출장과정에 통상 수반하는 범위 내의 행위라고 볼 수 있다고 하더라도, 그 이후 술을 더 마시기 위하여 택시를 타고 이동한 때로부터 숙소로 복귀하기 이전까지의 행위는 출장에 당연히 또는 통상 수반하는 범위 내의 행위라고 말할 수 없고, 이는 업무수행의 범위를 벗어난 자의적이고 사적인 행위라고 하여야 할 것이다.

그럼에도 불구하고 위 교통사고가 출장과정에 당연히 또는 통상 수반되는 행위중에 발생한 것으로서 업무상의 재해에 해당한다고 본 원심판결에는 산업재해보상보험법의 업무상 재해에 관한 법리를 오해하여 판결에 영향을 미친 위법이 있다고 할 것이므로, 이 점을 지적하는 상고이유의 주장은 이유 있다.

그러므로 원심판결을 파기하고, 사건을 원심법원에 환송하기로 하여 관여 법관의 일치된 의견으로 주문과 같이 판결한다.

판례19 | 야간에 편도 3차선 도로의 신호등 없는 횡단보도를 건너다가 사고를 당한 피해자에게 차량이 오는 쪽의 안전을 소홀히 한 채 횡단보도를 건넌 과실이 있으므로 손해배상액을 정함에 있어 이를 참작해야 한다고 본 사례/*대법원 1997. 12. 9. 선고 97다43086 판결*/

【판결요지】

[1] 불법행위에 있어서 피해자의 과실을 따지는 과실상계에서의 과실은 가해자의 과실과 달리 사회통념이나 신의성실의 원칙에 따라 공동생활에 있어 요구되는 약한 의미의 부주의를 가리키는 것으로 보아야 한다.

[2] 사고 장소가 횡단보도이기는 하지만 교통신호등이 설치되어 있지 아니한 곳으로 노폭 21m인 편도 3차선의 비교적 넓은 도로이고 사고 당시는 밤이 깊은 21:50경이며 부근에 가로등도 없어 횡단보도 상의 물체를 식별할 수 있을 정도였던 경우, 피해자에게도 횡단보도를 횡단함에 있어 차량이 오는 쪽의 안전을 소홀히 한 채 횡단보도를 건너간 부주의가 있었다고 볼 수 있으므로 그 손해배상액을 정함에 있어 이러한 피해자의 과실을 참작해야 한다고 본 사례.

【원심판결】

대구지법 1997. 8. 22. 선고 97나216 판결

【주문】

원심판결의 피고 패소 부분 중 재산상 손해부분을 파기하고, 이 부분 사건을 대구지방법원 본원 합의부에 환송한다.

【이유】

1. 원심판결 이유에 의하면 원심은, 피고가 혈중알콜농도 0.07%의 술에 취한 상태에서 승용차를 운전하여 대구 경북대 북문 쪽에서 북현오거리 쪽으로 노폭 21m인 편도 3차선 도로의 1차선 상을 시속 60 내지 70km의 속도로 가다가 소외 1과 함께 신호등 없는 횡단보도를 건너가던 소외 2를 들이받아 그 자리에서 사망하게 하고 도주한 사실, 사고 당시는 야간이고 부근에 가로등이 없었으나 횡단보도 상의 물체는 식별할 수 있을 정도였고 통행하는 차량도 별로 없었던 사실, 피고는 위 도로의 2차선 상으로 진행하고 있던 영업용 택시를 추월하여 횡단보도 중 1차선에 해당하는 부분으로 진입하였고, 망인은 횡단보도를 중앙선 부근까지 건넜던 사실을 인정한 다음, 망인이 신호등 없는 횡단보도를 횡단하였다는 사실만으로 그에게 위 승용차가 진행하여 오는 것을 미리 원거리에서부터 확인하여 안전을 도모할 주의의무가 있다고 볼 수 없고, 사고의 경위를 보더라도 망인이 위 승용차의 비정상적인 운행을 미리 예견할 수 있었거나 그에 대처하여 사고를 피할 시간적·공간적 여유가 있었다고 볼 아무런 증거가 없으므로, 위 망인에게는 과실이 없다고 판단하여 피고의 과실상계 주장을 배척하였다.

그러나 불법행위에 있어서 피해자의 과실을 따지는 과실상계에서의 과실은 가해자의 과실과 달리 사회통념이나 신의성실의 원칙에 따라 공동생활에 있어 요구되는 약한 의미의 부주의를 가리키는 것으로 보아야 할 것인바(대법원 1983. 12. 27. 선고 83

다카644 판결, 1992. 11. 13. 선고 92다14687 판결 등 참조), 원심이 확정하고 있는 바와 같이 이 사건 사고 지점은 횡단보도이기는 하지만 교통신호등이 설치되어 있지 아니한 곳으로 노폭 21m인 편도 3차선의 비교적 넓은 도로이고, 사고 당시는 밤이 깊은 21:50경이며 부근에 가로등도 없어 횡단보도 상의 물체를 식별할 수 있을 정도였다면, 위 망인에게도 횡단보도를 횡단함에 있어 차량이 오는 쪽의 안전을 소홀히 한 채 횡단보도를 건너간 부주의가 있었다고 볼 수 있으므로, 원심으로서는 마땅히 피고의 손해배상액을 정함에 있어 이러한 망인의 과실을 참작했어야 할 것인데도 이를 참작하지 아니한 잘못이 있고, 이 점을 지적하는 상고이유는 이유가 있다.

2. 그러므로 나머지 상고이유에 대한 판단을 생략한 채 원심판결의 피고 패소 부분 중 재산상 손해 부분을 파기하고, 이 부분 사건을 다시 심리·판단하게 하기 위하여 원심법원에 환송하기로 관여 법관의 의견이 일치되어 주문과 같이 판결한다.

판례20 | 교차로 직전에 설치된 횡단보도에 따로 차량보조등이 설치되어 있지 아니한 경우, 교차로 신호가 적색이고 횡단보도의 보행자신호등이 녹색인 상태에서 우회전하기 위하여 횡단보도로 들어간 차량의 신호위반 여부(적극)[대법원 1997.10.10.선고 97도1835 판결]

【판결요지】

도로교통법 제4조, 도로교통법시행규칙 제4조, 제6조 제2항, [별표 4] '신호등의 종류, 만드는 방식 및 설치기준' 등 관계 규정들에 의하면, 교차로와 횡단보도가 인접하여 설치되어 있고 차량용 신호기는 교차로에만 설치된 경우에 있어서는, 그 차량용 신호기는 차량에 대하여 교차로의 통행은 물론 교차로 직전의 횡단보도에 대한 통행까지도 아울러 지시하는 것이라고 보아야 할 것이고, 횡단보도의 보행등 측면에 차량보조등이 설치되어 있지 않다고 하여 횡단보도에 대한 차량용 신호등이 없는 상태라고는 볼 수 없다.

【원심판결】

대전지법 1997. 6. 25. 선고 97노418 판결

【주문】

원심판결을 파기하고, 사건을 대전지방법원 합의부에 환송한다.

【이유】

상고이유를 본다.

1. 피고인에 대한 공소사실의 요지는, 피고인은 1996. 7. 13. 01:10경 (자동차등록번호

생략) 택시를 운전하여 대전 동구 가양동 근영약국 앞 도로상을 가양동사무소 방면에서 가양 4가 방면으로 진행함에 있어, 전방에 신호등이 설치되어 있는 횡단보도가 있고 교차로상에 차량신호기가 설치되어 있었으며 횡단보도와 교차로에는 차량 정지신호가 들어와 있었으므로, 피고인으로서는 횡단보도 앞 정지선에 정지하였다가 차량 진행신호로 바뀐 다음에 출발하여야 할 업무상의 주의의무가 있음에도 불구하고 차량 정지신호를 무시하고 그대로 우회전하기 위하여 횡단보도를 진행한 과실로 피고인의 진행방향 우측에서 좌측으로 오토바이를 탄 상태로 횡단보도를 건너던 피해자 공소외인의 오토바이를 들이받아 피해자로 하여금 약 12주간의 치료를 요하는 좌측경골간부 분쇄골절상 등을 입게 하였다는 것이다.

2. 원심은, 이 사건 횡단보도에는 횡단보행자용 신호기만 설치되어 있고 별도의 차량용 신호기가 설치되어 있지 않으므로, 이러한 경우 횡단보행자용 신호기의 신호가 보행자 통행신호인 녹색으로 되었을 때 차량 운전자가 횡단보도상을 운행하였다고 하여도 신호기의 신호에 위반하여 운전한 것이라고 할 수 없고, 또한 교차로상의 신호가 적색신호라 하여도 차량 운전자로서는 측면교통을 방해하지 아니하는 한 우회전할 수 있는 것이며, 피해자의 오토바이 운행은 위 측면교통에 해당하지 않으므로, 피고인은 교통사고처리특례법 제3조 제1항 제1호의 신호에 위반하여 운전한 경우에 해당한다고 할 수 없고, 한편 피고인이 운전한 차량은 같은 법 제4조에 정한 공제에 가입되어 있는 사실이 인정되므로, 이 사건은 공소제기의 절차가 법률에 위반하여 무효인 때에 해당한다고 하여 형사소송법 제327조 제2호에 따라 공소를 기각한 제1심판결을 그대로 유지하였다.

3. 그러나 위와 같은 원심의 판단은 수긍할 수 없다.

기록에 의하여 살펴보면, 이 사건 사고장소는 피고인의 진행방향으로 보아 전방의 교차로 직전에 횡단보도가 설치되어 있고 횡단보도 직전에 정지선이 있으며, 교차로 건너편에 차량용 신호기가 있고, 횡단보도에는 횡단보행자용 보행등이 있을 뿐 보행등의 측면에 차량보조등이 따로 설치되어 있지 아니한 사실을 알 수 있다.

먼저 도로교통법 제4조는 신호기의 종류, 만드는 방식, 설치하는 곳 그 밖의 필요한 사항은 내무부령으로 정하도록 규정하고 있고, 도로교통법시행규칙(이하 규칙이라 한다) 제4조는 신호기의 설치장소에 관하여, 신호기는 지방경찰청장이 필요하다고 인정하는 교차로 그 밖의 도로에 설치하되 그 앞쪽에서 잘 보이도록 설치하여야 한다고 규정하고 있으며, 규칙 제6조 제2항, [별표 4] '신호등의 종류, 만드는 방식 및 설치기준'에 의하면, 교차로와 횡단보도에는 그 통행량 등의 설치기준에 따라 차량용 신호등을 설치하도록 하고, 횡단보도에는 보행자용 보행등을 설치하는 외에 보행등의 측면에 차량보조등을 설치하도록 규정하고 있다. 위 관계 규정들에 비추어 보면, 이 사건에서와 같이 교차로와 횡단보도가 인접하여 설치되어 있고 차량용 신호기는 교차로에만 설치된 경우에 있어서는, 그 차량용 신호기는 차량에 대하여 교차로의 통행은 물론 교차로 직전의 횡단보도에 대한 통행까지도 아울러 지시하는 것이라고 보아야 할 것이고, 횡단보도의 보행등 측면에 차량보조등이 설치되어 있지 않다고 하여 횡단보도에 대한 차량용 신호등이 없는 상태라고는 볼 수 없다고 할 것이다.

나아가 규칙 제5조 제2항, [별표 3]에서 신호기의 적색 등화의 뜻은 "1. 보행자는 횡단하여서는 아니된다. 2. 차마는 정지선이나 횡단보도가 있는 때에는 그 직전 및 교차로 직전에서 정지하여야 한다. 3. 차마는 신호에 따라 직진하는 측면 교통을 방해하지 아니하는 한 우회전 할 수 있다."라고 규정하고 있다. 따라서 이 사건에서 차량용 적색 신호등은 위 제2호에 의하여 교차로 및 횡단보도 직전에서의 정지의무를 아울러 명하고 있는 것으로 보아야 하므로, 횡단보도의 보행등이 녹색인 경우에는 모든 차량이 횡단보도 정지선에서 정지하여야 하고, 다만 횡단보도의 보행등이 적색으로 바뀌어 횡단보도로서의 성격을 상실한 때에는 우회전 차량은 횡단보도를 통과하여 위 제3호가 정한 제한에 따라 우회전할 수 있다고 해석해야 할 것이며, 만약 차량보조등이 설치되어 있다면 우회전 차량은 보행등의 상황을 살피지 않고도 차량보조등의 지시에 따라 횡단보도를 통과할 수 있게 된다 고 할 것이다.

결국 이 사건 사고 당시 만약 피고인이 차량 신호등은 적색이고 횡단보도의 보행등은 녹색이었음에도 불구하고 우회전하기 위하여 횡단보도를 침범하여 운행한 것이라면, 이는 도로교통법 제5조의 규정에 의한 신호기의 신호에 위반하여 운전한 경우에 해당한다고 보아야 할 것이다. 제1심판결이 원용한 대법원 1988. 8. 23. 선고 88도632 판결은 차량이 교차로에서 좌회전 신호에 의하여 좌회전하던 중 교차로를 완전히 벗어나기 전에 신호가 변경되어 교차로가 끝나는 좌측 도로의 횡단보도에서 발생한 사고에 관한 것으로서 이 사건과는 사례를 달리하는 것이다.

기록에 의하면, 이 사건 피해자는 사고 당시 횡단보도의 보행등이 녹색이었다고 진술하고 있고, 공소사실도 횡단보도가 보행자 횡단신호의 상태임을 전제로 한 것이라고 보이므로, 원심으로서는 사고 당시 보행등의 등화 상태를 심리하여 확정한 다음 공소제기 절차의 정당성 여부를 판단하였어야 할 것임에도 불구하고, 이에 이르지 아니한 채 위와 같은 판단하에 공소를 기각하고 말았으니, 원심판결에는 신호기의 신호에 관한 법리를 오해함으로써 심리를 다하지 아니한 위법이 있다 할 것이므로, 이 점을 지적하는 논지는 이유 있다.

그러므로 원심판결을 파기하고, 사건을 원심법원에 환송하기로 하여 관여 법관의 일치된 의견으로 주문과 같이 판결한다.

판례21 | 회사에서 제공한 통근버스에 탑승하기 위하여 횡단보도를 건너다 발생한 교통사고로 입은 재해를 업무상 재해에 해당하지 아니한다고 본 사례*[대법원 1996. 4. 26. 선고 96누2026 판결]*

【판결요지】

[1] 근로자가 통근 중에 입은 재해가 업무상 재해로 인정되기 위하여는 사업주가 제공한 교통수단을 근로자가 이용하는 등 근로자의 통근과정이 사업주의 지배·관리하에 있다고 볼 수 있는 경우여야 한다.

[2] 근로자가 통근버스에 탑승하기 위하여 횡단보도를 건너다 교통사고를 당하였다면 아직 사업주의 지배관리하에 있었다고 보기는 어렵고, 단순히 위 사고지점이 통근버스에서 5m 정도 떨어진 가까운 지점이라는 사정만으로는 업무상 재해에 해당하지 않는다고 본 원심판결을 수긍한 사례.

【원심판결】

서울고법 1995. 12. 14. 선고 95구17375 판결

【주문】

상고를 기각한다. 상고비용은 원고의 부담으로 한다.

【이유】

상고이유를 본다.

근로자가 단순한 통근 중에 입은 재해가 업무상 재해로 인정되기 위하여는 사업주가 제공한 교통수단을 근로자가 이용하는 등 근로자의 통근과정이 사업주의 지배·관리하에 있다고 볼 수 있는 경우여야 할 것인바(대법원 1993. 1. 19. 선고 92누13073 판결, 1993. 5. 11. 선고 92누16805 판결, 1994. 4. 12. 선고 93누24186 판결 등 참조), 원심이 같은 취지에서, 이 사건 사고는 원고의 남편인 망 소외인이 회사로 출근하기 위하여 통근버스 정차장으로 통근버스를 타러 왕복 6차선 도로의 횡단보도를 건너다가 교통사고를 당한 것으로서 위 망인이 통근버스에 탑승하는 등 아직 통근버스의 이용을 개시하기 전에 발생한 것이므로, 위 사고 당시에 위 망인이 사업주의 지배관리하에 있었다고 보기는 어렵다 할 것이고, 단순히 위 사고 지점이 통근버스에서 5m 정도 떨어진 가까운 지점이라는 사정만으로는 위 결론을 달리할 수 없다는 이유로 위 망인의 사망이 업무상 재해에 해당하지 않는다고 판단한 것은 정당하고, 거기에 소론과 같은 법리오해 및 판례위반 등의 위법이 없다. 논지는 이유 없다.

그러므로 상고를 기각하고, 상고비용은 패소자의 부담으로 하기로 하여 관여 법관의 일치된 의견으로 주문과 같이 판결한다.

판례22 | 교차로 입구에서 약 29m 떨어진 횡단보도 위에 설치된 차량신호기가 교차로를 통과하는 모든 차량에 관한 지시를 표시하는 것으로 본 사례[대법원 1995. 12. 8. 선고 95도1928 판결]

【판결요지】

차량신호기가 비록 교차로 입구로부터 약 29m 떨어진 횡단보도 위에 설치되어 있다고 하더라도 이는 횡단보도를 통행하는 보행자를 보호하기 위하여 그 횡단보도를 지나는 차량들에 대한 지시를 표시하는 신호기일 뿐 아니라, 교차로를 통과하는 모든 차량들에 관한 지시를 표시하는 신호기라고 본 사례.

【원심판결】

광주지방법원 1995. 7. 20. 선고 95노543 판결

【주문】

원심판결을 파기하고 사건을 광주지방법원 본원 합의부에 환송한다.

【이유】

검사의 상고이유를 판단한다.

원심판결 이유에 의하면 원심은, 제1심법원이 적법하게 조사·채택한 증거에 의하여, 이 사건 교통사고가 발생한 교차로는 서구청 방면에서 농성지하도 방면을 향하여 좌로 굽은 편도 3차선 도로의 우측에 서구 보건소 방면으로 진입하는 도로가 연결되어 있는 "ㅏ"자형 교차로이고, 위 농성지하도 방면에서 위 서구 보건소 방면으로 좌회전하는 차량을 위하여 별도의 차량신호 없이 비보호 좌회전이 가능하도록 황색실선의 중앙선이 끊겨 있고, 백색 점선의 중앙선이 위 농성지하도 방면에서 위 서구 보건소 방면을 따라 그어져 있으며, 이 사건 사고 당시 위 서구청 방면의 교차로 입구에는 차량정지선이 그어져 있고 그로부터 위 서구청 방면으로 약 29m 떨어진 지점에 보행자용 횡단보도 표시가 그어져 있으며, 그 횡단보도와 인도의 접속지점에 양 방향의 진행차량이 볼 수 있도록 차량신호기가 설치되어 있고, 위 교차로 부근에는 위 차량신호기만이 유일하게 설치되어 있을 뿐 다른 차량신호기는 설치되어 있지 아니한 사실, 이 사건 당시 피고인은 (차량등록번호 1 생략) 시외버스를 운전하고 위 차량신호기의 정지신호를 위반한 채 위 횡단보도 및 위 교차로 입구의 정지선을 그대로 지나쳐 교차로에 진입함으로써 때마침 반대방향인 농성지하도

방면에서 서구 보건소 방면으로 좌회전하던 피해자 공소외인 운전의 (차량등록번호 2 생략) 승용차를 뒤늦게 발견하고 급제동 조치를 취하였으나 미치지 못하여 피고인 운전차량 앞 범퍼 부분으로 위 피해자 운전차량 우측 옆 부분을 충격하여 위 피해자에게 약 4주간의 치료를 요하는 늑골골절상 등을 입게 한 사실을 인정한 다음, 피고인의 위와 같은 과실이 교통사고처리특례법 제3조 제2항 단서 제1호 소정의 ' 도로교통법 제5조의 규정에 의한 신호기의 신호가 표시하는 지시에 위반하여 운전'한 경우에 해당하는지에 관하여 보면, 일반적으로 교차로 부근의 차량신호기가 그 교차로를 통과하는 차량들의 통행방법을 지시하는 것으로 볼 것인지 여부는 교차로의 성상 및 규모, 당해 차량신호기와 그 교차로와의 거리, 당해 차량신호기의 피관측 방향, 교차로 주변에 있는 다른 차량신호기의 위치 및 형태, 당해 차량신호기와 교차로 주변 다른 차량신호기와의 신호연계체계 여하 등을 종합적으로 고려하여 판단하여야 할 것인데, 이 사건 교통사고 당시 위 교차로 부근에는 이 사건 차량신호기만이유일하게 설치되어 있고, 피고인 운전차량의 진행방향 맞은편에는 차량신호기가 설치되어 있지 아니하였으며, 위 차량신호기가 설치된 지점으로부터 교차로 입구까지는 약 29m 떨어져 있어 피고인과 같이 위 교차로를 서구청 방면에서 농성지하도 방면으로 향하여 진행하는 운전자로서는 위 차량신호기가 설치되어 있는 지점의 5 내지 10m 전방에 이르기까지에 한하여 전방주시 의무를 동시에 이행할 수 있는 정상적인 운전자세로 위 차량신호기를 올려다 볼 수 있을 뿐이고, 그 지점을 지나친 후에는 위 교차로를 통과할 때까지도 차량신호기의 지시를 받을 수 없는 점에 비추어 볼 때 피고인과 같이 서구청 방면에서 농성지하도 방면을 향하여 진행하는 운전자로서는 위 차량신호기가 설치된 지점의 5 내지 10m 전방의 지점을 지날 때부터 위 교차로를 통과할 때까지는 통상의 차량신호기가 설치되어 있지 아니한 교차로 부근을 통과하는 운전자에게 요구되는 주의의무에 따라서만 운행할 수 있다 할 것이고, 한편 이 사건 피해자와 같이 농성지하도 방면에서 서구 보건소 방면으로 좌회전하고자 하는 차량의 운전자로서는 위 교차로가 비보호 좌회전이 허용된 곳이고, 위 차량신호기가 위 교차로 입구에서 약 29m나 떨어져 있으므로 비록 이 사건 교통사고 당시와 같이 위 차량신호기의 신호가 차량정지신호 상태에 있다고 할지라도 서구청 방면에서 농성지하도 방면으로, 또는 서구 보건소 방면에서 서구청 방면으로 진행하는 차량이 있는지 여부를 잘 살펴 자신의 책임 하에 안전하게 운행하여야 하고, 위 차량신호기의 신호가 차량정지신호 상태에 있다고 하여 만연히 곧바로 좌회전하여서는 아니 된다고 할 것이므로, 위 차량신호기는 위 교차로를 서구청 방면에서 농성지하도 방면으로 진행하는 차량 및 농성지하도 방면에서 서구 보건소 방면으로 진행하는 차량들에 대하여 각 통행에 관한 지시를 표시하는 신호기라고 보기 어렵고, 달리 이를 인정할 만한 증거를 찾아 볼 수 없으며, 오히려 위 차량신호기는 그 곳에 설치된 횡단보도를 통행하는 보행자를 보호하기 위하여 그 횡단보도를 지나는 차량들에 대한 지시를 표시하는 신호기라고 봄이 상당하므로 피고인이 신호를 위반한 것으로는 볼 수 없다고 판단하여 이 부분에 대하여 공소를 기각한 제1심판결을 유지하였다.

그러나 위 차량신호기가 그 곳에 설치된 횡단보도를 통행하는 보행자를 보호하기 위하여 그 횡단보도를 지나는 차량들에 대한 지시를 표시하는 신호기일 뿐 위 교차로를 서구청 방면에서 농성지하도 방면으로 진행하는 차량 및 농성지하도 방면에서 서구 보건소 방면으로 진행하는 차량들에 대하여 각 통행에 관한 지시를 표시하는 신호기라고 보기 어렵다고 한 원심의 판단은 선뜻 수긍하기가 어렵다.

살피건대, 기록에 의하면, 위 두 개의 차량신호기가 모두 횡단보도 위에 설치되어 있고 교차로를 가로질러 대각선을 이루는 지점에 설치되어 있지 않음은 원심판시와 같지만, 위 신호기가 반드시 교차로를 가로질러 설치되어 있어야만 교차로 통행방법을 지시하는 신호기로 볼 수 있다는 근거는 없는 것이다.

먼저, 농성지하도 방면에서 본다면 원심이 확정한 바와 같이 농성지하도 방면에서 서구 보건소 방면으로 좌회전하는 차량을 위하여 황색실선의 중앙선이 끊겨 있고 백색점선의 중앙선이 농성지하도 방면에서 서구 보건소 방면으로 그어져 있으므로 농성지하도 방면에서 서구 보건소 방면으로 좌회전하는 것이 금지되어 있다고 볼 수는 없다 할 것이다. 그리고 서구청 방면에서 농성지하도 방면으로 본다면 횡단보도 앞에 정지선이 그어져 있고 횡단보도를 약 29m를 지난 지점 즉 교차로 진입 입구에 또 다른 정지선이 그어져 있음은 원심이 확정한 바와 같은바, 만일 원심과 같이 이 사건 차량신호기가 횡단보도를 통행하는 보행자를 보호하기 위하여 횡단보도를 지나는 차량들에 대한 지시만을 표시하는 신호기라고 한다면 횡단보도를 약 29m 지나 교차로 진입 입구에 그어져 있는 위 정지선은 아무런 의미가 없게 된다.

왜냐하면, 일반적으로 도로에 그어져 있는 정지선은 진행하는 차량이 정지하여야 할 지점을 표시하는 것이라 할 것인데, 이 사건 피해자와 같이 농성지하도 방면에서 서구 보건소 방면으로 좌회전하고자 하는 차량의 운전자가 서구청 방면에서 농성지하도 방면으로, 또는 서구 보건소 방면에서 서구청 방면으로 진행하는 차량이 있는지 여부를 잘 살펴 자신의 책임하에 안전하게 좌회전하여야 한다면, 서구청 방면에서 농성지하도 방면으로 진행하는 차량은 반대 방면에서 좌회전하는 차량이 있는지의 유무와는 상관 없이 언제든지 진행할 수 있어 교차로 진입 입구에 그어져 있는 정지선에 정지할 필요가 없게 되어 결국 위 정지선은 불필요한 선을 그어 놓은 것에 지나지 아니한 것으로 볼 수밖에 없게 된다.

따라서, 기록에 나타난 이 사건 교차로의 성상 및 규모 이 사건 차량신호기의 위치와 형태 그리고 교차로 입구에 위 정지선이 그어져 있는 이유 등을 고려하여 본다면, 서구청 방면에서 농성지하도로 진행하는 차량들은 횡단보도에 설치된 이 사건 차량신호기의 신호에 따라 신호기의 신호가 녹색등화일 경우에는 계속 진행을 할 수 있고, 적색등화인 경우에는 횡단보도 앞 정지선에 정지를 하여야 하며, 다만 황색등화인 경우에 이미 횡단보도를 진입하였다면 신속히 횡단보도를 통과한 후 이 사건 차량신호기가 적색등화인 동안 반대 방면에서 좌회전하는 차량을 위하여 교차로 입구의 위 정지선에서 정지하여야 하고, 농성지하도 방면에서 서구 보건소 방면으로 좌회전하려는 차량은 특히 위 교차로에 비보호좌회전 표시 또는 좌회전을 금지하는 표시가 설치되어 있지 아니한 사실을 엿볼 수 있으므로 위 차량신호기가 적색등화일 때 좌회전할 수 있다고 봄이 상당하다고 할 것이다.

이렇게 본다면, 이 사건 차량신호기가 비록 교차로 입구로부터 약 29m 떨어진 횡단보도 위에 설치되어 있다고 하더라도 이는 횡단보도를 통행하는 보행자를 보호하기 위하여 그 횡단보도를 지나는 차량들에 대한 지시를 표시하는 신호기일 뿐 아니라, 이 사건 교차로를 농성지하도 방면에서 서구 보건소 방면으로 진행하는 차량 및 서구청 방면에서 농성지하도 방면으로 진행하는 차량들에 대하여도 각 통행에 관한 지시를 표시하는 신호기 즉 이 사건 교차로를 통과하는 모든 차량들에 관한 지시를 표시하는 신호기라고 보지 않을 수 없다 할 것이다.

따라서 이 사건 차량신호기가 이미 적색신호이어서 다른 차량들은 횡단보도 앞 정지선에 모두 정지하였음에도 불구하고 유독 피고인만이 위 정지신호를 무시하고 계속 같은 속력으로 진행하여 횡단보도 앞의 정지선은 물론 교차로 진입 입구의 정지선도 그대로 통과하여 진행하다가 반대 방면에서 위 차량신호기의 적색신호를 신뢰하여 좌회전하는 차량을 충격함으로써 피해자에게 원심 판시와 같은 상해를 입게 한 것이라면, 피고인은 교통사고처리특례법 제3조 제2항 단서 제1호가 정하는 신호위반 사고를 일으킨 것으로 볼 수밖에 없다 할 것임에도 불구하고, 그 판시와 같이 이 사건 사고는 피고인이 신호를 위반하여 일으킨 것이 아니라는 이유로 공소기각을 선고한 제1심 판결을 유지한 원심은 필경 도로교통법상의 신호체계에 관한 법리를 오해한 나머지 판결에 영향을 미친 위법을 저지른 것이라 아니할 수 없으므로 이 점을 지적하는 검사의 상고이유의 주장은 그 이유 있다 할 것이다.

그리고 원심이 유죄로 인정한 이 사건 도로교통법위반의 죄는 이 사건 교통사고처리특례법위반의 죄와는 상상적 경합관계에 있을 뿐만 아니라, 1995. 12. 2. 공포되어 같은 날부터 시행된 일반사면령(대통령령 제14818호)에 의하여 사면되었으므로 이 부분도 함께 파기하기로 한다.

그러므로 원심판결을 파기하고 사건을 원심법원에 환송하기로 관여 법관들의 의견이 일치되어 주문과 같이 판결한다.

판례23 | 피고인이 좌회전이 금지된 장소에서 실제로 중앙선이 그어져 있지 아니한 횡단보도 부분을 통하여 반대차선으로 넘어 들어간 경우 '01'항의 중앙선침범사고에 해당한다고 한 사례[대법원 1995. 5. 12. 선고 95도512 판결]

【판결요지】

가. 차선이 설치된 도로의 중앙선은 서로 반대방향으로 운행하는 차선이 접속하는 경계선에 다름 아니어서 차선을 운행하는 운전자로서는 특단의 사정이 없는 한 반대차선 내에 있는 차량은 이 경계선을 넘어 들어오지 않을 것으로 신뢰하여 운행하는 것이므로, 부득이한 사유가 없는데도 고의로 이러한 경계선인 중앙선을 넘어 들어가 침범당한 차선의 차량운행자의 신뢰에 어긋난 운행을 함으로써 사고를 일으켰다면 교통사고처리특례법 제3조 제2항 단서 제2호가 정한 처벌특례의 예외규정인 중앙선침범사고에 해당한다.

나. 피고인이 운전하던 차량이 신호등이 설치되어 있지 아니한 횡단보도를 통로로 하여 반대차선으로 넘어 들어가다 충돌사고가 발생한 경우, 그 횡단보도에 황색실선의 중앙선이 곧바로 이어져 좌회전이 금지된 장소인 점 등 사고경위에 비추어 피고인 차량이 넘어간 부분이 횡단보도로서 실제로 중앙선이 그어져 있지 아니하더라도 반대차선에서 오토바이를 운행하던 피해자의 신뢰에 크게 어긋남과 아울러 교통사고의 위험성이 큰 운전행위로서 사고발생의 직접적인 원인이 되었다고 보아 교통사고처리특례법 제3조 제2항 단서 제2호 소정의 중앙선침범사고에 해당한다고 한 사례.

【원심판결】

춘천지방법원 1995.1.26. 선고 94노515 판결

【주문】

원심판결을 파기하고 사건을 춘천지방법원 합의부로 환송한다.

【이유】

검사의 상고이유를 본다.

1. 원심판결 이유에 의하면 원심은, 피고인이 (차량등록번호 생략) 승용차를 운전하고 1994.8. 7. 10:30경 속초시 장사동 소재 능라도 막국수집 앞 7번 국도에 이르러 황색실선의 중앙선을 침범한 업무상 과실로 마침 반대차선을 진행하던 피해자 공소외인 운전의 오토바이를 들이받아 피해자에게 전치 8주간의 좌4중수골골절상 등을 입게 한 것이라는 이 사건 공소사실에 대하여, 제1심이 적법하게 조사, 채택한 증거에 의하면 피고인이 횡단보도를 통하여 좌회전하다가 이 사건 교통사고를 일으킨 사실이 인정되는데, 피고인의 차량이 반대차선으로 넘어간 통로에 해당되는 도로부분이 횡단보도로서 실제로 중앙선이 그어져 있지 아니한 이 사건은 중앙선침범사고에 해당하지 아니한다 할 것이고, 한편 피고인의 차량은 종합보험에 가입되어 있으므로, 결국 이 사건은 공소제기의 절차가 법률의 규정에 위반하여 무효인 때에 해당한다 하여 피고인에

대한 이 사건 공소를 기각하였다.

2. 그러나 차선이 설치된 도로의 중앙선은 서로 반대방향으로 운행하는 차선이 접속하는 경계선에 다름 아니어서 차선을 운행하는 운전자로서는 특단의 사정이 없는 한 반대차선 내에 있는 차량은 이 경계선을 넘어 들어오지 않을 것으로 신뢰하여 운행하는 것이므로, 부득이한 사유가 없는데도 고의로 이러한 경계선인 중앙선을 넘어 들어가 침범당한 차선의 차량운행자의 신뢰와 어긋난 운행을 함으로써 사고를 일으켰다면 교통사고처리특례법 제3조 제2항 단서 제2호가 정한 처벌특례의 예외규정에 해당한다고 할 것이다(당원 1989.4.11. 선고 88도1678 판결 참조).

이 사건에서 원심이 배척하지 아니한 제1심이 조사, 채택한 증거들을 살펴보면, 이 사건 사고 당시 피고인이 운전하던 차량이 신호등이 설치되어 있지 아니한 횡단보도를 통로로 하여 반대차선으로 넘어가기는 하였으나, 폭 6.4m의 위 횡단보도를 제외한 이 사건 사고지점 도로에는 황색실선의 중앙선이 곧바로 이어져 설치되어 있어서 그 곳은 좌회전이 금지된 장소인 사실, 피고인은 위 횡단보도를 통하여 반대차선으로 넘어간 다음 횡단보도를 지나 중앙선이 설치되어 있는 부분의 반대차선을 거쳐 왼쪽 골목길로 좌회전을 하려다가 반대차선에서 직진하여 오던 피해자의 오토바이와 횡단보도 못미처 중앙선이 설치된 도로 부분에서 충돌한 사실 등이 각 인정되는바, 위와 같은 사고경위에 비추어 보면 피고인이 좌회전이 금지된 장소에서 위와 같이 반대차선으로 넘어 들어간 행위는 반대차선에서 오토바이를 운행하던 피해자의 신뢰에 크게 어긋남과 아울러 교통사고의 위험성이 큰 운전행위로서 이 사건 사고발생의 직접적인 원인이 되었다고 보지 않을 수 없고, 피고인의 차량이 반대차선으로 넘어간 통로에 해당되는 도로 부분이 횡단보도로서 실제로 중앙선이 그어져 있지 아니하다는 이유만으로 이를 달리 볼 것은 아니다.

결국 원심판결에는 교통사고처리특례법 제3조 제2항 단서 제2호의 규정에 관한 법률해석을 그르침으로써 판결에 영향을 미친 위법이 있고, 이 점을 지적하는 논지는 이유 있다.

3. 그러므로 원심판결을 파기하고 사건을 원심법원에 환송하기로 하여 관여 법관의 일치된 의견으로 주문과 같이 판결한다.

판례24 | 횡단보도 보행등 측면에 설치된 종형 이색등신호기를 교차로를 통과하는 차마에 대한 진행방법을 지시하는 신호기로 본 사례[대법원 1994. 8. 23. 선고 94도1199 판결]

【판결요지】

횡단보도의 양쪽 끝에 서로 마주보고 횡단보도의 통행인을 위한 보행자신호등이 각 설치되어 있고 그 신호등 측면에 차선진행방향을 향하여 종형 이색등신호기가 각각 별도로 설치되어 있다면, 종형 이색등신호기는 교차로를 통과하는 차마에 대한 진행방법을 지시하는 신호기라고 보는 것이 타당하다고 한 사례.

【원심판결】

대전지방법원 1994.4.1. 선고 93노1432 판결

【주문】

원심판결을 파기하고 사건을 대전지방법원 합의부로 환송한다.

【이유】

검사의 상고이유를 본다.

1. 원심판결 이유에 의하면, 원심은, 이 사건 사고지점은 대전시내와 옥천을 연결하는 편도 2차선 도로와 판암동 주공 4단지 쪽으로의 편도 2차선 도로가 교차하는 "ㅓ"자형 삼거리로서, 대전시내 쪽의 도로상에는 차량정지선이 설치되어 있을 뿐 아무런 신호등이나 횡단보도가 설치되어 있지 않고, 주공 4단지 쪽의 도로상에는 횡단보도만 설치되어 있고 횡단보도 신호등이나 차량신호등은 설치되어 있지 않으며, 옥천쪽의 도로상에는 교차로에 연이어 횡단보도가 설치되어 있고, 위 횡단보도상에는 보행자 신호등과 아울러 차량의 직진, 주의, 정지만을 표시하는 녹색, 황색, 적색의 횡형삼색신호등(이하 이 사건 신호등이라 한다)이 차도측 양측면에 서로 반대방향(대전시내 쪽과 옥천쪽으로)을 향하여 각 1개씩 설치되어 있는데, 그 곳에 설치된 횡단보도 보행자 신호등이 녹색신호일 때에는 적색신호를, 적색신호일 때에는 녹색신호를 표시하고 있는 사실, 한편 이 사건 교차로상에는 중앙선을 비롯한 차선이나 비보호좌회전표시 등 특별히 좌회전을 허용 또는 금지하는 표시가 설치되어 있지 아니한 사실 등을 인정한 다음, 옥천 쪽 도로상 횡단보도의 보행등 측면에 설치되어 있는 종형 이색등은 이 사건 신호등을 보조하는 신호기에 불과하고, 이 사건 신호등은 어디까지나 횡단보도상을 통행하는 보행자를 보호하기 위하여 차마로 하여금 횡단보도에 진입하거나 그전에 정지하도록 지시하는 신호기로 봄이 상당하고, 이를 교차로 통행방법까지 지시하는 신호기로 볼 수는 없으므로, 위 교차로는 신호기가 없는 교차로인 셈이 되어 위 교차로에서 좌회전하려는 차마는 이 사건 신호등의 신호가 어떤 것이든 간에 도로교통법 제22조에 규정된 교차로 통행방법에 따라서 좌회전할 수 있다고 판단하여, 대전시내 쪽에서 녹색신호를 받고 좌회전하다가 이 사건 교통사고를 일으킨 피고인에 대해 신호위반이 아님을 이유로 공소기각의 판결을 선고한 제1심판결을 유지하였다.

2. 그러나 사법경찰리 작성의 실황조사서 첨부도면 및 사진(수사기록 8 내지 10정)과 사

법경찰관 작성의 수사보고서 첨부사진(수사기록 30 내지 32정)을 보면, 위 횡단보도의 양쪽끝에 서로 마주보고 횡단보도의 통행인을 위한 보행자신호등이 각 설치되어 있고, 그 신호등 측면에 차선진행방향을 향하여 종형 이색등신호기가 각각 별도로 설치되어 있는 사실이 인정되는바, 위 종형 이색등신호기는 횡단보도를 통과하려는 차마에 대한 신호기라고 보여지므로, 원심판시와 같이 횡단보도 위에 가설된 이 사건 신호등이 오로지 차마의 횡단보도 통과방법을 지시하는 신호기라고 본다면 이중으로 동일한 용도의 신호기를 설치한 것이 되어 부당하다.

그리고 위 도면 및 사진에 의하면, 대전시내 쪽에서 옥천쪽을 향한 차선의 교차로 진입전 지점에 정지선이 그어져 있음이 인정되는바, 이는 교차로 진입전에 횡단보도 위에 가설된 이 사건 신호등의 신호에 따라 차마가 정차할 위치를 지정한 것으로 볼 것이므로, 이러한 점 등에 비추어 보면, 이 사건 신호등은 교차로를 통과하는 차마에 대한 진행방법을 지시하는 신호기라고 보는 것이 타당하다 할 것이다(당원 1992.1.21. 선고 91도 2330 판결 참조).

따라서 도로교통법 제4조, 제5조, 동법 시행규칙 제5조 별표 2, 3에 따라 이 사건 신호등이 녹색신호일 때에는 직진과 우회전만 할 수 있다 할 것이므로(이렇게 볼 경우 이 사건 신호등이 적색신호일 때에도 좌회전할 수 없기 때문에 대전시내 쪽에서 주공 4단지 쪽으로는 좌회전할 방법이 없다는 현실적인 문제가 발생할 뿐만 아니라 좌회전이 허용됨을 전제로 대전시내 쪽에서 옥천쪽 도로의 중앙선이 교차로 내에서 끊어진 것과도 맞지 아니한다는 비판이 있을 수 있으나, 교차로 내에서 중앙선이 끊어져 있는 것은 주공 4단지 쪽에서 좌회전하는 차마를 위하여 끊어진 것으로 볼 수 있으므로, 그 점만으로 교차로 내에서의 좌회전이 허용된 것이라고는 단정할 수 없고, 대전시내 쪽에서 좌회전할 수 없다는 것 또한 신호체계가 잘못되어 있는 데에서 기인하는 것으로서 이로 인하여 이 사건 신호등의 성격이 달라지지는 아니한다 할 것이다), 녹색신호일 때에 좌회전을 하다가 반대편에서 직진신호를 받고 직진해 오던 피해차량을 들이받는 사고를 일으킨 피고인은 결국 교통사고처리특례법 제3조 제2항 단서 제1호가 정하는 신호위반사고를 일으킨 것으로 볼 수밖에 없다(다만 이 사건 사고지점에 비보호좌회전표시는 없으나 위 교차로에서 좌회전을 허용해도 교통에 지장을 초래하지 않는 등 사정으로 교통경찰에 의하여 사실상 비보호좌회전이 묵인되어 와서 그곳을 통행하는 운전자들에게 좌회전이 관행화되어 있었다면, 비보호좌회전이 허용된 것으로 볼 여지가 있을 것이다).

원심으로서는 위와 같은 신호체계의 내용과 구체적 사정을 좀더 세밀하게 판단하였어야 함에도 불구하고 이에 이름이 없이 위와 같이 판단하고 말았음은, 도로교통법상의 신호체계에 관한 법리를 오해하여 판결결과에 영향을 미친 위법이 있다 할 것이므로 이 점을 지적하는 논지는 이유 있다.

3. 그러므로 원심판결을 파기환송하기로 하여 관여 법관의 일치된 의견으로 주문과 같이 판결한다.

판례25 | 횡단보도에서 갑자기 무단횡단하던 오토바이운전자를 치어 사망케 한 승용차운전자에게 과실이 없다고 본 사례*[대법원 1994. 4. 26. 선고 94도548 판결]*

【원심판결】

수원지방법원 1994.1.18. 선고 93노1867 판결

【주문】

상고를 기각한다.

【이유】

상고이유를 본다.

원심판결 이유에 의하면 원심은, 거시증거에 의하여 피고인이 판시와 같이 이 사건 사고지점 도로 횡단보도2차선 상을 차량진행신호에 따라 정상적으로 약 60km의 속도로 진행하다가 위 횡단보도 상을 신호를 무시한 채 우측에서 좌측으로 오토바이를 운전하여 갑자기 무단횡단하던 피해자 운전의 오토바이의 앞바퀴 부분과 피고인 운전의 위 승용차의 앞부분이 부딪쳐 위 피해자가 사망한 사실과 위 도로의 제한속도가 시속 70km인 사실을 인정하고, 위 인정사실에 의하여 제한속도를 준수하며 진행하는 피고인으로서는 신호기의 차량진행신호에 따라 그대로 진행하면 족하고 위 피해자 운전의 오토바이가 신호를 무시하고 갑자기 위 횡단보도를 무단횡단할 경우까지를 예상하여 사고예방을 위한 필요한 조치를 위하여야 할 업무상 주의의무는 없다 할 것이고, 이는 위 오토바이가 위 도로의 우측변에서 횡단보도를 횡단하려고 서 있는 것을 피고인이 미리 발견하였다 하더라도 다름이 없으며 달리 이 사건 사고발생에 있어서 피고인이 사고예방을 위하여 필요한 주의의무를 다하지 아니한 잘못이 있음을 인정할 만한 증거가 없다고 하여 제1심판결을 파기하고 피고인에게 무죄를 선고 하였는 바, 기록에 대조 검토하여 볼 때 원심의 위 인정 판단은 수긍되고 거기에 소론과 같은 신뢰의 원칙, 자동차 운전자의 주의의무에 관한 법리오해의 위법이 없다. 논지는 이유 없다.

그러므로 상고를 기각하고 상고비용은 패소자의 부담으로 하기로 하여 관여 법관의 일치된 의견으로 주문과 같이 판결한다.

판례26 | 도로교통법의 보행자의 통행방법에 관한 규정위반과 불법행위의 성립 여부*[대법원 1993. 12. 10. 선고 93다36721 판결]*

【판결요지】

보행자의 통행방법에 관한 도로교통법 제8조 제1항, 제2항, 제10조 제2항 내지 제5항의 각 규정의 위반은 법상의 주의의무위반으로서 타인에 대한 의무위반을 내용으로 하는 것이고, 보행자가 이에 위반하여 사고를 야기케 하였다면 보행자의 그러한 잘못은 불법행위의 성립요건으로서의 과실에 해당하는 것으로 보아야 한다.

【원심판결】

대전고등법원 1993.7.2. 선고 93나1167 판결

【주문】

원심판결 중 피고 패소부분을 파기하고, 이 부분 사건을 대전고등법원에 환송한다.

【이유】

상고이유(보충상고이유서 기재부분은 상고이유를 보충하는 범위 내에서)를 본다.

상고이유 제1점에 대하여

피해자에게 손해의 발생이나 확대에 관하여 과실이 있는 경우에는 배상책임의 유무 및 그 범위를 정함에 있어서 당연히 이를 참작하여야 할 것이고, 과실상계의 사유에 관한 사실인정 내지 과실상계의 비율을 정하는 것은 그것이 현저히 형평에 반하여 불합리하다고 인정되지 않는 한 사실심의 전권에 속하는 사항이라고 할 것이다.

원심판결 이유를 기록에 의하여 살펴본바, 이 사건 사고장소는 편도 2차선의 포장도로로서 도로변에 무단횡단방지용 가드레일이 설치되어 있고 부근 10여 미터 거리에 지하통로가 개설되었음에도 불구하고 망 소외 1이 위 지하통로를 이용하지 아니한 채 야간에 위 도로를 뛰어 건너다가 이 사건 사고를 당한 잘못이 있다는 사실을 인정하고, 이에 터잡아 피고의 손해배상의 범위를 정함에 있어 위 망인의 과실비율을 50퍼센트로 인정하여 참작한 원심의 조치는 충분히 수긍할 수 있고, 거기에 소론과 같은 과실상계에 관한 법리오해의 위법이 있다고 할 수 없다. 논지는 이유 없다.

상고이유 제2점에 대하여

위 망 소외 1이 이 사건 사고 당시 노동능력의 전부 또는 상당부분을 상실한 상태에 있었다는 피고의 주장을 원심설시와 같은 이유로 배척한 원심의 조치는 충분히 수긍할 수 있고, 거기에 소론과 같은 채증법칙위반이나 일실이익산정에 관한 법리오해의 위법이 있다고 할 수 없고, 소론이 들고 있는 판결들은 이 사건에 원용하기에 적절한 것이 못 된다. 논지도 이유 없다.

상고이유 제3점에 대하여

원심판결 이유에 의하면, 피고가 이 사건 사고시 무단횡단하는 위 소외 1을 피하려고 하다가 도로의 중앙선을 넘어가 마주오던 망 소외 2 운전의 승용차를 들이받아 위 소외 2를 사망에 이르게 하고 그 승용차에 타고 있던 소외 3에게 상해를 입게 한 관계로 피고를 대위한 소외 신동아화재해상보험주식회사가 위 망 소외 2의 유족에게 손해배상금으로 금 103,963,090원을, 위 소외 3에게 손해배상금으로 금 1,290,700원을 각 지급하였는바, 위 소외 2 및 소외 3에 대하여는 위 망 소외 1은 피고와 더불어 공동불법행위자의 관계에 있으므로 위 보험회사는 위 망 소외 1에 대하여 이미 지급한 위 망 소외 2 및 소외 3에 대한 위 각 손해배상금 중 위 망 소외 1의 과실비율에 상응하는 금액에 대한 구상권을 취득하였고, 피고가 위 보험회사로부터 그 구상금채권을 양수하였으니 그 구상금 상당액을 이 사건 손해액에서 공제하여야 한다는 피고의 주장에 대하여, 원심은 그 거시 증거를 종합하여, 이 사건 사고시 피고의 위 주장과 같은 경위로 위 망 소외 2 및 소외 3을 사상케 한 사실을 인정한 다음, 앞서 본 위 소외 1이 이 사건 사고장소를 무단횡단한 잘못은 사회통념상, 신의성실의 원칙상 또는 공동생활상 요구되는 약한 부주의로서 과실상계에 있어서의 과실로서 이를 참작하여야 할 사유는 된다고 하더라도 곧바로 불법행위의 성립요건으로서의 과실에 해당한다고는 볼 수 없다고 판단하여 피고의 위 주장을 배척하였다.

그러나 도로교통법에 의하면, 보행자는 보도와 차도가 구분된 도로에서는 차도를 횡단하는 때, 도로공사 등으로 보도의 통행이 금지된 때, 그 밖의 부득이한 경우를 제외하고는 언제나 보도를 통행하여야 하고(제8조 제1항), 보도와 차도가 구분되지 않은 도로에서는 도로의 좌측 또는 길 가장자리 구역을 통행하여야 하며(같은 조 제2항), 횡단보도가 설치된 도로에서는 횡단보도를 통행하여야 하고(제10조 제2항), 횡단보도가 설치되어 있지 않은 도로에서는 가장 짧은 거리로 횡단하여야 하며(같은 조 제3항), 횡단보도를 횡단하거나 신호기 또는 경찰공무원 등의 신호 또는 지시에 따라 도로를 횡단하는 경우를 제외하고는 모든 차의 앞이나 뒤로 횡단하여서는 아니되며(같은 조 제4항), 안전표지 등에 의하여 횡단이 금지되어 있는 도로의 부분에서는 그 도로를 횡단하여서는 아니된다(같은 조 제5항)고 하고 있으며, 이에 위반한 경우에 금 50,000원 이하의 벌금이나 구류 또는 과료에 처한다(제114조 제1호)고 규정하고 있는바, 보행자의 통행방법에 관한 이러한 규정의 위반은 법상의 주의의무위반으로서 타인에 대한 의무위반을 내용으로 하는 것이고, 보행자가 이에 위반하여 사고를 야기케 하였다면 보행자의 그러한 잘못은 불법행위의 성립요건으로서의 과실에 해당하는 것으로 보아야 할 것이다.

원심이 거시한 증거들을 종합하면, 이 사건 사고장소는 보도와 차도가 구분되지 않은 차도폭 14.6미터인 편도 2차선의 국도로서 평소 차량의 통행이 빈번하고, 제한시속이 70킬로미터인 곳인데, 위 망 소외 1이 그러한 도로를 이 사건 사고차의 앞으로 횡단한 사실이 엿보이므로 위 망인의 위와 같은 행위는 도로교통법 제10조 제4항의 규정을 위반한 셈이 되고, 더욱이 위 망인이 그 도로변에 무단횡단방지용 가드레일까지 설치되어 있고, 주변 10여 미터 거리에 지하통로까지 있는 곳을 횡단한 것이라면, 그러한 잘못은 약한 부주의를 넘어 불법행위의 성립요건으로서의 과실에 해당하는 것으로 봄이 상당하다 할 것이다.

그럼에도 불구하고, 원심은 위 망인의 위와 같은 잘못이 불법행위의 성립요건으로서의 과실에 해당하지 않는다는 전제에서 피고의 주장을 배척하였으니, 원심판결에는 불법행위의 성립요건으로서의 과실에 관한 법리를 오해한 위법이 있다고 하지 않을 수 없으며, 한편 원심으로서는 더 나아가서 위 망 소외 1의 위와 같은 과실로 인하여 피고와 더불어 위 망 소외 2 및 소외 3에게 민법상의 공동불법행위책임이 인정되는지의 여부를 심리함으로써 이를 가려보았어야 할 것이므로, 원심의 위와 같은 법리오해의 위법은 판결결과에 영향을 미친 것임이 분명하고, 이 점에 관한 지적이 포함된 것으로 보이는 논지는 그 이유가 있다.

그러므로 원심판결 중 피고 패소부분을 파기하고, 이 부분 사건을 원심법원에 환송하기로 하여 관여 법관의 일치된 의견으로 주문과 같이 판결한다.

판례27 | 교통정리가 행하여지지 아니하는 교차로를 통행함에 있어서 통행우선권/대법원 1993. 11. 26. 선고 93다1466 판결

【판결요지】

교통정리가 행하여지고 있지 아니하는 교차로에 들어가려는 모든 차는 그 차가 통행하고 있는 도로의 폭보다 교차하는 도로의 폭이 넓은 경우에는 서행하여야 하며, 폭이 넓은 도로로부터 그 교차로에 들어가려고 하는 다른 차가 있는 때에는 그 차에게 진로를 양보하여야 하는 것이므로, 차가 폭이 좁은 도로에서 교통정리가 행하여지고 있지 아니하는 교차로에 들어가려는 경우는 먼저 서행하면서 폭이 넓은 도로에서 그 교차로에 들어가려고 하는 차가 있는지 여부를 잘 살펴 만약 그러한 차가 있는 경우에는 그 차에게 진로를 양보하여야 하는 것이고, 시간적으로 교차로에 먼저 도착하여 교차로에 먼저 진입할 수 있다고 하더라도 폭이 넓은 도로에서 교차로에 들어가려고 하는 차보다 우선하여 통행할 수는 없다.

【원심판결】

서울고등법원 1992.11.18. 선고 92나17022 판결

【주문】

상고를 기각한다.

상고비용은 피고의 부담으로 한다.

【이유】

상고이유에 대하여 본다.

원심이 채용한 증거들을 기록과 대조하여 검토하여 보면, 이 사건 사고 당시 원고가 그의 차량을 시속 약97킬로미터로 운행하였으며, 이 사건 사고는 이 사건 교차로 앞에서 그 교차로상을 통행하는 차량의 유무와 동태를 제대로 살피지 아니한 피고의 과실과 판시와 같은 원고의 과실이 경합되어 발생하였다고 본 원심의 인정 판단은 정당한 것으로 수긍이 가고, 거기에 소론과 같이 채증법칙을 위배하여 사실을 잘못 인정한 위법이나, 심리미진으로 인한 이유불비의 위법이 있다고 할 수 없다.

교통정리가 행하여지고 있지 아니하는 교차로에 들어가려는 모든 차는 다른 도로로부터 이미 그 교차로에 들어가고 있는 차가 있는 때에는 그 차의 진행을 방해하여서는 아니되는 것이기는 하나, [도로교통법 제22조 제4항(1992.12.8. 법률 제4518호로 개정되기 전에는 제3항이었음)] 교통정리가 행하여지고 있지 아니하는 교차로에 들어가려는 모든 차는 그 차가 통행하고 있는 도로의 폭보다 교차하는 도로의 폭이 넓은 경우에는 서행하여야 하며, 폭이 넓은 도로로부터 그 교차로에 들어가려고 하는 다른 차가 있는 때에는 그 차에게 진로를 양보하여야 하는 것이므로, [같은 조 제6항(위 개정전에는 제5항이었음)]차가 폭이 좁은 도로에서 교통정리가 행하여지고 있지 아니하는 교차로에 들어가려는 경우는 먼저 서행하면서 폭이 넓은 도로에서 그 교차로에 들어가려고 하는 차가 있는지 여부를 잘 살펴 만약 그러한 차가 있는 경우에는 그 차에게 진로를 양보하여야 하는 것이고, 시간적으로 교차로에 먼저 도착하여 교차로에 먼저 진입할 수 있다고 하더라도 폭이 넓은 도로에서 교차로에 들어가려고 하는 차보다 우선하여 통행할 수는 없다 고 할 것이다.

기록에 의하면, 피고가 운행하던 도로는 원고가 운행하였던 도로보다 폭이 좁은 도로이었는데, 피고는 이 사건 교차로 앞에서 일단 정지한 후 문경방면에서 오던 원고 운전 차량의 불빛을 보았지만 그 차가 이 사건 교차로쪽으로 오는 것이 아니라 수안보 상가밀집지역으로 들어가는 차로 오인하고 위 교차로에 진입한 사실을 알 수 있는바, 그렇다면 폭이 좁은 도로에서 위 교차로에 진입하려던 피고로서는 문경쪽에서 오던 차가 위 교차로에 들어오려는 차인지 여부를 잘 살펴 그 차가 위 교차로에 들어오려는 차이었다면 진로를 양보하였어야 할 것인데도, 피고는 위 차가 위 교차로가 아닌 수안보 상가밀집지역으로 들어가는 차로 만연히 생각하고 위 교차로로 진입한 과실이 있다고 할 것이므로, 원고가 제한속도를 훨씬 초과한 과속으로 진행하였고 교차로 및 횡단보도 부근에서 서행하지 아니한 과실이 있다고 하더라도, 이 사건 사고의 발생에 피고의 과실이 없다고 할 수 없다고 할 것이므로 피고는 자동차 운행자로서 이 사건 사고로 인한 책임을 면한다고 할 수 없다.

같은 취지에서 피고의 면책 항변을 배척한 원심은 정당하고, 거기에 소론과 같은 과실 및 신뢰의 원칙에 관한 법리를 오해한 위법이 있다고 할 수 없다.

소론이 들고 있는 당원 판례는 사안을 달리하는 것으로 이 사건에 원용하기에 적절하지 않다.

또한 불법행위로 인한 손해배상사건에서 피해자에게 손해의 발생이나 확대에 관하여 과실이 있는 경우에는 배상책임의 범위를 정함에 있어서 당연히 이를 참작하여야 할 것이나 과실상계 사유에 관한 사실인정이나 그 비율을 정하는 것은 그것이 형평의 원칙에 비추어 현저히 불합리하다고 인정되지 아니하는 한 사실심의 전권사항에 속하는 것인바 (당원 1992.2.11. 선고 91다12073 판결; 1991.7.23. 선고 89다카1275 판결 등 참조), 기록에 의하여 인정되는 이 사건 사고 당시의 제반 사정에 비추어 볼 때 원심이 원고의 과실비율을 50%로 평가한 것이 형평의 원칙에 비추어 현저히 불합리하다고 인정되지 않으므로, 원심판결에 소론과 같은 과실상계에 관한 법리를 오해한 위법이 있다고 할 수 없다. 논지는 모두 이유 없다.

그러므로 상고를 기각하고 상고비용은 패소자의 부담으로 하기로 관여 법관의 의견이 일치되어 주문과 같이 판결한다.

판례28 | 차량에 충격되어 횡단보도 상에 넘어졌던 피해자가 스스로 일어나서 도로를 횡단하였다 하더라도 운전자로서는 피해자의 상해 여부를 확인하여 구호조치를 취해야 한다[대법원 1993. 8. 24. 선고 93도1384 판결].

【판결요지】

차량에 충격되어 횡단보도상에 넘어진 피해자가 스스로 일어나서 도로를 횡단하였다 하더라도 사고차량 운전자로서는 피해자의 상해 여부를 확인하여 병원에 데리고 가는 등 구호조치를 취하여야 함에도 불구하고 이를 이행하지 아니하고 상호 말다툼을 하다가 사고에 대한 원만한 해결이 되지 아니한 상태에서 그냥 가 버렸다면 이는 특정범죄가중처벌등에관한법률 제5조의3 제1항 소정의 "사고 후 구호조치를 취하지 아니하고 도주한 때"에 해당한다.

【원심판결】

광주고등법원 1993.4.30. 선고 92노621 판결

【주문】

상고를 기각한다.

【이유】

상고이유를 판단한다.

기록에 비추어 살펴 보면 원심의 사실인정은 옳은 것으로 수긍되는바, 이 사건 교통사고의 경위를 보면, 피고인이 면허 없이 승용차를 운전하여 판시 3차선 도로의 1차선을 진행하던 중 횡단보도에서 피해자를 충격(차량의 우측 앞바퀴로 피해자의 우측 발등을 넘고 차량 우측 부분으로 피해자의 우측 무릎 부분을 충격하여 피해자가 그 자리에 쓰러졌다.)한 후, 계속하여 40미터 가량 진행하다가 유(U)턴하여 사고장소로 되돌아와, 사고 후 일어나서 횡단보도를 건넌 후 걸어가고 있던 피해자에게 경적을 울려 피해자를 세운 후 미안하다는 말을 한 바는 있으나, 당시 피고인은 차량에서 내리지도 아니하였고, 동승한 일행은 오히려 피해자에게 "길을 똑바로 건너라"고 함으로써 상호 말다툼을 하다가 사고에 대한 원만한 해결이 되지 아니한 상태에서, 피고인 일행 중 한 사람이 "야, 가자"고 하자 피고인은 그냥 사고차량을 운전하여 갔고, 이에 피해자가 순간적으로 차량 번호를 적어 사고신고를 하기에 이르렀음을 원심 인정사실과 기록에 의하여 알 수 있는바, 이와 같이 차량에 충격되어 횡단보도상에 넘어진 피해자가 스스로 일어나서 도로를 횡단하였다 하더라도 사고차량 운전자인 피고인으로서는 마땅히 피해자의 상해여부를 확인하여 병원에 데리고 가는 등의 구호조치를 취하여야 할 것임에도 불구하고 이를 이행하지 아니하고 위와 같이 그냥 가 버렸다면 피고인의 위와 같은 행위는 특정범죄가중처벌등에관한법률 제5조의3 제1항 소정의 '사고후 구호조치를 취하지 아니하고 도주한 때'에 해당한다고 보기에 충분하다고 할 것이므로, 같은 취지의 원심판단은 정당하고, 이에 소론이 지적하는 바와 같은 법률적용을 그릇친 위법이 있다 할 수 없다. 논지는 이유 없다.

그러므로 상고를 기각하기로 하여 관여 법관의 일치된 의견으로 주문과 같이 판결한다.

판례29 │ 도로교통법 제48조 제3호 소정의 "보행자가 횡단보도를 통행하고 있는 때"의 의미[대법원 1993. 8. 13. 선고 93도1118 판결]

【판결요지】

도로교통법 제48조 제3호의 보행자가 횡단보도를 통행하고 있는 때라고 함은 사람이 횡단보도에 있는 모든 경우를 의미하는 것이 아니라 도로를 횡단할 의사로 횡단보도를 통행하고 있는 경우에 한한다 할 것이므로 피해자가 사고 당시 횡단보도 상에 엎드려 있었다면 횡단보도를 통행하고 있었다고 할 수 없음이 명백하여 그러한 피해자에 대한 관계에 있어서는 횡단보도상의 보행자 보호의무가 있다고 할 수 없다.

【원심판결】

인천지방법원 1993.3.18. 선고 93노33 판결

【주문】

상고를 기각한다.

【이유】

상고이유 제1점에 대하여

기록에 의하면 원심의 사실인정은 수긍이 가고, 거기에 소론과 같은 채증법칙의 위배가 있다고 할 수 없다. 논지는 이유 없다.

상고이유 제2점에 대하여

교통사고처리특례법 제3조 제2항 단서 제6호는 "도로교통법 제48조 제3호의 규정에 의한 횡단보도에서의 보행자 보호의무를 위반하여 운전한 경우"를 반의사불벌죄에 관한 같은 항 본문이 적용되지 아니하는 경우로 규정하고 있고, 도로교통법 제48조 제3호는 모든 차의 운전자는 "보행자가 횡단보도를 통행하고 있는 때에는 일시 정지하거나 서행하여 그 통행을 방해하지 아니하도록 하여야 한다"라고 규정하고 있는바, 도로교통법의 제정목적이 교통상의 모든 위험과 장해를 방지, 제거하여 안전하고 원활한 교통을 확보함에 있다는 점(같은 법 제1조)으로 미루어 보아, 같은 법 제48조 제3호의 보행자가 횡단보도를 통행하고 있는 때라고 함은 사람이 횡단보도에 있는 모든 경우를 의미하는 것이 아니라 도로를 횡단할 의사로 횡단보도를 통행하고 있는 경우에 한한다 고 해석함이 상당하다 할 것이다.

그런데 원심이 확정한 사실에 의하면, 이 사건 사고당시 피해자는 횡단보도상에 엎드려 있었으므로 횡단보도를 통행하고 있었다고 할 수 없음이 명백한바, 이 사건 사고차량의 운전자인 피고인에게 피해자에 대한 관계에 있어서 횡단보도상의 보행자 보호의무가 있다고 할 수 없다.

따라서 원심이 이 사건 공소사실은 교통사고처리특례법 제3조 제2항 단서에 해당되지 아니하고, 위 사고차량이 같은 법 제4조 제2항 소정의 공제조합에 가입되어 있다는 이유로 이 사건 공소사실을 유죄로 인정한 제1심판결을 취소하고 형사소송법 제327조 제2호에 의하여 이 사건 공소를 기각한 것은 정당하며, 거기에 소론과 같은 법리오해의 위법이 있다고 할 수 없다. 논지는 이유 없다.

그러므로 상고를 기각하기로 하여 관여 법관의 일치된 의견으로 주문과 같이 판결한다.

판례30 ┃ 횡단보도의 신호가 적색인 상태에서 반대차선에 정지중인 차량 뒤에서 보행자가 건너오는 경우 신뢰의 원칙이 적용되는지 여부(적극)*[대법원 1993. 2. 23. 선고 92도2077 판결]*

【판결요지】

차량의 운전자로서는 횡단보도의 신호가 적색인 상태에서 반대차선상에 정지하여 있는 차량의 뒤로 보행자가 건너오지 않을 것이라고 신뢰하는 것이 당연하고 그렇지 아니할 사태까지 예상하여 그에 대한 주의의무를 다하여야 한다고는 할 수 없다.

【원심판결】

대구지방법원 1992.5.28. 선고 92노421 판결

【주문】

상고를 기각한다.

【이유】

상고이유를 본다.

차량의 운전자로서는 횡단보도의 신호가 적색인 상태에서 반대차선상에 정지하여 있는 차량의 뒤로 보행자가 건너오지 않을 것이라고 신뢰하는 것이 당연하고 그렇지 아니할 사태까지 예상하여 그에 대한 주의의무를 다하여야 한다고는 할 수 없다(당원 1987.9.8. 선고 87도1332 판결 참조).

원심이 판시사실을 인정하고 이와 같은 취지로 판단하여 피고인에게 무죄를 선고한 조처는 옳고 거기에 과실범에 관한 법리를 오해한 위법이 있다 할 수 없다. 논지는 이유 없다.

그러므로 상고를 기각하기로 하여 관여 법관의 일치된 의견으로 주문과 같이 판결한다.

판례31 | 횡단보도상의 교통사고를 유죄로 인정한 원심판결에 대하여 증거판단의 잘못과 심리미진의 위법이 있다는 이유로 파기한 사례[대법원 1992. 10. 27. 선고 92도2234 판결]

【원심판결】

인천지방법원 1992.7.23. 선고 92노169 판결

【주문】

원심판결을 파기하고 사건을 인천지방법원 합의부에 환송한다.

【이유】

피고인의 상고이유를 본다.

1. 원심이유지한 1심판결이 인정하고 있는 피고인의 범죄 사실은 다음과 같다. 즉 피고인

은 (차량등록번호 생략) 차량 운전업무에 종사하는 사람으로서 1991.11.16. 20:40경 혈중알콜농도 0.05퍼센트의 술에 취한 상태에서 위차를 운전하여 부천시 중구 심곡 3 동 425의 1 앞 횡단보도 상을 공전사거리 쪽에서 중앙로 쪽으로 주행함에 있어 당시 는 야간으로 비가 내리고 있었고 그 곳은 횡단보도가 있는 곳이므로, 이러한 경우 운전 업무에 종사하는 자로서는 전방을 주시하고 서행하거나 일단 정지하여 횡단보도를 횡단 하는 보행자가 있는지 확인하고 안전하게 운행하여 사고를 미리 방지하여야 할 업무상 주의의무가 있음에도 불구하고, 이를 게을리한 채 그대로 진행한 과실로 그 시경 오른 쪽에서 왼쪽으로 위 횡단보도를 따라 진행하는 피해자 공소외 1(남, ○○세)을 미처 발 견하지 못하고 위 차량 앞범퍼 부분으로 동인을 들이받아 그 충격으로 동인으로 하여 금 약 6주간의 치료를 요하는 경추 제6, 7번 탈골상을 입게 하였다는 것이다.

2. 그러므로 먼저 이 사건 사고발생장소가 횡단보도상인지의 여부에 관하여 보건대, 피고 인은 경찰조사 시에는 피해자의 신발이 떨어진 지점, 피고인이 피해자를 충격한 것으로 느껴진 지점과의 거리 등으로 보아 이 사건 사고발생장소가 횡단보도가 아니라고 생각 되나 목격자의 진술이 목격한 대로라면 이를 인정한다는 취지로 진술하고 있고, 검찰조 사시에도 사고발생 후 차량을 멈춘지점 등으로 보아 횡단보도상의 사고가 아니라고 생 각되나 확실이 모르겠다는 취지로 진술하고 있으며, 1심법정에서는 공소사실을 그대로 인정하였으나, 원심법정에 이르러서는 위 1심자백을 번복하여 횡단보도상의 사고가 아 니라고 주장하고 있는바, 경찰이나 검찰에서의 각 진술은 그 진술의 전체 취지로 보아 횡단보도상의 사고임을 자백하는 내용이라고 볼 수 없고 또 1심법정에서의 자백은 뒤 에서 보는 사고발생의 경위와 수사단계에서도 횡단보도상의 사고가 아니라는 자신의 생 각을 밝혀 왔던 점 등에 비추어 보면 그 신빙성이 희박하다고 할 것이다.
한편 1심이 채용한 증거 중 사고발생장소나 횡단보도상이라는 공소사실에 부합하는 증 거로는 사법경찰관사무취급 작성의 공소외 2, 공소외 3에 대한 각 진술조서기재와 원 심증인 공소외 1의 증언이 있다.
그러나 우선 위 공소외 1의 증언은 동인이 이 사건 사고의 피해자로서 피고인과 이해 관계가 상반되는 자이고, 또 위 공소외 3에 대한 진술조서는 당시 △세인 위 공소외 1 의 아들 공소외 4의 진술내용에 관한 것이어서 아래에서 설시하는 내용에 비추어 신빙 성이 희박하다고 보지 않을 수 없다.
다음에 위 공소외 2의 경찰조서 진술기재내용은 횡단보도 중앙부위에 서있던 피해자를 피고인 차량이 운전사쪽 앞밤바로 받았는데 뻥소리와 함께 피해자는 없어지고 우산만 떨어졌으며 계속하여 차량이 앞으로 밀려 나가다가 우측으로 방향을 틀자 피해자가 중 앙선쪽으로 굴러 떨어졌으므로 충격에 의하여 사람이 날라간 것은 아니라는 취지이나, 역시 1심이 채용한 사법경찰관 사무취급 작성의 실황조사서 기재를 보면 피해자와의 충격지점이 횡단보도 중앙부위로 표시되어 있는 한편 횡단보도 경계로부터 15m지점에 우산이 떨어져 있고 또 35m지점에 피해자가 넘어져 있는 것으로 표시되어 있는바, 위 공소외 2의 진술을 위 실황조사서 기재에 견주어 살펴보면 피고인 차량이 피해자를 충돌하면서 우산만 떨어지고 피해자는 차량에 끌려 가다가 차량이 우회전하는 바람에 좌측으로 굴러 떨어졌음을 알 수 있으므로 우산이 떨어진 지점이 충돌지점 부근이라고 추정되고, 그렇다면 피해자가 충돌 당시 우산이 떨어진 지점으로부터 15m 이상 앞선 횡단보도 중앙부위에 서있었다는 위 공소외 2의 진술부분이나 위 실황조사서 기재부분은 합리성을 결여하여 신빙성이 없다고 할 것이며, 위 공소외 2가 1심법정 증언시에 피해자가 횡단보도 중앙부위에 서있었다는 위 경찰조서의 진술내용을 번복하고 그 진술내용은 사실이 아니라고 진술하고 있음에 비추어 보면 더욱 그러하다고 할 것이다.

원심으로서는 위와 같은 점들을 좀더 세밀하게 살펴 보았어야 함에도 불구하고 이에 이름이 없이 만연히 1심판결을 유지하고 말았음은 채증법칙에 위반한 증거판단과 심리미진으로 판결에 영향을 미친 위법을 저지른 것으로서 이점에 관한 논지는 이유 있다.

3. 다음에 피고인의 음주운전에 관한 점에 관하여 보건대, 기록에 의하여 살펴보면 이 부분에 관한 원심판단은 정당한 것으로 수긍되고 소론과 같은 위법이 없으므로 이 점에 관한 소론은 이유 없다.

4. 그러므로 위 2항에서 지적한 이유로 원심판결을 파기환송하기로 하여 관여 법관의 일치된 의견으로 주문과 같이 판결한다.

판례32 | 교차로에 연이어 있는 횡단보도 상에 설치되어 있는 횡형삼색등신호기가 차량에 대한 교차로 통행방법을 지시하는 것으로 볼 수 없다고 판단한 원심판결을 도로교통법 상의 신호체계에 관한 해석을 그르친 위법이 있다 하여 파기 한 사례[대법원 1992. 1. 21. 선고 91도2330 판결]

【판결요지】

가. 횡형삼색등신호기가 교차로의 대각선 지점에 있지 아니하고 교차로에 연이어 있는 횡단보도상에 보행자 신호기와 함께 설치되어 있을 경우 이는 횡단보도상을 통행하는 보행자를 보호하기 의하여 차량들에 대한 횡단보도에 진입 또는 정지를 지시하는 신호기로 보아야 하고 교차로 통행방법까지 지시하는 신호기로 볼 수 없다고 한 원심판결에 대하여 위 신호기는 신호체계와 주변상황에 비추어 볼 때 교차로를 통과하는 차마에 대한 진행방법을 지시하는 신호기로 보아야 한다는 이유로 파기한 사례.

나. 도로교통법 제5조의 규정에 의하면 도로를 통행하는 보행자나 차마는 신호기 또는 안

전표지가 표시하는 신호 또는 지시와 교통정리를 하는 경찰공무원 등의 신호나 지시를 따라야 하도록 되어 있는바, 같은 법 제4조, 같은법시행규칙 제5조 별표 2, 3의 규정에 의하면 차마의 경우에 있어서 신호기가 표시하는 신호의 뜻은 녹색등화의 경우에는 직진과 우회전을 할 수 있고 비보호좌회전표시가 있는 곳에서는 좌회전할 수 있으며, 황색등화 및 적색등화의 경우에는 우회전할 수 있고 정지선, 횡단보도 또는 교차로 직전에 정지하여야 하며(다만 황색등화의 경우에 이미 교차로에 진입한 때에는 신속히 교차로 밖으로 진행하여야 한다), 녹색 화살표시의 등화의 경우에는 화살표 방향으로 진행할 수 있도록 되어 있으므로, 교차로에 녹색, 황색 및 적색의 삼색등화만이 나오는 신호기가 설치되고 따로 비보호좌회전표시가 없는 경우에 있어서는 차마의 좌회전은 원칙적으로 허용하지 않는다고 보아야 할 것이다.

【원심판결】

서울형사지방법원 1991.7.12. 선고 90노2465 판결

【주문】

원심판결을 파기하고 사건을 서울형사지방법원 합의부에 환송한다.

【이유】

검사의 상고이유를 본다.

1. 원심판결 이유에 의하면 원심은 이 사건 사고지점은 신사동과 연신내를 연결하는 폭 22미터의 편도 3차선 도로와 폭 8.3미터 내지 11.2미터의 차선 구분 없는 소로가 교차하는 사거리로서 연신내쪽의 도로상에 교차로에 연이어 횡단보도가 설치되어 있고, 위 횡단보도상에는 보행자 신호기와 아울러 차량의 직진, 주의 및 정지만을 표시하는 녹색, 황색 및 적색의 횡형삼색등신호기가 차도쪽 양측면에 서로 반대방향을 향하여 설치되어 있으나, 연신내쪽 도로에 설치된 삼색등신호기와 대각선을 이루는 지점, 즉 교차로의 신사동쪽 모서리 부근에는 신호기가 설치되어 있지 아니하며, 또한 위 교차로상에는 중앙선을 비롯한 차선이나 비보호좌회전표시 등 특별히 좌회전을 허용 또는 금지하는 표시도 설치되어 있지 아니한 사실, 피고인은 공소장기재 일시경 B 르망승용차를 운전하고 신사동쪽에서 연신내쪽으로 진행하다가 위 교차로에 이르러 전방의 연신내쪽 도로상의 삼색등신호기가 녹색인 상태에서 좌회전하다가 이 사건 교통사고를 일으킨 사실 등을 각 인정한 다음, 위 신호기가 설치된 위치 등 위 인정사실에서 나타난 바와 같은 위 교차로 및 횡단보도 부근의 상황 및 위 신호기의 등화가 횡단보도상의 보행자 신호기의 등화와 정반대로 점멸되는 것임이 경험칙상 명백한 점 등에 비추어 보면, 위 삼색등신호기는 횡단보도상을 통행하는 보행자를 보호하기 위하여 차량들로 하여금 횡단보도에 진입하거나 그 전에 정지하도록 지시하는 신호기에 불과한 것으로 봄이 합당

하여 이를 교차로 통행방법까지 지시하는 신호기로 볼 수는 없으므로, 위 교차로는 신호기가 없는 교차로이어서 위 교차로에서 좌회전하려는 차량은 도로교통법 제22조에 규정된 교통신호기 없는 교차로의 통행방법에 따라 좌회전할 수 있고 따라서 위 횡단보도 위에 설치된 신호기의 신호가어떤 것이든 간에 교차로 통행방법에 따라 좌회전할 수 있다고 할 것이며, 공소사실 기재와 같이 피고인에게 반드시 적색신호로 바뀐다음 좌회전하여야 할 의무가 있다거나 위 교차로에서 신사동쪽으로부터의 좌회전이 금지된다고 볼수는 없다고 할 것이므로(신사동과 연신내를 잇는 도로의 중앙선이 위 교차로 내에서 끊어져 있는 점에 비추어 보면 더더욱 그러하다), 피고인이 녹색신호에서 좌회전하였다고 한들 신호를 위반한 것으로 볼 수 없다고 판단하였다.

2. 그러나 먼저 위 횡단보도 위에 서로 반대방향 즉 신사동쪽과 연신내쪽을 향하여 가설된 두개의 횡형삼색등신호기가 오로지 차마의 횡단보도 통과방법을 지시하는 신호등이라는 원심판시부분에 관하여 보건대, 이 사건 사고지점에 설치된 위 두개의 횡형삼색등신호기가 모두 횡단보도 위에 가설되어 있고 교차로를 가로질러 대각선을 이루는 지점에 설치되어 있지 않음은 원심판시와 같으나, 반드시 교차로를 가로질러 설치되어 있어야만 교차로통행방법을 지시하는신호등으로 볼 수 있다는 근거는 없는 것이고(이 사건 사고지점의 횡단보도는 교차로의 북쪽 즉 연신내쪽에만 설치되어 있으므로 편의상 위 횡단보도 위에 교통신호기를 가설한 것으로 볼 수 있다), 그 밖에 원심이 설시하는 사유만으로 위 신호기가 오로지 차마의 횡단보도통과방법을 지시하는 신호기에 불과하고 교차로의 통행방법을 지시하는 신호기가 아니라고 단정하기 어렵다. 또 신사동과 연신내를 잇는 도로의 중앙선이 위교차로 내에서 끊어져 있다고 하여도 이는 위 교차로가 역촌동과 갈현동을 잇는 도로와 교차하는 지점이기 때문에 위 도로를 통행하는 차마를 위하여 중앙선이 끊어져 있는 것으로 볼 수 있으므로, 중앙선이 끊어져 있는 사실만으로 교차로 내에서의 좌회전이 허용된 것이라고 단정할 수도 없는 것이다.

오히려 원심이 거시한 사법경찰리 작성의 수사보고서 첨부도면 및 사진(수사기록 33 내지 35정)을 보면 위 횡단보도의 양쪽 끝에 서로 마주보고 횡단보도의 통행인을 위한 이색등신호기가 각 설치되어 있고 그 밑에 차선진행방향을 향하여 종형삼색등신호기가 각각 별도로 설치되어 있는 사실이 인정되는바, 위 종형삼색등신호기는 횡단보도를 통과하려는 차마에 대한 신호기라고 보여지므로, 원심판시와 같이 횡단보도 위에 가설된 이 사건 횡형삼색등신호기가 오로지 차마의 횡단보도통과방법을 지시하는 신호기라고 본다면 2중으로 동일한 용도의 신호기를 설치한 것이 되어 부당하다.

그리고 위 도면에 의하면 신사동에서 연신내쪽을 향한 차선의 교차로 진입전 지점에 정지선이 그어져 있음이 인정되는바, 이는 교차로 진입전에 횡단보도 위에 가설된 위 횡형삼색등신호기의 신호에 따라 차마가 정지할 위치를 지정한 것으로 볼 것이므로 이러한 점에 비추어 보면 위 횡형삼색등신호기는 교차로를 통과하는 차마에 대한 진행방법을 지시하는 신호기라고 보는 것이 타당하다.

한편 도로교통법 제5조의 규정에 의하면 도로를 통행하는 보행자나 차마는 신호기 또는 안전표지가 표시하는 신호 또는 지시와 교통정리를 하는 경찰공무원 등의 신호나 지시를 따라야 하도록 되어 있는바, 같은 법 제4조, 같은법시행규칙 제5조 별표 2,3의 규정에 의하면 차마의 경우에 있어서 신호기가 표시하는 신호의 뜻은 녹색등화의 경우에는 직진과 우회전을 할 수 있고 비보호좌회전표시가 있는 곳에서는 좌회전할 수 있으며, 황색등화 및 적색등화의 경우에는 우회전할 수 있고 정지선, 횡단보도 또는 교차로 직전에 정지하여야 하며(다만 황색의 등화의 경우에 이미 교차로에 진입한 때에는 신속히 교차로 밖으로 진행하여야 한다), 녹색화살표시의 등화의 경우에는 화살표방향으로 진행할 수 있도록 되어 있으므로, 교차로에 녹색, 황색 및 적색의 삼색등화만이 나오는 신호기가 설치되고 따로히 비보호좌회전표시가 없는 경우에 있어서는 차마의 좌회전은 원칙적으로 허용하지 않는다고 보아야 할 것이다.

그러므로 이 사건에서 횡단보도 위에 가설된 위 횡형삼색등신호기가 교차로에서의 차마의 통행방법을 지시하는 신호기라고 본다면, 피고인은 위 신호기의 지시에 따라 운행하여야 하고 비보호좌회전표시가 없는 한 좌회전을 할 수 없음에도 불구하고 좌회전을 하다가 사고를 일으킨 것으로 볼 수밖에 없다(다만 이 사건 사고지점에 비보호좌회전표시는 없으나 위 교차로에서 좌회전을 허용해도 교통에 지장을 초래하지 않는 등 사정으로 교통경찰에 의하여 사실상 비보호좌회전이 묵인되어 와서 그 곳을 통행하는 운전자들에게 좌회전이 관행화되어 있었다면 비보호좌회전이 허용된 것으로 볼 여지가 있을 것이다).

원심으로서는 위와 같은 신호체계의 내용과 구체적 사정을 좀더 세밀하게 살펴보고 판단하였어야 함에도 불구하고 이에 이름이 없이 위와 같이 판단하고 말았음은 도로교통법상의 신호체계에 관한 해석을 그르쳐 판결에 영향을 미친 위법을 저지른 것으로서 이 점에 관한 논지는 이유 있다.

3. 그러므로 원심판결을 파기환송하기로 하여 관여 법관의 일치된 의견으로 주문과 같이 판결한다.

판례33 | 전방의 횡단보도 우측에서 서있는 보행자들을 발견하고 급제동조치를 취하다가 빗길에 미끄러지면서 중앙선을 침범하여 교통사고가 발생한 경우[대법원 1991. 10. 11. 선고 91 도1783 판결]

【판결요지】

가. 교통사고처리특례법 제3조 제2항 단서 제2호 전단 소정의 '도로교통법 제13조 제2 항의 규정에 위반하여 차선이 설치된 도로의 중앙선을 침범하였을 때'라 함은 교통사 고의 발생지점이 중앙선을 넘어선 모든 경우를 가리키는 것이 아니라 부득이한 사유 가 없이 중앙선을 침범하여 교통사고를 발생케 한 경우를 뜻하며, 그 부득이한 사유 라 함은 진행차선에 나타난 장애물을 피하기 위하여 다른 적절한 조치를 취할 겨를이 없었다거나 자기 차선을 지켜 운행하려고 하였으나 운전자가 지배할 수 없는 외부적 여건으로 말미암아 어쩔 수 없이 중앙선을 침범하게 되었다는 등 중앙선침범 자체에 는 운전자를 비난할 수 없는 객관적 사정이 있는 경우를 말한다.

나. 차량진행방향 좌측으로 휘어지는 완만한 커브길(편도 1차선)을 비오는 상태에서 시속 50Km로 화물자동차를 운전하다가 약 20m 앞 횡단보도 우측에 보행자들이 서있는 것을 발견하고 당황한 나머지 감속을 하기 위하여 급제동조치를 취하다가 차가 빗길 에 미끄러지면서 중앙선을 침범하여 반대편 도로변에 있던 피해자들을 차량으로 치어 중상을 입힌 것이라면, 운전자가 진행차선에 나타난 장애물을 피하기 위하여 다른 적 절한 조치를 취할 겨를이 없었다고는 할 수 없으며, 또 빗길이라 하더라도 과속상태 에서 핸들을 급히 꺾지 않는 한 단순한 급제동에 의하여서는 차량이 그 진로를 이탈 하여 중앙선 반대편의 도로변을 덮칠 정도로 미끄러질 수는 없는 것이어서 그 중앙선 침범이 운전자가 지배할 수 없는 외부적 여건으로 말미암아 어쩔 수 없었던 것이라고 도 할 수 없다 할 것이므로 위의 중앙선 침범은 교통사고처리특례법 제3조 제2항 단 서 제2호 전단에 해당한다.

【원심판결】

대구지방법원 1991.5.2. 선고 90노2064 판결

【주문】

원심판결을 파기하고 사건을 대구지방법원 합의부에 환송한다.

【이유】

검사의 상고이유를 본다.

원심판결 이유에 의하면, 원심은 교통사고처리특례법 제3조 제2항단서 제2호 소정의 ' 도로교통법 제13조 제2항의 규정에 위반하여 차선이 설치된 도로의 중앙선을 침범하였을 때'라 함은 교통사고의 발생지점이 중앙선을 넘어선 모든 경우를 말하는 것이 아니라 계 속적인 중앙선침범운행을 하였거나 부득이한 사유가 없이 중앙선을 침범하여 교통사고를 발생케 한 경우를 말한다고 봄이 상당한데, 이 사건 교통사고는 피고인이 커브길을 운행 중 전방의 횡단보도 우측에 보행자들이 서있는 것을 보고 당황한 나머지 급제동하자 차

량이 노면에 미끄러지면서 중앙선을 침범하여 발생한 것으로서 이는 교통사고처리특례법 제3조 제2항 단서 제2호의 중앙선침범에 해당하지 아니한다는 취지로 판단하였다.

교통사고처리특례법 제3조 제2항 단서 제2호 전단 소정의 '도로교통법 제13조 제2항의 규정에 위반하여 차선이 설치된 도로의 중앙선을 침범하였을 때'라 함은 교통사고의 발생지점이 중앙선을 넘어선 모든 경우를 가리키는 것이 아니라 부득이한 사유가 없이 중앙선을 침범하여 교통사고를 발생케 한 경우를 뜻함은 원심의 판시와 같으나 그 부득이한 사유라 함은 진행차선에 나타난 장애물을 피하기 위하여 다른 적절한 조치를 취할 겨를이 없었다거나 자기 차선을 지켜 운행하려고 하였으나 운전자가 지배할 수 없는 외부적 여건으로 말미암아 어쩔 수 없이 중앙선을 침범하게 되었다는 등 중앙선침범 자체에는 운전자를 비난할 수 없는 객관적 사정이 있는 경우를 말한다고 할 것인데(당원 1988.3.22. 선고 87도2171 판결 참조), 기록에 의하면 이 사건 사고지점은 차량진행방향 좌측으로 휘어지는 커브길이기는 하나 그 곡각 정도가 매우 완만하여 그로 인한 시야장애는 별로 없어 보이는 차도폭 6미터인 편도 1차선의 포장도로이고, 그 사고경위는 비가 약간 내리고 있는 상태에서 피고인이 1톤 화물자동차를 시속 50키로미터의 속력으로 운전하다가 약 20미터 앞에 설치되어 있던 횡단보도 우측에 보행자들이 그 횡단을 시도한 것이 아니라 그대로 서 있는 것을 발견하고 당황한 나머지 감속을 하기 위하여 급제동 조치를 취하다가 차가 빗길에 미끄러지면서 중앙선을 침범하여 반대편 도로변에 서서 버스를 기다리고 있던 피해자들을 차량 좌측으로 치어 중상을 입힌 것으로서, 사고당시의 상황과 사고경위가 이와 같다면 운전자가 진행차선에 나타난 장애물을 피하기 위하여 다른 적절한 조치를 취할 겨를이 없었다고는 할 수 없으며, 또 빗길이라 하더라도 과속상태에서 핸들을 급히 꺾지 않는 한 단순한 급제동에 의하여서는 차량이 그 진로를 이탈하여 중앙선 반대편의 도로변을 덮칠 정도로 미끄러질 수는 없는 것이어서 그 중앙선침범이 운전자가 지배할 수 없는 외부적 여건으로 말미암아 어쩔 수 없었던 것이라고도 할 수 없다 할 것이므로 이 사건에 있어서 중앙선 침범은 교통사고처리특례법 제3조 제2항 단서 제2호 전단에 해당한다 고 보지 않을 수 없다.

그럼에도 불구하고 원심이 이 사건 사고를 위 법조 소정의 중앙선침범에 해당하지 아니한다고 판단한 것은 그 법리를 오해하여 판결에 영향을 미쳤다고할 것이고 이를 지적하는 논지는 이유있다.

이에 원심판결을 파기하고 사건을 원심법원에 환송하기로 관여 법관의 의견이 일치되어 주문과 같이 판결한다.

판례34 | 승용차를 운전하다가 편도 2차선 도로에서 야간이어서 교통량이 많지 않을 때 횡단보도를 건너던 피해자 2명을 치어 중상을 입히는 교통사고[대법원 1991. 6. 25. 선고 91도 1013 판결]

【판결요지】

가. 도로교통법 제50조 제2항의 입법취지와 헌법상의 보장된 진술거부권 및 평등원칙에
비추어 볼 때, 위 조항 소정의 교통사고를 야기한 자의 신고의무는 교통사고를 일으
킨 모든 경우에 항상 요구되는 것이 아니라, 사고의 규모나 당시의 구체적인 상황에
따라 피해자의 구호 및 교통질서의 회복을 위하여 당사자의 개인적인 조치를 넘어 경
찰관의 조직적 조치가 필요한 상황에서만 있는 것이라고 해석하여야 할 것이다.

나. 승용차를 운전하다가 상가지대로서 도로 폭이 30미터인 편도 2차선 도로에서 야간인
23:30경이어서 교통량이 많지 않을 때 횡단보도를 건너던 피해자 2명을 치어 중상을
입히는 교통사고를 일으켰으나, 사고 직후 피해자들을 병원으로 데려간 피고인에게
도로교통법 제50조 제2항에서 규정한 신고의무가 있다고 할 수 없다고 한 사례.

【원심판결】

서울형사지방법원 1991.3.8. 선고, 90노7945 판결

【주문】

상고를 기각한다.

【이유】

검사의 상고이유를 판단한다.

도로교통법 제50조 제2항에 규정된 신고의무는 교통사고가 발생한 때에 이를 속히 경
찰공무원 또는 경찰관서에 알려서 피해자의 구호, 교통질서의 회복 등에 관한 적절한 조
치를 취하게 함으로써 도로상의 소통장해를 제거하고 피해의 확대를 방지하여 교통질서의
유지 및 안전을 도모하는데 그 입법취지가 있다 할 것이므로, 이와 같은 도로교통법의 입
법취지와 헌법상의 보장된 진술거부권 및 평등원칙에 비추어 볼 때, 교통사고를 야기한
자의 신고의무는 교통사고를 일으킨 모든 경우에 항상 요구되는 것이 아니라, 사고의 규
모나 당시의 구체적인 상황에 따라 피해자의 구호 및 교통질서의 회복을 위하여 당사자
의 개인적인 조치를 넘어 경찰관의 조직적 조치가 필요한 상황에서만 있는 것이라고 해
석하여야 할 것이다.

원심이 확정한 바에 의하면 피고인이 판시 승용차를 운전하다가 횡단보도를 건너던 피
해자들을 치어 각 전치 20주, 19주의 상해를 입히는 교통사고를 일으켰으나, 그 사고지
점은 상가지대로서 도로폭이 30미터인 편도 2차선 도로이고 사고시각이 야간인 23:30경
이어서 교통량이 많지 않았으며, 사고직후 피고인이 피해자들을 위 사고 승용차와 영업용
택시에 나눠 태워 즉시 병원으로 데려갔다는 것이어서, 이에 의하면 피고인은 위 법조에
서 규정한 신고의무가 있는 경우에 해당한다고는 할 수 없을 것이다.

원심이 같은 취지에서 이 부분에 대한 공소사실을 무죄로 판결한 제1심판결을 유지하고 검사의 항소를 받아들이지 아니한 조치는 정당하고, 거기에 위 법조의 신고의무에 대한 법리를 오해한 위법이 있다고는 할 수 없다.

소론은 교통사고가 발생하였다면 어떠한 경우라도 그 객관적 교통사고 사실에 대하여는 위 법조에 따라 항상 신고의무가 있다는 취지이나, 이는 독단의 견해로서 채용할 수 없는 것이다. 논지는 이유 없다.

이에 상고를 기각하기로 하여 관여 법관의 일치된 의견으로 주문과 같이 판결한다.

> **판례35 |** 피고인이 좌회전 전용차선인 1차선에서 만연히 직진하려다 피고인의 차량으로 중앙선이 그어져 있지 아니한 횡단보도 위에 설치된 안전지대를 충격하여 타이어가 터지면서 위 안전지대를 타고 차체가 반대차선 쪽으로 넘어가면서 일어난 사고*[대법원 1991. 5. 14. 선고 91도654 판결]*

【판결요지】

피고인이 횡단보도 위에 설치된 안전지대 구조물을 미처 발견하지 못한 채 편도 5차선 중 좌회전 전용차선인 제1차선을 이용하여 만연히 직진하려다 피고인의 차량 좌측 앞바퀴 부분으로 위 안전지대의 턱을 충격하여 그 바퀴의 타이어가 터지면서 위 안전지대를 타고 올라 갔다가 차체가 반대차선 쪽으로 넘어가자 급제동 조치를 취하였으나 빗길에 미끄러지면서 피해차량을 충격하였고, 피고인의 차량이 반대차선으로 넘어간 통로에 해당되는 도로부분은 횡단보도로서 실제로 중앙선이 그어져 있지 아니하다면, 피고인의 위 중앙선 침범행위가 사고발생의 직접적인 원인이 되었다고 볼 수는 없으므로 교통사고처리특례법 제3조 제2항 제2호 소정의 중앙선 침범사고에 해당하지 아니한다.

【원심판결】

서울형사지방법원 1990.12.28. 선고 90노6067 판결

【주문】

상고를 기각한다.

【이유】

검사의 상고이유를 본다.

원심판결이유에 의하면 원심은 피고인이 원심판시일시 장소에서 횡단보도 위에 설치된 안전지대 구조물을 미처 발견하지 못한 채 편도 5차선 중 좌회전 전용차선인 제1차선을 이용하여 만연히 직진하려다 이 사건 사고에 이르른 사실은 인정되지만 피고인의 차량이

반대차선으로 넘어간 통로에 해당되는 도로부분은 횡단보도로서 실제로 중앙선이 그어져 있지 아니할 뿐 아니라 피고인이 반대차선으로 넘어간 경위가 피고인의 차량좌측 앞바퀴 부분으로 위 안전지대의 턱을 충격하여 그 바퀴의 타이어가 터지면서 위 안전지대를 타고 올라 갔다가 차체가 반대차선 쪽으로 넘어가자 급제동 조치를 취하였으나 빗길에 미끄러지면서 피해차량을 충격한 것이라고 인정하고 피고인의 위 중앙선 침범행위가 이 사건 사고발생의 직접적인 원인이 되었다고 볼 수는 없다 하여 공소기각의 판결을 선고한 제1심판결을 그대로 유지하였는바, 기록에 의하여 살펴보면 위와 같은 원심의 조치는 수긍이 가고 거기에 소론과 같은 중앙선침범에 관한 법리를 오해한 위법이 있다고 할 수 없으므로 상고논지는 받아들일 수 없다.

그러므로 상고를 기각하기로 하여 관여 법관의 일치된 의견으로 주문과 같이 판결한다.

> **판례36** | 손수레를 끌고 횡단보도를 건너는 사람이 교통사고처리특례법 제3조 제2항 제6호 및 도로교통법 제48조 제3호에서 규정한 '보행자'에 해당하는지 여부(적극)[대법원 1990. 10. 16. 선고 90도761 판결]

【판결요지】

손수레가 도로교통법 제2조 제13호에서 규정한 사람의 힘에 의하여 도로에서 운전되는 것으로서 '차'에 해당하고 이를 끌고 가는 행위를 차의 운전행위로 볼 수 있다 하더라도 손수레를 끌고가는 사람이 횡단보도를 통행할 때에는 걸어서 횡단보도를 통행하는 일반인과 마찬가지로 보행자로서의 보호조치를 받아야 할 것이므로 손수레를 끌고 횡단보도를 건너는 사람은 교통사고처리특례법 제3조 제2항 제6호 및 도로교통법 제48조 제3호에서 규정한 '보행자'에 해당한다고 해석함이 상당하다.

【원심판결】

서울형사지방법원 1990.2.22. 선고 89노5976 판결

【주문】

원심판결을 파기하고, 사건을 서울형사지방법원 합의부에 환송한다.

【이유】

상고이유를 본다.

원심판결이유에 의하면, 원심은 도로교통법 제2조 제13호와 같은법 제48조 제3호 및 교통사고처리특례법 제3조 제2항 제6호의 각 규정을 종합하면, 이 사건 공소사실과 같은 손수레는 사람에 의하여 도로에서 운전되는 차로서 그와 같은 손수레를 끌고 횡단보도를

건너는 사람은 차의 운전자로서 위 특례법 조항 소정의 보행자라고는 할 수 없다고 판시하여 피고인에 대한이 사건 공소를 기각한 제1심판결을 그대로 유지하고 있다.

그러나 손수레가 도로교통법 제2조 제13호에서 규정한 사람의 힘에 의하여 도로에서 운전되는 것으로서 '차'에 해당하고 이를 끌고가는 행위를 차의 운전행위로 볼 수 있다 하더라도 다른 한편으로 손수레는 자전거나 오토바이 등과 달리 끌고가는 것 이외에 다른 이동방법이 없으므로 손수레를 끌고가는 사람이 횡단보도를 통행할 때에는 걸어서 횡단보도를 통행하는 일반인과 마찬가지로 보행자로서의 보호조치를 받아야 할 것이다. 따라서 손수레를 끌고 횡단보도를 건너는 사람은 교통사고처리특례법 제3조 제2항 제6호 및 도로교통법 제48조 제3호에서 규정한 '보행자'에 해당한다고 해석함이 상당하다.

결국 원심판결에는 위 특례법과 도로교통법 조항의 '보행자'에 관한 해석을 잘못하여 판결에 영향을 미친 위법이 있으므로 이 점을 지적하는 논지는 이유있다.

그러므로 원심판결을 파기하고, 사건을 원심법원에 환송하기로 하여 관여 법관의 일치된 의견으로 주문과 같이 판결한다.

> **판례37 |** 도로의 바닥에 페인트로 칠한 횡단보도표시가 피고인이 진행하는 반대 차선쪽은 거의 지워진 상태이나 피고인이 운행하는 쪽은 횡단보도인 점을 식별할 수 있는 지점에서 발생한 교통사고가 횡단보도상의 사고인지 여부 **(적극)**[대법원 1990. 8. 10. 선고 90도 1116 판결]

【판결요지】

횡단보도의 표지판이나 신호대가 설치되어 있지는 않으나 도로의 바닥에 페인트로 횡단보도표시를 하여 놓은 곳으로서 피고인이 진행하는 반대 차선쪽은 오래되어 거의 지워진 상태이긴 하나 피고인이 운행하는 차선쪽은 횡단보도인 점을 식별할 수 있을 만큼 그 표시가 되어 있는 곳에서 교통사고가 난 경우에는 교통사고가 도로교통법상 횡단보도상에서 일어난 것으로 인정된다.

【원심판결】

수원지방법원 1990.4.26. 선고 90노47 판결

【주문】

상고를 기각한다.

【이유】

상고이유를 본다.

도로교통법 제2조 제8호에는 횡단보도라 함은 보행자가 도로를 횡단할 수 있도록 안전표지로써 표시한 도로의 일부를 말한다고 되어 있고, 제12호에서 "안전표지"라 함은 교통의 안전에 필요한 주의·규제·지시 등을 표시하는 표지판 또는 도로의 바닥에 표시하는 기호나 문자 또는 선등의 표시를 말한다고 규정되어 있는바, 기록에 의하면 이 사건 사고지점에는 횡단보도의 표지판이나 신호대가 설치되어 있지는 않으나 도로의 바닥에 페인트로 횡단보도표시를 하여 놓은 곳으로, 피고인이 진행하는 반대 차선쪽은 오래되어 거의 지워진 상태이긴 하나 피고인이 운행하는 차선쪽은 횡단보도인 점을 식별할 수 있을 만큼 그 표시가 되어 있음을 알 수 있으므로 이 사건 교통사고가 도로교통법상 횡단보도상에서 일어난 것으로 인정한 원심에 소론과 같은 법리오해의 위법은 없다. 논지 이유없다.

그러므로 상고를 기각하기로 하여 관여 법관의 일치된 의견으로 주문과 같이 판결한다.

판례38 | 무단횡단자 2인을 치어 사망케 한 교통사고가 자동차운수사업법 제31조 제1항 제5호 소정의 "중대한 교통사고"에 해당하지 않는다고 본 사례/대법원 1990. 6. 22. 선고 90누 2932 판결]

【판결요지】

원고 회사 소속 운전사인 소외 갑이 이 사건 사고당일 19:30경 원고소유의 택시를 운전하여 직선도로의 편도 2차선 중 1차선을 따라 시속 약 70 내지 80킬로미터로 주행중, 사고장소에서 멀지 않은 곳에 횡단보도가 있음에도 불구하고 차량진행방향 좌측에서 우측으로 위 도로를 무단횡단하던 두 사람을 뒤늦게 발견하고 이들을 충격하여 사망케 하였다면 이 사건 사고는 갑이 야간에 운전을 하면서 전방 좌우를 잘 살피지 못한 과실과 피해자들이 차량통행이 복잡한 왕복 4차선의 도로에서 부근에 횡단보도를 두고 갑자기 무단횡단한 중대한 과실이 경합하여 발생하였다고 할 것이고 이와 같은 운전자 및 피해자들의 과실의 정도와 피해상황, 사고후 피해자들의 유가족과 합의가 이루어진 점 등을 종합적으로 고찰하여 보면, 이 사건 사고가 자동차운수사업법 제31조 제1항 제5호 소정의 면허취소사유인 중대한 교통사고에 해당하지 않는다고 한 원심의 판단은 정당하다.

【원심판결】

서울고등법원 1990.2.28. 선고 89구3481 판결

【주문】

상고를 기각한다.

상고비용은 피고의 부담으로 한다.

【이유】

상고이유를 본다.

자동차운송사업법 제31조 제1항 제5호에는 자동차운송사업자가 중대한 교통사고로 인하여 많은 사상자를 발생하게 한 때에는, 교통부장관은 6월 이내의 기간을 정하여 사업의 정지를 명하거나 면허 또는 등록의 일부 또는 전부를 취소할 수 있도록 규정되어 있는바, 중대한 교통사고에 해당하는지의 여부는 교통사고의 발생경위와 가해자의 과실 및 피해자의 과실정도, 피해상황과 그러한 사고가 일반사회에 미치는 영향 등 여러 사정을 종합적으로 고찰하여, 그와 같은 교통사고가 통상 발생할 수 있는 교통사고가 아니어서 운송사업을 계속하게 하거나 면허를 그대로 보유하게 하는 것이 부당하다고 인정될 정도의 사고로 볼 수 있는지를 판단하여 결정하여야 할 것이다.

원심은, 원고 회사 소유인 (차량등록번호 생략) 택시의 운전사인 소외 1이 1988.10.23. 19:30경 위 택시를 운전하여 의정부 방면에서 동두천 방면으로 난 직선도로의 편도 2차선중 1차선을 따라 시속 약70내지 80킬로미터의 속도로 주행중, 경기 회천읍 회정리 410 앞도로에 이르러 그곳에서 멀지 않은 곳에 횡단보도가 있음에도 불구하고 차량진행방향 좌측에서 우측으로 위 도로를 무단 횡단하던 소외 2, 소외 3을 뒤늦게 발견하고 이들을 충격하여 사망케 한 사실을 인정하고, 이 사건 사고는 사고차량의 운전사인 위 소외 1이 야간에 운전을 하면서 전방좌우를 잘 살피지 못한 과실과 피해자들이 차량통행이 복잡한 왕복 4차선의 도로에서 부근에 횡단보도를 두고 갑자기 무단횡단한 중대한 과실이 경합하여 발생하였다고 할 것이고, 이와 같은 운전사 및 피해자들의 과실의 정도와 피해상황, 사고후 피해자들의 유가족과 합의가 이루어진 점 등을 종합적으로 고찰하여 보면, 이 사건 사고는 자동차운송사업법 제31조 제1항 제5호 소정의 면허취소 사유인 중대한 교통사고에 해당하지 않는다 고 판시하였는바 원심의 위와 같은 판단은 정당하다고 수긍이 가고 거기에 위 법조 소정의 중대한 교통사고에 관한 법리를 오해한 위법이 있다고 볼 수 없다. 논지는 이유없다.

그러므로 상고를 기각하고, 상고비용은 피고의 부담으로 하여 관여 법관의 일치된 의견으로 주문과 같이 판결한다.

판례39 | 횡단보도상의 사고인지 여부에 관하여 증거가치의 판단을 그르친 위법이 있다고 본 사례[대법원 1990. 4. 10. 선고 89도2100 판결]

【원심판결】

서울형사지방법원 1989.9.20. 선고 89노2261 판결

【주문】

원심판결을 파기하고, 사건을 서울형사지방법원 합의부에 환송한다.

【이유】

피고인 변호인의 상고이유를 본다.

1. 원심판결 이유에 의하면, 원심은 그 거시증거에 의하여 피고인이 판시 일시경 시속 약 35-40킬로미터로 이 사건 사고차량을 운전하다가 판시 사고장소인 횡단보도에서 횡단보도를 따라 횡단하는 피해자를 위 차앞 본네트와 운전석 유리창부분으로 충돌 전도시켜 전치 약 6주간의 뇌좌상, 우안부 및 안구좌상 등의 상해를 입게 한 사실을 인정한 1심판결을 유지하고 위 사고지점이 횡단보도상이 아니라 횡단보도를 벗어난 지점이라는 피고인의 주장을 배척하였다.

2. 그러나 원심이유지한 1심판결 채용증거 중 이 사건 사고지점이 횡단보도상이라는 1심증인 공소외 1, 같은 공소외 2, 같은 공소외 3의 각 증언과 검사작성의 공소외 1, 공소외 2에 대한 각 진술조서 기재는 아래에서 실시하는 각 증거에 비추어 그 신빙성이 의심스럽다고 하지 않을 수 없다.

우선 위 각 증언과 진술기재에 의하면, 피해자가 횡단보도의 보행신호에 따라 횡단보도를 건너다가 피고인 운전차량에 충돌되었다는 것이나, 1심판결이 채용한 사법경찰관 사무취급작성의 실황조사서 및 이에 첨부된 공소외 2 진술서의 기재에 의하면 당시 정상적인 교통신호는 정지되고 다만 점멸등만이 작동중이었음이 인정되므로 피해자가 횡단보도의 보행신호에 따라 횡단중이었다는 위 각 증언 및 진술기재부분은 이 점에서 벌써 신빙성이 없다.

다음에 위 실황조사서 기재에 의하면, 피해자가 전도된 지점은 횡단보도를 약 5미터 넘어선 지점인 사실이 인정되는 바, 사고직후 사고현장을 목격한 1심증인 공소외 4의 증언 및 동인의 경찰과 검찰에서의 진술내용에 의하면, 사고차량이 급정차하는 소리를 듣고 가보니 사고장소는 횡단보도에서 약 5미터 떨어진 곳으로서 이곳에서 피해자의 피가 떨어져 있고 스키드마크나 차량 유리파편 등은 없었으며 당시 급정차하는 소리가 크지 않은 것으로 보아 차의 속도는 약30킬로미터 정도로 짐작되며 급정거하면서 그 자리에 선 것으로 생각된다는 취지로 진술하고 있을 뿐 아니라, 1심판결이 채용한 1심증인 공소외 2도 검찰에서 피해자는 사고차량의 정면에 충돌한 것이 아니라 "사고차 운전석옆 후사경 및 윈도우부분으로 스치듯 충돌하여 나가 떨어졌습니다", "사고차에 치인 다음 붕 떠서 사고지점 바로 옆에 쓰러져 버렸습니다", "차가 약간 밀려 사고지점으로 표시된 지점에 피해자가 떨어진 것이 사실입니다" 라고 진술하고 있고, 같은 1심증인 공소외 3도 1심법정에서 "피해자가 건너오다가 부딪쳐 약1.5미터 정도 거리에 떨어졌습니다"라고 진술하고 있는바, 위와 같은 각 진술내용에 의하면 피해자는 이 사건 사고당시 횡단보도를 벗어난 지점을 횡단하다가 사고차량에 충돌한 것으로 볼 수 밖에 없고 이와 달리 횡단보도 위에서 충돌하여 약 5미터이상 밀려나가 전도된 것으로 보기는 어렵다고 할 것이므로, 위 각 진술내용에 비추어보아도 원심이 채용한 위 각 증언과 진술기재는 믿기 어렵다고 하지 않을 수 없다.

결국 원심이 위와 같은 증거관계를 좀더 면밀히 살펴보지 아니하고 이 사건 사고가 횡단보도 위에서 발생한 사고인 것으로 판단한 것은 증거가치의 판단을 그르쳐 판결에 영향을 미친 위법을 저지른 것으로서 이점에 관한 논지는 이유있다.

3. 그러므로 원심판결을 파기환송하기로 하여 관여 법관의 일치된 의견으로 주문과 같이 판결한다.

판례40 | 횡단보행자용 신호기가 일시 고장난 상태로 횡단보도표시만 되어 있는 곳이 교통사고처리특례법 제3조 제2항 단서 제6호 소정의 "횡단보도"에 해당하는지 여부(적극)[대법원 1990. 2. 9. 선고 89도1696 판결]

【판결요지】

시.도지사가 설치한 횡단보도에 횡단보행자용 신호기가 설치되어 있는 경우에는, 횡단보도 표지판이 설치되어 있지 않더라도 횡단보행표시만 설치되어 있으면, 도로교통법시행규칙 제9조 소정의 횡단보도의 설치기준에 적합한 횡단보도가 설치되었다고 보아야 할 것임은 물론, 횡단보행자용 신호기가 고장이 나서 신호등의 등화가 하루쯤 점멸되지 않는 상태에 있더라도, 그 횡단보도는 교통사고처리특례법 제3조 제2항 단서 제6호 소정의 "도로교통법 제48조 제3호의 규정에 의한 횡단보도"라고 인정하여야 할 것이다.

【원심판결】

부산지방법원 1989.7.21. 선고 89노1263 판결

【주문】

상고를 기각한다.

【이유】

변호인의 상고이유에 대하여 판단한다.

교통사고처리특례법 제3조 제2항 단서제6호에는 " 도로교통법 제48조 제3호의 규정에 의한 횡단보도에서의 보행자 보호의무를 위반하여 운전한 경우"라고 규정되어 있고, 도로교통법 제48조제3호에 의하면 모든 차의 운전자는 보행자가 횡단보도를 통행하고 있는 때에는 일시 정지하거나 서행하여 그 통행을 방해하지 아니하도록 하여야 한다고 규정되어 있다.

그리고 도로교통법에서 사용되는 용어의 정의를 규정한 같은법 제2조는, 제8호에서 "횡단보도"라 함은 보행자가 도로를 횡단할 수 있도록 안전표지로써표시한 도로의 부분을 말

한다고 규정하고, 제12조에서는 "안전표지"라 함은 교통의 안전에 필요한 주의.규제.지시 등을 표시하는 표지판 또는 도로의 바닥에 표시하는 기호나 문자 또는 선 등의 표지를 말한다고 규정하고 있고, 같은법 제10조 제1항은 시.도지사는 도로를 횡단하는 보행자의 안전을 위하여 횡단보도를 설치할 수 있다고 규정하고 있는바, 횡단보도의 설치기준을 규정한 같은법시행규칙 제9조에 의하면, 시.도지사가 법 제10조 제1항의 규정에 의하여 횡단보도를 설치하고자 하는 때에는, 횡단보도에 횡단보도표시와 횡단보도표지판을 설치 하되(제1호), 횡단보도를 설치하고자 하는 장소에 횡단보행자용 신호기가 설치되어 있는 경우에는 횡단보도표시만 설치하도록(제2호) 규정되어 있다.

그렇다면, 이 사건의 경우와 같이 시.도지사가 설치한 횡단보도에 횡단보행자용 신호기가 설치되어 있는 경우에는, 횡단보도표지판이 설치되어 있지 않았다고 하더라도 횡단보도표시만 설치되어 있으면, 같은법시행규칙 제9조의 소정의 횡단보도의 설치 기준에 적합한 횡단보도가 설치되었다고 보아야 할것임은 물론, 횡단보행자용 신호기가 고장이 나서 신호등의 등화가 하루쯤 점멸하지 않는 상태에 있었다고 하더라도, 그 횡단보도는 교통사고처리특례법 제3조 제2항 단서 제6호 소정의 " 같은 법 제48조 제3호의 규정에 의한 횡단보도"라고 인정하여야 할 것이다.

이와 취지를 같이 한 원심의 판단은 정당하고 원심판결에 소론과 같이 교통사고처리특례법 제3조 제2항 단서 제6호 소정의 횡단보도에 관한 법리를 오해한 위법이 있다고 볼 수 없으므로, 논지는 이유가 없다.

그러므로 피고인의 상고를 기각하기로 관여 법관의 의견이 일치되어 주문과 같이 판결한다.

판례41 | 횡단보행자용 신호기의 신호위반이 교통사고처리특례법 제3조 제2항 단서 제1호의 신호기의 신호위반에 해당되는지 여부[대법원 1988. 8. 23. 선고 88도632 판결]

【판결요지】

가. 도로교통법 제2조 제11호, 제5조, 같은 법시행규칙 제4조 내지 제6조, 제9조 별표 3,4의 각 규정을 종합하면 횡단보도상의 신호기는 횡단보도를 통행하고자 하는 보행자에 대한 횡단보행자용 신호기이지 차량의 운행용 신호기라고는 풀이되지 아니하므로 횡단보행자용 신호기의 신호가 보행자통행신호인 녹색으로 되었을 때 차량운전자가 그 신호를 따라 횡단보도 위를 보행하는 자를 충격하였을 경우에는 교통사고처리특례법 제3조 제2항 단서 제6호의 보행자 보호의무를 위반한 때에 해당함은 별문제로 하고 이를 같은 조항 단서 제1호의 신호기의 신호에 위반하여 운전한 때에 해당한다고는 할 수 없다.

나. 피고인에 대하여 교통사고처리특례법 제3조 제2항 단서 제1호의 위반사유를 들어 공

소가 제기되었다면 법원으로는 그 심판범위를 넘어서 같은 조항 제6호의 위반여부까지 판단할 수 없다.

【원심판결】

서울형사지방법원 1988.2.19. 선고 87노5287 판결

【주문】

상고를 기각한다.

【이유】

상고이유를 본다.

도로교통법 제2조 제11호, 제5조, 같은법 시행규칙 제4조 내지 제6조, 제9조 별표 3,4의 각 규정을 종합하면, 횡단보도상의 신호기는 횡단보도를 통행하고자 하는 보행자에 대한 횡단보행자용 신호기이지 차량의 운행용 신호기라고는 풀이되지 아니함으로 횡단보행자용 신호기의 신호가 보행자 통행신호인 녹색으로 되었을 때 차량운전자가 그 신호를 따라 횡단보도 위를 보행하는 자를 충격하였을 경우에는 교통사고처리특례법 제3조 제2항 단서 제6호의 보행자 보호의무를 위반한 때 해당함은 별문제로 하고 이를 같은 조항 단서 제1호의 신호기의 신호에 위반하여 운전한 때에 해당한다고는 할 수 없다 하겠다.

이와 견해를 같이 한 원심판결은 정당하고 거기에 주장하는 바와 같은 법리오해의 위법이 없다.

또 피고인에 대하여 교통사고처리특례법 제3조 제2항 단서 제1호의 위반 사유를 들어 공소가 제기된 이상 법원으로는 그 심판범위를 넘어서 같은 조항 제6호의 위반여부까지 판단할 수도 없다. 주장은 모두 이유없다.

그러므로 상고를 기각하기로 관여법관의 일치된 의견으로 주문과 같이 판결한다.

판례42 | 신호등의 진행신호만 믿고 무단횡단자에 대한 보호조치를 하지 않고 자동차를 운행한 운전수의 과실유무*[대법원 1987. 9. 29. 선고 86다카2617 판결]*

【판결요지】

횡단보도상의 신호등이 보행자정지 및 차량진행신호를 보내고 있다 하더라도 도로상에는 항상 사람 또는 장애물이 나타날 가능성이 있을 뿐만 아니라 사고지점이 차량과 사람의 통행이 비교적 번잡한 곳이라면 이러한 곳에서는 교통신호를 무시한 채 도로를 무단횡단하는 보행자가 흔히 있는 것이어서 자동차를 운전하는 사람이면 누구든지 이를 쉽게 예상할 수 있는 상황이므로 이러한 곳을 통과하는 자동차운전수는 보행자가 교통신호를

철저히 준수할 것이라는 신뢰만을 가지고 자동차를 운전할 것이 아니라 좌우에서 횡단보도에 진입한 보행자가 있는지 여부를 살펴보고 또한 그의 동태를 잘 살피면서 서행하는 등 보행자의 안전을 위해 어느 때라도 정지할 수 있는 태세를 갖추고 자동차를 운전하여야 할 주의의무가 있다 할 것이니 위와 같은 주의의무를 태만히 한 채 차량진행신호만 믿고 운전하다가 사고를 일으켰다면 운전수에게도 과실이 있다고 할 것이다.

【원심판결】

서울고등법원 1986.10.22. 선고 86나1483 판결

【주문】

상고를 기각한다.

상고비용은 피고의 부담으로 한다.

【이유】

상고이유를 본다.

1) 제1점에 대하여,

원심판결 이유에 의하면, 원심은 피고회사 소속 운전수인 소외인이 1984.8.15. 21:00경 피고 소유인 (차량등록번호 생략) 영업용 택시를 운전하여 성남시 모란방면에서 같은시 성호종합시장 방면을 향하여 운행하던 중 같은시 수진동 8단지 앞 4거리 횡단보도상에서 마침 그곳 좌측에서 우측으로 길을 건너던 원고 1를 충격하여 상해를 입힌 사실을 인정한 다음, 피고의 면책항변에 대하여 이 사건 사고장소는 노폭 19.2미터인 편도 3차선 도로상으로서 제한속도는 시속 50킬로미터 지점이고, 사고지점은 2차선의 횡단도보상이며 그곳 4거리와 횡단보도 양도로가에는 자동차신호등과 보행자 신호등이 각 설치되어 있는 사실, 사고당시 위 소외인은 위 도로의 2차선을 따라 시속 약 40킬로미터의 속도로 진행중이었는데 마침 보행자신호등이 적색신호이고 자동차신호등이 진행신호인 녹색신호이므로 위 횡단보도 앞에서 서행등을 함이 없이 계속 같은 속도로 진행하다가 위 횡단보도에 거의 이르렀을 때 횡단보도를 따라 좌측에서 우측으로 뛰어서 길을 건너는 위 원고를 3-4미터 전방에서 발견하고, 급정차조치를 취하였으나 거리근접으로 미치지 못하여 이 사건 사고가 발생한 사실 및 사고당시 그곳 도로상에는 1차선상에 좌회전하기 위하여 신호대기 중이던 택시 1대 외에는 전방 및 좌우에 시야장애가 없었던 사실을 인정하고, 위와 같은 경우 보행자인 위 원고가 교통신호를 무시한 채 함부로 길을 건넌 점에 잘못이 있기는 하나 운전수인 위 소외인으로서도 신호등의 신호가 자동차 진행신호라 하여 신호만 믿고 진행할 것이 아니라 그때에도 전방 및 좌우를 잘 살펴 길을 건너는 사람이 있는지의 여부를 확인하고 진행

하여야 할 주의의무가 있다할 것이고, 그와 같은 주의의무를 태만히 한 과실로 인하여 이 사건 사고가 발생한 것이라고 판단하여 피고의 위 면책항변을 배척하고 있는바, 횡단보도상의 신호등이 보행자정지 및 차량진행신호를 보내고 있었다 하더라도 도로상에는 항상 사람 또는 장애물이 나타날 가능성이 있고, 원심이 채용하고 있는 갑 제10호증(실황조사서)에 의하면, 이 사건 사고지점은 매시간당 차량은 800여대, 사람은 500여명이 통행하는 비교적 번잡한 곳인 사실을 인정할 수 있으므로 이러한 곳에서는 교통신호를 무시한 채 도로를 무단 횡단하는 보행자가 흔히 있는 것 또한 부정할 수 없는 현실이며 이는 자동차를 운전하는 사람이면 누구든지 쉽게 예상할 수 있는 상황이므로 이러한 곳을 통과하는 자동차운전수는 보행자가 교통신호를 철저히 준수할 것이라는 신뢰만을 가지고 자동차를 운전할 것이 아니라 좌우에서 횡단보도에 진입한 보행자가 있는지 여부를 살펴보고 또한 그의 동태를 잘 살피면서 서행하는 등하여 보행자의 안전을 위해 어느 때라도 정지할 수 있는 태세를 갖추고 자동차를 운전하여야 할 주의의무가 있다 할 것이고 위와 같은 주의의무를 태만히 한 채 차량진행 신호만을 믿고 운전하다가 사고를 일으켰다면 운전수에게도 과실이 있다고 할 것인바, 원심이 같은 취지에서 이 사건 택시운전수인 위 소외인에게도 과실이 있다고 판단한 조치는 수긍이 가고 거기에 소론과 같은 법리를 오해한 위법이 있다고 할 수 없고 피고가 인용한 판례는 형사사건에 관한 것으로서 상황이 다른 이 사건에 그대로 적용된다고 할 수는 없다. 논지는 이유없다.

2) 제2점에 대하여,

원심판결 이유에 의하면, 원심은 이 사건 사고는 앞서 본 바와 같이 보행자인 원고 1이 보행자 적색신호를 무시한 채 횡단보도를 뛰어서 무단횡단한 과실과 택시운전수인 위 소외인이 횡단보도의 좌우를 잘 살피지 아니하고 감속운행하지 아니한 채 자동차진행신호만을 믿고 운전한 과실이 경합하여 발생한 사실을 인정한 다음, 그 과실의 정도는 위 원고나 위 택시운전수에게 각각 50퍼센트씩 있다고 판단하고 있는바, 기록에 비추어 보건대 원심의 조치는 수긍이 가고 거기에 소론과 같은 법리오해의 위법이 있다 할 수 없다.

3) 따라서 상고를 기각하고, 상고비용은 패소자의 부담으로 하기로 하여 관여법관의 일치된 의견으로 주문과 같이 판결한다.

판례43 | 신뢰의 원칙에 비추어 운전사로서 사업상 주의의무를 해태하지 아니하였다고 본 사례*[대법원 1987. 9. 8. 선고 87도1332 판결]*

【판결요지】

직진 및 좌회전신호에 의하여 좌회전하는 2대의 차량뒤를 따라 직진하는 차량의 운전사로서는 횡단보도의 신호가 적색인 상태에서 반대차선상에 정지하여 있는 차량의 뒤로 보행자가 횡단보도를 건너오지 않을 것이라고 신뢰하는 것이 당연하고 그렇지 아니할 사태까지 예상하여 그에 대한 주의의무를 다하여야 한다고는 할 수 없으며, 또 운전사가 무면허인 상태에서 제한속도를 초과하여 진행한 잘못이 있다 하더라도 그러한 잘못이 사고의 원인이 되었다고는 볼 수 없다.

【원심판결】

부산지방법원 1987.4.23. 선고 86노1006 판결

【주문】

상고를 기각한다.

【이유】

상고이유를 본다.

원심판결을 기록에 비추어 살펴보면, 원심이 직진 및 좌회전 신호에 의하여 좌회전하는 2대의 차량 뒤를 따라 직진하는 차량의 운전수인 피고인으로서는 횡단보도의 신호가 적색인 상태에서 반대차선상에 정지하여 있는 차량의 뒤로 보행자가 횡단보도를 건너오지 않을 것이라고 신뢰하는 것이 당연하고 그렇지 아니할 사태까지 예상하여 그에 대한 주의의무를 다하여야 한다고는 할 수 없으며, 또 피고인이 무면허인 상태에서 제한속도를 초과하여 진행한 잘못이 있다하더라도 그러한 잘못이 이 사건 사고의 원인이 되었다고는 볼 수 없다는 전제에서 제1심판결을 유지한 조처는 수긍이 가고 거기에 소론과 같은 법리오해의 위법이 있다고 할 수 없다. 소론 판례는 이 사건에 적절한 것이 아니다.

결국 논지는 이유 없으므로 상고를 기각하기로 하여 관여법관의 일치된 의견으로 주문과 같이 판결한다.

판례44 | 야간에 신호등이 없는 횡단보도를 건너다 사고를 당한 피해자에게 과실이 있다고 인정한 예 *[대법원 1986. 9. 9. 선고 86다카801 판결]*

【판결요지】

밤이 깊은 22:00경 교통신호등이 설치되어 있지 않은 횡단보도를 건너감에 있어 사고차량이 빠른 속력으로 진행하여 오고 있는 것을 보고서도 위 차량의 동태를 면밀히 살핌이 없이 만연히 중앙선을 넘어서려고 하다가 사고를 당하였다면 피해자로서도 횡단보도를 횡단함에 있어 차량이 오는 쪽의 안전을 소홀히 한 채 급히 건너가려한 부주의가 있었다고

할 것이어서 피해자측의 위 과실은 손해배상액을 정함에 있어서 마땅히 참작되어야 한다.

【원심판결】

대구고등법원 1986.2.18 선고 85나1289 판결

【주문】

원심판결중 피고 패소부분을 파기하고, 이 부분 사건을 대구고등법원에 환송한다.

【이유】

피고 소송대리인의 상고이유를 판단한다.

1. 제1점에 대하여,

원심판결 이유에 의하면 원심은, 그 거시증거에 의하여 피고회사 소유의 대구 4파 2507호 택시운전사인 소외 1이 1983.6.4. 20:00경 위 택시를 운전하고, 대구 서구 밤고개 방면에서 대구소방서 방면을 향하여 시속 약 40킬로미터의 속도로 운행중 대구 서구 내당 5동 1108 소재 서대구세차장 앞길에 이르렀던 바, 그곳은 횡단보도가 설치되어 있는 곳이므로 자동차운전업무에 종사하는 자로서는 횡단보도 앞에서 일단 정지하여 길을 건너는 사람이 있는지의 여부를 확인한 후 다시 진행하거나 진로 전방 좌우를 예의 살피면서 서행을 하는 등으로 사고의 발생을 미연에 방지하여야 할 주의 의무가 있음에도 불구하고, 이를 게을리하여 같은 속도로 계속 진행한 과실로 그곳 도로 좌측에서 우측으로 횡단보도를 따라 길을 건너던 원고를 들이받아 뇌좌상등의 상해를 입게 한 사실을 인정하고, 위 인정에 일부 저촉되는 증거들을 배척한 다음, 원고가 위 사고지점도로를 횡단함에 있어 횡단보도가 아닌 차도로 횡단하였거나 좌우를 살피지 아니하고 횡단하였다는 점에 관하여는 위에서 배척한 증거 이외에 이를 인정할 만한 증거가 없다 하여 이 사건 사고발생에 있어서 원고의 과실도 경합되어 있다는 취지의 피고의 과실상계 항변을 배척하고 있다.

그러나 원심이 적법히 채택한 증거들을 종합하여 보면, 이 사건 사고지점은 횡단보도이기는 하지만 교통신호등이 설치되어 있지 아니한 곳이었고, 사고당시는 밤이 깊은 22:00경(원심판결 설시의 20:00경은 오기로 보인다)이어서 시야에 장애가 있었던 사실, 한편 원고는 소외 허만광과 함께 대구 서구밤고개쪽에서 사고차량이 빠른 속력으로 진행하여 오고 있는 것을 보고서도 위 택시의 동태를 면밀히 살핌이 없이 만연히 중앙선을 넘어서려고 하다가 위 사고를 당한 사실을 엿볼 수 있는바, 사실관계가 위와 같다면 이 사건 사고발생에 관하여 원고에게도 횡단보도를 횡단함에 있어 차량이 오는 쪽의 안전을 소홀히한 채 급히 건너 가려한 부주의가 있었다고 보여지고, 원고의 위와 같은 과실은 위 사고발생의한 원인이 되었다고 아니할 수 없으므로 원심으로서는 마땅히 피고의 손해배상액을 정함에 있어 이러한 원고의 과실을 참작했어야 할 것인데도 이를

참작하지 아니한 것은 위법이라 할 것이고, 또한 원심판결에는 피고측이 지급한 원고의 치료비중 원고의 과실비율에 상응한 원고 자신의 부담부분을 손해배상액에서 공제하지 아니한 위법이 있다고 할 것이므로 이 점을 지적하는 논지는 이유있다.

2. 제2점에 대하여,

원심판결 이유에 의하면, 원심은 그 거시의 증거에 의하여 원고가 위 사고당시 경력 약 20년의 직물공장통경(직조기의 바디나 잉아에 날실을 끼우는 작업)기술자로 일하여 매월 평균 금 350,000원의 수입을 얻고 있었던 사실을 인정하고 있는바, 기록에 의하여 살펴보면, 위와 같은 원심의 판단은 수긍이 가고 거기에 심리미진 또는 채증법칙위배로 인한 사실오인의 위법이 있다고 할 수 없으므로 논지는 이유없다.

3. 제3점에 대하여,

원심이 확정한 사실관계를 토대로 살피건대, 원심은 원고가 이 사건 사고로 인한 심한 후유증으로 고도의 섬세한 작업을 요하는 통경 내지 그 유사직종에 종사하기 어렵게 되었고 일반도시일용노동에 종사할 수 밖에 없게 되었다고 판시한 다음 이를 전제로 하여 원고의 일실수입을 산정하고 있는바, 이러한 원심의 조치는 정당하고 거기에 일실수입산정에 관한 법리오해의 위법이 있다 할 수 없으므로 논지는 이유없다.

4. 그러므로 원심판결중 피고 패소부분을, 위 상고이유 제1점에 대한 판단에서 설시한 이유로 파기하고, 이 부분 사건을 다시 심리케 하고자 원심법원에 환송하기로 하여 관여 법관의 일치된 의견으로 주문과 같이 판결한다.

판례45 | 횡단보도에서 일시 정지함이 없이 자동차를 운행한 것이 교통사고처리특례법 제3조 제2항 단서 제1호 소정의 "일시정지를 내용으로하는 안전표지가 표시하는 지시에 위반하여 운전한 경우"에 해당하는지 여부[대법원 1986. 12. 9. 선고 86도1868 전원합의체 판결]

【판결요지】

도로교통법상의 안전표지의 종류, 만드는 방식, 표시하는 뜻, 설치기준 및 설치장소를 규정하고 있는 동법시행규칙 제3조 제2항의 별표 1에 의하면 일련번호 706번의 표지는 종류란에 정지선표시, 표시하는 뜻란에 운행중 정지를 해야 할 경우 정지해야 할 지점을 표시하는 것, 설치기준 및 설치장소란에 정지해야 할 필요가 있는 경우 정지하여야 할 지점에 설치라고 규정되어 있어 위 706번의 정지선 표시는 그 자체가 일시 정지의무 있음을 표시하는 것은 아니고 운행중 정지를 해야 할 경우에 정지하여야 할 지점이라는 것을 표시하는 안전표지라고 새겨져 자동차운전자가 위 시행규칙 706번의 정지선 표시만 되어 있는 횡단보도에서 일시 정지함이 없이 자동차를 운행하였다 하더라도 교통사고처리특례법 제3조 제

2항 단서 제1호에서 말하는 "일시정지를 내용으로 하는 안전표지가 표시하는 지시에 위반하여 운전한 경우"에 해당하지 아니한다.[전원합의체판결 : 본판결로 85.다.12. 84도2208 판결 폐기]

【원심판결】

부산지방법원 1986.7.11 선고 86노362 판결

【주문】

상고를 기각한다.

【이유】

검사의 상고이유를 본다.

도로교통법상의 안전표지의 종류, 만드는 방식, 표시하는 뜻, 설치기준 및 설치장소를 규정하고 있는 같은법시행규칙 제3조 제2항의 별표 1에 의하면, 일련번호 706번의 표지는 종류란에 정지선표시, 표시하는 뜻란에 운행중 정지를 해야 할 경우 정지해야 할 지점을 표시하는 것, 설치기준 및 설치장소란에 정지해야 할 필요가 있는 경우 정지하여야 할 지점에 설치라고 규정되어 있어 위 706번의 정지선표시는 그 자체가 일시 정지의무 있음을 표시하는 것은 아니고 운행중 정지를 하여야 할 경우에 정지하여야 할 지점이라는 것을 표시하는 안전표지라고 새겨진다(당원 1985.2.26. 선고 84도2204 판결 참조). 위 견해에 어긋나는 당원 1985.3.12. 선고 84도2208 판결은 이를 폐기하기로 한다. 그러므로 자동차 운전자가 위 시행규칙 706번의 정지선표시만 되어 있는 횡단보도에서 일시 정지함이 없이 자동차를 운행하였다 하더라도 교통사고처리특례법 제3조제2항 단서 제1호에서 말하는 "일시 정지를 내용으로 하는 안전표지가 표시하는 지시에 위반하여 운전한 경우"에 해당하지 아니한다 고 할 것이다.

같은 취지에서 원심이 위 706번의 정지선표지는 교통사고처리특례법 제3조 제2항 단서 제1호의 일시 정지를 내용으로 하는 안전표지에 해당하지 아니한다고 본 제1심 판결을 유지한 조처는 정당하고, 거기에 소론과 같은 법리오해의 위법이 있다고 할 수 없다. 논지는 이유없다.

이에 상고를 기각하기로 하여 관여법관의 일치된 의견으로 주문과 같이 판결한다.

> **판례46 |** 교통정리가 행해지고 있지 아니한 교차로에서 이미 교차로에 진입하여 좌회전을 거의 끝마칠 상태에 있는 자동차운전자의 주의의무 정도[대법원 1986.9.9.선고 86도163 판결]

【판결요지】

교통정리가 행하여지고 있지 아니한 교차로에서 이미 교차로 안으로 진입하여 좌회전을 거의 끝마칠 상태에 있는 차량의 운전자에게 아직 위 교차로 안으로 진입하지도 아니한 반대차선의 직진차량을 위하여 좌회전 도중이라도 일단 정차하여 동 차량의 우선통행을 방해하지 않아야 할 업무상 주의의무가 있다거나 또는 교차로 안에서 좌회전중인데도 불구하고 이를 무시한 채 위 직진차량이 미끄러운 빗길을 과속으로 달려와 일단 정지선에서 정지하거나 감속조치를 취함이 없이 그대로 교차로 안으로 진입해 들어오는 경우까지 예상하고 그와의 충돌을 피하기 위하여 이에 대비하여 운전해야 할 업무상 주의의무까지 있다고 보기는 어렵다.

【원심판결】

인천지방법원 1985.12.5 선고 85노221 판결

【주문】

상고를 기각한다.

【이유】

검사의 상고이유를 판단한다.

교통정리가 행하여 지고 있지 아니하는 교차로에서 직진하려는 차량과 좌회전하려는 차량사이에는 직진하려는 차량에 통행우선권이 인정되는 것이 원칙이기는 하나 좌회전하려는 차량이 이미 교차로 안으로 진입하여 좌로 방향을 전환하고 있는 경우에는 교차로 안으로 진입하기 이전에 있는 직진하려는 차량은 좌회전중인 차량의 진행을 방해하여서는 아니된다고 할 것인바(도로교통법 제22조 제3항, 제23조 참조), 원심이 적법하게 확정한 사실에 의하면, 이 사건 사고장소는 노폭 24미터의 왕복 6차선 도로와 노폭 8미터의 도로가 직각으로 교차하는 교차로로서 신호기에 의해서는 물론 수신호에 의한 교통정리도 행하여 지고 있지 아니한 곳이고, 피고인은 시내버스를 6차선 도로를 따라 운전하여 위 교차로에 이르러 위 8미터 도로로 좌회전하기 위하여 교차로 직전의 횡단보도앞 1차선상에 일단 정차한 후 피해차량이 6차선 도로의 반대편 3차선상으로 위 교차로 후방 약 150미터 지점에서 위 교차로를 향해 운행해 오는것을 발견하였으나 위 두차량의 속도와 거리로 보아 충분히 좌회전할 수 있다고 판단하고 교차로 안으로 진입하여 거의 좌회전을 끝마치려는 순간에 피해차량이 미끄러운 빗길에 제한시속 50킬로미터를 훨씬 초과한 시속 80킬로미터의 과속으로 교차로 진입 직전에 설치된 일단정지선도 무시한 채 그대로 교차로 안으로 진입하므로서 미쳐 교차로를 빠져 나가지 못한 위 버스의 우측 뒷바퀴의 뒷부분 옆면을 피해차량의 전면으로 정면 충돌하여 이 사건 사고가 발생되었다는 것인즉 사고 경위가 이와 같다면 이미 교차로 안으로 진입하여 좌회전을 거의 끝마칠 상태에 있는 위 버스의 운전자인 피고인에게 아직 위 교차로 안으로 진입하지도 아니한 피해차량을 위하여 좌회전도중이라도 일단 정차하여 피해차량의 우선통행을 방해하지 않아야 할 업무상 주의의무가 있다거나 또는 위 버스가 교차로 안에서 좌회전중인데도 불구하고 이를 무시한 채 피해차량이 미끄러운 빗길을 과속으로 달려와 일단정지선에서 정지하거나 감속조치를 취함이 없이 그대로 교차로 안으로 진입해 들어오는 경우까지 예상하고 그와의 충돌을 피하기 위하여 이에 대비하여 운전해야 할 업무상 주의의무까지 있다고 보기는 어렵다 할 것이므로, 이와 같은 취지에서 피고인에게 무죄를 선고한 1심 판결을 유지한 원심판결은 정당하고, 거기에 소론과 같은 자동차 운전자로서의 업무상 주의의무에 관한 법리를 오해한 위법이 있다 할 수 없으므로 논지는 이유없다.

그러므로 검사의 상고는 이유없어 이를 기각하기로 관여법관의 의견이 일치되어 주문과 같이 판결한다.

판례47 | 횡단보도의 보행자신호가 녹색신호에서 적색신호로 바뀔 무렵 전후에 횡단보도를 통과하는 자동차 운전자의 주의의무*[대법원 1986. 5. 27. 선고 86도549 판결]*

【판결요지】

횡단보도의 보행자 신호가 녹색신호에서 적색신호로 바뀌는 예비신호 점멸중에도 그 횡단보도를 건너가는 보행자가 흔히 있고 또 횡단도중에 녹색신호가 적색신호로 바뀐 경우에도 그 교통신호에 따라 정지함이 없이 나머지 횡단보도를 그대로 횡단하는 보행자도 있으므로 보행자 신호가 녹색신호에서 정지신호로 바뀔 무렵 전후에 횡단보도를 통과하는 자동차 운전자는 보행자가 교통신호를 철저히 준수할 것이라는 신뢰만으로 자동차를 운전할 것이 아니라 좌우에서 이미 횡단보도에 진입한 보행자가 있는지 여부를 살펴보고 또한 그의 동태를 두루 살피면서 서행하는등하여 그와 같은 상황에 있는 보행자의 안전을 위해 어느 때라도 정지할 수 있는 태세를 갖추고 자동차를 운전하여야 할 업무상의 주의의무가 있다.

【원심판결】

부산지방법원 1986.1.30 선고 85노739 판결

【주문】

상고를 기각한다.

【이유】

상고이유를 판단한다.

1. 원심이 채택한 증거에 의하면, 화물자동차의 운전자인 피고인이 1984.12.22. 20:00경

위 자동차를 시속 50킬로미터로 운전하고 부산 동래구 온천 1동에 있는 신정교회 앞 횡단보도상을 지나면서, 당시는 야간으로서 반대방향에서 오는 차량들의 전조등 빛으로 전방 주시가 어려웠을 뿐 아니라 그곳은 통행인의 왕래가 많은 곳이었음에도 속도를 줄이고 전방과 좌우를 두루 살펴보지 아니한채 자동차를 운전한 업무상 과실로 마침 좌측에서 우측으로 보행자 신호가 녹색신호에서 적색신호로 바뀐 상황에서 계속 횡단보도를 뛰어 건너던 피해자 최달연을 발견 못하고 자동차앞 부분으로 충돌하여 치사케 하였다는 판시 범죄사실을 넉넉히 인정할 수 있고 기록에 의하여 살펴보아도 거기에 거친 채증의 내용이 소론과 같이 채증법칙위반이라고 볼 수 없으므로 그 사실인정과 증거취사를 탓하는 논지는 받아들일 수 없다.

2. 원심이 확정한 사실과 기록에 의하면 이 사건 피해자는 사고지점 횡단보도(왕복 각 3차선 도로에 설치된 것)의 보행자 신호가 녹색신호에서 적색신호로 바뀌는 예비신호가 점멸하는 동안에 횡단보도에 진입하였고, 횡단도중에 그 신호가 적색신호로 바뀌었음에도 계속 횡단을 하다가 피고인이 운전하는 자동차에 치인 것이고, 한편 피고인은 자동차를 40 내지 50킬로미터의 시속으로 운전해 오다가 신호가 직진신호로 바뀌자 같은 시속으로 위 횡단보도를 통과하려다가 피해자를 충돌한 것이었음이 분명하다. 이와 같이 횡단보도의 보행자 신호가 녹색신호에서 적색신호로 바뀌는 예비신호 점멸중에도 그 횡단보도를 건너가는 보행자가 흔히 있고, 또 횡단도중에 녹색신호가 적색신호로 바뀐 경우에도 그 교통신호에 따라 정지함이 없이 나머지 횡단보도를 그대로 횡단하는 보행자가 흔히 있는 것 또한 부정할 수 없는 현실이며, 이는 자동차를 운전하는 사람이면 누구든지 쉽게 예상할 수 있는 상황이므로 보행자 신호가 녹색신호에서 정지신호로 바뀔 무렵 전후에 횡단보도를 통과하는 자동차 운전자는 보행자가 교통신호를 철저히 준수할 것이라는 신뢰만으로 자동차를 운전할 것이 아니라 좌우에서 이미 횡단보도에 진입한 보행자가 있는지 여부를 살펴보고 또한 그의 동태를 두루 살피면서 서행하는 등하여 그와 같은 상황에 있는 보행자의 안전을 위해 어느 때라도 정지할 수 있는 태세를 갖추고 자동차를 운전하여야 할 업무상의 주의의무가 있다고 보아야 할 것이고, 보행자에 대한 교통교육의 실정, 현실적인 보행자의 교통도덕수준등에 비추어 자동차 운전자에게 이와 같은 주의의무를 부과한다 하더라도 그것이 사회적 상당성의 한도를 넘는 과대한 요구라고 말할 수는 없을 것이다.

원심이 이 사건 사고지점에서 피고인에게 그 판시와 같은 업무상의 주의의무가 있었다고 판단한 것은 같은 취지에서 이끌어낸 결론으로 볼 수 있으므로 당시의 구체적 상황에 비추어 정당하고, 거기에 소론과 같이 자동차 운전자에게 신뢰의 원칙에 반하는 업무상의 주의의무를 인정한 위법이 있다고 볼 수 없으므로 이에 관한 상고논지도 이유없다.

3. 그러므로 상고를 기각하기로 관여법관의 의견이 일치되어 주문과 같이 판결한다.

판례48 │ 간선도로의 횡단보도에서의 보행자 신호가 적색인 경우 동 교차로를 주행하는 자동차운전자의 주의의무 정도[대법원 1985. 11. 12. 선고 85도1893 판결]

【판결요지】

교통이 빈번한 간선도로에서 횡단보도의 보행자 신호등이 적색으로 표시된 경우, 자동차운전자에게 보행자가 동 적색신호를 무시하고 갑자기 뛰어나오리라는 것까지 미리 예견하여 운전하여야 할 업무상의 주의의무까지는 없다.

【원심판결】

서울형사지방법원1985.7.29. 선고 85노638 판결

【주문】

상고를 기각한다.

【이유】

검사의 상고이유를 판단한다.

원심판결이유에 의하면, 원심은 거시증거에 의하여 이 사건 사고발생의 경위를 다음과 같이 인정하고 있다.

즉 이 사건 사고당시 피해자는 청량리 시장근처 술집에서 공소외인과 2홉들이 소주 2병을 나누어 마신 다음 사고장소인 횡단보도에 이르러서 그 곳의 보행자 신호등이 적색이었고 차량의 왕래가 아주 빈번하였음에도 불구하고 위 적색신호를 무시한 채 갑자기 뛰어 나가다 때마침 이 사건 교차로에서 시속 30키로미터로 좌회전을 하여 위 횡단보도를 지나가던 위 사고버스의 전면에 충돌한 사실, 피고인은 이 사건 당시 피해자가 갑자기 뛰어드는 것을 발견하고 즉시 급제동조치를 취하였으나 그 진행력으로 인하여 충돌을 피하지 못한 사실을 각 인정하고 있는바, 기록에 의하여 검토하여 보아도 원심의 위 사실인정은 정당하고 거기에 채증법칙위배로 인한 사실오인의 위법이 있다고는 할 수 없다.

사실관계가 위와 같다면 횡단보도의 보행자 신호등이 적색으로 표시된 경우는 보행인은 신호를 위반하여 길을 건너서는 아니 됨으로 피고인으로서는 이러한 횡단보도에서는 보행인이 신호를 위반하여 횡단하지 아니하리라고 기대함은 당연하고, 보행자가 적색신호를 무시하고 갑자기 뛰어나오리라는 것까지 미리 예견하여 운전하여야 할 업무상의 주의의무까지 있다고 볼 수는 없고 또 이 사건 현장 부근은 차량통행과 보행인의 통행이 매우 번잡한 곳이고 사고시간 당시에는 술에 취한 보행인이나 귀가를 서두르는 사람들이 택시나 버

스를 타기 위하여 차도까지 내려오는 것이 예견된다고는 하더라도 이 사건과 같은 교통 빈번한 간선도로에서 횡단금지의 적색신호인데도 무모하게 버스앞을 뛰어 횡단하려 하는 아주 드문 경우까지를 예견하고 이에 대치할 것을 요구함과 같은 것은 자동차운전자에 대한 통상의 주의의무의 정도를 넘는 과대한 요구라고 하지 않을 수 없을 것이다.

원심이 위와 같은 취지에서 피고인에게 과실책임을 물을 수 없다하여 무죄를 선고한 조치는 정당하고 거기에 소론의 위법은 없다.

그러므로 상고를 기각하기로 관여법관의 의견이 일치되어 주문과 같이 판결한다.

> **판례49 |** 차량진행신호시 횡단보도 앞에서 감속, 일단정지하지 않은 것의 횡단보도
> 에서의 보행자보호의무위반 여부[대법원 1985. 9. 10. 선고 85도1228 판결]

【판결요지】

교통사고발생당시의 신호가 차량진행신호였다면 사고지점이 비록 교통신호대가 있는 횡단보도상이라 하더라도 운전자가 그 횡단보도앞에서 감속하거나 일단정지하지 아니하였다 하여 구 도로교통법(1984.8.4 법률 제3744호로 개정되기 전의 것) 제44조 제3호 소정의 횡단보도에서의 보행자 보호의무를 위반하였다 할 수 없다.

【원심판결】

대구지방법원 1985.2.4. 선고 84노750 판결

【주문】

상고를 기각한다.

【이유】

검사의 상고이유를 본다.

원심판결 이유에 의하면, 원심은 공소사실에 부합하는 제1심증인 공소외 1, 같은 공소외 2 형제의 진술을 조신치 아니하는 반면 같은 증인 공소외 3의 진술을 믿은 나머지 이 사건 교통사고발생당시의 신호가 차량진행신호임을 인정하고 이 사건 사고지점이 교통신호대가 있는 횡단보도상이라 하더라도 피고인이 그 횡단보도앞에서 감속하거나 일단 정지하지 아니하였다 하여 도로교통법 제44조 제3호의 규정에 의한 횡단보도에서의 보행자 보호의무를 위반하였다 할 수 없고, 달리 피고인이 교통사고처리특례법 제3조 제2항 단서 각호중 어느 것에도 해당하지 아니하여 피고인을 위 특례법 제4조 제1항에 의하여 공소를 제기할 수 없음을 이유로 형사소송법 제327조 제2호에 따라 공소기각의 선고를 한 제1심판결을 유지하였는바, 기록을 살펴건대 원심조처는 적법히 수긍되고 거기에 소론과

같은 심리미진 또는 채증법칙위배로 사실을 오인한 위법이나 경험칙에 관한 법리오해의 위법이 없으므로 논지는 이유없다.

따라서 상고를 기각하기로 관여 법관의 의견이 일치되어 주문과 같이 판결한다.

판례50 | 횡단보도에서 일단정지함이 없이 자동차를 운행한 것이 교통사고처리특례법 제3조 제2항 단서 제1호 소정의 "일시정지를 내용으로 하는 안전표지가 표시하는 지시에 위반하여 운전한 경우"에 해당하는지 여부(적극)[대법원 1985. 3. 12. 선고 84도2208 판결]

【판결요지】

도로교통법시행규칙 제3조 제2항의 별표 1의 일련번호 706번의 정지선표지가 일시정지의무있음을 표시하는 것은 아니고 다만 일시정지를 하여야 할 경우에 정지하여야 할 지점이라는 것을 표시하는 안전표지라고 해석할 아무런 근거도 없을 뿐 아니라 일시정지를 내용으로 하는 표지중 일련번호 224번 표지는 입간판표지이고 노면표지인 614번 표지는 진행방향표지와 혼동될 우려가 있어 현재 전연 설치되어 있지 아니하고 있어 횡단보도의 일시정지를 표시하는 노면표지는 위 706번 뿐이므로 입간판표지인 위 224번 표지가 없는 한 어떠한 곳의 횡단보도라 하더라도 일시정지를 할 필요가 없다는 결론에 이르게 되어 부당하므로 위 706번 표지만 되어 있는 횡단보도에서 일시정지함이 없이 자동차를 운행하면 교통사고처리특례법 제3조 제2항 단서 제1호 소정의 "일시정지를 내용으로 하는 안전표지가 표시하는 지시에 위반하여 운전한 경우"에 해당한다.

【원판결】

대구지방법원 1984.6.29. 선고 84노399 판결

【주문】

원심판결을 파기하여, 사건을 대구지방법원 합의부에 환송한다.

【이유】

상고이유를 본다.

교통사고처리특례법 제3조 제2항 제1호는 업무상과실 또는 중과실로 인하여 사람을 치상케한 차량운전자는 피해자의 명시한 의사에 반하여 처벌할 수 없고 다만 도로교통법 제5조의 규정에 의한 신호기 또는 교통정리를 위한 경찰관의 신호나 지시 및 통행의 금지 또는 일시정지를 내용으로 하는 신호기 또는 안전표지가 표시하는 지시에 위반하여 운전한 경우에는 그러하지 아니하다고 규정하고 있다.

원심은 그 거시증거를 모아 이 사건 사고지점인 횡단보도 앞에는 백색의 정지선이 설치되어 있고 피고인은 사고지점에 이르러 일시정지하지 아니한 채 시속 약 40킬로미터의 속도로 그대로 진행하다가 택시 앞 밤바로 자전거를 타고 횡단보도를 횡단하는 이 사건 피해자를 충격하여 요치 약 16주간의 중상을 입힌 사실과 도로교통법시행규칙상 일시정지를 내용으로 하는 안전표지는 같은규칙 별표기재의 224번, 614번의 일시정지표지와 706번의 정지선표지가 있는데 이 224번과 614번의 일시정지표지는 다른 차량이나 보행자의 유무를 불문하고 그 표지가 있는 곳을 진행하는 차량은 일시정지할 것을 지시하거나 이에 위반되는 운행을 규제한다는 내용의 표지이고 위 706번의 정지선표시는 위와 같이 일시정지할 것을 지시하거나 규제하는 내용의 표지가 아니라 법령의 규정이나 다른신호기 및 안전표지의 지시에 따라 일시정지하여야 할 때에는 그 선앞에 정지하라는 뜻으로 정지할 지점을 표시하는 것이고 일시정지표지중 노면표지에 해당하는 614번 표지는 진행방향표지와 혼동될 우려가 있어 현재 전연 설치되지 아니하고 있는 이 사실등을 인정하고 위 706번의 정지선표지가 있는 이 사건 횡단보도를 통과하는 피고인으로서는 횡단보도상에 피해자가 탄 자전거외에 다른 보행자도 없었던 상황하에서 일시정지하지 아니하고 그대로 진행하였다 하여도 일시정지를 내용으로 하는 안전표지의 지시에 위반하여 운전하였다고 할 수 없고 또한 자전거를 타고 가는 사람은 제차량의 운전자에 해당할 뿐 보행자로 볼 수는 없으므로 피고인이 횡단보도상에서의 보행자 보호의무를 위반하였다고 할 수도 없으므로 이 사건 공소는 그 제기의 절차가 법률의 규정에 위반하여 무효의 경우에 해당한다고 하여 공소를 기각하였다.

그러나 도로교통법시행규칙상의 위 224, 614 및 706번의 표지를 원심판시와 같이 해석할 아무런 근거도 없을 뿐만 아니라 위 224번 표지는 입간판표지(교차로 기타 필요한 지점의 우측에 설치)이고 614번의 노면표지는 진행방향표지와 혼동될 우려가 있어 현재 전연 설치되어 있지 아니하고 있는 것이니 횡단보도의 일시정지를 표시하는 노면표지는 위 706번 뿐이므로 원심판시에 따르면 위 224번 입간판표지가 없는 한 어떠한 곳의 횡단보도라 하더라도 일시정지를 할 필요가 없다는 결론에 이르게 될 것이니 그 실당함은 명백하다고 하겠다.

결국 원심으로서는 횡단보도상의 안전표지 및 일시정지의무의 유무 등에 관하여 수긍할 수 있는 심리판단을 다하여야 할 것임에도 불구하고 법령상의 근거나 믿을 수 있는 증거의 조사없이 피고인에 대하여 일시정지의무가 없다고 판시하였음은 교통사고처리특례법이 정하는 안전표지에 관한 법리를 오해하고 심리를 다하지 아니하였거나 채증법칙에 위반한 잘못을 저질렀다고 할 것이므로 이와 같은 점을 비난하는 상고논지는 그 이유가 있다고 하겠다.

그러므로 원심판결을 파기하여 원심으로 하여금 다시 심리판단케 하기 위하여 사건을 대구지방법원 합의부에 환송하기로 관여 법관의 의견이 일치하여 주문과 같이 판결한다.

【판결요지】

도로교통법상의 안전표지의 종류, 제식, 표시하는 뜻, 설치기준 및 설치장소의 내용을 규정하고 있는 같은법 시행규칙 제3조 제2항의 별표1에 의하면 일련번호 706호의 정지선표지는 제차가 정지하여야 할 곳을 표시하는 뜻으로 일시정지하여야 할 지점에 설치한다고 되어 있으며 위 정지선표시는 그 자체가 일시정지 의무 있음을 표시하는 것은 아니고 다만 일시정지를 하여야 할 경우에 정지하여야 할 지점이라는 것을 표시하는 안전표지라고 풀이되므로 자동차운전자가 위 정지선 표시만 되어 있는 횡단보도에서 일시정지함이 없이 자동차를 운행하였다 하더라도 교통사고처리특례법 제3조 제2항 단서 제1호에서 말하는 "일시정지를 내용으로 하는 안전표지가 표시하는 지시에 위반하여 운전한 경우"에 해당한다고 볼 수 없다.

【원심판결】

대구지방법원 1984.6.29. 선고 84노609 판결

【주문】

상고를 기각한다.

【이유】

검사의 상고이유를 본다.

도로교통법상의 안전표지의 종류, 제식, 표시하는 뜻, 설치기준 및 설치장소의 내용을 규정하고 있는 같은법 시행규칙 제3조 제2항의 별표1에 의하면 일련번호 224번의 일시정지 표지는 자동차가 일시정지 하여야 할 장소임을 지정하는 것을 표시하는 뜻으로 자동차가 일시정지 하여야 하는 교차로 기타 필요한 지점의 우측에 설치한다고 되어 있고, 같은 614번의 일시정지 표시는 자동차가 일시정지하여야 할 것을 표시하는 뜻으로 교차로, 횡단보도등 자동차가 일시정지하여야 할 장소의 2미터 내지 3미터 지점에 설치한다고 되어 있으며 같은 706번의 정지선표지는 제차가 정지하여야 할 곳을 표시하는 뜻으로 일시 정지하여야 할 지점에 설치한다고 되어 있다.

위 각 안전표지가 표시하는 뜻 및 설치기준 및 설치장소 등에 비추어 보면 224번과 614번의 일시정지표지는 자동차운전자에게 그 설치장소에서 일시정지의무가 있음을 표시

하는 안전표지임이 명백하나 706번의 정지선표시는 그 자체가 일시정지의무 있음을 표시하는 것은 아니고 다만 일시정지를 하여야 할 경우에 정지하여야 할 지점이라는 것을 표시하는 안전표지라고 풀이되므로 자동차운전자가 위 시행규칙 706번의 정지선표시만 되어 있는 횡단보도에서 일시 정지함이 없이 자동차를 운행하였다 하더라도 교통사고처리특례법위반 제3조제2항 단서 제1호에서 말하는 "일시정지를 내용으로 하는 안전표지가 표시하는 지시에 위반하여 운전한 경우"에 해당한다고 볼 수 없을 것이다.

원심이 적법하게 확정한 사실에 의하면 이 사건 사고발생지점은 위 도로교통법시행규칙 제3조 제2항 별표 1의 706번에 해당하는 정지선표지만이 설치된 횡단보도인데 피고인이 그곳에서 일시정지 하지 아니한 채 시속 40킬로미터의 속도로 자동차를 운행하다가 횡단보도에서 약 6미터가량 떨어진 차도를 좌측에서 우측으로 무단횡단하던 피해자에게 상해를 입게 하였다는 것이므로 피고인의 소위가 교통사고처리특례법 제3조 제2항 단서 제1호의 "일시정지를 내용으로 하는 안전표지가 표시하는 지시에 위반하여 운전한 경우"에 해당하지 아니한다고 본원심판단은 정당하고 거기에 소론과 같은 법리오해가 있다 할 수 없다.

그러므로 논지 이유없다 하여 상고를 기각하기로 관여 법관의 의견이 일치되어 주문과 같이 판결한다.

| 판례52 | 횡단보도통행주의의무위반으로 행인 2명을 사망케 한 것을 이유로 한 차량면허취소 처분의 적부[대법원 1984. 3. 13. 선고 83누378 판결] |

【판결요지】

원고의 운전수가 차량을 운전함에 있어서 횡단보도에서의 일단정지 내지 서행의무위반, 전방주시태만, 속도 및 차선위반 등의 과실로 인하여 도로를 횡단중이던 소외인 2명을 치어 사망케 한 교통사고는 자동차운수사업법 제31조 제5호 소정의 중대한 교통사고로 인하여 많은 사상자를 발생케 한 때에 해당하므로 피고가 위 교통사고에 대하여 위반차량 면허취소(사업일부면허취소)의 행정처분을 선택하였음에 재량의 한계를 일탈한 위법이 있다고 할 수 없다.

【원심판결】

서울고등법원 1983.6.2. 선고 82구892 판결

【주문】

상고를 기각한다.

상고 소송비용은 원고의 부담으로 한다.

【이유】

변호인의 상고이유를 종합하여 판단한다.

1. 원심판결은 그 이유에서 원고 소유의 (차량등록번호 생략)(시내버스)를 운전하던 소외 1이 1982.8.25.10:45경 서울 강서구 등촌동 산 41 앞 도로상에서 도로를 횡단하던 소외 2(여. 32세)와 그의 아들 소외 3(7세)을 치어 사망하게 한 교통사고를 일으켰는 바, 위 교통사고는 그 판시와 같은 위 소외 1의 위 사고차량을 운전함에 있어서 횡단보도에서의 일단정지 내지 서행의무위반, 전방주시태만, 속도 및 차선위반의 과실에 의한 것으로서 2인의 생명에 위해를 가한 중대한 결과에 비추어 비록 피해자들에게도 횡단보도에 따라 횡단하지 아니한 잘못이 있고 (그러나 횡단보도를 거의 다 건너간 1차선 상에서의 사고라는 점에서 운전자의 과실이 더 크고 더구나 운전자가 2차선으로 진행하였던들 충돌을 면할 수도 있었을 것이다) 원고가 피해자들의 유족에게 손해배상을 하였고 위 사고차량은 등록한지 2년밖에 안된 차량이며 이 사건 사고후 운행정지의 제재를 받은 점등 제반사정을 참작한다 하더라도 자동차운수사업법 제31조 제5호 및 위 규칙 제3조 제2항 별표 3,1마에서 규정하는 중대한 교통사고로 인하여 많은 사상자를 발생하게 한 때 또는 동 법조 제3호의 공공복리에 반하는 행위를 한 때에 해당하고 피고가 동 법조의 정하는 처분중 위반차량면허취소(사업면허 일부취소)의 행정처분을 선택하였음에 재량의 한계를 벗어난 위법이 있다고 할 수 없다고 판단하고 있다.

2. 기록에 의하여 살펴보면 원심이 이 사건 교통사고가 자동차운수사업법 제31조 제5호 소정의 중대한 교통사고로 인하여 많은 사상자를 발생하게 한 때에 해당하고 피고가 원고의 이 사건 교통사고에 대하여 동 법조의 정하는 처분중 위반차량면허취소(사업면허일부취소)의 행정처분을 선택하였음에 재량의 한계를 벗어난 위법이 있다고 할 수 없다 고 판단한 조치에 수긍이 가고 거기에 소론과 같은 위법이 있음을 발견할 수 없으므로 논지는 채용할 수 없다.

그러므로 상고를 기각하고, 상고 소송비용은 패소자의 부담으로 하기로 하여 관여법관의 일치된 의견으로 주문과 같이 판결한다.

> **판례53 |** 보행신호가 보행정지 및 차량진행 신호로 바뀌어 횡단보도 통행을 중단한 보행자에 대한 차량운전자의 보호의무 유무[대법원 1983. 12. 13. 선고 83도2676 판결]

【판결요지】

피해자가 신호기의 보행신호에 따라 횡단보도를 통행하던 중 보행정지 및 차량진행 신호로 바뀌자 도로중앙선 부분에서 횡단보도 통행을 중단하고 차량의 통과를 기다리며 멈춰 서있던 상황이라면 위 피해자를 횡단보도를 통행중인 보행자라고 보기는 어렵다고 할 것이므로 차량정지신호가 진행신호로 바뀌는 것을 보고 운행하던 피고인 운전차량이 위 피해자를 충돌하였다 하더라도 사고발생 방지에 관한 업무상 주의의무 위반의 과실이 있음은 별론으로 하고 피고인에게 도로교통법 제44조 제3호 소정의 보행자 보호의무를 위반한 잘못이 있다고는 할 수 없다.

【원심판결】

서울형사지방법원 1983.7.26 선고 83노2616 판결

【주문】

상고를 기각한다.

【이유】

검사의 상고이유를 본다.

1. 원심판결 이유에 의하면, 원심은 이사건 사고가 일어난 횡단보도는 보행자를 위한 신호등이 설치된 곳으로서 피해자 공소외 1은 공소외 2와 함께 푸른신호에 따라 그곳을 횡단하던 중 중앙선 지점에 이르러 신호등이 빨간신호로 바뀌자 잠시 멈춰섰다가 대기 중이던 택시 2대가 지나간 후 뒤따르는 차량과의 거리로 보아 횡단할 여유가 있다고 잘못 판단하여 다시 횡단하던 중에 때마침 피고인이 사고 차량을 운전하여 위 횡단보도 약 200m 전방에 이르러 차량정지신호가 진행신호로 바뀌는 것을 보고 앞선 택시 2대의 뒤를 따라 운행하다가 위 피해자를 충돌한 사실을 인정한 후, 피고인의 위 행위는 교통사고처리특례법 제3조 제2항 단서 제6호에 규정된 도로교통법 제44조 제3호 소정의 보행자 보호의무를 위반한 운전에 해당하지 않는다고 판단하고 있다.

2. 생각컨대, 도로교통법 제44조 제3호에 규정된 운전자의 보행자 보호의무는 횡단보도를 통행중인 보행자를 보호하기 위하여 운전자에게 부과된 의무인바, 이 사건의 경우와 같이 위 피해자가 신호기의 보행신호에 따라 횡단보도를 통행하던중 보행정지 및 차량진행 신호로 바뀌자 도로중앙선 부분에서 횡단보도통행을 중단하고 차량의 통과를 기다리며 멈춰 서있던 상황이라면 위 피해자를 횡단보도를 통행중인 보행자라고 보기는 어렵다고 할 것이다.

그러므로 피고인에게 운전자로서 사고발생방지에 관한 업무상 주의의무위반의 과실이 있음은 별론으로 하고 위 도로교통법 제44조 제3호 소정의 보행자보호의무를 위반한 잘못이 있다고는 할 수 없다.

같은 취지로 판단한 원심판결은 정당하고 이와 다른 견지에서 원심판결에 교통사고처리특례법의 해석을 그르친 위법이 있다는 논지도 이유 없다.

3. 그러므로 상고를 기각하기로 하여 관여법관의 일치된 의견으로 주문과 같이 판결한다.

【판결요지】

횡단보도의 보행자 신호등이 횡단신호로 바뀌자 마자 그 신호등의 표시만에 유의한 나머지 차량이 오는 쪽의 안전의 확인을 태만히 하고 자전차를 탄 채 급히 건너가다가 횡단보도를 통과하는 차량과 충돌한 경우에 자전차를 타고 횡단한 자의 과실을 인정한 예

【원심판결】

대구고등법원 1980.11.5. 선고 80나905 판결

【주문】

원심판결 중 피고 패소부분을 파기하고, 사건을 대구고등법원에 환송한다.

【이유】

피고 소송대리인의 상고이유 제1, 2점을 함께 본다.

원심은, 1979.6.20. 16:30경 대구시 서구 비산동 498 오스카극장 앞 네거리의 북쪽 횡단보도에서 원고 1이 타고 가던 자전거와 소외인이 운전하는 피고 소유의 화물트럭 (차량번호 생략)이 충돌한 사실은 당사자 사이에 다툼 없는 사실로 확정한 후, 그 거시 증거에 의하여 위 소외인은 위 트럭에 양파를 싣고 위 도로의 남쪽에서 북쪽을 향하여 시속 40킬로미터의 속도로 진행하다가 위 시간에 위 네거리에 이르렀던바, 그곳은 편도 폭 10미터 3차선인 직선 포장도로로서 그 네거리 북쪽입구에는 신호등이 설치된 폭 6미터의 횡단보도가 있고 때마침 그 횡단보도의 동서 노변에는 횡단신호를 기다리는 보행자가 있었을 뿐더러 위 트럭이 횡단보도에 접근할 무렵에 제차는 정지신호, 보행자는 횡단신호로 바뀌었음에도 위 소외인은 위 횡단보도 앞에서 일단 정차하거나 언제든지 즉시 정차할 수 있을 정도로 감속 및 제동준비를 하지 않은 채 위 횡단보도에 접근하다가, 위 보행자 횡단신호에 따라서 위 횡단보도선상을 다른 보행자와 더불어 자전거를 타고 횡단하던 위 원고를 위 횡단보도선상에서야 비로소 발견하고 급제동 조치를 취하였으나, 너무 늦어 위 트럭의 앞좌측 범퍼로 위 자전거를 충격하고 그 충격으로 땅위에 떨어진 위 원고를 다시 충격하여 요치 10주일을 요하는 수장골박탈골절상 등을 입게 한 사실을 인정하고, 위 인정에 저촉되는 증거를 배척한 다음, 위 사실관계에 의하면 원고 1이 위 보행자 횡단신호에 따라 자전거를 타고 횡단보도상을 횡단한 것이 다른 횡단보행자에게는 위험하다는 점에서 과실이 될 수 있어도 차량의 정지신호를 무시하고 횡단보도 위를 진입해 온 위 트럭과의 본건 충돌사고에 있어서는 그 사고의 발생이나 손해의 확대에 원인이 된다고 할 수 없고, 위에서 배척한 증거 이외에는 위 원고에게 주의의무를 다하지 아니한 과실있음

을 인정할 만한 아무런 증거가 없다하여 피고의 과실상계 항변을 배척하고 있다.

그러나, 원심이 적법히 채택한 증거에다 갑 제13호증(검증조서), 갑 제16, 17 각 호증(피의자신문조서) 중 원심이 배척하지 아니한 각 일부 기재를 보태어 보면, 이 사건 사고현장은 차량의 교통신호등과 보행자 전용신호등이 설치되어 있는 횡단보도가 있는 도심 내의 도로로서 비교적 차량의 왕래가 빈번한 도로이고 사고차량 운전사인 위 소외인은 위 도로의 2차선에서 위 차량을 운행하여 차량신호등의 진행표시에 따라서 북진하려고 위 횡단보도에 근접하였을 무렵 차량 신호등은 정지신호로, 보행자 신호등은 횡단신호로 각 그 표시가 바뀌었는데도 그대로 진행하려다가 때마침 원고 1이 자전거를 탄채 횡단하려고 하고 있는 것을 뒤늦게 발견하고 급제동의 조치를 취하였으나 미치지 못하여 위 횡단보도의 동측변으로부터 약 5.3미터 상거하고 그 횡단보도 북측변 가까운 지점에서 위 원고를 충격하여서 이 사건 사고가 발생된 사실, 한편 원고 1은 동쪽에서 서쪽으로 건너가기 위하여 동쪽의 횡단보도 노변에서 자전거를 탄 채 보행자 신호등의 표시가 바뀌기를 대기하고 있었는데 위 사고 차량 등이 진행하여 오는 것을 보고서도 그 신호의 표시가 보행자 횡단신호로 바뀌자마자 좌우를 살피지 아니하고 다른 보행자에 앞서 곧바로 자전거를 탄 채 횡단보도상의 도로 중앙선쪽으로 나아가다가 이 사건 사고에 이른 사실을 엿볼 수 있는바, 사실관계가 위와 같다면 이 사건 사고발생에 관하여 위 원고에게도 위 횡단보도를 횡단함에 있어 보행자 신호등의 표시만에 유의한 나머지 차량이 오는 쪽의 안전의 확인을 태만히 하고 자전거를 탄 채 급히 건너간 부주의가 있었다고 보여지고 위 원고의 위와 같은 과실은 이 사건 사고발생의 한 원인이 되었다고 인정하지 아니할 수 없다 할 것이므로 원심으로서는 피고의 원고들에 대한 그 손해배상액을 결정함에 있어 마땅히 위 원고의 과실을 참작했어야 할 것이었는데도 원심이 피고의 이 사건 손해배상액을 결정함에 있어 위 원고의 위와 같은 과실을 참작하지 아니하였음은 위법이 아닐 수 없고, 또한 원심 판결에는 피고측이 지급한 위 원고의 치료비금액 중 위 원고의 앞서 본 과실비율에 상응한 위 원고 자신의 부담부분을 피고의 위 원고에 대한 손해배상액에서 공제하지 아니한 위법 또한 있다고 아니할 수 없으므로 이 점에 관한 상고논지는 이유있어 원심판결은 파기를 면치 못한다 할 것이다.

따라서, 원심판결 중 피고 패소부분을 파기하고, 사건을 원심인 대구고등법원에 환송하기로 하여, 관여법관의 일치된 의견으로 주문과 같이 판결한다.

판례55 | 야간통행금지시간이 임박한 시간에 무단횡단하다가 교통사고를 낸 경우에 무단횡단자와 운전사의 과실의 경중*[대법원 1974. 12. 24. 선고 74다1183 판결]*

【판결요지】

야간통행금지시간이 임박한 시간에 차량의 고속통행이 빈번한 지점을 무단 횡단하다가 사고를 낸 경우에 피해자의 과실은 차량 운전사의 과실에 비하여 결코 가볍다 할 수 없으므로 손해배상의 액수를 정함에 있어서 피해자 자신의 과실을 참작하여 상당한 정도의 과실상계를 하여야 한다.

【원판결】

서울고등법원 1974.6.26. 선고 74나251 판결

【주문】

원판결 중 원고 1에 대한 피고 패소 부분을 파기하여, 사건을 서울고등법원에 환송한다.

피고의 원고 2, 3, 4, 5, 6에 대한 상고를 기각한다.

원고 2, 3, 4, 5, 6과 피고사이의 상고소송비용은 피고의 부담으로 한다.

【이유】

피고 소송대리인의 상고이유에 대한 판단.

상고이유 제3점에 대하여,

원판결이 인용하고 있는 제1심판결이 확정하고 있는 사실에 의하면 본건사고는 피고소속 코로나승용차가 오후 11시40분경 한강로 2가 256앞 노상을 시속 60㎞로 운행 중 횡단보도 아닌 곳으로 도로를 횡단하던 원고 1을 치여 부상시킨 사고인 바, 제1심이 채택하고 있는 갑16호증(실황조사서)의 기재에 의하면 위 사고장소는 차량교통이 폭주하는 삼각지와 제1한강교간 폭 32m의 8차선 아스팔트포장도로로서 원고 1이 위 도로를 횡단한 지점은 횡단보도로부터 25m를 벗어난 차도임을 쉽게 알 수 있다. 본건사고의 상황이 이러하다면 야간통행금지시간이 임박한 시간에 차량의 고속통행이 빈번한 위 사고지점을 무단 횡단하다가 사고를 당한 원고 1의 과실의 정도는 위 사고차량 운전사의 과실에 비하여 결코 가볍다고 할 수 없으므로 위 사고로 인한 피고의 손해배상의 액수를 정함에 있어서는 이러한 위 원고 자신의 과실을 참작하여 상당한 정도의 과실상계를 하여야 한다고 할 것임에도 원심이 위 원고가 입은 재산상손해 금 12,211,300원 중 금 3,211,300원만을 과실상계하고 금 9,000,000원을 배상토록한 원심의 조치는 과실상계를 함에 있어서 과실의 경중에 관한 비교 교량을 잘못하여 현저하게 과소하게 과실상계를 하였다는 허물을 면할 수 없다고 할 것이다.

따라서 이점 논지는 이유있어 나머지 상고이유에 대한 판단을 생략하고 원판결 중 피고의 원고 1에 대한 패소부분을 파기하여 원심에 환송키로 하고, 피고의 나머지 원고들에 대한 상고는 이유없으므로 기각하기로 하여 관여법관의 일치된 의견으로 주문과 같이 판결한다.

【판결요지】

피고 갑회사의 차량이 횡단보도상의 피해자를 충격, 땅에 넘어뜨리자 뒤따라오던 피고 을 회사의 차량이 피해자의 부위를 역과하여 사망한 경우에 피해자를 넘어지게 한 사실은 이에 연하여 일어난 역과의 원인이 되는 것이므로 위 두 과실은 사망에 대한 공동원인이 된다.

【원심판결】

제1심 서울민사지방, 제2심 서울고등 1967. 12. 6. 선고 67나1489 판결

【주문】

원고들의 상고와 피고들의 상고를 모두 기각한다.

상고소송비용은 원고들과 피고들의 각자 부담으로 한다.

【이유】

원고들 소송대리인의 상고이유 제1점에 대한 판단.

원심이 본건 피해자 소외 1의 사망의 결과 반생에 있어서 그의 아버지인 원고 1의 법정대리인으로서 감호의무를 게을리한 과실을 참작하여 소외 1의 입은 손해배상액 산정에 있어 과실상계한 원심조치는 적법하며 이렇게하여 산정된 손해배상액을 원고들이 상속분에 의하여 상속한 금액의 청구를 인용한 원심조치는 정당하다, 반대의 견해로 감호상 과실 있는 원고 1의 청구금액에 대하여서만 과실상계 할것이라는 상고논지는 이유없다.

같은 상고이유 제2점에 대한 판단

원심이 원고 1의 본건 사고발생에 있어서 피해자 소외 1의 법정대리인으로서의 감호상의 과실을 인정한 조치와 원심의 과실상계한 정도에 있어 아무 위법이 없다. 상고논지는 이유없다.

피고 서울특별시의 소송대리인의 상고이유 제1점에 대한 판단.

원심이 적법히 확정한 사실에 의하면 본건 피해자 소외 1 (당시 3세)이 원판시 횡단보도를 건느다가 다시 되돌아 가다가 마침 그곳을 통과하려던 피고 금성운수 주식회사(이하 단순히 금성운수라 약칭한다) 소속운전사 소외 2의 운전하는 시속 15키로로 운행중인 시발택시 우측후단에 충격되어 땅에 쓰러진 순간 위 시발택시와 약 3메타의 간격으로 같은 속력으로 뒤따라오던 피고 서울특별시 소속 운전사 소외 3의 운전하는 청소차가 이를 발견치 못하고 계속 그곳을 통과하다가 동 차량 우측 바퀴로 쓰러져 있던 위 소외 1의 복

부를 깔고 지나가 복벽파열 내장탈출 좌측대퇴골골절 우측늑골골절 및 우측견갑부 골절 등의 상해로 현장에서 즉사한 사실인 바 위 사실에 의하면 피해자 소외 1이 피고 금성운수의 택시에 의하여 충격되어 땅에 쓰러진 사실만으로는 아직 사망의 원인이 되지 못하였고 뒤따라오던 피고 서울특별시의 차량에 의하여 복부를 역과됨으로 사망한 사실을 알 수 있으며 피고 서울특별시의 차량은 앞에 가던 피고 금성운수의 택시에 충격되었을 때 피해자가 이미 사망하여 피고 서울특별시의 차량은 이미 시체가 된 소외 1을 역과한데 지나지 않는다는 논지는 이유없고 나아가 본건 사고발생에 있어 피고 금성운수 소속 택시운전사의 과실과 피고 서울특별시 소속 청소차 운전사의 과실이 공동 불법행위가 된다는 근거로서 원심이 판시하는 바를 요약하면 본건 사고 발생지점은 국민학교 입구에 있는 횡단보도이기 때문에 일단 정지의 표지가 붙어 있어 어떤 차량이던 간에 일단 속도를 주려야 할 지점인 관계상 시속 10키로를 넘으면 교통위반이 되는 지점임에도 불구하고 피고 금성운수 소속의 운전수 소외 2는 전후 좌우를 주시하며 사고를 미연 방지할 주의의무가 있음에도 불구하고 위의 제한시속을 지키지 아니하고 시속 15키로의 속도로 위 지점을 통과하려한 부주의로 피해자 되는 어린아이의 거동을 미처 발견하지 못한 과실이 있다 할 것이고, 피고 서울특별시 소속의 운전사인 소외 3은 위와 같은 교통규칙을 준수하여야 함은 물론, 운전수로서는 자기가 운전하는 차량 앞에 딴 차량이 나아가고 그 뒤를 따라야 할경우에는 시야가 가리는 관계상 앞 차의 어떠한 돌발적인 운전 또는 사고에 의하여서라도 자기차량에 연쇄적인 사고가 일어나지 아니하도록 주의하여야 할 것은 물론, 앞차와 6메타 이상의 간격을 두고 운행하여야 할 운전 교통규칙을 준수하지 아니하고 불과 3메타의 거리를 두고 만연히 뒤따라 가다가 앞에 가던 피고 금성운수의 택시가 소외 1을 충격하여 그가 땅에 쓰러진 것조차 모르고 과속으로 운전을 계속하여 위에 설시한 바와 같은 사고를 내게 되었는 바, 본건 피해자 소외 1의 사망에 대한 직접적인 원인은 피고 서울특별시 소속 차량이 동인을 역과한데 있음이 명백하나 이는 피고 금성운수 소속택시가 먼저 위 피해자를 차체로 충격하여 쓰러지게 한 때문이고 사고 당시 서울시내 교통사정은 차량이 계속하여 질주하는 실정이므로 앞에 가는 차가 사람을 충격하여 쓰러지게 하면 뒤따라오는 차에 의하여 역과되는 일이 보통 있으리라는 것은 예견할 수 있다 할 것이고 피고 금성운수 소속차량 운전수의 과실로 피해자를 땅에 전도케한 사실과 그 직후 피고 서울특별시 소속 운전수의 과실로 피해자를 역과한 사실 사이에는 상당인과 관계가 있고 위 두 운전수는 공동불법행위자라고 할 수 있다고 하였다. 본건 사안에 있어서 피해자의 사망의 직접 원인은 피고 서울특별시 소속차량 운전수의 과실에 의한 역과에 있음은 물론이나, 이에 앞서 피고 금성운수 소속차량 운전수의 과실에 의한 피해자를 전도케한 사실은 이에 연하여 일어난 역과의 원인이 되는 것이므로 위 두 과실행위는 피해자의 사망에 대한 공동원인이 된다 할 것이므로 원심이 본건 사고가 피고들의 각 차량 운전수의 과실에 의한 공동불법행위로 인정한 원심조치는 정당하다. 반대의 견해로 본건에 대한 피고들의 책임이 공동불법행위가 될 수 없다는 상고논지는 이유없다.

피고 금성운수주식회사의 소송대리인의 상고이유 제1, 2점에 대한 판단.

본건에 있어 원심이 본건 피해자의 사망의 결과에 대하여 피고 서울특별시 소속 운전수와 과실행위와 피고 금성운수 소속 운전수와 과실행위가 공동 불법행위를 이룬다함이 전항에 설시한 바와 같으므로 이점을 논난하는 상고논지는 이유없다.

그러므로 관여한 법관 전원의 일치된 의견으로 주문과 같이 판결한다.

판례57 | 횡단보도 아닌 지점을 횡단 한 피해자의 과실을 인정한 사례*[대법원 1966. 11. 15. 선고 66다 1761 판결]*

【판결요지】

횡단보도아닌 지점을 횡단한 피해자의 과실이 본건 사고발생에 경합되었다면 원심이 그 과실을 참조하여 피해자의 수입손실액을 1,070,087원에서 600,000원으로 감액하였다 하여도 잘못될 것은 없다.

【원판결】

서울고등법원 1966. 7. 30. 선고 66나593 판결

【주문】

이 상고를 모두 기각한다.

상고비용은 원고들의 부담으로 한다.

【이유】

원고들 대리인 김중건의 상고이유를 본다.

1) 제1점에 대하여,

원심이 확정한 사실에 의하면 원고들의 아들인 소외 1이 군인 소외 2가 운전하는 차량에 치어서 사망하게 되었는데 위 사고에는 운전병인 소외 2의 과실도 크지만 피해자인 위의 소외 1의 과실도 경합된 것이라고 보고, 소외 1의 과실을 다음과 같이 인정하고 있다. 즉, "본건 피해자와 같은 26세정도의 성년남자라면 사람 및 제차량의 왕래가 극히 혼잡한 본건 사고지점과 같은 차도를 횡단할 때는 횡단보도로만 그리고 사람이 동 횡단보도를 건널때에도 횡단할 수 있는 신호를 기다려 통행하여야 할 주의의무가 있음에도 불구하고 이를 태만히하여 본건 가해차량이 위 횡단보도선상에 왔을 때 본건 피해자는 사람의 횡단보도가 아닌 5미터 전방의 본건사고지점 노상의 중앙에서 우측으로 행단하다가 본건사고가 발생하였음을 인정할수 있으니 본건 사고는 위

피해자의 과실도 걸쳐서 발생하였다 할것이다"라 하였다. 위와같은 사정으로 피해자의 과실이 본건 사고 발생에 경합되었다면 원심이 그 과실을 참작하여 피해자의 수입손실액을 1,070,087원에서 600,000원으로 감액하였다하여 잘못될 것은 없다. 원심판결에는 과실상계의 법리를 그릇 적용한 위법이 없다.

그밖에 사실오인의 위법사유도 없다.

2) 제2점에 대하여,

논지는 원심은 본건 피해자의 위에서 본바와 같은 과실을 참작하여 제1심보다 19만원이나 더 수입손실액과 위자료를 감축하면서 그 점에 관한 구체적인 이유의 설시가 없으니 심리미진이나 이유불비의 허물을 범한 것이라 한다. 그러나 항소심이 제1심이후 새로운 사실이나 새로운 증거를 참작하지 아니하면서 제1심이 인용한 손해배상의 청구금액을 감액하는데 이점에 관한 특별한 이유를 붙이지 아니하였다하여 그것이 논지가 말하는 바와 같은 위법을 범한 것이라고는 보기 어렵다.

그밖에 원심이 인정한 모든 사정을 참작한다 할지라도 그 배상금액의 산정이 자유심증주의의 범위를 일탈한 것이라고도 보기 어렵다.

그렇다면 이 상고는 모두 그 이유없는 것이 되므로 기각하기로 하고, 상고비용은 패소자들의 부담으로 한다. 이 판결에는 관여법관들의 견해가 일치되다.

Chapter 6. 속도제한위반 및 안전거리 확보

[1] 자동차 등의 속도제한

자동차와 원동기장치자전거(이하 '자동차 등' 이라 함)의 도로 통행 속도는 「도로교통법」에 따른 제한을 받으며, 경찰청장이나 시·도경찰청장은 도로에서 일어나는 위험을 방지하고 교통의 안전과 원활한 소통을 확보하기 위하여 필요하다고 인정하는 경우에는 다음 구분에 따라 구역이나 구간을 지정하여 속도를 제한할 수 있습니다(「도로교통법」 제17조제1항 및 제2항).

- 경찰청장: 고속도로
- 시·도경찰청장: 고속도로를 제외한 도로

[2] 도로별 통행속도 제한

① 자동차 등의 운전자는 아래의 통행 속도에 따라 도로를 통행해야 합니다(「도로교통법」제17조제1항 및 「도로교통법 시행규칙」제19조제1항).

1. 일반도로(고속도로 및 자동차전용도로 외의 모든 도로를 말합니다.)

   가. 「국토의 계획 및 이용에 관한 법률」제36조제1항제1호가목부터 다목까지의 규정에 따른 주거지역·상업지역 및 공업지역의 일반도로에서는 매시 50킬로미터 이내. 다만, 시·도경찰청장이 원활한 소통을 위하여 특히 필요하다고 인정하여 지정한 노선 또는 구간에서는 매시 60킬로미터 이내

   나. 가목 외의 일반도로에서는 매시 60킬로미터 이내. 다만, 편도 2차로 이상의 도로에서는 매시 80킬로미터 이내

2. 자동차전용도로에서의 최고속도는 매시 90킬로미터, 최저속도는 매시 30킬로미터

3. 고속도로

   가. 편도 1차로 고속도로에서의 최고속도는 매시 80킬로미터, 최저속도는 매시 50킬로미터

   나. 편도 2차로 이상 고속도로에서의 최고속도는 매시 100킬로미터[화물자동차(적재중량 1.5톤을 초과하는 경우에 한합니다.)·특수자동차·위험물운반 자동차(별표 9 (주) 6에 따른 위험물 등을 운반하는 자동차를 말합니다.) 및 건설기계의 최고속도는 매시 80킬로미터], 최저속도는 매시 50킬로미터

다. 나목에 불구하고 편도 2차로 이상의 고속도로로서 경찰청장이 고속도로의 원활한 소통을 위하여 특히 필요하다고 인정하여 지정·고시한 노선 또는 구간의 최고속도는 매시 120킬로미터(화물자동차·특수자동차·위험물 운반자동차 및 건설기계의 최고속도는 매시 90킬로미터) 이내, 최저속도는 매시 50킬로미터

② 자동차 등의 운전자는 교통이 밀리는 등의 부득이한 사유 외에 최고속도보다 빠르게 운전하거나 최저속도보다 느리게 운전해서는 안 됩니다. 다만, 교통이 밀리거나 그 밖의 부득이한 사유로 최저속도보다 느리게 운전할 수밖에 없는 경우에는 예외로 합니다.(「도로교통법」제17조제3항).

③ 자동차 등의 운전자는 기후나 노면 상태에 따라 아래와 같이 도로의 규정속도에서 일정비율 감속해서 운전해야 합니다(「도로교통법 시행규칙」 제19조제2항 본문).

④ 비·안개·눈 등으로 인한 거친 날씨에는 시야가 좋지 않거나 노면 상태가 고르지 못해서 차량을 정지하는 데 걸리는 시간이 평소보다 많이 소요되기 때문입니다.

⑤ 최고속도의 100분의 20을 줄인 속도로 운행하여야 하는 경우
- 비가 내려 노면이 젖어있는 경우
- 눈이 20mm 미만 쌓인 경우

⑥ 최고속도의 100분의 50을 줄인 속도로 운행하여야 하는 경우
- 폭우·폭설·안개 등으로 가시거리가 100m 이내인 경우
- 노면이 얼어 붙은 경우
- 눈이 20mm 이상 쌓인 경우

⑦ 다만, 경찰청장 또는 시·도경찰청장이 가변형 속도제한표지로 최고속도를 정한 경우에는 이에 따라야 하며, 가변형 속도제한표지로 정한 최고속도와 그 밖의 안전표지로 정한 최고속도가 다를 때에는 가변형 속도제한표지에 따라야 합니다(「도로교통법 시행규칙」제19조제2항 단서 및 별표 6 Ⅰ. 제1호타목).

⑧ 견인자동차가 아닌 자동차로 다른 자동차를 견인하여 도로(고속도로를 제외함)를 통행하는 때의 속도는 다음에서 정하는 바에 따라야 합니다(「도로교통법 시행규칙」 제20조).
- 총중량 2천킬로그램 미만인 자동차를 총중량이 그의 3배 이상인 자동차로 견인하는 경우에는 매시 30킬로미터 이내
- 위의 경우 및 이륜자동차가 견인하는 경우에는 매시 25킬로미터 이내

[3] 어린이, 노인 및 장애인 보호구역의 속도제한

① 어린이 보호구역으로 지정된 지역에서는 교통사고의 위험으로부터 어린이를 보호하기 위해 자동차등과 노면전차의 운행속도가 30km/h 이내로 제한될 수 있고, 노인 보호구역 및 장애인 보호구역으로 지정된 지역에서는 자동차등과 노면전차의 통행이 제한되거나 금지될 수 있습니다(「도로교통법」제12조제1항 및 제12조의2제1항).

② 다음의 어느 하나에 해당하는 시설이나 장소의 주변도로 가운데 일정 구간을 어린이 보호구역으로 지정합니다(「도로교통법」 제12조제1항 및 「도로교통법 시행규칙」 제14조).

1. 「유아교육법」 제2조에 따른 유치원, 「초·중등교육법」 제38조 및 제55조에 따른 초등학교 또는 특수학교

2. 「영유아보육법」 제10조에 따른 어린이집 가운데 정원 100명 이상의 어린이집[다만, 특별시장·광역시장·제주특별자치도지사 또는 시장·군수(광역시의 군수를 제외한다. 이하 '시장 등'이라 함)이 관할 경찰서장과 협의하여 보육시설이 소재한 지역의 교통여건 등을 고려하여 교통사고의 위험으로부터 어린이를 보호할 필요가 있다고 인정하는 경우에는 정원이 100명 미만의 보육시설 주변도로 등에 대하여도 어린이 보호구역을 지정할 수 있음]

3. 「학원의 설립·운영 및 과외교습에 관한 법률」 제2조에 따른 학원 가운데 「학원의 설립·운영 및 과외교습에 관한 법률 시행령」 별표 1의 학교교과교습학원 중 학원 수강생이 100명 이상인 학원(다만, 시장 등이 관할 경찰서장과 협의하여 학원이 소재한 지역의 교통여건 등을 고려하여 교통사고의 위험으로부터 어린이를 보호할 필요가 있다고 인정하는 경우에는 정원이 100인명 미만의 학원 주변도로 등에 대해서도 어린이 보호구역을 지정 할 수 있음)

4. 「초·중등교육법」 제60조의2 또는 제60조의3에 따른 외국인학교 또는 대안학교, 「대안교육기관에 관한 법률」제2조제2호에 따른 대안교육기관, 「제주특별자치도 설치 및 국제자유도시 조성을 위한 특별법」 제223조에 따른 국제학교 및 「경제자유구역 및 제주국제자유도시의 외국교육기관 설립·운영에 관한 특별법」제2조제2호에 따른 외국교육기관 중 유치원·초등학교 교과과정이 있는 학교

5. 그 밖에 어린이가 자주 왕래하는 곳으로서 조례로 정하는 시설 또는 장소

[4] 통행속도 위반시 제재

① 통행속도 위반시 제재

초과속도	범칙금(과태료)	벌점
60km/h 초과	승합차등: 13만원(14만원), 승용차등: 12만원(13만원), 이륜차등: 8만원(9만원)	60
40km/h 초과 60km/h 이하	승합차등: 10만원(11만원), 승용차등: 9만원(10만원), 이륜차등: 6만원(7만원)	30
20km/h 초과 40km/h 이하	승합차등: 7만원(8만원), 승용차등: 6만원(7만원), 이륜차등: 4만원(5만원)	15
20km/h 이하	승합차등: 3만원(4만원), 승용차등: 3만원(4만원), 이륜차등: 2만원(3만원)	-

② 어린이 보호구역 및 노인·장애인 보호구역에서는 오전 8시부터 오후 8시사이의 속도위반에 대한 과태료의 가중된 부과기준의 적용을 받습니다.

초과속도	어린이 보호구역에서의 범칙금(과태료)
60km/h 초과	승합차등: 16만원(17만원), 승용차등: 15만원(16만원), 이륜차등: 10만원(11만원)
40km/h 초과 60km/h 이하	승합차등: 13만원(14만원), 승용차등: 12만원(13만원), 이륜차등: 8만원(9만원)
20km/h 초과 40km/h 이하	승합차등: 10만원(11만원), 승용차등: 9만원(10만원), 이륜차등: 6만원(7만원)
20km/h 이하	승합차등: 6만원(7만원), 승용차등: 6만원(7만원), 이륜차등: 4만원(5만원)

[5] 안전거리 확보의무

　모든 차의 운전자는 같은 방향으로 가고 있는 앞차의 뒤를 따르는 경우에는 앞차가 갑자기 정지하게 되는 경우 그 앞차와의 충돌을 피할 수 있는 필요한 거리를 확보해야 합니다(「도로교통법」제19조제1항).

[6] 안전거리 확보관련 주의사항

① 자동차 등의 운전자는 같은 방향으로 가고 있는 자전거 운전자에게 주의해야 하며, 그 옆을 지날 때에는 자전거와의 충돌을 피할 수 있는 필요한 거리를 확보해야 합니다(「도로교통법」제19조제2항).

② 모든 차의 운전자는 차의 진로를 변경하려는 경우에 그 변경하려는 방향으로 오고 있는 다른 차의 정상적인 통행에 장애를 줄 우려가 있을 때에는 진로를 변경해서는 안 됩니다(「도로교통법」제19조제3항).

③ 모든 차의 운전자는 위험방지를 위한 경우와 그 밖의 부득이한 경우가 아니면 운전하는 차를 갑자기 정지시키거나 속도를 줄이는 등의 급제동을 해서는 안 됩니다(「도로교통법」제19조제4항).

[7] 위반시 제재

안전거리 미확보 및 진로변경 방법 위반시 제재

위반행위		범칙금(과태료)	벌점
안전거리 미확보	일반도로	승합차등: 2만원 승용차등: 2만원 이륜차등: 1만원 자전거등:1만원	10
	고속도로·버스전용차로	승합차등: 5만원 승용차등: 4만원 이륜차등: 3만원 자전거등: 2만원	
진로변경 방법 위반		승합차등: 3만원 승용차등: 3만원 이륜차등: 2만원 자전거등: 1만원	

[8] 제한속도위반에 대한 판례

> **판례1** | 갑이 고가도로 1차로를 주행하던 중 차로에 다른 차량이 진입하는 것을 발견하고 충돌을 피하려다가 중앙선을 침범하여 맞은편에서 진행하는 피해차량을 충격한 사고[대법원 2024. 5. 17.선고 2023다308270 판결]

【판결요지】

갑이 고가도로 1차로를 주행하던 중 차로에 다른 차량이 진입하는 것을 발견하고 충돌을 피하려다가 중앙선을 침범하여 맞은편에서 진행하는 피해차량을 충격하였고, 위 사고로 피해차량에 타고 있던 3명 중 1명은 사망하였고, 2명은 중상을 입었으며, 을 보험회사가 피해자들에게 보상금을 지급한 후 갑을 상대로 피해자들의 손해배상청구권을 대위행사하는 소를 제기하여 청구를 인용하는 판결이 선고·확정되었는데, 그 후 갑이 파산 및 면책을 신청하여 면책결정이 확정됨에 따라 을 회사의 위 판결에 따른 채권이 면책되었는지 문제된 사안에서, 교통사고처리 특례법 제3조 제2항 단서는 중과실이 아닌 경과실로 중앙선을 침범하는 경우도 있음을 예정하고 있으므로, 채무자가 위 조항 단서 제2호에서 정한 중앙선 침범 사고를 일으켰다는 사정만으로 곧바로 채무자 회생 및 파산에 관한 법률 제566조 제4호에서 규정하는 중대한 과실이 존재한다고 단정하여서는 안 되는 점, 갑은 다른 사고의 발생을 피하려는 과정에서 중앙선을 침범하게 된 것으로 보이는 점, 갑은 사고 당시 제한속도를 현저히 초과하여 주행하지 않았고, 그 밖에 다른 주의의무를 위반하였다고 볼 만한 사정을 찾기 어려운 점, 피해자들 중 1명이 사망하였고, 2명이 중상을 입었다는 사정은 '타인의 생명 또는 신체 침해의 중한 정도'에 관한 것으로서 채무자에게 중대한 과실이 있는지를 판단하는 직접적인 기준이 될 수 없는 점에 비추어 갑이 약간의 주의만으로도 쉽게 피해자들의 생명 또는 신체 침해의 결과를 회피할 수 있는 경우임에도 주의의무를 현저히 위반하여 사고를 일으켰다고 보기 어려운데도, 위 판결에 따른 채권이 중대한 과실로 타인의 생명 또는 신체를 침해한 불법행위로 인하여 발생한 손해배상청구권에 해당하여 면책의 대상에서 제외된다고 본 원심판단에 법리오해의 잘못이 있다고 한 사례.

【원심판결】

서울남부지법 2023. 11. 23. 선고 2023나57119 판결

【주문】

원심판결을 파기하고, 사건을 서울남부지방법원에 환송한다.

【이유】

상고이유를 판단한다.

1. 원심판결 이유와 기록에 따르면 다음 사실을 알 수 있다.

   가. 피고는 1997. 1. 2. 10:00경 차량을 운전하여 서울 종로구(주소 생략)에 있던 청계고가도로의 편도 3차선 중 1차로를 진행하다가 중앙선을 침범하여 맞은편에서 진행하는 피해차량을 충격하였다(이하 '이 사건 사고'라 한다). 이 사건 사고로 피해차량에 타고 있던 3명 중 1명은 사망하였고, 2명은 중상을 입었다.

   나. 소외 회사 는 1999. 2. 23.경 이 사건 사고로 인한 자동차손해배상 보장사업에 따른 보상금으로 피해자들에게 45,143,800원을 지급하였다. 소외 회사 는 피고를 상대로 피해자들의 손해배상청구권을 대위행사하는 소를 제기하였고, 피고는 2002. 6. 11. 청구를 인낙하였다. 소외 회사 는 소멸시효 중단 및 연장을 위하여 피고를 상대로 다시 소를 제기하였고, 2012. 9. 14. 청구를 인용하는 판결이 선고되어 그대로 확정되었다(이하 위 판결에 따른 채권을 '이 사건 채권'이라 한다).

   다. 피고는 의정부지방법원 2014하단150호, 2014하면150호로 파산 및 면책을 신청하여 2015. 6. 26. 면책결정(이하 '이 사건 면책결정'이라 한다)이 확정되었는데, 피고가 제출한 채권자목록에 소외 회사의 이 사건 채권이 포함되어 있었다.

   라. 원고는 「자동차손해배상 보장법」제45조 제1항 제4호에 따른 업무를 수행하기 위하여 2020. 2. 28. 소외 회사 로부터 이 사건 채권을 양수하였다.

2. 원심은, 다음과 같은 이유로 이 사건 채권이 이 사건 면책결정에 따라 면책되었다는 피고의 본안전항변을 배척하고 원고의 청구를 인용하였다.

   이 사건 사고는 고가도로에서 상당한 속도로 차량을 운전하다가 1차로로 진입하는 다른 차량을 발견하고 핸들을 과대 조작하여 중앙선을 침범한 피고의 과실로 발생하였다. 이 사건 사고로 피해자 1명은 사망하고 피해자 2명은 중상을 입었다. 이러한 사정을 종합하여 보면, 이 사건 채권은 「채무자 회생 및 파산에 관한 법률」(이하 '채무자회생법'이라 한다) 제566조 제4호 에서 규정한 비면책채권인 '중대한 과실로 타인의 생명 또는 신체를 침해한 불법행위로 인하여 발생한 손해배상청구권'에 해당한다.

3. 그러나 원심의 판단은 다음과 같은 이유로 수긍하기 어렵다.

   가. '채무자가 중대한 과실로 타인의 생명 또는 신체를 침해한 불법행위로 인하여 발생한 손해배상청구권'을 비면책채권의 하나로 규정한 채무자회생법 제566조 제4호에서 '중대한 과실'이란 채무자가 어떠한 행위를 함에 있어서 조금만 주의를 기울였다면 생명 또는 신체 침해의 결과가 발생하리라는 것을 쉽게 예견할 수 있음에도 그러한 행위를 만연히 계속하거나, 조금만 주의를 기울여 어떠한 행위를 하였더라면 생명 또는 신체 침해의 결과를 쉽게 회피할 수 있음에도 그러한 행위를

하지 않는 등 일반인에게 요구되는 주의의무를 현저히 위반하는 것을 말한다(대법원 2010. 3. 25. 선고 2009다91330 판결, 대법원 2010. 5. 13. 선고 2010다3353 판결 참조). 이때 채무자에게 채무자회생법 제566조 제4호에서 규정한 '중대한 과실'이 있는지 여부는 주의의무 위반으로 타인의 생명 또는 신체를 침해한 사고가 발생한 경위, 주의의무 위반의 원인 및 내용 등과 같이 주의의무 위반 당시의 구체적 상황을 종합적으로 고려하여 판단하여야 한다 .

나. 원심판결 이유 및 원심이 적법하게 채택한 증거에 따른 아래의 사정을 이러한 법리에 비추어 살펴보면, 피고가 약간의 주의만으로도 쉽게 피해자들의 생명 또는 신체 침해의 결과를 회피할 수 있는 경우임에도 주의의무를 현저히 위반하여 이 사건 사고를 일으켰다고 보기 어렵다.

1) 「교통사고처리 특례법」제3조 제2항 단서는 중과실이 아닌 경과실로 중앙선을 침범하는 경우도 있음을 예정하고 있으므로, 채무자가 위 조항 단서 제2호에서 정한 중앙선 침범 사고를 일으켰다는 사정만으로 곧바로 채무자회생법 제566조 제4호에서 규정하는 중대한 과실이 존재한다고 단정하여서는 안 된다.

2) 피고는 고가도로 1차로를 주행하던 중 차로에 다른 차량이 진입하는 것을 발견하고 충돌을 피하려다가 중앙선을 침범하였다. 이와 같이 피고는 다른 사고의 발생을 피하려는 과정에서 중앙선을 침범하게 된 것으로 보인다.

3) 피고는 이 사건 사고 당시 제한속도를 현저히 초과하여 주행하지 않았고, 그 밖에 다른 주의의무를 위반하였다고 볼 만한 사정을 찾기 어렵다.

4) 피해자들 중 1명이 사망하였고, 2명이 중상을 입었다는 사정은 '타인의 생명 또는 신체 침해의 중한 정도'에 관한 것으로서 채무자에게 중대한 과실이 있는지를 판단하는 직접적인 기준이 될 수 없다.

다. 이와 달리 이 사건 채권이 중대한 과실로 타인의 생명 또는 신체를 침해한 불법행위로 인하여 발생한 손해배상청구권에 해당하여 면책의 대상에서 제외된다고 본 원심 판단에는 채무자회생법 제566조 제4호 에서 규정하는 비면책채권에 관한 법리를 오해하여 판결에 영향을 미친 잘못이 있다. 이를 지적하는 상고이유 주장은 이유 있다.

4. 그러므로 원심판결을 파기하고, 사건을 다시 심리·판단하도록 원심법원에 환송하기로 하여, 관여 대법관의 일치된 의견으로 주문과 같이 판결한다.

판례2 | 교통사고처리 특례법 위반죄(제한속도위반)를 인정한 원심판결에 인과관계에 관한 법리오해 또는 사실오인이나 심리미진의 위법이 있다고 한 사례[대법원 2010. 1. 14. 선고 2009도9812 판결]

【판결요지】

　화물차 운전자가 고속도로 3차로를 진행하던 중 갓길에 잠시 정차하였다가 다시 도로로 진입하게 되면서, 고속도로의 갓길에서 주행 차로로 차의 진로를 변경하는 상황에서 운전자에게 요구되는 업무상의 주의의무를 게을리한 채 그대로 진로를 변경한 과실로 마침 후방에서 3차로를 따라 진행하던 피해자 승용차의 앞부분을 위 화물차의 뒷부분으로 들이받아 그 충격으로 피해자로 하여금 복부장기손상 등으로 사망케 하였다는 공소사실에 대하여, 교통사고처리 특례법 위반죄를 인정한 원심판결에 인과관계에 관한 법리오해 또는 사실오인이나 심리미진의 위법이 있다고 한 사례

【원심판결】

　부산지법 2009. 9. 4. 선고 2009노92 판결

【주문】

　원심판결을 파기하고, 사건을 부산지방법원 본원 합의부에 환송한다.

【이유】

　상고이유를 본다.

1. 공소사실의 요지

　피고인은 (차량 등록 번호 1 생략) 쌍용트랙타 화물차의 운전자이다.

　피고인은 2008. 8. 1. 04:20경 부산 금정구 선동 부근에 있는 경부고속도로 서울방향 2.5km 지점 3차로를 부산방향에서 서울방향으로 진행하던 중, 갓길에 잠시 정차하였다가 다시 도로로 진입하게 되었다.

　당시는 고속도로의 갓길에서 주행 차로로 차의 진로를 변경하는 상황이었으므로 이러한 경우 차의 운전업무에 종사하는 피고인으로서는 후방을 잘 살펴 같은 방향으로 진행하고 있는 다른 차의 정상적인 통행에 장애를 주어서는 아니될 업무상의 주의의무가 있다.

　그럼에도 불구하고, 피고인은 이를 게을리한 채 그대로 진로를 변경한 과실로 마침 후방에서 3차로를 따라 진행하던 피해자 공소외인이 운전하는 (차량 등록 번호 2 생략) 카렌스 차량의 앞부분을 위 화물차의 뒷부분으로 들이받아 그 충격으로 피해자로 하여금 같은 날 16:00경 부산 금정구 남산동에 있는 침례병원에서 치료를 받다가 부산 서구 아미동에 있는 부산대학교 병원으로 후송하던 중에 복부장기손상 등으로 사망케 하였다.

2. 원심의 판단

　위 공소사실에 대하여 원심은, 제1심 및 원심이 적법하게 채택하여 조사한 증거 등에 의하여 이 사건 교통사고 지점 도로가 직선의 약 4.2% 정도의 내리막 경사 3차로 구간으로 도로 구조나 현황상 시야 장애가 없었던 사실, 피고인 차량(트레일러 차량)과

피해자 차량(카렌스 승용차량)이 추돌할 당시 피고인 차량은 시속 약 50km의 속도로 피해자 차량은 시속 약 95km의 속도(이 사건 고속도로의 제한속도 시속 100km)로 주행하고 있었던 사실, 피고인 차량이 갓길에 정차해 있던 지점에서 사고지점까지 거리가 200m이고 3차로로 진입을 시작한 지점에서 사고지점까지 거리가 약 91m이므로 정차지점에서 진입을 시작한 지점까지 거리는 약 109m(= 200m - 91m)인 사실, 또한 피고인 차량이 갓길 정차상태에서 갓길을 주행하다가 3차로로 진입하기 시작한 순간 주행속도인 시속 38km에 도달하는 데 소요되는 시간이 약 9.6초이고, 3차로로 진입하기 시작하여 사고지점에 이르기까지 소요되는 시간이 약 7.65초이므로 피고인 차량이 정차지점에서 사고지점까지 운행한 소요시간은 총 17.25초인 사실, 한편 피해자 차량의 초당 진행거리가 약 26.4m(≒ 95km ÷ 3.6)이므로 피해자 차량은 사고지점으로부터 후방 455.4m(= 26.4m/s × 17.25초) 떨어져 있었고, 피고인 차량이 갓길에 정차해 있었던 지점으로부터는 후방 255.4m(= 455.4m - 200m) 떨어져 있었으며, 피고인 차량이 갓길에서 주행하다가 3차로로 진입하기 시작한 지점으로부터는 후방 110.96m{= 255.4m + 109m - 253.44m(= 26.4m/s × 9.6초)} 떨어져 있었던 사실 등을 인정하고, 위 인정사실에 의하면 피고인이 고속도로 갓길에서 3차로로 진입하기 시작한 지점으로부터 불과 110m 가량 떨어진 곳에서 피해자 차량이 제한속도 내인 시속 약 95km로 진행하고 있었으므로, 피고인 차량이 3차로 진입을 시작하여 진행한 거리를 고려하더라도 저속으로 운행하는 피고인 차량에 비해 상대적으로 빠른 속력으로 진행하던 피해자 차량(초속 약 26.4m)이 불과 몇 초만에 피고인 차량이 있는 곳까지 도달하게 될 만큼 매우 근접한 거리에 있었던 점, 기록에 나타나는 바와 같이 피고인의 진술에 의하더라도 피고인은 고속도로 갓길에서 3차로로 진입하기 시작하여 얼마간 진행하다가 뒤쪽에서 "펑"하는 소리를 들었고 그 전까지는 피해자 차량을 보지 못하였으며 3차로에 진입하여 진행하면서 뒤쪽을 보지 않았다는 점 등을 모두 종합하여 보면, 고속도로 갓길에서 정상차로로 진입하려는 피고인으로서는 후방을 잘 살펴 다른 차의 정상적인 통행에 장애를 주어서는 아니될 업무상 주의의무가 있음에도 이를 게을리한 채 그대로 갓길에서 3차로로 진입한 과실로 이 사건 교통사고를 내어 피해자를 사망에 이르게 하였다는 사실을 충분히 인정할 수 있고, 설령 증거에 나타나는 바와 같이 이 사건 교통사고 현장에 피해자 차량이 방향을 급하게 튼 흔적 및 급제동을 한 흔적이 남겨져 있지 않았고 피해자에 대한 채혈결과 혈중알콜농도 0.108%인 상태였다 하더라도 그러한 사정만으로 이와 달리 볼 수 없다는 이유로 피고인에 대한 위 공소사실에 대하여 유죄를 선고한 제1심판결을 그대로 유지하였다.

3. 대법원의 판단

그러나 원심의 위와 같은 판단은 다음과 같은 이유로 이를 수긍하기 어렵다.

원심판결 이유와 기록에 비추어 보면, 원심의 위 설시에서 보는 바와 같이 당시 피해자 차량은 피고인 차량이 갓길에서 주행하다가 3차로로 진입하기 시작한 지점으로부터는 피고인 차량보다 후방 110.96m 떨어져 있었고, 피고인 차량이 3차로로 진입하기 시작하여 사고지점에 이르기까지 걸린 시간은 약 7.65초이며, 사고 당시는 새벽으로서 교통량이 극히 적었을 시점인 점, 이 사건 교통사고 현장에 피해자 차량이 급히 방향을 틀거나 급제동을 한 흔적이 전혀 나타나지 않았고 피해자에 대한 채혈결과 혈중알콜농도 0.108%인 상태에 있었음을 알 수 있는데, 피고인 차량이 3차로로 진입할 당시의 피해자 차량과의 거리 및 사고에 이르기까지의 소요시간이 위와 같고 피해자 차량의 운전자가 이 사건 당시 정상적인 상태였다면, 피해자 차량의 운전자로서는 제동장치 또는 조향장치를 적절히 조작하여 위와 같이 3차로로 진입하는 피고인 차량을 충분히 충격하지 않을 수 있을 것으로 보임에도, 피해자가 위와 같이 술에 취하여 방향을 틀거나 급제동을 전혀 하지 않은 채 피고인 차량의 뒷부분을 그대로 충격한 것은 이 사건 당시 피해자가 졸음운전을 한 것 등이 주된 원인이 되었을 여지가 있고 따라서 피고인 차량이 피해자 차량을 위 110.96m 이상 거리의 후방에 둔 채 3차로로 진입하여 진행하였더라도 피해자 차량이 피고인 차량을 뒤에서 충격하였을 가능성도 엿보인다.

그럼에도 불구하고, 원심은 앞서 본 바와 같은 이유로 공소사실을 유죄로 선고한 제1심판결을 그대로 유지하였으니 이러한 원심의 판단에는 교통사고처리 특례법 위반죄에서의 인과관계에 관한 법리를 오해하거나 채증법칙을 위반하여 사실을 오인하거나 심리를 다하지 아니함으로써 판결 결과에 영향을 미친 위법이 있고 이를 지적하는 취지의 상고이유 주장은 이유 있다.

4. 결론

그러므로 원심판결을 파기하고 사건을 다시 심리·판단하게 하기 위하여 원심법원에 환송하기로 하여, 관여 대법관의 일치된 의견으로 주문과 같이 판결한다.

판례3 | 자동차전용도로를 운행하는 자동차 운전자의 주의의무[대법원 2007. 7. 13. 선고 2007다26240 판결]

【원심판결】

대구고법 2007. 3. 28. 선고 2006나7236 판결

【주문】

원심판결을 파기하고, 이 사건을 대구고등법원에 환송한다.

【이유】

상고이유를 판단한다.

도로교통법 제63조는 보행자는 자동차전용도로를 통행하거나 횡단하여서는 아니 된다고 규정하고 있으므로, 자동차전용도로를 운행하는 자동차의 운전자로서는 특별한 사정이 없는 한 보행자가 자동차전용도로를 통행하거나 횡단할 것까지 예상하여 급정차를 할 수 있도록 대비하면서 운전할 주의의무는 없다 할 것이고, 따라서 자동차전용도로를 무단횡단하는 피해자를 충격하여 사고를 발생시킨 경우라도 운전자가 상당한 거리에서 그와 같은 무단횡단을 미리 예상할 수 있는 사정이 있었고, 그에 따라 즉시 감속하거나 급제동하는 등의 조치를 취하였다면 피해자와의 충돌을 면할 수 있었다는 등의 특별한 사정이 인정되지 아니하는 한 자동차 운전자에게 과실이 있다고는 볼 수 없다(대법원 1996. 10. 15. 선고 96다22525 판결, 1998. 4. 28. 선고 98다5135 판결 등 참조).

원심이 적법하게 채택한 증거에 의하면, 이 사건 사고지점인 대구 북구 칠성동1가 소재 신천대로는 제한속도 80㎞/h의 자동차전용도로로서, 피고의 피보험차량인 이 사건 승합차의 진행방향 우측 2차로와 3차로 사이에는 그 위로 지나는 철도교의 교각이 설치되어 있고, 4차로의 오른쪽에는 옹벽이 설치되어 있는데, 이 사건 사고지점 부근에서는 위 옹벽의 높이가 상당히 높고 그 위로 나무도 우거져 있는 사실, 피해자 소외 1은 위 교각의 뒤쪽에서 나와 도로를 무단횡단하다가 1차로와 2차로의 경계 지점에서 이 사건 연쇄충돌사고를 당하게 된 사실이 인정되므로, 자동차전용도로를 운행하던 이 사건 승합차의 운전자인 소외 2로서는 피해자가 2차로와 3차로 사이에 설치되어 있는 교각의 뒤쪽에서 나와 도로를 무단횡단할 것이라고 예상하기는 어려웠을 뿐만 아니라 피해자가 2차로상으로 나오기 전까지는 교각에 가려 피해자를 발견할 수도 없었다고 할 것이고, 비록 소외 2에게 앞차와의 안전거리를 확보하지 않은 채 진행한 잘못이 있다고 하더라도, 이 사건 사고경위에 비추어 볼 때 소외 2의 위와 같은 잘못과 이 사건 사고 발생 사이에 상당인과관계가 있다고 볼 수는 없으므로(앞차를 뒤따라 진행하다가 앞차에 의해 1차로 충격된 보행자를 피하지 못하고 재차 충격한 뒤차 운전자의 과실이 그러한 사정이 없이 그냥 단순히 진행하다가 보행자를 충격한 운전자의 과실보다 크다고 할 수는 없을 것인데, 피해자가 자동차전용도로를 무단횡단하다가 사고를 당한 이 사건에서 만일 위 피해자가 앞차에 의해 1차로 충격됨이 없이 곧바로 이 사건 승합차에 의해 충격당하였더라면 이 사건 승합차의 운전자가 앞차와의 안전거리를 지키지 않았다는 사유만으로 그에게 이 사건 사고결과에 대한 책임을 묻기는 어려웠을 것이라는 점과 비교하여 보면 자명한 일이다), 결국 이 사건 사고결과에 대하여 소외 2에게 과실책임을 묻기는 어렵다고 할 것이다.

그럼에도 불구하고, 이 사건 사고 당시 소외 2가 앞차와의 안전거리를 확보하지 않은 채 근접 운행한 과실과 이 사건 사고결과와의 사이에 상당인과관계가 있다고 보아 소외

2에게 이 사건 사고결과에 대한 책임을 인정한 원심판결에는 자동차전용도로에서의 자동차 운전자의 주의의무에 관한 법리나 과실과 사고결과 사이의 상당인과관계에 관한 법리를 오해하여 판결에 영향을 미친 위법이 있다.

그러므로 원심판결을 파기하고, 이 사건을 다시 심리·판단하게 하기 위하여 원심법원에 환송하기로 하여 관여 대법관의 일치된 의견으로 주문과 같이 판결한다.

판례4 | 중앙선 침범 사고에서 자기 차선을 따라 운행한 자동차 운전자의 주의의무의 정도와 그의 과속운행을 과실로 볼 수 있는지 여부(한정 소극)[대법원 2001. 2. 9. 선고 2000다 67464 판결]

【판결요지】

[1] 일반적으로 중앙선이 설치된 도로를 자기 차로를 따라 운행하는 자동차 운전자로서는 마주 오는 자동차도 자기 차로를 지켜 운행하리라고 신뢰하는 것이 보통이므로, 상대방 자동차의 비정상적인 운행을 예견할 수 있는 특별한 사정이 없다면, 상대방 자동차가 중앙선을 침범해 들어올 경우까지 예상하여 미리 2차로나 도로 우측 가장자리로 붙여 운전하여야 할 주의의무는 없고, 또한 운전자가 제한속도를 초과하여 운전하는 등 교통법규를 위반하였다고 하더라도 그와 같이 과속운행 등을 하지 아니하였다면 상대방 자동차의 중앙선 침범을 발견하는 즉시 감속하거나 피행함으로써 충돌을 피할 수 있었다는 사정이 있었던 경우에 한하여 과속운행을 과실로 볼 수 있다.

[2] 중앙선 침범 사고에서 자기 차선을 따라 운행한 자동차 운전자의 지정차로 위반과 과속운행의 과실이 사고발생 또는 손해확대의 한 원인이 되었다고 본 사례.

【원심판결】

대전고법 2000. 11. 2. 선고 2000나1196 판결

【주문】

상고를 기각한다. 상고비용은 피고의 부담으로 한다.

【이유】

상고이유를 판단한다.

원심판결 이유에 의하면 원심은, 그 내세운 증거들에 의하여 판시의 사실들을 인정한 다음, 일반적으로 중앙선이 설치된 도로를 자기 차로를 따라 운행하는 자동차 운전자로서는 마주 오는 자동차도 자기 차로를 지켜 운행하리라고 신뢰하는 것이 보통이므로, 상대방 자동차의 비정상적인 운행을 예견할 수 있는 특별한 사정이 없다면, 상대방 자동차가 중앙선

을 침범해 들어올 경우까지 예상하여 미리 2차로나 도로 우측 가장자리로 붙여 운전하여야 할 주의의무는 없고, 또한 운전자가 제한속도를 초과하여 운전하는 등 교통법규를 위반하였다고 하더라도 그와 같이 과속운행 등을 하지 아니하였다면 상대방 자동차의 중앙선 침범을 발견하는 즉시 감속하거나 피행함으로써 충돌을 피할 수 있었다는 사정이 있었던 경우에 한하여 과속운행을 과실로 볼 수 있다 할 것이나, 이 사건 사고 당시는 야간이고 내린 눈으로 인하여 노면이 얼어붙어 있었으며, 소외 1이 운전하던 트랙터의 반대방향 차로 1차선을 소외 2 운전의 스포티지 승용차가 결빙시의 제한속도인 시속 35km를 초과하여 과속으로 맞은 편 차로 1차로를 진행하여 오고 있었으므로 소외 1로서는 위 승용차가 약간의 부주의만으로도 결빙된 도로상에서 쉽게 미끄러져 중앙선을 침범하는 등의 비정상적 운행을 할 수 있다는 것을 어느 정도 예견할 수 있는 특별한 사정이 있었고, 소외 1은 그가 운전하던 트랙터의 지정차로인 편도 2차로 도로의 2차로를 따라 운행하거나, 결빙시의 제한속도 시속 35km를 지켜 운행하였다면, 위 승용차와의 충돌은 피할 수 없었다고 하더라도 적어도 결빙된 도로상에서 72m나 미끄러지면서 맞은 편 차로로 넘어 들어가 프라이드 승용차와 충돌하는 이 사건 사고는 피할 수 있었거나 그 피해가 확대되는 것을 막을 수는 있었던 것으로 보여지므로, 이 사건 사고는 제한속도를 초과하여 시속 60km로 위 스포티지 승용차를 운전하다가 중앙선을 침범한 소외 2의 과실과 지정차로를 지키지 아니한 채 제한속도를 시속 30km 초과하여 시속 65km로 운전한 소외 1의 과실이 경합하여 발생하고 그 손해가 확대된 것이라고 판단하였는바, 기록에 비추어 검토하여 보면 원심의 사실인정과 판단은 옳다고 여겨지고, 거기에 상고이유에서 주장하는 바와 같은 채증법칙 위배로 인한 사실오인이나 법리오해 등의 위법이 있다고 할 수 없다. 상고이유에서 내세우는 대법원 판례는 이 사건과 사안을 달리하여 이 사건에서 원용하기에 적절한 것이 아니다.

그러므로 상고를 기각하고 상고비용은 패소자인 피고의 부담으로 하기로 관여 대법관의 의견이 일치되어 주문과 같이 판결한다.

판례5 | 무인장비에 의하여 제한속도 위반차량의 차량번호 등을 촬영한 사진의 증거 능력 유무 (적극)[대법원 1999. 12. 7. 선고 98도3329 판결]

【판결요지】

수사, 즉 범죄혐의의 유무를 명백히하여 공소를 제기·유지할 것인가의 여부를 결정하기 위하여 범인을 발견·확보하고 증거를 수집·보전하는 수사기관의 활동은 수사 목적을 달성함에 필요한 경우에 한하여 사회통념상 상당하다고 인정되는 방법 등에 의하여 수행되어야 하는 것인바, 무인장비에 의한 제한속도 위반차량 단속은 이러한 수사활동의 일환으로서 도로에서의 위험을 방지하고 교통의 안전과 원활한 소통을 확보하기 위하여 도로교통법령에 따라 정해진 제한속도를 위반하여 차량을 주행하는 범죄가 현재 행하여지고 있고, 그 범죄의 성질·태양으로 보아 긴급하게 증거보전을 할 필요가 있는 상태에서 일반적으로 허용되는 한도를 넘지 않는 상당한 방법에 의한 것이라고 판단되므로, 이를 통하여 운전 차량의 차량번호 등을 촬영한 사진을 두고 위법하게 수집된 증거로서 증거능력이 없다고 말할 수 없다.

【원심판결】

서울지법 1998. 9. 4. 선고 97노9234 판결

【주문】

상고를 기각한다.

【이유】

상고이유를 본다.

원심판결 및 원심이유지한 제1심판결의 각 채택 증거들을 기록에 비추어 살펴보면, 피고인에 대한 판시 범죄사실을 충분히 인정할 수 있으므로, 원심이 그 범죄사실을 유죄로 인정한 제1심판결을 그대로 유지한 조치는 정당하고, 거기에 상고이유의 주장과 같은 위법이 있다고 할 수 없으며, 이 사건 교통단속용 무인장비가 특허 아닌 실용신안 등록을 마친 것에 불과하다는 등 상고이유의 주장이 내세우고 있는 사정들이 있다 하여 위와 달리 볼 것이 아니다.

그리고 수사, 즉 범죄혐의의 유무를 명백히 하여 공소를 제기·유지할 것인가의 여부를 결정하기 위하여 범인을 발견·확보하고 증거를 수집·보전하는 수사기관의 활동은 수사 목적을 달성함에 필요한 경우에 한하여 사회통념상 상당하다고 인정되는 방법 등에 의하여 수행되어야 하는 것인바, 무인장비에 의한 제한속도 위반차량 단속은 이러한 수사활동의 일환으로서 도로에서의 위험을 방지하고 교통의 안전과 원활한 소통을 확보하기 위하여 도로교통법령에 따라 정해진 제한속도를 위반하여 차량을 주행하는 범죄가 현재 행하여지고 있고, 그 범죄의 성질·태양으로 보아 긴급하게 증거보전을 할 필요가 있는 상태에서 일반적으로 허용되는 한도를 넘지 않는 상당한 방법에 의한 것이라고 판단되므로, 이를 통하여 피고인 운전 차량의 차량번호 등을 촬영한 이 사건 사진을 두고 위법하게 수집된 증거로서 증거능력이 없다고 말할 수도 없다.

상고이유의 주장은 모두 이유 없다.

그러므로 상고를 기각하기로 하여 관여 대법관의 일치된 의견으로 주문과 같이 판결한다.

【판결요지】

교통정리가 행하여지지 않는 교차로에 진입하려던 갑이 폭이 넓은 도로에서 을이 교차로로 직진해 오는 것을 발견하고도 제한속도를 초과하여 교차로에 그대로 진입하였고, 을 역시 서행하거나 별다른 안전조치를 취함이 없이 교차로에 진입하여 먼저 진입한 갑의 차와 충돌한 경우, 갑의 과실이 을의 과실보다 훨씬 크다고 봄이 상당하다고 한 사례.

【원심판결】

광주고법 1999. 3. 25. 선고 98나7710 판결

【주문】

원심판결을 파기하고 사건을 광주고등법원에 환송한다.

【이유】

상고이유를 본다.

1. 상고이유 제1, 2점에 대하여

원심판결 이유에 의하면, 원심은 거시 증거에 의하여, 피고 회사에 보험가입한 소외 1 운전의 이 사건 트럭이 먼저 이 사건 교차로에 진입하고, 원고의 공제에 가입한 망 소외 2 운전의 이 사건 택시가 뒤에 진입하면서, 위 트럭의 우측 옆 부분과 위 택시의 전면이 충돌하였다고 인정하였는바, 기록에 비추어 살펴보면, 원심이 위와 같이 인정한 조치는 정당하고, 거기에 소론과 같은 심리미진 내지 채증법칙을 위배한 위법이 있다고 할 수 없다. 논지는 이유 없다.

2. 상고이유 제3점에 대하여

불법행위로 인한 손해의 발생 또는 확대에 관하여 피해자에게도 과실이 있을 때에는 그와 같은 사유는 가해자의 손해배상의 범위를 정함에 있어 당연히 참작되어야 하고 양자의 과실비율을 교량함에 있어서는 손해의 공평부담이라는 제도의 취지에 비추어 사고 발생에 관련된 제반 상황이 충분히 고려되어야 할 것이며, 과실상계 사유에 관한 사실인정이나 그 비율을 정하는 것이 사실심의 전권사항이라고 하더라도 그것이 형평의 원칙에 비추어 현저히 불합리하여서는 아니 된다(대법원 1997. 2. 28. 선고 96다54560 판결 등 참조). 원심판결 이유에 의하면, 원심은 거시 증거에 의하여 인정되는 판시와 같은 사고 발생

의 경위에 터잡아, 이 사건 트럭의 운전사인 위 소외 1은 서행하면서 폭이 넓은 도로에서 위 교차로에 들어가려고 하는 차가 있는지 여부를 잘 살펴 만약 그러한 차가 있는 경우에는 그 차에게 진로를 양보하여야 함에도 위 망 소외 2 운전의 이 사건 택시가 폭이 넓은 도로에서 직진하여 오는 것을 발견하고도 제한속도를 초과한 채 위 교차로에 그대로 진입한 과실이 있고, 위 망 소외 2는 이 사건 트럭이 위 교차로에 먼저 진입하였으므로 위 차량의 동태를 잘 살피면서 일시 정지 또는 속도를 줄이거나 차선을 바꾸는 등으로 안전함을 확인한 후에 위 교차로에 진입하여야 함에도 이를 게을리 한 채 그대로 위 교차로에 진입한 과실이 있다고 인정한 다음, 위 소외 1과 위 망 소외 2의 과실비율을 40% : 60%로 인정하였다.

그러나, 교통정리가 행하여지고 있지 아니하는 교차로에 들어가려는 모든 차는 그 차가 통행하고 있는 도로의 폭보다 교차하는 도로의 폭이 넓은 경우에는 먼저 서행하면서 폭이 넓은 도로에서 그 교차로에 들어가려고 하는 차가 있는지 여부를 잘 살펴 만약 그러한 차가 있는 경우에는 그 차에게 진로를 양보하여야 하는 것이고, 시간적으로 교차로에 먼저 도착하여 교차로에 먼저 진입할 수 있다고 하더라도 폭이 넓은 도로에서 교차로에 들어가려고 하는 차보다 우선하여 통행할 수는 없는바(대법원 1998. 2. 27. 선고 97다48241 판결 등 참조), 원심이 인정한 사실관계에 의하더라도, 위 소외 1은 교통정리가 행하여지지 않는 이 사건 교차로를 통과함에 있어서 서행하지 않고 제한속도가 시속 60km인데도 이를 15km나 초과하여 시속 75km로 운행하였을 뿐만 아니라, 통행우선권이 없으면서도 이 사건 택시가 위 교차로를 통과하기 위하여 진행하여 오는 것을 발견하고도 먼저 위 교차로를 통과하려고 한 잘못이 있는 반면, 위 망 소외 2는 교통정리가 행하여지지 않는 위 교차로를 통과함에 있어 서행하지 않고, 제동조치나 방향전환의 조치를 제대로 취하지 못하여 위 교차로에 순간적으로 먼저 진입한 위 트럭과의 충돌을 회피하지 못한 잘못이 있으므로, 위와 같은 사정하에서라면 위 소외 1의 과실은 위 망 소외 2의 과실보다 훨씬 크다고 봄이 상당하다(이 사건 트럭이 교차로에 진입한 후 충돌시까지 걸린 시간은 약 1.1초에 불과하다 (23m÷75,000m/3,600초 = 1.1초)}.

따라서, 원심이 위 소외 1의 과실을 40%, 위 망 소외 2의 과실을 60%로 인정한 것은 현저히 불합리하다고 하지 않을 수 없다. 이 점을 지적하는 논지는 이유 있다.

3. 그러므로 원심판결을 파기하고 사건을 원심법원에 환송하기로 하여 관여 대법관의 일치된 의견으로 주문과 같이 판결한다.

판례7 | 반대차선에서 과속으로 운행한 차량운전자의 과실과 사고 사이의 상당인과관계를 부정한 원심판결을 파기한 사례[대법원 1999. 8. 24. 선고 99다22168 판결]

【판결요지】

교통정리가 행하여지지 않는 교차로에서 좌회전하기 위하여 신호를 넣고 정차하고 있던 차량이 뒤따르던 차량에 충격되어 반대차선으로 튕겨 나가면서 반대차선에서 과속으로 운행하던 차량에 다시 충격된 경우, 반대차선에서 과속으로 운행한 차량운전자의 과실과 사고 사이의 상당인과관계를 부정한 원심판결을 파기한 사례.

【원심판결】

대전지법 1999. 4. 8. 선고 98나5508 판결

【주문】

원심판결을 파기하고, 사건을 대전지방법원 본원 합의부에 환송한다.

【이유】

상고이유를 본다.

1. 원심은, 제1심판결의 이유를 일부 인용하여, 원고가 소외 1과 사이에 그의 소유인 판시 화물자동차(이하 원고측 차량이라고 한다)에 관하여, 피고 전국화물자동차운송사업조합 연합회(이하 피고 조합이라고 한다)가 피고 1 합자회사(이하 피고 회사라고 한다)와 사이에 피고 회사 소유인 판시 트레일러(이하 피고측 차량이라고 한다)에 관하여 판시와 같은 자동차보험계약 또는 화물공제계약을 각 체결한 사실, 소외 2가 1997. 3. 28. 11:00경 원고측 차량을 운전하여 충남 부여군 규암면 모리 29 앞 편도 1차선 도로를 규암 방면에서 은산 방면으로 과속 진행하던 중 전방에서 좌회전하기 위하여 정차하고 있던 소외 3 운전의 판시 승용차(이하 피해 차량이라고 한다)를 뒤늦게 발견한 잘못으로 급히 제동조치를 취하였으나 미치지 못하여 원고측 차량의 적재함 좌측 가운데 부분으로 위 피해 차량의 우측 뒤 범퍼 부분을 비스듬히 추돌하는 바람에 그 충격으로 위 피해 차량으로 하여금 대향차선으로 튕겨져 나가면서 마침 반대 방향에서 마주 진행하여 오던 소외 4 운전의 피고측 차량의 우측 앞 범퍼 부분에 연쇄 충돌하게 함으로써 피해 차량에 타고 있던 소외 5 등이 사망하는 등의 판시와 같은 사고(이하 이 사건 사고라고 한다)를 일으킨 사실을 인정한 다음, 피고들의 면책 주장에 대하여 판단함에 있어, 우선 차량의 제동거리를 구하는 판시와 같은 물리학 공식에다가 이 사건 도로 현황 등에 따른 판시와 같은 변수 값을 적용하여 피고측 차량이 이 사건 도로를 그 제한속도인 시속 60km를 지켜 주행하였을 경우의 제동거리를 산출하면 공주거리는 11.666m, 활주거리는 17.71m~23.62m 가량이 된다고 전제하고, 이어 판시 채택 증거들에 의하여 위 소외 4가 이 사건 사고 당시 제한속도인 시속 60km를 26.4km나 초과한 시속 86.4km로 피고측 차량을 운행한 사실, 피고측 차량

의 총 길이는 19.19m(트랙터 6.76m+트레일러 12.43m)인 사실을 인정하고 나서, 여기에 이 사건 사고장소의 도로상태, 도로 폭, 차선(편도 1차선), 스키드마크의 길이 (우측 앞바퀴 13.4m, 우측 뒷바퀴 36.8m, 좌측 뒷바퀴 34.2m), 중앙선 침범형태, 피해 차량의 발견지점, 피고측 차량과의 거리 등 제반 사정을 덧붙여 볼 때, 피고측 차량 운전자인 소외 4가 원고측 차량에 의하여 추돌을 당해 자신의 진행차선 쪽으로 튕겨져 나오는 피해 차량을 발견하고 제동하기 시작한 지점은 우측 뒷바퀴의 스키드 마크 길이인 36.8m에서 피고측 차량의 총 길이 19.19m를 뺀 17.16m(피고측 차량 이 피해 차량과 추돌한 후의 스키드마크 길이를 포함하였으므로 실제로는 그 이하일 것으로 추측됨) 내외라 할 것인 반면, 시속 60km로 운행하는 차량이 제동하기 위해 필요한 거리(활주거리)는 앞에서 본 것처럼 17.71m~23.62m 정도나 되므로, 가사 소 외 4가 위 제한속도를 지켜 운행하였다 하더라도 피해 차량과의 충돌을 피할 수 없었 다 할 것이니, 소외 4에 대하여 과속운행 책임을 물을 수 없고, 달리 이 사건 사고 발 생의 원인이 된 과실이 있다고 볼 만한 증거가 없으며, 그 밖에 소외 4에게 반대차선 에서 좌회전하기 위하여 정차 중이던 차량이 제3의 차량에 의하여 추돌을 당해 그 충 격으로 자신의 진행차선 쪽으로 넘어올 경우까지 미리 예견하고 이를 방지하여야 할 주의의무는 없다는 이유를 들어 피고측의 책임은 면제된다는 취지로 판단하였다.

2. 그러나, 피고들의 면책 주장에 대한 원심의 위 판단은 다음에서 보는 바와 같은 이유 로 선뜻 수긍하기 어렵다.

가. 먼저, 피고측 차량 운전자인 소외 4의 주의의무에 관하여 본다.

기록에 의하면, 이 사건 사고 지점은 노견을 제외한 도로 폭이 6.9m에 불과한 편 도 1차선의 곧게 뻗은 도로로서 피고측 차량의 진행 방향을 기준으로 오른쪽으로 는 모리 마을로 들어가는 길과 연결되고, 왼쪽으로는 차마의 통행이 가능한 농로 와 연결되는 교차로이며, 따로 신호기 등에 의한 교통정리는 행하여지고 있지 아 니하고, 그 교차로의 중심에서 보아 피고측 차량이 진행하여 오는 방향 쪽으로 보 행인의 통행을 위한 횡단보도가 설치되어 있고 그 길가 양쪽에 횡단보도 표지판도 세워져 있는 사실, 위 사고 당시 위 교차로에는 피고측 차량과 반대 방향에서 피 해 차량이 좌회전하여 모리 마을 쪽으로 들어가기 위하여 좌측 깜박이 신호를 넣 은 채 대기 중이었는데, 당시의 날씨나 시간대, 도로조건 등이 운전자의 시야에 어떤 장애를 일으킬 만한 상태가 아니었으므로 이와 같은 피해 차량의 존재나 그 움직임 등은 피고측 차량을 운전하여 위 교차로를 향해 질주하여 오던 소외 4에 게 멀리서부터 충분히 목격될 수 있었던 사실을 알 수 있다.

이 사건 사고지점의 현황과 사고 당시의 교통상황 등이 위와 같다면, 피고측 차량 운전자인 소외 4로서도 그가 전방 주시를 게을리 하지 아니한 이상 비록 이 사건

처럼 좌회전하기 위하여 대기 중이던 피해 차량이 원고측 차량으로부터 추돌을 당해 그 충격에 의하여 어쩔 수 없이 자신의 진행차선 쪽으로 밀려오는 경우까지는 몰라도, 피해 차량이 섣불리 또는 무모하게 교차로에 진입하여 좌회전을 감행하는 경우는 충분히 예견할 수 있다 할 것이므로, 널리 어떤 경로에 의하든 피해 차량이 자신의 진로를 가로막는 만일의 사태에 대비하여 교차로에 다가감에 따라 운행속도를 차츰 줄이고 교차로에 이르러서는 서행하면서 피해 차량의 움직임을 잘 살펴 진로의 안전을 확인한 다음 교차로를 빠져나가는 등의 적절한 방어운전을 통하여 교차로에서의 사고를 방지할 일반적, 포괄적 주의의무가 있다고 볼 여지가 충분하고, 그렇지 않다 하여도, 도로교통법이 모든 차의 운전자에게 이 사건 교차로와 같이 '교통정리가 행하여지고 있지 아니하는 교차로'에서는 서행하도록 규정하고 있으므로(위 같은 법 제27조 제1항 제1호 참조; 나아가 제27조의2 제1호는 '교통정리가 행하여지고 있지 아니하고 좌우를 확인할 수 없거나 교통이 빈번한 교차로'에서는 일시 정지하도록 규정하고 있다.), 적어도 위 교차로 상을 서행할 구체적·개별적 주의의무, 나아가 그 의무를 다하기 위해서 교차로에 다가갈수록 운행속도를 차츰 줄여 운행하여야 할 주의의무는 있다고 봄이 상당하다.

그리고, 원심이 들고 있는 대법원 판결은 오토바이가 중앙선을 침범하여 무모하게 좌회전을 시도하다가 반대 방향에서 마주 진행하여 오던 차량과 충돌한 경우로서 좌회전이 허용된 교차로에서 충돌사고가 발생한 이 사건의 경우와 그 사안을 달리하므로, 위 판결을 가지고 피고측 차량을 운전한 위 소외 4의 주의의무 유무를 논할 것은 아니다.

나. 다음, 소외 4의 과속운행과 사고(피해 차량과의 2차 충돌)와의 인과관계에 관하여 본다.

1) 원심은, 그 판시 이유에 비추어 피고측 차량의 스키드마크 중 가장 먼저 그리고 가장 길게 나타난 우측 뒷바퀴의 그것이 형성되기 시작한 지점, 다시 말하면 소외 4의 제동장치 조작에 의하여 그 제동 효과가 처음 피고 차량에 나타난 것으로 볼 수 있는 지점 위에 피고측 차량의 가장 뒷부분이 놓여 있다고 가정하고 바로 이러한 상태를 출발점으로 삼아 만일 당시 시속 86.4km 정도로 추정되는 현실의 운행속도 대신 사고가 난 도로의 일반적 제한속도인 시속 60km의 속도로 피고측 차량을 운행하던 소외 4가 거기에서 제동하였더라면 과연 피해 차량과의 충돌을 피할 수 있었을 것인지 여부를 가린 듯이 보이며, 이는 결과적으로 소외 4가 실제 피해 차량의 진로 침범행위를 목격하고 제동장치를 조작한 지점을 따지지 아니한 채 그 지점이야 어디든 상관없이 제한속도에 맞추어 정상운행을 하였다고 보는 가정적 경우라도 제동장치 조작에 의한 제동 효과 자체는 과속 운행한 현실의 경우와 똑같이 이 사건 스키드마크

가 시작되는 지점에서 처음 나타난다고 전제한 셈이 된다.

그러나, 원심도 적절히 판시하고 있는 바와 같이, 일반적으로 차량 운전자가 일단 장애물을 발견하고 충돌 위험을 느껴 급제동 조치가 필요하다는 판단에 이른 다음 그 판단에 따라 즉각 제동장치를 조작하여 실제 그에 의한 제동 효과가 처음 발생하기까지는 극히 짧기는 하지만 일정한 시간이 소요되기 마련이고, 이 찰나적 순간에도 차량은 진행을 계속하게 되는 것이며(이 시간 동안 진행한 거리를 '공주거리'라고 부르고, 나아가 최초의 제동 효과가 나타나기 시작한 이후 제동력의 계속적 작용에 의하여 최종 정차할 때까지 차량이 진행한 거리를 '활주거리'라고 부르며, 위 공주거리와 활주거리를 합산한 것을 이른바 '제동거리'라고 한다), 한편 차량의 진행거리는 차량의 운행속도와 진행시간에 각각 비례하는 것이므로, 가령 같은 운전자가 같은 지점에서 장애물을 발견하고 충돌 위험을 느껴 즉각적인 제동조치에 나아간다 하더라도 위에서 본 공주거리는 당시의 운행속도에 상응하여(이 경우 위험에 대한 반응시간은 운전자가 동일하므로 특별한 사정이 없는 한 같다고 보아 무방하다) 차이를 보일 것이 분명하고, 그에 따라 제동 효과가 처음 나타나는 지점(스키드마크가 형성되기 시작하는 지점, 즉 활주가 시작되는 지점)도 달라지게 될 터임은 명백하다.

그럼에도 불구하고 원심은, 이와 같은 당연한 사리를 간과한 나머지 피고측 차량이 제한속도를 유지하였더라면 피해 차량과의 충돌을 피할 수 있었을 것인지 여부를 판단함에 있어, 피고측 차량 운전자인 소외 4가 피해 차량의 진로 침범행위를 목격한 예상지점을 먼저 추정한 다음, 그 지점에서 제한속도를 유지한 경우의 예상 공주거리를 따져 그 공주거리가 끝나는 데서부터 제동 효과가 나타나기 시작하는 것으로 보지 아니한 채, 제한속도를 지킨 경우도 실제 과속운행의 결과로 인하여 보다 공주거리가 길어지게 되었고 그만큼 위 추정 목격지점에서 멀리 떨어져 형성되어 있을 이 사건 스키드마크의 시작점부터 똑같이 그 제동 효과가 나타나기 시작한다고 전제하고 말았으니, 우선 이 점에서 원심의 판단은 부당하다.

2) 나아가, 위에서 본 사리를 염두에 두고 원심이 전제한 제동거리에 관한 물리학 공식과 그 변수 적용례(기록상 이들에 대한 객관적 자료는 나타나 있지 않다)를 일단 그대로 수용하여 소외 4의 과속운행과 이 사건 사고(피해 차량과의 2차 충돌)의 인과관계를 검토하여 보면, 아래에서 보는 바와 같이 피고측 차량을 운전한 소외 4가 원심 판시와 같은 과속운행을 하지 않고 제한속도를 유지한 채 운행하였더라도 가해 차량에 의한 추돌을 당하여 어쩔 수 없이 자신의 진행차선 쪽으로 들어오는 피해 차량과의 충돌을 피할 수 없었을 것이라고 단정하기 어렵다는 결론에 이르게 되므로, 이 점에서도 원심의 판단은 부당하다.

가) 피고측 차량 운전자인 소외 4가 자신의 진로를 침범하는 피해 차량을 어느 지점에서 목격하였는지 기록상 명확히 나타나 있지 아니하나, 원심이 인정한 바에 의하면 피고측 차량은 사고 당시 시속 86.4km의 속도로 진행하였다는 것이므로[사실 이 운행속도는, 수사기관이 사고 지점에 나타난 스키드마크의 길이(활주거리)를 토대로 일정한 속도환산 공식에 따라 역산한 결과치로 추정되는데, 기록에 의하면 그 스키드마크가 피해 차량과의 충돌 추정 지점을 지나서까지 형성되어 있음을 알 수 있으므로, 이러한 사정과 충돌 이후 피해 차량에 의한 저지력 등을 고려할 때, 위 추정 속도는 실제의 운행속도보다 낮게 산출되었을 가능성이 짙다.], 편의상 이 운행속도에 의하여 원심이 전제한 공식과 변수 적용례에 따라 공주거리를 계산하면 16.8m[86.4km÷1시간(3,600초)×1,000m×0.7초]가 됨을 감안할 때, 소외 4는 아무리 늦어도 피고측 차량이 이 사건(우측 뒷바퀴) 스키드마크가 시작되는 지점으로부터 대략 16.8m 후방에 이르렀을 때 피해 차량의 진로 침범행위를 목격한 것으로 추정할 수 있고, 한편 기록에 의하면 위 스키드마크가 시작되는 지점은 횡단보도의 교차로 쪽 끝선으로부터 약 28.4m 가량이 되므로(이는, 약간의 오차를 무시하고 피고 차량 우측 뒷바퀴의 스키드마크가 모리 마을 부락경계석이 서있는 자리와 평행선을 이루는 곳까지 이어지고 여기서부터 다시 위 경계석과 가까운 쪽 횡단보도 끝선까지의 거리가 위 경계석으로부터의 거리와 마찬가지로 약 8.4m 정도임을 전제로 한 개략적 계산 결과이다.), 결국 그 추정 목격지점은 위 횡단보도 교차로 쪽 끝선으로부터 위 계산들의 전제가 되었던 피고측 차량의 뒷바퀴를 기준으로 하면 45.2m(28.4m+16.8m) 가량 떨어진 곳이 되고, 운전자인 소외 4가 있는 가장 앞부분을 기준으로 삼으면 대략 26.01m 정도 떨어진 곳이 된다[이는, 뒷바퀴가 차량의 가장 뒷부분에 위치하고 있다고 가정하고 피고측 차량의 총 길이에 해당하는 원심 판시의 19.19m(사실 이것도 피고측 차량을 구성하는 트랙터 부분과 트레일러 부분의 길이를 단순 합산한 것인데 양쪽이 서로 연결되는 과정에서 일부 중복되는 것은 피할 수 없을 터이므로 어느 정도는 실제보다 부풀려진 길이로 보인다.)를 공제한 수치로서 기록상 피고측 차량의 가장 뒷부분과 뒷바퀴 사이의 길이를 알 수 있는 자료가 나타나 있지 아니한 점을 감안한 부득이한 조치이기는 하나 어쨌든 본래의 추정 지점보다 다소간 앞으로 당겨진 셈이다.].

나) 그런데, 소외 4가 이 사건 도로의 일반적 제한속도인 원심 판시의 시속 60km로 주행하여 오다가 위 추정 목격지점에서 충돌 위험을 느끼고 즉각 제동조치에 나아갔다고 가정하는 경우 피고측 차량은 계산상 원심 판시의 예상 공주거리(11.666m)와 활주거리(17.71m~23.62m)를 더 진행한 끝에 위 지점으로부터 29.376m(11.666m+17.71m) 내지 35.286m(11.666m+23.62m) 가량

떨어진 지점(위 횡단보도 교차로 쪽 끝선에서 3~9m 가량 더 지나친 곳이다)에 최종 정지하였을 것이라는 결론에 이르고, 한편 기록에 의하면 피고측 차량은 가장 앞부분이 횡단보도를 막 지나쳐 교차로에 진입하자마자 피해 차량과 충돌하였음을 알 수 있으므로(다만, 기록상 횡단보도 끝선부터 충돌 추정 지점까지의 실측거리에 관한 자료는 없다.), 이에 의하면 피고측 차량이 제한속도를 지킨 채 진행하여 왔더라도 일응 피해 차량과의 충돌을 피할 수 없었을 것처럼 보인다.

다) 그러나, 위의 계산 결과에 의한 충돌 한계선과 충돌 추정 지점의 차이만으로 그 충돌 불가피 여부가 확연히 드러날 정도라고 말하기는 어려울 뿐더러, 여기에다가 비록 기록상 뚜렷한 실측자료가 없어 계산의 편의를 위하여 부득이한 조치이기는 하였지만 위와 같은 계산 과정의 대전제가 되었던 소외 4의 추정 목격지점 자체가 앞서 보았듯이 피고측 차량의 가장 뒷부분과 뒷바퀴 사이의 길이만큼 본래의 예상지점보다 앞으로 당겨져 있었고, 횡단보도 교차로 쪽 끝선으로부터 충돌 추정 지점까지의 거리를 무시하였던 점 및 피고측 차량의 총길이나 사고 당시 피고측 차량의 추정 운행속도에 관한 의문점, 그리고 위의 계산 과정에서는 당연시하였으나 면밀한 현장조사 등을 거치는 경우 피고측 차량의 제동거리에 관하여 원심이 적용하였던 마찰계수 등의 변수 적용이 잘못된 것으로 밝혀질 가능성도 배제할 수 없는 점 등을 아울러 감안하면 단지 위와 같은 기술적, 평면적 계산 결과만을 들어 피고측 차량이 제한속도를 유지한 채 진행하여 왔더라도 피해 차량과의 충돌을 피할 수 없었을 것이라고 섣불리 단정할 수도 없는 노릇이라 하겠고, 이 점을 분명히 가리기 위해서는 위에서 본 여러 사정들을 감안하여 감정 등의 방법을 통하여 좀 더 심리하여 보았어야 마땅하다고 여겨진다.

3) 더욱이, 위 소외 4에게는 앞서 본 바와 같이 적어도 도로교통법규정에 따른 교차로상의 서행의무, 나아가 그 의무를 이행하기 위하여 교차로에 다가갈수록 운행속도를 차츰 줄여 운행하여야 할 주의의무가 있다고 하겠으므로, 원심으로서도 소외 4가 이러한 의무를 다하였을 경우 과연 위 추정 목격지점을 지날 당시 운행속도가 교차로까지의 남은 거리 등을 감안하여 어느 수준이 될 것인지 여부를 확정한 다음 만일 그 운행속도가 제한속도를 밑돈다면 제한속도가 아닌 이 운행속도를 기준으로 피해 차량과의 충돌 가능성 여부를 가렸어야 할 터인데, 이러한 조치를 취하지 아니한 채 곧바로 이 사건 도로의 일반적 제한속도인 시속 60km를 지켜 주행하는 경우를 상정하여 피고측 차량이 피해 차량과의 충돌을 피할 수 없었을 것이라고 판단하고 말았으니, 역시 이 점에서도 원심의 판단은 부당하다.

3. 따라서 원심이, 피고측 차량 운전자인 소외 4가 피해 차량의 진로 침범행위를 목격한 지점 등 앞서 본 바와 같은 여러 사정들에 관하여 충분한 심리를 다하지 아니한 채 차량의 제동 과정에 있어 운행속도가 다르면 공주거리도 차이가 난다는 당연한 사리를 간과한 나머지 제한속도를 지킨 경우나 과속운행을 한 경우나 그 제동 효과가 나타나는 지점은 똑같다는 잘못된 전제에서 출발하여 피고측 차량이 제한속도를 지켜 운행하였더라도 피해 차량과의 충돌을 피할 수 없었을 것이라는 결론에 이르자 그를 이유로 피고들의 면책 주장을 가볍게 받아들이고 만 것은, 결국 교차로를 통행하려는 차량 운전자의 주의의무에 관한 법리를 오해한 나머지 심리를 다하지 아니하고 채증법칙을 위배하여 사실을 오인함으로써 판결에 영향을 미친 위법을 저지른 것이라 할 것이다.

이 점을 지적하는 상고이유의 주장은 그 이유 있다.

그러므로 원심판결을 파기하고, 사건을 원심법원에 환송하기로 하여 관여 대법관의 일치된 의견으로 주문과 같이 판결한다.

판례8 | 중앙선을 침범하여 운행하던 자동차가 반대차선에서 과속으로 운행하던 자동차와 충돌한 경우, 과속 운전자에게 과실이 있는지 여부(한정 소극)*[대법원 1999. 7. 23. 선고 99다 19346 판결]*

【판결요지】

[1] 일반적으로 중앙선이 설치된 도로를 자기차선을 따라 운행하는 자동차 운전자로서는 마주 오는 차량도 자기차선을 지켜 운행하리라고 신뢰하는 것이 보통이므로, 상대방 차량의 비정상적인 운행을 예견할 수 있는 특별한 사정이 없다면 상대방 차량이 중앙선을 침범해 들어올 경우까지 예상하여 운전하여야 할 주의의무는 없고, 비록 자동차가 도로 양측으로 넘어가는 것이 허용된 황색점선의 중앙선이라고 하더라도 그 운전자가 중앙선을 넘을 당시의 객관적인 여건으로 보아 장애물을 피하기 위하여 다른 적절한 조치를 취할 겨를이 없는 등의 급박한 사정 때문에 부득이 중앙선을 넘을 필요가 있는 경우나, 반대 방향의 교통에 충분한 주의를 기울이면서 중앙선을 침범하여 반대차선으로 넘어가는 경우 등 특별한 사정이 있는 경우에 한하여 중앙선을 넘는 것이 허용된다고 할 것이므로, 이와 같은 특별한 사정이 있음을 알았거나 알 수 있었던 경우가 아닌 한, 그 사고 장소가 황색점선의 구간이라 하여 반대차선의 차량이 중앙선을 침범해 들어 올 경우까지 예상하여 운전하여야 할 주의의무는 없다.

[2] 중앙선을 침범하여 운행하던 자동차가 반대차선에서 과속으로 운행하던 자동차와 충돌한 경우, 운전자가 제한속도를 초과하여 운전한 사정만을 들어 그에게 과실이 있다

고 탓할 수는 없고 그와 같이 과속운행을 하지 아니하였더라면 상대방 자동차의 중앙선 침범을 발견하는 즉시 정차 또는 감속으로 충돌을 피할 수 있었다는 사정이 있었던 경우에 한하여 과속운행을 과실로 볼 수 있다.

【원심판결】

부산지법 1999. 2. 19. 선고 98나3587 판결

【주문】

원심판결 중 피고들 패소 부분을 파기하고, 이 부분 사건을 부산지방법원 본원 합의부에 환송한다. 원고들의 부대상고를 모두 기각하고, 부대 상고비용은 원고들의 부담으로 한다.

【이유】

상고이유를 판단한다.

1. 피고들의 상고이유에 대하여

   가. 원심판결 이유에 의하면, 원심은, 그 판시 증거들을 종합하여 망 소외 1은 1995. 4. 15. 05:40경 (차량등록번호 1 생략) 엘란트라 승용차(이하 '사고 승용차'라 한다)를 운전하여 그의 처인 소외 2를 조수석에, 딸인 소외 3을 뒷좌석에 태우고 소외 3을 같은 날 06:30 대구공항에서 출발하는 비행기편에 탑승시키기 위하여 상당히 빠른 속도로 구마고속도로를 상행하고 있었고, 피고 1은 (차량등록번호 2 생략) 11t 카고트럭(이하 '사고 트럭'이라 한다)을 운전하여 그 적재함에 철판코일 등 약 12t의 화물을 싣고 마산의 효성중공업에 가기 위하여 시속 약 70km의 속력으로 구마고속도로를 하행하던 중 구마고속도로 대구기점 42.9km 지점에서 사고 승용차가 선행 트럭을 추월하기 위하여 중앙선을 넘다가 마주 오던 사고 트럭을 발견하고 급히 자기차선으로 복귀하던 중 사고 트럭의 좌측 옆 연료탱크 보호망과 좌측 뒷바퀴 사이 부분을 사고 승용차의 좌측 앞 부분 및 문짝 부분으로 충격함으로써 이 사건 사고가 발생한 사실을 인정한 다음, 이 사건 사고는 사고 승용차의 운전자인 망 소외 1 피고 1이 내리막의 직선도로를 진행하다가 그 직선도로가 끝나는 지점으로서 오른쪽으로 굽은 오르막길이 시작되는 사고 지점에 이르러 선행하던 번호불상 트럭을 추월하기 위하여 중앙선을 침범한 것이 가장 큰 원인이 되었다 할 것이나, 한편 사고 트럭의 운전자인 망 소외 1의 과실과 피고 1의 과실이 경합하여 발생하였다고 판단하여 피고들의 면책항변을 배척하였다.

   나. 그러나 일반적으로 중앙선이 설치된 도로를 자기차선을 따라 운행하는 자동차 운전자로서는 마주 오는 차량도 자기차선을 지켜 운행하리라고 신뢰하는 것이 보통이므로, 상대방 차량의 비정상적인 운행을 예견할 수 있는 특별한 사정이 없다면 상대

방 차량이 중앙선을 침범해 들어올 경우까지 예상하여 운전하여야 할 주의의무는 없고(대법원 1991. 8. 9. 선고 91다9169 판결, 1997. 1. 24. 선고 96다39158 판결 등 참조), 비록 자동차가 도로 양측으로 넘어가는 것이 허용된 황색점선의 중앙선이라고 하더라도 그 운전자가 중앙선을 넘을 당시의 객관적인 여건으로 보아 장애물을 피하기 위하여 다른 적절한 조치를 취할 겨를이 없는 등의 급박한 사정 때문에 부득이 중앙선을 넘을 필요가 있는 경우나, 반대 방향의 교통에 충분한 주의를 기울이면서 중앙선을 침범하여 반대차선으로 넘어가는 경우 등 특별한 사정이 있는 경우에 한하여 중앙선을 넘는 것이 허용된다고 할 것이므로(대법원 1990. 10. 26. 선고 90도1656 판결 참조), 이와 같은 특별한 사정이 있음을 알았거나 알 수 있었던 경우가 아닌 한, 그 사고 장소가 황색점선의 구간이라 하여 반대차선의 차량이 중앙선을 침범해 들어 올 경우까지 예상하여 운전하여야 할 주의의무는 없다고 할 것이다. 그런데 원심이 인정한 바와 같이 이 사건 사고 당시 짙은 안개로 인해 사고 장소인 고속도로 상의 시계가 50m 정도 밖에 되지 않았다면(원심은 이를 전제로, 시계가 50m 정도도 채 안되는 도로 상황 및 자동차 진행 상황 아래서는 도로교통법시행규칙 제12조 제2항 제2호에 따라 제한시속의 50%를 감속하여 운행하여야 하므로, 이 사건 사고 당시 피고 1로서는 사고 지점의 원래의 제한시속 80km의 50%인 시속 40km 정도로 감속운행 하여야 했는데도 70km 정도로 과속운행하였다고 인정하였다.), 피고 1은 안개가 짙게 낀 고속도로 상에서 사고 승용차가 비정상적인 방법으로 중앙선을 침범하여 운행하리라는 것을 예견할 수 없었다 할 것이고, 나아가 사고 승용차가 중앙선을 침범하여 운행하는 것을 알 수 있었던 때의 두 차량 간의 거리는 50m가 채 안되었을 것이며(원심은 사고 트럭과 약 50m 정도의 거리를 두고 뒤따라 오던 8t 트럭 운전자인 소외 4가, 사고 승용차로 보이는 차량 1대가 약 500m 전방에서부터 선행하던 번호불상 트럭을 추월하기 위해 중앙선을 넘었다가 다시 자기차선으로 복귀하는 등 앞 차에 대한 추월을 시도하는 것을 보았다고 진술하였음에 의거하여, 피고 1로서도 주의를 기울여 전방을 주시하였다면 사고 승용차가 그 선행 트럭을 추월해 오리라는 것을 미리 예상할 수 있었을 것이라고 판시하고 있으나, 이와 같은 원심 판단은 사고 당시의 시계가 50m 정도도 되지 않는다는 앞의 사실인정과 어긋나므로 수긍하기가 어렵다.), 또한 원심이 인정한 바와 같이 피고 1이 제한속도를 초과하여 운전하였다고 하더라도, 그 사정만을 들어 그에게 과실이 있다고 탓할 수는 없고 그와 같이 과속운행을 하지 아니하였더라면 상대방 자동차의 중앙선 침범을 발견하는 즉시 정차 또는 감속으로 충돌을 피할 수 있었다는 사정이 있었던 경우에 한하여 과속운행을 과실로 볼 수 있을 것 이므로(대법원 1994. 9. 9. 선고 94다18003 판결, 1995. 10. 12. 선고 95다28700 판결 등 참조), 사고 승용차가 중앙선 침범을 할 당시 두 차량 간의 거리가 얼마였는지, 또한 사고 승용차가 중앙선을 침범한 것을 피고 1이 발견할 수 있었던 때로부터 사고 트럭과 충돌할 때까지 걸린 시간 및 진행한 거리가 얼마였는지 등을 심리하여 확정한 다음 위 피고가 이 사건 사고 당시 사고 승용차와 충돌을 피하기 위하여 충분히 대처할 수 있는 상황이었는지, 제한속도를 지켜 운전하였더라면 사고의 발생을 충분히 방지할 수 있었는지 여부를 가렸어야 할 것이다.

그럼에도 불구하고 원심이 위와 같은 인정 사실만 가지고 피고들의 면책항변을 쉽게 배척하였음은 자동차 운전자의 과실에 관한 법리를 오해하였거나 심리를 다하지 아니한 위법을 저질렀다고 할 것이다.

이 점을 지적하는 상고이유의 주장은 이유 있다.

2. 원고들의 부대상고이유에 대하여

원심판결 이유에 의하면, 원심은 그 판결에서 채용하고 있는 증거들을 종합하여, 이 사건 사고에 관한 그 판시와 같은 사실 등을 인정한 후, 이 사건 사고에 경합된 원고측의 과실을 70%로 정함이 상당하다고 평가하였는바, 위에서 본 바와 같이 이 사건 사고가 피고측의 과실로 인하여 발생하였다고 보기 어려운 점에 비추어, 원심 인정 사실과는 다른 사고경위를 전제로 피고측의 과실을 원심보다 오히려 더 무겁게 인정하여야 한다는 상고이유의 주장은 더 살펴 볼 것도 없이 이유 없을 뿐만 아니라, 가사 원심의 사실인정을 그대로 따르는 경우에도, 원고측의 과실비율에 관한 원심의 판단이 형평의 원칙에 비추어 불합리하다고 인정되지는 아니한다.

3. 그러므로 원심판결 중 피고들 패소 부분을 파기하여 이 부분 사건을 다시 심리·판단하도록 하기 위하여 원심법원에 환송하기로 하며, 원고들의 부대상고를 기각하고, 부대상고비용은 패소자인 원고들의 부담으로 하여 관여 법관의 일치된 의견으로 주문과 같이 판결한다.

판례9 | 야간에 선행사고로 인하여 전방에 정차해 있던 승용차와 그 옆에 서 있던 피해자를 충돌한 사안에서 운전자에게 고속도로상의 제한최고속도 이하의 속도로 감속운전하지 아니한 과실이 있다고 본 사례[대법원 1999. 1. 15. 선고 98도2605 판결]

【판결요지】

[1] 검찰에서의 피고인의 자백이 법정진술과 다르다는 사유만으로는 그 자백의 신빙성이 의심스럽다고 할 사유로 삼아야 한다고 볼 수는 없고, 자백의 신빙성 유무를 판단함에 있어서는 자백의 진술내용 자체가 객관적으로 합리성을 띠고 있는지, 자백의 동기나 이유는 무엇이며, 자백에 이르게 된 경위는 어떠한지 그리고 자백 이외의 정황증거 중 자백과 저촉되거나 모순되는 것이 없는지 하는 점을 고려하여 피고인의 자백에

형사소송법 제309조 소정의 사유 또는 자백의 동기와 과정에 합리적인 의심을 갖게 할 상황이 있었는지를 판단하여야 한다.

[2] 야간에 고속도로에서 차량을 운전하는 자는 주간에 정상적인 날씨 아래에서 고속도로를 운행하는 것과는 달리 노면상태 및 가시거리상태 등에 따라 고속도로상의 제한최고속도 이하의 속도로 감속·서행할 주의의무가 있다.

[3] 야간에 선행사고로 인하여 전방에 정차해 있던 승용차와 그 옆에 서 있던 피해자를 충돌한 사안에서 운전자에게 고속도로상의 제한최고속도 이하의 속도로 감속운전하지 아니한 과실이 있다고 본 사례.

【원심판결】

청주지법 1998. 7. 16. 선고 98노438 판결

【주문】

원심판결을 파기한다. 사건을 청주지방법원 본원 합의부에 환송한다.

【이유】

상고이유를 판단한다.

1. 원심판결 이유에 의하면, 원심은 "피고인이 1998. 2. 7. 22:45경 청주시 흥덕구 수의동 소재 경부고속도로 서울기점 120.3km 상행선상을 대전방면에서 서울방면으로 차량을 운전하면서 가던 중 카오디오를 조작하려다가 전방주시를 태만히 한 과실로 인하여 선행사고로 전방에 정차해 있던 프라이드 승용차와 그 옆에 서 있던 피해자 공소외 1을 뒤늦게 발견하고 공소외 1과 프라이드 승용차를 들이받아 그 충격으로 공소외 1과 프라이드 승용차에 타고 있던 공소외 2로 하여금 사망에 이르게 하였다."라는 요지의 이 사건 공소사실에 대하여 그 판시와 같은 사실들을 인정한 후, 다음과 같이 판단하여 피고인에 대하여 무죄를 선고하고 있다.

즉 원심은, 피고인이 공소사실 기재와 같이 사고 당시 카오디오를 조작하려고 전방주시를 태만히 하였다는 점에 부합하는 공소외 3의 경찰 및 검찰에서의 각 진술에 대하여, 공소외 3이 구체적 근거도 없이 막연히 피고인이 전방주시를 태만히 하였고 시속 120km의 속력으로 과속하였다고 진술하고 있는 점, 공소외 3은 이 사건 사고에 앞선 선행교통사고를 야기한 자로서 피고인의 무과실이 판명될 경우 민·형사상의 책임을 피할 수 없는 입장인 점, 자신이 프라이드 승용차를 충격한 뒤 피해자 공소외 2가 손짓을 하였다는 등 석연치 않은 진술을 하고 있는 점 등에 비추어 보면, 공소외 3의 진술은 단순한 추측이거나 자기 책임을 회피하기 위한 진술로 보여져 믿기 어렵고, 또한 이 점에 부합하는 검사 작성의 피고인에 대한 제2회 피의자신문조서 중의 피고인의

진술에 대하여, 피고인이 경찰초등수사 당시는 물론 검찰 제1회 조사시까지도 검찰 제2회 조사시와 같은 진술을 한 바 없고 제1심 법정에서도 검찰 제2회 조사시의 진술을 번복하고 있는 점, 이 사건 사고지점은 좌로 굽은 길을 돌아 막 직선도로가 펼쳐지는 지점으로서 전방 가시거리가 그리 길지 않은 것으로 보이고, 이 사건 사고 직전에 2차로상을 피고인과 같은 속력으로 주행하던 공소외 3도 정차해 있던 프라이드 차량과의 추돌을 피하지 못한 점, 피고인이 고속도로의 굽은 길을 지나갈 때 전방주시를 전혀 하지 않은 채 카오디오를 조작하려 했다는 피고인의 진술은 통상적인 운전상식으로는 납득이 되지 않는 점 등에 비추어 보면, 피고인의 검찰 제2회 조사시의 진술은 수사기관의 피고인의 과실점에 대한 집요한 추궁에 견디다 못하여 이루어진 것으로 보여지므로 믿을 수 없다는 이유로 공소사실에 부합하는 위 각 증거를 배척하고 그 밖에 유죄의 증거들을 그 판시와 같은 이유로 배척한 후, 피고인이 공소사실 기재와 같이 카오디오를 조작하느라고 피해자 등을 미리 발견하지 못함으로 인하여 이 사건 사고가 발생하였다고 인정할 수 없고 달리 이를 인정할 증거가 없다고 판단하고 있다. 나아가 원심은, 이 사건 사고지점은 좌로 굽은 길을 지나 막 직선도로로 이어지는 편도 3차선 고속도로의 1차로상이었고, 당시는 야간이었으며, 피해자들은 그 곳에 후행 차량을 위한 삼각표지판을 설치하지 않은 채 도로에 그대로 서 있거나 차량등이 완전히 꺼져 있던 승용차에 타고 있었으며, 차량의 전조등 불빛이 미치는 거리가 통상 시속 100km로 주행할 경우의 안전거리인 100m에는 미치지 못하는 점 등에 비추어 보면, 피고인으로서는 이 사건 사고지점의 지형조건(굽은 길)으로 인한 시야장애, 피해자 등의 삼각표지판 미설치 및 차량등 소등상태 등으로 인하여 아무리 전방주시를 철저히 하였다 하여도 즉시 감속하거나 급제동하여 충돌을 면할 수 있는 안전거리에서 피해자 등을 미리 발견할 수는 없었던 것으로 보아야 할 것이므로, 피고인에게 이 사건 사고발생의 원인이 될 만한 다른 과실이 있다고 할 수도 없다고 판단하고 있다.

2. 채증법칙 위배의 점에 대하여

가. 검사 작성의 제2회 피의자신문조서의 신빙성에 대하여

검찰에서의 피고인의 자백이 법정진술과 다르다는 사유만으로는 그 자백의 신빙성이 의심스럽다고 할 사유로 삼아야 한다고 볼 수는 없고, 자백의 신빙성 유무를 판단함에 있어서는 자백의 진술내용 자체가 객관적으로 합리성을 띠고 있는지, 자백의 동기나 이유는 무엇이며, 자백에 이르게 된 경위는 어떠한지 그리고 자백 이외의 정황증거 중 자백과 저촉되거나 모순되는 것이 없는지 하는 점을 고려하여 피고인의 자백에 형사소송법 제309조 소정의 사유 또는 자백의 동기와 과정에 합리적인 의심을 갖게 할 상황이 있었는지를 판단하여야 한다(대법원 1995. 2. 10. 선고 94도1587 판결, 1995. 10. 12. 선고 95도1957 판결, 1998. 3. 13. 선고

98도159 판결 등 참조).

이러한 법리에 비추어 볼 때, 원심이 피고인에게 사고 당시 이 사건 공소사실 기재와 같은 과실이 있었음을 자백한 검사 작성의 피고인에 대한 제2회 피의자신문조서 중 피고인의 진술이 그 후 법정에서의 진술과 다르다는 사유만으로는 그 자백의 신빙성을 의심할 수 없다. 그리고 기록에 의하면, 피고인은 제1심 법정에서 제2회 피의자신문조서의 성립 및 임의성을 인정하였을 뿐만 아니라(공판기록 제1면, 제34면), 제2회 피의자신문조서 작성 당시에 피고인이 그와 같이 자백을 하게 된 경위에 관하여 비교적 소상하게 진술을 하고 있으며(수사기록 제96면), 그 후 피고인이 제1심 법정에서 위 자백이 허위임을 주장하면서 그와 같은 허위자백을 하게 된 이유에 대하여 "같이 조사받던 성명불상의 사람이 끝까지 버티면 나쁘게 보니 다 시인하라고 하여 허위자백을 하게 된 것이다."라고 진술하고 있으나(공판기록 제34면), 검사의 제2회 피의자신문 당시 피고인은 카오디오 조작으로 인하여 뒤늦게 피해자들을 발견하게 되었다는 부분은 자백하면서도 경찰에서 자백하였던 내용인 피고인이 시속 120km로 과속운전하였다는 점에 대하여는 이를 부인하고 있는 점(수사기록 제96, 97면)에 비추어 보면, 피고인이 제1심 법정에서 진술하고 있는 피고인이 허위자백에 이르게 된 경위에 대한 진술내용은 수긍하기 어렵다.

한편 원심이 피고인의 위 자백의 신빙성을 배척하는 근거로 들고 있는 사유들도 수긍하기 어렵다. 즉 원심이 들고 있는 이 사건 사고지점이 좌로 굽은 길을 돌아 막 직선도로가 펼쳐지는 지점으로서 전방 가시거리가 그리 길지 않을 것으로 보인다는 점은, 검사 작성의 제1회 피의자신문조서에만 그러한 취지의 기재가 있을 뿐이고(수사기록 제88면), 그 밖의 실황조사서(수사기록 제4, 6, 7면), 검증조서(제13, 18면), 검사 작성의 제2회 피의자신문조서(수사기록 제95면) 등에는 모두 사고지점이 직선도로라고만 되어 있을 뿐이고, 이와 같이 좌로 굽은 길이 끝나고 직선도로가 시작되는 곳부터 사고지점까지의 거리가 얼마인지의 점에 대하여는 이를 판단할 만한 자료를 기록상 발견할 수 없다. 또한 기록에 의하면, 공소외 3 운전의 엑셀 승용차는 고속도로 2차로상을 앞서 가던 소형화물차량(또는 승용차)의 뒤를 따라 갔기 때문에 전방에 프라이드 차량이 정차해 있는 것을 발견하는데 시야장애가 있었으며 위 소형화물차량이 3차선으로 급차선변경을 함으로써 뒤늦게 프라이드 차량을 발견하게 됨으로써 프라이드 차량과의 추돌을 피할 수 없었다는 것임에 반하여(수사기록 제28면의 이면 및 제128면), 피고인 운전 차량은 그 진행하던 1차로상에 앞서 가던 차량이 없어 위와 같은 시야장애가 없었던 것으로 보이는 점(수사기록 제95면) 등에 비추어 보면, 원심이 들고 있는 공소외 3의 차량이 프라이드 차량과의 추돌을 피하지 못하였다는 점은 원심 판시와 같이 피고인의 위 자백의 신빙성을 배척할 근거는 되지 못한다고 보아야 할 것이다. 오히려 피고인은 공소외 3의 경우보다 사고지점에서 더 먼 거리(못 미친 거리)에서 프라이드 차량을 발견할 가능성이 있었던 것으로 보이고, 그럼에도 불구하고 피고인의 검찰에서의 진술과 같이 피고인이 사고지점 30m 전방에서야 비로소 프라이드 차량을 발견하게 된 것은 (수사기록 제42, 95면) 피고인이 카오디오를 조작하느라고 전방을 보지 않았기 때문이라는 피고인의 자백은 합리성이 있어 보인다. 다음 원심이 들고 있는 고속도로에서 굽은 길을 지나갈 때 전방을 주시하지 않고 카오디오를 조작하는 것이 통상인의 운전상식에 반한다는 점은 위 자백의 신빙성을 배척할 만한 자료가 되지 못한다고 할 것이다.

위에서 살펴 본 바와 같이 피고인의 자백이 합리성이 있어 보이고 자백을 하게 된 동기나 과정에 합리적인 의심을 갖게 할 만한 사정을 기록상 찾아보기 어려움에도 불구하고, 원심은 이 사건 공소사실의 유력한 증거가 되는 피고인의 위 자백을 그 판시와 같은 이유만으로 배척하고 말았으니 이러한 원심의 조치에는 상고이유에서 지적하는 바와 같이 채증법칙을 위배한 잘못이 있다고 할 것이다. 상고이유 중 이 점을 지적하는 부분은 이유 있다.

나. 공소외 3의 경찰 및 검찰에서의 진술의 신빙성에 대하여

위에서 살펴본 바와 같이 피고인의 자백이 신빙성이 인정되는 이상, 피고인이 전방 주시를 태만히 하였다는 취지의 공소외 3의 경찰 및 검찰에서의 진술 또한 신빙성이 있다고 보아야 할 것이고, 원심이 그 신빙성을 배척하는 근거로 들고 있는 그 판시와 같은 사유들은 수긍하기 어렵다. 그럼에도 불구하고 원심은 그 판시와 같은 이유만으로 이를 배척하고 말았으니 이러한 원심의 조치에는 상고이유에서 지적하는 바와 같은 채증법칙을 위배한 잘못이 있다고 할 것이다. 상고이유 중 이 점을 지적하는 부분도 이유 있다.

3. 법리오해의 점에 대하여

원심이 인정하고 있는 사실관계에 의하면, 이 사건 사고 당시 날씨는 당일 내렸던 눈이 녹으면서 노면이 약간 미끄러운 상태였고(이로 인하여 피고인이 급제동하였으나 스키드마크는 새겨지지 않은 것으로 보인다, 수사기록 제87면 참조), 피고인 차량의 전조등 불빛이 미치는 거리가 시속 100km로 주행할 경우의 안전거리인 100m에 이르지 못한다는 것인바, 그와 같은 사정이라면, 야간에 고속도로에서 차량을 운전하는 피고인으로서는 주간에 정상적인 날씨 아래에서 고속도로를 운행하는 것과는 달리 노면 상태 및 가시거리상태 등에 따라 고속도로상의 제한최고속도 이하의 속도로 감속·서행할 주의의무가 있다고 보아야 할 것이고(대법원 1975. 9. 23. 선고 74도231 판결, 1981. 12. 8. 선고 81도1808 판결 등 참조), 기록에 나타난 이 사건 사고의 경위 등에 비추어 보면, 피고인이 그와 같이 감속운전하였더라면, 이 사건 사고가 발생하지

아니하였거나 적어도 피해자들의 피해의 정도가 사망에까지 이르지는 아니하였을 것으로 보인다. 또한 앞서 본 바와 같이 좌로 굽은 커브길이 끝나고 직선도로가 시작되는 곳부터 사고지점까지의 거리가 얼마나 되는지의 점에 대한 원심의 심리가 없었던 이상, 그와 같은 지형조건으로 인하여 원심 판시와 같이 시야장애가 있었다고 보기도 어렵다.

그럼에도 불구하고 원심은 그 판시와 같은 이유만으로 피고인에게 이 사건 사고발생의 원인이 될 만한 다른 과실도 없다고 판단하고 말았으니, 이러한 원심의 조치에는 상고이유에서 지적하는 바와 같이 업무상과실치사에 있어 과실의 개념에 대한 법리를 오해한 위법이 있거나 심리미진의 위법이 있다고 할 것이다. 상고이유 중 이 점을 지적하는 부분도 이유 있다.

4. 그러므로 원심판결을 파기하고, 사건을 다시 심리·판단케 하기 위하여 원심법원에 환송하기로 관여 법관의 의견이 일치되어 주문과 같이 판결한다.

판례10 | 직진신호에 따라 교차로를 통과하는 운전자의 주의의무 및 그 경우 운전자의 과속행위와 교통사고 사이에 상당인과관계가 있는지 여부(한정 소극)

[대법원 1998. 9. 22. 선고 98도1854 판결]

【판결요지】

녹색등화에 따라 왕복 8차선의 간선도로를 직진하는 차량의 운전자는 특별한 사정이 없는 한 왕복 2차선의 접속도로에서 진행하여 오는 다른 차량들도 교통법규를 준수하여 함부로 금지된 좌회전을 시도하지는 아니할 것으로 믿고 운전하면 족하고, 접속도로에서 진행하여 오던 차량이 아예 허용되지 아니하는 좌회전을 감행하여 직진하는 자기 차량의 앞을 가로질러 진행하여 올 경우까지 예상하여 그에 따른 사고발생을 미리 방지하기 위하여 특별한 조치까지 강구할 주의의무는 없다 할 것이고, 또한 운전자가 제한속도를 지키며 진행하였더라면 피해자가 좌회전하여 진입하는 것을 발견한 후에 충돌을 피할 수 있었다는 등의 사정이 없는 한 운전자가 제한속도를 초과하여 과속으로 진행한 잘못이 있다 하더라도 그러한 잘못과 교통사고의 발생 사이에 상당인과관계가 있다고 볼 수는 없다.

【원심판결】

인천지법 1998. 5. 21. 선고 97노1372 판결

【주문】

상고를 기각한다.

【이유】

상고이유를 본다.

원심이 인정한 사실과 기록에 의하면, 이 사건 사고 장소는 선학사거리와 청학동을 잇는 폭 28m의 왕복 8차선 도로(이하 이 사건 8차선 도로라고 한다)와 연수주택 4단지 쪽에서 나오는 폭 10m의 왕복 2차선 도로(이하 이 사건 접속도로라고 한다)가 만나는 'ㅏ'자형 삼거리 교차로이고, 피고인은 이 사건 사고 당시 이 사건 택시를 운전하여 이 사건 8차선 도로의 2차로를 따라 선학사거리 방면에서 청학동 방면으로 진행하던 중 직진신호에 따라 이 사건 교차로를 통과하게 되었는데, 피해자 공소외 1 운전의 이 사건 승용차가 피고인 진행 방향 오른쪽의 이 사건 접속도로에서 갑자기 피고인 운전의 이 사건 택시 앞을 가로질러 좌회전하려고 하였으며, 피고인은 공소외 1 운전의 이 사건 승용차를 약 5m 전방에서 발견하고 이를 피하려 하였으나 피하지 못하고 공소외 1 운전의 이 사건 승용차를 충돌하는 이 사건 사고에 이르게 되었고, 이 사건 교차로는 공소외 1의 진행 방향에서 보면 신호등이 설치되어 있지 아니하고, 피고인 진행차선에는 황색 실선의 중앙선과 횡단보도가 설치되어 있어서 이 사건 접속도로로부터 이 사건 8차선 도로에 진입하기 위한 좌회전이 허용되지 아니하고, 이 사건 8차선 도로로부터 이 사건 접속도로에 진입하기 위한 좌회전도 허용되지 아니하는 교차로이다. 이 사건 교차로에 설치된 신호등은 이 사건 접속도로로부터 좌회전하여 이 사건 8차선 도로로 진입하는 차량을 위하여 이 사건 8차선 도로에 진행하는 차량들을 정지시키거나 반대로 이 사건 8차선 도로로부터 좌회전하여 이 사건 접속도로로 진입하는 차량을 위하여 이 사건 8차선 도로에서 피고인 진행 방향으로 진행하는 차량들을 정지시키기 위하여 설치된 것이 아니라, 보행자가 이 사건 8차선 도로에 설치된 횡단보도를 횡단하는 동안 이 사건 8차선 도로에서 진행하는 차량들을 정지시키기 위하여 설치된 것으로 보인다.

이와 같은 도로 여건 하에서 피고인과 같이 녹색등화에 따라 왕복 8차선의 간선도로를 직진하는 차량의 운전자는 특별한 사정이 없는 한 접속도로에서 진행하여 오는 다른 차량들도 교통법규를 준수하여 함부로 금지된 좌회전을 시도하지는 아니할 것으로 믿고 운전하면 족하고, 접속도로에서 진행하여 오던 차량이 아예 허용되지 아니하는 좌회전을 감행하여 직진하는 자기 차량의 앞을 가로질러 진행하여 올 경우까지 예상하여 그에 따른 사고발생을 미리 방지하기 위하여 특별한 조치까지 강구할 주의의무는 없다 할 것이고(대법원 1998. 6. 12. 선고 98다14252, 14269 판결, 1994. 6. 28. 선고 94도995 판결, 1993. 1. 15. 선고 92도2579 판결, 1990. 2. 9. 선고 89도1774 판결, 1985. 1. 22. 선고 84도1493 판결 등 참조), 또한 피고인이 제한속도를 지키며 진행하였더라면 피해자가 좌회전하여 진입하는 것을 발견한 후에 충돌을 피할 수 있었다는 등의 사정이 없는 한 피고인이 제한속도를 초과하여 과속으로 진행한 잘못이 있다 하더라도 그러한 잘못과 교통사고의 발생 사이에 상당인과관계가 있다고 볼 수는 없다 할 것이다.

이 사건에서 원심은 피고인이 시속 약 110km(제한속도 70km)의 속도로 진행하였으나 설령 피고인이 제한속도를 지키며 진행하였다 하더라도 충돌을 피할 수는 없었을 것이므로 그러한 잘못과 이 사건 교통사고의 발생 사이에 상당인과관계가 있다고 볼 수 없다고 판단하였는바, 우선 위 속도 추정의 근거가 된 도로교통안전협회 인천광역시지부 소속 공소외 2가 작성한 교통사고분석 소견서는 피고인의 차량과 공소외 1의 차량이 충돌 후 일체가 되어 운동한 것을 전제로 하고 있으며, 위 1차 충돌 후 피고인 차량과 공소외 3 운전의 차량 사이에 일어난 2차 충돌의 시점, 피고인의 차량과 공소외 1의 차량이 무게중심을 향하여 충돌한 것인지 여부 등에 따라 오차가 생길 수 있다는 것인데, 기록상 위와 같은 교통사고 분석의 전제조건들이 모두 충족되었다고 단정할 수 없다는 점에서 피고인의 진행속도를 위와 같이 단정하기는 어렵고, 그 밖에 관련 증거를 기록과 대조하여 검토하여 보면 이 사건 사고 당시 피고인의 진행 속도를 제외한 원심의 위와 같은 판단을 수긍할 수 있고, 여기에 피고인의 과속과 사고 발생 사이의 인과관계에 대한 판단을 그르친 위법이 있다고 할 수 없다. 논지는 이유가 없다.

그러므로 상고를 기각하기로 하여 관여 법관의 일치된 의견으로 주문과 같이 판결한다.

판례11 | 법정제한 속도보다 약 10km 정도 초과하여 운행했다는 사실만으로는 편도 4차선 도로의 우측 골목길에서 갑자기 튀어 나와 도로를 가로질러 자동차의 진행 방향인 1차선으로 돌진한 오토바이와 충돌한 데 대하여 책임이 없다고 본 사례[대법원 1998. 2. 10. 선고 97다35894 판결]

【판결요지】

[1] 도로를 운행하는 자동차의 운전자로서는 특별한 사정이 없는 한 다른 차량도 정상적으로 그 차선을 유지하면서 진행하리라고 신뢰하는 것이 보통이라고 할 것이므로 편도 4차선 도로의 1차선을 운행하는 자동차의 운전자에게 우측 골목길에서 오토바이가 나와 우회전하지 아니하고 갑자기 4차선 도로를 바로 가로질러 1차선으로 돌진하리라는 것까지 예상하여 운전할 주의의무는 없다.

[2] 자동차 운전자가 사고 장소를 법정제한 속도보다 약 10km 정도 초과하여 운행했다는 사실만으로는 편도 4차선 도로의 우측 골목길에서 갑자기 튀어 나와 도로를 가로질러 자동차의 진행 방향인 1차선으로 돌진한 오토바이와 충돌한 데 대하여 책임이 없다고 본 사례.

【원심판결】

대구고법 1997. 7. 4. 판결 97나1243 판결

【주문】

원심판결 중 피고 패소 부분을 파기하고, 이 부분 사건을 대구고등법원에 환송한다.

【이유】

상고이유(보충상고이유서는 이를 보충하는 범위 내에서)를 본다.

원심판결 이유에 의하면, 원심은, 소외 1은 1996. 6. 29. 18:40경 그 소유의 (차량등록번호 1 생략) 승용차를 운전하여 포항시 북구 용흥동 소재 현대아파트 101동 옆 편도 4차선의 7번 국도 상을 영덕 방향에서 경주 방향으로 1차선을 따라 진행하던 중 위 도로 우측 골목길에서 나와 진행 차선을 가로질러 1차선까지 진입해 들어온 소외 2 운전의 (차량등록번호 2 생략) 오토바이의 좌측 앞부분을 위 승용차의 앞부분으로 들이받아 넘어뜨리면서 위 승용차 앞 범퍼 밑부분으로 끌고가 그 충격으로 위 오토바이 뒷좌석에 탑승하고 있던 소외 3으로 하여금 두개골 골절상 등으로 사망케 한 사실을 인정한 다음, 위 사고 장소는 아파트가 밀집되어 있는 주거지역으로서 항상 사람 기타 장애물이 도로 상에 나타날 가능성이 있는 지역이므로 그러한 곳을 통과하는 자동차 운전자로서는 전방 좌우를 더욱더 철저하게 주시하며 진행함으로써 장애물이 나타날 경우에 대비하는 태세를 갖추고 자동차를 운전하여야 할 주의의무가 있다고 할 것이고, 더구나 그 곳은 직선 도로로서 전방 시야에 아무런 장애가 없었음에도 불구하고 위와 같은 주의의무를 게을리한 채 다소 과속으로 진행한 잘못으로 인하여 오토바이를 사고 직전에 발견하고 제동 조치를 제대로 취하지 못하여 위 사고를 일으킨 사실을 인정할 수 있다고 판단하여 위 소외 1에게 운전상 아무런 과실이 없다는 피고의 면책항변을 배척하고 있다.

그러나 도로를 운행하는 자동차의 운전자로서는 특별한 사정이 없는 한 다른 차량도 정상적으로 그 차선을 유지하면서 진행하리라고 신뢰하는 것이 보통이라고 할 것이므로 4차선 도로의 1차선을 운행하는 자동차의 운전자에게 우측 골목길에서 오토바이가 나와 우회전하지 아니하고 갑자기 4차선 도로를 바로 가로질러 1차선으로 돌진하리라는 것까지 예상하여 운전할 주의의무는 없다 할 것이다.

또한 원심이 배척하지 아니한 증거들에 의하면, 오토바이가 나온 골목길은 위 소외 1의 차량이 진행하는 도로 방향으로 오르막 경사를 이루고 있고 위 도로가에는 가드레일이 설치되어 있어 위 도로의 1차선을 진행하는 차량의 위치에서 볼 때 오토바이가 도로로 나오기 전까지는 오토바이가 보이지 아니하는 사실, 위 소외 2는 운전면허도 없이 위 오토바이 뒤에 2명을 태우고 갑자기 도로로 나와 비틀거리면서 중앙선으로 곧바로 돌진하여 위 소외 1 운전의 차량과 부딪쳤으며, 위 소외 1은 갑자기 위 오토바이가 달려들자 제동 조치도 취하지 못한 사실을 알 수 있는바, 사정이 그러하다면 도로를 운행하는 위 소외 1에게 도로 상에서 보이지도 아니하는 오토바이의 출현까지를 예상하여 속도를 줄이고 장애물의 출현에 대비하며 운행할 주의의무가 있다고 보기는 어렵다고 할 것일 뿐 아니라 그러한 상황하에서라면 위 소외 1로서는 갑자기 1차선으로 질주하여 들어오는 오토바이를 피할 시간적 여유도 없었다고 보여진다.

그렇다면 위 소외 1이 위 오토바이의 위와 같은 비정상적인 운행을 예견할 수 있다고 볼 만한 특별한 사정이 있었다고 할 아무런 자료가 없는 이 사건에 있어서 단순히 원심이 인정한 바와 같이 위 소외 1이 사고 장소를 법정제한 속도보다 약 10km 정도 초과하여 운행하였다고 하여 그것이 바로 이 사건 사고 발생의 원인이 되었다고 볼 수는 없다고 할 것이다(대법원 1997. 1. 24. 선고 96다39158 판결 참조).

결국 원심이 위에서 본 바와 같은 이유만으로 피고의 면책항변을 배척한 것은 자동차 운전자의 과실에 관한 법리를 오해하여 판결에 영향을 미친 위법을 저질렀다고 할 것이므로 이 점을 지적하는 논지는 이유 있다.

그러므로 원심판결 중 피고 패소 부분을 파기하고, 사건을 다시 심리·판단하게 하기 위하여 원심법원에 환송하기로 관여 법관들의 의견이 일치되어 주문과 같이 판결한다.

판례12 │ 고속도로 진행 중 돌발 사태를 피하여 갓길로 급우회전을 한 자동차가 갓길에 주차 중인 자동차와 충돌한 경우, 갓길주차와 충돌사고 사이에 상당인과관계가 있다고 본 사례[대법원 1997. 3. 11. 선고 96다33808 판결]

【판결요지】

고속도로를 진행 중이던 자동차가 앞에서 일어난 돌발 사태를 피하여 갓길 쪽으로 급우회전을 하다가 갓길에 주차중인 자동차와 충돌한 경우, 그 갓길에 주차된 자동차가 없었더라면 충돌사고가 발생하지 아니하였을 상황이라면, 특별한 사정이 없는 한 갓길에서의 불법주차와 충돌사고 사이에 상당인과관계가 있다고 본 사례.

【원심판결】

서울지법 1996. 7. 3. 선고 96나11609 판결

【주문】

원심판결을 파기하고 사건을 서울지방법원 본원 합의부에 환송한다.

【이유】

상고이유를 본다.

1. 원심이 인정한 사실관계

소외 1은 1995. 4. 21. 01:00경 운전면허 없이 이 사건 승용차를 운전하여 김천시

아포읍 국사리 소재 경부고속도로 서울기점으로부터 242.5km지점의 상행선 1차선 상을 부산 방면에서 서울 방면으로 시속 약 100km로 진행하다가, 위 고속도로의 1차선 상에 화물차 적재함의 비닐 덮개가 떨어져 있는 것을 발견하고 순간적으로 당황한 나머지 급제동하면서 핸들을 우측으로 과대조작하여 그 곳 갓길에 주차되어 있던 피고 경일화물자동차 주식회사 소유의 5t 화물트럭(이하 제1트럭이라고 한다)의 좌측 앞범퍼 부분을 이 사건 승용차의 우측 앞부분으로 충돌한 후, 다시 위 제1트럭의 앞쪽에 나란히 주차되어 있던 피고 삼우운수 주식회사 소유의 5t 화물트럭(이하 제2트럭이라고 한다)의 좌측 뒷 적재함 부분을 위 승용차의 우측 문짝 부분으로 충돌하여 그 충격으로 위 승용차의 운전석 뒷좌석에 타고 있던 소외 2로 하여금 뇌간손상 등으로 인하여 사망에 이르게 하였다. 위 제1트럭은 소외 3이 운전하고 있었는데, 위 소외 3은 사고 당시 위 트럭을 갓길에 주차시켜 놓고 그 안에서 잠을 자고 있었고, 위 제2트럭은 소외 4가 운전하고 있었는데, 위 소외 4는 사고 당시 졸음을 피하려고 위 트럭을 갓길에 주차시켜 놓고 휴식을 취하고 있었다. 이 사건 사고 지점은 중앙분리대가 설치되어 있는 편도 2차선의 고속도로로서, 1차선과 2차선의 노폭은 각 3.6m이고, 2차선의 오른쪽에는 폭 6m의 포장된 갓길이 있었고, 그 오른쪽에는 폭 4m의 노견이 있었으며, 노견 오른쪽은 논이었는데, 위 제1, 2트럭은 갓길의 오른쪽 끝에 밀착된 상태로 주차되어 있었고, 사고 당시 노면은 건조하였다.

2. 원심의 판단

원고들은 이 사건 사고가 위와 같이 위 제1, 2트럭을 불법주차시켜 놓은 것으로 말미암아 발생한 것이므로, 피고들은 위 각 트럭의 운행자 또는 위 소외 3 및 소외 4의 각 사용자로서 이 사건 사고로 인하여 위 소외 망인 및 원고들이 입은 모든 재산적·정신적 손해를 배상할 책임이 있다고 주장하였다.

이에 대하여 원심은 위 소외 3과 소외 4가 위 제1, 2트럭을 고속도로의 갓길에 주차시켜 놓은 것이 도로교통법 제59조 위반의 잘못이 있다 하더라도, 위 트럭들을 주차시켜 놓은 곳이 갓길의 가장자리로서 위 트럭들이 차지하고 있는 공간을 제외하더라도 위 갓길에는 차량의 통행이 가능하였고, 따라서 위 트럭들의 주차로 인하여 고속도로 상의 통상의 차량통행에 지장을 주었다고는 볼 수 없으며, 또 피고들의 트럭이 위와 같이 주차한 사실과 이 사건 사고 사이에 상당인과관계가 있다고도 보여지지 아니하는데, 그렇다면 이 사건 사고는 무면허로 위 승용차를 운전하다가 운전미숙으로 인하여 핸들을 오른쪽으로 과대조작한 나머지 차선을 이탈해 간 위 소외 1의 일방적 과실로 인하여 발생한 사고라고 할 것이므로, 피고들의 위 주차와 이 사건 사고 사이에 상당인과관계가 있음을 전제로 한 원고들의 위 주장은 이유 없다고 판시하였다.

3. 당원의 판단

그러나 제1, 2트럭의 갓길 주차와 이 사건 사고발생 사이에 아무런 상당인과관계가 존재하지 아니한다고 단정한 원심의 판단을 수긍할 수는 없다.

갓길(길어깨 또는 노견)이란 '도로의 주요 구조부를 보호하거나 차도의 효용을 유지하기 위하여 차도에 접속하여 설치되는 띠모양의 도로의 부분'으로서(도로의구조·시설기준에관한규정 제2조 제11호), 특히 고속도로에 있어서는 원칙적으로 차도와 접속하여 차도의 우측에 폭이 적어도 3m 이상인 갓길을 설치하여야 하는데(고속국도법 제4조, 도로의구조·시설기준에관한규정 제8조), 이러한 고속도로에서의 갓길의 폭이 언제나 동일하여야 하는 것은 아니고, 그 차도의 효용에 따라서 그 갓길의 폭에 차이가 있을 수 있고, 일단 어느 특정지역에 갓길이 설치된 이상 그 갓길이 폭이 다른 지역의 갓길보다 훨씬 넓다고 하더라도 그 갓길 전부가 갓길로서의 기능을 발휘하지 아니한다고 단정할 수는 없고, 이러한 경우에도 특별한 사유 없이 갓길의 가장자리에 자동차를 주차하는 것은 금지된다고 할 것이다(도로교통법 제59조 제2호).

고속도로에서의 갓길의 기능이 긴급자동차, 도로보수차량 등의 통행을 위한 것만은 아니므로, 설령 갓길 중 주차한 자동차가 차지한 부분을 제외한 나머지 부분으로 긴급차량이나 도로보수차량들이 통과할 수 있을 정도의 여유가 있다고 하더라도 그 주차가 허용되는 것은 아니고, 나아가 고속도로를 진행중이던 자동차가 돌발사태에 대피하기 위하여 갓길로 급우회전을 한 경우 그 갓길에 주차된 자동차가 없었더라면 충돌사고가 발생하지 아니하였을 상황이라면, 특별한 사정이 없는 한 갓길에서의 불법주차와 충돌사고 사이에 상당인과관계가 있다고 할 것이다.

이 사건의 경우와 같이 위 제1, 2트럭을 주차시켜 놓은 곳이 갓길의 가장자리로서 위 트럭들이 차지하고 있는 공간을 제외한 나머지 갓길 부분으로 차량의 통행이 가능하였다고 하더라도(원심은 그 갓길 중 차량의 통행이 가능한 부분의 폭이 구체적으로 어느 정도였는지에 관하여 심리한 바도 없어, 기록상 3m 이상의 공간이 확보되었는지도 불분명하다), 이러한 갓길의 주차는 원칙적으로 금지되는 것이고, 원심이 인정한 바와 같은 사실관계하에서는 위 트럭들을 주차한 운전자들로서는 고속도로를 진행하는 차량들이 긴급사태에 대피하기 위하여 급하게 갓길 쪽으로 피행할 수도 있고 이러한 경우 갓길에 주차된 위 트럭들과 충돌할 수 있다는 것을 충분히 예상할 수 있다고 보여지므로, 위 소외 1이 도로 상에 화물차 적재함의 비닐 덮개가 떨어져 있는 것을 발견하고 순간적으로 급제동하면서 핸들을 우측으로 과대조작하여 그 곳 갓길에 주차되어 있던 위 제1, 2트럭들과 충돌하였다면, 달리 특별한 사정이 없는 한, 위 트럭들의 불법주차와 이 사건 충돌사고 사이에는 상당인과관계가 있다고 보여진다.

이와 달리 판단한 원심은 상당인과관계에 관한 법리를 오해하였다고 할 것이므로 이 점을 지적하는 논지는 이유 있다.

4. 그러므로 나머지 상고이유에 대하여 판단할 필요 없이 원심판결을 파기환송하기로 하여 관여 법관들의 일치된 의견으로 주문과 같이 판결한다.

> **판례13 |** 피해자가 야간에 편도 4차선의 고속도로 상에서 추돌사고를 일으킨 후 후속조치 없이 정차중에 있다가 후행 추돌사고로 사망한 사안에서, 피해자의 과실비율을 40%로 본 원심판결을 과실상계 비율이 너무 적다는 이유로 파기한 사례[대법원 1997. 2. 28. 선고 96다54560 판결]

【판결요지】

[1] 불법행위로 인한 손해의 발생 또는 확대에 관하여 피해자에게도 과실이 있을 때에는 그와 같은 사유는 가해자의 손해배상의 범위를 정함에 있어 당연히 참작되어야 하고, 양자의 과실비율을 교량함에 있어서는 손해의 공평부담이라는 제도의 취지에 비추어 사고 발생에 관련된 제반 상황이 충분히 고려되어야 할 것이며, 과실상계사유에 관한 사실인정이나 그 비율을 정하는 것이 사실심의 전권사항이라고 하더라도 그것이 형평의 원칙에 비추어 현저히 불합리하여서는 안 된다.

[2] 야간에 편도 4차선의 고속도로 상에서 선행 추돌사고 후 2차선과 3차선에 걸쳐 아무런 후속조치 없이 정차한 승용차를 추돌하여 그 승용차에 머물러 있던 피해자가 사망한 사고에서 피해자와 가해자의 과실비율을 4:6으로 본 원심판결을 형평의 원칙에 비추어 현저히 불합리하다는 이유로 파기한 사례.

[3] 불법행위 당시 일정한 수입을 얻고 있던 피해자의 일실수입 손해액은 객관적이고 합리적인 자료에 의하여 피해자가 사고 당시에 실제로 얻고 있었던 수입금액을 확정하여 이를 기초로 산정하여야 할 것인바, 피해자가 세무당국에 신고한 소득이 있을 때에는 신고소득액을 사고 당시의 수입금액으로 보는 것이 원칙이다.

[4] 피해자의 일실수입 산정의 기초로 삼은 세무서 신고소득은 피해자의 사후에 신고된 1994. 1. 1.부터 1994. 6. 10.까지의 소득으로서 피해자가 1992년과 1993년도의 소득으로 각 세무서에 신고한 바 있었던 소득에 비하여 5배 내지 9배에 이르는 소득이므로, 피해자가 1994. 1. 1. 무렵을 전후하여 소득이 그와 같이 급격히 증가할 수 있을 정도로 그 경영의 한의원의 사업규모를 확장하였다거나 경영형태를 혁신하였다고 볼 아무런 자료가 없는 이상 1994년도의 신고소득액은 손해배상소송을 대비하기 위하여 실제보다 높게 신고한 금액으로 봄이 상당하다는 이유로, 그 신고소득을 사망한 피해자의 사고 당시의 수입금액으로 볼 수 없다고 한 사례.

[5] 소득세법상의 사업소득금액을 기준으로 삼아 개인기업을 경영하는 기업주의 노무 등

그 개인의 기여 정도에 따른 일실수입을 산정함에 있어서는 사업소득금액으로부터 그 사업에 투하된 자본이 기여한 자본수익금액을 공제하여야 한다.

[6] 일반적으로 의사는 65세가 될 때까지 일할 수 있다는 것이 경험칙이므로 달리 특별한 사정이 없는 한 한의사의 경우 이와 달리 70세가 될 때까지 일할 수 있다고 볼 수는 없다.

【원심판결】

광주고법 1996. 11. 1. 선고 96나456 판결

【주문】

원심판결 중 재산상 손해에 관한 피고들 패소 부분을 파기하고 이 부분 사건을 광주고등법원에 환송한다.

【이유】

상고이유를 본다.

1. 피고들 소송대리인들의 각 상고이유 제1점에 대하여

불법행위로 인한 손해의 발생 또는 확대에 관하여 피해자에게도 과실이 있을 때에는 그와 같은 사유는 가해자의 손해배상의 범위를 정함에 있어 당연히 참작되어야 하고 양자의 과실비율을 교량함에 있어서는 손해의 공평부담이라는 제도의 취지에 비추어 사고발생에 관련된 제반상황이 충분히 고려되어야 할 것이며, 과실상계사유에 관한 사실인정이나 그 비율을 정하는 것이 사실심의 전권사항이라고 하더라도 그것이 형평의 원칙에 비추어 현저히 불합리하여서는 안 된다 할 것이다(당원 1994. 4. 12. 선고 93다44401 판결 등 참조).

원심판결 이유에 의하면, 원심은 거시 증거에 의하여 인정되는 판시와 같은 사고발생의 경위에 터잡아 이 사건 피해자인 소외 망 김윤영은 전방주시가 어려운 야간에 승용차를 운전하여 고속도로 1차선 상을 과속으로 진행하다가 전방주시를 소홀히 하여 앞서 진행하던 냉동탑차를 들이받는 선행사고를 일으켰고, 더욱이 2차선과 3차선을 걸쳐서 정지한 이후에도 재빨리 사고차량에서 빠져 나오거나 비상등을 켜놓는 등 뒤따를 지도 모르는 사고발생 방지를 위하여 적절한 후속조치를 취하지 아니한 채 차안에 머물러 있었던 과실이 있다고 인정한 다음, 이러한 위 망인의 과실은 이 사건 사고의 발생 또는 그로 인한 손해확대의 한 원인이 되었다고 하면서 그 과실비율을 40%로 인정하여 과실상계를 하였다.

그러나 도로교통법 제61조는 자동차의 운전자는 고장이나 그 밖의 사유로 고속도로나 자동차전용도로에서 그 자동차를 운행할 수 없게 된 때에는 내무부령이 정하는 표지

를 하여야 하며, 그 자동차를 고속도로 또는 자동차전용도로 외의 곳으로 이동하는 등의 필요한 조치를 하여야 한다고 규정하고, 같은법시행규칙 제23조 제1, 2항은 법 제61조의 규정에 의한 고장 등 경우의 표지는 별표 13과 같다고 규정하는 한편, 밤에는 그 표지와 함께 사방 500m 지점에서 식별할 수 있는 적색의 섬광신호·전기제등 또는 불꽃신호를 추가로 설치하여야 한다고 규정하고 있는바, 원심이 인정한 사실관계에 의하더라도 위 망인은 1994. 6. 12. 02:30경 경기 1초2680호 프린스 승용차를 운전하여 편도 4차선의 경부고속도로의 1차선 상을 진행하다가 전방 주시를 소홀히 하여 앞서 진행하던 냉동탑차를 들이받는 사고를 일으켰고, 위 사고로 위 승용차가 우측으로 회전하면서 그 앞부분이 진행방향과 반대쪽을 향한 상태에서 고속도로 2차선과 3차선에 걸쳐 5시 방향으로 정차하게 된 후, 위 망인으로서는 사고차량 표지를 하거나 비상등을 켜는 등 뒤따를 사고발생을 방지하기 위한 적절한 조치를 취하지 못한 채 아무 조치 없이 그대로 차안에 머물러 있다가 사고를 당한 것인 반면 위 고속도로 2, 3차선을 진행하던 후행 차량들이 위 고속도로의 2, 3차선에 걸쳐 정차한 위 프린스 승용차와의 충돌을 피하는 과정에서, 갓길로 피하여 정차한 소외 안일철 운전의 경기 1모3645호 르망 승용차의 뒷부분을 소외 오송택 운전의 인천 2고2545호 승용차가 들이받아 위 르망 승용차는 앞으로 밀려 4차선과 갓길에 걸쳐서 정차하게 되고 위 오송택 운전의 승용차는 갓길에 정차하게 되었는데, 그 무렵 피고 동방육운 주식회사 소유의 인천 9바2605호 트렉터를 운전하여 위 고속도로 4차선을 진행하던 소외 구본창이 전방 4차선과 갓길에 정차하여 있던 위 승용차 2대를 발견하고 이를 피하여 3차선으로 진입하였다가 위와 같이 2차선과 3차선에 걸쳐 정차되어 있던 위 프린스 승용차를 뒤늦게 발견하여 제동장치도 작동하지 못한 채 위 트렉터로 위 프린스 승용차를 들이받아 이 사건 사고를 일으킨 것이므로, 위 구본창의 과실은 심야에 자동차를 운전하여 고속도로상을 진행하던 운전사로서 전방의 장애물을 피하고자 차선을 변경함에 있어 변경하여 진입하려고 하는 차선의 진행방향 앞쪽에 다른 장애물이 있는지를 미처 살펴보지 못한 것일 뿐이니, 위와 같은 사정하에서라면 위 망인의 과실은 위 구본창의 과실보다 훨씬 크다고 봄이 상당하다.

따라서 원심이 위 망인의 과실비율을 40%로 인정하여 과실상계한 것은 현저히 불합리하다고 하지 아니할 수 없다. 논지는 위 인정범위 내에서 이유 있다.

2. 피고들 소송대리인들의 각 상고이유 제2점에 대하여

원심판결 이유에 의하면 원심은 위 망인이 1988. 2. 26. 원광대학교 한의과대학을 졸업하고 같은 해 3. 15. 한의사면허를 취득한 다음 1989. 3. 1.부터 1991. 4. 30.까지 한의원에 취직하여 한의사로 근무하다가 1991. 8. 1. 성남시에서 원광한의원을 개업하여 사고 당시까지 이를 경영하고 있었던 사실을 인정한 다음, 거시 증거에 의하여

이 사건 사고가 발생한 해인 1994. 1. 1.부터 이 사건 사고일까지 위 망인의 총수입 금액은 금 88,351,500원이고 약재비, 인건비, 임차료 등 제반비용을 공제한 소득금액 은 금 33,198,810원이어서 월 평균 소득금액은 금 5,533,135원(=금 33,198,810원 ÷6, 원고들이 계산한 바에 따라 1994. 6.의 영업일수를 1개월로 보았다)이라고 보아, 이를 기초로 하여 위 망인의 일실수입을 산정하고 있다.

그런데 기록에 의하면 원심이 인정한 위 망인의 총수입금액 및 소득금액은 위 망인이 이 사건 사고로 1994. 6. 10. 사망한 이후인 1994. 9. 6. 위 망인의 아버지인 소외 김훈섭이 세무서에 위 망인의 소득세과세표준확정신고를 함에 있어 1994. 1. 1.부터 1994. 6. 10.까지의 총수입금액 및 이에 표준소득률을 곱하여 계산한 소득금액으로 신고한 금액임을 알 수 있고, 한편 위 망인은 1992년도의 소득금액으로는 금 8,014,940원, 1993년도의 그것으로는 금 13,205,000원을 각 세무서에 신고하였음을 알 수 있다.

불법행위 당시 일정한 수입을 얻고 있던 피해자의 일실수입손해액은 객관적이고 합리 적인 자료에 의하여 피해자가 사고 당시에 실제로 얻고 있었던 수입금액을 확정하여 이를 기초로 산정하여야 할 것인바, 이 경우 피해자가 세무당국에 신고한 소득이 있을 때에는 신고소득액을 사고 당시의 수입금액으로 보는 것이 원칙이라 할 것이나(당원 1994. 9. 30. 선고 93다37885 판결 등 참조), 이 사건에 있어 원심이 위 망인의 일 실수입 산정의 기초로 삼은 세무서 신고소득은 위 망인의 사후에 신고된 1994. 1. 1. 부터 1994. 6. 10.까지의 소득으로서 위 망인이 1992년과 1993년도의 소득으로 각 세무서에 신고한 바 있었던 소득에 비하여 5배 내지 9배에 이르는 소득이므로, 위 망 인이 1994. 1. 1. 무렵을 전후하여 소득이 위와 같이 급격히 증가할 수 있을 정도로 그 경영의 한의원의 사업규모를 확장하였다거나 경영형태를 혁신하였다고 볼 아무런 자료가 없는 이상 위 1994년도의 신고소득액은 이 사건 손해배상소송을 대비하기 위 하여 실제보다 높게 신고한 금액으로 봄이 상당하다 할 것이니 위 신고소득을 위 망 인의 사고 당시의 수입금액으로 볼 수 없다 할 것이다. 그 밖에 위 망인의 수입에 관 한 증거로는 갑 제9, 10호증의 각 1, 2의 각 기재와 원심 증인 김영문의 증언이 있으 나, 위 증거들은 위 1994년도의 위 망인의 소득세 과세표준 확정신고시 총수입금액산 정의 자료로 삼은 금전출납부의 기재 및 이를 작성하였다는 경리직원의 증언에 불과 하여 위와 같은 취지에서 역시 믿을 수 없다 할 것이다. 그럼에도 불구하고 원심이 만 연히 위 1994년도 세무서 신고소득을 위 망인의 사고 당시의 수입금액으로 보아 이 를 기초로 하여 위 망인의 일실수입을 산정하였으니 원심에는 채증법칙을 위배하였거 나 일실수입 산정에 관한 법리를 오해한 위법이 있다 할 것이다.

아울러 이 사건과 같이 소득세법상의 사업소득금액을 기준으로 삼아 개인기업을 경영 하는 기업주의 노무 등 그 개인의 기여 정도에 따른 일실수입을 산정함에 있어서는 사업소득금액으로부터 그 사업에 투하된 자본이 기여한 자본수익금액을 공제하여야 하는 것인데도(당원 1993. 10. 12. 선고 91다38679 판결, 1989. 10. 27. 선고 89다카5222 판결 등 참조), 원심은 위 망인의 사업소득금액에서 그 사업에 투하된 자본이 기여한 자본수익금액을 공제하지 아니하고 위 망인의 일실수입을 산정한 위법도 저질렀음을 지적하여 둔다. 논지는 이유 있다.

3. 피고들 소송대리인들의 각 상고이유 제3점에 대하여

원심판결 이유에 의하면 원심은 거시 각 사실조회 결과와 한의사의 업무특성상 경험이 중시되고 심한 육체적 노동을 요하지 아니하는 점 등을 고려하여 위 망인과 같은 한의사는 70세가 될 때까지 일할 수 있다고 인정하였는바, 일반적으로 의사는 65세가 될 때까지 일할 수 있다는 것이 경험칙이라 할 것인바(당원 1993. 9. 14. 선고 93다3158 판결 참조) 달리 특별한 사정이 없는 한 원심이 고려한 사정들만으로는 한의사의 경우 이와 달리 70세가 될 때까지 일할 수 있다고 볼 수는 없다 할 것이다.

따라서 원심에는 경험칙에 반하여 한의사의 가동연한을 인정한 위법이 있다 할 것이다. 논지도 이유 있다.

4. 그러므로 원심판결 중 재산상 손해에 관한 피고들 패소 부분을 파기하고 이 부분 사건을 원심법원에 환송하기로 하여 관여 법관의 일치된 의견으로 주문과 같이 판결한다.

판례14 | 횡단보도가 설치된 편도 1차선 도로를 법정 제한속도를 초과하여 운행하였다는 사실만으로는 반대방향에서 중앙선을 침범해 온 오토바이와 충돌한 데 대하여 운전자에게 과실이 없다고 본 사례[대법원 1997. 1. 24. 선고 96다39158 판결]

【판결요지】

[1] 중앙선이 설치된 도로를 자기 차선을 따라 운행하는 자동차 운전자로서는 마주 오는 차량도 자기 차선을 지켜 운행하리라고 신뢰하는 것이 보통이므로, 상대방 차량의 비정상적인 운행을 예견할 수 있는 특별한 사정이 없다면 상대방 차량이 중앙선을 침범해 들어올 경우까지 예상하여 운전하여야 할 주의의무는 없다.

[2] 혈중알코올농도 미상의 주취상태로 전방에 횡단보도가 설치된 편도 1차선 도로를 법정 제한속도를 시속 약 14km 정도 초과하여 운행하였다는 사실만으로는 반대방향에서 불법주차된 트럭을 피하려다 넘어지면서 중앙선을 침범해 온 오토바이와 충돌한 데 대하여 운전자에게 과실이 없다고 본 사례.

【원심판결】

전주지법 1996. 7. 18. 선고 94나4601 판결

【주문】

원심판결 중 피고 패소 부분을 파기하고 이 부분 사건을 전주지방법원 본원 합의부에 환송한다.

【이유】

상고이유에 대하여

원심판결 이유에 의하면 원심은, 피고는 1992. 11. 7. 22:40경 그 소유의 승용차를 운전하여 전북 김제군 만경면 몽산리 옥산부락 앞 도로를 진봉쪽에서 만경쪽으로 진행하게 되었는데, 때마침 반대방향에서 소외 1이 소외 2를 태우고 등록되지 않은 125cc 오토바이를 운전하다가 진행방향 도로 우측과 노견에 걸쳐 불법주차된 원심 공동피고였던 소외 3 소유의 (차량등록번호 생략) 2.5톤 트럭을 뒤늦게 발견하고 이를 피하려고 급제동 조치를 취하며 핸들을 좌측으로 꺾었으나 위 오토바이가 중심을 잡지 못하고 넘어지면서 중앙선을 넘어들어가자, 피고는 위 오토바이를 뒤늦게 발견하고 급제동조치를 취하였으나 미치지 못하여 위 승용차의 앞밤바 부분으로 위 오토바이를 충격하여 위 소외 1로 하여금 뇌출혈 등으로 병원으로 후송 도중 사망에 이르게 한 사실, 이 사건 사고 장소는 진봉쪽에서 만경쪽으로 연결되는 노폭 6m의 편도 1차선의 지방도로로서 황색실선의 중앙선이 설치되어 있고 제한시속이 60km인 사실, 피고가 진행하여 온 도로는 피고의 진행방향에서 보았을 때 우로 굽은 도로로 그 전방에는 횡단보도가 설치되어 있었고 위 승용차와 위 오토바이가 충돌한 지점은 횡단보도로부터 약 12m 떨어진 지점인 사실, 피고는 야간에 혈중알코올농도 미상의 주취상태로 위 승용차를 시속 약 74km의 속도로 운전하다가 이 사건 사고가 발생하게 된 사실 등을 인정한 다음, 이에 터잡아 피고는 야간에 전방에 횡단보도가 설치된 편도 1차선 도로를 진행하였으므로 속도를 줄이고 전방을 잘 살필 주의의무가 있음에도 이를 게을리한 과실이 있고 또 혈중알코올농도 미상의 주취상태에서 제한속도를 초과하여 운행한 과실이 인정되며, 이러한 피고의 과실은 이 사건 사고의 한 원인이 되었다고 판단하여 피고의 면책항변을 배척하였다.

그러나 중앙선이 설치된 도로를 자기 차선을 따라 운행하는 자동차 운전자로서는 마주오는 차량도 자기 차선을 지켜 운행하리라고 신뢰하는 것이 보통이므로, 상대방 차량의 비정상적인 운행을 예견할 수 있는 특별한 사정이 없다면 상대방 차량이 중앙선을 침범해 들어올 경우까지 예상하여 운전하여야 할 주의의무는 없다는 것이 당원의 일관된 견해이다(당원 1991. 8. 9. 선고 91다9169 판결, 1994. 9. 9. 선고 94다18003 판결, 1995. 10. 12. 선고 95다28700 판결 등 참조).

원심이 배척하지 아니한 증거들에 의하면, 피고는 피고의 진행방향에서 보았을 때 우로

굽은 도로의 형태와 전방에 불법주차된 위 트럭에 가려서 이 사건 사고지점에 이르기까지 위 오토바이를 발견하지 못한 것으로 보이는바, 피고로서는 위 오토바이가 위 트럭을 피하기 위하여 핸들을 좌측으로 꺾으면서 급제동조치를 취하다가 넘어지면서 갑자기 중앙선을 침범하여 들어오리라고 예상하기는 어렵다고 할 것일 뿐만 아니라, 피고 운전의 위 승용차가 이 사건 사고지점인 위 트럭의 옆을 통과할 무렵 갑자기 위 오토바이가 위 트럭의 옆으로 돌출하여 중앙선을 넘어 들어온 이상 피고로서는 제동장치의 작동 등 그 대응조치를 취할 만한 시간적인 여유도 없었다고 인정된다.

그렇다면 피고가 위 오토바이의 위와 같은 비정상적인 운행을 예견할 수 있는 특별한 사정이 있었다고 볼 아무런 자료가 없는 이 사건에 있어서 단순히 원심이 인정한 바와 같이 피고가 혈중알코올농도 미상의 주취상태로 부근에 횡단보도가 설치된 지점에서 그 법정 제한속도를 14km 가량 초과하여 운행하였더라도 그것이 곧바로 이 사건 사고 발생의 한 원인이 되었다고 볼 수는 없다고 할 것이다{더군다나 원심판결 이유를 기록에 비추어 살펴보면, 원심이 피고가 혈중알코올농도 미상의 주취상태에서 위 승용차를 시속 약 74km로 운행하였다고 인정한 것은 주로 소외 3 작성의 진술서(갑 제9호증의 9)의 기재와 원심 증인 소외 4의 증언 및 소외 4 작성의 교통사고분석보고서(갑 제12호증)의 기재에 터잡은 것으로 보여지는 바, 소외 3은 위 진술서 작성 이후의 수사기관에서의 진술에서 위 진술서의 취지는 피고와 같이 있었던 장소에서 자신이 술을 마셨다는 취지이지 피고가 술을 마셨다는 취지가 아니라고 진술하고 있고, 소외 4는 원고 1의 의뢰에 따라 이 사건 사고를 분석한 자로서 이 사건 사고 후 3년 18일이나 지난 후 현장에 가서 사고조사를 하고 의뢰인이 제공한 자료를 참고로 하여 위 교통사고분석보고서를 작성한 것으로 보이므로, 위 각 증거들은 선뜻 믿기 어려운 증거라고 하지 않을 수 없다}.

결국 원심이 앞에서 본 바와 같은 이유만으로 피고의 면책항변을 배척한 것은 자동차 운전자의 과실에 관한 법리를 오해하여 판결에 영향을 미친 위법을 저질렀다고 아니할 수 없고, 이 점을 지적하는 논지는 이유가 있다.

이에 원심판결 중 피고 패소 부분을 파기하고, 사건을 다시 심리·판단하게 하기 위하여 원심법원에 환송하기로 관여 법관의 의견이 일치되어 주문과 같이 판결한다.

판례15 | 속도가 제한되어 있고 후행 차량에게 쉽게 정차 사실을 알릴 수 있는 도로에서 정차하는 경우, 도로교통법 제61조 소정의 안전조치 의무의 존부 **(소극)**[대법원 1996. 2. 9. 선고 95다39359 판결]

【판결요지】

도로교통법 제61조는 고속도로 또는 자동차전용도로의 경우 빠른 속도로 자동차들이

지나가므로 멀리서부터 그 긴급 사항을 미리 알려 속력을 줄일 수 있는 시간적 여유를 줌으로써 또 다른 추돌사고를 사전에 방지하기 위한 조치들이므로, 그 규정에서 요구하고 있는 운전자의 의무조치는 고속도로 또는 자동차전용도로에서의 정차나 차량의 통행이 많아 정차 사실을 후행 차량에게 사전에 쉽게 알릴 수 없는 경우에 필요한 것이고, 그렇지 않고 속도가 제한되어 있고 후행 차량에게 쉽게 정차 사실을 알릴 수 있는 곳이라면 굳이 운전자에게 이러한 안전의무 조치를 요구할 수는 없다.

【원심판결】

수원지법 1995. 7. 12. 선고 94나6335 판결

【주문】

원심판결을 파기하고 사건을 수원지방법원 본원 합의부에 환송한다.

【이유】

상고이유를 판단한다.

1. 원심판결의 요지

원심판결 이유에 의하면 원심은, 그 내세운 증거에 의하여 망 소외 1은 1993. 5. 30. 01:10경 (차량등록번호 1 생략) 11톤 카고트럭을 운전하여 평택시 세교동 소재 ○○기업 앞의 편도 2차선 도로의 2차선 상을 송탄방면에서 평택방면으로 운행하다가, 앞에 정차해 있던 피고의 피용자 소외 2가 운전하던 피고 소유의 (차량등록번호 2 생략) 탱크로리 차량을 발견하지 못하고 추돌하는 바람에 그 충격으로 뇌좌상 등의 상해를 입고 같은 날 02:05경 뇌연수마비 등으로 사망한 사실, 위 사고는, 그 이전에 위 편도 2차선 도로 상에서 콩코드 승용차가 화물트럭을 추돌하여 위 콩코드 승용차의 앞부분 반 정도가 위 화물트럭의 뒷부분 아래로 끼어 들어가는 사고가 있었는데, 그 곳을 지나가던 위 소외 2가 위 탱크로리 차량을 2차선상에서 정차한 채 하차하여 사고 상황을 살펴본 후 위 탱크로리 차량으로 위 콩코드 승용차를 끌어내기 위하여 위 탱크로리 차량에 다시 올라타는 순간, 위 탱크로리 차량의 후방에서 진행해 오던 위 망인이 그대로 진행을 계속하다가 위 탱크로리 차량을 추돌하는 바람에 일어난 사실, 위 소외 2는 위와 같이 선행 교통사고의 상황을 살펴보기 위하여 위 탱크로리 차량을 위 도로의 2차선 한가운데에 정차시키고 하차하면서, 위 차량의 미등과 차폭등, 비상점멸표시등을 켜 두었을 뿐 다른 사람을 후방에 배치하여 후행 차량의 통행을 통제하거나 안내하는 등의 조치는 취하지 아니한 사실을 각 인정한 뒤, 위 인정 사실에 의하면 이 사건 사고는 위 소외 2가 위 탱크로리 차량을 야간에 편도 2차선의 도로상에 정차시킴에 있어서는 후행 차량이 있을 것을 예상하여 노견에 바짝 붙여 정차하는 등 후행 차량의 통행에 방해되지 아니하도록 하고, 부득이 2차선의 한가운데에 정차하여 차선

을 가로막게 되는 경우에는 단순히 차량의 미등과 차폭등, 비상점멸표시등을 켜두는 데에 그칠 것이 아니라 후방에 비상표시등을 설치하거나 사람을 배치하여 수신호로 통행 안내를 하는 등의 방법으로 사고 발생을 미리 방지하기 위하여 필요한 조치를 취하였어야 하는데도 이를 게을리한 채 위 차량의 미등, 차폭등, 비상점멸등만을 켜둔 채 2차선의 한가운데에 정차시킨 과실로 인하여 발생하였다고 할 것이므로 피고는 그 사용자로서 위 사고로 인하여 원고들이 입은 손해를 배상하여 줄 의무가 있다고 판단한 다음, 피고의 면책항변을 배척하였다.

2. 상고이유에 대한 판단

도로교통법 제61조는 자동차의 운전자는 고장이나 그 밖의 사유로 고속도로나 자동차 전용도로에서 그 자동차를 운행할 수 없게 된 때에는 내무부령이 정하는 표시 등을 하여야 하고, 그 자동차를 고속도로 또는 자동차전용도로 외의 곳으로 이동하는 등의 필요한 조치를 취하도록 하고 있는데, 이는 고속도로 또는 자동차전용도로의 경우 빠른 속도로 자동차들이 지나가므로 멀리서부터 그 긴급 사항을 미리 알려 속력을 줄일 수 있는 시간적 여유를 줌으로써 또 다른 추돌사고를 사전에 방지하기 위한 조치들이므로, 위 규정에서 요구하고 있는 운전자의 의무조치는 고속도로 또는 자동차전용도로에서의 정차나 차량의 통행이 많아 정차 사실을 후행 차량에게 사전에 쉽게 알릴 수 없는 경우에 필요한 것이고, 그렇지 않고 속도가 제한되어 있고 후행 차량에게 쉽게 정차 사실을 알릴 수 있는 곳이라면 굳이 운전자에게 이러한 안전의무 조치를 요구할 수는 없다 할 것이다(같은법시행령 제13조 제1항에 의하면 자동차가 밤에 도로에서 정차 또는 주차할 때에는 자동차안전기준에 정하는 미등 및 차폭등을 켜도록 조치하고 있을 뿐이다.).

기록에 의하면, 이 사건 사고장소는 주정차금지구역이나 자동차전용도로가 아닌 제한 속도 70km/h인 편도 2차선의 쭉 뻗은 직선도로로서 시야 장애가 없는 곳이고, 사고 당시는 날씨가 맑았으며 사고시간이 01:10경이어서 차량의 통행이 많지 않았던 사실(갑 제8호증의6, 7)을 알 수가 있고, 이 사건 사고는 원심이 인정한 바와 같이 위 도로의 2차선을 따라 진행하던 위 탱크로리 자동차의 운전자인 위 소외 2가 앞서 진행하던 차량들이 추돌사고를 내고 정차하고 있는 것을 발견하고 후행하는 차량이 식별할 수 있도록 차폭등과 미등, 비상점멸등 등을 켜고 위 사고 차량들의 후방에 정차한 채 하차하여 사고 상황을 살핀 후 위 탱크로리 차량으로 위 사고차량을 끌어내기 위하여 위 탱크로리 차량에 탑승하는 순간, 위 탱크로리 차량의 후방에서 진행하여 오던 위 망인이 그대로 진행을 계속하다가 위 탱크로리 차량을 추돌함으로 일어난 것인바, 그렇다면 위와 같은 상황에서 위 소외 2는 후행하는 차량이 식별할 수 있도록 차폭등과 미등, 비상점멸등 등을 켜고 위 차량들의 후방에 정차함으로써 사고 발생 방지를 위한 조치를 다하였다 할 것이어서 위 소외 2에게 위 탱크로리 운전상의 어떠한 과실이 있다고 할 수 없고(또한 원심이 확정한 사실에 의하면 위 소외 2는 원심이 위 소외 2에게 요구하고 있는 의무인 위 탱크로리 후미에 삼각대 표시를 세워 놓거나 차 뒤에 사람을 배치하여 수신호를 하게 하는 것을 시행할 시간적 여유조차 없는 사이에 이 사건 사고가 발생한 것으로 보여진다.), 오히려 위 사고는 위 망인이 야간에 전방의 동태를 잘 살피지 아니한 채 운행하다가 일어난 사고로서 오로지 위 망인의 과실에 기인한 것이라고 보아야 함이 상당하다 할 것이다.

그러함에도 불구하고 원심이 피고의 면책항변을 배척한 것은 정차 중인 차량의 안전조치의무에 관한 법리를 오해함으로써 판결 결과에 중대한 영향을 미친 위법이 있다고 보지 않을 수 없다.

3. 그러므로 원심을 파기하고 사건을 다시 심리판단하게 하기 위하여 원심법원에 환송하기로 관여 법관들의 의견이 일치되어 주문과 같이 판결한다.

판례16 │ 무단횡단하던 보행자가 중앙선 부근에 서 있다가 마주 오던 차에 충격당하여 자신이 운전하던 택시 앞으로 쓰러지는 것을 피하지 못하고 역과시킨 경우, 업무상 과실이 없다고 판단한 원심판결을 파기한 사례*[대법원 1995. 12. 26. 선고 95도715 판결]*

【판결요지】

운전자가 택시를 운전하고 제한속도가 시속 40km인 왕복 6차선 도로의 1차선을 따라 시속 약 50km로 진행하던 중, 무단횡단하던 보행자가 중앙선 부근에 서 있다가 마주 오던 차에 충격당하여 택시 앞으로 쓰러지는 것을 피하지 못하고 역과시킨 경우, 원심이 운전자가 통상적으로 요구되는 주의의무를 다하였는지 여부를 심리하지 아니한 채 업무상 과실이 없다고 판단한 것은 법리오해, 심리미진의 위법을 저질렀다는 이유로 원심판결을 파기한 사례.

【원심판결】

대전고법 1995. 2. 24. 선고 94노737 판결

【주문】

원심판결을 파기하고 사건을 대전고등법원에 환송한다.

【이유】

검사의 상고이유를 판단한다.

1. 원심판결 이유에 의하면, 원심은 피고인이 1994. 6. 3. 20:10경 영업용택시를 운전하

고 제한속도가 시속 40km인 대전 동구 삼성동 소재 편도 3차선 도로의 1차선을 따라 시속 약 50km로 진행하던 중, 무단횡단을 하기 위하여 중앙선 부근에 서 있던 피해자가 반대방향에서 오던 차에 충격되어 피고인 진행차선의 1차선 상으로 날아 떨어지는 것을 전방 15m지점에서 발견하고 급박한 나머지 미처 제동조치를 취하지 못한 채 핸들을 우측으로 꺾었으나 피하지 못하여 피고인의 차로 피해자를 역과하여 사망하게 한 이 사건 사고가 발생한 사실을 인정한 다음, 자동차운전자에게 요구되는 업무상주의의무의 정도는 일반 자동차운전자 중 평균인을 기준으로 판단하여야 하고 직업운전자라고 하여 달리 볼 것은 아니라는 전제하에, 위와 같은 사고 경위에 비추어 볼 때 자동차운전자인 피고인에게 무단횡단하다가 중앙선 부근에 서 있던 피해자가 반대차선에서 달려오는 차량에 충격되어 중앙선을 넘어 피고인의 진행차선 앞으로 튕겨져 날아오리라는 것까지를 예상하면서 이에 대비하여 운전하여야 할 업무상주의의무가 있다고 할 수 없고, 또한 피해자가 날아 떨어지는 것을 아주 짧은 거리인 불과 15m전방에서 발견한 점 등에 비추어 피고인이 제한속도인 시속 40km로 진행하였다 하더라도 피해자와의 충돌을 피할 수 있었던 것으로 보기 어려우므로 피고인이 취한 조치는 자동차운전자로서의 주의의무를 다 한 것이라고 할 것이며, 나아가 피고인이 제한속도를 위반하여 다소 과속으로 운전한 잘못이 있거나 검사의 주장대로 중앙선 부근에 있던 피해자가 무단횡단할지도 모를 가능성 등에 대비하여 운전하지 않은 잘못이 있다 하더라도 이 사건 사고는 피해자가 중앙선 상에 서 있다가 반대차선의 차량에 충격되어 피고인 진행차선 전방으로 날아 들어온 데 그 직접적인 원인이 있는 것이어서 그러한 피고인의 과실과 이 사건 교통사고와의 사이에는 상당인과관계가 있다고도 할 수 없으므로 결국 이 사건 사고는 피고인의 업무상과실로 인하여 발생하였다고 할 수 없고, 달리 이 사건 사고가 피고인의 업무상과실로 인하여 발생하였다고 인정할 만한 증거가 없다는 이유로, 검사의 항소를 배척하고, 무죄를 선고한 제1심판결을 그대로 유지하였다.

2. 그러나, 기록에 의하면, 이 사건 공소사실은 피고인이 '이 사건 사고지점 부근을 진행하던 중 당시 진행방향 전방 중앙선 상에 피해자가 도로를 횡단하기 위해 서 있고 그곳은 시속 40km의 속도제한구역이므로 이러한 경우 피고인으로서는 피해자의 동정을 잘 살피면서 제한속도 이내로 운행하여 사고를 미연에 방지하여야 함에도 이를 게을리한 채 만연히 아무런 일이 없으리라고 생각하고 제한속도를 10km 초과하는 시속 50km로 진행한 과실로 이 사건 사고를 저지른 것이라고 함으로써, 피고인이 도로를 무단횡단하던 피해자가 중앙선 부근에 서 있는 것을 사전에 발견하였음을 전제로 이에 터잡아 피고인의 과실을 문제삼고 있음이 명백하므로, 원심으로서는 피고인이 피해자를 사고지점으로부터 얼마 정도나 앞선 지점에서 처음 발견하였는지를 먼저 심리·확

정한 다음 자동차운전자가 도로의 중앙선 부근에 서 있는 무단횡단자를 발견한 경우에 어떠한 주의의무가 요구되는지를 판단하여, 피고인이 피해자를 미리 발견하지 못하였을 뿐더러 이를 발견할 가능성도 없었던 것으로 인정되거나, 또는 미리 발견하여 운전자에게 요구되는 주의의무를 다하였음에도 불구하고 사고결과를 회피할 수 없었다고 인정될 경우에 한하여 비로소 피고인에게 이 사건 사고결과에 대한 죄책이 없다고 하였어야만 할 것이다.

그런데, 기록에 나타난 이 사건 사고지점의 도로형태, 사고 시각, 사고 당시의 교통량 등에 비추어 볼 때 1차선상으로 진행하던 피고인이 도로의 중앙선 부근에 서 있던 피해자를 미리 발견할 수 없었을 것으로 볼 만한 특별한 사정은 보이지 아니하고, 더욱이 기록에 의하면 이 사건 사고지점은 왕복 6차선의 간선도로였음을 알 수 있으므로 그 중앙선 부근은 양쪽으로 많은 차량들이 교행하는 매우 위험한 지역이었던 것으로 짐작이 되는데다가, 피해자는 횡단 도중에 여의치 못하여 잠시 중앙선 부근에 머무르고 있는 자이었던 만큼 틈만 나면 그곳을 벗어나기 위하여 피고인의 진로 앞으로 횡단하려고 시도하리라는 것은 충분히 예상할 수 있다 할 것이므로, 이러한 경우에 평균적인 운전자라면 피해자가 스스로이든 아니면 위험지역에 있는 관계상 다른 차량에 의한 외력으로 인한 것이든 간에 자신의 진로 상에 들어올 수도 있다는 것을 감안하여 피해자의 행동을 주시하면서 그러한 돌발적인 경우에 대비하여 긴급하게 조치를 취할 수 있도록 제한속도 아래로 감속하여(제한속도의 상한까지만 감속하는 것만으로는 충분하지 아니할 것이다) 서행하거나 중앙선쪽으로부터 충분한 거리를 유지하면서 진행하여야 하는 것은 당연하다 할 것이니, 피고인이 이러한 주의의무를 다하면서 진행하였더라면 비록 피해자가 다른 차에 충격당하여 피고인의 진로 상으로 들어왔다 하더라도 피고인이 그것을 발견한 것이 15m 전방이었던 점을 고려할 때 이 사건 결과의 발생은 충분히 피할 수도 있었을 것으로 보여진다.

3. 따라서, 원심이 피고인이 피해자를 처음 발견한 지점을 확정하여 피고인이 통상적으로 요구되는 주의의무를 다하였는지의 여부를 좀더 심리하여 보지 아니한 채, 단지 피고인에게 피해자가 반대방향에서 달려오는 차량에 충격되어 피고인의 운행차선 앞으로 튕겨져 날아 오리라는 것까지를 예상하면서 이에 대비하여야 할 업무상주의의무가 없다는 이유로 피고인을 무죄로 판단한 것은 업무상과실의 법리를 오해하고 심리를 미진하여 판결에 영향을 미친 위법을 저지른 것이라 아니할 수 없으므로 이 점을 지적하는 상고논지는 이유 있다.

4. 그러므로 원심판결을 파기하고 사건을 다시 심리·판단하게 하기 위하여 원심법원에 환송하기로 하여 관여 법관의 일치된 의견으로 주문과 같이 판결한다.

【판결요지】

중앙선이 설치된 도로를 자기 차선을 따라 운행하는 자동차 운전자로서는 마주 오는 자동차도 자기 차선을 지켜 운행하리라고 신뢰하는 것이 보통이므로, 상대방 자동차의 비정상적인 운행을 예견할 수 있는 특별한 사정이 없다면 상대방 자동차가 중앙선을 침범해 들어올 경우까지 예상하여 운전하여야 할 주의의무는 없으며, 또한 운전자가 제한속도를 초과하여 운전하였다는 사정만을 들어 그에게 과실이 있다고 탓할 수는 없고, 다만 그와 같이 과속운행을 하지 아니하였더라면 상대방 자동차의 중앙선 침범을 발견하는 즉시 정차 또는 감속으로 충돌을 피할 수 있었다는 사정이 있었던 경우에 한하여 과속 운행을 과실로 볼 수 있다.

【원심판결】

대전고등법원 1995.5.30. 선고 94나 2105 판결

【주문】

원심판결을 파기하여 사건을 대전고등법원에 환송한다.

【이유】

상고이유를 본다.

원심은, 소외 1은 자기 소유인 프레스토 승용차를 운전하고 대전과 천안 사이의 편도 1차선의 국도를 천안에서 대전 방면으로 진행하다가 약 7.7도의 경사를 이루는 오르막 도로(포장된 노폭 약 6.9m, 갓길을 포함한 노폭 약 9.2m)를 주행하게 되었을 때, 전방에서 같은 방향으로 시속 50Km의 속도로 진행하던 길이 약 16.5m의 트레일러 차량을 앞지르기 위하여 황색 중앙선을 침범하여 반대편 차선으로 진행하게 된 사실, 한편 피고는 르망승용차를 운전하고 위 도로 고개 정상 너머의 약간 오르막 경사진 도로를 대전에서 천안 방면으로(위 소외 1쪽을 향하여) 제한속도 시속 60Km를 약 17Km 초과한 77Km의 속도로 주행하다가 고개정상에서 내리막길로 막 들어서는 순간, 위 소외 1이 위와 같이 트레일러를 앞지르기 위하여 중앙선을 침범하여 피고의 진행 차선을 따라 오르막길을 올라오고 있는 것을 충돌지점 약 50m 전방에서 발견하고 급제동조치를 취하였으나 급제동으로 인하여 차량이 중앙선쪽으로 쏠려 31.1m 가량 미끄러지면서, 중앙선을 침범하였다가 미처 자기 차선으로 완전히 복귀하지 못한 위 프레스토 차량을 중앙선 부근에 차체

가 반쯤 걸린 상태에서 충격하고, 그로 인하여 프레스토 차량이 뒤에서 올라오던 트레일러 차량에게 다시 들이받혀 그 충격으로 프레스토 차량의 조수석에 타고 있던 소외 2가 사망한 사실 등을 인정한 다음, 위 사고의 주된 원인은 위 소외 1 운전의 프레스토 승용차가 중앙선을 침범한 데 있다고 할 것이지만, 위 르망승용차의 운전자인 피고가 도로 바깥쪽으로 피하지 못하고 오히려 급제동시 반대차선쪽으로 차가 밀려 위 프레스토 승용차와 충돌하게 된 것은 피고의 과속이 그 원인이 되었다고 할 것이어서 피고에게도 이 사건 사고의 발생에 대하여 과실이 있다는 이유로, 피고의 면책주장을 배척하였다.

그러나. 중앙선이 설치된 도로를 자기 차선을 따라 운행하는 자동차 운전자로서는 마주 오는 자동차도 자기 차선을 지켜 운행하리라고 신뢰하는 것이 보통이므로, 상대방 자동차의 비정상적인 운행을 예견할 수 있는 특별한 사정이 없다면, 상대방 자동차가 중앙선을 침범해 들어올 경우까지 예상하여 운전하여야 할 주의의무는 없으며, 또한 위 운전자가 제한속도를 초과하여 운전하였다는 사정만을 들어 그에게 과실이 있다고 탓할 수는 없고, 다만 그와 같이 과속운행을 하지 아니하였더라면 상대방 자동차의 중앙선 침범을 발견하는 즉시 정차 또는 감속으로 충돌을 피할 수 있었다는 사정이 있었던 경우에 한하여 과속 운행을 과실로 볼 수 있다 할 것이다(당원 1992.4.10.선고 91다44469 판결, 1994.9.9.선고 94다18003 판결 등 참조).

그런데 원심이 인정한 사실관계에 의하면, 피고가 고개 정상을 막 넘어서는 순간 위 소외 1 운전의 프레스토 승용차가 트레일러 차량을 추월하기 위하여 중앙선을 침범하여 오르막길을 올라오는 것을 발견하였는데 그 발견지점과 사고지점의 거리는 약 50m라는 것이고, 그후 충돌당시까지도 위 프레스토 승용차가 자기 차선으로 완전히 복귀하지 못하여 중앙선에 차체가 반쯤 걸려있는 상태에서 피고인의 차량과 충돌하게 되었다는 것인바, 위 도로가 포장되지 않은 갓길을 포함하여 노폭이 불과 9.2m 밖에 되지 않는 좁은 도로인데도 당시 반대편 차선은 대형 트레일러가 차지하고 있고 피고인의 진행 차선은 프레스토 차량이 길이가 16.2m나 되는 트레일러를 앞지르기 위하여 질주하여 오고 있는 상황이었다면, 피고가 충돌을 피하기 위하여 취할 수 있는 조치는 급제동 외에 달리 다른 방도가 없었다고 할 것이고, 한편 위와 같은 상황에서 르망 승용차의 운전자인 피고가 고개 정상을 넘어 아래쪽에서 올라오는 위 프레스토 승용차를 발견하고 충돌 위험을 느껴 그에 필요한 대응조치를 취하는데는 어느 정도의 시간이 필요할 것이고, 위와 같은 내리막 도로에서는 피고가 제한시속 60Km로 주행하였다고 가정하더라도 급제동 후 차량이 정지하기까지는 상당한 거리가 필요할 것이며, 위와 같은 내리막 도로에서는 피고가 시속 60Km의 제한속도로 주행하였다고 하여 급제동시에 차량이 중앙선쪽으로 쏠리지 않았을 것이라고 단정할 수 없으므로, 피고가 제한속도로 주행하였다고 하더라도 위 프레스토 차량을 발견한 시점에서는 위 충돌사고를 피하기는 거의 어려웠다고 보여진다.

그렇다면, 피고의 과속이 사고발생의 한 원인이 되었다는 이유로 피고의 면책 항변을 배척한 원심판결에는 자동차 운전자의 과실에 관한 판단을 그르친 위법이 있고, 그와 같은 위법은 판결에 영향을 미쳤다고 할 것이므로, 이 점을 지적하는 논지는 이유가 있다.

그러므로 원심판결을 파기하고 사건을 원심법원에 환송하기로 하여 관여 법관의 일치된 의견으로 주문과 같이 판결한다.

판례18 | 자기 차선으로 복귀하여 진행하지 아니하고 제한속도를 초과하여 중앙선을 넘어 진행하다가 사고 직전에야 비로소 자기 차선으로 급히 복귀하려 하였으나 미치지 못한 경우*[대법원 1994. 12. 9. 선고 94도1888 판결]*

【판결요지】

교통사고에 있어서의 공소사실과 법원이 인정한 범죄사실이 사고의 일시, 장소, 사고지점 부근의 상황, 사고의 결과, 적용법조는 물론 사고발생에 있어서의 피고인의 과실 즉 피고인이 왕복 1차선 다리를 지나 자기 차선으로 복귀하여 진행하지 아니하고 제한속도를 초과하여 중앙선을 넘어 진행하다가 사고 직전에야 비로소 자기 차선으로 급히 복귀하려 하였으나 미치지 못한 점 등에 있어서 동일하고, 다만 공소사실은 거기에 덧붙여 사전에 피고인이 피해자 운전의 승용차가 중앙선을 침범하였다가 자기 차선으로 진입하기는 하였으나 중심을 잡지 못한 채 비정상적으로 운행하는 것을 발견하였으므로 더욱더 승용차의 동태를 잘 살펴야 한다는 점을 부연한 것에 불과하다면, 법원이 피해자 운전의 승용차가 비정상적으로 운행하였음을 인정할 증거가 없다고 하여 단순히 피고인이 제한속도를 준수하고 다리를 지난 후 바로 자기 차선으로 진입하여 사고를 방지할 주의의무를 위반하여 사고를 일으킨 것으로 범죄사실을 인정하였다 하더라도, 공소사실과 법원이 인정한 범죄사실은 서로 기본적인 사실에 있어서 동일하고 피고인의 방어권행사에 실질적인 불이익을 초래할 염려가 없다고 본 사례.

【원심판결】

수원지방법원 1994.6.16. 선고 94노28 판결

【주문】

상고를 기각한다.

상고 후의 구금일수 중 170일을 본형에 산입한다.

【이유】

1. 피고인의 상고이유와 변호인의 상고이유 제4, 5점을 판단한다.

원심판결 이유에 의하면 원심은, 그 내세운 증거에 의하여 피고인은 1992. 10. 11.

11:20경 판시 덤프트럭을 운전하여 경기 양평군 강하면 전수리 소재 308번 지방도로 상을 강하면 방면에서 양평읍 방면으로 시속 약 70km로 운행한 사실, 이 사건 사고 지점에서 약 200m 전방의 도로에는 서행 및 위험표지판이 설치되어 있고 곧이어 약 6도 내지 7도의 내리막으로서 완만하게 좌로 굽어 있으며 사고지점으로부터 약 90m 전방에 횡단보도가 설치되어 있고, 횡단보도를 지나면 폭이 약 5m되는 왕복 1차선의 다리(전수교)가 있어 노폭 약 6.6m의 편도 1차선에 이어지고 그로부터 사고지점까지 약 60m는 직선도로이나 곧이어 급한 좌회전 커브길이 이어지며, 위 다리를 지나기 전의 제한 속도는 시속 30km인 사실, 사고 당시 피고인은 전방 약 100m 지점에서 대향차선으로 진행하여 오는 피해자 공소외인 운전의 판시 프레스토 승용차를 발견하 였으므로 이러한 경우 운전업무에 종사하는 자로서는 제한속도인 시속 30km를 준수 하고 위 다리를 지날 때는 서행하여 위 다리를 지난 후 곧바로 자기차선으로 진입하 여 사고를 방지하여야 할 업무상의 주의의무가 있음에도 불구하고 만연히 위 승용차 를 피해갈 수 있을 것으로 경신하고 아무런 조치도 취하지 아니한 채 시속 약 70km 로 중앙선을 침범하여 도로 한가운데로 운행한 과실로 위 프레스토 승용차가 마주오 는 것을 발견하고 급히 오른쪽으로 피양하여 자기차선으로 진입하였으나 미치지 못하 고 위 덤프트럭과의 충돌을 피하기 위하여 급히 중앙선을 넘어 좌측으로 피양하던 위 승용차의 우측 앞범퍼 부분을 위 덤프트럭의 좌측 앞 모서리 부분으로 충격하여 판시 피해자들을 사망에 이르게 한 사실을 인정하여 피고인에 대한 이 사건 공소사실을 유 죄로 판단하였는바, 이를 기록과 대조하여 살펴보면 위와 같은 원심의 사실 인정과 판 단은 정당한 것으로 수긍이 가고, 거기에 소론과 같은 심리미진 또는 채증법칙 위배로 인한 사실오인의 위법이 있다고 할 수 없다.

2. 변호인의 상고이유 제1점을 판단한다.

피고인의 방어권행사에 실질적인 불이익을 초래할 염려가 없는 경우에는 공소사실과 기본적 사실이 동일한 범위 내에서 법원이 공소장 변경절차를 거치지 아니하고 다르 게 인정하였다 할지라도 불고불리의 원칙에 위반되지 않는다 할 것인바(당원 1984.12.26. 선고 84도2523 판결; 1988.6.14. 선고 88도592 판결; 1990.5.25. 선 고 89도1694 판결 등 참조), 이 사건 교통사고에 있어서의 공소사실과 원심이 인정한 범죄사실과는 사고의 일시, 장소, 사고지점 부근의 상황, 사고의 결과, 적용법조는 물 론 이 사건 사고발생에 있어서의 피고인의 과실 즉 피고인이 이 사건 다리를 지나 자 기 차선으로 복귀하여 진행하지 아니하고 시속 약 70km로 중앙선을 넘어 진행하다가 사고 직전에야 비로소 자기 차선으로 급히 복귀하려 하였으나 미치지 못한 점 등에 있어서도 동일하고, 다만 사고 직전의 양쪽 차량의 진행상황과 그에 따른 피고인의 주 의의무에 대하여 공소사실은 피고인이 전방 약 100m 지점에서 피해자 운전의 이 사건 승용차가 중앙선을 침범하였다가 자기 차선으로 진입하기는 하였으나 중심을 잡지 못한 채 비정상적으로 운행하는 것을 발견하였으므로 피고인으로서는 속도를 줄여 위 다리를 지난 후 곧바로 자기차선으로 진입한 다음 위 승용차를 예의주시하여 위 승용 차가 다시 중앙선을 침범하려 할 경우 경음기 등으로 경고를 하거나 도로변에 일시 정지하여 위 승용차를 피양하는 조치를 취하는 등으로 사고를 미연에 방지하여야 할 주의의무가 있다고 기재되어 있고, 원심은 사고지점에 이르기 전에 이 사건 승용차가 진행하던 도로의 상황 자체가 좌로 굽었다가 우로 굽은 도로로서 멀리서 보면 마치 중앙선을 넘어 지그재그로 운행하는 것처럼 보일 뿐만 아니라 피고인도 경찰에서 이 사 건 승용차가 지그재그로 진행하기는 하였으나 중앙선을 넘어서 진행하거나 갓길까지 치 우치며 진행한 것이 아니라고 진술하고 있는 점에 비추어 볼때 공소사실 중 마주오는 이 사건 승용차가 위와 같이 중앙선을 침범하는 등 비정상적으로 운행하였음을 인정할 만한 증거가 없다고 하여 이와 같은 상황에서 피고인으로서는 다리를 지날 때 제한속도 인 시속 30km를 준수하고 다리를 지난 후에는 바로 자기 차선으로 진입하여 사고를 방지하여야 할 업무상의 주의의무가 있다고 설시하고 있는바, 결국 이 사건 공소사실이 나 원심이 인정한 범죄사실은 모두 피고인이 이 사건 다리를 통과함에 있어 30km의 제한속도를 지키고 다리를 지난 후에는 즉시 자기차선으로 복귀하여 진행하여야 할 주 의의무가 있다는 것이고, 다만 공소사실은 거기에 덧붙여 사전에 피고인이 이 사건 승 용차가 그와 같이 비정상적으로 운행하여 오는 것을 발견하였으므로 더욱 더 이 사건 승용차의 동태를 잘살펴야 한다는 점을 부연한 것에 불과하므로 공소사실과 원심이 인 정한 범죄사실은 서로 기본적인 사실에 있어서 동일하고 원심이 그 판시 범죄사실을 인 정하였다고 하여 피고인의 방어권행사에 실질적인 불이익을 초래할 염려가 있다고도 보 여지지 아니하므로 원심판결에 불고불리의 원칙에 위배되거나 공소장 변경없이 심판할 범위에 관한 법리를 오해한 위법이 있다고 할 수 없으니 논지는 이유 없다.

3. 변호인의 상고이유 제2점을 판단한다.

원심이 이 사건 교통사고의 발생에 있어 피해자에게도 그 판시와 같은 적지 않은 과 실이 있다고 인정하여 그와 같은 사정을 피고인에 대한 양형을 정함에 있어 참작하였 다고 하더라도 이는 원심이 이 사건 사고가 피고인의 전적인 과실로 인하여 발생한 것이 아니라 그와 같은 피해자의 과실도 경합하여 발생하였다는 취지로 판단한 것이 므로 이를 가지고 원심판결의 이유에 소론과 같은 모순이 있다고 할 수 없다.

4. 변호인의 상고이유 제3점을 판단한다.

원심이 이 사건 범죄사실을 설시함에 있어 피해자가 도로 중앙선쪽으로 진행하여 오 는 피고인 운전의 덤프트럭과의 충돌을 피하기 위하여 중앙선을 넘어 좌측으로 피양 하려다가 이 사건 사고가 발생한 것이라고 설시한 이상 원심판결에 피해자가 어느 정도의 속력으로 어떻게 자기 차선을 진행하여 왔는지, 또는 피고인이 중앙선 쪽으로 진행하여 오다가 사고발생 지점으로부터 얼마나 떨어진 지점에서 급히 자기차선으로 들어가려고 했는지 등에 관하여 구체적인 설시가 없다 하여도 그와 같은 사유만으로는 원심판결에 소론과 같은 이유불비의 위법이 있다고 할 수 없다.

그러므로 상고를 기각하고 상고 후의 구금일수 중 일부를 본형에 산입하기로 관여 법관들의 의견이 일치되어 주문과 같이 판결한다.

판례19 | 대향차선상의 상대방 자동차가 중앙선을 침범 진행해 오는 것을 이미 목격한 경우에 요구되는 자동차운전자의 주의의무 *[대법원 1994. 9. 9. 선고 94다18003 판결]*

【판결요지】

가. 일반적으로 중앙선이 설치된 도로를 자기 차선을 따라 운행하는 자동차운전자로서는 마주오는 자동차도 제 차선을 지켜 운행하리라고 신뢰하는 것이 보통이므로, 상대방 자동차가 도로의 중앙선을 침범하여 들어 올 것까지 예상하여 특별한 조치를 강구하여야 할 주의의무는 없는 것이나, 다만 마주 오는 차가 이미 비정상적으로 중앙선을 침범하여 진행하여 오는 것을 미리 목격한 경우라면, 그 차가 그대로 비정상적으로 운행을 계속함으로써 진로를 방해할 것에 대비하여 경음기나 전조등을 이용하여 경고신호를 보내거나 감속하면서 도로 우측단으로 피행하는 등으로 그 차와 자기 차와의 접촉 충돌에 의한 위험의 발생을 방지하기 위한 적절한 방어운전조치를 취하여 이에 충분히 대처할 수 있는 상황이었음에도 불구하고 그러한 제반 조치를 게을리한 경우에 한하여 그에게 상대방 자동차와 자기 차의 충돌에 의한 사고의 발생에 대하여 과실이 있다고 인정할 수 있다.

나. 중앙선이 설치된 도로에서 제 차선을 지켜 진행하던 버스가 대향차선에서 중앙선을 침범하여 진입해 온 승용차와 자기 차선 내에서 충돌하여 사고가발생한 경우에, 버스의 운전자가 제한속도를 초과하여 버스를 운전하였다는사실만을 들어 곧바로 그에게 과실이 있다고 탓할 수는 없고, 다만 그와 같이과속운행을 아니하였더라면 상대방 승용차의 중앙선 침범을 발견하는 즉시로 정차 또는 감속으로 충돌을 피할 수 있었다는 사정이 있었던 경우라야만 과속운행을 과실로 볼 수 있다.

【원심판결】

서울고등법원 1994. 2. 17. 선고 93나24911 판결

【주문】

원심판결 중 피고 패소부분을 파기 한다.

이 부분 사건을 서울고등법원에 환송한다.

【이유】

상고이유를 판단한다.

1. 원심판결이 인용한 제1심판결 이유에 의하면, 원심은 원심공동피고 합자회사 경인렌트카 소유의 (차량등록번호 1 생략) 승용차를 임차한 소외 1이 위 차를 운전하여 1992.9.10. 04:30경 영동고속도로 신갈기점 24.56km상을 신갈방면에서 강릉방면으로 진행하던 중에 전방주시를 게을리한 채 도로 중앙선을 차체의 1/3가량 침범하여 운전하다가 때마침 소외 2가 운전하는 피고 소유의 (차량등록번호 2 생략) 버스가 대향차선에서 시속 약 95km의 과속으로 마주 진행하여 오는 것을 뒤늦게 발견하고 자기차선으로 복귀하려고 하였으나 이미 때가 늦어 위 승용차의 앞 좌측부분으로 위 버스의 앞 범퍼 좌측부분을 충돌하여 그 충격으로 위 승용차의 뒷좌석에 타고 있던 소외 3을 사망에 이르게 한 사실을 인정한 다음, 피고의 면책항변에 대하여, 위 사고지점은 편도 1차선이기는 하나 위 버스가 진행하는 도로의 우측단으로는 자동차 1대가 통행가능한 정도의 포장된 갓길이 있고, 위 소외 2는 위 승용차가 중앙선을 침범하여 운행하여 오는 것을 미리 발견하고도 전조등을 깜박여 경고하였을 뿐 우측으로 피행하는 등의 조치를 취하지 않고 그대로 운전하다가 이 사건 교통사고를 일으킨 것이라는 사실을 인정하고, 이에 터잡아 위 사고의 발생에는 위 소외 2의 운전상의 과실도 경합되어 있다고 판단하여 피고의 위 주장을 배척하였다.

2. 일반적으로 중앙선이 설치된 도로를 자기차선을 따라 운행하는 자동차 운전자로서는 마주오는 자동차도 제차선을 지켜 운행하리라고 신뢰하는 것이 보통이므로, 상대방 자동차가 도로의 중앙선을 침범하여 들어 올 것까지 예상하여 특별한 조치를 강구하여야 할 주의의무는 없는 것이나, 다만 마주오는 차가 이미 비정상적으로 중앙선을 침범하여 진행하여 오는 것을 미리 목격한 경우라면, 그 차가 그대로 비정상적으로 운행을 계속함으로써 진로를 방해할 것에 대비하여 경음기나 전조등을 이용하여 경고신호를 보내거나 감속하면서 도로 우측단으로 피행하는 등으로 그 차와 자기의 차와의 접촉충돌에 의한 위험의 발생을 방지하기 위한 적절한 방어운전조치를 취하여 이에 충분히 대처할 수 있는 상황이었음에도 불구하고 그러한 제반조치를 게을리한 경우에 한하여 그에게 상대방 자동차와 자기 차의 충돌에 의한 사고의 발생에 대하여 과실이 있다고 인정할 수 있을 것이다.

그러므로, 원심이 인정한 바와 같이 위 버스의 운전자인 위 소외 2가 비록 마주 오던 위 승용차가 도로 중앙선을 침범하여 진행하여 오는 것을 미리 목격한 경우라고 하더라도, 위 버스의 운전자로서 과연 충분히 위와 같은 방어운전조치를 취할 수 있는 상황이었는지의 여부를 가리기 위하여 우선적으로 위 소외 2가 어느정도의 전방거리에서 위 승용차의 중앙선 침범운행을 발견하였는지의 점을 정확히 밝혀 보아야 할 것이다. 그런데 이 사건 기록에 의하면 위 버스 운전자인 위 소외 2는 이 사건 교통사고와 관련한 형사 사건의 수사를 받으면서 자기는 위 승용차가 대향차선에서 도로 중앙선을 침범하여 진입하는 것을 전방 20 내지 30m 지점에서 발견하였다고 진술하고 있음을 알 수 있으며(기록 128면 참조), 더욱이 그 지점은 2차선 고속도로로서, 위 버스의 진행방향에서 볼 때 좌회전 방향으로 커브진 곳이고 그 진행차선 우측단에 폭 2m 정도의 갓길이 붙어 있으며, 위 승용차는 위 커브도로의 굴곡정점 부근에서 막 중앙선을 침범하기 시작하였음이 분명하다. 위 소외 2가 위 승용차의 중앙선 침범을 발견하였을 때 두 차량의 실제 거리와 그 도로상의 위치가 위와 같은 사정인 이상, 위 소외 2로서는 원심이 인정하는 바와 같이 전조등의 조작방법 등을 통하여 경고신호를 보내는 조치 외에 특별히 다른 방어운전방법으로서 위 버스를 그 진행차선 우측단의 갓길 쪽으로 방향을 급전환시켜 안전하게 피행하는 등의 사고방지조치를 기대할 수는 없는 상황이었고, 또 그러한 조치를 취하였다 하더라도 이 사건 사고를 제대로 면할 수도 없었던 것으로 보인다.

원심은 위 버스 운전자인 위 소외 2가 과속운행한 과실로 인하여 위와 같은 갓길로의 피행 등 방어운전조치를 제대로 취하지 못함으로써 이 사건 충돌사고를 일으키게 된 것이라고 보았을 수도 있으나, 이 사건에 있어서와 같이 중앙선이 설치된 도로에서 제 차선을 지켜 진행하던 위 버스가 대향차선에서 중앙선을 침범하여 진입해 온 위 승용차와 자기 차선내에서 충돌하여 사고가 발생한 경우에, 위 버스의 운전자가 제한속도를 초과하여 버스를 운전하였다는 사실만을 들어 곧바로 그에게 과실이 있다고 탓할 수는 없고, 다만 그와 같이 과속운행을 아니하였더라면 상대방 승용차의 중앙선 침범을 발견하는 즉시로 정차 또는 감속으로 충돌을 피할 수 있었다는 사정이 있었던 경우라야만 과속운행을 과실로 볼 수 있을 것이다. 그런데 원심이 인정한 바와 같이 이 사건 사고지점은 2차선인 고속도로상으로서 감속이 요구되는 특별한 사정이 없는 한 그 최고제한속도는 시속 80km인 곳이라 할 것이므로(도로교통법 제15조, 동법 시행규칙 제12조 제1항 제3호 나목 참조), 만일 위에서 본 바와 같이 위 버스 운전자인 위 소외 2가 대향차선위로 마주오던 위 승용차가 중앙선을 침범운행하는 것을 불과 전방 20 내지 30m 지점에서 발견한 경우라면, 설사 그 당시 위 소외 2가 위 제한속도를 지켜 정상적으로 진행하였다고 하더라도, 실제로 위 승용차와의 충돌의 위험을 운전자의 지각 신경이 느끼는데 소요되는 시간, 안전교행을 위하여 이에 대한 대응조치를 취하는데 소요되는 시간, 도로굴곡 상태가 좌회전 방향이어서 위 버스 운전수가 상대방 차량의 중앙선 침범을 발견한 지점이 그 자신도 좌회전을 시도하는 지점인 점과 도로폭의 여유 등을 감안할 때 거의 충돌을 피하기 어려웠을 것으로 짐작된다.

따라서 원심으로서는 피고소유 버스를 운전한 소외 2가 상대방 승용차의 중앙선 침범을 어느 위치에서 발견하였는지의 점을 분명하게 심리 확정한 다음, 그가 이 사건 사고당시 승용차와 충돌을 피하기 위하여 충분히 대처할 수 있는 상황이었는지, 그가 제한속도를 지켜 버스를 운전하였더라면 위 사고의 발생을 충분히 방지할 수 있었는지 여부를 가렸어야 함에도 불구하고, 위와 같은 인정 사실만 가지고 피고의 면책항변을 쉽사리 배척하였음은 자동차 운전자의 과실에 관한 판단을 그르친 위법을 저질렀다고 하겠다. 상고이유중 이 점을 지적하는 부분은 이유 있다.

3. 그러므로 나머지 상고이유에 대하여는 판단할 필요없이 원판결 중 피고 패소부분을 파기하고 이 부분 사건을 다시 심리.판단하게 하기 위하여 원심법원에 환송하기로 하여, 관여 법관의 일치된 의견으로 주문과 같이 판결한다.

판례20 | 신호등이 있는 교차로를 녹색등화에 따라 직진하는 운전자에게 대향차선의 차량이 신호를 위반하여 자기 앞을 가로질러 좌회전할 경우까지 예상하여 특별한 조치를 강구하여야 할 업무상 주의의무가 있는지 여부*[대법원 1993. 1. 15. 선고 92도2579 판결]*

【판결요지】

신호등에 의하여 교통정리가 행하여지고 있는 卜자형 삼거리의 교차로를 녹색등화에 따라 직진하는 차량의 운전자는 특별한 사정이 없는 한 다른 차량들도 교통법규를 준수하고 충돌을 피하기 위하여 적절한 조치를 취할 것으로 믿고 운전하면 족하고, 대향차선 위의 다른 차량이 신호를 위반하고 직진하는 자기 차량의 앞을 가로질러 좌회전할 경우까지 예상하여 그에 따른 사고발생을 미리 방지하기 위한 특별한 조치까지 강구하여야 할 업무상의 주의의무는 없고, 위 직진차량 운전자가 사고지점을 통과할 무렵 제한속도를 위반하여 과속운전한 잘못이 있었다 하더라도 그러한 잘못과 교통사고의 발생과의 사이에 상당인과관계가 있다고 볼 수 없다.

【원심판결】

청주지방법원 1992.9.17. 선고 92노27 판결

【주문】

상고를 기각한다.

【이유】

검사의 상고이유를 본다.

원심이유지한 제1심판결 적시의 증거관계에 의하여 살펴본바, 이사건 교통사고의 발생 경위에 관한 원심의 사실인정은 적절한 것으로 수긍이 되고, 거기에 소론과 같이 채증법칙위배로 인한 사실오인의 잘못이 있다 할 수 없다.

그리고 신호등에 의하여 교통정리가 행하여지고 있는 "ㅏ"자형 삼거리의 교차로를 녹색등화에 따라 직진하는 차량의 운전자는 특별한 사정이 없는 한 다른 차량들도 교통법규를 준수하고 충돌을 피하기 위하여 적절한 조치를 취할 것으로 믿고 운전하면 족하고, 대향차선 위의 다른 차량이 신호를 위반하고직진하는 자기차량의 앞을 가로질러 좌회전할 경우까지 예상하여 그에 따른 사고발생을 미리 방지하기 위한 특별한 조치까지 강구하여야 할 업무상의 주의의무는 없다고 할 것인바(당원 1990.2.9. 선고 89도1774 판결; 1985.1.22. 선고 84도1493 판결 등 참조), 원심이 같은 취지에서 교차로상을 녹색신호에 따라 직진하는 피고인으로서는 피해자의 오토바이가 대향차선에서 갑자기 신호를 위반하여 도로중앙선을 침범하여 좌회전 진입할 것까지 예상하여 감속조치 등의 운행을 할 주의의무는 없는 것이며, 설사 피고인이 이 사건 사고지점을 통과할 무렵 제한속도를 위반하여 과속운전한 잘못이 있었다고 하더라도 그러한 잘못과 이 사건 교통사고의 발생과의 사이에 상당인과관계가 있다고 볼 수 없다고 판단한 조치도 역시 정당하고, 거기에 소론이 지적하는 법리오해 등의 위법은 없다. 논지는 모두 이유 없다.

그러므로 상고를 기각하기로 하여 관여 법관의 일치된 의견으로 주문과 같이 판결한다.

판례21 | 중앙선이 설치된 도로를 자기 차선을 따라 운행하는 자동차 운전자의 주의의무와 제한속도를 초과한 경우[대법원 1992. 4. 10. 선고 91다44469 판결]

【판결요지】

가. 중앙선이 설치된 도로를 자기 차선을 따라 운행하는 자동차 운전자로서는 마주 오는 자동차도 제 차선을 지켜 운행하리라고 신뢰하는 것이 보통이므로, 상대방 자동차의 비정상적인 운행을 예견할 수 있는 특별한 사정이 없다면, 상대방 자동차가 중앙선을 침범해 들어 올 경우까지 예상하여 운전하여야 할 주의의무는 없으며, 또한 위 운전자가 제한속도를 초과하여 운전하였다는 사정만을 들어 그에게 과실이 있다고 탓할 수는 없고, 다만 그와 같이 과속운행을 아니하였더라면 상대방 자동차의 중앙선 침범을 발견하는 즉시 정차 또는 감속으로 충돌을 피할 수 있었다는 사정이 있었던 경우에 한하여 과속운행을 과실로 볼 수 있다.

나. 운전자가 상대방 오토바이의 중앙선 침범을 발견하였을 때 두 차량의 거리가 얼마였는지 또한 오토바이가 중앙선을 침범한 후 진행한 거리가 얼마였는지를 심리하여 확정한 다음 동인이 제한속도를 지켜 운전하였더라면 사고의 발생을 충분히 방지할 수

있었는지 여부를 가렸어야 했는데도 이를 게을리 한 잘못이 있다 하여 원심판결을 파기한 사례.

【원심판결】

서울고등법원 1991.10.17. 선고 91나32710 판결

【주문】

원심판결을 파기하고 사건을 서울고등법원에 환송한다.

【이유】

상고이유에 대하여

1. 원심이 인용한 제1심 판결 이유에 의하면, 제1심은, 피고 소속 (차량등록번호 생략) 직행버스의 운전사인 소외 1이 1990.9.21. 21:50경 수원과 안양을 잇는 편도 3차선 도로의 2차선을 따라 위 버스를 운행하던 중 수원시 장안구 송죽동 221 앞길에서 중앙선을 침범하여 좌회전하는 망 소외 2의 오토바이를 충격하여 그를 치사하고 오토바이를 손괴한 사실을 인정한 다음, 피고의 면책항변에 대하여, 위 소외 1은 제한시속이 60km인 사고 지점을 시속 92km로 진행했을 뿐 아니라 위 오토바이의 중앙선 침범을 30-40m거리에서 발견하고 급정차조치를 취하였음에도 주행 탄력으로 인하여 그를 충격하고 40여 m 가량 끌고 가서야 정차한 사실이 인정되므로, 위 소외인이 전방 주시를 철저히 하고 제한속도를 준수하여 진행하였더라면 위 오토바이를 발견하고 급제동조치 또는 우회전 및 감속조치를 취하여 이 사건 사고의 발생을 미리 막을 수 있었는데도, 위와 같은 과속운행으로 인하여 이 사건 사고를 일으켰다는 이유를 들어, 이를 배척하였다.

2. 중앙선이 설치된 도로를 자기 차선을 따라 운행하는 자동차 운전자로서는 마주 오는 자동차도 제 차선을 지켜 운행하리라고 신뢰하는 것이 보통이므로, 상대방 자동차의 비정상적인 운행을 예견할 수 있는 특별한 사정이 없다면, 상대방 자동차가 중앙선을 침범해 들어 올 경우까지 예상하여 운전하여야 할 주의의무는 없으며, 또한 이 사건과 같이 피고 버스 운전사가 제한속도를 초과하여 버스를 운전하였다는 사정만을 들어 그에게 과실이 있다고 탓할 수는 없고, 다만 그와 같이 과속운행을 아니하였더라면 상대방 자동차의 중앙선 침범을 발견하는 즉시 정차 또는 감속으로 충돌을 피할 수 있었다는 사정이 있었던 경우에 한하여 과속운행을 과실로 볼 수 있다(당원 1990.6.26. 선고 90다카2441 판결 참조).

그런데, 원심이 인용한 제1심 판결의 확정사실에 의하면, 이 사건 사고 지점은 제한시속이 60km이고 피고 버스 운전사는 상대 오토바이의 중앙선 침범을 30-40m 거리에서야 발견하였다는 것이며, 위 제1심이 채택한 갑 제8호증의 6, 7 (각 교통사고보고)의

기재로, 그곳은 아스팔트로 포장된 도로로서 당시는 건조한 상태였던 사실 및 소외 망인의 오토바이는 중앙선을 넘어 90도 각도로 좌회전한 게 아니라 중앙선을 침범하고 나서 피고 버스와 충돌하기까지 상당한 거리를 비스듬하게 마주 진행한 사실을 알 수 있는바, 그렇다면 가사 소외 1이 위 버스를 제한시속인 60km로 운전하였다 하더라도, 두 차량이 불과 1초 남짓의 순식간에 충돌하게 되리라는 것은 계산상 명백하므로, 위 소외 1로서는 그 판시와 같이 사고방지조치를 취할 시간적 여유도 없었고, 설사 동인이 그러한 조치를 취하였다 하여도 이 사건 사고를 면할 수는 없었다고 하겠다.

3. 뿐만 아니라 소외 1이 상대 오토바이의 중앙선 침범을 목격하였을 때 두 차량의 거리가 30-40m에 불과하였다는 제1심의 사실인정은, 사리에도 어긋난다. 왜냐하면, 위 을 제8호증의 7의 기재에 의하면 피고 버스의 스키드 마크가 시작된 지점부터 상대 오토바이의 중앙선 침범지점까지의 거리가 원심이 인정한 40m 이상으로 보이고, 위 소외 1로서는 피고 버스의 스키드 마크가 생기기 전에 오토바이의 중앙선 침범을 발견하였어야 함이 당연하기 때문이다(이른 바 '공주거리'가 있어야 한다는 뜻이다).

따라서 원심으로서는 소외 1이 버스를 과속으로 운전하였다는 사실만을 들어 그에게 과실이 있다고 인정할 것이 아니라, 그가 위 오토바이의 중앙선 침범을 발견하였을 때 (피고 버스의 '공주거리'까지 계산하여) 두 차량의 거리가 얼마였는지 또한 위 오토바이가 중앙선을 침범한 후 진행한 거리가 얼마였는지를 심리하여 확정한 다음, 동인이 제한속도를 지켜 버스를 운전하였더라면 이 사건 사고의 발생을 충분히 방지할 수 있었는지 여부를 가렸어야 했는데도, 이를 게을리 한 채 피고의 면책항변을 배척함으로써 판결에 영향을 미친 잘못을 저질렀다고 할 것이므로, 논지는 결국 이유 있다.

4. 그러므로 원심판결을 파기하고 사건을 다시 심리·판단하게 하기 위하여 원심법원에 환송하기로 관여 법관의 의견이 일치되어 주문과 같이 판결한다.

판례22 | 야간에 주차금지구역인 편도 1차선 도로 위에 진행방향과 반대방향으로 주차한 청소차를 오토바이가 추돌하면서 중앙선을 침범하여 반대차선을 과속운행하던 택시와 충돌한 사고[대법원 1991. 8. 9. 선고 91다9169 판결]

【판결요지】

가. 교행하는 차선을 구분하는 중앙선이 설치된 차도에서 자기차선을 따라 운행하는 자동차의 운전사로서는 반대차선을 따라오는 상대방 차량과 교행할 경우 상대방 차량도 정상적으로 자기차선을 따라 운행하리라고 신뢰하는 것이 보통이므로, 상대방 차량이 비정상적으로 운행함을 예견할 수 있는 특별한 사정이 없는 한 상대방 차량이 중앙선을 침범하여 자기차선에 돌입할 경우까지 예상하여 운전할 주의의무는 없다.

나. 야간에 주차금지구역인 편도 1차선 도로 위에 진행방향과 반대방향으로 주차한 청소차를 오토바이가 추돌하면서 중앙선을 침범하여 반대차선을 과속운행하던 택시와 충돌한 사고에 대하여 청소차 및 택시 운전사의 과실을 인정한 원심판결에 운전사의 과실에 관한 법리를 오해한 위법 등이 있다 하여 파기한 사례

【원심판결】

서울고등법원 1991.1.24. 선고 90나37725 판결

【주문】

원심판결 중 피고들 패소부분을 파기하고 이 부분 사건을 서울고등법원에 환송한다.

【이유】

1. 피고 안양시 소송대리인의 상고이유에 대하여

원심판결 이유에 의하면, 원심은 그 적시증거에 의하여 피고시 소유의 (차량등록번호 1 생략) 복사 청소차의 운전사 소외 1이 1989.3.5. 05:00경 안양시 박달동 111의2 앞 편도 1차선 도로 위에 위 청소차를 도로의 진행방향의 반대방향으로 정차하고 우측인도변에 있는 쓰레기적재작업을 하였던바, 소외 2가 그 소유의 50씨씨 오토바이를 운전하여 위 사고지점을 안산시 방면에서 안양시 방면으로 주행하다가 위 청소차를 충돌하면서 반대차선으로 넘어가 소외 3이 운전하던 피고 동양교통 주식회사 소속의 (차량등록번호 2 생략) 택시와 충돌하여 사망한 사실을 인정하고, 피고시는 자기를 위하여 위 청소차를 운행하는 자로서 그 운행 중 발생한 이 사건 사고로 인한 손해를 배상할 책임이 있다고 인정하는 한편, 위 소외 1이 도로교통법상 주·정차가 허용되지 아니하는 곳에 노폭의 절반 이상을 점거한 채 정상진행방향과 역방향으로 위 청소차를 주차하고 있었고, 그 전방에 수신호를 하는 사람을 두거나 작업표시 삼각대를 놓아두지 아니한 과실을 들어 피고시의 면책항변을 배척하였다.

원심이 채택한 증거에 의하면, 이 사건 사고 지점의 도로는 중앙선이 황색1선으로 되어 있는 포장된 편도 1차선 직선구간으로 차도의 폭은 약 8미터 정도로서, 위 소외 1은 도로의 진행방향과 반대방향으로 도로변에 바짝 붙여 폭 2.05미터의 위 청소차를 정차하여 그 차선의 절반 가량을 점거하고 있었으며, 전조등은 끄고 미등과 차폭등 및 위 차량의 옆에 달려 있는 작업등만을 켜 두고 있고, 사고 당시는 새벽이었으나 가로등불이 켜 있었고 작업장 앞의 경비실 불빛으로 인하여 비교적 밝은 상태에 있었음을 알 수 있다. 이러한 사실에 비추어 비록 위 소외 1이 위 청소차를 주차금지구역에 주차, 청소작업을 하고 있었다 하더라도 안전표시등을 켜고 있었고, 위 오토바이가 통과할 수 있는 충분한 공간이 있었으므로, 위 소외 2가 그 오토바이를 운전함에 있어 전방의 안전확인이라고 하는 운전자로서의 기본적인 주의의무를 다하였더라면 그 전방에

주차, 작업 중인 청소차를 쉽게 발견할 수 있었고, 그리하여 청소차가 점거하고 있는 나머지 도로 부분으로 오토바이를 안전하게 운행하는 등 추돌사고의 방지를 위한 조치를 취하여 이 사건 사고를 용이하게 방지할 수 있었던 터이라고 인정된다.

그렇다면 이 사건 추돌사고는 위 소외 2의 과실에 의하여 발생한 것이라고 할 것이고, 그 사고 지점이 주차금지지역이라고 할지라도 이는 도로교통법 제28조에 위반이 됨은 별론으로 하고 그 때문에 이 사건 사고의 원인이 되었다고 볼 수 없다. 원심은 위 청소차의 전방에 수신호를 하는 사람을 배치하거나 작업표시삼각대를 설치하지 아니한 점을 위 소외 1의 과실의 하나로 들고 있으나 위 청소차의 운전사에게 야간에 청소차의 미등이나 차폭등을 밝히는 외에 그와 같은 내용의 조치를 할 의무가 있다고 할 수 없을 뿐만 아니라 오토바이를 운전한 위 소외 2에게 전방주시 의무를 이행하지 아니한 과실이 인정되는 이 사건의 경우 추돌사고와 위와 같은 조치를 하지 아니한 위 소외 1의 과실 사이에 상당인과관계가 있다고 할 수도 없다.

원심판결은 채증법칙을 어기고 사실을 오인한 위법이 있거나 위 소외 1의 과실에 관한 법리를 오해한 위법이 있어 판결에 영향을 미쳤다 할 것이다. 논지는 이유있다.

2. 피고 동양교통 주식회사 소송대리인의 상고이유에 대하여

원심판결 이유에 의하면, 원심은 그 적시증거에 의하여 소외 3이 피고 회사 소유의 (차량등록번호 2 생략) 택시를 운행하고 안양시 방면에서 안산시 방면으로 제한속도를 약 20킬로미터 초과한 시속 약 60킬로미터의 속력으로 이 사건 사고 지점을 통과하던 중, 반대차선에서 위 청소차를 추돌하고 진로 전방에 떨어지는 위 오토바이를 충격하여 이 사건 사고를 야기한 사실을 인정한 다음, 피고 회사에 대하여 자기를 위하여 자동차를 운행하는 자로서 손해배상의 책임이 있다고 판단하고, 반대편에서 진행하는 차량이 중앙선을 넘어 올지도 모른다는 점을 예견하여 서행하여야 함에도 그 법정제한속도를 초과한 속력으로 운행하였고, 충돌 직후 적절한 대응조치를 취하지 못한 과실이 있다는 이유로 피고 회사의 면책항변을 배척하였다.

교행하는 차선을 구분하는 중앙선이 설치된 차도에서 자기차선을 따라 운행하는 자동차의 운전사로서는 반대차선을 따라오는 상대방 차량과 교행할 경우 상대방 차량도 정상적으로 자기차선을 따라 운행하리라고 신뢰하는 것이 보통이므로, 상대방 차량이 비정상적으로 운행함을 예견할 수 있는 특별한 사정이 없는 한 상대방 차량이 중앙선을 침범하여 자기차선에 돌입할 경우까지 예상하여 운전할 주의의무는 없다는 것이 당원의 일관된 견해(1987.3.24. 선고 86다카1073 판결; 1988.9.6. 선고 87다카2331 판결; 1990.6.22. 선고 90다카6733 판결; 1990.6.26. 선고 90다카2441 판결 참조)이다.

원심이 채택한 증거에 의하면, 위 소외 3은 전방의 청소차에 가려서 이 사건 사고지점에 이르기까지 오토바이를 발견하지 못한 것으로 보이고, 당시는 새벽이어서 차량의

통행이 빈번하지 아니하였던 사실을 알 수 있다. 그렇다면 위 소외 3으로서는 오토바이가 청소차를 추돌하고 갑자기 청소차의 앞으로 중앙선을 침범하여 들어오리라고 예상하기는 어려운 일이고, 따라서 위 소외 3에게 그로 인한 사고방지를 위한 조치를 취할 의무가 있다고 할 수는 없을 것이다. 위 소외 3으로서는 오토바이가 반대차선에서 주행하여 오는 것을 목격하지 못하였고, 이 사건 사고지점인 청소차의 옆을 통과할 무렵 갑자기 오토바이가 청소차를 추돌하고 그 전면으로 넘어 들어온 이상 충돌 직후 그 제동장치의 작동 등 그 대응조치를 취할만한 시간적인 여유가 없었다고 인정된다. 또한 원심이 인정한 바와 같이 위 소외 3이 그 법정제한속도를 20킬로미터 가량 초과하여 운행하였다 하더라도 그 속도초과와 위 오토바이가 중앙선을 넘어 들어가 발생하게 된 이 사건 사고 사이에 상당인과관계가 있다고 할 수 없다. 그리하여 위 소외 3으로서는 위 오토바이가 그 중앙선을 넘어 들어오리라고는 예상을 할 수 없었던 것이고, 따라서 이 사건 사고발생에 대하여 과실이 있다고 할 수 없을 것이다.

필경 원심판결은 반대차선을 운행하는 운전사의 과실에 관한 법리를 오해하여 판결에 영향을 미친 위법이 있다고 할 것이다. 논지는 이유있다.

이상의 이유로 원심판결 중 피고들의 패소부분을 파기하고 이 부분 사건을 원심법원에 환송하기로 하여 관여 법관의 일치된 의견으로 주문과 같이 판결한다.

판례23 | 오토바이가 교량중앙분리대를 긁으면서 비틀거리다가 타고 넘어가 반대편 1차선상에 쓰러져 야기된 교통사고에 있어서 상대방 택시운전사의 과실을 인정한 사례[대법원 1991. 4. 23. 선고 90다19701 판결]

【원심판결】

서울고등법원 1990.11.8. 선고 90나17608 판결

【주문】

상고를 기각한다.

상고비용은 피고의 부담으로 한다.

【이유】

1. 상고이유 제1점에 대하여,

이 사건 손해배상책임의 발생부분에 관하여 원심판결이 인용한 제1심판결의 판시이유는 아래와 같다, 즉 이 사건 교통사고는 피고소속 운전사인 소외 1이 1989.8.8. 02:00경 피고 소유의 영업용택시를 운전하여 서울 성동구 광장동 천호대교 북단 편도 3차선도로의 1차선상을 천호동방면에서 광장동방면으로 진행함에 있어 제한속도 60킬

로지점을 40킬로나 초과한 시속 100킬로미터의 과속으로 진행하면서 전방주시를 태만히한 잘못으로 반대편 1차선상을 망 소외 2가 뒷자리에 이 사건 피해자를 태우고 오토바이를 운전하여 진행해 오다가 교량 중앙분리대를 위 오토바이 측면으로 긁으면서 30여미터가량 중심을 잃고 비틀거리다가 중앙분리대를 타고 넘어 위 택시진행방향 차선 앞에 쓰러지는 것을 근접하여 뒤늦게 발견한 과실과 위 오토바이를 운전한 망 소외 2가 그 오토바이의 주행차선을 위반하여 1차선으로 중앙선에 근접하여 운행하다가 교량이 시작되는지점부터 설치되어 있는 중앙분리대를 예상하지 못한 채 그대로 진행한 과실이 경합하여발생하였다는 것이다. 위 판결이 적시한 증거들을 기록과 대조하여 살펴보면 위 사실인정은 수긍할 수 있고 거기에 소론과 같은 자동차운전자의 주의의무에 관한 법리오해나채증법칙위배로 과실유무의 판단을 그르친 위법이 있다고 할 수 없다. 위 증거들을 살펴보면 당시 기후도 정상적이어서 시야장애는 없었고 오토바이가 중앙분리대를 긁으면서진행을 하여온 거리가 약 30미터를 훨씬넘는 거리이며 최소한 약 70미터 전방에서 이를볼 수 있었다는 것이므로 피고택시운전사인 위 소외 1이 위 오토바이를 발견하고 미리방어운전을 하였다면 이 사건 사고를 예방할수 있었을 것인데 전방주시를 철저히 하지못하여 오토바이를 보지도 못한 채 만연히 과속으로 진행하였던 점이 인정되는 이 사건에 있어서 위 소외 1이 택시운전사로서의 통상의 주의의무를 다하였다고 할 수 없으므로피고택시 운전사에게는 과실이 없다고 보아야 한다는 논지는 받아들일 수 없는 것이다.

2. 상고이유 제2점에 대하여,

원심판결이 인용한 제1심판결의 판시이유를 기록에 의하여 살펴보면 이 사건 교통사고는 위 피해자의 판시와 같은 과실도 한 원인이 되었고 그 과실의 정도는 약 30퍼센트 정도로 보는 것이 상당하다고 한 조치에 소론과 같이 쌍방과실 정도의 비교교량을현저히 그르친 위법이 있다 할 수 없으므로 논지도 받아들일 수 없다.

3. 그러므로 상고를 기각하고 상고비용은 패소자의 부담으로 하여 관여 법관의 일치된 의견으로 주문과 같이 판결한다.

판례24 | 노면이 결빙되고 시계가 20m 이내인 고속도로상을 운전하는 자가 단순히 제한속도를 준수하였다는 사실만으로 주의의무를 다하였다 할 수 있는지 여부(소극)*[대법원 1990. 12. 26. 선고 89도2589 판결]*

【판결요지】

가. 고속도로의 노면이 결빙된 데다가 짙은 안개로 시계가 20m 정도 이내였다면 차량운전자는 제한시속에 관계없이 장애물 발견 즉시 제동정지할 수 있을 정도로 속도를 줄이는 등의 조치를 취하였어야 할 것이므로 단순히 제한속도를 준수하였다는 사실만으

로는 주의의무를 다하였다 할 수 없다.

나. 피고인의 주의의무 태만으로 인하여 고속도로상에 정지중인 차량을 추돌한 사고가 발생된 이상 피해차량 후방에 사고발생표지가 설치되어 있지 아니하였고 피해자들이 다른 승객들처럼 대피하지 않고 피해차량 뒤 고속도로 노면에 들어와 있었다 하더라도 피고인의 범행성립에는 영향이 없다.

【원심판결】

대전지방법원 1989.11.30. 선고 89노932 판결

【주문】

상고를 기각한다.

상고 후의 구금일수 중 제1심 및 제2심 판결에 의하여 본형에 산입된 구금일수를 본형에서 공제한 잔여일수를 본형에 산입한다.

【이유】

피고인 및 변호인의 상고이유를 함께 판단한다.

원심이 인용한 제1심판결 채용증거들을 기록에 대조검토하여 볼 때 피고인에 대한 판시 교통사고처리특례법위반 범행을 충분히 인정할 수 있고 거기에 채증법칙 위반의 위법이 있음이 발견되지 아니한다.

또한 사고지점 노면이 결빙된 데다가 짙은 안개로 시계가 20m 정도 이내였다면 고속도로의 제한시속에 관계없이 장애물발견 즉시 제동정지할 수 있을 정도로 속도를 줄이는 등의 조치를 취하였어야 할 것이므로 단순히 제한속도를 준수하였다는 사실만으로는 주의의무를 다하였다 할 수 없다 할 것이며 피고인의 주의의무태만으로 인하여 정지중인 차량을 추돌한 사고가 발생된 사실이 인정되는 이상 피해차량 후방에 사고발생표지를 설치하지 아니하였고 피해자들이 다른 승객들처럼 대피하지 않고 피해차량 뒤 고속도로 노면에 들어와 있었다 하더라도 판시 피고인의 범행성립에는 영향이 없다 할 것이므로 원심판단에는 자동차운전자의 주의의무에 관한 법리를 오해하였거나 심리를 다하지 아니한 위법이 있다 할 수 없다. 논지는 모두 이유없다.

그러므로 상고를 기각하고 상고 후의 구금일수 중 제1심 및 제2심판결에 의하여 본형에 산입된 구금일수를 본형에서 공제한 잔여일수를 본형에 산입하기로 하여 관여 법관의 일치된 의견으로 주문과 같이 판결한다.

판례25 | 신호등이 있는 교차로를 신호에 따라 과속으로 직진하나 자동차운전자의
과실유무(소극)[대법원 1990. 2. 9. 선고 89도1774 판결]

【판결요지】

신호등에 의하여 교통정리가 행하여지고 있는 사거리 교차로를 녹색등화에 따라 직진하는 차량의 운전자는 특별한 사정이 없는 한 다른 차량들도 교통법규를 준수하고 충돌을 피하기 위하여 적절한 조치를 취할 것으로 믿고 운전하면 족하고, 다른 차량이 신호를 위반하고 직진하는 차량의 앞을 가로질러 직진할 경우까지 예상하여 그에 따른 사고발생을 미연에 방지할 특별한 조치까지 강구할 업무상의 주의의무는 없다고 할 것이므로, 피고인이 녹색등화에 따라 사거리 교차로를 통과할 무렵 제한속도를 초과하였더라도, 신호를 무시한 채 왼쪽도로에서 사거리 교차로로 가로 질러 진행한 피해자에 대한 업무상 과실치사의 책임이 없다.

【원심판결】

대구지방법원 1988.12.9. 선고 88노552 판결

【주문】

상고를 기각한다.

【이유】

상고이유를 본다.

신호등에 의하여 교통정리가 행하여지고 있는 사거리 교차로를 녹색등화에 따라 직진하는 차량의 운전자는 특별한 사정이 없는 한 다른 차량들도 교통법규를 준수하고 충돌을 피하기 위하여 적절한 조치를 취할 것으로 믿고 운전하면 족하고, 다른차량이 신호를 위반하고 직진하는 차량의 앞을 가로질러 직진할 경우까지 예상하여 그에 따른 사고발생을 미연에 방지할 특별한 조치까지 강구할 업무상의 주의의무는 없다고 할 것인 바(당원 1985.1.22. 선고 84도1493 판결 참조), 원심이 원심판시와 같이 녹색신호에 따라 직진하는 피고인으로서는 피해자운전의 이 사건 오토바이가 좌측에서 신호위반하여 직진하여 올것까지 예상하여 감속 운행할 주의의무는 없으므로 피고인이 이 사건 사고지점을 통과할 무렵 제한속도를 초과하였다고 하더라도 업무상과실치사의 책임이 없다고 한 조치는 정당하고 거기에 소론과 같은 법립오해의 위법은 없다. 논지는 그 이유없다.

그러므로 상고를 기각하기로 하여 관여 법관의 일치된 의견으로 주문과 같이 판결한다.

판례26 | 교통사고를 낸 사고차량에 대한 운수사업면허의 취소가 적법하다고 본 사례

[대법원 1989. 10. 24. 선고 89누5447 판결]

【판결요지】

버스운전자가 승객을 태우고 사고지점에 이르렀을때 그곳은 노폭 7미터의 편도 1차선 도로로서 제한시속이 50킬로미터이고, 경사 10도의 커브길이었는데다가 그 무렵 비가 오고 안개가 자욱했는데도 제한속도를 넘어 시속 60킬로미터로 운행하다가 술취한 사람이 길을 건너는 것을 보고 이를 피하기 위하여 황색 중앙선을 넘어가 때마침 반대방향에서 오던 트럭을 충격하여 2명이 사망하고 5명이 각 2주의 상해를 입었다면 그 도로옆이 낭떨어지였다는 등의 사정들을 참작하더라도 이는 자동차운수사업법 제31조 제1항 제5호의 중대한 교통사고에 해당한다고 할 것이고, 그 사고차량에 대하여 운수사업면허를 취소한 것이 재량권의 범위를 넘은 것이라고 할 수 없다.

【원심판결】

서울고등법원 1989.7.13. 선고 89구2556 판결

【주문】

상고를 기각한다.

상고비용은 원고의 부담으로 한다.

【이유】

상고이유를 본다.

원심이 적법하게 확정한 바와 같이 원고의 버스운전사가 승객을 태우고 이 사건 사고지점에 이르렀을 때 그곳은 노폭이 7미터의 편도 1차선 도로로서 제한시속이 50킬로미터이고, 경사 10도의 커브길이었는데다가 그 무렵 비가 오고 안개가 자욱했는데도 제한속도를 넘어 시속 60킬로미터로 운행하다가 술취한 사람이 길을 건너는 것을 보고 이를 피하기 위하여 황색중앙선을 넘어가 때마침 반대방향에서 오던 트럭을 충격하여 그 때문에 2명이 사망하고 5명이 각 2주의 상해를 입었다면 그 도로옆이 낭떨어지였다는 등 사정들을 참작하더라도 이는 자동차운수사업법 제31조 제1항 제5호의 중대한 교통사고에 해당한다 아니할 수 없으므로 같은 취지의 원심판결이 지적하는 바와 같은 법리오해의 위법이 없고 이와 같은 사유를 들어 그 사고차량에 대하여 운수사업면허를 취소한 것이 재량권의 범위를 넘은 것이라고도 할 수 없다. 주장은 모두 이유없다.

그러므로 상고를 기각하고, 상고비용은 패소자의 부담으로 하여 관여법관의 일치된 의견으로 주문과 같이 판결한다.

판례27 | 자동차운수사업법 제31조 제1항 제5호에 의한 운송사업면허의 취소가 재량권의 일탈에 해당한다고 본 사례*[대법원 1989. 9. 12. 선고 89누2455 판결]*

【판결요지】

자동차운송사업자의 피용인이 트럭을 운전하고 고속도로를 운행함에 있어 선행차량과의 안전거리를 유지하지 아니하고 우천시의 제한속도(시속 64킬로)를 넘어 시속 80킬로미터로 추월선상을 따라 계속 진행한 과실로 보행선상으로 앞서 가던 승용차가 갑자기 추월선으로 진입하는 것을 뒤늦게 발견하고 급제동하였으나 미치지 못하고 충격하여 2명을 사망케 하고 2명에게 부상을 입게 함과 동시에 그 승용차 소유자에게 수리비 1,107,700원 상당의 물적 피해를 입힌 교통사고는 일응 자동차운수사업법 제31조 제1항 제5호 소정의 중대한 교통사고에 해당하는 것으로 보이나 그 사고발생에는 피해자가 노면이 미끄러운 고속도로의 보행선상으로 운행하면서 위 트럭이 추월선을 따라 바로 뒤에서 따라 오고 있음에도 불구하고 갑자기 추월선으로 끼어든 과실도 적지 않고 위 트럭이 자동차종합보험에 가입되어 있어 피해자의 손해배상에 지장이 없으리라는 사정이 인정된다면 위 사고발생을 이유로 그 트럭의 운송사업면허를 취소한 것은 이익교량의 원칙에 반하고 재량권의 범위를 넘어선 위법한 처분이다.

【원판결】

서울고등법원 1989.3.29. 선고 88구9550 판결

【주문】

상고를 기각한다.

상고비용은 피고 부담으로 한다.

【이유】

원심판결 이유에 의하면, 원심은 원고소속 운전수 소외 1이 원고 소유 카고트럭을 운전하고 경부고속도로 하행선 서울기점 103.9킬로미터 지점을 지날 무렵 당시는 비가 내려 노면이 미끄러웠으므로 같은 방향으로 앞서가는 차량과의 안전거리를 충분히 유지하는 한편 우천시의 제한속도(시속 64킬로)를 잘 지키면서 안전하게 운전하여야 함에도 불구하고 이를 게을리한 채 시속 80킬로미터의 속도로 추월선상을 따라 계속하여 진행한 과실로 때마침 주행선상으로 앞서가던 (차량번호 생략) 맵씨나 승용차가 갑자기 추월선으로 진입하여 들어오는 것을 뒤늦게 발견하고 급제동하였으나 미치지 못하고 위 카고트럭 앞부분으로 위 승용차의 뒷부분을 충격하여 위 승용차운전자인 소외 1과 승객인 소외 2를 사망케 하고, 소외 3으로 하여금 약 6개월간의 치료를 요하는 부상을, 소외 4로 하여금 약 2주간의 치료를 요하는 부상을 각 입게함과 동시에 위 승용차의 소유자인 소외 5에게 그 수리비 금 1,107,700원 상당의 물적 피해를 입힌 사실을 인정하고 이 사건 교통사고는 일응 자동차운수사업법 제31조 제1항 제5호 소정의 중대한 교통사고에 해당되는 것으

로 보이나 그 사고발생에는 피해자가 노면이 미끄러운 고속도로의 주행선상으로 운행하면서 소외 6이 운전하는 트럭이 추월선을 따라 바로 뒤에서 따라오고 있음에도 불구하고 갑자기 추월선으로 끼어든 과실도 적지않고 원고소유 차량이 자동차종합보험에 가입되어 있어 피해자의 손해배상에 지장이 없으리라는 사정이 인정된다 하여 피고가 이건 사고발생을 이유로 그 차량의 운송사업면허를 취소한 것은 이익교량의 원칙에 반하고 재량권의 범위를 넘어선 위법한 처분이라고 보고 취소하였는 바, 원심판결의 이유설시를 기록과 대조하여 살펴보면 원심의 판시이유를 수긍할 수 있고 거기에 재량권의 범위를 오해한 위법이 있다고 할 수 없다.

그리고 소론이 적시하는 바와 같이 당원의 판례로 피해자의 과실이 있는 경우에도 운송사업면허를 취소할 수 있다고 판시한 것이 있으나 그것은 피해자의 과실이 가해운전수의 과실에 비하여 매우 경미한 경우에 관한 것이었고 이 사건의 경우와 같이 피해자의 과실이 가해자의 과실과 대등하게 보이거나 그보다 더 무겁다고 생각되는 경우에까지 운송사업면허를 취소하여야 한다는 취지라고 할 수는 없어 원심판결이 당원의 종전판례에 반하는 판단을 하였다고 할 수 없는 것이다. 상고이유는 받아들일 수 없다.

이에 상고를 기각하고, 상고비용은 패소자에게 부담시키기로 관여 법관의 의견이 일치되어 주문과 같이 판결한다.

판례28 | 자동차운수사업법 제31조 제1항 제5호 소정의 중대한 교통사고라고 본 사례 [대법원 1989. 9. 12. 선고 89누1834 판결]

【판결요지】

자동차운수회사 소속운전수가 회사소유 택시에 손님을 태우고 운행하면서 제한속도 시속 60키로지점을 시속 70키로의 과속으로 노란색 주의신호등이 작동하고 있었던 횡단보도부근을 통과하려다가 길을 건너던 행인 두사람을 치어 사망하게 하고 승객에게 2주간 치료를 요하는 상처를 입혔다면 그 사고는 자동차운수사업법 제31조 제1항 제5호 소정의 중대한 교통사고로 사상자를 발생하게 한 때에 해당한다.

【원판결】

서울고등법원 1989.2.23.선고, 88구10536 판결

【주문】

상고를 기각한다.

상고비용은 원고 부담으로 한다.

【이유】

원심판결 이유에 의하면, 원심은 원고 소속운전수 소외인이 1988.9.17. 03:00경 원고 소유의 택시에 손님을 태우고 운전하여 서울 송파구 신천동 29앞 편도 5차선도로를 성남쪽에서 잠실4거리쪽으로 시속 70키로미터의 속력으로 진행하다가 택시진행방향 좌측에서 우측으로 건너가던 행인 두사람을 치어 사망하게 하고 택시승객에게 2주간 치료를 요하는 뇌진탕 등의 상처를 입힌 사실을 인정하고 그 사고지점이 횡단보도 부근으로서 노란색 주의신호 등이 작동하고 있었으므로 그러한 경우 운전수로서는 전방의 횡단보도주위를 잘 살피면서 제한속도보다도 감속하여 운행하여야 함에도 불구하고 위 소외인은 앞을 제대로 살피지 아니하고 제한속도가 시속 60키로지점인데 속도도 줄이지 아니하고 시속 70키로로 과속운행 통과하려다가 피해자를 뒤늦게 발견하고 제동을 걸었으나 과속의 탈력으로 차가 미끄러져 나가 피해자를 치어 사망하게 하고 승객을 다치게 한 것이라고 인정하고 그와 같은 사정하에서 그 사고는 자동차운수사업법 제31조 제1항 제5호 소정의 중대한 교통사고로 사상사를 발생하게 한 때에 해당된다고 판시하고 피고의 처분이 정당하다 하여 원고의 청구를 기각하였는 바, 원심판결의 이유설시를 기록과 대조하여 살펴보면 원심의 위 설시이유를 수긍할 수 있고 거기에 소론과 같은 법리오해나 재량권의 범위를 오해한 위법이 있다 할 수 없다. 상고논지는 받아들일 수 없는 것이다.

이에 상고를 기각하고, 상고비용은 패소자에게 부담시키기로 관여 법관의 의견이 일치되어 주문과 같이 판결한다.

판례29 │ 서로 교행하는 차량이 도로중앙선상에서 충돌한 사고에 관하여 양차량의 과실비율을 1:9로 본 것이 부당하다고 원심을 파기한 사례*[대법원 1985. 11. 26. 선고 85다카1191 판결]*

【원판결】

광주고등법원 1985.4.26. 선고 84나224 판결

【주문】

원심판결중 피고 패소부분을 파기하여, 이 부분 사건을 광주고등법원에 환송한다.

【이유】

상고이유를 본다.

1. 상고이유 제1점에 관하여,

채무불이행 또는 불법행위에 있어서 그 원인사실이나 이에 기인하는 손해의 발생과 또는 이의경감, 회피등에 관하여 채권자 또는 피해자에게 과실이 있을 경우에 배상책임이나 배상액을 면제 또는 경감하는 이른바 과실상계는 신의칙으로 보아 상당하다고

할 수 있는 손해의 공평한 부담을 실현하고자 하는 것으로 민법 제763조에 의하여 불법행위에도 준용되는 같은 법 제396조는 채무불이행에 관하여 채권자에게 과실이 있는 때에는 법원은 손해배상의 책임 및 그 금액을 정함에 있어 이를 참작하여야 한다고 규정하고 있으므로 채권자 또는 피해자에게 과실이 있느냐의 여부는 당사자의 주장유무에 불구하고 이를 심리판단하여야 하고 과실이 있다면 반드시 이를 참작하여 채권자와 채무자 또는 피해자와 가해자의 과실의 무겁고 가벼움과 그 밖의 여러 사정을 비교 교량하여 공평의 원칙에 따라 배상책임의 면책 또는 배상액의 경감을 하여야 하고 이를 참작하지 않으면 그 판결은 위법이라 할 것이다.

한편, 과실상계에 있어서 그 참작의 기준은 현행법상 특별히 법정된 것은 없으나 과실상계는 원래 공평의 원칙에 입각한 것이므로 이와 같은 공평의 원칙을 바탕으로 하여 구체적인 사안에 따라 여러 사정을 고려하여 채권자와 채무자 또는 피해자와 가해자의 과실의 정도 그 원인사실 및 손해의 발생과 그 확대등은 물론 나아가 경합 원인등을 비례적, 탄력적으로 가려야 한다고 할 것이다.

그런데 원심판결 이유 기재에 의하면, 원심은 그 거시증거를 모아 피고소유인 (차량번호 1 생략) 2.5톤트럭 운전사인 소외인은 1980.1.16. 17 : 30 경 위 차를 함열방면에서 이리방면을 향하여 운행중 전라북도 익산군 함열읍 다송리 앞 노상에 이르러 마침 원고 1이 운전하는 (차량번호 2 생략) 2.5톤트럭과 교행하게 되었는바, 그곳은 60도 곡각의 에스(S)자형 도로이고 제한속도는 시속 20키로미터이며 중앙선이 그어져 있으므로 위 소외인으로서는 중앙선을 침범하여서는 아니됨은 물론 당시는 내린 눈이 녹아 노면이 미끄러웠으므로 제한속도를 준수하여 서행하면서 교행차량을 주시하는 등의 조치를 취하여 사고발생을 미연에 방지하여야 할 업무상 주의의무가 있음에도 불구하고 시속70키로미터의 과속운행으로 중앙선을 침범 운행한 과실로 그 차의 운전석 좌측 옆문부분 및 전면좌측 휀다부분으로 원고 1이 운전하는 위 차의 앞 범퍼 및 좌측 적재함 부분을 충격하여 동 원고에게 상해를 입힌 사실과 한편 원고 1로서도 위 사고지점이 에스(S)자형 커브길이므로 제한속도를 준수하고 전방을 면밀히 주시하면서 안전하게 운전하여야 할 업무상 주의의무가 있음에도 이를 게을리 한 채 진행차선 오른쪽 끝부분이 약간 패어 있는데만 관심을 가진 나머지 전방주시를 태만히 하고 중앙선쪽으로 다가가 운행한 과실이 있어 원고 1의 과실도 이 사건 사고발생의 원인이 되었다고 인정하여 이 사건 사고에 있어서의 원·피고간의 과실비율을 1:9로 보아 원고 1의 손해액산정에 참작하여 과실상계를 하였다.

그러나 이 사건 사고원인에 대하여는 원심판결 설시 자체가 극히 애매함에서 엿보이듯이 원고 1 및 소외인의 과실과 그 과실의 비율을 정확하게 가늠하기가 어렵고 특히 두 차량이 충돌한 사고지점은 도로중앙선상이라고 봄이 여러 증거에 의하여 명백하고 원고 1 자신도 충돌사고가 도로중앙선상에서 일어났다고 주장하고(원심판결도 위 기재와 같이 원고 1의 과실을 중앙선쪽으로 다가가 운행한 과실이 있다고 표현하여 충돌지점이 중앙선상임을 암시하는 듯한 표현을 하고 있다)있는 이 사건에서 위와 같은 원심판시는 우선 공평의 원칙에서 보아 부당하다고 하지 않을 수 없다.

결국 원심판결은 채증법칙에 위반하여 사실을 그릇 인정하고 과실상계의 법리를 오해하여 판결에 그 이유를 갖추지 아니하였거나 이유에 모순이 있어 이는 정의와 형평의 이념에 반하는 법령위반이라고 할 것이어서 이를 나무라는 상고논지는 이유가 있다고 하겠다.

2. 상고이유 제2점에 관하여,

일건 기록에 의하여 원심거시의 증거를 서로 비교하여 살펴보면, 이 사건 (차량번호 1 생략) 2.5톤 화물자동차는 피고의 소유이라고 인정하고 이를 소외인의 소유라고 주장하는 피고주장을 배척한 원심조치는 정당하다고 보여지고 이에 이르는 원심의 심리과정이나 증거의 취사판단에 소론과 같은 위법이 있다고 할 수 없으므로 상고논지는 그 이유가 없다.

3. 따라서 피고의 이 사건 상고는 그 상고이유 제1점에 있어 이유있어 원심판결은 유지될 수 없으므로 피고 패소부분을 파기하여 이 부분 사건을 광주고등법원에 환송하기로 관여법관의 의견이 일치하여 주문과 같이 판결한다.

판례30 ┃ 과속으로 중앙선을 침범한 오토바이와 충돌한 화물자동차운전사의 과실[대 법원 1983. 4. 26. 선고 83도629 판결]

【판결요지】

오토바이가 앞서 가는 택시를 추월하기 위하여 제한속도를 크게 넘는 과속으로 중앙선을 침범하여 피고인이 운전하는 화물자동차의 진행방향으로 진행하여 충돌한 경우, 그 사고는 피해자인 오토바이 운전사 자신의 과실에 기인하는 것으로 이러한 상황아래서 화물자동차 운전사의 잘못은 사고발생의 원인이 될 수 없다.

【원심판결】

부산지방법원 1982.12.30 선고 82노1468 판결

【주문】

상고를 기각한다.

【이유】

상고이유를 본다.

기록에 의하여 원심거시의 증거를 모아보면 이 사건 사고는 피해자 공소외인이 앞서가는 택시를 추월하기 위하여 제한속도를 크게 넘는 과속으로 중앙선을 침범하여 피고인이 운전하는 화물자동차의 진행방향으로 오도바이를 운전하여 충돌한 위 피해자 자신의 과실에 기인하는 것으로 공소장기재의 피고인의 과실이 있다고 하더라도 이러한 상황에서는 사고발생의 원인이 될 수 없다고 판시한 원심판시는 정당하고 이에 채증법칙 위반의 위법을 가려낼 수가 없으므로 상고는 그 이유가 없다.

그러므로 상고를 기각하기로 관여법관의 의견이 일치하여 주문과 같이 판결한다.

판례31 | 고속도로상에서의 중앙선 침범과 신뢰의 원칙 [대법원 1982. 4. 13. 선고 81도2720 판결]

【판결요지】

고속도로상에서 자동차는 원칙으로 우측차선으로 통행하여야 하므로 자동차운전자는 반대방향에서 운행하여 오는 차량이 앞지르기를 하거나 도로의 상황 기타 사정으로 부득이 중앙선을 침범하게 되는 경우를 제외하고는 그 차량이 중앙선을 침범하는 일은 없으리라고 믿고 운전하면 족한 것이므로 상대방 차량이 중앙선을 침범하여 진입할 것까지를 예견하고 감속하는 등 조치를 강구하여야 할 주의의무는 없다.

【원심판결】

춘천지방법원 1981.9.17. 선고 81노258 판결

【주문】

원심판결을 파기하고, 사건을 춘천지방법원 합의부로 환송한다.

【이유】

상고이유를 판단한다.

원심판결과 제 1 심판결 이유에 의하면 원심은 원판시 이 사건 사고발생지점은 강원도 동해시 망상동 소재 동해고속도로상이고 그곳은 피고인이 진행하던 차선쪽의 중앙선은 황색선으로서 추월금지선이고 반대방향에서 오는 차선쪽의 중앙선은 백색으로서 추월선으로 되어 있으므로 이러한 도로사정 아래에서는 피고인이 진행하던 반대방향에서 진행하여 오는 차량들이 위 백색추월선을 넘어 피고인의 진로 앞으로 진행하여 오는 경우를 예견할 수 있으므로 피고인으로서는 이러한 경우에 대비하여 제한속도내에서 감속서행하여야 함은 물론 전방좌우를 잘 살펴서 운행하여야 할 업무상의 주의의무가 있음에도 불구하고 전방주시를 태만히 하고 제한속도를 넘어 시속약 80키로미터로 운행한 과실로 마침 반대방향에서 피해자 공소외인 운전하던 트럭이 중앙선을 침범하면서 진행하여 오는것을 뒤늦

게 발견하고 핸들을 좌측으로 꺾어 피고인이 운전하던 차량 좌측면을 들이 받아 이 사건 사고를 일으켰다는 것을 이유로 하여 피고인을 업무상과실치상죄 등으로 처단하고 있다.

그러나 자동차는 고속도로에서 앞지르기를 하거나 도로의 상황 기타 사정으로 부득이한 경우를 제외하고는 진행방향의 우측차선으로 통행하여야 하는 것이므로 고속도로에서 자동차를 운전하는 자는 반대방향에서 운행하여 오는 차량이 앞지르기를 하거나 도로의 상황 기타 사정으로 부득이 중앙선을 침범하게 되는 경우를 제외하고는 그 차량이 도로의 중앙선을 침범하는 일은 없을 것이라고 믿고 운전하면 족한 것이므로 원판시와 같은 도로상황하에서(기록에 의하면 그 당시에는 반대방향에서 오는 차량이 중앙선을 침범하여 운행할 사정이 있었다고 볼 아무런 자료도 없다) 자동차를 운전하는 피고인은 위 공소외인이 운전하던 차량과 같이 교통법규를 위반하고 중앙선을 침범하여 자기가 운전하는 차량 전방에 진입할 것까지를 예견하고 감속하는 등 충돌을 사전에 방지할 조치를 강구하지 않으면 안될 주의의무는 없다 할 것이다.

또 원판시 사고발생경위에 비추어 보면 이 사건 충돌사고는 피해차량이 교통법규를 위반하고 도로의 중앙선을 침범하여 운행한대 그 직접적인 원인이 있었음을 알 수 있고 기록에 의하면 피고인이 상대방 차량이 중앙선을 침범하는 것을 발견한 때의 그 차량과의 거리는 15미터에 불과하였다는 것이므로 그 제동거리 도로의 상황 및 상대방 차량의 속력과 그 제동거리 등을 고려하면 피고인이 제한속도인 시속 70키로 미터의 속력으로 운행하였다 하더라도 그 충돌사고를 피할 수 있었겠는가 하는 점에 의심이 가는바 이러한 경우 위와 같은 제반사항을 밝혀보고 피고인이 제한속도를 넘어 과속으로 운행한 것이 사고의 원인이 되었는지의 여부를 심리판단하지 아니하고서는 이 사건에 있어서 제한속도보다 과속으로 운행한 피고인에게 이 사건 사고발생의 원인이 되는 과실이 있다고 할 수 없을 것이다.

원심이 위와 같은 점들에 대한 심리를 다하지 아니하고 이 사건 사고에 있어서 피고인에게 업무상의 주의의무를 다하지 아니한 과실이 있다고 판단한 제 1 심판결을 그대로 유지한 것은 결과에 있어서 업무상의 주의의무에 대한법리를 오해하고 심리를 다하지 아니하고 피고인에게 과실이 있다고 판단한 위법이 있다 할 것이므로 논지는 이유있다.

그러므로 원심판결을 파기하여 사건을 춘천지방법원 합의부로 환송하기로 하여 관여법관의 일치된 의견으로 주문과 같이 판결한다.

판례32 | 고속도로를 무단횡단하는 자와의 충돌사고의 운전자의 과실[대법원 1981. 12. 8. 선고 81도 1808 판결]

【판결요지】

일반적으로 고속도로를 운전하는 자동차운전자에게 도로상에 장애물이 나타날 것을 예견하여 제한속도 이하로 감속 서행할 주의의무가 없다는 이유로 고속도로상에서 도로를 횡단하는 피해자(5세)를 피고인이 운전하는 화물자동차로 충격하여 사망케 한 공소사실에 대하여 무죄를 선고한 조처를 긍인한 예

【원판결】

춘천지방법원 1981.5.21. 선고 80노24 판결

【주문】

상고를 기각한다.

【이유】

상고이유를 본다.

일반적으로 야간 기타 악천후 등으로 인하여 시계가 극히 좁다든지, 비 또는 눈 등으로 인하여 노면 사정이 좋지 않다든지 하는 등의 특별한 사정이 없는 한, 고속도로를 운전하는 자동차 운전자에게 도로상에 장애물이 나타날 것을 예견하여 제한속도 이하로 감속 시행할 주의의무가 있다고 할 수 없음은 도로교통법, 고속국도법 등의 해석과, 고속도로가 자동차의 고속통행을 위하여 설치된 도로라는 점에서 당연하다고 할 것인바, 원심이 이와 같은 취지에서 고속도로상에서 도로를 횡단하는 이 사건 피해자 망 공소외인을 피고인이 운전하는 화물자동차로 충격하여 사망케 하였다는 공소범죄사실에 대하여 무죄를 선고한 제1심 판결을 유지한 조치는 정당하다 할 것이고, 이에 소론과 같은 위법을 가려낼 수 없고, 한편 원심이 인용한 제1심 판결이 확정한 사실에 의하면, 피고인은 제한 속도보다 10킬로미터나 감속한 속력으로 운행하였고 이 사건 피해자를 20미터 전방에서 발견하고 급제동 조치를 취하면서 우측으로 핸들을 조작하였으나 미치지 못하였다는 것이니 고속도로상에서 일어난 급박한 상황에서 사고예방을 위하여 취하여야 할 조치로서 아무런 과실이 없다고 할 것이며, 이와 같은 경우 핸들을 좌측으로 틀어 피행하여야 하는데 상황 판단을 잘못한 과실이 있다는 소론 논지는 고속도로상에서 반대차선에 진입한다는 것은 예측할 수 없는 중대한 사고의 위험을 간과한 것으로 수긍할 수 없다고 할 것이니, 이에 관한 원심판시 또한 정당하다 할 것이며, 논지가 지적하는 당원 판례(편집자주: 대법원 1975.9.23 선고 74도231 판결)는 이 사건에 적절한 것이 되지 못하여, 논지는 그 이유 없음에 돌아간다.

따라서, 상고를 기각하기로 관여법관의 일치한 의견으로 주문과 같이 판결한다.

판례33 | 곡각지점에서 중앙선을 침범하여 오던 차량과 충돌한 상대방 차량 운전자의 과실[대법원 1981. 7. 28. 선고 80다2569 판결]

【판결요지】

내각 약 100도의 좌향 하경사 곡각지점을 제한속도를 초과하고 경적 취명도 하지 않은 채 중앙선을 침범하여 반대차선으로 내려오던 피고측 차량이 그 곡각지점 반대방향에서 마주 올라오던 원고 운전 차량과 충돌한 경우에도 원고가 경음기를 울려 내려오는 피고측 차량의 운전자에게 주의를 환기시켰는지 또 경적을 울렸다 해도 상대방의 운전과실로 이건 사고를 피치 못할 특별한 사정이 있었는지를 심리하여 피고의 과실상계항변을 판단하여야 한다.

【원심판결】

대구고등법원 1980.10.2. 선고 79나1200 판결

【주문】

원심판결을 파기하여, 사건을 대구고등법원으로 환송한다.

【이유】

피고 소송대리인의 상고이유를 판단한다.

원심판결 이유에 의하면, 원심은 그 거시의 증거에 의하여 피고 소속 운전사인 소외인이 택시를 운전하고 이 건 사고지점 전방 고개를 넘어 노폭 약 6미터에 중앙선이 그어져 있는 하경사 도로를 따라 내려 가다가 마침 좌측은 낭떠러지로 노변의 가로수가 우거져 시야에 장애가 있었고, 우측은 산이 연접되어 모두 대피할 곳이 없는 내각 약 100도의 직향 하경사 곡각지점을 회전하면서도 전방주시를 태만히 함은 물론 경적취명도 하지 않은 채 제한속도 30킬로미터를 초과한 70킬로미터의 속도로 중앙선을 침범하여 반대차선으로 내려 간 과실로 인하여 때마침 그 곡각지점 반대방향에서 마주 올라오던 원고 운전 차량을 충격하여 원고에게 상해를 입게 한 사실을 인정하고, 이어 곡각지점의 반대방향에서 차량이 내려 온다 해도 그 차량은 자기 소정 차선으로 진행해 오리라 신뢰하면서 원고 역시 자기차선을 따라 제한속도대로 운전해 간 것이므로 원고에게는 아무런 과실이 없고, 오로지 소외인의 일방적 과실로 인하여 이 건 사고가 발생했다는 이유로 피고가 내세운 과실상계의 주장을 배척하였다.

그러나 살피건대, 도로교통법은 그 제1조에서 도로에서 발생하는 모든 교통상의 위해를 방지하여 교통의 안전과 원활을 도모함을 그 목적으로 한다고 규정하고, 제32조 제1항에서 제차의 운전자는 좌우를 살필 수 없는 교차로 또는 도로의 모퉁이 지점, 경사로 또는 굴곡이 많은 산중도로를 통행할 때에는 경음기를 울려야 한다고 규정하고, 동 법 제26조에서 서행의무에, 동 법 제43조에서 안전운전 의무등에 관하여 각 규정하는 일방 이에 위배된 때에는 동 법 제72조 이하에서 처벌하고 있다. 그러므로 위와 같은 도로교통

법의 목적이나 그 이하 관계 제규정에 비추어 보면, 교통사고가 운전자의 위와 같은 도로교통법규 위반으로 인하여 발생한 때에는 특별한 사정이 없는 한 그 운전자의 과실은 추정된다 할 것이다.

그런데 이 건 사고지점이 그 판시와 같이 하경사 곡각지점으로 전방시야에 장애가 있었기 때문에 피고 소속 운전수인 소외인과 같이 하향하는 차량으로서도 반대방향에서 차량이 올라 오는지 식별할 수 없어서 함부로 중앙선을 침범하여 과속으로 회전하는 경우가 허다하므로(물론 이 점에 있어서 위 소외인의 과실이 매우 크다) 운전업무에 종사하는 원고로서도 이러한 경우를 예상하여 곡각지점을 회전할 때에는 경음기를 울려 내려오는 차량의 운전자에게 주의를 환기시켜야 하는데도 이를 이행치 아니한 점이 엿보이므로 원심은 모름지기 원고도 경음기를 울렸는지 또 울렸다 해도 소외인의 운전과실로 이 건 사고를 피치 못할 특별한 사정이 있었는지를 심리 판단해야 되는데도, 만연히 원고가 자기 차선따라 제한속도로 진행했으니 아무런 과실이 없다고 함은 필경 과실상계에 관한 법리를 오해하였거나 심리미진으로 사실을 오인함으로써 판결에 영향을 미쳤다 할 것이니 이 점에 관한 논지는 이유있다.

따라서 나머지 상고이유에 대하여 더 나아가 살펴볼 필요도 없이 사건을 다시 심리 판단케 하기 위하여 원심판결을 파기하기로 하여 관여법관의 일치된 의견으로 주문과 같이 판결한다.

판례34 | 자동차 운전자가 상대방 차량이 교통법규를 어기고 중앙선을 넘어 자기가 운전하는 차량의 진행 전방으로 돌입하지 않으리라고 믿고 운행한 경우에 업무상과실 책임을 물을 수 있는지 여부/*대법원 1976. 1. 13. 선고 74도2314 판결*

【판결요지】

자동차 운전자는 특별한 사정이 없는 상황하에서는 상대방에서 운행하여 오는 차량이 교통법규를 어기고 중앙선을 침범하여 자기가 운전하는 차량 전방에 진입할 것까지를 예견하고 감속을 하는 등 충돌을 사전에 방지할 조치를 강구하지 않으면 안될 업무상 주의의무가 있는 것이 아니므로 상대방 차량이 교통법규를 어기고 중앙선을 넘어 자기가 운전하는 차량의 진행전방으로 돌입하지 않으리라고 믿고 운행하다가 상대방 차량이 중앙선을 침범함으로써 충돌 등 사고가 발생하였을 경우에는 위 자동차 운전자에게 충돌의 책임을 물을 수 없다.

【원 판 결】

서울형사지방법원 1974.4.23. 선고, 73노6475 판결

【주문】

상고를 기각한다.

【이유】

상고이유의 요지는

피고인은 본 건 사고지점을 그 지점의 제한속도 40키로미터를 초과한 50키로미터 정도의 과속으로 운전하였을 뿐만 아니라 같은 지점 못미처 약 15.6미터 후방에는 교차로가 있음으로 동 교차지점에서 일단정지 내지 속도를 대폭 감속하여서 운행하였어야 함에도 불구하고 오히려 제한속도를 초과하여 질주하였고 본 건 피해차량은 충돌지점 50미터 전방에서부터 중앙선을 침범하여 피고인의 차량진행 전방으로 달려왔음으로 피고인이 전방주시를 게을리하지 않았더라면 본 건 피해차량을 보다 원거리에서 발견하고 충돌 등 사고발생 예방에 필요한 조치를 취하였어야 할 것임에도 불구하고 위와 같은 도로의 상태를 감안하지 않고 과속으로 질주하였음으로 본건 피해 차량을 너무 늦게 발견하여 본 건 충돌을 하게 하였음은 기록상 명백하여 피고인이 본건 충돌에 있어서 업무상주의의무를 다하지 못한 잘못이 있다고 하여야 할 것인데 원심 및 제1심은 형법268조의 업무상 과실치사상죄에 있어서의 업무상과실에 대한 법리를 오해하고 피고인에게 무죄를 선고하였다는 것인바 원심이유지한 제1심은 그 판결에서 인용한 적법한 증거에 의하여 본건 충돌지점인 도로로는 아스팔트로 포장된 평탄한 노폭 18.86미터의 도로로서 중앙선 표시가 되어 있으며 피고인은 자동차를 운전하여 위 지점을 시속 50키로미터에 가까운 속도로 중앙선 옆1차선 해당부분을 서울을 향하여 진행하고 있던 중 전방 10미터지점에서 갑자기 중앙선 건너편의 반대방향(서울에서 시흥방면)에서 진행하던 본건 피해차량인 삼륜차가 시속50키로미터의 속력으로 중앙선을 침범하여 피고인이 운전하던 자동차정면으로 진행하여 왔음으로 피고인은 급제동조치를 취했으나 진행탄력으로 미급하여 동 삼륜차와 정면 충돌한 사실과 당시 피고인은 급제동조치를 취하는 외에 다른 응급조치를 취할 겨를이 없었다는 사실을 인정하였는데 위 증거를 기록에 의해서 검토한 바 위 인정은 능히 긍정할 수 있는 바이고 한편 동 판결에는 피해차량인 삼륜차가 피고인이 볼 수 있는 지점에서 중앙선을 침범하였다가 다시 넘어가는 등 교통법규를 지키지 않고 운행하여 오는 등의 특별한 사정이 없었다는 취지가 되어있는데 동 설시도 일건기록에 비추어 시인되는 바 자동차를 운전하는 자는 상대방향에서 운행하여 오는 차량이(자동차, 삼륜차등 운전면허시험에 합격한 자만이 그 면허증을 교부받고 운전할 수 있는 차량을 말한다)중앙선을 침범하여 자기가 운전하는 차량전방에 진입하는 등의 기색을 엿 볼 수 있는 특별한 사정이 없는 상황하에서는 그 차량이 교통법규를 준수할 것이고 따라서 중앙선을 침범하고 자기가 운전하는 차량전방에 진입하는 일은 없을 것이라고 믿고 운행하는 것은 의당 시인되어 마땅하다고 할 것이므로 이와 같은 상황하에서 상대방에서 운행해 오던 차량이 교통법규를 어기고 중앙선을 침범하여 자기가 운전하는 차량 전방에 진입할 것까지를 예견하고 감속을 하는 등 충돌을 사전에 방지할 조치를 강구하지 않으면 안될 업무상의 주의의무가 있는 것이 아니라 할 것이고 이런 경우에 상대방의 차량이 중앙선을 침범하고 그로 인하여 충돌등 사고가 발생하였을 때에는 그의 직접적인 원인은 상대방의 차량에 있다고 하여야 할 것인즉

원판결에서 적법하게 인정한 전시 사실에 의하며는 피고인은 상대방향에서 운행하여 오던 피해차량이 교통법규를 어기고 중앙선을 넘어서 피고인이 운전하던 차량의 진행전방으로 돌입하지 않으리라고 믿고 본건 사고지점을 시속 약 50키로미터의 속도로 운행하던 중 상대방향에서 약 시속 50키로미터로 진행하여 오던 피해차량이 돌연 교통법규를 어기고 중앙선을 넘어 피고인의 차량 진행전방 10미터지점에 진입하므로 다음 응급조치를 취할 겨를이 없이 급제동을 취했으나 진행 탄력으로 미급하여 동 삼륜차와 충돌하였음이 명백한 바 피고인이 위 피해차량이 교통법규를 어기고 중앙선을 넘어 피고인이 운전하는 차량의 진행전방으로 돌입하지 않으리라고 믿고 본건 사고지점을 운행한 소위는 제1심에서 인정한 전시 사정하에서 의당 시인되어야 할 것이고 본건 충돌은 피해차량이 위와 같은 교통법규를 어기고 운행한데 그 직접적인 원인이 있었다고 할 것이고 피고인이 교통법규를 다소 어기고 제한 속도를 약간 넘어 운행하였다고 하더라도 그가 앞서 말한 바의 신뢰할 수 있는 상황하에서의 운행였음이 명백한 이상 피고인에게 본건 충돌의 책임은 물을 수 없는 것이라고 하여야 할 것이다. 그러므로 같은 취지에서 피고인에게 무죄를 선고한 원판결은 정당하고 피고인이 동 지점에서 속도를 감속하지 않고 오히려 제한속도인 시속 40키로미터를 넘어 시속 50키로미터로 운행하였고 전방주시를 게을리 하여 뒤늦게 피해차량의 돌입을 발견하는 등 업무상의 주의의무를 다하지 못하였다는 상고이유는 부당하다 할 것이어서 본건 상고는 형사소송법 제390조, 399조, 364조 4항의 규정에 의하여 기각을 면치 못할 것이다.

이상의 이유로서 관여법관의 일치된 의견으로 본건 상고를 기각하기로 하고 주문과 같이 판결한다.

Chapter 7. 앞지르기 방법 위반과 양보운전

[1] 앞지르기 및 끼어들기 금지

① 모든 차의 운전자는 다른 차를 앞지르려면 앞차의 좌측으로 통행해야 합니다(「도로교통법」제21조제1항).

② 자전거등의 운전자는 서행하거나 정지한 다른 차를 앞지르려면 제1항에도 불구하고 앞차의 우측으로 통행할 수 있다. 이 경우 자전거등의 운전자는 정지한 차에서 승차하거나 하차하는 사람의 안전에 유의하여 서행하거나 필요한 경우 일시정지해야 합니다(「도로교통법」 제21조제2항).

③ 앞지르려고 하는 모든 차의 운전자는 반대방향의 교통과 앞차 앞쪽의 교통에도 주의를 충분히 기울여야 하며, 앞차의 속도·진로와 그 밖의 도로상황에 따라 방향지시기·등화 또는 경음기(警音機)를 사용하는 등 안전한 속도와 방법으로 앞지르기를 해야 합니다(「도로교통법」제21조제3항).

④ 모든 차의 운전자는 위의 방법 및 갓길 통행금지 등(「도로교통법」제60조제2항)에 따른 방법으로 앞지르기를 하는 차가 있을 때에는 속도를 높여 경쟁하거나 그 차의 앞을 가로막는 등의 방법으로 앞지르기를 방해해서는 안 됩니다(「도로교통법」제21조제4항).

[2] 앞지르기 금지의 시기 및 장소

① 모든 차의 운전자는 다음 어느 하나에 해당하는 경우에는 앞차를 앞지르지 못합니다(「도로교통법」제22조제1항).
  - 앞차의 좌측에 다른 차가 앞차와 나란히 가고 있는 경우
  - 앞차가 다른 차를 앞지르고 있거나 앞지르려고 하는 경우

② 모든 차의 운전자는 다음 어느 하나에 해당하는 다른 차를 앞지르지 못합니다(「도로교통법」제22조제2항).
  - 「도로교통법」이나 「도로교통법」에 따른 명령에 따라 정지하거나 서행하고 있는 차
  - 경찰공무원의 지시에 따라 정지하거나 서행하고 있는 차
  - 위험을 방지하기 위하여 정지하거나 서행하고 있는 차

③ 모든 차의 운전자는 다음 어느 하나에 해당하는 곳에서는 다른 차를 앞지르지 못합니다(「도로교통법」제22조제3항).
  - 교차로
  - 터널 안
  - 다리 위
  - 도로의 구부러진 곳, 비탈길의 고갯마루 부근 또는 가파른 비탈길의 내리막 등 시·도경찰청장이 도로에서의 위험을 방지하고 교통의 안전과 원활한 소통을 확보하기 위하여 필요하다고 인정하는 곳으로서 안전표지로 지정한 곳

[3] 위반 시 제재

위반 행위	범칙금	벌점
앞지르기 방법위반	승합차 등: 7만원 승용차 등: 6만원 이륜차 등: 4만원 자전거 등: 3만원	10
앞지르기 금지시기·장소위반	승합차 등: 7만원 승용차 등: 6만원 이륜차 등: 4만원 자전거 등: 3만원	15
앞지르기 방해금지 위반	승합차 등: 5만원 승용차 등: 4만원 이륜차 등: 3만원 자전거 등: 2만원	-

[4] 교통정리가 없는 교차로에서의 양보운전

① 교통정리를 하고 있지 않는 교차로에 들어가려고 하는 차의 운전자는 이미 교차로에 들어가 있는 다른 차가 있을 때에는 그 차에 진로를 양보해야 합니다(「도로교통법」제26조제1항).

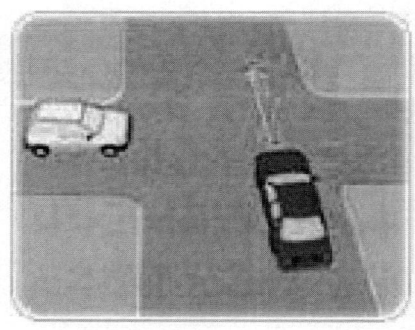

② 교통정리를 하고 있지 않는 교차로에 들어가려고 하는 차의 운전자는 그 차가 통행하고 있는 도로의 폭보다 교차하는 도로의 폭이 넓은 경우에는 서행해야 하며, 폭이 넓은 도로로부터 교차로에 들어가려고 하는 다른 차가 있을 때에는 그 차에 진로를 양보해야 합니다(「도로교통법」제26조제2항).

③ 교통정리를 하고 있지 않는 교차로에 동시에 들어가려고 하는 차의 운전자는 우측 도로의 차에 진로를 양보해야 합니다(「도로교통법」제26조제3항).

④ 교통정리를 하고 있지 않는 교차로에서 좌회전하려고 하는 차의 운전자는 그 교차로에서 직진하거나 우회전하려는 다른 차가 있을 때에는 그 차에 진로를 양보해야 합니다(「도로교통법」제26조제4항).

[5] 위반시 제재

위반 행위	범칙금
교차로에서의 양보운전 위반	승합차등: 5만원 승용차등: 4만원 이륜차등: 3만원 자전거등: 2만원

[6] 진로 양보

① 모든 차(긴급자동차는 제외함)의 운전자는 뒤에서 따라오는 차보다 느린 속도로 가려는 경우에는 도로의 우측 가장자리로 피하여 진로를 양보해야 합니다(「도로교통법」제20조제1항 본문). 다만, 통행구분이 설치된 도로에서는 뒤에 오는 차가 앞지르기 방법에 따라 적법한 방법으로 앞지르기하면 되므로 위 규정이 적용되지 않습니다(「도로교통법」제20조제1항 단서).

② '긴급자동차'란 다음의 자동차로서 그 본래의 긴급한 용도로 사용되고 있는 자동차를 말합니다. 다만, 9.부터 12.까지의 자동차는 이를 사용하는 사람 또는 기관 등의 신청에 의해 시·도경찰청장이 지정하는 경우에만 해당합니다(「도로교통법」 제2조제22호 및 「도로교통법 시행령」제2조제1항).

1. 소방자동차
2. 구급자동차
3. 혈액 공급차량
4. 경찰용 자동차 중 범죄수사·교통단속 그 밖에 긴급한 경찰업무수행에 사용되는 자동차
5. 국군 및 주한국제연합군용 자동차 중 군내부의 질서유지나 부대의 질서있는 이동을 유도하는데 사용되는 자동차
6. 수사기관의 자동차 중 범죄수사를 위하여 사용되는 자동차
7. 다음 어느 하나에 해당하는 시설 또는 기관의 자동차 중 도주자의 체포 또는 피수용자·피관찰자의 호송·경비를 위하여 사용되는 자동차
   가. 교도소·소년교도소·구치소 또는 보호감호소
   나. 소년원 또는 소년분류심사원

다. 보호관찰소

8. 국내외 요인에 대한 경호업무수행에 공무로서 사용되는 자동차

9. 전기사업·가스사업 그 밖의 공익사업기관에서 위험방지를 위한 응급작업에 사용되는 자동차

10. 민방위업무를 수행하는 기관에서 긴급예방 또는 복구를 위한 출동에 사용되는 자동차

11. 도로관리를 위하여 사용되는 자동차 중 도로상의 위험을 방지하기 위한 응급작업 및 운행이 제한되는 자동차를 단속하기 위하여 사용되는 자동차

12. 전신·전화의 수리공사 등 응급작업에 사용되는 자동차와 우편물의 운송에 사용되는 자동차 중 긴급배달 우편물의 운송에 사용되는 자동차 및 전파감시업무에 사용되는 자동차

③ 위에 따른 자동차 외에도 경찰용의 긴급자동차에 의해 유도되고 있는 자동차, 국군 및 주한국제연합군용의 긴급자동차에 의해 유도되고 있는 국군 및 주한국제연합군의 자동차와 생명이 위급한 환자나 부상자 또는 수혈을 위한 혈액을 운반 중인 자동차는 긴급자동차로 봅니다(「도로교통법 시행령」제2조제2항).

④ 긴급자동차는 긴급하고 부득이한 경우에는 도로의 중앙이나 좌측 부분을 통행할 수 있습니다. 모든 차의 운전자는 교차로나 그 부근에서 긴급자동차가 접근하는 경우에는 차마와 노면전차의 운전자는 교차로를 피하여 일시정지해야 하고, 그 외의 곳에서 긴급자동차가 접근한 경우에는 긴급자동차가 우선통행할 수 있도록 진로를 양보해야 합니다(「도로교통법」제29조제1항·제4항·제5항).

[7] 위반시 제재

위반 행위	범칙금
긴급자동차 진로양보의무 위반	승합차등: 7만원 승용차등: 6만원 이륜차등: 4만원 자전거등: 3만원

[8] 저속 운행 차량의 양보

좁은 도로에서 긴급자동차 외의 자동차가 서로 마주보고 진행할 때에는 다음의 구분에 따른 자동차가 도로의 우측 가장자리로 피하여 진로를 양보해야 합니다(「도로교통법」제20조제2항).

- 비탈진 좁은 도로에서 자동차가 서로 마주보고 진행하는 경우에는 올라가는 자동차
- 비탈진 좁은 도로 외의 좁은 도로에서 사람을 태웠거나 물건을 실은 자동차와 동승자(同乘者)가 없고 물건을 싣지 않은 자동차가 서로 마주보고 진행하는 경우에는 동승자가 없고 물건을 싣지 않은 자동차

[9] 앞지르기 위반에 대한 판례

> **판례1** | 진로변경을 금지하는 안전표지인 백색실선이 교통사고처리 특례법 제3조 제2항 단서 제1호에서 정하고 있는 '통행금지를 내용으로 하는 안전표지'에 해당하여 이를 침범하여 교통사고를 일으킨 운전자에 대하여 위 조항 본문의 반의사불벌죄 규정 및 제4조 제1항의 종합보험 가입특례 규정의 적용이 배제되는지 여부(소극) *[대법원 2024. 6. 20.선고 2022도12175 전원합의체 판결]*

【판결요지】

진로변경을 금지하는 안전표지인 백색실선은 교통사고처리 특례법(이하 '교통사고처리법'이라 한다) 제3조 제2항 단서 제1호(이하 ' 단서 제1호 '라 한다)에서 정하고 있는 '통행금지를 내용으로 하는 안전표지'에 해당하지 않으므로, 이를 침범하여 교통사고를 일으킨 운전자에 대하여는 교통사고처리법 제3조 제2항 본문의 반의사불벌죄 규정 및 제4조 제1항 의 종합보험 가입특례 규정(이하 위 각 규정을 합하여 '처벌특례'라 한다)이 적용된다고 보아야 한다. 구체적인 이유는 다음과 같다.

① 단서 제1호 는 '안전표지' 위반의 경우 '통행금지 또는 일시정지'를 내용으로 하는 안전표지를 위반하는 경우로 그 적용 범위를 한정하고 있다. 그런데 도로교통법 시행규칙 제8조 제2항 [별표 6] Ⅱ. 개별기준 제5호 중 일련번호 506(진로변경제한선 표시)에 따르면 백색실선은 교차로 또는 횡단보도 등 차의 진로변경을 금지하는 도로구간에 설치하여 통행하고 있는 차의 진로변경을 제한하는 것을 표시하는 안전표지이다.

② 도로교통법 제6조 제1항은 '도로에서의 위험을 방지하고 교통의 안전과 원활한 소통을 확보하기 위하여 필요하다고 인정한 때'에는 '구간을 정하여 통행을 금지하거나 제한'할 수 있도록 규정하는 한편, 통행금지 또는 제한을 위반한 행위를 같은 법 제156조 제2호에 따라 처벌하고 있다. 반면 도로교통법 제14조 제5항 본문은 '안전표지가 설치되어 특별히 진로변경이 금지된 곳에서는 차마의 진로를 변경하여서는 아니 된다.'고 규정하는 한편, 진로변경금지나 제한을 위반한 행위를 같은 법 제156조 제1호에 따라 처벌하고 있다. 도로교통법 제156조가 제1호와 제2호의 위반 행위에 대하여 동일한 형을 정하고 있기는 하나, 도로교통법은 통행금지와 진로변경금지를 구분하여 규율하면서 처벌 체계를 달리하고 있으므로, 통행금지와 진로변경금지에 관하여 서로 다른 금지규범을 규정한 것으로 보아야 한다. 따라서 진로변경금지 위반을 통행금지 위반으로 보아 단서 제1호 에 해당한다고 보는 것은 문언의 객관적인 의미를 벗어나

피고인에게 불리한 해석을 하는 것이다.

③ 단서 제1호 가 규율하는 것은 크게 신호위반, 통행금지를 내용으로 하는 안전표지 지시위반, 일시정지를 내용으로 하는 안전표지 지시위반의 세 가지이다. 진로변경제한선과 같이 해당 표지에 위반하여 진로를 변경하는 것 자체는 금지되어 있으나, 진로를 변경한 이후 해당 방향으로의 계속 진행이 가능한 경우 그 위반행위를 '통행방법제한'을 위반한 것으로 볼 수는 있어도, 법문언에서 말하는 '통행금지위반'으로 볼 수는 없다.

④ 교통사고처리법 제정 당시부터 현재까지 단서 제1호의 문언은 거의 변동이 없다. 그런데 교통사고처리법 제정 당시 시행되고 있던 구 도로교통법 시행규칙(1982. 6. 21. 내무부령 제376호로 개정되기 전의 것)은 노면표시의 하나로 진로변경제한선을 규정하고 있지 않았다. 그렇다면 입법자는 교통사고처리법을 제정하면서 진로변경을 금지하는 백색실선을 단서 제1호 의 '통행금지를 내용으로 하는 안전표지'로 고려하지 않았다고 보는 것이 합리적이다.

⑤ 진로변경을 금지하는 안전표지인 백색실선이 설치된 교량이나 터널에서 백색실선을 넘어 앞지르기를 하는 경우에는 별도의 처벌특례 배제사유가 규정되어 있으므로(교통사고처리법 제3조 제2항 단서 제4호), 백색실선을 '통행금지를 내용으로 하는 안전표지'로 보지 않는다고 하여 중대 교통사고의 발생 위험이 크게 증가한다고 보기는 어렵다.

⑥ 청색실선으로 전용차로가 구분되어 있는 경우, 전용차로 표시에 관한 도로교통법 시행규칙 제8조 제2항 [별표 6] Ⅱ. 개별기준 제5호 중 일련번호 504에 따르면, 전용차로제가 시행되지 않는 시간대에는 전용차로와 일반차로를 구분하는 청색실선을 위 제5호 중 일련번호 503의 차선표시로 보게 되므로 이 시간대에는 백색실선과 동일한 의미를 가진다. 그런데 백색실선을 단서 제1호 에서 규정하는 '통행금지를 내용으로 하는 안전표지'로 볼 경우, 전용차로제가 시행되는 시간대는 물론 전용차로제가 시행되지 않는 시간대에도 일반 차량의 운전자가 청색실선을 넘어 진로를 변경하는 과정에서 교통사고가 발생하면 처벌특례의 적용을 받을 수 없는 문제가 있다.

【원심판결】

대구지법 2022. 9. 6. 선고 2022노434 판결

【주문】

상고를 기각한다.

【이유】

상고이유를 판단한다.

1. 사건의 개요와 쟁점

가. 이 사건 공소사실의 요지

피고인은 2021. 7. 9. 승용차를 운전하여 편도 4차로 도로의 1차로를 진행하다가 진로변경을 제한하는 안전표지인 백색실선이 설치되어 있어 진로를 변경하지 아니할 업무상 주의의무가 있음에도 1차로에서 2차로로 진로를 변경하였다. 당시 2차로를 따라 진행하던 개인택시의 운전자가 추돌을 피하기 위해 갑자기 정지하였고, 이로 인하여 택시 승객인 피해자가 약 2주간의 치료가 필요한 경추의 염좌 및 긴장 등의 상해를 입었다.

나. 원심의 판단

원심은 도로면의 백색실선이「교통사고처리 특례법」(이하 '교통사고처리법'이라 한다)제3조 제2항 단서 제1호(이하 단서 각호의 규정을 '처벌특례 배제사유'라 하고 그중 제1호를 '단서 제1호'라 한다)에서 정한 '통행금지를 내용으로 하는 안전표지'에 해당하지 않으며, 피고인이 운전한 승용차가 자동차종합보험에 가입되어 있었으므로 이 사건 공소제기의 절차가 법률의 규정을 위반하여 무효인 때에 해당한다고 보아 검사의 공소를 기각한 제1심판결을 그대로 유지하였다.

다. 이 사건의 쟁점

이 사건의 쟁점은 도로상에 안전표지로 표시한 노면표시 중 진로변경제한선 표시인 백색실선이 단서 제1호 에서 정하고 있는 '통행금지를 내용으로 하는 안전표지'에 해당하여 이를 침범하여 교통사고를 일으킨 운전자에 대하여 교통사고처리법 제3조 제2항 본문의 반의사불벌죄 규정 및 제4조 제1항의 종합보험 가입특례 규정(이하 위 각 규정을 합하여 '처벌특례'라 한다)의 적용이 배제되는지 여부이다.

2. 쟁점에 관한 판단

진로변경을 금지하는 안전표지인 백색실선은 단서 제1호에서 정하고 있는 '통행금지를 내용으로 하는 안전표지'에 해당하지 않으므로, 이를 침범하여 교통사고를 일으킨 운전자에 대하여는 처벌특례가 적용된다고 보아야 한다. 구체적인 이유는 다음과 같다 .

가. 단서 제1호는 '안전표지' 위반의 경우 '통행금지 또는 일시정지'를 내용으로 하는 안전표지를 위반하는 경우로 그 적용 범위를 한정하고 있다. 그런데 도로교통법 시행규칙 제8조 제2항 [별표 6] II. 개별기준 제5호 중 일련번호 506(진로변경제한선 표시)에 따르면 백색실선은 교차로 또는 횡단보도 등 차의 진로변경을 금지하는 도로구간에 설치하여 통행하고 있는 차의 진로변경을 제한하는 것을 표시하는 안전표지이다. 도로교통법 제6조는 시·도경찰청장이나 경찰서장은 각 요건에 따라 보행자, 차마 또는 노면전차의 통행을 금지하거나 제한할 수 있고, 그 경우에는 도로관리청에 그 사실을 알리고 도로관리자와 협의하며, 통행금지·제한 사실을 공고하도록 규정하고 있다. 도로교통법 시행규칙 제10조 제1항 [별표 8]을 비롯하여 같은 규칙 제10조

는 그 공고의 구체적인 방법을 규정하고 있으며, 차마의 통행이 금지되는 경우에 관한 안전표지를 만드는 방식, 규격, 설치기준 및 장소, 통행금지구간·기간 및 이유를 명시한 보조표지에 대하여는 도로교통법 시행규칙 제8조 제2항 [별표 6]이 구체적으로 규정하고 있다[위 별표 II. 개별기준 제2호 (나)목 일련번호 201 내지 207, 210 등]. 그런데 진로변경금지의 경우 그 금지 사실을 도로관리청에 알리거나 공고하도록 하는 등의 규정을 두고 있지 않다. 진로변경을 금지하는 안전표지인 백색실선은 도로교통법 시행규칙 제8조 제2항 [별표 6]에 안전표지의 하나로 규정되어 있기는 하나, 통행금지 안전표지와 달리 규제표지가 아닌 노면표시 항목(위 별표 II. 개별기준 제5호 중 일련번호 506)에 규정되어 있을 뿐만 아니라, 금지구간·기간 및 이유를 명시한 보조표지에 관한 규정이 존재하지 않으며, '도로표지의 종류', '표시하는 뜻', '설치기준 및 장소'에 '진로변경을 제한 또는 금지한다.'는 취지의 기재가 있을 뿐 '통행을 금지한다.'는 취지가 기재되어 있지 않아 일반적인 통행금지 안전표지와는 달리 취급되고 있다.

나. 도로교통법 제6조 제1항은 '도로에서의 위험을 방지하고 교통의 안전과 원활한 소통을 확보하기 위하여 필요하다고 인정한 때'에는 '구간을 정하여 통행을 금지하거나 제한'할 수 있도록 규정하는 한편, 통행금지 또는 제한을 위반한 행위를 같은 법 제156조 제2호에 따라 처벌하고 있다. 반면 도로교통법 제14조 제5항 본문은 '안전표지가 설치되어 특별히 진로변경이 금지된 곳에서는 차마의 진로를 변경하여서는 아니 된다.'고 규정하는 한편, 진로변경금지나 제한을 위반한 행위를 같은 법 제156조 제1호에 따라 처벌하고 있다. 도로교통법 제156조가 제1호와 제2호의 위반 행위에 대하여 동일한 형을 정하고 있기는 하나, 도로교통법은 통행금지와 진로변경금지를 구분하여 규율하면서 처벌 체계를 달리하고 있으므로, 통행금지와 진로변경금지에 관하여 서로 다른 금지규범을 규정한 것으로 보아야 한다. 따라서 진로변경금지 위반을 통행금지 위반으로 보아 단서 제1호에 해당한다고 보는 것은 문언의 객관적인 의미를 벗어나 피고인에게 불리한 해석을 하는 것이다.

다. 단서 제1호가 규율하는 것은 크게 신호위반, 통행금지를 내용으로 하는 안전표지 지시위반, 일시정지를 내용으로 하는 안전표지 지시위반의 세 가지이다. 신호위반이나 일시정지 지시위반의 경우에는 도로교통법규의 문언만으로도 비교적 명확하게 그 해당 여부를 알 수 있다. 통행금지의 경우에도, 도로교통법(제15조 제3항)이 직접 정해진 차종 이외의 통행을 금지하고 있는 전용차로 구분선이나, 도로교통법 시행규칙 제8조 제2항 [별표 6] II. 개별기준 제2호 (나)목 일련번호 201 내지 207, 210, 211 등과 같이 위 별표의 도로표지 도안이나 '표시하는 뜻', '설치기준 및 장소' 등에 '통행금지' 또는 '진입금지'라는 문언이 사용된 경우에는 단서 제1호 에 포함된다고 볼 수 있다. 반면 이 사건에서 문제가 된 진로변경제한선과 같이 해당 표지에 위반하여 진로를 변경하는 것 자체는 금지되어 있으나, 진로를 변경한 이후 해당 방향으로의 계속 진행이 가능한 경우 그 위반행위를 '통행방법 제한'을 위반한 것으로 볼 수는 있어도, 법문언에서 말하는 '통행금지위반'으로 볼 수는 없다.

라. 교통사고처리법 제정 당시부터 현재까지 단서 제1호의 문언은 거의 변동이 없다. 그런데 교통사고처리법 제정 당시 시행되고 있던 구 도로교통법 시행규칙(1982. 6. 21. 내무부령 제376호로 개정되기 전의 것)은 노면표시의 하나로 진로변경제 한선을 규정하고 있지 않았다. 그렇다면 입법자는 교통사고처리법을 제정하면서 진로변경을 금지하는 백색실선을 단서 제1호의 '통행금지를 내용으로 하는 안전표 지'로 고려하지 않았다고 보는 것이 합리적이다 .

마. 진로변경을 금지하는 안전표지인 백색실선이 설치된 교량이나 터널에서 백색실선 을 넘어 앞지르기를 하는 경우에는 별도의 처벌특례 배제사유가 규정되어 있으므 로(교통사고처리법 제3조 제2항 단서 제4호), 백색실선을 '통행금지를 내용으로 하는 안전표지'로 보지 않는다고 하여 중대 교통사고의 발생 위험이 크게 증가한 다고 보기는 어렵다.

바. 청색실선으로 전용차로가 구분되어 있는 경우, 전용차로 표시에 관한 도로교통법 시행규칙 제8조 제2항 [별표 6] II. 개별기준 제5호 중 일련번호 504에 따르면, 전용차로제가 시행되지 않는 시간대에는 전용차로와 일반차로를 구분하는 청색실 선을 위 제5호 중 일련번호 503의 차선표시로 보게 되므로 이 시간대에는 백색실 선과 동일한 의미를 가진다. 그런데 백색실선을 단서 제1호에서 규정하는 '통행금 지를 내용으로 하는 안전표지'로 볼 경우, 전용차로제가 시행되는 시간대는 물론 전용차로제가 시행되지 않는 시간대에도 일반 차량의 운전자가 청색실선을 넘어 진로를 변경하는 과정에서 교통사고가 발생하면 처벌특례의 적용을 받을 수 없는 문제가 있다 .

3. 판례 변경의 범위

이와 달리 도로교통법 제14조 제5항에 따라 통행하고 있는 차의 진로변경을 금지하는 안전표지인 백색실선이 단서 제1호에서 규정하는 '통행금지를 내용으로 하는 안전표 지'에 해당한다고 판단한 대법원 2004. 4. 28. 선고 2004도1196 판결 등은 이 판결 의 견해에 배치되는 범위 내에서 변경하기로 한다.

4. 이 사건에 대한 판단

이 사건 공소사실을 앞서 본 법리에 따라 살펴보면, 피고인이 진로변경을 금지하는 안 전표지인 백색실선을 넘어 주행한 것은 단서 제1호에서 규정한 '통행금지를 내용으로 하는 안전표지'를 위반하여 운전한 경우에 해당하지 않으므로 이로 인한 업무상과실치 상죄에 대하여는 처벌특례가 적용된다. 그런데 이 사건 당시 피고인이 운전한 승용차가 자동차종합보험에 가입되어 있었음은 원심이 인정한 바와 같으므로, 처벌특례에 따라 검사의 공소제기는 그 절차가 법률의 규정을 위반하여 무효인 때에 해당한다.

같은 취지의 원심판단은 정당하고, 거기에 상고이유 주장과 같은 교통사고처리법상 처벌특례 배제사유에 관한 법리를 오해한 잘못이 없다.

5. 결론

그러므로 상고를 기각하기로 하여, 관여 법관의 일치된 의견으로 주문과 같이 판결한다.

> **판례2** | 도로교통법 제46조 제1항 에서 말하는 '공동 위험행위'의 의미 및 이를 금지하는 취지 / 위 도로교통법 위반(공동위험행위) 범행의 구성요건으로서 행위자의 고의인 '공동의사'의 내용[대법원 2021. 10. 14.선고 2018도10327 판결]

【판결요지】

도로교통법 제46조 제1항은 "자동차 등의 운전자는 도로에서 2명 이상이 공동으로 2대 이상의 자동차 등을 정당한 사유 없이 앞뒤로 또는 좌우로 줄지어 통행하면서 다른 사람에게 위해를 끼치거나 교통상의 위험을 발생하게 하여서는 아니 된다."라고 규정하고 있고, 제150조 제1호에서는 이를 위반한 사람에 대한 처벌규정을 두고 있다. 도로교통법 제46조 제1항에서 말하는 '공동 위험행위'란 2인 이상인 자동차 등의 운전자가 공동으로 2대 이상의 자동차 등을 정당한 사유 없이 앞뒤로 또는 좌우로 줄지어 통행하면서 신호위반, 통행구분위반, 속도제한위반, 안전거리확보위반, 급제동 및 급발진, 앞지르기금지위반, 안전운전의무위반 등의 행위를 하여 다른 사람에게 위해를 주거나 교통상의 위험을 발생하게 하는 것으로, 2인 이상인 자동차 등의 운전자가 함께 2대 이상의 자동차 등으로 위의 각 행위 등을 하는 경우에는 단독으로 한 경우와 비교하여 다른 사람에 대한 위해나 교통상의 위험이 증가할 수 있고 집단심리에 의해 그 위해나 위험의 정도도 가중될 수 있기 때문에 이와 같은 공동 위험행위를 금지하는 것이다.

위와 같은 도로교통법 위반(공동위험행위) 범행에서는 '2명 이상이 공동으로' 범행에 가담하는 것이 구성요건의 내용을 이루기 때문에 행위자의 고의의 내용으로서 '공동의사'가 필요하고, 위와 같은 공동의사는 반드시 위반행위에 관계된 운전자 전부 사이의 의사연락이 필요한 것은 아니고 다른 사람에게 위해를 끼치거나 교통상의 위험을 발생하게 하는 것과 같은 사태의 발생을 예견하고 그 행위에 가담할 의사로 족하다. 또한 공동의사는 사전 공모뿐 아니라 현장에서의 공모에 의한 것도 포함된다.

【원심판결】

인천지법 2018. 6. 15. 선고 2018노758 판결

【주문】

원판결 중 피고인 1에 대한 부분 및 피고인 2 에 대한 유죄 부분(이유무죄 부분 포함)을 파기하고, 이 부분 사건을 인천지방법원에 환송한다. 검사의 피고인 2에 대한 도로교통법 위반(공동위험행위) 부분 및 난폭운전으로 인한 도로교통법 위반 부분에 대한 상고를 기각한다.

【이유】

상고이유를 판단한다.

1. 이 사건 공소사실의 요지

가. 도로교통법 위반(공동위험행위) 및 난폭운전으로 인한 도로교통법 위반

피고인들과 공소외 1, 공소외 2, 공소외 3, 공소외 4, 성명불상자는 2016. 7. 29.경 휴대전화 통화 등을 통해 순차로 연락하여 인천공항고속도로에서 자동차를 운전하면서 약속한 곳에 이르면 최고 속력을 내기 시작해 목표 지점까지 누가 먼저 도착하는지를 가리는 속칭 '롤링 레이싱'을 하기로 마음먹고, 피고인 1과 공소외 1, 공소외 2, 공소외 3, 공소외 4 는 각 자동차를 운전하고 피고인 2 는 공소외 1 의 자동차 조수석에, 성명불상자는 피고인 1의 자동차 조수석에 각 동승하여, 2016. 7. 29. 23:46경 인천 서구 소재 인천공항고속도로 신공항 톨게이트를 통과한 후 대열을 이루어 인천공항고속도로 인천공항 방면으로 진입하였다.

피고인들과 공소외 1, 공소외 2, 공소외 3, 공소외 4 등은 인천공항고속도로 첫 번째 커브 지점에서 1차로에 공소외 2, 공소외 3, 공소외 4의 자동차 순으로, 2차로에 피고인 1 및 공소외 1의 자동차 순으로 앞뒤, 좌우로 줄지어 진행하다가 피고인 1이 2차로 선두에서 비상등을 점등하여 신호를 보내자 그때부터 일제히 급가속하여 피고인 1 및 공소외 2 , 공소외 1, 공소외 3, 공소외 4 순으로 질주하면서 신공항 톨게이트 인근 지점에서부터 인천공항고속도로 신도시 분기점까지 약 19km 구간을 앞뒤, 좌우로 줄지어 진행하면서 제한 최고속도를 초과하여 고속도로를 통행하고, 다른 차량을 급히 앞지르기하는 등 행위를 지속, 반복하였다.

이로써 피고인들과 공소외 1, 공소외 2, 공소외3 , 공소외4 , 성명불상자는 공동으로 2대 이상의 자동차를 정당한 사유 없이 앞뒤로 또는 좌우로 줄지어 통행하면서 다른 사람에게 위해를 끼치거나 교통상의 위험을 발생하게 하고, 공모하여 제한 최고속도를 초과하여 고속도로를 주행하는 등 난폭운전 금지를 위반하였다.

나. 피고인 1의 범인도피교사 및 피고인 2의 범인도피

피고인 1 은 인천지방경찰청 담당 경찰관으로부터 위 가.항 기재 범죄에 관하여 수

사기관에 출석할 것을 요구받자, 2016. 7. 31.경과 2016. 8. 8.경 피고인 2에게 "내가 과속한 것밖에 없는데 폭주로 신고가 들어왔다. 어차피 네가 가서 조사를 받아 봤자 과속한 것으로밖에 처벌되지 않으니 걱정하지 말고 조사를 좀 받아 달라. 내 처가 다음 주에 출산 예정이라서 정신이 없는데 경찰서에 왔다 갔다 할 수 없다."라는 취지로 말하여 피고인 2로 하여금 수사기관에 출석하여 마치 자신이 피고인 1의 자동차를 운전한 것처럼 허위 진술할 것을 마음먹게 하였다.

그에 따라 피고인 2는 2016. 8. 9.경 인천 남동구 소재 인천지방경찰청에 출석하여 담당 경찰관으로부터 신문을 받자 '2016. 7. 29. 23:46경(차량번호 생략) 람보르기니 승용차에 동승자 없이 혼자 직접 운전을 하여 인천공항고속도로에서 주행하였다.'는 취지로 허위 진술하였다.

이로써 피고인 1은 피고인 2로 하여금 범인인 자신을 도피하게 하도록 교사하고, 피고인 2는 벌금 이상의 형에 해당하는 죄를 범한 피고인 1을 도피하게 하였다.

2. 피고인들의 상고이유에 대하여

원심은 판시와 같은 이유로 이 사건 공소사실 중 피고인 1의 범인도피교사 부분(이유무죄 부분 제외)과 피고인 2의 범인도피 부분(이유무죄 부분 제외)을 유죄로 판단하였다. 원심판결 이유를 관련 법리와 적법하게 채택한 증거에 비추어 살펴보면, 원심의 판단에 논리와 경험의 법칙을 위반하여 자유심증주의의 한계를 벗어나거나 범인도피죄, 범인도피교사죄의 성립 등에 관한 법리를 오해한 잘못이 없다.

3. 검사의 상고이유에 대하여

가. 원심은 판시와 같은 이유로 이 사건 공소사실 중 피고인 1의 난폭운전으로 인한 도로교통법 위반 부분(유죄 부분 제외)과 피고인 2의 도로교통법 위반(공동위험행위) 부분, 난폭운전으로 인한 도로교통법 위반 부분에 대하여 범죄의 증명이 없다고 보아, 이를 무죄로 판단하였다. 원심판결 이유를 관련 법리와 기록에 비추어 살펴보면, 원심의 판단에 논리와 경험의 법칙을 위반하여 자유심증주의의 한계를 벗어나거나 공동정범에서의 공모, 기능적 행위지배에 관한 법리를 오해한 잘못이 없다.

나. 원심은 판시와 같은 이유로 이 사건 공소사실 중 피고인 1의 도로교통법 위반(공동위험행위) 부분, 범인도피교사 부분(유죄 부분 제외)과 피고인 2의 범인도피 부분(유죄 부분 제외)에 대하여 범죄의 증명이 없다고 보아, 이를 무죄로 판단하였다. 원심판결 이유를 관련 법리와 기록에 비추어 살펴보면, 원심의 판단 중 아래 다.항과 같이 검사의 상고이유 주장을 받아들이는 부분을 제외한 나머지 부분에 논리와 경험의 법칙을 위반하여 자유심증주의의 한계를 벗어나거나 도로교통법 위반(공동위험행위)죄의 성립 등에 관한 법리를 오해한 잘못이 없다.

다. 그러나 원심이 이 사건 공소사실 중 피고인 1의 도로교통법 위반(공동위험행위)

부분 가운데 공소외 1과 공동하여 저지른 부분 및 이 부분에 관한 피고인 1의 범인도피교사, 피고인 2 의 범인도피 부분에 대하여까지 무죄로 판단한 것은 다음과 같은 이유에서 그대로 받아들이기 어렵다.

1) 도로교통법 제46조 제1항은 "자동차 등의 운전자는 도로에서 2명 이상이 공동으로 2대 이상의 자동차 등을 정당한 사유 없이 앞뒤로 또는 좌우로 줄지어 통행하면서 다른 사람에게 위해를 끼치거나 교통상의 위험을 발생하게 하여서는 아니 된다."라고 규정하고 있고, 제150조 제1호에서는 이를 위반한 사람에 대한 처벌규정을 두고 있다. 도로교통법 제46조 제1항에서 말하는 '공동 위험행위'란 2인 이상인 자동차 등의 운전자가 공동으로 2대 이상의 자동차 등을 정당한 사유 없이 앞뒤로 또는 좌우로 줄지어 통행하면서 신호위반, 통행구분위반, 속도제한위반, 안전거리확보위반, 급제동 및 급발진, 앞지르기금지위반, 안전운전의무위반 등의 행위를 하여 다른 사람에게 위해를 주거나 교통상의 위험을 발생하게 하는 것으로, 2인 이상인 자동차 등의 운전자가 함께 2대 이상의 자동차 등으로 위의 각 행위 등을 하는 경우에는 단독으로 한 경우와 비교하여 다른 사람에 대한 위해나 교통상의 위험이 증가할 수 있고 집단심리에 의해 그 위해나 위험의 정도도 가중될 수 있기 때문에 이와 같은 공동 위험행위를 금지하는 것이다(대법원 2007. 7. 12. 선고 2006도5993 판결 참조).

2) 위와 같은 도로교통법 위반(공동위험행위) 범행에서는 '2명 이상이 공동으로' 범행에 가담하는 것이 구성요건의 내용을 이루기 때문에 행위자의 고의의 내용으로서 '공동의사'가 필요하고, 위와 같은 공동의사는 반드시 위반행위에 관계된 운전자 전부 사이의 의사의 연락이 필요한 것은 아니고 다른 사람에게 위해를 끼치거나 교통상의 위험을 발생하게 하는 것과 같은 사태의 발생을 예견하고 그 행위에 가담할 의사로 족하다. 또한 그 공동의사는 사전 공모뿐 아니라 현장에서의 공모에 의한 것도 포함된다.

3) 피고인이 범죄구성요건의 주관적 요소인 공동의사를 부인하는 경우, 그 공동의사 자체를 객관적으로 증명할 수는 없으므로 사물의 성질상 공동의사와 관련성이 있는 간접사실 또는 정황사실을 증명하는 방법으로 이를 증명할 수밖에 없다. 이때 무엇이 관련성이 있는 간접사실 또는 정황사실에 해당하는지를 판단할 때에는 정상적인 경험칙에 바탕을 두고 치밀한 관찰력이나 분석력으로 사실의 연결상태를 합리적으로 판단하는 방법으로 하여야 한다 (고의의 증명에 관한 대법원 2019. 3. 28. 선고 2018도16002 전원합의체 판결 등 참조).

4) 원심판결 이유와 원심이 적법하게 채택한 증거들에 의하여 알 수 있는 다음과 같은 사정을 앞서 본 법리에 비추어 살펴보면, 피고인 1은 공소외 1과 공동으

로 2대의 자동차를 정당한 사유 없이 앞뒤로 또는 좌우로 줄지어 통행하면서 속도제한위반 등의 행위를 하여 다른 사람에게 위해를 끼치거나 교통상의 위험을 발생하게 하는 '공동 위험행위'를 하였다고 봄이 상당하다.

가) 피고인 1과 공소외 1은 평소 잘 알고 지내던 사이로서, 이 사건 범행 당일인 2016. 7. 29. 서울 강남구 신사동 가로수길 인근에서 만나 함께 을왕리 해수욕장에 가기로 약속한 다음 각자 자동차를 운전하여 출발하였는데, 그 과정에서 서로 수회 전화통화를 주고받았다. 공소외 1은 BMW i8 자동차를 운전하여 같은 날 23:45:31경 인천공항고속도로 신공항 톨게이트를 통과한 직후 도로 우측에 정차하였고, 약 30초 후 피고인 1이 운전한 람보르기니 자동차가 위 톨게이트를 통과하자 이에 합류하여 함께 주행하였다. 피고인 1과 공소외 1은 인천공항고속도로를 함께 주행하여 목적지인 을왕리 해수욕장까지 가기로 한 것으로 보인다.

나) 피고인 1은 위 톨게이트를 통과한 후 첫 번째 커브 지점을 지나 직선도로가 나타날 무렵인 같은 날 23:47:21경 위 자동차를 운전하여 2차로를 주행하던 중 상향등을 켠 직후 급가속하기 시작하였고, 피고인 1의 자동차 바로 뒤에서 주행하던 공소외 1도 속도를 올려 피고인 1의 자동차를 뒤따라 주행하였는데, 그 과정에서 공소외 1은 2차로의 선행 차량을 피하기 위해 급하게 감속한 후 3차로로 차선을 변경하기도 하였는바, 이 지점에 설치된 27번 CCTV 영상을 통해 분석한 피고인 1과 공소외 1의 자동차의 속도는 각 시속 200km이고, 27번 CCTV가 설치된 지점부터 24번 CCTV가 설치된 지점까지 약 2.7km 구간에서 피고인 1과 공소외 1의 자동차의 평균속도는 각 시속 189km로 산출되었다.

다) 피고인 1과 공소외 1은 위 구간 이외에도 인천공항고속도로 신공항 톨게이트를 통과하여 인천공항고속도로 신도시 분기점에 이르는 약 19km 구간을 주행하면서 여러 구간에서 앞뒤로 또는 좌우로 줄지어 제한속도인 시속 100km를 현저히 초과하여 주행하였다.

라) 이 사건 당시는 비가 내리는 야간이었고 위 고속도로에는 공항버스를 비롯한 다수의 자동차가 있었던 상황이었으므로, 비록 교통사고가 발생하지는 않았더라도 피고인 1과 공소외 1의 위와 같은 주행으로 인하여 교통상의 위험이 야기되었고 실제 위험을 느낀 자동차 운전자가 112신고를 하기도 하였다.

마) 앞서 본 바와 같은 피고인 1과 공소외 1의 관계, 공통된 출발지와 목적지 및 주행 경로, 주행 속도, 주행 방법, 당시의 도로 상황 등에 비추어 보면, 피고인 1은 자신이 급가속을 하면서 속도제한을 위반하여 주행하면 함께 주행하던 공소외 1도 이에 편승하여 자신을 따라올 것을 충분히 예견할 수 있었고 실제로 공소외 1이 자신과 같이 속도제한을 위반하여 주행하고 있는 것을 인식하였다고 보이며, 공소외 1 역시 앞서가는 피고인 1의 행위를 인식하고서 이에 동

참하여 위와 같은 행위를 하였다고 보이는바, 피고인 1과 공소외 1에게는 공동위험행위에 관한 공동의사가 있었다고 봄이 상당하다.

5) 그럼에도 원심은 판시와 같은 이유로 피고인 1이 공소외 1과 공동으로 저지른 도로교통법 위반(공동위험행위) 부분을 무죄로 판단하고, 이 부분에 관한 피고인 1의 범인도피교사, 피고인 2 의 범인도피 부분 또한 무죄로 판단하였다. 이러한 원심의 판단에는 논리와 경험의 법칙을 위반하여 자유심증주의의 한계를 벗어나고 도로교통법 위반(공동위험행위)죄의 성립 등에 관한 법리를 오해하여 판결에 영향을 미친 잘못이 있다. 이 점을 지적하는 취지의 검사의 상고이유 주장은 이유 있다[단 위 부분을 넘어, 피고인 1이 공소외 2, 공소외 3, 공소외 4 등과 공동하여 저지른 도로교통법 위반(공동위험행위) 부분 및 이 부분에 관한 피고인 1 의 범인도피교사, 피고인 2의 범인도피 부분에 대한 검사의 상고이유 주장을 받아들이지 않음은 앞서 본 바와 같다].

4. 파기의 범위

위와 같은 이유로 원심판결 중 피고인 1이 공소외 1과 공동하여 저지른 도로교통법 위반(공동위험행위) 부분 및 이 부분에 관한 피고인 1의 범인도피교사, 피고인 2의 범인도피 부분은 각 파기되어야 한다.

그런데 피고인 1의 경우 위 각 파기 부분은 나머지 도로교통법 위반(공동위험행위) 부분 및 나머지 범인도피교사 부분과는 각 일죄의 관계에 있고, 도로교통법 위반(공동위험행위) 부분과 난폭운전으로 인한 도로교통법 위반 부분은 상상적 경합의 관계에 있는바, 원심판결 중 피고인 1 에 대한 부분은 전부 파기되어야 한다. 또한 피고인 2의 경우 위 파기 부분은 나머지 범인도피 부분과 일죄의 관계에 있는바, 원심판결 중 피고인 2 에 대한 유죄 부분(이유무죄 부분 포함)은 파기되어야 한다.

5. 결론

그러므로 원심판결 중 피고인 1에 대한 부분 및 피고인 2에 대한 유죄 부분(이유무죄 부분 포함)을 파기하고, 이 부분 사건을 다시 심리·판단하도록 원심법원에 환송하며, 검사의 피고인 2 에 대한 도로교통법 위반(공동위험행위) 부분 및 난폭운전으로 인한 도로교통법 위반 부분에 대한 상고는 이유 없으므로 이를 기각하기로 하여, 관여 대법관의 일치된 의견으로 주문과 같이 판결한다.

판례3 | 좌로 굽은 도로에서 운전자가 무리하게 앞지르기를 시도하여 중앙선을 침범하여 일어난 사고[대법원 2013. 10. 24. 선고 2013다208074 판결]

【판결요지】

갑이 차량을 운전하여 지방도 편도 1차로를 진행하던 중 커브길에서 중앙선을 침범하여 반대편 도로를 벗어나 도로 옆 계곡으로 떨어져 동승자인 을이 사망한 사안에서, 좌로 굽은 도로에서 운전자가 무리하게 앞지르기를 시도하여 중앙선을 침범하여 반대편 도로로 미끄러질 경우까지 대비하여 도로 관리자인 지방자치단체가 차량용 방호울타리를 설치하지 않았다고 하여 도로에 통상 갖추어야 할 안전성이 결여된 설치·관리상의 하자가 있다고 보기 어려운데도, 이와 달리 본 원심판결에 법리오해의 위법이 있다고 한 사례.

【원심판결】

서울중앙지법 2013. 6. 13. 선고 2012나58011 판결

【주문】

원심판결 중 피고 패소 부분을 파기하고, 이 부분 사건을 서울중앙지방법원 합의부에 환송한다.

【이유】

상고이유를 살펴본다.

1. 국가배상법 제5조 제1항에 규정된 '영조물 설치·관리상의 하자'는 공공의 목적에 공여된 영조물이 그 용도에 따라 통상 갖추어야 할 안전성을 갖추지 못한 상태에 있음을 말한다. 그리고 위와 같은 안전성의 구비 여부는 영조물의 설치자 또는 관리자가 그 영조물의 위험성에 비례하여 사회통념상 일반적으로 요구되는 정도의 방호조치의무를 다하였는지를 기준으로 판단하여야 하고, 아울러 그 설치자 또는 관리자의 재정적·인적·물적 제약 등도 고려하여야 한다. 따라서 영조물인 도로의 경우도 그 설치 및 관리에 있어 완전무결한 상태를 유지할 정도의 고도의 안전성을 갖추지 아니하였다고 하여 하자가 있다고 단정할 수는 없고, 그것을 이용하는 자의 상식적이고 질서 있는 이용 방법을 기대한 상대적인 안전성을 갖추는 것으로 족하다고 할 것이다(대법원 2002. 8. 23. 선고 2002다9158 판결 등 참조).

2. 원심은 그 채용 증거를 종합하여, 소외 1이 2009. 7. 9. 14:00경 사고 차량을 운전하여 강원도 철원군 갈말읍 부근 463 지방도 편도 1차로를 서면 자등리 방면에서 신철원 방면으로 진행하던 중 좌로 굽은 커브길에서 중앙선을 침범하여 반대편 도로를 벗어나 도로 옆 약 24m 깊이의 계곡으로 떨어져 동승자이던 소외 2가 사망하는 사고(이하 '이 사건 사고'라고 한다)가 발생한 사실을 인정한 다음, ① 이 사건 사고지점은 사고 차량 진행방향으로 좌로 굽은 내리막 도로이고, 도로 폭이 좁은 편도 1차로의 도로여서 비나 눈이 많이 오는 경우 그 지점을 같은 방향으로 진행하는 차량은 그대로 미끄러지면서 중앙선을 침범하여 반대편으로 진입할 가능성이 큰 점, ② 이 사건

사고가 발생한 도로 옆에는 약 24m 깊이의 계곡이 있어 차량이 도로를 벗어나는 경우 계곡으로 추락하여 대형 사고가 발생할 가능성이 큰 점, ③ 이 사건 사고가 발생한 도로에는 미끄럼방지포장이 되어 있지 않았던 점, ④ 이 사건 사고지점 부근에는 가드 레일이 설치되어 있었으나, 사고 차량이 추락한 지점에는 가드레일이 설치되지 않았고, 위와 같은 시설을 설치하는 데 드는 비용이 피고가 감당할 수 있는 범위를 넘는 것으로 보기 어려운 점, ⑤ 국토해양부령인 '도로안전시설설치 및 관리지침'은 노측 높이에 비하여 비탈면 경사가 심한 구간, 도로가 바다·호수·하천·늪지·수로 등에 인접한 구간, 곡선 반경이 300m 미만인 도로에서 전후 선형을 고려하여 필요하다고 인정되는 구간 등에는 원칙적으로 방호울타리를 설치하도록 규정하고 있는 점, ⑥ 방호울타리의 필요성은 그 방호울타리를 따라 정상적인 방향으로 진행하는 차량의 도로이탈 및 사고방지에만 국한하여 인정되는 것이 아니고, 반대방향에서 주행하는 차량이 중앙선을 넘어와 도로를 이탈하려는 경우에도 마찬가지로 인정된다고 보아야 하는 점 등을 종합하여 보면, 이 사건 사고지점의 도로는 그 관리자인 피고가 가드레일 등의 방호울타리를 설치하지 않음으로써 사회통념상 일반적으로 요구되는 정도의 방호조치를 다하지 아니한 하자가 있고, 이러한 도로 설치·관리상의 하자가 이 사건 사고의 발생 및 손해 확대의 한 원인이 되었다고 봄이 상당하다고 판단하였다.

3. 그러나 앞서 본 법리에 비추어 볼 때, 원심의 위와 같은 판단은 다음과 같은 이유에서 그대로 수긍하기 어렵다.

   ① 이 사건 사고지점은 도로와 농로진입로가 만나는 부분으로서 사고 당시에는 그 진입로 위쪽 도로 구간으로는 차량용 방호울타리가 설치되어 있지 않았지만 진입로 아래쪽 도로 구간에는 설치되어 있었고 그 진입로 뒤쪽 농로 부분은 도로와 높이 차이가 별로 없는 평지여서 사고 차량 반대 오르막 차로에서 정상적으로 주행하는 차량이 방호울타리가 설치되지 않은 지점으로 이탈하더라도 평지로 된 농로 부분에 정지할 수 있어 큰 사고로 이어질 가능성이 커 보이지 않는다.

   ② 좌로 굽은 내리막 도로를 정상적으로 진행하는 차량이 중앙선을 침범하여 반대 차로 갓길 쪽으로 미끄러지는 경우는 통상적으로 상정하기 어려운데, 도로안전시설 설치 및 관리지침이 그러한 경우에 대비하여서 까지 방호울타리를 설치하도록 규정하고 있다고는 보기 어렵다.

   ③ 이 사건 사고 차량 진행 방향 내리막 차로에는 미끄럼방지 포장이 설치되어 있는데, 내리막 차로를 진행하는 차량이 중앙선을 침범 운전하는 경우에까지 대비하여 그 반대 차로에도 미끄럼방지 포장을 설치해야 한다고는 볼 수 없다.

   ④ 이 사건 사고는 당시에 비가 많이 내려 노면이 미끄러운 상태에서 승차정원이 5명인 사고 차량에 6명이나 탑승하여 시속 60km에서 70km로 중앙선을 침범해 추

월 운전하다가 발생하였는바, 차량의 중량, 수막현상, 중앙선 침범, 과속 등이 복합적으로 작용하여 발생한 이례적인 사고이다.

⑤ 이 사건 사고 장소에서 이 사건 사고와 유사한 사고가 발생한 적이 있었다는 등의 자료도 제출되지 아니하였다.

위와 같은 점들을 고려하면 좌로 굽은 도로에서 운전자가 무리하게 앞지르기를 시도하여 중앙선을 침범하여 반대편 도로로 미끄러질 경우까지 대비하여 피고가 차량용 방호울타리를 설치하지 않았다고 하여 이 사건 사고가 난 위 도로에 통상 갖추어야 할 안전성이 결여된 설치·관리상의 하자가 있다고 보기 어렵다.

그럼에도 원심은 그 판시와 같은 이유만으로 이 사건 사고가 난 도로의 설치·관리상의 하자가 있다고 보아 피고의 손해배상책임을 인정하였는바, 이는 영조물의 설치·관리상의 하자에 관한 법리를 오해하여 판단을 그르친 것이다.

4. 그러므로 원심판결 중 피고 패소 부분을 파기하고, 이 부분 사건을 다시 심리·판단하도록 원심법원에 환송하기로 하여, 관여 대법관의 일치된 의견으로 주문과 같이 판결한다.

판례4 | 구 도로교통법 제42조의2에서 금지하고 있는 '공동위험행위'의 의미 및 이를 금지하는 취지[대법원 2007. 7. 12. 선고 2006도5993 판결]

【판결요지】

[1] 구 도로교통법(2005. 5. 31. 법률 제7545호로 전문 개정되기 전의 것) 제42조의2에서 말하는 '공동위험행위'란 2인 이상인 자동차 등의 운전자가 공동으로 2대 이상의 자동차 등을 정당한 사유 없이 앞뒤로 또는 좌우로 줄을 지어 통행하면서 신호위반, 통행구분위반, 속도제한위반, 안전거리확보위반, 급제동 및 급발진, 앞지르기금지위반, 안전운전의무위반 등의 행위를 하여 다른 사람에게 위해를 주거나 교통상의 위험을 발생하게 하는 것으로, 2인 이상인 자동차 등의 운전자가 함께 2대 이상의 자동차 등으로 위의 각 행위 등을 하는 경우에는 단독으로 한 경우와 비교하여 다른 사람에 대한 위해나 교통상의 위험이 증가할 수 있고 집단심리에 의해 그 위해나 위험의 정도도 가중될 수 있기 때문에, 이와 같은 공동위험행위를 금지하고 있다.

[2] 2대의 자동차 운전자들이 정당한 사유 없이 고속도로에서 시속 약 90㎞의 속도로 진행하던 차량행렬의 앞으로 끼어들어 시속 약 20㎞ 미만의 저속으로 진행함으로써 뒤따라오는 차량들로 하여금 급격히 속도를 떨어뜨리게 한 행위가 구 도로교통법 제42조의2에서 금지하는 '공동위험행위'에 해당한다고 본 사례.

【원심판결】

서울남부지법 2006. 8. 25. 선고 2006노201 판결

【주문】

원심판결 중 피고인 1, 2에 대한 부분을 파기하고, 이 부분 사건을 서울남부지방법원 합의부에 환송한다. 피고인 3의 상고를 기각한다.

【이유】

상고이유를 본다.

1. 도로교통법 위반죄에 관한 판단

　가. 구 도로교통법(2005. 5. 31. 법률 제7545호로 전문 개정되기 전의 것, 이하 '구 도로교통법'이라고 한다) 제42조의2에서는 '공동위험행위의 금지'를 규정하고 있고, 구 도로교통법 제110조 제1호에서는 제42조의2의 규정을 위반한 사람에 대한 처벌규정을 두고 있는바, 구 도로교통법 제42조의2에서 말하는 '공동위험행위' 란 2인 이상인 자동차 등의 운전자가 공동으로 2대 이상의 자동차 등을 정당한 사유 없이 앞뒤로 또는 좌우로 줄을 지어 통행하면서 신호위반, 통행구분위반, 속도제한위반, 안전거리확보위반, 급제동 및 급발진, 앞지르기금지위반, 안전운전의무위반 등의 행위를 하여 다른 사람에게 위해를 주거나 교통상의 위험을 발생하게 하는 것으로, 2인 이상인 자동차 등의 운전자가 함께 2대 이상의 자동차 등으로 위의 각 행위 등을 하는 경우에는 단독으로 한 경우와 비교하여 다른 사람에 대한 위해나 교통상의 위험이 증가할 수 있고 집단심리에 의해 그 위해나 위험의 정도도 가중될 수 있기 때문에, 이와 같은 공동위험행위를 금지하고 있는 것이다.

　나. 피고인 1, 2에 대한 이 사건 공소사실 중 도로교통법 위반의 점의 요지는 " 피고인 1, 2는 공동하여 2005. 6. 21. 15:50경 서울 강서구 개화동 소재 개화터널 앞 인천 신공항고속도로 공항기점 서울 방면 약 33㎞ 지점 갓길에서, 피고인 1은 코란도 밴 자동차를, 피고인 2는 마이티 화물 자동차를 각 운전하여 정당한 사유 없이 시속 약 90㎞로 진행 중이던 북측 대표단 차량행렬 앞으로 갑자기 끼어들어 앞뒤로 줄을 지어 통행함으로써 교통상의 위험을 발생하게 하였다."는 것이고, 이에 대하여 원심은, 구 도로교통법 제110조 제1호, 제42조의2를 적용하여 피고인 1, 2를 처벌하기 위해서는 위 피고인들이 2대 이상의 자동차 등을 앞뒤로 또는 좌우로 줄을 지어 통행한 것이 원인이 되어 다른 사람에게 위해를 주거나 교통상의 위험을 발생시켰어야 하는데, 위 피고인들의 행위로 인하여 북측 대표단 일행의 차량행렬이 급격히 속력을 떨어뜨리게 되는 등 교통상의 위험이 발생한 사실은 있으나 이러한 교통상의 위험은 위 피고인들이 위 차량행렬 앞으로 갑자기 끼어든 때문이고 위 차량행렬 앞에서 위 피고인들 차량 2대를 앞뒤로 나란히 줄을 지어 진행시켰기 때문은 아니라는 이유로,

이 부분에 대해서 무죄를 선고한 제1심판결을 그대로 유지하였다.

그러나 원심의 위와 같은 판단은 다음과 같은 이유로 받아들이기 어렵다.

원심이 적법하게 채택하여 조사한 증거들에 의하면, 피고인들은 서울 광진구 광장동 소재 쉐라톤 워커힐 호텔에서 개최되는 남북장관급회담에 참석하는 북측 대표단 일행이 인천신공항고속도로를 경유하여 위 호텔로 간다는 사실을 알고는 위 공소사실 기재 일시, 장소에서 차량행렬을 기다린 사실, 피고인들이 있던 지점은 개화터널을 막 통과한 지점으로부터 불과 50m 정도의 거리인데, 개화터널을 통과하는 차량의 운전자들은 터널을 통과하기 전에는 피고인들이 갓길에 있다는 것을 미리 알기 어려운 사실, 피고인들은 북측 대표단 차량행렬의 가장 앞선 선두차량이 터널을 통과하는 것을 보고는 피고인 1은 코란도 자동차를, 피고인 2는 마이티 자동차의 조수석에 피고인 3을 태우고서는 앞뒤로 줄을 지어 갓길에서 대각선 방향으로 곧바로 틀어 3차로로 진입한 사실, 이로 인하여 3차로에서 선두차량을 운행하던 경찰관 공소외인은 급격히 속력을 줄이면서 차선을 변경한 다음 피고인들에게 갓길로 이동하라고 지시한 사실, 그럼에도 피고인 1, 2는 정당한 사유도 없이 위 자동차를 앞뒤로 줄을 지어 시속 약 20km 미만의 속도로 하여 계속해서 3차로로 진행한 사실, 이에 따라 시속 90km 정도의 속도로 선두차량의 뒤를 따르던 나머지 차량행렬들도 급격히 속도를 떨어뜨리게 되었고, 피고인 1, 2의 위와 같은 행위로 말미암아 고속도로에서 약 1분 정도의 정체가 있었던 사실을 알 수 있다.

그렇다면 위 사실관계에서 알 수 있는 바와 같이, 자동차의 운전자인 피고인 1, 2는 터널을 통과하기 전까지는 터널 밖의 상황을 잘 알 수가 없는 차량행렬을 염두에 두고서 앞뒤로 줄을 지어 갑자기 갓길에서 공소외인 운전의 선두차량 앞으로 진입하였을 뿐 아니라 3차로에 진입하고서도 고속도로에서 시속 약 20km 미만의 저속으로 진행을 하여 뒤에서 진행해 오는 차량들로 하여금 급격히 속도를 떨어뜨리게 하여 교통상의 위험을 발생하게 하였다고 보기에 충분하므로, 피고인 1, 2의 위와 같은 행위는 구 도로교통법 제42조의2에서 금지하고 있는 '공동위험행위'에 해당된다고 할 것이다.

이와 달리 위 피고인들의 행위가 구 도로교통법 제42조의2에 해당하지 않는다고 본 원심의 판단에는 구 도로교통법 제42조의2에 관한 법리를 오해한 위법이 있고, 이를 지적하는 검사의 상고이유는 이유가 있다.

2. 집회 및 시위에 관한 법률 위반죄에 관한 판단

가. 검사는 원심이유죄로 인정한 피고인 1, 2에 대한 집회 및 시위에 관한 법률 위반의 점에 대해서도 상고를 제기하였고 위 피고인들 또한 상고를 제기하였으나, 검사는 도로교통법 위반죄에 대한 원심의 위법한 판단이 전제로 되어 부당하다고만

주장하였을 뿐 이 부분 원심판결에 대한 구체적 위법사유의 주장을 한 바 없고, 피고인 1, 2 또한 상고이유서를 제출하거나 상고장에 이유를 기재한 바가 없으므로 상고를 모두 기각할 것이나, 한편 위에서 판단한 도로교통법 위반죄와 형법 제37조 전단의 경합범관계에 있어 양형상 불가분의 관계에 있으므로 이 부분도 함께 파기될 수밖에 없다.

나. 피고인 3의 상고에 대하여

피고인 3은 상고이유서 제출기간 내에 상고이유서를 제출하지 않았고, 상고장에도 상고이유의 기재가 없어 형사소송법 제380조에 의하여 결정으로 상고를 기각할 것이나, 피고인 1, 2에 대한 사건과 함께 판결로 이를 기각하기로 한다.

3. 결론

그러므로 원심판결 중 피고인 1, 2에 대한 부분을 파기하고 이 부분 사건을 다시 심리·판단하게 하기 위하여 원심법원에 환송하며, 피고인 3의 상고를 기각하기로 하여 관여 대법관의 일치된 의견으로 주문과 같이 판결한다.

판례5 | 앞지르기 금지장소에서 선행차량의 양보가 있는 경우, 앞지르기를 할 수 있는지 여부 (소극) *[대법원 2005. 1. 27. 선고 2004도8062 판결]*

【판결요지】

도로교통법 제20조의2는 "모든 차의 운전자는 다음 각 호의 1에 해당하는 곳에서는 다른 차를 앞지르지 못한다."고 규정하여 일정한 장소에서의 앞지르기를 금지하고 있으므로, 같은 조의 각 호에 해당하는 곳에서는 도로교통법 제18조에 의하여 앞차가 진로를 양보하였다 하더라도 앞지르기를 할 수 없다.

【원심판결】

대전지법 2004. 11. 5. 선고 2004노2169 판결

【주문】

원심판결을 파기하고, 사건을 대전지방법원 본원 합의부에 환송한다.

【이유】

1. 공소사실의 요지

피고인은 (번호생략) 승용차를 운전하는 자로서 2004. 3. 29. 12:25경 위 승용차를 운전하여 충남 태안군 원북면 황촌리 입구 고개마루 앞 노상을 학암포 방면에서 원북면 방면으로 진행함에 있어, 그 곳은 고개마루 방면으로 경사가 있는 오르막길이어서

앞지르기 금지장소에 해당함에도 불구하고, 중앙선을 넘어 선행하는 트럭을 추월하여 앞지르기를 하였다.

2. 원심의 판단

원심은, 그 채용 증거들을 종합하여, 피고인이 앞지르기를 한 장소는 좌로 굽은 오르막길로서 고개마루 부근인 사실이 인정되므로, 이 장소는 도로교통법 제20조의2 소정의 앞지르기 금지장소에 해당하기는 하나, 피고인은 이 사건 적발 당시부터 원심에 이르기까지 앞서가던 차량이 피고인에게 앞지르기를 하라고 신호하여 앞지르기를 한 것이라고 일관되게 주장하는바, 앞지르기 금지장소에서는 선행 차량이 양보한 경우에도 앞지르기를 할 수 없는 것인지 보건대, 도로교통법 제18조에서는 "긴급자동차를 제외한 모든 차는 통행구분이 설치된 도로의 경우를 제외하고는 같은 법 제14조의 규정에 의한 통행의 우선순위상 앞순위의 차가 뒤를 따라 오는 때에는 도로의 우측가장자리로 피하여 진로를 양보하여야 하고(제1항), 통행의 우선순위가 같거나 뒷순위인 차가 뒤에서 따라오는 때에 그 따라오는 차보다 계속하여 느린 속도로 가고자 하는 경우에도 도로의 우측가장자리로 피하여 진로를 양보하여야 한다(제2항)."고 규정하고 있고, 도로교통법 제14조, 도로교통법시행규칙 제12조 제1항을 종합하여 보면 피고인이 운행하던 승용차와 앞서가던 트럭은 통행의 우선순위가 같은 차량이므로, 이 사건에 있어 선행하던 트럭이 피고인 운전의 승용차보다 느린 속도로 가고자 진로를 양보하였다면 피고인으로서는 앞지르기 금지장소이더라도 앞지르기를 할 수 있다고 할 것이고, 나아가 과연 피고인보다 선행하던 트럭이 피고인에게 진로를 양보하지 않았는데도 피고인이 앞지르기를 하였는지 보건대, 제1심 증인 공소외인의 제1심법정에서의 진술과 그 밖에 검사가 제출한 증거만으로는 피고인보다 선행하던 트럭이 피고인에게 진로를 양보하지 않았는데도 피고인이 앞지르기를 하였다는 사실에 관하여 합리적인 의심을 할 여지가 없을 정도로 증명되었다고 보기 어려워 이 사건 공소사실은 범죄의 증명이 없는 때에 해당한다고 판단하여, 이 사건 공소사실을 유죄로 인정한 제1심판결을 파기하고 무죄를 선고하였다.

3. 대법원의 판단

그러나 위와 같은 원심의 판단은 다음과 같은 이유로 수긍하기 어렵다.

도로교통법 제20조의2는 "모든 차의 운전자는 다음 각 호의 1에 해당하는 곳에서는 다른 차를 앞지르지 못한다."고 일정한 장소에서의 앞지르기를 금지하고 있으므로, 같은 조의 각호에 해당하는 곳에서는 도로교통법 제18조에 의하여 앞차가 진로를 양보하였다 하더라도 앞지르기를 할 수 없다고 할 것이다.

그럼에도 불구하고, 원심은 피고인이 앞지르기 금지장소인 도로교통법 제20조의2 제3호의 '비탈길의 고개마루 부근'에서 앞지르기 한 사실을 인정하고서도, 앞차가 피고인에게 진로를 양보하지 않았는데도 피고인이 앞지르기를 하였다는 사실에 대하여 증거가 없다는 이유로 이 사건 공소사실에 대하여 무죄를 선고하였으니, 원심에는 앞지르기 금지에 관한 법리를 오해한 나머지 판결 결과에 영향을 미친 위법이 있다고 할 것이다.

4. 결론

그러므로 원심판결을 파기하고, 사건을 다시 심리·판단하게 하기 위하여 원심법원에 환송하기로 하여 관여 법관의 일치된 의견으로 주문과 같이 판결한다.

판례6 │ 열차 기관사가 경광등이 설치된 구내 통로의 건널목에 진입하면서 미리 기적을 울려야 할 주의의무의 유무(소극)[대법원 1998. 5. 22., 선고, 97다57528, 판결]

【판결요지】

[1] 철도건널목의 보안설비에 영조물의 설치·관리상의 하자가 있다고 할 수 있는 것인지 여부는 건널목이 설치된 위치, 통행하는 교통량, 부근의 상황 특히 건널목을 건너려는 사람이 열차를 발견할 수 있는 거리, 반대로 열차의 운전자가 건널목을 건너려는 사람이나 차량 등을 발견할 수 있는 거리 등 모든 사정을 고려하여 사회통념에 따라 결정하여야 한다.

[2] 철도 직원이나 그 승낙을 받은 차량 정도가 제한적으로 출입하는 통행로에 설치된 역 구내의 철도건널목에 관하여 설치·관리상의 하자가 없다고 한 사례.

[3] 구내 통로의 건널목에 경광등이 설치되어 있는 이상 주위 건물이 시야를 가려 통행자가 열차의 접근상태를 확인하기 곤란하다고 하더라도 열차에서 잘 보이는 곳에 따로 기적울림표를 설치하여 그에 따라 기관사가 기적을 울림으로써 이중으로 경보조치를 취할 필요는 없다고 할 것이므로, 열차의 기관사가 건널목에 접근하면서 기적을 울리지 아니하였다고 그에게 열차 운전상의 과실이 있다고 할 수 없다.

【원심판결】

서울지법 1997. 11. 27. 선고 97나34289 판결

【주문】

상고를 모두 기각한다. 상고비용은 원고들의 부담으로 한다.

【이유】

상고이유를 본다.

1. 원심판결의 요지

원심판결 이유에 의하면, 원심은 거시 증거에 의하여, 피고 산하 철도청 소속 기관사

가 1994. 6. 14. 12:30경 수색발 H227 열차를 운전하여 시속 약 20km의 속도로 수색에서 용산 방면으로 서울역 구내에 설치된 이 사건 건널목을 통과하던 중 위 열차 진행 방향 좌측에서 우측으로 위 건널목을 횡단하던 원고 1 운전의 서울 8바1193호 1.4t 화물자동차 우측 전면부를 위 열차의 좌측 전면부로 들이받아 그 충격으로 위 원고가 제1중족골 절단 등의 상해를 입은 사실, 이 사건 건널목은 철도용지상에 설치된 선로횡단로로서 역업무수행에 관계되는 차량과 직원들만이 통행할 수 있고 일반인의 출입은 금지된 장소이며 그 부근에 위치한 수화물 탁송집하장으로 출입하는 화물탁송용 차량과 홍익회 소속 물품운반차량만이 위 건널목으로 주로 통행하여 온 사실, 위 자동차의 진행 방향을 기준으로 이 사건 건널목 진입로 전방에는 차량 일시 정지선과 안전표지판 및 적색경고등이 설치되어 있고, 우측에는 우편물취급창고가 세워져 있는데 위 창고의 외벽에서 이 사건 사고장소 바깥쪽 선로까지의 거리는 약 6.4m이고, 이 사건 건널목 일대 선로는 일직선으로 되어 있는데다가 위 차량 일시정지선이 위 창고와 선로의 중간지점에 위치하고 있어 위 일시정지선에서 바라볼 경우 좌우측 열차의 통행 여부를 확인함에 있어서 아무런 시야장애가 없는 사실, 위 원고는 이 사건 사고 당시 지방으로 탁송할 신문을 적재한 위 자동차를 운전하고 위 건널목 건너편에 위치한 수화물 탁송집하장으로 가던 중이었는데 위 건널목으로 진입함에 있어서 일시정지선에 멈추거나 좌우측 열차 통행 여부를 확인함이 없이 만연히 위 건널목에 진입하다가 곧바로 이 사건 사고를 당한 사실, 철도청에서는 위 수화물 탁송집하장을 자주 이용하는 소외 대한통운 주식회사와 홍익회의 비용부담하에 매일 건널목 안전요원 1인을 배치하여 왔고 이 사건 사고 당시 근무중이던 안전요원은 위 건널목 반대편에서 근무하였으나 위 자동차가 일시 정지함이 없이 곧바로 위 건널목으로 진입하는 바람에 미처 이를 제지하지 못한 사실, 위 열차의 기관사는 시속 약 20km의 속도로 위 건널목으로 들어오다가 건널목 4m 전방에서 갑자기 위 자동차가 일단정지 의무를 무시한 채 횡단하는 것을 발견하고 비상기적을 울림과 동시에 급제동조치를 취하였으나 미치지 못하여 위 화물차와 충돌한 후 약 16m 지나서 정지한 사실을 인정하고, 이 사건 사고가 차단기·신호등 등을 설치하지 아니한 피고의 건널목 설치·관리상의 하자 또는 위 철도청 직원으로서 위 열차 기관사의 운전부주의로 말미암아 발생하였다는 원고들의 주장에 대하여, 위와 같은 이 사건 건널목의 위치와 이용현황, 부근 상황 및 열차 투시거리와 위 사고 경위 등 제반 사정에 비추어 피고의 위 건널목 설치·보존상의 하자가 있다고 할 수 없을 뿐만 아니라 기관사가 위 자동차와의 충돌 당시 취한 제반 조치도 당시 상황에 비추어 적절한 것으로서 그에게 업무상 과실이 있다고 볼 수 없다는 이유로 이 사건 사고로 인하여 발생한 손해의 배상을 구하는 원고들의 이 사건 청구를 모두 배척하였다.

2. 건널목의 설치·관리상의 하자의 점에 대하여

철도건널목의 보안설비에 영조물의 설치·관리상의 하자가 있다고 할 수 있는 것인지 여부는 건널목이 설치된 위치, 통행하는 교통량, 부근의 상황 특히 건널목을 건너려는 사람이 열차를 발견할 수 있는 거리, 반대로 열차의 운전자가 건널목을 건너려는 사람이나 차량 등을 발견할 수 있는 거리 등 모든 사정을 고려하여 사회통념에 따라 결정하여야 한다(대법원 1997. 6. 24. 선고 97다10444 판결 등 참조).

기록에 의하면, 원심이 이 사건 건널목의 진입로 전방에 차량 일시정지선과 안전표지판 및 적색경고등이 설치되어 있고 그 일대 선로가 일직선으로 되어 있는 사실을 인정한 조치는 정당하고, 거기에 소론과 같은 채증법칙 위배로 인한 사실오인의 위법이 있다고 할 수 없고, 사실관계가 위와 같다면, 이 사건 건널목은 우선 서울역 구내에 위치한 철도용지로서 철도법 제78조 및 철도용지및퇴거지역의범위에관한규정 제1호 (가)목의 규정에 의하여 현실적으로 불특정 다수의 사람 또는 차량의 통행을 위하여 공개된 장소가 아니라 단지 철도직원이나 역업무를 수행하는 차량을 제외하고는 화물 탁송 집하장에 출입하는 차량이나 홍익회 소속 물품운반차량 정도가 철도직원의 승낙을 받아 제한적으로 출입하는 통행로에 불과하여, 처음부터 건널목설치및설비기준규정 (1994. 2. 1. 철도청훈령 제6847호)의 적용 대상에서 제외됨에도 건널목 교통안전표지와 함께 경광등을 설치하고 건널목 안내원을 상근시킴으로써 위 기준규정상 2종 건널목 보다 더 충실한 보안설비를 갖추었다고 할 것이므로, 피고로서는 이 사건 건널목에 관하여 그 위험성에 비례하여 사회통념상 일반적으로 요구되는 정도의 방호조치의무를 다하여 그 설치 또는 관리에 하자가 있다고 볼 수 없다 할 것이다. 같은 취지의 원심 판단은 정당하며 거기에 소론과 같은 심리미진으로 인한 이유불비의 위법이 있다고 할 수 없다. 논지는 이유 없다.

3. 기관사의 과실의 점에 대하여

위 열차의 기관사가 이 사건 건널목에 진입하면서 미리 기적을 울리지 아니한 점은 소론과 같으나, 앞에서 본 바와 같이 이 사건 건널목에는 경광등이 설치되어 있는 이상 주위 건물이 시야를 가려 통행자가 열차의 접근상태를 확인하기 곤란하다고 하더라도 열차에서 잘 보이는 곳에 따로 기적울림표를 설치하여 그에 따라 기관사가 기적을 울림으로써 이중으로 경보조치를 취할 필요는 없다고 할 것이므로 위 열차의 기관사가 이 사건 건널목에 접근하면서 기적을 울리지 아니하였다고 그에게 열차 운전상의 과실이 있다고 할 수 없다고 할 것인바, 같은 취지의 원심 판단은 정당하고, 거기에 소론과 같은 위법이 있다고 할 수 없다. 논지도 이유 없다.

4. 그러므로 상고를 모두 기각하고 상고비용은 패소자들의 부담으로 하기로 하여 관여 법관의 일치된 의견으로 주문과 같이 판결한다.

판례7 | 반대차선에서 경운기를 뒤따라 오토바이가 진행하여 오는 것을 미리 발견한 자동차 운전자에게 오토바이가 경운기를 추월하려고 중앙선을 넘어 올 수도 있다는 점을 예상하여 운전할 주의의무가 있다고 본 사례*[대법원 1998. 5. 12. 선고 97다56129 판결]*

【판결요지】

[1] 중앙선이 설치된 도로를 자기 차선을 따라 운행하는 자동차 운전자로서는 마주 오는 자동차도 자기 차선을 지켜 운행하리라고 신뢰하는 것이 보통이므로, 상대방 자동차의 비정상적인 운행을 예견할 수 있는 특별한 사정이 없다면, 상대방 자동차가 중앙선을 침범해 들어올 경우까지 예상하며 운전하여야 할 주의의무는 없으나, 상대방 자동차가 비정상적인 방법으로 운행하리라는 것을 미리 예견할 수 있는 특별한 사정이 있는 경우에는 위와 같은 신뢰를 할 수는 없는 것이어서 자동차 운전자로서는 상대방 자동차가 비정상적인 방법으로 운행할 것까지 신중하게 계산에 넣어 사고를 예방할 수 있는 모든 수단을 강구할 의무가 있다.

[2] 반대차선에서 경운기를 뒤따라 오토바이가 진행하여 오는 것을 미리 발견한 자동차 운전자에게 오토바이가 경운기를 추월하려고 중앙선을 넘어 올 수도 있다는 점을 예상하여 운전할 주의의무가 있다고 본 사례.

【원심판결】

서울고법 1997. 11. 12. 선고 97나27291 판결

【주문】

상고를 기각한다. 상고비용은 피고의 부담으로 한다.

【이유】

1. 원심은, 피고의 피보험자인 소외 1이 그 소유의 엘란트라 승용차를 운전하여 황색 실선의 중앙선 표시가 있는 편도 1차선 도로를 진행하던 중, 반대차선에서 진행하다 중앙선을 넘어 미끄러지는 오토바이를 발견하고 급제동 하였으나 멈추지 못하고 위 승용차로 위 오토바이를 충격하여 그 운전자인 소외 2를 사망에 이르게 한 사실을 인정한 다음, 이 사건 사고는 중앙선을 침범한 위 망인의 전적인 과실에 기인한 것이고, 소외 1로서는 위 오토바이가 중앙선을 넘어 들어오리라는 것을 예상하며 운전할 주의의무가 없으므로 과실이 없어 손해배상책임이 없다는 피고의 항변에 대하여, 이 사건 사고 장소는 제한시속 60km의 직선도로로서 소외 1의 진행방향으로는 약간의 오르막 경사이나 시야에 아무런 제약이 없었고, 소외 1은 사고 발생 이전에 반대차선에서 경

운기의 뒤를 따라 위 오토바이가 진행하여 오는 것을 미리 발견하였음에도 속도를 줄이는 등 별다른 조치를 취하지 아니한 채 시속 70km 이상의 과속으로 그대로 진행하였으며, 급제동 후 32m 정도 더 진행하다가 위 오토바이를 충격한 사실이 인정되는 바, 경운기는 속력이 느려 이 사건 사고 장소와 같은 편도 1차선의 도로를 진행하는 경우 뒤따라오는 차량 등이 이를 추월하기 위하여 중앙선 부근으로 또는 중앙선을 넘어 진행하는 것이 보통이므로, 경운기를 뒤따라 위 오토바이가 진행하여 오는 것을 미리 발견한 소외 1로서는 위 오토바이가 경운기를 추월하려고 중앙선을 넘어 올 수도 있다는 점을 예상하여 충분히 속도를 줄이면서 오토바이의 동태를 잘 살피는 등 사고를 사전에 방지하여야 할 주의의무가 있음에도 이를 게을리 한 채 같은 속력으로 그대로 진행한 잘못으로 중앙선을 넘어 미끄러지는 위 오토바이를 미처 피하지 못한 과실이 있다고 판단하고 피고의 면책항변을 배척하였다.

2. 가. 중앙선이 설치된 도로를 자기 차선을 따라 운행하는 자동차 운전자로서는 마주 오는 자동차도 자기 차선을 지켜 운행하리라고 신뢰하는 것이 보통이므로, 상대방 자동차의 비정상적인 운행을 예견할 수 있는 특별한 사정이 없다면, 상대방 자동차가 중앙선을 침범해 들어올 경우까지 예상하며 운전하여야 할 주의의무는 없으나, 상대방 자동차가 비정상적인 방법으로 운행하리라는 것을 미리 예견할 수 있는 특별한 사정이 있는 경우에는 위와 같은 신뢰를 할 수는 없는 것이어서 자동차 운전자로서는 상대방 자동차가 비정상적인 방법으로 운행할 것까지 신중하게 계산에 넣어 사고를 예방할 수 있는 모든 수단을 강구할 의무가 있다(대법원 1993. 2. 23. 선고 92다21494 판결, 1988. 3. 8. 선고 87다카607 판결 등 참조).

나. 이 사건에서 보건대, 이 사건 사고 경위에 관한 원심의 사실인정은 정당하고, 거기에 채증법칙 위배 등의 위법이 없으며, 사실관계가 그러하다면, 원심이, 소외 1로서는 위 오토바이가 경운기를 추월하려고 중앙선을 넘어올 수도 있다는 점을 예상하여 충분히 속도를 줄이면서 위 오토바이의 동태를 잘 살피는 등 사고를 미리 방지하여야 할 주의의무가 있음에도 이를 게을리 하였기 때문에 이 사건 사고가 발생하였다고 판단한 것은 옳고, 거기에 운전자의 주의의무나 인과관계에 관한 법리를 오해한 위법이 없다. 따라서 상고이유의 주장은 모두 받아들일 수 없다.

3. 그러므로 상고를 기각하고 상고비용은 패소자의 부담으로 하기로 하여 주문과 같이 판결한다.

판례8 | 신호등에 의하여 교통정리가 행하여지고 있는 교차로의 통행 방법과 운전자의 주의의무 [대법원 2005. 5. 13., 선고, 2005다7177, 판결]

【원심판결】

서울고법 2004. 12. 22. 선고 2004나25316 판결

【주문】

원심판결 중 원고 패소 부분을 파기하고, 이 부분 사건을 서울고등법원에 환송한다.

【이유】

1. 원심판결 이유에 의하면, 원심은 그 채용 증거를 종합하여, 원고는 1999. 10. 11. 13:55경 서울 87자 4437호 화물차를 운전하여 평택시 비전동 소재 '천혜보육원' 부근 신호등 있는 사거리 교차로를 천안 방면에서 송탄 방면으로 신호에 따라 직진하다가, 송탄 방면에서 원곡 방면으로 신호를 위반하여 좌회전하던 피고의 피보험차량인 소외인 운전의 서울 33라 9685호 아반테 승용차와 충돌하여 뇌좌상, 두개골함몰골절 등의 상해를 입은 사실, 사고 현장에 남겨진 화물차의 스키드마크 등을 토대로 분석한 결과 사고 직전 원고의 화물차는 시속 100㎞ 이상의 속도를 내고 있었던 것으로 추정되는 사실, 사고 현장의 제한 속도는 시속 80㎞인 사실을 인정한 다음, 원고도 이 사건 사고 당시 과속으로 위 화물차를 운행한 잘못이 있고 이러한 잘못 역시 이 사건 사고로 인한 손해의 발생 및 확대에 한 원인이 되었다는 이유로 피고의 책임을 80%로 제한하였다.

2. 기록에 비추어 살펴보면, 원고가 사고 당시 제한시속을 넘어 과속하였다는 원심의 사실인정은 정당하고, 거기에 상고이유에서 주장하는 바와 같은 채증법칙 위반 내지 심리미진으로 인한 사실오인의 위법이 있다고 할 수 없다.

3. 그러나 위와 같은 원고의 과속이 이 사건 사고로 인한 손해의 발생 및 확대에 한 원인이 되었다는 이유로 피고의 책임을 일부 제한한 원심의 판단에 관하여 본다.

신호등에 의하여 교통정리가 행하여지고 있는 교차로를 진행신호에 따라 진행하는 차량의 운전자는 특별한 사정이 없는 한 다른 차량들도 교통법규를 준수하고 충돌을 피하기 위하여 적절한 조치를 취할 것으로 믿고 운전하면 충분하고, 다른 차량이 신호를 위반하고 자신의 진로를 가로질러 진행하여 오거나 자신의 차량을 들이받을 경우까지 예상하여 그에 따른 사고발생을 미리 방지할 특별한 조치까지 강구할 주의의무는 없으며, 다만 신호를 준수하여 진행하는 차량의 운전자라고 하더라도 이미 교차로에 진입하고 있는 다른 차량이 있다거나 다른 차량이 그 진행방향의 신호가 진행신호에서 정지신호로 바뀐 직후에 교차로를 진입하여 계속 진행하고 있는 것을 발견하였다거나 또는 그 밖에 신호를 위반하여 교차로를 진입할 것이 예상되는 특별한 경우라면 그러한 차량의 동태를 두루 살피면서 서행하는 등으로 사고를 방지할 태세를 갖추고 운전

하여야 할 주의의무는 있다 할 것이지만, 그와 같은 주의의무는 어디까지나 신호가 바뀌기 전이나 그 직후에 교차로에 진입하여 진행하고 있는 차량에 대한 관계에서 인정되는 것이고, 신호가 바뀐 후 다른 차량이 신호를 위반하여 교차로에 새로 진입하여 진행하여 올 경우까지를 예상하여 그에 따른 사고발생을 방지하기 위한 조치까지 강구할 주의의무는 없는 것이다(대법원 1995. 10. 13. 선고 95다29369 판결, 1999. 8. 24. 선고 99다30428 판결, 2002. 9. 6. 선고 2002다38767 판결 등 참조).

기록에 의하면, 원고는 사고 장소 전 뉴코아백화점 사거리에서 출발하여 진행하다가 이 사건 교차로에 진입하기 전 녹색 진행신호를 확인하고 진행하여 오던 속력 그대로 또는 그 이상 가속하여 교차로에 진입함으로써 최소한 제한시속 80㎞ 이상의 과속으로 진행한 사실, 소외인은 진행방향 2차선의 맨 앞에 정차해 있다가 정지신호임에도 좌회전을 하면서 교차로에 진입한 사실, 원고는 교차로 진입 전에 약 24.4m 전방에서 소외인의 아반테 승용차를 발견하였으나 멈추지 못한 채 그대로 충격한 사실을 인정할 수 있으므로, 이와 같이 신호에 따라 진행하던 원고로서는 비록 과속한 잘못이 있다 하더라도 소외인의 차량이 신호를 위반하고 자신의 진로를 가로질러 진행하여 오거나 자신의 차량을 들이받을 경우까지 예상하여 그에 따른 사고발생을 미리 방지할 특별한 조치까지 강구할 주의의무는 없다고 할 것이다.

다만, 이 사건 교통사고에 관하여 원고를 면책시킬 수 없는 특별한 사정이 있는가를 보건대, 위 인정 사실에 의하면 소외인이 교차로로 진입한 것은 신호등이 정지신호로 바뀌기 이전이나 그 직후가 아니라 이미 정지신호로 바뀌고 어느 정도 시간이 경과되었음에도 정지신호를 무시한 채 교차로로 진입한 것이라고 볼 것이고, 이러한 경우 원고로서는 소외인이 신호를 위반하여 교차로를 진입해 들어와 자신의 차량을 충돌할 것까지 예상할 수 있는 상황에 있지는 아니하였다고 할 것이므로, 이 사건 교통사고에는 원고를 면책시킬 수 없는 특별한 사정이 있다고 인정되지 아니하고 달리 기록상 이러한 사정을 찾아볼 자료도 없다.

그럼에도 불구하고, 원고에게 이 사건 교통사고 발생에 관하여 운전상의 과실이 있다고 판단한 원심판결에는 신호등에 의하여 교통정리가 행해지는 교차로에서의 운전자의 주의의무에 관한 법리를 오해하여 판결에 영향을 미친 위법이 있다고 할 것이므로, 이 점을 지적하는 상고이유의 주장은 이유 있다.

4. 그러므로 원심판결 중 원고 패소 부분을 파기하여 원심법원에 환송하기로 하여 관여 대법관의 일치된 의견으로 주문과 같이 판결한다.

| **판례9** | 교차로에서 자신의 진행방향에 대한 별도의 진행신호는 없지만, 다른 차량들의 진행 방향이 정지신호일 경우를 이용하여 교통법규에 위배되지 않게 진행 |

【판결요지】

신호등에 의하여 교통정리가 행하여지고 있는 교차로를 진행신호에 따라 진행하는 차량의 운전자는 특별한 사정이 없는 한 다른 차량들도 교통법규를 준수하고 충돌을 피하기 위하여 적절한 조치를 취할 것으로 믿고 운전하면 충분하고, 다른 차량이 신호를 위반하고 자신의 진로를 가로질러 진행하여 오거나 자신의 차량을 들이받을 경우까지 예상하여 그에 따른 사고발생을 미리 방지할 특별한 조치까지 강구할 주의의무는 없다. 다만 신호를 준수하여 진행하는 차량의 운전자라고 하더라도 이미 교차로에 진입하고 있는 다른 차량이 있다거나 다른 차량이 그 진행방향의 신호가 진행신호에서 정지신호로 바뀐 직후에 교차로를 진입하여 계속 진행하고 있는 것을 발견하였다거나 또는 그 밖에 신호를 위반하여 교차로를 진입할 것이 예상되는 특별한 경우라면 그러한 차량의 동태를 두루 살피면서 서행하는 등으로 사고를 방지할 태세를 갖추고 운전하여야 할 주의의무는 있다 할 것이지만, 그와 같은 주의의무는 어디까지나 신호가 바뀌기 전이나 그 직후에 교차로에 진입하여 진행하고 있는 차량에 대한 관계에서 인정되는 것이고, 신호가 바뀐 후 다른 차량이 신호를 위반하여 교차로에 새로 진입하여 진행하여 올 경우까지를 예상하여 그에 따른 사고발생을 방지하기 위한 조치까지 강구할 주의의무는 없고, 이러한 법리는 교차로에서 자신의 진행방향에 대한 별도의 진행신호가 없다고 하여도, 다른 차량들의 진행방향이 정지신호일 경우를 이용하여 교통법규에 위배되지 않게 진행하는 경우도 마찬가지라고 할 것이다.

【원심판결】

광주고법 2002. 6. 12. 선고 2001나8997 판결

【주문】

원심판결 중 피고들 패소 부분을 파기하고, 이 부분 사건을 광주고등법원으로 환송한다.

【이유】

상고이유를 본다.

1. 원심판결 이유에 의하면, 원심은 그 채용 증거를 종합하여, 피고 이관국은 1999. 11. 2. 10:15경 피고 주식회사 한양전업 소유로서 피고 신동아화재해상보험 주식회사의 피보험차량인 전북 82가1174호 5t 트럭을 운전하여 전주시 덕진구 화전동 화전마을 입구 삼거리 교차로에 이르러 삼례 방면으로 좌회전하는 차량을 위한 별도의 신호등이 설치되어 있지 아니하였으므로 동승한 소민영으로 하여금 전주 삼례간 편도 2차선

간선도로에 설치된 횡단보도상 보행자 신호등 수동조작 버튼을 눌러 위 횡단보도의 보행자신호등이 녹색으로 바뀜과 동시에 위 간선도로의 차량진행신호등이 적색으로 바뀐 기회를 이용하여 화전마을 방면에서 삼례 방면으로 좌회전하던 중 삼례 방면에서 전주 방면으로 1차로를 따라 시속 57.3km로 진행하던 박준영 운전의 전북 익산 사 3803호 125cc 오토바이를 미처 발견치 못하고 위 트럭의 좌측 뒷바퀴 부분으로 위 오토바이의 앞 부분을 충격하여, 위 박준영으로 하여금 뇌경막하출혈 등으로 사망에 이르게 한 사실 등을 인정한 다음, 이 사건 교차로는 도로교통법상 교통정리가 행하여지지 않는 곳이라는 전제하에, 위 인정 사실에 의하면, 피고 이관국으로서는 당시 위 트럭의 전방에는 좌회전 신호등이 없으므로, 횡단보도에 보행자 신호등이 들어오더라도 교차로 내의 교통상황을 잘 살펴 안전하게 좌회전을 하여야 하고 교차로에 진입하기에 앞서 미리 속도를 줄이고 다른 방향에서 교차로로 진행하여 오는 차량이 있는지를 주의 깊게 살펴 경음기를 적절히 사용하면서 교차로에 진입하여 사고를 예방하여야 할 주의의무가 있음에도 불구하고 간선도로상의 횡단보도에 보행자 신호등이 들어온 것만 보고 주변 차량의 동태를 잘 살피지 아니한 채 좌회전하다가 삼례 방면에서 전주 방면으로 횡단보도상의 정지신호를 위반한 채 진행하는 망인 운전의 오토바이를 미처 발견치 못함으로써 이 사건 교통사고를 야기하였다는 이유로, 피고들의 면책항변을 배척하면서 다만 과실상계에 관하여는 위 피해자측인 위 박준영의 과실비율을 80%로, 위 피고의 과실비율을 20%로 각 인정하였다.

2. 그러나 원심의 위와 같은 판단은 선뜻 수긍되지 않는다.

신호등에 의하여 교통정리가 행하여지고 있는 교차로를 진행신호에 따라 진행하는 차량의 운전자는 특별한 사정이 없는 한 다른 차량들도 교통법규를 준수하고 충돌을 피하기 위하여 적절한 조치를 취할 것으로 믿고 운전하면 충분하고, 다른 차량이 신호를 위반하고 자신의 진로를 가로질러 진행하여 오거나 자신의 차량을 들이받을 경우까지 예상하여 그에 따른 사고발생을 미리 방지할 특별한 조치까지 강구할 주의의무는 없다. 다만 신호를 준수하여 진행하는 차량의 운전자라고 하더라도 이미 교차로에 진입하고 있는 다른 차량이 있다거나 다른 차량이 그 진행방향의 신호가 진행신호에서 정지신호로 바뀐 직후에 교차로를 진입하여 계속 진행하고 있는 것을 발견하였다거나 또는 그 밖에 신호를 위반하여 교차로를 진입할 것이 예상되는 특별한 경우라면 그러한 차량의 동태를 두루 살피면서 서행하는 등으로 사고를 방지할 태세를 갖추고 운전하여야 할 주의의무는 있다 할 것이지만, 그와 같은 주의의무는 어디까지나 신호가 바뀌기 전이나 그 직후에 교차로에 진입하여 진행하고 있는 차량에 대한 관계에서 인정되는 것이고, 신호가 바뀐 후 다른 차량이 신호를 위반하여 교차로에 새로 진입하여 진행하여 올 경우까지를 예상하여 그에 따른 사고발생을 방지하기 위한 조치까지 강구할 주의의무는 없는 것이다(대법원 1994. 6. 14. 선고 93다57520 판결, 1998. 6. 12. 선고 98다14252, 14269 판결, 1999. 8. 24. 선고 99다30428 판결, 2001. 7. 27. 선고 2001다31509 판결, 2001. 9. 7. 선고 2001다40732 판결 등 참조). 그리고 이러한 법리는 교차로에서 자신의 진행방향에 대한 별도의 진행신호가 없다고 하여도, 다른 차량들의 진행방향이 정지신호일 경우를 이용하여 교통법규에 위배되지 않게 진행하는 경우도 마찬가지라고 할 것이다(대법원 2001. 11. 9. 선고 2001다56980 판결 참조).

그런데 원심이 인정한 사실관계에 의하더라도, 위 사고 현장은 삼례 방면과 전주 방면을 연결하는 편도 2차로의 포장도로와 화전마을 진입로인 편도 1차로가 만나는 삼거리 교차로로서 삼례 방면 쪽에 횡단보도와 보행자신호등이 설치되어 있는데, 이 곳은 사람의 통행이 많지 않아 횡단보도의 보행자신호등은 수동으로 조작되어 보행자가 수동보턴을 누르면, 보행자신호등이 녹색으로 바뀜과 동시에 차량진행신호등이 적색으로 바뀌고, 이때 좌회전하고자 하는 차량은 화전마을 쪽에서 삼례 방면으로 좌회전하여 횡단보도 앞 정지선에 정차할 수 있으며, 화전마을 방면에서 삼례 방면으로의 좌회전 진행방향에는 좌회전신호등이 설치되어 있지는 아니하고(중앙선의 황색선은 끊어져 있고, 좌회전을 금지하는 교통표지판도 없다.) 전주 쪽에서 화전마을 방면으로는 좌회전 금지 표지판이 설치되어 있다는 것이므로, 화전마을 방면에서 삼례 방면으로 좌회전을 하고자 하는 차량은 다른 교통법규를 위반하지 아니하는 한 간선도로상의 차량진행신호등이 적색으로 바뀐 기회를 이용하여 좌회전을 하는 것이 허용된다고 볼 것이니, 결국 이 사건 교차로는 신호등에 의하여 교통정리가 행해지는 교차로에 해당한다고 보아야 할 것이다. 따라서 피고 이관국으로서는 그 신호체계의 지시에 부합하는 방법으로 이 사건 교차로에 진입한 것인 이상, 다른 특별한 사정이 없는 한 다른 차량들도 교통법규를 준수하고 충돌을 피하기 위하여 적절한 조치를 취할 것으로 믿고 운전하면 충분하고, 다른 차량이 신호를 위반하여 교차로에 진입하여 자신의 차량을 들이받을 경우까지 예상하여 그에 따른 사고발생을 미리 방지할 특별한 조치까지 강구할 주의의무는 없다고 할 것이다.

나아가 이 사건 교통사고에 관하여 위 피고를 면책시킬 수 없는 특별한 사정이 있는가를 보건대, 원심판결 이유 및 기록에 의하면, 이 사건 교통사고 발생 당시 이 사건 교통사고를 직접 목격한 소외 황정식은 삼례 방면에서 전주 방면을 향하여 위 간선도로의 2차로를 따라 아반테 승용차를 운행 중 횡단보도 전방 30m 지점에서 진행신호가 정지신호로 바뀌는 것을 보고 서행하여 정상적으로 횡단보도 앞 정지선 2차로상에 정차하였는데 뒤따라오던 오토바이 운전자인 박준영은 1차선을 이용하여 그 아반테 승용차 옆을 과속으로 통과한 다음 신호를 무시한 채 이 사건 교차로로 그대로 진입한 사실, 피고 이관국은 간선도로의 직진신호가 정지신호로 바뀌고 나서 위 아반테 승용차가 횡단보도 정지선상에 정차한 것을 확인한 다음 좌회전을 시작하여 이미 화물차량의 전면부는 교차로의 중앙 부분을 넘어 삼례 방면으로 향하는 간선도로에 진입함으로써 거의 좌회전을 완료하였고 다만 화물차량의 후미 부분 일부만이 아직 교차로상의 중앙부분에 머물러 있었던 상태였는데 위 오토바이가 위 교차로 내로 뒤늦게 진입하면서 아직 중앙선 부분에 남아 있었던 화물차량의 좌측 뒷바퀴 부분을 오토바이의 전면부로 충격함으로써 이 사건 교통사고가 발생한 사실 등을 인정할 수 있으므로, 위 오토바이 운전자 박준영이 이 사건 교차로로 진입한 것은 신호등이 정지신호로 바뀌기 이전이나 그 직후가 아니라 이미 정지신호로 바뀌고서도 어느 정도 시간이 경과되었음에도 정지신호를 무시한 채 교차로로 진입한 것이라고 볼 것이며, 이러한 경우 위 피고로서는 위 오토바이가 신호를 위반하여 교차로를 진입해 들어와 자신의 차량을 충돌할 것까지 예상할 수 있는 상황에 있지는 아니하였다고 할 것이므로, 이러한 상황하에서는 이 사건 교통사고에는 위 피고를 면책시킬 수 없는 특별한 사정이 있다고 인정되지도 아니한다고 판단되고, 달리 기록상 이러한 사정을 찾아볼 자료도 없다. 그럼에도 불구하고, 위 피고에게 이 사건 교통사고 발생에 관하여 운전상의 과실이 있다고 판단한 원심판결에는 신호등에 의하여 교통정리가 행해지는 교차로에서의 운전자의 주의의무와 그 면책 등에 관한 법리를 오해하여 판결에 영향을 미친 위법이 있다고 할 것이므로, 이 점을 지적하는 상고이유의 주장은 이유 있다.

3. 그러므로 원심판결 중 피고들 패소 부분을 파기하고, 이 부분 사건을 다시 심리·판단하게 하기 위하여 원심법원으로 환송하기로 하여 관여 법관의 일치된 의견으로 주문과 같이 판결한다.

판례10 | 교통정리가 행하여지고 있지 않은 교차로에서의 통행 우선순위[대법원 1998. 4. 10., 선고, 97다39537, 판결]

【판결요지】

[1] 도로교통법 제22조 제4항 및 제6항을 종합하면, 차가 폭이 좁은 도로에서 교통정리가 행하여지고 있지 아니하는 교차로에 들어가려는 경우는 먼저 서행하면서 폭이 넓은 도로에서 그 교차로에 들어가려고 하는 차가 있는지 여부를 잘 살펴 만약 그러한 차가 있는 경우에는 그 차에게 진로를 양보해야 하고, 시간적으로 교차로에 먼저 도착하여 교차로에 먼저 진입할 수 있다고 하더라도 폭이 넓은 도로에서 교차로에 들어가려고 하는 차보다 우선하여 통행할 수는 없으나, 교차하는 도로의 폭이 같은 경우에는 먼저 교차로에 진입한 차량이 우선하여 통행할 수 있다.

[2] 교차하는 도로 중 어느 쪽의 폭이 넓은지를 판단함에는 양 도로 폭의 계측상의 비교

에 의하여 일률적으로 결정할 것이 아니고 운전중에 있는 통상의 운전자가 그 판단에 의하여 자기가 통행하고 있는 도로의 폭이 교차하는 도로의 폭보다도 객관적으로 상당히 넓다고 일견하여 분별할 수 있는지 여부로 결정해야 한다.

[3] 공무원수당규정 제14조 [별표 11]에 의하여 교육공무원 중 실과담당 교원에게 지급되는 실과교원수당과 재정경제원장관이 시달한 각 연도별 세출예산집행지침에 따라 지급되어 온 효도휴가비(1996년부터는 명절휴가비)가 일실수입 산정의 기초가 되는 수입액에 포함된다고 한 사례.

[4] 공무원연금법상 제41조의2에 정한 사망조위금과 같은 법 제60조에 정한 유족일시금은 공무원의 사망이 재해로 인한 것인지에 관계없이 지급되는 급여로서, 공무원이 제3자의 책임 있는 사유로 사망하여 그 유족이 공무원연금관리공단으로부터 사망조위금이나 유족일시금을 지급받았다고 하더라도 이를 위 사고로 인한 이득이라고 볼 수 없으므로, 그 지급액을 제3자가 배상하여야 할 손해액에서 공제할 것은 아니다.

【원심판결】

광주고법 1997. 8. 1. 선고 96나4960 판결

【주문】

상고를 기각한다. 상고비용은 피고의 부담으로 한다.

【이유】

상고이유를 본다.

1. 과실비율에 대하여

도로교통법 제22조 제4항, 제6항을 종합하면, 차가 폭이 좁은 도로에서 교통정리가 행하여지고 있지 아니하는 교차로에 들어가려는 경우는 먼저 서행하면서 폭이 넓은 도로에서 그 교차로에 들어가려고 하는 차가 있는지 여부를 잘 살펴 만약 그러한 차가 있는 경우에는 그 차에게 진로를 양보하여야 하는 것이고, 시간적으로 교차로에 먼저 도착하여 교차로에 먼저 진입할 수 있다고 하더라도 폭이 넓은 도로에서 교차로에 들어가려고 하는 차보다 우선하여 통행할 수는 없으나(당원 1993. 11. 26. 선고 93다1466 판결, 1994. 12. 13. 선고 94도1442 판결, 1996. 5. 10. 선고 96다7564 판결, 1997. 6. 27. 선고 97다14187 판결 등 참조), 교차하는 도로의 폭이 같은 경우에는 먼저 교차로에 진입한 차량이 우선하여 통행할 수 있다고 할 것이다. 그리고 교차하는 도로 중 어느 쪽의 폭이 넓은지를 판단함에는 양 도로 폭의 계측상의 비교에 의하여 일률적으로 결정할 것이 아니고 운전중에 있는 통상의 운전자가 그 판단에 의하여 자기가 통행하고 있는 도로의 폭이 교차하는 도로의 폭보다도 객관적으로 상

당히 넓다고 일견하여 분별할 수 있는지 여부로 결정해야 할 것이다(당원 1997. 6. 27. 선고 97다14187 판결 참조).

원심판결 이유에 의하면, 원심은 거시 증거들에 의하여, 피고의 피용자인 소외 김인수는 1995. 7. 18. 21:05경 피고 소유의 전남 5아7941호 완행버스를 운전하여 전남 해남군 현산면 고담리 소재 해남읍과 완도읍 간의 도로와 같은 군 송지면으로 진입하는 도로가 만나는 Y자형 삼거리 교차로 상을 해남읍 쪽에서 완도읍 쪽으로 시속 약 90km로 진행하던 중 마침 송지면 쪽에서 진행하여 오다가 위 삼거리에 이르러 해남읍 쪽으로 속도미상으로 좌회전하던 소외 망 이분도 운전의 서울 3코5198호 프라이드 승용차의 운전석 문짝 부분을 위 버스의 앞부분으로 들이받아 위 망인을 뇌출혈상 등으로 그 자리에서 사망에 이르게 한 사실, 이 사건 사고 지점 부근은 피고 소유 완행버스 운전사인 위 소외 1이 진행하여 온 해남읍 방향에서 보았을 때 전방우측은 벌판으로 시계장애가 없으나 전방좌측으로는 시야가 완전히 가리는 높이의 산을 끼고 있는 급격한 좌곡각지점을 이루고 있고 위 좌곡각지점이 끝나는 100 내지 120m 지점에 위 교차로가 위치하고 있으며, 위 교차로는 그에 못 미친 지점에 황색점멸신호등만이 설치되어 있을 뿐 교통정리가 행하여지지 아니하고 위 간선도로 및 지선도로는 노폭이 비슷하고 모두 편도 1차선이고 제한시속이 60km의 도로인 사실, 이 사건 사고 당시는 야간이었고 정기노선 완행버스의 운전사로서 이 사건 사고지점의 도로상황에 익숙한 위 소외 1로서는 앞서 본 바와 같이 시계의 장애가 없는 위 송지면 쪽에서 위 망인 운전의 승용차가 위 교차로를 향하여 진행하고 있음을 위 승용차의 전조등 불빛을 통하여 알고 있었던 사실, 이러한 경우 위 소외 1로서는 위 버스를 운행함에 있어 우선 제한속도를 준수하여야 할 뿐 아니라 더욱이 위 교차로에 진입함에 있어서는 위 승용차의 동태를 충분히 파악하고 일단 정지하거나 서행함으로써 안전하게 진행하여야 할 의무가 있음에도 불구하고 위 좌곡각지점을 지나서도 제한시속을 현저히 초과한 속력으로 계속 진행하다가 그 때 자신에 앞서 위 교차로에 이르러 좌회전 방향지시등을 켠 채 서행하면서 해남읍 쪽으로 좌회전하려 하고 있는 위 망인 운전의 승용차를 보았으면서도 위 승용차로 하여금 자신에게 진로를 양보하도록 전조등 불빛을 상향조작하여 깜빡거리고 경적만을 울리면서 오히려 속력을 높이고 위 승용차를 비켜 위 교차로를 통과하기 위하여 중앙선을 침범하여 진행하다가 여의치 아니하자 충돌을 피하기 위하여 제동조치를 취하였으나 미치지 못하여 위 승용차의 운전석 문짝 부분을 위 버스의 앞부분으로 들이받게 된 사실을 각 인정한 다음, 위 인정 사실에 의하면 과속으로 운전하다가 위 망인의 승용차가 먼저 위 교차로에 진입하려는 것을 보고서도 서행하지 아니하고 오히려 위 망인에 앞서 비켜가려는 욕심으로 더욱 과속하여 진행한 잘못이 이 사건 사고의 원인으로 되었다 할 것이므로 피고의 위 면책 주장은 받아들이지 아니한다고 판단하고, 이어서 책임의 제한에 관하여, 다만 거시 증거들에 의하면, 위 망인으로서도 그 곳 지형에 익숙하지 아니한 데다가 위 교차로에 이르기 전에 위 버스의 전조등 불빛을 보고서 위 버스가 진행하여 오는 사실을 알 수 있었을 것이므로 위 교차로를 통과하여 좌회전을 시도할 당시 위 간선도로 상을 진행하여 오는 위 버스의 동태를 좀더 자세히 파악하여 충분히 안전함을 확인한 후 좌회전을 시도하였어야 함에도 불구하고 이를 게을리 한 채 위 교차로에 진입, 좌회전하다가 이 사건 사고를 당한 잘못이 있다고 할 것이나, 위 망인의 과실이 피고의 책임을 면하게 할 정도는 아니어서 피고가 배상할 손해액을 산정함에 있어 이를 참작하기로 하되, 위 망인의 과실비율은 약 20% 정도로 봄이 상당하므로 피고의 책임을 나머지 80%로 제한한다고 판단하였다.

위와 같이 원심이 위 간선도로나 지선도로는 노폭이 비슷하고 육안으로 보아 쉽사리 위 간선도로 쪽이 더 넓은 도로라고 구분하기 어려우므로 간선도로를 통행하는 차라고 하여 교차로의 통행에 있어 우선권이 있다고 볼 수 없다고 판단하고, 위 소외 1이 제한시속을 현저히 초과한 속력으로 진행하다가 위 교차로에서 위 승용차를 비켜 위 교차로를 통과하기 위하여 오히려 속력을 높이고 중앙선을 침범하여 진행한 것 등을 참작하여 위 소외 1의 과실을 80%로 본 것은 수긍이 가고, 과실비율을 정함에 있어서 경험칙을 위반한 위법이 있다고 할 수 없다. 논지는 이유 없다.

2. 일실수입 산정에 대하여

공무원수당규정 제14조 [별표 11] '특수업무수당지급구분표' 중 '구분 2. 교육 및 연구 분야'의 '마. 실과교원수당'의 '지급대상란 1)'은 실과교원수당은 교원자격검정령시행규칙 제2조 제2항의 규정에 의한 표시과목 중 공업·토목·건축·기계 등에 해당하는 교원자격증을 가지고 당해 교과목을 담당하는 실과담당교원 등에 한하여 지급하도록 규정되어 있고, 기계과목·전자통신 또는 전기과목의 교원자격증을 가지고 그 교과목을 담당하는 교사에게는 가산금을 지급하도록 되어 있는 점은 피고가 주장하는 바와 같다. 그러나 원심이 채용한 갑 제4호증(위 망인이 근무하던 경기기계공업고등학교장이 작성한 위 망인에 대한 1995년 보수명세서)의 기재에 의하면, 위 망인은 1997년 초부터 사망시인 같은 해 7.까지 실과교원수당을 계속 지급받은 사실이 인정되므로 특별한 사정이 없는 한 위 망인은 앞서 본 공무원수당규정에 정한 실과교원수당 지급 대상자에 해당하는 자라고 봄이 상당하고, 원심 이래 피고로부터 이에 대한 구체적인 반증이 없었던 이상 원심이 실과교원수당을 일실수입 산정의 기초가 되는 수입액에 산입한 점에 공무원수당규정의 법리를 오해하고 증거없이 사실을 인정한 잘못이 있다고 할 수 없다.

또한 효도휴가비는 재정경제원장관이 시달한 각 연도별 세출예산집행지침에 따라 설날과 추석에 일정액 또는 월봉급액의 일정률을 지급하도록 되어 있을 뿐 직계존속의 생존 여부와는 관계없이 지급되는 것이므로(따라서 1996년부터는 그 명칭도 명절휴가비로 바뀌었다), 원심이 위 망인이 정년까지 효도휴가비를 지급받을 수 있는 것을 전제로 수입액에 포함시킨 것은 적법하고, 효도휴가비의 개념상 직계존속의 기대여명까지만 받을 수 있는 것으로 인정되어야 한다는 논지는 이유 없다.

3. 손익공제에 대하여

공무원연금법상 제41조의2에 정한 사망조위금과 같은 법 제60조에 정한 유족일시금은 공무원의 사망이 재해로 인한 것인지에 관계없이 지급되는 급여이므로 공무원이 제3자의 책임 있는 사유로 사망하여 그 유족이 공무원연금관리공단으로부터 사망조위금이나 유족일시금을 지급받았다고 하더라도 이를 위 사고로 인한 이득이라고 볼 수 없다고 할 것이므로 그 지급액을 제3자가 배상하여야 할 손해액에서 공제할 것은 아니다(당원 1996. 8. 23. 선고 95다48483 판결 참조). 같은 법 제33조 제2항, 같은법 시행령 제28조 제1항이 같은 법에 의한 급여의 사유가 제3자의 행위로 인하여 발생한 경우 공무원연금관리공단이 당해 급여의 사유에 대하여 이미 행한 급여액의 범위 안에서 수급권자가 제3자에 대하여 가지는 손해배상청구권을 취득하도록 하고 그와 같은 급여로서 유족보상금 등 재해보상적 성격의 급여만을 열거하고 사망조위금과 유족일시금을 이에 포함시키지 않고 있는 것도 같은 법리에서 나온 것이라 할 것이다. 논지는 이유 없다.

4. 그러므로 상고를 기각하고 상고비용은 패소자의 부담으로 하기로 하여 관여 법관의 일치된 의견으로 주문과 같이 판결한다.

판례11 | 자기 차로를 따라 진행하는 운전자에게 업무상의 주의의무 위반의 과실이 인정되기 위한 요건[대법원 1998. 4. 10. 선고 98도297 판결]

【판결요지】

일반적으로 도로상에서 자기 차로를 따라 진행하는 운전자에게 다른 차로를 운행하는 다른 차량과의 관계에서 업무상의 주의의무 위반의 과실이 있다고 인정하려면, 구체적인 도로 및 교통상황하에서 다른 차로를 운행하는 타인에게 위험이나 장해를 주는 속도나 방법으로 운전하였다는 점이 인정되어야 할 것이고, 단순히 갑자기 진행차로의 정중앙에서 벗어나 다른 차로와 근접한 위치에서 운전하였다는 것만으로는 다른 차로에서 뒤따라오는 차량과의 관계에서 운전자로서의 업무상의 주의의무를 위반한 과실이 있다고 할 수 없다.

【원심판결】

광주지법 1998. 1. 12. 선고 97노1583 판결

【주문】

원심판결을 파기하고 사건을 광주지방법원 본원 합의부에 환송한다.

【이유】

피고인과 변호인의 상고이유를 함께 판단한다.

1. 원심이 유죄로 인정한 범죄사실은 다음과 같다.

피고인은 1997. 3. 2. 12:50경 ○○택시 소속 (차량등록번호 1 생략) 택시를 운전하여 보성군 득량면 삼정리 신전부락앞 삼거리 교차로상을 보성 방면에서 벌교 방면으로 시속 약 70㎞로 2차로를 따라 진행하게 되었는바, 피고인 진행방향 전방에는 화물차가 진행하고 있었고 1차로상에는 피해자 공소외 1 운전의 (차량등록번호 2 생략) 엑셀승용차가 진행하고 있었으므로, 이러한 경우 운전업무에 종사하는 자로서는 차로를 잘 지켜 안전하게 진행하여야 할 업무상의 주의의무가 있음에도 이를 게을리한 채 그대로 진행하다가 방향지시등을 작동하지 않은 채 1차로상으로 갑자기 부딪칠 정도로 근접하여 운전한 과실로 1차로상을 진행하는 피해자 공소외 1이 피고인 운전차량과의 충돌을 피하기 위하여 왼쪽으로 급히 핸들을 돌리다가 중앙분리대를 들이받아 그 충격으로 위 승용차에 타고 있던 피해자 공소외 2(성별, 나이 1 생략)으로 하여금 같은 날 15:15경 △△병원에서 두부손상 등으로 사망에 이르게 함과 동시에 같은 공소외 3(성별, 나이 2 생략)로 하여금 약 8주간의 치료를 요하는 제5경추 우측 추궁판 골절 등의, 같은 공소외 4(성별, 나이 3 생략)으로 하여금 약 2주간의 치료를 요하는 두피열상 등의, 같은 공소외 5(성별, 나이 4 생략)으로 하여금 약 6주간의 치료를 요하는 우측상완골 간부골절 등의, 같은 공소외 6(성별, 나이 5 생략)으로 하여금 약 2주간의 치료를 요하는 안면부좌상 등의, 같은 공소외 7(성별, 나이 6 생략)으로 하여금 약 2주간의 치료를 요하는 두피열상 등의, 같은 공소외 8(성별, 나이 7 생략)로 하여금 약 2주간의 치료를 요하는 뇌진탕 등의 상해를 각 입게 하고, 위 피해차량 시가금 1,000,000원 상당이 부수어지도록 이를 손괴하고도 즉시 정차하여 피해자들을 구호하고 피해상황을 확인하는 등 필요한 조치를 취하지 아니한 채 그대로 도주하였다.

2. 그러나, 원심이 위 범죄사실을 유죄로 인정한 조처는 수긍하기 어렵다.

원심판결 이유와 기록에 의하면, 이 사건 사고 지점은 제한시속 70㎞의 우측으로 비스듬히 구부러진 곳이고, 피고인은 이 사건 사고 당시 편도 2차로 도로의 2차로상을 제한속도의 범위 내에서 위 차량을 운전하여 진행하고 있었고, 위 공소외 1은 피고인

의 후방에서 위 도로 1차로상을 제한속도를 초과하여 위 승용차를 운전하여 피고인 운전차량의 바로 뒤에 따라오던 공소외 9 운전의 그랜져 승용차를 추월한 후 계속하여 같은 속도로 진행하여 피고인의 좌측으로 나란히 진행하게 되는 무렵 피고인이 그 운전하던 차량을 1차로쪽으로 근접하여 진행하는 것과 거의 동시에 위 공소외 1이 핸들을 좌측으로 돌리면서 급제동 조치를 취하였으나 미끄러지면서 전방에 설치된 중앙분리대를 충격하게 되어 이 사건 사고가 일어난 사실을 알 수 있다(검사는 당초 '피고인이 방향지시등을 작동하지 아니한 채 1차로상으로 급차선 변경을 한 과실로 1차로상을 진행하는 피해자 공소외 1이 피고인이 운전하는 차량과의 충돌을 피하기 위하여 왼쪽으로 급히 핸들을 돌리다가 중앙분리대를 들이받아…'라고 공소를 제기하였다가 그 후 원심에 이르러 '1차로상으로 갑자기 부딪칠 정도로 근접하여 운전한 과실로…'라고 공소장을 변경하였다)

일반적으로 도로상에서 자기 차로를 따라 진행하는 운전자에게 다른 차로를 운행하는 다른 차량과의 관계에서 업무상의 주의의무 위반의 과실이 있다고 인정하려면, 구체적인 도로 및 교통상황하에서 다른 차로를 운행하는 타인에게 위험이나 장해를 주는 속도나 방법으로 운전하였다는 점이 인정되어야 할 것이고, 단순히 갑자기 진행차로의 정중앙에서 벗어나 다른 차로와 근접한 위치에서 운전하였다는 것만으로는 다른 차로에서 뒤따라 오는 차량과의 관계에서 운전자로서의 업무상의 주의의무를 위반한 과실이 있다고 할 수 없다.

그런데, 공소사실에 의하더라도, 피고인이 자신의 차로를 벗어나 1차로를 침범하였다는 것은 아니고 피고인이 이 사건 사고 당시 자신의 차로를 운행하면서 1차로에 근접하여 운전하였다는 것 뿐이므로, 피고인이 위와 같이 1차로에 근접하여 운전함으로써 피고인의 후방 1차로에서 질주하여 오던 위 공소외 1에게 어떤 위험이나 장해를 줄 수 있다는 점을 예견할 수 있었다고 인정할 수 있어야만 피고인에게 업무상 주의의무를 게을리한 과실이 있다 할 것인데 기록을 살펴보아도 이를 인정할 만한 넉넉한 증거를 찾아볼 수 없으니, 피고인이 단지 갑자기 위 차량을 1차로쪽으로 붙여서 진행하였다는 사정만으로는 피고인에게 업무상 주의의무 위반의 과실이 있다고 할 수 없다.

따라서 원심이 피고인이 1차로로 갑자기 부딪칠 정도로 근접하여 운전한 행위가 1차로를 운행하는 위 공소외 1에게 구체적으로 어떠한 위험이나 장해를 주는 운전행위인지를 밝혀보지 아니한 채 피고인의 위와 같은 운전이 업무상의 주의의무를 위반한 것이라고 인정하였음은 필경 업무상 주의의무에 관한 법리를 오해하였거나 사실을 오인하여 판결에 영향을 미친 위법을 저지른 것이라 할 것이다.

3. 그러므로 나아가 교통사고 야기 후 도주한 점에 대한 상고이유에 대한 판단을 생략하고 원심판결을 파기하여 사건을 원심법원에 환송하기로 하여 관여 법관의 일치된 의견으로 주문과 같이 판결한다.

판례12 | 편도 1차로 도로에서 정차한 버스를 앞서가기 위하여 황색실선의 중앙선을 넘어가는 행위가 허용되는지 여부(소극)*[대법원 1997. 7. 25. 선고 97도927 판결]*

【판결요지】

도로에 중앙선이 설치되어 있는 경우, 차마는 도로의 중앙선으로부터 우측 부분을 통행하여야 하고, 다만 도로의 우측 부분의 폭이 6m가 되지 아니하는 도로에서 다른 차를 앞지르고자 하는 때에는, 그 도로의 좌측 부분을 확인할 수 있으며 반대방향의 교통을 방해할 염려가 없고 안전표지 등으로 앞지르기가 금지 또는 제한되지 아니한 경우에 한하여 도로의 중앙이나 좌측 부분을 통행할 수 있도록 되어 있으나, 한편 도로교통법 제3조, 제4조, 도로교통법시행규칙 제3조, 제10조, [별표 1]에 의하면, 중앙선 표지는 안전표지 중 도로교통법 제13조에 따라 도로의 중앙선을 표시하는 노면표지로서 그 중 황색실선은 자동차가 넘어갈 수 없음을 표시하는 것이라고 규정되어 있으므로, 편도 1차로 도로로서 황색실선의 중앙선 표지가 있는 장소에서는 설사 앞서가던 버스가 정차하여 후행 차량의 진행로를 막고 있었다고 하더라도, 그 버스를 피하여 앞서가기 위하여 황색실선의 중앙선을 넘어 자동차를 운행할 수는 없다.

【원심판결】

전주지법 1997. 3. 21. 선고 96노868 판결

【주문】

상고를 기각한다.

【이유】

상고이유를 판단한다.

1. 이 사건 즉결심판청구서 및 관계 증거에 의하면, 피고인은 선행차량보다 앞서가기 위하여 중앙선을 넘어 진행한 혐의로 적발되어 즉결심판이 청구되었음이 분명하므로, 원심이 심판이 청구되지 아니한 범죄사실을 유죄로 인정한 잘못이 있다고 볼 수 없다.

2. 피고인은 제1심과 원심의 법정에서 앞서 진행하던 버스가 정차하므로 중앙선을 넘어 진행한 사실이 있음을 스스로 인정하였을 뿐 아니라, 원심이유지한 제1심의 채용증거에 의하여도 그 사실을 넉넉히 인정할 수 있으므로, 원심판결에 심리미진 등의 위법이

있다고 볼 수 없다.

3. 도로교통법의 관계 규정에 의하면, 도로에 중앙선이 설치되어 있는 경우, 차마는 도로의 중앙선으로부터 우측 부분을 통행하여야 하고(제12조 제3항), 다만 도로의 우측 부분의 폭이 6m가 되지 아니하는 도로에서 다른 차를 앞지르고자 하는 때에는, 그 도로의 좌측 부분을 확인할 수 있으며 반대방향의 교통을 방해할 염려가 없고 안전표지 등으로 앞지르기가 금지 또는 제한되지 아니한 경우에 한하여 도로의 중앙이나 좌측 부분을 통행할 수 있도록 되어 있으나(제12조 제4항 제3호), 한편 도로교통법 제3조, 제4조, 도로교통법시행규칙 제3조, 제10조, [별표 1] '안전표지의 종류, 만드는 방식, 표시하는 뜻, 설치기준'에 의하면, 중앙선 표지는 안전표지 중 도로교통법 제13조에 따라 도로의 중앙선을 표시하는 노면표지로서 그 중 황색실선은 자동차가 넘어갈 수 없음을 표시하는 것이라고 규정되어 있는바([별표 1]의 일련번호 601), 이 사건 위반장소는 편도 1차로 도로로서 중앙선 표시는 자동차가 넘어갈 수 없는 황색실선으로 되어 있음이 기록상 분명하므로, 피고인으로서는 설사 앞서가던 버스가 정차하여 피고인의 진행로를 막고 있었다고 하더라도, 그 버스를 피하여 앞서가기 위하여 황색실선의 중앙선을 넘어 자동차를 운행할 수는 없는 것이다(대법원 1985. 9. 10. 선고 85도1264 판결 참조). 따라서 피고인의 행위가 도로교통법 제113조 제1호, 제12조 제3항(제1심판결에서 제12조 제2항으로 기재한 것은 오기임이 분명하다)에 해당한다고 본 제1심판결을 유지한 원심의 조치는 정당하고, 거기에 관계 법령에 관한 법리오해의 위법이 있다고 할 수 없다.

4. 그 밖에 기록을 검토하여 보아도 원심판결에 상고이유에서 지적하는 바와 같은 위법사유가 있음을 찾아볼 수 없다. 논지는 모두 이유 없다.

그러므로 상고를 기각하기로 하여 관여 법관의 일치된 의견으로 주문과 같이 판결한다.

판례13 | 차량동승자에게 운전자에 대하여 안전운전을 촉구할 주의의무가 있는지 여부(한정적극)[대법원 1996. 4. 9. 선고 95다43181 판결]

【판결요지】

[1] 차량의 운전자가 현저하게 난폭운전을 한다거나 그 밖의 사유로 인하여 사고 발생의 위험성이 상당한 정도로 우려된다는 것을 동승자가 인식할 수 있었다는 등의 특별한 사정이 없는 한, 단순한 차량의 동승자에게는 운전자에게 안전운행을 촉구할 주의의무가 있다고 할 수 없다.

[2] 운전을 하지 못하는 17세 여자인 동승자에게 안전운행 미촉구의 과실을 인정하여 과실상계한 원심판결을 파기한 사례.

【원심판결】

서울고법 1995. 8. 17. 선고 95나2755 판결

【주문】

원심판결 중 원고 1, 원고 2의 패소 부분을 파기하고, 이 부분 사건을 서울고등법원에 환송한다. 원고 3, 원고 4, 원고 5의 상고를 모두 각하하고, 이 부분에 관한 상고비용은 위 원고들의 부담으로 한다.

【이유】

상고이유를 본다.

1. 원고 3, 원고 4, 원고 5의 상고에 관하여 본다.

직권으로 살피건대 제1심판결에 대하여 피고만 항소하였을 뿐 위 원고들은 항소 또는 부대항소한 바가 없으므로, 피고의 위 원고들에 대한 항소를 기각하였을 뿐인 원심판결에 대하여 불복할 아무런 이익이 없다 할 것이므로, 위 원고들의 상고는 부적법하여 각하되어야 할 것이다.

2. 원고 1, 원고 2의 상고에 관하여 본다.

원심은 거시 증거에 의하여 소외 1이 1994. 2. 20. 00:40경 피고 소유의 소형승용차에 소외 2 등 일행 4명을 태우고, 위 차량을 운전하여 동해고속도로를 강릉시쪽에서 동해시쪽으로 시속 100Km 이상의 속도로 운행 중 앞서 가던 차량을 추월하려고 중앙선을 넘어 진행하다가 마침 전방에 대형화물차가 마주 오고 있는 것을 발견하고, 자기 차선으로 급진입하려 하였으나 과속으로 차체가 중심을 잃고 미끄러져 다시 중앙선을 넘는 바람에 위 화물차와 충돌하여 위 승용차가 두 동강이 나면서 위 차량에 타고 있던 소외 2 등 탑승자 전원이 사망한 사실을 인정한 다음, 위 증거에 의하면 고속도로 상을 주행하는 위 승용차에 타고 가던 위 망인에게도 운전자인 소외 1로 하여금 무리하게 과속으로 중앙선을 침범하여 앞지르기하지 못하도록 주의를 환기시키는 등의 조치를 취하여야 함에도 이를 하지 못한 과실이 있다고 하여 15%의 과실상계를 하였다.

그러나 차량의 운전자가 현저하게 난폭운전을 한다거나 그 밖의 사유로 인하여 사고 발생의 위험성이 상당한 정도로 우려된다는 것을 동승자가 인식할 수 있었다는 등의 특별한 사정이 없는 한 단순한 차량의 동승자에게는 운전자에게 안전운행을 촉구할 주의의무가 있다고 할 수 없다 할 것인바(당원 1992. 5. 12. 선고 91다40933 판결, 1994. 9. 13. 선고 94다15332 판결 등 참조), 기록에 의하면 피해자 소외 2는 17세 여자로서 나이가 어린 편이고, 운전하지도 못하므로 운전자에 대해 안전운전을 촉구할

입장에 있다고 보기 어렵고, 또 이 사건 고속도로는 2차선에 불과하여 구간에 따라서는 추월을 위한 중앙선 침범이 허용되는 사실이 엿보일 뿐 아니라, 위 운전자가 계속하여 난폭한 운전을 하였다거나 그 밖의 사유로 인하여 사고발생의 위험성이 상당한 정도로 우려되었고, 또한 이 점을 위 망인이 알 수 있었다고 볼 아무런 증거가 없으므로, 위와 같은 특별한 사정이 인정되지 않는 이 사건에서 단순한 동승자에 불과한 위 망인에게 사고 당시의 상황만을 들어 원심이 인정한 바와 같은 주의의무가 있다고 할 수는 없다.

따라서 원심판결에는 과실상계 사유로서의 동승자의 주의의무에 관한 법리를 오해하였거나 또는 아무런 증거 없이 사실을 인정함으로써 채증법칙을 위배한 위법이 있다고 할 것이므로, 이 점을 지적하는 논지는 이유 있다.

3. 그러므로 원심판결 중 원고 1, 원고 2 패소 부분을 파기하고 이 부분 사건을 다시 심리, 판단케 하기 위하여 원심법원에 환송하고, 나머지 원고들의 상고는 모두 각하하고 그 부분 상고비용은 패소자가 부담하기로 관여 법관의 의견이 일치되어 주문과 같이 판결한다.

판례14 | 중앙선을 넘어 달리던 갑 차량이 반대 차선에서 과속운행하던 을 차량과 충돌한 경우, 을 차량 운전자의 과실 인정 여부*[대법원 1995. 10. 12. 선고 95다28700 판결]*

【판결요지】

중앙선이 설치된 도로를 자기 차선을 따라 운행하는 자동차 운전자로서는 마주 오는 자동차도 자기 차선을 지켜 운행하리라고 신뢰하는 것이 보통이므로, 상대방 자동차의 비정상적인 운행을 예견할 수 있는 특별한 사정이 없다면 상대방 자동차가 중앙선을 침범해 들어올 경우까지 예상하여 운전하여야 할 주의의무는 없으며, 또한 운전자가 제한속도를 초과하여 운전하였다는 사정만을 들어 그에게 과실이 있다고 탓할 수는 없고, 다만 그와 같이 과속운행을 하지 아니하였더라면 상대방 자동차의 중앙선 침범을 발견하는 즉시 정차 또는 감속으로 충돌을 피할 수 있었다는 사정이 있었던 경우에 한하여 과속 운행을 과실로 볼 수 있다.

【원심판결】

대전고등법원 1995.5.30. 선고 94나 2105 판결

【주문】

원심판결을 파기하여 사건을 대전고등법원에 환송한다.

【이유】

상고이유를 본다.

원심은, 소외 1은 자기 소유인 프레스토 승용차를 운전하고 대전과 천안 사이의 편도 1차선의 국도를 천안에서 대전 방면으로 진행하다가 약 7.7도의 경사를 이루는 오르막 도로(포장된 노폭 약 6.9m, 갓길을 포함한 노폭 약 9.2m)를 주행하게 되었을 때, 전방에서 같은 방향으로 시속 50Km의 속도로 진행하던 길이 약 16.5m의 트레일러 차량을 앞지르기 위하여 황색 중앙선을 침범하여 반대편 차선으로 진행하게 된 사실, 한편 피고는 르망승용차를 운전하고 위 도로 고개 정상 너머의 약간 오르막 경사진 도로를 대전에서 천안 방면으로(위 소외 1쪽을 향하여) 제한속도 시속 60Km를 약 17Km 초과한 77Km 의 속도로 주행하다가 고개정상에서 내리막길로 막 들어서는 순간, 위 소외 1이 위와 같이 트레일러를 앞지르기 위하여 중앙선을 침범하여 피고의 진행 차선을 따라 오르막길을 올라오고 있는 것을 충돌지점 약 50m 전방에서 발견하고 급제동조치를 취하였으나 급제동으로 인하여 차량이 중앙선쪽으로 쏠려 31.1m 가량 미끄러지면서, 중앙선을 침범하였다가 미처 자기 차선으로 완전히 복귀하지 못한 위 프레스토 차량을 중앙선 부근에 차체가 반쯤 걸린 상태에서 충격하고, 그로 인하여 프레스토 차량이 뒤에서 올라오던 트레일러 차량에게 다시 들이받혀 그 충격으로 프레스토 차량의 조수석에 타고 있던 소외 2가 사망한 사실 등을 인정한 다음, 위 사고의 주된 원인은 위 소외 1 운전의 프레스토 승용차가 중앙선을 침범한 데 있다고 할 것이지만, 위 르망승용차의 운전자인 피고가 도로 바깥쪽으로 피하지 못하고 오히려 급제동시 반대차선쪽으로 차가 밀려 위 프레스토 승용차와 충돌하게 된 것은 피고의 과속이 그 원인이 되었다고 할 것이어서 피고에게도 이 사건 사고의 발생에 대하여 과실이 있다는 이유로, 피고의 면책주장을 배척하였다.

그러나. 중앙선이 설치된 도로를 자기 차선을 따라 운행하는 자동차 운전자로서는 마주오는 자동차도 자기 차선을 지켜 운행하리라고 신뢰하는 것이 보통이므로, 상대방 자동차의 비정상적인 운행을 예견할 수 있는 특별한 사정이 없다면, 상대방 자동차가 중앙선을 침범해 들어올 경우까지 예상하여 운전하여야 할 주의의무는 없으며, 또한 위 운전자가 제한속도를 초과하여 운전하였다는 사정만을 들어 그에게 과실이 있다고 탓할 수는 없고, 다만 그와 같이 과속운행을 하지 아니하였더라면 상대방 자동차의 중앙선 침범을 발견하는 즉시 정차 또는 감속으로 충돌을 피할 수 있었다는 사정이 있었던 경우에 한하여 과속 운행을 과실로 볼 수 있다 할 것이다(당원 1992.4.10.선고 91다44469 판결, 1994.9.9.선고 94다18003 판결 등 참조).

그런데 원심이 인정한 사실관계에 의하면, 피고가 고개 정상을 막 넘어서는 순간 위 소외 1 운전의 프레스토 승용차가 트레일러 차량을 추월하기 위하여 중앙선을 침범하여 오르막길을 올라오는 것을 발견하였는데 그 발견지점과 사고지점의 거리는 약 50m라는 것이고, 그후 충돌당시까지도 위 프레스토 승용차가 자기 차선으로 완전히 복귀하지 못하여 중앙선에 차체가 반쯤 걸려있는 상태에서 피고인의 차량과 충돌하게 되었다는 것인바, 위 도로가 포장되지 않은 갓길을 포함하여 노폭이 불과 9.2m 밖에 되지 않는 좁은 도로인데도 당시 반대편 차선은 대형 트레일러가 차지하고 있고 피고인의 진행 차선은 프레스토 차량이 길이가 16.2m나 되는 트레일러를 앞지르기 위하여 질주하여 오고 있는 상황이었다면, 피고가 충돌을 피하기 위하여 취할 수 있는 조치는 급제동 외에 달리 다른 방도가 없었다고 할 것이고, 한편 위와 같은 상황에서 르망 승용차의 운전자인 피고가 고개 정상을 넘어 아래쪽에서 올라오는 위 프레스토 승용차를 발견하고 충돌 위험을 느껴 그에 필요한 대응조치를 취하는데는 어느 정도의 시간이 필요할 것이고, 위와 같은 내리막 도로에서는 피고가 제한시속 60Km로 주행하였다고 가정하더라도 급제동 후 차량이 정지하기까지는 상당한 거리가 필요할 것이며, 위와 같은 내리막 도로에서는 피고가 시속 60Km의 제한속도로 주행하였다고 하여 급제동시에 차량이 중앙선쪽으로 쏠리지 않았을 것이라고 단정할 수 없으므로, 피고가 제한속도로 주행하였다고 하더라도 위 프레스토 차량을 발견한 시점에서는 위 충돌사고를 피하기는 거의 어려웠다고 보여진다.

그렇다면, 피고의 과속이 사고발생의 한 원인이 되었다는 이유로 피고의 면책 항변을 배척한 원심판결에는 자동차 운전자의 과실에 관한 판단을 그르친 위법이 있고, 그와 같은 위법은 판결에 영향을 미쳤다고 할 것이므로, 이 점을 지적하는 논지는 이유가 있다.

그러므로 원심판결을 파기하고 사건을 원심법원에 환송하기로 하여 관여 법관의 일치된 의견으로 주문과 같이 판결한다.

판례15 | 야간에 폭이 6.3m로서 5도 정도 오르막 경사가 있고 70도 정도 왼쪽으로 심하게 굽은 지점에서 교행하는 운전사의 주의의무와 신뢰의 원칙의 적용 여부(소극)[대법원 1993. 2. 23. 선고 92다21494 판결]

【판결요지】

폭이 6.3m로서 5도 정도 오르막 경사가 있고 70도 정도 왼쪽으로 심하게 굽은 지점에서 마주오는 차량과 교행하는 운전사는 상대방 차량이 중앙선을 지켜 정상적으로 운행할 것이라고 만연히 신뢰하여서는 안 되고, 중앙선을 넘어 운행할 가능성에 대비하여 상대방 차량의 동태를 예의주시하면서 경음기를 울리거나 차량전조등을 깜박거려 경고를 보내고 속도를 줄이면서 최대한 도로의 우측 가장자리로 진행하는 등 교행시의 충돌로 인한 사고발생을 미연에 방지할 주의의무가 있다.

【원심판결】

대구고등법원 1992.5.1. 선고 91나2374 판결

【주문】

원심판결을 파기하고 사건을 대구고등법원에 환송한다.

【이유】

원고들 소송대리인들의 상고이유를 본다.

1. 원심판결 이유에 의하면 원심은 소외 1이 1989.6.26. 22:20경 구미시 오태동 소재 칠곡군과의 경계 150m 전방 도로에서 피고 소유의 (차량번호 1 생략) 콘크리트믹서 트럭을 운전하여 구미방면에서 북삼방면으로 운행하다가 반대쪽에서 마주오던 망 소외 2 운전의 (차량번호 2 생략) 12인승 승합자동차와 충돌하여 위 소외 2가 고도뇌좌상 등으로 그 자리에서 사망한 사실을 인정한 다음, 위 망인의 처자인 원고들이 자기를 위하여 위 트럭을 운행한 자로서 그 운행으로 일으킨 위 사고로 말미암아 위 망인 및 원고들이 입은 모든 손해를 배상할 책임이 있다고 주장하고, 이에 대하여 피고는 위 사고는 위 망인이 중앙선을 침범하여 운행한 일방적인 과실로 말미암은 것이므로 그 책임이 없다고 주장한 데 대하여, 그 거시증거에 의하여 위 사고지점의 도로는 편도 1차선의 국도로서 양 방향 전체의 포장도부분의 폭이 6.3m이고, 길가에는 트럭 진행 방향의 우측에 1m, 승합차량 진행방향 우측에 2m폭의 비포장부분이 있고, 트럭의 진행방향으로 보아 5도 정도 오르막경사가 지고, 70도 정도 왼쪽으로 심하게 굽은 길로서, 원래는 1줄의 황색실선으로 된 중앙선이 그어져 있었으나, 충돌지점 전후 10여m 부분은 그 중앙선이 모두 지워져 있었던 사실, 위 트럭의 차폭은 약 2.5m이고, 승합 차량의 차폭은 약 1.7m인 사실, 사고 당시 위 소외 1은 피고 소속의 다른 콘크리트 믹서 트럭 5대와 행렬을 이루어 시속 40km 정도의 속도로 운행중이었는데, 사고지점에 이르러 위 망인이 운전하던 승합차량이 빠른 속도로 오른쪽으로 굽은 내리막길을 달려 내려오면서, 과속으로 인하여 자기차선을 지키지 못하고 포장부분의 가운데 선인 가상 중앙선을 넘어 들어오는 것을 약 20m 전방에서 발견하고 급제동하면서 핸들을 오른쪽으로 틀었으나 미치지 못하여, 양 차량의 좌측 전면부위가 서로 충돌한 후, 위 트럭은 우측 앞바퀴가 비포장부분으로 벗어난 상태에서 정차하였고, 승합차량은 4m 정도 뒤로 밀려나서 도로 중앙에 정지한 사실을 인정한 다음, 위 인정사실에 의하면 이 사건 사고는 위 망인이 일방적으로 가상 중앙선을 침범하여 위 승합차량을 운행한 것으로 인하여 일어났다고 할 것인데, 자동차의 운전자가 반대방향에서 오는 다른 자동차와 서로 교행하는 경우에는 상대방 자동차도 정상적인 방법에 따라 그 차선을 지키면서 운행하리라는 신뢰를 갖는다 할 것이고, 달리 특별한 사정이 없는 한 상대방 자동차가 중앙선을 넘어 자기차선 앞으로 들어올 것까지도 예견하여 운행하여야 할 의무는 없다고 할 것이며, 비록 이 사건 사고지점이 심하게 굽은 도로인데다가 중앙선

표시가 지워져 있고, 사고시각이 야간이라고는 하더라도, 위 사고지점 도로와 트럭의 폭을 대비해 볼 때 트럭이 자기차선의 한가운데로 진행하더라도 우측길가와 좌측의 가상 중앙선까지는 각각 30여cm 밖에 여유가 없는데다, 위 소외 1은 같은 크기의 차량들이 줄을 지어가는 가운데에서 진행하고 있었던 상황에 비추어, 그가 특별히 위 사고트럭을 보다 더 도로의 우측편으로 붙이거나 길가의 비포장부분에까지 걸쳐 운행하면서 반대방향의 차량이 중앙선을 넘어 들어 올 것에 대비하여 운전하여야 할 주의의무는 없다고 할 것이고, 사고 당시 위 트럭의 시속이 40km이면 1초 동안에 11.1m(=40×1,000÷60÷60)가량을 진행하므로, 위 승합차량의 속도를 위 트럭과 같게 본다고 하더라도 쌍방차량이 1초 동안에 진행하는 거리를 합치면 20m가 넘게 되는바, 위 소외 1이 약 20m 전방에서 위 승합차량이 가상 중앙선을 넘어서 질주해 오는 것을 발견하고 즉시 피행조치를 취하였다고 하여도, 운전자의 지각신경이 충돌의 위험을 느끼는 데에 소요되는 시간과 위와 같이 비좁은 도로상황에서 차량폭 등을 감안하여 침범해 온 승합차량과 안전하게 교행할 수 있도록 대응조치를 취하는 데에 소요되는 시간 등을 고려하면 거의 충돌을 피할 수 없는 상태였다고 할 것이어서 피고 차량의 운전수인 위 소외 1에게는 이 사건 사고발생의 원인이 된 과실이 있다 할 수 없고, 사고 당시 위 트럭에 구조상의 결함 또는기능의 장해도 없었던 사실이 인정되므로 피고는 자동차손해배상보장법 제3조 제1호에 의하여 이 사건 사고로 인한 손해를 배상할 책임이 없다고 판단하였다.

2. 그러나 원심이 인정한 바와 같이 이 사건 포장도로의 폭이 6.3m에 불과한데 위 트럭의 차폭은 약 2.5m, 위 승합차량의 차폭은 약 1.7m이고, 또 이 사건 도로는 위 트럭의 진행방향으로 보아 5도 정도 오르막 경사가 있고, 70도 정도 왼쪽으로 심하게 굽은 길로서 충돌지점 전후 10여m 부분은 중앙선이 지워져 있었다면, 야간에 이러한 지점을 운행하는 차량은 도로중앙부위를 침범하여 운행할 가능성이 많은 것이므로 이러한 지점에서 마주오는 위 승합차량과 서로 교행하게 된 위 트럭운전사로서는 상대방 차량이 도로의 중앙선을 지켜 정상적으로 운행할 것이라고 만연히 신뢰하여서는 안되고, 상대방 차량이 도로중앙부위를 넘어서 운행할 가능성에 대비하여 상대방 차량의 동태를 예의주시하면서 경음기를 울리거나 차량전조등을 깜박거려 상대방차량 운전사에게 경고를 보내고 속도를 줄이면서 최대한 도로의 우측 가장자리로 진행하는 등 상대방차량과의 교행시 충돌로 인한 사고발생을 미연에 방지할 주의의무가 있다고 볼 것이다(당원 1991.12.4. 선고 91다31227 판결; 1992.7.28. 선고 92도1137 판결 각 참조).

그런데 원심이 채용한 을 제1호증의 11 기재에 의하면 위 트럭운전사인 소외 1은 위 승합차량을 약 50m 전방에서 발견하였다는 것이므로, 원심으로서는 이와 같이 위 소외 1이 위 승합차량을 발견한 후 위에서 설시한 바와 같은 주의의무를 다하였는지, 위 소외 1이 이와 같은 주의의무를 다하였어도 이 사건 사고발생을 미연에 방지할 수 없었는지의 여부를 심리하여 과실 유무를 판단하여야 하고 위 승합차량이 약 20m 전방에서 중앙선을 침범하는 것을 발견한 때에 즉시 피행조치를 취하였다고 하여도 충돌을 피할 수 없었다는 사실만으로 과실이 없다고 단정할 것이 아니다.

그럼에도 불구하고 원심이 위 트럭운전사로서는 위 승합차량 운전사가 정상적인 방법에 따라 차선을 지키면서 운행하리라는 신뢰를 갖는다고 보아야 한다는 전제하에 위 트럭운전사가 위 승합차량이 가상 중앙선을 침범하는 것을 발견한 때에 즉시 피행조치를 취하였다고 하여도 충돌을 피할 수 없었으므로 자동차운전자로서의 과실이 없다고 판단하고 만 것은 자동차운전자의 업무상주의 의무에 관한 법리를 오해하여 심리를 다하지 아니한 위법을 저지른 것으로서 이 점에 관한 논지는 이유있다.

3. 그러므로 원고들 소송대리인들의 나머지 상고이유에 대한 판단을 생략하고 원심판결을 파기환송하기로 하여 관여 법관의 일치된 의견으로 주문과 같이 판결한다.

판례16 | 승합차량 운전자가 황색점선으로 중앙선이 표시되어 있는 편도 1차선 직선도로에서 같은 방향으로 앞서 진행하던 피해자 운전의 자전거를 안전하게 앞지르기 위하여 대향차선에 진행중인 차량이 없음을 확인한 후 중앙선을 넘어 대향차선에 진입한 경우[대법원 1991. 6. 11. 선고 91도821 판결]

【판결요지】

피고인이 승합차량을 운전하고 황색점선으로 중앙선이 표시되어 있는 편도 1차선 직선도로의 바깥쪽으로부터 3분의1 정도의 지점에서 같은 방향으로 앞서 진행하던 피해자 운전의 자전거를 안전하게 앞지르기 위하여 대향차선에 진행중인 차량이 없음을 확인한 후 중앙선을 넘어 대향차선에 진입하였는데, 이어서 피해자도 도로를 횡단하기 위하여 중앙선을 넘어 대향차선으로 들어와 충돌하게 되었다면, 피고인이 황색점선의 중앙선을 넘어 반대차선으로 들어간 행위는, 도로교통법에 규정된 통행방법에 따른 것으로서, 교통사고처리특례법 제3조 제2항 단서 제2호 전단 소정의 "도로교통법 제13조 제2항의 규정에 위반하여 차선이 설치된 도로의 중앙선을 침범한 경우"에 해당하지 아니할 뿐만 아니라, 피고인의 위 중앙선을 침범한 행위가 위 교통사고의 직접적인 원인이 되었다고 볼 수도 없으므로, 위 교통사고가 교통사고처리특례법 제3조 제2항 단서 제2호 전단 소정의 중앙선침범사고에 해당하지 아니한다고 할 것이다.

【원심판결】

대전지방법원 1991.2.7. 선고 90노1028 판결

【주문】

상고를 기각한다.

【이유】

검사의 상고이유에 대하여 판단한다.

원심이유지한 제1심판결의 이유에 의하면, 제1심은 피고인이 승합차량을 운전하여 황색점선으로 중앙선이 표시되어 있는 편도 1차선의 직선도로를 운행하던 중, 피해자가 자전거를 타고 같은 방향으로 앞서가는 것을 발견하고 이를 앞지르기 위하여 대향차선에 진행중인 차량이 없음을 확인한 후 중앙선을 넘어 대향차선에 진입하였는데, 이어서 피해자도 도로를 횡단하기 위하여 중앙선을 넘어 대향차선으로 들어오는 것을 보고 급제동 조치를 취하였으나 미치지 못하고 승합차량의 우측 앞밤바부분으로 위 자전거의 좌측 뒷부분을 들이받음으로써, 피해자를 땅에 넘어지게 하여 피해자에게 약 12주간의 치료를 요하는 대퇴경부골절 등의 상해를 입게 한 사실을 인정한 다음, 피고인이 앞서가는 자전거를 앞지르기 위하여 대향차선에 차량이 없는 것을 확인한 후 황색점선의 중앙선을 넘은 것은 도로교통법 제13조 제2항의 차선에 따른 운행이라고 할 것이므로, 이 사건 교통사고는 교통사고처리특례법 제3조제2항 제2호 소정의 중앙선침범사고라고 볼 수 없다고 판단하였다.

관계증거를 기록과 대조하여 검토하여 보면, 피고인이 이 사건 교통사고가 일어나기 직전에 편도 1차선 직선도로의 바깥쪽으로부터 3분의1 정도의 지점으로 진행하던 자전거를 안전하게 앞지르기 위하여 그 당시의 객관적인 여건으로 보아 중앙선을 넘어야 할 필요가 있었고, 또 중앙선을 넘어감에 있어서 반대방향의 교통에 충분한 주의를 기울이는 등의 조치를 취하였다고 보여지므로, 원심의 위와 같은 사실인정은 정당한 것으로 수긍이 되고, 원심판결에 소론과 같이 채증법칙을 위반한 위법이 있다고 볼 수 없다.

또 사실관계가 위와 같다면, 피고인이 황색점선으로 표시된 중앙선을 넘어 반대차선으로 들어간 행위는, 도로교통법 제13조 제2항 및 같은법시행규칙 제10조 제1항 [별표1]6.에 규정된 통행방법에 따른 것으로서, 교통사고처리특례법 제3조 제2항 단서 제2호 전단 소정의 "도로교통법 제13조 제2항의 규정에 위반하여 차선이 설치된 도로의 중앙선을 침범한 경우"에 해당하는 것이라고 볼 수 없을 뿐만 아니라, 피고인이 차선이 설치된 도로의 중앙선을 침범한 행위가 이 사건 교통사고의 직접적인 원인이 되었다고 볼 수도 없으므로, 이 사건 교통사고가 교통사고처리특례법 제3조 제2항 단서 제2호 전단 소정의 중앙선침범사고에 해당하지 아니한다 고 본 원심의 판단은 정당한 것으로 수긍이 되고(당원 1990.4.10. 선고 89도2218 판결, 1991.1.11. 선고 90도2000 판결 등 참조), 원심판결에 소론과 같이 중앙선침범사고에 관한 법리를 오해한 위법이 있다고 볼 수도 없다. 결국 논지는 모두 받아들일 수 없는 것이다.

그러므로 검사의 상고를 기각하기로 관여법관의 의견이 일치되어 주문과 같이 판결한다.

판례17 | 정차 중인 버스를 앞지르기 하던 화물자동차의 왼쪽 일부가 중앙선을 침범한 상태에서 버스 앞쪽을 통해 오른쪽에서 왼쪽으로 횡단하던 사람을 그 진행차선 내에서 부딪쳐 상해를 입게 한 경우[대법원 1991. 2. 12. 선고 90도 2420 판결]

【판결요지】

피고인이 화물자동차를 운전하던 중, 도로 오른쪽에 정차하고 있던 시내 버스를 앞지르기위하여 화물자동차의 왼쪽 일부가 중앙선을 침범한 상태로 진행하다가, 화물자동차의 진행차선 내에서 화물자동차의 차체 오른쪽 부분으로, 시내버스의 앞쪽으로 나와 오른쪽에서 왼쪽으로 도로를 횡단하던 피해자를 부딪쳐 상해를 입게 한 경우 피고인의 중앙선 침범행위로 인하여 위 교통사고가 발생하였다고 볼 수 없으므로 위 사고는 교통사고처리특례법 제3조 제2항 단서 제2호 소정의 중앙선침범사고에 해당하지 아니한다.

【원심판결】

대구지방법원 1990.9.20. 선고 90노836 판결

【주문】

상고를 기각한다.

【이유】

검사의 상고이유에 대하여 판단한다.

원심은, 피고인이 화물자동차를 운전하여 매시 약 40킬로미터의 속도로 진행하던 중, 도로 오른쪽에 정차하고 있던 시내버스를 앞지르기 위하여 화물자동차의 왼쪽 일부가 중앙선을 침범한 상태로 진행하다가, 화물자동차의 진행차선내에서 화물자동차의 차체 오른쪽부분으로, 시내버스의 앞쪽으로 나와 오른쪽에서 왼쪽으로 도로를 횡단하던 피해자 공소외인을 부딪쳐 땅에 넘어지게 함으로써, 그가 약4주간의 치료를 요하는 좌측쇄골골절상 등의 상해를 입게 된 사실을 인정한 다음, 이와 같이 피고인이 운전하던 화물자동차의 진행차선 내에서, 도로의 오른쪽에서 왼쪽으로 횡단하던 피해자를 화물자동차의 차체 오른쪽부분으로 부딪쳐 이 사건 교통사고가 발생한 만큼, 피고인이 중앙선을 침범한 행위로 인하여 이 사건 교통사고가 발생하였다고 볼 수 없으므로, 이 사건 교통사고는 교통사고처리특례법 제3조 제2항 단서 제2호 소정의 중앙선침범사고에 해당하지 아니하는 것이라

고 판단하였다.

원심의 이와 같은 판단은 정당한 것으로 수긍이 되고, 원심 판결에 소론과 같이 중앙선침범사고에 관한 법리를 오해한 위법이 있다고 볼 수 없으므로, 논지는 이유가 없다.

소론이 내세우는 당원 1989.4.11. 선고 88도1678 판결 등은 이 사건과 사안을 달리하는 사건에 관한 것들이어서 이 사건에 원용하기에는 적절하지 않다.

그러므로 검사의 상고를 기각하기로 관여법관의 의견이 일치되어 주문과 같이 판결한다.

판례18 | 택시운전사가 자전거를 타고 앞서 가는 피해자를 피해가려고 중앙선을 약 30cm 침범하여 진행하는데 피해자가 갑자기 좌회전하여 택시 앞으로 들어와 충돌한 경우 [대법원 1991. 1. 11. 선고 90도2000 판결]

【판결요지】

가. 교통사고처리특례법 제3조 제2항 제2호 전단의 도로교통법 제13조 제2항의 규정에 위반하여 차선이 설치된 도로의 중앙선을 침범하였을 때라 함은 교통사고가 중앙선을 침범하여 운전한 행위로 인하여 일어난 경우, 즉 중앙선침범행위가 교통사고발생의 직접적인 원인이 된 경우를 말하므로 중앙선 침범행위가 교통사고발생의 직접적인 원인이 된 이상 사고장소가 중앙선을 넘어선 반대차선이어야 할 필요는 없으나 중앙선 침범행위가 교통사고발생의 직접적인 원인이 아니라면 교통사고가 중앙선침범 운행중에 일어났다 하여 모두 이에 포함되는 것은 아니라 할 것이다.

나. 택시운전사가 약 30m 앞에서 같은 방향으로 자전거를 타고 가는 피해자를 피해가기 위하여 중앙선을 약 30cm 침범하여 진행하는데 피해자가 갑자기 자전거를 좌회전하여 위 택시 앞으로 들어오기 때문에 이를 피하지 못해 충격하였다면 교통사고처리특례법 제3조 제2항 제2호 소정의 중앙선침범사고에 해당하지 아니한다.

【원심판결】

춘천지방법원 1990.6.21. 선고 90노316 판결

【주문】

상고를 기각한다.

【이유】

검사의 상고이유에 대하여

교통사고처리특례법 제3조 제2항 제2호 전단의 도로교통법 제13조 제2항의 규정에 위반하여 차선이 설치된 도로의 중앙선을 침범하였을 때라 함은 위 특례법의 입법취지에

비추어 그 교통사고가 중앙선을 침범하여 운전한 행위로 인하여 일어난 경우, 즉 중앙선 침범 행위가 교통사고 발생의 직접적인 원인이 된 경우를 말한다 할 것이다. 따라서 중앙선 침범 행위가 교통사고 발생의 직접적인 원인이 된 이상 사고 장소가 중앙선을 넘어선 반대차선이어야 할 필요는 없으나(당원 1990.9.25. 선고 90도536 판결 참조) 중앙선 침범행위가 교통사고 발생의 직접적인 원인이 아니라면 교통사고가 중앙선침범운행중에 일어났다 하여 모두 이에 포함되는 것은 아니라 할 것이다.

원심이 확정한 사실에 의하면, 피고인은 택시를 운전하여 사고지점 부근을 시속 약 60킬로미터로 가던 중 약 30미터 전방에서 같은 방향으로 자전거를 타고 가는 피해자를 발견하고 이를 피해가기 위하여 중앙선을 약 30센티미터 침범하여 진행하였는데 피해자가 갑자기 자전거를 좌회전하여 위 택시 앞으로 들어오기 때문에 이를 피하지 못해 충격하였다는 것이므로 이 사건 사고가 위 특례법에 해당하지 아니한다고 한 원심의 판단은 앞에서 본 법리에 비추어 정당하다. 논지는 이유 없다.

이에 상고를 기각하기로 하여 관여 법관의 일치된 의견으로 주문과 같이 판결한다.

> **판례19 |** 도로중앙선을 넘은 지점에서 일어난 사고이지만 교통사고처리특례법 제3조 제2항 단서 제2호 소정의 중앙선침범사고로 볼 수 없는 사례*[대법원 1990. 4. 10. 선고 89도2218 판결]*

【판결요지】

피고인이 1톤 봉고트럭을 운전하여 편도 1차선 도로를 시속 약 76킬로미터로 진행하던중 전방 50미터 정도에서 도로 중앙부분으로 자전거를 타고가는 피해자를 발견하고 이를 추월하고자 경적을 울리면서 중앙선을 침범하여 30여미터 진행하다가 위 자전거를 추월할 무렵 피해자가 전방 좌측에 나 있는 길쪽으로 좌회전하여 들어오는 바람에 도로 중앙선을 넘은 지점에서 피해자를 충격하였다면, 피고인의 중앙선침범행위가 위 사고발생의 직접적 원인이 되었다고는 할 수 없으니 사고장소가 중앙선을 넘은 지점이라는 이유만으로 피해자의 명시한 의사에 반하여 공소를 제기할 수 없도록 된 특례의 예외사유인 교통사고처리특례법 제3조 제2항 단서 제2호를 적용할 수는 없다고 할 것이다.

【원심판결】

대전지방법원 1989.6.22. 선고 89노292 판결

【주문】

상고를 기각한다.

【이유】

검사의 상고이유를 본다.

원심판결이 적법히 확정한 사실에 의하면 피고인은 이 사건 사고당시 1톤 봉고트럭을 운전하여 편도 1차선 도로인 이 사건 사고지점을 시속 약76킬로미터로 진행하던 중 전방 50미터 정도에서 도로 중앙부분으로 자전거를 타고 가는 피해자를 발견하고 이를 추월하고자 경적을 울리면서 중앙선을 침범하여 30여미터 진행하다가 위 자전거를 추월할 무렵 피해자가 전방 좌측에 나 있는 길쪽으로 좌회전하여 들어오는 바람에 도로 중앙선을 넘은 지점에서 피해자를 충격하였다는 것이다. 사실관계가 위와 같다면 피고인의 중앙선침범행위가 이 사건 사고발생의 직접적 원인이 되었다고는 할 수 없으니 사고장소가 중앙선을 넘은 지점이라는 이유만으로 교통사고처리특례법 제3조 제2항 단서 제2호를 적용할 수는 없다고 할 것이다.

이와 같은 취지로 판단한 제1심판결을 그대로 유지한 원심의 조처는 정당하고, 논지가 주장하는 것처럼 법리오해의 위법있음을 찾아볼 수 없으므로 논지는 이유없다.

따라서 검사의 상고를 기각하기로 하여 관여 법관의 일치된 의견으로 주문과 같이 판결한다.

판례20 | 피고인의 과실과 피해자의 사망에 관한 인과관계의 중간경로에 대하여 공소장기재 사실과 다른 사실의 인정가부(적극)[대법원 1989. 12. 26. 선고 89도1557 판결]

【판결요지】

피고인 운전의 트럭이 피해자 운전의 오토바이를 추월하기 위하여 우측으로 너무 근접하여 운행한 과실로 위 트럭 왼쪽 뒷바퀴부분으로 위 오토바이의 오른쪽을 충격하여 피해자로 하여금 위 오토바이와 함께 넘어져 사망에 이르게 한 경우, 피고인이 위와 같은 내용의 과실로 피해자가 위험을 느끼고 당황하여 중심을 잃고 땅에 넘어지게 하여 사망케 하였다는 공소사실기재는 과실과 사망에 관한 인과관계의 중간경로를 설명한데 불과하므로 그 중간사실에 차이가 있어도 과실과 치사간에 인과관계가 있다면 법원은 공소장변경 없이도 그 죄책여부를 심판할 수 있다.

【원심판결】

마산지방법원 1989.7.7. 선고 89노94 판결

【주문】

상고를 기각한다.

【이유】

피고인의 변호인의 상고이유를 본다.

1. 원심이 피고인에 대한 그 판시 범죄사실을 인정함에 있어 채택하고 있는 증거 중 사법경찰리 작성의 실황조사서는 피의자이던 피고인이 사법경찰리의 면전에서 자백한 진술에 따라 사고당시의 상황을 재현한 사진과 그 진술내용으로서 피고인 공판정에서 실황조사서에 기재된 범행 재현의 상황을 모두 부인하고 있음이 기록상 명백하므로 원심이 이를 판시 범죄사실의 인정자료로 하였음은 잘못이라 하겠으나 기록과 대조하여 보면 원심이 채택한 그 나머지 증거들만에 의하여서도 원판시 범죄사실을 넉넉히 인정할 수 있으므로 위와 같은 잘못은 판결결과에 영향을 미치는 사유가 되지 못한다 할 것이고 달리 원심의 사실인정 조치에 소론과 같은 채증법칙위반, 경험칙, 논리칙위반이나 이유불비 내지 이유모순의 위법이 있음을 찾아 볼 수 없으므로 논지는 이유없다.

2. 기록에 의하면 공소장의 공소사실(1심공판도중 적법한 절차에 의하여 공소장이 변경되었다)에는 피고인은 타이탄트럭의 운전사로서 피해자 공소외인(65세)운전의 오토바이를 추월하기 위하여 위 오토바이 우측으로 너무 근접하여 진행한 과실로 위 피해자로 하여금 이에 위험을 느끼고 당황한 나머지 중심을 잃고 땅에 넘어지게 하여 그 충격으로 사망에 이르게 하였다고 되어 있는데 대하여 원심판결은 공소장변경절차없이 피고인은 원판시 오토바이의 오른쪽으로 너무 근접하여 앞지르기를 하다가 위 트럭 왼쪽뒷바퀴부분으로 위 오토바이의 오른쪽을 충격하여 피해자로 하여금 위 오토바이와 함께 넘어져 6.3미터가량 미끄러지게 하여 사망에 이르게 하였다는 범죄사실을 인정하고 있어 공소사실과 원심이 인정하고 있는 범죄사실과의 사이에는 사고경위의 일부를 달리하고 있으나 피고인 운전의 트럭이 피해자가 운전하던 오토바이를 추월하기 위하여 우측으로 너무근접하여 운행한 과실로 피해자가 위험을 느끼고 당황하여 중심을 잃고 땅에 넘어지게 하여 사망케 하였다는 공소사실 기재는 과실과 사망에 관한 인과관계의 중간경로를 설명한데 불과하므로 그 중간사실에 차이가 있어도 과실과 치사간에 인과관계가 있다면 법원은 공소장변경 없이도 그 죄책여부를 심판할 수있다 할 것이고(당원 1980.11.11.선고 80도1074 판결참조) 또 기록에 의하여 이 사건 제1심 및 원심의 심리과정을 살펴보면 1988.12.6.자 공소장 변경후에는 피고인과 변호인은 피고인이 피해자의 오토바이에 근접하여 운행한 행위마저도 부인하고 있음을 알 수 있으니 원심의 위 조치가 피고인의 방어권 행사에 실질적인 불이익을 주었다고 볼 수 없다. 따라서 원심이 공소장변경절차 없이 위와 같은 사실을 인정하였다 하여 거기에 소론과 같은 심판범위를 일탈한 위법이 있다고 할 수 없으므로 논지는 이유없다.

3. 그러므로 상고를 기각하기로 하여 관여 법관의 일치된 의견으로 주문과 같이 판결한다.

【판결요지】

자동차운전자가 반대방향에서 오는 다른 자동차와 서로 교행하는 경우 일반적으로는 상대방 자동차가 정상적인 방법에 따라 그 차선을 지키면서 운행하리라는 신뢰를 갖는 것이므로 특별한 사정이 없는 한 미리 상대방 자동차가 중앙선을 넘어 자기차선 앞으로 들어올 것까지도 예견하여 운전하여야 할 의무는 없으나, 상대방 자동차가 비정상적인 방법으로 운행하리라 함을 미리 예견할 수 있는 특별한 사정이 있는 경우에는 위와 같은 신뢰를 할 수 없는 것이고 자동차운전자는 모름지기 상대방 자동차가 비정상적인 방법으로 운행할 것까지 신중하게 계산에 넣어 사고를 예방할 수 있는 모든 수단을 강구할 의무가 있다.

【원심판결】

서울고등법원 1987.2.11 선고 85나2745 판결

【주문】

상고를 모두 기각한다.

상고비용은 피고들의 부담으로 한다.

【이유】

상고이유를 본다.

1. 제1,3점에 대하여,

원심판결이 들고 있는 증거들을 기록에 비추어 검토하여 보면 이 사건 사고가 원심이 판시한 바와 같은 경위와 원인에 의하여 발생한 사실을 인정할 수있고, 원심의 그와 같은 사실인정과정에 채증법칙을 위배한 잘못이 있다고 할 수 없으며, 위와 같은 사고의 경위와 원인에 기여한 각 사고당사자들의 책임을 비교 교량하여 보면, 피해자의 과실을 50퍼센트로 판단하여 상계한 원심의 조치는 상당하다고 할 것이므로 그 과실상계비율이 과소하다는 논지는 이유없다.

2. 제2점에 대하여,

자동차운전자가 반대방향에서 오는 다른 자동차와 서로 교행하는 경우 일반적으로는 상대방 자동차가 정상적인 방법에 따라 그 차선을 지키면서 운행하리라는 신뢰를 갖

는 것이므로 특별한 사정이 없는 한 미리 상대방 자동차가 중앙선을 넘어 자기 차선 앞으로 들어올 것까지도 예견하여 운전하여야 할 의무는 없다고 함이 당원의 일관된 판례(대법원 1981.12.22 선고 81다955 판결; 1985.12.24 선고 85다카562 판결 등 참조) 임은 소론과 같으나 상대방 자동차가 비정상적인 방법으로 운행하리라 함을 미리 예견할 수 있는 특별한 사정이 있는 경우에는 위와 같은 신뢰를 할 수 없는 것이고 자동차운전자는 모름지기 상대방 자동차가 비정상적인 방법으로 운행할 것까지 신중하게 계산에 넣어 사고를 예방할 수 있는 모든 수단을 강구할 의무가 있다할 것이고 상대방 차량이 오토바이인 경우에도 마찬가지라 할 것이다.

이 사건에서 원심판결과 기록에 의하면, 이 사건 사고당시 피고 1 소유트럭의 반대방향에서 달려오던 원고 1이 운전하는 오토바이는 사고지점이 노폭 6.5미터의 좁은 도로로서 차량의 통행이 빈번한 곳인데도 그 앞에 비포장도로가 있어 이를 피하기 위하여 포장도로인 반대편 차선을 침범하여 피고 1 트럭의 진행차선으로 들어 왔다는 것이고 피고 1 트럭의 운전사인 피고 2도 그러한 사정을 알고 있었음에도 불구하고 위 오토바이와의 충돌을 피하기 위한 주의의무를 태만히 한 채 오히려 반대차선을 약간 침범하여 운행하다가 위 오토바이를 피하지 못하여 들이받게 되었다는 것이므로, 이러한 경우라면 피고 2로서는 위 오토바이가 비정상적인 방법으로 운행하여 올지 모른다는 것을 충분히 예견할 수 있었다 할 것이고, 따라서 원심이 피고 2에게 위 오토바이와의 충돌을 예방할 수 있는 방법을 강구하지 아니한 채 반대차선을 침범하여 운행한 과실이 있다고 인정한 판단은 정당하고, 거기에 소론과 같은 법리를 오해한 위법이 있다고 할 수 없다.

논지가 들고 있는 판례들은 이 사건과 상황을 달리하는 것이므로 이 사건에 적절하지 못하다. 논지는 이유없다.

3. 한편 피고들은 원심판결중 피고들 패소부분 전부에 관하여 불복하였으면서도 위자료부분에 관하여는 상고이유를 내세운바 없으므로 이 부분 상고도 이유없다.

4. 그러므로 상고를 모두 기각하고, 상고 소송비용은 패소자들의 부담으로 하여 관여법관의 일치된 의견으로 주문과 같이 판결한다.

판례22 | 고속도로에서의 앞지르기에 관한 주의의무를 다하지 못한 것이라고 판단한 사례[대법원 1986. 7. 8. 선고 86도239 판결]

【판결요지】

경부고속도로를 시속 약 100키로미터의 속력으로 주행하다가 선행차량을 추월하려고 속도를 약110키로미터로 운전하여 추월선으로 들어설 무렵 전방 약 20미터 지점 추월선상에 장애물이 있는 것을 발견하였으나 이미 거리가 근접하여 이를 피하지 못하고 충돌함으로써 사고가 난 경우라면 사고당시의 시각이나 도로상황에 비추어 위 운전자가 앞차와의 안전거리를 확보하지 아니하고 추월하기 위하여 앞차 뒤에서 갑자기 추월선으로 들어선 탓으로 위 장애물을 뒤늦게 발견하게 된 것이 아닌가 하는 의문이 들어 사고당시 위 운전자의 앞지르기 방법에 잘못이 없다고 단정할 수 없다.

【원판결】

대구지방법원 1985.6.7 선고 85노791 판결

【주문】

원심판결을 파기한다.

사건을 대구지방법원 합의부에 환송한다.

【이유】

검사의 상고이유를 판단한다.

원심판결 이유에 의하면, 원심은 제1심판결 거시증거들을 종합하여 이 사건 사고지점은 구미시 부곡동 소재 경부고속도로 서울기점 246.7키로미터 상행선 추월선상이며 승용차의 제한속도는 시속 100키로미터이고, 평소 차량통행이 빈번한 곳인 사실, 이 사건 사고당시 피고인은 (차량번호 생략) 로얄승용차에 피해자 공소외 1(남, ○○세), 공소외 2(여, △△세)를 태우고 경주시에서 출발하여 서울방면으로 주행선상을 시속 100키로미터 속도로 진행하다 사고지점에 못미쳐, 앞서가던 번호불상 8톤 화물트럭을 추월하기 위하여 추월선상으로 시속 110키로미터 속도로 위 번호불상 트럭을 추월할 무렵 전방 약 20미터 추월선 도로 중앙지점에 원심판결 첨부도면(가)와 같은 임시중앙분리대 차단기용 세멘트부록(일명, 오픈구간 차단부록) 부서진 덩어리 2개가 놓여져 있는 것을 발견하였으나 이미 급제동을 하기에는 거리가 짧았고, 주행선상에는 추월한 위 번호불상 트럭이 진행하여 오므로 주행선상으로 다시 복귀할 수도 없어 그대로 위 사고 로얄승용차 좌측 밤바 1/3지점으로 위 세멘트부록 덩어리 1개를 타고 넘자 차가 기우뚱해지면서 중앙분리대를 부딪치고 이로 인하여 핸들이 우측으로 꺾이면서 우측 노변 약 10미터 높이의 논에 추락하여 이 사건 사고가 발생한 사실, 위 임시중앙분리대 차단기용 세멘트부록은 원래 위 고속도로의 상, 하행선 사이에 설치된 중앙분리대 사이의 오픈 공간으로 차량이 함부로 통행할 수 없도록 하기 위하여 도로관리청이 고정된 중앙분리대와 일직선으로 연결시켜 놓아둔 것 (위 도면 (나) 참조)으로서, 그 자체로서는 야광페인트 등이 채색되어 있지 아니하여 위험표지판의 구실을 할 수 없는 단순한 세멘트부록이고, 특히 야간에는 근접된 거리가 아니면 식별할 수 없는 장애물인데 이 사건 사고당시 어떠한 영문인지는 모르나(단지, 위 고속도로 하행선을 지나던 번호불상 차량에 충격되어 부서진 덩어리가 추월선상에 흩어져 있었던 것으로 추정되고 있다) 사고지점 부근 경부고속도로 상, 하행선 추월선상에 아무런 위험표지판 없이 흩어져 있었던 사실을 인정한 다음, 피고인이 사고 시각인 04:40경 어두워 시야에 장애가 많은 고속도로를 운행하면서 아무런 위험표지판 없이 추월선상에 잘 알아볼 수 없는 장애물이 있을 것을 예상하면서까지 운전하여야 할 업무상 주의의무가 있다고 할 수 없으며 비록 피고인이 추월당시 다소 과속운행한 과실은 있으나 제한속도인 시속 100키로미터로 운행하였다 하더라도 위 장애물을 피할 수는 없었다고 보여지고 더구나 위 장애물에 충격된 차량이 그 충격으로 인한 요동에도 불구하고 그 운전자인 피고인에게 정상적인 핸들조정을 요구할 수도 없다 할 것이어서 그 충격으로 인한 요동으로 중앙분리대를 들어받은 피고인이 우측으로 핸들을 과대조작하였다 하여 피고인에게 이 사건 사고의 책임을 지울수도 없다 할 것이며, 그외 달리 이 사건에 사고에 있어 피고인에게 자동차 운전자로서의 업무상 주의의무를 태만히 한 과실이 있다고 인정되지 아니한다고 하여 피고인에게 무죄를 선고하고 있다.

살피건대, 무릇 자동차의 운전자는 제한 최고속도를 초과하여 운전하여서는 아니되고(도로교통법 제15조) 모든 차는 같은 방향으로 가고 있는 앞차와의 사이에 안전거리를 확보하여야 하고(위 법 제17조) 앞차를 앞지르고자 하는 모든 차는 반대방향의 교통 및 앞차의 전방교통에도 충분히 주의를 기울여야 하며 앞차의 속도나 진로 그밖의 도로상황에 따라 경음기를 울리는등 안전한 속도와 방법으로 앞지르기를 하여야 하고(위 법 제19조) 특히 고속도로에서 앞지르고자 하는 차는 방향지시기 등과 또는 경음기를 사용하여 지정차선으로 안전하게 통행하여야 하는 것인바(위 법 제56조) 이 사건에 있어 기록에 의하면 피고인은 경찰이래 원심법정에 이르기까지 피고인이 피해자 등을 태우고 시속 약 100키로로 주행을 하다가 사고당시(1985.2.2.04:50경) 사고지점에 이르렀을 무렵 앞에 가고 있는 화물트럭을 추월하려고 속도를 약 110키로미터로 운전하여 추월선으로 들어갔는데 그때 전방 약 20미터지점 추월선상에 장애물(원판시 세멘부록 덩어리)가 있다는 것을 발견하였으나 이미 거리가 근접하여 이것을 피하지 못하고 이 사건 사고가 발생하게 되었다고 일관되게 진술하고 있는바, 피고인의 이와 같은 진술을 미루어 보면 사고당시 피고인은 앞차와의 안전거리도 확보하지 아니하고 추월하기 위하여 앞차 뒤에서 갑자기 추월선에 들어선 탓으로 위의 장애물을 불과 20미터 거리에서 비로소 발견하게 된 것이 아닌가 하는 의문이 가고 특히 사고당시는 새벽이라 교통량이 크게 많지 않을 것이고 또 직선으로 뻗은 고속도로상에서 만약 피고인이 앞차와 충분한 안전거리를 두고 위와 같은 앞지르기 할 때의 주의의무를 다하여 추월선으로 들어 섰다면 비록 그 전면에 예상할 수 없는 장애물이 있었다 하더라도 불과 20미터 거리에 이르도록 이를 못볼 수는 없다고 추단되는바(피고인의 경찰 진술에 의하면 사고후 현장검증을 한 것으로 기재되어 있으나 기록에는 도시 검증조서가 없어 사고당시의 도로상황, 피고인의 앞지르기방법 등을 정확히는 알 수 없다) 그렇다면 사실심인 원심으로서는 사고당시 피고인이 한 앞지르기방법에 관하여 좀더 심리하지 않고서는 그 운전상의 과실여부를 판단할 수 없을 것임에도 불구하고 만연히 피고인이 불과 20미터 전방에 예견할 수 없는 장애물이 있었으니 이 사건 사고는 불가항력이지 피고인의 과실은 아니라는 취지로 무죄를 선고하였은즉 원심은 필경 심리를 다하지 아니하거나 자동차 운전자의 주의의무에 관한 법리를 오해하여 판결에 영향을 미쳤다는 비난을 면할 수 없다 할 것이다. 논지는 결국 이유있다.

이에 원심판결을 파기하고, 다시 심리판단케 하기 위하여 사건을 원심인 대구지방법원 합의부에 환송하기로 하여 관여법관의 일치된 의견으로 주문과 같이 판결한다.

> **판례23** | 교통정리가 행해지고 있지 아니한 교차로에서 이미 교차로에 진입하여 좌회전을 거의 끝마칠 상태에 있는 자동차운전자의 주의의무 정도[대법원 1986.
> 9.9.,선고, 86도163,판결]

【판결요지】

교통정리가 행하여지고 있지 아니한 교차로에서 이미 교차로 안으로 진입하여 좌회전을 거의 끝마칠 상태에 있는 차량의 운전자에게 아직 위 교차로 안으로 진입하지도 아니한 반대차선의 직진차량을 위하여 좌회전 도중이라도 일단 정차하여 동 차량의 우선통행을 방해하지 않아야 할 업무상 주의의무가 있다거나 또는 교차로 안에서 좌회전중인데도 불구하고 이를 무시한 채 위 직진차량이 미끄러운 빗길을 과속으로 달려와 일단 정지선에서 정지하거나 감속조치를 취함이 없이 그대로 교차로 안으로 진입해 들어오는 경우까지 예상하고 그와의 충돌을 피하기 위하여 이에 대비하여 운전해야 할 업무상 주의의무까지 있다고 보기는 어렵다.

【원심판결】

인천지방법원 1985.12.5 선고 85노221 판결

【주문】

상고를 기각한다.

【이유】

검사의 상고이유를 판단한다.

교통정리가 행하여지고 있지 아니하는 교차로에서 직진하려는 차량과 좌회전하려는 차량사이에는 직진하려는 차량에 통행우선권이 인정되는 것이 원칙이기는 하나 좌회전하려는 차량이 이미 교차로 안으로 진입하여 좌로 방향을 전환하고 있는 경우에는 교차로 안으로 진입하기 이전에 있는 직진하려는 차량은 좌회전중인 차량의 진행을 방해하여서는 아니된다고 할 것인바(도로교통법 제22조 제3항, 제23조 참조), 원심이 적법하게 확정한 사실에 의하면, 이 사건 사고장소는 노폭 24미터의 왕복 6차선 도로와 노폭 8미터의 도로가 직각으로 교차하는 교차로로서 신호기에 의해서는 물론 수신호에 의한 교통정리도 행하여 지고 있지 아니한 곳이고, 피고인은 시내버스를 6차선 도로를 따라 운전하여 위 교차로에 이르러 위 8미터 도로로 좌회전하기 위하여 교차로 직전의 횡단보도앞 1차선상에 일단 정차한후 피해차량이 6차선 도로의 반대편 3차선상으로 위 교차로 후방 약 150미터 지점에서 위 교차로를 향해 운행해 오는 것을 발견하였으나 위 두차량의 속도와 거리로 보아 충분히 죄회전할 수 있다고 판단하고 교차로 안으로 진입하여 거의 좌회전을 끝마치려는 순간에 피해차량이 미끄러운 빗길에 제한시속 50킬로미터를 훨씬 초과한 시속 80킬로미터의 과속으로 교차로 진입 직전에 설치된 일단정지선도 무시한 채 그대로 교차로 안으로 진입하므로서 미쳐 교차로를 빠져 나가지 못한 위 버스의 우측 뒷바퀴의 뒷부분 옆면을 피해차량의 전면으로 정면 충돌하여 이 사건 사고가 발생되었다는 것인즉 사고 경위가 이와 같다면 이미 교차로 안으로 진입하여 좌회전을 거의 끝마칠 상태에 있는 위 버스의 운전자인 피고인에게 아직 위 교차로 안으로 진입하지도 아니한 피해차량을 위하여 좌회전도중이라도 일단 정차하여 피해차량의 우선통행을 방해하지 않아야 할 업무상 주의의무가 있다거나 또는 위 버스가 교차로 안에서 죄회전중인데도 불구하고 이를 무시한 채 피해차량이 미끄러운 빗길을 과속으로 달려와 일단정지선에서 정지하거나 감속조치를 취함이 없이 그대로 교차로 안으로 진입해 들어오는 경우까지 예상하고 그와의 충돌을 피하기 위하여 이에 대비하여 운전해야 할 업무상 주의의무까지 있다고 보기는 어렵다 할 것이므로, 이와 같은 취지에서 피고인에게 무죄를 선고한 1심 판결을 유지한 원심판결은 정당하고, 거기에 소론과 같은 자동차 운전자로서의 업무상 주의의무에 관한 법리를 오해한 위법이 있다 할 수 없으므로 논지는 이유없다.

그러므로 검사의 상고는 이유없어 이를 기각하기로 관여법관의 의견이 일치되어 주문과 같이 판결한다.

> **판례24 |** 편도 2차선 도로 2차선을 진행하는 트럭운전자가 그 2차선과 인도사이로 추월하려는 오토바이를 위하여 정차하거나 서행하여도 오토바이를 선행토록 할 주의의무가 있는지 여부[대법원 1986. 1. 21. 선고 85도1959 판결]

【판결요지】

내리막길이고 우측으로 비스듬히 구부러진 도로상에서 피해자의 오토바이가 도로 2차선상을 진행하는 피고인의 운전트럭과 그 우측인도 사이로 무리하게 빠져 나가려고 선행하여 가던 피고인의 운전트럭을 바짝붙어 따라가다가 위 트럭과 충돌하여 사고가 난 경우, 피고인으로서는 후방주시까지 하여 뒤에서 오는 피해자의 오토바이를 발견하고 충돌을 방지할 조치를 취하여야 한다든가 나아가 선행차량이 일시 정차하거나 속도를 낮추어 앞지르려는 오토바이를 선행하도록 하여 줄 업무상 주의의무가 있다고 할 수 없다.

【원심판결】

인천지방법원 1985.7.25. 선고 85노516 판결

【주문】

원심판결을 파기하고, 사건을 인천지방법원 합의부에 환송한다.

【이유】

피고인의 변호인들의 상고이유를 판단한다.

원심판결 이유에 의하면, 원심은 그 인용한 제1심 판결 거시의 증거들을 종합하면 피고인이 1984.12.5. 10:45경 (차량번호 생략) 타이탄트럭을 운전하고 인천 남구 용현동 42앞 도로 2차선을 주안동쪽에서 학익동 방면으로 시속 약 45킬로미터로 통과하게 되었는 바, 그곳 도로는 오른쪽으로 구부러져 있을 뿐 아니라 당시 피해자인 공소외 1(○○세)가 90씨씨 오토바이를 타고 도로우측으로 선행하여 가고 있었으므로 운전업무에 종사하는 피고인으로서는 전방좌우를 주시하고 타인의 진로를 가로막지 않도록 안전간격을 유지하고 진행하는 등의 조치를 취하여 사고를 미리 막을 업무상 주의의무가 있음에도 불구하고 이를 게을리한 채 위 피해자를 발견하지 못하고 동 오토바이 좌측으로 근접하여 우회전한 과실로 인하여 피고인의 트럭적재함 우측하단 부분으로 동 오토바이의 좌측핸들 부분을 충격되게 하여 동인으로 하여금 도로에 넘어지게 하여서 두개골절 등의 상해를 입게 하고 그로 인하여 같은날 11:00경 인천길병원으로 후송도중 사망에 이르게 한 사실을 인정하고 피고인을 교통사고처리특례법 위반죄로 다스리고 있다.

그러나 기록에 의하여 원심이 인용한 제1심판결이 거시한 증거들을 검토하여 보면, (1) 피고인은 제1심 및 원심법정에서 당시 피고인은 피해자 오토바이를 추월한 사실이 없고 전방에는 아무 차량도 없었는데 피고인이 위 도로를 따라 우회전 하던 중 피해자가 오토바이를 과속으로 운전하여 피고인의 트럭 뒷 적재함에 부딪쳐 사고가 난 것이며 당시 피고인은 차선을 지키고 운행하였다고 진술하고 있고 (2) 제1심증언 공소외 2의 증언에 의하면, 이 사건 사고는 피고인의 트럭이 도로 2차선으로 직선 주행하다가 이 사건 사고지점 커브길에서 우측으로 과대조작하여 위 적재함 우측하단 및 우측 뒷바퀴 흙받이 부분으로 옆에서 가던 오토바이의 좌측핸들 부분과 짐받이 좌측 뒷부분을 받아 일어난 사고로 밝혀졌다는 것이나 증인 스스로도 이 사건 사고원인에 관한 위와 같은 증언은 검증당시 증인이 사고현장의 상황을 보고 추리하여 한 증언이라는 것이므로 그 증언내용 대로 신빙키 어렸다 할 것이고 (3) 검찰에서 피고인의 진술을 보면, 피고인은 검찰 제1회 신문시에는 "위 사고지점

도로에 이르렀는데 갑자기 저의 차에 무언가 부딪치는 소리가 나므로 즉시 정차하여 보니 우측에 오토바이 1대가 넘어져 있고 사람이 넘어져 피를 흘리고 있었다"는 정도로 사고 당시의 상황을 진술하는 외에 "피고인의 트럭 우측 뒷바퀴 흙받이 앞쪽부분이 뒷바퀴쪽으로 우그러 들어 있고, 적재함 중간부분 맨 아래에 길게 긁힌 자국이 있는 것으로 보아 그 오토바이의 어느 부분이 먼저 적재함에 닿자 우측으로 틀어지면서 오토바이의 짐받이 부분이 흙받이에 부딪치게 된 것으로 생각한다고 진술하고 있을 뿐이고, 제2회 신문시에는 앞서가는 오토바이를 추월하면서 우회전하다가 오토바이의 진로를 가로막게 된 여부는 피고인의 오토바이를 못봤기 때문에 무어라고 말할 수 없다고 진술하고 있으므로, 위 검찰진술 내용들로서는 원심인정과 같이 피고인의 트럭이 선행하여 가는 피해자의 오토바이를 좌측으로 근접하여 우회전하면서 충격한 것이라고 인정할 만한 내용은 되지 못하며 "적재함 중간부분 맨 아래에 길게 긁힌 자국이 있었다"는 진술이 있다고 하여 바로 피고인의 트럭이 피해자의 오토바이를 충격한 결과라고 단정할 수도 없다 할 것이다. (4) 사법경찰관작성의 실황조사서를 보면, 조사시에 입회인으로 참여한 피고인이 "우측 방을 살피지 못하여 사고를 야기시켰다"고 진술한 부분이 기재되어 있으나 위 기재부분은 피고인이 공판정에서 그 내용을 부인하고 있으므로 증거능력이 없다고 할 것이므로 결국, 원심거시의 증거들에 의하더라도 피고인의 트럭이 선행하여 가는 피해자의 오토바이를 좌측으로 근접하여 우회전하면서 충격하였다는 원심이 인정한 이 사건 사고원인 사실이 인정되지 아니하고, 오히려 이 사건 사고현장의 목격자인 제1심증인 공소외 3의 진술에 의하면 위 도로는 내리막 길 커브로서 오토바이가 트럭 뒤를 좇아 가다가 동 오토바이의 좌측핸들이 위 트럭의 뒷바퀴 물받이 부분에 부딪치면서 굴러 쓰러지는 것을 목격하였다는 것이고, 다른 목격자인 제1심증인 공소외 4는 타이탄트럭이 먼저 가고 있는데 오토바이가 뒤좇아 오면서 위 트럭을 바짝붙어 가다가 충돌되어 위 오토바이가 데굴데굴 굴러가는 것을 보았으며, 증인은 당시 이 사람이 죽으려고 바짝 다가가는 것이 아닌가고 생각하는 순간 위 오토바이와 트럭이 부딪쳤다고 진술하고 있으므로, 위 증인들의 진술에 피고인의 제1심법정에서의 진술 및 제1심법원의 검증조서의 기재 등을 종합해 보면, 오히려 이 사건 사고는 내리막길이고 우측으로 비스듬히 구부러진 도로상에서 피해자의 오토바이가 도로 2차선상을 진행하는 피고인의 운전트럭과 그 우측 인도 사이로 무리하게 빠져 나가려고, 선행하여 가던 피고인의 운전트럭을 바짝붙어 따라 가다가 위 트럭의 우측 뒷바퀴 부분을 충돌하여 일어난 사고임을 엿볼 수 있고, 이런 경우 피고인에게 후방 주시까지 하여 뒤에서 오는 피해자의 오토바이를 발견하고 충돌을 방지할 조치를 취하여야 한다든가 나아가 선행차량이 일시 정차하거나 속도를 낮추어 앞지르려는 오토바이를 선행하도록 하여 줄 업무상 주의의무가 있다고도 할 수 없다 할 것이다. 결국 원심판결은 채증법칙을 위배하여 사실을 오인하였을 뿐만 아니라 업무상 주의의무에 관한 법리를 오해하여 판결결과에 영향을 미친 위법을 범한 것이므로 이 점을 탓하는 논지는 이유 있다.

따라서 원심판결을 파기하여 사건을 다시 심리케 하고자 원심법원에 환송하기로 하여 관여법관의 일치된 의견으로 주문과 같이 판결한다.

판례25 | 무모한 추월시도차량에 대한 선행차량 운전자의 업무상 주의의무 *[대법원 1984.*
5. 29. 선고 84 도483 판결]

【판결요지】

피고인(갑)이 봉고트럭을 운전하고 도로 2차선상으로, 피고인(을)이 버스를 운전하고 도로 3차선상으로 거의 병행운행하고 있을 즈음 도로 3차선에서 피고인(을)의 버스뒤를 따라 운행하여 오던 피해자 운전의 오토바이가 버스를 앞지르기 위해 도로 2차선으로 진입하여 무모하게 위 트럭과 버스 사이에 끼어 들어 이 사이를 빠져 나가려 한 경우에 있어서는 선행차량이 속도를 낮추어 앞지르려는 피해자의 오토바이를 선행하도록 하여 줄 업무상 주의의무가 있다고 할 수 없다.

【원심판결】

대구지방법원 1983.10.27. 선고 83노440 판결

【주문】

원심판결 중 피고인 1에 관한 부분을 파기하여 이 부분 사건을 대구지방법원 합의부에 환송한다.

피고인 2에 대한 검사의 상고를 기각한다.

【이유】

상고이유를 본다.

1. 피고인 1의 상고이유에 관하여,

원심판결 이유기재에 의하면 원심은 이 사건 사고당시 상피고인 2가 운전하던 (차량등록번호 1 생략) 좌석버스는 대구 원대 5거리의 비산지하도 방면에서 팔달시장 쪽으로 좌회전하여 사고지점으로부터 약 19미터 후방에 있는 버스정류소에서 승객을 승하차시킨 다음 다시 위 버스를 출발하여 시속 약 25킬로미터로 서행하면서 2차선으로 들어 가려고 기회를 보았으나 2차선에 많은 차량이 지나가므로 2차선으로 들어가지는 못하고 계속 3차선으로 진행하면서 사고장소 부근에 이르렀으며 한편 피고인 1이 운전하던 (차량등록번호 2 생략) 1톤 봉고트럭 역시 위 버스와 같은 방향으로 좌회전하여 팔달시장 방면으로 도로 2차선을 따라 시속 약 50킬로미터로 진행하면서 사고장소 부근에 이르렀던 사실 그런데 피해자 망 공소외인은 오토바이를 타고 위 도로 3차선

으로 진행하다가 전방에 서행하고 있던 위 버스가 진로에 장애가 되므로 위 버스의 좌측으로 추월하기 위하여 3차선에서 2차선상으로 진입하려고 하였던바 이와 동시에 뒤이어 도로 2차선으로 진행하던 위 트럭은 옆에서 진행하는 위 오토바이에 차선을 빼앗기지 않으려고 계속 같은 속도로 진행하다가 위 트럭과 오토바이가 너무 근접하여 운행하게 된 관계로 트럭의 우측적재함 부분과 오토바이 뒤에 실은 공구함 좌측 돌출부분이 부딪치면서 피해자와 오토바이가 도로 2차선과 3차선 경계부분에 나가 떨어진 사실, 피고인 2는 이 순간까지 피해자를 발견하지 못하고 위 버스를 운행함으로써 위 버스의 좌측 앞뒤 바퀴 중간부분에 떨어진 피해자를 위 버스의 좌측 뒷바퀴로 역과하게 되어 피해자가 사망에 이른 사실을 인정하고 이건 사고에 있어서 통행의 우선 순위와 앞지르기 등을 위반하여 무모하게 위 버스의 좌측으로 추월하려고 한 피해자의 과실이 크기는 하나 피고인 1로서도 원심판시와 같이 위 오토바이와 충돌을 피할 수 있는 안전거리를 유지하고 서행하여 위 오토바이를 선행하도록 하여 줄 업무상의 주의의무가 있음에도 불구하고 이를 게을리하여 만연히 근접 운행하면서 오토바이를 추월하려 한 과실이 있고 이러한 과실이 이 사건 사고발생의 한 원인이 되었다고 판시하였다.

그러나 이 점에 관한 원심판문 기재가 분명하지는 않으나 원심거시의 자료를 살펴보면 피고인 1이 위 오토바이를 추월하려 한 사실이나 또는 오토바이가 트럭을 앞지르려고 할 때 오토바이에 차선을 빼앗기지 않으려고 계속 같은 속도로 운행한 사실(원심판시는 이 점에 있어 그 어느 쪽인지 앞뒤가 맞지 않는다)을 인정하기에 넉넉한 자료를 가려낼 수가 없고 사고당시의 상황은 제1심 확정사실과 같이 피고인 1은 도로 2차선으로 피고인 2는 도로 3차선으로 거의 병행 운행하고 있을 즈음 도로 3차선에서 피고인 2 운전의 버스 뒤를 따라 운행하여 오던 위 공소외인이 운전하는 오토바이가 버스를 앞지르기 위해 도로 2차선으로 진입하여 무모하게 위 트럭과 버스 사이에 끼어들어 이 사이를 빠져나가려다가 이건 사고에 이르게 된 것으로 보여지고 나아가 이와 같은 경우에 선행차량이 속도를 낮추어 앞지르려는 차량을 선행하도록 하여 줄 업무상 주의의무가 있다고 할 수 없으므로 결국 원심판결에는 업무상 주의의무에 관한 법리를 오해하고 채증법칙을 위반하여 사실을 그릇 인정하였을 뿐만 아니라 판결에 이유를 갖추지 아니한 위법이 있어 파기를 면치 못한다고 할 것이다.

2. 피고인 2에 대한 검사의 상고이유에 관하여,

검사의 이 사건 상고이유의 요지는 이 사건 사고는 사고 당시 3차선상을 서행하고 있던 피고인이 위 오토바이가 버스를 좌측으로 추월하여 오는 것을 후사경을 통하여 사전에 발견하고도 만연히 2차선상으로 진입하다가 이 사건 범행을 범하게 되었거나 피고인이 위 버스를 사고지점 부근 도로 3차선상을 운행하면서 그곳 2차선에 차량들이 많아서 2차선에 진입하지 못하고 3차선으로 계속 진행하다가 약간의 틈이 생긴 것을 기화로 급히 2차선으로 진입하던 중 위 오토바이와 충돌한 것이 명백하고 그렇지 않다면 이건 사고는 피고인이 3차선에서 2차선으로 진입할 순간 후방 좌측에서 같은 방향으로 운전하여 오는 오토바이를 후사경을 통하여 보지도 못하고 예견하지도 못한 탓에 일어난 것이므로 피고인에게는 그 업무상 주의의무를 다하지 못한 책임이 있다고 할 것임에도 불구하고 이를 부정한 원심조치는 채증법칙을 위반하여 사실을 그릇 인정하였거나 업무상 과실범의 법리를 오해하였다고 함에 있다.

그러나 이와 같은 사실은 추상적 추리에 불과할 뿐 이를 인정할 아무런 자료도 없을 뿐만 아니라 공소장 기재 범죄사실에 의하더라도 피고인 2는 도시 도로 2차선으로 차선을 바꾸려 한 사실이 없고 오토바이가 버스를 뒤따라 오다가 버스를 추월하기 위하여 도로 2차선으로 진입하다가 상피고인이 운전하는 트럭 적재함과 부딪쳤다는 것이니 상고이유는 더 나아가 살펴볼 필요도 없이 그 이유없음이 명백하다.

3. 따라서 피고인 1의 상고는 이유있으므로 원심판결 중 피고인 1에 관한 부분을 파기하여 이 부분 사건을 대구지방법원 합의부에 환송하고 피고인 2에 대한 검사의 상고는 그 이유가 없으므로 이를 기각하기로 하여 관여 법관의 일치한 의견으로 주문과 같이 판결한다.

판례26 | 자동차운전자에게 교행하는 반대차선 차량이 중앙선을 넘어 올 것까지 예견하여 운전하여야 할 주의의무가 있는지 여부(소극)[대법원 1985. 12. 24. 선고 85다카562 판결]

【판결요지】

자동차운전자가 반대방향에서 오는 다른 자동차와 서로 교행하는 경우 일반적으로는 상대방 자동차가 정상적인 방법에 따라 그 차선을 지켜 운행하리라는 신뢰를 갖는 것이므로 특별한 사정이 없는 한 미리 상대방 자동차가 중앙선을 넘어 자기차선 앞으로 들어올 것까지도 예견하여 운전하여야 할 의무는 없다.

【원심판결】

서울고등법원 1985.2.6. 선고 84나3149 판결

【주문】

원심판결 중 피고 패소부분을 파기하고, 그 부분 사건을 서울고등법원에 환송한다.

【이유】

상고이유를 판단한다.

1. 원심판결은 그 이유에서 피고에게 고용되어 피고소유 (차량등록번호 1 생략) 뉴 타이탄 디젤화물자동차를 운전하던 소외 1이 1983.10.21.02:00경 위 화물자동차를 운전하고 충남 논산읍을 출발하여 경남 거창을 향하여 운행하던 중 같은 날 05:50경 경남 함양군 안의면 신안리 소재 왕복 2차선 국도상에서 반대차선을 달리다가 중앙선을 넘어 들어오는 (차량등록번호 2 생략) 봉고용달차와 정면충돌함으로써 위 봉고용달차를 운전하던 소외 2로 하여금 심장마비등으로 현장에서 사망에 이르게 한 사실, 위 피고 소유 차량을 운전하던 소외 1은 사고장소 약 100미터 후방에서 위 소외 2가 운전하던 봉고용달차의 전조등 불빛을 보았고 다시 약 50미터전방에서 위 용달차가 중앙선을 넘어 들어오는 것을 보았음에도 경적을 울리거나 도로우측으로 근접시켜가면서 제동장치를 사용하여 서서히 운행하는등 사고방지를 위한 제반조치를 취하지 아니하고 그대로 시속 50키로미터의 속도로 만연히 진행하다가 위 용달차와 정면충돌하게 된 사실과 원고들은 위 망 소외 2의 처 및 자식이란 사실을 인정할 수 있다하여 피고는 위 소외 1의 사용자이자 자동차손해배상보장법상 자기를 위하여 위 화물자동차를 운행한 자로 할 것이므로 피용자인 위 소외 1이 저지른 위 사고로 인하여 원고들이 입은 재산상손해를 배상할 책임이 있다고 단정하였다.

2. 자동차운전자가 반대방향에서 오는 다른 자동차와 서로 교행하는 경우 일반적으로는 상대방 자동차가 정상적인 방법에 따라 그 차선을 지켜 운행하리라는 신뢰를 갖는 것이므로 특별한 사정이 없는 한 미리 상대방 자동차가 중앙선을 넘어 자기차선 앞으로 들어올 것까지도 예견하여 운전하여야 할 의무는 없다 할 것인바(당원 1981.12.22. 선고 81다955 판결 참조), 위 판시에 의하면 망 소외 2 운전의 봉고용달차가 도로중앙선을 넘어 들어와 위 소외 1 운전의 피고소유 화물차에 정면충돌하였다 하니 여기에는 위 소외 1의 자동차 운전상의 과실이 있다고 보기는 어렵다고 하겠다. 위 원판시중 위 소외 1은 50미터 전방에서 위 소외 2 운전의 봉고용달차가 중앙선을 넘어오는 것을 보았다고 인정하고 이에 피행조치를 취하지 아니한 점을 위 소외 1의 과실로 단정한 것 같다.

시속 50키로미터(기록에 의하면 봉고용달차는 과속으로 달렸다 하니 피고차량과 같은 속도로 가정하여)로 서로 교행하는 차량이 전방 50미터 지점에서 상대방 차량을 보았다면 불과 2초미만의 순식간에 서로 마주치게 되는 것이 수리상 명백하므로 위 소외 1에게 판시와 같은 사고방지책을 취할 것을 기대할 시간적 여유도 없거니와 설사 그런 조치를 취하였더라도 본건 사고를 면할 수 없다고 할 것이다.

그렇다면 원심판결은 교통사고에 있어 운전자의 과실에 관한 법리를 오해하였거나 아니면 증거없이 사실을 단정한 위법이 있다고 할 것이니 이 위법은 소송촉진등에 관한 특례법 제12조 제2항의 판결 파기사유에 해당된다고 할 것이니 이 점을 거론하는 소론은 이유있다.

그러므로 원심판결 중 피고 패소부분은 파기환소하기로 관여법관의 의견이 일치되어 주문과 같이 판결한다.

판례27 | 앞서 가던 버스가 진행로를 막고 정차해 있어 이를 추월키 위해 중앙선을 넘은 것이 교통사고처리특례법 제3조 제2항 단서 제2호 소정의 "도로의 중앙선을 침범한 경우"에 해당하는지 여부*[대법원 1985. 9. 10. 선고 85도1264 판결]*

【판결요지】

사고지점에 표시된 중앙선이 자동차가 통과할 수 없음을 표시하는 황색실선이었다면 설령 앞서가던 버스가 정차하여 진행로를 가로막고 있었다 하더라도 이를 피해 앞서가기 위해 그 중앙선을 침범하여 자동차를 운행할 수는 없는 곳이므로 이에 위반한 소위는 구 교통사고처리특례법 제3조 제2항 단서 제2호 소정의 " 도로교통법 제11조의 2 제2항의 규정에 위반하여 차선이 설치된 도로의 중앙선을 침범한 경우"에 해당한다.

【원심판결】

청주지방법원 1985.5.10. 선고 85노51 판결

【주문】

상고를 기각한다.

【이유】

피고인의 상고이유를 본다.

상고논지는, 이 사건 사고지점이 추월금지구역이라 하더라도 피고인은 앞서 가던 버스가 진행로를 막고 정차해 있어 이를 추월하기 위하여 중앙선을 침범하였던 것이므로 피고인의 소위는 교통사고처리특례법(84.8.4 개정전) 제3조 제2항 단서 제2호 소정의 도로교통법 제11조의 2 제2항의 규정에 위반하여 차선이 설치된 도로의 중앙선을 침범한 때에 해당하지 아니한다는 취지이다.

그러나 도로교통법상(84.8.4 개정전) 차마가 차선이 설치되어 있지 아니한 도로를 통행함에 있어서는 일정한 경우에 도로의 중앙 좌측부분을 통행할 수 있도록 되어 있으나(도로교통법 제11조 제4항), 내무부령으로 정하는 차선이 설치되어 있는 도로에 있어서는 서울특별시장, 직할시장 또는 도지사가 통행방법을 따로 지정한 때를 제외하고 제차는 그 차선에 따라 통행하여야 하며(같은 법 제11조의 2 제2항), 중앙선표시는 도로교통법 제11조의 2에 따라 도로의 중앙선임을 표시하는 노면표지로서 그중 황색실선은 자동차가 통과할 수 없음을 표시하는 것(도로교통법시행규칙 제10조, 별표 1 일련번호 601)이라고 규정되어 있는바, 이 사건 사고지점에 표시된 중앙선은 자동차가 통과할 수 없음을 표시하는 황색실선인 것이 기록상 분명하므로 설령 피고인 주장과 같이 앞서가던 버스가 정차하여 진행로를 가로막고 있었다 하더라도 이를 피해 앞서가기 위해 그 중앙선을 침범하여 자동차를 운행할 수는 없었던 곳이라 할 것이다. 따라서 피고인의 소위는 교통사고처리특례법 제3조 제2항 단서 제2호 소정의 「도로교통법 제11조의 2 제2항의 규정에 위반하여 차선이 설치된 도로의 중앙선을 침범한 경우」에 해당한다고 본 원심 및 제1심 판결은 정당하고 거기에 소론과 같은 법리오해나 심리미진의 위법이 있다고 볼 수 없으므로 논지 이유없다.

그러므로 상고를 기각하기로 관여 법관의 의견이 일치되어 주문과 같이 판결한다.

판례28 ┃ 통상 예견하기 어려운 이례적인 사태의 발생으로 인한 사고여서 자동차운전자에게 책임이 없다고 한 사례[대법원 1985. 7. 9. 선고 85도833 판결]

【원심판결】

대구지방법원 1984.12.21. 선고 84노599 판결

【주문】

상고를 기각한다.

【이유】

검사의 상고이유를 본다.

원심판결은 그 이유에서 이 사건 사고경위에 관하여 피고인은 1983. 11. 16. 19:40경 24.5톤 추레라(폭 248센티미터, 길이 593센티미터)를 운전하고 경주방면에서 포항방면을 향하여 약 40킬로미터로 진행중이었고, 그 도로는 왕복 4차선의 산업도로로서 제한속도가 60킬로미터 지점이며 부락이 밀집해 있는 주변이기는 하나 차도의 가장자리에 별도의 보행자인도가 없고 교차로 등지에만 신호등과 횡단보도가 설치되어 있을 뿐이어서 차량들만이 빠른 속도로 빈번히 통행하는 곳이며, 또 사고당시에는 야간인데다가 진눈개비가 약간 내리고 있어 전방의 시야가 똑똑히 보이지 않는 상황이었는데, 피고인이 2차선을 따라 사고지점에 이르렀을 무렵 뒤에서 따라오던 고속버스 1대는 1차선으로 진입하면서 피고인의 차량을 추월하여 앞서다가 술에 취한 피해자가 도로중앙에서 1차선으로 뛰어드는 것을 미리 발견하고 핸들을 좌측으로 꺾어 중앙선쪽으로 진입하므로서 간신히 피해 지나갈 수 있었으나 피고인은 그 고속버스에 가려진 피해자를 볼 수 없었고 피해자가 고속버스가 지나간 후 갑자기 좌측에서 2차선상으로 뛰어드는 것을 1미터 전방에서 비로소 발

견하였으므로 미처 제동조치를 취하지 못해 자동차의 전면으로 피해자를 충돌 사망케 하였다고 인정하였는바, 관계증거에 비추어 보면 위와 같은 원심의 사실인정은 적법하고 거기에 소론과 같이 채증법칙위반으로 사실을 그릇 인정한 허물이 있다할 수 없다. 또한 자동차의 운전자는 통상 예견되는 사태에 대비하여 그 결과를 회피할 수 있는 정도의 주의의무를 다함으로써 족하고 통상 예견하기 어려운 이례적인 사태의 발생을 예견하여 이에 대비하여야 할 주의의무까지 있다 할 수 없는 것이므로 원심이 사고발생의 경위를 그 판시내용과 같이 확정한 이상 판시 사고가 피고인의 업무상 주의의무 태만에 기인된 것으로 볼 수 없다고 한 판단도 수긍되고, 거기에 소론과 같은 법리오해의 위법이 있다고 볼 수 없다. 논지 이유없다.

그러므로 상고를 기각하기로 관여 법관의 의견이 일치되어 주문과 같이 판결한다.

판례29 | 도로의 2차선 전방을 주행하다가 돌연히 1차선으로 진입하는 차량을 피하기 위하여 좌측 중앙선을 넘어선 1차선 주행차량운전자의 과실유무(소극)

[대법원 1985. 6. 25. 선고 85도784 판결]

【판결요지】

도로의 1차선상을 주행하는 차량의 운전자는 2차선 전방을 운행하는 차량이 도로교통법 제33조 제1항에서 규정한 손이나 방향지시기 또는 등화에 의한 신호없이 1차선으로 진입하는 것을 예견할 수 없다 할 것이므로 위 2차선상의 차량이 갑자기 1차선으로 진입하는 것을 피하기 위하여 좌측 중앙선을 넘어선 경우 그에게는 아무런 과실이 없다 할 것이다.

【원심판결】

부산지방법원 1985.2.26. 선고 84노2631 판결

【주문】

상고를 기각한다.

【이유】

상고이유를 판단한다.

1. 도로교통법 제33조 제1항에 의하면 모든 차의 운전자는 방향전환, 횡단회전, 서행, 정지 또는 후진을 하거나 같은 방향으로 진행하면서 진로를 바꾸려고 하는 때에는 손이나 방향지시기 또는 등화로써 그 행위가 끝날 때까지 신호를 하여야 한다고 규정하고 있다. 기록에서 보는 바와 같이 피고인이 콜택시를 1차선상을 운전 진행하고 있을 때

2차선전방을 운행하고 있던 원심상피고인 운전의 트럭이 위에 규정한 1차선 진입의 방향지시의 신호없이 진행하고 있었다면 신뢰의 원칙상 피고인으로서는 그 트럭의 1차선 진입을 예견할 수 없다 할 것이므로 이런 경우까지 그의 1차선 진입을 예견하여 급정차할 조치를 취할 의무가 있다고는 할 수 없다고 할 것이며 따라서 갑자기 1차선에 진입하는 위 트럭을 피하기 위하여 좌측중앙선을 넘어선 피고인에게는 아무런 과실이 없다 할 것이다. 이와 같은 취지에서 한 원심의 판단은 정당하고 거기에 소론과 같은 법리오해나 채증상의 위법이 있다고 할 수 없다.

2. 그리고 교통사고처리특례법 제3조 제2항 제2호에 중앙선을 침범한 때라 함은 차량의 운전자가 고의나 과실에 의하여 도로중앙선을 침범한 때를 말하는 것이지 본건과 같이 피고인이 갑자기 진입하는 앞차와의 충돌을 피하기 위한 긴급조치로 도로중앙선을 넘어선 경우에는 이에 해당되지 아니한다 고 할 것이므로(당원 1984.3.27. 선고 84도 193 판결 ; 1985.6.11. 선고 84도2923 판결 각 참조)같은 취지로 한 원심의 판단은 또한 정당하다고 시인되며 거기에 소론과 같은 법리오해가 있다고도 할 수 없다.
그러므로 소론은 모두 이유 없어 상고를 기각하기로 관여법관의 의견이 일치되어 주문과 같이 판결한다.

판례30 | 긴급자동차에 대하여 설치차선의 침범이 허용되는 경우[대법원 1985. 5. 14. 선고 84도2770 판결]

【판결요지】

긴급자동차에 대하여는 도로교통법상 우선통행권의 보장, 속도제한, 앞지르기 금지에 관한 같은법의 해당조항의 적용을 배제하는 특례는 규정되어 있으나 동법 제11조의2에 규정된 설치차선의 침범금지항을 배제하는 특례를 규정하고 있지는 아니하므로 긴급자동차의 경우에 있어서도 제차의 경우와 마찬가지로 동법 제11조의2의 적용을 받게 된다고 할 것이고, 다만 동법 제24조에 의하여 긴급부득이한 경우에만 설치차선의 침범이 허용된다고 할 것이다.

【원심판결】

서울형사지방법원 1984.11.1. 선고 84노4177 판결

【주문】

상고를 기각한다.

【이유】

상고이유를 판단한다.

(1) 도로교통법 제2조 제13호, 같은법시행령 제2조 제1항에 의하면 "……긴급자동차라 함은 긴급용무로 운행되는 다음 각호에 게기하는 자동차중 서울특별시장 등이 지정하는 자동차를 말한다" 고 규정하고 그 제4호에 " 교도소 또는 교도기관의 자동차중 도주차의 체포 또는 피수용자의 호송경비를 위하여 사용되는 자동차" 라고 규정하고 있으므로 위 규정에 의하여 긴급자동차로 지정된 피수용자의 호송경비를 위하여 사용되는 자동차의 경우에는 "피수용자의 호송경비" 자체가 곧 긴급용무라 할 것이고, 그 호송의 목적 여하에 따라 긴급용무 여부를 가릴 수는 없다 할 것이니 기능경기대회 출전을 위한 피수용자의 호송경비는 긴급용무가 아니라고 본 원심의 판단은 잘못이라 할 것이다.

(2) 그러나 차선의 침범금지에 관한 같은법 제11조의 2의 규정이 긴급자동차에 대하여 그 적용이 배제되는지 여부에 관하여 보건대 긴급자동차에 대하여는 같은법 제12조, 제16조, 제24조에 의하여 우선통행권이 보장되어 있고, 같은법 제25조에 의하면 속도제한, 앞지르기 금지에 관한 같은 법 제13조, 제18조의 적용을 배제하는 특례를 규정하고 있으나 같은 법 제11조의 2에 규정된 설치차선의 침범금지조항을 배제하는 특례를 규정하고 있지는 아니하므로 긴급자동차의 경우에 있어서도 설치차선을 침범할 때에는 제차의 경우와 마찬가지로 같은법 제11조의 2의 적용을 받게 된다 할 것이고(대법원 1983.12.27. 선고 83다2719 판결 참조) 다만 긴급자동차는 같은법 제24조에 의하여 긴급 부득이한 경우에만 설치 차선의 침범이 허용된다고 해석할 것인바 기록에 의하여 살펴보아도 이 사건 지정차선 위반이 당시의 사정에서 긴급 부득이 한 경우라고는 인정되지 아니하므로 원심이 지정차선을 위반한 이 사건에 관하여 같은 법 제79조 제1호, 제11조의 2, 제1항을 적용하여 피고인을 유죄로 인정한 제1심판결을 유지한 조치는 결론에 있어서 정당하고 논지는 결국 이유없다.

그러므로 상고를 기각하기로 관여 법관의 의견이 일치되어 주문과 같이 판결한다.

판례31 | 편도 2차선의 도로 2차선을 주행하는 트럭운전자가 2차선과 인도사이로 추월하려는 오토바이를 위하여 정차하거나 1차선쪽으로 진로를 양보할 주의의무가 있는지 여부[대법원 1985. 3. 12. 선고 84도864 판결]

【판결요지】

편도 2차선의 경사진 오르막길에서 1차선에는 택시등 다른 차량들이 계속하여 진행중에 있어 2차선을 따라 시속 약 30키로미터의 속도로 주행 중인 트럭 운전자가 동 트럭과 인도 사이의 1미터 정도의 좁은 틈으로 추월하려고 하는 오토바이를 발견한 경우 위 트럭 운전자에게 동 오토바이를 추월시키기 위하여 트럭을 일시 정차하거나 위 오토바이보다 속력을 더 내어 자기차선도 아니고 더욱이 택시 등 다른 차량이 계속하여 진행해 오는 1차선 쪽으로 그 진로를 양보할 주의의무까지 있다고 보기 어렵다.

【원심판결】

부산지방법원 1983.11.29. 선고 83노1201 판결

【주문】

상고를 기각한다.

【이유】

검사의 상고이유를 판단한다.

원심판결 이유에 의하면 원심은 피고인에 대한 이 사건 공소사실, 즉 피고인은 (차량번호 생략) 8톤트럭의 운전사로서 1982.1.15. 15:00경 위 차를 운전하여 부산 동래구 낙민동 소재 동주포장공장 앞길을 2차선을 따라 시속 약 30키로미터의 속도로 운행중 피해자 공소외인이 오토바이를 타고 피고인이 운행하고 있는 차선과 인도사이로 운행하여 오는 것을 발견하였다면 차를 일시정차하여 위 오토바이가 추월할 수 있도록 하던지 그렇지 않으면 위 오토바이보다 더 속력을 내어 1차선 쪽으로 진로를 양보할 주의의무가 있음에도 당황한 나머지 좌측으로 핸들을 꺾은 과실로 피고인의 트럭 우측 뒷바퀴 휀다부위로 위 오토바이의 뒷쪽을 충격하여 위 피해자를 넘어뜨린 다음, 우측 뒷바퀴로 역과하여 동인을 사망에 이르게 한 것이라는 공소사실에 대하여 이에 부합하는 듯한 증거로는 피고인이 검찰 1,3회 피의자신문시의 진술인 피고인이 위 트럭의 핸들을 왼쪽으로 꺾는 바람에 뒤 휀다 부분으로 위 오토바이의 뒤쪽을 충격한 과실로 이 사건 사고가 발생하였다는 취지의 진술기재가 있으나 이는 피고인의 경찰, 검찰 2회 및 제1심과 원심법정에서 그러한 내용을 부인하면서 피고인은 이건 사고의 충돌순간을 후사경 등을 통하여 목격하지 못하였으며, 위 진술은 단지 그 사고경위를 추측하여 진술한 것에 불과하다고 변소하고 있는 점에 비추어 선뜻 믿기 어렵고, 그밖에 수사기록에 편철된 위 트럭과 오토바이의 사진 영상만으로는 이건 사고가 피고인의 과실에 기인된 것으로 단정할 수 없으며, 도리어 그 거시증거들에 의하면 이건 사고지점은 편도 2차선의 경사진 오르막길로서 위 사고 당시, 전방에서는 교통경찰이 교통정리를 하고 있는 데다가 1차선에는 택시등 다른 차량들이 계속하여 진행중에 있어 피고인은 2차선을 따라 시속 약 30키로미터의 속도로 주행중이였는데 위 피해자의 오토바이가 피고인의 트럭과 인도사이의 약 1미터 정도의 좁은 간격중 하수도 뚜껑으로 연결되어 있는 부위로 피고인의 트럭을 추월하려다가 그 하수도 뚜껑에 오토바이의 차체가 흔들리면서 균형을 잃고 쓰러져 피고인의 트럭 뒷바퀴부분과 충돌하여 일어난 사고임이 엿보이므로 그런 경우 피고인이 위 오토바이를 추월시키기 위하여 피고인의 트럭을 일시 정차하거나 위 오토바이보다 속력을 더내어 자기 차선도 아니고 더우기 택시등 다른 차량이 계속하여 진행해 오는 1차선 쪽으로 그 진로를 양보할

주의의무까지 있다고 보기 어려울 뿐더러 위와 같은 사실관계 아래서는 피고인이 핸들을 좌측으로 꺾는 바람에 위 오토바이와 충돌하였다고 보기도 어렵고 달리 위 공소사실을 인정할 증거없다 하여 피고인에게 무죄를 선고하였다.

기록에 비추어 원심의 증거취사와 사실인정 및 그 판단과정을 살펴보니 원심의 위 조치는 정당하여 수긍이 가고 거기에 소론이 지적하는 바와 같은 심리미진 또는 과실책임에 관한 법리오해의 위법이 없으므로 논지는 모두 그 이유없다 할 것이다.

그러므로 상고를 기각하기로 관여 법관의 의견이 일치되어 주문과 같이 판결한다.

판례32 | 긴급자동차에 대하여 설치차선의 침범이 허용되는 경우[대법원 1985. 5. 14. 선고 84도2770 판결]

【판결요지】

긴급자동차에 대하여는 도로교통법상 우선통행권의 보장, 속도제한, 앞지르기 금지에 관한 같은법의 해당조항의 적용을 배제하는 특례는 규정되어 있으나 동법 제11조의2에 규정된 설치차선의 침범금지항을 배제하는 특례를 규정하고 있지는 아니하므로 긴급자동차의 경우에 있어서도 제차의 경우와 마찬가지로 동법 제11조의2의 적용을 받게 된다고 할 것이고, 다만 동법 제24조에 의하여 긴급부득이한 경우에만 설치차선의 침범이 허용된다고 할 것이다.

【원심판결】

서울형사지방법원 1984.11.1. 선고 84노4177 판결

【주문】

상고를 기각한다.

【이유】

상고이유를 판단한다.

(1) 도로교통법 제2조 제13호, 같은법시행령 제2조 제1항에 의하면 "……긴급자동차라 함은 긴급용무로 운행되는 다음 각호에 게기하는 자동차중 서울특별시장 등이 지정하는 자동차를 말한다" 고 규정하고 그 제4호에 "교도소 또는 교도기관의 자동차중 도주차의 체포 또는 피수용자의 호송경비를 위하여 사용되는 자동차" 라고 규정하고 있으므로 위 규정에 의하여 긴급자동차로 지정된 피수용자의 호송경비를 위하여 사용되는 자동차의 경우에는 "피수용자의 호송경비" 자체가 곧 긴급용무라 할 것이고, 그 호송의 목적여하에 따라 긴급용무 여부를 가릴 수는 없다 할 것이니 기능경기대회 출전을 위한 피수용

자의 호송경비는 긴급용무가 아니라고 본 원심의 판단은 잘못이라 할 것이다.

(2) 그러나 차선의 침범금지에 관한 같은 법 제11조의 2의 규정이 긴급자동차에 대하여 그 적용이 배제되는지 여부에 관하여 보건대 긴급자동차에 대하여는 같은 법 제12조, 제16조, 제24조에 의하여 우선통행권이 보장되어 있고, 같은법 제25조에 의하면 속도제한, 앞지르기 금지에 관한 같은 법 제13조, 제18조의 적용을 배제하는 특례를 규정하고 있으나 같은 법 제11조의 2에 규정된 설치차선의 침범금지조항을 배제하는 특례를 규정하고 있지는 아니하므로 긴급자동차의 경우에 있어서도 설치차선을 침범할 때에는 제차의 경우와 마찬가지로 같은법 제11조의 2의 적용을 받게 된다 할 것이고(대법원 1983.12.27. 선고 83다2719 판결 참조), 다만 긴급자동차는 같은법 제24조에 의하여 긴급 부득이한 경우에만 설치 차선의 침범이 허용된다고 해석할 것인바 기록에 의하여 살펴보아도 이 사건 지정차선 위반이 당시의 사정에서 긴급 부득이한 경우라고는 인정되지 아니하므로 원심이 지정차선을 위반한 이 사건에 관하여 같은 법 제79조 제1호, 제11조의 2, 제1항을 적용하여 피고인을 유죄로 인정한 제1심 판결을 유지한 조치는 결론에 있어서 정당하고 논지는 결국 이유없다.

그러므로 상고를 기각하기로 관여 법관의 의견이 일치되어 주문과 같이 판결한다.

판례33 │ 무모한 추월시도차량에 대한 선행차량 운전자의 업무상 주의의무 *[대법원 1984. 5. 29. 선고 84 도483 판결]*

【판결요지】

피고인(갑)이 봉고트럭을 운전하고 도로 2차선상으로, 피고인(을)이 버스를 운전하고 도로 3차선상으로 거의 병행운행하고 있을 즈음 도로 3차선에서 피고인(을)의 버스뒤를 따라 운행하여 오던 피해자 운전의 오토바이가 버스를 앞지르기 위해 도로 2차선으로 진입하여 무모하게 위 트럭과 버스 사이에 끼어 들어 이 사이를 빠져 나가려 한 경우에 있어서는 선행차량이 속도를 낮추어 앞지르려는 피해자의 오토바이를 선행하도록 하여 줄 업무상 주의의무가 있다고 할 수 없다.

【원심판결】

대구지방법원 1983.10.27. 선고 83노440 판결

【주문】

원심판결 중 피고인 1에 관한 부분을 파기하여 이 부분 사건을 대구지방법원 합의부에 환송한다.

피고인 2에 대한 검사의 상고를 기각한다.

【이유】

상고이유를 본다.

1. 피고인 1의 상고이유에 관하여,

원심판결 이유기재에 의하면 원심은 이 사건 사고당시 상피고인 2가 운전하던 (차량등록번호 1 생략) 좌석버스는 대구 원대 5거리의 비산지하도 방면에서 팔달시장 쪽으로 좌회전하여 사고지점으로부터 약 19미터 후방에 있는 버스정류소에서 승객을 승하차시킨 다음 다시 위 버스를 출발하여 시속 약 25킬로미터로 서행하면서 2차선으로 들어 가려고 기회를 보았으나 2차선에 많은 차량이 지나가므로 2차선으로 들어가지는 못하고 계속 3차선으로 진행하면서 사고장소 부근에 이르렀으며 한편 피고인 1이 운전하던 (차량등록번호 2 생략) 1톤 봉고트럭 역시 위 버스와 같은 방향으로 좌회전하여 팔달시장 방면으로 도로 2차선을 따라 시속 약 50킬로미터로 진행하면서 사고장소 부근에 이르렀던 사실 그런데 피해자 망 공소외인은 오토바이를 타고 위 도로 3차선으로 진행하다가 전방에 서행하고 있던 위 버스가 진로에 장애가 되므로 위 버스의 좌측으로 추월하기 위하여 3차선에서 2차선상으로 진입하려고 하였던바 이와 동시에 뒤이어 도로 2차선으로 진행하던 위 트럭은 옆에서 진행하는 위 오토바이에 차선을 빼앗기지 않으려고 계속 같은 속도로 진행하다가 위 트럭과 오토바이가 너무 근접하여 운행하게 된 관계로 트럭의 우측적재함 부분과 오토바이 뒤에 실은 공구함 좌측 돌출부분이 부딪치면서 피해자와 오토바이가 도로 2차선과 3차선 경계부분에 나가 떨어진 사실, 피고인 2는 이 순간까지 피해자를 발견하지 못하고 위 버스를 운행함으로써 위 버스의 좌측 앞뒤 바퀴 중간부분에 떨어진 피해자를 위 버스의 좌측 뒷바퀴로 역과하게 되어 피해자가 사망에 이른 사실을 인정하고 이건 사고에 있어서 통행의 우선 순위와 앞지르기 등을 위반하여 무모하게 위 버스의 좌측으로 추월하려고 한 피해자의 과실이 크기는 하나 피고인 1로서도 원심판시와 같이 위 오토바이와 충돌을 피할 수 있는 안전거리를 유지하고 서행하여 위 오토바이를 선행하도록 하여 줄 업무상의 주의의무가 있음에도 불구하고 이를 게을리하여 만연히 근접 운행하면서 오토바이를 추월하려 한 과실이 있고 이러한 과실이 이 사건 사고발생의 한 원인이 되었다고 판시하였다.

그러나 이 점에 관한 원심판문 기재가 분명하지는 않으나 원심거시의 자료를 살펴보면 피고인 1이 위 오토바이를 추월하려 한 사실이나 또는 오토바이가 트럭을 앞지르려고 할 때 오토바이에 차선을 빼앗기지 않으려고 계속 같은 속도로 운행한 사실(원심판시는 이 점에 있어 그 어느 쪽인지 앞뒤가 맞지 않는다)을 인정하기에 넉넉한 자료를 가려낼 수가 없고 사고당시의 상황은 제1심 확정사실과 같이 피고인 1은 도로 2차선으로 피고인 2는 도로 3차선으로 거의 병행 운행하고 있을 즈음 도로 3차선에서 피고인 2 운전의 버스 뒤를 따라 운행하여 오던 위 공소외인이 운전하는 오토바이가 버스를 앞지르기 위해 도로 2차선으로 진입하여 무모하게 위 트럭과 버스 사이에 끼어들어 이 사이를 빠져나가려다가 이건 사고에 이르게 된 것으로 보여지고 나아가 이와 같은 경우에 선행차량이 속도를 낮추어 앞지르려는 차량을 선행하도록 하여 줄 업무상 주의의무가 있다고 할 수 없으므로 결국 원심판결에는 업무상 주의의무에 관한 법리를 오해하고 채증법칙을 위반하여 사실을 그릇 인정하였을 뿐만 아니라 판결에 이유를 갖추지 아니한 위법이 있어 파기를 면치 못한다고 할 것이다.

2. 피고인 2에 대한 검사의 상고이유에 관하여,

검사의 이 사건 상고이유의 요지는 이 사건 사고는 사고 당시 3차선상을 서행하고 있던 피고인이 위 오토바이가 버스를 좌측으로 추월하여 오는 것을 후사경을 통하여 사전에 발견하고도 만연히 2차선상으로 진입하다가 이 사건 범행을 범하게 되었거나 피고인이 위 버스를 사고지점 부근 도로 3차선상을 운행하면서 그곳 2차선에 차량들이 많아서 2차선에 진입하지 못하고 3차선으로 계속 진행하다가 약간의 틈이 생긴 것을 기화로 급히 2차선으로 진입하던 중 위 오토바이와 충돌한 것이 명백하고 그렇지 않다면 이건 사고는 피고인이 3차선에서 2차선으로 진입할 순간 후방 좌측에서 같은 방향으로 운전하여 오는 오토바이를 후사경을 통하여 보지도 못하고 예견하지도 못한 탓에 일어난 것이므로 피고인에게는 그 업무상 주의의무를 다하지 못한 책임이 있다고 할 것임에도 불구하고 이를 부정한 원심조치는 채증법칙을 위반하여 사실을 그릇 인정하였거나 업무상 과실범의 법리를 오해하였다고 함에 있다.

그러나 이와 같은 사실은 추상적 추리에 불과할 뿐 이를 인정할 아무런 자료도 없을 뿐만 아니라 공소장 기재 범죄사실에 의하더라도 피고인 2는 도시 도로 2차선으로 차선을 바꾸려 한 사실이 없고 오토바이가 버스를 뒤따라 오다가 버스를 추월하기 위하여 도로 2차선으로 진입하다가 상피고인이 운전하는 트럭 적재함과 부딪쳤다는 것이니 상고이유는 더 나아가 살펴볼 필요도 없이 그 이유없음이 명백하다.

3. 따라서 피고인 1의 상고는 이유있으므로 원심판결 중 피고인 1에 관한 부분을 파기하여 이 부분 사건을 대구지방법원 합의부에 환송하고 피고인 2에 대한 검사의 상고는 그 이유가 없으므로 이를 기각하기로 하여 관여 법관의 일치한 의견으로 주문과 같이 판결한다.

판례34 | 교차로통행 우선권이 있는 운전자의 통행순위 위반차량에 대한 주의의무*[대법원 1984. 4. 24., 선고, 84도185, 판결]*

【판결요지】

교통정리가 행하여지지 않는 십자 교차로를 피고인(트럭운전사)이 먼저 진입하여 교차로의 중앙부분을 상당부분 넘어섰다면, 피고인은 그보다 늦게 오른쪽 도로로부터 교차로에 진입, 교행하여 오는 택시보다

도로교통법 제21조 제3항에 의거하여 우선통행권이 인정된다 할 것이고 이같은 우선권은 트럭이 통행하는 도로의 노폭이 택시가 통행한 도로의 노폭보다 다소 좁았다 하더라도 위와 같이 서행하며 먼저 진입한 트럭의 우선권에는 변동이 없다 할 것이므로 위 택시가 통행의 우선순위를 무시하고 과속으로 교차로에 진입교행하여 올 것을 예상하여 사고발생을 미리 막을 주의의무가 있다 할 수 없으니 그 같은 상황하에서 일어난 차량충돌의 경우에 있어서 피고인에게 운전사로서의 주의의무를 다하지 못한 과실이 있다 할 수 없다.

【원심판결】

부산지방법원 1983.12.1. 선고 83노1989 판결

【주문】

상고를 기각한다.

【이유】

검사의 상고이유를 본다.

원심판결이 들은 증거를 기록과 대조하여 보면, 이 사건 사고경위에 관하여 원심판시와 같이 피고인이 판시+자로를 직진 통과하기 위하여 위 교차로에 이르렀던 바 당시 위 교차로를 통행하는 차량이 없음을 확인하고 교차로에 진입 상당부분을 통과할 무렵 피고인 차량의 오른쪽 도로로부터 판시 택시가 시속 약 104키로미터의 과속으로 교차로로 질주해 오면서 교차로 중앙부분을 약 2미터 가량 넘어선 위 피고인의 트럭의 판시부분을 수직각도로 들이받아 이 사건 사고가 생겼다고 인정한 조치는 옳게 수긍이 되고, 또한 기록에 의하면 피고인이 교차로에 진입하려고 할 무렵 다른 택시가 우측길에서 좌측길로 진행하므로 일단 정차하여 우선권이 있는 동 택시를 통과시킨 다음 교차로에 상당거리 진입하여 운행하는데 우측도로 약 100미터 거리에서 판시 택시가 교차로로 향하여 오면서 피고인의 차량이 교차로를 진행 중임에도 서행이나 일단 정지함이 없이 동일한 속력으로 교차로에 돌입한 사실이 인정되는 바, 위 사고장소는 교통정리가 행하여지고 있지 아니하는 교차로로서 도로교통법 제21조 제3항에 의거하여 위 사고택시는 이미 다른 도로로부터 위 교차로에 진입하고 있는 위 트럭이 있었으므로 위 트럭에 진행의 우선권이 인정되어 그 진행을 방해하여서는 아니된다할 것이고 이와 같은 우선권은 판시 트럭이 통행하는 도로의 노폭이 그 차의 좌측에서 교차하려던 사고택시의 노폭이 소론과 같이 다소 넓

었다 하더라도 위 판시와 같은 사정 아래 서행하며 먼저 진입한 트럭에게는 변동이 없다 할 것이므로 이와 같은 취지에서 위 교차로의 우선통행권이 있는 피고인의 트럭이 교차로의 상당부분을 통과한 피고인에게 그 통행의 우선순위를 무시하고 과속으로 진입교행하여 오는 차량이 있을 것을 예상하여 미연에 방지할 주의의무가 없다 고 판단한 원심조치는 정당하고 거기에 소론과 같은 교통사고처리특례법 및 도로교통법상의 업무상 과실에 관한 법리를 오해한 위법은 없다. 논지는 이유없다.

따라서 상고를 기각하기로 하여 관여 법관의 일치 된 의견으로 주문과 같이 판결한다.

판례35 | 앞지르기 금지구역에서 교통위반차량 운전사로부터 돈을 받고 가볍게 처리한 교통경찰관에 대한 파면처분의 적부*[대법원 1984. 3. 27. 선고 84누86 판결]*

【판결요지】

교통경찰관이 앞지르기 금지구역에서 앞지르기를 하는 차량을 발견, 이를 단속함에 있어 운전사로부터 잘 봐달라는 명목으로 금 2,000원을 받고 앞지르기 행위를 가벼운 안전운전의무위반으로 격하처리한 사실이 있다 하여 위 경찰관을 파면한 처분은, 위 경찰관이 7년간 경찰에 몸담는 동안 징계처분을 받은 사실이 없고 상관으로부터 2회의 표창을 받은 사실등 제반사정에 비추어 볼 때 재량권의 범위를 넘은 위법이 있다 할 것이다.

【원심판결】

대구고등법원 1983.12.27. 선고 83구183 판결

【주문】

상고를 기각한다.

상고 소송비용은 피고의 부담으로 한다.

【이유】

피고의 상고이유를 판단한다.

원심판결 이유에 의하면 원심은 거시증거를 조신하여 원고가 ○○경찰서 보안과 교통계 외근 싸이카요원으로 근무하던 중 1983.3.9. 11:50경 경남 의창군 진전면 오서리 오소고개 노상에서 교통지도 및 단속을 하다가 소외인이 운전하는 (차량등록번호 생략) 트럭이 앞지르기 금지지역에서 앞지르기하는 것을 발견, 이를 단속함에 있어서 소외인이 잘 봐달라고 사정을 하면서 금 2,000원을 그의 운전면허증에 끼워 제시하자 이를 받고 소외인의 교통위반행위를 안전운전 의무위반으로 격하 처리한 사실과, 이는 경찰공무원법 제53조 제1항 소정 징계사유에 해당한다는 이유로 피고는 원고에 대하여 1983.3.21 파면처분한 징계사실을 확정한 후에 그러나 원고의 이 사건 비위의 정도와 원고가 1977.2.경

경찰에 몸 담은 이래 징계처분 등을 받음이 없이 경상남도 경찰국장 및 거창경찰서장으로부터 각 1회씩 표창받은 사실등 제반사정 등에 비추어 이 사건 파면처분은 그 재량권의 범위를 넘은 위법한 것 이라 하여 원고의 청구를 인용한 판단조처를 기록과 대조하여 살펴보면 이는 정당한 것으로 긍인되고 거기에 소론과 같은 심리미진과 채증법칙을 위배한 위법이나 법령위반 및 이유불비의 위법이 있다 할 수 없으므로 논지는 이유없다.

따라서 상고를 기각하고, 상고 소송비용은 패소자의 부담으로 하여 관여법관의 일치된 의견으로 주문과 같이 판결한다.

판례36 | 긴급자동차가 중앙선 등을 침범하거나 회전금지 구간을 회전할 때 도로교통법의 적용 유무(적극)[대법원 1983. 12. 27. 선고 83도2719 판결]

【판결요지】

긴급자동차의 경우에 있어서도 긴급자동차가 중앙선 등 설치차선을 침범하거나 회전금지구간을 회전할 때에는 제차의 경우와 마찬가지로 도로교통법 제11조의 2, 제14조의 적용을 받는다.

【원심판결】

서울형사지방법원 1983.9.23. 선고 83노3405 판결

【주문】

상고를 기각한다.

【이유】

피고인의 상고이유를 판단한다.

1. 원심이 인용한 제1심판결의 거시증거들을 기록과 대조하여 살펴보면, 피고인에 대한 판시 범죄사실을 인정한 원심의 조치는 정당하며 거기에 소론과 같은 채증법칙 위배로 인한 사실오인과 심리미진의 위법이 있다 할 수 없다.

2. 도로교통법 제24조, 제25조의 규정에 의하면, 긴급자동차의 우선통행권과 속도제한, 앞지르기 금지의 적용을 배제하는 각 특례를 규정하고 있을 뿐이고 같은법 제11조의 2, 제14조에 규정된 중앙선등 설치차선의 침범금지조항이나, 회전금지조항을 배제하는 특례는 규정하고 있지 아니하므로 긴급자동차의 경우에 있어서도 긴급자동차가 중앙선 등 설치 차선을 침범하거나 회전금지구간을 회전할 때에는 제차의 경우와 마찬가지로 같은법 제11조의 2, 제14조의 적용을 받게 되는 이치라 할 것 이므로 피고인을 유죄로 인정한 원심판결은 정당하고, 긴급자동차의 특권에 관한 법리오해의 위법이 있다는

논지 이유없다.

그러므로 상고를 기각하기로 하여 관여법관의 일치된 의견으로 주문과 같이 판결한다.

판례37 | 노폭이 좁은 도로에서 대로인 국도로 연결되는 교차로상에서의 우선통행권과 과실[대법원 1983. 8. 23., 선고, 83도1288, 판결]

【판결요지】

이 사건 사고지점은 피고인이 진행하고 있던 폭이 좁은 도로인 진입로로부터 소외인이 진행하고 있던 폭이 넓은 도로인 국도에 연결되는 것으로서 도로교통법상의 우선통행권은 일은 소외인에게 있다고 할 것이나, 피고인이 국도에 좌회전하여 진입하기 전에 일단 정지하며 좌측을 살피고 진행하여 오는 차량이 시계에 나타나지 않음을 확인한 연후에 좌회전하면서 국도에 진입하고 있는 상태에서는 이미 도로교통법상의 우선통행권은 오히려 피고인에게 있다 할 것인즉 피고인이 이에 따라 위 국도에 좌회전하여 진입한 이상, 피고인에게 소외인의 차량과 충돌사고 발생에 있어서 더 이상의 주의의무를 요구할 수 없다.

【원심판결】

광주지방법원 1983.2.24 선고 82노1426 판결

【주문】

상고를 기각한다.

【이유】

검사의 상고이유를 판단한다.

원심판결 이유에 의하면, 원심은 거시증거에 의하여, 피고인은 장흥에서 목포를 향하여 판시 버스를 운전하던 중 목포시 공업단지앞 삼거리에 이르렀는바 그 지점은 영산포 하구언 방면에서 이어져 오는 노폭 약 10미터의 포장도로가 위 버스의 진행방향을 중심으로 우측으로는 광주방면, 좌측으로는 목포방면으로 이어지는 노폭 약 14미터의 4차선 포장도로인 광주목포간 국도와 연결되는 곳으로 좌회전이 허용되는 지점이고, 목포방면으로 향하는 도로는 약 4내지 5도의 경사를 이룬 오르막길이고 위 지점에서 약 40미터 상거한 곳에는 횡단보도와 서행 및 주의운전을 요구하는 점멸등이 설치되어 있으며 위 지점에서 약 50미터 상거한 좌측 도로변에는 높이 약 20미터되는 작은 동산이 있고 그 곳에는 나무들이 많이 심어져 있어 그 곳에서 접근하여 오는 차량을 조망할 수 있는 시계가 매우 제한되어 있는 지점이고 위 지점에서 약 150미터 상거한 곳에는 시내버스 정류장이 설치되어 있는 사실, 피고인은 위 삼거리 입구에서 일단 정지하여 좌우를 살펴보고 피고인의 시계에는 좌측 언덕부근에서 접근하여 오는 차량을 발견할 수 없게 되자 시속 약 6

키로미터의 느린 속도로 위 국도에 진입하여 좌회전하기 시작하였으며, 한편 그 시경 판시 시내버스를 운전하고 시속 약 60키로미터 이상의 속도로 광주방면으로 진행하던 중 위 버스정류장에 이르러 하차할 승객이 없자 그대로 통과하고 계속하여 전방에 설치된 횡단보도 앞에서 일단정지 내지는 서행함이 없이 같은 속력으로 진행하는 순간 전방 약 35미터 지점에서 피고인의 버스가 공소외인의 버스진행 차선에까지 진출하여 좌회전 중임을 발견하고서도 피고인의 버스가 진로를 양보하고 정차할 것으로 믿고 그대로 계속 주행하여 약 10미터까지 근접하자 비로소 사고의 위험을 느끼고 핸들을 좌측으로 꺾으면서 진행차선인 2차선에서 1차선을 지나 중앙선을 침범하면서 위 버스의 전면 좌측으로 피고인의 버스좌측면 중간부분을 충격하여 판시와 같은 사고가 발생한 사실을 인정한 후, 이 사건 사고지점은 피고인이 진행하고 있던 폭이 좁은 도로인 진입로로부터 위 박주환이 진행하고 있던 폭이 넓은 도로인 국도에 연결되는 곳으로서 도로교통법상의 우선 통행권은 일응 위 박주환측에 있다고 할 것이나 위에서 본 바와 같이 이 사건 사고지점 전방의 국도상에는 횡단보도가 설치되어 있으므로 위 박주환으로서는 그 횡단보도 앞에서 일단 정지한 후 진행하여야 할 뿐만 아니라 그곳에는 점멸등까지 설치되어 있으므로 마땅히 전방에서 위 국도로 진입하는 차량이 있는지의 여부를 잘 살피면서 서행하여야 할 것인 바, 피고인이 위 국도에 좌회전하여 진입하기 전에 좌측 전방의 언덕부근에서 진행하여 오는 위 박주환의 버스를 발견하였다면 그 버스가 먼저 통행하도록 그 곳에서 멈추어 있어야 할 것이지만 이 사건에서와 같은 상황 즉 피고인이 일단 정지하여 좌측을 살피고 그 부근에서 진행하여 오는 차량이 시계에 나타나지 않음을 확인한 연후에 좌회전하면서 국도에 진입하고 있는 상태에서는 이미 도로교통법상의 우선 통행권은 오히려 피고인측에 있었다고 할 것인 즉, 피고인이 위와 같이 피고인측의 우선통행권에 따라 위 국도에 좌회전하여 진입한 이상 피고인에게 이 사건 사고발생에 있어서 더 이상의 주의의무는 요구할 수 없고, 오히려 공소외인이 우선통행순위에 위반하여 무모하게 주행한 과실에 기인하여서만 이 사건 사고가 발생한 것이라고 판단하고 있는 바, 기록에 의하여 살펴보아도 원심의 위와 같은 인정판단은 정당하게 수긍이 가고 거기에 소론과 같은 위법은 없다. 논지는 이유없다.

판례38 | 고속도로상에서의 중앙선 침범과 신뢰의 원칙[대법원 1982. 4. 13. 선고 81도2720 판결]

【판결요지】

고속도로상에서 자동차는 원칙으로 우측차선으로 통행하여야 하므로 자동차운전자는 반대방향에서 운행하여 오는 차량이 앞지르기를 하거나 도로의 상황 기타 사정으로 부득이 중앙선을 침범하게 되는 경우를 제외하고는 그 차량이 중앙선을 침범하는 일은 없으리라고 믿고 운전하면 족한 것이므로 상대방 차량이 중앙선을 침범하여 진입할 것까지를 예견하고 감속하는 등 조치를 강구하여야 할 주의의무는 없다.

【원심판결】

춘천지방법원 1981.9.17. 선고 81노258 판결

【주문】

원심판결을 파기하고, 사건을 춘천지방법원 합의부로 환송한다.

【이유】

상고이유를 판단한다.

원심판결과 제 1 심판결 이유에 의하면 원심은 원판시 이 사건 사고발생지점은 강원도 동해시 망상동 소재 동해고속도로상이고 그곳은 피고인이 진행하던 차선쪽의 중앙선은 황색선으로서 추월금지선이고 반대방향에서 오는 차선쪽의 중앙선은 백색으로서 추월선으로 되어 있으므로 이러한 도로사정 아래에서는 피고인이 진행하던 반대방향에서 진행하여 오는 차량들이 위 백색추월선을 넘어 피고인의 진로 앞으로 진행하여 오는 경우를 예견할 수 있으므로 피고인으로서는 이러한 경우에 대비하여 제한속도내에서 감속서행하여야 함은 물론 전방좌우를 잘 살펴서 운행하여야 할 업무상의 주의의무가 있음에도 불구하고 전방주시를 태만히 하고 제한속도를 넘어 시속약 80키로미터로 운행한 과실로 마침 반대방향에서 피해자 공소외인 운전하던 트럭이 중앙선을 침범하면서 진행하여 오는것을 뒤늦게 발견하고 핸들을 좌측으로 꺾어 피고인이 운전하던 차량 좌측면을 들이 받아 이 사건 사고를 일으켰다는 것을 이유로 하여 피고인을 업무상과실치상죄 등으로 처단하고 있다.

그러나 자동차는 고속도로에서 앞지르기를 하거나 도로의 상황 기타 사정으로 부득이 한 경우를 제외하고는 진행방향의 우측차선으로 통행하여야 하는 것이므로 고속도로에서 자동차를 운전하는 자는 반대방향에서 운행하여 오는 차량이 앞지르기를 하거나 도로의 상황 기타 사정으로 부득이 중앙선을 침범하게 되는 경우를 제외하고는 그 차량이 도로의 중앙선을 침범하는 일은 없을 것이라고 믿고 운전하면 족한 것이므로 원판시와 같은 도로상황하에서(기록에 의하면 그 당시에는 반대방향에서 오는 차량이 중앙선을 침범하여 운행할 사정이 있었다고 볼 아무런 자료도 없다) 자동차를 운전하는 피고인은 위 공소외인이 운전하던 차량과 같이 교통법규를 위반하고 중앙선을 침범하여 자기가 운전하는 차량 전방에 진입할 것까지를 예견하고 감속하는 등 충돌을 사전에 방지할 조치를 강구하지 않으면 안될 주의의무는 없다 할 것이다.

또 원판시 사고발생경위에 비추어 보면 이 사건 충돌사고는 피해차량이 교통법규를 위반하고 도로의 중앙선을 침범하여 운행한대 그 직접적인 원인이 있었음을 알 수 있고 기록에 의하면 피고인이 상대방 차량이 중앙선을 침범하는 것을 발견한 때의 그 차량과의 거리는 15미터에 불과하였다는 것이므로 그 제동거리 도로의 상황 및 상대방 차량의 속

력과 그 제동거리 등을 고려하면 피고인이 제한속도인 시속 70키로 미터의 속력으로 운행하였다 하더라도 그 충돌사고를 피할 수 있었겠는가 하는 점에 의심이 가는바 이러한 경우 위와 같은 제반사항을 밝혀보고 피고인이 제한속도를 넘어 과속으로 운행한 것이 사고의 원인이 되었는지의 여부를 심리판단하지 아니하고서는 이 사건에 있어서 제한속도보다 과속으로 운행한 피고인에게 이 사건 사고발생의 원인이 되는 과실이 있다고 할 수 없을 것이다.

원심이 위와 같은 점들에 대한 심리를 다하지 아니하고 이 사건 사고에 있어서 피고인에게 업무상의 주의의무를 다하지 아니한 과실이 있다고 판단한 제1심판결을 그대로 유지한 것은 결과에 있어서 업무상의 주의의무에 대한 법리를 오해하고 심리를 다하지 아니하고 피고인에게 과실이 있다고 판단한 위법이 있다 할 것이므로 논지는 이유있다.

그러므로 원심판결을 파기하여 사건을 춘천지방법원 합의부로 환송하기로 하여 관여법관의 일치된 의견으로 주문과 같이 판결한다.

판례39 | 정류장에서의 앞지르기금지의무를 위반한 운전수에게 주의만을 준데 그친 교통단속 경찰공무원의 행위가 성실의무를 위반하여 직무를 태만히 한 것인지 여부 [대법원 1976. 9. 14. 선고 76누179 판결]

【판결요지】

싸이카에 승무하고 교통단속을 하던 경찰공무원이 정류장에서 앞차를 앞지르려고 하는 것을 목격하고 손짓을 하여 앞지르지 못하게 한 뒤 그 버스를 정차시켜 놓고 운전사에게 대하여 정류장에서는 앞지르기를 하지 못한다고 주의를 한데 그친 것은 교통경찰관으로서는 바람직한 근무 자세라 할 것이고 경찰공무원으로서 성실의무에 위반하는 등 직무를 태만히 한 것이라고는 볼 수 없다.

【원심판결】

서울고등법원 1976.6.30. 선고 76구140 판결

【주문】

이 상고를 기각한다. 상고비용은 피고의 부담으로 한다.

【이유】

피고 소송수행자의 상고이유를 본다.

원심이 인정한 사실은 다음과 같다.

즉 원고는 1975.10.15 10:26 서울시 (주소 생략) 노상에서 싸이카에 승무하고 교통단

속을 하던 중 소외인이 운전하는 (차량번호 생략) 뻐스가 정류장에서 앞차를 앞지르려고 하는 찰라에 그 뻐스의 약 100미터 전방에서 이것을 목격하고 손짓을 하여 앞지르지 못하게 한 뒤 그 뻐스를 한번 정차시켜 놓고 위 운전수에게 대하여 정류장에서는 앞지르기를 하지 못한다고 주의를 한데 그쳤다는 것이다. 기록을 정사하면서 원심이 이와 같은 사실을 인정하기 위하여 거친 채증의 과정을 살펴보면 적법하고 여기에는 논리법칙 내지 경험법칙에 위반하여 증거의 취사를 잘못하는 등 기타 채증법칙 위반의 위법사유가 없다.

원고가 소외인에게 대하여 위에서 본 바와 같이 주의를 한데 그친 것은 원심이 정당하게 판단하고 있는 바와 같이 교통경찰관으로서는 바람직한 근무자세라 할 것이요, 피고가 주장하는 바와 같이 경찰공무원으로서의 성실의무에 위반하는 등 직무를 태만히 한 것이라고는 말할 수 없다. 원심이 피고의 변론재개 신청을 허용하지 아니하였다 하여 심리미진의 위법을 범한 것이라고도 말할 수 없다.

그리고 위의 소외인의 행위가 논지가 주장하는 것처럼 도로교통법 제11조의 2, 제2항이나 같은 법 제31조 및 같은 법 시행령 제16조에 위반된 것이라고도 말할 수 없다. 원심판결에는 교통법규의 법리를 오해하였거나 이유불비의 잘못도 없다.

그렇다면 이 상고는 그 이유없는 것이 되므로 기각하고 상고비용은 패소자의 부담으로 한다.

이 판결에는 관여 법관들의 견해가 일치되다.

Chapter 8. 철도건널목 및 교차로 통행위반

[1] 철길건널목 통과 방법

① 모든 차 또는 노면전차의 운전자는 철길건널목을 통과하려는 경우에는 철길건널목 앞에서 일시정지하여 안전한지 확인한 후에 통과해야 합니다(「도로교통법」제24조제1항 본문). 다만, 신호기 등이 표시하는 신호에 따르는 경우에는 정지하지 않고 통과할 수 있습니다(「도로교통법」제24조제1항 단서).

② 모든 차 또는 노면전차의 운전자는 철길건널목의 차단기가 내려져 있거나 내려지려고 하는 경우 또는 건널목의 경보기가 울리고 있는 동안에는 그 건널목으로 들어가서는 안 됩니다(「도로교통법」제24조제2항).

③ 모든 차 또는 노면전차의 운전자는 철길건널목을 통과하다가 고장 등의 사유로 건널목 안에서 차를 운행할 수 없게 된 경우에는 즉시 승객을 대피시키고 비상신호기 등을 사용하거나 그 밖의 방법으로 철도공무원이나 경찰공무원에게 그 사실을 알려야 합니다(「도로교통법」제24조제3항).

[2] 위반 시 제재

철길건널목 통과방법을 위반하면 다음과 같은 범칙금 및 벌점을 부과받습니다.

위반 행위	범칙금	벌점
철길건널목 통과방법 위반	승합차 등: 7만원 승용차 등: 6만원 이륜차 등: 4만원 자전거 등: 3만원	30

[3] 교차로 통행 방법

① 모든 차의 운전자는 교차로 통행 방법에 따라 주의해서 운전해야 합니다.

② 모든 차의 운전자는 교차로에서 우회전을 하려는 경우에는 미리 도로의 우측 가장자리를 서행하면서 우회전해야 합니다. 이 경우 우회전하는 차의 운전자는 신호에 따라 정지하거나 진행하는 보행자 또는 자전거에 주의해야 합니다(「도로교통법」제25조제1항).

③ 모든 차의 운전자는 교차로에서 좌회전을 하려는 경우에는 미리 도로의 중앙선을 따라 서행하면서 교차로의 중심 안쪽을 이용하여 좌회전해야 합니다(규제「도로교통법」제25조제2항 본문). 다만, 시·도경찰청장이 교차로의 상황에 따라 특히 필요하다고 인정하여 지정한 곳에서는 교차로의 중심 바깥쪽을 통과할 수 있습니다(「도로교통법」제25조제2항 단서).

④ 위에 따라 우회전이나 좌회전을 하기 위해서 손이나 방향지시기 또는 등화로써 신호를 하는 차가 있는 경우에 그 뒤차의 운전자는 신호를 한 앞차의 진행을 방해해서는 안 됩니다(「도로교통법」제25조제4항).

⑤ 모든 차 또는 노면전차의 운전자는 신호기로 교통정리를 하고 있는 교차로에 들어가려는 경우에는 진행하려는 진로의 앞쪽에 있는 차의 상황에 따라 교차로(정지선이 설치되어 있는 경우에는 그 정지선을 넘은 부분을 말한다)에 정지하게 되어 다른 차의 통행에 방해가 될 우려가 있는 경우에는 그 교차로에 들어가서는 안 됩니다(「도로교통법」제25조제5항).

⑥ 모든 차의 운전자는 교통정리를 하고 있지 않고 일시정지나 양보를 표시하는 안전표지가 설치되어 있는 교차로에 들어가려고 할 때에는 다른 차의 진행을 방해하지 않도록 일시정지하거나 양보해야 합니다(「도로교통법」제25조제6항).

[4] 위반 시 제재

위반 행위	범칙금
교차로 통행방법 및 교차로에서의 양보운전 위반	승합차 등: 5만원 승용차 등: 4만원 이륜차 등: 3만원 자전거 등: 2만원

※ 교차로 꼬리물기 및 끼어들기를 하거나 정지선을 위반하면 단속됩니다.

① 모든 차 또는 노면전차의 운전자는 신호기로 교통정리를 하고 있는 교차로에 들어가려는 경우에는 진행하려는 진로의 앞쪽에 있는 차의 상황에 따라 교차로(정지선이

설치되어 있는 경우에는 그 정지선을 넘은 부분을 말함)에 정지하게 되어 다른 차의 통행에 방해가 될 우려가 있는 경우에는 그 교차로에 들어가서는 안 됩니다(「도로교통법」제25조제5항).

② 또한 모든 차의 운전자는 위와 같은 이유에서 교차로에 정지하거나 서행하고 있는 차의 앞으로 끼어들지 못합니다(「도로교통법」제23조 및 제22조제2항).

③ 위반 시 제재

위반 행위	범칙금
다른 차의 통행에 방해가 될 우려가 있음에도 교차로(정지선이 설치되어 있는 경우에는 그 정지선을 넘은 부분을 말함)에 들어가는 행위	승합자동차 등: 6만원 승용자동차차 등: 5만원 이륜자동차차 등: 4만원
교차로에 정지하거나 서행하고 있는 차의 앞으로 끼어들기 행위	승합자동차 등: 4만원 승용자동차차 등: 4만원 이륜자동차차 등: 3만원

[5] 철도건널목 통과에 대한 판례

【판결요지】

[1] 차량의 운행자가 아무런 대가를 받지 아니하고 동승자의 편의와 이익을 위하여 동승을 허락하고 동승자도 그 자신의 편의와 이익을 위하여 그 제공을 받은 경우 그 운행 목적, 동승자와 운행자의 인적관계, 그가 차에 동승한 경위, 특히 동승을 요구한 목적과 적극성 등 여러 사정에 비추어 가해자에게 일반 교통사고와 동일한 책임을 지우는 것이 신의법칙이나 형평의 원칙으로 보아 매우 불합리하다고 인정될 때에는 그 배상액을 경감할 수 있으나, 사고 차량에 단순히 호의로 동승하였다는 사실만 가지고 바로 이를 배상액 경감사유로 삼을 수 있는 것은 아니다.

[2] 차량에 무상으로 동승하였다고 하더라도 그와 같은 사실만으로 운전자에게 안전운행을 촉구하여야 할 주의의무가 있다고는 할 수 없다.

【원심판결】

서울고법 1998. 9. 24. 선고 98나15172 판결

【주문】

상고를 기각한다. 상고비용은 피고의 부담으로 한다.

【이유】

상고이유를 판단한다.

차량의 운행자가 아무런 대가를 받지 아니하고 동승자의 편의와 이익을 위하여 동승을 허락하고 동승자도 그 자신의 편의와 이익을 위하여 그 제공을 받은 경우 그 운행 목적, 동승자와 운행자의 인적관계, 그가 차에 동승한 경위, 특히 동승을 요구한 목적과 적극성 등 여러 사정에 비추어 가해자에게 일반 교통사고와 동일한 책임을 지우는 것이 신의법칙이나 형평의 원칙으로 보아 매우 불합리하다고 인정될 때에는 그 배상액을 경감할 수 있으나 사고 차량에 단순히 호의로 동승하였다는 사실만 가지고 바로 이를 배상액 경감사유로 삼을 수 있는 것은 아니고, 비록 차량에 무상으로 동승하였다고 하더라도 그와 같은 사실만으로 운전자에게 안전운행을 촉구하여야 할 주의의무가 있다고는 할 수 없는 것이다(대법원 1992. 5. 12. 선고 91다40993 판결, 1994. 11. 25. 선고 94다32917

판결, 1996. 3. 22. 선고 95다24302 판결 등 참조).

원심판결 이유에 의하면 원심은 그 내세운 증거들을 종합하여 소외 1이 그 어머니 소유인 승용차에 학교 친구인 소외 2를 태우고 이를 운전하여 열차진입을 알리는 경보음과 경보등화가 작동중이었음에도 이를 무시하고 철도건널목을 통과하다가 때마침 위 철도건널목을 통과하던 열차에 위 승용차가 들이받혀 위 두 사람을 비롯한 탑승자 전원이 사망한 사실을 인정한 다음, 이 사건 사고 당시 위 소외 2는 위 소외 1과 같은 고등학교 3학년에 재학중인 친구로서 위 소외 1의 어머니 소유인 위 승용차에 동승하여 어디론가 함께 가던 중이었으므로, 위 소외 2는 위 승용차의 운행이익을 공유하고 있었고 또한 동승자로서 운전자인 위 소외 1에게 안전운전을 촉구하지 아니한 과실로 위 사고를 당하였으므로, 위와 같은 점을 참작하여 위 사고로 인한 피고의 책임을 감경하여야 한다는 피고의 주장에 대하여 위 소외 2가 위 승용차의 운행이익을 공유하는 공동운행자라고 볼 수 없고, 달리 이를 인정할 만한 증거도 없으며, 위 소외 1 운전의 위 승용차에 동승하였다고 하더라도 그와 같은 사실만으로 위 소외 1에게 안전운행을 촉구하여야 할 주의의무가 있다고 볼 수도 없다는 이유로 위 피고 주장을 모두 배척하고 있는바, 기록에 의하여 관계 증거를 살펴보면 원심의 위와 같은 판단은 앞서 본 법리에 비추어 옳게 수긍이 가고, 거기에 상고이유가 지적하는 바와 같은 운행이익 공유 및 안전운전촉구의무에 관한 법리오해 등의 위법은 없다.

그러므로 상고를 기각하고, 상고비용은 패소자의 부담으로 하기로 관여 법관의 의견이 일치되어 주문과 같이 판결한다.

판례2 | 철도건널목의 설치·관리상의 하자 유무에 관한 판단 기준[대법원 1998. 5. 22. 선고 97다 57528 판결]

【판결요지】

[1] 철도건널목의 보안설비에 영조물의 설치·관리상의 하자가 있다고 할 수 있는 것인지 여부는 건널목이 설치된 위치, 통행하는 교통량, 부근의 상황 특히 건널목을 건너려는 사람이 열차를 발견할 수 있는 거리, 반대로 열차의 운전자가 건널목을 건너려는 사람이나 차량 등을 발견할 수 있는 거리 등 모든 사정을 고려하여 사회통념에 따라 결정하여야 한다.

[2] 철도 직원이나 그 승낙을 받은 차량 정도가 제한적으로 출입하는 통행로에 설치된 역 구내의 철도건널목에 관하여 설치·관리상의 하자가 없다고 한 사례.

[3] 구내 통로의 건널목에 경광등이 설치되어 있는 이상 주위 건물이 시야를 가려 통행자가 열차의 접근상태를 확인하기 곤란하다고 하더라도 열차에서 잘 보이는 곳에 따로

기적울림표를 설치하여 그에 따라 기관사가 기적을 울림으로써 이중으로 경보조치를 취할 필요는 없다고 할 것이므로, 열차의 기관사가 건널목에 접근하면서 기적을 울리지 아니하였다고 그에게 열차 운전상의 과실이 있다고 할 수 없다.

【원심판결】

서울지법 1997. 11. 27. 선고 97나34289 판결

【주문】

상고를 모두 기각한다. 상고비용은 원고들의 부담으로 한다.

【이유】

상고이유를 본다.

1. 원심판결의 요지

원심판결 이유에 의하면, 원심은 거시 증거에 의하여, 피고 산하 철도청 소속 기관사가 1994. 6. 14. 12:30경 수색발 (열차번호 생략) 열차를 운전하여 시속 약 20km의 속도로 수색에서 용산 방면으로 서울역 구내에 설치된 이 사건 건널목을 통과하던 중 위 열차 진행 방향 좌측에서 우측으로 위 건널목을 횡단하던 원고 1 운전의 (차량등록번호 생략) 1.4t 화물자동차 우측 전면부를 위 열차의 좌측 전면부로 들이받아 그 충격으로 위 원고가 제1중족골 절단 등의 상해를 입은 사실, 이 사건 건널목은 철도용지상에 설치된 선로횡단로로서 역업무수행에 관계되는 차량과 직원들만이 통행할 수 있고 일반인의 출입은 금지된 장소이며 그 부근에 위치한 수화물 탁송집하장으로 출입하는 화물탁송용 차량과 홍익회 소속 물품운반차량만이 위 건널목으로 주로 통행하여 온 사실, 위 자동차의 진행 방향을 기준으로 이 사건 건널목 진입로 전방에는 차량 일시정지선과 안전표지판 및 적색경고등이 설치되어 있고, 우측에는 우편물취급창고가 세워져 있는데 위 창고의 외벽에서 이 사건 사고장소 바깥쪽 선로까지의 거리는 약 6.4m이고, 이 사건 건널목 일대 선로는 일직선으로 되어 있는데다가 위 차량 일시정지선이 위 창고와 선로의 중간지점에 위치하고 있어 위 일시정지선에서 바라볼 경우 좌우측 열차의 통행 여부를 확인함에 있어서 아무런 시야장애가 없는 사실, 위 원고는 이 사건 사고 당시 지방으로 탁송할 신문을 적재한 위 자동차를 운전하고 위 건널목 건너편에 위치한 수화물 탁송집하장으로 가던 중이었는데 위 건널목으로 진입함에 있어 일시정지선에 멈추거나 좌우측 열차 통행 여부를 확인함이 없이 만연히 위 건널목에 진입하다가 곧바로 이 사건 사고를 당한 사실, 철도청에서는 위 수화물 탁송집하장을 자주 이용하는 소외 대한통운 주식회사와 홍익회의 비용부담하에 매일 건널목 안전요원 1인을 배치하여 왔고 이 사건 사고 당시 근무중이던 안전요원은 위 건널목 반대편에서 근무하였으나 위 자동차가 일시 정지함이 없이 곧바로 위 건널목으로 진

입하는 바람에 미처 이를 제지하지 못한 사실, 위 열차의 기관사는 시속 약 20km의 속도로 위 건널목으로 들어오다가 건널목 4m 전방에서 갑자기 위 자동차가 일단정지 의무를 무시한 채 횡단하는 것을 발견하고 비상기적을 울림과 동시에 급제동조치를 취하였으나 미치지 못하여 위 화물차와 충돌한 후 약 16m 지나서 정지한 사실을 인정하고, 이 사건 사고가 차단기·신호등 등을 설치하지 아니한 피고의 건널목 설치·관리상의 하자 또는 위 철도청 직원으로서 위 열차 기관사의 운전부주의로 말미암아 발생하였다는 원고들의 주장에 대하여, 위와 같은 이 사건 건널목의 위치와 이용현황, 부근 상황 및 열차 투시거리와 위 사고 경위 등 제반 사정에 비추어 피고의 위 건널목 설치·보존상의 하자가 있다고 할 수 없을 뿐만 아니라 기관사가 위 자동차와의 충돌 당시 취한 제반 조치도 당시 상황에 비추어 적절한 것으로서 그에게 업무상 과실이 있다고 볼 수 없다는 이유로 이 사건 사고로 인하여 발생한 손해의 배상을 구하는 원고들의 이 사건 청구를 모두 배척하였다.

2. 건널목의 설치·관리상의 하자의 점에 대하여

철도건널목의 보안설비에 영조물의 설치·관리상의 하자가 있다고 할 수 있는 것인지 여부는 건널목이 설치된 위치, 통행하는 교통량, 부근의 상황 특히 건널목을 건너려는 사람이 열차를 발견할 수 있는 거리, 반대로 열차의 운전자가 건널목을 건너려는 사람이나 차량 등을 발견할 수 있는 거리 등 모든 사정을 고려하여 사회통념에 따라 결정하여야 한다(대법원 1997. 6. 24. 선고 97다10444 판결 등 참조).

기록에 의하면, 원심이 이 사건 건널목의 진입로 전방에 차량 일시정지선과 안전표지판 및 적색경고등이 설치되어 있고 그 일대 선로가 일직선으로 되어 있는 사실을 인정한 조치는 정당하고, 거기에 소론과 같은 채증법칙 위배로 인한 사실오인의 위법이 있다고 할 수 없고, 사실관계가 위와 같다면, 이 사건 건널목은 우선 서울역 구내에 위치한 철도용지로서 철도법 제78조 및 철도용지및퇴거지역의범위에관한규정 제1호 (가)목의 규정에 의하여 현실적으로 불특정 다수의 사람 또는 차량의 통행을 위하여 공개된 장소가 아니라 단지 철도직원이나 역업무를 수행하는 차량을 제외하고는 화물 탁송 집하장에 출입하는 차량이나 홍익회 소속 물품운반차량 정도가 철도직원의 승낙을 받아 제한적으로 출입하는 통행로에 불과하여, 처음부터 건널목설치및설비기준규정 (1994. 2. 1. 철도청훈령 제6847호)의 적용 대상에서 제외됨에도 건널목 교통안전표지와 함께 경광등을 설치하고 건널목 안내원을 상근시킴으로써 위 기준규정상 2종 건널목 보다 더 충실한 보안설비를 갖추었다고 할 것이므로, 피고로서는 이 사건 건널목에 관하여 그 위험성에 비례하여 사회통념상 일반적으로 요구되는 정도의 방호조치의무를 다하여 그 설치 또는 관리에 하자가 있다고 볼 수 없다 할 것이다. 같은 취지의 원심 판단은 정당하며 거기에 소론과 같은 심리미진으로 인한 이유불비의 위법이 있다고 할 수 없다. 논지는 이유 없다.

3. 기관사의 과실의 점에 대하여

위 열차의 기관사가 이 사건 건널목에 진입하면서 미리 기적을 울리지 아니한 점은 소론과 같으나, 앞에서 본 바와 같이 이 사건 건널목에는 경광등이 설치되어 있는 이상 주위 건물이 시야를 가려 통행자가 열차의 접근상태를 확인하기 곤란하다고 하더라도 열차에서 잘 보이는 곳에 따로 기적울림표를 설치하여 그에 따라 기관사가 기적을 울림으로써 이중으로 경보조치를 취할 필요는 없다고 할 것이므로 위 열차의 기관사가 이 사건 건널목에 접근하면서 기적을 울리지 아니하였다고 그에게 열차 운전상의 과실이 있다고 할 수 없다고 할 것인바, 같은 취지의 원심 판단은 정당하고, 거기에 소론과 같은 위법이 있다고 할 수 없다. 논지도 이유 없다.

4. 그러므로 상고를 모두 기각하고 상고비용은 패소자들의 부담으로 하기로 하여 관여 법관의 일치된 의견으로 주문과 같이 판결한다.

판례3 | 철도건널목의 설치·관리상의 하자 인정 기준*[대법원 1997. 6. 24. 선고 97다10444 판결]*

【판결요지】

[1] 철도건널목의 보안설비의 흠결이 영조물의 설치·관리상의 하자라고 할 수 있는 것인지 여부는 건널목이 설치된 위치, 통행하는 교통량, 부근의 상황 특히 건널목을 건너려는 사람이 열차를 발견할 수 있는 거리, 반대로 열차의 운전자가 건널목을 건너려는 사람이나 차량 등을 발견할 수 있는 거리 등 모든 사정을 고려하여 사회통념에 따라 결정하여야 하고, 철도청의 내부 규정인 건널목설치및설비기준규정은 철도건널목 설치·관리상의 하자를 판단하는 하나의 참작 기준이 될 수 있을 뿐이고, 위 규정이 정하는 기준에 맞추어 철도건널목의 보안설비가 설치되어 있다 하더라도 반드시 철도건널목 설치·관리상의 하자가 없는 것이라고 단정할 수 없다.

[2] 건널목의 위치, 교차하는 도로의 상황, 교통량, 열차 운전자의 투시거리와 열차의 제동거리, 건널목의 안전설비의 내용, 그 곳에서의 사고발생 빈도와 사고 당시의 제반 상황을 고려하여 열차와 횡단 자동차가 서로를 인식할 수 있는 가시거리가 지나치게 짧은 데 비하여 차단기를 운영하지 아니하는 등 안전설비가 불충분하다고 하여 철도건널목의 설치·관리상의 하자를 인정한 사례.

【원심판결】

부산고법 1997. 1. 17. 선고 96나8314 판결

【주문】

상고를 기각한다. 상고비용은 피고의 부담으로 한다.

【이유】

상고이유를 본다.

철도건널목의 보안설비의 흠결이 영조물의 설치·관리상의 하자라고 할 수 있는 것인지 여부는 건널목이 설치된 위치, 통행하는 교통량, 부근의 상황 특히 건널목을 건너려는 사람이 열차를 발견할 수 있는 거리, 반대로 열차의 운전자가 건널목을 건너는 사람이나 차량 등을 발견할 수 있는 거리 등 일체의 사정을 고려하여 사회통념에 따라 결정하여야 하고, 철도청의 내부 규정인 건널목설치및설비기준규정은 철도건널목 설치·관리상의 하자를 판단하는 하나의 참작 기준이 될 수 있을 뿐이고, 위 규정이 정하는 기준에 맞추어 철도건널목의 보안설비가 설치되어 있다 하더라도 반드시 철도건널목 설치·관리상의 하자가 없는 것이라고 단정할 수 없다(당원 1966. 11. 29. 선고 66다1859, 1860 판결, 1981. 4. 14. 선고 80다3100 판결 등 참조).

원심판결 이유에 의하면 원심은 제1심판결을 인용하여 피고 산하 철도청 소속 기관사인 소외 1이 1995. 2. 24. 13:00경 제902호 비둘기 열차를 창원역 방면에서 덕산역 방면을 향하여 시속 약 80km의 속도로 운행하다 창원시 동면 용강리 소재 용암건널목(이하 이 사건 건널목이라고 한다)의 약 80m 전방에서 소외 2가 운전하는 그레이스 승합차가 이 사건 건널목을 열차 진행방향 오른쪽에서 왼쪽으로 횡단하려는 것을 발견하고 즉시 비상경적을 울림과 동시에 급제동조치를 취하였으나 열차 제동거리상 미치지 못하고 위 열차의 오른쪽 앞부분으로 위 승합차의 왼쪽 부분을 충격하여 위 승합차가 5m의 언덕 아래로 굴러 떨어지면서 승합차에 타고 있던 소외 3, 소외 4, 소외 5, 소외 6, 소외 7 등 5명은 그 자리에서 즉사하고, 소외 8과 소외 9는 각 다음달 7.과 13. 사망한 사실, 이 사건 건널목은 진영·창원간 왕복 4차선의 14번 국도와 54세대의 주민들이 사는 용암마을을 잇는 유일한 통로로서 용암마을 주민들과 구룡사 등 3개 사찰 신도들이 주로 통행하는데, 1994. 4.경 피고 산하 마산보선사무소장이 실시한 교통량 조사 결과에 의하면 1일 열차가 52회, 보행자가 212회, 자전거와 우마차가 90회, 2륜 자동차부터 대형 자동차가 188회 가량 통행하였으며, 위 14번 국도에서 이 사건 건널목에 진입하는 도로는 S자 형태의 곡각을 이루고 있고, 도로 주위에는 감나무 숲이 형성되어 시야를 가리고 있기 때문에 자동차로 14번 국도에서 이 사건 건널목 쪽으로 진입하는 경우 건널목의 약 38m 전방에 이르러서야 비로소 건널목이 앞에 있음을 알 수 있고, 그 지점부터 건널목에 이르기까지의 도로는 철로와 거의 평행하게 되어 있어서 이 사건에서와 같이 창원역 방면에서 덕산역 방면으로 열차가 진행하여 오는 경우에 자동차가 건널목 바로 앞의 정지선에 이르기까지는 열차가 진행하여 오고 있는지 여부를 직접 눈으로 확인하기 어렵고, 창원역 방면에서 이 사건 건널목에 이르는 철로 역시 곡각을 이루고 있고 언덕과 나무들로 시야가 가리어 있어 이 사건 건널목에서 창원역 방면의 철로를 볼 때에 200m 정도의 시야만이 확보될 뿐이고, 열차 쪽에서 건널목을 볼 수 있는 거리도 비슷하고, 언덕과 나무 때문에 건널목 앞 정지선에 대기하고 있는 자동차를 확인할 수 있는 거리는 더욱 짧고, 반면 열차가 시속 80㎞ 정도(이 사건 사고 당시 사고 열차의 속도임)로 주행하는 경우 제동거리는 약 320m에 이르러 이 사건 건널목에 장애물이 있는 것을 발견하고 즉시 비상제동조치를 취한다 하더라도 건널목을 통과한 후에야 열차를 정지시킬 수 있는 사실, 이 사건 건널목은 1983. 10. 8. 3종 건널목에서 2종 건널목으로 종별 변경된 이래 계속하여 2종 건널목으로 지정·관리되어 섬광을 발하는 경보등과 소리를 내는 경보기 및 X자형 멈춤표지판 등의 건널목 교통안전표지만 설치되어 있는 사실 및 이 사건 건널목에서는 1992. 7. 20. 사망 사고가 1건 발생하였고, 1993. 11. 19.에도 차량이 파손되는 사고가 발생하였으며, 그에 대하여 피고는 별다른 조치를 취하지 아니하다가 이 사건 사고 이후에 전동차단기를 설치하고 표지판 등도 보완한 사실 등을 인정하고, 그와 같은 이 사건 건널목의 위치, 교차하는 도로의 상황, 교통량, 열차 투시거리와 열차 제동거리, 건널목의 안전설비 내용, 그 곳에서의 사고발생 빈도, 사고 당시 상황 등 제반 상황에 비추어 보면 이 사건 건널목은 열차와 횡단 자동차가 서로를 인식할 수 있는 가시거리가 지나치게 짧은 데 비하여 차단기를 운영하지 아니하는 등 안전설비가 불충분하여 영조물의 설치·관리상의 하자가 있고, 이 사건 사고는 그로 인하여 발생하였다고 판단하였는바, 사실관계가 원심이 인정한 바와 같다면 비록 소외 2가 경보를 무시하고 건널목에 진입한 과실이 있다 하더라도 이 사건 건널목에는 그 설치·관리에 하자가 있었던 것이고, 그와 설치·관리상의 하자와 피해자들의 사망 사이에 인과관계가 있다고 보아야 한다는 원심의 판단은 정당하고, 여기에 논하는 바와 같은 법리오해의 위법이 있다고 할 수 없다.

다음으로 기록에 의하여 살펴보면 원심이 과실상계 사유가 없다고 판단하고 과실상계를 하지 아니한 조치도 수긍할 수 있고, 그와 같은 조치에도 논하는 바와 같은 위법이 있다고 할 수 없다. 논지도 이유가 없다.

그러므로 상고를 기각하고 상고비용은 패소자의 부담으로 하기로 하여 관여 법관의 일치된 의견으로 주문과 같이 판결한다.

판례4 | 철도건널목을 통과하려던 차량이 운행중인 열차와 충돌한 사고에서, 국가의 철도 건널목 설치·보존상의 하자나 열차 기관사의 과실을 부인한 사례[대법원 *1994. 11. 8. 선고 94다34036 판결*]

【판결요지】

철도건널목을 통과하려던 차량이 운행중인 열차와 충돌한 사고에서, 국가가 그 건널목을 철도청 훈령인 건널목의설치및설비기준규정에 의한 3종 건널목에 해당하는 것으로 보아 3종 건널목에 설치되어야 할 입간판표시와 경보기 등 설비가 구비되어 정상작동하고 있었다면 1종 건널목에 요구되는 차단기 설치나 안내원 배치를 아니한 사실이 건널목 설치·보존상의 하자에 해당한다거나 사고발생과의 사이에 상당인과관계가 있다고 볼 수 없고, 사고차량이 그 안전설비에 따른 지시나 도로교통법상의 일단정지의무를 무시한 채 그대로 건널목을 통과하려 하였다면 기관사가 사고차량을 발견하자 마자 경적을 울리고 비상제동조치를 취한 이상 기관사에게 어떤 과실이 인정된다고 할 수 없다고 한 사례.

【원심판결】

서울고등법원 1994.5.27. 선고 94나1984 판결

【주문】

원고들의 상고를 모두 기각한다.

상고비용은 원고들의 부담으로 한다.

【이유】

상고이유를 본다.

원심판결 이유에 의하면 원심은, 사고차량 운전사인 망 소외 1이 이 사건 철도건널목을 일단정지를 하지 아니하고 통과하려다가 운행 중인 무궁화호 열차에 충격되어 원고들의 부모와 함께 사망한 사실, 위 건널목은 철도청 훈령인 "건널목의 설치 및 설비기준규정"에 의한 3종 건널목으로서 진행방향 우측에 정지라고 쓰여진 입간판표시와 열차의 통과시 경보음과 점멸등으로 이를 알리는 경보기 등 3종 건널목에 설치되어야 할 설비가 모두 구비되어 사고 당시에도 정상적으로 작동하고 있었던 사실, 위 열차의 기관사인 소외 2는 사고장소에 접근하기 500m 전방에서 경적을 4번 울리고 제한시속 100km에 못 미치는 시속 78km로 속도를 줄인 채 진행하다가 건널목 3, 40m 전방에서 건널목 안으로 무단진입하는 사고차량을 발견하자마자 경적을 울리고 비상제동조치를 취하였으나 미치지 못하고 차량을 충격한 후 약 250m를 지나 정차하게 된 사실을 인정하고, 이 사건 사고는 통상 갖추어야 할 안전설비를 모두 갖추고 그 설비가 정상 작동중인 이 사건 철도건널목에서 위 안전설비에 따른 지시나 도로교통법상의 일단정지의무를 무시한 채 그대로 건널목을 통과하려한 위 망인의 자동차운전상의 과실로 발생한 것이라고 하여, 이 사건 사고는 위 건널목의 위치, 교통량, 주위상황에 비추어 차단기의 설치나 안내원이 배치되어야 하는데도 이를 갖추지 아니한 피고의 철도건널목 설치 보존상의 하자 및 속도를 미리 대폭 줄이고 경적을 울리지 아니한 기관사의 과실에 의하여 발생한 것이라는 원고들의 주장을 배척하였다.

이 사건 사고 경위가 원심이 확정한 바와 같다면, 피고가 이 사건 건널목을 3종 건널

목에 해당하는 것으로 보아 1종 건널목에 요구되는 차단기 설치나 안내원을 배치 아니한 사실과 이 사건 사고발생과의 사이에는 상당인과관계가 있다고 볼 수 없고, 기관사에게 어떤 과실이 인정된다고도 할 수 없으므로, 원심의 판단은 수긍이 되고, 기록에 비추어 보아도 거기에 소론이 지적하는 바와 같은 점에 대하여 심리를 다하지 아니하였거나 법리를 오해한 위법이 있다고 할 수 없다.

소론이 지적하는 당원의 판결들은 이 사건에 원용하기에는 적절하지 아니한 것이다. 논지는 모두 이유 없다.

그러므로 원고들의 상고를 모두 기각하고 상고비용은 패소자인 원고들의 부담으로 하기로 하여 관여 법관의 일치된 의견으로 주문과 같이 판결한다.

판례5 │ 사고차량에 직접 충돌되지 않은 피해자의 부상에 대해 운전자의 과실을 인정한 사례[대법원 1989. 9. 12. 선고 89도866 판결]

【판결요지】

자동차의 운전자가 그 운전상의 주의의무를 게을리하여 열차건널목을 그대로 건너는 바람에 그 자동차가 열차좌측 모서리와 충돌하여 20여미터쯤 열차 진행방향으로 끌려가면서 튕겨나갔고 피해자는 타고가던 자전거에서 내려 위 자동차 왼쪽에서 열차가 지나가기를 기다리고 있다가 위 충돌사고로 놀라 넘어져 상처를 입었다면 비록 위 자동차와 피해자가 직접 충돌하지는 아니하였더라도 자동차운전자의 위 과실과 피해자가 입은 상처 사이에는 상당한 인과관계가 있다.

【원심판결】

대전지방법원 1989.4.7. 선고 88노1136 판결

【주문】

상고를 기각한다.

【이유】

상고이유를 본다.

원심판결 이유에 의하면, 원심은 그 증거에 의하여 피고인이 자동차를 몰고 가다가 판시와 같은 주의의무를 게을리 하여 열차건널목을 그대로 건너는 바람에 그 자동차가 열차좌측 모서리와 충돌하여 20여미터쯤 열차 진행방향으로 끌려가면서 튕겨나갔고 피해자 공소외인이 타고가던 자전거에서 내려 위 자동차 왼쪽에서 열차가 지나가기를 기다리고 있다가 위 충돌사고로 놀라 넘어져 상처를 입은 사실을 적법하게 확정하고 있는 바 사실

이 이와 같다면 비록 위 자동차와 피해자가 직접 충돌하지는 아니하였다 하더라도 피고인의 위 사실과 피해자가 입은 상처 사이에는 상당한 인과관계가 있다고 할 것이므로 피고인은 그에 대한 업무상과실치상의 죄책을 면할 수 없다.

같은 취지의 원심판결은 정당하고, 거기에 지적하는 바와 같은 법리의 오해나 채증법칙을 어긴 위법이 없다. 주장은 이유없다.

그러므로 상고를 기각하기로 관여 법관의 의견이 일치되어 주문과 같이 판결한다.

> **판례6** | 버스 운전자가 철도건널목에서 열차와 충돌, 안내원에게 전치 4주의 상해를 입힌 사고가 자동차운수사업법 제31조 제5호 소정의 중대한 교통사고로 인하여 많은 사상자를 발생케 한 때에 해당하는지 여부*[대법원 1986. 2. 25. 선고 85누917 판결]*

【판결요지】

버스운전자가 철도 건널목에서 일단 정지후 다시 출발함에 있어 좌우를 잘 살피지 아니하고 진행한 과실로 열차와 충돌, 버스안내원에게 전치 4주의 상해를 입힌 사고는 자동차운수사업법 제31조 제5호 소정의 중대한 교통사고로 인하여 많은 사상자를 발생케 한 때에 해당하지 않는다.

【원심판결】

광주고등법원 1985.10.24 선고 85구23 판결

【주문】

상고를 기각한다.

상고비용은 피고의 부담으로 한다.

【이유】

상고이유를 본다.

원심판결이 그 이유에서 이 사건 교통사고는 원고회사 소속 시내버스의 운전자이던 소외 인이 1984.1.17.23:04경 버스를 운전하여 광주시 서구 송암동 소재 철도건널목에 이르렀을 때 일단정지는 하였으나 좌우를 잘 살펴보지 아니한 채 다시 출발진행한 과실로 광주발 순천행 화물열차와 충돌하여 버스에 타고 있던 버스안내원에게 전치 4주일의 뇌진탕등 상해를 입히고, 운전자 자신은 전치 8주일의 골절상을 입은 내용이었다고 확정하고, 그 사실관계에 의하면, 위 교통사고는 운전자의 과실정도와 발생된 결과등에 비추어 자동차운수사업법 제31조 제5호 소정의 중대한 교통사고로 인하여 많은 사상자를 발생케

한 때에 해당하는 것으로 볼 수 없다고 판단한 조처는 수긍되고, 그 판단에 소론과 같은 법리오해가 있다 할 수 없으므로 논지 이유없다.

그러므로 상고를 기각하고, 상고비용은 패소자의 부담으로 하여 관여법관의 일치된 의견으로 주문과 같이 판단한다.

판례7 | 철도건널목 통과시 일단 정지불이행으로 승객 3명을 사망케 한 택시의 면허를 취소한 처분의 적부[대법원 1984. 7. 24. 선고 83누535 판결]

【판결요지】

원고회사 소속 운전사가 택시를 운전하여 철도건널목을 건너감에 있어서 일단 정지하여 통행의 안전을 확인하지 아니한 채 그대로 건널목을 시속 30Km 정도로 통과하다가 그때 건널목으로 진행하여 온 여객열차와 충돌하여 그 차에 타고 있던 승객 중 3명이 즉사하고 1명이 약 2주간의 치료를 요하는 안면부 열상등 상해를 입었다 하여 피고(경상북도지사)가 이 사건 위반차량의 면허를 취소하는 감차처분을 한 것은 재량권을 남용한 위법한 것이라고 볼 수 없다.

【원심판결】

대구고등법원 1983.8.11 선고 82구272 판결

【주문】

상고를 기각한다.

상고 소송비용은 원고의 부담으로 한다.

【이유】

상고이유를 판단한다.

원심판결은 그 거시의 증거에 의하여 원고는 피고로부터 택시여객자동차운송사업면허(면허대수 17대)를 받아 택시여객자동차운송사업을 경영하는 회사로서 원고회사 소속 운전사인 소외 1이 1982.1.25.13:40경 원고회사 소속 (차량등록번호 생략) 택시를 운전하여 경북 영천군 금호읍 냉천동 소재 철도건널목을 냉천동쪽에서 대미동쪽으로 건너가게 되었는데 일단정지하여 통행의 안전을 확인하지 아니한 채 그대로 위 건널목을 시속 30킬로미터 정도로 통과하다가 그때 동 건널목으로 진행하여온 영주발 대구행 제523호 여객열차와 충돌하여 그 차에 타고 있던 소외 2, 소외 3, 소외 4를 즉시 사망케 하고 소외 5에게 약 2주간의 치료를 요하는 다발성안면부열상 등의 상해를 입힌 사실을 인정하고 있는 바, 기록에 의하여 살펴보면 원심의 위 사실인정에 수긍이 가고 또 이 사건 위반차량의 면허를 취소한 피고의 이 사건 감차처분이 재량권을 남용한 위법한 것이라고도 인정되지 아니 하므로 원심판결에 채증법칙 위반과 재량권 남용에 관한 법리오해의 위법이 있다는 논지는 채용할 수 없다.

그러므로 상고를 기각하고, 상고 소송비용은 패소자의 부담으로 하기로 하여 관여법관의 일치된 의견으로 주문과 같이 판결한다.

판례8 | 철도건널목에서 일단정지의무를 불이행하였다고 사고 차량에 대한 면허취소 처분이 재량권을 일탈하였다고 한 사례[대법원 1983. 9. 13. 선고 83누229 판결]

【판결요지】

원고회사 소유의 택시가 철도건널목에서 일단정지의무를 불이행하여 경고처분을 받았음에도 불구하고 재차 철도청 소속 모타카와 충돌하여 동 모타카에 수리비 금 29,000원을 요하는 손괴를 가하여 차량면허취소를 하였다 하여도, 위 운전자가 초범이고 그 사고로 인한 피해가 경미한 점 및 원고 회사는 운수사업최저시설기준인 면허대수 10대의 자동차만을 보유하여 본건 차량면허가 취소되면 원고 회사의 존립에 영향을 미치게 될 사정에 비추어 볼 때 본건 차량면허취소처분은 재량권을 일탈한 것이다.

【원심판결】

대구고등법원 1983.3.29 선고 82구179 판결

【주문】

상고를 기각한다.

상고 소송비용은 피고의 부담으로 한다.

【이유】

상고이유를 판단한다.

원심판결은 그 이유에서 원고소유 차량인 (차량등록번호 생략) 택시운전사인 소외인이 동 차량을 운행중 철도건널목에서 일단정지의무를 불이행하여 그대로 철로상을 횡단하다가 때마침 철로로 진행하는 철도청 소속 모타카와 충돌하여 동 모타카의 수리비 금 29,000원을 요하는 손괴를 한 사실과 피고는 이 사고에 대하여 철도건널목 통과시의 일단정지 불이행에 대한 경고처분을 하였음에도 불구하고 재차 동일사고에 대하여 위 차량에 대한 차량면허취소를 하였다는 사실을 단정한 다음, 위 소외인은 초범이며 그 사고로 인한 피해가 아주 경미한 점 및 원고 회사는 운수사업 최저시설기준인 면허대수 10대의 자동차만을 보유하며 이건 차량면허가 취소되면 원고 회사의 존립에 영향을 미치게 될 사정을 고려하면 본건 차량면허취소처분은 재량권을 일탈한 것이라고 단정하였다.

기록에 의하여 검토하건대, 원심의 위와 같은 조치에 수긍이 가며 거기에 소론과 같은 재량권에 관한 법리오해있다고 할 수 없다.

위에서 본바와 같이 원판시가 본건 차량면허취소로 인하여 원고회사 존립에 영향이 있다고 설시한 점은 본건 사건의 경위 및 그 피해사항과 이 사고에 대한 피고의 제1차적 경고처분이 있었던 점과 아울러서 차량면허취소로 초래하는 원고 회사의 존폐에 미치는 영향을 참작사유의 하나로 삼은데 불과함을 간취할 수 있고 소론과 같이 그것만으로 재량권남용사유로 한 것이 아님이 뚜렷하니 이 점에 관한 소론은 채택할 바 못된다.

그러므로 상고를 기각하고, 상고 소송비용은 패소자의 부담으로 하기로 관여법관의 의견이 일치되어 주문과 같이 판결한다.

판례9 | 철도건널목의 설치 및 설비기준규정(철도청의 내부규정)과 동 건널목의 설치 및 보존 상의 하자의 유무 **판단기준**[대법원 1981. 4. 14. 선고 80다3100 판결]

【판결요지】

철도청의 내부규정인 건널목 설치 및 설비기준규정은 철도건널목의 설치 및 보존상의 하자의 유무를 판단하는 일응의 참작기준이 될 수 있을 뿐이고 그것이 절대적인 것은 아니다.

【원심판결】

대구고등법원 1980.11.14. 선고 80나1051 판결

【주문】

상고를 기각한다.

상고 소송비용은 피고의 부담으로 한다.

【이유】

피고 소송수행자 김환영의 상고이유를 판단한다.

원심은 소외 1(원고의 처)과 그의 딸 소외 2가 원심설시의 본건 열차사고로 사망하게 된 본건 신평 건널목은 원심설시의 노폭 3.3미터의 비포장 도로와 대구-포항간 대구선 단선철로가 교차하는 지점으로서 근처의 상주인구가 927명(179세대)이고, 그곳 주민들이 직장이나 학교를 가기 위하여 반드시 통과하여야만 하는 곳이고, 소형 자동차도 가끔 통과하며 열차의 하루의 통행량이 60회를 넘는 곳이며 본건 건널목 부근에서 철로가 약 40도 왼쪽으로 곡각을 이루고 있고, 철로 주위는 수목과 주택담장으로 가리워져 본건 건

널목에서의 가시거리는 약200미터 정도이므로 시속 약 55킬로미터(그곳의 제한속도는 시속 약 80킬로미터인데 본건 사고당시에는 시속 약 55킬로미터의 속도로 주행함)로 주행한다고 하여도 그 제동거리는 216미터여서 본건 건널목에 장애물이 있는 것을 발견하고 즉시 비상제동조치를 취하더라도 본건 건널목을 통과한 후에야 완전정지할 수 있는 것이고, 또 건널목을 횡단하는 보행인이나 차량쪽에서 볼 때에도 200미터의 거리를 제대로 볼 수 없어 기차가 오지 않음을 확인하고 본건 건널목을 횡단하는 경우에도 열차가 시속 80킬로미터로 질주하는 경우에는 재빨리 행동하지 아니하는 한 노인이나 어린이들이 충돌사고를 당할 위험이 많은 곳이며, 본건 사고가 있기 전에도 여러 차례 사고가 발생하여 주민들이 사고방지를 위한 보안설비의 설치를 피고에게 요구한 바 있었으나 피고측의 예산상의 사정으로 아무런 조치가 취해지지 않았고, 본건 건널목은 본건 사고당시에 건널목 설치 및 설비기준 규정상 제4종 건널목에 해당되는 곳이라 하여 단순히 위험표시판만을 세워 두었던 사실을 인정한 다음, 건널목의 설치 및 관리의 안정을 기할 책임이 있는 피고로서는 시야를 방해하는 장애물을 제거하여 충분한 가시거리를 확보한다든가 건널목을 통과하는 통행인으로 하여금 가시거리 밖에서 기차가 접근함을 미리 알 수 있는 경보기를 설치하는 등의 조치를 취하였어야 함에도 그러한 조처를 취하지 않았으니 피고는 본건 사고에 대하여 공작물의 설치보존상의 하자로 인한 손해배상 책임이 있는 것이라고 판단하였고, 나아가 원심설시와 같은 피해자측의 과실도 인정하여 원심설시와 같은 과실상계를 하였다.

살피건대, 원심판결 거시의 증거를 검토하여 보면 원심의 사실인정을 수긍할 수 있고, 원심판결에 소론 심리미진 내지는 채증법칙 위배의 위법있음을 단정할 수 없으며, 또 철도청의 내부규정인 건널목 설치 및 설비기준규정은 철도건널목의 설치 및 보존상의 하자의 유무를 판단하는 일응의 참작기준이 될 수 있을 뿐이고 그것이 절대적인 것은 아니라고 할 것인 바(대법원 1976.5.25. 선고 76다274 판결), 이에 원심이 인정하고 있는 바와 같은 본건 건널목의 위치, 교통량, 전망, 건널목 주위의 민가의 산재 등의 사정을 감안하면 원심의 판단 또한 정당하고 원심판결에 소론 법리오해의 위법이 없다. 논지는 모두 이유없다.

그러므로 상고를 기각하고, 상고 소송비용은 패소자의 부담으로 하여 관여법관의 일치된 의견으로 주문과 같이 판결한다.

판례10 | 철도건널목의 설치 또는 보존에 하자의 여부[대법원 1978. 12. 26. 선고 78다1967 판결].

【판결요지】

철도건널목이 사실상 통로로 쓰이는 것으로 묵인되었다면 철도시설물로 인정되는데에 갖추어야 할 보안시설로 차단기, 경보기를 설치하거나 간수인을 배치하였어야 할터인데 그 시설을 아니하였다면 철도건널목의 설치 또는 보존에 하자가 있는 경우이다.

【원판결】

서울고등법원 78.8.25. 선고 78나1324 판결

【주문】

상고를 기각한다.

상고비용은 피고의 부담에 돌린다.

【이유】

피고 소송수행자의 상고이유를 판단한다.

원판결이 인정한 사실에 따르면 "본건 사고지점은 안양역사로부터 북쪽으로 약 500m 떨어진 지점으로 역진입신호기 안쪽에 위치한 곳이긴 하나 그 서쪽에는 만안국민학교, 안양여자중고등학교를 비롯한 많은 건물과 주택 등이 있는 안양시의 중심가가 위치하고 있는 동쪽에는 많은 주택과 아파트 등이 자리잡고 있는데 위 철도의 동과 서를 왕래하기 위한 통로로는 사고 지점에서 북쪽으로 약 800미터 떨어진 곳에 있는 지하도밖에 없었으므로 위 만안국민학교 및 안양여자중고등학교생들과 인근주민들은 지름길인 위 사고지점을 통하여 위 철도의 동과 서를 왕래함으로써 사실상 건널목으로 사용하여 왔던 것으로 이 지점을 통행하는 인원은 1일 약 3,000명에 이르렀으며, 위 사고지점의 통행을 위하여 위 철도 인근에 있는 하천에 시멘트로 된 교량과 목조 보조다리가 설치되어 있었고 통행인의 편의를 위하여 사고지점 통로에 침목이 깔려있어 지면이 고르게 되어 있던 사실, 그러나 사고지점의 철도는 복선으로서 상행 또는 하행열차의 왕래가 빈번하여서 안양시의 주민들은 사고발생의 위험을 느껴 이 지점에 지하도를 설치하여 줄 것을 당국에 건의하고 스스로 기부금을 갹출하여 지하도설치 공사를 추진할 정도이었다"는 것이니 원판결이 인정한 사정이 있다면 이 사고지점인 철도건널목은 이것이 생기게 된 시초야 어떻던 사실상 통로로 쓰이는 것은 묵인하였다고 인정되는 점에서 철도건널목이라고 할 것이므로 원판결이 이를 철도시설인 건널목으로 본 판단은 옳으며, 원판결은 또 이 건널목의 인마의 왕래량으로 보아 가히 "국유철도건설규칙 및 간수배치및감시소설치규칙"에서 정한 제1종 철도건널목에 해당되어 그 규칙에 따라 보안시설로 차단기, 경보기를 설치하거나 간수인을 배치하였어야 할 터인데 이를 모두 하지 않았다고 인정한다.

대저 공작물의 설치 또는 보존의 하자로 인하여 점유자, 소유자가 불법행위상의 손해를 배상할 경우에, 보존에 하자가 있다고 하려면 이미 설치된 공작물에 대한 보존에 잘못이 있는 경우는 물론, 공작물로서, 갖추어야 할 것을 갖추지 아니하여 공작물로서 하자가 있는 경우도 포함된다고 해석하여야 상당하니 이 사건에서 위 건널목이 철도시설물로 인정되는데에 갖추어야 할 위 규칙에 정한 제1종의 시설을 아니하였다면 그 건널목의 설치 또는 보존에 하자가 있는 경우라고 본 원판결 판단은 짐짓 옳고 이와 반대로 공작물이 없는데 무슨 설치나 보존에 잘못이 있느냐는 취지의 논지는 채용할 수 없다. 그리고 원판결판단에 기타 소론 위법도 없다.

그러므로 일치한 의견으로 주문과 같이 판결한다.

판례11 | 무단출입이 금지된 건널목 사고에 대하여 공작물 설치보존의 하자책임을 물을 수 있는지 여부*[대법원 1977. 11. 8. 선고 77다1486 판결].*

【판결요지】

일반인의 무단출입이 금지되어 있는 철도역 구내의 횡단로는 일반 통행인을 위한 소위 건널목이라고 볼 수는 없으므로 함부로 내왕하던 주민에게 사고가 발생한 경우 건널목의 설치와 보존의 하자책임을 물을 수 없다.

【원심판결】

서울고등법원 1977.6.14. 선고 76나3309 판결

【주문】

원심판결을 파기하고 사건을 서울고등법원에 환송한다.

【이유】

상고이유를 판단한다.

1. 원심판결은 그 이유에서 피고예하 대전철도국소속 기관사 소외 1이 1975.10.7 오후 2시경 서울역발 장항행 제277보통여객열차를 운전하여 시속 80 키로미터의 속도로 경기도 평택군 송탄읍 신장리 송탄역 구내 건널목을 통과할 무렵 위 건널목을 건너려던 망 소외 2를 치여 위 소외 망인을 즉사케 한 사실은 당사자 사이에 다툼이 없다 하고, 증거에 의하여 위 송탄역 구내의 건널목은 위 역구내의 철로의 일부에 침목을 깔아 상행선(서쪽)과 하행선(동쪽)에 횡단통로를 만들고 위 하행선의 횡단통로가 상행선의 횡단로 보다 약 120센치미터 높은 위치에 설치되어 있어 양횡단통로 사이에 계단을 설치한 것으로서 위 사고 당시 인근주민이 자유롭게 건너다니는 건널목으로 사용되어 온 사실, 위 송탄읍의 인구는 약 5,6천명으로서 위 건널목의 동쪽에 약 700여호, 그 서쪽에 약 1,000여호의 인가가 있어 하루 약 1,000명의 주민이 위 건널목을 이용하여 위 철로를 횡단하고 있는 실정이고, 위 인정과 같이 위 하행선 횡단통로는 위 상행선 횡단통로보다 약 120센치미터 높은 위치에 설치되어 있고 또한 위 건널목으로부터 서울쪽으로 약 150미터 떨어진 지점에서 위 철로는 약 30도 내지 35도 동

쪽으로 굴절되어 있어 위 건널목을 서쪽에서 동쪽으로 횡단하는 경우 위 하행선을 진행하는 하행열차의 진행상황을 보기 어려우므로 피고는 위 송탄역에 정거하지 아니하고 하행하는 열차와 위 건널목을 횡단하는 보행인이 충돌하는 사고를 방지하기 위하여 위 건널목에 간수를 두거나 차단기나 자동신호기를 설치 하여 열차가 동 건널목을 통과할 때 보행자가 위 건널목을 횡단하지 못하도록 제지하거나 위 사고발생후 피고가 한 것처럼 역구내에 담을 쌓아 주민이 위 건널목을 사용하지 못하도록 하여야 함에도 불구하고 이러한 조치를 취하지 아니하여 위 소외 2가 서쪽으로부터 동쪽으로 위 건널목을 건너다가 위 인정과 같이 위 사고를 당한 사실을 인정할 수 있다하여 위 사고는 위 건널목의 위 인정과 같은 설치보존의 하자로 인하여 발생한 것이므로 피고는 위 사고로 인한 손해를 배상할 의무있다고 판시하였다.

2. 기록에 의하여 원심의용의 제1심검증조서의 기재를 살펴보면 위 사고지점은 송탄역 (간이역) 구내의 동서에 있는 여객 승강장의 중간 철로사이에 침목을 깔고 또 계단을 설치하여 위 양승강장에 내왕할 수 있는 횡단로임을 알수 있고 동 역청사가 서쪽인 상행선편에 위치하고 있는 점, 또 위 역에서 약 500미터 남쪽에 철로위로 가교가 있음을 볼 때 위 횡단로는 동쪽에 있는 하행선에서 승하차하는 승객을 위하여 마련된 것임을 짐작할 수 있으니 증인 소외 3의 증언에 의하여 이 횡단로가 인근주민들의 내왕에 사실상 이용된 일을 알아볼 수 있다하여도 이를 일반통행인을 위한 소위 건널목이라고는 볼 수 없다고 할 것이니 원심이 이를 일반인을 위한 건널목이라고 인정한 조치는 증거내용을 잘못 이해하여 사실을 단정한 채증법칙을 어긴 위법이 있다고 할 것이다.

그러므로 혹은 일반인의 무단출입이 금지되어 있는 철도역구내에 피고예하 역직원의 감시소홀로 인하여 피해자 소외 2가 함부로 들어가 본건 사고가 발생하였다 하여 피고의 사용자 책임여부를 묻는 것은 별론으로 하더라도 건널목의 설치와 보존에 하자가 있다하여 그로 인한 손해배상의무 있다고 한 원판시는 이유를 갖추지 못한 위법을 범하였다 할 것이며 이 위법은 판결에 영향이 미쳤다 할 것이니 논지 이유 있다.

그러므로 관여 법관의 일치된 의견으로 주문과 같이 판결한다.

판례12 | 인마의 왕래가 복잡한 철도건널목에 " 일단정지 및 위험지역" 이라는 경계 표시만을 세워놓은 것이 철도건널목설치 관리에 하자가 있어 손해배상책임을 지게 되는지 여부[대법원 1976. 1. 13. 선고 74다2011 판결]

【판결요지】

인마 왕래가 복잡한 곳의 철도건널목은 차단기와 경보기를 설치하고 간수를 두어 사고

발생을 미연에 방지하여야 될 터인데 길 양쪽에 " 일단정지 및 위험지역" 이라는 경계 표시판만을 세웠다면 철도건널목을 설치한 국가에게 그 설치관리에 하자가 있으므로 철도건널목사고로 타인에게 입힌 손해를 배상할 책임이 있다.

【원판결】

서울고등법원 1974.11.5. 선고 74나711 판결

【주문】

상고를 기각한다. 상고소송비용은 피고의 부담으로 한다.

【이유】

피고소송수행자의 상고이유를 판단한다.

원판결은 증거에 의하여 본건 사고가 일어난 철도건널목은 인마의 왕래가 복잡한 곳이므로 이런 데에 건널목을 설치하려면 차단기와 경보기를 설치하고 간수를 두어 감시시키는등 사고발생을 미연에 방지하여야 될터인데 길양쪽에 「일단정지 및 위험지역」이라는 경계표시판만을 세운 채였으니 피고에게 그 설치관리에 하자가 있다고 인정하고 피해자의 설시과실을 손해배상액 산정에 고려한 범위내에서 피고의 책임을 묻고 건널목을 설치하게 된 것이 주민들의 간청에 따르고 간수인을 두는 일은 주민들이 하기로 하고 거기서 생기는 손해에 피고는 일체 책임이 없다는 다짐을 받고 한 것이 피고주장과 같다더라도 피해자나 원고들과 피고간에 있는 것이 아니니 피고는 책임을 벗을 수 없다고 판단하여 피고의 항변을 배척한 조치는 정당하며 거기에 소론 위법사유가 있다고 단정할 수 없으므로 논지는 채용할 수 없다.

그러므로 일치된 의견으로 주문과 같이 판결한다.

> **판례13 |** 철도건널목 간수인으로서는 차단기를 내린 이상 이로써 일단 그 주의의무를 다한 것으로 볼 것이고 아직 차단기가 오르기 전에 통행인이 마음대로 건널목에 뛰어 들어온 것은 예기할 수 없는 이례의 사태이다*[대법원 1972. 4. 11. 선고 71다2165 판결].*

【원심판결】

제1심 서울민사지방, 제2심 서울고등 1971. 8. 20. 선고 71나1393 판결

【주문】

원판결 중 피고 패소부분을 파기하고,

이 부분에 관한 사건을 서울고등법원으로 환송한다.

【이유】

피고 소송수행자의 상고이유를 판단한다.

원판결 이유에 의하면 원심은 피고 예하 철도청 영등포역 구내사촌 제○건널목 간수인 소외 1은 1969.4.24 10:40경 원판결 첨부도면 (가) 지점에서 당시 그 도면 (1) 표시 철로상을 부산방면에서 서울 방면으로 (2) 표시 철로상을 서울방면에서 부산방면으로 교차 통과하는 2열차와 동 교차운행 직후에 오류동 방면에서 서울방면으로 그 도면 (3) 표시 철로상을 운행하던 열차(경인선 열차)의 통과를 위하여 내려진 차단기 앞에서 대기 중인 약 5,60명의 통행인의 철도 건널목 진입을 방지 감시하게 되었던바 그런 경우 건널목 간수업무에 종사하는 자로서는 열차가 완전히 통과하여 건널목 차단기가 올려진 후에 통행인이 건널목을 통행하게 하여 열차와의 충돌사고를 미연에 방지하게끔 전방좌우를 계속 주시하고 열차가 완전 통과전에 철도 건널목에 진입하는 통행인을 적극 제지하여야 할 업무상 주의의무가 있음에도 불구하고 위 간수 소외 1은 이를 태만히 하여 만연 그 위치에 서 있다가 그 도면 (1)(2)선상에서 열차가 교차 통과한 후 차단기가 올라가기 전에 그 차단기를 우회전하여 위 철도건널목에 진입하여 빠른 걸음으로 통행하던 피해자 소외 2 등 5, 6명을 뒤늦게 발견하고 소리쳐 제지하였으나 열차 소음 등으로 이를 듣지 못하고 그대로 지나가던 중 소외 2는 그 도면 (3) 표시 철로상을 서울방면을 향하여 시속 40키로로 질주하던 열차에 충돌하여 즉사한 사실을 인정하고 피고는 공무원인 그 예하 철도청 영등포역 간수 소외 1의 그 공무수행상 과실로 말미암아 소외 2가 열차와 충돌 사망하여 그의 부모인 원고들이 입게 되는 손해를 배상할 책임이 있다고 판시하였다.

그러나 철도건널목에 일반통행인의 통행을 금하는 차단기를 내린 이상 다른 특별한 사정이 없다면 건널목 간수인으로서는 이로써 일단 그 주의의무를 다한 것으로 볼 것이며 아직 차단기가 오르기도 전에 통행인이 마음대로 건널목에 뛰어 들어온다면 이는 간수인으로서는 실로 예기할 수 없는 이례의 사태라 할 것으로서 다른 특별한 사정이 없는 이상 이러한 경우에까지 간수인에게 업무상 주의의무를 다하지 못한 책임을 과할 수는 없다 할 것인바 이 사건에 있어서 원 판시와 같이 차단기가 올라가기 전에 그 차단기를 우회전하여 철도건널목에 진입하여 빠른 거름으로 통행하던 피해자 소외 2 등 5, 6명을 뒤늦게 발견하고 소리쳐 제지하였으나 열차 소음 등으로 이를 듣지 못하고 그대로 지나가던 중 소외 2는 그 도면(3) 표시 철로상을 서울방면을 향하여 시속 40키로로 질주하던 열차에 충돌하였다면 다른 특별한 사정이 없는 이상 이는 오로지 피해자의 과실에 속한다 할 것이고 건널목 간수인 소외 1에게는 어떠한 형태로서던간에 업무상 주의의무를 다하지 못한 과실이 있었다고는 볼 수 없다 할 것이니 이점에 관한 상고 논지는 이유있고 원판결 중 피고 패소부분은 파기를 면할 수 없음으로 이 부분에 관한 사건을 서울고등법원으로 환송하기로 하고 관여법관의 일치된 의견으로 주문과 같이 판결한다.

판례14 | 철로가 산을 끼고 급좌곡로를 이루고 있어 기차가 산모퉁이를 돌아서 나타날 때 까지는 육안으로 기차를 볼 수 없는 지점을 운행함에 있어서의 열차기관사의 주의의무*[대법원 1971. 3. 9. 선고 70다1002 판결]*

【판결요지】

가. 철로가 산을 끼고 급 우회전하게 되어 있어서 기차가 산모퉁이를 돌아서 나타날 때까지는 육안으로는 볼 수 없는 지점을 운행하는 경우 열차기관사로서는 회전하기 전에 경적을 울려서 위 건널목을 건느려는 사람에게 기차의 행진을 알려서 피하도록 할 업무상 주의의무가 있다.

나. 열차기관사가 과실과 철도청이 철도청훈령 제194호 간수배치 및 감시소 설치 규칙을 위반하여 그 철도 건널목에 경보기나 차단기 등을 설치하지 아니한 하자가 경합하여 사고를 일으킨 경우 국가는 손해를 배상할 책임이 있다.

【원심판결】

제1심 서울민사지방, 제2심 서울고등 1970. 4. 24. 선고 69나2225 판결

【주문】

상고를 기각한다.

상고 소송비용은 피고의 부담으로 한다.

【이유】

피고 소송수행자의 상고이유를 살피건대,

원판결이 들고 있는 모든 증거를 기록에 의하여 종합검토 하면, 원심이 이 건 사고는 원판결 설시와 같은 피고예하 철도청 소속의 기관사 소외 1이 이 건 사고지점인 건널목 으로부터 약 200미터 떠러진 지점의 철로는 산을 끼고 급좌곡로를 이루고 있어 건널목에 서는 기차가 산모퉁이를 돌아서 나타날 때에 비로소 육안으로 기차를 볼 수 있게 되어 있으므로 위 급곡로 지점을 회전하기 전에 경적을 울려서 위 건널목을 건느려는 사람에 게 기차의 진행을 알려서 피하도록 할 업무상 주의의무가 있음에도 불구하고 이를 해태 하여 위 건널목으로 부터 약 50미터의 거리에서 피해자 망 소외 2를 발견하고 비로소 경 적을 울린 과실과, 철도청이 철도청 훈령 제194호 "간수배치 및 감시소설치규칙"에 위배 하여 위 철도건널목에 경보기나 차단기 등을 설치하지 아니한 하자로 말미암아 발생한 것이므로 피고는 이로 인한 손해배상책임이 있다 할 것이고, 이건 사고발생에는 피해자 망 소외 2의 원판결 설시와 같은 과실이 경합되었으나 그 과실이 피고의 손해배상책임을

면책할 정도에 이르지 못한다 할 것이고 다만 손해배상액 산정에 참작하여야 할 것이라 하여 손해배상액 산정에 있어서 이를 참작하였음은 정당하고, 소론과 같은 사실오인 또는 심리미진의 잘못이 있다 할 수 없으므로 논지는 이유없다.

그러므로 상고는 이유없다 하여 기각하기로 하고, 상고소송비용은 패소자의 부담으로 하여, 관여법관 전원의 일치한 의견으로 주문과 같이 판결한다.

판례15 | 자동차에 탄 승객이 철도건널목을 통과할 때 운전수에게 우선멈춤의 지시를 하지 않았다고 하여 과실이 있다고 볼 수 없다*[대법원 1970. 9. 22. 선고 70다1559 판결].*

【원심판결】

제1심 서울민사지방, 제2심 서울고등 1970. 7. 1. 선고 69나2863 판결

【주문】

상고를 기각한다.

상고소송비용은 피고의 부담으로 한다.

【이유】

피고소송수행자의 상고이유를 본다.

원심판결이유를 보면, 원심은 이 사건 사고건널목은 아침 7:00 부터 저녁 7:00까지만 간수를 두어 차단기를 조작함으로써 사고를 방지하고 있으나 이곳은 김제역 남방 약 200미터 지점 김제읍으로 통하는 국도와 교차된 곳으로서 김제읍의 도시계획으로 인한 건널목 통과차량이 증가하여 주야를 가리지 아니하고 차량 및 인마의 통행이 빈번하며 건널목 남쪽 약 100미터 지점부터 약 50도 내지 60도 정도로 철로가 굽어져 있고 철로면에 있는 가옥 수목때문에 건널목을 통과하려는 차량이나 열차가 상호 진입을 미리 확인하기가 어렵게 되어 있기 때문에 이 사건 사고 전인 1968.5 경에도 버스와 기관차가 충돌하는 등 사고발생의 가능성이 많은 위험한 건널목이기 때문에 간수를 철야제로 배치하거나 자동경보기, 또는 자동차단기 등을 설치해야 될 곳인데 그러지 아니한 건널목 설치에 하자가 있었다는 사실과 원고들의 피상속인 망 소외 1을 태우고 운전하여 갔던 ○○택시회사 소속 운전사 소외 2가 건널목을 통과하면서 일단정지 열차진행의 확인 등 안전조처를 취하지 아니한 사실이 서로 경합하여 발생한 사실을 확정한 바, 그 과정에 기록상 아무런 위법이 없으므로 피고와 소외 2 또는 그를 사용하는 사용주는 부진정연대채무관계가 성립되는 것이니 원고가 피고에게 손해의 전액배상을 명한 조처는 정당하며, 또 이 사건 손해의 배상청구는 ○○택시회사 소속 자동차에 탔다가 이 사건 사고로 사망한 소외 1의

상속인들이 하는 것이고, ○○택시회사 또는 그 자동차를 운전하던 소외 2가 청구하는 것이 아니므로 과실상계를 할 여지도 없으려니와 자동차에 탄 승객이 철도건널목을 통과할 때에 운전수에게 우선 멈춤의 지시를 하지 않았다고 하여 과실이 있다고는 할 수 없는 것이므로 논지는 모두 이유없다.

그러므로 상고를 기각하고 소송비용은 패소자의 부담으로 하기로 하여 일치된 의견으로 주문과 같이 판결한다.

> **판례16 |** 철도건널목에 제1종의 시설을 두어야 할 곳에 제3종의 시설을 둔 것은 이른바, 공작물의 하자다*[대법원 1970. 7. 21. 선고 70다711 판결]*

【판결요지】

간수배치 및 감시소설치규칙은 제1종 시설을 두어야 할 철도건널목에 제3종 시설인 일단정지표시와 자동경보기만을 둠으로서 사고가 발생한 경우에는 공작물의 하자로 인한 손해배상책임이 있다.

【원심판결】

제1심 서울민사지방, 제2심 서울고등법원 1970. 3. 25. 선고 69나1507 판결

【주문】

상고를 기각한다.

상고소송비용은 피고의 부담으로 한다.

【이유】

피고소송수행자의 상고이유를 판단한다.

제1점 원판결 이유에 의하면 원심은 본건 사고지점은 우측에 산이 가로놓여 있어서 약 80미터 정도밖에 앞을 바라 볼 수 없을 뿐 아니라 1시간에 통과차량이 50 내지 60대 정도되는 사고가 발생하기 쉬운 장소로서 피고가 위 사고당시 시행하고 있던 간수배치 및 감시소 설치규칙(1963.6.1 달 갑 제3482) 소정의 제1종 건널목이었는데 피고는 제3종 시설인 일단정지표시와 자동경보기만을 갖추고 제1종 건널목 소정의 시설을 갖추지 아니하였다고 인정하고 있는바 원심의 위와 같은 판시는 본건 사고당시를 표준으로 하여 위 사고지점이 위 규칙상 제1종 시설을 갖추어야 할 건널목이었다고 인정한 취지이며 원판결이 들고있는 증거들을 기록에 의하여 검토하여 보아도 원심이 위와 같은 사실확정에 아무런 위법이 없다.

원심은 간수배치 및 감시소 설치규칙을 공포한날로부터 본건 건널목이 제1종으로 정하

여진 것 같이 사실을 잘못 인정한 것이라는 상고논지는 원판결 설시를 오해하였거나 또는 원심의 적법한 사실확정을 비의하는 것으로서 받아 드릴수 없다.

제2점 원판결 이유에 의하면 본건사고로 사망한 소외인에게 본건사고에 관하여 상당한 주의를 다하지 아니한 과실이 있다고 인정하지 아니한 취지이며 타인이 운전하는 자동차에 승객으로 편승한 자는 설사 그 사람이 운전사 옆에 자리잡고 있었다고 하더라도 위험한 철길을 횡단할 경우에 운전사에게 전후좌우를 살피도록 주의를 환기 시키거나 자기자신이 전후좌우를 살펴 안전유무를 살펴야할 법률상의 주의의무가 있다고 할수 없으므로 본건에 있어서 피해자 소외인에게 소론의 과실이 있다고 할수없고 원심이 본건 피해자의 과실을 인정하지 아니하고 그 손해액 산정에 과실상계를 하지 아니한 것은 정당하고 아무런 위법이 없다. 이와 견해를 달리하여 원판결을 비난하는 상고논지는 이유없다.

그러므로 관여법관의 일치된 의견으로 상고를 기각하기로 하고 상고소송비용은 패소자 부담으로 하여 주문과 같이 판결한다.

판례17 | 철도건널목의 자동 경보기가 고장이난 경우 이에 대치하는 보안시설을 갖추어야 할 업무상 주의의무 [대법원 1967. 9. 19. 선고 67다1302,1303 판결]

【판결요지】

주위의 지리적 상황으로 보아 충돌사고의 위험성이 크고 자동차와 열차의 통행량이 많은 철도건널목의 자동경보기가 고장이 난 경우에는 피고 소속의 철도보안관계공무원으로서는 그 고장이 수리될 때까지 간수인을 두어 수신호를 하든가 이에 대치하는 보안시설을 갖추는등 열차와 자동차와의 충돌사고를 미리 예방하여야 할 업무상 주의의무가 있다.

【원심판결】

제1심 서울민사지방, 제2심 서울고등 1967. 5. 19. 선고 67나132, 133 판결

【주문】

상고를 기각한다.

상고 소송비용은 피고의 부담으로 한다.

【이유】

피고 소송수행자의 상고이유를 살피건대 원판결이 들고 있는 각 증거를 기록에 의하여 검토하면, 본건 사고는 피고 소속의 철도보안관계 공무원이 주위의 지리적 상황으로 보아 충돌사고의 위험성이 크고, 자동차와 열차의 통행량이 많은 본건 철도 건널목의 자동 경보기가 고장이 나자, 그 경보기에 '사용정지'라는 표시를 했을 뿐, 그 고장이 수리될 때까

지 간수인을 두어 손신호를 하든가 이에 대치하는 보안시설을 갖추는 등 열차와 자동차와의 충돌사고를 미리 예방하여야 할 업무상 주의의무를 다하지 아니한 과실과, 원심 공동피고 주식회사의 운전수 및 소외인의 사무집행중의 과실이 경합하여 발생한 사실을 인정할 수 있다 할 것이고 원심이 심리를 다하지 아니하였다거나, 원판결의 이유에 모순이 있음을 찾아볼 수 없으므로 논지는 이유없다.

그러므로, 상고는 이유 없다 하여 기각하기로 하고, 상고 소송비용은 패소자의 부담으로 하여, 관여법관 전원의 일치한 의견으로 주문과 같이 판결한다.

> **판례18 ┃ 철도건널목의 보안설치에 하자가 있다고 단정하기 어려운 사례**[대법원 1966. 11. 29. 선고 66다1859, 1860 판결]

【원심판결】

제1심 광주지방, 제2심 광주고등법원 1966. 8. 23. 선고 66나198, 199 판결

【주문】

원판결중 피고(반소원고)의 패소부분(본소 및 반소)을 파기하고, 사건을 광주고등법원에 환송한다.

【이유】

피고(반소원고) 대리인의 상고이유를 판단한다.

원판결 이유에 의하면, 본건 충돌사고 현지인 전남 광산군 대촌면 양과리에 있는 철도길 건널목에는, 피고가 길건널목 보안 설비로서 열차가 위 건널목 지점으로부터 700미터 지점에 이르르면 자동적으로 열차의 접근을 알리는 자동신호등과 자동경보기가 설치되어 있었으나, 본건 사고 발생전인 1965.8.10.경 위 시설을 폐지하고, 그 대신 차단봉설비를 하여 놓고, 건널목 간수로 하여금 06:00시부터 18:00시까지 기차가 통과할 때마다 차단봉을 열고 닫도록 하고 있으나, 위 간수근무시간 외에는 차단봉을 열어 놓은 채 길건널목이라는 표식이외의 다른 보안설비를 하지 않고 있는 바, 남평방면으로부터 위 건널목에 이르는 철로는 산비탈을 약 3키로 미터거리에 걸쳐서 오른쪽으로 돌고 있는 내리맞길인 관계로 위 건널목에서 140미터 지점에 이르러서야 비로소 기차를 볼 수 있게 되었고, 동지점의 기차의 제한 속도는 시속 60키로미터인 바, 그 제동 거리는 약 250미터이므로, 통상의 시속으로 달리는 기차가 위 건널목이 보이는 지점에서, 건널목에 장애물이 있음을 발견하고 제동조치를 곧 취한다고 하더라도, 위 건널목에서 도저히 정차되기가 어려우며, 통상의 경우, 건널목을 지나가는 자동차는 일단 정지하였다가 운행을 시작하므로 그 속력이 빠르지 아니할 뿐 아니라, 위 건널목의 하루 차단량이 약 300에 이르는 교통량이 많은 곳임을 인정할

수 있는바, 이러한 여러가지 점을 종합하면, 위 길건널목에는 기차의 접근을 알리는 자동 신호등과 자동경보기등을 병설하는 등으로서 간수의 근무 시간내는 물론 그 근무 시간외에도 위험발생을 방지할 수 있는 보안 설비가 있어야 할 것임에도 불구하고, 이에 이르지 아니하였으니, 철도 시설로서의 공작물의 설치에 하자가 있다고 할 것이고, 본건 충돌사고도 먼저 피고의 공작물 설치하자가 원인이 되었다고 설시하고 있다.

그러나, 철도건널목의 보안설비의 흠결이 공작물의 하자라고 할 것인가 여부는, 그 지점의 위치, 교통량, 부근의 상황, 기타 일체의 사정을 고려하여 사회통념에 의하여 결정되어야 한다고 할것인 바, 본건 보안설비가 피고 주장과 같이 대통령령인 국유철도운전규칙 제11조에 합치된다고 하더라도, 이는 하자 유무에 관한 일응의 참작기준이 될 수 있을지언정, 절대적인 것은 아니라고 본다. 원판결이 채택한 제1심 검증조서 첨부도면에 의하면, 그 부근에는 전혀 인가가 없는 외딴 곳으로서, 위 건널목 지점에서 진행하여 오는 기차를 발견할 수 있는 거리가 제일 가까운 지점인 원판결 설시 141미터 지점사이에는 기차의 발견을 방해하는 아무러한 장해물이 없는 것으로 되어 있고, 또 피고의 변론취지에 의하면, 기차가 카-브 지점을 돌 때에는, 반드시 기적을 취명하기로 되어 있다는 것이고, 또 원판결이 채택한 을 제4호증의 2에 의하면, 본건 사고의 약 7개월전인 1965.1.26.부터 같은 해 2.5.까지 사이의 1일의 교통량이 254 내지 300에 지나지 아니하고(그중 사람은 24내지 40), 더욱 간수의 근무 시간외인 19:00시부터 06:00시까지의 교통량은 29 내지 53에 불과한 것으로 되어 있는 바, 위에서 본 사실이 인정된다면 주간에 있어서의 설비로서 딴 특별한 사정이 없는 한 현재의 시설로서 충분하며 하자가 있다고 하기에는 어렵다고 할 것이다.

그리고 간수의 근무시간외의 보안설비에 관하여, 위에서 본 바와 같이 근무시간외의 하루의 교통량이 불과 29 내지 53정도이고, 또 그 부근의 상황, 기차의 기적취명등 사실이 인정되며, 또 제1심의 검증조서 기재에 의하면, 본건 건널목에는 간수의 근무시간을 기재한 표식이 있다고 되어 있어, 통행하는 사람이나 자동차에서 이를 볼 수 있다면, 딴 특별한 사정이 없는 한, 간수의 근무시간외의 본건 건널목의 보안설비에도 하자가 있다고 보기에는 어렵다고 할 것이다.

그러므로 원판결이 위에서 본 바와 같은 사실 내지 사정을 인정할 수 있는 증거내지 피고 주장에 관하여 아무러한 심리판단을 하지 아니하고, 본건 건널목의 보안설비의 설치의 하자가 있다고 단정하였음은, 심리미진 내지 이유불비의 위법이 있어 판결에 영향을 미쳤다고 할 것이므로, 논지 이유있다.

이에 관여법관의 일치한 의견으로 주문과 같이 판결한다.

[6] 교차로 통과에 대한 판례

> **판례1** | 회전교차로에 설치된 회전교차로 표지 및 유도표시가 화살표 방향과 반대로
> 진행하지 말 것을 지시하는 내용의 안전표지에 해당하는지 여부(적극)[대법원
> *2017. 11. 29.선고 2017도9392 판결]*

【판시사항】

회전교차로에 설치된 회전교차로 표지 및 유도표시가 화살표 방향과 반대로 진행하지 말 것을 지시하는 내용의 안전표지에 해당하는지 여부(적극) / 회전교차로에 설치된 회전교차로 표지 및 유도표시에 표시된 화살표의 방향과 반대로 진행한 것이 교통사고처리 특례법 제3조 제2항 단서 제1호에서 정한 '도로교통법 제5조에 따른 통행금지를 내용으로 하는 안전표지가 표시하는 지시를 위반하여 운전한 경우'에 해당하는지 여부(적극)

【원심판결】

서울동부지법 2017. 5. 26. 선고 2016노1663 판결

【주문】

원심판결을 파기하고, 사건을 서울동부지방법원 합의부에 환송한다.

【이유】

상고이유를 판단한다.

1. 이 사건 공소사실의 요지 및 원심의 판단

이 사건 공소사실의 요지는, 피고인은 2016. 5. 14. 13:10경 차량을 운전하여 서울 송파구 풍성로25길 44 앞 도로를 기업은행 풍납지점 쪽에서 풍납동 전통시장 쪽으로 진행하던 중, 회전교차로에 이르러 회전교차로 표지판 및 노면 표시 방향과는 달리 역 주행하여 진행한 과실로 진행방향 우측에서 좌측으로 도로를 횡단하던 피해자를 피고 인의 위 차량 앞범퍼 부분으로 충격하여, 피해자에게 상해를 입혔다는 것이다.

이에 대하여 원심은, ① 이 사건 회전교차로에 있는 회전교차로 표지판의 의미는 '표 지판이 화살표 방향으로 자동차가 회전 진행할 것을 지시하는 것'이고, ② 이 사건 회 전교차로 노면에 표시된 진행방향 표시의 의미는 '교차로에서 회전 시 통행하여야 할 방향을 표시하는 것'일 뿐이므로, ③ 피고인이 회전교차로 표지와 노면의 진행방향 표 시가 표시하는 지시를 위반하였다 하더라도 이를 교통사고처리 특례법 제3조 제2항 단서 제1호의 '통행금지를 내용으로 하는 안전표지가 표시하는 지시를 위반하여 운전

한 경우'에 해당한다고 보기 어려운데, ④ 피고인이 운전한 차량이 사고 당시 자동차 종합보험에 가입되어 있었다는 이유로 이 사건 공소를 기각하였다.

2. 그러나 원심의 위와 같은 판단은 다음과 같은 점에 비추어 수긍하기 어렵다.

가. 교통사고처리 특례법 제3조 제2항 은, 차의 교통으로 인한 업무상과실치상죄는 원 칙으로는 피해자의 명시한 의사에 반하여 공소를 제기할 수 없고, 다만 그 단서에 해당하는 경우에는 그러하지 아니하다는 취지를 규정하면서 그 제1호 로 ' 도로교 통법 제5조의 규정에 의한 신호기 또는 교통정리를 위한 경찰공무원 등의 신호를 위반하거나 통행금지 또는 일시정지를 내용으로 하는 안전표지가 표시하는 지시를 위반하여 운전한 경우'를 규정하고 있다. 도로교통법 제5조 제1항은 "도로를 통행 하는 보행자와 차마의 운전자는 교통안전시설이 표시하는 신호 또는 지시와 다음 각호의 어느 하나에 해당하는 사람이 하는 신호 또는 지시를 따라야 한다."라고 규정하고 있고, 도로교통법 시행규칙 제8조 제1항 제3, 5호는 교통안전시설 중 안전표지 일부에 관하여 '지시표지: 도로의 통행방법·통행구분 등 도로교통의 안전 을 위하여 필요한 지시를 하는 경우에 도로사용자가 이에 따르도록 알리는 표지', '노면표시: 도로교통의 안전을 위하여 각종 주의·규제·지시 등의 내용을 노면에 기 호·문자 또는 선으로 도로사용자에게 알리는 표지'를 규정하고 있다. 그리고 [별표 6]은 ① 지시표시 중의 하나로 '304. 회전교차로 표지, 표지판이 화살표 방향으로 자동차가 회전 진행할 것을 지시하는 것', ② 노면표시 중의 하나로 '526. 유도표 시, 교차로에서 회전 시 통행하여야 할 방향을 표시하는 것'이라고 규정하고 있다.

나. 이와 같은 관계 법령의 각 규정을 종합하여 볼 때, 회전교차로에 설치된 회전교차 로 표지 및 유도표시는, 회전교차로에 진입하려는 차마로 하여금 진행방향 차로를 준수하도록 함으로써 이미 회전교차로 내에 진입하였거나 진입하려는 다른 차마와 반대방향으로 진행할 경우 발생할 수 있는 사고를 방지하여 차마의 안전한 운행과 원활한 교통을 확보하기 위하여 설치된 것이어서, 화살표 방향과 반대로 진행하지 말 것을 지시하는 내용의 안전표지로 봄이 상당하다. 따라서 회전교차로 내에 화 살표의 방향과 반대로 통행할 것을 금지하는 내용의 안전표지가 개별적으로 설치 되어 있지 않다고 하더라도, 통행금지를 내용으로 하는 안전표시가 없다고 볼 것 은 아니다. 그렇다면 피고인이 회전교차로에 설치된 회전교차로 표지 및 유도표시 에 표시된 화살표의 방향과 반대로 진행한 것은 교통사고처리 특례법 제3조 제2 항 단서 제1호가 정한 '도로교통법 제5조에 따른 통행금지를 내용으로 하는 안전 표지가 표시하는 지시를 위반하여 운전한 경우'에 해당한다.

다. 그럼에도 회전교차로에 설치된 회전교차로 표지 및 유도표시가 통행금지를 내용으 로 하는 안전표지에 해당하지 아니한다고 판단한 원심판결에는 통행금지를 내용으로 하는 안전표지에 관한 법리를 오해하여 판결 결과에 영향을 미친 위법이 있다.

3. 결론

그러므로 원심판결을 파기하고, 사건을 다시 심리·판단하도록 원심법원에 환송하기로 하여, 관여 대법관의 일치된 의견으로 주문과 같이 판결한다.

판례2 | 교차로 진입 직전에 백색실선이 설치되어 있으나 교차로에서의 진로변경을 금지하는 내용의 안전표지가 개별적으로 설치되어 있지 않은 경우[대법원 2015.11.12.선고 2015도3107 판결]

【판결요지】

교통사고처리 특례법 제3조 제2항 단서 제1호, 구 도로교통법(2013. 5. 22. 법률 제11780호로 개정되기 전의 것) 제14조 제4항, 제22조 제3항 제1호, 제25조, 도로교통법 시행규칙 제8조 제1항 제5호, 제2항 [별표 6]을 종합하여 볼 때, 교차로 진입 직전에 설치된 백색실선을 교차로에서의 진로변경을 금지하는 내용의 안전표지와 동일하게 볼 수 없으므로, 교차로에서의 진로변경을 금지하는 내용의 안전표지가 개별적으로 설치되어 있지 않다면 자동차 운전자가 교차로에서 진로변경을 시도하다가 교통사고를 야기하였다고 하더라도 이를 교통사고처리 특례법 제3조 제2항 단서 제1호에서 정한 '도로교통법 제5조에 따른 통행금지를 내용으로 하는 안전표지가 표시하는 지시를 위반하여 운전한 경우'에 해당한다고 할 수 없다.

【원심판결】

서울중앙지법 2015. 2. 5. 선고 2014노3022 판결

【주문】

원심판결을 파기하고, 사건을 서울중앙지방법원 합의부에 환송한다.

【이유】

상고이유(상고이유서 제출기간이 경과한 후에 제출된 상고이유보충서의 기재는 상고이유를 보충하는 범위 내에서)를 판단한다.

1. 원심의 판단

원심은, 이 사건 교차로 내에 차로가 표시되어 있지 않으나, 피고인 진행차로의 교차로 직전에는 횡단보도가, 위 횡단보도 직전에는 차의 진로변경을 제한하는 백색실선 및 직진표지가 각 표시되어 있으므로, 위 백색실선 및 직진표지는 백색실선이 표시되어 있는 구간뿐만 아니라 그 다음에 위치하고 있는 횡단보도 및 교차로 내에서도 진

로변경을 금지하고 직진할 것을 지시하는 의미의 안전표지라 할 것이므로, 피고인이 교차로 내에서 진로를 변경한 행위는 교차로 내에 실제로 백색실선이 표시되어 있지 않았더라도 교통사고처리 특례법 제3조 제2항 단서 제1호 가 규정한 '도로교통법 제5조 에 따른 통행금지를 내용으로 하는 안전표지가 표시하는 지시를 위반하여 운전한 경우'에 해당한다고 판단하였다.

2. 대법원의 판단

가. 교통사고처리 특례법 제3조 제2항은, 차의 교통으로 인한 업무상과실치상죄는 원칙으로는 피해자의 명시한 의사에 반하여 공소를 제기할 수 없고, 다만 그 단서에 해당하는 경우에는 그러하지 아니하다는 취지를 규정하면서 그 예외 사유로서 제1호로 '도로교통법 제5조 의 규정에 의한 신호기 또는 교통정리를 위한 경찰공무원 등의 신호나 통행의 금지 또는 일시정지를 내용으로 하는 안전표지가 표시하는 지시에 위반하여 운전한 경우'를 규정하고 있다. 도로교통법(2013. 5. 22. 법률 제11780호로 개정되기 전의 것, 이하 같다) 제14조 제4항은 "차마의 운전자는 안전표지가 설치되어 특별히 진로변경이 금지된 곳에서는 차마의 진로를 변경하여서는 아니된다."라고 규정하고 있고, 도로교통법 시행규칙 제8조 제1항 제5호 는 위 안전표지 중의 하나로 '노면표시: 도로교통의 안전을 위하여 각종 주의·규제·지시 등의 내용을 노면에 기호·문자 또는 선으로 도로사용자에게 알리는 표지'를 규정하고 있으며, [별표 6]으로 노면표시 중의 하나로 '506, 진로변경제한선표시, 도로교통법 제14조 제4항에 따라 통행하고 있는 차의 진로변경을 제한하는 것, 교차로 또는 횡단보도 등 차의 진로변경을 금지하는 도로구간에 백색실선을 설치'라고 규정하고 있다. 한편 도로교통법은 교차로에서의 앞지르기 금지(제22조 제3항 제1호)와 교차로에서의 통행방법(제25조)을 규정하고 있으면서도, 교차로에서의 진로변경을 금지하는 규정을 두고 있지 않다. 이와 같은 관계 법령의 각 규정을 종합하여 볼 때, 교차로 진입 직전에 설치된 백색실선을 교차로에서의 진로변경을 금지하는 내용의 안전표지와 동일하게 볼 수 없으므로, 교차로에서의 진로변경을 금지하는 내용의 안전표지가 개별적으로 설치되어 있지 않다면 자동차 운전자가 그 교차로에서 진로변경을 시도하다가 교통사고를 야기하였다고 하더라도 이를 교통사고처리 특례법 제3조 제2항 단서 제1호가 정한 '도로교통법 제5조에 따른 통행금지를 내용으로 하는 안전표지가 표시하는 지시를 위반하여 운전한 경우'에 해당한다고 할 수 없다.

나. 원심이 적법하게 채택한 증거들에 의하면, 피고인은 BMW 승용차를 운전하여 진로변경을 금지하는 내용의 안전표지가 설치되지 아니한 이 사건 교차로 내에서 진로변경을 시도하다가 그 진행방향 우측에서 진행하던 마티즈 차량을 충격하였고, 계속하여 마티즈 차량이 그 진행방향 우측에서 진행하던 산타페 차량을 충격하여

이러한 연쇄충돌로 인해 산타페 차량이 보도를 침범하여 때마침 횡단보도를 건너기 위해 서 있던 피해자에게 판시와 같은 상해를 입힌 사실을 알 수 있다.

다. 이러한 사실관계를 앞서 본 법리에 비추어 보면, 피고인이 이 사건 교차로 내에서 진로변경을 시도하다가 야기한 이 사건 교통사고를 교통사고처리 특례법 제3조 제2항 단서 제1호의 안전표지가 표시하는 지시위반 사고에 해당한다고 볼 수 없다.

라. 그럼에도 원심은 이 사건 공소사실을 유죄로 인정하였으므로, 이러한 원심판단에는 교통사고처리 특례법 제3조 제2항 단서 제1호 의 안전표지가 표시하는 지시위반에 관한 법리를 오해하여 판결에 영향을 미친 잘못이 있고, 이 점을 지적하는 상고이유 주장은 이유 있다.

3. 결론

그러므로 나머지 상고이유에 대한 판단을 생략한 채 원심판결을 파기하고, 사건을 다시 심리·판단하게 하기 위하여 원심법원에 환송하기로 하여, 관여 대법관의 일치된 의견으로 주문과 같이 판결한다.

판례3 | 택시 운전자인 피고인이 교통신호를 위반하여 진행한 과실로 교차로 내에서 甲이 운전하는 승용차와 충돌하여 甲 등으로 하여금 상해를 입게 하였다고 하여 교통사고처리 특례법 위반으로 기소된 사안[대법원 2012.3.15.선고 2011도17117 판결]

【판결요지】

택시 운전자인 피고인이 교통신호를 위반하여 4거리 교차로를 진행한 과실로 교차로 내에서 甲이 운전하는 승용차와 충돌하여 甲 등으로 하여금 상해를 입게 하였다고 하여 교통사고처리 특례법 위반으로 기소된 사안에서, 피고인의 택시가 차량 신호등이 적색 등화임에도 횡단보도 앞 정지선 직전에 정지하지 않고 상당한 속도로 정지선을 넘어 횡단보도에 진입하였고, 횡단보도에 들어선 이후 차량 신호등이 녹색 등화로 바뀌자 교차로로 계속 직진하여 교차로에 진입하자마자 교차로를 거의 통과하였던 甲의 승용차 오른쪽 뒤 문짝 부분을 피고인 택시 앞 범퍼 부분으로 충돌한 점 등을 종합할 때, 피고인이 적색 등화에 따라 정지선 직전에 정지하였더라면 교통사고는 발생하지 않았을 것임이 분명하여 피고인의 신호위반행위가 교통사고 발생의 직접적인 원인이 되었다고 보아야 하는데도, 이와 달리 보아 공소를 기각한 원심판결에 신호위반과 교통사고의 인과관계에 관한 법리오해의 위법이 있다고 한 사례.

【원심판결】

광주지법 2011. 11. 25. 선고 2011노2629 판결

【주문】

원심판결을 파기하고, 사건을 광주지방법원 본원 합의부에 환송한다.

【이유】

상고이유를 판단한다.

교통사고처리 특례법 제3조 제2항 제1호, 제4조 제1항 제1호의 규정에 의하면, 신호기에 의한 신호에 위반하여 운전한 경우에는 위 특례법 제4조 제1항 소정의 보험 또는 공제에 가입한 경우에도 공소를 제기할 수 있다 할 것이나, 여기서 신호기에 의한 신호에 위반하여 운전한 경우라 함은 신호위반행위가 교통사고 발생의 직접적인 원인이 된 경우를 말한다.

이 사건 공소사실의 요지는, '피고인은 2011. 5. 21. 02:27경 업무로 택시를 운전하여 광주 동구 소재 광남4거리 교차로를 북동 방면에서 문화전당 방면을 향하여 편도 3차로 중 3차로를 따라 진행하게 되었는데, 교통신호에 따라 안전하게 운전하여 사고를 방지하여야 할 업무상 주의의무가 있음에도 이를 게을리한 채 신호를 위반하여 진행한 과실로, 교차로 내에서 피해자 공소외인 운전의 승용차와 충돌하여 공소외인 등으로 하여금 상해를 입게 하였다'는 것이다.

이에 대하여 원심은, 그 채택 증거들을 종합하여 판시와 같은 사실 및 사정들을 인정한 다음, 이 사건 교통사고가 피고인의 신호위반 운행 중에 발생한 사고이기는 하지만 피고인의 신호위반행위가 이 사건 교통사고 발생의 직접적 원인이 된 것이라고 단정하기 어렵다는 이유를 들어 이 사건 공소를 기각한 제1심판결을 그대로 유지하였다.

그러나 원심의 이와 같은 판단은 앞서 본 법리와 아래와 같은 사정에 비추어 볼 때 이를 그대로 수긍하기 어렵다.

먼저, 원심판결 이유와 원심 및 제1심이 적법하게 채택한 증거들에 의하면, 피고인은 택시를 운전하여 이 사건 교차로를 향하여 시속 약 77km의 속도로 2차로를 따라 진행하다가 1, 2차로에 신호대기 중인 차량이 있는 것을 보고 사고 발생 6초 전에 3차로로 진로를 변경한 사실, 피고인은 사고 발생 3초 전에 시속 약 61km의 속도로 진행방향의 횡단보도 앞 정지선 직전에 이르렀는데 차량 신호등이 적색 등화임에도 횡단보도 앞의 정지선 직전에 정지하지 아니한 채 계속하여 택시를 운전하여 횡단보도로 진입한 사실, 피고인의 택시는 사고 발생 2초 전에 시속 약 57km의 속도로 위 횡단보도 위를 지나게 되었고 그 순간 피고인 진행방향의 차량 신호등이 적색 등화에서 녹색 등화로 바뀐 사실, 이후 피고인의 택시는 계속 직진하면서 사고 발생 1초 전에는 시속 약 51km의 속도로 감속되었다가 이어 시속 약 46km의 속도로 공소외인 의 승용차를 충돌한 사실, 사고 발생 당시 공소외인 의 승용차는 피고인 택시의 진행방향 왼쪽에서 오른쪽으로 교차로를 거의 통과한 상태였는데(공소외인의 승용차가 교차로 내에서 진행한 거리는 약 20m 정도이다), 피고인의 택시는 교차로에 진입하자마자 공소외인이 운전하던 승용차의 오른쪽 뒤 문짝 부분을 앞 범퍼 부위로 충돌한 사실 등을 알 수 있다.

그런데 이와 같이 피고인의 택시는 적색 등화임에도 불구하고 정지선 직전에 정지하지 아니한 채 상당한 속도로 정지선을 넘어 횡단보도에 진입하였고 횡단보도에 들어선 이후 녹색 등화로 바뀌자 교차로로 직진하여 그대로 진행하였을 뿐만 아니라 피고인의 택시가 교차로에 진입하자마자 교차로를 거의 통과하였던 공소외인 운전의 승용차 오른쪽 뒤 문짝 부분을 피고인 택시의 앞 범퍼 부분으로 충돌하였던 점 등을 종합하여 보면, 피고인이 적색 등화에 따라 정지선 직전에 정지하였더라면 이 사건 교통사고는 발생하지 않았을 것임이 분명하고, 따라서 피고인의 신호위반행위는 이 사건 교통사고 발생의 직접적인 원인이 되었다고 보아야 할 것이다.

그럼에도 원심은 판시와 같은 이유를 들어 이 사건 공소를 기각한 제1심의 조치를 그대로 유지하였으니, 이러한 원심판결에는 신호위반과 교통사고 사이의 인과관계에 관한 법리를 오해함으로써 판결에 영향을 미친 위법이 있다고 할 것이다. 이러한 점을 지적하는 검사의 상고이유 주장은 이유 있다.

그러므로 원심판결을 파기하고, 사건을 다시 심리·판단하게 하기 위하여 원심법원에 환송하기로 하여, 관여 대법관의 일치된 의견으로 주문과 같이 판결한다.

판례4 │ 교차로에 교통섬이 설치되고 그 오른쪽으로 직진 차로에서 분리된 우회전차로가 설치되어 있는 경우, 우회전차로 아닌 직진 차로를 따라 우회전하는 행위가 구 도로교통법 제25조 제1항에서 정한 '교차로 통행방법'에 위배되는지 여부(원칙적 적극)[대법원 2012.4.12.선고 2011도9821 판결]

【판결요지】

[1] 구 도로교통법(2010. 7. 23. 법률 제10382호로 개정되기 전의 것) 제25조 제1항, 제2조 제12호 및 '도로의 구조·시설 기준에 관한 규칙' 제2조 제24호, 제43호, 제32조 제3항의 내용과 취지 등을 종합하면, 교통섬이 설치되고 그 오른쪽으로 직진 차로에서 분리된 우회전차로가 설치되어 있는 교차로에서 우회전을 하고자 하는 운전자는 특별한 사정이 없는 한 도로 우측 가장자리인 우회전차로를 따라 서행하면서 우회전하여야 하고, 우회전차로가 아닌 직진 차로를 따라 교차로에 진입하는 방법으로 우회전하여서는 아니된다.

[2] 자동차 운전자인 피고인이, 교통섬이 설치되고 그 오른쪽으로 직진 차로에서 분리된

우회전차로가 설치되어 있는 교차로에서 우회전차로가 아닌 직진 2개 차로 중 오른쪽 차로를 따라 교차로에 진입하는 방법으로 우회전하였다고 하여 구 도로교통법(2010. 7. 23. 법률 제10382호로 개정되기 전의 것) 위반으로 기소된 사안에서, 위 교차로에서 우회전차로가 아닌 직진 차로의 우측 가장자리를 따라 교차로에 진입하는 방법으로 우회전할 수 있다는 전제하에 피고인의 행위가 같은 법 제25조 제1항에서 정한 교차로 통행방법에 위배되지 않는다고 본 원심판결에 법리오해의 위법이 있다고 한 사례.

【원심판결】

서울서부지법 2011. 7. 7. 선고 2011노278 판결

【주문】

원심판결을 파기하고, 사건을 서울서부지방법원 합의부에 환송한다.

【이유】

상고이유를 판단한다.

구 도로교통법(2010. 7. 23. 법률 제10382호로 개정되기 전의 것, 이하 '구 도로교통법'이라 한다) 제25조 제1항은 "모든 차의 운전자는 교차로에서 우회전을 하고자 하는 때에는 미리 도로의 우측 가장자리를 서행하면서 우회전하여야 한다."고 규정하고, 같은 법 제2조 제12호 는 "교차로라 함은 십자로, T자로나 그 밖에 둘 이상의 도로(보도와 차도가 구분되어 있는 도로에서는 차도를 말한다)가 교차하는 부분을 말한다."고 하고 있다.

한편 도로의 구조·시설 기준에 관한 규칙(2009. 2. 19. 국토해양부령 제101호로 전부개정된 것) 제2조 제24호 는 "회전차로란 자동차가 우회전, 좌회전 또는 유턴을 할 수 있도록 직진하는 차로와 분리하여 설치하는 차로를 말한다."고 규정하고, 같은 조 제43호 는 "교통섬이란 자동차의 안전하고 원활한 교통처리나 보행자 도로횡단의 안전을 확보하기 위하여 교차로 또는 차도의 분기점 등에 설치하는 섬 모양의 시설을 말한다."고 규정하며, 같은 규칙 제32조 제3항은 "평면으로 교차하거나 접속하는 구간에서는 필요에 따라 회전차로, 변속차로, 교통섬 등의 도류화시설(도로의 흐름을 원활하게 유도하는 시설)을 설치하여야 하며, 이에 관하여 필요한 사항은 국토해양부장관이 따로 정한다."고 규정하고 있다.

위와 같은 관련 법령의 내용과 그 취지 등을 종합하면, 교통섬이 설치되고 그 오른쪽으로 직진 차로에서 분리된 우회전차로가 설치되어 있는 교차로에서 우회전을 하고자 하는 운전자는 특별한 사정이 없는 한 도로의 우측 가장자리인 우회전차로를 따라 서행하면서 우회전하여야 하고, 우회전차로가 아닌 직진 차로를 따라 교차로에 진입하는 방법으로 우회전하여서는 아니된다 할 것이다.

제1심이 적법하게 채택한 증거들에 의하면, 이 사건 교차로에는 교통섬이 설치되고 그 오른쪽에 직진 차로에서 분리된 우회전차로가 설치되어 있는 사실을 알 수 있음에도, 원심은 이 사건 교차로에서 우회전차로가 아닌 직진 차로의 우측 가장자리를 따라 교차로에 진입하는 방법으로 우회전할 수 있다는 전제하에, 피고인이 우회전차로가 아닌 직진 2개 차로 중 오른쪽 차로를 따라 교차로에 진입하는 방법으로 우회전한 것은 구 도로교통법 제25조 제1항에서 정하는 교차로 통행방법에 위배되지 않는다고 판단하고 말았으니, 이러한 원심의 판단에는 구 도로교통법 제25조 제1항에 관한 법리를 오해하여 판결에 영향을 미친 위법이 있다. 이 점을 지적하는 상고이유의 주장은 이유 있다.

그러므로 원심판결을 파기하고, 사건을 다시 심리·판단하게 하기 위하여 원심법원에 환송하기로 하여 관여 대법관의 일치된 의견으로 주문과 같이 판결한다.

> **판례5 |** 교차로 직전의 횡단보도에 따로 차량보조등이 설치되어 있지 아니한 경우, 교차로 차량신호등이 적색이고 횡단보도 보행등이 녹색인 상태에서 횡단보도를 지나 우회전하다가 업무상과실치상의 결과가 발생하면 교통사고처리특례법 제3조 제1항, 제2항 단서 제1호의 '신호위반'에 해당하는지 여부(적극)[대법원 2011.7.28.선고 2009도8222 판결]

【판결요지】

[1] 교차로와 횡단보도가 연접하여 설치되어 있고 차량용 신호기는 교차로에만 설치된 경우에 있어서는, 그 차량용 신호기는 차량에 대하여 교차로의 통행은 물론 교차로 직전의 횡단보도에 대한 통행까지도 아울러 지시하는 것이라고 보아야 할 것이고, 횡단보도의 보행등 측면에 차량보조등이 설치되어 있지 아니하다고 하여 횡단보도에 대한 차량용 신호등이 없는 상태라고는 볼 수 없다. 위와 같은 경우에 그러한 교차로의 차량용 적색등화는 교차로 및 횡단보도 앞에서의 정지의무를 아울러 명하고 있는 것으로 보아야 하므로, 그와 아울러 횡단보도의 보행등이 녹색인 경우에는 모든 차량이 횡단보도 정지선에서 정지하여야 하고, 나아가 우회전하여서는 아니되며, 다만 횡단보도의 보행등이 적색으로 바뀌어 횡단보도로서의 성격을 상실한 때에는 우회전 차량은 횡단보도를 통과하여 신호에 따라 진행하는 다른 차마의 교통을 방해하지 아니하고 우회전할 수 있다. 따라서 교차로의 차량신호등이 적색이고 교차로에 연접한 횡단보도 보행등이 녹색인 경우에 차량 운전자가 위 횡단보도 앞에서 정지하지 아니하고 횡단보도를 지나 우회전하던 중 업무상과실치상의 결과가 발생하면 교통사고처리 특례법 제3조 제1항, 제2항 단서 제1호의 '신호위반'에 해당하고, 이때 위 신호위반 행위가 교통사고 발생의 직접적인 원인이 된 이상 사고장소가 횡단보도를 벗어난 곳이

라 하여도 위 신호위반으로 인한 업무상과실치상죄가 성립함에는 지장이 없다.

[2] 자동차 운전자인 피고인이, 삼거리 교차로에 연접한 횡단보도에 차량보조등은 설치되지 않았으나 그 보행등이 녹색이고, 교차로의 차량신호등은 적색인데도, 횡단보도를 통과하여 교차로에 진입·우회전을 하다가 당시 신호에 따라 교차로를 지나 같은 방향으로 직진하던 자전거를 들이받아 그 운전자에게 상해를 입힌 사안에서, 위와 같은 경우 피고인은 횡단보도 정지선에서 정지하여야 하고 교차로에 진입하여 우회전하여서는 아니되는데도 교차로의 차량용 적색등화를 위반하여 우회전하다가 사고가 발생하였고, 또한 신호위반의 우회전행위와 사고발생 사이에는 직접적인 원인관계가 존재한다고 보는 것이 타당하므로, 위 사고는 교통사고처리 특례법 제3조 제1항, 제2항 단서 제1호의 신호위반으로 인한 업무상과실치상죄에 해당한다는 이유로, 이와 달리 피고인에게 신호위반의 책임이 없다고 보아 공소를 기각한 원심판결에 도로교통법상 신호 또는 지시에 따를 의무에 관한 법리오해의 위법이 있다고 한 사례.

【원심판결】

인천지법 2009. 7. 31. 선고 2009노1873 판결

【주문】

원심판결을 파기하고, 사건을 인천지방법원 본원 합의부에 환송한다.

【이유】

상고이유를 본다.

1. 도로교통법 제4조는 "교통안전시설의 종류, 교통안전시설을 만드는 방식과 설치하는 곳 그 밖에 교통안전시설에 관하여 필요한 사항은 행정안전부령으로 정한다"고 정하고 있고, 구 도로교통법 시행규칙(2010. 8. 24. 행정안전부령 제156호로 개정되기 전의 것. 이하 '구 시행규칙'이라고 한다) 제6조 제2항 [별표 2] '신호기가 표시하는 신호의 종류 및 신호의 뜻'은 차량신호등 중 적색의 등화가 표시하는 신호의 뜻으로 "차마는 정지선, 횡단보도 및 교차로의 직전에서 정지하여야 한다. 다만, 신호에 따라 진행하는 다른 차마의 교통을 방해하지 아니하고 우회전할 수 있다"고 정하고 있다.

그런데 교차로와 횡단보도가 연접하여 설치되어 있고 차량용 신호기는 교차로에만 설치된 경우에 있어서는, 그 차량용 신호기는 차량에 대하여 교차로의 통행은 물론 교차로 직전의 횡단보도에 대한 통행까지도 아울러 지시하는 것이라고 보아야 할 것이고, 횡단보도의 보행등 측면에 차량보조등이 설치되어 있지 아니하다고 하여 횡단보도에 대한 차량용 신호등이 없는 상태라고는 볼 수 없다. 위와 같은 경우에 그러한 교차로의 차량용 적색등화는 교차로 및 횡단보도 앞에서의 정지의무를 아울러 명하고 있는

것으로 보아야 하므로, 그와 아울러 횡단보도의 보행등이 녹색인 경우에는 모든 차량이 횡단보도 정지선에서 정지하여야 하고, 나아가 우회전하여서는 아니되며, 다만 횡단보도의 보행등이 적색으로 바뀌어 횡단보도로서의 성격을 상실한 때에는 우회전 차량은 횡단보도를 통과하여 신호에 따라 진행하는 다른 차마의 교통을 방해하지 아니하고 우회전할 수 있다 (대법원 1997. 10. 10. 선고 97도1835 판결 도 참조). 따라서 교차로의 차량신호등이 적색이고 교차로에 연접한 횡단보도 보행등이 녹색인 경우에 차량 운전자가 위 횡단보도 앞에서 정지하지 아니하고 횡단보도를 지나 우회전하던 중 업무상과실치상의 결과가 발생하면 교통사고처리특례법 제3조 제1항, 제2항 단서 제1호의 신호위반에 해당하고, 이때 위 신호위반행위가 교통사고 발생의 직접적인 원인이 된 이상 그 사고장소가 횡단보도를 벗어난 곳이라 하여도 위 신호위반으로 인한 업무상과실치상죄가 성립함에는 지장이 없다(대법원 1998. 7. 28. 선고 98도832 판결, 대법원 2011. 4. 28. 선고 2009도12671 판결 등 참조).

2. 원심은, 그 판시 차량을 운전하던 피고인이 삼거리 교차로에서 차량용 신호기가 적색등화인 때에 우회전하다가 신호에 따라 진행하던 피해자 자전거의 교통을 방해하여 이 사건 사고가 발생하였다고 하더라도 피고인에게는 그 우회전에 대하여 신호위반의 책임이 없다고 판단하고 이 사건 공소를 기각한 제1심판결을 그대로 유지하였다.

그러나 기록에 의하면, 위 삼거리 교차로에 연접하여 횡단보도가 설치되어 있었으며 그 횡단보도에 차량용 보조등은 설치되어 있지 아니하였으나 거기에 설치되어 있던 보행등은 녹색이었고, 위 삼거리 교차로의 차량용 신호등은 적색이었던 사실, 그럼에도 불구하고 피고인은 횡단보도 정지선에서 정지하지 아니한 채 횡단보도를 통과하여 교차로에 진입·우회전을 하다가 당시 신호에 따라 위 교차로를 지나 같은 방향으로 직진하던 피해자 운전의 자전거를 왼쪽 앞 범퍼로 들이받아 피해자에게 그 판시의 상해를 입힌 사실을 알 수 있다.

앞서 본 법리에 비추어 살펴보면, 위와 같은 경우 피고인은 횡단보도 정지선에서 정지하여야 하고 교차로에 진입하여 우회전하여서는 아니된다고 할 것임에도 교차로의 차량용 적색등화를 위반하여 우회전하다가 이 사건 사고가 발생한 것이고, 또한 위 신호위반의 우회전행위와 위 사고 발생 사이에는 직접적인 원인관계가 존재한다고 봄이 상당하다. 그렇다면 이 사건 사고는 교통사고처리특례법 제3조 제1항, 제2항 단서 제1호의 신호위반으로 인한 업무상과실치상죄에 해당한다 할 것이므로, 이와 달리 피고인이 신호를 위반하지 아니하였다고 판단하여 공소기각사유에 해당한다고 본 원심판결에는 도로교통법의 신호 또는 지시에 따를 의무에 관한 법리를 오해하여 판결 결과에 영향을 미친 위법이 있다고 할 것이다.

3. 그러므로 원심판결을 파기하고 사건을 다시 심리·판단하게 하기 위하여 원심법원에 환

송하기로 하여, 관여 대법관의 일치된 의견으로 주문과 같이 판결한다.

> **판례6 |** 녹색, 황색, 적색의 삼색등 신호기가 설치되어 있고 비보호좌회전 표시나
> 유턴표시가 없는 교차로에서 차마의 좌회전 또는 유턴이 허용되는지 여부
> **(소극)** [대법원 2005. 7. 28. 선고 2004도5848 판결]

【판결요지】

[1] 도로교통법 제4조, 제5조, 제16조 제1항, 구 도로교통법시행규칙(2003. 10. 18. 행정자치부령 제208호로 개정되기 전의 것) 제5조 제2항 [별표 3]의 각 규정을 종합하여 보면, 교차로에 녹색, 황색 및 적색의 삼색등화만이 나오는 신호기가 설치되어 있고 달리 비보호좌회전 표시나 유턴을 허용하는 표시가 없는 경우에 차마의 좌회전 또는 유턴은 원칙적으로 허용되지 않는다고 보아야 한다.

[2] 횡형삼색등 신호기가 설치되어 있고 비보호좌회전 표지가 없는 교차로에서 녹색등화 시 유턴하여 진행하였다면 반대 진행방향 차량뿐만 아니라 같은 진행방향의 후방차량에 대하여도 신호위반의 책임을 진다고 한 원심의 판단을 수긍한 사례.

【원심판결】

대전지법 2004. 8. 20. 선고 2004노1149 판결

【주문】

상고를 기각한다.

【이유】

1. 사법경찰리 작성의 실황조사서 첨부도면(수사기록 5면) 및 사진(수사기록 7 내지 14면)에 의하면, 이 사건 교차로의 서산 방면 횡단보도 양쪽 끝에 보행자 신호등이 설치되어 있고, 그 신호등 위에 차선 진행방향을 향하여 횡형삼색등 신호기가 설치되어 있으며, 그 반대편에도 횡형삼색등 신호기가 설치되어 있고, 태안 시외버스 터미널 방면에서 서산 방면을 향한 도로의 교차로 진입점 지점에 정지선이 그어져 있는 사실을 인정할 수 있으므로, 이 사건 교차로에 설치된 신호기는 교차로를 통과하는 차마에 대한 진행방법을 지시하는 신호기라고 보는 것이 타당하다고 할 것이다(대법원 1992. 1. 21. 선고 91도2330 판결 , 1994. 8. 23. 선고 94도1199 판결 참조).

이 사건 교차로에 설치된 신호기가 횡단보도를 통행하는 보행자를 보호하기 위하여 차마의 횡단보도 통행방법을 지시하는 신호기일 뿐 교차로 통행방법을 지시하는 신호기로 볼 수 없다는 상고이유 주장은 받아들이지 아니한다.

2. 도로교통법 제5조, 제16조 제1항, 제4조, 도로교통법시행규칙(2003. 10. 18. 행정자 치부령 제208호로 개정되기 전의 것) 제5조 제2항 [별표 3]의 각 규정을 종합하여 보면, 교차로에 녹색, 황색 및 적색의 삼색등화만이 나오는 신호기가 설치되어 있고 달리 비보호좌회전 표시나 유턴을 허용하는 표시가 없는 경우 차마의 좌회전 또는 유턴은 원칙적으로 허용되지 않는다고 보아야 할 것이다(대법원 1996. 5. 31. 선고 95도3093 판결 참조).

원심은, 피고인이 진행하던 방향 전방에는 횡형삼색등 신호기가 설치되어 있어 좌회전하여 진행할 수 있는 녹색 화살표시 등화가 점등되지 않고, 녹색 등화시 허용되는 비보호좌회전 표시도 없으므로, 피고인이 이 사건 교차로에서 녹색 등화시 유턴하여 진행하였다면 특별한 사정이 없는 한 도로교통법 제5조가 규정하고 있는 신호기의 신호에 따를 의무를 위반하여 운전한 경우에 해당한다고 보아야 할 것이고, 피고인이 녹색 등화시 유턴하는 경우 반대 진행방향 차량의 진행을 방해할 뿐만 아니라, 같은 진행방향 전방의 차량이 녹색 등화에 따라 진행할 것이라고 신뢰하고 있는 같은 진행방향 후방 차량의 신뢰도 보호할 필요가 있는 점, 신호위반 책임의 중대성, 도로교통법 등의 관련 규정 및 교통사고처리특례법의 입법 취지 등에 비추어, 이 사건 교차로와 같이 유턴이 허용되지 않는 곳에서 유턴하여 진행하는 경우 같은 진행방향에서 진행신호에 따라 진행하는 후방차량에 대하여도 신호위반의 책임을 진다는 이유로, 피고인에 대한 이 사건 공소를 기각한 제1심판결을 파기하고 피고인에게 유죄를 선고하였는바, 관련 법령과 위 법리에 비추어 기록을 살펴보면, 이러한 원심의 조치는 옳고, 거기에 채증법칙을 위배하여 사실을 오인하거나 도로교통법상의 신호체계에 관한 법리를 오해한 위법이 있다고 할 수 없다.

피고인이 상고이유에서 들고 있는 대법원 1999. 5. 28. 선고 96도690 판결은 비보호좌회전표시가 있는 곳에서 녹색 등화시 같은 진행방향 후방에서 진행하는 차량에 방해가 된 경우 신호위반의 귀책 여부에 관한 것으로 이 사건과 사안을 달리하여 원용하기에 적절하지 않다.

3. 그러므로 상고를 기각하기로 하여 관여 법관의 일치된 의견으로 주문과 같이 판결한다.

판례7 | 신호기에 의하여 교통정리가 행하여지고 있는 교차로의 전방에 유턴을 허용하는 노면 표지가 설치되어 있으나 교차로의 신호기에는 유턴 허용 시기에 관한 별도 표지가 부착되어 있지 않은 경우, 유턴을 할 수 있는 시기와 유턴을 하는 차량 운전자의 주의 의무[대법원 2005. 6. 10.선고 2004다29934 판결]

【판결요지】

신호기에 의하여 교통정리가 행하여지고 있는 교차로의 전방에 노면표지로서 유턴을 허용하는 안전표지가 설치되어 있으나, 전방의 교차로에 설치된 신호기에는 좌회전신호시 또는 보행신호시 유턴하라는 등의 별도 표지가 부착되어 있지 아니한 경우, 이와 같은 유턴 허용구역에서 유턴하려 하는 차량의 운전자는 도로교통법 제16조 제1항의 규정에 따른 통행방법에 따라 보행자나 다른 차마의 정상적인 통행을 방해할 염려가 없을 때에는 유턴할 수 있다고 할 것이고, 반드시 전방의 신호기가 좌회전신호로 바뀐 후에야 유턴하여야 하는 것은 아니라 할 것이며, 따라서 이와 같은 교차로에 설치된 신호기의 신호가 적색등화로 바뀐 다음 유턴 허용구역에서 다른 차마의 정상적인 통행을 방해할 염려가 없음을 확인하고 유턴하는 운전자로서는 특별한 사정이 없는 한 다른 차량들도 교통법규를 준수하고 충돌을 피하기 위하여 적절한 조치를 취할 것으로 믿고 운전하면 충분하고, 맞은 편 반대차선에서 정지신호를 위반하고 교차로를 통과하여 직진하여 오거나 자신의 차량을 들이받을 경우까지 예상하여 그에 따른 사고발생을 미리 방지할 특별한 조치까지 강구할 주의의무는 없다.

【원심판결】

서울고법 2004. 5. 7. 선고 2002나38981 판결

【주문】

원심판결 중 피고 패소 부분을 파기하고, 이 부분 사건을 서울고등법원으로 환송한다.

【이유】

상고이유(상고이유서 제출기간이 경과한 후에 제출된 상고이유보충서의 기재는 상고이유를 보충하는 범위 내에서)를 판단한다.

1. 원심의 조치

가. 원심이 그 채용 증거들을 종합하여 인정한 사실은 다음과 같다.

(1) 소외 1 은 2000. 6. 11. 01:50경 수원시 팔달구 인계동에 있는 동수원병원 앞 교차로(이하 '이 사건 교차로'라 한다)에서 피고 회사의 피보험차량인(차량 등록번호 1 생략) 2.5t 화물차를 운전하여 동수원에서 신갈 쪽으로 편도 4차로 중 1차로로 진행하다가 유턴을 하던 중, 마침 신갈에서 동수원 쪽으로 마주 오던 소외 3 운전의(차량등록번호 2 생략) 500cc 오토바이와 충돌하였는데, 소외 3 은 위 사고로 인한 중증뇌손상 등으로 사망하였다.

(2) 이 사건 교차로는 동수원에서 신갈 쪽의 4차선 도로와 우측의 선경아파트에서 좌측의 동수원병원 응급실 쪽의 소로(중앙선 및 차선표시 없는 포장도로)가 교차하는 곳이고, 소로의 양 방향에는 비보호좌회전표지가 부착된 횡형 3색등 신

호기가, 4차선 도로의 양방향에는 횡형 4색등 신호기가 각 설치되어 있다.

(3) 동수원에서 신갈 쪽으로의 4차선 도로에는 유턴을 허용하는 노면표지가 있는 구간이 있으나, 전방의 횡형 4색등 신호기에는 좌회전신호시 또는 보행신호시 유턴하라는 등의 별도 표지가 부착되어 있지 않았다.

(4) 이 사건 교차로의 신호체계는, 4차선 도로의 경우 양방향 직진(1분 55초), 양방향 정지(40초), 양방향 좌회전(20초)의 순이고, 소로의 경우 위 4차선 도로의 신호체계와 연동하여 양방향 정지, 양방향 직진(비보호좌회전), 양방향 정지의 순이며, 4차선 도로가 양방향 정지신호일 동안 화물차 진행 방향 맞은편 교차로에 설치된 횡단보도의 보행자 신호기가 녹색등화로 바뀌어 보행자들이 횡단보도를 건너도록 되어 있다.

(5) 소외 3 은 운전면허도 없이 위 오토바이를 운전하던 중 이 사건 교차로에 이르러 진행 차로의 신호가 정지신호였음에도 불구하고 이를 무시한 채 전방 1차로에서 신호대기 중인 소외 2 운전의 (차량등록번호 3 생략) 택시 좌측 좌회전 차로를 따라 빠른 속도로 직진하고, 소외 1 은 4차선 도로의 신갈 방향 좌회전 차로에서 전방의 차량신호기가 적색으로 바뀌고 전방의 보행자 신호기가 녹색으로 바뀌어 보행자가 횡단보도를 횡단하기 시작하는 것을 보고 유턴하던 중, 위 화물차 운전석 앞 부분과 위 오토바이 앞 부분이 충돌하였다.

(6) 위 충돌지점은 화물차 진행방향 교차로 앞 정지선에 약 15.2m 못 미친 곳으로 유턴허용구간(총 24m) 시작지점에서 가깝고, 반대편 교차로 앞 정지선에서는 약 55.3m 떨어져 있다.

(7) 충돌 당시 화물차의 앞바퀴는 중앙선을 넘었으나 뒷바퀴는 아직 중앙선을 넘지 못한 상태였고, 충돌로 인한 화물차 우측 앞 타이어의 흔적은 중앙선 위에서부터 시작하고 있다.

나. 원심은 위 인정 사실에 기초하여, 차량의 운전자로서는 다른 차량의 운전자가 신호를 위반하여 교차로로 진입하여 올 것까지도 예상하여 운전할 주의의무는 없다 할 것이나, 이미 다른 차량이 신호를 위반하여 진행하여 오는 것을 발견하였거나 발견할 수 있었다면 충돌을 피하기 위한 조치를 취하여야 할 주의의무가 있다 할 것인데, 이 사건 사고 당시 소외 1은 4차선 도로의 신갈 방향 좌회전 차로로 진행하다 전방의 신호기에 정지신호가 들어온 무렵 사고지점에 도달하자마자 바로 유턴을 시작하였다고 봄이 상당하므로, 소외 1로서는 전방 신호가 좌회전으로 바뀔 때까지 기다렸다 유턴하거나, 유턴하기 전에 전방주시를 잘 하였더라면 이 사건 사고를 막을 수 있었다고 보인다고 판단하여 소외 1에게 운전상 아무런 과실이 없다는 피고의 면책 항변을 배척하였다.

2. 이 법원의 판단

가. 원심이, 이 사건 사고가 그 판시와 같이 소외 3 이 위 오토바이를 운전하던 중 이 사건 교차로에 이르러 진행 차로의 신호가 정지신호였음에도 불구하고 이를 무시한 채 교차로를 진입하여 직진하고, 소외 1은 4차선 도로의 신갈 방향 좌회전 차로에서 전방의 차량신호기가 적색으로 바뀐 다음 유턴하던 중, 이 사건 사고가 발생한 것으로 인정한 조치는 정당한 것으로 수긍이 되고, 거기에 상고이유에서 주장하는 바와 같이 심리를 다하지 아니한 채 채증법칙을 위배하여 사실을 잘못 인정한 위법이 있다고 할 수 없다.

나. 그러나 신호기에 의하여 교통정리가 행하여지고 있는 교차로의 전방에 노면표지로서 유턴을 허용하는 안전표지가 설치되어 있으나, 전방의 교차로에 설치된 신호기에는 좌회전신호시 또는 보행신호시 유턴하라는 등의 별도 표지가 부착되어 있지 아니한 경우 이와 같은 유턴 허용구역에서 유턴하려 하는 차량의 운전자는 도로교통법 제16조 제1항의 규정에 따른 통행방법에 따라 보행자나 다른 차마의 정상적인 통행을 방해할 염려가 없을 때에는 유턴할 수 있다고 할 것이고, 반드시 전방의 신호기가 좌회전신호로 바뀐 후에야 유턴하여야 하는 것은 아니라 할 것이며, 따라서 이와 같은 교차로에 설치된 신호기의 신호가 적색등화로 바뀐 다음 유턴 허용구역에서 다른 차마의 정상적인 통행을 방해할 염려가 없음을 확인하고 유턴하는 운전자로서는 특별한 사정이 없는 한 다른 차량들도 교통법규를 준수하고 충돌을 피하기 위하여 적절한 조치를 취할 것으로 믿고 운전하면 충분하고, 맞은편 반대차선에서 정지신호를 위반하고 교차로를 통과하여 직진하여 오거나 자신의 차량을 들이받을 경우까지 예상하여 그에 따른 사고발생을 미리 방지할 특별한 조치까지 강구할 주의의무는 없다고 할 것이다. 다만, 이와 같이 적색등화에서 정상적인 차마의 통행을 방해하지 아니하고 유턴하는 차량의 운전자의 경우에도 이미 맞은편 반대차선에서 교차로에 진입하여 직진하고 있는 다른 차량이 있다거나 다른 차량이 그 진행방향의 신호가 진행신호에서 정지신호로 바뀐 직후에 교차로를 진입하여 계속 직진하여 오는 등의 경우라면 그러한 차량의 동태를 두루 살피면서 유턴하는 등으로 사고를 방지할 태세를 갖추고 운전하여야 할 주의의무는 있다 할 것이지만, 그와 같은 주의의무는 어디까지나 신호가 바뀌기 전이나 그 직후에 교차로에 진입하여 직진하고 있는 차량에 대한 관계에서 인정되는 것이고, 신호가 바뀐지 상당한 시간이 지난 후 다른 차량이 정지신호를 위반하여 교차로에 새로 진입하여 직진하여 올 경우까지를 예상하여 그에 따른 사고발생을 방지하기 위한 조치까지 강구할 주의의무는 없는 것이다.

원심이 인정한 사실 관계와 기록에 의하면, 소외 1은 동수원에서 신갈 쪽의 교차로에 설치된 신호기의 신호가 적색등화로 바뀌자, 4차선 도로의 1차로상에 설치된 유턴 허용구역에서 정상적인 차마의 통행 여부를 살핀 후에 유턴하기 시작하였음을 인정할 수 있는 이상, 다른 특별한 사정이 없는 한 맞은편 반대 차선상의 다른 차량들도 교통법규를 준수하고 충돌을 피하기 위하여 적절한 조치를 취할 것으로 믿고 운전하면 충분하고, 그 다른 차량이 정지신호를 위반하여 교차로에 진입하여 직진하여 옴으로써 자신의 차량을 들이받을 경우까지 예상하여 그에 따른 사고발생을 미리 방지할 특별한 조치까지 강구할 주의의무는 없다고 할 것이니, 이러한 경우 소외 1에게 위 충돌사고에 대한 책임을 지우기 위하여는 상대 차량이 적색등화 신호로 바뀌었을 때 이미 위 교차로에 진입하고 있었거나 그 바뀐 직후에 교차로에 진입하였음을 그 전제로 인정하여야 할 것이다.

그런데 기록에 의하면, 이 사건 교통사고 발생 당시 이 사건 교통사고를 직접 목격한 소외 2, 소외 4는 그들이 탄 택시가 신갈에서 동수원 쪽으로 4차선 도로의 1차로를 따라 진행하던 중 사고가 난 교차로에서 전방 신호기의 신호가 진행신호에서 정지신호로 바뀌는 것을 보고 횡단보도 앞 정지선 1차로상에 정차하고 있었는데, 얼마 뒤(약 1~2분 후라고도 하고 약 2~3분 후라고도 한다.)에 소외 3의 오토바이가 위 택시의 좌측 좌회전 차로를 통과하여 정지신호를 무시한 채 매우 빠른 속도(이 사건 사고 후 위 오토바이에 부착된 속도계는 시속 120㎞를 가리킨 채 멈춰져 있었음이 발견되었다.)로 이 사건 교차로로 진입·직진하여 갔다고 일치하게 진술하고 있어 소외 3의 오토바이가 이 사건 교차로로 진입한 것은 신호기가 정지신호로 바뀌기 이전이나 그 직후가 아니라 이미 정지신호로 바뀌고서도 어느 정도 시간이 경과되었음에도 정지신호를 무시한 채 교차로로 진입하여 직진하여 간 것임을 강력히 뒷받침하고 있다.

그럼에도 불구하고, 이와 같은 사실관계를 규명해 보지 아니한 채 만연히 소외 1에게 이 사건 교통사고 발생에 관하여 운전상의 과실이 있다고 판단한 원심판결에는 신호기에 의하여 교통정리가 행해지는 교차로의 전방에 설치된 유턴 허용구역에서의 신호기의 신호 및 표지에 따라 유턴하는 차량 운전자의 주의의무와 그 면책 등에 관한 법리를 오해하여 판결에 영향을 미친 위법이 있다고 할 것이므로, 이 점을 지적하는 상고이유의 주장은 이유 있다.

3. 결 론

그러므로 원심판결 중 피고 패소 부분을 파기하고, 사건을 다시 심리·판단하게 하기 위하여 원심법원으로 환송하기로 하여 관여 대법관의 일치된 의견으로 주문과 같이 판결한다.

【원심판결】

서울고법 2004. 12. 22. 선고 2004나25316 판결

【주문】

원심판결 중 원고 패소 부분을 파기하고, 이 부분 사건을 서울고등법원에 환송한다.

【이유】

1. 원심판결 이유에 의하면, 원심은 그 채용 증거를 종합하여, 원고는 1999. 10. 11. 13:55경 (차량 번호 1 생략) 화물차를 운전하여 평택시 비전동 소재 '천혜보육원' 부근 신호등 있는 사거리 교차로를 천안 방면에서 송탄 방면으로 신호에 따라 직진하다가, 송탄 방면에서 원곡 방면으로 신호를 위반하여 좌회전하던 피고의 피보험차량인 소외인 운전의 (차량번호 2 생략) 아반테 승용차와 충돌하여 뇌좌상, 두개골함몰골절 등의 상해를 입은 사실, 사고 현장에 남겨진 화물차의 스키드마크 등을 토대로 분석한 결과 사고 직전 원고의 화물차는 시속 100㎞ 이상의 속도를 내고 있었던 것으로 추정되는 사실, 사고 현장의 제한 속도는 시속 80㎞인 사실을 인정한 다음, 원고도 이 사건 사고 당시 과속으로 위 화물차를 운행한 잘못이 있고 이러한 잘못 역시 이 사건 사고로 인한 손해의 발생 및 확대에 한 원인이 되었다는 이유로 피고의 책임을 80%로 제한하였다.

2. 기록에 비추어 살펴보면, 원고가 사고 당시 제한시속을 넘어 과속하였다는 원심의 사실인정은 정당하고, 거기에 상고이유에서 주장하는 바와 같은 채증법칙 위반 내지 심리미진으로 인한 사실오인의 위법이 있다고 할 수 없다.

3. 그러나 위와 같은 원고의 과속이 이 사건 사고로 인한 손해의 발생 및 확대에 한 원인이 되었다는 이유로 피고의 책임을 일부 제한한 원심의 판단에 관하여 본다.
신호등에 의하여 교통정리가 행하여지고 있는 교차로를 진행신호에 따라 진행하는 차량의 운전자는 특별한 사정이 없는 한 다른 차량들도 교통법규를 준수하고 충돌을 피하기 위하여 적절한 조치를 취할 것으로 믿고 운전하면 충분하고, 다른 차량이 신호를 위반하고 자신의 진로를 가로질러 진행하여 오거나 자신의 차량을 들이받을 경우까지 예상하여 그에 따른 사고발생을 미리 방지할 특별한 조치까지 강구할 주의의무는 없으며, 다만 신호를 준수하여 진행하는 차량의 운전자라고 하더라도 이미 교차로에 진입하고 있는 다른 차량이 있다거나 다른 차량이 그 진행방향의 신호가 진행신호에서

정지신호로 바뀐 직후에 교차로를 진입하여 계속 진행하고 있는 것을 발견하였다거나 또는 그 밖에 신호를 위반하여 교차로를 진입할 것이 예상되는 특별한 경우라면 그러한 차량의 동태를 두루 살피면서 서행하는 등으로 사고를 방지할 태세를 갖추고 운전하여야 할 주의의무는 있다 할 것이지만, 그와 같은 주의의무는 어디까지나 신호가 바뀌기 전이나 그 직후에 교차로에 진입하여 진행하고 있는 차량에 대한 관계에서 인정되는 것이고, 신호가 바뀐 후 다른 차량이 신호를 위반하여 교차로에 새로 진입하여 진행하여 올 경우까지를 예상하여 그에 따른 사고발생을 방지하기 위한 조치까지 강구할 주의의무는 없는 것이다(대법원 1995. 10. 13. 선고 95다29369 판결, 1999. 8. 24. 선고 99다30428 판결, 2002. 9. 6. 선고 2002다38767 판결 등 참조).

기록에 의하면, 원고는 사고 장소 전 뉴코아백화점 사거리에서 출발하여 진행하다가 이 사건 교차로에 진입하기 전 녹색 진행신호를 확인하고 진행하여 오던 속력 그대로 또는 그 이상 가속하여 교차로에 진입함으로써 최소한 제한시속 80㎞ 이상의 과속으로 진행한 사실, 소외인 은 진행방향 2차선의 맨 앞에 정차해 있다가 정지신호임에도 좌회전을 하면서 교차로에 진입한 사실, 원고는 교차로 진입 전에 약 24.4m 전방에서 소외인 의 아반테 승용차를 발견하였으나 멈추지 못한 채 그대로 충격한 사실을 인정할 수 있으므로, 이와 같이 신호에 따라 진행하던 원고로서는 비록 과속한 잘못이 있다 하더라도 소외인 의 차량이 신호를 위반하고 자신의 진로를 가로질러 진행하여 오거나 자신의 차량을 들이받을 경우까지 예상하여 그에 따른 사고발생을 미리 방지할 특별한 조치까지 강구할 주의의무는 없다고 할 것이다.

다만, 이 사건 교통사고에 관하여 원고를 면책시킬 수 없는 특별한 사정이 있는가를 보건대, 위 인정 사실에 의하면 소외인 이 교차로로 진입한 것은 신호등이 정지신호로 바뀌기 이전이나 그 직후가 아니라 이미 정지신호로 바뀌고 어느 정도 시간이 경과되었음에도 정지신호를 무시한 채 교차로로 진입한 것이라고 볼 것이고, 이러한 경우 원고로서는 소외인 이 신호를 위반하여 교차로를 진입해 들어와 자신의 차량을 충돌할 것까지 예상할 수 있는 상황에 있지는 아니하였다고 할 것이므로, 이 사건 교통사고에는 원고를 면책시킬 수 없는 특별한 사정이 있다고 인정되지 아니하고 달리 기록상 이러한 사정을 찾아볼 자료도 없다.

그럼에도 불구하고, 원고에게 이 사건 교통사고 발생에 관하여 운전상의 과실이 있다고 판단한 원심판결에는 신호등에 의하여 교통정리가 행해지는 교차로에서의 운전자의 주의의무에 관한 법리를 오해하여 판결에 영향을 미친 위법이 있다고 할 것이므로, 이 점을 지적하는 상고이유의 주장은 이유 있다.

4. 그러므로 원심판결 중 원고 패소 부분을 파기하여 원심법원에 환송하기로 하여 관여 대법관의 일치된 의견으로 주문과 같이 판결한다.

【판결요지】

횡단보도에 보행자를 위한 보행등이 설치되어 있지 않다고 하더라도 횡단보도표시가 되어 있는 이상 그 횡단보도는 도로교통법에서 말하는 횡단보도에 해당하므로, 이러한 횡단보도를 진행하는 차량의 운전자가 도로교통법 제24조 제1항 의 규정에 의한 횡단보도에서의 보행자보호의무를 위반하여 교통사고를 낸 경우에는 교통사고처리특례법 제3조 제2항 단서 제6호 소정의 횡단보도에서의 보행자보호의무 위반의 책임을 지게 되는 것이며, 비록 그 횡단보도가 교차로에 인접하여 설치되어 있고 그 교차로의 차량신호등이 차량진행신호였다고 하더라도 이러한 경우 그 차량신호등은 교차로를 진행할 수 있다는 것에 불과하지, 보행등이 설치되어 있지 아니한 횡단보도를 통행하는 보행자에 대한 보행자보호의무를 다하지 아니하여도 된다는 것을 의미하는 것은 아니므로 달리 볼 것은 아니다.

【원심판결】

수원지법 2003. 6. 4. 선고 2003노114 판결

【주문】

원심판결을 파기하고, 사건을 수원지방법원 본원 합의부에 환송한다.

【이유】

상고이유를 본다.

1. 이 사건 공소사실의 요지는, 피고인은 경기 (차량번호 생략) 승용차량을 운전하는 자로서, 2002. 5. 8. 20:40경 위 차량을 운전하여 화성시 태안읍 안녕리 소재 현충탑 앞 편도 2차로 중 1차로를 태안 방면에서 안녕리 방면으로 시속 40km로 진행하던 중, 그 곳은 전방에 횡단보도가 설치되어 있으므로 이러한 경우 자동차의 운전업무에 종사하는 자로서는 속도를 줄이고 전방 및 좌우를 잘 살펴 길을 건너는 사람이 있는지 여부를 확인하고 안전하게 운전하여야 할 업무상의 주의의무가 있음에도 이를 게을리한 채 그대로 진행한 과실로, 마침 진행방향 우측에서 좌측으로 횡단보도상을 건너던 피해자 (여, 15세)를 위 차량의 앞부분으로 들이받아, 그 충격으로 위 피해자로 하여금 약 6주간의 치료를 요하는 좌측척골주두골절 등의 상해를 입게 하였다는 것이다.

2. 원심판결 이유에 의하면, 원심은 그 채택증거를 종합하여, 피고인은 당시 위 차량을 운전하여 1차로로 운행중이었는데, 당시는 차량이 많은 관계로 약간 지체되는 상황이었기 때문에 시속 약 30km 미만으로 진행하고 있었던 사실, 사고지점은 네거리 교차로에 인접한 횡단보도상으로 보행자신호등은 없었고, 차량신호등만 교차로에 설치되어 있었던 사실, 사고 당시의 신호는 피고인 진행방향의 차량신호등이 파란색으로서 차량진행신호였던 사실, 피해자는 피고인 진행방향의 우측에서 길을 건너려고 횡단보도로 뛰어나오다가 피고인 운행 차량의 우측 휀다부분 및 백미러에 충격한 사실을 인정한 다음, 교차로와 횡단보도가 인접하여 설치되어 있고 차량용 신호기는 교차로에만 설치된 경우에 있어서는 그 차량용 신호기는 차량에 대하여 교차로의 통행은 물론 교차로 직전의 횡단보도에 대한 통행까지도 아울러 지시하는 것이라고 보아야 할 것이고(대법원 1997. 10. 10. 선고 97도1835 판결 참조), 교통사고 발생 당시의 신호가 차량진행신호였다면 사고지점이 비록 교통신호대가 있는 횡단보도상이라고 하더라도 운전자가 그 횡단보도 앞에서 감속하거나 일단정지하지 아니하였다 하여 횡단보도에서의 보행자보호의무를 위반하였다고 할 수 없는 것이므로(대법원 1985. 9. 10. 선고 85도1228 판결 참조), 차량신호등의 신호지시에 따라 천천히 진행하던 피고인이 횡단보도를 건너던 피해자를 충격하였다고 하더라도 횡단보도에서의 보행자보호의무를 소홀히 하였다고 보기 어려워 피고인에게 교통사고처리특례법 제3조 제2항 단서 제6호 의 횡단보도에서의 보행자보호의무 위반의 책임을 인정할 수 없다는 이유로 피고인에 대하여 유죄를 인정한 제1심판결을 파기하는 한편, 피고인이 운전한 차량이 자동차종합보험에 가입되어 있는 사실이 인정되므로 이 사건 공소는 공소제기의 절차가 법률의 규정에 위반하여 무효인 때에 해당한다고 하여 형사소송법 제327조 제2호 에 의하여 공소를 기각하였다.

3. 그러나 위와 같은 원심의 판단은 수긍하기 어렵다.
   횡단보도에 보행자를 위한 보행등이 설치되어 있지 않다고 하더라도 횡단보도표시가 되어 있는 이상 그 횡단보도는 도로교통법에서 말하는 횡단보도에 해당하므로, 이러한 횡단보도를 진행하는 차량의 운전자가 도로교통법 제24조 제1항의 규정에 의한 횡단보도에서의 보행자보호의무를 위반하여 교통사고를 낸 경우에는 교통사고처리특례법 제3조 제2항 단서 제6호 소정의 횡단보도에서의 보행자보호의무 위반의 책임을 지게 되는 것이며, 비록 그 횡단보도가 교차로에 인접하여 설치되어 있고 그 교차로의 차량신호등이 차량진행신호였다고 하더라도 이러한 경우 그 차량신호등은 교차로를 진행할 수 있다는 것에 불과하지, 보행등이 설치되어 있지 아니한 횡단보도를 통행하는 보행자에 대한 보행자보호의무를 다하지 아니하여도 된다는 것을 의미하는 것은 아니므로 달리 볼 것은 아니라고 할 것이다.

그런데 원심은 피고인이 이 사건 보행등이 설치되어 있지 아니한 횡단보도를 통행하는 피해자를 충격하였다고 하더라도 인접한 교차로의 차량진행신호에 따라 진행한 이상 횡단보도에서의 보행자보호의무 위반의 책임이 없다고 판단한 나머지 이 사건 공소를 기각하고 말았으니, 거기에는 횡단보도에서의 보행자보호의무에 관한 법리를 오해하여 판결 결과에 영향을 미친 위법이 있다고 하지 않을 수 없다(원심이 들고 있는 위 대법원 1997. 10. 10. 선고 97도1835 판결은 교차로에 차량용 신호기가 설치되어 있고 인접한 횡단보도에 보행등도 설치되어 있으나 보행등 측면에 차량보조등이 설치되어 있지 않은 경우 차량 신호등은 적색이고 횡단보도의 보행등은 녹색인 상태에서 횡단보도를 침범하여 차량을 운행하였다면 교차로의 차량용 신호기는 교차로의 통행은 물론 교차로 직전의 횡단보도에 대한 통행까지도 아울러 지시하는 것이라고 보아야 하므로 신호기의 신호를 위반하여 운전한 경우에 해당된다는 것으로서 이 사건과는 사례를 달리하며, 또한 대법원 1985. 9. 10. 선고 85도1228 판결은 횡단보도에 설치된 교통신호대에서 차량진행신호를 받고 진행한 차량과 보행자정지신호임에도 횡단보도를 통행하는 보행자가 충돌한 사안에 관한 것으로서 이 사건과는 사례를 달리한다). 이 점을 지적하는 검사의 상고이유에서의 주장은 이유 있다.

4. 그러므로 원심판결을 파기하고, 사건을 다시 심리·판단하게 하기 위하여 원심법원에 환송하기로 하여 관여 대법관의 일치된 의견으로 주문과 같이 판결한다.

> **판례10 |** 신호등에 의하여 교통정리가 행하여지고 있는 교차로의 통행 방법과 운전자의 주의 의무 및 교차로에서 자신의 진행방향에 대한 별도의 진행신호는 없지만, 다른 차량들의 진행방향이 정지신호일 경우를 이용하여 교통법규에 위배되지 않게 진행하는 차량 운전자에게 다른 차량이 신호를 위반하여 진행하여 올 것까지 예상하여야 할 주의의무가 있는지 여부(소극)[대법원 2003. 10. 23.선고 2003도3529 판결]

【판결요지】

신호등에 의하여 교통정리가 행하여지고 있는 교차로를 진행신호에 따라 진행하는 차량의 운전자는 특별한 사정이 없는 한 다른 차량들도 교통법규를 준수하고 충돌을 피하기 위하여 적절한 조치를 취할 것으로 믿고 운전하면 충분하고, 다른 차량이 신호를 위반하고 자신의 진로를 가로질러 진행하여 오거나 자신의 차량을 들이받을 경우까지 예상하여 그에 따른 사고발생을 미리 방지할 특별한 조치까지 강구할 주의의무는 없다. 다만 신호를 준수하여 진행하는 차량의 운전자라고 하더라도 이미 교차로에 진입하고 있는 다른 차량이 있다거나 다른 차량이 그 진행방향의 신호가 진행신호에서 정지신호로 바뀐 직후에 교차로를 진입하여 계속 진행하고 있는 것을 발견하였다거나 또는 그 밖에 신호를 위반하여 교차로를 진입할 것이 예상되는 특별한 경우라면 그러한 차량의 동태를 두루 살피면서 서행하는 등으로 사고를 방지할 태세를 갖추고 운전하여야 할 주의의무는 있다 할 것이지만, 그와 같은 주의의무는 어디까지나 신호가 바뀌기 전이나 그 직후에 교차로에 진입하여 진행하고 있는 차량에 대한 관계에서 인정되는 것이고, 신호가 바뀐 후 다른 차량이 신호를 위반하여 교차로에 새로 진입하여 진행하여 올 경우까지를 예상하여 그에 따른 사고발생을 방지하기 위한 조치까지 강구할 주의의무는 없고, 이러한 법리는 교차로에서 자신의 진행방향에 대한 별도의 진행신호가 없다고 하여도, 다른 차량들의 진행방향이 정지신호일 경우를 이용하여 교통법규에 위배되지 않게 진행하는 경우도 마찬가지라고 할 것이다.

【원심판결】

광주고법 2002. 6. 12. 선고 2001나8997 판결

【주문】

원심판결 중 피고들 패소 부분을 파기하고, 이 부분 사건을 광주고등법원으로 환송한다.

【이유】

상고이유를 본다.

1. 원심판결 이유에 의하면, 원심은 그 채용 증거를 종합하여, 피고 1은 1999. 11. 2. 10:15경 피고 주식회사 한양전업 소유로서 피고 신동아화재해상보험 주식회사의 피보험차량인 (차량등록번호 생략) 5t 트럭을 운전하여 전주시 덕진구 화전동 화전마을 입구 삼거리 교차로에 이르러 삼례 방면으로 좌회전하는 차량을 위한 별도의 신호등이 설치되어 있지 아니하였으므로 동승한 소외 1로 하여금 전주 삼례간 편도 2차선 간선도로에 설치된 횡단보도상 보행자 신호등 수동조작 버튼을 눌러 위 횡단보도의 보행자신호등이 녹색으로 바뀜과 동시에 위 간선도로의 차량진행신호등이 적색으로 바뀐 기회를 이용하여 화전마을 방면에서 삼례 방면으로 좌회전하던 중 삼례 방면에서 전주 방면으로 1차로를 따라 시속 57.3km로 진행하던 소외 2 운전의 전북 (오토바이등록번호 생략) 125cc 오토바이를 미처 발견치 못하고 위 트럭의 좌측 뒷바퀴 부분으로 위 오토바이의 앞 부분을 충격하여, 위 소외 2로 하여금 뇌경막하 출혈 등으로 사망에 이르게 한 사실 등을 인정한 다음, 이 사건 교차로는 도로교통법상 교통정리가 행하여지지 않는 곳이라는 전제하에, 위 인정 사실에 의하면, 피고 1로서는 당시 위 트럭의 전방에는 좌회전 신호등이 없으므로, 횡단보도에 보행자 신호등이 들어오더라도 교차로 내의 교통상황을 잘 살펴 안전하게 좌회전을 하여야 하고 교차로에 진입하기에 앞서 미리 속도를 줄이고 다른 방향에서 교차로로 진행하여 오는 차량이 있는지를

주의 깊게 살펴 경음기를 적절히 사용하면서 교차로에 진입하여 사고를 예방하여야 할 주의의무가 있음에도 불구하고 간선도로상의 횡단보도에 보행자 신호등이 들어온 것만 보고 주변 차량의 동태를 잘 살피지 아니한 채 좌회전하다가 삼례 방면에서 전주 방면으로 횡단보도상의 정지신호를 위반한 채 진행하는 망인 운전의 오토바이를 미처 발견치 못함으로써 이 사건 교통사고를 야기하였다는 이유로, 피고들의 면책항변을 배척하면서 다만 과실상계에 관하여는 위 피해자측인 위 소외 2 의 과실비율을 80%로, 위 피고의 과실비율을 20%로 각 인정하였다.

2. 그러나 원심의 위와 같은 판단은 선뜻 수긍되지 않는다.

신호등에 의하여 교통정리가 행하여지고 있는 교차로를 진행신호에 따라 진행하는 차량의 운전자는 특별한 사정이 없는 한 다른 차량들도 교통법규를 준수하고 충돌을 피하기 위하여 적절한 조치를 취할 것으로 믿고 운전하면 충분하고, 다른 차량이 신호를 위반하고 자신의 진로를 가로질러 진행하여 오거나 자신의 차량을 들이받을 경우까지 예상하여 그에 따른 사고발생을 미리 방지할 특별한 조치까지 강구할 주의의무는 없다. 다만 신호를 준수하여 진행하는 차량의 운전자라고 하더라도 이미 교차로에 진입하고 있는 다른 차량이 있다거나 다른 차량이 그 진행방향의 신호가 진행신호에서 정지신호로 바뀐 직후에 교차로를 진입하여 계속 진행하고 있는 것을 발견하였다거나 또는 그 밖에 신호를 위반하여 교차로를 진입할 것이 예상되는 특별한 경우라면 그러한 차량의 동태를 두루 살피면서 서행하는 등으로 사고를 방지할 태세를 갖추고 운전하여야 할 주의의무는 있다 할 것이지만, 그와 같은 주의의무는 어디까지나 신호가 바뀌기 전이나 그 직후에 교차로에 진입하여 진행하고 있는 차량에 대한 관계에서 인정되는 것이고, 신호가 바뀐 후 다른 차량이 신호를 위반하여 교차로에 새로 진입하여 진행하여 올 경우까지를 예상하여 그에 따른 사고발생을 방지하기 위한 조치까지 강구할 주의의무는 없는 것이다(대법원 1994. 6. 14. 선고 93다57520 판결, 1998. 6. 12. 선고 98다14252, 14269 판결, 1999. 8. 24. 선고 99다30428 판결, 2001. 7. 27. 선고 2001다31509 판결, 2001. 9. 7. 선고 2001다40732 판결 등 참조). 그리고 이러한 법리는 교차로에서 자신의 진행방향에 대한 별도의 진행신호가 없다고 하여도, 다른 차량들의 진행방향이 정지신호일 경우를 이용하여 교통법규에 위배되지 않게 진행하는 경우도 마찬가지라고 할 것이다 (대법원 2001. 11. 9. 선고 2001다56980 판결 참조).

그런데 원심이 인정한 사실관계에 의하더라도, 위 사고 현장은 삼례 방면과 전주 방면을 연결하는 편도 2차로의 포장도로와 화전마을 진입로인 편도 1차로가 만나는 삼거리 교차로로서 삼례 방면 쪽에 횡단보도와 보행자신호등이 설치되어 있는데, 이 곳은 사람의 통행이 많지 않아 횡단보도의 보행자신호등은 수동으로 조작되어 보행자가 수동보턴을 누르면, 보행자신호등이 녹색으로 바뀜과 동시에 차량진행신호등이 적색으로 바뀌고, 이때 좌회전하고자 하는 차량은 화전마을 쪽에서 삼례 방면으로 좌회전하여 횡단보도 앞 정지선에 정차할 수 있으며, 화전마을 방면에서 삼례 방면으로의 좌회전 진행방향에는 좌회전신호등이 설치되어 있지는 아니하고(중앙선의 황색선은 끊어져 있고, 좌회전을 금지하는 교통표지판도 없다.) 전주 쪽에서 화전마을 방면으로는 좌회전금지 표지판이 설치되어 있다는 것이므로, 화전마을 방면에서 삼례 방면으로 좌회전을 하고자 하는 차량은 다른 교통법규를 위반하지 아니하는 한 간선도로상의 차량진행신호등이 적색으로 바뀐 기회를 이용하여 좌회전을 하는 것이 허용된다고 볼 것이니, 결국 이 사건 교차로는 신호등에 의하여 교통정리가 행해지는 교차로에 해당한다고 보아야 할 것이다. 따라서 피고 1로서는 그 신호체계의 지시에 부합하는 방법으로 이 사건 교차로에 진입한 것인 이상, 다른 특별한 사정이 없는 한 다른 차량들도 교통법규를 준수하고 충돌을 피하기 위하여 적절한 조치를 취할 것으로 믿고 운전하면 충분하고, 다른 차량이 신호를 위반하여 교차로에 진입하여 자신의 차량을 들이받을 경우까지 예상하여 그에 따른 사고발생을 미리 방지할 특별한 조치까지 강구할 주의의무는 없다고 할 것이다.

나아가 이 사건 교통사고에 관하여 위 피고를 면책시킬 수 없는 특별한 사정이 있는가를 보건대, 원심판결 이유 및 기록에 의하면, 이 사건 교통사고 발생 당시 이 사건 교통사고를 직접 목격한 소외 3은 삼례 방면에서 전주 방면을 향하여 위 간선도로의 2차로를 따라 아반테 승용차를 운행 중 횡단보도 전방 30m 지점에서 진행신호가 정지신호로 바뀌는 것을 보고 서행하여 정상적으로 횡단보도 앞 정지선 2차로상에 정차하였는데 뒤따라오던 오토바이 운전자인 소외 2 는 1차선을 이용하여 그 아반테 승용차 옆을 과속으로 통과한 다음 신호를 무시한 채 이 사건 교차로로 그대로 진입한 사실, 피고 1은 간선도로의 직진신호가 정지신호로 바뀌고 나서 위 아반테 승용차가 횡단보도 정지선상에 정차한 것을 확인한 다음 좌회전을 시작하여 이미 화물차량의 전면부는 교차로의 중앙 부분을 넘어 삼례 방면으로 향하는 간선도로에 진입함으로써 거의 좌회전을 완료하였고 다만 화물차량의 후미 부분 일부만이 아직 교차로상의 중앙부분에 머물러 있었던 상태였는데 위 오토바이가 위 교차로 내로 뒤늦게 진입하면서 아직 중앙선 부분에 남아 있었던 화물차량의 좌측 뒷바퀴 부분을 오토바이의 전면부로 충격함으로써 이 사건 교통사고가 발생한 사실 등을 인정할 수 있으므로, 위 오토바이 운전자 소외 2가 이 사건 교차로로 진입한 것은 신호등이 정지신호로 바뀌기 이전이나 그 직후가 아니라 이미 정지신호로 바뀌고서도 어느 정도 시간이 경과되었음에도 정지신호를 무시한 채 교차로로 진입한 것이라고 볼 것이며, 이러한 경우 위 피고로서는 위 오토바이가 신호를 위반하여 교차로를 진입해 들어와 자신의 차량을 충돌할 것까지 예상할 수 있는 상황에 있지는 아니하였다고 할 것이므로, 이러한 상황하에서는 이 사건 교통사고에는 위 피고를 면책시킬 수 없는 특별한 사정이 있다고 인정되지도 아니한다고 판단되고, 달리 기록상 이러한 사정을 찾아볼 자료도 없다. 그럼에도 불구하고, 위 피고에게 이 사건 교통사고 발생에 관하여 운전상의 과실이 있다고 판단한 원심판결에는 신호등에 의하여 교통정리가 행해지는 교차로에서의 운전자의 주의의무와 그 면책 등에 관한 법리를 오해하여 판결에 영향을 미친 위법이 있다고 할 것이므로, 이 점을 지적하는 상고이유의 주장은 이유 있다.

3. 그러므로 원심판결 중 피고들 패소 부분을 파기하고, 이 부분 사건을 다시 심리·판단하게 하기 위하여 원심법원으로 환송하기로 하여 관여 법관의 일치된 의견으로 주문과 같이 판결한다.

Chapter 9. 보행자의 통행방법

[1] 보행자전용길의 진입 금지

① 자동차, 건설기계, 원동기장치자전거, 자전거, 사람 또는 가축의 힘이나 그 밖의 동력(動力)으로 도로에서 운전되는 것(이하 "자동차 등"이라 함)의 운전자는 지정된 보행자전용길로 진입을 해서는 안 됩니다(「보행안전 및 편의증진에 관한 법률」제16조제5항 본문).

② 다만, 긴급자동차의 경우와 자전거의 운전자가 자전거에서 내려서 자전거를 끌고 보행하는 경우는 진입을 할 수 있습니다(「보행안전 및 편의증진에 관한 법률」제16조제5항 단서).

③ 보행자전용길을 긴급한 이유 없이 진입한 자동차 등의 운전자는 10만원 이하의 과태료를 부과받게 됩니다(「보행안전 및 편의증진에 관한 법률」제30조제1항).

④ 재난 복구, 공사 시행, 건축물 출입, 그 밖의 사유로 자동차 등의 운전자가 보행자전용길을 이용할 경우 운전자는 보행자를 위험하게 하거나 보행자의 통행을 방해하지 않도록 자동차 등을 보행자의 걸음걸이 속도로 운행해야 합니다(「보행안전 및 편의증진에 관한 법률」제22조제3항).

[2] 보행자 통행 우선원칙

보행자길에서 자동차 등을 운전하는 사람은 보행자의 안전한 통행을 방해해서는 안 됩니다(「보행안전 및 편의증진에 관한 법률」제22조제1항).

[3] 일시정지 의무

① 모든 차 또는 노면전차의 운전자는 보행자가 횡단보도를 통행하고 있거나 통행하려고 하는 경우 보행자의 횡단을 방해하거나 위험을 주지 않도록 그 횡단보도 앞(정지선이 설치되어 있는 곳에서는 그 정지선)에서 일시정지해야 합니다(「도로교통법」 제27조제1항).

② 모든 차 또는 노면전차의 운전자는 보행자가 횡단보도가 설치되어 있지 않은 도로를 횡단하고 있을 경우 안전거리를 두고 일시정지해 보행자가 안전하게 횡단할 수 있도록 해야 합니다(「도로교통법」제27조제5항).

③ 모든 차 또는 노면전차의 운전자는 다음과 같이 어린이에게 교통사고의 위험이 있음을 발견하게 되면 일시정지해야 합니다(「도로교통법」제49조제1항제2호가목).
 - 어린이가 보호자 없이 도로를 횡단하는 경우
 - 어린이가 도로에서 앉아 있거나 서 있는 경우
 - 어린이가 도로에서 놀이를 하고 있는 경우

④ 일시정지 의무를 위반한 운전자는 20만원 이하의 벌금이나 구류 또는 과료에 처해집니다(「도로교통법」제156조제1호).

[4] 보행자 보호를 위한 조치

① 모든 차의 운전자는 교통정리를 하고 있지 않은 교차로 또는 그 부근의 도로를 횡단하는 보행자의 통행을 방해해서는 안 됩니다(「도로교통법」제27조제3항).

② 모든 차의 운전자는 도로에 설치된 안전지대에 보행자가 있는 경우와 차로가 설치되지 않은 좁은 도로에서 보행자의 옆을 지나는 경우 안전한 거리를 두고 서행해야 합니다(「도로교통법」제27조제4항).

③ 보행자 보호조치를 제대로 지키지 않은 운전자는 20만원 이하의 벌금이나 구류 또는 과료에 처해집니다(「도로교통법」제156조제1호).

④ 모든 차 또는 노면전차의 운전자는 어린이 보호구역에서 통행의 제한·금지 등의 조치를 준수하고 어린이의 안전에 유의하면서 운행해야 합니다(「도로교통법」제12조제3항).

[5] 보행사고예방을 위해 보행자가 지켜야 할 사항

① 보도로 통행하기

1. 보행자는 보도와 차도가 구분된 도로에서는 언제나 보도로 통행해야 합니다(「도로교통법」제8조제1항 본문). 다만, 차도를 횡단하는 경우, 도로공사 등으로 보도의 통행이 금지된 경우나 그 밖의 부득이한 경우에는 그렇지 않습니다(「도로교통법」제8조제1항 단서).

2. 보행자는 보도와 차도가 구분되지 않은 도로 중 중앙선이 있는 도로(일방통행인 경우에는 차선으로 구분된 도로 포함)에서는 길가장자리 또는 길 가장자리구역으로 통행해야 합니다(「도로교통법」제8조제2항).

3. 보행자는 다음의 어느 하나에 해당하는 곳에서는 도로의 전 부분으로 통행할 수 있습니다. 이 경우 보행자는 고의로 자동차 등의 진행을 방해해서는 안됩니다(「도로교통법」제8조제3항).

   - 보도와 차도가 구분되지 않은 도로 중 중앙선이 없는 도로(일방통행인 경우에는 차선으로 구분되지 않은 도로로 한정)

   - 보행자우선도로

   ※ "보행자우선도로"란 차도와 보도가 분리되지 않은 도로로서 보행자의 안전과 편의를 보장하기 위해 보행자 통행이 차마(자동차·건설기계·원동기장치자전거 또는 자전거·사람 또는 가축의 힘이나 그 밖의 동력으로 도로에서 운전되는 것)의 통행에 우선하도록 지정한 도로를 말합니다(「보행안전 및 편의증진에 관한 법률」제2조제3호 및 「도로교통법」제2조제31의2호).

② 우측보행하기

보행자는 보도에서 우측통행을 원칙으로 합니다(「도로교통법」제8조제4항).

③ 횡단보도로 건너기

보행자는 횡단보도, 지하도, 육교나 그 밖의 도로 횡단시설이 설치되어 있는 도로에서 그 곳으로 횡단해야 합니다(「도로교통법」제10조제2항 본문). 다만, 지하도나 육교 등의 도로 횡단시설을 이용할 수 없는 지체장애인의 경우에는 다른 교통에 방해가 되지 않는 방법으로 횡단시설을 이용하지 않고 도로를 횡단할 수 있습니다(「도로교통법」제10조제2항 단서).

보행자는 안전표지 등으로 횡단이 금지되어 있는 도로에서 횡단을 하면 안 됩니다(「도로교통법」제10조제5항).

[6] 보행권의 보장

국가와 지방자치단체는 국민이 쾌적한 보행환경에서 안전하고 편리하게 보행할 권리(이하 "보행권"이라 함)를 보장하고 증진하기 위해 다음과 같은 정책을 추진해야 합니다(「보행안전 및 편의증진에 관한 법률」제3조제3항).

- 시설물의 설치, 차량의 소통 등 보행 여건에 영향을 미치는 각종 제도 및 사업 등으로 보행자의 생명과 신체에 위험과 피해를 초래할 우려가 있는 경우에는 해당 제도 및 사업 등에 따른 편익보다 보행자의 안전을 우선해야 합니다.
- 특별한 사정이 없는 한 도로의 폭, 차량 및 보행자의 통행량 등이유사한 지역 간에는 보행여건의 격차가 심각하게 발생하지 않도록 해야 합니다.
- 보행정책의 수립·추진은 보행자의 안전과 목표지점에의 접근 편리성과 함께 삶의 공간으로서의 쾌적성 및 미관성을 동시에 고려해야 합니다.
- 보행권 증진 및 보행환경 개선사업을 추진하는 기관 간에 유기적 협조체제를 구축해 안전한 보행환경이 체계적·합리적으로 조성·정비·관리될 수 있도록 해야 합니다.

[7] 보행환경개선지구의 지정

① 특별시장·광역시장·특별자치시장·특별자치도지사·시장 또는 군수(광역시의 관할구역에 있는 군의 군수 제외. 이하 "특별시장 등"이라 함)는 다음과 같은 구역을 보행환경개선지구로 지정할 수 있습니다(「보행안전 및 편의증진에 관한 법률」제9조제1항 및 제2항).
  - 보행자 통행량이 많은 구역(보행우선구역 포함)
  - 노인·임산부·어린이·장애인 등의 통행 빈도가 높은 구역(어린이 보호구역, 노인 보호구역, 장애인 보호구역 포함)
  - 역사적 의의를 갖는 전통과 문화가 형성되어 있는 구역
  - 그 밖에 보행환경을 우선적으로 개선할 필요가 있다고 인정되는 구역

② 다만, 보행환경개선지구를 지정할 때에는 다음의 사유가 있는 경우를 제외하고는 보행자 통행량이 많은 구역이 보행환경개선지구에 포함되도록 해야 합니다(「보행안전 및 편의증진에 관한 법률」제9조제2항 및 「보행안전 및 편의증진에 관한 법률 시행령」제8조의2).
  1. 보행환경개선지구에 포함되어야 할 어린이 보호구역(이하 "해당 어린이보호구역"이라 함)에 대해 다음의 사업이 이미 완료되어 해당 어린이 보호구역을 보행환경개선지구에 포함시킬 필요가 없게 된 경우

- 차도와 보도의 분리, 고원식(高原式) 횡단보도(주변 도로보다 약간 높게 만든 횡단보도)의 설치, 가로등 및 보안 등의 설치, 영상정보처리기기의 설치 등 보행자 안전시설의 설치와 유지·보수 및 성능 개선
- 보행자의 통행을 방해하거나 보행자의 안전을 위협하는 시설물 및 적치물 등의 정비
- 어린이를 위한 보행편의증진시설의 설치에 해당하는 사업

2. 해당 어린이 보호구역의 위치 및 주변 교통환경 등을 종합적으로 고려할 때 해당 어린이 보호구역을 보행환경개선지구에 포함시킬 경우 보행환경개선의 효과가 떨어지는 것으로 특별시장 등이 인정하는 경우

[8] 보행환경개선지구 안의 도로에 설치할 수 있는 시설

특별시장 등은 보행자의 안전을 확보하고 통행 편의를 증진하기 위해 필요하다고 인정하면 보행환경개선지구 안의 도로에 다음과 같은 시설을 우선적으로 설치할 수 있습니다(「보행안전 및 편의증진에 관한 법률」제15조제1항 및 「보행안전 및 편의증진에 관한 법률 시행규칙」제5조제1항).

- 차량 속도 저감시설
- 횡단보도, 교통섬 등 보행자의 안전을 위한 시설
- 횡단보도가 없는 도로에서 보행자 횡단을 방지하기 위한 시설
- 보행자 우선통행을 위한 교통신호기
- 보행자의 이동 편의증진을 위한 대중교통정보 알림시설과 주변 지역 보행자길 안내시설
- 보도(步道)용 방호(防護)울타리
- 조명시설
- 장애인용 음향안내시설
- 영상정보처리기기
- 자동차 진입억제용 말뚝
- 점자블록

[9] 보행환경개선지구의 개선사업 시행

특별시장 등은 다음과 같은 내용의 보행환경개선 사업을 시행해야 합니다(「보행안전 및 편의증진에 관한 법률」제10조제2항 및 「보행안전 및 편의증진에 관한 법률 시행규칙」제3조).

- 보행자길 신설, 단절된 보행자길의 연결 등 보행자길 조성
- 해당 구역의 전통 및 문화와 조화를 이루는 보행자길의 조성
- 차도와 보도의 분리, 고원식(高原式) 횡단보도(주변 도로보다 약간 높게 만든 횡단보도)의 설치, 가로등 및 보안등의 설치, 영상정보처리기기의 설치 등 보행자 안전시설의 설치와 유지·보수 및 성능 개선
- 보행자의 통행을 방해하거나 보행자의 안전을 위협하는 시설물 및 적치물 등의 정비
- 노인·임산부·어린이·장애인 등을 위한 보행편의증진시설의 설치
- 차량 통행량과 속도의 저감(低減) 방안
- 보행환경개선지구 안에 있는 보행안전 및 편의증진 시설물의 통합 설치방안
- 보행자의 안전과 편의증진을 위한 주차 개선 방안
- 보행환경개선사업의 시행에 따른 차량과 보행자의 통행량 변화 등 주변 지역의 교통에 미치는 영향
- 그 밖에 보행자의 안전 및 편의증진과 관련되는 사항으로서 특별시장 등이 정하는 사항

[10] 불법시설물의 우선 정비

① 특별시장 등은 보행환경개선지구에서 보행자의 통행에 장애가 되는 노상적치물, 옥외광고물 등 관계 법령에 따라 적법하게 설치되지 않은 시설물을 우선적으로 정비해야 합니다(「보행안전 및 편의증진에 관한 법률」제14조제1항 전단).

② 특별시장 등은 보행환경개선지구에서 보행자의 안전에 장애가 되거나 보행자에게 피해를 줄 우려가 있다고 인정되는 소음, 매연, 냄새, 먼지를 배출하는 자에게 보행자의 안전과 피해 예방에 필요한 조치를 하도록 권고할 수 있습니다(「보행안전 및 편의증진에 관한 법률」제14조제3항).

[11] 공사 중 안전시설의 설치의무

① 인공구조물이나 물건, 그 밖의 시설을 신설·개축·변경 또는 제거하거나 그 밖의 목적으로 보행자길(「도로법」에 따른 도로 제외)을 점용하는 자는 보행자에 대한 위험을 방지하기 위해 보행안전통로와 안전시설을 설치해야 합니다(「보행안전 및 편의증진에 관한 법률」 제25조제1항).

② 특별시장 등은 보행자길의 점용자가 보행안전통로와 안전시설을 설치하지 않은 경우 그 시정에 필요한 조치를 명할 수 있습니다(「보행안전 및 편의증진에 관한 법률」 제25조제2항).

③ 특별시장 등의 시정명령을 이행하지 않은 경우 1년 이하의 징역 또는 1천만원 이하의 벌금에 처해집니다(「보행안전 및 편의증진에 관한 법률」 제29조제2항).

[12] 보행자의 통행방법위반에 대한 판례

> **판례1** | 단보행자용 신호기가 설치되지 않은 횡단보도를 횡단하는 보행자가 있을 경우, 자동차 운전자의 보행자에 대한 주의의무 *[대법원 2022. 6. 16.선고 2022도1401 판결]*

【판시사항】

횡단보행자용 신호기가 설치되지 않은 횡단보도를 횡단하는 보행자가 있을 경우, 자동차 운전자의 보행자에 대한 주의의무 / 운전자가 횡단보도 표시구역을 통과하면서 보행자가 횡단보도 노면표시가 없는 곳에서 갑자기 건너오지 않을 것이라고 신뢰하는 신뢰의 원칙은 상대방 교통관여자가 도로교통 관련 제반 법규를 지켜 자동차의 운행 또는 보행에 임하리라고 신뢰할 수 없는 특별한 사정이 있는 경우 적용이 배제되는지 여부(적극) / 자동차의 운전자가 통상 예견되는 상황에 대비하여 결과를 회피할 수 있는 정도의 주의의무를 다하지 못한 것이 교통사고 발생의 직접적인 원인이 된 경우, 업무상 주의의무 위반과 교통사고 발생 사이에 상당인과관계를 인정할 수 있는지 여부(적극)

【원심판결】

의정부지법 2022. 1. 13. 선고 2020노2839 판결

【주문】

원심판결을 파기하고, 사건을 의정부지방법원에 환송한다.

【이유】

상고이유를 판단한다.

1. 공소사실의 요지와 원심의 판단

가. 공소사실의 요지

피고인은 (차량번호 생략) 봉고3 차량의 운전업무에 종사하는 사람으로서 2020. 4. 8. 16:30경 고양시 (주소 생략) ○○○○○백화점 앞 횡단보도를 △△△△ 복지센터 방면에서 □□□□ 방면으로 미상의 속도로 진행하였다. 당시 그곳에는 신호등이 없는 횡단보도가 설치되어 있었으므로, 자동차의 운전업무에 종사하는 사람은 보행자가 있을 경우를 대비하여 서행함으로써 사고를 미리 방지하여야 할 업무상의 주의의무가 있었다.

그럼에도 피고인은 이를 게을리한 채 그대로 진행하다가 횡단보도 근처를 피고인 진행방향 왼쪽에서 오른쪽으로 횡단하는 피해자 공소외인(만 9세, 여, 초등학교 4

학년)을 뒤늦게 발견하고 제동을 하였으나 미처 멈추지 못하고 피고인 차량 앞 범퍼 부분으로 피해자의 오른쪽 무릎 부위를 충격하여 피해자에게 약 2주간의 치료를 요하는 우측 족근관절염좌 등의 상해를 입게 하였음에도 피해자를 구호하는 등의 조치를 취하지 않고 그대로 도주하였다.

나. 원심의 판단

원심은 다음과 같이 피고인이 공소사실 기재 사고 발생을 예견하거나 회피할 업무상 주의의무를 다하지 못하였다고 인정하기 어렵다는 이유로 이 사건 공소사실을 유죄로 판단한 제1심판결을 파기하고 무죄로 판단하였다.

1) 위 사고가 횡단보도 안에서 발생하였다고 단정하기 어렵다.

2) 피해자가 넘어지면서 상해가 발생한 것으로 보이므로, 피해자 진술만으로 피고인의 차량이 피해자의 신체를 충격하였다고 단정하기 어려워 피고인이 차량을 급정거함으로써 사고를 방지할 수 있을 정도로 서행하고 있었을 가능성을 배제할 수 없다.

3) 피고인이 주의를 다하였다면 피해자의 존재를 좀 더 일찍 인식하고 피해자가 넘어지는 경우를 방지할 수 있었는지를 알 수 있는 자료가 없다.

2. 대법원의 판단

가. 관련 법리

도로교통법 제27조 제5항은 '모든 차의 운전자는 보행자가 횡단보도가 설치되어 있지 아니한 도로를 횡단하고 있을 때에는 안전거리를 두고 일시정지하여 보행자가 안전하게 횡단할 수 있도록 하여야 한다.'고 규정하고 있다. 따라서 자동차의 운전자는 횡단보행자용 신호기가 설치되지 않은 횡단보도를 횡단하는 보행자가 있을 경우에 그대로 진행하더라도 보행자의 횡단을 방해하지 않거나 통행에 위험을 초래하지 않을 경우를 제외하고는, 횡단보도에 먼저 진입하였는지 여부와 관계없이 차를 일시정지하는 등의 조치를 취함으로써 보행자의 통행이 방해되지 않도록 할 의무가 있다(대법원 2020. 12. 24. 선고 2020도8675 판결, 대법원 2022. 4. 14. 선고 2020도17724 판결 참조).

도로교통법 제10조 제4항은 '보행자는 횡단보도 표시구역이 아닌 곳에서 차의 바로 앞이나 뒤로 횡단하여서는 아니 된다.'는 취지로 규정하고 있으므로, 모든 차의 운전자는 횡단보도 표시구역을 통과하면서 보행자가 횡단보도 노면표시가 없는 곳에서 갑자기 건너오지 않을 것이라고 신뢰하는 것이 당연하고 그렇지 아니할 이례적인 사태의 발생까지 예상하여 그에 대한 주의의무를 다하여야 한다고는 할 수 없다. 다만 이러한 신뢰의 원칙은 상대방 교통관여자가 도로교통 관련 제반 법규를 지켜 자동차의 운행 또는 보행에 임하리라고 신뢰할 수 없는 특별한 사정이 있는 경우에는 적용이 배제된다(대법원 1985. 7. 9. 선고 85도833 판결, 대법원 2002. 10. 11. 선고 2002도4134 판결, 대법원 2010. 7. 29. 선고 2010도4078 판결 등 참조).

자동차의 운전자가 통상 예견되는 상황에 대비하여 결과를 회피할 수 있는 정도의 주의의무를 다하지 못한 것이 교통사고 발생의 직접적인 원인이 되었다면, 비록 자동차가 보행자를 직접 충격한 것이 아니고 보행자가 자동차의 급정거에 놀라 도로에 넘어져 상해를 입은 경우라고 할지라도, 업무상 주의의무 위반과 교통사고 발생 사이에 상당인과관계를 인정할 수 있다.

나. 이 사건의 판단

1) 원심판결 이유와 적법하게 채택한 증거들에 따르면, 다음과 같은 사정을 알 수 있다.

가) 피고인은 시야 확보에 지장이 없는 맑은 날씨의 오후에 트럭을 운전하여 횡단보도를 통과한 직후 횡단보도 부근에서 차량 진행방향 좌측에서 우측으로 도로를 횡단하려는 피해자를 뒤늦게 발견하고 급제동 조치를 취하였다.

나) 사고가 발생한 장소는 편도 1차선의 폭이 비교적 좁은 도로이고 양쪽에 상점들이 있어서 횡단보도 부근의 차도 가장자리나 인도에 통행하는 보행자들이 많이 있었고, 횡단보도에는 횡단보행자용 신호기가 설치되어 있지 않아 언제든지 보행자가 횡단할 수 있는 상황이었다.

다) 피해자는 '피고인의 트럭에 치어 넘어졌다.'고 경찰에서 진술하였고, 사고 목격자의 경찰 진술도 이에 부합한다.

라) 피해자는 사고 당일부터 다리와 무릎의 통증을 호소하였고 약 2주간의 치료가 필요한 '우측 족근관절염좌, 족부 좌상'으로 통원 치료를 받았다.

2) 위와 같은 사정을 앞서 본 법리에 비추어 살펴보면, 원심의 판단은 아래와 같은 이유로 받아들이기 어렵다.

가) 사고 지점 부근의 도로 상황, 사고 발생 시각, 사고 당시의 교통량, 횡단보도 부근의 보행자 현황 등을 종합해 볼 때, 트럭을 운전하던 피고인으로서는 횡단보행자용 신호기가 설치되어 있지 않은 횡단보도 구간을 통과한 직후 그 부근에서 도로를 횡단하려는 보행자가 흔히 있을 수 있음을 충분히 예상할 수 있었으므로, 무단횡단하는 보행자를 발견한 즉시 안전하게 정차할 수 있도록 제한 속도 아래로 속도를 더욱 줄여 서행하고 전방과 좌우를 면밀히 주시하여 안전하게 운전함으로써 사고를 미연에 방지할 업무상 주의의무가 있었다.

나) 사고 전후의 경위와 관련자들의 진술에 비추어, 피고인의 트럭 앞 범퍼 부위로 피해자의 우측 무릎 부위를 직접 충격하여 피해자를 도로에 넘어지게 하였다고 볼 여지가 충분하다. 설령, 피고인의 트럭이 피해자를 직접 충격한 것이 아니었다고 할지라도, 피해자가 도로에 넘어진 직접적인 원인은 횡단보도를 통과하

면서 감속하지 않은 피고인의 차량이 급정거한 때문으로 봄이 합리적이다.

다) 피고인의 트럭이 피해자를 직접 충격하지 않았더라도 피고인이 횡단보도 부근에서 안전하게 서행하였더라면 사고 발생을 충분히 피할 수 있었을 것이므로, 피고인의 업무상 주의의무 위반과 사고 발생 사이의 상당인과관계를 부정하기는 어렵다.

3) 그럼에도 원심은 판시와 같은 이유만으로 이 사건 공소사실을 무죄로 판단하였다. 이러한 원심의 판단에는 필요한 심리를 다하지 않은 채 논리와 경험의 법칙을 위반하여 자유심증주의의 한계를 벗어나거나 「특정범죄 가중처벌 등에 관한 법률」 위반(도주치상)죄에서 업무상 주의의무 위반 등에 관한 법리를 오해하여 판결에 영향을 미친 잘못이 있다. 이를 지적하는 검사의 주장은 이유 있다.

3. 결론

그러므로 원심판결을 파기하고, 사건을 다시 심리·판단하도록 원심법원에 환송하기로 하여, 관여 대법관의 일치된 의견으로 주문과 같이 판결한다.

판례2 | 자동차 운전자가 보행자보다 먼저 횡단보행자용 신호기가 설치되지 않은 횡단보도에 진입한 경우에도, 차를 일시정지하는 등으로 보행자의 통행이 방해되지 않도록 할 의무가 있는지 여부(원칙적 적극)[대법원 2022. 4. 14.선고 2020도17724 판결]

【원심판결】

부산지법 2020. 11. 26. 선고 2020노1948 판결

【주문】

상고를 기각한다.

【이유】

상고이유를 판단한다.

1. 자동차의 운전자는 횡단보행자용 신호기의 지시에 따라 횡단보도를 횡단하는 보행자가 있을 때에는 횡단보도에의 진입 선후를 불문하고 일시정지하는 등의 조치를 취함으로써 보행자의 통행이 방해되지 않도록 하여야 하고, 다만 자동차가 횡단보도에 먼저 진입한 경우로서 그대로 진행하더라도 보행자의 횡단을 방해하지 않거나 통행에 위험을 초래하지 않을 상황이라면 그대로 진행할 수 있는 것으로 해석되고, 이러한 법리는 그 보호의 정도를 달리 볼 이유가 없는 횡단보행자용 신호기가 설치되지 않은 횡단보도를 횡단하는 보행자에 대하여도 마찬가지로 적용된다. 따라서 모든 차의 운전자는 보

행자보다 먼저 횡단보행자용 신호기가 설치되지 않은 횡단보도에 진입한 경우에도, 보행자의 횡단을 방해하지 않거나 통행에 위험을 초래하지 않을 상황이 아니고서는, 차를 일시정지하는 등으로 보행자의 통행이 방해되지 않도록 할 의무가 있다(대법원 2020. 12. 24. 선고 2020도8675 판결 참조).

2. 이 사건의 경위는, 피고인이 2020. 2. 4. 18:50 화물차를 운전하여 교통섬이 있는 교차로에서 우회전을 하며 횡단보행자용 신호기가 없는 횡단보도 앞에서 일시정지하지 아니한 채 그대로 진행하였고, 피해자가 진행방향 우측에서 횡단보도를 뛰어 건너다가 화물차 적재함 부분과 충돌하여 상해를 입었다는 것이다.

3. 원심판결 이유 및 원심이 적법하게 채택하여 조사한 증거 등에 의하면, 피고인이 피해자보다 먼저 화물차를 운전하여 횡단보행자용 신호기가 없는 횡단보도에 진입하면서 횡단보도 앞에서 일시정지하지 않은 채 그대로 진행한 사실, 곧바로 후드티 모자를 쓴 피해자(14세)가 횡단보도를 뛰어 건너다가 피고인의 화물차 오른쪽 적재함 부분과 충돌한 사실을 인정할 수 있다.

이러한 사실관계를 앞서 본 법리에 비추어 살펴보면, 피고인이 운전한 화물차가 보행자인 피해자보다 먼저 횡단보행자용 신호기가 없는 횡단보도에 진입하였더라도 보행자의 횡단을 방해하지 않거나 통행에 위험을 초래하지 않을 상황이 아니고서는, 차를 일시정지하는 등 보행자의 통행이 방해되지 않도록 할 의무가 있다. 이를 위반하여 화물차를 일시정지하지 않은 채 횡단보도를 통과한 행위는 도로교통법 제27조 제1항에 따른 '횡단보도에서의 보행자 보호의무'를 위반한 경우로서 「교통사고처리 특례법」 제3조 제2항 단서 제6호에 해당한다고 봄이 타당하고, 피고인의 위와 같은 의무 위반이 이 사건 교통사고 발생의 원인이 되었다고 보아야 한다.

같은 취지의 원심판단에는 상고이유 주장과 같은 「교통사고처리 특례법」제3조 제2항 단서 제6호의 해석·적용이나 인과관계에 관한 법리를 오해한 잘못이 없다.

4. 상고를 기각하기로 하여, 관여 대법관의 일치된 의견으로 주문과 같이 판결한다.

판례3 | 횡단보행자용 신호기가 설치되지 않은 횡단보도를 횡단하는 보행자가 있을 경우, 자동차 운전자의 보행자에 대한 주의의무[대법원 2020. 12. 24.선고 2020도8675 판결]

【판결요지】

[1] 횡단보행자용 신호기가 설치되지 않은 횡단보도를 횡단하는 보행자가 있을 경우에, 모든 차 또는 노면전차(이하 구별하지 않고 '차'라고만 한다)의 운전자는, 그대로 진행하더라도 보행자의 횡단을 방해하지 않거나 통행에 위험을 초래하지 않을 경우를 제외하고는, 횡단보도에 차가 먼저 진입하였는지 여부와 관계없이 차를 일시정지하는

등의 조치를 취함으로써 보행자의 통행이 방해되지 않도록 할 의무가 있다. 만일 이를 위반하여 형법 제268조의 죄를 범한 때에는 교통사고처리 특례법 제3조 제2항 단서 제6호의 '횡단보도에서의 보행자 보호의무를 위반하여 운전한 경우'에 해당하여 보험 또는 공제 가입 여부나 처벌에 관한 피해자의 의사를 묻지 않고 같은 법 제3조 제1항에 의한 처벌의 대상이 된다고 보아야 한다.

[2] 도로교통법 제27조 제1항은 "모든 차 또는 노면전차(이하 구별하지 않고 '차'라고만 한다)의 운전자는 보행자(제13조의2 제6항 에 따라 자전거에서 내려서 자전거를 끌고 통행하는 자전거 운전자를 포함한다)가 횡단보도를 통행하고 있을 때에는 보행자의 횡단을 방해하거나 위험을 주지 아니하도록 그 횡단보도 앞(정지선이 설치되어 있는 곳에서는 그 정지선을 말한다)에서 일시정지하여야 한다."라고 규정하고 있다. 그 입법 취지는 차를 운전하여 횡단보도를 지나는 운전자의 보행자에 대한 주의의무를 강화하여 횡단보도를 통행하는 보행자의 생명·신체의 안전을 두텁게 보호하려는 데에 있다. 교통사고처리 특례법 제3조 제2항 단서 제6호, 제4조 제1항 단서 제1호가 '도로교통법 제27조 제1항에 따른 횡단보도에서의 보행자 보호의무를 위반하여 운전한 경우'에는 교통사고처리 특례법 제3조 제2항 본문, 제4조 제1항 본문의 각 규정에 의한 처벌의 특례가 적용되지 않도록 규정한 취지도 마찬가지로 해석된다.

위 각 규정의 내용과 취지를 종합하면, 자동차의 운전자는 횡단보행자용 신호기의 지시에 따라 횡단보도를 횡단하는 보행자가 있을 때에는 횡단보도에의 진입 선후를 불문하고 일시정지하는 등의 조치를 취함으로써 보행자의 통행이 방해되지 않도록 하여야 하고, 다만 자동차가 횡단보도에 먼저 진입한 경우로서 그대로 진행하더라도 보행자의 횡단을 방해하지 않거나 통행에 위험을 초래하지 않을 상황이라면 그대로 진행할 수 있는 것으로 해석된다. 이러한 법리는 그 보호의 정도를 달리 볼 이유가 없는 횡단보행자용 신호기가 설치되지 않은 횡단보도를 횡단하는 보행자에 대하여도 마찬가지로 적용된다고 보아야 한다. 따라서 모든 차의 운전자는 보행자보다 먼저 횡단보행자용 신호기가 설치되지 않은 횡단보도에 진입한 경우에도, 보행자의 횡단을 방해하지 않거나 통행에 위험을 초래하지 않을 상황이 아니고서는, 차를 일시정지하는 등으로 보행자의 통행이 방해되지 않도록 할 의무가 있다.

【원심판결】

서울동부지법 2020. 6. 11. 선고 2019노1470 판결

【주문】

상고를 기각한다.

【이유】

상고이유를 판단한다.

1. 가. 횡단보행자용 신호기가 설치되지 않은 횡단보도를 횡단하는 보행자가 있을 경우에, 모든 차 또는 노면전차(이하 구별하지 않고 '차'라고만 한다)의 운전자는, 그대로 진행하더라도 보행자의 횡단을 방해하지 않거나 통행에 위험을 초래하지 않을 경우를 제외하고는, 횡단보도에 차가 먼저 진입하였는지 여부와 관계없이 차를 일시정지하는 등의 조치를 취함으로써 보행자의 통행이 방해되지 않도록 할 의무가 있다. 만일 이를 위반하여 형법 제268조의 죄를 범한 때에는「교통사고처리 특례법」제3조 제2항 단서 제6호의 '횡단보도에서의 보행자 보호의무를 위반하여 운전한 경우'에 해당하여 보험 또는 공제 가입 여부나 처벌에 관한 피해자의 의사를 묻지 않고 같은 법 제3조 제1항에 의한 처벌의 대상이 된다고 보아야 한다.

나. 도로교통법 제27조 제1항은 "모든 차 또는 노면전차의 운전자는 보행자(제13조의2 제6항에 따라 자전거에서 내려서 자전거를 끌고 통행하는 자전거 운전자를 포함한다)가 횡단보도를 통행하고 있을 때에는 보행자의 횡단을 방해하거나 위험을 주지 아니하도록 그 횡단보도 앞(정지선이 설치되어 있는 곳에서는 그 정지선을 말한다)에서 일시정지하여야 한다."라고 규정하고 있다. 그 입법 취지는 차를 운전하여 횡단보도를 지나는 운전자의 보행자에 대한 주의의무를 강화하여 횡단보도를 통행하는 보행자의 생명·신체의 안전을 두텁게 보호하려는 데에 있다(대법원 2009. 5. 14. 선고 2007도9598 판결 참조).「교통사고처리 특례법」제3조 제2항 단서 제6호, 제4조 제1항 단서 제1호가 '도로교통법 제27조 제1항에 따른 횡단보도에서의 보행자 보호의무를 위반하여 운전한 경우'에는「교통사고처리 특례법」제3조 제2항 본문, 제4조 제1항 본문의 각 규정에 의한 처벌의 특례가 적용되지 않도록 규정한 취지도 마찬가지로 해석된다.

위 각 규정의 내용과 취지를 종합하면, 자동차의 운전자는 횡단보행자용 신호기의 지시에 따라 횡단보도를 횡단하는 보행자가 있을 때에는 횡단보도에의 진입 선후를 불문하고 일시정지하는 등의 조치를 취함으로써 보행자의 통행이 방해되지 않도록 하여야 하고, 다만 자동차가 횡단보도에 먼저 진입한 경우로서 그대로 진행하더라도 보행자의 횡단을 방해하지 않거나 통행에 위험을 초래하지 않을 상황이라면 그대로 진행할 수 있는 것으로 해석된다(대법원 2017. 3. 15. 선고 2016도17442 판결 참조). 이러한 법리는 그 보호의 정도를 달리 볼 이유가 없는 횡단보행자용 신호기가 설치되지 않은 횡단보도를 횡단하는 보행자에 대하여도 마찬가지로 적용된다고 보아야 한다. 따라서 모든 차의 운전자는 보행자보다 먼저 횡단보행자용 신호기가 설치되지 않은 횡단보도에 진입한 경우에도, 보행자의 횡단을 방해하지 않거나 통행에 위험을 초래하지 않을 상황이 아니고서는, 차를 일시정지하는 등으로 보행자의 통행이 방해되지 않도록 할 의무가 있다.

2. 원심은, 피고인이 운전하는 자동차가 이 사건 사고 장소인 횡단보도에 진입한 순간 피고인 자동차 진행 방향 좌측에 주차되어 있던 차량의 뒤쪽에서 피해자가 뛰어서 피고인 자동차 진행 방향 좌측에서 우측으로 횡단보도를 건너기 시작한 사실, 피해자가 횡단보도의 중간에 다다르기 직전에 피고인 자동차의 앞 범퍼 부분과 충돌한 사실을 인정한 다음, 이 사건 사고 장소는 횡단보행자용 신호기가 설치되지 않아 언제든지 보행자가 횡단할 수 있는 곳이고, 당시 도로 양쪽으로 주차된 차량으로 인해 횡단보도 진입부에 보행자가 있는지 여부를 확인할 수 없는 상황이었으므로, 피고인으로서는 자동차를 일시정지하여 횡단보도를 통행하는 보행자가 없는 것을 확인하거나 발견 즉시 정차할 수 있도록 자동차의 속도를 더욱 줄여 진행하였어야 하고, 그럼에도 피고인이 이를 게을리한 것은 도로교통법 제27조 제1항에서 정한 '횡단보도에서의 보행자 보호의무'를 위반한 것이라고 판단하였다. 이러한 판단에 따라 원심은, 피고인이 '횡단보도에서의 보행자 보호의무'를 위반하지 않았다고 보아 공소기각 판결을 선고한 제1심판결을 파기하고 사건을 제1심법원에 환송하였다.

3. 적법하게 채택한 증거에 비추어 살펴보면, 원심의 위와 같은 판단과 조치는 앞서 본 법리에 따른 것으로서 정당하다. 거기에 상고이유 주장과 같이 도로교통법 제27조 제1항의 해석·적용에 관한 법리를 오해하거나 논리와 경험의 법칙을 위반하여 자유심증주의의 한계를 벗어난 잘못이 없다.

4. 그러므로 상고를 기각하기로 하여, 관여 대법관의 일치된 의견으로 주문과 같이 판결한다.

판례4 | 자동차 운전자의 횡단보도에서의 보행자 보호의무의 내용[대법원 2017. 3. 15.선고 2016도 17442 판결]

【판결요지】

교통사고처리 특례법 제3조 제2항 본문, 단서 제6호, 제4조 제1항 본문, 단서 제1호, 도로교통법 제27조 제1항의 내용 및 도로교통법 제27조 제1항의 입법 취지가 차를 운전하여 횡단보도를 지나는 운전자의 보행자에 대한 주의의무를 강화하여 횡단보도를 통행하는 보행자의 생명·신체의 안전을 두텁게 보호하려는 데 있음을 감안하면, 모든 차의 운전자는 신호기의 지시에 따라 횡단보도를 횡단하는 보행자가 있을 때에는 횡단보도에의 진입 선후를 불문하고 일시정지하는 등의 조치를 취함으로써 보행자의 통행이 방해되지 아니하도록 하여야 한다. 다만 자동차가 횡단보도에 먼저 진입한 경우로서 그대로 진행하더라도 보행자의 횡단을 방해하거나 통행에 아무런 위험을 초래하지 아니할 상황이라면 그대로 진행할 수 있다.

【원심판결】

의정부지법 2016. 10. 7. 선고 2015노3482 판결

【주문】

상고를 기각한다.

【이유】

상고이유를 판단한다.

교통사고처리 특례법 제3조 제2항 단서 제6호, 제4조 제1항 단서 제1호의 각 규정에 의하면 ' 도로교통법 제27조 제1항의 규정에 따른 횡단보도에서의 보행자 보호의무를 위반하여 운전한 경우'에는 교통사고처리 특례법 제3조 제2항 본문, 제4조 제1항 본문의 각 규정에 의한 처벌의 특례가 적용되지 아니한다. 그리고 도로교통법 제27조 제1항은 "모든 차의 운전자는 보행자(제13조의2 제6항에 따라 자전거에서 내려서 자전거를 끌고 통행하는 자전거 운전자를 포함한다)가 횡단보도를 통행하고 있을 때에는 보행자의 횡단을 방해하거나 위험을 주지 아니하도록 그 횡단보도 앞(정지선이 설치되어 있는 곳에서는 그 정지선을 말한다)에서 일시정지하여야 한다."라고 규정하고 있다.

위 각 규정의 내용 및 도로교통법 제27조 제1항의 입법 취지가 차를 운전하여 횡단보도를 지나는 운전자의 보행자에 대한 주의의무를 강화하여 횡단보도를 통행하는 보행자의 생명·신체의 안전을 두텁게 보호하려는 데 있는 것임을 감안하면, 모든 차의 운전자는 신호기의 지시에 따라 횡단보도를 횡단하는 보행자가 있을 때에는 횡단보도에의 진입 선후를 불문하고 일시정지하는 등의 조치를 취함으로써 보행자의 통행이 방해되지 아니하도록 하여야 한다. 다만 자동차가 횡단보도에 먼저 진입한 경우로서 그대로 진행하더라도 보행자의 횡단을 방해하거나 통행에 아무런 위험을 초래하지 아니할 상황이라면 그대로 진행할 수 있다고 보아야 한다.

원심은, 그 판시와 같은 사정 등을 종합하면 피고인이 이 사건 공소사실 기재와 같이 횡단보도의 보행자 신호가 녹색 등화로 바뀌었음에도 횡단보도 위에서 일시정지를 하지 아니한 업무상 과실로 피해자를 충격하여 피해자에게 상해를 입혔고, 위와 같은 피고인의 과실과 피해자가 입은 상해 사이에 상당인과관계도 인정된다는 이유를 들어, 피고인이 도로교통법 제27조 제1항에서 정한 '횡단보도에서의 보행자 보호의무'를 위반하여 이 사건 사고가 발생한 것으로 보기는 어렵다고 보아 공소기각 판결을 선고한 제1심판결을 파기하여 제1심법원에 환송하였다.

원심판결 이유를 앞서 본 법리와 기록에 비추어 살펴보면, 원심의 위와 같은 판단은 수긍할 수 있다. 거기에 상고이유의 주장과 같이 논리와 경험의 법칙에 반하여 자유심증

주의의 한계를 벗어나거나 도로교통법 제27조 제1항에 관한 법리를 오해하고 증거재판주의와 죄형법정주의를 위반하는 등의 잘못이 없다.

그러므로 상고를 기각하기로 하여, 관여 대법관의 일치된 의견으로 주문과 같이 판결한다.

판례5 | 차의 운전자가 도로교통법 제27조 제1항에 따른 횡단보도에서의 보행자 보호의무를 위반하여 운전하는 행위로 상해의 결과가 발생한 경우, 위 상해가 횡단보도 보행자 아닌 제3자에게 발생하였더라도 교통사고처리 특례법 제3조 제2항 단서 제6호의 사유에 해당하는지 여부(한정 적극)[대법원 2011. 4.28.선고 2009도12671 판결]

【판결요지】

[1] 교통사고처리 특례법(이하 '특례법'이라고 한다) 제3조 제2항 단서 제6호, 제4조 제1항 단서 제1호는 '도로교통법 제27조 제1항의 규정에 의한 횡단보도에서의 보행자 보호의무를 위반하여 운전하는 행위로 인하여 업무상과실치상의 죄를 범한 때'를 특례법 제3조 제2항, 제4조 제1항 각 본문의 처벌 특례 조항이 적용되지 않는 경우로 규정하고, 도로교통법 제27조 제1항 은 모든 차의 운전자는 "보행자가 횡단보도를 통행하고 있는 때에는 그 횡단보도 앞에서 일시 정지하여 보행자의 횡단을 방해하거나 위험을 주어서는 아니된다."라고 규정하고 있다. 따라서 차의 운전자가 도로교통법 제27조 제1항에 따른 횡단보도에서의 보행자에 대한 보호의무를 위반하고 이로 인하여 상해의 결과가 발생하면 그 운전자의 행위는 특례법 제3조 제2항 단서 제6호에 해당하게 되는데, 이때 횡단보도 보행자에 대한 운전자의 업무상 주의의무 위반행위와 상해의 결과 사이에 직접적인 원인관계가 존재하는 한 위 상해가 횡단보도 보행자 아닌 제3자에게 발생한 경우라도 위 단서 제6호 에 해당하는 데에는 지장이 없다.

[2] 피고인이 자동차를 운전하다 횡단보도를 걷던 보행자 갑을 들이받아 그 충격으로 횡단보도 밖에서 갑과 동행하던 피해자 을이 밀려 넘어져 상해를 입은 사안에서, 위 사고는, 피고인이 횡단보도 보행자 갑에 대하여 구 도로교통법(2009. 12. 29. 법률 제9845호로 개정되기 전의 것) 제27조 제1항에 따른 주의의무를 위반하여 운전한 업무상 과실로 야기되었고, 을의 상해는 이를 직접적인 원인으로 하여 발생하였다는 이유로, 피고인의 행위가 구 교통사고처리 특례법(2010. 1. 25. 법률 제9941호로 개정되기 전의 것) 제3조 제2항 단서 제6호 에서 정한 횡단보도 보행자 보호의무의 위반행위에 해당한다고 한 사례.

【원심판결】

청주지법 2009. 10. 28. 선고 2009노939 판결

【주문】

원심판결을 파기하고, 사건을 청주지방법원 본원 합의부에 환송한다.

【이유】

상고이유를 판단한다.

교통사고처리 특례법(이하 '특례법'이라고 한다) 제3조 제2항 단서 제6호, 제4조 제1항 단서 제1호는 '도로교통법 제27조 제1항의 규정에 의한 횡단보도에서의 보행자 보호의무를 위반하여 운전하는 행위로 인하여 업무상과실치상의 죄를 범한 때'를 특례법 제3조 제2항, 제4조 제1항 각 본문 소정의 처벌의 특례 조항이 적용되지 않는 경우로 규정하고, 도로교통법 제27조 제1항은 모든 차의 운전자는 "보행자가 횡단보도를 통행하고 있는 때에는 그 횡단보도 앞에서 일시 정지하여 보행자의 횡단을 방해하거나 위험을 주어서는 아니된다."라고 규정하고 있다. 따라서 차의 운전자가 도로교통법 제27조 제1항의 규정에 따른 횡단보도에서의 보행자에 대한 보호의무를 위반하고 이로 인하여 상해의 결과가 발생하면 그 운전자의 행위는 특례법 제3조 제2항 단서 제6호에 해당하게 될 것인바, 이때 횡단보도 보행자에 대한 운전자의 업무상 주의의무 위반행위와 그 상해의 결과 사이에 직접적인 원인관계가 존재하는 한 위 상해가 횡단보도 보행자 아닌 제3자에게 발생한 경우라 해도 단서 제6호에 해당함에는 지장이 없다.

원심판결 이유에 의하면 원심은, 특례법 제3조 제2항 단서 제6호 및 도로교통법 제27조 제1항의 입법 취지에는 차를 운전하여 횡단보도를 지나는 운전자의 보행자에 대한 주의의무뿐만 아니라 횡단보도를 통행하는 보행자의 생명·신체의 안전을 두텁게 보호하기 위한 목적까지도 포함된 것으로 봄이 상당하다고 한 다음, 피고인이 운전하는 자동차가 이 사건 횡단보도를 통행하는 공소외인을 충격하고, 그로 인하여 공소외인이 부축하던 피해자가 밀려 넘어져 상해를 입게 되었다고 하더라도 피해자가 횡단보도 밖에서 통행하고 있었던 이상 피해자는 특례법 제3조 제2항 단서 제6호 및 도로교통법 제27조 제1항에 의한 보호대상이 될 수 없다는 이유를 들어 특례법 제3조 제2항 및 제4조 제1항 각 본문을 적용하여 피고인에게 공소기각을 선고한 제1심판결을 그대로 유지하고, 검사의 항소를 기각하였다.

그러나 원심의 인정 사실에 의하면, 이 사건 사고는 도로교통법 제27조 제1항의 규정에 따른 횡단보도 보행자인 공소외인에 대하여 피고인이 그 주의의무를 위반하여 운전한 업무상 과실로써 야기된 것이고, 피해자의 상해는 이를 직접적인 원인으로 하여 발생한 것으로 보아야 하는 이상, 앞서 본 법리에 비추어 이는 특례법 제3조 제2항 단서 제6호

에서 정한 횡단보도 보행자 보호의무의 위반행위에 해당한다 할 것이다.

그럼에도 이 사건 범죄의 성립과 직접 관련이 없는 부수적인 사정을 들어 이와 달리 판단한 원심판결에는 특례법 제3조 제2항 단서 제6호에 관한 법리를 오해하여 판결에 영향을 미친 위법이 있다. 이 점을 지적하는 취지의 상고이유의 주장은 이유 있다.

그러므로 원심판결을 파기하고 사건을 다시 심리·판단하도록 원심법원에 환송하기로 하여 관여 대법관의 일치된 의견으로 주문과 같이 판결한다.

판례6 | 자동차전용도로에서 앞차에 의해 1차 충격된 무단횡단 보행자를 뒤차가 재차 충격하여 사망에 이르게 한 사고[대법원 2007. 7. 13. 선고 2007다26240 판결]

【원심판결】

대구고법 2007. 3. 28. 선고 2006나7236 판결

【주문】

원심판결을 파기하고, 이 사건을 대구고등법원에 환송한다.

【이유】

상고이유를 판단한다.

도로교통법 제63조는 보행자는 자동차전용도로를 통행하거나 횡단하여서는 아니 된다고 규정하고 있으므로, 자동차전용도로를 운행하는 자동차의 운전자로서는 특별한 사정이 없는 한 보행자가 자동차전용도로를 통행하거나 횡단할 것까지 예상하여 급정차를 할 수 있도록 대비하면서 운전할 주의의무는 없다 할 것이고, 따라서 자동차전용도로를 무단횡단하는 피해자를 충격하여 사고를 발생시킨 경우라도 운전자가 상당한 거리에서 그와 같은 무단횡단을 미리 예상할 수 있는 사정이 있었고, 그에 따라 즉시 감속하거나 급제동하는 등의 조치를 취하였다면 피해자와의 충돌을 면할 수 있었다는 등의 특별한 사정이 인정되지 아니하는 한 자동차 운전자에게 과실이 있다고는 볼 수 없다(대법원 1996. 10. 15. 선고 96다22525 판결, 1998. 4. 28. 선고 98다5135 판결 등 참조).

원심이 적법하게 채택한 증거에 의하면, 이 사건 사고지점인 대구 북구 칠성동1가 소재 신천대로는 제한속도 80㎞/h의 자동차전용도로로서, 피고의 피보험차량인 이 사건 승합차의 진행방향 우측 2차로와 3차로 사이에는 그 위로 지나는 철도교의 교각이 설치되어 있고, 4차로의 오른쪽에는 옹벽이 설치되어 있는데, 이 사건 사고지점 부근에서는 위 옹벽의 높이가 상당히 높고 그 위로 나무도 우거져 있는 사실, 피해자 소외 1은 위 교각의 뒤쪽에서 나와 도로를 무단횡단하다가 1차로와 2차로의 경계 지점에서 이 사건 연쇄 충돌사고를 당하게 된 사실이 인정되므로, 자동차전용도로를 운행하던 이 사건 승합차의

운전자인 소외 2로서는 피해자가 2차로와 3차로 사이에 설치되어 있는 교각의 뒤쪽에서 나와 도로를 무단횡단할 것이라고 예상하기는 어려웠을 뿐만 아니라 피해자가 2차로상으로 나오기 전까지는 교각에 가려 피해자를 발견할 수도 없었다고 할 것이고, 비록 소외 2에게 앞차와의 안전거리를 확보하지 않은 채 진행한 잘못이 있다고 하더라도, 이 사건 사고경위에 비추어 볼 때 소외 2의 위와 같은 잘못과 이 사건 사고 발생 사이에 상당인과관계가 있다고 볼 수는 없으므로(앞차를 뒤따라 진행하다가 앞차에 의해 1차로 충격된 보행자를 피하지 못하고 재차 충격한 뒤차 운전자의 과실이 그러한 사정이 없이 그냥 단순히 진행하다가 보행자를 충격한 운전자의 과실보다 크다고 할 수는 없을 것인데, 피해자가 자동차전용도로를 무단횡단하다가 사고를 당한 이 사건에서 만일 위 피해자가 앞차에 의해 1차로 충격됨이 없이 곧바로 이 사건 승합차에 의해 충격당하였더라면 이 사건 승합차의 운전자가 앞차와의 안전거리를 지키지 않았다는 사유만으로 그에게 이 사건 사고결과에 대한 책임을 묻기는 어려웠을 것이라는 점과 비교하여 보면 자명한 일이다), 결국 이 사건 사고결과에 대하여 소외 2에게 과실책임을 묻기는 어렵다고 할 것이다.

그럼에도 불구하고, 이 사건 사고 당시 소외 2가 앞차와의 안전거리를 확보하지 않은 채 근접 운행한 과실과 이 사건 사고결과와의 사이에 상당인과관계가 있다고 보아 소외 2에게 이 사건 사고결과에 대한 책임을 인정한 원심판결에는 자동차전용도로에서의 자동차 운전자의 주의의무에 관한 법리나 과실과 사고결과 사이의 상당인과관계에 관한 법리를 오해하여 판결에 영향을 미친 위법이 있다.

그러므로 원심판결을 파기하고, 이 사건을 다시 심리·판단하게 하기 위하여 원심법원에 환송하기로 하여 관여 대법관의 일치된 의견으로 주문과 같이 판결한다.

판례7 | 야간에 소형화물차를 운전하던 자가 편도 1차로의 도로상에 불법주차된 덤프트럭 뒤에서 갑자기 뛰어나온 피해자를 충격하여 상해를 입힌 사고[대법원 2005. 2. 25. 선고 2004다66766 판결]

【판결요지】

야간에 소형화물차를 운전하던 자가 편도 1차로의 도로상에 미등이나 차폭등이 꺼진 채 우측 가장자리에 역방향으로 불법주차된 덤프트럭을 지나쳐 가다가 덤프트럭 뒤에서 길을 횡단하려고 갑자기 뛰어나온 피해자를 충격하여 상해를 입힌 사안에서, 위 덤프트럭 운전자의 불법주차와 위 교통사고 사이에 상당인과관계가 있다고 한 사례.

【원심판결】

광주고법 2004. 11. 4. 선고 2004나3849 판결

【주문】

원심판결을 모두 파기하고, 사건을 광주고등법원에 환송한다.

【이유】

상고이유를 본다.

1. 원심의 판단

가. 원심이 인정한 사실관계

원심판결 이유에 의하면, 원심은 그 채용 증거들을 종합하여, 소외 1은 (차량등록번호 1 생략) 코란도 밴 소형화물차(이하 '이 사건 자동차'라 한다)의 소유자로서 2001. 4.경 원고와 사이에 위 자동차에 관하여 보험기간을 2001. 4. 23.부터 2002. 4. 23.까지로 정하여 자동차종합보험계약을 체결한 사실, 피고 1은 (차량등록번호 2 생략) 덤프트럭(이하 '이 사건 덤프트럭'이라 한다)의 소유자로서 2000. 12.경 소외 리젠트화재보험 주식회사와 사이에 위 덤프트럭에 관하여 보험기간을 2000. 12. 2.부터 2001. 12. 2.까지로 정하여 자동차종합보험계약을 체결하였는데, 피고 현대해상화재보험 주식회사는 2002. 6. 7. 위 리젠트화재보험 주식회사로부터 금융산업의구조개선에관한법률 제14조 제2항의 규정에 따라 위 소외 회사와 피고 1 사이의 위 자동차종합보험계약의 보험자 지위를 이전받은 사실, 위 소외 1은 2001. 9. 20. 19:20경 이 사건 자동차를 운전하여 광주 북구 ○○동에 있는 △△아파트 제□□□동 옆 편도 1차선의 도로를 광주북부경찰서 쪽에서 용봉IC 쪽으로 진행하던 중 그 곳 우측 가장자리에 역방향(광주북부경찰서 쪽)으로 주차된 이 사건 덤프트럭을 지나쳐 가다가 위 도로를 우측에서 좌측으로 횡단하기 위하여 위 덤프트럭 뒤에서 갑자기 뛰어나온 피해자 소외 2를 발견하지 못하고 위 자동차의 앞 휀다 우측 부분으로 위 피해자의 머리 및 다리 부위를 충격하여 위 소외 2에게 뇌좌상 등의 상해를 입게 하는 이 사건 사고를 낸 사실, 원고는 위 소외 1과의 자동차종합보험계약에 따라 2002. 1. 4.경부터 2002. 12. 20.경까지 사이에 위 피해자에게 손해배상금 등으로 합계 금 317,599,720원을 지급한 사실, 이 사건 사고 장소는 도로 가장자리에 황색 실선이 설치된 주차금지구역으로서 노폭은 편도 3.5m 정도인데, 당시 피고 1은 야간이었음에도 미등 및 차폭등을 켜지 않은 채 이 사건 덤프트럭을 위 장소에 불법 주차한 사실, 이 사건 덤프트럭의 규격은 너비 2.49m, 높이 3.075m, 길이 8.549m 정도인 사실을 각 인정하였다.

나. 원고의 주장 및 원심의 판단

원고는, 이 사건 사고는 전방주시 의무를 소홀히 한 위 소외 1의 과실과 주차금지구역에 이 사건 덤프트럭을 불법으로 주차하여 통행 및 시야 확보에 지장을 초래한 피고 1

의 과실이 경합하여 발생한 것이므로, 피고 1 및 그 보험자의 지위에 있는 피고 현대해상화재보험 주식회사는 각자 원고가 지급한 손해배상금 중 피고 1의 책임비율에 해당하는 금액을 지급할 의무가 있다고 주장하였다.

이에 대하여 원심은, 피고 1의 불법주차행위로 인해 위 소외 1이 자신의 차선을 지켜 차량을 운전하는 데 다소 지장이 초래된 점은 인정할 수 있으나, 이 사건 사고는 소외 1이 진행 방향의 우측에서 갑자기 뛰어나온 피해자 소외 2를 충격한 것으로서 설령 이 사건 덤프트럭이 주차되어 있지 않아 진행 방향 차선을 정상적으로 운행하였다 하더라도 이를 피할 수 있었으리라고는 보이지 아니하고, 한편 이 사건 사고 당시 8세 남짓이던 피해자 소외 2로서도 이 사건 덤프트럭이 주차되어 있지 않았다하여 그 스스로 사고 발생 가능성을 줄일 수 있었으리라고 보이지도 아니하므로, 결국 이 사건 사고는 전방주시의무를 소홀히 한 위 소외 1의 과실과 도로의 상황을 살피지 아니하고 갑자기 무단횡단을 한 피해자 소외 2의 과실이 경합하여 발생한 것일 뿐 피고 1의 위 불법주차행위와 위 사고 발생과의 사이에 상당인과관계를 인정할 수는 없다고 판단하여, 원고의 주장을 배척한 제1심판결의 결론을 그대로 유지하였다.

2. 이 법원의 판단

원심의 위와 같은 판단은 다음과 같은 이유로 수긍하기 어렵다.

원심이 인정한 바와 같이, 이 사건 사고 장소는 주차금지구역이었을 뿐만 아니라 사고 당시는 야간이었음에도 피고 1은 미등이나 차폭등을 켜지 않은 채 이 사건 덤프트럭을 위 사고 장소에 불법으로 주차하였고, 이 사건 사고 장소의 도로 너비는 편도 3.5m 정도인데 이 사건 덤프트럭의 규격은 너비 2.49m, 높이 3.075m, 길이 8.549m 정도라는 것이므로, 사정이 이와 같다면, 위와 같이 거대한 크기의 덤프트럭이 불법주차되어 있음으로 인하여 위 소외 1은 자신의 차로를 지켜 운전하는 데 지장이 있었음은 물론 진행방향 전방 오른쪽의 시야가 가로막혀 그 곳에 있는 보행자의 움직임을 파악할 수 없는 상태에 있었고, 피해자 소외 2도 이 사건 도로 쪽의 시야가 가로막혀 차량 운행상황을 파악할 수 없는 상태에 있었다고 할 것이어서, 달리 특별한 사정이 없는한 피고 1이 위와 같이 이 사건 덤프트럭을 불법주차한 것 자체가 이 사건 사고의 원인이 된 차량운행상의 과실로서 이 사건 사고와 상당인과관계가 있다고 보아야 할 것이다.

즉, 이 사건 사고 장소에 위 덤프트럭이 위와 같이 불법주차되어 있지 않았다면 위 소외 1은 반대차로를 운행하는 차량의 진행상황을 확인할 필요 없이 자신의 진행차로를 따라 정상적으로 운행할 수 있었음은 물론 진행방향 전방 오른쪽의 시야를 확보할 수 있게 되어 피해자 소외 2가 도로횡단을 시작하기 이전에 위 소외 2를 발견하고 도로횡단에 대비한 운전을 할 수 있었을 것으로 보이고, 위 소외 2도 이 사건 도로의 차량운행상황을 파악하여 횡단 여부나 그 시기를 결정할 수 있었을 것으로 보이므로, 달리 특별한 사정이 없는 한 피고 1이 이 사건 덤프트럭을 이 사건 도로에 위와 같이 불법주차한 것 자체가 이 사건 사고 발생의 원인이 된 과실에 해당한다고 볼 것이다. 그럼에도 불구하고, 원심은 그 판시와 같은 이유만으로 피고 1의 불법주차행위와 이 사건 사고 사이에 상당인과관계를 인정할 수 없다고 판단하였으니, 이와 같은 원심판결에는 불법행위에 있어서의 과실 또는 상당인과관계에 관한 법리를 오해한 위법이 있다 할 것이다. 이 점을 지적하는 상고이유의 주장은 이유 있다.

3. 결 론

그러므로 원심판결을 모두 파기하고, 사건을 다시 심리·판단하게 하기 위하여 원심법원에 환송하기로 하여 관여 대법관의 일치된 의견으로 주문과 같이 판결한다.

판례8 │ 횡단보도를 횡단하고 있는 보행자는 보행자용 녹색등화가 점멸되고 있는 도중에는 신속하게 횡단을 완료하거나 횡단을 중지하고 보도로 되돌아와야 하는데도, 원고가 녹색등화의 점멸신호가 적색으로 바뀌기 전까지 횡단을 완료하지 못한 잘못으로 일어난 사고*[대법원 2003. 12. 12. 선고 2003다49252 판결]*

【원심판결】

서울고법 2003. 8. 22. 선고 2003나8406 판결

【주문】

원심판결 중 일실수입과 개호비에 관한 원고 패소 부분을 파기하고 그 부분 사건을 서울고등법원에 환송한다. 나머지 상고를 기각한다. 상고기각 부분의 상고비용은 원고가 부담한다.

【이유】

1. 과실상계에 대하여

원심은, 소외인이 이 사건 택시를 운전하여 판시 편도 4차로 중 3차로를 신림사거리 방면에서 서울대 방면으로 진행하던 중, 횡단보도를 뛰어서 건너고 있던 원고를 위 택시의 앞 범퍼 부분으로 들이받아 원고로 하여금 상해를 입게 한 사실, 위 사고가 발생할 무렵 횡단보도의 보행신호등은 녹색등화가 점멸되고 있다가 이미 적색으로 바뀌어 있었던 사실을 각 인정하고 나서, 횡단보도를 횡단하고 있는 보행자는 보행자용 녹색등화가 점멸되고 있는 도중에는 신속하게 횡단을 완료하거나 횡단을 중지하고 보도로 되돌아와야 하는데도, 원고가 녹색등화의 점멸신호가 적색으로 바뀌기 전까지 횡단을 완료하지 못한 잘못이 있다 하여 이와 같은 원고의 과실을 20%로 평가하여 피고의 책임을 제한하였다.

기록에 의하여 살펴보면, 원심의 위와 같은 사실인정과 판단은 수긍할 수 있고, 거기에 사실을 오인하였거나 과실상계에 관한 법리를 오해한 위법이 없다.

2. 노동능력 전부의 상실기간 및 개호기간에 대하여

가. 원심은, 원고의 일실수입을 산정함에 있어 이 사건 사고로 원고가 입은 상해의 부위, 정도 등에 비추어 입원기간이 과다하다고 보아 이 사건 사고 이후 2000. 9. 5.까지의 6개월의 입원기간 동안만 노동능력을 100% 상실한 것으로 판단하였다.

그러나 기록에 의하면, 원고는 1921. 3. 15.생으로서 이 사건 사고 발생 당시 78세 11개월 남짓된 남자로서 이 사건 사고로 우 경골근위간부 분쇄골절, 우 비골근위부 골절, 우 슬관절부전방십자인대·내측측부인대손상, 우 제8늑골 골절, 기흉, 두피열상 등의 상해를 입고, 사고당일인 2000. 3. 6.부터 2001. 2. 28.까지 관악성심병원 등에서 입원치료를 받으면서 우 경골외고정술, 관혈적정복술, 금속내고정술, 수 차례의 골이식술 등 수술가료를 받았으며, 2001. 3. 5.부터 2001. 3. 23.까지 선정형외과에 다시 입원하여 치료를 받는 등 입원치료기간이 1년 남짓인 사실을 알 수 있다.

일반적으로 사고로 인하여 입원치료를 받는 경우 그 치료가 당해 사고와 관계가 없는 상해에 대한 것이거나 의학적으로 입원치료가 필요하지 않음에도 치료를 빙자하여 입원을 한 것이라거나 상해의 부위나 정도, 치료의 경과 등에 비추어 입원기간이 명백하게 장기이어서 과잉진료로 인정되는 사정이 있다는 등 그 입원치료의 전부 또는 일부가 상당하지 아니한 것이라고 볼 만한 특별한 사정이 없는 한, 사고로 인한 입원기간 동안에는 노동능력을 전부 상실하였다고 보아야 할 것인바(대법원 2000. 6. 9. 선고 99다49521 판결 참조), 기록을 살펴보아도 위와 같은 중한 상해를 입고 여러 차례 수술치료를 받은 고령의 원고에 대한 입원치료가 위와 같이 상당하지 아니하다고 볼 만한 특별한 사정이 있음을 찾아볼 수 없다.

그럼에도 불구하고 원심이 1년 남짓한 원고의 입원기간 중 이 사건 사고 후 2000. 9. 5.까지 6개월 동안만 노동능력을 전부 상실하였다고 인정하고 그 이후의 입원기간에 대하여는 이를 인정하지 아니한 것은, 입원기간 중의 노동능력 상실에 관한 법리를 오해하였거나 심리미진 또는 채증법칙 위배로 인하여 사실을 오인함으로써 판결에 영향을 미친 위법을 저지른 것이라 할 것이다.

나. 원심은, 원고의 개호비를 산정함에 있어서 원고의 상해의 부위, 정도 등에 비추어 입원기간 중 3개월간 개호를 받았다고 봄이 상당하다고 판단하였다.

기록에 의하면, 원고는 입원기간 중 2000. 3. 9.부터 2000. 4. 10.까지 및 2000. 4. 24.부터 2000. 9. 25.까지 6개월 남짓 대소변 처리, 목욕, 몸 닦기, 옷 입고 벗기, 휠체어 타고 내리기, 병원 내 이동 등이 불가능하다고 하여 간병인을 고용하여 간병을 받고 간병료를 지출한 사실을 알 수 있다.

원심으로서는 원고의 상해의 부위와 정도 및 치료의 경과 등에 비추어 원고가 간병을 받은 기간 중 일상생활의 영위가 불가능하여 개호가 필요하였는지 여부를 자세히 심리하여 개호기간을 인정하였어야 할 것임에도 이에 이르지 아니하고 만연히 원고의 개호기간을 위와 같이 인정하고 만 것은 개호의 필요성에 관한 법리를 오해하였거나 심리미진 또는 채증법칙 위배로 인하여 사실을 오인함으로써 판결에 영향을 미친 위법을 저지른 것이라 할 것이다.

3. 위자료 및 치료비 청구 부분에 대하여

원고는, 원심판결 중 원고 패소 부분 전부에 대하여 상고를 제기하였으나, 상고이유서에 위자료 청구 부분 및 치료비 청구 부분에 대한 상고이유의 기재가 없고, 상고장에도 이 부분에 대한 상고이유의 기재가 없으므로, 이 부분 상고는 이유 없다.

4. 결 론

그러므로 원심판결 중 일실수입과 개호비에 관한 원고 패소 부분을 파기하고 그 부분 사건을 원심법원에 환송하고, 나머지 상고를 기각하고, 상고기각 부분에 대한 상고비용은 패소자가 부담하는 것으로 하여 관여 대법관의 일치된 의견으로 주문과 같이 판결한다.

판례9 | 피보험자가 달리는 기차에 부딪쳐서 사망하였으나 '피보험자가 고의로 자신을 해친 경우'에 해당한다고 할 수 없다고 본 사례[대법원 2002. 3. 29. 선고 2001다 49234 판결]

【판결요지】

피보험자가 달리는 기차에 부딪쳐서 사망하였으나 그가 자살하였다고 추단할 만한 물증이나, 자살할 만한 동기가 있었다는 점에 관한 자료가 없으므로, 일반인의 상식에서 자살이 아닐 가능성에 대한 합리적인 의심이 들지 않을 만큼 명백한 주위 정황사실이 입증되었다거나, 피보험자가 달리는 기차에 쉽게 치어 죽을 수도 있다는 가능성을 인식하고서도 그 결과를 스스로 용인함으로써 사고가 발생하였다고 단정하여 '피보험자가 고의로 자신을 해친 경우'에 해당한다고 할 수 없다고 본 사례.

【원심판결】

서울고법 200 1. 6. 27. 선고 99나31874 판결

【주문】

원심판결 중 피고 삼성생명보험 주식회사에 대한 무배당퍼펙트교통상해보험계약에 기

한 보험금 청구부분을 제외한 나머지 부분에 관한 원고들 패소 부분을 파기하고, 이 부분 사건을 서울고등법원에 환송한다.

【이유】

상고이유를 판단한다.

1. 가. 원심판결 이유에 의하면, 원심은, 그 판결에서 채용하고 있는 증거들을 종합하여 다음과 같은 사실을 인정하고 있다.

망 소외 1은 1998. 1. 31. 03:24경 수원시 장안구 정자동 경부선 철도 서울기점 39㎞ 지점의 철길에서 상행선 가운데 선로를 달리던 목포발 서울행 무궁화호 열차의 오른쪽 앞 배장기 부분에 부딪쳐서 다발성골절, 두개골개방골절, 경부절단 등으로 인해 사망하였다.

사고지점은 서쪽에 상행선 2개, 동쪽에 하행선 2개의 철로가 약 35m의 폭에 걸쳐 설치되어 있고 평소 수도권 전철 및 일반 열차의 통행이 많은 곳으로, 철길 주변은 가로등이 없어 야간에는 어두운 곳이며, 사고지점으로부터 남쪽 400m 지점에는 화서역이 있고, 화서역 북쪽 50m 지점에는 보행자와 차량의 통행을 위하여 철로를 가로지르는 지하차도 및 인도가 설치되어 있으며, 철로의 양쪽 외곽지역에는 공사현장이 있을 뿐 인가가 드문 곳이었는데, 화서역에서 위 공사현장에 이르기 전까지의 철로 양쪽의 경계는 철제울타리와 보호벽이 설치되어 있어서 보행자들이 철로로 통행하는 것을 막고 있고, 보호벽의 외부에는 인도는 설치되어 있지 아니하다.

이 사건 사고 당시 기관사이던 소외 2가 사고열차를 시속 약 80 내지 90㎞로 운행하고 있었는데, 야간에 전조등을 켜고 이러한 속도로 진행하는 열차의 기관사는 보통 약 120 내지 150m 앞의 거리에서 사람 정도 크기의 물체는 발견할 수 있는바, 소외 2은 사고지점에 이르러 쿵하는 소리만 듣고 레일 부근의 돌에 부딪힌 정도로만 여겼을 뿐 소외 1을 보지 못하였고, 사고가 난 후에 서울지방철도청 지도계장인 소외 3이 수색역에 있는 위 열차의 앞쪽 배장기의 우측 하단 부분에 혈흔이 묻어있는 것을 발견하여 비로소 위 열차로 인하여 소외 1이 사망하였음을 알게 되었다.

소외 1의 사체는 두개골의 앞쪽과 뒤쪽이 귀 부위를 중심으로 상하방향으로 절단되어 몸체에 약간만 붙어있었고, 피부손상상태는 예리하지는 않으나 강한 힘에 의하여 잘려진 것으로 보이며, 그 밖에 안부손상, 두개골 골절이 있는 것 외에는 비교적 깨끗한 상태였는데, 사고기관차의 앞 부분에는 배장기가 있고 레일에서부터 배장기 하단까지의 높이는 기종에 따라 차이는 있으나 약 22 내지 40㎝ 정도이며, 배장기의 하단에는 패널(레일에서부터 9 내지 13㎝ 높이)과 레일보호기가 전면을 향하여 수평으로 장착되어 있다.

위 사고지점에서 혈흔이 발견된 곳과 소외 1의 사체가 발견된 곳은 약 18.5m 정도 이격되어 있었는데, 사고 열차의 속도는 약 90㎞ 정도이고, 이러한 속도의 기관차에 서 있거나 앉아 있는 사람이 충격될 경우 운동법칙상 기관차 진행방향으로 약 50m 정도 이동되어 지면에 떨어지게 되나, 신체의 대부분이 지면에 닿아 있는 경우에는 그 이동거리가 크게 줄어들게 된다.

위 인정 사실에 의하면, 소외 1은 몸체는 철로 바깥쪽에 두고 오른쪽 레일 위에 머리를 베고 누운 자세를 취하고 있었거나 낮은 자세로 앉아 있다가 사고기관차 전면 패널 부위 등에 의하여 두개골이 절단되어 이 사건 사고를 당한 것이라고 추인할 수 있다.

나. 원심은 나아가, 소외 1은 우연히 위 열차에 충격되어 사망하였고, 이는 교통재해로 인한 사고이므로 피고들은 보험수익자인 원고들에게 보험약관에 따라 재해사망보험금을 지급할 의무가 있다는 원고들의 주장에 대하여 위와 같은 사고경위에 관한 사실관계에 비추어 보면, 소외 1이 자살하려는 적극적인 고의로 이 사건 사고에 이르렀다고 단정하기에는 부족하다고 할 것이나, 적어도 이 사건 사고발생 당시 자신이 위 철로구역에 들어가 철로상에 앉아 있거나 레일에 머리를 베고 누워 있음으로써 달리는 기차에 쉽게 치어 죽을 수도 있다는 가능성을 인식하고서도 그 결과를 스스로 용인하였다고 평가하기에 충분하다 할 것이어서 이 사건 사고는 보험금지급 면책사유의 하나인 '피보험자가 고의로 자신을 해친 경우'로서 보험사고의 요소인 우발성이 결여된 경우에 해당한다고 판단하여 이를 배척하고 있다.

2. 그러나 원심의 위와 같은 판단은 다음과 같은 이유로 선뜻 수긍하기 어렵다.

보험계약의 보통보험약관에서 '피보험자가 고의로 자신을 해친 경우'를 보험자의 면책사유로 규정하고 있는 경우 보험자가 보험금 지급책임을 면하기 위하여는 위 면책사유에 해당하는 사실을 입증할 책임이 있는바, 이 경우 자살의 의사를 밝힌 유서 등 객관적인 물증의 존재나, 일반인의 상식에서 자살이 아닐 가능성에 대한 합리적인 의심이 들지 않을 만큼 명백한 주위 정황사실을 입증하여야 한다고 할 것이다(대법원 2001. 1. 30. 선고 2000다12495 판결 참조).

이 사건에 있어서 기록상 사고 전후의 상황을 목격한 사람이 없고, 소외 1이 자살하였음을 추단할 만한 물증이나, 동인이 자살할 만한 동기를 가지고 있었다는 점에 관한 자료를 찾아 볼 수 없는 이상, 원심이 인정한 사실관계만 가지고서는 일반인의 상식에서 자살이 아닐 가능성에 대한 합리적인 의심이 들지 않을 만큼 명백한 주위 정황사실이 입증되었다거나, 이 사건 사고가 소외 1이 달리는 기차에 쉽게 치어죽을 수도 있다는 가능성을 인식하고서도 그 결과를 스스로 용인함으로써 발생하였다고 단정하여 보험금지급 면책사유의 하나인 '피보험자가 고의로 자신을 해친 경우'에 해당한다고 인정하기에는 부족하다고 할 것이다.

또한, 기록에 의하면, 소외 1은 중학교를 중퇴하고 집을 나가 각지를 전전하며 세차장 등에서 일하다가 가끔씩 집에 돌아오곤 하였는데, 평소 활달한 성격으로 겁이 좀 많은 편이었고, 종전에 근무하던 직장에서도 착실하게 지냈으며, 사귀는 여자나 금전관계로 인한 문제가 없었고, 술을 좋아해 혼자서 많이 마시곤 하였으나 이로 인하여 특별한 문제를 일으킨 적은 없는 사실, 이 사건 사고지점은 소외 1의 본가와 형수가 사는 집 부근으로써, 사고현장의 철로 경계선 양쪽에 담장 및 보호망 등이 설치되어 있으나, 이 사건 사고 당시 보호망이 끊겨 있어 사람들이 철로 경계선 내부로 들어와 사고지점의 철로를 무단횡단할 가능성이 있는 곳이었던 사실, 이 사건 사고 전날 낮에 소외 1이 술에 취하여 수원에 있는 종전의 직장을 찾아갔었던 사실을 각 알 수 있는바, 사실관계가 이러하다면, 당시 소외 1에게 특별히 자살을 할 만한 동기나 원인이 있었다고 보기는 어렵다고 할 뿐만 아니라, 오히려 이 사건 사고는 소외 1이 술에 취한 상태에서 귀가하기 위하여 이 사건 사고지점의 철로에 들어갔던 동인의 과실로 인하여 우발적으로 발생하였다고 볼 가능성을 배제할 수 없다 할 것이다.

그럼에도 불구하고, 원심이 그 판시와 같은 이유만으로 원고들의 이 사건 보험금청구를 배척한 조치에는 논리와 경험칙에 위배하여 사실을 오인하였거나, 보험금지급 면책사유에 관한 법리를 오해하여 판결 결과에 영향을 미친 위법이 있다고 하지 아니할 수 없다.

상고이유 중 이 점을 지적하는 부분은 이유 있으므로 이에 관한 나머지 상고이유를 판단할 필요 없이 원심판결은 파기를 면할 수 없다.

3. 불복의 범위

상고장의 기재에 의하면, 원고들은 이 사건 보험금 청구를 모두 배척한 원심판결 중 피고 삼성생명보험 주식회사에 대한 무배당퍼펙트교통상해보험계약에 기한 보험금 청구부분을 제외한 나머지 부분에 관하여만 불복하고 있다.

4. 그러므로 원심판결 중 피고 삼성생명보험 주식회사에 대한 무배당퍼펙트교통상해보험계약에 기한 보험금 청구부분을 제외한 나머지 부분에 관한 원고들 패소 부분을 파기하고, 이 부분 사건을 다시 심리·판단케 하기 위하여 원심법원에 환송하기로 하여 관여 법관의 일치된 의견으로 주문과 같이 판결한다.

판례10 | 보행신호등의 녹색등화가 점멸되고 있는 상태에서 횡단보도에 진입한 보행자가 보행 신호등이 적색등화로 변경된 후 차량신호등의 녹색등화에 따라 진행하던 차량에 충격된 사고*[대법원 2001. 10. 9. 선고 2001도2939 판결]*

【판결요지】

도로를 통행하는 보행자나 차마는 신호기 또는 안전표지가 표시하는 신호 또는 지시 등을 따라야 하는 것이고(도로교통법 제5조), '보행등의 녹색등화의 점멸신호'의 뜻은, 보행자는 횡단을 시작하여서는 아니되고 횡단하고 있는 보행자는 신속하게 횡단을 완료하거나 그 횡단을 중지하고 보도로 되돌아와야 한다는 것인바(도로교통법시행규칙 제5조 제2항 [별표 3]), 피해자가 보행신호등의 녹색등화가 점멸되고 있는 상태에서 횡단보도를 횡단하기 시작하여 횡단을 완료하기 전에 보행신호등이 적색등화로 변경된 후 차량신호등의 녹색등화에 따라서 직진하던 피고인 운전차량에 충격된 경우에, 피해자는 신호기가 설치된 횡단보도에서 녹색등화의 점멸신호에 위반하여 횡단보도를 통행하고 있었던 것이어서 횡단보도를 통행중인 보행자라고 보기는 어렵다고 할 것이므로, 피고인에게 운전자로서 사고발생방지에 관한 업무상 주의의무위반의 과실이 있음은 별론으로 하고 도로교통법 제24조 제1항 소정의 보행자보호의무를 위반한 잘못이 있다고는 할 수 없다.

【원심판결】

서울지법 200 1. 5. 22. 선고 2001노2420 판결

【주문】

상고를 기각한다.

【이유】

검사의 상고이유를 본다.

1. 원심은, 사고 당시 피해자는 보행자용 녹색등화가 점멸하기 시작한 이후에 횡단보도를 건너기 시작하여 횡단보도 중간을 넘어 반대쪽의 4차로 중 2차로 부근에 이르렀을 무렵에 보행자용 신호등이 적색으로 바뀌어 정지선에 정차한 차량들을 향하여 손을 들고 횡단을 계속하게 된 사실, 피고인은 피해자가 보행하는 방향의 우측에서 좌측으로 3차로를 따라 진행하던 중 신호등이 차량진행신호로 바뀌자 앞에 정차 중인 차량들을 피하여 4차로로 차선을 변경하여 진행하다가 뒤늦게 피해자를 발견하고 피해자를 충돌하는 사고를 일으킨 사실을 인정한 다음, 사실관계가 이러하다면 피고인에게 사고발생 방지에 관한 일반적인 업무상 주의의무 위반의 과실이 있음은 별론으로 하고 교통사고처리특례법 제3조 제2항 단서 제6호에 규정된 도로교통법 제24조 제1항의 횡단보도에서의 보행자보호의무를 위반한 운전에 해당하지 않는다고 판단하였다.

2. 도로를 통행하는 보행자나 차마는 신호기 또는 안전표지가 표시하는 신호 또는 지시 등을 따라야 하는 것이고(도로교통법 제5조), '보행등의 녹색등화의 점멸신호'의 뜻은, 보행자는 횡단을 시작하여서는 아니되고 횡단하고 있는 보행자는 신속하게 횡단을 완

료하거나 그 횡단을 중지하고 보도로 되돌아와야 한다는 것인바(도로교통법시행규칙 제5조 제2항 [별표 3]), 이 사건의 경우와 같이 피해자가 보행신호등의 녹색등화가 점멸되고 있는 상태에서 횡단보도를 횡단하기 시작하여 횡단을 완료하기 전에 보행신호등이 적색등화로 변경된 후 차량신호등의 녹색등화에 따라서 직진하던 피고인 운전차량에 충격된 경우에, 피해자는 신호기가 설치된 횡단보도에서 녹색등화의 점멸신호에 위반하여 횡단보도를 통행하고 있었던 것이어서 횡단보도를 통행중인 보행자라고 보기는 어렵다고 할 것이므로, 피고인에게 운전자로서 사고발생방지에 관한 업무상 주의의무위반의 과실이 있음은 별론으로 하고 도로교통법 제24조 제1항 소정의 보행자보호의무를 위반한 잘못이 있다고는 할 수 없다.

같은 취지의 원심의 판단은 정당하고, 이와 달리 원심판결에 교통사고처리특례법 제3조 제2항 단서 제6호의 해석을 그르친 위법이 있다는 상고이유는 받아들일 수 없다.

3. 그러므로 상고를 기각하기로 하여 관여 대법관의 일치된 의견으로 주문과 같이 판결한다.

판례11 │ 고속도로를 운행하는 자동차 운전자에게 고속도로를 무단횡단하는 보행자가 있을 것을 예견하여 운전할 주의의무가 있는지 여부(한정 소극)*[대법원 2000. 9. 5. 선고 2000도 2671 판결]*

【판결요지】

고속도로를 운행하는 자동차의 운전자로서는 일반적인 경우에 고속도로를 횡단하는 보행자가 있을 것까지 예견하여 보행자와의 충돌사고를 예방하기 위하여 급정차 등의 조치를 취할 수 있도록 대비하면서 운전할 주의의무가 없고, 다만 고속도로를 무단횡단하는 보행자를 충격하여 사고를 발생시킨 경우라도 운전자가 상당한 거리에서 보행자의 무단횡단을 미리 예상할 수 있는 사정이 있었고, 그에 따라 즉시 감속하거나 급제동하는 등의 조치를 취하였다면 보행자와의 충돌을 피할 수 있었다는 등의 특별한 사정이 인정되는 경우에만 자동차 운전자의 과실이 인정될 수 있다.

【원심판결】

전주지법 2000. 5. 25. 선고 2000노 167 판결

【주문】

원심판결을 파기하고, 사건을 전주지방법원 본원 합의부로 환송한다.

【이유】

1. 원심은, 피고인은 1999. 5. 8. 22:25경 프라이드 웨곤 승용차를 운전하고 정읍시 소

재 호남고속도로 하행선 회덕기점 119.8km 지점을 1차로로 고속버스를 따라가면서 안전거리를 확보하지 아니하고 전방주시를 태만히한 채 고속버스를 추월하기 위하여 2차로로 진로를 변경하여 시속 약 120km로 진행하다가 때마침 진행방향 우측에서 좌측으로 무단횡단하는 피해자(여, 52세)를 뒤늦게 발견하고 급제동조치도 취하지 못한 채 위 차량 우측 앞범퍼 부분으로 피해자의 다리부위를 들이받아 그로 하여금 그 자리에서 두개골파열 등으로 사망에 이르게 하였다는 공소사실에 관하여, 피고인이 이 사건 사고 직전 1차로에서 고속버스를 안전거리를 확보하지 아니한 채 근접하여 뒤쫓아 가다가 추월하기 위하여 2차로로 진로를 변경하면서 시속 120km의 과속으로 진행하던 중 고속도로를 횡단하던 피해자를 30 내지 40m 전방에서 뒤늦게 발견하고 피해자를 충격하게 된 사실, 이 사건 사고 장소의 우측에는 호남고속도로 하행선 정읍인터체인지 진입로가 설치되어 있는 사실을 인정한 다음, 이러한 사실에 의하면 피고인에게는 야간에 제한최고속도인 시속 100km를 20km나 초과한 과실, 앞차와의 안전거리를 확보하지 아니한 과실 및 이 사건 사고 장소와 같이 도로 우측에 진입로가 있으면 도로 우측으로부터 자동차 등 각종 물체가 진입할 수 있고 이 경우 앞차를 우측으로 추월하게 되면 전방을 확인할 수 없어 사고의 위험이 높음에도 불구하고 앞차를 우측으로 추월한 과실이 있고, 피고인이 이러한 잘못을 저지르지 않았더라면 피고인으로서는 피해자가 고속도로를 무단횡단하였다고 하더라도 그를 제동이 가능한 거리에서 발견하여 충격을 피할 수 있었거나 적어도 사망에까지는 이르게 하지 아니하였을 것이라고 인정되므로, 피고인의 과실과 이 사건 사고와의 사이에는 상당인과관계가 있다고 판단하여 피고인을 유죄로 인정하였다.

2. 고속도로를 운행하는 자동차의 운전자로서는 일반적인 경우에 고속도로를 횡단하는 보행자가 있을 것까지 예견하여 보행자와의 충돌사고를 예방하기 위하여 급정차 등의 조치를 취할 수 있도록 대비하면서 운전할 주의의무가 없다. 다만 고속도로를 무단횡단하는 보행자를 충격하여 사고를 발생시킨 경우라도 운전자가 상당한 거리에서 보행자의 무단횡단을 미리 예상할 수 있는 사정이 있었고, 그에 따라 즉시 감속하거나 급제동하는 등의 조치를 취하였다면 보행자와의 충돌을 피할 수 있었다는 등의 특별한 사정이 인정되는 경우에만 자동차 운전자의 과실이 인정될 수 있다(대법원 1998. 4. 28. 선고 98다5135 판결 참조).

이 사건에서 보면, 피해자와 그 일행 한 사람은 함께 우측 도로변에 서 있다가 피고인이 1차로에서 2차로로 진로를 변경하여 고속버스를 추월한 직후에 피고인 운전의 자동차 30 내지 40m 전방에서 고속도로를 무단횡단하기 위하여 2차로로 갑자기 뛰어들었고, 피고인은 그제서야 위와 같이 무단횡단하는 피해자 등을 발견하였는데 충격을 피할 수 있는 조치를 하기에 이미 늦어 피고인 운전의 자동차로 피해자 등을 충격하게 된 것이므로, 피고인이 급제동 등의 조치로 피해자 등과의 충돌을 피할 수 있는 상당한 거리에서 피해자 등의 무단횡단을 미리 예상할 수 있었다고 할 수 없고 (피고인이 상당한 거리에서 피해자 등이 도로변에 서 있는 것을 발견하였다고 하더라도 피해자 등이 갑자기 고속도로를 무단횡단한 이상 피고인으로서는 이를 예견하여 피해자 등과의 충돌사고를 예방하기 위하여 급정차 등의 조치를 취할 수 있도록 대비하면서 운전할 주의의무도 없다), 이 사건 사고 지점이 인터체인지의 진입로 부근이라 하여 달리 볼 수 없으며, 또 원심이 판시한 바와 같이 피고인에게 야간에 고속버스와의 안전거리를 확보하지 아니한 채 진행하다가 고속버스의 우측으로 제한최고속도를 시속 20km 초과하여 고속버스를 추월한 잘못이 있더라도, 이 사건 사고경위에 비추어 볼 때 피고인의 위와 같은 잘못과 이 사건 사고결과와의 사이에 상당인과관계가 있다고 할 수도 없다.

그런데도 원심은 이와는 다르게 피고인의 과실과 이 사건 사고와의 사이에 상당인과관계가 있다고 판단하여 피고인을 유죄로 인정하였으니, 원심판결에는 고속도로에서의 자동차 운전자의 주의의무에 관한 법리나 과실과 사고결과 사이의 상당인과관계에 관한 법리를 오해하여 판결에 영향을 미친 위법이 있다. 따라서 이 점을 지적하는 상고이유는 이유가 있다.

3. 그러므로 원심판결을 파기하고, 사건을 원심법원에 환송하기로 하여 주문과 같이 판결한다.

판례12 | 야간에 사고차량에서 나와 고속도로상을 무단횡단하던 피해자를 충격하는 사고를 발생시킨 운전자의 과실을 부정한 사례*[대법원 1998. 4. 28. 선고 98다5135 판결]*

【판결요지】

[1] 도로교통법 제58조는 보행자는 고속도로를 통행하거나 횡단할 수 없다고 규정하고 있으므로 고속도로를 운행하는 자동차의 운전자로서는 특별한 사정이 없는 한 보행자가 고속도로를 통행하거나 횡단할 것까지 예상하여 급정차를 할 수 있도록 대비하면서 운전할 주의의무는 없다할 것이고, 따라서 고속도로를 무단횡단하는 피해자를 충격하여 사고를 발생시킨 경우라도 운전자가 상당한 거리에서 그와 같은 무단횡단을 미리 예상할 수 있는 사정이 있었고, 그에 따라 즉시 감속하거나 급제동하는 등의 조치를 취하였다면 피해자와의 충돌을 면할 수 있었다는 등의 특별한 사정이 인정되지 아니하는 한 자동차 운전자에게 과실이 있다고는 볼 수 없다.

[2] 야간에 선행사고로 인하여 고속도로 3차선상에 멈추어 서 있는 차량에서 나와 중앙분리대 쪽으로 무단횡단하던 피해자를 충격하는 사고를 발생시킨 사안에서 운전자가 주의의무를 게을리하지 아니한 것으로 볼 소지가 많다는 이유로, 그와 달리 운전자의

과실을 인정한 원심을 파기한 사례.

【원심판결】

서울고법 1997. 12. 22. 선고 97나50390 판결

【주문】

원심판결을 파기하여 사건을 서울고등법원에 환송한다.

【이유】

상고이유를 판단한다.

1. 원심의 판단

원심판결 이유에 의하면, 원심은 그 채택한 증거를 종합하여, 소외 1이 1995. 5. 13. 01:10경 소외 주식회사 ○○○○○○ 소유의 (차량등록번호 1 생략) 그랜져 승용차를 운전하여 경기 용인군 남사면 봉명리에 있는 편도 4차로의 경부고속도로 상행선 서울 기점 49.7km 지점을 1차로를 따라 시속 약 120km의 속도로 진행하다가 때마침 망 소외 2 소유의 (차량등록번호 2 생략) 소나타 개인택시가 전방 약 50m 지점의 3차로 부근에 평택 쪽을 향하여 반대방향으로 멈춰 서 있는 것(위 개인택시는 사고지점을 평택 쪽에서 오산 쪽을 향하여 진행하다가 왼쪽 앞범퍼 부분으로 중앙분리대를 들이받는 사고를 일으키고 그 충격으로 180°회전하면서 반대방향으로 멈추어 섰던 것이다.)을 발견하고도 자신의 1차로 주행에는 별 지장이 없을 것으로 속단하고, 감속하지 아니한 채 같은 속도로 진행하다가 망 소외 2가 상의 겉옷을 벗고 흰색 내의 차림으로 1차로와 2차로 사이에 있다가 중앙분리대 쪽으로 걸어가는 것을 약 20 내지 30m 거리에서 발견하였으나, 단지 지나가는 차에서 떨어진 비닐이 바람에 날리는 것으로 속단하고 역시 감속이나 정차를 시도하지 아니한 채 그대로 진행하다가 망 소외 2를 충격하여 그로 하여금 두개골 골절상 등으로 사망에 이르게 한 사실을 인정하고, 위 소나타 개인택시가 위와 같은 상태로 서 있는 것은 고속도로 위에서는 매우 이례적인 일로서 통상의 운전자로서는 즉시 그 부근에서 교통사고가 발생하였다는 점을 충분히 예상할 수 있고, 따라서 소외 1로서는 그에 대응하여 즉시 감속 또는 서행하면서 그 주변에 사고와 관련 있는 사람이나 장애물이 있는지 전방주시를 더욱 철저히 함으로써 제2의 교통사고를 방지하는 데 필요한 적절한 조치를 취하였어야 하고, 더욱이 그 전방 20 내지 30m 지점에서 움직이는 하얀 물체를 발견하였다면 즉시 속도를 줄여 서행하면서 그 물체를 예의주시하여 혹시 사람이면 급제동하는 등 사고를 방지하기 위한 조치를 취하였어야 하는데도 소외 1이 그와 같은 적절한 조치를 다하였음을 인정할 아무런 증거가 없다 하여 피고의 면책 항변을 배척하였다.

2. 당원의 판단

도로교통법 제58조는 보행자는 고속도로를 통행하거나 횡단할 수 없다고 규정하고 있으므로, 고속도로를 운행하는 자동차의 운전자로서는 특별한 사정이 없는 한 보행자가 고속도로를 통행하거나 횡단할 것까지 예상하여 급정차를 할 수 있도록 대비하면서 운전할 주의의무는 없다 할 것이고, 따라서 고속도로를 무단횡단하는 피해자를 충격하여 사고를 발생시킨 경우라도 운전자가 상당한 거리에서 그와 같은 무단횡단을 미리 예상할 수 있는 사정이 있었고, 그에 따라 즉시 감속하거나 급제동하는 등의 조치를 취하였다면 피해자와의 충돌을 면할 수 있었다는 등의 특별한 사정이 인정되지 아니하는 한 자동차 운전자에게 과실이 있다고는 볼 수 없다(당원 1996. 10. 15. 선고 96다22525 판결, 1989. 3. 28. 선고 88도1484 판결 등 참조).

기록에 의하면 사고 장소는 가로등이 설치되어 있지 않은 왼쪽으로 약간 굽은 지점이고, 이 사건 사고가 난 후 소외 1보다 뒤에서 소외 3이 (차량등록번호 3 생략) 카고트럭을 운전하여 시속 약 70km의 속도로 3차로를 따라 진행하여 오던 중 약 100m 앞에서 진행하던 5t 화물차량이 갑자기 3차로에서 중앙분리대 쪽으로 방향을 바꾸었고, 그 순간 소외 3은 약 50m 전방에 위 소나타 개인택시가 전조등이나 비상등을 켜지 않은 상태로 서 있음을 발견하고 즉시 브레이크를 밟으면서 2차로로 차선을 변경하였으나 위 카고트럭의 오른쪽 앞범퍼로 위 소나타 개인택시의 오른쪽을 들이받고 이어서 오른쪽 노견으로 이탈하여 방음벽에 충돌하는 사고를 냈으며, 그에 선행하던 위 5t 화물차량은 위 소나타 개인택시와 충돌하는 것은 면하였으나 중앙분리대를 들이받는 사고를 냈음을 엿볼 수 있는바(갑 제12호증의 5, 10, 11 등 참조), 원심이 인정한 바와 같이 소외 1이 시속 약 120km의 속도로 진행하다가 위 소나타 개인택시를 약 50m 전방에서 발견하였다 하더라도 그 즉시 전조등이나 비상등도 켜있지 아니한 위 소나타 개인택시가 사고로 인하여 180°회전하여 반대방향으로 멈추어 서 있는 차량임을 파악할 수 있었던 것인지 의문이고, 따라서 그와 같은 사고가 있었기 때문에 그 운전자가 갑자기 1차로와 2차로의 경계선으로부터 중앙분리대 쪽으로 걸어 나올 것을 예상하기도 어렵다고 봄이 경험칙에 부합할 것이고, 한편 소외 1이 위 소나타 개인택시가 사고로 인하여 180°회전하여 반대방향으로 멈추어 서 있는 차량임을 파악하였다 하더라도 위 소나타 개인택시는 3차로 위에 서 있었으므로 1차로로 진행하고 있었던 소외 1로서는 2차로나 3차로로 진행차선을 변경할 수는 없고, 즉시 감속하는 수밖에 없었을 것인데, 시속 약 70km의 속도로 3차로를 따라 진행하여 오던 소외 3이 약 50m 전방에서 위 소나타 개인택시를 발견하고 즉시 브레이크를 밟으며 2차로로 차선을 변경하였는데도 위 소나타 개인택시와의 충돌을 피하지 못한 점에 비추어 보면 소외 1이 위 소나타 개인택시를 발견하고 즉시 감속하였다 하더라도 망 소외 2

를 충격하는 사고를 면할 수 있었을 것인지 의문이라 할 것이다(소외 1이 위 소나타 개인택시를 발견하고 즉시 감속하였다 하더라도 소외 1은 50m 미만, 20 내지 30m 이상의 어느 거리에서 망 소외 2를 발견하게 되었을 것이다).

결국 원심이 인정한 사실관계에 소외 1이 위 소나타 개인택시를 발견할 당시 그 차량의 상태를 보태어 보면, 이 사건 사고에 있어서 소외 1이 위 그랜져 승용차의 운행에 있어서 주의를 게을리하지 아니한 것으로 볼 소지가 많음에도 불구하고 원심이 위와 같은 사정들과 위 그랜져 승용차가 제동하는 데에 필요한 거리 등에 대하여는 따져보지도 아니한 채 소외 1에게 아무런 과실이 없다는 피고의 항변을 가볍게 배척하고 만 것은 고속도로 운행에서 요구되는 주의의무에 대한 법리를 오해한 나머지 심리를 다하지 아니한 위법이 있고, 이와 같은 위법은 판결 결과에 영향을 미친 것임이 명백하다. 논지는 이유가 있다.

3. 그러므로 원심판결을 파기하여 사건을 다시 심리·판단하도록 원심법원에 환송하로 하여 관여 법관의 일치된 의견으로 주문과 같이 판결한다.

판례13 | 자동차 전용도로를 운행하는 자동차의 운전자로서는 특별한 사정이 없는 한 무단횡단하는 보행자가 나타날 경우를 미리 예상하여 급정차를 할 수 있도록 대비하면서 운전할 주의의무는 없다[대법원 1996. 10. 15. 선고 96다22525 판결].

【판결요지】

자동차 전용도로를 운행하는 자동차의 운전자로서는 특별한 사정이 없는 한 무단횡단하는 보행자가 나타날 경우를 미리 예상하여 급정차를 할 수 있도록 대비하면서 운전할 주의의무는 없다 할 것이고, 따라서 도로를 무단횡단하거나 도로에 앉아 있는 피해자를 충격하여 사고를 발생시킨 경우에 있어서 그 피해자를 발견하는 즉시 제동조치를 취하였다면 피해자와 충돌하지 않고 정차할 수 있었다거나 또는 다른 곳으로 피할 수 있었는데도 자동차의 조향장치, 제동장치 그 밖의 장치를 정확히 조작하지 아니하고 운전하였기 때문에 사고가 발생하였다는 등의 특별한 사정이 인정되지 않는 한, 자동차 운전자에게 업무상 주의의무를 태만히 한 과실이 있다고는 볼 수 없다.

【원심판결】

서울지법 1996. 4. 23. 선고 96나3851 판결

【주문】

상고를 모두 기각한다. 상고비용은 원고들의 부담으로 한다.

【이유】

상고이유를 본다.

원심은, 이 사건 사고차량의 운전자인 소외인은 1994. 7. 24. 04:30경 사고 차량을 운전하고 자동차 전용도로인 서울 강동구 고덕동 368의 1 앞 편도 4차선인 올림픽대로의 3차선 상을 시속 약 80㎞의 제한속도로 진행하던 중, 같은 3차선 상을 약 20 내지 30m 앞서 가던 번호 미상의 승용차가 술에 취한 채 3차선 상에 앉아 있던 피해자를 발견하고 이를 피하기 위하여 급히 4차선으로 진로를 바꿈에 따라 갑자기 자기 전면에 나타난 위 피해자를 약 15m의 거리에서 발견하고 그를 피하기 위하여 급히 4차선으로 진로를 변경하였으나 미처 피하지 못하고 위 차량 좌측 앞 범퍼 부분으로 피해자를 충격한 사실을 인정한 다음, 비록 소외인이 한강변에서 밤낚시를 하느라고 잠을 제대로 자지 못하였고, 또 혈중 알코올농도 0.054%의 주취상태에서 사고 차량을 운전하고 있었다고 하더라도, 약 15m 전방에서 발견한 피해자를 피하지 못한 데 대하여 과실이 있다고 볼 수 없다는 이유로, 위 사고차량의 보험자인 피고의 면책주장을 받아들였다.

도로교통법 제58조는 "보행자 또는 자동차 외의 차마는 고속도로 또는 자동차 전용도로를 통행하거나 횡단하여서는 안 된다."고 규정하고 있으므로, 자동차 전용도로를 운행하는 자동차의 운전자로서는 특별한 사정이 없는 한 무단횡단하는 보행자가 나타날 경우를 미리 예상하여 급정차를 할 수 있도록 대비하면서 운전할 주의의무는 없다 할 것이고, 따라서 도로를 무단횡단하거나 도로에 앉아 있는 피해자를 충격하여 사고를 발생시킨 경우에 있어서 그 피해자를 발견하는 즉시 제동조치를 취하였다면 피해자와 충돌하지 않고 정차할 수 있었다거나 또는 다른 곳으로 피할 수 있었는데도 자동차의 조향장치, 제동장치 그 밖의 장치를 정확히 조작하지 아니하고 운전하였기 때문에 사고가 발생하였다는 등의 특별한 사정이 인정되지 않는 한, 자동차 운전자에게 업무상 주의의무를 태만히 한 과실이 있다고는 볼 수 없을 것이다(당원 1981. 12. 8. 선고 81도1808 판결, 1989. 3. 28. 선고 88도1484 판결 등 참조).

기록에 의하면, 원심이 확정한 사실관계는 정당하고 원심판결에 논하는 바와 같은 채증법칙 위반이나 심리미진의 위법이 있다고 볼 수 없으며, 사실관계가 원심이 적법하게 확정한 바와 같다면 사고차량의 운전자가 수면을 충분히 취하지 아니하고 운전하였다거나 주취상태에서 운전한 것이 이 사건 사고발생의 원인이 되었다고 볼 수는 없을 것이므로, 사고차량의 운전자에게 과실이 없다고 본 원심판단 또한 정당하다고 할 것이니, 원심판결에 논하는 바와 같은 법리오해의 위법이 있다고 볼 수 없다. 논지는 모두 이유가 없다.

그러므로 상고를 모두 기각하고 상고비용은 패소자들의 부담으로 하기로 하여 관여 법관의 일치된 의견으로 주문과 같이 판결한다.

판례14 | 무단횡단하던 보행자가 중앙선 부근에 서 있다가 마주 오던 차에 충격당하여 자신이 운전하던 택시 앞으로 쓰러지는 것을 피하지 못하고 역과시킨 경우, 업무상 과실이 없다고 판단한 원심판결을 파기한 사례*[대법원 1995. 12. 26. 선고 95도715 판결]*

【판결요지】

운전자가 택시를 운전하고 제한속도가 시속 40km인 왕복 6차선 도로의 1차선을 따라 시속 약 50km로 진행하던 중, 무단횡단하던 보행자가 중앙선 부근에 서 있다가 마주 오던 차에 충격당하여 택시 앞으로 쓰러지는 것을 피하지 못하고 역과시킨 경우, 원심이 운전자가 통상적으로 요구되는 주의의무를 다하였는지 여부를 심리하지 아니한 채 업무상 과실이 없다고 판단한 것은 법리오해, 심리미진의 위법을 저질렀다는 이유로 원심판결을 파기한 사례.

【원심판결】

대전고법 1995. 2. 24. 선고 94노737 판결

【주문】

원심판결을 파기하고 사건을 대전고등법원에 환송한다.

【이유】

검사의 상고이유를 판단한다.

1. 원심판결 이유에 의하면, 원심은 피고인이 1994. 6. 3. 20:10경 영업용택시를 운전하고 제한속도가 시속 40km인 대전 동구 삼성동 소재 편도 3차선 도로의 1차선을 따라 시속 약 50km로 진행하던 중, 무단횡단을 하기 위하여 중앙선 부근에 서 있던 피해자가 반대방향에서 오던 차에 충격되어 피고인 진행차선의 1차선 상으로 날아 떨어지는 것을 전방 15m지점에서 발견하고 급박한 나머지 미처 제동조치를 취하지 못한 채 핸들을 우측으로 꺾었으나 피하지 못하여 피고인의 차로 피해자를 역과하여 사망하게 한 이 사건 사고가 발생한 사실을 인정한 다음, 자동차운전자에게 요구되는 업무상주의의무의 정도는 일반 자동차운전자 중 평균인을 기준으로 판단하여야 하고 직업운전자라고 하여 달리 볼 것은 아니라는 전제하에, 위와 같은 사고 경위에 비추어 볼 때 자동차운전자인 피고인에게 무단횡단하다가 중앙선 부근에 서 있던 피해자가 반대차선에서 달려오는 차량에 충격되어 중앙선을 넘어 피고인의 진행차선 앞으로 튕겨져 날아 오리라는 것까지를 예상하면서 이에 대비하여 운전하여야 할 업무상주의의무가

있다고 할 수 없고, 또한 피해자가 날아 떨어지는 것을 아주 짧은 거리인 불과 15m 전방에서 발견한 점 등에 비추어 피고인이 제한속도인 시속 40km로 진행하였다 하더라도 피해자와의 충돌을 피할 수 있었던 것으로 보기 어려우므로 피고인이 취한 조치는 자동차운전자로서의 주의의무를 다 한 것이라고 할 것이며, 나아가 피고인이 제한속도를 위반하여 다소 과속으로 운전한 잘못이 있거나 검사의 주장대로 중앙선 부근에 있던 피해자가 무단횡단할지도 모를 가능성 등에 대비하여 운전하지 않은 잘못이 있다 하더라도 이 사건 사고는 피해자가 중앙선 상에 서 있다가 반대차선의 차량에 충격되어 피고인 진행차선 전방으로 날아 들어온 데 그 직접적인 원인이 있는 것이어서 그러한 피고인의 과실과 이 사건 교통사고와의 사이에는 상당인과관계가 있다고도 할 수 없으므로 결국 이 사건 사고는 피고인의 업무상과실로 인하여 발생하였다고 할 수 없고, 달리 이 사건 사고가 피고인의 업무상과실로 인하여 발생하였다고 인정할 만한 증거가 없다는 이유로, 검사의 항소를 배척하고, 무죄를 선고한 제1심판결을 그대로 유지하였다.

2. 그러나, 기록에 의하면, 이 사건 공소사실은 피고인이 '이 사건 사고지점 부근을 진행하던 중 당시 진행방향 전방 중앙선 상에 피해자가 도로를 횡단하기 위해 서 있고 그곳은 시속 40km의 속도제한구역이므로 이러한 경우 피고인으로서는 피해자의 동정을 잘 살피면서 제한속도 이내로 운행하여 사고를 미연에 방지하여야 함에도 이를 게을리한 채 만연히 아무런 일이 없으리라고 생각하고 제한속도를 10km 초과하는 시속 50km로 진행한 과실로 이 사건 사고를 저지른 것이라고 함으로써, 피고인이 도로를 무단횡단하던 피해자가 중앙선 부근에 서 있는 것을 사전에 발견하였음을 전제로 이에 터잡아 피고인의 과실을 문제삼고 있음이 명백하므로, 원심으로서는 피고인이 피해자를 사고지점으로부터 얼마 정도나 앞선 지점에서 처음 발견하였는지를 먼저 심리·확정한 다음 자동차운전자가 도로의 중앙선 부근에 서 있는 무단횡단자를 발견한 경우에 어떠한 주의의무가 요구되는지를 판단하여, 피고인이 피해자를 미리 발견하지 못하였을 뿐더러 이를 발견할 가능성도 없었던 것으로 인정되거나, 또는 미리 발견하여 운전자에게 요구되는 주의의무를 다하였음에도 불구하고 사고결과를 회피할 수 없었다고 인정될 경우에 한하여 비로소 피고인에게 이 사건 사고결과에 대한 죄책이 없다고 하였어야만 할 것이다.

그런데, 기록에 나타난 이 사건 사고지점의 도로형태, 사고 시각, 사고 당시의 교통량 등에 비추어 볼 때 1차선상으로 진행하던 피고인이 도로의 중앙선 부근에 서 있던 피해자를 미리 발견할 수 없었을 것으로 볼 만한 특별한 사정은 보이지 아니하고, 더욱이 기록에 의하면 이 사건 사고지점은 왕복 6차선의 간선도로였음을 알 수 있으므로 그 중앙선 부근은 양쪽으로 많은 차량들이 교행하는 매우 위험한 지역이었던 것으로 짐작이 되는데다가, 피해자는 횡단 도중에 여의치 못하여 잠시 중앙선 부근에 머무르고 있는 자이었던 만큼 틈만 나면 그곳을 벗어나기 위하여 피고인의 진로 앞으로 횡단하려고 시도하리라는 것은 충분히 예상할 수 있다 할 것이므로, 이러한 경우에 평균적인 운전자라면 피해자가 스스로이든 아니면 위험지역에 있는 관계상 다른 차량에 의한 외력으로 인한 것이든 간에 자신의 진로 상에 들어올 수도 있다는 것을 감안하여 피해자의 행동을 주시하면서 그러한 돌발적인 경우에 대비하여 긴급하게 조치를 취할 수 있도록 제한속도 아래로 감속하여(제한속도의 상한까지만 감속하는 것만으로는 충분하지 아니할 것이다) 서행하거나 중앙선쪽으로부터 충분한 거리를 유지하면서 진행하여야 하는 것은 당연하다 할 것이니, 피고인이 이러한 주의의무를 다하면서 진행하였더라면 비록 피해자가 다른 차에 충격당하여 피고인의 진로 상으로 들어왔다 하더라도 피고인이 그것을 발견한 것이 15m 전방이었던 점을 고려할 때 이 사건 결과의 발생은 충분히 피할 수도 있었을 것으로 보여진다.

3. 따라서, 원심이 피고인이 피해자를 처음 발견한 지점을 확정하여 피고인이 통상적으로 요구되는 주의의무를 다하였는지의 여부를 좀더 심리하여 보지 아니한 채, 단지 피고인에게 피해자가 반대방향에서 달려오는 차량에 충격되어 피고인의 운행차선 앞으로 튕겨져 날아 오리라는 것까지를 예상하면서 이에 대비하여야 할 업무상주의의무가 없다는 이유로 피고인을 무죄로 판단한 것은 업무상과실의 법리를 오해하고 심리를 미진하여 판결에 영향을 미친 위법을 저지른 것이라 아니할 수 없으므로 이 점을 지적하는 상고 논지는 이유 있다.

4. 그러므로 원심판결을 파기하고 사건을 다시 심리·판단하게 하기 위하여 원심법원에 환송하기로 하여 관여 법관의 일치된 의견으로 주문과 같이 판결한다.

판례15 | 도로교통법의 보행자의 통행방법에 관한 규정위반과 불법행위의 성립 여부
[대법원 1993. 12. 10. 선고 93다36721 판결]

【판결요지】

  보행자의 통행방법에 관한 도로교통법 제8조 제1항, 제2항, 제10조 제2항 내지 제5항의 각 규정의 위반은 법상의 주의의무위반으로서 타인에 대한 의무위반을 내용으로 하는 것이고, 보행자가 이에 위반하여 사고를 야기케 하였다면 보행자의 그러한 잘못은 불법행위의 성립요건으로서의 과실에 해당하는 것으로 보아야 한다.

【원심판결】

  대전고등법원 1993.7.2. 선고 93나1167 판결

【주문】

원심판결 중 피고 패소부분을 파기하고, 이 부분 사건을 대전고등법원에 환송한다.

【이유】

상고이유(보충상고이유서 기재부분은 상고이유를 보충하는 범위 내에서)를 본다.

상고이유 제1점에 대하여

피해자에게 손해의 발생이나 확대에 관하여 과실이 있는 경우에는 배상책임의 유무 및 그 범위를 정함에 있어서 당연히 이를 참작하여야 할 것이고, 과실상계의 사유에 관한 사실인정 내지 과실상계의 비율을 정하는 것은 그것이 현저히 형평에 반하여 불합리하다고 인정되지 않는 한 사실심의 전권에 속하는 사항이라고 할 것이다.

원심판결 이유를 기록에 의하여 살펴본바, 이 사건 사고장소는 편도 2차선의 포장도로로서 도로변에 무단횡단방지용 가드레일이 설치되어 있고 부근 10여 미터 거리에 지하통로가 개설되었음에도 불구하고 망 소외 1이 위 지하통로를 이용하지 아니한 채 야간에 위 도로를 뛰어 건너다가 이 사건 사고를 당한 잘못이 있다는 사실을 인정하고, 이에 터 잡아 피고의 손해배상의 범위를 정함에 있어 위 망인의 과실비율을 50퍼센트로 인정하여 참작한 원심의 조치는 충분히 수긍할 수 있고, 거기에 소론과 같은 과실상계에 관한 법리오해의 위법이 있다고 할 수 없다. 논지는 이유 없다.

상고이유 제2점에 대하여

위 망 소외 1이 이 사건 사고 당시 노동능력의 전부 또는 상당부분을 상실한 상태에 있었다는 피고의 주장을 원심 설시와 같은 이유로 배척한 원심의 조치는 충분히 수긍할 수 있고, 거기에 소론과 같은 채증법칙위반이나 일실이익산정에 관한 법리오해의 위법이 있다고 할 수 없고, 소론이 들고 있는 판결들은 이 사건에 원용하기에 적절한 것이 못 된다. 논지도 이유 없다.

상고이유 제3점에 대하여

원심판결 이유에 의하면, 피고가 이 사건 사고시 무단횡단하는 위 소외 1을 피하려고 하다가 도로의 중앙선을 넘어가 마주오던 망 소외 2 운전의 승용차를 들이받아 위 소외 2를 사망에 이르게 하고 그 승용차에 타고 있던 소외 3에게 상해를 입게 한 관계로 피고를 대위한 소외 신동아화재해상보험주식회사가 위 망 소외 2의 유족에게 손해배상금으로 금 103,963,090원을, 위 소외 3에게 손해배상금으로 금 1,290,700원을 각 지급하였는바, 위 소외 2 및 소외 3에 대하여는 위 망 소외 1은 피고와 더불어 공동불법행위자의 관계에 있으므로 위 보험회사는 위 망 소외 1에 대하여 이미 지급한 위 망 소외 2 및 소외 3에 대한 위 각 손해배상금 중 위 망 소외 1의 과실비율에 상응하는 금액에 대한 구상권을 취득하였고, 피고가 위 보험회사로부터 그 구상금채권을 양수하였으니 그 구상금 상당액을 이 사건 손해액에서 공제하여야 한다는 피고의 주장에 대하여, 원심은 그 거시

증거를 종합하여, 이 사건 사고시 피고의 위 주장과 같은 경위로 위 망 소외 2 및 소외 3을 사상케 한 사실을 인정한 다음, 앞서 본 위 소외 1이 이 사건 사고장소를 무단횡단한 잘못은 사회통념상, 신의성실의 원칙상 또는 공동생활상 요구되는 약한 부주의로서 과실상계에 있어서의 과실로서 이를 참작하여야 할 사유는 된다고 하더라도 곧바로 불법행위의 성립요건으로서의 과실에 해당한다고는 볼 수 없다고 판단하여 피고의 위 주장을 배척하였다.

그러나 도로교통법에 의하면, 보행자는 보도와 차도가 구분된 도로에서는 차도를 횡단하는 때, 도로공사 등으로 보도의 통행이 금지된 때, 그 밖의 부득이한 경우를 제외하고는 언제나 보도를 통행하여야 하고(제8조 제1항), 보도와 차도가 구분되지 않은 도로에서는 도로의 좌측 또는 길 가장자리 구역을 통행하여야 하며(같은 조 제2항), 횡단보도가 설치된 도로에서는 횡단보도를 통행하여야 하고(제10조 제2항), 횡단보도가 설치되어 있지 않은 도로에서는 가장 짧은 거리로 횡단하여야 하며(같은 조 제3항), 횡단보도를 횡단하거나 신호기 또는 경찰공무원 등의 신호 또는 지시에 따라 도로를 횡단하는 경우를 제외하고는 모든 차의 앞이나 뒤로 횡단하여서는 아니되며(같은 조 제4항), 안전표지 등에 의하여 횡단이 금지되어 있는 도로의 부분에서는 그 도로를 횡단하여서는 아니된다(같은 조 제5항)고 하고 있으며, 이에 위반한 경우에 금 50,000원 이하의 벌금이나 구류 또는 과료에 처한다(제114조 제1호)고 규정하고 있는바, 보행자의 통행방법에 관한 이러한 규정의 위반은 법상의 주의의무위반으로서 타인에 대한 의무위반을 내용으로 하는 것이고, 보행자가 이에 위반하여 사고를 야기케 하였다면 보행자의 그러한 잘못은 불법행위의 성립요건으로서의 과실에 해당하는 것으로 보아야 할 것이다.

원심이 거시한 증거들을 종합하면, 이 사건 사고장소는 보도와 차도가 구분되지 않은 차도폭 14.6미터인 편도 2차선의 국도로서 평소 차량의 통행이 빈번하고, 제한시속이 70킬로미터인 곳인데, 위 망 소외 1이 그러한 도로를 이 사건 사고차의 앞으로 횡단한 사실이 엿보이므로 위 망인의 위와 같은 행위는 도로교통법 제10조 제4항의 규정을 위반한 셈이 되고, 더욱이 위 망인이 그 도로변에 무단횡단방지용 가드레일까지 설치되어 있고, 주변 10여 미터 거리에 지하통로까지 있는 곳을 횡단한 것이라면, 그러한 잘못은 약한 부주의를 넘어 불법행위의 성립요건으로서의 과실에 해당하는 것으로 봄이 상당하다 할 것이다.

그럼에도 불구하고, 원심은 위 망인의 위와 같은 잘못이 불법행위의 성립요건으로서의 과실에 해당하지 않는다는 전제에서 피고의 주장을 배척하였으니, 원심판결에는 불법행위의 성립요건으로서의 과실에 관한 법리를 오해한 위법이 있다고 하지 않을 수 없으며, 한편 원심으로서는 더 나아가서 위 망 소외 1의 위와 같은 과실로 인하여 피고와 더불어 위 망 소외 2 및 소외 3에게 민법상의 공동불법행위책임이 인정되는지의 여부를 심리함으로써 이를 가려보았어야 할 것이므로, 원심의 위와 같은 법리오해의 위법은 판결결과에 영향을 미친 것임이 분명하고, 이 점에 관한 지적이 포함된 것으로 보이는 논지는 그 이유가 있다.

그러므로 원심판결 중 피고 패소부분을 파기하고, 이 부분 사건을 원심법원에 환송하기로 하여 관여 법관의 일치된 의견으로 주문과 같이 판결한다.

판례16 | 도로교통법 제48조 제3호 소정의 "보행자가 횡단보도를 통행하고 있는 때"의 의미 [대법원 1993. 8. 13. 선고 93도1118 판결]

【판결요지】

도로교통법 제48조 제3호의 보행자가 횡단보도를 통행하고 있는 때라고 함은 사람이 횡단보도에 있는 모든 경우를 의미하는 것이 아니라 도로를 횡단할 의사로 횡단보도를 통행하고 있는 경우에 한한다할 것이므로 피해자가 사고 당시 횡단보도상에 엎드려 있었다면 횡단보도를 통행하고 있었다고 할 수 없음이 명백하여 그러한 피해자에 대한 관계에 있어서는 횡단보도상의 보행자 보호의무가 있다고 할 수 없다.

【원심판결】

인천지방법원 1993.3.18. 선고 93노33 판결

【주문】

상고를 기각한다.

【이유】

상고이유 제1점에 대하여

기록에 의하면 원심의 사실인정은 수긍이 가고, 거기에 소론과 같은 채증법칙의 위배가 있다고 할 수 없다. 논지는 이유 없다.

상고이유 제2점에 대하여

교통사고처리특례법 제3조 제2항 단서 제6호는 " 도로교통법 제48조 제3호의 규정에 의한 횡단보도에서의 보행자 보호의무를 위반하여 운전한 경우"를 반의사불벌죄에 관한 같은 항 본문이 적용되지 아니하는 경우로 규정하고 있고, 도로교통법 제48조 제3호는 모든 차의 운전자는 "보행자가 횡단보도를 통행하고 있는 때에는 일시 정지하거나 서행하여 그 통행을 방해하지 아니하도록 하여야 한다"라고 규정하고 있는바, 도로교통법의 제정목적이 교통상의 모든 위험과 장해를 방지, 제거하여 안전하고 원활한 교통을 확보함에 있다는 점(같은 법 제1조)으로 미루어 보아, 같은 법 제48조 제3호의 보행자가 횡단보도를 통행하고 있는 때라고 함은 사람이 횡단보도에 있는 모든 경우를 의미하는 것이 아니라 도로를 횡단할 의사로 횡단보도를 통행하고 있는 경우에 한한다 고 해석함이 상당하다 할 것이다.

그런데 원심이 확정한 사실에 의하면, 이 사건 사고당시 피해자는 횡단보도상에 엎드려 있었으므로 횡단보도를 통행하고 있었다고 할 수 없음이 명백한바, 이 사건 사고차량의 운전자인 피고인에게 피해자에 대한 관계에 있어서 횡단보도상의 보행자 보호의무가 있다고 할 수 없다.

따라서 원심이 이 사건 공소사실은 교통사고처리특례법 제3조 제2항 단서에 해당되지 아니하고, 위 사고차량이 같은 법 제4조 제2항 소정의 공제조합에 가입되어 있다는 이유로 이 사건 공소사실을 유죄로 인정한 제1심판결을 취소하고 형사소송법 제327조 제2호에 의하여 이 사건 공소를 기각한 것은 정당하며, 거기에 소론과 같은 법리오해의 위법이 있다고 할 수 없다. 논지는 이유 없다.

그러므로 상고를 기각하기로 하여 관여 법관의 일치된 의견으로 주문과 같이 판결한다.

판례17 | 횡단보도의 신호가 적색인 상태에서 반대차선에 정지중인 차량 뒤에서 보행자가 건너오는 경우 신뢰의 원칙이 적용되는지 여부(적극)*[대법원 1993. 2. 23. 선고 92도2077 판결]*

【판결요지】

차량의 운전자로서는 횡단보도의 신호가 적색인 상태에서 반대차선상에 정지하여 있는 차량의 뒤로 보행자가 건너오지 않을 것이라고 신뢰하는 것이 당연하고 그렇지 아니할 사태까지 예상하여 그에 대한 주의의무를 다하여야 한다고는 할 수 없다.

【원심판결】

대구지방법원 1992.5.28. 선고 92노421 판결

【주문】

상고를 기각한다.

【이유】

상고이유를 본다.

차량의 운전자로서는 횡단보도의 신호가 적색인 상태에서 반대차선상에 정지하여 있는 차량의 뒤로 보행자가 건너오지 않을 것이라고 신뢰하는 것이 당연하고 그렇지 아니할 사태까지 예상하여 그에 대한 주의의무를 다하여야 한다고는 할 수 없다(당원 1987.9.8. 선고 87도1332 판결 참조).

원심이 판시사실을 인정하고 이와 같은 취지로 판단하여 피고인에게 무죄를 선고한 조처

는 옳고 거기에 과실범에 관한 법리를 오해한 위법이 있다 할 수 없다. 논지는 이유 없다.

그러므로 상고를 기각하기로 하여 관여 법관의 일치된 의견으로 주문과 같이 판결한다.

> **판례18 |** 야간에 차량의 통행이 빈번한 자동차전용도로를 무단횡단하다가 사고를
> 당한 피해자의 과실이 운전사의 과실에 비하여 크다고 할 것인데도 피해
> 자의 과실을 40%로 본 원심판결을 파기한 사례*[대법원 1992. 11. 27. 선고 92다*
> *32821 판결]*

【원심판결】

대구고등법원 1992.6.26. 선고 91나7102 판결

【주문】

원심판결 중 원고 1의 재산상 손해에 관한 피고 패소부분을 파기하고, 이 부분 사건을 대구고등법원에 환송한다.

피고의 나머지 상고를 모두 기각한다.

상고 기각된 부분의 상고비용은 피고의 부담으로 한다.

【이유】

상고이유를 본다.

1. 제1점에 대하여

기록을 살펴본바, 원심은 피고의 면책주장에 대하여, 그 거시증거를 종합하여, 사고장소는 인도가 없어 차량들만이 빠른 속도로 빈번하게 통행하는 자동차전용도로이기는 하나, 그 부근에는 망우공원, 파크호텔로부터의 진입로와 버스승강장이 있어서 사람들이 도로를 무단횡단하는 경우를 예상할 수 있고, 도로 양측에 가로등이 켜져 있어서 전혀 시야장애가 없었으므로 전방을 잘 살펴 안전하게 운행하여야 할 주의의무가 있음에도 불구하고 이를 게을리 한 과실이 있다고 인정한 다음, 피고의 위 주장을 배척한 조치는 정당한 것으로 수긍이 가고 거기에 소론과 같은 채증법칙위배로 인한 사실오인이나 운전자의 업무상 주의의무에 관한 법리오해의 위법이 있다고 할 수 없다. 논지는 이유 없다.

2. 제2점에 대하여

불법행위로 인한 손해의 발생 또는 확대에 관하여 피해자에게도 과실이 있을 때에 그와 같은 사유는 가해자의 손해배상범위를 정함에 있어 당연히 참작되어야 하고 양자의 과실비율을 교량함에 있어서는 손해의 공평타당한 분담이라는 제도의 취지에 비추

어 사고발생에 관련된 제반 상황이 충분히 고려되어야 하는 것이며, 과실상계사유에 관한 사실인정이나 그 비율을 정하는 것이 사실심의 전권사항이라고 하더라도 그것이 형평의 원칙에 비추어 현저히 불합리하여서는 아니된다고 할 것이다.

원심판결 이유에 의하면, 원심은 그 판시와 같은 사고발생의 경위를 바탕으로 하여, 망 소외인에게도 자동차전용도로인 위 도로를 무단횡단한 잘못이 있고 이러한 위 망인의 과실은 위 차량 운전사의 과실과 함께 이 사건 사고발생의 한 원인이 되었다고 하면서 그 과실의 비율을 40퍼센트로 인정하여 과실상계를 하고 있다.

그러나 원심이 확정한 사실관계에 의하면, 이 사건 사고가 발생한 장소는 도로교통법상 자동차만이 다닐 수 있도록 설치되었고 보행자는 이를 통행하거나 횡단할 수 없도록 규정된 자동차전용도로인 데다가 위 망인은 야간에 차량의 통행이 빈번한 위 도로를 차량 진행방향의 좌측에서 길을 넘어 무단횡단하다가 이 사건 사고를 당하였다는 것이어서 얼른 보아도 위 망인의 과실이 운전사의 과실에 비하여 크다고 할 것이고, 더욱 기록에 의하면 이 사건 사고가 발생한 도로는 왕복 4차선 도로로서 차량의 통행이 빈번한 곳일 뿐만 아니라 도로변에는 인도가 설치되어 있지도 않고 "가드레일"만 설치되어 있는 점 등을 알 수 있으므로, 원심이 위와 같이 망인의 과실을 40퍼센트로 본 것은 이를 지나치게 적게 참작한 것으로서 형평의 원칙에 비추어 현저히 불합리하다고 할 것이므로 결국 이 점을 지적하는 논지는 이유있다.

3. 제3점에 대하여

기록을 살펴본바, 원심이 그 거시증거에 의하여, 위 망인이 이 사건 사고 이전부터 소외 삼성물산주식회사의 사원으로 근무하면서 종래 연월차 휴가를 이용하지 아니하고 일정액의 연월차 휴가수당을 계속적으로 지급받아 온 사실을 인정하고, 이와 같은 연월차 휴가수당 금액은 장래에도 이를 계속 받을 것으로 기대되는 예측가능한 향후소득으로 보아 일실수입 산정의 기초로 함이 상당하다고 판단한 조치는 정당한 것으로 수긍이 가고, 거기에 소론과 같은 채증법칙위배로 인한 사실오인이나 일실수입 및 연월차 휴가수당에 관한 법리오해의 위법이 있다고 할 수 없다. 논지는 이유 없다.

그러므로 원심판결 중 원고 1의 재산상 손해에 관한 피고 패소부분을 파기하고 이 부분 사건을 원심법원에 환송하고, 위 원고에 대한 나머지 상고와 나머지 원고들에 대한 상고는 이를 모두 기각하고, 상고기각부분에 대한 상고비용은 패소자의 부담으로 하여 관여 법관의 일치된 의견으로 주문과 같이 판결한다.

| 판례19 | 손수레를 끌고 횡단보도를 건너는 사람이 교통사고처리특례법 제3조 제2항 제6호 및 도로교통법 제48조 제3호에서 규정한 '보행자'에 해당하는지 여부(적극)[대법원 1990. 10. 16. 선고 90도761 판결] |

【판결요지】

손수레가 도로교통법 제2조 제13호에서 규정한 사람의 힘에 의하여 도로에서 운전되는 것으로서 '차'에 해당하고 이를 끌고 가는 행위를 차의 운전행위로 볼 수 있다 하더라도 손수레를 끌고 가는 사람이 횡단보도를 통행할 때에는 걸어서 횡단보도를 통행하는 일반인과 마찬가지로 보행자로서의 보호조치를 받아야 할 것이므로 손수레를 끌고 횡단보도를 건너는 사람은 교통사고처리특례법 제3조 제2항 제6호 및 도로교통법 제48조 제3호에서 규정한 '보행자'에 해당한다고 해석함이 상당하다.

【원심판결】

서울형사지방법원 1990.2.22. 선고 89노5976 판결

【주문】

원심판결을 파기하고, 사건을 서울형사지방법원 합의부에 환송한다.

【이유】

상고이유를 본다.

원심 판결이유에 의하면, 원심은 도로교통법 제2조 제13호와 같은 법 제48조 제3호 및 교통사고처리특례법 제3조 제2항 제6호의 각 규정을 종합하면, 이 사건 공소사실과 같은 손수레는 사람에 의하여 도로에서 운전되는 차로서 그와 같은 손수레를 끌고 횡단보도를 건너는 사람은 차의 운전자로서 위 특례법 조항 소정의 보행자라고는 할 수 없다고 판시하여 피고인에 대한이 사건 공소를 기각한 제1심판결을 그대로 유지하고 있다.

그러나 손수레가 도로교통법 제2조 제13호에서 규정한 사람의 힘에 의하여 도로에서 운전되는 것으로서 '차'에 해당하고 이를 끌고 가는 행위를 차의 운전행위로 볼 수 있다 하더라도 다른 한편으로 손수레는 자전거나 오토바이 등과 달리 끌고가는 것 이외에 다른 이동방법이 없으므로 손수레를 끌고가는 사람이 횡단보도를 통행할 때에는 걸어서 횡단보도를 통행하는 일반인과 마찬가지로 보행자로서의 보호조치를 받아야 할 것이다. 따라서 손수레를 끌고 횡단보도를 건너는 사람은 교통사고처리특례법 제3조 제2항 제6호 및 도로교통법 제48조 제3호에서 규정한 '보행자'에 해당한다고 해석함이 상당하다.

결국 원심판결에는 위 특례법과 도로교통법 조항의 '보행자'에 관한 해석을 잘못하여 판결에 영향을 미친 위법이 있으므로 이 점을 지적하는 논지는 이유있다.

그러므로 원심판결을 파기하고, 사건을 원심법원에 환송하기로 하여 관여 법관의 일치된 의견으로 주문과 같이 판결한다.

【판결요지】

자동차전용도로를 운행중인 자동차운전사들에게 반대차선에서 진행차량 사이를 뚫고 횡단하는 보행자들이 있을 것까지 예상하여 전방주시를 할 의무가 있다고 보기는 어려운 것이므로, 피해자들이 반대차선을 횡단해온 거리가 14.9미터가 된다는 것만으로 피고인의 과실을 인정할 수는 없다.

【원심판결】

서울형사지방법원 1989.1.27. 선고 88노7251 판결

【주문】

상고를 기각한다.

【이유】

검사의 상고이유를 본다.

원심판결 이유에 의하면 원심은, 이 사건 사고장소인 강변도로는 자동차전용도로로서 일반적으로 사람이 다닐 수 없고 사고시간이 새벽 1:30으로 인적이 거의 없을 때이며 피해자들이 건너온 좌측변은 인도 없이 가로수만 있고 바로 옆에 철길이 있어 그런 곳에서 사람이 출몰하리라는 것을 쉽사리 예견할 수 없을 뿐 아니라 제한속도로 정상운행중 제동거리에도 못 미치는 10여미터 전방에서 갑자기 나타난 피해자들을 발견하고 즉시 급정거조치를 취한 이상 피고인으로서는 자동차운전자로서의 업무상주의의무를 다한 것이라고 판단하고 있는 바, 기록에 의하여 살펴보면 위와 같은 원심판단은 정당하다.

논지는 사고지점이 편도 3차선의 직선도로로서 시야장애가 없고 피해자들이 사고 차의 진행방향 좌측으로부터 무려 14.9미터나 도로를 횡단한 지점에서 사고를 당한 것으로 보아 피고인이 좀 더 전방주시의무를 철저히 하였더라면 피해자들을 미리 발견할 수 있었음에도 불구하고 미리 발견하지 못한 점에 과실이 있다고 주장하나, 자동차전용도로인 위 강변도로에서 반대차선상에 차량이 운행하지 않고 있어 피해자들이 차도를 횡단해 오는 것이 피고인 진행차선에서도 쉽게 보일 수 있는 상황이었다면 모르되(이 사건 사고당시 이러한 상황이었다고 인정할 증거가 없다), 그렇지 않고 반대차선에 차량들이 운행 중이어서 피해자들이 왕래하는 차량들의 사이를 뚫고 차도를 횡단해온 것이라면 피고인이 그 진행차선에서 차량 운행 중에 반대차선에서의 위와 같은 피해자들의 동태를 미리 발견하기는 쉽지 않다고 할 것이며, 자동차전용도로를 운행 중인 자동차운전사들에게 위와 같이 반대차선에

서 진행차량 사이를 뚫고 횡단하는 보행자들이 있을 것까지 예상하여 전방주시를 할 의무가 있다고 보기는 어려운 것이므로, 만연히 피해자들이 반대차선을 횡단해온 거리가 14.9미터가 된다는 것만으로 피고인의 과실을 인정할 수는 없다. 논지는 이유없다.

그러므로 상고를 기각하기로 하여 관여 법관의 일치된 의견으로 주문과 같이 판결한다.

판례21 | 자동차 전용도로를 운행하는 자동차 운전자의 주의의무 [대법원 1989. 3. 28. 선고 88도1484 판결]

【판결요지】

도로교통법상 자동차 전용도로는 자동차만이 다닐 수 있도록 설치된 도로로서 보행자 또는 자동차 외의 차마는 자동차 전용도로로 통행하거나 횡단할 수 없도록 되어 있으므로 자동차 전용도로를 운행하는 자동차의 운전자로서는 특별한 사정이 없는 한 무단횡단하는 보행자가 나타날 경우를 미리 예상하여 급정차할 수 있도록 운전해야 할 주의의무는 없다.

【원심판결】

서울형사지방법원 1988.7.7 선고 88노1425 판결

【주문】

원심판결을 파기하고, 사건을 서울형사지방법원 합의부에 환송한다.

【이유】

피고인 변호인의 상고이유를 본다.

1. 원심판결 이유에 의하면, 원심은 피고인이 (차량번호 생략) 8톤화물차 운전사로서 1987.2.16. 19:00경 위 차량을 운전하여 서울 성동구 성수2가 401 소재 강변도로를 영동대교 방면에서 성수대교 방면으로 시속 약 50킬로미터로 운행하게 되었는 바, 그곳은 사람들이 강변 등을 산책하기 위해 통행이 예상되는 곳이고 특히 당시는 일몰 직후이어서 전방등의 시야가 좁았으므로 이러한 경우 운전업무에 종사하는 자로서는 각별히 전방 및 좌우를 잘 살피고 급정거할 수 있는 조치를 취하면서 안전하게 운전하여야 할 업무상의 주의의무가 있음에도 불구하고, 이를 게을리한 채 그대로 운전한 과실로 때마침 피고인차 진행방향 좌측에서 우측으로 횡단하던 피해자 공소외인을 뒤늦게 발견하고 급제동조치를 취했으나 미치지 못하여 피고인차 우측 앞밤바부분으로 위 피해자의 몸통을 충돌하여 땅에 넘어지게 함으로써 결국 뇌좌상 등으로 사망하였다고 인정한 1심판결을 정당하다 하여 그대로 유지하고 있다.

2. 그러나 기록에 의하면, 위 사고가 발생한 강변도로는 자동차 전용도로인 바, 도로교통
법상 자동차전용도로는 자동차만이 다닐 수 있도록 설치된 도로로서 보행자 또는 자
동차 외의 차마는 자동차전용도로로 통행하거나 횡단할 수 없도록 되어 있으므로(제2
조 제2호 및 제58조), 자동차전용도로를 운행하는 자동차의 운전자로서는 특별한 사정
이 없는 한 자동차전용도로를 무단횡단하는 보행자가 나타날 경우를 미리 예상하여
급정거할 수 있도록 운전해야 할 주의의무는 없다.

더구나 수사기록(특히 실황조사서 및 검사의 피고인에 대한 피의자신문조서)에 의하면,
이 사건 사고장소인 자동차전용도로는 강변 반대쪽 노변에 철망이 설치되어 사실상으
로도 보행자의 차도횡단을 막고 있어 차도 횡단자가 있으리라고 예상하기 어려울 뿐
아니라, 사고장소의 제한시속은 60킬로미터인데 피고인은 시속 50킬로미터로 운행하
다가 갑자기 차도 좌측에서 우측으로 횡단하는 피해자를 발견하고 급정거 조치를 취
했으나 미치지 못하여 충돌하게 된 사실이 인정되는 바, 위와 같은 사정아래에서는 피
고인이 위 피해자의 횡단을 상당한 거리에서 미리 알았거나 또는 예상할 수 있었다고
볼만한 특별한 사정이 인정되지 않는 한 피고인에게 자동차운전자로서의 과실책임을
묻기 어렵다고 할 것이다.

원심이 위와 같은 특별한 사정에 관하여 전혀 심리해 봄이 없이 만연히 피고인의 과
실책임을 인정한 것은 자동차전용도로에서의 자동차운전자의 주의의무에 관한 법리오
해와 심리미진으로 판결에 영향을 미친 위법을 저지른 것이므로 이 점에서 논지는 이
유있다.

판례22 | 자동차전용 도로상에서의 무단횡단과 운전자의 주의의무[대법원 1989. 2. 28. 선
고 88도 1689 판결]

【판결요지】

도로교통법상 자동차전용도로는 자동차만이 다닐 수 있도록 설치된 도로로서 보행자
또는 자동차 외의 차마는 통행하거나 횡단하여서는 안 되도록 되어 있으므로 자동차전용
도로를 운행하는 자동차의 운전자로서는 특별한 사정이 없는 한 무단 횡단하는 보행자가
나타날 경우를 미리 예상하여 감속 서행할 주의의무는 없다.

【원심판결】

서울형사지방법원 1988.7.1. 선고 88노2625 판결

【주문】

상고를 기각한다.

【이유】

검사의 상고이유를 본다.

도로교통법상 자동차전용도로는 자동차만이 다닐수 있도록 설치된 도로로서 보행자 또는 자동차 외의 차마는 자동차전용도로를 통행하거나 횡단하여서는 안되도록 되어 있으므로(제2조 제2호 및 제58조), 자동차전용도로를 운행하는 자동차의 운전자로서는 특별한 사정이 없는 한 자동차도로를 무단횡단하는 보행자가 나타날 경우를 미리 예상하여 이를 피할 수 있도록 감속서행할 주의의무는 없다고 할 것이다.

원심판결 이유에 의하면, 원심은 이 사건 사고장소인 88올림픽도로는 제한시속 80킬로미터의 자동차전용도로인데 피고인은 1차선에서 시속 75킬로미터의 속도로 진행하던 중 인도로부터 2, 3, 4차선을 질주중 인 다른 차량들의 사이를 뚫고 1차선까지 차도를 횡단해오던 피해자를 뒤늦게 발견하고 미처 피하지 못한 채 충돌하였으나, 당시 피고인으로서는 위 피해자가 차도를 횡단해오는 것을 미리 알았거나 또는 예상할 수 있었다고 볼만한 소론과 같은 특별한 사정이 인정되지 않으므로 피고인에게 자동차운전자로서의 주의의무를 게을리한 과실이 없다하여 무죄를 선고하였는 바, 기록에 의하여 살펴보면 위와 같은 원심판단은 정당하고 논지가 주장하는 것과 같이 과실범에 관한 법리를 오해한 위법이 없으며, 소론 각 판례는 이 사건에 적용할 만한 적절한 선례가 되지 못한다.

그러므로 상고를 기각하기로 하여 관여 법관의 일치된 의견으로 주문과 같이 판결한다.

판례23 │ 신호등의 진행신호만 믿고 무단횡단자에 대한 보호조치를 하지 않고 자동차를 운행한 운전수의 과실유무[대법원 1987. 9. 29. 선고 86다카2617 판결]

【판결요지】

횡단보도상의 신호등이 보행자정지 및 차량진행신호를 보내고 있다 하더라도 도로상에는 항상 사람 또는 장애물이 나타날 가능성이 있을 뿐만 아니라 사고지점이 차량과 사람의 통행이 비교적 번잡한 곳이라면 이러한 곳에서는 교통신호를 무시한 채 도로를 무단횡단하는 보행자가 흔히 있는 것이어서 자동차를 운전하는 사람이면 누구든지 이를 쉽게 예상할 수 있는 상황이므로 이러한 곳을 통과하는 자동차운전수는 보행자가 교통신호를 철저히 준수할 것이라는 신뢰만을 가지고 자동차를 운전할 것이 아니라 좌우에서 횡단보도에 진입한 보행자가 있는지 여부를 살펴보고 또한 그의 동태를 잘 살피면서 서행하는 등 보행자의 안전을 위해 어느 때라도 정지할 수 있는 태세를 갖추고 자동차를 운전하여야 할 주의의무가 있다 할 것이니 위와 같은 주의의무를 태만히 한 채 차량진행신호만 믿고 운전하다가 사고를 일으켰다면 운전수에게도 과실이 있다고 할 것이다.

【원심판결】

서울고등법원 1986.10.22. 선고 86나1483 판결

【주문】

상고를 기각한다.

상고비용은 피고의 부담으로 한다.

【이유】

상고이유를 본다.

1. 제1점에 대하여,

원심판결 이유에 의하면, 원심은 피고회사 소속 운전수인 소외인이 1984.8.15. 21:00 경 피고 소유인 (차량등록번호 생략) 영업용 택시를 운전하여 성남시 모란방면에서 같은시 성호종합시장 방면을 향하여 운행하던 중 같은시 수진동 8단지 앞 4거리 횡단보도상에서 마침 그곳 좌측에서 우측으로 길을 건너던 원고 1를 충격하여 상해를 입힌 사실을 인정한 다음, 피고의 면책항변에 대하여 이 사건 사고장소는 노폭 19.2미터인 편도 3차선 도로상으로서 제한속도는 시속 50킬로미터 지점이고, 사고지점은 2차선의 횡단도보상이며 그곳 4거리와 횡단보도 양도로가에는 자동차신호등과 보행자 신호등이 각 설치되어 있는 사실, 사고당시 위 소외인은 위 도로의 2차선을 따라 시속 약 40킬로미터의 속도로 진행중이었는데 마침 보행자신호등이 적색신호이고 자동차신호등이 진행신호인 녹색신호이므로 위 횡단보도 앞에서 서행등을 함이 없이 계속 같은 속도로 진행하다가 위 횡단보도에 거의 이르렀을 때 횡단보도를 따라 좌측에서 우측으로 뛰어서 길을 건너는 위 원고를 3-4미터 전방에서 발견하고, 급정차조치를 취하였으나 거리근접으로 미치지 못하여 이 사건 사고가 발생한 사실 및 사고당시 그곳 도로상에는 1차선상에 좌회전하기 위하여 신호대기 중이던 택시 1대 외에는 전방 및 좌우에 시야장애가 없었던 사실을 인정하고, 위와 같은 경우 보행자인 위 원고가 교통신호를 무시한 채 함부로 길을 건넌 점에 잘못이 있기는 하나 운전수인 위 소외인으로서도 신호등의 신호가 자동차 진행신호라 하여 신호만 믿고 진행할 것이 아니라 그때에도 전방 및 좌우를 잘 살펴 길을 건너는 사람이 있는지의 여부를 확인하고 진행하여야 할 주의의무가 있다할 것이고, 그와 같은 주의의무를 태만히 한 과실로 인하여 이 사건 사고가 발생한 것이라고 판단하여 피고의 위 면책항변을 배척하고 있는바, 횡단보도상의 신호등이 보행자정지 및 차량진행신호를 보내고 있었다 하더라도 도로상에는 항상 사람 또는 장애물이 나타날 가능성이 있고, 원심이 채용하고 있는 갑 제10호증(실황조사서)에 의하면, 이 사건 사고지점은 매시간당 차량은 800여대, 사람은 500여명이 통행하는 비교적 번잡한 곳인 사실을 인정할 수 있으므로 이러한 곳에서는 교

통신호를 무시한 채 도로를 무단 횡단하는 보행자가 흔히 있는 것 또한 부정할 수 없는 현실이며 이는 자동차를 운전하는 사람이면 누구든지 쉽게 예상할 수 있는 상황이므로 이러한 곳을 통과하는 자동차운전수는 보행자가 교통신호를 철저히 준수할 것이라는 신뢰만을 가지고 자동차를 운전할 것이 아니라 좌우에서 횡단보도에 진입한 보행자가 있는지 여부를 살펴보고 또한 그의 동태를 잘 살피면서 서행하는 등 하여 보행자의 안전을 위해 어느 때라도 정지할 수 있는 태세를 갖추고 자동차를 운전하여야 할 주의의무가 있다 할 것이고 위와 같은 주의의무를 태만히한 채 차량진행 신호만을 믿고 운전하다가 사고를 일으켰다면 운전수에게도 과실이 있다고 할 것인바, 원심이 같은 취지에서 이 사건 택시운전수인 위 소외인에게도 과실이 있다고 판단한 조치는 수긍이 가고 거기에 소론과 같은 법리를 오해한 위법이 있다고 할 수 없고 피고가 인용한 판례는 형사사건에 관한 것으로서 상황이 다른 이 사건에 그대로 적용된다고 할 수는 없다. 논지는 이유없다.

2. 제2점에 대하여,

원심판결 이유에 의하면, 원심은 이 사건 사고는 앞서 본 바와 같이 보행자인 원고 1이 보행자 적색신호를 무시한 채 횡단보도를 뛰어서 무단횡단한 과실과 택시운전수인 위 소외인이 횡단보도의 좌우를 잘 살피지 아니하고 감속운행하지 아니한 채 자동차 진행신호만을 믿고 운전한 과실이 경합하여 발생한 사실을 인정한 다음, 그 과실의 정도는 위 원고나 위 택시운전수에게 각각 50퍼센트씩 있다고 판단하고 있는바, 기록에 비추어 보건대 원심의 조치는 수긍이 가고 거기에 소론과 같은 법리오해의 위법이 있다 할 수 없다.

3. 따라서 상고를 기각하고, 상고비용은 패소자의 부담으로 하기로 하여 관여법관의 일치된 의견으로 주문과 같이 판결한다.

판례24 | 신뢰의 원칙에 비추어 운전사로서 사업상 주의의무를 해태하지 아니하였다고 본 사례[대법원 1987. 9. 8. 선고 87도1332 판결]

【판결요지】

직진 및 좌회전신호에 의하여 좌회전하는 2대의 차량뒤를 따라 직진하는 차량의 운전사로서는 횡단보도의 신호가 적색인 상태에서 반대차선상에 정지하여 있는 차량의 뒤로 보행자가 횡단보도를 건너오지 않을 것이라고 신뢰하는 것이 당연하고 그렇지 아니할 사태까지 예상하여 그에 대한 주의의무를 다하여야 한다고는 할 수 없으며, 또 운전사가 무면허인 상태에서 제한속도를 초과하여 진행한 잘못이 있다 하더라도 그러한 잘못이 사고의 원인이 되었다고는 볼 수 없다.

【원심판결】

　부산지방법원 1987.4.23. 선고 86노1006 판결

【주문】

　상고를 기각한다.

【이유】

　상고이유를 본다.

　원심판결을 기록에 비추어 살펴보면, 원심이 직진 및 좌회전 신호에 의하여 좌회전하는 2대의 차량 뒤를 따라 직진하는 차량의 운전수인 피고인으로서는 횡단보도의 신호가 적색인 상태에서 반대차선상에 정지하여 있는 차량의 뒤로 보행자가 횡단보도를 건너오지 않을 것이라고 신뢰하는 것이 당연하고 그렇지 아니할 사태까지 예상하여 그에 대한 주의의무를 다하여야 한다고는 할 수 없으며, 또 피고인이 무면허인 상태에서 제한속도를 초과하여 진행한 잘못이 있다하더라도 그러한 잘못이 이 사건 사고의 원인이 되었다고는 볼 수 없다는 전제에서 제1심판결을 유지한 조처는 수긍이 가고 거기에 소론과 같은 법리오해의 위법이 있다고 할 수 없다. 소론 판례는 이 사건에 적절한 것이 아니다.

　결국 논지는 이유 없으므로 상고를 기각하기로 하여 관여법관의 일치된 의견으로 주문과 같이 판결한다.

판례25 | 육교가 설치되어 있는 차도를 주행하는 자동차운전자의 주의의무 정도[대법원 1985. 9. 10. 선고 84도1572 판결]

【판결요지】

　각종 차량의 내왕이 번잡하고 보행자의 횡단이 금지되어 있는 육교밑 차도를 주행하는 자동차운전자가 전방 보도위에 서있는 피해자를 발견했다 하더라도 육교를 눈앞에 둔 동인이 특히 차도로 뛰어들 거동이나 기색을 보이지 않는 한 일반적으로 동인이 차도로 뛰어 들어오리라고 예견하기 어려운 것이므로 이러한 경우 운전자로서는 일반보행자들이 교통관계법규를 지켜 차도를 횡단하지 아니하고 육교를 이용하여 횡단할 것을 신뢰하여 운행하면 족하다 할 것이고 불의에 뛰어드는 보행자를 예상하여 이를 사전에 방지해야 할 조치를 취할 업무상 주의의무는 없다.

【원심판결】

　부산지방법원 1984.6.7. 선고 84노380 판결

【주문】

원심판결을 파기하고, 사건을 부산지방법원 합의부에 환송한다.

【이유】

피고인의 상고이유를 판단한다.

제1심판결은 그 거시증거에 의하여 피고인은 (차량등록번호 생략) 시내버스 운전업무에 종사하는 자로서, 1983.9.14. 12:03경 위 차를 운전하여 부산 부산진구 서면쪽에서 같은 구 개금동쪽으로 시속 약 40km의 속력으로 2차선 도로를 운행하다가 같은 구 가야2동에 있는 ○○극장 앞길에 이르렀는바, 그곳 도로 우측변에 피해자 공소외인(△△세)가 서 있는 것을 약 10m 전방에서 보았으므로 이러한 경우 운전업무에 종사하는 자로서는 그 동태를 잘 살피면서 속력을 줄여 그가 피고인의 진로 전방으로 돌출하더라도 이를 피할 수 있는 조치를 하면서 진행하는 등으로 사고를 미연에 방지할 업무상 주의의무가 있음에도 피해자가 그곳에 계속 서 있을 것으로 가볍게 믿고 그의 동태를 살피지 아니한 채 계속 같은 속력으로 그대로 운행한 과실로 피해자가 피고인의 진로 전방으로 돌출하는 것을 약 2,3m 전방에서 뒤늦게 발견하고 핸들을 좌측으로 꺾으면서 급제동을 하였으나 미치지 못하고 피고인의 차 앞밤바로 피해자를 들이받아 넘어지게 하여 그로 하여금 같은 달 15.10:10경 가료중 뇌좌상 등으로 사망에 이르게 한 것이라는 사실을 인정하고 원심은 이를 유지하고 있다.

그런데 이 사건에서 원심이 들은 증거와 사법경찰관 작성의 현장수사보고서(수사기록 38면)를 합쳐보면 피고인은 사고장소 전방 약 20m에 있는 육교를 지나 있는 정류장에 정류코저 차량의 내왕이 빈번한 왕복 4차선 도로의 2차선을(각 2차선은 버스 2대가 병행할 정도로 넓다)인도로부터 약 5m 내지 6m 간격을 두고 시속 약 40km의 속력으로 선행버스의 뒤를 8m가량의 거리를 두고 대각선 우측 10m 지점의 보도 위에 서 있는 피해자(육교를 향하여 5 내지 6m 지점)를 살피면서 진행중 피해자가 피고인 운전차량 앞 2 내지 3m 차도로(비횡단로임) 갑자기 뛰어 들어오는 바람에 급정거했으나 미급하여 이 사건 충돌사고가 발생한 사실을 인정할 수 있고 피고인은 수사기관 이래 법정에 이르기까지 눈앞에 육교를 두고 횡단이 금지된 육교 밑 차도로 피해자가 갑자기 횡단하리라고는 생각지도 않았다고 변소하고 있고 위 증거에 의하더라도 인도에 서 있던 피해자가 위 차도로 건너려는 거동이 있었다고도 볼 자료도 없는바, 사실이 위와 같다면 사고지점을 운행하던 자동차운전수로서는 육교를 눈앞에 두고 서 있던 성인인 피해자(△△세)에게 차도로 뛰어들 거동이나 기색등 특별한 사정도 엿보이지 아니하는 상황아래에서 각종 차량의 내왕이 번잡하고 보행자의 횡단이 금지되어 있는 육교밑 차도에 뛰어 들어오리라고는 일반적으로 예견하기 어렵다 할 것이고 이러한 경우 피고인으로서는 일반보행자들이 교통관계법규를 지켜 차도를 횡단하지 아니하고 육교를 이용하여 횡단할 것을 신뢰하여 운행하면 족하다 할 것이고 불의에 뛰어드는 보행자를 예상하여 이를 사전에 방지해야 할 조치를 취할 업무상 주의의무는 없다 할 것이고 또한 피고인에게 전방 주시의무를 게을리하였다고 볼 자료도 없다. 뿐만 아니라 피고인에게 위와 같은 보행자를 예상하여 자동차의 속력을 낮추거나 정지하지 못한데 잘못이 있다고 하기 위하여는 피해자를 발견한 지점에서 속도를 낮추었거나 앞에 뛰어드는 피해자를 보고 정지조치를 취했더라면 충돌사고를 방지할 수 있었다고 인정되는 경우이어야 할 것인바, 원심이 확정한 바와 같이 위 버스는 제한속도 범위 내인 초속 약 11.11m(40,000m/3,600초)의 속도로 선행시내버스의 뒤를 약 8m 정도의 안전거리를 유지하면서 주행하고 있었던 피고인으로서는 피해자를 발견한 10m의 거리 또는 돌출해온 2 내지 3m의 거리를 두고 서행, 정지조치를 취하였더라도 피해자가 제동거리 밖에 있는 경우라면 몰라도 그 제동거리 안에 있었다면 위와 같은 상황 하에서 충돌사고는 불가피한 것이라고 하지 않을 수 없으니 그것이 제동거리 안에 있었던 여부를 심리하지 않고서는 과실의 유무를 가릴 수 없을 것임에도 그 부분에 대하여 심리도 하지 아니한 채 막연히 10m 전방에서 피해자를 발견하고 그 동태를 잘 살피면서 속력을 줄이지 아니하였음을 과실이라 하여 피고인에게 업무상과실의 책임을 인정한 원심의 조치는 필경 자동차 운행자의 주의의무에 대한 법리를 오해하였거나 심리를 다하지 아니한 채 증거없이 사실을 인정한 위법이 있다 할 것이고 이는 판결의 결과에 영향을 미쳤다 할 것이니 이 점을 탓하는 논지는 이유있다.

그러므로 원심판결을 파기하여 사건을 부산지방법원 합의부에 환송하기로 관여 법관의 의견이 일치되어 주문과 같이 판결한다.

판례26 | 고속도로 주행차량 운전자의 주의의무[대법원 1977. 6. 28. 선고 77도403 판결]

【판결요지】

고속국도에서는 보행으로 통행, 횡단하거나 출입하는 것이 금지되어 있으므로 고속국도를 주행하는 차량의 운전자는 도로양측에 휴게소가 있는 경우에도 동 도로상에 보행자가 있음을 예상하여 감속등 조치를 할 주의의무가 있다 할 수 없다.

【원심판결】

서울형사지방법원 1976.12.14. 선고 76노4700 판결

【주문】

상고를 기각한다.

【이유】

상고이유를 판단한다.

도로교통법 제47조의 2 제2항 및 고속국도법 제9조 제1항에 규정한 바에 따르면 고

속국도에서는 보행으로 통행횡단하거나 출입하는 것이 금지되어 있으므로 고속국도를 주행하는 차량의 운전자는 동 도로상에 보행자가 있을 것을 예상하여 감속 등 조치를 할 주의의무가 있다할 수 없고 도로 양측에 휴게소가 있다하여 이 이치를 달리할 바 아니므로 이런 견해 아래 경부고속도로 주행선상에서 보행하는 피해자 공소외인을 충격한 이건 사고에 있어 차량운전자로서의 피고인에게 과실이 없다하여 무죄를 선고한 제1심 판결을 유지한 원심판결의 판단은 정당하고 반대의 견해로 피고인에게 과실이 있다는 소론의 논지 이유없다.

그러므로 상고를 기각하기로 관여법관의 의견이 일치되어 주문과 같이 판결한다.

판례27 | 차도와 인도의 구분이 없는 도로에서 좌측통행을 하지 아니한 자의 과실 책임[대법원 1976. 11. 9. 선고 76다1888 판결]

【판결요지】

차도와 인도의 구분이 없는 도로에서 보행하는 자는 좌측통행을 하면서 차량과의 충돌을 예방하기에 필요한 주의의무를 다하여야 하고 우측통행을 하는 등 주의의무를 다하지 못하여 차량사고를 당한 경우에는 그의 과실책임을 면치 못한다.

【원 판 결】

서울고등법원 1976.6.1. 선고 76나597 판결

【주문】

상고를 기각한다. 상고소송비용은 피고의 부담으로 한다.

【이유】

피고소송수행자의 상고이유를 판단한다.

그러나 원심이 이건 사고 현장은 차도와 인도의 구분이 없는 도로이므로 보행자인 원고 1은 좌측통행을 하면서 이건 사고차량과의 충돌을 예방하기에 필요한 주의의무를 다하여야 할 것임에도 위 원고는 우측통행을 하는 등 원판시와 같은 주의의무를 다하지 못하여 이건 사고를 당한 사실을 인정하고 위 원고의 과실을 참작하여 이건 사고로 인하여 피고가 위 원고에게 배상하여야 할 그의 재산상의 손해액을 원판시와 같이 산정하였음을 기록에 대조하여 살펴볼지라도 그대로 수긍할 수 있다 할 것이고 논지가 말하는 바와 같은 위 원고의 과실정도에 비추어 볼 때 이를 과소하게 참작함으로써 과실상계의 법리를 오해한 허물있다고는 보여지지 아니한다.

그러므로 상고를 기각하기로 하고 상고소송비용은 패소자의 부담으로 하기로 하여 관여 법관의 일치된 의견으로 주문과 같이 판결한다.

판례28 | 고속도로를 자동차로 고속진행하는 경우 보행인이 그 도로의 주행선 중앙 방면으로 뛰어드는 일이 없으리라는 신뢰의 원칙이 특별한 상황 하에서는 **배제된다**[대법원 1972. 12. 26. 선고 71도1401 판결].

【원심판결】

제1심 서울형사지방, 제2심 서울형사지방 1971. 6. 12. 선고 70노3627 판결

【주문】

원판결을 파기하고,

사건을 서울형사지방법원 합의부에 환송한다.

【이유】

검사의 상고이유를 판단한다.

원판결이 확정한 사실은, 피고인은 그가 운전하던 자동차를 시속 80키로미터의 고속으로 본건 고속도로를 운행 중 그 차와 80미터의 중간거리를 두고 앞에 달리던 신문사 소속의 앞차로부터 중앙분리대에서 도로(1차선) 보수공사를 하던 노무자들을 향하여 신문 뭉치가 던져지자, 노무자의 한 사람이던 피해자가 그 뭉치를 주으려고 2차선 (주행선)의 중앙 방향으로 뛰어드는 것을 보고 피고인이 급정차 조치를 취하였을 때의 피해자와 가해 자동차와의 거리는 약 23미터이며, 자동차가 피해자를 치인채 끌고 나간 거리는 18미터라는 것이다. 그런데 원판결은 위와 같은 사실관계에서 일어난 본건 사고는 원설시 이유에 의하여 불가항력으로 생긴 것이라고 판시하고, 피고인에게 운전과실을 인정하기를 거부하였다.

살피건대, 고속도로를 자동차로 고속(본건에서는 시속 80키로미터) 운행하는 운전자는, 보행인이 그 도로의 주행선 중앙방면으로 뛰어드는 일이 없으리라는 신뢰 밑에서 운행한다고 보아야하고 그 도로의 보수공사를 하는 노무자들이 일하는 옆을 지날 때도 마찬가지라고 하겠으니 고속도로의 관리청은 적어도 그들이 고용한 노무자들에게 도로중앙에 뛰어드는 일이 고속교통기관의 필요성과 가치성을 저버리는 결과가 되며, 위험한 일이라는 취지를 엄중히 알리고 취업시켰다고 예상되므로 그들도 일반 보행자와 같이 주행선에 뛰어드는 일이 없다는 신뢰를 운행자가 가지고 있어도 마땅하다고 보아야 할 것이기 때문이다. 그러나 본건과 같이 보수 노무자들을 향하여 신문 뭉치가 던지어진 특별한 상황하에서이라면 그 물건에 대한 호기심에 이끌린 피해자가 주행선(2차선) 중앙방향으로 언제 뛰어들지 모르는 사태가 예상되므로, 운전자인 피고인은, 이 돌발사태에 대처한 전방주시

의무, 기타의 사고방지 의무를 안고 있다고 함이 딴 것으로 바꿀수 없는 인명의 존중과 고속교통기관이 우리생활에 끼치는 막대한 공헌과를 가치형량하는 시점에서 끌어낼 수 있는 타당한 견해라고 하겠다. 그런데 이 사건에 있어서 만일 피고인이 위와 같은 운전상의 주의의무를 제대로 다했더라면 원판결 확정사실로 미루어 피고인은 사고의 원인이 된 신문 뭉치가 앞차에서 내동댕이 쳐지는 것을 80미터 후방에서 보았어야 할 것이고, 따라서 사고는 미연에 방지될 수 있었음이 분명히 추인된다고 하겠으므로 원판결의 위와 같은 판단에는, 도로 사정 기타 주위의 정황으로 허용된 고속도 유지를 하는 운전자에게 적용되는 신뢰의 원칙이 배제될 경우가 있음을 잊어 고속차량의 운전에 있어서의 업무상의 과실의 법리를 오해한 허물을 범하여 결과에 영향을 준 위법을 남겼다고 하리니 논지는 이유있고 원판결은 파기를 면하기 어렵다.

그러므로 관여법관의 일치된 의견으로 주문과 같이 판결한다.

판례29 | 차량의 진행방향과 같이 도로의 우측을 걸어간 피해자에게도 과실이 있음을 인정한 실례 [대법원 1968. 3. 26. 선고 67다696 제1부 판결]

【판결요지】

국도에서 군용차량과 같은 방향으로 그 길 우측을 걸어가다가 그 차량에 충격되어 사고가 발생한 경우에는 특별한 사정이 없는 한 피해자에게도 좌측통행을 하지 않은 과실이 있다.

【원심판결】

제1심 서울민사지방, 제2심 서울민사지방 1967. 2. 24. 선고 66나471 판결

【주문】

원판결을 파기하고, 사건을 서울민사지방법원 합의부에 환송한다.

【이유】

피고 소송수행자의 상고이유를 본다.

원판결이 인용한 제1심 판결의 이유설시에 의하면, 원심은 본건 사고는 군용 지.엠.씨 차량이 1965.12.28 10:10경 강원도 인제군 인제면 합강 1리 앞 국도를 달리던때, 위 차량의 진행방향과 같은 방향으로 그 길앞 우측을 걸어가던 원고를 충격하여 발생한것 이라고 인정하였다. 그런데, 도로교통법 제8조제2항의 규정에 의하면, 보도와 차도의 구분이 없는 도로에 있어서는, 보행자는 그 도로의 좌측을 통행하도록 되어있다. 그렇다면, 달리 특별한 사정이 없는한, 이사건 불법행위에 관하여는 피해자인 원고에게도 과실이 있었다고 봄이 상당하고, 따라서 이 사건 불법행위로 인한 손해배상액의 산정에 있어 이를

참작하여야 할 것이다. 원판결에는, 위 특별사정의 존부에 관하여 심리를 다하지 아니한 위법이 있거나 (갑 제5호증에는, 사고지점의 도로의 폭은 9미-타-인데, 원고가 우측도로 변으로부터 2미타의 거리에 위치하고 있을 때, 이 사고가 발생한것이라고 기재되어있다) 과실에 관한 법리를 오해한 위법이 있다고 아니할 수 없다. 논지는 이유있다.

이리하여, 원판결을 파기하고, 사건을 원심인 서울민사지방법원 합의부에 환송하기로 한다.

이 판결에는 관여법관 전원의 의견이 일치되다.

판례30 | 보행자의 좌측통행의 주의의무를 태만히 한 과실을 손해배상액 산정에 참작하지 아니한 실례*[대법원 1967. 8. 29. 선고 67다1393 판결]*

【판결요지】

피해자가 차량과 같은 방향인 우측으로 통행하다가 사고가 일어난 경우에는 피해자에게도 과실이 있다.

【원심판결】

제1심 서울민사지방, 제2심 서울고등 1967. 5. 18. 선고 66나1650 판결

【주문】

원심판결 중 피고의 패소부분을 파기하고, 이 부분을 서울고등법원으로 환송한다.

【이유】

피고 소송수행자의 상고이유를 본다.

이 사건에서 문제가 되어 있는 사고가 발생한 경위에 관하여 원심은 제1심이 확정한 다음과 같은 사실을 인용하고 있다. 즉, 1965.11.12 일병 소외 1은 2 1/2톤 담푸추럭을 운전하고 가다가 그 날 오전 7시 50분경 차가 경기 가평군 가평면 대곡리 180번지 앞에 있는 길에 이르렀는데 당시 거기서 5미터 앞에서는 군용추럭이 길 왼쪽으로 반대방향에서 달려오고 있었고, 위 소외 1의 차와 같은 방향을 향하여 피해자인 소외 2(원고들의 딸, 당시 만12세의 소녀 중학교 2년생) 이길 오른쪽 가(갑 제6호증 참조)로 앞에서 걸어가고 있었다 한다. 그런데 위 소외 1은 종래 달려오던 속력(시속 약10KM)을 줄이지 아니한 채 위의 앞에서 달려오는 추럭을 피하고 자차를 오른쪽으로 돌리고 브레이크를 밟아 속력을 조정하려 하였으나 브레이크 고장으로 차를 제대로 운전할 수 없게 되어 앞에 걸어가던 피해자의 허리를 오른쪽 앞바퀴로 충돌시켜 넘어 뜨리고 허리와 머리를 차가 깔고 넘어가서 현장에서 즉사시켰다 한다. 그러나 피해자가 만12년의 소녀인 이상, 차량의 왕래가 있는 곳에서는 보행규칙을 지켜서 좌측통행을 하여야 할 주의의무가 요망된다

할 것이다.

그런데 위에서 본 바와 같이 피해자는 본건 사고차량과 같은 방향인 우측통행을 하다가 본건 사고를 일으킨 것이므로 본건 사고발생에 있어서 피해자에게 전혀 과실이 없다고는 단정하기 곤란하다. 이러한 피해자의 과실은 본건 손해배상청구에 있어서 참작되어야 할 것이다. 그러므로 이러한 조치에 이르지 아니한 원심은 위법을 범한 셈이 되는 것이요, 논지 이유있다.

이리하여 원심판결 중 피고의 패소부분을 파기하고, 이부분을 원심인 서울고등법원으로 환송하기로 한다.

이 판결에는 관여법관들의 견해가 일치되다.

> **판례31 | 자동차사고로 사망한 피해자의 과실유무를 심리하지 아니하고 과실상계의 항변을 배척한 실례**[대법원 1962. 5. 3. 선고 4294민상1105 판결]

【판결요지】

행자로서 버스가 빈번히 통행하는 도로를 횡단함에 있어 도로의 일방에서 버스가 질주하여 옴을 대기할 때에는 반대방향에서 버스 등 자동차가 운행되어 오는가를 살펴야 함은 보통인으로서 마땅히 주의할 것이 기대된다고 볼 수 있으므로 사고버스가 반대방향으로부터 오던 버스와 서로 교차할 때 교차직후 사고버스 전면 3메터 지점을 그 도로 좌측에서 우측으로 횡단하려던 피해자를 치어서 사망케 하였을 경우 법원은 사고현장이 보행인으로서 좌우측을 멀리 볼 수 있는 장소인가, 교차당시의 사고버스의 속도 여하를 석명하여 심리하므로서 피해자의 과실유무를 판단함이 옳다 할 것이다

【원심판결】

제1심 대구지방, 제2심 대구고등 1961. 7. 4. 선고 61민공67 판결

【주문】

원판결을 파기 한다.

사건을 대구고등법원에 환송한다.

【이유】

피고들 소송대리인의 상고이유는 별지로 붙인 상고 이유서에 쓰여저 있는것과 같다.

상고이유 제2점에 대한 판단. 망 소외 1의 사망한 원인으로 원고의 주장하는 바는 피고 2가 피고 경북 여객 자동차 주식회사 소속버스를 문경에서 상주방면을 향하여 시속 15마일 속도로 운행하여 오던중 상주읍 부원리 부락앞 국도에서 반대방향으로 오던 통일

여객 소속버스와 서로 교차할 때 교차 직후 피고 2가 운정하는 버스전면 3미터 지점을 그 도로 좌측에서 우측으로 횡단하려던 소외 1을 치어서 사망케 하였다는 주장으로 되어 있고 피고들은 피해자 소외 1에게도 과실이 있으니 손해액 결정에 있어 과실상계를 주장함이 기록에 의하여 명인된다 그런데 원심은 채택하지 않는 증인 소외 2의 증언외에는 망 소외 1의 과실을 인정할 증거가 없다하여 과실상계의 항변을 쉽사리 배척하였으나 원고의 주장자체에 의할지라도 보행자로서 버스가 빈번히 통행하는 도로를 횡단함에 있어 도로의 일방에서 버스가 질주하여옴을 대기할 때에는 반대 방향에서 버스등 자동차가 운행되어 오는가를 살펴야 함은 보통인으로서 마땅히 주의할 것이 기대된다고 볼 수 있으므로 본건 사고 현장이 보행인으로서 좌우측을 멀리 볼 수 있는 장소인가 교차당시의 피고 2가 운전하던 버스의 속도 여하를 석명하여 심리하므로서 피해자의 과실유무를 판단함이 옳았는데 이와 같은 조처에 이르지 않고 과실상계의 항변을 쉽사리 배척한 것은 심리를 다하지 않은 위법이 있어 결국 논지는 이유있다 그 외에 원심판결은 다음의 위법이 있으니 파기될 수 밖에 없다 즉 원고 1, 2, 3, 4, 5, 6은 망 소외 1의 자녀이고 원고 소외 3은 소외 1의 유처이므로 소외 1의 사망으로 말미암은 재산상 손실금의 유산 상속분은 민법 1009조에 의하여 법정되어 있음에 불구하고 원심은 피고등에 대하여 연대 지불을 명한 것은 유산상속분에 관한 민법의 규정을 간과한 위법이 있고 본건 금원 지급에 있어 피고 1과 피고 경북여객 자동차 주식회사에게 연대로 지급을 명할 법률상 원인 없음에도 불구하고 그 연대 지급을 선고한 원판결은 위법이 아닐 수 없다

나머지 상고이유에 대한 판단을 기다릴것없이 원판결은 파기될 것이고 원심으로 하여금 다시 심리 재판하게 하기 위하여 관여한 법관 전원의 일치된 의견으로 주문과 같이 판결한다.

Chapter 10. 추락방지의무 위반

[1] 승차 또는 적재 제한

　모든 차의 운전자는 승차 인원, 적재중량 및 적재용량에 관해 다음의 안전기준을 넘어서 승차시키거나 적재한 상태로 운전해서는 안 됩니다다(「도로교통법」 제39조제1항 본문 및 「도로교통법 시행령」제22조).

구분	차종	기준
(1) 승차인원	자동차	승차정원 이내
(2) 적재중량	화물자동차	구조 및 성능에 따르는 적재중량의 110% 이내
(3) 적재용량	화물자동차, 이륜자동차 및 소형 3륜자동차	- 길이는 자동차 길이에 그 길이의 10분의 1의 길이를 더한 길이(이륜자동차는 그 승차장치의 길이 또는 적재장치의 길이에 30센티미터를 더한 길이) - 너비는 자동차의 후사경으로 후방을 확인할 수 있는 범위(후사경의 높이보다 낮게 적재한 경우에는 그 화물을, 후사경의 높이보다 높게 적재한 경우에는 후방을 확인할 수 있는 범위)의 너비 - 높이는 화물자동차의 경우 지상으로부터 4m(도로구조의 보전과 통행의 안전에 지장이 없다고 인정하여 고시한 도로노선의 경우에는 4미터 20센티미터, 소형 3륜자동차의 경우 지상으로부터 2미터 50센티미터, 이륜자동차에 있어서는 지상으로부터 2미터)의 높이

[2] 안전기준을 넘는 승차 및 적재의 허가

① 다만, 다음의 절차에 따라 출발지를 관할하는 경찰서장의 허가를 받으면 위의 안전기준을 넘어서도 운행이 가능합니다(「도로교통법」제39조제1항 단서 및 「도로교통법 시행규칙」제26조).

1) 안전기준초과승차·안전기준초과적재 허가신청(「도로교통법 시행규칙」별지 제5호서식)

2) 검토
   ※ 경찰서장의 허가기준(「도로교통법 시행령」제23조제1항)
   전신·전화·전기공사, 수도공사, 제설작업 그 밖에 공익을 위한 공사 또는 작업을 위하여 부득이 화물자동차의 승차정원을 넘어 운행하려는 경우
   분할할 수 없어 위 표의 (2),(3)의 기준을 적용 할 수 없는 화물을 수송하는 경우

3) 안전기준초과승차·안전기준초과적재 허가증(「도로교통법 시행규칙」별지 제6호서식) 교부

4) 빨간 헝겊 표지(밤에는 반사체 표시) 달고 운행

② 모든 차의 운전자는 운전 중 실은 화물이 떨어지지 않도록 덮개를 씌우거나 묶는 등 확실하게 고정될 수 있도록 필요한 조치를 해야 합니다(「도로교통법」제39조제4항).

③ 모든 차의 운전자는 영유아나 동물을 안고 운전 장치를 조작하거나 운전석 주위에 물건을 싣는 등 안전에 지장을 줄 우려가 있는 상태로 운전해서는 안 됩니다(「도로교통법」제39조제5항).

[3] 위반시 제재

범칙금 및 벌점

위반 행위	범칙금
승차인원 초과	승합차 등: 7만원 승용차 등: 6만원 이륜차 등: 4만원 자전거 등: 3만원
적재제한 위반, 적재물 추락방지 위반 또는 영유아나 동물을 안고 운전하는 행위	승합차등: 5만원 승용차등: 4만원 이륜차등: 3만원 자전거등: 2만원

[4] 추락방지의무 위반에 대한 판례

> **판례1** | 자동차에 설치된 부착물이 자동차의 구조나 장치에 아무런 변경 없이 탈·부착이 가능 하나, 구조적·용도적으로 결합하여 자동차와 일체로 사용될 수 있고 차량의 길이나 높이 등의 증가를 가져오는 경우, 그 부착물의 설치가 시장 등의 승인을 요하는 '자동차의 튜닝'에 해당하는지 여부(적극)*[대구지법]*
>
> *2017. 1. 13. 선고 2016노1006 판결 : 상고]*

【판결요지】

[1] 자동차관리법 제2조 제11호, 제34조 제1항, 자동차관리법 시행령 제8조 제1항 제1호, 제2항 제10호, 자동차관리법 시행규칙 제55조 제1항, 제2항 및 자동차의 성능과 안전을 확보하고자 하는 자동차관리법의 입법 취지 등에 비추어 보면, 자동차에 설치된 부착물이 자동차와 구조적·용도적으로 결합하여 자동차와 일체로 사용될 수 있고, 부착물로 인하여 차량의 길이나 높이 등의 증가를 가져온다면, 비록 자동차의 구조나 장치에 아무런 변경 없이 부착물의 탈·부착이 가능하더라도, 이와 같은 부착물의 설치는 시장 등의 승인을 요하는 자동차의 튜닝에 해당한다.

[2] 피고인이 시장 등의 승인을 받지 아니하고 피고인 소유의 가변형 평판트레일러(이하 '트레일러'라 한다)에 길이 16.55m, 높이 2.55m의 냉동탑(이하 '냉동컨테이너'라 한다)을 얹어 고정시켜 튜닝된 자동차를 운행하였다고 하여 자동차관리법 위반으로 기소된 사안에서, 피고인이 냉동컨테이너를 트레일러에 고정시켜 관할 경찰서장의 운행허가까지 받아가면서 운행한 것은 보다 많은 냉동·냉장식품을 운반하기 위해 냉동탑차와 같이 사용한 것으로, 냉동컨테이너는 처음부터 트레일러에 설치할 목적으로 제작되어 서로 구조적·용도적으로 결합하여 '일체로' 사용되고 있고(컨테이너에 부착된 냉동장치와 연료장치가 트레일러에 추가적으로 부착된 결과가 된다), 이로 인하여 트레일러의 길이나 높이도 실제적인 증가를 가져오게 되는 만큼, 냉동컨테이너를 트레일러에 고정하는 것은 자동차에 부착물을 추가하는 것으로 자동차관리법이 규정하는 '자동차의 튜닝'에 해당하므로, 피고인이 트레일러에 냉동컨테이너를 얹어 고정시킨 상태에서 트레일러를 운행한 것은 승인 없이 튜닝한 자동차를 운행한 것이라는 이유로 유죄를 선고한 사례.

【원심판결】

대구지법 2016. 2. 17. 선고 2015고정1760 판결

【주문】

원심판결을 파기한다.

피고인을 벌금 1,000,000원에 처한다.

피고인이 위 벌금을 납입하지 아니하는 경우 100,000원을 1일로 환산한 기간 피고인을 노역장에 유치한다.

【이유】

1. 항소이유의 요지

이 사건 공소사실 기재 가변형 트레일러에 냉동컨테이너를 얹어 고정시킨 행위는 자동차관리법에서 규정하고 있는 '자동차의 튜닝'에 해당한다. 그런데도 원심이 이 사건 공소사실을 무죄로 판단한 것에는 사실을 오인하였거나 자동차관리법에 관한 법리를 오해하여 판결에 영향을 미친 잘못이 있다.

2. 판단

가. 이 사건 공소사실의 요지

누구든지 시장·군수·구청장의 승인을 받지 아니하고 국토교통부령이 정하는 항목에 대하여 튜닝된 자동차인 것을 알면서 이를 운행하여서는 안 된다.

그런데도 피고인은 2015. 5. 15. 08:30경부터 같은 날 08:40경까지 경북 칠곡군에 있는 칠곡물류센터에서 칠곡물류 IC까지 약 4km 구간에서 피고인 소유의 (차량번호 생략)○○ 가변형 평판트레일러(이하 '이 사건 트레일러'라 한다)에 길이 16.55m, 높이 2.55m의 냉동탑(이하 '이 사건 냉동컨테이너'라 한다)을 얹어 고정시켜 튜닝된 자동차를 운행하였다.

나. 원심의 판단

원심은, 원심법원이 채택하여 조사한 증거들에 의하여 인정되는 아래와 같은 사정에 비추어 보면, 검사가 제출한 증거만으로는 이 사건 트레일러에 이 사건 냉동컨테이너를 얹어 고정시킨 행위가 자동차관리법에서 정한 '자동차의 튜닝'에 해당한다고 보기 어렵다는 이유로 이 사건 공소사실을 무죄로 판단하였다.

① 이 사건 냉동컨테이너는 이 사건 트레일러에 얹어 핀으로 고정하는 방식으로 적재하여 위 트레일러와 비교적 쉽게 분리될 수 있고, 지게차를 이용하여 위 냉동컨테이너를 싣고 내릴 수 있다. 이 사건 냉동컨테이너에는 독립된 배터리 전원과 엔진 연료장치를 부착한 냉동기가 내장되어 있어 이 사건 트레일러와

분리된 후에도 작동이 가능하다. 이 사건 트레일러의 경우 자동차등록을 할 당시부터 트레일러 차량 자체만이 자동차관리법상 검사대상에 포함될 뿐 그 위에 적재하는 컨테이너는 검사대상에 포함되어 있지 않다. 이러한 점을 종합하면 이 사건 냉동컨테이너는 이 사건 트레일러와 독립된 적재물에 해당한다고 보는 것이 타당하다.

② 이 사건 냉동컨테이너는 일반적인 규격 컨테이너보다 길이가 더 길고 배터리나 연료장치 등이 외부에 설치되어 있기는 하나, 위 냉동컨테이너를 이 사건 트레일러 위에 적재한다고 하더라도 위 트레일러 자체의 구조나 장치 등에 어떠한 변경 또는 변형이 가해지지 않는다.

다. 이 법원의 판단

그러나 원심의 위와 같은 판단은 다음과 같은 이유로 수긍할 수 없다.

1) 자동차관리법 제34조 제1항, 제2조 제11호에 따르면, 자동차소유자가 국토교통부령으로 정하는 항목에 대하여 튜닝을 하려는 경우 시장 등의 승인을 받아야 하는데, 여기서 '자동차의 튜닝'이란 '자동차의 구조·장치의 일부를 변경하거나 자동차에 부착물을 추가하는 것'을 말한다. 즉, 구조·장치의 변경에 해당하는 경우뿐만 아니라 자동차에 부착물을 추가하는 것도 자동차의 튜닝에 해당한다. 또한 자동차의 소유자가 위와 같이 승인을 받아야 하는 항목에 관하여, 자동차관리법 시행령 제8조와 같은 법 시행규칙 제55조 제1항은 길이·너비 및 높이(위 시행령 제8조 제1항 제1호)와 관련된 자동차의 구조와 물품적재장치(위 시행령 제8조 제2항 제10호) 등의 장치를 열거하고 있고, 한편 위 시행규칙 제55조 제2항은 자동차의 총중량이 증가되는 튜닝이나 최대적재량의 증가를 가져오는 물품적재장치의 튜닝 및 변경 전보다 성능 또는 안전도가 저하될 우려가 있는 경우의 튜닝 등에 해당하는 것은 원칙적으로 승인하여서는 아니 된다고 규정하고 있다.

위와 같은 자동차관리법 및 같은 법 시행령, 시행규칙의 각 규정과 자동차의 성능과 안전을 확보하고자 하는 자동차관리법의 입법 취지 등에 비추어 보면, 자동차에 설치된 부착물이 자동차와 구조적·용도적으로 결합하여 자동차와 일체로 사용될 수 있고, 그 부착물로 인하여 차량의 길이나 높이 등의 증가를 가져온다면, 비록 자동차의 구조나 장치에 아무런 변경 없이 부착물의 탈·부착이 가능하다고 하여도, 이와 같은 부착물의 설치는 시장 등의 승인을 요하는 자동차의 튜닝에 해당한다고 할 것이다.

2) 원심과 당심에서 적법하게 채택하여 조사한 증거들에 의하여 알 수 있는 다음과 같은 사정들에 비추어 보면, 이 사건 트레일러에 이 사건 냉동컨테이너를 얹어 고정시킨 것은 자동차관리법에서 정한 '자동차의 튜닝'에 해당한다고 할

것이므로 피고인이 이 사건 트레일러에 이 사건 냉동컨테이너를 얹어 고정시킨 상태에서 위 트레일러를 운행한 것은 시장 등의 승인 없이 튜닝한 자동차를 운행한 것으로 판단된다.

① 이 사건 냉동컨테이너는 이 사건 트레일러를 2.88m나 연장한 상태(가변형 트레일러로 화물의 적재를 위해 필요한 경우 평판의 길이가 연장이 가능하도록 되어 있다)에서 그 위에 고정할 것을 미리 예정하고 특별히 제작된 것으로 통상적으로 사용되는 컨테이너와는 규격에 있어서 차이를 보이는데, 그 길이는 16.55m, 높이는 2.55m이고, 이 사건 냉동컨테이너가 이 사건 트레일러에 고정되었을 때 그 뒷부분이 약 70cm 정도 돌출되게 된다.

이와 같이 이 사건 트레일러는 연장된 상태에서 냉동컨테이너를 고정시켜 운행하기 때문에 자동차관리법 제29조 제4항, 자동차 및 자동차부품의 성능과 기준에 관한 규칙 제4조에 규정된 안전기준(길이 16.7m)을 초과하게 되는데, 이에 피고인은 이 사건 냉동컨테이너를 운행함에 있어 이를 단지 적재물이라고 주장하며 도로교통법 제39조 제1항에 따라 관할 경찰서장으로부터 운행허가를 받는 방법으로 지금까지 운행하여 오고 있다.

② 이 사건 냉동컨테이너를 트레일러에서 분리하기 위해서는 두 대의 지게차가 반드시 동원되어야 하고, 분리나 고정에 있어 상당한 주의를 요하며, 그 시간도 적어도 분리에 3분 이상, 그대로 다시 고정하는 데에만 4분 이상이 소요된다. 또한 이 사건 냉동컨테이너는 앞부분에 냉동장치 등이 설치되어 있고, 우측 아랫부분에 연료탱크 등이 설치되어 있어, 분리 시에 별도의 받침대 없이는 지상에 내려놓는 것이 어려울 뿐만 아니라 통상적인 컨테이너와 같은 겹침 방식의 적재 등은 불가능하다.

③ 이 사건 냉동컨테이너가 이 사건 트레일러의 뒷부분보다 돌출된 부분의 아래쪽에는 반사기가 설치되어 있고, 이 사건 냉동컨테이너의 좌·우측 부분에는 등화장치가 여러 개 설치되어 있으며, 피고인은 이 사건 냉동컨테이너를 자동차 검사를 받을 때를 제외하고는 상시적으로 이 사건 트레일러에 고정하여 운행하여 옴으로써 사실상 '냉동탑차와 같은 용도'로 사용하여 왔다.

④ 한편 앞서 본 바와 같이 이와 같은 가변형 트레일러를 연장하여 그 위에 이 사건 냉동컨테이너를 고정시키는 것을 두고 자동차관리법상의 '자동차의 튜닝'으로 보지 않는다면, 자동차관리법 등에서 규정하고 있는 안전기준을 초과하는 차량이 운행허가만을 받아 무분별하게 도로 위를 운행하는 상황이 된다. 더구나 이와 같은 형태의 '자동차의 튜닝'은 자동차관리법규상 원칙적으로 튜닝 자체가 승인이 안 되는 경우에 해당할 여지도 있다.

⑤ 결국 위와 같은 여러 사정을 종합하여 보면, 피고인이 이 사건 냉동컨테이너를 가변형 트레일러에 고정시켜 운행허가까지 받아가면서 운행한 것은 보다 많은

냉동·냉장식품을 운반하기 위해 냉동탑차와 같이 사용한 것으로, 이 사건 냉동컨테이너는 처음부터 이 사건 트레일러에 설치할 목적으로 제작된 것으로 서로 구조적·용도적으로 결합하여 '일체로' 사용되고 있고(컨테이너에 부착된 냉동장치와 연료장치가 이 사건 트레일러에 추가적으로 부착된 결과가 된다), 이로 인하여 이 사건 트레일러의 길이나 높이도 실제적인 증가를 가져오게 되는 것인 만큼, 이 사건 냉동컨테이너를 이 사건 트레일러에 고정하는 것은 자동차에 부착물을 추가하는 것으로 자동차관리법이 규정하고 있는 '자동차의 튜닝'에 해당된다고 봄이 상당하다.

3) 그런데도 원심이 이 사건 공소사실을 무죄로 판단한 것에는 사실을 오인하였거나 자동차관리법에 관한 법리를 오해하여 판결에 영향을 미친 잘못이 있다.

3. 결론

검사의 항소는 이유 있으므로 형사소송법 제364조 제6항에 따라 원심판결을 파기하고, 변론을 거쳐 다음과 같이 다시 판결한다.

【다시 쓰는 판결】

【범죄사실】

위 2. 가.항의 기재와 같다.

【증거의 요지】

1. 피고인의 일부 법정진술

1. 피고인에 대한 일부 경찰 피의자신문조서(첨부서류 포함)

1. 당심 법원의 검증조서

1. 사실조회회신(교통안전관리공단)

【법령의 적용】

1. 범죄사실에 대한 해당법조 및 형의 선택
   구 자동차관리법(2015. 8. 11. 법률 제13486호로 개정되기 전의 것) 제81조 제20호, 제34조 제1항(벌금형 선택)

1. 노역장유치
   형법 제70조 제1항, 제69조 제2항

판례2 | 교통사고처리특례법 제3조 제2항 단서 제10호 소정의 '승객의 추락방지의무'의 의미[대법원 2000. 2. 22. 선고 99도3716 판결]

【판결요지】

[1] 교통사고처리특례법 제3조 제2항 단서 제10호는 "도로교통법 제35조 제2항의 규정에 의한 승객의 추락방지의무를 위반하여 운전한 경우"라고 규정함으로써 그 대상을 "승객"이라고 명시하고 있고, 도로교통법 제35조 제2항 역시 "모든 차의 운전자는 '운전중' 타고 있는 사람 또는 타고 내리는 사람이 떨어지지 아니하도록 하기 위하여 문을 정확히 여닫는 등 필요한 조치를 취하여야 한다."고 규정하고 있는 점에 비추어 보면, 위 특례법 제3조 제2항 단서 제10호 소정의 의무는 그것이 주된 것이든 부수적인 것이든 사람의 운송에 공하는 차의 운전자가 그 승객에 대하여 부담하는 의무라고 보는 것이 상당하다.

[2] 화물차 적재함에서 작업하던 피해자가 차에서 내린 것을 확인하지 않은 채 출발함으로써 피해자가 추락하여 상해를 입게 된 경우, 교통사고처리특례법 제3조 제2항 단서 제10호 소정의 의무를 위반하여 운전한 경우에 해당하지 않는다고 한 사례.

【원심판결】

수원지법 1999. 7. 29. 선고 99노7 판결

【주문】

상고를 기각한다.

【이유】

검사의 상고이유를 판단한다.

교통사고처리특례법 제3조 제2항 단서 제10호는 "도로교통법 제35조 제2항의 규정에 의한 승객의 추락방지의무를 위반하여 운전한 경우"라고 규정함으로써 그 대상을 "승객"이라고 명시하고 있고, 도로교통법 제35조 제2항 역시 "모든 차의 운전자는 '운전중' 타고 있는 사람 또는 타고 내리는 사람이 떨어지지 아니하도록 하기 위하여 문을 정확히 여닫는 등 필요한 조치를 취하여야 한다."고 규정하고 있는 점에 비추어 보면, 위 특례법 제3조 제2항 단서 제10호 소정의 의무는 그것이 주된 것이든 부수적인 것이든 사람의 운송에 공하는 차의 운전자가 그 승객에 대하여 부담하는 의무라고 보는 것이 상당하다 할 것이다.

기록에 의하면 피고인은 15t 화물차의 운전자로서 적재함에서 철근 적재 작업하던 피해자 공소외인이 미처 차에서 내린 것을 확인하지 않은 채 출발함으로써 피해자를 추락케 하여 요치 16주의 상해를 입게 한 사실을 인정할 수 있고 사정이 이와 같다면 이러한 사고는 위 특례법 제3조 제2항 단서 제10호 소정의 의무를 위반함으로써 일어난 사고에 해당하지 않는다고 할 것이다.

같은 취지의 원심 판단은 옳고 거기에 상고이유에서 지적하는 바와 같은 법리오해의 위법이 없으므로 논지는 이유 없다.

그러므로 상고를 기각하기로 하여 관여 법관의 일치된 의견으로 주문과 같이 판결한다.

판례3 | 교통사고처리특례법 제3조 제2항 단서 제10호 소정의 '추락방지의무위반'의 의미*[대법원 1997. 6. 13. 선고 96도3266 판결]*

【판결요지】

교통사고처리특례법 제3조 제2항 단서 제10호에서 말하는 ' 도로교통법 제35조 제2항의 규정에 의한 승객의 추락방지의무를 위반하여 운전한 경우'라 함은 도로교통법 제35조 제2항에서 규정하고 있는 대로 '차의 운전자가 타고 있는 사람 또는 타고 내리는 사람이 떨어지지 아니하도록 하기 위하여 필요한 조치를 하여야 할 의무'를 위반하여 운전한 경우를 말하는 것이 분명하고, 차의 운전자가 문을 여닫는 과정에서 발생한 일체의 주의의무를 위반한 경우를 의미하는 것은 아니므로, 승객이 차에서 내려 도로상에 발을 딛고 선 뒤에 일어난 사고는 승객의 추락방지의무를 위반하여 운전함으로써 일어난 사고에 해당하지 아니한다.

【원심판결】

수원지법 1996. 11. 21. 선고 96노1769 판결

【주문】

상고를 기각한다.

【이유】

상고이유를 판단한다.

1. 원심판결과 원심이유지한 제1심판결 이유에 의하면, 이 사건 공소사실의 요지와 이에 대한 판단은 다음과 같다.

   가. 이 사건 공소사실은 "피고인은 공소 외 1 주식회사 소속 시내버스 운전수로서 1995. 11. 19. 06:50경 위 회사소속 버스를 운전하여 성남시 중원구 ○○○동에 있는 ○○○시장 버스정류장에 정차하여 피해자 공소 외 2(△△세) 등 승객을 하차시키게 되었는데, 이러한 경우 운전업무에 종사하는 자로서는 타고 내리는 승객이 떨어지지 아니하도록 문을 정확히 여닫는 등 필요한 조치를 취하여 사고를 미연에 방지할 주의의무가 있음에도 불구하고 피해자가 안전하게 내리는 것을 확인하지 아니한 채 문을 닫고 그대로 출발한 과실로, 마침 위 버스에서 내리던 피해자의 치마가 버스 출입문에 걸리면서 피해자로 하여금 도로 상에 넘어져 약 2주간의 치료를 요하는 뇌진탕상 등을 입게 한 것이다."라는 점이고, 이에 대하여 교

통사고처리특례법 제3조 제2항 단서 제10호 도로교통법 제35조 제2항을 적용법조로 하여 공소가 제기되었다.

나. 이에 대하여 제1심은 적법한 증거조사를 거쳐 채용한 증거들을 종합하여, 피고인이 그 판시 일시경 위 버스를 운전하다가 정차하여 피해자 등 승객을 하차시키게 되었는데, 위 버스에 탑승한 피해자가 사고 버스정류장에 이르러 뒷문을 통하여 하차한 다음 인도로 올라서려고 하다가, 마침 종아리까지 내려오는 긴 치마를 입고 있던 관계로 치맛자락이 버스 출입문에서 채 빠져 나오기 전에 피고인이 출입문을 닫아버려 치맛자락이 차체와 출입문 사이에 끼게 되었고, 이에 피해자가 손으로 치마를 잡고 빼보려다가 안되자 차체를 두드리면서 문을 열어줄 것을 요구하였으나, 피고인이 이를 듣지 못한 채 버스를 그대로 출발시키므로, 피해자가 끌려가지 않으려고 뒤로 버티다가 치마가 찢어지면서 인도 위로 넘어진 사실을 적법하게 확정한 다음, 피해자는 문이 닫히고 버스가 출발하기 전에 이미 차에서 내려 두발이 도로 상에 완전히 딛고 있었으므로, 비록 피고인이 안전 여부를 확인하지 아니한 채 문을 서둘러 닫고 출발하다가 치맛자락이 문에 끼이면서 피해자가 인도 상에 넘어져 부상을 입게 되었다고 하더라도, 이를 교통사고처리특례법 제3조 제2항 단서 제10호 소정의 추락방지의무를 위반한 경우로 보기 어렵다고 판단하면서, 피고인이 운전하던 버스는 버스공제에 가입하였다는 이유로 공소기각의 판결을 선고하고, 원심은 이를 그대로 유지하고 있다.

2. 교통사고처리특례법 제3조 제2항 단서 제10호에서 말하는 " 도로교통법 제35조 제2항의 규정에 의한 승객의 추락방지의무를 위반하여 운전한 경우"라 함은 도로교통법 제35조 제2항에서 규정하고 있는 대로 "차의 운전자가 타고 있는 사람 또는 타고 내리는 사람이 떨어지지 아니하도록 하기 위하여 필요한 조치를 하여야 할 의무"를 위반하여 운전한 경우를 말하는 것이 분명하고, 차의 운전자가 문을 여닫는 과정에서 발생한 일체의 주의의무를 위반한 경우를 의미하는 것은 아니라고 할 것이므로, 이 사건에 있어서와 같이 승객이 차에서 내려 도로 상에 발을 딛고 선 뒤에 일어난 사고는 승객의 추락방지의무를 위반하여 운전함으로써 일어난 사고에 해당하지 아니한다 고 할 것이다. 같은 취지에서 피고인에 대하여 공소기각의 판결을 선고한 제1심판결을 그대로 유지한 원심판결은 정당하고, 거기에 상고이유에서 지적하고 있는 바와 같은 법리오해의 위법이 없다. 상고이유는 받아들일 수 없다.

3. 그러므로 검사의 상고를 기각하기로 관여 법관의 의견이 일치되어 주문과 같이 판결한다.

판례4 | 피해자의 요청으로 정차하려고 하는 순간 뛰어내린 경우에 있어서 운전자의 책임[대법원 1983. 6. 14. 선고 82도1925 판결]

【판결요지】

피해자의 하차요청에 따라 피고인이 운전 중인 딸딸이차를 정차하려는 순간 피해자가 갑자기 뛰어 내리다가 지면에 부딪치게 되었다면, 운전자에게 그러한 결과발생까지 예상하여 승차자의 동정을 주의 깊게 살펴야 할 업무상 주의의무를 지울 수는 없는 것이다.

【원심판결】

광주지방법원 1982.7.1 선고 82노482 판결

【주문】

상고를 기각한다.

【이유】

검사의 상고이유를 본다.

원심은 그 판시 증거에 의하여 피해자의 하차요청에 따라 피고인이 운전중인 딸딸이차를 정차하려는 순간 피해자가 갑자기 뛰어 내리다가 지면에 부딪치게 된 사실을 확정하고 피고인에게는 이러한 본건 결과 발생까지 예상하여 승차자의 동정을 주의깊게 살펴야 할 업무상 주의의무를 지울 수는 없다는 이유로 무죄를 선고한 제1심판결을 유지하였는바, 기록에 의하여 살펴보아도 위 사실인정에 거친 증거취사의 아무런 위법이 없고, 위와 같은 사실관계 아래에서라면 피고인에게 과실책임이 없다고 본 판단은 충분히 수긍되므로 소론과 같은 법리오해의 위법이 있다고도 할 수 없으니 논지는 이유없다.

그러므로 상고를 기각하기로 하여 관여법관의 일치된 의견으로 주문과 같이 판결한다.

판례5 | 승객이 진행중인 차에서 개문하차한 경우와 운전사의 과실[대법원 1977. 6. 28. 선고 77도 523 판결]

【판결요지】

버스운전자는 차내의 승차자가 차의 진행중에 개문 하차하리라고 예상하여 승차자의 동정을 주의 깊게 살펴야 할 주의의무가 있다고는 볼 수 없을 뿐만 아니라 갑자기 하차하려는 사람을 모르고 차를 운행한데 과실이 있다고도 할 수 없다.

【원심판결】

대전지방법원 1976.9.22. 선고 76노1407 판결

【주문】

상고를 기각한다.

【이유】

상고이유를 판단한다.

기록과 제1심판결에 의하면 피고인은 공소외 1 주식회사 여공들의 통근버스를 운행하는 사람으로 공소사실 적시의 천주교회 앞 노상에서 여공 2명을 승차시킬 때 회사원이 아닌 공소외 2 외 1명이 승차하기에 하차할 것을 종용하였으나 편승시켜 줄 것을 사정하여 차에 탄체로 있기에 실어다 줄 양으로 버스 승강문을 닫고 발차하였는데 출발 후 얼마되지 아니하여 동 공소외 2가 갑자기 문을 열고 하차하려다가 차밖으로 나가 떨어져 이 사건 사고가 발생하였으며 차내의 승강구 근처에는 출근하는 여공들이 엉기정기 서서 있었고 당시는 등교와 출근시어서 도로상의 교통이 혼잡을 이루고 있었음을 알수 있다.

이런 사정아래 버스 운전자인 피고인이 차내의 승차자가 차의 진행중에 개문하차 하리라고 예상하여 승차자의 동정을 주의 깊게 살펴야 할 주의의무가 있다고는 볼 수 없을뿐 아니라 갑자기 하차하려는 사람을 모르고 차를 운행한데 무슨 과실이 있다고도 할 수 없다고 할 것이다.

이런 취지에서 과실있음을 인정할만한 증거가 없다하여 무죄를 선고한 제1심판결을 유지한 원심판결의 판단은 정당하며 반대의 견해로 피고인에게 과실이 있다는 전제에서 원판시를 공격하는 소론을 채택할 수 없다.

그러므로 상고를 기각하기로 관여 법관의 의견이 일치되어 주문과 같이 판결한다.

판례6 | 승객이 출발버스에 뛰어들어 문을 열려다가 발생한 사고는 운전자와 안내양에게 과실이 없다[대법원 1977. 3. 22. 선고. 76다2918 판결].

【판결요지】

취객이 출발버스에 뛰어들어 문을 열려다가 발생한 사고와 운전사 및 차장의 과실 유무 : 정류장에서 승강구문을 닫고 출발하는데 술에 취한 원고가 뛰어들어 문을 열던 순간 차체에 부딪쳐 넘어져서 야기된 사고라면 운전수나 차장에게 과실 있다고 할 수 없다,

【원심판결】

대구고등법원 1976. 11. 19. 76나308 판결

【이유】

원심은 그 판시 증거들을 취사선택하여 이 사건 사고는 피고 회사버스가 원심판시 일시경 그 판시 정류장에서 승객을 오르내리게 한 후 그 승강구문을 완전히 닫고 그 정류장을 출발하여 시속 약 10킬로미터로 4미터 가량 전진하던 중 술에 취한 원고가 이 버스

를 타려고 갑자기 뛰어들어 그 승강구문을 밀던 순간 차체에 부딪혀 넘어지는 바람에 야기된 것이라는 사실을 인정하고, 이는 위 버스의 운전수나 차장에게 과실이 있다고 할 수 없고 순전히 원고의 과실이 있음을 전제로 한 원고의 청구를 배척하고, 아울러 이 사고는 위 버스의 구조상의 결함이나 기능의 장애로써 발생한 것도 아니므로 피고는 자동차 손해배상보장법 제3조 단서에 의한 배상책임도 없다고 판단하고 있는 바, 원심이 채택한 위와같은 인정사실이 충분히 긍인되고, 이 인정사실에 기초하여 피고에게 손해배상 책임이 없다고 한 법률판단 또한 정당한 것으로 인정된다. 원심채택의 형사사건 기록검증결과 중 원고에 대한 진술조서가 반드시 원심 인정사실에 저촉되는 자료라고는 보여지지 않을 뿐 아니라 원심은 위 인정사실에 저촉되는 증거들을 모두 배척한 취지임이 명백하여 원심이 상호저촉되는 증거들을 종합하여 사실을 인정한 것이라고 할 수 없고, 또 소론 지적의 갑 제2호증 각서는 원고의 부상에 관하여 입원 및 치료비를 피고회사가 부담하겠다는 내용으로서 피고 회사에게 과실이 있었다거나 이 치료비 이외의 원고의 손해를 배상하겠다는 취지가 아닐뿐더러 원고의 본 소 청구가 이 각서에 근거하는 것도 아님이 명백하므로 이 서증이 원심판결의 결론을 달리할 바는 되지 못한다.

그리고 원심이 피고에게 과실이 없다고 판시하고 있음은 곧 소론 자동차손해배상보장법 제3조 단서에서 말하는 자동차 운행에 관한 주의의 태만이 없었다는 취지임이 명백하므로 원심이 피고의 자동차 운행에 관한 주의의 태만여부에 관하여 판결이유를 명시하지 않았다고 탓할 수도 없다.

그러므로 논지는 모두 그 이유없음에 돌아간다 하여 이 상고를 기각하기로 하고, 상고소송비용은 패소자인 원고의 부담으로 하기로 하여 관여법관의 일치한 의견으로 주문과 같이 판결한다.

> **판례7** | 진행 중에 있는 버스의 뒷좌석에 앉아 승객이 갑자기 뒷문을 열고 뛰어내리다 부상을 입은 경우 운전자에게 업무상 과실이 있다고 할 수 없다[대법원 1980. 1. 29. 선고. 79도3041 판결].

【판결요지】

[1] 버스정류소에 접근되어 시속 약 10킬로미터로 진행하는 버스의 맨 뒷줄 좌석에 앉아 있던 피해자가 갑자기 잠겨진 뒷쪽 출입문을 열고 뛰어 내리다 넘어져 부상사고가 발생한 경우 앞쪽 출입문에 있던 버스 차장이나 운전수에게 업무상 과실이 있다고 볼 수 없다.

【원심판결】

부산지방법원 1979. 10. 29. 79노2219 판결

【이유】

제1심 적시 증거들에 의하여 버스정유소에 접근되어 시속 약 10키로미터로 천천히 진행하는 버스의 맨 뒷줄 좌석에 앉아 있던 피해자가 갑자기 잠겨진 뒷쪽 출입문을 열고 뛰어내리다 넘어져 부상사고가 발생한 이 사건에 있어서 앞쪽 출입문에 있던 버스차장인 피고인 강ㅇ선에게 이에 대비하여 승객들의 동태를 세밀히 살펴야 할 업무상주의의무를 기대하기 어렵다함이 상당하다할 것이고 더욱이 버스운전사인 피고인 정△호에게 이에 대비하여 운전하여야 할 주의의무 있다고 볼 수 없다함이 상당하다할 것이니 같은 취지에서의 원심판단은 정당하고 소론 업무상과실에 대한 법리오해의 위법있다 할 수 없다. 논지는 이유없다.

그러므로 상고를 기각하기로 하여 관여법관의 일치한 의견으로 주문과 같이 판결한다.

PART 3.
교통사고 용어에 대한
해설 및 판례

Chapter 1. 도로의 의미

[1] 도로

① "도로"란 다음 각 호에 해당하는 곳을 말한다(도로교통법 제2조제1호).

  1. 「도로법」에 따른 도로

  2. 「유료도로법」에 따른 유료도로

  3. 「농어촌도로 정비법」에 따른 농어촌도로

  4. 그 밖에 현실적으로 불특정 다수의 사람 또는 차마(車馬)가 통행할 수 있도록 공개된 장소로서 안전하고 원활한 교통을 확보할 필요가 있는 장소

② "도로"란 차도, 보도(步道), 자전거도로, 측도(側道), 터널, 교량, 육교 등 다음 각호에 정하는 시설로 구성된 것으로서 도로법 제10조에 열거된 것을 말하며, 도로의 부속물을 포함한다(도로법 제2조 제1호).

  1. 차도 · 보도 · 자전거도로 및 측도

  2. 터널 · 교량 · 지하도 및 육교(해당 시설에 설치된 엘리베이터를 포함한다)

  3. 궤도

  4. 옹벽 · 배수로 · 길도랑 · 지하통로 및 무넘기시설

  5. 도선장 및 도선의 교통을 위하여 수면에 설치하는 시설

[2] 도로의 종류와 등급

도로의 종류는 다음 각 호와 같고, 그 등급은 다음 각 호에 열거한 순서와 같다.

1. 고속국도(고속국도의 지선 포함)

2. 일반국도(일반국도의 지선 포함)

3. 특별시도(特別市道) · 광역시도(廣域市道)

4. 지방도

5. 시도

6. 군도

7. 구도

[3] 도로부속물

"도로의 부속물"이란 도로관리청이 도로의 편리한 이용과 안전 및 원활한 도로교통의 확보, 그 밖에 도로의 관리를 위하여 설치하는 다음 각 호의 어느 하나에 해당하는 시설 또는 공작물을 말한다.

1. 주차장, 버스정류시설, 휴게시설 등 도로이용 지원시설
2. 시선유도표지, 중앙분리대, 과속방지시설 등 도로안전시설
3. 통행료 징수시설, 도로관제시설, 도로관리사업소 등 도로관리시설
4. 도로표지 및 교통량 측정시설 등 교통관리시설
5. 낙석방지시설, 제설시설, 식수대 등 도로에서의 재해 예방 및 구조 활동, 도로환경의 개선·유지 등을 위한 도로부대시설
6. 그 밖에 도로의 기능 유지 등을 위한 시설로서 다음 각목에 정하는 시설
   가. 주유소, 충전소, 교통·관광안내소, 졸음쉼터 및 대기소
   나. 환승시설 및 환승센터
   다. 장애물 표적표지, 시선유도봉 등 운전자의 시선을 유도하기 위한 시설
   라. 방호울타리, 충격흡수시설, 가로등, 교통섬, 도로반사경, 미끄럼방지시설, 긴급제동시설 및 도로의 유지·관리용 재료적치장
   마. 화물 적재량 측정을 위한 과적차량 검문소 등의 차량단속시설
   바. 도로에 관한 정보 수집 및 제공 장치, 기상 관측 장치, 긴급 연락 및 도로의 유지·관리를 위한 통신시설
   사. 도로 상의 방파시설(防波施設), 방설시설(防雪施設), 방풍시설(防風施設) 또는 방음시설(방음숲을 포함한다)
   아. 도로에의 토사유출을 방지하기 위한 시설 및 비점오염저감시설(「물환경보전법」 제2조제13호에 따른 비점오염저감시설을 말한다)
   자. 도로원표(道路元標: 도로의 출발점, 도착점 또는 경과지역을 표시하는 표지를 말한다), 수선 담당 구역표 및 도로경계표
   차. 공동구
   타. 도로 관련 기술개발 및 품질 향상을 위하여 도로에 연접(連接)하여 설치한 연구시설

[4] 보도와 차도가 구분된 도로에서는 차도를 통행

① 운전자는 보도와 차도가 구분된 도로에서는 차도를 통행해야 합니다. 다만, 도로가
   아닌 곳에 출입할 때에는 보도를 횡단해서 통행할 수 있습니다(「도로교통법」제13조
   제1항).

② 통행구분 위반 시 제재

위반 행위	범칙금	벌점
통행구분 위반	승합차 등: 7만원 승용차 등: 6만원 이륜차 등: 4만원 자전거 등: 3만원	10 (※ 단, 자전거 등은 벌점 부과 대상에서 제외)

[5] 도로의 중앙이나 좌측부분 통행이 가능한 경우

① 차마(車馬)의 운전자는 도로의 중앙(중앙선이 설치된 경우는 그 중앙선)으로부터 우
   측부분을 통행해야 합니다. 다만 다음의 경우에는 도로의 중앙이나 좌측부분을 통행
   할 수 있습니다(「도로교통법」제13조제3항 및 제4항).

  1. 도로가 일방통행인 경우

  2. 도로의 파손, 도로공사나 그 밖의 장애 등으로 도로의 우측부분을 통행 할 수
     없는 경우

  3. 도로의 우측부분의 폭이 6m가 되지 않는 도로에서 다른 차를 앞지르려는 경우.
     다만, 다음의 어느 하나에 해당하는 경우에는 도로의 중앙이나 좌측부분을 통행
     할 수 없습니다.

  - 도로의 좌측부분을 확인할 수 없는 경우

  - 반대방향의 교통을 방해할 우려가 있는 경우

  - 안전표지 등으로 앞지르기가 금지되거나 제한되어 있는 경우

  4. 도로 우측 부분의 폭이 차마(車馬)의 통행에 충분하지 않은 경우

  5. 가파른 비탈길의 구부러진 곳에서 교통의 위험을 방지하기 위해 시·도경찰청장
     이 필요하다고 인정하여 구간 및 통행방법을 지정하고 있는 경우에 그 지정에
     따라 통행하는 경우

② "차마"란 다음 각 목의 차와 우마를 말합니다(「도로교통법」제2조제17호).

가. "차"란 다음의 어느 하나에 해당하는 것을 말합니다.

    1) 자동차

    2) 건설기계

    3) 원동기장치자전거

    4) 자전거

    5) 사람 또는 가축의 힘이나 그 밖의 동력(動力)으로 도로에서 운전되는 것. 다만, 철길이나 가설(架設)된 선을 이용하여 운전되는 것, 유모차, 보행보조용 의자차, 노약자용 보행기, 제21호의3에 따른 실외이동로봇 등 행정안전부령으로 정하는 기구·장치는 제외합니다.

나. "우마"란 교통이나 운수(運輸)에 사용되는 가축을 말한다.

[6] 도로의 의미에 대한 판례

> **판례1** | 도로교통법 제152조, 제43조를 위반한 무면허운전이 성립하기 위해서는 운전면허를 받지 않고 자동차 등을 운전한 곳이 도로교통법 제2조 제1호에서 정한 '도로'에 해당해야 하는지 여부(적극)*[대법원 2017. 12. 28.선고 2017도17762 판결]*

【판결요지】

[1] 도로교통법 제43조는 '누구든지 제80조에 따라 지방경찰청장으로부터 운전면허를 받지 않거나 운전면허의 효력이 정지된 경우에는 자동차 등을 운전하여서는 안 된다'고 정하고, 이를 위반한 경우 처벌하고 있다(도로교통법 제152조 제1호).

도로교통법 제2조 제1호는 '도로'란 도로법에 따른 도로[(가)목], 유료도로법에 따른 유료도로[(나)목], 농어촌도로 정비법에 따른 농어촌도로[(다)목], 그 밖에 현실적으로 불특정 다수의 사람 또는 차마가 통행할 수 있도록 공개된 장소로서 안전하고 원활한 교통을 확보할 필요가 있는 장소[(라)목]를 말한다고 정하고 있다.

도로교통법 제2조 제26호는 '운전'이란 도로에서 차마를 그 본래의 사용방법에 따라 사용하는 것(조종을 포함한다)을 말한다고 정하되, 다음 세 경우에는 도로 외의 곳에서 운전한 경우를 포함한다고 정하고 있다. '술에 취한 상태에서의 운전'(도로교통법 제148조의2 제1항, 제44조), '약물(마약, 대마 및 향정신성의약품과 그 밖에 행정안전부령으로 정하는 것을 말한다)로 인하여 정상적으로 운전하지 못할 우려가 있는 상태에서의 운전'(제148조의2 제3항, 제45조), '차의 운전 등 교통으로 인하여 사람을 사상하거나 물건을 손괴하고 사상자를 구호하는 등 필요한 조치나 피해자에게 인적 사항(성명·전화번호·주소 등을 말한다) 제공을 하지 않은 경우(주·정차된 차만 손괴한 것이 분명한 경우에 제54조 제1항 제2호에 따라 피해자에게 인적 사항을 제공하지 아니한 사람은 제외한다)'(도로교통법 제148조, 제54조 제1항)가 그것이다.

개정 도로교통법(2017. 10. 24. 법률 제14911호로 개정되어 2018. 4. 25. 시행될 예정이다) 제2조 제26호는 차의 운전 등 교통으로 인하여 주·정차된 차만 손괴한 것이 분명한데, 제54조 제1항 제2호에 따라 피해자에게 인적 사항을 제공하지 않은 경우(도로교통법 제156조 제10호)에도 도로 외의 곳에서 한 운전을 운전 개념에 추가하고 있다.

위와 같이 도로교통법 제2조 제26호가 '술이 취한 상태에서의 운전' 등 일정한 경우에 한하여 예외적으로 도로 외의 곳에서 운전한 경우를 운전에 포함한다고 명시하고 있는 반면, 무면허운전에 관해서는 이러한 예외를 정하고 있지 않다. 따라서 도로교통법 제152조, 제43조 를 위반한 무면허운전이 성립하기 위해서는 운전면허를 받지 않고 자동차 등을 운전한 곳이 도로교통법 제2조 제1호에서 정한 도로, 즉 '도로법에 따른 도로', '유료도로법에 따른 유료도로', '농어촌도로 정비법에 따른 농어촌도로', '그 밖에 현실적으로 불특정 다수의 사람 또는 차마가 통행할 수 있도록 공개된 장소로서 안전하고 원활한 교통을 확보할 필요가 있는 장소' 중 하나에 해당해야 한다.

위에서 본 도로가 아닌 곳에서 운전면허 없이 운전한 경우에는 무면허운전에 해당하지 않는다. 도로에서 운전하지 않았는데도 무면허운전으로 처벌하는 것은 유추해석이나 확장해석에 해당하여 죄형법정주의에 비추어 허용되지 않는다.

따라서 운전면허 없이 자동차 등을 운전한 곳이 위와 같이 일반교통경찰권이 미치는 공공성이 있는 장소가 아니라 특정인이나 그와 관련된 용건이 있는 사람만 사용할 수 있고 자체적으로 관리되는 곳이라면 도로교통법에서 정한 '도로에서 운전'한 것이 아니므로 무면허운전으로 처벌할 수 없다.

[2] 아파트 단지 내 지하주차장은 아파트 단지와 주차장의 규모와 형태, 아파트 단지나 주차장에 차단 시설이 설치되어 있는지 여부, 경비원 등에 의한 출입 통제 여부, 아파트 단지 주민이 아닌 외부인이 주차장을 이용할 수 있는지 여부 등에 따라서 도로교통법 제2조 제1호 에서 정한 도로에 해당하는지가 달라질 수 있다.

[3] 피고인이 자동차운전면허를 받지 않고 아파트 단지 안에 있는 지하주차장 약 50m 구간에서 승용차를 운전하여 도로교통법 위반(무면허운전)으로 기소된 사안에서, 위 주차장이 아파트 주민이나 그와 관련된 용건이 있는 사람만 이용할 수 있고 경비원 등이 자체적으로 관리하는 곳이라면 도로에 해당하지 않을 수 있는데, 도로교통법 제2조 제1호에서 정한 도로에 해당하는지가 불분명하여 피고인의 자동차 운전행위가 도로교통법에서 금지하는 무면허운전에 해당하지 않는다고 볼 여지가 있는데도, 아파트 단지와 주차장의 규모와 형태, 아파트 단지와 주차장의 진·출입에 관한 구체적인 관리·이용 상황 등에 관하여 심리하지 아니한 채 피고인의 자동차 운전행위가 무면허운전에 해당한다고 보아 유죄를 인정한 원심판결에 심리미진 및 도로교통법에서 정한 도로와 무면허운전에 관한 법리오해의 잘못이 있다고 한 사례.

【원심판결】

춘천지법 강릉지원 2017. 10. 12. 선고 2017노330 판결

【주문】

원심판결을 파기하고, 이 사건을 춘천지방법원 강릉지원에 환송한다.

【이유】

상고이유를 살펴본다.

1. 이 사건 공소사실의 요지와 쟁점

이 사건 공소사실 중 도로교통법위반(무면허운전)의 요지는, 피고인이 자동차운전면허를 받지 않고 2017. 5. 14. 07:00경 강릉시(주소 생략)아파트 ○○○동 지하주차장에서부터 같은 아파트 △△△동 지하주차장에 이르기까지 약 50m 구간(이하 '이 사건 주차장'이라 한다)에서 (차량등록번호 생략) SM6 승용차를 운전하였다는 것이다.

원심은 피고인의 행위가 도로교통법 제152조 제1호, 제43조를 위반한 무면허운전에 해당한다고 보아, 위 공소사실에 대하여 유죄를 선고한 제1심판결을 그대로 유지하였다.

이 사건의 쟁점은 ① 도로에서 운전한 경우에만 무면허운전에 해당하는지, ② 이 사건 운전 장소가 도로에 해당하는지 여부이다.

2. 무면허운전은 도로교통법상 도로에서 운전한 경우에 한하여 적용되는지 여부

도로교통법 제43조는 '누구든지 제80조에 따라 지방경찰청장으로부터 운전면허를 받지 않거나 운전면허의 효력이 정지된 경우에는 자동차 등을 운전하여서는 안 된다.'고 정하고, 이를 위반한 경우 처벌하고 있다(도로교통법 제152조 제1호).

도로교통법 제2조 제1호는 '도로'란 도로법에 따른 도로[(가)목], 유료도로법에 따른 유료도로[(나)목], 농어촌도로 정비법에 따른 농어촌도로[(다)목], 그 밖에 현실적으로 불특정 다수의 사람 또는 차마가 통행할 수 있도록 공개된 장소로서 안전하고 원활한 교통을 확보할 필요가 있는 장소[(라)목]를 말한다고 정하고 있다.

도로교통법 제2조 제26호는 '운전'이란 도로에서 차마를 그 본래의 사용방법에 따라 사용하는 것(조종을 포함한다)을 말한다고 정하되, 다음 세 경우에는 도로 외의 곳에서 운전한 경우를 포함한다고 정하고 있다. ① '술에 취한 상태에서의 운전'(도로교통법 제148조의2 제1항, 제44조), ② '약물(마약, 대마 및 향정신성의약품과 그 밖에 행정안전부령으로 정하는 것을 말한다)로 인하여 정상적으로 운전하지 못할 우려가 있는 상태에서의 운전'(제148조의2 제3항, 제45조), ③ '차의 운전 등 교통으로 인하여 사람을 사상하거나 물건을 손괴하고 사상자를 구호하는 등 필요한 조치나 피해자에게 인적 사항(성명·전화번호·주소 등을 말한다) 제공을 하지 않은 경우(주·정차된 차만 손괴한 것이 분명한 경우에 제54조 제1항 제2호에 따라 피해자에게 인적 사항을 제공하지 아니한 사람은 제외한다)'(도로교통법 제148조, 제54조 제1항)가 그것이다.

개정 도로교통법(2017. 10. 24. 법률 제14911호로 개정되어 2018. 4. 25. 시행될 예정이다) 제2조 제26호는 차의 운전 등 교통으로 인하여 주·정차된 차만 손괴한 것이 분명한데, 제54조 제1항 제2호에 따라 피해자에게 인적 사항을 제공하지 않은 경우(도로교통법 제156조 제10호)에도 도로 외의 곳에서 한 운전을 운전 개념에 추가하

고 있다.

위와 같이 도로교통법 제2조 제26호가 '술이 취한 상태에서의 운전' 등 일정한 경우에 한하여 예외적으로 도로 외의 곳에서 운전한 경우를 운전에 포함한다고 명시하고 있는 반면, 무면허운전에 관해서는 이러한 예외를 정하고 있지 않다. 따라서 도로교통법 제152조, 제43조를 위반한 무면허운전이 성립하기 위해서는 운전면허를 받지 않고 자동차 등을 운전한 곳이 도로교통법 제2조 제1호에서 정한 도로, 즉 '도로법에 따른 도로', '유료도로법에 따른 유료도로', '농어촌도로 정비법에 따른 농어촌도로', '그 밖에 현실적으로 불특정 다수의 사람 또는 차마가 통행할 수 있도록 공개된 장소로서 안전하고 원활한 교통을 확보할 필요가 있는 장소' 중 하나에 해당해야 한다.

위에서 본 도로가 아닌 곳에서 운전면허 없이 운전한 경우에는 무면허운전에 해당하지 않는다. 도로에서 운전하지 않았는데도 무면허운전으로 처벌하는 것은 유추해석이나 확장해석에 해당하여 죄형법정주의에 비추어 허용되지 않는다.

따라서 운전면허 없이 자동차 등을 운전한 곳이 위와 같이 일반교통경찰권이 미치는 공공성이 있는 장소가 아니라 특정인이나 그와 관련된 용건이 있는 사람만 사용할 수 있고 자체적으로 관리되는 곳이라면 도로교통법에서 정한 '도로에서 운전'한 것이 아니므로 무면허운전으로 처벌할 수 없다.

3. 아파트 단지 내 지하주차장이 도로교통법상 도로에 해당하는지 여부

아파트 단지 내 지하주차장은 아파트 단지와 주차장의 규모와 형태, 아파트 단지나 주차장에 차단 시설이 설치되어 있는지 여부, 경비원 등에 의한 출입 통제 여부, 아파트 단지 주민이 아닌 외부인이 주차장을 이용할 수 있는지 여부 등에 따라서 도로교통법 제2조 제1호에서 정한 도로에 해당하는지가 달라질 수 있다.

이 사건 주차장이 아파트 단지 안에 있는 지하주차장으로서, 아파트 주민이나 그와 관련된 용건이 있는 사람만 이용할 수 있고 경비원 등이 자체적으로 관리하는 곳이라면 도로에 해당하지 않을 수 있다. 원심이유지한 제1심이 적법하게 채택한 증거에 의하더라도 이 사건 주차장이 도로교통법 제2조 제1호 에서 정한 도로에 해당하는지 여부가 불분명하다.

따라서 피고인이 2017. 5. 14.에 한 자동차 운전행위는 도로교통법에서 금지하는 무면허운전에 해당하지 않는다고 볼 여지가 있다. 원심으로서는 아파트 단지와 주차장의 규모와 형태, 아파트 단지와 이 사건 주차장의 진·출입에 관한 구체적인 관리·이용 상황 등에 관하여 구체적으로 심리한 다음 이 사건 주차장이 도로교통법 제2조 제1호에서 정한 도로에 해당하는지 여부를 판단하였어야 할 것이다.

그런데도 원심은 이 사건 주차장의 진·출입에 관한 구체적인 관리·이용 상황 등에 관해서 별다른 심리를 하지 않은 채 피고인의 자동차 운전행위가 무면허운전에 해당한

다고 보아 이 부분 공소사실을 유죄로 인정한 제1심판결을 그대로 유지하였다. 이러한 원심판결에는 필요한 심리를 다하지 않은 채 도로교통법에서 정한 도로와 무면허운전에 관한 법리를 오해하여 판결에 영향을 미친 잘못이 있다. 이를 지적하는 상고이유 주장은 정당하다.

4. 결론

원심판결 중 도로교통법위반(무면허운전) 부분은 파기되어야 하는데, 원심은 이 부분과 유죄로 인정된 나머지 부분이 형법 제37조 전단의 경합범 관계 등에 있다는 이유로 하나의 형을 선고하였으므로, 결국 원심판결은 전부 파기되어야 한다.

나머지 상고이유에 관한 판단을 생략한 채 원심판결 전부를 파기하고 사건을 다시 심리·판단하도록 원심법원에 환송하기로 하여, 대법관의 일치된 의견으로 주문과 같이 판결한다.

판례2 | 도로법 적용을 받는 도로가 되기 위한 요건[대법원 2011. 5.26.선고 2010두28106 판결]

【판결요지】

[1] 도로는 도로의 형태를 갖추고, 도로법에 따른 노선 지정 또는 인정 공고 및 도로구역 결정·고시를 한 때 또는 도시계획법이나 도시재개발법에서 정한 절차를 거쳐야 비로소 도로법 적용을 받는 도로로 되는 것이고, 도로로 실제 사용되었다는 사정만으로는 도로법 적용을 받는 도로라고 할 수 없다.

[2] 행정청이 도로 일부를 침범한 건물 소유자들에게 사용·수익허가 없이 해당 도로를 무단 점유하고 있다는 이유로 도로법 제94조에 따라 변상금 부과처분을 한 사안에서, 위 도로가 도로법에 따른 노선 지정 또는 인정 공고 및 도로구역 결정·고시되었다는 점을 인정할 자료가 없고, 일반인의 통행을 위한 도로로 실제 사용되어 온 사정만으로는 도로법 적용을 받는 도로라고 할 수 없으므로, 위 도로가 도로법 적용을 받는 도로에 해당한다고 보아 변상금 부과처분이 적법하다고 본 원심판결에 법리를 오해한 위법이 있다고 한 사례.

[3] 행정처분이 적법한지는 특별한 사정이 없는 한 처분 당시 사유를 기준으로 판단하면 되고, 처분청이 처분 당시 적시한 구체적 사실을 변경하지 아니하는 범위 내에서 단지 처분의 근거 법령만을 추가·변경하는 것은 새로운 처분사유의 추가라고 볼 수 없으므로 이와 같은 경우에는 처분청이 처분 당시 적시한 구체적 사실에 대하여 처분 후 추가·변경한 법령을 적용하여 처분의 적법 여부를 판단하여도 무방하다. 그러나 처분의 근거 법령을 변경하는 것이 종전 처분과 동일성을 인정할 수 없는 별개의 처분을 하는 것과 다름 없는 경우에는 허용될 수 없다.

[4] 행정청이 점용허가를 받지 않고 도로를 점용한 사람에 대하여 도로법 제94조에 의한 변상금 부과처분을 하였다가 처분에 대한 취소소송이 제기된 후 해당 도로가 도로법의 적용을 받는 도로에 해당하지 않을 경우를 대비하여 처분의 근거 법령을 도로의 소유자가 국가인 부분은 구 국유재산법(2009. 1. 30. 법률 제9401호로 전부 개정되기 전의 것, 이하 같다) 제51조 와 그 시행령 등으로, 소유자가 서울특별시 종로구인 부분은 구 공유재산 및 물품관리법(2010. 2. 4. 법률 제10006호로 개정되기 전의 것, 이하 같다) 제81조와 그 시행령 등으로 변경하여 주장한 사안에서, 도로법과 구 국유재산법령 및 구 공유재산 및 물품관리법령의 해당 규정은 별개 법령에 규정되어 입법 취지가 다르고, 해당 규정내용을 비교하여 보면 변상금의 징수목적, 산정 기준금액, 징수 재량 유무, 징수절차 등이 서로 달라 위와 같이 근거 법령을 변경하는 것은 종전 도로법 제94조에 의한 변상금 부과처분과 동일성을 인정할 수 없는 별개의 처분을 하는 것과 다름 없어 허용될 수 없으므로, 이와 달리 판단한 원심판결에 법리를 오해한 위법이 있다고 한 사례.

【원심판결】

서울고법 2010. 11. 12. 선고 2010누11032 판결

【주문】

원심판결을 파기하고, 이 사건을 서울고등법원에 환송한다.

【이유】

상고이유를 판단한다.

1. 이 사건 각 도로가 도로법의 적용을 받는 도로가 아니라는 점에 대하여

도로는 도로로서의 형태를 갖추고, 도로법에 따른 노선의 지정 또는 인정의 공고 및 도로구역 결정·고시를 한 때 또는 도시계획법이나 도시재개발법 소정의 절차를 거쳐야 비로소 도로법의 적용을 받는 도로로 되는 것이고(대법원 1992. 12. 8. 선고 92다22725 판결, 대법원 1994. 9. 30. 선고 94누2176 판결 등 참조), 도로로 실제 사용된 사정만으로 도로법의 적용을 받는 도로라고 할 수 없다.

원심판결의 이유에 의하면, 이 사건 각 건물이 이 사건 각 도로 중 일부를 침범하기 이전부터 이 사건 각 도로는 이미 일반인의 통행을 위한 도로로 실제 사용되어 왔으나 도로법에 따른 노선의 지정 또는 인정의 공고 및 도로구역 결정·고시가 되었다는 점을 인정할 자료는 없는 사실을 알 수 있는바, 앞서 본 법리에 비추어 보면 이 사건 각 도로가 일반인의 통행을 위한 도로로 실제 사용되어 온 사정만으로는 도로법의 적용을 받는 도로라고 할 수 없다.

그럼에도 원심은 이 사건 각 도로가 도로법의 적용을 받는 도로에 해당한다고 보아 도로법 제94조에 의한 이 사건 변상금 부과처분이 적법하다고 판단하였으니, 이 부분 원심판결에는 도로법의 적용을 받는 도로에 관한 법리를 오해함으로써 판결에 영향을 미친 위법이 있다. 이 점을 지적하는 상고이유의 주장은 이유 있다.

2. 이 사건 변상금 부과처분의 근거 법령의 변경이 허용될 수 없다는 점에 대하여

행정처분이 적법한가의 여부는 특별한 사정이 없는 한 처분 당시의 사유를 기준으로 판단하면 되는 것이고 처분청이 처분 당시에 적시한 구체적 사실을 변경하지 아니하는 범위 내에서 단지 그 처분의 근거 법령만을 추가·변경하는 것은 새로운 처분사유의 추가라고 볼 수 없으므로 이와 같은 경우에는 처분청이 처분 당시에 적시한 구체적 사실에 대하여 처분 후에 추가·변경한 법령을 적용하여 그 처분의 적법 여부를 판단하여도 무방하다(대법원 1987. 12. 8. 선고 87누632 판결 등 참조). 그러나 처분의 근거 법령을 변경하는 것이 종전 처분과 동일성을 인정할 수 없는 별개의 처분을 하는 것과 다름 없는 경우에는 허용될 수 없다.

원심판결의 이유와 기록에 의하면, 피고는 이 사건 각 도로가 도로법의 적용을 받는 도로임을 전제로 원고와 선정자들에게 도로법 제94조에 의한 변상금 부과처분을 하였다가 이 사건 소송이 제기된 후 이 사건 각 도로가 도로법의 적용을 받는 도로에 해당하지 않을 경우를 대비하여 처분의 근거 법령을 이 사건 각 도로 중 소유자가 국가인 부분은 구 국유재산법(2009. 1. 30. 법률 제9401호로 전부 개정되기 전의 것, 이하 같다) 제51조와 그 시행령으로, 소유자가 서울특별시 종로구인 부분은 구 공유재산 및 물품관리법(2010. 2. 4. 법률 제10006호로 개정되기 전의 것, 이하 같다) 제81조와 그 시행령 등으로 변경하여 주장하였음을 알 수 있다.

이를 앞서 본 법리에 비추어 살펴보면, 도로법과 구 국유재산법령 및 구 공유재산 및 물품관리법령의 해당 규정은 별개의 법령에 규정되어 그 입법 취지가 다르고, 해당 규정내용을 비교하여 보면 변상금의 징수목적, 그 산정의 기준금액, 징수의 재량 유무, 징수절차 등이 서로 다르므로 피고 주장과 같이 근거 법령을 변경하는 것은 종전의 도로법 제94조에 의한 이 사건 변상금 부과처분과 동일성을 인정할 수 없는 별개의 처분을 하는 것과 다름이 없어 허용될 수 없다.

그럼에도 원심은 피고가 주장한 구 국유재산법령과 구 공유재산 및 물품관리법령을 적용하여 이 사건 변상금 부과처분이 적법하다고 판단하였으니, 이 부분 원심판결에는 행정처분의 근거법령의 추가·변경에 관한 법리를 오해하여 판결 결과에 영향을 미친 위법이 있다. 이 점을 지적하는 상고이유의 주장은 이유 있다.

3. 결론

그러므로 원심판결을 파기하고, 사건을 다시 심리·판단하게 하기 위하여 원심법원에

환송하기로 하여, 관여 대법관의 일치된 의견으로 주문과 같이 판결한다.

[[별지] 선정자 목록 : 생략]

판례3 | 구 도로교통법 제2조 제1호에 정한 도로의 개념인 '일반교통에 사용되는 모든 곳'의 의미[대법원 2010. 9. 9., 선고, 2010도6579, 판결]

【판결요지】

[1] 구 도로교통법(2009. 12. 29. 법률 제9845호로 개정되기 전의 것) 제2조 제1호에서 '도로'라 함은 도로법에 의한 도로, 유료도로법에 의한 도로, 그 밖의 일반교통에 사용되는 모든 곳을 말한다고 규정하고 있는데, 여기서 '일반교통에 사용되는 모든 곳'은 현실적으로 불특정의 사람이나 차량의 통행을 위하여 공개된 장소로서 교통질서 유지 등을 목적으로 하는 일반 교통경찰권이 미치는 공공성이 있는 곳을 의미하고, 특정인들 또는 그들과 관련된 특정한 용건이 있는 자들만이 사용할 수 있고 자주적으로 관리되는 장소는 이에 포함되지 않는다.

[2] 피고인이 술을 마시고 차량을 운전한 '아파트단지 내 통행로'가 왕복 4차선의 외부도로와 직접 연결되어 있고, 외부차량의 통행에 제한이 없으며, 별도의 주차관리인이 없는 등 아파트의 관리 및 이용 상황에 비추어 구 도로교통법(2009. 12. 29. 법률 제9845호로 개정되기 전의 것)상의 도로에 해당함에도, 이와 달리 판단한 원심판결에 법리오해의 위법이 있다고 한 사례.

【참조판례】

대법원 1999. 12. 10. 선고 99도2127 판결(공2000상, 251),

대법원 2004. 6. 25. 선고 2002도6710 판결,

대법원 2005. 9. 15. 선고 2005도3781 판결,

대법원 2005. 12. 22. 선고 2005도7293 판결

【원심판결】

청주지법 2010. 5. 12. 선고 2010노129 판결

【주문】

원심판결을 파기하고, 이 사건을 청주지방법원 본원 합의부에 환송한다.

【이유】

상고이유를 살펴본다.

1. 구 도로교통법(2009. 12. 29. 법률 제9845호로 개정되기 전의 것) 제2조 제1호에서 '도로'라 함은 도로법에 의한 도로, 유료도로법에 의한 도로, 그 밖의 일반교통에 사용되는 모든 곳을 말한다고 규정하고 있는데, 여기서 '일반교통에 사용되는 모든 곳'은 현실적으로 불특정의 사람이나 차량의 통행을 위하여 공개된 장소로서 교통질서 유지 등을 목적으로 하는 일반 교통경찰권이 미치는 공공성이 있는 곳을 의미하고, 특정인들 또는 그들과 관련된 특정한 용건이 있는 자들만이 사용할 수 있고 자주적으로 관리되는 장소는 이에 포함되지 않는다고 할 것이다(대법원 2003. 11. 28. 선고 2003도4807 판결, 대법원 2004. 6. 25. 선고 2002도6710 판결 등 참조).

2. 원심판결 이유에 의하면, 원심은, 피고인이 2009. 9. 29. 충북 70가(이하 생략) 갤로퍼 차량을 이 사건 아파트단지 내 401동 앞 노상에 주차한 후 술을 마시고 돌아와 같은 날 23:55경 위 차량을 약 100m 가량 운전하여 이 사건 아파트단지 내 통행로를 지나 지하주차장에 진입하였다가 다시 나와서 이 사건 아파트단지 내 403동 내지 406동 사이의 통행로를 3바퀴 가량 돌면서 운전한 사실은 인정되나, 이 사건 아파트단지는 출입구가 1개 뿐이며, 출입구를 제외한 아파트 경계 부분에는 옹벽과 울타리가 설치되어 있어 이 사건 아파트단지 내 통행로가 지름길이나 우회로로 이용될 수는 없는 점, 이 사건 아파트단지 주변에는 초등학교와 공원, 하천이 있을 뿐이고 이 사건 아파트단지의 위치가 고립되어 있어 실제로 외부차량이나 외부인의 출입이 드물어 출입구에서 별도의 출입 통제는 이루어지지 않고 있는 점, 이 사건 아파트 출입구 부근에 슈퍼마켓, 미장원, 세탁소 등이 입주한 단지 내 상가가 있기는 하나 위 상가에는 상가 주차장이 따로 마련되어 있어 상가에 드나드는 차량은 상가 주차장을 이용하고 있는 점, 이 사건 아파트단지에는 관리사무소 1곳과 경비실 3곳이 있고 경비원과 청소원에 의하여 자체적으로 청소 관리, 주차장 등의 기물 관리 등이 이루어지고 있는 점 등에 비추어, 피고인이 운전한 장소는 아파트 주민들 또는 그들과 관련된 특정한 용건이 있는 자들만이 사용할 수 있는 통행로 및 주차를 위한 통로로 보이고, 현실적으로 불특정 다수의 사람 또는 차마의 통행을 위하여 공개된 장소로서 안전하고 원활한 교통을 확보할 필요가 있는 장소라고 보기는 어려우므로, 도로교통법에서 정한 '도로'에 해당한다고 할 수 없다고 판단하여 제1심판결을 파기하고 피고인에 대하여 무죄를 선고하였다.

3. 그러나 기록에 의하면, ① 비록 위 아파트단지는 출입구 1곳 외에는 경계 부분에 옹벽과 울타리가 설치되어 있어 외부와 차단되어 있기는 하나, 피고인이 술을 마시고 돌아와 운전한 이 사건 아파트단지 내 통행로는 단지 내를 가로질러 출입구 쪽 왕복 4차선의 외부도로와 직접 연결되어 있는 사실, ② 그런데 위 출입구에는 경비초소가 없고, 출입을 통제하기 위한 구조물이나 차단기가 설치되어 있지 않고, 출입을 금지하는

표지판도 없으며, 경비원들도 출입차량을 통제하지 않아 외부차량의 통행에 아무런 제한이 없는 사실, ③ 피고인도 이 사건 아파트 주민이 아님에도 위 단지 내 통행로에 진입하여 401동 앞 노상에 차량을 주차해 둔 채 낚시를 다녀왔고, 인근 초등학교 일부 교사들도 이 사건 아파트단지 내 주차장에 주차를 하였음에도, 차량 진출입과 주차 등에 통제를 전혀 받지 않은 사실, ④ 이 사건 아파트는 10개 동 846세대가 거주하는 비교적 넓은 아파트단지이나, 경비원 6명, 청소원 4명이 있을 뿐이고 별도로 주차관리인 등은 없으며, 단지 내에서 외부차량이 발견되더라도 주차금지 표지를 붙이는 등의 조치조차 취하지 않고 있는 사실 등을 알 수 있는바, 이와 같은 아파트의 관리 및 이용 상황에 비추어 보면 이 사건 아파트단지 내 통행로는 현실적으로 불특정의 사람이나 차량의 통행을 위하여 공개된 장소로서 교통질서유지 등을 목적으로 하는 일반 교통경찰권이 미치는 공공성이 있는 곳이라 할 것이므로, 도로교통법 제2조 제1호에 정하여진 '도로'에 해당한다고 봄이 상당하다.

그럼에도 불구하고 원심이 위 아파트단지 내 통행로가 도로교통법상의 도로에 해당하지 아니한다고 판단하여 피고인에 대하여 무죄를 선고한 것은 결국 도로교통법상의 도로에 관한 법리를 오해하여 판결에 영향을 미친 잘못을 저질렀다고 할 것이므로, 이 점을 지적하는 검사의 주장은 이유 있다.

4. 그러므로 원심판결을 파기하고, 이 사건을 다시 심리·판단하게 하기 위하여 원심법원에 환송하기로 하여, 관여 대법관의 일치된 의견으로 주문과 같이 판결한다.

판례4 | 운전한 자동차의 일부가 주차장을 벗어나 도로에 진입한 경우, 도로에서의 주취운전에 해당하는지 여부(적극)[대법원 2007. 3. 30., 선고, 2007도678, 판결]

【원심판결】

수원지법 2007. 1. 4. 선고 2006노3663 판결

【주문】

상고를 기각한다.

【이유】

상고이유를 판단한다.

도로교통법 제2조 제1호 (다)목은 도로법에 의한 도로 또는 유료도로법에 의한 유료도로가 아니더라도, "현실적으로 불특정 다수의 사람 또는 차마의 통행을 위하여 공개된 장소로서 안전하고 원활한 교통을 확보할 필요가 있는 장소"도 도로에 해당하는 것으로 규정하고 있는 한편, 도로교통법 제41조 제1항이 술에 취한 상태에서의 자동차의 운전을

금지하는 것은 도로에서 일어나는 교통상의 위험과 장해를 방지하고 제거하여 안전하고 원활한 교통을 확보하자는 데에 목적이 있는데(도로교통법 제1조), 주취운전한 자동차가 도로의 일부에라도 진입하였을 때에는 이와 같은 도로교통의 안전이 해쳐질 우려가 있다고 할 것이므로 자동차의 일부라도 주차장을 벗어나 도로에 진입한 경우에는 도로에서 주취운전을 한 경우에 해당한다고 할 것이다(대법원 1993. 1. 19. 선고 92도2901 판결 등 참조).

이러한 법리 및 기록에 의하여 살펴보면, 원심이 같은 취지에서 피고인이 0.134%의 주취상태로 판시 보보스 쉐르빌 주상복합건물의 1층 주차장에서 판시 승용차를 운전하여 주차장을 빠져나와 그 주차장 입구와 연결된 횡단보도에 위 승용차의 앞 부분이 30cm가량 걸치도록 진입한 행위를 주취운전에 해당하는 것으로 본 조치는 옳고, 거기에 상고이유에서 주장하는 바와 같은 채증법칙 위반으로 인한 사실오인, 도로교통법상 도로에서의 운전에 관한 법리오해 등의 위법이 없다.

그러므로 상고를 기각하기로 하여 관여 법관의 일치된 의견으로 주문과 같이 판결한다.

판례5 | 도로교통법 제2조 제1호에 정한 도로의 개념인 '일반교통에 사용되는 모든 곳'의 의미[대법원 2005. 12. 22., 선고, 2005도7293, 판결]

【원심판결】

대전지법 2005. 9. 8. 선고 2005노606 판결

【주문】

상고를 기각한다.

【이유】

상고이유를 판단한다.

도로교통법 제2조 제1호에서 "도로"라 함은 도로법에 의한 도로, 유료도로법에 의한 도로 그 밖의 일반교통에 사용되는 모든 곳을 말한다고 규정하고 있는데, 여기서 "일반교통에 사용되는 모든 곳"이라 함은 현실적으로 불특정의 사람이나 차량의 통행을 위하여 공개된 장소로서 교통질서유지 등을 목적으로 하는 일반 교통경찰권이 미치는 공공성이 있는 곳을 의미하고, 특정인들 또는 그들과 관련된 특정한 용건이 있는 자들만이 사용할 수 있고 자주적으로 관리되는 장소는 이에 포함되지 않는다고 할 것이다(대법원 2004. 6. 25. 선고 2002도6710 판결 등 참조).

원심은 그 판시와 같은 사실관계에 터잡아, 이 사건 가스충전소 내 가스주입구역 등은 가스충전 등의 용무가 있는 특정인들 또는 그들과 관련된 특정한 용건이 있는 자들만이

사용할 수 있는 가스충전소 시설물의 일부로 그 운영자에 의하여 자주적으로 관리되는 곳이지, 불특정의 사람이나 차량의 통행을 위하여 공개된 장소로 일반 교통경찰권이 미치는 공공성이 있는 곳이라고는 볼 수 없다는 이유로, 이를 도로교통법 제2조 제1호 소정의 일반교통에 사용되는 도로라고 할 수 없다고 판단하였는바, 원심판결 이유를 위에서 본 법리 및 기록에 비추어 살펴보면 원심의 판단은 정당한 것으로 수긍이 가고, 거기에 상고이유에서 주장하는 바와 같은 도로교통법 제2조 제1호 소정의 일반교통에 사용되는 도로에 관한 법리오해 등의 위법이 있다고 할 수 없다.

그러므로 상고를 기각하기로 관여 대법관의 의견이 일치되어 주문과 같이 판결한다.

> **판례6** | 지역 일대의 주차난 해소 등의 공익적 목적을 가지고 설치된 공영주차장이 불특정 다수의 사람 또는 차량의 통행을 위하여 공개된 장소로서 도로교통법 제2조 제1호에서 말하는 도로에 해당한다고 한 사례[대법원 2005. 9. 15., 선고, 2005도3781, 판결]

【원심판결】

고등군사법원 2005. 5. 24. 선고 2005노 12 판결

【주문】

상고를 기각한다.

【이유】

1. 도로교통법 제2조 제1호에서 도로의 개념으로 정한 '일반교통에 사용되는 모든 곳'이라 함은 현실적으로 불특정 다수의 사람 또는 차량의 통행을 위하여 공개된 장소로서 교통질서유지 등을 목적으로 하는 일반 교통경찰권이 미치는 공공성이 있는 곳을 의미하는 것이고, 특정인들 또는 그들과 관련된 특정한 용건이 있는 자들만이 사용할 수 있고 자주적으로 관리되는 장소는 이에 포함된다고 볼 수 없다(대법원 1999. 12. 10. 선고 99도2127 판결, 2002. 3. 26. 선고 2002도68 판결 등 참조).

원심판결 이유에 의하면, 원심은 그 채용 증거들에 의하여, 피고인이 음주운전한 이 사건 공영주차장은 특정상가 건물의 업주 및 고객을 위한 것이 아니라 이 지역 일대의 주차난 해소 및 그로 인한 교통체증해소라는 공익적 목적을 가지고 유성구청에서 설치한 것으로서, 특별히 관리인이 상주하여 관리하지 아니하고 출입차단장치가 설치되어 있지 않으며, 무료로 운영되고 있어 불특정 다수인이 수시로 이용할 수 있을 뿐만 아니라 주차장 양쪽면이 일반도로와 접해 있고, 동·서쪽 각 2개씩의 출입구가 있어 양쪽 도로에서 출입이 가능하며, 교통체증이 있는 시간대에는 동서 양쪽 일반도로 사

이를 왕래하기 위하여 차량 통행로로 이용되고 있는 사실을 인정한 다음, 이러한 사정이라면 위 주차장은 불특정 다수의 사람 또는 차량의 통행을 위하여 공개된 장소로서 일반 교통경찰권이 미치는 공공성이 있는 도로교통법 제2조 제1호에서 말하는 도로에 해당한다고 판단하였다. 앞서 본 법리와 관계 증거를 기록에 비추어 살펴보면, 원심의 위와 같은 인정과 판단은 정당한 것으로 수긍이 가고, 거기에 상고이유의 주장과 같이 사실을 잘못 인정하거나 도로교통법상 도로에 관한 법리를 오해하는 등의 위법이 있다고 볼 수 없다.

2. 도로교통법 제2조 제19호는 '운전'이라 함은 도로에서 차를 그 본래의 사용방법에 따라 사용하는 것을 말한다고 규정하고 있는바, 여기에서 말하는 운전의 개념은 그 규정의 내용에 비추어 목적적 요소를 포함하는 것이므로 고의의 운전행위만을 의미하고(대법원 2004. 4. 23. 선고 2004도1109 판결 참조), 또한 도로에서 자동차의 시동을 걸어 이동하였다면 그것이 주차된 다른 차량의 출입의 편의를 위하여 주차시켜 놓았던 차량을 이동시켜 주기 위한 것이더라도 차량을 그 본래의 사용방법에 따라 사용하는 것으로서 도로교통법상의 '운전'에 해당한다(대법원 1993. 6. 22. 선고 93도828 판결 참조). 이와 같은 취지에서, 원심이, 피고인은 음주운전의 고의로 이 사건 차량을 운전한 것이라고 인정한 것은 정당한 것으로 수긍이 가고, 거기에 상고이유의 주장과 같이 고의나 도로교통법상의 운전에 관한 법리를 오해하는 등의 위법이 있다고 볼 수 없다.

3. 피고인에게 징역 10년 미만의 형이 선고된 이 사건에서 형의 양정이 부당하다는 상고 이유의 주장은 적법한 상고이유가 되지 아니한다.

4. 그러므로 상고를 기각하기로 하여 관여 법관의 일치된 의견으로 주문과 같이 판결한다.

판례7 | 아파트부설주차장 주차구획선 밖의 통로부분이 도로교통법 제2조 제1호에 정한 도로에 해당하는지 여부의 판단 기준[대법원 2005. 1. 14., 선고, 2004도6779, 판결]

【판결요지】

[1] 아파트단지 내 건물 사이의 통로 한 쪽에 주차구획선을 그어 차량이 주차할 수 있는 주차구역을 만들었다면 이는 주차장법 및 구 주택건설촉진법(2003. 5. 29. 법률 제6916호 주택법으로 전문 개정되기 전의 것) 등의 관계 규정에 의하여 설치된 아파트 부설주차장이라고 보아야 하고, 주차구획선 밖의 통로부분이 일반교통에 사용되는 곳으로서 도로교통법 제2조 제1호 소정의 도로에 해당하는지의 여부는 아파트의 관리 및 이용 상황에 비추어 그 부분이 현실적으로 불특정 다수의 사람이나 차량의 통행을 위하여 공개된 장소로서 교통질서유지 등을 목적으로 하는 일반경찰권이 미치는 곳으로 볼 것인가 혹은 특정인들 또는 그들과 관련된 특정한 용건이 있는 자들만이 사용

할 수 있고 자주적으로 관리되는 장소로 볼 것인가에 따라 결정할 것이다.

[2] 아파트단지 내 건물과 건물 사이의 "ㄷ"자 공간 안에 주차구획선을 그어 차량이 주차할 수 있는 주차구역의 통로 부분은 그 곳에 차량을 주차하기 위한 통로에 불과할 뿐 현실적으로 불특정 다수의 사람이나 차량의 통행로로 사용되는 것이라고 볼 수 없어 이를 도로교통법 제2조 제1호에 정한 일반교통에 사용되는 도로라고 할 수는 없다고 한 사례.

【참조판례】

[1] 대법원 1992. 10. 9. 선고 92도1662 판결(공1992, 3183), 대법원 1995. 7. 28. 선고 94누9566 판결(공1995하, 2999), 대법원 1999. 1. 26. 선고 98도3302 판결, 대법원 1999. 12. 10. 선고 99도2127 판결(공2000상, 251)

【원심판결】

춘천지법 2004. 9. 24. 선고 2003노981 판결

【주문】

원심판결을 파기하고, 사건을 춘천지방법원 본원 합의부에 환송한다.

【이유】

상고이유를 본다.

1. 공소사실의 요지

피고인은 2003. 4. 3. 20:08경 혈중알코올농도 0.131%의 술에 취한 상태에서 강원 29다4806호 아반떼 승용차를 원주시 원동 359에 있는 원동아파트 209동 앞 주차장 노상에서 약 10m 정도를 운전하였다라고 함에 있다.

2. 원심의 판단

원심판결 이유에 의하면 원심은, 피고인이 위와 같이 음주운전을 한 장소는 위 원동아파트 단지 내의 후문 부근 제208동 건물과 제209동 건물 사이에 아스팔트로 포장된 공간으로 그 양쪽에는 주차구획선이 표시되어 있고 그 사이로 차량이 통행할 수 있는 통로인데, 위 통로의 동쪽은 아파트 담장으로 둘러싸여 있어 외부와 차단된 곳이고 위 통로의 서쪽만이 위 아파트 단지의 정문과 후문으로 연결된 통행로로 이어져 후문으로 바로 연결되어 있는 사실, 위 아파트 단지는 17동 550세대로 구성되어 있으며 위 단지에 출입할 수 있는 출입구로는 정문과 후문이 있는데, 정문과 후문은 위 아파트의 중앙을 관통하는 통행로로 연결되어 있는 사실, 위 아파트 관리소에서는 위 아파트 거주자들 차량의 출입 편의 및 주차 관리를 위하여 차량 소유자들에게 '스티커'를 배부하여 차량에 부착하게 하고 있으나, 정문 및 후문의 출입구에 차량을 통제하는 시설물

이나 경비원이 없는 관계로 평소 단지 내로 출입하는 차량을 통제하고 있지는 않은 사실, 위 아파트 단지 정문 쪽에는 아파트 단지 내 상가 3개동이 있으며 이 사건 장소가 위치한 후문 밖 맞은편에도 상가와 시청, 보건소가 위치해 있어 위 각 상가 등을 이용하는 외부 사람들이 위 아파트 단지의 정문과 후문으로 연결된 통행로를 자주 이용하고 있으며, 특히 후문 밖 맞은편 상가 등을 이용하는 외부 사람들의 일부는 이 사건 장소에 주차를 하고 있는 사실을 인정한 다음, 위 아파트 단지의 구조, 이 사건 장소의 위치 및 형태, 주변 상가의 위치 및 이용현황, 아파트 단지 내 차량 출입 및 주차관리 상황 등에 비추어 볼 때, 피고인이 음주운전을 한 이 사건 장소는 위 아파트 제208동과 제209동에 거주하는 주민들이나 또는 그들과 관련된 특정한 용건이 있는 사람들만의 차량 주차를 위하여 마련된 장소로서 자주적으로 관리되는 장소라고 볼 수는 없고, 현실적으로 불특정 다수의 사람 또는 차량의 통행을 위하여 공개된 장소로서 교통질서유지 등을 목적으로 하는 일반 교통경찰권이 미치는 공공성이 있는 곳으로 도로교통법 제2조 제1호 소정의 '도로'에 해당한다고 인정하여 제1심의 무죄판결을 파기하고 위 공소사실을 유죄로 판단하였다.

3. 이 법원의 판단

아파트단지 내 건물 사이의 통로 한 쪽에 주차구획선을 그어 차량이 주차할 수 있는 주차구역을 만들었다면 이는 주차장법 및 구 주택건설촉진법(2003. 5. 29. 법률 제6916호 주택법으로 전문 개정되기 전의 것, 이하 같다) 등의 관계 규정에 의하여 설치된 아파트부설주차장이라고 보아야 하고, 주차구획선 밖의 통로부분이 일반교통에 사용되는 곳으로서 도로교통법 제2조 제1호 소정의 도로에 해당하는지의 여부는 아파트의 관리 및 이용 상황에 비추어 그 부분이 현실적으로 불특정 다수의 사람이나 차량의 통행을 위하여 공개된 장소로서 교통질서유지 등을 목적으로 하는 일반경찰권이 미치는 곳으로 볼 것인가 혹은 특정인들 또는 그들과 관련된 특정한 용건이 있는 자들만이 사용할 수 있고 자주적으로 관리되는 장소로 볼 것인가에 따라 결정할 것이다 (대법원 1992. 10. 9. 선고 92도1662 판결, 대법원 1995. 7. 28. 선고 94누9566 판결, 대법원 1999. 1. 26. 선고 98도3302 판결, 대법원 1999. 12. 10. 선고 99도2127 판결 등 참조).

원심이 인정한 사실과 기록에 의하면, 피고인이 음주운전을 한 장소는 아파트단지 내 건물과 건물 사이의 "ㄷ"자 공간 안에 주차구획선을 그어 차량이 주차할 수 있는 주차구역을 만든 곳으로 주차장법 및 구 주택건설촉진법 등의 관계 규정에 의하여 설치된 아파트부설주차장에 해당하는 장소라 할 것이므로, 위와 같이 형태적으로 폐쇄된 아파트부설주차장이 차단시설이나 경비원에 의하여 물리적으로 통제되지 아니하고 일부 외부인이 무단주차를 하는 경우가 있다고 하더라도 그 주차구역의 통로 부분은 그 곳에 차량을 주차하기 위한 통로에 불과할 뿐 현실적으로 불특정 다수의 사람이나 차량의 통행로로 사용되는 것이라고 볼 수 없어 이를 도로교통법 제2조 제1호 소정의 일반교통에 사용되는 도로라고 할 수는 없다.

그럼에도 불구하고 원심이, 아파트단지의 물리적 관리상황만 주목하여 이 사건 주차구획선 사이의 통로가 일반교통에 사용되는 도로에 해당한다고 판단한 것은 도로교통법의 도로에 관한 법리오해로 판결에 영향을 미친 위법이 있다. 따라서 이 점을 지적하는 취지의 상고이유는 이유 있다.

4. 결론

그러므로 원심판결을 파기하고, 사건을 다시 심리한 후 판단하게 하기 위하여 원심법원에 환송하기로 하여 관여 대법관의 일치된 의견으로 주문과 같이 판결한다.

판례8 | 도로교통법 제2조 제1호에 정한 도로의 개념인 '일반교통에 사용되는 모든 곳'의 의미[대법원 2004. 6. 25., 선고, 2002도6710, 판결]

【참조판례】

대법원 1992. 10. 9. 선고 92도1662 판결(공1992, 3183),

대법원 1996. 10. 25. 선고 96도1848 판결(공1996하, 3500),

대법원 2002. 3. 26. 선고 2002도68 판결 ,

대법원 2003. 11. 28. 선고 2003도4807 판결

【원심판결】

광주지법 2002. 11. 8. 선고 2002노1796 판결

【주문】

원심판결을 파기하고, 이 사건을 광주지방법원 본원 합의부에 환송한다.

【이유】

검사의 상고이유를 판단한다.

1. 도로교통법 제2조 제1호에서 "도로"라 함은 도로법에 의한 도로, 유료도로법에 의한 도로 그 밖의 일반교통에 사용되는 모든 곳을 말한다고 규정하고 있는데, 여기서 "일반교통에 사용되는 모든 곳"이라 함은 현실적으로 불특정의 사람이나 차량의 통행을 위하여 공개된 장소로서 교통질서유지 등을 목적으로 하는 일반 교통경찰권이 미치는 공공성이 있는 곳을 의미하고, 특정인들 또는 그들과 관련된 특정한 용건이 있는 자들만이 사용할 수 있고 자주적으로 관리되는 장소는 이에 포함되지 않는다고 할 것이다

(대법원 2002. 3. 26. 선고 2002도68 판결, 2003. 11. 28. 선고 2003도4807 판결 등 참조).

2. 원심은, 피고인이 2001. 7. 24. 19:26경 혈중알콜농도 0.119%의 술에 취한 상태로 (차량 번호생략) 엘란트라 승용차를 운전하여 광주 서구 화정동 소재 삼익아파트 단지 내 통행로를 운행한 사실은 인정되나, 위 아파트 단지는 4개 동의 그리 넓지 않은 구역으로 그 주변은 아파트 상가나 담장, 울타리 등으로 둘러 쌓여 외부와 차단되어 있고, 아파트 관리소에서는 차량 이용 아파트 주민에 대하여는 스티커를 배부하여 차량에 부착하게 하는 한편, 외부차량에 대하여는 정문과 후문에 그 출입을 금하는 표지를 설치하여 놓고 스티커가 부착되지 아니한 주차차량에 대하여는 경비원으로 하여금 주차금지 표지를 붙이게 하는 등 원칙적으로 아파트 주민 및 이와 관련된 자에 한하여 출입 및 주차를 허용하고 있는 점에 비추어, 위 아파트 단지 내 통행로는 아파트 주민 및 이와 관련된 자나 그 차량을 위하여 마련된 장소로 보일 뿐, 불특정의 사람이나 차량의 통행을 위하여 공개된 장소로서 교통질서유지 등을 목적으로 하는 일반 교통경찰권이 미치는 공공성이 있는 곳이라고 보기에는 부족하고 달리 이를 인정할 증거가 없으므로, 도로교통법 제2조 제1호에 정하여진 "도로"에 해당하지 아니한다고 판단하여 제1심판결을 파기하고 피고인에 대하여 무죄를 선고하였다.

3. 그러나 기록에 의하면, 비록 위 아파트 단지는 외부와 차단되어 있기는 하나 피고인이 술에 취한 상태로 운전한 아파트 단지 내 통행로는 단지 내를 관통하여 각 출입구 쪽 외부도로를 잇는 연결도로로서 그 주변에 상가 등이 밀집되어 있어 주차를 위한 외부차량의 출입이 잦았던 사실, 그럼에도 아파트 관리소에서는 정문과 후문에 외부차량 출입금지 표지만 설치하여 놓았을 뿐, 차단기를 설치하거나 아파트 경비원 등으로 하여금 출입을 통제하도록 하지 아니하여 출입단계에서의 통제는 이루어지지 아니하였고, 단지 각 동에 배치된 경비원들이 아파트 주민의 주차공간확보 차원에서 스티커가 부착되지 아니한 주차차량에 대하여 주차금지 표시를 붙인 사실, 그러다가 아파트의 주차난이 더욱 심각해지자 이 사건 발생 후인 2002. 3. 15.부터 비로소 경비원 이외에 주차관리인을 정문과 후문의 각 주차관리실에 한 명씩 배치하여 외부차량의 출입을 통제하고 있는 사실을 알 수 있는바, 이와 같은 아파트의 관리 및 이용상황에 비추어 보면, 이 사건 발생 당시 위 아파트 단지 내 통행로는 현실적으로 불특정의 사람이나 차량의 통행을 위하여 공개된 장소로서 교통질서유지 등을 목적으로 하는 일반 교통경찰권이 미치는 공공성이 있는 곳이라 할 것이므로, 도로교통법 제2조 제1호에 정하여진 "도로"에 해당한다고 봄이 상당하다.

그럼에도 불구하고 원심이 위 아파트 단지 내 통행로가 도로교통법상의 도로에 해당하지 아니한다고 판단하여 피고인에 대하여 무죄를 선고한 것은 결국 도로교통법상의 도로에 관한 법리를 오해하여 판결에 영향을 미친 위법을 저질렀다고 할 것이므로, 이 점을 지적하는 상고이유의 주장은 이유 있다.

4. 그러므로 원심판결을 파기하고, 이 사건을 다시 심리·판단하게 하기 위하여 원심법원에 환송하기로 관여 대법관의 의견이 일치되어 주문과 같이 판결한다.

판례9 | 아파트 단지 내의 통행로가 도로교통법 제2조 제1호 소정의 '도로'에 해당한다고 한 사례[대법원 2002. 9. 24., 선고, 2002도3190, 판결]

【판결요지】

아파트 단지가 상당히 넓은 구역으로서 비록 여러 곳에 경비실이 설치되어 있고 경비원들이 아파트 주민 이외의 차량에 스티커를 발부해 왔다 하더라도 이는 주민들의 차량으로 하여금 우선 주차할 수 있도록 하기 위한 주차공간확보 차원에서 이루어진 것으로 보일 뿐이고, 그것만으로 아파트 단지 내의 통행로가 특정인들 또는 그들과 관련된 특별한 용건이 있는 자들만이 사용할 수 있는 장소로서 자주적으로 관리되는 장소라고 볼 수는 없고, 현실적으로 볼 때 불특정 다수의 사람이나 차량의 통행을 위하여 공개된 장소라면 교통질서유지 등을 목적으로 하는 일반교통경찰권이 미치는 공공성이 있는 곳으로 도로교통법 제2조 제1호 소정의 '도로'에 해당한다고 한 사례.

【참조판례】

대법원 2001. 7. 13. 선고 2000두6909 판결(공2001하, 1870) /[2]

대법원 1996. 8. 20. 선고 96도1461 판결(공1996하, 2926)

【원심판결】

광주지법 2002. 5. 3 1. 선고 2002노51 판결

【주문】

상고를 기각한다.

【이유】

상고이유를 본다.

아파트 단지가 상당히 넓은 구역으로서 비록 여러 곳에 경비실이 설치되어 있고 경비원들이 아파트 주민 이외의 차량에 스티커를 발부해 왔다 하더라도 이는 주민들의 차량으로 하여금 우선 주차할 수 있도록 하기 위한 주차공간확보 차원에서 이루어진 것으로 보일 뿐이고, 그것만으로 아파트 단지 내의 통행로가 특정인들 또는 그들과 관련된 특별한 용건이 있는 자들만이 사용할 수 있는 장소로서 자주적으로 관리되는 장소라고 볼 수

는 없고, 현실적으로 볼 때 불특정 다수의 사람이나 차량의 통행을 위하여 공개된 장소라면 교통질서유지 등을 목적으로 하는 일반교통경찰권이 미치는 공공성이 있는 곳으로 도로교통법 제2조 제1호 소정의 '도로'에 해당한다(대법원 2001. 7. 13. 선고 2000두6909 판결 참조). 또한, 기록에 의하여 알 수 있는 바와 같이 피고인이 그가 운전하는 자동차의 우측 앞부분으로 3세 남짓의 어린이가 탄 세발자전거를 들이받아 땅바닥에 넘어뜨려 약 1주일간의 치료를 요하는 우측슬관절부 타박상 등을 입게 한 이 사건에 있어서, 사리분별을 할 수도 없고 아직 스스로 자기 몸의 상처가 어느 정도인지 충분히 파악하기도 어려운 나이 어린 피해자가 피고인 운전의 승용차에 부딪쳐 땅에 넘어진 이상, 피고인으로서는 의당 피해자를 병원으로 데려가서 눈에 보이는 상처는 물론 있을지도 모르는 다른 상처 등에 대한 진단 및 치료를 받게 하여야 할 것이며, 또 어린 피해자가 울고 있으며 무릎에 위와 같은 상처가 난 것을 보았음에도 불구하고 아무런 보호조치도 없는 상태에서 현장을 이탈하였다면 사고의 야기자가 누구인지를 쉽게 알 수 없도록 하였다 할 것이므로, 피고인의 이와 같은 행위는 특정범죄가중처벌등에관한법률 제5조의3 제1항 제2호에 해당한다고 할 것이다(대법원 1996. 8. 20. 선고 96도1461 판결 참조).

같은 취지에서 원심이 피고인의 이 사건 범행을 유죄로 인정한 것은 수긍이 되고, 원심판결에 상고이유에서 주장하는 바와 같이 사실오인 또는 법리오해의 위법이 있다고 할 수 없다. 상고이유에서 들고 있는 대법원 판례는 사안을 달리하는 것으로 이 사건에 원용하기에 적절하지 아니하다. 그리고 피고인에 대하여 벌금형이 선고된 이 사건에서 원심의 형이 과중하다는 주장은 적법한 상고이유가 되지 아니한다.

그러므로 상고를 기각하기로 하여 관여 법관의 일치된 의견으로 주문과 같이 판결한다.

판례10 | 아파트 단지 내의 통행로가 구 도로교통법 제2조 제1호 소정의 '도로'에 해당한다고 본 사례[대법원 2001. 7. 13., 선고, 2000두6909, 판결]

【판결요지】

[1] 구 도로교통법(1999. 1. 29. 법률 제5712호로 개정되기 전의 것) 제2조 제1호에서 '도로'라 함은 도로법에 의한 도로, 유료도로법에 의한 유료도로 그 밖의 일반교통에 사용되는 모든 곳을 말한다고 규정하고 있는데, 여기서 '일반교통에 사용되는 모든 곳'이라 함은 현실적으로 불특정 다수의 사람 또는 차량의 통행을 위하여 공개된 장소로서 교통질서유지 등을 목적으로 하는 일반 교통경찰권이 미치는 공공성이 있는 곳을 의미하고, 특정인들 또는 그들과 관련된 특정한 용건이 있는 자들만이 사용할 수 있고 자주적으로 관리되는 장소는 이에 포함되지 않는다.

[2] 아파트 단지가 상당히 넓은 구역이고, 여러 곳에 경비실이 설치되어 있어 경비원들이

아파트 주민 이외의 차량에 스티커를 발부해 왔으나 외부차량 출입통제용이 아닌 주민들의 주차공간확보 차원에서 이루어진 것일 뿐이며, 현실적으로 불특정 다수의 사람이나 차량의 통행이 허용된다는 이유로 아파트 단지 내의 통행로가 공개된 장소로서 교통질서유지 등을 목적으로 하는 일반교통경찰권이 미치는 공공성이 있는 곳으로 구 도로교통법(1999. 1. 29. 법률 제5712호로 개정되기 전의 것) 제2조 제1호 소정의 '도로'에 해당한다고 본 사례.

【참조판례】

대법원 1992. 10. 9. 선고 92도1662 판결(공1992, 3183),

대법원 1993. 6. 22. 선고 93도828 판결(공1993하, 2198),

대법원 1995. 7. 28. 선고 94누9566 판결(공1995하, 2999),

대법원 1996. 10. 25. 선고 96도1848 판결(공1996하, 3500),

대법원 1998. 3. 27. 선고 97누20755 판결(공1998상, 1233),

대법원 1999. 12. 10. 선고 99도2127 판결(공2000상, 251)

【원심판결】

대전고법 2000. 7. 7. 선고 99누 1180 판결

【주문】

상고를 기각한다. 상고비용은 원고의 부담으로 한다.

【이유】

상고이유를 본다.

1. 상고이유 제1점에 대하여

구 도로교통법(1997. 12. 13. 법률 제5453호로 개정되고 1999. 1. 29. 법률 제5712호로 개정되기 전의 것) 제2조 제1호, 제19호에 의하면 '운전'이라 함은 도로에서 차를 본래의 사용방법에 따라 사용하는 것을 말하고, '도로'라 함은 도로법에 의한 도로, 유료도로법에 의한 유료도로 그 밖의 일반교통에 사용되는 모든 곳을 말한다고 규정하고 있는데, 여기서 '일반교통에 사용되는 모든 곳'이라 함은 현실적으로 불특정 다수의 사람 또는 차량의 통행을 위하여 공개된 장소로서 교통질서유지 등을 목적으로 하는 일반 교통경찰권이 미치는 공공성이 있는 곳을 의미하고, 특정인들 또는 그들과 관련된 특정한 용건이 있는 자들만이 사용할 수 있고 자주적으로 관리되는 장소는 이에 포함되지 않는다 할 것이다(대법원 1992. 10. 9. 선고 92도1662 판결, 1993. 6. 22. 선고 93도828 판결, 1995. 7. 28. 선고 94누9566 판결, 1996. 10. 25. 선

고 96도1848 판결 등 참조).

원심은, 그 채용증거를 종합하여 원고는 모범택시를 운전하는 자로서 1999. 2. 15.경 택시영업을 마치고 자신이 살고 있는 청주시 상당구 용암동 세원한아름아파트로 귀가 하던 중 동료기사인 소외 유태희를 만나 위 택시를 위 아파트 상가 뒤편 도로에 주차 시킨 다음 부근 슈퍼마켓에서 술을 사다가 그 앞 인도와 위 택시에서 마신 후 다음 날 01:30경 위 택시를 운전하여 위 아파트 102동 앞 주차장 사이의 통행로로 진입하 던 중 핸들을 과대 조작한 잘못으로 약 20㎝의 턱이 있는 인도를 넘어 주차구획선 내 에 주차되어 있던 충북 1부1529호 승용차의 좌측 뒤 휀다 부분을 위 택시의 우측 앞 범퍼 부분으로 들이받는 사고를 일으켰다가 목격자의 신고로 위 사고가 적발되었고, 그 과정에서 경찰관으로부터 음주측정요구를 받았으나 이에 불응한 사실, 원고가 위와 같이 음주운전을 한 장소는 위 아파트 단지 내 통행로인데, 위 아파트 단지는 15층 아파트 12개동 1530세대로 이루어져 있고 그 둘레에는 담장이 설치되어 있으며 위 아파트 단지 내로 들어가기 위해서는 정문, 중문, 후문, 서문 등 4개의 출입구를 통하 여야만 하고, 정문 및 중문 쪽은 편도 2차선 도로와, 후문 및 서문 쪽은 편도 1차선 도로와 각 연결되어 있으며 중문과 후문 사이는 왕복 2차선의 통행로가 일직선으로 연결되어 있는 사실, 위 아파트 단지에는 관리사무소 이외에 위 4개의 출입구에 모두 경비실이 설치되어 있고, 위 각 출입구 중앙 쪽에 바리케이드가 설치되어 되어 있으며 '외부차량 주차금지'라는 표시판이 부착되어 있으나, 위 각 경비실에 근무하는 경비원 들은 2명씩이 1일 교대로 격일 근무를 하는데, 주로 순찰이나 도난예방 등의 방범활 동과 제초작업이나 아파트 주변에 대한 청소작업 등의 환경미화 등의 업무를 하면서 주차장에 주차되어 있는 차량 중 위 아파트 주민의 차량이 아닌 차량을 발견할 경우 차량용 스티커를 발부하는 방법으로 주차공간을 확보해 오고 있고, 한편 위 각 경비실 이 통행로와 사이에 인도를 사이에 두고 설치되어 있는 데다가 차량단속 차단기 등의 시설이 설치되어 있지 않고 1명씩만 근무하고 있는 관계로 위 경비원들이 위 아파트 단지 내로 출입하는 차량들을 통제한다는 것은 현실적으로 어려운 상황이고, 이와 같 은 연유로 이 사건 당시뿐만 아니라 평소에도 위 아파트 정문 및 후문 등의 출입구에 서 단지 내로 출입하는 차량들을 통제하고 있지는 않고 있는 사실을 인정한 다음, 위 세원한아름아파트 단지는 상당히 넓은 구역으로서 비록 여러 곳에 경비실이 설치되어 있고 경비원들이 위 아파트 주민 이외의 차량에 스티커를 발부해 왔다 하더라도 이는 주민들의 차량으로 하여금 우선 주차할 수 있도록 하기 위한 주차공간확보 차원에서 이루어진 것으로 보여질 뿐이고, 그것만으로 위 아파트 단지 내의 통행로가 특정인들 또는 그들과 관련된 특별한 용건이 있는 자들만이 사용할 수 있는 장소로서 자주적으 로 관리되는 장소라고 볼 수는 없고, 현실적으로 볼 때 불특정 다수의 사람이나 차량 의 통행을 위하여 공개된 장소로서 교통질서유지 등을 목적으로 하는 일반교통경찰권이 미치는 공공성이 있는 곳으로 구 도로교통법 제2조 제1호 소정의 '도로'에 해당한다고 봄이 상당하다고 판단하였다.

앞서 본 법리와 기록에 비추어 살펴보면, 원심의 이와 같은 사실인정 및 판단은 정당하고, 거기에 상고이유의 주장과 같은 채증법칙 위배로 인한 사실오인이나 도로교통법 제2조 제1호에서 말하는 도로에 관한 법리를 오해한 위법이 없다.

2. 상고이유 제2점에 대하여

기록에 비추어 살펴보면, 원심이 원고의 자동차운전면허를 취소한 피고의 이 사건 처분이 재량권을 일탈하였거나 남용하였다고 보기 어렵다고 판단한 조치는 정당한 것으로 수긍이 가고, 거기에 상고이유의 주장과 같은 재량권 남용의 법리를 오해한 위법이 없다.

3. 그러므로 상고를 기각하고, 상고비용은 패소자의 부담으로 하기로 하여 관여 법관의 일치된 의견으로 주문과 같이 판결한다.

판례11 | 구 도로교통법 제107조의2 제2호 소정의 처벌대상자에 해당하기 위하여는 운전한 장소가 같은 법 제2조 제1호 소정의 도로이어야 하는지 여부 **(적극)** *[대법원 1999. 12. 10., 선고, 99도2127, 판결]*

【판결요지】

[1] 구 도로교통법(1999. 1. 29. 법률 제5712호로 개정되기 전의 것) 제107조의2에서 규정하는 처벌대상자로서 제2호 소정의 "술에 취한 상태에 있다고 인정할 만한 상당한 이유가 있는 사람으로서 제41조 제2항의 규정에 의한 경찰공무원의 측정에 응하지 아니한 사람"에 해당하기 위해서는 같은 법 제41조 제1항의 주취운전금지 규정을 위반하였다고 볼 수 있는 경우이어야 하는 것이므로, 운전자가 자동차 등을 주취상태로 운전하였다 하더라도 그 운전한 장소가 같은 법 제2조 제1호 소정의 도로가 아닌 때에는 같은 법 제41조 제1항의 주취운전금지 규정을 위반하였다고 볼 여지가 없어 같은 조 제2항 소정의 음주측정에 응하지 아니한 경우에 해당한다고 할 수 없다.

[2] 구 도로교통법(1999. 1. 29. 법률 제5712호로 개정되기 전의 것) 제2조 제1호에서 도로의 개념으로 정한 '일반교통에 사용되는 모든 곳'이라 함은 현실적으로 불특정 다수의 사람 또는 차량의 통행을 위하여 공개된 장소로서 교통질서유지 등을 목적으로 하는 일반 교통경찰권이 미치는 공공성이 있는 곳을 의미하는 것이므로 특정인들 또는 그들과 관련된 특정한 용건이 있는 자들만이 사용할 수 있고 자주적으로 관리되는 장소는 이에 포함된다고 볼 수 없다.

[3] 아파트의 구내 노상주차장에 주차된 차량을 아파트 구내 지하주차장으로 옮기기 위하여 운전한 경우, 운전한 장소가 구 도로교통법(1999. 1. 29. 법률 제5712호로 개정되기 전의 것) 제2조 제1호 소정의 도로에 해당하지 않는다는 이유로 경찰관의 주취측정 요구에 불응한 행위가 도로교통법위반행위에 해당하지 않는다고 한 사례.

【참조판례】

대법원 1998. 3. 27. 선고 97누20755 판결(공1998상, 1233)

대법원 1995. 7. 28. 선고 94누9566 판결(공1995하, 2999)

대법원 1992. 10. 9. 선고 92도1662 판결(공1992, 3183),

대법원 1993. 6. 22. 선고 93도828 판결(공1993하, 2198),

대법원 1996. 10. 25. 선고 96도1848 판결(공1996하, 3500)

【원심판결】

대전지법 1999. 4. 23. 선고 98노2407 판결

【주문】

상고를 기각한다.

【이유】

상고이유를 본다.

구 도로교통법(1999. 1. 29. 법률 제5712호로 개정되기 전의 것, 이하 법이라 한다) 제107조의2에서 규정하는 처벌대상자로서 제2호 소정의 "술에 취한 상태에 있다고 인정할 만한 상당한 이유가 있는 사람으로서 제41조 제2항의 규정에 의한 경찰공무원의 측정에 응하지 아니한 사람"에 해당하기 위해서는 법 제41조 제1항의 주취운전금지 규정을 위반하였다고 볼 수 있는 경우이어야 하는 것이므로, 운전자가 자동차 등을 주취상태로 운전하였다 하더라도 그 운전한 장소가 법 제2조 제1호 소정의 도로가 아닌 때에는 법 제41조 제1항의 주취운전금지 규정을 위반하였다고 볼 여지가 없어 같은 조 제2항 소정의 음주측정에 응하지 아니한 경우에 해당한다고 할 수 없고(대법원 1998. 3. 27. 선고 97누20755 판결 참조), 한편 법 제2조 제1호에서 도로의 개념으로 정한 '일반교통에 사용되는 모든 곳'이라 함은 현실적으로 불특정 다수의 사람 또는 차량의 통행을 위하여 공개된 장소로서 교통질서유지 등을 목적으로 하는 일반 교통경찰권이 미치는 공공성이 있는 곳을 의미하는 것이므로 특정인들 또는 그들과 관련된 특정한 용건이 있는 자들만이 사용할 수 있고 자주적으로 관리되는 장소는 이에 포함된다고 볼 수 없다(대법원 1996. 10. 25. 선고 96도1848 판결, 1992. 10. 9. 선고 92도1662 판결 등 참조).

원심은 그 판시 증거들에 의하여, 피고인이 술을 먹고 귀가하다가 눈이 내리는 것을 보고 자신이 거주하고 있는 아파트의 구내 노상주차장에 주차시켜 준 자신의 승용차를 위 아파트 구내 지하주차장으로 옮겨 놓기 위하여 위 승용차를 위 노상주차장으로부터 위 지하주차장 입구 부근까지 40m 내지 50m 가량 운전한 사실을 인정한 다음, 피고인이 위와 같이 승용차를 운전한 장소는 위 아파트 구내에 위치하여 위 아파트 주민들 또는 그들과 관련된 특정한 용건이 있는 자들만이 사용할 수 있으면서 위 아파트 주민들이 자주적으로 관리하는 장소로서, 불특정 다수의 사람이나 차량 등의 통행을 위하여 공개된 장소로서 경찰권이 미치는 공공성이 있는 장소라고 인정되지 아니한다고 하여, 제1심이 피고인이 위와 같은 장소에서 술에 취한 상태에서 승용차를 운전하다가 경찰관의 주취측정 요구에 불응하여 도로교통법을 위반하였다는 이 사건 도로교통법위반의 공소사실에 대하여 무죄를 선고한 것은 정당하다고 판단하였다.

기록에 비추어 살펴보면 원심의 사실인정은 정당하고, 또 위에서 본 법리에 비추어 볼 때 원심의 판단 역시 정당하며, 원심판결에 상고이유에서 주장하는 바와 같은 채증법칙 위배, 법리오해 등의 위법이 있다고 할 수 없다.

그러므로 상고를 기각하기로 하여 관여 법관의 일치된 의견으로 주문과 같이 판결한다.

판례12 | 한 쪽이 막혀 있고 진입하기 위하여는 경계석을 넘어야 하는 등 일반차량이 통행할 수 없는 구조이어서 주차장으로밖에 이용할 수 없는 공터가 도로교통법 제2조 제1호 소정의 '일반교통에 사용되는 모든 곳'에 해당하지 않는다고 한 사례*[제주지법 1998. 11. 5., 선고, 98구406, 판결 : 확정]*

【참조판례】

대법원 1993. 1. 19. 선고 92도2901 판결(공1993상, 786) ,

대법원 1994. 1. 25. 선고 93도1574 판결(공1994상, 858) ,

대법원 1995. 7. 28. 선고 94누9566 판결(공1995하, 2999)

【주문】

1. 피고가 1998. 6. 15. 원고에 대하여 한 자동차운전면허취소처분을 취소한다.

2. 소송비용은 피고의 부담으로 한다.

【청구취지】

주문과 같다.

【이유】

1. 처분의 경위

다음과 같은 사실은 당사자 사이에 다툼이 없거나 갑 제1호증, 을 제1 내지 12호증의 각 기재와 증인 김효정의 증언에 변론의 전취지를 종합하여 인정할 수 있고 반증 없다.

가. 원고는 1989. 10. 24. 제1종 보통 자동차운전면허(면허번호 (생략))를 받았는데, 1998. 6. 15. 저녁 퇴근하여 그 주거인 제주시 연동 (지번 생략) 해성빌라 (호 생략)에서 술을 마시고 베란다에서 빌라 앞 공터(이하 이 사건 공터라 한다)에 주차해 둔 그 소유의 (차량번호 생략) 승용차가 비스듬히 세워져 있는 것을 보고 똑바로 다시 주차시키기 위하여 공터로 내려가 약 50cm 정도 차를 후진하다가, 마침 주차하려고 위 공터에 진입하던 같은 빌라 4층 주민 차량과 경미한 접촉사고를 내고 분쟁이 생겨 신고를 받고 온 경찰관으로부터 음주측정된 결과 혈중 알코올 농도 0.13%로 나타났다.

나. 이에 피고는 1998. 6. 15. 원고의 위 음주운전에 대하여 혈중 알코올농도가 0.1% 이상인 자의 음주운전을 운전면허취소사유로 규정하고 있는 도로교통법 제78조 제1항 제8호, 제41조 제1항, 시행령 제31조, 시행규칙 제53조 제1항 [별표 16] 운전면허 행정처분기준 제2의 취소처분 개별기준 일련번호 2(술에 취한 상태에서의 운전)를 적용하여 원고에 대하여 위 자동차운전면허를 취소하는 이 사건 처분을 하였다.

2. 이 사건 처분의 적법 여부

원고는 이 사건 처분이 재량권을 일탈하거나 남용하여 위법하다고 주장하는데, 그에 앞서 직권으로 이 사건 처분이 그 요건을 갖추지 못하여 위법한 것이 아닌지, 다시 말하면 원고의 위와 같은 운전행위가 도로교통법 제41조 제1항에서 금지하고 있는 음주운전에 해당하는지 살핀다.

위 법 제41조 제1항에서 술에 취한 상태에서의 자동차의 운전을 금지하는 것은 도로에서 일어나는 교통상의 위험과 장해를 방지 제거하여 안전하고 원활한 교통을 확보하자는 데에 목적이 있으므로 그 음주운전은 도로에서 이루어진 것만을 규율하는데, 여기에서 도로라 함은 위 법 제2조 제1호에 따라 '도로법에 의한 도로, 유료도로법에 의한 유료도로, 그 밖에 일반교통에 사용되는 모든 곳'을 말한다. 그러므로 이 사건 공터가 과연 도로인가에 관하여 보건대, 을 제6호증의 기재 및 증인 김효정의 증언에 변론의 전취지를 종합하면, 위 공터는 원고가 사는 연립주택 앞 도로 건너편에 있는데, 위 공터와 그 옆의 도로는 높이 약 7cm의 콘크리트 경계석으로 구분되어 있고, 도로 반대편쪽으로는 위 경계석으로부터 약 5m 떨어진 지점부터 수십 그루의 나무가 있고 그 너머로는 아래쪽으로 경사진 산비탈이 시작되는 곳인 사실, 그 곳은 포장되어 있지 않은 맨땅이고 평소 동네 주민들이 주차장으로 이용하는 곳인 사실을 인정할 수 있고 반증 없다.

위 인정 사실에 의하면 이 사건 공터는 도로관계법에 의한 도로가 아닌 것은 분명하므로 '일반교통에 사용되는 모든 곳'에 해당하는지 문제되는바, 이에 대한 판단은 그 곳의 관리 및 이용상황에 비추어 현실적으로 불특정 다수의 사람이나 차량의 통행을 위하여 공개된 장소로서 교통질서유지 등을 목적으로 하는 일반경찰권이 미치는 곳으로 볼 것인가 혹은 특정인들 또는 그들과 관련된 특정한 용건이 있는 자들만이 사용할 수 있고 자주적으로 관리되는 장소로 볼 것인가에 따라 결정된다.

위 인정 사실에 나타난 사정으로 판단하면, 이 사건 공터는 한 쪽이 막혀 있고 또 진입하기 위해서는 경계석을 넘어야 하는 등 일반차량이 통행할 수 없는 구조이고, 다만 주민들이 이용하는 것처럼 주차장으로밖에 이용할 수 없으므로, 위 공터를 일반교통에 사용되는 곳으로 보기는 어렵다.

따라서 원고가 당일 운전을 한 이 사건 공터는 도로가 아니어서 그 운전행위를 도로교통법 제41조 제1항의 음주운전이라 할 수 없으므로 이를 원인으로 한 이 사건 처분은 위법하다.

3. 결 론

그렇다면 원고의 청구는 이유 있으므로 이를 인용하기로 한다.

판례13 | 일반인들의 차량출입이 통제되지 아니하는 아파트단지 내의 주차구획선 외측 통로 부분이 도로교통법 제2조 제1호 소정의 '도로'에 해당한다고 본 사례[수원지법 1998. 6. 18., 선고, 97노2367, 판결 : 항소]

【참조판례】

대법원 1982. 1. 19. 선고 92도2901 판결

대법원 1993. 3. 12. 선고 92도3046 판결

대법원 1993. 7. 13. 선고 92누18047 판결

대법원 1994. 1. 25. 선고 93도1574 판결

대법원 1994. 9. 27. 선고 94도1629 판결

대법원 1995. 7. 28. 선고 94누9566 판결

【원심판결】

수원지법 1997. 9. 11. 선고 97고단4630 판결

【주문】

원심판결을 파기한다.

피고인을 벌금 700,000원에 처한다.

위 벌금을 납입하지 아니하는 경우 금 20,000원 1일로 환산한 기간 피고인을 노역장에 유치한다.

【이유】

피고인의 항소이유의 요지는, 피고인이 이 사건 승용차을 운행한 장소는 아파트단지 내의 주차장으로서, 이를 도로교통법 제2조 제1호 소정의 도로에 해당하는 장소라고는 할 수 없음에도 불구하고, 원심은 이 사건 공소사실을 그대로 받아들여 피고인을 유죄로 인정하였으니, 원심판결에는 도로교통법 제2조 제1호에 규정된 도로에 관한 법리를 오해하여 판결에 영향을 미친 위법이 있다는 것이다.

위 항소이유에 대한 판단에 앞서 직권으로 살펴건대, 검사는 당시 제3회 공판기일에 이 사건 공소장 변경을 신청하였고, 당원이 이를 허가하여, 원심판결은 더 이상 유지될 수 없으므로, 형사소송법 제364조 제2항에 의하여 원심판결을 파기하고, 변론을 거쳐 다시 다음과 같이 판결한다.

당원이 인정하는 피고인에 대한 범죄사실 및 증거의 요지는, 원심 판시 범죄사실란 제3행 '원천주공아파트 앞 주차장 내에서'를 '원천주공아파트 제105동과 106동 사이의 주차구획선 외측 통로에서'로 변경하고, 증거의 요지란에 '사법경찰리 작성의 피고인에 대한 피의자신문조서, 사법경찰리 작성의 교통사고 실황조사서 및 원천주공아파트 관리소장 작성의 사실확인서의 각 기재'를 각 추가하는 외에는 원심 판시와 각 해당란의 기재와 같으므로, 형사소송법 제369조에 의하여 이를 그대로 인용한다.

【법령의 적용】

1. 범죄사실에 대한 해당 법조
   도로교통법 제107조의2 제1호, 제41조 제1항(벌금형 선택)

2. 노역장 유치
   형법 제70조, 제69조 제2항
   피고인의 주장에 대한 판단
   피고인은 자신이 이 사건 승용차을 운행한 장소는 위 아파트단지 내 주차장으로서, 위 장소를 도로교통법 제2조 제1호 소정의 도로에 해당하는 곳이라고는 볼 수 없다고 주장한다.
   그러므로 먼저 피고인이 위 승용차를 운전하였던 장소가 위 아파트 단지 내의 주차장이었는지에 대하여 살펴건대, 원심이 적법하게 조사 채택한 증거들과 사법경찰리 작성의 피고인에 대한 피의자신문조서 및 교통사고 실황조사서의 각 기재에 의하면, 피고인이 이 사건 승용차를 운전한 장소는 위 아파트 단지 내의 주차장이 아니라 위 아파트 105동과 106동 사이의 주차구획선 외측 통로 부분임이 명백하고, 더 나아가 위 아파트 105동과 106동 사이의 주차구획선 외측 통로 부분이 도로교통법 제2조 제1호 소정의 도로에 해당하는지에 관하여 살피건대, 앞서 든 증거들과 원천주공아파트 관리소장 작성의 사실확인서(수사기록 제43면)의 기재에 의하면, (1) 위 관리사무소 직원은 위 아파트 정문에서 위 아파트 단지 내로 출입하는 차량을 육안으로 검사하여 잡상인의 차량들(주로, 팔물건을 싣고 다니는 소형트럭이나, 승합차들)을 통제하고 있을 뿐, 그 이외의 차량에 대하여는 아무런 통제도 하지 아니하고 있을 뿐만 아니라, (2) 위 정문 출입구에 아파트 주민들의 차량 이외의 차량을 통제하기 위한 차단기 등의 시설이 설치되어 있지 아니하여, 평소 일반인(피고인 역시 위 아파트의 주민이 아니다)들이 위 아파트 단지 내로 자유롭게 출입하고 있었던 사실(주로 위 아파트 단지 내 상가와 어린이 놀이터를 이용하기 위하여 출입하고 있는 것으로 보인다), (3) 특히, 피고인이 승용차를 주차하고 운행하였던 장소인 주차구획선 이외의 통로에 대하여는 위 관리사무소 직원이 직접 차량을 통제하거나 정리하지 아니하고 있는 사실을 각 인정할 수 있는바, 위 인정 사실들에 비추어 보면 피고인이 위 승용차를 운전하였던 장소는 아파트 주민들을 위한 주차구획선 내의 주차구역과는 달리, 일반인이 출입이 통제되고 아파트 주민들에 의하여만 사용되는 장소라고는 볼 수 없고, 오히려, 불특정 다수의 사람이나 차량의 통행을 위하여 공개된 장소라고 할 것이니, 도로교통법 제2조 제1호 소정의 도로에 해당한다고 봄이 상당하다고 할 것이므로(대법원 1995. 7. 28. 선고 94누9566 판결 등 참조), 피고인의 위 주장은 이유 없다.

이상의 이유로 주문과 같이 판결한다.

판례14 | 민박집 앞에 사비로 개설한 교통로를 도로교통법 제2조 제1호 소정의 도로에 해당한다고 본 사례[대법원 1998. 3. 27., 선고, 97누20755, 판결]

【판결요지】

민박집을 경영하는 개인이 사비를 들여 개설한 민박집 앞의 교통로가 현실적으로 불특정 다수의 사람 또는 차량의 통행을 위하여 공개된 장소로서 교통질서유지 등을 목적으로 하는 일반 교통경찰권이 미치는 공공성이 있는 구 도로교통법 제2조 제1호 소정의 도로에 해당한다고 본 사례.

【참조판례】

[1] 대법원 1993. 5. 27. 선고 92도3402 판결(공1993하, 1941), 대법원 1994. 10. 7. 선고 94도2172 판결(공1994하, 3024), 대법원 1997. 6. 13. 선고 96도3069 판결(공1997하, 2098) /[2] 대법원 1992. 10. 9. 선고 92도1662 판결(공1992, 3183),

대법원 1993. 6. 22. 선고 93도828 판결(공1993하, 2198), 대법원 1996. 10. 25. 선고 96도1848 판결(공1996하, 3500)

【원심판결】

광주고법 1997. 11. 20. 선고 97구644 판결

【주문】

상고를 기각한다. 상고비용은 피고의 부담으로 한다.

【이유】

1. 상고이유를 본다.

원심판결의 이유에 의하면, 원심은 거시 증거에 의하여, 원고는 1996. 8. 4. 11:00경 전북 장수군 (주소 생략)에 있는 방화동가족휴가촌 내 민박집 주차장에 승용차를 주차하여 둔 채 그 곳 잔디밭에 텐트를 치고 술을 마시다가 뒤에 주차되어 있던 다른 차량의 진로를 열어주기 위하여 자신의 승용차를 운전하여 그 바로 옆에 있는 다른 민박집의 마당으로 이동하던 중 뒤따라오던 차량의 운전자와 시비가 벌어지자 2시간 가량 통로에 차량을 주차하여 후행차량의 통행을 방해한 사실, 이에 출동한 경찰관이 같은 날 19:30경 인근 파출소로 동행하여 음주소란 및 교통방해의 혐의로 조사하다가 같은 날 20:55경, 21:15경, 21:20경의 3차례에 걸쳐 원고에 음주측정을 요구하였으나 이에 불응한 사실, 원고가 주차위치를 변경하기 위하여 승용차를 운행한 지점은 원래 민박집을 경영하는 개인들이 민박집까지 차량이 들어 올 수 있도록 군도에 연결하여 만든 폭 2.6m의 교통로의 일부인 사실을 인정한 다음, 원고가 경찰공무원으로부터 음주측정을 요구받을 당시에는 이미 음주운전을 한 때로부터 상당한 시간이 경과하였을 뿐만 아니라 장소적으로도 차량소재지로부터 이탈하여 더 이상 운전을 하지 않을 상태였음이 명백하므로 도로교통법 제41조 제2항 소정의 음주측정요구를 할 수 있는 경우 중의 하나인 '교통안전과 위험방지의 필요성'이 있었다고는 보기 힘들고, 원고가 운전한 지점은 민박집을 이용하는 고객들의 차량통행을 위하여 사유토지상에 설치된 교통로로서 교통질서유지 등을 목적으로 하는 일반 교통경찰권이 미치는 공공성이 미치는 곳이 아니라 민박집을 경영하는 사인들에 의하여 자주적으로 관리되는 곳이어서 도로교통법 제2조 제1호에서 말하는 도로에 해당하지 아니하여 음주측정을 요구할 수 있는 다른 경우인 "법 제41조 제1항의 규정에 위반하여 술에 취한 상태에서 자동차를 운전하였다고 인정할만한 상당한 이유가 있는 때"라고도 보기 어려우므로 원고의 이 사건 음주측정거부행위가 도로교통법 제78조 제1항 제8호 소정의 음주측정불응에 해당됨을 전제로 한 이 사건 운전면허취소처분은 위법하다고 판단하였다.

그러나 기록에 의하면, 원고가 술에 취하여 있었다고 보이는 상태에서 승용차를 운전

한 장소는 민박집을 경영하는 개인이 사비를 들여 개설한 교통로이기는 하지만 그 교통로와 민박집 사이에 나무가 심어져 있거나 돌들이 가지런하게 놓여 경계를 이루고 있는 점, 또한 위 교통로의 한쪽 끝은 군도와 연결되어 있고 다른 한쪽은 등산로와 연결되어 있으며 그 등산로는 덕산용소로 통하는 길로서 봄부터 가을까지는 등산객의 통행이 빈번한 점을 엿볼 수 있는바, 사실관계가 이와 같다면 위 교통로는 현실적으로 불특정 다수의 사람 또는 차량의 통행을 위하여 공개된 장소로서 교통질서유지 등을 목적으로 하는 일반 교통경찰권이 미치는 공공성이 있는 도로교통법상의 도로에 해당한다고 보아야 할 것임에도, 원심이 이와 달리 위 교통로가 도로교통법상의 도로에 해당하지 아니한다고 본 것은 도로교통법 제2조 제1호에 관한 법리오인의 위법이 있다고 할 것이고, 이 점을 지적한 논지는 이유 있다.

2. 재량권 범위의 점에 대하여

원심판결의 이유에 의하면, 원심은 설령 원고의 이 사건 음주측정거부행위가 도로교통법 제78조 제1항 제8호에 해당한다고 하여도, 원고는 자신의 차량 뒤에 주차한 다른 차량의 진로를 열어주기 위하여 부득이 이 사건 음주운전을 하게 되었고 그 운전 거리도 약 25m에 불과한 점, 원고는 당초 음주운전이 아닌 다른 혐의로 파출소로 갔다가 원고와 시비를 벌인 참고인의 진술이 계기가 되어 갑자기 경찰관으로부터 음주측정요구를 받게 되었던 점, 원고는 운전원으로 근무하는 지방공무원으로서 아무런 교통사고 없이 근무하여 오다가 이 사건 처분으로 신분상의 불이익을 받게 된 점 등을 감안하면, 원고의 운전면허를 취소함으로써 달성하려는 공익에 비하여 그로 인하여 원고가 입게 될 불이익이 막대하여 원고에게 지나치게 가혹하다 할 것이므로 이 사건 처분은 운전면허취소에 관한 재량권을 남용한 위법이 있다는 취지로 판단하였는바, 기록에 의하면 원심의 이러한 판단은 수긍이 가고, 거기에 소론과 같은 행정처분의 재량권에 관한 법리를 오해한 위법이 있다고 할 수 없다. 논지는 이유 없다.

3. 그러므로 원심판결에는 도로교통법에서 정하는 도로의 개념을 오인한 나머지 음주측정 거부로 인한 운전면허취소의 요건에 관한 법리를 오해한 위법이 있지만 재량권남용에 관한 판단이 정당하여 결국 판결 결과에 영향이 없다고 할 것이므로 상고를 기각하고, 상고비용은 패소자의 부담으로 하기로 하여 관여 법관의 일치된 의견으로 주문과 같이 판결한다.

판례15 | 교통사고가 발생한 장소가 일반인과 학생들의 차량출입을 엄격히 통제하는 대학구 내의 길인 경우, 도로교통법상의 도로에 해당하지 않는다고 한 사례[대법원 1996. 10. 25., 선고, 96도1848, 판결]

【판결요지】

　교통사고가 발생한 장소가 대학교에 재학 중인 학생들이나 그 곳에 근무하 교직원들이 이용하는 대학시설물의 일부로 학교운영자에 의하여 자주적으로 관리되는 곳이지, 불특정 다수의 사람 또는 차량의 통행을 위하여 공개된 장소로 일반 교통경찰권이 미치는 공공성이 있는 곳으로는 볼 수 없어, 도로교통법 제2조 제1호에서 말하는 도로로 볼 수 없다고 한 사례.

【참조판례】

　대법원 1992. 10. 9. 선고 92도1662 판결(공1992, 3183),

　대법원 1993. 6. 22. 선고 93도828 판결(공1993하, 2198),

　대법원 1994. 1. 25. 선고 93도1574 판결(공1994상, 858),

　대법원 1995. 7. 28. 선고 94누9566 판결(공1995하, 2999)

　대법원 1987. 11. 10. 선고 87도1727 판결(공1988, 122),

【원심판결】

　서울지법 1996. 6. 28. 선고 96노3118 판결

【주문】

　상고를 기각한다.

【이유】

　상고이유를 판단한다.

1. 도로교통법 제2조 제1호 소정의 '일반 교통에 사용되는 모든 곳'이라 함은 현실적으로 불특정 다수의 사람 또는 차량의 통행을 위하여 공개된 장소로서 교통질서유지 등을 목적으로 하는 일반 교통경찰권이 미치는 공공성이 있는 곳을 의미하는 것이므로, 특정 인들 또는 그들과 관련된 특정한 용건이 있는 자들만이 사용할 수 있고 자주적으로 관리되는 장소는 이에 포함된다고 볼 수 없다 (대법원 1992. 10. 9. 선고 92도1662 판결, 1993. 6. 22. 선고 93도828 판결, 1995. 7. 28. 선고 94누9566 판결 등 참조). 기록에 의하면, 이 사건 교통사고가 발생한 장소는 교육기관인 성균관대학 구내에 있는 길로서 특히 그 곳이 불특정 다수의 사람이나 차량 등의 통행을 위하여 공개된 장소라고 인정할 아무런 증거도 찾아 볼 수 없고, 오히려 성균관대학교는 담으로 둘러 쌓여 있어 정·후문의 출입구 이외에는 외부로부터의 출입이 용이하지 아니하며, 대학 구내에는 대학교에서 설치한 도로가 있으나 구내 공간이 비좁아 정숙한 면학분위기 조성 및 주차질서의 확립을 위하여 정·후문에서 수위 및 주차관리 근로학생의 엄격한

통제하에서 교직원외 일반인과 학생들의 차량출입을 통제하면서, 다만 교직원과 학교 업무에 용무가 있는 자들의 차량만으로 용무를 확인하여 운전면허증을 수위실에 보관 시킨 후 출입증을 교부하여 이를 부착한 상태로 출입 및 주차를 허용하고 있고, 용무가 없는 일반인이나 중·고등학생의 보행출입도 통제하고 있으며, 교통질서 유지를 위하여 경찰 등에 의뢰한 바 없이 순찰하는 수위 등이 자주적으로 관리·통제하고 있는 사실을 인정할 수 있으므로, 원심이, 이 사건 교통사고가 발생한 장소는 대학교에 재학 중인 학생들이나 그 곳에 근무하는 교직원들이 이용하는 대학시설물의 일부로 학교운영자에 의하여 자주적으로 관리되는 곳이지 불특정 다수의 사람 또는 차량의 통행을 위하여 공개된 장소로 일반 교통경찰권이 미치는 공공성이 있는 곳으로는 볼 수 없어 도로교통법 제2조 제1호에서 말하는 도로로 볼 수 없다는 이유로 피고인이 위 장소에서 술에 취한 채 운전하였다고 하여도 이는 도로교통법 제41조 제1항의 규정을 위반하여 운전한 것으로 볼 수 없다고 판시한 것은 정당하고, 거기에 소론과 같은 법리오해의 위법이 없다.

논지가 내세우는 대법원 판결들은 관리자의 용인이나 기타의 사정으로 불특정 다수의 사람과 차량의 통행이 허용되는 곳에 대한 것으로서 사안을 달리하여 이 사건에 원용하기에는 적절하지 아니하다. 논지는 이유 없다.

2. 교통사고처리특례법 소정의 교통사고는 도로교통법에서 정하는 도로에서 발생한 교통사고의 경우에만 적용되는 것이 아니고 차의 교통으로 인하여 발생한 모든 경우에 적용되는 것으로 보아야 함은 소론이 지적하는 바와 같으나(대법원 1987. 11. 10. 선고 87도1727 판결, 1988. 5. 24. 선고 88도255 판결 등 참조), 위 특례법 제3조 제2항 단서 제8호는 도로교통법 제41조 제1항의 규정에 위반하여 주취 중에 운전한 경우를 들고 있으므로 위 특례법 소정의 주취운전이 도로교통법상의 도로가 아닌 곳에서의 주취운전을 포함하는 것으로 해석할 수는 없다 . 논지도 이유 없다.

3. 그러므로 상고를 기각하기로 하여 관여 법관의 일치된 의견으로 주문과 같이 판결한다.

Chapter 2. 운전의 의미

[1] 운전

"운전"이란 도로(도로교통법 제27조제6항제3호·제44조·제45조·제54조제1항·제148조·제148조의2 및 제156조제10호의 경우에는 도로 외의 곳을 포함한다)에서 차마 또는 노면전차를 그 본래의 사용방법에 따라 사용하는 것(조종 또는 자율주행시스템을 사용하는 것을 포함한다)을 말합니다.

[2] 운전의 의미에 대한 판례

판례1 | 구 도로교통법상 '운전'의 의미 / 자동차의 운전에 해당하기 위하여는 엔진을 시동시켰다는 것 외에 발진조작의 완료를 요하는지 여부(적극) 및 위와 같은 발진조작을 완료하였는지 판단하는 기준*[대법원 2021. 1. 14.선고 2017도10815 판결]*

【판결요지】

구 도로교통법(2017. 3. 21. 법률 제14617호로 개정되기 전의 것) 제2조 제26호 에 따르면, '운전'이란 도로에서 차를 '그 본래의 사용방법'에 따라 사용하는 것을 말한다. 이때 자동차를 '그 본래의 사용방법'에 따라 사용하였다고 하기 위하여는 단지 엔진을 시동시켰다는 것만으로는 부족하고 이른바 발진조작의 완료를 요한다. 통상 자동차 엔진을 시동시키고 기어를 조작하며 제동장치를 해제하는 등 일련의 조치를 취하면 위와 같은 발진조작을 완료하였다고 할 것이지만, 애초부터 자동차가 고장이나 결함 등의 원인으로 객관적으로 발진할 수 없었던 상태에 있었던 경우라면 그와 같이 볼 수는 없다.

【참조판례】

대법원 1999. 11. 12. 선고 98다30834 판결 (공1999하, 2477), 대법원 2009. 5. 28. 선고 2009다9294, 9300 판결 , 대법원 2020. 12. 30. 선고 2020도9994 판결 (공2021상, 327) 판결

【원심판결】

창원지법 2017. 6. 22. 선고 2017노508 판결

【주문】

상고를 기각한다.

【이유】

상고이유를 판단한다.

1. 구 도로교통법(2017. 3. 21. 법률 제14617호로 개정되기 전의 것) 제2조 제26호에 따르면, '운전'이란 도로에서 차를 '그 본래의 사용방법'에 따라 사용하는 것을 말한다. 이때 자동차를 '그 본래의 사용방법'에 따라 사용하였다고 하기 위하여는 단지 엔진을 시동시켰다는 것만으로는 부족하고 이른바 발진조작의 완료를 요한다(대법원 1999. 11. 12. 선고 98다30834 판결, 대법원 2009. 5. 28. 선고 2009다9294, 9300 판결 등 참조). 통상 자동차 엔진을 시동시키고 기어를 조작하며 제동장치를 해제하는 등 일련의 조치를 취하면 위와 같은 발진조작을 완료하였다고 할 것이지만, 애초부터 자동차가 고장이나 결함 등의 원인으로 객관적으로 발진할 수 없었던 상태에 있었던 경우라면 그와 같이 볼 수는 없다.

2. 원심은 그 판시와 같은 이유로 이 사건 공소사실을 무죄로 판단한 제1심판결을 그대로 유지하였다. 원심판결 이유를 앞서 본 법리와 기록에 비추어 살펴보면, 원심의 판단에 도로교통법상의 '운전'에 관한 법리를 오해하는 등으로 판결에 영향을 미친 잘못이 없다.

3. 그러므로 상고를 기각하기로 하여, 관여 대법관의 일치된 의견으로 주문과 같이 판결한다.

판례2 | 도로교통법 제2조 제26호에서 규정하는 '운전'의 의미[대법원 2020. 12. 30.선고 2020도9994 판결]

【판결요지】

[1] 도로교통법 제2조 제26호는 '운전'이란 차마 또는 노면전차를 본래의 사용방법에 따라 사용하는 것을 말한다고 정하고 있다. 그중 자동차를 본래의 사용방법에 따라 사용했다고 하기 위해서는 엔진 시동을 걸고 발진조작을 해야 한다.

[2] 피고인이 STOP&GO 기능이 있는 차량에서 내림으로써 그 기능이 해제되어 시동이 완전히 꺼졌으나 이후 이를 인식하지 못한 상태에서 시동을 걸지 못하고 제동장치를 조작하다 차량이 후진하면서 추돌 사고를 야기하여 특정범죄 가중처벌 등에 관한 법률 위반(위험운전치상)으로 기소된 사안에서, 피고인이 차량을 운전하려는 의도로 제동장치를 조작하여 차량이 뒤로 진행하게 되었다고 해도, 시동이 켜지지 않은 상태였던 이상 자동차를 본래의 사용방법에 따라 사용했다고 보기 어려우므로 무죄를 선고한 원심판단을 정당하다고 한 사례.

【참조판례】

  대법원 1999. 11. 12. 선고 98다30834 판결 (공1999하, 2477), 대법원 2009. 5. 28. 선고 2009다9294, 9300 판결

【원심판결】

  서울서부지법 2020. 7. 13. 선고 2020노172 판결

【주문】

  상고를 기각한다.

【이유】

  상고이유를 판단한다.

1. 도로교통법 제2조 제26호는 '운전'이란 차마 또는 노면전차를 본래의 사용방법에 따라 사용하는 것을 말한다고 정하고 있다. 그중 자동차를 본래의 사용방법에 따라 사용했다고 하기 위해서는 엔진 시동을 걸고 발진조작을 해야 한다(대법원 1999. 11. 12. 선고 98다30834 판결, 대법원 2009. 5. 28. 선고 2009다9294, 9300 판결 참조).

2. 원심은 이 사건 공소사실 중「특정범죄 가중처벌 등에 관한 법률」위반(위험운전치상) 부분에 대하여 이를 유죄로 판단한 제1심판결을 파기하고 무죄를 선고하였다.

3. 원심판결 이유와 원심이 적법하게 채택한 증거에 따르면 다음과 같은 사정을 알 수 있다.

  가. 이 사건 차량인 아우디 A7 차량(2013년식)에는 이른바 STOP&GO 기능이 장착되어 있는데, 이 기능은 기본적으로 차량이 주행하다 정차해 운전자가 브레이크 페달을 계속 밟으면 엔진이 꺼지지만, 차량의 전원은 꺼지지 않은 상태로 유지되다가 이후 운전자가 브레이크 페달에서 발을 떼면 엔진이 다시 시동되는 기능이다. 다만 STOP&GO 기능의 재시동 조건을 만족시키지 못하는 경우에는 STOP&GO 기능이 해제되어 엔진이 재시동되지 않는다.

  나. 피고인은 제1심판결 범죄사실 제1항과 같이 음주운전을 한 후 지인인 공소외인 (영문 성명 2 생략) 에게 이 사건 차량의 운전을 맡기기 위해 이 사건 사고 지점에 차량을 정차시키고 운전석 문을 열고 내렸으며, 공소외인 이 운전석에 탑승했다. 피고인이 이 사건 차량에서 내림으로써 STOP&GO 기능이 해제되어 차량의 시동이 완전히 꺼진 것으로 보인다. 공소외인 은 이러한 사실을 인식하지 못한 상태에서 시동 버튼을 눌렀으나 시동이 걸리지 않았고, 제동장치를 조작하여 오히려 차량이 뒤로 밀렸다. 피고인이 운전석에 탑승하여 운전해 가려 했으나, 피고인도

시동을 걸지 못했고 차량이 후진하면서 이 사건 추돌 사고를 야기했다.

4. 위 사실관계를 위에서 본 법리에 비추어 살펴보면, 피고인이 이 사건 차량을 운전하려는 의도로 제동장치를 조작하여 차량이 뒤로 진행하게 되었다고 해도, 시동이 켜지지 않은 상태였던 이상 자동차를 본래의 사용방법에 따라 사용했다고 보기 어렵다. 따라서 원심판결에 자동차의 '운전'에 관한 법리를 오해하거나 논리와 경험의 법칙에 반하여 자유심증주의의 한계를 벗어나는 등의 잘못이 없다.

5. 그러므로 상고를 기각하기로 하여, 대법관의 일치된 의견으로 주문과 같이 판결한다.

판례3 | 도로교통법 제2조 제26호에서 말하는 '운전'의 의미 및 교통사고처리 특례법 제2조 제2호에서 정한 '교통사고'의 정의 중 '차의 교통'의 의미*[대법원 2016. 11. 24., 선고, 2016도12407, 판결]*

【참조판례】

대법원 2004. 4. 23. 선고 2004도1109 판결(공2004상, 936), 대법원 2007. 1. 11. 선고 2006도7272 판결

【원심판결】

대전지법 2016. 7. 14. 선고 2015노3753 판결

【주문】

원심판결 중 유죄 부분과「특정범죄 가중처벌 등에 관한 법률」위반(도주차량) 부분을 파기하고, 이 부분 사건을 대전지방법원 본원 합의부에 환송한다. 검사의 도로교통법위반(음주운전) 부분에 대한 상고를 기각한다.

【이유】

상고이유를 판단한다.

1. 검사의 상고이유에 대하여

원심판결 이유를 기록에 비추어 살펴보면, 원심이 그 판시와 같은 이유로 이 사건 무죄 부분 공소사실에 대하여 범죄사실의 증명이 없는 때에 해당한다고 보아 이를 유죄로 인정한 제1심판결을 파기하고 무죄로 인정한 것은 정당하고, 거기에 상고이유의 주장과 같이 논리와 경험의 법칙을 위반하고 자유심증주의의 한계를 벗어나거나 관련 법리를 오해하는 등의 위법이 없다. 한편 검사는 원심판결 중 유죄 부분에 대하여도 상고하였으나, 상고장이나 상고이유서에 이 부분에 관한 구체적인 불복이유의 기재가 없다.

2. 피고인의 상고이유에 대하여

가. 상해, 공무집행방해 부분에 관하여

원심판결 이유를 원심이 적법하게 채택한 증거들에 비추어 살펴보면, 원심이 그 판시와 같은 이유를 들어 이 사건 공소사실 중 상해 및 공무집행방해의 점이유죄로 인정된다고 판단한 것은 정당하고, 거기에 상고이유의 주장과 같이 논리와 경험의 법칙을 위반하고 자유심증주의의 한계를 벗어나 사실을 잘못 인정하거나 관련 법리를 오해하는 등의 위법이 없다.

나. 도로교통법위반(사고후미조치) 부분에 관하여

1) 도로교통법 제2조 제26호는 '운전'이란 도로에서 차마를 그 본래의 사용 방법에 따라 사용하는 것을 말한다고 규정하고 있다. 여기서 말하는 운전의 개념은 그 규정의 내용에 비추어 목적적 요소를 포함하는 것이므로 고의의 운전행위만을 의미하고, 자동차 안에 있는 사람의 의지나 관여 없이 자동차가 움직인 경우에는 운전에 해당하지 아니한다(대법원 2004. 4. 23. 선고 2004도1109 판결 등 참조). 한편 「교통사고처리 특례법」은 차의 운전자가 '교통사고'로 인하여 형법 제268조의 죄(업무상과실치상죄)를 범한 경우를 처벌의 특례 적용 대상으로 정하고 있고(제3조 제1항), '교통사고'란 차의 교통으로 인하여 사람을 사상하거나 물건을 손괴하는 것을 말한다고 규정하고 있는데(제2조 제2호), 여기서의 '차의 교통'이란 차량을 운전하는 행위 및 그와 동일하게 평가할 수 있을 정도로 밀접하게 관련된 행위를 포함하는 것으로 해석하여야 한다(대법원 2007. 1. 11. 선고 2006도7272 판결 참조).

이러한 '운전'과 '차의 교통'의 해석에 관한 법리는 '차의 운전 등 교통으로 인하여' 사람을 사상하거나 물건을 손괴한 경우 운전자 등이 취하여야 할 조치에 관한 의무를 규정한 도로교통법 제54조 제1항에서의 '차의 운전 등 교통'의 해석에 관하여도 마찬가지로 적용된다고 할 것이다.

2) 원심은 이 사건 사고와 관련하여 인정되는 다음과 같은 사정, 즉 ① 이 사건 사고는 피고인의 처가 피고인을 조수석에 태우고 승용차를 운전하여 호남고속도로 지선을 유성 방면에서 논산 방향으로 진행하다가 갓길에 정차하였고, 피고인의 처가 승용차에서 내린 후 승용차가 좌측 1차로 방향으로 후진하여 그 후미가 마침 1차로에서 진행하던 피해 차량의 전면을 충격하였다는 것인 점, ② 피고인은 이 사건 직후부터 일관되게 자신이 이 사건 당시 운전을 하지 아니하였다고 진술하였고, 이 사건 당시의 상황에 관하여 '처가 승용차를 정차하여 내린 후 피고인이 승용차의 대시보드나 가운데 부분에서 휴대전화를 찾으려고 뒤졌는데 바닥에 휴대전화가 보이지 아니하여 손으로 조수석과 운전석 쪽을 더듬었고 그 뒤 차량이 움직이는 느낌이 들었으며 경적소리가 들렸고 승

용차가 멈춘 후 빠져나왔다'고 구체적으로 진술한 점, ③ 국립과학수사연구원은 CCTV 영상에 대한 감정결과 '이 사건 당시 승용차의 진행 과정에서 후진등과 브레이크등은 소등 상태를 유지하고 있는 것으로 보이고, 승용차의 후진 과정에서 감·가속 또는 좌·우 방향의 현저한 운동 변화가 보이지 아니하는 점 등을 종합적으로 검토한 결과 이 사건 당시 승용차는 중립 기어 상태에서 사이드브레이크 해제에 따라 오르막 도로의 경사에 의하여 자연스럽게 후진한 것으로 보이며, 이러한 과정에서 피고인이 주행 및 조향장치를 조작하였을 가능성은 낮은 것으로 판단된다'는 의견을 제시한 점, ④ 피고인의 처는 수사기관에서 '이 사건 직전 피고인을 조수석에 태우고 운전을 하여 가던 중 피고인과 말다툼을 하게 되었고, 자신이 화가 나 승용차를 갓길에 대고 기어를 중립에 놓은 후 승용차에서 내려 유성 방면으로 걸어갔다'는 취지로 진술하여 이 사건 당시 승용차의 변속기가 중립상태에 있었던 것으로 보이고, 교통사고실황조사서에 의하면 이 사건 장소는 경사진 곳이었으므로 피고인의 운전 없이도 승용차가 움직일 수 있는 상황이었던 것으로 보이는 점, ⑤ 현장조사 결과에 의하면 이 사건 승용차를 갓길에 정차한 후 기어를 중립으로 놓자 바로 승용차가 뒤로 밀리기 시작하였고 갓길에서 1차로까지 동력 없이 대각선으로 이동이 가능하였던 점, ⑥ 이 사건 당시 피고인이 타고 있던 승용차는 고속도로 갓길에서 좌측 후방의 1차로 방향으로 후진으로 진행하였는데, 피고인이 음주상태였음을 감안하더라도 진행방향이 매우 이례적인 점, ⑦ 피고인이 타고 있던 승용차는 정차한 지 약 17분 후에야 후진하기 시작하였고, 피고인의 처가 기어를 중립으로 두고 승용차에서 내리자마자 승용차가 바로 움직이지 아니한 것에 관하여 피고인의 처는 제1심법정에서 '이 사건 당시 기어를 중립에 두고 습관적으로 사이드브레이크를 살짝 올렸으며 차량이 오래되어 사이드브레이크를 조금만 건드려도 쉽게 풀린다'는 취지로 진술하였는데, 피고인이 이 사건 당시 하였다는 ②항과 같은 행동에 비추어 보면 사이드브레이크가 걸린 상태에서 승용차가 정지하여 있다가 피고인이 움직이는 과정에서 사이드브레이크가 풀려 승용차가 움직이기 시작하였을 가능성도 있어 보이는 점 등에 비추어 보면, 검사가 제출한 증거만으로는 피고인이 이 사건 당시 '운전'을 하였다는 점이 증명되었다고 보기에 부족하다고 판단하고「특정범죄 가중처벌 등에 관한 법률」위반(도주차량)[이하 '특정범죄가중법위반(도주차량)'이라 한다]의 공소사실을 무죄로 인정하였다. 그러면서도 원심은 동일한 사고와 관련한 도로교통법위반(사고후미조치)의 점에 대하여는 별다른 이유의 설시 없이 이를 유죄로 인정하였다.

3) 그러나 사정이 이러하다면, 앞서 본 법리에 비추어 볼 때 피고인이 타고 있던 승용차가 그와 같이 후진하게 된 것은 도로교통법 제54조 제1항에 규정된 '차의 운전 등 교통'에 해당한다고 보기 어렵다고 할 것이다.

4) 그럼에도 피고인의 승용차가 후진한 것이 '차의 운전 등 교통'에 해당함을 전제로 이 사건 공소사실 중 도로교통법위반(사고후미조치)의 점을 유죄로 인정한 원심판단에는 도로교통법 제54조 제1항의 '차의 운전 등 교통'의 의미와 그 해석에 관한 법리를 오해하는 등으로 판결 결과에 영향을 미친 위법이 있다. 이를 지적하는 취지의 상고이유의 주장은 이유 있다.

3. 파기의 범위

가. 원심판결 중 도로교통법위반(사고후미조치) 부분은 앞서 본 이유로 파기되어야 하는데, 원심은 이 부분이유죄로 인정된 나머지 범죄사실과 형법 제37조 전단의 경합범 관계에 있는 것으로 보아 하나의 형을 선고하였으므로 원심판결의 유죄 부분 전부를 파기하여야 한다.

나. 또한 원심이 이유에서 무죄로 인정한 특정범죄가중법위반(도주차량) 부분은 앞서 본 이유로 파기되어야 하는 도로교통법위반(사고후미조치) 부분과 상상적 경합관계에 있으므로 이 부분도 함께 파기되어야 한다.

4. 결론

그러므로 원심판결의 유죄 부분과 특정범죄가중법위반(도주차량) 부분을 파기하고, 이 부분 사건을 다시 심리·판단하게 하기 위하여 원심법원에 환송하며, 검사의 도로교통법위반(음주운전) 부분에 대한 상고를 기각하기로 하여 관여 대법관의 일치된 의견으로 주문과 같이 판결한다.

판례4 | 도로교통법상 '운전'의 의미[대법원 2004. 4. 23., 선고, 2004도1109, 판결]

【판결요지】

[1] 도로교통법 제2조 제19호는 '운전'이라 함은 도로에서 차를 그 본래의 사용 방법에 따라 사용하는 것을 말한다고 규정하고 있는바, 여기에서 말하는 운전의 개념은 그 규정의 내용에 비추어 목적적 요소를 포함하는 것이므로 고의의 운전행위만을 의미하고 자동차 안에 있는 사람의 의지나 관여 없이 자동차가 움직인 경우에는 운전에 해당하지 않는다.

[2] 어떤 사람이 자동차를 움직이게 할 의도 없이 다른 목적을 위하여 자동차의 원동기(모터)의 시동을 걸었는데, 실수로 기어 등 자동차의 발진에 필요한 장치를 건드려 원동기의 추진력에 의하여 자동차가 움직이거나 또는 불안전한 주차상태나 도로여건 등으로 인하여 자동차가 움직이게 된 경우는 자동차의 운전에 해당하지 아니한다.

【참조판례】

대법원 1994. 9. 9. 선고 94도1522 판결(공1994하, 2688),

대법원 1999. 11. 12. 선고 98다30834 판결(공1999하, 2477)

【원심판결】

수원지법 2004. 1. 29. 선고 2003노4268 판결

【주문】

상고를 기각한다.

【이유】

도로교통법 제2조 제19호는 '운전'이라 함은 도로에서 차를 그 본래의 사용 방법에 따라 사용하는 것을 말한다고 규정하고 있는바, 여기에서 말하는 운전의 개념은 그 규정의 내용에 비추어 목적적 요소를 포함하는 것이므로 고의의 운전행위만을 의미하고 자동차 안에 있는 사람의 의지나 관여 없이 자동차가 움직인 경우에는 운전에 해당하지 않는다. 그러므로 어떤 사람이 자동차를 움직이게 할 의도 없이 다른 목적을 위하여 자동차의 원동기(모터)의 시동을 걸었는데, 실수로 기어 등 자동차의 발진에 필요한 장치를 건드려 원동기의 추진력에 의하여 자동차가 움직이거나 또는 불안전한 주차상태나 도로여건 등으로 인하여 자동차가 움직이게 된 경우는 자동차의 운전에 해당하지 아니한다.

기록에 의하여 살펴보면, 피고인이 자의에 의하여 판시 자동차를 운전하였음을 인정할 증거가 없다고 한 원심의 판단은 정당하고, 거기에 채증법칙을 위반한 위법이 없다.

원심판결 이유 및 기록에 의하면, 술에 취한 피고인이 자동차 안에서 잠을 자다가 추위를 느껴 히터를 가동시키기 위하여 시동을 걸었고, 실수로 자동차의 제동장치 등을 건드렸거나 처음 주차할 때 안전조치를 제대로 취하지 아니한 탓으로 원동기의 추진력에 의하여 자동차가 약간 경사진 길을 따라 앞으로 움직여 피해자의 차량 옆면을 충격한 사실은 엿볼 수 있으나, 앞서 본 법리에 비추어 이를 두고 피고인이 자동차를 운전하였다고 할 수는 없다.

원심의 설시가 미흡하기는 하지만, 피고인이 판시 자동차를 운전하였다고 볼 수 없다고 하여 도로교통법위반(음주운전)의 공소사실에 대하여 무죄를 선고한 것은 옳고, 거기에 판결에 영향을 미친 채증법칙 위배나 도로교통법상 자동차 운전에 관한 법리오해의 위법이 없다.

그러므로 상고를 기각하기로 하여 관여 대법관의 일치된 의견으로 주문과 같이 판결한다.

판례5 | 내리막길에 주차되어 있는 자동차의 핸드 브레이크를 풀어 타력주행(惰力走行)을 하는 행위가 도로교통법 제2조 제19호 소정의 '운전'에 해당하는지 여부(소극)*[대법원 1999. 11. 12., 선고, 98다30834, 판결]*

【판결요지】

[1] 도로교통법 제2조 제19호는 '운전'이라 함은 도로에서 차를 그 본래의 사용 방법에 따라 사용하는 것을 말한다고 규정하고 같은 조 제14호는 '자동차'라 함은 철길 또는 가설된 선에 의하지 않고 원동기를 사용하여 운전되는 차를 말한다고 규정하고 있으므로, 자동차의 운전, 즉 자동차를 그 본래의 사용 방법에 따라 사용하는 것에 해당하기 위하여는 자동차의 원동기를 사용할 것을 요하고, 따라서 내리막길에 주차되어 있는 자동차의 핸드 브레이크를 풀어 타력주행(惰力走行)을 하는 행위는 '운전'에 해당하지 않는다(다만 통상의 운전중에 내리막길에 이르러 원동기를 일시적으로 정지하여 타력으로 주행시키는 것은 별론으로 한다).

[2] 자동차의 본래적 기능 및 도로교통법의 입법 취지에 비추어 볼 때, 주차중의 자동차를 새로 발진시키려고 하는 경우에 자동차를 그 본래의 사용 방법에 따라 사용하였다고 하기 위하여는 단지 엔진을 시동시켰다는 것만으로는 부족하고 이른바 발진조작의 완료를 요하며, 또한 그로써 족하다.

[3] 구 자동차손해배상보장법(1999. 2. 5. 법률 제5793호로 전문 개정되기 전의 것) 제2조 제2호는 '운행'이라 함은 사람 또는 물건의 운송 여부에 관계없이 자동차를 당해 장치의 용법에 따라 사용하는 것이라고 정의하였는바, 여기에서 자동차를 당해 장치의 용법에 따라 사용한다는 것은 자동차의 용도에 따라 그 구조상 설비되어 있는 각종의 장치를 각각의 장치 목적에 따라 사용하는 것을 말하는 것으로서, 자동차가 반드시 주행 상태에 있지 않더라도 주행의 전후단계로서 주·정차 상태에서 문을 열고 닫는 등 각종 부수적인 장치를 사용하는 것도 포함하므로, 자동차손해배상보장법상의 '운행'은 도로교통법상의 '운전'보다 넓은 개념이지 동일한 개념이 아니라고 할 것이다.

【참조판례】

대법원 1994. 9. 9. 선고 94도1522 판결(공1994하, 2688)

대법원 1993. 4. 27. 선고 92다8101 판결(공1993하, 1539),

대법원 1994. 8. 23. 선고 93다59595 판결(공1994하, 2500),

대법원 1996. 5. 28. 선고 96다7359 판결(공1996하, 1998),

대법원 1997. 9. 30. 선고 97다24412 판결(공1997하, 3284)

【원심판결】

서울지법 1998. 6. 12. 선고 97나38458 판결

【주문】

상고를 기각한다. 상고비용은 피고의 부담으로 한다.

【이유】

상고이유(기간 도과 후에 제출된 상고보충이유서는 상고이유를 보충하는 범위 내에서만)를 판단한다.

1. 원심판결 및 기록에 의하여 인정되는 사실관계는 다음과 같다.

    가. 소외 1은 1995. 10. 3. 04:04경 충남 (주소 생략) 소재 물량장 내에서 그의 형인 소외 2, 여동생인 소외 3, 소외 3의 남편인 원고 2와 함께 낚시를 하던 중 소외 3이 춥다고 하자 소외 2로부터 소외 2 소유의 (차량등록번호 생략) 승용차의 열쇠를 넘겨받아 위 물량장 내의 어선계류장 쪽으로 바다를 정면으로 향하여 주차되어 있던 위 승용차에 탑승한 후 시동을 걸어 스팀장치를 작동시키다가 위 승용차의 기기를 잘못 조작하여 위 승용차가 5%의 횡단경사면(길이 100m당 5m의 고저차이)을 따라 약 14.3m 전진하여 바다에 추락함으로써 소외 1 및 조수석에 동승한 소외 3이 사망하였다.

    나. 원고들은 소외 3의 모, 남편, 시부모이다.

    다. 피고는 소외 2와 사이에 위 승용차의 운행중 발생한 사고로 인하여 제3자에게 부담하게 되는 모든 손해배상책임(책임보험금 포함)을 전보하기로 하되 책임보험금의 범위를 초과하는 부분에 관하여는 소외 2 또는 그 부모, 배우자 및 자녀 이외의 자의 운전에 의한 사고나 무면허운전에 의한 사고로 인하여 생긴 손해는 보상하지 아니하기로 하는 내용의 가족운전자 한정운전 자동차종합보험계약을 체결하였는데, 소외 1은 자동차 운전면허가 없었다.

2. 상고이유 제1점에 대하여

    도로교통법 제2조 제19호는 '운전'이라 함은 도로에서 차를 그 본래의 사용 방법에 따라 사용하는 것을 말한다고 규정하고 같은 조 제14호는 '자동차'라 함은 철길 또는 가설된 선에 의하지 않고 원동기를 사용하여 운전되는 차를 말한다고 규정하고 있으므로, 자동차의 운전, 즉 자동차를 그 본래의 사용 방법에 따라 사용하는 것에 해당하기 위하여는 자동차의 원동기를 사용할 것을 요한다고 할 것이고, 따라서 내리막길에 주차되어 있는 자동차의 핸드 브레이크를 풀어 타력주행(惰力走行)을 하는 행위는 도로교통법상의 운전에 해당하지 아니한다고 할 것이다(다만 통상의 운전중에 내리막길에 이르러 원동기를 일시적으로 정지하여 타력으로 주행시키는 것은 별론으로 한다). 그리고 자동차의 본래적 기능 및 도로교통법의 입법 취지에 비추어 볼 때, 주차중의 자동차를 새로 발진시키려고 하는 경우에 자동차를 그 본래의 사용 방법에 따라 사용하였다고 하기 위하여는 단지 엔진을 시동시켰다는 것만으로는 부족하고 이른바 발진조작의 완료를 요하며, 또한 그로써 족하다고 할 것이다.

한편 자동차손해배상보장법(1999. 2. 5. 법률 제5793호로 전문 개정되기 전의 것, 이하 자배법이라고 쓴다) 제2조 제2호는 '운행'이라 함은 사람 또는 물건의 운송 여부에 관계없이 자동차를 당해 장치의 용법에 따라 사용하는 것이라고 정의하였는바, 여기에서 자동차를 당해 장치의 용법에 따라 사용한다는 것은 자동차의 용도에 따라 그 구조상 설비되어 있는 각종의 장치를 각각의 장치 목적에 따라 사용하는 것을 말하는 것으로서, 자동차가 반드시 주행 상태에 있지 않더라도 주행의 전후단계로서 주·정차 상태에서 문을 열고 닫는 등 각종 부수적인 장치를 사용하는 것도 포함하므로(대법원 1994. 8. 23. 선고 93다59595 판결, 1997. 9. 30. 선고 97다24412 판결 등 참조), 자배법상의 '운행'은 도로교통법상의 '운전'보다 넓은 개념이지 동일한 개념이 아니라고 할 것이다.

원심은 위와 같은 사실관계 아래에서 위 소외 3의 사망을 위 승용차의 운행으로 인한 것으로 판단하면서 위 소외 1의 행위를 도로교통법상의 운전에는 해당하지 않는다고 보아 피고의 면책주장을 배척하였는바, 기록상 소외 1이 발진조작을 완료하여 원동기의 동력에 의하여 위 승용차를 진행시켰다는 점을 인정할 증거가 없는 이 사건에 있어 위와 같은 법리에 비추어 원심의 위와 같은 판단은 소외 1이 핸드 브레이크를 풀었는지의 여부와는 관계없이 정당하고, 거기에 위 운행과 운전에 대한 판단을 그르치거나 전후 모순되게 한 위법이 있다고 할 수 없다.

이에 관한 상고이유는 받아들일 수 없다.

3. 상고이유 제2점에 대하여

무면허운전 등으로 인한 면책약관은 사고가 ① 도로교통법상의 '운전'에 의하여, ② '도로'에서 발생할 것이라고 하는 두 요건을 모두 갖추어야 적용되는 것이므로, 위와 같이 소외 1이 '운전'하였다고 볼 수 없는 이상에는 이 사건 사고의 발생 장소가 도로에 해당하는지의 여부에 관하여는 더 나아가 살필 필요 없이 위 면책약관은 적용될 여지가 없다.

이에 관한 상고이유도 받아들일 수 없다.

4. 상고이유 제3점에 대하여

기록에 의하면 피고가 제1심에서는 무면허운전 등을 이유로 원고들의 청구는 전부 기각되어야 한다고 주장한 바가 있으나, 제1심에서 원고들의 책임보험금청구 부분은 인용되었고, 이에 대하여 피고가 항소하지 아니하였으므로 피고가 원심에서 책임보험금청구 부분도 기각되어야 한다고 주장하였다고 볼 수 없다.

따라서 피고의 위 주장에 대하여 원심이 판단을 유탈하였다는 상고이유도 받아들일 수 없다.

그러므로 상고를 기각하고, 상고비용은 패소자의 부담으로 하기로 관여 법관들의 의견이 일치되어 주문과 같이 판결한다.

판례6 | 절취 목적으로 내리막길에 주차되어 있는 자동차 안에 들어가 핸드브레이크
를 풀자 자동차가 10미터 정도 굴러가다 멈춘 경우, 절도의 기수 여부와
도로교통법상 운전의 해당 여부*[대법원 1994. 9. 9., 선고, 94도1522, 판결]*

【판결요지】

자동차를 절취할 생각으로 자동차의 조수석문을 열고 들어가 시동을 걸려고시도하는
등 차 안의 기기를 이것저것 만지다가 핸드브레이크를 풀게 되었는데 그 장소가 내리막
길인 관계로 시동이 걸리지 않은 상태에서 약 10미터 전진하다가 가로수를 들이받는 바
람에 멈추게 되었다면 절도의 기수에 해당한다고 볼 수 없을 뿐 아니라 도로교통법 제2
조 제19호 소정의 자동차의 운전에 해당하지 아니한다.

【원심판결】

부산지방법원 1994.4.27. 선고 93노2977 판결

【주문】

상고를 기각한다.

【이유】

검사의 상고이유에 대하여 판단한다.

원심이 적법하게 확정한 바에 의하면 피고인은 판시 일시, 장소에서 그 곳에 주차되어
있던 그레이스 승합차를 절취할 생각으로 위 차량의 조수석문을 열고 들어가 시동을 걸
려고 시도하는 등 차안의 기기를 이것저것 만지다가 핸드브레이크를 풀게 되었는데 그
장소가 내리막길인 관계로 위 차량이 시동이 걸리지 않은 상태에서 약 10미터 전진하다
가 가로수를 들이받는 바람에 멈추게 되었다는 것이다. 사실관계가 이와 같다면, 피고인
의 판시 소위는 절도의 기수에 해당한다고 볼 수 없을 뿐만 아니라 도로교통법 제2조 제
19호 소정의 자동차의 운전에 해당하지 아니한다 고 할 것이므로 이와 같은 취지의 원심
판단은 정당하고, 원심판결에 소론과 같은 법령의 해석적용을 잘못한 위법이 있다고 볼
수 없다. 논지는 모두 이유가 없다.

그러므로 상고를 기각하기로 관여 법관의 의견이 일치되어 주문과 같이 판결한다.

【판결요지】

도로교통법 제2조 제1호, 제19호에 의하면, 법에서 "운전"이라 함은 도로에서 차를 본래의 사용방법에 따라 사용하는 것을 말하고 법에서 "도로"라 함은 도로법에 의한 도로, 유료도로법에 의한 유료도로 그 밖의 일반교통에 사용되는 모든 곳을 말한다고 규정되어 있는바, "일반교통에 사용되는 모든 곳"이라 함은 현실적으로 불특정다수의 사람 또는 차량의 통행을 위하여 공개된 장소로서 교통질서유지 등을 목적으로 하는 일반교통경찰권이 미치는 공공성이 있는 곳을 의미하는 것이므로, 특정인들 또는 그들과 관련된 특정한 용건이 있는 자들만이 사용할 수 있고 자주적으로 관리되는 장소가 아닌 한 주택가의 막다른 골목길 등과 같은 곳도 법에서 말하는 도로에 해당하고, 또 이러한 장소에서 자동차의 시동을 걸어 이동하였다면 그것이 주차를 위한 것이라거나 주차시켜 놓았던 차량을 똑바로 정렬하기 위한 것이더라도 "차량을 그 본래의 사용방법에 따라 사용"하는 것으로서 법에서 말하는 "운전"에 해당한다.

【원심판례】

수원지방법원 1993. 2. 23. 92노1415

【이유】

원심판결이유에 의하면 원심은, 일렬주차를 하여야만 간신히 다른 차량이 통행할 수 있는 이 사건 주택가 막다른 골목길에서 다른 차량의 통행 및 주차에 대비하여 피고인이 일단 주차시켜 놓았던 자기의 차량을 다시 똑바로 일렬주차하기 위하여 약 Im 정도 전 후진시킨 사실을 인정한 다음, 주차장에서든 일반 차량의 통행에 제공되는 곳에서든 단순히 주차의 목적으로 차량을 전 후진시킨 것만으로는 도로교통법 제107조의2 제1호, 제41조 제1항이 금지하는 주취운전에 해당한다고 할 수 없다고 판단하였다. 그러나 도로교통법 저12조 제1호, 제19호에 의하면 위법에서 (운전'이라 함은 도로에서 차를 그 본래의 사용방법에 따라 사용하는 것을 말하고 위법에서 '도로'라 함은 도로법에 의한 도로, 유료도로법에 의한 유료도로 그 밖의 일반교통에 사용되는 모든 곳을 말한다고

규정되어 있는 바, 여기서 말하는 "일반교통에 사용되는 모든 곳"이라 함은 현실적으로 불특정다수의 사람 또는 차량의 통행을 위하여 공개된 장소로서 교통질서유지 동을 목적으로 하는 일반교통경찰권이 미치는 공공성이 있는 곳을 의미하는 것이므로 특정인들 또

는 그들과 관련된 특정한 용건이 있는 자들만이 사용할 수 있고 자주적으로 관리되는 장소가 아닌 한 이 사건 주택가의 막다른 골목길(기록에 의하면 이 골목 끝부분에는 도보통행용 오르막 계단길이 직선으로 더 뻗어 있고 위 끝부분 가까운 지점 측면으로 좁은 골목이 연결되어 있음을 알 수 있다) 동과 같은 곳도 위법에서 말하는 도로에 해당한다 할 것이고(당원 1992. 9. 22. 선고 92도1777 판결, 1992. 10. 9. 선고 92도1662 판결 등 참조), 또 피고인이 이러한 장소에서 자동차의 시동을 걸어 위와 같이 이동하였다면 비록 그것이 주차를 위한 것이라거나 주차시켜 놓았던 차량을 똑바로 정렬하기 위한 것이라 하더라도 이는 "차량을 그 본래의 사용방법에 따라 사용"하는 것으로서 위법에서 말하는 '운전'에 해당한다고 볼 수밖에 없을 것이다. 그럼에도 불구하고 원심이 이 사건에서 피고인이 위와 같이 차량을 전 후진시킨 행위가 위 법규정이 금지하는 주취운전에 해당한다고 할 수 없다고 판단한 것은 도로교통법에 정한 운전 또는 주취운전 등에 관한 법리를 오해하여 판결에 영향을 미치게 하였다 할 것이므로 이 점을 지적하는 논지는 이유 있다.

판례8 | 자동차의 일부라도 노상주차장을 벗어나 도로에 진입하였을 경우에는 도로에서 운전을 한 경우에 해당 여부*[대법원 1993. 1. 19., 선고, 92도29018, 판결]*

【판결요지】

[1] 노상주차장에 관한 주차장법의 규정은 도로법이나 유료도로법에 대한 특별규정이라고 볼 것이므로 노상주차장에 관하여는 주차장법의 규정이 우선적용되고, 주차장법이 적용되지 아니하는 범위 안에서 도로법이나 유료도로법의 적용이 있다고 보는 것이 옳다.

[2] 노상주차장에 주차하여 놓은 자동차를 주취운전하는 경우 자동차의 전부가 노상주차장에 있는 경우에는 도로에서 주취운전하였다고 할 수 없을 것이나, 도로교통법 제41조 제1항이 술에 취한 상태에서의 자동차의 운전을 금지하는 것은 도로에서 일어나는 교통상의 위험과 장해를 방지 제거하여 안전하고 원활한 교통을 확보하자는 데에 목적이 있고(도로교통법 제1조), 주취운전한 자동차가 도로의 일부에라도 진입하였을 때에는 이와 같은 도로교통의 안전이 해쳐질 우려가 있다 할 것이므로 자동차의 일부라도 노상주차장을 벗어나 도로에 진입하였을 경우에는 도로에서 주취운전을 한 경우에 해당한다.

【원심판례】

서울지방법원 1992. 9. 22. 92노2836

【이유】

제1점에 대하여

주차장법 제2조에 의하면, 주차장을 자동차의 주차를 위한 시설이라고 정의한 다음 노상주차장, 노외주차장, 부설주차장의 3종류를 규정하고, 그중 노상주차장은 도로의 노면 또는 교통광장의 일정한 구역에 설치된 주차장으로 일반의 이용에 제공되는 것을 말한다고 규정하고 있는바, 그러므로 도로의 노면의 일정구역에 설치된 노상주차장은 도로와 주차장의 두가지 성격을 함께 가진다고 볼 수 있을 것이다. 그러나 이와 같은 노상주차장에 관한 주차장법의 규정은 도로법이나 유료도로법에 대한 특별규정이라고 볼 것이므로, 이와 같은 노상주차장에 관하여 주차장법의 규정이 우선 적용되고, 주차장법이 적용되지 아니하는 범위 안에 도로법이나 유료도로법의 적용이 있다고 보는 것이 옳을 것이다. 원심이 확정한 사실에 의하면, 피고인이 혈중알콜농도 0.31%의 주취상태에서 노상주차장에 주차하여 놓은 승용차에 승차하여 시동을 걸고 노상주차장으로 부터 도로로 진입하기 위하여 핸들을 왼쪽으로 약간 움직이면서 서서히 출발하여 약 1m정도를 운전하여 나가던 중 경찰관에게 단속되었을 뿐 위 승용차의 일부분도 아직 도로에 진입하였다고 인정되지 아니한다는 것인바, 사실이 그러하다면 피고인은 주차장안에서 주취운전하였을 뿐 아직 도로에서 운행한 것이라고 볼 수는 없을 것이므로, 원심이 이 사건 공소사실이 범죄의 증명이 없는 때에 해당한다는 이유로 무죄를 선고한 조처는 그 이유의 일부에 적절하지 못한 설시가 있기는 하나 그 판단결과는 정당하고, 거기에 채증법칙을 어기거나 도로교통법의 법리를 오해한 위법이 있다고 할 수 없다. 따라서 논지는 이유가 없다.

제2점에 대하여

원심판결이유에 의하면 원심은 그 이유의 일부에서, 피고인이 운전한 위 승용차의 일부분도 아직 노상주차장으로부터 도로에 진입하지 못하였거나, 적어도 위 승용차의 전부가 도로에 진입하지 못하였음은 분명하다 할 것이므로, 그와 같이 피고인이 위 승용차를 운전하여 노상주차장으로부터 도로로 완전히 진입하지 아니한 이상 피고인이 도로교통법상 도로에서 운행한 것이라고 할 수 없다고 판단하였다. 그러나 노상주차장에 주차하여 놓은 자동차를 주취운전 하는 경우 그 자동차의 전부가 노상주차장에 있는 경우에는 도로에서 주취운전하였다고 할 수 없을 것이나, 그 일부라도 노상주차장을 벗어나 도로에 진입하였을 경우에는 도로에서 주취운전을 한 경우에 해당한다고 보아야 할 것이다. 왜냐하면 도로교통법 제41조 제1항이 술에 취한 상태에서의 자동차의 운전을 금지하는 것은 도로에서 일어나는 교통상의 위험과 장해를 방지 제거하여 안전하고 원활한 교통을 확보하자는데에 그 목적이 있는 것인데(도로교통법 제1조 참조), 주취운전 한 자동차가 도로의 일부에라도 진입하였을 때에는 이와 같은 도로교통의 안전은 해쳐질 우려가 있기 때문이다. 그렇다면 원심이 피고인의 승용차가 노상주차장으로부터 도로로 완전히 진입하지 아니한 이상 도로에서 운행한 것이라고 할 수 없다고 판단한 것은 잘못이라고 할 것이나, 원심은 피고인이 운전한 승용차는 일부분도 아직 노상주차장으로부터 도로에 진입하지 못하였다고 판단하였고, 전부가 진입하지 못하였다고 한 것은 가정적으로 한 것이라고 보여지므로, 이는 이 사건 결과에 영향이 없는 것이다. 논지도 이유 없음에 돌아간다. 그러므로 상고를 기각하기로 하여 관여법관의 일치된 의견으로 주문과 같이 판결한다,

> **판례9** | 시청 내 광장주차장에서 운전한 것은 도로교통법상의 도로에서 차를 그 본래의 사용 방법에 따라 사용하는 것에 해당한다[대법원 1992. 9. 22. 선고. 92도1777 판결].

【판결요지】

춘천시청 내 광장주차장이 시청관리자의 용인 아래 불특정다수의 사람과 차량이 통행하는 곳이며 그곳을 통행하는 차량 등에 대하여 충분한 통제가 이루어지지 않았다면, 위 주차장은 도로교통법 제2조 제1호에서 말하는 '그 밖의 일반교통에 사용되는 곳'으로서의 도로라 할 것이고, 위 장소가 도로인 이상 그 곳에서 운전한 것은 위 법 제2조 제19호의 '도로에서 차를 그 본래의 사용방법에 따라 사용하는 것(조종을 포함한다)'에 해당된다.

【원심판례】

춘천지방법원 1992. 6. 25. 92노284

【이유】

원심이 확정한 바와 같이 피고인이 음주운전한 춘천시청 내 광장주차장이 시청관리자의 용인아래 불특정다수의 사람과 차량이 통행하는 곳이며 그곳을 통행하는 차량 등에 대하여 충분한 통제가 이루어지지 않았다면 위 주차장은 도로교통법 제2조 제1호에서 말하는 '그 밖의 일반교통에 사용되는 곳'으로서의 도로라 할 것이고 위 장소가 도로인 이상 그곳에서 운전한 것은 위 법 제2조 제9호의 '도로에서 차를 그 본래의 사용방법에 따라 사용하는 것(조종을 포함한다)'에 해당된다 할 것이므로 같은 취지의 원심판결은 정당하고 거기에 지적하는 바와 같은 법리의 오해나 채증법칙을 어긴 위법이 없다. 주장은 이유 없다.

Chapter 3. 자동차의 의미

[1] 자동차

① "자동차"란 원동기에 의하여 육상에서 이동할 목적으로 제작한 용구 또는 이에 견인되어 육상을 이동할 목적으로 제작한 용구(이하 "피견인자동차"라 한다)를 말합니다. 다만, 다음에 해당하는 것은 제외합니다.

   1.「건설기계관리법」에 따른 건설기계

   2. 「농업기계화 촉진법」에 따른 농업기계

   3. 「군수품관리법」에 따른 차량

   4. 궤도 또는 공중선에 의하여 운행되는 차량

   5. 「의료기기법」에 따른 의료기기

② "차"란「도로교통법」제2조제17호가목에 따른 차(車)와 「건설기계관리법」제2조제1항제1호에 따른 건설기계를 말합니다.

건설기계의 범위(제2조관련)

건설기계명	범위
1. 불도저	무한궤도 또는 타이어식인 것
2. 굴착기	무한궤도 또는 타이어식으로 굴착장치를 가진 자체중량 1톤 이상인 것
3. 로더	무한궤도 또는 타이어식으로 적재장치를 가진 자체중량 2톤 이상인 것. 다만, 차체굴절식 조향장치가 있는 자체중량 4톤 미만인 것은 제외한다.
4. 지게차	타이어식으로 들어올림장치와 조종석을 가진 것. 다만, 전동식으로 솔리드타이어를 부착한 것 중 도로(「도로교통법」제2조제1호에 따른 도로를 말하며, 이하 같다)가 아닌 장소에서만 운행하는 것과「농업기계화 촉진법」에 따른 농업기계에 해당하는 것은 제외한다.
5. 스크레이퍼	흙·모래의 굴착 및 운반장치를 가진 자주식인 것
6. 덤프트럭	적재용량 12톤 이상인 것. 다만, 적재용량 12톤 이상 20톤 미만의 것으로 화물운송에 사용하기 위하여 자동차관리법에 의한 자동차로 등록된 것을 제외한다.
7. 기중기	무한궤도 또는 타이어식으로 강재의 지주 및 선회장치를 가진 것. 다만, 궤도(레일)식인 것을 제외한다.
8. 모터그레이더	정지장치를 가진 자주식인 것
9. 롤러	1. 조종석과 전압장치를 가진 자주식인 것

	2. 피견인 진동식인 것
10. 노상안정기	노상안정장치를 가진 자주식인 것
11. 콘크리트뱃칭플랜트	골재저장통·계량장치 및 혼합장치를 가진 것으로서 원동기를 가진 이동식인 것
12. 콘크리트피니셔	정리 및 사상장치를 가진 것으로 원동기를 가진 것
13. 콘크리트살포기	정리장치를 가진 것으로 원동기를 가진 것
14. 콘크리트믹서트럭	혼합장치를 가진 자주식인 것(재료의 투입·배출을 위한 보조장치가 부착된 것을 포함한다)
15. 콘크리트펌프	콘크리트배송능력이 매시간당 5세제곱미터 이상으로 원동기를 가진 이동식과 트럭적재식인 것
16. 아스팔트믹싱플랜트	골재공급장치·건조가열장치·혼합장치·아스팔트공급장치를 가진 것으로 원동기를 가진 이동식인 것
17. 아스팔트피니셔	정리 및 사상장치를 가진 것으로 원동기를 가진 것
18. 아스팔트살포기	아스팔트살포장치를 가진 자주식인 것
19. 골재살포기	골재살포장치를 가진 자주식인 것
20. 쇄석기	20킬로와트 이상의 원동기를 가진 이동식인 것
21. 공기압축기	공기배출량이 매분당 2.83세제곱미터(매제곱센티미터당 7킬로그램 기준) 이상의 이동식인 것
22. 천공기	천공장치를 가진 자주식인 것
23. 항타 및 항발기	원동기를 가진 것으로 헤머 또는 뽑는 장치의 중량이 0.5톤 이상인 것
24. 자갈채취기	자갈채취장치를 가진 것으로 원동기를 가진 것
25. 준설선	펌프식·바켓식·딧퍼식 또는 그래브식으로 비자항식인 것. 다만, 「선박법」에 따른 선박으로 등록된 것은 제외한다.
26. 특수건설기계	제1호부터 제25호까지의 규정 및 제27호에 따른 건설기계와 유사한 구조 및 기능을 가진 기계류로서 국토교통부장관이 따로 정하는 것
27. 타워크레인	수직타워의 상부에 위치한 지브(jib)를 선회시켜 중량물을 상하, 전후 또는 좌우로 이동시킬 수 있는 것으로서 원동기 또는 전동기를 가진 것. 다만, 「산업집적활성화 및 공장설립에 관한 법률」 제16조에 따라 공장등록대장에 등록된 것은 제외한다.

비고

위 표 제22호의 천공기로서 2016년 7월 1일 당시 등록하지 않은 천공기(제작 당시에는 등록대상인 자주식 천공기가 아니었으나 개조 등을 통하여 등록대상인 자주식 천공기로 변경한 것만 해당한다)의 소유자는 제3조에도 불구하고 2017년 6월 30일까지 다음 각 호의 서류를 제출하여 천공기를 건설기계로 등록할 수 있다.

1. 법 제32조에 따라 설립된 협회로서 법 제21조에 따라 건설기계대여업의 등록을 한 자를 회원으로 하는 협회에서 발급한 등록지원서류(해당 천공기의 당초 제작 또는 수입 출처를 증명하고 현재의 소유자를 확인하는 서류를 말한다)
2. 법 제14조에 따라 천공기의 검사대행자로 지정받은 자가 작성한 제원표

③ "자율주행자동차"란 운전자 또는 승객의 조작 없이 자동차 스스로 운행이 가능한 자

동차를 말합니다.

④ "미완성자동차"란 차대 등 국토교통부령으로 정하는 최소한의 구조·장치를 갖춘 자동차로서 용법에 따라 사용이 가능하도록 추가적인 제작·조립 공정이 필요한 자동차를 말합니다.

⑤ "단계제작자동차"란 미완성자동차를 이용하여 운행(용법에 따라 사용이 가능하도록 하는 것을 말한다)이 가능하도록 단계별로 제작된 자동차를 말합니다.

⑥ "구동축전지"란 자동차의 구동을 목적으로 전기에너지를 저장하는 축전지 또는 이와 유사한 기능을 하는 전기에너지 저장매체를 말합니다.

⑦ "커넥티드자동차"란 「국가통합교통체계효율화법」 제2조제3호에 따른 교통수단, 같은 조 제4호에 따른 교통시설, 그 밖의 장치·시설·장비·기기 등과 무선 정보통신 기술을 활용하여 정보를 송신 또는 수신하는 자동차를 말합니다.

[2] 자동차의 종류

① 자동차는 다음 각 호와 같이 구분합니다.

1. 승용자동차: 10인 이하를 운송하기에 적합하게 제작된 자동차

2. 승합자동차: 11인 이상을 운송하기에 적합하게 제작된 자동차. 다만, 다음 각 목의 어느 하나에 해당하는 자동차는 승차인원과 관계없이 이를 승합자동차로 본다.

가. 내부의 특수한 설비로 인하여 승차인원이 10인 이하로 된 자동차

나. 국토교통부령으로 정하는 경형자동차로서 승차인원이 10인 이하인 전방조종자동차

3. 화물자동차: 화물을 운송하기에 적합한 화물적재공간을 갖추고, 화물적재공간의 총적재화물의 무게가 운전자를 제외한 승객이 승차공간에 모두 탑승했을 때의 승객의 무게보다 많은 자동차

4. 특수자동차: 다른 자동차를 견인하거나 구난작업 또는 특수한 용도로 사용하기에 적합하게 제작된 자동차로서 승용자동차·승합자동차 또는 화물자동차가 아닌 자동차

5. 이륜자동차: 총배기량 또는 정격출력의 크기와 관계없이 1인 또는 2인의 사람을 운송하기에 적합하게 제작된 이륜의 자동차 및 그와 유사한 구조로 되어 있는 자동차

② ①에 따른 구분의 세부기준은 자동차의 크기·구조, 원동기의 종류, 총배기량 또는 정격출력 등에 따라 아래와 같이 분류합니다.

③ 자동차의 종류

1. 규모별 세부기준

종류	경형		소형	중형	대형
	초소형	일반형			
승용 자동차	배기량이 250시시 (전기자동차의 경 우 최고정격출력이 15킬로와트) 이하 이고, 길이 3.6미 터·너비 1.5미터· 높이 2.0미터 이 하인 것	배기량이 1,000시시 미만이고, 길 이 3.6미터· 너비 1.6미 터·높이 2.0 미터 이하인 것	배기량이 1,600시시 미만이고, 길이 4.7미 터·너비 1.7미터·높 이 2.0미터 이하인 것	배기량이 1,600시시 이 상 2,000시시 미만이거나, 길 이·너비·높이 중 어느 하나라 도 소형을 초과 하는 것	배기량이 2,000시시 이상이거나, 길이·너비·높 이 모두 소형 을 초과하는 것
승합 자동차	배기량이 1,000시시 미만이고, 길 이 3.6미터·너비 1.6미터·높이 2.0 미터 이하인 것		승차정원 이 15인 이하이고, 길이 4.7 미터·너비 1.7미터· 높이 2.0 미터 이하 인 것	승차정원이 16 인 이상 35인 이하이거나, 길 이·너비·높이 중 어느 하나라도 소형을 초과하고, 길이가 9미터 미 만인 것	승차정원이 36 인 이상이거나, 길이·너비·높이 모두 소형을 초과하고, 길 이가 9미터 이 상인 것
화물 자동차	배기량이 250시시 (전기자동차의 경 우 최고정격출력이 15킬로와트) 이하 이고, 길이 3.6미 터·너비 1.5미터· 높이 2.0미터 이 하인 것	배기량이 1,000시시 미만이고, 길 이 3.6미터· 너비 1.6미 터·높이 2.0 미터 이하인 것	최대적재 량이 1톤 이하이고, 총중량이 3.5톤 이 하인 것	최대적재량이 1톤 초과 5톤 미만이거나, 총중량이 3.5 톤 초과 10톤 미만인 것	최대적재량이 5 톤 이상이거나, 총중량이 10톤 이상인 것
특수 자동차	배기량이 250시 시(전기자동차의 경우 최고출력이 15킬로와트) 이하 이고, 길이 3.6미 터·너비 1.5미터 ·높이 2.0미터 이하인 것	배기량이 1,000시시 (전기자동차 의 경우 최 고출력이 80 킬로와트) 미만이고, 길이 3.6미 터·너비	총중량이 3.5톤 이 하인 것	총중량이 3.5 톤 초과 10톤 미만인 것	총중량이 10 톤 이상인 것

종류				
		1.6미터 · 높이 2.0미터 이하인 것		
이륜 자동차	배기량이 50시시 미만(최고출력 4 킬로와트 이하)인 것	배기량이 125시시 이하(최고 출력 11 킬로와트 이하)인 것	배기량이 125 시시 초과 260시시 이하 (최고출력 11 킬로와트 초과 15킬로와트 이하)인 것	배기량이 260 시시(최고출력 15킬로와트) 를 초과하는 것

2. 유형별 세부기준

종류	유형별	세부기준
승용 자동차	일반형	2개 내지 4개의 문이 있고, 전후 2열 또는 3열의 좌석을 구비한 유선형인 것
	승용겸화물형	차실안에 화물을 적재하도록 장치된 것
	다목적형	후레임형이거나 4륜구동장치 또는 차동제한장치를 갖추는 등 험로 운행이 용이한 구조로 설계된 자동차로서 일반형 및 승용겸화물형 이 아닌 것
	기타형	위 어느 형에도 속하지 아니하는 승용자동차인 것
승합 자동차	일반형	주목적이 여객운송용인 것
	특수형	특정한 용도(장의·헌혈·구급·보도·캠핑 등)를 가진 것
화물 자동차	일반형	보통의 화물운송용인 것
	덤프형	적재함을 원동기의 힘으로 기울여 적재물을 중력에 의하여 쉽게 미끄러뜨리는 구조의 화물운송용인 것
	밴형	지붕구조의 덮개가 있는 화물운송용인 것
	특수용도형	특정한 용도를 위하여 특수한 구조로 하거나, 기구를 장치한 것으 로서 위 어느 형에도 속하지 아니하는 화물운송용인 것
특수 자동차	견인형	피견인차의 견인을 전용으로 하는 구조인 것
	구난형	고장·사고 등으로 운행이 곤란한 자동차를 구난·견인 할 수 있는 구조인 것
	특수용도형	위 어느 형에도 속하지 아니하는 특수용도용인 것
이륜 자동차	일반형	자전거로부터 진화한 구조로서 사람 또는 소량의 화물을 운송하기 위한 것
	특수형	경주·오락 또는 운전을 즐기기 위한 경쾌한 구조인 것
	기타형	3륜 이상인 것으로서 최대적재량이 100kg이하인 것

※ 비고

1. 위 표 제1호 및 제2호에 따른 화물자동차 및 이륜자동차의 범위는 다음 각 목의 기준에 따른다.
   가. 화물자동차: 화물을 운송하기 적합하게 바닥 면적이 최소 2제곱미터 이상(소형·경형화물자동차로서 이동용 음식판매 용도인 경우에는 0.5제곱미터 이상, 그 밖에 초소형화물차 및 특수용도형인 경형화물자동차는 1제곱미터 이상을 말한다)인 화물적재공간을 갖춘 자동차로서 다음 각 호의 1에 해당하는 자동차
      1) 승차공간과 화물적재공간이 분리되어 있는 자동차로서 화물적재공간의 윗부분이 개방된 구조의 자동차, 유류·가스 등을 운반하기 위한 적재함을 설치한 자동차 및 화물을 싣고 내리는 문을 갖춘 적재함이 설치된 자동차(구조·장치의 변경을 통하여 화물적재공간에 덮개가 설치된 자동차를 포함한다)
      2) 승차공간과 화물적재공간이 동일 차실내에 있으면서 화물의 이동을 방지하기 위해 칸막이벽을 설치한 자동차로서 화물적재공간의 바닥면적이 승차공간의 바닥면적(운전석이 있는 열의 바닥면적을 포함한다)보다 넓은 자동차
      3) 화물을 운송하는 기능을 갖추고 자체적하 기타 작업을 수행할 수 있는 설비를 함께 갖춘 자동차
   나. 법 제3조제1항제5호에서 "그와 유사한 구조로 되어 있는 자동차"란 승용자동차에 해당하지 않는 자동차로서 다음의 어느 하나에 해당하는 자동차를 말한다.
      1) 이륜인 자동차에 측차를 붙인 자동차
      2) 내연기관을 이용한 동력발생장치를 사용하고, 조향장치의 조작방식, 동력전달방식 또는 냉각방식 등이 이륜자동차와 유사한 구조로 되어 있는 삼륜 또는 사륜의 자동차
      3) 전동기를 이용한 동력발생장치를 사용하는 삼륜 또는 사륜의 자동차
2. 위 표 제1호에 따른 규모별 세부기준에 대하여는 다음 각 목의 기준을 적용한다.
   가. 사용연료의 종류가 전기인 자동차 중 최고출력 기준이 규정되어 있지 않은 자동차의 경우에는 복수 기준 중 길이·너비·높이에 따라 규모를 구분하고, 「환경친화적자동차의 개발 및 보급촉진에 관한 법률」제2조제5호에 따른 하이브리드자동차는 복수 기준 중 배기량과 길이·너비·높이에 따라 규모를 구분한다.
   나. 복수의 기준중 하나가 작은 규모에 해당되고 다른 하나가 큰 규모에 해당되면 큰 규모로 구분한다.
   다. 최고출력(maximum continuous rated power)은 구동전동기의 최대의 부하(負荷, load)상태에서 측정된 출력을 말한다.

[3] 자동차의 의미에 대한 판례

> **판례1 |** 특정범죄 가중처벌 등에 관한 법률 제5조의10에서 정한 '자동차'가 도로교통법상 자동차를 의미하는지 여부(적극) 및 도로교통법상 원동기장치자전거가 '자동차'에 포함 되는지 여부(소극)[대법원 2022. 4. 28. 선고 2022도1013 판결]

【판결요지】

[1] 특정범죄 가중처벌 등에 관한 법률(이하 '특정범죄가중법'이라 한다) 제5조의10 제1항은 "운행 중(여객자동차 운수사업법 제2조 제3호에 따른 여객자동차운송사업을 위하여 사용되는 자동차를 운행하는 중 운전자가 여객의 승차·하차 등을 위하여 일시 정차한 경우를 포함한다)인 자동차의 운전자를 폭행하거나 협박한 사람은 5년 이하의 징역 또는 2천만 원 이하의 벌금에 처한다.", 제2항은 "제1항의 죄를 범하여 사람을 상해에 이르게 한 경우에는 3년 이상의 유기징역에 처하고, 사망에 이르게 한 경우에는 무기 또는 5년 이상의 징역에 처한다."라고 규정하여 운행 중인 자동차의 운전자를 폭행·협박하거나 이로 인하여 상해 또는 사망에 이르게 한 경우를 가중처벌하고 있다. 특정범죄가중법 제5조의10의 문언 형식, 입법 취지 및 보호법익, 특정범죄가중법상 다른 자동차 등 관련 범죄의 가중처벌 규정과의 체계적 해석 등을 종합하면, 특정범죄가중법 제5조의10의 '자동차'는 도로교통법상의 자동차를 의미하고 도로교통법상 원동기장치자전거는 '자동차'에 포함되지 않는다.

[2] 자동차관리법 제2조 제1호, 제3조 제1항은 '자동차'의 범위에 모든 이륜자동차가 포함되는 것으로 규정하고, 도로교통법 제2조 제18호 (가)목 단서, 제19호는 자동차관리법 제3조에 정한 이륜자동차 중 원동기장치자전거, 즉 '배기량 125cc 이하(전기를 동력으로 하는 경우에는 최고정격출력 11kW 이하)의 이륜자동차'는 '자동차'의 범위에서 제외한다고 규정하고 있다. 이와 같이 자동차관리법과 도로교통법이 '자동차'의 범위를 달리 정한 것은 자동차관리법은 자동차의 등록, 안전기준 등에 관한 사항을 정하여 자동차를 효율적으로 관리하고 자동차의 성능 및 안전을 확보하는 것을 목적으로 하는 데 비하여 도로교통법은 도로에서 일어나는 교통상의 모든 위험과 장해를 방지하고 제거하여 안전하고 원활한 교통을 확보하는 것을 목적으로 하여 입법 목적이 서로 다르기 때문이다. 특정범죄 가중처벌 등에 관한 법률 제5조의10은 운행 중인 자동차의 운전자를 상대로 폭력 등을 행사하여 운전자나 승객 또는 보행자 등의 안전을 위협하는 행위를 엄중하게 처벌함으로써 교통질서를 확립하고 시민의 안전을 도모하기 위한 것이다. 이와 같은 입법 취지는, 자동차관리법의 입법 취지보다는 도

로에서 일어나는 교통상의 모든 위험과 장해를 방지하고 제거하여 안전하고 원활한 교통을 확보하는 것을 목적으로 하는 도로교통법의 입법 취지에 가장 부합한다.

【원심판결】

부산고법 2022. 1. 13. 선고 2021노393 판결

【주문】

상고를 모두 기각한다.

【이유】

상고이유를 판단한다.

1. 검사의 상고이유에 관하여

가. 관련 법리

(1) 「특정범죄 가중처벌 등에 관한 법률」(이하 '특정범죄가중법'이라 한다)제5조의 10 제1항은 "운행 중(「여객자동차 운수사업법」제2조 제3호에 따른 여객자동차 운송사업을 위하여 사용되는 자동차를 운행하는 중 운전자가 여객의 승차·하차 등을 위하여 일시 정차한 경우를 포함한다)인 자동차의 운전자를 폭행하거나 협박한 사람은 5년 이하의 징역 또는 2천만 원 이하의 벌금에 처한다.", 제2항 은 "제1항의 죄를 범하여 사람을 상해에 이르게 한 경우에는 3년 이상의 유기 징역에 처하고, 사망에 이르게 한 경우에는 무기 또는 5년 이상의 징역에 처 한다."라고 규정하여(이하 제1항, 제2항을 통틀어 '이 사건 규정'이라 한다) 운 행 중인 자동차의 운전자를 폭행·협박하거나 이로 인하여 상해 또는 사망에 이 르게 한 경우를 가중처벌하고 있다. 이 사건 규정의 문언 형식, 입법 취지 및 보호법익, 특정범죄가중법상 다른 자동차 등 관련 범죄의 가중처벌 규정과의 체계적 해석 등을 종합하면, 이 사건 규정의 '자동차'는 도로교통법상의 자동 차를 의미하고 도로교통법상 원동기장치자전거는 '자동차'에 포함되지 않는다.

(2) 자동차관리법 제2조 제1호, 제3조 제1항은 '자동차'의 범위에 모든 이륜자동 차가 포함되는 것으로 규정하고, 도로교통법 제2조 제18호 (가)목 단서, 제19 호는 자동차관리법 제3조에 정한 이륜자동차 중 원동기장치자전거, 즉 '배기량 125cc 이하(전기를 동력으로 하는 경우에는 최고정격출력 11kW 이하)의 이 륜자동차'는 '자동차'의 범위에서 제외한다고 규정하고 있다. 이와 같이 자동차 관리법과 도로교통법이 '자동차'의 범위를 달리 정한 것은 자동차관리법은 자 동차의 등록, 안전기준 등에 관한 사항을 정하여 자동차를 효율적으로 관리하 고 자동차의 성능 및 안전을 확보하는 것을 목적으로 하는 데 비하여 도로교

통법은 도로에서 일어나는 교통상의 모든 위험과 장해를 방지하고 제거하여 안전하고 원활한 교통을 확보하는 것을 목적으로 하여 입법 목적이 서로 다르기 때문이다.

이 사건 규정은 운행 중인 자동차의 운전자를 상대로 폭력 등을 행사하여 운전자나 승객 또는 보행자 등의 안전을 위협하는 행위를 엄중하게 처벌함으로써 교통질서를 확립하고 시민의 안전을 도모하기 위한 것이다(대법원 2008. 12. 11. 선고 2008도4375 판결). 이와 같은 입법 취지는, 자동차관리법의 입법 취지보다는 도로에서 일어나는 교통상의 모든 위험과 장해를 방지하고 제거하여 안전하고 원활한 교통을 확보하는 것을 목적으로 하는 도로교통법의 입법 취지에 가장 부합한다.

(3) 특정범죄가중법은 이 사건 규정 이외에도 특정범죄가중법 위반(도주치사상)죄(제5조의3), 특정범죄가중법 위반(위험운전치사상)죄(제5조의11), 특정범죄가중법 위반(어린이보호구역치사상)죄(제5조의13)를 가중처벌하는 규정을 두고 있는데, 위 각 규정은 '자동차·원동기장치자전거의 교통으로'라고 규정하거나(제5조의3), '자동차(원동기장치자전거를 포함한다)를 운전하여', '자동차(원동기장치자전거를 포함한다)의 운전자'라고 규정함으로써(제5조의11, 제5조의13) 자동차와 원동기장치자전거가 구별된다는 전제하에 원동기장치자전거의 운전자도 각 규정에 따른 처벌 대상에 포함되는 것으로 명시하고 있는 반면, 이 사건 규정은 '운행 중인 자동차의 운전자'라고만 규정하고 있다.

나. 쟁점 공소사실 요지와 원심의 판단

이 사건 공소사실 중 특정범죄가중법 위반(운전자폭행 등) 부분(이하 '이 부분 공소사실'이라 한다)의 요지는, 피고인이 운행 중인 오토바이 운전자인 피해자를 폭행하여 피해자에게 상해를 가하였다는 것이다. 원심은 판시와 같은 이유로 이 사건 규정이 정한 '자동차'의 범위에 도로교통법상 원동기장치자전거가 포함되지 않고, 피해자가 운행 중인 오토바이가 원동기장치자전거가 아니라 자동차에 해당한다는 사실에 대한 증명이 없다고 보아 이 부분 공소사실을 이유에서 무죄로 판단하고, 위 공소사실에 포함된 상해죄를 유죄로 인정하였다.

다. 원심판결의 이유를 관련 법리와 기록에 비추어 살펴보면, 원심의 판단에 논리와 경험의 법칙을 위반하여 자유심증주의의 한계를 벗어나거나 특정범죄가중법 위반(운전자폭행등)죄의 '자동차'의 의미에 관한 법리를 오해한 잘못이 없다.

2. 피고인의 상고이유에 관하여

형사소송법 제383조제4호에 의하면 사형, 무기 또는 10년 이상의 징역이나 금고가 선고된 사건에서만 양형부당을 사유로 한 상고가 허용된다. 피고인에 대하여 그보다

가벼운 형이 선고된 이 사건에서 형이 너무 무거워 부당하다는 취지의 주장은 적법한 상고이유가 되지 못한다.

3. 결론

그러므로 상고를 모두 기각하기로 하여, 관여 대법관의 일치된 의견으로 주문과 같이 판결한다.

판례2 | 이동식 화장실 트레일러가 피견인자동차로서 자동차관리법에서 정한 '자동차'에 해당 하는지 여부(적극)[대법원 2017. 3. 15. 선고 2014도15490 판결]

【판결요지】

자동차관리법 제2조 제1호, 제3조 제1항, 제3항, 자동차관리법 시행령 제2조, 구 자동차관리법 시행규칙(2014. 8. 18. 국토교통부령 제121호로 개정되기 전의 것) 제2조 관련 [별표 1] '2. 유형별 세부기준'의 문언, 체계와 취지 등을 종합하면, 이동식 화장실 트레일러는 이동식 화장실을 탑재하여 육상을 이동할 목적으로 제작된 것으로서, 특별한 사정이 없는 한 원동기에 의하여 육상에서 이동할 목적으로 제작한 용구에 견인되어 육상을 이동할 목적으로 제작한 용구, 즉 피견인자동차로서 자동차관리법에서 정한 자동차에 해당한다.

자동차에 견인되어 육상에서 이동할 것이 예정되어 있는 이동식 화장실 트레일러 역시 그 구조와 장치, 부품 등이 자동차관리법과 자동차안전기준에 관한 규칙에서 정한 자동차 안전 운행에 필요한 성능과 기준에 적합하여야 할 필요성은 다른 피견인자동차와 다를 바 없다.

따라서 자동차등록원부에 등록하지 않은 이동식 화장실 트레일러를 운행한 것은 자동차관리법 제5조를 위반하여 등록하지 않고 자동차를 운행한 경우에 해당한다.

【원심판결】

수원지법 2014. 10. 24. 선고 2014노1174 판결

【주문】

상고를 모두 기각한다.

【이유】

상고이유를 판단한다.

1. 자동차관리법 제2조 제1호는 "자동차란 원동기에 의하여 육상에서 이동할 목적으로 제작한 용구 또는 이에 견인되어 육상을 이동할 목적으로 제작한 용구(이하 '피견인자동차'라 한다)를 말한다. 다만, 대통령령으로 정하는 것은 제외한다."라고 정하고 있다. 자동차관리법 시행령 제2조는 자동차관리법 제2조 제1호 단서의 '대통령령으로 정하

는 것'으로 건설기계관리법에 따른 건설기계(제1호), 농업기계화 촉진법에 따른 농업기계(제2호), 군수품관리법에 따른 차량(제3호), 궤도 또는 공중선에 의하여 운행되는 차량(제4호), 의료기기법에 따른 의료기기(제5호)를 정하고 있을 뿐이고, 이동식 화장실 트레일러에 관해서는 규정하고 있지 않다.

나아가 자동차관리법 제3조 제1항은 자동차의 종류를 구분하면서 특수자동차에 관하여 "다른 자동차를 견인하거나 구난작업 또는 특수한 작업을 수행하기에 적합하게 제작된 자동차로서 승용자동차·승합자동차 또는 화물자동차가 아닌 자동차"(제4호)라고 정하고 있고, 같은 조 제3항은 제1항에 따른 자동차의 종류는 국토교통부령으로 정하는 바에 따라 세분할 수 있도록 정하고 있다. 이에 따라 구 자동차관리법 시행규칙(2014. 8. 18. 국토교통부령 제121호로 개정되기 전의 것) 제2조 관련 [별표 1] '2. 유형별 세부기준'에서는 특수자동차를 '견인형: 피견인차의 견인을 전용으로 하는 구조인 것', '구난형: 고장·사고 등으로 운행이 곤란한 자동차를 구난·견인할 수 있는 구조인 것'과 '특수작업형: 위 어느 형에도 속하지 아니하는 특수작업용인 것'으로 분류하고 있다.

자동차관리법령의 위 규정들의 문언, 체계와 취지 등을 종합하면, 이동식 화장실 트레일러는 이동식 화장실을 탑재하여 육상을 이동할 목적으로 제작된 것으로서, 특별한 사정이 없는 한 원동기에 의하여 육상에서 이동할 목적으로 제작한 용구에 견인되어 육상을 이동할 목적으로 제작한 용구, 즉 피견인자동차로서 자동차관리법에서 정한 자동차에 해당한다고 보아야 한다.

이러한 법리는 이동식 화장실 트레일러에 대하여 자동차관리법에 따른 성능과 안전을 확보할 필요가 있다는 점에 비추어 보아도 타당하다. 즉, 자동차관리법은 제1조에서 "이 법은 자동차의 등록, 안전기준, 자기인증, 제작결함 시정, 점검, 정비, 검사 및 자동차관리사업 등에 관한 사항을 정하여 자동차를 효율적으로 관리하고 자동차의 성능 및 안전을 확보함으로써 공공의 복리를 증진함을 목적으로 한다."라고 정하고, 제29조 제1항, 제2항에서 "자동차는 대통령령으로 정하는 구조 및 장치가 안전운행에 필요한 성능과 기준에 적합하지 아니하면 운행하지 못한다. 자동차에 장착되거나 사용되는 부품·장치 또는 보호장구로서 대통령령으로 정하는 부품·장치 또는 보호장구는 안전운행에 필요한 성능과 기준에 적합하여야 한다."라고 정하고 있다. 이에 따라 자동차의 구조와 장치 등의 안전기준을 정하고 있는 자동차안전기준에 관한 규칙은 제3조에서 "자동차의 구조 및 장치는 안전운행을 확보할 수 있도록 제작되거나 정비되어야 한다."라고 정하면서 제4조부터 제58조까지 구체적이고 상세한 자동차안전기준을 정하고 있는데, 그 대부분은 자동차관리법에서 정한 피견인자동차에도 적용된다. 그러므로 자동차에 견인되어 육상에서 이동할 것이 예정되어 있는 이동식 화장실 트레일러 역시 그 구조와 장치, 부품 등이 자동차관리법과 자동차안전기준에 관한 규칙에서 정한 자동차 안전운행에 필요한 성능과 기준에 적합하여야 할 필요성은 다른 피견인자동차와 다를 바 없다.

따라서 자동차등록원부에 등록하지 않은 이동식 화장실 트레일러를 운행한 것은 자동차관리법 제5조를 위반하여 등록하지 않고 자동차를 운행한 경우에 해당한다.

2. 원심은 이 사건 이동식 화장실 트레일러가 자동차관리법상 자동차에 해당하므로 등록을 해야만 운행할 수 있다고 판단하여 이 사건 공소사실을 모두 유죄로 인정하였다. 원심판결 이유를 위에서 본 법리와 적법하게 채택된 증거들에 비추어 보면, 원심의 판단에 상고이유 주장과 같이 논리와 경험의 법칙에 반하여 자유심증주의의 한계를 벗어나거나 자동차관리법 제2조 제1호, 제3조 제1항 제4호, 구 자동차관리법 시행규칙 제2조, 고의나 위법성의 인식 등에 관한 법리를 오해한 잘못이 없다.

3. 형사소송법 제383조 제4호에 의하면 사형, 무기 또는 10년 이상의 징역이나 금고가 선고된 사건에서만 양형부당을 이유로 상고할 수 있다. 따라서 피고인들에 대하여 그보다 가벼운 형이 선고된 이 사건에서 형의 양정이 부당하다는 주장은 적법한 상고이유가 아니다.

4. 피고인들의 상고는 이유 없어 상고를 모두 기각하기로 하여, 관여 대법관의 일치된 의견으로 주문과 같이 판결한다.

> **판례3 |** 전기자동차가 자동차관리법이 정한 '자동차'에 해당하는지 여부(적극)[대법원
> *2009. 8. 20. 선고 2008도8034 판결]*

【판결요지】

[1] 자동차관리법은 '자동차라 함은 원동기에 의하여 육상에서 이동할 목적으로 제작한 용구 또는 이에 견인되어 육상을 이동할 목적으로 제작한 용구를 말한다. 다만, 대통령령이 정하는 것을 제외한다.'고 규정하고 있고(제2조 제1호), 같은 법 시행령 제2조는 법 제2조 제1호 단서의 '대통령령이 정하는 것'으로 '건설기계관리법에 의한 건설기계(제1호)', '농업기계화 촉진법에 의한 농업기계(제2호)', '군수품 관리법에 의한 차량(제3호)', '궤도 또는 공중선에 의하여 운행되는 차량(제4호)'만을 규정하고 있을 뿐, 자동차에 사용되는 원동기의 동력원에 대하여는 특별한 제한을 두고 있지 않다. 따라서 특별한 사정이 없는 한, 전기공급원으로부터 충전받은 전기에너지를 동력원으로 사용하는 전기자동차도 '원동기에 의하여 육상에서 이동할 목적으로 제작한 용구'로서 자동차관리법이 정한 자동차에 해당한다.

[2] 자동차등록원부에 등록하지 않은 전기자동차를 운행한 사안에서, 전기자동차는 자동차관리법이 정한 '자동차'에 해당하고 자동차등록원부에 등록하는 대신 임시운행허가를 받아 운행할 수 있다는 이유로, 자동차등록원부에 등록하지 않은 전기자동차를 운

행한 행위는 자동차관리법 제80조 제1호 위반죄에 해당한다고 한 사례.

[3] 여객자동차 운수사업법 제2조 제1호는 "자동차라 함은 자동차관리법 제3조의 규정에 의한 승용자동차 및 승합자동차를 말한다."고 규정하고 있으므로, 전기자동차가 승용자동차나 승합자동차에 해당할 경우 이는 여객자동차 운수사업법이 정한 자동차에도 해당한다.

【원심판결】

대전지법 2008. 8. 28. 선고 2007노1971 판결

【주문】

원심판결을 파기하고, 사건을 대전지방법원 본원 합의부로 환송한다.

【이유】

상고이유를 본다.

1. 원심판결 이유에 의하면, 원심은 이 사건 공소사실 중 피고인이 관할 관청에 등록하지 아니하고 2005. 9. 13.경 익산시에 유료로 서동요축제 행사차량으로 전기자동차 2대를 대여하였고, 2005. 10. 19. 논산시에 유료로 강경젓갈축제 행사차량으로 전기자동차 3대를 대여하여 각 자동차대여사업을 영위하고, 위 각 행사 당시 자동차등록원부에 등록하지 아니한 위 전기자동차를 운행하였다는 부분에 관하여 위 부분 공소사실은 다음과 같은 이유로 범죄로 되지 아니하는 경우에 해당한다고 판단하였다. 즉, ① 자동차관리법 제3조의 위임에 따라 자동차의 종류를 규모별 및 유형별로 세분하고 있는 같은 법 시행규칙 제2조 제2항은 승용자동차 및 이륜자동차의 경우 배기량을 기준으로 경형, 소형, 중형 및 대형 또는 소형, 중형 및 대형으로, 승합자동차, 화물자동차 및 특수자동차의 경우에는 일정 배기량 이하의 것에 대하여는 경형으로 구분하고 있어 자동차관리법상 자동차의 종류는 원동기가 내연기관인 차량임을 전제로 하고 있는 점, ② 현재 자동차등록령 및 자동차등록규칙에 의하여 작성되고 있는 자동차등록증에는 배기량, 기통수, 연료의 종류(연비 ㎞/L) 등 자동차의 원동기가 내연기관임으로 전제로 그 해당 사항을 기재하도록 되어 있는 점, ③ 자동차관리법 제36조 제1항의 위임에 따라 정기점검 관련 사항을 규정하고 있는 같은 법 시행규칙은 원동기의 점검사항과 관련하여 원동기의 배기가스(매연·일산화탄소 및 탄화수소)의 상태, 에어클리너의 상태, 실린더 각부의 조임, 압축입력, 배기가스 과다발산방지장치의 기능 여부, 배기관 및 소음기의 상태 등에 관하여 점검을 받도록 규정하고 있어(제59조 제2항, [별표 8]), 원동기는 내연기관임을 전제로 하여 점검을 받도록 하고 있는 점, ④ 또한 자동차관리법 제43조 제1항의 위임에 따라 자동차검사에 관한 사항을 정하고 있는 같은

법 시행규칙에서는 점화·충전·시동장치의 작동에 이상이 없는지 여부, 윤활유계통에서 윤활유의 누출이 없고, 유량이 적정한지 여부, 윤활유계통의 누유 및 유량 확인, 팬벨트 및 방열기 등 냉각계통의 손상이 없고 냉각수의 유출이 없는지 여부, 냉각계통의 손상 여부 및 냉각수의 누출여부 확인 등의 검사를 받도록 규정하고 있어(제73조 제1항, [별표 15]) 원동기가 내연기관임을 전제로 검사규정을 두고 있는 점 등의 사정을 고려하여 볼 때 현행 자동차관리법은 피고인의 이 사건 전기자동차와 같이 전동기를 주된 동력장치로 하는 자동차는 그 대상으로 하고 있다고 판단되지 아니하고, 또한 이 사건 전기자동차는 자동차관리법 제3조에 따른 승용자동차와 승합자동차를 그 대상으로 하는 여객자동차 운수사업법의 규율대상도 되지 않는다는 것이다.

2. 그러나 원심의 위와 같은 판단은 다음과 같은 이유로 수긍할 수 없다.

자동차관리법은 '자동차라 함은 원동기에 의하여 육상에서 이동할 목적으로 제작한 용구 또는 이에 견인되어 육상을 이동할 목적으로 제작한 용구(이하 "피견인자동차"라 한다)를 말한다. 다만, 대통령령이 정하는 것을 제외한다'고 규정하고 있고(제2조 제1호), 같은 법 시행령 제2조는 법 제2조 제1호 단서의 '대통령령이 정하는 것'으로 '건설기계관리법에 의한 건설기계(제1호)', '농업기계화 촉진법에 의한 농업기계(제2호)', '군수품 관리법에 의한 차량(제3호)', '궤도 또는 공중선에 의하여 운행되는 차량(제4호)'을 규정하고 있을 뿐 자동차에 사용되는 원동기의 동력원에 대하여는 특별한 제한을 두고 있지 아니하므로, 특별한 사정이 없는 한 전기공급원으로부터 충전받은 전기에너지를 동력원으로 사용하는 전기자동차도 '원동기에 의하여 육상에서 이동할 목적으로 제작한 용구'로서 자동차관리법이 정한 자동차에 해당한다고 봄이 타당하다.

이러한 법리는 자동차관리법 제29조 제2항의 위임에 따라 자동차의 구조 및 장치의 안전기준에 대하여 정하고 있는 '자동차안전기준에 관한 규칙'이 '전기자동차란 환경친화적 자동차의 개발 및 보급촉진에 관한 법률 제2조 제3호에 따른 전기자동차를 말한다'고 하여 전기자동차에 관한 정의 규정을 두고 있고(제2조 제50호), 원동기 및 동력전달장치와 관련하여, '승합자동차 및 화물자동차의 원동기 최대출력은 차량총중량 1톤당 출력이 10마력(PS) 이상일 것. 다만, … 전기자동차…의 경우에는 그러하지 아니하다'고 규정하고 있으며(제11조 제1항 제2호), 조종장치와 관련하여 '조종레버가 전진 또는 후진 위치에 있는 경우 원동기가 시동되지 아니할 것'이라고 규정하면서 전기자동차에 대하여는 예외를 인정하고 있고(제13조 제3항 제4호 나.목), 제작자동차 등에 대한 연료장치의 안전기준과 관련하여 '하이브리드자동차(승용자동차와 4.5톤 미만인 승합자동차만 해당한다) 및 전기자동차(승용자동차와 4.5톤 이하인 승합자동차만 해당한다)는 별표 11의3의 고전원전기장치의 충돌시험기준에 적합하여야 한다'고 규정하고 있으며(제91조 제4항), 자동차관리법 시행규칙은 같은 법 제3조 제2항의 위임에 따라 자동차의 종류를 규모별로 각 경형, 소형, 중형, 대형으로 세분하고 있는데, 그 세분 기준으로 배기량뿐만 아니라 길이·너비·높이·최대적재량·총중량 등 복수의 기준을 두고 있고(제2조 제2항 [별표 1]), 특히 [별표 1] 중 '1. 규모별 세부기준'의 '주(註) 1'에서 '사용연료의 종류가 전기인 자동차의 경우에는 복수기준 중 길이·너비·높이에 따라 규모를 구분…한다'고 규정하고 있는 등 자동차관리법 소정의 '자동차'에 전기자동차도 포함됨을 전제로 한 다수의 규정이 존재하는 점에 비추어 보더라도 그러하다.

한편, 자동차관리법 제8조 제2항에 의한 자동차등록증의 서식을 규정하고 있는 자동차등록규칙 제4조 별지 제1호 서식이 배기량, 기통수, 연료의 종류(연비 ㎞/L) 등 자동차의 원동기가 내연기관임을 전제로 그 해당 사항을 기재하도록 되어 있는 등의 사정으로 인하여 전기자동차를 실제로 자동차등록원부에 등록함에는 현실적인 어려움이 있다고 하더라도, 국토해양부장관이 전기자동차 등 친환경·첨단미래형 자동차의 개발·보급을 위하여 필요하다고 인정하는 자가 시험·연구의 목적으로 자동차를 운행하려는 경우에는 임시운행허가를 할 수 있고(자동차관리법 제27조 제1항, 같은 법 시행령 제7조 제1항 제11호 마.목), 이러한 임시운행허가를 받은 경우에는 자동차를 등록하지 아니하고 일시운행할 수 있으므로(자동차관리법 제5조 단서), 피고인으로서는 이 사건 전기자동차를 등록할 수 없었다고 하더라도 그 요건을 갖추어 임시운행허가를 받음으로써 이 사건 전기자동차를 운행할 수도 있었을 것이고, 기존의 자동차를 임의로 전기자동차로 개조한 다음 그 안전성과 성능을 검증받지 않은 채 운행하는 행위의 위험성을 감안하여 볼 때 이를 규제할 필요성도 높다고 할 것이므로 등록하지 않은 전기자동차를 운행하는 행위를 처벌하는 것이 반드시 불합리하다고 할 수도 없다.

그렇다면, 피고인이 자동차등록원부에 등록하지 아니한 이 사건 전기자동차를 운행한 것은 자동차관리법 제80조 제1호 소정의 ' 제5조 규정에 위반하여 등록하지 아니하고 자동차를 운행'한 경우에 해당한다고 할 것이다.

한편, 여객자동차 운수사업법 제2조 제1호는 '자동차라 함은 자동차관리법 제3조의 규정에 의한 승용자동차 및 승합자동차를 말한다'고 규정하고 있으므로, 이 사건 전기자동차가 승용자동차나 승합자동차에 해당할 경우 이는 여객자동차 운수사업법이 정한 자동차에도 해당한다 고 할 것이다.

그럼에도 이 사건 전기자동차가 자동차관리법이나 여객자동차 운수사업법의 규율대상인 자동차가 아니라고 본 원심의 판단에는 자동차관리법상의 자동차의 개념에 대한 법리를 오해하여 판결의 결과에 영향을 미친 위법이 있다. 이 점을 지적하는 상고이유의 주장은 이유 있다.

3. 원심이 경합범으로 공소제기된 수 개의 범죄사실 중 그 일부에 대하여 유죄, 일부에 대하여 무죄를 각 선고하고 무죄 부분에 대하여는 검사가 상고하였으나 유죄 부분에

대하여는 피고인과 검사 모두 상고하지 아니한 경우, 그 유죄 부분은 상소기간의 도과로 확정되는 것이므로 무죄 부분의 상고가 이유 있는 경우에도 그 무죄 부분만이 파기되어야 하는 것이나(대법원 1992. 1. 21. 선고 91도1402 전원합의체 판결, 대법원 2007. 6. 28. 선고 2005도7473 판결 등 참조), 이 사건의 경우 검사가 상고한 위 무죄 부분 중 전기자동차 대여에 의한 여객자동차 운수사업법 위반죄는 유죄가 인정된 화물차 대여에 의한 여객자동차 운수사업법 위반죄와 일죄의 관계에 있고, 또 위 유죄가 인정된 여객자동차 운수사업법 위반죄는 유죄가 인정된 나머지 공소사실 부분과 형법 제37조 전단의 경합범 관계에 있어 하나의 형이 선고되었으므로, 원심판결은 전부 파기하여야 한다.

4. 그러므로 원심판결을 파기하고, 사건을 다시 심리·판단하게 하기 위하여 원심법원으로 환송하기로 하여 관여 대법관의 일치된 의견으로 주문과 같이 판결한다.

판례4 ┃ ATV차량의 일종인 LT-160이 구 도로교통법상의 이륜자동차에 해당하는지 여부(적극)[대법원 2007. 6. 15., 선고, 2006도5702, 판결]

【판결요지】

ATV차량{all- terrain vehicle, 전지형(全地形) 만능차, 주로 레저용으로 사용됨}의 일종인 LT-160(일명 사발이)에 적재함을 단 것으로서 배기량 158㏄, 최대적재중량 90㎏이고 농업기계화촉진법상의 농업기계 검사를 받지는 않은 차량은 그 구조, 장치, 사양 및 용도 등에 비추어 구 도로교통법(2005. 5. 31. 법률 제7545호로 전문 개정되기 전의 것) 제2조 제14호, 자동차관리법 제3조 제1항,

구 자동차관리법 시행규칙(2005. 9. 16. 건설교통부령 제470호로 개정되기 전의 것) 제2조 제1항 제5호에서 정한 '1인 또는 2인의 사람을 운송하기에 적합하게 제작된 2륜의 자동차(2륜인 자동차에 측차를 붙인 자동차와 이륜자동차에서 파생된 3륜 이상의 자동차를 포함한다)'에 해당하는 '이륜자동차'라 할 것이고, 비록 농업용에 주로 사용된다고 하더라도 위 차량이 농림축산물의 생산 및 생산 후 처리작업과 생산시설의 환경제어 등에 사용되는 기계라고는 볼 수 없으므로, 자동차관리법 제2조 제1호 단서, 자동차관리법 시행령 제2조 제2호, 농업기계화촉진법 제2조 제1호에서 정한 농업기계에는 해당하지 않는다.

【원심판결】

의정부지법 2006. 7. 28. 선고 2006노486 판결

【주문】

상고를 기각한다.

【이유】

상고이유를 판단한다.

1. 제1점에 대하여

원심판결 이유를 기록에 비추어 살펴보면, 피고인이 운전한 차량은 ATV차량(all-terrain vehicle, 전지형(全地形) 만능차, 주로 레저용으로 사용됨)의 일종인 LT-160 (일명 사발이)에 적재함을 단 것(이하 '이 사건 차량'이라고 한다)으로서 배기량 158 ㏄, 최대적재중량 90㎏의 4륜 차량이고, 농업기계화촉진법상의 농업기계 검사를 받지는 않은 차량인 사실을 인정할 수 있는바, 이 사건 차량은 그 구조, 장치, 사양 및 용도 등에 비추어 구 도로교통법(2005. 5. 31. 법률 제7545호로 전문 개정되어 2006. 6. 1. 시행되기 전의 것, 이하 같다) 제2조 제14호, 자동차관리법 제3조 제1항, 구 자동차관리법 시행규칙(2005. 9. 16. 건설교통부령 제470호로 개정되기 전의 것) 제2조 제1항 제5호에서 정한 '1인 또는 2인의 사람을 운송하기에 적합하게 제작된 2륜의 자동차(2륜인 자동차에 측차를 붙인 자동차와 이륜자동차에서 파생된 3륜 이상의 자동차를 포함한다)'에 해당하는 '이륜자동차'라 할 것이고, 비록 농업용에 주로 사용된다고 하더라도 이 사건 차량이 농림축산물의 생산 및 생산 후 처리작업과 생산시설의 환경제어 등에 사용되는 기계라고는 볼 수 없으므로, 자동차관리법 제2조 제1호 단서, 자동차관리법 시행령 제2조 제2호, 농업기계화촉진법 제2조 제1호에서 정한 농업기계에는 해당하지 않는다고 할 것이다.

원심이 이와 같은 취지에서 이 사건 차량이 구 도로교통법상의 자동차에 해당한다고 보아 피고인의 무면허운전 및 음주운전의 점을 유죄로 인정한 조치는 정당하고, 거기에 구 도로교통법상의 자동차에 관한 법리를 오해한 위법 등이 있다고 할 수 없다.

2. 제2점에 대하여

원심이 그 설시 증거를 종합하여 피고인이 이 사건 차량을 운전하던 중 신호를 위반하여 좌회전한 과실로 이 사건 교통사고를 일으켰다고 인정하여 각 과실재물손괴의 점을 유죄로 판단한 조치는 사실심 법관의 합리적인 자유심증에 따른 것으로서 기록에 비추어 정당하고, 거기에 상고이유의 주장과 같은 채증법칙 위배, 심리미진 등의 위법이 있다고 할 수 없다.

3. 그러므로 상고를 기각하기로 하여 관여 법관의 일치된 의견으로 주문과 같이 판결한다.

판례5 | 트렉터에 의하여 견인되는 추레라가 자동차관리법상의 자동차에 해당되는지
여부(적극)*[창원지법 2001. 10. 8., 선고, 2001구1618, 판결 : 항소기각]*

【판결요지】

구 도로교통법(2001. 1. 26. 법률 제6392호로 개정되기 전의 것) 제2조 제14호가 자동차를 정의함에 있어 원동기를 사용하여 운전되는 차를 전제로 하고 있는 듯이 규정하고 있으나, 자동차관리법 제2조 제1호가 자동차를 정의함에 있어 원동기에 의하여 육상에서 이동할 목적으로 제작한 용구 이외에 이에 견인되어 육상을 이동할 목적으로 제작한 용구를 포함시키고 있고, 이를 피견인자동차라고 규정하고 있으며, 자동차관리법상의 위와 같은 자동차의 정의는 같은 법 제3조의 자동차의 종류를 정함에 있어서도 그대로 적용된다 할 것이고, 트랙터에 의하여 견인되는 추레라의 경우 자동차관리법시행규칙 제2조 제2항 [별표 1] 2. 유형별 세부기준 중 특수자동차의 특수작업형에 해당한다.

【주문】

1. 원고의 주위적 청구를 기각한다.

2. 피고가 2001. 4. 18. 원고에 대하여 한 2001. 5. 9.자 제1종 대형면허, 제1종 보통면허의 각 취소처분을 각 취소한다.

3. 원고의 나머지 예비적 청구를 기각한다.

4. 소송비용은 이를 2분하여 그 1은 원고의, 나머지는 피고의 각 부담으로 한다.

【청구취지】

주위적 청구취지 : 피고가 2001. 4. 18. 원고에 대하여 한 같은 해 5. 9.자 자동차운전면허취소처분은 무효임을 확인한다는 판결.

예비적 청구취지 : 피고가 2001. 4. 18. 원고에 대하여 한 같은 해 5. 9.자 자동차운전면허취소처분을 취소한다는 판결.

【이유】

1. 처분의 경위

다음 사실은 당사자 사이에 다툼이 없거나, 갑 제1호증, 을 제1~3호증, 을 제4호증의 1, 2, 을 제5호증의 1~4, 을 제6, 7, 14호증의 각 기재에 변론의 전취지를 종합하면 이를 인정할 수 있다.

가. 원고는 1997. 3. 10. 제2종 보통면허를, 1999. 9. 13. 제1종 보통면허를, 2000. 7. 15. 제1종 대형면허를, 같은 해 10. 9. 제1종 특수(추레라)면허를 각 취득하였다.

나. 피고는 2001. 4. 18., 원고가 2000. 11. 29. 05:45경 창원시 신촌동 소재 정원산업에서부터 팔용동 소재 삼영열기 앞 도로까지 무등록 추레라(이하 '이 사건 추레라'라 한다)를 경남99바5400호 트랙터로 견인하여 운전하였다는 이유로 원고의

자동차운전면허를 취소하는 처분(이하 '이 사건 처분'이라 한다)을 하였다.

다. 원고는 이 사건 처분에 불복하여 2001. 5. 15. 경찰청장에게 행정심판을 청구하였으나, 같은 해 7. 21. 청구기각의 재결을 받았다.

2. 주위적 청구에 대한 판단

가. 원고의 주장요지

원고는 주위적으로, 자동차관리법 제2조 제1호 및 구 도로교통법(2001. 1. 26. 법률 제6392호로 개정되기 전의 법률, 이하 '법'이라 한다) 제2조 제14호의 규정에 의하면, '자동차'라 함은 철길 또는 가설된 선에 의하지 아니하고 원동기를 사용하여 운전되는 차(견인되는 자동차도 자동차의 일부로 본다)로 자동차관리법 제3조의 규정에 의한 승용자동차……특수자동차……를 말한다고 규정되어 있는바, 원고가 당시 운전한 차량은 이 사건 추레라를 견인하는 자동차이고, 이 사건 추레라는 자동차가 아니므로, 이 사건 추레라가 자동차임을 전제로 한 이 사건 처분은 그 하자가 중대하고 명백하여 무효라고 주장한다.

나. 관계 법령

법 제2조 제14호는 '자동차'라 함은 철길 또는 가설된 선에 의하지 아니하고 원동기를 사용하여 운전되는 차(견인되는 자동차도 자동차의 일부로 본다)로서 자동차관리법 제3조의 규정에 의한 승용자동차·승합자동차·화물자동차·특수자동차·이륜자동차 및 건설기계관리법 제26조 제1항 단서의 규정에 의한 건설기계를 말하고, 제15조의 규정에 의한 원동기장치자전거를 제외한다고 규정하고, 제78조 제1항은 지방경찰청장은 운전면허(연습운전면허를 제외한다. 이하 이 조에서 같다)를 받은 사람이 다음 각 호의 1에 해당하는 때에는 행정자치부령이 정하는 기준에 의하여 운전면허를 취소하거나 1년의 범위 안에서 그 운전면허의 효력을 정지시킬 수 있고, 다만, 제1호 내지 제3호, 제5호 내지 제8호, 제10호 내지 제14호에 해당하는 때에는 그 운전면허를 취소하여야 한다고 하면서, 제11호로 자동차관리법의 규정에 의하여 등록되지 아니하거나 임시운행허가를 받지 아니한 자동차(이륜자동차를 제외한다)를 운전한 때를 들고 있으며, 자동차관리법 제2조 제1호는 '자동차'라 함은 원동기에 의하여 육상에서 이동할 목적으로 제작한 용구 또는 이에 견인되어 육상을 이동할 목적으로 제작한 용구(이하 '피견인자동차'라 한다)를 말한다고 규정하고, 제3조 제1항은 자동차는 자동차의 크기·구조, 원동기의 종류, 총배기량 또는 정격출력 등 건설교통부령이 정하는 구분기분에 의하여 승용자동차·승합자동차·화물자동차·특수자동차·이륜자동차로 구분한다고 규정하고 있으며, 제2항은 제1항의 규정에 의한 자동차의 종류는 건설교통부령이 정하는 바에 의하여 이를 세분할 수 있다고 규정하고, 자동차관리법시행규칙 제2조 제1항은 자동차관리법 제3조

제1항의 규정에 의한 자동차의 종류는 다음 각 호와 같이 구분한다고 하면서 제4호로 특수자동차 : 다른 자동차를 견인하거나 구난작업 또는 특수한 작업을 수행하기에 적합하게 제작된 자동차로서 승용자동차·승합자동차 또는 화물자동차가 아닌 차를 들고 있으며, 제2항은 제1항의 규정에 의한 자동차의 종류는 법 제3조 제2항의 규정에 의하여 그 규모별 및 유형별로 [별표 1]과 같다고 규정하고, [별표 1] 2. 유형별세부기준은 특수자동차의 견인형을 피견인차의 견인을 전용으로 하는 구조인 것으로, 구난형을 고장·사고 등으로 운행이 곤란한 자동차를 구난·견인할 수 있는 구조인 것으로, 특수작업형을 위 어느 형에도 속하지 아니하는 특수작업용인 것으로 각 규정하고 있다.

다. 판단

행정처분이 당연무효라고 하기 위하여는 처분에 위법사유가 있다는 것만으로는 부족하고 하자가 법규의 중요한 부분을 위반한 중대한 것으로서 객관적으로 명백한 것이어야 하며, 하자의 중대·명백 여부를 판별함에 있어서는 법규의 목적, 의미, 기능 등을 목적론적으로 고찰함과 동시에 구체적 사안 자체의 특수성에 관하여도 합리적으로 고찰함을 요한다 할 것이다(대법원 1997. 6. 19. 선고 95누8669 전원합의체 판결 참조).

따라서 이 사건 처분에 중대하고 명백한 하자가 있는지 여부에 관하여 살피건대, 법 제2조 제14호가 자동차를 정의함에 있어 원동기를 사용하여 운전되는 차를 전제로 하고 있는 듯이 규정하고 있으나, 자동차관리법 제2조 제1호가 자동차를 정의함에 있어 원동기에 의하여 육상에서 이동할 목적으로 제작한 용구 이외에 이에 견인되어 육상을 이동할 목적으로 제작한 용구를 포함시키고 있고, 이를 피견인자동차라고 규정하고 있으며, 자동차관리법상의 위와 같은 자동차의 정의는 같은 법 제3조의 자동차의 종류를 정함에 있어서도 그대로 적용된다 할 것이고, 이 사건 추레라의 경우 자동차관리법시행규칙 제2조 제2항 [별표 1] 2. 유형별 세부기준 중 특수자동차의 특수작업형에 해당한다고 할 것이므로 이 사건 추레라가 법 및 자동차관리법상의 자동차임을 전제로 자동차관리법에 의한 등록을 하지 아니한 상태로 이 사건 추레라를 운행하였음을 이유로 한 이 사건 처분이 법률의 해석을 그르친 하자가 있다고 할 수 없고, 기타 이 사건 처분에 중대·명백한 하자가 있다고 볼 만한 자료가 없으므로 원고의 주위적 청구의 주장은 이유 없다.

3. 예비적 청구에 대한 판단

가. 원고의 주장요지

원고는 예비적으로, 가사 이 사건 추레라가 법 및 자동차관리법상의 등록을 요하는 '자동차'에 포함된다고 하더라도, ① 원고가 사원으로 재직하고 있는 주식회사

삼영특수육운(이하 '삼영육운'이라 한다)은 삼영열기 주식회사에서 생산한 길이 18 ~20m의 대형판넬을 운송하는 업체로서, 현행법상 적재물의 허용길이는 12m에 불과하여 위와 같은 대형판넬은 어쩔 수 없이 불법개조한 추레라로 운송할 수밖에 없는데, 원고로서는 단순히 삼영육운의 지시에 따라 이 사건 추레라를 운행하게 된 것이고, 만약 이 사건 처분으로 원고의 운전면허가 취소되면 원고는 실직을 당하게 되어 가족의 생계가 막연하게 되므로 이 사건 처분은 재량권을 일탈하거나, 남용한 것으로서 위법하며, ② 원고가 이 사건 추레라를 운전한 것은 제1종 특수면허(추레라)로 운전한 것이므로 이 사건 처분 중 제1종 대형면허, 제1종 보통면허, 제2종 보통면허에 대한 부분은 위법하다고 주장한다.

나. 재량권의 일탈·남용 여부에 대한 판단

어느 행정처분이 기속행위에 해당하는지 아니면 재량행위에 해당하는지 여부는 당해 처분의 근거가 된 법규의 형식이나 체제 또는 그 문언에 따라 결정되어야 할 것이다 그런데 법 제78조 제1항 제11호에 의하면, 자동차의 운전자가 자동차관리법의 규정에 의하여 등록되지 아니하거나 임시운행허가를 받지 아니한 자동차(이륜차를 제외한다)를 운전한 때에는 필요적으로 그 운전면허를 취소하여야 하는 것으로 규정되어 있으므로, 법문상 이에 해당하는 경우에는 행정청에게 운전면허의 취소 여부를 판단할 수 있는 재량의 여지가 없음이 분명하게 드러나고 있다. 그렇다면 앞서 본 바와 같이 원고가 자동차관리법에 의하여 등록되지 아니하거나 임시운행허가를 받지 아니한 자동차(이륜차를 제외한다)를 운전함으로써 위 법규정상의 운전면허취소요건에 해당하는 이상, 피고로서는 원고의 운전면허를 반드시 취소하여야만 하고, 달리 그에 관하여 재량권을 행사할 수는 없다고 할 것이므로, 이에 관한 원고의 주장은 더 나아가 살펴볼 필요 없이 이유 없다.

다. 제1종 대형면허, 제1종 보통면허에 관한 부분

한 사람이 여러 종류의 운전면허를 취득한 경우에 이를 취소 또는 정지함에 있어서는 각기 별개의 것으로 취급하는 것이 원칙인바, 도로교통법시행규칙(이하 '시행규칙'이라 한다) 제26조 및 [별표 14] '운전할 수 있는 차의 종류'에 의하면, 추레라는 제1종 특수(추레라)면허로는 운전이 가능하나 제1종 대형면허, 제1종 보통면허로는 운전할 수 없는 것이므로, 원고가 이 사건 추레라를 운전한 것은 자신이 가진 운전면허 중 제1종 특수(추레라)면허만으로 운전한 것이 되고, 제1종 대형면허, 제1종 보통면허는 이 사건 추레라의 운전과 아무런 관련이 없다고 할 것이다.

그런데도 원고가 미등록 자동차를 운전하였음을 이유로 피고가 원고의 운전면허 중 제1종 대형면허, 제1종 보통면허까지 취소한 것은 위법하다고 하지 않을 수 없다.

라. 제2종 보통면허에 관한 부분

한 사람이 여러 종류의 자동차운전면허를 취득하는 경우뿐 아니라 이를 취소 또는 정지하는 경우에 있어서도 서로 별개의 것으로 취급하는 것이 원칙이고, 제1종 특수(추레라)면허를 가진 사람만이 운전할 수 있는 추레라는 제2종 보통면허를 가지고 운전할 수 없는 것이기는 하지만, 자동차운전면허는 그 성질이 대인적 면허일 뿐만 아니라 도로교통법시행규칙 제26조 [별표 14]에 의하면, 제1종 특수(추레라)면허 소지자는 제2종 보통면허 소지자가 운전할 수 있는 차량을 모두 운전할 수 있는 것으로 규정하고 있어, 제1종 특수(추레라)면허의 취소에는 당연히 제2종 보통면허 소지자가 운전할 수 있는 차량의 운전까지 금지하는 취지가 포함된 것이어서 이들 차량의 운전면허는 서로 관련된 것이라고 할 것이므로, 제1종 특수(추레라)면허로 운전할 수 있는 차량을 자동차관리법에 의한 등록을 하지 아니하고 운전한 경우에는 그와 관련된 제2종 보통면허까지 취소할 수 있다고 할 것이므로(대법원 1997. 2. 28. 선고 96누17578 판결 참조) 원고의 위 부분 주장은 이유 없다.

4. 결론

그렇다면 원고의 주위적 청구는 이유 없으므로 이를 기각하고, 원고의 예비적 청구 중 제1종 대형면허 및 제1종 보통면허에 관한 부분은 이유 있으므로 이를 각 인용하며, 나머지 예비적 청구 부분은 이유 없으므로 이를 기각하기로 하여, 주문과 같이 판결한다.

> **판례6 │** 군수품관리법에 의한 차량에 해당하여 자동차관리법의 적용이 배제되나 도로교동법상 자동차에 해당한다 *대법원 1995. 12. 22. 선고., 94도1519 판결.*

【판결요지】

[1] 도로교통법 제107조의2 제1호, 제41조 제1항의 주취운전 처벌규정의 적용 대상인 같은 법 제2조 제14호 소정의 '자동차'라 함은, 철길 또는 가설된 선에 의하지 아니하고 원동기를 사용하여 운전되는 차(견인되는 자동차도 자동차의 일부로 본다)로서 자동차관리법 제3조, 자동차관리법시행규칙 제2조 [별표 1]에 나열한 각종 자동차 중 어느 하나에 해당하기만 하면 족한 것이므로, 자동차관리법 제2조 제1호 단서, 자동차관리법시행령 제12조 각 호에서 정하고 있는 같은 법의 적용이 배제되는 자동차라고 하여도 그것이 위에서 정의한 요건을 충족하는 이상 도로교통법 제2조 제14호 소정의 자동차에 해당한다.

[2] 포니엑셀 승용차가 자동차관리법 제2조 제1호 단서, 자동차관리법시행령 제2조 제3호 소정의 '군수품관리법에 의한 차량'에 해당되어 자동차관리법의 적용이 배제되기는 하지만, 원동기를 사용하여 운전되는 차로서 자동차관리법 제3조, 자동차관리법시행규칙 [별표 1]에 나열한 자동차 중 일반형 승용자동차에 해당함이 명백하므로 포니

엑셀 자동차는 도로교통법 제2조 제14호 소정의 자동차에 해당한다,

【원심판결】

해군고법 1994. 5. 2. 선고 94노10 판결

【이유】

1. 업무상과실군용물손피 및 무단이탈의 점에 대하여 원심판결 중 업무상과실군용물손괴 및 무단이탈의 점에 대하여는 상고이유서에 상고이유의 기재가 없고, 또 적법한 기간 내에 따로 상고이유를 제출한 바도 없으므로 이 부분 상고는 이유없다.

2, 도로교통법위반의 점에 대하여

도로교통법 제107조의2 제1호 , 제41조 제1항에 의하면, 술에 취한 상태에서 자동차 동을 운전한 사람을 처벌하도록 규정함으로써 그 행위의 주체를 자동차 등을 운전한 사람으로 한정하고 있는바, 도로교통법 제12조 제14호 본문은 '자동차'라 함은 철길 또는 가설된 선에 의하지 아니하고 원동기'를 사용하여 운전되는 차(견인되는 자동차 도 자동차의 일부로 본다)로서 자동차관리법 제13조의 규정에 의한 승용자동차·승합자 동차·화물자동치·특수자동차·이륜자동차 및 건설기계관리법 제26조 제1항 단서의 규정 에 의한 건설기계를 말한다고 규정하고 있고, 자동차관리법 제3조는 자동차의 종류에 관하여 자동차는 이를 승용자동차, 숭합자동차, 황물자동차, 특수자동차 및 이륜자동차 로 구분하되, 그 구분은 자동차의 크기, 구조, 원동기의 종류, 총배기량 또는 정격출력 을 기준으로 하여 교통부령으로 정한다고 규정하고 있으며, 같은 법 시행규칙은 그 제 2조에서 법 제3조의 규정에 의한 자동차의 종류에 따른 구분은 별표 1과 같다고 규정 하면서 별표 1에서 승용자동차를 일반형, 승용 겸 화물형, 지프형, 기타형으로 구분하 고 , 일반형을 규모별로 소형(l,500cc 미만의 것), 중형(l,500cc 이상 2,000cc 미만의 것) , 대형(2,000ce 이상의 것)으로 구분하고 있다.

한편 자동차관리법 제2조 제1호는 이 법에서 사용하는 용어 중 자동차의 정의에 관하 여 '자동차'라 함은 원동기에 의하여 육상에서 이동할 목적으로 제작한 용구 또는 이 에 견인되어 육상을 이동할 목적으로 제작한 용구를 말한다. 다만 대통령령이 정하는 것을 제외한다고 규정하고 있고, 같은 법 시행령 제2조는 법 제12조 제1호 단서에서 '대통령령이 정하는 것'이라 함은 다음 각호의 것을 말한다 라고 하면서 그 제13호에 서 군수품관리법에 의한 차량을 들고 있으며, 군수품관리법 제2조는 이 법에서 군수품 이라 함은 물품관리법 제12조 제1항의 규정에 의한 물품 중 국방부 및 그 직할기관과 육·해·공군에서 관리하는 물품을 말한다고 규정하고 있고, 제3조는 군수품은 대통령령 이 정하는 바에 의하여 전비품과 통상품으로 구분한다고 규정하고 있고, 같은 법 시행 령 제1조 제1항에는 군수품관리법 제3조에 규정한 '전비품 :이라 함은 법 제2조에 규

정한 군수품으로서 다음 각호의 1에 해당하는 것을 말한다고 하면서 그 제1호에서 군기밀에 속하는 군수품, 그 제3호에서 국방부장관이 지정하는 군기보호시설이나 지역에 보관되거나 배치한 군수품, 그 제3호에서 전투에 동원된 군수품, 그 제4호에서 별표 1에 계기하는 갑류 병기와 작전부대에서 사용 또는 보관하고 있는 갑류 병기에만 전용하기 위하여 당해 부대에서 보유하는 구성품 및 부분품, 그 제5호에서 별표2에 게기하는 을류 병기 중 작전부대가 그 임무수행을 위하여 사용 또는 보관하는 을류 병기와 그 을류 병기에만 전용하기 위하여 당해 부대에서 보유하는 구성품 및 부분품을 들고 있고, 별표 2에서는 트럭(지휘정찰·작전연락·장비의 가설·병력 및 물자수송용 등)·화포견인차·구난차·전선보수차·구급차·중장비운반차 및 기타 군용트럭과 트레라 등을 을류 병기로 열거하고 있으며, 같은 조 제4항은 법 제3조에 규정한 "통상품"이라 함은 제1항에서 규정된 것 이외의 군수품을 말한다고 규정하고 있다.

위 각 법령 규정에다가, 도로교통법은 도로에서 일어나는 교통사고의 모든 위험장애를 방지·제거하여 안전하고 원활한 교통을 확보하는 것을 그 목적으로 하고 있는데 비하여(제1조), 자동차관리법은 자동차의 등록·안전기준·형식승인·점검·정비·검사 및 자동차관리사업 등에 관한 사항을 정하여 자동차를 효율적으로 관리하고 자동차의 소유권을 공증하며 자동차의 안전도를 확보하는 것을 목적으로 하고(제1조) 있어 양자의 입법취지가 서로 상이한 점, 도로교통법 제2조 제14호 본문에서도 자동차관리법 제3조만을 열거하고 있을 뿐 같은 법 제2조 저11호는 열거하고 있지 않은 점 등을 종합하여 보면, 도로교통법 제107조의2 제1호, 제41조 제1항의 주취운전 처벌규정의 적용대상인 같은 법 제12조 제14호 소정의 '자동차'라 함은, 철길 또는 가설된 선에 의하지 아니하고 원동기를 사용하여 운전되는 차(견인되는 자동차도 자동차의 일부로 본다)로서 자동차관리법 제3조, 같은 법 시행규칙 제2조 별표 1에 나열한 각종 자동차 중 어느 하나에 해당하기만 하면 족한 것이라고 할 것이므로, 자동차관리법 제2조 제1호 단서, 같은 법 시행령 제2조 각호에서 정하고 있는 같은 법의 적용이 배제되는 자동차라고 하여도 그것이 위에서 정의한 요건을 충족하는 이상 도로교통법 제2조 제14호 소정의 자동차에 해당한다고 보지 않을 수 없다.

돌이켜 이 사건에 관하여 보건대, 제1심법원이 채용한 증거들에 의하면 이 사건 포니엑셀 승용차(01육1140호)가 자동차관리법 제2조 제1호 단서, 같은 법 시행령 제12조 제3호 소정의 '군수품관리법에 의한 차량'에 해당하는 사실이 인정되므로 위 승용차에 대하여는 자동차관리법의 적용이 배제되기는 하지만, 한편 위 증거들에 의하면 이 사건 포니엑셀 승용차가 원동기를 사용하여 운전되는 차로서 자동차관리법 제3조, 같은 법 시행규칙 별표 1에 나열한 자동차 중 일반형 승용자동차에 해당함이 명백하므로 이 사건 포니엑셀 자동차는 도로교통법 제2조 제14호 소정의 자동차에 해당한다고 할 것이다.

따라서 원심이 이와 다른 견해에서 이 사건 공소사실 중 도로교통법위반의 점을 무죄라고 판단한 것은 도로교통법 제107조의2 제1호, 제41조 제1항 소정의 '자동차'에 관한 법리를 오해한 위법이 있으므로 논지는 이유 있다.

다만 이 사건 도로교통법위반죄는 1995. 12. 2, 대통령령 제14818호 일반사면령에 의하여 사면되었으므로 피고인에 대한 위 도로교통법위반의 공소사실에 대하여는 군사법원법 제381조 제2호에 의하여 면소판결을 하여야 할 것이다.

3. 교통사고처리특례법위반의 점에 대하여

앞서 본 바와 같이, 이 사건 포니엑셀 승용차는 도로교통법 제2조 제14호 소정의 자동차에 해당한다고 봄이 타당하다고 할 것이므로 그 승용차를 운전하다가 사람을 다치게 하는 사고를 낸 때에는 교통사고처리특례법위반죄로 처단하여야 할 것이다. 그런데 기록에 의하면 피고인은 음주운전을 하다가 교통사고를 일으켜 피해자에게 상해를 입힌 것임을 알 수 있어 위 특례법 제3조 제2항 단서 , 제8호 소정의 주취 중에 운전을 한 자에 해당되므로 원심으로서는 피해자와 합의를 하여 피해자가 처벌을 원치 않는다고 하여도 공소기각을 할 수는 없고, 실체판결에 나아가 범죄사실이 인정되면 유죄판결을 하고 그것이 인정되지 않으면 무죄판결을 하였어야 할 것이다.

따라서 이 사건 사고를 중앙선침범 사고로 보아야 한다는 상고 논지에 관하여 판단할 필요도 없이 이 사건 교통사고처리특례법위반의 점에 대하여 공소기각을 선고한 원심판결은 교통사고처리특례법 제3조 제1항, 제2항 단서 제18호 소정의 죄에 대한 법리를 오해한 위법이 있다. 논지는 이유 있다.

4. 그러므로 원심판결 중 이 사건 도로교통법위반 및 교통사고처리특례법 위반에 관한 부분은 그대로 유지될 수 없는바, 위 교통사고처리특례법위반죄와 원심이유죄로 판단하고 있는 업무상과실군용물손괴죄는 상상적경합범 관계에 있고 한편 위 죄는 위 도로교통법위반죄 및 원심이유죄로 판단하고 있는 무단이탈죄와 실체적경합범 관계에 있으므로 결국 원심판결을 전부 파기하고 사건을 다시 심리·판단하게 하기 위하여 원심법원에 환송하기로 하여 관여 법관의 일치된 의견으로 주문과 같이 판결한다.

| 판례7 | 중기관리법에 의한 중기로 등록된 덤프트럭은 구 도로교통법상의 자동차에 해당하지 않는다[대법원 1993. 2. 23. 선고, 92도3126 판결].

【판결요지】

특정범죄가중처벌등에관한법률 제5조의3의 도주차량 가중처벌규정의 적용대상인 구 도로교통법(1992. 12. 8. 법률 제4518호로 개정되기 전의 것) 제2조제14호 소정의 자동차는 자동차관리법 제2조 저11호 소정의 자동차로서 같은 법 제3조 소정의 각종 자동차에 해당하는 것에 한한다고 해석하여야 할 것이고, 덤프트럭이 적재용량 16론으로 자동차관리법에 의한 자동차로 등록되지 아니하고 중기관리법에 의한 중기로 등록된 것이라면 이 것은 자동차관리법 제2조 제1호 소정의 자동차에 해당하지 아니하므로 도로교통법 제2조 제14호 소정의 자동차에 해당하지 아니한다.

【원심판례】

대구고등법원 1992. 11. 4. 92노651

【이유】

형벌법규의 해석은 엄격하여야 하고 명문규정의 의미를 피고인에게 불리한 방향으로 지나치게 확장해석하거나 유추해석 하는 것은 죄형법정주의의 원칙에 어긋나는 것으로서 허용되지 않으며, 이러한 범해석의 원리는 그 형벌법규의 적용대상이 행정법규가 규정한 사항을 내용으로 하고 있는 경우에 그 행정법규의 규정을 해석하는 데에도 마찬가지로 적용된다.

특정범죄가중처벌 등에 관한 법률 제5조의 3 제1항은 도로교통법 제2조에 규정된 자 동차, 원동기장치자전거 또는 궤도차의 교통으로 인하여 형법 제268조의 죄를 범한 당해 차량의 운전자가 피해자를 구호하는 동 도로교통법 제50조 제1항의 규정에 의한 조치를 취하지 아니하고 도주한 때에는 치사와 치상의 경우로 구분하여 가중처벌하도록 규정함으 로써 그 행위의 주체를 자동차등의 운전자로 한정하고 있는바, 도로교통법 제2조 제14호 본문(1992. 12. 8. 법률 제4518호로 개정되기 전의 것)은 '자동차'라 함은 철길 또는 가 설된 선에 의하지 아니하고 원동기를 사용하여 운전되는 차(견인되는 자동차도 자동차의 일부로본다)로서 자동차관리법 제3조의 규정에 의한 숭용자동차, 승합자동차, 화물자동차, 특수자동차 및 이륜자동차를 말한다고 규정하고 있고, 자동차관리법 제3조는 자동차의 종 류에 관하여 자동차는 이를 승용자동차, 승합자동차, 화물자동차, 특수자동차 및 이륜자동 차로 구분하되, 그 구분은 자동차의 크기, 구조, 원동기의 종류, 총배기량 또는 정격출력 을 기준으로 하여 교통부령으로 정한다고 규정하고 있으며, 자동차관리법시행규칙은 그 제2조에서 법 제13조의 규정에 의한 자동차의 종류에 따른 구분은 별표 1과 같다고 규 정하면서 별표1에서 화물자동차를 일반형, 덤프형, 밴형, 특수용도형으로 구분하고, 덤프 형 등을 규모별로 소형(3톤 이하의 것), 중형(3톤 초과 10톤 미만의 것), 대형(10톤 이상 의 것)으로 구분하고 있는데, 한편 자동차관리법 제2조 제1호는 위법에서 사용하는 용어 중 자동차의 정의에 관하여 '자동차'라 함은 원동기에 의하여 육상에서 이동할 목적으로 제작한 용구 또는 이에 견인되어 육상을 이동할 목적으로 제작한 용구를 말한다. 다만 대 통령령이 정하는 것을 제외한다고 규정하고 있고 , 자동차관리법시행령 제2조는 법 제2조 제1호 단서에서 '대통령령이 정하는 것'이라 함은 다음 각호의 것을 말한다. 라고 하면서 그 제1호에서 중기관리법에 의한 중기를 들고 있으며, 중기관리법 제2조 제1호는'중기'라 함은 건설공사에 사용할 수 있는 기계로서 대통령령으로 정하는 것을 말한다고 규정하고 있고, 중기관리법시행령은 그 제2조에서 법 제2조 제1호의 규정에 의한 중기는 별표 1과 같다고 하면서 중기의 범위에 관하여 별표1 제16호에서 덤프트럭을 들면서 중기에 해당하는 덤프트럭의 범위에 관하여 적재용량 12톤 이상인 것. 다만, 적재용량 12톤 이상 20톤 미만의 것으로 화물운송에 사용하기 위하여 자동차관리법에 의하여 자동차로 등록환 것은 제외한다고 규정하고 있다,

위 각 법률규정에 비추어 보면 특정범죄가중처벌 등에 관한 법률 제15조의 3의 도주차량가중처벌규정의 적용대상언 도로교통법 제12조 제14호 소정의 자동차는 자동차관리법 제2조 제1호 소정의 자동차로서 같은 법 제3조 소정의 각종 자동차에 해당하는 것에 한한다고 해석하여야 할 것이고, 원심이 확정한 바와 같이 이 사건 덤프트럭이 적재용량 16톤으로 자동차관리법에 의한 자동차로 등록되지 아니하고 중기관리법에 의한 중기로 등록된 것이라면 이것은 자동차관리법 제2조 제1호 소정의 자동차에 해당하지 아니하므로 도로교통법 제2조 제14호 소정의 자동차에 해당하지 아니한다 할 것이다(도로교통법이 1992. 12. 8. 개정되어 그 제2조 제14호 본문 자동차종류에 중기관리법 제19조 제1항 단서의 규정에 의한 중기를 추가하였으므로 위 법 개정이후에는 이 사건 덤프트럭도 도로교통법 제2조 제14호 소정의 자동차에 포함될 수 있을 것이다).

원심이 같은 견해에서 이 사건 공소사실 중 특정범죄가중처벌등에 관한 법률위반의 점을 무죄라고 판단한 것은 옳고, 거기에 소론과 같은 특정범죄가중처벌 등에 관한 법률 제5조의 3 소정의 '자동차'에 관한 법리를 오해한 위법이 있다 할 수 없다, 논지는 이유 없다.

그러므로 상고를 기각하기로 하여 관여법관의 일치된 의견으로 주문과 같이 판결한다.

판례8 | 경운기는 도로교통법상에 규정된 자동차가 아니다 *[대법원 1985. 7. 9. 84도2884 판결]*

【판결요지】

원동기에 2륜의 적재함을 연결한 경운기는 농업기계화촉진법 제2조 소정의 농업기계의 일종일 뿐 구 도로교통법(1981.12.31 법률 제3489호로 개정된 것) 제2조 제10호, 도로운송차량법 제3조, 동법시행규칙 제2조의 별표1에 기재된 자동차에 해당하지 않는다.

【원심판례】

서울지방법원 1984. 11. 15. 84노4508

【이유】

검사의 상고이유를 본다.

1. 도로교통법 제38조는 누구든지 제55조 제1항의 규정에 의한 서울특별시장. 직할시장

또는 도지사의 운전면허를 받지 아니하고 자동차 등을 운전하여서는 아니된다고 규정하고, 같은법 제39조 제1항은 운전면허를 받은자라 할지라도 주취중에 자동차 등을 운전하여서는 아니된다고 규정하면서 같은법 제75조는 그 제1호에서 법 제38조의 규정에 위반하여 자동차를 운전한 자를, 그 제2호에서 제39조 제1항의 규정에 위반한 자를 각각 처벌대상으로 규정하고 있는바, 위 도로교통법에서 사용되는 용어의 정의를 규정한 같은법 제2조 제10호는 자동차의 정의에 관하여 "원동기를 사용하여 궤조 또는 가선에 의하지 아니하고 운전되는 차(피견인 차도 자동차의 일부로 본다)로서 도로운송차량법 제3조의 규정에 의하여 교통부령으로 정하는 보통자동차, 소형자동차 및 특수자동차를 말한다"고 규정하고 있고, 도로운송차량법 제3조에 의하면 자동차는 이를 보통자동차, 소형자동차와 특수자동차로 나누되 그 구분은 자동차의 크기, 구조와 원동기의 종류 총배기량 또는 정규출력을 기준으로 하여 교통부령으로 정한다고 규정하고, 교통부령인 도로운송차량법시행규칙 제2조에서는 법 제3조의 보통자동차, 소형자동차 및 특수자동차의 종별은 별표 1에 정하는 바에 의한다하여 그 별표 1에서 자동차의 종별을 세분하여 정하고 있으므로, 피고인이 원동기에 2륜의 적재함을 연결한 원심판시 경운기를 운전면허없이, 주취중에 운전한 행위가 도로교통법 제38조, 제39조 제1항에 해당한다고 하려면 우선 그 경운기가 위 도로운송차량법시행규칙 제2조의 별표 1에 나열한 자동차 중의 어느 하나에 해당되어야만 할 것이다.

2. 그런데 위 도로운송차량법시행규칙 제2조의 별표 1에 규정한 자동차의 종별내용을 살펴보아도 피고인이 운전하였다는 경운기는 그 자동차의 종별중에 포함되어 있지 아니하므로 원심이유지한 제1심판결이 피고인이 운전한 경운기는 농업기계화촉진법 제2조 소정의 농업 기계의 일종일 뿐, 위 시행규칙 제2조의 별표 1에 기재된 자동차에 해당 않는다 하여 피고인의 소위가 도로교통법 제38조, 제39조 제1항 위반이 될 수 없다고 판단하였음은 정당하고 거기에 소론과 같은 법리오해가 있다 할 수 없다.

3. 그러므로 논지 이유없다 하여 상고를 기각하기로 관여 법관의 의견이 일치되어 주문과 같이 판결한다.

Chapter 4. 교통사고의 의미

[1] 교통사고

① "교통사고"란 차 또는 노면전차의 운전 등 교통으로 인하여 사람을 사상(死傷)하거나 물건을 손괴(損壞)하는 것을 말합니다.

② 차의 운전자가 교통사고로 인하여「형법」제268조의 죄를 범한 경우에는 5년 이하의 금고 또는 2천만원 이하의 벌금에 처합니다.

③ 차의 교통으로 제1항의 죄 중 업무상과실치상죄(業務上過失致傷罪) 또는 중과실치상죄(重過失致傷罪)와「도로교통법」제151조의 죄를 범한 운전자에 대하여는 피해자의 명시적인 의사에 반하여 공소(公訴)를 제기할 수 없습니다. 다만, 차의 운전자가 제1항의 죄 중 업무상과실치상죄 또는 중과실치상죄를 범하고도 피해자를 구호(救護)하는 등「도로교통법」제54조제1항에 따른 조치를 하지 아니하고 도주하거나 피해자를 사고 장소로부터 옮겨 유기(遺棄)하고 도주한 경우, 같은 죄를 범하고「도로교통법」제44조제2항을 위반하여 음주측정 요구에 따르지 아니한 경우(운전자가 채혈 측정을 요청하거나 동의한 경우는 제외한다)와 다음 각 호의 어느 하나에 해당하는 행위로 인하여 같은 죄를 범한 경우에는 그러하지 아니합니다.

  1.「도로교통법」제5조에 따른 신호기가 표시하는 신호 또는 교통정리를 하는 경찰공무원등의 신호를 위반하거나 통행금지 또는 일시정지를 내용으로 하는 안전표지가 표시하는 지시를 위반하여 운전한 경우

  2.「도로교통법」제13조제3항을 위반하여 중앙선을 침범하거나 같은 법 제62조를 위반하여 횡단, 유턴 또는 후진한 경우

  3.「도로교통법」제17조제1항 또는 제2항에 따른 제한속도를 시속 20킬로미터 초과하여 운전한 경우

  4.「도로교통법」제21조제1항, 제22조, 제23조에 따른 앞지르기의 방법·금지시기·금지장소 또는 끼어들기의 금지를 위반하거나 같은 법 제60조 제2항에 따른 고속도로에서의 앞지르기 방법을 위반하여 운전한 경우

  5.「도로교통법」제24조에 따른 철길건널목 통과방법을 위반하여 운전한 경우

  6.「도로교통법」제27조제1항에 따른 횡단보도에서의 보행자 보호의무를 위반하여 운전한 경우

  7.「도로교통법」제43조,「건설기계관리법」제26조 또는「도로교통법」제96조를 위반하여 운전면허 또는 건설기계조종사면허를 받지 아니하거나 국제운전면허증을

소지하지 아니하고 운전한 경우. 이 경우 운전면허 또는 건설기계조종사면허의 효력이 정지 중이거나 운전의 금지 중인 때에는 운전면허 또는 건설기계조종사 면허를 받지 아니하거나 국제운전면허증을 소지하지 아니한 것으로 봅니다.

8. 「도로교통법」제44조제1항을 위반하여 술에 취한 상태에서 운전을 하거나 같은 법 제45조를 위반하여 약물의 영향으로 정상적으로 운전하지 못 할 우려가 있는 상태에서 운전한 경우

9. 「도로교통법」제13조제1항을 위반하여 보도(步道)가 설치된 도로의 보도를 침범하거나 같은 법 제13조제2항에 따른 보도 횡단방법을 위반하여 운전한 경우

10. 「도로교통법」제39조제3항에 따른 승객의 추락 방지의무를 위반하여 운전한 경우

11. 「도로교통법」제12조제3항에 따른 어린이 보호구역에서 같은 조 제1항에 따른 조치를 준수하고 어린이의 안전에 유의하면서 운전하여야 할 의무를 위반하여 어린이의 신체를 상해(傷害)에 이르게 한 경우

12. 「도로교통법」제39조제4항을 위반하여 자동차의 화물이 떨어지지 아니하도록 필요한 조치를 하지 아니하고 운전한 경우

[2] 교통사고의 의미에 대한 판례

> **판례1** | 진로변경을 금지하는 안전표지인 백색실선이 교통사고처리 특례법 제3조 제2항 단서 제1호에서 정하고 있는 '통행금지를 내용으로 하는 안전표지'에 해당하여 이를 침범하여 교통사고를 일으킨 운전자에 대하여 위 조항 본문의 반의사불벌죄 규정 및 제4조 제1항의 종합보험 가입특례 규정의 적용이 배제되는지 여부(소극)[대법원 2024. 6. 20.선고 2022도12175 전원합의체 판결]

【판결요지】

진로변경을 금지하는 안전표지인 백색실선은 교통사고처리 특례법(이하 '교통사고처리법'이라 한다) 제3조 제2항 단서 제1호(이하 '단서 제1호'라 한다)에서 정하고 있는 '통행금지를 내용으로 하는 안전표지'에 해당하지 않으므로, 이를 침범하여 교통사고를 일으킨 운전자에 대하여는 교통사고처리법 제3조 제2항 본문의 반의사불벌죄 규정 및 제4조 제1항의 종합보험 가입특례 규정(이하 위 각 규정을 합하여 '처벌특례'라 한다)이 적용된다고 보아야 한다. 구체적인 이유는 다음과 같다.

① 단서 제1호는 '안전표지' 위반의 경우 '통행금지 또는 일시정지'를 내용으로 하는 안전표지를 위반하는 경우로 그 적용 범위를 한정하고 있다. 그런데 도로교통법 시행규칙 제8조 제2항[별표 6] II. 개별기준 제5호 중 일련번호 506(진로변경제한선 표시)에 따르면 백색실선은 교차로 또는 횡단보도 등 차의 진로변경을 금지하는 도로구간에 설치하여 통행하고 있는 차의 진로변경을 제한하는 것을 표시하는 안전표지이다.

② 도로교통법 제6조 제1항은 '도로에서의 위험을 방지하고 교통의 안전과 원활한 소통을 확보하기 위하여 필요하다고 인정한 때'에는 '구간을 정하여 통행을 금지하거나 제한'할 수 있도록 규정하는 한편, 통행금지 또는 제한을 위반한 행위를 같은 법 제156조 제2호에 따라 처벌하고 있다. 반면 도로교통법 제14조 제5항 본문은 '안전표지가 설치되어 특별히 진로변경이 금지된 곳에서는 차마의 진로를 변경하여서는 아니 된다.'고 규정하는 한편, 진로변경금지나 제한을 위반한 행위를 같은 법 제156조 제1호에 따라 처벌하고 있다. 도로교통법 제156조가 제1호와 제2호의 위반 행위에 대하여 동일한 형을 정하고 있기는 하나, 도로교통법은 통행금지와 진로변경금지를 구분하여 규율하면서 처벌 체계를 달리하고 있으므로, 통행금지와 진로변경금지에 관하여 서로 다른 금지규범을 규정한 것으로 보아야 한다. 따라서 진로변경금지 위반을 통행금지 위반으로 보아 단서 제1호에 해당한다고 보는 것은 문언의 객관적인 의미를 벗어나

피고인에게 불리한 해석을 하는 것이다.

③ 단서 제1호가 규율하는 것은 크게 신호위반, 통행금지를 내용으로 하는 안전표지 지시 위반, 일시정지를 내용으로 하는 안전표지 지시위반의 세 가지이다. 진로변경제한선과 같이 해당 표지에 위반하여 진로를 변경하는 것 자체는 금지되어 있으나, 진로를 변경한 이후 해당 방향으로의 계속 진행이 가능한 경우 그 위반행위를 '통행방법제한'을 위반한 것으로 볼 수는 있어도, 법문언에서 말하는 '통행금지위반'으로 볼 수는 없다.

④ 교통사고처리법 제정 당시부터 현재까지 단서 제1호의 문언은 거의 변동이 없다. 그런데 교통사고처리법 제정 당시 시행되고 있던 구 도로교통법 시행규칙(1982. 6. 21. 내무부령 제376호로 개정되기 전의 것)은 노면표시의 하나로 진로변경제한선을 규정하고 있지 않았다. 그렇다면 입법자는 교통사고처리법을 제정하면서 진로변경을 금지하는 백색실선을 단서 제1호의 '통행금지를 내용으로 하는 안전표지'로 고려하지 않았다고 보는 것이 합리적이다.

⑤ 진로변경을 금지하는 안전표지인 백색실선이 설치된 교량이나 터널에서 백색실선을 넘어 앞지르기를 하는 경우에는 별도의 처벌특례 배제사유가 규정되어 있으므로(교통사고처리법 제3조 제2항 단서 제4호), 백색실선을 '통행금지를 내용으로 하는 안전표지'로 보지 않는다고 하여 중대 교통사고의 발생 위험이 크게 증가한다고 보기는 어렵다.

⑥ 청색실선으로 전용차로가 구분되어 있는 경우, 전용차로 표시에 관한 도로교통법 시행규칙 제8조 제2항 [별표 6] II. 개별기준 제5호 중 일련번호 504에 따르면, 전용차로제가 시행되지 않는 시간대에는 전용차로와 일반차로를 구분하는 청색실선을 위 제5호 중 일련번호 503의 차선표시로 보게 되므로 이 시간대에는 백색실선과 동일한 의미를 가진다. 그런데 백색실선을 단서 제1호에서 규정하는 '통행금지를 내용으로 하는 안전표지'로 볼 경우, 전용차로제가 시행되는 시간대는 물론 전용차로제가 시행되지 않는 시간대에도 일반 차량의 운전자가 청색실선을 넘어 진로를 변경하는 과정에서 교통사고가 발생하면 처벌특례의 적용을 받을 수 없는 문제가 있다.

【참조판례】

대법원 2004. 4. 28. 선고 2004도1196 판결(변경)

【원심판결】

대구지법 2022. 9. 6. 선고 2022노434 판결

【주문】

상고를 기각한다.

【이유】

상고이유를 판단한다.

1. 사건의 개요와 쟁점

가. 이 사건 공소사실의 요지

피고인은 2021. 7. 9. 승용차를 운전하여 편도 4차로 도로의 1차로를 진행하다가 진로변경을 제한하는 안전표지인 백색실선이 설치되어 있어 진로를 변경하지 아니할 업무상 주의의무가 있음에도 1차로에서 2차로로 진로를 변경하였다. 당시 2차로를 따라 진행하던 개인택시의 운전자가 추돌을 피하기 위해 갑자기 정지하였고, 이로 인하여 택시 승객인 피해자가 약 2주간의 치료가 필요한 경추의 염좌 및 긴장 등의 상해를 입었다.

나. 원심의 판단

원심은 도로면의 백색실선이 「교통사고처리 특례법」(이하 '교통사고처리법'이라 한다) 제3조 제2항 단서 제1호(이하 단서 각호의 규정을 '처벌특례 배제사유'라 하고 그중 제1호를 '단서 제1호'라 한다)에서 정한 '통행금지를 내용으로 하는 안전표지'에 해당하지 않으며, 피고인이 운전한 승용차가 자동차종합보험에 가입되어 있었으므로 이 사건 공소제기의 절차가 법률의 규정을 위반하여 무효인 때에 해당한다고 보아 검사의 공소를 기각한 제1심판결을 그대로 유지하였다.

다. 이 사건의 쟁점

이 사건의 쟁점은 도로상에 안전표지로 표시한 노면표시 중 진로변경제한선 표시인 백색실선이 단서 제1호에서 정하고 있는 '통행금지를 내용으로 하는 안전표지'에 해당하여 이를 침범하여 교통사고를 일으킨 운전자에 대하여 교통사고처리법 제3조 제2항 본문의 반의사불벌죄 규정 및 제4조 제1항의 종합보험 가입특례 규정(이하 위 각 규정을 합하여 '처벌특례'라 한다)의 적용이 배제되는지 여부이다.

2. 쟁점에 관한 판단

진로변경을 금지하는 안전표지인 백색실선은 단서 제1호에서 정하고 있는 '통행금지를 내용으로 하는 안전표지'에 해당하지 않으므로, 이를 침범하여 교통사고를 일으킨 운전자에 대하여는 처벌특례가 적용된다고 보아야 한다. 구체적인 이유는 다음과 같다.

가. 단서 제1호는 '안전표지' 위반의 경우 '통행금지 또는 일시정지'를 내용으로 하는 안전표지를 위반하는 경우로 그 적용 범위를 한정하고 있다. 그런데 도로교통법 시행규칙 제8조 제2항[별표 6] Ⅱ. 개별기준 제5호 중 일련번호 506(진로변경제한선 표시)에 따르면 백색실선은 교차로 또는 횡단보도 등 차의 진로변경을 금지하는 도로구간에 설치하여 통행하고 있는 차의 진로변경을 제한하는 것을 표시하는

안전표지이다.

도로교통법 제6조는 시·도경찰청장이나 경찰서장은 각 요건에 따라 보행자, 차마 또는 노면전차의 통행을 금지하거나 제한할 수 있고, 그 경우에는 도로관리청에 그 사실을 알리고 도로관리자와 협의하며, 통행금지·제한 사실을 공고하도록 규정하고 있다. 도로교통법 시행규칙 제10조 제1항 [별표 8]을 비롯하여 같은 규칙 제10조 는 그 공고의 구체적인 방법을 규정하고 있으며, 차마의 통행이 금지되는 경우에 관한 안전표지를 만드는 방식, 규격, 설치기준 및 장소, 통행금지구간·기간 및 이유 를 명시한 보조표지에 대하여는 도로교통법 시행규칙 제8조 제2항 [별표 6]이 구체 적으로 규정하고 있다[위 별표 Ⅱ. 개별기준 제2호 (나)목 일련번호 201 내지 207, 210 등]. 그런데 진로변경금지의 경우 그 금지 사실을 도로관리청에 알리거나 공고 하도록 하는 등의 규정을 두고 있지 않다. 진로변경을 금지하는 안전표지인 백색실 선은 도로교통법 시행규칙 제8조 제2항 [별표 6]에 안전표지의 하나로 규정되어 있 기는 하나, 통행금지 안전표지와 달리 규제표지가 아닌 노면표시 항목(위 별표 Ⅱ. 개별기준 제5호 중 일련번호 506)에 규정되어 있을 뿐만 아니라, 금지구간·기간 및 이유를 명시한 보조표지에 관한 규정이 존재하지 않으며, '도로표지의 종류', '표시 하는 뜻', '설치기준 및 장소'에 '진로변경을 제한 또는 금지한다.'는 취지의 기재가 있을 뿐 '통행을 금지한다.'는 취지가 기재되어 있지 않아 일반적인 통행금지 안전 표지와는 달리 취급되고 있다.

나. 도로교통법 제6조 제1항은 '도로에서의 위험을 방지하고 교통의 안전과 원활한 소 통을 확보하기 위하여 필요하다고 인정한 때'에는 '구간을 정하여 통행을 금지하거 나 제한'할 수 있도록 규정하는 한편, 통행금지 또는 제한을 위반한 행위를 같은 법 제156조 제2호에 따라 처벌하고 있다. 반면 도로교통법 제14조 제5항 본문은 '안전표지가 설치되어 특별히 진로변경이 금지된 곳에서는 차마의 진로를 변경하여 서는 아니 된다.'고 규정하는 한편, 진로변경금지나 제한을 위반한 행위를 같은 법 제156조 제1호에 따라 처벌하고 있다. 도로교통법 제156조가 제1호와 제2호의 위 반 행위에 대하여 동일한 형을 정하고 있기는 하나, 도로교통법은 통행금지와 진로 변경금지를 구분하여 규율하면서 처벌 체계를 달리하고 있으므로, 통행금지와 진로 변경금지에 관하여 서로 다른 금지규범을 규정한 것으로 보아야 한다. 따라서 진로 변경금지 위반을 통행금지 위반으로 보아 단서 제1호에 해당한다고 보는 것은 문 언의 객관적인 의미를 벗어나 피고인에게 불리한 해석을 하는 것이다.

다. 단서 제1호가 규율하는 것은 크게 신호위반, 통행금지를 내용으로 하는 안전표지 지시위반, 일시정지를 내용으로 하는 안전표지 지시위반의 세 가지이다 . 신호위 반이나 일시정지 지시위반의 경우에는 도로교통법규의 문언만으로도 비교적 명확하게 그 해당 여부를 알 수 있다. 통행금지의 경우에도, 도로교통법(제15조 제3항) 이 직접 정해진 차종 이외의 통행을 금지하고 있는 전용차로 구분선이나, 도로교통법 시행규칙 제8조 제2항 [별표 6] II. 개별기준 제2호 (나)목 일련번호 201 내지 207, 210, 211 등과 같이 위 별표의 도로표지 도안이나 '표시하는 뜻', '설치기준 및 장소' 등에 '통행금지' 또는 '진입금지'라는 문언이 사용된 경우에는 단서 제1호 에 포함된다고 볼 수 있다. 반면 이 사건에서 문제가 된 진로변경제한선과 같이 해당 표지에 위반하여 진로를 변경하는 것 자체는 금지되어 있으나, 진로를 변경한 이후 해당 방향으로의 계속 진행이 가능한 경우 그 위반행위를 '통행방법제한'을 위반한 것으로 볼 수는 있어도, 법문언에서 말하는 '통행금지위반'으로 볼 수는 없다.

라. 교통사고처리법 제정 당시부터 현재까지 단서 제1호의 문언은 거의 변동이 없다. 그런데 교통사고처리법 제정 당시 시행되고 있던 구 도로교통법 시행규칙(1982. 6. 21. 내무부령 제376호로 개정되기 전의 것)은 노면표시의 하나로 진로변경제한선을 규정하고 있지 않았다. 그렇다면 입법자는 교통사고처리법을 제정하면서 진로변경을 금지하는 백색실선을 단서 제1호의 '통행금지를 내용으로 하는 안전표지'로 고려하지 않았다고 보는 것이 합리적이다.

마. 진로변경을 금지하는 안전표지인 백색실선이 설치된 교량이나 터널에서 백색실선을 넘어 앞지르기를 하는 경우에는 별도의 처벌특례 배제사유가 규정되어 있으므로(교통사고처리법 제3조 제2항 단서 제4호), 백색실선을 '통행금지를 내용으로 하는 안전표지'로 보지 않는다고 하여 중대 교통사고의 발생 위험이 크게 증가한다고 보기는 어렵다.

바. 청색실선으로 전용차로가 구분되어 있는 경우, 전용차로 표시에 관한 도로교통법 시행규칙 제8조 제2항 [별표 6] II. 개별기준 제5호 중 일련번호 504에 따르면, 전용차로제가 시행되지 않는 시간대에는 전용차로와 일반차로를 구분하는 청색실선을 위 제5호 중 일련번호 503의 차선표시로 보게 되므로 이 시간대에는 백색실선과 동일한 의미를 가진다. 그런데 백색실선을 단서 제1호에서 규정하는 '통행금지를 내용으로 하는 안전표지'로 볼 경우, 전용차로제가 시행되는 시간대는 물론 전용차로제가 시행되지 않는 시간대에도 일반 차량의 운전자가 청색실선을 넘어 진로를 변경하는 과정에서 교통사고가 발생하면 처벌특례의 적용을 받을 수 없는 문제가 있다.

3. 판례 변경의 범위

이와 달리 도로교통법 제14조 제5항에 따라 통행하고 있는 차의 진로변경을 금지하는 안전표지인 백색실선이 단서 제1호 에서 규정하는 '통행금지를 내용으로 하는 안전표지'에 해당한다고 판단한 대법원 2004. 4. 28. 선고 2004도1196 판결 등은 이 판결의 견해에 배치되는 범위 내에서 변경하기로 한다.

4. 이 사건에 대한 판단

이 사건 공소사실을 앞서 본 법리에 따라 살펴보면, 피고인이 진로변경을 금지하는 안전표지인 백색실선을 넘어 주행한 것은 단서 제1호에서 규정한 '통행금지를 내용으로 하는 안전표지'를 위반하여 운전한 경우에 해당하지 않으므로 이로 인한 업무상과실치상죄에 대하여는 처벌특례가 적용된다. 그런데 이 사건 당시 피고인이 운전한 승용차가 자동차종합보험에 가입되어 있었음은 원심이 인정한 바와 같으므로, 처벌특례에 따라 검사의 공소제기는 그 절차가 법률의 규정을 위반하여 무효인 때에 해당한다.

같은 취지의 원심판단은 정당하고, 거기에 상고이유 주장과 같은 교통사고처리법상 처벌특례 배제사유에 관한 법리를 오해한 잘못이 없다.

5. 결론

그러므로 상고를 기각하기로 하여, 관여 법관의 일치된 의견으로 주문과 같이 판결한다.

판례2 | 교통사고처리 특례법 제2조 제2호에서 정한 '교통사고'의 정의 중 '차의 교통'의 의미[대법원 2017. 5. 31., 선고, 2016도21034, 판결]

【판결요지】

교통사고처리 특례법 제2조 제2호는 '교통사고'란 차의 교통으로 인하여 사람을 사상하거나 물건을 손괴하는 것을 말한다고 규정하고 있는데, 여기서 '차의 교통'은 차량을 운전하는 행위 및 그와 동일하게 평가할 수 있을 정도로 밀접하게 관련된 행위를 모두 포함한다.

【참조판례】

대법원 2007. 1. 11. 선고 2006도7272 판결, 대법원 2016. 11. 24. 선고 2016도12407 판결

【원심판결】

광주지법 2016. 11. 29. 선고 2016노741 판결

【주문】

원심판결 및 제1심판결 중 피고인 1에 대한 부분을 파기하고, 이 부분 사건을 광주지방법원 목포지원에 환송한다. 나머지 상고를 기각한다.

【이유】

상고이유를 판단한다.

1. 교통사고처리 특례법(이하 '특례법'이라 한다) 제1조는 업무상과실 또는 중대한 과실로 교통사고를 일으킨 운전자에 관한 형사처벌 등의 특례를 정함으로써 교통사고로 인한 피해의 신속한 회복을 촉진하고 국민생활의 편익을 증진함을 목적으로 한다고 규정하고 있고, 제4조 제1항 본문은 차의 교통으로 업무상과실치상죄 등을 범하였을 때 교통사고를 일으킨 차가 특례법 제4조 제1항에서 정한 보험 또는 공제에 가입된 경우에는 그 차의 운전자에 대하여 공소를 제기할 수 없다고 규정하고 있다. 따라서 특례법 제4조 제1항 본문은 차의 운전자에 대한 공소제기의 조건을 정한 것이다.

   그리고 특례법 제2조 제2호는 '교통사고'란 차의 교통으로 인하여 사람을 사상하거나 물건을 손괴하는 것을 말한다고 규정하고 있는데, 여기서 '차의 교통'은 차량을 운전하는 행위 및 그와 동일하게 평가할 수 있을 정도로 밀접하게 관련된 행위를 모두 포함한다(대법원 2007. 1. 11. 선고 2006도7272 판결 참조).

2. 가. 제1심은 판시와 같은 이유를 들어, (1) 이 사건 사고 당시 트럭이 완전히 정차되어 있었다 하더라도 이 사건 사고는 트럭의 이동과 정차 과정에서 발생한 것으로 특례법 제2조 제2호에서 정한 교통사고에 해당하며, 피고인 2는 위 트럭의 운전자로서, 피고인 1은 피고인 2와 공동하여, 교통사고로 인하여 형법 제268조의 죄를 범하였다고 인정한 다음, (2) 결국 이 사건 공소사실은 특례법 제3조 제1항에 해당하는 죄로서 특례법 제4조 제1항에 의하여 교통사고를 일으킨 차가 같은 항에서 정한 보험에 가입한 경우에 공소를 제기할 수 없는데, 위 트럭이 특례법 제4조 제1항에서 정한 보험에 가입한 사실이 인정되므로 이 사건 공소는 공소제기의 절차가 법률의 규정에 따라 무효인 때에 해당한다고 보아, 피고인들에 대한 공소를 각 기각하는 판결을 선고하였다.

   나. 그리고 원심은 판시와 같은 이유를 들어, 이 사건 사고가 제1심 인정과 같이 교통사고로 봄이 타당하다는 취지로 판단하여, 이를 다투는 검사의 항소이유를 받아들이지 아니하고 피고인들에 대하여 원심의 결론을 유지하였다.

3. 제1심 및 원심의 각 판결 이유를 앞에서 본 법리와 적법하게 채택된 증거들에 비추어 살펴보면, 위 트럭의 운전자인 피고인 2에 대하여 이 사건 사고가 특례법 제2조 제2호에서 정한 교통사고에 해당한다고 보아 특례법 제4조 제1항을 적용하여 공소를 기각한 제1심판결 및 이를 유지한 원심의 결론은 수긍할 수 있고, 이 부분 원심의 판단에 상고이유 주장과 같이 특례법의 '교통사고'에 관한 법리를 오해한 위법이 없다.

4. 그러나 피고인 1에 대한 원심의 판단을 앞에서 본 법리에 비추어 살펴보면 아래와 같은 이유로 수긍할 수 없다.

   가. 피고인 1에 대한 이 사건 공소사실은, 피고인 1이 공소외 주식회사의 작업팀장으

로서 오리의 상하차 업무를 담당하면서, ○○오리농장 내 공터에서 피해자가 사육한 오리를 피고인 2가 운전한 트럭 적재함의 오리케이지에 상차하는 작업을 하였는데, 트럭이 경사진 곳에 정차하였음에도 트럭을 안전한 장소로 이동하게 하거나 오리케이지를 고정하는 줄이 풀어지지 않도록 필요한 조치를 하지 아니한 채 작업을 진행하게 한 업무상의 과실로 이 사건 사고가 발생하였다는 것이다.

즉 피고인 1은 트럭을 운전하지 아니하였을 뿐 아니라 피고인 2가 속하지 아니한 회사의 작업팀장으로서 위 트럭의 이동·정차를 비롯한 오리의 상하차 업무 전반을 담당하면서 상하차 작업 과정에서 사고가 발생하지 않도록 필요한 조치를 제대로 하지 아니한 업무상의 과실을 이유로 기소되었으므로, 이러한 공소사실이 인정된다면 피고인 1이 담당하는 업무 및 그에 따른 주의의무와 과실의 내용이 피고인 2의 경우와 달라 피고인 1은 특례법이 적용되는 운전자라 할 수 없고 형법 제268조에서 정한 업무상과실치상의 죄책을 진다.

나. 그럼에도 이와 달리 제1심은 위와 같은 사정을 제대로 심리하지 아니하고 피고인 2와 마찬가지로 피고인 1에 대하여도 특례법이 적용된다는 전제에서 공소를 기각하였고, 원심은 이러한 제1심의 판단을 그대로 유지하였으니, 이 부분 제1심 및 원심의 판단에는 특례법 제4조 제1항 및 형법 제268조에 관한 법리를 오해하여 판결에 영향을 미친 위법이 있다.

5. 그러므로 원심판결 및 제1심판결 중 피고인 1에 대한 부분을 파기하고, 이 부분 사건을 다시 심리·판단하게 하기 위하여 형사소송법 제393조에 의하여 제1심법원에 환송하며, 검사의 나머지 상고를 기각하기로 하여, 관여 대법관의 일치된 의견으로 주문과 같이 판결한다.

판례3 ┃ 노상주차장에 관한 주차장법의 규정이 도로법이나 유료도로법에 우선하여 적용되고, 노상주차장에 주차하여 놓은 자동차를 주취운전 하는 것이 도로에서 주취운전한 경우에 해당한다[대법원 1993. 1. 19., 선고, 92도2901 판결]

【판결요지】

가. 노상주차장에 관한 주차장법의 규정은 도로법이나 유료도로법에 대한 특별규정이라고 볼 것이므로 노상주차장에 관하여는 주차장법의 규정이 우선 적용되고, 주차장법이 적용되지 아니하는 범위 안에서 도로법이나 유료도로법의 적용이 있다고 보는 것이 옳다.

나. 노상주차장에 주차하여 놓은 자동차를 주취운전하는 경우 자동차의 전부가 노상주차장에 있는 경우에는 도로에서 주취운전하였다고 할 수 없을 것이나, 도로교통법

제41조 제1항이 술에 취한 상태에서의 자동차의 운전을 금지하는 것은 도로에서 일어나는 교통상의 위험과 장해를 방지 제거하여 안전하고 원활한 교통을 확보하자는 데에 목적이 있고(도로교통법 제1조), 주취운전한 자동차가 도로의 일부에라도 진입하였을 때에는 이와 같은 도로교통의 안전이 해쳐질 우려가 있다 할 것이므로 자동차의 일부라도 노상주차장을 벗어나 도로에 진입하였을 경우에는 도로에서 주취운전을 한 경우에 해당한다.

【원심판결】

서울형사지방법원 1992.9.22. 선고 92노2836 판결

(출처: 대법원 1993. 1. 19. 선고 92도2901 판결 [도로교통법위반] 〉 종합법률정보 판례)

【이유】

상고이유를 본다.

제1점에 대하여

주차장법 제2조에 의하면, 주차장을 자동차의 주차를 위한 시설이라고 정의한 다음 노상주차장, 노외주차장, 부설주차장의 3종류를 규정하고, 그중 노상주차장은 도로의 노면 또는 교통광장의 일정한 구역에 설치된 주차장으로 일반의 이용에 제공되는 것을 말한다고 규정하고 있는바, 그러므로 도로의 노면의 일정구역에 설치된 노상주차장은 도로와 주차장의 두 가지 성격을 함께 가진다고 볼 수 있을 것이다.

그러나 이와 같은 노상주차장에 관한 주차장법의 규정은 도로법이나 유료도로법에 대한 특별규정이라고 볼 것이므로, 이와 같은 노상주차장에 관하여 주차장법의 규정이 우선 적용되고, 주차장법이 적용되지 아니하는 범위 안에서 도로법이나 유료도로법의 적용이 있다고 보는 것이 옳을 것이다.

원심이 확정한 사실에 의하면, 피고인이 혈중알콜농도 0.31%의 주취상태에서 노상주차장에 주차하여 놓은 승용차에 승차하여 시동을 걸고 노상주차장으로 부터 도로로 진입하기 위하여 핸들을 왼쪽으로 약간 움직이면서 서서히 출발하여 약 1m정도를 운전하여 나가던중 경찰관에게 단속되었을 뿐 위 승용차의 일부분도 아직 도로에 진입하였다고 인정되지 아니한다는 것인바, 사실이 그러하다면 피고인은 주차장 안에서 주취운전하였을 뿐 아직 도로에서 운행한 것이라고 볼 수는 없을 것이므로, 원심이 이 사건 공소사실이 범죄의 증명이 없는 때에 해당한다는 이유로 무죄를 선고한 조처는 그 이유의 일부에 적절하지 못한 설시가 있기는 하나 그 판단결과는 정당하고, 거기에 채증법칙을 어기거나 도로교통법의 법리를 오해한 위법이 있다고 할 수 없다.

따라서 논지는 이유가 없다.

제2점에 대하여

원심판결 이유에 의하면 원심은 그 이유의 일부에서, 피고인이 운전한 위 승용차의 일부분도 아직 노상주차장으로 부터 도로에 진입하지 못하였거나, 적어도 위 승용차의 전부가 도로에 진입하지 못하였음은 분명하다 할 것이므로, 그와 같이 피고인이 위 승용차를 운전하여 노상주차장으로 부터 도로로 완전히 진입하지 아니한 이상 피고인이 도로교통법상 도로에서 운행한 것이라고 할 수 없다고 판단하였다.

그러나 노상주차장에 주차하여 놓은 자동차를 주취운전하는 경우 그 자동차의 전부가 노상주차장에 있는 경우에는 도로에서 주취운전하였다고 할 수 없을 것이나, 그 일부라도 노상주차장을 벗어나 도로에 진입하였을 경우에는 도로에서 주취운전을 한 경우에 해당한다고 보아야 할 것이다. 왜냐하면 도로교통법 제41조 제1항이 술에 취한 상태에서의 자동차의 운전을 금지하는 것은 도로에서 일어나는 교통상의 위험과 장해를 방지 제거하여 안전하고 원활한 교통을 확보하자는 데에 그 목적이 있는 것인데(도로교통법 제1조 참조), 주취운전한 자동차가 도로의 일부에라도 진입하였을 때에는 이와 같은 도로교통의 안전은 해쳐질 우려가 있기 때문이다.

그렇다면 원심이 피고인의 승용차가 노상주차장으로부터 도로로 완전히 진입하지 아니한 이상 도로에서 운행한 것이라고 할 수 없다고 판단한 것은 잘못이라고 할 것이나, 원심은 피고인이 운전한 승용차는 일부분도 아직 노상주차장으로부터 도로에 진입하지 못하였다고 판단하였고, 전부가 진입하지 못하였다고 한 것은 가정적으로 한 것이라고 보여지므로, 이는 이 사건 결과에 영향이 없는 것이다. 논지도 이유 없음에 돌아간다.

그러므로 상고를 기각하기로 하여 관여 법관의 일치된 의견으로 주문과 같이 판결한다.

판례4 ㅣ 공장안 마당에서 일어난 사고에 대하여는 신고의무가 없다[대법원 1987. 7. 21, 선고,. 87도 1113 판결]

【판결요지】

도로교통법 제1조, 제2조 제1호 및 제19호의 규정들과 도로교통법의 입법취지에 비추어 보면 같은 법 제50조 제2항에 규정된 교통사고 신고의무는 같은 법 제2조 제1호에서 말하는 도로에서 교통사고가 일어난 때에 한하여 지워지는 의무라고 해석되므로 일반교통에 사용하는 곳이 아닌 공장안 마당에서 일어난 사고에 대하여는 위 법조 소정의 신고의무가 없다.

【원심판결】

부산지방법원 1987. 1. 27. 86노1756 판결

【이유】

도로교통법 제1조는 이 법은 도로에서 일어나는 교통상의 모든 위험과 장해를 방지, 제거하여 안전하고 원활한 교통을 확보함을 목적으로 한다고 규정하고 있고 같은 법 제12조 제1호는 '도로'라 함은 도로법에 의한 도로, 유료도로법에 의한 유료도로, 그 밖의 일반교통에 사용하는 모든 곳을 말한다라고, 또 같은 조 제19호는 '운전'이라 함은 도로에서 차를 그 본래의 사용방법에 따라 사용하는 것을 말한다고 각 규정하고 있는바, 이러한 규정들과 도로교통법의 입법취지에 비추어 보건대 같은 법 제50조 제12항에 규정된 교통사고 신고의무는 같은 법 제2조 제1호에서 말하는 도로에서 교통사고가 일어난 때에 한하여 지워지는 의무라고 해석된다.

그런데 이 사건 화물자동차가 후진하다가 사고를 일으킨 곳은 이 사건 공소내용에 의하여 명백한 바와 같이 도로교통법상의 도로상이 아닌 신성산업사라는 상호의 공장안 마당이라는 것인바, 사고장소가 그와 같이 일반교통에 사용하는 곳도 아니어서 이 법에서 말하는 도로가 아니라면 사고차의 운전자이거나 그 사용자인 피고인들은 도로교통법 제50조 제2항 소정의 신고의무가 없다할 것이다. 같은 취지의 원심판단은 정당하고 거기에 소론과 같은 도로교통법상의 도로 및 교통사고 신고의무에 관한 법리를 오해한 위법있다 할 수 없다. 논지는 이와 다른 견해를 펼치는 것으로서 받아들일 수 없다.

그러므로 상고를 모두 기각하기로 관여법관의 의견이 일치되어 주문과 같이 판결한다.

판례5 | 교통사고처리특례법에서의 교통사고의 의미 [대법원 1987. 11. 10., 선고, 87도1727, 판결]

【판결요지】

교통사고처리특례법에서 교통사고라 함은 차의 교통으로 인하여 사람을 사상하거나 물건을 손상하는 모든 경우를 말하는 것이므로 이를 도로교통법이 정하는 도로에서의 교통사고의 경우로 제한하여 새겨야 할 아무런 근거가 없다.

【원심판결】

대구지방법원 1987.2.19 선고 86노975 판결

【주문】

상고를 기각한다.

【이유】

상고이유를 본다.

교통사고처리특례법은 업무상 과실 또는 중대한 과실로 교통사고를 일으킨 운전자에 관한 형사처벌 등의 특례를 정함으로써 교통사고로 인한 피해의 신속한 회복을 촉진하고 국민생활의 편의를 증진함을 목적으로 하고 있고(같은 법 제1조) 같은 법에서 교통사고라 함은 차의 교통으로 인하여 사람을 사상하거나 물건을 손괴하는 모든 경우를 말하는 것이므로(같은 법 제2조 제2호) 이를 도로교통법이 정하는 도로에서의 교통사고의 경우로 제한하여 새겨야 할 아무런 근거가 없다. 같은 견해에서 원심이 사고장소가 대구직할시 노원동 3가에 있는 크라운제과 대구직매장 마당인 이 사건에서 피해자가 피고인의 처벌을 원하지 아니한다고 인정하여 교통사고처리특례법 제3조 제2항의 본문을 적용하여 피고인에 대하여 공소기각의 판결을 한 제1심판결을 유지한 조처는 정당하고 거기에 소론과 같은 법리오해의 위법이 없다. 논지는 교통사고에 대한 독자적인 견해에서 원심판결을 탓하는 것이니 받아들일 수 없다.

이에 상고를 기각하기로 하여 관여법관의 일치된 의견으로 주문과 같이 판결한다.

판례6 | 교통사고처리특례법은 도로상의 교통사고에만 적용되는지 여부[부산지법 1987. 1. 27., 선고, 86노1756, 제2형사부판결 : 상고]

【판결요지】

교통사고처리특별법이 적용되는 교통사고는 차의 교통으로 인하여 발생한 사고이면 족하므로 도로이상의 장소에서 발생한 교통사고에도 위 법은 적용된다.

【원심판결】

부산지방법원 1986. 6. 9. 선고 85고단8440 판결

【주문】

원심판결을 파기한다.

피고인 1을 벌금 300,000원에 처한다.

위 벌금을 납입하지 아니하는 경우에는 돈 5,000원을 1일로 환산한 기간 위 피고인을 노역장에 유치한다.

위 벌금에 상당한 금액의 가납을 명한다.

이사건 공소사실중 피고인 1의 도로교통법위반의 점 및 피고인 2는 무죄.

【이유】

피고인들의 변호인의 항소이유중 제1점의 요지는, 이 사건 사고는 원심판시와 같이 피고인 1이 트럭을 후진시키다가 발생한 것이 아니고 위 트럭이 정지된 상태에서 공소외인이 신발재단기를 위 트럭의 적재함에 싣기 위하여 앞뒤로 여러차례 흔들던 중 재단기가

삼발이의 한쪽다리 상단을 충격하여 삼발이가 너머지면서 발생한 것이므로 교통사고처리특례법이나 도로교통법이 적용될 사안이 아님에도 불구하고 피고인들을 유죄로 인정한 원심판결은 채증법칙을 위반하여 사실을 오인한 위법이 있다는 것이고, 그 제2점의 요지는, 가사 피고인 1이 위 트럭을 후진시키던 중에 이사건 사고가 발생하였다 하더라도 그 발생장소가 도로상이 아닌 (명칭 생략)공업사의 공장안이었음으로 이는 교통사고처리특례법과 도로교통법의 처벌대상인 교통사고라고 할 수 없음에도 불구하고 위 법률들을 적용하여 피고인들을 유죄로 인정한 원심판결은 교통사고처리특례법과 도로교통법의 법리를 오해하여 판결에 영향을 미친 위법이 있다는 것이다.

먼저, 교통사고처리특례법위반의 점에 관하여 보건대, 원심이 적법하게 조사하여 채택한 증거들을 종합하여 보면 이사건 사고는 피고인 1이 트럭을 후진시키던 중에 원심판시와 같은 과실로 인하여 발생한 사실을 인정할 수 있고 또한 교통사고처리특례법의 처벌대상인 교통사고라 함은 차의 교통으로 인하여 발생한 사고이면 족한 것이고(교통사고처리특례법 제2조 2호), 논지와 같이 도로상의 교통사고에만 국한되는 것은 아니라 할 것이므로 교통사고처리특례법위반의 점에 대한 피고인 1의 사실오인 및 법리오해의 주장은 이유없다 할 것이다.

다음 도로교통법위반의 점에 관하여 보건대, 도로교통법 제1조는 이 법은 도로에서 발생하는 교통상의 모든 위험과 재해를 방지, 제거하여 안전하고 원활한 교통을 확보함을 목적으로 한다라고 규정되어 있고 이러한 입법취지등에 비추어 도로교통법 제50조 제2항에 규정된 교통사고신고의무는 도로상에서 발생한 교통사고에 국한된다고 해석함이 상당하다고 할 것인 바, 기록에 의하면 이사건 사고는 도로상이 아닌 공장의 앞마당에서 발생하였던 사실을 인정할 수 있으므로(검사는 공소이유에서 그와 같이 주장하고 있다), 이러한 경우에는 도로교통법 제50조 제2항의 신고의무가 없다고 할 것인데도 위 조항을 적용하여 피고인 1의 도로교통법위반의 점 및 피고인 2를 유죄로 인정한 원심판결은 도로교통법 제50조 제2항의 법리를 오해하여 판결에 영향을 미친 위법이 있다할 것이니 이를 탓하는 피고인들의 항소는 이유있다 할 것이다.

따라서, 형사소송법 제364조 제6항에 의하여 원심판결을 파기하고 변론을 거쳐서 다음과 같이 판결한다.

당원이 인정하는 범죄사실 및 증거관계는 범죄사실중 모두 사실 제3행의 "피고인 2는 위 트럭의 소유자인 바"와 제1항의 나 및 제2항을 삭제하는 것이외에는 원심판결 적시의 그것과 같으므로 형사소송법 제369조에 의하여 이를 인용한다.

[법령의 적용]

교통사고처리특례법 제3조 제1항, 형법 제268조 (벌금형 선택)

형법 제70조, 제69조 제2항, 형사소송법 제334조 제1항

[무죄부분]

이사건 공소사실중 피고인 1의 도로교통법위반의 점과 피고인 2에 대한 공소사실의 요지는 "피고인 1은 1985. 8. 22. 10:00경 업무로서 (차량번호 생략) 1톤 봉고트럭을 운전하여 부산 북구 (소재지 생략) 소재 (명칭 생략)공업사내에서 재단기계(증량 1톤) 1대를 적재하기 위하여 삼발이로 달아 끌어서 지상 약 1미터 가량의 높이로 올려놓은 다음 위 트럭을 후진하여 적재하려 하였던 바, 이러한 경우 위 트럭을 운전하는 위 피고인으로서는 후방을 살피면서 안내원의 신호에 따라 안전하게 후진하여야 할 업무상 주의의무가 있음에도 불구하고 위 삼발이에 달려 있던 재단기계 발판에 부착된 볼트부분이 위 트럭 적재함에 부딪히는 것을 본 (명칭 생략) 공업사 직원인 공소외인이 정지하라고 소리치는 것을 듣지 못하고 그대로 후진한 과실로 위 트럭 적재함부분으로 위 재단기계 발판부분을 충격, 뒤로 밀어 위 삼발이의 무게중심이 뒤로 이동하는 바람에 위 삼발이가 뒤로 넘어지게 하여 그곳에 달려있던 위 재단기계가 따라서 뒤로 넘어지면서 (명칭 생략)공업사에서 일을 하고 있던 피해자에게 전치 5주의 우측 상견관절부좌상등을 입히는 교통사고를 일으키고서도 이를 지체없이 경찰관서에 신고하지 아니하고, 피고인 2는 그 사용인인 피고인 1이 그의 업무에 관하여 위와같은 행위를 한 것이다"라고 함에 있는 바, 앞서 파기이유에서 살펴본 바와 같이 위 공소사실은 범죄가 되지 아니하는 경우에 해당하므로 형사소송법 제325조 전단에 의하여 피고인 1의 도로교통법위반의 점 및 피고인 2에 대하여 무죄를 선고한다. 위와 같은 이유로 주문과 같이 판결한다.

Chapter 5. 교통신호와 수신호의 의미

[1] 차의 신호

① 모든 차의 운전자는 좌회전·우회전·횡단·유턴·서행·정지 또는 후진을 하거나 같은 방향으로 진행하면서 진로를 바꾸려고 하는 경우와 회전교차로에 진입하거나 회전교차로에서 진출하는 경우에는 손이나 방향지시기 또는 등화로써 그 행위가 끝날 때까지 신호를 하여야 합니다.

② "신호기"란 도로교통에서 문자·기호 또는 등화(燈火)를 사용하여 진행·정지·방향전환·주의 등의 신호를 표시하기 위하여 사람이나 전기의 힘으로 조작하는 장치를 말합니다.

[2] 신호기 등의 설치 및 관리

① 특별시장·광역시장·제주특별자치도지사 또는 시장·군수(광역시의 군수는 제외한다. 이하 "시장등"이라 한다)는 도로에서의 위험을 방지하고 교통의 안전과 원활한 소통을 확보하기 위하여 필요하다고 인정하는 경우에는 신호기 및 안전표지(이하 "교통안전시설"이라 한다)를 설치·관리하여야 합니다. 다만, 「유료도로법」제6조에 따른 유료도로에서는 시장등의 지시에 따라 그 도로관리자가 교통안전시설을 설치·관리하여야 합니다.

② 시장등 및 도로관리자는 제1항에 따라 교통안전시설을 설치·관리할 때에는 「도로교통법」제4조에 따른 교통안전시설의 설치·관리기준에 적합하도록 하여야 합니다.

③ 도(道)는 ①에 따라 시장이나 군수가 교통안전시설을 설치·관리하는 데에 드는 비용의 전부 또는 일부를 시(市)나 군(郡)에 보조할 수 있습니다.

④ 시장등은 대통령령으로 정하는 사유로 도로에 설치된 교통안전시설을 철거하거나 원상회복이 필요한 경우에는 그 사유를 유발한 사람으로 하여금 해당 공사에 드는 비용의 전부 또는 일부를 부담하게 할 수 있습니다.

⑤ ④에 따른 부담금의 부과기준 및 환급에 관하여 필요한 사항은 대통령령으로 정합니다.

⑥ 시장등은 ④에 따라 부담금을 납부하여야 하는 사람이 지정된 기간에 이를 납부하지 아니하면 지방세 체납처분의 예에 따라 징수합니다.

[3] 신호 또는 지시에 따를 의무

① 도로를 통행하는 보행자, 차마 또는 노면전차의 운전자는 교통안전시설이 표시하는 신호 또는 지시와 다음 각 호의 어느 하나에 해당하는 사람이 하는 신호 또는 지시를 따라야 합니다.

  1. 교통정리를 하는 경찰공무원(의무경찰을 포함한다. 이하 같다) 및 제주특별자치도의 자치경찰공무원(이하 "자치경찰공무원"이라 한다)

  2. 경찰공무원(자치경찰공무원을 포함한다. 이하 같다)을 보조하는 사람으로서 모범운전자, 군사훈련 및 작전에 동원되는 부대의 이동을 유도하는 군사경찰, 본래의 긴급한 용도로 운행하는 소방차·구급차를 유도하는 소방공무원(이하 "경찰보조자"라 한다)

② 도로를 통행하는 보행자, 차마 또는 노면전차의 운전자는 제1항에 따른 교통안전시설이 표시하는 신호 또는 지시와 교통정리를 하는 경찰공무원 또는 경찰보조자(이하 "경찰공무원등"이라 한다)의 신호 또는 지시가 서로 다른 경우에는 경찰공무원등의 신호 또는 지시에 따라야 합니다.

[4] 교통신호와 수신호의 의미에 대한 판례

> **판례1** | 운전자가 교통신호를 위반하여 운전하다가 교통사고를 야기하였다는 사정만으로 곧바로 그 사고가 국민건강보험법 제53조 제1항 제1호에서 정한 국민건강보험급여 제한사유에 해당한다고 단정할 수 있는지 여부(소극) 및 그에 해당하는지 판단하는 기준[대법원 2021. 2. 4.선고 2020두41429 판결]

【판결요지】

　　교통사고처리 특례법 제3조 제2항 단서 제1호, 제4조 제1항 단서 제1호는 운전자가 교통신호나 지시를 위반하여 업무상과실치상죄 또는 중과실치상죄 등을 범한 경우 피해자가 처벌을 원하지 않거나 교통사고를 일으킨 차가 자동차 종합보험 등에 가입된 경우라도 공소를 제기할 수 있는 것으로 규정하고 있다. 위 규정은 일상생활에서 자동차 운전이 필수적으로 되었음을 고려하여 운전자에게 피해자와 합의나 종합보험 등의 가입을 유도함으로써 교통사고로 인한 피해의 신속한 회복을 촉진하기 위하여 차의 교통으로 업무상과실치상죄 등을 범한 운전자에 대하여 피해자와 합의나 종합보험 등의 가입이 있는 경우 공소를 제기하지 않는 형사처벌의 특례를 부여하되, 교통신호 위반 등의 경우에는 그러한 특례의 예외로 인정함으로써 교통신호 준수 등을 운전시 지켜야 할 중대한 의무로 정한 것이다. 이와 같이 교통사고처리 특례법 관계 규정의 입법 취지는 국민건강보험급여 제한사유를 정한 국민건강보험법 제53조 제1항 제1호의 입법 취지와 다르다. 그뿐만 아니라 교통사고처리 특례법 제3조 제2항 단서 가 '차의 운전자가 다음 각호의 어느 하나에 해당하는 행위로 인하여 업무상과실치상죄 또는 중과실치상죄를 범한 경우에는 그러하지 아니하다.'라고 규정하여 중과실이 아닌 경과실로 교통신호를 위반하는 경우도 있음을 예정하고 있다. 그러므로 운전자가 교통신호를 위반하여 운전하다가 교통사고를 야기하였다는 사정만으로 곧바로 그 사고가 국민건강보험법 제53조 제1항 제1호에서 정한 국민건강보험급여 제한사유에 해당한다고 단정하여서는 아니 되고, 그 사고가 발생한 경위와 양상, 운전자의 운전 능력과 교통사고 방지 노력 등과 같은 사고 발생 당시의 상황을 종합적으로 고려하여 판단하여야 한다.

【원심판결】

　　서울고법 2020. 6. 3. 선고 2019누65599 판결

【주문】

　　원심판결을 파기하고, 사건을 서울고등법원에 환송한다.

【이유】

상고이유를 판단한다.

1. 관련 규정과 법리

「교통사고처리 특례법」제3조 제2항 단서 제1호, 제4조 제1항 단서 제1호는 운전자가 교통신호나 지시를 위반하여 업무상과실치상죄 또는 중과실치상죄 등을 범한 경우 피해자가 처벌을 원하지 않거나 교통사고를 일으킨 차가 자동차 종합보험 등에 가입된 경우라도 공소를 제기할 수 있는 것으로 규정하고 있다. 위 규정은 일상생활에서 자동차 운전이 필수적으로 되었음을 고려하여 운전자에게 피해자와 합의나 종합보험 등의 가입을 유도함으로써 교통사고로 인한 피해의 신속한 회복을 촉진하기 위하여 차의 교통으로 업무상과실치상죄 등을 범한 운전자에 대하여 피해자와 합의나 종합보험 등의 가입이 있는 경우 공소를 제기하지 않는 형사처벌의 특례를 부여하되, 교통신호 위반 등의 경우에는 그러한 특례의 예외로 인정함으로써 교통신호 준수 등을 운전 시 지켜야 할 중대한 의무로 정한 것이다. 이와 같이 「교통사고처리 특례법」관계 규정의 입법 취지는 국민건강보험급여 제한사유를 정한 국민건강보험법 제53조 제1항 제1호의 입법 취지와 다르다. 뿐만 아니라 「교통사고처리 특례법」제3조 제2항 단서가 '차의 운전자가 다음 각호의 어느 하나에 해당하는 행위로 인하여 업무상과실치상죄 또는 중과실치상죄를 범한 경우에는 그러하지 아니하다.'라고 규정하여 중과실이 아닌 경과실로 교통신호를 위반하는 경우도 있을 수 있음을 예정하고 있다. 그러므로 운전자가 교통신호를 위반하여 운전하다가 교통사고를 야기하였다는 사정만으로 곧바로 그 사고가 국민건강보험법 제53조 제1항 제1호에서 정한 국민건강보험급여 제한사유에 해당한다고 단정하여서는 아니 되고, 그 사고가 발생한 경위와 양상, 운전자의 운전 능력과 교통사고 방지 노력 등과 같은 사고 발생 당시의 상황을 종합적으로 고려하여 판단하여야 한다.

2. 이 사건에 관한 판단

원심판결의 이유와 기록에 의하면, 원고는 원심 판시 일시, 장소에서 오토바이를 운전하던 중 정지신호를 위반하고 직진하여 교차로에 진입하였으나 신호에 따라 좌회전하던 피해 차량을 발견하고 제동장치를 작동시켜 정차하려 하였다가 피하지 못하고 피해 차량을 들이받아 이 사건 교통사고가 발생한 사정을 알 수 있다.

위와 같은 이 사건 교통사고의 경위에 비추어 보면 원고에게 교통신호를 위반한 과실이 있었음은 인정되나, 당시 순간적인 집중력 저하나 판단착오로 교통신호를 위반하였을 가능성도 배제할 수 없으므로 이 사건 교통사고와 그로 인한 원고의 부상이 '중대한 과실'로 인한 범죄행위에 그 원인이 있는 경우라고 단정하기 어렵다.

그런데도 원심은 그 판시와 같은 사정만으로 이 사건 교통사고와 그로 인한 원고의 부상이 '중대한 과실'로 인한 범죄행위에 그 원인이 있는 경우에 해당한다고 판단하였다. 이러한 원심판단에는 국민건강보험법상 보험급여 제한사유에 관한 법리를 오해하여 필요한 심리를 다하지 아니함으로써 판결 결과에 영향을 미친 잘못이 있다.

3. 결론

그러므로 나머지 상고이유에 대한 판단을 생략한 채 원심판결을 파기하고, 사건을 다시 심리·판단하도록 원심법원에 환송하기로 하여, 관여 대법관의 일치된 의견으로 주문과 같이 판결한다.

판례2 | 회전교차로에 설치된 회전교차로 표지 및 유도표시가 화살표 방향과 반대로 진행하지 말 것을 지시하는 내용의 안전표지에 해당하는지 여부(적극)[대법원 2017. 11. 29., 선고, 2017도9392, 판결]

【원심판결】

서울동부지법 2017. 5. 26. 선고 2016노1663 판결

【주문】

원심판결을 파기하고, 사건을 서울동부지방법원 합의부에 환송한다.

【이유】

상고이유를 판단한다.

1. 이 사건 공소사실의 요지 및 원심의 판단

이 사건 공소사실의 요지는, 피고인은 2016. 5. 14. 13:10경 차량을 운전하여 서울 송파구 풍성로25길 44 앞 도로를 기업은행 풍납지점 쪽에서 풍납동 전통시장 쪽으로 진행하던 중, 회전교차로에 이르러 회전교차로 표지판 및 노면 표시 방향과는 달리 역주행하여 진행한 과실로 진행방향 우측에서 좌측으로 도로를 횡단하던 피해자를 피고인의 위 차량 앞범퍼 부분으로 충격하여, 피해자에게 상해를 입혔다는 것이다.

이에 대하여 원심은, ① 이 사건 회전교차로에 있는 회전교차로 표지판의 의미는 '표지판이 화살표 방향으로 자동차가 회전 진행할 것을 지시하는 것'이고, ② 이 사건 회전교차로 노면에 표시된 진행방향 표시의 의미는 '교차로에서 회전 시 통행하여야 할 방향을 표시하는 것'일 뿐이므로, ③ 피고인이 회전교차로 표지와 노면의 진행방향 표시가 표시하는 지시를 위반하였다 하더라도 이를 교통사고처리 특례법 제3조 제2항 단서 제1호의 '통행금지를 내용으로 하는 안전표지가 표시하는 지시를 위반하여 운전한 경우'에 해당한다고 보기 어려운데, ④ 피고인이 운전한 차량이 사고 당시 자동차 종합보험에 가입되어 있었다는 이유로 이 사건 공소를 기각하였다.

2. 그러나 원심의 위와 같은 판단은 다음과 같은 점에 비추어 수긍하기 어렵다.

　가. 교통사고처리 특례법 제3조 제2항은, 차의 교통으로 인한 업무상과실치상죄는 원칙으로는 피해자의 명시한 의사에 반하여 공소를 제기할 수 없고, 다만 그 단서에 해당하는 경우에는 그러하지 아니하다는 취지를 규정하면서 그 제1호로 '도로교통법 제5조의 규정에 의한 신호기 또는 교통정리를 위한 경찰공무원 등의 신호를 위반하거나 통행금지 또는 일시정지를 내용으로 하는 안전표지가 표시하는 지시를 위반하여 운전한 경우'를 규정하고 있다. 도로교통법 제5조 제1항은 "도로를 통행하는 보행자와 차마의 운전자는 교통안전시설이 표시하는 신호 또는 지시와 다음 각호의 어느 하나에 해당하는 사람이 하는 신호 또는 지시를 따라야 한다."라고 규정하고 있고, 도로교통법 시행규칙 제8조 제1항 제3, 5호는 교통안전시설 중 안전표지 일부에 관하여 '지시표지: 도로의 통행방법·통행구분 등 도로교통의 안전을 위하여 필요한 지시를 하는 경우에 도로사용자가 이에 따르도록 알리는 표지', '노면표시: 도로교통의 안전을 위하여 각종 주의·규제·지시 등의 내용을 노면에 기호·문자 또는 선으로 도로사용자에게 알리는 표지'를 규정하고 있다. 그리고 [별표 6]은 ① 지시표시 중의 하나로 '304. 회전교차로 표지, 표지판이 화살표 방향으로 자동차가 회전 진행할 것을 지시하는 것', ② 노면표시 중의 하나로 '526. 유도표시, 교차로에서 회전 시 통행하여야 할 방향을 표시하는 것'이라고 규정하고 있다.

　나. 이와 같은 관계 법령의 각 규정을 종합하여 볼 때, 회전교차로에 설치된 회전교차로 표지 및 유도표시는, 회전교차로에 진입하려는 차마로 하여금 진행방향 차로를 준수하도록 함으로써 이미 회전교차로 내에 진입하였거나 진입하려는 다른 차마와 반대방향으로 진행할 경우 발생할 수 있는 사고를 방지하여 차마의 안전한 운행과 원활한 교통을 확보하기 위하여 설치된 것이어서, 화살표 방향과 반대로 진행하지 말 것을 지시하는 내용의 안전표지로 봄이 상당하다. 따라서 회전교차로 내에 화살표의 방향과 반대로 통행할 것을 금지하는 내용의 안전표지가 개별적으로 설치되어 있지 않다고 하더라도, 통행금지를 내용으로 하는 안전표시가 없다고 볼 것은 아니다. 그렇다면 피고인이 회전교차로에 설치된 회전교차로 표지 및 유도표시에 표시된 화살표의 방향과 반대로 진행한 것은 교통사고처리 특례법 제3조 제2항 단서 제1호가 정한 '도로교통법 제5조에 따른 통행금지를 내용으로 하는 안전표지가 표시하는 지시를 위반하여 운전한 경우'에 해당한다.

　다. 그럼에도 회전교차로에 설치된 회전교차로 표지 및 유도표시가 통행금지를 내용으로 하는 안전표지에 해당하지 아니한다고 판단한 원심판결에는 통행금지를 내용으로 하는 안전표지에 관한 법리를 오해하여 판결 결과에 영향을 미친 위법이 있다.

3. 결론

그러므로 원심판결을 파기하고, 사건을 다시 심리·판단하도록 원심법원에 환송하기로 하여, 관여 대법관의 일치된 의견으로 주문과 같이 판결한다.

> **판례3 |** 차량 보조 신호등이 적색등인 경우 차량에 대하여 횡단보도 직전에 정지할 것과 우회전의 금지를 지시하는 것으로 보아야 하는데도, 차량 보조 신호등이 원형 등화라는 이유만으로 우회전이 금지되는 것으로 볼 수 없다고 본 원심판단에 법리오해의 위법이 있다[대법원 2017. 5. 11., 선고, 2017도2730, 판결]

【원심판결】

대구지법 2017. 1. 26. 선고 2016노2419 판결

【주문】

원심판결을 파기하고, 사건을 대구지방법원 본원 합의부에 환송한다.

【이유】

상고이유를 판단한다.

1. 이 사건 공소사실의 요지는, 피고인은 2015. 7. 28. 17:33경 부산 서구 동래구 소재 내성교차로를 교대 방면에서 동래경찰서 방면으로 우회전하였는데, 그 교차로는 차량 보조 신호등(이하 '이 사건 차량 보조 신호등'이라 한다)이 설치된 교차로이므로 운전자로서는 신호에 따라 운전하여야 함에도 피고인은 신호를 위반하여 우회전하여 진행하였다는 것이다.

   이에 대하여 원심은, ① 이 사건 차량 보조 신호등은 원형 등화일 뿐 화살표 등화가 아닌 이상, 적색 등화인 상태에서 우회전하였다는 사정만으로 신호위반을 하였다고 볼 수는 없고, ② 이 사건과 같이 교차로와 횡단보도가 연접하여 설치되어 있는 경우, 차량용 신호기가 차량에 대하여 교차로 직전의 횡단보도에 대한 통행까지도 지시하는 것으로 보아야 할 법적 근거가 없으므로, 피고인이 우회전할 당시 교차로에 설치된 차량용 신호기가 적색 등화였고, 횡단보도 보행신호등이 녹색등이었다고 하더라도 신호를 위반한 것으로 볼 수 없다고 보아 이 사건 공소사실에 대하여 무죄라고 판단하였다.

2. 그러나 원심의 위와 같은 판단은 다음과 같은 점에 비추어 수긍하기 어렵다.

   원심은 이 사건 차량 보조 신호등은 원형 등화일 뿐이므로, 우회전을 금지하기 위해서는 화살표 등화를 사용하였어야 한다고 보았다. 그러나 화살표 등화는 구 도로교통법 시행규칙이 2010. 8. 24. 행정안전부령 제156호로 개정되면서 신설된 것이어서, 그 이전까지는 차량 신호등 중 '화살표 등화'는 존재하지 아니하여 이 사건 차량 보조 신호등과 같이 종형삼색등 형태의 원형 신호등이 설치되었고 아직까지 교체되지 못하고

사용되고 있는 것으로 보이는 점, 구 도로교통법 시행규칙(2010. 8. 24. 행정안전부령 제156호로 개정된 것, 이하 같다) 시행 이전에 횡단보도의 보행등 측면에 설치된 차량 보조등은 주신호등을 보조하기 위하여 도로 측면에 설치된 것으로서 차량용 신호등이었던 점, 구 도로교통법 시행규칙이 시행되었다고 하여 횡단보도의 보행등 측면에 설치된 차량 보조등의 이와 같은 성격이 변경되었다고 볼 수는 없는 점 등을 종합하여 보면, 이 사건 차량 보조 신호등이 적색등인 경우 차량에 대하여 횡단보도 직전에 정지할 것과 우회전의 금지를 지시하는 것으로 봄이 상당하므로, 원심이 이 사건 차량 보조 신호등이 화살표 등화가 아니라 원형 등화라는 이유만으로 우회전이 금지되는 것으로 볼 수 없다고 판단한 것은 도로교통법의 신호 또는 지시에 따를 의무에 관한 법리를 오해하여 판결에 영향을 미친 위법이 있다.

3. 그러므로 원심판결을 파기하고, 사건을 다시 심리·판단하도록 원심법원에 환송하기로 하여, 관여 대법관의 일치된 의견으로 주문과 같이 판결한다.

> **판례4** | 자동차 운전자가 교차로에서 진로변경을 시도하다가 야기한 교통사고가 교통사고처리 특례법 제3조 제2항 단서 제1호에서 정한 '도로교통법 제5조에 따른 통행금지를 내용으로 하는 안전표지가 표시하는 지시를 위반하여 운전한 경우'에 해당하는지 여부(소극) [대법원 2015. 11. 12., 선고, 2015도3107, 판결]

【판결요지】

교통사고처리 특례법 제3조 제2항 단서 제1호, 구 도로교통법(2013. 5. 22. 법률 제11780호로 개정되기 전의 것) 제14조 제4항, 제22조 제3항 제1호, 제25조, 도로교통법 시행규칙 제8조 제1항 제5호, 제2항 [별표 6]을 종합하여 볼 때, 교차로 진입 직전에 설치된 백색실선을 교차로에서의 진로변경을 금지하는 내용의 안전표지와 동일하게 볼 수 없으므로, 교차로에서의 진로변경을 금지하는 내용의 안전표지가 개별적으로 설치되어 있지 않다면 자동차 운전자가 교차로에서 진로변경을 시도하다가 교통사고를 야기하였다고 하더라도 이를 교통사고처리 특례법 제3조 제2항 단서 제1호에서 정한 '도로교통법 제5조에 따른 통행금지를 내용으로 하는 안전표지가 표시하는 지시를 위반하여 운전한 경우'에 해당한다고 할 수 없다.

【원심판결】

서울중앙지법 2015. 2. 5. 선고 2014노3022 판결

【주문】

원심판결을 파기하고, 사건을 서울중앙지방법원 합의부에 환송한다.

【이유】

상고이유(상고이유서 제출기간이 경과한 후에 제출된 상고이유보충서의 기재는 상고이유를 보충하는 범위 내에서)를 판단한다.

1. 원심의 판단

원심은, 이 사건 교차로 내에 차로가 표시되어 있지 않으나, 피고인 진행차로의 교차로 직전에는 횡단보도가, 위 횡단보도 직전에는 차의 진로변경을 제한하는 백색실선 및 직진표지가 각 표시되어 있으므로, 위 백색실선 및 직진표지는 백색실선이 표시되어 있는 구간뿐만 아니라 그 다음에 위치하고 있는 횡단보도 및 교차로 내에서도 진로변경을 금지하고 직진할 것을 지시하는 의미의 안전표지라 할 것이므로, 피고인이 교차로 내에서 진로를 변경한 행위는 교차로 내에 실제로 백색실선이 표시되어 있지 않았더라도 교통사고처리 특례법 제3조 제2항 단서 제1호가 규정한 '도로교통법 제5조에 따른 통행금지를 내용으로 하는 안전표지가 표시하는 지시를 위반하여 운전한 경우'에 해당한다고 판단하였다.

2. 대법원의 판단

가. 교통사고처리 특례법 제3조 제2항은, 차의 교통으로 인한 업무상과실치상죄는 원칙으로는 피해자의 명시한 의사에 반하여 공소를 제기할 수 없고, 다만 그 단서에 해당하는 경우에는 그러하지 아니하다는 취지를 규정하면서 그 예외 사유로서 제1호로 '도로교통법 제5조의 규정에 의한 신호기 또는 교통정리를 위한 경찰공무원 등의 신호나 통행의 금지 또는 일시정지를 내용으로 하는 안전표지가 표시하는 지시에 위반하여 운전한 경우'를 규정하고 있다. 도로교통법(2013. 5. 22. 법률 제11780호로 개정되기 전의 것, 이하 같다) 제14조 제4항은 "차마의 운전자는 안전표지가 설치되어 특별히 진로변경이 금지된 곳에서는 차마의 진로를 변경하여서는 아니된다."라고 규정하고 있고, 도로교통법 시행규칙 제8조 제1항 제5호는 위 안전표지 중의 하나로 '노면표시: 도로교통의 안전을 위하여 각종 주의·규제·지시 등의 내용을 노면에 기호·문자 또는 선으로 도로사용자에게 알리는 표지'를 규정하고 있으며, [별표 6]으로 노면표시 중의 하나로 '506, 진로변경제한선표시, 도로교통법 제14조 제4항에 따라 통행하고 있는 차의 진로변경을 제한하는 것, 교차로 또는 횡단보도 등 차의 진로변경을 금지하는 도로구간에 백색실선을 설치'라고 규정하고 있다. 한편 도로교통법은 교차로에서의 앞지르기 금지(제22조 제3항 제1호)와 교차로에서의 통행방법(제25조)을 규정하고 있으면서도, 교차로에서의 진로변경을 금지하는 규정을 두고 있지 않다. 이와 같은 관계 법령의 각 규정을 종합하여 볼 때, 교차로 진입 직전에 설치된 백색실선을 교차로에서의 진로변경을 금

지하는 내용의 안전표지와 동일하게 볼 수 없으므로, 교차로에서의 진로변경을 금지하는 내용의 안전표지가 개별적으로 설치되어 있지 않다면 자동차 운전자가 그 교차로에서 진로변경을 시도하다가 교통사고를 야기하였다고 하더라도 이를 교통사고처리 특례법 제3조 제2항 단서 제1호가 정한 '도로교통법 제5조에 따른 통행금지를 내용으로 하는 안전표지가 표시하는 지시를 위반하여 운전한 경우'에 해당한다고 할 수 없다.

나. 원심이 적법하게 채택한 증거들에 의하면, 피고인은 BMW 승용차를 운전하여 진로변경을 금지하는 내용의 안전표지가 설치되지 아니한 이 사건 교차로 내에서 진로변경을 시도하다가 그 진행방향 우측에서 진행하던 마티즈 차량을 충격하였고, 계속하여 마티즈 차량이 그 진행방향 우측에서 진행하던 산타페 차량을 충격하여 이러한 연쇄충돌로 인해 산타페 차량이 보도를 침범하여 때마침 횡단보도를 건너기 위해 서 있던 피해자에게 판시와 같은 상해를 입힌 사실을 알 수 있다.

다. 이러한 사실관계를 앞서 본 법리에 비추어 보면, 피고인이 이 사건 교차로 내에서 진로변경을 시도하다가 야기한 이 사건 교통사고를 교통사고처리 특례법 제3조 제2항 단서 제1호의 안전표지가 표시하는 지시위반 사고에 해당한다고 볼 수 없다.

라. 그럼에도 원심은 이 사건 공소사실을 유죄로 인정하였으므로, 이러한 원심판단에는 교통사고처리 특례법 제3조 제2항 단서 제1호의 안전표지가 표시하는 지시위반에 관한 법리를 오해하여 판결에 영향을 미친 잘못이 있고, 이 점을 지적하는 상고이유 주장은 이유 있다.

3. 결론

그러므로 나머지 상고이유에 대한 판단을 생략한 채 원심판결을 파기하고, 사건을 다시 심리·판단하게 하기 위하여 원심법원에 환송하기로 하여, 관여 대법관의 일치된 의견으로 주문과 같이 판결한다.

판례5 | 녹색, 황색 및 적색의 삼색등화만 나오는 신호기와 유턴을 금지하는 안전표지가 설치되어 있는 교차로에서 녹색등화에 유턴하여 진행한 행위가 도로교통법 제5조에 의한 신호기가 표시하는 신호에 위반하여 운전한 경우에 해당하는지 여부(원칙적 적극)*[대법원 2014. 8. 28., 선고, 2014도3235, 판결]*

【참조판례】

대법원 2012. 3. 15. 선고 2010도3436 판결(공2012상, 607)

【원심판결】

수원지법 2014. 2. 12. 선고 2013노4986 판결

【주문】

원심판결을 파기하고, 사건을 수원지방법원 본원 합의부에 환송한다.

【이유】

상고이유를 판단한다.

1. 교통사고처리 특례법 제3조 제2항 단서 제2호에 의하면, 교통사고로 인하여 업무상과실치상죄 등을 범한 운전자가 '도로교통법 제62조를 위반하여 유턴한 경우'에 해당하는 행위로 위 죄를 범한 때에는 피해자의 명시한 의사에 반하여 공소를 제기할 수 있다. 그런데 도로교통법 제62조는 "자동차의 운전자는 그 차를 운전하여 고속도로등을 횡단하거나 유턴 또는 후진하여서는 아니 된다."고 규정하고, 같은 법 제57조에 의하면 '고속도로등'은 고속도로 또는 자동차전용도로만을 의미하므로, 일반도로에서 유턴하는 행위는 '같은 법 제62조를 위반하여 유턴한 경우'에 포함되지 않는다고 할 것이다(대법원 2012. 3. 15. 선고 2010도3436 판결 참조).

   원심이 제1심판결을 인용하여, 이 사건 교통사고가 발생한 도로가 고속도로 또는 자동차전용도로라는 점에 관한 증거가 없으므로 도로교통법 제62조를 위반하여 유턴한 경우에 해당하지 않는다고 판단한 것은 위 법리에 따른 것으로 정당하고, 거기에 상고이유 주장과 같이 교통사고처리특례법 제3조 제2항 단서 제2호에 관한 법리를 오해한 위법이 없다.

2. 도로교통법 제5조, 도로교통법 시행규칙 제6조 제2항 [별표 2], 제8조 제2항 [별표 6]의 각 규정을 종합하여 보면, 교차로에 녹색, 황색 및 적색의 삼색등화만이 나오는 신호기와 유턴을 금지하는 안전표지가 설치되어 있는 교차로에서의 유턴은 허용되지 아니하므로, 이와 같은 교차로에서 직진 및 우회전만이 가능한 녹색등화에 유턴하여 진행하였다면 특별한 사정이 없는 한 도로교통법 제5조의 규정에 의한 신호기가 표시하는 신호에 위반하여 운전한 경우에 해당한다고 할 것이다.

   원심판결 이유에 의하면, 원심은 이 사건 교통사고 당시 피고인이 1차로에서 유턴을 하기 어려워 전방 교차로의 신호가 녹색으로 직진신호인 상태에서 1차로에서 2차로로 차로를 변경하고, 교차로에 진입하면서 유턴을 위하여 피고인 운전 차량 앞부분이 교차로 내 가상의 1차로로 진행한 상태에서 같은 방향의 후방 2차로에서 교차로에 진입한 피해자 운전 차량이 피고인 운전 차량 뒷부분 좌측을 충격한 사실을 인정하고, 교차로 내에서의 사고 장소, 충돌한 차량의 위치, 교차로 내에서 차량의 진행 차로를 변경하는 것은 신호위반으로 볼 수 없는 점 등을 종합하면 피고인이 신호를 위반하였다는 점에 대한 범죄의 증명이 부족하다고 판단하였다.

그러나 기록에 의하면, 이 사건 교통사고가 발생한 곳은 녹색, 황색 및 적색의 삼색등화만이 나오는 신호기와 유턴금지표지판이 설치된 삼거리 교차로로 사고 당시 진행방향 전방의 녹색 등화가 켜진 상태였음을 알 수 있으므로 앞서 본 법리에 비추어 피고인이 그 교차로 내에서 유턴하기 위하여 진행한 것은 특별한 사정이 없는 한 신호기가 표시하는 신호에 위반하여 운전한 경우에 해당하고, 피고인이 녹색 등화에 유턴하는 경우 반대 진행방향 차량의 진행을 방해할 뿐만 아니라 같은 진행방향 전방의 차량이 녹색등화에 따라 진행할 것이라고 신뢰하고 있는 같은 진행방향 후방 차량의 신뢰도 보호할 필요가 있는 점, 신호위반 책임의 중대성, 도로교통법 등의 관련규정 및 교통사고처리 특례법의 입법취지 등에 비추어 이 사건 교차로와 같이유턴이 허용되지 않는 곳에서 유턴하여 진행하는 경우 같은 진행방향에서 진행신호에 따라 진행하는 후방차량에 대하여도 신호위반의 책임을 진다고 할 것이다(대법원 2005. 7. 28. 선고 2004도5848 판결 참조).

그렇다면 이 사건 교통사고는 교통사고처리 특례법 제3조 제1항, 제2항 단서 제1호의 신호위반으로 인한 업무상과실치상죄에 해당한다 할 것이므로, 이와 달리 피고인이 신호를 위반하지 아니하였다고 판단하여 공소기각사유에 해당한다고 본 원심판결에는 도로교통법의 신호위반에 관한 법리를 오해하여 판결에 영향을 미친 위법이 있다고 할 것이다.

3. 그러므로 원심판결을 파기하고, 사건을 다시 심리·판단하게 하기 위하여 원심법원에 환송하기로 하여, 관여 대법관의 일치된 의견으로 주문과 같이 판결한다.

판례6 | 도로교통법 제27조 제1항에 정한 '횡단보도에서의 보행자보호의무의 대상'에 보행신호등의 녹색등화가 점멸하고 있는 동안에 횡단보도를 통행하는 보행자도 포함되는지 여부(적극)[대법원 2009. 5. 14., 선고, 2007도9598, 판결]

【판결요지】

교통사고처리 특례법 제3조 제2항 제6호, 도로교통법 제5조 제1항, 제27조 제1항 및 도로교통법 시행규칙 제6조 제2항 [별표 2] 등의 규정들을 종합하면, 보행신호등의 녹색등화 점멸신호는 보행자가 준수하여야 할 횡단보도의 통행에 관한 신호일 뿐이어서, 보행신호등의 수범자가 아닌 차의 운전자가 부담하는 보행자보호의무의 존부에 관하여 어떠한 영향을 미칠 수 없다. 이에 더하여 보행자보호의무에 관한 법률규정의 입법 취지가 차를 운전하여 횡단보도를 지나는 운전자의 보행자에 대한 주의의무를 강화하여 횡단보도를 통행하는 보행자의 생명·신체의 안전을 두텁게 보호하려는 데 있는 것임을 감안하면, 보행신호등의 녹색등화의 점멸신호 전에 횡단을 시작하였는지 여부를 가리지 아니하고 보행신호등의 녹색등화가 점멸하고 있는 동안에 횡단보도를 통행하는 모든 보행자는 도로교통법

제27조 제1항에서 정한 횡단보도에서의 보행자보호의무의 대상이 된다.

【참조판례】

대법원 2003. 10. 23. 선고 2003도3529 판결(공2003하, 2283)

【원심판결】

서울서부지법 2007. 11. 1. 선고 2007노1189 판결

【주문】

원심판결을 파기하고, 사건을 서울서부지방법원 합의부로 환송한다.

【이유】

상고이유를 판단한다.

교통사고처리 특례법 제3조 제2항은 "차의 교통으로 인한 업무상과실치상죄는 원칙으로는 피해자의 명시한 의사에 반하여 공소를 제기할 수 없고, 다만 그 단서에 해당하는 경우에는 그러하지 아니하다."고 규정하면서 그 예외 사유로서 제6호로 " 도로교통법 제27조 제1항의 규정에 의한 횡단보도에서의 보행자보호의무를 위반하여 운전한 경우"를 규정하고, 도로교통법 제27조 제1항은 "모든 차의 운전자는 보행자가 횡단보도를 통행하고 있는 때에는 그 횡단보도 앞(정지선이 설치되어 있는 곳에서는 그 정지선을 말한다)에서 일시 정지하여 보행자의 횡단을 방해하거나 위험을 주어서는 아니 된다."고 규정하고 있다. 한편, 도로교통법 제5조 제1항은 "도로를 통행하는 보행자와 차마의 운전자는 교통안전시설이 표시하는 신호 또는 지시와 교통정리를 하는 국가경찰공무원(전투경찰순경을 포함한다) 및 제주특별자치도의 자치경찰공무원이나 대통령령이 정하는 국가경찰공무원 및 자치경찰공무원을 보조하는 사람의 신호나 지시를 따라야 한다."고 규정하고, 도로교통법 시행규칙 제6조 제2항 [별표 2]는 보행신호등의 '녹색 등화의 점멸신호'의 의미를 '보행자는 횡단을 시작하여서는 아니 되고, 횡단하고 있는 보행자는 신속하게 횡단을 완료하거나 그 횡단을 중지하고 보도로 되돌아와야 한다.'라고 규정하고 있다.

이러한 규정들을 종합하면, 보행신호등의 녹색등화 점멸신호는 보행자가 준수하여야 할 횡단보도의 통행에 관한 신호일 뿐이어서 보행신호등의 수범자가 아닌 차의 운전자가 부담하는 보행자보호의무의 존부에 관하여 어떠한 영향을 미칠 수 없는 것이고, 이에 더하여 보행자보호의무에 관한 법률규정의 입법 취지가 차를 운전하여 횡단보도를 지나는 운전자의 보행자에 대한 주의의무를 강화하여 횡단보도를 통행하는 보행자의 생명·신체의 안전을 두텁게 보호하려는 데 있는 것임을 감안하면, 보행신호등의 녹색 등화의 점멸신호 전에 횡단을 시작하였는지 여부를 가리지 아니하고 보행신호등의 녹색등화가 점멸하고 있는 동안에 횡단보도를 통행하는 모든 보행자는 도로교통법 제27조 제1항에서 정한 횡단

보도에서의 보행자보호의무의 대상이 된다 고 할 것이다.

이와 달리 원심은 피해자가 보행신호등의 녹색등화 점멸신호 중에 횡단보도를 횡단하기 시작한 경우에는 녹색등화의 점멸신호에 위반한 것이므로 횡단보도를 통행중인 보행자라고 볼 수 없다는 전제하에 녹색등화의 점멸신호 중에 횡단보도를 통행하던 피해자를 운전차량으로 충격하여 상해를 입힌 피고인에게 도로교통법 제27조 제1항 소정의 보행자보호의무를 위반한 잘못이 없고, 이 사건 교통사고가 교통사고처리 특례법 제3조 제2항 제6호 해당하지 않고 피해자가 피고인의 처벌을 원하지 않는다는 이유로 이 사건 공소를 기각하였는바, 이러한 원심의 판단에는 도로교통법 제27조 제1항에 관한 법리를 오해하여 판결에 영향을 미친 위법이 있다.

원심이 원용하는 대법원 2001. 10. 9. 선고 2001도2939 판결은 피해자가 보행신호등의 녹색등화가 점멸되고 있는 상태에서 횡단보도를 횡단하기 시작하였지만 횡단을 완료하기 전에 보행신호등이 적색등화로 변경된 후 차량신호등의 녹색등화에 따라서 직진하던 운전차량에 충격된 사안에 대한 것으로서 이 사건에 원용하기에 적절하지 아니하다.

그러므로 원심판결을 파기하고, 사건을 다시 심리·판단하게 하기 위하여 원심법원으로 환송하기로 하여 관여 법관의 일치된 의견으로 주문과 같이 판결한다.

판례7 | 녹색, 황색, 적색의 삼색등 신호기가 설치되어 있고 비보호좌회전 표시나 유턴표시가 없는 교차로에서 차마의 좌회전 또는 유턴이 허용되는지 여부 (소극)[대법원 2005. 7. 28., 선고, 2004도5848, 판결]

【판결요지】

[1] 도로교통법 제4조, 제5조, 제16조 제1항, 구 도로교통법시행규칙(2003. 10. 18. 행정자치부령 제208호로 개정되기 전의 것) 제5조 제2항 [별표 3]의 각 규정을 종합하여 보면, 교차로에 녹색, 황색 및 적색의 삼색등화만이 나오는 신호기가 설치되어 있고 달리 비보호좌회전 표시나 유턴을 허용하는 표시가 없는 경우에 차마의 좌회전 또는 유턴은 원칙적으로 허용되지 않는다고 보아야 한다.

[2] 횡형삼색등 신호기가 설치되어 있고 비보호좌회전 표지가 없는 교차로에서 녹색등화시 유턴하여 진행하였다면 반대 진행방향 차량뿐만 아니라 같은 진행방향의 후방차량에 대하여도 신호위반의 책임을 진다고 한 원심의 판단을 수긍한 사례.

【참조판례】

대법원 1996. 5. 31. 선고 95도3093 판결(공1996하, 2084)

【원심판결】

대전지법 2004. 8. 20. 선고 2004노1149 판결

【주문】

상고를 기각한다.

【이유】

1. 사법경찰리 작성의 실황조사서 첨부도면(수사기록 5면) 및 사진(수사기록 7 내지 14면)에 의하면, 이 사건 교차로의 서산 방면 횡단보도 양쪽 끝에 보행자 신호등이 설치되어 있고, 그 신호등 위에 차선 진행방향을 향하여 횡형삼색등 신호기가 설치되어 있으며, 그 반대편에도 횡형삼색등 신호기가 설치되어 있고, 태안 시외버스 터미널 방면에서 서산 방면을 향한 도로의 교차로 진입점 지점에 정지선이 그어져 있는 사실을 인정할 수 있으므로, 이 사건 교차로에 설치된 신호기는 교차로를 통과하는 차마에 대한 진행방법을 지시하는 신호기라고 보는 것이 타당하다고 할 것이다(대법원 1992. 1. 21. 선고 91도2330 판결, 1994. 8. 23. 선고 94도1199 판결 참조).

   이 사건 교차로에 설치된 신호기가 횡단보도를 통행하는 보행자를 보호하기 위하여 차마의 횡단보도 통행방법을 지시하는 신호기일 뿐 교차로 통행방법을 지시하는 신호기로 볼 수 없다는 상고이유 주장은 받아들이지 아니한다.

2. 도로교통법 제5조, 제16조 제1항, 제4조, 도로교통법시행규칙(2003. 10. 18. 행정자치부령 제208호로 개정되기 전의 것) 제5조 제2항 [별표 3]의 각 규정을 종합하여 보면, 교차로에 녹색, 황색 및 적색의 삼색등화만이 나오는 신호기가 설치되어 있고 달리 비보호좌회전 표시나 유턴을 허용하는 표시가 없는 경우 차마의 좌회전 또는 유턴은 원칙적으로 허용되지 않는다고 보아야 할 것이다 (대법원 1996. 5. 31. 선고 95도3093 판결 참조).

   원심은, 피고인이 진행하던 방향 전방에는 횡형삼색등 신호기가 설치되어 있어 좌회전하여 진행할 수 있는 녹색 화살표시 등화가 점등되지 않고, 녹색 등화시 허용되는 비보호좌회전 표시도 없으므로, 피고인이 이 사건 교차로에서 녹색 등화시 유턴하여 진행하였다면 특별한 사정이 없는 한 도로교통법 제5조가 규정하고 있는 신호기의 신호에 따를 의무를 위반하여 운전한 경우에 해당한다고 보아야 할 것이고, 피고인이 녹색 등화시 유턴하는 경우 반대 진행방향 차량의 진행을 방해할 뿐만 아니라, 같은 진행방향 전방의 차량이 녹색 등화에 따라 진행할 것이라고 신뢰하고 있는 같은 진행방향 후방 차량의 신뢰도 보호할 필요가 있는 점, 신호위반 책임의 중대성, 도로교통법 등의 관련 규정 및 교통사고처리특례법의 입법 취지 등에 비추어, 이 사건 교차로와 같이 유턴이 허용되지 않는 곳에서 유턴하여 진행하는 경우 같은 진행방향에서 진행신호

에 따라 진행하는 후방차량에 대하여도 신호위반의 책임을 진다는 이유로, 피고인에 대한 이 사건 공소를 기각한 제1심판결을 파기하고 피고인에게 유죄를 선고하였는바, 관련 법령과 위 법리에 비추어 기록을 살펴보면, 이러한 원심의 조치는 옳고, 거기에 채증법칙을 위배하여 사실을 오인하거나 도로교통법상의 신호체계에 관한 법리를 오해한 위법이 있다고 할 수 없다.

피고인이 상고이유에서 들고 있는 대법원 1999. 5. 28. 선고 96도690 판결은 비보호 좌회전표시가 있는 곳에서 녹색 등화시 같은 진행방향 후방에서 진행하는 차량에 방해가 된 경우 신호위반의 귀책 여부에 관한 것으로 이 사건과 사안을 달리하여 원용하기에 적절하지 않다.

3. 그러므로 상고를 기각하기로 하여 관여 법관의 일치된 의견으로 주문과 같이 판결한다.

판례8 | 의무전투경찰순경이 단독으로 교통정리를 위한 지시 또는 신호를 할 수 있는지 여부(적극)[대법원 1998. 7. 24., 선고, 98다18339, 판결]

【판결요지】

[1] 의무전투경찰순경은 치안업무를 보조하는 업무의 일환으로서 경찰공무원법의 규정에 의한 경찰공무원과 마찬가지로 단독으로 교통정리를 위한 지시 또는 신호를 할 수 있다.

[2] 교통정리를 위한 수신호(手信號)는 도로교통법시행규칙 제7조 [별표 7]의 규정에 따라 보행자나 차마의 운전자가 명료하게 이해할 수 있는 방법으로 행하여져야 한다.

[3] 편도 3차선 도로 중 1, 2차선의 차량들이 모두 교통신호기상의 신호가 녹색신호임에도 의무전투경찰순경의 수신호에 따라 정지해 있는데도 교통신호기의 신호만을 보고 3차선을 따라 교차로에 진입하다가 수신호에 따라 교차로에 진입한 다른 차량과 충돌한 경우, 의무전투경찰순경에게 교통정리상의 과실이 없다고 본 사례.

【원심판결】

서울지법 1998. 3. 18. 선고 97나52607 판결

【주문】

상고를 기각한다. 상고비용은 원고의 부담으로 한다.

【이유】

상고이유를 본다.

구 도로교통법(1997. 8. 30. 법률 제5405호로 개정되기 전의 것) 제5조, 같은법시행령 제4조, 구 전투경찰대설치법(1996. 8. 8. 법률 제5153호로 개정되기 전의 것) 제1조 내지

제2조의3 및 같은법시행령 제2조 제1항 제5호의 각 규정에 의하면, 도로를 통행하는 보행자나 차마는 신호기 또는 안전표지가 표시하는 신호 또는 지시와 교통정리를 하는 경찰공무원 등의 지시 또는 신호에 따라야 하고, 신호기 또는 안전표지가 표시하는 신호 또는 지시와 경찰공무원 등의 신호 또는 지시가 다른 때에는 경찰공무원 등의 신호 또는 지시에 따라야 하며, 의무전투경찰순경은 치안업무를 보조하는 업무의 일환으로서 경찰공무원법의 규정에 의한 경찰공무원과 마찬가지로 단독으로 교통정리를 위한 지시 또는 신호를 할 수 있고, 이 경우 그 수신호(手信號)는 도로교통법시행규칙 제7조 [별표 7]의 규정에 따라 보행자나 차마의 운전자가 명료하게 이해할 수 있는 방법으로 행하여져야 한다.

원심판결의 이유에 의하면, 원심은 거시 증거에 의하여, 소외 1은 1995. 12. 10. 19:55경 자신의 처인 소외 2 소유의 르망 승용차를 운전하고 서울 마포구 노고산동 107의 1 앞 편도 3차선 도로 중 3차선을 서산파출소 방면에서 연세대 방면으로 진행하다가 신촌로타리 교차로에 진입하게 되었는데, 당시 위 교차로에서 피고 산하 마포경찰서 소속 의무전투경찰순경인 소외 강철성이 정체차량의 소통을 위하여 교통정리를 하고 있었던 사실, 위 강철성은 위 교차로에서 교통정리를 하면서 위 소외 1 진행 방향의 차량들이 교통신호기상으로는 녹색신호나 진행하지 못하고 교차로 내에까지 정체가 계속되자 소외 1 진행 방향 1, 2차선 중앙 전방 2m 지점에서 적색불이 켜진 신호봉을 이용하여 소외 1 진행 방향의 차량들에 대하여 정지신호를 보내어 소외 1 진행 방향의 1, 2차선의 차량들이 정지수신호에 따라 정지하는 것을 본 다음 당시 3차선 상으로는 진행 차량이 없자 뒤로 돌아 서서 소외 1 진행 방향의 좌측인 동교동 방면에서 서강대 방면으로 진행하는 차량들에 대하여 진행 수신호를 하여 이에 따라 소외 오방규가 인천 1더8338호 티코승용차를 운전하여 동교동 방면에서 서강대 방면으로 시속 약 15km 내지 25km의 속력으로 진행하게 된 사실, 한편 소외 1은 위 교차로에 진입하기 전에 자신의 진행 방향 1, 2차선의 차량들이 줄을 이어 모두 정지해 있었는데도 교통신호기의 신호만을 보고 자신이 진행하던 차선 전방에 아무런 차량이 없자 속도를 줄여 정지하거나 서행하지 않고 진행하던 속도 그대로 교차로에 진입하여 위 오방규 운전의 티코승용차와 충돌한 사실, 위 교통사고 장소는 교차로의 진입지점에서 위 오방규의 진행 방향으로 약 15.1m, 소외 1의 진행 방향으로 약 5.1m 떨어진 지점으로 위 교통사고는 소외 1이 교차로에 진입함과 동시에 발생한 사실을 인정한 다음, 이 사건 사고는 오로지 소외 1이 자신의 진행 방향 1, 2차선의 차량들이 교통신호기상의 신호가 녹색신호임에도 불구하고 위 강철성의 수신호에 따라 모두 정차하고 있었으므로 속도를 줄여 정지하거나 서행하면서 전방 좌우를 잘 살펴 도로상황을 파악하여 교차로에 진입하지 않아야 함에도 불구하고 이를 게을리 한 채 그대로 교차로에 진입한 과실에 의하여 발생한 것이라 할 것이고 달리 위 강철성의 교통정리에 어떤 잘못이 있어 발생하였다고 볼 자료가 없다고 판단하여 원고의 이 사건 청구를 기각하였다.

기록에 의하면, 이 사건 사고지점인 신촌로터리는 평소 차량의 통행이 빈번한 곳으로서 교통경찰관이 상주하면서 차량 등의 통행이 정체되는 때에는 교통원할을 도모하기 위하여 신호기가 표시하는 신호와 관계없이 수신호에 의하여 교통의 흐름을 조절하여 온 점, 이 사건 당시에도 위 신촌로터리에 차량 등이 몰려 교통이 현저히 혼잡한 상황에서 위 강철성이 신호봉을 들고 수신호에 의하여 교통정리를 하고 있었고 소외 1에 앞서서 위 교차로에 도착한 모든 차량은 위 강철성의 수신호에 따라 진행 또는 정지하거나 좌·우회전을 하고 있었던 점을 엿볼 수 있고, 도로교통법 제22조 제3항에 의하면, 신호기에 의하여 교통정리가 행하여 지고 있는 교차로에 들어가는 모든 차량은 진행하고자 하는 진로의 앞쪽에 있는 차의 상황에 따라 교차로(정지선이 설치되어 있는 경우에는 그 정지선을 넘은 부분)에 정지하게 되어 다른 차의 통행에 방해가 될 우려가 있는 경우에는 그 교차로에 들어가서는 아니되도록 규정하고 있는 점과 앞서 본 법리에 비추어 볼 때, 원심의 위와 같은 판단은 수긍이 가고, 거기에 소론과 같이 수신호를 실시할 경우의 주의의무 내용 및 의무전투경찰순경의 직무범위 등에 관한 법리오해의 위법이 있다고 할 수 없다. 논지는 이유 없다.

그러므로 상고를 기각하고 상고비용은 패소자의 부담으로 하기로 하여 관여 법관의 일치된 의견으로 주문과 같이 판결한다.

> **판례9** | 교차로 직전에 설치된 횡단보도에 따로 차량보조등이 설치되어 있지 아니한 경우, 교차로 신호가 적색이고 횡단보도의 보행자신호등이 녹색인 상태에서 우회전하기 위하여 횡단보도로 들어간 차량의 신호위반 여부(적극)*[대법원 1997.10.10., 선고, 97도1835, 판결]*

【판결요지】

도로교통법 제4조, 도로교통법시행규칙 제4조, 제6조 제2항, [별표 4] '신호등의 종류, 만드는 방식 및 설치기준' 등 관계 규정들에 의하면, 교차로와 횡단보도가 인접하여 설치되어 있고 차량용 신호기는 교차로에만 설치된 경우에 있어서는, 그 차량용 신호기는 차량에 대하여 교차로의 통행은 물론 교차로 직전의 횡단보도에 대한 통행까지도 아울러 지시하는 것이라고 보아야 할 것이고, 횡단보도의 보행등 측면에 차량보조등이 설치되어 있지 않다고 하여 횡단보도에 대한 차량용 신호등이 없는 상태라고는 볼 수 없다.

【참조판례】

대법원 1988. 8. 23. 선고 88도632 판결(공1988, 1242)

【원심판결】

대전지법 1997. 6. 25. 선고 97노418 판결

【주문】

원심판결을 파기하고, 사건을 대전지방법원 합의부에 환송한다.

【이유】

상고이유를 본다.

1. 피고인에 대한 공소사실의 요지는, 피고인은 1996. 7. 13. 01:10경 택시를 운전하여 대전 동구 가양동 근영약국 앞 도로상을 가양동사무소 방면에서 가양 4가 방면으로 진행함에 있어, 전방에 신호등이 설치되어 있는 횡단보도가 있고 교차로상에 차량신호 기가 설치되어 있었으며 횡단보도와 교차로에는 차량 정지신호가 들어와 있었으므로, 피고인으로서는 횡단보도 앞 정지선에 정지하였다가 차량 진행신호로 바뀐 다음에 출발하여야 할 업무상의 주의의무가 있음에도 불구하고 차량 정지신호를 무시하고 그대로 우회전하기 위하여 횡단보도를 진행한 과실로 피고인의 진행방향 우측에서 좌측으로 오토바이를 탄 상태로 횡단보도를 건너던 피해자 임미경의 오토바이를 들이받아 피해자로 하여금 약 12주간의 치료를 요하는 좌측경골간부 분쇄골절상 등을 입게 하였다는 것이다.

2. 원심은, 이 사건 횡단보도에는 횡단보행자용 신호기만 설치되어 있고 별도의 차량용 신호기가 설치되어 있지 않으므로, 이러한 경우 횡단보행자용 신호기의 신호가 보행자 통행신호인 녹색으로 되었을 때 차량 운전자가 횡단보도상을 운행하였다고 하여도 신호기의 신호에 위반하여 운전한 것이라고 할 수 없고, 또한 교차로상의 신호가 적색신호라 하여도 차량 운전자로서는 측면교통을 방해하지 아니하는 한 우회전할 수 있는 것이며, 피해자의 오토바이 운행은 위 측면교통에 해당하지 않으므로, 피고인은 교통사고처리특례법 제3조 제1항 제1호의 신호에 위반하여 운전한 경우에 해당한다고 할 수 없고, 한편 피고인이 운전한 차량은 같은 법 제4조에 정한 공제에 가입되어 있는 사실이 인정되므로, 이 사건은 공소제기의 절차가 법률에 위반하여 무효인 때에 해당한다고 하여 형사소송법 제327조 제2호에 따라 공소를 기각한 제1심판결을 그대로 유지하였다.

3. 그러나 위와 같은 원심의 판단은 수긍할 수 없다.

기록에 의하여 살펴보면, 이 사건 사고장소는 피고인의 진행방향으로 보아 전방의 교차로 직전에 횡단보도가 설치되어 있고 횡단보도 직전에 정지선이 있으며, 교차로 건너편에 차량용 신호기가 있고, 횡단보도에는 횡단보행자용 보행등이 있을 뿐 보행등의

측면에 차량보조등이 따로 설치되어 있지 아니한 사실을 알 수 있다.

먼저 도로교통법 제4조는 신호기의 종류, 만드는 방식, 설치하는 곳 그 밖의 필요한 사항은 내무부령으로 정하도록 규정하고 있고, 도로교통법시행규칙(이하 규칙이라 한다) 제4조는 신호기의 설치장소에 관하여, 신호기는 지방경찰청장이 필요하다고 인정하는 교차로 그 밖의 도로에 설치하되 그 앞쪽에서 잘 보이도록 설치하여야 한다고 규정하고 있으며, 규칙 제6조 제2항, [별표 4] '신호등의 종류, 만드는 방식 및 설치기준'에 의하면, 교차로와 횡단보도에는 그 통행량 등의 설치기준에 따라 차량용 신호등을 설치하도록 하고, 횡단보도에는 보행자용 보행등을 설치하는 외에 보행등의 측면에 차량보조등을 설치하도록 규정하고 있다. 위 관계 규정들에 비추어 보면, 이 사건에서와 같이 교차로와 횡단보도가 인접하여 설치되어 있고 차량용 신호기는 교차로에만 설치된 경우에 있어서는, 그 차량용 신호기는 차량에 대하여 교차로의 통행은 물론 교차로 직전의 횡단보도에 대한 통행까지도 아울러 지시하는 것이라고 보아야 할 것이고, 횡단보도의 보행등 측면에 차량보조등이 설치되어 있지 않다고 하여 횡단보도에 대한 차량용 신호등이 없는 상태라고는 볼 수 없다고 할 것이다.

나아가 규칙 제5조 제2항, [별표 3]에서 신호기의 적색 등화의 뜻은 "1. 보행자는 횡단하여서는 아니된다. 2. 차마는 정지선이나 횡단보도가 있는 때에는 그 직전 및 교차로 직전에서 정지하여야 한다. 3. 차마는 신호에 따라 직진하는 측면 교통을 방해하지 아니하는 한 우회전 할 수 있다."라고 규정하고 있다. 따라서 이 사건에서 차량용 적색 신호등은 위 제2호에 의하여 교차로 및 횡단보도 직전에서의 정지의무를 아울러 명하고 있는 것으로 보아야 하므로, 횡단보도의 보행등이 녹색인 경우에는 모든 차량이 횡단보도 정지선에서 정지하여야 하고, 다만 횡단보도의 보행등이 적색으로 바뀌어 횡단보도로서의 성격을 상실한 때에는 우회전 차량은 횡단보도를 통과하여 위 제3호가 정한 제한에 따라 우회전할 수 있다고 해석해야 할 것이며, 만약 차량보조등이 설치되어 있다면 우회전 차량은 보행등의 상황을 살피지 않고도 차량보조등의 지시에 따라 횡단보도를 통과할 수 있게 된다 고 할 것이다.

결국 이 사건 사고 당시 만약 피고인이 차량 신호등은 적색이고 횡단보도의 보행등은 녹색이었음에도 불구하고 우회전하기 위하여 횡단보도를 침범하여 운행한 것이라면, 이는 도로교통법 제5조의 규정에 의한 신호기의 신호에 위반하여 운전한 경우에 해당한다고 보아야 할 것이다. 제1심판결이 원용한 대법원 1988. 8. 23. 선고 88도632 판결은 차량이 교차로에서 좌회전 신호에 의하여 좌회전하던 중 교차로를 완전히 벗어나기 전에 신호가 변경되어 교차로가 끝나는 좌측 도로의 횡단보도에서 발생한 사고에 관한 것으로서 이 사건과는 사례를 달리하는 것이다.

기록에 의하면, 이 사건 피해자는 사고 당시 횡단보도의 보행등이 녹색이었다고 진술하고 있고, 공소사실도 횡단보도가 보행자 횡단신호의 상태임을 전제로 한 것이라고 보이므로, 원심으로서는 사고 당시 보행등의 등화 상태를 심리하여 확정한 다음 공소 제기 절차의 정당성 여부를 판단하였어야 할 것임에도 불구하고, 이에 이르지 아니한 채 위와 같은 판단하에 공소를 기각하고 말았으니, 원심판결에는 신호기의 신호에 관한 법리를 오해함으로써 심리를 다하지 아니한 위법이 있다 할 것이므로, 이 점을 지적하는 논지는 이유 있다.

그러므로 원심판결을 파기하고, 사건을 원심법원에 환송하기로 하여 관여 법관의 일치된 의견으로 주문과 같이 판결한다.

판례10 | 보호좌회전 표시나 유턴허용 표시가 없는 신호기가 설치된 교차로에서 적색 등화 시에 좌회전 또는 유턴한 행위가 신호위반에 해당하는지 여부*[대법원 1996. 5. 31., 선고, 95도3093, 판결]*

【판결요지】

[1] 교차로에 녹색, 황색 및 적색의 삼색 등화만이 나오는 신호기가 설치되어 있고 달리 비보호좌회전 표시나 유턴을 허용하는 표시가 없다면 차마의 좌회전 또는 유턴은 원칙적으로 허용되지 않는다. 그러므로 위 교차로에서 적색 등화시에 정지선에 정지하여 있지 아니하고 좌회전 또는 유턴하여 진행하였다면 이는 특별한 사정이 없는 한 도로교통법 제5조의 규정에 의한 신호기의 신호에 위반하여 운전한 경우에 해당한다고 보아야 한다.

[2] 진행하던 방향의 1차선에 도로교통법시행규칙 [별표 1]의 규정에 따라 좌회전을 시키려고 하는 장소에 설치하여 진행방향을 표시하는 노면표지가 설치되어 있었다고 하더라도, 이는 좌회전신호가 들어오거나 비보호좌회전 표시가 있는 경우에 차마가 그 신호에 따라 진행할 방향을 뜻하는 것에 불과하여 그러한 노면표지가 있었다는 사정만으로 적색 등화시에 좌회전하거나 유턴한 행위가 정당화된다고는 볼 수 없다.

【참조판례】

대법원 1992. 1. 21. 선고 91도2330 판결(공1992, 957)

【원심판결】

부산지법 1995. 11. 24. 선고 95노2321 판결

【주문】

원심판결을 파기하고 사건을 부산지방법원 합의부에 환송한다.

【이유】

검사의 상고이유를 판단한다.

1. 원심판결 이유에 의하면 원심은, "피고인은 B 승용차의 자가운전자로서 1995. 2. 2. 09 : 10경 부산 부산진구 C 소재 D 앞 신호대에서 연지 3거리 방면에서 부암로터리 방면을 향하여 위 승용차를 운전하였던바, 그 곳은 정지신호와 직진신호만이 반복되는 곳으로서 좌회전하거나 유턴을 할 수 없음에도 정지신호에서 유턴한 과실로 마침 맞은편에서 피해자 E가 타고 오던 오토바이를 충격하여 위 피해자에게 약 20주간의 치료를 요하는 좌대퇴골간부골절상 등을 입힌 것이다"라는 이 사건 공소사실에 대하여, 이 사건 사고지점은 F주유소 쪽과 부암로터리를 잇는 왕복 4차선의 간선도로와 미군부대 방면에서 나오는 도로가 만나는 삼거리 교차로로서 미군부대 쪽에서 나오는 도로 맞은편에는 차선 구분 없는 소로가 나 있고, 위 사고 당시 부암로터리 쪽의 교차로에 연이어 횡단보도가 설치되어 있었으며, 그 횡단보도상에는 보행자신호기와 아울러 위 간선도로 상의 차량을 위하여 직진, 주의 및 정지를 표시하는 녹색, 황색 및 적색의 횡형 삼색등 신호기가 차도 양쪽에 서로 반대방향을 향하여 설치되어 있었고, 위 소로 입구 F주유소 쪽에는 부암로터리 쪽에서 오는 차량을 위한 녹색, 황색 및 적색의 횡형 삼색등 신호기와 미군부대 쪽에서 오는 차량을 위한 같은 형태의 신호기가 연이어 설치되어 있었던 사실, 위 간선도로 중 F주유소 쪽 교차로 진입지점 1차선 상에 흰 페인트로 좌회전 노면표시가 되어 있었을 뿐 F주유소 쪽에서 오는 차량에 대하여 위 교차로에서 특별히 좌회전이나 유턴을 허용 또는 금지하는 어떠한 표지도 설치되어 있지 않았고, 그 때문에 F주유소 쪽에서 오는 차량들에게 위 교차로의 신호기에 적색 등이 켜져 있을 경우 유턴을 허용하여도 교통에 지장이 없다는 등의 이유로 교통경찰에 의하여 사실상 유턴이 묵인되어 와서 그 곳을 통행하는 운전자들에게 그 지점에서의 유턴이 관행화되어 있었던 사실, 피고인은 공소사실 기재 일시경 그 기재 승용차를 운전하여 F주유소 쪽에서 진행하여 와서 교차로 진입지점 1차선 차량정지선에서 대기하고 있다가 전방의 삼색등 신호기가 적색인 상태에서 위와 같은 관행에 따라 유턴하다가 부암로터리 쪽에서 직진하여 오던 공소사실 기재 오토바이를 충격한 이 사건 교통사고를 일으킨 사실 등을 인정한 다음, 위 사고지점 부근의 도로상황 및 신호관계, 차량의 통행관행, 사고경위 등을 종합하여 볼 때 위 사고 당시 피고인이 신호위반 또는 안전표지의 지시위반을 하였다거나 그와 같은 위반행위로 인하여 위 사고가 발생하였다고 볼 수 없고, 한편 피고인의 차량은 종합보험에 가입되어 있으므로, 결국 이 사건은 공소제기의 절차가 법률의 규정에 위반하여 무효인 때에 해당한다고 보아 피고인에 대한 이 사건 공소를 기각하였다.

2. 그러나 도로교통법 제5조의 규정에 의하면 도로를 통행하는 차마는 신호기 또는 안전

표지가 표시하는 신호 또는 지시와 교통정리를 하는 경찰공무원 등의 신호나 지시를 따라야 하고, 같은 법 제16조 제1항의 규정에 의하면 차마는 보행자나 다른 차마의 정상적인 통행을 방해할 염려가 있는 때에는 도로를 횡단하거나 유턴 또는 후진하여서는 아니되며, 같은 법 제4조, 같은법시행규칙(1995. 7. 1. 내무부령 제651호로 개정되기 전의 것) 제5조 [별표 2, 3]의 각 규정에 의하면 차마의 경우에 있어서 신호기가 표시하는 신호의 뜻은 녹색 등화의 경우에는 직진하거나 다른 교통에 방해되지 않도록 천천히 우회전할 수 있고 비보호 좌회전표시가 있는 곳에서는 신호에 따르는 다른 교통에 방해가 되지 않을 때에는 좌회전할 수 있되, 다만 다른 교통에 방해가 된 때에는 신호위반책임을 진다고 되어 있고, 황색 등화의 경우에는 우회전을 할 수 있고 정지선이나 횡단보도 또는 교차로의 직전에 정지하여야 하며(다만 이미 교차로에 진입하고 있는 경우에는 신속히 교차로 밖으로 진행하여야 한다), 적색 등화인 경우에는 정지선이나 횡단보도 또는 교차로의 직전에서 정지하여야 하고 신호에 따라 직진하는 측면 교통을 방해하지 아니하는 우회전을 할 수 있으며, 녹색 화살표시 등화의 경우에는 화살표 방향으로 진행할 수 있다고 되어 있으므로, 교차로에 녹색, 황색 및 적색의 삼색 등화만이 나오는 신호기가 설치되어 있고 달리 비보호 좌회전표시나 유턴을 허용하는 표시가 없다면 차마의 좌회전 또는 유턴은 원칙적으로 허용되지 않는다고 보아야 할 것이다.

기록에 의하면 피고인이 진행하던 방향의 전방에는 횡형 삼색등 신호기가 설치되어 있어서 좌회전하여 진행할 수 있는 신호인 녹색 화살표시 등화가 나오지 않고 녹색 등화시에 허용되는 비보호 좌회전표시도 없으며, 피고인의 진행방향 전방의 신호기가 적색 등화일 경우에는 미군부대 방향에서 F주유소 쪽으로 녹색 등화가 들어와서 그 방향으로 진행하는 차량들이 피고인이 대기하던 교차로의 정지선 앞을 통과하게 되고, 어떠한 등화에서건 유턴을 허용하는 신호나 표지는 설치되어 있지 아니한 사실을 알 수 있으므로, 피고인이 신호기가 설치되어 있는 교차로에서 적색 등화시에 정지선에 정지하여 있지 아니하고 좌회전 또는 유턴하여 진행하였다면 이는 특별한 사정이 없는 한 같은 법 제5조의 규정에 의한 신호기의 신호에 위반하여 운전한 경우에 해당한다고 보아야 할 것이다.

원심은 피고인의 진행방향 전방 교차로의 신호기에 적색 등화가 켜져 있을 경우 유턴을 허용하여도 교통에 지장이 없다는 등의 이유로 교통경찰에 의하여 사실상 유턴이 묵인되어 와서 그 곳을 통행하는 운전자들에게 그 지점에서의 유턴이 관행화되어 있었던 사실을 인정하였으나, 앞서 본 이 사건 사고지점의 신호체계에 비추어 보면 피고인의 진행방향 전방 교차로의 신호기가 적색 등화일 때에 유턴을 허용한다면 미군부대 쪽에서 녹색 등화에 따라 진행하여 오는 차마의 정상적인 통행을 방해할 염려가 있다 할 것이어서 이를 교통에 지장이 없는 경우라고 단정할 수도 없을 뿐만 아니라,

기록을 살펴보아도 위와 같은 관행이 형성되어 있었음을 인정할 만한 증거는 찾아볼 수 없다. 그리고 피고인이 진행하던 방향의 1차선에 같은법시행규칙 [별표 1]의 규정에 따라 좌회전을 시키려고 하는 장소에 설치하여 진행방향을 표시하는 노면표지가 설치되어 있었다고 하더라도, 이는 좌회전신호가 들어오거나 비보호 좌회전표시가 있는 경우에 차마가 그 신호에 따라 진행할 방향을 뜻하는 것에 불과하여 그러한 노면표지가 있었다는 사정만으로 이 사건과 같이 적색 등화시에 좌회전하거나 유턴한 행위가 정당화된다고는 볼 수 없다(다만 운전자들이 위와 같은 노면표지를 녹색 등화시에 비보호 좌회전할 수 있다는 표시로 오인할 여지는 있다고 보여지나, 비보호 좌회전이 허용된 경우라 하더라도 좌회전을 하다가 다른 교통에 방해가 된 때에는 신호위반의 책임을 면할 수 없다).

따라서 원심판결에는 도로교통법상의 신호체계에 관한 해석을 그르치거나 채증법칙에 위배하여 증거 없이 사실을 인정한 위법이 있다고 아니할 수 없고, 그와 같은 위법은 이 사건 판결에 영향을 미쳤음이 분명하므로, 이 점을 지적하는 논지는 이유 있다.

3. 그러므로 원심판결을 파기하고 사건을 원심법원에 환송하기로 하여 관여 법관의 일치된 의견으로 주문과 같이 판결한다.

판례11 | 교차로 입구에서 약 29m 떨어진 횡단보도 위에 설치된 차량신호기가 교차로를 통과하는 모든 차량에 관한 지시를 표시하는 것으로 본 사례[대법원 1995. 12. 8., 선고, 95도 1928, 판결]

【판결요지】

차량신호기가 비록 교차로 입구로부터 약 29m 떨어진 횡단보도 위에 설치되어 있다고 하더라도 이는 횡단보도를 통행하는 보행자를 보호하기 위하여 그 횡단보도를 지나는 차량들에 대한 지시를 표시하는 신호기일 뿐 아니라, 교차로를 통과하는 모든 차량들에 관한 지시를 표시하는 신호기라고 본 사례.

【참조판례】

대법원 1992. 1. 21. 선고 91도2330 판결(공1992, 957)

【원심판결】

광주지방법원 1995. 7. 20. 선고 95노543 판결

【주문】

원심판결을 파기하고 사건을 광주지방법원 본원 합의부에 환송한다.

【이유】

검사의 상고이유를 판단한다.

원심판결 이유에 의하면 원심은, 제1심법원이 적법하게 조사·채택한 증거에 의하여, 이 사건 교통사고가 발생한 교차로는 서구청 방면에서 농성지하도 방면을 향하여 좌로 굽은 편도 3차선 도로의 우측에 서구 보건소 방면으로 진입하는 도로가 연결되어 있는 "ㅏ"자형 교차로이고, 위 농성지하도 방면에서 위 서구 보건소 방면으로 좌회전하는 차량을 위하여 별도의 차량신호 없이 비보호 좌회전이 가능하도록 황색실선의 중앙선이 끊겨 있고, 백색 점선의 중앙선이 위 농성지하도 방면에서 위 서구 보건소 방면을 따라 그어져 있으며, 이 사건 사고 당시 위 서구청 방면의 교차로 입구에는 차량정지선이 그어져 있고 그로부터 위 서구청 방면으로 약 29m 떨어진 지점에 보행자용 횡단보도 표시가 그어져 있으며, 그 횡단보도와 인도의 접속지점에 양 방향의 진행차량이 볼 수 있도록 차량신호기가 설치되어 있고, 위 교차로 부근에는 위 차량신호기만이 유일하게 설치되어 있을 뿐 다른 차량신호기는 설치되어 있지 아니한 사실, 이 사건 당시 피고인은 전남 6자1061호 시외버스를 운전하고 위 차량신호기의 정지신호를 위반한 채 위 횡단보도 및 위 교차로 입구의 정지선을 그대로 지나쳐 교차로에 진입함으로써 때마침 반대방향인 농성지하도 방면에서 서구 보건소 방면으로 좌회전하던 피해자 한승부 운전의 광주 1누1055호 승용차를 뒤늦게 발견하고 급제동 조치를 취하였으나 미치지 못하여 피고인 운전차량 앞 범퍼 부분으로 위 피해자 운전차량 우측 옆 부분을 충격하여 위 피해자에게 약 4주간의 치료를 요하는 늑골골절상 등을 입게 한 사실을 인정한 다음, 피고인의 위와 같은 과실이 교통사고처리특례법 제3조 제2항 단서 제1호 소정의 '도로교통법 제5조의 규정에 의한 신호기의 신호가 표시하는 지시에 위반하여 운전'한 경우에 해당하는지에 관하여 보면, 일반적으로 교차로 부근의 차량신호기가 그 교차로를 통과하는 차량들의 통행방법을 지시하는 것으로 볼 것인지 여부는 교차로의 성상 및 규모, 당해 차량신호기와 그 교차로와의 거리, 당해 차량신호기의 피관측 방향, 교차로 주변에 있는 다른 차량신호기의 위치 및 형태, 당해 차량신호기와 교차로 주변 다른 차량신호기와의 신호연계체계 여하 등을 종합적으로 고려하여 판단하여야 할 것인데, 이 사건 교통사고 당시 위 교차로 부근에는 이 사건 차량신호기만이 유일하게 설치되어 있고, 피고인 운전차량의 진행방향 맞은편에는 차량신호기가 설치되어 있지 아니하였으며, 위 차량신호기가 설치된 지점으로부터 교차로 입구까지는 약 29m 떨어져 있어 피고인과 같이 위 교차로를 서구청 방면에서 농성지하도 방면으로 향하여 진행하는 운전자로서는 위 차량신호기가 설치되어 있는 지점의 5 내지 10m 전방에 이르기까지에 한하여 전방주시 의무를 동시에 이행할 수 있는 정상적인 운전자세로 위 차량신호기를 올려다 볼 수 있을 뿐이고, 그 지점을 지나친 후에는 위 교차로를 통과할 때까지도 차량신호기의 지시를 받을 수 없는 점에 비추어 볼 때 피고인과 같이 서구청 방면에서 농성지하도 방면을 향하여 진행하는 운전자로서는 위 차량신호기가 설치된 지점의 5 내지 10m 전방의 지점을 지날 때부터 위 교차로를 통과할 때까지는 통상의 차량신호기가 설치되어 있지 아니한 교차로 부근을 통과하는 운전자에게 요구되는 주의의무에 따라서만 운행할 수 있다 할 것이고, 한편 이 사건 피해자와 같이 농성지하도 방면에서 서구 보건소 방면으로 좌회전하고자 하는 차량의 운전자로서는 위 교차로가 비보호 좌회전이 허용된 곳이고, 위 차량신호기가 위 교차로 입구에서 약 29m나 떨어져 있으므로 비록 이 사건 교통사고 당시와 같이 위 차량신호기의 신호가 차량정지신호 상태에 있다고 할지라도 서구청 방면에서 농성지하도 방면으로, 또는 서구 보건소 방면에서 서구청 방면으로 진행하는 차량이 있는지 여부를 잘 살펴 자신의 책임하에 안전하게 운행하여야 하고, 위 차량신호기의 신호가 차량정지신호 상태에 있다고 하여 만연히 곧바로 좌회전하여서는 아니된다고 할 것이므로, 위 차량신호기는 위 교차로를 서구청 방면에서 농성지하도 방면으로 진행하는 차량 및 농성지하도 방면에서 서구 보건소 방면으로 진행하는 차량들에 대하여 각 통행에 관한 지시를 표시하는 신호기라고 보기 어렵고, 달리 이를 인정할 만한 증거를 찾아 볼 수 없으며, 오히려 위 차량신호기는 그 곳에 설치된 횡단보도를 통행하는 보행자를 보호하기 위하여 그 횡단보도를 지나는 차량들에 대한 지시를 표시하는 신호기라고 봄이 상당하므로 피고인이 신호를 위반한 것으로는 볼 수 없다고 판단하여 이 부분에 대하여 공소를 기각한 제1심판결을 유지하였다.

그러나, 위 차량신호기가 그 곳에 설치된 횡단보도를 통행하는 보행자를 보호하기 위하여 그 횡단보도를 지나는 차량들에 대한 지시를 표시하는 신호기일 뿐 위 교차로를 서구청 방면에서 농성지하도 방면으로 진행하는 차량 및 농성지하도 방면에서 서구 보건소 방면으로 진행하는 차량들에 대하여 각 통행에 관한 지시를 표시하는 신호기라고 보기 어렵다고 한 원심의 판단은 선뜻 수긍하기가 어렵다.

살피건대, 기록에 의하면, 위 두 개의 차량신호기가 모두 횡단보도 위에 설치되어 있고 교차로를 가로질러 대각선을 이루는 지점에 설치되어 있지 않음은 원심판시와 같지만, 위 신호기가 반드시 교차로를 가로질러 설치되어 있어야만 교차로 통행방법을 지시하는 신호기로 볼 수 있다는 근거는 없는 것이다.

먼저, 농성지하도 방면에서 본다면 원심이 확정한 바와 같이 농성지하도 방면에서 서구 보건소 방면으로 좌회전하는 차량을 위하여 황색실선의 중앙선이 끊겨 있고 백색점선의 중앙선이 농성지하도 방면에서 서구 보건소 방면으로 그어져 있으므로 농성지하도 방면에서 서구 보건소 방면으로 좌회전하는 것이 금지되어 있다고 볼 수는 없다 할 것이다. 그리고 서구청 방면에서 농성지하도 방면으로 본다면 횡단보도 앞에 정지선이 그어져 있고 횡단보도를 약 29m를 지난 지점 즉 교차로 진입 입구에 또 다른 정지선이 그어져 있음은 원심이 확정한 바와 같은바, 만일 원심과 같이 이 사건 차량신호기가 횡단보도를 통행하는 보행자를 보호하기 위하여 횡단보도를 지나는 차량들에 대한 지시만을 표시하는 신호기라고 한다면 횡단보도를 약 29m 지나 교차로 진입 입구에 그어져 있는 위 정지선은 아무런 의미가 없게 된다.

왜냐하면, 일반적으로 도로에 그어져 있는 정지선은 진행하는 차량이 정지하여야 할 지점을 표시하는 것이라 할 것인데, 이 사건 피해자와 같이 농성지하도 방면에서 서구 보건소 방면으로 좌회전하고자 하는 차량의 운전자가 서구청 방면에서 농성지하도 방면으로, 또는 서구 보건소 방면에서 서구청 방면으로 진행하는 차량이 있는지 여부를 잘 살펴 자신의 책임하에 안전하게 좌회전하여야 한다면, 서구청 방면에서 농성지하도 방면으로 진행하는 차량은 반대 방면에서 좌회전하는 차량이 있는지의 유무와는 상관 없이 언제든지 진행할 수 있어 교차로 진입 입구에 그어져 있는 정지선에 정지할 필요가 없게 되어 결국 위 정지선은 불필요한 선을 그어 놓은 것에 지나지 아니한 것으로 볼 수밖에 없게 된다.

따라서, 기록에 나타난 이 사건 교차로의 성상 및 규모 이 사건 차량신호기의 위치와 형태 그리고 교차로 입구에 위 정지선이 그어져 있는 이유 등을 고려하여 본다면, 서구청 방면에서 농성지하도로 진행하는 차량들은 횡단보도에 설치된 이 사건 차량신호기의 신호에 따라 신호기의 신호가 녹색등화일 경우에는 계속 진행을 할 수 있고, 적색등화인 경우에는 횡단보도 앞 정지선에 정지를 하여야 하며, 다만 황색등화인 경우에 이미 횡단보도를 진입하였다면 신속히 횡단보도를 통과한 후 이 사건 차량신호기가 적색등화인 동안 반대 방면에서 좌회전하는 차량을 위하여 교차로 입구의 위 정지선에서 정지하여야 하고, 농성지하도 방면에서 서구 보건소 방면으로 좌회전하려는 차량은 특히 위 교차로에 비보호좌회전 표시 또는 좌회전을 금지하는 표시가 설치되어 있지 아니한 사실을 엿볼 수 있으므로 위 차량신호기가 적색등화일 때 좌회전할 수 있다고 봄이 상당하다고 할 것이다.

이렇게 본다면, 이 사건 차량신호기가 비록 교차로 입구로부터 약 29m 떨어진 횡단보도 위에 설치되어 있다고 하더라도 이는 횡단보도를 통행하는 보행자를 보호하기 위하여 그 횡단보도를 지나는 차량들에 대한 지시를 표시하는 신호기일 뿐 아니라, 이 사건 교차로를 농성지하도 방면에서 서구 보건소 방면으로 진행하는 차량 및 서구청 방면에서 농성지하도 방면으로 진행하는 차량들에 대하여도 각 통행에 관한 지시를 표시하는 신호기 즉 이 사건 교차로를 통과하는 모든 차량들에 관한 지시를 표시하는 신호기라고 보지 않을 수 없다 할 것이다.

따라서 이 사건 차량신호기가 이미 적색신호이어서 다른 차량들은 횡단보도 앞 정지선에 모두 정지하였음에도 불구하고 유독 피고인만이 위 정지신호를 무시하고 계속 같은 속력으로 진행하여 횡단보도 앞의 정지선은 물론 교차로 진입 입구의 정지선도 그대로 통과하여 진행하다가 반대 방면에서 위 차량신호기의 적색신호를 신뢰하여 좌회전하는 차량을 충격함으로써 피해자에게 원심 판시와 같은 상해를 입게 한 것이라면, 피고인은 교통사고처리특례법 제3조 제2항 단서 제1호가 정하는 신호위반 사고를 일으킨 것으로 볼 수밖에 없다 할 것임에도 불구하고, 그 판시와 같이 이 사건 사고는 피고인이 신호를 위반하여 일으킨 것이 아니라는 이유로 공소기각을 선고한 제1심 판결을 유지한 원심은 필경 도로교통법상의 신호체계에 관한 법리를 오해한 나머지 판결에 영향을 미친 위법을 저지른 것이라 아니할 수 없으므로 이 점을 지적하는 검사의 상고이유의 주장은 그 이유 있다 할 것이다.

그리고 원심이유죄로 인정한 이 사건 도로교통법위반의 죄는 이 사건 교통사고처리특례법위반의 죄와는 상상적 경합관계에 있을 뿐만 아니라, 1995. 12. 2. 공포되어 같은 날부터 시행된 일반사면령(대통령령 제14818호)에 의하여 사면되었으므로 이 부분도 함께 파기하기로 한다.

Chapter 6. 도주의 의미

[1] 도주의 의미

「특정범죄 가중처벌등에관한법률」제5조의3제1항 소정의 '피해자를 구호하는 등 「도로교통법」제50조제1항의 규정에 의한 조치를 취하지 않고 도주한 때'라 함은 사고 운전자가 사고로 인하여 피해자가 사상을 당한 사실을 인식하였음에도 불구하고 피해자를 구호하는 등 도로교통법 제50조 제1항에 규정된 의무를 이행하기 이전에 사고현장을 이탈하여 사고를 낸 자가 누구인지 확정될 수 없는 상태를 초래하는 경우라고 법원은 판단하고 있습니다.

[2] 도주차량 운전자의 가중처벌

자동차·원동기장치자전거의 교통으로 인하여 업무상과실·중과실 치사상의 죄(「형법」제268조)를 범한 차량의 운전자가 피해자를 구호(救護)하는 등 「도로교통법」제54조제1항에 따른 조치를 하지 않고 도주한 경우에는 다음 구분에 따라 가중처벌 됩니다(「특정범죄 가중처벌 등에 관한 법률」제5조의3).

위반행위	피해자의 상태	처벌
단순도주	사망	무기 또는 5년 이상의 징역
	부상	1년 이상의 유기징역 또는 500만원 이상 3천만원 이하의 벌금
피해자를 사고 장소에서 옮겨 유기하고 도주	사망	사형, 무기 또는 5년 이상의 징역
	부상	3년 이상의 유기징역

[3] '피해자를 구호하는 등 조치를 취하지 않고 도주한 때'의 판단

법원은 "피해자를 구호하는 등 도로교통법 제54조 제1항에 의한 조치를 취하지 아니하고 도주한 때"라고 함은, 사고운전자가 사고로 인하여 피해자가 사상을 당한 사실을 인식하였음에도 불구하고, 피해자를 구호하는 등 도로교통법 제54조 제1항에 규정된 의무를 이행하기 이전에 사고현장을 이탈하여 사고를 낸 자가 누구인지 확정할 수 없는 상태를 초래하는 경우를 말하는 것이라고 판단하고 있습니다.

[4] 도주를 긍정한 사례

① 피해자에 대하여 자신의 신원을 확인할 수 있는 자료를 제공하여 주었다고 하더라도 피해자 구호의무를 이행하기 이전에 사고현장을 이탈하면 도주를 인정한 사례

② 사고발생시 피해자와 직접 대화함으로써 피해자에게 통증 진술의 기회를 부여하든지 아니면 적어도 피고인이 정차하여 피해자의 상태를 눈으로 확인하지 않고 구호여부를 판단하여 도주를 인정한 사례

③ 도로변에 자동차를 주차한 후 운전석 문을 열다가 후방에서 진행하여 오던 자전거의 핸들 부분을 충격하여 운전자에게 상해를 입히고도 아무런 구호조치 없이 현장에서 이탈한 경우 '도주차량 운전자'에 해당한다고 판단한 사례

[5] 도주를 부정한 사례

① 사고 후 전화통화를 위해 10여분 동안 사고현장을 떠났다 돌아온 경우 도주의사를 부정한 사례

② 교통사고 운전자를 동승자로 허위 신고한 경우라도 사고장소를 이탈하지 않고 사고 접수를 하고, 이틀 후 자수한 점등에 비추어 도주에 해당하지 않는다고 한 사례

③ 피해자의 상해가 경미한 경우 도주죄를 부정한 사례

④ 사고후 피해 변상액을 합의하다가 합의에 이르지 못해 사고현장을 이탈하여도 피해자들에 대한 치료 내용과 경과 등을 보아 구호하는 등의 조치가 필요 없는 경우에는 도주죄를 부정한 사례

[6] 도주의 의미에 대한 판례

> **판례1 |** 도로교통법 제54조 제1항 제1호의 취지 / 교통사고 발생 시 운전자가 취하여야 할 조치의 내용과 정도[대법원 2020. 2. 6.선고 2019도3225 판결]

【판시사항】

[1] 도로교통법 제54조 제1항 제1호의 취지 / 교통사고 발생 시 운전자가 취하여야 할 조치의 내용과 정도

[2] 자동차 운전자인 피고인이 편도 3차로 도로의 1차로를 따라 진행하다가 2차로로 차선을 변경하는 과정에서 자신의 차량 우측 앞바퀴 부분으로 갑이 운전하던 피해차량의 좌측 뒤 펜더 부분을 들이받는 사고로 피해차량을 손괴하고도 필요한 조치를 취하지 아니하고 도주하였다고 하여 도로교통법 위반(사고후미조치)으로 기소된 사안에서, 사고 충격의 정도, 피해차량 운전자의 사고 직후 상태, 피해차량이 정차된 위치 등 제반 사정을 종합하면, 피해차량 운전자 갑이 실제로 피고인의 차량을 추격하지 않았다거나 추격 과정에서 교통상의 구체적 위험이 발생하지 않았더라도 사고로 인한 교통상의 위험과 장해가 발생하였다고 보이고, 피고인은 그러한 위험과 장해를 방지·제거하여 원활한 교통을 확보하기 위한 조치를 취할 필요가 있었다는 이유로, 이와 달리 보아 공소사실을 무죄로 판단한 원심판결에 법리오해의 잘못이 있다고 한 사례.

【원심판결】

춘천지법 강릉지원 2019. 2. 14. 선고 2018노430 판결

【주문】

원심판결을 파기하고, 사건을 춘천지방법원 강릉지원 합의부에 환송한다.

【이유】

상고이유를 판단한다.

1. 검사의 상고이유에 관하여

  가. 도로교통법 제54조 제1항 제1호의 취지는 도로에서 일어나는 교통상의 위험과 장해를 방지·제거하여 안전하고 원활한 교통을 확보하기 위한 것으로서 피해자의 피해를 회복시켜 주기 위한 것이 아니고, 이 경우 운전자가 취하여야 할 조치는 사고의 내용과 피해의 정도 등 구체적 상황에 따라 적절히 강구되어야 하고 그 정도는 건전한 양식에 비추어 통상 요구되는 정도의 조치를 말한다(대법원 2002.

10. 22. 선고 2002도4452 판결 등 참조).

나. 원심판결의 이유를 위 법리와 적법하게 채택된 증거에 비추어 살펴보면 다음과 같은 사정을 알 수 있다.

1) 피고인은 2018. 5. 13. 09:40경 (차량번호 1 생략) 25t 덤프트럭을 운전하여 삼척시 (주소 생략) ○○아파트 앞 편도 3차로 도로를 정라진 쪽에서 삼척온천 쪽으로 1차로를 따라 진행하던 중 2차로로 차선을 변경하게 되었다.

2) 피고인은 위와 같이 차선을 변경하는 과정에서 위 덤프트럭의 우측 앞바퀴 부분으로 당시 2차로로 주행하던 피해자 공소외 1 이 운전하는 (차량번호 2 생략) 그랜저 승용차의 좌측 뒤 펜더 부분을 충격하였다(이하 '이 사건 사고'라 한다).

3) 이 사건 사고로 인하여, 피해자 공소외 1의 목이 심하게 꺾이고 몸이 양옆으로 흔들리는 등 피해자 공소외 1과 그의 동승자인 피해자 공소외 2 는 2주간의 치료가 필요한 경추의 염좌 및 긴장 등의 상해를 입었고, 수초 동안 떨리면서 밀려난 위 승용차는 뒤 펜더 부분이 찌그러지는 등 수리비가 3,816,439원이 들 정도로 파손되었다.

4) 피해자 공소외 1은 이 사건 사고 직후 3차로와 갓길 사이에 승용차를 정차시켰는데, 피고인은 이 사건 사고를 인식하고도 정차하지도 않고 그대로 운전하여 도주하였다.

다. 위와 같은 사고 충격의 정도, 피해차량 운전자의 사고 직후 상태, 피해차량이 정차된 위치 등 제반 사정을 종합하여 보면, 피해차량 운전자가 실제로 피고인의 차량을 추격하지 않았다거나 그 추격 과정에서 교통상의 구체적 위험이 발생하지 않았다고 하더라도, 사고로 인한 교통상의 위험과 장해가 발생하였다고 보이고 피고인으로서는 그러한 위험과 장해를 방지·제거하여 원활한 교통을 확보하기 위한 조치를 취할 필요가 있었다고 판단된다.

그런데도 원심은 이와 달리 피고인에게 교통상의 위험과 장해를 방지·제거할 의무가 있었다고 보이지 않는다고 판단하여, 도로교통법 위반(사고후미조치) 부분 공소사실을 유죄로 인정한 제1심판결을 파기하고 판결이유에서 무죄로 판단하였다. 이러한 원심의 판단에는 도로교통법 위반(사고후미조치)에 관한 법리를 오해하여 판결에 영향을 미친 잘못이 있고, 이 점을 지적하는 검사의 상고이유 주장은 이유 있다.

2. 피고인의 상고이유에 관하여

원심은, 판시와 같은 이유를 들어, 피해자들이 이 사건 사고로 인하여 상해를 입었다고 보아, 이 사건 공소사실 중「특정범죄 가중처벌 등에 관한 법률」위반(도주치상) 부분을 유죄로 판단한 제1심판결을 유지하였다.

원심판결 이유를 원심이 적법하게 채택하여 조사한 증거들에 비추어 살펴보면, 원심의 판단에 논리와 경험칙을 위배하여 자유심증주의의 한계를 벗어나는 등의 잘못이 없다.

3. 파기의 범위

원심판결 중 도로교통법 위반(사고후미조치) 부분은 파기되어야 할 것인데 이는 원심이 이유죄로 인정한 나머지 부분과 상상적 경합 관계에 있으므로 결국 원심판결은 전부 파기되어야 한다.

4. 결론

그러므로 원심판결을 파기하고 사건을 다시 심리·판단하게 하기 위하여 원심법원에 환송하기로 하여, 관여 대법관의 일치된 의견으로 주문과 같이 판결한다.

> **판례2 |** 교통사고를 일으킨 운전자가 자신의 인적 사항이나 연락처를 알려주지 않은 채 사고 후 즉시 차량을 운전하여 현장을 벗어나는 경우, 필요한 조치를 다한 것인지 여부(소극)*[대법원 2019. 7. 11.선고 2017도15651 판결]*

【판시사항】

구 도로교통법 제54조 제1항의 취지 및 교통사고를 일으킨 운전자가 취해야 할 조치의 내용과 정도 / 교통사고를 일으킨 운전자가 자신의 인적 사항이나 연락처를 알려주지 않은 채 사고 후 즉시 차량을 운전하여 현장을 벗어나는 경우, 필요한 조치를 다한 것인지 여부(소극) 및 이때 사고로 인하여 피해 차량이 경미한 물적 피해를 입은 데 그치고 파편물이 도로 위에 흩어지지 않았더라도 마찬가지인지 여부(원칙적 적극)

【원심판결】

대전지법 2017. 9. 7. 선고 2017노1526 판결

【주문】

원심판결을 파기하고, 사건을 대전지방법원에 환송한다.

【이유】

상고이유를 판단한다.

1. 원심 판단

가. 이 사건 공소사실 중 도로교통법 위반(사고후미조치) 부분의 요지는 다음과 같다.
피고인은 2016. 12. 17. 16:51경 (차량번호 1 생략) 리베로 화물자동차(이하 '가해차량'이라 한다)를 운전하여 대전 ○구 △△△로 □□번길 에 있는 ◇◇아파트 ☆동 옆 도로를 상가 입구 쪽에서 관리사무소 쪽으로 우회전하여 진행하다가 후진을

하게 되었다. 피고인은 후방주시의무를 게을리한 채 그대로 후진하여 때마침 피고인의 진행 방향 뒤쪽에서 피고인의 화물차를 따라 진행 중이던 피해자가 운전하는 (차량번호 2 생략) 폭스바겐 승용차(이하 '피해차량'이라 한다)의 왼쪽 앞펜더 부분을 가해차량 뒤쪽 범퍼 부분으로 들이받았다.

피고인은 위와 같은 업무상 과실로 피해차량을 수리비 4,621,210원 상당이 들도록 손괴하고도 곧 정차하여 필요한 조치를 취하지 않고 그대로 도주하였다.

나. 원심은 이 부분 공소사실을 무죄로 인정한 제1심판결을 그대로 유지하였다. 그 이유는 다음과 같다.

피해차량의 견적수리비가 많이 나오긴 하였으나 실제 피해 정도가 경미하여 충돌로 인한 파편물이 도로에 흩어지지는 않았고, 피해자도 비교적 경미한 상해를 입었다. 피해자는 보험회사에 연락하고 경찰에 신고만 하였을 뿐 피고인을 추격하지는 않았다. 교통사고 장소는 아파트 단지 내의 도로로서 차량의 통행이 빈번하지 않고 주행 차량도 서행하는 곳이고, 날씨도 맑아 운전자들의 시야가 잘 확보된 상태여서 2차 사고의 위험성은 극히 낮았다. 검사가 제출한 증거만으로는 이 사건 교통사고로 인한 교통상의 위험과 장해를 제거하여 원활한 교통을 확보하기 위한 조치를 할 필요성이 있다고 인정하기 부족하다.

2. 대법원 판단

가. 구 도로교통법(2016. 12. 2. 법률 제14356호로 개정되기 전의 것, 이하 '구 도로교통법'이라 한다) 제54조 제1항은 도로에서 일어나는 교통상의 위험과 장해를 방지·제거하여 안전하고 원활한 교통을 확보하는 것을 목적으로 한다. 교통사고를 일으킨 운전자는 사고 내용과 피해 정도 등 구체적 상황에 따라 건전한 양식에 비추어 통상 요구되는 정도의 조치를 취해야 한다. 교통사고를 일으킨 운전자가 자신의 인적 사항이나 연락처를 알려주지 않은 채 사고 후 즉시 차량을 운전하여 현장을 벗어나는 경우에는 도주의 운전 자체는 물론 이를 제지하거나 뒤쫓아 갈 것으로 예상되는 피해자의 추격 운전으로 또 다른 교통상의 위험과 장애가 야기될 수 있다는 점에서 필요한 조치를 다한 것으로 보기 어렵다. 사고로 인하여 피해차량이 경미한 물적 피해를 입은 데 그치고 파편물이 도로 위에 흩어지지 않았더라도 달리 특별한 사정이 없는 한 마찬가지이다(대법원 1993. 11. 26. 선고 93도2346 판결, 대법원 2010. 2. 25. 선고 2009도11057 판결 등 참조).

나. 원심판결 이유와 기록에 따르면 다음 사정을 알 수 있다.

피고인이 운전상 과실로 교통사고를 일으켰는데, 당시 차량이 흔들릴 정도의 충격이 있었고 수리비가 4,621,210원일 정도로 피해차량이 손괴되었으며, 피해자는 경추 염좌 등의 상해를 입고 1주일간 입원치료를 받았다. 피고인은 사고 직후 불과

몇 초간 피해차량 쪽을 쳐다본 다음 아무런 조치도 하지 않은 채 곧바로 차량을 운전하여 현장을 벗어났다. 피해자의 경찰 진술에 따르면 피고인의 얼굴을 보았을 때 술을 마신 것으로 보였다는 것이고, 피고인의 진술에 따르더라도 음주·무면허운전으로 처벌받아 집행유예 기간 중에 무면허로 운전한 것이 발각될 것을 염려하여 도주하였다는 것이다. 피해자는 피고인이 도주할 때까지 운전석 쪽의 손괴로 운전석 문이 열리지 않아 피해차량에서 하차하지 못하였고 가해차량의 번호도 확인하지 못하였다.

다. 이러한 사정을 위에서 본 법리에 비추어 살펴보면 다음과 같이 판단할 수 있다.

피고인은 교통사고를 일으키고도 사고 직후 아무런 조치를 하지 않은 채 가해차량을 운전하여 현장을 벗어났다. 피해자가 실제로 피고인을 추격하지는 않았지만 사고 내용이나 피해 정도, 가해자인 피고인의 행태 등에 비추어 피고인을 추격하려 했을 가능성을 배제하기 어렵다. 피고인이 경찰관 등을 피하기 위해 급하게 가해차량을 운전하여 도주함으로써 피고인의 도주 운전 자체는 물론 이를 제지하거나 뒤쫓는 피해자의 추격 운전으로 또 다른 교통상의 위험과 장애가 야기될 수 있었다. 교통사고로 파편물이 도로 위에 흩어지지 않았고 피해자가 실제 피고인을 추격하지 않았으며 사고 발생 장소가 아파트 단지 내 도로이고 날씨가 맑아 시야가 잘 확보된 상태였다는 등의 사정은 위와 같은 판단에 영향을 미칠 수 없다. 교통사고를 일으킨 피고인으로서는 구 도로교통법 제54조 제1항 에 따라 필요한 조치를 했어야 하는데도 아무런 조치를 하지 않고 도주한 것이다.

도로교통법 위반(사고후미조치) 부분을 무죄로 인정한 제1심판결을 그대로 유지한 원심판결에는 논리와 경험의 법칙을 위반하여 자유심증주의의 한계를 벗어나거나 도로교통법 위반(사고후미조치)죄의 성립에 관한 법리를 오해하여 판결에 영향을 미친 잘못이 있다.

3. 결론

원심판결 중 도로교통법 위반(사고후미조치) 부분은 파기되어야 할 것인데 이는 원심이 유죄로 인정한 나머지 부분과 상상적 경합범 관계에 있으므로 결국 원심판결은 전부 파기되어야 한다.

그러므로 원심판결을 파기하고 사건을 다시 심리·판단하도록 원심법원에 환송하기로 하여, 대법관의 일치된 의견으로 주문과 같이 판결한다.

판례3 | 다시 역과함으로써 사망에 이르게 하고도 필요한 조치를 취하지 않고 도주하였다고 하여 특정범죄 가중처벌 등에 관한 법률 위반(도주차량)으로 기소된 사안[대법원 2014. 6. 12., 선고, 2014도3163, 판결]

【판결요지】

자동차 운전자인 피고인이, 甲이 운전하는 선행차량에 충격되어 도로에 쓰러져 있던 피해자 乙을 다시 역과함으로써 사망에 이르게 하고도 필요한 조치를 취하지 않고 도주하였다고 하여 특정범죄 가중처벌 등에 관한 법률 위반(도주차량)으로 기소된 사안에서, 제출된 증거들만으로는 피고인 운전 차량이 2차로 乙을 역과할 당시 아직 乙이 생존해 있었다고 단정하기 어렵다는 이유로, 이와 달리 보아 피고인에게 유죄를 인정한 원심판결에 선행 교통사고와 후행 교통사고가 경합하여 피해자가 사망한 경우 후행 교통사고와 피해자의 사망 사이의 인과관계 증명책임에 관한 법리오해 등의 위법이 있다고 한 사례.

【원심판결】

대전지법 2014. 2. 13. 선고 2013노2932 판결

【주문】

원심판결을 파기하고, 사건을 대전지방법원 본원 합의부에 환송한다.

【이유】

상고이유를 판단한다.

1. 피고인에 대한 공소사실의 요지는, 피고인은 2013. 2. 22. 20:34경 (차량번호 1 생략) 쏘나타3 차량을 운전하여 충남 부여군 초촌면 추양리에 있는 추양정미소 앞 편도 1차로 도로를 초촌면 소재지 쪽에서 광석 방면으로 진행함에 있어, 전방 및 좌우를 잘 살펴 진로의 안전을 확인하면서 안전하게 운전하여야 할 업무상 주의의무를 위반한 과실로 같은 날 20:26경 원심 공동피고인 1 운전의 (차량번호 2 생략) 무쏘 차량에 충격되어 도로에 쓰러져 있던 피해자 공소외 1을 다시 역과함으로써 피해자를 다발성손상 등으로 사망에 이르게 하고도 즉시 차량을 정차하여 구호조치를 하는 등 필요한 조치를 취하지 아니하고 그대로 도주하였다는 것이다.

2. 이에 대하여 원심은, ① 의사 공소외 2 작성의 사체검안서에 의하면, 피해자가 병원 이송 중 사망하였고 그 사망일시가 2013. 2. 22. 21:23경이라고 기재되어 있는 점(수사기록 46쪽), ② 국립과학수사연구원의 피해자에 대한 부검감정서에 의하면, 피해자가 원심 공동피고인 1의 차량에 의하여 치명적인 손상을 입었지만 즉사한 것으로는 보이지 아니하고, 원심 공동피고인 1과 피고인의 차량이 모두 피해자의 가슴 및 배 부위를 역과해 피해자에게 심각한 압착성 손상을 유발시킨 것으로 보이는 점(수사기록 189쪽), ③ 원심 공동피고인 1이 피해자를 역과한 이후 불과 8분 만에 피고인이 재차 피해자를 역과한 점, ④ 원심 공동피고인 1은 이 사건 당시 시속 30~40km 정도의 속력으로 진행하고 있었고, 피고인은 시속 60~70km 정도의 속력으로 진행하고 있었

던 점(수사기록 74쪽, 112쪽) 등을 종합하여 보면, 원심 공동피고인 1에 의한 1차 사고로 피해자가 치명적인 상해를 입었다 하더라도 불과 8분이 경과한 2차 사고 당시에 피해자가 사망한 상태였다고는 보기 어렵고, 오히려 피해자는 피고인에 의한 2차 사고로도 상당한 충격을 받은 후 그 이후 각 사고에서 받은 충격으로 인해 사망에 이르렀다고 봄이 상당하다는 이유로, 피고인을 유죄로 인정하였다.

3. 그러나 원심의 위와 같은 판단은 다음과 같은 이유에서 그대로 수긍하기 어렵다.

　　가. 형사재판에서 공소가 제기된 범죄사실에 대한 증명책임은 검사에게 있고, 유죄의 인정은 법관으로 하여금 합리적인 의심을 할 여지가 없을 정도로 공소사실이 진실한 것이라는 확신을 가지게 하는 증명력을 가진 엄격한 증거에 의하여야 하며, 이러한 법리는 선행차량에 이어 피고인 운전 차량이 피해자를 연속하여 역과하는 과정에서 피해자가 사망한 경우에도 마찬가지로 적용되므로, 피고인이 일으킨 후행 교통사고 당시에 피해자가 생존해 있었다는 증거가 없다면 설령 피고인에게 유죄의 의심이 있다고 하더라도 피고인의 이익으로 판단할 수밖에 없다.

　　나. 원심 공동피고인 1에 의한 1차 사고의 발생일시는 공소사실 기재 일시와 같고, 피고인의 차량이 피해자를 충격한 2차 사고는 1차 사고 발생 시로부터 약 8분이 경과한 때임을 알 수 있으므로, 이 사건 공소사실의 유죄 인정 여부는 과연 피해자가 1차 사고를 당한 후 2차 사고 시까지 생존해 있었는지에 따라 좌우된다.

　　다. 기록에 의하면, 원심 공동피고인 1은 도로에 누워 있던 피해자를 무쏘 차량으로 충격한 후 그대로 100m 정도 끌고 가서 정차한 사실, 원심 공동피고인 1은 이때까지도 피해자를 발견하지 못하였다가, 다시 전진하던 중 피해자를 넘어가지 못하게 되자 비로소 피해자가 차량 하부에 깔려 있다는 사실을 깨닫고 후진하여 피해자를 차량에서 떨어뜨린 다음 도주한 사실, 피해자가 무쏘 차량에 의하여 끌려간 도로 상에는 피해자의 혈흔과 차량에 의하여 끌려간 흔적이 선형으로 선명하게 남은 사실, 사고 직후 사고현장을 촬영한 CCTV와 사고현장을 직접 확인한 공소외 3은 1차 사고 이후 2차 사고 발생 시까지 피해자가 미동도 하지 않았고, 피해자가 무쏘 차량에 의해 끌려간 자리에서 20m 정도의 혈흔과, 1m 정도의 뇌수, 주먹만한 핏덩어리를 목격한 사실이 있다는 내용의 사실확인서를 제1심법원에 제출한 사실 등을 알 수 있다.
　　이와 같은 1차 사고의 충격의 강도와 충격 후의 상황 등에 비추어 볼 때, 피해자가 그로 인해 두부와 흉복부 등에 치명적인 손상을 입었을 것임은 경험칙상 쉽게 예상할 수 있으므로, 이로 인하여 피해자가 1차 사고 후 2차 사고 발생 전에 이미 사망하였을 가능성을 완전히 배제할 수는 없을 것으로 보인다.
　　한편, 원심이 2차 사고 당시 피해자가 사망한 상태였다고 보기 어렵다고 판단한 근거로 삼은 증거들에 관하여 보건대, ① 의사 공소외 2 작성의 사체검안서의 기재에 의하면, 피해자가 병원 도착 당시 이미 사망하였다는 점은 인정할 수 있으나, 그 기재만으로 이송 중에는 생존해 있었다는 점을 인정하기는 어렵고, ② 국립과학수사연구원의 피해자에 대한 부검감정서에는 피해자가 1차 사고에 의하여 치명적인 손상을 입었을 가능성을 배제하기 어렵다고 기재되어 있을 뿐, 1차 사고 이후에도 생존해 있었다는 기재는 보이지 아니하며, ③ 1차 사고 이후 8분 만에 2차 사고가 발생하였거나, 2차 사고 당시의 피고인 운전 차량의 속력이 시속 60~70km로 1차 사고 당시 원심 공동피고인 1 운전 차량의 속력보다 빠르다는 이유만으로 피해자가 2차 사고로 충격을 받아 사망하였다고 보기는 어려우므로, 위 각 증거들만으로는 피고인 운전 차량이 2차로 피해자를 역과할 당시 아직 피해자가 생존해 있었다고 단정하기에 부족하고, 달리 이를 인정할 증거가 없다.

라. 결국 원심이 그 판시와 같은 이유만으로 피고인에 대한 이 사건 공소사실을 유죄로 인정한 데에는, 선행 교통사고와 후행 교통사고가 경합하여 피해자가 사망한 경우, 후행 교통사고와 피해자의 사망 사이의 인과관계의 증명책임에 관한 법리를 오해하여 필요한 심리를 다하지 아니함으로써 판결에 영향을 미친 위법이 있다.

4. 그러므로 나머지 상고이유에 대한 판단을 생략한 채 원심판결을 파기하고, 사건을 다시 심리·판단하게 하기 위하여 원심법원에 환송하기로 하여, 관여 대법관의 일치된 의견으로 주문과 같이 판결한다.

> **판례4** | 4사고운전자가 피해자를 구호하는 등 도로교통법 제54조 제1항에 따른 조치를 취할 필요가 있었다고 인정되지 않는 경우, 특정범죄 가중처벌 등에 관한 법률 제5조의3 제1항 도주죄가 성립하는지 여부(소극)[대법원 2014. 2. 27., 선고, 2013도15885, 판결]

【원심판결】

대전지법 2013. 11. 27. 선고 2013노1270 판결

【주문】

원심판결을 파기하고, 사건을 대전지방법원 본원 합의부에 환송한다.

【이유】

상고이유를 판단한다.

1. 특정범죄 가중처벌 등에 관한 법률 제5조의3 도주차량 운전자의 가중처벌에 관한 규정의 입법 취지와 그 보호법익 등에 비추어 볼 때, 사고의 경위와 내용, 피해자의 나

이와 그 상해의 부위 및 정도, 사고 뒤의 정황 등을 종합적으로 고려하여 사고운전자가 실제로 피해자를 구호하는 등 도로교통법 제54조 제1항의 규정에 따른 조치를 취할 필요가 있었다고 인정되지 아니하는 때에는 사고운전자가 피해자를 구호하는 등의 조치를 취하지 아니하고 사고 장소를 떠났다고 하더라도 특정범죄 가중처벌 등에 관한 법률 제5조의3 제1항 위반죄가 되지 아니한다. 또한, 도로교통법 제54조 제1항의 취지는 도로에서 일어나는 교통상의 위험과 장해를 방지·제거하여 안전하고 원활한 교통을 확보하기 위한 것으로서 피해자의 물적 피해를 회복시켜 주기 위한 것이 아니고, 이 경우 사고운전자가 취하여야 할 조치는 사고의 내용과 피해의 정도 등 구체적 상황에 따라 적절히 강구되어야 하며 그 정도는 건전한 양식에 비추어 통상 요구되는 정도의 조치를 말한다(대법원 2002. 6. 28. 선고 2002도2001 판결, 대법원 2013. 3. 14. 선고 2012도14114 판결 등 참조).

2. 원심은 피고인이 이 사건 사고로 상해를 입은 피해자들에게 구호조치가 필요하다는 사실을 인식하고도 피해자들을 구호하는 등 도로교통법 제54조 제1항이 정한 의무를 이행하기 전에 사고 장소를 떠난 것은 특정범죄 가중처벌 등에 관한 법률 제5조의3 제1항이 정한 '도주'에 해당하고, 피고인에게 도주의 고의도 있었다고 인정된다는 등의 이유로 피고인에 대한 특정범죄 가중처벌 등에 관한 법률 제5조의3 제1항 제2호 위반죄 및 도로교통법 제148조 위반죄를 유죄로 인정한 제1심판결을 그대로 유지하였다.

3. 그러나 원심의 이러한 판단은 다음과 같은 이유로 수긍하기 어렵다.

　가. 원심판결 이유 및 원심이 채택한 증거에 의하면, ① 피고인은 2012. 4. 4. 14:30경 자신의 승용차(이하 '가해 차량'이라 한다)를 시속 약 5km로 운전하다가 중앙선을 침범하여 좌회전한 업무상 과실로 피해자 공소외 1 운전의 승용차(이하 '피해 차량'이라 한다) 좌측 문짝을 가해 차량 앞범퍼 우측 모서리 부분으로 들이받는 이 사건 사고를 낸 사실, ② 피고인은 가해 차량을 정차하고 차에서 내린 후 피해 차량 쪽으로 다가가 피해자 공소외 1에게 피해 차량을 이동하여 달라고 요청하였고, 도로 우측으로 이동 주차한 피해 차량에서 피해자 공소외 1과 동승자인 피해자 공소외 2, 3이 내린 후 피고인에게서 술 냄새가 난다고 하자, 보험처리를 해 주겠다면서 사고신고를 만류한 사실, ③ 그럼에도 피해자들이 경찰에 사고신고를 하자, 피고인은 가해 차량은 그대로 둔 채 사고 장소를 떠나 부근 골목으로 걸어갔고, 그곳에서 전화로 보험회사에 사고접수를 한 사실, ④ 피고인이 사고 장소를 벗어난 지 약 10분 만에 보험회사 직원이 현장에 도착하였고, 피고인은 그의 전화를 받은 지 약 1~2분 만에 다시 사고 장소로 돌아온 사실, ⑤ 피해자들이 피고인에게 곧 경찰이 올 테니 음주측정을 해 보자고 하자, 피고인은 다시 사고 장소를 벗어나 부근 골목으로 걸어갔다가 출동한 경찰이 사고조사를 마치고 돌아

간 후에야 현장에 다시 나타난 사실, ⑥ 피해자들은 경찰의 사고조사 후 피해 차량을 운전하여 수리를 맡기고 정형외과에 가서 진단을 받은 사실, ⑦ 그런데 피해자들은 사고 장소에서 피고인에게 자신들이 이 사건 사고로 외상을 입었다거나 통증이 있다는 말은 하지 아니한 사실, ⑧ 피해자들은 각 26세, 27세, 30세의 남성들로서, 이 사건 사고 이후 목뼈, 허리뼈의 염좌 등으로 각 2주 진단을 받았으나, 위 각 진단은 임상적 추정으로 이루어진 것이고, 피해자들이 물리치료 또는 약물치료 이외에 특별한 치료를 받지는 아니한 사실, ⑨ 피해 차량은 좌측 문짝이 찌그러져 수리비 견적이 511,390원으로 나왔으나, 가해 차량은 앞범퍼 우측 모서리 부분이 조금 긁힌 정도이고, 각 차량의 파편이 도로에 떨어지지는 않은 사실 등을 알 수 있다.

나. 이러한 사실관계와 원심이 채택한 증거에 의하여 알 수 있는 이 사건 사고의 경위 및 내용, 피해자들의 나이와 그 상해의 부위 및 정도, 피고인과 피해자들의 사고 장소에서의 대화 내용, 가해 차량 및 피해 차량의 이동 주차 경위와 당시 사고 현장의 도로 상황 등을 앞서 본 법리에 비추어 살펴보면, 이 사건 사고 당시 피고인이 실제로 피해자들을 구호하거나 나아가 교통상의 위험과 장해를 방지·제거하여 안전하고 원활한 교통을 확보하기 위한 조치를 취하여야 할 필요가 있었음에도 이를 이행하지 아니하고 도주의 고의로써 사고 장소를 떠났다고 단정하기 어렵다.

그렇다면, 피고인이 이 사건 사고 직후 위와 같이 사고 장소를 일시 떠났다 하더라도 피고인을 특정범죄 가중처벌 등에 관한 법률 제5조의3 제1항 제2호 위반죄 및 도로교통법 제148조 위반죄로 처벌할 수는 없다고 할 것인바, 원심이 이와 달리 그 판시와 같은 이유로 위 각 죄를 유죄로 인정한 제1심판결을 유지한 데에는 특정범죄 가중처벌 등에 관한 법률 제5조의3 제1항 제2호 위반죄 및 도로교통법 제148조 위반죄에 관한 법리를 오해하여 판결에 영향을 미친 위법이 있다. 이 점을 지적하는 취지의 상고이유 주장은 이유 있다.

4. 그러므로 원심판결을 파기하고, 사건을 다시 심리·판단하도록 원심법원에 환송하기로 하여 관여 대법관의 일치된 의견으로 주문과 같이 판결한다.

판례5 │ 특정범죄 가중처벌 등에 관한 법률 제5조의3 제1항에서 정한 '피해자를 구호하는 등 도로교통법 제54조 제1항의 규정에 의한 조치를 취하지 아니하고 도주한 때'의 의미 및 이에 해당하는지 판단하는 기준*[대법원 2012. 7. 12., 선고, 2012도1474, 판결]*

【참조판례】

대법원 2007. 9. 6. 선고 2005도4459 판결,

대법원 2007. 10. 11. 선고 2007도1738 판결(공2007하, 1784),

대법원 2009. 6. 11. 선고 2008도8627 판결

【원심판결】

수원지법 2012. 1. 11. 선고 2011노4727 판결

【주문】

원심판결을 파기하고, 사건을 수원지방법원 본원 합의부에 환송한다.

【이유】

상고이유를 판단한다.

1. 특정범죄 가중처벌 등에 관한 법률 제5조의3 제1항에서 정한 '피해자를 구호하는 등 도로교통법 제54조 제1항의 규정에 의한 조치를 취하지 아니하고 도주한 때'란, 사고운전자가 사고로 인하여 피해자가 사상을 당한 사실을 인식하였음에도 피해자를 구호하는 등 도로교통법 제54조 제1항에 규정된 의무를 이행하기 이전에 사고현장을 이탈하여 사고를 낸 자가 누구인지 확정될 수 없는 상태를 초래하는 경우를 말하는데, 도로교통법 제54조 제1항의 취지는 도로에서 일어나는 교통상의 위험과 장해를 방지·제거하여 안전하고 원활한 교통을 확보하기 위한 것이므로, 이 경우 운전자가 취하여야 할 조치는 사고의 내용과 피해의 정도 등 구체적 상황에 따라 적절히 강구되어야 하고 그 정도는 건전한 양식에 비추어 통상 요구되는 정도의 것으로서, 여기에는 피해자나 경찰관 등 교통사고와 관계있는 사람에게 사고운전자의 신원을 밝히는 것도 포함된다 할 것이나, 다만 특정범죄 가중처벌 등에 관한 법률 제5조의3 제1항의 규정이 자동차와 교통사고의 격증에 상응하는 건전하고 합리적인 교통질서가 확립되지 못한 현실에서 자신의 과실로 교통사고를 야기한 운전자가 그 사고로 사상을 당한 피해자를 구호하는 등의 조치를 취하지 않고 도주하는 행위에 강한 윤리적 비난가능성이 있음을 감안하여 이를 가중처벌함으로써 교통의 안전이라는 공공의 이익을 보호함과 아울러 교통사고로 사상을 당한 피해자의 생명과 신체의 안전이라는 개인적 법익을 보호하기 위하여 제정된 것이라는 그 입법 취지와 보호법익에 비추어, 사고운전자가 피해자를 구호하는 등 도로교통법 제54조 제1항에 정한 의무를 이행하기 전에 도주의 범의로써 사고현장을 이탈한 것인지 여부를 판정함에 있어서는 그 사고의 경위와 내용, 피해자의 상해의 부위와 정도, 사고운전자의 과실 정도, 사고운전자와 피해자의 나이와 성별, 사고 후의 정황 등을 종합적으로 고려하여야 한다 (대법원 2009. 6. 11. 선고 2008도8627 판결 등 참조).

2. 원심은, ① 피해자 공소외인이 수사기관에서 "출동경찰관이 와서 피고인이 현장에 없으니 어디 갔는지 찾았고, 차 앞에 있는 연락처로 전화를 하니 정확히 어디서 나타났는지는 모르겠습니다."라고 진술한 점, ② 출동경찰관이 "피고인을 발견할 수 없어 피고인의 차량 앞면 유리창에 있던 전화번호로 연락하니 피고인이 '근처에 있으니 금방 가겠다'라며 말을 한 후 약 20여 분 동안 현장에 나타나지 않았다.", "피고인을 찾기 위해 주변을 순찰하고 교통사고 현장을 통행이 원활한 상태로 복원하였으나 피고인이 현장에 나타나지 않아 다시 피고인에게 전화하여 주변을 순찰수색 중 현장에서 약 10m 떨어진 인도 상에서 남자 1명이 전화통화를 하며 걸어오는 것을 발견하였다."라는 취지의 수사보고를 작성한 점, ③ 피고인은 사고현장을 이탈하기까지 피해자들을 구호하는 등의 아무런 조치를 취하지 아니한 점 등을 종합하여 보면 피고인은 자신이 야기한 교통사고로 인하여 피해자들이 상해를 입은 사실을 인식하였음에도 불구하고 도로교통법 제54조 제1항의 규정에 의한 조치를 취하지 아니하고 도주한 것으로 평가함이 상당하고, 피고인이 경찰관의 전화를 받고 얼마 후 사고현장으로 돌아왔다 하더라도 달리 볼 수 없다고 판단하며, 이 사건 공소사실 중 특정범죄 가중처벌 등에 관한 법률 위반(도주차량)죄와 사고 후 미조치로 인한 도로교통법 위반죄에 대하여 유죄로 판단한 제1심판결을 유지하였다.

3. 그러나 원심의 위와 같은 판단은 이를 수긍할 수 없다.

원심판결 이유와 적법하게 채택된 증거들에 의하여 알 수 있는 다음과 같은 사정, ① 피고인은 사고 직후 바로 피해자 공소외인과 대화를 나눈 점, ② 피고인이 피해자 공소외인과 대화를 나눈 후 사고현장을 잠시 이탈하기는 하였으나 이탈시간은 약 10분~15분에 불과하고 사고현장 부근에 있었던 점(피고인은 사고현장에서 30m 정도 떨어진 곳에서 경찰관인 친구와 전화를 하고 있었고 견인차가 와서 조치를 취하는 것을 보았다고 진술함), ③ 피해자 공소외인은 수사기관에서 당시 피고인이 도주하였는지에 관하여 잘 알지 못한다고 진술한 점, ④ 피고인이 사고현장을 잠시 이탈한 이유는 경찰관인 친구와 사고에 관하여 전화로 상의하기 위한 것으로 보이는 점, ⑤ 차량에 피고인의 전화번호가 부착되어 있어 경찰관이 전화를 하자 경찰관과 바로 통화가 되었고 경찰관에게 근처에 있으니 바로 가겠다고 말한 점, ⑥ 경찰관과 통화를 한 후 몇 분 이내에 사고현장으로 돌아와 순순히 운전사실을 인정한 점을 종합해 보면, 피고인에게 도주의 범의가 있었다고 단정할 수는 없다.

그럼에도 불구하고 원심은 그 판시와 같은 이유로 이 사건 공소사실 중 특정범죄 가중처벌 등에 관한 법률 위반(도주차량)죄와 사고 후 미조치로 인한 도로교통법 위반죄에 대하여 유죄로 판단한 제1심판결을 유지하였는바, 이러한 원심의 판단에는 특정범죄 가중처벌 등에 관한 법률 위반(도주차량)죄와 사고 후 미조치로 인한 도로교통법 위반죄에 관한 법리를 오해한 잘못이 있다. 이 점을 지적하는 피고인의 상고이유의 주장은 이유 있다.

4. 그러므로 원심판결 중 특정범죄 가중처벌 등에 관한 법률 위반(도주차량)죄 부분과 사고 후 미조치로 인한 도로교통법 위반죄 부분은 파기되어야 할 것이나, 위 각 죄는 나머지 도로교통법 위반(음주운전)죄와 형법 제37조 전단의 경합범관계에 있어 하나의 형이 선고되었으므로 원심판결 전부를 파기하고, 사건을 다시 심리·판단하도록 하기 위하여 원심법원에 환송하기로 하여, 관여 대법관의 일치된 의견으로 주문과 같이 판결한다.

> **판례6 | 가파른 비탈길의 내리막에 누워 있던 피해자의 몸통 부위를 자동차 바퀴로 역과하여 사망에 이르게 하고 도주한 사고**[대법원 2011. 5. 26., 선고, 2010도17506, 판결]

【판결요지】

택시 운전자인 피고인이 심야에 밀집된 주택 사이의 좁은 골목길이자 직각으로 구부러져 가파른 비탈길의 내리막에 누워 있던 피해자의 몸통 부위를 택시 바퀴로 역과하여 그 자리에서 사망에 이르게 하고 도주한 사안에서, 위 사고 당시 시각과 사고 당시 도로상황 등에 비추어 자동차 운전업무에 종사하는 피고인으로서는 평소보다 더욱 속도를 줄이고 전방 좌우를 면밀히 주시하여 안전하게 운전함으로써 사고를 미연에 방지할 주의의무가 있었는데도, 이를 게을리한 채 그다지 속도를 줄이지 아니한 상태로 만연히 진행하던 중 전방 도로에 누워 있던 피해자를 발견하지 못하여 위 사고를 일으켰으므로, 사고 당시 피고인에게는 이러한 업무상 주의의무를 위반한 잘못이 있었는데도, 이와 달리 판단하여 피고인에게 무죄를 선고한 원심판결에 업무상과실치사죄의 구성요건에 관한 법리오해의 위법이 있다고 한 사례

【원심판결】

서울서부지법 2010. 12. 7. 선고 2010노1070 판결

【주문】

원심판결을 파기하고, 사건을 서울서부지방법원 합의부에 환송한다.

【이유】

상고이유를 판단한다.

1. 원심판결 이유에 의하면, 원심은 피고인이 2010. 3. 26. 00:49경 (차량번호 생략) 택시(이하 '이 사건 택시'라 한다)를 운전하여 내리막 골목길에 앉아 있던 것이 아니라 누워 있던 피해자의 몸통 부위를 이 사건 택시의 바퀴로 역과하여 그 자리에서 피해

자를 흉부 손상으로 사망하게 한 사실을 인정하는 한편, 피고인은 그 당시 이 사건 택시를 운전하여 직진 후 90° 정도로 급격하게 좌회전을 하자마자 내리막 골목길에 진입하였는데, 위 내리막 골목길의 진입지점은 경사도 약 9.6° 정도의 심한 경사구간인 사실, 위 내리막 골목길의 좌측에는 차량들이 일렬로 주차되어 있어 위 내리막 골목길의 폭인 4.8m보다 훨씬 좁은 폭만이 도로로 확보되어 있었고, 이 사건 사고지점은 위 내리막 골목길의 진입지점으로부터 약 7.7m 떨어져 있었던 사실, 피고인이 좌회전 후 위 내리막 골목길에 진입함에 있어 이 사건 택시의 보닛, 좌측 사이드미러, 앞 차창의 좌측 프레임 등에 가려져서 그 운전석에서는 보이지 아니하는 시야의 사각지대가 상당부분 존재하였던 사실, 좌회전 후 위 내리막 골목길에 진입한 피고인으로서는 의도적으로 왼쪽 차창 쪽으로 고개를 젖히거나 몸을 운전석에서 일으켜 세운 후 정면 차창의 아래쪽으로 내려다 보지 아니하는 이상 위 내리막 골목길의 바닥에 있는 물체를 볼 수 없었던 상태였던 사실을 인정한 다음, 피고인이 위 내리막 골목길의 바닥 위에 누구가 누워 있을 가능성을 예상하고서 거기에 대비하여 이 사건 택시를 일시 정지하여 왼쪽 차창 쪽으로 고개를 젖히고 창밖으로 고개를 내밀어 본다거나 그 자리에서 몸을 일으켜 세워 정면 차창의 아래쪽을 내려다 보아야 할 업무상 주의의무가 있다고 볼 수 없고, 피고인이 좌회전하던 지점부터 이 사건 사고지점에 이르기까지 위와 같은 시야의 사각지대를 벗어나 위 내리막 골목길의 바닥을 확인할 수 있을 정도로 시야가 확보된 상태에서 이 사건 택시를 운행한 적이 있다는 점을 인정할 증거가 없으므로, 피고인에게 이 사건 사고 발생의 원인이 된 어떠한 업무상 주의의무 위반의 잘못이 없다고 판단하여 무죄를 선고하였다.

2. 그러나 원심의 이러한 판단은 수긍하기 어렵다.

원심이 인정한 사실 및 기록에 의하면, 이 사건 사고 당시는 00:49경의 밤늦은 시각으로, 이 사건 사고지점은 주택이 밀집되어 있는 좁은 골목길이자 도로가 직각으로 구부러져 가파른 비탈길의 내리막으로 이어지는 커브길인 데다가 확보되어 있던 도로의 폭도 좁아서 통행인이나 장애물이 돌연히 진로에 나타날 개연성이 큰 곳이었고, 마침 반대방향에서 교행하던 차량이 없었을 뿐더러 이 사건 택시의 전조등만으로도 진로를 충분히 확인할 수 있었으므로, 이러한 경우 자동차 운전업무에 종사하는 피고인으로서는 이 사건 사고 당시의 도로상황에 맞추어 평소보다 더욱 속도를 줄이고 전방 좌우를 면밀히 주시하여 안전하게 운전함으로써 사고를 미연에 방지할 주의의무가 있었던 것으로 보임에도 불구하고, 이를 게을리한 채 그다지 속도를 줄이지 아니한 상태로 만연히 진행하던 중 전방 도로에 누워 있던 피해자를 발견하지 못하여 이 사건 사고를 일으켰으므로, 이 사건 사고 당시 피고인에게는 이러한 업무상 주의의무를 위반한 잘못이 있었다고 하지 아니할 수 없다.

결국 원심이 그 설시와 같은 이유만으로 피고인에게 무죄를 선고한 데에는 업무상과실치사죄의 구성요건에 관한 법리를 오해하여 판결에 영향을 미친 위법이 있다.

3. 그러므로 원심판결을 파기하고, 사건을 다시 심리·판단하게 하기 위하여 원심법원에 환송하기로 하여 관여 대법관의 일치된 의견으로 주문과 같이 판결한다.

판례7 | '도주한 때'에 해당하는지 여부(적극) [대법원 2011. 3. 10., 선고, 2010도16027, 판결]

【원심판결】

수원지법 2010. 11. 9. 선고 2010노2521 판결

【주문】

원심판결을 파기하고, 사건을 수원지방법원 본원 합의부에 환송한다.

【이유】

상고이유를 판단한다.

1. 특정범죄 가중처벌 등에 관한 법률 제5조의3 제1항에 규정된 '피해자를 구호하는 등 도로교통법 제54조 제1항의 규정에 의한 조치를 취하지 아니하고 도주한 때'라 함은 사고운전자가 사고로 말미암아 피해자가 사상을 당한 사실을 인식하였음에도 불구하고 즉시 정차하여 피해자를 구호하는 등 ' 도로교통법 제54조 제1항의 규정에 의한 조치'를 취하지 아니하고 사고장소를 이탈하여 사고를 낸 사람이 누구인지 확정될 수 없는 상태를 초래하는 경우를 말하는 것이므로, 사고운전자가 사고로 인하여 피해자가 사상을 당한 사실을 인식하였음에도 불구하고 피해자를 구호하는 등 도로교통법 제54조 제1항에 규정된 의무를 이행하기 이전에 사고현장을 이탈하였다면, 사고운전자가 사고현장을 이탈하기 전에 피해자에 대하여 자신의 신원을 확인할 수 있는 자료를 제공하여 주었다고 하더라도, '피해자를 구호하는 등 도로교통법 제54조 제1항의 규정에 의한 조치를 취하지 아니하고 도주한 때'에 해당한다(대법원 1996. 4. 9. 선고 96도252 판결, 대법원 2002. 1. 11. 선고 2001도5369 판결, 대법원 2004. 3. 12. 선고 2004도250 판결 등 참조). 또한 구 도로교통법(2010. 7. 23. 법률 제10382호로 개정되기 전의 것, 이하 같다) 제148조 역시 ' 구 도로교통법 제54조 제1항의 규정에 의한 조치'를 이행하지 아니한 때 성립하는 것으로, 구 도로교통법 제54조 제1항에서 말하는 '교통사고 후 운전자 등이 즉시 정차하여 사상자를 구호하는 등 필요한 조치를 하여야 할 의무'라 함은 곧바로 정차함으로써 부수적으로 교통의 위험이 초래되는 등의 사정이 없는 한 즉시 정차하여 사상자에 대한 구호조치 등 필요한 조치를 취하여야 할 의무를 의미하는 것이다(대법원 2006. 9. 28. 선고 2006도3441 판결, 대법원

2007. 12. 27. 선고 2007도6300 판결 등 참조).

2. 가. 원심은, 피고인이 혈중 알코올 농도 0.197%의 술에 취한 상태에서 이 사건 교통
사고를 야기한 후 차량에서 내려 피해자와 10분 동안 피해변상에 관한 이야기를
나누었고, 당시 사고 장소에는 비가 내리고 있었고 차량의 통행이 많았는데 3차선
에 주차된 차량들과 2차선에 있던 피고인 차량으로 인하여 사실상 1개 차선만 이
용할 수 있는 상태였기 때문에 후행차량들로부터 차량 이동을 요구받고 피고인이
차량을 이동하려고 하였던 사실, 이에 피해자는 "경찰이 올 때까지 차량을 빼지
말라."고 하였으나, 당시 사고 장소에 출동해 있던 견인차량 기사 공소외 1이 피
해자에게 "따라가 데리고 오겠으니 먼저 차를 빼자."고 하면서 피고인으로부터 신
분증을 교부받아 피해자에게 건네준 사실, 피고인은 사고 장소로부터 약 100m
떨어진 골목에 자신의 차량을 주차하였고, 피고인이 현장을 떠난 후 피해자는 경
찰에 신고하고, 병원구급차에 의하여 후송된 사실, 피고인은 위와 같이 현장을 이
탈한 뒤 사고수습의 도움을 요청한 선배가 피고인이 있던 장소로 나타나기까지
기다린 다음, 약 20분이 경과한 후에서야 사고현장으로 돌아오고 있었는데, 경찰
관은 견인차량 기사 공소외 2에 의해 가해운전자로 지칭된 피고인으로부터 운전
사실에 관한 진술을 받은 사실 등을 인정한 다음, 피고인이 인적사항을 알 수 있
는 신분증을 교부하였던 점, 교통의 흐름을 방해하고 있어 차량을 이동시켜야 했
던 점, 견인차량 기사와 함께 근거리에 차량을 주차한 후 약 20분 후 현장으로
되돌아온 점, 피해자가 병원으로 후송되어 달리 구호조치를 취할 필요가 없었던
점, 견인차량 및 다수의 목격자가 있었던 점 등을 고려할 때, 음주상태에서 사고
를 일으켜 사고에 대한 구호조치를 제대로 하지 못하고, 선배로부터 도움을 받기
위해 사고현장으로 바로 되돌아오지 아니한 사정이 있더라도 사고현장을 이탈하여
도주한다는 고의가 있었다고 단정하기 어렵고, 달리 이를 인정할 증거도 없다고
하여 구 특정범죄 가중처벌 등에 관한 법률 위반(도주차량)죄와 사고 후 미조치로
인한 구 도로교통법 위반죄의 공소사실을 모두 무죄로 판단하였다.

나. 그러나 원심의 위와 같은 판단은 다음과 같은 이유로 그대로 수긍하기 어렵다.
우선 원심이 인정한 사실에 의하더라도, 피고인은 혈중 알코올 농도 0.197%의 술
에 취한 상태에서 이 사건 교통사고를 야기하고서도 피해자의 동의도 없이 일방적
으로 현장을 이탈하였을 뿐만 아니라 피고인이 현장을 떠난 후 피해자가 경찰에
신고하고 병원구급차에 의하여 후송되었다는 것인데, 이러한 사실과 더불어 기록
에 의하여 알 수 있는 다음과 같은 사정, 즉 피해자는 사고 직후 피고인에게 아프
다는 이야기를 하였고, 피해자의 딸(당시 2세)이 이 사건 사고로 다쳐 울고 있는
상황이었으므로 피고인도 피해자들을 병원으로 급히 호송해야 할 상황임을 잘 알

고 있었던 것으로 보이는 점, 실제로 피해자의 딸은 이 사건 사고로 약 2주간의 치료를 요하는 '뇌진탕'의 상해를 입게 되었고, 피해자 부부도 각각 약 2주간의 치료를 요하는 '경추 및 요추 염좌상 등'의 진단을 받아 병원에서 투약 등 치료를 받았으며 피해자의 차량도 약 38만 원의 수리비가 소요될 정도의 물적 피해를 입었던 점, 이미 견인차량이 도착한 상태에서 피고인이 다시 음주운전을 하면서까지 직접 차량을 이동시켜야 할 긴급한 필요가 있었다고 보기 어려운 점, 피고인은 현장에서 이탈한 뒤 약 20분이 지나 사고장소에 되돌아오다가 만난 경찰관에게 자신의 운전사실을 부인하면서 "성명불상의 대리운전기사가 이 사건 사고를 야기한 뒤 도망갔다."는 취지로 진술하였고, 이에 따라 이 사건 사고 당일 작성된 교통사고발생보고서(수사기록 17면)에도 피고인은 위와 같이 자신의 운전사실을 부인하는 취지로 진술한 것으로 기재되어 있는 점 등에 비추어 보면, 원심이 설시한 다른 여러 사정들을 모두 감안하더라도 피고인의 위와 같은 행위를 두고 구 도로교통법 제54조 제1항이 규정하는 '사상자를 구호하는 등 필요한 조치'를 다하였다고 보기는 어렵다고 할 것이다.

오히려 피고인은 피해자의 병원 이송 및 경찰관의 사고현장 도착 이전에 사고현장을 이탈하였으므로, 비록 그 후 피해자가 구급차로 호송되어 치료를 받았다고 하더라도 사고운전자인 피고인은 피해자에 대한 적절한 구호조치를 취하지 않은 채 사고현장을 이탈하였다고 할 것이어서, 설령 피고인이 사고현장을 이탈하기 전에 피해자에게 자신의 신원을 알 수 있는 주민등록증을 건네주었다고 하더라도 피고인의 이러한 행위는 '피해자를 구호하는 등 조치를 취하지 아니하고 도주한 때'에 해당한다고 할 것이므로 피고인에게 도주의 범의가 없었다고 볼 수 없고, 피고인이 사고현장을 떠날 당시 교통상의 위험과 장해를 방지·제거하여 원활한 교통을 확보하기 위한 더 이상의 조치를 취하여야 할 필요가 없었다고 보기도 어렵다.

다. 따라서 이와 달리한 원심의 판단에는 구 특정범죄 가중처벌 등에 관한 법률 제5조의3 제1항 및 구 도로교통법 제54조 제1항, 제148조에 관한 법리를 오해하여 판결에 영향을 미친 위법이 있고, 이 점을 지적하는 상고이유는 이유 있다.

3. 그러므로 원심판결을 파기하고 사건을 다시 심리·판단하게 하기 위하여 원심법원에 환송하기로 하여, 관여 대법관의 일치된 의견으로 주문과 같이 판결한다.

판례8 | '도주차량 운전자'에 해당한다고 본 사례[대법원 2010. 4. 29., 선고, 2010도1920, 판결]

【판결요지】

도로변에 자동차를 주차한 후 운전석 문을 열다가 후방에서 진행하여 오던 자전거의 핸들 부분을 충격하여 운전자에게 상해를 입히고도 아무런 구호조치 없이 현장에서 이탈한 경우, 구 특정범죄가중처벌 등에 관한 법률(2010. 3. 31. 법률 제10210호로 개정되기 전의 것) 제5조의3 제1항의 '도주차량 운전자'에 해당한다고 본 사례.

【원심판결】

수원지법 2010. 1. 21. 선고 2009노5118 판결

【주문】

상고를 기각한다.

【이유】

상고이유를 판단한다.

원심판결 이유에 의하면 원심은, 피고인이 판시와 같이 도로변에 이 사건 자동차를 주차한 후 하차하기 위하여 운전석 문을 열다가 마침 후방에서 진행하여 오던 피해자 운전 자전거의 핸들 부분을 위 운전석 문으로 충격하고, 그로 인하여 넘어진 피해자에게 상해를 입게 하고도 아무런 구호조치 없이 현장에서 이탈하였다면, 구 특정범죄 가중처벌 등에 관한 법률(2010. 3. 31. 법률 제10210호로 개정되기 전의 것, 이하 '법') 제5조의3 제1항 소정의 도주차량 운전자, 즉 자동차의 교통으로 인하여 사람을 다치게 하고도 구호조치 없이 도주한 경우에 해당한다고 판단하였는바, 법 제5조의3 제1항에서 정하는 도주차량 운전자에 대한 가중처벌 규정은 자신의 과실로 교통사고를 야기한 운전자가 그 사고로 사상을 당한 피해자를 구호하는 등의 조치를 취하지 아니하고 도주하는 행위에 강한 윤리적 비난가능성이 있음을 감안하여 이를 가중처벌 함으로써 교통의 안전이라는 공공의 이익의 보호뿐만 아니라 교통사고로 사상을 당한 피해자의 생명·신체의 안전이라는 개인적 법익을 보호하고자 함에도 그 입법 취지와 보호법익이 있는 점(대법원 2003. 4. 25. 선고 2002도6903 판결, 대법원 2004. 8. 30. 선고 2004도3600 판결 등 참조) 등에 비추어 보면, 원심의 위와 같은 판단은 옳은 것으로 수긍할 수 있고, 거기에 상고이유 주장과 같은 법 제5조의3 제1항 소정의 '교통'의 해석에 관한 법리를 오해한 위법 등이 없다.

그러므로 상고를 기각하기로 하여 관여 대법관의 일치된 의견으로 주문과 같이 판결한다.

> **판례9 |** '피해자를 구호하는 등 도로교통법 제54조 제1항의 규정에 의한 조치를 취하지 아니하고 도주한 때'의 의미 및 이에 해당하는지 여부의 판단 방법[대법원 2009. 6. 11., 선고, 2008도8627, 판결]

【원심판결】

서울중앙지법 2008. 9. 11. 선고 2008노2325 판결

【주문】

상고를 기각한다.

【이유】

상고이유를 본다.

특정범죄가중처벌 등에 관한 법률 제5조의3 제1항에서 정한 '피해자를 구호하는 등 도로교통법 제54조 제1항의 규정에 의한 조치를 취하지 아니하고 도주한 때'란, 사고 운전자가 사고로 인하여 피해자가 사상을 당한 사실을 인식하였음에도 피해자를 구호하는 등 도로교통법 제54조 제1항에 규정된 의무를 이행하기 이전에 사고현장을 이탈하여 사고를 낸 자가 누구인지 확정될 수 없는 상태를 초래하는 경우를 말하는데, 도로교통법 제54조 제1항의 취지는 도로에서 일어나는 교통상의 위험과 장해를 방지·제거하여 안전하고 원활한 교통을 확보하기 위한 것이므로, 이 경우 운전자가 취하여야 할 조치는 사고의 내용과 피해의 정도 등 구체적 상황에 따라 적절히 강구되어야 하고 그 정도는 건전한 양식에 비추어 통상 요구되는 정도의 것으로서, 여기에는 피해자나 경찰관 등 교통사고와 관계있는 사람에게 사고운전자의 신원을 밝히는 것도 포함된다 할 것이나, 다만 특정범죄가중처벌 등에 관한 법률 제5조의3 제1항의 규정이 자동차와 교통사고의 격증에 상응하는 건전하고 합리적인 교통질서가 확립되지 못한 현실에서 자신의 과실로 교통사고를 야기한 운전자가 그 사고로 사상을 당한 피해자를 구호하는 등의 조치를 취하지 않고 도주하는 행위에 강한 윤리적 비난가능성이 있음을 감안하여 이를 가중처벌함으로써 교통의 안전이라는 공공의 이익을 보호함과 아울러 교통사고로 사상을 당한 피해자의 생명과 신체의 안전이라는 개인적 법익을 보호하기 위하여 제정된 것이라는 그 입법취지와 보호법익에 비추어, 사고 운전자가 피해자를 구호하는 등 도로교통법 제54조 제1항에 정한 의무를 이행하기 전에 도주의 범의로써 사고현장을 이탈한 것인지 여부를 판정함에 있어서는 그 사고의 경위와 내용, 피해자의 상해의 부위와 정도, 사고 운전자의 과실 정도, 사고 운전자와 피해자의 나이와 성별, 사고 후의 정황 등을 종합적으로 고려하여야 한다(대법원 2002. 6. 28. 선고 2002도2001 판결, 대법원 2002. 10. 22. 선고 2002도4452 판결, 대법원 2005. 4. 14. 선고 2005도790 판결, 대법원 2006. 1. 26. 선고 2005도8264 판결, 대법원 2006. 3. 9. 선고 2006도448 판결, 대법원 2007. 10. 11. 선고 2007도1738 판결 등 참조).

원심판결 이유에 의하면, 원심은 그 채용증거들을 종합하여 그 판시와 같은 사실을 인정한 다음, 비록 피고인이 교통사고 현장에서 동승자이던 원심 공동피고인 2로 하여금 이

사건 차량의 운전자인 것처럼 허위로 신고하도록 하였다 하더라도, 피고인은 사고 직후 사고 장소를 이탈한 바 없이 피해자의 피해사실을 확인한 후 곧바로 보험회사에 사고접수를 하고, 출동한 경찰관에게 이 사건 차량이 가해차량임을 명백히 밝혔으며, 경찰관의 요구에 따라 위 원심 공동피고인 2와 함께 영등포경찰서로 동행하여 조사를 받은 후 귀가하였다가 이틀 후 자진하여 경찰에 출두, 자수하기까지 한 점 등의 사정에 비추어 보면, 피고인이 피해자를 구호하는 등의 의무를 이행하기 전에 도주의 범의를 가지고 사고현장을 이탈하였다고까지 인정하기에는 부족하다는 이유로, 피고인에 대한 공소사실 중 특정범죄가중처벌 등에 관한 법률 위반(도주차량)의 점에 대하여는 무죄라고 판단하였다.

앞서 본 법리 및 기록에 비추어 살펴보면, 위와 같은 피고인의 행위는 외형상으로는 차의 교통으로 사람을 사상한 운전자가 도로교통법 제54조 제1항에서 정한 조치 중 피해자나 경찰관 등 교통사고와 관계있는 사람에게 사고운전자의 신원을 밝혀야 하는 의무를 이행하지 아니한 것으로 볼 수 있겠지만, 원심이 인정한 여러 사정들에 비추어 볼 때 도주의 범의로써 사고현장을 이탈한 것으로까지 보기는 어렵다 할 것이니, 같은 취지에서 이 부분 공소사실이 무죄라고 본 원심의 판단은 정당하다.

원심판결에는 상고이유에서 주장하는 바와 같이 채증법칙을 위반하거나 특정범죄가중처벌 등에 관한 법률 제5조의3에서 정한 도주에 관한 법리 및 도로교통법 제54조 제1항에서 정한 교통사고발생시의 조치에 관한 법리를 오해하는 등의 위법이 없다.

그러므로 상고를 기각하기로 하여, 관여 대법관의 일치된 의견으로 주문과 같이 판결한다.

판례10 | 도주운전죄가 성립하기 위한 상해의 정도[대법원 2008. 10. 9., 선고, 2008도3078, 판결]

【원심판결】

전주지법 2008. 3. 28. 선고 2007노1432 판결

【주문】

원심판결 중 도로교통법위반 부분을 파기하고, 이 부분 사건을 전주지방법원 본원 합의부에 환송한다. 나머지 상고를 기각한다.

【이유】

상고이유를 본다.

1. 특정범죄가중처벌 등에 관한 법률 위반(도주차량)의 점에 대하여
   특정범죄가중처벌 등에 관한 법률 제5조의3 제1항이 정하는 "피해자를 구호하는 등 도로교통법 제54조 제1항에 의한 조치를 취하지 아니하고 도주한 때"라고 함은, 사고운전자가 사고로 인하여 피해자가 사상을 당한 사실을 인식하였음에도 불구하고, 피해

자를 구호하는 등 도로교통법 제54조 제1항에 규정된 의무를 이행하기 이전에 사고현장을 이탈하여 사고를 낸 자가 누구인지 확정할 수 없는 상태를 초래하는 경우를 말하는 것이다. 그러므로 위 도주운전죄가 성립하려면 피해자에게 사상의 결과가 발생하여야 하고, 생명·신체에 대한 단순한 위험에 그치거나 형법 제257조 제1항에 규정된 "상해"로 평가될 수 없을 정도의 극히 하찮은 상처로서 굳이 치료할 필요가 없는 것이어서 그로 인하여 건강상태를 침해하였다고 보기 어려운 경우에는 위 죄가 성립하지 않는다(대법원 2000. 2. 25. 선고 99도3910 판결 등 참조).

원심은 그 채택 증거들을 종합하여 인정되는 판시와 같은 사정 즉, 이 사건 사고는 피고인 차량이 2차로로 진행하다가 1차로로 차선을 변경하는 과정에서 뒤에서 진행해 오던 피해차량과 충돌한 것인데, 피해차량이 가해차량과 충격된 부분을 촬영한 사진의 영상에 의하면 그 충격의 정도가 심하지 않았던 것으로 보이는 점, 피해자 공소외 1은 이 사건 사고 직후 완주경찰서에 사고신고를 하면서 담당 경찰관에게 몸이 아프다고 호소한 적은 없고, 다만 "위 사고로 제 차가 약간 흠집이 났고 제 부상 정도는 조금 지켜봐야 알 것 같습니다."라는 취지의 진술서를 작성하였던 점, 피해자들의 병명은 각 "목뼈의 염좌 및 긴장, 허리뼈의 염좌 및 긴장"으로 공소외 1은 전치 1주, 공소외 2는 전치 2주의 각 진단을 받았는데, 피해자 공소외 2는 1심법정에서 "몸을 못 움직여서 일상생활에 지장이 있을 정도는 아니었지만 안 아픈 사람도 병원에 있으면 더 아픈 것 같은 느낌 정도는 들었습니다."라고 진술하였던 점, 피해자들을 치료한 참조은병원의 진료기록부 및 방사선사진에 근거한 사실조회 결과에 의하면 피해자들은 경추 및 요추부 동통을 호소하는 외에 특이 소견 없는 환자들이었기 때문에 컴퓨터 단층 촬영 등의 정밀 검사는 실시된 바 없고, 당시 피해자들의 상태는 불편함을 줄 수는 있으나 일상생활에 지장을 줄 상태는 아니었던 것으로 보이는 점, 피해자들이 받은 치료는 근육 이완제 성분의 주사를 맞고 물리치료를 받는 정도에 불과하였고, 그럼에도 피해자들은 각 25일에 걸쳐 입원치료를 받았는데, 입원기간 동안 집에 가서 스스로 옷을 갈아입고 샤워를 한 적도 있는바, 통원치료의 필요성조차도 의문스러워 보이는 상태였음에도 피해자들이 의도적으로 장기간의 입원생활을 하였던 것으로 보이는 점, 이 사건 사고 전부터 공소외 1은 어깨의 통증 및 근육파열의 기왕증이 있었고, 공소외 2는 이 사건 사고 발생 7~8개월 전에 요추 4, 5번 허리 수술을 한 병력이 있는 점, 그 외 이 사건 사고 당시 피해자들의 연령과 건강상태, 이 사건 사고 후의 피해자들의 태도 등에 비추어 보면, 피해자들이 이 사건 사고로 각 신체의 완전성이 손상되고 생활기능에 장애가 왔다거나 건강상태가 불량하게 변경되어 형법상 '상해'를 입었다고 인정하기에 부족하다는 이유로 이 사건 공소사실 중 특정범죄가중처벌 등에 관한 법률 위반(도주차량)의 점을 무죄로 판단하였다.

앞서 본 법리와 기록에 비추어 살펴보면, 위와 같은 원심의 판단은 정당한 것으로 수긍이 가고, 거기에 상고이유의 주장과 같은 심리미진 등의 위법이 있다고 할 수 없다.

2. 도로교통법 위반의 점에 대하여

가. 공소사실 및 원심의 판단

이 사건 공소사실 중 도로교통법 위반의 점의 요지는, 피고인은 전북 (번호 1 생략) 호 세피아 승용차의 운전업무에 종사하는 자인 바, 2006. 11. 4. 13:10경 위 차를 운전하여 전북 완주군 봉동읍 구만리 소재 굿모닝주유소 앞 편도 2차로 도로를 전주 방면에서 봉동 방면을 향하여 그 도로의 2차로를 따라 시속 약 70km로 진행함에 있어 진행방향 좌측 1차로로 차로를 변경하게 되었으므로 이러한 경우 운전업무에 종사하는 자로서는 방향지시등을 작동하여 그 진로변경을 예고하고 전후좌우의 교통상황을 잘 살피면서 차로를 변경하여야 할 업무상 주의의무가 있음에도 이를 게을리 한 채 그대로 좌측으로 차로를 변경한 과실로 때마침 1차로를 따라 진행 중인 피해자 공소외 1 운전의 (번호 2 생략) 그랜져 승용차를 미처 발견하지 못하고 피고인 운전의 승용차 좌측 뒤 범퍼 부분으로 공소외 1 운전의 승용차 우측 앞 범퍼 부분을 충격하여 위 그랜져 승용차를 수리비 427,588원이 들도록 손괴하고도 즉시 정차하여 필요한 조치를 취하지 아니하고 그대로 도주하였다는 것이다.

이에 대하여 원심은 피해차량의 앞 범퍼 우측 모서리 부분에 가해차량 범퍼의 페인트가 약간 묻어난 외에 외견상 가해차량 및 피해차량에 찌그러지는 등의 파손 부위는 발견되지 않았고, 피해차량 수리비로 427,588원(부가세 포함)이 들었는데, 이는 앞 범퍼 도장 보수비용이었던 점, 가해차량이나 피해차량으로부터 떨어져 나온 파편물이 도로상에 비산되지 아니한 점 등을 감안하면, 이 사건에 있어 교통상의 위험과 장해를 방지·제거하여 안전하고 원활한 교통을 확보하기 위한 조치를 취하여야 할 필요가 있었다고 보기 어렵다는 이유로 이에 대하여 무죄를 선고하였다.

나. 상고이유에 대한 판단

도로교통법 제54조 제1항의 취지는 도로에서 일어나는 교통상의 위험과 장해를 방지·제거하여 안전하고 원활한 교통을 확보하기 위한 것으로서 피해자의 피해를 회복시켜 주기 위한 것이 아니고, 이 경우 운전자가 취하여야 할 조치는 사고의 내용과 피해의 정도 등 구체적 상황에 따라 적절히 강구되어야 하고 그 정도는 건전한 양식에 비추어 통상 요구되는 정도의 조치를 말한다 할 것이다 (대법원 2002. 6. 28. 선고 2002도2001 판결 등 참조).

기록에 의하면, 피고인은 공소사실 기재 일시·장소에서 피고인 차량을 시속 약 70km로 운전하여 편도 2차선 도로 중 2차로에서 1차로로 차선을 변경하면서 1차로에서 진행하던 피해차량을 충격하고 이를 알았던 사실, 당시 피해차량에는 운전자 외 조수석에도 사람이 탑승하고 있었던 사실, 피해차량은 이 사건 사고로 인하여 수리비 427,588원이 들도록 앞범퍼 등이 손괴된 사실, 피고인은 사고 직후 정차하지 않고 그대로 진행하였고, 이에 피해차량의 운전자가 약 1km 이상 피고인 차량을 추격하다가 전방 삼거리 교차로의 정지신호로 인하여 추격을 중단한 사실, 이 사건 사고장소는 편도 2차선의 도로이고, 사고시각은 낮으로서 차량들의 흐름이 적지 않았던 사실 등을 알 수 있다. 사실관계가 이와 같다면, 피고인은 도로교통법 제54조 제1항의 규정에 의한 교통사고를 일으키고도 즉시 정차하지 아니하고 그대로 진행하였을 뿐 아니라, 피해자가 도주하는 피고인을 약 1km 이상 추격함으로써 새로운 교통상의 위험과 장해를 초래하였음이 분명하다. 그러므로 비록 위 사고로 인하여 피해차량이 경미한 물적 피해만을 입었고 파편물이 도로상에 비산되지는 않았다고 하더라도, 피고인이 도로교통법 제54조 제1항의 규정에 의한 교통사고 발생시의 필요한 조치를 다하였다고 볼 수 없다.

그럼에도 불구하고, 원심이 위 교통사고가 경미한 접촉사고에 불과하여 피고인이 사고현장을 이탈할 당시 교통상의 위험과 장해를 방지·제거하여 안전하고 원활한 교통을 확보하기 위한 조치를 취할 필요가 있었다고 보기 어렵다는 이유로 위 공소사실에 대하여 무죄를 선고한 것은 도로교통법 제148조, 제54조 제1항에 관한 법리를 오해하는 등으로 판결 결과에 영향을 미친 위법을 저지른 것이라고 할 것이다. 이 점을 지적하는 상고이유의 주장은 이유 있다.

3. 결론

그러므로 원심판결 중 도로교통법 위반 부분을 파기하고, 이 부분 사건을 다시 심리·판단하게 하기 위하여 원심법원에 환송하며, 나머지 상고를 기각하기로 하여 관여 대법관의 일치된 의견으로 주문과 같이 판결한다.

판례11 | 특정범죄가중처벌 등에 관한 법률 제5조의3의 치상 후 도주죄에서 '구호조치 필요성' 유무의 판단 방법[대법원 2008. 7. 10., 선고, 2008도1339, 판결]

【원심판결】

대전지법 2008. 1. 23. 선고 2007노1853 판결

【주문】

원심판결을 파기하고, 사건을 대전지방법원 본원 합의부로 환송한다.

【이유】

상고이유를 본다.

1. 원심은, 이 사건 교통사고 당시 피고인 차량과 피해 차량의 충격 정도, 당시 피해자들

의 외상 여부, 그들의 통증호소 여부, 피해자들이 병원에 가게 된 경위와 시기, 치료를 받은 기간과 정도, 피해자들의 사고 후 행적 등에 관한 인정 사실에 비추어, 비록 당시 피해자들이 위 사고로 인하여 경미한 상해를 입었지만 그로 인하여 피고인으로부터 구호를 받아야 할 필요성이 있었다고 보기 어렵다는 이유로, 피고인을 특정범죄 가중처벌 등에 관한 법률 위반(도주차량)죄로 처벌할 수 없다고 본 1심의 판단은 정당하다고 판단하고 있다.

2. 그러나 원심의 위와 같은 판단은 다음과 같은 이유로 그대로 수긍하기 어렵다.

특정범죄가중처벌 등에 관한 법률 제5조의3 소정의 치상 후 도주의 죄는 자동차 등의 교통으로 인하여 형법 제268조의 죄를 범한 운전자가 피해자를 구호하는 등의 조치를 취하지 아니하고 사고현장을 이탈하여 사고를 낸 자가 누구인지를 확정할 수 없는 상태를 초래함으로써 성립되는 것인바, 피해자를 구호할 필요가 있었는지 여부는 사고의 경위와 내용, 피해자의 나이와 그 상해의 부위 및 정도, 사고 뒤의 정황 등을 종합적으로 고려하여 판단하여야 한다.

그런데 원심이 인정한 사실에 의하더라도 이 사건 사고로 인하여 피해자들 3명은 모두 각 2주간의 치료를 요하는 경추부 염좌 등의 상해를 입어 물리치료를 받은 후 주사를 맞고 1~3일간 약을 복용하는 등 치료를 받았다는 것이니, 그 피해자들의 부상이 심하지 아니하여 직장에서 일과를 마친 다음에 병원으로 갔다거나 피해자들이 그다지 많은 치료를 받지 아니하였다는 등 원심이 인정한 사정만으로는 이 사건 사고 당시 구호의 필요가 없었다고 단정할 수 없고, 이러한 상황에서 피고인이 차에서 내리지도 않고 피해자들의 상태를 확인하지도 않은 채 인적사항을 알려주는 등의 조치도 취하지 않고 그냥 차량을 운전하여 갔다면 피고인의 행위는 위에서 본 치상 후 도주죄의 구성요건에 해당하는 것으로 보아야 할 것이다.

그렇다면 이 사건 사고 당시 피해자가 구호를 받아야 할 필요성이 있었다고 인정되지 아니하므로 피고인은 특정범죄가중처벌 등에 관한 법률 위반(도주차량)죄로 처벌할 수 없다는 원심판결에는 채증법칙을 위반하거나 위 죄에 있어 구호의 필요성에 관한 법리를 오해하여 판결 결과에 영향을 미친 위법이 있다 할 것이다.

3. 따라서 원심판결을 파기하고, 사건을 다시 심리·판단하게 하기 위하여 원심법원으로 환송하기로 하여 관여 대법관의 일치된 의견으로 주문과 같이 판결한다.

판례12 | 구 특정범죄 가중처벌 등에 관한 법률 제5조의3의 '도주'에 해당하지 않는다고 한 사례[대법원 2007. 10. 11., 선고, 2007도1738, 판결]

   사고 운전자가 교통사고 현장에서 경찰관에게 동승자가 사고차량의 운전자라고 진술하거나 그에게 같은 내용의 허위신고를 하도록 하였더라도, 사고 직후 피해자가 병원으로 후송될 때까지 사고장소를 이탈하지 아니한 채 경찰관에게 위 차량이 가해차량임을 밝히고 경찰관의 요구에 따라 동승자와 함께 조사를 받기 위해 경찰 지구대로 동행한 경우, 구 특정범죄 가중처벌 등에 관한 법률(2005. 5. 31. 법률 제7545호로 개정되기 전의 것) 제5조의3의 '도주'에 해당하지 않는다고 한 사례.

【원심판결】

   대구지법 2007. 2. 7. 선고 2006노3431 판결

【주문】

   상고를 기각한다.

【이유】

   상고이유를 본다.

1. 무죄부분에 대하여

   구 특정범죄 가중처벌 등에 관한 법률(2005. 5. 31. 법률 제7545호로 개정되어 2006. 6. 1.부터 시행되기 전의 것, 이하 같다) 제5조의3 제1항 소정의 '피해자를 구호하는 등 도로교통법 제50조 제1항의 규정에 의한 조치를 취하지 아니하고 도주한 때'란, 사고 운전자가 사고로 인하여 피해자가 사상을 당한 사실을 인식하였음에도 피해자를 구호하는 등 구 도로교통법(2005. 5. 31. 법률 제7545호로 전문 개정되어 2006. 6. 1.부터 시행되기 전의 것, 이하 같다) 제50조 제1항에 규정된 의무를 이행하기 이전에 사고현장을 이탈하여 사고를 낸 자가 누구인지 확정될 수 없는 상태를 초래하는 경우를 말하고(대법원 2005. 4. 14. 선고 2005도790 판결, 대법원 2006. 3. 9. 선고 2006도448 판결 등 참조), 한편 구 도로교통법 제50조 제1항의 취지는 도로에서 일어나는 교통상의 위험과 장해를 방지·제거하여 안전하고 원활한 교통을 확보하기 위한 것으로서 피해자의 피해를 회복시켜 주기 위한 것이 아니므로, 이 경우 운전자가 취하여야 할 조치는 사고의 내용과 피해의 정도 등 구체적 상황에 따라 적절히 강구되어야 하고 그 정도는 건전한 양식에 비추어 통상 요구되는 정도의 조치를 말하나(대법원 2002. 10. 22. 선고 2002도4452 판결, 위 대법원 2005도790 판결 등 참조), 이러한 조치는 반드시 사고 운전자 본인이 직접 할 필요는 없고, 자신의 지배하에 있는 자를 통하여 하거나, 현장을 이탈하기 전에 타인이 먼저 구호조치 등을 하여도 무방하다(대법원 2005. 12. 9. 선고 2005도5981 판결 등 참조).

원심이 그 판시와 같이 적법하게 확정한 사실관계를 위 법리 및 기록에 비추어 살펴보면, 비록 피고인이 교통사고 현장에서 출동한 119 구조대원 및 경찰관에게 이 사건 차량의 동승자인 공소외인이 위 차량의 운전자인 것으로 진술하거나 그녀로 하여금 그와 같이 허위신고하도록 하였다고 하더라도, 피고인은 사고 직후 피해자가 119 구급차량에 의하여 병원으로 후송될 때까지 사고장소를 이탈하지 아니하였고, 출동한 경찰관에게 이 사건 차량이 가해차량임을 명백히 밝혔으며, 피해자 후송조치를 마친 후 사고현장에서 위 경찰관의 요구에 따라 공소외인과 함께 조사를 받기 위해 경찰 지구대로 동행한 점 등 제반 사정에 비추어, 피고인이 피해자를 구호하는 등의 의무를 이행하기 전에 도주의 범의를 가지고 사고현장을 이탈하였다고 볼 수는 없다 하겠다.

또한 위 법리와 기록에 비추어 살펴보면, 이 사건 교통사고 후 도로상에 넘어진 피해자의 오토바이는 피고인이 위 사고현장을 떠나기 이전에 이미 위 구조대원 등 다른 사람에 의해 도로 한쪽으로 치워졌고, 달리 사고현장에 교통상의 위해가 될 만한 사정이 있었음을 인정할 자료가 보이지 아니하는바, 그렇다면 피고인이 사고현장을 떠날 당시 교통상의 위험과 장해를 방지·제거하기 위하여 더 이상의 특별한 조치가 필요하였다고 할 수 없으므로, 이런 상황이라면 설사 피고인이 사고로 피해자의 오토바이를 손괴한 후 직접 위 오토바이에 대한 조치를 취하지 않았다 하더라도 이에 대하여 따로 구 도로교통법 제106조 위반죄로 처벌할 수는 없다.

따라서 피고인의 행위는 구 특정범죄 가중처벌 등에 관한 법률 제5조의3 제1항 및 구 도로교통법 제106조에 해당하지 아니한다고 판단한 다음, 도로교통법 위반(교통사고 후 미조치)의 점에 대하여는 무죄를 선고하고, 특정범죄 가중처벌 등에 관한 법률 위반(도주차량)의 공소사실에 포함된 교통사고 처리 특례법 위반죄를 유죄로 인정하여 주문에서 그 형을 선고하면서 특정범죄 가중처벌 등에 관한 법률 위반(도주차량)의 점에 대하여는 주문에서 따로 무죄의 선고를 하지 아니한 원심의 조치는 결론에 있어서 정당하고, 상고이유로 주장하는 바와 같이 채증법칙을 위배하여 사실을 오인하거나 구 특정범죄 가중처벌 등에 관한 법률 제5조의3 제1항 소정의 도주에 관한 법리 또는 구 도로교통법 제50조 제1항 소정의 교통사고발생시의 조치에 관한 법리를 오해하여 판결 결과에 영향을 미친 위법이 없다.

검사가 상고이유에서 원용하는 대법원판례는 이 사건과 사안을 달리하므로 원용하기에 적절하지 아니하다.

2. 유죄부분에 대하여

검사는 원심판결 중 유죄 부분에 대하여도 불복한다는 취지의 상고장을 제출하였음에도 상고이유서에 그 부분에 관한 상고이유를 기재하고 있지 아니하므로, 이 부분에 대한 상고는 이유 없다.

3. 결론

그러므로 상고를 기각하기로 관여 대법관의 의견이 일치되어 주문과 같이 판결한다.

판례13 | 동승자가 교통사고 후 운전자와 공모하여 도주행위에 가담한 경우, 특정범죄 가중처벌 등에 관한 법률 위반(도주차량)죄의 공동정범으로 처벌할 수 있는지 여부(소극)*[대법원 2007. 7. 26., 선고, 2007도2919, 판결]*

【참조판례】

대법원 1984. 3. 13. 선고 82도3136 판결(공1984, 662)

【원심판결】

대구지법 2007. 3. 28. 선고 2006노2898 판결

【주문】

상고를 기각한다.

【이유】

상고이유를 본다.

운전자가 아닌 동승자가 교통사고 후 운전자와 공모하여 운전자의 도주행위에 가담하였다 하더라도, 동승자에게 과실범의 공동정범의 책임을 물을 수 있는 특별한 경우가 아닌 한, 특정범죄가중처벌등에관한법률위반(도주차량)죄의 공동정범으로 처벌할 수는 없다.

원심이 그 설시 증거를 종합하여 판시와 같은 사실관계를 인정한 다음, 그 사실관계에 비추어 피고인이 교통사고에 관한 과실범의 공동정범이 될 수 없고 따라서 특정범죄가중처벌등에관한법률위반(도주차량)죄의 공동정범으로 처벌할 수 없다고 판단하였는바, 원심의 그와 같은 사실인정 및 판단은 위에 본 법리와 사실심 법관의 합리적인 자유심증에 따른 것으로서 기록에 비추어 정당하고, 거기에 상고이유의 주장과 같은 사실오인이나 법리오해 등의 위법이 없다.

그러므로 상고를 기각하기로 하여 관여 대법관의 일치된 의견으로 주문과 같이 판결한다.

판례14 | 특정범죄가중처벌등에관한법률위반죄(도주차량)에 있어서 구호조치 필요성 유무의 판단 기준*[대법원 2007. 5. 10., 선고, 2007도2085, 판결]*

【원심판결】

대구지법 2007. 2. 14. 선고 2006노2976 판결

【주문】

원심판결을 파기하고, 사건을 대구지방법원 합의부로 환송한다.

【이유】

상고이유를 본다.

특정범죄 가중처벌 등에 관한 법률 제5조의3 도주차량 운전자의 가중처벌에 관한 규정의 입법 취지와 보호법익 등에 비추어 볼 때, 사고의 경위와 내용, 피해자의 나이와 그 상해의 부위 및 정도, 사고 뒤의 정황 등을 종합적으로 고려하여 사고운전자가 실제로 피해자를 구호하는 등 구 도로교통법(법률 제7545호로 전문 개정되기 전의 것) 제50조 제1항의 규정에 따른 조치를 취할 필요가 있었다고 인정되지 아니하는 때에는 사고운전자가 피해자를 구호하는 등의 조치를 취하지 아니하고 사고 장소를 떠났다고 하더라도 위 법률 제5조의3 제1항 위반죄가 되지 아니한다.

그런데 위 구호조치 필요성 유무는 피해자의 상해부위와 정도, 사고의 내용과 사고 후의 정황, 치료의 시작시점·경위와 기간 및 내용, 피해자의 연령 및 건강상태 등을 종합하여 판단하여야 하는 것이되, 대개의 경우는 피고인이 피해자와 직접 대화함으로써 피해자에게 통증 진술의 기회를 부여하든지 아니면 적어도 피고인이 정차하여 피해자의 상태를 눈으로 확인하여야 구호조치의 필요가 없는 경우라고 판단할 수 있을 것이고, 그렇지 않았던 경우에는 구호조치의 필요가 없었다고 쉽사리 판단하여서는 아니된다고 할 것이다 (대법원 2002. 1. 11. 선고 2001도2763 판결, 2002. 1. 11. 선고 2001도2869 판결, 2004. 5. 28. 선고 2004도1213 판결, 2004. 6. 11. 선고 2003도8092 판결, 2004. 10. 15. 선고 2004도5304 판결 등 참조).

원심은, 피고인이 사고 당시 피해자가 그 판시와 같은 상해를 입었을 수 있다는 사실을 미필적으로나마 인식하고도 피해자를 구호하는 등의 필요한 조치를 취하지 아니한 채 사고현장을 떠나 그대로 도주한 사실을 인정하면서도, 위와 같은 구호조치 필요성 유무에 관하여, 이 사건 기록에 의하여 인정되는 사실, 즉 사고 당시 아반떼와 피해자의 충돌부위와 그 충격정도(아반떼는 우측 후사경이 탈락되었으나 앞 범퍼나 보닛 부위에 충돌의 흔적이 전혀 없음), 이 사건 사고로 인한 피해자의 상해부위와 정도, 그 치료의 시작시점과 기간 및 경위와 내용, 이 사건 사고 당시 피해자의 연령, 성별 및 건강상태에다가 피해자가 이 사건 사고 직후 사고차량의 등록번호를 확인하여 경찰관서에 112 범죄신고 전화로 사고신고를 하고 그 신고에 따라 출동한 경찰관과 함께 사고현장 주변을 수색하여 피고인을 검거한 후 사고현장조사에 참여하고 장시간 동안 사고경위에 관한 조사를 받고 귀가하였다가 사고 당시로부터 상당한 시간이 경과한 뒤에 병원에 입원하여 치료를 받은 점, 피해자의 신고에 따라 사고현장에 출동한 경찰관도 만일 피해자를 병원으로 후송하는 등 구호의 필요성이 있었다면 즉시 피해자를 병원으로 후송하였을 것임에도 불구하고, 피해자를 병원으로 후송하기는커녕 오히려 피해자를 사고현장조사에 참여시키고 장시간 동안 피해자를 상대로 사고경위에 관한 조사를 한 후 귀가를 시킨 점, 피해자가 병원에 입원해 있으면서 혼자 외출을 하기도 하였던 점, 피해자는 이 사건 사고 후 1주일 가량 경과한 시점에 피고인과 이 사건 사고에 관한 합의를 하자 즉시 퇴원하였고 대구카톨릭대학병원에서 검진을 받은 결과 특별한 상해가 발견되지 아니한 점 등을 보태어 보면, 피해자가 이 사건 사고로 인하여 앞서 본 바와 같은 상해를 입었지만 그로 인하여 피고인 등으로부터 구호를 받아야 할 필요성이 있었다고 보기 어렵고, 그 밖에 달리 이를 인정할 만한 아무런 증거가 없으므로, 결국 피고인을 특가법위반(도주차량)죄로 처벌할 수 없다고 판단하였다.

그러나 원심이 내린 위 결론은 수긍하기 어렵다.

왜냐 하면, 이 사건 사고에 관하여 원심이 인정한 사실관계 그 자체에 의하더라도 이 사건이 사고운전자가 실제로 피해자를 구호하는 등의 조치를 취할 필요가 있었다고 인정되지 아니하는 때에 해당하는 경우라고 보기는 어렵기 때문이다. 원심이 인정한 사실관계에 의하면, 피고인은 이 사건 사고 후 차를 세울 듯 말 듯 하며 주춤주춤하다가 그대로 진행하여 가 버렸고, 피해자의 점퍼가 찢어지고 오른손과 오른 무릎에 찰과상이 있었으며, 아반떼의 우측 후사경이 부서져 있었던바, 이런 정도의 차량과 사람 사이의 충돌이 있은 경우에 구호조치의 필요가 없었다고 볼 수는 없다.

원심이 구호조치 필요성을 부정하면서 들고 있는 사정들을 보더라도, 차량과 인체가 부딪힌 사고에 있어서는 범퍼나 보닛 부위에 충돌 흔적이 없더라도 인체가 상당한 손상을 입을 수 있고, 피해자가 중상을 입지 않은 한 사고현장 주변에서 경찰관과 함께 가해차량을 찾는다든지 사고경위에 관한 수사에 협조한다든지 하는 일은 충분히 있을 수 있는 일이며, 피해자가 한밤중에 사고를 당한 후 범인검거, 경찰조사를 마치고 귀가하였다가 같은 날 11:52경 병원에 간 것을 두고서 원심의 판시처럼 '사고 당시로부터 상당한 시간이 경과한 뒤에 병원에 입원'한 것이라고 말할 수는 없다고 할 것이고, 사고일로부터 1주일 후의 퇴원을 두고서 사고 당시의 구호 필요성이 없었다는 주장의 근거로 사용할 수는 없다고 보아야 한다. 즉, 원심 판시의 사실만으로 이 사건 사고 당시 사고 운전자가 피해자를 구호할 필요가 있었다고 보기는 어렵다고 단정할 수는 없다 할 것이다.

그럼에도 불구하고, 이 사건 사고 당시의 상황이 피해자가 구호를 받아야 할 필요성이 있었다고 인정되지 아니하는 때에 해당한다 하여, 피고인을 특정범죄 가중처벌 등에 관한 법률 위반(도주차량)죄로 처벌할 수 없다고 한 원심판결에는 같은 법률상의 도주차량의 법리를 오해하였거나 그 이유에 모순이 있거나 채증법칙을 위반하여 판결 결과에 영향을 미친 위법이 있다 할 것이므로 이 점을 지적하는 상고논지는 이유 있다 하겠다.

그러므로 원심판결을 파기하고, 사건을 다시 심리·판단하게 하기 위하여 원심법원으로 환송하기로 하여 관여 대법관의 일치된 의견으로 주문과 같이 판결한다.

> **판례15 |** 만 14세의 피해자가 사고 직후 친구들과 절뚝거리면서 걸어간 점 이외에
> 는 별다른 외상을 발견할 수 없었고, 다수의 목격자가 있어 도주할 상황
> 이었다고 보기는 어려운 점 등의 이유로 피고인에게 도주의 범의가 있었
> 다고 보기는 어렵다고 한 사례[대법원 2005. 4. 15., 선고, 2005도1483, 판결]

【원심판결】

대구지법 2005. 2. 2. 선고 2004노2823 판결

【주문】

원심판결을 파기하고, 사건을 대구지방법원 본원 합의부에 환송한다.

【이유】

1. 원심판결 이유에 의하면, 원심은 그 채택 증거를 종합하여, 피해자는 이 사건 교통사고 직후 바로 땅에 넘어질 정도의 충격을 받고 친구들의 도움을 받아 도로에서 일어난 사실, 교통사고 후 피고인이 승용차에서 내려 피해자에게 다친 곳이 없느냐고 물으면서 병원에 가자고 하였으나 사고 당시 만 14세의 여중생인 피해자는 당황한 채 병원에 가지 않겠다고 한 사실, 피해자는 사고로 인하여 왼쪽 팔꿈치와 왼쪽 무릎이 긁혀 피가 났고, 사고 충격으로 혼자 걷기가 어려워 양쪽에서 친구들의 부축을 받으며 절뚝거리면서 학원차를 타기 위하여 걸어간 사실, 피고인은 피해자를 2~3m 정도 따라가다가 피해자가 학원차에 탑승하러 가는 도중에 자신의 승용차를 운전하여 현장을 이탈하였고, 현장을 이탈하면서 피해자에게 아무런 연락처도 남기지 않은 사실, 사고 후 2일이 경과한 2003. 12. 4. 오전에 열린 현장검증 도중 이△△에 의하여 비로소 이 사건 교통사고를 야기한 사람이 피고인임이 밝혀진 사실을 인정한 다음, 피고인이 이 사건 교통사고를 내고도 아무런 구호조치없이 현장을 이탈한 사실 및 그에 대한 도주의 의사를 충분히 인정할 수 있다는 이유로 피고인에게 유죄를 선고한 제1심판결을 유지하였다.

2. 그러나 원심의 위와 같은 사실인정과 판단은 다음과 같은 이유로 수긍할 수 없다.
특정범죄가중처벌등에관한법률 제5조의3 제1항 소정의 '피해자를 구호하는 등 도로교통법 제50조 제1항의 규정에 의한 조치를 취하지 아니하고 도주한 때'라 함은 사고운전자가 사고로 인하여 피해자가 사상을 당한 사실을 인식하였음에도 불구하고 피해자를 구호하는 등 도로교통법 제50조 제1항에 규정된 의무를 이행하기 이전에 사고현

장을 이탈하여 사고를 낸 자가 누구인지 확정될 수 없는 상태를 초래하는 경우를 말하는 것이나, 사고의 경위와 내용, 피해자의 상해의 부위와 정도, 사고 운전자의 과실 정도, 사고 운전자와 피해자의 나이와 성별, 사고 후의 정황 등을 종합적으로 고려하여 사고 운전자가 실제로 피해자를 구호하는 등 도로교통법 제50조 제1항에 의한 조치를 취할 필요가 있었다고 인정되지 아니하는 경우에는 사고 운전자가 피해자를 구호하는 등 도로교통법 제50조 제1항에 규정된 의무를 이행하기 이전에 사고현장을 이탈하였더라도 특정범죄가중처벌등에관한법률 제5조의3 제1항 위반죄로는 처벌할 수 없다(대법원 2002. 6. 28. 선고 2002도2001 판결 등).

원심이 인정한 사실관계에 의하더라도, 피해자는 이 사건 교통사고 직후 바로 땅에 넘어질 정도의 충격을 받고 친구들의 도움을 받아 도로에서 일어났으나, 사고 후 피고인이 승용차에서 내려 피해자에게 다친 곳이 없느냐고 물으면서 여러 차례에 걸쳐 병원에 가자고 하였으나, 피해자는 괜찮다고 이를 거절하면서 친구들과 함께 학원차량을 타러 갔다는 것이다.

그런데 원심은 피해자가 당시 피해자는 팔꿈치나 무릎 등에 피가 나는 상처를 입었다는 사실을 인정하고 이를 유죄의 중요한 근거로 삼은 것으로 보이나, 당시는 겨울인 관계로 피해자는 두터운 옷을 입고 있어 집에 가서야 비로소 피가 난 것을 알았다고 진술하고 있는 점에 비추어 보면, 피고인이 사고 현장에서 위와 같이 피해자에게 피가 나는 외상이 있었다는 점을 알았다고 보기는 어렵다고 보아야 할 것이다.

다만, 피고인으로서도 만 14세의 여중생인 피해자가 당시 절뚝거리면서 친구들에게 부축된 채로 걸어가는 것을 보았다면 피해자의 위와 같은 진술에도 불구하고 병원에 후송하거나 연락처를 남기는 등의 조치를 취하였어야 마땅하기는 하지만, 피해자에게 사고의 잘못이 일부 있는 것으로 보이는 이 사건 사고의 경위에 비추어 볼 때, 비록 피해자는 사고 당시 만 14세에 불과한 중학교 2학년생이기는 하지만 피해자가 괜찮다고 하면서 병원에 가는 것을 거부한 채 현장을 먼저 떠났고, 사고 직후 친구들과 함께 위와 같이 절뚝거리면서 걸어간 점 이외에는 별다른 외상을 발견할 수 없었던 점, 이 사건 사고는 피고인이 근무하는 회사의 주차타워 앞에서 주차관리인 이△△, 피해자의 일행 및 현장을 목격한 택시 운전기사 등이 있는 가운데 발생한 것으로서, 피고인이 교통사고를 야기한 후 도주할 상황이었다고 보기는 어려운 점 등을 감안하면, 설령 피고인이 피해자에게 아무런 연락처를 남기지 않았다고 하더라도 이 점을 들어 피고인에게 이 사건 교통사고를 야기한 후 도주한다는 범의가 있었다고 보기는 어렵다고 보아야 할 것이다.

그럼에도 불구하고, 원심이 위와 같은 이유로 피고인에게 도주의 범의가 있었다고 판단하였는바, 거기에는 채증법칙에 위배하여 사실을 오인하였거나 특정범죄가중처벌등에관한법률 제5조의3 제1항에 관한 법리를 오해하는 등의 위법이 있다고 할 것이고,

이는 판결 결과에 영향을 미쳤음이 분명하므로, 이 점을 지적하는 취지의 상고이유의 주장은 이유 있다.

3. 그러므로 원심판결을 파기하고, 사건을 다시 심리·판단하게 하기 위하여 원심법원에 환송하기로 하여 관여 대법관의 일치된 의견으로 주문과 같이 판결한다.

판례16 | 피고인이 피해자를 구호하는 등의 의무를 이행하기 전에 도주의 범의를 가지고 사고 현장을 이탈하였다고 볼 수 없다고 한 원심의 판단을 수긍한 사례*[대법원 2005. 4. 14., 선고, 2005도790, 판결]*

【원심판결】

서울남부지법 2005. 1. 5. 선고 2004노877 판결

【주문】

상고를 기각한다.

【이유】

특정범죄가중처벌등에관한법률 제5조의3 제1항 소정의 '피해자를 구호하는 등 도로교통법 제50조 제1항의 규정에 의한 조치를 취하지 아니하고 도주한 때' 함은 사고 운전자가 사고로 인하여 피해자가 사상을 당한 사실을 인식하였음에도 불구하고 피해자를 구호하는 등 도로교통법 제50조 제1항에 규정된 의무를 이행하기 이전에 사고현장을 이탈하여 사고를 낸 자가 누구인지 확정될 수 없는 상태를 초래하는 경우를 말하고(대법원 2003. 3. 25. 선고 2002도5748 판결, 2004. 3. 12. 선고 2004도250 판결 등 참조), 도로교통법 제50조 제1항의 취지는 도로에서 일어나는 교통상의 위험과 장해를 방지·제거하여 안전하고 원활한 교통을 확보하기 위한 것으로서 피해자의 피해를 회복시켜 주기 위한 것이 아니고, 이 경우 운전자가 취하여야 할 조치는 사고의 내용과 피해의 정도 등 구체적 상황에 따라 적절히 강구되어야 하고 그 정도는 건전한 양식에 비추어 통상 요구되는 정도의 조치를 말한다(대법원 2002. 10. 22. 선고 2002도4452 판결, 2004. 5. 28. 선고 2004도1213 판결 등 참조).

원심판결 이유에 의하면, 원심은 그 채용 증거를 종합하여, 판시와 같은 사실을 인정한 다음, 비록 피고인이 교통사고 현장에서 이 사건 차량의 동승자인 원심 공동피고인으로 하여금 그녀가 사고운전자인 것으로 출동한 경찰관에게 허위신고하도록 하였다고 하더라도, 피고인은 사고 직후 피해자가 119 구급차량에 의하여 병원으로 후송될 때까지 사고장소를 이탈하지 아니하였고, 출동한 경찰관에게 이 사건 차량이 가해차량임을 명백히 밝혔으며, 피해자 후송조치를 마친 후 사고현장에서 위 경찰관의 요구에 따라 원심 공동피고인

와 함께 조사를 받기 위해 경찰서로 동행한 점 등의 제반 사정에 비추어 보면, 피고인이 피해자를 구호하는 등의 의무를 이행하기 전에 도주의 범의를 가지고 사고현장을 이탈하였다고 인정하기에 부족하고 달리 이를 인정할 증거가 없다고 보아, 피고인의 행위는 특정범죄가중처벌등에관한법률 제5조의3 제1항 및 도로교통법 제106조에 해당하지 아니한다고 할 것이어서, 도로교통법위반의 점에 대하여는 무죄를 선고하고, 특정범죄가중처벌등에관한법률위반(도주차량)의 공소사실에 포함된 교통사고처리특례법위반죄에 대하여 이 사건 차량이 자동차종합보험에 가입되어 있다는 이유로 공소기각의 판결을 선고하고 주문에서 따로 무죄의 선고를 하지 아니한다고 판단하였다. 위에서 본 법리와 기록에 비추어 살펴보면, 원심의 위와 같은 인정과 판단은 정당한 것으로 수긍이 가고, 거기에 상고이유로 주장하는 바와 같은 특정범죄가중처벌등에관한법률 제5조의3 제1항 소정의 도주에 관한 법리나 도로교통법 제106조 소정의 교통사고발생시의 조치에 관한 법리를 오해한 위법이 있다고 볼 수 없다.

그러므로 상고를 기각하기로 하여 관여 법관의 일치된 의견으로 주문과 같이 판결한다.

판례17 | 도로교통법 제50조 제1항의 규정에 의한 조치를 취하지 아니하고 도주한 때'의 의미[대법원 2004. 10. 28., 선고, 2004도5227, 판결]

【원심판결】

대구지법 2004. 7. 21. 선고 2004노417 판결

【주문】

상고를 기각한다.

【이유】

1. 특정범죄가중처벌등에관한법률 제5조의3 제1항에 정하여진 '피해자를 구호하는 등 도로교통법 제50조 제1항의 규정에 의한 조치를 취하지 아니하고 도주한 때'라고 함은 사고운전자가 사고로 인하여 피해자가 사상을 당한 사실을 인식하였음에도 불구하고 '도로교통법 제50조 제1항의 규정에 의한 조치'를 취하지 아니하고 사고 장소를 이탈하여 사고를 낸 사람이 누구인지 확정될 수 없는 상태를 초래하는 경우를 말하고, '도로교통법 제50조 제1항의 규정에 의한 조치'에는 피해자나 경찰관 등 교통사고와 관계 있는 사람에게 사고운전자의 신원을 밝히는 것도 포함된다(대법원 2003. 3. 25. 선고 2002도5748 판결, 2004. 3. 12. 선고 2004도250 판결 등 참조).

2. 원심판결 이유에 의하면, 원심은 그 채택 증거를 종합하여 판시와 같은 사실을 인정한 다음, 피고인은 이 사건 사고 직후 차에서 내려 피해자를 지나가던 택시에 태워 병원으

로 후송한 후 피해자가 치료를 위해 엑스레이 촬영을 하러 진료실로 들어가는 것을 보고 병원접수창구로 가서 피해자의 인적사항과 사고 일시, 장소 및 피고인 차량번호를 알려주면서 접수를 마친 다음에 비로소 병원을 떠난 점, 피고인이 비록 경찰에 사고 신고를 하지 아니하였고 피해자나 병원측에 자신의 인적사항을 알려준 사실은 없으나, 자신이 소유주로 되어 있는 이 사건 차량의 차량번호를 담당 간호사에게 알려 주었고 이로 인해 비교적 쉽게 피고인의 신원이 확인된 점 등 제반 사정을 종합하여 보면, 피고인이 피해자를 구호하는 등 도로교통법 제50조 제1항에 규정된 의무를 이행하기 이전에 사고현장을 이탈하여 사고를 낸 자가 누구인지 확정할 수 없는 상태를 초래하였다고 볼 수는 없으므로, 피고인이 특정범죄가중처벌등에관한법률 제5조의3 제1항에서 규정하는 바와 같이 도로교통법 제50조 제1항의 규정에 의한 피해자를 구호하는 등의 조치를 취하지 아니하고 도주한 때에 해당한다고 볼 수는 없다고 판단하였다.

위에서 본 법리와 기록에 비추어 살펴보면, 원심의 위와 같은 사실인정과 판단은 정당한 것으로 수긍이 가고, 거기에 주장과 같이 채증법칙을 위배하였다거나 특정범죄가중처벌등에관한법률 제5조의3 제1항 소정의 도주에 관한 법리를 오해한 위법이 있다고 볼 수 없다.

3. 그러므로 상고를 기각하기로 하여 관여 대법관의 일치된 의견으로 주문과 같이 판결한다.

Chapter 7. 범칙금의 의미

[1] 범칙금

① '범칙금'이란 범칙자가 「도로교통법」 제163조에 따른 통고처분에 따라 국고(國庫) 또는 제주특별자치도의 금고에 내야 할 금전을 말합니다(「도로교통법」 제162조제3항).

② 「도로교통법」에서 범칙행위는 주로 경미한 교통법규 위반행위로서 범칙행위를 한 운전자의 경우에는 차량종류별로 범칙금액을 부과받습니다(「도로교통법」 제162조, 「도로교통법 시행령」 제93조 및 별표 8).

③ '범칙'은 본질적으로는 범죄의 구성요건을 충족하고 있으나 형벌 및 형사절차를 적용하지 않고 행정처분으로서의 통고처분에 의한 제재를 하는 위반행위를 의미합니다.

④ '범칙행위'란 「도로교통법」 제156조 또는 제157조의 죄에 해당하는 위반행위를 말하며, 그 구체적인 범위와 범칙금액은 「도로교통법 시행령」 별표 8 및 별표 9에서 정하고 있습니다(「도로교통법」 제162조제1항 및 「도로교통법 시행령」 제93조제1항).

범칙행위 및 범칙금액(운전자)

범칙행위	근거 법조문 (도로교통법)	차량 종류별 범칙금액
1. 속도위반(60km/h 초과) 1의2. 어린이통학버스 운전자의 의무 위반(좌석안전띠를 매도록 하지 않은 경우는 제외한다)	제17조제3항 제53조제1항·제2항, 제53조의5	1) 승합자동차등: 13만원 2) 승용자동차등: 12만원 3) 이륜자동차등: 8만원
1의3. 인적 사항 제공의무 위반(주·정차된 차만 손괴한 것이 분명한 경우에 한정한다)	제54조제1항제2호	1) 승합자동차등: 13만원 2) 승용자동차등: 12만원 3) 이륜자동차등: 8만원 4) 자전거등 및 손수레등: 6만원
1의4. 개인형 이동장치 무면허 운전 1의5. 약물의 영향과 그 밖의 사유로 정상적으로 운전하지 못할 우려가 있는 상태에서 자전거등을 운전	제43조 제50조제8항	자전거등: 10만원
2. 속도위반(40km/h 초과 60km/h 이하) 3. 승객의 차 안 소란행위 방치 운전 3의2. 어린이통학버스 특별보호 위반	제17조제3항 제49조제1항제9호 제51조	1) 승합자동차등: 10만원 2) 승용자동차등: 9만원 3) 이륜자동차등: 6만원
3의3. 제10조의3제2항에 따라 안전표지가 설치된 곳에서의 정차·주차 금	제32조제6호	1) 승합자동차등: 9만원 2) 승용자동차등: 8만원

지 위반		3) 이륜자동차등: 6만원
3의4. 승차정원을 초과하여 동승자를 태우고 개인형 이동장치를 운전	제50조제10항	4) 자전거등 및 손수레등: 4만원
4. 신호·지시 위반	제5조	1) 승합자동차등: 7만원
5. 중앙선 침범, 통행구분 위반	제13조제1항부터 제3항까지 및 제5항	2) 승용자동차등: 6만원
6. 속도위반(20㎞/h 초과 40㎞/h 이하)	제17조제3항	3) 이륜자동차등: 4만원
7. 횡단·유턴·후진 위반	제18조	4) 자전거등 및 손수레등: 3만원
8. 앞지르기 방법 위반	제21조제1항·제3항, 제60조제2항	
9. 앞지르기 금지 시기·장소 위반	제22조	
10. 철길건널목 통과방법 위반	제24조	
10의2. 회전교차로 통행방법 위반	제25조의2제1항	
11. 횡단보도 보행자 횡단 방해(신호 또는 지시에 따라 도로를 횡단하는 보행자의 통행 방해와 어린이 보호구역에서의 일시정지 위반을 포함한다)	제27조제1항 · 제2항 · 제7항	
12. 보행자전용도로 통행 위반(보행자전용도로 통행방법 위반을 포함한다)	제28조제2항·제3항	
12의2. 긴급자동차에 대한 양보·일시정지 위반	제29조제4항·제5항	
12의3. 긴급한 용도나 그 밖에 허용된 사항 외에 경광등이나 사이렌 사용	제29조제6항	
13. 승차 인원 초과, 승객 또는 승하차자 추락 방지조치 위반	제39조제1항·제3항·제6항	
14. 어린이·앞을 보지 못하는 사람 등의 보호 위반	제49조제1항제2호	
15. 운전 중 휴대용 전화 사용	제49조제1항제10호	
15의2. 운전 중 운전자가 볼 수 있는 위치에 영상 표시	제49조제1항제11호	
15의3. 운전 중 영상표시장치 조작	제49조제1항제11호의2	
16. 운행기록계 미설치 자동차 운전 금지 등의 위반	제50조제5항제1호·제2호	
17. 삭제 〈2014.12.31.〉		
18. 삭제 〈2014.12.31.〉		
19. 고속도로·자동차전용도로 갓길 통행	제60조제1항	

20. 고속도로버스전용차로·다인승전용차로 통행 위반	제61조제2항	
21. 통행 금지·제한 위반	제6조제1항·제2항· 제4항	1) 승합자동차등: 5만원
22. 일반도로 전용차로 통행 위반	제15조제3항	2) 승용자동차등: 4만원
22의2. 노면전차 전용로 통행 위반	제16조제2항	3) 이륜자동차등: 3만원
23. 고속도로 · 자동차전용도로 안전거리 미확보	제19조제1항	4) 자전거등 및 손수레등: 2만원
24. 앞지르기의 방해 금지 위반	제21조제4항	
25. 교차로 통행방법 위반	제25조	
25의2. 회전교차로 진입 · 진행방법 위반	제25조의2제2항 · 제3항	
26. 교차로에서의 양보운전 위반	제26조	
27. 보행자의 통행 방해 또는 보호 불이행	제27조제3항부터 제5항까지 및 같은 조 제6항제1호 · 제2호	
28. 삭제 〈2016.2.11.〉		
29. 정차·주차 금지 위반(제10조의3제2항에 따라 안전표지가 설치된 곳에서의 정차·주차 금지 위반은 제외한다)	제32조	
30. 주차금지 위반	제33조	
31. 정차·주차방법 위반	제34조	
31의2. 경사진 곳에서의 정차·주차방법 위반	제34조의3	
32. 정차·주차 위반에 대한 조치 불응	제35조제1항	
33. 적재 제한 위반, 적재물 추락 방지 위반 또는 영유아나 동물을 안고 운전하는 행위	제39조제1항 및 제4항부터 제6항까지	
34. 안전운전의무 위반	제48조제1항	
35. 도로에서의 시비·다툼 등으로 인한 차마의 통행 방해 행위	제49조제1항제5호	
36. 급발진, 급가속, 엔진 공회전 또는 반복적·연속적인 경음기 울림으로 인한 소음 발생 행위	제49조제1항제8호	
37. 화물 적재함에의 승객 탑승 운행 행위	제49조제1항제12호	
38. 삭제 〈2014.12.31.〉		

38의2. 개인형 이동장치 인명보호 장구 미착용	제50조제4항	
38의3. 자율주행자동차 운전자의 준수사항 위반	제56조의2제1항	
39. 고속도로 지정차로 통행 위반	제60조제1항	
40. 고속도로 · 자동차전용도로 횡단·유턴·후진 위반	제62조	
41. 고속도로 · 자동차전용도로 정차·주차 금지 위반	제64조	
42. 고속도로 진입 위반	제65조	
43. 고속도로 · 자동차전용도로에서의 고장 등의 경우 조치 불이행	제66조	
44. 혼잡 완화조치 위반	제7조	1) 승합자동차등: 3만원
45. 차로통행 준수의무 위반, 지정차로 통행 위반, 차로 너비보다 넓은 차 통행 금지 위반(진로 변경 금지 장소에서의 진로 변경을 포함한다)	제14조제2항·제3항·제5항	2) 승용자동차등: 3만원 3) 이륜자동차등: 2만원 4) 자전거등 및 손수레등: 1만원
46. 속도위반(20㎞/h 이하)	제17조제3항	
47. 진로 변경방법 위반	제19조제3항	
48. 급제동 금지 위반	제19조제4항	
49. 끼어들기 금지 위반	제23조	
50. 서행의무 위반	제31조제1항	
51. 일시정지 위반	제31조제2항	
52. 방향전환 · 진로변경 및 회전교차로 진입 · 진출 시 신호 불이행	제38조제1항	
53. 운전석 이탈 시 안전 확보 불이행	제49조제1항제6호	
54. 동승자 등의 안전을 위한 조치 위반	제49조제1항제7호	
55. 시 · 도경찰청 지정·공고 사항 위반	제49조제1항제13호	
56. 좌석안전띠 미착용	제50조제1항	
57. 이륜자동차 · 원동기장치자전거(개인형 이동장치는 제외한다) 인명보호 장구 미착용	제50조제3항	
57의2. 등화점등 불이행·발광장치 미착용 (자전거 운전자는 제외한다)	제50조제9항	
58. 어린이통학버스와 비슷한 도색·표지 금지 위반	제52조제4항	

59. 최저속도 위반	제17조제3항	1) 승합자동차등: 2만원
60. 일반도로 안전거리 미확보	제19조제1항	2) 승용자동차등: 2만원
61. 등화 점등·조작 불이행(안개가 끼거나 비 또는 눈이 올 때는 제외한다)	제37조제1항제1호·제3호	3) 이륜자동차등: 1만원
62. 불법부착장치 차 운전(교통단속용 장비의 기능을 방해하는 장치를 한 차의 운전은 제외한다)	제49조제1항제4호	4) 자전거등 및 손수레등: 1만원
62의2. 사업용 승합자동차 또는 노면전차의 승차 거부	제50조제5항제3호	
63. 택시의 합승(장기 주차·정차하여 승객을 유치하는 경우로 한정한다)·승차거부·부당요금징수행위	제50조제6항	
64. 운전이 금지된 위험한 자전거등의 운전	제50조제7항	
64의2. 술에 취한 상태에서의 자전거등 운전	제44조제1항	1) 개인형 이동장치: 10만원 2) 자전거: 3만원
64의3. 술에 취한 상태에 있다고 인정할 만한 상당한 이유가 있는 자전거등 운전자가 경찰공무원의 호흡조사 측정에 불응	제44조제2항	1) 개인형 이동장치: 13만원 2) 자전거: 10만원
65. 돌, 유리병, 쇳조각, 그 밖에 도로에 있는 사람이나 차마를 손상시킬 우려가 있는 물건을 던지거나 발사하는 행위	제68조제3항제4호	모든 차마: 5만원
66. 도로를 통행하고 있는 차마에서 밖으로 물건을 던지는 행위	제68조제3항제5호	
67. 특별교통안전교육의 미이수	제73조제2항	차종 구분 없음: 15만원
가. 과거 5년 이내에 법 제44조를 1회 이상 위반하였던 사람으로서 다시 같은 조를 위반하여 운전면허효력 정지 처분을 받게 되거나 받은 사람이 그 처분기간이 끝나기 전에 특별교통안전교육을 받지 않은 경우		
나. 가목 외의 경우		10만원
68. 경찰관의 실효된 면허증 회수에 대한 거부 또는 방해	제95조제2항	차종 구분 없음: 3만원

비고
1. 위 표에서 "승합자동차등"이란 승합자동차, 4톤 초과 화물자동차, 특수자동차, 건설기계 및 노면전차를 말한다.
2. 위 표에서 "승용자동차등"이란 승용자동차 및 4톤 이하 화물자동차를 말한다.
3. 위 표에서 "이륜자동차등"이란 이륜자동차 및 원동기장치자전거(개인형 이동장치는 제외한다)를 말한다.
4. 위 표에서 "손수레등"이란 손수레, 경운기 및 우마차를 말한다.
5. 위 표 제65호 및 제66호의 경우 동승자를 포함한다.

[2] 범칙금 납부통고 및 즉결심판 절차

[3] 범칙금 납부통고 및 즉결심판의 대상

① 범칙행위를 하면 범칙금 납부통고서를 받습니다. ㉠ 성명이나 주소가 확실하지 않은 사람, ㉡ 달아날 우려가 있는 사람, ㉢ 범칙금 납부통고서 받기를 거부한 사람은 바로 즉결심판을 받습니다(「도로교통법」 제163조제1항 및 제165조제1항제1호).

② 범증이 명백하고 죄질이 경미한 범죄사건을 신속·적정한 절차로 심판하기 위한 "즉결심판"은 20만원 이하의 벌금, 구류 또는 과료에 해당하는 사건에 대해 경찰서장이 청구를 하면, 지방법원, 지원 또는 시·군법원의 판사가 행하는 약식재판입니다(「즉결심판에 관한 절차법」 제1조 및 제2조 참고).

③ 즉결심판에 대해 피고인은 7일 이내에 정식재판을 청구할 수 있고, 즉결심판은 정식재판의 청구에 의한 판결이 있는 때에는 그 효력을 잃습니다(「즉결심판에 관한 절차법」 제14조제1항 및 제15조 참고).

④ 정식재판의 청구기간의 경과, 정식재판청구권의 포기 또는 그 청구의 취하, 정식재판청구에 대한 기각이 확정된 경우에 즉결심판은 확정판결과 동일한 효력이 생깁니다(「즉결심판에 관한 절차법」 제16조).

[4] 범칙금의 납부

① 범칙금납부통고서를 받은 사람은 10일 이내(천재지변이나 그 밖의 부득이한 사유로 범칙금을 낼 수 없는 경우에는 부득이한 사유가 없어지게 된 날부터 5일 이내)에 국고은행, 지점, 대리점 또는 우체국 또는 제주특별자치도지사가 지정하는 금융회사 등이나 그 지점에 범칙금을 내야 합니다(「도로교통법」제164조제1항).

② 납부기간 이내에 범칙금을 납부하지 않은 사람은 납부기간이 끝나는 날의 다음 날부터 20일 이내에 통고받은 범칙금의 1.2배를 납부해야 합니다(「도로교통법」제164조제2항).

[5] 통고처분 불이행자 등에 대한 즉결심판의 청구

① 통고처분을 받고도 납부기간에 범칙금을 납부하지 않으면 즉결심판이 청구됩니다. 다만, 즉결심판의 선고 전까지 범칙금의 1.5배를 납부하면 즉결심판 청구가 취소됩니다(「도로교통법」 제165조제1항제2호 및 제2항).

② 출석기간 또는 범칙금 납부기간 만료일부터 60일이 경과될 때까지 즉결심판을 받지 않으면 벌점 40점이 부과됩니다(「도로교통법」 제93조, 「도로교통법 시행규칙」 별표 28 제3호가목 7.).

③ 범칙금 납부기간 만료일부터 60일이 경과될 때까지 즉결심판을 받지 않아 정지처분 대상자가 되었거나, 정지처분을 받고 정지처분 기간중에 있는 사람이 위반 당시 통고받은 범칙금액에 그 1.5배를 더한 금액을 납부하고 증빙서류를 제출하면, 정지처분을 받지 않거나 그 잔여기간의 집행을 면제받습니다(「도로교통법 시행규칙」 별표 28 제3호 주 2. 본문).

④ 다만, 다른 위반행위로 인한 벌점이 합산되어 정지처분을 받은 경우에는 그 다른 위반행위로 인한 정지처분 기간에 대해서는 집행을 면제받지 않습니다(「도로교통법 시행규칙」 별표 28 제3호 주 2. 단서).

[6] 범칙금 납부의 효력

① 범칙금을 낸 사람은 범칙행위에 대해 다시 벌 받지 않습니다(「도로교통법」 제164조 제3항).

② 판례는 "이 경우 다시 벌 받지 아니하게 되는 행위사실은 범칙금 통고의 이유에 기재된 당해 범칙행위 자체 및 그 범칙행위와 동일성이 인정되는 행위에 한정된다 할 것이므로, 범칙행위와 같은 시간과 장소에서 이루어진 행위라 하더라도 그 동일성의 범주를 벗어난 형사범죄행위에 대하여는 확정판결에 준하는 일사부재리의 효력이 미치지 않는다고 할 것이다."라고 하여, 고속도로에서 상대방 운전자를 16킬로미터, 20여분 동안 차선을 변경해 위협하고, 창 밖으로 팔을 내밀어 세우라면서 욕설을 내뱉은 행동을 반복하여 난폭 운전을 한 혐의로 범칙금을 납부했더라도 차량을 이용한 협박행위에 해당한다고 판결(대법원 2012. 6. 28. 선고, 2011도10670 판결)하였습니다.

[7] 범칙금의 의미에 대한 판례

> **판례1** | 피고인이 승용차를 운전하며 진로를 변경하다 甲이 운전하는 승용차와 충돌하여 甲에게 상해를 입히자 이를 조사한 경찰은 피고인에게 진로변경방법 위반을 이유로 범칙금 통고처분과 함께 면허벌점을 부과한 사안*[대법원 2024. 10. 31. 선고 2024도8903 판결]*

【판결요지】

피고인이 승용차를 운전하며 진로를 변경하다 甲이 운전하는 승용차와 충돌하여 甲에게 상해를 입히자 이를 조사한 경찰은 피고인에게 진로변경방법 위반을 이유로 범칙금 통고처분과 함께 면허벌점을 부과하였고, 피고인의 차량이 종합보험에 가입되어 있어 교통사고처리 특례법 위반(치상) 혐의에 관하여 불입건 결정을 하였는데, 피고인이 범칙금을 납부하였다가 면허벌점을 받는 것이 부당하다는 이유로 돌려받자, 경찰은 피고인의 범칙금 미납을 이유로 즉결심판을 청구하였으나 법원이 기각하였고, 이후 사건을 송치받은 검사가 도로교통법 위반으로 약식기소를 한 사안에서, 피고인은 진로변경방법 위반의 범칙행위로 교통사고를 일으켰으나 종합보험 가입으로 벌을 받지 아니하게 되었으므로 도로교통법 제162조 제2항 제2호 단서에 따라 통고처분의 대상인 '범칙자'에 해당하고, 통고처분에 따라 범칙금을 납부하면 범칙행위에 대하여 다시 처벌받지 않게 되는데, 피고인이 면허벌점 부과가 부당하다는 이유로 이미 납부한 범칙금을 회수한 후 범칙금을 납부하지 않아 도로교통법과 즉결심판에 관한 절차법에 따라 후속절차가 진행되어 공소제기에 이르렀으므로, 위 공소제기 절차는 관련 법령이 정한 요건과 절차에 따라 이루어진 것으로서, 거기에 교통사고처리 특례법의 취지에 반하는 위법이 있다고 보기 어렵다는 이유로, 이와 달리 본 원심판단에 도로교통법과 교통사고처리 특례법에 따른 교통사고 및 도로교통법규 위반행위 처리 절차, 범칙금 통고처분의 요건, 공소제기 절차의 적법성 등에 관한 법리오해의 잘못이 있다고 한 사례.

【원심판결】

서울중앙지법 2024. 5. 23. 선고 2023노1604 판결

【주문】

원심판결을 파기하고, 사건을 서울중앙지방법원에 환송한다.

【이유】

상고이유를 판단한다.

1. 이 사건 공소사실의 요지

피고인은 2022. 4. 25. 16:35경 서울 서초구 (주소 생략)(빌딩명 생략) 앞 도로를 편도 5차로 중 2차로로 진행하다가 3차로로 진로를 변경하면서 진로변경방법을 위반하였다.

2. 원심의 판단

원심은, 검사가 피고인의 위와 같은 진로변경방법 위반으로 교통사고를 일으켰음에도 불구하고 피고인 차량이 종합보험에 가입되어 있어 교통사고와 관련하여서는 아무런 기소를 하지 아니하고, 위 교통사고의 원인이 된 진로변경방법 위반으로 인한 도로교통법 위반의 점에 대하여만 기소한 것은, 가벼운 과실로 인한 교통사고의 경우에는 일정한 조건하에 형사책임을 묻지 않겠다는 「교통사고처리 특례법」의 취지에 반하여 그에 흡수되는 '과실'에 해당하는 행위만 따로 분리하여 기소하는 것이어서 공소제기 절차가 법률에 위반되어 무효인 경우에 해당한다는 이유로, 형사소송법 제327조 제2호에 따라 이 사건 공소를 기각하였다.

3. 대법원의 판단

원심의 판단은 다음과 같은 이유로 받아들이기 어렵다.

가. 도로교통법 제162조 제2항에서 범칙금 통고처분의 대상자인 '범칙자'를 같은 조 제1항이 정한 '범칙행위'를 한 사람으로 정의하면서 각호에서 예외를 정하고 있는데, 범칙행위로 교통사고를 일으킨 사람은 범칙자에서 제외되나(제2호 본문), 다만 「교통사고처리 특례법」제3조 제2항 및 제4조에 따라 업무상과실치상죄·중과실치상죄 또는 도로교통법 제151조의 죄에 대한 벌을 받지 아니하게 된 사람은 범칙자에 해당하는 것으로 정하고 있다(제2호 단서). 한편 범칙금 통고처분을 불이행한 사람에 대해서는 경찰서장 등은 지체 없이 즉결심판을 청구하여야 하고(동법 제165조 제1항), 즉결심판에서 판사가 결정으로 즉결심판의 청구를 기각한 경우 경찰서장은 지체 없이 관할 지방검찰청 또는 지청의 장에게 송치하여야 한다(「즉결심판에 관한 절차법」제5조 제2항).

자동차운전면허대장상 벌점의 배점은 도로교통법규 위반행위를 단속하는 기관이 도로교통법 시행규칙 [별표 28]에서 정하는 바에 의하여 도로교통법규 위반의 경중, 피해의 정도 등에 따라 배정하는 점수를 말하는 것으로 자동차운전면허의 취소, 정지처분의 기초자료로 제공하기 위한 것이고 그 배점 자체만으로는 아직 국민에 대하여 구체적으로 어떤 권리를 제한하거나 의무를 명하는 등 법률적 규제를 하는 효과를 발생하는 요건을 갖춘 것이 아니어서 그 무효확인 또는 취소를 구하는 소송의 대상이 되는 행정처분이라고 할 수 없지만(대법원 1994. 8. 12. 선고 94누2190 판결 참조), 교통사고나 법규위반에 대하여 법원의 판결로 무죄확정된 경우 등 위 시행규칙 [별표 28]에 정한 사유가 있으면 당해 사고 또는 위반으로 인한 벌점이 삭제될 수 있다.

나. 기록에 의하면 아래와 같은 사실을 알 수 있다.

1) 2022. 4. 25. 16:35경 피고인 차량과 피해자 차량 사이에 발생한 교통사고를 조사한 경찰은 2022. 5. 9. 피고인에 대하여 진로변경방법 위반(도로교통법 제19조 제3항)을 이유로 범칙금 3만 원의 통고처분을 하였고, 이와 함께 위 법규 위반 및 인적피해 발생을 이유로 면허벌점 20점을 부과하였다.

2) 한편 경찰은 2022. 5. 23. 피고인의 과실로 교통사고를 일으켜 피해자에게 상해를 입혔으나 피고인 차량이 종합보험에 가입되어 있어 공소권이 없다는 이유로 피고인에 대한 「교통사고처리 특례법」위반(치상) 혐의에 관하여 불입건 결정을 하였다.

3) 피고인은 2022. 5. 16. 위 범칙금을 납부하였다가 같은 해 6. 17. 돌려받았는데, 수사기관에서 그 이유에 관하여 면허벌점 20점을 받는 것이 부당하다고 생각하였기 때문이라고 진술하였다.

4) 이후 경찰은 피고인의 범칙금 미납을 이유로 즉결심판을 청구하였으나 법원은 청구기각 결정을 하였고, 이에 경찰은 피고인의 위 법규위반 사실에 관하여 범죄인지를 한 다음 검찰에 사건을 송치하였으며, 그 결과 피고인에 대한 이 사건 약식기소가 이루어졌다.

다. 위 인정 사실을 앞서 본 법리에 비추어 살펴보면, 피고인은 진로변경방법 위반의 범칙행위로 교통사고를 일으켰으나 종합보험 가입으로 벌을 받지 아니하게 되었으므로 도로교통법 제162조 제2항 제2호 단서에 따라 통고처분의 대상인 '범칙자'에 해당하고, 통고처분에 따라 범칙금을 납부하면 범칙행위에 대하여 다시 처벌받지 않게 되는데(도로교통법 제164조 제3항), 피고인이 면허벌점 부과가 부당하다는 이유로 이미 납부한 범칙금을 회수한 후 범칙금을 납부하지 아니한 결과 도로교통법과 「즉결심판에 관한 절차법」에 따라 후속절차가 진행되어 이 사건 공소제기에 이르렀으므로, 이 사건 공소제기 절차는 관련 법령이 정한 요건과 절차에 따라 이루어진 것으로서, 거기에 「교통사고처리 특례법」의 취지에 반하는 위법이 있다고 보기 어렵다.

그럼에도 불구하고 판시와 같은 이유만으로 이 사건 공소제기 절차가 법령에 위반되어 무효라고 판단한 원심의 조치에는, 도로교통법과 「교통사고처리 특례법」에 따른 교통사고 및 도로교통법규 위반행위 처리 절차, 범칙금 통고처분의 요건, 공소제기 절차의 적법성 등에 관한 법리를 오해하여 판결에 영향을 미친 잘못이 있다. 이 점을 지적하는 검사의 상고이유 주장은 이유 있다.

4. 결론

그러므로 원심판결을 파기하고 사건을 다시 심리·판단하도록 원심법원에 환송하기로 하여, 관여 대법관의 일치된 의견으로 주문과 같이 판결한다.

【판시사항】

경찰서장이 범칙행위에 대하여 통고처분을 하였으나 범칙자의 이의신청이 없었던 경우, 경찰서장이 범칙금 납부기간 전에 임의로 통고처분을 취소하거나 즉결심판을 청구할 수 있는지 여부(원칙적 소극) / 이때 통고처분에 대한 범칙자의 이의신청이 있는 경우, 경찰서장이 위 납부기간 전에 즉결심판을 청구할 수 있는지 여부(적극)

【원심판결】

전주지법 2021. 10. 28. 선고 2020노107 판결

【주문】

상고를 기각한다.

【이유】

상고이유를 판단한다.

원심은 판시와 같은 이유로 이 사건 공소사실을 유죄로 판단한 제1심판결을 그대로 유지하였다. 원심판결 이유를 관련 법리와 적법하게 채택된 증거에 비추어 살펴보면, 원심의 판단에 즉결심판청구 절차 및 공소제기 절차에 관한 법리를 오해한 잘못이 없다.

피고인이 상고이유에서 든 판례는 모두 경찰서장이 범칙행위에 대하여 통고처분을 하였으나 범칙자의 이의신청이 없었던 사안에서, 원칙적으로 경찰서장은 범칙금 납부기간 전까지 임의로 통고처분을 취소하거나 즉결심판을 청구할 수 없고, 검사도 위 납부기간 전후를 불문하고 경찰서장의 즉결심판청구에 따른 절차의 진행 없이는 동일한 범칙행위에 대하여 공소를 제기할 수 없다는 것일 뿐 통고처분에 대한 범칙자의 이의신청이 있음에도 경찰서장이 위 납부기간 전까지 즉결심판을 청구할 수 없다는 취지가 아니다(대법원 2016. 1. 28. 선고 2015도5492 판결 참조).

그러므로 상고를 기각하기로 하여, 관여 대법관의 일치된 의견으로 주문과 같이 판결한다.

판례3 | 이미 범칙금을 납부한 범칙행위와 같은 일시·장소에서 이루어진 별개의 형사범죄행위에 대하여 범칙금의 납부로 인한 불처벌의 효력이 미치는지 여부(소극)[대법원 2007. 4. 12., 선고, 2006도4322, 판결]

【판결요지】

도로교통법(2005. 5. 31. 법률 제7545호로 전문 개정되기 전의 것) 제119조 제3항에 의하면, 범칙금 납부 통고를 받고 범칙금을 납부한 사람은 그 범칙행위에 대하여 다시 벌받지 아니한다고 규정하고 있는바, 범칙금의 통고 및 납부 등에 관한 같은 법의 규정들의 내용과 취지에 비추어 볼 때 범칙자가 경찰서장으로부터 범칙행위를 하였음을 이유로 범칙금 통고를 받고 그 범칙금을 납부한 경우 다시 벌받지 아니하게 되는 행위는 범칙금 통고의 이유에 기재된 당해 범칙행위 자체 및 그 범칙행위와 동일성이 인정되는 범칙행위에 한정된다고 해석함이 상당하므로, 범칙행위와 같은 때, 같은 곳에서 이루어진 행위라 하더라도 범칙행위와 별개의 형사범죄행위에 대하여는 범칙금의 납부로 인한 불처벌의 효력이 미치지 아니한다.

【원심판결】

인천지법 2006. 6. 9. 선고 2006노514 판결

【주문】

상고를 기각한다.

【이유】

상고이유를 판단한다.

도로교통법(2005. 5. 31. 법률 제7545호로 전문 개정되기 전의 것) 제119조 제3항에 의하면, 범칙금 납부 통고를 받고 범칙금을 납부한 사람은 그 범칙행위에 대하여 다시 벌받지 아니한다고 규정하고 있는바, 범칙금의 통고 및 납부 등에 관한 같은 법의 규정들의 내용과 취지에 비추어 볼 때 범칙자가 경찰서장으로부터 범칙행위를 하였음을 이유로 범칙금의 통고를 받고 그 범칙금을 납부한 경우 다시 벌받지 아니하게 되는 행위는 범칙금 통고의 이유에 기재된 당해 범칙행위 자체 및 그 범칙행위와 동일성이 인정되는 범칙행위에 한정된다고 해석함이 상당하다고 할 것이므로, 범칙행위와 같은 때, 같은 곳에서 이루어진 행위라 하더라도 범칙행위와 별개의 형사범죄행위에 대하여는 범칙금의 납부로 인한 불처벌의 효력이 미치지 아니한다고 할 것이다(대법원 1983. 7. 12. 선고 83도1296 판결, 2002. 11. 22. 선고 2001도849 판결 등 참조).

그런데 교통사고로 인하여 업무상과실치상죄 또는 중과실치상죄를 범한 운전자에 대하여 피해자의 명시한 의사에 반하여 공소를 제기할 수 있도록 하고 있는 교통사고처리특례법 제3조 제2항 단서의 각 호에서 규정한 신호위반 등의 예외사유는 같은 법 제3조 제1항 위반죄의 구성요건 요소가 아니라 그 공소제기의 조건에 관한 사유일 뿐이고(대법원 2004. 11. 26. 선고 2004도4693 판결 참조), 또한 도로교통법 제117조 제2항 제2호는 범칙행위

로 교통사고를 일으킨 사람이 교통사고처리특례법 제3조 제2항 단서의 규정에 따라 같은 법 제3조 제1항 위반죄의 벌을 받게 되는 경우에는 범칙금 통고처분을 할 수 있는 대상인 범칙자에서 제외되도록 규정하고 있는바, 이러한 관련 법률의 내용과 취지를 고려하면 같은 법 제3조 제2항 단서 각 호에서 규정한 예외사유에 해당하는 신호위반 등의 범칙행위와 같은 법 제3조 제1항 위반죄는 그 행위의 성격 및 내용이나 죄질 및 피해법익 등에 현저한 차이가 있어 동일성이 인정되지 않는 별개의 범죄행위라고 보아야 할 것이므로, 교통사고처리특례법 제3조 제2항 단서 각 호의 예외사유에 해당하는 신호위반 등의 범칙행위로 교통사고를 일으킨 사람이 통고처분을 받아 범칙금을 납부하였다고 하더라도 그 사람의 업무상 과실치상죄 또는 중과실치상죄에 대하여 같은 법 제3조 제1항 위반죄로 처벌하는 것이 도로교통법 제119조 제3항에서 금지하는 이중처벌에 해당한다고 볼 수 없다.

기록에 의하면, 피고인이 범칙금의 통고처분을 받게 된 범칙행위는 2005. 8. 26. 22:05경 인천 계양구 효성동 515-9 자동차용품점 앞에서 (차량번호 생략)호 시내버스를 운전하다 신호를 위반하였다는 것임에 반하여, 피고인에 대한 이 사건 교통사고처리특례법 위반죄의 범죄행위사실은 피고인이 위와 같은 일시, 장소에서 위 시내버스를 시속 약 30km로 운전하여 효성동 구사거리 방면에서 아나지 삼거리 방면으로 진행하던 중 인천 계양구 효성동 515-9 소재 신호등이 설치된 사거리 교차로에 이르러 정지신호를 무시하고 직진하여 위 교차로에 진입한 업무상 과실로, 진행 방향 우측 도로에서 신호에 위반하여 위 교차로에 진입한 공소외 1 운전의 (차량번호 생략) 오토바이 좌측 부분을 위 버스 앞 범퍼 부분으로 들이받으면서 급제동을 하여, 그 충격으로 위 버스에 타고 있던 피해자 공소외 2 등 11인으로 하여금 각 약 2주간의 치료를 요하는 우슬관절 염좌 등의 상해를 입게 하였다는 것인바, 앞서 본 법리에 비추어 보면, 위 신호위반의 범칙행위와 공소가 제기된 이 사건 범죄행위사실은 시간, 장소에 있어서는 근접하여 있으나 동일성이 인정되지 아니하는 별개의 행위라고 할 것이므로, 피고인이 경찰서장으로부터 위 신호위반을 이유로 한 통고처분을 받고 범칙금을 납부하였다 하더라도 이는 피고인을 교통사고처리특례법 위반죄로 처벌하는 데에 영향을 미칠 수 없는 것이어서 이중처벌이라고 할 수 없다.

따라서 원심이 피고인의 위 범칙금 납부의 효력이 이 사건 공소사실에 미치지 아니한다고 보아 이 사건 공소사실을 유죄로 인정한 조치는 정당하고, 거기에 범칙금 납부의 효력에 관한 법리오해 등의 위법은 없다.

그러므로 상고를 기각하기로 하여 관여 대법관의 일치된 의견으로 주문과 같이 판결한다.

판례4 | 범칙행위와 같은 일시, 장소에서 이루어진 행위라 하더라도 범칙행위의 동일성을 벗어난 형사범죄행위에 대하여는 범칙금의 납부에 따라 확정판결의 효력에 준하는 효력이 미치지 아니한다[대법원 2002. 11. 22., 선고, 2001도849, 판결]

【판결요지】

[1] 도로교통법 제119조 제3항은 그 법 제118조에 의하여 범칙금 납부통고서를 받은 사람이 그 범칙금을 납부한 경우 그 범칙행위에 대하여 다시 벌 받지 아니한다고 규정하고 있는바, 이는 범칙금의 납부에 확정재판의 효력에 준하는 효력을 인정하는 취지로 해석하여야 한다.

[2] 범칙금의 통고 및 납부 등에 관한 규정들의 내용과 취지 등에 비추어 볼 때, 범칙자가 경찰서장으로부터 범칙행위를 하였음을 이유로 범칙금의 통고를 받고 납부기간내에 그 범칙금을 납부한 경우 범칙금의 납부에 확정판결에 준하는 효력이 인정됨에 따라 다시 벌 받지 아니하게 되는 행위사실은 범칙금 통고의 이유에 기재된 당해 범칙행위 자체 및 그 범칙행위와 동일성이 인정되는 범칙행위에 한정된다고 해석함이 상당하다.

[3] 범칙행위와 같은 일시, 장소에서 이루어진 행위라 하더라도 범칙행위의 동일성을 벗어난 형사범죄행위에 대하여는 범칙금의 납부에 따라 확정판결의 효력에 준하는 효력이 미치지 아니한다.

[4] 같은 일시, 장소에서 이루어진 안전운전의무 위반의 범칙행위와 중앙선을 침범한 과실로 사고를 일으켜 피해자에게 부상을 입혔다는 교통사고처리특례법위반죄의 범죄행위사실은 시간, 장소에 있어서는 근접하여 있는 것으로 볼 수 있으나 범죄의 내용이나 행위의 태양, 피해법익 및 죄질에 있어 현격한 차이가 있어 동일성이 인정되지 아니하고 별개의 행위라고 할 것이어서 피고인이 안전운전의 의무를 불이행하였음을 이유로 통고처분에 따른 범칙금을 납부하였다고 하더라도 피고인을 교통사고처리특례법 제3조 위반죄로 처벌한다고 하여 도로교통법 제119조 제3항에서 말하는 이중처벌에 해당한다고 볼 수 없다.

【원심판결】

서울지방법원 2001. 1. 31. 2000노9385

【이유】

1. 공소사실의 요지 피고인은 서울 43누1438호 누비라 승용차를 운전하여 1999. 9. 4. 17:00.경 서울 서초구 방배동 824 앞 도로를 진행함에 있어 중앙선을 침범하여 운전한 과실로 피해자 강O영이 운전하는 서울 51마5786호 라노스 승용차를 충격하여 그 피해자로 하여금 2주간의 치료를 요하는 경추 및 요추부 염좌상 등을 입게 하였다.

2. 원심의 판단 원심은 공판기록에 편철된 범칙금 영수증의 기재 등에 의하여 피고인이 공소사실 기재의 일시, 장소에서 서울 43누1438호 승용차를 운전함에 있어 안전운전 의무를 불이행한 범칙행위를 하였음을 이유로 그 날 관할 경찰서장으로부터 도로교통

법 제118조 , 제44조에 따라 범칙금 40,000원의 납부 통고를 받고, 그 달 17일 그 범칙금을 납부한 사실을 인정한 다음 그 범칙행위는 위의 공소사실과 그 기초되는 사회적 사실관계가 그 기본적인 점에서 동일하다고 보았다.

원심은 나아가, 도로교통법 제119조 제3항은 같은 법 제118조에 의하여 범칙금 납부통고서를 받은 사람이 그 범칙금을 납부한 경우 그 범칙행위에 대하여 다시 벌 받지 아니한다고 규정하고 있는바, 이는 범칙금의 납부에 확정재판의 효력에 준하는 효력을 인정하는 취지로 해석할 것이므로 이 사건 공소는 이에 위반하여 제기되었다 할 것이어서 피고인에 대하여 면소의 판결을 선고하여야 한다고 판단하여 제1심판결을 파기한 후 피고인에 대하여 면소를 선고하였다.

3. 이 법원의 판단 도로교통법 제119조 제3항은 그 법 제118조에 의하여 범칙금 납부통고서를 받은 사람이 그 범칙금을 납부한 경우 그 범칙행위에 대하여 다시 벌 받지 아니한다고 규정하고 있는바, 이는 범칙금의 납부에 확정재판의 효력에 준하는 효력을 인정하는 취지로 해석할 것이다(대법원 1986. 2. 25. 선고 奴도2664 판결 참조), 그런데 도로교통법 제117조는 도로교통법위반죄 중 특정된 일부의 죄를 범칙행위로 규정함과 아울러 범칙행위를 한 사람 중 일정한 사람을 범칙자로 규정하고 있고, 그 법 제118조는 경찰서장은 범칙자로 인정되는 사람에 대하여는 그 이유를 명시한 범칙금 납부통고서로 범칙금을 납부할 것을 통고할 수 있다고 규정하고 있으며, 그 법 제119조 제1항은 위의 규정에 의하여 범칙금납부통고서를 받은 사람은 10일 이내에 범칙금을 경찰청장이 지정하는 국고은행, 그 지점이나 대리점 또는 우체국에 납부하여야 한다고 규정하고 있고, 그 법 제119조 제3항은 위의 규정 등에 의하여 범칙금을 납부한 사람은 그 범칙행위에 대하여 다시 벌받지 아니한다고 규정하고 있으며, 그 법 제120조 제1항은 납부기간 내에 범칙금을 납부하지 아니한 사람에 대하여 경찰서장은 즉결심판을 청구하도록 규정하고 있다.

범칙금의 통고 및 납부 등에 관한 그 규정들의 내용과 취지에 비추어 볼 때, 교통범칙금 제도는 도로교통법에 위반된 행위에 대하여 벌칙을 정하면서 특정된 비교적 경미한 위반행위에 대하여는 형사절차에 앞서 행정적 처분에 의하여 일정액의 범칙금을 납부하는 기회를 부여하여 그 범칙금을 납부한 자에 대하여는 기소를 하지 아니하고 사건을, 간이하게 처리하는 절차로서 법원이 공판절차를 통하여 기소된 범죄사실의 유무를 심리, 판단하는 재판절차와는 제도적 취지 및 법적 성질면에서 크나큰 차이가 있다고 할 것이다.

또한, 원래 확정판결의 기판력이 확정판결에서 인정된 범죄사실과 공소사실의 동일성이 인정되는 범죄사실에까지 미치게 된다고 보는 것은 공소가 제기된 범죄사실과 공소사실의 동일성이 인정되는 범죄사실은 언제든지 공소장 변경을 통하여 법원의 심판의 대상이 되어 유죄판결을 받을 위험성이 있다는 점을 근거로 한 것인데, 범칙자가 범칙행위로 인하여 범칙금의 통고를 받아 이를 납부하는 경우에는 법원의 공판절차가 개시되는 바가 없으므로 범칙금의 납부로 인하여 다시 벌 받지 아니하게 되는 범죄의 범위를 확정판결에서 기판력이 미치는 범위와 동일하게 보아야 할 근거가 없게 된다. 위와 같은 사정에다 도로교통법 제119조 제3항이 범칙행위로 인하여 범칙금의 통고를 받고 범칙금을 납부한 경우에는 그 범칙행위에 대하여 다시 벌 받지 아니한다고 명시적으로 규정하여 이중의 처벌이 금지되는 대상을 당해 범칙행위로 한정하고 있는 점을 감안하여 볼 때, 범칙자가 경찰서장으로부터 범칙행위를 하였음을 이유로 범칙금의 통고를 받고 납부기간 내에 그 범칙금을 납부한 경우 범칙금의 납부에 확정판결에 준하는 효력이 인정됨에 따라 다시 벌 받지 아니하게 되는 행위사실은 범칙금 통고의 이유에 기재된 당해 범칙행위자체 및 그 범칙행위와 동일성이 인정되는 범칙행위에 한정된다고 해석함이 상당하다고 할 것이므로 범칙행위와 같은 때, 곳에서 이루어진 행위라 하더라도 범칙행위의 동일성을 벗어난 형사범죄행위에 대하여는 범칙금의 납부에 따라 확정판결의 효력에 준하는 효력이 미치지 아니한다고 할 것이다.

그런데 피고인이 범칙금의 통고처분을 받게 된 범칙행위는 피고인이 공소사실 기재의 일시, 장소에서 승용차를 운전하여 진행함에 있어 단지 안전운전의 의무를 불이행하였다는 것임에 반하여, 피고인에 대한 이 사건 교통사고처리특례법위반죄의 범죄행위사실은 피고인이 공소사실 기재의 일시, 장소에서 승용차를 운전하다 중앙선을 침범한 과실로 사고를 일으켜 피해자에게 부상을 입게 하였다는 것인바, 위의 범칙행위와 공소가 제기된 이 사건 범죄행위사실은 시간, 장소에 있어서는 근접하여 있는 것으로 볼 수 있으나 범죄의 내용이나 행위의 태양, 피해법익 및 죄질에 있어 현격한 차이가 있어 동일성이 인정되지 아니하고 별개의 행위라고 할 것이어서 피고인이 안전운전의 의무를 불이행하였음을 이유로 통고처분에 따른 범칙금을 납부하였다고 하더라도 피고인을 교통사고처리특례법 제3조 위반죄로 처벌한다고 하여 도로교통법 제119조 제3항에서 말하는 이중처벌에 해당한다고 볼 수 없다(대법원 1983. 7. 12. 선고 83도1296 판결 참조), 이와 견해를 달리하여 범칙금의 납부에 인정되는 확정판결의 효력에 준하는 효력이 통고처분의 이유가 된 당해 범칙행위와 기초되는 사실관계가 기본적인 점에서 동일한 모든 범죄행위에도 미친다고 전제하여 이 사건 범칙행위와 형사범죄행위가 동일성이 있는 것이라고 본 원심판결에는 범칙금의 납부에 따른 일사부재리의 효력과 범칙행위의 동일성의 범위에 관한 법리를 오해하여 판결의 결과에 영향을 끼친 위법이 있으므로 이를 지적하는 검사의 상고이유의 주장은 정당하기에 이 법원은 그 주장을 받아들인다.

판례5 | 경범죄 처벌법상 범칙금제도의 의의[대법원 2021. 4. 1., 선고, 2020도15194, 판결]

【원심판결】

부산지법 2020. 10. 15. 선고 2020노2486 판결

【주문】

원심판결을 파기하고, 사건을 부산지방법원 합의부에 환송한다.

【이유】

상고이유를 판단한다.

1. 「경범죄 처벌법」은 제3장에서 '경범죄 처벌의 특례'로서 범칙행위에 대한 통고처분(제7조), 범칙금의 납부(제8조, 제8조의2)와 통고처분 불이행자 등의 처리(제9조)를 정하고 있다. 경찰서장으로부터 범칙금 통고처분을 받은 사람은 통고처분서를 받은 날부터 10일 이내에 범칙금을 납부하여야 하고, 위 기간에 범칙금을 납부하지 않은 사람은 위 기간의 마지막 날의 다음 날부터 20일 이내에 통고받은 범칙금에 20/100을 더한 금액을 납부하여야 한다(제8조 제1항, 제2항). 「경범죄 처벌법」 제8조 제2항에 따른 납부기간에 범칙금을 납부하지 않은 사람에 대하여 경찰서장은 지체없이 즉결심판을 청구하여야 하고(제9조 제1항 제2호), 즉결심판이 청구되더라도 그 선고 전까지 피고인이 통고받은 범칙금에 50/100을 더한 금액을 납부하고 그 증명서류를 제출하였을 경우에는 경찰서장은 즉결심판 청구를 취소하여야 한다(제9조 제2항). 이와 같이 통고받은 범칙금을 납부한 사람은 그 범칙행위에 대하여 다시 처벌받지 않는다(제8조 제3항, 제9조 제3항).

위와 같은 규정 내용과 통고처분제도의 입법 취지를 고려하면, 「경범죄 처벌법」상 범칙금제도는 범칙행위에 대하여 형사절차에 앞서 경찰서장의 통고처분에 따라 범칙금을 납부할 경우 이를 납부하는 사람에 대하여는 기소를 하지 않는 처벌의 특례를 마련해 둔 것으로 법원의 재판절차와는 제도적 취지와 법적 성질에서 차이가 있다(대법원 2012. 9. 13. 선고 2012도6612 판결 등 참조). 또한 범칙자가 통고처분을 불이행하였더라도 기소독점주의의 예외를 인정하여 경찰서장의 즉결심판청구를 통하여 공판절차를 거치지 않고 사건을 간이하고 신속·적정하게 처리함으로써 소송경제를 도모하되, 즉결심판 선고 전까지 범칙금을 납부하면 형사처벌을 면할 수 있도록 함으로써 범칙자에 대하여 형사소추와 형사처벌을 면제받을 기회를 부여하고 있다.

따라서 경찰서장이 범칙행위에 대하여 통고처분을 한 이상, 범칙자의 위와 같은 절차적 지위를 보장하기 위하여 통고처분에서 정한 범칙금 납부기간까지는 원칙적으로 경찰서장은 즉결심판을 청구할 수 없고, 검사도 동일한 범칙행위에 대하여 공소를 제기할 수 없다. 또한 범칙자가 범칙금 납부기간이 지나도록 범칙금을 납부하지 아니하였다면 경찰서장이 즉결심판을 청구하여야 하고, 검사는 동일한 범칙행위에 대하여 공소

를 제기할 수 없다(대법원 2020. 4. 29. 선고 2017도13409 판결, 대법원 2020. 7. 29. 선고 2020도4738 판결 참조).

나아가 특별한 사정이 없는 이상 경찰서장은 범칙행위에 대한 형사소추를 위하여 이미 한 통고처분을 임의로 취소할 수 없다.

2. 기록에 의하면 다음의 사실이 인정된다.

경찰서장은 2020. 2. 23. 피고인에 대해서 같은 날 05:30 무렵 저지른 제1심 판시 범죄사실 제1항 기재 범행과 관련해서 「경범죄 처벌법」제3조 제1항 제39호 무전취식으로 통고처분을 하였다. 그런데 피고인은 같은 날 11:00 무렵 제1심 판시 범죄사실 제2항 기재 범행을 저질렀고 경찰은 피고인을 현행범으로 체포하여 조사하였다. 담당 경찰관은 피고인에 대한 조사 과정에서 위 통고처분 내역을 비롯한 피고인의 동종전력 등을 알게 되었고, 2020. 2. 24. 경찰서장을 수신자로 하여 "통고처분을 취소하고 상습사기죄로 형사입건코자 한다."라는 내용의 수사보고서를 작성하고, 위 제1항 기재 범행에 대해서도 상습사기죄로 의율하여 수사한 뒤 사건을 검찰에 송치하였다. 검사는 2020. 3. 3. 이 사건 범죄사실 전부에 대해 상습사기죄로 공소를 제기하였다. 제1심 및 원심은 이 사건 상습사기죄를 모두 유죄로 판단하였다.

3. 이러한 사실관계를 위 법리에 비추어 살펴본다.

제1심 판시 범죄사실 제1항 기재 부분은 이미 통고처분이 이루어진 범칙행위에 대한 것으로서 이에 대한 공소제기는 부적법하다.

담당 경찰관이 위 제1항 기재 범행을 형사입건 하기 위해 통고처분을 취소한다는 취지의 수사보고서를 작성하였으나, 이와 같은 사정만으로 통고처분에 대한 유효한 취소처분이 이루어졌다고 보기에 부족하고, 설령 취소처분이 이루어졌다고 하더라도 앞서 본 법리에 비추어(이 사건과 같이 납부기간 내에) 통고처분을 임의로 취소하고 동일한 범칙행위에 대하여 공소를 제기할 수는 없다.

그렇다면 이 부분 공소제기는 그 절차가 법률의 규정에 위반하여 무효인 때에 해당한다. 그럼에도 이 부분에 대하여 유죄를 선고한 원심판결에는 통고처분에 관한 법리를 오해하여 판결에 영향을 미친 잘못이 있다. 이를 지적하는 상고이유 주장은 이유 있다.

4. 원심판결 중 제1심 판시 범죄사실 제1항 기재 범죄사실 부분은 파기되어야 하는데, 위 파기 부분과 나머지 유죄 부분은 포괄일죄 내지 형법 제37조 전단의 경합범 관계에 있어 하나의 형이 선고되었으므로, 결국 원심판결은 전부 파기되어야 한다.

5. 그러므로 나머지 상고이유에 대한 판단을 생략한 채 원심판결을 파기하고 사건을 다시 심리·판단하게 하기 위하여 원심법원에 환송하기로 하여, 관여 대법관의 일치된 의견으로 주문과 같이 판결한다.

【판결요지】

경범죄 처벌법은 제3장에서 '경범죄 처벌의 특례'로서 범칙행위에 대한 통고처분(제7조), 범칙금의 납부(제8조, 제8조의2)와 통고처분 불이행자 등의 처리(제9조)를 정하고 있다. 경찰서장으로부터 범칙금 통고처분을 받은 사람은 통고처분서를 받은 날부터 10일 이내에 범칙금을 납부하여야 하고, 위 기간에 범칙금을 납부하지 않은 사람은 위 기간의 마지막 날의 다음 날부터 20일 이내에 통고받은 범칙금에 20/100을 더한 금액을 납부하여야 한다(제8조 제1항, 제2항). 경범죄 처벌법 제8조 제2항에 따른 납부기간에 범칙금을 납부하지 않은 사람에 대하여 경찰서장은 지체 없이 즉결심판을 청구하여야 하고(제9조 제1항 제2호), 즉결심판이 청구되더라도 그 선고 전까지 피고인이 통고받은 범칙금에 50/100을 더한 금액을 납부하고 그 증명서류를 제출하였을 경우에는 경찰서장은 즉결심판 청구를 취소하여야 한다(제9조 제2항). 이와 같이 통고받은 범칙금을 납부한 사람은 그 범칙행위에 대하여 다시 처벌받지 않는다(제8조 제3항, 제9조 제3항).

위와 같은 규정 내용과 통고처분의 입법 취지를 고려하면, 경범죄 처벌법상 범칙금제도는 범칙행위에 대하여 형사절차에 앞서 경찰서장의 통고처분에 따라 범칙금을 납부할 경우 이를 납부하는 사람에 대하여는 기소를 하지 않는 처벌의 특례를 마련해 둔 것으로 법원의 재판절차와는 제도적 취지와 법적 성질에서 차이가 있다. 또한 범칙자가 통고처분을 불이행하였더라도 기소독점주의의 예외를 인정하여 경찰서장의 즉결심판 청구를 통하여 공판절차를 거치지 않고 사건을 간이하고 신속·적정하게 처리함으로써 소송경제를 도모하되, 즉결심판 선고 전까지 범칙금을 납부하면 형사처벌을 면할 수 있도록 함으로써 범칙자에 대하여 형사소추와 형사처벌을 면제받을 기회를 부여하고 있다.

따라서 경찰서장이 범칙행위에 대하여 통고처분을 한 이상, 범칙자의 위와 같은 절차적 지위를 보장하기 위하여 통고처분에서 정한 범칙금 납부기간까지는 원칙적으로 경찰서장은 즉결심판을 청구할 수 없고, 검사도 동일한 범칙행위에 대하여 공소를 제기할 수 없다고 보아야 한다.

【원심판결】

대전지법 2017. 8. 10. 선고 2017노1462 판결

【주문】

상고를 기각한다.

【이유】

상고이유를 판단한다.

1. 경범죄 처벌법은 제3장에서 '경범죄 처벌의 특례'로서 범칙행위에 대한 통고처분(제7조), 범칙금의 납부(제8조, 제8조의2)와 통고처분 불이행자 등의 처리(제9조)를 정하고 있다. 경찰서장으로부터 범칙금 통고처분을 받은 사람은 통고처분서를 받은 날부터 10일 이내에 범칙금을 납부하여야 하고, 위 기간에 범칙금을 납부하지 않은 사람은 위 기간의 마지막 날의 다음 날부터 20일 이내에 통고받은 범칙금에 20/100을 더한 금액을 납부하여야 한다(제8조 제1항, 제2항). 경범죄 처벌법 제8조 제2항에 따른 납부기간에 범칙금을 납부하지 않은 사람에 대하여 경찰서장은 지체 없이 즉결심판을 청구하여야 하고(제9조 제1항 제2호), 즉결심판이 청구되더라도 그 선고 전까지 피고인이 통고받은 범칙금에 50/100을 더한 금액을 납부하고 그 증명서류를 제출하였을 경우에는 경찰서장은 즉결심판 청구를 취소하여야 한다(제9조 제2항). 이와 같이 통고받은 범칙금을 납부한 사람은 그 범칙행위에 대하여 다시 처벌받지 않는다(제8조 제3항, 제9조 제3항).

   위와 같은 규정 내용과 통고처분의 입법 취지를 고려하면, 경범죄 처벌법상 범칙금제도는 범칙행위에 대하여 형사절차에 앞서 경찰서장의 통고처분에 따라 범칙금을 납부할 경우 이를 납부하는 사람에 대하여는 기소를 하지 않는 처벌의 특례를 마련해 둔 것으로 법원의 재판절차와는 제도적 취지와 법적 성질에서 차이가 있다(대법원 2012. 9. 13. 선고 2012도6612 판결 등 참조). 또한 범칙자가 통고처분을 불이행하였더라도 기소독점주의의 예외를 인정하여 경찰서장의 즉결심판 청구를 통하여 공판절차를 거치지 않고 사건을 간이하고 신속·적정하게 처리함으로써 소송경제를 도모하되, 즉결심판 선고 전까지 범칙금을 납부하면 형사처벌을 면할 수 있도록 함으로써 범칙자에 대하여 형사소추와 형사처벌을 면제받을 기회를 부여하고 있다.

   따라서 경찰서장이 범칙행위에 대하여 통고처분을 한 이상, 범칙자의 위와 같은 절차적 지위를 보장하기 위하여 통고처분에서 정한 범칙금 납부기간까지는 원칙적으로 경찰서장은 즉결심판을 청구할 수 없고, 검사도 동일한 범칙행위에 대하여 공소를 제기할 수 없다고 보아야 한다.

2. 원심은 다음과 같이 판단하였다. 피고인이 대금 지급의사나 능력 없이 음식을 제공받아 이를 편취하였다는 제1심 2017고단387호 사기 사건에 대하여 경찰서장이 위 공소사실과 동일한 범칙행위에 대하여 통고처분을 하였고, 검사는 위 사기 사건에 대하여

범칙금 납부기간이 지나기 전에 공소를 제기하였다. 이러한 공소제기는 그 절차가 법률의 규정에 위반되어 무효인 때에 해당하여 공소를 기각하여야 한다.

원심판결 이유를 위에서 본 법리에 비추어 살펴보면, 원심판단은 정당하다. 원심판단에 상고이유 주장과 같이 경범죄 처벌법상 통고처분과 즉결심판에 관한 법리를 오해한 잘못이 없다.

3. 검사의 상고는 이유 없으므로 이를 기각하기로 하여, 대법관의 일치된 의견으로 주문과 같이 판결한다.

판례7 | 경범죄처벌법 제7조 제3항에서 '범칙금 납부통고서를 받은 사람이 범칙금을 납부한 경우 범칙행위에 대하여 다시 벌받지 아니한다'고 규정한 취지*[대법원 2012. 6. 14., 선고, 2011도6858, 판결]*

【환송판결】

대법원 2011. 1. 27. 선고 2010도11987 판결

【주문】

상고를 기각한다.

【이유】

상고이유를 판단한다.

1. 공소사실의 동일성에 관하여

가. 경범죄처벌법 제7조 제3항은 범칙금 납부통고서를 받은 사람이 그 범칙금을 납부한 경우 그 범칙행위에 대하여 다시 벌받지 아니한다고 규정하고 있는바, 이는 범칙금의 납부에 확정판결의 효력에 준하는 효력을 인정하는 취지로 해석할 것이다(대법원 2003. 7. 11. 선고 2002도2642 판결 참조).

그런데 원래 확정판결의 기판력이 확정판결에서 인정된 범죄사실과 공소사실의 동일성이 인정되는 범죄사실에까지 미치게 된다고 보는 것은 공소가 제기된 범죄사실과 공소사실의 동일성이 인정되는 범죄사실은 언제든지 공소장 변경을 통하여 법원의 심판대상이 되어 유죄판결을 받을 위험성이 있다는 점을 근거로 한 것인데, 범칙자가 범칙행위로 인하여 범칙금의 통고를 받아 이를 납부하는 경우에는 법원의 공판절차가 개시된 바가 없으므로 범칙금의 납부로 인하여 다시 벌받지 아니하게 되는 범죄의 범위를 확정판결에서 기판력이 미치는 범위와 동일하게 보아야 할 근거가 없게 된다.

이러한 사정에다가 경범죄처벌법 제7조 제3항이 범칙행위로 인하여 범칙금의 통

고를 받고 범칙금을 납부한 경우에는 그 범칙행위에 대하여 다시 벌받지 아니한다고 명시적으로 규정하여 이중의 처벌이 금지되는 대상을 당해 범칙행위로 한정하고 있는 점을 감안할 때, 범칙자가 경찰서장으로부터 범칙행위를 하였음을 이유로 범칙금의 통고를 받고 납부기간 내에 그 범칙금을 납부한 경우 범칙금의 납부에 확정판결에 준하는 효력이 인정됨에 따라 다시 벌받지 않게 되는 행위사실은 통고처분 시까지의 행위 중 범칙금 통고의 이유에 기재된 당해 범칙행위 자체 및 그 범칙행위와 동일성이 인정되는 범칙행위에 한정된다고 해석함이 상당하다.

나. 기록에 의하면, 피고인은 2009. 10. 10. 21:00경부터 21:30경까지 ○○치킨에서 술을 마시던 중 옆 좌석의 손님들과 시비가 되어 소리를 지르는 등 행패를 부린 사실, 당시 경사 공소외 1 등이 ○○치킨 주인 공소외 2의 신고를 받고 출동하여 피고인을 현행범으로 체포하여 장위지구대로 연행해 왔는데, 피고인은 장위지구대 내에서도 계속하여 경찰관에게 시비를 걸며 소란을 피운 사실, 경사 공소외 3은 피고인에 대해 금액: 오만 원, 범칙내용: 음주소란, 범칙행위 일시: 2009. 10. 20. 21:30, 범칙행위 장소: '장위지구대 내(○○치킨)'로 기재한 범칙금 납부통고서를 발부한 다음 집으로 돌아가도록 조치한 사실, 이후 피고인은 경위 공소외 4와 함께 장위지구대 밖으로 나가던 중 경위 공소외 4를 발로 걷어차고 마침 장위지구대로 귀대하던 경사 공소외 5의 멱살을 잡아 흔들고 이를 제지하는 경사 공소외 3의 배를 발로 걷어차는 등 폭행하여 현행범으로 체포된 후 공무집행방해죄로 공소제기된 사실, 피고인은 2010. 2. 5. 범칙금을 납부한 사실을 알 수 있다.

위 사실관계에 의하면 피고인이 범칙금의 통고처분을 받게 된 범칙행위는 2009. 10. 10. 21:30경까지 발생한 ○○치킨 및 장위지구대 내에서의 음주소란행위임에 반하여 피고인에 대한 이 사건 공무집행방해죄의 범죄행위 사실은 위 통고처분 후에 행한 공무집행방해행위라고 할 것인바, 앞서 본 법리에 비추어 보면 위 음주소란의 범칙행위와 공소가 제기된 이 사건 범죄행위 사실은 시간, 장소에 있어서는 근접하여 있으나 동일성이 인정되지 아니하는 별개의 행위라고 할 것이므로, 피고인이 경찰서장으로부터 위 음주소란을 이유로 한 통고처분을 받고 범칙금을 납부하였다 하더라도 이는 피고인을 공무집행방해죄로 처벌하는 데에 영향을 미칠 수 없는 것이어서 이중처벌이라고 할 수 없다.

원심이 이 사건 범칙행위가 ' ○○치킨 내에서의 음주소란행위'로 한정된 것으로 본 것은 잘못이라고 하겠으나, 피고인의 위 범칙금 납부의 효력이 이 사건 공소사실에 미치지 않는다고 보아 이 사건 공소사실을 유죄로 인정한 원심의 결론은 정당하므로, 원심의 위와 같은 잘못은 판결에 영향을 미친 바 없다.

2. 공무집행의 적법성에 관하여

원심은 그 채택 증거에 의하여 판시와 같은 사정을 인정한 다음 경찰관 공소외 4, 5, 3의 공무집행이 위법하다고 할 수 없다고 판단하였는바, 관련 법리 및 기록에 비추어 살펴보면 원심의 위와 같은 판단은 정당한 것으로 수긍이 되고 거기에 주장하는 바와 같은 공무집행의 적법성 판단에 관한 법리오해 등의 위법이 있다고 할 수 없다.

3. 결론

그러므로 상고를 기각하기로 하여 관여 대법관의 일치된 의견으로 주문과 같이 판결한다.

Chapter 8. 안전표지의 의미

[1] 안전표지

① 도로교통법 제4조제1항에 따른 안전표지는 다음 각 호와 같이 구분합니다.

1. 주의표지

   도로상태가 위험하거나 도로 또는 그 부근에 위험물이 있는 경우에 필요한 안전조치를 할 수 있도록 이를 도로사용자에게 알리는 표지

2. 규제표지

   도로교통의 안전을 위하여 각종 제한·금지 등의 규제를 하는 경우에 이를 도로사용자에게 알리는 표지

3. 지시표지

   도로의 통행방법·통행구분 등 도로교통의 안전을 위하여 필요한 지시를 하는 경우에 도로사용자가 이에 따르도록 알리는 표지

4. 보조표지

   주의표지·규제표지 또는 지시표지의 주기능을 보충하여 도로사용자에게 알리는 표지

5. 노면표시

   도로교통의 안전을 위하여 각종 주의·규제·지시 등의 내용을 노면에 기호·문자 또는 선으로 도로사용자에게 알리는 표지

② 안전표지의 종류는 다음과 같습니다.

1. 주의표지·규제표지·지시표지·보조표지

   가. 안전표지의 바탕·테·문자와 기호의 색채는 그림에 의한 것 외에 주의표지, 규제표지 및 보조표지의 문자와 기호는 흑색으로, 지시표지의 문자와 기호는 백색으로 한다. 다만, 다음의 것은 예외로 합니다.

   (1) 규제표지 중 정차·주차금지표지 및 주차금지표지의 바탕은 청색으로 하고, 진입금지표지 및 일시정지표지의 바탕은 적색으로, 문자 및 기호는 백색으로 합니다.

   (2) 지시표지 중 일방통행표지의 기호부분은 청색바탕에 백색기호로, 문자부분은 백색바탕에 흑색문자로 합니다.

   (3) 보조표지 중 구간시작 표지, 구간내 표지 및 구간끝 표지의 기호는 적색으로 하고, 어린이보호구역표지의 바탕은 황색으로 합니다.

   나. 주의표지 중 신호기표지의 기호는 필요에 따라 횡으로 할 수 있고, 위 또는 좌

로부터 적색·황색·녹색의 순으로 합니다.

다. 안전표지의 크기는 교통상황에 따라 다음과 같이 기본규격보다 확대 또는 축소할 수 있습니다.

(1) 확대

도로종별	확대비율
고속도로(자동차전용도로 포함)	1.5배, 2배, 2.5배
일반도로	1.3배 1.6배, 2배

(2) 축소

표지종별	축소비율
규제표지·지시표지	0.5배 또는 0.8배

라. 주의표지·규제표지·지시표지·보조표지의 색채에 관한 세부기준은 경찰청장이 정합니다.

마. 문자의 형

문자의 형은 다음의 예시를 기준으로 합니다.

(1) 한글

위험, 통행금지, 천천히, 정지, 양보, 횡단금지, 주차,

일방통행, 시내전역, 일요일, 공휴일, 제외, 시간, 차둘수 있음,

우선도로, 안전속도, 안개지역, 눈비, 주의, 차로엄수

(2) 영문 및 숫자

ABCDEFGHIJKLMNOPQRSTUVWXYZ

abcdefghijklmnopqrstuvwxyz %

1 2 3 4 5 6 7 8 9 0

바. 차량종류의 약칭

규제표지에 부착·설치하는 보조표지에 있어서 차량의 종류를 기재할 때에는 다음 표와 같이 약칭을 사용할 수 있습니다.

차량의 종류	약칭
승용자동차	택시·승용
승합자동차	버스·노선버스
화물자동차	화물
특수자동차	특수
이륜자동차	이륜
원동기장치자전거	원동기

사. 붙이는 방법

(1) 동일 장소에 2종류 이상의 표지를 설치할 수 있으며, 이 경우 1개의 4각형 백색 기판에 2종류 이상의 표지도안을 함께 표시하여 설치할 수 있습니다.

(2) 표지를 설치할 경우에 필요에 따라 표지판을 신호기, 전봇대나 그 밖의 공작물에 부착할 수가 있습니다.

(3) 보조표지는 주의표지·규제표지·지시표지의 의미를 보충하거나 추가적으로 설명하는 것으로 주의표지·규제표지·지시표지에 부착하여 설치합니다.

(4)Ⅱ. 개별기준 제4호나목의 만드는 방식란에 따른 보조표지 상 문자는 예시로서 도로의 구체적 상황에 맞게 글자 수를 조정할 수 있습니다. 이 경우 10자 이내의 문자로 제작하되 불가피한 경우에는 필요한 최소한의 범위에서 이를 초과할 수 있습니다.

(5) 도로여건상 운전자가 안전표지를 인식하기 어렵거나 운전자의 주의를 환기시킬 필요가 있는 경우에는 동일표지의 간격을 가깝게 하여 설치할 수 있습니다.

아. 반사재료

(1) 표지판은 시간대나 기상상태 등에 관계없이 운전자 및 보행자에게 잘 보일 수 있도록 하기 위해 성능이 우수한 반사재료를 사용하거나 조명을 장치해야 합니다.

(2) 표지판에 사용되는 반사지 성능의 기준은 다음과 같다. 이 경우 표지판의 글자 및 도안 부분에 사용하는 반사지는 초고휘도 또는 광각 초고휘도 성능의 반사지를 사용해야 합니다.

유형	반사성능
Ⅲ	고휘도
Ⅳ	고휘도
Ⅷ	초고휘도
Ⅸ	광각 초고휘도
Ⅺ	초고휘도

비고: 위 표는 한국산업표준[KS T 3507{산업 및 교통 안전용 재귀반사(입사한 광선을 광원으로 그대로 돌려보내는 반사를 말합니다. 이하 같다) 시트}]에 따른 반사지 유형별 반사성능 기준이며, 표지판에 사용하는 반사지는 위 표의 유형별 반사성능 기준 이상의 성능을 가진 것을 사용해야 합니다.

자. 재질

표지판의 재질은 부식되지 않으며 반사재료에 영향을 미치지 아니하는 것으로 합니다.

차. 화살표가 있는 표지의 설치

Ⅱ. 개별기준 제1호나목의 111부터 114까지의 만드는 방식란, 같은 Ⅱ 제2호나목의 212부터 216까지의 만드는 방식란 및 같은 Ⅱ 제3호나목의 305부터 315까지의 만드는 방식란에 따른 화살표가 가리키는 방향, 차로별, 방향별 화살표의 수 및 화살표의 폭은 예시를 나타내며, 도로의 구체적 상황에 맞게 조정할 수 있습니다.

카. 발광형 안전표지의 설치

안개 잦은 곳, 야간교통사고가 많이 발생하거나 발생가능성이 높은 곳, 도로의 구조로 인하여 가시거리가 충분히 확보되지 않은 곳 등에는 표지판 자체에서 빛을 발하는 발광형 안전표지를 설치할 수 있습니다. 이 경우 발광형 안전표지의 바탕색은 무광흑색으로, 주의표지의 문자와 기호는 황색으로, 규제 및 지시표지의 문자와 기호는 백색으로 변경할 수 있습니다.

타. 가변형 속도제한표지

(1) 설치기준

비·안개·눈 등 거친 날씨가 잦아 교통사고가 많이 발생하거나 발생 가능성이 높은 곳, 교통혼잡이 잦은 곳, 시간대별로 속도제한을 다르게 하는 보호구역 등에 설치합니다.

(2) 만드는 방식

Ⅱ. 개별기준의 제2호에 따른 규제표지 중 224번 최고속도 제한표지를 전광판이나 발광형 안전표지를 이용해 바탕색은 무광흑색으로, 테는 적색으로, 숫자는 백색으로 빛을 발해야 하고, 숫자는 10단위로 증감을 표시할 수 있어야 하며, 전산장치 또는 수동으로 최고속도를 조절할 수 있어야 하고, 구역 또는 구간의 시작과 끝을 나타내는 보조표지를 함께 부착해야 합니다. 그 밖의 사항은 경찰청장이 정합니다.

파. 관리기준

표지판에 사용된 반사지는 한국산업표준(KS T 3507)에 따른 유형별 반사성능 기준의 80퍼센트 이상을 유지해야 합니다.

2. 노면표시

가. 표시

(1) 노면표시는 도로표시용 도료, 반사테이프 또는 발광형 소재를 사용하여 설치하되, 노면표시의 기능을 보완하기 위해 표지병(標識甁)을 설치할 수 있습니다.

(2) 자전거횡단표시를 횡단보도표시와 접하여 설치할 경우에는 접하는 측의 측선을 생략할 수 있습니다.

나. 노면표시는 다음의 구분에 따른 색채로 표시합니다.

(1) 중앙선표시, 주차금지표시, 정차·주차금지표시 및 안전지대 중 양방향 교통을 분리하는 표시: 노란색

(2) 전용차로표시 및 노면전차전용로표시: 파란색

(3) 영 제10조의3제2항에 따라 설치하는 소방시설 주변 정차·주차금지표시 및 어린이보호구역 또는 주거지역 안에 설치하는 속도제한표시의 테두리선: 빨간색

(4) 노면색깔유도선표시: 분홍색, 연한녹색 또는 녹색

(5) 그 밖의 표시: 흰색

(6) 노면표시의 색채에 관한 세부기준은 경찰청장이 정한다.

다. 문자의 형
문자의 형은 다음의 예시를 기준으로 합니다.

(1) 한글

천천히 학교앞 종로 영등포 서대문 성산대교
김포공항 고속도 남대문 시청 노량진

(2) 숫자

1 2 3 4 5 6 7 8 9 0

라. 반사재료

(1) 노면표시를 할 때는 시간대나 기상상태 등에 관계없이 운전자 및 보행자에게 잘 보일 수 있도록 하기 위해 성능이 우수한 반사재료를 사용하거나 반사장치를 해야 합니다.

(2) 노면표시에 사용되는 반사재료는 한국산업표준[KS M 6080(노면 표지용 도료) 및 KS L 2521(도로 표지 도료용 유리알)]에 따른 기준 이상의 성능을 가진 것을 사용해야 합니다.

마. 화살표가 있는 표지의 설치
Ⅱ. 개별기준 제5호의 510부터 512까지, 512의3, 513, 514 및 537부터 541까지의 만드는 방식란에 따른 화살표가 가리키는 방향, 차로별, 방향별 화살표의 수 및 화살표의 폭은 예시를 나타내며, 도로의 구체적 상황에 맞게 조정할 수 있습니다.

바. 노면표시 문자의 크기는 차로 폭에 따라 기본규격보다 0.5배에서 2배까지 축소하거나 확대할 수 있습니다.

사. 관리기준

노면표시에 사용된 반사재료의 최소재귀반사성능은 최소 기준(백색 100, 황색 70, 청색 40, 적색 23) 이상을 유지해야 합니다.

아. 발광형 소재 노면표시의 설치

안개가 잦은 곳, 야간에 교통사고가 많이 발생하거나 발생가능성이 높은 곳 또는 도로의 구조로 인해 가시거리가 충분하지 않은 곳 등에는 자체적으로 빛을 발하는 발광형 소재를 사용하여 노면표시를 설치할 수 있습니다.

[2] 안전표지의 의미에 대한 판례

> **판례1** | 진로변경을 금지하는 안전표지인 백색실선이 교통사고처리 특례법 제3조 제2항 단서 제1호에서 정하고 있는 '통행금지를 내용으로 하는 안전표지'에 해당하여 이를 침범하여 교통사고를 일으킨 운전자에 대하여 위 조항 본문의 반의사불벌죄 규정 및 제4조 제1항의 종합보험 가입특례 규정의 적용이 배제되는지 여부(소극)[대법원 2024. 6. 20. 선고 2022도12175 전원합의체 판결]

【판결요지】

진로변경을 금지하는 안전표지인 백색실선은 교통사고처리 특례법(이하 '교통사고처리법'이라 한다) 제3조 제2항 단서 제1호(이하 '단서 제1호'라 한다)에서 정하고 있는 '통행금지를 내용으로 하는 안전표지'에 해당하지 않으므로, 이를 침범하여 교통사고를 일으킨 운전자에 대하여는 교통사고처리법 제3조 제2항 본문의 반의사불벌죄 규정 및 제4조 제1항의 종합보험 가입특례 규정(이하 위 각 규정을 합하여 '처벌특례'라 한다)이 적용된다고 보아야 한다. 구체적인 이유는 다음과 같다.

① 단서 제1호는 '안전표지' 위반의 경우 '통행금지 또는 일시정지'를 내용으로 하는 안전표지를 위반하는 경우로 그 적용 범위를 한정하고 있다. 그런데 도로교통법 시행규칙 제8조 제2항 [별표 6] II. 개별기준 제5호 중 일련번호 506(진로변경제한선 표시)에 따르면 백색실선은 교차로 또는 횡단보도 등 차의 진로변경을 금지하는 도로구간에 설치하여 통행하고 있는 차의 진로변경을 제한하는 것을 표시하는 안전표지이다.

② 도로교통법 제6조 제1항은 '도로에서의 위험을 방지하고 교통의 안전과 원활한 소통을 확보하기 위하여 필요하다고 인정한 때'에는 '구간을 정하여 통행을 금지하거나 제한'할 수 있도록 규정하는 한편, 통행금지 또는 제한을 위반한 행위를 같은 법 제156조 제2호에 따라 처벌하고 있다. 반면 도로교통법 제14조 제5항 본문은 '안전표지가 설치되어 특별히 진로변경이 금지된 곳에서는 차마의 진로를 변경하여서는 아니 된다.'고 규정하는 한편, 진로변경금지나 제한을 위반한 행위를 같은 법 제156조 제1호에 따라 처벌하고 있다. 도로교통법 제156조가 제1호와 제2호의 위반 행위에 대하여 동일한 형을 정하고 있기는 하나, 도로교통법은 통행금지와 진로변경금지를 구분하여 규율하면서 처벌 체계를 달리하고 있으므로, 통행금지와 진로변경금지에 관하여 서로 다른 금지규범을 규정한 것으로 보아야 한다. 따라서 진로변경금지 위반을 통행금지 위반으로 보아 단서 제1호에 해당한다고 보는 것은 문언의 객관적인 의미를 벗어나

피고인에게 불리한 해석을 하는 것이다.

③ 단서 제1호가 규율하는 것은 크게 신호위반, 통행금지를 내용으로 하는 안전표지 지시위반, 일시정지를 내용으로 하는 안전표지 지시위반의 세 가지이다. 진로변경제한선과 같이 해당 표지에 위반하여 진로를 변경하는 것 자체는 금지되어 있으나, 진로를 변경한 이후 해당 방향으로의 계속 진행이 가능한 경우 그 위반행위를 '통행방법제한'을 위반한 것으로 볼 수는 있어도, 법문언에서 말하는 '통행금지위반'으로 볼 수는 없다.

④ 교통사고처리법 제정 당시부터 현재까지 단서 제1호의 문언은 거의 변동이 없다. 그런데 교통사고처리법 제정 당시 시행되고 있던 구 도로교통법 시행규칙(1982. 6. 21. 내무부령 제376호로 개정되기 전의 것)은 노면표시의 하나로 진로변경제한선을 규정하고 있지 않았다. 그렇다면 입법자는 교통사고처리법을 제정하면서 진로변경을 금지하는 백색실선을 단서 제1호의 '통행금지를 내용으로 하는 안전표지'로 고려하지 않았다고 보는 것이 합리적이다.

⑤ 진로변경을 금지하는 안전표지인 백색실선이 설치된 교량이나 터널에서 백색실선을 넘어 앞지르기를 하는 경우에는 별도의 처벌특례 배제사유가 규정되어 있으므로(교통사고처리법 제3조 제2항 단서 제4호), 백색실선을 '통행금지를 내용으로 하는 안전표지'로 보지 않는다고 하여 중대 교통사고의 발생 위험이 크게 증가한다고 보기는 어렵다.

⑥ 청색실선으로 전용차로가 구분되어 있는 경우, 전용차로 표시에 관한 도로교통법 시행규칙 제8조 제2항 [별표 6] Ⅱ. 개별기준 제5호 중 일련번호 504에 따르면, 전용차로제가 시행되지 않는 시간대에는 전용차로와 일반차로를 구분하는 청색실선을 위 제5호 중 일련번호 503의 차선표시로 보게 되므로 이 시간대에는 백색실선과 동일한 의미를 가진다. 그런데 백색실선을 단서 제1호에서 규정하는 '통행금지를 내용으로 하는 안전표지'로 볼 경우, 전용차로제가 시행되는 시간대는 물론 전용차로제가 시행되지 않는 시간대에도 일반 차량의 운전자가 청색실선을 넘어 진로를 변경하는 과정에서 교통사고가 발생하면 처벌특례의 적용을 받을 수 없는 문제가 있다.

【원심판결】

대구지법 2022. 9. 6. 선고 2022노434 판결

【주문】

상고를 기각한다.

【이유】

상고이유를 판단한다.

1. 사건의 개요와 쟁점

가. 이 사건 공소사실의 요지

피고인은 2021. 7. 9. 승용차를 운전하여 편도 4차로 도로의 1차로를 진행하다가 진로변경을 제한하는 안전표지인 백색실선이 설치되어 있어 진로를 변경하지 아니할 업무상 주의의무가 있음에도 1차로에서 2차로로 진로를 변경하였다. 당시 2차로를 따라 진행하던 개인택시의 운전자가 추돌을 피하기 위해 갑자기 정지하였고, 이로 인하여 택시 승객인 피해자가 약 2주간의 치료가 필요한 경추의 염좌 및 긴장 등의 상해를 입었다.

나. 원심의 판단

원심은 도로면의 백색실선이 「교통사고처리 특례법」(이하 '교통사고처리법'이라 한다) 제3조 제2항 단서 제1호(이하 단서 각호의 규정을 '처벌특례 배제사유'라 하고 그중 제1호를 '단서 제1호'라 한다)에서 정한 '통행금지를 내용으로 하는 안전표지'에 해당하지 않으며, 피고인이 운전한 승용차가 자동차종합보험에 가입되어 있었으므로 이 사건 공소제기의 절차가 법률의 규정을 위반하여 무효인 때에 해당한다고 보아 검사의 공소를 기각한 제1심판결을 그대로 유지하였다.

다. 이 사건의 쟁점

이 사건의 쟁점은 도로상에 안전표지로 표시한 노면표시 중 진로변경제한선 표시인 백색실선이 단서 제1호에서 정하고 있는 '통행금지를 내용으로 하는 안전표지'에 해당하여 이를 침범하여 교통사고를 일으킨 운전자에 대하여 교통사고처리법 제3조 제2항 본문의 반의사불벌죄 규정 및 제4조 제1항의 종합보험 가입특례 규정(이하 위 각 규정을 합하여 '처벌특례'라 한다)의 적용이 배제되는지 여부이다.

2. 쟁점에 관한 판단

진로변경을 금지하는 안전표지인 백색실선은 단서 제1호에서 정하고 있는 '통행금지를 내용으로 하는 안전표지'에 해당하지 않으므로, 이를 침범하여 교통사고를 일으킨 운전자에 대하여는 처벌특례가 적용된다고 보아야 한다. 구체적인 이유는 다음과 같다.

가. 단서 제1호는 '안전표지' 위반의 경우 '통행금지 또는 일시정지'를 내용으로 하는 안전표지를 위반하는 경우로 그 적용 범위를 한정하고 있다. 그런데 도로교통법 시행규칙 제8조 제2항 [별표 6] II. 개별기준 제5호 중 일련번호 506(진로변경제한선 표시)에 따르면 백색실선은 교차로 또는 횡단보도 등 차의 진로변경을 금지하는 도로구간에 설치하여 통행하고 있는 차의 진로변경을 제한하는 것을 표시하는 안전표지이다.

도로교통법 제6조는 시·도경찰청장이나 경찰서장은 각 요건에 따라 보행자, 차마 또는 노면전차의 통행을 금지하거나 제한할 수 있고, 그 경우에는 도로관리청에 그 사실을 알리고 도로관리자와 협의하며, 통행금지·제한 사실을 공고하도록 규정하고 있다. 도로교통법 시행규칙 제10조 제1항 [별표 8]을 비롯하여 같은 규칙 제10조는 그 공고의 구체적인 방법을 규정하고 있으며, 차마의 통행이 금지되는 경우에 관한 안전표지를 만드는 방식, 규격, 설치기준 및 장소, 통행금지구간·기간 및 이유를 명시한 보조표지에 대하여는 도로교통법 시행규칙 제8조 제2항 [별표 6]이 구체적으로 규정하고 있다[위 별표 Ⅱ. 개별기준 제2호 (나)목 일련번호 201 내지 207, 210 등]. 그런데 진로변경금지의 경우 그 금지 사실을 도로관리청에 알리거나 공고하도록 하는 등의 규정을 두고 있지 않다. 진로변경을 금지하는 안전표지인 백색실선은 도로교통법 시행규칙 제8조 제2항 [별표 6]에 안전표지의 하나로 규정되어 있기는 하나, 통행금지 안전표지와 달리 규제표지가 아닌 노면표시 항목(위 별표 Ⅱ. 개별기준 제5호 중 일련번호 506)에 규정되어 있을 뿐만 아니라, 금지구간·기간 및 이유를 명시한 보조표지에 관한 규정이 존재하지 않으며, '도로표지의 종류', '표시하는 뜻', '설치기준 및 장소'에 '진로변경을 제한 또는 금지한다.'는 취지의 기재가 있을 뿐 '통행을 금지한다.'는 취지가 기재되어 있지 않아 일반적인 통행금지 안전표지와는 달리 취급되고 있다.

나. 도로교통법 제6조 제1항은 '도로에서의 위험을 방지하고 교통의 안전과 원활한 소통을 확보하기 위하여 필요하다고 인정한 때'에는 '구간을 정하여 통행을 금지하거나 제한'할 수 있도록 규정하는 한편, 통행금지 또는 제한을 위반한 행위를 같은 법 제156조 제2호에 따라 처벌하고 있다. 반면 도로교통법 제14조 제5항 본문은 '안전표지가 설치되어 특별히 진로변경이 금지된 곳에서는 차마의 진로를 변경하여서는 아니 된다.'고 규정하는 한편, 진로변경금지나 제한을 위반한 행위를 같은 법 제156조 제1호에 따라 처벌하고 있다. 도로교통법 제156조가 제1호와 제2호의 위반 행위에 대하여 동일한 형을 정하고 있기는 하나, 도로교통법은 통행금지와 진로변경금지를 구분하여 규율하면서 처벌 체계를 달리하고 있으므로, 통행금지와 진로변경금지에 관하여 서로 다른 금지규범을 규정한 것으로 보아야 한다. 따라서 진로변경금지 위반을 통행금지 위반으로 보아 단서 제1호에 해당한다고 보는 것은 문언의 객관적인 의미를 벗어나 피고인에게 불리한 해석을 하는 것이다.

다. 단서 제1호가 규율하는 것은 크게 신호위반, 통행금지를 내용으로 하는 안전표지 지시위반, 일시정지를 내용으로 하는 안전표지 지시위반의 세 가지이다. 신호위반이나 일시정지 지시위반의 경우에는 도로교통법규의 문언만으로도 비교적 명확하게 그 해당 여부를 알 수 있다. 통행금지의 경우에도, 도로교통법(제15조 제3항)이 직접 정해진 차종 이외의 통행을 금지하고 있는 전용차로 구분선이나, 도로교통법 시행규칙 제8조 제2항 [별표 6] Ⅱ. 개별기준 제2호 (나)목 일련번호 201 내지 207, 210, 211 등과 같이 위 별표의 도로표지 도안이나 '표시하는 뜻', '설치기준 및 장소' 등에 '통행금지' 또는 '진입금지'라는 문언이 사용된 경우에는 단서 제1호에 포함된다고 볼 수 있다. 반면 이 사건에서 문제가 된 진로변경제한선과 같이 해당 표지에 위반하여 진로를 변경하는 것 자체는 금지되어 있으나, 진로를 변경한 이후 해당 방향으로의 계속 진행이 가능한 경우 그 위반행위를 '통행방법제한'을 위반한 것으로 볼 수는 있어도, 법문언에서 말하는 '통행금지위반'으로 볼 수는 없다.

라. 교통사고처리법 제정 당시부터 현재까지 단서 제1호의 문언은 거의 변동이 없다. 그런데 교통사고처리법 제정 당시 시행되고 있던 구 도로교통법 시행규칙(1982. 6. 21. 내무부령 제376호로 개정되기 전의 것)은 노면표시의 하나로 진로변경제한선을 규정하고 있지 않았다. 그렇다면 입법자는 교통사고처리법을 제정하면서 진로변경을 금지하는 백색실선을 단서 제1호의 '통행금지를 내용으로 하는 안전표지'로 고려하지 않았다고 보는 것이 합리적이다.

마. 진로변경을 금지하는 안전표지인 백색실선이 설치된 교량이나 터널에서 백색실선을 넘어 앞지르기를 하는 경우에는 별도의 처벌특례 배제사유가 규정되어 있으므로(교통사고처리법 제3조 제2항 단서 제4호), 백색실선을 '통행금지를 내용으로 하는 안전표지'로 보지 않는다고 하여 중대 교통사고의 발생 위험이 크게 증가한다고 보기는 어렵다.

바. 청색실선으로 전용차로가 구분되어 있는 경우, 전용차로 표시에 관한 도로교통법 시행규칙 제8조 제2항 [별표 6] II. 개별기준 제5호 중 일련번호 504에 따르면, 전용차로제가 시행되지 않는 시간대에는 전용차로와 일반차로를 구분하는 청색실선을 위 제5호 중 일련번호 503의 차선표시로 보게 되므로 이 시간대에는 백색실선과 동일한 의미를 가진다. 그런데 백색실선을 단서 제1호에서 규정하는 '통행금지를 내용으로 하는 안전표지'로 볼 경우, 전용차로제가 시행되는 시간대는 물론 전용차로제가 시행되지 않는 시간대에도 일반 차량의 운전자가 청색실선을 넘어 진로를 변경하는 과정에서 교통사고가 발생하면 처벌특례의 적용을 받을 수 없는 문제가 있다.

3. 판례 변경의 범위

이와 달리 도로교통법 제14조 제5항에 따라 통행하고 있는 차의 진로변경을 금지하는 안전표지인 백색실선이 단서 제1호에서 규정하는 '통행금지를 내용으로 하는 안전표지'에 해당한다고 판단한 대법원 2004. 4. 28. 선고 2004도1196 판결 등은 이 판결의 견해에 배치되는 범위 내에서 변경하기로 한다.

4. 이 사건에 대한 판단

이 사건 공소사실을 앞서 본 법리에 따라 살펴보면, 피고인이 진로변경을 금지하는 안전표지인 백색실선을 넘어 주행한 것은 단서 제1호에서 규정한 '통행금지를 내용으로 하는 안전표지'를 위반하여 운전한 경우에 해당하지 않으므로 이로 인한 업무상과실치상죄에 대하여는 처벌특례가 적용된다. 그런데 이 사건 당시 피고인이 운전한 승용차가 자동차종합보험에 가입되어 있었음은 원심이 인정한 바와 같으므로, 처벌특례에 따라 검사의 공소제기는 그 절차가 법률의 규정을 위반하여 무효인 때에 해당한다.

같은 취지의 원심판단은 정당하고, 거기에 상고이유 주장과 같은 교통사고처리법상 처벌특례 배제사유에 관한 법리를 오해한 잘못이 없다.

5. 결론

그러므로 상고를 기각하기로 하여, 관여 법관의 일치된 의견으로 주문과 같이 판결한다.

판례2 | 회전교차로에 설치된 회전교차로 표지 및 유도표시가 화살표 방향과 반대로 진행하지 말 것을 지시하는 내용의 안전표지에 해당하는지 여부(적극)*[대법원 2017. 11. 29., 선고, 2017도9392, 판결]*

【판시사항】

회전교차로에 설치된 회전교차로 표지 및 유도표시가 화살표 방향과 반대로 진행하지 말 것을 지시하는 내용의 안전표지에 해당하는지 여부(적극) / 회전교차로에 설치된 회전교차로 표지 및 유도표시에 표시된 화살표의 방향과 반대로 진행한 것이 교통사고처리특례법 제3조 제2항 단서 제1호에서 정한 '도로교통법 제5조에 따른 통행금지를 내용으로 하는 안전표지가 표시하는 지시를 위반하여 운전한 경우'에 해당하는지 여부(적극)

【원심판결】

서울동부지법 2017. 5. 26. 선고 2016노1663 판결

【주문】

원심판결을 파기하고, 사건을 서울동부지방법원 합의부에 환송한다.

【이유】

상고이유를 판단한다.

1. 이 사건 공소사실의 요지 및 원심의 판단

이 사건 공소사실의 요지는, 피고인은 2016. 5. 14. 13:10경 차량을 운전하여 서울 송파구 풍성로25길 44 앞 도로를 기업은행 풍납지점 쪽에서 풍납동 전통시장 쪽으로 진행하던 중, 회전교차로에 이르러 회전교차로 표지판 및 노면 표시 방향과는 달리 역주행하여 진행한 과실로 진행방향 우측에서 좌측으로 도로를 횡단하던 피해자를 피고인의 위 차량 앞범퍼 부분으로 충격하여, 피해자에게 상해를 입혔다는 것이다.

이에 대하여 원심은, ① 이 사건 회전교차로에 있는 회전교차로 표지판의 의미는 '표지판이 화살표 방향으로 자동차가 회전 진행할 것을 지시하는 것'이고, ② 이 사건 회전교차로 노면에 표시된 진행방향 표시의 의미는 '교차로에서 회전 시 통행하여야 할 방향을 표시하는 것'일 뿐이므로, ③ 피고인이 회전교차로 표지와 노면의 진행방향 표시가 표시하는 지시를 위반하였다 하더라도 이를 교통사고처리 특례법 제3조 제2항 단서 제1호의 '통행금지를 내용으로 하는 안전표지가 표시하는 지시를 위반하여 운전한 경우'에 해당한다고 보기 어려운데, ④ 피고인이 운전한 차량이 사고 당시 자동차 종합보험에 가입되어 있었다는 이유로 이 사건 공소를 기각하였다.

2. 그러나 원심의 위와 같은 판단은 다음과 같은 점에 비추어 수긍하기 어렵다.

가. 교통사고처리 특례법 제3조 제2항은, 차의 교통으로 인한 업무상과실치상죄는 원칙으로는 피해자의 명시한 의사에 반하여 공소를 제기할 수 없고, 다만 그 단서에 해당하는 경우에는 그러하지 아니하다는 취지를 규정하면서 그 제1호로 '도로교통법 제5조의 규정에 의한 신호기 또는 교통정리를 위한 경찰공무원 등의 신호를 위반하거나 통행금지 또는 일시정지를 내용으로 하는 안전표지가 표시하는 지시를 위반하여 운전한 경우'를 규정하고 있다. 도로교통법 제5조 제1항은 "도로를 통행하는 보행자와 차마의 운전자는 교통안전시설이 표시하는 신호 또는 지시와 다음 각호의 어느 하나에 해당하는 사람이 하는 신호 또는 지시를 따라야 한다."라고 규정하고 있고, 도로교통법 시행규칙 제8조 제1항 제3, 5호는 교통안전시설 중 안전표지 일부에 관하여 '지시표지: 도로의 통행방법·통행구분 등 도로교통의 안전을 위하여 필요한 지시를 하는 경우에 도로사용자가 이에 따르도록 알리는 표지', '노면표시: 도로교통의 안전을 위하여 각종 주의·규제·지시 등의 내용을 노면에 기호·문자 또는 선으로 도로사용자에게 알리는 표지'를 규정하고 있다. 그리고 [별표 6]은 ① 지시표시 중의 하나로 '304. 회전교차로 표지, 표지판이 화살표 방향으로 자동차가 회전 진행할 것을 지시하는 것', ② 노면표시 중의 하나로 '526. 유도표시, 교차로에서 회전 시 통행하여야 할 방향을 표시하는 것'이라고 규정하고 있다.

나. 이와 같은 관계 법령의 각 규정을 종합하여 볼 때, 회전교차로에 설치된 회전교차로 표지 및 유도표시는, 회전교차로에 진입하려는 차마로 하여금 진행방향 차로를 준수하도록 함으로써 이미 회전교차로 내에 진입하였거나 진입하려는 다른 차마와 반대방향으로 진행할 경우 발생할 수 있는 사고를 방지하여 차마의 안전한 운행과 원활한 교통을 확보하기 위하여 설치된 것이어서, 화살표 방향과 반대로 진행하지 말 것을 지시하는 내용의 안전표지로 봄이 상당하다. 따라서 회전교차로 내에 화살표의 방향과 반대로 통행할 것을 금지하는 내용의 안전표지가 개별적으로 설치되어 있지 않다고 하더라도, 통행금지를 내용으로 하는 안전표시가 없다고 볼 것

은 아니다. 그렇다면 피고인이 회전교차로에 설치된 회전교차로 표지 및 유도표시에 표시된 화살표의 방향과 반대로 진행한 것은 교통사고처리 특례법 제3조 제2항 단서 제1호가 정한 '도로교통법 제5조에 따른 통행금지를 내용으로 하는 안전표지가 표시하는 지시를 위반하여 운전한 경우'에 해당한다.

다. 그럼에도 회전교차로에 설치된 회전교차로 표지 및 유도표시가 통행금지를 내용으로 하는 안전표지에 해당하지 아니한다고 판단한 원심판결에는 통행금지를 내용으로 하는 안전표지에 관한 법리를 오해하여 판결 결과에 영향을 미친 위법이 있다.

3. 결론

그러므로 원심판결을 파기하고, 사건을 다시 심리·판단하도록 원심법원에 환송하기로 하여, 관여 대법관의 일치된 의견으로 주문과 같이 판결한다.

> **판례3** | 자동차 운전자가 교차로에서 진로변경을 시도하다가 야기한 교통사고가 교통사고처리 특례법 제3조 제2항 단서 제1호에서 정한 '도로교통법 제5조에 따른 통행금지를 내용으로 하는 안전표지가 표시하는 지시를 위반하여 운전한 경우'에 해당하는지 여부 (소극)*[대법원 2015. 11. 12. 선고 2015도3107 판결]*

【판결요지】

교통사고처리 특례법 제3조 제2항 단서 제1호, 구 도로교통법(2013. 5. 22. 법률 제11780호로 개정되기 전의 것) 제14조 제4항, 제22조 제3항 제1호, 제25조, 도로교통법 시행규칙 제8조 제1항 제5호, 제2항 [별표 6]을 종합하여 볼 때, 교차로 진입 직전에 설치된 백색실선을 교차로에서의 진로변경을 금지하는 내용의 안전표지와 동일하게 볼 수 없으므로, 교차로에서의 진로변경을 금지하는 내용의 안전표지가 개별적으로 설치되어 있지 않다면 자동차 운전자가 교차로에서 진로변경을 시도하다가 교통사고를 야기하였다고 하더라도 이를 교통사고처리 특례법 제3조 제2항 단서 제1호에서 정한 '도로교통법 제5조에 따른 통행금지를 내용으로 하는 안전표지가 표시하는 지시를 위반하여 운전한 경우'에 해당한다고 할 수 없다.

【원심판결】

서울중앙지법 2015. 2. 5. 선고 2014노3022 판결

【주문】

원심판결을 파기하고, 사건을 서울중앙지방법원 합의부에 환송한다.

【이유】

상고이유(상고이유서 제출기간이 경과한 후에 제출된 상고이유보충서의 기재는 상고이유를 보충하는 범위 내에서)를 판단한다.

1. 원심의 판단

원심은, 이 사건 교차로 내에 차로가 표시되어 있지 않으나, 피고인 진행차로의 교차로 직전에는 횡단보도가, 위 횡단보도 직전에는 차의 진로변경을 제한하는 백색실선 및 직진표지가 각 표시되어 있으므로, 위 백색실선 및 직진표지는 백색실선이 표시되어 있는 구간뿐만 아니라 그 다음에 위치하고 있는 횡단보도 및 교차로 내에서도 진로변경을 금지하고 직진할 것을 지시하는 의미의 안전표지라 할 것이므로, 피고인이 교차로 내에서 진로를 변경한 행위는 교차로 내에 실제로 백색실선이 표시되어 있지 않았더라도 교통사고처리 특례법 제3조 제2항 단서 제1호가 규정한 '도로교통법 제5조에 따른 통행금지를 내용으로 하는 안전표지가 표시하는 지시를 위반하여 운전한 경우'에 해당한다고 판단하였다.

2. 대법원의 판단

가. 교통사고처리 특례법 제3조 제2항은, 차의 교통으로 인한 업무상과실치상죄는 원칙으로는 피해자의 명시한 의사에 반하여 공소를 제기할 수 없고, 다만 그 단서에 해당하는 경우에는 그러하지 아니하다는 취지를 규정하면서 그 예외 사유로서 제1호로 '도로교통법 제5조의 규정에 의한 신호기 또는 교통정리를 위한 경찰공무원 등의 신호나 통행의 금지 또는 일시정지를 내용으로 하는 안전표지가 표시하는 지시에 위반하여 운전한 경우'를 규정하고 있다. 도로교통법(2013. 5. 22. 법률 제11780호로 개정되기 전의 것, 이하 같다) 제14조 제4항은 "차마의 운전자는 안전표지가 설치되어 특별히 진로변경이 금지된 곳에서는 차마의 진로를 변경하여서는 아니된다."라고 규정하고 있고, 도로교통법 시행규칙 제8조 제1항 제5호는 위 안전표지 중의 하나로 '노면표시: 도로교통의 안전을 위하여 각종 주의·규제·지시 등의 내용을 노면에 기호·문자 또는 선으로 도로사용자에게 알리는 표지'를 규정하고 있으며, [별표 6]으로 노면표시 중의 하나로 '506. 진로변경제한선표시, 도로교통법 제14조 제4항에 따라 통행하고 있는 차의 진로변경을 제한하는 것, 교차로 또는 횡단보도 등 차의 진로변경을 금지하는 도로구간에 백색실선을 설치'라고 규정하고 있다. 한편 도로교통법은 교차로에서의 앞지르기 금지(제22조 제3항 제1호)와 교차로에서의 통행방법(제25조)을 규정하고 있으면서도, 교차로에서의 진로변경을 금지하는 규정을 두고 있지 않다. 이와 같은 관계 법령의 각 규정을 종합하여 볼 때, 교차로 진입 직전에 설치된 백색실선을 교차로에서의 진로변경을 금

지하는 내용의 안전표지와 동일하게 볼 수 없으므로, 교차로에서의 진로변경을 금지하는 내용의 안전표지가 개별적으로 설치되어 있지 않다면 자동차 운전자가 그 교차로에서 진로변경을 시도하다가 교통사고를 야기하였다고 하더라도 이를 교통사고처리 특례법 제3조 제2항 단서 제1호가 정한 '도로교통법 제5조에 따른 통행금지를 내용으로 하는 안전표지가 표시하는 지시를 위반하여 운전한 경우'에 해당한다고 할 수 없다.

나. 원심이 적법하게 채택한 증거들에 의하면, 피고인은 BMW 승용차를 운전하여 진로변경을 금지하는 내용의 안전표지가 설치되지 아니한 이 사건 교차로 내에서 진로변경을 시도하다가 그 진행방향 우측에서 진행하던 마티즈 차량을 충격하였고, 계속하여 마티즈 차량이 그 진행방향 우측에서 진행하던 산타페 차량을 충격하여 이러한 연쇄충돌로 인해 산타페 차량이 보도를 침범하여 때마침 횡단보도를 건너기 위해 서 있던 피해자에게 판시와 같은 상해를 입힌 사실을 알 수 있다.

다. 이러한 사실관계를 앞서 본 법리에 비추어 보면, 피고인이 이 사건 교차로 내에서 진로변경을 시도하다가 야기한 이 사건 교통사고를 교통사고처리 특례법 제3조 제2항 단서 제1호의 안전표지가 표시하는 지시위반 사고에 해당한다고 볼 수 없다.

라. 그럼에도 원심은 이 사건 공소사실을 유죄로 인정하였으므로, 이러한 원심판단에는 교통사고처리 특례법 제3조 제2항 단서 제1호의 안전표지가 표시하는 지시위반에 관한 법리를 오해하여 판결에 영향을 미친 잘못이 있고, 이 점을 지적하는 상고이유 주장은 이유 있다.

3. 결론

그러므로 나머지 상고이유에 대한 판단을 생략한 채 원심판결을 파기하고, 사건을 다시 심리·판단하게 하기 위하여 원심법원에 환송하기로 하여, 관여 대법관의 일치된 의견으로 주문과 같이 판결한다.

판례4 | 녹색, 황색 및 적색의 삼색등화만 나오는 신호기와 유턴을 금지하는 안전표지가 설치되어 있는 교차로에서 녹색등화에 유턴하여 진행한 행위가 도로교통법 제5조에 의한 신호기가 표시하는 신호에 위반하여 운전한 경우에 해당하는지 여부(원칙적 적극)*[대법원 2014. 8. 28. 선고 2014도3235 판결]*

【원심판결】

수원지법 2014. 2. 12. 선고 2013노4986 판결

【주문】

원심판결을 파기하고, 사건을 수원지방법원 본원 합의부에 환송한다.

【이유】

상고이유를 판단한다.

1. 교통사고처리 특례법 제3조 제2항 단서 제2호에 의하면, 교통사고로 인하여 업무상과실치상죄 등을 범한 운전자가 '도로교통법 제62조를 위반하여 유턴한 경우'에 해당하는 행위로 위 죄를 범한 때에는 피해자의 명시한 의사에 반하여 공소를 제기할 수 있다. 그런데 도로교통법 제62조는 "자동차의 운전자는 그 차를 운전하여 고속도로등을 횡단하거나 유턴 또는 후진하여서는 아니 된다."고 규정하고, 같은 법 제57조에 의하면 '고속도로등'은 고속도로 또는 자동차전용도로만을 의미하므로, 일반도로에서 유턴하는 행위는 '같은 법 제62조를 위반하여 유턴한 경우'에 포함되지 않는다고 할 것이다(대법원 2012. 3. 15. 선고 2010도3436 판결 참조).

원심이 제1심판결을 인용하여, 이 사건 교통사고가 발생한 도로가 고속도로 또는 자동차전용도로라는 점에 관한 증거가 없으므로 도로교통법 제62조를 위반하여 유턴한 경우에 해당하지 않는다고 판단한 것은 위 법리에 따른 것으로 정당하고, 거기에 상고이유 주장과 같이 교통사고처리 특례법 제3조 제2항 단서 제2호에 관한 법리를 오해한 위법이 없다.

2. 도로교통법 제5조, 도로교통법 시행규칙 제6조 제2항 [별표 2], 제8조 제2항 [별표 6]의 각 규정을 종합하여 보면, 교차로에 녹색, 황색 및 적색의 삼색등화만이 나오는 신호기와 유턴을 금지하는 안전표지가 설치되어 있는 교차로에서의 유턴은 허용되지 아니하므로, 이와 같은 교차로에서 직진 및 우회전만이 가능한 녹색등화에 유턴하여 진행하였다면 특별한 사정이 없는 한 도로교통법 제5조의 규정에 의한 신호기가 표시하는 신호에 위반하여 운전한 경우에 해당한다고 할 것이다.

원심판결 이유에 의하면, 원심은 이 사건 교통사고 당시 피고인이 1차로에서 유턴을 하기 어려워 전방 교차로의 신호가 녹색으로 직진신호인 상태에서 1차로에서 2차로로 차로를 변경하고, 교차로에 진입하면서 유턴을 위하여 피고인 운전 차량 앞부분이 교차로 내 가상의 1차로로 진행한 상태에서 같은 방향의 후방 2차로에서 교차로에 진입한 피해자 운전 차량이 피고인 운전 차량 뒷부분 좌측을 충격한 사실을 인정하고, 교차로 내에서의 사고 장소, 충돌한 차량의 위치, 교차로 내에서 차량의 진행 차로를 변경하는 것은 신호위반으로 볼 수 없는 점 등을 종합하면 피고인이 신호를 위반하였다는 점에 대한 범죄의 증명이 부족하다고 판단하였다.

그러나 기록에 의하면, 이 사건 교통사고가 발생한 곳은 녹색, 황색 및 적색의 삼색등화만이 나오는 신호기와 유턴금지표지판이 설치된 삼거리 교차로로 사고 당시 진행방향 전방의 녹색 등화가 켜진 상태였음을 알 수 있으므로 앞서 본 법리에 비추어 피고인이 그 교차로 내에서 유턴하기 위하여 진행한 것은 특별한 사정이 없는 한 신호기가 표시하는 신호에 위반하여 운전한 경우에 해당하고, 피고인이 녹색 등화에 유턴하는 경우 반대 진행방향 차량의 진행을 방해할 뿐만 아니라 같은 진행방향 전방의 차량이 녹색등화에 따라 진행할 것이라고 신뢰하고 있는 같은 진행방향 후방 차량의 신뢰도 보호할 필요가 있는 점, 신호위반 책임의 중대성, 도로교통법 등의 관련규정 및 교통사고처리 특례법의 입법취지 등에 비추어 이 사건 교차로와 같이유턴이 허용되지 않는 곳에서 유턴하여 진행하는 경우 같은 진행방향에서 진행신호에 따라 진행하는 후방차량에 대하여도 신호위반의 책임을 진다고 할 것이다(대법원 2005. 7. 28. 선고 2004도5848 판결 참조).

그렇다면 이 사건 교통사고는 교통사고처리 특례법 제3조 제1항, 제2항 단서 제1호의 신호위반으로 인한 업무상과실치상죄에 해당한다 할 것이므로, 이와 달리 피고인이 신호를 위반하지 아니하였다고 판단하여 공소기각사유에 해당한다고 본 원심판결에는 도로교통법의 신호위반에 관한 법리를 오해하여 판결에 영향을 미친 위법이 있다고 할 것이다.

3. 그러므로 원심판결을 파기하고, 사건을 다시 심리·판단하게 하기 위하여 원심법원에 환송하기로 하여, 관여 대법관의 일치된 의견으로 주문과 같이 판결한다.

판례5 | 교통사고처리특례법 제3조 제2항 단서 제1호 소정의 '안전표지'의 의의*[대법원 1996. 2. 13., 선고, 95도2716, 판결]*

【판결요지】

도로의 바닥에 진입금지를 내용으로 하는 삼각형 모양의 황색사선이 그어져 있다면, 교통사고처리특례법 제3조 제2항 단서 제1호 소정의 '안전표지'에 해당하고 노면상의 표시 이외에 따로 표지판이 세워져 있어야 비로소 위 법조항에서 말하는 '안전표지'에 해당하는 것은 아니다.

【원심판결】

고등군법 1995. 10. 10. 선고 94노309 판결

【주문】

상고를 기각한다.

【이유】

상고이유를 본다.

상고이유서에는 소송기록과 원심법원의 증거조사에 표현된 사실을 인용하여 그 이유를 명시하여야 하므로, 항소이유서에 기재된 항소이유를 그대로 원용하는 것은 적법한 상고이유가 될 수 없을 뿐 아니라(당원 1971. 6. 29. 선고 71도909 판결, 1987. 11. 10. 선고 87도1408 판결, 1986. 10. 14. 선고 86도1785 판결 참조), 원심이 이 사건 교통사고가 교통사고처리특례법 제3조 제1항 단서 제1호에 해당한다고 판단한 뒤, 피고인에 대하여 위 교통사고처리특례법위반죄와 업무상과실자동차추락죄의 상상적 경합범으로 처단한 제1심을 그대로 유지한 조처는 옳고, 거기에 교통사고처리특례법 제3조 제1항 단서 제1호의 법리나 상상적 경합범에 관한 법리를 오해한 위법이 있다고 할 수도 없다.

또 도로의 바닥에 진입금지를 내용으로 하는 삼각형 모양의 황색사선이 그어져 있다면, 교통사고처리특례법 제3조 제2항 단서 제1호 소정의 '안전표지'에 해당한다고 할 것이므로(도로교통법 제2조 제12호, 제5조 참조), 이 사건 교통사고가 위 법조항 단서 제1호에 해당한다고 판단한 원심은 정당하고, 위와 같은 노면상의 표시 이외에 따로 표지판이 세워져 있어야 비로소 위 법조항에서 말하는 '안전표지'에 해당한다는 논지는 독단적인 견해로서 받아들일 수 없다.

그러므로 상고를 기각하기로 하여 관여 법관의 일치된 의견으로 주문과 같이 판결한다.

판례6 | 도로교통법 제5조의 규정에 의한 안전표지라고 할 수 있는지 여부(소극)[대법원 1996. 2. 13., 선고, 95도2716, 판결]

【판결요지】

군부대장이 인명 및 재산을 보호할 책임이 있는 기지 내의 안전관리를 위하여 그 수명자에게 명하는 행정규칙에 근거하여 설치한 보도와 차도를 구분하는 흰색 실선이 도로교통법상 설치권한이 있는 자나 그 위임을 받은 자가 설치한 것이 아니므로 교통사고처리특례법 제3조 제2항 단서 제1호에서 규정하는 도로교통법 제5조의 규정에 의한 안전표지라고 할 수 없고, 위 흰색 실선이 도로교통법시행규칙에 규정된 시, 도지사가 설치하는 안전표지와 동일한 외관을 갖추고 있고, 자동차를 운전중 이를 침범하여 교통사고를 일으킨 피고인이 소속 군인으로서 이를 준수하여야 할 의무가 있다고 하여 달리 볼 것은 아니다.

【원심판결】

공군고등군사법원 1990.12.17. 선고 공군 90노 제32호 판결

【주문】

원심판결을 파기하고, 사건을 공군고등군사법원에 환송한다.

【이유】

상고이유를 본다.

제1점에 대하여

1. 기록을 살펴보면

　가. 제1심은 피고인은 공군 제17전투비행단 기지전대 수송대대 소속 콤비차량 고정운전병으로서 1990.9.10. 21:30경 위 자동차를 운전하여 부대 내단본부 사거리에서 관사아파트 방면으로 운행하다가 업무상과실로 안전표지인 보도와 차도를 구분하는 흰색실선을 넘어 보도를 침범하여 이 사건 피해자들에게 상해를 입혔다고 인정하여, 교통사고처리특례법 제3조 제1항, 형법 제268조 제1항을 적용하여 처단하였고,

　나. 원심은 부대지휘관이 공군내부규정에 근거하여 설치한 위 흰색실선을 도로교통법상 설치권한 있는 시, 도지사가 설치한 안전표지와 동일한 것으로 보아 위 특례법 제3조 제1항, 형법 제268조 제1항을 적용하여 피고인을 유죄로 인정한 것은 위법이라는 피고인의 항소이유에 대하여, 기지 내 도로의 안전표지는 도로교통법상의 설치권한 있는 자인 시, 도지사의 위임을 받은 관할 경찰서장이 설치한 것은 아니지만, 관할부대장은 인명 및 재산을 보호할 책임이 있는 공군기지내의 안전관리를 위하여 그 수명자에게 명하는 행정규칙인 공군규정 7 - 56(안전색채 표지) 제12조에 근거하여 도로교통법 시행규칙에 따라서 교통안전표지를 설치하였고, 일반인이 볼 때 사회에서 시, 도지사가 설치한 안전표지와 동일한 외관을 갖추고 있으며, 수명자인 부대장병 및 군무원은 위 규정에 복종해야 될 특별권력관계상의 복종의무 내지 위 규정에 의거 기지 내에서의 도로교통안전에 관련한 안전표지를 준수해야 할 주의의무가 있다는 이유로 이를 배척하였다.

2. 교통사고처리특례법 제3조 제2항에 의하면, 차의 교통으로 인한 업무상과실치상죄는 원칙으로는 피해자의 명시한 의사에 반하여 공소를 제기할 수 없고, 다만 그 단서에 해당하는 경우에는 그러하지 아니하다고 하고, 그 제1호에 의하면 예외 사유로서 도로교통법 제5조의 규정에 의한 신호기 또는 교통정리를 위한 경찰관의 신호나 통행의 금지 또는 일시정지를 내용으로 하는 안전표지가 표시하는 지시에 위반하여 운전한 경우를 들고 있는바, 위의 흰색실선이 도로교통법상 설치권한이 있는 자나 그 위임을 받은 자가 설치한 것이 아니라면 이것을 가리켜 위 특례법 제3조 제2항 단서 제1호에서 규정하는 도로교통법 제5조의 규정에 의한 안전표지라고 할 수 없을 것이고, 위 흰색실선이 도로교통법시행규칙에 규정된 바의 시,도지사가 설치하는 안전표지와 동일한 외관을 갖추고 있고, 피고인이 공군소속군인으로서 이를 준수하여야 할 의무가 있다고 하여도 달리 볼 것은 아니며, 위의 흰색실선을 준수하여야 할 의무가 있느냐와 위 특례법 제3조 제2항단서 제1호에 해당하는지 여부와는 반드시 같은 문제라고 할

수는 없다. 따라서 논지는 이유가 있다.

그러므로 상고이유의 제2점에 대한 판단을 할 것 없이 원심판결을 파기하고 사건을 원심법원에 환송하기로 하여 관여 법관의 일치된 의견으로 주문과 같이 판결한다.

Chapter 9. 신호기의 의미

[1] 신호기 등의 설치 및 관리

① 특별시장·광역시장·제주특별자치도지사 또는 시장·군수(광역시의 군수는 제외한다. 이하 "시장등"이라 한다)는 도로에서의 위험을 방지하고 교통의 안전과 원활한 소통을 확보하기 위하여 필요하다고 인정하는 경우에는 신호기 및 안전표지(이하 "교통안전시설"이라 한다)를 설치·관리하여야 합니다. 다만, 「유료도로법」 제6조에 따른 유료도로에서는 시장등의 지시에 따라 그 도로관리자가 교통안전시설을 설치·관리하여야 합니다.

② 시장등 및 도로관리자는 ①에 따라 교통안전시설을 설치·관리할 때에는 「도로교통법」제4조에 따른 교통안전시설의 설치·관리기준에 적합하도록 하여야 합니다.

③ 도(道)는 ①에 따라 시장이나 군수가 교통안전시설을 설치·관리하는 데에 드는 비용의 전부 또는 일부를 시(市)나 군(郡)에 보조할 수 있습니다.

④ 시장등은 대통령령으로 정하는 사유로 도로에 설치된 교통안전시설을 철거하거나 원상회복이 필요한 경우에는 그 사유를 유발한 사람으로 하여금 해당 공사에 드는 비용의 전부 또는 일부를 부담하게 할 수 있습니다.

⑤ ④에 따른 부담금의 부과기준 및 환급은 다음 각 호의 어느 하나에 해당하는 것을 말합니다.

1. 차 또는 노면전차의 운전 등 교통으로 인하여 사람을 사상(死傷)하거나 물건을 손괴하는 사고(이하 "교통사고"라 한다)가 발생한 경우

2. 분할할 수 없는 화물의 수송 등을 위하여 신호기 및 안전표지(이하 "교통안전시설"이라 한다)를 이전하거나 철거하는 경우

3. 「도로교통법」 제68조제1항을 위반하여 교통안전시설을 철거·이전하거나 손괴한 경우

4. 도로관리청 등에서 도로공사 등을 위하여 무인(無人) 교통단속용 장비를 이전하거나 철거하는 경우

5. 그 밖에 고의 또는 과실로 무인 교통단속용 장비를 철거·이전하거나 손괴한 경우

⑥ 시장 등은 ④에 따라 부담금을 납부하여야 하는 사람이 지정된 기간에 이를 납부하지 아니하면 지방세 체납처분의 예에 따라 징수합니다.

[2] 신호기가 표시하는 신호의 종류 및 신호의 뜻

구분		신호의 종류	신호의 뜻
차량신호등	원형 등화	녹색의 등화	1. 차마는 직진 또는 우회전할 수 있다. 2. 비보호좌회전표지 또는 비보호좌회전표시가 있는 곳에서는 좌회전할 수 있다.
		황색의 등화	1. 차마는 정지선이 있거나 횡단보도가 있을 때에는 그 직전이나 교차로의 직전에 정지하여야 하며, 이미 교차로에 차마의 일부라도 진입한 경우에는 신속히 교차로 밖으로 진행하여야 한다. 2. 차마는 우회전할 수 있고 우회전하는 경우에는 보행자의 횡단을 방해하지 못한다.
		적색의 등화	1. 차마는 정지선, 횡단보도 및 교차로의 직전에서 정지해야 한다. 2. 차마는 우회전하려는 경우 정지선, 횡단보도 및 교차로의 직전에서 정지한 후 신호에 따라 진행하는 다른 차마의 교통을 방해하지 않고 우회전할 수 있다. 3. 제2호에도 불구하고 차마는 우회전 삼색등이 적색의 등화인 경우 우회전할 수 없다.
		황색 등화의 점멸	차마는 다른 교통 또는 안전표지의 표시에 주의하면서 진행할 수 있다.
		적색 등화의 점멸	차마는 정지선이나 횡단보도가 있을 때에는 그 직전이나 교차로의 직전에 일시정지한 후 다른 교통에 주의하면서 진행할 수 있다.
	화살표 등화	녹색화살표의 등화	차마는 화살표시 방향으로 진행할 수 있다.
		황색화살표의 등화	화살표시 방향으로 진행하려는 차마는 정지선이 있거나 횡단보도가 있을 때에는 그 직전이나 교차로의 직전에 정지하여야 하며, 이미 교차로에 차마의 일부라도 진입한 경우에는 신속히 교차로 밖으로 진행하여야 한다.
		적색화살표의 등화	화살표시 방향으로 진행하려는 차마는 정지선, 횡단보도 및 교차로의 직전에서 정지하여야 한다.
		황색화살표 등화의 점멸	차마는 다른 교통 또는 안전표지의 표시에 주의하면서 화살표시 방향으로 진행할 수 있다.
		적색화살표등화의 점멸	차마는 정지선이나 횡단보도가 있을 때에는 그 직전이나 교차로의 직전에 일시정지한 후 다른 교통에 주의하면서 화살표시 방향으로 진행할 수 있다.
	사각형 등화	녹색화살표의 등화(하향)	차마는 화살표로 지정한 차로로 진행할 수 있다.

		적색×표 표시의 등화	차마는 ×표가 있는 차로로 진행할 수 없다.
		적색×표 표시 등화의 점멸	차마는 ×표가 있는 차로로 진입할 수 없고, 이미 차마의 일부라도 진입한 경우에는 신속히 그 차로 밖으로 진로를 변경하여야 한다.
보행 신호등		녹색의 등화	보행자는 횡단보도를 횡단할 수 있다.
		녹색 등화의 점멸	보행자는 횡단을 시작하여서는 아니 되고, 횡단하고 있는 보행 자는 신속하게 횡단을 완료하거나 그 횡단을 중지하고 보도로 되돌아와야 한다.
		적색의 등화	보행자는 횡단보도를 횡단하여서는 아니 된다.
자 전 거 신 호 등	자전거 주행 신호등	녹색의 등화	자전거등은 직진 또는 우회전할 수 있다.
		황색의 등화	1. 자전거등은 정지선이 있거나 횡단보도가 있을 때에는 그 직전이나 교차로의 직전에 정지해야 하며, 이미 교차로에 차마의 일부라도 진입한 경우에는 신속히 교차로 밖으로 진행해야 한다. 2. 자전거등은 우회전할 수 있고 우회전하는 경우에는 보행자의 횡 단을 방해하지 못한다.
		적색의 등화	1. 자전거등은 정지선, 횡단보도 및 교차로의 직전에서 정지해 야 한다. 2. 자전거등은 우회전하려는 경우 정지선, 횡단보도 및 교차로 의 직전에서 정지한 후 신호에 따라 진행하는 다른 차마의 교통을 방해하지 않고 우회전할 수 있다. 3. 제2호에도 불구하고 자전거등은 우회전 삼색등이 적색의 등 화인 경우 우회전할 수 없다.
		황색 등화의 점멸	자전거등은 다른 교통 또는 안전표지의 표시에 주의하면서 진행 할 수 있다.
		적색 등화의 점멸	자전거등은 정지선이나 횡단보도가 있는 때에는 그 직전이나 교 차로의 직전에 일시정지한 후 다른 교통에 주의하면서 진행할 수 있다.
	자전거 횡단 신호등	녹색의 등화	자전거등은 자전거횡단도를 횡단할 수 있다.
		녹색 등화의 점멸	자전거등은 횡단을 시작해서는 안 되고, 횡단하고 있는 자전거 등은 신속하게 횡단을 종료하거나 그 횡단을 중지하고 진행하던 차도 또는 자전거도로로 되돌아와야 한다.
		적색의 등화	자전거등은 자전거횡단도를 횡단해서는 안 된다.
버 스 신호등		녹색의 등화	버스전용차로에 차마는 직진할 수 있다.
		황색의 등화	버스전용차로에 있는 차마는 정지선이 있거나 횡단보도가 있을 때에는 그 직전이나 교차로의 직전에 정지하여야 하며, 이미 교 차로에 차마의 일부라도 진입한 경우에는 신속히 교차로 밖으로 진행하여야 한다.

	적색의 등화	버스전용차로에 있는 차마는 정지선, 횡단보도 및 교차로의 직전에서 정지하여야 한다.
	황색 등화의 점멸	버스전용차로에 있는 차마는 다른 교통 또는 안전표지의 표시에 주의하면서 진행할 수 있다.
	적색 등화의 점멸	버스전용차로에 있는 차마는 정지선이나 횡단보도가 있을 때에는 그 직전이나 교차로의 직전에 일시정지한 후 다른 교통에 주의하면서 진행할 수 있다.
노면전차 신호등	황색 T자형의 등화	노면전차가 직진 또는 좌회전·우회전할 수 있는 등화가 점등될 예정이다.
	황색 T자형 등화의 점멸	노면전차가 직진 또는 좌회전·우회전할 수 있는 등화의 점등이 임박하였다.
	백색 가로 막대형의 등화	노면전차는 정지선, 횡단보도 및 교차로의 직전에서 정지해야 한다.
	백색 가로 막대형 등화의 점멸	노면전차는 정지선이나 횡단보도가 있는 경우에는 그 직전이나 교차로의 직전에 일시정지한 후 다른 교통에 주의하면서 진행할 수 있다.
	백색 점형의 등화	노면전차는 정지선이 있거나 횡단보도가 있는 경우에는 그 직전이나 교차로의 직전에 정지해야 하며, 이미 교차로에 노면전차의 일부가 진입한 경우에는 신속하게 교차로 밖으로 진행해야 한다.
	백색 점형 등화의 점멸	노면전차는 다른 교통 또는 안전표지의 표시에 주의하면서 진행할 수 있다.
	백색 세로 막대형의 등화	노면전차는 직진할 수 있다.
	백색 사선 막대형의 등화	노면전차는 백색사선막대의 기울어진 방향으로 좌회전 또는 우회전할 수 있다.

비고
1. 자전거등을 주행하는 경우 자전거주행신호등이 설치되지 않은 장소에서는 차량신호등의 지시에 따른다.
2. 자전거횡단도에 자전거횡단신호등이 설치되지 않은 경우 자전거등은 보행신호등의 지시에 따른다. 이 경우 보행신호등란의 "보행자"는 "자전거등"으로 본다.
3. 우회전하려는 차마는 우회전 삼색등이 있는 경우 다른 신호등에도 불구하고 이에 따라야 한다.

[3] 교통안전시설의 철거나 원상회복을 위한 공사 비용 부담금의 부과기준 및 환급

① 특별시장·광역시장·제주특별자치도지사 또는 시장·군수(광역시의 군수는 제외한다. 이하 "시장등"이라 한다)는 「도로교통법」제3조제4항에 따른 교통안전시설의 철거나 원상회복을 위한 공사 비용 부담금(이하 "부담금"이라 한다)의 금액을 교통안전시설의 파손 정도 및 내구연한 경과 정도 등을 고려하여 산출하고, 그 사유를 유발한 사람이 여러 명인 경우에는 그 유발 정도에 따라 부담금을 분담하게 할 수 있습니다. 다만, 파손된 정도가 경미하거나 일상 보수작업만으로 수리할 수 있는 경우 또는 부담금 총액이 20만원 미만인 경우에는 부담금 부과를 면제할 수 있고, 2024년 9월 1일부터 2026년 8월 31일까지 발생한 사유로 인한 부담금 총액이 20만원 이상인 경우에는 부담금을 분할하여 납부하게 할 수 있습니다.

② 시장등은 ①에 따라 부과한 부담금이 교통안전시설의 철거나 원상회복을 위한 공사에 드는 비용을 초과한 경우에는 그 차액을 환급하여야 합니다. 이 경우 환급에 필요한 사항은 시장등이 정합니다.

③ 「도로교통법」 제4조의2제3항에 따른 무인 교통단속용 장비의 철거나 원상회복을 위한 부담금의 부과 기준 및 환급에 대해서는 ①과 ②를 준용합니다. 이 경우 "교통안전시설"은 "무인 교통단속용 장비"로, "시장등"은 "시·도경찰청장, 경찰서장 또는 시장등"으로 봅니다.

[4] 신호기의 의미에 대한 판례

판례1 | 횡단보행자용 신호기가 설치되지 않은 횡단보도를 횡단하는 보행자가 있을 경우, 자동차 운전자의 보행자에 대한 주의의무*[대법원 2020. 12. 24.선고 2020도8675 판결]*

【판결요지】

[1] 횡단보행자용 신호기가 설치되지 않은 횡단보도를 횡단하는 보행자가 있을 경우에, 모든 차 또는 노면전차(이하 구별하지 않고 '차'라고만 한다)의 운전자는, 그대로 진행하더라도 보행자의 횡단을 방해하지 않거나 통행에 위험을 초래하지 않을 경우를 제외하고는, 횡단보도에 차가 먼저 진입하였는지 여부와 관계없이 차를 일시정지하는 등의 조치를 취함으로써 보행자의 통행이 방해되지 않도록 할 의무가 있다. 만일 이를 위반하여 형법 제268조의 죄를 범한 때에는 교통사고처리 특례법 제3조 제2항 단서 제6호의 '횡단보도에서의 보행자 보호의무를 위반하여 운전한 경우'에 해당하여 보험 또는 공제 가입 여부나 처벌에 관한 피해자의 의사를 묻지 않고 같은 법 제3조 제1항에 의한 처벌의 대상이 된다고 보아야 한다.

[2] 도로교통법 제27조 제1항은 "모든 차 또는 노면전차(이하 구별하지 않고 '차'라고만 한다)의 운전자는 보행자(제13조의2 제6항에 따라 자전거에서 내려서 자전거를 끌고 통행하는 자전거 운전자를 포함한다)가 횡단보도를 통행하고 있을 때에는 보행자의 횡단을 방해하거나 위험을 주지 아니하도록 그 횡단보도 앞(정지선이 설치되어 있는 곳에서는 그 정지선을 말한다)에서 일시정지하여야 한다."라고 규정하고 있다. 그 입법 취지는 차를 운전하여 횡단보도를 지나는 운전자의 보행자에 대한 주의의무를 강화하여 횡단보도를 통행하는 보행자의 생명·신체의 안전을 두텁게 보호하려는 데에 있다. 교통사고처리 특례법 제3조 제2항 단서 제6호, 제4조 제1항 단서 제1호가 '도로교통법 제27조 제1항에 따른 횡단보도에서의 보행자 보호의무를 위반하여 운전한 경우'에는 교통사고처리 특례법 제3조 제2항 본문, 제4조 제1항 본문의 각 규정에 의한 처벌의 특례가 적용되지 않도록 규정한 취지도 마찬가지로 해석된다.

위 각 규정의 내용과 취지를 종합하면, 자동차의 운전자는 횡단보행자용 신호기의 지시에 따라 횡단보도를 횡단하는 보행자가 있을 때에는 횡단보도에의 진입 선후를 불문하고 일시정지하는 등의 조치를 취함으로써 보행자의 통행이 방해되지 않도록 하여야 하고, 다만 자동차가 횡단보도에 먼저 진입한 경우로서 그대로 진행하더라도 보행자의 횡단을 방해하지 않거나 통행에 위험을 초래하지 않을 상황이라면 그대로 진행할 수 있는 것으로 해석된다. 이러한 법리는 그 보호의 정도를 달리 볼 이유가 없는 횡단보행자용 신호기가 설치되지 않은 횡단보도를 횡단하는 보행자에 대하여도 마찬가지로 적용된다고 보아야 한다. 따라서 모든 차의 운전자는 보행자보다 먼저 횡단보행자용 신호기가 설치되지 않은 횡단보도에 진입한 경우에도, 보행자의 횡단을 방해하지 않거나 통행에 위험을 초래하지 않을 상황이 아니고서는, 차를 일시정지하는 등으로 보행자의 통행이 방해되지 않도록 할 의무가 있다.

【원심판결】

서울동부지법 2020. 6. 11. 선고 2019노1470 판결

【주문】

상고를 기각한다.

【이유】

상고이유를 판단한다.

1. 가. 횡단보행자용 신호기가 설치되지 않은 횡단보도를 횡단하는 보행자가 있을 경우에, 모든 차 또는 노면전차(이하 구별하지 않고 '차'라고만 한다)의 운전자는, 그대로 진행하더라도 보행자의 횡단을 방해하지 않거나 통행에 위험을 초래하지 않을 경우를 제외하고는, 횡단보도에 차가 먼저 진입하였는지 여부와 관계없이 차를 일시정지하는 등의 조치를 취함으로써 보행자의 통행이 방해되지 않도록 할 의무가 있다. 만일 이를 위반하여 형법 제268조의 죄를 범한 때에는 「교통사고처리 특례법」 제3조 제2항 단서 제6호의 '횡단보도에서의 보행자 보호의무를 위반하여 운전한 경우'에 해당하여 보험 또는 공제 가입 여부나 처벌에 관한 피해자의 의사를 묻지 않고 같은 법 제3조 제1항에 의한 처벌의 대상이 된다고 보아야 한다.

   나. 도로교통법 제27조 제1항은 "모든 차 또는 노면전차의 운전자는 보행자(제13조의2 제6항에 따라 자전거에서 내려서 자전거를 끌고 통행하는 자전거 운전자를 포함한다)가 횡단보도를 통행하고 있을 때에는 보행자의 횡단을 방해하거나 위험을 주지 아니하도록 그 횡단보도 앞(정지선이 설치되어 있는 곳에서는 그 정지선을 말한다)에서 일시정지하여야 한다."라고 규정하고 있다. 그 입법 취지는 차를 운전하여 횡단보도를 지나는 운전자의 보행자에 대한 주의의무를 강화하여 횡단보도를 통행하는 보행자의 생명·신체의 안전을 두텁게 보호하려는 데에 있다 (대법원 2009. 5. 14. 선고 2007도9598 판결 참조). 「교통사고처리 특례법」 제3조 제2항 단서 제6호, 제4조 제1항 단서 제1호가 '도로교통법 제27조 제1항에 따른 횡단보도에서의 보행자 보호의무를 위반하여 운전한 경우'에는 「교통사고처리 특례법」 제3조 제2항 본문, 제4조 제1항 본문의 각 규정에 의한 처벌의 특례가 적용되지 않도록 규정한 취지도 마찬가지로 해석된다.

위 각 규정의 내용과 취지를 종합하면, 자동차의 운전자는 횡단보행자용 신호기의 지시에 따라 횡단보도를 횡단하는 보행자가 있을 때에는 횡단보도에의 진입 선후를 불문하고 일시정지하는 등의 조치를 취함으로써 보행자의 통행이 방해되지 않도록 하여야 하고, 다만 자동차가 횡단보도에 먼저 진입한 경우로서 그대로 진행하더라도 보행자의 횡단을 방해하지 않거나 통행에 위험을 초래하지 않을 상황이라면 그대로 진행할 수 있는 것으로 해석된다(대법원 2017. 3. 15. 선고 2016도17442 판결 참조). 이러한 법리는 그 보호의 정도를 달리 볼 이유가 없는 횡단보행자용 신호기가 설치되지 않은 횡단보도를 횡단하는 보행자에 대하여도 마찬가지로 적용된다고 보아야 한다. 따라서 모든 차의 운전자는 보행자보다 먼저 횡단보행자용 신호기가 설치되지 않은 횡단보도에 진입한 경우에도, 보행자의 횡단을 방해하지 않거나 통행에 위험을 초래하지 않을 상황이 아니고서는, 차를 일시정지하는 등으로 보행자의 통행이 방해되지 않도록 할 의무가 있다.

2. 원심은, 피고인이 운전하는 자동차가 이 사건 사고 장소인 횡단보도에 진입한 순간 피고인 자동차 진행 방향 좌측에 주차되어 있던 차량의 뒤쪽에서 피해자가 뛰어서 피고인 자동차 진행 방향 좌측에서 우측으로 횡단보도를 건너기 시작한 사실, 피해자가 횡단보도의 중간에 다다르기 직전에 피고인 자동차의 앞 범퍼 부분과 충돌한 사실을 인정한 다음, 이 사건 사고 장소는 횡단보행자용 신호기가 설치되지 않아 언제든지 보행자가 횡단할 수 있는 곳이고, 당시 도로 양쪽으로 주차된 차량으로 인해 횡단보도 진입부에 보행자가 있는지 여부를 확인할 수 없는 상황이었으므로, 피고인으로서는 자동차를 일시정지하여 횡단보도를 통행하는 보행자가 없는 것을 확인하거나 발견 즉시 정차할 수 있도록 자동차의 속도를 더욱 줄여 진행하였어야 하고, 그럼에도 피고인이 이를 게을리한 것은 도로교통법 제27조 제1항에서 정한 '횡단보도에서의 보행자 보호의무'를 위반한 것이라고 판단하였다. 이러한 판단에 따라 원심은, 피고인이 '횡단보도에서의 보행자 보호의무'를 위반하지 않았다고 보아 공소기각 판결을 선고한 제1심판결을 파기하고 사건을 제1심법원에 환송하였다.

3. 적법하게 채택한 증거에 비추어 살펴보면, 원심의 위와 같은 판단과 조치는 앞서 본 법리에 따른 것으로서 정당하다. 거기에 상고이유 주장과 같이 도로교통법 제27조 제1항의 해석·적용에 관한 법리를 오해하거나 논리와 경험의 법칙을 위반하여 자유심증주의의 한계를 벗어난 잘못이 없다.

4. 그러므로 상고를 기각하기로 하여, 관여 대법관의 일치된 의견으로 주문과 같이 판결한다.

판례2 | 회전교차로에 설치된 회전교차로 표지 및 유도표시가 화살표 방향과 반대로 진행하지 말 것을 지시하는 내용의 안전표지에 해당하는지 여부(적극) [대법원 2017. 11. 29.선고 2017도9392 판결]

【원심판결】

서울동부지법 2017. 5. 26. 선고 2016노1663 판결

【주문】

원심판결을 파기하고, 사건을 서울동부지방법원 합의부에 환송한다.

【이유】

상고이유를 판단한다.

1. 이 사건 공소사실의 요지 및 원심의 판단

이 사건 공소사실의 요지는, 피고인은 2016. 5. 14. 13:10경 차량을 운전하여 서울 송파구 풍성로25길 44 앞 도로를 기업은행 풍납지점 쪽에서 풍납동 전통시장 쪽으로 진행하던 중, 회전교차로에 이르러 회전교차로 표지판 및 노면 표시 방향과는 달리 역 주행하여 진행한 과실로 진행방향 우측에서 좌측으로 도로를 횡단하던 피해자를 피고 인의 위 차량 앞범퍼 부분으로 충격하여, 피해자에게 상해를 입혔다는 것이다.

이에 대하여 원심은, ① 이 사건 회전교차로에 있는 회전교차로 표지판의 의미는 '표 지판이 화살표 방향으로 자동차가 회전 진행할 것을 지시하는 것'이고, ② 이 사건 회 전교차로 노면에 표시된 진행방향 표시의 의미는 '교차로에서 회전 시 통행하여야 할 방향을 표시하는 것'일 뿐이므로, ③ 피고인이 회전교차로 표지와 노면의 진행방향 표 시가 표시하는 지시를 위반하였다 하더라도 이를 교통사고처리 특례법 제3조 제2항 단서 제1호 의 '통행금지를 내용으로 하는 안전표지가 표시하는 지시를 위반하여 운 전한 경우'에 해당한다고 보기 어려운데, ④ 피고인이 운전한 차량이 사고 당시 자동 차종합보험에 가입되어 있었다는 이유로 이 사건 공소를 기각하였다.

2. 그러나 원심의 위와 같은 판단은 다음과 같은 점에 비추어 수긍하기 어렵다.

가. 교통사고처리 특례법 제3조 제2항은, 차의 교통으로 인한 업무상과실치상죄는 원 칙으로는 피해자의 명시한 의사에 반하여 공소를 제기할 수 없고, 다만 그 단서에 해당하는 경우에는 그러하지 아니하다는 취지를 규정하면서 그 제1호로 ' 도로교 통법 제5조의 규정에 의한 신호기 또는 교통정리를 위한 경찰공무원 등의 신호를 위반하거나 통행금지 또는 일시정지를 내용으로 하는 안전표지가 표시하는 지시를 위반하여 운전한 경우'를 규정하고 있다. 도로교통법 제5조 제1항은 "도로를 통행

하는 보행자와 차마의 운전자는 교통안전시설이 표시하는 신호 또는 지시와 다음 각호의 어느 하나에 해당하는 사람이 하는 신호 또는 지시를 따라야 한다."라고 규정하고 있고, 도로교통법 시행규칙 제8조 제1항 제3, 5호는 교통안전시설 중 안전표지 일부에 관하여 '지시표지: 도로의 통행방법·통행구분 등 도로교통의 안전을 위하여 필요한 지시를 하는 경우에 도로사용자가 이에 따르도록 알리는 표지', '노면표시: 도로교통의 안전을 위하여 각종 주의·규제·지시 등의 내용을 노면에 기호·문자 또는 선으로 도로사용자에게 알리는 표지'를 규정하고 있다. 그리고 [별표 6]은 ① 지시표시 중의 하나로 '304. 회전교차로 표지, 표지판이 화살표 방향으로 자동차가 회전 진행할 것을 지시하는 것', ② 노면표시 중의 하나로 '526. 유도표시, 교차로에서 회전 시 통행하여야 할 방향을 표시하는 것'이라고 규정하고 있다.

나. 이와 같은 관계 법령의 각 규정을 종합하여 볼 때, 회전교차로에 설치된 회전교차로 표지 및 유도표시는, 회전교차로에 진입하려는 차마로 하여금 진행방향 차로를 준수하도록 함으로써 이미 회전교차로 내에 진입하였거나 진입하려는 다른 차마와 반대방향으로 진행할 경우 발생할 수 있는 사고를 방지하여 차마의 안전한 운행과 원활한 교통을 확보하기 위하여 설치된 것이어서, 화살표 방향과 반대로 진행하지 말 것을 지시하는 내용의 안전표지로 봄이 상당하다. 따라서 회전교차로 내에 화살표의 방향과 반대로 통행할 것을 금지하는 내용의 안전표지가 개별적으로 설치되어 있지 않다고 하더라도, 통행금지를 내용으로 하는 안전표시가 없다고 볼 것은 아니다. 그렇다면 피고인이 회전교차로에 설치된 회전교차로 표지 및 유도표시에 표시된 화살표의 방향과 반대로 진행한 것은 교통사고처리 특례법 제3조 제2항 단서 제1호가 정한 '도로교통법 제5조에 따른 통행금지를 내용으로 하는 안전표지가 표시하는 지시를 위반하여 운전한 경우'에 해당한다.

다. 그럼에도 회전교차로에 설치된 회전교차로 표지 및 유도표시가 통행금지를 내용으로 하는 안전표지에 해당하지 아니한다고 판단한 원심판결에는 통행금지를 내용으로 하는 안전표지에 관한 법리를 오해하여 판결 결과에 영향을 미친 위법이 있다.

3. 결론

그러므로 원심판결을 파기하고, 사건을 다시 심리·판단하도록 원심법원에 환송하기로 하여, 관여 대법관의 일치된 의견으로 주문과 같이 판결한다.

판례3 | 피고인이 차량 보조 신호등이 설치된 교차로에서 신호를 위반하여 우회전하였다고 하여 도로교통법 위반으로 기소된 사안*[대법원 2017. 5. 11.선고 2017도2730 판결]*

【원심판결】

대구지법 2017. 1. 26. 선고 2016노2419 판결

【주문】

원심판결을 파기하고, 사건을 대구지방법원 본원 합의부에 환송한다.

【이유】

상고이유를 판단한다.

1. 이 사건 공소사실의 요지는, 피고인은 2015. 7. 28. 17:33경 부산 서구 동래구 소재 내성교차로를 교대 방면에서 동래경찰서 방면으로 우회전하였는데, 그 교차로는 차량 보조 신호등(이하 '이 사건 차량 보조 신호등'이라 한다)이 설치된 교차로이므로 운전 자로서는 신호에 따라 운전하여야 함에도 피고인은 신호를 위반하여 우회전하여 진행 하였다는 것이다.

이에 대하여 원심은, ① 이 사건 차량 보조 신호등은 원형 등화일 뿐 화살표 등화가 아닌 이상, 적색 등화인 상태에서 우회전하였다는 사정만으로 신호위반을 하였다고 볼 수는 없고, ② 이 사건과 같이 교차로와 횡단보도가 연접하여 설치되어 있는 경우, 차 량용 신호기가 차량에 대하여 교차로 직전의 횡단보도에 대한 통행까지도 지시하는 것 으로 보아야 할 법적 근거가 없으므로, 피고인이 우회전할 당시 교차로에 설치된 차량 용 신호기가 적색 등화였고, 횡단보도 보행신호등이 녹색등이었다고 하더라도 신호를 위반한 것으로 볼 수 없다고 보아 이 사건 공소사실에 대하여 무죄라고 판단하였다.

2. 그러나 원심의 위와 같은 판단은 다음과 같은 점에 비추어 수긍하기 어렵다.

원심은 이 사건 차량 보조 신호등은 원형 등화일 뿐이므로, 우회전을 금지하기 위해서 는 화살표 등화를 사용하였어야 한다고 보았다. 그러나 화살표 등화는 구 도로교통법 시행규칙이 2010. 8. 24. 행정안전부령 제156호로 개정되면서 신설된 것이어서, 그 이전까지는 차량 신호등 중 '화살표 등화'는 존재하지 아니하여 이 사건 차량 보조 신 호등과 같이 종형삼색등 형태의 원형 신호등이 설치되었고 아직까지 교체되지 못하고 사용되고 있는 것으로 보이는 점, 구 도로교통법 시행규칙(2010. 8. 24. 행정안전부 령 제156호로 개정된 것, 이하 같다) 시행 이전에 횡단보도의 보행등 측면에 설치된 차량 보조등은 주신호등을 보조하기 위하여 도로 측면에 설치된 것으로서 차량용 신 호등이었던 점, 구 도로교통법 시행규칙이 시행되었다고 하여 횡단보도의 보행등 측면 에 설치된 차량 보조등의 이와 같은 성격이 변경되었다고 볼 수는 없는 점 등을 종합 하여 보면, 이 사건 차량 보조 신호등이 적색등인 경우 차량에 대하여 횡단보도 직전 에 정지할 것과 우회전의 금지를 지시하는 것으로 봄이 상당하므로, 원심이 이 사건

차량 보조 신호등이 화살표 등화가 아니라 원형 등화라는 이유만으로 우회전이 금지되는 것으로 볼 수 없다고 판단한 것은 도로교통법의 신호 또는 지시에 따를 의무에 관한 법리를 오해하여 판결에 영향을 미친 위법이 있다.

3. 그러므로 원심판결을 파기하고, 사건을 다시 심리·판단하도록 원심법원에 환송하기로 하여, 관여 대법관의 일치된 의견으로 주문과 같이 판결한다.

> **판례4 |** 녹색, 황색 및 적색의 삼색등화만 나오는 신호기와 유턴을 금지하는 안전표지가 설치되어 있는 교차로에서 녹색등화에 유턴하여 진행한 행위가 도로교통법 제5조 에 의한 신호기가 표시하는 신호에 위반하여 운전한 경우에 해당하는지 여부(원칙적 적극)[대법원 2014.8.28.선고 2014도3235 판결]

【원심판결】

수원지법 2014. 2. 12. 선고 2013노4986 판결

【주문】

원심판결을 파기하고, 사건을 수원지방법원 본원 합의부에 환송한다.

【이유】

상고이유를 판단한다.

1. 교통사고처리 특례법 제3조 제2항 단서 제2호에 의하면, 교통사고로 인하여 업무상과실치상죄 등을 범한 운전자가 '도로교통법 제62조를 위반하여 유턴한 경우'에 해당하는 행위로 위 죄를 범한 때에는 피해자의 명시한 의사에 반하여 공소를 제기할 수 있다. 그런데 도로교통법 제62조는 "자동차의 운전자는 그 차를 운전하여 고속도로등을 횡단하거나 유턴 또는 후진하여서는 아니 된다."고 규정하고, 같은 법 제57조에 의하면 '고속도로등'은 고속도로 또는 자동차전용도로만을 의미하므로, 일반도로에서 유턴하는 행위는 '같은 법 제62조를 위반하여 유턴한 경우'에 포함되지 않는다고 할 것이다(대법원 2012. 3. 15. 선고 2010도3436 판결 참조).

   원심이 제1심판결을 인용하여, 이 사건 교통사고가 발생한 도로가 고속도로 또는 자동차전용도로라는 점에 관한 증거가 없으므로 도로교통법 제62조 를 위반하여 유턴한 경우에 해당하지 않는다고 판단한 것은 위 법리에 따른 것으로 정당하고, 거기에 상고이유 주장과 같이 교통사고처리 특례법 제3조 제2항 단서 제2호에 관한 법리를 오해한 위법이 없다.

2. 도로교통법 제5조, 도로교통법 시행규칙 제6조 제2항 [별표 2], 제8조 제2항 [별표 6]의 각 규정을 종합하여 보면, 교차로에 녹색, 황색 및 적색의 삼색등화만이 나오는 신

호기와 유턴을 금지하는 안전표지가 설치되어 있는 교차로에서의 유턴은 허용되지 아니하므로, 이와 같은 교차로에서 직진 및 우회전만이 가능한 녹색등화에 유턴하여 진행하였다면 특별한 사정이 없는 한 도로교통법 제5조의 규정에 의한 신호기가 표시하는 신호에 위반하여 운전한 경우에 해당한다고 할 것이다.

원심판결 이유에 의하면, 원심은 이 사건 교통사고 당시 피고인이 1차로에서 유턴을 하기 어려워 전방 교차로의 신호가 녹색으로 직진신호인 상태에서 1차로에서 2차로로 차로를 변경하고, 교차로에 진입하면서 유턴을 위하여 피고인 운전 차량 앞부분이 교차로 내 가상의 1차로 진행한 상태에서 같은 방향의 후방 2차로에서 교차로에 진입한 피해자 운전 차량이 피고인 운전 차량 뒷부분 좌측을 충격한 사실을 인정하고, 교차로 내에서의 사고 장소, 충돌한 차량의 위치, 교차로 내에서 차량의 진행 차로를 변경하는 것은 신호위반으로 볼 수 없는 점 등을 종합하면 피고인이 신호를 위반하였다는 점에 대한 범죄의 증명이 부족하다고 판단하였다.

그러나 기록에 의하면, 이 사건 교통사고가 발생한 곳은 녹색, 황색 및 적색의 삼색등화만이 나오는 신호기와 유턴금지표지판이 설치된 삼거리 교차로로 사고 당시 진행방향 전방의 녹색 등화가 켜진 상태였음을 알 수 있으므로 앞서 본 법리에 비추어 피고인이 그 교차로 내에서 유턴하기 위하여 진행한 것은 특별한 사정이 없는 한 신호기가 표시하는 신호에 위반하여 운전한 경우에 해당하고, 피고인이 녹색 등화에 유턴하는 경우 반대 진행방향 차량의 진행을 방해할 뿐만 아니라 같은 진행방향 전방의 차량이 녹색등화에 따라 진행할 것이라고 신뢰하고 있는 같은 진행방향 후방 차량의 신뢰도 보호할 필요가 있는 점, 신호위반 책임의 중대성, 도로교통법 등의 관련규정 및 교통사고처리 특례법의 입법취지 등에 비추어 이 사건 교차로와 같이 유턴이 허용되지 않는 곳에서 유턴하여 진행하는 경우 같은 진행방향에서 진행신호에 따라 진행하는 후방차량에 대하여도 신호위반의 책임을 진다고 할 것이다(대법원 2005. 7. 28. 선고 2004도5848 판결 참조).

그렇다면 이 사건 교통사고는 교통사고처리 특례법 제3조 제1항, 제2항 단서 제1호의 신호위반으로 인한 업무상과실치상죄에 해당한다 할 것이므로, 이와 달리 피고인이 신호를 위반하지 아니하였다고 판단하여 공소기각사유에 해당한다고 본 원심판결에는 도로교통법의 신호위반에 관한 법리를 오해하여 판결에 영향을 미친 위법이 있다고 할 것이다.

3. 그러므로 원심판결을 파기하고, 사건을 다시 심리·판단하게 하기 위하여 원심법원에 환송하기로 하여, 관여 대법관의 일치된 의견으로 주문과 같이 판결한다.

【판결요지】

[1] 교통사고처리 특례법 제3조 제2항 제1호, 제4조 제1항 제1호의 규정에 의하면, 신호기에 의한 신호에 위반하여 운전한 경우에는 같은 법 제4조 제1항에서 정한 보험 또는 공제에 가입한 경우에도 공소를 제기할 수 있으나, 여기서 '신호기에 의한 신호에 위반하여 운전한 경우'란 신호위반행위가 교통사고 발생의 직접적인 원인이 된 경우를 말한다.

[2] 택시 운전자인 피고인이 교통신호를 위반하여 4거리 교차로를 진행한 과실로 교차로 내에서 甲이 운전하는 승용차와 충돌하여 甲 등으로 하여금 상해를 입게 하였다고 하여 교통사고처리 특례법 위반으로 기소된 사안에서, 피고인의 택시가 차량 신호등이 적색 등화임에도 횡단보도 앞 정지선 직전에 정지하지 않고 상당한 속도로 정지선을 넘어 횡단보도에 진입하였고, 횡단보도에 들어선 이후 차량 신호등이 녹색 등화로 바뀌자 교차로로 계속 직진하여 교차로에 진입하자마자 교차로를 거의 통과하였던 甲의 승용차 오른쪽 뒤 문짝 부분을 피고인 택시 앞 범퍼 부분으로 충돌한 점 등을 종합할 때, 피고인이 적색 등화에 따라 정지선 직전에 정지하였더라면 교통사고는 발생하지 않았을 것임이 분명하여 피고인의 신호위반행위가 교통사고 발생의 직접적인 원인이 되었다고 보아야 하는데도, 이와 달리 보아 공소를 기각한 원심판결에 신호위반과 교통사고의 인과관계에 관한 법리오해의 위법이 있다고 한 사례.

【원심판결】

광주지법 2011. 11. 25. 선고 2011노2629 판결

【주문】

원심판결을 파기하고, 사건을 광주지방법원 본원 합의부에 환송한다.

【이유】

상고이유를 판단한다.

교통사고처리 특례법 제3조 제2항 제1호, 제4조 제1항 제1호의 규정에 의하면, 신호기에 의한 신호에 위반하여 운전한 경우에는 위 특례법 제4조 제1항 소정의 보험 또는 공

제에 가입한 경우에도 공소를 제기할 수 있다 할 것이나, 여기서 신호기에 의한 신호에 위반하여 운전한 경우라 함은 신호위반행위가 교통사고 발생의 직접적인 원인이 된 경우를 말한다.

이 사건 공소사실의 요지는, '피고인은 2011. 5. 21. 02:27경 업무로 택시를 운전하여 광주 동구 소재 광남4거리 교차로를 북동 방면에서 문화전당 방면을 향하여 편도 3차로 중 3차로를 따라 진행하게 되었는데, 교통신호에 따라 안전하게 운전하여 사고를 방지하여야 할 업무상 주의의무가 있음에도 이를 게을리한 채 신호를 위반하여 진행한 과실로, 교차로 내에서 피해자 공소외인 운전의 승용차와 충돌하여 공소외인 등으로 하여금 상해를 입게 하였다'는 것이다.

이에 대하여 원심은, 그 채택 증거들을 종합하여 판시와 같은 사실 및 사정들을 인정한 다음, 이 사건 교통사고가 피고인의 신호위반 운행 중에 발생한 사고이기는 하지만 피고인의 신호위반행위가 이 사건 교통사고 발생의 직접적 원인이 된 것이라고 단정하기 어렵다는 이유를 들어 이 사건 공소를 기각한 제1심판결을 그대로 유지하였다.

그러나 원심의 이와 같은 판단은 앞서 본 법리와 아래와 같은 사정에 비추어 볼 때 이를 그대로 수긍하기 어렵다.

먼저, 원심판결 이유와 원심 및 제1심이 적법하게 채택한 증거들에 의하면, 피고인은 택시를 운전하여 이 사건 교차로를 향하여 시속 약 77km의 속도로 2차로를 따라 진행하다가 1, 2차로에 신호대기 중인 차량이 있는 것을 보고 사고 발생 6초 전에 3차로로 진로를 변경한 사실, 피고인은 사고 발생 3초 전에 시속 약 61km의 속도로 진행방향의 횡단보도 앞 정지선 직전에 이르렀는데 차량 신호등이 적색 등화임에도 횡단보도 앞의 정지선 직전에 정지하지 아니한 채 계속하여 택시를 운전하여 횡단보도로 진입한 사실, 피고인의 택시는 사고 발생 2초 전에 시속 약 57km의 속도로 위 횡단보도 위를 지나게 되었고 그 순간 피고인 진행방향의 차량 신호등이 적색 등화에서 녹색 등화로 바뀐 사실, 이후 피고인의 택시는 계속 직진하면서 사고 발생 1초 전에는 시속 약 51km의 속도로 감속되었다가 이어 시속 약 46km의 속도로 공소외인 의 승용차를 충돌한 사실, 사고 발생 당시 공소외인 의 승용차는 피고인 택시의 진행방향 왼쪽에서 오른쪽으로 교차로를 거의 통과한 상태였는데(공소외인의 승용차가 교차로 내에서 진행한 거리는 약 20m 정도이다), 피고인의 택시는 교차로에 진입하자마자 공소외인이 운전하던 승용차의 오른쪽 뒤 문짝 부분을 앞 범퍼 부위로 충돌한 사실 등을 알 수 있다.

그런데 이와 같이 피고인의 택시는 적색 등화임에도 불구하고 정지선 직전에 정지하지 아니한 채 상당한 속도로 정지선을 넘어 횡단보도에 진입하였고 횡단보도에 들어선 이후 녹색 등화로 바뀌자 교차로로 직진하여 그대로 진행하였을 뿐만 아니라 피고인의 택시가 교차로에 진입하자마자 교차로를 거의 통과하였던 공소외인 운전의 승용차 오른쪽 뒤 문짝 부분을 피고인 택시의 앞 범퍼 부분으로 충돌하였던 점 등을 종합하여 보면, 피고인이 적색 등화에 따라 정지선 직전에 정지하였더라면 이 사건 교통사고는 발생하지 않았을 것임이 분명하고, 따라서 피고인의 신호위반행위는 이 사건 교통사고 발생의 직접적인 원인이 되었다고 보아야 할 것이다.

그럼에도 원심은 판시와 같은 이유를 들어 이 사건 공소를 기각한 제1심의 조치를 그대로 유지하였으니, 이러한 원심판결에는 신호위반과 교통사고 사이의 인과관계에 관한 법리를 오해함으로써 판결에 영향을 미친 위법이 있다고 할 것이다. 이러한 점을 지적하는 검사의 상고이유 주장은 이유 있다.

그러므로 원심판결을 파기하고, 사건을 다시 심리·판단하게 하기 위하여 원심법원에 환송하기로 하여, 관여 대법관의 일치된 의견으로 주문과 같이 판결한다.

판례6 | 보행자 신호기가 고장난 횡단보도 상에서 교통사고가 발생한 사안에서, 적색등의 전구가 단선되어 있었던 위 보행자 신호기는 그 용도에 따라 통상 갖추어야 할 안전성을 갖추지 못한 관리상의 하자가 있어 지방자치단체의 배상책임이 인정된다고 한 사례*[대법원 2007. 10. 26., 선고, 2005다51235, 판결]*

【원심판결】

청주지법 2005. 7. 28. 선고 2005나1125 판결

【주문】

상고를 기각한다. 상고비용은 피고가 부담한다.

【이유】

상고이유를 본다.

국가배상법 제5조 제1항에 정해진 영조물의 설치 또는 관리의 하자라 함은 영조물이 그 용도에 따라 통상 갖추어야 할 안전성을 갖추지 못한 상태에 있음을 말하는 것이며, 다만 영조물이 완전무결한 상태에 있지 아니하고 그 기능상 어떠한 결함이 있다는 것만으로 영조물의 설치 또는 관리에 하자가 있다고 할 수 없고, 위와 같은 안전성의 구비 여부를 판단함에 있어서는 당해 영조물의 용도, 그 설치장소의 현황 및 이용 상황 등 제반사정을 종합적으로 고려하여 설치·관리자가 그 영조물의 위험성에 비례하여 사회통념상 일반적으로 요구되는 정도의 방호조치의무를 다하였는지 여부를 그 기준으로 삼아야 할 것이며, 만일 객관적으로 보아 시간적·장소적으로 영조물의 기능상 결함으로 인한 손해발생의 예견가능성과 회피가능성이 없는 경우, 즉 그 영조물의 결함이 영조물의 설치·관리자의 관리행위가 미칠 수 없는 상황 아래에 있는 경우임이 입증되는 경우라면 영조물의

설치·관리상의 하자를 인정할 수 없다고 할 것이다(대법원 2000. 2. 25. 선고 99다 54004 판결, 대법원 2001. 7. 27. 선고 2000다56822 판결 등 참조).

원심판결 이유를 기록에 비추어 살펴보면, 이 사건 사고 장소가 평소 차량 및 일반인들의 통행이 많은 곳일 뿐만 아니라 가해 버스가 진행하던 도로는 편도 3차선의 넓은 도로여서 횡단보도 및 신호기가 설치되지 않을 경우 무단횡단 등으로 인하여 교통사고가 발생할 위험성이 높은 곳인 점, 이 사건 사고 장소에는 가해 버스의 진행방향에서 보아 교차로 건너편에 차량용 신호가 있고 교차로를 지난 직후 이 사건 보행자 신호기가 설치된 횡단보도가 있는데, 교차로를 통행하는 운전자로서는 차량용 신호기가 진행신호인 경우 횡단보도에 설치된 보행자 신호기가 정지신호일 것이라고 신뢰하고 횡단보도 앞에서 감속하거나 일단정지를 하지 않을 것이므로, 횡단보도에 설치된 보행자 신호기가 고장이 나서 그 신호기의 신호와 차량용 신호기의 신호가 불일치 또는 모순되는 경우 교통사고가 발생할 위험성이 큰 점, 보행자 신호기에 아무런 표시등도 켜져 있지 않은 경우 보행자가 횡단보도를 건너다가 사고가 발생하였다 하더라도 그 사고가 오로지 보행자의 과실에만 기인한 것이고 보행자 신호기의 고장과는 무관한 것이라고 할 수 없는 점, 특히 이 사건에서 피고와의 교통신호등 유지보수 공사 계약에 따라 사고 장소의 각 신호기를 관리하여 오던 삼흥전설이라는 업체는 매일 순회하면서 신호기의 정상작동 여부를 확인, 점검하여 고장 신호기를 보수하고 있는데 이 사건 사고 발생 이틀 후에야 비로소 위 고장 신호기가 수리된 점 등의 각 사정에 비추어, 피고가 자신이 관리하는 영조물인 이 사건 보행자 신호기의 위험성에 비례하여 사회통념상 일반적으로 요구되는 정도의 방호조치의무를 다하였다고는 볼 수 없고, 객관적으로 보아 시간적·장소적으로 영조물의 기능상 결함으로 인한 손해발생의 예견가능성과 회피가능성이 없는 경우에 해당한다고 볼 수도 없다는 이유로, 이 사건 사고 당시 적색등의 전구가 단선되어 있었던 이 사건 보행자 신호기에는 그 용도에 따라 통상 갖추어야 할 안전성을 갖추지 못한 관리상의 하자가 있었다고 본 원심의 판단은 정당하고, 거기에 상고이유의 주장과 같이 경험칙이나 판례의 위반 또는 판결에 영향을 미친 판단누락 등의 위법은 없다. 상고 논지는 모두 이유 없다.

그러므로 상고를 기각하고, 상고비용은 패소자가 부담하는 것으로 하여 관여 대법관의 일치된 의견으로 주문과 같이 판결한다.

> **판례7** | 신호대기를 위하여 정지하여 있는 자동차의 운전자는 후행 오토바이에 대해 갑자기 진로를 변경할 것까지 예상하여 진행신호가 들어온 경우에도 출발을 하지 않고 정지하여 오토바이의 동태를 살핀다든가 하는 등의 안전조치를 취할 주의의무는 없다[대법원 2003.4. 11. 선고,. 2003다3607, 판결]

【판결요지】

[1] 신뢰의 원칙은 상대방 교통관여자가 도로교통의 제반법규를 지켜 도로교통에 임하리라고 신뢰할 수 없는 특별한 사정이 있는 경우에는 그 적용이 배제된다.

[2] 신호대기를 위하여 정지하여 있는 자동차의 운전자는 특별한 사정이 없는 한 뒤에서 오토바이가 진행하여 오는 것을 보았다고 하더라도 그 오토바이도 신호대기를 위하여 정지하리라고 신뢰하면 족한 것이지, 정지하지 아니하고 앞쪽의 신호대기중인 자동차를 피하여 오른쪽으로 진로를 변경하여 갓길을 따라오던 속도 그대로 진행하다가 자동차 전방으로 갑자기 진로를 변경할 것까지 예상하여 진행신호가 들어온 경우에도 출발을 하지 않고 정지하여 오토바이의 동태를 살핀다든가 하는 등의 안전조치를 취할 주의의무는 없다.

【원심판결】

서울고등법원 2002. 12. 24. 2001나 74201 판결

【이유】

1. 신뢰의 원칙은 상대방 교통관여자가 도로교통의 제반법규를 지켜 도로교통에 임하리라고 신뢰할 수 없는 특별한 사정이 있는 경우에는 그 적용이 배제된다고 할 것이나(대법원 1984. 4. 10. 선고 84도79 판결 참조), 신호대기를 위하여 정지하여 있는 자동차의 운전자는 특별한 사정이 없는 한 뒤에서 오토바이가 진행하여 오는 것을 보았다고 하더라도 그 오토바이도 신호대기를 위하여 정지하리라고 신뢰하면 족한 것이지, 정지하지 아니하고 앞쪽의 신호대기중인 자동차를 피하여 오른쪽으로 진로를 변경하여 갓길을 따라 오던 속도 그대로 진행하다가 자동차 전방으로 갑자기 진로를 변경할 것까지 예상하여 진행신호가 들어온 경우에도 출발을 하지 않고 정지하여 오토바이의 동태를 살핀다든가 하는 등의 안전조치를 취할 주의의무는 없다 할 것이고, 이는 자동차의 일시정지선을 연장한 지점으로부터 약 2.5m 전방 갓길에 물 웅덩이가 있다고 하여 달리 볼 것은 아니다.

원심은, 판시 각 사실을 인정한 다음, 도로교통법 제17조의2는 모든 차의 운전자는 진로를 변경하고자 하는 경우에 그 변경하고자 하는 방향으로 오고 있는 모든 차의 정상적인 통행에 장애를 줄 우려가 있을 때에는 진로를 변경하여서는 아니된다고 규정하고 있으므로, 진로를 변경하고자 하는 차의 운전자는 상당한 거리를 확보한 뒤에 진로를 변경하여야 할 주의의무가 있고, 이는 갓길에서 도로로 진입하는 경우라 하여 달라지지 않으며, 도로를 운행하는 자동차의 운전자로서는 특별한 사정이 없는 한 다른 차량도 정상적으로 그 차로를 유지하면서 진행하고, 정상적인 통행에 장애를 줄 정도로 갑자기 타인의 진행차량 전방으로 급히 진입하지는 않으리라고 신뢰하는 것이

보통이라고 할 것이므로, 편도 2차로 도로의 2차로를 운행하는 자동차의 운전자에게 오른쪽 갓길을 따라 진행하여 오던 오토바이가 갑자기 자신의 진행방향 앞으로 진로를 변경하리라는 것까지 예상하여 운전할 주의의무는 없다 할 것이라고 판단하였는바, 앞서 본 법리와 기록에 비추어 살펴보면 원심의 판단은 정당하고 그 판단에 상고이유로 주장하는 신뢰의 원칙에 관한 법리 등을 오해한 위법이 있다 할 수 없다. 상고이유로 들고 있는 판례는 사안을 달리하는 이 사건의 선례가 될 수 없다.

2. 이 사건 승용차의 운전자인 소외인으로서는 위 오토바이 운전자인 피고가 신뢰를 깨뜨리는 운행을 하는 것을 발견한 이후에는 그에 따른 적절한 안전조치를 취할 주의의무가 있다 할 것이나, 원심이 인정한 사실 및 기록에 의하면 위 오토바이 운전자인 피고는 이 사건 승용차에 못미친 지점 갓길에서 전방의 물 웅덩이를 보고 핸들을 왼쪽으로 틀어 안전거리를 거의 두지 아니한 채 쓰러지듯이 막 출발하려는 이 사건 승용차 앞으로 진로를 변경하였던 것으로 인정되는 점에 비추어 보면, 소외인이 그 당시 상황에서 급제동 조치를 취하였다 하더라도 충돌을 피할 수는 없었다고 할 것이어서 소외인에게 과실이 있다고 할 수 없는바, 같은 취지의 원심의 판단도 정당하고, 거기에 상고이유로 주장하는 바와 같은 자동차 운전자의 주의의무에 관한 법리를 오해한 위법이 있다 할 수 없다.

3. 그러므로 상고를 기각하고 상고비용은 패소자가 부담하는 것으로 하여 관여 대법관의 일치된 의견으로 주문과 같이 판결한다.

판례8 │ 신호기가 표시하는 신호 중 녹색 등화에 의한 신호의 의미[대법원 2000. 1. 14., 선고, 99다 24201, 판결]

【판결요지】

　신호기가 표시하는 신호 중 녹색 등화에 의한 신호는 차마가 직진할 수 있다는 뜻이기는 하나, 여기에서 '직진'이라 함은 어디까지나 '방향전환'에 대한 상대적 개념으로서, 문자 그대로 직선으로 나아감만을 의미하는 것이 아니라, 다른 길로 방향전환을 하지 않고 오던 길을 따라 그대로 계속 진행하는 것을 의미하는 것이다.

【원심판결】

　서울지법 1999. 4. 9. 선고 98나28304 판결

【주문】

　원심판결을 파기한다. 사건을 서울지방법원 본원 합의부에 환송한다.

【이유】

상고이유를 판단한다.

1. 원심판결 이유와 원심이 인용하고 있는 제1심판결 이유에 의하면, 원심은 그 판결에서 채용하고 있는 증거들을 종합하여, 망 소외인이 1997. 8. 31. 01:20경 원고 1 소유의 (차량등록번호 생략) 승용차를 운전하여 시흥시 월곶동 350 소재 삼거리 교차로 상을 시화공단 쪽에서 인천 쪽으로 진행하다가 반대차선으로 넘어 들어가 위 승용차 앞 부분으로 반대차선 갓길에 있는 전주를 충격한 후 차량과 함께 전주 뒤편 약 2~3m 아래 콘크리트 구조물에 떨어져 그 자리에서 사망한 사실, 사고 지점은 삼거리 교차로로서 소외인이 진행하는 방향은 우측으로 굽은 도로였음에도 그 곳에 설치된 신호기는 도로 상황에 상응한 우측 화살표 신호가 아닌 직진 신호가 들어오도록 설치되어 있었고, 이에 교차로에 진입하던 소외인은 야간이었던 탓에 도로가 우측으로 굽어 있음을 알지 못한 채 단순히 신호기의 직진신호에 따라 그대로 직진하다가 위와 같은 사고를 일으킨 사실, 이 사건 신호기는 안산경찰서장이 피고 시의 시장으로부터 그 설치·관리업무를 위탁받아 관리하여 온 것인 사실을 각 인정한 다음, 위 인정 사실을 기초로 피고측이 이 사건 신호기를 설치하면서 도로의 실제 상황과 일치하지 아니한 신호등을 설치한 탓에 소외인이 잘못된 신호기의 신호에 따라 운전하다가 이 사건 사고가 발생하였으니, 지방자치단체인 피고 시는 신호기 설치·관리 사무의 귀속 주체로서 그 설치·관리상의 하자로 인한 손해배상책임을 면할 수 없다고 판단하여 원고들의 이 사건 청구를 일부 인용하고 있다.

2. 신호기설치 하자로 인한 배상책임 주체에 관한 상고이유에 대하여

   가. 도로교통법(이하 '법'이라고 한다) 제3조 제1항에 의하여 특별시장·광역시장 또는 시장·군수(이하 '시장 등'이라고 한다)의 권한으로 규정되어 있는 도로에서의 신호기 및 안전표지의 설치·관리에 관한 권한은 법 시행령 제71조의2 제1항 제1호에 의하여 지방경찰청장 또는 경찰서장(이하 '경찰서장 등'이라고 한다)에게 위탁되었으나, 이와 같은 권한의 위탁은 이른바 기관위임으로서, 경찰서장 등은 권한을 위임한 시장 등이 속한 지방자치단체의 산하 행정기관의 지위에서 그 사무를 처리하는 것이므로, 경찰서장 등이 설치·관리하는 신호기의 하자로 인한 국가배상법 제5조 소정의 배상책임은 그 사무의 귀속 주체인 시장 등이 속한 지방자치단체가 부담한다고 할 것이다(대법원 1994. 1. 11. 선고 92다29528 판결, 1996. 11. 8. 선고 96다21331 판결, 1999. 6. 25. 선고 99다11120 판결 등 참조).

   따라서 상고이유 중 이 사건 신호기를 현실적으로 설치·관리하는 자가 안산경찰서장임을 내세워 피고가 국가배상법 제5조 소정의 배상책임의 귀속 주체가 아니라고 다

투는 부분은 받아들일 수 없다.

나. 법에서 말하는 '도로'에는 도로법에 의한 도로나 유료도로법에 의한 유료도로뿐만 아니라 '일반교통에 사용되는 모든 곳'도 포함되고(법 제2조 제1호), 여기에서 '일반 교통에 사용되는 모든 곳'이라 함은 '현실적으로 불특정 다수의 사람 또는 차량의 통행을 위하여 공개된 장소로서 교통질서유지 등을 목적으로 하는 일반교통경찰권 이 미치는 공공성이 있는 모든 곳'을 의미하므로(대법원 1993. 6. 22. 선고 93도 828 판결, 1996.10.25. 선고 96도1848 판결, 1998. 3. 27. 선고 97누20775 판 결 등 참조), 경찰서장 등은 도로의 소유자나 관리자가 누구냐와 상관없이 현실적으 로 불특정 다수의 사람 또는 차량의 통행을 위하여 공개되어 일반교통경찰권이 미 치는 곳이면 어디에나 신호기나 안전표지를 설치하여 관리할 수 있으며, 그 경우 그 신호기나 안전표지는 그것이 경찰서장 등에 의하여 설치·관리되는 것인 이상 그 설치·관리 비용의 부담자가 누구이냐와 관계없이 당연히 국가배상법 제5조 소정의 ' 공공의 영조물'이 된다 할 것이다.

따라서 국가나 지방자치단체 아닌 한국수자원공사가 이 사건 신호기가 설치된 도로 를 소유·관리하면서 이 사건 신호기의 설치·관리 비용까지 부담하고 있다 하더라도 이 사건 도로가 일반 공중의 통행에 제공되어 사용되고 있는 이상 이 사건 신호기 의 설치·관리 사무의 귀속 주체인 피고로서는 그 하자로 인한 타인의 손해에 대하 여 국가배상법 제5조 소정의 배상책임을 면하지 못한다 할 것이다. 이 점에 관한 상고이유 및 상고이유서 제출기간 경과 후에 제출된 보충상고이유서 기재 중 상고 이유를 보충하는 부분은 이와 다른 전제에서 원심판결을 탓하는 것으로 모두 받아 들일 수 없다.

3. 신호기설치 하자에 관한 상고이유에 대하여

국가배상법 제5조에서 말하는 영조물의 설치·관리의 하자란 영조물이 그 용도에 따라 통상 갖추어야 할 안전성을 갖추지 못한 상태에 있음을 말하는 것으로서(대법원 1997. 5. 16. 선고 96다54102 판결, 1998. 10. 23. 선고 98다17381 판결 참조), 이와 같 은 안전성의 구비 여부는 당해 영조물의 구조, 본래의 용법, 장소적 환경 및 이용 상황 등의 여러 사정을 종합적으로 고려하여 구체적·개별적으로 판단하여야 한다.

그런데 기록에 의하면, 이 사건 사고 장소는 시흥시 소재 시화공단과 월곶동 사이를 잇는 편도 4차선의 넓은 간선도로가 좌측에서 합류하는 편도 1차선의 좁은 지선도로 와 만나 삼거리 교차로를 이루고 있는 곳으로서 위 간선도로는 교차로 부근에서 우측 으로 굽어져 있기는 하나, 그 우측으로 굽어져 나가는 정도는 좌측의 지선도로로 방향 전환을 하는 것에 비하여 현저히 완만한 사실을 알 수 있는바, 이와 같이 교차로의 형 태가 뻗어 있는 간선도로에 지선도로가 좌측에서 합류하는 형태로 되어 있고, 본류인 간선도로의 폭도 지선 도로보다 현저히 넓으며, 그 우측으로 굽은 정도도 좌측 지선도로에 비하여 상대적으로 아주 완만하다면, 본류인 간선도로를 따라 오다가 교차로를 지나 계속 간선도로로 진행하고자 하는 차량의 운전자로서는 우측으로 굽은 도로의 굴곡에 따라 조향장치를 다소 우측으로 조작하기는 하겠지만, 그것을 가지고 우측 길로 방향전환을 한다고 생각하지는 아니할 것임이 분명하다 할 것이므로, 그러한 경우 운전자로서는 단지 오던 길을 따라 그대로 계속 진행한다는 인식하에 행동한다고 보는 것이 오히려 경험칙에 부합한다 할 것이다.

그리고 신호기가 표시하는 신호 중 녹색 등화에 의한 신호는 차마가 직진할 수 있다는 뜻이기는 하나(법시행규칙 제5조 제2항 [별표 3]), 여기에서 '직진'이라 함은 어디까지나 '방향전환'에 대한 상대적 개념으로서, 문자 그대로 직선으로 나아감만을 의미하는 것이 아니라, 다른 길로 방향전환을 하지 않고 오던 길을 따라 그대로 계속 진행하는 것을 의미하는 것이라 할 것이므로, 이 사건 신호기가 위 간선도로를 따라 오다가 교차로를 지나 간선도로로 그대로 계속 진행하고자 하는 이 사건 사고 승용차에 대하여, 방향전환을 뜻하는 녹색 화살표시 등화가 아니라 오던 길을 따라 그대로 계속 진행함을 뜻하는 녹색 등화로 그 진행이 허용됨을 표시하였다 하여 그 신호를 도로의 실제 상황에 부합하지 않는 잘못된 신호라고 할 수는 없다 할 것이다.

위와 같은 녹색 등화에 의한 신호는 운전자에게 위 간선도로가 우측으로 굽어 있다는 점을 일깨워 줄 충분한 표시가 되지 못하는 것은 사실이나, 신호기는 도로교통에 관하여 등화 등으로 진행·정지·방향전환·주의 등의 신호를 표시하기 위한 것일 뿐(법 제2조 제11호), 도로가 굽어 있다는 점을 일깨워 주기 위한 것은 아니므로, 위와 같은 사실을 들어 이 사건 신호기가 그 용도에 따라 통상 갖추어야 할 안전성을 갖추지 못한 상태에 있다고 할 수는 없다 할 것이다.

그럼에도 불구하고 원심은 녹색 등화에 의한 이 사건 신호기의 신호가 도로의 실제 상황과 일치하지 아니하는 잘못된 신호라고 보고 이 사건 신호기의 설치·관리에 하자가 있다고 판단하여 원고들의 이 사건 청구를 일부 인용하고 말았으니, 원심판결에는 신호기가 표시하는 신호의 의미에 관한 법리나 신호기의 설치·관리의 하자에 관한 법리를 오해한 위법이 있다 할 것이다. 상고이유 중 이 점을 지적하는 부분은 이유 있다.

4. 그러므로 나머지 상고이유에 대한 판단을 생략한 채 원심판결을 파기하고, 사건을 다시 심리·판단케 하기 위하여 원심법원에 환송하기로 관여 법관의 의견이 일치되어 주문과 같이 판결한다.

【판결요지】

도로교통법 제3조 제1항은 특별시장·광역시장 또는 시장·군수(광역시의 군수를 제외)는 도로에서의 위험을 방지하고 교통의 안전과 원활한 소통을 확보하기 위하여 필요하다고 인정하는 때에는 신호기 및 안전표지를 설치하고 이를 관리하여야 하도록 규정하고, 도로 교통법시행령 제71조의2 제1항 제1호는 특별시장·광역시장이 위 법률규정에 의한 신호기 및 안전표지의 설치·관리에 관한 권한을 지방경찰청장에게 위임하는 것으로 규정하고 있는바, 이와 같이 행정권한이 기관위임된 경우 권한을 위임받은 기관은 권한을 위임한 기관이 속하는 지방자치단체의 산하 행정기관의 지위에서 그 사무를 처리하는 것이므로 사무귀속의 주체가 달라진다고 할 수 없고, 따라서 권한을 위임받은 기관 소속의 공무원이 위임사무처리에 있어 고의 또는 과실로 타인에게 손해를 가하였거나 위임사무로 설치·관리하는 영조물의 하자로 타인에게 손해를 발생하게 한 경우에는 권한을 위임한 관청이 소속된 지방자치단체가 국가배상법 제2조 또는 제5조에 의한 배상책임을 부담하고, 권한을 위임받은 관청이 속하는 지방자치단체 또는 국가가 국가배상법 제2조 또는 제5조에 의한 배상책임을 부담하는 것이 아니므로, 지방자치단체장이 교통신호기를 설치하여 그 관리권한이 도로교통법 제71조의2 제1항의 규정에 의하여 관할 지방경찰청장에게 위임되어 지방자치단체 소속 공무원과 지방경찰청 소속 공무원이 합동근무하는 교통종합관제센터에서 그 관리업무를 담당하던 중 위 신호기가 고장난 채 방치되어 교통사고가 발생한 경우, 국가배상법 제2조 또는 제5조에 의한 배상책임을 부담하는 것은 지방경찰청장이 소속된 국가가 아니라, 그 권한을 위임한 지방자치단체장이 소속된 지방자치단체라고 할 것이나, 한편 국가배상법 제6조 제1항은 같은 법 제2조, 제3조 및 제5조의 규정에 의하여 국가 또는 지방자치단체가 손해를 배상할 책임이 있는 경우에 공무원의 선임·감독 또는 영조물의 설치·관리를 맡은 자와 공무원의 봉급·급여 기타의 비용 또는 영조물의 설치·관리의 비용을 부담하는 자가 동일하지 아니한 경우에는 그 비용을 부담하는 자도 손해를 배상하여야 한다고 규정하고 있으므로 교통신호기를 관리하는 지방경찰청장 산하 경찰관들에 대한 봉급을 부담하는 국가도 국가배상법 제6조 제1항에 의한 배상책임을 부담한다.

【원심판결】

서울지법 1999. 1. 13. 선고 98나9655 판결

【주문】

상고를 기각한다. 상고비용은 피고의 부담으로 한다.

【이유】

상고이유를 판단한다.

1. 원심판결 이유, 원심판결이 인용한 1심판결 이유 및 기록에 의하면, 대전광역시장은 대전 대덕구 (주소 생략) 주식회사 연합물산 앞 왕복 6차로 도로에 횡단보도와 신호기를 설치한 사실, 위 신호기의 관리권한은 도로교통법시행령 제71조의2 제1항의 규정에 의하여 충남지방경찰청장에게 위임되어 대전광역시 소속 공무원과 충남지방경찰청 소속 공무원이 합동근무하는 교통종합관제센터에서 그 관리업무를 담당한 사실, 1996. 10. 2. 밤 낙뢰로 위 신호기에 고장이 발생하여 보행자신호기와 차량신호기에 동시에 녹색등이 표시되게 되었는데 이러한 고장 사실이 다음날인 1996. 10. 3. 12:13경, 15:56경, 15:29경 3차례에 걸쳐 충남지방경찰청 교통정보센터에 신고된 사실, 교통정보센터는 수리업체에 연락하여 수리하도록 하였으나 수리업체 직원이 고장난 신호등을 찾지 못하여 위 신호기가 고장난 채 방치되어 있던 중 1996. 10. 3. 15:40경 보행자신호기의 녹색등을 보고 횡단보도를 건너던 원고가 차량신호기의 녹색등을 보고 도로를 주행하던 승용차에 충격 되어 상해를 입는 교통사고가 발생한 사실을 인정할 수 있는바, 원심은 사고 전날 낙뢰로 인한 신호기의 고장을 피고 소속 경찰관들이 순찰 등을 통하여 스스로 발견하지 못하고, 고장사실이 3차례에 걸쳐 신고되었음에도 불구하고 사고를 방지하기 위한 아무런 조치가 취해지지 않은 채 위 신호기가 고장난 상태로 장시간 방치된 점 등을 과실로 인정하고, 피고인 국가에 대하여 국가배상법 제6조 소정의 비용부담자로서의 배상책임이 있다고 판단하였다.

2. 상고이유 제1점에 대하여

도로교통법 제3조 제1항은 특별시장·광역시장 또는 시장·군수(광역시의 군수를 제외)는 도로에서의 위험을 방지하고 교통의 안전과 원활한 소통을 확보하기 위하여 필요하다고 인정하는 때에는 신호기 및 안전표지를 설치하고 이를 관리하여야 하도록 규정하고, 도로교통법시행령 제71조의2 제1항 제1호는 특별시장·광역시장이 위 법률규정에 의한 신호기 및 안전표지의 설치·관리에 관한 권한을 지방경찰청장에게 위임하는 것으로 규정하고 있다. 이와 같이 행정권한이 기관위임된 경우 권한을 위임받은 기관은 권한을 위임한 기관이 속하는 지방자치단체의 산하 행정기관의 지위에서 그 사무를 처리하는 것이므로 사무귀속의 주체가 달라진다고 할 수 없고, 따라서 권한을 위임받은 기관 소속의 공무원이 위임사무처리에 있어 고의 또는 과실로 타인에게 손해를 가하였거나 위임사무로 설치·관리하는 영조물의 하자로 타인에게 손해를 발생하게 한 경우에는 권한을 위임한 관청이 소속된 지방자치단체가 국가배상법 제2조 또는 제5조에 의한 배상책임을 부담하고, 권한을 위임받은 관청이 속하는 지방자치단체 또는 국가가 국가배상법 제2조 또는 제5조에 의한 배상책임을 부담하는 것이 아니므로 (대법원 1996. 11. 8. 선고 96다21331 판결, 1991. 12. 24. 선고 91다34097 판결 각 참조), 이 사건의 경우 국가배상법 제2조 또는 제5조에 의한 배상책임을 부담하는 것은 충남지방경찰청장이 소속된 피고가 아니라, 그 권한을 위임한 대전광역시장이 소속된 대전광역시라고 할 것이다.

그러나 국가배상법 제6조 제1항은 같은 법 제2조, 제3조 및 제5조의 규정에 의하여 국가 또는 지방자치단체가 손해를 배상할 책임이 있는 경우에 공무원의 선임·감독 또는 영조물의 설치·관리를 맡은 자와 공무원의 봉급·급여 기타의 비용 또는 영조물의 설치·관리의 비용을 부담하는 자가 동일하지 아니한 경우에는 그 비용을 부담하는 자도 손해를 배상하여야 한다고 규정하고 있으므로 이 사건 신호기를 관리하는 충남지방경찰청장 산하 경찰관들에 대한 봉급을 부담하는 피고도 국가배상법 제6조 제1항에 의한 배상책임을 부담한다고 할 것이다(대법원 1995. 2. 24. 선고 94다57671 판결, 1994. 1. 11. 선고 92다29528 판결 각 참조). 이러한 취지에서 피고에 대하여 국가배상법 제6조에 의한 배상책임을 인정한 원심의 판단은 정당하고 이에 상고이유에서 주장하는 바와 같은 위법이 있다고 할 수 없다. 논지는 이유 없다.

3. 상고이유 제2점에 대하여

위에서 설시한 바와 같은 사실들에 비추어 보면, 보행자 신호와 차량신호에 동시에 녹색등이 표시되는 사고의 위험성이 높은 고장이 발생하였는데도 이를 관리하는 경찰관들이 즉시 그 신호기의 작동을 중지하거나 교통경찰관을 배치하여 수신호를 하는 등의 안전조치를 취하지 않은 채 장시간 고장상태를 방치한 것을 그 공무집행상의 과실로 인정하기에 충분하므로 같은 취지의 원심판결은 타당하고, 위 신호기의 고장이 천재지변인 낙뢰로 인한 것이고 신호기를 찾지 못하여 고장 수리가 지연되었을 뿐 임의로 방치한 것이 아니므로 과실이 없다는 취지의 주장은 받아들일만한 것이 되지 못한다. 논지는 이유 없다.

4. 그러므로 상고를 기각하고 상고비용은 패소자의 부담으로 하기로 하여 관여 법관의 일치된 의견으로 주문과 같이 판결한다.

판례10 | 교차로 입구에서 약 29m 떨어진 횡단보도 위에 설치된 차량신호기가 교차로를 통과하는 모든 차량에 관한 지시를 표시하는 것으로 본 사례*[대법원 1995. 12. 8. 선고 95도1928 판결]*

【판결요지】

차량신호기가 비록 교차로 입구로부터 약 29m 떨어진 횡단보도 위에 설치되어 있다고 하더라도 이는 횡단보도를 통행하는 보행자를 보호하기 위하여 그 횡단보도를 지나는 차량들에 대한 지시를 표시하는 신호기일 뿐 아니라, 교차로를 통과하는 모든 차량들에 관한 지시를 표시하는 신호기라고 본 사례.

【원심판결】

광주지방법원 1995. 7. 20. 95노543 판결

【주문】

원심판결을 파기하고 사건을 광주지방법원 본원 합의부에 환송한다.

【이유】

검사의 상고이유를 판단한다.

원심판결 이유에 의하면 원심은, 제1심법원이 적법하게 조사·채택한 증거에 의하여, 이 사건 교통사고가 발생한 교차로는 서구청 방면에서 농성지하도 방면을 향하여 좌로 굽은 편도 3차선 도로의 우측에 서구 보건소 방면으로 진입하는 도로가 연결되어 있는 "ㅏ"자형 교차로이고, 위 농성지하도 방면에서 위 서구 보건소 방면으로 좌회전하는 차량을 위하여 별도의 차량신호 없이 비보호 좌회전이 가능하도록 황색실선의 중앙선이 끊겨 있고, 백색 점선의 중앙선이 위 농성지하도 방면에서 위 서구 보건소 방면을 따라 그어져 있으며, 이 사건 사고 당시 위 서구청 방면의 교차로 입구에는 차량정지선이 그어져 있고 그로부터 위 서구청 방면으로 약 29m 떨어진 지점에 보행자용 횡단보도 표시가 그어져 있으며, 그 횡단보도와 인도의 접속지점에 양 방향의 진행차량이 볼 수 있도록 차량신호기가 설치되어 있고, 위 교차로 부근에는 위 차량신호기만이 유일하게 설치되어 있을 뿐 다른 차량신호기는 설치되어 있지 아니한 사실, 이 사건 당시 피고인은 (차량등록번호 1 생략) 시외버스를 운전하고 위 차량신호기의 정지신호를 위반한 채 위 횡단보도 및 위 교차로 입구의 정지선을 그대로 지나쳐 교차로에 진입함으로써 때마침 반대방향인 농성지하도 방면에서 서구 보건소 방면으로 좌회전하던 피해자 공소외인 운전의 (차량등록번호 2 생략) 승용차를 뒤늦게 발견하고 급제동 조치를 취하였으나 미치지 못하여 피고인 운전차량 앞 범퍼 부분으로 위 피해자 운전차량 우측 옆 부분을 충격하여 위 피해자에게 약 4주간의 치료를 요하는 늑골골절상 등을 입게 한 사실을 인정한 다음, 피고인의 위와 같은 과실이 교통사고처리특례법 제3조 제2항 단서 제1호 소정의 '도로교통법 제5조의 규정에 의한 신호기의 신호가 표시하는 지시에 위반하여 운전'한 경우에 해당하는지에 관하여 보면, 일반적으로 교차로 부근의 차량신호기가 그 교차로를 통과하는 차량들의 통행방법을 지시하는 것으로 볼 것인지 여부는 교차로의 성상 및 규모, 당해 차량신호기와 그 교차로와의 거리, 당해 차량신호기의 피관측 방향, 교차로 주변에 있는 다른 차량신호기의 위치 및 형태, 당해 차량신호기와 교차로 주변 다른 차량신호기와의 신호연계체계 여하 등을 종합적으로 고려하여 판단하여야 할 것인데, 이 사건 교통사고 당시 위 교차로 부근에는 이 사건 차량신호기만이유일하게 설치되어 있고, 피고인 운전차량의 진행방향 맞은편에는 차량신호기가 설치되어 있지 아니하였으며, 위 차량신호기가 설치된 지점으로부터 교차로 입구까지는 약 29m 떨어져 있어 피고인과 같이 위 교차로를 서구청 방면에서 농성지하도 방면으로 향하여 진행하는 운전자로서는 위 차량신호기가 설치되어 있는 지점의 5 내지 10m 전방에 이르기까지에 한하여 전방주시 의무를 동시에 이행할 수 있는 정상적인 운전자세로 위 차량신호기를 올려다 볼 수 있을 뿐이고, 그 지점을 지나친 후에는 위 교차로를 통과할 때까지도 차량신호기의 지시를 받을 수 없는 점에 비추어 볼 때 피고인과 같이 서구청 방면에서 농성지하도 방면을 향하여 진행하는 운전자로서는 위 차량신호기가 설치된 지점의 5 내지 10m 전방의 지점을 지날 때부터 위 교차로를 통과할 때까지는 통상의 차량신호기가 설치되어 있지 아니한 교차로 부근을 통과하는 운전자에게 요구되는 주의의무에 따라서만 운행할 수 있다 할 것이고, 한편 이 사건 피해자와 같이 농성지하도 방면에서 서구 보건소 방면으로 좌회전하고자 하는 차량의 운전자로서는 위 교차로가 비보호 좌회전이 허용된 곳이고, 위 차량신호기가 위 교차로 입구에서 약 29m나 떨어져 있으므로 비록 이 사건 교통사고 당시와 같이 위 차량신호기의 신호가 차량정지신호 상태에 있다고 할지라도 서구청 방면에서 농성지하도 방면으로, 또는 서구 보건소 방면에서 서구청 방면으로 진행하는 차량이 있는지 여부를 잘 살펴 자신의 책임하에 안전하게 운행하여야 하고, 위 차량신호기의 신호가 차량정지신호 상태에 있다고 하여 만연히 곧바로 좌회전하여서는 아니된다고 할 것이므로, 위 차량신호기는 위 교차로를 서구청 방면에서 농성지하도 방면으로 진행하는 차량 및 농성지하도 방면에서 서구 보건소 방면으로 진행하는 차량들에 대하여 각 통행에 관한 지시를 표시하는 신호기라고 보기 어렵고, 달리 이를 인정할 만한 증거를 찾아 볼 수 없으며, 오히려 위 차량신호기는 그 곳에 설치된 횡단보도를 통행하는 보행자를 보호하기 위하여 그 횡단보도를 지나는 차량들에 대한 지시를 표시하는 신호기라고 봄이 상당하므로 피고인이 신호를 위반한 것으로는 볼 수 없다고 판단하여 이 부분에 대하여 공소를 기각한 제1심판결을 유지하였다.

그러나, 위 차량신호기가 그 곳에 설치된 횡단보도를 통행하는 보행자를 보호하기 위하여 그 횡단보도를 지나는 차량들에 대한 지시를 표시하는 신호기일 뿐 위 교차로를 서구청 방면에서 농성지하도 방면으로 진행하는 차량 및 농성지하도 방면에서 서구 보건소 방면으로 진행하는 차량들에 대하여 각 통행에 관한 지시를 표시하는 신호기라고 보기 어렵다고 한 원심의 판단은 선뜻 수긍하기가 어렵다.

살피건대, 기록에 의하면, 위 두 개의 차량신호기가 모두 횡단보도 위에 설치되어 있고 교차로를 가로질러 대각선을 이루는 지점에 설치되어 있지 않음은 원심판시와 같지만, 위 신호기가 반드시 교차로를 가로질러 설치되어 있어야만 교차로 통행방법을 지시하는 신호기로 볼 수 있다는 근거는 없는 것이다.

먼저, 농성지하도 방면에서 본다면 원심이 확정한 바와 같이 농성지하도 방면에서 서구 보건소 방면으로 좌회전하는 차량을 위하여 황색실선의 중앙선이 끊겨 있고 백색점선의 중앙선이 농성지하도 방면에서 서구 보건소 방면으로 그어져 있으므로 농성지하도 방면에서 서구 보건소 방면으로 좌회전하는 것이 금지되어 있다고 볼 수는 없다 할 것이다. 그리고 서구청 방면에서 농성지하도 방면으로 본다면 횡단보도 앞에 정지선이 그어져 있고 횡단보도를 약 29m를 지난 지점 즉 교차로 진입 입구에 또 다른 정지선이 그어져 있음은 원심이 확정한 바와 같은바, 만일 원심과 같이 이 사건 차량신호기가 횡단보도를 통행하는 보행자를 보호하기 위하여 횡단보도를 지나는 차량들에 대한 지시만을 표시하는 신호기라고 한다면 횡단보도를 약 29m 지나 교차로 진입 입구에 그어져 있는 위 정지선은 아무런 의미가 없게 된다.

왜냐하면, 일반적으로 도로에 그어져 있는 정지선은 진행하는 차량이 정지하여야 할 지점을 표시하는 것이라 할 것인데, 이 사건 피해자와 같이 농성지하도 방면에서 서구 보건소 방면으로 좌회전하고자 하는 차량의 운전자가 서구청 방면에서 농성지하도 방면으로, 또는 서구 보건소 방면에서 서구청 방면으로 진행하는 차량이 있는지 여부를 잘 살펴 자신의 책임하에 안전하게 좌회전하여야 한다면, 서구청 방면에서 농성지하도 방면으로 진행하는 차량은 반대 방면에서 좌회전하는 차량이 있는지의 유무와는 상관 없이 언제든지 진행할 수 있어 교차로 진입 입구에 그어져 있는 정지선에 정지할 필요가 없게 되어 결국 위 정지선은 불필요한 선을 그어 놓은 것에 지나지 아니한 것으로 볼 수밖에 없게 된다.

따라서, 기록에 나타난 이 사건 교차로의 성상 및 규모 이 사건 차량신호기의 위치와 형태 그리고 교차로 입구에 위 정지선이 그어져 있는 이유 등을 고려하여 본다면, 서구청 방면에서 농성지하도로 진행하는 차량들은 횡단보도에 설치된 이 사건 차량신호기의 신호에 따라 신호기의 신호가 녹색등화일 경우에는 계속 진행을 할 수 있고, 적색등화인 경우에는 횡단보도 앞 정지선에 정지를 하여야 하며, 다만 황색등화인 경우에 이미 횡단보도를 진입하였다면 신속히 횡단보도를 통과한 후 이 사건 차량신호기가 적색등화인 동안 반대 방면에서 좌회전하는 차량을 위하여 교차로 입구의 위 정지선에서 정지하여야 하고, 농성지하도 방면에서 서구 보건소 방면으로 좌회전하려는 차량은 특히 위 교차로에 비보호좌회전 표시 또는 좌회전을 금지하는 표시가 설치되어 있지 아니한 사실을 엿볼 수 있으므로 위 차량신호기가 적색등화일 때 좌회전할 수 있다고 봄이 상당하다고 할 것이다.

이렇게 본다면, 이 사건 차량신호기가 비록 교차로 입구로부터 약 29m 떨어진 횡단보도 위에 설치되어 있다고 하더라도 이는 횡단보도를 통행하는 보행자를 보호하기 위하여 그 횡단보도를 지나는 차량들에 대한 지시를 표시하는 신호기일 뿐 아니라, 이 사건 교차로를 농성지하도 방면에서 서구 보건소 방면으로 진행하는 차량 및 서구청 방면에서 농성지하도 방면으로 진행하는 차량들에 대하여도 각 통행에 관한 지시를 표시하는 신호기 즉 이 사건 교차로를 통과하는 모든 차량들에 관한 지시를 표시하는 신호기라고 보지 않을 수 없다 할 것이다.

따라서 이 사건 차량신호기가 이미 적색신호이어서 다른 차량들은 횡단보도 앞 정지선에 모두 정지하였음에도 불구하고 유독 피고인만이 위 정지신호를 무시하고 계속 같은 속력으로 진행하여 횡단보도 앞의 정지선은 물론 교차로 진입 입구의 정지선도 그대로 통과하여 진행하다가 반대 방면에서 위 차량신호기의 적색신호를 신뢰하여 좌회전하는 차량을 충격함으로써 피해자에게 원심 판시와 같은 상해를 입게 한 것이라면, 피고인은 교통사고처리특례법 제3조 제2항 단서 제1호가 정하는 신호위반 사고를 일으킨 것으로 볼 수밖에 없다 할 것임에도 불구하고, 그 판시와 같이 이 사건 사고는 피고인이 신호를 위반하여 일으킨 것이 아니라는 이유로 공소기각을 선고한 제1심 판결을 유지한 원심은 필경 도로교통법상의 신호체계에 관한 법리를 오해한 나머지 판결에 영향을 미친 위법을 저지른 것이라 아니할 수 없으므로 이 점을 지적하는 검사의 상고이유의 주장은 그 이유 있다 할 것이다.

그리고 원심이 유죄로 인정한 이 사건 도로교통법위반의 죄는 이 사건 교통사고처리특례법위반의 죄와는 상상적 경합관계에 있을 뿐만 아니라, 1995. 12. 2. 공포되어 같은 날부터 시행된 일반사면령(대통령령 제14818호)에 의하여 사면되었으므로 이 부분도 함께 파기하기로 한다.

그러므로 원심판결을 파기하고 사건을 원심법원에 환송하기로 관여 법관들의 의견이 일치되어 주문과 같이 판결한다.

Chapter 10. 운전면허의 해석

[1] 운전면허

① 다음의 자동차 등(자동차 + 원동기장치자전거)을 운전하려면 운전면허를 받아야 합니다(「도로교통법」 제80조제1항 본문, 제2조제18호, 제19호 및 제21호).

| 승용자동차 | 승합자동차 | 화물자동차 | 특수자동차 | 이륜자동차 | 건설기계 | 원동기장치자전거 |

◆ 자동차

② "원동기장치자전거"란, 「자동차관리법」 제3조에 따라 이륜자동차 가운데 배기량 125시시 이하의 이륜자동차 또는 배기량 125시시 이하(전기를 동력으로 하는 경우에는 최고정격출력 11킬로와트 이하)의 원동기를 단 차를 말합니다(「도로교통법」 제2조제19호).

③ "이륜자동차"란 총배기량 또는 정격출력의 크기와 관계없이 1명 또는 2명의 사람을 운송하기에 적합하게 제작된 이륜의 자동차 및 그와 유사한 구조로 되어 있는 자동차를 말합니다(「자동차관리법」 제3조제1항제5호).

[2] 운전면허 없이 운전할 수 있는 경우

장애인, 고령자, 임산부, 영유아를 동반한 사람, 어린이 등 일상생활에서 이동에 불편을 느끼는 교통약자(「교통약자의 이동편의 증진법」 제2조제1호)가 최고속도 20킬로미터 이하로만 운행될 수 있는 배기량 125시시 이하(전기를 동력으로 하는 경우에는 최고정격출력 11킬로와트 이하)의 원동기를 단 차를 운전하는 경우에는 운전면허취득의무가 면제됩니다(「도로교통법」 제80조제1항 단서).

[3] 특수차량 운전하기

① 여객자동차운송사업 또는 화물자동차운수사업의 운전업무에 종사하려면 각 자동차를 운전하기에 적합한 운전면허 이외에도 개별법에서 정하는 요건을 갖추어야 합니다(「여객자동차 운수사업법」 제24조 및 「화물자동차 운수사업법」 제8조).

② 「건설기계관리법」에 따른 건설기계를 조종하려면 시장·군수 또는 구청장에게 건설기계조종

사면허를 받아야 하며, 위 자동차 목록에 포함된 건설기계를 운전하기 위해서는 「도로교통법」 제80조에 따른 운전면허를 받아야 합니다(「건설기계관리법」 제26조제1항).

[4] 운전면허의 종류

① 운전면허는 크게 제1종 운전면허, 제2종 운전면허 및 연습운전면허로 구분됩니다.

② 제1종 운전면허로는 자가용은 물론 「여객자동차 운수사업법」 및 「화물자동차 운수사업법」에 따른 모든 사업용 자동차까지 운전할 수 있습니다(「도로교통법」 제80조제2항, 「도로교통법 시행규칙」 제53조 및 별표 18 참조).

③ 제2종 운전면허의 경우는 승용자동차는 물론 승차정원 10명 이하의 승합자동차와 적재중량 4톤 이하의 화물자동차 및 총중량 3.5톤 이하의 특수자동차(대형견인차, 소형견인차 및 구난차는 제외) 등을 운전할 수 있습니다(「도로교통법」 제80조제2항, 「도로교통법 시행규칙」 제53조 및 별표 18 참조).

④ 연습운전면허는 제1종 보통운전면허 또는 제2종 보통운전면허시험의 응시자로서 적성검사, 학과시험, 기능시험을 모두 합격한 사람에게 도로주행연습을 할 수 있도록 허가해 주는 운전면허이고, 그 유효기간은 1년입니다(「도로교통법」 제81조 참조).

[5] 운전면허별 운전가능한 차의 종류

① 운전면허별로 운전할 수 있는 차의 종류는 아래 표와 같습니다(「도로교통법 시행규칙」 별표 18).

운전면허		운전할 수 있는 차량
종별	구분	
제1종	대형면허	① 승용자동차 ② 승합자동차 ③ 화물자동차 ④ 건설기계 · 덤프트럭, 아스팔트살포기, 노상안정기 · 콘크리트믹서트럭, 콘크리트펌프, 천공기(트럭적재식) · 콘크리트믹서트레일러, 아스팔트콘크리트재생기 · 도로보수트럭, 3톤 미만의 지게차, 트럭지게차 ⑤ 특수자동차[대형견인차, 소형견인차및 구난차(이하 "구난차 등"이라 함)는 제외]

			⑥ 원동기장치자전거
	보통면허		① 승용자동차
			② 승차정원 15명 이하의 승합자동차
			③ 적재중량 12톤 미만의 화물자동차
			④ 건설기계(도로를 운행하는 3톤 미만의 지게차에 한정)
			⑤ 총중량 10톤 미만의 특수자동차(구난차 등은 제외)
			⑥ 원동기장치자전거
	소형면허		① 3륜화물자동차
			② 3륜승용자동차
			③ 원동기장치자전거
	특수면허	대형견인차	① 견인형 특수자동차
			② 제2종 보통면허로 운전할 수 있는 차량
		소형견인차	① 총중량 3.5톤 이하의 견인형 특수자동차
			② 제2종 보통면허로 운전할 수 있는 차량
		구난차	① 구난형 특수자동차
			② 제2종 보통면허로 운전할 수 있는 차량
제2종	보통면허		① 승용자동차
			② 승차정원 10명 이하의 승합자동차
			③ 적재중량 4톤 이하의 화물자동차
			④ 총중량 3.5톤 이하의 특수자동차(구난차 등은 제외)
			⑤ 원동기장치자전거
	소형면허		① 이륜자동차(측차부를 포함)
			② 원동기장치자전거
	원동기장치 자전거면허		원동기장치자전거
연습 면허	제1종보통		① 승용자동차
			② 승차정원 15명 이하의 승합자동차
			③ 적재중량 12톤 미만의 화물자동차
	제2종보통		① 승용자동차
			② 승차정원 10명 이하의 승합자동차
			③ 적재중량 4톤 이하의 화물자동차

② 다음의 구분에 의한 기준에 따라 위 표를 적용합니다[「도로교통법 시행규칙」 별표 18 (주)].

　㉮ 「자동차관리법」 제30조 및 제34조에 따라 자동차의 형식이 변경승인되거나 자동 차의 구조 또는 장치가 변경승인된 경우에는 다음 기준을 따릅니다.

- 자동차의 형식이 변경된 경우
  - (1) 차종이 변경되거나 승차정원 또는 적재중량이 증가한 경우: 변경승인 후의 차종 이나 승차정원 또는 적재중량
  - (2) 차종의 변경 없이 승차정원 또는 적재중량이 감소된 경우: 변경승인 전의 승차정 원 또는 적재중량
- 자동차의 구조 또는 장치가 변경된 경우: 변경승인 전의 승차정원 또는 적재중량

㉯ 「도로교통법 시행규칙」 별표 9 (주) 제6호 각 목에 따른 위험물 등을 운반하는 적재중량 3톤 이하 또는 적재용량 3천리터 이하의 화물자동차는 제1종 보통면허 가 있어야 운전을 할 수 있고, 적재중량 3톤 초과 또는 적재용량 3천리터 초과의 화물자동차는 제1종 대형면허가 있어야 운전할 수 있습니다.

㉰ 피견인자동차는 제1종 대형면허, 제1종 보통면허 또는 제2종 보통면허를 가지고 있는 사람이 그 면허로 운전할 수 있는 자동차(「자동차관리법」 제3조에 따른 이 륜자동차는 제외함)로 견인할 수 있습니다. 이 경우 총중량 750킬로그램을 초과 하는 3톤 이하의 피견인자동차를 견인하기 위해서는 견인하는 자동차를 운전할 수 있는 면허와 소형견인차면허 또는 대형견인차면허를 가지고 있어야 하고, 3톤 을 초과하는 피견인자동차를 견인하기 위해서는 견인하는 자동차를 운전할 수 있 는 면허와 대형견인차면허를 가지고 있어야 합니다.

[6] 운전면허시험

① 운전면허를 받으려는 사람은 운전면허시험에 합격해야 합니다(「도로교통법」제85조제1항).

② 운전면허시험에 합격하게 되면 그 합격일부터 30일 이내에 운전면허시험을 실시한 경찰서장 또는 도로교통공단으로부터 운전면허증(「도로교통법 시행규칙」 별지 제55 호서식)을 발급받아야 합니다(「도로교통법 시행규칙」 제77조제1항).

③ 운전면허증을 발급받지 않고 운전해서는 안 됩니다(「도로교통법 시행규칙」 제77조제1항).

[7] 운전면허에 대한 판례

판례1 | 도로교통법 위반(무면허운전)죄는 유효한 운전면허가 없음을 알면서도 자동 차를 운전하는 경우에만 성립하는 고의범인지 여부(적극) *[대법원 2023. 6. 29.선고 2021도17733 판결]*

【판결요지】

도로교통법 위반(무면허운전)죄는 도로교통법 제43조를 위반하여 운전면허를 받지 아니하고 자동차를 운전하는 경우에 성립하는 범죄로, 유효한 운전면허가 없음을 알면서도 자동차를 운전하는 경우에만 성립하는 고의범이다. 교통사고처리 특례법 제3조 제2항 단서 제7호는 도로교통법 위반(무면허운전)죄와 동일하게 도로교통법 제43조를 위반하여 운전면허를 받지 아니하고 자동차를 운전하는 행위를 대상으로 교통사고 처벌 특례를 적용하지 않도록 하고 있다. 따라서 위 단서 제7호에서 말하는 '도로교통법 제43조를 위반'한 행위는 도로교통법 위반(무면허운전)죄와 마찬가지로 유효한 운전면허가 없음을 알면서도 자동차를 운전하는 경우만을 의미한다고 보아야 한다.

【원심판결】

인천지법 2021. 12. 10. 선고 2020노4118 판결

【주문】

상고를 기각한다.

【이유】

원고이유를 판단한다.

법규정 문언의 가능한 의미를 벗어나 형벌법규를 해석하는 것은 유추해석으로서 죄형법정주의에 위반된다. 유추해석금지의 원칙은 모든 형벌법규의 구성요건과 가벌성에 관한 규정에 준용되므로, 위법성 및 책임의 조각사유나 소추조건 또는 처벌조각사유인 형면제 사유에 관하여 범위를 제한적으로 유추적용하면 행위자의 가벌성의 범위가 확대되어 행위자에게 불리하고, 이는 가능한 문언의 의미를 넘어 범죄구성요건을 유추적용하는 것과 같은 결과를 초래하므로 죄형법정주의의 파생원칙인 유추해석금지의 원칙을 위반하여 허용될 수 없다(대법원 1997. 3. 20. 선고 96도1167 전원합의체 판결 참조).

도로교통법 위반(무면허운전)죄는 도로교통법 제43조를 위반하여 운전면허를 받지 아니하고 자동차를 운전하는 경우에 성립하는 범죄로, 유효한 운전면허가 없음을 알면서도 자

동차를 운전하는 경우에만 성립하는 고의범이다(대법원 2004. 12. 10. 선고 2004도 6480 판결 참조). 「교통사고처리 특례법」제3조 제2항 단서 제7호는 도로교통법 위반(무면허운전)죄와 동일하게 도로교통법 제43조를 위반하여 운전면허를 받지 아니하고 자동차를 운전하는 행위를 대상으로 교통사고 처벌 특례를 적용하지 않도록 하고 있다. 따라서 위 단서 제7호에서 말하는 '도로교통법 제43조를 위반'한 행위는 도로교통법 위반(무면허운전)죄와 마찬가지로 유효한 운전면허가 없음을 알면서도 자동차를 운전하는 경우만을 의미한다고 보아야 한다.

원심은 판시와 같은 이유로 이 사건 공소사실 중 도로교통법 위반(무면허운전) 부분에 대하여는 범죄의 증명이 없다고 보아 무죄를 선고하고, 「교통사고처리 특례법」위반(치상) 부분에 대하여는 공소를 기각한 제1심판결을 그대로 유지하였다. 원심판결 이유를 위 법리와 기록에 비추어 살펴보면, 원심의 판단에 논리와 경험의 법칙을 위반하여 자유심증주의의 한계를 벗어나거나 도로교통법 위반(무면허운전)죄의 고의, 「교통사고처리 특례법」위반(치상)죄의 소추조건에 관한 법리를 오해한 잘못이 없다.

그러므로 상고를 기각하기로 하여, 관여 대법관의 일치된 의견으로 주문과 같이 판결한다.

판례2 | 무면허운전으로 인한 도로교통법 위반죄는 운전한 날마다 무면허운전으로 인한 도로교통법 위반의 1죄가 성립하는지 여부(원칙적 적극)[대법원 2022. 10. 27.선고 2022도8806 판결]

【판결요지】

무면허운전으로 인한 도로교통법 위반죄에 관해서는 어느 날에 운전을 시작하여 다음 날까지 동일한 기회에 일련의 과정에서 계속 운전을 한 경우 등 특별한 경우를 제외하고는 사회통념상 운전한 날을 기준으로 운전한 날마다 1개의 운전행위가 있다고 보는 것이 상당하므로 운전한 날마다 무면허운전으로 인한 도로교통법 위반의 1죄가 성립한다고 보아야 한다.

한편 같은 날 무면허운전 행위를 여러 차례 반복한 경우라도 그 범의의 단일성 내지 계속성이 인정되지 않거나 범행 방법 등이 동일하지 않은 경우 각 무면허운전 범행은 실체적 경합 관계에 있다고 볼 수 있으나, 그와 같은 특별한 사정이 없다면 각 무면허운전 행위는 동일 죄명에 해당하는 수 개의 동종 행위가 동일한 의사에 의하여 반복되거나 접속·연속하여 행하여진 것으로 봄이 상당하고 그로 인한 피해법익도 동일한 이상, 각 무면허운전 행위를 통틀어 포괄일죄로 처단하여야 한다.

【원심판결】

춘천지법 2022. 6. 24. 선고 2021노809 판결

【주문】

원심판결을 파기하고, 사건을 춘천지방법원에 환송한다.

【이유】

상고이유를 판단한다.

1. 이 사건 공소사실의 요지

피고인은 2020. 9. 7. 23:20경 춘천시 (주소 1 생략)에 있는 ○○동성당 앞 도로에서 부터 춘천시 (주소 2 생략)에 있는 △△△△ 앞 도로까지 약 30m 구간에서 혈중알코올농도 0.152%의 술에 취한 상태로 자동차 운전면허를 받지 아니하고 렉스턴 승용차를 운전하였다.

2. 원심의 판단

원심은, 이 사건 공소사실 중 도로교통법 위반(무면허운전) 부분을 '피고인은 2020. 9. 7. 20:00경 춘천시 (주소 3 생략) 에 있는 □□□□ 사무실 인근에서부터 춘천시 (주소 2 생략)에 있는 △△△△ 인근에 이르기까지 약 3.4km의 구간에서 자동차 운전면허를 받지 아니하고 렉스턴 승용차를 운전하였다.'로 변경하는 검사의 공소장변경허가신청에 대하여, 기존 공소사실과 변경하려는 공소사실이 범행 일시와 장소, 운전 거리 등 기본적 사실관계에서 동일하지 않다는 이유로 불허하고 이 사건 공소사실 중 도로교통법 위반(무면허운전) 부분을 무죄로 판단한 제1심판결을 그대로 유지하였다.

3. 대법원의 판단

그러나 원심의 판단은 아래와 같은 이유로 수긍하기 어렵다.

가. (1) 무면허운전으로 인한 도로교통법 위반죄에 관해서는 어느 날에 운전을 시작하여 다음 날까지 동일한 기회에 일련의 과정에서 계속 운전을 한 경우 등 특별한 경우를 제외하고는 사회통념상 운전한 날을 기준으로 운전한 날마다 1개의 운전행위가 있다고 보는 것이 상당하므로 운전한 날마다 무면허운전으로 인한 도로교통법 위반의 1죄가 성립한다고 보아야 한다(대법원 2002. 7. 23. 선고 2001도6281 판결 등 참조).

한편 같은 날 무면허운전 행위를 여러 차례 반복한 경우라도 그 범의의 단일성 내지 계속성이 인정되지 않거나 범행 방법 등이 동일하지 않은 경우 각 무면허운전 범행은 실체적 경합 관계에 있다고 볼 수 있으나, 그와 같은 특별한 사정이 없다면 각 무면허운전 행위는 동일 죄명에 해당하는 수 개의 동종 행위가 동일한 의사에 의하여 반복되거나 접속·연속하여 행하여진 것으로 봄이 상당하고 그로 인한 피해법익도 동일한 이상, 각 무면허운전 행위를 통틀어 포괄일죄로 처단하여야 한다.

    (2) 포괄일죄에서는 공소장변경을 통한 종전 공소사실의 철회 및 새로운 공소사실의 추가가 가능한 점에 비추어 공소장변경허가 여부를 결정할 때는 포괄일죄를 구성하는 개개 공소사실별로 종전 것과의 동일성 여부를 따지기보다는 변경된 공소사실이 전체적으로 포괄일죄의 범주 내에 있는지 여부, 즉 단일하고 계속된 범의하에 동종의 범행을 반복하여 행하고 피해법익도 동일한 경우에 해당한다고 볼 수 있는지에 초점을 맞추어야 한다(대법원 2006. 4. 27. 선고 2006도514 판결, 대법원 2018. 10. 25. 선고 2018도9810 판결 등 참조).

나. 기록에 의하면, 검사가 공소장변경을 통해 '철회'하려는 공소사실과 '추가'하려는 공소사실은 피고인이 같은 날 자동차운전면허 없이 20:00경 춘천시 인근 도로에서 렉스턴 승용차를 운전하였다는 것과 23:20경 인근 도로에서 동일한 차량을 운전하였다는 것으로, 각 운전 시간 내지 장소에 일부 차이가 있을 뿐 피고인이 같은 날 동일한 차량을 무면허로 운전하려는 단일하고 계속된 범의 아래 동종의 범행을 같은 방법으로 반복한 것으로 보이고, 달리 그 범의가 갱신되었다거나 범행 방법 등에 차이가 존재한다고 보기 어렵다.

이러한 사정을 앞서 본 법리에 비추어 보면, 검사가 공소장변경을 통해 추가하려는 공소사실과 철회하려는 공소사실은 범의의 연속성, 보호법익과 범행 방법의 동일성, 시간과 장소의 연관성 측면에서 사회통념상 하나의 도로교통법 위반(무면허운전) 행위로 평가할 수 있으므로 포괄하여 일죄에 해당하고, 그 기초가 되는 사회적 사실관계도 기본적인 점에서 동일하다고 볼 수 있다.

다. 따라서 원심으로서는 검사의 공소장변경허가신청을 받아들여 변경된 공소사실에 대하여 심리·판단하였어야 함에도 이를 허가하지 않은 원심의 판단에는 공소사실의 동일성 및 공소장변경에 관한 법리를 오해한 잘못이 있다. 이를 지적하는 검사의 상고이유 주장은 이유 있다.

4. 결론

그러므로 원심판결을 파기하고, 사건을 다시 심리·판단하도록 원심법원에 환송하기로 하여, 관여 대법관의 일치된 의견으로 주문과 같이 판결한다.

판례3 | 자동차 운전면허 취소처분을 받은 사람이 자동차를 운전하였으나 운전면허 취소처분의 원인이 된 교통사고 또는 법규 위반에 대하여 범죄사실의 증명이 없는 때에 해당한다는 이유로 무죄판결이 확정된 경우, 취소처분이 취소되지 않았더라도 도로교통법에 규정된 무면허운전의 죄로 처벌할 수 있는지 여부(소극)*[대법원 2021. 9. 16. 선고 2019 도11826 판결]*

【판결요지】

구 도로교통법(2020. 6. 9. 법률 제17371호로 개정되기 전의 것) 제93조 제1항 제1호에 의하면, 지방경찰청장은 운전면허를 받은 사람이 같은 법 제44조 제1항을 위반하여 술에 취한 상태에서 자동차를 운전한 경우 행정안전부령으로 정하는 기준에 따라 운전면허를 취소하거나 1년 이내의 범위에서 운전면허의 효력을 정지시킬 수 있다. 그러나 자동차 운전면허가 취소된 사람이 그 처분의 원인이 된 교통사고 또는 법규 위반에 대하여 혐의없음 등으로 불기소처분을 받거나 무죄의 확정판결을 받은 경우 지방경찰청장은 구 도로교통법 시행규칙(2020. 12. 10. 행정안전부령 제217호로 개정되기 전의 것) 제91조 제1항 [별표 28] 1. 마.항 본문에 따라 즉시 그 취소처분을 취소하고, 같은 규칙 제93조 제6항에 따라 도로교통공단에 그 내용을 통보하여야 하며, 도로교통공단도 즉시 취소당시의 정기적성검사기간, 운전면허증 갱신기간을 유효기간으로 하는 운전면허증을 새로이 발급하여야 한다.

그리고 행정청의 자동차 운전면허 취소처분이 직권으로 또는 행정쟁송절차에 의하여 취소되면, 운전면허 취소처분은 그 처분 시에 소급하여 효력을 잃고 운전면허 취소처분에 복종할 의무가 원래부터 없었음이 확정되므로, 운전면허 취소처분을 받은 사람이 운전면허 취소처분이 취소되기 전에 자동차를 운전한 행위는 도로교통법에 규정된 무면허운전의 죄에 해당하지 아니한다.

위와 같은 관련 규정 및 법리, 헌법 제12조가 정한 적법절차의 원리, 형벌의 보충성 원칙을 고려하면, 자동차 운전면허 취소처분을 받은 사람이 자동차를 운전하였으나 운전면허 취소처분의 원인이 된 교통사고 또는 법규 위반에 대하여 범죄사실의 증명이 없는 때에 해당한다는 이유로 무죄판결이 확정된 경우에는 그 취소처분이 취소되지 않았더라도 도로교통법에 규정된 무면허운전의 죄로 처벌할 수는 없다고 보아야 한다.

【원심판결】

수원지법 2019. 7. 24. 선고 2019노1256 판결

【주문】

원심판결 중 유죄 부분을 파기하고, 이 부분 사건을 수원지방법원에 환송한다.

【이유】

상고이유를 판단한다.

1. 관련 규정 및 법리

구 도로교통법(2020. 6. 9. 법률 제17371호로 개정되기 전의 것, 이하 '구 도로교통법'이라 한다) 제93조 제1항 제1호에 의하면, 지방경찰청장은 운전면허를 받은 사람

이 같은 법 제44조 제1항을 위반하여 술에 취한 상태에서 자동차를 운전한 경우 행정안전부령으로 정하는 기준에 따라 운전면허를 취소하거나 1년 이내의 범위에서 운전면허의 효력을 정지시킬 수 있다. 그러나 자동차 운전면허가 취소된 사람이 그 처분의 원인이 된 교통사고 또는 법규 위반에 대하여 혐의없음 등으로 불기소처분을 받거나 무죄의 확정판결을 받은 경우 지방경찰청장은 구 도로교통법 시행규칙(2020. 12. 10. 행정안전부령 제217호로 개정되기 전의 것) 제91조 제1항 [별표 28] 1. 마.항 본문에 따라 즉시 그 취소처분을 취소하고, 같은 규칙 제93조 제6항에 따라 도로교통공단에 그 내용을 통보하여야 하며, 도로교통공단도 즉시 취소당시의 정기적성검사기간, 운전면허증 갱신기간을 유효기간으로 하는 운전면허증을 새로이 발급하여야 한다.

그리고 행정청의 자동차 운전면허 취소처분이 직권으로 또는 행정쟁송절차에 의하여 취소되면, 운전면허 취소처분은 그 처분 시에 소급하여 효력을 잃고 운전면허 취소처분에 복종할 의무가 원래부터 없었음이 확정되므로, 운전면허 취소처분을 받은 사람이 운전면허 취소처분이 취소되기 전에 자동차를 운전한 행위는 도로교통법에 규정된 무면허운전의 죄에 해당하지 아니한다(대법원 1999. 2. 5. 선고 98도4239 판결 , 대법원 2008. 1. 31. 선고 2007도9220 판결 등 참조).

위와 같은 관련 규정 및 법리, 헌법 제12조가 정한 적법절차의 원리, 형벌의 보충성 원칙을 고려하면, 자동차 운전면허 취소처분을 받은 사람이 자동차를 운전하였으나 운전면허 취소처분의 원인이 된 교통사고 또는 법규 위반에 대하여 범죄사실의 증명이 없는 때에 해당한다는 이유로 무죄판결이 확정된 경우에는 그 취소처분이 취소되지 않았더라도 도로교통법에 규정된 무면허운전의 죄로 처벌할 수는 없다고 보아야 한다.

2. 이 사건에 대한 판단

가. 원심판결 이유와 기록에 의하면, 다음과 같은 사실을 알 수 있다.

1) 경기남부지방경찰청장은 2018. 6. 4. '피고인이 2017. 10. 24. 01:49경 술에 취한 상태에서 자동차를 운전하였다.'(이하 '이 사건 음주운전'이라 한다)는 이유로 구 도로교통법 제93조 제1항 제1호 에 따라 피고인에 대한 자동차 운전면허를 취소하였다(이하 '이 사건 취소처분'이라 한다).

2) 피고인은 이 사건 취소처분을 받았음에도 2018. 11. 1. 20:20경 도로에서 자동차를 운전하다가 경찰관에게 적발되었다(이하 '이 사건 무면허운전'이라 한다).

3) 검사는 2018. 9. 18. 피고인을 이 사건 음주운전을 이유로 도로교통법 위반(음주운전)으로 기소하고, 2018. 11. 21. 재차 피고인을 이 사건 무면허운전을 이유로 도로교통법 위반(무면허운전)으로 기소하였다. 제1심은 위 두 사건을 병합하여 심리한 후 이 사건 공소사실 중 도로교통법 위반(음주운전) 부분에 대하여는 범죄의 증명이 부족하다는 이유로 무죄로 판단하고, 나머지 도로교통

법 위반(무면허운전) 부분에 대하여는 유죄로 판단하였다. 이에 대하여 피고인과 검사가 각각 항소하였으나, 원심은 제1심판결을 그대로 유지하였다.

4) 피고인은 원심판결 중 도로교통법 위반(무면허운전) 부분에 대하여 상고를 제기하였으나, 검사는 상고를 제기하지 않아 원심판결 중 도로교통법 위반(음주운전) 부분은 무죄가 확정되었다.

나. 이러한 사실관계를 앞서 본 법리에 비추어 살펴본다.

이 사건 취소처분의 원인이 된 이 사건 음주운전에 대한 증명이 부족하다는 이유로 이 사건 공소사실 중 도로교통법 위반(음주운전) 부분에 관하여 무죄판결이 확정되었으므로, 앞서 살펴본 법리에 따라 운전면허 취소처분이 취소되지 않았더라도 피고인을 도로교통법 위반(무면허운전)죄로 처벌할 수는 없다. 따라서 이 사건 공소사실 중 도로교통법 위반(무면허운전) 부분에 대하여 유죄를 인정한 원심판결은 더 이상 유지될 수 없다. 이를 지적하는 취지의 피고인의 상고이유 주장은 이유 있다.

3. 결론

그러므로 원심판결 중 유죄 부분을 파기하고, 이 부분 사건을 다시 심리·판단하도록 원심법원에 환송하기로 하여, 관여 대법관의 일치된 의견으로 주문과 같이 판결한다.

판례4 │ 자동차 등의 운전자가 운전 중에 도로교통법 제92조 제2항에 따라 경찰공무원으로부터 운전면허증의 제시를 요구받은 경우, 운전면허증의 특정된 용법에 따른 행사는 도로교통법 관계 법령에 따라 발급된 운전면허증 자체를 제시하는 것인지 여부(적극)[대법원 2019. 12. 12. 선고 2018도2560 판결]

【판결요지】

공문서부정행사죄는 사용권한자와 용도가 특정되어 작성된 공문서 또는 공도화를 사용권한 없는 자가 사용권한이 있는 것처럼 가장하여 부정한 목적으로 행사하거나 또는 권한 있는 자라도 정당한 용법에 반하여 부정하게 행사하는 경우에 성립한다.

공문서부정행사죄는 공문서에 대한 공공의 신용 등을 보호하기 위한 데 입법 취지가 있는 것으로, 공문서에 대한 공공의 신용 등을 해할 위험이 있으면 범죄가 성립하지만, 그러한 위험조차 없는 경우에는 범죄가 성립하지 아니한다.

도로교통법은 자동차 등을 운전하려는 사람은 지방경찰청장으로부터 운전면허를 받아야 하고(제80조 제1항), 운전면허의 효력은 본인 또는 대리인이 운전면허증을 발급받은 때부터 발생한다고 규정하고 있으며(제85조 제5항), 이러한 운전면허증의 서식, 재질, 규격 등은 법정되어 있다(도로교통법 제85조 제2항, 도로교통법 시행규칙 제77조 제2항[별지 제55호 서식]).

도로교통법에 의하면, 운전면허증을 발급받은 사람은 자동차 등을 운전할 때 운전면허증 등을 지니고 있어야 하고(제92조 제1항), 운전자는 운전 중에 교통안전이나 교통질서 유지를 위하여 경찰공무원이 운전면허증 등을 제시할 것을 요구할 때에는 이에 응하여야 한다(제92조 제2항). 도로교통법이 자동차 등의 운전자에 대하여 위와 같은 의무를 부과하는 취지는 경찰공무원으로 하여금 교통안전 등을 위하여 현장에서 운전자의 신원과 면허조건 등을 법령에 따라 발급된 운전면허증의 외관만으로 신속하게 확인할 수 있도록 하고자 하는 데 있다. 만일 경찰공무원이 자동차 등의 운전자로부터 운전면허증의 이미지파일 형태를 제시받는 경우에는 그 입수 경위 등을 추가로 조사·확인하지 않는 한 이러한 목적을 달성할 수 없을 뿐만 아니라, 그 이미지파일을 신용하여 적법한 운전면허증의 제시가 있었던 것으로 취급할 수도 없다.

따라서 도로교통법 제92조 제2항에서 제시의 객체로 규정한 운전면허증은 적법한 운전면허의 존재를 추단 내지 증명할 수 있는 운전면허증 그 자체를 가리키는 것이지, 그 이미지파일 형태는 여기에 해당하지 않는다.

이와 같은 공문서부정행사죄의 구성요건과 입법 취지, 도로교통법 제92조의 규정 내용과 입법 취지 등에 비추어 보면, 자동차 등의 운전자가 운전 중에 도로교통법 제92조 제2항에 따라 경찰공무원으로부터 운전면허증의 제시를 요구받은 경우 운전면허증의 특정된 용법에 따른 행사는 도로교통법 관계 법령에 따라 발급된 운전면허증 자체를 제시하는 것이라고 보아야 한다. 이 경우 자동차 등의 운전자가 경찰공무원에게 다른 사람의 운전면허증 자체가 아니라 이를 촬영한 이미지파일을 휴대전화 화면 등을 통하여 보여주는 행위는 운전면허증의 특정된 용법에 따른 행사라고 볼 수 없는 것이어서 그로 인하여 경찰공무원이 그릇된 신용을 형성할 위험이 있다고 할 수 없으므로, 이러한 행위는 결국 공문서부정행사죄를 구성하지 아니한다.

【원심판결】

서울남부지법 2018. 1. 18. 선고 2017노20536 판결

【주문】

원심판결 중 제1심 판시 제1죄 중 제1심판결 별지 범죄일람표 1 내지 5항 기재 각 죄 및 제1심 판시 제2 내지 5의 각 죄에 대한 부분을 파기하고, 이 부분 사건을 서울남부지방법원에 환송한다. 나머지 상고를 기각한다.

【이유】

상고이유를 판단한다.

1. 이 사건 공소사실 중 공문서부정행사 부분의 요지

피고인은 2017. 4. 26. 01:15경 서울 (주소 생략) 소재 ○○스포츠센터 앞 도로에서 (차량번호 생략) K5 승용차를 운전하던 중 음주 및 무면허운전으로 적발되어 서울△△경찰서 소속 경위 공소외 1로부터 운전면허증의 제시를 요구받고, 피고인의 휴대전화에 저장된 공소외 2의 운전면허증을 촬영한 이미지파일을 마치 피고인의 운전면허증인 것처럼 제시하여 공문서를 부정하게 행사하였다.

2. 판단

가. 공문서부정행사죄는 사용권한자와 용도가 특정되어 작성된 공문서 또는 공도화를 사용권한 없는 자가 사용권한이 있는 것처럼 가장하여 부정한 목적으로 행사하거나 또는 권한 있는 자라도 정당한 용법에 반하여 부정하게 행사하는 경우에 성립한다(대법원 1998. 8. 21. 선고 98도1701 판결, 대법원 1999. 5. 14. 선고 99도206 판결 등 참조).

공문서부정행사죄는 공문서에 대한 공공의 신용 등을 보호하기 위한 데 입법 취지가 있는 것으로, 공문서에 대한 공공의 신용 등을 해할 위험이 있으면 범죄가 성립하지만, 그러한 위험조차 없는 경우에는 범죄가 성립하지 아니한다.

도로교통법은 자동차 등을 운전하려는 사람은 지방경찰청장으로부터 운전면허를 받아야 하고(제80조 제1항), 운전면허의 효력은 본인 또는 대리인이 운전면허증을 발급받은 때부터 발생한다고 규정하고 있으며(제85조 제5항), 이러한 운전면허증의 서식, 재질, 규격 등은 법정되어 있다(도로교통법 제85조 제2항, 도로교통법 시행규칙 제77조 제2항 [별지 제55호 서식]).

도로교통법에 의하면, 운전면허증을 발급받은 사람은 자동차 등을 운전할 때 운전면허증 등을 지니고 있어야 하고(제92조 제1항), 운전자는 운전 중에 교통안전이나 교통질서 유지를 위하여 경찰공무원이 운전면허증 등을 제시할 것을 요구할 때에는 이에 응하여야 한다(제92조 제2항). 도로교통법이 자동차 등의 운전자에 대하여 위와 같은 의무를 부과하는 취지는 경찰공무원으로 하여금 교통안전 등을 위하여 현장에서 운전자의 신원과 면허조건 등을 법령에 따라 발급된 운전면허증의 외관만으로 신속하게 확인할 수 있도록 하고자 하는 데 있다(대법원 1990. 8. 14. 선고 89도1396 판결 참조). 만일 경찰공무원이 자동차 등의 운전자로부터 운전면허증의 이미지파일 형태를 제시받는 경우에는 그 입수 경위 등을 추가로 조사·확인하지 않는 한 이러한 목적을 달성할 수 없을 뿐만 아니라, 그 이미지파일을 신용하여 적법한 운전면허증의 제시가 있었던 것으로 취급할 수도 없다.

따라서 도로교통법 제92조 제2항에서 제시의 객체로 규정한 운전면허증은 적법한 운전면허의 존재를 추단 내지 증명할 수 있는 운전면허증 그 자체를 가리키는 것이지, 그 이미지파일 형태는 여기에 해당하지 않는다.

이와 같은 공문서부정행사죄의 구성요건과 그 입법 취지, 도로교통법 제92조의 규정 내용과 그 입법 취지 등에 비추어 보면, 자동차 등의 운전자가 운전 중에 도로교통법 제92조 제2항에 따라 경찰공무원으로부터 운전면허증의 제시를 요구받은 경우 운전면허증의 특정된 용법에 따른 행사는 도로교통법 관계 법령에 따라 발급된 운전면허증 자체를 제시하는 것이라고 보아야 한다. 이 경우 자동차 등의 운전자가 경찰공무원에게 다른 사람의 운전면허증 자체가 아니라 이를 촬영한 이미지파일을 휴대전화 화면 등을 통하여 보여주는 행위는 운전면허증의 특정된 용법에 따른 행사라고 볼 수 없는 것이어서 그로 인하여 경찰공무원이 그릇된 신용을 형성할 위험이 있다고 할 수 없으므로, 이러한 행위는 결국 공문서부정행사죄를 구성하지 아니한다.

나. 원심판결 이유와 기록에 의하면, 다음과 같은 사실을 알 수 있다.

1) 피고인은 2015. 10. 17. 운전면허가 취소되었고, 2016. 7. 7.경 공소외 2 몰래 서울지방경찰청장 명의로 발급된 공소외 2의 운전면허증을 피고인의 휴대전화에 내장된 카메라로 촬영하여 그 이미지파일을 휴대전화에 보관하였다.

2) 피고인은 이 부분 공소사실 기재 일시, 장소에서 운전을 하다가 경찰관으로부터 운전면허증의 제시를 요구받고 피고인의 휴대전화에 저장된 위 이미지파일을 제시하였다.

다. 위와 같은 사실관계를 앞서 본 법리에 비추어 살펴보면, 피고인이 운전 중 경찰관으로부터 운전면허증의 제시를 요구받고 경찰관에게 공소외 2의 운전면허증을 촬영한 이미지파일을 제시한 행위는 공소외 2의 운전면허증을 특정된 용법에 따라 행사하였다고 볼 수 없으므로, 공문서부정행사죄가 성립하지 않는다.

라. 그런데도 원심은 판시와 같은 이유로 이 사건 공소사실 중 공문서부정행사 부분을 유죄로 판단하였다. 이러한 원심의 판단에는 공문서부정행사죄에서 정당한 용법에 따른 사용에 관한 법리를 오해하여 판결에 영향을 미친 잘못이 있다. 이를 지적하는 상고이유 주장은 이유 있다.

3. 파기의 범위

위와 같은 이유로 원심판결 중 공문서부정행사 부분을 파기하여야 하는데, 원심은 이 부분(제1심 판시 제3죄)과 유죄로 인정한 제1심 판시 제1죄 중 제1심판결 별지 범죄일람표 1 내지 5항 기재 각 죄 및 제1심 판시 제2, 4, 5의 각 죄가 형법 제37조 전단의 경합범 관계에 있다고 하여 하나의 형을 선고하였으므로, 이 부분 원심판결을 전부 파기하여야 한다.

한편 위 파기 부분을 제외한 나머지 부분은 별개로 심리·판단되고 분리하여 확정되는 관계에 있으므로, 파기 범위에 속하지 않는다.

4. 결론

그러므로 원심판결 중 제1심 판시 제1죄 중 제1심판결 별지 범죄일람표 1 내지 5항 기재 각 죄, 제1심 판시 제2 내지 5의 각 죄에 대한 부분을 파기하고, 이 부분 사건을 다시 심리·판단하도록 원심법원에 환송하며, 나머지 상고를 기각하기로 하여, 관여 대법관의 일치된 의견으로 주문과 같이 판결한다.

> **판례5** | 도로교통법 제152조, 제43조를 위반한 무면허운전이 성립하기 위해서는 운전면허를 받지 않고 자동차 등을 운전한 곳이 도로교통법 제2조 제1호에서 정한 '도로'에 해당해야 하는지 여부(적극)[대법원 2017. 12. 28. 선고 2017도17762 판결]

【판결요지】

도로교통법 제43조는 '누구든지 제80조에 따라 지방경찰청장으로부터 운전면허를 받지 않거나 운전면허의 효력이 정지된 경우에는 자동차 등을 운전하여서는 안 된다'고 정하고, 이를 위반한 경우 처벌하고 있다(도로교통법 제152조 제1호).

도로교통법 제2조 제1호는 '도로'란 도로법에 따른 도로[(가)목], 유료도로법에 따른 유료도로[(나)목], 농어촌도로 정비법에 따른 농어촌도로[(다)목], 그 밖에 현실적으로 불특정 다수의 사람 또는 차마가 통행할 수 있도록 공개된 장소로서 안전하고 원활한 교통을 확보할 필요가 있는 장소[(라)목]를 말한다고 정하고 있다.

도로교통법 제2조 제26호는 '운전'이란 도로에서 차마를 그 본래의 사용방법에 따라 사용하는 것(조종을 포함한다)을 말한다고 정하되, 다음 세 경우에는 도로 외의 곳에서 운전한 경우를 포함한다고 정하고 있다. '술에 취한 상태에서의 운전'(도로교통법 제148조의2 제1항, 제44조), '약물(마약, 대마 및 향정신성의약품과 그 밖에 행정안전부령으로 정하는 것을 말한다)로 인하여 정상적으로 운전하지 못할 우려가 있는 상태에서의 운전'(제148조의2 제3항, 제45조), '차의 운전 등 교통으로 인하여 사람을 사상하거나 물건을 손괴하고 사상자를 구호하는 등 필요한 조치나 피해자에게 인적 사항(성명·전화번호·주소 등을 말한다) 제공을 하지 않은 경우(주·정차된 차만 손괴한 것이 분명한 경우에 제54조 제1항 제2호에 따라 피해자에게 인적 사항을 제공하지 아니한 사람은 제외한다)'(도로교통법 제148조, 제54조 제1항)가 그것이다.

개정 도로교통법(2017. 10. 24. 법률 제14911호로 개정되어 2018. 4. 25. 시행될 예정이다) 제2조 제26호는 차의 운전 등 교통으로 인하여 주·정차된 차만 손괴한 것이 분명한데, 제54조 제1항 제2호에 따라 피해자에게 인적 사항을 제공하지 않은 경우(도로교통법 제156조 제10호)에도 도로 외의 곳에서 한 운전을 운전 개념에 추가하고 있다.

위와 같이 도로교통법 제2조 제26호가 '술이 취한 상태에서의 운전' 등 일정한 경우에 한하여 예외적으로 도로 외의 곳에서 운전한 경우를 운전에 포함한다고 명시하고 있는 반면, 무면허운전에 관해서는 이러한 예외를 정하고 있지 않다. 따라서 도로교통법 제152조, 제43조를 위반한 무면허운전이 성립하기 위해서는 운전면허를 받지 않고 자동차 등을 운전한 곳이 도로교통법 제2조 제1호에서 정한 도로, 즉 '도로법에 따른 도로', '유료도로법에 따른 유료도로', '농어촌도로 정비법에 따른 농어촌도로', '그 밖에 현실적으로 불특정 다수의 사람 또는 차마가 통행할 수 있도록 공개된 장소로서 안전하고 원활한 교통을 확보할 필요가 있는 장소' 중 하나에 해당해야 한다.

위에서 본 도로가 아닌 곳에서 운전면허 없이 운전한 경우에는 무면허운전에 해당하지 않는다. 도로에서 운전하지 않았는데도 무면허운전으로 처벌하는 것은 유추해석이나 확장해석에 해당하여 죄형법정주의에 비추어 허용되지 않는다.

따라서 운전면허 없이 자동차 등을 운전한 곳이 위와 같이 일반교통경찰권이 미치는 공공성이 있는 장소가 아니라 특정인이나 그와 관련된 용건이 있는 사람만 사용할 수 있고 자체적으로 관리되는 곳이라면 도로교통법에서 정한 '도로에서 운전'한 것이 아니므로 무면허운전으로 처벌할 수 없다.

【원심판결】

춘천지법 강릉지원 2017. 10. 12. 선고 2017노330 판결

【주문】

원심판결을 파기하고, 사건을 춘천지방법원 강릉지원에 환송한다.

【이유】

상고이유를 판단한다.

1. 이 사건 공소사실의 요지와 쟁점

이 사건 공소사실 중 도로교통법위반(무면허운전)의 요지는, 피고인이 자동차운전면허를 받지 않고 2017. 5. 14. 07:00경 강릉시 (주소 생략)아파트○○○동 지하주차장에서부터 같은 아파트 △△△동 지하주차장에 이르기까지 약 50m 구간(이하 '이 사건 주차장'이라 한다)에서 (차량등록번호 생략) SM6 승용차를 운전하였다는 것이다.

원심은 피고인의 행위가 도로교통법 제152조 제1호, 제43조를 위반한 무면허운전에 해당한다고 보아, 위 공소사실에 대하여 유죄를 선고한 제1심판결을 그대로 유지하였다.

이 사건의 쟁점은 ① 도로에서 운전한 경우에만 무면허운전에 해당하는지, ② 이 사건 운전 장소가 도로에 해당하는지 여부이다.

2. 무면허운전은 도로교통법상 도로에서 운전한 경우에 한하여 적용되는지 여부

도로교통법 제43조는 '누구든지 제80조에 따라 지방경찰청장으로부터 운전면허를 받지 않거나 운전면허의 효력이 정지된 경우에는 자동차 등을 운전하여서는 안 된다.'고 정하고, 이를 위반한 경우 처벌하고 있다(도로교통법 제152조 제1호).

도로교통법 제2조 제1호는 '도로'란 도로법에 따른 도로[(가)목], 유료도로법에 따른 유료도로[(나)목], 농어촌도로 정비법에 따른 농어촌도로[(다)목], 그 밖에 현실적으로 불특정 다수의 사람 또는 차마가 통행할 수 있도록 공개된 장소로서 안전하고 원활한 교통을 확보할 필요가 있는 장소[(라)목]를 말한다고 정하고 있다.

도로교통법 제2조 제26호는 '운전'이란 도로에서 차마를 그 본래의 사용방법에 따라 사용하는 것(조종을 포함한다)을 말한다고 정하되, 다음 세 경우에는 도로 외의 곳에서 운전한 경우를 포함한다고 정하고 있다. ① '술에 취한 상태에서의 운전'(도로교통법 제148조의2 제1항, 제44조), ② '약물(마약, 대마 및 향정신성의약품과 그 밖에 행정안전부령으로 정하는 것을 말한다)로 인하여 정상적으로 운전하지 못할 우려가 있는 상태에서의 운전'(제148조의2 제3항, 제45조), ③ '차의 운전 등 교통으로 인하여 사람을 사상하거나 물건을 손괴하고 사상자를 구호하는 등 필요한 조치나 피해자에게 인적 사항(성명·전화번호·주소 등을 말한다) 제공을 하지 않은 경우(주·정차된 차만 손괴한 것이 분명한 경우에 제54조 제1항 제2호에 따라 피해자에게 인적 사항을 제공하지 아니한 사람은 제외한다)'(도로교통법 제148조, 제54조 제1항)가 그것이다.

개정 도로교통법(2017. 10. 24. 법률 제14911호로 개정되어 2018. 4. 25. 시행될 예정이다) 제2조 제26호는 차의 운전 등 교통으로 인하여 주·정차된 차만 손괴한 것이 분명한데, 제54조 제1항 제2호에 따라 피해자에게 인적 사항을 제공하지 않은 경우(도로교통법 제156조 제10호)에도 도로 외의 곳에서 한 운전을 운전 개념에 추가하고 있다.

위와 같이 도로교통법 제2조 제26호가 '술이 취한 상태에서의 운전' 등 일정한 경우에 한하여 예외적으로 도로 외의 곳에서 운전한 경우를 운전에 포함한다고 명시하고 있는 반면, 무면허운전에 관해서는 이러한 예외를 정하고 있지 않다. 따라서 도로교통법 제152조, 제43조를 위반한 무면허운전이 성립하기 위해서는 운전면허를 받지 않고 자동차 등을 운전한 곳이 도로교통법 제2조 제1호에서 정한 도로, 즉 '도로법에 따른 도로', '유료도로법에 따른 유료도로', '농어촌도로 정비법에 따른 농어촌도로', '그 밖에 현실적으로 불특정 다수의 사람 또는 차마가 통행할 수 있도록 공개된 장소로서 안전하고 원활한 교통을 확보할 필요가 있는 장소' 중 하나에 해당해야 한다.

위에서 본 도로가 아닌 곳에서 운전면허 없이 운전한 경우에는 무면허운전에 해당하지 않는다. 도로에서 운전하지 않았는데도 무면허운전으로 처벌하는 것은 유추해석이나 확장해석에 해당하여 죄형법정주의에 비추어 허용되지 않는다.

따라서 운전면허 없이 자동차 등을 운전한 곳이 위와 같이 일반교통경찰권이 미치는 공공성이 있는 장소가 아니라 특정인이나 그와 관련된 용건이 있는 사람만 사용할 수 있고 자체적으로 관리되는 곳이라면 도로교통법에서 정한 '도로에서 운전'한 것이 아니므로 무면허운전으로 처벌할 수 없다.

3. 아파트 단지 내 지하주차장이 도로교통법상 도로에 해당하는지 여부

아파트 단지 내 지하주차장은 아파트 단지와 주차장의 규모와 형태, 아파트 단지나 주차장에 차단 시설이 설치되어 있는지 여부, 경비원 등에 의한 출입 통제 여부, 아파트 단지 주민이 아닌 외부인이 주차장을 이용할 수 있는지 여부 등에 따라서 도로교통법 제2조 제1호에서 정한 도로에 해당하는지가 달라질 수 있다.

이 사건 주차장이 아파트 단지 안에 있는 지하주차장으로서, 아파트 주민이나 그와 관련된 용건이 있는 사람만 이용할 수 있고 경비원 등이 자체적으로 관리하는 곳이라면 도로에 해당하지 않을 수 있다. 원심이유지한 제1심이 적법하게 채택한 증거에 의하더라도 이 사건 주차장이 도로교통법 제2조 제1호에서 정한 도로에 해당하는지 여부가 불분명하다.

따라서 피고인이 2017. 5. 14.에 한 자동차 운전행위는 도로교통법에서 금지하는 무면허운전에 해당하지 않는다고 볼 여지가 있다. 원심으로서는 아파트 단지와 주차장의 규모와 형태, 아파트 단지와 이 사건 주차장의 진·출입에 관한 구체적인 관리·이용 상황 등에 관하여 구체적으로 심리한 다음 이 사건 주차장이 도로교통법 제2조 제1호에서 정한 도로에 해당하는지 여부를 판단하였어야 할 것이다.

그런데도 원심은 이 사건 주차장의 진·출입에 관한 구체적인 관리·이용 상황 등에 관해서 별다른 심리를 하지 않은 채 피고인의 자동차 운전행위가 무면허운전에 해당한다고 보아 이 부분 공소사실을 유죄로 인정한 제1심판결을 그대로 유지하였다. 이러한 원심판결에는 필요한 심리를 다하지 않은 채 도로교통법에서 정한 도로와 무면허운전에 관한 법리를 오해하여 판결에 영향을 미친 잘못이 있다. 이를 지적하는 상고이유 주장은 정당하다.

4. 결론

원심판결 중 도로교통법위반(무면허운전) 부분은 파기되어야 하는데, 원심은 이 부분과 유죄로 인정된 나머지 부분이 형법 제37조 전단의 경합범 관계 등에 있다는 이유로 하나의 형을 선고하였으므로, 결국 원심판결은 전부 파기되어야 한다.

나머지 상고이유에 관한 판단을 생략한 채 원심판결 전부를 파기하고 사건을 다시 심리·판단하도록 원심법원에 환송하기로 하여, 대법관의 일치된 의견으로 주문과 같이 판결한다.

판례6 | 제1종 보통면허로 운전할 수 있는 차량을 음주운전 한 경우, 이와 관련된 원동기장치 자전거면허까지 취소할 수 있다[대법원 1996. 11. 8., 선고, 96누9959, 판결]

【판결요지】

한 사람이 여러 종류의 자동차운전면허를 취득하는 경우뿐 아니라 이를 취소 또는 정지하는 경우에 있어서도 서로 별개의 것으로 취급하는 것이 원칙이기는 하나, 자동차운전면허는 그 성질이 대인적 면허일 뿐만 아니라 도로교통법시행규칙 제26조 [별표 14] 에 의하면, 제1종 보통면허 소지자는 승용자동차 뿐만 아니라 원동기장치자전거까지 운전할 수 있도록 규정하고 있어 제1종 보통면허의 취소에는 당연히 원동기장치자전거의 운전까지 금지하는 취지가 포함된 것이어서 이들 차량의 운전면허는 서로 관련된 것이라고 할 것이므로, 제1종 보통면허로 운전할 수 있는 차량을 음주운전 한 경우에는 이와 관련된 원동기장치자전거 면허까지 취소할 수 있는 것으로 보아야 한다.

【원심판결】

서울고등법원 1996.6.12. 96구5508 판결

【이유】

1. 원심판결의 요지

원심판결의 이유에 의하면 원심은 , 그 내세운 증거에 의하여 원고는 1979.11. 6. 인천시장으로부터 제1종 보통 자동차운전면허를, 1973, 3. 29. 인천시장으로부터 제2종 원동기장치자전거면허를 각 취득한 사실, 원고는 1995. 9. 5. 03:45경 술에 취한 상태에서 원고 소유의 인천 1모 8913호 그랜져승용차를 운전하여 부천 방면에서 인천 방면으로 경인국도 1차선을 따라 진행하던 중 인천 부평구 일시동 101 앞 횡단보도에 이르렀는바, 당시 횡단중인 피해자 문O곤을 발견하고 급제동하였으나 미치지 못하고 동인을 충격하여 전치 12주의 치료를 요하는 좌견갑골 골절 등의 상해를 입힌 사실, 위 사고 당시 원고의 혈중알코올 농도는 0.07%로 나타났는데 이에 피고는 1996. 1. 11. 원고의 위 주취운전에 대하여 도로교통법 제78조 제8호, 제41조, 같은 법 시행령 제31조, 같은 법 시행규칙 제53조 제1항 [별표 16] 을 적용하여 원고의 제1종 보통 자동차운전면허 및 제2종 원동기장치자전거면허를 취소하는 처분을 한 사실을 각 인정한 다음, 피고의 제2종 원동기장치자전거면허 취소부분에 대하여, 제2종 원동기장치자전거면허로는 승용자동차를 운전할 수 없어 원동기장치자전거면허와 승용자동차의 운전과는 관련이 없으므로 위 승용자동차의 주취운전을 사유로 하여 원고의 제2종 원동기장치자전거면허를 취소할 수 없다 할 것임에도 피고가 위 승용자동차의 주취운전을 사유로 하여 원고의 제2종 원동기장치자전거면허까지 취소한 것은 위법하다고 판단하였다.

2. 판단

한 사람이 여러 종류의 자동차운전면허를 취득하는 경우뿐 아니라 이를 취소 또는 정지하는 경우에 있어서도 서로 별개의 것으로 취급하는 것이 원칙이기는 하나, 자동차 운전면허는 그 성질이 대인적 면허일 뿐만 아니라 도로교통법시행규칙 제26조 [별표 14] 에 의하면, 제1종 보통면허 소지자는 승용자동차뿐만 아니라 원동기장치자전거까지 운전할 수 있도록 규정하고 있어 제1종 보통면허의 취소에는 당연히 원동기장치자전거의 운전까지 금지하는 취지가 포함된 것이어서 이들 차량의 운전면허는 서로 관련된 것이라고 할 것이므로, 제1종 보통면허로 운전할 수 있는 차량을 음주운전 한 경우에는 이와 관련된 원동기장치자전거면허까지 취소할 수 있는 것으로 보아야 할 것이다(대법원 1994. 11. 25. 선고 94누9672 판결 참조).

따라서 이와 다른 견해에서 원동기장치자전거면허와 승용자동차의 운전과는 관련이 없다는 전제하에 위 승용자동차의 주취운전을 사유로 하여 원고의 제2종 원동기장치자전거면허를 취소할 수 없다고 한 원심판결에는 운전면허 취소에 관한 법리를 오해함으로써 판결에 영향을 미친 위법이 있다 할 것이므로, 이 점을 지적하는 상고이유의 주장은 이유 있다.

3. 그러므로 원심판결 중 피고의 패소 부분을 파기하고 이 부분 사건을 다시 심리·판단하게 하기 위하여 원심법원에 환송하기로 관여 법관들의 의견이 일치되어 주문과 같이 판결한다.

> **판례7** | 도로교통법에 위반하여 교부된 운전면허의 효력은 당연 무효가 아니고 취소되지 않는 한 유효하므로 연령미달자의 운전행위는 무면허운전에 해당하지 아니한다[대법원 1982. 6. 8. 선고,. 80도2646 판결].

【판결요지】

연령미달의 결격자인 피고인이 소외인의 이름으로 운전면허시험에 응시, 합격하여 교부받은 운전면허는 당연 무효가 아니고 도로교통법 제65조 제3호의 사유에 해당함에 불과하여 취소되지 않는 한 유효하므로 피고인의 운전행위는 무면허 운전에 해당하지 아니한다,

【원심판결】

서울지방법원 1980. 9. 25. 80노5112 판결

【이유】

도로교통법 제65조 제1호는, 동 법 제57조 제1호에 위반하여 교부된 운전면허는 당연 무효라는 정신 하에 이를 취소사유에서 제외하고 동 법 제57조 제2호 내지 제4호에 위반하여 교부된 운전면허만을 취소대상으로 규정 한 것이 아니라, 운전면허를 받은 자가(사후에) 동 법 제57조 제2호 내지 제4호의 결격자에 (해당하게 된 때)를 운전면허 취소사유로

규정하고 있는 것에 불과함이 그 법문 상 명백하므로, 위 규정이 도로교통법 제57조 제1
호에 위반하여 교부된 운전면허를 당연 무효로 보아야만 할 근거가 될 수는 없다.

그렇다면 위 도로교통법 제65조 제1호의 규정방식을 근거로 내세워 도로교통법 제57조
제1호에 규정한 연령미달의 결격자이던 피고인이 그의 형인 공소외 이 창규 이름으로 운
전면허시험에 응시 합격하여 받은 원판시 운전면허를 당연 무효로 보아야 할 것이라는 소
론 주장은 채택할 바 못되는 것이고, 피고인이 위와 같은 방법에 의하여 받은 운전면허는
비록 위법하다 하더라도 도로교통법 제65조 제3호의 허위 기타 부정한 수단으로 운전면허
를 받은 경우에 해당함에 불과하여 취소되지 않는 한 그 효력이 있는 것이라 할 것이므로
같은 취지에서 피고인의 원판시운전행위가 도로교통법 제38조의 무면허운전에 해당하지
아니한다고 본 원심판단은 정당하고, 거기에 도로교통법의 법리를 오해한 위법이 없으므로
논지 이유 없다.

Chapter 11. 운전면허의 효력발생 시점

[1] 운전면허증의 발급 등

① 운전면허를 받으려는 사람은 운전면허시험에 합격하여야 합니다.

② 시·도경찰청장은 운전면허시험에 합격한 사람에 대하여 행정안전부령으로 정하는 운전면허증을 발급하여야 합니다.

③ 시·도경찰청장은 운전면허를 받은 사람이 다른 범위의 운전면허를 추가로 취득하는 경우에는 운전면허의 범위를 확대(기존에 받은 운전면허의 범위를 추가하는 것을 말합니다)하여 운전면허증을 발급해야 합니다.

④ 시·도경찰청장은 운전면허를 받은 사람이 운전면허의 범위를 축소(기존에 받은 운전면허의 범위에서 일부 범위를 삭제하는 것을 말합니다)하기를 원하는 경우에는 운전면허의 범위를 축소하여 운전면허증을 발급할 수 있습니다.

⑤ 운전면허의 효력은 본인 또는 대리인이 ②부터 ④까지에 따른 운전면허증을 발급받은 때부터 발생한다. 이 경우 ③ 또는 ④에 따라 운전면허의 범위를 확대하거나 축소하는 경우에도 도로교통법 제93조에 따라 받게 되거나 받은 운전면허 취소·정지 처분의 효력과 벌점은 그대로 승계됩니다.

⑥ ②부터 ④까지에 따라 발급받은 운전면허증은 부정하게 사용할 목적으로 다른 사람에게 빌려주거나 빌려서는 아니 되며, 이를 알선하여서도 아니 됩니다.

[2] 운전면허의 효력발생 시점에 대한 판례

> **판례1 │** '운전면허를 받지 아니하고'라는 법률문언의 통상적 의미에 '운전면허를 받았으나 그후 운전면허의 효력이 정지된 경우'가 당연히 포함되는지 여부(소극)[대법원 2011.8.25.선고 2011도7725 판결]

【판결요지】

도로교통법 제43조는 무면허운전 등을 금지하면서 "누구든지 제80조의 규정에 의하여 지방경찰청장으로부터 운전면허를 받지 아니하거나 운전면허의 효력이 정지된 경우에는 자동차 등을 운전하여서는 아니된다"고 정하여, 운전자의 금지사항으로 운전면허를 받지 아니한 경우와 운전면허의 효력이 정지된 경우를 구별하여 대등하게 나열하고 있다. 그렇다면 '운전면허를 받지 아니하고'라는 법률문언의 통상적인 의미에 '운전면허를 받았으나 그 후 운전면허의 효력이 정지된 경우'가 당연히 포함된다고는 해석할 수 없다.

【원심판결】

의정부지법 2011. 6. 3. 선고 2011노36 판결

【이유】

상고이유를 판단한다.

죄형법정주의는 국가형벌권의 자의적인 행사로부터 개인의 자유와 권리를 보호하기 위하여 범죄와 형벌을 법률로 정할 것을 요구한다. 그러한 취지에 비추어 보면 형벌법규의 해석은 엄격하여야 하고, 명문의 형벌법규의 의미를 피고인에게 불리한 방향으로 지나치게 확장해석하거나 유추해석하는 것은 죄형법정주의의 원칙에 어긋나는 것으로서 허용되지 아니한다(대법원 1992. 10. 13. 선고 92도1428 전원합의체 판결, 대법원 2004. 2. 27. 선고 2003도6535 판결 등 참조).

원심은 다음과 같은 이유를 들어 원동기장치자전거면허의 효력이 정지된 상태에서 원동기장치자전거를 운전한 행위가 도로교통법 제154조 제2호, 제43조의 구성요건에 해당하지 아니한다고 보고, 결국 이 부분 공소사실은 범죄가 되지 아니한다고 판단하였다. 즉 도로교통법 제43조는 무면허운전 등을 금지하면서 "누구든지 제80조의 규정에 의하여 지방경찰청장으로부터 운전면허를 받지 아니하거나 운전면허의 효력이 정지된 경우에는 자동차 등을 운전하여서는 아니된다"고 정하여, 운전자의 금지사항으로 운전면허를 받지 아니한 경우와 운전면허의 효력이 정지된 경우를 구별하여 대등하게 나열하고 있다. 그렇다면 '운전면허를 받지 아니하고'라는 법률문언의 통상적인 의미에 '운전면허를 받았으나 그

후 운전면허의 효력이 정지된 경우'가 당연히 포함된다고는 해석할 수 없다. 그런데 자동차의 무면허운전과 관련하여서는 도로교통법 제152조 제1호 및 제2호가 운전면허의 효력이 정지된 경우도 운전면허를 애초 받지 아니한 경우와 마찬가지로 형사처벌된다는 것을 명문으로 정하고 있는 반면, 원동기장치자전거의 무면허운전죄에 대하여 규정하는 제154조 제2호는 그 처벌의 대상으로 " 제43조의 규정을 위반하여 제80조의 규정에 의한 원동기장치자전거면허를 받지 아니하고 원동기장치자전거를 운전한 사람"을 정하고 있을 뿐이고, 운전면허의 효력이 정지된 상태에서 원동기장치자전거를 운전한 경우에 대하여는 아무런 언급이 없다는 것이다.

앞서 본 형벌법규의 해석에 관한 원칙에 비추어 보면, 원심의 위와 같은 판단은 정당하다. 이와 다른 전제에서 원심판결에 이들 도로교통법 규정에 대한 해석을 그르친 잘못이 있다는 상고이유의 주장은 받아들일 수 없다.

그러므로 상고를 기각하기로 하여 관여 대법관의 일치된 의견으로 주문과 같이 판결한다.

판례2 | 적성검사 미필로 운전면허가 취소되고 그 취소사실의 통지에 갈음하여 적법한 공고가 있었으나 면허취소사실을 모르고 운전한 경우, 무면허운전에 해당하는지 여부(적극)[대법원 2002. 10. 22.선고 2002도4203 판결]

【판결요지】

[1] 적성검사를 받지 아니하여 운전면허가 취소되고 그 취소 사실의 통지에 갈음하여 적법한 공고가 이루어졌다면 운전면허를 받은 사람이 면허가 취소된 사실을 모르고 자동차를 운전하였다고 하더라도 그 운전행위는 무면허운전에 해당한다.

[2] 면허증에 그 유효기간과 적성검사를 받지 아니하면 면허가 취소된다는 사실이 기재되어 있고, 이미 적성검사 미필로 면허가 취소된 전력이 있는데도 면허증에 기재된 유효기간이 5년 이상 지나도록 적성검사를 받지 아니한 채 자동차를 운전하였다면 비록 적성검사 미필로 인한 운전면허 취소사실이 통지되지 아니하고 공고되었다 하더라도 면허취소사실을 알고 있었다고 보아야 하므로 무면허운전죄가 성립한다고 한 사례.

【원심판결】

대구지법 2002. 7. 24. 선고 2002노13216 판결

【이유】

1. 공소사실의 요지

피고인은 운전면허를 받지 아니하고 2001. 2. 10. 12:15경 대구 수성구 지산동 751-3 앞길부터 대구 남구 봉덕동 소재 상동교 앞길까지 자동차를 운전하였다.

2. 원심의 판단

피고인이 적성검사를 받지 아니하여 1996. 8. 28. 운전면허가 취소되고 그 취소사실이 공고되었으나, 운전면허 취소통지에 갈음하여 적법한 공고가 있어 운전면허 취소처분이 효력을 발생하게 되었다고 하더라도 그것만으로 피고인이 운전면허가 취소된 사실을 알게 되었다고 볼 수 없고, 피고인이 운전면허가 취소된 사실을 알고도 운전을 하였다는 점을 인정할 수 있는 증거가 없다. 따라서 이 사건 공소사실은 범죄사실의 증명이 없는 경우에 해당한다.

3. 이 법원의 판단

적성검사를 받지 아니하여 운전면허가 취소되고 그 취소 사실의 통지에 갈음하여 적법한 공고가 이루어졌다면 운전면허를 받은 사람이 면허가 취소된 사실을 모르고 자동차를 운전하였다고 하더라도 그 운전행위는 무면허운전에 해당한다(대법원 1991. 11. 8. 선고 91누2588 판결 참조). 또 이 사건에서 보면, 피고인은 적성검사를 받지 아니하여 운전면허가 취소되었다가 1991. 11. 4. 운전면허를 다시 취득한 전력이 있고, 당시 피고인이 교부받은 운전면허증에는 그 유효기간이 1995. 8. 27.까지로 기재되어 있고 "정기적성검사는 면허증의 유효기간 내에 하지 않으면 운전면허가 취소됩니다."라는 안내문도 기재되어 있는데, 피고인이 그 기간 안에 적성검사를 받지 아니하여 1996. 8. 28. 운전면허가 다시 취소되었으며, 그 면허취소 사실이 피고인의 주소지로 통지되었으나 피고인의 소재불명으로 통지가 반송되자 피고인의 면허증에 기재된 주소지를 관할하는 경찰관서에 면허 취소 사실이 1996. 9. 17.부터 10일간 공고되어 위 운전면허 취소처분의 효력이 발생하였다.

그렇다면 피고인이 위와 같이 운전면허가 취소된 뒤 자동차를 운전한 것은 무면허운전에 해당할 뿐만 아니라, 피고인이 소지하고 있던 면허증에 그 유효기간과 적성검사를 받지 아니하면 면허가 취소된다는 사실이 분명하게 기재되어 있고 이미 적성검사를 받지 아니하여 면허가 취소된 전력이 있는데도 면허증에 기재된 유효기간이 5년 이상 지나도록 적성검사를 받지 아니한 피고인으로서는 이 사건 당시 운전면허가 취소된 사실을 알고 있었다고 보아야 한다.

그럼에도 불구하고, 원심이 피고인에 대한 운전면허 취소 사실이 피고인에게 통지되지 아니하고 공고되었다는 사정만을 들어 피고인이 운전면허 취소 사실을 알고도 자동차를 운전하였다는 증거가 없다고 판단한 것은 무면허운전에 관한 법리를 오해하였거나 채증법칙에 위배하여 판결에 영향을 미친 잘못을 저지른 것이고, 이를 지적하는 상고이유는 이유가 있다. 원심은 운전면허 취소 사실이 공고된 사실만으로는 운전자가 그면허 취소사실을 알게 되었다고 볼 수 없다고 하면서 이 법원의 판결(대법원 1993. 3. 23. 선고 92도3045 판결)을 인용하고 있으나, 이 판결은 법규위반이나 교통사고로 인한 벌점 또는 누산점수가 운전면허 취소기준에 해당하여 면허가 취소된 사실을 모르고 자동차를 운전한 사안에 대한 것으로서 이 사건과는 사안을 달리 한다.

4. 결론

그러므로 주문과 같이 원심판결을 파기하여 사건을 원심법원에 환송하기로 판결한다.

판례3 | 한 사람이 여러 종류의 자동차운전면허를 취득하는 경우, 특정의 면허의 취소 또는 정지에 의하여 다른 운전면허에까지 당연히 그 취소 또는 정지의 효력이 미치는지 여부(소극)[대법원 2000. 9. 26.선고 2000두5425 판결]

【판결요지】

[1] 한 사람이 여러 종류의 자동차운전면허를 취득하는 경우뿐만 아니라 이를 취소 또는 정지함에 있어서도 서로 별개의 것으로 취급함이 원칙이라 할 것이고, 그 취소나 정지의 사유가 특정의 면허에 관한 것이 아니고 다른 면허와 공통된 것이거나 운전면허를 받은 사람에 관한 것일 경우에는 여러 운전면허 전부를 취소 또는 정지할 수도 있다고 보는 것이 상당하지만, 한 사람이 여러 종류의 자동차 운전면허를 취득하는 경우 1개의 운전면허증을 발급하고 그 운전면허증의 면허번호는 최초로 부여한 면허번호로 하여 이를 통합관리하고 있다고 하더라도, 이는 자동차 운전면허증 및 그 면허번호 관리상의 편의를 위한 것에 불과할 뿐이어서 여러 종류의 면허를 서로 별개의 것으로 취급할 수 없다거나 각 면허의 개별적인 취소 또는 정지를 분리하여 집행할 수 없는 것이 아니므로 특정의 면허의 취소 또는 정지에 의하여 다른 운전면허에까지 당연히 그 취소 또는 정지의 효력이 미치는 것은 아니다.

[2] 제1종보통 운전면허와 제1종대형 운전면허를 취득한 자가 대형화물자동차를 운전하다가 교통사고를 낸 것과 관련하여 행정청이 운전면허정지처분을 하면서 면허의 종별을 기재하지 않고 면허번호만을 특정한 경우, 위 각 운전면허가 1개의 면허번호에 의하여 통합관리되고 있다고 하더라도 운전면허정지처분의 대상은 제1종대형 운전면허에 국한되므로 제1종보통 운전면허는 정지되지 않는다고 한 사례.

【원심판결】

서울고법 2000. 5. 10. 선고 2000누1999 판결

【이유】

상고이유를 본다.

한 사람이 여러 종류의 자동차운전면허를 취득하는 경우뿐만 아니라 이를 취소 또는 정지함에 있어서도 서로 별개의 것으로 취급함이 원칙이라 할 것이고, 그 취소나 정지의

사유가 특정의 면허에 관한 것이 아니고 다른 면허와 공통된 것이거나 운전면허를 받은 사람에 관한 것일 경우에는 여러 운전면허 전부를 취소 또는 정지할 수도 있다고 보는 것이 상당하지만, 한 사람이 여러 종류의 자동차 운전면허를 취득하는 경우 1개의 운전면허증을 발급하고 그 운전면허증의 면허번호는 최초로 부여한 면허번호로 하여 이를 통합관리하고 있다고 하더라도, 이는 자동차 운전면허증 및 그 면허번호 관리상의 편의를 위한 것에 불과할 뿐이어서 여러 종류의 면허를 서로 별개의 것으로 취급할 수 없다거나 각 면허의 개별적인 취소 또는 정지를 분리하여 집행할 수 없는 것이 아니므로 특정의 면허의 취소 또는 정지에 의하여 다른 운전면허에까지 당연히 그 취소 또는 정지의 효력이 미치는 것은 아니다(대법원 1995. 11. 16. 선고 95누8850 판결, 1997. 1. 21. 선고 96다40127 판결 등 참조).

원심은 채택증거들에 의하여, 원고는 1989. 4. 26. 제1종보통 운전면허를 취득하고, 이어 1993. 12. 4. 제1종대형 운전면허를 취득하였는데, 피고는 1999. 4. 13.(원심이 인용한 제1심판결의 1999. 1. 13.은 오기임이 분명하다) 원고가 같은 달 5일 대형화물자동차를 운전하다가 교통사고를 낸 것과 관련하여 같은 해 5월 3일부터 같은 해 6월 18일까지 40일간 운전면허정지처분을 하면서 면허의 종별을 특정하지 아니한 채 면허번호만을 특정하였고, 운전면허정지처분의 기초자료가 되는 위반사고점수제조회와 임시운전면허증상의 면허의 종류 내지 소지면허란에 1종대형만을 기재한 사실을 인정한 다음, 행정청이 행하는 행정행위의 내용은 구체적이고 명확하여야 하므로 여러 종류의 자동차운전면허를 취득한 사람에 대한 운전면허정지처분은 그 대상을 면허종별 등으로 정확히 특정할 필요가 있는바, 원고의 제1종보통 운전면허와 제1종대형 운전면허가 1개의 면허번호에 의하여 통합관리되고 있다는 사정만으로 피고가 이 사건 운전면허정지처분을 함에 있어 면허의 종별을 특정하지 아니한 채 면허번호만을 기재한 것은 별도의 면허인 제1종보통 운전면허와 제1종대형 운전면허 모두에 그 효력이 미친다고 볼 수 없으므로, 위 인정사실에 비추어 운전면허정지처분의 대상은 제1종대형 운전면허에 국한되고, 제1종보통 운전면허는 정지되지 않았다고 판단하였다.

기록과 관계 법령을 검토하여 보면 원심의 이와 같은 판단은 정당하고, 거기에 상고이유로 내세우는 바와 같은 도로교통법상의 운전면허에 관한 법리오해나 심리미진 등의 위법이 없다.

그러므로 상고를 기각하고 상고비용은 패소자의 부담으로 하기로 하여 관여 대법관의 일치된 의견으로 주문과 같이 판결한다.

판례4 | 운전면허의 효력 발생시기 및 그 판단 기준[대법원 1997. 1. 21.선고 96다40127 판결]

【판결요지】

운전면허의 효력은 운전면허신청인이 운전면허시험에 합격하기만 하면 발생한다고는 할 수 없지만, 지방경찰청장으로부터 운전면허증을 현실적으로 교부받아야만 발생하는 것은 아니고, 운전면허증이 작성권자인 지방경찰청장에 의하여 작성되어 운전면허신청인이 이를 교부받을 수 있는 상태가 되면 운전면허의 효력이 발생한다고 보아야 하며, 그 경우에 운전면허신청인이 운전면허증을 교부받을 수 있는 상태가 되었는지의 여부는 특별한 사정이 없는 한 운전면허증에 기재된 교부일자를 기준으로 결정함이 상당하다.

【원심판결】

서울지법 1996. 7. 31. 선고 96나12244 판결

【이유】

상고이유(기한 후에 제출된 보충상고이유서에 기재된 것은 상고이유를 보충하는 범위 내에서)를 본다.

한 사람이 여러 종류의 자동차운전면허를 취득하는 경우뿐만 아니라 이를 취소 또는 정지함에 있어서도 서로 별개의 것으로 취급함이 원칙이라 할 것이고, 그 취소나 정지의 사유가 특정의 면허에 관한 것이 아니고 다른 면허와 공통된 것이거나 운전면허를 받은 사람에 관한 것일 경우에는 여러 운전면허 전부를 취소 또는 정지할 수도 있다고 보는 것이 상당하지만, 이 경우에도 다른 면허를 취소나 정지하는 처분 자체는 필요하고 특정의 면허의 취소 또는 정지에 의하여 다른 운전면허에까지 당연히 그 취소 또는 정지의 효력이 미치는 것은 아니라 할 것 이고(대법원 1995. 11. 16. 선고 95누8850 판결, 1992. 9. 22. 선고 91누8289 판결 등 참조), 한편 운전면허신청인이 운전면허시험에 합격하기만 하면 운전면허의 효력이 발생한다고는 할 수 없지만, 지방경찰청장으로부터 운전면허증을 현실적으로 교부받아야만 운전면허의 효력이 발생한다고 볼 것은 아니고, 운전면허증이 작성권자인 지방경찰청장에 의하여 작성되어 운전면허신청인이 이를 교부받을 수 있는 상태가 되면 운전면허의 효력이 발생한다고 보아야 하며, 이 경우에 운전면허신청인이 운전면허증을 교부받을 수 있는 상태가 되었는지의 여부는 특별한 사정이 없는 한 운전면허증에 기재된 교부일자를 기준으로 결정함이 상당하다 고 함이 당원의 견해이다(대법원 1989. 5. 9. 선고 87도2070 판결, 1995. 6. 13. 선고 94다21139 판결).

그리고 운전면허신청인이 벌점의 초과로 운전면허의 효력을 정지당할 지위에 있다든가 운전면허의 효력의 정지처분기간 중이어서 운전면허를 취득할 자격이 없는데도 운전면허를 신청하여 이를 취득하였다고 하더라도 이는 새로운 운전면허처분의 단순한 취소 내지 정지사유에 불과할 뿐이어서 그 운전면허가 당연히 무효라고는 할 수 없으므로, 지방경찰청장이 위 새로운 운전면허의 효력을 정지 또는 취소할 때까지는 여전히 그 효력을 발생

한다 고 할 것이다.

원심이 적법하게 확정한 바와 같이, 피고 최정관이 1990. 5. 15. 제2종 보통 운전면허를 받고 자동차를 운행하다가 1993. 4. 13.부터 같은 해 12. 28.까지 사이에 신호위반 등으로 벌점을 받아 1994. 5. 24. 위 운전면허증을 반납함으로써 그 다음 날인 5. 25.부터 8. 5.까지 73일간 운전면허정지처분이 집행되었는데, 위 피고가 위 운전면허정지처분을 받기 이전인 1994. 5. 16. 제1종 보통 운전면허시험에 합격하여 같은 해 5. 21. 서울강남면허시험장에서 제1종 보통 운전면허 합격자 접수를 하고 면허증 발급신청을 하여 교부일자가 같은 날짜로 된 면허증이 작성되었고, 그 후 이 사건 사고일인 같은 해 5. 30.까지 위 제1종 보통 운전면허가 취소되거나 정지된 사실이 없다면, 실제 면허증 교부 예정일이 이 사건 사고일이고 위 운전면허의 정지처분으로 인하여 교부가 정지된 상태에 있다고 하더라도, 위 피고는 여전히 위 제1종 보통 운전면허를 가진 자라고 할 것이다.

같은 취지의 원심의 판단은 정당하고, 거기에 상고이유로 주장하는 바와 같은 법리오해의 위법이 있다고 할 수 없다.

상고이유에서 드는 판결은 이 사건에 원용하기에 적절치 아니하다.

그러므로 상고를 기각하고 상고비용은 패소자의 부담으로 하기로 하여 관여 법관의 일치된 의견으로 주문과 같이 판결한다.

판례5 | 운전면허의 효력발생 시점 및 그 결정 기준 [대법원 1995. 6. 13. 선고 94다21139 판결]

【판결요지】

가. 도로교통법 제68조 제1항, 제40조 본문, 제69조의 규정내용과 취지를 종합하여 보면, 운전면허신청인이 운전면허시험에 합격하기만 하면 운전면허의 효력이 발생한다고는 볼 수 없겠지만 지방경찰청장으로부터 운전면허증을 현실적으로 교부받아야만 운전면허의 효력이 발생한다고 볼 것은 아니고, 운전면허증이 작성권자인 지방경찰청장에 의하여 작성되어 운전면허신청인이 이를 교부받을 수 있는 상태가 되었을 때에 운전면허의 효력이 발생한다고 보아야 하며, 이 경우 운전면허신청인이 운전면허증을 교부받을 수 있는 상태가 되었는지의 여부는 특별한 사정이 없는 한 운전면허증에 기재된 교부일자를 기준으로 결정함이 상당하다

나. 도로교통법 제49조 제1항, 같은법시행규칙 제19조 제1항 제1호의 규정에 비추어 보면, 교통안전교육은 운전면허증을 교부받은 사람을 대상으로 실시하는 것이지 이를 교부받을 사람에 대하여 실시하는 것은 아니어서 위 교육의 이수가 운전면허를 부여함에 있어 반드시 요구되는 절차 내지 요건이라거나 그 전제조건이 된다 할 수 없고, 실무상 교통안전교육을 받아야만 운전면허증을 현실적으로 교부하고 있다 하더라도

이는 위 교육의 이수를 확보하기 위한 행정편의에서 비롯된 것일 뿐 아무런 법적 근거도 없는 것이어서 위교육의 이수 여하에 따라 운전면허증을 교부받을 수 있는 상태가 되었는지 여부가 달라진다고 할 수 없다.

【원심판결】

부산고등법원 1994.3.31. 선고 93나9910 판결

【이유】

상고이유를 판단한다.

1. 자동차등을 운전하고자 하는 사람은 지방경찰청장의 운전면허를 받아야 하고(도로교통법 제68조 제1항), 누구든지 위 규정에 의한 지방경찰청장의 운전면허를 받지 아니하고, 자동차등을 운전하여서는 아니되며(같은법 제40조 본문) 운전면허를 받고자 하는 사람은 운전면허시험에 합격하여야 하고, 그 합격한 사람에 대하여는 운전면허증을 교부하도록(같은법 제69조) 하고 있는 도로교통법의 규정내용과 취지를 종합하여 보면 운전면허신청인이 운전면허시험에 합격하기만 하면 운전면허의 효력이 발생한다고는 볼 수 없겠지만 지방경찰청장으로 부터 운전면허증을 현실적으로 교부받아야만 운전면허의 효력이 발생한다고 볼 것은 아니고, 운전면허증이 작성권자인 지방경찰청장에 의하여 작성되어 운전면허신청인이 이를 교부받을 수 있는 상태가 되었을 때에 운전면허의 효력이 발생한다고 보아야 할 것이며, 이 경우 운전면허신청인이 운전면허증을 교부받을 수 있는 상태가 되었는지의 여부는 특별한 사정이 없는 한 운전면허증에 기재된 교부일자를 기준으로 결정함이 상당하다 할 것이라는 것이 당원이 이미 표명한 견해이다(당원 1989. 5. 9. 선고 87도2070 판결 참조).

그리고 같은 법 제49조 제1항에 의하면 자동차등의 운전자는 내무부령이 정하는 바에 의하여 교통안전교육을 받도록 되어 있는데, 같은법시행규칙 제19조 제1항 제1호에 의하면 같은 법 제69조의 규정에 의하여 운전면허증을 교부받은 사람에 대하여 정기 교통안전교육을 실시한다고 되어 있으므로, 이에 비추어 보면 교통안전교육은 운전면허증을 교부받은 사람을 대상으로 실시하는 것이지 이를 교부받을 사람에 대하여 실시하는 것은 아니라 할 것이어서 위 교육의 이수가 운전면허를 부여함에 있어 반드시 요구되는 절차 내지 요건이라거나 그 전제조건이 된다 할 수 없다.

실무상 교통안전교육을 받아야만 운전면허증을 현실적으로 교부하고 있다 하더라도 이는 위 교육의 이수를 확보하기 위한 행정편의에서 비롯된 것일 뿐 아무런 법적 근거도 없는 것이어서 위 교육의 이수 여하에 따라 운전면허증을 교부받을 수 있는 상태가 되었는지 여부가 달라진다고는 할 수 없을 것이다.

2. 원심은 피고의 아들인 소외 1이 1993. 4. 8. 제2종 보통 운전면허시험에 합격하였으

나, 아직 운전면허증을 교부받지 아니한 상태에서 1993. 4. 15. 이 사건 피보험자동차를 운전하다가 피해자 소외 2에게 상해를 입히는 교통사고를 일으켰는데, 위 소외 1은 위 사고 다음날인 1993. 4. 16. 교통안전교육을 받고 교부일자가 1993. 4. 8.로 된 운전면허증을 교부받은 사실을 인정한 다음, 위 소외 1의 자동차운전면허는 위 운전면허증에 기재된 교부일자인 1993. 4. 8. 부터 효력을 발생하는 것이므로, 그 후에 이루어진 위 운전행위는 자동차종합보험약관 소정의 면책사유인 도로교통법상의 무면허운전에 해당하지 아니한다고 판단하였는바, 이는 위에서 설시한 법리에 따른 것이므로 정당하고 거기에 법령해석을 잘못한 위법이 있다 할 수 없다. 따라서 논지는 이유 없다.

> **판례6 |** 운전면허의 효력발생시기는 운전면허증에 기재된 교부일자를 기준으로 결정한다*[대법원 1989. 5. 9. 선고,. 87도2070 판결].*

【판결요지】

운전면허의 효력은 면허신청인이 운전면허시험에 합격하기만 하면 발생한다고는 볼 수 없지만 시, 도지사로부터 운전면허증을 현실적으로 교부받아야만 발생하는 것은 아니고, 운전면허증이 작성권자인 시, 도지사에 의하여 작성되어 그 신청인이 이를 교부받을 수 있는 상태가 되었다면 그때 발생한다고 보아야 하고 이 경우 운전면허신청인이 운전면허증을 교부받을 수 있는 상태가 되었는지 여부는 특별한 다른 사정이 없는 한 운전면허증에 기재된 교부일자를 기준으로 결정하는 것이 상당하다.

【원심판결】

서울지방법원 1987. 7. 24. 86노5377 판결

【이유】

검사의 상고이유에 대하여 판단한다.

1. 원심판결은 피고인이 1985.7.13. 제1종 보통자동차운전면허시험에 응시하여 그날 합격통지를 받고 교양교육을 마친 뒤 자동차운전면허증이 7.15. 교부된다는 통고를 받았으며, 7.18. 강원도지사로부터 교부일자가 7.15.로 기재된 자동차운전면허증을 등기우편으로 수령한 사실을 인정한 다음, 피고인에 대한 자동차운전면허는 자동차운전면허증에 기재된 교부일자인 7.15. 부여된 것으로 보아야 한다는 요지의 이유로, 피고인이 7.17. 자동차를 운전하다가 일으킨 이 사건 교통사고에 관하여 도로교통법상의 무면허운전금지위반죄에 대하여는 무죄를 선고하고, 교통사고처리특례법위반죄에 대하여는 피고인의 자동차운전행위가 무면허운전에 해당되지 아니함을 전제로 공소기각의 판결을 선고한 제1심판결이 정당하다고 판단하였다.

2. 도로교통법에 의하면, 자동차 등을 운전하고자 하는 사람은 서울특별시장, 직할시장 또는 도지사(이하 "시.도지사"라 한다. 제3조)의 운전면허를 받아야 하고(제68조 제1항), 누구든지 제68조의 규정에 의하여 시·도지사의 운전면허를 받지 아니하고 자동차 등을 운전하여서는 아니되는 바(제40조 본문), 운전면허를 받고자 하는 사람은 운전면허시험에 합격하여야 하며, 그 합격한 사람에 대하여는 운전면허증을 교부하도록(제69조) 규정되어 있는 바, 이들 규정의 내용과 취지를 종합하여 고찰하면, 운전면허 신청인이 운전면허시험에 합격하기만 하면 운전면허의 효력이 발생한다고는 볼 수 없겠지만, 시·도지사로부터 운전면허증을 현실적으로 교부받아야만 운전면허의 효력이 발생한다고 볼 것은 아니고, 운전면허증이 작성권자인 시·도지사에 의하여 작성되어 운전면허신청인이 이를 교부받을 수 있는 상태가 되었다면 그때 운전면허의 효력이 발생한다고 보아야 할 것이요, 이 경우 운전면허신청인이 운전면허증을 교부받을 수 있는 상태가 되었는지의 여부는 특별한 다른 사정이 없는 한 운전면허증에 기재된 교부일자를 기준으로 결정하는 것이 상당하다고 판단된다.

그렇다면 이와 결론을 같이 한 원심의 판단은 정당하고 운전면허신청인에게 운전면허증이 현실로 교부되어야만 운전면허의 효력이 발생한다고 보아야 한다는 전제에서 원심판결을 비난하는 논지는 이유가 없다.

Chapter 12. 일시정지의 의미

[1] 일시정지 의무

① 모든 차 또는 노면전차의 운전자는 보행자(도로교통법 제13조의2제6항에 따라 자전거등에서 내려서 자전거등을 끌거나 들고 통행하는 자전거등의 운전자를 포함한다)가 횡단보도를 통행하고 있거나 통행하려고 하는 때에는 보행자의 횡단을 방해하거나 위험을 주지 아니하도록 그 횡단보도 앞(정지선이 설치되어 있는 곳에서는 그 정지선을 말합니다)에서 일시정지하여야 합니다.

② 모든 차 또는 노면전차의 운전자는 교통정리를 하고 있는 교차로에서 좌회전이나 우회전을 하려는 경우에는 신호기 또는 경찰공무원등의 신호나 지시에 따라 도로를 횡단하는 보행자의 통행을 방해하여서는 아니 됩니다.

③ 모든 차의 운전자는 교통정리를 하고 있지 아니하는 교차로 또는 그 부근의 도로를 횡단하는 보행자의 통행을 방해하여서는 아니 됩니다.

④ 모든 차의 운전자는 도로에 설치된 안전지대에 보행자가 있는 경우와 차로가 설치되지 아니한 좁은 도로에서 보행자의 옆을 지나는 경우에는 안전한 거리를 두고 서행하여야 합니다.

⑤ 모든 차 또는 노면전차의 운전자는 보행자가 도로교통법 제10조제3항에 따라 횡단보도가 설치되어 있지 아니한 도로를 횡단하고 있을 때에는 안전거리를 두고 일시정지하여 보행자가 안전하게 횡단할 수 있도록 하여야 합니다.

⑥ 모든 차의 운전자는 다음 각 호의 어느 하나에 해당하는 곳에서 보행자의 옆을 지나는 경우에는 안전한 거리를 두고 서행하여야 하며, 보행자의 통행에 방해가 될 때에는 서행하거나 일시정지하여 보행자가 안전하게 통행할 수 있도록 하여야 합니다.

  1. 보도와 차도가 구분되지 아니한 도로 중 중앙선이 없는 도로

  2. 보행자우선도로

  3. 도로 외의 곳

⑦ 모든 차 또는 노면전차의 운전자는 도로교통법 제12조제1항에 따른 어린이 보호구역 내에 설치된 횡단보도 중 신호기가 설치되지 아니한 횡단보도 앞(정지선이 설치된 경우에는 그 정지선을 말한다)에서는 보행자의 횡단 여부와 관계없이 일시정지하여야 합니다.

[2] 서행 또는 일시정지할 장소

① 모든 차 또는 노면전차의 운전자는 다음 각 호의 어느 하나에 해당하는 곳에서는 서행하여야 합니다.

    1. 교통정리를 하고 있지 아니하는 교차로

    2. 도로가 구부러진 부근

    3. 비탈길의 고갯마루 부근

    4. 가파른 비탈길의 내리막

    5. 시·도경찰청장이 도로에서의 위험을 방지하고 교통의 안전과 원활한 소통을 확보하기 위하여 필요하다고 인정하여 안전표지로 지정한 곳

② 모든 차 또는 노면전차의 운전자는 다음 각 호의 어느 하나에 해당하는 곳에서는 일시정지하여야 합니다.

    1. 교통정리를 하고 있지 아니하고 좌우를 확인할 수 없거나 교통이 빈번한 교차로

    2. 시·도경찰청장이 도로에서의 위험을 방지하고 교통의 안전과 원활한 소통을 확보하기 위하여 필요하다고 인정하여 안전표지로 지정한 곳

[3] 일시정지의 의미에 대한 판례

> **판례1 |** 자동차 운전자가 보행자보다 먼저 횡단보행자용 신호기가 설치되지 않은 횡단보도에 진입한 경우에도, 차를 일시정지하는 등으로 보행자의 통행이 방해되지 않도록 할 의무가 있는지 여부(원칙적 적극)[대법원 2022. 4. 14.선고 2020도17724 판결].

【원심판결】

부산지법 2020. 11. 26. 선고 2020노1948 판결

【주문】

상고를 기각한다.

【이유】

상고이유를 판단한다.

1. 자동차의 운전자는 횡단보행자용 신호기의 지시에 따라 횡단보도를 횡단하는 보행자가 있을 때에는 횡단보도에의 진입 선후를 불문하고 일시정지하는 등의 조치를 취함으로써 보행자의 통행이 방해되지 않도록 하여야 하고, 다만 자동차가 횡단보도에 먼저 진입한 경우로서 그대로 진행하더라도 보행자의 횡단을 방해하지 않거나 통행에 위험을 초래하지 않을 상황이라면 그대로 진행할 수 있는 것으로 해석되고, 이러한 법리는 그 보호의 정도를 달리 볼 이유가 없는 횡단보행자용 신호기가 설치되지 않은 횡단보도를 횡단하는 보행자에 대하여도 마찬가지로 적용된다. 따라서 모든 차의 운전자는 보행자보다 먼저 횡단보행자용 신호기가 설치되지 않은 횡단보도에 진입한 경우에도, 보행자의 횡단을 방해하지 않거나 통행에 위험을 초래하지 않을 상황이 아니고서는, 차를 일시정지하는 등으로 보행자의 통행이 방해되지 않도록 할 의무가 있다(대법원 2020. 12. 24. 선고 2020도8675 판결 참조).

2. 이 사건의 경위는, 피고인이 2020. 2. 4. 18:50 화물차를 운전하여 교통섬이 있는 교차로에서 우회전을 하며 횡단보행자용 신호기가 없는 횡단보도 앞에서 일시정지하지 아니한 채 그대로 진행하였고, 피해자가 진행방향 우측에서 횡단보도를 뛰어 건너다가 화물차 적재함 부분과 충돌하여 상해를 입었다는 것이다.

3. 원심판결 이유 및 원심이 적법하게 채택하여 조사한 증거 등에 의하면, 피고인이 피해자보다 먼저 화물차를 운전하여 횡단보행자용 신호기가 없는 횡단보도에 진입하면서

횡단보도 앞에서 일시정지하지 않은 채 그대로 진행한 사실, 곧바로 후드티 모자를 쓴 피해자(14세)가 횡단보도를 뛰어 건너다가 피고인의 화물차 오른쪽 적재함 부분과 충돌한 사실을 인정할 수 있다.

이러한 사실관계를 앞서 본 법리에 비추어 살펴보면, 피고인이 운전한 화물차가 보행자인 피해자보다 먼저 횡단보행자용 신호기가 없는 횡단보도에 진입하였더라도 보행자의 횡단을 방해하지 않거나 통행에 위험을 초래하지 않을 상황이 아니고서는, 차를 일시정지하는 등 보행자의 통행이 방해되지 않도록 할 의무가 있다. 이를 위반하여 화물차를 일시정지하지 않은 채 횡단보도를 통과한 행위는 도로교통법 제27조 제1항에 따른 '횡단보도에서의 보행자 보호의무'를 위반한 경우로서「교통사고처리 특례법」제3조 제2항 단서 제6호에 해당한다고 봄이 타당하고, 피고인의 위와 같은 의무 위반이 이 사건 교통사고 발생의 원인이 되었다고 보아야 한다.

같은 취지의 원심판단에는 상고이유 주장과 같은「교통사고처리 특례법」제3조 제2항 단서 제6호의 해석·적용이나 인과관계에 관한 법리를 오해한 잘못이 없다.

4. 상고를 기각하기로 하여, 관여 대법관의 일치된 의견으로 주문과 같이 판결한다.

판례2 | 자동차 운전자가 보행자보다 먼저 횡단보행자용 신호기가 설치되지 않은 횡단보도에 진입한 경우에도 차를 일시정지하는 등으로 보행자의 통행이 방해되지 않도록 할 의무가 있는지 여부(원칙적 적극)*[대법원 2020. 12. 24.선고 2020도8675판결].*

【판결요지】

[1] 횡단보행자용 신호기가 설치되지 않은 횡단보도를 횡단하는 보행자가 있을 경우에, 모든 차 또는 노면전차(이하 구별하지 않고 '차'라고만 한다)의 운전자는, 그대로 진행하더라도 보행자의 횡단을 방해하지 않거나 통행에 위험을 초래하지 않을 경우를 제외하고는, 횡단보도에 차가 먼저 진입하였는지 여부와 관계없이 차를 일시정지하는 등의 조치를 취함으로써 보행자의 통행이 방해되지 않도록 할 의무가 있다. 만일 이를 위반하여 형법 제268조 의 죄를 범한 때에는 교통사고처리 특례법 제3조 제2항 단서 제6호의 '횡단보도에서의 보행자 보호의무를 위반하여 운전한 경우'에 해당하여 보험 또는 공제 가입 여부나 처벌에 관한 피해자의 의사를 묻지 않고 같은 법 제3조 제1항에 의한 처벌의 대상이 된다고 보아야 한다.

[2] 도로교통법 제27조 제1항은 "모든 차 또는 노면전차(이하 구별하지 않고 '차'라고만 한다)의 운전자는 보행자(제13조의2 제6항에 따라 자전거에서 내려서 자전거를 끌고 통행하는 자전거 운전자를 포함한다)가 횡단보도를 통행하고 있을 때에는 보행자

의 횡단을 방해하거나 위험을 주지 아니하도록 그 횡단보도 앞(정지선이 설치되어 있는 곳에서는 그 정지선을 말한다)에서 일시정지하여야 한다."라고 규정하고 있다. 그 입법 취지는 차를 운전하여 횡단보도를 지나는 운전자의 보행자에 대한 주의의무를 강화하여 횡단보도를 통행하는 보행자의 생명·신체의 안전을 두텁게 보호하려는 데에 있다. 교통사고처리 특례법 제3조 제2항 단서 제6호, 제4조 제1항 단서 제1호가 '도로교통법 제27조 제1항에 따른 횡단보도에서의 보행자 보호의무를 위반하여 운전한 경우'에는 교통사고처리 특례법 제3조 제2항 본문, 제4조 제1항 본문의 각 규정에 의한 처벌의 특례가 적용되지 않도록 규정한 취지도 마찬가지로 해석된다.

위 각 규정의 내용과 취지를 종합하면, 자동차의 운전자는 횡단보행자용 신호기의 지시에 따라 횡단보도를 횡단하는 보행자가 있을 때에는 횡단보도에의 진입 선후를 불문하고 일시정지하는 등의 조치를 취함으로써 보행자의 통행이 방해되지 않도록 하여야 하고, 다만 자동차가 횡단보도에 먼저 진입한 경우로서 그대로 진행하더라도 보행자의 횡단을 방해하지 않거나 통행에 위험을 초래하지 않을 상황이라면 그대로 진행할 수 있는 것으로 해석된다. 이러한 법리는 그 보호의 정도를 달리 볼 이유가 없는 횡단보행자용 신호기가 설치되지 않은 횡단보도를 횡단하는 보행자에 대하여도 마찬가지로 적용된다고 보아야 한다. 따라서 모든 차의 운전자는 보행자보다 먼저 횡단보행자용 신호기가 설치되지 않은 횡단보도에 진입한 경우에도, 보행자의 횡단을 방해하지 않거나 통행에 위험을 초래하지 않을 상황이 아니고서는, 차를 일시정지하는 등으로 보행자의 통행이 방해되지 않도록 할 의무가 있다.

【원심판결】

서울동부지법 2020. 6. 11. 선고 2019노1470 판결

【주문】

상고를 기각한다.

【이유】

상고이유를 판단한다.

1. 가. 횡단보행자용 신호기가 설치되지 않은 횡단보도를 횡단하는 보행자가 있을 경우에, 모든 차 또는 노면전차(이하 구별하지 않고 '차'라고만 한다)의 운전자는, 그대로 진행하더라도 보행자의 횡단을 방해하지 않거나 통행에 위험을 초래하지 않을 경우를 제외하고는, 횡단보도에 차가 먼저 진입하였는지 여부와 관계없이 차를 일시정지하는 등의 조치를 취함으로써 보행자의 통행이 방해되지 않도록 할 의무가 있다. 만일 이를 위반하여 형법 제268조의 죄를 범한 때에는 「교통사고처리 특례법」제3조 제2항 단서 제6호의 '횡단보도에서의 보행자 보호의무를 위반하여 운전

한 경우'에 해당하여 보험 또는 공제 가입 여부나 처벌에 관한 피해자의 의사를 묻지 않고 같은 법 제3조 제1항에 의한 처벌의 대상이 된다고 보아야 한다.

나. 도로교통법 제27조 제1항은 "모든 차 또는 노면전차의 운전자는 보행자(제13조의 2 제6항에 따라 자전거에서 내려서 자전거를 끌고 통행하는 자전거 운전자를 포함한다)가 횡단보도를 통행하고 있을 때에는 보행자의 횡단을 방해하거나 위험을 주지 아니하도록 그 횡단보도 앞(정지선이 설치되어 있는 곳에서는 그 정지선을 말한다)에서 일시정지하여야 한다."라고 규정하고 있다. 그 입법 취지는 차를 운전하여 횡단보도를 지나는 운전자의 보행자에 대한 주의의무를 강화하여 횡단보도를 통행하는 보행자의 생명·신체의 안전을 두텁게 보호하려는 데에 있다(대법원 2009. 5. 14. 선고 2007도9598 판결 참조).「교통사고처리 특례법」제3조 제2항 단서 제6호, 제4조 제1항 단서 제1호가 '도로교통법 제27조 제1항에 따른 횡단보도에서의 보행자 보호의무를 위반하여 운전한 경우'에는「교통사고처리 특례법」제3조 제2항 본문, 제4조 제1항 본문의 각 규정에 의한 처벌의 특례가 적용되지 않도록 규정한 취지도 마찬가지로 해석된다.

위 각 규정의 내용과 취지를 종합하면, 자동차의 운전자는 횡단보행자용 신호기의 지시에 따라 횡단보도를 횡단하는 보행자가 있을 때에는 횡단보도에의 진입 선후를 불문하고 일시정지하는 등의 조치를 취함으로써 보행자의 통행이 방해되지 않도록 하여야 하고, 다만 자동차가 횡단보도에 먼저 진입한 경우로서 그대로 진행하더라도 보행자의 횡단을 방해하지 않거나 통행에 위험을 초래하지 않을 상황이라면 그대로 진행할 수 있는 것으로 해석된다(대법원 2017. 3. 15. 선고 2016도17442 판결 참조). 이러한 법리는 그 보호의 정도를 달리 볼 이유가 없는 횡단보행자용 신호기가 설치되지 않은 횡단보도를 횡단하는 보행자에 대하여도 마찬가지로 적용된다고 보아야 한다. 따라서 모든 차의 운전자는 보행자보다 먼저 횡단보행자용 신호기가 설치되지 않은 횡단보도에 진입한 경우에도, 보행자의 횡단을 방해하지 않거나 통행에 위험을 초래하지 않을 상황이 아니고서는, 차를 일시정지하는 등으로 보행자의 통행이 방해되지 않도록 할 의무가 있다.

2. 원심은, 피고인이 운전하는 자동차가 이 사건 사고 장소인 횡단보도에 진입한 순간 피고인 자동차 진행 방향 좌측에 주차되어 있던 차량의 뒤쪽에서 피해자가 뛰어서 피고인 자동차 진행 방향 좌측에서 우측으로 횡단보도를 건너기 시작한 사실, 피해자가 횡단보도의 중간에 다다르기 직전에 피고인 자동차의 앞 범퍼 부분과 충돌한 사실을 인정한 다음, 이 사건 사고 장소는 횡단보행자용 신호기가 설치되지 않아 언제든지 보행자가 횡단할 수 있는 곳이고, 당시 도로 양쪽으로 주차된 차량으로 인해 횡단보도 진입부에 보행자가 있는지 여부를 확인할 수 없는 상황이었으므로, 피고인으로서는 자동

차를 일시정지하여 횡단보도를 통행하는 보행자가 없는 것을 확인하거나 발견 즉시 정차할 수 있도록 자동차의 속도를 더욱 줄여 진행하였어야 하고, 그럼에도 피고인이 이를 게을리한 것은 도로교통법 제27조 제1항에서 정한 '횡단보도에서의 보행자 보호 의무'를 위반한 것이라고 판단하였다. 이러한 판단에 따라 원심은, 피고인이 '횡단보도 에서의 보행자 보호의무'를 위반하지 않았다고 보아 공소기각 판결을 선고한 제1심판 결을 파기하고 사건을 제1심법원에 환송하였다.

3. 적법하게 채택한 증거에 비추어 살펴보면, 원심의 위와 같은 판단과 조치는 앞서 본 법리에 따른 것으로서 정당하다. 거기에 상고이유 주장과 같이 도로교통법 제27조 제 1항 의 해석·적용에 관한 법리를 오해하거나 논리와 경험의 법칙을 위반하여 자유심증 주의의 한계를 벗어난 잘못이 없다.

4. 그러므로 상고를 기각하기로 하여, 관여 대법관의 일치된 의견으로 주문과 같이 판결 한다.

> **판례3** | 도로교통법상의 일시정지는 차가 일시적으로 그 바퀴를 완전 정지시키는 것을 의미하는 것으로서, 특별한 규정이 없는 한 교통상황 등 구체적인 사정에 따라 상대적으로 그 정지시간이나 정지지점을 달리하는 것이다*[대법원 2000. 2. 25. 선고,. 99다31704 판결].*

【판결요지】

[1] 교통정리가 행하여지고 있지 아니하는 교차로에서 좌회전하려는 차량은 서행할 의무는 있으나 도로교통법 제27조의2의 장소가 아닌 한 일시정지할 의무는 없으므로, 교차로에 우선통행을 할 수 있는 다른 차량이 있는 경우에도 그 차량의 진로를 방해하지 않는 범위 내에서 서행하면서 교차로에 진입할 수 있는 것이고, 그 교차로 부근의 횡단보도 앞에 도로교통법 제4조, 같은법시행규칙 제3조 제1항, 제2항 [별표 1]에 의한 정지선표시(노면표지 일련번호 706)가 있다 하더라도 그 표시는 차의 운행 중 법령이나 법령에서 정한 지시에 의하여 정지를 해야 할 경우 정지해야 할 지점을 표시하는 것으로서 일시정지표시(노면표지 일련번호 614 또는 규제표지 중 일련번호 224)와는 달리 그 표시 자체에 의하여 정지의무가 있음을 표시하는 것은 아니다.

[2] 도로교통법 제27조의2 소정의 일시정지는 같은 법 제2조 제22호에서 정의하고 있는 바와 같이 '차가 일시적으로 그 바퀴를 완전 정지시키는 것'을 의미하는 것으로서, 같은 법 제22조 제3항(신호기에 의하여 교통정리가 행하여지고 있는 교차로에 설치된 정지선에서의 정지), 제24조 제1항(횡단보도 앞에 설치된 정지선에서의 정지)과 같은

특별한 규정이 없는 한 교통상황 등 구체적인 사정에 따라 상대적으로 그 정지시간이나 정지지점을 달리하는 것이다.

【원심판결】

부산고등법원 1999. 5. 14. 98나6275 판결

【주문】

원심판결 중 피고 패소 부분을 파기하고, 이 부분 사건을 부산고등법원에 환송한다.

【이유】

상고이유를 본다.

1. 원심은, 그 판시 증거들에 의하여, 소외 1은 1997. 4. 5. 12:15경 소외 신흥운수 합자회사 소유의 (차량등록번호 1 생략) 5t 화물자동차(이하 '화물차'라 한다)를 운전하여 울산 울주군 두동면 천전리 반구대 입구 신호등 없는 삼거리를 언양 쪽에서 두서 쪽으로 시속 40km 이상으로 진행하게 되었는데, 그 곳은 비가 내려 노면이 미끄러울 뿐만 아니라 위 차량 진행방향에서 보아 오른쪽으로 굽은 도로로서 평소 좌회전하려는 차량이 많으므로 위 소외 1로서는 속도를 줄여 전방좌우를 잘 살펴 안전하게 운행하여야 할 주의의무가 있음에도 불구하고 이를 게을리한 채 같은 속도로 진행하다가 두서 쪽에서 반구대 쪽으로 좌회전하기 위하여 차량정지선을 지나 위 교차로에 진입하여 차체를 약간 왼쪽으로 튼 채 대기하고 있던 소외 2 운전의 (차량등록번호 2 생략) 스타렉스 승합자동차(이하 '승합차'라 한다)를 뒤늦게 발견하고 조향장치를 제대로 조작하지 못한 잘못으로 위 화물차의 좌측앞 부분으로 위 승합차의 좌측앞 부분을 충격하면서 오른쪽 논두렁으로 미끄러져 때마침 그 곳 갓길을 보행 중이던 소외 3을 위 화물차 우측적재함 부분으로 들이받아 그로 하여금 장파열 등으로 그 자리에서 사망에 이르게 한 사실 등을 인정한 다음, 위 사고는 빗길에서 전방을 제대로 살피지 아니하고 과속으로 운행하다가 조향장치를 제대로 조작하지 못한 위 소외 1의 과실과 당시는 비가 내려 노면이 미끄러운 상태이고 더구나 그 곳은 차량의 통행이 빈번할 뿐 아니라 굽은 도로인 관계로 반대차선을 따라 진행해 오는 차량이 자기 차선을 벗어날 경우도 예상되므로 위 장소에서 좌회전하려는 차량으로서는 차량정지선을 지켜 대기하여야 할 것임에도 이를 벗어나 미리 교차로 내에 진입하여 정차한 위 소외 2의 과실이 경합하여 발생하였다 할 것이므로, 위 소외 2와 위 신흥운수 합자회사는 모두 자동차손해배상보장법 제3조 소정의 자기를 위하여 자동차를 운행한 자들로서 그들과 위와 같은 자동차종합보험계약 및 공제계약을 체결한 피고 및 원심공동피고인 전국화물차운송사업조합연합회는 연대하여 이 사건 사고로 인하여 망인의 상속인인 원고들이 입은 손해를 배상할 책임이 있다고 판단하였다.

2. 그러나 원심이 이 사건 사고현장인 교통정리가 행하여지고 있지 아니한 교차로 부근의 횡단보도 앞에 정지선이 설치되어 있다는 이유로 피고에게 정지선을 지켜 대기하여야 한다고 본 것은 수긍하기 어렵다.

도로교통법 제22조에 의하면, 모든 차는 교차로에서 좌회전하려는 때에는 미리 도로의 중앙선을 따라 교차로의 중심 안쪽을 각각 서행하여야 하고(제1항), 교통정리가 행하여지고 있지 아니하는 교차로에 들어가려는 모든 차는 다른 도로로부터 이미 그 교차로에 들어가고 있는 차가 있는 때에는 그 차의 진행을 방해하여서는 아니된다(제4항)고 규정하고 있고, 같은 법 제23조에 의하면, 모든 차의 운전자는 교차로에서 좌회전하려는 경우에 그 교차로에 진입하여 직진하거나 우회전하려는 다른 차가 있는 때에는 제22조 제4항의 규정에 불구하고 그 차의 진행을 방해하여서는 아니되고(제1항), 교차로에서 직진하려고 하거나 우회전하려는 차의 운전자는 이미 그 교차로에 진입하여 좌회전하고 있는 다른 차가 있는 때에는 그 차의 진행을 방해하여서는 아니된다(제2항)고 규정하고 있으며, 같은 법 제27조의2에 의하면, 차의 운전자는 교통정리가 행하여지고 있지 아니하고 좌우를 확인할 수 없거나 교통이 빈번한 교차로 또는 지방경찰청장이 도로에서의 위험을 방지하고 교통의 안전과 원활한 소통을 확보하기 위하여 필요하다고 인정하여 안전표지에 의하여 지정한 곳에서는 일시정지하여야 한다고 규정하고 있다.

원심이 인정한 사실관계에 의하면, 이 사건에 있어서 화물차는 정자형 교차로를 직진하고 있었고, 승합차는 화물차의 반대편에서 진행하여 와서 좌회전하려고 하다가 이 사건 사고가 발생하였는바, 이러한 경우 도로교통법 제23조에 의하여 직진하려던 화물차가 좌회전하려던 승합차에 우선하여 통행할 수 있으므로, 승합차는 화물차에게 진로를 양보하여야 한다고 할 수 있다.

그런데 위에서 본 바와 같이 교통정리가 행하여지고 있지 아니하는 교차로에서 좌회전하려는 차량은 서행할 의무는 있으나 도로교통법 제27조의2의 장소가 아닌 한 일시정지할 의무는 없으므로, 교차로에 우선통행을 할 수 있는 다른 차량이 있는 경우에도 그 차량의 진로를 방해하지 않는 범위 내에서 서행하면서 교차로에 진입할 수 있는 것이고, 그 교차로 부근의 횡단보도 앞에 도로교통법 제4조, 같은법시행규칙 제3조 제1항, 제2항 [별표 1]에 의한 정지선표시(노면표지 일련번호 706)가 있다 하더라도 그 표시는 차의 운행 중 법령이나 법령에서 정한 지시에 의하여 정지를 해야 할 경우 정지해야 할 지점을 표시하는 것으로서 일시정지표시(노면표지 일련번호 614 또는 규제표지 중 일련번호 224)와는 달리 그 표시 자체에 의하여 정지의무가 있음을 표시하는 것은 아니라고 할 것이다(대법원 1986. 12. 9. 선고 86도1868 판결, 1986. 12. 23. 선고 85도1977 판결 등 참조).

따라서 원심이 인정한 바와 같이, 이 사건 사고지점이 교통정리가 행하여지지 아니하는 교차로이고, 그 교차로 부근에 설치된 횡단보도 앞에 정지선이 설치되어 있다면, 그 정지선은 도로교통법 제24조 제1항에 의한 횡단보도 보행자의 보호를 위하여 일시정지할 경우에 정지할 지점을 나타내는 것일 뿐 그 정지선에 의하여 교차로를 진입하는 차량의 운전자에게 그 정지선에서 일시정지하여야 할 의무가 생긴다고 할 수는 없다.

한편 도로교통법 제27조의2에 의하면, 모든 차의 운전자는 교통정리가 행하여지고 있지 아니하고 좌우를 확인할 수 없거나 교통이 빈번한 교차로(제1호)나, 지방경찰청장이 도로에서의 위험을 방지하고 교통의 안전과 원활한 소통을 확보하기 위하여 필요하다고 인정하여 안전표지에 의하여 지정한 곳(제2호)에서는 일시정지하여야 한다고 규정하고 있으나, 원심이 인정한 사실관계에 의하더라도 이 사건 사고지점이 위에서 규정한 일시정지를 하여야 할 곳인지 분명하지 아니할 뿐 아니라, 여기서의 일시정지는 도로교통법 제2조 제22호에서 정의하고 있는 바와 같이 '차가 일시적으로 그 바퀴를 완전 정지시키는 것'을 의미하는 것으로서 도로교통법 제22조 제3항(신호기에 의하여 교통정리가 행하여지고 있는 교차로에 설치된 정지선에서의 정지), 제24조 제1항(횡단보도 앞에 설치된 정지선에서의 정지)과 같은 특별한 규정이 없는 한 교통상황 등 구체적인 사정에 따라 상대적으로 그 정지시간이나 정지지점을 달리하는 것이라고 할 것이므로, 위와 같은 규정에 의한 정지의무가 있다 하더라도 보행자 보호의무 위반이 문제된 것이 아니라 교차로 통행방법이 문제된 이 사건에 있어서는 반드시 보행자를 위한 횡단보도의 정지선에 정지하여야 하는 것은 아니라고 할 것이다. 그리고 이 사건 교차로가 비가 내려 미끄러운 상태이고 차량의 통행이 빈번할 뿐 아니라 굽은 도로라고 하더라도 그와 같은 사정만으로 교차로에서 좌회전하려는 차량의 운전자에게 반대차선을 따라 진행해 오는 차량이 자기 차선을 벗어날 경우를 예상하여 반드시 교차로 부근의 횡단보도 앞에 설치된 정지선을 지켜 대기하여야 할 주의의무가 있다고 볼 수도 없다.

그렇다면 이 사건 사고지점의 상황 등에 비추어 당시 반대차선을 따라 진행해 오는 차량이 자기 차선을 벗어날 경우에 대비하여 위 장소에서 좌회전하려는 차량이 정지선을 지켜 대기하지 않으면 안 될 구체적이고도 현실적인 필요성이 있음을 알았거나 알 수 있었다는 등 특별한 사정이 없는 한, 승합차 운전자로서는 정지선 안에서 정지할 의무가 있다고 할 수 없음에도 불구하고, 원심이 이러한 특별한 사정을 밝히지도 아니한 채 이 사건 사고지점에 설치된 횡단보도 앞의 정지선에 정지하여 대기하지 않았다는 이유로 그 운전자에게 차량 운전자로서의 과실이 있다고 보았으니, 원심판결에는 도로교통법상의 교차로 통행방법이나 정지선의 의미에 관한 법리를 오해하였거나 심리를 다하지 아니함으로써 판결 결과에 영향을 미친 위법이 있다고 하지 않을 수 없고, 따라서 이를 지적하는 상고이유의 주장은 이유 있다.

3. 그러므로 원심판결 중 피고 패소 부분을 파기하고, 이 부분 사건을 원심법원에 환송하기로 하여, 관여 법관의 일치된 의견으로 주문과 같이 판결한다.

> **판례4 |** 정지선 표시만 되어 있는 횡단보도에서 일시 정지함이 없이 자동차를 운행한 것이 특가법상의 일시정지를 내용으로 하는 안전표지가 표시하는 지시에 위반하여 운전한 경우에 해당하지 않는다[대법원 1986. 12. 23. 선고,. 85도1977 판결].

【판결요지】

도로교통법시행규칙 제3조 제2항 별표1의 일련번호 706번 표지는 그 자체가 일시정지의무 있음을 표시하는 것이 아니고 운행 중 정지하여야 할 경우에 정지하여야 할 지점이라는 것을 표시하는 안전표지라고 보아야 할 것이므로, 자동차운전자가 위 706번의 정지선표시만 되어 있는 횡단보도에서 일시정지 함이 없이 자동차를 운행하였다 하더라도 교통사고처리특례법 제3조 제2항 단서 제1호 소정의 일시정지를 내용으로 하는 안전표지가 표시하는 지시에 위반하여 운전한 경우에 해당하지 아니한다.

【원심판결】

대구지방법원 1985. 3. 7. 84노1268 판결

【이유】

도로교통법시행규칙 제3조 제2항 별표 1의 일련번호 706번 표지는 그 자체가 일시정지의무 있음을 표시하는 것은 아니고 운행 중 정지를 하여야 할 경우에 정지하여야 할 지점이라는 것을 표시하는 안전표지라고 보아야 할 것이므로 자동차운전자가 위 706번의 정지선표시만 되어 있는 횡단보도에서 일시정지함이 없이 자동차를 운행하였다 하더라도 교통사고처리특례법 제3조 제2항 단서 제1호에서 말하는 일시정지를 내용으로 하는 안전표지가 표시하는 지시에 위반하여 운전한 경우에 해당하지 아니한다고 할 것이다(당원 1986. 12. 9선고 86도1868 판결 참조), 같은 취지에서 원심이 위 706번의 정지선표지는 교통사고처리특례법 제3조 제2항 단서 제1호의 일시정지를 내용으로 하는 안전표지에 해당하지 아니한다고 본 제1심 판결을 유지한 조치는 정당하고, 거기에 소론과 같은 법리 오해의 위법은 없다.

Chapter 13. 주차와 정차의 의미

[1] 주차 및 정차

① '주차'란 운전자가 승객을 기다리거나 화물을 싣거나 고장이나 그 밖의 사유로 인하여 차를 계속해서 정지상태에 두는 것 또는 운전자가 차로부터 떠나서 즉시 그 차를 운전할 수 없는 상태에 두는 것을 말합니다(「도로교통법」제2조제24호).

② '정차'란 운전자가 5분을 초과하지 않고 차를 정지시키는 것으로 주차 외의 정지상태를 말합니다(「도로교통법」제2조제25호).

[2] 주차 및 정차 금지 장소

① 모든 차의 운전자는 다음 어느 하나에 해당하는 곳에서는 차를 정차하거나 주차해서는 안 됩니다(「도로교통법」제32조 본문 및 「도로교통법 시행령」제10조의3제1항).

1. 교차로·횡단보도·건널목이나 보도와 차도가 구분된 도로의 보도(「주차장법」에 따라 차도와 보도에 걸쳐서 설치된 노상주차장은 제외함)

2. 교차로의 가장자리나 도로의 모퉁이로부터 5미터 이내인 곳

3. 안전지대가 설치된 도로에서는 그 안전지대의 사방으로부터 각각 10미터 이내인 곳

4. 버스여객자동차의 정류지(停留地)임을 표시하는 기둥이나 표지판 또는 선이 설치된 곳으로부터 10미터 이내인 곳. 다만, 버스여객자동차의 운전자가 그 버스여객자동차의 운행시간 중에 운행노선에 따르는 정류장에서 승객을 태우거나 내리기 위하여 차를 정차하거나 주차하는 경우에는 제외함.

5. 건널목의 가장자리 또는 횡단보도로부터 10미터 이내인 곳

6. 다음의 곳으로부터 5미터 이내인 곳

- 「소방기본법」 제10조에 따른 소방용수시설 또는 비상소화장치가 설치된 곳

- 「소방시설 설치 및 관리에 관한 법률」제2조제1항제1호에 따른 소방시설로서 다음의 시설이 설치된 곳

∞ 「소방시설 설치 및 관리에 관한 법률 시행령」 별표 1 제1호다목부터 마목까지의 규정에 따른 옥내소화전설비(호스릴옥내소화전설비를 포함한다)·스프링클러설비등·물분무등소화설비의 송수구

∞ 「소방시설 설치 및 관리에 관한 법률 시행령」별표 1 제4호에 따른 소화용수설비

∞ 「소방시설 설치 및 관리에 관한 법률 시행령」 별표 1 제5호나목·다목·바목에 따른

연결송수관설비·연결살수설비·연소방지설비의 송수구 및 같은 호 마목에 따른 무선통신보조설비의 무선기기접속단자

7. 시·도경찰청장이 도로에서의 위험을 방지하고 교통의 안전과 원활한 소통을 확보하기 위하여 필요하다고 인정하여 지정한 곳

8. 시장등이 「도로교통법」 제12조제1항에 따라 지정한 어린이 보호구역

② 특별시장·광역시장·제주특별자치도지사 또는 시장·군수(광역시의 군수는 제외함)은 위에 해당하는 곳 중에서 신속한 소방활동을 위해 특히 필요하다고 인정하는 곳에는 안전표지를 설치해야 합니다(「도로교통법 시행령」제10조의3제2항).

③ 「도로교통법」에 따른 명령 또는 경찰공무원의 지시를 따르는 경우와 위험방지를 위해 일시정지하는 경우에는 차를 정차하거나 주차할 수 있습니다(「도로교통법」 제32조 단서).

④ 모든 차의 운전자는 다음에 해당하는 곳에 차를 주차해서는 안 됩니다(「도로교통법」 제33조).

1. 터널 안 및 다리 위

2. 다음의 곳으로부터 5미터 이내의 곳

 - 도로공사를 하고 있는 경우에는 그 공사 구역의 양쪽 가장자리

 - 「다중이용업소의 안전관리에 관한 특별법」에 따른 다중이용업소의 영업장이 속한 건축물로 소방본부장의 요청에 의하여 시·도경찰청장이 지정한 곳

3. 시·도경찰청장이 도로에서의 위험을 방지하고 교통의 안전과 원활한 소통을 확보하기 위해 필요하다고 인정하여 지정한 곳

[3] 도로 또는 노상주차장에 정차 및 주차 방법

도로 또는 노상주차장에 정차 또는 주차 시에는 차의 운전자는 다음의 방법 및 시간에 따라야 합니다(「도로교통법」 제34조 및 「도로교통법 시행령」 제11조).

1. 모든 차의 운전자는 도로에서 정차하려는 때에는 차도의 우측 가장자리에 정차해야 합니다. 다만, 차도와 보도의 구별이 없는 도로에서는 도로의 우측 가장자리로부터 중앙으로 50센티미터 이상의 거리를 두어야 합니다.

2. 여객자동차의 운전자가 승객을 태우거나 내려주기 위해 정류소 또는 이에 준하는 장소에서 정차한 때에는 승객이 타거나 내린 즉시 출발해야 하며, 뒤따르는 다른 차의 정차를 방해해서는 안 됩니다.

3. 모든 차의 운전자는 도로에서 주차를 하려는 때에는 시·도경찰청장이 정하는 주차의 장소·시간 및 방법에 따라야 합니다.

[4] 경사진 곳에서의 정차 또는 주차의 방법

경사진 곳에서 정차하거나 주차(도로 외의 경사진 곳에서 정차하거나 주차하는 경우를 포함함)하려는 자동차의 운전자는 자동차의 주차제동장치를 작동한 후에 다음 어느 하나에 해당하는 조치를 취해야 합니다. 다만, 운전자가 운전석을 떠나지 않고 직접 제동장치를 작동하고 있는 경우는 제외합니다(「도로교통법」 제34조의3 및 「도로교통법 시행령」 제11조제3항).

1. 경사의 내리막 방향으로 바퀴에 고임목, 고임돌, 그 밖에 고무, 플라스틱 등 자동차의 미끄럼 사고를 방지할 수 있는 것을 설치할 것

2. 조향장치(操向裝置)를 도로의 가장자리(자동차에서 가까운 쪽을 말함) 방향으로 돌려 놓을 것

3. 그 밖에 위에 준하는 방법으로 미끄럼 사고의 발생 방지를 위한 조치를 취할 것

[5] 주차 및 정차 위반 적발 시 과태료 부과 절차

① 시장 등[특별시장·광역시장 또는 시장·군수(광역시의 군수는 제외)] 또는 제주특별자치도지사가 주·정차 위반에 대해 과태료를 부과하는 때에는 미리 과태료부과대상자(「질서위반행위규제법」 제11조제2항에 따른 고용주를 포함)에게 과태료부과대상자의 성명과 주소, 과태료부과의 원인이 되는 사실, 과태료 금액 및 적용법령, 과태료를 부과하는 행정처의 명칭과 주소, 과태료부과대상자가 의견을 제출할 수 있다는 사실과 그 제출기한 등을 서면으로 통지합니다(「질서위반행위규제법」 제16조제1항 및 「질서위반행위규제법 시행령」 제3조제1항).

② 차가 주차 및 정차 법규를 위반한 사실이 사진·비디오테이프나 그 밖의 영상기록매체에 의해 입증되고 다음의 어느 하나에 해당하는 경우에 고용주 등에 대해 과태료가 부과됩니다(「도로교통법」 제160조제3항).

1. 위반행위를 한 운전자를 확인할 수 없어 고지서를 교부할 수 없는 경우
2. 범칙금 통고처분을 할 수 없는 경우

[6] 주차 또는 정차 위반시 제재

어린이 보호구역 및 노인·장애인 보호구역에서 오전 8시부터 오후 8시까지 주정차방법 등의 사항을 위반한 경우에는 12만원부터 13만원까지의 과태료 또는 6만원부터 13만원까지의 범칙금이 부과됩니다(「도로교통법 시행령」 제88조제4항 단서, 제93조제2항, 별표 7 및 별표 10).

범칙금	과태료
정차·주차 금지 위반(「도로교통법 시행령」 제10조의3제2항에 따라 안전표지가 설치된 곳에서의 정차·주차 금지 위반 제외)의 경우: - 승합자동차등 5만원 - 승용자동차등 4만원 - 이륜자동차등 3만원 - 자전거등 2만원	(1) 「도로교통법」 제32조(제6호 제외)부터 제34조를 위반하여 주차 또는 정차한 경우: 　- 승합자동차등 5만원(6만원) 　- 승용자동차등 4만원(5만원) (2) 「도로교통법」 제32조제6호를 위반하여 주차 또는 정차한 경우 (3) 「도로교통법 시행령」 제10조의3제2항에 따라 안전표지가 설치된 곳에 정차 또는 주차한 경우: 　- 승합자동차등 9만원(10만원), 　- 승용자동차등 8만원(9만원) (4) 그 외의 곳에 정차 또는 주차한 경우: 　- 승합자동차등 5만원(6만원), 　- 승용자동차등 4만원(5만원) ※ 괄호는 같은 장소에서 2시간 이상 주·정차 위반시 적용

[7] 주차 및 정차 위반 자동차의 견인·보관 및 반환 절차

① 경찰공무원 또는 특별시장·광역시장·제주특별자치도지사 또는 시장·군수[이하 "시장 등"이라함(도지사를 포함)]가 임명하는 공무원은 주차하고 있는 차가 교통에 위험을 일으키게 하거나 방해될 우려가 있을 때에는 차의 운전자 또는 관리 책임이 있는 사람에게 주차 방법을 변경하거나 그 곳으로부터 이동할 것을 명할 수 있습니다(「도로교통법」 제35조제1항).

② 이 경우 차의 운전자 또는 관리책임이 있는 사람이 현장에 없을 경우에는 도로에서 일어나는 위험을 방지하고 교통의 안전과 원활한 소통을 확보하기 위하여 필요한 범위에서 그 차의 주차방법을 스스로 변경하거나 변경에 필요한 조치를 할 수 있으며, 부득이한 경우에는 관할 경찰서나 경찰서장 또는 시장 등이 지정하는 곳으로 이동하게 할 수 있습니다(「도로교통법」 제35조제2항).

③ 견인되는 차에는 견인대상차임을 알 수 있도록 '과태료 또는 범칙금 부과 및 견인대상차' 표지(「도로교통법 시행규칙」 별지 제9호서식)가 부착됩니다(「도로교통법 시행령」 제13조제1항).

④ 해당 차의 사용자(소유자 또는 소유자로부터 차의 관리에 관한 위탁을 받은 사람을 말함) 또는 운전자가 그 차의 소재를 쉽게 알 수 있도록 그 차가 있던 곳에 차를 견인한 취지와 그 차의 보관장소가 표시됩니다(「도로교통법 시행령」 제13조제2항 및 「도로교통법 시행규칙」 제22조제2항).

⑤ 차를 견인한 때부터 24시간이 경과하여도 이를 찾아가지 않을 경우에는 다음의 내용이 기재된 인수통지(「도로교통법 시행규칙」 별지 제10호서식)가 해당 차의 사용자 또는 운전자에게 등기우편으로 통지됩니다(「도로교통법 시행령」 제13조제3항 및 「도로교통법 시행규칙」 제22조제3항·제4항).

　1. 차의 등록번호·차종 및 형식

2. 위반장소

3. 보관한 일시 및 장소

4. 통지한 날부터 1개월이 지나도 반환을 요구하지 않는 때에는 그 차를 매각 또는 폐차할 수 있다는 내용

⑥ 견인하여 보관하고 있는 차의 사용자 또는 운전자의 성명·주소를 알 수 없을 경우에는 그 자동차를 보관한 날부터 14일간 경찰서의 게시판에 공고하고, 공고기간이 경과되어도 차의 사용자 또는 운전자의 성명·주소를 알 수 없을 경우에는 일간신문, 관보, 공보 중 하나 이상에 공고하고, 인터넷 홈페이지에도 공고합니다. 다만, 일간신문 등에 공고할 만한 재산적 가치가 없다고 인정되는 경우에는 그렇지 않습니다(「도로교통법」 제35조제4항 및 「도로교통법 시행령」 제13조제4항·제5항 및 제34조제1항).

⑦ 차의 반환에 필요한 조치 또는 공고가 취해졌음에도 불구하고 그 차의 사용자가 또는 운전자가 조치 또는 공고를 한 날부터 1개월 이내에 그 반환을 요구하지 않을 경우 그 차는 매각되거나 폐차될 수 있습니다(「도로교통법」 제35조제5항). 이 경우 미리 매각 또는 폐차될 것이라는 사실이 자동차등록원부에 기재된 사용자·운전자와 그 밖의 이해관계인에게 통지됩니다(「도로교통법 시행령」 제14조제1항).

⑧ 견인하여 보관된 차를 반환받으려는 사람은 견인·보관 또는 공고 등에 소요된 비용과 범칙금 또는 과태료를 납부해야 합니다. 납부가 완료되면 경찰서장 또는 시장 등으로부터 인수증(「도로교통법 시행규칙」 별지 제10호서식)을 받고 차를 반환받습니다(「도로교통법 시행령」 제15조제1항).

[8] 주차와 정차의 의미에 대한 판례

> **판례1 |** 甲이 자동차를 정지시킨 것은 丁을 하차시키기 위한 것이었으므로 그러한 정지 상태는 정차에 해당하고, 위 사고는 정차 중 발생한 사고로 볼 수 있다고 한 사례[대법원 2018. 7. 12., 선고, 2016다202299, 판결]

【판결요지】

甲의 남편 乙이 丙 주식회사와 체결한 자동차종합보험계약에는 '피보험자(그 배우자 포함)가 다른 자동차를 운전 중(주차 또는 정차 중 제외) 생긴 사고로 인하여 손해배상책임을 짐으로써 손해를 입은 때에는 피보험자가 운전한 다른 자동차를 피보험자동차로 간주하여 보통약관에서 규정하는 바에 따라 보상한다.'라는 다른 자동차 운전담보 특별약관이 포함되어 있는데, 甲이 丁 소유 차량을 운전하다가 丁을 하차시키기 위해 차를 멈춘 상태에서 교통사고가 발생한 사안에서, 운전자가 승객을 하차시키기 위해 차를 세우는 경우는 위 특별약관에서 정한 정차에 해당하고, 정차를 주차와 유사하게 볼 수 있는 정도로 제한적으로 해석하는 것은 주차와 정차에 관한 규정의 문언이나 체계 등에 비추어 타당하지 않으며, 甲이 자동차를 정지시킨 것은 丁을 하차시키기 위한 것이었으므로 그러한 정지 상태는 정차에 해당하고, 위 사고는 정차 중 발생한 사고로 볼 수 있다고 한 사례.

【원심판결】

서울고법 2015. 12. 3. 선고 2015나2037359 판결

【주문】

원심판결 중 피고 롯데손해보험 주식회사 패소 부분을 파기하고, 이 부분 사건을 서울고등법원에 환송한다. 원고의 상고를 모두 기각한다. 상고비용 중 원고의 상고로 인한 부분은 원고가 부담한다.

【이유】

상고이유를 판단한다.

1. 기본적 사실관계

원심판결 이유에 따르면 다음의 사실을 알 수 있다.

　가. 피고 1은 2012. 7. 19. 13:27경 피고 3 소유 (차량번호 1 생략) 그랜저 차량(이하 '이 사건 자동차'라 한다)을 운전하다가 서울 성북구 돈암동 48에 있는 성북성심병원 앞 편도 2차선 도로 중 2차로에서 뒷좌석에 있던 피고 3이 하차하도록 차

량을 멈추었다. 피고 3이 차량 뒷문을 여는 순간 소외 1이 운전하던 오토바이(차량번호 2 생략)이 이 사건 자동차의 우측과 인도 사이의 좁은 공간을 지나가다 위 차량 뒷문에 부딪쳐 넘어지면서 소외 1이 지주막하출혈 등 중상해를 입는 사고(이하 '이 사건 사고'라 한다)가 발생하였다.

나. 소외 1은 그 소유 (차량번호 3 생략) 차량에 관하여 보험자인 원고와 자동차종합보험계약을 체결하였는데, 그 계약에는 '무보험자동차에 의한 상해담보특약'이 포함되어 있다.

피고 1의 남편 소외 2는 그 소유 (차량번호 4 생략) 차량에 관하여 피고 롯데손해보험 주식회사(이하 '피고 롯데손해보험'이라 한다)와 자동차종합보험계약을 체결하였는데, 소외 2를 피보험자로 하고 그 계약에 '다른 자동차 운전담보 특별약관(이하 '이 사건 특별약관'이라 한다)'이 포함되어 있다. 이 사건 특별약관은 '피보험자(그 배우자 포함)가 다른 자동차를 운전 중(주차 또는 정차 중 제외) 생긴 사고로 인하여 손해배상책임을 짐으로써 손해를 입은 때에는 피보험자가 운전한 다른 자동차를 피보험자동차로 간주하여 보통약관에서 규정하는 바에 따라 보상한다.'고 정하고 있다.

피고 3은 이 사건 자동차에 관하여 피고 악사손해보험 주식회사(이하 '피고 악사손해보험'이라 한다)와 자동차종합보험계약을 체결하였는데, 피고 3을 기명피보험자로 하고 그 계약에 '기명피보험자 1인 한정운전 특별약관'이 포함되어 있다. 위 특별약관은 '기명피보험자 이외의 자가 피보험자동차를 운전하던 중에 발생된 사고에 대하여는 보험금을 지급하지 않는다(다만 대인배상Ⅰ에 대해서는 그러하지 아니함).'고 정하고 있다.

다. 원고는 소외 1과의 자동차종합보험계약에서 정한 무보험자동차에 의한 상해담보특약에 따라 소외 1에게 손해배상금으로 292,217,400원을 지급하였고, 피고 악사손해보험으로부터 책임보험금 120,000,000원을 받았다.

2. 과실비율에 관한 심리미진 등(원고 상고이유 제1점)

가. 불법행위에서 과실상계는 공평이나 신의칙의 견지에서 피해자의 과실을 고려하여 손해배상액을 정하는 것으로, 이때 고려할 사항에는 가해자와 피해자의 고의·과실의 정도, 위법행위의 발생과 손해의 확대에 관하여 어느 정도의 원인이 되어 있는지 등을 포함한다. 과실상계 사유에 관한 사실인정이나 그 비율을 정하는 것은 형평의 원칙에 비추어 현저히 불합리하다고 인정되지 않는 한 사실심의 전권사항에 속한다(대법원 2000. 6. 9. 선고 98다54397 판결 등 참조).

나. 원심은 이 사건 사고의 경위 등을 고려하여 이 사건 사고에 대한 피고 1, 피고 3의 손해배상책임을 65%로 제한하였다. 위에서 본 법리와 사실관계에 비추어 살펴

보면, 원심의 판단에 상고이유 주장과 같이 과실비율에 관한 심리미진 등의 잘못이 없다.

3. 피고 롯데손해보험의 면책 여부(피고 롯데손해보험의 상고이유)

　가. 피고 롯데손해보험은 이 사건 사고가 정차 중에 발생한 사고라서 이 사건 특별약관에서 정한 면책사유에 해당한다고 주장하였다. 그러나 원심은 다음과 같은 이유로 받아들이지 않았다.

　　피고 1은 곧바로 출발할 목적이어서 하차하거나 시동을 끄지 않고 피고 3으로 하여금 스스로 하차하도록 하였다. 도로교통법이 정하는 운전은 실제 도로에서 주행을 하고 있는 경우뿐만 아니라 일시적인 목적으로 정지하는 경우까지 포함하는 개념이다. 도로교통법은 제2조(정의) 규정을 비롯하여 여러 규정에서 '정차'와 '일시정지'를 구분하여 사용하고 있다. 이 사건 특별약관에서 운전 중 사고와 구별하여 보험금을 면책시킨 취지에 비추어 위 약관상 '정차'는 운전자가 차에서 이탈하여 즉시 운전할 수 없는 상태에 이르는 정도인 '주차'와 그 법률적 평가를 같이 하거나 유사하게 볼 수 있는 정도로서 '운전 중'이라고 평가하기 어려운 상태로 제한하여 해석하여야 한다.

　　이런 사정을 종합하면 이 사건 자동차가 사고 당시 특별약관에서 정한 '정차 중'에 있었다고 보기 어렵고, 오히려 일시정지 중이어서 여전히 '운전 중'에 있었다고 보는 것이 타당하다.

　나. 그러나 원심판단은 다음과 같은 이유로 받아들이기 어렵다.

　　(1) 도로교통법 제2조는 주차, 정차, 운전, 일시정지에 관하여 정의 규정을 두고 있다. '주차'는 운전자가 승객을 기다리거나 화물을 싣거나 차가 고장 나거나 그 밖의 사유로 차를 계속 정지 상태에 두는 것 또는 운전자가 차에서 떠나서 즉시 그 차를 운전할 수 없는 상태에 두는 것을 말한다(제24호). '정차'는 운전자가 5분을 초과하지 아니하고 차를 정지시키는 것으로서 주차 외의 정지 상태를 말한다(제25호). '운전'은 도로에서 차마를 그 본래의 사용방법에 따라 사용하는 것을 말한다(제26호). '일시정지'는 차의 운전자가 그 차의 바퀴를 일시적으로 완전히 정지시키는 것을 말한다(제30호).

　　　도로교통법 제32조(정차 및 주차의 금지)는 차를 정차나 주차하면 안 되는 장소 중의 하나로 '버스여객자동차의 정류지로 표시된 곳으로부터 10m 이내인 곳'을 정하면서 '버스여객자동차 운전자가 운행노선에 따르는 정류장에서 승객을 태우거나 내리기 위하여 차를 정차하거나 주차하는 경우'를 제외하고 있다(제4호). 또한 '이 법이나 이 법에 따른 명령 또는 경찰공무원의 지시를 따르는 경우와 위험방지를 위하여 일시정지하는 경우'에는 정차 및 주차 금지에 관한 위 규정이 적용되지 않는다(제32조 단서). 같은 법 제51조(어린이통학버스의 특별보호) 제1항은 "어린이통학버스가 도로에 정차하여 어린이나 영유아가 타고 내리는 중임을 표시하는 점멸등 등의 장치를 작동 중일 때에는 어린이통학버스가 정차한 차로와 그 차로의 바로 옆 차로로 통행하는 차의 운전자는 어린이통학버스에 이르기 전에 일시정지하여 안전을 확인한 후 서행하여야 한다."라고 정하고 있다.

(2) 이 사건 특별약관은 기명피보험자와 그 배우자가 피보험자동차가 아닌 다른 자동차를 운전하는 중 사고가 발생하면 그에 따른 손해를 보상하되, '운전 중'에서 '주차 또는 정차 중'인 경우를 제외하고 있다. 실제 운전에 따른 위험을 담보하기 위하여 운전 자체의 위험에서 나온 사고로 볼 수 없는 주차나 정차 중에 생긴 사고를 명시적으로 제외한 것이다. 이러한 자동차종합보험계약에서 사용하는 운전, 주차나 정차라는 용어는 모두 도로교통법상 개념을 전제로 한 것으로 볼 수 있다.

위에서 본 도로교통법 규정과 이 사건 특별약관의 취지 등을 종합하면 운전자가 승객을 하차시키기 위해 차를 세우는 경우는 이 사건 특별약관에서 정한 정차에 해당한다고 보아야 한다. 정차를 주차와 유사하게 볼 수 있는 정도로 제한적으로 해석하는 것은 주차와 정차에 관한 규정의 문언이나 체계 등에 비추어 타당하지 않다. 피고 1이 자동차를 정지시킨 것은 피고 3을 하차시키기 위한 것이었으므로 그러한 정지 상태는 정차에 해당하고, 이 사건 사고는 정차 중 발생한 사고로 볼 수 있다.

(3) 그런데도 원심이 이 사건 사고가 정차 중에 발생한 것이 아니라고 본 것은 보험약관상 정차의 해석에 관한 법리를 오해하여 판결에 영향을 미친 잘못이 있다.

4. 피고 악사손해보험의 면책 여부(원고 상고이유 제2점)

가. 원고는 피고 악사손해보험과 피고 3의 보험계약 중 면책조항은 정차 중 사고에는 적용될 수 없음을 전제로 이 사건 사고가 정차 중 발생한 사고라고 본다면 피고 악사손해보험이 책임보험금을 초과하는 손해액에 대하여 면책될 수 없다고 주장한다. 그러나 원심은, 이 사건 자동차 운전자인 피고 1이 사고 당시 기명피보험자가 아니어서 피고 악사손해보험은 기명피보험자 1인 한정운전 특별약관에 따라 책임보험금을 초과하는 손해액은 면책된다고 판단하였다.

나. 피고 악사손해보험의 면책 주장에 대한 원심의 판단은 이 사건 자동차의 운전자가 기명피보험자가 아니기 때문에 면책조항이 적용된다는 것으로서 이 사건 사고가 정차 중에 발생하였는지 여부와는 무관하다. 위에서 본 바와 같이 원심의 판단과 달리 이 사건 사고가 정차 중에 발생한 것이라고 보더라도 그 판단이 피고 악사

손해보험에 대한 청구 부분에 영향을 미칠 수 없다. 원고의 이 부분 상고이유 주장은 받아들일 수 없다.

5. 결론

피고 롯데손해보험의 상고는 이유 있어 원심판결 중 피고 롯데손해보험 패소 부분을 파기하고, 이 부분 사건을 다시 심리·판단하도록 원심법원에 환송하며, 원고의 상고는 이유 없어 이를 모두 기각하기로 하고, 상고비용 중 원고의 상고로 인한 부분은 원고가 부담하기로 하여, 대법관의 일치된 의견으로 주문과 같이 판결한다.

판례2 | 버스여객자동차의 정류지임을 표시하는 기둥이나 표지판 또는 선이 설치된 곳으로부터 10m 이내인 곳에 차를 정차하거나 주차하는 경우에도 도로교통법 제32조 제4호를 위반한 것인지 여부*[대법원 2017. 6. 29., 선고, 2015도12137, 판결]*

【판결요지】

도로교통법 제32조 제4호(이하 '금지조항'이라 한다)는 '버스여객자동차의 정류지임을 표시하는 기둥이나 표지판 또는 선이 설치된 곳으로부터 10m 이내인 곳'에는 차를 정차하거나 주차하여서는 아니 된다고 규정하고 있고, 제156조는 제32조를 위반한 자를 20만 원 이하의 벌금이나 구류 또는 과료로 처벌하고 있다.

금지조항은 대중교통수단인 버스의 정류지 근처에 다른 차량이 주차나 정차를 함으로써 버스를 이용하는 승객에게 발생할 수 있는 불편이나 위험을 방지하고 이를 통하여 버스가 원활하게 운행할 수 있도록 하는 것에 입법목적이 있으므로, 유상으로 운행되는 버스여객자동차와 무상으로 운행되는 버스여객자동차를 달리 취급할 이유가 없고, 문언상으로도 '버스여객자동차의 정류지'라고만 표현하고 있을 뿐 이를 '유상으로 운행되는 버스여객자동차의 정류지'로 한정하고 있지 아니하다.

이와 같은 금지조항의 입법 취지나 문언 등을 종합하여 보면, 버스여객자동차의 정류지임을 표시하는 기둥이나 표지판 또는 선이 당해 도로를 관리하는 관리주체의 의사에 반하여 설치되었다는 등의 특별한 사정이 없는 한, 유상으로 운행되는 버스여객자동차뿐만 아니라 무상으로 운행되는 버스여객자동차의 정류지임을 표시하는 기둥이나 표지판 또는 선이 설치된 곳으로부터 10m 이내인 곳에 차를 정차하거나 주차하는 경우에도 금지조항을 위반한 것이라고 봄이 타당하다.

【원심판결】

인천지법 2015. 7. 15. 선고 2015노916 판결

【주문】

원심판결을 파기하고, 사건을 인천지방법원 본원 합의부에 환송한다.

【이유】

상고이유를 판단한다.

1. 도로교통법 제32조 제4호(이하 '이 사건 금지조항'이라 한다)는 '버스여객자동차의 정류지임을 표시하는 기둥이나 표지판 또는 선이 설치된 곳으로부터 10m 이내인 곳'에는 차를 정차하거나 주차하여서는 아니 된다고 규정하고 있고, 제156조는 제32조를 위반한 자를 20만 원 이하의 벌금이나 구류 또는 과료로 처벌하고 있다.

   이 사건 금지조항은 대중교통수단인 버스의 정류지 근처에 다른 차량이 주차나 정차를 함으로써 버스를 이용하는 승객에게 발생할 수 있는 불편이나 위험을 방지하고 이를 통하여 버스가 원활하게 운행할 수 있도록 하는 것에 그 입법목적이 있으므로, 유상으로 운행되는 버스여객자동차와 무상으로 운행되는 버스여객자동차를 달리 취급할 이유가 없고, 그 문언상으로도 '버스여객자동차의 정류지'라고만 표현하고 있을 뿐 이를 '유상으로 운행되는 버스여객자동차의 정류지'로 한정하고 있지 아니하다.

   이와 같은 이 사건 금지조항의 입법 취지나 문언 등을 종합하여 보면, 버스여객자동차의 정류지임을 표시하는 기둥이나 표지판 또는 선이 당해 도로를 관리하는 관리주체의 의사에 반하여 설치되었다는 등의 특별한 사정이 없는 한, 유상으로 운행되는 버스여객자동차뿐만 아니라 무상으로 운행되는 버스여객자동차의 정류지임을 표시하는 기둥이나 표지판 또는 선이 설치된 곳으로부터 10m 이내인 곳에 차를 정차하거나 주차하는 경우에도 이 사건 금지조항을 위반한 것이라고 봄이 타당하다.

2. 기록에 의하면, 피고인이 (차량등록번호 생략) 카니발 콜밴 차량을 정차하였다는 인천국제공항여객터미널 13번 순환버스정류장은 인천국제공항공사가 운행하는 무료순환버스의 정류장인 사실, 인천국제공항구역 내 도로를 관리하는 관리주체는 인천국제공항공사인 사실을 알 수 있으므로 피고인은 이 사건 금지조항을 위반한 것으로 보아야 한다.

3. 그럼에도 원심은 이 사건 금지조항에서 말하는 '버스여객자동차의 정류지'는 여객자동차운수사업법에 따라 유상으로 여객을 운송하는 버스를 위하여 설치된 정류지에 한정된다는 잘못된 전제에서, 피고인이 위 콜밴 차량을 정차하였다는 정류장이 이 사건 금지조항에서 말하는 '버스여객자동차의 정류지'라고 인정할 증거가 없다는 이유로 이 사건 공소사실을 무죄로 판단하였으니, 이러한 원심의 판단에는 도로교통법상 '버스여객자동차의 정류지'에 관한 법리를 오해하여 판결에 영향을 미친 위법이 있다. 이를 지적하는 상고이유 주장은 이유 있다.

4. 그러므로 원심판결을 파기하고, 사건을 다시 심리·판단하도록 원심법원에 환송하기로 하여, 관여 대법관의 일치된 의견으로 주문과 같이 판결한다.

【판결요지】

[1] 도로교통법 제2조 제17호와 제18호의 규정에 의하면 운전자가 운전을 위하여 차 안에 탑승한 채 차가 움직이지 아니하는 상태에 이르거나, 운전자가 정지된 차에서 이탈하였지만 객관적으로 보아 즉시 운전할 수 있는 상태에 있는 경우에 그 차의 정지 상태가 5분 이내이면 '정차'에 해당하고, 객관적으로 보아 운전자가 차에서 이탈하여 즉시 운전할 수 없는 상태에 이르면 차가 정지된 시간의 경과와는 관계없이 바로 '주차'에 해당한다.

[2] 자동차공제약관에서 말하는 '운전'이라 함은, 특별한 사정이 없는 한 도로교통법 제2조 제19호에서 규정하고 있는 바와 같이 '도로에서 차를 그 본래의 사용 방법에 따라 사용하는 것(조종을 포함한다)'을 의미하는 것이므로, 적어도 '주차'는 '운전'에 포함되지 아니한다고 할 것인바, 화물차의 운행 목적에 비추어 볼 때, 화물차의 운전자가 사고가 없었더라면 일시 주차하였다가 다시 무면허 상태에서 화물차를 운전하여 최종 목적지로 진행할 것임을 예상할 수 있기는 하지만, 그러한 사정이 있다고 하여 주차 상태에서 일어난 사고를 가지고 일련의 운행 과정을 전체적으로 보아 공제약관에서 말하는 무면허'운전'중에 발생한 사고라고 볼 수는 없다.

【원심판결】

서울고등법원 1997.5.13. 96나51525 판결

【주문】

상고를 기각한다. 상고비용은 피고의 부담으로 한다.

【이유】

상고이유를 본다.

제1점에 관하여

도로교통법 제2조 제17호는 '주차'라 함은 차가 승객을 기다리거나 화물을 싣거나 고장 그 밖의 사유로 인하여 계속하여 정지하거나 그 차의 운전자가 그 차로부터 떠나서 즉시 운전할 수 없는 상태를 말한다고 규정하고 있고, 도로교통법 제2조 제18호는 '정차'라 함은 차가 5분을 초과하지 아니하고 정지하는 것으로서 주차 외의 정지 상태를 말한다고 규정하고 있는바, 이에 의하면 운전자가 운전을 위하여 차 안에 탑승한 채 차가 움직이지 아니하는 상태에 이르거나, 운전자가 정지된 차에서 이탈하였지만 객관적으로 보아 즉시 운전할 수 있는 상태에 있는 경우에 그 차의 정지 상태가 5분 이내이면 '정차'에 해당하고, 객관적으로 보아 운전자가 차에서 이탈하여 즉시 운전할 수 없는 상태에 이르면 차가 정지된 시간의 경과와는 관계없이 바로 '주차'에 해당한다고 보아야 할 것이다.

원심은 소외 1이 1994. 5. 12. 03:00경 이 사건 화물차를 운전하여 대전 유성구 방동 소재의 편도 2차선 도로를 원내동 쪽에서 논산 쪽으로 진행하다가 이 사건 사고 지점에 이르러 위 화물차를 길가에 세워 두었는데, 마침 그로부터 약 2, 3분 후 소외 2가 승용차를 운전하여 위 도로 2차선을 따라 진행하다가 앞에 세워져 있는 위 화물차를 미처 발견하지 못하고 위 승용차의 앞부분으로 위 화물차의 뒷부분을 들이받는 바람에 그 충격으로 사망한 사실, 당시 위 소외 1은 위 화물차를 세워 두고 동행하던 다른 2대의 화물차 동료들과 함께 밤참을 먹기 위하여 부근의 간이식당(이른바 포장마차)에 들어가 음식을 주문하고 있던 도중에 이 사건 사고가 발생한 사실, 이 사건 사고 지점 옆의 라이온스 동산은 도로변의 휴식 공간으로서 넓은 주차 공간도 설치되어 있는 곳인데, 당시 소외 1을 비롯한 화물차 운전기사들은 그들이 운전하던 차량을 그 공원 안 주차 공간에 주차시키려 하였으나 때마침 전기공사로 인하여 도로와 공원 사이의 경계 부분이 30-40cm 넓이로 굴착되었다가 임시로 메워져 있는 데다가 그날 내린 비 때문에 땅이 물러 화물차가 진입하다가는 바퀴가 그 곳에 빠질 우려가 있어서 부득이 그 안으로 진입하지 못하고 길가에 차량을 세워 두고 공원 안에 있는 간이식당으로 가게 된 사실을 인정한 다음, 위 소외 1이 이 사건 화물차를 세워 둔 목적과 경위, 예상 정지 기간, 즉시 운전 가능성 기타 여러 사정에 비추어 위 화물차는 사고 당시 주차 상태에 있었다고 봄이 상당하다고 판단하였는바, 기록에 의하여 살펴보면 원심의 이러한 판단은 앞서 본 도로교통법의 규정 취지에 비추어 정당하고 거기에 소론과 같이 도로교통법상의 주차에 관한 법리를 오해한 위법이 있다고 할 수 없다. 논지는 이유 없다.

제2점에 관하여

이 사건 자동차공제약관에 의하면, 공제조합은 "공제체약자동차의 '운행'으로 인하여 자동차손해배상보장법 등에 의한 손해배상책임을 짐으로써 입은 손해"를 보상하되(약관 제1항), "공제체약자동차의 운전자가 무면허'운전'을 하였을 때 생긴 사고로 인한 손해"는 보상하지 아니한다고(약관 제10항 ①의 6) 규정하고 있는데, 여기서 말하는 '운전'이라 함은, 특별한 사정이 없는 한 도로교통법 제2조 제19호에서 규정하고 있는 바와 같이 '도로에서 차를 그 본래의 사용 방법에 따라 사용하는 것(조종을 포함한다)'을 의미하는 것이므로, 적어도 '주차'는 '운전'에 포함되지 아니한다고 할 것이다.

원심이 적법하게 인정한 바와 같이 이 사건 화물차가 사고 당시 주차 상태에 있었다면, 결국 이 사건 사고는 위 공제약관에서 말하는 '운전자가 무면허운전을 하였을 때'에 생긴 것이라고 할 수 없으므로, 이 사건 사고가 무면허운전중의 사고임을 전제로 하는 피고의 면책 항변을 배척한 원심의 조치는 정당하고 거기에 소론과 같은 위법이 있다고 할 수 없다. 이 사건 화물차의 운행 목적에 비추어 볼 때, 이 사건 화물차의 운전자인 소외 1은 이 사건 사고가 없었더라면 일시 주차하였다가 밤참을 먹은 다음 다시 무면허 상태에서 위 화물차를 운전하여 최종 목적지로 진행할 것임을 예상할 수 있기는 하지만, 그러한 사정이 있다고 하여 주차 상태에서 일어난 사고를 가지고 일련의 운행 과정을 전체적으로 보아 위 공제약관에서 말하는 무면허'운전'중에 발생한 사고라고 볼 수는 없다 고 할 것이다. 논지는 이유 없다.

그러므로 상고를 기각하고 상고비용은 패소자의 부담으로 하기로 하여 관여 법관들의 일치된 의견으로 주문과 같이 판결한다.

> **판례4 |** 야간에 편도 1차선 도로에 위험표지판이나 미등 등을 설치하지 아니한 채 주차시켜 놓은 트랙터를 오토바이가 추돌한 사고에 대하여 트랙터 소유자의 손해배상책임을 인정한 사례[대법원 1997. 5. 30. 선고 97다10574 판결]

【원심판결】

대구고등법원 1997. 1. 22. 96나4191 판결

【주문】

상고를 기각한다. 상고비용은 피고의 부담으로 한다.

【이유】

상고이유에 대하여

1. 원심은, 피고가 1995. 8. 10. 09:30경 배수로에 빠져 고장난 트랙터를 굴삭기를 이용하여 건져 올린 후 차선폭 2.6m, 갓길 부분 0.9m인 편도 1차선 도로 상에 중앙선으로부터 트랙터 앞에 부착된 삽의 왼쪽 가장자리가 1.9m, 트랙터의 왼쪽 앞바퀴가 1.85m, 왼쪽 뒷바퀴가 1.7m, 트랙터 뒤에 설치된 로터리 왼쪽 가장자리가 1.5m 정도 떨어진 상태로 놓아 두어 도로를 1.1m 정도 차지하도록 방치한 사실, 위 트랙터에는 미등이나 차폭등이 설치되어 있지 아니한데도 피고는 그 날 야간까지 후방에 아무런 주의나 경고표시를 설치하지 아니한 사실, 같은 날 20:25경 소외인이 100cc 오토바이를 운전하여 가다가 트랙터 뒷부분에 설치되어 있는 로터리 왼쪽 부분을 들이받아 심폐기능정지로 사망한 사실을 인정한 다음, 피고는 도로를 통행하는 차량의 안전을 위하여 고장난 트랙터가 도로를 차지하지 않도록 하든지 트랙터 후방에 위험표시판 등을 설치하는 등의 안전조치를 하여야 할 주의의무가 있는데도 야간에 위험표시판 등도 설치하지 아니한 채 도로를 1m 이상 차지하도록 트랙터를 도로 상에 방치

한 과실로 이 사건 사고가 발생하였다고 판단하고, 망인에게도 야간에 장애물의 출현이 예상되는 편도 1차선의 농촌 도로를 가시거리가 짧은 오토바이로 가면서 속도를 줄이고 전방좌우를 잘 살펴 운전하지 아니한 과실이 있으나 피고의 책임을 면하게 할 정도는 아니므로 피고가 배상할 손해액을 정함에 참작하기만 한다고 하였다.

2. 도로교통법 제30조는 모든 차의 도로에서의 정차나 주차의 방법과 시간의 제한 또는 노상주차장에서의 정차나 주차의 금지 등에 관하여 필요한 사항은 대통령령으로 정한다고 규정하고, 이를 받은 도로교통법시행령 제10조 제2항은 주차를 하고자 하는 때에는 다른 교통에 장해가 되지 아니하도록 하여야 한다. 다만 고장으로 인하여 부득이 주차하는 때에는 그러하지 아니하다고 규정하고 있는바, 피고의 트랙터가 차도를 점유함으로써 중앙선을 넘지 않고 통행할 수 있는 공간은 1.5m 정도만이 남게 되어 다른 교통에 장해가 된 것이 분명하므로, 피고에게 트랙터를 도로 상에 방치하여 교통에 장해를 초래한 잘못이 있고(피고는 사고 당일 09:30경 배수로에 빠져 고장난 트랙터를 굴삭기를 이용하여 건져 올린 후 이 사건 사고가 난 20:25경까지 11시간 가량 도로 상에 방치하여 두었음이 기록상 분명하므로 이를 고장으로 인하여 부득이 주차한 경우라고 볼 수는 없다.), 기록에 의하면, 이 사건 사고 지점은 정기노선버스가 다니는 도로이고, 도로 주변은 산간지대로 농가 등도 없어 야간에는 아무런 불빛이 없는 어두운 곳임을 알 수 있어, 피고로서는 야간에 사고 지점을 통과하는 차량이 있을 것이고 그 차량의 운전자는 트랙터가 차도에 놓여 있는 것을 쉽게 발견하기 어려울 것이라고 충분히 예견할 수 있었다고 보이므로, 트랙터 후방에 위험표시판 등을 설치하여 야간에 사고 지점을 통과하는 차량이 멀리서도 쉽게 도로를 점거하고 있는 트랙터를 발견할 수 있도록 안전조치를 취할 주의의무가 피고에게 있다 고 할 것이니, 이 사건 사고는 피고가 위와 같이 도로교통법을 위반하고 주의의무를 다하지 아니한 과실로 발생하였다고 판단된다.

원심이 같은 취지에서 피고의 손해배상책임을 인정한 것은 옳고, 거기에 소론과 같은 채증법칙 위배로 인한 사실오인이나 불법행위에 있어서의 과실과 인과관계에 대한 법리오해의 위법이 있다고 할 수 없다.

그리고 위와 같은 피고의 과실에 비추어 볼 때, 망인의 과실이 피고의 손해배상책임을 면하게 할 정도는 아니고 다만 그 비율을 85%로 본 원심의 판단에 과실상계에 관한 법리를 오해한 위법이 있다고 할 수도 없다. 논지는 모두 이유가 없다.

3. 이에 상고를 기각하고 상고비용은 패소한 피고의 부담으로 하기로 관여 법관의 의견이 일치되어 주문과 같이 판결한다.

【판결요지】

고속도로를 진행중이던 자동차가 앞에서 일어난 돌발사태를 피하여 갓길 쪽으로 급우회전을 하다가 갓길에 주차중인 자동차와 충돌한 경우, 그 갓길에 주차된 자동차가 없었더라면 충돌사고가 발생하지 아니하였을 상황이라면, 특별한 사정이 없는 한 갓길에서의 불법주차와 충돌사고 사이에 상당인과관계가 있다고 본 사례.

【원심판결】

서울지방법원 1996. 7. 3. 96나11609 판결

【주문】

원심판결을 파기하고 사건을 서울지방법원 본원 합의부에 환송한다.

【이유】

상고이유를 본다.

1. 원심이 인정한 사실관계

소외 1은 1995. 4. 21. 01:00경 운전면허 없이 이 사건 승용차를 운전하여 김천시 아포읍 국사리 소재 경부고속도로 서울기점으로부터 242.5km지점의 상행선 1차선 상을 부산 방면에서 서울 방면으로 시속 약 100km로 진행하다가, 위 고속도로의 1차선 상에 화물차 적재함의 비닐 덮개가 떨어져 있는 것을 발견하고 순간적으로 당황한 나머지 급제동하면서 핸들을 우측으로 과대조작하여 그 곳 갓길에 주차되어 있던 피고 경일화물자동차 주식회사 소유의 5t 화물트럭(이하 제1트럭이라고 한다)의 좌측 앞범퍼 부분을 이 사건 승용차의 우측 앞부분으로 충돌한 후, 다시 위 제1트럭의 앞쪽에 나란히 주차되어 있던 피고 삼우운수 주식회사 소유의 5t 화물트럭(이하 제2트럭이라고 한다)의 좌측 뒷 적재함 부분을 위 승용차의 우측 문짝 부분으로 충돌하여 그 충격으로 위 승용차의 운전석 뒷좌석에 타고 있던 소외 2로 하여금 뇌간손상 등으로 인하여 사망에 이르게 하였다. 위 제1트럭은 소외 3이 운전하고 있었는데, 위 소외 3은 사고 당시 위 트럭을 갓길에 주차시켜 놓고 그 안에서 잠을 자고 있었고, 위 제2트럭은 소외 4가 운전하고 있었는데, 위 소외 4는 사고 당시 졸음을 피하려고 위 트럭을 갓길에 주차시켜 놓고 휴식을 취하고 있었다. 이 사건 사고 지점은 중앙분리대가 설치되어 있는 편도 2차선의 고속도로로서, 1차선과 2차선의 노폭은 각 3.6m이고, 2차선

의 오른쪽에는 폭 6m의 포장된 갓길이 있었고, 그 오른쪽에는 폭 4m의 노견이 있었으며, 노견 오른쪽은 논이었는데, 위 제1, 2트럭은 갓길의 오른쪽 끝에 밀착된 상태로 주차되어 있었고, 사고 당시 노면은 건조하였다.

2. 원심의 판단

원고들은 이 사건 사고가 위와 같이 위 제1, 2트럭을 불법주차시켜 놓은 것으로 말미암아 발생한 것이므로, 피고들은 위 각 트럭의 운행자 또는 위 소외 3 및 소외 4의 각 사용자로서 이 사건 사고로 인하여 위 소외 망인 및 원고들이 입은 모든 재산적·정신적 손해를 배상할 책임이 있다고 주장하였다.

이에 대하여 원심은 위 소외 3과 소외 4가 위 제1, 2트럭을 고속도로의 갓길에 주차시켜 놓은 것이 도로교통법 제59조 위반의 잘못이 있다 하더라도, 위 트럭들을 주차시켜 놓은 곳이 갓길의 가장자리로서 위 트럭들이 차지하고 있는 공간을 제외하더라도 위 갓길에는 차량의 통행이 가능하였고, 따라서 위 트럭들의 주차로 인하여 고속도로 상의 통상의 차량통행에 지장을 주었다고는 볼 수 없으며, 또 피고들의 트럭이 위와 같이 주차한 사실과 이 사건 사고 사이에 상당인과관계가 있다고도 보여지지 아니하는데, 그렇다면 이 사건 사고는 무면허로 위 승용차를 운전하다가 운전미숙으로 인하여 핸들을 오른쪽으로 과대조작한 나머지 차선을 이탈해 간 위 소외 1의 일방적 과실로 인하여 발생한 사고라고 할 것이므로, 피고들의 위 주차와 이 사건 사고 사이에 상당인과관계가 있음을 전제로 한 원고들의 위 주장은 이유 없다고 판시하였다.

3. 당원의 판단

그러나 제1, 2트럭의 갓길 주차와 이 사건 사고발생 사이에 아무런 상당인과관계가 존재하지 아니한다고 단정한 원심의 판단을 수긍할 수는 없다.

갓길(길어깨 또는 노견)이란 '도로의 주요 구조부를 보호하거나 차도의 효용을 유지하기 위하여 차도에 접속하여 설치되는 띠모양의 도로의 부분'으로서(도로의구조·시설기준에관한규정 제2조 제11호), 특히 고속도로에 있어서는 원칙적으로 차도와 접속하여 차도의 우측에 폭이 적어도 3m 이상인 갓길을 설치하여야 하는데(고속국도법 제4조, 도로의구조·시설기준에관한규정 제8조), 이러한 고속도로에서의 갓길의 폭이 언제나 동일하여야 하는 것은 아니고, 그 차도의 효용에 따라서 그 갓길의 폭에 차이가 있을 수 있고, 일단 어느 특정지역에 갓길이 설치된 이상 그 갓길이 폭이 다른 지역의 갓길보다 훨씬 넓다고 하더라도 그 갓길 전부가 갓길로서의 기능을 발휘하지 아니한다고 단정할 수는 없고, 이러한 경우에도 특별한 사유 없이 갓길의 가장자리에 자동차를 주차하는 것은 금지된다고 할 것이다(도로교통법 제59조 제2호).

고속도로에서의 갓길의 기능이 긴급자동차, 도로보수차량 등의 통행을 위한 것만은 아니므로, 설령 갓길 중 주차한 자동차가 차지한 부분을 제외한 나머지 부분으로 긴급차량이나 도로보수차량들이 통과할 수 있을 정도의 여유가 있다고 하더라도 그 주차가 허용되는 것은 아니고, 나아가 고속도로를 진행중이던 자동차가 돌발사태에 대피하기 위하여 갓길로 급우회전을 한 경우 그 갓길에 주차된 자동차가 없었더라면 충돌사고가 발생하지 아니하였을 상황이라면, 특별한 사정이 없는 한 갓길에서의 불법주차와 충돌사고 사이에 상당인과관계가 있다고 할 것이다.

이 사건의 경우와 같이 위 제1, 2트럭을 주차시켜 놓은 곳이 갓길의 가장자리로서 위 트럭들이 차지하고 있는 공간을 제외한 나머지 갓길 부분으로 차량의 통행이 가능하였다고 하더라도(원심은 그 갓길 중 차량의 통행이 가능한 부분의 폭이 구체적으로 어느 정도였는지에 관하여 심리한 바도 없어, 기록상 3m 이상의 공간이 확보되었는지도 불분명하다), 이러한 갓길의 주차는 원칙적으로 금지되는 것이고, 원심이 인정한 바와 같은 사실관계하에서는 위 트럭들을 주차한 운전자들로서는 고속도로를 진행하는 차량들이 긴급사태에 대피하기 위하여 급하게 갓길 쪽으로 피행할 수도 있고 이러한 경우 갓길에 주차된 위 트럭들과 충돌할 수 있다는 것을 충분히 예상할 수 있다고 보여지므로, 위 소외 1이 도로 상에 화물차 적재함의 비닐 덮개가 떨어져 있는 것을 발견하고 순간적으로 급제동하면서 핸들을 우측으로 과대조작하여 그 곳 갓길에 주차되어 있던 위 제1, 2트럭들과 충돌하였다면, 달리 특별한 사정이 없는 한, 위 트럭들의 불법주차와 이 사건 충돌사고 사이에는 상당인과관계가 있다고 보여진다.

이와 달리 판단한 원심은 상당인과관계에 관한 법리를 오해하였다고 할 것이므로 이 점을 지적하는 논지는 이유 있다.

4. 그러므로 나머지 상고이유에 대하여 판단할 필요 없이 원심판결을 파기환송하기로 하여 관여 법관들의 일치된 의견으로 주문과 같이 판결한다.

판례6 | 야간에 고속도로상에서 버스가 고장으로 주차된 트럭을 충돌한 사고에서 버스와 트럭의 과실비율을 4:6으로 본 사례[대법원 1994. 10. 11. 선고 94다17710 판결]

【판결요지】

가. 법원이 청구의 기초가 되는 손해액을 원고가 피고에게 청구한 금원을 초과하는 금액으로 인정하였다 할지라도 과실비율에 의한 감액을 한 잔액만을 인용한 관계로 원고의 위 청구금액을 초과하여 지급을 명하지 아니한 이상 손해배상의 범위에 있어서 당사자처분권주의에 위배되었다고 할 수 없다.

나. 야간에 고속도로상에서, 트럭 운전사가 고장난 트럭을 주차시킴에 있어 차량을 갓길쪽으로 바짝 붙여서 정차하는 한편 후미등을 켜고 차량의 뒷쪽에 고장차량이 있음을 알리는 표지를 설치하는 등의 안전조치를 취하지 않은 과실과 버스 운전사가 버스를

운전함에 있어 전방주시를 태만히 한 과실이 경합되어 사고가 발생한 경우, 버스 운전사와 트럭 운전사의 과실비율을 4:6으로 평가한 원심조치를 수긍한 사례.

【원심판결】

부산고등법원 1994. 2. 18. 93나7259 판결

【주문】

상고를 기각한다. 상고비용은 피고의 부담으로 한다.

【이유】

상고이유 제1점을 본다.

원고가 피고에 대하여 금 538,598,584원을 청구하는 이 사건에 있어서, 원심이 청구의 기초가 되는 손해액을 금 682,973,330원으로 인정하였다 할지라도 과실비율에 의한 감액을 한 잔액만을 인용한 관계로 원고의 위 청구금액을 초과하여 지급을 명하지 아니한 이상 손해배상의 범위에 있어서 당사자처분권주의에 위배되었다고 할 수 없다(당원 1970.3.24.선고 69다 733 판결, 1975.2.25.선고 74다 1298 판결, 1976.6.22.선고 75다 819 판결 등 참조). 논지는 이유가 없다.

상고이유 제2점을 본다.

기록에 의하여 살펴보면, 원심이 이 사건 사고는 피고 회사 소유 트럭 운전사인 소외 1이 야간에 고속도로상에 고장난 트럭을 주차시킴에 있어 차량을 갓길쪽으로 바짝 붙여서 정차하는 한편 후미등을 켜고 차량의 뒷쪽에 고장차량이 있음을 알리는 표지를 설치하는 등의 안전조치를 취하지 않은 과실과 주식회사 대진관광 소유 버스 운전사인 소외 2가 야간에 고속도로상에서 버스를 운전함에 있어 전방주시를 태만히 한 과실이 경합되어 발생한 것이라고 인정한 조치는 정당한 것으로 수긍이 되고, 거기에 소론과 같은 채증법칙 위배의 위법이 있다고 할 수 없다.

그리고 불법행위로 인한 손해배상청구사건에서 과실상계 비율의 결정은 형평의 원칙에 비추어 현저히 불합리하다고 인정되지 않는 한 사실심의 전권에 속하는 사항이라 할 것인바, 기록에 의하여 인정되는 이 사건 사고 당시의 제반 정황에 비추어 보면 원심이 버스 운전사인 위 소외 2와 트럭 운전사인 위 소외 1의 과실비율을 4:6으로 평가한 조치는 적절한 것으로 보여지고, 거기에 소론과 같이 과실상계에 관한 법리를 오해한 위법이 있다고 할 수 없다. 논지는 모두 이유가 없다.

그러므로 상고를 기각하고 상고비용은 패소자의 부담으로 하기로 하여 관여 법관의 일치된 의견으로 주문과 같이 판결한다.

【원심판결】

대구지법 1996. 7. 11. 선고 95노2829 판결

【주문】

원심판결을 파기하고 사건을 대구지방법원 본원 합의부에 환송한다.

【이유】

상고이유를 본다.

1. 이 사건 공소사실의 요지

이 사건 공소사실의 요지는, 피고인은 1톤 화물차 운전자인바, 1995. 3. 27. 00:00경 경북 의성군 사곡면 매곡리 마을 앞 920번 지방도 상에 업무로서 위 차를 주차하게 되었는바, 당시는 야간이고 그 곳은 흰색 점선으로 차선이 설치된 편도 2차선 도로로서 심한 좌곡각 지점이므로 주차를 하여서는 아니되며, 혹시 주차를 하게 되었을 경우 안전표지를 설치하거나 미등, 차폭등을 켜 안전조치를 취하여야 할 업무상 주의의무가 있음에도 이를 게을리한 채 아무런 조치를 취하지 아니하고 위 차의 좌측 앞뒤 바퀴가 2차선 도로 상에 걸치도록 주차시켜 놓은 업무상 과실로, 때마침 의성방면에서 청송방면으로 진행하던 피해자 (남, 39세) 운전의 125cc오토바이 의 진로를 방해하여 피해자우측 몸통이 위 차의 좌측 후사경을 들이받고 그 충격으로 피해자를 넘어지게 하여 도로 상에 적치되어 있는 시멘트블록에 다시 충돌케 하여 동인으로 하여금 두개골 골절 등을 입게 하여 현장에서 사망에 이르게 함과 동시에 도로의 교통에 지장을 끼치는 행위를 하여 정당한 이유 없이 도로에 관한 금지행위를 하였다고 함에 있다.

2. 원심판결의 이유 요지

원심은 피고인에 대한 이 사건 공소사실은 모두 범죄사실의 증명이 없는 때에 해당한다는 이유로 피고인에 대하여 무죄를 선고한 제1심판결을 판시와 같은 이유로 그대로 유지하였는바, 원심이유지한 제1심판결의 이유는 다음과 같다.

거시 증거에 의하면 피고인이 공소사실 기재와 같이 야간에 다소 좌로 굽은 도로에 화물차를 주차시키면서 미등이나 차폭등을 켜지 아니하고, 좌측 앞뒤 바퀴가 주행선으로부터 20cm씩 떨어지도록 차도를 침범하여 주차해 둔 사실, 피해자 가 그의 오토바이를 운전하다가 공소사실 기재의 일시장소에서 위 화물차의 후사경을 충격한 후 도

로에 적치되어 있는 시멘트블록에 부딪쳐 사망에 이르게 된 사실은 인정되나, 한편 거시 증거에 의하면, 피고인이 위 화물차를 주차하여 둔 지점은 차량의 정차로 인한 차량의 통행장애를 방지하기 위하여 편도 1차선의 차도 우측에 최대폭이 약 2.5m정도 되도록 띠모양의 공간을 만들어 둔 정차대로서 통상 주행차선으로는 사용되지 아니하고, 당시 날씨는 맑고 노면은 건조하였으며, 이 사건 사고 당시 위 화물차가 주차된 도로의 바로 맞은 편에는 형광등으로 된 가로등이 켜져 있었고, 그로부터 청송방면으로 조금 떨어진 지점에는 수은등으로 된 가로등이 켜져 있어 전방의 장애물을 식별하기에 어려움이 없었으며, 사고 당시 피해자는 술에 취한 상태였던 사실을 인정한 다음, 위와 같은 사정을 종합하면 피고인이 화물차를 주차한 지점이 주·정차가 금지된 곳이 아니고, 도로 중에서도 위 화물차가 차지하는 공간은 극히 일부분이어서 위 주차행위가 정상적인 도로교통에 어떠한 지장을 주었다고 할 수 없고(나아가 도로법의 목적, 도로법 제47조의 규정형식 및 주차금지위반행위를 처벌하고 있는 도로교통법 제113조의 규정에 비추어 볼 때 피고인의 위 주차행위가 도로를 손괴하거나, 토석, 죽목, 기타의 장애물을 도로에 적치한 것과 동일시할 수 있을 정도로 교통에 지장을 끼쳤다고는 더욱 볼 수 없으므로 이 점에서 이 사건 공소사실 중 도로법위반의 점은 범죄의 증명이 없다.), 또한 야간에 차도에 주차함에 있어서 미등 및 차폭등을 켜 놓지 아니하였다 하더라도 주위에 전방의 장애물을 식별하기에 어려움이 없을 정도의 조명시설이 되어 있는 이상 그 미등 등을 점등하지 아니한 행위가 이 사건 사고발생과 인과관계가 있다고 할 수 없으며, 오히려 위와 같은 도로사정 등으로 보아 이 사건 피해자가 조금만 주의를 기울여 그의 오토바이를 운행하였더라면 위 화물차를 발견하고 이를 충분히 피해갈 수 있었음에도 술에 취하여 전방주시를 태만히 한 채 운전한 일방적인 과실로 이 사건 사고를 당하였다고 보여진다.

3. 당원의 판단

가. 교통사고처리특례법위반의 점에 대하여

도로교통법 제30조는 "모든 차의 도로에서의 정차나 주차의 방법과 시간의 제한 또는 노상주차장에서의 정차나 주차의 금지 등에 관하여 필요한 사항은 대통령령으로 정한다."고 규정하고 있고, 같은 법 제30조의 규정에 의한 정차 및 주차의 방법과 시간을 정한 같은법시행령 제10조 제1항 제3호는 "모든 차는 도로에서 주차를 하고자 하는 때에는 지방경찰청장이 정하는 주차의 장소·시간 및 방법에 따라야 한다."고 규정하고, 같은 조 제2항 본문은 "제1항의 규정에 의한 정차 및 주차를 하고자 하는 때에는 다른 교통에 장해가 되지 아니하도록 하여야 한다"고 규정하고 있으며, 같은 법 제32조 제1항 및 같은법시행령 제13조 제1항에 의하면 자동차가 밤(해가 진 후부터 해가 뜨기 전까지를 말한다)에 도로에서 정차 또는 주차하는 때에는 자동차안전기준(자동차안전기준에관한규칙 제40조 및 제42조 등 참조)에 정하는 미등 및 차폭등을 켜야 하도록 규정되어 있고, 같은 법 제113 조 제1호와 제3호에 의하면 같은 법 제32조와 제30조의 규정을 위반한 차의 운전자를 처벌하도록 규정되어 있다.

한편 원심이유지한 제1심이 채용한 사법경찰리 작성의 실황조사서의 기재와 피고인의 제1심 및 원심 법정에서의 각 진술, 원심 증인 김대길의 증언 등에 의하면 피고인이 위 화물차를 주차하여 둔 지점은 직선도로가 이어지다가 왼쪽으로 상당히 굽은 도로로 바뀌는 도로의 굽은 도로가 시작되는 지점으로서 1차선 도로가 2차선 도로로 넓어지기 시작하는 지점이며, 사고지점 도로 옆은 논, 밭이고 반대차선 도로 옆에는 4채의 농가가 있을 뿐이며, 주위의 조명시설로는 사고지점으로부터 전방 20m 정도 떨어진 반대차선쪽 농가 옆에 설치된 가로등과 그 가로등으로부터 조금 더 떨어진 도로변 농가 옆에 설치된 또 하나의 가로등뿐인 사실, 피고인은 위 화물차를 좌측 앞뒤 바퀴가 위 차도 2차선에 걸치도록 주차시켜 놓으면서도 미등과 차폭등을 켜지 아니하였음은 물론 그 밖에 주차사실이 식별될 수 있는 다른 표지도 하지 아니한 사실 등을 알 수 있다.

원심이유지한 제1심은 사고 당시 위 화물차가 주차된 도로의 바로 맞은 편에 가로등이 켜져 있었고 그로부터 조금 떨어진 지점에 또 다른 가로등이 켜져 있어 전방의 장애물을 식별하기에 어려움이 없었다는 사실을 인정하고 있는바, 사고 당시 전방의 장애물을 식별하기에 어려움이 없었다는 점에 부합하는 증거로는 사법경찰리 작성의 피고인에 대한 진술조서 및 피의자신문조서의 각 진술기재가 있으나 이는 피고인의 일방적인 변명에 불과하고 달리 이 점을 인정할 아무런 증거가 없으며, 사고시각이 심야인 00:00인데 사고지점 도로변에는 농지, 혹은 농가 4채가 있을 뿐으로 사고지점으로부터 20m 이상 떨어져 있는 가로등이 사고 지점 주위의 유일한 조명시설인 점에 비추어 위 가로등이 켜져 있어 전방의 장애물을 식별하기에 어려움이 없었다는 제1심의 사실인정은 경험칙상 쉽게 수긍하기 어렵다.

또한 원심이유지한 제1심은 도로 중에 위 화물차가 주차한 공간이 극히 일부분이어서 피고인의 위 주차행위가 정상적인 도로교통에 어떠한 지장을 주었다고 할 수 없다고 판단하였으나, 위와 같이 피고인이 위 화물차를 주차한 지점이 왼쪽으로 상당히 굽은 도로가 시작하는 지점으로서 1차선 도로가 2차선 도로로 넓어지기 시작하는 지점인 점에 비추어 위 도로 2차선 중 일부 도로 상에 위 화물차를 주차하였다는 점만으로 그 주차행위가 도로교통에 지장을 주지 아니한 것이라고 단정할 수도 없다 할 것이므로 제1심의 위 판단 역시 수긍하기 어렵다.

그렇다면 이 사건 사고가 일어난 곳이 관계 법령에 따라 주차가 금지된 장소가 아니라고 하더라도, 밤중에 도로의 가장자리에 자동차를 주차하는 피고인으로서는 미등과 차폭등을 켜 두어 다른 차의 운전자가 주차사실을 쉽게 식별할 수 있도록 하여야 함은 물론, 다른 교통에 장해가 되지 아니하도록 주차하여야 할 법령상의 의무가 있다고 할 것이고, 위 사고지점의 도로상황에 비추어 장인기 가 심야에 오토바이를 운전하여 진행하다가 사고지점에 이르러 원심력에 의하여 도로 우측으로 진행하면서 1차선이 2차선으로 넓어지기 시작하는 지점의 2차선 상에 주차하여 있는 위 화물차를 미처 발견하지 못하고 위 망인의 우측 몸통이 위 화물차 좌측 후사경을 들이받게 된 것으로 볼 수 있으므로, 원심으로서는 과연 위 사고 당시 사고지점 주위에 설치된 가로등이 켜져 있어 전방의 장애물을 식별하기에 어려움이 없었는지를 더 심리하여 보는 등의 방법으로, 피고인이 미등과 차폭등을 켜지 아니하고 그 밖에 주차사실이 식별될 수 있는 다른 표지도 하지 아니하였기 때문에 위 망인이 위 화물차를 뒤늦게 발견하게 됨으로 말미암아 이 사건 사고가 일어난 것인지의 여부에 관하여 조금 더 상세하게 심리를 하였어야 할 것이다.

그럼에도 불구하고, 원심은 위와 같은 점들에 관하여는 제대로 심리하여 보지도 아니한 채, 판시와 같이 피고인이 야간에 차도에 주차함에 있어서 미등 및 차폭등을 켜 놓지 아니하였다 하더라도 그 행위가 이 사건 사고발생과 인과관계가 있다고 할 수 없다고 하여 피고인의 교통사고처리특례법위반의 공소사실에 대하여 무죄를 선고한 제1심을 그대로 유지하였으니, 원심에는 채증법칙을 위배하고 필요한 심리를 다하지 아니하여 판결에 영향을 미친 위법이 있다 할 것이다. 이 점을 지적하는 논지는 이유 있다.

나. 도로법위반의 점에 대하여

도로법은 도로관리의 적정을 기하기 위하여 도로에 관하여 그 노선의 지정 또는 인정, 관리, 시설기준, 보전 및 비용에 관한 사항을 규정함으로써 교통의 발달과 공공복리의 향상에 기여함을 목적으로 하는 법률인바(같은 법 제1조), 같은법 제47조는 "누구든지 정당한 사유 없이 도로에 관하여 다음에 게기하는 행위를 하여서는 아니된다."고 하면서 제1호로 "도로를 손궤하는 행위", 제2호로 "도로에 토석, 죽목 기타의 장애물을 적치하는 행위"를 각 열거함과 동시에 제3호로 "기타 도로의 구조 또는 교통에 지장을 끼치는 행위"를 열거하고 있고, 같은 법 제82조 제5호로 같은 법 제47조의 규정에 위반한 자에 대한 처벌을 규정하고 있다.

위 도로법의 입법취지 및 같은 법 제47조의 규정형식에 비추어 보면, 같은 법 제47조 제3호가 규정하는 행위는 같은 조 제1, 2호에 규정된 도로를 손궤하거나 도로에 토석, 죽목 기타의 장애물을 적치하는 행위와 동일시할 수 있을 정도로 도로관리 및 교통에 지장을 끼치는 행위를 말한다 할 것인바, 이 사건 피고인의 도로법위반 사실은 피고인이 야간에 흰색 점선으로 차선이 설치된 편도 2차선 도로로서 왼쪽으로 굽은 지점인 이 사건 사고 지점에 주차를 하게 되었으면 안전표지를 설치하거나 미등, 차폭등을 켜 안전조치를 취하여야 함에도 아무런 조치를 취하지 아니하고 피고인 운전의 화물차의 좌측 앞뒤 바퀴가 2차선 도로 상에 걸치도록 주차시켰다는 것인바, 위와 같은 도로 상의 주차로 교통에 장해를 끼치는 행위는 도로교통법 제113조 제3호, 제30조, 같은법시행령 제10조 제2항 본문에서 규정하고 있는 처벌대상 행위에 해당하는 것일 뿐 위 도로법 제47조 제1, 2호에 규정된 도로를 손궤하거나 도로에 토석, 죽목 기타의 장애물을 적치하는 행위와 동일시할 수 있을 정도로 도로관리 및 교통에 지장을 끼치는 행위로서 같은 조 제3호에 해당하는 것이라고는 할 수 없다 할 것이다.

원심이유지한 제1심이 같은 취지에서 이 사건 공소사실 중 도로법위반의 점은 범죄의 증명이 없는 때에 해당한다고 판단한 것은 정당하고, 거기에 소론과 같은 법리오해의 위법이 있다 할 수 없다. 논지는 이유 없다.

4. 따라서 원심판결 중 교통사고처리특례법위반죄에 대한 부분은 파기를 면하지 못할 것인바, 위 교통사고처리특례법위반죄와 도로법위반죄는 처분상의 일죄인 상상적경합의 관계로서 주문에서 도로법위반죄 부분에 대하여 별도로 무죄로 선고할 것인지 여부를 다시 판단해야 할 것이므로 결국 원심판결 중 위 도로법위반죄에 대한 부분도 교통사고처리특례법위반죄에 대한 부분과 함께 파기되어야 할 것이다.

그러므로 원심판결 전부를 파기하고 사건을 원심법원에 환송하기로 하여 관여 법관의 일치된 의견으로 주문과 같이 판결한다.

판례8 | 밤에 도로의 가장자리에 자동차를 주차하는 자의 법령상 의무[대법원 1992. 5. 12., 선고, 92다 6112, 판결]

【판결요지】

밤에 도로의 가장자리에 자동차를 주차하는 자로서는, 그 곳이 관계법령에 따라 주차가 금지된 장소가 아니라고 하더라도 미등과 차폭등을 켜 두어 다른 차의 운전자가 주차사실을 쉽게 식별할 수 있도록 하여야 함은 물론 다른 교통에 장해가 되지 아니하도록 주차하여야 할 법령상의 의무가 있다.

【원심판결】

서울민사지방법원 1991.12.20. 선고 91나21267 판결

【주문】

원심판결 중 피고의 패소부분을 파기한다.

이 부분에 관하여 사건을 서울민사지방법원 본원합의부에 환송한다.

【이유】

1. 피고소송대리인의 상고이유 제1점에 대한 판단

가. 원심은, 피고가 1990.10.14. 23:10경 그 소유의 (차량번호 1 생략) 프레스토 승용차를 운전하여 서울 용산구 (주소 1 생략) 앞 도로(중앙선에서 도로 가장자리까지의 거리가 약 4.8m인 편도 1차선)를 진행하다가, 반대차선을 진행하여 오는 차량들의 전조등 불빛으로 인하여 순간적으로 시야 식별이 되지 아니하자, 당황한 나머지 위 승용차의 조향장치를 우측으로 과대조작함으로써, 마침 위 도로의 우측 가장자리에 주차되어 있던 원고 소유의 (차량번호 2 생략) 점보타이탄 2.5t 트럭을 추돌하고, 그 충격으로 위 트럭이 앞으로 밀려 가면서 다시 앞에 주차되어 있던 차량의 후미와 충돌하게 하여 위 트럭을 손괴한 사실을 인정할 수 있으므로, 피고는 위와 같은 조향장치의 과대조작 등의 과실로 인하여 발생한 위 사고로 원고 소유의 위 트럭이 손괴됨으로써원고가 입은 손해를 배상할 책임이 있다고 판단한 다음, 이 사건 사고의 발생에 관하여는 원고에게도 밤에 별다른 조명시설이 없는 편도 1차선의 좁은 도로상에 미등 및 차폭등을 켜지 아니한 채 트럭을 무단주차시켜 놓은 과실이 있었으므로 피고가 배상하여야 할 손해의 금액을 정함에 있어 이를 참작하여야 한다는 피고의 주장을 다음과 같은 이유로 배척하였다.

즉, 가사 원고가 미등 및 차폭등을 켜지 아니한 채 트럭을 무단주차시켰다고 하더라도, 사고 당시 위 트럭은 도로의 중앙선에서 가장자리까지의 거리가 약 4.8m이고 편도 1차선인 도로의 우측 가장자리에 주차되어 있어서, 다른 차량의 통행에는 별다른 지장이 없었을 뿐 아니라, 이 사건 사고는 피고가 그 소유의 승용차를 운전하여 가면서 위 트럭을 뒤늦게 발견하여 일어난 것이 아니라 조향장치의 과대조작으로 진행방향을 갑자기 바꾸는 바람에 일어난 것이어서, 이 사건 사고와 위 트럭의 무단주차와의 사이에는 상당인과관계가 있다고 할 수 없으므로(대법원 1990.11.9. 선고 90다카8760 판결 참조), 피고의 위과실상계 주장은 이유가 없다는 것이다.

나. 그러나 민법 제763조와 제396조에 규정되어 있는 과실상계제도는 불법행위자에 대하여 적극적으로 손해배상책임을 지게 하는 것과는 그 취지가 달라, 피해자가 사회공동생활을 함에 있어서 신의칙상 요구되는 주의를 다하지 아니한 경우에, 불법행위자의 손해배상의 책임 및 배상하여야 할 손해의 금액을 정함에 있어서, 손해배상제도의 지도원리인 공평의 원칙에 따라 손해의 발생에 관한 피해자의 그와 같은 부주의를 참작하게 하려는 것이므로, 피해자가 불법행위의 성립에 요구되는 엄격한 의미의 주의의무를 위반한 경우 뿐만 아니라, 단순한 부주의로 인하여 손해가 발생 확대되게 한 경우에도 피해자에게 과실이 있는 것으로 보아 과실상계를

할 수 있는 것이다.

그런데 도로교통법(1990.8.1. 법률 제4243호로 개정되기 전의 것, 이 뒤에는 "법"이라고 약칭한다) 제30조는 "모든 차의 도로에서의 정차나 주차의 방법과 시간의 제한 또는 노상주차장에서의 정차나 주차의 방법과 주차의 금지 등에 관하여 필요한 사항은 대통령령으로 정한다"고 규정하고 있고, 법 제30조의 규정에 의한 정차 및 주차의 방법과 시간을 정한 같은법시행령(1990.10.24. 대통령령 제13147호로 개정되기 전의 것, 이 뒤에는 "령"이라고약칭한다) 제10조 제1항은 "모든 차는 도로에서 정차를 하고자 하는 때에는 차도의 우측 가장자리에 정차하여야 한다. 다만 차도와 보도의 구별이 없는 도로에 있어서는 도로의 우측 가장자리로부터 중앙으로 50cm 이상의 거리를 두어야 하고(제1호), 모든 차는 도로에서 주차를 하고자 하는 때에는 시·도지사가 정하는 주차의 장소, 시간 및 방법에 따라야 한다(제3호)"고 규정하고,령 제10조 제2항 본문은 "제1항의 규정에 의한 정차 및 주차를 하고자 하는때에는 다른 교통에 장해가 되지 아니하도록 하여야 한다"고 규정하고 있으며, 또 법 제32조 제1항 및 령 제13조 제1항에 의하면 자동차가 밤(해가 진 후부터 해가 뜨기 전까지를 말한다)에 도로에서 정차 또는 주차하는 때에는 자동차안전기준(자동차안전기준에관한규칙 제36조 및 제38조 등 참조)에 정하는 미등 및 차폭등을 켜야 하도록 규정되어 있고, 법 제113조 제1호와 제3호에 의하면 법 제32조와 제30조의 규정을 위반한 차의 운전자를 처벌하도록 규정되어 있으며, 한편 같은법시행규칙(1990.10.29. 내무부령 제514호로 개정되기 전의 것, 이 뒤에는 "규칙"이라고 약칭한다) 제10조 제1항 및 제2항에 의하면 시·도지사가 법 제13조 제1항의 규정에 의하여 도로에 설치하는 차선의 너비는 3m 이상으로 하여야 하되, 다만 가변차선의 설치 등 부득이하다고 인정되는 때에는 275cm 이상으로 할 수 있도록 규정되어 있다.

그렇다면 이 사건 사고가 일어난 곳이 관계법령에 따라 주차가 금지된 장소가 아니라고 하더라도, 밤에 도로의 가장자리에 자동차를 주차하는 원고로서는, 미등과 차폭등을 켜두어 다른 차의 운전자가 주차사실을 쉽게 식별할 수 있도록 하여야 함은 물론, 다른 교통에 장해가 되지 아니하도록 주차하여야 할 법령상의 의무가 있다고 할 것인바, 원심이 채용한 갑 제2호증(교통사고사실확인) 및 원심이 배척하지 아니한 을 제7호증(현장약도)의 각 기재와 원심증인 1의 증언에 의하면, 원고가 편도 1차선인 차도의 우측에 가장자리로부터 약 40cm의 거리를 두고, 미등과 차폭등을 켜지 않았음은 물론 그 밖에 주차사실이 식별될 수 있는 다른 표지도 하지 아니한 채 그 소유의 트럭을 주차하여 두었고, 피고는 밤중에 가로등도 없어 어두운 차도를 지나가다가 서로 마주보고 진행하여 오던 차의 전조등 불빛 때문에 순간적으로 앞쪽을 잘못 보고 핸들을 우측으로 너무 돌리는 바람에 차의 앞부분으로 위 트럭의 뒷부분을 충돌하게 되었음을 알 수 있으므로, 원심으로서는 우선 원고가 미등과 차폭등을 켜지 아니하고 그 밖에 주차사실이 식별될 수 있는 다른 표지도 하지 아니하였기 때문에, 피고가 트럭을 뒤늦게 발견하게 됨으로 말미암아 이 사건 사고가 일어난 것인지의 여부에 관하여 조금 더 상세하게 심리를 하였어야 함은 물론, 또 만일 원고가 편도차선의 너비가 약 4.8m밖에 안되는 차도에 우측 가장자리로부터 약 40cm의 거리를 두고 트럭을 주차하여 놓음으로써, 트럭의 좌측 끝부분부터 차도의 중앙선까지의 거리가 규칙 제10조 제2항 소정의 차선너비의 최저한도인 275cm도 안되게 되었다면, 원고가 폭이 좁은 차도의 가장자리에 트럭을 주차한 사실 자체만으로도 다른 교통에 장해가 될 수도 있는 것이므로, 원심으로서는 원고 소유의 트럭의 폭과 피고 소유의 승용차의 폭이 각기 어느 정도나 되는지를 심리하여 원고가 다른 교통에 장해가 되도록 트럭을 주차하였기 때문에 이 사건 사고가 일어난 것이 아닌지에 관하여도 밝혀보고, 그 결과에 따라 이 사건 사고로 인한 손해의 발생이나 확대에 관하여 원고에게도 과실이 있었는지의 여부를 판단하였어야 할 것이다.

다. 그럼에도 불구하고, 원심은 위와 같은 점들에 관하여는 제대로 심리하여 보지도 아니한 채, 판시한 바와 같은 이유만으로 원고가 트럭을 주차함으로 인하여 다른 차량의 통행에는 별다른 지장이 없었을 뿐 아니라, 이 사건사고는 피고가 승용차의 조향장치를 과대조작한 과실로 일어난 것이어서, 원고가 트럭을 무단 주차한 것과 이 사건 사고 사이에는 상당인과관계가 있다고 할 수 없다고 판단하여 피고의 과실상계 주장을 배척하였으니, 원심판결에는 밤에 도로에 자동차를 주차하는 사람이 관계법령에 따라 하여야 할 주의의무나 교통사고로 인한 손해배상의 책임 및 그 금액을 정함에 참작하여야 할 피해자의 과실에 관한 법리를 오해한 나머지 심리를 제대로 하지 못한 위법이 있다고 하지 않을 수 없고, 이와 같은 위법은 판결에 영향을 미친 것임이 명백하므로, 이 점을 지적하는 논지는 이유가 있다.

2. 같은 상고이유 제2의 가.점에 대한 판단

이른바 중고차가 타인의 불법행위로 훼손된 경우, 그 자동차의 불법행위 당시의 교환가격은 원칙적으로 그것과 동일한 차종, 연식(年式), 형, 같은 정도의 사용상태 및 주행거리 등의 자동차를 중고차시장에서 취득하는데 소요되는 가액에 의하여 정하여야 할 것인바(당원 1991.7.12. 선고 91다5150 판결 참조), 관계증거와 기록에 의하면, 원심이 피고가 제출한 중고자동차 시세현황표 (을제4호증)에 기재된 자동차의 시세가 위와 같은 방법에 따라 산출된 중고차의 교환가격이라고 볼 수는 없고, 달리 원고 소유의 트럭의 이 사건 사고 당시의 교환가격이 피고가 주장하는 바와 같음을 인정할 증거가 없다는 이유로, 위 트럭의 수리비가 그 트럭의 이 사건 사고 당시의 교환가격을 초과함을 전제로 한 피고의 소론과 같은 주장을 배척한 것은 정당한 것으로 수긍이 되고, 원심판결에 소론과 같이 손해배상의 범위에 관한 법리를 오해하거나 채증법칙을 위반한 위법이 있다고 볼 수 없으므로, 논지는 이유가 없다.

소론이 내세우는 당원 1990.8.14. 선고 90다카7569 판결은 불법행위로 훼손된 자동차의 수리비가 불법행위 당시의 교환가격을 초과하는 경우에는 특별한 사정이 없는 한 교환가격의 범위 내에서만 손해를 배상할 책임이 있다는 취지를 판시한 것으로서, 사안이 달라 이 사건에 원용하기에는 적절한 것이 아니다.

3. 같은 상고이유 제2의 나.점에 대한 판단.

원심은 원고가 그 소유의 트럭을 이용하여 건축자재 등의 운송업에 종사하다가 이 사건 사고를 당한후 트럭을 수리하면서 수리에 소요된 1990.10.15. 부터 1990.11.22. 까지 39일 동안 매일 금 60,000원씩을 지급하고 동종의 다른 자동차를 임차하여 영업을 계속한 사실을 인정할 수 있으므로, 피고는 특별한 사정이 없는 한 원고에게 위 대차사용료 합계 금 2,340,000원(금 60,000원×39)을 지급할 의무가 있다고 할 것이라고 판단한 다음, 피고는 위의 1일 대차료 금60,000원 가운데는 운행을 위하여 소요되는 제반 비용이 포함되어 있고, 이러한 경비는 원고가 그 소유의 트럭을 이용하여 영업을 하더라도 소요될 수 밖에 없는 비용이므로, 원고가 수리기간동안 트럭을 운행할 수 없게 됨으로써 입은 손해는 위 대차료에서 제반 운행 소요경비를 공제한 순수한 휴차손해금을 기준으로 산정하여야 하는데, 위 트럭과 동종자동차의 1일 휴차손해는 금 21,360원이므로, 원고의 이 부분 청구 중 위의 휴차손해금을 기준으로 산정한 금 833,040원을 초과하는 부분은 부당한 것이라고 주장하지만, 위와 같이 자동차를 수리하는 기간 동안의 손해로서 휴차손해와 대차사용료는 선택적 관계에 있어 차주는 휴차손해 대신 대차사용료의 지급을 청구할 수 있고, 한편 위 대차사용료에 피고가 주장하는 바와 같이 원고가 그 소유의 트럭을 사용하여운행하더라도 소요되었을 비용까지 포함되어 있다고 인정할 아무런 자료가 없으므로, 피고의 위 주장은 이유가 없는 것이라고 판단하였다.

관계증거와 기록에 의하면, 원심의 위와 같은 인정판단은 정당한 것으로 수긍이 되고, 원심판결에 소론과 같이 채증법칙을 위반한 위법이 있다고 볼 수 없으므로, 논지도 이유가 없다.

4. 그러므로 원심판결 중 피고의 패소부분을 파기하고 이 부분에 관하여 다시 심리판단하게 하기 위하여 사건을 원심법원애 환송하기로 관여 법관의 의견이 일치되어 주문과 같이 판결한다.

> **판례9 ┃** 야간에 차도 3차선상에 미등 및 차폭등을 켜놓지 아니한 채 주차한 트레일러와 추돌한 교통사고에 대하여 주·정차금지구역이 아니고 조명시설이 되어 있는 등 하여 트레일러 운전사에게는 과실이 없다고 본 사례*[대법원 1991. 6. 25., 선고, 91다3024, 판결]*

【원심판결】

　서울고등법원 1990.12.13. 선고 90나37312 판결

【주문】

　상고를 모두 기각한다.

　상고비용은 원고들의 부담으로 한다.

【이유】

　원고들의 상고이유를 본다.

　원심판결이유에 의하면 원심은, 이 사건 트레일러가 차도상에 주차되었다 하더라도 그 지점이 주정차가 금지된 곳이 아니고 도로의 3차선 중에서도 위 트레일러가 차지하는 공간은 얼마되지 아니하여 위 주차행위가 정상적인 도로교통에 어떠한 지장을 주었다고 할 수 없으며, 또한 야간에 차도에 주차함에 있어서 미등 및 차폭등을 켜놓지 않았다 하더라도 주위에 전방의 장애물을 식별하기에 어려움이 없을 정도의 조명시설이 되어 있는 이상 그 미등을 점등하지 아니한 행위가 이 사건 사고발생과 상당인과 관계가 있다고 할 수 없고 오히려 위와 같은 도로사정 등으로 보아 이 사건 피해자가 조금만 주의를 기울여 그의 차량을 운행하였더라면 위 트레일러를 쉽게 발견하고 이를 충분히 피해갈 수 있었다고 인정하여 위 피고소유 트레일러 운전사에게는 아무런 과실이 없다고 판단하였다.

　기록에 의하여 살펴보면 원심의 위 인정·판단은 옳고 거기에 소론과 같은 채증법칙위반, 심리미진이나 법리오해의 위법이 없다. 논지는 이유 없다.

　그러므로 상고를 모두 기각하고 상고비용은 패소자의 부담으로 하기로 하여 관여 법관의 일치된 의견으로 주문과 같이 판결한다.

> **판례10 ┃** 주차금지된 편도 2차선 도로의 2차선상에 주차하여 놓은 버스로 인한 추돌사고에 대하여 버스운전사의 과실을 인정한 후, 추돌한 승용차운전사의 과실비율을 40퍼센트로 본 원심의 조치를 수긍한 사례*[대법원 1991. 5. 14. 선고 91다5341 판결]*

【판결요지】

가. 주차금지된 편도 2차선 도로의 2차선상에 주차하여 놓은 버스로 인한 추돌사고에 대하여 버스운전사의 과실을 인정한 후, 충돌한 승용차운전사의 과실비율을 40퍼센트로 본 원심의 조치를 수긍한 사례

나. 자동차의 소유자는 자동차손해배상보장법상의 "보유자"로서 자동차의 운행으로 이익을 볼 뿐 아니라 운행을 지배하는 지위에 있는 자로서 운전자의 선정에서부터 그 지휘감독에 이르기까지 가능한 주의를 다하여야 할 의무가 있는 자이고 운행으로 인하여 발생하는 결과에 대하여 책임을 부담할 지위에 있는 자이므로 자동차의 소유자가 자기 차를 타인으로 하여금 운전케 하고 거기에 동승하였는데 운전자의 과실이 개제되어 사고가 발생한 결과 동승한 소유자가 피해를 입은 경우, 사고로 인한 차량소유자의 재산상 또는 정신적 손해액을 산정함에 있어서는 운전자의 과실을 참작함이 상당하다.

【원심판결】

서울고등법원 1990. 12. 27. 90나38001 판결

【주문】

원심판결 중 원고 1, 원고 2, 원고 3의 청구에 관한 피고 패소부분을 파기하고 그 사건을 서울고등법원에 환송한다.

원고 4, 원고 5, 원고 6, 원고 7, 원고 8의 청구에 관한 피고의 상고를 기각한다.

상고기각부분에 대한 상고비용은 피고부담으로 한다.

【이유】

1. 원고 4 등 5인의 청구에 대한 피고상고부분을 판단한다.

원심판결 및 원심이 인용한 제1심판결의 이유에 의하면 원심은 그 적시의 증거에 의하여 피고 소유의 (차량번호 1 생략) 대형버스의 운전자인 소외 1은 1989.5.20. 23:30경 위 버스를 서울 원효로 4가 대동유리 가게앞 편도 2차선도로의 2차선상에 주차하여 놓았는바 그 다음날 01:10경 망 소외 2가 (차량번호 2 생략) 포니2 승용차에 망 소외 3을 탑승시키고 위 지점을 용산구 원효로쪽에서 마포구쪽으로 주행하다가 위 버스의 뒷부분을 추돌하여 두 사람 모두 사망하는 사고를 당한 사실을 인정하고, 피고는 자기를 위하여 위 버스를 운행한 자로서 그 운행중 발생한 이 사건 사고로 망인들 및 그 유족들인 원고들이 입은 손해를 배상할 책임이 있다고 전제한 다음 망 소외 2로서도 전방을 예의 주시하면서 안전운행을 하였다면 위 사고를 미연에 방지할 수 있었음에도 불구하고 만연히 주행하다가 사고를 당한 잘못이 있다면서 그 과실비

율을 40퍼센트로 봄이 상당하다고 판시하였는바 버스운전수가 주차금지구역 내에서 인도와 상당한 거리를 둔 2차선상에 버스를 주차하여 놓고 야간인데도 경고표시를 하지 아니한 채 그 자리를 비웠기 때문에 사고가 생긴 것이라면 그 과실도 적다고 볼수 없으므로 원심의 과실비율 인정이 위법하다고 하기는 어렵다. 상고논지는 받아들일 수 없는 것이다.

2. 원고 1 등 3인의 청구에 대한 피고상고부분을 판단한다.

원심판결 이유에 의하면 원심은 망 소외 3이 그 사고차량의 소유자임을 인정하면서도 차량의 소유자로서 조수석에 동승하였던 사실만으로는 그 운전자의 안전운행을 촉구할 주의의무가 없다 하여 위 소외 3의 손해액 산정에 그 운전자의 과실 또는 본인의 과실을 참작하여야 한다는 피고의 주장을 배척한 제1심판결의 판단을 정당한 것으로 유지하고 있다.

그러나, 자동차의 소유자는 자동차손해배상보장법상의 "보유자"로서 자동차의 운행으로 이익을 볼 뿐 아니라 운행을 지배하는 지위에 있는 자로서 운전자의 선정에서부터 그 지휘감독에 이르기까지 가능한 주의를 다하여야 할 의무가 있는 자이고 운행으로 인하여 발생하는 결과에 대하여 책임을 부담할 지위에 있는 자이므로 자동차의 소유자가 자기 차를 타인으로 하여금 운전케 하고 거기에 동승하였는데 운전자의 과실이 개재되어 사고가 발생한 결과 동승한 소유자가 피해를 입은 경우, 사고로 인한 차량소유자의 재산상 또는 정신적 손해액을 산정함에 있어서는 운전자의 과실(원심은 망 소외 2의 과실을 40퍼센트로 보았다)을 참작함이 상당하다 할 것이다.

그럼에도 불구하고 원심이 이에 나아가지 아니하고(이 사건에서 망인들은 그 처가 자매간인 이른바 동서간이나 그 인척관계는 논외로 한다) 망 소외 3에 관한 피고의 과실상계주장을 합리적 이유없이 배척한 것은 소유자의 동승과 운전자의 과실참작에 대한 법리를 오해한 잘못을 범한 것이라 할 것이다. 이점을 지적한 논지는 이유있다.

그러므로 다른 상고이유에 대한 판단은 생략하고 원심판결 중 원고 1 등 3인의 청구에 관한 피고 패소부분은 파기할 수밖에 없다.

이상의 이유로 주문과 같이 판결하기로 관여법관의 의견이 일치되다.

> **판례11 |** 야간에 봉고트럭을 차도상에 미등 및 차폭등을 켜지 않은채 주차시켜 놓은 행위와 그로 인한 교통사고 사이에 상당인과관계가 인정되지 않는다고 본 사례[대법원 1990. 11. 9. 선고 90다카8760 판결]

【판결요지】

야간에 오토바이 운전자가 오토바이를 운행하던 중 오토바이의 오른쪽 핸들부분 등이 인도가장자리에 방치된 폐품냉장고에 충돌되고, 그 충돌로 인하여 그곳에서 6, 7미터 가량 떨어진 인도경계선에 인접한 차도상에 주차되어 있던 봉고트럭 적재함 아래 부분에 다시 충돌됨으로써 사망한 경우, 봉고트럭을 야간에 차도에 주차함에 있어 미등 및 차폭등을 켜 두는 등으로 주차표시를 하지 아니하였다고 하더라도 주차지점이 도로교통법상 주차금지된 곳이 아니며 비록 차도상이기는 하나 도로 우측편에 주차시켰기 때문에 통상의 차량통행에 지장이 없었고 차를 도로에 주차한 점이나 차의 미등 및 차폭등을 켜 놓지 아니한 것이 가령 도로교통법위반의 잘못이 있다손 치더라도 그로 인하여 오토바이운전자가 위 차를 뒤늦게 발견하여 사고가 일어났다고 인정되지 않는다면 위 사고와 위 차의 주차 사이에 상당인과 관계가 있다고 할 수 없다.

【원심판결】

부산고등법원 1990. 2. 8. 89나2585 판결

【주문】

원심판결 중 피고 패소부분을 파기하고 이 부분 사건을 부산고등법원에 환송한다.

【이유】

피고 소송대리인의 상고이유에 대하여

원심이 인정한 사실관계를 요약하면, 소외인이 1988. 1. 9. 04 : 30경 오토바이를 운전하여 부산남구 망미동의 편도 2차선도로의 2차선(원심은 폭 60센티미터의 하수구덮개 포함 노폭 5.1미터라 하면서 1차선이라고 하였으나 2차선의 오기로 보인다)을 따라 시속 60킬로미터 정도의 속력으로 운행하던 중 오토바이의 오른쪽 핸들부분과 소외인의 팔 등이 차도경계선에 접한 인도가장자리에 방치된 폐품냉장고에 충돌되고, 그 충돌로 인하여 냉장고 위치로부터 6,7미터 가량 떨어진 인도경계선에 인접한 차도상에 주차되어 있던 피고 소유의 봉고트럭 적재함 아래부분에 다시 충돌됨으로써 소외인이 뇌저부골절 및 뇌출혈 등으로 그곳에서 사망하였다는 것이고, 위와 같은 사고에 관하여 원심은 피고의 과실로서 위 트럭을 인도경계선에 인접한 차도상에 차의 오른쪽 바퀴가 차도가에 있는 하수구덮개 중간부위에 놓인 상태로 미등 및 차폭등도 켜지 않은 채 불법주차시킨 점을 들고 있고, 한편 피고의 손해배상책임의 범위를 정하면서 참작한 소외인의 과실로서 이 사건 발생일 하루 전에 중고오토바이를 구입하여 원동기장치 자전거운전면허도 없이 오토바이 운전기술이 미숙한 상태에서 사고 직전 야간에 빠른 속력으로 오토바이를 운행하던 중 사고를 일으킨 점을 들고 있다.

그러나 피고 소유의 봉고트럭을 주차장 등에 주차하지 아니하고 사고전날 23 : 00경 도로에 주차시켜 놓은 점이라든지 야간에 차도에 주차함에 있어 미등 및 차폭등을 켜두는 등으로 주차표시를 하지 아니한 점을 이 사건 사고에 관한 피고의 과실로 들고 있는 것은 의문이라 아니할 수 없다. 우선 피고의 주차지점이 주차금지 등을 규정한 도로교통법 제28조 내지 제30조, 동시행령 제10조의 어느 경우에도 해당한다는 증거를 발견할 수 없다. 물론 도로교통법령상 주차금지구역이 아닌 곳에 주차하였다 하여 반드시 불법행위 성립에 있어 과실이 없다고 단언할 수 없는 일이지만 주차장소가 법령상 주차가 금지된 곳이냐 아니냐 하는 점은 과실의 유무를 판단함에 있어 중요한 의미를 갖는다고 할 것이다. 더욱 원심의 검증결과를 비롯한 기록에 있는 자료에 의하면, 사고장소는 도로의 사고지점쪽에는 가로등이 없었으나 반대편에는 가로등이 설치되어 있었기 때문에 어둡지 않았다는 것이고, 사고지점은 편도 2차선도로로서 1차선은 3.25미터, 2차선은 덮개가 있는 하수구 60센티미터를 포함하여 5.2미터이며, 사고당시 피고는 차의 오른쪽 바퀴가 하수구덮개의 중간쯤에 놓이도록 주차하여 놓았다는 것인바, 이러한 사실에 비추어보면 피고소유의 트럭의 주차지점이 비록 차도상이기는 하나 차도가 통상의 차량통행에 제공되는데 있어 어떠한 지장을 주었다고 할 수 없다. 그리고 도로교통법 제32조 제1항, 동시행령 13조에 의하면, 모든 차가 밤에 도로에서 정차 또는 주차하는 때에는 자동차안전기준(자동차안전기준에관한규칙 제36조, 제38조 참조)에 정하는 미등 및 차폭등을 켜야 하나 피고가 차를 주차함에 있어 그와 같은 등화를 하지 아니한 점이 사고에 대하여 과실이 되기 위해서는 양자간에 상당인과관계가 있어야 할 것이다. 원심은 이 사건 사고의 경위를 설명하면서 소외인이 시속60킬로미터 정도의 속력으로 운행하던 중 그 왼쪽으로 진행하는 다른 차량에 위험을 느껴 오른쪽 도로가로 피해가다가 그 앞에 주차해 있는 피고소유의 트럭을 뒤늦게 발견하고 핸들을 오른쪽으로 꺾어 나아가는 순간 오토바이의 오른쪽핸들 부분과 소외인의 팔 등이 냉장고에 충돌되고 이어 트럭쪽으로 튕겨나간 오토바이와 소외인이 트럭적재함 아래부분에 다시 충돌되었다고 하였으나 충돌부분을 제외한 앞의 부분에 대하여 이를 인정할 증거는 보이지 아니한다. 다시 말하자면 소외인이 피고 소유의 트럭을 뒤늦게 발견하고 이로 인하여 원심공동피고가 차도쪽 인도 가장자리에 놓아둔 냉장고에 충돌하고 다시 피고 소유의 트럭에 충돌한 사실을 인정할 수 없는 것이며 때문에 피고가 위 트럭의 미등 및 차폭등을 켜 놓지 않았기 때문에 소외인이 위 트럭을 뒤늦게 발견하였다는 것은 있을 수 없는 일이라 할 것이다.

이상에서 본 바와 같이 피고가 차를 도로에 주차한 점이나 차의 미등 및 차폭등을 켜 놓지 아니한 것이 가령 도로교통법령위반의 잘못이 있다손 치더라도 이 사건 사고와의 사이에 상당인과관계가 있다고 할 수 없는 것이다. 원심판결은 증거판단을 잘못하여 사실을 오인하고 불법행위에 있어서의 상당인과관계의 법리를 오해한 위법이 있고 이는 판결결과에 영향을 미쳤다 할 것이므로 논지는 이유있다.

이에 원심판결 중 피고 패소부분을 파기하고 이 부분 사건을 원심법원에 환송하기로 하여 관여 법관의 일치된 의견으로 주문과 같이 판결한다.

Chapter 14. 중앙선침범의 의미

[1] 차마의 통행

① 차마의 운전자는 보도와 차도가 구분된 도로에서는 차도로 통행하여야 합니다. 다만, 도로 외의 곳으로 출입할 때에는 보도를 횡단하여 통행할 수 있습니다.

② ① 단서의 경우 차마의 운전자는 보도를 횡단하기 직전에 일시정지하여 좌측과 우측 부분 등을 살핀 후 보행자의 통행을 방해하지 아니하도록 횡단하여야 합니다.

③ 차마의 운전자는 도로(보도와 차도가 구분된 도로에서는 차도를 말합니다)의 중앙(중앙선이 설치되어 있는 경우에는 그 중앙선을 말합니다. 이하 같습니다) 우측 부분을 통행하여야 합니다.

④ 차마의 운전자는 제3항에도 불구하고 다음 각 호의 어느 하나에 해당하는 경우에는 도로의 중앙이나 좌측 부분을 통행할 수 있습니다.

　1. 도로가 일방통행인 경우

　2. 도로의 파손, 도로공사나 그 밖의 장애 등으로 도로의 우측 부분을 통행 할 수 없는 경우

　3. 도로 우측 부분의 폭이 6미터가 되지 아니하는 도로에서 다른 차를 앞지르려는 경우. 다만, 다음 각 목의 어느 하나에 해당하는 경우에는 그러하지 아니하다.

　　가. 도로의 좌측 부분을 확인할 수 없는 경우

　　나. 반대 방향의 교통을 방해할 우려가 있는 경우

　　다. 안전표지 등으로 앞지르기를 금지하거나 제한하고 있는 경우

　4. 도로 우측 부분의 폭이 차마의 통행에 충분하지 아니한 경우

　5. 가파른 비탈길의 구부러진 곳에서 교통의 위험을 방지하기 위하여 시·도경찰청장이 필요하다고 인정하여 구간 및 통행방법을 지정하고 있는 경우에 그 지정에 따라 통행하는 경우

⑤ 차마의 운전자는 안전지대 등 안전표지에 의하여 진입이 금지된 장소에 들어가서는 아니 됩니다.

⑥ 차마(자전거등은 제외한다)의 운전자는 안전표지로 통행이 허용된 장소를 제외하고는 자전거도로 또는 길가장자리구역으로 통행하여서는 아니 됩니다. 다만, 「자전거 이용 활성화에 관한 법률」제3조제4호에 따른 자전거 우선도로의 경우에는 그러하지 아니합니다.

[2] 중앙선 침범시 제재

위반 행위	범칙금(과태료)	벌점
중앙선 침범	승합차 등: 7만원(10만원) 승용차 등: 6만원(9만원) 이륜차 등: 4만원(7만원) 자전거 등: 3만원	30 ※ 단, 자전거 등은 벌점 부과 대상에서 제외

※「도로교통법」제13조제3항의 경우 고속도로, 자동차전용도로, 중앙분리대가 있는 도로에서 고의로 위반하여 운전한 사람은 제외합니다(「도로교통법」제156조제1호).

[3] 중앙선침범의 의미에 대한 판례

판례1 | 갑이 고가도로 1차로를 주행하던 중 차로에 다른 차량이 진입하는 것을 발견하고 충돌을 피하려다가 중앙선을 침범하여 맞은편에서 진행하는 피해차량을 충격 사고[대법원 2024. 5. 17.선고 2023다308270 판결]

【판결요지】

갑이 고가도로 1차로를 주행하던 중 차로에 다른 차량이 진입하는 것을 발견하고 충돌을 피하려다가 중앙선을 침범하여 맞은편에서 진행하는 피해차량을 충격하였고, 위 사고로 피해차량에 타고 있던 3명 중 1명은 사망하였고, 2명은 중상을 입었으며, 을 보험회사가 피해자들에게 보상금을 지급한 후 갑을 상대로 피해자들의 손해배상청구권을 대위행사하는 소를 제기하여 청구를 인용하는 판결이 선고·확정되었는데, 그 후 갑이 파산 및 면책을 신청하여 면책결정이 확정됨에 따라 을 회사의 위 판결에 따른 채권이 면책되었는지 문제 된 사안에서, 교통사고처리 특례법 제3조 제2항 단서는 중과실이 아닌 경과실로 중앙선을 침범하는 경우도 있음을 예정하고 있으므로, 채무자가 위 조항 단서 제2호에서 정한 중앙선 침범 사고를 일으켰다는 사정만으로 곧바로 채무자 회생 및 파산에 관한 법률 제566조 제4호에서 규정하는 중대한 과실이 존재한다고 단정하여서는 안 되는 점, 갑은 다른 사고의 발생을 피하려는 과정에서 중앙선을 침범하게 된 것으로 보이는 점, 갑은 사고 당시 제한속도를 현저히 초과하여 주행하지 않았고, 그 밖에 다른 주의의무를 위반하였다고 볼 만한 사정을 찾기 어려운 점, 피해자들 중 1명이 사망하였고, 2명이 중상을 입었다는 사정은 '타인의 생명 또는 신체 침해의 중한 정도'에 관한 것으로서 채무자에게 중대한 과실이 있는지를 판단하는 직접적인 기준이 될 수 없는 점에 비추어 갑이 약간의 주의만으로도 쉽게 피해자들의 생명 또는 신체 침해의 결과를 회피할 수 있는 경우임에도 주의의무를 현저히 위반하여 사고를 일으켰다고 보기 어려운데도, 위 판결에 따른 채권이 중대한 과실로 타인의 생명 또는 신체를 침해한 불법행위로 인하여 발생한 손해배상청구권에 해당하여 면책의 대상에서 제외된다고 본 원심판단에 법리오해의 잘못이 있다고 한 사례.

【원심판결】

서울남부지법 2023. 11. 23. 선고 2023나57119 판결

【주문】

원심판결을 파기하고, 사건을 서울남부지방법원에 환송한다.

【이유】

상고이유를 판단한다.

1. 원심판결 이유와 기록에 따르면 다음 사실을 알 수 있다.

   가. 피고는 1997. 1. 2. 10:00경 차량을 운전하여 서울 종로구(주소 생략)에 있던 청계고가도로의 편도 3차선 중 1차로를 진행하다가 중앙선을 침범하여 맞은편에서 진행하는 피해차량을 충격하였다(이하 '이 사건 사고'라 한다). 이 사건 사고로 피해차량에 타고 있던 3명 중 1명은 사망하였고, 2명은 중상을 입었다.

   나. 소외 회사 는 1999. 2. 23.경 이 사건 사고로 인한 자동차손해배상 보장사업에 따른 보상금으로 피해자들에게 45,143,800원을 지급하였다. 소외 회사 는 피고를 상대로 피해자들의 손해배상청구권을 대위행사하는 소를 제기하였고, 피고는 2002. 6. 11. 청구를 인낙하였다. 소외 회사 는 소멸시효 중단 및 연장을 위하여 피고를 상대로 다시 소를 제기하였고, 2012. 9. 14. 청구를 인용하는 판결이 선고되어 그대로 확정되었다(이하 위 판결에 따른 채권을 '이 사건 채권'이라 한다).

   다. 피고는 의정부지방법원 2014하단150호, 2014하면150호로 파산 및 면책을 신청하여 2015. 6. 26. 면책결정(이하 '이 사건 면책결정'이라 한다)이 확정되었는데, 피고가 제출한 채권자목록에 소외 회사 의 이 사건 채권이 포함되어 있었다.

   라. 원고는「자동차손해배상 보장법」제45조 제1항 제4호에 따른 업무를 수행하기 위하여 2020. 2. 28. 소외 회사 로부터 이 사건 채권을 양수하였다.

2. 원심은, 다음과 같은 이유로 이 사건 채권이 이 사건 면책결정에 따라 면책되었다는 피고의 본안전항변을 배척하고 원고의 청구를 인용하였다.
   이 사건 사고는 고가도로에서 상당한 속도로 차량을 운전하다가 1차로로 진입하는 다른 차량을 발견하고 핸들을 과대 조작하여 중앙선을 침범한 피고의 과실로 발생하였다. 이 사건 사고로 피해자 1명은 사망하고 피해자 2명은 중상을 입었다. 이러한 사정을 종합하여 보면, 이 사건 채권은「채무자 회생 및 파산에 관한 법률」(이하 '채무자회생법'이라 한다) 제566조 제4호에서 규정한 비면책채권인 '중대한 과실로 타인의 생명 또는 신체를 침해한 불법행위로 인하여 발생한 손해배상청구권'에 해당한다.

3. 그러나 원심의 판단은 다음과 같은 이유로 수긍하기 어렵다.

   가. '채무자가 중대한 과실로 타인의 생명 또는 신체를 침해한 불법행위로 인하여 발생한 손해배상청구권'을 비면책채권의 하나로 규정한 채무자회생법 제566조 제4호에서 '중대한 과실'이란 채무자가 어떠한 행위를 함에 있어서 조금만 주의를 기울였다면 생명 또는 신체 침해의 결과가 발생하리라는 것을 쉽게 예견할 수 있음

에도 그러한 행위를 만연히 계속하거나, 조금만 주의를 기울여 어떠한 행위를 하였더라면 생명 또는 신체 침해의 결과를 쉽게 회피할 수 있음에도 그러한 행위를 하지 않는 등 일반인에게 요구되는 주의의무를 현저히 위반하는 것을 말한다(대법원 2010. 3. 25. 선고 2009다91330 판결, 대법원 2010. 5. 13. 선고 2010다3353 판결 참조). 이때 채무자에게 채무자회생법 제566조 제4호에서 규정한 '중대한 과실'이 있는지 여부는 주의의무 위반으로 타인의 생명 또는 신체를 침해한 사고가 발생한 경위, 주의의무 위반의 원인 및 내용 등과 같이 주의의무 위반 당시의 구체적 상황을 종합적으로 고려하여 판단하여야 한다 .

나. 원심판결 이유 및 원심이 적법하게 채택한 증거에 따른 아래의 사정을 이러한 법리에 비추어 살펴보면, 피고가 약간의 주의만으로도 쉽게 피해자들의 생명 또는 신체 침해의 결과를 회피할 수 있는 경우임에도 주의의무를 현저히 위반하여 이 사건 사고를 일으켰다고 보기 어렵다.

1) 「교통사고처리 특례법」제3조 제2항 단서는 중과실이 아닌 경과실로 중앙선을 침범하는 경우도 있음을 예정하고 있으므로, 채무자가 위 조항 단서 제2호에서 정한 중앙선 침범 사고를 일으켰다는 사정만으로 곧바로 채무자회생법 제566조 제4호에서 규정하는 중대한 과실이 존재한다고 단정하여서는 안 된다.

2) 피고는 고가도로 1차로를 주행하던 중 차로에 다른 차량이 진입하는 것을 발견하고 충돌을 피하려다가 중앙선을 침범하였다. 이와 같이 피고는 다른 사고의 발생을 피하려는 과정에서 중앙선을 침범하게 된 것으로 보인다.

3) 피고는 이 사건 사고 당시 제한속도를 현저히 초과하여 주행하지 않았고, 그밖에 다른 주의의무를 위반하였다고 볼 만한 사정을 찾기 어렵다.

4) 피해자들 중 1명이 사망하였고, 2명이 중상을 입었다는 사정은 '타인의 생명 또는 신체 침해의 중한 정도'에 관한 것으로서 채무자에게 중대한 과실이 있는지를 판단하는 직접적인 기준이 될 수 없다.

다. 이와 달리 이 사건 채권이 중대한 과실로 타인의 생명 또는 신체를 침해한 불법행위로 인하여 발생한 손해배상청구권에 해당하여 면책의 대상에서 제외된다고 본 원심판단에는 채무자회생법 제566조 제4호에서 규정하는 비면책채권에 관한 법리를 오해하여 판결에 영향을 미친 잘못이 있다. 이를 지적하는 상고이유 주장은 이유 있다.

4. 그러므로 원심판결을 파기하고, 사건을 다시 심리·판단하도록 원심법원에 환송하기로 하여, 관여 대법관의 일치된 의견으로 주문과 같이 판결한다.

판례2 | 황색 실선이나 황색 점선으로 된 중앙선이 설치된 도로의 어느 구역에서 좌회전이나 유턴이 허용되어 중앙선이 백색 점선으로 표시되어 있는 경우, 그 지점에서 안전표지에 따라 좌회전이나 유턴을 하기 위하여 중앙선을 넘어 운행하다가 반대편 차로를 운행하는 차량과 충돌하는 교통사고를 낸 것이 교통사고처리 특례법에서 규정한 중앙선 침범 사고인지 여부(소극)[대법원 2017. 1. 25. 선고 2016도18941 판결]

【판결요지】

도로교통법 제2조 제5호 본문은 '중앙선이란 차마의 통행 방향을 명확하게 구분하기 위하여 도로에 황색 실선이나 황색 점선 등의 안전표지로 표시한 선 또는 중앙분리대나 울타리 등으로 설치한 시설물을 말한다'고 규정하고, 제13조 제3항은 '차마의 운전자는 도로(보도와 차도가 구분된 도로에서는 차도를 말한다)의 중앙(중앙선이 설치되어 있는 경우에는 그 중앙선을 말한다) 우측 부분을 통행하여야 한다'고 규정하고, 교통사고처리 특례법 제3조 제1항, 제2항 제2호 전단은 ' 도로교통법 제13조 제3항을 위반하여 중앙선을 침범'한 교통사고로 인하여 형법 제268조의 죄를 범한 경우는 피해자의 명시한 의사와 상관없이 처벌 대상이 되는 것으로 규정하고 있다.

이와 같이 도로교통법이 도로의 중앙선 내지 중앙의 우측 부분을 통행하도록 하고 중앙선을 침범하여 발생한 교통사고를 처벌 대상으로 한 것은, 각자의 진행방향 차로를 준수하여 서로 반대방향으로 운행하는 차마의 안전한 운행과 원활한 교통을 확보하기 위한 것이므로, 황색 실선이나 황색 점선으로 된 중앙선이 설치된 도로의 어느 구역에서 좌회전이나 유턴이 허용되어 중앙선이 백색 점선으로 표시되어 있는 경우, 그 지점에서 좌회전이나 유턴이 허용되는 신호 상황 등 안전표지에 따라 좌회전이나 유턴을 하기 위하여 중앙선을 넘어 운행하다가 반대편 차로를 운행하는 차량과 충돌하는 교통사고를 내었더라도 이를 교통사고처리 특례법에서 규정한 중앙선 침범 사고라고 할 것은 아니다.

【원심판결】

대구지법 2016. 10. 27. 선고 2016노186 판결

【주문】

상고를 기각한다.

【이유】

상고이유를 판단한다.

1. 도로교통법 제2조 제5호 본문은 '중앙선이란 차마의 통행 방향을 명확하게 구분하기 위하여 도로에 황색 실선이나 황색 점선 등의 안전표지로 표시한 선 또는 중앙분리대나 울타리 등으로 설치한 시설물을 말한다'고 규정하고, 제13조 제3항은 '차마의 운전자는 도로(보도와 차도가 구분된 도로에서는 차도를 말한다)의 중앙(중앙선이 설치되어 있는 경우에는 그 중앙선을 말한다) 우측 부분을 통행하여야 한다'고 규정하고, 교통사고처리 특례법 제3조 제1항, 제2항 제2호 전단은 '도로교통법 제13조 제3항을 위반하여 중앙선을 침범'한 교통사고로 인하여 형법 제268조의 죄를 범한 경우는 피해자의 명시한 의사와 상관없이 처벌 대상이 되는 것으로 규정하고 있다.

   이와 같이 도로교통법이 도로의 중앙선 내지 중앙의 우측 부분을 통행하도록 하고 중앙선을 침범하여 발생한 교통사고를 처벌 대상으로 한 것은, 각자의 진행방향 차로를 준수하여 서로 반대방향으로 운행하는 차마의 안전한 운행과 원활한 교통을 확보하기 위한 것이므로, 황색 실선이나 황색 점선으로 된 중앙선이 설치된 도로의 어느 구역에서 좌회전이나 유턴이 허용되어 중앙선이 백색 점선으로 표시되어 있는 경우, 그 지점에서 좌회전이나 유턴이 허용되는 신호 상황 등 안전표지에 따라 좌회전이나 유턴을 하기 위하여 중앙선을 넘어 운행하다가 반대편 차로를 운행하는 차량과 충돌하는 교통사고를 내었다고 하더라도 이를 위 교통사고처리 특례법에서 규정한 중앙선 침범 사고라고 할 것은 아니다.

2. 이 사건 공소사실의 요지는, 피고인이 2015. 6. 15. 22:15경 (차량번호 1 생략) K5 승용차를 운전하여 안동시 경동로 길주초등사거리 순회수족관 앞길을, 용상 쪽에서 법흥교 쪽으로 진행하다가 중앙선을 넘어 유턴하게 되었는데, 그곳 전방은 교통정리가 행하여지고 있는 사거리교차로이고 노면에 유턴을 허용하는 중앙선이 설치되어 있으므로, 전방·좌우를 잘 살펴 다른 차량의 정상적인 통행을 방해하지 아니하고 안전하게 유턴하여 중앙선을 침범하지 아니하여야 할 업무상 주의의무가 있음에도 이를 게을리한 채 적색신호에 그대로 중앙선을 침범하여 유턴허용구역에서 유턴하다가 맞은편에서 직진신호에 따라 정상적으로 진행하여 오던 피해자 공소외인 운전의 (차량번호 2 생략) SQ125cc 오토바이 앞부분을 위 승용차 앞 범퍼 우측 부분으로 충돌하여 피해자에게 약 2주간의 치료를 요하는 우측 견관절부 염좌 등의 상해를 입게 하였다는 것이다.

3. 이에 대하여 원심은, 피고인은 유턴을 상시 허용하는 안전표지에 따라 유턴허용구역 내에서 흰색 점선인 표시선을 넘어 유턴하였는데, 피고인이 횡단한 부분의 도로에 도로교통법이 정하고 있는 중앙선이 그어져 있지는 않았지만 유턴허용구역의 흰색 점선에는 중앙선의 의미도 있다고 전제한 다음, 그 판시와 같은 사정에 비추어 이 사건 사고는 피고인이유턴 허용 지점에서 유턴을 함에 있어서 지켜야 할 업무상 주의의무를 게을리한 과실로 인하여 발생한 것일 뿐, 중앙선 침범이라는 운행상의 과실을 직접적

인 원인으로 하여 발생한 것으로 볼 수 없다고 보아, 이 사건 사고가 교통사고처리 특례법이 규정한 중앙선 침범 사고라는 검사의 주장을 배척하고 피고인에 대한 공소를 기각한 제1심판결을 그대로 유지하였다.

앞에서 본 법리와 기록에 비추어 살펴보면, 피고인이유턴을 상시 허용하는 안전표지에 따라 유턴허용구역 내에서 흰색 점선인 표시선을 넘어 유턴한 행위는 중앙선을 침범한 행위라고 할 수 없으므로, 원심의 이유 설시에는 다소 적절하지 않은 점이 있다. 그러나 이 사건 사고가 중앙선 침범 사고에 해당하지 않는다고 한 결론은 정당하고, 거기에 상고이유 주장과 같이 판결에 영향을 미친 법리오해 등의 잘못이 없다.

4. 그러므로 관여 대법관의 일치된 의견으로 상고를 기각하기로 하여 주문과 같이 판결한다.

판례3 | 중앙선 침범 사고로 볼 수 없다고 한 사례/대구지법 2016.10.27., 선고, 2016노186, 판결 : 상고/

【판결요지】

자동차 운전자인 피고인이유턴을 상시 허용하는 안전표지에 따라 유턴허용구역 내에서 흰색 점선인 표시선을 넘어 유턴하다가, 맞은편에서 직진신호에 따라 정상적으로 진행하여 오던 甲 운전의 오토바이를 자동차 앞부분으로 충격해 甲에게 상해를 입혔다고 하여 교통사고처리 특례법 위반으로 기소된 사안에서, 유턴허용구역의 흰색 점선에는 중앙선의 의미도 있으나, 교통사고처리 특례법이 규정하는 중앙선 침범 사고는 교통사고 발생지점이 중앙선을 넘어선 모든 경우를 가리키는 것이 아닌 점, 일반적인 중앙선 침범 사고와 유턴이 허용되는 구간에서 반대차로의 차량 진행상황을 잘 살피지 아니하고 유턴을 하다 발생한 사고 사이에는 가해자의 과실 정도 및 비난가능성에서 차이가 있는 점 등을 고려하면, 위 교통사고는 유턴 허용 지점에서 유턴을 할 때 지켜야 할 업무상 주의의무를 게을리한 과실로 인하여 발생한 것일 뿐 중앙선 침범이라는 운행상의 과실을 직접적인 원인으로 하여 발생한 것으로 볼 수 없어, 교통사고처리 특례법 제3조 제2항 제2호에서 규정한 중앙선 침범 사고로 볼 수 없다고 한 사례.

【원심판결】

대구지법 안동지원 2016. 1. 12. 선고 2015고정263 판결

【주문】

검사의 항소를 기각한다.

【이유】

1. 항소이유의 요지

이 사건 사고는 교통사고처리 특례법 제3조 제2항 제2호에서 규정하고 있는 중앙선

침범 사고에 해당한다.

2. 판단

가. 피고인이 중앙선을 침범하였는지 여부

피고인은 유턴을 상시 허용하는 안전표지에 따라 유턴허용구역 내에서 흰색 점선인 표시선을 넘어 유턴하였다.

비록 피고인이 횡단한 부분의 도로에 도로교통법이 정하고 있는 중앙선이 그어져 있지는 않았지만, 아래와 같은 사정을 고려하여 보면 유턴허용구역의 흰색 점선에는 중앙선의 의미도 있다고 보아야 한다.

① 피고인이 횡단한 약 3m 정도의 위 흰색 점선 전후로는 황색 실선으로 그어져 있는 중앙선이 있다.

② 중앙선이 그어져 있지 않은 횡단보도에서도 중앙선 침범이 인정되는 경우가 있다(대법원 2001. 2. 9. 선고 2000도5848 판결, 대법원 2012. 2. 9. 선고 2011도12093 판결 참조).

③ 만약 위 흰색 점선 부분에 중앙선의 의미가 없다고 본다면, 반대차로에서 위 흰색 점선 부분을 넘어 들어와 사고가 난 경우 교통사고처리 특례법상 중앙선 침범으로 의율할 수가 없는 이상한 결과가 발생한다. 따라서 일방통행의 도로가 아닌 도로로서 차선이 표시되어 있는 도로의 중앙에 설치된 차선(이 사건 유턴허용구역 표시선인 흰색 점선 등)은 항상 중앙선의 기능을 겸한다고 봄이 상당하다.

나. 이 사건 사고가 교통사고처리 특례법 제3조 제2항 제2호에서 규정하고 있는 중앙선 침범 사고에 해당하는지 여부

교통사고처리 특례법이 규정하는 중앙선침범 사고는 교통사고가 도로의 중앙선을 침범하여 운전한 행위로 인해 일어난 경우, 즉 중앙선 침범행위가 교통사고 발생의 직접적인 원인이 된 경우를 말하며, 중앙선 침범행위가 교통사고 발생의 직접적인 원인이 아니라면 교통사고가 중앙선침범 운행 중에 일어났다고 하여 이에 포함되는 것은 아니다(대법원 1994. 6.28. 선고 94도1200 판결 참조).

아래와 같은 사정을 고려하여 보면, 이 사건은 피고인이 유턴 허용 지점에서 유턴을 함에 있어서 지켜야 할 업무상 주의의무를 게을리한 과실로 인하여 발생한 것일 뿐, 중앙선 침범이라는 운행상의 과실을 직접적인 원인으로 하여 발생한 것으로 볼 수 없다. 따라서 이 사건 사고를 교통사고처리 특례법이 규정하는 중앙선 침범 사고로 볼 수 없다.

① 교통사고처리 특례법이 규정하는 중앙선 침범 사고는 교통사고의 발생지점이 중앙선을 넘어선 모든 경우를 가리키는 것이 아니라 일정한 경우로 한정해석

해야 한다(대법원 1998. 7. 28. 선고 98도832 판결 참조).

② 일반적인 중앙선 침범 사고와 이 사건과 같이유턴이 허용되는 구간에서 반대차로의 차량 진행상황을 잘 살피지 아니하고 유턴을 하다 발생한 사고 사이에는 가해자의 과실의 정도 및 그 비난가능성에 있어 차이가 있다.

③ 구 도로교통법 시행규칙에 따르면 비보호 좌회전 허용구역에서 좌회전을 하다 사고가 난 경우에는 신호위반으로 의율하였는데, 위 규칙을 개정하여 신호위반으로 의율하지 않게 되었다. 따라서 다른 과실이 경합되지 않은 이상 비보호 좌회전 허용구역에서 좌회전을 하다 피해자가 크게 다치지 않은 사고가 난 경우, 종합보험에 들어 있거나 피해자와 합의가 되면 형사처벌을 할 수 없게 되었다. 그런데 이 사건을 중앙선 침범으로 보게 되면, 이 사건과 같은 상시 유턴가능구역에서의 유턴 시 사고와 위 비보호 좌회전 허용구역에서의 좌회전 시 사고에 있어서의 주의의무의 내용 및 정도가 유사함에도 불구하고 하나는 중앙선 침범으로 의율되어 형사처벌되고, 하나는 형사처벌되지 않는 불균형이 발생한다.

④ 유턴허용구역에서 유턴을 하는 자에게는 일반적으로 중앙선을 '침범'한다는 인식이 없다. 왜냐하면 침범이란 허용되지 않는 구역에 들어가는 것을 의미하는데, 유턴허용구역에서의 유턴은 일정한 경우에 허용되는 것이기 때문이다.

⑤ 유턴허용 표지에는 이 사건과 같이유턴이 허용되는 시기의 제한이 없는 경우와 좌회전 신호 시 등 유턴이 허용되는 시기의 제한이 있는 경우가 있다. 그런데 만약 이 사건을 중앙선 침범으로 보게 되면 좌회전 신호 시 유턴이 허용되는 구역에서 좌회전 신호에 따라 유턴을 하다 사고가 난 경우 마찬가지로 중앙선 침범으로 보아야 할 텐데, 정상 신호에 따라 유턴을 하다 사고가 난 경우에도 중앙선 침범으로 의율하는 것은 가해 차량의 과실의 정도 등에 비추어 볼 때 합리적이지 않다.

3. 결론

그렇다면 검사의 항소는 이유 없으므로, 형사소송법 제364조 제4항에 따라 이를 기각하기로 하여 주문과 같이 판결한다.

판례4 | 안전표지에 따라 좌회전이나 유턴을 하기 위하여 중앙선을 넘어 운행하다가 반대편 차로를 운행하는 차량과 충돌하는 교통사고를 낸 것이 교통사고처리특례법에서 규정한 중앙선 침범 사고인지 여부(소극)*[대법원 2017. 1. 25., 선고, 2016도18941, 판결]*

【판결요지】

도로교통법 제2조 제5호 본문은 '중앙선이란 차마의 통행 방향을 명확하게 구분하기 위하여 도로에 황색 실선이나 황색 점선 등의 안전표지로 표시한 선 또는 중앙분리대나 울타리 등으로 설치한 시설물을 말한다'고 규정하고, 제13조 제3항은 '차마의 운전자는 도로(보도와 차도가 구분된 도로에서는 차도를 말한다)의 중앙(중앙선이 설치되어 있는 경우에는 그 중앙선을 말한다) 우측 부분을 통행하여야 한다'고 규정하고, 교통사고처리 특례법 제3조 제1항, 제2항 제2호 전단은 '도로교통법 제13조 제3항을 위반하여 중앙선을 침범'한 교통사고로 인하여 형법 제268조의 죄를 범한 경우는 피해자의 명시한 의사와 상관없이 처벌 대상이 되는 것으로 규정하고 있다.

이와 같이 도로교통법이 도로의 중앙선 내지 중앙의 우측 부분을 통행하도록 하고 중앙선을 침범하여 발생한 교통사고를 처벌 대상으로 한 것은, 각자의 진행방향 차로를 준수하여 서로 반대방향으로 운행하는 차마의 안전한 운행과 원활한 교통을 확보하기 위한 것이므로, 황색 실선이나 황색 점선으로 된 중앙선이 설치된 도로의 어느 구역에서 좌회전이나 유턴이 허용되어 중앙선이 백색 점선으로 표시되어 있는 경우, 그 지점에서 좌회전이나 유턴이 허용되는 신호 상황 등 안전표지에 따라 좌회전이나 유턴을 하기 위하여 중앙선을 넘어 운행하다가 반대편 차로를 운행하는 차량과 충돌하는 교통사고를 내었더라도 이를 교통사고처리 특례법에서 규정한 중앙선 침범 사고라고 할 것은 아니다.

【원심판결】

대구지법 2016. 10. 27. 선고 2016노186 판결

【주문】

상고를 기각한다.

【이유】

상고이유를 판단한다.

1. 도로교통법 제2조 제5호 본문은 '중앙선이란 차마의 통행 방향을 명확하게 구분하기 위하여 도로에 황색 실선이나 황색 점선 등의 안전표지로 표시한 선 또는 중앙분리대나 울타리 등으로 설치한 시설물을 말한다'고 규정하고, 제13조 제3항은 '차마의 운전자는 도로(보도와 차도가 구분된 도로에서는 차도를 말한다)의 중앙(중앙선이 설치되어 있는 경우에는 그 중앙선을 말한다) 우측 부분을 통행하여야 한다'고 규정하고, 교통사고처리 특례법 제3조 제1항, 제2항 제2호 전단은 '도로교통법 제13조 제3항을 위반하여 중앙선을 침범'한 교통사고로 인하여 형법 제268조의 죄를 범한 경우는 피해자의 명시한 의사와 상관없이 처벌 대상이 되는 것으로 규정하고 있다.

이와 같이 도로교통법이 도로의 중앙선 내지 중앙의 우측 부분을 통행하도록 하고 중앙선을 침범하여 발생한 교통사고를 처벌 대상으로 한 것은, 각자의 진행방향 차로를 준수하여 서로 반대방향으로 운행하는 차마의 안전한 운행과 원활한 교통을 확보하기 위한 것이므로, 황색 실선이나 황색 점선으로 된 중앙선이 설치된 도로의 어느 구역에서 좌회전이나 유턴이 허용되어 중앙선이 백색 점선으로 표시되어 있는 경우, 그 지점에서 좌회전이나 유턴이 허용되는 신호 상황 등 안전표지에 따라 좌회전이나 유턴을 하기 위하여 중앙선을 넘어 운행하다가 반대편 차로를 운행하는 차량과 충돌하는 교통사고를 내었다고 하더라도 이를 위 교통사고처리 특례법에서 규정한 중앙선 침범 사고라고 할 것은 아니다.

2. 이 사건 공소사실의 요지는, 피고인이 2015. 6. 15. 22:15경 (차량번호 1 생략) K5 승용차를 운전하여 안동시 경동로 길주초등사거리 순회수족관 앞길을, 용상 쪽에서 법흥교 쪽으로 진행하다가 중앙선을 넘어 유턴하게 되었는데, 그곳 전방은 교통정리가 행하여지고 있는 사거리교차로이고 노면에 유턴을 허용하는 중앙선이 설치되어 있으므로, 전방·좌우를 잘 살펴 다른 차량의 정상적인 통행을 방해하지 아니하고 안전하게 유턴하여 중앙선을 침범하지 아니하여야 할 업무상 주의의무가 있음에도 이를 게을리한 채 적색신호에 그대로 중앙선을 침범하여 유턴허용구역에서 유턴하다가 맞은편에서 직진신호에 따라 정상적으로 진행하여 오던 피해자 공소외인 운전의 (차량번호 2 생략) SQ125cc 오토바이 앞부분을 위 승용차 앞 범퍼 우측 부분으로 충돌하여 피해자에게 약 2주간의 치료를 요하는 우측 견관절부 염좌 등의 상해를 입게 하였다는 것이다.

3. 이에 대하여 원심은, 피고인은 유턴을 상시 허용하는 안전표지에 따라 유턴허용구역 내에서 흰색 점선인 표시선을 넘어 유턴하였는데, 피고인이 횡단한 부분의 도로에 도로교통법이 정하고 있는 중앙선이 그어져 있지는 않았지만 유턴허용구역의 흰색 점선에는 중앙선의 의미도 있다고 전제한 다음, 그 판시와 같은 사정에 비추어 이 사건 사고는 피고인이유턴 허용 지점에서 유턴을 함에 있어서 지켜야 할 업무상 주의의무를 게을리한 과실로 인하여 발생한 것일 뿐, 중앙선 침범이라는 운행상의 과실을 직접적인 원인으로 하여 발생한 것으로 볼 수 없다고 보아, 이 사건 사고가 교통사고처리 특례법이 규정한 중앙선 침범 사고라는 검사의 주장을 배척하고 피고인에 대한 공소를 기각한 제1심판결을 그대로 유지하였다.

앞에서 본 법리와 기록에 비추어 살펴보면, 피고인이유턴을 상시 허용하는 안전표지에 따라 유턴허용구역 내에서 흰색 점선인 표시선을 넘어 유턴한 행위는 중앙선을 침범한 행위라고 할 수 없으므로, 원심의 이유 설시에는 다소 적절하지 않은 점이 있다. 그러나 이 사건 사고가 중앙선 침범 사고에 해당하지 않는다고 한 결론은 정당하고,

거기에 상고이유 주장과 같이 판결에 영향을 미친 법리오해 등의 잘못이 없다.

4. 그러므로 관여 대법관의 일치된 의견으로 상고를 기각하기로 하여 주문과 같이 판결한다.

> **판례5 |** 교통사고처리특례법 제3조 제2항 단서 제2호 전단에서의 '도로교통법 제13
> 조 제3항의 규정에 위반하여 중앙선을 침범하였을 때'의 의미*[대구지법 2008. 3.*
> *28., 선고, 2007고단 4674, 판결 : 확정]*

【판결요지】

[1] 교통사고처리특례법 제3조 제2항 단서 제2호 전단이 규정하는 '도로교통법 제13조 제3항의 규정에 위반하여 중앙선을 침범하였을 때'라 함은 교통사고의 발생지점이 중앙선을 넘어선 모든 경우를 가리키는 것이 아니라 부득이한 사유가 없이 중앙선을 침범하여 교통사고를 발생케 한 경우를 뜻하며, 여기서 '부득이한 사유'라 함은 진행차로에 나타난 장애물을 피하기 위하여 다른 적절한 조치를 취할 겨를이 없었다거나 자기 차로를 지켜 운행하려고 하였으나 운전자가 지배할 수 없는 외부적 여건으로 말미암아 어쩔 수 없이 중앙선을 침범하게 되었다는 등 중앙선 침범 자체에는 운전자를 비난할 수 없는 객관적 사정이 있는 경우를 말하는 것이며, 중앙선 침범행위가 교통사고 발생의 직접적인 원인이 된 이상 사고 장소가 중앙선을 넘어선 반대차선이어야 할 필요는 없다.

[2] 피고인이 추월의 목적으로 중앙선을 침범하여 반대차로로 운행하다가 자신의 차로로 되돌아왔지만, 피고인의 중앙선 침범 운행을 발견한 피해자가 충돌을 피하기 위하여 어쩔 수 없이 중앙선을 침범하여 피고인 진행차로로 진입하였다가 피고인 운전의 차량과 충돌하게 된 경우라면, 비록 피고인 진행차로에서 교통사고가 발생하였다 하더라도 그 사고는 피고인이 중앙선을 침범하여 운행한 행위가 직접적인 원인이 되어 발생한 것이므로, 교통사고처리특례법 제3조 제2항 단서 제2호 전단의 중앙선 침범사고에 해당한다고 한 사례.

【참조판례】

대법원 1990. 9. 25. 선고 90도536 판결(공1990, 2217),

대법원 1998. 7. 28. 선고 98도832 판결(공1998하, 2351)

【주문】

피고인을 금고 6월에 처한다.

다만, 이 판결확정일로부터 2년 간 위 형의 집행을 유예한다.

【이유】

【범죄사실】

피고인은 2007. 6. 25. 16:25경 업무로 (차량번호 생략)카고 화물차를 운전하여 영천시 청통면 신덕1리 공소외 1 집 앞 편도 1차로를 청통 방면에서 금호 방면으로 진행하게 되었는바, 중앙선을 침범하여 반대차로로 운행한 과실로, 반대차로에서 (차량번호 생략)포터 화물차를 운전하여 직진하던 피해자 공소외 2(37세)가 사고를 피하기 위하여 중앙선을 넘어 피양하였으나 때마침 제 차로로 되돌아온 피고인 운전의 위 카고 화물차의 좌측 앞부분으로 위 포터 화물차의 좌측 앞부분을 들이받아 그 충격으로 위 피해자로 하여금 약 12주간의 치료를 요하는 경골 근위부 골절 등의 상해를 입게 하였다.

【증거의 요지】

1. 피고인의 일부 법정진술(제3회 기일)

1. 공소외 2, 공소외 3에 대한 경찰 진술조서

1. 경찰 실황조사서

1. 수사보고(진단서 접수)

1. 수사보고(교통사고 조사분석 결과통보)

【법령의 적용】

1. 범죄사실에 대한 해당법조 및 형의 선택
   교통사고처리특례법 제3조 제1항, 제2항 단서 제2호, 형법 제268조(금고형 선택)

1. 집행유예
   형법 제62조 제1항(피해자와 합의한 점 등 정상 참작)
   피고인의 주장에 대한 판단

1. 피고인은 범죄사실 기재와 같은 경위로 사고가 발생하였지만, 피고인 진행차로에서 사고가 발생하였으므로 중앙선 침범 사고에 해당하지 않는다고 주장한다.

2. 그러므로 살피건대, 교통사고처리특례법 제3조 제2항 단서 제2호 전단이 규정하는 '도로교통법 제13조 제3항의 규정에 위반하여 중앙선을 침범하였을 때'라 함은 교통사고의 발생지점이 중앙선을 넘어선 모든 경우를 가리키는 것이 아니라, 부득이한 사유가 없이 중앙선을 침범하여 교통사고를 발생케 한 경우를 뜻하며, 여기서 '부득이한 사유'라 함은 진행차로에 나타난 장애물을 피하기 위하여 다른 적절한 조치를 취할 겨를이 없었다거나 자기 차로를 지켜 운행하려고 하였으나 운전자가 지배할 수 없는 외

부적 여건으로 말미암아 어쩔 수 없이 중앙선을 침범하게 되었다는 등 중앙선 침범 자체에는 운전자를 비난할 수 없는 객관적 사정이 있는 경우를 말하는 것이며, 중앙선 침범행위가 교통사고 발생의 직접적인 원인이 된 이상 사고장소가 중앙선을 넘어선 반대차선이어야 할 필요는 없다(대법원 1998. 7. 28. 선고 98도832 판결, 1990. 9. 25. 선고 90도536 판결 등 참조)

3. 공소외 2, 3에 대한 각 경찰진술조서의 기재와 도로교통안전관리공단 작성의 교통 사고 종합분석서의 기재에 의하면, 피고인은 앞서 진행하던 지게차를 추월하려고 중 앙선을 침범하였다가 추월 후 자신의 차로로 되돌아왔고, 반대차로에서 진행하던 피 해자 공소외 2은 중앙선을 침범하여 운행하는 피고인 차량을 발견하고 충돌을 피하 기 위하여 어쩔 수 없이 중앙선을 넘어 피고인 진행 차로로 진입하다가 때마침 자 신의 차로로 되돌아온 피고인 운전의 화물차와 충돌한 사실을 인정할 수 있다.

4. 위 인정 사실에 의하면, 이 사건 사고는 부득이한 사유가 없음에도 중앙선을 침범하 여 운행한 피고인의 행위가 직접적인 원인이 되어 발생하였다 할 것이므로, 사고장 소가 비록 피고인 진행차로라 하더라도 교통사고처리특례법 제3조 제2항 단서 제2 호 전단이 규정하는 중앙선 침범사고에 해당한다.

5. 따라서 피고인의 위 주장은 이유 없다.

> **판례6** ┃ 교통사고처리특례법 제3조 제2항 단서 제2호 전단 소정의 '도로교통법 제 12조 제3항의 규정에 위반하여 차선이 설치된 도로의 중앙선을 침범하였을 때'의 의미 *[대법원 1998. 7. 28. 선고 98도832 판결]*

【판결요지】

교통사고처리특례법 제3조 제2항 단서 제2호 전단이 규정하는 '도로교통법 제12조 제3항의 규정에 위반하여 차선이 설치된 도로의 중앙선을 침범하였을 때'라 함은 교통사고의 발생지점이 중앙선을 넘어선 모든 경우를 가리키는 것이 아니라 부득이한 사유가 없이 중앙선을 침범하여 교통사고를 발생케 한 경우를 뜻하며, 여기서 '부득이한 사유'라 함은 진행차로에 나타난 장애물을 피하기 위하여 다른 적절한 조치를 취할 겨를이 없었다거나 자기 차로를 지켜 운행하려고 하였으나 운전자가 지배할 수 없는 외부적 여건으로 말미암아 어쩔 수 없이 중앙선을 침범하게 되었다는 등 중앙선 침범 자체에는 운전자를 비난할 수 없는 객관적 사정이 있는 경우를 말하는 것이며, 중앙선 침범행위가 교통사고 발생의 직접적인 원인이 된 이상 사고장소가 중앙선을 넘어선 반대차선이어야 할 필요는 없으나, 중앙선 침범행위가 교통사고 발생의 직접적인 원인이 아니라면 교통사고가 중앙선 침범운행중에 일어났다고 하여 모두 이에 포함되는 것은 아니다.

【원심판결】

창원지방법원 1998. 2. 27. 98노119 판결

【주문】

원심판결을 파기하여 사건을 창원지방법원 본원 합의부에 환송한다.

【이유】

1. 교통사고처리특례법 제3조 제2항 단서 제2호 전단이 규정하는 '도로교통법 제12조 제3항의 규정에 위반하여 차선이 설치된 도로의 중앙선을 침범하였을 때'라 함은 교통사고의 발생지점이 중앙선을 넘어선 모든 경우를 가리키는 것이 아니라 부득이한 사유가 없이 중앙선을 침범하여 교통사고를 발생케 한 경우를 뜻하며, 여기서 '부득이한 사유'라 함은 진행차로에 나타난 장애물을 피하기 위하여 다른 적절한 조치를 취할 겨를이 없었다거나 자기 차로를 지켜 운행하려고 하였으나 운전자가 지배할 수 없는 외부적 여건으로 말미암아 어쩔 수 없이 중앙선을 침범하게 되었다는 등 중앙선 침범 자체에는 운전자를 비난할 수 없는 객관적 사정이 있는 경우를 말하는 것이며(대법원 1997. 5. 23. 선고 95도1232 판결, 1996. 6. 11. 선고 96도1049 판결, 1994. 9. 27. 선고 94도1629 판결, 1991. 10. 11. 선고 91도1783 판결, 1990. 9. 25. 선고 90도536 판결, 1988. 3. 22. 선고 87도2171 판결 등 참조), 중앙선 침범행위가 교통사고 발생의 직접적인 원인이 된 이상 사고장소가 중앙선을 넘어선 반대차선이어야 할 필요는 없으나, 중앙선 침범행위가 교통사고 발생의 직접적인 원인이 아니라면 교통사고가 중앙선 침범 운행중에 일어났다고 하여 모두 이에 포함되는 것은 아니라고 할 것이다(대법원 1991. 12. 10. 선고 91도1319 판결 참조).

2. 먼저 피고인의 상고이유를 본다.

원심은 그 내세운 증거들에 의하여, 피고인이 편도 2차선 도로의 2차로를 진행하다가 운전기기 조작을 제대로 하지 못하여 1차선으로 급차선변경을 함으로써 1차선에서 진행하던 피해자 공소외 1 운전의 차량을 들이받아서 그 차량이 밀리면서 중앙선을 넘어가서 마주오던 공소외 2 운전의 차량과 충돌하여 공소외 1 차량에 타고 있던 피해자 공소외 3이 사망하였고, 공소외 1과 공소외 2 차량에 타고 있던 피해자 공소외 4, 공소외 5가 각 상해를 입었으며, 피고인 차량도 곧바로 중앙선을 침범하여 들어가서 마주오던 피해자 공소외 6, 공소외 7 운전의 차량을 순차로 들이받아서 공소외 6, 공소외 7과 그 차량에 타고 있던 피해자 공소외 8 외 3인이 각 상해를 입은 사실을 인정함으로써 결과적으로 피고인이 공소외 1 차량에 들이받혀서 부득이하게 중앙선을 넘어간 것이라는 피고인의 주장을 배척하였는바, 관련 증거들을 기록과 대조하여 검토하여 보면, 그와 같은 원심의 사실인정과 판단은 정당하고, 거기에 논하는 바와 같이 채증법칙에 위배하여 판결에 영향을 미치는 사실을 잘못 인정한 위법이나 교통사고처리특례법이 규정하는 중앙선 침범에 관한 법리를 오해한 위법이 있다고 할 수 없으므로, 논지는 모두 이유가 없다.

3. 그러나, 직권으로 살피건대, 피해자 공소외 1, 공소외 4, 공소외 5에 관한 상해의 교통사고는 원심이 인정한 바와 같이 피고인 차량이 공소외 1 차량을 들이받은 충격으로 인하여 공소외 1 차량이 중앙선을 넘어가서 일어난 것일 뿐 피고인 차량이 중앙선을 침범하여 충격한 사고로 인한 것이 아니므로, 비록 위 사고가 중앙선을 넘은 지점에서 발생하였다고 하더라도 위 사고의 발생에 있어서는 피고인의 중앙선 침범행위가 직접적인 원인이 되지 않았음이 명백하다.

따라서 이 부분 교통사고는 교통사고처리특례법 제3조 제2항 제2호 단서 전단이 규정하는 중앙선침범사고라고 할 수 없는데, 기록에 의하면 피고인 차량은 자동차종합보험에 가입되어 있는 사실이 인정되므로 이 부분에 관한 공소는 그 절차가 법률에 위반하여 무효인 경우에 해당하므로 그 부분 공소를 기각하였어야 함에도 불구하고 원심이 이 부분까지 유죄로 인정하여 그와 상상적 경합의 관계에 있는 나머지 부분과 함께 하나의 형을 선고한 것은 위 특례법이 규정하는 중앙선 침범에 관한 법리를 오해한 위법을 저질렀다고 할 것이므로 원심판결은 이 점에서 전부 파기를 면할 수 없다.

4. 그러므로 원심판결을 전부 파기하여 사건을 원심법원에 환송하기로 하여 관여 법관의 일치된 의견으로 주문과 같이 판결한다.

> **판례7** | 교통사고처리특례법상의 중앙선 침범사고 여부의 판정기준[대법원 1994. 6. 28. 선고 94도 1200 판결]

【판결요지】

교통사고처리특례법이 규정하는 중앙선 침범사고는 교통사고가 도로의 중앙선을 침범하여 운전한 행위로 인해 일어난 경우, 즉 중앙선 침범행위가 교통사고 발생의 직접적인 원인이 된 경우를 말하며, 중앙선 침범행위가 교통사고 발생의 직접적인 원인이 아니라면 교통사고가 중앙선 침범운행중에 일어났다고 하여 이에 포함되는 것은 아니다.

【원심판결】

대전지방법원 1993. 4. 8. 93노1601 판결

【주문】

상고를 기각한다.

【이유】

검사의 상고이유를 판단한다.

이 사건 공소사실은 피고인이 판시 엑셀 승용차를 운전하여 충남 부여군 규암면 라복리 방면에서 부여읍 방면으로 운행하다가 라복리 삼거리에 이르러 좌회전하고자 하였는바, 피고인이 진입하고자 하는 서천 부여간 도로는 편도 1차선의 황색실선의 중앙선이 설치된 도로이고 공소외 1이 운전하는 판시 프레스토 승용차가 서천에서 부여읍 방면으로 직진중이었으므로, 좌회전하여 위 도로에 진입하고자 하는 피고인으로서는 직진하는 차량에 진로를 양보한 후 차선을 지키면서 안전하게 좌회전하여야 할 업무상 주의의무가 있음에도, 직진하는 위 승용차에 앞서 위 도로에 좌회전 진입하기 위하여 중앙선을 침범하며 좌회전 진입하여 위 엑셀 승용차의 오른쪽 앞문 부분으로 위 프레스토 승용차의 앞범퍼 왼쪽부분을 들이받아 위 프레스토 승용차가 밀리면서 위 도로 오른쪽에 정차하여 있던 공소외 2가 운전하는 택시의 뒷부분을 위 승용차의 앞부분으로 들이받게 하여 그 충격으로 택시 승객인 피해자들에 판시 상해를 입게 하였다는 것이다.

이에 대하여, 원심은 거시증거들에 의하면 피고인이 좌회전을 시도한 지점의 부여, 서천간 도로는 위 라복리 입구로부터 차량이 진입할 수 있도록 흰색 실선의 대기선이 설치되어 있는 좌회전 허용지점이고 피고인이 위 라복리 입구로부터 좌회전을 하는 과정에서 피고인의 승용차의 일부가 서천 방향 차선의 중앙선이 설치된 지점에 걸쳐 있는 순간에 위 공소외 1의 승용차와 충돌하여 이 사건 사고가 일어났음을 인정할 수 있는바, 피고인이 좌회전이 허용된 지점에서 좌회전을 하는 과정에서 피고인의 차량의 일부가 서천 방향 차선의 중앙선이 설치된 지점에 걸쳐 있었다 하더라도 그 상태를 도로교통법 제13조 제2항의 규정에 위반하여 중앙선을 침범한 경우라고 볼 수 없고, 더욱이 이 사건에서는 피고인의 승용차의 일부가 중앙선에 걸쳐 있었던 것과 위 공소외 1 운전의 승용차가 충돌된 것 사이에 인과관계가 있다고 볼 수 없어, 이 사건 교통사고를 위 교통사고처리특례법 제3조 제2항 단서 제2호 전단의 '도로교통법 제13조 제2항의 규정에 위반하여 차선이 설치된 도로의 중앙선을 침범하였을 때'에 규정된 중앙선 침범사고로 볼 수 없다고 판단하고 있다.

기록에 비추어 살펴보면 원심의 위와 같은 조치는 정당한 것으로 수긍이 가고, 이에 소론 위법사유가 있다 할 수 없다.

위 특례법이 규정하는 중앙선 침범사고는 위 특례법의 입법취지에 비추어 그 교통사고가 도로의 중앙선을 침범하여 운전한 행위로 인해 일어난 경우, 즉 중앙선 침범행위가 교통사고 발생의 직접적인 원인이 된 경우를 말한다고 할 것이어서, 중앙선 침범행위가 교통사고 발생의 직접적인 원인이 아니라면 교통사고가 중앙선 침범운행중에 일어났다고 하여 이에 포함되는 것은 아니라고 새겨야 할 것인바(당원 1991.12.10. 선고 91도1319 판결; 1991.1.11. 선고 90도2000 판결 등 참조), 이 사건은 결국 피고인이 좌회전 허용지점에서 좌회전을 함에 있어서 지켜야 할 업무상 주의의무를 게을리 한 과실로 인하여 발생한 것으로 보여질 뿐 중앙선 침범이라는 운행상의 과실을 직접적인 원인으로 하여 발생한 것으로 볼 수 없다고 할 것이다.

원심판결에 소론과 같은 중앙선 침범사고에 관한 법리오해의 위법이 있다 할 수 없다. 논지는 이유 없다.

그러므로 상고를 기각하기로 하여 관여 법관의 일치된 의견으로 주문과 같이 판결한다.

> **판례8** | 교통사고처리특례법 제3조 제2항 단서 제2호 전단의 "차선이 설치된 도로의 중앙선을 침해한 경우"의 의미*[대법원 1987. 12. 22. 선고,. 87도2173 판결].*

【판결요지】

교통사고처리특례법 제3조 제2항 단서 제2호 전단의 " 도로교통법 제13조 제2항의 규정에 위반하여 차선이 설치된 도로의 중앙선을 침범한 경우"라 함은 그 입법취지에 비추어 교통사고의 발생지점이 중앙선을 넘어선 모든 경우를 말하는 것이 아니라 중앙선을 침범하여 계속적인 침범운행을 한 행위로 인하여 교통사고를 발생케 하였거나 계속적인 침범운행은 없었다 하더라도 부득이한 사유가 없는데도 중앙선을 침범하여 교통사고를 발생케 한 경우를 뜻한다.

【원심판결】

대전지방법원 1987. 7. 23. 86노979 판결

【주문】

상고를 기각한다.

【이유】

상고이유를 본다.

교통사고처리특례법 제3조 제2항 단서 제2호 전단의 " 도로교통법 제13조 제2항의 규정에 위반하여 차선이 설치된 도로의 중앙선을 침범한 경우"라 함은 그 입법취지에 비추어 교통사고의 발생지점이 중앙선을 넘어선 모든 경우를 말하는 것이 아니라 중앙선을 침범하여 계속적인 침범운행을 한 행위로 인하여 교통사고를 발생케 하였거나 계속적인 침범운행은 없었다 하더라도 부득이한 사유가 없는데도 중앙선을 침범하여 교통사고를 발생케한 경우를 뜻하는 것이라고 풀이함이 상당하다(당원 1986.9.9선고 86도1142 판결 참조).

따라서 원심이 비록 피고인에게 앞서 가던 택시와의 안전거리를 확보하지 아니한 채 미끄러운 도로를 그대로 운행한 과실이 있다 하더라도 그 택시와의 충돌을 피하기 위하여 부득이 중앙선을 침범할 수 밖에 없었던 사실을 확정한 다음 그로 인한 이 사건 사고가 위 특례법 제3조 제2항 단서 제2호 소정의 중앙선 침범에 의한 교통사고에 해당하지 아니하다고 판단한 것은 정당하고 거기에 주장하는 바와 같은 법리오해의 위법이 없다. 주장은 이유없다.

그러므로 상고를 기각하기로 관여법관의 일치된 의견으로 주문과 같이 판결한다.

> **판례9 | 황색점선인 중앙선을 넘어서 자동차를 운행한 경우 위 법조 소정의 도로의 중앙선을 침범한 것인지 여부의 판단기준**[대법원 1987. 7. 7. 선고 86도2597 판결]

【판결요지】

가. 도로교통법 제13조 제2항 및 동법시행규칙 제10조 제1항 별표 1의 6 노면표시 제601호 중앙선표시의 규정들에 의하면 황색점선도 중앙선의 한 종류로서 규정된 것이므로 교통사고처리특례법 제3조 제2항 제2호의 전단의 차선이 설치된 도로의 '중앙선'에 해당된다.

나. 교통사고처리특례법 제3조 제2항 제2호 전단의 차선이 설치된 도로의 중앙선을 '침범' 한다는 뜻은 황색실선의 중앙선일 경우 교통사고의 발생지점이 중앙선을 넘어선 모든 경우를 말하는 것이 아니라 중앙선을 침범하여 계속적인 침범운행을 한 행위로 인하여 교통사고를 발생케 하였거나 계속적인 침범운행은 아니었다 하더라도 부득이한 사유가 없는데도 중앙선을 침범하여 교통사고를 발생케 한 경우를 뜻하는 것이다.

다. 황색점선인 중앙선의 경우에 있어서는 그 차선의 성질상 운행당시의 객관적인 여건이 장애물을 피해가야 하는 등 중앙선을 넘을 필요가 있어 반대방향의 교통에 주의하면서 그 선을 넘어가는 경우는 도로교통법 제13조 제2항의 차선에 따른 운행에 해당한다 할 것이나 그와 같은 월선의 필요성도 없고 반대방향의 교통에 주의를 기울이지도 아니한 채 중앙선을 넘어 운행하는 것은 위 특례법 제3조 제2항 제2호 전단의 도로교통법 제13조 제2항에 위반하여 차선이 설치된 도로의 중앙선을 '침범'한 경우에 해당한다고 해석함이 상당하다.

【원심판결】

청주지방법원 1986. 9. 26. 85노418 판결

【주문】

원심판결을 파기하고, 사건을 청주지방법원 합의부에 환송한다.

【이유】

상고이유를 판단한다.

원심판결 이유에 의하면, 원심은 그 채택한 증거들을 종합하여 이 사건 사고는 피고인이 1985.4.5. 00:05경 포니 영업용택시를 운전하여 원심판시 편도 1차선의 노상을 진행함에 있어서 당시 진행방향 전방에 번호불상의 개인택시가 정차하고 있어 이를 피해가기 위하여 황색점선의 중앙선을 넘어서 진행할 즈음 때마침 피해자가 오토바이를 운전하고 반대방향에서 진행하여 오다가 피고인의 택시를 발견하고 당황하여 오토바이의 핸들을 좌로꺾어 피고인의 차선으로 진입함과 동시에 피고인도 위 오토바이와의 충돌을 피하기 위하여 다시 자신의 차선으로 들어감으로써 피고인의 진행차선 위에서 위 택시의 우측 범퍼부분으로 위 오토바이를 들이받아 일어난 사실을 인정한 다음, 도로교통법시행규칙 제10조 제1항 별표1의 6 노면표지 제601호 중앙선 표시에 의하면 중앙선중 황색점선은 반대방향의 교통에 주의하면서 도로 양측으로 넘어갈 수 있음을 표시하는 것임에 비추어 피고인이 위 황색점선을 넘어 반대차선으로 진행했던 것을 교통사고처리특례법 제3조 제2호 전단의 " 도로교통법제13조 제2항(1984.8.4 개정되기 전에는 제11조의2 제2항임, 원심은 위 개정되기 전의 조항을 인용하고 있으나 잘못된 것임)의 규정에 위반하여 차선이설치된 도로의 중앙선을 침범하였을 때"에 해당한다고 할 수 없다고 판단하고 있다.

살피건대, 도로교통법 제13조 제2항은 "차마는 차선이 설치되어 있는 도로에서는 이법 또는 이법에 의한 명령에 특별한 규정이 있는 경우를 제외하고는그 차선에 따라 통행하여야 한다. 다만, 시.도지사가 통행방법을 따로 지정한 때에는 그 지정한 바에 따라 통행하여야 한다"라고 규정하고, 도로교통법시행규칙 제10조 제1항 별표 1의 6 노면표시 제601호 중앙선표시에 의하면 중앙선의 종류를 황색실선,황색점선, 황색실선과 점선의 복선으로 나누고 있는데 그중 황색실선은 자동차가 넘어갈 수 없음을 표시하고 황색점선은 반대방향의 교통에 주의하면서 도로양측으로 넘어갈 수 있음을 표시하는 것이라고 규정하고 있다.

위 각 규정들에 의하면, 황색점선도 중앙선의 한 종류로서 규정된 것이므로 위 특례법 제3조 제2항 제2호의 전단의 차선이 설치된 도로의 "중앙선"에 해당된다 할 것이고 또한 위 법조항의 차선이 설치된 도로의 중앙선을 "침범"한다는 뜻을 황색실선의 중앙선일 경우 교통사고의 발생지점이 중앙선을 넘어선 모든 경우를 말하는 것이 아니라 중앙선을 침범하여 계속적인 침범운행을 한 행위로 인하여 교통사고를 발생케 하였거나 계속적인 침범운행은 아니었다 하더라도 부득이 한 사유가 없는데도 중앙선을 침범하여 교통사고를 발생케 한 경우를 뜻하는 것이라고 함이 당원의 견해 (1986.9.9 선고 86도1142 판결 참조)임과 교통사고처리특례법의 입법취지에 비추어 황색점선인 중앙선의 경우에 있어서는 그 차선의 성질상 운행당시의 객관적인 여건이 장애물을 피해가야 하는 등 중앙선을 넘을 필요가 있어 반대방향의 교통에 주의하면서 그 선을 넘어가는 경우는 도로교통법 제13조 제2항의 차선에 따른 운행에 해당한다 할 것이나 그와 같은 월선의 필요성도 없고 반대방향의 교통에 주의를 기울이지도 아니한 채 중앙선을 넘어 운행하는 것은 위 특례법 제3조 제2항 제2호 전단 의 도로교통법 제13조 제2항에 위반하여 차선이 설치된 도로의 중앙선을 '침범'한 경우에 해당한다고 해석함이 상당하다 할 것이다. 위와 같이 해석하지 아니하면 위에서 본 바와 같은 월선의 필요성도 없이 반대방향의 교통에 주의도 하지 아니한 채 황색점선의 중앙선을 넘어 운행을 한 행위로 인하여 교통사고를 발생케 한 경우도 위 특례법 조항의 중앙선을 '침범'한 것이 되지 아니하여 반대차선 운전자의 차선에 대한 신뢰와 안전을 보호하고 중앙선 침범으로 인한 대형사고를 방지하려는 위 특례법조항의 입법취지에 어긋나기 때문이다.

원심이 적법하게 확정한 바와 같이 피고인이 피고인의 택시를 운행함에 있어서 진행방향 전방에 번호불상의 개인택시가 정차하고 있어 이를 피해가기 위하여 황색점선의 중앙선을 넘어서 진행한 것이라면 이는 운행당시의 객관적인 여건으로서 중앙선을 넘을 필요성은 조성되어 있었다 할 것이므로 이 사건의 경우에 있어서는 피고인이 황색점선의 중앙선을 넘어감에 있어서 반대방향의 교통에 주의하였는지의 여부가 위 특례법 조항의 적용여부를 결정하는 관건이 된다 할 것이다.

그러함에도 불구하고 원심이 위와 견해를 달리하여 피고인이 황색점선의 중앙선을 넘어감에 있어서 반대방향의 교통에 주의하였는지 여부에 관하여는 심리판단하지 아니한 채 만연히 황색점선은 반대방향의 교통에 주의하면서 도로양측으로 넘어갈 수 있음을 표시하는 것임에 비추어 피고인이 위 황색점선을 넘어 반대차선으로 진행했던 것을 위 특례법 조항의 " 도로교통법 제13조 제2항의 규정에 위반하여 차선이 설치된 도로의 중앙선을 침범하였을 때"에 해당되지 않는다고만 판단한 조치는 위 특례법 조항및 도로교통법 조항의 법리를 오해하여 심리를 다하지 아니함으로써 판결결과에 영향을 미친 위법을 저지른 것이라 할 것이고 이 점을 탓하는 논지는 이유있다.

그러므로 원심판결을 파기하고, 사건을 원심법원으로 환송하기로 관여법관의 의견이 일치되어 주문과 같이 판결한다.

판례10 | "차선이 설치된 도로의 중앙선을 침범하였을 때"의 의미*[대법원 1987. 6. 9. 선고 87도884 판결]*

【판결요지】

교통사고를 일으킨 차가 교통사고처리특례법 제3조 제2항 단서 제2호 전단의 도로교통법 제13조 제2항의 규정에 위반하여 차선이 설치된 도로의 중앙선을 침범하였을 때라 함은 같은법의 입법취지에 비추어 교통사고의 발생지점이 중앙선을 넘어선 곳이었던 모든 경우를 말하는 것이 아니라 부득이 한 사유가 없이 중앙선을 침범하여 사고를 일으키게 한 경우의 중앙선 침범을 뜻하는 것이라고 해석함이 상당하다.

【원심판결】

대전지방법원 1987. 2. 27. 86노620 판결

【주문】

상고를 기각한다.

【이유】

검사의 상고이유를 판단한다.

교통사고를 일으킨 차가 교통사고처리특례법 제3조 제2항 단서 제2호 전단의 도로교통법 제13조 제2항의 규정에 위반하여 차선이 설치된 도로의 중앙선을 침범하였을 때라 함은 같은법의 입법취지에 비추어 교통사고의 발생지점이 중앙선을 넘어선 곳이었던 모든 경우를 말하는 것이 아니라 부득이 한 사유가 없이 중앙선을 침범하여 사고를 일으키게 한 경우의 중앙선침범을 뜻하는 것이라고 해석함이 상당하다. 그런데 이 사건 공소사실을 보면, 이 사건 교통사고 발생지점이 중앙선을 넘어선 지점이기는 하나 피고인이 타이탄트럭을 운전하여 가다가 내리막의 얼어붙어 미끄러운 길에서 기어를 2단에서 1단으로 변속한 것이 잘못되어 미끄러지면서 중앙선을 침범하게 되었고 그때 마침 맞은편에서 오던 화물자동차의 앞부분을 피고인이 운전하던 차의 우측적재함부분으로 충격하여 위 화물자동차의 운전사 등을 다치게 하였다는 것이므로 그 공소내용 자체에 의하더라도 이사고가 위법 제3조 제2항 단서 제2호 전단의 경우에 해당하지 아니한다고 한 원심의 판단은 앞에서 본 법리에 비추어 정당하고 논지는 독자적인 견해를 내세워 원심판결을 탓하는 것으로서 받아들일 수 없다.

그러므로 관여법관의 일치된 의견으로 상고를 기각하기로 하여 주문과 같이 판결한다.

판례11 | 교통사고처리특례법 제3조 제2항 제2호 소정의 차선이 설치된 도로의 중앙선을 침범한 경우의 의미*[대법원 1986. 9. 9. 선고, 86도1142 판결].*

【판결요지】

　교통사고처리특례법 제3조 제2항 본문의 처벌특례에 대한 예외규정인 같은 항 제2호 소정의 도로교통법 제13조 제2항의 규정에 위반하여 차선이 설치된 도로의 중앙선을 침범한 경우라 함은 교통사고의 발생지점이 중앙선을 넘어선 모든 경우를 말하는 것이 아니라 중앙선을 침범하여 계속적인 침범운행을 한 행위로 인하여 교통사고를 발생케 하였거나 계속적인 침범운행은 없었다 하더라도 부득이 한 사유가 없는데도 중앙선을 침범하여 교통사고를 발생케 한 경우를 뜻하는 것이어서 운행당시의 객관적인 여건이 장애물을 피행하여야 되는 등 긴박하여 부득이 중앙선을 침범할 수 밖에 없었다면 그로 인하여 중앙선을 넘어선 지점에서 교통사고를 일으켰다 하더라도 위 처벌특례의 예외규정에 해당하지 아니한다.

【원심판결】

　대구지방법원 1985. 10. 24. 85노1497 판결

【주문】

　상고를 기각한다.

【이유】

　검사의 상고이유를 판단한다.

　피해자의 명시한 의사에 반하여 공소를 제기할 수 없다는 교통사고처리특례법 제3조 제2항 본문의 처벌특례에 대한 예외규정인 같은항 제2호에서 도로교통법 제13조 제2항의 규정에 위반하여 차선이 설치된 도로의 중앙선을 침범한 경우라함은 그 입법취지에 비추어 교통사고의 발생지점이 중앙선을 침범하여 계속적인 침범운행을 한 행위로 인하여 교통사고를 발생케 하였거나 계속적인 침범운행은 없었다 하더라도 부득이 한 사유가 없는데도 중앙선을 침범하여 교통사고를 발생케 한 경우를 뜻하는 것이라고 풀이함이 상당하므로 운행당시의 객관적인 여건이 장애물을 피행하여야 되는등 긴박하여 부득이 중앙선을 침범할 수 밖에 없었다면 그로 인하여 중앙선을 넘어선 지점에서 교통사고를 일으켰다 하더라도 위 처벌특례의 예외규정에 해당하지 아니한다 할 것이다(당원 1984.3.27 선고 84도193 판결; 1984.11.27 선고 84도2134 판결; 1985.3.12 선고 84도2651 판결; 1985.4.23 선고 85도329 판결; 1985.9.10 선고 85도1407 판결; 1986.3.11 선고 86도56 판결등 참조)

　원심이 확정한 사실에 의하면 이 사건 교통사고의 발생지점이 중앙선을 넘어선 지점이기는 하나 피고인이 봉고승용차를 시속 약 70킬로미터의 속도로 운행하던중 판시 지점을 통과할 무렵 우측 전방 20미터 노견에 정차중인 충남 5다3684호 봉고승용차를 충돌 직전에서야 뒤늦게 발견하고 급정차한 과실로 피고인 차를 그곳 노면에 미끄러지게 하여

우측 앞 밤바부분으로 위 정차해 있는 봉고승용차의 좌측 뒷부분을 가볍게 1차 충격하면서 당황한 나머지 더 큰 충격을 피하여야 겠다는 일념으로 핸들을 좌측으로 급히 과대조작하는 바람에 그곳 도로의 중앙분리대를 넘어 반대차선으로 미끄러져 들어가게 되었고 그때 마침 반대차선상을 운행하던 피해자 김인근 운전의 대구 1가7200호 자가용 승용차의 전면을 피고인차 앞 밤바부분으로 2차 충격하게 되어 판시 교통사고를 일으켰다는 것이므로 그 교통사고가 교통사고처리특례법 제3조 제2항 제2호 소정의 경우에 해당하지 않는다고 본 원심의 판단은 앞서본 법리에 비추어 수긍할 수 있고 거기에 소론과 같은 법리오해가 있다고 할 수 없다.

그러므로 상고를 기각하기로 관여법관의 의견이 일치되어 주문과 같이 판결한다.

판례12 | 차선이 설치된 도로의 중앙선을 침범하였을 때의 의미 [대법원 1986.7.22. 선고 86도76 판결]

【판결요지】

교통사고처리특례법 제3조 제2항 제2호 전단의 " 도로교통법 제13조 제2항의 규정에 위반하여 차선이 설치된 도로의 중앙선을 침범하였을 때"라 함은 교통사고의 발생지점이 중앙선을 넘어선 모든 경우를 말하는 것이 아니라 계속적인 중앙선침범운행을 하였거나 부득이한 사유가 없이 중앙선을 침범하여 사고를 일으키게 한 경우를 뜻하는 것이다.

【원심판결】

대구지방법원 1985. 5. 24. 85노691 판결

【주문】

상고를 기각한다.

【이유】

검사의 상고이유를 판단한다.

교통사고를 일으킨 차가 교통사고처리특례법 제4조 제1항 소정의 보험에 가입된 경우로서 공소를 제기할 수 없는 처벌특례의 예외 규정인 위 법 제3조 제2항 제2호 전단의 도로교통법 제13조 제2항의 규정에 위반하여 차선이 설치된 도로의 중앙선을 침범하였을 때라 함은 위 특례법의 입법취지에 비추어 교통사고의 발생지점이 중앙선을 넘어선 모든 경우를 말하는 것이 아니라 계속적인 중앙선침범운행을 하였거나 부득이한 사유가 없이 중앙선을 침범하여 사고를 일으키게 한 경우를 뜻하는 것이라고 풀이함이 상당하다. 원심이 확정한 사실에 의하면 이 사건 교통사고의 발생지점이 중앙선을 넘어선 지점이기는 하나 피고인이 포니화물차를 운전하여 시속 20키로미터로 운행하던중 얼음이 얼어 붙어 있는 내리막길인 사고지점에 이르러 차가 미끄러지면서 중앙선을 침범하게 되었고 그때 마침 맞은 편에서 버스가 오는 것을 발견하고 급제동조치를 취하였으나 피고인의 차가 회전하면서 버스를 충격하였다는 것이므로 이 사고가 교통사고처리특례법 제3조 제2항 단서 제2호 전단의 경우에 해당하지 아니한다고 한 원심의 판단은 앞에서 본 법리에 비추어 수긍할수 있다. 소론은 독자적인 견해에 의하여 원심판결을 비난하는 바로서 채택할 수 없다.

이에 상고를 기각하기로 하고 관여법관의 일치된 의견으로 주문과 같이 판결한다.

판례13 | 교통사고처리특례법(1984.8.4 법률 제3744호로 개정되기 전의 것) 제3조 제2항 단서 제2호 소정의 차선이 설치된 도로의 중앙선을 침범하였을 때의 의미[대법원 1986. 3. 11. 선고 86도56 판결]

【판결요지】

구 교통사고처리특례법(1984.8.4 법률 제3744호로 개정되기 전의 것) 제3조 제2항 단서 제2호 전단의 차선이 설치된 도로의 중앙선을 침범하였을때라 함은 고의로 중앙선을 침범하여 차량을 운전하는 경우를 말하는 것이고 장애물을 피행하기 위하여 부득이 중앙선을 침범하였을 때나 사고장소가 중앙선을 넘어선 지점인 경우까지를 포함하는 것이 아니다.

【원심판결】

서울지방법원 1985. 11. 14. 85노3464 판결

【주문】

상고를 기각한다.

【이유】

검사의 상고이유를 판단한다.

원심이유지하고 있는 제1심판결이 들고 있는 증거를 기록에 대조하여 검토하여 보면 소론이 지적하는 증거들은 그 판시와 같은 이유로 믿을 수 없다하여 배척하고 그외 피고인의 차량이 사고당시에 도로 중앙선을 침범하여 운행하므로써 이건 사고를 야기한 것으로 인정할 증거가 없다한 원심의 조치는 정당하고 거기에 소론의 채증법칙 위배의 위법이 있다고는 할 수 없다.

뿐만 아니라 구 교통사고처리특례법(1984.8.4 법률 제3744호로 개정되기 전) 제3조 제2항 단서 제2호 전단의 차선이 설치된 도로의 중앙선을 침범하였을 때라 함은 고의로 중앙선을 침범하여 차량을 운전하는 경우를 말하는 것이고 장애물을 피행하기 위하여 부득이 중앙선을 침범하였을 때나 사고장소가 중앙선을 넘어선 지점인 경우까지를 포함하는 것이 아닌바(당원 1985.3.12 선고 84도2651 판결 참조)

소론과 같이 이 사건 사고가 피고인이 1차선을 따라 진행하던중 우측 버스정류장에 있던 버스가 2차선에서 1차선으로 차선변경을 하므로 이를 피하기 위하여 핸들을 좌회하여 중앙선을 침범한 것이라면 이러한 경우는 위 법 제3조 제2항 제2호 전단의 중앙선을 침범하였을 때에 해당한다고 할 수 없다 할 것이므로 어느 경우라 하더라도 공소기각을 한 원심의 결론에는 아무런 위법이 없다 할 것이니 논지 이유없다.

그러므로 상고를 기각하기로 관여법관의 일치된 의견으로 주문과 같이 판결한다.

Chapter 15. 횡단보도의 의미

[1] 보행자의 통행

① 보행자는 보도와 차도가 구분된 도로에서는 언제나 보도로 통행하여야 합니다. 다만, 차도를 횡단하는 경우, 도로공사 등으로 보도의 통행이 금지된 경우나 그 밖의 부득이한 경우에는 그러하지 아니합니다.

② 보행자는 보도와 차도가 구분되지 아니한 도로 중 중앙선이 있는 도로(일방통행인 경우에는 차선으로 구분된 도로를 포함합니다)에서는 길가장자리 또는 길가장자리구역으로 통행하여야 합니다.

③ 보행자는 다음 각 호의 어느 하나에 해당하는 곳에서는 도로의 전 부분으로 통행할 수 있습니다. 이 경우 보행자는 고의로 차마의 진행을 방해하여서는 아니 됩니다.

　1. 보도와 차도가 구분되지 아니한 도로 중 중앙선이 없는 도로(일방통행인 경우에는 차선으로 구분되지 아니한 도로에 한정한다. 이하 같습니다)

　2. 보행자우선도로

④ 보행자는 보도에서는 우측통행을 원칙으로 합니다.

[2] 보행자의 보호

① 모든 차 또는 노면전차의 운전자는 보행자(도로교통법 제13조의2제6항에 따라 자전거등에서 내려서 자전거등을 끌거나 들고 통행하는 자전거등의 운전자를 포함합니다)가 횡단보도를 통행하고 있거나 통행하려고 하는 때에는 보행자의 횡단을 방해하거나 위험을 주지 아니하도록 그 횡단보도 앞(정지선이 설치되어 있는 곳에서는 그 정지선을 말합니다)에서 일시정지하여야 합니다.

② 모든 차 또는 노면전차의 운전자는 교통정리를 하고 있는 교차로에서 좌회전이나 우회전을 하려는 경우에는 신호기 또는 경찰공무원등의 신호나 지시에 따라 도로를 횡단하는 보행자의 통행을 방해하여서는 아니 됩니다.

③ 모든 차의 운전자는 교통정리를 하고 있지 아니하는 교차로 또는 그 부근의 도로를 횡단하는 보행자의 통행을 방해하여서는 아니 됩니다.

④ 모든 차의 운전자는 도로에 설치된 안전지대에 보행자가 있는 경우와 차로가 설치되지 아니한 좁은 도로에서 보행자의 옆을 지나는 경우에는 안전한 거리를 두고 서행하여야 합니다.

⑤ 모든 차 또는 노면전차의 운전자는 보행자가 도로교통법 제10조제3항에 따라 횡단보도가 설치되어 있지 아니한 도로를 횡단하고 있을 때에는 안전거리를 두고 일시정지하여 보행자가 안전하게 횡단할 수 있도록 하여야 합니다.

⑥ 모든 차의 운전자는 다음 각 호의 어느 하나에 해당하는 곳에서 보행자의 옆을 지나는 경우에는 안전한 거리를 두고 서행하여야 하며, 보행자의 통행에 방해가 될 때에는 서행하거나 일시정지하여 보행자가 안전하게 통행할 수 있도록 하여야 합니다.

1. 보도와 차도가 구분되지 아니한 도로 중 중앙선이 없는 도로

2. 보행자우선도로

3. 도로 외의 곳

⑦ 모든 차 또는 노면전차의 운전자는 도로교통법 제12조제1항에 따른 어린이 보호구역 내에 설치된 횡단보도 중 신호기가 설치되지 아니한 횡단보도 앞(정지선이 설치된 경우에는 그 정지선을 말합니다)에서는 보행자의 횡단 여부와 관계없이 일시정지하여야 합니다.

[3] 횡단보도의 의미에 대한 판례

> **판례1** | 횡단보행자용 신호기가 설치되지 않은 횡단보도를 횡단하는 보행자가 있을 경우, 자동차 운전자의 보행자에 대한 주의의무[대법원 2022. 6. 16.선고 2022도1401 판결]

【판결요지】

도로교통법 제27조 제5항은 '모든 차의 운전자는 보행자가 횡단보도가 설치되어 있지 아니한 도로를 횡단하고 있을 때에는 안전거리를 두고 일시정지하여 보행자가 안전하게 횡단할 수 있도록 하여야 한다.'고 규정하고 있다. 따라서 자동차의 운전자는 횡단보행자용 신호기가 설치되지 않은 횡단보도를 횡단하는 보행자가 있을 경우에 그대로 진행하더라도 보행자의 횡단을 방해하지 않거나 통행에 위험을 초래하지 않을 경우를 제외하고는, 횡단보도에 먼저 진입하였는지 여부와 관계없이 차를 일시정지하는 등의 조치를 취함으로써 보행자의 통행이 방해되지 않도록 할 의무가 있다.

도로교통법 제10조 제4항은 '보행자는 횡단보도 표시구역이 아닌 곳에서 차의 바로 앞이나 뒤로 횡단하여서는 아니 된다.'는 취지로 규정하고 있으므로, 모든 차의 운전자는 횡단보도 표시구역을 통과하면서 보행자가 횡단보도 노면표시가 없는 곳에서 갑자기 건너오지 않을 것이라고 신뢰하는 것이 당연하고 그렇지 아니할 이례적인 사태의 발생까지 예상하여 그에 대한 주의의무를 다하여야 한다고는 할 수 없다. 다만 이러한 신뢰의 원칙은 상대방 교통관여자가 도로교통 관련 제반 법규를 지켜 자동차의 운행 또는 보행에 임하리라고 신뢰할 수 없는 특별한 사정이 있는 경우에는 적용이 배제된다.

【원심판결】

서울동부지법 2020. 6. 11. 선고 2019노1470 판결

【주문】

상고를 기각한다.

【이유】

상고이유를 판단한다.

1. 공소사실의 요지와 원심의 판단

　가. 공소사실의 요지

　　피고인은 (차량번호 생략) 봉고3 차량의 운전업무에 종사하는 사람으로서 2020. 4. 8. 16:30경 고양시 (주소 생략) ○○○○○백화점 앞 횡단보도를 △△△△ 복지센

터 방면에서 □□□□ 방면으로 미상의 속도로 진행하였다. 당시 그곳에는 신호등이 없는 횡단보도가 설치되어 있었으므로, 자동차의 운전업무에 종사하는 사람은 보행자가 있을 경우를 대비하여 서행함으로써 사고를 미리 방지하여야 할 업무상의 주의의무가 있었다.

그럼에도 피고인은 이를 게을리한 채 그대로 진행하다가 횡단보도 근처를 피고인 진행방향 왼쪽에서 오른쪽으로 횡단하는 피해자 공소외인 (만 9세, 여, 초등학교 4학년)을 뒤늦게 발견하고 제동을 하였으나 미처 멈추지 못하고 피고인 차량 앞 범퍼 부분으로 피해자의 오른쪽 무릎 부위를 충격하여 피해자에게 약 2주간의 치료를 요하는 우측 족근관절염좌 등의 상해를 입게 하였음에도 피해자를 구호하는 등의 조치를 취하지 않고 그대로 도주하였다.

나. 원심의 판단

원심은 다음과 같이 피고인이 공소사실 기재 사고 발생을 예견하거나 회피할 업무상 주의의무를 다하지 못하였다고 인정하기 어렵다는 이유로 이 사건 공소사실을 유죄로 판단한 제1심판결을 파기하고 무죄로 판단하였다.

1) 위 사고가 횡단보도 안에서 발생하였다고 단정하기 어렵다.

2) 피해자가 넘어지면서 상해가 발생한 것으로 보이므로, 피해자 진술만으로 피고인의 차량이 피해자의 신체를 충격하였다고 단정하기 어려워 피고인이 차량을 급정거함으로써 사고를 방지할 수 있을 정도로 서행하고 있었을 가능성을 배제할 수 없다.

3) 피고인이 주의를 다하였다면 피해자의 존재를 좀 더 일찍 인식하고 피해자가 넘어지는 경우를 방지할 수 있었는지를 알 수 있는 자료가 없다.

2. 대법원의 판단

가. 관련 법리

도로교통법 제27조 제5항은 '모든 차의 운전자는 보행자가 횡단보도가 설치되어 있지 아니한 도로를 횡단하고 있을 때에는 안전거리를 두고 일시정지하여 보행자가 안전하게 횡단할 수 있도록 하여야 한다.'고 규정하고 있다. 따라서 자동차의 운전자는 횡단보행자용 신호기가 설치되지 않은 횡단보도를 횡단하는 보행자가 있을 경우에 그대로 진행하더라도 보행자의 횡단을 방해하지 않거나 통행에 위험을 초래하지 않을 경우를 제외하고는, 횡단보도에 먼저 진입하였는지 여부와 관계없이 차를 일시정지하는 등의 조치를 취함으로써 보행자의 통행이 방해되지 않도록 할 의무가 있다(대법원 2020. 12. 24. 선고 2020도8675 판결 , 대법원 2022. 4. 14. 선고 2020도17724 판결 참조).

도로교통법 제10조 제4항은 '보행자는 횡단보도 표시구역이 아닌 곳에서 차의 바로 앞이나 뒤로 횡단하여서는 아니 된다.'는 취지로 규정하고 있으므로, 모든 차의 운전자는 횡단보도 표시구역을 통과하면서 보행자가 횡단보도 노면표시가 없는 곳에서 갑자기 건너오지 않을 것이라고 신뢰하는 것이 당연하고 그렇지 아니할 이례적인 사태의 발생까지 예상하여 그에 대한 주의의무를 다하여야 한다고는 할 수 없다. 다만 이러한 신뢰의 원칙은 상대방 교통관여자가 도로교통 관련 제반 법규를 지켜 자동차의 운행 또는 보행에 임하리라고 신뢰할 수 없는 특별한 사정이 있는 경우에는 적용이 배제된다(대법원 1985. 7. 9. 선고 85도833 판결 , 대법원 2002. 10. 11. 선고 2002도4134 판결, 대법원 2010. 7. 29. 선고 2010도4078 판결 등 참조).

자동차의 운전자가 통상 예견되는 상황에 대비하여 결과를 회피할 수 있는 정도의 주의의무를 다하지 못한 것이 교통사고 발생의 직접적인 원인이 되었다면, 비록 자동차가 보행자를 직접 충격한 것이 아니고 보행자가 자동차의 급정거에 놀라 도로에 넘어져 상해를 입은 경우라고 할지라도, 업무상 주의의무 위반과 교통사고 발생 사이에 상당인과관계를 인정할 수 있다.

나. 이 사건의 판단

1) 원심판결 이유와 적법하게 채택한 증거들에 따르면, 다음과 같은 사정을 알 수 있다.

가) 피고인은 시야 확보에 지장이 없는 맑은 날씨의 오후에 트럭을 운전하여 횡단보도를 통과한 직후 횡단보도 부근에서 차량 진행방향 좌측에서 우측으로 도로를 횡단하려는 피해자를 뒤늦게 발견하고 급제동 조치를 취하였다.

나) 사고가 발생한 장소는 편도 1차선의 폭이 비교적 좁은 도로이고 양쪽에 상점들이 있어서 횡단보도 부근의 차도 가장자리나 인도에 통행하는 보행자들이 많이 있었고, 횡단보도에는 횡단보행자용 신호기가 설치되어 있지 않아 언제든지 보행자가 횡단할 수 있는 상황이었다.

다) 피해자는 '피고인의 트럭에 치어 넘어졌다.'고 경찰에서 진술하였고, 사고 목격자의 경찰 진술도 이에 부합한다.

라) 피해자는 사고 당일부터 다리와 무릎의 통증을 호소하였고 약 2주간의 치료가 필요한 '우측 족근관절염좌, 족부 좌상'으로 통원 치료를 받았다.

2) 위와 같은 사정을 앞서 본 법리에 비추어 살펴보면, 원심의 판단은 아래와 같은 이유로 받아들이기 어렵다.

가) 사고 지점 부근의 도로 상황, 사고 발생 시각, 사고 당시의 교통량, 횡단보도 부근의 보행자 현황 등을 종합해 볼 때, 트럭을 운전하던 피고인으로서는 횡단보행자용 신호기가 설치되어 있지 않은 횡단보도 구간을 통과한 직후 그 부근에서 도로를 횡단하려는 보행자가 흔히 있을 수 있음을 충분히 예상할 수 있었

으므로, 무단횡단하는 보행자를 발견한 즉시 안전하게 정차할 수 있도록 제한 속도 아래로 속도를 더욱 줄여 서행하고 전방과 좌우를 면밀히 주시하여 안전하게 운전함으로써 사고를 미연에 방지할 업무상 주의의무가 있었다.

나) 사고 전후의 경위와 관련자들의 진술에 비추어, 피고인의 트럭 앞 범퍼 부위로 피해자의 우측 무릎 부위를 직접 충격하여 피해자를 도로에 넘어지게 하였다고 볼 여지가 충분하다. 설령, 피고인의 트럭이 피해자를 직접 충격한 것이 아니었다고 할지라도, 피해자가 도로에 넘어진 직접적인 원인은 횡단보도를 통과하면서 감속하지 않은 피고인의 차량이 급정거한 때문으로 봄이 합리적이다.

다) 피고인의 트럭이 피해자를 직접 충격하지 않았더라도 피고인이 횡단보도 부근에서 안전하게 서행하였더라면 사고 발생을 충분히 피할 수 있었을 것이므로, 피고인의 업무상 주의의무 위반과 사고 발생 사이의 상당인과관계를 부정하기는 어렵다.

3) 그럼에도 원심은 판시와 같은 이유만으로 이 사건 공소사실을 무죄로 판단하였다. 이러한 원심의 판단에는 필요한 심리를 다하지 않은 채 논리와 경험의 법칙을 위반하여 자유심증주의의 한계를 벗어나거나 「특정범죄 가중처벌 등에 관한 법률」 위반(도주치상)죄에서 업무상 주의의무 위반 등에 관한 법리를 오해하여 판결에 영향을 미친 잘못이 있다. 이를 지적하는 검사의 주장은 이유 있다.

3. 결론

그러므로 원심판결을 파기하고, 사건을 다시 심리·판단하도록 원심법원에 환송하기로 하여, 관여 대법관의 일치된 의견으로 주문과 같이 판결한다.

판례2 | 횡단보도를 횡단하는 보행자에 대하여 자동차 운전자가 취해야 할 주의의무 /자동차 운전자가 보행자보다 먼저 횡단보행자용 신호기가 설치되지 않은 횡단보도에 진입한 경우에도, 차를 일시정지하는 등으로 보행자의 통행이 방해되지 않도록 할 의무가 있는지 여부(원칙적 적극)[대법원 2022. 4. 14.선고 2020 도17724 판결]

【원심판결】

부산지법 2020. 11. 26. 선고 2020노1948 판결

【주문】

상고를 기각한다.

【이유】

상고이유를 판단한다.

1. 자동차의 운전자는 횡단보행자용 신호기의 지시에 따라 횡단보도를 횡단하는 보행자가 있을 때에는 횡단보도에의 진입 선후를 불문하고 일시정지하는 등의 조치를 취함으로써 보행자의 통행이 방해되지 않도록 하여야 하고, 다만 자동차가 횡단보도에 먼저 진입한 경우로서 그대로 진행하더라도 보행자의 횡단을 방해하지 않거나 통행에 위험을 초래하지 않을 상황이라면 그대로 진행할 수 있는 것으로 해석되고, 이러한 법리는 그 보호의 정도를 달리 볼 이유가 없는 횡단보행자용 신호기가 설치되지 않은 횡단보도를 횡단하는 보행자에 대하여도 마찬가지로 적용된다. 따라서 모든 차의 운전자는 보행자보다 먼저 횡단보행자용 신호기가 설치되지 않은 횡단보도에 진입한 경우에도, 보행자의 횡단을 방해하지 않거나 통행에 위험을 초래하지 않을 상황이 아니고서는, 차를 일시정지하는 등으로 보행자의 통행이 방해되지 않도록 할 의무가 있다(대법원 2020. 12. 24. 선고 2020도8675 판결 참조).

2. 이 사건의 경위는, 피고인이 2020. 2. 4. 18:50 화물차를 운전하여 교통섬이 있는 교차로에서 우회전을 하며 횡단보행자용 신호기가 없는 횡단보도 앞에서 일시정지하지 아니한 채 그대로 진행하였고, 피해자가 진행방향 우측에서 횡단보도를 뛰어 건너다가 화물차 적재함 부분과 충돌하여 상해를 입었다는 것이다.

3. 원심판결 이유 및 원심이 적법하게 채택하여 조사한 증거 등에 의하면, 피고인이 피해자보다 먼저 화물차를 운전하여 횡단보행자용 신호기가 없는 횡단보도에 진입하면서 횡단보도 앞에서 일시정지하지 않은 채 그대로 진행한 사실, 곧바로 후드티 모자를 쓴 피해자(14세)가 횡단보도를 뛰어 건너다가 피고인의 화물차 오른쪽 적재함 부분과 충돌한 사실을 인정할 수 있다.

   이러한 사실관계를 앞서 본 법리에 비추어 살펴보면, 피고인이 운전한 화물차가 보행자인 피해자보다 먼저 횡단보행자용 신호기가 없는 횡단보도에 진입하였더라도 보행자의 횡단을 방해하지 않거나 통행에 위험을 초래하지 않을 상황이 아니고서는, 차를 일시정지하는 등 보행자의 통행이 방해되지 않도록 할 의무가 있다. 이를 위반하여 화물차를 일시정지하지 않은 채 횡단보도를 통과한 행위는 도로교통법 제27조 제1항 에 따른 '횡단보도에서의 보행자 보호의무'를 위반한 경우로서 「교통사고처리 특례법」 제3조 제2항 단서 제6호에 해당한다고 봄이 타당하고, 피고인의 위와 같은 의무 위반이 이 사건 교통사고 발생의 원인이 되었다고 보아야 한다.

   같은 취지의 원심판단에는 상고이유 주장과 같은 「교통사고처리 특례법」 제3조 제2항 단서 제6호의 해석·적용이나 인과관계에 관한 법리를 오해한 잘못이 없다.

4. 상고를 기각하기로 하여, 관여 대법관의 일치된 의견으로 주문과 같이 판결한다.

판례3 | 횡단보도에서의 보행자 보호의무를 규정한 도로교통법 제27조 제1항의 취
지[대법원 2020. 12. 24., 선고, 2020도8675, 판결]

【판결요지】

횡단보행자용 신호기가 설치되지 않은 횡단보도를 횡단하는 보행자가 있을 경우, 자동차 운전자의 보행자에 대한 주의의무 / 운전자가 횡단보도 표시구역을 통과하면서 보행자가 횡단보도 노면표시가 없는 곳에서 갑자기 건너오지 않을 것이라고 신뢰하는 신뢰의 원칙은 상대방 교통관여자가 도로교통 관련 제반 법규를 지켜 자동차의 운행 또는 보행에 임하리라고 신뢰할 수 없는 특별한 사정이 있는 경우 적용이 배제되는지 여부(적극) / 자동차의 운전자가 통상 예견되는 상황에 대비하여 결과를 회피할 수 있는 정도의 주의의무를 다하지 못한 것이 교통사고 발생의 직접적인 원인이 된 경우, 업무상 주의의무 위반과 교통사고 발생 사이에 상당인과관계를 인정할 수 있는지 여부(적극)

【원심판결】

의정부지법 2022. 1. 13. 선고 2020노2839 판결

【주문】

원심판결을 파기하고, 사건을 의정부지방법원에 환송한다.

【이유】

상고이유를 판단한다.

1. 가. 횡단보행자용 신호기가 설치되지 않은 횡단보도를 횡단하는 보행자가 있을 경우에, 모든 차 또는 노면전차(이하 구별하지 않고 '차'라고만 한다)의 운전자는, 그대로 진행하더라도 보행자의 횡단을 방해하지 않거나 통행에 위험을 초래하지 않을 경우를 제외하고는, 횡단보도에 차가 먼저 진입하였는지 여부와 관계없이 차를 일시정지하는 등의 조치를 취함으로써 보행자의 통행이 방해되지 않도록 할 의무가 있다. 만일 이를 위반하여 형법 제268조의 죄를 범한 때에는 「교통사고처리 특례법」제3조 제2항 단서 제6호의 '횡단보도에서의 보행자 보호의무를 위반하여 운전한 경우'에 해당하여 보험 또는 공제 가입 여부나 처벌에 관한 피해자의 의사를 묻지 않고 같은 법 제3조 제1항에 의한 처벌의 대상이 된다고 보아야 한다.

   나. 도로교통법 제27조 제1항은 "모든 차 또는 노면전차의 운전자는 보행자(제13조의 2 제6항에 따라 자전거에서 내려서 자전거를 끌고 통행하는 자전거 운전자를 포

함한다)가 횡단보도를 통행하고 있을 때에는 보행자의 횡단을 방해하거나 위험을 주지 아니하도록 그 횡단보도 앞(정지선이 설치되어 있는 곳에서는 그 정지선을 말한다)에서 일시정지하여야 한다."라고 규정하고 있다. 그 입법 취지는 차를 운전하여 횡단보도를 지나는 운전자의 보행자에 대한 주의의무를 강화하여 횡단보도를 통행하는 보행자의 생명·신체의 안전을 두텁게 보호하려는 데에 있다 (대법원 2009. 5. 14. 선고 2007도9598 판결 참조).「교통사고처리 특례법」제3조 제2항 단서 제6호, 제4조 제1항 단서 제1호가 '도로교통법 제27조 제1항에 따른 횡단보도에서의 보행자 보호의무를 위반하여 운전한 경우'에는 「교통사고처리 특례법」제3조 제2항 본문, 제4조 제1항 본문의 각 규정에 의한 처벌의 특례가 적용되지 않도록 규정한 취지도 마찬가지로 해석된다.

위 각 규정의 내용과 취지를 종합하면, 자동차의 운전자는 횡단보행자용 신호기의 지시에 따라 횡단보도를 횡단하는 보행자가 있을 때에는 횡단보도에의 진입 선후를 불문하고 일시정지하는 등의 조치를 취함으로써 보행자의 통행이 방해되지 않도록 하여야 하고, 다만 자동차가 횡단보도에 먼저 진입한 경우로서 그대로 진행하더라도 보행자의 횡단을 방해하지 않거나 통행에 위험을 초래하지 않을 상황이라면 그대로 진행할 수 있는 것으로 해석된다(대법원 2017. 3. 15. 선고 2016도17442 판결 참조). 이러한 법리는 그 보호의 정도를 달리 볼 이유가 없는 횡단보행자용 신호기가 설치되지 않은 횡단보도를 횡단하는 보행자에 대하여도 마찬가지로 적용된다고 보아야 한다. 따라서 모든 차의 운전자는 보행자보다 먼저 횡단보행자용 신호기가 설치되지 않은 횡단보도에 진입한 경우에도, 보행자의 횡단을 방해하지 않거나 통행에 위험을 초래하지 않을 상황이 아니고서는, 차를 일시정지하는 등으로 보행자의 통행이 방해되지 않도록 할 의무가 있다.

2. 원심은, 피고인이 운전하는 자동차가 이 사건 사고 장소인 횡단보도에 진입한 순간 피고인 자동차 진행 방향 좌측에 주차되어 있던 차량의 뒤쪽에서 피해자가 뛰어서 피고인 자동차 진행 방향 좌측에서 우측으로 횡단보도를 건너기 시작한 사실, 피해자가 횡단보도의 중간에 다다르기 직전에 피고인 자동차의 앞 범퍼 부분과 충돌한 사실을 인정한 다음, 이 사건 사고 장소는 횡단보행자용 신호기가 설치되지 않아 언제든지 보행자가 횡단할 수 있는 곳이고, 당시 도로 양쪽으로 주차된 차량으로 인해 횡단보도 진입부에 보행자가 있는지 여부를 확인할 수 없는 상황이었으므로, 피고인으로서는 자동차를 일시정지하여 횡단보도를 통행하는 보행자가 없는 것을 확인하거나 발견 즉시 정차할 수 있도록 자동차의 속도를 더욱 줄여 진행하였어야 하고, 그럼에도 피고인이 이를 게을리한 것은 도로교통법 제27조 제1항에서 정한 '횡단보도에서의 보행자 보호의무'를 위반한 것이라고 판단하였다. 이러한 판단에 따라 원심은, 피고인이 '횡단보도

에서의 보행자 보호의무'를 위반하지 않았다고 보아 공소기각 판결을 선고한 제1심판결을 파기하고 사건을 제1심법원에 환송하였다.

3. 적법하게 채택한 증거에 비추어 살펴보면, 원심의 위와 같은 판단과 조치는 앞서 본 법리에 따른 것으로서 정당하다. 거기에 상고이유 주장과 같이 도로교통법 제27조 제1항의 해석·적용에 관한 법리를 오해하거나 논리와 경험의 법칙을 위반하여 자유심증주의의 한계를 벗어난 잘못이 없다.

4. 그러므로 상고를 기각하기로 하여, 관여 대법관의 일치된 의견으로 주문과 같이 판결한다.

판례4 | 자동차 운전자의 횡단보도에서의 보행자 보호의무의 내용[대법원 2017. 3. 15., 선고, 2016도17442, 판결]

【판결요지】

　교통사고처리 특례법 제3조 제2항 본문, 단서 제6호, 제4조 제1항 본문, 단서 제1호, 도로교통법 제27조 제1항의 내용 및 도로교통법 제27조 제1항의 입법 취지가 차를 운전하여 횡단보도를 지나는 운전자의 보행자에 대한 주의의무를 강화하여 횡단보도를 통행하는 보행자의 생명·신체의 안전을 두텁게 보호하려는 데 있음을 감안하면, 모든 차의 운전자는 신호기의 지시에 따라 횡단보도를 횡단하는 보행자가 있을 때에는 횡단보도에의 진입 선후를 불문하고 일시정지하는 등의 조치를 취함으로써 보행자의 통행이 방해되지 아니하도록 하여야 한다. 다만 자동차가 횡단보도에 먼저 진입한 경우로서 그대로 진행하더라도 보행자의 횡단을 방해하거나 통행에 아무런 위험을 초래하지 아니할 상황이라면 그대로 진행할 수 있다.

【원심판결】

　의정부지법 2016. 10. 7. 선고 2015노3482 판결

【주문】

　상고를 기각한다.

【이유】

　상고이유를 판단한다.

　교통사고처리 특례법 제3조 제2항 단서 제6호, 제4조 제1항 단서 제1호의 각 규정에 의하면 '도로교통법 제27조 제1항의 규정에 따른 횡단보도에서의 보행자 보호의무를 위반하여 운전한 경우'에는 교통사고처리 특례법 제3조 제2항 본문, 제4조 제1항 본문의

각 규정에 의한 처벌의 특례가 적용되지 아니한다. 그리고 도로교통법 제27조 제1항은 "모든 차의 운전자는 보행자(제13조의2 제6항에 따라 자전거에서 내려서 자전거를 끌고 통행하는 자전거 운전자를 포함한다)가 횡단보도를 통행하고 있을 때에는 보행자의 횡단을 방해하거나 위험을 주지 아니하도록 그 횡단보도 앞(정지선이 설치되어 있는 곳에서는 그 정지선을 말한다)에서 일시정지하여야 한다."라고 규정하고 있다.

위 각 규정의 내용 및 도로교통법 제27조 제1항의 입법 취지가 차를 운전하여 횡단보도를 지나는 운전자의 보행자에 대한 주의의무를 강화하여 횡단보도를 통행하는 보행자의 생명·신체의 안전을 두텁게 보호하려는 데 있는 것임을 감안하면, 모든 차의 운전자는 신호기의 지시에 따라 횡단보도를 횡단하는 보행자가 있을 때에는 횡단보도에의 진입 선후를 불문하고 일시정지하는 등의 조치를 취함으로써 보행자의 통행이 방해되지 아니하도록 하여야 한다. 다만 자동차가 횡단보도에 먼저 진입한 경우로서 그대로 진행하더라도 보행자의 횡단을 방해하거나 통행에 아무런 위험을 초래하지 아니할 상황이라면 그대로 진행할 수 있다고 보아야 한다.

원심은, 그 판시와 같은 사정 등을 종합하면 피고인이 이 사건 공소사실 기재와 같이 횡단보도의 보행자 신호가 녹색 등화로 바뀌었음에도 횡단보도 위에서 일시정지를 하지 아니한 업무상 과실로 피해자를 충격하여 피해자에게 상해를 입혔고, 위와 같은 피고인의 과실과 피해자가 입은 상해 사이에 상당인과관계도 인정된다는 이유를 들어, 피고인이 도로교통법 제27조 제1항에서 정한 '횡단보도에서의 보행자 보호의무'를 위반하여 이 사건 사고가 발생한 것으로 보기는 어렵다고 보아 공소기각 판결을 선고한 제1심판결을 파기하여 제1심법원에 환송하였다.

원심판결 이유를 앞서 본 법리와 기록에 비추어 살펴보면, 원심의 위와 같은 판단은 수긍할 수 있다. 거기에 상고이유의 주장과 같이 논리와 경험의 법칙에 반하여 자유심증주의의 한계를 벗어나거나 도로교통법 제27조 제1항에 관한 법리를 오해하고 증거재판주의와 죄형법정주의를 위반하는 등의 잘못이 없다.

그러므로 상고를 기각하기로 하여, 관여 대법관의 일치된 의견으로 주문과 같이 판결한다.

판례5 | 교차로 직전의 횡단보도에 따로 차량보조등이 설치되어 있지 아니한 경우, 교차로 차량신호등이 적색이고 횡단보도 보행등이 녹색인 상태에서 횡단보도를 지나 우회전하다가 업무상과실치상의 결과가 발생하면 교통사고처리특례법 제3조 제1항, 제2항 단서 제1호의 '신호위반'에 해당하는지 여부(적극)[대법원 2011.7. 28.,선고, 2009도8222, 판결]

【판결요지】

교차로와 횡단보도가 연접하여 설치되어 있고 차량용 신호기는 교차로에만 설치된 경우에 있어서는, 그 차량용 신호기는 차량에 대하여 교차로의 통행은 물론 교차로 직전의 횡단보도에 대한 통행까지도 아울러 지시하는 것이라고 보아야 할 것이고, 횡단보도의 보행등 측면에 차량보조등이 설치되어 있지 아니하다고 하여 횡단보도에 대한 차량용 신호등이 없는 상태라고는 볼 수 없다. 위와 같은 경우에 그러한 교차로의 차량용 적색등화는 교차로 및 횡단보도 앞에서의 정지의무를 아울러 명하고 있는 것으로 보아야 하므로, 그와 아울러 횡단보도의 보행등이 녹색인 경우에는 모든 차량이 횡단보도 정지선에서 정지하여야 하고, 나아가 우회전하여서는 아니되며, 다만 횡단보도의 보행등이 적색으로 바뀌어 횡단보도로서의 성격을 상실한 때에는 우회전 차량은 횡단보도를 통과하여 신호에 따라 진행하는 다른 차마의 교통을 방해하지 아니하고 우회전할 수 있다. 따라서 교차로의 차량신호등이 적색이고 교차로에 연접한 횡단보도 보행등이 녹색인 경우에 차량 운전자가 위 횡단보도 앞에서 정지하지 아니하고 횡단보도를 지나 우회전하던 중 업무상과실치상의 결과가 발생하면 교통사고처리 특례법 제3조 제1항, 제2항 단서 제1호의 '신호위반'에 해당하고, 이때 위 신호위반 행위가 교통사고 발생의 직접적인 원인이 된 이상 사고장소가 횡단보도를 벗어난 곳이라 하여도 위 신호위반으로 인한 업무상과실치상죄가 성립함에는 지장이 없다.

【원심판결】

인천지법 2009. 7. 31. 선고 2009노1873 판결

【주문】

원심판결을 파기하고, 사건을 인천지방법원 본원 합의부에 환송한다.

【이유】

상고이유를 본다.

1. 도로교통법 제4조는 "교통안전시설의 종류, 교통안전시설을 만드는 방식과 설치하는 곳 그 밖에 교통안전시설에 관하여 필요한 사항은 행정안전부령으로 정한다"고 정하고 있고, 구 도로교통법 시행규칙(2010. 8. 24. 행정안전부령 제156호로 개정되기 전의 것. 이하 '구 시행규칙'이라고 한다) 제6조 제2항 [별표 2] '신호기가 표시하는 신호의 종류 및 신호의 뜻'은 차량신호등 중 적색의 등화가 표시하는 신호의 뜻으로 "차마는 정지선, 횡단보도 및 교차로의 직전에서 정지하여야 한다. 다만, 신호에 따라 진행하는 다른 차마의 교통을 방해하지 아니하고 우회전할 수 있다"고 정하고 있다.

그런데 교차로와 횡단보도가 연접하여 설치되어 있고 차량용 신호기는 교차로에만 설치된 경우에 있어서는, 그 차량용 신호기는 차량에 대하여 교차로의 통행은 물론 교차로 직전의 횡단보도에 대한 통행까지도 아울러 지시하는 것이라고 보아야 할 것이고,

횡단보도의 보행등 측면에 차량보조등이 설치되어 있지 아니하다고 하여 횡단보도에 대한 차량용 신호등이 없는 상태라고는 볼 수 없다. 위와 같은 경우에 그러한 교차로의 차량용 적색등화는 교차로 및 횡단보도 앞에서의 정지의무를 아울러 명하고 있는 것으로 보아야 하므로, 그와 아울러 횡단보도의 보행등이 녹색인 경우에는 모든 차량이 횡단보도 정지선에서 정지하여야 하고, 나아가 우회전하여서는 아니되며, 다만 횡단보도의 보행등이 적색으로 바뀌어 횡단보도로서의 성격을 상실한 때에는 우회전 차량은 횡단보도를 통과하여 신호에 따라 진행하는 다른 차마의 교통을 방해하지 아니하고 우회전할 수 있다(대법원 1997. 10. 10. 선고 97도1835 판결도 참조). 따라서 교차로의 차량신호등이 적색이고 교차로에 연접한 횡단보도 보행등이 녹색인 경우에 차량 운전자가 위 횡단보도 앞에서 정지하지 아니하고 횡단보도를 지나 우회전하던 중 업무상과실치상의 결과가 발생하면 교통사고처리특례법 제3조 제1항, 제2항 단서 제1호의 신호위반에 해당하고, 이때 위 신호위반행위가 교통사고 발생의 직접적인 원인이 된 이상 그 사고장소가 횡단보도를 벗어난 곳이라 하여도 위 신호위반으로 인한 업무상과실치상죄가 성립함에는 지장이 없다(대법원 1998. 7. 28. 선고 98도832 판결, 대법원 2011. 4. 28. 선고 2009도12671 판결 등 참조).

2. 원심은, 그 판시 차량을 운전하던 피고인이 삼거리 교차로에서 차량용 신호기가 적색등화인 때에 우회전하다가 신호에 따라 진행하던 피해자 자전거의 교통을 방해하여 이 사건 사고가 발생하였다고 하더라도 피고인에게는 그 우회전에 대하여 신호위반의 책임이 없다고 판단하고 이 사건 공소를 기각한 제1심판결을 그대로 유지하였다.

그러나 기록에 의하면, 위 삼거리 교차로에 연접하여 횡단보도가 설치되어 있었으며 그 횡단보도에 차량용 보조등은 설치되어 있지 아니하였으나 거기에 설치되어 있던 보행등은 녹색이었고, 위 삼거리 교차로의 차량용 신호등은 적색이었던 사실, 그럼에도 불구하고 피고인은 횡단보도 정지선에서 정지하지 아니한 채 횡단보도를 통과하여 교차로에 진입·우회전을 하다가 당시 신호에 따라 위 교차로를 지나 같은 방향으로 직진하던 피해자 운전의 자전거를 왼쪽 앞 범퍼로 들이받아 피해자에게 그 판시의 상해를 입힌 사실을 알 수 있다.

앞서 본 법리에 비추어 살펴보면, 위와 같은 경우 피고인은 횡단보도 정지선에서 정지하여야 하고 교차로에 진입하여 우회전하여서는 아니된다고 할 것임에도 교차로의 차량용 적색등화를 위반하여 우회전하다가 이 사건 사고가 발생한 것이고, 또한 위 신호위반의 우회전행위와 위 사고 발생 사이에는 직접적인 원인관계가 존재한다고 봄이 상당하다. 그렇다면 이 사건 사고는 교통사고처리특례법 제3조 제1항, 제2항 단서 제1호의 신호위반으로 인한 업무상과실치상죄에 해당한다 할 것이므로, 이와 달리 피고인이 신호를 위반하지 아니하였다고 판단하여 공소기각사유에 해당한다고 본 원심판결에는 도로교통법의 신호 또는 지시에 따를 의무에 관한 법리를 오해하여 판결 결과에 영향을 미친 위법이 있다고 할 것이다.

3. 그러므로 원심판결을 파기하고 사건을 다시 심리·판단하게 하기 위하여 원심법원에 환송하기로 하여, 관여 대법관의 일치된 의견으로 주문과 같이 판결한다.

판례6 | 도로교통법 제27조 제1항에 정한 '횡단보도에서의 보행자보호의무의 대상' 에 보행신호등의 녹색등화가 점멸하고 있는 동안에 횡단보도를 통행하는 보행자도 포함되는지 여부(적극)[대법원 2009. 5. 14., 선고, 2007도9598, 판결]

【판결요지】

교통사고처리 특례법 제3조 제2항 제6호, 도로교통법 제5조 제1항, 제27조 제1항 및 도로교통법 시행규칙 제6조 제2항 [별표 2] 등의 규정들을 종합하면, 보행신호등의 녹색등화 점멸신호는 보행자가 준수하여야 할 횡단보도의 통행에 관한 신호일 뿐이어서, 보행신호등의 수범자가 아닌 차의 운전자가 부담하는 보행자보호의무의 존부에 관하여 어떠한 영향을 미칠 수 없다. 이에 더하여 보행자보호의무에 관한 법률규정의 입법 취지가 차를 운전하여 횡단보도를 지나는 운전자의 보행자에 대한 주의의무를 강화하여 횡단보도를 통행하는 보행자의 생명·신체의 안전을 두텁게 보호하려는 데 있는 것임을 감안하면, 보행신호등의 녹색등화의 점멸신호 전에 횡단을 시작하였는지 여부를 가리지 아니하고 보행신호등의 녹색등화가 점멸하고 있는 동안에 횡단보도를 통행하는 모든 보행자는 도로교통법 제27조 제1항에서 정한 횡단보도에서의 보행자보호의무의 대상이 된다.

【원심판결】

서울서부지법 2007. 11. 1. 선고 2007노1189 판결

【주문】

원심판결을 파기하고, 사건을 서울서부지방법원 합의부로 환송한다.

【이유】

상고이유를 판단한다.

교통사고처리 특례법 제3조 제2항은 "차의 교통으로 인한 업무상과실치상죄는 원칙으로는 피해자의 명시한 의사에 반하여 공소를 제기할 수 없고, 다만 그 단서에 해당하는 경우에는 그러하지 아니하다."고 규정하면서 그 예외 사유로서 제6호로 " 도로교통법 제27조 제1항의 규정에 의한 횡단보도에서의 보행자보호의무를 위반하여 운전한 경우"를 규정하고, 도로교통법 제27조 제1항은 "모든 차의 운전자는 보행자가 횡단보도를 통행하

고 있는 때에는 그 횡단보도 앞(정지선이 설치되어 있는 곳에서는 그 정지선을 말한다)에서 일시 정지하여 보행자의 횡단을 방해하거나 위험을 주어서는 아니 된다."고 규정하고 있다. 한편, 도로교통법 제5조 제1항은 "도로를 통행하는 보행자와 차마의 운전자는 교통안전시설이 표시하는 신호 또는 지시와 교통정리를 하는 국가경찰공무원(전투경찰순경을 포함한다) 및 제주특별자치도의 자치경찰공무원이나 대통령령이 정하는 국가경찰공무원 및 자치경찰공무원을 보조하는 사람의 신호나 지시를 따라야 한다."고 규정하고, 도로교통법 시행규칙 제6조 제2항 [별표 2]는 보행신호등의 '녹색 등화의 점멸신호'의 의미를 '보행자는 횡단을 시작하여서는 아니 되고, 횡단하고 있는 보행자는 신속하게 횡단을 완료하거나 그 횡단을 중지하고 보도로 되돌아와야 한다.'라고 규정하고 있다.

이러한 규정들을 종합하면, 보행신호등의 녹색등화 점멸신호는 보행자가 준수하여야 할 횡단보도의 통행에 관한 신호일 뿐이어서 보행신호등의 수범자가 아닌 차의 운전자가 부담하는 보행자보호의무의 존부에 관하여 어떠한 영향을 미칠 수 없는 것이고, 이에 더하여 보행자보호의무에 관한 법률규정의 입법 취지가 차를 운전하여 횡단보도를 지나는 운전자의 보행자에 대한 주의의무를 강화하여 횡단보도를 통행하는 보행자의 생명·신체의 안전을 두텁게 보호하려는 데 있는 것임을 감안하면, 보행신호등의 녹색 등화의 점멸신호 전에 횡단을 시작하였는지 여부를 가리지 아니하고 보행신호등의 녹색등화가 점멸하고 있는 동안에 횡단보도를 통행하는 모든 보행자는 도로교통법 제27조 제1항에서 정한 횡단보도에서의 보행자보호의무의 대상이 된다 고 할 것이다.

이와 달리 원심은 피해자가 보행신호등의 녹색등화 점멸신호 중에 횡단보도를 횡단하기 시작한 경우에는 녹색등화의 점멸신호에 위반한 것이므로 횡단보도를 통행중인 보행자라고 볼 수 없다는 전제하에 녹색등화의 점멸신호 중에 횡단보도를 통행하던 피해자를 운전차량으로 충격하여 상해를 입힌 피고인에게 도로교통법 제27조 제1항 소정의 보행자보호의무를 위반한 잘못이 없고, 이 사건 교통사고가 교통사고처리 특례법 제3조 제2항 제6호 해당하지 않고 피해자가 피고인의 처벌을 원하지 않는다는 이유로 이 사건 공소를 기각하였는바, 이러한 원심의 판단에는 도로교통법 제27조 제1항에 관한 법리를 오해하여 판결에 영향을 미친 위법이 있다.

원심이 원용하는 대법원 2001. 10. 9. 선고 2001도2939 판결은 피해자가 보행신호등의 녹색등화가 점멸되고 있는 상태에서 횡단보도를 횡단하기 시작하였지만 횡단을 완료하기 전에 보행신호등이 적색등화로 변경된 후 차량신호등의 녹색등화에 따라서 직진하던 운전차량에 충격된 사안에 대한 것으로서 이 사건에 원용하기에 적절하지 아니하다.

그러므로 원심판결을 파기하고, 사건을 다시 심리·판단하게 하기 위하여 원심법원으로 환송하기로 하여 관여 법관의 일치된 의견으로 주문과 같이 판결한다.

【판결요지】

교통사고처리 특례법(이하 '특례법'이라고 한다) 제3조 제2항 단서 제6호, 제4조 제1항 단서 제1호는 '도로교통법 제27조 제1항의 규정에 의한 횡단보도에서의 보행자 보호의무를 위반하여 운전하는 행위로 인하여 업무상과실치상의 죄를 범한 때'를 특례법 제3조 제2항, 제4조 제1항 각 본문의 처벌 특례 조항이 적용되지 않는 경우로 규정하고, 도로교통법 제27조 제1항은 모든 차의 운전자는 "보행자가 횡단보도를 통행하고 있는 때에는 그 횡단보도 앞에서 일시 정지하여 보행자의 횡단을 방해하거나 위험을 주어서는 아니된다."라고 규정하고 있다. 따라서 차의 운전자가 도로교통법 제27조 제1항에 따른 횡단보도에서의 보행자에 대한 보호의무를 위반하고 이로 인하여 상해의 결과가 발생하면 그 운전자의 행위는 특례법 제3조 제2항 단서 제6호에 해당하게 되는데, 이때 횡단보도 보행자에 대한 운전자의 업무상 주의의무 위반행위와 상해의 결과 사이에 직접적인 원인관계가 존재하는 한 위 상해가 횡단보도 보행자 아닌 제3자에게 발생한 경우라도 위 단서 제6호에 해당하는 데에는 지장이 없다.

【원심판결】

청주지법 2009. 10. 28. 선고 2009노939 판결

【주문】

원심판결을 파기하고, 사건을 청주지방법원 본원 합의부에 환송한다.

【이유】

상고이유를 판단한다.

교통사고처리 특례법(이하 '특례법'이라고 한다) 제3조 제2항 단서 제6호, 제4조 제1항 단서 제1호는 ' 도로교통법 제27조 제1항의 규정에 의한 횡단보도에서의 보행자 보호의무를 위반하여 운전하는 행위로 인하여 업무상과실치상의 죄를 범한 때'를 특례법 제3조 제2항, 제4조 제1항 각 본문 소정의 처벌의 특례 조항이 적용되지 않는 경우로 규정하고, 도로교통법 제27조 제1항은 모든 차의 운전자는 "보행자가 횡단보도를 통행하고 있

는 때에는 그 횡단보도 앞에서 일시 정지하여 보행자의 횡단을 방해하거나 위험을 주어서는 아니된다."라고 규정하고 있다. 따라서 차의 운전자가 도로교통법 제27조 제1항의 규정에 따른 횡단보도에서의 보행자에 대한 보호의무를 위반하고 이로 인하여 상해의 결과가 발생하면 그 운전자의 행위는 특례법 제3조 제2항 단서 제6호에 해당하게 될 것인바, 이때 횡단보도 보행자에 대한 운전자의 업무상 주의의무 위반행위와 그 상해의 결과 사이에 직접적인 원인관계가 존재하는 한 위 상해가 횡단보도 보행자 아닌 제3자에게 발생한 경우라 해도 단서 제6호에 해당함에는 지장이 없다.

원심판결 이유에 의하면 원심은, 특례법 제3조 제2항 단서 제6호 및 도로교통법 제27조 제1항의 입법 취지에는 차를 운전하여 횡단보도를 지나는 운전자의 보행자에 대한 주의의무뿐만 아니라 횡단보도를 통행하는 보행자의 생명·신체의 안전을 두텁게 보호하기 위한 목적까지도 포함된 것으로 봄이 상당하다고 한 다음, 피고인이 운전하는 자동차가 이 사건 횡단보도를 통행하는 공소외인을 충격하고, 그로 인하여 공소외인이 부축하던 피해자가 밀려 넘어져 상해를 입게 되었다고 하더라도 피해자가 횡단보도 밖에서 통행하고 있었던 이상 피해자는 특례법 제3조 제2항 단서 제6호 및 도로교통법 제27조 제1항에 의한 보호대상이 될 수 없다는 이유를 들어 특례법 제3조 제2항 및 제4조 제1항 각 본문을 적용하여 피고인에게 공소기각을 선고한 제1심판결을 그대로 유지하고, 검사의 항소를 기각하였다.

그러나 원심의 인정 사실에 의하면, 이 사건 사고는 도로교통법 제27조 제1항의 규정에 따른 횡단보도 보행자인 공소외인에 대하여 피고인이 그 주의의무를 위반하여 운전한 업무상 과실로써 야기된 것이고, 피해자의 상해는 이를 직접적인 원인으로 하여 발생한 것으로 보아야 하는 이상, 앞서 본 법리에 비추어 이는 특례법 제3조 제2항 단서 제6호에서 정한 횡단보도 보행자 보호의무의 위반행위에 해당한다 할 것이다.

그럼에도 이 사건 범죄의 성립과 직접 관련이 없는 부수적인 사정을 들어 이와 달리 판단한 원심판결에는 특례법 제3조 제2항 단서 제6호에 관한 법리를 오해하여 판결에 영향을 미친 위법이 있다. 이 점을 지적하는 취지의 상고이유의 주장은 이유 있다.

그러므로 원심판결을 파기하고 사건을 다시 심리·판단하도록 원심법원에 환송하기로 하여 관여 대법관의 일치된 의견으로 주문과 같이 판결한다.

판례8 | 횡단보행자용 신호기가 일시 고장난 성태로 횡단보도표시만 되어 있는 곳이 교통사고 처리특례법상 횡단보도에 해당한다 *[대법원 1990. 2. 9., 선고, 89도1696, 판결]*

【판결요지】

시. 도지사가 설치한 횡단보도에 횡단보행자용 신호기가 설치되어 있는 경우에는, 횡단보도 표지판이 설치되어 있으면, 도로교통법시행규칙 제9조 소정의 횡단보도의 설치기준에 적합한 횡단보도가 설치되었다고 보아야 할 것임은 물론, 횡단보행자용 신호기가 고장이 나서 신호등의 등화가 하루쯤 점멸되지 않는 상태에 있더라도, 그 횡단보도는 교통사고처리특례법 제3조 제2항 단서 제6호 소정의 "도로교통법 제48조 제3호의 규정에 의한 횡단보도"라고 인정하여야 할 것이다.

【원심판결】

부산지방법원고등법원 1989. 7. 21. 89노1263 판결

【이유】

교통사고처리특례법 제3조에 제2항 단서 제6호에는 "도로교통법 제48조 제3호의 규정에 의한 횡단보도에서의 보행자 보호의무를 위반하여 운전한 경우"라고 규정되어 있고, 도로교통법 제48조 제3호에 의하면 모든 차의 운전자는 보행자가 횡단보도를 통행하고 있는 때에는 일시정지하거나 서행하여 그 통행을 방해하지 아니하도록 하여야 한다고 규정되어 있다. 그리고 도로교통법에서 사용되는 용어의 정의를 규정한 같은 법 제2조는, 제8호에서 "횡단보도"라 함은 보행자가 도로를 횡단할 수 있도록 안전표시로써 표시한 도로의 부분을 말한다고 규정하고, 제12호에서는 "안전표시"라 함은 교통의 안전에 필요한 주의, 규제.지시등을 표시하는 표지판 또는 도로의 바닥에 표시하는 기호나 문자 또는 선등의 표시를 말한다고 규정하고 있고, 같은 법 제10조 제1항은 시, 도지사는 도로를 횡단하는 보행자의 안전을 위하여 횡단보도를 설치할 수 있다고 규정하고 있는바, 횡단의 설치기준을 규정한 같은 법 시행규칙 제9조에 의하면, 시, 도지사가 법 제10조 제1항의 규정에 의하여 횡단보도를 설치하고자 하는 때에는, 횡단보도에 횡단보도표시와 횡단보도 표지판을 설치하되(제1호), 횡단보도를 설치하고자 하는 장소에 횡단보행자용 신호기가 설치되어 있는 경우에는 횡단보도표시만 설치하도록(제2호) 규정되어 있다.

그렇다면, 이 사건의 경우와 같이 시. 도지사가 설치한 횡단보도에 횡단보행자용 신호기가 설치되어 있는 경우에는, 횡단보도표지판이 설치되어 있지 않았다고 하더라도 횡단보도표시만 설치되어 있으면, 같은 법 시행규칙 제9조의 소정의 횡단보도의 설치 기준에 적합한 횡단보도가 설치되었다고 보아야 할 것임은 물론, 횡단보행자용 신호기가 고장이 나서 신호등의 등호가 하루쯤 점멸하지 않는 상태에 있었다고 하더라도, 그 횡단보도는 교통사고처리특례법 제3조 제2항 단서 제6호 소정의 "같은 법 제48조 제3호의 규정에 의한 횡단보도"라고 인정하여야 할 것이다.

이와 취지를 같이 한 원심의 판단은 정당하다고 원심판결에 소론과 같이 교통사고특례법 제3조 제2항 단서 제6호 소정의 횡단보도에 관한 법리를 오해한 위법이 있다고 볼 수 없으므로, 논지는 이유가 없다.

그러므로 피고인의 상고를 기각하기로 관여법관의 의견이 일치되어 주문과 같이 판결한다.

PART 4.
교통사고 관련 상담 사례와
소장작성실례

Chapter 1. 교통사고처리특례법 상담사례

■ 교통사고처리특례법상 예외사유

Q. 「교통사고처리특례법」상 예외사유에는 어떤 것이 있는지요?

A. 「교통사고처리특례법」이란 업무상과실 또는 중대한 과실로 교통사고를 일으킨 운전자에 관한 형사처벌 등의 특례를 정함으로써 교통사고로 인한 피해의 신속한 회복을 촉진하고 국민생활의 편익을 증진함을 목적으로 제정된 법률입니다.

이에 의하면 교통사고 피해자가 사망하지 않고, 피해자가 운전자의 처벌을 원치 않을 때에는 검사가 공소를 제기하지 못하도록 되어 있습니다. 피해자가 운전자의 처벌을 원치 않을 경우란 통상 피해자와 합의를 함으로써 인정되고, 또한 가해차량이 자동차종합보험이나 공제조합에 가입되어 있을 경우에도 마찬가지입니다(같은 법 제4조).

그러나 피해자가 사망한 경우와 차의 운전자가 피해자를 구호조치하지 않고 도주하거나 피해자를 사고장소로부터 옮겨 유기하고 도주한 경우의 뺑소니운전자 및 같은 법 제3조 제2항 단서 규정의 11가지 사유에 해당되는 경우에는 피해자와의 합의나 종합보험가입 여부에 상관없이 처벌을 받게됩니다. 특례의 예외규정 11가지는 다음과 같습니다.

1) 신호위반: 교통신호기 또는 교통정리를 위한 경찰관(이를 보조하는 교통순시원, 전투경찰대원 포함)의 신호나 통행의 금지 또는 일시정지를 내용으로 하는 안전표지가 표시하는 지시에 위반한 경우

2) 중앙선 침범: 차선이 설치된 도로의 중앙선을 침범하거나 횡단, 회전이 금지된 도로에서 횡단 또는 회전하는 경우

3) 속도위반: 제한속도를 시속 20킬로미터를 초과하여 운전한 경우

4) 앞지르기방법 또는 금지 위반의 경우

5) 건널목 통과방법 위반의 경우

6) 보행자보호 위반과 횡단보도상의 사고

7) 무면허운전

8) 음주운전

9) 보도 설치된 도로의 보도를 침범하거나, 보도횡단방법에 위반한 경우

10) 승객의 추락방지의무를 위반하여 운전한 경우

11) 어린이보호구역에서 어린이에게 상해를 가한 경우

한편 교통사고처리 특례법(시행 2010. 1.25. 법률 제9941호) 개정으로 교통사고를

일으킨 차가 종합보험 등에 가입되어 있는 경우에는 업무상 과실 또는 중대한 과실로 인한 교통사고로 피해자가 중상해에 이르게 된 때에도 공소를 제기할 수 없도록 규정한 부분에 대하여 헌법재판소가 재판절차 진술권 및 중상해자와 사망자 사이의 평등권을 침해한다는 이유로 위헌결정(헌재 2009. 2. 26. 선고 2005헌마764, 2008 헌마118 병합)함에 따라, 이 경우 피해자가「형법」제258조 제1항 또는 제2항의 중상해에 이르게 된 때에는 공소를 제기할 수 있도록 개정되었으며, 교통사고 야기자가 술에 취한 상태에서 자동차 등을 운전하였다고 인정할 만한 상당한 이유가 있음에도 경찰공무원의 음주측정요구에 불응할 경우 음주운전 사고 운전자와 동일하게 처벌하도록 신설하였습니다.

■ 교통사고 후 처에게 뒤처리를 부탁하고 현장 이탈한 경우

Q. 甲은 자신의 승용차를 운전하던 중 운전부주의로 乙의 차량을 추돌 하여 인적·물적 피해를 입혔습니다. 甲은 사고직후 동승한 그의 처 丙에게 사고처리를 부탁한 후 자신은 사고현장을 이탈하였으며 丙이 피해자의 구호조치 및 사고처리를 하였습니다. 이 경우 甲은 도주한 것으로 되어 가중처벌을 받아야 하는지요?

A. 흔히 '뺑소니'라고 속칭되는 도주죄를 규율하는「특정범죄가중처벌 등에 관한 법률」 제5조의3 제1항은 "「도로교통법」제2조에 규정된 자동차·원동기장치자전거의 교통으로 인하여「형법」제268조의 죄를 범한 해당 차량의 운전자(이하 "사고운전자"라 한다)가 피해자를 구호(救護)하는 등「도로교통법」제54조제1항에 따른 조치를 하지 아니하고 도주한 경우에는 가중처벌한다."라고 규정하고 있고,「도로교통법」제54조 제 1항은 "차의 운전 등 교통으로 인하여 사람을 사상(死傷)하거나 물건을 손괴(이하 "교통사고"라 한다)한 경우에는 그 차의 운전자나 그 밖의 승무원(이하 "운전자등"이라 한다)은 즉시 정차하여 사상자를 구호하는 등 필요한 조치를 하여야 한다."라고 규정하고 있습니다.

그런데 위 사안에서는 甲이 위와 같은 구호조치를 하지 않고 사고현장을 이탈하였으며 그의 처(妻)인 丙에게 부탁하여 丙이 피해자의 구호조치 및 사고처리를 하였으므로, 이러한 경우에도 위 규정에 위반한 것으로서 도주차량운전자로서 가중처벌이 되는지 여부가 문제된다 하겠습니다.

이에 관하여 판례는 "교통사고시 피고인이 피해자와 사고여부에 관하여 언쟁하다가 동승했던 아내에게 '네가 알아서 처리해라.'라고 하며 현장을 이탈하고 그의 아내가 사후처리를 한 경우 피고인이 피해자를 구호하지 아니하고 사고현장을 이탈하여 사고 야기자로서 확정될 수 없는 상태를 초래한 경우에 해당하지 않는다."라고 하였습니다 (대법원 1997. 1. 21. 선고 96도2843 판결).

따라서 甲이 업무상과실치상죄 등으로 처벌되는 것은 별론으로 하고 「특정범죄가중처벌 등에 관한 법률」상의 도주차량운전자의 가중처벌규정에는 해당되지 않을 것으로 보입니다.

■ 교통사고 후 구호의무를 위반하고 도주한 경우의 가중처벌

> **Q.** 저는 약간의 술을 마시고 도로를 주행하던 중 무단횡단하던 피해자를 발견하지 못하여 중상을 입히는 사고를 냈습니다. 그런데 저는 일단 그 자리를 피한 후 술이 깨고 나면 사고신고를 하려고 그 현장을 떠나있던 중 검거되었습니다. 사고발생 다음날 피해자측과 모든 합의를 하였으나 경찰에서는 구속한다고 하는데, 어떻게 하면 되는지요?

A. 귀하의 경우 음주운전에 의한 교통사고를 낸 행위에 대하여는 피해자와의 합의여부 등에 관계없이 「교통사고처리특례법」 제3조 제2항 단서 제8호에 의하여 당연히 처벌대상이 된다고 하겠습니다.

그런데 문제는 귀하의 행위가 「특정범죄가중처벌 등에 관한 법률」상 교통사고를 낸 후 구호조치의무를 위반하고 도주한 행위에 해당하여 가중처벌의 대상이 되는가 하는 것입니다.

즉, 위 법 제5조의3은 "「도로교통법」 제2조에 규정된 자동차·원동기장치자전거의 교통으로 인하여 「형법」 제268조의 죄를 범한 해당 차량의 운전자(이하 "사고운전자"라 한다)가 피해자를 구호(救護)하는 등 「도로교통법」 제54조제1항에 따른 조치를 하지 아니하고 도주한 경우에는 다음 각 호의 구분에 따라 가중처벌한다."라고 규정하고 있습니다.

이와 관련하여 판례는 "특정범죄가중처벌등에관한법률 제5조의3 제1항 소정의 '피해자를 구호하는 등 도로교통법 제50조 제1항(현행 도로교통법 제54조 제1항)의 규정에 의한 조치를 취하지 아니하고 도주한 때'라 함은 사고운전자가 사고로 인하여 피해자가 사상을 당한 사실을 인식하였음에도 불구하고 피해자를 구호하는 등 도로교통법 제50조 제1항(현행 도로교통법 제54조 제1항)에 규정된 의무를 이행하기 이전에 사고현장을 이탈하여 사고를 낸 자가 누구인지 확정될 수 없는 상태를 초래하는 경우를 말한다."라고 하였습니다(대법원 2000. 3. 28. 선고 99도5023 판결, 2002. 11. 26. 선고 2002도4986 판결, 2010. 10. 14. 선고 2010도1330 판결).

따라서 운전자가 운전 중 사람을 다치게 하거나 죽게 한 때에는 즉시 차를 멈추어 사상자를 구호하는 등 필요한 조치를 취하여야 하는데, 이를 위반하여 연락처도 알리지 않고 사고현장을 떠난 이상 비록 사후조치를 취할 마음을 갖고 떠났다 하더라도 구호 등 조치의무위반의 책임이 있다 하겠습니다.

특히 귀하의 경우는 교통사고가 발생하고 사고발생으로 사람이 충격 당하여 도로상에 쓰러져 즉시 구호조치를 취하지 않으면 심각한 결과가 초래될지도 모른다는 인식이 있었음에도 불구하고 귀하의 음주사실을 숨기기 위하여 사고장소를 임의로 떠난 것으로 보여지므로, 피해자와의 합의사실 여부와 관계없이 위 규정상의 도주행위에 해당되어 가중처벌을 받아야 할 것으로 판단됩니다.

참고로 사고 후 현장을 이탈한 것이 다시 음주를 함으로써 음주운전사실을 은폐하기 위한 것이라는 경우 판례는 "특정범죄가중처벌등에관한법률 제5조의3 제1항 소정의 '피해자를 구호하는 등 도로교통법 제50조 제1항(현행 도로교통법 제54조 제1항)의 규정에 의한 조치를 취하지 아니하고 도주한 때'라 함은 사고 운전자가 사고로 인하여 피해자가 사상을 당한 사실을 인식하였음에도 불구하고 피해자를 구호하는 등 도로교통법 제50조 제1항(현행 도로교통법 제54조 제1항)에 규정된 의무를 이행하기 이전에 사고현장을 이탈하여 사고를 낸 자가 누구인지 확정될 수 없는 상태를 초래하는 경우를 말하는 것이고, 여기에서 말하는 사고로 인하여 피해자가 사상을 당한 사실에 대한 인식의 정도는 반드시 확정적임을 요하지 아니하고 미필적으로라도 인식하면 족한 것이고, 사고 후 현장을 이탈한 것이 다시 음주를 함으로써 음주운전사실을 은폐하기 위한 것이라는 등의 이유로 도주의 범의를 인정하지 아니한 원심판결은 제반 사정에 비추어 도주차량에 관한 법리를 오해하거나 채증법칙을 위배한 위법이 있다."라는 이유로 파기한 사례가 있습니다(대법원 2001. 1. 5. 선고 2000도2563 판결).

■ 교통사고 피해자의 상해가 경미하여 구호조치 않은 경우

> **Q.** 甲은 신호를 대기하면서 정차중인 乙의 승용차의 뒷부분을 충격 하였으나, 乙의 승용차에는 가볍게 흠집만 난 상태이고, 乙에게 아픈 곳이 있는지 물었으나 아픈 곳이 없다고 하여 별일이 없는 것으로 알고 연락처도 알려주지 않고 현장을 떠났습니다. 그 후 乙은 허리부분에 통증이 있어 전치 1주의 상해가 발생하였다고 하면서 뺑소니로 문제삼겠다고 합니다. 그런데 乙의 허리통증은 특별한 치료를 요하지 않고 시일이 경과되면 나을 수 있는 경우라고 하는바, 이 경우에도 甲이 뺑소니로 문제되는지요?

A. 「도로교통법」 제54조 제1항은 "차의 교통으로 인하여 사람을 사상하거나 물건을 손괴한 때에는 그 차의 운전자 그 밖의 승무원은 곧 정차하여 사상자를 구호하는 등 필요한 조치를 하여야 한다."라고 규정하고 있으며, 도주차량운전자의 가중처벌에 관하여 「특정범죄가중처벌 등에 관한 법률」 제5조의3 제1항은 "「도로교통법」 제2조에 규정된 자동차·원동기장치자전거의 교통으로 인하여 「형법」 제268조의 죄를 범한 해당 차량의 운전자(이하 "사고운전자"라 한다)가 피해자를 구호(救護)하는 등 「도로교

통법」 제54조 제1항에 따른 조치를 하지 아니하고 도주한 경우에는 다음 각 호의 구분에 따라 가중처벌한다. 피해자를 사망에 이르게 하고 도주하거나, 도주 후에 피해자가 사망한 경우에는 무기 또는 5년 이상의 징역에 처한다. 피해자를 상해에 이르게 한 경우에는 1년 이상의 유기징역 또는 500만원 이상 3천만원 이하의 벌금에 처한다."라고 규정하고 있습니다.

그런데 「특정범죄가중처벌 등에 관한 법률」 제5조의3 제1항 소정의 도주운전죄가 성립하기 위한 상해의 정도에 관하여 판례는 "특정범죄가중처벌등에관한법률 제5조의3 제1항이 정하는 '피해자를 구호하는 등 도로교통법 제50조 제1항(현행 도로교통법 제54조 제1항)에 의한 조치를 취하지 아니하고 도주한 때'라고 함은 사고운전자가 사고로 인하여 피해자가 사상을 당한 사실을 인식하였음에도 불구하고, 피해자를 구호하는 등 도로교통법 제50조 제1항(현행 도로교통법 제54조 제1항)에 규정된 의무를 이행하기 이전에 사고현장을 이탈하여 사고를 낸 자가 누구인지 확정할 수 없는 상태를 초래하는 경우를 말하는 것이므로, 위 도주운전죄가 성립하려면 피해자에게 사상의 결과가 발생하여야 하고, 생명·신체에 대한 단순한 위험에 그치거나 형법 제257조 제1항에 규정된 '상해'로 평가될 수 없을 정도의 극히 하찮은 상처로서 굳이 치료할 필요가 없는 것이어서 그로 인하여 건강상태를 침해하였다고 보기 어려운 경우에는 위 죄가 성립하지 않는다."라고 하였으며(대법원 1997. 12. 12. 선고 97도2396 판결, 2002. 10. 22. 선고 2002도4452 판결, 2003. 4. 25. 선고 2002도6903 판결), 교통사고로 인하여 피해자가 입은 요추부통증이 굳이 치료할 필요가 없이 자연적으로 치유될 수 있는 것으로서 '상해'에 해당한다고 볼 수 없다는 이유로 특정범죄가중처벌등에관한법률 제5조의3 제1항 소정의 도주운전죄의 성립을 부정한 사례가 있습니다(대법원 2000. 2. 25. 선고 99도3910 판결, 2008. 10. 9. 선고 2008도3078 판결).

따라서 위 사안의 경우에도 甲에게 도주운전죄의 책임을 묻기는 어려울 것으로 보입니다.

■ 교통사고처리특례법 제3조가 정한 형사처벌 등의 특례가 형법상 교통방해의 죄에 적용되는지 여부

Q. 甲은 승객 25명을 태우고 버스를 운전하던 중 운행과실로 자동차를 전복시켜 그 차에 타고 있던 승객들에게 뇌진탕 등의 상해를 입게 하였는 바, 승객들과는 원만히 합의하였으나, 업무상과실자동차전복죄로 기소가 되었습니다. 이러한 경우 처벌이 되는지요?

A. 관련 대법원 판례는 없으나, 하급심 판례에 의하면 "교통사고처리특례법 제1조, 제2조 제2호, 제3조 제1항, 제2항의 제반규정을 살펴보면 위 특례법은 업무상과실 또는 중대한 과실로 교통사고를 일으킨 운전자에 대한 형사처벌 등의 특례를 정한 법률로

서 그 적용대상이 되는 교통사고는 형법 제268조 및 도로교통법 제151조에 한정되는 것이므로 형법체계상 교통방해죄의 한 태양으로서 공중교통안전을 그 보호법익으로 하는 공공위험죄에 속하는 형법 제189조 제2항, 제187조 소정의 업무상과실자동차전복죄와는 그 입법취지, 보호법익 및 적용대상 등에 있어 차이가 있다고 할 것이므로 교통사고처리특례법 제3조 제1항이 형법 제189조 제2항, 제187조에 대한 특별법규라로 볼 수 없고 별개의 독립된 구성요건이라고 해석함이 상당하다(춘천지방법원 1988. 1. 28. 선고 87노615 판결)하였습니다.

따라서, 이러한 경우 교통사고처리특례법으로 처벌이 되지 않는다고 하더라도 형법상 업무상과실자동차전복죄가 성립되며, 처벌될 수 있습니다. 다만, 피해자들과 합의한 점을 고려하여 가벼운 처벌이 될 것으로 보입니다.

■ 「교통사고처리특례법」상 중앙선 침범 해당여부

> Q. 상대방이 운전하는 차량에 들이받혀 중앙선을 침범하였는데 이로 인하여 반대차선에 있는 차량과 충돌한 경우 「교통사고처리특례법」상의 예외사유인 "중앙선 침범"에 해당하는지 궁금합니다.

A. 교통사고처리특례법 제3조 제2항 단서 제2호 전단이 규정하고 있는 '도로교통법 제12조 제3항의 규정에 위반하여 차선이 설치된 도로의 중앙선을 침범하였을 때'라 함은 교통사고의 발생지점이 중앙선을 넘어선 모든 경우를 가리키는 것이 아니라 부득이한 사유가 없이 중앙선을 침범하여 교통사고를 발생케 한 경우를 뜻하며, 여기서 '부득이한 사유'라 함은 진행차로에 나타난 장애물을 피하기 위하여 다른 적절한 조치를 취할 겨를이 없었다거나 자기 차로를 지켜 운행하려고 하였으나 운전자가 지배할 수 없는 외부적 여건으로 말미암아 어쩔 수 없이 중앙선을 침범하게 되었다는 등 중앙선 침범 자체에는 운전자를 비난할 수 없는 객관적 사정이 있는 경우를 말하는 것이라는 것이 대법원의 일관된 견해입니다(대법원 1997. 5. 23. 선고 95도1232 판결, 1996. 6. 11. 선고 96도1049 판결, 1994. 9. 27. 선고 94도1629 판결, 1991. 10. 11. 선고 91도1783 판결, 1990. 9. 25. 선고 90도536 판결, 1988. 3. 22. 선고 87도2171 판결 등 참조).

또한 중앙선 침범행위가 교통사고 발생의 직접적인 원인이 된 이상 사고장소가 중앙선을 넘어선 반대차선이어야 할 필요는 없으나, 중앙선 침범행위가 교통사고 발생의 직접적인 원인이 아니라면 교통사고가 중앙선 침범 운행 중에 사고가 일어났다고 하여 모두 이에 포함되는 것은 아니라고 할 것입니다(대법원 1991. 12. 10. 선고 91도1319 판결 참조).

따라서 상대방 운전차량에 들이받혀 중앙선을 침범하였고 이로 인하여 반대차선의 차량과 충돌하게 된 경우에는 「교통사고처리특례법」에서 규정하고 있는 예외사유에 해당하지 않고 피해자가 처벌불원의 의사를 표시하면 운전자는 처벌을 받지 않습니다.

■ 「교통사고처리특례법」 제4조 제1항의 적용여부

Q. 26세 이상 가족운전자 한정운전의 특약이 붙은 자동차종합보험에 가입된 피보험자동차를 26세 미만의 가족이나 제3자가 운전한 경우, 교통사고처리특례법 제4조 제1항에서 규정하고있는 '당해 차의 운전자'에 해당하는지 궁금합니다.

A. 교통사고처리특례법 제4조 제1항은 교통사고를 일으킨 차가 보험업법 제4조 및 제126조 내지 제128조, 육운진흥법 제8조 또는 화물자동차운수사업법 제36조 의 규정에 의하여 보험 또는 공제에 가입된 경우에는 제3조 제2항 본문에 규정된 죄를 범한 당해 차의 운전자에 대하여 공소를 제기할 수 없다고 규정하고, 제3항은 제1항의 보험 또는 공제에 가입된 사실은 보험사업자 또는 공제사업자가 제2항의 취지를 기재한 서면에 의하여 증명되어야 한다고 규정하고 있는바, 이와 같은 규정의 내용에 비추어 보면, 26세 이상 가족운전자 한정운전 특약이 붙은 자동차종합보험에 가입된 피보험자동차의 경우에 같은 법 제4조 제1항 에 정하여진 '당해 차의 운전자'라고 함은 보험증권에 기재된 피보험자와 그 가족인 26세 이상인 사람으로서 그들의 배상책임을 보험의 대상으로 하는 경우를 말하고, 피보험자의 명시적이거나 묵시적인 의사에 기하지 아니한 채 26세 미만의 가족이나 제3자가 피보험자동차를 운전한 때에는 26세 이상 한정운전 특별약관에 정하여진 '피보험자동차를 도난당하였을 경우'에 해당하여 보험회사가 보험금을 지급할 책임을 부담한다고 하더라도 이는 기명피보험자의 배상책임을 보험의 대상으로 하여 피해자와 피보험자를 보호함으로써 보험제도의 실효성을 거두기 위한 것에 불과할 뿐, 당해 운전자의 피해자에 대한 배상책임을 보험의 대상으로 하는 것은 아니므로 그와 같은 운전자는 교통사고처리특례법 제4조 제1항 에 정하여진 '당해 차의 운전자'에 해당하지 아니한다고 해석함이 상당하는 것이 대법원 판례의 태도입니다(대법원 2004. 7. 9. 선고 2004도2551 판결).

따라서 26세 이상 가족운전자 한정운전 특약이 붙은 자동차종합보험에 가입된 피보험자동차를 26세 미만의 가족이나 제3자가 운전한 경우, 교통사고처리특례법 제4조 제1항에 정하여진 '당해 차의 운전자'에 해당하지 않습니다.

■ 교통사고처리특례법상 교통사고 해당여부

> **Q.** 甲이 화물차를 주차하고 적재함에 적재된 토마토 상자를 운반하던 중 적재된 상자 일부가 떨어지면서 지나가던 乙에게 상해를 입혔습니다. 이 경우 교통사고처리 특례법에 정한 '교통사고'에 해당하나요.

A. 교통사고처리 특례법 제3조 제1항은 "차의 운전자가 교통사고로 인하여 형법 제268조의 죄를 범한 경우에는 5년 이하의 금고 또는 2천만원 이하의 벌금에 처한다."라고 규정하여 동법의 적용 요건으로 교통사고일 것을 요구하고 있습니다. 그리고 동법 제2조는 "'교통사고'란 차의 교통으로 인하여 사람을 사상하거나 물건을 손괴하는 것을 말한다."라고 규정하고 있습니다.

甲의 경우와 주차된 차량의 적재물에 의해 발생한 사고와 관련하여 판례는 "교통사고 처리 특례법 제2조제2호 에서 '교통사고'라 함은 차의 교통으로 인하여 사람을 사상하거나 물건을 손괴하는 것을 말한다고 규정하고 있는바, 교통사고를 일으킨 운전자에 관한 형사처벌의 특례를 정하는 것을 주된 목적으로 하는 교통사고처리 특례법의 입법 취지와 '교통'이란 원칙적으로 사람 또는 물건의 이동이나 운송을 전제로 하는 용어인 점 등에 비추어 보면, 교통사고처리 특례법 제2조제2호에 정한 '교통'은 자동차손해배상 보장법 제2조제2호에 정한 '운행'보다 제한적으로 해석하여야 한다. 앞서 본 법리와 원심이 인정한 사실관계에 비추어 살펴보면, 이 사건 사고가 교통사고처리 특례법에 정한 '교통사고'에 해당하지 않는다고 판단된다"라고 하였습니다(대법원 2009. 7. 9. 선고 2009도2390 판결).

따라서 甲의 사고는 교통사고에 해당하지 아니하여 교통사고처리 특례법에 의해 처벌되지는 않습니다. 그러나 乙의 상해발생에 甲의 과실이 존재한다면 갑은 형법상의 업무상과실치상죄로 처벌될 수는 있습니다.

■ '다른 자동차 운전담보 특별약관'이 교통사고처리특례법상의 '보험'에 해당하는지 여부

> **Q.** 무보험 차량을 운전하다가 업무상 과실로 사고를 내자 별도의 차량을 피보험차량으로 한 자동차보험에 들면서 가입해 두었던 '다른 자동차 운전담보 특별약관(대인배상 1은 적용되지 않음)'에 따라 피해자에게 피해액을 배상하였다면 교통사고처리 특례법 제4조 제1항의 '보험'에 해당하나요?

교통사고처리 특례법 제4조 제1항은 교통사고를 일으킨 차가 보험업법, 여객자동차 운수사업법, 화물자동차 운수사업법에 따른 보험 또는 공제에 가입된 경우에는 교통으로 사람을 다치게 한 운전자에 대하여 공소를 제기할 수 없도록 하여 처벌되지 않도록 하고 있습니다(생명에 위험이 발생되거나 불구 등으로 심하게 다친 경우는 제외). 그리고 제2항은 "제1항에서 '보험 또는 공제'란 피해자 간의 손해배상에 관한 합의 여부와 상관없이 피보험자나 공제조합원을 갈음하여 피해자의 치료비에 관하여는 통상비용의 전액을, 그 밖의 손해에 관하여는 보험약관이나 공제약관으로 정한 지급기준금액을 대통령령으로 정하는 바에 따라 우선 지급하되, 종국적으로는 확정판결이나 그 밖에 이에 준하는 집행권원상 피보험자 또는 공제조합원의 교통사고로 인한 손해배상금 전액을 보상하는 보험 또는 공제를 말한다."라고 규정하고 있습니다.

차량이 아닌 운전자만 보험에 가입된 경우와 관련하여 판례는 "특례법상 형사처벌 등 특례의 적용대상이 되는 '보험 또는 공제에 가입된 경우'에는, '교통사고를 일으킨 차'가 위 보험 등에 가입된 경우는 물론 '그 차의 운전자'가 차의 운행과 관련한 보험 등에 가입한 경우에도 그 가입한 보험에 의하여 특례법 제4조 제2항에서 정하고 있는 교통사고 손해배상금 전액의 신속·확실한 보상의 권리가 피해자에게 주어지는 경우라면 이 또한 여기에 포함된다고 볼 수 있을 것이다."라고 하였습니다(대법원 2008. 6. 12. 선고 2008도2092 판결).

따라서 교통사고처리 특례법 제4조 제2항에서 정하고 있는 교통사고 손해배상금 전액이 지급되는 경우에는 특례법상의 '보험'에 해당되어 처벌되지 않는다고 할 것인데, 甲의 경우에는 '다른 자동차 운전담보 특별약관'에 의한 배상 범위에서 대인배상 1이 배제되어 있으므로 치료비 전액을 우선 지급 받지 못할 가능성이 존재하기에 특례법상의 '보험'에 해당하지 않습니다.

■ 일방통행 도로를 역행하여 운전한 것이 교통사고처리특례법상의 "안전표지가 표시하는 지시에 위반하여 운전한 경우"에 해당하는지 여부

> Q. 甲은 일방통행도로를 역행하던 중 주위를 잘 살피지 아니하고 노폭이 좁은 도로에서 빠르게 달린 과실로 승용차의 우측 후사경으로 피해자 乙의 배를 충격하여 그에게 약 2주간의 치료를 요하는 복부좌상을 입혔습니다. 이 경우 안전표지가 표시하는 지시에 위반하여 운전한 것으로 볼 수 있는가요.

A. 도로교통법 제13조 제4항 제1호는 도로가 일방통행인 경우 차마의 운전자는 도로의 중앙이나 좌측 부분을 통행할 수 있다고 규정하고 있습니다. 그리고 교통사고처리특례법 제3조 제2항 단서 제1호는 "안전표지가 표시하는 지시를 위반하여 운전한 경우"를 11대 주의의무 위반 중 하나로 규정하고 있습니다.

일방통행도로 역주행과 관련해 판례는 "특별한 다른 사정이 없는 한 피고인이 일방통행도로를 역행하여 차를 운전한 것은 교통사고처리특례법 제3조 제2항 단서 제1호 소정의 '통행의 금지를 내용으로 하는 안전표지가 표시하는 지시에 위반하여 운전한 경우'에 해당한다고 보아야 할 것이므로, 그렇다면 피해자가 피고인의 처벌을 원하지 않고 있다고 하여 형사소송법 제327조 제2호에 해당한다는 이유로 공소를 기각할 수는 없을 것이다."라고 하였습니다(대법원 1993. 11. 9. 선고 93도2562 판결).

따라서 甲은 안전표지가 표시하는 지시를 위반한 것으로 이는 11대 주의의무 위반에 해당됩니다.

■ 교통사고처리특례법상 '보험 또는 공제에 가입된 경우'에 해당하지 않는 사례

> **Q.** 甲은 자전거를 운전하다가 전방주시를 게을리한 업무상 과실로 인해 乙을 들이받아 다발성타박상 등을 입게 하는 교통사고가 발생하였습니다. 위 자전거는 무보험 차량이긴 하지만, 甲이 별도로 보험회사와 "甲이 일상생활 중 우연한 사고로 타인의 신체장애 및 재물의 손해에 대해 부담하는 법률상 배상책임액을 1억 원의 한도 내에서 전액 배상"하는 내용의 종합보험에 가입한 사실이 있고, 乙은 위 보험에 따라 보험회사로부터 피해액을 배상받았습니다. 그렇다면 교통사고처리특례법 제4조 제1, 2항에서 규정한 보험 등에 가입한 경우에 해당하여 甲에 대하여는 공소를 제기할 수 없는 것 아닌가요?

A. 교통사고처리 특례법(이하 '특례법'이라고 합니다) 제4조 제1항은 교통사고를 일으킨 차가 보험업법, 여객자동차 운수사업법, 화물자동차 운수사업법에 따른 보험 또는 공제에 가입된 경우에는 업무상과실치상죄 등 제3조 제2항 본문에 규정된 죄를 범한 차의 운전자에 대하여 공소를 제기할 수 없도록 규정하고 있습니다.

위 특례법상 형사처벌 등 특례의 적용대상이 되는 '보험 또는 공제에 가입된 경우'에 관하여 판례는 "특례법의 목적 및 취지와 아울러 특례법 제4조 제2항의 '보험 또는 공제'의 정의에 비추어 볼 때, '보험 또는 공제에 가입된 경우'란 '교통사고를 일으킨 차'가 위 보험 등에 가입되거나, '그 차의 운전자'가 차의 운행과 관련한 보험 등에 가입한 경우에 그 가입한 보험에 의하여 특례법 제4조 제2항에서 정하고 있는 교통사고 손해배상금 전액의 신속·확실한 보상의 권리가 피해자에게 주어지는 경우를 가리킨다."라고 하였습니다(대법원 2012. 10. 25. 선고 2011도6273 판결).

그러나 甲이 가입한 종합보험은 보상한도금액이 1억 원에 불과하여, 위 종합보험만으로는 1억 원을 초과하는 손해가 발생한 경우에는 乙로서는 위 종합보험에 의하여 보상을 받을 수 없으므로, 이러한 형태의 보험은 피보험자의 교통사고로 인한 손해배상금의 전액보상을 요건으로 하는 특례법 제4조 제1, 2항에서 의미하는 보험 등에 해당한다고 볼 수 없습니다.

따라서 甲과 乙 사이의 합의금 등 손해액을 위 종합보험에 기하여 지급하였다는 이유만으로 특례법 제4조 제1, 2항의 적용을 받을 수 없으므로 甲에 대하여 공소제기를 할 수 있습니다.

■ 교통사고 피해자가 2주간의 치료를 요하는 경미한 상해를 입은 경우 구호 필요성 여부

Q. 甲은 편도 2차로 중 1차로를 따라 운전 중 전방 및 좌우 주시의무를 소홀히 한 채 2차로로 진입한 과실로 乙 운전 차량을 들이받았고, 그 충격으로 乙의 차량에 타고 있던 乙, 丙, 丁으로 하여금 각 2주간의 치료를 요하는 경추부염좌 등의 상해를 입게 하였습니다. 그럼에도 불구하고 甲은 즉시 정차하여 乙 등을 구호하는 등의 조치를 취하지 아니하고 도주하였습니다. 甲은 乙 등에게 외상이 없었고, 위 교통사고 당시 특별히 아픈 부위도 없어서, 사고 직후 직장에 출근하여 정상적으로 근무를 한 점에 비추어, 乙 등이 경미한 상해를 입어 구호조치를 할 필요성이 없었으므로 도주가 아니라고 주장합니다. 그러나 乙 등은 물리치료를 받은 후 주사를 맞고 1~3일간 약을 복용하는 등 치료를 받았습니다. 이 경우 甲의 주장이 타당한지 궁금합니다.

A. 특정범죄가중처벌 등에 관한 법률 제5조의3의 도주차량죄는 자동차 등의 교통으로 인하여 형법 제268조의 죄를 범한 운전자가 피해자를 구호하는 등의 조치를 취하지 아니하고 사고현장을 이탈하여 사고를 낸 자가 누구인지를 확정할 수 없는 상태를 초래함으로써 성립됩니다. 피해자를 구호할 필요성의 유무에 관하여 판례는 "피해자의 상해부위와 정도, 사고의 내용과 사고 후의 정황, 치료의 시작시점·경위와 기간 및 내용, 피해자의 연령 및 건강상태 등을 종합하여 판단하여야 하는 것이되, 대개의 경우는 피고인이 피해자와 직접 대화함으로써 피해자에게 통증 진술의 기회를 부여하든지 아니면 적어도 피고인이 정차하여 피해자의 상태를 눈으로 확인하여야 구호조치의 필요가 없는 경우라고 판단할 수 있을 것이고, 그렇지 않았던 경우에는 구호조치의 필요가 없었다고 쉽사리 판단하여서는 아니된다고 할 것이다."라고 하였습니다(대법원 2007. 5. 10. 선고 2007도2085 판결).

이 사건 사고로 인하여 乙 등은 모두 각 2주간의 치료를 요하는 경추부 염좌 등의 상해를 입어 물리치료를 받은 후 주사를 맞고 1~3일간 약을 복용하는 등 치료를 받았으므로, 乙 등의 부상이 심하지 않아 직장에서 일과를 마친 다음에 병원으로 갔다거나 피해자들이 그다지 많은 치료를 받지 아니하였다는 등의 사정만으로는 이 사건 사고 당시 구호의 필요가 없었다고 단정할 수 없습니다.

따라서 이러한 상황에서 甲이 차에서 내리지도 않고 乙 등의 상태를 확인하지도 않은 채 인적사항을 알려주는 등의 조치도 취하지 않고 그냥 차량을 운전하여 갔다면 甲의 행위는 도주차량죄의 구성요건에 해당하는 것으로 보아야 할 것입니다. 甲의 주장은 타당하지 않습니다.

■ 교회 주차장에서 교통사고로 피해자에게 상해를 입히고도 구호조치 없이 도주한 경우

Q. 甲은 심야인 23:06경 교회 내 주차장에서 차량을 주차해 놓았습니다. 이에 경비원인 乙이 甲 차량 운전석 뒷문을 두드리자 甲은 갑자기 차량을 후진하여 乙의 오른쪽 발목 부위를 위 차량 좌측 앞바퀴로 역과 하였습니다. 甲이 차량에서 내려 乙의 발목 부위를 주물러 준 다음 乙에게 치료비 조로 3만원을 지급하려 하자, 乙은 "크게 다친 것은 아닌 것 같으니까 연락처를 알려 달라"고 하였습니다. 이에 甲은 차량을 타고 그대로 가버렸고, 乙은 경찰관의 도움을 받아 甲의 연락처를 받았습니다. 甲은 교회 주차장에서 발생한 사고이므로 도로에서의 교통사고에 해당하지 않아 도주차량죄로 가중처벌을 받지 않는다고 주장합니다. 甲의 주장이 타당한지 궁금합니다.

A. 특정범죄가중처벌 등에 관한 법률 제5조의3 소정의 도주차량운전자에 대한 가중처벌규정이 도로교통법이 정하는 도로에서의 교통사고의 경우로 제한되어 적용되는지가 문제됩니다.

특정범죄가중처벌 등에 관한 법률 제5조의3 제1항은 구성요건 중 하나로서 "자동차의 교통으로 인하여 업무상과실치상죄를 범할 것"을 규정하고 있을 뿐이며, 반드시 도로교통법 제2조 제1호에 정의된 '도로'에서의 교통사고일 것을 요하지 않습니다.

판례도 도주차량죄의 교통사고가 도로교통법에서 정하는 도로에서의 사고일 것을 요하는지에 관하여 "특정범죄가중처벌 등에 관한 법률 제5조의3 제1항의 가중처벌규정은 자신의 과실로 교통사고를 야기한 운전자가 그 사고로 사상을 당한 피해자를 구호하는 등의 조치를 취하지 아니하고 도주하는 행위에 강한 윤리적 비난가능성이 있음을 감안하여 이를 가중처벌 함으로써 교통의 안전이라는 공공의 이익의 보호뿐만 아니라 교통사고로 사상을 당한 피해자의 생명·신체의 안전이라는 개인적 법익을 보호하고자 함에도 그 입법 취지와 보호법익이 있다고 보아야 할 것인바, 이에 비추어 볼 때 여기에서 말하는 차의 교통으로 인한 업무상과실치사상의 사고를 도로교통법이 정하는 도로에서의 교통사고의 경우로 제한하여 새겨야 할 아무런 근거가 없다."라고 하였고(대법원 2004. 8. 30. 선고 2004도3600 판결), 그 외의 교통사고 관련 법률의 적용에 있어서도 "교통사고처리특례법 소정의 교통사고는 도로교통법에서 정하는 도로에서 발생한 교통사고의 경우에만 적용되는 것이 아니고 차의 교통으로 인하여 발생하는 모든 경우에 적용되는 것으로 보아야 한다(대법원 1996. 10. 25. 선고 96도1848 판결)."라고 하여 사고장소가 도로인지 여부를 불문하고 광범위하게 적용되는 것임을 여러 판결을 통해 확인한 바 있습니다.

따라서 사고장소가 교회 주차장인 이 사건에서 甲이 사고차량의 운행 중 乙에게 상해를 입히고도 구호조치 없이 도주한 행위에 대하여 특정범죄가중처벌 등에 관한 법률 제5조의3 제1항이 적용되므로, 甲의 주장은 타당하지 않습니다.

■ 아파트 단지 내의 통행로에서 교통사고로 인해 3세의 어린이가 상해를 입었음을 보았음에도 보호조치 없이 현장을 이탈한 경우

Q. 甲은 아파트 단지 내에서 운전하던 중 갑자기 세발자전거를 탄 乙(3세)이 모퉁이를 돌아 나오자 급히 정차하였음에도 乙을 부딪혔습니다. 甲은 사고 발생 즉시 차에서 내려 넘어진 乙과 자전거를 일으켜 세우면서 다친 곳이 없는지를 확인하였더니 乙의 무릎에 조그만 찰과상을 입었습니다. 乙은 툭툭 털면서 주차장으로 정상적으로 걸어갔으며, 피고인은 이를 확인한 후 현장을 이탈하였습니다. 이후 경찰은 甲에게 도주차량죄로 출석을 요구하였습니다. 그러나 아파트 단지 내에 있었던 사고였으니 도로교통법이 정하는 도로라고 볼 수 없고, 甲이 괜찮은지 확인한 것으로 구호조치를 취했다고 볼 수는 없는지요?

A. 먼저 아파트 단지 내의 도로가 도로교통법에 정하는 도로에 해당하는지에 관하여 살펴보겠습니다. 도로교통법 제2조 제1호는 '도로'의 정의로 "도로법, 유료도로법, 농어촌 도로정비법에 따른 각 도로 및 그 밖에 현실적으로 불특정 다수의 사람 또는 차마가 통행할 수 있도록 공개된 장소로서 안전하고 원활한 교통을 확보할 필요가 있는 장소"를 규정하고 있습니다.

사안의 경우 아파트 단지 내의 도로가 "그 밖에 현실적으로 불특정 다수의 사람 또는 차마가 통행할 수 있도록 공개된 장소"에 해당하는지가 문제됩니다. 이와 유사한 사건에 관하여 판례는 "아파트 단지가 상당히 넓은 구역으로서 비록 여러 곳에 경비실이 설치되어 있고 경비원들이 아파트 주민 이외의 차량에 스티커를 발부해 왔다 하더라도 이는 주민들의 차량으로 하여금 우선 주차할 수 있도록 하기 위한 주차공간확보 차원에서 이루어진 것으로 보일 뿐이고, 그것만으로 아파트 단지 내의 통행로가 특정인들 또는 그들과 관련된 특별한 용건이 있는 자들만이 사용할 수 있는 장소로서 자주적으로 관리되는 장소라고 볼 수는 없고, 현실적으로 볼 때 불특정 다수의 사람이나 차량의 통행을 위하여 공개된 장소라면 교통질서유지 등을 목적으로 하는 일반교통경찰권이 미치는 공공성이 있는 곳으로 도로교통법 제2조 제1호 소정의 '도로'에 해당한다."라고 하였습니다(대법원 2001. 7. 13. 선고 2000두6909 판결 참조).

따라서 이 사건 사고가 발생한 아파트 단지의 도로에 진입하기 위하여 아파트 주민 또는 그와 관련된 사람임을 증명해야 하는 등의 특별한 사정이 없는 한 이 사건 아파트 단지의 도로는 현실적으로 불특정 다수의 사람이나 차량의 통행을 위하여 공개된 장소로서 도로교통법이 정하는 도로에 해당합니다.

甲이 乙을 일으켜주고 괜찮은지 확인한 행위가 도로교통법 제54조 제1항의 구호조치에 해당하는지에 관하여 살펴보겠습니다. 어린이를 상대로 한 교통사고에 있어서 사고

운전자의 구호조치에 관하여 판례는 "사리분별을 할 수도 없고 아직 스스로 자기 몸의 상처가 어느 정도인지 충분히 파악하기도 어려운 나이 어린 피해자가 피고인 운전의 승용차에 부딪쳐 땅에 넘어진 이상, 피고인으로서는 의당 피해자를 병원으로 데려가서 눈에 보이는 상처는 물론, 있을지도 모르는 다른 상처 등에 대한 진단 및 치료를 받게 하여야 할 것이며, 또 어린 피해자가 울고 있으며 무릎에 위와 같은 상처가 난 것을 보았음에도 불구하고 아무런 보호조치도 없는 상태에서 현장을 이탈하였다면 사고의 야기자가 누구인지를 쉽게 알 수 없도록 하였다 할 것이므로, 피고인의 이와 같은 행위는 특정범죄가중처벌 등에 관한 법률 제5조의3 제1항 제2호에 해당한다고 할 것이다."라고 하였습니다(대법원 1996. 8. 20. 선고 96도1461 판결 참조).

따라서 乙이 툭툭 털면서 주차장으로 정상적으로 걸어갔다고 하더라도, 甲이 乙의 무릎에 조그만 찰과상을 입었음을 확인하였다면 乙을 병원으로 데려다 눈에 보이는 상처뿐만 아니라 있을지도 모르는 다른 상처 등에 대한 진단 및 치료를 받게 하여야 구호조치의무를 다했다고 볼 수 있습니다.

위 검토결과에 따르면 甲의 위 행위는 특정범죄가중처벌 등에 관한 법률 제5조의3 제1항 제2호에 해당하여 도주차량죄가 성립합니다.

■ 교통사고 치료비를 전액 부담할 것을 조건으로 합의서를 제출하였는데 치료비를 지급하지 않는 경우

Q. 甲이 자동차를 운행 중 乙을 충격하는 교통사고를 일으킨 후 甲이 교통사고 치료비를 전액 부담, 지급할 것을 조건으로 합의를 하고 乙이 합의서를 제출하였는데 그 후 甲이 치료비를 지급하지 않고 있습니다. 이 경우 乙이 처벌불원의사표시를 철회할 수 있는지요?

A. 합의서를 제출하여 처벌불원의 의사표시를 한 이상 나중에 이를 철회하는 것은 소송행위의 형식적 확실성에 비추어 허용되지 않습니다.

판례도 "피해자가 피고인과 사이에 피고인이 교통사고로 인한 피해자의 치료비 전액을 부담하는 조건으로 민·형사상 문제삼지 아니하기로 합의하고 피고인으로부터 합의금 일부를 수령하면서 피고인에게 합의서를 작성·교부하고, 피고인이 그 합의서를 수사기관에 제출한 경우, 피해자는 그 합의서를 작성·교부함으로써 피고인에게 자신을 대리하여 자신의 처벌불원의사를 수사기관에 표시할 수 있는 권한을 수여하였고, 이에 따라 피고인이 그 합의서를 수사기관에 제출한 이상 피해자의 처벌불원의사가 수사기관에 적법하게 표시되었으며, 이후 피고인이 피해자에게 약속한 치료비 전액을 지급하지 아니한 경우에도 민사상 치료비에 관한 합의금지급채무가 남는 것은 별론으로 하고 처벌불원의사를 철회할 수 없다(대법원 2001. 12. 14. 선고 2001도4283

판결)"고 판시한 바 있습니다.

합의서를 제출하여 처벌불원의 의사표시를 한 이상 나중에 이를 철회하는 것은 소송
행위의 형식적 확실성에 비추어 허용되지 않습니다.

판례도 "피해자가 피고인과 사이에 피고인이 교통사고로 인한 피해자의 치료비 전액
을 부담하는 조건으로 민·형사상 문제삼지 아니하기로 합의하고 피고인으로부터 합의
금 일부를 수령하면서 피고인에게 합의서를 작성·교부하고, 피고인이 그 합의서를 수
사기관에 제출한 경우, 피해자는 그 합의서를 작성·교부함으로써 피고인에게 자신을
대리하여 자신의 처벌불원의사를 수사기관에 표시할 수 있는 권한을 수여하였고, 이
에 따라 피고인이 그 합의서를 수사기관에 제출한 이상 피해자의 처벌불원의사가 수
사기관에 적법하게 표시되었으며, 이후 피고인이 피해자에게 약속한 치료비 전액을
지급하지 아니한 경우에도 민사상 치료비에 관한 합의금지급채무가 남는 것은 별론으
로 하고 처벌불원의사를 철회할 수 없다.(대법원 2001. 12. 14. 선고 2001도4283
판결)"고 판시한 바 있습니다.

■ **건설회사가 임의로 설치한 황색 점선이 교통사고처리특례법 제3조 제2항 단서 제2
호 소정의 중앙선 또는 같은 항 단서 제1호 소정의 안전표지에 해당하는지 여부**

> Q. 甲은 운전 중 도로상 황색 점선을 주의의무를 위반하여 넘어가다가 교통사고를 발생
> 시켰습니다. 그런데 위 황색 점선은 건설회사가 고속도로 건설공사와 관련하여 지방
> 도의 확장공사를 위하여 우회도로를 개설하면서 기존의 도로와 우회도로가 연결되는
> 부분에 임의로 설치한 것입니다. 이 경우 교통사고처리특례법 제3조 제2항 단서 제1
> 호에 해당하는지요?

A. 차의 운전자가 교통사고로 인하여 업무상 과실 또는 중대한 과실로 인하여 사람을
사상에 이르게 한 경우에는 교통사고처리특례법 제3조에 의해 처벌 됩니다. 다만 피
해자의 명시적인 의사에 반하여 공소를 제기할 수는 없으나(교통사고처리특례법 제3
조 제2항 본문), 동조 동항 단서의 각 호 사유에 해당할 경우 피해자의 처벌불원 의
사와 상관없이 동조 제1항에 따라 처벌 됩니다.

유사한 사안에서 판례는 "건설회사가 고속도로 건설공사와 관련하여 지방도의 확장공
사를 위하여 우회도로를 개설하면서 기존의 도로와 우회도로가 연결되는 부분에 설치
한 황색 점선이 도로교통법상 설치권한이 있는 자나 그 위임을 받은 자가 설치한 것
이 아니라면 이것을 가리켜 교통사고처리특례법 제3조 제2항 단서 제2호에서 규정하
는 중앙선이라고 할 수 없을 뿐만 아니라, 건설회사가 임의로 설치한 것에 불과할 뿐
도로교통법 제64조의 규정에 따라 관할경찰서장의 지시에 따라 설치된 것도 아니고
황색 점선의 설치 후 관할경찰서장의 승인을 얻었다고 인정할 자료도 없다면, 결국

위 황색 점선은 교통사고처리특례법 제3조 제2항 단서 제1호 소정의 안전표지라고 할 수 없다."라고 판시한 바 있습니다(대법원 2003. 6. 27. 선고 2003도1895 판결). 따라서 이 사안의 경우 甲은 피해자의 처벌불원 의사표시와 상관 없이 교통사고처리특례법 제3조에 의해 처벌될 것입니다.

■ 업무상 과실과 교통사고처리특례법의 적용범위

> Q. 트럭을 운전하여 가던 중 트럭의 제동거리에도 못미치는 전방 20미터 지점에서 갑자기 깜박이도 켜지 아니한 채 주행선으로 짐입하던 전방 트럭과 충돌한 경우, 교통사고처리특례법이 적용되는지 궁금합니다.

A. 판례는 '피해자가 운전하는 트럭이 피고인이 운전하는 트럭의 제동거리에도 못미치는 전방 20미터 지점에서 갑자기 깜박이도 켜지 아니한 채 주행선으로 침입해 오자 피고인이 이를 피하기 위하여 급제동조치를 취하였으나 미치지 못하여 사고가 발생하였다면 피고인이 위 피해 트럭을 발견하는 즉시 제동조치를 취하여 피고인의 트럭을 정차시킬 수 있었다거나 또는 다른 곳으로 피할 수 있었다는 점들이 인정되는데도 위 자동차의 조향장치, 제동장치 그밖의 장치를 정확히 조작하지 아니하고 피해트럭에게 위험과 장해를 주는 방법으로 운전하였다는 점이 인정되지 아니하는 이상 피고인에게 자동차 운전자로서 업무상 주의의무를 태만히 한 과실이 있다고는 볼 수 없다'고 판시하였습니다(대법원 1987. 5. 12. 선고 87도249 판결).

따라서 위와 같은 경우에는 형법 제268조에 해당하기 위한 '업무상 과실'자체가 인정되지 않는 바, 위 죄에 해당하는 경우 처벌의 특례를 규정한 교통사고처리특례법도 적용되지 않으며, 행위자는 무죄에 해당한다고 할 것입니다.

■ 긴급자동차 우선과 교통사고처리특례법의 적용

> Q. 경기가 들어 다리가 꼬이고 거품을 내며 숨을 제대로 못쉬는 2세된 애기를 태우고 병원으로 가고 있는 중에, 정지신호를 무시하고 교차로를 통행하던 중 교통사고를 일으킨 경우, 교통사고특례법 제3조 제2항 단서 제1호의 신호위반에 해당하지 아니하므로 같은법 제4조 제1항 에 의하여 공소를 제기할 수 없는 것인지 궁금합니다.

A. 판례는 '구 도로교통법(1984.8.4. 법률 제3744호로 개정되기 전의 것) 제24조 제2항 의 취의는 단순히 긴급자동차는 이 법 또는 이 법에 의한 명령의 규정에 의하여 정지하여야 할 경우에도 불구하고 정지하지 않을 수 있다는 것을 규정할 뿐 도로교통법이 정하는 일절의 의무규정의 적용을 배제하는것이 아님은 물론 진행방향에 사람 또는 차량이 통행하고 있음에도 불구하고 정지하지 아니하고 계속 전진할 수 있다는 규정이 아니다'라고 판시하였습니다.

따라서 생명이 위급한 상병인을 운반중인 긴급자동차라도 이로써 진행방향에 사람 또는 차량이 통행하고 있음을 확인하였음에도 계속 전진할 수 있다고 해석할 수 는 없다고 할 것입니다.

■ 위험운전치사상죄의 입법 취지 및 교통사고처리특례법 위반죄와의 관계

Q. 甲은 음주의 영향으로 정상적인 운전이 곤란한 상태에서 운전하다 사람을 치어 상해를 입히게 되었습니다. 이 때 甲은 특정범죄가중처벌 등에 관한 법률 위반(위험운전치사상)죄 외에 업무상과실치상으로 인한 교통사고처리특례법 위반죄도 별도로 성립하여 처벌받게 되는지요?

A. 음주로 인한 특정범죄가중처벌 등에 관한 법률 위반(위험운전치사상)죄는 그 입법 취지와 문언에 비추어 볼 때, 주취상태의 자동차 운전으로 인한 교통사고가 빈발하고 그로 인한 피해자의 생명·신체에 대한 피해가 중대할 뿐만 아니라, 사고발생 전 상태로의 회복이 불가능하거나 쉽지 않은 점 등의 사정을 고려하여, 형법 제268조에서 규정하고 있는 업무상과실치사상죄의 특례를 규정하여 가중처벌함으로써 피해자의 생명·신체의 안전이라는 개인적 법익을 보호하기 위한 것입니다. 따라서 그 죄가 성립하는 때에는 차의 운전자가 형법 제268조의 죄를 범한 것을 내용으로 하는 교통사고처리특례법 위반죄는 그 죄에 흡수되어 별죄를 구성하지 않습니다(대법원 2008. 12. 11. 선고 2008도9182 판결).

그러므로 甲에게는 특정범죄가중처벌 등에 관한 법률 위반(위험운전치사상)죄만이 성립하고, 교통사고처리특례법 위반죄는 성립하지 않습니다.

■ 공장 내에서 교통사고가 난 경우 교통사고특례법이 적용되는지

Q. 甲은 연탄제조공장 내의 작업장에서 업무를 수행하기 위해 차량을 운전하다가 다른 직원을 치어 상해를 입혔습니다. 차량은 보험에 가입이 되어져 있었는데, 甲은 처벌을 받아야 하나요?

A. 교통사고처리 특례법 제4조 제1항은 "교통사고를 일으킨 차가 「보험업법」 제4조, 제126조, 제127조 및 제128조, 「여객자동차 운수사업법」 제60조, 제61조 또는 「화물자동차 운수사업법」 제51조에 따른 보험 또는 공제에 가입된 경우에는 제3조제2항 본문에 규정된 죄를 범한 차의 운전자에 대하여 공소를 제기할 수 없다. 다만, 다음 각 호의 어느 하나에 해당하는 경우에는 그러하지 아니하다."고 규정하고 있습니다. 따라서 이 조항이 적용된다면 甲은 처벌되지 아니합니다.

공장 내 작업장에서 발생한 사고에 관하여 판례는 "교통사고처리특례법은 업무상과실 또는 중대한 과실로 교통사고를 일으킨 운전자에 관한 형사처벌 등의 특례를 정함으로써 교통사고로 인한 피해의 신속한 회복을 촉진하고 국민생활의 편의를 증진함을 목적으로 하고 있고(같은 법 제1조) 같은 법에서 교통사고라 함은 차의 교통으로 인하여 사람을 사상하거나 물건을 손괴하는 모든 경우를 말하는 것이므로(같은 법 제2조 제2호) 이를 도로교통법이 정하는 도로에서의 교통사고의 경우로 제한하여 새겨야 할 아무런 근거가 없다고 보는 것이 당원의 견해이다(당원 1987.11.10. 선고 87도1727 판결). 원심이 이와 달리 교통사고처리특례법은 공공의 도로교통에 있어서 행하여진 범죄행위의 경우에만 적용된다는 견해에서 피고인의 이 사건 범죄행위를 교통사고처리특례법이 아닌 형법상의 업무상과실치사죄로 처단하였음은 교통사고처리특례법의 법리를 오해한 위법이 있다 할 것이므로 이 점을 지적하는 상고논지는 그 이유 있다."고 하였습니다(대법원 1988. 5. 24. 선고 88도255 판결).

위 판례에 따르면 도로가 아닌 공장 내의 작업장에서 일어난 교통사고에도 교통사고처리 특례법 제4조 제1항이 적용되는 것으로 해석되므로, 보험에 가입된 차량을 운전한 甲은 처벌되지 않을 것입니다.

■ **화물차에 적재되어 있던 화물이 떨어져서 지나가던 행인이 상해를 입은 경우 교통사고처리특례법에서 정한 교통사고에 해당하는지요?**

> Q. 저는 식품가게를 운영하는 사람인데 제가 운영하는 식품가게 앞에서 화물차를 주차하고, 토마토 상자를 하역하여 가게 안으로 들여놓는 과정에서 상자 일부가 무너져 내리면서 가게 앞을 지나던 피해자에게 상해를 가하게 됐습니다. 주차되어 있던 화물차에 적재되어 있는 화물로 인하여 발생한 사고가 교통사고처리특례법에서 정한 교통사고에 해당하나요?

A. 교통사고처리 특례법 제2조제2호 에서 '교통사고'라 함은 차의 교통으로 인하여 사람을 사상하거나 물건을 손괴하는 것을 말한다고 규정하고 있는바, 교통사고를 일으킨 운전자에 관한 형사처벌의 특례를 정하는 것을 주된 목적으로 하는 교통사고처리 특례법의 입법 취지와 자동차 운행으로 인한 피해자의 보호를 주된 목적으로 하는 자동차손해배상 보장법의 입법 취지가 서로 다른 점, '교통'이란 원칙적으로 사람 또는 물건의 이동이나 운송을 전제로 하는 용어인 점 등에 비추어 보면, 교통사고처리 특례법 제2조제2호에 정한 '교통'은 자동차손해배상 보장법 제2조제2호 에 정한 '운행'보다 제한적으로 해석하여야 할 것입니다.

판례는 이와 유사한 사안에서 이 사건 사고는 피고인이 위 화물차를 피고인의 가게 입구 앞 노상에 주차하고 하역작업을 시작한 후 약 1시간이 지나서야 발생한 점, 이 사건 사고 발생 당시 위 화물차의 운전석은 비어 있었고 시동이 꺼져 있었으며 차의 열쇠는 다른 사람이 가지고 있었던 점 등에 비추어 보면 이 사건 사고가 위 화물차의 교통으로 인하여 발생한 것이라고 볼 수 없다고 판단하여 피고인의 주장을 배척하고 업무상과실치상죄를 인정하였고 앞서 본 법리와 원심이 인정한 사실관계에 비추어 살펴보면, 이 사건 사고가 교통사고처리 특례법에 정한 '교통사고'에 해당하지 않는다고 판단하였습니다(대법원 2009. 7. 9. 선고 2009도2390 판결 참조).

따라서 귀하가 주차한 화물차에서 화물이 떨어져서 발생한 사고는 교통사고에 해당하지 않아 교통사고처리특례법 위반에 해당하지 않을 것으로 보입니다. 다만, 귀하가 부주의하게 화물을 적재함에 따라 타인에게 상해를 입힌 경우에는 형법상 업무상과실치상죄가 성립할 수 있을 것으로 보입니다.

■ 화물차 적재함에서 작업 중인 것을 확인하지 않고 출발함으로써 피해자에게 상해를 입힌 것이 교통사고처리특례법상 승객의 추락방지의무를 위반한 것인지요?

> Q. 저는 화물차를 운전하는 운전자인데 화물자동차에서 철근을 적재하는 피해자가 작업이 끝난 이후에 하차하는 것을 확인하지 않고 출발했습니다. 이로 인하여 피해자는 전치 16주의 상해를 입게 되었는데 저는 저의 화물자동차를 전국화물자동차운송사업자의 공제조합에 가입하였습니다. 저는 종합보험에 가입되어 있기 때문에 처벌을 받지 않을 것이라 생각했는데, 피해자의 상해이유가 승객의 추락방지의무를 위반한 것이기 때문에 종합보험에 가입되어 있어도 처벌을 받는다고 합니다. 저의 행위가 교통사고처리특례법상 승객의 추락방지의무를 위반한 것인지요?

Q. 저는 화물차를 운전하는 운전자인데 화물자동차에서 철근을 적재하는 피해자가 작업이 끝난 이후에 하차하는 것을 확인하지 않고 출발했습니다. 이로 인하여 피해자는 전치 16주의 상해를 입게 되었는데 저는 저의 화물자동차를 전국화물자동차운송사업자의 공제조합에 가입하였습니다. 저는 종합보험에 가입되어 있기 때문에 처벌을 받지 않을 것이라 생각했는데, 피해자의 상해이유가 승객의 추락방지의무를 위반한 것이기 때문에 종합보험에 가입되어 있어도 처벌을 받는다고 합니다. 저의 행위가 교통사고처리특례법상 승객의 추락방지의무를 위반한 것인지요?

A. 교통사고처리특례법 제3조 제2항 단서 제10호는 "도로교통법 제35조 제2항(현행 도로교통법 제39조 제3항)의 규정에 의한 승객의 추락방지의무를 위반하여 운전한 경우"라고 규정함으로써 그 대상을 "승객"이라고 명시하고 있고, 도로교통법 제35조 제2항 역시 "모든 차의 운전자는 '운전중' 타고 있는 사람 또는 타고 내리는 사람이 떨어지지 아니하도록 하기 위하여 문을 정확히 여닫는 등 필요한 조치를 취하여야 한다."고 규정하고 있습니다.

판례는 교통사고처리특례법 제3조 제2항 단서 제10호는 " 도로교통법 제35조 제2항의 규정에 의한 승객의 추락방지의무를 위반하여 운전한 경우"라고 규정함으로써 '승객'이라는 표현을 명시하고 있고, 위 단서 10호와 도로교통법 제35조 제2항의 해석상 위 단서 10호의 입법취지는 '폐문발차'에 의한 '승객'의 추락을 방지하기 위한 것이라는 점에 비추어 보면, 위 단서 10호 소정의 의무는 그것이 주된 것이든 부수적인 것이든 사람의 운송에 공하는 차의 운전자가 그 승객에 대하여 부담하는 의무라고 봄이 상당하다고 할 것이므로 이러한 사고는 위 특례법 제3조 제2항 단서 제10호 소정의 의무를 위반함으로써 일어난 사고에 해당하지 않는다고 할 것이라고 판시하였습니다(대법원 2000. 2. 22. 선고 99도3716 판결 참조).

따라서 귀하의 화물차가 종합보험에 가입되어 있고, 이 사건 사고가 교통사고처리특례법상 추락방지의무를 위반한 것이 아니기 때문에 교통사고처리특례법 제4조 제1항에 따라 공소기각사유에 해당할 것으로 보입니다.

■ 교통사고를 낸 차의 운전자의 신고의무의 범위

> **Q.** 甲은 자동차를 운전하다 교통사고를 냈는데, 사고 당시 도로는 편도 2차선으로 교통량이 많지 않았고, 甲은 피해자를 즉시 병원으로 후송하여 치료를 받게 하였지만, 따로 경찰에 신고하지는 않았습니다. 이런 경우 甲은 「도로교통법」상 신고의무를 위반한 것인가요?

「도로교통법」 제54조 제2항은 "제1항(교통사고)의 경우 그 차의 운전자등은 경찰공무원이 현장에 있을 때에는 그 경찰공무원에게, 경찰공무원이 현장에 없을 때에는 가장 가까운 국가경찰관서에 다음 각 호의 사항을 지체 없이 신고하여야 한다. 다만, 차만 손괴된 것이 분명하고 도로에서의 위험방지와 원활한 소통을 위하여 필요한 조치를 한 경우에는 그러하지 아니하다."고 규정하고 있습니다. 판례는 이에 대해 "도로교통법상 신고의무 규정의 입법취지와 헌법상 보장된 진술거부권 및 평등원칙에 비추어 볼 때, 교통사고를 낸 차의 운전자 등의 신고의무는 사고의 규모나 당시의 구체적인 상황에 따라 피해자의 구호 및 교통질서의 회복을 위하여 당사자의 개인적인 조치를 넘어 경찰관의 조직적 조치가 필요하다고 인정되는 경우에만 있는 것이라고 해석하여야 한다."고 판시하였습니다(대법원 2014. 2. 27. 선고 2013도15500 판결).

따라서 위 사례의 甲은 피해자의 구호 및 교통질서의 회복을 위해 반드시 경찰에 신고하여야 할 의무가 있다고 보기는 어려울 것입니다.

■ 교차로에 안전표지가 표시하는 지시를 위반하여 운전한 경우에 해당 여부

Q. 교차로 진입 직전에 백색실선이 설치되어 있으나 교차로에서의 진로변경을 금지하는 내용의 안전표지가 개별적으로 설치되어 있지 않은 경우, 자동차 운전자가 교차로에서 진로변경을 시도하다가 야기한 교통사고가 교통 사고처리 특례법 제3조 제2항 단서 제1호에서 정한 '도로교통법 제5조에 따른 통행금지를 내용으로 하는 안전표지가 표시하는 지시를 위반하여 운전한 경우'에 해당하는지요?

A. 교통사고처리 특례법 제3조 제2항은, 차의 교통으로 인한 업무상과실치상죄는 원칙으로는 피해자의 명시한 의사에 반하여 공소를 제기할 수 없고, 다만 그 단서에 해당하는 경우에는 그러하지 아니하다는 취지를 규정하면서 그 예외 사유로서 제1호로 '도로교통법 제5조의 규정에 의한 신호기 또는 교통정리를 위한 경찰공무원 등의 신호나 통행의 금지 또는 일시정지를 내용으로 하는 안전표지가 표시하는 지시에 위반하여 운전한 경우'를 규정하고 있습니다. 도로교통법(2013. 5. 22. 법률 제11780호로 개정되기 전의 것, 이하 같다) 제14조 제4항은 "차마의 운전자는 안전표지가 설치되어 특별히 진로변경이 금지된 곳에서는 차마의 진로를 변경하여서는 아니된다."라고 규정하고 있고, 도로교통법 시행규칙 제8조 제1항 제5호는 위 안전표지 중의 하나로 '노면표시: 도로교통의 안전을 위하여 각종 주의·규제·지시 등의 내용을 노면에 기호·문자 또는 선으로 도로사용자에게 알리는 표지'를 규정하고 있으며, [별표 6]으로 노면표시 중의 하나로 '506, 진로변경제한선표시, 도로교통법 제14조 제4항에 따라 통행하고 있는 차의 진로변경을 제한하는 것, 교차로 또는 횡단보도 등 차의 진로변경을 금지하는 도로구간에 백색실선을 설치'라고 규정하고 있습니다.
한편 도로교통법은 교차로에서의 앞지르기 금지(제22조 제3항 제1호)와 교차로에서의 통행방법(제25조)을 규정하고 있으면서도, 교차로에서의 진로변경을 금지하는 규정을 두고 있지 않습니다. 이와 같은 관계 법령의 각 규정을 종합하여 볼 때, 교차로 진입 직전에 설치된 백색실선을 교차로에서의 진로변경을 금지하는 내용의 안전표지와 동일하게 볼 수 없으므로, 교차로에서의 진로변경을 금지하는 내용의 안전표지가 개별적으로 설치되어 있지 않다면 자동차 운전자가 그 교차로에서 진로변경을 시도하다가 교통사고를 야기하였다고 하더라도 이를 교통사고처리 특례법 제3조 제2항 단서 제1호가 정한 '도로교통법 제5조에 따른 통행금지를 내용으로 하는 안전표지가 표시하는 지시를 위반하여 운전한 경우'에 해당한다고 할 수 없습니다.

■ 교통사고처리특례법상 무죄를 선고할 수 있는지 여부

Q. 교통사고처리 특례법 제3조 제1항, 제2항 단서, 형법 제268조를 적용하여 공소가

제기된 사건에서, 심리 결과 같은 법 제3조 제2항 단서에서 정한 사유가 없고, 같은 법 제3조 제2항 본문이나 제4조 제1항 본문의 사 유로 공소를 제기할 수 없으며, 피고인이 같은 법 제3조 제1항의 죄를 범하였다고 인정되지 않는 경우, 피고인의 이익을 위하여 공소기각판결이 아닌 무죄판결을 선고할 수 있는지요?

A. 교통사고처리 특례법 제3조 제1항, 제2항 단서, 형법 제268조를 적용하여 공소가 제기된 사건에서, 심리 결과 교통사고처리특례법 제3조 제2항 단서에서 정한 사유가 없고 같은 법 제3조제2항 본문이나 제4조 제1항 본문의 사유로 공소를 제기할 수 없는 경우에 해당하면 공소기각의 판결을 하는 것이 원칙이다. 그런데 사건의 실체에 관한 심리가 이미 완료되어 교통사고처리 특례법 제3조 제2항 단서에서 정한 사유가 없는 것으로 판명되고 달리 피고인이 같은 법 제3조 제1항의 죄를 범하였다고 인정되지 않는 경우, 같은 법 제3조 제2항 본문이나 제4조 제1항 본문의 사유가 있더라도, 사실심법원이 피고인의 이익을 위하여 교통사고처리특례법 위반의 공소사실에 대하여 무죄의 실체 판결을 선고하였다면, 이를 위법이라고 볼 수는 없습니다.

■ 일반도로에서 유턴행위가 도로교통법 위반인지 여부

Q. 자동차 운전자가 고속도로 또는 자동차전용도로가 아닌 일반도로에서 유턴하는 행위가 교통사고처리 특례법 제3조 제2항 단서 제2호에서 정한 '도로교통법 제62조를 위반하여 유턴한 경우'에 포함되는지요?

A. 사고처리 특례법 제3조 제2항 단서 제2호에 의하면, 교통사고로 인하여 업무상과실치상죄 등을 범한 운전자가 '도로교통법 제62조를 위반하여 유턴한 경우'에 해당하는 행위로 위 죄를 범한 때에는 피해자의 명시한 의사에 반하여 공소를 제기할 수 있습니다. 그런데 도로교통법 제62조는 "자동차의 운전자는 그 차를 운전하여 고속도로 등을 횡단하거나 유턴 또는 후진하여서는 아니 된다."고 규정하고, 같은 법 제57조에 의하면 '고속도로 등'은 고속도로 또는 자동차전용도로만을 의미하므로, 일반도로에서 유턴하는 행위는 '같은 법 제62조를 위반하여 유턴한 경우'에 포함되지 않는다고 할 것입니다.

해설 자동차 운전자가 고속도로 또는 자동차전용도로가 아닌 일반도로의 중앙선 우측 차로 내에서 후진하는 행위가 구 교통사고처리 특례법 제3조 제2항 단서 제2호에서 정한 '도로교통법 제13조 제3항의 규정을 위반하여 중앙선을 침범하거나 동법 제62조의 규정을 위반하여 횡단·유턴 또는 후진한 경우'에 포함되는지 여부는 구 교통사고처리 특례법(2010. 1. 25. 법률 제9941호로 개정되기 전의 것, 이하 '교특법'이라 한다) 제3조 제2항 단서 제2호에 의하면, 교통사고로 인하여 업무상과실치상죄 등을 범한 운전자가 "도로교통법 제13조 제3항의 규정을 위반하여 중앙선을 침범하거나 동법 제62조의 규정을 위반하여 횡단·유턴 또는 후진한 경우"에 해당하는 행위로 위 죄를 범한 때에는 피해자의 명시한 의사에 반하여도 공소를 제기할 수 있다. 그런데 구 도로교통법(2011. 6. 8. 법률 제10790호로 개정되기 전의 것) 제62조는 "자동차의 운전자는 차를 운전하여 고속도로 등을 횡단하거나 유 턴 또는 후진하여서는 아니 된다."고 규정하고, 같은 법 제57조에 의하 면 위 '고속도로 등'은 고속도로 또는 자동차전용도로만을 의미하므로, 일반도로에서 후진하는 행위는 '동법 제62조의 규정을 위반하여 횡단·유턴 또는 후진한 경우'에 포함되지 않는다. 또한 교특법 제3조 제2항 단서 제2호가 고속도로 등에서 후진한 경우를 중앙선침범과 별도로 열거하고 있는 취지에 비추어 볼 때, 중앙선의 우측 차로 내에서 후진하는 행위는 같은 호 전단의 '도로교통법 제13조 제3항의 규정을 위반하여 중앙선을 침범한 경우'에 포함되지 않는다고 해석하여야 합니다.

■ 교차로신호기가 표시하는 신호에 위반하여 운전한 경우

Q. 저는 1차로에서 유턴을 하기 어려워 전방 교차로의 신호가 녹색으로 직진신호인 상태에서 1차로에서 2차로로 차로를 변경하고, 교차로에 진입하면서 유턴을 위하여 제 운전 차량 앞부분이 교차로 내 가상의 1차로로 진행한 상태에서 같은 방향의 후방 2차로에서 교차로에 진입한 피해자 운전 차량이 제 운전 차량 뒷부분 좌측을 충격하는 교통사고를 냈습니다. 이 경우에 녹색, 황색 및 적색의 삼색등화만 나오는 신호기와 유턴을 금지하는 안전표지가 설치되어 있는 교차로에서 녹색등화에 유턴하여 진행한 행위가 도로교통법 제5조에 의한 신호기가 표시하는 신호에 위반하여 운전한 때에 해당하는 지요?

A. 도로교통법 제5조, 도로교통법 시행규칙 제6조 제2항 [별표2], 제8조 제2항 [별표 6]의 각 규정을 종합하여 보면, 교차로에 녹색, 황색 및 적색의 삼색등화만이 나오는 신호기와 유턴을 금지하는 안전표지가 설치되어 있는 교차로에서의 유턴은 허용되지 아니하므로, 이와 같은 교차로에서 직진 및 우회전만이 가능한 녹색등화에 유턴하여 진행하였다면 특별한 사정이 없는 한 도로교통법 제5조의 규정에 의한 신호기가 표시하는 신호에 위반하여 운전한 경우에 해당한다고 할 것입니다.

이 사건 기록을 보면 교통사고가 발생한 곳은 녹색, 황색 및 적색의 삼색등화만이 나오는 신호기와 유턴금지표지판이 설치된 삼거리 교차로로 사고 당시 진행방향 전방의 녹색 등화가 켜진 상태였음을 알 수 있습니다. 그 교차로 내에서 유턴하기 위하여 진행한 것은 특별한 사정이 없는 한 신호기가 표시하는 신호에 위반하여 운전한 경우에 해당하고, 녹색 등화에 유턴하는 경우 반대 진행방향 차량의 진행을 방해할 뿐만 아니라 같은 진행방향 전방의 차량이 녹색등화에 따라 진행할 것이라고 신뢰하고 있는 같은 진행방향 후방 차량의 신뢰도 보호할 필요가 있는 점, 신호위반 책임의 중대성, 도로교통법 등의 관련규정 및 교통사고처리 특례법의 입법취지 등에 비추어 이 사건 교차로와 같이유턴이 허용되지 않는 곳에서 유턴하여 진행하는 경우 같은 진행방향에서 진행신호에 따라 진행하는 후방차량에 대하여도 신호위반의 책임을 진다고 할 것입니다(대법원 2005. 7. 28. 선고 2004도5848 판결 참조).

■ 특례법의 적용대상이 되는 보험 및 공제가입의 경우

> **Q.** 교통사고처리 특례법상 형사처벌 등 특례의 적용대상이 되는 '보험 또는 공제에 가입된 경우'의 의미는 어떻게 해석됩니까?

A. 교통사고처리 특례법(이하 '특례법'이라고 한다)의 목적 및 취지와 아울러 특례법 제4조 제2항에서 제1항의 '보험 또는 공제'의 정의에 관하여 '보험업법에 따른 보험회사나 여객자동차 운수사업법 또는 화물자동차 운수사업법에 따른 공제조합 또는 공제사업자가 인가된 보험약관 또는 승인된 공제약관에 따라 피보험자와 피해자 간 또는 공제조합원과 피해자 간의 손해배상에 관한 합의 여부와 상관없이 피보험자나 공제조합원을 갈음하여 피해자의 치료비에 관하여는 통상비용의 전액을, 그 밖의 손해에 관하여는 보험약관이나 공제약관으로 정한 지급기준 금액을 대통령령으로 정하는 바에 따라 우선 지급하되, 종국적으로는 확정판결이나 그 밖에 이에 준하는 집행권원상 피보험자 또는 공제조합원의 교통사고로 인한 손해배상금 전액을 보상하는 보험 또는 공제'라고 명시하고 있음에 비추어 볼 때, 위 특례법상 형사처벌 등 특례의 적용대상이 되는 '보험 또는 공제에 가입된 경우'란 '교통사고를 일으킨 차'가 위 보험 등에 가입되거나 '그 차의 운전자'가 차의 운행과 관련한 보험 등에 가입한 경우에 그 가입한 보험에 의하여 특례법 제4조 제2항에서 정하고 있는 교통사고 손해배상금 전액의 신속·확실한 보상의 권리가 피해자에게 주어지는 경우를 가리킵니다.

해설 교통사고처리 특례법상 특례의 적용대상이 되는 '보험 또는 공제에 가입된 경우'에 운전자가 차의 운행 관련 보험에 가입한 경우도 포함하는지 여부는 교통사고처리 특례법 제4조 제2항 규정과 그 입법 목적 및 취지에 비추어, 같은 법 제4조 제1항에 정한 형사처벌 등 특례의 적용대상이 되는 '보험 또는 공제에 가입된 경우'에는, '교통사고를 일으킨 차'가 위 보험 등에 가입된 경우는 물론 '그 차의 운전자'가 차의 운행과 관련한 보험 등에 가입한 경우에도 그 보험에 의하여 같은 법 제4조 제2항에서 정하고 있는 교통사고 손해배상금 전액의 신속·확실한 보상의 권리가 피해자에게 주어진다면 이에 포함됩니다.

■ 교통사고처리특례법에서 말하는 보험 등의 의미

Q. 저는 자전거를 운전하고 가다가 전방 주시를 게을리한 과실로 피해자 A를 들이받아 상해를 입게 하여 교통사고처리 특례법 위반으로 기소되었습니다. 자전거는 보험에 가입되지 않았으나 제가 별도로 배상책임액을 1억원 내로 하는 내용의 종합보험에 가입한 경우, 이러한 형태의 보험은 피보험자의 교통사고로 인한 손해배상금의 전액 보상을 요건으로 하는 특례법 제4조 제1, 2항에서 의미하는 보험 등에 해당한다고 볼 수 있는지요?

A. 자전거를 운전하고 가다가 전방 주시를 게을리 한 과실로 피해자 A를 들이받아 상해를 입게 하여 교통사고처리 특례법위반으로 기소되었지만, 자전거는 보험에 가입되지 않았으나 피고인이 별도로 '일상생활 중 우연한 사고로 타인의 신체장애 및 재물 손해에 대해 부담하는 법률상 배상책임액을 1억 원 한도 내에서 전액 배상'하는 내용의 종합보험에 가입한 경우, 귀하가 가입한 보험은 보상한도금액이 1억 원에 불과하여 1억 원을 초과하는 손해가 발생한 경우 A는 위 보험에 의하여 보상을 받을 수 없으므로, 이러한 형태의 보험은 피보험자의 교통사고로 인한 손해배상금의 전액보상을 요건으로 하는 특례법 제4조 제1항, 제2항에서 의미하는 보험 등에 해당한다고 볼 수 없습니다.

■ 중앙선 침범이나 횡단, 유턴, 후진에 포함되는지 여부

Q. 자동차 운전자가 고속도로 또는 자동차전용도로가 아닌 일반도로의 중앙선 우측 차로 내에서 후진하는 행위가 구 교통사고처리 특례법 제3조 제2항 단서 제2호에서 정한 '도로교통법 제13조 제3항의 규정을 위반하여 중앙선을 침범하거나 동법 제62조의 규정을 위반하여 횡단·유턴 또는 후진한 경우'에 포함되는지요?

A. 구 교통사고처리 특례법 제3조 제2항 단서 제2호에 의하면, 교통사고로 인하여 업무상과실치상죄 등을 범한 운전자가 "도로교통법 제13조 제3항의 규정을 위반하여 중앙선을 침범하거나 동법 제62조의 규정을 위반하여 횡단·유턴 또는 후진한 경우"에 해당하는 행위로 위 죄를 범한 때에는 피해자의 명시한 의사에 반하여도 공소를 제기할 수 있습니다.

그런데 구 도로교통법(2011. 6. 8. 법률 제10790호로 개정되기 전의 것) 제62조는 "자동차의 운전자는 차를 운전하여 고속도로 등을 횡단하거나 유턴 또는 후진하여서는 아니된다."고 규정하고, 같은 법 제57조에 의하면 위 '고속도로 등'은 고속도로 또는 자동차전용도로만을 의미하므로, 일반도로에서 후진하는 행위는 '동법 제62조의 규정을 위반하여 횡단·유턴 또는 후진한 경우'에 포함되지 않고, 또 교특법 제3조 제

2항 단서 제2호가 고속도로 등에서 후진한 경우를 중앙선침범과 별도로 열거하고 있는 취지에 비추어 볼 때, 중앙선의 우측 차로 내에서 후진하는 행위는 같은 호 전단의 '도로교통법 제13조 제3항의 규정을 위반하여 중앙선을 침범한 경우'에 포함되지 않는다고 해석하여야 합니다.

해설 자동차 운전자인 피고인이 고속도로 또는 자동차전용도로가 아닌 일반도로를 후진하여 역주행한 과실로 도로를 횡단하던 피해자에게 상해를 입게 하였다고 하여 구 교통사고처리 특례법(2010. 1. 25. 법률 제9941호로 개정되기 전의 것, 이하 '교특법'이라 한다) 위반으로 기소된 사안에서, 일반도로에서 후진하다가 교통사고를 낸 것은 교특법 제3조 제2항 단서 제2호 후단의 '도로교통법 제62조의 규정에 위반하여 후진한 경우'에 해당하지 아니하고, 같은 호 전단의 중앙선침범사고에도 해당하지 않는다고 보아 교특법 제3조 제2항 본문에 의하여 피해자의 명시한 의사에 반하여 공소를 제기할 수 없는 죄라고 판단한 다음, 피해자가 공소제기 전에 피고인에 대한 처벌을 희망하는 의사를 철회하였다는 이유로 공소를 기각한 원심의 판단 및 조치가 정당하다고 한 판례도 있습니다.

■ 신호위반이 교통사고발생의 직접적인 원인인지 여부

> **Q.** 택시 운전자인 저는 교통신호를 위반하여 진행한 과실로 교차로 내에서 A가 운전하는 승용차와 충돌하여 A와 동승한 B에게 상해를 입게 하였다고 하여 교통사고처리 특례법 위반으로 기소되었습니다. 이 사건의 제반 사정을 종합할 때 저의 신호위반 행위가 교통사고 발생의 직접적인 원인이 되었다고 보아야 하는지요?

A. 택시 운전자인 귀하가 교통신호를 위반하여 4거리 교차로를 진행한 과실로 교차로 내에서 A가 운전하는 승용차와 충돌하여 A와 동승한 B에게 상해를 입게 하였다고 하여 교통사고처리 특례법 위반으로 기소되었다고 하였습니다.

귀하의 택시가 차량 신호등이 적색 등화임에도 횡단보도 앞 정지선 직전에 정지하지 않고 상당한 속도로 정지선을 넘어 횡단보도에 진입하였고, 횡단보도에 들어선 이후 차량 신호등이 녹색 등화로 바뀌자 교차로로 계속 직진하여 교차로에 진입하자마자 교차로를 거의 통과하였던 A의 승용차 오른쪽 뒤 문짝 부분을 귀하 택시 앞 범퍼 부분으로 충돌한 점 등을 종합할 때, 귀하가 적색 등화에 따라 정지선 직전에 정지하였더라면 교통사고는 발생하지 않았을 것임이 분명하여 귀하의 신호위반행위가 교통사고 발생의 직접적인 원인이 되었다고 보아야 합니다.

■ 교차로신호등의 지시에 따라 사고가 발생한 경우 처벌

> **Q.** 교차로 직전의 횡단보도에 따로 차량보조등이 설치되어 있지 아니한 경우, 교차로 차량신호등이 적색이고 횡단보도 보행등이 녹색인 상태에서 횡단보도를 지나 우회전하다가 업무상과실치상에 해당하는 사고가 발생하면 교통사고처리 특례법 제3조 제1항, 제2항 단서 제1호의 '신호위반'에 해당하는지요?

A. 교차로와 횡단보도가 연접하여 설치되어 있고 차량용 신호기는 교차로에만 설치된 경우에 있어서는, 그 차량용 신호기는 차량에 대하여 교차로의 통행은 물론 교차로 직전의 횡단보도에 대한 통행까지도 아울러 지시하는 것이라고 보아야 할 것입니다. 횡단보도의 보행등 측면에 차량보조등이 설치되어 있지 아니하다고 하여 횡단보도에 대한 차량용 신호등이 없는 상태라고는 볼 수 없습니다.

위와 같은 경우에 그러한 교차로의 차량용 적색등화는 교차로 및 횡단보도 앞에서의 정지의무를 아울러 명하고 있는 것으로 보아야 하므로, 그와 아울러 횡단보도의 보행등이 녹색인 경우에는 모든 차량이 횡단보도 정지선에서 정지하여야 하고, 나아가 우회전하여서는 아니 됩니다.

다만 횡단보도의 보행등이 적색으로 바뀌어 횡단보도로서의 성격을 상실한 때에는 우회전 차량은 횡단보도를 통과하여 신호에 따라 진행하는 다른 차마의 교통을 방해하지 아니하고 우회전할 수 있습니다. 따라서 교차로의 차량신호등이 적색이고 교차로에 연접한 횡단보도 보행등이 녹색인 경우에 차량 운전자가 위 횡단보도 앞에서 정지하지 아니하고 횡단보도를 지나 우회전하던 중 업무상과실치상의 결과가 발생하면 교통사고처리 특례법 제3조 제1항, 제2항 단서 제1호의 '신호위반'에 해당하고, 이때 위 신호위반 행위가 교통사고 발생의 직접적인 원인이 된 이상 사고장소가 횡단보도를 벗어난 곳이라 하여도 위 신호위반으로 인한 업무상과실치상죄가 성립합니다.

해설 교차로 직전에 설치된 횡단보도에 따로 차량보조등이 설치되어 있지 아니한 경우, 교차로 신호가 적색이고 횡단보도의 보행자신호등이 녹색인 상태에서 우회전하기 위하여 횡단보도로 들어간 차량의 신호위반 여부는 도로교통법 제4조, 도로교통법시행규칙 제4조, 제6조 제2항, [별표 4] '신호등의 종류, 만드는 방식 및 설치기준' 등 관계 규정들에 의하면, 교차로와 횡단보도가 인접하여 설치되어 있고 차량용 신호기는 교차로에만 설치된 경우에 있어서는, 그 차량용 신호기는 차량에 대하여 교차로의 통행은 물론 교차로 직전의 횡단보도에 대한 통행까지도 아울러 지시하는 것이라고 보아야 할 것이고, 횡단보도의 보행등 측면에 차량보조등이 설치되어 있지 않다고 하여 횡단보도에 대한 차량용 신호등이 없는 상태라고는 볼 수 없다는 판례가 있습니다.

■ 신호위반으로 인한 업무상과실치상죄 성립여부

> **Q.** 자동차 운전자인 저는 교차로와 연접한 횡단보도에 차량보조등은 설치되지 않았으나 보행등이 녹색이고, 교차로의 차량신호등은 적색인데도, 횡단보도를 통과하여 교차로를 우회하다가 신호에 따라 진행하던 자전거를 들이받아 그 운전자에게 상해를 입혔습니다. 이 같은 사건이 교통사고처리 특례법 제3조 제1항, 제2항 단서 제1호의 '신호위반'으로 인한 업무상과실치상죄가 성립하는지요?

A. 자동차 운전자인 귀하가 삼거리 교차로에 연접한 횡단보도에 차량보조등은 설치되지 않았으나 그 보행등이 녹색이고, 교차로의 차량신호등은 적색인데도, 횡단보도를 통과하여 교차로에 진입·우회전을 하다가 당시 신호에 따라 교차로를 지나 같은 방향으로 직진하던 자전거를 들이받아 그 운전자에게 상해를 입힌 경우에서, 이와 같은 때에는 귀하는 횡단보도 정지선에서 정지하여야 하고 교차로에 진입하여 우회전하여서는 아니되는데도 교차로의 차량용 적색등화를 위반하여 우회전하다가 사고가 발생하였고, 또한 신호위반의 우회전행위와 사고발생 사이에는 직접적인 원인관계가 존재한다고 보는 것이 타당합니다. 그래서 위 사고는 교통사고처리 특례법 제3조 제1항, 제2항 단서 제1호의 신호위반으로 인한 업무상과실치상죄에 해당한다고 봅니다.

■ 보행자 보호의무를 위반한 행위가 특례법 적용에 해당 여부

> **Q.** 저는 차를 운전하다가 도로교통법 제27조 제1항에 따른 횡단보도에서의 보행자 보호의무를 위반하여 운전하는 행위로 상해의 결과가 발생하였습니다. 위 상해가 횡단보도 보행자 아닌 제3자에게 발생하였더라도 교통사고처리 특례법 제3조 제2항 단서 제6호의 사유에 해 당하는지요?

A. 교통사고처리 특례법(이하 '특례법'이라고 한다) 제3조 제2항 단서 제6호, 제4조 제1항 단서 제1호는 ' 도로교통법 제27조 제1항의 규정에 의한 횡단보도에서의 보행자 보호의무를 위반하여 운전하는 행위로 인하여 업무상과실치상의 죄를 범한 때'를 특례법 제3조 제2항, 제4조 제1항 각 본문의 처벌 특례 조항이 적용되지 않는 다고 규정되어 있습니다.
도로교통법 제27조 제1항은 모든 차의 운전자는 "보행자가 횡단보도를 통행하고 있는 때에는 그 횡단보도 앞에서 일시 정지하여 보행자의 횡단을 방해하거나 위험을 주어서는 아니된다."라고 규정하고 있습니다. 따라서 차의 운전자가 도로교통법 제27조 제1항에 따른 횡단보도에서의 보행자에 대한 보호의무를 위반하고 이로 인하여 상해의 결과가 발생하면 그 운전자의 행위는 특례법 제3조 제2항 단서 제6호에 해당하게 되는데, 이때 횡단보도 보행자에 대한 운전자의 업무상 주의의무 위반행위와 상해의 결과 사이에 직접적인 원인관계가 존재하는 한 위 상해가 횡단보도 보행자 아닌 제3자에게 발생한 경우라도 위 단서 제6호에 해당하는 데에는 지장이 없습니다.

해설 피고인이 자동차를 운전하다 횡단보도를 걷던 보행자 갑을 들이받아 그 충격으로 횡단보도 밖에서 갑과 동행하던 피해자 을이 밀려 넘어져 상해를 입은 사안에서, 위 사고는, 피고인이 횡단보도 보행자 갑에 대하여 구 도로교통법(2009. 12. 29. 법률 제9845호로 개정되기 전의 것) 제27조 제1항에 따른 주의의무를 위반하여 운전한 업무상 과실로 야기되었고, 을의 상해는 이를 직접적인 원인으로 하여 발생하였다는 이유로, 피고인의 행위가 구 교통사고처리 특례법(2010. 1. 25. 법률 제9941호로 개정되기 전의 것) 제3조 제2항 단서 제6호에서 정한 횡단보도 보행자 보호의무의 위반행위에 해당한다고 한 대법원판례도 있습니다.

■ 보행자에게 상해를 입힌 행위가 특례법 적용 해당 여부

> **Q.** 저는 자동차를 운전하다 횡단보도를 걷던 보행자 A를 들이받아 그 충격으로 횡단보도 밖에서 A와 동행하던 피해자 B가 밀려 넘어져 상해를 입었습니다. 이와 같은 행위가 구 교통사고처리 특례법 제3조 제2항 단서 제6호의 사유에 해당하는지요?

A. 귀하가 자동차를 운전하다 횡단보도를 걷던 보행자 A를 들이받아 그 충격으로 횡단보도 밖에서 A와 동행하던 피해자 B가 밀려 넘어져 상해를 입은 경우, 위 사고는, 귀하가 횡단보도 보행자 A에 대하여 구 도로교통법(2009. 12. 29. 법률 제9845호로 개정되기 전의 것) 제27조 제1항에 따른 주의의무를 위반하여 운전한 업무상 과실로 야기하였고, B의 상해는 이를 직접적인 원인으로 하여 발생하였습니다. 이와 같은 사유로, 귀하의 행위가 구 교통사고처리 특례법(2010. 1. 25. 법률 제9941호로 개정되기 전의 것) 제3조 제2항 단서 제6호에서 정한 횡단보도 보행자 보호의무의 위반행위에 해당합니다.

■ 특례법의 '교통'과 자배법의 '운행'을 제한적으로 해석 여부

> **Q.** 교통사고처리 특례법에 정한'교통'을 자동차손해배상 보장법에 정한 '운행보다 제한적으로 해석하여야 하는지요?

A. 교통사고처리 특례법 제2조 제2호에서 '교통사고'란 차의 교통으로 인하여 사람을 사상하거나 물건을 손괴하는 것을 말한다고 규정하고 있습니다. 교통사고를 일으킨 운전자에 대한 형사처벌의 특례를 정하는 것을 주된 목적으로 하는 교통사고처리 특례법

의 입법 취지와 자동차 운행으로 인한 피해자의 보호를 주된 목적으로 하는 자동차손해배상 보장법의 입법 취지가 서로 다른 점, '교통'이란 원칙적으로 사람 또는 물건의 이동이나 운송을 전제로 하는 용어인 점 등에 비추어 보면, 교통사고처리 특례법 제2조 제2호에 정한 '교통'은 자동차손해배상 보장법 제2조 제2호에 정한 '운행'보다 제한적으로 해석하여야 합니다.

■ 교통사고 후 도주한 때에 해당하는지 여부

> **Q.** 사고운전자가 교통사고 현장에서 동승자로 하여금 사고차량의 운전자라고 허위 신고하도록 하였더라도 사고직후 사고장소를 이탈하지 아니한 채 보험회사에 사고접수를 하고, 경찰관에게 위 차량이 가해차량임을 밝히며 경찰관의 요구에 따라 동승자와 함께 조사를 받은 후 이를 후 자진하여 경찰에 출두하여 자수하였습니다. 이런 경우 도주한 때에 해당하는지요?

A. 특정범죄가중처벌 등에 관한 법률 제5조의3 제1항에서 정한 '피해자를 구호하는 등 도로교통법 제54조 제1항의 규정에 의한 조치를 취하지 아니하고 도주한 때'란, 사고운전자가 사고로 인하여 피해자가 사상을 당한 사실을 인식하였음에도 피해자를 구호하는 등 도로교통법 제54조 제1항에 규정된 의무를 이행하기 이전에 사고현장을 이탈하여 사고를 낸 자가 누구인지 확정될 수 없는 상태를 초래하는 경우를 말합니다. 도로교통법 제54조 제1항의 취지는 도로에서 일어나는 교통상의 위험과 장해를 방지·제거하여 안전하고 원활한 교통을 확보하기 위한 것이므로, 이 경우 운전자가 취하여야 할 조치는 사고의 내용과 피해의 정도 등 구체적 상황에 따라 적절히 강구되어야 하고 그 정도는 건전한 양식에 비추어 통상 요구되는 정도의 것으로서, 여기에는 피해자나 경찰관 등 교통사고와 관계있는 사람에게 사고운전자의 신원을 밝히는 것도 포함된다 할 것이나, 다만 특정범죄가중처벌 등에 관한 법률 제5조의3 제1항의 규정이 자동차와 교통사고의 격증에 상응하는 건전하고 합리적인 교통질서가 확립되지 못한 현실에서 자신의 과실로 교통사고를 야기한 운전자가 그 사고로 사상을 당한 피해자를 구호하는 등의 조치를 취하지 않고 도주하는 행위에 강한 윤리적 비난가능성이 있음을 감안하여 이를 가중처벌함으로써 교통의 안전이라는 공공의 이익을 보호함과 아울러 교통사고로 사상을 당한 피해자의 생명과 신체의 안전이라는 개인적 법익을 보호하기 위하여 제정된 것이라는 그 입법취지와 보호법익에 비추어, 사고 운전자가 피해자를 구호하는 등 도로교통법 제54조 제1항에 정한 의무를 이행하기 전에 도주의 범의로써 사고현장을 이탈한 것인지 여부를 판정함에 있어서는 그 사고의 경위와 내용, 피해자의 상해의 부위와 정도, 사고운전자의 과실 정도, 사고운전자와 피해자의 나이와 성별, 사고 후의 정황 등을 종합적으로 고려하여야 합니다. 비록 사고 운전자

가 교통사고 현장에서 동승자로 하여금 이 사건 차량의 운전자인 것처럼 허위로 신고 하도록 하였다 하더라도, 사고운전자는 사고 직후 사고 장소를 이탈한 바 없이 피해 자의 피해사실을 확인한 후 곧바로 보험회사에 사고접수를 하고, 출동한 경찰관에게 이 사건 차량이 가해차량임을 명백히 밝혔으며, 경찰관의 요구에 따라 위동승자와 함 께 ○○경찰서로 동행하여 조사를 받은 후 귀가하였다가 이틀 후 자진하여 경찰에 출 두, 자수하기까지 한 점 등의 사정에 비추어 보면, 사고운전자가 피해자를 구호하는 등의 의무를 이행하기 전에 도주의 범의를 가지고 사고현장을 이탈하였다고까지 인정 하기 어렵습니다.

■ 교통사고처리특례법에서 말하는 보험에 해당하는지 여부

Q. 저는 무보험차량을 운전하다가 업무상 과실에 해당하는 사고를 냈습니다. 그래서 별도의 차량에 관하여 가입해 두었던 '다른 자동차 운전담보 특별약관'에 따라 피해 자에게 피해액을 배상하였습니다. 위 특별약관 형태의 보험은 교통사고처리 특례법 제4조 제1항에서 의미하는 보험 등에 해당하는지요?

A. 교통사고처리 특례법(이하 '특례법'이라고 한다)이 차의 교통으로 형법 제268조의 업 무상과실치상죄와 중과실치상죄 및 도로교통법 제151조의 손괴죄를 범한 운전자에 대하여 그 교통사고를 일으킨 차가 특례법 제4조 제1항에서 정한 '보험 또는 공제에 가입한 경우'에는 공소를 제기할 수 없도록 규정한 것은, 자동차의 폭증과 자가운전 제의 정착으로 자동차의 운전이 국민생활의 불가결한 기본요소로 되어가고 있는 현 실에 부응하여 차의 운행과 관련한 보험제도를 도입하여 그 가입을 유도함으로써 교 통사고로 인한 손해의 전보를 신속하고 확실하게 담보함과 아울러 교통사고를 일으 킨 운전자에 대한 형사처벌을 면제하여 줌으로써 교통사고로 인한 번잡한 법적 분규 와 부작용을 미리 해소하는 한편 전과자의 양산을 막는 등 국민생활의 편익을 증진 하고자 함에 그 목적이 있다고 보아야 할 것입니다.

위와 같은 특례법의 목적 및 취지와 아울러 특례법 제4조 제2항에서 제1항의 '보험 또는 공제'의 정의에 관하여 '보험업법에 의한 보험사업자나 육운진흥법 또는 화물자 동차 운수사업법에 의한 공제사업자가 인가된 보험약관 또는 승인된 공제약관에 의하 여 피보험자 또는 공제조합원과 피해자 간의 손해배상에 관한 합의 여부에 불구하고 피보험자 또는 공제조합원에 갈음하여 피해자의 치료비에 관하여는 통상비용의 전액 을, 기타의 손해에 관하여는 보험약관 또는 공제약관에서 정한 지급기준금액을 대통 령령이 정하는 바에 의하여 우선 지급하되, 종국적으로는 확정판결 기타 이에 준하는 채무명의상 피보험자 또는 공제조합원의 교통사고로 인한 손해배상금 전액을 보상하 는 보험 또는 공제'라고 명시하고 있음에 비추어 볼 때, 위 특례법상 형사처벌 등 특례의 적용대상이 되는 '보험 또는 공제에 가입된 경우'에는, '교통사고를 일으킨 차' 가 위 보험 등에 가입된 경우는 물론 '그 차의 운전자'가 차의 운행과 관련한 보험 등에 가입한 경우에도 그 가입한 보험에 의하여 특례법 제4조 제2항에서 정하고 있 는 교통사고 손해배상금 전액의 신속·확실한 보상의 권리가 피해자에게 주어지는 경 우라면 이 또한 여기에 포함된다고 볼 수 있을 것이다.

그러나 귀하가 가입한 '다른 자동차 운전담보 특별약관'에서는 자동차손해배상 보장 법 제5조 제1항에서 정한 강제책임보험인 대인배상Ⅰ에 해당하는 손해의 배상은 보 장하지 아니한다는 것이고, 귀하가 제출한 위 자동차보험 보통약관의 규정을 보더라 도 위 특별약관에서 보장하는 대인배상Ⅱ의 경우 대인배상Ⅰ로 지급되는 금액 또는 피보험차가 대인배상Ⅰ에 가입되어 있지 아니한 때에는 대인배상Ⅰ로 지급될 수 있는 금액을 공제한 금액만을 보험금으로 지급하도록 되어 있음을 알 수 있으므로, 이러한 형태의 보험은 피보험자의 교통사고로 인한 손해배상금의 전액보상을 요건으로 하는 특례법 제4조 제1항에서 의미하는 보험 등에 해당한다고 볼 수 없습니다.

해설 교통사고를 일으킨 차가 보험업법 제4조, 제126조, 제127조 및 제128조, 여객자동차 운수사업법 제60조, 제61조 또는 화물자동차 운수사업법 제51조에 따른 보험 또는 공제 에 가입된 경우에는 교통사고처리특례법 제3조제2항 본문에 규정된 죄를 범한 차의 운 전자에 대하여 공소를 제기할 수 없습니다. 다만, ① 교통사고처리특례법 제3조제2항 단 서에 해당하는 경우, ② 피해자가 신체의 상해로 인하여 생명에 대한 위험이 발생하거나 불구(不具)가 되거나 불치(不治) 또는 난치(難治)의 질병이 생긴 경우, ③ 보험계약 또는 공제계약이 무효로 되거나 해지되거나 계약상의 면책 규정 등으로 인하여 보험회사, 공 제조합 또는 공제사업자의 보험금 또는 공제금 지급의무가 없어진 경우 등 어느 하나에 해당하는 경우에는 예외로 합니다.

■ 신호위반으로 범칙금을 납부한 경우 또 업무상과실치상죄로 처벌할 수 있는지 여부

Q. 신호위반을 이유로 도로교통법에 따라 범칙금을 납부한 자를 교통사고처리특례법에 따라 그 신호위반으로 인한 업무상과실치상죄로 다시 처벌할 수 있는지요?

A. 교통사고로 인하여 업무상과실치상죄 또는 중과실치상죄를 범한 운전자에 대하여 피 해자의 명시한 의사에 반하여 공소를 제기할 수 있도록 하고 있는 교통사고처리특례 법 제3조 제2항 단서의 각 호에서 규정한 신호위반 등의 예외사유는 같은 법 제3조 제1항 위반죄의 구성요건 요소가 아니라 그 공소제기의 조건에 관한 사유일 뿐입니 다(대법원 2004. 11. 26. 선고 2004도4693 판결 참조).

또한 도로교통법 제117조 제2항 제2호는 범칙행위로 교통사고를 일으킨 사람이 교 통사고처리특례법 제3조 제2항 단서의 규정에 따라 같은 법 제3조 제1항 위반죄의 벌을 받게 되는 경우에는 범칙금 통고처분을 할 수 있는 대상인 범칙자에서 제외되도록 규정하고 있는바, 이러한 관련 법률의 내용과 취지를 고려하면 같은 법 제3조 제2항 단서 각 호에서 규정한 예외사유에 해당하는 신호위반 등의 범칙행위와 같은 법 제3조 제1항 위반죄는 그 행위의 성격 및 내용이나 죄질 및 피해법익 등에 현저한 차이가 있어 동일성이 인정되지 않는 별개의 범죄행위라고 보아야 할 것입니다.

교통사고처리특례법 제3조 제2항 단서 각 호의 예외사유에 해당하는 신호위반 등의 범칙행위로 교통사고를 일으킨 사람이 통고처분을 받아 범칙금을 납부하였다고 하더라도 그 사람의 업무상과실치상죄 또는 중과실치상죄에 대하여 같은 법 제3조 제1항 위반죄로 처벌하는 것이 도로교통법 제119조 제3항에서 금지하는 이중처벌에 해당한다고 볼 수 없습니다.

■ 진행방향차량 및 후방차량에 대해서도 신호위반을 적용한 경우

Q. 횡형삼색등 신호기가 설치되어 있고 비보호좌회전 표지가 없는 교차로에서 녹색등화시 유턴하여 진행하였다면 반대 진행방향 차량뿐만 아니라 같은 진행방향의 후방차량에 대하여도 신호위반의 책임을 지는지요?

A. 진행하던 방향 전방에는 횡형삼색등 신호기가 설치되어 있어 좌회전하여 진행할 수 있는 녹색 화살표시 등화가 점등되지 않고, 녹색 등화시 허용되는 비보호좌회전 표시도 없으므로, 이 사건 교차로에서 녹색 등화시 유턴하여 진행하였다면 특별한 사정이 없는 한 도로교통법 제5조가 규정하고 있는 신호기의 신호에 따를 의무를 위반하여 운전한 경우에 해당한다고 보아야 할 것입니다.

녹색 등화시 유턴하는 경우 반대 진행방향 차량의 진행을 방해 할 뿐만 아니라, 같은 진행방향 전방의 차량이 녹색 등화에 따라 진행할 것이라고 신뢰하고 있는 같은 진행방향 후방 차량의 신뢰도 보호할 필요가 있는 점, 신호위반 책임의 중대성, 도로교통법 등의 관련 규정 및 교통사고처리특례법의 입법 취지 등에 비추어, 이 사건 교차로와 같이유턴이 허용되지 않는 곳에서 유턴하여 진행하는 경우 같은 진행방향에서 진행신호에 따라 진행하는 후방차량에 대하여도 신호위반의 책임을 집니다.

■ 특례법 위반사실이 없는 경우 법원이 취할 조치

Q. A는 횡단보도 횡단 중, B가 운전하는 자동차에 부딪혀 다리가 골절되었습니다. A는 B와 의무보험계약이 체결되어 있는 보험회사 D로부터 손해배상금을 계좌로 입금받았는데, 이 계좌는 A의 채권자 C이 압류해놓은 것이어서, A는 인출을 못하고 있습니다. A는 어떤 조치를 취해야 이 보험금을 인출할 수 있나요.

Q. 저는 신호를 위반한 상태에서 차량을 운행하였다 하여 교통사고처리특례법위반으로

공소가 제기되었습니다. 그러나, 위반사실이 없음이 밝혀지는 한편 공소기각의 사유가 존재하는 경우, 법원에 대하여 어떤 조치를 취하여야 하는지요?

A. 귀하가 신호를 위반하여 차량을 운행함으로써 사람을 상해에 이르게 한 교통사고로서 교통사고처리특례법 제3조 제1항, 제2항 단서 제1호의 사유가 있다고 하여 공소가 제기된 사안에 대하여, 공판절차에서의 심리 결과 귀하가 신호를 위반하여 차량을 운행한 사실이 없다는 점이 밝혀지게 되고, 한편 위 교통사고 당시 귀하가 운행하던 차량은 교통사고처리특례법 제4조 제1항 본문 소정의 자동차종합보험에 가입되어 있었으므로, 결국 교통사고처리특례법 제4조 제1항 본문에 따라 공소를 제기할 수 없음에도 불구하고 이에 위반하여 공소를 제기한 경우에 해당하고, 따라서 위 공소제기는 형사소송법 제327조 제2호 소정의 공소제기 절차가 법률의 규정에 위반하여 무효인 때에 해당하는바, 이러한 경우 법원으로서는 위 교통사고에 대하여 귀하에게 아무런 업무상 주의의무위반이 없다는 점이 증명되었다 하더라도 바로 무죄를 선고할 것이 아니라, 형사소송법 제327조의 규정에 의하여 소송조건의 흠결을 이유로 공소기각의 판결을 선고하여야 합니다.

■ 특례법에서 정해진 당해 차의 운전자 범위

Q. 26세 이상 가족운전자 한정운전 특약이 붙은 자동차종합보험에 가입된 피보험자동차를 26세 미만의 가족이나 제3자가 운전한 경우, 교통사고처리특례법 제4조 제1항에 정하여진 '당해 차의 운전자'에 해당하는지요?

A. 교통사고처리특례법 제4조 제1항은 교통사고를 일으킨 차가 보험업법 제4조 및 제126조 내지 제128조, 육운진흥법 제8조 또는 화물자동차운수사업법 제36조의 규정에 의하여 보험 또는 공제에 가입된 경우에는 제3조 제2항 본문에 규정된 죄를 범한 당해 차의 운전자에 대하여 공소를 제기할 수 없다고 규정하고, 제3항은 제1항의 보험 또는 공제에 가입된 사실은 보험사업자 또는 공제사업자가 제2항의 취지를 기재한 서면에 의하여 증명되어야 한다고 규정하고 있습니다.

이와 같은 규정의 내용에 비추어 보면, 26세 이상 가족운전자 한정운전 특약이 붙은 자동차종합보험에 가입된 피보험자동차의 경우에 같은 법 제4조 제1항에 정하여진 '당해 차의 운전자'라고 함은 보험증권에 기재된 피보험자와 그 가족인 26세 이상인 사람으로서 그들의 배상책임을 보험의 대상으로 하는 경우를 말하고, 피보험자의 명시적이거나 묵시적인 의사에 기하지 아니한 채 26세 미만의 가족이나 제3자가 피보험자동차를 운전한 때에는 26세 이상 한정운전 특별약관에 정하여진 '피보험자동차를 도난당하였을 경우'에 해당하여 보험회사가 보험금을 지급할 책임을 부담한다고 하더라도 이는 기명피보험자의 배상책임을 보험의 대상으로 하여 피해자와 피보험자를 보호함으로써 보험제도의 실효성을 거두기 위한 것에 불과할 뿐, 당해 운전자의 피해자에 대한 배상책임을 보험의 대상으로 하는 것은 아니므로 그와 같은 운전자는 교통사고처리특례법 제4조 제1항에 정하여진 '당해 차의 운전자'에 해당하지 아니한 다고 해석함이 상당합니다.

■ 중앙선침범사고에 해당하는 사고인지 여부

> **Q.** 저는 진행차로인 차도에 정차하고 있던 승합차를 추월하기 위하여 택시의 왼쪽 일 부가 중앙선을 침범한 상태로 진행하다가 택시의 진행차로 내에서 택시의 오른쪽 후사경으로 승합차의 앞쪽으로 나와 오른쪽에서 왼쪽으로 차도를 횡단하던 피해자 를 부딪쳐 땅에 넘어지게 하였습니다. 이 사고가 교통사고처리특례법상의 '중앙선침 범사고'에 해당하지요?

A. 이 사건 기록을 보면 도로의 폭은 3.69m인데 반하여 택시의 좌측 후사경에서 우측 후사경까지의 길이가 2.13m, 승합차의 좌측 후사경에서 우측 후사경까지의 길이가 2.20m에 이르는 점, 사고현장 부근의 사진에 의하더라도 이 사건 사고현장 부근은 불법 주·정차된 차량들로 인해 혼잡한 점, 목격자의 진술에 의하더라도 사고 당시 사 고지점인 ○○천막 앞에는 주·정차한 차량이 없었기는 하나, 그 근처 ◇◇ 앞에 불법 주차한 차량이 있었다고 하는 점, 일반적으로 차량이 다른 차량을 추월하는 경우 추 월당하는 차량과의 사이에 어느 정도의 간격을 두고 추월하는 것이 경험칙에 부합하 는 점 등 여러 사정을 종합하면, 귀하가 운행하던 택시가 승합차를 추월하기 위해 택시의 왼쪽 일부가 중앙선을 침범한 상태가 아니라, 완전히 중앙선을 침범하였거나 적어도 택시의 차체 대부분이 중앙선을 침범하고 오른쪽 일부만이 진행차선에 걸친 상태에서 이 사건 사고가 발생하였을 가능성을 배제할 수 없습니다.

더욱이 기록에 의하면 이 사건 사고가 택시의 진행 반대편 차선에서 발생한 현장을 목격하였다는 사람도 있으므로, 이에 대한 증거조사를 실시하여 과연 이 사건 사고지 점이 택시의 진행차선 내인지, 택시 진행 반대차선 내인지 또는 그 침범정도가 어느 정도인지의 여부를 심리하였어야 할 것입니다.

귀하가 추월한 목격자가 운전하던 승합차의 뒤쪽에는 어린이보호차량이라는 표시도 되어 있다는 것이므로, 위 승합차가 도로교통법 제48조의3에서 특별 보호되는 어린 이통학버스라고 한다면 이를 뒤따르는 차량이나 반대차선에서 운행하는 차량의 운전 자에게 도로교통법이 부과한 주의의무 등을 감안할 때 이 사건 사고가 귀하의 중앙 선 침범행위로 인하여 발생한 것임을 부인하기 어렵다고 할 것입니다.

■ 보행등이 미설치된 횡단보도상 보행자보호의무 위반여부

> Q. 보행등이 설치되어 있지 아니한 횡단보도를 진행하는 차량의 운전자가 인접한 교차
> 로의 차량진행신호에 따라 진행하다 교통사고를 낸 경우, 횡단보도에서의 보행자보
> 호의무 위반의 책임을 지게 되는지요?

A. 횡단보도에 보행자를 위한 보행등이 설치되어 있지 않다고 하더라도 횡단보도표시가
되어 있는 이상 그 횡단보도는 도로교통법에서 말하는 횡단보도에 해당합니다.

이러한 횡단보도를 진행하는 차량의 운전자가 도로교통법 제24조 제1항의 규정에
의한 횡단보도에서의 보행자보호의무를 위반하여 교통사고를 낸 경우에는 교통사고처
리특례법 제3조 제2항 단서 제6호 소정의 횡단보도에서의 보행자보호의무 위반의 책
임을 지게 되는 것이며, 비록 그 횡단보도가 교차로에 인접하여 설치되어 있고 그 교
차로의 차량신호등이 차량진행신호였다고 하더라도 이러한 경우 그 차량신호등은 교
차로를 진행할 수 있다는 것에 불과하지, 보행등이 설치되어 있지 아니한 횡단보도를
통행하는 보행자에 대한 보행자보호의무를 다하지 아니하여도 된다는 것을 의미하는
것은 아니므로 달리 볼 것은 아닙니다.

■ 공사를 위해 임시로 표시한 선이 중앙선 또는 안전표지인지 여부

> Q. 건설회사가 도로확장공사를 위하여 우회도로를 개설하면서 기존의 도로와 우회도로가
> 연결되는 부분에 임의로 설치한 황색 점선이 교통사고처리특례법 제3조 제2항 단서
> 제2호 소정의 중앙선 또는 같은 항 단서 제1호 소정의 안전표지에 해당하는지요?

A. 교통사고처리특례법 제3조 제2항은 "차의 교통으로 인한 업무상과실치상죄는 원칙으
로는 피해자의 명시한 의사에 반하여 공소를 제기할 수 없고, 다만 그 단서에 해당하
는 경우에는 그러하지 아니하다."고 규정하면서 그 예외 사유로서 제1호로 "도로교통
법 제5조의 규정에 의한 신호기 또는 교통정리를 위한 경찰관의 신호나 통행의 금지
또는 일시정지를 내용으로 하는 안전표지가 표시하는 지시에 위반하여 운전한 경우"와
제2호로 "도로교통법 제12조 제3항의 규정에 위반하여 중앙선을 침범하거나 같은 법
제57조의 규정에 위반하여 횡단·유턴 또는 후진한 경우"를 규정하고 있습니다.

한편 도로교통법 제13조 제1항은 "지방경찰청장은 차마의 교통을 원활하게 하기 위
하여 필요한 때에는 도로에 행정자치부령이 정하는 차로를 설치할 수 있다."고 규정
하고, 도로교통법시행규칙 제10조는 "지방경찰청장은 법 제13조 제1항의 규정에 의
하여 도로에 차로를 설치하고자 하는 때에는 [별표 1]에 의하여 중앙선 표시를 하여
야 한다."고 규정하고 있습니다.

그런데 건설회사가 고속도로 건설공사와 관련하여 지방도의 확장공사를 위하여 우회도

로를 개설하면서 기존의 도로와 우회도로가 연결되는 부분에 설치한 황색 점선이 도로교통법상 설치권한이 있는 자나 그 위임을 받은 자가 설치한 것이 아니라면 이것을 가리켜 교통사고처리특례법 제3조 제2항 단서 제2호에서 규정하는 중앙선이라고 할 수 없을 뿐만 아니라, 건설회사가 임의로 설치한 것에 불과할 뿐 도로교통법 제64조의 규정에 따라 관할 경찰서장의 지시에 따라 설치된 것도 아니고 황색 점선의 설치 후 관할경찰서장의 승인을 얻었다고 인정할 자료도 없다면, 결국 위 황색 점선은 교통사고처리특례법 제3조 제2항 단서 제1호 소정의 안전표지라고 할 수 없습니다.

해설 '군부대장이 인명 및 재산을 보호할 책임이 있는 기지 내의 안전관리를 위하여 그 수명자에게 명하는 행정규칙에 근거하여 설치한 보도와 차도를 구분하는 흰색 실선이 도로교통법상 설치권한이 있는 자나 그 위임을 받은 자가 설치한 것이 아니므로 교통사고처리특례법 제3조 제2항 단서 제1호에서 규정하는 도로교통법 제5조의 규정에 의한 안전표지라고 할 수 없고, 위 흰색 실선이 도로교통법시행규칙에 규정된 시, 도지사가 설치하는 안전표지와 동일한 외관을 갖추고 있고, 자동 차를 운전 중 이를 침범하여 교통사고를 일으킨 피고인이 소속 군인으로서 이를 준수하여야 할 의무가 있다고 하여 달리 볼 것은 아니다.'라고 하는 대법원판례도 있습니다(대법원 1991.05.28. 선고 91도159 판결).

■ 범칙금을 납부한 후 특례법 위반죄로 처벌할 수 있는지 여부

> **Q.** 저는 도로교통법의 안전운전의무 위반죄로 범칙금의 통고처분을 받아 범칙금을 납부하였습니다. 그런데 이 사고로 중앙선을 침범하면서 피해자를 부상입혔다고 이를 다시 교통사고처리특례법위반죄로 처벌하겠다고 하는데, 이러한 행위는 이중처벌이 아닌지요?

A. 같은 일시, 장소에서 이루어진 안전운전의무 위반의 범칙행위와 중앙선을 침범한 과실로 사고를 일으켜 피해자에게 부상을 입혔다는 교통사고처리특례법위반죄의 범죄행위사실은 시간, 장소에 있어서는 근접하여 있는 것으로 볼 수 있으나 범죄의내용이나 행위의 태양, 피해법익 및 죄질에 있어 현격한 차이가 있어 동일성이 인정되지 아니하고 별개의 행위라고 할 것이어서 귀하가 안전운전의 의무를 불이행하였음을 이유로 통고처분에 따른 범칙금을 납부하였다고 하더라도 다시 교통사고처리특례법 제3조 위반죄로 처벌한다고 하여 도로교통법 제119조 제3항에서 말하는 이중처벌에 해당한다고 볼 수 없습니다.

해설 도로교통법 제43조 소정의 안전운전의무 위반행위와 차량운전중 과실로 인체에 상해를 입히는 업무상과실치상행위는 별개의 것이라 할 것이므로 피고인이 안전운전의무 위반으로 통고처분에 따른 범칙금을 납부하였다 하여도 피고인을 교통사고처리특례법 제3조 위반죄(업무상 과실치상)로 처벌한다 하여 이중처벌이라 할 수 없습니다.

■ 처벌불원의사를 철회할 수 있는지 여부

> **Q.** 저는 피해자로부터 작성·교부받은 교통사고 합의서를 수사기관에 제출한 경우, 여기에는 피해자가 처벌불원의사를 적법하게 표시하였습니다. 만약 제가 피해자에게 약속한 합의금 전액을 지급하지 않은 경우에 피해자가 이 합의서에 의한 처벌불원의사를 철회할 수 있는지요?

A. 피해자가 귀하와 사이에 교통사고로 인한 피해자의 치료비 전액을 부담하는 조건으로 민·형사상 문제삼지 아니하기로 합의하고 귀하로 부터 합의금 일부를 수령하면서 합의서를 작성·교부하고, 귀하가 그 합의서를 수사기관에 제출한 경우, 피해자는 그 합의서를 작성·교부함으로써 귀하에게 자신을 대리하여 자신의 처벌불원의사를 수사기관에 표시할 수 있는 권한을 수여하였습니다.

이에 따라 귀하가 그 합의서를 수사기관에 제출한 이상 피해자의 처벌불원의사가 수사기관에 적법하게 표시되었으며, 이후 귀하가 피해자에게 약속한 치료비 전액을 지급하지 아니한 경우에도 민사상 치료비에 관한 합의금지급채무가 남는 것은 별론으로 하고 처벌불원의사를 철회할 수 없습니다.

■ 연쇄사고시 안전거리를 유지해야 할 주의의무

> **Q.** 저는 일반국도를 운행 중 교통사고를 일으켰습니다. 이 사고는 앞차를 뒤따라 진행하다 앞차에 의하여 전방의 시야가 가리는 관계로 앞차의 돌발적인 사고로 연쇄적인 사고가 일어났습니다. 이 사고로 선행차량에 의해 역과된 피해자를 미쳐 발견치 못하고, 이를 다시 역과하여 피해자에게 상해를 입혔습니다. 이러한 경우 앞차와의 충분한 안전거리를 유지하고 진로 전방좌우를 잘 살펴 진로의 안전을 확인하면서 진행할 주의의무를 이행하지 않았다고 하여 저에게 업무상 과실을 물을 수 있는지요?

A. 앞차를 뒤따라 진행하는 차량의 운전사로서는 앞차에 의하여 전방의 시야가 가리는 관계상 앞차의 어떠한 돌발적인 운전 또는 사고에 의하여서라도 자기 차량에 연쇄적인 사고가 일어나지 않도록 앞차와의 충분한 안전거리를 유지하고 진로 전방좌우를 잘 살펴 진로의 안전을 확인하면서 진행할 주의의무가 있습니다.

기록에 의하면, 이 사건 사고 당시는 01:10경으로서 야간인데다가 비까지 내려 시계가 불량하고 내린 비로 인하여 노면이 다소 젖어있는 상태였으며, 귀하가 이 사건 사고지점은 비탈길의 고개마루를 지나 내리막길이 시작되는 곳으로부터 가까운 지점인 사실, 귀하가 이 사건 사고차량을 운전하고 편도 2차선 도로 중 2차로를 시속 약 60km의 속도로 선행 차량과 약 30m가량의 간격을 유지한 채 진행하다가 선행차량에 역과된 채 진행 도로상에 누워있는 피해자를 뒤늦게 발견하고 급제동을 할 겨를도 없이 이를 그대로 역과한 사실을 인정할 수 있는바, 이러한 경우 귀하가 사전에 사람이 도로에 누워있을 것까지를 예상하여 이에 대비하면서 운전하여야 할 주의의무는 없다고 하더라도, 사고 당시의 도로상황에 맞추어 속도를 줄이고(위 사고지점은 비탈길의 고개마루를 막 지난 지점이므로 피고인으로서는 미리 법정 제한속도보다도 더 감속하여 서행하였어야 할 것이다) 전방시계의 확보를 위하여 선행차량과의 적절한 안전거리를 유지한 채 전방 좌우를 잘 살펴 진로의 안전을 확인하면서 운전하는 등 자동차 운전자에게 요구되는 통상의 주의의무를 다하였더라면, 진행 전방 도로에 누워있는 피해자를 상당한 거리에서 미리 발견하고 좌측의 1차로로 피양하는 등 사고를 미연에 방지할 수 있었음에도 불구하고 위와 같은 주의를 게을리한 탓으로 피해자를 미리 발견하지 못하고 역과한 것이라고 할 것이므로, 이 사건 사고에 관하여 귀하에게 업무상 과실이 없다고 할 수는 없을 것입니다.

■ 고속도로 운행자가 무단횡단을 예견하고 운전할 주의의무

Q. 고속도로를 운행하는 자동차 운전자에게 고속도로를 무단횡단하는 보행자가 있을 것을 예견하여 운전할 주의의무가 있는지요?

A. 고속도로를 운행하는 자동차의 운전자로서는 일반적인 경우에 고속도로를 횡단하는 보행자가 있을 것까지 예견하여 보행자와의 충돌사고를 예방하기 위하여 급정차 등의 조치를 취할 수 있도록 대비하면서 운전할 주의의무가 없습니다.

그러나 고속도로를 무단횡단하는 보행자를 충격하여 사고를 발생시킨 경우라도 운전자가 상당한 거리에서 보행자의 무단횡단을 미리 예상할 수 있는 사정이 있었고, 그에 따라 즉시 감속하거나 급제동하는 등의 조치를 취하였다면 보행자와의 충돌을 피할 수 있었다는 등의 특별한 사정이 인정되는 경우에만 자동차 운전자의 과실이 인정될 수 있습니다.

해설 자동차 전용도로를 운행하는 자동차 운전자의 주의의무로서는 도로교통법상 자동차 전용도로는 자동차만이 다닐 수 있도록 설치된 도로로서 보행자 또는 자동차 외의 차마는 자동차 전용도로로 통행하거나 횡단할 수 없도록 되어 있으므로 자동차 전용도로를 운행하는 자동차의 운전자로서는 특별한 사정이 없는한 무단횡단하는 보행자가 나타날 경우를 미리 예상하여 급정차할 수 있도록 운전해야 할 주의의무는 없습니다.

■ 특례법상 '승객의 추락방지의무'의 의미

> **Q.** 교통사고처리특례법 제3조 제2항 단서 제10호 소정의 '승객의 추락방지의무'의 의미는 무엇입니까?

A. 교통사고처리특례법 제3조 제2항 단서 제10호는 "도로교통법 제35조 제2항의 규정에 의한 승객의 추락방지의무를 위반하여 운전한 경우"라고 규정함으로써 그 대상을 "승객"이라고 명시하고 있습니다.

도로교통법 제35조 제2항 역시 "모든 차의 운전자는 '운전중' 타고 있는 사람 또는 타고 내리는 사람이 떨어지지 아니하도록 하기 위하여 문을 정확히 여닫는 등 필요한 조치를 취하여야 한다."고 규정하고 있는 점에 비추어 보면, 위 특례법 제3조 제2항 단서 제10호 소정의 의무는 그것이 주된 것이든 부수적인 것이든 사람의 운송에 공하는 차의 운전자가 그 승객에 대하여 부담하는 의무라고 보는 것이 상당합니다.

해설 교통사고처리특례법 제3조 제2항 단서 제10호에서 말하는 '도로교통법 제35조 제2항의 규정에 의한 승객의 추락방지의무를 위반하여 운전한 경우'라 함은 도로교통법 제35조 제2항에서 규정하고 있는 대로 '차의 운전자가 타고 있는 사람 또는 타고 내리는 사람이 떨어지지 아니하도록 하기 위하여 필요한 조치를 하여야 할 의무'를 위반하여 운전한 경우를 말하는 것이 분명하고, 차의 운전자가 문을 여닫는 과정에서 발생한 일체의 주의의무를 위반한 경우를 의미하는 것은 아니므로, 승객이 차에서 내려 도로상에 발을 딛고 선 뒤에 일어난 사고는 승객의 추락방지의무를 위반하여 운전함으로써 일어난 사고에 해당하지 않습니다.

Chapter 2. 도로교통법상 교통사고 상담사례

■ 구 자동차손해배상보장법 제2조 제2호 소정의 '운행'과 도로교통법 제2조 제19호 소정의 '운전'이 동일한 개념인지 여부

Q. 질문 甲은 낚시를 하던 중 乙이 춥다고 하자 丙로부터 丙소유의 승용차의 열쇠를 넘겨받아 바다를 정면으로 향하여 주차되어 있던 위 승용차에 탑승한 후 시동을 걸어 스팀장치를 작동시키다가 위 승용차의 기기를 잘못 조작하여 위 승용차가 5%의 횡단경사면을 따라 약 14.3m 전진하여 바다에 추락함으로써 甲 및 조수석에 동승한 乙이 사망하고 말았습니다. 그런데 보험회사는 무면허운전 등으로 인한 면책약관을 내세워 보험금지급을 거절하였습니다. 이러한 면책주장이 타당한가요?

A. 답변 판례는 "… 도로교통법 제2조 제19호는 '운전'이라 함은 도로에서 차를 그 본래의 사용 방법에 따라 사용하는 것을 말한다고 규정하고 같은 조 제14호는 '자동차'라 함은 철길 또는 가설된 선에 의하지 않고 원동기를 사용하여 운전되는 차를 말한다고 규정하고 있으므로, 자동차의 운전, 즉 자동차를 그 본래의 사용 방법에 따라 사용하는 것에 해당하기 위하여는 자동차의 원동기를 사용할 것을 요하고, 따라서 내리막길에 주차되어 있는 자동차의 핸드 브레이크를 풀어 타력주행(惰力走行)을 하는 행위는 '운전'에 해당하지 않는다(다만 통상의 운전중에 내리막길에 이르러 원동기를 일시적으로 정지하여 타력으로 주행시키는 것은 별론으로 한다)."라고 하면서,
"구 자동차손해배상보장법(1999. 2. 5. 법률 제5793호로 전문 개정되기 전의 것) 제2조 제2호는 '운행'이라 함은 사람 또는 물건의 운송 여부에 관계없이 자동차를 당해 장치의 용법에 따라 사용하는 것이라고 정의하였는바, 여기에서 자동차를 당해 장치의 용법에 따라 사용한다는 것은 자동차의 용도에 따라 그 구조상 설비되어 있는 각종의 장치를 각각의 장치 목적에 따라 사용하는 것을 말하는 것으로서, 자동차가 반드시 주행 상태에 있지 않더라도 주행의 전후단계로서 주·정차 상태에서 문을 열고 닫는 등 각종 부수적인 장치를 사용하는 것도 포함하므로, 자동차손해배상보장배법상의 '운행'은 도로교통법상의 '운전'보다 넓은 개념이지 동일한 개념이 아니라고 할 것이다."라고 판시한 바 있습니다(대법원 1999. 11. 12. 선고 98다30834 판결 참조). 그러므로 무면허운전 등으로 인한 면책약관을, 사고가 ① 도로교통법상의 '운전'에 의하여, ② '도로'에서 발생할 것이라고 하는 두 요건을 모두 갖추어야 적용되는 것으로 본다면, 질문과 같이 甲이 '운전'하였다고 볼 수 없는 이상 면책약관은 적용되기 힘들고, 그러나 자동차손해배상보장법 제2조 제2호의 '운행'에는 해당할 여지가 있다고 보입니다.

■ 주차장에서의 음주운전이 도로교통법상 음주운전인지요?

Q. 저의 남편은 친구의 초청으로 가족동반 저녁식사를 하러 승용차를 가지고 근교음식점에 갔다가 그 음식점주차장으로 사용하는 공터에 주차한 후 음주를 겸한 식사를 하였습니다. 그런데 종업원이 남편에게 다른 차의 주차가 어렵다며 비스듬히 세워 놓은 남편차량을 바로 해달라고 요청하였고 남편은 다시 주차를 하였습니다. 그러나 때마침 지나가던 경찰관에게 적발되어 음주운전으로 인한 「도로교통법」 위반으로 벌금형의 약식명령을 받았는데, 이것이 정당한지요?

A. 주취 중 운전금지에 관하여 「도로교통법」 제44조 제1항은 "누구든지 술에 취한 상태에서 자동차 등(건설기계관리법 제26조 제1항 단서의 규정에 의한 건설기계외의 건설기계를 포함)을 운전하여서는 아니 된다."라고 규정하고 있습니다. 그리고 같은 법 제148조의2 제1항 제1호는 "제44조 제1항의 규정에 위반하여 술에 취한 상태에서 자동차 등을 운전한 사람은 1년 이상 3년 이하의 징역이나 500만원 이상 1천만원 이하의 벌금에 처한다."라고 규정하고 있습니다.

또한, 「도로교통법」 제2조 제1호는 도로교통법에서 사용되는 '도로'라 함은 "도로법에 의한 도로", "유료도로법에 의한 유료도로", "농어촌도로 정비법에 따른 농어촌도로", "그 밖에 현실적으로 불특정 다수의 사람 또는 차마의 통행을 위하여 공개된 장소로서 안전하고 원활한 교통을 확보할 필요가 있는 장소"로 규정하고 있는데, 같은 법 제148조 제1항 제1호 소정의 처벌대상자에 해당하기 위해서는 운전한 장소가 같은 법 제2조 제1호 소정의 도로이어야 하며, 종전 판례는 "도로교통법 제2조 제1호에서 도로의 개념으로 정한 '일반교통에 사용되는 모든 곳'(현행 "그 밖에 현실적으로 불특정 다수의 사람 또는 차마의 통행을 위하여 공개된 장소로서 안전하고 원활한 교통을 확보할 필요가 있는 장소")이라 함은 현실적으로 불특정 다수의 사람 또는 차량의 통행을 위하여 공개된 장소로서 교통질서유지 등을 목적으로 하는 일반 교통경찰권이 미치는 공공성이 있는 곳을 의미하는 것이므로, 특정인들 또는 그들과 관련된 특정한 용건이 있는 자들만이 사용할 수 있고 자주적으로 관리되는 장소는 이에 포함된다고 볼 수 없다."라고 하였습니다(대법원 1999. 12. 10. 선고 99도2127 판결). 그런데 최근의 판례는 "아파트 단지가 상당히 넓은 구역으로서 비록 여러 곳에 경비실이 설치되어 있고 경비원들이 아파트 주민 이외의 차량에 스티커를 발부해 왔다 하더라도 이는 주민들의 차량으로 하여금 우선 주차할 수 있도록 하기 위한 주차공간확보 차원에서 이루어진 것으로 보일 뿐이고, 그것만으로 아파트 단지 내의 통행로가 특정인들 또는 그들과 관련된 특별한 용건이 있는 자들만이 사용할 수 있는 장소로서 자주적으로 관리되는 장소라고 볼 수는 없고, 현실적으로 볼 때 불특정 다수의 사람이나 차량의 통행을 위하여 공개된 장소라면 교통질서유지 등을 목적으로 하는 일반교통경찰권이 미치는 공공성이 있는 곳으로 도로교통법 제2조 제1호 소정의 '도로'에 해당한다."고 한 사례(2002. 9. 24. 선고 2002도3190 판결)도 있는 것으로 볼 때 아파트 단지 내의 도로라 해서 무조건 도로교통법 제2조 제1호 소정의 '도로'에서 제외되는 것은 아니며 아파트 단지의 규모와 단지 내 도로의 형태, 불특정 다수의 사람이나 차량의 통행을 위하여 공개된 장소인지 여부, 운전의 목적과 불가피성, 그리고 운행거리 등을 종합적으로 보고 판단해야 할 것입니다.

그리고 주차장에서의 음주운전이 도로교통법상의 처벌대상이 되는지에 관련하여 판례는 ①시청 내의 광장주차장 또는 도로의 노면의 일정구역에 설치된 노상주차장 등에서 운전한 것을 도로에서 차를 그 본래의 사용방법에 따라 사용하는 것에 해당한다고 한 판례가 있는 반면(대법원 1992. 9. 22. 선고 92도1777 판결), ②주차장으로 사용되는 주점 옆 공터가 일반공중이나 차량들이 자유로이 통행할 수 있는 통행장소가 아니라면 도로법이나 유료도로법 소정의 도로에 해당한다고 할 수 없고 일반교통에 사용되는 곳이라고 보기도 어려워 도로교통법상의 도로라고 할 수 없다는 사례(대법원 1992. 10. 9. 선고 92도448 판결) 및 나이트클럽 주차장이 도로교통법상의 도로라고 할 수 없다는 사례(대법원 1992. 10. 9. 선고 92도1330 판결), 아파트의 구내 노상주차장에 주차된 차량을 아파트 구내 지하주차장으로 옮기기 위하여 운전한 경우 도로교통법위반행위에 해당하지 않는다고 한 사례(대법원 1999. 12. 10. 선고 99도2127 판결), 호텔 및 가든을 경영하는 자의 사유지로서 5대 정도의 차가 주차할 수 있도록 주차선을 구획해놓아 그 호텔 등을 찾는 손님들의 주차장소로만 사용되는 곳을 도로교통법상의 도로라고 할 수 없다고 한 사례(대법원 2001. 1. 19. 선고 2000도2763 판결)가 있습니다.

따라서 귀하의 남편의 경우는 위 두 번째 대법원 판례의 사례에 해당되는 것으로 볼 수도 있어 약식명령을 받은 후 1주일 내에 법원에 정식재판청구를 하여 다투어 볼 수 있다고 하겠습니다.

■ 도로교통법상 음주측정불응죄 성립 여부

Q. 甲은 망년회에서 2홉들이 소주 1병을 마시고 승용차를 운전하여 귀가하던 중 인도를 침범하여 행인에게 중상을 입혔습니다. 甲은 출동한 경찰관의 음주측정요구에 불응하였는데 이 경우 음주측정불응죄로 처벌받아야 하는지요?

A. 「도로교통법」 제44조는 "①누구든지 술에 취한 상태에서 자동차등(건설기계관리법 제26조 제1항 단서의 규정에 의한 건설기계 외의 건설기계를 포함)을 운전하여서는 아니 된다. ②경찰공무원은 교통의 안전과 위험방지를 위하여 필요하다고 인정하거나

제1항의 규정에 위반하여 술에 취한 상태에서 자동차등을 운전하였다고 인정할만한 상당한 이유가 있는 때에는 운전자가 술에 취하였는지의 여부를 호흡조사에 의하여 측정할 수 있다. 이 경우 운전자는 경찰공무원의 측정에 응하여야 한다. ③제2항의 규정에 의하여 술에 취하였는지의 여부를 측정한 결과에 불복하는 운전자에 대하여는 그 운전자의 동의를 얻어 혈액채취 등의 방법으로 다시 측정할 수 있다. ④제1항의 규정에 따라 운전이 금지되는 술에 취한 상태의 기준은 혈중알콜농도가 0.03퍼센트 이상으로 한다."라고 규정하고 있습니다.

또한, 음주측정불응죄와 관련하여 판례는 "교통안전과 위험방지를 위하여 필요한 경우가 아니라고 하더라도 음주측정요구 당시의 객관적 사정을 종합하여 볼 때 운전자가 술에 취한 상태에서 자동차 등을 운전하였다고 인정할 만한 상당한 이유가 있고, 운전자의 음주운전여부를 확인하기 위하여 필요한 경우에는 사후의 음주측정에 의하여 음주운전여부를 확인할 수 없음이 명백하지 않는 한 경찰공무원은 당해 운전자에 대하여 음주측정을 요구할 수 있고, 당해 운전자가 이에 불응한 경우에는 음주측정불응죄가 성립한다."라고 하였으며(대법원 1997. 6. 13. 선고 96도3069 판결), "운전자가 술에 취한 상태에서 자동차 등을 운전하였다고 인정할 만한 상당한 이유가 있는지의 여부는 음주측정요구 당시 개별운전자마다 그의 외관·태도·운전행태 등 객관적 사정을 종합하여 판단하여야 할 것이고, 특히 운전자의 운전이 종료한 후에는 운전자의 외관·태도 및 기왕의 운전행태, 운전자가 마신 술의 종류 및 양, 음주운전의 종료로부터 음주측정의 요구까지의 시간적·장소적 근접성 등 객관적 사정을 종합하여 신중하게 판단할 것이 요구된다."라고 하였습니다(대법원 1999. 12. 28. 선고 99도2899 판결, 2002. 6. 14. 선고 2001도5987 판결).

또한 판례는 "'술에 취한 상태'라 함은 음주운전죄로 처벌되는 음주수치인 혈중알코올농도 0.03% 이상의 음주상태를 말한다고 보아야 할 것이므로, 음주측정불응죄가 성립하기 위하여는 음주측정 요구 당시 운전자가 반드시 혈중알코올농도 0.03% 이상의 상태에 있어야 하는 것은 아니지만 적어도 혈중알코올농도 0.03% 이상의 상태에 있다고 인정할 만한 상당한 이유가 있어야 하는 것이고, 나아가 술에 취한 상태에 있다고 인정할 만한 상당한 이유가 있는지 여부는 음주측정 요구 당시 개별 운전자마다 그의 외관·태도·운전 행태 등 객관적 사정을 종합하여 판단하여야 한다"라고 하였습니다(대법원 2003. 1. 24. 선고 2002도6632 판결).

따라서 甲의 경우에도 이미 사고가 발생하였고 더 이상 차량운행이 불가능하여 교통안전과 위험방지의 필요성이 존재하지 않는다고 하여도 당시의 객관적 사정을 종합하여 볼 때 甲이 술에 취한 상태에서 자동차 등을 운전하였다고 인정할 만한 상당한 이유가 있을 경우에는 음주측정에 응하여야 하고 음주측정요구에 불응한 때에는 음주측정불응죄가 성립될 것으로 보입니다.

한편, 교통사고처리특례법(시행 2010. 1. 25. 법률 제9941호 일부개정) 제3조 제2항에 의거 교통사고로 업무상과실치상죄 또는 중과실치상죄를 범하고 음주측정 요구에 따르지 아니한 경우 처벌하도록 규정하고 있습니다. 따라서 귀하의 경우 교통사고처리특례법 제3조 제1항에 따라 5년 이하의 금고 또는 2천만원 이하의 벌금으로 처벌받게 될 것으로 보입니다.

■ 대학 구내에서 음주운전한 것이 도로교통법상 음주운전인지요?

Q. 저는 개강파티에서 약간의 음주를 한 후 귀가하기 위해 자동차를 운전하던 중 대학 구내에서 접촉사고를 일으켜 피해자에게 전치 3주의 상해를 입혔습니다. 종합보험에 가입한 상태인데, 이 경우 형사처벌을 받게 되는지요?

A. 「교통사고처리특례법」 제4조 제1항 본문은 종합보험에 가입한 경우에는 차량의 운전으로 인한 교통사고로 업무상과실치상죄를 범하였어도 공소를 제기할 수 없도록 규정하고 있습니다. 그러나 단서 및 같은 법 제3조 제2항 제8호는 "도로교통법 제44조 제1항(술에 취한 상태에서의 운전금지)의 규정에 위반하여 주취 중에 운전을 한 경우에는 예외로 한다."라고 규정하고 있습니다.

그러므로 위 사안의 경우에 「교통사고처리특례법」상의 음주운전에 해당되는지에 따라서 형사처벌 여부가 결정될 것입니다.

구 도로교통법(2010. 7. 23. 법률 제10382호로 개정되기 전의 것) 제2조 제24호는 "운전"의 의미를 "도로에서 차마를 그 본래의 사용방법에 따라 사용하는 것(조종을 포함한다)"으로 규정하여 도로교통법 상 도로가 아닌 곳에서의 주취운전은 도로교통법 제44조 제1항의 음주운전에 해당하지 아니하고 결국 교통사고처리특례법 제3조 제2항 단서에도 해당하지 않게 되어 사안과 같은 경우 형사처벌을 받지 아니하였습니다. 그러나 현행 도로교통법 제2조 제24호는 "운전"의 의미를 "도로(제44조·제45조·제54조제1항·제148조 및 제148조의2에 한하여 도로 외의 곳을 포함한다)에서 차마를 그 본래의 사용방법에 따라 사용하는 것(조종을 포함한다)"라고 규정함으로써 도로가 아닌 곳에서의 음주운전, 음주측정거부, 사고 후 미조치 등에 대해서도 처벌할 수 있는 근거를 마련함으로써 사안과 같은 경우 교통사고처리특례법 제3조 제2항 단서 제8호에 해당하여 종합보험에 가입되어 있더라도 교통사고처리특례법위반죄가 성립될 수 있을 것으로 보입니다.

■ 일반도로에서 후진하는 행위의 도로교통법상 11대 주의의무 위반 여부

> Q. 甲은 고속도로나 자동차전용도로가 아니니 일반도로에서 중앙선 우측 차로 내를 달리다가 사정이 있어 그 차로 내에서 잠시 후진을 하였습니다. 하필 甲이 후진하다가 교통사고가 발생하였는데, 이런 경우도 교통사고처리 특례법상 11대 주의의무 위반에 해당하는 건가요?

A. 도로교통법 제13조 제3항은 "차마의 운전자는 도로(보도와 차도가 구분된 도로에서는 차도를 말한다)의 중앙(중앙선이 설치되어 있는 경우에는 그 중앙선을 말한다. 이하 같다) 우측 부분을 통행하여야 한다.", 동법 제62조는 "자동차의 운전자는 그 차를 운전하여 고속도로등을 횡단하거나 유턴 또는 후진하여서는 아니 된다."고 규정하고 있으며, 이를 위반할 시엔 교통사고처리 특례법 제3조 제2항 단서 제2호의 "도로교통법 제13조 제3항을 위반하여 중앙선을 침범하거나 같은 법 제62조를 위반하여 횡단, 유턴 또는 후진한 경우"에 해당되어 11대 주의의무 위반이 됩니다.

그런데 고속도로나 자동차전용도로가 아닌 곳에서 후진을 하는 것이 위 주의의무 위반에 해당되는지에 관하여 판례는 "도로교통법 제57조에 의하면 위 '고속도로등'은 고속도로 또는 자동차전용도로만을 의미하므로, 일반도로에서 후진하는 행위는 '동법 제62조의 규정을 위반하여 횡단 · 유턴 또는 후진한 경우'에 포함되지 않는다. 또한 교통사고처리특례법 제3조 제2항 단서 제2호가 고속도로등에서 후진한 경우를 중앙선침범과 별도로 열거하고 있는 취지에 비추어 볼 때, 중앙선의 우측 차로 내에서 후진하는 행위는 같은 호 전단의 '도로교통법 제13조 제3항의 규정을 위반하여 중앙선을 침범한 경우'에 포함되지 않는다고 해석하여야 한다."라고 하였습니다(대법원 1995. 5. 12. 선고 95도512 판결). 따라서 甲의 경우에는 교통사고처리 특례법상의 11대 주의의무 위반에 해당하지 않기에 자동차종합보험에 가입되어 있거나 피해자와 합의가 되어 있다면 처벌되지 않을 것입니다.

■ 도로교통법 상의 도로 외의 곳에서 음주운전 중 사고가 발생한 경우

> Q. 甲은 대학교 내에서 술에 취한 채로 운전 중 주의의무를 위반하여 乙을 충돌하였습니다. 이 경우 피해자와 합의하거나 종합보험에 가입되어 있다면 처벌받지 않는지 궁금합니다.

A. 교통사고처리특례법 제3조 제2항 단서 제8호는 도로교통법 제41조 제1항의 규정에 위반하여 주취 중에 운전한 경우를 들고 있으므로 위 특례법 소정의 주취운전이 도로교통법상의 도로가 아닌 곳에서의 주취운전을 포함하는 것으로 해석할 수는 없습니다(대법원 1996. 10. 25. 선고. 96도1848판결)

따라서 음주운전이 도로교통법상 도로 외에서 발생한 경우 피해자와의 합의나 종합보험 가입에도 불구하고 처벌하여야 한다는 교통사고처리특례법 제3조 제2항 제8호는 적용되지 않으나 그 외의 교통사고처리특례법 제4조 등은 적용되므로, 피해자와 합의하거나 종합보험에 가입된 경우 공소권이 없게 되어 형사처벌을 받지 않을 수 있습니다.

■ 도로교통법 제54조 제1항의 '차의 운전 등 교통'의 의미

> **Q.** 甲은 승용차를 운전하여 가다가 경사진 갓길에 정차하며 기어를 중립에 두고 사이드브레이크를 걸었는데, 승용차 바닥에 떨어진 휴대전화를 찾던 중 승용차가 저절로 움직여 뒤에서 진행하던 차량의 전면을 충격하는 사고가 발생하였으나 아무런 조치를 취하지 않고 도주하였습니다. 이 경우 甲의 행위는 도로교통법위반(사고후미조치)죄가 되는지요?

A. 판례는 "도로교통법 제2조 제26호는 '운전'이란 도로에서 차마를 그 본래의 사용 방법에 따라 사용하는 것을 말한다고 규정하고 있다. 여기서 말하는 운전의 개념은 그 규정의 내용에 비추어 목적적 요소를 포함하는 것이므로 고의의 운전행위만을 의미하고, 자동차 안에 있는 사람의 의지나 관여 없이 자동차가 움직인 경우에는 운전에 해당하지 아니한다(대법원 2004. 4. 23. 선고 2004도1109 판결 등 참조). 한편 「교통사고처리 특례법」은 차의 운전자가 '교통사고'로 인하여 형법 제268조의 죄(업무상과실치상죄)를 범한 경우를 처벌의 특례 적용 대상으로 정하고 있고(제3조 제1항), '교통사고'란 차의 교통으로 인하여 사람을 사상하거나 물건을 손괴하는 것을 말한다고 규정하고 있는데(제2조 제2호), 여기서의 '차의 교통'이란 차량을 운전하는 행위 및 그와 동일하게 평가할 수 있을 정도로 밀접하게 관련된 행위를 포함하는 것으로 해석하여야 한다(대법원 2007. 1. 11. 선고 2006도7272 판결 참조). 이러한 '운전'과 '차의 교통'의 해석에 관한 법리는 '차의 운전 등 교통으로 인하여' 사람을 사상하거나 물건을 손괴한 경우 운전자 등이 취하여야 할 조치에 관한 의무를 규정한 도로교통법 제54조 제1항에서의 '차의 운전 등 교통'의 해석에 관하여도 마찬가지로 적용된다고 할 것이다."라고 하였습니다(대법원 2016. 11. 24. 선고 2016도12407 판결).

위 법리에 비추어 볼 때 이 사안에서 甲이 타고 있던 승용차가 후진하게 된 것은 자동차 안에 있던 甲의 의지나 관여 없이 자동차가 움직인 경우에 해당하여 도로교통법 제54조 제1항에 규정된 '차의 운전 등 교통'에 해당한다고 보기 어려우므로 甲의 행위는 도로교통법위반(사고후미조치)죄로 보기 어려울 것으로 보입니다.

■ 교통신호기의 고장으로 교통사고 발생 시 누가 책임지는지요?

> **Q.** 甲지방자치단체장이 횡단보도와 함께 설치하고, 乙지방경찰청장에게 관리권한이 위임된 교통신호기가 낙뢰로 고장이 발생하여 보행자신호기와 차량신호기에 동시에 녹색등이 표시되게 되었는데, 그 관리업무를 담당하는 교통종합관제센터(甲지방자치단체 소속 공무원과 乙지방경찰청 소속 공무원이 합동근무함)에서 신고를 받고 수리업체에 신고하도록 하였으나, 수리업체직원이 고장난 신호등을 찾지 못하여 위 신호기가 고장난 채 방치되어 있던 중 보행자신호기의 녹색등을 보고 횡단보도를 건너던 丙이 차량신호기의 녹색등을 보고 도로를 주행하던 丁의 승용차에 충격 되어 상해를 입는 교통사고가 발생하였습니다. 그런데 丁은 무보험차량을 운전하였고, 재산도 거의 없습니다. 이 경우 丙은 교통신호기의 관리책임을 물어 국가배상청구를 하려고 하는데, 누구를 상대로 배상청구를 하여야 하는지요?

A. 「국가배상법」 제5조 제1항 전문에서 도로·하천, 그 밖의 공공의 영조물의 설치나 관리에 하자가 있기 때문에 타인에게 손해를 발생하게 하였을 때에는 국가나 지방자치단체는 그 손해를 배상하여야 한다고 규정하고 있습니다. 그러므로 이 사건의 경우 사고가 발생한 도로의 관리하자를 입증할 수 있다면 국가배상을 청구할 수 있습니다. 그리고 「도로교통법」 제3조 제1항에서 특별시장·광역시장·제주특별자치도지사 또는 시장·군수(광역시의 군수를 제외)는 도로에서의 위험을 방지하고 교통의 안전과 원활한 소통을 확보하기 위하여 필요하다고 인정하는 때에는 신호기 및 안전표지를 설치·관리하여야 하고, 「도로교통법시행령」 제86조 제1항 제1호에서는 특별시장·광역시장이 위 법률규정에 의한 신호기 및 안전표지의 설치·관리에 관한 권한을 지방경찰청장에게 위임하는 것으로 규정하고 있습니다. 또한, 법령상 지방자치단체의 장이 처리하도록 하고 있는 사무가 자치사무인지 기관위임사무인지의 판단기준에 관해서 판례를 보면, 법령상 지방자치단체의 장이 처리하도록 하고 있는 사무가 자치사무인지 아니면 기관위임사무인지를 판단함에 있어서는 그에 관한 법령의 규정형식과 취지를 우선 고려하여야 할 것이지만, 그 밖에 그 사무의 성질이 전국적으로 통일적인 처리가 요구되는 사무인지, 그에 관한 경비부담과 최종적인 책임귀속의 주체가 누구인지 등도 함께 고려하여 판단하여야 한다고 하였습니다(대법원 2010. 12. 9. 선고 2008다71575 판결).

그런데 지방자치단체장이 설치하여 관할지방경찰청장에게 관리권한이 위임된 교통신호기의 고장으로 인하여 교통사고가 발생한 경우, 누가 그 배상책임을 지는지 판례를 보면, 행정권한이 기관위임 된 경우 권한을 위임받은 기관은 권한을 위임한 기관이 속하는 지방자치단체의 산하행정기관의 지위에서 그 사무를 처리하는 것이므로 사무귀속의 주체가 달라진다고 할 수 없고, 따라서 권한을 위임받은 기관소속의 공무원이 위임사무처리에 있어 고의 또는 과실로 타인에게 손해를 가하였거나 위임사무로 설치·관리하는 영조물의 하자로 타인에게 손해를 발생하게 한 경우에는 권한을 위임한 관청이 소속된 지방자치단체가 「국가배상법」 제2조 또는 제5조에 의한 배상책임을 부담하고, 권한을 위임받은 관청이 속하는 지방자치단체 또는 국가가 국가배상법 제2조 또는 제5조에 의한 배상책임을 부담하는 것이 아니므로, 지방자치단체장이 교통신호기를 설치하여 그 관리권한이 구 「도로교통법」 제71조의2 제1항(현행 도로교통법 시행령 제86조 제1항)의 규정에 의하여 관할지방경찰청장에게 위임되어 지방자치단체소속공무원과 지방경찰청소속공무원이 합동근무 하는 교통종합관제센터에서 그 관리업무를 담당하던 중 위 신호기가 고장난 채 방치되어 교통사고가 발생한 경우, 「국가배상법」 제2조 또는 제5조에 의한 배상책임을 부담하는 것은 지방경찰청장이 소속된 국가가 아니라, 그 권한을 위임한 지방자치단체장이 소속된 지방자치단체라고 할 것이나, 한편 「국가배상법」 제6조 제1항은 「국가배상법」 제2조, 제3조 및 제5조의 규정에 의하여 국가 또는 지방자치단체가 손해를 배상할 책임이 있는 경우에 공무원의 선임·감독 또는 영조물의 설치·관리를 맡은 자와 공무원의 봉급·급여 기타의 비용 또는 영조물의 설치·관리의 비용을 부담하는 자가 동일하지 아니한 경우에는 그 비용을 부담하는 자도 손해를 배상하여야 한다고 규정하고 있으므로 교통신호기를 관리하는 지방경찰청장 산하경찰관들에 대한 봉급을 부담하는 국가도 「국가배상법」 제6조 제1항에 의한 배상책임을 부담한다고 하였습니다(대법원 1999. 6. 25. 선고 99다11120 판결, 2000. 1. 14. 선고 99다24201 판결).

따라서 위 사안에서도 丙은 국가와 甲지방자치단체를 모두에게 그들의 연대책임을 물어 국가배상청구를 해볼 수 있을 것입니다.

참고로 「국가배상법」에 의한 손해배상청구의 소송은 배상심의회에 배상신청을 하지 아니하고도 이를 제기할 수 있습니다(같은 법 제9조).

■ 상호 모순된 교통신호기의 신호로 교통사고 발생한 경우 국가배상청구

> Q. 甲은 乙지방자치단체에서 설치하여 관리하는 가변차로의 신호등에 이상이 생겨 양방향 모두 진행신호가 켜져 있는 중앙선 쪽 1차선으로 진입하다가 반대방향에서 같은 차로를 달려오는 乙의 차량과 충돌하여 중상을 입고 차량은 거의 모두 파손되었습니다. 이 경우 위 신호등의 설치 또는 관리의 책임을 물어 乙지방자치단체를 상대로 국가배상청구를 할 수 있는지요?

A. 「국가배상법」제5조 제1항 전문에서 도로·하천, 그 밖의 공공의 영조물의 설치나 관리에 하자가 있기 때문에 타인에게 손해를 발생하게 하였을 때에는 국가나 지방자치단체는 그 손해를 배상하여야 한다고 규정하고 있습니다.

그런데 「국가배상법」 제5조 제1항에 정해진 영조물의 설치 또는 관리의 하자의 의미 및 그 판단기준에 관하여 판례를 보면, 「국가배상법」 제5조 제1항에 정해진 영조물의 설치 또는 관리의 하자라 함은 영조물이 그 용도에 따라 통상 갖추어야 할 안전성을 갖추지 못한 상태에 있음을 말하는 것이며, 다만 영조물이 완전무결한 상태에 있지 아니하고 그 기능상 어떠한 결함이 있다는 것만으로 영조물의 설치 또는 관리에 하자가 있다고 할 수 없는 것이고, 위와 같은 안전성의 구비여부를 판단함에 있어서는 당해 영조물의 용도, 그 설치장소의 현황 및 이용상황 등 제반사정을 종합적으로 고려하여 설치·관리자가 그 영조물의 위험성에 비례하여 사회통념상 일반적으로 요구되는 정도의 방호조치의무를 다하였는지를 그 기준으로 삼아야 하며, 만일 객관적으로 보아 시간적·장소적으로 영조물의 기능상 결함으로 인한 손해발생의 예견가능성과 회피가능성이 없는 경우, 즉 그 영조물의 결함이 영조물의 설치·관리자의 관리행위가 미칠 수 없는 상황 아래에 있는 경우임이 입증되는 경우라면 영조물의 설치·관리상의 하자를 인정할 수 없다고 하면서, 가변차로에 설치된 신호등의 용도와 오작동시에 발생하는 사고의 위험성과 심각성을 감안할 때, 만일 가변차로에 설치된 두 개의 신호기에서 서로 모순되는 신호가 들어오는 고장을 예방할 방법이 없음에도 그러한 신호기를 설치하여 그와 같은 고장을 발생하게 한 것이라면, 그 고장이 자연재해 등 외부요인에 의한 불가항력에 기인한 것이 아닌 한 그 자체로 설치·관리자의 방호조치의무를 다하지 못한 것으로서 신호등이 그 용도에 따라 통상 갖추어야 할 안전성을 갖추지 못한 상태에 있었다고 할 것이고, 설령 적정전압보다 낮은 저전압이 원인이 되어 위와 같은 오작동이 발생하였고 그 고장은 현재의 기술수준상 부득이한 것이라고 가정하더라도 그와 같은 사정만으로 손해발생의 예견가능성이나 회피가능성이 없어 영조물의 하자를 인정할 수 없는 경우라고 단정할 수 없다고 한 사례가 있습니다(대법원 2001. 7. 27. 선고 2000다56822 판결).

따라서 위 사안에서 甲도 乙지방자치단체를 상대로 국가배상청구를 해볼 수 있을 듯합니다.

■ 보행자 신호기가 고장 난 횡단보도 상에서 교통사고가 발생한 경우 국가배상책임의 인정 여부

Q. 보행자 신호기가 고장 난 횡단보도 상에서 교통사고가 발생한 경우, 위 보행자 신호기가 적색등의 전구가 단선되어 있었다면 지방자치단체의 배상책임이 인정될 수 있을까요?

A. 국가배상법 제5조 제1항에 정해진 영조물의 설치 또는 관리의 하자라 함은 영조물이 그 용도에 따라 통상 갖추어야 할 안전성을 갖추지 못한 상태에 있음을 말하는 것이

며, 다만 영조물이 완전무결한 상태에 있지 아니하고 그 기능상 어떠한 결함이 있다는 것만으로 영조물의 설치 또는 관리에 하자가 있다고 할 수 없고, 위와 같은 안전성의 구비 여부를 판단함에 있어서는 당해 영조물의 용도, 그 설치장소의 현황 및 이용 상황 등 제반 사정을 종합적으로 고려하여 설치·관리자가 그 영조물의 위험성에 비례하여 사회통념상 일반적으로 요구되는 정도의 방호조치의무를 다하였는지 여부를 그 기준으로 삼아야 할 것이며, 만일 객관적으로 보아 시간적·장소적으로 영조물의 기능상 결함으로 인한 손해발생의 예견가능성과 회피가능성이 없는 경우, 즉 그 영조물의 결함이 영조물의 설치·관리자의 관리행위가 미칠 수 없는 상황 아래에 있는 경우임이 입증되는 경우라면 영조물의 설치·관리상의 하자를 인정할 수 없다고 할 수 있습니다. (대법원 2000. 2. 25. 선고 99다54004 판결 , 대법원 2001. 7. 27. 선고 2000다56822 판결 등 참조)

횡단보도에 설치된 보행자 신호기가 고장이 나서 그 신호기의 신호와 차량용 신호기의 신호가 불일치 또는 모순되는 경우 교통사고가 발생할 위험성이 큰 점 등을 고려할 때, 지방자치단체가 자신이 관리하는 영조물인 이 사건 보행자 신호기의 위험성에 비례하여 사회통념상 일반적으로 요구되는 정도의 방호조치의무를 다하였다고는 볼 수 없고, 객관적으로 보아 시간적·장소적으로 영조물의 기능상 결함으로 인한 손해 발생의 예견가능성과 회피가능성이 없는 경우에 해당한다고 볼 수도 없다는 이유로, 이 사건 사고 당시 적색등의 전구가 단선되어 있었던 이 사건 보행자 신호기에는 그 용도에 따라 통상 갖추어야 할 안전성을 갖추지 못한 관리상의 하자가 있었다고 본 판례가 있습니다.(대법원 2007. 10. 26. 선고 2005다51235 판결)

■ 교통사고 불기소처분 시 무사고운전경력이 될 수 있는지요?

Q. 저는 甲택시회사에서 운전기사로 6년 동안 근무하면서 딱 한번의 교통사고로 불기소처분을 받은 사실이 있습니다. 이 경우 제가 5년 이상 무사고 운전경력자로서 개인택시운송사업면허를 받을 수 있는 자격이 있는지요?

A. 「여객자동차 운수사업법 시행규칙」제19조 제1항 제1호에 의하면 ㉮면허신청공고일부터 기산하여 과거 6년간 국내에서 여객자동차운송사업용 자동차, 「화물자동차 운수사업법 시행규칙」제3조의 규정에 의한 화물자동차로서 화물자동차운수사업에 사용되는 화물자동차 또는「건설기계관리법 시행규칙」제73조 제1항의 규정에 의한 건설기계로서 건설기계대여업에 사용되는 건설기계를 운전한 경력이 5년 이상인 자로서 면허신청공고일 이전의 최종 운전종사일부터 기산하여 5년 이상 무사고로 운전한 경력이 있는 자, ㉯면허신청공고일부터 기산하여 과거 11년간 국내에서 다른 사람에게 고용되어 자가용 자동차·자가용 화물자동차 또는 자가용 건설기계를 운전한 경력이 10년

이상인 자로서 면허신청공고일 이전의 최종 운전종사일부터 기산하여 10년 이상 무사고로 운전한 경력이 있는 자, ㉰국내에서 가목의 규정에 의한 운전경력과 나목의 규정에 의한 운전한 경력이 있는 자로서 면허신청공고일 이전의 최종 운전종사일부터 기산하여 과거 5년 이상 무사고로 운전한 경력(자가용 자동차·자가용 화물자동차 및 자가용 건설기계의 무사고운전경력은 그 기간을 2분의 1로 환산하여 합산함)이 있고, 합산한 무사고운전경력의 최초 운전종사일부터 면허신청공고일까지의 기간중 운전업무에 종사하지 아니한 기간이 1년을 초과하지 아니하는 자는 개인택시운송사업면허를 신청할 수 있습니다.

그런데 판례는 "자동차운송사업면허에 관한 특례를 규정하고 있는 자동차운수사업법 시행규칙 제15조 제1항 제1호(현행 여객자동차 운수사업법 시행규칙 제19조 제1항 제1호) 소정의 무사고운전경력이라 함은, 처벌사실의 유무를 불구하고 운전자의 책임 있는 사유에 의한 사고가 없었다는 운전경력을 말하고, 운전자에게 귀책하는 사고는 있으면서 피해자와의 합의 등으로 교통사고처리특례법 제3조 제2항에 의하여 피해자가 운전자의 처벌을 바라지 않아 불기소 처분이 된 경우는 물론 교통사고를 일으킨 차가 교통사고처리특례법 제4조 소정의 보험 또는 공제에 가입된 사실이 증명되어 공소를 제기할 수 없어 불기소처분을 받은 경우 등은 이를 무사고운전경력에 포함시킬 수 없다."라고 하였으며(대법원 1992. 2. 14. 선고 91누8838 판결, 2005. 7. 22. 선고 2005두999 판결), 또한 "무사고운전경력과 관련하여 수사기관 등에 의하여 운전자의 과실 또는 무과실에 의한 사고로 종결처리 되었다고 하더라도 법원이 그에 구속될 이유는 없는 것이므로 법원으로서는 독자적으로 운전자의 과실유무를 판단하여야 한다."라고 하였습니다(대법원 1997. 8. 22. 선고 97누5923 판결).

그러므로 귀하가 위 교통사고로 불기소처분되어 형사처벌을 받지 않았다고 하여 그 사유만으로 바로 무사고운전경력자에 해당된다고는 할 수 없고, 이에 대한 해당 여부는 위 교통사고가 귀하의 귀책사유(고의 또는 과실)에 의하여 발생되었는지의 여부에 따라 결정될 것입니다.

따라서 위 교통사고 발생 당시 귀하가 운전자로서의 주의의무를 다하였다는 사실이 인정되는 경우에 귀하는 무사고운전경력자로서 개인택시운송사업면허신청을 할 수 있을 것입니다.

■ 피해자과실로 인한 교통사고로 개인택시사업면허가 취소된 경우

Q. 저는 개인택시영업을 하는 운전기사인데, 얼마 전 교차로부근에서 신호를 무시하고 좌회전하는 오토바이와 충돌하면서 오토바이 운전자 및 그 동승자 모두 사망하여 제가 취득한 개인택시사업면허가 취소되었습니다. 저는 부당한 처분이라고 생각되는데 구제방법은 없는지요?

A. 「여객자동차 운수사업법」제85조 제1항 제3호는 여객자동차운수사업자가 중대한 교통사고 또는 빈번한 교통사고로 인하여 많은 사람을 죽거나 다치게 한 때는 국토교통부장관 또는 시·도지사는 면허, 등록, 허가 또는 인가를 취소하거나 6개월 이내의 기간을 정하여 사업의 전부 또는 일부의 정지를 명하거나 노선폐지, 감차(減車) 등이 따르는 사업계획의 변경을 명할 수 있다고 규정하고 있고, 같은 법 제75조, 같은 법 시행령 제37조 제1항 제14호는 운행형태가 광역급행형인 시내버스운송사업 및 고속형인 시외버스운송사업의 경우를 제외하고 위 권한을 시·도지사에게 위임하도록 규정하고 있습니다.

여기서 말하는 '중대한 교통사고'의 의미 및 판단기준과 관련하여, 기존의 판례는 "교통사고가 자동차운수사업법 제31조 제1항 제5호(현행 여객자동차 운수사업법 제85조 제1항 제3호) 소정의 '중대한 교통사고'에 해당하는지의 여부는 그 교통사고를 일으킨 사람의 과실의 정도, 피해상황 그 사고가 일반사회에 미치는 영향 등 교통사고의 내용과 결과를 두루 살펴보아 그와 같은 교통사고가 통상 발생할 수 있는 것이 아니라 자동차운송사업자(현행 여객자동차운수사업자)로 하여금 운송사업을 계속하게 하거나, 면허나 등록을 보유하게 하는 것이 자동차운수사업법(현행 여객자동차 운수사업법)이 달성하려고 하는 공익목적에 비추어 부적당하다고 인정될 정도로 중대한 것인지의 여부에 따라 판단하여야 하고(대법원 1996. 1. 26. 선고 95누14084 판결), 단순히 사상자의 숫자만을 기준으로 하여 판단할 것은 아니다(대법원 1990. 4. 24. 선고 90누1267 판결)."라고 하였으나, 현행 여객자동차 운수사업법 제85조 제2항은 중대한 교통사고를 1건의 교통사고로 대통령령으로 정하는 수 이상의 사상자가 발생한 경우를 말하는 것으로 규정하고 있고, 위 대통령령으로 정하는 수 이상의 사상자란 같은 법 시행령 제41조 제2항 및 같은 법 시행령 제11조 각 호에서 사망자 2명 이상인 경우, 사망자 1명과 중상자 3명 이상인 경우 또는 중상자 6명 이상 발생한 경우로 규정하고 있습니다.

귀하의 질의내용으로는 구체적 사고경위 등을 알 수 없지만, 당해 사고의 사상자가 위 대통령령에 규정된 숫자에 미치지 못하고 피해자가 신호를 무시하고 오토바이를 운행하다가 이 사건 사고가 발생하였다면 일응 처분청의 위법한 처분이 아닌가 생각됩니다.

따라서 귀하는 시·도지사를 상대로 개인택시사업면허취소에 대한 취소를 구하는 행정심판청구를 하거나, 관할법원에 정식으로 행정소송을 제기할 수도 있을 것으로 보입니다.

■ 구 화물자동차법 제19조 제1항 제11호 '중대한 교통사고 또는 빈번한 교통사고'의 의미

Q. 화물자동차 운송사업자인 甲은 자신의 과실로 교통사고를 야기하여 피해자인 乙에게 중상을 입게 하였습니다. 甲이 구 화물자동차 법 제19조 제1항 제11호를 이유로 사업 취소, 영업 정지 및 감차 조치 등의 처분을 당하게 될 수 있을까요?

A. 구 화물자동차 운수사업법(2011.6.15.법률 제10804호로 개정되기 전의 것, 이하 '구 화물자동차법'이라고 한다)과 구 화물자동차 운수사업법 시행령(2010.11.24.대통령령 제22502호로 개정되기 전의 것, 이하 '구 화물자동차법 시행령'이라고 한다)의 규정 형식과 내용 등에 의하면 구 화물자동차법 제19조 제1항 제11호에 규정된 "중대한 교통사고 또는 빈번한 교통사고로 많은 사상자를 발생하게 한 경우"는 빈번한 교통사고뿐 아니라 중대한 교통사고에도 '많은 사상자'의 발생을 요건으로 하고 있다고 보아야 합니다. 그리고 여기에 규정된 '많은'은 문언상 복수(複數), 즉 적어도 2인 이상을 의미하므로 1인은 포함되지 않는다고 해석하는 것이 타당하며, 판례 역시 '1건의 교통사고로 인하여 2인 이하가 중상을 입은 때'를 위반차량 운행정지처분의 대상으로 규정함으로써 결과적으로 1인의 중상자가 발생한 경우도 구 화물자동차법상 제재 대상으로 삼고 있는 구 화물자동차법 시행령 제6조 제1항[별표 1]제12호 (가)목에 규정된 '2인 이하가 중상을 입은때' 중 '1인이 중상을 입은 때' 부분은 모법인 구 화물자동차법 제19조 제1항 및 제2항의 위임범위를 벗어난 것으로서 무효라고 판시한 바 있습니다(대법원 2012. 12. 20. 선고 2011두30878 전원합의체 판결 참조).

■ 주차장에서의 음주운전도 도로교통법상 음주운전인지요?

Q. 甲은 술을 마신 상태에서 출입을 통제하는 차단기가 설치된 아파트 지하 주차장에 주차된 자신의 승용차를 다른 위치로 옮겨 주차하다가 사고를 내어 경찰관에게 적발되었습니다. 도로가 아닌 주차장에서 음주운전을 한 것인데도 甲은 도로교통법상 음주운전으로 처벌되는지요?

A. 종래의 도로교통법(2010. 7. 23. 법률 제10382호로 개정되어 2011. 1. 24.부터 시행되기 전의 것) 제2조 제24호는 '운전'을 '도로에서 차마를 그 본래의 사용방법에 따라 사용하는 것(조종을 포함한다)을 말한다.'고 정의하고 제1호에서 '도로'라 함은 '도로법 등에 따른 도로이거나 현실적으로 불특정 다수의 사람 또는 차마가 통행할 수 있도록 공개된 장소로서 안전하고 원활한 교통을 확보할 필요가 있는 장소'라고 정의하고 있었으므로 종래의 판례는 나이트클럽 주차장 등 도로 외에서 음주운전을

한 경우는 도로교통법상 음주운전에 해당되지 않는다고 보고 있었습니다.

그러나 2010. 7. 23. 법률 제10382호로 개정된 도로교통법 제2조 제24호(현행 도로교통법 제2조 제26호)에서 "'운전'이라 함은 도로(제44조·제45조·제54조제1항·제148조 및 제148조의2에 한하여 도로 외의 곳을 포함한다)에서 차마를 그 본래의 사용방법에 따라 사용하는 것(조종을 포함한다)을 말한다."고 정의함으로써 음주운전의 경우에는 도로가 아닌 곳에서 운전하는 경우에도 운전으로 보게 되었으므로 이제는 도로가 아닌 주차장이나 아파트 상가 단지 내에서 음주운전을 한 경우에도 도로교통법상 음주운전으로 처벌받게 됩니다. 그러므로 이 사안에서도 주차장을 도로로 볼 수 있는지 여부와 상관없이 甲은 도로교통법상 음주운전으로 처벌받게 될 것으로 보입니다.

한편 헌법재판소는 도로교통법 제2조 제26호에 대한 위헌제청 사건에서, 음주운전의 경우 운전의 개념에 '도로 외의 곳'을 포함하도록 한 도로교통법(2011. 6. 8. 법률 제10790호로 개정된 것) 제2조 제26호 중 '제44조 제1항 및 제148조의2 제2항의 경우에는 도로 외의 곳을 포함한다' 부분이 명확성원칙에 위배되지 않고, 일반적 행동의 자유를 침해하지도 않으며 평등원칙에 위배되지도 않는다고 보아 헌법에 위반되지 않는다고 판단한 바 있습니다(헌법재판소 2016. 2. 25. 선고 2015헌가11 결정).

■ 무면허운전으로 인한 도로교통법위반죄의 죄수

Q. 甲은 자동차운전면허 없이 2017. 5. 4. 자신의 승용차를 운전하였고, 그 다음 날인 2017. 5. 5.에도 자동차운전면허 없이 같은 승용차를 운전하였습니다. 이 경우 甲에게는 몇 개의 무면허운전으로 인한 도로교통법위반죄가 성립하는지요?

A. 판례는 "무면허운전으로 인한 도로교통법위반죄에 있어서는 어느 날에 운전을 시작하여 다음 날까지 동일한 기회에 일련의 과정에서 계속 운전을 한 경우 등 특별한 경우를 제외하고는 사회통념상 운전한 날을 기준으로 운전한 날마다 1개의 운전행위가 있다고 보는 것이 상당하므로 운전한 날마다 무면허운전으로 인한 도로교통법위반의 1죄가 성립한다고 보아야 할 것이고, 비록 계속적으로 무면허운전을 할 의사를 가지고 여러 날에 걸쳐 무면허운전행위를 반복하였다 하더라도 이를 포괄하여 일죄로 볼 수는 없다고 할 것이다."라고 하였습니다(대법원 2002. 7. 23. 선고 2001도6281 판결).

따라서 이 사안에서 2017. 5. 4.과 2017. 5. 5.에 甲이 운전한 차량은 동일하나, 운전한 일자가 다르고, 전후 운전행위 사이에 하루의 시간적 간격이 있으며, 전후 운전행위를 사회통념상 동일한 기회에 일련의 과정에서 계속된 하나의 운전행위로 볼 만한 사정도 없으므로 甲에게는 두 개의 무면허운전으로 인한 도로교통법위반죄가 성립할 것으로 보입니다.

■ 주차장에서의 무면허운전도 도로교통법위반죄가 되는지요?

Q. 甲은 무면허 상태에서 출입을 통제하는 차단기가 설치된 아파트 지하 주차장에 주차된 승용차를 주차장 내에서 운전하였습니다. 이 경우 甲은 무면허운전으로 인한 도로교통법위반죄로 처벌되는지요?

A. 2010. 7. 23. 법률 제10382호로 개정된 도로교통법 제2조 제24호(현행 도로교통법 제2조 제26호)에서 "'운전'이라 함은 도로(제44조·제45조·제54조제1항·제148조 및 제148조의2에 한하여 도로 외의 곳을 포함한다)에서 차마를 그 본래의 사용방법에 따라 사용하는 것(조종을 포함한다)을 말한다."고 정의함으로써 음주운전, 음주측정거부, 약물운전, 사고후 미조치에 관하여는 도로가 아닌 곳에서 운전하는 경우에도 처벌할 수 있는 근거가 생기게 되었습니다. 그러나 무면허운전에 대해서는 도로가 아닌 곳에서 운전하는 경우에도 운전으로 보는 예외 규정이 없으므로 도로 외에서 무면허로 자동차를 그 본래의 사용방법에 따라 사용하였다고 하더라도 이를 무면허운전으로 처벌할 수는 없습니다.

도로교통법 제2조 제1호에서는 「도로법」에 따른 도로, 「유료도로법」에 따른 유료도로, 「농어촌도로 정비법」에 따른 농어촌도로, 그 밖에 현실적으로 불특정 다수의 사람 또는 차마(車馬)가 통행할 수 있도록 공개된 장소로서 안전하고 원활한 교통을 확보할 필요가 있는 장소를 '도로'로 보고 있으므로 차단기가 설치된 아파트 지하 주차장은 '도로'에 해당하지 않는다고 보입니다.

따라서 이 사안에서 甲의 행위는 도로 외에서 자동차를 그 본래의 사용방법에 따라 사용한 행위이므로 도로교통법상의 무면허운전에는 해당되지 않을 것으로 보이고 甲은 도로교통법위반으로 처벌되지 않을 것으로 보입니다.

■ 도로교통법 제54조 제1항의 취지 및 사고운전자가 취하여야 할 조치의 정도

Q. 甲은 낮에 자신의 차량을 운전하여 농로에서 중앙분리대가 설치된 왕복 4차로의 도로로 진입하는 과정에서 속도를 줄이거나 일시 정지하여 진행 차량의 유무를 확인하지 않은 채 그대로 진입하다가 도로를 진행하던 다른 차량을 들이받아 수리비 50만 원 상당의 물적 피해를 입혔으나, 파편이 도로상에 비산되지는 않았습니다. 이후 甲은 피해자의 차에서 내리라는 요구를 무시하고 자신의 차량에서 내리지 않은 채 피해자에게 미안하다는 손짓만 하고 도로를 역주행하여 피해 차량의 진행방향과 반대편으로 도주하였습니다. 이 경우 甲은 도로교통법위반(사고후미조치)죄로 처벌되는지요?

A. 판례는 "도로교통법 제54조 제1항의 취지는 도로에서 일어나는 교통상의 위험과 장해

를 방지·제거하여 안전하고 원활한 교통을 확보하기 위한 것으로서 피해자의 피해를 회복시켜 주기 위한 것이 아니고, 이 경우 운전자가 취하여야 할 조치는 사고의 내용과 피해의 정도 등 구체적 상황에 따라 적절히 강구되어야 하고 그 정도는 건전한 양식에 비추어 통상 요구되는 정도의 조치를 말한다 할 것이다."라고 하였습니다(대법원 2009. 5. 14. 선고 2009도787 판결). 도로교통법 제54조 제1항의 안전확보조치를 취하였는지 여부에 대한 판례의 판단은 일률적이지 아니하고 대체로 손괴의 정도, 파편물이 도로상에 비산되었는지 여부, 사고장소 및 시간(차량통행이 빈번한지 여부), 피해차량이 정차중이었는지 주행중이었는지 여부, 피해자가 차량에 탑승하고 있었는지 여부, 사고운전자의 도주나 피해자, 목격자 등의 추격으로 또다른 교통상의 위험과 장애를 야기할 위험성이 있었는지 여부, 사고관련자 또는 경찰 등에 의하여 필요한 조치가 이루어졌는지 여부를 기준으로 삼고 있습니다.

따라서, 위와 같은 판례의 기준에 따르면 이 사안에서 甲이 교통사고를 일으키고도 즉시 정차하여 피해 유무를 확인하지 아니하고 그대로 진행하였을 뿐 아니라, 피해자가 도주하는 甲을 뒤쫓아 감으로써 또 다른 교통상의 위험과 장애가 야기될 수 있었을 것으로 판단되므로 비록 사고로 인하여 피해차량이 경미한 물적 피해만을 입었고 파편물이 도로상에 비산되지는 않았다고 하더라도, 甲은 도로교통법 제54조 제1항의 규정에 의한 교통사고 발생시의 필요한 조치를 다하였다고 볼 수 없습니다. 결국 甲은 도로교통법위반(사고후미조치)죄로 처벌될 것으로 보입니다.

■ 도로교통법 제44조 제1항을 2회 이상 위반한 전과에 개정법 시행 이전의 전과가 포함되는지요?

Q. 저는 2011. 12. 9. 이전에 음주운전으로 두 차례 적발되어 처벌을 받았습니다. 최근 저는 다시 음주운전 단속에 걸려 처벌받게 되었는데 2011. 6. 8. 법률 제10790호로 개정되어 2011. 12. 9. 시행된 도로교통법 제148조의2 제1항 제1호는 '도로교통법 제44조 제1항을 2회 이상 위반한 사람으로서 다시 같은 조 제1항을 위반하여 술에 취한 상태에서 자동차 등을 운전한 사람'에 대해 1년 이상 3년 이하의 징역이나 500만 원 이상 1,000만 원 이하의 벌금에 처하도록 규정하고 있고 저의 경우도 위 규정에 해당하여 처벌받게 된다는 말을 들었습니다. 저의 경우 개정된 도로교통법 시행 전에 음주운전으로 처벌된 전과가 있을 뿐인데 개정된 위 규정으로 처벌되는지요?

A. 판례는 "도로교통법(2011. 6. 8. 법률 제10790호로 개정되어 2011. 12. 9. 시행된 것) 제148조의2 제1항 제1호는 도로교통법 제44조 제1항을 2회 이상 위반한 사람으로서 다시 같은 조 제1항을 위반하여 술에 취한 상태에서 자동차 등을 운전한 사

람에 대해 1년 이상 3년 이하의 징역이나 500만 원 이상 1,000만 원 이하의 벌금에 처하도록 규정하고 있는바, 도로교통법 제148조의2 제1항 제1호에서 정하고 있는 "도로교통법 제44조 제1항을 2회 이상 위반한" 것에 개정된 위 도로교통법이 시행된 2011. 12. 9. 이전에 구 도로교통법 제44조 제1항을 위반한 음주운전 전과까지 포함되는 것으로 해석하는 것이 형벌불소급의 원칙이나 일사부재리의 원칙 또는 비례의 원칙에 위배된다고 할 수 없다."라고 판단하였습니다(대법원 2012. 11. 29. 2012도10269 판결).

따라서 귀하의 음주운전 전과가 개정된 위 도로교통법이 시행된 2011. 12. 9. 이전의 전과라 하더라도 개정된 위 도로교통법 제148조의2 제1항 제1호의 적용을 피하기는 어려울 것으로 보입니다.

■ **도로교통법 제44조 제1항을 2회 이상 위반한 전과에 실효되거나 사면된 전과가 포함되는지요?**

> Q. 저는 음주운전으로 두 차례 적발되어 처벌을 받았지만 종전에 받은 형이 모두 형의 실효 등에 관한 법률에 따라 실효되었거나 사면으로 형 선고의 효력이 상실되었습니다. 최근 저는 다시 음주운전 단속에 걸려 처벌받게 되었는데 저의 경우도 도로교통법 제148조의2 제1항 제1호 '도로교통법 제44조 제1항을 2회 이상 위반한 사람으로서 다시 같은 조 제1항을 위반하여 술에 취한 상태에서 자동차 등을 운전한 사람'에 해당되어 1년 이상 3년 이하의 징역이나 500만 원 이상 1,000만 원 이하의 벌금을 받을 수 있다는 말을 들었습니다. 저의 경우 음주운전으로 받은 형이 모두 실효되었거나 형 선고의 효력이 상실되었음에도 위 규정으로 처벌되는지요?

A. 판례는 "형의 실효 등에 관한 법률 제7조 제1항이 그 각 호의 형을 받은 사람이 자격정지 이상의 형을 받지 아니하고 형의 집행을 종료하거나 그 집행이 면제된 날부터 그 각 호에 정해진 기간이 경과한 때에 그 형은 실효된다고 규정한 취지는 집행유예 기간이 경과한 때에는 형의 선고는 효력을 잃는다고 규정한 형법 제65조와 마찬가지로 그저 형의 선고의 법률적 효과가 없어진다는 것일 뿐, 형의 선고가 있었다는 기왕의 사실 자체의 모든 효과까지 소멸한다는 것은 아니고, 또한 사면법 제5조 제1항 제1호가 일반사면으로 형 선고의 효력이 상실된다고 규정한 취지도 형의 선고의 법률적 효과가 없어진다는 것일 뿐, 형의 선고가 있었다는 기왕의 사실 자체의 모든 효과까지 소멸한다는 것은 아니다(대법원 1995. 12. 22. 선고 95도2446 판결, 대법원 2004. 10. 15. 선고 2004도4869 판결 등 참조). 따라서 형의 실효 등에 관한 법률 제7조 제1항 각 호에 따라 형이 실효되었거나 사면법 제5조 제1항 제1호에 따라 형 선고의 효력이 상실된 구 도로교통법 제44조 제1항 위반 음주운전 전과도 도로교통법

제148조의2 제1항 제1호의 " 도로교통법 제44조 제1항을 2회 이상 위반한"것에 해당된다고 보아야 한다."라고 하였습니다(대법원 2012. 11. 29. 2012도10269 판결). 따라서 귀하가 음주운전으로 받은 형이 모두 실효되었거나 형 선고의 효력이 상실되었다고 해도 형의 선고가 있었다는 기왕의 사실 자체의 모든 효과까지 소멸하는 것은 아니므로 귀하는 도로교통법 제148조의2 제1항 제1호의 " 도로교통법 제44조 제1항을 2회 이상 위반한"것에 해당되어 위 규정에 따라 처벌될 것으로 보입니다.

■ 음주운전으로 인한 도로교통법 위반죄의 죄수

Q. 甲은 음주상태로 자동차를 운전하다가 제1차 사고를 내고 그대로 진행하여 20분 후 제2차 사고를 낸 후 음주측정을 받아 도로교통법 위반(음주운전)죄로 약식명령을 받았고 그 약식명령은 그대로 확정되었습니다. 위 약식명령이 확정된 도로교통법 위반(음주운전)죄의 음주운전 구간 안에는 제1차 사고지점이 포함되어 있었습니다. 그 후 甲은 제1차 사고 당시의 음주운전으로 기소되었습니다. 이 경우 甲은 도로교통법 위반(음주운전)죄로 다시 처벌되는지요?

A. 판례는 "음주운전을 처벌하는 목적은 음주로 인하여 책임능력이 결여되거나 미약한 상태에서 운전함으로써 교통사고를 유발할 위험성을 방지하기 위한 것이고, 음주운전을 처벌하는 방법으로는 혈중알콜농도의 일정기준치를 초과하면 무조건 처벌하는 방법과 혈중알콜농도의 구체적 수치와 상관없이 운전능력저하 여부를 기준으로 처벌하는 방법이 있을 수 있는데, 도로교통법은 전자의 방법을 취하여 도로교통법 제44조 제4항에서 '술에 취한 상태'의 기준을 혈중알콜농도 0.03% 이상으로 규정한 다음 도로교통법 제44조 제1항에서 '술에 취한 상태에서 자동차 등을 운전'하는 것을 금지하고 있다. 한편, 동일 죄명에 해당하는 수개의 행위 혹은 연속된 행위를 단일하고 계속된 범의 하에 일정기간 계속하여 행하고 그 피해법익도 동일한 경우에는 이들 각 행위를 통틀어 포괄일죄로 처단하여야 할 것인바(대법원 2005. 9. 30. 선고 2005도4051 판결, 대법원 2006. 5. 11. 선고 2006도1252 판결 등 참조), 앞서 본 음주운전으로 인한 도로교통법 위반죄의 보호법익과 처벌방법을 고려할 때, 피고인이 혈중알콜농도 0.03% 이상의 음주 상태로 동일한 차량을 일정기간 계속하여 운전하다가 1회 음주측정을 받았다면 이러한 음주운전행위는 동일 죄명에 해당하는 연속된 행위로서 단일하고 계속된 범의하에 일정기간 계속하여 행하고 그 피해법익도 동일한 경우이므로 포괄일죄에 해당한다."라고 판단하였습니다(대법원 2007. 7. 26. 2007도4404 판결).

이 사안에서 甲은 제1차 사고 이후 제2차 사고에 이르기까지 20여분간 단일하고 계속된 범의하에 동일한 차량을 계속하여 음주운전을 한 경우에 해당할 뿐 아니라 위 약식명령이 확정된 도로교통법 위반(음주운전)죄의 음주운전 구간 안에 제1차 사고지점이 포함되어 있으므로. 제1차 사고 당시의 음주운전에 대한 도로교통법 위반죄는 약식명령이 확정된 도로교통법 위반(음주운전)죄와 포괄일죄 관계에 있습니다. 따라서 위 확정된 약식명령의 기판력은 제1차 사고 당시의 음주운전사실에도 미치게 되어 제1차 사고 당시의 음주운전으로 인한 도로교통법 위반(음주운전)죄에 대해 재판하는 법원으로서는 공소사실에 관하여 '확정판결이 있은 때'에 해당하므로 형사소송법 제326조 제1호에 의하여 면소 판결을 선고하게 될 것입니다. 결국 甲은 음주운전으로 다시 처벌되지 않을 것으로 보입니다.

■ 음주운전시점과 음주측정시점사이 혈중알콜농도 처벌기준

> **Q.** 저는 직장에서 회식을 마친 후 ○○음식점 앞 도로에서 부터 △△상가 앞 도로까지 약 200m의 구간에서 혈중알코올농도 0.158%의 술에 취한 상태로 승용차를 운전하였습니다. 이러한 경우 운전 시점과 혈중알코올농도 측정 시점 사이에 시간 간격이 있고 그 때가 혈중알코올농도의 상승기인 경우, 운전 당시에도 혈중알코올농도가 처벌기준치 이상이었다고 볼 수 있는지요?

A. 음주운전 시점과 혈중알코올농도의 측정 시점 사이에 시간 간격이 있고 그때가 혈중알코올농도의 상승기로 보이는 경우라 하더라도, 그러한 사정만으로 실제 운전 시점의 혈중알코올농도가 처벌기준치를 초과한다는 점에 대한 입증이 불가능하다고 볼 수는 없습니다.

이러한 경우 음주운전 당시에도 처벌기준치 이상이었다고 볼 수 있는지 여부는 운전과 측정 사이의 시간 간격, 측정된 혈중알코올농도의 수치와 처벌기준치의 차이, 음주를 지속한 시간 및 음주량, 단속 및 측정 당시 운전자의 행동 양상, 교통사고가 있었다면 그 사고의 경위 및 정황 등 증거에 의하여 인정되는 여러 사정을 종합적으로 고려하여 논리와 경험칙에 따라 합리적으로 판단하여야 합니다.

음주운전 시점이 혈중알코올농도의 상승시점인지 하강시점인지 확정할 수 없는 상황에서는 운전을 종료한 때로부터 상당한 시간이 경과한 시점에서 측정된 혈중알코올농도가 처벌기준치를 약간 넘었다고 하더라도, 실제 운전 시점의 혈중알코올농도가 처벌기준치를 초과하였다고 단정할 수는 없습니다.

사람마다 차이는 있지만 음주 후 30분~90분 사이에 혈중알코올농도가 최고치에 이르고 그 후 시간당 약 0.008%~0.03%(평균 약 0.015%)씩 감소하는 것으로 일반적으로 알려져 있는데, 만약 운전을 종료한 때가 혈중알코올농도의 상승기에 속하여 있다면 실제 측정된 혈중알코올농도보다 운전 당시의 혈중알코올농도가 더 낮을 가능성이 있기 때문입니다.

해설 도로교통법에 보면 누구든지 술에 취한 상태에서 자동차등을 운전하여서는 아니되며, 경찰공무원은 교통의 안전과 위험방지를 위하여 필요하다고 인정하거나 술에 취한 상태에서 자동차 등을 운전하였다고 인정할만한 상당한 이유가 있는 경우에는 운전자가 술에 취하였는지를 호흡조사로 측정할 수 있습니다. 이 경우 운전자는 경찰공무원의 측정에 응하여야 합니다. 만약 측정결과에 불복하는 운전자에 대하여는 그 운전자의 동의를 받아 혈액 채취 등의 방법으로 다시 측정할 수 있습니다. 운전이 금지되는 술에 취한 상태의 기준은 운전자의 혈중알코올농도가 0.05퍼센트 이상인 경우를 말합니다.

관련판례1 |

【판시사항】

피고인이 혈중알코올농도 0.158%의 술에 취한 상태로 자동차를 운전하였다고 하여 도로교통법 위반(음주운전)으로 기소된 사안에서, 제반 사정에 비추어 피고인이 차량을 운전할 당시 적어도 혈중알코올농도 0.1% 이상의 술에 취한 상태에 있었다고 봄이 타당한데도, 이와 달리 보아 무죄를 인정한 원심판결에 음주운전에서 혈중알코올농도의 입증에 관한 법리오해 등 위법이 있다고 한 사례

【판결요지】

피고인이 혈중알코올농도 0.158%의 술에 취한 상태로 자동차를 운전 하였다고 하여 도로교통법 위반(음주운전)으로 기소된 사안에서, 피고인이 마지막으로 술을 마신 각이라고 주장하는 때로부터 약 98분이 경과한 시각에 측정한 혈중알코올농도가 처벌기준치인 0.1%를 크게 상회하는 0.158%로 나타난 점, 피고인이 처음으로 음주를 한 시각을 기준으로 하면 1시간 50분 뒤에 운전이 이루어진 것이어서 운전당시에 혈중알코올농도의 상승기에 있었다고 단정하기 어려운 점 등 제반 사정에 비추어 볼 때, 피고인이 차량을 운전할 당시 적어도 혈중알코올농도 0.1% 이상의 술에 취한 상태에 있었다고 봄이 타당한데도, 이와 달리 보아 무죄를 인정한 원심판결에 음주운전에서 혈중알코올농도의 입증에 관한 법리오해 등 위법이 있다(대법원 2014.06.12. 선고 2014도3360 판결).

관련판례2 |

【판시사항】

음주운전 시점과 혈중알코올농도 측정 시점 사이에 시간 간격이 있고 그때가 혈중알코올농도의 상승기인 경우, 운전 당시에도 혈중알코올농도가 처벌기준치 이상이었

다고 볼 수 있는지 판단하는 기준

【판결요지】

　　음주운전 시점과 혈중알코올농도의 측정 시점 사이에 시간 간격이 있고 그때가 혈중알코올농도의 상승기로 보이는 경우라 하더라도, 그러한 사정만으로 무조건 실제 운전 시점의 혈중알코올농도가 처벌기준치를 초과한다는 점에 대한 증명이 불가능하다고 볼 수는 없다.

　　이러한 경우 운전 당시에도 처벌기준치 이상이었다고 볼 수 있는지 여부는 운전과 측정 사이의 시간 간격, 측정된 혈중알코올농도의 수치와 처벌기준치의 차이, 음주를 지속한 시간 및 음주량, 단속 및 측정 당시 운전자의 행동 양상, 교통사고가 있었다면 그 사고의 경위 및 정황 등 증거에 의하여 인정되는 여러 사정을 종합적으로 고려하여 논리와 경험칙에 따라 합리적으로 판단하여야 한다(대법원2013.10.24. 선고 2013도6285 판결).

■ 혈중알코올농도 산정시 주의할 사항

> Q. 위드마크(Widmark) 공식에 의한 역추산 방식을 이용한 혈중알코올농도의 산정에 있어서 주의할 사항은 무엇인지요?

A. 위드마크 공식에 의한 역추산 방식을 이용하여 특정 운전시점으로부터 일정한 시간이 지난 후에 측정한 혈중알코올농도를 기초로 하고 여기에 시간당 혈중알코올의 분해소멸에 따른 감소치에 따라 계산된 운전시점 이후의 혈중알코올분해량을 가산하여 운전 시점의 혈중알코올농도를 추정함에 있어서는 피검사자의 평소 음주정도, 체질, 음주속도, 음주 후 신체활동의 정도 등의 다양한 요소들이 시간당 혈중알코올의 감소치에 영향을 미칠 수 있습니다.

형사재판에 있어서 유죄의 인정은 법관으로 하여금 합리적인 의심을 할 여지가 없을 정도로 공소사실이 진실한 것이라는 확신을 가지게 할 수 있는 증명이 필요하므로, 위 영향요소들을 적용함에 있어 평균인이라고 쉽게 단정하여 평균적인 감소치를 적용하여서는 아니됩니다. 필요하다면 전문적인 학식이나 경험이 있는 자의 도움을 받아 객관적이고 합리적으로 혈중알코올농도에 영향을 줄 수 있는 요소들을 확정하여야 할 것이고, 위드마크 공식에 의하여 산출한 혈중알코올농도가 법이 허용하는 혈중알코올농도를 상당히 초과하는 것이 아니고 근소하게 초과하는 정도에 불과한 경우라면 위 공식에 의하여 산출된 수치에 따라 범죄의 구성요건 사실을 인정함에 있어서 더욱 신중하게 판단하여야 합니다.

해설 위드마크(Widmark) 공식을 사용하여 주취정도를 계산함에 있어 그 전제사실을 인정하기 위한 입증 정도는 음주하고 운전한 직후에 운전자의 혈액이나 호흡 등 표본을 검사하여 혈중알콜농도를 측정할 수 있는 경우가 아니라면 이른바 위드마크(Widmark) 공식을 사용하여 수학적 방법에 따른 계산결과로 운전 당시의 혈중알콜농도를 추정할 수 있으나, 범죄구성요건사실의 존부를 알아내기 위해 위와 같은 과학공식 등의 경험칙을 이용하려면 그 법칙 적용의 전제가 되는 개별적이고 구체적인 사실은 엄격한 증명을 요하는데, 위드마크 공식의 경우 그 적용을 위한 자료로는 섭취한 알콜의 양, 음주시각, 체중 등이 필요하므로 그런 전제사실을 인정하기 위해서는 역시 엄격한 증명이 필요하며, 한편 위드마크 공식에 따른 혈중알콜농도의 추정방식에는 알콜의 흡수분배로 인한 최고 혈중알콜농도에 관한 부분과 시간경과에 따른 분해소멸에 관한 부분이 있고, 그 중 최고 혈중알콜농도에 있어서는 섭취한 알콜의 체내흡수율과 성, 비만도, 나이, 신장, 체중, 체질은 물론 인종, 지역, 풍습, 시대 등도 그 결과에 영향을 미칠 수 있으며 또 음주한 술의 종류, 음주속도, 음주시 위장에 있는 음식의 정도 등에 따라 그 최고치에 이르는 시간이 달라질 수 있고, 알콜의 분해소멸에 있어서는 평소의 음주정도, 체질, 음주속도, 음주 후 신체활동의 정도 등이 시간당 알콜분해량에 영향을 미칠 수 있는 등 위 공식의 적용에 필요한 기본자료들 이외에도 음주 후 특정 시점에서의 혈중알 콜농도에 영향을 줄 수 있는 다양한 요소들이 있으므로, 특별한 사정이 없는 한 당해 운전자와 평균인과 마찬가지로 위와 같은 요소들을 갖추고 있다고 쉽게 단정할 것이 아니라 이 역시 증거에 의하여 명확히 밝혀져야 하는바, 위 모든 증명을 위하여 필요하다면 전문적인 학식이나 경험이 있는 사람들의 도움 등을 받아야 하고, 만일 그 공식의 적용에 있어 불확실한 점이 남아 있고 그것이 음주자에게 불이익하게 작용한다면 그 계산결과는 합리적인 의심을 품게 하지 않을 정도의 증명력이 있다고 할 수 없습니다.

■ 음주측정 불응시 강제연행과 도로교통법 위반으로 처벌여부

> Q. 저는 퇴근후 동료들과 술을 몇잔 먹고, 자동차를 몰고 귀가하다가 음주단속반의 검문에 걸렸으나 술을 몇잔 먹지도 않았기 때문에 음주측정요구에 불응하였더니 음주측정거부에 관한 도로교통법 위반죄로 처벌하겠다며, 음주측정을 위하여 저를 강제로 연행하였습니다. 이와 같은 행위는 위법한 체포에 해당하지 않는지요?

A. 질문과 같은 사안에서 만약 교통안전과 위험방지를 위한 필요가 없음에도 주취운전을 하였다고 인정할만한 상당한 이유가 있다는 이유만으로 이루어지는 음주측정은 이미 행하여진 주취운전이라는 범죄행위에 대한 증거 수집을 위한 수사절차로서의 의미를 가지는 것입니다.

도로교통법상의 규정들이 음주측정을 위한 강제처분의 근거가 될 수 없으므로 위와 같은 음주측정을 위하여 당해 운전자를 강제로 연행하기 위해서는 수사상의 강제처분에 관한 형사소송법상의 절차에 따라야 하고, 이러한 절차를 무시한 채 이루어진 강제연행은 위법한 체포에 해당합니다.

이와 같은 위법한 체포 상태에서 음주측정요구가 이루어진 경우, 음주측정요구를 위한 위법한 체포와 그에 이은 음주측정요구는 주취운전이라는 범죄행위에 대한 증거 수집을 위하여 연속하여 이루어진 것으로서 개별적으로 그 적법 여부를 평가하는 것은 적절하지 않으므로 그 일련의 과정을 전체적으로 보아 위법한 음주측정요구가 있었던 것으로 볼 수밖에 없고, 운전자가 주취운전을 하였다고 인정할만한 상당한 이유가 있다 하더라도 그 운전자에게 경찰공무원의 이와 같은 위법한 음주측정요구에 대해서까지 그에 응할 의무가 있다고 보아 이를 강제하는 것은 부당하므로 그에 불응하였다고 하여 음주측정거부에 관한 도로교통법 위반죄로 처벌할 수 없습니다.

해설 음주측정을 위해 운전자를 강제로 연행하기 위하여 따라야 하는 절차 및 위법한 체포 상태에서 이루어진 음주측정요구에 불응한 행위를 처벌할 수 있는지 여부는 교통안전과 위험방지를 위한 필요가 없음 에도 주취운전을 하였다고 인정할 만한 상당한 이유가 있다는 이유만으로 이루어지는 음주측정은 이미 행하여진 주취운전이라는 범죄행위에 대한 증거 수집을 위한 수사절차로서의 의미를 가지는 것인데, 구 도로교통법(2005. 5. 31. 법률 제7545호로 전문 개정되기 전의 것)상의 규정들이 음주측정을 위한 강제처분의 근거가 될 수 없으므로 위와 같은 음주측정을 위하여 당해 운전자를 강제로 연행하기 위해서는 수사상의 강제처분에 관한 형사소송법상의 절차에 따라야 하고, 이러한 절차를 무시한 채 이루어진 강제연행은 위법한 체포에 해당합니다.

이와 같은 위법한 체포 상태에서 음주측정요구가 이루어진 경우, 음주측정요구를 위한 위법한 체포와 그에 이은 음주측정요구는 주취운전이라는 범죄행위에 대한 증거 수집을 위하여 연속하여 이루어진 것으로서 개별적으로 그 적법 여부를 평가하는 것은 적절하지 않으므로 그 일련의 과정을 전체적으로 보아 위법한 음주측정요구가 있었던 것으로 볼 수 밖에 없고, 운전자가 주취운전을 하였다고 인정할 만한 상당한 이유가 있다 하더라도 그 운전자에게 경찰공무원의 이와 같은 위법한 음주측정요구에 대해서까지 그에 응할 의무가 있다고 보아 이를 강제하는 것은 부당하므로 그에 불응하였다고 하여 음주측정거부에 관한 도로교통법 위반죄로 처벌할 수 없습니다.

■ 음주운전단속중 도주한 경우 도로교통법에 의한 처벌범위

Q. 저는 화물차 운전자인데 약간의 술을 먹고 아내를 동승하고 운전하다 경찰의 음주단속에 걸렸으나 이에 불응하고 도주하였다가 다른 차량에 막혀 더 이상 진행하지 못하게 되자 운전석에서 내려 다시 도주하려다 경찰관에게 검거되었습니다. 그 후 지구대로 보호조치된 후 2회에 걸쳐 음주측정요구를 거부하였다고 하여 도로교통법 위반(음주측정 거부)으로 기소되었습니다. 이 경우 어떻게 처벌되는지요?

A. 당시 귀하께서 술에 취한 상태이기는 하였으나 술에 만취하여 정상적인 판단능력이나 의사능력을 상실할 정도가 아니였다면, 당시 상황에 비추어 평균적인 경찰관으로서는 귀하를 경찰관직무집행법 제4조 제1항 제1호의 보호조치를 필요로 하는 상태에 있었다고 판단하지 않았을 것으로 보입니다.

만약 경찰관이 귀하에 대하여 보호조치를 하고자 하였다면, 당시 옆에 있었던 귀하의 아내에게 인계하였어야 합니다. 귀하의 아내 의사에 반하여 지구대로 데려간 점 등 제반 사정을 종합할 때, 경찰관이 귀하 아내의 의사에 반하여 귀하를 지구대로 데려간 행위를 적법한 보호조치라고 할 수 없습니다.

따라서 달리 적법 요건을 갖추었다고 볼 자료가 없는 이상 경찰관이 귀하를 지구대로 데려간 행위는 위법한 체포에 해당합니다. 그와 같이 위법한 체포 상태에서 이루어진 경찰관의 음주측정요구도 위법하다고 볼 수밖에 없어 그에 불응하였다고 하여 귀하를 음주측정거부에 관한 도로교통법 위반죄로 처벌할 수는 없습니다.

■ 영장없이 강제채혈하고 알코올농도를 감정의뢰 할 수 있는지요?

Q. 저는 음주운전 중 교통사고를 내고 의식불명 상태에 빠져 병원으로 후송되었습니다. 그런데 수사기관이 영장없이 강제채혈하고 혈액 중 알코올농도를 감정의뢰 하였습니다. 이 경우 수사기관의 처분은 정당한 것인지요?

A. 수사기관이 법원으로부터 영장 또는 감정처분허가장을 발부받지 아니한 채 당신의 동의 없이 당신의 신체로부터 혈액을 채취하고 사후에도 지체 없이 영장을 발부받지 아니한 채 혈액중 알코올농도에 관한 감정을 의뢰하였다면, 이러한 과정을 거쳐 얻은 감정의뢰회보 등은 형사소송법상 영장주의 원칙을 위반하여 수집하거나 그에 기초하여 획득한 증거로서, 원칙적으로 절차위반행위가 적법절차의 실질적인 내용을 침해하여 피고인이나 변호인의 동의가 있더라도 유죄의 증거로 사용할 수 없습니다.

수사기관이 범죄 증거를 수집할 목적으로 당사자의 동의 없이 그의 혈액을 취득·보관하는 행위는 법원으로부터 감정처분허가장을 받아 형사소송법 제221조의4 제1항, 제173조 제1항에 의한 '감정에 필요한 처분'으로도 할 수 있지만, 형사소송법 제219

조, 제106조 제1항에 정한 압수의 방법으로도 할 수 있고, 압수의 방법에 의하는 경우 혈액의 취득을 위하여 당사자의 신체로부터 혈액을 채취하는 행위는 혈액의 압수를 위한 것으로서 형사소송법 제219조, 제120조 제1항에 정한 '압수영장의 집행에 있어 필요한 처분'에 해당합니다.

관련판례

【판시사항】

[1] 피고인의 동의 또는 영장 없이 채취한 혈액을 이용한 감정결과보고서 등의 증거능력 유무(소극)

[2] 피고인이 운전 중 교통사고를 내고 의식을 잃은 채 병원 응급실로 호송되자, 출동한 경찰관이 영장 없이 의사로 하여금 채혈을 하도록 한 사안에서, 위 혈액을 이용한 혈중알콜농도에 관한 감정서 등의 증거능력을 부정하여 피고인에 대한 구 도로교통법 위반(음주운전)의 공소사실을 무죄로 판단한 원심판결을 수긍한 사례

【판결요지】

[1] 형사소송법 제215조 제2항, 제216조 제3항, 제221조, 제221조의4, 제173조 제1항의 규정을 위반하여 수사기관이 법원으로부터 영장 또는 감정처분허가장을 발부받지 아니한 채 피의자의 동의 없이 피의자의 신체로부터 혈액을 채취하고 사후적으로도 지체없이 이에 대한 영장을 발부받지도 아니한 채 강제채혈한 피의자의 혈액 중 알콜농도에 관한 감정이 이루어졌다면, 이러한 감정결과보고서 등은 형사소송법상 영장주의 원칙을 위반하여 수집되거나 그에 기초한 증거로서 그 절차 위반 행위가 적법절차의 실질적인 내용을 침해하는 정도에 해당하고, 이러한 증거는 피고인이나 변호인의 증거동의가 있다고 하더라도 유죄의 증거로 사용할 수 없다.

[2] 피고인이 운전 중 교통사고를 내고 의식을 잃은 채 병원 응급실로 호송되자, 출동한 경찰관이 법원으로부터 압수·수색 또는 검증영장을 발부받지 아니한 채 피고인의 동서로부터 채혈동의를 받고 의사로 하여금 채혈을 하도록 한 사안에서, 원심이 적법한 절차에 따르지 아니하고 수집된 피고인의 혈액을 이용한 혈중알콜농도에 관한 국립과학수사연구소 감정서 및 이에 기초한 주취운전자적발보고서의 증거능력을 부정한 것은 정당하고, 음주운전자에 대한 채혈에 관하여 영장주의를 요구할 경우 증거가치가 없게 될 위험성이 있다거나 음주운전 중 교통사고를 야기하고 의식불명 상태에 빠져 병원에 후송된 자에 대해 수사기관이 수사의 목적으로 의료진에게 요청하여 혈액을 채취한 사정이 있다고 하더라도 이러한 증거의

증거능력을 배제하는 것이 형사사법 정의를 실현하려고 한 취지에 반하는 결과를 초래하는 예외적인 경우에 해당한다고 볼 수 없다는 이유로, 피고인에 대한 구 도로교통법(2009. 4. 1. 법률 제9580호로 개정되기 전의 것) 위반(음주운전)의 공소사실을 무죄로 판단한 원심판결을 수긍한 사례(대법원 2011.04.28. 선고 2009도2109 판결).

■ 특정범죄가중처벌 등에 관한 법률상 '위험운전치사상죄'와 도로교통법상 '음주운전죄'의 관계

> Q. 음주로 인한 특정범죄가중처벌 등에 관한 법률 위반(위험운전치사상)죄와 도로교통법 위반(음주운전)죄는 입법취지와 보호법익 및 적용영역을 달리하는 별개의 범죄이므로, 양 죄가 모두 성립하는 경우 두 죄는 실체적 경합관계에 있는지요?

A. 원래 도로교통법은 도로에서 일어나는 교통상의 위험과 장해를 방지하고 제거하여 안전하고 원활한 교통을 확보함을 목적으로 하는 것이어서(도로교통법 제1조), 불특정다수의 사람 또는 차마의 통행을 위한 도로에서의 자동차 운전 등의 통행행위만을 법의 적용대상으로 삼고 도로 이외의 장소에서의 통행행위는 적용대상으로 하지 않고 있습니다(도로교통법 제2조 제1호, 제24호).

반면, 음주로 인한 특정범죄가중처벌 등에 관한 법률 위반(위험운전치사상)죄는 입법취지와 그 문언에 비추어 볼 때, 주취상태에서의 자동차 운전으로 인한 교통사고가 빈발하고 그로 인한 피해자의 생명·신체에 대한 피해가 중대할 뿐만 아니라 사고발생 전 상태로의 회복이 불가능하거나 쉽지 않은 점 등의 사정을 고려하여, 형법 제268조에서 규정하고 있는 업무상 과실치사상죄의 특례를 규정하여 가중처벌함으로써 피해자의 생명·신체의 안전이라는 개인적 법익을 보호하기 위한 것이어서, 그 적용범위가 도로에서의 자동차 운전으로 인한 경우뿐만 아니라 도로 이외 장소에서의 자동차 운전으로 인한 경우도 역시 포함되는 것으로 봅니다.

해설 도로교통법 제44조 제1항은 "누구든지 술에 취한 상태에서 자동차 등(건설기계관리법 제26조 제1항 단서의 규정에 의한 건설기계 외의 건설기계를 포함한다)을 운전하여서는 아니 된다."라고 규정하고 있고, 같은 조 제4항은 " 제1항의 규정에 따라 운전이 금지되는 술에 취한 상태의 기준은 혈중 알코올농도가 0.03% 이상으로 한다."라고 규정하고 있으며, 같은 법 제148조의2 제3항은 제44조 제1항의 규정을 위반하여 술에 취한 상태에서 자동차 등을 운전한 사람을 1. 혈중알코올농도가 0.2퍼센트 이상인 사람은 2년 이상 5년 이하의 징역이나 1천만원 이상 2천만원 이하의 벌금, 2. 혈중알코올농도가 0.08퍼센트 이상 0.2퍼센트 미만인 사람은 1년 이상 2년 이하의 징역이나 500만원 이상 1천만원 이하의 벌금, 3. 혈중알코올농도가 0.03퍼센트 이상 0.08퍼센트 미만인 사람은

1년 이하의 징역이나 500만원 이하의 벌금에 처하도록 규정하고 있습니다.

한편, 특정범죄가중처벌 등에 관한 법률 제5조의11은 "음주 또는 약물의 영향으로 정상적인 운전이 곤란한 상태에서 자동차(원동기장치자전거를 포함한다)를 운전하여 사람을 상해에 이르게 한 자는 10년 이하의 징역 또는 500만 원 이상 3천만 원 이하의 벌금에 처하고, 사망에 이르게 한 자는 1년 이상의 유기징역에 처한다."라고 규정하고 있습니다.

■ 음주상태로 동일한 차량을 일정기간 계속하여 운전하다가 1회 음주측정을 받은 경우 음주운전행위가 포괄일죄에 해당하는지요?

> Q. 저는 음주상태로 자동차를 운전하다가 제1차 사고를 내고 그대로 진행하여 제2차 사고를 낸 후 음주측정을 받아 도로교통법 위반(음주운전)죄로 약식명령을 받아 확정되었습니다. 이후 제1차 사고 당시의 음주운전으로 기소된 사안에서 위 공소사실은 약식명령이 확정된 도로교통법 위반(음주운전)죄와 포괄일죄 관계에 있다고 하는데 사실인지요?

A. 음주운전을 처벌하는 목적은 음주로 인하여 책임능력이 결여되거나 미약한 상태에서 운전함으로써 교통사고를 유발할 위험성을 방지하기 위한 것입니다.

이를 초과하면 무조건 처벌하는 방법과 혈중알콜농도의 구체적 수치와 상관없이 운전능력저하 여부를 기준으로 처벌하는 방법이 있습니다. 도로교통법은 전자의 방법을 취하여 도로교통법 제44조 제4항에서 '술에 취한 상태'의 기준을 혈중알콜농도 0.03% 이상으로 규정한 다음 도로교통법 제44조 제1항에서 '술에 취한 상태에서 자동차 등을 운전'하는 것을 금지하고 있습니다.

한편, 동일 죄명에 해당하는 수개의 행위 혹은 연속된 행위를 단일하고 계속된 범의하에 일정기간 계속하여 행하고 그 피해법익도 동일한 경우에는 이들 각 행위를 통틀어 포괄일죄로 처단하여야 할 것인바(대법원 2005. 9. 30. 선고 2005도4051 판결, 대법원 2006. 5. 11. 선고 2006도1252 판결 등 참조), 앞서 본 음주운전으로 인한 도로교통법 위반죄의 보호법익과 처벌방법을 고려할 때, 사고운전자는 혈중알콜농도 0.03% 이상의 음주 상태로 동일한 차량을 일정기간 계속하여 운전하다가 1회 음주측정을 받았다면 이러한 음주운전행위는 동일 죄명에 해당하는 연속된 행위로서 단일하고 계속된 범의하에 일정기간 계속하여 행하고 그 피해법익도 동일한 경우이므로 포괄일죄에 해당합니다.

해설 포괄일죄와 실체적 경합범의 구별 기준은 동일 죄명에 해당하는 수개의 행위 혹은 연속된 행위를 단일하고 계속된 범의하에 일정 기간 계속하여 행하고 그 피해법익도 동일한 경우에는 이들 각 행위를 통틀어 포괄일죄로 처단하여야 할 것이나,

범의의 단일성과 계속성이 인정되지 아니하거나 범행방법이 동일하지 않은 경우에는 각 범행은 실체적 경합범에 해당합니다.

■ 음주측정 불응죄 성립여부

> Q. 저는 자동차를 술을 조금 마시고 운전하다 교통사고로 골절부위에 상해를 입어서 경찰관이 음주측정 당시 통증으로 인하여 깊은 호흡을 하기 어려웠습니다. 그래서 음주측정이 제대로 되지 않았는데, 이를 음주측정에 불응한 것이라고 처벌하려 합니다. 타당한 처벌인지요?

A. 도로교통법(2005. 5. 31. 법률 제7545호로 전문 개정되기 전의 것) 제41조 제2항, 제3항의 해석상, 술에 취한 상태에서 자동차 등을 운전하였다고 인정할 만한 상당한 이유가 있는 경우에 경찰공무원은 운전자가 술에 취하였는지 여부를 호흡측정기에 의하여 측정할 수 있고 운전자는 그 측정에 응할 의무가 있습니다.

그러나, 운전자의 신체 이상 등의 사유로 호흡측정기에 의한 측정이 불가능 내지 심히 곤란한 경우에까지 그와 같은 방식의 측정을 요구할 수는 없습니다. 이와 같은 상황이라면 경찰공무원으로서는 호흡측정기에 의한 측정의 절차를 생략하고 운전자의 동의를 얻거나 판사로부터 영장을 발부받아 혈액채취에 의한 측정을 행해야 합니다.

질문과 같은 경우 경찰공무원이 운전자의 신체 이상에도 불구하고 호흡측정기에 의한 음주측정을 요구하여 운전자가 음주측정수치가 나타날 정도로 숨을 불어넣지 못한 결과 호흡측정기에 의한 음주측정이 제대로 되지 아니하였다고 하더라도 음주측정에 불응한 것으로 볼 수는 없습니다.

관련판례 |

【판시사항】

[1] 호흡측정기에 의한 측정절차를 생략하고 바로 혈액채취에 의한 측정을 하여야 하는 경우

[2] 경찰공무원이 호흡측정을 거부하는 주취운전자에게 혈액측정방법의 존재를 고지하여야 하는지 여부(소극)

【판결요지】

[1] 도로교통법 제41조 제2항, 제3항의 해석상, 운전자의 신체 이상 등의 사유로 호흡측정기에 의한 측정이 불가능 내지 심히 곤란하거나 운전자가 처음부터 호흡측정기에 의한 측정의 방법을 불신하면서 혈액채취에 의한 측정을 요구하는 경우

등에는 호흡측정기에 의한 측정의 절차를 생략하고 바로 혈액채취에 의한 측정으로 나아가야 할 것이고, 이와 같은 경우라면 호흡측정기에 의한 측정에 불응한 행위를 음주측정불응으로 볼 수 없다.

[2] 특별한 이유 없이 호흡측정기에 의한 측정에 불응하는 운전자에게 경찰공무원이 혈액채취에 의한 측정방법이 있음을 고지하고 그 선택여부를 물어야 할 의무가 있다고는 할 수 없다(대법원 2002.10.25. 선고 2002도4220 판결).

■ 음주운전 사고 후 도주자 처벌범위

Q. 저는 술에 취한 상태에서 소나타 승용차를 운전하여 ○○소재 육교 앞 도로를 ◇◇ 쪽에서 ○○사거리 쪽으로 진행함에 있어서 전방 및 좌우를 잘 살피는 등 안전하게 운전하여야 할 업무상의 주의의무가 있음에도 불구하고 이를 게을리한 채 운전한 과실로, 전방에서 신호대기로 정차중인 피해자의 포터 화물차의 뒷부분을 들이받았습니다. 그 충격으로 위 화물차가 밀리면서 그 앞에 정차중인 피해자 ○○운전의 그랜저 승용차의 뒷부분을 들이받고, 그 충격으로 위 그랜저 승용차가 다시 밀리면서 그 앞에 정차중인 피해자 ◇◇운전의 크레도스 승용차의 뒷부분을 들이받았습니다. 그래서 당황한 나머지 즉시 정차하여 피해자를 구호하는 등의 필요한 조치를 취하지 아니한 채 그대로 도주하였습니다. 저는 어떤 처벌을 받아야 되는지요?

A. 사고경과를 조사해 보니 귀하께서 사고 직후 사고 승용차의 운전석에 앉은 채로 귀하에게 다가온 피해자에게 "죄송합니다"라는 말 한마디만 남긴 채 곧바로 사고 현장을 이탈하여 사고 현장에서는 보이지도 아니하는 근처 슈퍼마켓으로 갔습니다. 당시 귀하의 승용차는 강력한 충격으로 말미암아 폐차 지경에 이를 정도로 손괴되어 엔진 부분에서 연기가 나오고 바로 불꽃이 났으며 승용차 전면 하반부에서 윤활유가 나와 길바닥에 흐르고 있었습니다. 피해자들의 차량도 그 파손의 정도가 매우 심하였고, 이에 따라 피해자들은 그 충격으로 말미암아 실제로 상해를 입었던 사실을 알 수 있습니다. 이러한 경우 귀하께서는 피해자들이 사상을 당하였으리라는 사정이나 당시의 현장 상황이 매우 급박하였다는 사정을 능히 알았다고 할 것이므로, 마땅히 도로교통법 제54조 제1항에 의하여 피해자를 구호하는 등의 필요한 조치를 취했어야 합니다. 따라서 이 사건의 경우에는 당시에 피해자들에게 특별한 외상이 없었다는 이유로 귀하의 이러한 의무가 면하여 질 수 없는 것임은 물론이며, 나아가 귀하가 음주운전 사실을 은폐하기 위하여 다시 음주를 하였다는 다소 황당한 이유를 내세웠으나 특정범죄 가중처벌 등에 관한 법률 제5조의3 제1항 소정의 도주의 범의가 있었다고 단정할 수 있습니다.

또한, 귀하가 사고 현장을 이탈함에 있어서 스스로 피해자에게 이름과 주소, 전화번호 등을 알려준 바가 전혀 없으며, 그 과정에서 피해자의 연락을 받고 현장에 이미 출동한 119대원과 경찰은 이 사고를 수습하였던 사실을 알 수 있으므로, 귀하가 위와 같은 음주 후에 다시 현장으로 돌아온 사정이 있다고 하더라도 이 사고를 낸 사람이 누구인지를 쉽게 알 수 없는 상태는여전히 계속되었다고 봄이 상당하고, 귀하의 승용차 안에 피고인의 지갑, 운전면허증, 주민등록증이 그대로 있었다고 하여 달리 볼 것도 아닙니다.

사고 후 현장을 이탈한 것이 다시 음주를 함으로써 음주운전 사실을 은폐하기 위한 것이라는 등의 이유로 도주의 범의가 있어 특정범죄 가중처벌 등에 관한 법률 제5조의3 제1항에 의하여 도주죄로 1년 이상의 유기징역 또는 500만원 이상 3천만원 이하의 벌금으로 가중처벌을 받게 됩니다.

해설 특정범죄 가중처벌 등에 관한 법률 제5조의3 제1항 소정의 "피해자를 구호하는 등 도로교통법 제50조 제1항의 규정에 의한 조치를 취하지 아니하고 도주한 때"라 함은 사고운전자가 사고로 인하여 피해자가 사상을 당한 사실을 인식하였음에도 불구하고 피해자를 구호하는 등 도로교통법 제50조 제1항에 규정된 의무를 이행하기 이전에 사고현장을 이탈하여 사고야기자로서 확정될 수 없는 상태를 초래하는 경우를 말합니다. 도주한 때란 사고운전자가 교통사고를 낸 후 피해자들이 정신을 잃고 차내 의자에 기대어 있는 것을 목격하고는 지병인 고혈압으로 인하여 정신이 멍멍해지는 등 크게 당황하게 되자 당해 교통사고로 가벼운 부상을 입은 택시운전기사에게 약을 사 먹고 올 테니 신고하여 달라고 말을 한 후 사고를 낸 차량을 두고 현장을 떠나, 신고를 받고 온 경찰관이 피해자들을 후송하였고, 사고운전자는 약방에서 약을 사서 먹고 2시간 후에 현장에 왔다가 견인작업까지 거의 끝난 것을 보고 귀가하였다면, 사고운전자가 스스로 피해자에게 이름과 주소, 전화번호 등을 알려준 것이 아니고 차량등록명의가 사고운전자를 대표로 하 는 회사명의로 되어 있어 사고를 야기한 자가 누구인지 쉽게 확인할 수 없는 상태를 초래하였고, 이 같은 사정은 사고운전자가 피해자의 구호의무를 이행하지 않고 사고현장을 이탈하여 도주한 경우에 해당합니다.

■ 술에 취한 상태의 의미 및 위법한 체포여부

> **Q.** 경찰관직무집행법 제4조 제1항에서 규정한 '술에 취한 상태'의 의미 및 위 조항에 따른 경찰관의 보호조치 요건이 갖추어지지 않았음에도 경찰관이 범죄수사를 목적으로 피의자에 해당하는 사람을 위 조항의 피구호자로 삼아 의사에 반하여 경찰관서에 데려간 경우, 위법한 체포에 해당하는지요?

A. 경찰관직무집행법 제4조 제1항 제1호에서 규정하는 술에 취한 상태로 인하여 자기 또는 타인의 생명·신체와 재산에 위해를 미칠 우려가 있는 피구호자에 대한 보호조치

는 경찰 행정상 즉시강제에 해당합니다. 그 조치가 불가피한 최소한도 내에서만 행사되도록 발동·행사 요건을 신중하고 엄격하게 해석하여야 합니다. 따라서 '술에 취한 상태'란 피구호자가 술에 만취하여 정상적인 판단능력이나 의사능력을 상실할 정도에 이른 것을 말합니다. 보호조치를 필요로 하는 피구호자에 해당하는 지는 구체적인 상황을 고려하여 경찰관 평균인을 기준으로 판단하되, 그 판단은 보호조치의 취지와 목적에 비추어 현저하게 불합리하여서는 아니 되며, 피구호자의 가족 등에게 피구호자를 인계할 수 있다면 특별한 사정이 없는 한 경찰관서에서 피구호자를 보호하는 것은 허용되지 않습니다.

아울러 보호조치 요건이 갖추어지지 않았음에도, 경찰관이 실제로는 범죄수사를 목적으로 피의자에 해당하는 사람을 피구호자로 삼아 그의 의사에 반하여 경찰관서에 데려간 행위는, 달리 현행범체포나 임의동행 등의 적법 요건을 갖추었다고 볼 사정이 없다면, 위법한 체포에 해당한다고 보아야 합니다.

해설 경찰관직무집행법 제6조 제1항에 의한 경찰관의 제지 조치 발동·행사요건의 해석은 경찰관직무집행법 제6조 제1항 중 경찰관의 제지에 관한 부분은 범죄의 예방을 위한 경찰 행정상 즉시강제에 관한 근거조항입니다. 행정상 즉시강제는 그 본질상 행정 목적 달성을 위하여 불가피한 한도 내에서 예외적으로 허용되는 것이므로, 위 조항에 의한 경찰관의 제지 조치 역시 그러한 조치가 불가피한 최소한도 내에서만 행사되도록 그 발동·행사 요건을 신중하고 엄격하게 해석하여야 합니다. 그러한 해석·적용의 범위 내에서만 우리 헌법상 신체의 자유 등 기본권 보장 조항과 그 정신 및 해석 원칙에 합치될 수 있습니다.

■ 주취운전과 음주측정거부의 각 도로교통법위반죄의 죄수관계

Q. 저는 술을 마시고 승용차를 운전하여 가다가 음주단속 중이던 경찰관에 의하여 음주감지기로 음주사실이 감지되었고, 위 경찰관으로부터 음주측정 고지를 받았으나, 총 3차에 걸쳐 음주 측정을 거부하였습니다. 저는 음주측정거부로 입건된 후, 혹시 채혈을 하여 음주수치가 나오지 않을지도 모른다는 생각에 채혈을 요구하여, 채혈하였는데 채혈감정결과 혈중알코올농도는 0.130%로 나왔습니다. 이 경우 저는 음주측정불응죄로만 처벌되는지요, 아니면 주취운전죄로도 처벌되는지요?

A. 판례는 "도로교통법 제107조의2 제2호(현행 도로교통법 제148조의2 제1항 제2호)의 음주측정불응죄는 술에 취한 상태에 있다고 인정할 만한 상당한 이유가 있는 사람이 같은 법 제41조 제2항의 규정에 의한 경찰공무원의 측정에 응하지 아니한 경우에 성립하는 것으로서, 당초 도로교통법 제41조 제2항(현행 도로교통법 제44조 제2항)은 "경찰공무원은 교통안전과 위험방지를 위하여 필요하다고 인정하는 때에는 운전자

가 술에 취하였는지의 여부를 측정할 수 있으며, 운전자는 이러한 경찰공무원의 측정에 응하여야 한다"고 규정되어 있다가 1995. 1. 5.자 개정에 따라 같은 조 제1항의 규정에 위반하여 술에 취한 상태에서 자동차 등을 운전하였다고 인정할 만한 상당한 이유가 있는 때까지 포함하도록 개정되었는바, 위 조항의 규정 취지 및 입법 연혁 등을 종합하여 보면, ① 주취운전은 이미 이루어진 도로교통안전침해만을 문제삼는 것인 반면 음주측정거부는 기왕의 도로교통안전침해는 물론 향후의 도로교통안전 확보와 위험 예방을 함께 문제삼는 것이고, ② 나아가, 주취운전은 도로교통법시행령이 정한 기준 이상으로 술에 '취한' 자가 행위의 주체인 반면, 음주측정거부는 술에 취한 상태에서 자동차 등을 운전하였다고 인정할 만한 상당한 이유가 있는 자가 행위의 주체인 것이어서, 결국 양자가 반드시 동일한 법익을 침해하는 것이라거나 주취운전의 불법과 책임내용이 일반적으로 음주측정거부의 그것에 포섭되는 것이라고는 단정할 수 없다. 결국, 주취운전과 음주측정거부의 각 도로교통법위반죄는 실체적 경합관계에 있는 것으로 보아야 함에도 불구하고 원심은 위 두 죄의 죄수관계에 관한 법리를 오해하여 이와 다른 판단을 함으로써 판결에 영향을 미쳤으므로, 검사가 이 점을 지적하여 상고이유로 내세운 주장은 이유 있다."라고 하였습니다(대법원 2004. 11. 12. 선고 2004도5257 판결)

이 사안에서 귀하의 행위는 주취운전과 음주측정거부의 각 도로교통법위반죄에 해당하고, 위 두 죄는 실체적 경합관계에 있다는 것이 판례이므로 귀하는 두 죄 모두로 처벌받게 될 것으로 보입니다.

■ 경미한 교통사고인 경우 신고의무 여부

> **Q.** 자동차를 운행하던 중 경미한 교통사고를 낸 운전자도 반듯이 신고할 의무가 있는지요?

A. 도로교통법에 규정된 신고의무는, 교통사고가 발생한 때에 이를 지체 없이 경찰공무원 또는 경찰관서에 알려서 피해자의 구호, 교통질서의 회복 등에 관한 적절한 조치를 취하게 함으로써 도로상의 소통장해를 제거하고 피해의 확대를 방지하여 교통질서의 유지 및 안전을 도모하는 데 입법취지가 있습니다.

이와 같은 도로교통법상 신고의무 규정의 입법취지와 헌법상 보장된 진술거부권 및 평등원칙에 비추어 볼 때, 교통사고를 낸 차의 운전자 등의 신고의무는 사고의 규모나 당시의 구체적인 상황에 따라 피해자의 구호 및 교통질서의 회복을 위하여 당사자의 개인적인 조치를 넘어 경찰관의 조직적 조치가 필요하다고 인정되는 경우에만 있는 것이라고 해석하여야 합니다.

해설 도로교통법에는 차의 운전 등 교통으로 인하여 사람을 사상하거나 물건을 손괴한 경우 그 차의 운전자나 그 밖의 승무원은 경찰공무원이 현장에 있을 때에는 그 경찰공무원에게, 경찰공무원이 현장에 없을 때에는 가장 가까운 국가경찰관서(지구대, 파출소 및 출장소를 포함한다)에 사고가 일어난 곳, 사상자수 및 부상 정도, 손괴한 물건 및 손괴 정도, 그 밖의 조치사항 등을 지체 없이 신고하여야 한다고 규정하고 있습니다.

■ 도로교통법 제148조의2 제3항 위반의 죄가 약물 등의 영향으로 현실적으로 '정상적으로 운전하지 못할 상태'에 이르러야 성립하는지요?

> Q. 甲은 '필로폰 약 0.03g을 커피에 타 마신 후 그 영향으로 정상적으로 운전하지 못할 우려가 있는 상태에서 자동차를 1km 가량 운전하였다.'는 도로교통법 제148조의2 제3항 위반의 공소사실로 기소되었는데, 甲은 필로폰을 투약한 것은 맞지만 필로폰 투약 후 자동차를 운전할 당시 아무런 증상이 없었다며 무죄를 주장하고 있습니다. 이러한 甲의 주장이 받아들여질 수 있는지요?

A. 판례는 "도로교통법 제150조 제1호(현행 도로교통법 제148조의2 제3항)에 " 제45조의 규정을 위반하여 약물로 인하여 정상적으로 운전하지 못할 우려가 있는 상태에서 자동차등을 운전한 사람"을 처벌하도록 규정하고 있고, 도로교통법 제45조에 "자동차등의 운전자는 제44조의 규정에 의한 술에 취한 상태 외에 과로·질병 또는 약물(마약·대마 및 향정신성의약품과 그 밖에 행정안전부령이 정하는 것을 말한다)의 영향과 그 밖의 사유로 인하여 정상적으로 운전하지 못할 우려가 있는 상태에서 자동차등을 운전하여서는 아니된다."고 규정하고 있다. 위 규정의 법문상 필로폰을 투약한 상태에서 운전하였다고 하여 바로 처벌할 수 있는 것은 아니고 그로 인하여 정상적으로 운전하지 못할 우려가 있는 상태에서 자동차 등을 운전한 경우에만 처벌할 수 있다고 봄이 상당할 것이나, 위 도로교통법 위반죄는 이른바 위태범으로서 약물 등의 영향으로 인하여 '정상적으로 운전하지 못할 우려가 있는 상태'에서 운전을 하면 바로 성립하고, 현실적으로 '정상적으로 운전하지 못할 상태'에 이르러야만 하는 것은 아니다. 따라서 피고인이 필로폰 투약의 증상이 나타나는 통상적인 수량을 투약하고 근접한 시간 내에 운전을 하였다면 위태범인 위 도로교통법 위반죄가 성립하고, 피고인이 현실적으로 필로폰 투약의 영향으로 인하여 정상적으로 운전하지 못하는 상태에 이르러야 하는 것은 아니다. 그렇다면 필로폰 투약 후 자동차를 운전할 당시 아무런 증상이 없었다는 피고인의 진술만으로 위 도로교통법 위반죄의 성립을 방해할 수 없다."라고 하였습니다(대법원 2010. 12. 23. 선고 2010도11272 판결)

따라서, 이 사안에서 甲이 필로폰 투약의 증상이 나타나는 통상적인 수량을 투약하고 근접한 시간 내에 운전을 한 것이라면 甲은 현실적으로 필로폰 투약의 영향으로 인하여 정상적으로 운전하지 못하는 상태에 이르렀는지 여부와 상관없이 도로교통법 제148조의2 제3항 위반의 죄로 처벌될 것으로 보입니다.

■ 교통섬이 있는 교차로에서 직진 차로를 따라 우회전한 경우 도로교통법 위반인지 여부

Q. 甲은 교통섬이 설치되고 그 오른쪽으로 직진 차로에서 분리된 우회전차로가 설치된 교차로에서, 우회전차로가 아닌 직진 차로를 따라 우회전하였습니다. 甲의 행위는 「도로교통법」 제25조 제1항의 '교차로 통행방법' 위반인가요?

A. 「도로교통법」 제25조 제1항은 "모든 차의 운전자는 교차로에서 우회전을 하려는 경우에는 미리 도로의 우측 가장자리를 서행하면서 우회전하여야 한다."고 규정하고 있습니다. 이에 대해 판례는 "교통섬이 설치되고 그 오른쪽으로 직진 차로에서 분리된 우회전차로가 설치되어 있는 교차로에서 우회전을 하고자 하는 운전자는 특별한 사정이 없는 한 도로의 우측 가장자리인 우회전차로를 따라 서행하면서 우회전하여야 하고, 우회전차로가 아닌 직진 차로를 따라 교차로에 진입하는 방법으로 우회전하여서는 아니된다."라고 판시하고 있습니다(대법원 2012. 4. 12. 선고 2011도9821 판결). 이는 교통섬이 설치된 취지를 고려한 것으로 평가됩니다.

따라서 甲이 위와 같이 직진 차로를 따라 우회전하였다면 「도로교통법」 제25조 제1항의 교차로통행방법 위반에 해당될 수 있습니다.

■ 공항 무료순환버스 정류장에 차량을 정차한 경우 도로교통법 위반인지 여부

Q. 甲은 인천국제공항 무료순환버스 정류장에 차량을 정차하였습니다. 이것이 「도로교통법」 제32조 제4호의 정차금지의무를 위반한 것인가요?

A. 「도로교통법」 제32조 제4호는 "버스여객자동차의 정류지임을 표시하는 기둥이나 표지판 또는 선이 설치된 곳으로부터 10미터 이내인 곳에는 차를 정차하거나 주차하여서는 아니된다."고 규정하고, 같은 법 제156조는 이를 위반한 경우 20만원 이하의 벌금이나 구류 또는 과료로 처벌하고 있습니다.

그런데 무료로 운행되는 버스의 경우에 대해 판례는 "도로교통법 제32조 제4호의 입법 취지나 문언 등을 종합하여 보면, 유상으로 운행되는 버스여객자동차뿐만 아니라 무상으로 운행되는 버스여객자동차의 정류지임을 표시하는 기둥이나 표지판 또는 선이 설치된 곳으로부터 10m 이내인 곳에 차를 정차하거나 주차하는 경우에도 이 사건 금지조항을 위반한 것이라고 봄이 타당하다."라고 보고 있습니다(대법원 2017. 6. 29. 선고 2015도12137 판결).

따라서 공항 무료순환버스 정류장에 차량을 정차한 甲의 행위는 「도로교통법」 제34조 제4호를 위반한 것입니다.

■ 경찰관의 운전면허증 제시 요구를 거부한 것이 도로교통법 위반인지 여부

Q. 저는 어떠한 교통 법규도 위반한 사실이 없는데 경찰관이 저를 세워 운전면허증의 제시를 요구하였습니다. 이럴 경우 저는 운전면허증 제시를 거부할 수 있나요?

A. 「도로교통법」 제92조 제2항은 "운전자는 운전 중에 교통안전이나 교통질서 유지를 위하여 경찰공무원이 제1항에 따른 운전면허증등 또는 이를 갈음하는 증명서를 제시할 것을 요구하거나 운전자의 신원 및 운전면허 확인을 위한 질문을 할 때에는 이에 응하여야 한다."고 규정하며, 이와 관련하여 판례도 "그 운전자가 도로교통법을 위반하지 아니하였다고 하여 운전면허증 등의 제시의무를 면할 수 있는 것은 아니다."고 판시하고 있습니다(대법원 2007. 1. 12. 선고 2006도7891 판결). 따라서 설령 법규 위반 사실이 없더라도 경찰관의 요구가 있을 경우 운전면허증을 제시하여야 하며, 그렇지 않을 경우 「도로교통법」 제155조에 따라 20만원 이하의 벌금 또는 구류에 처해질 수 있습니다.

■ 교통사고 발생 시 취해야 할 조치

Q. 저는 화물차를 운전하여 ○○초등학교 방면으로 우회전하면서, 반대방향 차로까지 침범하여 우회전한 과실로 반대방향에서 진행 중인 피해자 승합차의 운전석 뒤 문짝 부분을 위 화물차의 앞 범퍼 부분으로 들이받아 위 승용차를 뒤 범퍼 교환 등 수리비 ○○○원 상당이 들도록 손괴하고도 교통사고 발생 시의 조치를 취하지 아니하고 도주하였습니다. 이와 같은 경우 교통사고로 인하여 피해차량이 경미한 물적 피해만을 입었고 파편물이 도로 상에 비산되지는 않았다고 하더라도 가해차량이 즉시 정차하는 등 필요한 조치를 취하지 아니한 채 그대로 도주하였다고 도로교통법에 정한 교통사고 발생시의 필요한 조치를 다하였다고 볼 수 없다고 할 수 있는지요?

A. 사고 당시 귀하는 화물차를 운전하여 우회전을 하면서 가상의 중앙선을 넘어서 진행함으로써 반대방향에서 오던 피해차량과 충돌하였다고 봅니다. 당시 피해차량에는 운전자 외에 2명의 여자가 더 탑승해 있었고 가해자인 귀하께서도 이를 알고 있으면서 사고 직후 정차하지도 않은 채 그대로 도주하였습니다. 이에 피해차량의 운전자가 경찰과 무선연락을 주고받으며 약 5km나 피고인을 추격하여 피고인을 검거한 사실, 사고지점은 ○○부근으로 근처에 술집들이 밀집해 있는 곳이고 사고시각에는 차량들의 흐름이 적지 않았던 사실 등을 인정할 수 있습니다. 그러므로 귀하는 도로교통법 제50조 제1항의 규정에 의한 즉시 정차하는 등 필요한 조치를 취하지 아니한 채 그대로 도주하였을 뿐 아니라, 피해자 등이 도주하는 귀하를 약 5km나 추격함으로써 새로운 교통상의 위험과 장해를 초래하였음이 분명하므로, 비록 위 사고로 인하여 피

해차량이 경미한 물적 피해만을 입었고 파편물이 도로상에 비산되지는 않았다고 하더라도, 귀하는 도로교통법 제50조 제1항의 규정에 의한 교통사고 발생 시의 필요한 조치를 다하였다고 볼 수는 없으므로 처벌받아야 합니다.

해설 도로교통법 제50조 제1항의 취지 및 사고운전자가 취하여야 할 조치의 정도는 도로교통법 제50조 제1항의 취지는 도로에서 일어나는 교통상의 위험과 장해를 방지·제거하여 안전하고 원활한 교통을 확보하기 위한 것으로서 피해자의 피해를 회복시켜 주기 위한 것이 아니고, 이 경우 운전자가 취하여야 할 조치는 사고의 내용과 피해의 정도 등 구체적 상황에 따라 적절히 강구되어야 하고 그 정도는 건전한 양식에 비추어 통상 요구되는 정도의 조치를 말합니다.

■ 무면허 운전시 자동차종합보험의 면책약관 적용 범위

> **Q.** 제 명의로 되어 있는 자동차를 저와 동거중인 동생인 을이 운전면허 정지 기간 중에 수시로 운전하다가 사고가 났습니다. 이 경우 자동차종합보험에서 말하는 무면허운전 면책약관의 적용 범위 및 무면허운전이 보험계약자나 피보험자의 묵시적 승인 하에 이루어졌는지 판단하는 기준은 무엇인지요?

A. 자동차보험에서 피보험자의 명시적·묵시적 승인하에 피보험자동차의 운전자가 무면허운전을 하였을 때 생긴 사고로 인한 손해에 대하여는 보상하지 않는다는 취지의 무면허운전 면책약관은 무면허운전이 보험계약자나 피보험자의 지배 또는 관리 가능한 상황에서 이루어진 경우에 한하여 적용됩니다. 이 경우에 묵시적 승인은 무면허에 대한 승인 의도가 명시적으로 표현되는 경우와 동일시할 수 있는 정도로 그 승인 의도를 추단할 만한 사정이 있으면 인정됩니다.

구체적으로 무면허운전이 보험계약자나 피보험자의 묵시적 승인하에 이루어졌는지 여부는, 보험계약자나 피보험자와 무면허운전자의 관계, 평소 차량의 운전 및 관리상황, 당해 무면허운전이 가능하게 된 경위와 그 운행 목적, 평소 무면허운전자의 운전에 관하여 보험계약자나 피보험자가 취해 온 태도 등의 제반 사정을 함께 참작하여 판단할 것입니다.

해설 무면허운전 면책약관의 적용 범위는 자동차보험에 있어서 피보험자의 명시적·묵시적 승인하에서 피보험자동차의 운전자가 무면허운전을 하였을 때 생긴 사고로 인한 손해에 대하여는 보상하지 않는다는 취지의 무면허운전 면책약관은 무면허운전이 보험계약자나 피보험자의 지배 또는 관리가능한 상황에서 이루어진 경우에 한하여 적용됩니다.

아울러 무면허 또는 도난운전에 대한 피보험자의 묵시적 승인의 존부에 관한 판단 기준은 무면허운전 면책약관 또는 26세 이상 한정운전특별약관 제2조 제2항 소정의

'피보험자동차를 도난당하였을 경우'에 있어서 피보험자의 묵시적 승인(의사)은 명시적 승인의 경우와 동일하게 면책약관이 적용되므로 무면허 또는 도난운전에 대한 승인 의도가 명시적으로 표현되는 경우와 동일시할 수 있는 정도로 그 승인 의도를 추단할 만한 사정이 있는 경우에 한정되어야 하고, 무면허 또는 도난운전이 보험계약자나 피보험자의 묵시적 승인하에 이루어졌는지 여부는 보험계약자나 피보험자와 무면허 또는 도난운전자의 관계, 평소 차량의 운전 및 관리 상황, 당해 무면허 또는 도난운전이 가능하게 된 경위와 그 운행목적, 평소 무면허 또는 도난운전자의 운전에 관하여 보험계약자나 피보험자가 취해 온 태도 등의 제반 사정을 함께 참작하여 인정할 것입니다.

■ 친구 아버지의 차량을 무면허로 운전하다 사고 낸 경우

> **Q.** 저는 무면허로 운전하던 차량이 신호를 위반하여 횡단보도상을 횡단하던 충격하는 사고로 인하여 장애가능성이 있는 상해를 입었습니다. 그런데 운전자는 친구인 아버지 소유 차량을 그 친구가 동승한 상태에서 무면허임에도 불구하고 운전하다가 위와 같은 사고를 야기하였습니다. 운전자와 그 친구, 그의 아버지 모두 재산이 별로 없는 상태이므로 위 차량이 종합보험에 가입되어 있지만 운전자가 무면허운전임으로 보험처리 될 수 없다면 저는 손해배상을 받을 수 없는 형편인데, 이러한 경우 제가 보험회사에 보상을 청구할 수 없는지요?

A. 자동차보험의 무면허운전면책약관의 적용범위 및 무면허운전에 대한 보험계약자나 피보험자의 '묵시적 승인'의 존부에 관한 판단기준에 대하여 판례는 "자동차보험에 있어서 '피보험자의 명시적·묵시적 승인하에서 피보험자동차의 운전자가 무면허운전을 하였을 때 생긴 사고로 인한 손해에 대하여는 보상하지 않는다.'는 취지의 무면허운전면책약관은 무면허운전이 보험계약자나 피보험자의 지배 또는 관리 가능한 상황에서 이루어진 경우에 한하여 적용됩니다.

이 경우에 있어서 묵시적 승인은 명시적 승인의 경우와 동일하게 면책약관이 적용되므로 무면허운전에 대한 승인의도가 명시적으로 표현되는 경우와 동일시 할 수 있는 정도로 그 승인의 도를 추단할 만한 사정이 있는 경우에 한정되어야 합니다.

무면허운전이 보험계약자나 피보험자의 묵시적 승인 하에 이루어졌는지 여부는 보험계약자나 피보험자와 무면허운전자의 관계, 평소 차량의 운전 및 관리상황, 당해 무면허운전이 가능하게 된 경위와 그 운행목적, 평소 무면허운전자의 운전에 관하여 보험계약자나 피보험자가 취해 온 태도 등의 여러 사정을 함께 참작하여 인정하여야 하며, 보험계약자나 피보험자가 과실로 운전자가 무면허임을 알지 못하였다거나 무면허운전이 가능하게 된 데에 과실이 있었다거나 하는 점은 무면허운전면책약관의 적용에서 고려할 사항이 아니다."라고 하였습니다.

또한, "기명피보험자의 승낙을 받아 자동차를 사용하거나 운전하는 자로서 보험계약
상 피보험자로 취급되는 자(이른바 승낙피보험자)의 승인만이 있는 경우에는 보험계
약자나 피보험자의 묵시적인 승인이 있다고 할 수 없어 무면허운전면책약관은 적용되
지 않는다."라고 하였습니다.

또한, 최근의 자동차보험약관도 '피보험자 본인이 무면허운전을 하였거나, 기명피보험
자의 명시적·묵시적 승인하에서 피보험자동차의 운전자가 무면허운전을 하였을 때'에
그 손해를 보상하지 아니한다고 정하고 있는 것으로 보입니다. 따라서 위 사안은 승
낙피보험자인 친구 아버지의 승인만으로 운전자에게 묵시적 승인이 있다고 할 수 없
어 무면허면책약관이 적용되지 않은 경우이므로, 귀하는 해당 보험회사에 손해의 보
상을 청구할 수 있을 것으로 보입니다.

해설 무면허운전 면책약관의 적용 범위 및 무면허운전에 대한 보험계약자나 피보험자의 '묵시
적 승인'의 존부에 관한 판단 기준은 자동차보험에 있어서 피보험자의 명시적·묵시적 승
인하에서 피보험자동차의 운전자가 무면허운전을 하였을 때 생긴 사고로 인한 손해에 대
하여는 보상하지 않는다는 취지의 무면허운전 면책약관은 무면허운전이 보험계약자나 피
보험자의 지배 또는 관리가능한 상황에서 이루어진 경우에 한하여 적용되는 것으로서,
이 경우에 있어서 묵시적 승인은 명시적 승인의 경우와 동일하게 면책약관이 적용되므로
무면허운전에 대한 승인 의도가 명시적으로 표현되는 경우와 동일시할 수 있는 정도로
그 승인 의도를 추단할 만한 사정이 있는 경우에 한정되어야 하고, 무면허운전이 보험계
약자나 피보험자의 묵시적 승인 하에 이루어 졌는지 여부는 보험계약자나 피보험자와 무
면허운전자의 관계, 평소 차량의 운전 및 관리 상황, 당해 무면허운전이 가능하게 된 경
위와 그 운행 목적, 평소 무면허운전자의 운전에 관하여 보험계약자나 피보험자가 취해
온 태도 등의 여러 사정을 함께 참작하여 인정하여야 하며, 보험계약자나 피보험자가 과
실로 운전자가 무면허임을 알지 못하였다거나 무면허운전이 가능하게 된 데에 과실이 있
었다거나 하는 점은 무면허운전 면책약관의 적용에서 고려할 사항이 아닙니다.

■ 적성검사 미필로 인한 무면허운전에 해당여부

> **Q.** 저는 적성검사 미필로 운전면허가 취소되고 그 취소사실의 통지에 갈음하여 적법한
> 공고가 있었으나 면허취소사실을 모르고 운전을 하였습니다. 이 경우 무면허운전에
> 해당하는지요?

A. 적성검사를 받지 아니하여 운전면허가 취소되고 그 취소 사실의 통지에 갈음하여 적
법한 공고가 이루어졌다면 운전면허를 받은 사람이 면허가 취소된 사실을 모르고 자
동차를 운전하였다고 하더라도 그 운전행위는 무면허운전에 해당합니다.

또 귀하께서는 적성검사를 받지 아니하여 운전면허가 취소되었다가 운전면허를 다시 취득한 전력이 있고, 당시 교부받은 운전면허증에는 그 유효기간이 기재되어 있고 "정기적성검사는 면허증의 유효기간 내에 하지 않으면 운전면허가 취소됩니다."라는 안내문도 기재되어 있는데, 귀하가 그 기간 안에 적성검사를 받지 아니하여 운전면허가 다시 취소되었습니다. 그 면허취소 사실이 주소지로 통지되었으나 당신이 소재불명으로 통지가 반송되자 면허증에 기재된 주소지를 관할하는 경찰관서에 면허취소 사실이 10일간 공고되어 위 운전면허 취소처분의 효력이 발생하였습니다.

그렇다면 귀하가 위와 같이 운전면허가 취소된 뒤 자동차를 운전한 것은 무면허운전에 해당할 뿐만 아니라, 소지하고 있던 면허증에 그 유효기간과 적성검사를 받지 아니하면 면허가 취소된다는 사실이 분명하게 기재되어 있고 이미 적성검사를 받지 아니하여 면허가 취소된 전력이 있는데도 면허증에 기재된 유효기간이 5년 이상 지나도록 적성검사를 받지 아니한 이 사건 당시 운전면허가 취소된 사실을 알고 있었다고 보아야 합니다.

해설 정기적성검사 미필에 따른 운전면허취소처분 이후 그에 대한 적법한 통지 또는 공고가 있었으나 면허취소사실을 모르고 한 운전행위의 무면허운전 해당 여부는 도로교통법 제78조, 같은 법 시행령 제53조에 비추어 보면, 정기적성검사 미필에 따른 운전면허취소처분 이후 그 취소사실에 대하여 위 시행령의 규정에 따른 적법한 통지 또는 공고가 있으면 운전자가 면허취소사실을 모르고 운전하였다 하더라도 그 운전행위는 무면허운전에 해당합니다.

정기적성검사 미필로 운전면허가 취소되었으나 이를 모르고 운전한 경우, 도로교통법 제70조 제7호 본문 소정의 2년간의 면허발급제한이 적용되는지 여부는 도로교통법 제70조 제5호, 제7호, 제40조의 규정을 종합하면, 자동차운전면허를 받은 사람이 정기적성검사를 받지 아니한 사유로 운전면허가 취소되고 같은법 시행령 제53조의 규정에 따른 통지 또는 공고가 있은 후 운전자가 그 면허취소사실을 모르고 운전한 경우의 무면허운전행위는 순수한 무면허운전이 아니라 같은 법 제70조 제7호 단서의 운전면허의 효력이 정지된 기간 중의 운전과 마찬가지로 볼 것이므로 제7호 본문 소정의 2년간의 면허발급제한은 적용되지 않는다고 해석할 것입니다.

■ 주행차로에 정지한 차량을 추돌한 사고의 과실

Q. 야간에 고속도로를 주행하던 A차량 운전자는 그 전방에 교통사고가 발생하여 차량이 정차해 있는 것을 발견하고 그 차량을 제동하였으나 결빙된 도로에 미끄러지면서 선행 사고차량이 정차한 지점에서 20~30m나 못 미친 곳의 중앙분리대를 들이받고 1차로에 정차하였고, 그로부터 불과 10초가량 후에 뒤따라오던 B 차량이 A차량을 추돌한 사고가 발생하였습니다. 이와 같이 고속도로나 자동차전용도로에서 선행차량이 사고 등으로 주행차로에 정지해 있는 사이에 후행차량에 의해 추돌사고가 발생하였는데, 선행차량이 정지한 데에 운전자의 과실이 있는 경우, 위 과실과 후행 추돌사고로 인한 손해 사이에 인과관계가 있는지요?

A. 위와 같은 사고 경위로 볼 때, 피고 차량이 위 지점에 정차하게 된 것은 오로지 전방에 발생한 교통사고 때문이 아니라 그 운전자가 조향 및 제동 장치를 제대로 조작하지 못하여 중앙분리대를 들이받은 과실도 그 원인이 되었다고 볼 여지가 충분합니다. 따라서 다른 특별한 사정이 없는 한 A 차량 운전자의 과실 및 그로 인한 정차와 이 사건 사고의 발생 및 그로 인한 손해의 발생·확대 사이에 인과관계가 있다고 보아야 합니다. 고속도로나 자동차전용도로에서 선행차량이 사고 등의 사유로 주행차로에 정지해 있는 사이에 뒤따라온 자동차에 의하여 추돌사고가 발생한 경우에, 선행차량 운전자가 정지 후 시간적 여유 부족이나 부상 등의 사유로 자동차를 안전한 장소로 이동시키거나 표지의 설치 등 안전조치를 취할 수 없었다고 하더라도 선행사고 등으로 주행차로에 차량이 정지되게 한데에 그 운전자의 과실이 있다면 이는 특별한 사정이 없는 한 후행 추돌사고로 인한 손해에 대해서도 인과관계가 있다고 보아야 할 것입니다.

해설 자동차의 운전자는 고속도로 등에서 차를 정차하거나 주차시켜서는 안됩니다. 그러나, ① 법령의 규정 또는 경찰공무원(자치경찰공무원은 제외한다)의 지시에 따르거나 위험을 방지하기 위하여 일시 정차 또는 주차시키는 경우, ② 정차 또는 주차할 수 있도록 안전표지를 설치한 곳이나 정류장에서 정차 또는 주차시키는 경우, ③ 고장이나 그 밖의 부득이한 사유로 길가장자리구역(갓길을 포함한다)에 정차 또는 주차시키는 경우, ④ 통행료를 내기 위하여 통행료를 받는 곳에서 정차하 는 경우, ⑤ 도로의 관리자가 고속도로 등을 보수·유지 또는 순회하기 위하여 정차 또는 주차시키는 경우, ⑥ 경찰용 긴급자동차가 고속도로 등에서 범죄수사, 교통단속이나 그 밖의 경찰임무를 수행하기 위하여 정차 또는 주차시키는 경우, ⑦ 교통이 밀리거나 그 밖의 부득이한 사유로 움직일 수 없을 때에 고속도로 등의 차로에 일시정차 또는 주차시키는 경우 등 어느 하나에 해당하는 경우에는 예외입니다.

【판시사항】

고속도로나 자동차전용도로에서 선행사고 등으로 운행할 수 없게 된 자동차가 주행차로에 정지해 있는 사이에 뒤따라온 자동차에 의한 추돌사고가 발생하였는데, 선행차량 운전자에게 선행사고를 유발하거나 사고 후 안전조치를 취하지 않은 과실이 있는 경우, 위 과실을 후행 추돌사고로 인한 손해배상책임의 분담 범위 산정에 참작하여야 하는지 여부(원칙적 적극)

【판결요지】

고속도로나 자동차전용도로에서 선행사고 등으로 자동차를 운행할 수 없게 되었음에도 자동차를 안전한 장소로 이동시키거나 관계 법령이 정한 고장자동차의 표지를 설치하는 등의 안전조치를 취하지 아니한 채 주행차로에 정지해 있는 사이에 뒤따라온 자동차에 의한 추돌사고가 발생한 경우에, 선행차량 운전자에게 선행사고를 유발하거나 사고 후 안전조치를 취하지 아니한 과실이 있다면, 손해의 공평한 분담이라는 손해배상제도의 이념에 비추어 볼 때 그 과실은 특별한 사정이 없는 한 후행 추돌사고로 인한 손해배상책임의 분담 범위를 정함에 있어 참작하여야 할 것이다. 이 경우 선행차량 운전자에게 선행사고의 '발생'에 대한 과실이 있다면 사고 후 안전조 치 등을 취할 시간적 여유가 없었다거나 부상 등으로 그러한 조치를 기대하기 어려운 상황에 처해 있었다고 하더라도 마찬가지라고 할 것이다(대법원 2012.03.29. 선고 2011다110692 판결).

【판시사항】

야간에 고속도로에서 제1차 사고를 야기한 운전자가 사고직후 차량을 안전한 장소로 이동시키는 등의 안전조치의무를 게을리한 채 고속도로 1, 2차로에 걸쳐 정차해 둠으로써 후행차량과 재차 충돌하는 사고가 발생한 사안에서, 설사 제1차 사고를 야기한 운전자가 실제로 위와 같은 안전조치를 취할 여유가 없었다고 하더라도 위 불법 정차와 제2차 사고 사이에 상당인과관계가 있다고 한 사례

【판결요지】

야간에 고속도로에서 운전부주의로 제1차 사고를 야기한 운전자가 사고 직후 차량

을 안전한 장소로 이동시키거나 구 도로교통법(2005. 5. 31. 법률 제7545호로 전부 개정되기 전의 것) 제61조 및 구 도로교통법 시행규칙 제23조에 규정된 '고장 등 경우의 표시를 설치하는 등의 안전조치의무를 해태한 채 고속도로 1, 2차로에 걸쳐 정차해 둠으로써 후행차량과 재차 충돌하는 사고가 발생한 사안에서, 위 정차는 불법 정차에 해당하고, 따라서 제1차사고를 야기한 운전자는 고속도로를 운행하는 후행차량들이 고속도로 1, 2차로에 정차한 위 차량을 충돌하고 나아가 그 주변의 다른 차량이나 사람들을 충돌할 수도 있다는 것을 충분히 예상할 수 있었으므로, 위 불법 정차와 제2차 사고 사이에는 상당인과관계가 있고, 설사 제1차 사고를 야기한 운전자가 실제로 위와 같은 안전조치를 취할 여유가 없었다고 하더라도 위 차량이 야간에 고속도로 1, 2차로를 막고 정차하고 있었던 이상 이를 달리 볼 것은 아니라고 한 사례(대법원 2009.12.10.선고 2009다64925 판결).

■ 대리운전기사에 의한 대리운전 중 발생한 교통사고

> Q. 저는 동료들과 회식자리에서 술을 마시고 차량을 운전할 수 없다고 판단하여 대리운전회사에 전화를 하였습니다. 대리운전회사 직원인 대리운전기사가 저의 차량을 운전하다가 경부고속도로에서 교통사고를 일으켜 저에게 상해를 입게 하였습니다. 사고 당시 대리운전기사는 제한최고속도인 시속 100킬로미터를 초과하여 시속 115킬로미터의 과속으로 운전하였고, 저도 동승하면서 제한속도를 초과하였음을 알 수 있었습니다. 이 경우 저는 누구를 상대로 하여 손해배상책임을 추궁할 수 있고, 이 사고에서 저의 과실이 있음을 전제로 과실상계를 하여야 하는지요?

A. 자동차손해배상 보장법 제3조 본문에서 자기를 위하여 자동차를 운행하는 자는 그 운행으로 다른 사람을 사망하게 하거나 부상하게 한 경우에는 그 손해를 배상할 책임을 진다고 규정하고 있습니다. 그리고 자기를 위하여 자동차를 운행하는 자의 의미에 관하여 판례를 보면, 「자동차손해배상보장법」 제3조에서 정한 '자기를 위하여 자동차를 운행하는 자'란 자동차에 대한 운행을 지배하여 그 이익을 향수하는 책임주체로서의 지위에 있는 자를 말하고, 이 경우 운행지배는 현실적인 지배에 한하지 아니하고 사회통념상 간접지배 내지는 지배가능성이 있다고 볼 수 있는 경우도 포함하고 있습니다.

한편, 위 사안과 관련하여 판례를 보면, 자동차대리운전회사와 대리운전약정을 체결한 자는 차량에 대한 운행지배와 운행이익을 공유하고 있다고 할 수 없고 차량의 단순한 동승자에 불과하다고 하였으므로, 귀하와 대리운전회사 사이의 내부관계에 있어서는 대리운전회사가 유상계약인 대리운전계약에 따라 그 직원을 통하여 위 차량을 운행한 것이라고 봄이 상당하므로 귀하는 위 차량에 대한 운행지배와 운행이익을 공유하고 있다고 할 수 없습니다.

또한, 자동차의 단순한 동승자에게 운전자에 대하여 안전운전을 촉구할 의무가 있는지에 관해서 위 판례에서, 자동차의 단순한 동승자에게는 운전자가 현저하게 난폭운전을 한다든가, 그 밖의 사유로 인하여 사고발생의 위험성이 상당한 정도로 우려된다는 것을 동승자가 인식할 수 있었다는 등의 특별한 사정이 없는 한, 운전자에게 안전운행을 촉구할 주의의무가 있다고 할 수 없다고 하였습니다.

그러므로 귀하와 대리운전회사와의 관계에서 운행지배와 운행이익을 어느 정도 공유하고 있음이 전제되어야 손해부담의 공평성 및 형평과 신의칙의 견지에서 그 배상액을 감경할 수 있는데, 단순한 동승자인 귀하가 대리운전기사에게 안전운전을 촉구할 주의의무가 있다고 할 수 없으므로, 귀하의 손해배상액을 정함에 있어 과실상계를 할 수는 없을 것입니다.

따라서 위 사안의 경우 대리운전회사가 대리운전기사을 통하여 위 차량에 대한 운행지배와 운행이익을 독점하고 있다고 할 것이므로 귀하는 대리운전회사에게는 자동차손해배상 보장법상의 운행자책임을 물어 손해배상청구를 할 수 있고, 대리운전자에 대하여는 민법 제750조의 불법행위로 인한 손해배상청구가 가능할 것입니다.

해설 같은 자동차에 대한 복수의 운행자 중 1인이 당해 자동차의 사고로 피해를 입은 경우, 다른 운행자에 대하여 자신이 자동차손해배상 보장법 제3조에 정한 '다른 사람'임을 주장할 수 있는지 여부는 자동차손해배상 보장법 제3조에 정한 '다른 사람'은 자기를 위하여 자동차를 운행하는 자 및 당해 자동차의 운전자를 제외한 그 외의 자를 지칭하는 것이므로, 동일한 자동차에 대하여 복수로 존재하는 운행자 중 1인이 당해 자동차의 사고로 피해를 입은 경우에도 사고를 당한 그 운행자는 다른 운행자에 대하여 자신이 같은 법 제3조에 정한 '다른 사람'임을 주장할 수 없는 것이 원칙입니다. 다만, 사고를 당한 운행자의 운행지배 및 운행이익에 비하여 상대방의 그것이 보다 주도적이거나 직접적이고 구체적으로 나타나 있어 상대방이 용이하게 사고의 발생을 방지할 수 있었다고 보이는 경우에 한하여 비로소 자신이 '다른 사람'임을 주장할 수 있을 뿐입니다.

■ 열쇠를 꽂아둔 채 세워둔 자동차를 무단운전하여 낸 사고의 책임자

> **Q.** 저는 자동차를 집 앞 골목에 세워두고 자동차에 열쇠를 꽂아 둔 채로 잠시 집안에 들어갔다 나왔습니다. 그런데 그 사이에 이웃사람이 무단으로 위 자동차를 이용하여 운전연습을 하던 중 지나가던 행인을 치어 상처를 입혔는데, 피해자는 저에게 손해배상을 하라고 합니다. 저에게 책임이 있는지요?

A. 자동차의 운행으로 사람이 사망하거나 부상한 경우 가해자동차의 소유자는 「자동차손해배상 보장법」에 의해 무과실책임을 지게 되며, 다만 위 차량에 대해 소유자가 운행지배를 갖지 않는 경우, 예컨대 절도 당한 경우나 무단운전 등의 경우에만 일정요건 하에 소유자의 책임이 면제됩니다.

그런데 자동차소유자가 제3자의 무단운전 중 사고에 대하여 자동차손해배상 보장법 상 운행자로서 책임을 부담하는 경우에 관한 판례를 보면, 자동차소유자는 비록 제3 자가 무단히 그 자동차를 운전하다가 사고를 내었더라도 그 운행에 있어 소유자의 운행지배와 운행이익이 완전히 상실되었다고 볼 특별한 사정이 없는 경우에는 그 사고에 대하여 자동차손해배상 보장법 제3조에서 정한 운행자로서의 책임을 부담하고, 그 운행지배와 운행이익의 상실여부는 평소의 자동차나 그 열쇠의 보관 및 관리상태, 소유자의 의사와 관계없이 운행이 가능하게 된 경위, 소유자와 운전자의 인적 관계, 운전자의 차량반환의사의 유무, 무단운행 후 소유자의 사후승낙가능성, 무단운전에 대한 피해자의 인식유무 등 객관적이고 외형적인 여러 사정을 사회통념에 따라 종합적으로 평가하여 이를 판단하여야 한다고 하였습니다.

따라서 위 사안의 경우 귀하에게는 자동차열쇠를 꽂아 둔 채로 자동차를 행인 등이 왕래하는 길에 주차한 잘못이 있어 위 사고에 대한 책임을 부담하여야 할 가능성이 크다고 하겠습니다. 그러나 구체적으로 차량을 주차해둔 곳의 구체적 상황이나 이웃 사람과의 친소관계 등을 종합적으로 고려하여 판단하여야 할 것입니다. 참고로 물적 손해에 대하여 그 운행의 지배이익을 가지는 자가 자동차손해배상 보장법상의 손해배상책임을 지는 지에 관해서 판례를 보면, 자동차운행자가 자동차손해배상 보장법상의 손해배상책임을 지는 경우는 그 자동차의 운행으로 다른 사람을 사망하게 하거나 부상하게 한 때이고(같은 법 제3조), 그 자동차의 운행으로 발생한 물적 손해에 대해서는 자동차손해배상 보장법상의 손해배상책임을 지지 않는 것이라고 하였습니다.

관련판례 |

【판시사항】

자동차 열쇠를 꽂아 두고 출입문을 잠그지 아니한 채 노상에 주차한 행위와 절취 자가 일으킨 자동차사고로 인한 손해와의 인과관계를 인정한 사례

【판결요지】

원심은, 소외 1이 1999. 8. 13. 14:30경 그 소유의 이 사건 자동차를 주택가 앞 도로인 판시 장소에 열쇠를 꽂은 채 출입문을 잠그지 아니하고 주차해 놓았는데, 소 외 2가 같은 날 15:00경 이를 절취하여 운전하며 돌아다니다가 같은 달 16일 00:30경 음주운전단속 중이던 서귀포경찰서 위미파출소 소속 경찰관들인 피고(반소 원고, 이하 '피고'라 한다)들의 정지신호를 무시하고 그대로 진행하다가 같은 날 00:45경 추격하여 온 피고들 탑승의 순찰차량을 들이받음으로써 이 사건 교통사고가 발생한 사실을 확정하고, 위 소외 1이 위와 같이 이 사건 자동차의 열쇠를 뽑지 아

니하고 출입문도 잠그지 아니한 채 노상에 주차시킨 행위와 그 차량을 절취한 제3자가 일으킨 이 사건 사고로 인한 손해와의 사이에 상당인과관계가 있다고 판단하였는 바, 이 같은 원심의 판단은 정당하고, 거기에 불법행위에 있어서의 상당인과관계와 그로 인한 손해배상의 법리를 오해한 위법이 있다고 할 수 없다(대법원 2001.06.29. 선고 2001다23201 판결).

■ 견인차 운전자의 불법정차로 인한 사고

> Q. 선행 교통사고가 수습되어 사고 지점에 정차할 부득이한 사유가 없음에도 도로 2차로와 갓길을 절반 정도 차지한 상태로 견인차를 정차시켜 둠으로써 후행 교통사고가 발생한 경우, 견인차 운전자의 불법 정차와 후행 교통사고 사이에 상당인과관계가 있는지요?

A. 견인차 운전자가 사고 지점에 도착하였을 때는 이미 다른 견인차에 의하여 선행 교통사고가 수습되어 사고 차량들이 갓길로 치워져 있었으므로 위 사고 지점에 견인차를 정차시켜 놓을 부득이한 사유가 있는 경우에 해당한다고 할 수 없습니다. 그리고, 그 정차 지점이 갓길과 2차로를 절반 가량씩 차지한 상태로 다른 차량의 진행에 방해를 주고 있는 데다가 단순히 경광등과 비상등만을 켜 놓았을 뿐 도로교통법 제61조 및 도로교통법시행규칙 제23조에 규정한 '고장 등 경우의 표지'를 해태하였으므로, 견인차 운전자의 이러한 형태의 갓길 정차는 불법정차에 해당합니다.

또한 견인차 운전자로서는 자동차전용도로를 진행하는 차량들이 긴급사태에 대피하거나 빙판에 미끄러지는 등의 돌발사태로 인하여 급하게 갓길 쪽으로 진입할 수 있고 이러한 경우 갓길에 정차된 위 견인차와 충돌할 수 있다는 것을 충분히 예상할 수 있었다고 할 것이어서 결국, 견인차 운전자의 불법 정차와 그로 인해 발생한 교통사고 사이에 상당인과관계가 있다고 인정됩니다.

■ 과속운전 등의 과실이 사고 확대에 기여한 경우 손해배상책임

> Q. 저는 야간에 눈이 와서 결빙된 도로를 화물자동차의 지정차로가 아닌 1차로에서 제한속도를 초과하여 운전하던 중, 맞은편 1차로를 따라 과속으로 운전하던 A의 승용차가 갑자기 미끄러지면서 중앙선을 침범해오므로 미처 피하지 못하고 1차 충돌하여 제 차가 중앙선을 넘어 들어갔고, 마침 마주 오던 B의 승용차를 2차 충돌하는 사고가 발생하였습니다. 이 경우 저도 B에 대한 손해배상책임이 있는지요?

A. 일반적으로 중앙선이 설치된 도로를 자기 차로를 따라 운행하는 자동차운전자로서는 마주 오는 자동차도 자기 차로를 지켜 운행하리라고 신뢰하는 것이 보통이므로, 상대방 자동차의 비정상적인 운행을 예견할 수 있는 특별한 사정이 없다면, 상대방 자동차가 중앙선을 침범해 들어올 경우까지 예상하여 미리 2차로나 도로 우측 가장자리

로 붙여 운전하여야 할 주의의무는 없고, 또한 운전자가 제한속도를 초과하여 운전하는 등 교통법규를 위반하였다고 하더라도 그와 같이 과속운행 등을 하지 아니하였다면 상대방 자동차의 중앙선 침범을 발견하는 즉시 감속하거나 피하여 진행함으로써 충돌을 피할 수 있었다는 사정이 있었던 경우에 한하여 과속운행을 과실로 볼 수 있다고 하고 있습니다.

따라서 귀하의 경우 당시는 야간이고 내린 눈으로 인하여 노면이 얼어붙어 있었으며, 귀하가 운전하던 화물자동차의 반대방향 차로 1차선을 A운전의 승용차가 결빙시의 제한속도인 시속을 초과하여 과속으로 맞은 편 1차로를 진행하여 오고 있었으므로, A로서는 위 승용차가 약간의 부주의만으로도 결빙된 도로상에서 쉽게 미끄러져 중앙선을 침범하는 등의 비정상적 운행을 할 수 있다는 것을 어느 정도 예견할 수 있는 특별한 사정이 있었고, 귀하가 운전하던 화물자동차의 지정차로를 따라 운행하거나, 결빙시의 제한속도를 지켜 운행하였다면, 위 승용차와의 충돌은 피할 수 없었다고 하더라도 적어도 결빙된 도로상에서 미끄러지면서 맞은 편 차로로 넘어 들어가 B의 승용차와 충돌하는 사고는 피할 수 있었거나 그 피해가 확대되는 것을 막을 수는 있었던 사정이 있었다면, 제한속도를 초과하여 승용차를 운전하다가 중앙선을 침범한 A의 과실과 지정차로를 지키지 아니한 채 제한속도를 초과하여 운전한 귀하의 과실이 경합하여 발생하고 그 손해가 확대된 것이라면 귀하도 사고에 대한 책임을 면할 수는 없을 것으로 보입니다.

■ 아파트단지의 주차구역도 도로교통법상의 도로에 해당되는지요?

Q. 저는 친구와 술을 마신 후 주점종업원에게 대리운전을 부탁하였고 그 종업원은 제가 거주하는 아파트단지 내 주차구획선이 있는 주차장 즉 부설주차장에 저의 차를 주차시키고 갔습니다. 저는 위 종업원이 주차해둔 저의 차량을 주차구획선에 똑바로 정렬하기 위하여 후진하다가 옆에 주차되어 있던 차량을 들이받는 사고를 냈습니다. 저는 피해차량 차주와 합의를 시도하였으나 상대방은 음주운전으로 경찰에 신고하였고 저는 경찰의 음주측정 결과 혈중알콜농도 0.13%가 나왔는데, 이 경우 저는 음주운전으로 형사 및 행정상 처벌을 받게 되는지요?

A. 구 「도로교통법」(2005. 5. 31. 법률 제7545호로 전문개정되기 전의 것) 제2조 제1호는 '도로'라 함은 도로법에 의한 도로, 유료도로법에 의한 유료도로, 그 밖의 일반교통에 사용되는 모든 곳을 말한다고 도로의 정의에 관하여 규정하고 있었습니다.

여기서 말하는 '일반교통에 사용되는 곳'에 관하여 판례는 "현실적으로 불특정·다수의 사람 또는 차량의 통행을 위하여 공개된 장소로서 교통질서유지 등을 목적으로 하는 일반교통경찰권이 미치는 공공성이 있는 곳을 의미하는 것이고, 특정인들 또는 그들과 관련된 특정한 용건이 있는 자들만이 사용할 수 있고 자주적으로 관리되는 장소는 이에 포함되지 않는다고 할 것이며, 외부차량이 경비원의 통제 없이 자유롭게 출입할 수 있는 아파트단지 내 통행로는 도로교통법 소정의 도로에 해당한다."라고 하였습니다(대법원 1997. 9. 30. 선고 97누7585 판결).

그러나 또 다른 판례는 "아파트단지 내 건물 사이의 통로 한 쪽에 주차구획선을 그어 차량이 주차할 수 있는 주차구역을 만들었다면 이는 주차장법 및 주택건설촉진법 등의 관계 규정에 의하여 설치된 아파트부설주차장이라고 보아야 하고, 주차구획선 밖의 통로부분이 일반교통에 사용되는 곳으로서 도로교통법 제2조 제1호 소정의 도로에 해당하는지의 여부는 아파트의 관리 및 이용상황에 비추어 그 부분이 현실적으로 불특정 다수의 사람이나 차량의 통행을 위하여 공개된 장소로서 교통질서유지 등을 목적으로 하는 일반경찰권이 미치는 곳으로 볼 것인가 혹은 특정인들 또는 그들과 관련된 특정한 용건이 있는 자들만이 사용할 수 있고 자주적으로 관리되는 장소로 볼 것인가에 따라 결정할 것이나, 주차구획선 내의 주차구역은 도로와 주차장의 두 가지 성격을 함께 가지는 곳으로서 주차장법과 주택건설촉진법 등의 관계 규정이 우선 적용되므로 이를 도로교통법 소정의 도로라고 할 수는 없다."라고 하였습니다(대법원 1995. 7. 28. 선고 94누9566 판결, 2001. 7. 13. 선고 2000두6909 판결).

한편, 현행 「도로교통법」제2조 제1호 '라'목에서는 구 「도로교통법」에서 "그 밖의 일반교통에 사용되는 모든 곳"이라는 표현을 "그 밖에 현실적으로 불특정 다수의 사람 또는 차마가 통행할 수 있도록 공개된 장소로서 안전하고 원활한 교통을 확보할 필요가 있는 장소"로 개정하였는바, 위 판례 등의 취지를 반영한 입법으로 보입니다.

따라서 귀하가 아파트단지 내 주차장의 주차구획선 밖의 통로부분에서 운전을 한 것이라면 그 통로부분이 위 아파트 주민들 또는 그들과 관련된 특정한 용건이 있는 자들만이 사용할 수 있으면서 위 아파트 주민들이 자주적으로 관리하는 장소인지, 불특정 다수의 사람이나 차량 등의 통행을 위하여 공개된 장소로서 교통질서유지 등을 목적으로 하는 일반경찰권이 미치는 공공성이 있는 장소로 인정될 수 있는 곳인지에 따라 음주운전여부가 결정될 것으로 보이고, 귀하가 주차구획선 내의 주차구역에서 위와 같이 운전하였다면 음주운전으로 문제되지는 않을 것으로 보입니다.

■ 아파트 단지 내의 통행로가 도로교통법상 '도로'에 해당하는지요?

Q. 甲은 택시를 운전하는 자로서 택시영업을 마치고 주거지 아파트 단지 내 상가에서 술을 마시고 혈중알콜농도 0.13% 상태에서 택시를 운전하여 위 아파트 주차장 사이의 통행로로 진입하던 중 주차구획선 내에 주차되어 있던 승용차를 들이받는 사고를 일으켰습니다. 甲이 운전한 장소는 위 아파트 단지 내 통행로인바, 이 경우에도 위 아파트 단지 내 통행로가 「도로교통법」 제2조 제1호 소정의 '도로'에 해당되어 음주운전으로 운전면허취소처분을 받게 되는지요?

A. 「도로교통법」 제2조 제1호는 "도로란 다음 각 목에 해당하는 곳을 말한다. 가. 「도로법」에 따른 도로, 나. 「유료도로법」에 따른 유료도로, 다. 「농어촌도로 정비법」에 따른 농어촌도로, 라. 그 밖에 현실적으로 불특정 다수의 사람 또는 차마(車馬)가 통행할 수 있도록 공개된 장소로서 안전하고 원활한 교통을 확보할 필요가 있는 장소"라고 규정하고 있으며, 같은 법 제2조 제26호에서 운전의 정의에 관하여 '운전'이란 도로에서 차마를 그 본래의 사용방법에 따라 사용하는 것(조종을 포함)을 말한다.라고 규정하고 있습니다.

그리고 같은 법 제44조 제1항은 "누구든지 술에 취한 상태에서 자동차 등(「건설기계관리법」 제26조제1항 단서에 따른 건설기계 외의 건설기계를 포함한다. 이하 이 조, 제45조, 제47조, 제93조제1항제1호부터 제4호까지 및 제148조의2에서 같다.)을 운전하여서는 아니 된다."라고 규정하고 있고, 같은 법 제93조 제1항 제1호에서는 지방경찰청장은 운전면허를 받은 사람이 제44조 제1항의 규정에 위반하여 술에 취한 상태에서 운전을 한 때에는 행정자치부령이 정하는 기준에 의하여 운전면허를 취소하거나 1년의 범위 안에서 그 운전면허의 효력을 정지시킬 수 있다."라고 규정하고 있습니다.

그런데 「도로교통법」은 도로에서 일어나는 교통상의 모든 위험과 장해를 방지·제거하여 안전하고 원활한 교통을 확보함을 목적으로 하므로(같은 법 제1조), 같은 법 제93조 제1항 제1호 소정의 행정처분대상자에 해당하기 위해서는 운전한 장소가 같은 법 제2조 제1호 소정의 도로이어야 합니다.

구 「도로교통법」 제2조 제1호에 의하면 '도로'는 "도로법에 의한 도로, 유료도로법에 의한 유료도로, 그 밖의 일반교통에 사용되는 모든 곳을 말한다"라고 규정하고 있었는바, 여기서 말하는 '일반교통에 사용되는 곳'에 대한 해석과 관련하여 판례는, "구 도로교통법(1999. 1. 29. 법률 제5712호로 개정되기 전의 것) 제2조 제1호, 제19호에 의하면 '운전'이라 함은 도로에서 차를 본래의 사용방법에 따라 사용하는 것을 말하고, '도로'라 함은 도로법에 의한 도로, 유료도로법에 의한 유료도로 그 밖의 일반교통에 사용되는 모든 곳을 말한다고 규정하고 있는데, 여기서 '일반교통에 사용되는 모든 곳'

이라 함은 현실적으로 불특정 다수의 사람 또는 차량의 통행을 위하여 공개된 장소로서 교통질서유지 등을 목적으로 하는 일반 교통경찰권이 미치는 공공성이 있는 곳을 의미하고, 특정인들 또는 그들과 관련된 특정한 용건이 있는 자들만이 사용할 수 있고 자주적으로 관리되는 장소는 이에 포함되지 않는다."라고 하였으나, "아파트 단지가 상당히 넓은 구역이고, 여러 곳에 경비실이 설치되어 있어 경비원들이 아파트 주민 이외의 차량에 스티커를 발부해 왔으나 외부차량 출입통제용이 아닌 주민들의 주차공간 확보 차원에서 이루어진 것일 뿐이며, 현실적으로 불특정 다수의 사람이나 차량의 통행이 허용된다는 이유로 아파트 단지 내의 통행로가 공개된 장소로서 교통질서유지 등을 목적으로 하는 일반교통경찰권이 미치는 공공성이 있는 곳으로 구 도로교통법 (1999. 1. 29. 법률 제5712호로 개정되기 전의 것) 제2조 제1호 소정의 '도로'에 해당한다."라고 한 바 있습니다(대법원 2001. 7. 13. 선고 2000두6909 판결).

위 판례는 구 「도로교통법」(1999. 1. 29. 법률 제5712호로 개정되기 전의 것)하에서 발생된 사건에 관한 판례이지만, 위 판례 등의 취지를 반영하여 개정된 현행 「도로교통법」에서도 동일하게 적용될 것으로 보입니다.

따라서 위 사안에 있어서도 위 아파트 단지 내의 통행로의 관리상태가 위 판례 사안과 유사한 경우라면 공개된 장소로서 교통질서유지 등을 목적으로 하는 일반교통경찰권이 미치는 공공성이 있는 「도로교통법」상의 도로에 해당되므로 甲의 운전면허가 취소될 수 있을 것으로 보입니다.

■ 자동차 운전자가 도로교통법을 위반하지 않은 경우 운전면허증 제시의무가 없는지요?

> Q. 저는 안전벨트를 착용하고 정상적으로 자동차를 운행하던 도중에 경찰로부터 안전벨트 미착용을 이유로 단속을 당했고, 경찰에게 운전면허증 제시를 요구받아 억울한 마음에 운전면허증을 제시하지 않았습니다. 이런 경우에 저에게 운전면허증 제시의무가 존재하나요?

A. 도로교통법 제92조 제2항에서 "운전자는 운전 중에 교통안전이나 교통질서 유지를 위하여 경찰공무원이 제1항에 따른 운전면허증등 또는 이를 갈음하는 증명서를 제시할 것을 요구하거나 운전자의 신원 및 운전면허 확인을 위한 질문을 할 때에는 이에 응하여야 한다."고 규정하고 있고, 같은 법 제155조에서 "제92조제2항을 위반하여 경찰공무원의 운전면허증등의 제시 요구나 운전자 확인을 위한 진술 요구에 따르지 아니한 사람은 20만원 이하의 벌금 또는 구류에 처한다."고 규정하고 있습니다.

판례는 위 규정은 운전자의 도로교통법 위반의 혐의가 있는지 여부와 관계없이 자동차 등의 운전자에게 운전면허증 등의 제시를 요구할 수 있고 그 요구를 받은 운전자는 이에 응하여야 할 의무가 있고(대법원 1979. 7. 24. 선고 79도1118 판결 등 참조), 그 운전자가 도로교통법을 위반하지 아니하였다고 하여 운전면허증 등의 제시의무를 면할 수 있는 것은 아니라고 판시하고 있습니다(대법원 2007. 1. 12. 선고 2006도7891 판결 참조).

따라서 귀하가 도로교통법 위반행위가 없었다고 하더라도 단속경찰관의 운전면허증 제시요구에 응할 의무가 있기 때문에 운전면허증 제시의무 위반에 따른 처벌을 피하기 어려울 것으로 보입니다.

참고적으로 위와 같은 사안에서 판례는 이러한 경우 피고인으로서는 안전벨트 미착용 혐의에 대하여 사후 법정절차를 통하여 충분히 다툴 수 있었던 점을 비롯한 이 사건 경위에 비추어 보면 설사 피고인이 자신의 행위가 정당한 행위에 해당된다고 믿었다고 하더라도 그와 같이 믿은 데에 정당한 이유가 있었다고 보기 어렵고, 따라서 피고인의 행위는 형법 제16조에 의하여 죄가 되지 아니하는 경우에 해당된다고 볼 수 없다고 판시하였습니다(대법원 2007. 1. 12. 선고 2006도7891 판결 참조).

■ 차량을 일렬주차하기 위하여 1m 정도 전, 후진을 한 것이 도로교통법상 운전에 해당하는지요?

> Q. 제가 살고 있는 주택가의 도로는 길이 비좁고 막다른 골목이라 차량을 일렬주차하지 않으면 지나갈 수 없는 도로입니다. 그런데 저는 술을 마신 상태에서 다른 차량들의 통행이 가능하도록 저의 차량을 일렬주차하기 위해서 1m 정도 전, 후진을 하다가 경찰관에게 음주단속을 당하게 됐습니다. 저는 단순히 주차목적으로 차량을 움직인 것인데 저의 행동이 음주운전에 해당하는 것인지요.

A. 도로교통법 제2조 제1호, 제19호에 의하면 위 법에서 '운전'이라 함은 도로에서 차를 그 본래의 사용방법에 따라 사용하는 것을 말하고 위 법에서 '도로'라 함은 도로법에 의한 도로, 유료도로법에 의한 유료도로 그 밖의 일반교통에 사용되는 모든 곳을 말한다고 규정되어 있습니다.

여기서 말하는 "일반교통에 사용되는 모든 곳"이라 함은 현실적으로 불특정다수의 사람 또는 차량의 통행을 위하여 공개된 장소로서 교통질서유지 등을 목적으로 하는 일반교통경찰권이 미치는 공공성이 있는 곳을 의미하는 것이므로 특정인들 또는 그들과 관련된 특정한 용건이 있는 자들만이 사용할 수 있고 자주적으로 관리되는 장소가 아닌 한 도로에 해당한다고 할 것입니다.

한편 일렬주차를 하여야만 간신히 다른 차량이 통행할 수 있는 이 사건 주택가 막다른 골목길에서 다른 차량의 통행 및 주차에 대비하여 피고인이 일단 주차시켜 놓았던 자기의 차량을 다시 똑바로 일렬주차하기 위하여 약 1m 정도 전 후진시킨 것은 단순히 주차의 목적으로 차량을 전 후진시킨 것으로 음주운전에 해당하지 않는다고 생각할 여지도 있습니다. 그러나 이 사건 주택가의 막다른 골목길 등과 같은 곳도 위 법에서 말하는 도로에 해당한다 할 것이고, 또 피고인이 이러한 장소에서 자동차의 시동을 걸어 위와 같이 이동하였다면 비록 그것이 주차를 위한 것이라거나 주차시켜 놓았던 차량을 똑바로 정렬하기 위한 것이라 하더라도 이는 "차량을 그 본래의 사용방법에 따라 사용"하는 것으로서 위 법에서 말하는 '운전'에 해당한다고 볼 수밖에 없을 것입니다.

판례도 이와 동일한 취지로 도로교통법 제2조 제1호, 제19호에 의하면, 법에서 "운전"이라 함은 도로에서 차를 본래의 사용방법에 따라 사용하는 것을 말하고 법에서 "도로"라 함은 도로법에 의한 도로, 유료도로법에 의한 유료도로 그 밖의 일반교통에 사용되는 모든 곳을 말한다고 규정되어 있는바, "일반교통에 사용되는 모든 곳"이라 함은 현실적으로 불특정다수의 사람 또는 차량의 통행을 위하여 공개된 장소로서 교통질서유지 등을 목적으로 하는 일반교통경찰권이 미치는 공공성이 있는 곳을 의미하는 것이므로, 특정인들 또는 그들과 관련된 특정한 용건이 있는 자들만이 사용할 수 있고 자주적으로 관리되는 장소가 아닌 한 주택가의 막다른 골목길 등과 같은 곳도 법에서 말하는 도로에 해당하고, 또 이러한 장소에서 자동차의 시동을 걸어 이동하였다면 그것이 주차를 위한 것이라거나 주차시켜 놓았던 차량을 똑바로 정렬하기 위한 것이더라도 "차량을 그 본래의 사용방법에 따라 사용"하는 것으로서 법에서 말하는 "운전"에 해당한다고 판시하였습니다.(대법원 1993. 6. 22. 선고 93도828 판결 참조) 따라서 귀하가 주차목적으로 차량을 이동하였다고 하더라도 이는 도로에서 차를 그 본래의 용법에 따라 사용한 것이므로 운전행위에 해당하여 음주운전에 해당할 것으로 보입니다.

■ 교습용 차량사고에 대해 자동차운전학원의 책임범위

> Q. 자동차운전학원의 피교습자가 교습용 차량을 운전하다가 사고를 일으켜 학원 운영자와 피교습자가 공동으로 손해배상책임을 지기로 한 경우, 특별한 사정이 없는 한 학원 운영자만이 전적으로 그 책임을 지고, 피교습자의 책임은 면제하기로 합의하였습니다. 자동차운전교습계약에 당사자들의 그러한 의사가 포함되어 있었다고 해석할 수는 없는지요?

A. 자동차운전학원에서 운전교습을 받는 피교습자는 자동차운전면허가 있는 사람의 경우에 비하여 교습용 차량을 운전함에 있어 사고발생의 위험이 매우 크고 또한 피교습자의 자그마한 실수로도 사람의 사상 등 손해의 규모가 상당히 클 수 있습니다. 그러므로 피교습자는 비교적 안전한 시설을 갖춘 자동차운전학원에서 학원에 소속된 전문교습자로부터 안전한 방법으로 정확하게 운전기능교육을 받아 운전면허를 취득할 목적으로 자동차 운전학원에 수강료를 납부하고 등록함으로써 자동차운전학원과 자동차운전교습계약을 체결하는 것입니다.

다른 한편 자동차운전학원 운영자는 이러한 자동차운전교습 과정에서의 피교습자의 필요를 충족시켜 주는 대가로 피교습자로 부터 수강료를 받고 교습용 차량을 이용한 운전기능교육을 하여 사업수익을 얻는 것이므로, 자동차운전학원 운영자로서는 피교습자로부터 받은 수강료로 사고방지를 위한 인적·물적 안전시설을 갖추고 사고에 대비하여 보험에 가입함으로써 손실을 분산시킬 수 있는 지위에 있다고 할 것입니다.

따라서 이러한 자동차운전학원 운영자이며, 교습자와 피교습자의 지위, 자동차운전교습계약의 성격과 내용, 교습용 차량 운전의 위험성 및 운전교습계약의 대가성, 유상성 등의 내부적 요소에 대하여도 좀 더 심리한 후 이러한 사정들까지 참작하여 쌍방이 부담 부분의 비율을 결정하여야 할 것입니다. 또 위와 같은 제반 사정에 비추어 손해의 공평한 분담이라고 하는 견지에서 신의칙상 피교습자에 대한 구상권의 행사를 제한하는 것이 상당한지의 여부에 대하여도 아울러 살펴보아야 할 것이라는 점을 지적하여 둡니다. 그래서 자동차운전교습계약에 당사자들의 그러한 의사가 포함되어 있었다고 해석할 수는 없습니다.

관련판례 |

【판결요지】

사용자가 피용자의 업무수행과 관련한 불법행위로 인하여 손해를 입은 경우, 피용자에게 행사할 수 있는 구상권의 범위

【판결요지】

일반적으로 사용자가 피용자의 업무수행과 관련하여 행해진 불법행위로 인하여 직접 손해를 입었거나 그 피해자에게 사용자로서의 손해배상책임을 부담한 결과로 손해를 입게 된 경우에 있어서 사용자는 그 사업의 성격과 규모, 시설의 현황, 피용자의 업무내용, 근로조건이나 근무태도, 가해행위의 상황, 가해행위의 예방이나 손실의 분산에 관한 사용자의 배려 정도, 기타 제반 사정에 비추어 손해의 공평한 분산이라는 견지에서 신의칙상 상당하다고 인정되는 한도 내에서만 피용자에 대하여 그 구상권을 행사할 수 있다고 보아야 할 것이다(대법원 1994.12.13. 선고 94다17246 판결).

■ 교통법규를 위반하고 경찰관에게 쫓기다 난 사고

Q. 저는 교통법규 등을 위반한 후 경찰관이 순찰차로 추적하자 도주를 하던 중 제3자가 손해를 입혔습니다. 이런 경우에 경찰관이 추적하여 사고가 발생하였으므로 경찰관의 추적행위가 위법한 것이 아닌지요?

A. 경찰관은 수상한 거동 기타 주위의 사정을 합리적으로 판단하여 어떠한 죄를 범하였

거나 범하려 하고 있다고 의심할만한 상당한 이유가 있는 자 또는 이미 행하여진 범죄나 행하여지려고 하는 범죄행위에 관하여 그 사실을 안다고 인정되는 자를 정지시켜 질문할 수 있습니다. 또 범죄를 실행중이거나 실행 직후인 자는 현행범인으로, 누구임을 물음에 대하여 도망하려 하는 자는 준현행범인으로 각 체포할 수 있습니다.

이와 같은 정지 조치나 질문 또는 체포 직무의 수행을 위하여 필요한 경우에는 대상자를 추적할 수도 있으므로, 경찰관이 교통법규 등을 위반하고 도주하는 차량을 순찰차로 추적하는 직무를 집행하는 중에 그 도주차량의 주행에 의하여 제3자가 손해를 입었다고 하더라도 그 추적이 당해 직무 목적을 수행하는 데에 불필요하다거나 또는 도주차량의 도주의 태양 및 도로교통상황 등으로부터 예측되는 피해발생의 구체적 위험성의 유무 및 내용에 비추어 추적의 개시·계속 혹은 추적의 방법이 상당하지 않다는 등의 특별한 사정이 없는 한 그 추적행위를 위법하다고 할 수는 없습니다.

■ 귀책사유가 없는 사고차 운전자도 구호조치 및 신고의무 여부

Q. 귀책사유 없는 사고차량의 운전자도 도로교통법에 규정된 구호조치의무 및 신고의무가 있는지요?

A. 도로교통법 제54조 제1항, 제2항이 규정한 교통사고발생시의 구호조치의무 및 신고의무는 차의 교통으로 인하여 사람을 사상하거나 물건을 손괴한 때에 운전자 등으로 하여금 교통사고로 인한 사상자를 구호하는 등 필요한 조치를 신속히 취하게 하고, 또 속히 경찰관에게 교통사고의 발생을 알려서 피해자의 구호, 교통질서의 회복 등에 관하여 적절한 조치를 취하게 하기 위한 방법으로 부과된 것이므로 교통사고의 결과가 피해자의 구호 및 교통질서의 회복을 위한 조치가 필요한 상황인 이상 그 의무는 교통사고를 발생시킨 당해 차량의 운전자에게 그 사고발생에 있어서 고의·과실 혹은 유책·위법의 유무에 관계없이 부과된 의무라고 해석함이 상당할 것이므로, 당해 사고에 있어 귀책사유가 없는 경우에도 위 의무가 없다 할 수 없고, 또 위 의무는 신고의무에만 한정되는 것이 아니므로 타인에게 신고를 부탁하고 현장을 이탈하였다고 하여 위 의무를 다한 것이라고 말할 수는 없습니다.

해설 귀책사유없는 사고차량의 운전자도 도로교통법 제50조 제1, 2항의 구호조치의무 및 신고의무가 있는지 여부는 도로교통법 제50조 제1, 2항이 규정한 교통사고발생시의 손괴한 때에 운전자 등으로 하여금 교통사고로 인한 사상자를 구호하는 등 필요한 조치를 신속히 취하게 하고, 또 속히 경찰관에게 교통사고의 발생을 알려서 피해자의 구호, 교통질서의 회복 등에 관하여 적절한 조치를 취하게 하기 위한 방법으로 부과된 것이므로 교통사고의 결과가 피해자의 구호 및 교통질서의 회복을 위한 조치가 필요한 상황인 이상 그 의무는 교통사고를 발생시킨 당해 차량의 운전자에게 그 사고발생에 있어서 고의, 과실 혹은 유책, 위법의 유무에 관계없이 부과된 의무라고 해석함이 상당할 것입니다.

■ 횡단보도에서 보행자의 보호의무의 대상범위

> **Q.** 도로교통법 제27조 제1항에 정한 '횡단보도에서의 보행자보호 의무의 대상'에 보행신호
> 등의 녹색등화가 점멸하고 있는 동안에 횡단보도를 통행하는 보행자도 포함되는지요?

A. 교통사고처리 특례법 제3조 제2항 제6호, 도로교통법 제5조 제1항, 제27조 제1항
및 도로교통법 시행규칙 제6조 제2항 [별표 2] 등의 규정들을 종합하면, 보행신호
등의 녹색등화 점멸신호는 보행자가 준수하여야 할 횡단보도의 통행에 관한 신호일
뿐이어서, 보행신호등의 수범자가 아닌 차의 운전자가 부담하는 보행자보호의무의 존
부에 관하여 어떠한 영향을 미칠 수 없습니다.

이에 더하여 보행자 보호의무에 관한 법률규정의 입법 취지가 차를 운전하여 횡단보
도를 지나는 운전자의 보행자에 대한 주의의무를 강화하여 횡단보도를 통행하는 보행
자의 생명·신체의 안전을 두텁게 보호하려는 데 있는 것임을 감안하면, 보행신호등의
녹색등화의 점멸신호 전에 횡단을 시작하였는지 여부를 가리지 아니하고 보행신호등
의 녹색등화가 점멸하고 있는 동안에 횡단보도를 통행하는 모든 보행자는 도로교통법
제27조 제1항에서 정한 횡단보도에서의 보행자보호의무의 대상이 됩니다.

해설 모든 차의 운전자는 보행자(자전거에서 내려서 자전거를 끌고 통행하는 자전거 운전자를
포함합니다)가 횡단보도를 통행하고 있을 때에는 보행자의 횡단을 방해하거나 위험을 주
지 아니하도록 그 횡단보도 앞(정지선이 설치되어 있는 곳에서는 그 정지선을 말합니다)
에서 일시정지하여야 합니다. 또 모든 차의 운전자는 교통정리를 하고 있는 교차로에서
좌회전이나 우회전을 하려는 경우에는 신호기 또는 경찰공무원등의 신호나 지시에 따라
도로를 횡단하는 보행자의 통행을 방해하 여서는 안 됩니다. 그리고 모든 차의 운전자
는 교통정리를 하고 있지 아니하는 교차로 또는 그 부근의 도로를 횡단하는 보행자의 통
행을 방해하여서도 안 되고, 모든 차의 운전자는 도로에 설치된 안전지대에 보행자가 있
는 경우와 차로가 설치되지 아니한 좁은 도로에서 보행자의 옆을 지나는 경우에는 안전
한 거리를 두고 서행하여야 하며, 모든 차의 운전자는 보행자가 제10조제3항에 따라
횡단보도가 설치되어 있지 아니한 도로를 횡단하고 있을 때에는 안전거리를 두고 일시정
지하여 보행자가 안전하게 횡단할 수 있도록 하여야 합니다.

관련판례 |

【판결요지】

보행등이 설치되어 있지 아니한 횡단보도를 진행하는 차량의 운자가 인접한 교차

로의 차량진행신호에 따라 진행하다 교통사고를 낸 경우, 횡단보도에서의 보행자보호의무 위반의 책임을 지게 되는지 여부(적극)

【판결요지】

횡단보도에 보행자를 위한 보행등이 설치되어 있지 않다고 하더라도 횡단보도표시가 되어 있는 이상 그 횡단보도는 도로교통법에서 말하는 횡단보도에 해당하므로, 이러한 횡단보도를 진행하는 차량의 운전자가 도로교통법 제24조 제1항의 규정에 의한 횡단보도에서의 보행자보호의무를 위반하여 교통사고를 낸 경우에는 특례법 제3조 제2항 단서 제6호 소정의 횡단보도에서의 보행자보호의무 위　반의 책임을 지게 되는 것이며, 비록 그 횡단보도가 교차로에 인접하여 설치되어 있고 그 교차로의 차량 신호등이 차량진행신호였다고 하더라도 이러한 경우 그 차량신호등은 교차로를 진행할 수 있다는 것에 불과하지, 보행등이 설치되어 있지 아니한 횡단보도를 통행하는 보행자에 대한 보행자 보호의무를 다하지 아니하여도 된다는 것을 의미하는 것은 아니므로 달리 볼 것은 아니다(대법원 2003.10.23.선고2003도3529).

■ 자동차 전용도로를 운행하는 자동차 운전자의 주의의무

Q. 저는 심야에 편도 4차선인 자동차전용도로를 운행하던 중 술에 취하여 3차선 상에 앉아 있던 피해자를 15미터전방에서 발견하여 급제동하였으나 미처 피하지 못하고 그를 충격하여 사망케 하였습니다. 이 경우에도 운전자에게 손해배상책임이 있는지요?

A. 도로교통법 제63조는 "자동차(이륜자동차는 긴급자동차에 한한다) 외의 차마의 운전자 또는 보행자는 고속도로 등을 통행하거나 횡단하여서는 아니 된다."라고 규정하고 있으며, 이와 관련된 판례는 "자동차전용도로를 운행하는 자동차의 운전자로서는 특별한 사정이 없는 한, 무단횡단하는 보행자가 나타날 경우를 미리 예상하여 급정차할 수 있도록 대비하면서 운전할 주의의무는 없다 할 것입니다.

따라서 도로를 무단횡단하거나 도로에 앉아 있는 피해자를 충격하여 사고를 발생시킨 경우에 있어서 그 피해자를 발견하는 즉시 제동조치를 취하였다면 피해자와 충돌하지 않고 정차할 수 있었다거나, 또는 다른 곳으로 피할 수 있었는데도 자동차의 조향장치, 제동장치 그 밖의 장치를 정확히 조작하지 아니하고 운전하였기 때문에 사고가 발생하였다는 등의 특별한 사정이 인정되지 않는 한, 자동차운전자에게 업무상 주의의무를 태만히한 과실이 있다고는 볼 수는 없을 것이다."라고 하였습니다.

또한, "야간에 선행사고로 인하여 고속도로 3차선 상에 멈추어서 있는 차량에서 나와 중앙분리대 쪽으로 무단횡단하던 피해자를 충격하는 사고를 발생시킨 사안에서 운전자가 주의의무를 게을리하지 아니한 것으로 볼 소지가 많다."라고 하였습니다. 따라서 위 사안의 경우에도 甲에게 사고의 손해배상책임을 묻기 어려울 것으로 보입니다.

해설 야간에 사고차량에서 나와 고속도로상을 무단횡단하던 피해자를 충격하는 사고를 발생시킨 운전자의 과실을 부정한 사례를 보면 도로교통법 제58조는 보행자는 고속도로를 통행하거나 횡단할 수 없다고 규정하고 있으므로, 고속도로를 운행하는 자동차의 운전자로서는 특별한 사정이 없는한 보행자가 고속도로를 통행하거나 횡단할 것까지 예상하여 급정차를 할 수 있도록 대비하면서 운전할 주의의무는 없다 할 것이고, 따라서 고속도로를 무단횡단하는 피해자를 충격하여 사고를 발생시킨 경우라도 운전자가 상당한 거리에서 그와 같은 무단횡단을 미리 예상할 수 있는 사정이 있었고, 그에 따라 즉시 감속하거나 급제동하는 등의 조치를 취하였다면 피해자와의 충돌을 면할 수 있었다는 등의 특별한 사정이 인정되지 아니하는 한 자동차 운전자에게 과실이 있다고는 볼 수 없습니다.

■ 교통할아버지의 수신호 잘못으로 교통사고 발생한 경우

Q. 질문 A지방자치단체는 교통할아버지 봉사활동계획을 수립한 후 봉사원을 선정하여 그들에게 활동시간과 장소까지 지정해주면서 그 활동시간에 비례한 수당을 지급하고, 그 활동에 필요한 모자, 완장 등 물품을 공급함으로써, A지방자치단체의 복지행정업무에 해당하는 어린이보호, 교통안내, 거리질서확립 등의 공무를 위탁하였습니다. 그런데 그 봉사원 B는 지정된 시간 중에 위탁받은 업무범위를 넘어 교차로 중앙에서 교통정리를 하다가 수신호의 잘못으로 인하여 교통사고가 발생되었습니다. 이 경우 B의 과실로 인한 손해배상을 A지방자치단체가 하여야 하는지요?

A. 답변 국가배상법 제2조 제1항 본문에서 국가나 지방자치단체는 공무원 또는 공무를 위탁받은 사인이 직무를 집행하면서 고의 또는 과실로 법령을 위반하여 타인에게 손해를 입히거나, 자동차손해배상 보장법에 따라 손해배상의 책임이 있을 때에는 이 법에 따라 그 손해를 배상하여야 한다고 규정하고 있습니다. 그런데 공무원의 의미와 관련하여 판례를 보면, 국가배상법 제2조에서 정한 '공무원'이란 국가공무원법이나 지방공무원법에 의하여 공무원으로서의 신분을 가진 자에 국한하지 않고, 널리 공무를 위탁받아 실질적으로 공무에 종사하고 있는 일체의 자를 가리키는 것으로서, 공무의 위탁이 일시적이고 한정적인 사항에 관한 활동을 위한 것이어도 달리 볼 것은 아니라고 하였습니다(대법원 2001. 1. 5. 선고 98다39060 판결). 그리고 국가배상 청구의 요건인 '공무원의 직무'의 범위에 관하여 판례를 보면, 국가배상청구의 요건인 '공무원의 직무'에는 권력적 작용만이 아니라 비권력적 작용도 포함되며, 단지 행정주체가 사경제주체로서 하는 활동만 제외된다고 하였습니다(대법원 2004.4.9.선고 2002다10691 판결). 그런데 위 사안과 유사한 사례에 대한 판례를 보면, 지방자치단체가 '교통할아버지 봉사활동계획'을 수립한 후 관할 동장으로 하여금 교통할아버지를 선정하게 하여 어린이보호, 교통안내, 거리질서확립 등의 공무를 위탁하여 집행하게 하던 중 '교통할아

버지'로 선정된 노인이 위탁받은 업무범위를 넘어 교차로 중앙에서 교통정리를 하다가 교통사고를 발생시킨 경우, 지방자치단체가 국가배상법 제2조에서 정한 배상책임을 부담한다고 한 사례가 있습니다(대법원 2001. 1. 5. 선고 98다39060 판결).

따라서 위 사안에 있어서도 A지방자치단체는 위 사고에 대하여 배상책임을 부담하여야 할 듯합니다.

관련판례 |

【판결요지】

구 국가배상법 제2조 제1항에 정한 '직무를 집행함에 당하여'의 의미

【판결요지】

구 국가배상법(2008. 3. 14. 법률 제8897호로 개정되기 전의 것) 제2조 제1항의 '직무를 집행함에 당하여'라 함은 직접 공무원의 직무집행행위이거나 그와 밀접한 관련이 있는 행위를 말하고, 이를 판단함에 있어서는 행위자체의 외관을 관찰하여 객관적으로 공무원의 직무행위로 보일 때에는 비록 그것이 실질적으로 직무행위가 아니거나 또는 행위자로서는 주관적으로 공무집행의 의사가 없었다고 하더라도 공무원이 '직무를 집행함에 당하여' 한 행위로 보아야 한다(대법원 2008. 6. 12. 선고 2007다64365 판결).

■ 교차로에서 유턴히는 차량 운전자의 주의의무

Q. 신호기에 의하여 교통정리가 행하여지고 있는 교차로의 전방에 유턴을 허용하는 노면표지가 설치되어 있으나 교차로의 신호기에는 유턴 허용 시기에 관한 별도 표지가 부착되어 있지 않은 경우, 유턴을 할 수 있는 시기와 유턴을 하는 차량 운전자의 주의의무는 어떻게 되는지요?

A. 신호기에 의하여 교통정리가 행하여지고 있는 교차로의 전방에 노면표지로서 유턴을 허용하는 안전표지가 설치되어 있으나, 전방의 교차로에 설치된 신호기에는 좌회전신호시 또는 보행신호시 유턴하라는 등의 별도 표지가 부착되어 있지 아니한 경우, 이와 같은 유턴 허용구역에서 유턴하려 하는 차량의 운전자는 도로교통법 제16조 제1항의 규정에 따른 통행방법에 따라 보행자나 다른 차마의 정상적인 통행을 방해할 염려가 없을 때에는 유턴할 수 있습니다.

그러나, 반드시 전방의 신호기가 좌회전신호로 바뀐 후에야 유턴하여야 하는 것은 아니라 할 것이며, 따라서 이와 같은 교차로에 설치된 신호기의 신호가 적색등화로 바뀐 다음 유턴 허용구역에서 다른 차마의 정상적인 통행을 방해할 염려가 없음을 확

인하고 유턴하는 운전자로서는 특별한 사정이 없는 한 다른 차량들도 교통법규를 준수하고 충돌을 피하기 위하여 적절한 조치를 취할 것으로 믿고 운전하면 충분하고, 맞은 편 반대차선에서 정지신호를 위반하고 교차로를 통과하여 직진하여 오거나 자신의 차량을 들이받을 경우까지 예상하여 그에 따른 사고발생을 미리 방지할 특별한 조치까지 강구할 주의의무는 없습니다.

해설 모든 차의 운전자는 다른 차를 앞지르려면 앞차의 좌측으로 통행하여야 합니다. 자전거의 운전자는 서행하거나 정지한 다른 차를 앞지르려면 제1항에도 불구하고 앞차의 우측으로 통행할 수 있다. 이 경우 자전거의 운전자는 정지한 차에서 승차하거나 하차하는 사람의 안전에 유의하여 서행하거나 필요한 경우 일시정지하여야 합니다. 또 앞지르려고 하는 모든 차의 운전자는 반대방향의 교통과 앞차 앞쪽의 교통에도 주의를 충분히 기울여야 하며, 앞차의 속도·진로와 그 밖의 도로상황에 따라 방향지시기·등화 또는 경음기를 사용하는 등 안전한 속도와 방법으로 앞지르기를 하여야 합니다. 그리고 모든 차의 운전자는 앞지르기를 하는 차가 있을 때에는 속도를 높여 경쟁하거나 그 차의 앞을 가로막는 등의 방법으로 앞지르기를 방해하여서는 아니 됩니다.

■ 신호등이 설치된 교차로의 통행방법과 운전자의 주의의무 범위

Q. 저는 화물차를 운전하여 ○○동 소재 '◇◇보육원' 부근 신호등 있는 사거리 교차로를 천안 방면에서 송탄방면으로 신호에 따라 직진하다가, 송탄 방면에서 원곡방면으로 신호를 위반하여 좌회전하던 피보험차량인 아반테 승용차와 충돌하여 상해를 입혔습니다. 사고 현장에 남겨진 화물차의 스키드마크 등을 토대로 분석한 결과 사고 직전 제 화물차는 시속 100㎞ 이상의 속도를 내고 있었던 것으로 추정되고, 사고 현장의 제한속도는 시속 80㎞입니다. 이 사고 당시 과속으로 위 화물차를 운행한 잘못이 있고 이러한 잘못 역시 이 사고로 인한 손해의 발생 및 확대에 한 원인이 되었습니다. 이 경우 저의 면책범위는 어떻게 되는지요?

A. 귀하는 이 사건 교차로에 진입하기 전 녹색 진행신호를 확인하고 진행하여 오던 속력 그대로 또는 그 이상 가속하여 교차로에 진입함으로써 최소한 제한시속 80㎞ 이상의 과속으로 진행하였습니다. 피해 차량은 진행방향 2차선의 맨 앞에 정차해 있다가 정지 신호임에도 좌회전을 하면서 교차로에 진입하였고, 귀하는 교차로 진입 전에 약 24.4m 전방에서 아반테 승용차를 발견하였으나 멈추지 못한 채 그대로 충격한 사실을 인정할 수 있습니다.

이와 같이 신호에 따라 진행하던 귀하로서는 비록 과속한 잘못이 있다 하더라도 피해 차량이 신호를 위반하고 자신의 진로를 가로질러 진행하여 오거나 자신의 차량을 들이받을 경우까지 예상하여 그에 따른 사고발생을 미리 방지할 특별한 조치까지 강구할 주의의무는 없다고 할 것입니다. 다만, 이 사건 교통사고에 관하여 면책시킬 수 없는 특별한 사정이 있는가를 보건대, 위 사실에 의하면 피해차량이 교차로로 진입한 것은 신호등이 정지신호로 바뀌기 이전이나 그 직후가 아니라 이미 정지신호로 바뀌고 어느 정도 시간이 경과되었음에도 정지신호를 무시한 채 교차로로 진입한 것이라고 볼 수 있습니다.

이러한 경우 귀하로서는 피해차량이 신호를 위반하여 교차로를 진입해 들어와 자신의 차량을 충돌할 것까지 예상할 수 있는 상황에 있지는 아니하였다고 할 것입니다. 이 사건 교통사고에는 귀하를 면책시킬 수 없는 특별한 사정이 있다고 인정되지 아니 합니다.

해설 교차로에서의 통행방법은 ① 모든 차의 운전자는 교차로에서 우회전을 하려는 경우에는 미리 도로의 우측 가장자리를 서행하면서 우회전하여야 합니다. 이 경우 우회전하는 차의 운전자는 신호에 따라 정지 하거나 진행하는 보행자 또는 자전거에 주의하여야 합니다. ② 모든 차의 운전자는 교차로에서 좌회전을 하려는 경우에는 미리 도로의 중앙선을 따라 서행하면서 교차로의 중심 안쪽을 이용하여 좌회전하여야 합니다. 다만, 지방경찰청장이 교차로의 상황에 따라 특히 필요하다고 인정하여 지정한 곳에서는 교차로의 중심 바깥쪽을 통과할 수 있습니다. ③ ②에도 불구하고 자전거의 운전자는 교차로에서 좌회전하려는 경우에는 미리 도로의 우측 가장자리로 붙어 서행하면서 교차로의 가장자리 부분을 이용하여 좌회전하여야 합니다. ④ ①~③에 따라 우회전이나 좌회전을 하기 위하여 손이나 방향지시기 또는 등화로써 신호를 하는 차가 있는 경우에 그 뒤차의 운전자는 신호를 한 앞차의 진행을 방해하여서는 안 됩니다. ⑤ 모든 차의 운전자는 신호기로 교통정리를 하고 있는 교차로에 들어가려는 경우에는 진행하려는 진로의 앞쪽에 있는 차의 상황에 따라 교차로(정지선이 설치되어 있는 경우에는 그 정지선을 넘은 부분을 말합니다)에 정지하게 되어 다른 차의 통행에 방해가 될 우려가 있는 경우에는 그 교차로에 들어가서는 안 됩니다. ⑥ 모든 차의 운전자는 교통정리를 하고 있지 아니하고 일시정지나 양보를 표시하는 안전표지가 설치되어 있는 교차로에 들어가려고 할 때에는 다른 차의 진행을 방해하지 아니하도록 일시정지하거나 양보하여야 합니다.

■ 신호기가 고장 난 횡단보도에서 발생한 교통사고의 배상책임자

Q. 보행자 신호기가 고장 난 횡단보도 상에서 교통사고가 발생한 경우, 적색등의 전구가 단선되어 있었던 위 보행자 신호기는 그 용도에 따라 통상 갖추어야 할 안전성을 갖추지 못한 관리상의 하자가 있을 때 해당 지방자치단체의 배상책임이 있는지요?

A. 위 사고장소가 평소 차량 및 일반인들의 통행이 많은 곳일 뿐만 아니라 가해 버스가 진행하던 도로는 편도 3차선의 넓은 도로여서 횡단보도 및 신호기가 설치되지 않을 경우 무단횡단 등으로 인하여 교통사고가 발생할 위험성이 높은 곳인 점, 이 사고장소에는 가해 버스의 진행방향에서 보아 교차로 건너편에 차량용 신호가 있고 교차로

를 지난 직후 이 장소에는 보행자 신호기가 설치된 횡단보도가 있습니다.

교차로를 통행하는 운전자로서는 차량용 신호기가 진행신호인 경우 횡단보도에 설치된 보행자 신호기가 정지신호일 것이라고 신뢰하고 횡단보도 앞에서 감속하거나 일단 정지를 하지 않을 것이므로, 횡단보도에 설치된 보행자 신호기가 고장이 나서 그 신호기의 신호와 차량용 신호기의 신호가 불일치 또는 모순되는 경우 교통사고가 발생할 위험성이 큰 점, 보행자 신호기에 아무런 표시등도 켜져 있지 않은 경우 보행자가 횡단보도를 건너다가 사고가 발생하였다 하더라도 그 사고가 오로지 보행자의 과실에만 기인한 것이고, 보행자 신호기의 고장과는 무관한 것이라고 할 수 없는 점, 특히 이 사건에서 교통신호등 유지보수공사 계약에 따라 사고장소의 각 신호기를 관리 하여 오던 ○○전설이라는 업체는 매일 순회하면서 신호기의 정상작동 여부를 확인, 점검하여 고장 신호기를 보수하고 있는데 이 사고 발생 이틀 후에야 비로소 위 고장 신호기가 수리된 점 등의 각 사정에 비추어, 지방자치단체 자신이 관리하는 영조물인 이 사건 보행자 신호기의 위험성에 비례하여 사회통념상 일반적으로 요구되는 정도의 방호조치의무를 다하였다고는 볼 수 없습니다.

객관적으로 보아 시간적·장소적으로 영조물의 기능상 결함으로 인한 손해발생의 예견가능성과 회피가능성이 없는 경우에 해당한다고 볼 수도 없습니다. 그러므로 이 사고 당시 적색등의 전구가 단선되어 있었던 이 장소 보행자 신호기에는 그 용도에 따라 통상 갖추어야 할 안전성을 갖추지 못한 관리상의 하자가 있어 해당 지방자치단체에서 배상할 책임이 있습니다.

관련판례 |

【판시사항】

[1] 국가배상법 제5조 제1항에 정한 '영조물의 설치 또는 관리의 하자'의 의미 및 그 판단 기준

[2] 자연영조물로서의 하천의 관리상의 특질과 특수성 및 하천관리상 하자 유무의 판단 기준

【판결요지】

[1] 국가배상법 제5조 제1항 소정의 영조물의 설치 또는 관리의 하자라 함은 영조물이 그 용도에 따라 통상 갖추어야 할 안전성을 갖추지 못한 상태에 있음을 말하는 것으로서, 영조물이 완전무결한 상태에 있지 아니하고 그 기능상 어떠한 결함이 있다는 것만으로 영조물의 설치 또는 관리에 하자가 있다고 할 수 없는 것이고, 위와 같은 안전성의 구비 여부를 판단함에 있어서는 당해 영조물의 용도, 그

설치장소의 현황 및 이용 상황 등 제반 사정을 종합적으로 고려하여 설치 관리자가 그 영조물의 위험성에 비례하여 사회통념상 일반적으로 요구되는 정도의 방호조치의무를 다하였는지 여부를 그 기준으로 삼아야 할 것이며, 객관적으로 보아 시간적·장소적으로 영조물의 기능상 결함으로 인한 손해발생의 예견가능성과 회피가능성이 없는 경우, 즉 그 영조물의 결함이 영조물의 설치관리자의 관리행위가 미칠 수 없는 상황아래에 있는 경우에는 영조물의 설치·관리상의 하자를 인정할 수 없다.

[2] 자연영조물로서의 하천은 원래 이를 설치할 것인지 여부에 대한 선택의 여지가 없고, 위험을 내포한 상태에서 자연적으로 존재하고 있으며, 간단한 방법으로 위험상태를 제거할 수 없는 경우가 많고, 유수라고 하는 자연현상을 대상으로 하면서도 그 유수의 원천인 강우의 규모, 범위, 발생시기 등의 예측이나 홍수의 발생작용 등의 예측이 곤란하고, 실제로 홍수가 어떤 작용을 하는지는 실험에 의한 파악이 거의 불가능하고 실제 홍수에 의하여 파악할 수밖에 없어 결국 과거의 홍수 경험을 토대로 하천관리를 할 수밖에 없는 특질이 있고, 또 국가나 하천관리청이 목표로 하는 하천의 개수작업을 완성함에 있어서는 막대한 예산을 필요로 하고, 대규모 공사가 되어 이를 완공하는데 장기간이 소요되며, 치수의 수단은 강우의 특성과 하천 유역의 특성에 의하여 정해지는 것이므로 그 특성에 맞는 방법을 찾아내는 것은 오랜 경험이 필요하고 또 기상의 변화에 따라 최신의 과학기술에 의한 방법이 효용이 없을 수도 있는 등 그 관리상의 특수성도 있으므로, 하천관리의 하자 유무는, 과거에 발생한 수해의 규모·발생의 빈도·발생원인·피해의 성질·강우상황·유역의 지형 기타 자연적 조건, 토지의 이용상황 기타 사회적 조건, 개수를 요하는 긴급성의 유무 및 그 정도 등 제반 사정을 종합적으로 고려하고, 하천관리에 있어서의 위와 같은 재정적·시간적·기술적 제약하에서 같은 종류, 같은 규모 하천에 대한 하천관리의 일반수준 및 사회통념에 비추어 시인될 수 있는 안전성을 구비하고 있다고 인정할 수 있는지 여부를 기준으로 하여 판단해야 한다(대법원 2007.09.21. 선고 2005다65678 판결).

■ 아파트 단지 내 통행로가 도로에 해당하는지 여부

> Q. 저희 아파트 단지는 상당히 넓은 구역으로서 불특정 다수의 사람이나 차량의 통행을 위하여 공개된 장소이고, 또 교통질서유지 등을 목적으로 하는 일반교통경찰권이 미치는 공공성이 있는 곳입니다. 이와 같은 장소는 도로교통법 제2조 제1호 소정의 '도로'에 해당하는지요?

A. 아파트 단지가 상당히 넓은 구역으로서 비록 여러 곳에 경비실이 설치되어 있고 경

비원들이 아파트 주민 이외의 차량에 스티커를 발부해 왔다 하더라도 이는 주민들의 차량으로 하여금 우선 주차할 수 있도록 하기 위한 주차공간확보 차원에서 이루어진 것으로 보일 뿐이고, 그것만으로 아파트 단지 내의 통행로가 특정인들 또는 그들과 관련된 특별한 용건이 있는 자들만이 사용할 수 있는 장소로서 자주적으로 관리되는 장소라고 볼 수는 없고, 현실적으로 볼 때 불특정 다수의 사람이나 차량의 통행을 위하여 공개된 장소라면 교통질서유지 등을 목적으로 하는 일반교통경찰권이 미치는 공공성이 있는 곳으로 도로교통법 제2조 제1호 소정의 '도로'에 해당합니다.

해설 도로교통법에 의한 '도로'란 도로법에 따른 도로, 유료도로법에 따른 유료도로, 농어촌도로 정비법에 따른 농어촌도로를 말하며, 그 밖에 현실적으로 불특정 다수의 사람 또는 차마(車馬)가 통행할 수 있도록 공개된 장소로서 안전하고 원활한 교통을 확보할 필요가 있는 장소도 포함합니다. 또 "차도"(車道)란 연석선, 안전표지 또는 그와 비슷한 인공구조물을 이용하여 경계(境界)를 표시하여 모든 차가 통행할 수 있도록 설치된 도로의 부분을 말합니다.

■ 신호등에 의해 교통정리가 행해지는 교차로에서 주의의무

> **Q.** 신호등에 의하여 교통정리가 행하여지고 있는 교차로의 통행방법과 운전자의 주의 의무 및 교차로에서 자신의 진행방향에 대한 별도의 진행신호는 없지만, 다른 차량 들의 진행방향이 정지신호일 경우를 이용하여 교통법규에 위배되지 않게 진행하는 차량 운전자에게 다른 차량이 신호를 위반하여 진행하여 올 것까지 예상하여야 할 주의의무가 있는지요?

A. 신호등에 의하여 교통정리가 행하여지고 있는 교차로를 진행신호에 따라 진행하는 차량의 운전자는 특별한 사정이 없는 한 다른 차량들도 교통법규를 준수하고 충돌을 피하기 위하여 적절한 조치를 취할 것으로 믿고 운전하면 충분하고, 다른 차량이 신호를 위반하고 자신의 진로를 가로질러 진행하여 오거나 자신의 차량을 들이받을 경우까지 예상하여 그에 따른 사고발생을 미리 방지할 특별한 조치까지 강구할 주의의무는 없습니다. 다만 신호를 준수하여 진행하는 차량의 운전자라고 하더라도 이미 교차로에 진입하고 있는 다른 차량이 있다거나 다른 차량이 그 진행방향의 신호가 진행신호에서 정지신호로 바뀐 직후에 교차로를 진입하여 계속 진행하고 있는 것을 발견하였다거나 또는 그 밖에 신호를 위반하여 교차로를 진입할 것이 예상되는 특별한 경우라면 그러한 차량의 동태를 두루 살피면서 서행하는 등으로 사고를 방지할 태세를 갖추고 운전하여야 할 주의의무는 있습니다.

이와 같은 주의의무는 어디까지나 신호가 바뀌기 전이나 그 직후에 교차로에 진입하여 진행하고 있는 차량에 대한 관계에서 인정되는 것이고, 신호가 바뀐 후 다른 차량이 신호를 위반하여 교차로에 새로 진입하여 진행하여 올 경우까지를 예상하여 그에 따른 사고발생을 방지하기 위한 조치까지 강구할 주의의무는 없는 것입니다.

해설 신호등에 따라 교차로를 진행하는 차량 운전자에게 다른 차량이 신호를 위반하여 진행하여 올 것까지 예상하여야 할 주의의무가 있는지 여부는 신호등에 의하여 교통정리가 행하여지는 교차로를 진행신호에 따라 진행하는 차량의 운전자는 특별한 사정이 없는 한 다른 차량들도 교통법규를 준수하고 충돌을 피하기 위하여 적절한 조치를 취할 것으로 믿고 운전하면 되고, 다른 차량이 신호를 위반하고 자신의 진로를 가로질러 진행하여 올 경우까지 예상하여 그에 따른 사고 발생을 미리 방지할 특별한 조치까지 강구할 주의의무는 없으며, 이른 아침 시간대의 통행량이 많지 않은 교차로라고 하여 달리 볼 것도 아닙니다.

■ 유치원생이 귀가하던 중 교통사고를 당한 경우 교사의 손해배상 책임여부

> **Q.** 저의 딸은 만 4세 9개월 되어 공립인 ○○유치원에 입학하여 2개월 정도 다니던 중, 학교 앞 50미터 떨어진 4차선도로에서 뺑소니차량에 교통사고를 당하여 중태입니다. 유치원 담임교사는 유치원생을 안전하게 귀가시킬 책임이 있음에도 학교 앞까지만 인솔하여 교통안전교육을 실시하지 않았고 또 위 차도를 저의 딸이 혼자서 건너도록 했기 때문에 담임교사 등에게 손해배상을 청구할 수는 없는지요?

A. 유치원 교사 등의 책임에 관하여 판례를 보면, 학교의 교장이나 교사는 학생을 보호감독 할 의무를 지는 것이나, 그 보호감독의무는 교육관련 법률에 따라 학생들을 친권자 등 법정감독의무자에 대신하여 보호감독하여야 하는 의무로서, 학교의 교육활동 중에 있거나 그것과 밀접·불가분의 생활관계에 있는 학생들에 대하여 인정되며, 보호감독의무를 소홀히 하여 학생이 사고를 당한 경우에도 그 사고가 통상 발생할 수 있다고 예상할 수 있는 것에 한하여 교사 등의 책임을 인정할 것인바, 그 예견가능성은 학생의 연령, 사회적 경험, 판단능력 등을 고려하여 판단하여야 하고, 생후 4년 3개월 남짓 되어 책임능력은 물론 의사능력도 없고, 유치원에 입학하여 45일정도 되어 유치원 생활에 채 적응하지도 못한 상태에 있는 유치원생들에 있어서는 다른 각급 학교학생들의 경우와 달리 유치원 수업활동 외에 수업을 마치고 그들이 안전하게 귀가할 수 있는 상태에 이르기까지가 유치원 수업과 밀접·불가분의 관계에 있는 생활관계에 있는 것으로 보아야 하며, 따라서 유치원담임교사는 원생들이유치원에 도착한 순간부터 유치원으로부터 안전하게 귀가할 수 있는 상태에 이르기까지 법정감독의무자인 친권자에 준하는 보호감독의무가 있다고 하였습니다(대법원 1996. 8. 23. 선고 96다19833 판결).

그러므로 위 사안의 담임교사도 귀하의 딸이 안전하게 귀가할 수 있도록 조치할 의무를 다하지 못한 불법행위책임이 인정될 수도 있을 것입니다. 그런데 교육공무원의 교육업무상 발생한 불법행위로 인한 손해배상책임은 국가배상법 제1조, 제2조에서 정한 배상책임이고, 공무원이 직무수행에 당하여 고의 또는 과실로 타인에게 손해를 가한 것으로 주장하는 경우는 특별법인 국가배상법이 적용되어 민법상의 사용자책임에 관한 규정은 그 적용이 배제됩니다(대법원 1996. 8. 23. 선고 96다19833 판결, 2008. 1. 18. 선고 2006다41471 판결).

그리고 헌법 제29조 제1항 본문과 단서 및 국가배상법 제2조를 그 입법취지에 조화되도록 해석하면, 공무원이 직무수행 중 불법행위로 타인에게 손해를 입힌 경우에 국가나 지방자치단체가 국가배상책임을 부담하는 외에 공무원 개인도 고의 또는 중과실이 있는 경우에는 불법행위로 인한 손해배상책임을 지지만, 공무원에게 경과실이 있을 뿐인 경우에는 공무원 개인은 불법행위로 인한 손해배상책임을 부담하지 아니하고, 여기서 공무원의 중과실이란 공무원에게 통상 요구되는 정도의 상당한 주의를 하지 않더라도 약간의 주의를 한다면 손쉽게 위법·유해한 결과를 예견할 수 있는 경우임에도 만연히 이를 간과함과 같은 거의 고의에 가까운 현저한 주의를 결여한 상태를 의미합니다(대법원 2003. 12. 26.선고 2003다13307 판결).

위 사안의 경우 만약 담임교사가 귀하의 딸에게 매일 실시하던 교통안전교육을 실시하고 나서 위 유치원으로 돌아왔고, 또한 평소에 귀하의 가족들이 직접 데리러 갔다는 사정이 있었다면 위 담임교사는 유치원교사로서 통상 요구되는 주의를 현저히 게을리 한 것으로는 볼 수 없어 담임교사를 상대로 직접 손해배상을 청구할 수 없을 것이나, 적어도 경과실은 인정된다고 할 것이므로 국가배상법 제2조 제1항에 따라 위 공립유치원이 소속된 지방자치단체를 상대로 손해배상을 청구할 수 있을 것으로 보입니다.

해설 어린이 통학버스 운전자 및 운영자 등의 의무사항은 ① 어린이통학버스를 운전하는 사람은 어린이나 영유아가 타고 내리는 경우에만 점멸등 등의 장치를 작동하여야 하며, 어린이나 영유아를 태우고 운행중인 경우에만 이에 따른 표시를 하여야 하며, ② 어린이통학버스를 운전하는 사람은 어린이나 영유아가 어린이통학버스를 탈 때에는 승차한 모든 어린이나 영유아가 좌석안전띠를 매도록 한 후에 출발하여야 하며, 내릴 때에는 보도나 길가장자리구역 등 자동차로부터 안전한 장소에 도착한 것을 확인한 후에 출발하여야 합니다. 다만, 좌석안전띠 착용과 관련하여 질병 등으로 인하여 좌석안전띠를 매는 것이 곤란하거나 사유가 있는 경우에는 예외로 합니다. 또 ③ 어린이통학버스를 운영하는 자는 어린이통학버스에 어린이나 영유아를 태울 때에는 보호자를 함께 태우고 운행하여야 하며, 동승한 보호자는 어린이나 영유아가 승차 또는 하차하는 때에는 자동차에서 내려서 어린이나 영유아가 안전하게 승하차하는 것을 확인하고 운행 중에는 어린이나 영유아가 좌석에 앉아 좌석안전띠를 매고 있도록 하는 등 어린이 보호에 필요한 조치를 하여야 합니다.

【판시사항】

유치원이나 학교 교사 등의 보호·감독의무가 미치는 범위 및 이러한 법리는 학원의 설립·운영자 및 교습자의 경우에도 마찬가지로 적용되는지 여부(적극)

【판결요지】

유치원이나 학교 교사 등의 보호·감독의무가 미치는 범위는 유치원생이나 학생의 생활관계 전반이 아니라 유치원과 학교에서의 교육활동 및 이와 밀접·불가분의 관계에 있는 생활관계로 한정되고, 또 보호·감독의무를 소홀히 하여 학생이 사고를 당한 경우에도 그 사고가 통상 발생할 수 있다고 예상할 수 있는 것에 한하여 교사 등의 책임을 인정할 수 있으며, 이때 그 예상가능성은 학생의 연령, 사회적 경험, 판단능력, 기타의 제반 사정을 고려하여 판단하여야 한다. 이러한 법리는 학원의 설립·운영자 및 교습자의 경우라고 하여 다르지 않을 것인바, 대체로 나이가 어려 책임능력과 의사능력이 없거나 부족한 유치원생 또는 초등학교 저학년생에 대하여는 보호·감독의무가 미치는 생활관계의 범위와 사고발생에 대한 예견가능성이 더욱 넓게 인정되어야 한다. 특히 유치원생이나 그와 비슷한 연령, 사회적 경험 및 판단능력을 가진 초등학교 저학년생을 통학차량으로 운송하는 방식을 취하고 있는 경우에는 그 유치원·학교 또는 학원의 운영자나 교사 등으로서는 보호자로부터 학생을 맞아 통학차량에 태운 때로부터 학교 등에서의 교육활동이 끝난 후 다시 통학차량에 태워 보호자가 미리 지정한 장소에 안전하게 내려줄 때까지 학생을 보호·감독할 의무가 있는 것으로 보아야 한다(대법원 2008.01.17. 선고 2007다40437 판결).

■ 교통사고 후 도주한 차량의 처벌규정

> **Q.** 저는 농로에서 중앙분리대가 설치된 왕복 4차로의 도로로 진입하던 차량의 진행 차량의 유무를 확인치 않고 운행하던 중 교통사고가 발생하였으나, 피해차량의 물적 피해가 경미하고, 추돌로 인한 파편이 도로상에 비산되지도 않아서, 즉시 정차하여 필요한 조치를 취하지 아니한 채 그대로 도주한 경우에 도로교통법 제54조 제1항 위반죄가 성립되는지요?

A. 도로교통법 제54조 제1항의 취지는 도로에서 일어나는 교통상의 위험과 장해를 방지·제거하여 안전하고 원활한 교통을 확보하기 위한 것으로서 피해자의 피해를 회복시켜 주기 위한 것이 아니고, 이 경우 운전자가 취하여야 할 조치는 사고의 내용과 피해의 정도 등 구체적 상황에 따라 적절히 강구되어야 하고 그 정도는 건전한 양식

에 비추어 통상 요구되는 정도의 조치를 말한다고 할 것입니다.

농로에서 중앙분리대가 설치된 왕복 4차로의 도로로 진입하던 차량의 운전자가 속도를 줄이거나 일시 정지하여 진행 차량의 유무를 확인하지 않은 채 그대로 진입하다가 도로를 진행하던 차량을 들이받아 파손한 사안에서, 비록 사고로 인한 피해차량의 물적 피해가 경미하고, 파편이 도로상에 비산되지도 않았다고 하더라도, 차량에서 내리지 않은 채 미안하다는 손짓만 하고 도로를 역주행하여 피해차량의 진행방향과 반대편으로 도주한 것은 교통사고 발생 시의 필요한 조치를 다하였다고 볼 수 없으므로 도로교통법 위반죄가 성립합니다.

해설 자동차의 운전 등 교통으로 인하여 사람을 사상하거나 물건을 손괴한 경우에는 그 차의 운전자나 그 밖의 승무원은 즉시 정차하여 사상자를 구호하는 등 필요한 조치를 하여야 하며, 그 차의 운전자등은 경찰공무원이 현장에 있을 때에는 그 경찰공무원에게, 경찰공무원이 현장에 없을 때에는 가장 가까운 국가경찰관서(지구대, 파출소 및 출장소)에 ①사고가 일어난 곳, ②사상자 수 및 부상 정도, ③손괴한 물건 및 손괴 정도, ④그 밖의 조치사항 등을 지체 없이 신고하여야 합니다. 그러나, 운행 중인 차만 손괴된 것이 분명하고 도로에서의 위험방지와 원활한 소통을 위하여 필요한 조치를 한 경우에는 예외로 합니다. 이러한 신고를 받은 국가경찰관서의 경찰공무원은 부상자의 구호와 그 밖의 교통위험방지를 위하여 필요하다고 인정하면 경찰공무원이 현장에 도착할 때까지 신고한 운전자등에게 현장에서 대기할 것을 명할 수 있으며, 경찰공무원은 교통사고를 낸 차의 운전자등에 대하여 그 현장에서 부상자의 구호와 교통안전을 위하여 필요한 지시를 명할 수 있다. 그런데 긴급자동차, 부상자를 운반 중인 차 및 우편물자동차 등의 운전자는 긴급한 경우에는 동승자로 하여금 이와 같은 조치 및 신고를 하게 하고 운전을 계속할 수 있습니다.

■ 도주운전죄가 성립하기 위한 상해의 정도

Q. 특정범죄 가중처벌 등에 관한 법률에 규정된 도주운전죄가 성립하기 위한 상해의 정도는 어떻게 판단하는지요?

A. 특정범죄 가중처벌 등에 관한 법률 제5조의3 제1항이 정하는 "피해자를 구호하는 등 도로교통법 제54조 제1항에 의한 조치를 취하지 아니하고 도주한 때"라고 함은, 사고운전자가 사고로 인하여 피해자가 사상을 당한 사실을 인식하였음에도 불구하고, 피해자를 구호하는 등 도로교통법 제54조 제1항에 규정된 의무를 이행하기 이전에 사고현장을 이탈하여 사고를 낸 자가 누구인지 확정할 수 없는 상태를 초래하는 경우를 말하는 것입니다. 그러므로 위 도주운전죄가 성립하려면 피해자에게 사상의 결과가 발생하여야 하고, 생명·신체에 대한 단순한 위험에 그치거나 형법 제257조 제1항에 규정된 "상해"로 평가될 수 없을 정도의 극히 하찮은 상처로서 굳이 치료할 필

요가 없는 것이어서 그로 인하여 건강상태를 침해하였다고 보기 어려운 경우에는 위 죄가 성립하지 않습니다.

■ 교통사고 후 도주에 해당하지 않는 사례

Q. 사고 운전자가 교통사고 현장에서 경찰관에게 동승자가 사고차량의 운전자라고 진술하거나 그에게 같은 내용의 허위신고를 하도록 하였더라도, 사고 직후 피해자가 병원으로 후송될 때까지 사고장소를 이탈하지 아니한 채 경찰관에게 위 차량이 가해차량임을 밝히고 경찰관의 요구에 따라 동승자와 함께 조사를 받기 위해 경찰지구대로 동행한 경우, '도주'에 해당하는지요?

A. 사고 운전자가 교통사고 현장에서 출동한 119 구조대원 및 경찰관에게 이 사건 차량의 동승자인 공소외인이 위 차량의 운전자인 것으로 진술하거나 그녀로 하여금 그와 같이 허위신고 하도록 하였다고 하더라도, 사고 운전자가 사고 직후 피해자가 119 구급차량에 의하여 병원으로 후송될 때까지 사고장소를 이탈하지 아니하였고, 출동한 경찰관에게 이 사건 차량이 가해 차량임을 명백히 밝혔으며, 피해자 후송조치를 마친 후 사고현장에서 위 경찰관의 요구에 따라 제3자와 함께 조사를 받기 위해 경찰 지구대로 동행한 점 등 제반 사정에 비추어, 사고운전자가 피해자를 구호하는 등의 의무를 이행하기 전에 도주의 범의를 가지고 사고현장을 이탈하였다고 볼 수는 없다 하겠습니다.

■ 피해자를 구호하지 않고 도주한 때의 의미

Q. 도로교통법에서 사고운전자가 '피해자를 구호하는 등 조치를 취하지 아니하고 도주한 때'는 어느 시기를 말합니까?

A. 특정범죄 가중처벌 등에 관한 법률 제5조의3 제1항 소정의 '피해자를 구호하는 등 도로교통법 제50조 제1항의 규정에 의한 조치를 취하지 아니하고 도주한 때'라 함은 사고 운전자가 사고로 인하여 피해자가 사상을 당한 사실을 인식하였음에도 불구하고 피해자를 구호하는 등 구 도로교통법 제50조 제1항에 규정된 의무를 이행하기 이전에 사고현장을 이탈하여 사고를 낸 자가 누구인지 확정될 수 없는 상태를 초래하는 경우를 말합니다.
사고운전자가 2차 사고의 발생 직후에는 충돌로 인하여 정신을 차려 사고발생 사실을 인식하게 되었음에도 차량에서 나와 사고현장 부근에 앉아 있다가 이유 없이 사고현장에서는 보이지 않는 길로 걸어가 사고현장을 이탈하였고, 자신도 사고현장에서 이탈한 사실을 알고 있었던 것으로 보이며, 사고 현장에서 이탈한 사고운전자를 찾아 이리저리 돌아다녀 그를 다시 붙잡아 사고현장으로 데리고 온 제3자의 노력이 없었다면 사고운전자는 사고현장으로 다시 돌아오지 않았으리라고 보이는바, 피고인에게 도주의 범의가 있다고 볼 수 있습니다.

【판시사항】

[1] 구 특정범죄가중처벌 등에 관한 법률 제5조의3 제1항의 '피해자를 구호하는 등 도로교통법 제50조 제1항의 규정에 의한 조치를 취하지 아니하고 도주한 때' 및 구 도로교통법 제50조 제1항 의 교통사고 후 운전자 등이 즉시 정차하여야 할 의무의 의미

[2] 피고인이 교통사고 후 비록 가해차량을 운전하여 사고 현장으로부터 약 400m 이동하여 정차하였고, 그로 인하여 피고인이 구 도로교통법 제50조 제1항의 규정에 의한 조치를 제대로 이행하지 못한 사안에서, 교통사고의 발생 경위, 도로 여건 등에 비추어 피고인에게 도주의 범의가 있었다고 보기 어렵다고 한 사례

【판결요지】

[1] 구 특정범죄 가중처벌 등에 관한 법률(2005. 5. 31. 법률 제7545호로 개정되기 전의 것) 제5조의3 제1항 소정의 '피해자를 구호하는 등 도로교통법 제50조 제1항의 규정에 의한 조치를 취하지 아니하고 도주한 때'라 함은, 사고운전자가 사고로 인하여 피해자가 사상을 당한 사실을 인식하였음에도 불구하고 피해자를 구호하는 등 도로교통법 제50조 제1항에 규정된 의무를 이행하기 전에 사고현장을 이탈하여 사고를 낸 자가 누구인지 확정할 수 없는 상태를 초래하는 경우를 말하고, 구 도로교통법(2005. 5. 31. 법률 제7545호로 전문 개정되기 전의 것) 제50조 제1항의 교통사고 후 운전자 등이 즉시 정차하여야 할 의무라 함은, 곧바로 정차함으로써 부수적으로 교통의 위험이 초래되는 등의 사정이 없는 한 즉시 정차하여야 할 의무를 말한다.

[2] 교통사고로 인하여 피고인이 받았을 충격의 정도, 사고 후 불가항력적으로 반대차선으로 밀려 역주행하다가 2차 사고까지 일으키게 된 정황, 정주행 차선으로 돌아온 후에도 후발사고의 위험이 없는 마땅한 주차 공간을 찾기 어려운 도로여건, 피고인이 스스로 정차한 후 개인택시조합 직원에게 사고처리를 부탁하는 전화를 마칠 무렵 경찰관이 도착한 사정 등에 비추어, 피고인이 교통사고 후 비록 가해차량을 운전하여 사고 현장으로부터 약 400m 이동하여 정차한 사실은 인정되나 이는 불가피한 것으로 볼 여지가 있고, 이로 인하여 피고인이 구 도로교통법(2005. 5. 31. 법률 제7545호로 전문 개정되기 전의 것) 제50조 제1항의 규정에 의한 조치를 제대로 이행하지 못하였다고 하더라도 피고인에게 도주의 범의가 있었다고 보기는 어렵다고 한 사례(대법원 2006. 9. 28. 선고 2006도3441 판결).

■ 동승자가 운전자와 공모하여 도주에 가담한 경우 처벌

Q. 동승자가 교통사고 후 운전자와 공모하여 도주행위에 가담한 경우, 특정범죄 가중처벌 등에 관한 법률 위반(도주차량)죄의 공동정범으로 처벌할 수 있는지요?

A. 운전자가 아닌 동승자가 교통사고 후 운전자와 공모하여 운전자의 도주행위에 가담하였다 하더라도, 동승자에게 과실범의 공동정범의 책임을 물을 수 있는 특별한 경우가 아닌 한, 특정범죄 가중처벌 등에 관한 법률 위반(도주차량)죄의 공동정범으로 처벌할 수는 없습니다.

관련판례 |

【판시사항】

조수석에 동승하여 차량운전을 교정하여 준 자와 과실범의 공동정범

【판결요지】

피고인이 운전자의 부탁으로 차량의 조수석에 동승한 후, 운전자의 차량운전행위를 살펴보고 잘못된 점이 있으면 이를 지적하여 교정해 주려 했던 것에 그치고 전문적인 운전교습자가 피교습자에 대하여 차량운행에 관해 모든 지시를 하는 경우와 같이 주도적 지위에서 동 차량을 운행할 의도가 있었다거나 실제로 그같은 운행을 하였다고 보기 어렵다면 그 같은 운행중에 야기된 사고에 대하여 과실범의 공동정범의 책임을 물을 수 없다(대법원 1984.03.13. 선고 82도3136 판결).

■ 사고 운전자가 피해자를 구해하지 아니한 경우 처벌여부

Q. 저는 운전하던 중 차량이 언덕길에 뒤로 밀리면서 후방에서 신호대기 중인 차량을 충격하자 그 차량에 출렁거릴 정도의 움직임이 있었고 이로 인하여 피해차량 운전자가 무릎이 핸들 아래의 패널에 부딪쳐서 마침 그 곳을 지나던 목격자가 사고가 났다는 말을 듣고 우선 차량을 다른 장소로 이동하기로 한 다음 함께 편의점이 있는 인근의 성당 앞으로 가서 피해차량의 번호판이 꺾이고 앞 범퍼의 가드에 흠집이 난 것을 확인한 사실이 있습니다.
이와 같이 경미한 서고라서 피해차량 운전자도 약간의 부상을 입어서 현장에서 현금을 주고 합의를 하고 서로 헤어졌습니다. 이 경우 제가 실제로 피해자를 구호하는 등 구 도로교통법에 의한 조치를 취할 필요가 없었다고 인정하였으나 이를 구 특정범죄 가중처벌 등에 관한 법률 위반죄로 처벌할 수 있는지요?

A. 이 사고를 보면 피해차량의 파손의 정도는 아주 경미하여 차량의 운행에 지장이 있을 정

도로 부서지거나 파편이 도로에 떨어지지도 아니하였고, 쌍방 차량이 충격의 여력으로 위치를 이동하거나 조향력을 잃지도 아니하였다고 봅니다.

또 사고 직후 귀하께서 피해자들과 함께 차량을 인근의 성당앞으로 이동시킨 뒤 피해자들과 피해 변상액을 협의하고서 사건 현장을 이탈한 점 등 이 사건 사고의 경위와 그 뒤의 정황, 사고 당시 충격의 태양과 그 정도, 피해차량의 파손 정도, 피해자들의 상해의 부위와 정도 및 사고 이후의 피해자들에 대한 치료 내용과 경과 등에 비추어 보면, 이 사건 사고에서 실제로 피해자를 구호하는 등의 조치를 취하여야 할 필요가 있었다고 보기 어렵습니다.

따라서 귀하께서 구 도로교통법 제50조 제1항의 규정에 따른 조치를 취하지 아니하고 사고 장소를 이탈하였다고 하여 구 특정범죄 가중처벌 등에 관한 법률 제5조의3 제1항 제2호 위반죄로 처벌할 수 없습니다.

해설 차의 운전 등 교통으로 인하여 사람을 사상하거나 물건을 손괴(이하 "교통사고"라 합니다)한 경우에는 그 차의 운전자나 그 밖의 승무원(이하 "운전자등"이라 합니다)은 즉시 정차하여 사상자를 구호하는 등 필요한 조치를 하여야 하며, 그 차의 운전자등은 경찰공무원이 현장에 있을 때에는 그 경찰공무원에게, 경찰공무원이 현장에 없을 때에는 가장 가까운 국가경찰관서(지구대, 파출소 및 출장소를 포함합니다)에 ①사고가 일어난 곳, ② 사상자 수 및 부상 정도, ③손괴한 물건 및 손괴 정도, ④그 밖의 조치사항 등의 사항을 지체 없이 신고하여야 합니다. 다만, 운행 중인 차만 손괴된 것이 분명하고 도로에서의 위험방지와 원활한 소통을 위하여 필요한 조치를 한 경우에는 예외로 합니다. 이에 따라 신고를 받은 국가경찰관서의 경찰공무원은 부상자의 구호와 그 밖의 교통위험 방지를 위하여 필요하다고 인정하면 경찰공무원이 현장에 도착할 때까지 신고한 운전자등에게 현장에서 대기할 것을 명할 수 있으며, 경찰공무원은 교통사고를 낸 차의 운전자등에 대하여 그 현장에서 부상자의 구호와 교통안전을 위하여 필요한 지시를 명할 수 있습니다.

관련판례 |

【판시사항】

사고 운전자가 실제로 피해자를 구호하는 등 도로교통법 제50조 제1항에 의한 조치를 취할 필요가 있었다고 인정되지 아니하는 경우, 특정범죄 가중처벌 등에 관한 법률 제5조의3 제1항 위반죄로 처벌할 수 있는지 여부(소극)

【판결요지】

특정범죄 가중처벌 등에 관한 법률 제5조의3 제1항 소정의 '피해자를 구호하는 등 도로교통법 제50조 제1항의 규정에 의한 조치를 취하지 아니하고 도주한 때'라 함은 사고운전자가 사고로 인하여 피해자가 사상을 당한 사실을 인식하였음에도 불구하고 피해자를 구호하는 등 도로교통법 제50조 제1항에 규정된 의무를 이행하기 이전에 사고현장을 이탈하여 사고를 낸 자가 누구인지 확정될 수 없는 상태를 초래하는 경우를 말하는 것이나, 위 제5조의3 제1항의 규정은 자동차와 교통사고의 격증에 상응하는 건전하고 합리적인 교통질서가 확립되지 못한 현실에서 자신의 과실로 교통사고를 야기한 운전자가 그 사고로 사상을 당한 피해자를 구호하는 등의 조치를 취하지 아니하고 도주하는 행위에는 강한 윤리적 비난가능성이 있음을 감안하여 이를 가중처벌함으로써 교통의 안전이라는 공공의 이익을 보호함과 아울러 교통사고로 사상을 당한 피해자의 생명·신체의 안전이라는 개인적 법익을 보호하기 위하여 제정된 것이라는 입법취지와 보호법익에 비추어 볼 때, 사고의 경위와 내용, 피해자의 상해의 부위와 정도, 사고운전자의 과실 정도, 사고운전자와 피해자의 나이와 성별, 사고 후의 정황 등을 종합적으로 고려하여 사고운전자가 실제로 피해자를 구호하는 등 도로교통법 제50조 제1항에 의한 조치를 취할 필요가 있었다고 인정되지 아니하는 경우에는 사고운전자가 피해자를 구호하는 등 도로교통법 제50조 제1항에 규정된 의무를 이행하기 이전에 사고현장을 이탈하였더라도 특정범죄 가중처벌 등에 관한 법률 제5조의3 제1항 위반죄로는 처벌할 수 없다(대법원 2003.04.25. 선고 2002도6903 판결).

■ 교통사고 후 도주한 때 및 즉시 정차해야 할 의무위반

Q. 저는 화물차량으로 생업에 종사하는 사람입니다. 그러던 중 사고가 발생하여 사고현장으로부터 400m 떨어진 곳에 가해차량을 멈출 때까지 피해자를 구호하는 등의 필요한 조치를 취할 수 없는 불가피한 사정이 있었습니다. 그리고 나서 차를 멈춘 후에는 즉시 화물운송조합 사무실에 사고연락을 하였으므로 도주의 범의가 없었다는 주장을 하였습니다. 이 경우에 어떠한 처벌을 받게 되는지요?

A. 특정범죄 가중처벌 등에 관한 법률 제5조의3 제1항 소정의 '피해자를 구호하는 등 도로교통법 제50조 제1항의 규정에 의한 조치를 취하지 아니하고 도주한 때'라 함은, 사고운전자가 사고로 인하여 피해자가 사상을 당한 사실을 인식하였음에도 불구하고 피해자를 구호하는 등 도로교통법 제50조 제1항에 규정된 의무를 이행하기 전에 사고현장을 이탈하여 사고를 낸 자가 누구인지 확정할 수 없는 상태를 초래하는 경우를 말합니다. 또 도로교통법 제50조 제1항의 교통사고 후 운전자 등이 즉시 정차하여야 할 의무라 함은, 곧바로 정차함으로써 부수적으로 교통의 위험이 초래되는 등의 사정이 없는 한 즉시 정차하여야 할 의무를 말합니다.

그러므로 위와 같이 사고 현장을 벗어나 정차하게 된 것을 불가피한 사정에 의한 것으로 보지 아니하고, 사고 후 즉시 정차하여 피해자를 구호하는 등 필요한 조치를 취하지 않고 도주하였다고 판단되지 않기 때문에 처벌하기 어렵습니다.

【판시사항】

피해자에게 직접 자신의 신원사항을 밝히지 않고 경찰관에게 주민등록번호 중 한 자리의 숫자를 사실과 달리 불러 주고 병원을 떠났으나, 그 후 스스로 병원에 연락하여 사고 택시의 자동차등록번호와 택시공제조합에서 치료비를 부담할 것임을 통지한 경우, 피해자를 구호하는 등의 조치를 취하지 아니하고 도주한 때에 해당하지 않는다고 한 사례

【판결요지】

1. 원심의 유죄 판단/ 원심은, 그 채용 증거에 의하여, 택시 운전기사인 피고인이 2004. 11. 17. 21:40경 이 사건 사고장소에서 택시를 정차하였다가 후진하다가 과실로 피고인이 운전한 차량에 탑승했다가 하차한 피해자 공소외 1의 우측 다리 부위를 가해차량 좌측 뒷바퀴 부분으로 충격하여 피해 자에게 판시와 같은 상해를 입혔으면서도 피해자를 구호하는 등의 필요한 조치를 취하지 아니하고 그대로 도주하였다는 이 사건 공소사실을 유죄로 인정하였다.

2. 상고이유에 대한 판단
'특정범죄 가중처벌 등에 관한 법률' 제5조의3 제1항에 정하여진 '피해자를 구호하는 등 도로교통법 제50조 제1항의 규정에 의한 조치를 취하지 아니하고 도주한 때'라고 함은 사고운전자가 사고로 인하여 피해자가 사상을 당한 사실을 인식하였음에도 불구하고 도로교통법 제50조 제1항의 규정에 의한 조치를 취하지 아니하고 사고 장소를 이탈하여 사고를 낸 사람이 누구인지 확정될 수 없는 상태를 초래하는 경우를 말한다(대법원 2004. 10. 28. 선고 2004도5227 판결 등 참조).
따라서 이와 달리 피고인이 위 병원을 떠나기 전에 피해자에게 직접 자신의 신원을 알려주지 않았다는 점 등만을 중시하여 피고인이 도주하였다고 판단한 원심판결에는 '특정범죄 가중처벌 등에 관한 법률' 제5조의3 제1항 소정의 도주에 관한 법리를 오해하였거나 채증법칙에 위배하여 사실을 잘못 인정한 위법이 있다고 할 것이다(대법원 2006.01.26. 선고 2005도7325 판결).

■ 교통사고 후 도주한 범의의 인정여부

Q. 저는 개인택시 운전자인데 교통사고 후 당황하여 차량을 운전하여 사고 현장으로부터 약 400m 이동하여 정차하였습니다. 그리고 개인택시조합 직원에게 사고처리를 전화로 부탁하였습니다. 이러한 경우 도로교통법에서 말하는 도주의 범의에 속하는 지요?

A. 교통사고로 인하여 피고인이 받았을 충격의 정도, 사고 후 불가항력적으로 반대차선으로 밀려 역주행하다가 2차 사고까지 일으키게 된 정황, 정주행 차선으로 돌아온 후에도 후발사고의 위험이 없는 마땅한 주차 공간을 찾기 어려운 도로여건, 가해자가 스스로 정차한 후 개인택시조합 직원에게 사고처리를 부탁하는 전화를 마칠 무렵 경찰관이 도착한 사정 등에 비추어 볼 때 교통사고 후 비록 가해차량을 운전하여 사고 현장으로 부터 약 400m 이동하여 정차한 사실은 인정되나 이는 불가피한 것으로 볼 여지가 있습니다. 이로 인하여 귀하가 도로교통법 제50조 제1항의 규정에 의한 조치를 제대로 이행하지 못하였다고 하더라도 피고인에게 도주의 범의가 있었다고 보기는 어렵습니다.

■ 교통사고 후 도주한 때에 해당하는지 여부

Q. 저는 개인택시를 운전하던 중 사고를 내서 피해자를 구호하여 병원에 후송한 후 피해자에게 직접 자신의 신원사항을 밝히지 않고 경찰관에게 주민등록번호 중 한 자리의 숫자를 사실과 달리 불러 주고 병원을 떠났습니다. 그 후 스스로 병원에 연락하여 사고 택시의 자동차등록번호와 택시공제조합에서 치료비를 부담할 것임을 통지한 경우, 피해자를 구호하는 등의 조치를 취하지 아니하고 도주한 때에 해당하는 지요?

A. 사고 후 귀하께서 피해자를 구호하여 병원에 후송한 후 병원을 떠나기 전에 귀하의 성명과 출생년도를 경찰관에게 일러 주어 경찰관이 이를 파악하고 있었던 점, 피해자가 귀하의 차량에 탑승하였다가 사고 이후 귀하에 의해 후송되고 병원에 한동안 함께 있으면서 인상착의를 기억하게 되었을 것으로 보일 뿐만 아니라, 피해자가 귀하의 택시의 자동차등록번호 등을 카메라로 찍어 둔 점 등을 감안하면, 비록 귀하께서 피해자에게 직접 자신의 신원사항을 밝히지 않고 경찰관에게 주민등록번호 중 한 자리의 숫자를 사실과 달리 불러 주었다고 하더라도, 귀하가 피해자를 구호하는 등 도로교통법 제50조 제1항에 규정된 의무를 이행하기 이전에 사고현장을 이탈하여 사고를 낸 자가 누구인지 확정할 수 없는 상태를 초래하였다고 볼 수 없습니다.

아울러 귀하가 사고현장을 이탈한 후 스스로 병원에 연락하여 위 택시의 자동차등록번호를 알리고 택시공제조합에서 치료비를 부담하도록 한 점에 비추어 보면 당시 피고인에게 도주할 의사가 있었다고 단정하기도 어렵습니다.

【판시사항】

[1] 특정범죄 가중처벌 등에 관한 법률 제5조의3 제1항에 정하여진 '피해자를 구호하는 등 도로교통법 제50조 제1항의 규정에 의한 조치를 취하지 아니하고 도주한 때'의 의미

[2] 피고인의 행위가 피해자를 구호하는 등의 조치를 취하지 아니하고 도주한 때에 해당하지 않는다고 한 사례

【판결요지】

1. 특정범죄 가중처벌 등에 관한 법률 제5조의3 제1항에 정하 여진 '피해자를 구호하는 등 도로교통법 제50조 제1항의 규정에 의한 조치를 취하지 아니하고 도주한 때'라고 함은 사고운전자가 사고로 인하여 피해자가 사상을 당한 사실을 인식하였음에도 불구하고 '도로교통법 제50조 제1항의 규정에 의한 조치'를 취하지 아니하고 사고장소를 이탈하여 사고를 낸 사람이 누구인지 확정될 수 없는 상태를 초래하는 경우를 말하고, '도로교통법 제50조 제1항의 규정에 의한 조치'에는 피해자나 경찰관 등 교통사고와 관계있는 사람에게 사고운전자의 신원을 밝히는 것도 포함된다(대법원 2003. 3. 25. 선고 2002도5748 판결, 2004. 3. 12. 선고 2004도250 판결 등 참조).

2. 원심판결 이유에 의하면, 원심은 그 채택 증거를 종합하여 판시와 같은 사실을 인정한 다음, 피고인은 이 사건 사고 직후 차에서 내려 피해자를 지나가던 택시에 태워 병원으로 후송한 후 피해자가 치료를 위해 엑스레이 촬영을 하러 진료실로 들어가는 것을 보고 병원접수창구로 가서 피해자의 인적사항과 사고 일시, 장소 및 피고인 차량번호를 알려주면서 접수를 마친 다음에 비로소 병원을 떠난 점, 피고인이 비록 경찰에 사고 신고를 하지 아니하였고 피해자나 병원측에 자신의 인적사항을 알려준 사실은 없으나, 자신이 소유주로 되어 있는 이 사건 차량의 차량번호를 담당 간호사에게 알려 주었고 이로 인해 비교적 쉽게 피고인의 신원이 확인된 점 등 제반 사정을 종합하여 보면, 피고인이 피해자를 구호하는 등 도로교통법 제50조 제1항에 규정된 의무를 이행하기 이전에 사고현장을 이탈하여 사고를 낸 자가 누구인지 확정할 수 없는 상태를 초래하였다고 볼 수는 없으므로, 피고인이 특정범죄 가중처벌 등에 관한 법률 제5조의3 제1항에서 규정하는 바와 같이 도로교통법 제50조 제1항의 규정에 의한 피해자를 구호하는 등의 조치를 취하지 아니하고 도주한 때에 해당한다고 볼 수는 없다고 판단하였다(대법원 2004.10.28. 선고 2004도5227 판결).

■ 교통사고 후 신원을 밝히지 않고 도주한 경우

> **Q.** 저는 운전을 하던 중 인사사고를 내고 즉시 피해자를 병원에 후송하여 치료를 받게 하는 등의 구호조치는 하였습니다. 당시 회사 근무복을 입고 있어서 내 신분은 쉽게 알아볼 수 있는 상태인 상황이었으나, 당황한 나머지 피해자에게 제 신원을 정확히 밝히지 아니한 채 병원을 나왔습니다. 이 경우 도로교통법 제54조 제1항의 규정에 의한 조치를 모두 취하였다고 볼 수 있는지요?

A. '특정범죄 가중처벌 등에 관한 법률' 제5조의3 제1항에 정하여 진 '피해자를 구호하는 등 도로교통법 제54조 제1항의 규정에 의한 조치를 취하지 아니하고 도주한 때'라고 함은 사고운전자가 사고로 인하여 피해자가 사상을 당한 사실을 인식하였음에도 불구하고 '도로교통법 제50조 제1항의 규정에 의한 조치'를 취하지 아니하고 사고 장소를 이탈하여 사고를 낸 사람이 누구인지 확정될 수 없는 상태를 초래하는 경우를 말하므로, 위 '도로교통법 제54조 제1항의 규정에 의한 조치'에는 피해자나 경찰관 등 교통사고와 관계있는 사람에게 사고운전자의 신원을 밝히는 것도 포함됩니다.

질문에서 귀하가 ○○병원을 떠나기 전에 피해자나 위 병원관계자 혹은 이 사건 교통사고를 조사하는 경찰관에게 피고인의 신원을 밝힌 바 없음을 알 수 있습니다. ○○병원의 접수담당 직원이 귀하가 당시 자신이 근무하는 회사의 로고가 새겨진 옷을 입고 있었다고 하더라도, 그것만으로 귀하를 알고 있었다거나 쉽게 찾아낼 수 있다고 보이지 아니합니다. 이와 같이 피해자 등이 가해 운전자의 신원을 쉽게 확인할 수 없는 상태에서 귀하가 피해자 등에게 자신의 신원을 밝히지 아니한 채 병원을 이탈하였다면, 이는 사고를 낸 사람이 누구인지 확정될 수 없는 상태를 초래한 경우에 해당한다고 할 것입니다. 따라서 비록 이 사건 교통사고 후 피해자를 병원에 후송하여 치료를 받게 하는 등의 구호조치는 취하였다고 하더라도 그것만으로 '도로교통법 제54조 제1항의 규정에 의한 조치'를 모두 취하였다고 볼 수 없습니다.

나아가 피고인이 신원을 밝히지 않은 채 병원을 떠난 후 가해운전자임을 알게 된 경위, 특히 경찰관이 당신의 인상착의에 관한 병원 관계자와 피해자의 진술을 종합하여 피고인 근무회사에 교통사고 가해자가 있는지를 확인하자 피고인이 교통사고 발생시로부터 10여 시간이 경과한 때에 비로소 자신의 신원을 밝힌 점에 비추어 볼 때, 피고인에게 도주의 범의가 있다고 할 수 있습니다.

해설 자동차의 운전 등 교통으로 인하여 사람을 사상하거나 물건을 손괴한 경우에는 그 차의 운전자나 그 밖의 승무원은 즉시 정차하여 사상자를 구호하는 등 필요한 조치를 하여야 하며, 그 차의 운전자등은 경찰공무원이 현장에 있을 때에는 그 경찰공무원에게, 경찰공무원이 현장에 없을 때에는 가장 가까운 국가경찰관서(지구대, 파출소 및 출장소)에 ①사고가 일어난 곳, ②사상자 수 및 부상 정도, ③손괴한 물건 및 손괴 정도, ④그 밖의 조치사항 등을 지체 없이 신고하여야 합니다. 그러나, 운행 중인 차만 손괴된 것이 분명하고 도로에서의 위험방지와 원활한 소통을 위하여 필요한 조치를 한 경우에는 예외로 합니다.

■ 사고 목격자에게 사고처리를 부탁하고 현장을 이탈한 경우 도로교통법에 정한 구호조치 위반여부

> Q. 저는 자동차를 운전 중 제 차량 왼쪽 부분과 피해자 운전의 오토바이 앞부분이 충격하여 피해자가 넘어지면서 약 2주간의 치료를 요하는 뇌진탕 등의 상해를 입혔습니다. 사고 장소는 중앙선이 없는 이면도로로서 그 곳은 피해자의 주거지와 가까운 곳인데, 피해자는 사고 후 바닥에 앉아 있다가 누군가가 오토바이를 옆으로 치우는 것을 보고는 사고현장에 있던 사람의 도움을 받아 ◇◇슈퍼 앞에 있던 의자로 옮겨 앉았고, 피해자가 멍한 상태로 앉아 있는 사이에 저는 ◇◇슈퍼 주인에게 '급한 일이 있어서 회사에 가야 하니, 뒤처리를 부탁합니다. 저녁에 다시 오겠습니다'는 취지의 말을 하고는 사고 현장을 떠났습니다. 이 경우 도로교통법에서 정한 구호조치를 취하지 않았다고 볼 수 있는지요?

A. 특정범죄 가중처벌 등에 관한 법률 제5조의3 제1항 소정의 '피해자를 구호하는 등 도로교통법 제54조 제1항의 규정에 의한 조치를 취하지 아니하고 도주한 때'라 함은 사고운전자가 사고로 인하여 피해자가 사상을 당한 사실을 인식하였음에도 불구하고 피해자를 구호하는 등 도로교통법 제54조 제1항에 규정된 의무를 이행하기 이전에 사고현장을 이탈하여 사고를 낸 자가 누구인지 확정될 수 없는 상태를 초래하는 경우를 말합니다.

사고 운전자가 사고로 인하여 피해자가 사상을 당한 사실을 인식하였음에도 불구하고 피해자를 구호하는 등 도로교통법 제54조 제1항에 규정된 의무를 이행하기 이전에 사고현장을 이탈하였다면, 사고 운전자가 사고현장을 이탈하기 전에 피해자에 대하여 자신의 신원을 확인할 수 있는 자료를 제공하여 주었다고 하더라도, '피해자를 구호하는 등 도로교통법 제54조 제1항의 규정에 의한 조치를 취하지 아니하고 도주한 때'에 해당합니다.

한편 위 피해자 구호조치는 반드시 사고운전자 본인이 직접 할 필요는 없고, 자신의 지배하에 있는 자를 통하여 하거나, 현장을 이탈하기 전에 타인이 먼저 구호조치를 하여도 무방합니다. 그러나, 사고운전자가 사고를 목격한 사람에게 단순히 사고를 처리해 줄 것을 부탁만 하고 실제로 피해자에 대한 병원 이송 등 구호조치가 이루어지기 전에 사고현장을 이탈한 경우라면, 특별한 사정이 없는 이상, 사고운전자는 사고현장을 이탈하기 전에 피해자를 구호하는 등 도로교통법 제54조 제1항에 규정된 조치를 취하였다고 볼 수 없습니다.

【판시사항】

특정범죄가중처벌등에관한법률 제5조의3 제1항 소정의 피해자 구호조치를 반드시 본인이 직접 할 필요가 있는지 여부(소극)

【판결요지】

[1] 특정범죄가중처벌등에관한법률 제5조의3 제1항 소정의 피해자 구호조치는 반드시 본인이 직접 할 필요는 없고, 자신의 지배 하에 있는 자를 통하여 하거나, 현장을 이탈하기 전에 타인이 먼저 구호조치를 하여도 무방하다.

[2] 사고 운전자가 그가 일으킨 교통사고로 상해를 입은 피해자에 대한 구호조치의 필요성을 인식하고 부근의 택시 기사에게 피해자를 병원으로 이송하여 줄 것을 요청하였으나 경찰관이 온 후 병원으로 가겠다는 피해자의 거부로 피해자가 병원으로 이송되지 아니한 사이에 피해자의 신고를 받은 경찰관이 사고현장에 도착하였고, 피해자의 병원이송 및 경찰관의 사고현장 도착 이전에 사고 운전자가 사고현장을 이탈하였다면, 비록 그 후 피해자가 택시를 타고 병원에 이송되어 치료를 받았다고 하더라도 운전자는 피해자에 대한 적절한 구호조치를 취하지 않은 채 사고현장을 이탈하였다고 할 것이어서, 설령 운전자가 사고현장을 이탈하기 전에 피해자의 동승자에게 자신의 신원을 알 수 있는 자료를 제공하였다고 하더라도, 피고인의 이러한 행위는 '피해자를 구호하는 등 조치를 취하지 아니하고 도주한 때'에 해당한다고 한 사례.(대법원 2004.03.12. 선고 2004도250 판결)

■ 교통사고 후 도주의 범의가 없다고 본 사례

Q. 만 14세의 피해자가 사고 직후 친구들과 절뚝거리면서 걸어간 점 이외에는 별다른 외상을 발견할 수 없었고, 다수의 목격자가 있어 도주할 상황이었다고 보기는 어려운 점 등의 이유로 가해자에게 도주의 범의가 있었다고 보아야 하는지요?

A. 만 14세의 여중생인 피해자가 당시 절뚝거리면서 친구들에게 부축된 채로 걸어가는 것을 보았다면 피해자의 진술에도 불구하고 병원에 후송하거나 연락처를 남기는 등의 조치를 취하였어야 마땅하기는 하지만, 피해자에게 사고의 잘못이 일부 있는 것으로 보입니다.

비록 피해자는 사고 당시 만 14세에 불과한 중학교 2학년생이기는 하지만 피해자가 괜찮다고 하면서 병원에 가는 것을 거부한 채 현장을 먼저 떠났고, 사고 직후 친구들과 함께 위와 같이 절뚝거리면서 걸어간 점 이외에는 별다른 외상을 발견할 수 없었던 점과 이 사고는 가해자가 근무하는 회사의 주차타워 앞에서 주차관리인, 피해자의 일행 및 현장을 목격한 택시운전기사 등이 있는 가운데 발생한 것으로서, 교통사고를 야기한 후 도주할 상황이었다고 보기는 어려운 점 등을 감안하면, 설령 피해자에게 아무런 연락처를 남기지 않았다고 하더라도 이 점을 들어 이 교통사고를 야기한 후 도주한다는 범의가 있었다고 보기는 어렵다고 보아야 할 것입니다.

■ 피해자의 피해 정도의 판단 기준

> **Q.** 피해자의 피해 정도 및 사고 경위와 사고 후의 정황 등에 비추어 사고운전자가 실제로 피해자를 구호하는 등의 조치를 취하여야 할 필요가 있었다고 판단하여야 할 기준은 무엇입니까?

A. 사고 운전자가 자신의 승용차에 의하여 좌측 슬관절부위를 가볍게 충격 당한 피해자가 그대로 서 있는 것을 보고, 위 승용차의 조수석 쪽 창문을 내리고 괜찮냐고만 물어본 후 별다른 조치 없이 위 승용차를 운전하여 감으로써 사고현장을 이탈하였으나, 피해자는 사고 5일 뒤에야 병원에 가서 진료를 받았는데, 당시 좌측 슬관절부위에 약간의 통증과 경미한 붓기가 있는 외에 외관상 별다른 상처가 없어 어떠한 치료도 받지 아니한 채 단지 엑스레이 촬영 후 진단서만을 발급받았습니다.

피해자는 그 후에도 병원에서 치료를 받지 아니한 사실을 알 수 있는바, 위와 같은 피해자의 피해의 정도 및 그 밖에 기록에 나타난 이 사고의 경위와 사고 후의 정황 등에 비추어 이 사고에서 피고인이 실제로 피해자를 구호하는 등의 조치를 취하여야 할 필요가 있었다고 보기는 어려우므로, 사고 운전자가 위와 같이 사고현장을 이탈하였다고 하여 특정범죄 가중처벌 등에 관한 법률 제5조의3 제1항 제2호 위반으로 처벌할 수는 없다 할 것입니다.

해설 피해자의 상해의 정도가 경미하여 사고 운전자가 실제로 피해자를 구호하는 등의 조치를 취하여야 할 필요가 있었다고 보기 어렵다고 한 사례는 사고 운전자가 교통사고를 낸 후 피해자가 목을 주무르고 있는 것을 보고도 별다른 조치 없이 차량을 사고 현장에 두고 다른 사람에게 사고처리를 부탁하기 위하여 사고현장을 이탈하였으나 피해자가 2주간의 치료를 요하는 급성경추염좌의 상해를 입었을 뿐인 경우, 사고운전자가 실제로 피해자를 구호하는 등의 조치를 취하여야 할 필요가 있었다고 보기 어렵습니다.

■ 사고 후 '도주한 때'에 해당하는지 여부

> **Q.** 사고 운전자가 피해자가 사상을 당한 사실을 인식하고도 구호조치를 취하지 않은 채 사고현장을 이탈하면서 피해자에게 자신의 신원을 확인할 수 있는 자료를 제공하여 준 경우, 특정범죄 가중처벌 등에 관한 법률 소정의 '도주한 때'에 해당하는지요?

A. 사고 운전자가 그가 일으킨 교통사고로 상해를 입은 피해자에 대한 구호조치의 필요성을 인식하고 부근의 택시 기사에게 피해자를 병원으로 이송하여 줄 것을 요청하였으나 경찰관이 온 후 병원으로 가겠다는 피해자의 거부로 피해자가 병원으로 이송되지 아니한 사이에 피해자의 신고를 받은 경찰관이 사고현장에 도착하였고, 피해자의 병원이송 및 경찰관의 사고현장 도착 이전에 사고 운전자가 사고현장을 이탈하였다면, 비록 그 후 피해자가 택시를 타고 병원에 이송되어 치료를 받았다고 하더라도 운전자는 피해자에 대한 적절한 구호조치를 취하지 않은 채 사고현장을 이탈하였다고 할 것이어서, 설령 운전자가 사고현장을 이탈하기 전에 피해자의 동승자에게 자신의 신원을 알 수 있는 자료를 제공하였다고 하더라도, 피고인의 이러한 행위는 '피해자를 구호하는 등 조치를 취하지 아니하고 도주한 때'에 해당합니다.

해설 교통사고 후 피해자와 경찰서에 신고하러 가다가 음주운전이 발각될 것이 두려워 피해자가 경찰서에 들어간 후 그냥 돌아간 경우 피해자에게 피고인의 직업과 이름을 알려 주었다는 등의 여러 사정이 있었다 하더라도 피해자의 구호의무를 이행하지 아니하고 사고현장을 이탈하여 도주한 것으로 봅니다. 또 특정범죄 가중처벌 등에 관한 법률 제5조의3 제1항 소정의 '피해자를 구호하는 등 도로교통법 제50조 제1항의 규정에 의한 조치를 취하지 아니하고 도주한 때'라 함은 사고운전자가 사고로 인하여 피해자가 사상을 당한 사실을 인식하였음에도 불구하고 피해자를 구호하는 등 도로교통법 제50조 제1항에 규정된 의무를 이행하기 이전에 사고현장을 이탈하여 사고를 낸 사람이 누구인지를 쉽게 알 수 없는 상태를 초래하는 경우를 말합니다.

■ 교통사고 후 도주에 해당하는 사례

> **Q.** 교통사고 야기자가 피해자를 병원에 후송하기는 하였으나 조사 경찰관에게 사고사실을 부인하고 자신을 목격자라고 하면서 참고인 조사를 받고 귀가한 경우, 도주에 해당하는 지요?

A. 사고 운전자가 피해자를 병원으로 데리고 가기는 하였으나, 피해자나 그 밖의 누구에게도 본인을 교통사고를 낸 사람이라는 것을 밝히지 아니하고 목격자로 행세하다가 참고인 조사를 받으면서 경찰관에게 자기의 신분을 밝힌 후 귀가한 것이 확실하다면, 그렇다면 도로교통법 제54조 제1항이 정하고 있는 사고를 낸 사람으로서 취하여야 할 필요한 조치를 제대로 이행하지 아니한 상태에서 목격자라고 하면서 신분을 밝히고 감으로써 이 사건 교통사고를 낸 사람이 누구인지 확정할 수 없는 상태를 초래하였고, 따라서 이러한 행위는 특정범죄 가중처벌 등에 관한 법률 제5조의3 제1항에 정하여진 '피해자를 구호하는 등 조치를 취하지 아니하고 도주한 때'에 해당합니다.

해설 교통사고 야기자가 피해자를 병원에 데려다 준 다음 피해자나 병원 측에 아무런 인적사항을 알리지 않고 병원을 떠났다가 경찰이 피해자가 적어 놓은 차량번호를 조회하여 신원을 확인하고 연락을 취하자 2시간쯤 후에 파출소에 출석한 경우, 특정범죄 가중처벌 등 에 관한 법률 제5조의3 제1항 소정의 '도주'에 해당합니다.

■ 교통사고 후 도주로 볼 수 없는 경우

Q. 저는 엑셀 승용차를 운전하여 ○○리에 있는 ◇◇수퍼 앞길을 가다가 중앙선을 침범하여 운행한 업무상의 과실로 반대방향에서 마주 오던 피해자 운전의 오토바이의 좌측 앞부분을 위 승용차의 좌측 앞부분으로 충격하여 피해자로 하여금 약 2주간의 치료를 요하는 상해를 입게 함과 동시에 위 오토바이 핸들 등을 수리비 금 ○○원 상당이 들도록 손괴하였습니다. 사고 후 즉시 피해자를 병원으로 후송한 다음 다방으로 돌아와서 주인에게 사고 사실을 알리고 파출소에 교통사고 신고를 한 후 자진 출석하여 조사를 받았습니다. 그리고 제 일행이 운전자를 대신하여 인적사항을 피해자에게 알려 주었습니다. 이 경우 도주죄로 처벌되는지요?

A. 사고를 조사한 내용을 보니 귀하는 다방의 종업원으로서 위 다방의 여종업원과 그의 여자친구 등 2명을 위 승용차에 태우고 차를 배달하고 오다가 이 사건 교통사고를 일으킨 사실을 알 수 있습니다.

귀하께서는 사고 후 즉시 피해자를 인근의 ○○의료원으로 후송하여 치료를 받게 하였고, 계속하여 승용차에 동승하였던 위 다방의 여종업원 등이 위 의료원에서 피해자를 간병하면서 자신들의 인적사항을 피해자에게 말하여 주었습니다. 그 후 위 의료원에는 X-선 촬영시설이 없어서 위 다방의 주인이 피해자를 다시 같은 읍 소재 ◇◇병원으로 이송하여 치료받게 하였으며, 귀하는 피해자를 병원으로 후송한 후 위 다방 여종업원 등이 피해자를 부축하여 병원 응급실로 들어가는 것을 보고 위 다방으로 돌아와서 다방주인에게 사고발생 사실을 말하고, 이어 파출소에 교통사고 내용을 신고한 후 자진 출석하여 조사를 받은 사실이 있습니다.

위와 같은 사실관계 아래서는 귀하가 사고 후 피해자를 병원으로 후송하였고, 또 일행이 피고인을 대신하여 그들의 인적사항을 피해자에게 알리고 계속 함께 있었던 이상, 귀하가 피해자에게 자신의 인적사항을 직접 알리지 않고 자기의 직장으로 돌아왔다 하더라도 이러한 사정만으로 사고의 야기자가 누구인지 확정될 수 없는 상태가 초래되었다고 보기 어렵습니다.

또 피고인이 다방으로 돌아온 후 즉시 파출소에 사고 내용을 신고하고 자진 출석하여 조사를 받은 점 등에 비추어 당시 피고인에게 도주할 의사가 있었다고 단정하기도 어렵습니다. 따라서 특정범죄 가중처벌 등에 관한 법률 제5조의3 제1항 소정의 도주에 해당하지 않습니다.

【판시사항】

　사고운전자인 피고인 자신이 부상을 입고 경찰에 의하여 병원에 후송되어 치료를
받던 도중 아무 말 없이 병원에서 나와 경찰에 연락을 취하지 아니하였더라도 특정
범죄 가중처벌 등에 관한 법률 제5조의3 제1항 소정의 '피해자를 구호하는 등 도로
교통법 제50조 제1항의 규정에 의한 조치를 취하지 아니하고 도주한 때'에 해당하지
않는다고 본 사례

【판결요지】

　사고운전자인 피고인 자신이 부상을 입고 경찰에 의하여 병원에 후송되어 치료를
받던 도중 아무 말 없이 병원에서 나와 경찰에 연락을 취하지 아니하였더라도 그 당
시 이미 경찰에 의하여 피해자를 구호하는 등의 조치가 이루어졌다는 이유로, 특정범
죄 가중처벌 등에 관한 법률 제5조의3 제1항 소정의 '피해자를 구호하는 등 도로교
통법 제50조 제1항의 규정에 의한 조치를 취하지 아니하고 도주한 때'에 해당하지
않는다(대법원 1999.04.13. 선고 98도3315 판결).

■ 도주차량을 가중처벌로 처벌할 수 있는지 여부

Q. 저는 술에 취한 상태에서 쏘나타 승용차를 운전하고 ○○소재 골목길을 진행하다가
차량 정체로 길을 비켜 주기 위하여 차를 후진하던 중 뒤쪽을 잘 살피지 아니한 과
실로 피해자 B운전의 엘란트라 승용차 앞 범퍼를 위 쏘나타 승용차 뒤 범퍼로 충
돌하여 위 B 및 엘란트라 승용차에 타고 있던 C에게 약 2주간의 치료를 요하는 경
추염좌 등의 상해를 입게 하고 위 엘란트라 승용차의 앞 범퍼를 손괴하고도 피해자
들을 구호하는 등 필요한 조치를 취하지 아니하고 도주하였습니다. 이 경우 특정범
죄 가중처벌 등에 관한 법률위반(도주차량) 및 교통사고 발생시의 조치를 취하지 아
니한 점에 관하여 도로교통법 위반으로 처벌받게 되는지요?

A. 귀하께서는 술에 취한 상태에서 위 쏘나타 승용차를 운전하고 집으로 돌아가다가 골
목길에서 차량 정체로 길이 막혀 후진하던 중 뒤에서 진행하여 오던 B 운전의 엘란
트라 승용차를 충돌하자 차에서 내려 피해자들과 함께 차량 충돌 부위를 확인한 뒤
다시 위 쏘나타 승용차를 운전하여 사고장소에서 약 200m 떨어진 자신의 집 앞까지
시속 약 20㎞의 속도로 진행하여 왔고, 귀하의 집 앞에 차량을 주차시킨 다음 뒤 따
라온 피해자들에게 차량 수리비는 모두 책임지겠다고 하는 등 사고처리절차를 협의

하던 중, C가 피고인의 음주운전사실을 경찰에 신고하는 것을 보고 집 안으로 들어가 있다가 경찰관이 그 곳에 출동하자 밖으로 나와 음주측정요구에 응하였습니다.

피해자들은 위 사고로 외상을 입지 아니하였고 사고 뒤 아프다는 말도 하지 아니하였는데, 경찰에서 조사받게 되자 사고장소에서 상당히 떨어져 있는 ◇◇외과의원에서 B는 경추염좌 및요부염좌로, C는 경추염좌로 각 2주간의 가료가 필요할 것으로 추정된다는 진단서를 발급받아 제출하였습니다.

이와 같이 귀하가 사고 직후 차량의 충돌 부위를 피해자들과 함께 살펴보고 차량 정체로 길이 막혀 있던 사고장소에서 가까운 자신의 집까지 서행하여 차량을 이동시킨 뒤 피해자들과 피해 변상 방법 등을 협의한 점 등 이 사고의 경위와 그 뒤의 정황 등에 비추어 볼 때 도주의 의사가 있었다고 단정하기 어렵습니다.

또 피해자들의 상해의 부위와 정도, 피해 차량의 손괴 정도, 사고장소의 상황, 사고 뒤 피해자들의 태도 등에 비추어 보더라도 위 사고로 귀하가 피해자들을 구호하거나 교통상의 위험과 장해를 방지·제거하여 안전하고 원활한 교통을 확보하기 위한 조치를 취하여야 할 필요가 있었다고 보기도 어려우므로, 사고 장소에서 도로교통법 제50조 제1항의 규정에 따른 조치를 취하지 아니하고 그 곳을 벗어났다고 하여 귀하를 특정범죄 가중처벌 등에 관한 법률 제5조의3 제1항 제2호 위반죄와 도로교통법 제106조 위반죄로 처벌할 수 없습니다.

관련판례 |

【판시사항】

도로교통법 제50조 제1항의 취지 및 이에 따라 사고운전자가 하여야 할 필요한 조치의 정도나. 교통사고 운전자가 사고 직후 바로 자신의 차량으로 피해자를 자신의 집으로 데리고 갔고, 운전자의 부모들이 즉시 피해자를 입원케 하였다면, 운전자로서 필요한 조치를 하지 아니한 경우에 해당하지 않는다고 한 사례

【판결요지】

가. 도로교통법 제50조 제1항의 취지는 도로에서 일어나는 교통상의 위험과장해를 방지 제거하여 안전하고 원활한 교통을 확보함을 그 목적으로 하는 것이지 피해자의 물적 피해를 회복시켜 주기 위한 규정은 아닌 것이고, 이 경우 운전자가 하여야 할 필요한 조치는 사고의 내용, 피해의 태양과 정도 등 사고현장의 상황에 따라 적절히 강구되어야 할 것이고, 그 정도는 우리의 건전한 양식에 비추어 통상 요구되는 정도의 조치를 말한다.

나. 교통사고 운전자가 사고 직후 바로 자신의 차량으로 피해자를 호송하여 자신의

집으로 데리고 갔고, 사고운전자의 부모들이 즉시 피해자를 병원에 데려가 입원케 하였다면, 비록 사고 후 입원시까지 다소 시간이 지체되었고, 사고운전자가 직접 피해자를 병원으로 후송하지 아니하였더라도, 운전자로서 도로교통법 제50조 제1항에서 규정한 필요한 조치를 하지 아니한 경우에 해당한다고 할 수 없다 (대법원 1995.01.24. 선고 94도2691 판결).

■ 교통사고 야기 후 연락처만 주고 도주 경우 처벌여부

Q. 저는 B 쏘나타 승용차의 운전사입니다. 위 차량을 운전하고 대림동 방향으로 진행하면서 전방좌우를 잘 살피지 아니한 업무상 과실로 때마침 진행 방향 전방에서 신호대기중인 피해자 E 운전의 F 매그너스 승용차의 좌측 뒷범퍼 부분을 위 쏘나타 차량의 앞 범퍼 부분으로 들이받았습니다. 그 충격으로 피해자로 하여금 가벼운 상처를 입게 하고, 피해차량의 뒷범퍼 수리 등 수리비 합계 금 ○○원 상당을 손괴하는 교통사고를 내고도 곧 정차하여 피해자를 구호하는 등 필요한 조치를 취하지 아니하고 연락처만 건네주고 그 자리를 떠났습니다. 이러한 경우에는 어떤 처벌을 받는지요?

A. 이 사고로 인한 피해차량의 손괴 정도는 뒷 범퍼 좌측 모서리 부위가 약간 긁히면서 도장이 벗겨진 정도이고, 가해차량의 충돌 부위 및 손괴 정도 또한 앞 범퍼 우측 모서리 부분이 피해차량과 비슷한 정도로 파손된 것에 불과한 것 같습니다.

이 사고로 인한 피해차량의 수리 내용 및 비용은 뒷범퍼 도장 등을 위하여 공임 금 ○○원이 소요되고, 위 수리비 중 대부분인 금 ○○원이 범퍼도장 공임인 사실, 귀하는 위 사고 이후 피해자에게 자신의 이름과 전화번호를 알려 주었고, 피해자도 귀하에게 돈을 송금하여 달라면서 자신의 은행계좌를 알려 준 후 사고장소 바로 옆에 D 병원이 있음에도 불구하고 차를 운전하여 사고현장을 떠난 사실, 피해자는 경찰서에 위 사고에 관하여 신고를 하지 않고 있다가 귀하가 돈을 송금하지 않자 그 다음날 19:15경에야 신고를 하였습니다.

같은 날 위 G가 경영하는 병원에 가서 위 진단서를 발급받아 경찰서에 제출한 사실, 피고인은 이 사건 사고 당시 피해자에게 피해차량의 수리비로 금 ○○원을 송금하여 주기로 하고도 이를 송금하여 주지 않자 피해자가 이에 대한 앙갚음으로 귀하가 교통사고 후 도주한 양 경찰에 신고하였다고 주장하고 있습니다.

위와 같은 피해차량 및 가해차량의 손괴의 형태나 정도 등에 비추어 보면 이 사고는 가해차량이 앞 범퍼 우측 모서리 부분으로 피해차량의 뒷 범퍼 좌측 모서리 부분을 스치는 형태로 발생한 가벼운 접촉사고에 불과한 것으로 보여져 피해자의 진술과 같은 충격을 가져올 정도의 사고는 아니었던 것으로 판단됩니다. 따라서 이 사고의 충격으로 인하여 피해자의 목이 뒤로 크게 젖혀져 다쳤다는 피해자의 진술은 믿기 어렵다 할 것이고, 피해자의 위 상해의 부위 및 정도에 관한 위 G의 진술 및 그 진단서의 기재 내용도 주로 위 G가 피해자를 문진하면서 동인으로부터 들은 내용에 의거한 것으로 보여질 뿐이어서 신빙성이 없습니다. 그 밖에 위에서 본 바와 같은 사고 이후의 피해자의 태도 등의 제반 사정까지 종합하여 보면, 이 사고에서 귀하가 실제로 피해자를 구호하거나 나아가 교통상의 위험과 장해를 방지·제거하여 안전하고 원활한 교통을 확보하기 위한 조치를 취하여야 할 필요가 있었다고 보기는 어려우므로, 귀하가 자신의 연락처를 알려 주기는 하였으나 피해자를 구호하는 등 도로교통법 제50조 제1항 소정의 필요한 조치를 취하지 아니한채 사고현장을 이탈하였다고 하여, 특정범죄 가중처벌 등에 관한 법률 제5조의3 제1항 제2호 위반죄와 도로교통법 제106조 위반죄로 처벌할 수는 없다 할 것입니다.

관련판례 |

【판시사항】

가. 도로교통법 제50조 제1항의 취지는 도로에서 일어나는 교통상의 위험과 장해를 방지, 제거하여 안전하고 원활한 교통을 확보함을 그 목적으로 하는 것이지 피해자의 물적 피해를 회복시켜 주기 위한 규정이 아니나, 이 경우 운전자가 위 규정소정의 필요한 조치를 다하였는지의 여부는 사고의 내용, 피해의 태양과 정도 등 사고현장의 상황에 비추어 우리의 건전한 양식상 통상 요구되는 정도의 조치를 다하였는지의 여부에 따라 결정되어야 한다.

나. 피해 정도가 경미하고 교통사고 후 피해 상태를 확인한 후 피해변제조로 금원을 지급하려고 하였으나 피해자가 이를 거절하면서 사고신고하자고 하였는데도 인적사항이나 연락처를 알려 주지 아니한 채 도주하였다면 위 "가"항의 조치를 다하였다고 볼 수 없다(대법원 1993.11.26. 선고 93도2346 판결).

■ 교통사고 후 도주죄 적용여부

Q. 사고운전자가 교통사고 후 피해자를 병원으로 후송하여 치료를 받게 하고 피해자의 가족들에게 자신의 인적사항을 알려주었으나 동료 운전기사로 하여금 그가 사고운전자인 것으로 경찰관서에 신고하게 한 경우, '도주'에 해당하는지요?

A. 사고운전자가 교통사고 후 피해자를 병원으로 후송하여 치료를 받게 하고 병원에서 피해자의 가족들에게 자신의 인적사항을 알려주었다면, 비록 경찰관서에 자신이 사고운전자임을 신고하지 아니하고 동료 운전기사로 하여금 그가 사고운전자인 것으로 신고하게 하였다 하더라도, 피해자를 구호하는 등 도로교통법 제54조 제1항에 규정

된 의무를 이행하기 이전에 사고현장을 이탈하여 사고를 낸 자가 누구인지 확정될 수 없는 상태를 초래하였다고 볼 수는 없으므로, 사고운전자가 특정범죄 가중처벌 등에 관한 법률 제5조의3 제1항 소정의 피해자를 구호하는 등 도로교통법 제54조 제1항의 규정에 의한 조치를 취하지 아니하고 도주하였다고 볼 수 없습니다.

관련판례 |

【판시사항】

[1] 특정범죄가중처벌등에관한법률 제5조의3 제1항 소정의 '도주한 때'의 의미

[2] 교통사고를 야기한 운전자가 피해자를 병원으로 후송한 후 신원을 밝히지 아니한 채 도주한 경우, 특정범죄 가중처벌 등에 관한 법률 제5조의3 제1항 소정의 '도주한 때'에 해당한다고 본 사례

【판결요지】

[1] 특정범죄가중처벌등에관한법률 제5조의3 제1항 소정의 '피해자를 구호하는 등 도로교통법 제50조 제1항의 규정에 의한 조치를 취하지 아니하고 도주한 때'라 함은 사고운전자가 사고로 인하여 피해자가 사상을 당한 사실을 인식하였음에도 불구하고 피해자를 구호하는 등 도로교통법 제50조 제1항에 규정된 의무를 이행하기 이전에 사고현장을 이탈하여 사고를 낸 자가 누구인지 확정될 수 없는 상태를 초래하는 경우를 말한다.

[2] 피고인이 교통사고를 낸 후 피해자들을 자신의 차량에 태우고 근처에 있는 병원으로 데리고 간 다음, 그 병원 접수창구 의자에 피해자들을 앉힌 후 접수직원에게 교통사고 피해자들이라고 말하고, 피해자들이 치료를 받기 위하여 의자에 앉아 대기하고 있는 사이에 병원 밖으로 나가 도주하였고, 피해자들의 상태는 2주 또는 3주의 치료를 요하는 뇌진탕, 염좌상 정도로 그 후 병원측의 안내로 치료를 받은 사안에서, 피고인은 피해자를 병원에 데리고 가기는 하였으나 도로교통법 제50조 제1항이 예정하고 있는 사고야기자로서 취하여야 할 구호의무를 제대로 이행하였다고 할 수 없음은 물론 피해자나 그 밖의 누구에게도 자기의 신원을 밝히지 않고 도주함으로써 사고를 낸 자가 누구인지 확정할 수 없는 상태를 초래케 하였으므로, 피고인의 행위는 특정범죄 가중처벌 등에 관한 법률 제5조의3 제1항 소정의 '피해자를 구호하는 등 필요한 조치를 취하지 아니하고 도주한 때'에 해당한다(대법원 1997.11.28. 선고 97도2475 판결).

■ 여러 종류의 운전면허를 동시에 취소처분 여부

Q. 저는 제1종보통 운전면허와 제1종대형 운전면허를 취득한 후대형화물자동차를 운전하다가 교통사고를 낸 것과 관련하여 행정청이 운전면허정지처분을 하면서 면허의 종별을 기재하지 않고 면허번호만을 특정하고 운전면허취소처분을 하였습니다. 그런데 각 운전면허가 1개의 면허번호에 의하여 통합관리되고 있다고 하더라도 운전면허정지처분의 대상은 제1종대형 운전면허에 국한되는 것으로 알고 있는데, 이 경우 제1종보통 운전면허도 정지되는지요?

A. 귀하께서는 먼저 제1종보통 운전면허를 취득하고, 이어 제1종 대형 운전면허를 취득하였는데, 대형화물자동차를 운전하다가 교통사고를 낸 것과 관련하여 행정청에서 40일간 운전면허정지처분을 하면서 면허의 종별을 특정하지 아니한 채 면허번호만을 특정하였습니다.

행정청에서는 운전면허정지처분의 기초자료가 되는 위반사고 점수제조회와 임시운전면허증상의 면허의 종류 내지 소지면허란에 1종대형만을 기재하였습니다. 행정청이 행하는 행정행위의 내용은 구체적이고 명확하여야 하므로 여러 종류의 자동차운전 면허를 취득한 사람에 대한 운전면허정지처분은 그 대상을 면허종별 등으로 정확히 특정할 필요가 있습니다.

귀하의 제1종보통 운전면허와 제1종대형 운전면허가 1개의 면허번호에 의하여 통합관리되고 있다는 사정만으로 이 사건 운전면허정지처분을 함에 있어 면허의 종별을 특정하지 아니한 채 면허번호만을 기재한 것은 별도의 면허인 제1종보통 운전면허와 제1종대형 운전면허 모두에 그 효력이 미친다고 볼 수 없으므로, 위 운전면허정지처분의 대상은 제1종대형 운전면허에 국한되고, 제1종보통 운전면허는 정지되지 않았다고 판단됩니다.

해설 한 사람이 여러 종류의 자동차운전면허를 취득하는 경우뿐만 아니라 이를 취소 또는 정지함에 있어서도 서로 별개의 것으로 취급함이 원칙이라 할 것이고, 그 취소나 정지의 사유가 특정의 면허에 관한 것이 아니고 다른 면허와 공통된 것이거나 운전면허를 받은 사람에 관한 것일 경우에는 여러 운전면허 전부를 취소 또는 정지할 수도 있다고 보는 것이 상당하지만, 한 사람이 여러 종류의 자동차 운전면허를 취득하는 경우 1개의 운전면허증을 발급하고 그 운전면허증의 면허번호는 최초로 부여한 면허번호로 하여 이를 통합관리하고 있다고 하더라도, 이는 자동차 운전면허증 및 그 면허번호 관리상의 편의를 위한 것에 불과할 뿐이어서 여러 종류의 면허를 서로 별개의 것으로 취급할 수 없다거나 각 면허의 개별적인 취소 또는 정지를 분리하여 집행할 수 없는 것이 아니므로 특정의 면허의 취소 또는 정지에 의하여 다른 운전면허에까지 당연히 그 취소 또는 정지의 효력이 미치는 것은 아닙니다.

■ 강설로 교통사고 예방을 위한 도로관리자의 의무범위

> **Q.** 도로의 설치·관리상의 하자 여부에 관한 판단 기준 및 적설지대가 아닌 지역의 도로 또는 고속도로 등 특수목적의 도로가 아닌 일반도로에서 강설로 인하여 발생한 도로통행상의 위험을 즉시 배제하여 그 안전성을 확보할 도로의 설치·관리자의 의무는 어디까지 인지요?

A. 국가배상법 제5조 제1항 소정의 '영조물 설치 관리상의 하자'라 함은 공공의 목적에 공여된 영조물이 그 용도에 따라 통상 갖추어야 할 안전성을 갖추지 못한 상태에 있음을 말합니다. 영조물의 설치 및 관리에 있어서 항상 완전무결한 상태를 유지할 정도의 고도의 안전성을 갖추지 아니하였다고 하여 영조물의 설치 또는 관리에 하자가 있는 것으로는 할 수 없는 것으로서, 영조물의 설치자 또는 관리자에게 부과되는 방호조치의무의 정도는 영조물의 위험성에 비례하여 사회통념상 일반적으로 요구되는 정도의 것을 말합니다.

영조물인 도로의 경우도 다른 생활필수시설과의 관계나 그것을 설치하고 관리하는 주체의 재정적, 인적, 물적 제약 등을 고려하여, 그것을 이용하는 자의 상식적이고 질서 있는 이용 방법을 기대한 상대적인 안전성을 갖추는 것으로 족하다고 보아야 할 것입니다.

특히 강설은 기본적 환경의 하나인 자연현상으로서 그것이 도로교통의 안전을 해치는 위험성의 정도나 그 시기를 예측하기 어렵고 통상 광범위한 지역에 걸쳐 일시에 나타나고 일정한 시간을 경과하면 소멸되는 일과성을 띠는 경우가 많은 점에 비하여, 이로 인하여 발생되는 도로상의 위험에 대처하기 위한 완벽한 방법으로서 도로 자체에 융설 설비를 갖추는 것은 현대의 과학기술의 수준이나 재정사정에 비추어 사실상 불가능하고, 가능한 방법으로 인위적으로 제설작업을 하거나 제설제를 살포하는 등의 방법을 택할 수밖에 없습니다.

그러한 경우에 있어서도 적설지대에 속하는 지역의 도로라든가 최저속도의 제한이 있는 고속도로 등 특수 목적을 갖고 있는 도로가 아닌 일반 보통의 도로까지도 도로관리자에게 완전한 인적, 물적 설비를 갖추고 제설작업을 하여 도로통행상의 위험을 즉시 배제하여 그 안전성을 확보하도록 하는 관리의무를 부과하는 것은 도로의 안전성의 성질에 비추어 적당하지 않고, 오히려 그러한 경우의 도로통행의 안전성은 그와 같은 위험에 대면하여 도로를 이용하는 통행자 개개인의 책임으로 확보하여야 할 것입니다.

그리고 도로의 설치·관리상의 하자는 도로의 위치 등 장소적인 조건, 도로의 구조, 교통량, 사고시에 있어서의 교통 사정 등 도로의 이용 상황과 본래의 이용 목적 등 제반 사정과 물적 결함의 위치, 형상 등을 종합적으로 고려하여 사회통념에 따라 구체적으로 판단하여야 합니다.

해설 도로관리청 또는 공사시행청의 명령에 따라 도로를 파거나 뚫는 등 공사를 하려는 사람

(이하 "공사시행자"라 합니다)은 공사시행 3일 전에 그 일시, 공사구간, 공사기간 및 시행방법, 그 밖에 필요한 사항을 관할 경찰서장에게 신고하여야 합니다. 다만, 산사태나 수도관 파열 등으로 긴급히 시공할 필요가 있는 경우에는 그에 알맞은 안전조치를 하고 공사를 시작한 후에 지체 없이 신고하여야 하며, 관할 경찰서장은 공사장 주변의 교통정체가 예상하지 못한 수준까지 현저히 증가하고, 교통의 안전과 원활한 소통에 미치는 영향이 중대하다고 판단하면 해당 도로관리청과 사전 협의하여 공사시행자에 대하여 공사시간의 제한 등 필요한 조치를 할 수 있으며, 공사시행자는 공사기간 중 차마의 통행을 유도하거나 지시 등을 할 필요가 있을 때에는 관할 경찰서장의 지시에 따라 교통안전시설을 설치하여야 하고, 공사시행자는 공사로 인하여 교통안전시설을 훼손한 경우에는 원상회복하고 그 결과를 관할 경찰서장에게 신고하여야 합니다.

■ 일반 국도상의 적설로 인한 교통사고 발생 시 손해배상 청구권

Q. 저는 야간에 일반도로를 승용차로 정상속도를 유지하여 주행하다가 강설로 인하여 결빙된 지점인 것을 미처 알지 못하여 결빙구간에서 차량이 도로 밖으로 미끄러져 차량이 파손되는 피해를 입었습니다. 이러한 경우 위 도로를 설치·관리하는 기관은 제설작업을 하거나 제설제를 살포하는 등의 조치를 하지도 않았고, 결빙구간의 위험표시도 하지 않았으므로 위와 같은 사고에 대해 책임이 인정되지 않는지요?

A. 민법 제758조 제1항에서 공작물의 설치 또는 보존의 하자로 인하여 타인에게 손해를 가한 때에는 공작물점유자가 손해를 배상할 책임이 있고, 다만 점유자가 손해의 방지에 필요한 주의를 게을리하지 아니한 때에는 그 소유자가 손해를 배상할 책임이 있다고 규정하고 있으며, 국가배상법 제5조 제1항 전문에서 도로·하천, 그 밖의 공공의 영조물의 설치나 관리에 하자가 있기 때문에 타인에게 손해를 발생하게 하였을 때에는 국가나 지방자치단체는 그 손해를 배상하여야 한다고 규정하고 있습니다.

국가배상법 제5조 제1항에 정한 '영조물설치 또는 관리의 하자'의 의미에 관한 판례를 보면, 국가배상법 제5조 제1항에 정하여진 '영조물 설치·관리상의 하자'란 공공의 목적에 공여된 영조물이 그 용도에 따라 통상 갖추어야 할 안전성을 갖추지 못한 상태에 있음을 말하는바, 영조물의 설치 및 관리에 있어서 항상 완전무결한 상태를 유지할 정도의 고도의 안전성을 갖추지 아니하였다고 하여 영조물의 설치 또는 관리에 하자가 있다고 단정할 수 없는 것이고, 영조물의 설치자 또는 관리자에게 부과되는 방호조치의무는 영조물의 위험성에 비례하여 사회통념상 일반적으로 요구되는 정도의 것을 의미하므로 영조물인 도로의 경우도 다른 생활필수시설과의 관계나 그것을 설치하고 관리하는 주체의 재정적, 인적, 물적 제약 등을 고려하여 그것을 이용하는 자의 상식적이고 질서 있는 이용방법을 기대한 상대적인 안전성을 갖추는 것으로 충분하다고 하고 있습니다(대법원 2002.8.23.선고 2002다9158 판결).

도로의 설치·관리상의 하자는 도로의 위치 등 장소적인 조건, 도로의 구조, 교통량, 사고시에 있어서의 교통사정 등 도로의 이용상황과 본래의 이용목적 등 제반 사정과 물적 결함의 위치, 형상 등을 종합적으로 고려하여 사회통념에 따라 구체적으로 판단하여야 하는데(대법원 2008. 3. 13. 선고 2007다29287, 29294 판결), 특히 강설은 기본적 환경의 하나인 자연현상으로서 그것이 도로교통의 안전을 해치는 위험성의 정도나 그 시기를 예측하기 어렵고 통상 광범위한 지역에 걸쳐 일시에 나타나고 일정한 시간을 경과하면 소멸되는 일과성을 띠는 경우가 많은 점에 비하여, 이로 인하여 발생되는 도로상의 위험에 대처하기 위한 완벽한 방법으로서 도로자체에 융설설비를 갖추는 것은 현대의 과학기술의 수준이나 재정사정에 비추어 사실상 불가능하고, 가능한 방법으로 인위적으로 제설작업을 하거나 제설제를 살포하는 등의 방법을 택할 수밖에 없습니다.

그러한 경우에 있어서도 적설지대에 속하는 지역의 도로라든가 최저속도의 제한이 있는 고속도로 등 특수목적을 갖고 있는 도로가 아닌 일반 보통의 도로까지도 도로관리자에게 완전한 인적·물적 설비를 갖추고 제설작업을 하여 도로통행상의 위험을 즉시 배제하여 그 안전성을 확보하도록 하는 관리의무를 부과하는 것은 도로의 안전성의 성질에 비추어 적당하지 않고, 오히려 그러한 경우의 도로통행의 안전성은 그와 같은 위험에 대면하여 도로를 이용하는 통행자 개개인의 책임으로 확보하여야 합니다.

강설의 특성, 기상적 요인과 지리적 요인, 이에 따른 도로의 상대적 안전성을 고려하면 겨울철 산간지역에 위치한 도로에 강설로 생긴 빙판을 그대로 방치하고 도로상황에 대한 경고나 위험표지판을 설치하지 않았다는 사정만으로 도로관리상의 하자가 있다고 볼 수 없다고 한 경우가 있습니다(대법원 2000. 4.25. 선고 99다54998 판결).

따라서 위 사안에 있어서도 귀하가 위 도로의 설치·관리상의 하자를 이유로 설치·관리자에 대하여 손해배상을 청구하기는 어려울 것으로 보입니다. 참고로 강설에 대처하기 위하여 완벽한 방법으로 도로자체에 융설 설비를 갖추는 것이 현대의 과학기술 수준이나 재정사정에 비추어 사실상 불가능하다고 하더라도, 최저속도의 제한이 있는 고속도로의 경우에 있어서는 도로관리자가 도로의 구조, 기상예보 등을 고려하여 사전에 충분한 인적·물적 설비를 갖추어 강설시 신속한 제설작업을 하고 나아가 필요한 경우 제때에 교통통제 조치를 취함으로써 고속도로로서의 기본적인 기능을 유지하거나 신속히 회복할 수 있도록 하는 관리의무가 있고, 고속도로의 관리상 하자가 인정되는 이상 고속도로의 점유관리자는 그 하자가 불가항력에 의한 것이거나 손해의 방지에 필요한 주의를 게을리하지 아니하였다는 점을 주장·입증하여야 비로소 그 책임을 면할 수 있으며, 폭설로 차량운전자 등이 고속도로에서 장시간 고립된 사안에서, 고속도로의 관리자가 고립구간의 교통정체를 충분히 예견할 수 있었음에도 교통제한 및 운행정지 등 필요한 조치를 충실히 이행하지 아니하였으므로 고속도로의 관리상 하자가 있다고 한 사례가 있습니다(대법원 2008. 3. 13. 선고 2007다29287, 29294 판결).

■ 도로공사자에게 도로교통법에 의한 원상회복의무 여부

> Q. 도로관리청 또는 공사시행청의 명령에 따라 도로를 파거나 뚫는 등 공사를 하고자 하는 사람과 도급계약을 체결하여 해당 공사를 실제 수행하는 자에게 도로교통법 제69조에 따른 신고, 조치사항의 이행, 교통안전시설의 설치 및 원상회복 의무가 있는지요?

A. 도로교통법 제69조에서 도로관리청 또는 공사시행청의 명령에 따라 도로를 파거나 뚫는 등 공사를 하고자 하는 사람에게 3일전에 그 일시·구간·공사기간·시행방법 그 밖에 필요한 사항을 관할 경찰서장에게 신고하도록 하고, 교통의 안전과 소통 등을 고려하여 관할 경찰서장은 공사시행자에 대하여 공사시간의 제한 등 필요한 조치를 할 수 있게 하며, 공사시행자에게 관할 경찰서장의 지시에 따라 교통안전시설을 설치하도록 하고, 공사로 인하여 교통안전시설을 훼손한 때에는 이를 원상회복하도록 한 것은 도로에서 공사를 시행함으로써 발생할 수 있는 교통상의 위험과 장해를 방지하고 제거하여 안전하고 원활한 교통을 확보하기 위한 것 입니다.

그렇다면 도로교통법 제69조에 따른 신고의무 등은 해당 도로에서 실제 공사를 수행하여 도로교통상의 위험과 장해 등을 일으킬 가능성이 있는 자가 도로교통의 안전 등 경찰행정상의 목적을 위하여 부담하게 되는 의무라고 보는 것이 도로교통법의 목적 및 같은 법 제69조의 취지에 부합한다고 할 것이므로, 결국 도로교통법 제69조의 문언상 같은 조에 따른 신고의무 등의 주체는 원칙적으로 공사시행자라고 할 것이나 공사시행자가 도로공사에 관한 도급계약을 체결하여 수급인으로 하여금 실제 당해 공사를 수행하게 한다면 그 수급인이 도로교통상의 위험과 장해 등을 일으킬 가능성이 있는 자가 되므로 이 경우 수급인을 도로교통법 제69조에 따른 신고의무 등의 주체로 볼 수 있을 것 입니다.

특히, 도로교통법 및 그 하위법령에서 같은 법 제69조제1항에 따른 신고의 자격을 제한하고 있지 않고, 같은 법 제69조에 따른 신고의무 등은 반드시 공사시행자만이 이행할 수 있다거나 이행하여야만 한다고 볼 수도 없으며, 신고의무 등의 위반에 따른 행정상 제재조치를 공사시행자에게 부과하여야만 도로교통의 안전이 담보되어 행정목적이 달성된다고 볼 수도 없다는 점 등에 비추어 볼 때에도 도로교통법 제69조에 따른 신고의무 등의 주체를 공사시행자에 한정하여 보기는 어렵다고 할 것입니다. 따라서 공사시행자와 도급계약을 체결하여 해당 공사를 실제 수행하는 자는 도로교통법 제69조에 따른 신고의무 등이 있습니다.

■ 고속도로상 방치된 투하물을 피하려다 난 사고로 차량이 파손된 경우

> Q. 저는 야간에 승용차를 운전하여 고속도로를 주행하던 중 도로상에 앞 차량 누구인가 떨어뜨린 것으로 보이는 7~8개의 벽돌이 흩어져 방치되어 있는 것을 뒤늦게 발견하고 그것을 피하려다 가드레일을 충돌하는 사고를 당하여 차량이 파손되었습니다. 이러한 경우 고속도로상에 위와 같은 주행에 장애를 주는 물건을 치우지 않고 방치해둔 책임을 물어 도로관리자에게 손해배상을 청구할 수 있는지요?

A. 민법 제758조 제1항에서 공작물의 설치 또는 보존의 하자로 인하여 타인에게 손해를 가한 때에는 공작물점유자가 손해를 배상할 책임이 있고, 다만 점유자가 손해의 방지에 필요한 주의를 게을리하지 아니한 때에는 그 소유자가 손해를 배상할 책임이 있다고 규정하고 있으며, 국가배상법 제5조 제1항 전문에서 도로·하천, 그 밖의 공공의 영조물의 설치나 관리에 하자가 있기 때문에 타인에게 손해를 발생하게 하였을 때에는 국가나 지방자치단체는 그 손해를 배상하여야 한다고 규정하고 있습니다.

그리고 도로법 제23조에서는 고속국도의 관리청은 국토교통부장관으로 한다고 규정하고, 도로법 제112조에 의하면 국토교통부장관은 이 법과 그 밖에 도로에 관한 법률에 규정된 고속국도에 관한 권한의 일부를 대통령령으로 정하는 바에 따라 한국도로공사로 하여금 대행하게 할 수 있고, 한국도로공사는 위 규정에 따라 고속국도에 관한 국토교통부장관의 권한을 대행하는 경우에 그 대행하는 범위에서 이 법과 그 밖에 도로에 관한 법률을 적용할 때에는 해당 고속국도의 도로관리청으로 본다고 규정하고 있습니다. 그리고 한국도로공사가 고속도로에 대한 민법 제758조 제1항에서 정한 점유자인지 판례를 보면, 한국도로공사는 고속국도법 제6조 제1항(현행 도로법 제112조)의 규정에 의하여 건설부장관(현재는 국토교통부장관)을 대행하여 경부고속도로를 관리하여 오고 있으므로 민법 제758조 제1항이 정 하는 공작물의 점유자에 해당한다고 하였습니다(대법원 1996. 10. 11. 선고 95다56552 판결).

따라서 위 사안에서도 단순히 고속도로 상에 선행차량이 떨어뜨린 벽돌이 산재해 있었다는 사실만으로 도로관리자의 책임이 인정될 수 있는 것은 아니고, 객관적으로 보아 도로의 안전상의 결함이 시간적, 장소적으로 그 점유·관리자의 관리행위가 미칠 수 있는 경우였는지, 그렇지 않은 경우인지에 따라 책임 여부가 결정될 것으로 보입니다. 또한, 위 고속도로를 한국도로공사에서 관리하고 있다면, 고속도로의 보존관리상의 하자로 인한 손해배상 청구는 한국도로공사를 상대로 국가배상법 제5조가 아닌 민법 제758조에 근거하여 청구하여야 할 것으로 보입니다.

해설 민법 제758조 제1항에 정한 '공작물의 설치 또는 보존상의 하자'의 의미 및 그 존부에 관한 판단 기준은 민법 제758조 제1항에서 말하는 공작물의 설치 또는 보존상의 하자라 함은 공작물이 그 용도에 따라 통상 갖추어야 할 안전성을 갖추지 못한 상태에 있음을 말하는 것으로서, 이와 같은 안전성의 구비여부를 판단함에 있어서는 당해 공작물의 설치 또는 보존자가 그 공작물의 위험성에 비례하여 사회통념상 일반적으로 요구되는 정도의 방호조치의무를 다하였는지를 기준으로 판단하여야 하고, 또한 공작물의 설치 또는 보존상의 하자로 인한 사고라 함은 공작물의 설치 또는 보존상의 하자만이 손해발생의 원인이 되는 경우만을 말하는 것이 아니며, 다른 제3자의 행위 또는 피해자의 행위와 경합하여 손해가 발생하더라도 공작물의 설치 또는 보존상의 하자가 공동원인의 하나가 되는 이상 그 손해는 공작물의 설치 또는 보존상의 하자에 의하여 발생한 것이라고 보아야 합니다.

관련판례 │

【판시사항】

도로의 설치·관리상의 하자 여부에 대한 판단 기준

【판결요지】

공작물인 도로의 설치·관리상의 하자는 도로의 위치 등 장소적인 조건, 도로의 구조, 교통량, 사고시에 있어서의 교통 사정 등 도로의 이용 상황과 그 본래의 이용 목적 등 제반 사정과 물적 결함의 위치, 형상 등을 종합적으로 고려하여 사회통념에 따라 구체적으로 판단하여야 한다(대법원 1999.12.24. 선고 99다45413 판결).

■ 사고로 인도에 설치된 전신주가 넘어지면서 화재가 발생한 경우

Q. A회사의 11톤 트럭이 시속 50킬로미터로 내리막길을 진행하다가 승객을 승차시키기 위하여 일시 정차해 있던 B회사의 시내버스를 충격하였고, 그 시내버스가 다시 인도에 설치된 전주를 충격하여 전신주가 넘어지면서 고압선이 떨어져 인근의 공장에서 화재가 발생한 경우, 그 공장의 화재로 인한 손해배상을 A·B회사 및 인도에 전주를 설치한 한국전력공사에게 청구할 수는 없는지요?

A. 민법 제758조 제1항에서 공작물의 설치 또는 보존의 하자로 인하여 타인에게 손해를 가한 때에는 공작물점유자가 손해를 배상할 책임이 있고, 다만 점유자가 손해의 방지에 필요한 주의를 게을리하지 아니한 때에는 그 소유자가 손해를 배상할 책임이 있다고 규정하고 있으며, 실화책임에 관한 법률(법률 제9648호로 전부개정, 2009. 5. 8.부터 시행되는 것)은 실화의 특수성을 고려하여 실화자에게 중대한 과실이 없는 경우 그 손해배상액의 경감에 관한 민법 제765조의 특례를 정함을 목적으로 하고(같은 법 제1조), 실화로 인하여 화재가 발생한 경우 연소(延燒)로 인한 부분에 대한 손

해배상청구에 한하여 적용하고 있습니다(같은 법 제2조).

한편, 판례는 2009.5.8.법률 제9648호로 전부 개정된 실화책임에 관한 법률(이하 '개정 실화책임법'이라고 한다)은 구 실화책임에 관한 법률(2009.5.8.법률 제9648호로 전부 개정되기 전의 것)과 달리 손해배상액의 경감에 관한 특례 규정만을 두었을 뿐 손해배상의무의 성립을 제한하는 규정을 두고 있지 아니하므로, 공작물의 점유자 또는 소유자가 공작물의 설치·보존상의 하자로 인하여 생긴 화재에 대하여 손해배상책임을 지는지는 다른 법률에 달리 정함이 없는 한 일반 민법의 규정에 의하여 판단하여야 합니다.

따라서 공작물의 설치·보존상의 하자에 의하여 직접 발생한 화재로 인한 손해배상책임뿐만 아니라 그 화재로부터 연소한 부분에 대한 손해배상책임에 관하여도 공작물의 설치·보존상의 하자와 손해 사이에 상당인과관계가 있는 경우에는 민법 제758조 제1항이 적용되고, 실화가 중대한 과실로 인한 것이 아닌 한 그 화재로부터 연소한 부분에 대한 손해의 배상의무자는 개정 실화책임 법 제3조 에 의하여 손해배상액의 경감을 받을 수 있다고 보았습니다(대법원 2013. 3. 28. 선고 2010다71318 판결). 그런데 공작물의 설치·보존의 하자의 판단기준에 관하여 판례를 보면, 민법 제758조 제1항에 규정된 공작물의 설치·보존상의 하자란 공작물이 그 용도에 따라 통상 갖추어야할 안전성을 갖추지 못한 상태에 있음을 말하는 것으로서, 이러한 안전성의 구비여부를 판단함에 있어서는 당해 공작물의 설치·보존자가 그 공작물의 위험성에 비례하여 사회통념상 일반적으로 요구되는 정도의 방호조치의무를 다하였는지를 기준으로 삼아야 할 것이므로, 공작물에서 발생한 사고라도 그것이 공작물의 통상의 용법에 따르지 아니한 이례적인 행동의 결과 발생한 사고라면, 특별한 사정이 없는한 공작물의 설치·보존자에게 그러한 사고에까지 대비하여야 할 방호조치 의무가 있다고 할 수는 없다고 하였습니다(대법원 2006. 1. 6.선고 2004다21053 판결).

또한, 공작물의 설치 또는 보존상의 하자로 인한 사고는 공작물의 설치 또는 보존상의 하자만이 손해발생의 원인이 되는 경우만을 말하는 것이 아니고, 공작물의 설치 또는 보존상의 하자가 사고의 공동원인의 하나가 되는 이상 사고로 인한 손해는 공작물의 설치 또는 보존상의 하자에 의하여 발생한 것이라고 보아야 합니다.

그리고 화재가 공작물의 설치 또는 보존상의 하자가 아닌 다른 원인으로 발생하였거나 화재의 발생 원인이 밝혀지지 않은 경우에도 공작물의 설치 또는 보존상의 하자로 인하여 화재가 확산되어 손해가 발생하였다면 공작물의 설치 또는 보존상의 하자는 화재사고의 공동원인의 하나가 되었다고 볼 수 있다고 하였습니다(대법원 2010.4.29. 선고 2009다101343 판결, 대법원 2015. 2. 12. 선고 2013다61602 판결).

위 사안과 관련하여 인도에 설치한 전신주의 설치·보존상의 하자로 인한 한국전력공사의 책임여부에 관하여 살펴보면, 한국전력공사로서는 전주를 인도에 설치하였다고 하여 그러한 사유만으로 공작물의 설치·보존의 하자가 있다고 할 수 없고, 인도에 설치된 전주를 시내버스가 충격할 것까지 예상하여 안전시설이나 보호장치를 갖추어 전신주 및 변압기를 설치하여야 할 주의의무가 있다고 보기 어려우며, 그밖에 달리 전신주 및 변압기에 설치·보존의 하자가 있음을 인정할 수 없고, 또한 그 전신주에 과전류차단기나 지락전류를 차단하기 위한 중성선 등의 장치 및 접지선과 접지봉 등 접지시설이 설치되어 있었으므로 그러한 시설을 제대로 설치·보존하지 않았다거나 관할변전소의 계전기의 기기상의 하자가 있었다고 인정할 수 없어, 한국전력공사 소유인 그 전신주의 하자로 인하여 화재가 발생하였음을 이유로 한 손해배상청구를 배척한 조치는 정당하다고 하였습니다(대법원 1997. 10. 10. 선고 96다52311 판결).

그리고 위 질문의 경우 A회사운전자가 약 30톤가량의 화물을 적재한 11톤 카고트럭을 운전하여 내리막길을 진행함에 있어 전방 및 좌우를 살피지 아니한 채 기어를 중립에 둔 상태에서 카고트럭 및 화물자체의 중량으로 내리막길에서 미끄러져 내려가는 탄력을 이용하여 시속 약 50킬로미터로 진행한 것은 구 실화책임에 관한 법률(법률 제9648호로 2009. 5. 8. 전부개정 되기 전의 것)이 규정하는 중과실이라고 단정하기 어렵다고 하였으나, 현행 실화책임에 관한 법률은 중대한 과실이 아닐 경우에도 손해배상액의 경감을 청구할 수 있음에 그치도록 규정하고 있으므로 일응 실화책임에 관한 법률의 적용대상이 될 것으로 보이지만, B회사운전자는 시내버스를 버스정류장에서 약 19미터 떨어진 지점에 정차하여 승객을 승하차시켰다는 사정만으로 화재발생의 원인이 되는 과실이 있었다고 볼 수 없을 것이므로 실화책임에 관한 법률의 적용여지도 없을 것으로 보입니다.

그런데 채무불이행으로 인한 손해배상범위에 관하여 민법 제393조 제2항에서 특별한 사정으로 인한 손해는 채무자가 그 사정을 알았거나 알 수 있었을 때에 한하여 배상의 책임이 있다고 규정하고, 이 규정은 민법 제763조에 의하여 불법행위로 인한 손해배상에 준용하도록 규정하고 있는데, 관련판례를 보면 불법행위의 직접적 대상에 대한 손해가 아닌 간접적 손해는 특별한 사정으로 인한 손해로서 가해자가 그 사정을 알았거나 알 수 있었을 것이라고 인정되는 경우에만 배상책임이 있다고 하였습니다(대법원 2006. 3. 10. 선고 2005다31361 판결).

위 사안과 관련하여 사례를 보면, A회사운전자가 카고트럭으로 B회사 운전자가 운전하는 시내버스를 부딪쳐 그 충격으로 시내버스가 특고압전선이 설치된 전신주를 충격할 경우 전신주에 설치된 특고압전선이 떨어져 지락전류로 인하여 인근공장에 화재가 발생함으로써 손실을 입게 될지는 불확실할 뿐만 아니라, 이러한 손실은 가해행위와 너무 먼 손해라고 할 것이므로, 당시 A회사 운전자나 B회사 운전자가 인근공장에 그러한 손실이 발생할 것이라는 것을 알거나 알 수 있었다고 보기 어렵다고 하였습니다(대법원 1997. 10. 10. 선고 96다52311 판결). 그렇다면 위 사안에서 공장주가

A·B 회사 및 그들의 운전자, 한국전력공사에게 손해배상을 청구하기는 어려울 것으로 보입니다.

■ 2인이 공모하여 자동차 내에서 강간한 경우 모두 운전면허를 취소할 수 있는지

> Q. 2인이 상호 공모하여 자동차 내에서 부녀자를 강간한 경우, 지방경찰청장은 도로교통법에 따라 자동차를 직접 운전하지 아니한 공범자의 운전면허도 취소해야 하는지요?

A. 2인이 상호 공모하여 자동차 내에서 형법 제297조의 강간죄를 범한 경우, 지방경찰청장은 도로교통법 제93조 제1항 제11호에 따라 자동차를 직접 운전한 자의 운전면허만 취소해야 합니다. 그 이유는 도로교통법 제93조 제1항 제11호에 따르면, 지방경찰청장은 운전면허를 받은 사람이 자동차 등을 이용하여 살인 또는 강간 등 행정자치부령이 정하는 범죄행위를 한 때에는 운전면허를 취소하여야 하고, 그 위임을 받아 같은 법 시행규칙 제92조 제2호 나목에서는 운전면허취소사유로서 행정자치부령이 정하는 범죄행위라 함은 자동차 등을 범죄의 도구나 장소로 이용하여 형법 등을 위반한 강간죄를 범한 때를 말한다고 되어 있습니다.

도로교통법 시행규칙 제91조 제1항 및 별표 28 제2호 취소처분 개별기준의 일련번호 제13호에서는 형법을 위반한 강간의 범죄에 자동차 등이 이용된 때를 운전면허취소사유로 규정하고 있습니다. 도로교통법 제93조 제1항 제11호의 운전면허 취소요건과 관련하여, 같은 법 시행규칙 제92조는 각 호 외의 부분에서 자동차 등을 "범죄의 도구나 장소로 이용"하는 경우로 구체화하고, 운전면허 취소의 요건이 되는 범죄의 종류를 각 호에 열거한 것으로 볼 수 있는바, 범죄행위에 있어서 자동차 등을 직접 운전한 자에 대하여만 운전면허를 취소할 것인지, 아니면 이에 더하여 범행에 가담한 자중에서 운전면허를 가진 자에 대하여는 직접 운전하지 아니한 경우에도 모두 그 운전면허를 취소할 것인지가 문제됩니다.

도로교통법 제93조 제1항 제11호에서 자동차 등을 이용하여 형법 등에 위반되는 강간죄를 범한 경우에 운전면허를 취소하도록 한 취지는 자동차를 직접 운전하여 같은 법 등을 위반한 범죄행위를 한 자의 운전면허를 취소함으로써 다시는 자동차를 이용하여 범죄행위를 하지 못하도록 하려는 것이지, 직접 운전을 하지 않은 공범자의 운전면허까지 취소하려는 것은 아니라고 할 것이므로, 도로교통법 시행규칙 제92조 제2호 나목에서 자동차 등을 범죄의 도구나 장소로 이용하여 강간죄를 범한 때라 함은 이러한 취지에 따라 해석함이 타당할 것입니다.

이러한 취지를 고려하지 아니하고 자동차를 운전하지 않은 자의 운전면허를 취소한다면, 이는 공범자가 운전면허를 가지고 있지 않을 경우에는 운전면허가 취소되지도 아니할 뿐만 아니라 일정한 기간동안 운전면허를 받을 수 없게 되는 불이익도 받지 않게 되어 오히려 불합리한 결과를 초래하게 된다고 볼 수 있습니다.

또한, 위 규정들은 자동차 등을 본래의 사용방법에 따라 사용하지 않고 범죄행위에 이용하게 되면 국민의 생명과 재산에 큰 위협이 되는 점을 감안하여 범죄를 위한 수단으로 이용하는 경우에는 운전면허를 취소하도록 명시한 것인데, 도로교통법이 자동차 등을 운전한 자를 중심으로 의무와 벌칙을 부과하여 도로에서 일어나는 교통상의 위험과 장해를 방지·제거하여 안전하고 원활한 교통을 확보하려는 입법목적을 가지고 있는 점(제1조)에 비추어 볼 때, 같은 법 시행규칙 제92조의 "자동차 등을 범죄의 도구나 장소로 이용"하는 행위는 "운전행위"에 초점을 둔 것이라 볼 수 있으므로, 같은 법 제93조 제1항 제11호에 따른 운전면허취소대상자의 범위를 확대하여 「형법」 등에 해당하는 범죄행위라는 이유만으로 운전면허를 취소하는 것은 위 입법목적에도 부합되지 않는다고 할 것입니다.

따라서 2인이 상호 공모하여 자동차 내에서 형법 제297조의 강간죄를 범한 경우, 비록 자동차를 직접 운전하지 않은 공범자가 같은 법에 따라 처벌됨은 별론으로 하더라도, 도로교통법 제93조 제1항 제11호에 따른 운전면허의 취소대상자에는 해당되지 않는다고 할 것입니다.

■ 운전면허 결격기간 중 운전면허를 취득한 자의 면허취소 여부

Q. 다른 사람의 자동차를 훔치거나 빼앗아 무면허로 운전한 사람이 행정청으로부터 무면허운전으로 단속되기 전에 운전면허를 취득하였고, 그 이후에 무면허운전 사실이 형사입건되었으나 벌금 이상의 형의 선고를 받지 않은 경우, 그 사람이 결격기간 중 운전면허를 취득한 것으로 보아 운전면허를 취소할 수 있는지요?

A. 도로교통법 제43조, 제80조 제1항, 제82조 제2항 제4호, 제93조 제1항 제7호에 따르면, 자동차등을 운전하고자 하는 사람은 지방경찰청장으로부터 운전면허를 받아야 하고, 누구든지 지방경찰청장으로부터 운전면허를 받지 아니하거나 운전면허의 효력이 정지된 경우에는 자동차 등을 운전해서는 안됩니다. 다른 사람의 자동차등을 훔치거나 빼앗은 사람이 지방경찰청장으로부터 운전면허를 받지 않고 훔치거나 빼앗은 자동차 등을 운전한 경우에는 위반한 날부터 3년이 지나지 않으면 운전면허를 받을 수 없고, 지방경찰청장은 그 기간이 지나지 않은 자가 운전면허를 받은 때 운전면허를 취소하도록 하고 있지만, 이 경우 운전면허를 받을 수 없는 기간의 적용을 받는 자는 벌금 이상의 형(집행유예를 포함)의 선고를 받은 사람에 한하도록 하고 있습니다.

즉, 도로교통법령은 다른 사람의 자동차등을 훔치거나 빼앗은 사람이 지방경찰청장으로부터 운전면허를 받지 않고 그 자동차 등을 운전한 경우에는 위반한 날, 즉 무면허운전을 한 날부터 3년이 지나지 않으면 운전면허를 받을 수 없도록 하고 있으며, 이러한 사실로 인하여 벌금 이상의 형의 선고를 받은 자는 형사입건된 시점이 아니라 무면허운전을 한 날부터 소급하여 결격기간이 부여되고, 결격기간 중 운전면허를 취득하였다면 지방경찰청장은 그 사람의 운전면허를 취소하도록 하고 있습니다.

그런데, 도로교통법 제82조 제2항 제4호는 다른 사람의 자동차등을 훔치거나 빼앗은 사람이 지방경찰청장으로부터 운전면허를 받지 않고 그 자동차등을 운전한 경우, 그 위반한 날부터 3년이 지나지 않으면 운전면허를 받을 수 없도록 하고 있지만, 이러한 결격기간은 벌금 이상의 형의 선고를 받은 사람에 한하여 부과하도록 하고 있으므로, 다른 사람의 자동차등을 훔치거나 빼앗은 사람이 지방경찰청장으로부터 운전면허를 받지 않고 그 자동차등을 운전하였고, 그 후 이러한 사실이 적발되어 형사입건되었으나 벌금 이상의 형의 선고를 받지 않은 상태라면 같은 법 제82조 제2항 제4호에 따른 3년의 결격기간을 부과할 수 없으므로 결격기간 중 운전면허를 취득하였다는 이유로 그 사람의 운전면허를 취소할 수는 없습니다.

따라서 다른 사람의 자동차등을 훔치거나 빼앗아 무면허로 운전한 사람이 행정청으로부터 무면허운전으로 단속되기 전에 운전면허를 취득하였고, 그 이후에 무면허운전 사실이 형사입건되었으나 벌금 이상의 형의 선고를 받지 않은 경우, 그 사람이 결격기간 중 운전면허를 취득한 것으로 보아 운전면허를 취소할 수는 없습니다.

■ 범칙금 납부와 형사범죄행위 처벌과의 관계

> **Q.** 이미 범칙금을 납부한 범칙행위와 같은 일시·장소에서 이루어진 별개의 형사범죄행위에 대하여 범칙금의 납부로 인한 불처벌의 효력이 미치는지요?

A. 도로교통법(2005. 5. 31. 법률 제7545호로 전문 개정되기 전의 것) 제119조 제3항에 의하면, 범칙금 납부 통고를 받고 범칙금을 납부한 사람은 그 범칙행위에 대하여 다시 벌 받지 아니한다고 규정하고 있습니다.

이 범칙금의 통고 및 납부 등에 관한 같은 법의 규정들의 내용과 취지에 비추어 볼 때 범칙자가 경찰서장으로부터 범칙행위를 하였음을 이유로 범칙금 통고를 받고 그 범칙금을 납부한 경우 다시 벌 받지 아니하게 되는 행위는 범칙금 통고의 이유에 기재된 당해 범칙행위 자체 및 그 범칙행위와 동일성이 인정되는 범칙행위에 한정된다고 해석함이 상당하므로, 범칙행위와 같은 때, 같은 곳에서 이루어진 행위라 하더라도 범칙행위와 별개의 형사범죄행위에 대하여는 범칙금의 납부로 인한 불처벌의 효력이 미치지 아니합니다.

해설 범칙금 납부통고서를 받은 사람은 10일 이내에 경찰청장이 지정하는 국고은행, 지점, 대리점, 우체국 또는 도지사가 지정하는 금융회사 등이나 그 지점에 범칙금을 내야 합니다. 다만, 천재지변이나 그 밖의 부득이한 사유로 말미암아 그 기간에 범칙금을 낼 수 없는 경우에는 부득이한 사유가 없어지게 된 날부터 5일 이내에 내야 합니다. 범칙금을 낸 사람은 범칙행위에 대하여 다시 벌 받지 않습니다.

■ 음주운전의 경우 운전의 개념에 '도로 외의 곳'을 포함하도록 한 도로교통법 규정의 위헌여부

Q. 술에 취한 상태로 도로가 아닌 주차장에서 약 6미터 가량 자동차를 이동한 것이 전부인데 음주운전으로 기소되었습니다. 도로가 아닌 곳에서의 운전도 금지하는 규정은 헌법에 위배되지 않나요?

A. 헌법재판소는, 심판대상조항에 규정된 '도로 외의 곳'이란 '도로 외의 모든 곳 가운데 자동차등을 그 본래의 사용방법에 따라 사용할 수 있는 공간'으로 해석할 수 있다. 따라서 심판대상조항이 죄형법정주의의 명확성원칙에 위배된다고 할 수 없다. 심판대상조항의 입법목적은 도로 외의 곳에서 일어나는 음주운전으로 인한 사고의 위험을 방지하여 국민의 생명과 안전, 재산을 보호하고자 하는 것이다. 이러한 입법목적의 정당성은 충분히 인정되고, 심판대상조항이 장소를 불문하고 음주운전을 금지하고 위반할 경우 처벌함으로써 입법목적을 달성하는 데 기여하므로 수단의 적합성도 인정된다. 음주운전의 경우 운전조작능력과 상황대처능력이 저하되어 일반 교통에 제공되지 않는 장소에 진입하거나 그 장소에서 주행할 가능성이 음주운전이 아닌 경우에 비하여 상대적으로 높다. 따라서 구체적 장소를 열거하거나 일부 장소만으로 한정하여서는 음주운전으로 인한 교통사고를 강력히 억제하려는 입법목적을 달성하기 어렵다. 음주운전은 사고의 위험성이 높고 그로 인한 피해도 심각하며 반복의 위험성도 높다는 점에서 음주운전으로 인한 교통사고의 위험을 방지할 필요성은 절실한 반면, 그로 인하여 제한되는 사익은 도로 외의 곳에서 음주운전을 할 수 있는 자유로서 인격과 관련성이 있다거나 사회적 가치가 높은 이익이라 할 수 없으므로 법익의 균형성 또한 인정된다. 따라서 심판대상조항은 일반적 행동의 자유를 침해하지 아니한다. 자동차의 음주운전은 사람의 왕래나 물건의 운반을 위한 장소적 이동을 수반하는 개념으로서, 다른 기계 기구의 음주운전 행위와는 공공의 위험발생 가능성, 위험의 크기 및 경찰권 개입의 필요성에 현저한 차이가 있다. 양자는 도로교통법 및 심판대상조항의 의미와 목적에 비추어 볼 때 본질적으로 같은 집단이라 할 수 없으므로 차별취급의 문제가 발생하지 않는다. 따라서 심판대상조항은 평등원칙에 반하지 않는다. (헌법재판소 2016. 2. 25. 자 2015헌가11)라고 결정하였습니다. 따라서 도로 외에서의 음주운전도 금지하는 규정은 헌법에 위배되지 않습니다.

Chapter 3. 교통사고에 대한 손해배상 상담사례

■ 교통사고로 사망한 자가 생명보험에 가입된 경우 손해배상시 생명보험금의 공제여부

> **Q.** 저는 1년 전 남편을 피보험자로 생명보험에 가입한 사실이 있는데, 얼마 전 남편이 교통사고로 인하여 사망하였습니다. 현재 가해자 측과 합의를 하려고 하였더니 가해자 측은 생명보험으로부터 받는 보상금액만큼은 제외하고 그 나머지만 배상을 하겠다고 합니다. 그것이 타당한지요?

A. 불법행위로 인한 손해배상은 실손해(實損害)의 전보(塡補)를 목적으로 하는 것인 만큼 피해자로 하여금 실손해 이상의 이익을 취득하게 하는 것은 손해배상의 본질에 반하는 것이므로, 손해를 입은 것과 동일한 원인으로 인하여 이익을 얻을 때에는 그 이익은 공제되어야 하고, 이것을 '손익상계(損益相計)'라고 합니다(대법원 1978. 3. 14. 선고 76다2168 판결).

따라서 교통사고로 인한 손해배상을 청구할 경우에도 그 사고로 인하여 피해자 측이 이득을 얻었을 경우에는 그 이득을 공제하여야 합니다. 그런데 이러한 경우 생명보험금이 그 이득에 해당하여 공제를 해야 하는지 문제가 되나, 학설은 일치하여 공제대상이 아니라고 합니다. 다만, 그 이론적 근거는 각기 차이가 있습니다.

첫째, 보험계약은 불법한 가해자에게 이익을 주는 객관적 목적을 가진 제도가 아니라는 정책적 이유라는 것입니다.

둘째, 생명보험금은 손해보험과는 달리 손해의 전보를 목적으로 하는 것이 아니고, 따라서 보험자의 대위가 인정되지 않는다는 것입니다.

셋째, 손익상계를 할 경우 불법행위와 인과관계가 있어야 하는데, 생명보험금은 그 인과관계가 없는 별개의 사유라는 것입니다.

넷째, 생명보험금은 이미 납부한 보험료의 대가일 뿐이라는 이유입니다.

다섯째, 보험청구권의 특수성에 그 근거를 찾아볼 때 생명보험금은 기대권의 변형이며, 불확정기한이 도래된 것으로서 불법행위 그 자체에 의한 이득이 아니라는 것입니다.

일본의 최고재판소의 판례(1980. 5. 1.)에 의하면 "생명보험금은 이미 불입한 보험료의 대가로서 지급되는 것으로서 불법행위의 원인과 관계없이 지급되는 것이니 손해배상액에서 공제될 것이 아니다."라고 하고 있습니다.

따라서 생명보험금은 손해배상금에서 공제할 항목이 아니라 할 것입니다.

■ 교통사고 시 민사 이외에 별도로 형사상 위로금을 청구할 수 있는지요?

Q. 저의 남편은 회사에서 퇴근하여 귀가하던 중 횡단보도상에서 과속으로 질주하던 승용차에 치어 현장에서 사망하였습니다. 가해자는 구속되었고, 그 차량은 종합보험에 가입은 되어 있지만, 가해자 측에서는 한 번도 찾아오지 않고 위로의 말 한마디 없습니다. 저는 보험금 이외에 별도로 형사상 위로금을 청구하고 싶은데 그것이 가능한지요?

A. 교통사고가 발생하면 형사상의 처벌문제와 민사상의 손해배상문제가 동시에 발생하는 경우가 많습니다. 결국 형사상의 처벌문제는 국가와 가해운전자와의 관계이고, 민사상 인사사고에 대한 손해배상문제는 피해자와 가해운전자 및 운행의 지배이익을 가지는 자(통상 차주가 될 것임)와의 관계이므로 교통사고로 인한 인사사고의 피해자는 특별한 사정이 없는 한 가해운전자 및 운행의 지배이익을 가지는 자를 상대로 민사상의 손해배상책임을 물을 수 있습니다.

그러나 형사상 위로금, 이른바 형사합의금은 가해운전자 자신이 형사처벌을 조금이라도 가볍게 받기 위하여 피해자에게 임의로 지급하면 받을 수는 있으나, 그렇지 아니한 경우에 민사상 손해배상금 이외에 별도로 법률상 당연히 청구할 수 있는 성질의 것은 아니라 할 것입니다.

참고로 형사합의금의 성질에 관하여 판례는 "불법행위의 가해자에 대한 수사과정이나 형사재판과정에서, 피해자가 가해자로부터 합의금 명목의 금원을 지급받고 가해자에 대한 처벌을 원치 않는다는 내용의 합의를 한 경우에, 그 합의 당시 지급받은 금원을 특히 위자료 명목으로 지급 받는 것임을 명시하였다는 등의 특별한 사정이 없는 한 그 금원은 재산상 손해배상금의 일부로 지급되었다고 봄이 상당하며(대법원 1994. 10. 14. 선고 94다14018 판결), 이 점은 가해자가 형사합의금을 피해자에게 직접 지급하지 않고 형사상의 처벌과 관련하여 금원을 공탁한 경우에도 마찬가지라고 할 것이고, 교통사고의 가해자측이 피해자의 유족들을 피공탁자로 하여 위로금 명목으로 공탁한 돈을 위 유족들이 출급한 경우, 공탁서상의 위로금이라는 표현은 민사상 손해배상금 중 정신적 손해인 위자료에 대한 법률가가 아닌 일반인의 소박한 표현에 불과한 것으로서 그 공탁금은 민사상 손해배상금의 성질을 갖고, 자동차종합보험계약에 의한 보험자의 보상범위에도 속한다."라고 한 사례가 있습니다(대법원 1999. 1. 15. 선고 98다43922 판결).

따라서 형사합의금을 특별히 위로금 등으로 명시하지 아니한 경우에는 민사상 재산적 손해배상으로, 위로금이라고 명시한 경우에는 민사상 정신적 손해배상인 위자료로 보아야 할 것인바, 이 모두가 민사상 손해배상금에 해당하는 것입니다. 결국 형사위로금이라고 하는 것이 민사상 손해배상금 이외에 별도로 청구할 수 있는 그런 권리는 아닌 것입니다.

■ 일시 체류 중 교통사고로 사망한 재외거주국민의 노동가능연한

> Q. 甲은 일본에서 거주하는 한국인인데, 일시 귀국하여 국내에 있던 중 교통사고를 당하여 사망하게 되었습니다. 이러한 경우 일실소득과 노동가능연한의 기준을 어느 나라의 것으로 산정하여야 하는지요?

A. 불일시체류예정인 외국인의 일실소득 산정방법에 관하여 판례는 "일시적으로 국내에 체류한 후 장래 출국할 것이 예정되어 있는 외국인의 일실소득을 산정함에 있어서는 예상되는 국내에서의 취업가능기간 내지 체류가능기간 동안의 일실소득은 국내에서의 수입(실제 얻고 있던 수입 또는 통계소득)을 기초로 하고, 그 이후에는 외국인이 출국할 것으로 상정되는 국가(대개는 모국)에서 얻을 수 있는 수입을 기초로 하여 일실소득을 산정 하여야 할 것이고, 국내에서의 취업가능기간은 입국목적과 경위, 사고 시점에서의 본인의 의사, 체류자격의 유무 및 내용, 체류기간, 체류기간연장의 실적 내지 개연성, 취업의 현황 등의 사실적 내지 규범적 제 요소를 고려하여 인정함이 상당하다고 할 것이며, 이러한 법리는 비록 당해 외국인이 불법체류자라고 하더라도, 당해 외국인의 취업활동자체가 공서양속이나 사회질서에 반하는 것으로서 사법상 당연무효가 되지 않는 이상 마찬가지로 적용된다."라고 하였습니다(대법원 1998. 9. 18. 선고 98다25825 판결).

그리고 외국거주 피해자의 가동연한 산정기준에 관하여 판례는 "교통사고로 사망한 피해자가 그 사고가 없었으면 앞으로 외국에서 계속 거주할 사정이었다면 그가 그곳에서 얻을 수 있는 수입을 전제로 일실소득을 산정함이 상당하므로, 그 가동연한 또한 외국에서의 그것을 기준으로 하여야 한다."라고 하였습니다(대법원 1995. 5. 12. 선고 93다48373 판결).

따라서 위 사안에서 甲의 일실소득은 국내에서의 취업가능기간 내지 체류가능 기간 동안의 일실소득은 국내에서의 수입을 기초로 하고, 그 이후에는 甲이 출국할 것으로 상정되는 일본에서 얻을 수 있는 수입을 기초로 하여 일실소득을 산정 하여야 할 것이고, 노동가능연한은 위 교통사고로 인하여 사망하지 않았더라면 출국하여 계속 거주하였을 일본의 기준으로 산정하여야 할 것으로 보입니다.

■ 교통상해 입은 16세의 여고생이 자살한 경우 일실수입의 산정방법은?

> Q. 甲은 교통사고를 야기하여 여고 1년생 乙에게 중상을 입혀 우측다리에 평생 목발을 짚고 다녀야 하는 장해가 발생되는 손해를 입혔는데, 乙은 사고 후 3개월만에 위와 같은 장해를 비관하여 음독자살을 하여 사망하였습니다. 이러한 경우 甲이 배상하여야 할 일실수입의 범위는 어떻게 되는지요?

A. 판례는 "사고로 상해를 입은 사람이 자살한 경우 사고와 사망과의 사이에 조건적 관계가 존재하지 않는 한, 그 사고에 기한 수익상실로 인한 손해배상은 사망할 때까지만 이를 산정하면 되고, 평균여명이 끝날 때까지의 일실수입을 그 산정기초로 삼는 것은 그릇된 것이다."라고 하였으며(대법원 1990. 10. 30. 선고 90다카12790 판결), "제1차로 광산낙반사고로 부상한 광부가 그 후 2차로 교통사고를 당하여 사망한 경우, 제1차 사고와 제2차 사고간에 조건적 관계가 존재하는 때에는 후발적 사정을 참작할 것이 아니므로, 제1차 사고의 가해자는 제1차 사고로 인한 손해금액을 배상하여야 하나, 제1·2차 사고간에 조건적 관계가 없는 때에는 제1차 사고의 가해자는 제2차 사고로 피해자가 사망할 때까지의 손해만을 배상하면 된다."라고 하였고(대법원 1979. 4. 24. 선고 79다156 판결), "피해자가 이 사건 광산사고로 요부찰과투박상좌슬관절부투박상 및 탈구의 상실을 입어 광부로서는 전 노동능력을 잃었고 일용근로자로서는 40%의 노동능력을 잃었다는 것이니 피해자가 이 사건 사고 후 생활고와 사고후유증으로 인한 고통을 이기지 못하여 비관자살을 한 것이라면 이 사건 중상과 자살 사이에는 상당인과관계가 있다."라고 하였습니다(대법원 1972. 4. 20. 선고 72다268 판결).

또한 "교통사고로 오른쪽 하퇴부에 광범위한 압궤상 및 연부조직 손상 등의 상해를 입은 고등학교 1학년 여학생이 사고 후 12개월 동안 병원에서 치료를 받았으나 다리 부위에 보기 흉한 흉터가 남았고 목발을 짚고 걸어다녀야 했으며 치료도 계속하여 받아야 했는데, 이로 인하여 사람들과의 접촉을 피하고 심한 우울증에 시달리다가 자신의 상태를 비관, 농약을 마시고 자살한 경우, 교통사고와 사망 사이에 상당인과관계가 있다."라고 한 사례가 있습니다(대법원 1999. 7. 13. 선고 99다19957 판결).

위 판례들의 취지를 요약하면 가해자의 과실로 발생된 사고로 상해를 입은 피해자가 자살을 하게 된 경우 사고후의 제반 사정을 고려하여 사고와 사망과의 사이에 조건적 관계가 존재하지 않는 경우에는 사망시까지의 일실수입만을 배상하면 될 것이지만, 사고와 사망과의 사이에 조건적 관계가 존재하는 경우 즉, 사고로 인한 상해와 사망간에 상당인과관계가 인정되는 경우에는 평균여명의 범위 내에서 노동이 가능한 기간까지의 일실수입을 배상하여야 할 것으로 보입니다.

그런데 위 사안에서 乙이 여자고등학교 1년생으로서 감수성이 예민한 상태이고, 평생을 목발을 짚고 살아야 한다는 점을 비관하여 자살한 경우라면 사고와 사망 사이에 상당인과관계가 인정된다고 보아야 할 것으로 보입니다.

다만, 판례는 정신분열증으로 정신병원에 입원 중 자살한 경우 "사고 당시 망인이 행위책임을 부담할 정도의 완전한 의사결정능력을 보유하고 있다고 볼 수 없다 하더라도 자신의 신체에 대한 위험성 등을 판별할 수 있는 어느 정도의 의사능력을 갖고 있어 과실상계에 해당하는 사유가 있다."라고 한 바 있음에 비추어(대법원 1993. 9. 14. 선고 93다21552 판결), 乙의 자살로 인한 사망에 대하여 과실이 인정될 여지는 있다고 할 것입니다.

■ 직업이 있었던 장애인이 교통사고로 사망한 경우 일실수입의 산정방법은?

> **Q.** 甲은 신체장애자로서 노동능력 29%를 상실한 장애인임에도 불구하고 이용사로서 이용업에 종사하면서 가정을 꾸려오던 중 교통사고를 당하여 사망하였는바, 이러한 경우 甲의 일실수입상실액을 산정함에 있어서 기존의 노동능력상실률을 어느 정도 고려하여 위 사고로 인한 손해배상을 산정하여야 하는지요?

A. 이와 유사한 경우에 판례는 "이미 약 30퍼센트 정도의 노동능력을 상실한 기존신체장애자가 상차하역부로 종사하다가 본 건 불법행위로 다시 약 50퍼센트 정도의 농촌일용노동능력을 상실하였음을 이유로 손해배상을 소구한 경우에 기대수입상실액을 계산함에 있어서는 하역부로서 종사하여 얻었던 순수입금액에서 남은 노동능력(20퍼센트)으로 농촌일용노동에 종사하여 벌 수 있는 예상수입만을 공제하면 된다."라고 하였습니다(대법원 1975. 6. 24. 선고 75다321 판결).

즉, 비록 피해자가 이 사고 이전에 그 사고와는 관계없이 이미 30퍼센트 정도의 농촌일용노동능력을 상실한 상태였다고 할지라도 위와 같이 일정부분 상실된 노동능력으로 벌 수 있는 수입금에서 다시 이중으로 기존의 노동능력상실률을 공제할 수는 없다는 것입니다.

따라서 위 사안의 경우에도 甲이 이용사로서 사망직전까지 수익한 순수입금액을 전부 상실한 것으로 산정할 수 있을 것으로 보입니다.

■ 교사임용 전에 당한 교통사고 후유증으로 교직을 그만 둔 경우

> **Q.** 甲(23세)은 횡단보도를 건너던 중 乙회사소속 관광버스에 교통사고를 당하여 그 충격으로 뇌좌상 등의 상해를 입었습니다. 그런데 甲은 위 사고 당시에는 교육대학교 4학년에 재학 중인 여학생이었다가 그 후 졸업을 하고 초등학교에 여교사로 임용되어 근무하다가 위 사고로 인한 후유증으로 퇴직을 하였습니다. 그러므로 乙회사를 상대로 손해배상청구의 소송을 제기하려고 하는데, 이 경우 甲의 일실수입을 대학졸업자 여자 20세 이상 24세 미만의 통계소득을 기준으로 하여 산정하여야 하는지, 아니면 초등학교 교사로 취업할 것을 전제로 한 일반통계에 의한 수입의 평균수치 등을 기초로 하여 일실수입을 산정 할 수 있는지요?

A. 전문직 양성의 대학에 재학 중인 피해자가 상해를 입은 경우, 일실수입의 산정기준에 관하여 판례는 "전문직 양성의 대학에 재학 중인 피해자가 상해를 입은 경우에는 그

일실이익을 산정 함에 있어서 그 피해자가 대학을 졸업한 후 그 전문직을 선택하지 아니할 특별사정이 없는 한 그 전문직 취업자의 일반통계에 의한 수입의 평균수치를 기초사실로 하여 산정 하여야 하고, 이를 특별사정에 속하는 것으로 보고 사고 당시에 그 특별사정을 알았거나 알 수 있었는지의 여부를 심리하여 그 판단여하에 따라 기초사실을 달리할 것은 아니다."라고 하였으며, "피해자가 교통사고 당시 교육대학교 4학년에 재학 중이었고 그 후 대학을 졸업한 다음 초등학교의 교사로 임용되어 근무하다가 교통사고로 인한 후유증으로 퇴직한 경우, 피해자의 일실수입은 초등학교 교사로 취업할 것을 전제로 한 일반통계에 의한 수입의 평균수치 등을 기초로 산정하여야 한다."라고 한 사례가 있습니다(대법원 2000. 12. 26. 선고 2000다9437 판결).

따라서 위 사안에서도 甲의 후유장해로 인한 일실수입을 산정 할 경우 대학졸업자 여자 20세 이상 24세 미만의 통계소득을 기준으로 하여 산정해서는 아니 되고, 초등학교 교사로 취업할 것을 전제로 한 일반통계에 의한 수입의 평균수치 등을 기초로 하여 일실수입을 산정하여야 할 것으로 보입니다.

■ 공상군경이 교통사고로 사망한 경우 손해배상액 산정시 유족보상금의 공제 여부

> Q. 甲은 공상군경 6급으로서 「국가유공자 등 예우 및 지원에 관한 법률」에 의한 보상금을 지급받고 있었는데, 乙의 과실로 인하여 발생된 교통사고로 사망하였습니다. 이 경우 甲의 상속인이 청구할 손해배상액의 산정에서 유족보상금이 공제되는지요?

A. 전상군경, 공상군경, 4·19혁명부상자, 4·19혁명공로자 및 특별공로상이자로서 상이등급이 6급 이상인 상이자가 사망한 경우 그 유족 중 선순위자 1인에게는 그 사망의 원인을 불문하고 유족보상금이 지급됩니다(국가유공자 등 예우 및 지원에 관한 법률 제12조 제1항 제1호, 같은 법 시행령 제20조 제1항).

그러므로 공상군경으로 「국가유공자 등 예우 및 지원에 관한 법률」에 의한 보상금을 지급받고 있던 甲이 교통사고로 사망한 경우 甲의 상속인이 청구할 손해배상액의 산정에 있어서 유족보상금이 공제되는지 문제됩니다.

이에 관하여 판례는 "국가유공자등예우및지원에관한법률상 공상군경이 지급받는 연금이나 그가 사망한 경우에 그 유족이 지급받는 유족연금은 모두 수급권자의 생활안정과 복지향상을 도모하기 위한 동일한 목적과 성격을 지닌 급부라고 할 것이므로, 연금을 지급받던 공상군경이 타인의 불법행위로 인하여 사망한 경우에 그 유족이 망인의 연금 상당의 손해배상청구권을 상속함과 동시에 유족연금을 지급받게 되었다면 그 유족은 동일목적의 급부를 이중으로 취득하게 되고, 따라서 그 상속인의 손해액을 산정함에 있어서는 망인의 연금액에서 유족연금액을 공제하는 것이 형평의 이념에 비추어 상당하다."라고 하였습니다(대법원 1993. 10. 22. 선고 93다29372 판결).

또한, "국가유공자등예우및지원에관한법률상의 연금을 받던 공상군경이 타인의 불법행위로 사망한 경우, 공상군경의 유족이 지급 받을 손해액을 산정할 때 공상군경의 연금액에서 유족연금액을 공제하는 취지가 동일한 목적과 내용의 급부가 이중으로 지급되는 것을 막는 데 있는 이상, 사망한 사람의 연금액에서 공제하여야 하는 유족연금액의 범위는 사망한 사람의 기대여명기간이 끝날 때까지 그 유족이 받을 금액에 한정되고, 그 뒤 유족이 불법행위로 인한 사망과 관계없이 받을 수 있는 유족연금액은 이에 포함되지 아니한다."라고 하였습니다(대법원 2002. 5. 28. 선고 2002다5019 판결).

따라서 甲의 일실수입을 산정하면서 보훈보상금을 상실한 손해를 산정할 경우, 甲의 보상금에서 甲의 기대여명기간이 끝날 때까지 甲의 상속인이 수령할 유족보상금은 공제하여야 할 것이나, 甲의 기대여명기간이 끝난 뒤 甲의 상속인의 여명기간까지의 유족보상금까지 공제하여서는 아니 될 것입니다.

■ 교통사고의 공동불법행위자 사이 구상금채권의 소멸시효기간

> **Q.** 甲회사소속 고속버스와 乙의 승용차가 충돌하는 사고로 인하여 버스승객 丙이 상해를 입었으며, 위 사고는 乙의 전적인 과실로 인하여 발생되었습니다. 그런데 甲회사의 자동차보험가입회사인 丁보험사가 丙의 손해를 전부 배상한 후 사고발생 후 3년이 지나서 乙에 대하여 구상금청구를 하였는바, 이러한 경우 丁보험사의 乙에 대한 구상권의 소멸시효기간이 경과된 것이 아닌지요?

A. 「자동차손해배상 보장법」제3조는 "자기를 위하여 자동차를 운행하는 자는 그 운행으로 다른 사람을 사망하게 하거나 부상하게 한 때에는 그 손해를 배상할 책임을 진다. 다만, 다음 각 호의 어느 하나에 해당하면 그러하지 아니하다."라고 규정하면서, 단서 제2호에서 "승객이 고의나 자살행위로 사망하거나 부상한 경우"라고 면책사유를 규정하고 있습니다.

그러므로 승객이 사망 또는 부상을 당한 경우 운행지배자는 본인 및 피용자의 고의·과실유무에 불구하고 사고가 그 승객의 고의 또는 자살행위로 인한 것이라는 사실을 입증하지 못하면 책임을 면하지 못하는 것입니다(대법원 1970. 1. 27. 선고 69다1606 판결).

그리고 판례는 "승용차운전자인 甲과 乙회사소유 화물차운전자의 과실이 경합하여 丙회사의 버스승객들이 상해를 입은 사고에서, 丙회사는 그 운전자의 과실이 없다고 하더라도 위 버스의 운행자로서 위 피해자들에 대하여 자동차손해배상 보장법상의 배상책임을 부담하고, 한편 乙회사와 甲 역시 위 화물차 및 승용차의 운행자 또는 공동불법행위자로서 위 피해자들에 대하여 손해배상책임을 부담하며, 丙회사와 乙회사 및 甲의 위 각 책임은 부진정연대채무의 관계에 있다."라고 하였습니다(대법원 1998. 12. 22. 선고 98다40466 판결).

따라서 위 사안에서 甲회사와 乙은 공동불법행위자로서 丙의 손해에 대하여 부진정연대채무를 부담하게 되는데, 甲회사의 보험자인 丁보험사가 丙에 대한 손해를 전부 배상하였으므로 丁보험회사가 乙에 대하여 구상권을 행사할 수 있는지, 그것이 가능할 경우 그 구상권의 소멸시효기간은 어떻게 되는지 문제됩니다.

먼저 구상권에 관하여 판례는 "공동불법행위자는 채권자(피해자)에 대한 관계에서 연대책임(부진정연대책임)을 지되, 공동불법행위자들 내부관계에서는 일정한 부담부분이 있고, 이 부담부분은 공동불법행위자의 채권자(피해자)에 대한 가해자로서의 과실정도에 따라 정하여진다."라고 하였습니다(대법원 2000. 8. 22. 선고 2000다29028 판결). 그리고 「상법」 제682조는 "손해가 제3자의 행위로 인하여 발생한 경우에 보험금을 지급한 보험자는 그 지급한 금액의 한도에서 그 제3자에 대한 보험계약자 또는 피보험자의 권리를 취득한다. 다만, 보험자가 보상할 보험금의 일부를 지급한 경우에는 피보험자의 권리를 침해하지 아니하는 범위에서 그 권리를 행사할 수 있다."라고 규정하고 있습니다. 따라서 丁보험사는 乙에 대하여 구상권을 취득하게 됩니다.

공동불법행위자간의 구상권의 소멸시효에 관하여 판례는 "피해자에게 손해배상을 한 공동불법행위자의 다른 공동불법행위자에 대한 구상권은 피해자의 다른 공동불법행위자에 대한 손해배상채권과는 그 발생원인과 법적 성질을 달리하는 별개의 독립한 권리이므로, 공동불법행위자가 다른 공동불법행위자에 대한 구상권을 취득한 이후에 피해자의 그 다른 공동불법행위자에 대한 손해배상채권이 시효로 소멸되었다고 하여 그러한 사정만으로 이미 취득한 구상권이 소멸된다고 할 수는 없다."라고 하였으며(대법원 1994. 1. 11. 선고 93다32958 판결), "교통사고의 피해자들에게 손해배상을 한 공동불법행위자의 1인의 다른 공동불법행위자에 대한 구상금채권은 일반채권과 같이 구상권자가 현실로 피해자에게 손해금을 지급한 때로부터 10년 간 이를 행사하지 아니하면 시효소멸 한다."라고 하였습니다(대법원 1979. 5. 15. 선고 78다528 판결).

그런데 보험회사는 상법상 상인이므로 위와 같은 구상권에도 상사시효 5년이 적용될 수 있을 것인지 문제되는데, 판례는 "공동불법행위로 피해자에게 가한 손해를 연대하여 배상할 책임이 있는 공동불법행위자 중의 1인과 체결한 보험계약에 따라 보험자가 피해자에게 그 손해배상금을 보험금액으로 모두 지급함으로써 공동불법행위자들이 공동면책 된 경우에, 보험금액을 지급한 보험자는 상법 제682조 소정의 '보험자대위'에 의하여 그 공동불법행위자가 공동면책 됨으로써 다른 공동불법행위자의 부담부분에 대하여 행사할 수 있는 구상권을 취득하며, 그러한 구상권의 소멸시효의 기산점과 그 기간은 대위에 의하여 이전되는 권리자체를 기준으로 판단하여야 하며, 그 소멸시효에 관하여 법률에 따로 정한 바가 없으므로 일반원칙으로 돌아가 일반채권과 같이 그 소멸시효는 10년으로 완성된다고 해석함이 상당하고 그 기산점은 구상권이 발생한 시점, 즉 구상권자가 현실로 피해자에게 지급한 때이다."라고 하였으며(대법원

1994. 1. 11. 선고 93다32958 판결, 1998. 12. 22. 선고 98다40466 판결, 1999. 6. 11. 선고 99다3143 판결), "공동불법행위자의 다른 공동불법행위자에 대한 구상권의 소멸시효는 그 구상권이 발생한 시점, 즉 구상권자가 공동면책행위를 한 때로부터 기산하여야 할 것이고, 그 기간도 일반채권과 같이 10년으로 보아야 하고, 공제조합이 공동불법행위자 중의 1인과 체결한 공제계약에 따라 그 공동불법행위자를 위하여 직접 피해자에게 배상함으로써 그 공동불법행위자의 다른 공동불법행위자에 대한 구상권을 '보험자대위의 법리'에 따라 취득한 경우, 공제계약이 상행위에 해당한다고 하여 그로 인하여 취득한 구상권 자체가 상사채권으로 변한다고 할 수 없다."라고 하였습니다(대법원 1996. 3. 26. 선고 96다3791판결).

그러므로 위 사안에서 丁보험회사는 乙에 대하여 「상법」 제682조에 의한 구상권을 행사할 수 있을 것으로 보이고, 그 구상권의 소멸시효기간은 10년이라고 하여야 할 것입니다.

■ 교통사고로 인한 손해배상액을 산정할 때 피해자에게 초기 치매 증세가 있다는 이유로 일실소득을 감액할 수 있을까요?

Q. 甲은 초기 치매 증상을 보이고 있던 중, 교통사고가 발생하였습니다. 이때 일실소득을 산정할 때 초기 치매 증상을 이유로 감액할 수 있을까요?

A. 서울고등법원은 "일반적으로 초기 치매인 경우 가까운 보호자가 아니라면 환자의 기억력 저하를 잘 느끼지 못할 수 있고, 비록 최근 사건에 대한 기억력이 떨어지기는 하지만 그 밖의 인지 기능은 잘 유지되는 경우가 많아 일상생활에 심한 문제를 유발하지는 않는 점을 인정할 수 있다"며 "김씨가 사고 당시 알츠하이머병으로 인해 노동 능력이 상당 부분 감퇴된 상태였다고 인정하기 어렵다"고 하면서, 일실소득을 산정할 때 알츠하이머병으로 인한 예상장해율만큼 감액하여서는 안된다고 판단하였습니다.
따라서 甲은 일실소득 전액을 지급받을 수 있을 것입니다.

■ 교통사고 후 근로수당과 손익상계

Q. 甲은 교통사고를 당하여 상해를 입었습니다. 그렇지만 甲은 부양해야 할 가족이 있었으므로 상해를 당하였음에도 종전 다니던 회사를 그만두지 않고 계속 다니면서 월급을 받았습니다. 한편 가해자인 乙은 이에 대하여 월급을 받고 있으므로 甲이 별다른 손해를 받고 있지 아니하여 월급 부분 상당액을 손해배상액에서 공제하여야 한다고 주장합니다. 甲의 손해배상액은 공제되어야 하나요?

A. 민사상 손익상계라 함은 손해와 이익이 같은 사안으로 인하여 발생한 경우 이익에서 손해를 공제하겠다는 것입니다. 그러나 손익상계에 의하여 공제하여야 할 이익의 범

위는 배상하여야 할 손해의 범위와 마찬가지로 손해배상책임의 원인인 불법행위와 상당인과관계가 있는 것에 국한됩니다.

만약 교통사고의 피해자가 사고로 상해를 입은 후에도 계속하여 종전과 같이 직장에 근무하여 종전과 같은 보수를 지급받고 있다 하더라도 그와 같은 보수는 사고와 상당인과관계가 있는 이익이라고 볼 수 없습니다(대법원 1992. 12. 22. 선고 92다31361 판결).

따라서 乙(을)은 甲(갑)의 월급을 손해배상액에서 공제하겠다고 주장할 수 없습니다.

■ 대물변제로 채권자에게 인도된 채무자 명의차량의 교통사고의 책임

Q. 甲은 乙에게 금 1,000만원을 차용하고 변제하지 못하여 시가 900만원 상당인 甲소유의 승용차를 대물변제로 乙에게 인도하면서 자동차등록 명의이전에 필요한 서류 일체를 교부하였습니다. 그런데 乙은 자기 앞으로 자동차등록명의를 이전하지 않은 채 위 승용차를 운행하다가 丙을 충격하여 丙에게 장해발생이 예상되는 상해를 가하였습니다. 이 경우 위 교통사고로 인한 책임을 甲이 부담하여야 하는지요??

A. 「자동차손해배상 보장법」제3조 본문에서 자기를 위하여 자동차를 운행하는 자는 그 운행으로 다른 사람을 사망하게 하거나 부상하게 한 경우에는 그 손해를 배상할 책임을 진다고 규정하고 있습니다.

그런데 대물변제를 위하여 채권자에게 자동차를 양도하였으나 아직 채권자명의로 소유권이전등록이 마쳐지지 아니한 경우, 양도인의 운행지배권이나 운행이익 상실여부의 판단기준에 관하여 판례를 보면, 대물변제를 위하여 채권자에게 자동차를 양도하기로 하고 인도까지 하였으나 아직 채권자 명의로 그 소유권이전등록이 마쳐지지 아니한 경우에 아직 그 등록명의가 원래의 자동차소유자에게 남아 있다는 사정만으로 그 자동차에 대한 운행지배나 운행이익이 양도인에게 남아 있다고 단정할 수는 없고, 이러한 경우 법원이 차량의 양도로 인한 양도인의 운행지배권이나 운행이익의 상실여부를 판단함에 있어서는 그 차량의 이전등록서류교부에 관한 당사자의 합의내용, 위 차량을 대물변제로 양도하게 된 경위 및 인도여부, 정산절차를 거쳐야 할 필요성, 인수차량의 운행자, 차량의 보험관계 등 양도인과 양수인 사이의 실질적 관계에 관한 여러 사정을 심리하여 사회통념상 양도인이 양수인의 차량운행에 간섭을 하거나 지배·관리할 책무가 있는 것으로 평가할 수 있는지의 여부를 가려 결정하여야 하고, 차량의 명의수탁자가 실소유자의 명시적인 승낙 없이 실소유자의 채무변제를 위한 대물변제조로 차량을 양도하기로 합의한 후 채권자에게 차량을 인도하고 차량의 이전등록에 필요한 인감증명 등의 서류도 모두 교부한 경우, 비록 명의수탁자가 실소유자의 채권자에 대한 채무에 관하여 정확한 액수를 알지 못하였다고 할지라도, 대외적으로 차량에 관한 처분권한을 가지고 있는 명의수탁자가 실소유자의 채무변제를 위하여 대물변제에 이르게 되었고, 그 차량의 시가가 실소유자의 채권자에 대한 채무액수에 미치지 못하는 것이 분명한 이상, 위 차량의 운행에 있어서 그 운행지배와 운행이익은 모두 채권자에게 실질적으로 이전되었고, 대물변제계약이 요물계약이며 위 차량에 대한 소유권이전등록이 행해지지 아니하였다고 하더라도 마찬가지라고 한 사례가 있습니다(대법원 1999. 5. 14. 선고 98다57501 판결, 2002.11.26. 선고 2002다47181 판결).

따라서 위 사안에서도 위 승용차의 시가가 채무액에 미치지 못하므로 정산을 요하지 않을 것이고, 甲은 乙에게 자동차등록명의이전에 소요되는 서류일체를 교부까지 한 경우로서, 甲은 위 승용차에 대한 운행지배권이나 운행이익을 상실하였다고 보아야 할 것이므로 위 사고로 인한 손해배상책임을 부담하지 않을 것으로 보입니다.

■ 고속도로에서 교통사고시 보행자의 책임

> Q. 동생이 음주후 고속도로를 보행 중 뒤에 오던 외제차와 추돌하였다는 소식을 들었습니다. 이로 인하여 동생은 왼손 골절, 다리 양다리 골절, 왼쪽 갈비뼈 7개 골절, 머리 뇌출혈 등으로 사경을 헤메고 있습니다. 그러나 보험사측에서 고속도로 보행자 야간 사고시에는 무조건 보행자가 전부 책임을 져야 한다고 합니다. 이에 동생이 가해자가 되어 동생의 병원치료비는 물론 고가의 외제차 수리비와 운전자 치료비까지 막대한 금액의 소요가 예상됩니다. 그러나 상대 외제차량 블랙박스는 고장이 났다고 하는 등 어디서 어떻게 사고가 났는지 확인할 방법은 없고, 출동 당시 구급대원과 경찰 진술만 확인할 수 있었으며, 고속도로경찰대에 사진 확인결과 차량은 갓길에 똑바로 주차되어 있고 운전석 유리가 심하게 파손된 상태인데, 동생은 가해차량 약 4-5m앞에 갓길에 누워있었습니다. 이에 사고경위에 관하여 여러 의심이 드는 상황인데, 어찌해야 하는지요?

A. 술에 취한 보행자가 야간에 고속도로상에서 무단횡단을 하여 교통사고가 발생한 경우, 고속도로를 운행하는 운전자에게 어떠한 과실이 인정되기 어려운 것이 일반적입니다("도로교통법 제58조는 보행자는 고속도로를 통행하거나 횡단할 수 없다고 규정하고 있으므로 고속도로를 운행하는 자동차의 운전자로서는 특별한 사정이 없는 한 보행자가 고속도로를 통행하거나 횡단할 것까지 예상하여 급정차를 할 수 있도록 대비하면서 운전할 주의의무는 없다 할 것이고, 따라서 고속도로를 무단횡단하는 피해자를 충격하여 사고를 발생시킨 경우라도 운전자가 상당한 거리에서 그와 같은 무단횡단을 미리 예상할 수 있는 사정이 있었고, 그에 따라 즉시 감속하거나 급제동하는 등의 조치를 취하였다면 피해자와의 충돌을 면할 수 있었다는 등의 특별한 사정이 인정되지 아니하는 한 자동차 운전자에게 과실이 있다고는 볼 수 없다.", 대법원 1996. 10.

15. 선고 96다22525 판결, 대법원 1998. 4. 28. 선고 98다5135 판결 등 참조).

다만 자동차사고에 있어서 과실비율 및 그에 따른 손해배상의 책임분배는 사건양태가 다양하고 복잡한 특수성상 일률적으로 이르기는 어려운 것이므로, 가령 사고 당사자인 운전자 또한 과속하여 운전(과속운전)하고 있었거나, 술에 취한 상태로 운전(음주운전)을 하고 있던 상태였던 경우, 혹은 본래 주행차로로 인정되지 아니하는 갓길에서 사고가 발생한 경우(갓길주행), 보행자에게 이유가 있는 경우(가령 주간에 편도2차로의 고속도로에서 A차량이 중앙분리대를 들이받은 사고를 내 1, 2차로에 걸쳐 정차한 상태에서 차량에서 내려 수신호를 보낼 뿐 안전표지를 설치하거나 차량의 비상등을 켜는 등의 안전조치의무를 태만히 하고 있는 사이, 마침 2차로에서 주행 중인 B차량이 전방주시의무를 태만하여 뒤늦게 A차량을 발견하고 1차로로 차선을 바꾸었으나 갓길에 있던 A차량 운전자를 충격한 사안에서 B차량의 과실을 60%로 판단한 사례, 대법원 2012. 1. 12. 선고 2011다80180 판결 참조) 등 구체적인 상황에 따라서는 운전자에게 일정 부분의 책임이 발생할 수도 있습니다.

사안의 경우, 보행자의 음주, 야간(새벽 2-3시)이라는 시기, 고속도로라는 장소(보행자의 존재를 예견하기 어려워 운전자의 주의의무가 경감되는 곳) 등의 요소는 매우 불리한 사정으로 보이나 실제 사고발생의 경위가 의심스러운 사정이 있는 경우, 그에 관한 증거자료가 있다면 책임이 경감될 여지도 있어 보입니다. 즉 사안에서는 사고가 '갓길'에서 발생하였는지 '2차로'에서 발생하였는지가 관건일 것으로 보이는바, 그에 관한 자료확보가 중요할 것으로 보입니다. 따라서 상황에 따라서는 고장난 블랙박스의 복원이나 기타 다양한 자료확보방법을 강구하시는 것도 필요하고 이에 관한 선행 수사절차에서 최대한 유리한 사실확정 및 자료확보에 주력하셔야 하며, 이에 기초하여 민사절차에서도 일관적으로 다투셔야 합니다. 한편 위와 같은 자료확보가 어렵고 관련 수사절차가 불리하게 진행되는 경우에는 상대방과 최대한 협의하는 것이 적절할 것으로 보입니다.

■ 보행자에 대한 교통사고의 경우 손해배상책임

> **Q.** 제가 편도 2차선의 도로를 제한속도 범위에서 주행하던 중 신호등이 없는 횡단보도 부근에서 보행자를 충격하여 사고가 발생하였습니다. 보행자는 횡단보도가 아닌 일단정지선 10m 전방에서 횡단하고 있었으므로 제 책임이 없는 것 같은데, 이러한 경우에도 전부 제가 배상해야할 책임이 있는지요?

A. 도로교통법 제27조에 규정된 바에 따르면, 모든 운전자에게는 보행자에 대한 보호의무가 부여됩니다. 따라서 자동차전용도로, 고속도로 등의 특수한 장소가 아닌 한, 자동차의 보행자에 대한 사고에서는 기본적으로 자동차에게 높은 비율의 과실이 인정됩니다.

다만 도로교통법 제10조에 따르면, 보행자 또한 횡단보도가 설치된 곳에서는 횡단보도를 이용하여야 하는 등 그 횡단방법에 따라 횡단할 의무가 인정되는바, 사안의 경우 보행자는 횡단보도가 설치된 도로에서 그 횡단보도를 이용하지 아니하고 무단히 횡단한 의무위반이 있다고 할 것이어서, 보행자에게도 일정 부분의 과실이 있다고 할 것입니다. 이와 관련하여 대법원은 유사한 사례에서 '횡단보도에 보행자를 위한 보행등이 설치되어 있지 않다고 하더라도 횡단보도표시가 되어 있는 이상 그 횡단보도는 도로교통법에서 말하는 횡단보도에 해당하므로, 이러한 횡단보도를 진행하는 차량의 운전자가 도로교통법 제24조 제1항의 규정에 의한 횡단보도에서의 보행자보호의무를 위반하여 교통사고를 낸 경우에는 교통사고처리특례법 제3조 제2항 단서 제6호 소정의 횡단보도에서의 보행자보호의무 위반의 책임을 지게 되는 것이며, 비록 그 횡단보도가 교차로에 인접하여 설치되어 있고 그 교차로의 차량신호등이 차량진행신호였다고 하더라도 이러한 경우 그 차량신호등은 교차로를 진행할 수 있다는 것에 불과하지, 보행등이 설치되어 있지 아니한 횡단보도를 통행하는 보행자에 대한 보행자보호의무를 다하지 아니하여도 된다는 것을 의미하는 것은 아니므로 달리 볼 것은 아니라고 할 것이다.'라고 판시하였는 바(대법원 2003. 10. 23. 선고 2003도3529 판결), 원칙적으로는 귀하에게 주된 책임이 있는 것으로 볼 수 있습니다.

다만 자동차사고에 있어서 과실비율 및 그에 따른 손해배상의 책임분배는 사건양태가 다양하고 복잡한 특수성상 일률적으로 이르기는 어렵습니다. 가령 야간 신호등 없는 편도 3차로 도로에서 차량이 3차로를 따라 운행 중 전방주시의무를 태만한 과실로, 술에 취한 채 위 도로에 설치된 횡단보도를 조금 벗어난 지점을 횡단하던 보행자를 충격한 사안에서 차량의 과실비율을 70%로 본 사례(서울지방법원 2008. 9. 24. 선고 2008가단43332 판결), 야간에 차량 통행이 빈번한 왕복7차로의 신호등 없는 삼거리 교차로에서 차량이 편도 3차로 중 1차로를 따라 진행하던 중 전방주시의무를 태만히 한 과실로, 횡단보도 부근(20m) 좌측에서 우측으로 무단횡단 하던 보행자를 들이 받은 사고에서 차량의 과실비율을 50%로 본 사례(부산지방법원 2009. 4. 17. 선고 2008가단23466) 등을 참조하시기 바랍니다.

■ 교통사고 피해자에 지급해야 할 대차비용의 범위

Q. 교통사고 피해차량의 소유자 甲이 수리를 위해 피해차량을 서비스센터에 입고한 다음 피해차량과 동종인 승용차를 임차하여 사용하고 가해차량의 보험자인 乙 보험회사에 사용 기간에 대한 대차비용의 지급을 청구하자, 乙 회사가 보험약관의 대차비용 지급기준에서 정한 기간에 대해서만 대차비용을 지급한 사안에서, 乙 회사는 '수리가 실제 시작된 때부터 수리가 완료되어 출고될 때까지의 기간'에 대하여 대차비용을 지급할 의무가 있다고 한 사례.

A. 민법 제393조 제1항, 제2항에서는 채무불이행으로 인한 손해배상은 통상의 손해를 그 한도로 하고, 특별한 사정으로 인한 손해는 채무자가 그 사정을 알았거나 알 수 있었을 때에 한하여 배상의 책임이 있다고 규정하고, 상법 제719조는 책임보험계약의 보험자는 피보험자가 보험기간중의 사고로 인하여 제3자에게 배상할 책임을 진 경우에 이를 보상할 책임이 있다고 규정하고 있습니다.

■ 피해자의 후유증이 교통사고와 기왕증이 경합하여 발생한 경우 손해배상 범위 판정방법

Q. 저는 교통사고 이후 입원치료를 받던 중 뇌출혈로 2차 피해를 입게 되었습니다. 그럴 경우 가해자에게 구할 수 있는 손해배상 범위는 어떻게 되나요?

A. 법원은 "교통사고로 인한 피해자의 후유증이 사고와 피해자의 기왕증이 경합하여 나타난 것이라면 사고가 후유증이라는 결과 발생에 기여하였다고 인정되는 정도에 따라 상응한 배상액을 부담하게 하는 것이 손해의 공평한 부담이라는 견지에서 타당하고, 법원이 기왕증의 후유증 전체에 대한 기여도를 정할 때에는 반드시 의학적으로 정확히 판정하여야 하는 것이 아니고 변론에 나타난 기왕증의 원인과 정도, 기왕증과 후유증의 상관관계, 피해자 연령과 직업, 건강상태 등 제반 사정을 고려하여 합리적으로 판단할 수 있다(대법원 2011. 5. 13. 선고 2009다100920 판결 참조)."고 판시하고 있습니다. 결국 법원에서 피해자의 기왕증과 발생한 후유증의 기여도를 판단하여 손해배상의 범위를 결정하게 될 것입니다.

■ 교통사고 피해자가 기 지급받은 치료비가 감액되는 경우

Q. 교통사고 피해자인데, 병원 치료비의 경우 가해자의 보험사로부터 이미 지급받았습니다. 기타 손해에 대하여 손해배상 소송을 진행하고자 하는데 기 지급받은 치료비가 감액될 수도 있나요?

A. 판례는 교통사고의 피해자가 가해자가 가입한 자동차보험회사로부터 치료비를 지급받은 경우 그 치료비 중 피해자의 과실비율에 상당하는 부분은 가해자의 재산상 손해배상액에서 공제되어야 한다(대법원 1999. 3. 23. 선고 98다64301 판결 , 대법원 2002. 9. 4. 선고 2001다80778 판결 등 참조)고 보고 있습니다. 따라서 교통사고 발생에 있어서 피해자의 과실이 인정된다면 기 지급받은 치료비가 감액될 수 있습니다. 예를 들어 교통사고 발생에 가해자의 과실이 70%, 피해자의 과실이 30%가 인정되고, 기 지급받은 치료비가 1,000만원이라면 피해자의 과실에 해당하는 30% 상당의 치료비 300만원이 공제되어야 합니다.

■ 교통사고 피해자 가족의 위자료 청구 가능 여부

Q. 교통사고로 상해 피해를 입은 피해자의 가족들이 가해자가 가입한 자동차보험사를 상대로 그들의 정신적 고통에 대한 위자료의 지급을 청구할 수 있는지요?

A. 자동차손해배상 보장법 제10조는 보험가입자에게 손해배상책임이 발생한 경우에 피해자로 하여금 보험자에게 책임보험금의 한도 내에서 보험금을 직접 청구할 수 있도록 규정하고 있는바, 위 규정에 의한 피해자의 책임보험자에 대한 직접청구권의 법적 성질은 책임보험자가 피보험자의 피해자에 대한 손해배상채무를 병존적으로 인수한 것으로서 피해자가 책임보험자에 대하여 가지는 손해배상청구권이고, 피보험자의 책임보험자에 대한 보험금청구권의 변형 내지 이에 준하는 권리가 아니라고 할 것이므로(대법원 1999. 2. 12. 선고 98다44956 판결 참조), 피해자가 책임보험자를 상대로 자배법 제10조에 의한 직접청구권을 행사하는 경우에 있어서 책임보험자가 피해자에게 지급하여야 할 금액은 단순히 보통약관의 보험금 지급기준에 의하여 산출된 보험금이 아니라 자배법시행령에 정하여진 책임보험금의 한도 내에서 피해자가 실제로 입은 손해액이라고 할 것입니다.

또한 민법 제750조 내지 제752조에 의하면, 불법행위 피해자의 가족은 그 정신적 고통에 관한 입증을 함으로써 가해자에게 위자료의 지급을 청구할 수 있다고 할 것이고, 경험칙상 타인의 불법행위로 부당하게 신체상해를 입은 피해자의 처와 자식은 특별한 사정이 없는 한 그로 인하여 정신적 고통을 받았다고 보아야 할 것이므로, 그 경우 피해자의 처와 자식은 가해자에게 그들의 정신적 고통에 대한 위자료의 지급을 청구할 수 있다고 할 것입니다.(대법원 1999. 4. 23. 선고 98다41377 판결 참조).

따라서 교통사고로 상해 피해를 입은 피해자의 가족들은 자배법 제10조에 의하여 가해자의 손해배상채무를 병존적으로 인수한 책임보험자인 보험사에게 그들의 정신적 고통에 대한 위자료의 지급을 청구할 권리가 있다고 할 것입니다.

■ 교통사고 피해자와 가해자간 손해배상소송 판결의 기판력 범위

Q. 피해자와 가해자(피보험자)간의 손해배상 소송 확정판결의 기판력이 피해자와 가해자가 가입한 보험자 간의 손해배상청구 소송에 미치는지요?

A. 법원은 "교통사고 피해자의 보험자(가해자가 가입한 보험사)에 대한 손해배상채권과 피해자의 피보험자(가해자)에 대한 손해배상채권은 별개 독립의 것으로서 병존하고, 피해자와 피보험자 사이에 손해배상책임의 존부 내지 범위에 관한 판결이 선고되고 그 판결이 확정되었다고 하여도 그 판결의 당사자가 아닌 보험자에 대하여서까지 판결의 효력이 미치는 것은 아니므로, 피해자가 보험자를 상대로 하여 손해배상금을 직

접 청구하는 사건의 경우에 있어서는, 특별한 사정이 없는 한 피해자와 피보험자 사이의 전소판결과 관계없이 피해자의 보험자에 대한 손해배상청구권의 존부 내지 범위를 다시 따져 보아야 하는 것이다(대법원 2000. 6. 9. 선고 98다54397 판결 등 참조)."라고 판시한바 있습니다.

■ 교통사고로 인한 손해배상청구권 시효소멸기간의 진행시점

> **Q.** 甲은 2006.경 교통사고로 상해를 입고 그에 따른 치료비 등을 받았으나, 약 11년 후 예기치 못한 교통사고 후유증이 발생하였습니다. 이런 경우에도 손해배상 청구가 가능한지요?

A. 불법행위로 인한 손해배상청구권은 민법 제766조 제1항 에 의하여 피해자나 그 법정대리인이 그 손해 및 가해자를 안 날로부터 3년간 행사하지 아니하면 시효로 인하여 소멸하게 됩니다. 그러나 여기에서 그 손해를 안다는 것은 손해의 발생사실을 알면 되는 것이고 그 손해의 정도나 액수를 구체적으로 알아야 하는 것은 아니므로, 통상의 경우 상해의 피해자는 상해를 입었을 때 그 손해를 알았다고 보아야 할 것이지만, 그 후 후유증 등으로 인하여 불법행위 당시에는 전혀 예견할 수 없었던 새로운 손해가 발생하였다거나 예상외로 손해가 확대된 경우에 있어서는 그러한 사유가 판명된 때에 새로이 발생 또는 확대된 손해를 알았다고 보아야 할 것이고, 이와 같이 새로이 발생 또는 확대된 손해 부분에 대하여는 그러한 사유가 판명된 때로부터 민법 제766조 제1항 에 의한 시효소멸기간이 진행된다고 할 것입니다.

따라서 11년 후에 甲에게 발생한 후유증이 교통사고로 인한 것이고, 그 후유증이 교통사고 시점에 예측할 수 없었던 것이라면 그 후유증이 발생한 때부터 소멸시효기간이 진행된다고 할 것이므로 손해배상 청구가 가능합니다.

■ 고소작업차의 작업대에 아파트 10층 높이에서 외벽도장공사를 하던 중 고소작업차의 와이어가 끊어지면서 추락하여 사망한 경우 보험약관에서 정한 자동차 운행 중의 교통사고에 해당하는지요?

> **Q.** 甲은 고소작업차의 아파트 10층 높이에서 외벽도장공사를 하던 중 고소작업차의 와이어가 끊어지면서 추락하여 사망하였습니다. 보험수익자인 甲의 유족은 보험사를 상대로 보험금을 청구하였으나, 보험사는 보험계약 체결 당시 자동차의 용도가 자가용으로 정해져 있었는데 위 사고는 차량을 자가용으로 사용하다가 난 사고가 아니라며 보험금지급을 거부하고 있습니다. 이 경우 보험사는 보험금지급책임이 있는지요?

A. 이와 유사한 사례에서 판례는, "교통사고만의 담보특약부 상해보험계약에 적용되는 약관상 '운행'이라 함은 자동차손해배상보장법 제2조에서 규정하고 있는 바와 같이 자동

차를 당해 장치의 용법에 따라 사용하고 있는 것을 말하고, 여기서 '당해 장치'라 함은 자동차에 계속적으로 고정되어 있는 장치로서 자동차의 구조상 설비되어 있는 자동차의 고유의 장치를 뜻하는 것인데, 위와 같은 각종 장치의 전부 또는 일부를 각각의 사용 목적에 따라 사용하는 경우에는 운행 중에 있다고 할 것이나, 자동차에 타고 있다가 사망하였다 하더라도 그 사고가 자동차의 운송수단으로서의 본질이나 위험과는 전혀 무관하게 사용되었을 경우까지 자동차의 운행 중의 사고라고 보기는 어렵다(대법원 2000. 9. 8. 선고 2000다89 판결)"고 설시하면서 "①이 사건 고소작업차는 자동차관리법시행규칙 제2조에 따른 특수자동차로 등록된 차량으로, 이 사건 보험약관에서 '운행 중인 자동차'로 규정한 특수자동차에 해당하는 사실, ②이 사건 고소작업차는 위 법령상 특수자동차중 견인형 내지 구난형에 속하지 아니하는 특수작업형 차량으로, 트럭에 고정된 크레인 붐대와 그에 고정된 작업대 등의 구조상 설비를 갖추고 그 작업대에 작업자가 탑승한 후 크레인 붐대에 의한 작업대의 상승, 하강을 통하여 높은 곳(고소)에서의 작업이 가능하도록 하는 자동차인 사실, ③이 사건 사고는 위와 같이 이 사건 고소작업차 고유의 장치인 크레인 붐대와 작업대를 사용하여 아파트 고층에서의 외벽도장작업을 하던 중 발생한 사고인 사실 등을 알 수 있다. 이러한 사실관계를 앞서 본 대법원의 판례에 비추어 볼 때, 이 사건 사고는 이 사건 고소작업차의 당해 장치를 그 용법에 따라 사용하던 중에 발생한 사고로서 이 사건 보험약관에서 정한 자동차 운행 중의 교통사고에 해당한다"고 판시하였습니다. 따라서 위 사안에서 甲이 고소자동차에서 추락하여 사망한 사고는 고소작업차의 당해 장치를 그 용법에 따라 사용하던 중에 발생한 사고로서 보험약관에서 정한 사동차 운행 중의 교통사고에 해당하므로, 보험사는 甲의 유족에게 보험금지급책임이 있습니다.

■ **교통사고 피해자가 가해차량이 가입한 책임보험의 보험자로부터 보험금을 수령하였음에도 자동차손해배상 보장사업을 위탁받은 보험사업자로부터 또다시 피해보상금을 수령한 경우, 위 보험사업자의 부당이득반환청구권의 소멸시효기간**

Q. 甲은 1997.경 교통사고를 입고 가해차량이 가입된 보험사로부터 치료비로 700만원, 합의금으로 3,000만원을 지급받았습니다. 甲은 다시 1998. 11.경 정부의 자동차손해배상 보장사업을 위탁받은 보험사 乙에게 가해차량이 무보험차량이라 보험금을 전혀 받지 못하였다고 주장하여 乙로부터 피해보상금으로 3,900만원을 지급받았습니다. 乙은 뒤늦게 2005. 5.경 피해자 甲에게 甲이 乙로부터 지급받은 보상금은 법률상 원인 없는 부당이득이라 주장하며 그 반환을 청구할 수 있는지요?

A. 이와 유사한 사례에서 판례는, "구 자동차손해배상보장법(1999. 2. 5.법률 제5793호로 전부 개정되기 전의 것) 제14조 제2항은 보험가입자 등(의무보험에 가입한 자와

당해 의무보험 계약의 피보험자)이 아닌 자가 같은 법 제3조의 규정에 의한 손해배상의 책임을 지게 되는 경우에 정부가 피해자의 청구에 따라 책임보험금의 한도 안에서 그가 입은 피해를 보상한다고 규정하고 있을 뿐이고, 같은 법 제14조 이하에서 규정하고 있는 자동차손해배상 보장사업은 정부가 자동차의 보유자를 알 수 없거나 무보험 자동차의 운행으로 인한 사고로 인하여 사망하거나 부상을 입은 피해자의 손해를 책임보험의 보험금의 한도 안에서 보상하는 것을 주된 내용으로 하는 것으로서, 뺑소니 자동차 또는 무보험 자동차에 의한 교통사고의 피해자 보호를 목적으로 하면서 법률상 가입이 강제되는 자동차책임보험제도를 보완하려는 것이지 피해자에 대한 신속한 보상을 주목적으로 하고 있는 것이 아니다(대법원 2007. 12. 27.선고 2007다54450판결). 따라서 피고가 이 사건 가해차량이 가입한 책임보험의 보험자로부터 이 사건 사고로 인한 보험금을 수령하였음에도 불구하고 자동차손해배상 보장사업을 위탁받은 원고회사로부터 또다시 피해보상금을 수령한 것을 원인으로 한 원고회사의 피고에 대한 이 사건 부당이득반환청구권에 관하여는 상법 제64조가 적용되지 아니하고, 그 소멸시효기간은 민법 제162조 제1항에 따라 10년이라고 봄이 상당하다"고 판시하였습니다(대법원 2010. 10. 14. 선고 2010다32276 판결). 따라서 위 사안에서 보험사 乙은 피해자 甲에게 자신이 지급한 보상금 상당의 부당이득반환채권을 가지게 되고, 이의 소멸시효기간은 10년이라 할 것인데, 부당이득반환채권이 발생한 1998. 11.경부터 乙이 甲에 그 반환을 청구한 2005. 5.경에는 10년이 도과하지 않았으므로 부당이득반환을 청구할 수 있습니다.

■ 이전서류를 받은 자동차매수인이 명의이전을 미루던 중 사고가 난 경우

Q. 저는 중고차매매센터에 의뢰하여 저의 승용차를 甲에게 매도하면서 자동차를 인도하고 자동차등록명의 이전에 필요한 모든 서류까지 교부하였는데, 甲은 계속 미루며 명의이전을 해가지 않고 있더니 최근 그 차량을 운전하다가 과실로 인하여 乙에게 상해를 입힌 후 차량을 버리고 도주하였습니다. 피해자 乙은 그 차량이 책임보험에만 가입되어 있을 뿐이며, 가해자인 甲의 소재도 확인할 수 없게 되자 자동차등록원부상의 명의인으로 되어 있는 저에게 손해배상을 청구하여 왔습니다. 제가 책임을 져야 하는지요?

A. 「자동차손해배상 보장법」제3조 본문에서 자기를 위하여 자동차를 운행하는 자는 그 운행으로 다른 사람을 사망하게 하거나 부상하게 한 경우에는 그 손해를 배상할 책임을 진다고 규정하고 있습니다. 여기서 '자기를 위하여 자동차를 운행하는 자'는 사회통념상 당해 자동차에 대한 운행을 지배하여 그 이익을 향수하는 책임주체로서의 지위에 있다고 할 수 있는 자를 말하고, 이 경우 운행지배는 현실적인 지배에 한하

지 아니하고 간접지배 내지는 지배가능성이 있다고 볼 수 있는 경우도 포함한다고 할 것입니다(대법원 2004. 4. 28. 선고 2003다24116 판결).

그런데 자동차를 매도하기로 하고 인도까지 하였으나, 아직 매수인명의로 소유권이전 등록이 마쳐지지 아니한 경우, 매도인의 운행지배권이나 운행이익상실여부의 판단기준에 관한 판례를 보면, 자동차를 매도하기로 하고 인도까지 하였으나 아직 매수인명의로 그 소유권이전등록이 마쳐지지 아니한 경우에 아직 그 등록명의가 매도인에게 남아 있다는 사정만으로 그 자동차에 대한 운행지배나 운행이익이 매도인에게 남아 있다고 단정할 수는 없고, 이러한 경우 법원이 차량매매로 인한 매도인의 운행지배권 이나 운행이익의 상실여부를 판단함에 있어서는 위 차량의 이전등록서류교부에 관한 당사자의 합의내용, 위 차량의 매매경위 및 인도여부, 인수차량의 운행자, 차량의 보험관계 등 매도인과 매수인 사이의 실질적 관계에 관한 여러 사정을 심리하여 사회통념상 매도인이 매수인의 차량운행에 간섭을 하거나 지배·관리할 책무가 있는 것으로 평가할 수 있는지의 여부를 가려 결정하여야 할 것이라고 하였습니다(대법원 2009. 12. 24. 선고 2009다69432 판결).

그리고 자동차를 매도하고 등록명의가 이전되지 않은 상태에서 교통사고가 발생된 경우에 관한 사례를 보면, 매도인이 자동차를 매도하여 인도하고 잔대금까지 모두 변제 되었더라도 매수인이 그 자동차를 타인에게 전매할 때까지 자동차등록원부상 소유명의를 매도인이 그대로 보유하기로 특약하였을 뿐만 아니라 그 자동차에 대한 할부계약상 채무자의 명의도 매도인이 그대로 보유하며, 자동차보험까지도 매도인명의로 가입하도록 한 채 매수인으로 하여금 자동차를 사용하도록 하여 왔다면, 매도인은 매수인이 그 자동차를 전매하여 명의변경등록을 마치기까지 매도인명의로 자동차를 운행할 것을 허용한 것으로서 그 자동차운행에 대한 책무를 벗어났다고 보기는 어려우므로 「자동차손해배상 보장법」 제3조에서 정한 자기를 위하여 자동차를 운행하는 자에 해당한다고 하여 운행지배이익이 있다고 한 사례가 있으나(대법원 1995. 1. 12. 선고 94다38212 판결), 반면에 자동차매도인이 매매대금을 모두 지급받고 차량을 인도한 후 매수인에게 자동차등록원부상 소유명의의 이전등록과 할부구입계약상의 채무자 명의변경 및 보험관계의 명의변경 등에 필요한 일체의 서류를 교부하여 매수인은 그 이전등록과 명의변경이 가능하였는데도, 할부금보증인을 미처 구하지 못한 매수인측 사정으로 보험계약만료일까지 명의변경절차를 미루다가 사고가 발생한 것이라면, 매도인은 차량에 대한 운행지배를 행사하거나 운행이익을 얻는 지위에서 벗어났다고 할 것이고, 매도인이 매수인에게 위 명의변경절차를 미루는 것을 양해하였다는 것만으로 차량의 운행지배나 운행이익을 보유한다고 볼 수 없다고 하여 매도인의 운행지배이익을 부정한 사례도 있습니다(대법원 1992. 4. 14. 선고 91다41866 판결).

따라서 위 사안의 경우 귀하는 매수인에게 자동차를 인도하고 그 명의이전에 필요한 모든 서류를 교부하였으나 그가 이전등록을 지연하고 있다가 사고가 난 것으로 보이는바, 「자동차손해배상 보장법」 제3조에서 정한 '자기를 위하여 자동차를 운행하는 자'라고 볼 수 없어 손해배상책임이 없을 것으로 보입니다.

참고로 명의대여자가 운행자로서의 책임을 부담하는지 판례를 보면, 자동차소유자가 명의변경등록을 마치기까지 소유자명의로 자동차를 운행할 것을 타인에게 허용하였다면 그 자동차운행에 대한 책임을 부담한다고 할 것이나, 사고를 일으킨 구체적 운행에 있어 자동차등록원부상 소유명의를 대여한 자가 자동차의 운행지배와 운행이익을 상실하였다고 볼 특별한 사정이 있는 경우에는 그 명의대여자는 당해사고에 있어서 「자동차손해배상 보장법」상의 운행자로서의 책임을 부담하지 않는다고 보아야 할 것이라고 하였습니다(대법원 2009. 9. 10. 선고 2009다37138, 37145 판결).

■ 열쇠를 꽂아둔 채 세워둔 자동차를 무단운전 하여 사고 낸 경우

Q. 저는 자동차를 집 앞 골목에 세워두고 자동차에 열쇠를 꽂아 둔 채로 잠시 집안에 들어갔다 나왔습니다. 그런데 그 사이에 이웃사람 甲이 무단으로 위 자동차를 이용하여 운전연습을 하던 중 지나가던 행인 乙을 치어 상처를 입혔는데, 乙은 저에게 손해배상을 하라고 합니다. 저에게 책임이 있는지요?

A. 자동차의 운행으로 사람이 사망하거나 부상한 경우 가해자동차의 소유자는 「자동차손해배상 보장법」에 의해 무과실책임을 지게 되며, 다만 위 차량에 대해 소유자가 운행지배를 갖지 않는 경우, 예컨대 절도 당한 경우나 무단운전 등의 경우에만 일정요건 하에 소유자의 책임이 면제됩니다.

그런데 자동차소유자가 제3자의 무단운전 중 사고에 대하여 「자동차손해배상 보장법」상 운행자로서 책임을 부담하는 경우에 관한 판례를 보면, 자동차소유자는 비록 제3자가 무단히 그 자동차를 운전하다가 사고를 내었더라도 그 운행에 있어 소유자의 운행지배와 운행이익이 완전히 상실되었다고 볼 특별한 사정이 없는 경우에는 그 사고에 대하여 「자동차손해배상 보장법」 제3조에서 정한 운행자로서의 책임을 부담하고, 그 운행지배와 운행이익의 상실여부는 평소의 자동차나 그 열쇠의 보관 및 관리상태, 소유자의 의사와 관계없이 운행이 가능하게 된 경위, 소유자와 운전자의 인적 관계, 운전자의 차량반환의사의 유무, 무단운행 후 소유자의 사후승낙가능성, 무단운전에 대한 피해자의 인식유무 등 객관적이고 외형적인 여러 사정을 사회통념에 따라 종합적으로 평가하여 이를 판단하여야 한다고 하였습니다(대법원 2006. 7. 27. 선고 2005다56728 판결).

또한, 봉고차량의 소유자인 甲의 남편 乙이 평소 그 차량을 관리·운행하던 중 사고당일 위 차량을 운전하다가 甲경영의 미용실 앞 노상에 위 차량을 주차시키고 위 미용실에 잠시 볼일이 있어 자동차의 키를 그대로 꽂아둔 채 출입문도 잠그지 아니하고 10여분 간 자리를 뜬 사이에 제3자인 丙이 임의로 위 차안에 들어가서 엔진시동을 걸고 운전 하여 차량을 절취한 후 위 차를 운전하던 중 교통사고를 일으킨 것이라면 위와 같이 차량의 키를 뽑지 아니하고 출입문도 잠그지 아니한 채 노상에 주차시킨 乙의 행위와 그 차량을 절취한 제3자인 丙이 일으킨 사고로 인한 손해와의 사이에 상당인과관계가 있다고 한 사례가 있습니다(대법원 2001. 6. 29. 선고 2001다23201 등 판결).

따라서 위 사안의 경우 귀하에게는 자동차열쇠를 꽂아 둔 채로 자동차를 행인 등이 왕래하는 길에 주차한 잘못이 있어 위 사고에 대한 책임을 부담하여야 할 가능성이 크다고 하겠습니다. 그러나 구체적으로 차량을 주차해둔 곳의 구체적 상황이나 이웃 사람 甲과의 친소관계 등을 종합적으로 고려하여 판단하여야 할 것입니다.

참고로 물적 손해에 대하여 그 운행의 지배이익을 가지는 자가 「자동차손해배상 보장법」상의 손해배상책임을 지는지에 관해서 판례를 보면, 자동차운행자가 「자동차손 해배상 보장법」상의 손해배상책임을 지는 경우는 그 자동차의 운행으로 다른 사람을 사망하게 하거나 부상하게 한 때이고(같은 법 제3조), 따라서 그 자동차의 운행으로 발생한 물적 손해에 대해서는 「자동차손해배상 보장법」상의 손해배상책임을 지지 않 는 것이라고 하였습니다(대법원 2006. 7. 27. 선고 2005다56728 판결).

■ 미성년의 아들이 열쇠를 몰래 가져가 무면허운전 중 사고를 낸 경우

Q. 저의 아들 甲(17세, 무면허)은 제가 집을 비운 사이에 제 바지호주머니에 넣어 둔 열쇠를 꺼내어 제 자동차(21세 이상 한정운전 자동차종합보험에 가입)를 운전하면 서, 그러한 무단운행사실을 알고 있는 아들의 친구 乙을 태우고 운행 중 사고를 내 어 乙에게 부상을 입혔습니다. 이 경우 제가 자동차운행의 지배이익을 가지는 자로 서 乙에 대한 손해배상책임을 져야 하는지요?

A. 귀하는 자동차의 소유자로서 비록 제3자가 무단히 그 자동차를 운전하다가 사고를 내었더라도 그 운행에 있어 소유자의 운행지배와 운행이익이 완전히 상실되었다고 볼 특별한 사정이 없는 경우에는 그 사고에 대하여 「자동차손해배상 보장법」 제3조 에서 정한 운행자로서의 책임을 부담하여야 합니다.

제3자의 무단운전 중 사고가 난 경우, 자동차소유자의 운행지배·운행이익의 상실여부 에 대한 판단기준에 관하여 판례를 보면, 자동차의 소유자는 비록 제3자가 무단히 그 자동차를 운전하다가 사고를 내었더라도 그 운행에 있어 소유자의 운행지배와 운행이 익이 완전히 상실되었다고 볼 특별한 사정이 없는 경우에는 그 사고에 대하여 「자동 차손해배상 보장법」 제3조에서 정한 운행자로서의 책임을 부담하고, 그 운행지배와 운 행이익의 상실여부는 평소의 자동차나 그 열쇠의 보관 및 관리상태, 소유자의 의사와 관계없이 운행이 가능하게 된 경위, 소유자와 운전자의 인적관계, 운전자의 차량반환 의사의 유무, 무단운행 후 소유자의 사후승낙 가능성, 무단운전에 대한 피해자의 인식 유무 등 객관적이고 외형적인 여러 사정을 사회통념에 따라 종합적으로 평가하여 이를 판단하여야 한다고 하였습니다(대법원 1999. 4. 23. 선고 98다61395 판결).

또한, 피해자인 동승자가 무단운행에 가담하였거나 이를 알고 있었다는 점만으로 자동차소유자가 운행지배·운행이익을 상실하였다고 단정할 수 있는지에 관해서는, 피해자가 무단운전자의 차량에 동승한 자인 경우에는 그가 무단운행의 사정을 알았는지의 여부가 자동차소유자의 운행지배 내지 운행이익의 상실여부를 판단하는 중요한 요소가 되는 것이지만, 피해자인 동승자가 무단운행에 가담하였다거나 무단운행의 사정을 알고 있었더라도 그 운행경위나 운행목적에 비추어 당해 무단운행이 사회통념상 있을 수 있는 일이라고 할 만한 사정이 있거나, 그 무단운행이 운전자의 평소업무와 사실상 밀접하게 관련된 것이어서 소유자의 사후승낙 가능성을 전적으로 배제할 수 없는 사정이 있는 경우에는 소유자가 운행지배와 운행이익을 완전히 상실하였다고 볼 수 없다고 하면서 무면허인 미성년자가 부(父)가 집을 비운 사이에 바지호주머니에 넣어둔 열쇠를 꺼내어 그 무단운행 사실을 알고 있는 친구를 태우고 운전하다가 사고를 낸 경우, 부(父)의 자동차운행자로서의 책임을 인정한 사례가 있습니다(대법원 1998. 7. 10. 선고 98다1072 판결).

그렇다면 위 사안에서 귀하는 「자동차손해배상 보장법」 제3조에서 정한 운행자로서의 책임을 면하기 어려울 것으로 보입니다.

그리고 위 사고차량이 자동차종합보험에 가입된 차량이므로 보험회사에서 보험금을 지급함에 있어서 甲의 무면허운전이 문제될 수 있을 것으로 보이는데, 무면허운전면책약관과 관련하여 판례를 보면, 자동차종합보험보통약관상의 무면허운전면책조항은 사고발생의 원인이 무면허운전에 있음을 이유로 한 것이 아니라 사고가 발생한 때에 무면허운전 중이었다는 법규위반상황을 중시하여 이를 보험자의 보험대상에서 제외하는 사유로 규정한 것으로서, 운전자가 그 무면허운전사실을 인식하지 못하였더라도 면책약관상의 무면허운전에 해당되고, 자동차보험에 있어서 피보험자의 명시적·묵시적 승인하에서 피보험자동차의 운전자가 무면허운전을 하였을 때 생긴 사고로 인한 손해에 대하여는 보상하지 않는다는 취지의 무면허운전면책약관은 무면허운전이 보험계약자나 피보험자의 지배 또는 관리 가능한 상황에서 이루어진 경우에 한하여 적용되는 것으로서, 이 경우에 있어서 묵시적 승인은 명시적 승인의 경우와 동일하게 면책약관이 적용되므로 무면허운전에 대한 승인 의도가 명시적으로 표현되는 경우와 동일시할 수 있는 정도로 그 승인 의도를 추단할 만한 사정이 있는 경우에 한정되어야 하고, 무면허운전이 보험계약자나 피보험자의 묵시적 승인하에 이루어졌는지는 보험계약자나 피보험자와 무면허운전자의 관계, 평소 차량의 운전 및 관리상황, 당해 무면허운전이 가능하게 된 경위와 그 운행목적, 평소 무면허운전자의 운전에 관하여 보험계약자나 피보험자가 취해 온 태도 등의 제반사정을 함께 참작하여 인정하여야 한다고 하였습니다(대법원 2000. 5. 30. 선고 99다66236 판결).

또한, 자동차종합보험의 21세 이상 한정운전 특별약관 제2조 제2항 소정의 '피보험자동차를 도난당하였을 경우'란 피보험자의 명시적이거나 묵시적인 의사에 기초하지 아니한 채 제3자가 피보험자동차를 운전한 경우를 말하고, 여기서 '묵시적인 의사'란 명시적인 의사와 동일하게 위 약관의 적용으로 이어진다는 점에서 피보험자의 도난운전에 대한 승인의도가 명시적으로 표현되어 있는 경우와 동일시할 수 있을 정도로 그의 승인의도를 추단할 만한 사정이 있는 경우에 한정되어야 하고, 따라서 묵시적인 의사의 존부에 관하여는 피보험자와 도난운전자와의 관계뿐만 아니라, 평소 사고차량의 운전 및 관리상황, 당해 도난운전이 가능하게 된 경위와 그 운행목적, 평소 도난운전자에 대한 피보험자가 취해 온 태도 등의 제반사정을 함께 참작하여 인정하여야 한다고 하였습니다(대법원 2000. 2. 25. 선고 99다40548 판결).

따라서 위 사안의 경우 甲의 무면허운전이 귀하의 명시적이거나 묵시적인 의사에 기초하여 행해진 것으로는 볼 수 없을 듯하므로 위 사고차량이 자동차종합보험에 가입된 보험회사는 乙에 대하여 보험금을 지급하여야 할 것으로 보입니다. 다만, 乙은 甲이 무단으로 무면허운전을 하는 것을 알면서도 동승한 경우로서 乙의 과실이 상계될 수는 있을 것으로 보입니다.

■ 도난당한 차량으로 교통사고를 낸 경우 차량소유자의 책임

> **Q.** 저는 자가용차량을 이용하는 영업사원으로서 영업을 위하여 승용차를 주차시켜두고 문을 잠근 후 열쇠는 제가 관리하고 있으면서 영업을 마치고 돌아와 보니 20대 초반의 주변 불량배들이 차문을 부수고 차를 훔쳐 타고 도주하였습니다. 이들은 1주일 후 교통사고를 내고 붙잡혀 현재 구속 중인데, 저는 차를 구입한지 얼마 되지 않아 보험에 가입되지 않은 상태이고, 차량절도범들은 경제적 능력이 없어 손해에 대한 배상능력이 없는 상태입니다. 피해자들은 저에게 피해배상을 요구하는데 차량소유자인 제가 배상책임을 져야 하는지요?

A. 「자동차손해배상 보장법」 제3조 본문에서 자기를 위하여 자동차를 운행하는 자는 그 운행으로 다른 사람을 사망하게 하거나 부상하게 한 경우에는 그 손해를 배상할 책임을 진다고 규정하고 있으며, 자동차의 소유자나 보유자는 통상 그 차량에 대한 운행의 지배관계 내지 운행이익이 있어서 자기를 위하여 자동차를 운행하는 자로 보아 손해배상책임을 지도록 하고 있습니다(대법원 2009. 11. 12. 선고 2009다63106 판결).

그런데 차량을 절취당한 자동차보유자의 운행자성과 관련하여 판례를 보면, 「자동차손해배상 보장법」 제3조에서 정한 '자기를 위하여 자동차를 운행하는 자'란 자동차에 대한 운행을 지배하여 그 이익을 향수하는 책임주체로서의 지위에 있는 자를 의미하므로, 자동차 보유자와 아무런 인적 관계도 없는 사람이 자동차를 보유자에게 되돌려 줄 생각 없이 자동차를 절취하여 운전하는 이른바 절취운전의 경우에는 자동차보유자는 원칙적으로 자동차를 절취 당하였을 때에 운행지배와 운행이익을 잃어버렸다고 보아야 할 것이고, 다만 예외적으로 자동차보유자의 차량이나 시동열쇠관리상의 과실이 중대하여 객관적으로 볼 때에 자동차보유자가 절취운전을 용인하였다고 평가할 수 있을 정도가 되고, 또한 절취운전 중 사고가 일어난 시간과 장소 등에 비추어 볼 때에 자동차보유자의 운행지배와 운행이익이 잔존한다고 평가할 수 있는 경우에 한하여 자동차를 절취당한 자동차보유자에게 운행자성을 인정할 수 있다고 할 것이라고 하였습니다(대법원 2001. 4. 24. 선고 2001다3788 판결).

따라서 귀하는 차를 주차시켜 둘 때 문도 잠그고, 자동차열쇠도 귀하가 보관하고 있어 타인이 함부로 운전할 수 없도록 예방조치를 하였으므로 도난차량의 사고에 대한 손해배상책임은 없을 것으로 보입니다.

참고로 「자동차손해배상 보장법」상 손해배상책임이 인정되지 않는 경우, 「민법」상 불법행위책임을 인정할 수 있는지 판례를 보면, 자동차사고로 인한 손해배상청구사건에서 「자동차손해배상 보장법」이 「민법」에 우선 적용되어야 할 것은 물론이지만, 그렇다고 하여 피해자가 「민법」상의 손해배상청구를 하지 못한다고는 할 수 없으므로, 「자동차손해배상 보장법」상의 손해배상책임이 인정되지 않는 경우에도 「민법」상의 불법행위책임을 인정할 수는 있다고 하였으므로, 구체적 사안에 따라 「민법」상 손해배상책임이 성립될 수도 있음을 유의하시기 바랍니다(대법원 2001. 6. 29. 선고 2001다23201, 23218 판결).

■ 신원 불상의 도주차량에 교통사고를 당한 피해자의 구제방법

Q. 저의 부친은 며칠 전 마을 앞 도로에서 번호를 알 수 없는 승용차에 치어 사망하였습니다. 저는 농사만 짓고 살아왔고, 법에 대해서는 아무것도 모르고 있었기 때문에 의사로부터 사망확인서를 받거나, 경찰에 신고하는 등의 절차를 취하지도 아니한 채 이장과 마을주민들의 보증 하에 곧바로 사망신고를 하고 장례를 마쳤습니다. 장례를 마친 후 주위사람들로부터 들으니 이와 같이 가해자를 알 수 없는 차량에 치어 사망한 경우에도 국가에서 피해보상을 해준다고 하는데 사실인지, 사실이라면 보상금을 어디에 어떻게 청구해야 하는지요?

A. 「자동차손해배상 보장법」 제30조 제1항 제1호에서 정부는 자동차보유자를 알 수 없는 자동차의 운행으로 사망하거나 부상한 경우에는 피해자의 청구에 따라 책임보험

의 보험금의 한도에서 그가 입은 피해를 보상한다고 규정하고 있으므로, 이를 근거로 피해보상금을 청구할 수 있다고 하겠습니다.

같은 법 시행령 제3조 제1항에 의한 책임보험금 한도를 보면 ①사망한 경우에는 최고 1억 5천만원의 범위에서 피해자에게 발생한 손해액. 다만, 그 손해액이 2천만원 미만인 경우에는 2천만원, ②부상의 경우에는 최고 3,000만원에서 최저 50만원{같은 법 시행령 [별표1] 상해의 구분과 책임보험금의 한도금액(제3조 제1항 제2호 관련)} ③후유장해가 생긴 경우에는 최고 1억원 5천만원에서 최저 1천만원{같은 법 시행령 [별표2] 후유장애의 구분과 책임보험금의 한도금액(제3조 제1항 제3호 관련)}으로 정하고 있습니다.

그리고 피해자가 「자동차손해배상 보장법」에 근거하여 보상을 청구하는 때에는 ①소정 양식의 청구서, ②진단서 또는 사망진단서(사체검안서), ③사망으로 인한 청구에 있어서는 청구인과 사망한 자와의 관계를 알 수 있는 증빙서류{제적등본(2008. 1. 1. 이전에 사망한 자의 경우), 가족관계등록부에 따른 각종 증명서, 주민등록등·초본 등}, ④사고 발생의 일시장소 및 그 개요를 증빙할 수 있는 서류(관할 경찰서장 발행의 보유자불명 교통사고사실확인원 등), ⑤피해자 본인 또는 보상금청구(수령)자의 인감증명서, ⑥그 외 국토해양부장관이 정하는 증빙서류(자동차손해배상보장사업에 의한 손해보상금지급 청구권 양도증 및 위임장, 면책사고로 판명되면 수령한 손해보상금을 반환한다는 손해 보상금수령자의 각서, 무보험자동차사고의 경우 보유자의 자인서, 치료비영수증 및 명세서, 향후치료비추정서 등) 등을 현재 위 보상에 관한 업무를 위탁받은 보장사업시행 보험회사(삼성화재, 동부화재 등 국내 손해보험회사 중 한 곳)에 제출하면 됩니다.

그런데 귀하의 경우에는 부친의 사망 직후 장례를 치루었기 때문에 의사의 사망확인 서와 경찰에서 발급하는 교통사고사실확인원을 발급받지 못하여 보험회사에서 그 보 상금의 지급을 거부한다면 귀하로서는 소송을 통하여 구제받는 방법 밖에 없습니다. 소송을 통하여 피해보상금의 지급을 청구하는 방법과 관련하여, 실무상 「자동차손해 배상 보장법」 제45조에 따라 자동차손해배상보상사업에 관한 업무를 위탁받은 보험 회사 등 또는 보험관련단체를 상대로 민사소송을 제기하여 다투는 것이 통례인 것 같습니다(대법원 2003. 7. 25. 선고 2002다2454 판결, 2009. 3.26. 선고 2008다 93964 판결). 물론 어느 쪽을 선택하든 간에 귀하의 부친이 가해자의 신원을 알 수 없는 차량에 의해 사고를 당하여 사망하였다는 사실을 입증할 수 있는 증인이 확보 되어야 하겠습니다.

참고로 보유자를 알 수 없는 뺑소니사고나 무보험자동차사고의 경우 구 자동차손해배 상 보장법(2008. 3. 28. 법률 제9065호로 전문 개정되기 전의 것) 제26조 제1항에 의하여 지급하는 피해보상은 실손해액을 기준으로 배상하는 책임보험과는 달리 책임 보험의 보험금 한도액 내에서 책임보험의 약관이 정하는 보험금 지급기준에 의한 금액만을 지급하여야 한다고 하였으며(대법원 2009. 3. 26. 선고 2008다93964 판결), 위의 자동차손해배상보장사업에 의한 보상금의 청구권은 3년간 행사하지 않으면 시효로 소멸한다고 규정되어 있습니다(같은 법 제41조).

■ 대리운전기사에 의한 대리운전 중 발생한 교통사고에 대한 책임

Q. 甲은 동료들과 회식자리에서 술을 마시고 차량을 운전할 수 없다고 판단하여 乙이라는 대리운전회사에 전화를 하였습니다. 乙회사 직원인 대리운전기사 丙이 甲의 차량을 운전하다가 경부고속도로에서 교통사고를 일으켜 甲으로 하여금 상해를 입게 하였습니다. 사고 당시 丙은 제한최고속도인 시속 100 킬로미터를 초과하여 시속 115 킬로미터의 과속으로 운전하였고, 甲도 동승하면서 제한속도를 초과하였음을 알 수 있었습니다. 이 경우 甲은 누구를 상대로 하여 손해배상책임을 추궁할 수 있고, 이 사고에서 甲의 과실이 있음을 전제로 과실상계를 하여야 하는가요?

A. 「자동차손해배상 보장법」 제3조 본문에서 자기를 위하여 자동차를 운행하는 자는 그 운행으로 다른 사람을 사망하게 하거나 부상하게 한 경우에는 그 손해를 배상할 책임을 진다고 규정하고 있습니다.

그리고 자기를 위하여 자동차를 운행하는 자의 의미에 관하여 판례를 보면, 「자동차손해배상보장법」 제3조에서 정한 '자기를 위하여 자동차를 운행하는 자'란 자동차에 대한 운행을 지배하여 그 이익을 향수하는 책임주체로서의 지위에 있는 자를 말하고, 이 경우 운행지배는 현실적인 지배에 한하지 아니하고 사회통념상 간접지배 내지는 지배가능성이 있다고 볼 수 있는 경우도 포함하는 것이고(대법원 2004. 4. 28. 선고 2004다10633 판결), 「자동차손해배상 보장법」 제3조에 정한 '다른 사람'은 자기를 위하여 자동차를 운행하는 자 및 당해자동차의 운전자를 제외한 그 외의 자를 지칭하는 것이므로, 동일한 자동차에 대하여 복수로 존재하는 운행자 중 1인이 당해자동차의 사고로 피해를 입은 경우에도 사고를 당한 그 운행자는 다른 운행자에 대하여 자신이 같은 법 제3조에 정한 '다른 사람'임을 주장할 수 없는 것이 원칙이지만, 사고를 당한 운행자의 운행지배 및 운행이익에 비하여 상대방의 그것이 보다 주도적이거나 직접적이고 구체적으로 나타나 있어 상대방이 용이하게 사고발생을 방지할 수 있었다고 보이는 경우에 한하여 비로소 자신이 '다른 사람'임을 주장할 수 있을 뿐이라고 하였습니다(대법원 2009. 5. 28. 선고 2007다87221 판결).

한편, 위 사안과 관련하여 판례를 보면, 자동차대리운전회사와 대리운전약정을 체결한 자는 차량에 대한 운행지배와 운행이익을 공유하고 있다고 할 수 없고 차량의 단순한 동승자에 불과하다고 하였으므로(대법원 2005. 9. 29. 선고 2005다25755 판결), 甲과 乙회사 사이의 내부관계에 있어서는 乙회사가 유상계약인 대리운전계약에 따라 그 직원 丙을 통하여 위 차량을 운행한 것이라고 봄이 상당하므로 甲은 위 차량에 대한 운행지배와 운행이익을 공유하고 있다고 할 수 없습니다.

또한, 자동차의 단순한 동승자에게 운전자에 대하여 안전운전을 촉구할 의무가 있는지에 관해서 위 판례에서, 자동차의 단순한 동승자에게는 운전자가 현저하게 난폭운전을 한다든가, 그 밖의 사유로 인하여 사고발생의 위험성이 상당한 정도로 우려된다는 것을 동승자가 인식할 수 있었다는 등의 특별한 사정이 없는한, 운전자에게 안전운행을 촉구할 주의의무가 있다고 할 수 없다고 하였습니다(대법원 2001. 10. 12. 선고 2001다48675 판결).

그러므로 甲과 乙회사와의 관계에서 운행지배와 운행이익을 어느 정도 공유하고 있음이 전제되어야 손해부담의 공평성 및 형평과 신의칙의 견지에서 그 배상액을 감경할 수 있는데, 단순한 동승자인 甲이 丙에게 안전운전을 촉구할 주의의무가 있다고 할 수 없으므로, 甲의 손해배상액을 정함에 있어 과실상계를 할 수는 없을 것입니다.

따라서 위 사안의 경우 乙이 丙을 통하여 위 차량에 대한 운행지배와 운행이익을 독점하고 있다고 할 것이므로 甲은 乙에게는 「자동차손해배상 보장법」상의 운행자책임을 물어 손해배상청구를 할 수 있고, 운전자인 丙에 대하여는 「민법」 제750조의 불법행위로 인한 손해배상청구가 가능할 것입니다.

■ 제1종보통면허로 25인승 승합차운전 중 사고발생 한 경우 보험적용여부

> **Q.** 저는 甲이 경영하는 회사의 직원 출퇴근용으로 사용되고 있는 25인승 승합자동차에 치어 중상을 입었습니다. 甲소유인 위 차량은 사고당일 고용된 운전사가 출근하지 아니하여 甲을 도와 회사의 일을 하고 있던 甲의 형 乙이 차량을 운전하여 직원들을 퇴근시키다가 사고를 낸 것입니다. 乙은 1종 보통면허 소지자인데 저는 위 사고 차량이 가입한 자동차종합보험에 의하여 배상받을 수 있는지요?

A. 「도로교통법」 제80조 및 같은 법 시행규칙 제53조에 따르면 승합자동차의 경우 1종 보통면허 소지자는 승차정원이 15인 이하인 승합자동차를 운전할 수 있도록 하고 있는바, 1종 대형면허 소지자가 운전할 수 있는 25인승 승합자동차를 운전하다 사고를 내었다면 무면허운전자의 사고로 보아야 할 것입니다.

판례를 보면, 12인승 승합차는 주운전자가 소지한 2종 보통운전면허로는 이를 운전할 수 없고, 따라서 주운전자가 그 자동차를 운전한 것은 업무용자동차종합보험보통약관에 정한 무면허운전에 해당한다고 한 바 있습니다(대법원 1997. 10. 10. 선고 96다19079 판결).

또한, 자동차종합보험보통약관에 '무면허운전을 하였을 때 생긴 손해'에 관하여는 면책된다고 규정한 경우, 면책사유에 관하여 '무면허운전으로 인하여 생긴 손해'라고 되어 있지 않으므로, 무면허운전과 사고 사이에 인과관계의 존재를 요구하고 있지 않으며, 위 약관조항의 취지는 무면허운전의 경우 사고의 위험성이 통상의 경우보다 극히 증대하는 것이어서 그러한 위험은 보험의 대상으로 삼을 수 없다는 취지 외에도 보험자로서는 무면허운전과 사고 사이의 인과관계의 존재여부를 입증하기가 곤란한 경우에 대비하여 사고가 무면허운전 중에 발생한 경우 인과관계의 존부에 상관없이 면책되어야 한다는 취지도 포함되었다고 할 것이고, 도로교통법과 중기관리법은 무면허운전이나 조종을 금지하면서 그 위반에 대하여는 형벌을 과하고 있고, 또 국민은 누구나 무면허운전이나 조종이 매우 위험한 행위로서 범죄가 된다는 것을 인식하고 있는 터이므로 그와 같은 범죄행위 중의 사고에 대하여 보상을 하지 아니한다는 약관의 규정이 결코 불합리하다고 할 수 없으므로 위 면책조항이 무면허운전과 보험사고 사이에 인과관계가 있는 경우에 한하여 적용되는 것으로 제한적으로 해석할 수 없다고 하였으며(상법 제659조, 대법원 1990. 6. 22. 선고 89다카32965 판결, 1997. 9.12. 선고 97다19298 판결), 자동차종합보험보통약관상의 무면허운전면책조항은 사고발생 원인이 무면허운전에 있음을 이유로 한 것이 아니라 사고가 발생한 때에 무면허운전 중이었다는 법규위반상황을 중시하여 이를 보험자의 보험대상에서 제외하는 사유로 규정한 것으로서, 운전자가 그 무면허운전 사실을 인식하지 못하였더라도 면책약관상의 무면허운전에 해당된다고 하였습니다(대법원 2000. 5. 30. 선고 99다66236 판결).

따라서 귀하의 경우 자동차종합보험에 가입되어 있는 차량에 의한 사고라 할지라도 무면허운전사고로 인한 손해이므로 보험금을 지급받을 수는 없을 것으로 생각됩니다. 그러나 자동차종합보험에 의한 보험혜택을 받을 수 없더라도 운전자인 乙에 대하여는 「민법」 제750조의 불법행위로 인한 손해배상청구가 가능할 것이며, 甲에 대하여는 「자동차손해배상 보장법」상의 운행의 지배이익을 가지는 자로서, 또는 「민법」 제756조의 사용자로서의 책임을 물어 손해배상청구가 가능할 것입니다.

■ 영업용택시를 타고 가던 중 사고로 부상당한 경우 손해배상청구권

Q. 저는 甲이 운전하는 乙회사의 영업용택시를 타고 귀가하던 중 뒤에서 자가용승용차가 택시의 뒷부분을 충돌하는 사고로 중상을 입고 현재 입원 중에 있습니다. 경찰의 사고조사결과에 의하면 자가용승용차 운전자의 과실이 100%라고 하는데, 택시는 공제조합에 가입되어 있으나 자가용승용차는 종합보험에 가입되어 있지 않고, 가해차량의 운전자인 丙 및 가해자동차의 차주인 丁은 손해배상을 할 만한 재산이 없습니다. 이런 경우 乙회사에 대하여 손해배상을 청구할 수는 없는지요?

A. 「자동차손해배상 보장법」 제3조 본문은 "자기를 위하여 자동차를 운행하는 자는 그

운행으로 다른 사람을 사망하게 하거나 부상하게 한 경우에는 그 손해를 배상할 책임을 진다."라고 규정하고 있으며, 과실 없는 운행자의 승객에 대한 책임에 관하여 같은 법 제3조 단서 제2호는 승객이 고의나 자살행위로 사망하거나 부상한 경우에는 그렇지 않다고 규정하고 있습니다.

그리고 판례는 "자동차손해배상 보장법 제3조 단서 제2호는 자동차사고에 관하여 일반불법행위책임과 달리 위험책임의 법리를 도입한 것으로서 헌법이 보장한 재산권을 침해한 규정으로 볼 수 없다."라고 하였으며(대법원 1998. 7. 10. 선고 97다52653 판결), "승객이 운행자의 지배하에 있는 자동차에 탑승함으로써 그 자동차의 직접적인 위험범위 내에 받아들여졌다는 점에서 승객과 승객 아닌 자 사이에 본질적인 차이가 있고, 과실 있는 운행자나 과실 없는 운행자는 다같이 위험원인 자동차를 지배한다는 점에서는 본질적인 차이가 없으므로, 위 규정이 승객을 승객이 아닌 자와 차별하고, 과실 있는 운행자와 과실 없는 운행자에게 다같이 승객에 대한 무과실책임을 지게 한 데에는 합리적인 이유가 있다고 할 것이어서 평등의 원칙에 위반된다고도 할 수 없다."라고 한 바 있습니다(대법원 1998. 7. 10. 선고 97다14835 판결).

여기서 '운행하는 자'란 통상 그 자동차에 관하여 운행이익과 운행지배를 가지는 자라고 설명되는데, 위 사안에서는 乙과 丁이 운행자가 됩니다. 그리고 예외적으로 책임을 면할 수 있는 경우를 인정하고 있으나, 과실의 입증책임을 운행지배자(운행자)에게 전환시킴으로써 실질적으로는 무과실책임과 다름없는 무거운 책임을 지도록 하고 있습니다. 특히, 승객이 사망 또는 부상을 당한 경우 운행지배자는 본인 및 피용자의 고의·과실유무에 불구하고 사고가 그 승객의 고의 또는 자살행위로 인한 것이라는 사실을 입증하지 못하면 책임을 면하지 못하는 것입니다(대법원 1970. 1. 27. 선고 69다1606 판결, 1986. 3. 11. 선고 85다카229 판결). 판례는 "승용차운전자인 A와 B회사소유 화물차운전자의 과실이 경합하여 C회사의 버스승객들이 상해를 입은 사고에서, C회사는 그 운전자의 과실이 없다고 하더라도 위 버스의 운행자로서 위 피해자들에 대하여 자동차손해배상 보장법상의 배상책임을 부담하고, 한편 B회사와 A 역시 위 화물차 및 승용차의 운행자 또는 공동불법행위자로서 위 피해자들에 대하여 손해배상책임을 부담하며, C회사와 B회사 및 A의 위 각 책임은 부진정연대채무의 관계에 있다."라고 하였습니다(대법원 1998. 12. 22. 선고 98다40466 판결).

따라서 귀하는 직접 가해차량의 운행자인 丁 및 귀하가 승차한 차량의 운행자인 乙회사 모두를 상대로 「자동차손해배상 보장법」상의 책임을 물을 수 있습니다. 즉, 귀하는 영업용택시의 승객으로서 부상을 당하였으므로, 영업용택시운전자인 甲에게 과실이 전혀 없다 하더라도 甲이 운전하던 자동차의 운행자인 乙을 상대로 손해배상의 청구를 할 수 있는 것입니다.

참고로 위 사안에서 택시운전자 甲과 자가용승용차의 운전자인 丙은 자기를 위해 자동차를 운행하는 자가 아니므로, 민법상의 불법행위책임을 물을 수밖에 없는데, 甲은 과실이 없으므로 책임이 없고, 丙은 불법행위책임이 있지만 배상능력이 없으므로 그를 상대로 한 손해배상청구는 실효성이 없을 것으로 보입니다.

■ 야간에 등화를 켜지 않고 주차된 차량을 충돌한 경우 손해배상청구권

Q. 저의 남편은 오토바이를 타고 가로등 없는 국도상을 운행하던 중 甲운수회사 소속 운전자인 乙이 아무런 등화도 켜지 않고 주차시켜 둔 甲소유 트럭을 미처 발견하지 못하고 그 차량에 충돌하면서 발생한 사고로 인하여 사망하였는데, 저희 유족들이 甲과 乙로부터 손해배상을 받을 수 있는지요?

A. 야간에 도로의 가장자리에 자동차를 주차하는 자로서는 그곳이 관계법령에 따라 주차가 금지된 장소가 아니라고 하더라도, 미등과 차폭 등을 켜두어 다른 차의 운전자가 주차사실을 쉽게 식별할 수 있도록 하여야 함은 물론 다른 교통에 장해가 되지 아니하도록 주차하여야 할 법령상의 의무가 있습니다(대법원 1992. 5. 12. 선고 92다6112 판결, 1997. 5. 30. 선고 97다10574 판결).

이러한 조치는 고속도로나 자동차전용도로에서는 갓길에 주차하는 경우에도 취하여야 합니다(대법원 1996. 4. 12. 선고 96다716 판결).

그러나 이러한 조치는 고속도로 또는 자동차전용도로에서의 정차나 차량의 통행이 많아 정차사실을 후행차량에게 사전에 쉽게 알릴 수 없는 경우에 필요한 것이고, 그렇지 않고 속도가 제한되어 있고, 후행차량에게 쉽게 정차사실을 알릴 수 있는 곳이라면 굳이 운전자에게 이러한 안전의무조치를 요구할 수는 없다고 한 판례도 있습니다(대법원 1996. 2. 9. 선고 95다39359 판결).

따라서 위 사안의 경우 주차운전자로서의 주의의무를 다하였을 경우나, 그러한 조치를 할 필요가 없는 경우였다면 甲과 乙은 면책될 수도 있을 것입니다(대법원 1995. 2. 3. 선고 94다33866 판결).

그러나 위 사고지역이 주차금지구역이었거나 다른 차의 운전자가 주차사실을 쉽게 식별할 수 있도록 안전조치를 하여야 할 곳이었다면 위 교통사고가 트럭의 미등 및 차폭등을 켜지 않은 채 주차하여 둠으로써 발생하였을 경우, 그것은 트럭운전사의 트럭운행과 관련하여 발생한 것이어서 트럭소유자는 「자동차손해배상 보장법」 소정의 자기를 위하여 자동차를 운행하는 자로서 위 사고로 피해자가 입은 손해를 배상할 의무가 있습니다(대법원 1993. 2. 9. 선고 92다31101 판결).

따라서 위 사안에서도 유족들은 甲과 乙 모두에게 손해배상을 청구해볼 수 있을 것입니다. 다만, 甲과 乙의 손해배상책임이 인정된다고 할지라도 귀하의 남편도 전방주시의무를 태만히 한 과실이 인정되어 과실상계될 것이 예상됩니다(대법원 1994. 10. 11. 선고 94다17710 판결).

■ 교통사고의 손해배상청구 시 보험회사를 상대로 바로 할 수 있는지요?

> Q. 저는 교통사고를 당하여 치료를 끝낸 후 가해자를 상대로 손해배상청구소송을 제기하려고 하였으나 가해자가 주민등록지에 거주하지 아니하고, 소재도 파악이 되지 않고 있습니다. 이 경우 보험회사를 상대로 직접 소송을 제기하는 것이 가능한지요?

A. 「상법」 제724조 제2항은 "제3자는 피보험자가 책임을 질 사고로 입은 손해에 대하여 보험금액의 한도 내에서 보험자에게 직접 보상을 청구할 수 있다. 그러나 보험자는 피보험자가 그 사고에 관하여 가지는 항변으로써 제3자에게 대항할 수 있다."라고 규정하고 있습니다.

이러한 직접청구권의 법적 성질에 관하여 판례는 "상법 제724조 제2항에 의하여 피해자에게 인정되는 직접청구권의 법적 성질은 보험자가 피보험자의 피해자에 대한 손해배상채무를 병존적(並存的)으로 인수한 것으로서, 피해자가 보험자에 대하여 가지는 손해배상청구권이고 피보험자의 보험자에 대한 보험금청구권의 변형 내지는 이에 준하는 권리가 아니다."라고 하였습니다(대법원 1999. 2. 12. 선고 98다44956 판결, 2000. 6. 9. 선고 98다54397 판결).

또한, 위 규정의 취지가 법원이 보험회사가 보상하여야 할 손해액을 산정함에 있어서 자동차종합보험약관상의 지급기준(과실상계, 위자료, 장례비, 일실수입에 관한 기준)에 구속되는 것도 아니며(대법원 1994. 5. 27. 선고 94다6819 판결), 피보험자에게 지급할 보험금액에 관하여 확정판결에 의하여 피보험자가 피해자에게 배상하여야 할 지연손해금을 포함한 금액으로 규정하고 있는 자동차종합보험약관의 규정 취지에 비추어 보면, 보험자는 피해자와 피보험자 사이에 판결에 의하여 확정된 손해액은 그것이 피보험자에게 법률상 책임이 없는 부당한 손해라는 등의 특별한 사정이 없는 한 원본이든 지연손해금이든 모두 피보험자에게 지급할 의무가 있습니다(대법원 2000. 10. 13. 선고 2000다2542 판결).

따라서 위 사안에서도 귀하는 가해자가 가입한 보험회사를 상대로 직접 보험금을 청구할 수 있을 것입니다.

■ 공제 가입된 버스의 급정차로 인한 사고 발생 시 손해배상청구권

> Q. 저는 시내버스를 타고 가던 중 급정차로 인하여 목과 머리에 부상을 입고 치료를 받았으나 결국 경추부 손상으로 인한 노동능력상실율 14%의 장해판정을 받았습니다. 그런데 버스공제조합에서는 이에 대하여 보상을 해주지 않고 미루기만 하고 있어 직접 공제조합을 상대로 소송을 하려고 하는데 그것이 가능한지요?

A. 「여객자동차 운수사업법」에서 여객자동차 운수사업자는 여객자동차 운수사업의 건전

한 발전과 여객자동차 운수사업자의 지위향상을 위하여 시·도지사의 인가를 받아 조합을 설립할 수 있고, 조합은 법인으로 하도록 규정하고 있으며(같은 법 제53조), 조합은 국토교통부령이 정하는 바에 의하여 공동 목적을 달성하기 위하여 국토교통부장관의 인가를 받아 연합회를 설립할 수 있고, 그 연합회 역시 법인으로 하도록 규정하고 있으며(같은 법 제59조), 조합 및 연합회는 국토교통부장관의 허가를 받아 공제사업을 할 수 있습니다(같은 법 제60조).

한편, 운송사업자는 상호간의 협동조직을 통하여 조합원이 자주적인 경제활동을 영위할 수 있도록 지원하고 조합원의 자동차사고로 인하여 발생한 손해를 배상하기 위하여 대통령령이 정하는 바에 의하여 국토교통부장관의 인가를 받아 업종별로 공제조합을 설립할 수 있고, 공제조합은 법인으로 하도록 규정하고 있습니다(같은 법 제61조).

그리고 공제조합은 ①조합원의 사업용 자동차의 사고로 생긴 배상책임에 대한 공제 ②조합원이 사업용자동차를 소유·사용·관리하는 동안 발생한 사고로 그 자동차에 생긴 손해에 대한 공제 ③운수종사자가 조합원의 사업용자동차를 소유·사용·관리하는 동안에 발생한 사고로 입은 자기신체의 손해에 대한 공제 ④공제조합에 고용된 자의 업무상 재해로 인한 손실을 보상하기 위한 공제 ⑤공동이용시설의 설치·운영 및 관리 그 밖에 조합원의 편의 및 복지증진을 위한 사업 ⑥여객자동차운수사업의 경영개선을 위한 조사·연구사업 ⑦제1호 부터 제6호까지의 사업에 따르는 사업으로서 정관으로 정하는 사업을 할 수 있으며(같은 법 제64조 제1항), 공제조합은 위 제1호 내지 제4호의 규정에 의한 공제사업을 하고자 하는 때에는 '공제규정'을 정하여 국토교통부장관의 인가를 받아야 합니다(같은 법 제64조 제2항 전문).

따라서 공제조합은 조합원의 사업용 자동차의 사고로 인하여 발생한 배상책임에 대한 공제로서 피해자에게 공제규약에 의하여 조합원인 버스회사의 책임을 부담하는데, 피해자가 손해배상을 공제조합에 직접 청구할 수 있는 것인지에 관하여 법률에서 명백히 정한 규정은 없으나, 통합공제약관에 손해배상청구권자의 직접청구권조항을 두고 있으므로 보험의 경우와 동일하게 직접 손해배상을 청구할 수 있을 것입니다.

그런데 「여객자동차 운수사업법」에 의하여 설립된 공제조합은 연합회와 별도의 법인체로서 소송당사자가 될 수 있을 것이나, 아직까지는 공제조합이 별도의 법인으로 설립되지 않고 있는 것으로 보이므로, 그러한 경우에는 전국버스운송사업조합연합회를 상대로 손해배상을 청구하여야 할 것입니다.

■ 지입차량이 교통사고를 낸 경우 지입회사의 책임

> **Q.** 甲은 乙의 피용자인데 사실상의 소유자인 乙이 丙운수회사에 지입한 트럭을 운전하다가 횡단보도상을 횡단하던 丁을 치어 중상을 입혔습니다. 이러한 경우 지입회사인 丙이 피해자에 대하여 손해배상책임이 있는지요?

A. 「자동차손해배상 보장법」 제3조 본문은 "자기를 위하여 자동차를 운행하는 자는 그 운행으로 다른 사람을 사망하게 하거나 부상하게 한 경우에는 그 손해를 배상할 책임을 진다."고 규정하고 있습니다.

그런데 판례는 "자동차손해배상 보장법 제3조에서 자동차사고에 대한 손해배상책임을 지는 자로 규정하고 있는 '자기를 위하여 자동차를 운행하는 자'란 사회통념상 당해 자동차에 대한 운행을 지배하여 그 이익을 향수(享受)하는 책임주체로의 지위에 있다고 할 수 있는 자를 말하고, 이 경우 운행의 지배는 현실적인 지배에 한하지 아니하고 간접지배 내지는 지배가능성이 있다고 볼 수 있는 경우도 포함한다."라고 하였습니다(대법원 2002. 11. 26. 선고 2002다47181 판결).

또한, 운행지배 및 운행이익이 있는지 여부를 판단하는 기준으로 "①평소의 자동차나 자동차열쇠의 관리상태, ②소유자의 의사와 관계없이 운행이 가능하게 된 경우에는 소유자와 운행자의 관계, ③무단운전인 경우 운전자의 차량반환의사의 유무와 무단운전 후의 보유자의 승낙가능성, ④무단운전에 대한 피해자의 주관적 인식유무 등 객관적이고 외형적인 여러 사정을 사회통념에 따라 종합적으로 평가하여 이를 판단해야 한다."라고 하였습니다(대법원 1995. 2. 24. 선고 94다41232 판결, 1999. 4. 23. 선고 98다61395 판결).

그리고 "지입차량의 차주 또는 그가 고용한 운전자의 과실로 타인에게 손해를 가한 경우에는 지입회사는 명의대여자로서 제3자에 대하여 지입차량이 자기의 사업에 속하는 것을 표시하였을 뿐 아니라, 객관적으로 지입차주를 지휘·감독하는 사용자의 지위에 있다 할 것이므로 이러한 불법행위에 대하여는 그 사용자책임을 부담한다."라고 판결하고 있습니다(대법원 2000. 10. 13. 선고 2000다20069 판결).

따라서 丙은 피해자 丁의 인적 피해에 대해 손해배상책임이 있다 할 것입니다. 만약 지입차량의 운전자가 물적 피해를 가한 경우에도 지입회사는 사용자로서 손해배상책임이 인정될 것으로 보입니다.

참고로 위와 달리 "지입차주가 자기 명의로 사업자등록을 하고 사업소득세를 납부하면서 기사를 고용하여 지입차량을 운행하고 지입회사의 배차담당 직원으로부터 물건을 적재할 회사와 하차할 회사만을 지정하는 최초 배차배정을 받기는 하나 그 이후 제품운송에 대하여 구체적인 지시를 받지는 아니할 뿐만 아니라 실제 운송횟수에 따라 운임을 지입회사로부터 지급받아 온 경우, 지입차주가 지입회사의 지시·감독을 받는다거나 임금을 목적으로 지입회사에 종속적인 관계에서 노무를 제공하는 근로자라고 할 수 없다는 이유로 지입회사와 지입차주 사이에 대내적으로 사용자와 피용자의 관계가 있다고 볼 수 없다."고 한 사례도 있습니다(대법원 2000. 10. 6. 선고 2000다30240 판결).

■ 지입차량으로 탁송한 물건이 분실된 경우 지입회사의 책임

Q. 저는 지입차주 甲과 화물운송계약을 체결하고 유제품 5톤을 서울에서 전주까지 운송토록 요청하였으며, 甲은 자기가 고용한 운전기사 乙에게 甲이 丙지입회사에 지입한 5톤 화물트럭으로 위 유제품을 운송하도록 하였습니다. 그런데 乙은 새벽에 전주에 도착한 후 위 트럭을 노상에 정차시키고 열쇠를 꽂아둔 채로 장시간 자리를 비웠고, 그로 인하여 위 유제품은 트럭과 함께 도난당하였습니다. 따라서 저는 위 유제품 분실에 대한 손해배상을 청구하고자 하는데, 甲과 乙보다는 재산이 많은 丙지입회사에서 손해배상을 받을 수 없는지요?

A. 이러한 경우에 지입회사인 丙에게 손해배상을 청구할 수 있느냐는 지입차주와 지입회사 및 운전자와의 관계를 어떻게 보느냐에 따라 결정될 것입니다.

이에 관하여 판례는 "화물자동차운송사업면허를 가진 운송사업자와 실질적으로 자동차를 소유하고 있는 차주간의 계약으로 외부적으로는 자동차를 운송사업자명의로 등록하여 운송사업자에게 귀속시키고 내부적으로는 각 차주들이 독립된 관리 및 계산으로 영업을 하며 운송사업자에 대하여는 지입료를 지불하는 운송사업형태(이른바 지입제)에 있어, 그 지입차주가 지입된 차량을 직접 운행·관리하면서 그 명의로 화물운송계약을 체결하였다고 하더라도, 대외적으로는 그 차량의 소유인 회사의 위임을 받아 운행·관리를 대행하는 지위에 있는 지입차주가 지입회사를 대리한 행위로서 그 법률효과는 지입회사에 귀속된다고 할 것이고, 또한 지입차량의 차주 또는 그가 고용한 운전자의 과실로 타인에게 손해를 가한 경우에는 지입회사는 명의대여자로서 제3자에 대하여 지입차량이 자기의 사업에 속하는 것을 표시하였을 뿐 아니라, 객관적으로 지입차주를 지휘·감독하는 사용자의 지위에 있다 할 것이므로 이러한 불법행위에 대하여는 그 사용자책임을 부담한다고 할 것이다."라고 하였습니다(대법원 1988. 12. 27. 선고 87다카3215 판결, 1995. 11. 10. 선고 95다34255 판결, 2000. 10. 13. 선고 2000다20069 판결).

따라서 丙회사는 운전자 乙의 지휘·감독에 상당한 주의를 하였음을 입증하지 못하는 한, 유제품의 분실에 대하여 책임을 부담하여야 할 것으로 보입니다(민법 제756조 제1항).

■ 화물차에서 하역작업 중 부상 시 자동차손해배상 보장법 적용 여부

Q. 저는 甲소유 화물자동차가 정차하여 그 적재함에서 철근 하역작업을 하던 중 甲의 피용자 乙이 잘못 떨어뜨린 철근에 맞아 우측다리에 중상해를 입었습니다. 甲과 乙은 집행 가능한 재산이 파악되지 않으므로 甲의 위 차량이 가입된 보험회사를 상대로 손해배상청구를 할 수 있는지요?

A. 「자동차손해배상 보장법」 제3조 본문은 "자기를 위하여 자동차를 운행하는 자는 그 운행으로 다른 사람을 사망하게 하거나 부상하게 한 경우에는 그 손해를 배상할 책임을 진다."라고 규정하고 있으며, 같은 법 제2조 제2호는 "운행이란 사람 또는 물건의 운송여부에 관계없이 자동차를 당해 장치의 용법에 따라 사용하거나 관리하는 것을 말한다."라고 규정하고 있습니다.

그리고 보험회사는 피보험자인 甲의 자동차 운행으로 인하여 발생한 교통사고에 대하여 「자동차손해배상 보장법」에 의한 손해배상책임을 짐으로써 입은 손해를 배상하기로 하는 보험계약을 체결한 것이므로, 위 사고가 차량의 운행으로 인한 것인지 문제됩니다.

이에 관하여 판례는 "가해자가 화물차량의 적재함에 철근을 싣고 목적지인 공사장으로 운전하여 가서 골목길 도로상에 차량을 정차시키고 적재함에 올라가 철근다발을 화물차량 우측편 도로상으로 밀어 떨어뜨리는 방법으로 하역작업을 하던 중 그 철근다발을 화물차량의 뒤편에서 다가오던 피해자의 등위로 떨어지게 함으로써 그를 사망에 이르게 한 경우, 그 사고는 가해자가 주위를 잘 살피지 아니하고 철근다발을 밀어 떨어뜨린 행위로 인하여 일어난 것이고, 차량의 적재함이나 기타 차량의 고유장치의 사용으로 인하여 일어난 것이 아니므로, '차량의 운행'으로 말미암아 일어난 것으로 볼 수 없다."라고 하였습니다(대법원 1996. 9. 20. 선고 96다24675 판결).

이를 해석해 보면, 자동차를 운행하는 자는 운행 중에 일어난 모든 사고에 대하여 「자동차손해배상 보장법」에 의한 손해배상책임을 지는 것이 아니라 그 중에서 운행으로 말미암아 일어난 사고에 대하여서만 그 책임을 지는 것이라고 할 수 있습니다.

따라서 귀하의 경우에도 차량의 운행으로 인한 사고가 아니어서 보험회사를 상대로 한 교통사고로 인한 손해배상청구는 어려울 것으로 보입니다. 다만, 가해자인 乙에게는 「민법」 제750조에 의한 손해배상을, 乙의 사용자인 甲에게는 같은 법 제756조에 의한 사용자책임을 물어 손해배상청구를 하는 수밖에 없을 것으로 보입니다.

■ 지게차로 적재한 직후 화물이 떨어져 사망 시 '운행으로 인한' 사고인지요?

Q. 甲은 그가 고용되어 있는 丙주식회사 소유인 지게차를 운전하여 1톤 단위로 묶여진 각재다발을 들어올려 乙이 운전하는 11톤 카고트럭의 적재함에 적재하는 작업을 하던 중, 적재된 각재다발 1개가 균형을 잃고 지면에 떨어지면서 때마침 그 밑에 서 있던 乙을 덮쳐 乙이 현장에서 사망하였습니다. 사고 지게차는 丁보험회사에 자동차 종합보험이 가입되어 있는데, 乙의 상속인들은 위 사고로 인한 손해배상을 丁보험회사에 청구할 수 있는지요?

A. 「자동차손해배상 보장법」 제3조 본문은 "자기를 위하여 자동차를 운행하는 자는 그 운행으로 다른 사람을 사망하게 하거나 부상하게 한 경우에는 그 손해를 배상할 책

임을 진다."라고 규정하고 있으며, 같은 법 제2조 제2호는 "운행이란 사람 또는 물건의 운송여부에 관계없이 자동차를 당해 장치의 용법에 따라 사용하거나 관리하는 것을 말한다."라고 규정하고 있습니다.

그리고 丁보험회사는 피보험자인 丙주식회사의 지게차의 운행으로 인하여 발생한 교통사고에 대하여 「자동차손해배상 보장법」에 의한 손해배상책임을 짐으로써 입은 손해를 보상하기로 하는 보험계약을 체결한 것이므로, 위 사고가 위 지게차의 운행으로 인한 것인지 여부가 문제됩니다.

그런데 지게차로 화물차에 각재를 적재한 후 다시 각재를 싣고 오는 사이에 적재된 각재다발이 떨어지면서 밑에 있던 사람을 사망하게 한 사고가 지게차의 운행으로 말미암아 일어난 것인지에 관하여 판례는 "지게차라고 하는 것은 화물을 운반하거나 적재 또는 하역작업을 하는 특수기능을 하는 건설기계이므로, 지게차가 그 당해 장치인 지게발을 이용하여 화물을 화물차에 적재하는 것은 지게차의 고유장치를 그 목적에 따라 사용하는 것으로서 운행에 해당하고, 그 적재된 화물이 떨어진 사고가 지게차의 운행으로 말미암은 사고인지의 여부는 그 적재행위와 화물의 추락 사이에 상당인과관계를 인정할 수 있는지의 여부에 따라서 결정될 문제라고 할 것인바, 사고가 지게차 운전자가 다른 각재다발을 적재하기 위하여 계속 작업을 하던 중에 일어난 것이어서 시간적, 장소적으로 서로 근접되어 있을 뿐만 아니라 적재된 각재다발에 다른 외부의 힘이 작용하여 떨어졌다고는 보이지 않는 경우에는 그 사고는 지게차의 운행으로 인하여 발생하였다고 봄이 상당하고, 각재다발이 적재과정에서 바로 떨어지지 않았다고 하여 이를 달리 볼 것은 아니다."라고 하였습니다(대법원 1997. 4. 8. 선고 95다26995 판결).

따라서 위 사안에서도 丁보험회사는 위 사고로 인하여 사망한 乙에 대한 손해배상책임을 부담하여야 할 것으로 보입니다.

■ 트레일러에 싣던 불도저가 전복되면서 사망한 경우 운행 중의 사고인지요?

Q. 甲은 乙회사의 트레일러의 지입차주로서, 丙으로부터 불도저의 운송을 의뢰 받았는데, 위 트레일러로는 과적관계로 불도저를 운반하기 곤란하다고 하자 丙은 미리 불도저 앞의 삽과 뒤의 니퍼부분을 떼어 내어 먼저 다른 차량으로 작업장에 운반하였고, 이 때문에 위 불도저는 상하 무게의 불균형으로 인하여 전복될 우려가 있어 甲이 즉시 중단하도록 하였으나 계속 상차작업을 강행하다가 불도저가 적재함에 올라가지 못한 채 균형을 잃고 전복되어, 그 조종석에 있던 丙은 뇌손상 등으로 사망하였습니다. 이와 같은 경우 위 트레일러에 대하여 乙회사가 가입한 화물자동차공제조합에서 보상을 해줄 수 있는지요?

A. 「자동차손해배상 보장법」 제3조 본문은 "자기를 위하여 자동차를 운행하는 자는 그

운행으로 다른 사람을 사망하게 하거나 부상하게 한 경우에는 그 손해를 배상할 책임을 진다."라고 규정하고 있으며, 같은 법 제2조 제2호는 "운행이란 사람 또는 물건의 운송 여부에 관계없이 자동차를 당해 장치의 용법에 따라 사용하거나 관리하는 것을 말한다."라고 규정하고 있습니다. 그리고 「화물자동차 운수사업법」 제50조 제1항에 따라 설립된 '전국화물자동차운송사업연합회'에서 행하고 있는 공제사업의 공제약관상 회원의 사업용화물자동차의 사고로 인하여 발생한 배상책임에 대한 공제는 공제계약청약서에 기재된 자동차의 운행으로 인하여 남을 죽게 하거나 다치게 하여 「자동차손해배상 보장법」 등에 의한 손해배상책임을 짐으로써 입은 손해를 보상한다고 정하고 있습니다.

그런데 판례는 "자동차손해배상 보장법 제2조 제2호에 의하면 운행이란 사람 또는 물건의 운송 여부와 관계없이 자동차를 당해 장치의 용법에 따라 사용하는 것을 말한다고 규정되어 있는바, 당해 장치란 운전자나 동승자 및 화물과 구별되는 당해 자동차에 계속적으로 고정되어 있는 장치로서 자동차의 구조상 설비되어 있는 당해 자동차 고유의 장치를 말하는 것이고, 그와 같은 각종 장치의 전부 또는 일부를 각각의 사용목적에 따라 사용하는 경우에는 운행 중에 있다고 할 수 있으나, 자동차를 운행하는 자는 그와 같은 운행 중에 일어난 모든 사고에 대하여 자동차손해배상 보장법에 의한 손해배상책임을 지는 것이 아니라 그 중에서 운행으로 말미암아 일어난 사고에 대하여서만 그 책임을 지는 것이다."라고 하면서 "불도저의 운반을 위하여 불도저의 무게를 줄이기 위해 앞의 삽 부분과 뒤의 니퍼 부분을 제거한 상태에서 통상적인 방법대로 트레일러에 상차작업을 하던 중 무게 불균형으로 불도저가 전복되어 불도저 운전자가 사망한 경우, 그 사고는 트레일러의 고정장치인 적재함으로의 상차작업에 즈음하여 발생한 사고라고는 할 수 있어도 트레일러의 운행으로 말미암아 일어난 것이라고는 볼 수 없다."라고 한 사례가 있습니다(대법원 1997. 1. 21. 선고 96다42314 판결).

따라서 위 사안의 경우 丙의 사망으로 인한 손해를 전국화물자동차운송사업자공제조합에서 보상해줄 수는 없을 것으로 보입니다.

■ 정차한 버스에서 내리던 승객이 넘어져 다친 경우 운행 중의 사고인지요?

Q. 甲은 乙회사 소속 버스를 타고 목적지 버스정류장에 이르러 정차한 후 위 버스의 뒷문으로 하차하다가 넘어져 땅에 머리를 부딪쳐 상해를 입었습니다. 甲은 사고 당시 버스정류장에서 위 버스의 뒷문 출구쪽 맨 앞에서 손잡이를 잡고 서 있다가 버스가 완전히 정차한 후 뒷문이 열리자 하차하기 위하여 출구쪽 계단을 밟고 내려서던 중 몸의 중심을 잃고 넘어져 지면에 머리를 부딪쳐서 위 사고를 당하였고, 위 사고 당시 버스 안에는 승객도 그다지 많지 않았습니다. 이 경우 乙회사는 「자동차손해배상 보장법」에 의하여 甲의 상해로 인한 손해를 배상하여야 하는지요?

A. 「자동차손해배상 보장법」 제3조는 "자기를 위하여 자동차를 운행하는 자는 그 '운행으로' 다른 사람을 사망하게 하거나 부상하게 한 경우에는 그 손해를 배상할 책임을 진다. 다만, ①승객이 아닌 자가 사망하거나 부상한 경우에 자기와 운전자가 자동차의 운행에 주의를 게을리 하지 아니하였고, 피해자 또는 자기 및 운전자 외의 제3자에게 고의 또는 과실이 있으며, 자동차의 구조상의 결함이나 기능상의 장해가 없었다는 것을 증명한 경우, ②승객이 고의나 자살행위로 사망하거나 부상한 경우에는 그러하지 아니하다."라고 규정하고 있습니다. 그리고 같은 법 제2조 제2호는 "운행이란 사람 또는 물건의 운송여부에 관계없이 자동차를 그 용법에 따라 사용하거나 관리하는 것을 말한다."라고 규정하고 있습니다.

그러므로 위 사안에서 乙회사가 승객인 甲의 상해로 인한 손해를 배상하여야 하는지에 관하여는 위와 같은 사고가 위 버스의 '운행으로 인하여' 발생된 것인지에 따라서 결론이 달라질 것입니다. 왜냐하면 위 사고가 승객인 甲의 고의로 인하여 발생된 것이 아니고 위 버스의 '운행으로 인하여' 발생된 것이라면, 乙회사는 「자동차손해배상 보장법」 제3조에 의하여 배상책임을 부담할 수 있을 것이기 때문입니다.

그런데 버스승객이 버스가 정차한 상태에서 열린 출입문을 통하여 하차하다가 넘어져 사고가 난 경우 자동차 운행으로 인하여 발생된 사고인지에 관하여 판례는 "자동차손해배상 보장법 제2조 제2호는 '운행'이라 함은 사람 또는 물건의 운송여부에 관계없이 자동차를 당해 장치의 용법에 따라 사용하는 것이라고 정의하고 있는바, 자동차를 당해 장치의 용법에 따라 사용한다는 것은 자동차의 용도에 따라 그 구조상 설비되어 있는 각종의 장치를 각각의 장치목적에 따라 사용하는 것을 말하는 것으로서 자동차가 반드시 주행상태에 있지 않더라도 주행의 전후단계로서 주·정차상태에서 문을 열고 닫는 등 각종 부수적인 장치를 사용하는 것도 포함되지만, 자동차를 운행하는 자는 운행 중에 일어난 모든 사고에 대하여 책임을 지는 것이 아니라 그 중에서 운행으로 말미암아 일어난 사고에 대하여만 책임을 지는 것이므로, 버스가 정류소에 완전히 정차한 상태에서 심신장애자복지법(현행 장애인복지법) 소정의 장애 2급 해당자인 승객이 열린 출입문을 통하여 하차하다가 몸의 중심을 잃고 넘어져 부상한 경우, 이것은 자동차 운행중의 사고이기는 하나, 운행으로 말미암아 일어난 것이라고는 볼 수 없다."는 이유로 자동차손해배상책임을 부인한 사례가 있습니다(대법원 1994. 8. 23. 선고 93다59595 판결, 1999. 11. 12. 선고 98다30834 판결).

따라서 위 사안에서도 乙회사가 「자동차손해배상 보장법」에 의하여 甲의 상해에 대한 손해배상을 하여야 한다고 할 수는 없을 것으로 보입니다.

참고로 자동차의 운행으로 말미암아 발생된 사고인지에 관하여 판례는 "인부가 통나무를 화물차량에 내려놓는 충격으로 지면과 적재함 후미 사이에 걸쳐 설치된 발판이 떨어지는 바람에 발판을 딛고 적재함으로 올라가던 다른 인부가 땅에 떨어져 입은 상해가 자동차의 운행으로 말미암아 일어난 사고가 아니다."라고 한 사례가 있으며 (대법원 1993. 4. 27. 선고 92다8101 판결), "화물하차작업 중 화물고정용 밧줄에 오토바이가 걸려 넘어져 사고가 발생한 경우, 화물고정용 밧줄은 적재함 위에 짐을 실을 때에 사용되는 것이기는 하나 물건을 운송할 때 일반적·계속적으로 사용되는 장치가 아니고 적재함과 일체가 되어 설비된 고유장치라고도 할 수 없다."라고 한 바 있습니다(대법원 1996. 5. 31. 선고 95다19232 판결).

■ 자동차 전용도로를 운행하는 자동차 운전자의 주의의무

Q. 甲은 심야에 편도 4차선인 자동차전용도로를 운행하던 중 술에 취하여 3차선상에 앉아 있던 피해자를 15미터 전방에서 발견하여 급제동 하였으나 미처 피하지 못하고 그를 충격하여 사망케 하였습니다. 이 경우에도 운전자에게 손해배상책임이 있는지요?

A. 「도로교통법」 제63조는 "자동차(이륜자동차는 긴급자동차에 한한다) 외의 차마의 운전자 또는 보행자는 고속도로 등을 통행하거나 횡단하여서는 아니 된다."라고 규정하고 있으며, 이와 관련된 판례는 "자동차전용도로를 운행하는 자동차의 운전자로서는 특별한 사정이 없는 한, 무단횡단 하는 보행자가 나타날 경우를 미리 예상하여 급정차 할 수 있도록 대비하면서 운전할 주의의무는 없다 할 것이고, 따라서 도로를 무단횡단 하거나 도로에 앉아 있는 피해자를 충격하여 사고를 발생시킨 경우에 있어서 그 피해자를 발견하는 즉시 제동조치를 취하였다면 피해자와 충돌하지 않고 정차할 수 있었다거나, 또는 다른 곳으로 피할 수 있었는데도 자동차의 조향장치, 제동장치 그 밖의 장치를 정확히 조작하지 아니하고 운전하였기 때문에 사고가 발생하였다는 등의 특별한 사정이 인정되지 않는 한, 자동차운전자에게 업무상 주의의무를 태만히 한 과실이 있다고는 볼 수는 없을 것이다."라고 하였습니다(대법원 1996. 10. 15. 선고 96다22525 판결, 2000. 10. 27. 선고 2000다42762 판결).

또한, "야간에 선행사고로 인하여 고속도로 3차선 상에 멈추어 서 있는 차량에서 나와 중앙분리대 쪽으로 무단횡단 하던 피해자를 충격하는 사고를 발생시킨 사안에서 운전자가 주의의무를 게을리하지 아니한 것으로 볼 소지가 많다."라고 하였습니다(대법원 1998. 4. 28. 선고 98다5135 판결).

따라서 위 사안의 경우에도 甲에게 사고의 손해배상책임을 묻기 어려울 것으로 보입니다.

■ 친구 아버지의 차량을 무면허로 운전하던 중 사고 낸 경우 보험적용 여부

Q. 저는 丙이 운전하던 차량이 신호를 위반하여 횡단보도를 횡단하던 저를 충격 하는 사고로 인하여 장애가능성이 있는 상해를 입었습니다. 그런데 丙은 친구인 乙의 아

버지 甲소유 차량을 乙이 동승한 상태에서 무면허임에도 불구하고 운전하다가 위와 같은 사고를 야기한 것인바, 甲·乙·丙 모두 재산이 별로 없는 상태이므로 위 차량이 종합보험에 가입되어 있지만 丙이 무면허운전이므로 보험처리 될 수 없다면 저는 손해배상을 받을 수 없는 형편인데, 이러한 경우 제가 보험회사에 보상을 청구할 수 없는지요?

A. 자동차보험의 무면허운전면책약관의 적용범위 및 무면허운전에 대한 보험계약자나 피보험자의 '묵시적 승인'의 존부에 관한 판단기준에 대하여 판례는 "자동차보험에 있어서 '피보험자의 명시적·묵시적 승인하에서 피보험자동차의 운전자가 무면허운전을 하였을 때 생긴 사고로 인한 손해에 대하여는 보상하지 않는다.'는 취지의 무면허운전면책약관은 무면허운전이 보험계약자나 피보험자의 지배 또는 관리 가능한 상황에서 이루어진 경우에 한하여 적용되는 것으로서, 이 경우에 있어서 묵시적 승인은 명시적 승인의 경우와 동일하게 면책약관이 적용되므로 무면허운전에 대한 승인의도가 명시적으로 표현되는 경우와 동일시 할 수 있는 정도로 그 승인의도를 추단할 만한 사정이 있는 경우에 한정되어야 하고, 무면허운전이 보험계약자나 피보험자의 묵시적 승인하에 이루어졌는지 여부는 보험계약자나 피보험자와 무면허운전자의 관계, 평소 차량의 운전 및 관리상황, 당해 무면허운전이 가능하게 된 경위와 그 운행목적, 평소 무면허운전자의 운전에 관하여 보험계약자나 피보험자가 취해 온 태도 등의 여러 사정을 함께 참작하여 인정하여야 하며, 보험계약자나 피보험자가 과실로 운전자가 무면허임을 알지 못하였다거나 무면허운전이 가능하게 된 데에 과실이 있었다거나 하는 점은 무면허운전면책약관의 적용에서 고려할 사항이 아니다."라고 하였습니다(대법원 2000. 10. 13. 선고 2000다2542 판결).

또한, "기명피보험자의 승낙을 받아 자동차를 사용하거나 운전하는 자로서 보험계약상 피보험자로 취급되는 자(이른바 승낙피보험자)의 승인만이 있는 경우에는 보험계약자나 피보험자의 묵시적인 승인이 있다고 할 수 없어 무면허운전면책약관은 적용되지 않는다."라고 하였습니다(대법원 2000. 5. 30. 선고 99다66236 판결).

또한, 최근의 자동차보험약관도 '피보험자 본인이 무면허운전을 하였거나, 기명피보험자의 명시적·묵시적 승인하에서 피보험자동차의 운전자가 무면허운전을 하였을 때'에 그 손해를 보상하지 아니한다고 정하고 있는 것으로 보입니다.

따라서 위 사안은 승낙피보험자인 丙의 승인만으로 甲의 묵시적 승인이 있다고 할 수 없어 무면허면책약관이 적용되지 않은 경우이므로, 귀하는 해당 보험회사에 손해의 보상을 청구할 수 있을 것으로 보입니다.

■ 보험자가 피보험자의 손해배상청구권을 대위할 수 있는지요?

> **Q.** 甲은 무보험자동차를 운전하다가 과실로 인하여 乙에게 12주의 치료가 필요한 상해를 가하고, 형사사건과 관련하여 합의금 600만원을 지급하고 민·형사상 일체의 책임을 묻지 않기로 하는 합의를 하였습니다. 그런데 乙이 가입한 무보험자동차 상해담보특약에 기하여 丙보험회사로부터 이미 보험금을 수령하였던 사실이 있고, 丙회사는 甲에 대하여 구상금청구소송을 제기하겠다고 합니다. 甲은 乙이 무보험자동차 상해담보특약에 가입한 사실을 전혀 알지 못하고 위와 같이 합의를 하였음에도 丙회사의 구상금청구에 응하여야 하는지요?

A. 「상법」 제729조는 "보험자는 보험사고로 인하여 생긴 보험계약자 또는 보험수익자의 제3자에 대한 권리를 대위하여 행사하지 못한다. 그러나 상해보험계약의 경우에 당사자간에 다른 약정이 있는 때에는 보험자는 피보험자의 권리를 해하지 아니하는 범위 안에서 그 권리를 대위하여 행사할 수 있다."라고 규정하고 있습니다.

그리고 판례는 "피보험자가 무보험자동차에 의한 교통사고로 인하여 상해를 입었을 때에 그 손해에 대하여 배상할 의무자가 있는 경우 보험자가 약관에 정한 바에 따라 피보험자에게 그 손해를 보상하는 것을 내용으로 하는 '무보험자동차에 의한 상해담보특약'은 '손해보험'으로서의 성질과 함께 '상해보험'으로서의 성질도 갖고 있는 '손해보험형 상해보험'으로서, 상법 제729조 단서의 규정에 의하여 당사자 사이에 다른 약정이 있는 때에는 보험자는 피보험자의 권리를 해하지 아니하는 범위 안에서 피보험자의 배상의무자에 대한 손해배상청구권을 대위행사할 수 있다. 교통사고 가해자가 합의 당시 피해자가 무보험자동차 상해담보특약에 따른 보험금을 수령하리라는 사정을 알고 있었던 경우, 장차 보험자에 대한 구상책임을 비롯한 일체의 손해배상책임까지 면제받는 취지라기보다는 보험자가 피해자에게 지급하는 보험금의 범위 내에서 보험자가 취득하게 되는 대위권의 행사를 유보한 채 손해배상금의 일부를 수수하기로 합의한 것으로 봄이 상당하다."라고 하였습니다(대법원 2000. 2. 11. 선고 99다50699 판결).

따라서 甲과 乙의 합의과정의 제반 사정에 비추어 甲으로서는 乙이 무보험자동차 상해담보특약에 따른 보험금을 수령하리라는 사정을 알고 있었던 경우이거나 알 수 있었던 경우라면 위와 같이 합의를 하였다고 할지라도 丙보험회사에게 구상금을 지급하여야 할 것입니다.

그러나 「민법」 제470조는 "채권의 준점유자에 대한 변제는 변제자가 선의이며 과실이 없을 때에 한하여 효력이 있다."라고 규정하고 있으며, 판례는 "보험금을 지급한 보험자가 피보험자를 상대로 보험자대위권 침해를 이유로 부당이득반환 또는 손해배상청구를 하기 위하여는 보험자가 피보험자에게 보험금을 지급한 사실, 피보험자가 보험금을 수령한 후 무권한자임에도 불구하고 제3자로부터 손해배상을 받은 사실(피보험자가 보험자로부터 받은 보험금이 실제 발생된 손해액에 미치지 못한 경우에는 피보험자는 그 차액 부분에 관하여는 여전히 제3자에 대하여 자신의 권리를 가지고 있으므로 피보험자가 이를 초과하여 제3자로부터 손해배상을 받은 사실), 제3자의 피보험자에 대한 손해배상이 채권의 준점유자에 대한 변제로서 유효한 사실을 주장, 입증하여야 할 것이고, 이 경우에 채권의 준점유자에 대한 변제가 유효하기 위한 요건으로서의 선의라 함은 준점유자에게 변제수령의 권한이 없음을 알지 못하는 것뿐만 아니라 적극적으로 진정한 권리자라고 믿었음을 요하는 것이고, 무과실이란 그렇게 믿는 데에 과실이 없음을 의미하므로, 제3자가 피보험자가 보험에 가입하여 보험금을 수령한 사실을 전혀 모르고 이 점에 대하여 과실이 없이 피보험자에게 손해배상을 한 경우, 또는 제3자가 피보험자가 보험에 가입하여 이미 보험금을 수령한 사실을 알고 있었던 경우에는 피보험자가 입은 손해액과 피보험자가 보험자로부터 보험금을 수령함으로써 보험자대위권(상해보험의 경우에는 대위 약정에 따라)의 대상이 된 금액을 살펴, 피보험자에게 아직도 자신에 대한 손해배상청구권이 남아 있다고 믿고 손해배상을 한 경우에만 선의, 무과실에 해당된다고 할 수 있을 것이고, 위 요건의 주장, 입증책임도 보험자에게 있다."라고 하였습니다(대법원 1999. 4. 27. 선고 98다61593 판결).

그러므로 甲은 乙이 무보험자동차 상해담보특약에 따른 보험금을 수령하리라는 사정을 전혀 알 수 없었던 경우라면 甲이 지급한 위 합의금 중 구상금부분에 관하여 채권의 준점유자인 乙에게 지급한 것이 되어 丙회사의 청구에 응하지 않아도 될 것으로 보입니다. 그리고 이러한 경우에 丙회사는 乙에게 부당이득반환청구를 할 수 있을 것으로 보입니다.

■ 자동차수리업자의 종업원이 시운전 중 사고 낸 경우 운행책임자

Q. 甲은 乙이 경영하는 자동차수리센터에 자동차 수리를 의뢰하고서 자동차열쇠를 乙에게 보관시킨 후 집으로 돌아왔습니다. 그런데 乙의 종업원 丙이 수리 후 시운전을 하던 중 교통사고를 내어 丁을 사망하게 하였습니다. 이러한 경우 甲과 乙 중누가 운행지배자로서 丁의 사망으로 인한 손해를 배상하여야 하는지요?

A. 「자동차손해배상 보장법」제3조 본문은 "자기를 위하여 자동차를 운행하는 자는 그 운행으로 다른 사람을 사망하게 하거나 부상하게 한 경우에는 그 손해를 배상할 책임을 진다."라고 규정하고 있습니다. 이 조항에서 '자기를 위하여 자동차를 운행하는 자'란 사회통념상 당해 자동차에 대한 운행을 지배하여 그 이익을 향수(享受)하는 책임주체로서의 지위에 있다고 할 수 있는 자를 말하고, 이 경우 운행의 지배는 현실적인 지배에 한하지 아니하고 사회통념상 간접지배 내지는 지배가능성이 있다고 볼

수 있는 경우도 포함합니다(대법원 1998. 10. 27. 선고 98다36382 판결, 2002. 11. 26. 선고 2002다47181 판결).

그리고 「민법」 제756조는 "타인을 사용하여 어느 사무에 종사하게 한 자는 피용자가 그 사무집행에 관하여 제3자에게 가한 손해를 배상할 책임이 있다."라고 규정하고 있으므로, 자동차사고로 인한 손해배상청구에 있어 「자동차손해배상 보장법」과 「민법」과의 관계에 관하여 판례는 "자동차손해배상 보장법 제3조에 의하면 불법행위에 관한 민법규정의 특별규정이라고 할 것이므로 자동차사고로 인하여 손해를 입은 자가 자동차손해배상 보장법에 의하여 손해배상을 주장하지 않았다고 하더라도 법원은 민법에 우선하여 자동차손해배상 보장법을 적용하여야 한다."라고 하였으며(대법원 1997. 11. 28. 선고 95다29390 판결), "자동차사고로 인하여 손해를 입은 자가 자동차손해배상 보장법에 의하여 손해배상을 소구하는 주장을 하지 않았다 하더라도 법원이 민법에 우선하여 자동차손해배상 보장법을 적용하여야 하나, 그렇다고 하여 피해자가 민법상의 손해배상청구를 하지 못할 바는 아니며 더욱이 피해자가 자동차손해배상 보장법 제3조에서 말하는 '다른 사람'이 아닌 경우에는 그 법에 의한 손해배상청구의 길은 막히게 되므로 이때는 민법상의 손해배상청구를 할 수밖에 없다."라고 하였습니다(대법원 1987. 10. 28. 선고 87다카1388 판결).

그러므로 위 사안에서는 「자동차손해배상 보장법」이 「민법」에 우선하여 적용될 것인데, 위 사안과 관련하여 판례는 "자동차의 수리를 의뢰하는 것은 자동차수리업자에게 자동차의 수리와 관계되는 일체의 작업을 맡기는 것으로서, 여기에는 수리나 시운전에 필요한 범위 안에서의 운전행위도 포함되는 것이고, 자동차의 소유자는 수리를 의뢰하여 자동차를 수리업자에게 인도한 이상 수리완료 후 다시 인도 받을 때까지는 자동차에 대하여 관리지배권을 가지지 아니한다고 할 것이며, 수리하는 동안에도 자동차의 소유자가 사고 당시 자동차의 운행에 대한 운행지배와 운행이익을 완전히 상실하지 아니하였다고 볼 특별한 사정이 없는 한 그 자동차의 운행지배권은 수리업자에게만 있다."라고 하였으나(대법원 1999. 12. 28. 선고 99다50224 판결), "자동차 소유자의 피용자가 수리업자에게 자동차의 수리를 맡기고서도 자리를 뜨지 않고 부품교체작업을 보조·간섭하였을 뿐만 아니라, 위 교체작업의 마지막 단계에서는 수리업자의 부탁으로 시동까지 걸어 준 경우, 자동차 소유자는 수리작업 동안 수리업자와 공동으로 자동차에 대한 운행지배를 하고 있다."라고 한 사례가 있습니다(대법원 2000. 4. 11. 선고 98다56645 판결).

따라서 위 사안에서 丙은 「민법」 제750조의 불법행위자로서 丁의 손해에 대한 배상책임이 있으며, 乙은 위 판례와 같이 「자동차손해배상 보장법」 제3조 '자기를 위하여 자동차를 운행하는 자'로서 丁에 대한 손해를 배상할 책임이 있으나, 甲은 위 판례의 취지에 비추어 볼 때 운행지배권과 운행이익을 상실한 상태였으므로 丁에 대한 손해배상책임이 없을 것으로 보입니다.

참고로 운행의 지배이익과 관련하여 판례는 "손님으로부터 주점주차장에 주차시킨 승용차열쇠의 보관을 의뢰 받은 주점경영주가 그 승용차열쇠를 주점 안에 있는 열쇠함에 넣어 두고 퇴근하면서 주점의 도급마담의 종업원으로 일하며 주점기숙사에서 숙식하던 자에게 다음날 아침 손님이 승용차를 찾으러 오면 열쇠를 돌려주라고 말하고 그대로 퇴근하였는데, 그 종업원이 친구를 만나러 가기 위하여 함부로 열쇠함에서 그 승용차열쇠를 꺼내어 승용차를 운전하다가 사고를 낸 사안에서, 주점의 경영주는 손님으로부터 승용차와 승용차열쇠를 맡아 보관하게 됨으로써 그 승용차에 대한 관리권을 가지고 운행지배와 운행이익을 향유하게 되었으며, 비록 사고가 도급마담의 종업원이 그의 승낙 없이 무단으로 승용차를 운행하다가 발생했다고 하더라도 위와 같은 위 승용차열쇠의 보관 및 관리상태, 종업원이 승용차를 운행하게 된 경위, 주점경영주와 종업원과의 관계 등에 비추어 볼 때 위 사고에 있어서 주점경영주의 위 승용차에 대한 운행지배와 운행이익이 완전히 상실되었다고 볼 수 없다."라고 한 사례가 있습니다(대법원 1997. 12. 26. 선고 97다35115 판결).

■ **자동차의 임차인이 자동차손해배상 보장법상의 운행자에 해당하는지요?**

Q. 甲회사는 乙회사로부터 버스를 임차하여 회사의 직원 출퇴근용으로 운행하던 중 乙회사 소속 운전자 丙의 운전부주의로 인하여 丁을 사망하게 하는 교통사고가 발생하였습니다. 그런데 위 버스는 무보험차량이었으며, 丙은 재산이 없고, 乙회사도 자동차 이외에는 별다른 재산이 없으므로 이러한 경우 甲회사에 丁의 사망으로 인한 손해배상청구가 가능한지요?

A. 「자동차손해배상 보장법」 제3조 본문은 "자기를 위하여 자동차를 운행하는 자는 그 운행으로 다른 사람을 사망하게 하거나 부상하게 한 경우에는 그 손해를 배상할 책임을 진다."라고 규정하고 있습니다.

위 사안에 있어서 먼저 丙이 발생시킨 사고에 관하여 자동차임차인 甲회사가 '자기를 위하여 자동차를 운행하는 자'에 해당되는지에 관하여 판례는 "자동차손해배상 보장법 제3조에서 자동차 사고에 대한 손해배상책임을 지는 자로 규정하고 있는 '자기를 위하여 자동차를 운행하는 자'란 사회통념상 당해 자동차에 대한 운행을 지배하여 그 이익을 향수(享受)하는 책임주체로서의 지위에 있다고 할 수 있는 자를 말하고, 자동차의 임대차의 경우에는 특단의 사정이 없는 한 임차인이 임차한 자동차에 대하여 현실적으로 운행을 지배하여 그 운행이익을 향수하는 자이다."라고 하였습니다(대법원 1993. 6. 8. 선고 92다27782 판결, 1997. 4. 8. 선고 96다52724 판결, 2000. 7. 6. 선고 2000다560 판결).

그리고 자동차임대인 乙회사가 '자기를 위하여 자동차를 운행하는 자'에 해당되는지에 관하여는 "자동차손해배상 보장법 제3조에서 자동차사고에 대한 손해배상책임을 지는 자로 규정하고 있는 '자기를 위하여 자동차를 운행하는 자'란 사회통념상 당해 자동차에 대한 운행을 지배하여 그 이익을 향수(享受)하는 책임주체로서의 지위에 있다고 할 수 있는 자를 말하고, 이 경우 운행의 지배는 현실적인 지배에 한하지 아니하고 사회통념상 간접지배 내지는 지배가능성이 있다고 볼 수 있는 경우도 포함한다."라고 하였으므로(대법원 1998. 10. 27. 선고 98다36382 판결), 임대자동차의 운행이 배타적으로 임차인만을 위하여 이루어졌다고 하는 특별한 사정이 없는 한 임대인의 운행지배는 상실되지 않아 임대인에게 운행지배자책임을 지우는 것이 일반적입니다.

특히 렌트카업자의 경우에는 "자동차대여업체의 손수자동차대여약정에 임차인이 자동차운전면허증소지자라야 하고 사용기간과 목적지를 밝혀서 임료를 선불시키고, 임대인은 자동차대여전에 정비를 해두고 인도해야 하고, 임차인은 사용기간 중 불량연료를 사용하지 말아야 함은 물론 계약기간을 엄수해야 하고 자동차를 양도하거나 질권, 저당권을 설정할 수 없을 뿐 아니라, 유상으로 운송에 사용하거나 전대할 수 없고, 제3자에게 운전시킬 수도 없게끔 되어 있다면, 대여업자는 임차인에 대한 인적관리와 임대목적 차량에 대한 물적 관리를 하고 있음을 부정할 수 없어 대여업자와 임차인 간에는 임대목적차량에 대하여 대여업자의 운행지배관계가 직접적이고 현재적으로 존재한다."라고 하였습니다(대법원 1991. 4. 12. 선고 91다3932 판결).

따라서 위 사안에서 丁의 유족은 丙에게는 「민법」 제750조의 불법행위자로서의 책임을 물을 수 있고, 甲회사와 乙회사에는 공동운행지배자로서의 책임을 물어 위 사고로 인한 손해배상을 청구할 수 있을 것인바, 丁의 유족은 위 모두를 상대로 부진정연대 책임을 물어 청구할 수도 있을 것이고, 집행가능한 재산을 보유하고 있는 甲회사만을 상대로 손해배상을 청구할 수도 있을 것으로 보입니다.

■ 자동차 대여업자로부터 소개받은 운전사가 사고 낸 경우 운행책임자

Q. 甲은 자동차대여사업을 경영하는 乙로부터 자동차 1대를 임차하기로 계약을 체결하고, 甲이 운전면허가 없으므로 乙로부터 자동차를 운전할 운전사 丙을 소개받았습니다. 그런데 丙이 위 자동차를 운행하던 중 丙의 과실로 인하여 발생된 교통사고로 인하여 甲이 중상을 입었습니다. 그러나 丙은 전혀 재산이 없으므로 이 경우 甲이 乙에게 위 사고로 인한 손해배상을 청구할 수 있는지요?

A. 「자동차손해배상 보장법」 제3조 본문은 "자기를 위하여 자동차를 운행하는 자는 그 운행으로 다른 사람을 사망하게 하거나 부상하게 한 경우에는 그 손해를 배상할 책임을 진다."라고 규정하고 있습니다.

그런데 자동차 대여업자로부터 자동차를 임차하면서 그 운전사를 소개받아 운행 중 야기된 충돌사고로 자동차임차인과 그 처가 피해를 입게 된 경우에 있어 자동차 대여업자가 자동차 임차인과 공동운행자의 관계에 있다고 볼 수 있는지에 관하여 판례는 "자동차 대여업자로부터 자동차를 임차하면서 그 운전사를 소개받아 운행 중 야기된 충돌사고로 자동차 임차인과 그 처가 피해를 입게 된 경우에 있어 자동차 대여업자와 자동차 임차인이 그들 사이의 내부관계에 있어서는 비록 임차인이 자동차에 대한 현실적 지배를 하고 있었지만, 자동차의 운행경위, 운행의 목적, 자동차 대여업자가 임차인에게 운전사를 소개하여 자동차를 대여하게 된 사정, 자동차의 운행에 운전사를 통하여 자동차 대여업자가 간여한 정도 등 모든 정황을 종합하여 볼 때, 자동차의 운행지배 및 운행이익이 임차인에게 전부 이전된 관계가 아니라 서로 공유하는 공동운행자의 관계에 있어서, 대여업자는 여전히 운전사를 통하여 자동차를 직접적으로 지배한다."라고 하여 자동차 임대인의 손해배상책임을 인정하였으나, 자동차 임차인과 그 처의 탑승경위, 자동차의 운행지배권의 이전정도 등에 비추어 손해부담의 공평성 및 형평과 신의칙(信義則)의 견지에서 피해를 입은 자동차 임차인 등에 대한 자동차 대여업자의 손해배상책임을 40% 감경한 원심의 조치를 수긍한 사례가 있습니다(대법원 1992. 2. 11. 선고 91다42388, 42395 판결).

따라서 위 사안에서 甲이 현실적인 운행지배를 가진 자로서 그의 과실이 상계됨은 별론으로 하고 乙도 공동운행지배자로서 甲의 위 사고로 인한 손해를 배상할 책임이 있다고 할 수 있을 듯합니다.

■ 교습용자동차로 운전연습 중 사고를 낸 피교습자의 책임

Q. 甲은 자동차운전면허를 취득하기 위하여 乙자동차운전학원에서 교습용자동차로 운전연습을 하던 중 다른 피교습자인 丙을 충격하여 중상을 입히는 사고를 발생시켰습니다. 이 경우 甲이 「자동차손해배상 보장법」 소정의 운행자로서 손해배상책임을 부담하게 되는지요?

A. 「자동차손해배상 보장법」 제3조 본문은 "자기를 위하여 자동차를 운행하는 자는 그 운행으로 다른 사람을 사망하게 하거나 부상하게 한 경우에는 그 손해를 배상할 책임을 진다."라고 규정하고 있습니다.

그런데 자동차운전학원에서 교습용자동차를 이용하여 운전연습을 하는 피교습자가 「자동차손해배상 보장법」 제3조 소정의 운행자에 해당하는지에 관하여 판례는 "자동차운전학원에서 연습중인 피교습자에게 학원소유의 교습용자동차를 이용하여 운전연습을 하게 하는 경우, 학원과 피교습자 사이에는 교습용자동차에 관하여 임대차 또는 사용대차의 관계가 성립된다고 할 것이고, 이와 같이 임대차 또는 사용대차의 관계에 의하여 자동차를 빌린 차주(借主)는 자동차를 사용할 권리가 있는 자로서 자기를 위하여 자동차를 운행하는 자에 해당하므로, 피교습자가 교습용자동차를 이용하여 운전연습을 하던 중 제3자에게 손해를 가한 경우에는 제3자에 대한 관계에서 자동차손해배상 보장법 제3조 소정의 운행자책임을 면할 수 없다."라고 하면서, "자동차운전학원에서 운전면허필기시험에 합격한 후 기능시험에 응시하고자 연습 중이던 피교습자가 이미 기능강사가 동승한 상태에서 약 10여회의 주행코스 연습주행을 하였고, 기능강사의 지시에 따라 혼자서 주행코스의 연습주행까지 한 경우, 피교습자가 주행연습코스의 연결차로에서 횡단하는 피해자를 발견하고 순간적으로 당황하여 제동조치 등의 안전조치 등을 취하지 못하여 사고를 야기하였다면 피교습자에게 과실이 있다."라고 본 사례가 있습니다(대법원 2001. 1. 19. 선고 2000다12532 판결).

따라서 위 사안에서 甲은 「자동차손해배상 보장법」 제3조 소정의 운행자로서 위 사고로 인한 丙의 손해를 배상할 책임이 있다고 할 것입니다.

■ 자동차임차인의 운전 중 과실로 사망한 자에 대한 임대회사의 책임

Q. 甲은 乙회사로부터 乙회사가 보유하고 있는 승용차를 월 20만원에 임차하여 직접 운전하다가 운전부주의로 중앙선을 넘어 반대차선에서 마주 오던 차량과 충돌하는 사고를 일으켜 사망하였습니다. 이 경우 망 甲의 유족이 乙회사에 손해배상청구를 할 수 있는지요?

A. 자동차손해배상책임에 관하여 「자동차손해배상 보장법」 제3조는 "자기를 위하여 자동차를 운행하는 자는 그 운행으로 다른 사람을 사망하게 하거나 부상하게 한 경우에는 그 손해를 배상할 책임을 진다. 다만, 다음 각 호의 1에 해당하는 때에는 그러하지 아니하다.

1. 승객이 아닌 자가 사망하거나 부상한 경우에 자기와 운전자가 자동차의 운행에 주의를 게을리 하지 아니하였고, 피해자 또는 자기 및 운전자 외의 제3자에게 고의 또는 과실이 있으며, 자동차의 구조상의 결함이나 기능상의 장해가 없었다는 것을 증명한 경우

2. 승객이 고의나 자살행위로 사망하거나 부상한 경우"라고 규정하고 있습니다.

그런데 동일한 자동차에 대한 복수의 운행자 중 1인이 당해 자동차의 사고로 피해를 입은 경우, 다른 운행자에 대하여 자신이 「자동차손해배상 보장법」 제3조 소정의 '타인(다른 사람)'임을 주장할 수 있는지에 관하여 판례는 "자동차손해배상 보장법 제3조에서 말하는 '다른 사람'이란 '자기를 위하여 자동차를 운행하는 자 및 당해 자동차의 운전자를 제외한 그 이외의 자'를 지칭하는 것이므로, 동일한 자동차에 대하여 복수로 존재하는 운행자 중 1인이 당해 자동차의 사고로 피해를 입은 경우에도 사고

를 당한 그 운행자는 다른 운행자에 대하여 자신이 같은 법 제3조 소정의 타인임을 주장할 수 없는 것이 원칙이고, 다만 사고를 당한 운행자의 운행지배 및 운행이익에 비하여 상대방의 그것이 보다 주도적이거나 직접적이고 구체적으로 나타나 있어 상대방이 용이하게 사고의 발생을 방지할 수 있었다고 보여지는 경우에 한하여 비로소 자신이 타인임을 주장할 수 있을 뿐이다."라고 하였습니다(대법원 2000. 10. 6. 선고 2000다32840 판결, 2002. 12. 10. 선고 2002다51654 판결). 또한, 자동차 운전자 또는 운전보조자가 「자동차손해배상 보장법」 제3조 소정의 '타인'에 해당하는지에 관하여 "자동차손해배상 보장법 제3조에서 말하는 '다른 사람'이란 '자기를 위하여 자동차를 운행하는 자 및 당해 자동차의 운전자를 제외한 그 이외의 자'를 지칭하므로, 당해 자동차를 현실로 운전하거나 그 운전의 보조에 종사한 자는 자동차손해배상 보장법 제3조 소정의 타인에 해당하지 아니한다고 할 것이나, 당해 자동차의 운전자나 운전보조자라도 사고 당시에 현실적으로 자동차의 운전에 관여하지 않고 있었다면 그러한 자는 자동차손해배상 보장법 제3조 소정의 타인으로서 보호된다."라고 하였습니다(대법원 1999. 9. 17. 선고 99다22328 판결).

그렇다면 위 사안에서 망 甲은 자동차임차인으로 사고 승용차에 대하여 운행지배와 운행이익을 가지는 운행자이고, 甲에 비하여 자동차보유자인 乙회사가 그 운행지배와 운행이익이 보다 직접적이고 구체적으로 나타나 있어 용이하게 사고의 발생을 방지할 수 있었다고 볼 수 없으므로 망 甲의 유족은 乙회사에 대하여 「자동차손해배상 보장법」 제3조 소정의 타인임을 주장할 수 없어 그에 기한 손해배상청구를 할 수 없을 것으로 보입니다.

■ 위법한 증거수집으로 인한 손해배상책임

> Q. 보험회사 직원 丙이 보험회사 乙을 상대로 손해배상청구소송을 제기한 교통사고 피해자 甲의 장해 정도에 관한 증거자료를 수집할 목적으로 甲의 일상생활을 촬영한 행위에 대하여 甲은 보험회사 乙과 그 직원 丙을 상대로 손해배상을 청구할 수 있는지요?

A. 「헌법」 제10조는 "모든 국민은 인간으로서의 존엄과 가치를 가지며, 행복을 추구할 권리를 가진다. 국가는 개인이 가지는 불가침의 기본적 인권을 확인하고 이를 보장할 의무를 진다."라고 규정하고 있고, 같은 법 제17조는 "모든 국민은 사생활의 비밀과 자유를 침해받지 아니한다."라고 규정하고 있습니다. 한편, 「민법」 제750조는 "고의 또는 과실로 인한 위법행위로 타인에게 손해를 가한 자는 그 손해를 배상할 책임이 있다."라고 규정하고 있습니다.

위 사안의 경우 甲의 초상권이 헌법상 보장되는 권리인지 여부와 불법행위를 구성하는 초상권 및 사생활의 비밀과 자유에 대한 침해가 공개된 장소에서 이루어졌다거나

민사소송의 증거를 수집할 목적으로 이루어졌다고 하여 정당화되는지 여부 등이 문제될 것으로 보입니다

보험회사 乙을 상대로 교통사고 피해자인 甲이 제기한 손해배상청구소송에서 제기한 甲의 후유장해 정도에 대한 증거자료를 수집할 목적으로 甲 몰래 甲의 사진을 촬영하여 법원에 제출하였는바, 그 사진의 내용은 甲이 일상생활에서 장해부위를 사용하는 모습으로서 甲의 아파트 주차장, 직장의 주차장, 차량수리업소의 마당 등 일반인의 접근이 허용된 공개된 장소에서 촬영한 것이며, 보험회사 직원 丙은 위 사진을 촬영하기 위하여 甲 몰래 지켜보거나 미행하고 때에 따라서는 차량으로 뒤따라가 사진을 촬영하였음을 알 수 있는바, 위와 같은 보험회사 직원 丙의 행위는 특정의 목적을 가지고 의도적·계속적으로 주시하고 미행하면서 사진을 촬영함으로써 甲에 관한 정보를 임의로 수집한 것이어서, 비록 그것이 공개된 장소에서 민사소송의 증거를 수집할 목적으로 이루어졌다고 하더라도 초상권 및 사생활의 비밀과 자유의 보호영역을 침범한 것으로서 불법행위를 구성한다고 할 것입니다(대법원 2006. 10. 13. 선고 2004다16280 판결).

더 나아가 보험가입자들의 공동이익이나 소송에서의 진실발견이라는 이익도 甲의 인격적 이익보다 더 우월하다고 단정할 수 없고, 보험회사 직원 丙이 촬영한 사진의 내용 역시 타인에게 굳이 공개하고 싶지 않은 것으로 보여지고, 사진촬영과정에서 미행·감시당함으로써 자신들의 일상생활이 타인에게 노출되는 것은 결코 피해정도가 작다고 할 수 없으며, 요추부에 대한 기왕증의 고려 여부 및 장해기간에 다소 차이가 있을 뿐인데, 이러한 차이는 사진촬영으로 밝힐 수 있는 성질의 것이 아니어서 사진촬영을 할 필요성이나 효과성은 인정하기 어렵고, 甲이 주장하는 장해 정도가 허위라거나 과장이라고 합리적으로 의심할 상당한 이유가 있다고 보기 어려우므로, 보험회사 직원 丙이 甲에 대하여 저지른 침해행위는 위법성이 조각된다고 보여지지 아니합니다(대법원 2006. 10. 13. 선고 2004다16280 판결).

따라서 보험회사 乙은 보험회사 직원 丙이 초상권 및 사생활의 비밀과 자유의 보호영역을 침범한 불법행위에 대하여 사용자책임을 진다고 할 것이므로, 甲은 보험회사 乙과 보험회사 직원 丙을 상대로 위자료를 청구할 수 있을 것으로 보입니다.

■ 뺑소니의 경우 자배법 제30조 제1항의 손해배상

> **Q.** 자동차 보유자를 알 수 없는 뺑소니 자동차 또는 무보험 자동차에 의한 교통사고를 당하게 되었습니다. 이 경우 어떻게 하면 국가로부터 피해를 보상받을 수 있는 것인지요? 국가가 피해를 보상하면 국가기관이 보험사에게 이를 다시 구상하는 것인가요?

A. 자배법 제30조 제1항은 "정부는 다음 각 호의 어느 하나에 해당하는 경우에는 피해자의 청구에 따라 책임보험의 보험금 한도에서 그가 입은 피해를 보상한다. 다만, 정부

는 피해자가 청구하지 아니한 경우에도 직권으로 조사하여 책임보험의 보험금 한도에서 그가 입은 피해를 보상할 수 있다."고 규정하고 제1호에 "1. 자동차보유자를 알 수 없는 자동차의 운행으로 사망하거나 부상한 경우"를 규정하여, 뺑소니 또는 무보험 자동차에 의한 사고의 경우 정부가 피해자에게 손해를 보상하도록 정하고 있습니다.("피해자에게 손해를 보상하고 있는 근거규정이 바로 자배법 제30조입니다."를 수정) 따라서 국가기관은 해당 법 규정에 따라서 귀하의 피해를 보상할 수 있습니다. 다만, 이와 관련 보상금을 지급한 국민건강보험공단이 보험사에 다시 구상할 수 있는지 문제가 발생합니다.

대법원 2013.01.16. 선고 2012다79521 판결에 따르면, 자동차손해배상보장법(이하 '자배법'이라 한다) 제30조 이하에서 규정하고 있는 보장사업의 목적과 취지, 성격 등에 비추어 보면, 자동차 보유자를 알 수 없는 뺑소니 자동차 또는 무보험 자동차에 의한 교통사고의 경우 자배법 제30조 제1항에 따라 피해자가 가지는 보장사업에 의한 보상금청구권은 피해자 구제를 위하여 법이 특별히 인정한 청구권으로서, 구 국민건강보험법(2011. 12. 31. 법률 제11141호로 전부 개정되기 전의 것, 이하 '국민건강보험법'이라 한다) 제53조 제1항에서 말하는 제3자에 대한 손해배상청구의 권리에 해당한다고 볼 수 없습니다.(대법원 2012. 12. 13. 선고 2012다200394 판결 참조). 비록 국민건강보험법 제53조 제1항에서 국민건강보험공단은 제3자의 행위로 보험급여사유가 생겨 가입자 또는 피부양자에게 보험급여를 한 경우에는 그 급여에 들어간 비용 한도에서 그 제3자에게 손해배상을 청구할 권리를 얻는다고 규정하고 있으나, 자동차손해보상보장법 제30조 이하에서 규정하고 있는 "보장사업"에는 국민건강보험법 제53조 제1항이 해당하지 않는다고 판단한 것입니다.

따라서 자동차 보유자를 알 수 없는 뺑소니 자동차 또는 무보험 자동차에 의한 교통사고의 경우 보상금을 지급한 국가가 보험사에 구상할 수 없습니다.

■ 기존 기왕증이 악화된 신체손해에 관한 손해배상청구권 중 기왕증 부분 공제

> Q. 저는 자동차 사고를 당한 병원 환자로서, 사고로 인한 신체 피해에 대하여 요추 3-4번 간 추간판을 제거하고 인공디스크를 삽입하는 수술을 시행한 사실했는데, 사실은 요추 3-4번 간 지속적 통증은 그의기존 퇴행성 질환이 이 사건 교통사고로 인하여 악화된 것이었습니다. 해당 기왕증에 대해 자동차손해배상으로 보험회사에 얼마를 청구할 수 있을까요?

A. 대법원 2013.04.26. 선고 2012다107167 판결에 따르면, 피해자의 기왕증이 교통사고와 경합하여 악화된 경우에는 기왕증이 그 결과 발생에 기여하였다고 인정되는 정도에 따라 피해자의 손해 중 그에 상응한 배상액을 피해자에게 부담하게 하는 것이 손해의 공평 부담이라는 견지에서 타당하다는 점과 자동차보험 진료수가의 인정 범위

에 관한 위 각 규정의 내용 등을 종합하여 보면, 의료기관은 기왕증을 가지고 있는 교통사고 환자를 진료한 경우에는 교통사고로 인한 기왕증의 악화로 인하여 추가된 진료비의 범위 내에서 보험회사 등에 자동차보험 진료수가를 청구할 수 있다고 봄이 합리적이라고 판시하였습니다.

자동차손해배상 보장법(이하 '법'이라 한다) 제12조 제2항 역시 '보험회사 등으로부터 자동차보험 진료수가의 지급 의사와 지급 한도를 통지받은 의료기관은 그 보험회사 등에 국토해양부장관이 고시한 기준에 따라 자동차보험 진료수가를 청구할 수 있다'고 규정하고 있고, 법 제15조에 따라 국토해양부장관이 고시한 '자동차보험 진료수가에 관한 기준'(국토해양부 고시 제2008-39호) 제5조는 제1항에서 '교통사고 환자에 대한 진료 기준과 진료에 따른 비용의 인정 범위는 보건복지가족부장관이 일반 환자의 진료에 관하여 의학적으로 보편·타당한 방법·범위 및 기술 등으로 인정한 진료 기준 및 국민건강보험법령에 의하여 보건복지가족부장관이 고시하는 건강보험 요양급여 행위 및 그 상대가치 점수에 의한다'고 규정하면서, 제2항 제2호에서 '제1항의 규정에 의하여 인정되는 범위 내의 비용인 경우에도 교통사고가 있기 전에 가지고 있던 증상(이하 '기왕증'이라 한다)에 대한 진료비는 그 인정 범위에서 제외되고, 다만 기왕증이라 하여도 교통사고로 인하여 악화된 경우에는 그 악화로 인하여 추가된 진료비는 그러하지 아니하다'고 규정하고 있습니다.

따라서 귀하의 경우, 자동차 사고로 인한 3-4번 추간판 제거 및 인공디스크 삽입 시술 결과가 인정되기는 하나, 기존 퇴행성 질환이 인정되는 부분을 전체 손해에서 공제한 나머지 부분에 대해 보험회사에 진료비를 청구할 수 있을 것입니다. 의료기관이 진료수가를 보험회사에 직접 청구하는 경우도 마찬가지라고 할 것입니다.

■ 보험사 지급 가불금이 교통사고 손해배상청구권 중 재산상 손해에만 미치는지요?

> **Q.** 아버지가 교통사고 상해를 입고 치료를 받다가 사망하셨는데, 치료비는 5,000만원이 들었습니다. 돌아가시 전에 보험회사로부터 6,000만원의 가불금을 지급받았는데, 별도로 위자료로 계산된 1,000만원을 받을 수 있을까요? 치료비와 위자료를 합쳐서 이미 가불금으로 전부 지급받았다고 하면서 보험회사로부터 위자료를 받지 못하는 건가요?

A. 네 그렇습니다. 자동차손해배상 보장법 제11조에 따라 보험회사 등이 피해자에게 지급하는 가불금의 효력이 재산상 손해 외 위자료에도 미치므로, 귀하께서 지급받으신 6,000만원의 가불금은 재산상 손해배상 청구권과 위자료 청구권 전부에 미치므로, 별도로 위자료로 계산된 1,000만원은 기존의 치료비 5,000만원을 넘어서는 6,000만원의 가불금에서 지급된 위자료가 되는 것입니다.

대법원 2013.10.11. 선고 2013다42755 판결 역시 자동차손해배상 보장법 제3조에 기한 보험자의 배상책임은 사고와 상당인과관계 있는 법률상 손해 일체를 내용으로 하는 것으로서, 사망사고의 경우 배상의 대상이 되는 손해에는 치료비 등 적극적 손해, 일실수입 등 소극적 손해 및 정신적 손해 모두를 포함하는 것이라고 하였습니다. 또한 이 판결에서는 자배법 및 자배법 시행령은 보험회사 등이 피해자에게 지급하는 가불금이 피해자에게 발생한 '손해액'으로서 지급되는 것이고, 후에 손해배상액이 확정되면 보험회사 등이 '지급하여야 할 보험금'에서 기지급한 가불금을 공제하여 정산할 것을 전제로 하여 가불금이 초과 지급되었을 경우 그 반환을 청구할 수 있도록 정하고 있을 뿐, 가불금이 사고로 인하여 발생한 손해 중 피해자의 재산상 손해에만 한정하여 지급되는 것이라고 볼 만한 근거는 찾아볼 수 없다고 하였습니다.

■ 보험사가 교통사고 가해자에게 구상할 수 있는 범위

> **Q.** 제가 교통사고의 가해자이고, 피해자에게 1억원의 손해를 입히게 되었습니다. 자동차 상해보험계약에 따른 보험금액 7,000만원을 보험사가 지급하고, 자배법 상의 책임공제금 2,000만원을 제가 지급한 결과, 피해자는 아직 1,000만원의 손해액이 회복이 되지 않은 상태입니다. 이와 같이 피해자가 전부 손해가 배상되지 않은 상황에서 보험사가 가해자인 저에게 보험자대위를 통하여 직접 7,000만원을 구상할 수 있는지요?

A. 피해자가 전부 손해를 회복한 것이 아니라 일부 회복하지 못하고 남는 손해가 있게 되므로, 귀하에 대한 관계에서 보험사가 보험자대위로 취득할 수 있는 권리는 존재하지 않는다고 보는 것이 판례입니다.

자동차상해보험은 피보험자가 피보험자동차를 소유·사용·관리하는 동안에 생긴 피보험자동차의 사고로 인하여 상해를 입었을 때에 보험자가 보험약관에 정한 사망보험금이나 부상보험금 또는 후유장해보험금 등을 지급할 책임을 지는 것으로서 그 성질상 상해보험에 속하므로, 자동차상해보험계약에 따른 보험금을 지급한 보험자는 상법 제729조 단서에 의하여 보험자대위를 허용하는 취지의 약정이 있는 때에 한하여 피보험자의 권리를 해하지 않는 범위 내에서 그 권리를 대위할 수 있는 것입니다(대법원 2005. 9. 9. 선고 2004다51177 판결, 대법원 2015.11.12. 선고 2013다71227 판결 등 참조). 즉, 보험약관에 보험사가 피보험자에게 자동차상해 특별약관에 따라 보험금을 지급한 경우 그 보험금의 한도 내에서 피보험자의 제3자에 대한 권리를 취득한다고 정하고 있다 하더라도, 피보험자인 피해자가 이 사건 교통사고로 인하여 총 1억원의 손해를 입고 보험사로부터 7천만원의 보험금을 지급받아 나머지 1천만원의 손해를 회복하지 못하고 있는 이 사례에서, 피해자로서는 자동차손해배상 보장법 시행령 제3조 제1항 제2호 본문에 의하여 귀하께서 지급할 의무가 있는 책임공제금 20,000,000원을 전부 지급받더라도 역시 회복하지 못하고 남는 손해가 있게 되므로, 가해자인 귀하에 대한 관계에서 보험사가 보험자대위로 취득할 수 있는 권리는 존재하지 않는다고 보아야 하는 것입니다.

■ 자배법상 책임이 아닌 다른 법률상 손해배상책임까지 전보하는 경우

> Q. 저는 교통사고를 일으킨 영업용 굴삭기 운전기사입니다. 그런데 굴삭기에 관하여 영업용자동차보험계약으로 대인배상Ⅱ 체결하였습니다. 대인배상Ⅰ은 자배법상 책임만을 보장하고, 대인배상Ⅱ는 '위 굴삭기에 관하여 모든 법률상 손해배상책임을 짐으로써 입은 손해 중 대인배상Ⅰ로 지급될 수 있는 금액을 공제한 손해'를 보장하는 것이었습니다. 그런데 지금 이 사고에서 무한궤도식 굴삭기는 자배법상 책임이 원래 없는 것이므로 원래부터 대인배상Ⅰ에서도 전혀 보장을 받지 못한다면서, 보험사가 대인배상Ⅱ에 따른 보험금 지급을 거절하고 있는 상황입니다. 보험사 주장과 달리 해당 보험 계약에 따라 나머지 법률상 손해배상책임을 대인배상Ⅱ로 보험사로부터 전부 보장받을 수 있을까요?

A. 네 그렇습니다. 귀하의 보험계약 상, 자배법상 손해배상책임을 제외한 나머지 법률상 손해배상책임 역시 전부 보장받을 수 있습니다.

판례는 영업용자동차보험약관에서 대인배상Ⅱ에 의한 보험자의 보상책임에 관하여 '대인배상Ⅰ로 지급되거나 지급될 수 있는 금액을 공제한 손해'를 보상한다고 규정하고 있는데, 피보험자가 피해자에 대하여 자동차손해배상 보장법에 의한 손해배상책임을 지지 아니하여 대인배상Ⅰ로 지급되거나 지급될 수 있는 금액이 전혀 없는 경우, 피보험자가 법률상 손해배상책임을 짐으로써 입은 손해 전부를 대인배상Ⅱ로 보상받을 수 있다고 판시하였습니다.

보험약관에서 대인배상Ⅱ에 의한 보험자의 보상책임에 관하여 규정하면서 '피보험자가 피보험자동차를 소유, 사용, 관리하는 동안에 생긴 피보험자동차의 사고로 인하여 남을 죽게 하거나 다치게 하여 법률상 손해배상책임을 짐으로써 입은 손해중 대인배상Ⅰ로 지급되는 금액 또는 피보험자동차가 대인배상Ⅰ에 가입되어 있지 아니한 경우에는 대인배상Ⅰ로 지급될 수 있는 금액을 공제한 손해'를 보상한다고 규정하고 있는 것은, 피보험자가 법률상 손해배상책임을 짐으로써 입은 손해 중 대인배상Ⅰ로 지급되거나 지급될 수 있는 금액이 있으면 피보험자동차가 대인배상Ⅰ에 가입되어 있는지를 묻지 않고 이를 보험자가 보상할 금액에서 공제하고 그 나머지만을 보상한다는 취지이지, 피보험자가 피해자에 대하여 자동차손해배상 보장법(이하 '자배법'이라고 한다)에 의한 손해배상책임을 지지 아니하는 관계로 대인배상Ⅰ이 적용될 여지가 없어 대인배상Ⅰ로 지급되거나 지급될 수 있는 금액이 전혀 없는 경우에까지 대인배상Ⅰ이 적용될 경우를 가상하여 산정한 금액을 넘는 손해만을 보상한다는 취지는 아니며, 그 경우에는 다른 특별한 사정이 없는 한 피보험자가 법률상 손해배상책임을 짐으로써 입은 손해의 전부를 대인배상Ⅱ로 보상받을 수 있어야 하는 것입니다(대법원 2000. 10. 6. 선고 2000다32840 판결 등 참조).

■ 정부가 자동차손해배상보장사업에 의한 보상책임을 면하지 않는 경우

Q. 저는 뺑소니 교통사고의 피해자입니다. 따라서, 자배법 제26조 자동차손해배상보장사업의 보장대상에 해당하여 정부로부터 위탁받은 보험사에게 1억원의 보상을 받게 되었는데, 갑자기 가해자가 나타나서 위 보상과 별도로 일부 합의금 조로 피해보상에 현저하게 미달하는 100만원을 저에게 주었습니다. 이에 대해, 보험사에서는 자배법 및 보험사 약정에 따라 피해자가 배상받는 금액의 범위 안에서 보상책임을 면하므로, 해당 100만원을 보험사에게 돌려주라고 합니다. 제가 이 돈을 돌려주어야 하나요?

A. 그렇지 않습니다. 교통사고의 피해자가 자동차손해배상보장사업자와 사이에 피해자가 가해자측으로부터 손해배상금을 받았을 때에는 수령한 손해배상금 전액을 위 보장사업자에게 반환하기로 약정한 경우, 위 약정은 피해자가 위 보장사업자로부터 받은 보상금 범위 내에 포함되는 손해에 대하여 가해자측으로부터 손해배상금을 받았을 때에만 적용되는 것이기 때문입니다. 그리고 가해자가 귀하께 지급한 합의금 100만원이 실제 손해액에 턱 없이 모자라 가해자도 귀하가 보장사업자(보험사)로부터 보상금을 지급받을 것이라는 사정을 알고 합의에 임하여 보상금과는 별도로 귀하께 합의금을 지급하였다고 봄이 상당한 경우 자배법 제26조 제1항 의 규정에 의한 손해에 대하여 배상을 받는 때에 해당되지 않는다고 할 것이므로 정부로서는 보장사업에 의한 보상책임을 면할 수 없는 것입니다(대법원 2001. 7. 13. 선고 2001다27371 판결 , 대법원 2002. 6. 14. 선고 2002다20223 판결).

대법원 역시 위 경우, 수령한 손해배상금 전액을 즉시 원고에게 반환하도록 약정한 사실은 인정되나, 위 약정을 피고가 원고로부터 받을 손해배상금을 초과하는 손해에 대하여 가해자측으로부터 받은 금액도 무조건 반환하여야 한다는 취지로 해석한다면 이는 보장사업의 취지 및 손해의 적정한 전보를 이념으로 하는 손해배상제도의 취지에 반하여 그 효력을 인정할 수 없는 약정이라 할 것이므로, 위 약정은 피해자가 보험사로부터 받을 보상금 범위 내에 포함되는 손해에 대하여 가해자측으로부터 손해배상금을 받았을 때에만 적용되는 것으로 해석함이 상당하다고 판시하였습니다(대법원 2005. 4. 15. 선고 2003다62477 판결 참조).

■ 버스 정차시 출입문 하차 과정에서 신체손해를 입은 경우 자배법 적용 여부

> Q. 버스가 정차한 상태에서 열린 출입문을 통하여 하차하다가 몸의 중심을 잃고 넘어져 사고를 당하게 되었습니다. 이 경우, 저는 자동차손해배상보장법 제2조에 따라 당해 장치의 용법에 따라 사용하다가 당한 사고이므로 버스회사로부터 손해배상을 받을 수 있을까요?

A. 그렇지 않습니다. 자동차손해배상보장법 제2조 제2호 "운행"은 사람 또는 물건의 운송여부에 관계없이 자동차를 당해 장치의 용법에 따라 사용하는 것이고, 주행의 전후단계로서 주.정차상태에서 문을 열고 닫는 등 각종 부수적인 장치를 사용하는 것도 포함하지만, 귀하의 경우 운행 중의 사고이기는 하나, 운행으로 말미암은 사고가 아니기 때문입니다. 대법원 역시 위 내용을 전제로, 자동차를 운행하는 자는 운행중에 일어난 모든 사고에 대하여 책임을 지는 것이 아니라 그중에서 운행으로 말미암아 일어난 사고에 대하여만 책임을 지는 것이므로, 버스가 정류소에 완전히 정차한 상태에서 심신장애자복지법 소정의 장애 2급 해당자인 승객이 열린 출입문을 통하여 하차하다가 몸의 중심을 잃고 넘어져 부상한 경우 이는 자동차 운행중의 사고이기는 하나 운행으로 말미암아 일어난 것이라고는 볼 수 없다는 이유로 자동차손해배상책임을 부인하였습니다(대법원 1994. 8. 23. 선고 93다59595 판결 참조).

■ 무면허운전이 공제조합원의 명시적 또는 묵시적 승인하에 이루어진 경우

> Q. 저는 운송사를 운영하고 있으며, 운송사는 화물운송협동조합과 자동차손해배상책임 공제계약을 체결한 기명조합원입니다. 저희 운송사는 甲이 음주운전으로 운전면허가 취소된 사실을 알지 못한 채 이를 숨기고 운전면허증을 집에 두고 왔다는 그의 말만 믿고 그와 화물자동차 위수탁관리계약을 체결했고, 그 후에도 여러 차례에 걸쳐 운전면허증 사본의 제출을 요구하였으나, 甲이 여러 가지 핑계로 그 제출을 미루면서 무면허로 운전을 계속하다가 사고를 내는 바람에 화물운송협동조합에 공제금을 청구하게 되었는데, 사고 후에 조사 과정에서 甲은 무면허운전자임을 알게 되었습니다. 이에, 협동조합에서는 공제계약 상에서 무면허운전 면책약관을 근거로 저희 회사가 무면허운전을 묵시적으로 승인하였다고 하여 공제금 지급을 거절하고 있는데, 이 경우도 무면허운전 면책약관의 적용을 받게 될까요?

A. 그렇지 않습니다. 해당 무면허 운전이 귀하 운송사의 명시적 또는 묵시적 승인이 있는 것이 아니라면, 해당 무면허운전 면책약관은 적용되지 않은 것으로 해석 됨이 상당합니

다. 대법원도 자동차손해배상책임 공제계약상의 무면허운전 면책약관이 공제조합원의 지배 또는 관리가능성이 없는 무면허운전의 경우에까지 적용된다고 보는 경우에는 그 약관 조항은 신의성실의 원칙에 반하는 공정을 잃은 조항으로서 약관의규제에관한법률 제6조 제1항, 제2항, 제7조 제2호, 제3호의 규정들에 비추어 무효라고 볼 수밖에 없으므로, 무면허운전 면책약관은 위와 같은 무효의 경우를 제외하고 무면허운전이 공제조합원의 지배 또는 관리가능한 상황에서 이루어진 경우, 즉 무면허운전이 공제조합원의 명시적 또는 묵시적 승인하에 이루어진 경우에 한하여 적용되는 것으로 수정 해석함이 상당하다고 판시하였습니다(대법원 1999. 11. 26. 선고 98다42189 판결 참조).

이 경우 '묵시적 승인'은 명시적 승인의 경우와 동일하게 면책약관의 적용으로 이어진다는 점에서 공제조합원의 무면허운전에 대한 승인 의도가 명시적으로 표현되는 경우와 동일시할 수 있는 정도로 그 승인 의도를 추단할 만한 사정이 있는 경우에 한정되어야 하는 것입니다. 따라서, 평소 무면허운전자의 운전에 관하여 공제계약자나 공제조합원이 취해 온 태도뿐만 아니라, 공제계약자 또는 공제조합원과 무면허운전자의 관계, 평소 차량의 운전 및 관리 상황, 무면허운전이 가능하게 된 경위와 그 운행 목적 등 모든 사정을 함께 참작하여 인정하여야 할 것이고, 공제조합원이 과실로 지입차주가 무면허운전자임을 알지 못하였다거나, 무면허운전이 가능하게 된 데에 과실이 있었다거나 하는 점은 무면허운전 면책약관의 적용에서 고려하지 않아야 합니다.

■ 친족끼리 탑승한 경우 피해자측 과실 이론

> Q. 11세 아들을 교통사고로 잃은 주부입니다. 제 아들이 외삼촌이 운전하는 제 소유의 차를 타고, 3명이 증조할아버지의 묘소에 참배하러 가는 길에 추돌사고로 아들이 사망하였습니다. 이 경우, 피해자인 제 아들과 운전자의 과실상계비율을 달리 인정할 수 있을까요?

A. 외삼촌의 과실을 피해자측의 과실로 보아 그 과실상계로 그대로 참작하는 것이 피해자 측 과실 이론입니다. 과실상계란 불법행위에 관하여 피해자에게 과실이 있는 경우에는 손해배상의 책임 및 그 금액을 정함에 있어서 이를 참작하는 것을 말합니다(민법 제396조 및 제763조 참조). 그러나 피해자에게 과실이 없다고 하더라도 피해자와 밀접한 신분적 관계에 있는 자에게 과실이 있을 경우 그 자의 과실을 피해자의 과실과 동일시하여 손해액 산정시 이를 참작하는데 이를 피해자 측 과실이론이라 합니다. 판례에서는 피해자에 대한 감독자인 부모 내지는 그 피용인 가사사용인 등과 같이 피해자와 신분상 또는 생활관계상 일체를 이룬다고 보이는 관계에 있는 자 정도까지를 피해자 측으로 보고 있습니다.

귀하의 경우, 대법원 1996. 2. 27. 선고 95다41239 판결례는 피해자인 아들은 자동차의 소유자인 어머니 귀하와 생활관계에 있어서 일체를 이루고 있다고 보아야 하고, 한편 어머니는 그 자동차의 운행자로서 제3자에 대하여 운전자인 외삼촌과 동일한 책임을 부담할 지위에 있으므로, 결국 피해자의 손해분담 비율을 정함에 있어 외삼촌의 과실을 피해자측의 과실로 보아 그 과실 비율 그대로 참작함이 공평의 이념에 합치한다고 판시하였습니다(대법원 1996. 2. 27. 선고 95다41239 참조).

■ 운전자에게 무면허음주운행을 하게 한 공동음주 동승자가 공동운행자에 해당하는지요?

Q. 甲과 피해자 4인은 공동음주유흥을 위하여 차량소유자에게 무면허음주운행을 하게 하여, 10. 3. 23:40경 혈액 1ml당 알코올 4.8mg의 주취상태에서 甲 소유인 승합자동차를 운전하여 콘크리트벽을 들이받아 승합자동차에 타고 있던 5명이 모두 두개골골절 등으로 사망하였습니다. 그렇다면, 피해자 4인은 공동음주유흥을 위하여 甲에게 무면허음주운행을 하게 하였다는 사정만으로 자동차손해배상보장법에 의한 손해배상책임을 구할 수 없는 공동운행자에 해당하여 甲의 상속인에게 손해배상책임을 구할 수 없는 것인가요?

A. 그렇지 않습니다. 피해자가 당해 사고에서 운전면허에 기여한 과실이 있어서 이를 과실상계로 참작하는 것은 인정할 수 있으나, 운전자에게 무면허음주운행을 하게 하였다는 사정만으로 자배법상 손해배상을 구할 수 없는 공동운행자에 해당하지는 않습니다. 대법원 역시 대법원 1993. 5. 11. 선고 92다2530 판결에서 혈액 1ml당 알코올 4.8mg의 주취상태에서 그 소유인 판시 승합자동차를 운전하여 이 사건 사고장소인 편도 1차선 도로를 진행하다가 그 곳 오른쪽으로 굽은 지점을 제대로 돌지 못하고 중앙선을 넘어 굴다리 왼쪽 콘크리트벽을 들이받아 그 자신과 함께 승합자동차에 타고 있던 판시 피해자 4명이 모두 두개골골절 등으로 사망한 사실, 위 망인들은 위 여종◇와 함께 술을 마시고 위 여종◇가 만취하여 있다는 사정을 잘 알면서도 다시 술을 더 마시기 위하여 위 여종◇가 운전하는 위 승합자동차에 타고 구미시로 가다가 이 사건 사고를 당하였고, 위 사고당시 모두 안전띠를 매지 아니한 사실을 확정한 후, 위 여종◇의 위 망인들 및 원고들에 대한 자동차손해배상보장법상의 손해배상책임을 인정하는 한편 위에서 본 위 망인들의 잘못도 이 사건 사고발생 및 손해확대의 한 원인이 되었다고 할 것이므로 위 여종◇가 배상할 손해액을 정함에 이를 참작하기로 하되 위 망인들의 과실비율은 위 사실관계에 비추어 50%로 봄이 상당하다고 판단하였습니다(대법원 1993. 5. 11. 선고 92다2530 판결 참조).

■ 혼인생활을 실질적으로 유지하고 있는 전처가 운행지배와 운행이익을 상실하는지요?

Q. 저는 전처와 협의이혼신고를 하긴 하였으나, 실질적으로는 혼인생활을 유지하며 자녀들을 함께 양육하여 거주하고 있었습니다. 제 소유의 자동차 역시 전처가 운행자로서 운행하고 있었습니다. 어느날, 제 소유의 자동차를 제 아들이 운전하였고, 전

처가 동승하게 되다가, 아들의 과실로 사고가 발생한 바 있습니다. 이 경우, 이혼한 전처가 자동차손해배상보장법 제3조 상의 "타인"임을 주장하여 저에게 손해배상을 청구해 왔습니다. 이 경우, 제가 배상책임이 있는 것입니까?

A. 그렇지 않습니다. 형식적으로 협의이혼 신고를 하였으나, 실질적으로 혼인생활을 유지하고 있고, 운행자로서 운행지배와 운행이익을 공유하고 있다면 자배법 제3조의 "타인"에 해당하지 않아, 자동차 소유자인 운행자에게 손해배상책임을 구할 수 없게 됩니다.

자동차손해배상보장법 제3조에서 말하는 '다른 사람'이란 '자기를 위하여 자동차를 운행하는 자 및 당해 자동차의 운전자를 제외한 그 이외의 자'를 지칭하는 것이므로, 동일한 자동차에 대하여 복수로 존재하는 운행자 중 1인이 당해 자동차의 사고로 피해를 입은 경우에도 사고를 당한 그 운행자는 다른 운행자에 대하여 자신이 같은 법 제3조 소정의 타인임을 주장할 수 없는 것이 원칙이고, 다만 사고를 당한 운행자의 운행지배 및 운행이익에 비하여 상대방의 그것이 보다 주도적이거나 직접적이고 구체적으로 나타나 있어 상대방이 용이하게 사고의 발생을 방지할 수 있었다고 보여지는 경우에 한하여 비로소 자신이 타인임을 주장할 수 있을 뿐입니다(대법원 2000. 10. 6. 선고 2000다32840 판결 참조).

대법원 2002. 12. 10. 선고 2002다51654 판결 역시 법률상 이혼하였으나, 실질적으로 혼인 생활을 유지하여 온 전 남편과 전처가 공동으로 운행하여 온 사실, 전처가 술을 많이 마신 관계로 아들이 전처 대신에 이 사건 차량을 운전하다가 이 사건 사고가 발생하여 동승한 전처가 사망하게 된 사실을 각 인정하고 나서, 전처는 이 사건 차량에 대하여 실질적으로 운행지배와 운행이익을 가진다고 할 것이어서 자동차손해배상보장법 제3조에서 정한 '다른 사람'에 해당한다고 볼 수 없어 그 법에 의한 책임보험금의 지급을 구할 수 없다고 판시하였습니다(대법원 2002. 12. 10. 선고 2002다51654 판결 참조).

■ 임차인이 자신의 인적사항을 속이고 대여업자로부터 차량을 임차한 경우, 대여업자의 자동차에 대한 운행지배관계가 단절되는지 여부

Q. 저는 자동차 대여업을 하고 있습니다. 최근, 저로부터 차량을 임차한 미성년, 무면허 운전자의 과실로 교통사고가 발생하였습니다. 임차인은 저로부터 차량을 임차할 당시, 임대차계약서의 성명, 주민등록번호, 운전면허번호, 주소 등 인적사항에 자신이 아닌 제3자의 인적 사항을 기재하고, 연락처란에는 자신의 여자친구의 휴대전화번호를 기재하였습니다. 이 사건 차량의 임대차계약에서 정한 임대차기간은 만 하루에 지나지 않으며 임차인이 이 사건 교통사고 무렵까지 이 사건 사고차량을 사용한 기간 역시 채 하루가 되지 않습니다. 이와 같이 자동차대여에 있어서 임차인이

타인의 운전면허증을 제시하는 등 자신의 인적사항을 속이고 대여업자로부터 차량을 임차한 경우에도, 제가 자동차의 사고에 대하여 책임을 지는지 궁금합니다.

A. 자동차손해배상 보장법 제3조에서 자동차 사고에 대한 손해배상책임을 지는 자로 규정하고 있는 '자기를 위하여 자동차를 운행하는 자'란 사회통념상 당해 자동차에 대한 운행을 지배하여 그 이익을 향수하는 책임주체로서의 지위에 있다고 할 수 있는 자를 말합니다. 여기서 운행의 지배는 현실적인 지배에 한하지 아니하고 사회통념상 간접지배 내지는 지배가능성이 있다고 볼 수 있는 경우도 포함합니다(대법원 2012. 3. 29. 선고 2010다4608 판결 등 참조).

또한 자동차 대여업자가 손수운전 자동차 대여약정에 의하여 임차인에게 자동차를 대여하는 경우에, 대여업자는 임대목적차량의 보유자로서 임대차계약에서 정한 약정에 따라 임차인에 대한 인적 관리와 임대목적차량에 대한 물적 관리를 하게 되므로, 임대목적차량에 대한 대여업자의 관리가능성 내지 지배가능성이 완전히 상실되었다고 볼 특별한 사정이 없는 한, 대여업자와 임차인 사이에는 대여업자의 임대목적차량에 대한 운행지배관계가 직접적이고 현재적으로 존재한다고 보아야 합니다(대법원 1991. 4. 12. 선고 91다3932 판결, 대법원 1992. 3. 10. 선고 91다43701 판결 등 참조).

귀하의 사안에서, 비록 임차인이 이 사건 사고차량을 임차하면서 자신의 인적 사항과 무면허 사실을 속였다 하더라도, 이는 미성년자로서 자동차운전면허가 없는 위 피고가 임대차계약의 내용과 같이 단순히 차량을 임차하여 사용하기 위한 목적에서 비롯된 것으로 여겨질 뿐 아예 귀하를 배제하고 차량을 반환하지 않을 의도에서 속인 것으로는 보이지 아니합니다. 이러한 사정에 이 사건 사고차량의 약정 임대차기간 및 실제 사용기간 등을 아울러 고려하여 보면, 이 사건 사고차량을 임차하는 데에 단순히 기망적 수단이 사용되었다는 사정만으로 이 사건 사고차량에 대하여 귀하의 관리가능성 내지 지배가능성이 상실되어 그 운행지배가 완전히 단절되었다고 보기는 어려울 것이고, 귀하로서는 임대차계약 및 손수운전 자동차 대여약정을 통하여 여전히 위 피고에 대한 인적 관리와 이 사건 사고차량에 대한 물적 관리를 하고 있었고 임대차계약에 따른 이익을 얻고 있었던 것으로 봄이 타당합니다. 따라서 귀하께서는 자동차손해배상 보장법 제3조에서 정한 자기를 위하여 자동차를 운행하는 자에 해당하여 이 사건 차량사고에 대하여 손해배상책임이 있습니다(대법원 2014. 5. 16. 선고 2012다73424 판결 참조).

■ 기중기 장치로 공사자재를 옮기던 도중 공사자재가 손괴된 경우가 영업용 자동차 보험사고에 해당하는지 여부

Q. 저는 높은 곳으로 물건적재 운반작업을 수행하기에 적합하게 구조를 변경한 영업용 소형화물차량에 부착된 기중기장치를 이용하여 공사자재인 합성레일을 지상에서 4층으로 옮기는 작업을 하던 중 수평을 유지하지 못하여 공사자재를 바닥에 떨어뜨린 사고로 인하여 공사자재가 손괴되었습니다. 저는 A보험회사의 영업용자동차 보험에 가입한 상태였는데, 위 자동차보험의 보통약관에는 대물배상에 관하여 특별히 「피보험자동차에 싣고 있거나 운송 중인 물품에 생긴 손해」는 배상하지 아니하는 면책조항을 규정하고 있습니다. 이 사건 사고가 영업용자동차 보험이 보상하는 보험사고에 해당하는지 궁금합니다.

A. 자동차손해배상 보장법에서 말하는 '운행'이라 함은 사람 또는 화물의 운송여부에 관계없이 자동차를 그 용법에 따라 사용하거나 관리하는 것을 말하는데, 이때 '자동차를 그 용법에 따라 사용한다'는 것은 자동차의 용도에 따라 그 구조상 설비되어 있는 각종의 장치를 각각의 장치목적에 따라 사용하는 것을 말하는 것으로서, 자동차가 주행 상태에 있지 아니한 상태에서 각종 부수적인 장치를 사용하는 것도 이에 포함되고, 또한 자동차의 당해 장치의 용법에 따른 사용 이외에 그 사고의 다른 직접적인 원인이 존재하거나 그 용법에 따른 사용의 도중에 일시적으로 본래의 용법 이외의 용도로 사용한 경우에도 전체적으로 위 용법에 따른 사용이 사고발생의 원인이 된 것으로 평가될 수 있다면 역시 이에 포함됩니다.

귀하의 영업용 소형화물차량은 물품적재장치를 부착시켜 높은 곳으로의 물건적재운반이라는 특수한 작업을 수행하기에 적합하게 구조를 변경한 고소작업차량으로, 일반 화물자동차와는 달리 무거운 물건을 잠시 들어 올려 높은 곳으로 옮기는 것이 주된 기능이라고 할 것입니다. 그렇다면 귀하의 경우와 같이 공사자재를 높은 곳으로 옮기던 중 이를 파손한 것은 차량을 그 용법에 따라 사용하던 중 발생한 것으로서 이 사건 약관이 규정하는 대물배상의 대상이 되는 사고라 할 것입니다.

한편, 언급하신 면책조항에 의하여 보험회사가 면책되는지 여부를 살펴보면, 보통거래약관의 내용은 개개 계약체결자의 의사나 구체적인 사정을 고려함이 없이 평균적 고객의 이해가능성을 기준으로 하여 객관적·획일적으로 해석하여야 하고, 고객보호의 측면에서 약관 내용이 명백하지 못하거나 의심스러운 때에는 고객에게 유리하게, 약관작성자에게 불리하게 제한적으로 해석하여야 하며(대법원 2005. 10. 28. 선고 2005다35226 판결 등 참조), 특히 당사자 일방이 작성한 약관이 계약의 일부로서 상대방의 법률상 지위에 중대한 영향을 미치게 되는 경우에는 약관의 규제에 관한 법률 제6조 제1항, 제7조 제2호의 규정 취지에 비추어 더욱 엄격하게 해석하여야 한다(대법원 2006. 9. 8. 선고 2006다24131 판결 등 참조)는 해석원칙에 비추어 볼 때, 면책조항에 정한 '운송'은 피보험자동차가 이동하거나 적어도 그 이동에 수반하여 잠시 정차하는 경우를 의미하는 것으로 해석하여야 하고, 피보험자동차가 이동을 완료하여 적어도 상당한 시간 내에는 이동을 개시하지 않을 것으로 예상되는 경우는 포함하지 않으며, '싣다'의 사전적 의미는 '물체를 운반하기 위하여 차, 배, 수레, 비행기, 짐승의 등 따위에 올리다'인바, '싣고 있던 물품'이란 것은 피보험자동차가 장차 운송하기 위해 피보험자동차에 올리거나 운송을 마친 후 피보험자동차에 여전히 올려져 있는 물품을 의미하는 것으로 해석하여야 합니다.

그런데 이 사건 사고는 공사자재를 차량의 물품적재함에 올려두고 건물 4층으로 들어 올리던 중 떨어뜨린 사고일뿐 차량의 물품적재함에 공사자재를 올려둔 채 일정거리를 이동하던 중, 또는 이동 전후로 물품적재함에 공사자재를 올려놓은 채 발생한 사고라고 보기 어려우므로, 면책조항에 정한 '피보험자동차에 싣고 있거나 운송 중인 물품에 손해가 생긴 때'에 해당하지 않는다고 할 것입니다(인천지방법원 2014.3.4.선고 2013나31434 판결).

따라서, 귀하는 A보험회사로부터 이 사건 영업용자동차 보험에 따라 보험금을 받을 수 있을 것으로 판단됩니다.

■ 도로에서 역주행 중이던 자전거와 자동차가 충돌한 경우의 과실비율

> **Q.** 저는 날씨가 맑은 날 자동차를 운전하여 직선도로인 편도 2차로 중 2차로를 시속 약 70km로 진행하던 중, 마침 맞은편 사거리 교차로에서 중앙선을 넘어 역주행하여 오던 상대방의 자전거를 발견하고 급제동조치를 취하였으나 충격하여, 상대방을 사망하게 하는 사고를 일으켰습니다. 이 경우 도로를 역주행한 자전거의 과실비율은 어떻게 되는지요?

A. 과실상계에 관하여 민법 제396조는 '채무불이행에 관하여 채권자에게 과실이 있는 때에는 법원은 손해배상의 책임 및 그 금액을 정함에 이를 참작하여야 한다.'라고 규정하고 있고, 같은 법 제763조에 의하면 민법 제396조를 불법행위로 인한 손해배상에 준용하도록 규정하고 있습니다.

한편, 판례는 "불법행위로 인한 손해배상에 있어서의 피해자의 과실이라는 것은 엄격한 법률상 의의로 새길 것은 아니라고 하더라도 그것이 손해배상액산정에 참작된다는 점에서 적어도 신의칙(信義則)상 요구되는 결과발생 회피의무로서 일반적으로 예견가능한 결과발생을 회피하여 피해자 자신의 불이익을 방지할 주의를 게을리 함을 말한다."라고 하였습니다(대법원 1999. 9. 21. 선고 99다31667 판결).

역주행 중이던 상대방 자동차와 충돌한 경우에 대하여 판례는 "일반적으로 중앙선이 설치된 도로를 자기 차로를 따라 운행하는 자동차 운전자로서는 마주 오는 자동차도 자기 차로를 지켜 운행하리라고 신뢰하는 것이 보통이므로, 상대방 자동차의 비정상적인 운행을 예견할 수 있는 특별한 사정이 없다면, 상대방 자동차가 중앙선을 침범해 들어올 경우까지 예상하여 미리 2차로나 도로 우측 가장자리로 붙여 운전하여야 할 주의의무는 없고, 또한 운전자가 제한속도를 초과하여 운전하는 등 교통법규를 위반하였다고 하더라도 그와 같이 과속운행 등을 하지 아니하였다면 상대방 자동차의 중앙선 침범을 발견하는 즉시 감속하거나 피행함으로써 충돌을 피할 수 있었다는 사정이 있었던 경우에 한하여 과속운행을 과실로 볼 수 있다. 중앙선 침범 사고에서 자기 차선을 따라 운행한 자동차 운전자의 지정차로 위반과 과속운행의 과실이 사고발생 또는 손해확대의 한 원인이 되었다.'라고 하였습니다(대법원 2001. 2. 9. 선고 2000다67464 판결).

참고로 판례 중에는, 날씨가 맑은 날에 거의 직선도로인 중앙선을 넘어 역주행하여 오던 자전거를 발견하고 급제동조치를 취하였으나 30.1m의 스키드 마크(skid mark, 노면에 타이어가 미끄러진 검은 자국)을 남기고 이를 충격하여, 상대방을 사망에 이르게 한 사안에서, 상대방은 자전거를 타고 중앙선을 넘어 역주행한 잘못이 있고, 이러한 상대방의 잘못이 이 사건 사고로 인한 손해의 발생에 크게 기여하였다고 할 것이므로, 이를 손해배상액 산정에서 참작하기로 하되 그 과실비율은 80% 정도로 봄이 상당하다고 한 사례(전주지방법원 2014. 1. 24. 선고 2013가단27536 판결)가 있습니다.

따라서 이 사건 사고의 발생에 기여한 상대방의 과실을 고려하여 귀하의 손해배상책임은 크게 감경될 것으로 판단됩니다.

■ 화물차 위에 올라가 약 3m 높이에 걸려 있던 천막을 제거하던 중에 발생한 사고가 자동차의 운행 중의 사고인지 여부

Q. 저는 화물차를 정차한 후 조수석 적재함 위에 올라가서 약 3m 높이에 걸려 있던 천막을 제거하던 중 왼발이 미끄러지면서 땅에 추락하였습니다. 저는 A보험회사와 이 사건 화물차에 관하여 자동차보험계약을 체결하였는데, 그 중 자동차상해보험 약관은 '보험회사는 피보험자가 피보험자동차를 소유, 사용, 관리하는 동안에 생긴 피보험자동차의 사고로 인하여 상해를 입었을 때의 손해를 보상하여 드립니다.' 규정하고 있습니다. 제가 위 사고로 인한 손해배상을 A보험회사에 청구할 수 있는지요?

A. 자동차손해배상 보장법 제3조 본문은 '자기를 위하여 자동차를 운행하는 자는 그 운행으로 다른 사람을 사망하게 하거나 부상하게 한 경우에는 그 손해를 배상할 책임을 진다.'라고 규정하고 있으며, 같은 법 제2조 제2호는 '운행이란 사람 또는 물건의 운송여부에 관계없이 자동차를 당해 장치의 용법에 따라 사용하거나 관리하는 것을 말한다.'라고 규정하고 있습니다.

사안에서 A보험회사는 피보험자인 귀하의 화물차의 운행으로 인하여 발생한 교통사고에 대하여 자동차손해배상 보장법에 의한 손해배상책임을 짐으로써 입은 손해를 보상하기로 하는 보험계약을 체결한 것이므로, 위 사고가 위 화물차의 운행으로 인한 것인지 여부가 쟁점입니다.

판례는 '자동차손해배상 보장법 제2조 제2호는 '운행'이라 함은 사람 또는 물건의 운송 여부에 관계없이 자동차를 당해 장치의 용법에 따라 사용하는 것이라고 정의하고 있는 바, 자동차를 당해 장치의 용법에 따라 사용한다는 것은 자동차의 용도에 따라 그 구조 상 설비되어 있는 각종의 장치를 각각의 장치목적에 따라 사용하는 것을 말하는 것으로 서 자동차가 반드시 주행상태에 있지 않더라도 주행의 전후단계로서 주·정차상태에서 문 을 열고 닫는 등 각종 부수적인 장치를 사용하는 것도 포함되지만, 자동차를 운행하는 자는 운행 중에 일어난 모든 사고에 대하여 책임을 지는 것이 아니라 그 중에서 운행으 로 말미암아 일어난 사고에 대하여만 책임을 지는 것'이라고 판단한 바 있습니다(대법원 1994. 8. 23. 선고 93다59595 판결, 1999. 11. 12. 선고 98다30834 판결).

귀하와 같은 사안에서 판례는 '사고 직전 피보험자가 이 사건 화물차를 운행하여 정 차한 상태에서 이 사건 사고가 발생한 것이기는 하나, 피보험자가 3m 위에 있는 천 막을 걷어내기 위하여 화물차를 받침대 역할로 사용하기 위해 화물차를 잠시 운행한 것은 화물차의 용법에 따른 사용의 도중에 일시적으로 본래의 용법 이외의 용도로 사용한 경우로 전체적으로 본래의 용법에 따른 사용이 사고발생의 원인이 된 것으로 평가하기도 어려운 점 등을 종합하면, 이 사건 사고는 화물차를 그 용법에 따라 소 유, 사용, 관리하던 중 발생한 것이라고 할 수 없다.' 고 판단한 바 있습니다(대구지 방법원 2014. 6. 27. 선고 2014나930, 2014나947(반소) 판결).

따라서 귀하의 경우, A보험회사로부터 이 사건 사고의 발생으로 인한 손해배상금을 받을 수 없을 것으로 판단됩니다.

■ **견인차와 피보험자동차 사이에서 견인차 뒷부분을 잡고 달리다가 넘어지면서 피보 험자동차에 치여 사망한 것이 자동차의 운행 중의 사고인지 여부**

> Q. 저는 A보험회사와 자동차보험계약을 체결하면서 피보험자가 피보험자동차의 운행으 로 인한 사고로 죽거나 상해를 입은 경우 손해를 보상받는 내용의 자동차상해특별 약관에 가입하였는데, 승낙피보험자인 B가 피보험자동차가 주차단속 견인차에 의하 여 한쪽이 들어 올려져서 다른 쪽 두 바퀴만 도로 위를 구르는 상태로 견인되는 것 을 보고 이를 제지하기 위하여 견인차와 피보험자동차 사이에서 견인차 뒷부분을 잡고 달리다가 넘어지면서 피보험자동차에 치여 사망하였습니다. 저는 위 사고로 인한 보험금을 A보험회사에 청구할 수 있는지요?

A. 자동차손해배상 보장법 제3조 본문은 '자기를 위하여 자동차를 운행하는 자는 그 운 행으로 다른 사람을 사망하게 하거나 부상하게 한 경우에는 그 손해를 배상할 책임 을 진다.'라고 규정하고 있으며, 같은 법 제2조 제2호는 '운행이란 사람 또는 물건의

운송여부에 관계없이 자동차를 당해 장치의 용법에 따라 사용하거나 관리하는 것을 말한다.'라고 규정하고 있습니다. 그리고 뿌보험회사는 피보험자인 귀하의 화물차의 운행으로 인하여 발생한 교통사고에 대하여 자동차손해배상 보장법에 의한 손해배상 책임을 짐으로써 입은 손해를 보상하기로 하는 보험계약을 체결한 것이므로, 위 사고가 위 화물차의 운행으로 인한 것인지 여부가 문제됩니다.

대법원은 '① 자동차에 계속적으로 고정되어 있는 장치로서 자동차의 구조상 설비되어 있는 자동차에 고유한 각종 장치의 전부 또는 일부를 각각의 사용 목적에 따라 사용하는 경우에는 운행중에 있다고 할 것이고(대법원 2000.9.8.선고 2000다89판결), ② 자동차의 당해 장치의 용법에 따른 사용 이외에 그 사고의 다른 직접적인 원인이 존재하거나, 그 용법에 따른 사용의 도중에 일시적으로 본래의 용법 이외의 용도로 사용한 경우에도 전체적으로 위 용법에 따른 사용이 사고발생의 원인이 된 것으로 평가될 수 있다면 역시 운행 중의 사고라고 보아야 한다(대법원 2005.3.25.선고 2004다 71232판결).③ 하지만 자동차와 관련된 사고라 하더라도 자동차가 운송수단으로서의 본질이나 위험과는 전혀 무관하게 사용되었을 경우까지 자동차의 운행 중의 사고라고 보기는 어렵다(위 대법원 2000다89판결).'고 판시한 바 있습니다.

한편, 이 사건과 같은 사안에서 판례는 '① 피보험자동차가 자체 엔진의 힘으로 움직인 것도 아니고 외부의 힘에 의해서라도 독립적으로 움직인 것이 아니라 견인차에 끌려가고 있는 것을 자동차가 주행하고 있었다고 볼 수 없다는 점, ② 피보험자동차의 이동이 보험계약자 또는 피보험자의 지배에서 벗어나 있는 점, ③ 한편 사고 당시 피보험자동차의 두 바퀴가 도로 위를 구르는 상태였지만, 4륜 자동차인 피보험자동차는 원래 두 바퀴만으로 지속적으로 주행할 수 없고, 두 바퀴가 노면을 구르는 것은 견인차로 견인하는 방식에 따라 나타난 모습에 지나지 않는 점을 종합적으로 고려할 때, 이 사건 사고 당시 피보험자동차의 장치 일부가 운송수단이라는 피보험자동차의 사용 목적에 따라 사용되고 있었다고 볼 수 없고, 피보험자동차는 그 사용 목적에 따라 사용되고 있었던 것이 아니라 견인차의 견인 대상 내지 화물에 지나지 않으므로 이 사건 사고는 견인차&의 운행 중 사고에 해당할 뿐이고 피보험자동차의 운행 중 사고라고까지는 볼 수 없다'고 판단한 바 있습니다(대구지방법원 2016. 4. 21. 선고 2015가단129059 판결).

따라서 귀하의 경우, A보험회사로부터 이 사건 사고의 발생으로 인한 손해배상금을 받을 수 없을 것으로 판단됩니다.

■ 파손된 자동차를 대신하여 동종의 승용차를 임차하여 사용한 경우, 대차비용의 산정 기준

> **Q.** 저는 A보험회사와 자동차보험계약을 체결하면서 피보험자가 피보험자동차의 운행으로 인한 사고로 죽거나 상해를 입은 경우 손해를 보상받는 내용의 자동차상해특별약관에 가입하였는데, 승낙피보험자인 B가 피보험자동차가 주차단속 견인차에 의하여 한쪽이 들어 올려져서 다른 쪽 두 바퀴만 도로 위를 구르는 상태로 견인되는 것을 보고 이를 제지하기 위하여 견인차와 피보험자동차 사이에서 견인차 뒷부분을 잡고 달리다가 넘어지면서 피보험자동차에 치여 사망하였습니다. 저는 위 사고로 인한 보험금을 A보험회사에 청구할 수 있는지요?

Q. 저는 교통사고 피해차량의 소유자로서 수리를 위해 피해차량을 서비스센터에 입고한 다음 피해차량과 동종인 승용차를 임차하여 사용하고 가해차량의 보험자인 A보험회사에 사용 기간에 대한 대차비용의 지급을 청구하였습니다. 한편, A보험회사의 자동차 종합보험계약 약관에는 '대차료의 지급기준에 대하여, 수리가 가능한 경우, 수리가 완료될 때까지의 기간으로 하되, 30일을 한도로 함'이라고 규정하고 있습니다. 이 경우 제가 A보험회사로부터 지급받을 수 있는 대차비용은 얼마인가요?

A. 피해자가 사고로 인한 손괴로 수리에 필요한 일정한 기간 동안 자동차를 사용하지 못하게 되었다는 이유로 그 기간동안 동종·동급의 다른 자동차를 대차한 비용을 가해자나 보험사업자에 대하여 손해배상금이나 공제금으로 청구하는 경우, 당해 자동차의 대차가 필요한 것이어야 함은 물론 나아가 그 대차비용의 액수 또한 상당한 것이어야 그 청구를 인용할 수 있습니다. 그리고 대차의 필요성과 대차비용 액수의 상당성에 관하여 당사자 사이에 다툼이 있다면, 그에 대한 주장과 증명책임은 자동차를 대차한 피해자에게 있으며(대법원 2013.2.15.선고 2012다67399판결). 또한 그 필요성과 상당성이 인정되는 범위의 대차비용은 차량 수리에 따른 이동수단의 부재로 인하여 피해자가 입은 손해로서 통상의 손해로 봄이 타당하다고 할 것입니다.

한편, 상법 제724조 제2항에 의하여 피해자에게 인정되는 직접청구권의 법적 성질은 보험자가 피보험자의 피해자에 대한 손해배상채무를 병존적으로 인수한 것으로서 피해자가 보험자에 대하여 가지는 손해배상청구권이고, 피보험자의 보험자에 대한 보험금청구권의 변형 내지는 이에 준하는 권리가 아닙니다(대법원 2000.6.9.선고 98다54397판결 참조). 또한 이에 따라 법원이 보험회사가 보상하여야 할 손해액을 산정함에 있어서 자동차 종합보험 약관상의 지급기준에까지 구속되지 않습니다(대법원 1994.5.27.선고 94다6819판결 참조).

위 법리에 따라 이 사건을 보면, 비록 A보험회사의 약관에는 대차비용의 지급 기준과 관련하여 수리가 가능한 경우 수리가 완료될 때까지의 기간으로 하되, 30일을 한

도로 한다고 정하고 있으나, 보험회사가 피보험자(가해자)의 귀하에 대한 손해배상채무를 병존적으로 인수한 이상 그 채무의 범위가 위 지급기준에 구속되어 한정되는 것으로 볼 수는 없습니다.

대차비용은 1일 대차비용에 대차기간을 곱하여 산출됩니다. ① 일반적으로 대차비용은 사고차량이 대체사용할 수 있는 차종의 경우 동종의 자동차를 대여하는 데 소요되는 통상의 요금을 의미하며, ② 대차기간은 피해차량의 수리에 필요한 통상의 기간 범위 내에서만 인정함이 타당합니다(대구지방법원 2016. 4. 21. 선고 2015나15243 판결). 따라서 귀하의 경우에도 A보험회사의 자동차 종합보험 약관 상 대차기간 규정과는 상관없이, 피해차량의 수리에 필요한 통상의 기간 범위를 기준으로 대차비용을 청구할 수 있습니다.

■ 운행 중인 차량에서 의도적으로 차량 문을 열고 밖으로 뛰어내려 상해를 입고 병원에서 치료받다가 사망한 경우, 보험계약상 교통재해에 해당하는지 여부

> Q. 甲은 승용차 조수석 뒷자리에 승차하여 가던 도중 승용차의 문을 열고 뛰어내려 상해를 입은 후, 병원 중환자실에서 치료를 받다가 외상성 경막하 뇌출혈로 사망하였습니다. 한편 甲의 상속인 乙은 甲의 사망 이전에 丙보험회사와 사이에 甲을 피보험자로 하여 보험계약을 체결한 바 있는데, 보험계약은 피보험자가 일반재해로 사망한 경우(1,000만 원을 지급)와 교통재해로 사망한 경우(1,500만 원을 지급)로 구분하여 규정하고 있으며, 보험계약 약관 상의 '교통재해' 분류표에는 운행 중인 교통기관에 탑승하고 있는 동안 피보험자가 입은 불의의 사고를 교통재해로 보고 있습니다. 위와 같은 사안에서 甲이 丙보험회사로부터 교통재해로 인한 보험금을 받을 수 있는지요?

A. 판례는 '운행 중인 교통기관에 탑승하고 있는 동안 피보험자가 입은 불의의 사고란 교통과정에서 피보험자가 입을 수 있는 재해 중 일정한 공간적 한계를 갖는 재해를 한정하여, 즉 피보험자가 운행 중인 교통기관 안에 있는 동안에 발행한 재해에 한정하여 일반재해보다 보험금을 가중지급하도록 보험금지급사유를 정한 것으로 봄이 상당하다(대법원 2006. 10. 13. 선고 2006다35896 판결 참조)'고 판시하였습니다.

위 사안에서, 甲이 운행 중인 차량에서 의도적으로 차량 문을 열고 밖으로 뛰어내려 지면과 충돌함으로써 발생한 이 사건 사고는 탑승상태를 스스로 벗어나서 지면에 충돌함으로써 탑승공간을 벗어난 이후에 발생한 사고이므로, 이 사건 사고를 운행 중인 교통기관에 탑승하고 있는 동안 피보험자가 입은 불의의 사고에 속한다고는 보기 어렵다고 할 것입니다.

따라서, 일반재해를 이유로 한 보험금은 별론으로 하고, 甲은 丙보험회사로부터 교통재해로 인한 보험금을 받을 수 없다고 할 것입니다(서울고등법원 2014. 4. 28. 선고 2013나2021015 판결 참조).

■ 중앙분리대를 넘어 무단횡단하던 행인을 차량으로 충격한 경우의 과실비율

Q. 저는 야간에 승용차를 운전하여 도로 양쪽에 공장이 밀집하여 있고 전방에는 횡단
보도가 설치된 시속 80㎞이하가 제한속도인 편도 2차로 중 1차로를 따라 시속 약
60㎞로 진행하던 중, 때마침 승용차 진행방향 왼쪽에서 오른쪽으로 중앙분리대 화
단을 넘어 무단 횡단하던 상대방을 저의 승용차 왼쪽 앞부분으로 들이받아 도로에
넘어지게 하여 상해를 입게 하였습니다. 이 경우 무단횡단한 상대방의 과실비율은
어떻게 되는지요?

A. 과실상계에 관하여 민법 제396조는 "채무불이행에 관하여 채권자에게 과실이 있는
때에는 법원은 손해배상의 책임 및 그 금액을 정함에 이를 참작하여야 한다."라고 규
정하고 있고, 같은 법 제763조에 의하면 민법 제396조를 불법행위로 인한 손해배상
에 준용하도록 규정하고 있습니다.

한편, 판례는 '불법행위로 인한 손해배상에 있어서의 피해자의 과실이라는 것은 엄격한
법률상 의의로 새길 것은 아니라고 하더라도 그것이 손해배상액산정에 참작된다는 점
에서 적어도 신의칙(信義則)상 요구되는 결과발생 회피의무로서 일반적으로 예견가능한
결과발생을 회피하여 피해자 자신의 불이익을 방지할 주의를 게을리함을 말한다.'라고
하였습니다(대법원 1999. 9. 21. 선고 99다31667 판결).

귀하와 같이 무단횡단하던 보행자를 충격하여 상해를 입힌 사안에서 판례는 '보행자에게
도 야간에 시속 80㎞이하가 제한속도인 편도 2차로의 도로에서, 약 70m 떨어진 곳에
횡단보도가 설치되어 있고 도로 중앙에는 가로수가 심어진 중앙분리대가 설치되어 있었
음에도 차량의 진행상황을 제대로 살피지 아니한 채 무단 횡단하다가 이 사건 사고를
당한 잘못이 있고, 이러한 보행자의 과실은 가해차량 운전자의 과실과 경합하여 이 사
건 사고 발생의 한 원인이 되었으므로, 운전자가 배상할 손해액의 산정에 있어 이를 참
작하되, 위 사실관계에 비추어 그 비율을 50%로 보아 운전자의 책임을 50%로 제한한
다.'고 판시한 바 있습니다(전주지방법원 2014. 1. 24. 선고 2013가단27536 판결).

따라서 이 사건 사고의 발생에 기여한 상대방의 과실을 고려하여 귀하의 손해배상책
임은 감경될 것으로 판단됩니다.

■ 편도2차로에서 음주 상태로 앉아 있다 자동차에 충격받아 사망한 자의 과실 비율

Q. 저는 승용차를 운전하여 2차로를 따라 시속 50~60㎞ 속도로 진행하다가 전방주시
를 태만히하여 위 도로 2차로에 음주 상태로 앉아 있던 망인을 미처 발견하지 못하
고 그대로 역과하여 망인을 현장에서 사망하게 하였습니다. 이 경우 사망한 망인의
과실비율은 어떻게 되는지요?

A. 과실상계에 관하여 민법 제396조는 '채무불이행에 관하여 채권자에게 과실이 있는 때에는 법원은 손해배상의 책임 및 그 금액을 정함에 이를 참작하여야 한다.'라고 규정하고 있고, 같은 법 제763조에 의하면 민법 제396조를 불법행위로 인한 손해배상에 준용하도록 규정하고 있습니다.

한편, 판례는 '불법행위로 인한 손해배상에 있어서의 피해자의 과실이라는 것은 엄격한 법률상 의의로 새길 것은 아니라고 하더라도 그것이 손해배상액산정에 참작된다는 점에서 적어도 신의칙(信義則)상 요구되는 결과발생 회피의무로서 일반적으로 예견가능한 결과발생을 회피하여 피해자 자신의 불이익을 방지할 주의를 게을리 함을 말한다.'라고 하였습니다(대법원 1999. 9. 21. 선고 99다31667 판결).

참고로, 승용차를 운전하여 2차로를 따라 시속 50~60㎞ 속도로 진행하다가 전방주시를 태만히하여 위 도로 2차로에 음주 상태로 앉아 있던 망인을 미처 발견하지 못하고 그대로 역과하여 망인을 현장에서 사망시킨 사안에서 판례(울산지방법원 2014. 5. 14. 선고 2013가단5342 판결)는 망인의 과실비율을 65%로 산정하였습니다.

따라서 이 사건 사고의 발생에 기여한 상대방의 과실을 고려하여 귀하의 손해배상책임은 감경될 것으로 판단됩니다.

■ **운전자들의 공동불법행위로 인한 교통사고로 인해 한쪽 차량에 타고 있던 호의동승자가 사망한 경우, 호의동승을 이유로 한 책임감경이 공동불법행위자들 모두에게 적용되는지 여부**

> **Q.** C는 남자친구 A와 벚꽃구경을 가기 위해 A의 승용차에 동승해 이동하던 중 덤프트럭(운전사 B)과의 충돌 사고로 사망했습니다. C의 어머니 甲은 딸의 남자친구 A가 가입한 보험회사와 합의금으로 받고 합의했습니다. 하지만, 그 후 甲은 덤프트럭 운전자 B의 乙보험회사를 상대로도 손해배상 청구를 했습니다. 이 경우, 乙보험회사의 손해배상액에서도 C의 호의동승을 이유로 한 손해배상액 감경이 인정될 수 있는지요?

A. 대법원(대법원 2014. 3. 27. 선고 2012다87263 판결)은, '2인 이상의 공동불법행위로 인하여 호의동승한 사람이 피해를 입은 경우 공동불법행위자 상호간의 내부관계에서는 일정한 부담부분이 있으나 피해자에 대한 관계에서는 부진정연대책임을 지므로, 동승자가 입은 손해에 대한 배상액을 산정함에 있어서는 먼저 호의동승으로 인한 감액 비율을 참작하여 공동불법행위자들이 동승자에 대하여 배상하여야 할 수액을 정하여야 한다'고 전제하였습니다.

이 사건과 같은 사안에서 '이러한 법리에 비추어 보면 이 사건에서 망인의 사망과 관련한 공동불법행위자들인 소외 2와 소외 1이 부담할 손해배상액을 산정함에 있어서도 먼저 망인의 호의동승으로 인한 감액 비율을 고려하여 두 사람이 원고에 대한 관계에서 연대하여 부담하여야 할 손해액을 산정하여야 하고, 그 당연한 귀결로서 위와 같은 책임제한은 동승 차량 운전자인 소외 2뿐만 아니라 상대방 차량 운전자인 소외 1 및 그 보험자인 피고에게도 적용된다 할 것이다.'고 판시하였습니다.

따라서 C의 호의동승을 이유로 한 손해배상액 감경은 甲과 乙보험회사 사이의 손해배상 청구소송에서도 인정될 것입니다.

■ 친목계원이 운전한 차량에 탑승하여 다른 친목계원의 부친상에 다녀오다 사망한 망인의 호의동승감액 비율

Q. 저의 아버지는 절친한 친목계원 甲이 운전한 차량을 타고 다른 친목계원인 乙의 부친상에 다녀오던 중에, 甲이 졸음운전으로 전방주시를 소홀히 한 잘못으로 차량 진행 방향 왼쪽에 있는 중앙분리대 충격흡수대를 충돌하여, 그 충격으로 사망하게 되었습니다. 甲은 가해차량에 관하여 丙보험회사와 자동차종합보험계약을 체결한 상태였으며, 이 사건 사고는 자동차종합보험계약에 따른 보험기간 중에 발생하였습니다. 저를 비롯한 일가족은 丙보험회사를 상대로 보험금을 청구했는데, 보험회사는 아버지께서 무상으로 호의동승하였다는 이유를 내세워 손해배상액 중 40%를 감액 지급하겠다고 합니다. 이러한 보험회사의 주장이 타당한지요?

A. 위 사안은 자동차소유자의 승낙하에 무상으로 호의동승 한 경우 손해배상액이 감경되느냐 하는 것으로, 이에 관하여 판례는 '사고 차량에 단순히 호의로 동승하였다는 사실만 가지고 바로 이를 배상액 경감사유로 삼을 수 있는 것은 아니나(대법원 1999. 2. 9. 선고 98다53141 판결 등 참조), 차량의 운행자가 아무런 대가를 받지 아니하고 동승자의 편의와 이익을 위하여 동승을 허락하고, 동승자도 그 자신의 편의와 이익을 위하여 그 제공을 받은 경우, 운행의 목적, 동승자와 운행자의 인적 관계, 그가 차에 동승한 경위, 특히 동승을 요구한 목적과 적극성 등 제반 사정에 비추어 가해자에게 일반의 교통사고와 같은 책임을 지우는 것이 신의칙이나 형평의 원칙에 비추어 매우 불합리한 것으로 인정되는 경우에는 그 배상액을 감경할 사유로 삼을 수 있다(대법원 1997. 11. 14. 선고 97다35344 판결 등 참조)고 하였습니다.

한편 귀하와 같은 사안에서, 판례는 '망인과 운전자의 관계, 망인이 가해차량에 동승하게 된 경위, 운전자가 가해 차량을 운행한 목적 등에 비추어 보면, 이 사건사고에 관하여 운전자에게 일반의 교통사고와 같은 책임을 지우는 것은 신의칙이나 형평의 원칙에 비추어 불합리해 보이므로, 보험회사가 배상하여야 할 손해액을 산정함에 있어 이와 같은 사정을 참작하기로 하여, 보험회사의 책임을 90%로 판단하였습니다(울산지방법원 2014. 1. 24. 선고 2012가단34114 판결 참조).

따라서 귀하의 아버지께서 무상으로 호의동승하였다는 이유를 내세워 손해배상액 중 40%를 감액 지급하겠다는 보험회사의 주장은 지나친 것으로 판단됩니다.

■ 주차장 사고에 대하여 가해자를 알 수 없는 경우, 주차장 관리자의 책임

Q. 부모님이 거주하며 관리비를 내고 있는 건물의 지하주차장에, 제 소유의 차량을 방문차량으로 등록하여 주차하였는데 다른 차가 사고를 내고 도망갔습니다. 주차장에는 차단기가 설치되어 있으나 영상녹화장치(CCTV)는 화질이 좋지 않아 정확한 가해자를 찾기 어려운 상황입니다. 가해자를 찾을 수 없는 경우 주차장측으로부터 보상을 받을 수 있는지요?

A. 대법원은 "일반적으로 주차장을 관리·운영하는 자가 주차차량의 멸실·훼손 등에 관하여 손해배상책임을 지기 위하여는 주차장 이용객과 사이에 체결된 계약에서 주차차량의 보관이나 그에 대한 감시의무를 명시적으로 약정하거나, 혹은 주차장의 관리·운영자가 이용객을 위하여 제공하거나 이용객이 거래통념상 전형적으로 기대할 수 있었던 안전조치의 정도와 주차요금의 액수, 차량의 주차상황 및 점유상태 등에 비추어 그러한 보관 혹은 감시의무를 묵시적으로 인수하였다고 볼 수 있는 경우라야 하고, 그렇지 아니한 경우에는 그 주차장이 주차장법의 적용대상이어서 주차장법 제10조의2 제2항, 제17조 제3항 및 제19조의3 제3항의 규정에 따라 주차차량에 대한 선량한 관리자의 주의의무가 법률상 당연히 인정되는 경우라야 할 것이다."라고 판시한 바 있습니다(대법원 1998. 10. 23. 선고 98다31479 판결). 한편 사안의 경우 공동주택의 부설주차장으로 보이는바, 이는 「주차장법」이 적용될 것으로 보입니다. 동법 제19조의3 및 제17조 제3항 등에 따르면, 부설주차장의 관리자가 주차요금을 받는 경우, 자신의 의무를 해태하지 않았음을 입증하여야 멸실훼손 등에 대한 손해배상책임을 부담하지 않는 것으로 규정되어 있습니다. 그러므로 사안은 부모님께서 지급하신 관리비에 주차요금이 포함되었는지에 따라 달라질 것인바, 만약 주차요금이 포함된 경우라면 상대방이 선량한 관리자의 주의의무를 해태하지 않았음을 증명하지 않는 한, 귀하께서는 상대방에게 그 배상을 요구할 수 있을 것입니다. 반면 이에 관하여 아파트입주자대표회의가 월 3,000원씩 주차비 명목으로 관리비를 지급받은 바 있는 유사한 사안에서, 금액이 소액인 점, 해당 주차비 명목의 금액은 주차선 도색과 아스팔트 포장 등의 주차장 관리를 위한 용도로 사용하고 있는 점, 입주자 외의 방문객 차량에 대하여는 주차요금을 징수하지 않고 있는 점 등의 사정에 비추어, 부설주차장에 주차하는 자동차를 보관·감시해 주기 위한 비용인 주차장법상 '주차요금'으로 보기는 어려우므로, 입주자대표회의에게 자동차의 보관에 대하여 선관주의의무가 있다고 인정하기는 어렵고, 명시적 또는 묵시적인 보관계약에 따른 보관.감시의무도 인정하기 어렵다고 판단한 하급

심 판결례가 있는바(대구지방법원 2012. 9. 20. 선고 2012나11776 판결), 일반적인 소액의 관리비만으로는 위와 같은 '주차요금'이 인정되기는 쉽지 않은 점도 참조하시기 바랍니다.

■ 건물관리인이 임차인의 차를 옮기는 과정에서 사고를 일으킨 경우의 운행책임자

> **Q.** 건물관리인 甲은 퇴근하기에 앞서 다른 차량들이 건물 내 주차장을 이용하지 못하도록 乙 소유차량을 주차장 밖 도로에 주차한 후 주차장 출입구를 쇠사슬로 걸어두기 위하여 건물 1층에서 약국을 운영하는 乙의 처로부터 乙 소유차량의 열쇠를 넘겨받아 운전하던 중 교통사고를 일으켰습니다. 이 경우 乙이 「자동차손해배상 보장법」 소정의 운행자로서 손해배상책임을 부담하게 되는지요?

A. 「자동차손해배상 보장법」 제3조 본문은 "자기를 위하여 자동차를 운행하는 자는 그 운행으로 다른 사람을 사망하게 하거나 부상하게 한 경우에는 그 손해를 배상할 책임을 진다."라고 규정하고 있습니다. 이와 관련하여 대법원은 "자동차손해배상 보장법 제3조에서 자동차 사고에 대한 손해배상책임을 지는 자로 규정하고 있는 '자기를 위하여 자동차를 운행하는 자'란 사회통념상 당해 자동차에 대한 운행을 지배하여 그 이익을 향수하는 책임주체로서의 지위에 있다고 할 수 있는 자를 말하고, 이 경우 운행의 지배는 현실적인 지배에 한하지 아니하고 사회통념상 간접지배 내지는 지배가능성이 있다고 볼 수 있는 경우도 포함한다."(대법원 1995. 10. 13. 선고 94다17253 판결 등 참조)라고 판시하고 있습니다. 한편 대법원은 사안과 유사한 '甲이 이 사건 건물의 관리인으로서 이 사건 사고 당일 퇴근하기에 앞서 다른 차량들이 건물 내 주차장을 이용하지 못하도록 乙 소유의 승용차를 건물 주차장 밖 도로에 주차한 후 주차장 출입구를 쇠사슬로 걸어 두기 위하여 건물 1층 2호를 임차하여 약국을 운영하고 있는 乙의 처에게 승용차 열쇠를 달라고 하여 이를 넘겨받아 운전하다가 갑자기 가속페달을 밟아 급후진함으로써 사고를 일으키게 된 사안'에 대하여, ① 乙은 위 승용차의 소유자로서 이 사건 사고로 인하여 원고가 입은 모든 손해를 배상할 책임이 있고, ② 甲이 평소 건물 주차장을 이용하는 차량의 주차 대행 및 보관을 하여 왔다고 볼 만한 사정이 없는 이상 위에서 인정한 이 사건 사고의 경위만으로는 피고가 승용차에 대한 운행지배와 운행이익을 상실하였다고 보기 어렵다고 한 원심 판단을 그대로 인정한 판례가 있습니다(대법원 2012. 10. 11. 선고 2012다44563 판결). 따라서 사안의 경우, 안타깝게도 乙은 운행자로서 손해배상책임을 부담하여야 하는 것으로 보입니다. 그러므로 이와 관련한 불측의 손해를 방지하기 위하여, 평소 자동차보험의 범위 및 그에 따른 일시대여에 관하여 주의를 기울일 것이 요구되는바, 이 점 참조하시기 바랍니다.

■ 아파트부설주차장에서 차량훼손이 발생한 경우, 주차비를 받아온 입주자대표회의 또한 손해배상책임을 지는지요?

Q. 甲은 아파트입주자로서 아파트 부설주차장에 차량을 주차해 놓았는데, 甲의 차량이 못 등에 긁혀 훼손된 상태로 발견되었습니다. 한편 아파트의 입주자대표회의는 매월 관리비 중 일부를 주차비 명목으로 지급받아 왔습니다. 이 경우, 입주자대표회의도 손해배상의 책임이 있나요?

A. 일반적으로 주차장을 관리·운영하는 자가 주차차량의 멸실·훼손 등에 관하여 손해배상책임을 지기 위하여는 주차장 이용객과 사이에 체결된 계약에서 주차차량의 보관이나 그에 대한 감시의무를 명시적으로 약정하거나, 혹은 주차장의 관리·운영자가 이용객을 위하여 제공하거나 이용객이 거래통념상 전형적으로 기대할 수 있었던 안전조치의 정도와 주차요금의 액수, 차량의 주차상황 및 점유상태 등에 비추어 그러한 보관 혹은 감시의무를 묵시적으로 인수하였다고 볼 수 있는 경우라야 하고, 그렇지 아니한 경우에는 그 주차장이 주차장법의 적용대상이어서 주차장법 제10조의2 제2항, 제17조 제3항 및 제19조의3 제2항의 규정에 따라 주차차량에 대한 선량한 관리자의 주의의무가 법률상 당연히 인정되는 경우라야 합니다(대법원 1998. 10. 23. 선고 98다31479 판결 참조). 그리고 주차장법 제19조, 제19조의3, 제17조 제3항에 의하면 아파트와 같은 공동주택에는 그 시설물의 내부 또는 그 부지에 부설주차장을 설치하여야 하고, 이러한 부설주차장을 관리하는 자는 주차장에 자동차를 주차하는 사람으로부터 주차요금을 받을 수 있는데, 이와 같이 주차요금을 받을 경우에는 부설주차장 관리자는 주차장에 주차하는 자동차의 보관에 관하여 선량한 관리자의 주의의무를 게을리하지 아니하였음을 증명한 경우를 제외하고는 그 자동차의 멸실 또는 훼손으로 인한 손해배상의 책임을 면하지 못하게 됩니다. 한편 이에 관하여 아파트입주자대표회의가 월 3,000원씩 주차비 명목으로 관리비를 지급받은 바 있는 유사한 사안에서, 금액이 소액인 점, 해당 주차비 명목의 금액은 주차선 도색과 아스팔트 포장 등의 주차장 관리를 위한 용도로 사용하고 있는 점, 입주자 외의 방문객 차량에 대하여는 주차요금을 징수하지 않고 있는 점 등의 사정에 비추어, 부설주차장에 주차하는 자동차를 보관·감시해 주기 위한 비용인 주차장법상 '주차요금'으로 보기는 어려우므로, 입주자대표회의에게 자동차의 보관에 대하여 선관주의의무가 있다고 인정하기는 어렵고, 명시적 또는 묵시적인 보관계약에 따른 보관·감시의무도 인정하기 어렵다고 판단한 하급심 판결례가 있습니다(대구지방법원 2012. 9. 20. 선고 2012나11776 판결).

■ 관광버스의 1차사고로 잠시 갓길에 하차한 승객이 2차 사고로 사망한 경우, 자동차 손해배상 보장법상 면책사유에 해당하는지요?

Q. 甲이 승객으로 타고 가던 관광버스가 고속도로상에서 사고가 발생하여 정차하였는데, 이에 甲은 잠시 버스에서 하차하여 갓길에 서서 사고상황을 살피다가 얼마 지나지 않아 2차 사고를 당하여 사망하였습니다. 그러나 버스회사 및 보험회사는 甲이 관광버스 교통사고로 직접 사망한 것이 아니라는 이유로 보험금 지급을 거부하고 있습니다. 甲 또한 위 사고의 피해자로서 배상받을 수 있나요?

A. 「자동차손해배상 보장법」 제3조 본문에 따르면 자기를 위하여 자동차를 운행하는 자는 그 운행으로 인하여 다른 사람을 사망하게 하거나 부상하게 한 때에는 그 손해를 배상할 책임을 진다고 규정되어 있고, 그 단서 제2호에 따르면 승객이 사망하거나 부상한 경우에 있어서 그 사망 또는 부상이 그 승객의 고의나 자살행위로 인한 것인 때에 한하여 책임을 지지 아니한다고 규정되어 있습니다. 따라서 자동차 사고로 승객이 사망하거나 부상당한 경우 운행자는 승객의 사망 또는 부상이 그 승객의 고의나 자살행위로 인한 것임을 주장·입증하지 않는 한 운전상의 과실 유무를 가릴 것 없이 승객의 사망이나 부상에 따른 손해를 배상할 책임을 부담하게 됩니다(대법원 1993. 5. 27. 선고 93다6560 판결 참조). 이에 관하여 대법원은 위 판결과 같은 사안에서 "위 법 제3조 단서 제2호 소정의 '승객'이란 자동차 운행자의 명시적·묵시적 동의하에 승차한 사람을 의미하는데, 위 법률 조항은 자동차운행을 지배하고 그 운행이익을 받으면서 승객의 동승에 명시적·묵시적으로 동의하여 승객을 자동차의 직접적인 위험범위 안에 받아들인 운행자로 하여금 그 과실 유무를 묻지 않고 무상·호의동승자를 포함한 모든 승객의 손해를 배상하도록 하는 것이 그 취지이므로, 반드시 자동차에 탑승하여 차량 내부에 있는 자만을 승객이라고 할 수 없고, 운행중인 자동차에서 잠시 하차하였으나 운행중인 자동차의 직접적인 위험범위에서 벗어나지 않은 자도 승객의 지위를 유지할 수 있으며, 그 해당 여부를 판단함에는 운행자와 승객의 의사, 승객이 하차한 경위, 하차 후 경과한 시간, 자동차가 주·정차한 장소의 성격, 그 장소와 사고 위치의 관계 등의 제반 사정을 종합하여 사회통념에 비추어 결정하여야 한다."는 전제에서, 사안과 같은 경우, 망인(甲)이 2차 사고시에도 운행중인 관광버스의 직접적인 위험범위에서 벗어나지 않았으므로 자동차손해배상 보장법 제3조 단서 제2호의 승객에 해당한다고 판결한 사례가 있습니다(대법원 2008.2.28. 선고 2006다18303 판결). 그러므로 사안의 경우, 甲이 단순히 관광버스에서 잠시 하차하였다는 이유만으로 승객이 아니라고 할 수는 없고, 관광버스의 소유자 및 운전사에게도 2차 사고의 발생에 관련하여 일정부분의 책임이 인정될 수 있습니다.

■ 고속도로에서 후행 추돌사고로 선행 사고차량에서 흘러나온 휘발유 등에 불이 붙어 화재가 발생한 경우의 후행차량의 책임유무

Q. 甲이 고속도로에서 차량을 운전하던 중 앞에서 서행하던 차량을 추돌하고 안전조치를 취하지 않은 채 주행차로에 정차해 있는 사이에 뒤따라온 차량들에 의해 추돌사고가 연쇄적으로 발생하였습니다. 이에 뒤따르던 乙의 운전차량이 다른 사고차량을 추돌하면서 앞선 사고차량에서 흘러나온 휘발유 등에 불이 붙어 화재가 발생하였습니다. 이 경우 乙이 화재로 인한 손해배상에 책임이 있는가요?

A. 구 도로교통법(2006. 7. 19. 법률 제7969호로 개정되기 전의 것, 이하 같습니다.) 제64조에 의하면 고속도로에서 정차 또는 주차할 수 있도록 안전표지를 설치한 곳이나 정류장에서 정차 또는 주차시키는 경우(제2호), 고장이나 그 밖의 부득이한 사유로 길 가장자리 구역(갓길을 포함한다)에 정차 또는 주차하는 경우(제3호), 교통이 밀리거나 그 밖의 부득이한 사유로 움직일 수 없는 때에 고속도로의 차로에 일시 정차 또는 주차시키는 경우(제7호) 등 특별한 사정이 있는 경우를 제외하고는 차를 정차 또는 주차하여서는 아니 되고, 구 도로교통법 제66조, 구 도로교통법 시행규칙(2006. 10. 19. 행정자치부령 제350호로 개정되기 전의 것) 제40조에 의하면 자동차의 운전자는 고장이나 그 밖의 사유로 고속도로에서 자동차를 운행할 수 없게 된 때에는 도로교통법 시행규칙이 정하는 '고장자동차의 표지'를 그 자동차로부터 100m 이상의 뒤쪽 도로 상에 설치하여야 하며, 그 자동차를 고속도로 외의 곳으로 이동하는 등의 필요한 조치(이하 '안전조치'라 한다)를 하여야 합니다(대법원 2004. 2. 27. 선고 2003다6873 판결, 대법원 2008. 5. 29. 선고 2008다17359 판결 등 참조). 따라서 선행차량이 사고 등의 사유로 고속도로에서 안전조치를 취하지 아니한 채 주행차로에 정지해 있는 사이에 뒤따라온 자동차에 의하여 추돌사고가 발생한 경우에, 안전조치를 취하지 아니한 정차로 인하여 후행차량이 선행차량을 충돌하고 나아가 그 주변의 다른 차량이나 사람들을 충돌할 수도 있다는 것을 충분히 예상할 수 있으므로, 선행차량 운전자가 정지 후 안전조치를 취할 수 있었음에도 과실로 이를 게을리하였거나, 또는 정지 후 시간적 여유 부족이나 부상 등의 사유로 안전조치를 취할 수 없었다고 하더라도 그 정지가 선행차량 운전자의 과실로 발생된 선행사고로 인한 경우 등과 같이 그의 과실에 의하여 비롯된 것이라면, 그 안전조치 미이행 또는 선행사고의 발생 등으로 인한 정지와 후행 추돌사고 및 그로 인하여 연쇄적으로 발생된 사고들 사이에는 특별한 사정이 없는 한 인과관계가 있다고 할 것이며, 손해의 공평한 분담이라는 손해배상제도의 이념에 비추어 볼 때에 선행차량 운전자의 과실은 후행사고들로 인한 손해배상책임에 관한 분담범위를 정할 때에 참작되어야 합

니다(대법원 2009. 12. 10. 선고 2009다64925 판결, 대법원 2012. 3. 29. 선고 2011다110692 판결 등 참조). 나아가 공동불법행위의 성립에는 공동불법행위자 상호 간에 의사의 공통이나 공동의 인식이 필요하지 아니하고 객관적으로 각 그 행위에 관련공동성이 있으면 되며, 그 관련공동성 있는 행위에 의하여 손해가 발생하였다면 그 손해배상책임을 면할 수 없습니다(대법원 1988. 4. 12. 선고 87다카2951 판결, 대법원 2008. 6. 26. 선고 2008다22481 판결 등 참조). 이에 대법원은 위와 같은 사안에서, 이 사건 화재는 이 사건 선행사고를 일으키고 사고 후 필요한 조치를 다하지 않은 甲의 과실과 전방주시의무와 안전거리 유지의무 등을 게을리하여 이 사건 후행사고를 일으킨 乙의 과실 등이 경합하여 발생하였다고 할 것임을 인정하면서, 다만 이 사건 선행사고와 이 사건 후행사고는 시간적으로나 장소적으로 근접하여 발생한 일련의 연쇄추돌 사고 중의 일부로서, 객관적으로 보아 그 행위에 관련공동성이 있다고 할 것이므로, 甲과 乙은 공동불법행위자로서 이 사건 화재로 인한 손해에 대하여 연대배상책임을 부담한다고 본 바 있습니다(대법원 2012.8.17. 선고 2010다28390 판결). 그러므로 사안과 같은 경우, 乙이 전방주시의무 및 안전거리유지의무를 다하지 않았다면, 乙 또한 甲과 같이 공동불법행위자로서 연대배상책임을 부담할 수 있습니다.

■ 도로외 출입차와 직진차와의 사고에서 과실비율

Q. 甲의 차량은 도로를 직진하여 달리고 있었는데, 乙의 차량이 甲이 주행하던 도로 우측 노외(주차장)에서 도로로 진입하던 중 사고로 甲차량 우측면과 乙차량 좌측 앞부분이 충돌하였습니다. 이 경우 甲에게도 책임이 있나요?

A. 자동차사고에 있어서 과실비율 및 그에 따른 손해배상의 책임분배는 사건양태가 다양하고 복잡한 특수성상 일률적으로 이르기는 어렵습니다. 다만 문의사안과 동일한 내용은 아니나, 참고적으로 대법원의 판결례 중에는 A차량은 야간에 제한속도 80km의 편도 2차선 도로의 2차로에서 125km의 주행속도로 과속하여 직진하여 달리고 있었는데, B차량이 위 도로에서 식당으로 진입하는 진입로에서 위 도로의 갓길 및 갓길 구분선을 가로질러 2차로까지 진입하여, A차량과 B차량이 충돌한 사안에서, B차량이 뒤에서 진행해 오는 차량의 여부를 주의깊게 살피지 아니한 과실 및 속력을 충분히 높이지 아니한 상태에서 진입한 과실, 전방주시의무를 태만히 한 과실 등을 인정하여, B의 과실을 50%로 인정한 원심(광주고등법원 2009나3509, 목포지원 2007가단13075)을 그대로 인용하는 판결을 한 사례가 있습니다(대법원 2010. 7. 15. 선고 2010다2428 판결 참조). 한편 이와 같은 경우에 손해보험협회는 乙차량과 같이 길가의 건물이나 주차장등에서 도로에 들어갈 때에는 일단 정지후 안전여부를 확인하고 서행하여야 할 의무를 부담하는 점을 고려하여 乙자동차의 기본과실을 80%로 산정하

고, 기타 야간여부, 과속여부, 각 차량의 기타 의무위반여부 등의 요소에 따라서 과실 산정을 조정하고 있는 것으로 보입니다(심의접수번호 2016-025577 등 참조). 따라서 사안과 같은 경우, 甲이 모든 주의의무를 다하였어도 乙의 진입에 의한 사고를 피할 수 없었던 경우라면 책임이 없다고 할 수 있겠으나, 甲의 전방주시의무나 과속여부가 경합하는 경우에는 일부 과실비율이 인정될 수 있습니다.

■ 정상주행하는 차량이 무단횡단하는 자전거를 충격한 경우 손해배상책임

Q. 제가 편도 1차선의 도로를 제한속도 범위에서 주행하던 중 갑자기 무단횡단하는 자전거를 보지 못하고 충격하여 사고가 발생하였습니다. 이러한 경우에도 자전거 운전자의 손해를 배상해야할 책임이 있는지요?

A. 도로교통법 제13조 제3항에 따르면 차마의 운전자는 도로(보도와 차도가 구분된 도로에서는 차도를 말한다)의 중앙(중앙선이 설치되어 있는 경우에는 그 중앙선을 말한다. 이하같다) 우측부분을 통행하여야 한다고 규정되어 있고, 같은 법 제18조 제1항에 따르면 차마의 운전자는 보행자나 다른 차마의 정상적인 통행을 방해할 우려가 있는 경우에는 차마를 운전하여 도로를 횡단하거나 유턴 또는 후진하여서는 아니 된다고 규정되어 있는바, 사안에서 자전거의 운전자는 위와 같은 통행방법 및 횡단금지 등에 관한 도로교통법상의 의무를 위반한 것으로 볼 수 있습니다. 그러나 운전자 또한 도로교통법상 전방주시의무, 안전운전의무 등이 요구되는바, 자전거의 경우 통상 저속으로 운행하므로 이러한 자전거를 미리 발견하여 충돌을 피하지 못한 과실 또한 인정될 수 있습니다. 이에 편도 2차선 이상의 넓은 도로에서 자전거가 갑자기 근거리에서 고속으로 출몰하여 무단횡단을 하여 전혀 회피가능성이 없는 등의 사정이 인정되지 않는 한, 사안과 같인 좁은 도로에서는 차량 운전자에게 많은 과실이 인정될 수 있습니다. 다만 자동차사고에 있어서 과실비율 및 그에 따른 손해배상의 책임분배는 사건양태가 다양하고 복잡한 특수성상 일률적으로 이르기는 어려운바, 근처에 자전거도로가 있는지 여부, 야간여부 등 다양한 요소에 의해서 그 비율이 결정될 것입니다. 한편 이와 같은 유형에 관하여 하급심은, 주간에 차도와 인도가 구분되어 있는 편도1차로의 도로에서 차량이 직진하던 중 전방 및 좌우 주시의무를 태만한 과실로, 부모의 보호감독이 태만한 상태에서 자전거(5세)가 오른쪽에서 위 도로로 나오는 것을 뒤늦게 발견하여 충격한 사안에서 차량의 과실을 70%로 판단한 사례(서울중앙지방법원 2007. 6. 27. 선고 2006가단183342 판결), 주간에 편도3차로의 도로에서 차량이 3차로를 과속하여 운행 중 전방주시의무를 태만한 과실로, 위 도로에 설치된 횡단보도(보행자 신호기 미설치)를 좌우도 살피지 아니하고 자전거를 탄 채 횡단하던 자전거를 충격한 사안에서 차량의 과실을 80%로 판단한 사례(전주지방법원 2007.

10. 12. 선고 2005가단25092 판결) 등이 있는바, 참조하시기 바랍니다.

■ 고소작업차의 와이어 단절로 인한 사고의 경우, 보험약관상 '교통사고로 인한 상해'로 볼 수 있는지?

> **Q.** 甲은 고소작업차의 작업대에 탑승하여 아파트 10층 높이에서 외벽도장공사를 하던 중 고소작업차의 와이어가 끊어지면서 추락하여 사망하였습니다. 그러나 甲을 피보험자로 하는 상해보험의 보험회사는 보험약관상 보험금 지급사유인 '탑승 중 교통사고로 인한 상해의 직접결과로써 사망한 경우'에 해당하지 않음을 주장하며 보험금 지급을 거부하고 있는데, 甲은 보험금을 받을 수 있는지요?

A. 교통사고만의 담보특약부 상해보험계약에 적용되는 약관상 '운행'이라 함은 자동차손해배상 보장법 제2조에서 규정하고 있는 바와 같이 자동차를 당해 장치의 용법에 따라 사용하고 있는 것을 말하고, 여기서 '당해 장치'라 함은 자동차에 계속적으로 고정되어 있는 장치로서 자동차의 구조상 설비되어 있는 자동차의 고유의 장치를 뜻하는 것인데, 위와 같은 각종 장치의 전부 또는 일부를 각각의 사용 목적에 따라 사용하는 경우에는 운행 중에 있다고 할 것이나, 자동차에 타고 있다가 사망하였다 하더라도 그 사고가 자동차의 운송수단으로서의 본질이나 위험과는 전혀 무관하게 사용되었을 경우까지 자동차의 운행 중의 사고라고 보기는 어렵다고 할 것입니다(대법원 2000. 9. 8. 선고 2000다89 판결 등 참조). 그러나 대법원은 유사한 사안으로서 보험약관에서 보험금 지급사유로 '운행 중인 자동차에 운전을 하고 있지 않는 상태로 탑승 중이거나 운행 중인 기타 교통수단에 탑승하고 있을 때에 급격하고도 우연한 외래의 사고('탑승 중 교통사고')로 인한 상해의 직접결과로써 사망한 경우'를 규정한 사안에서, '고소작업차는 자동차관리법 시행규칙 제2조에 따른 특수자동차로 등록된 차량으로, 보험약관에서 '운행 중인 자동차'로 규정한 특수자동차에 해당하는 점 등에 비추어, 위 사고는 고소작업차의 당해 장치를 용법에 따라 사용하던 중에 발생한 사고로서 보험약관에서 정한 자동차 운행 중의 교통사고에 해당한다'고 판단한 사례가 있습니다(대법원 2015.1.29. 선고 2014다73053 판결). 그러므로 단순히 고소작업차 작업 중의 사망이라고 하여 교통사고에 해당하지 않는 것으로 볼 수 는 없으며, 약관 및 계약의 내용 등에 비추어 당해 장치를 그 용법에 따라 사용하던 중에 발생한 사고인 경우에는 보험계약상 보험금 지급사유인 교통사고에 해당한다고 할 수 있습니다.

■ 채권담보의 목적으로 자동차등록원부상 자동차의 소유자로 등록된 자가 운행자의 교통사고에 대하여 책임을 부담하는지 여부

> **Q.** 저(甲)는 乙의 채권자로서, 채권을 담보하려는 목적으로 乙 소유의 차량에 대하여 자동

차등록명의를 이전받았습니다. 그러나 乙은 차량을 운전하다가 과실로 인하여 타인에게 상해를 입힌 후 차량을 버리고 도주하였습니다. 피해자는 乙의 소재를 찾을 수 없자 자동차등록원부상 명의인인 제게 손해배상을 청구하였습니다. 제게 책임이 있는지요?

A. 「자동차손해배상 보장법」 제3조 본문에서 자기를 위하여 자동차를 운행하는 자는 그 운행으로 다른 사람을 사망하게 하거나 부상하게 한 경우에는 그 손해를 배상할 책임을 진다고 규정하고 있습니다. 여기서 '자기를 위하여 자동차를 운행하는 자'는 사회통념상 당해 자동차에 대한 운행을 지배하여 그 이익을 향수하는 책임주체로서의 지위에 있다고 할 수 있는 자를 말하고, 이 경우 운행지배는 현실적인 지배에 한하지 아니하고 간접지배 내지는 지배가능성이 있다고 볼 수 있는 경우도 포함한다고 할 것입니다(대법원 2004. 4. 28. 선고 2003다24116 판결). 한편 대법원은 채권담보의 목적으로 자동차등록원부상 자동차의 소유자로 등록된 자는 자동차의 운전수의 선임, 지휘감독이나 기타의 운행에 관한 지배 및 운행이익에 전연 관여한 바 없었다면 특별한 사정이 없는 한 자동차손해배상보장법 제3조에서 말하는 자기를 위하여 자동차를 운행하는 자라고는 볼 수 없다고 판결한 사례가 있습니다(대법원 1980. 4. 8. 선고 79다302 판결). 따라서 위 사안의 경우, 단순히 채권담보의 목적으로 소유자의 명의로만 등록된 것일 뿐, 실제 운전자 등에 관하여 어떠한 관여한 바 없는바, 「자동차손해배상 보장법」 제3조에서 정한 '자기를 위하여 자동차를 운행하는 자'라고 볼 수 없어, 손해배상책임이 없을 것으로 보입니다. 참고로 명의대여자가 운행자로서의 책임을 부담하는지에 관한 판례를 보면, 대법원은 자동차소유자가 명의변경등록을 마치기까지 소유자명의로 자동차를 운행할 것을 타인에게 허용하였다면 그 자동차운행에 대한 책임을 부담한다고 할 것이나, 사고를 일으킨 구체적 운행에 있어 자동차등록원부상 소유명의를 대여한 자가 자동차의 운행지배와 운행이익을 상실하였다고 볼 특별한 사정이 있는 경우에는 그 명의대여자는 당해사고에 있어서 「자동차손해배상 보장법」상의 운행자로서의 책임을 부담하지 않는다고 보아야 할 것이라고 하였습니다(대법원 2009. 9. 10. 선고 2009다37138, 37145 판결).

■ 화물자동차 불빛을 이용한 작업중 화물자동차가 굴러내려와 충격한 경우, 운행 중의 사고인지요?

Q. 甲은 자동차 수리 등의 업무를 수행하다가 날이 어두워지자 화물자동차의 시동을 걸고 전조등을 켜서 그 불빛을 이용하여 작업을 계속하였습니다. 그러나 화물자동차가 경사지에서 굴러 내려와 충격하는 바람에 甲이 사망하고 말았습니다. 그러나 보험사는 운행중의 사고로 볼 수 없다고 주장하는데, 보험금을 받을 수 있는지요?

A. 자동차를 안전하게 주·정차하기 어려운 곳에 주·정차하거나 자동차를 주·정차함에 있

어 지형과 도로상태에 맞추어 변속기나 브레이크 등을 조작하지 아니함으로 인하여 사람이 사망하거나 부상한 경우, 이는 원칙적으로 '운행중의 사고'로 보아야 하고(대법원 1997. 8. 26. 선고 97다5183 판결, 2003. 9. 23. 선고 2002다65936, 65943 판결, 2004. 3. 12. 선고 2004다445, 452 판결 참조), 자동차의 당해장치의 용법에 따른 사용 이외에 그 사고의 다른 직접적인 원인이 존재하거나, 그 용법에 따른 사용의 도중에 일시적으로 본래의 용법 이외의 용도로 사용한 경우에도 전체적으로 위 용법에 따른 사용이 사고발생의 원인이 된 것으로 평가될 수 있다면 역시 '운행중의 사고'라고 보아야 할 것입니다(대법원 1980. 8. 12. 선고 80다904 판결, 2000. 9. 8. 선고 2000다89 판결 참조). 한편 대법원은 보험계약 보통약관에서 보험사가 보상하는 손해로 '피보험자가 운행중의 교통승용구에 탑승하지 아니한 때, 운행중의 교통승용구와의 충돌, 접촉, 화재 또는 폭발 등의 교통사고로 인한 손해'를 규정하고 있는 경우에 대하여, 운행중 사고는 자동차를 당해 장치의 용법에 따라 사용하던 중에 발생한 급격하고도 우연한 사고를 의미하는바, 비록 사고발생의 직접적인 계기가 화물자동차 전조등을 그 본래의 용법 외의 용도로 일시 사용하는 과정에서 비롯된 것이더라도 그 사고발생의 실질적인 원인은 甲이 경사지에 주차를 함에 있어서 갖추었어야 할 안전조치를 소홀히 한 점에 있다고 보아야 하고 화물자동차를 경사지에 주차한 행위가 화물자동차의 운송수단으로서의 본질 혹은 위험과 무관한 것이라고 보기도 어려우므로, 사안과 같은 사고는 '운행중 사고'에 해당하는 것으로 본 사례가 있습니다(대법원 2005. 3. 25. 선고 2004다71232 판결). 따라서 구체적인 사정에 따라 다를 수는 있으나, 위 사안 또한 '운행중 사고'에 해당하고 나아가 보험계약상의 보험금 지급사유인 보험사고에 해당하는 것으로 볼 수 있을 것입니다.

■ 고속도로 차선감소지점에서의 사고에서 손해배상

> Q. 저(甲)는 고속도로에서 주행중 편도 3차로에서 편도 2차로로 감소되는 지점 2차로에서 주행중이었는데, 3차로에서 2차로로 진입중이던 차량(乙)이 좌측 앞 범퍼로 저의 우측 뒷 범퍼 부분을 충격하였습니다. 저는 전혀 잘못이 없는 것 같은데, 손해배상에 대하여 책임을 지게 되는지요?

A. 모든 운전자에게는 도로교통법 제48조에 따른 안전운전의무가 부여되는데, 전방에 차로감소구간이 있는 경우에는 양 차로의 운전자 모두 차로감소를 예상하여 안전운전을 할 의무가 있다고 할 것입니다. 그러나 합류하는 상대방 차량(乙)의 경우에는 진입하려는 차로에 대한 상태를 고려하여 진입할 의무가 요구된다고 할 것이므로(도로교통법 제23조, 제22조 제2항 등 참조), 상대방 차량에게 보다 높은 과실비율이 인정될 수 있습니다.다만 자동차사고에 있어서 과실비율 및 그에 따른 손해배상의 책

임분배는 사건양태가 다양하고 복잡한 특수성상 일률적으로 이르기는 어렵습니다. 한편 법원은 유사한 사안에서, 주간에 고속도로 차로감소지점(편도3차로→편도2차로)에서 B차량이 3차로(감소되는 차로)에서 본선 2차로로 진로를 변경하던 중 전방좌우 주시의무를 태만히 한 채 2차로에서 앞서 진행하던 A차량을 추월하여 무리하게 그 앞으로 진입하려한 과실로, 차선이 좁아지는 지점임에도 불구하고 3차로에서 2차로로 진입하려는 차량이 있는지 여부를 제대로 살피지 않는 채 만연히 빠른 속도로 진행한 A차량의 우측 뒤 범퍼 부분을 B차량의 좌측 앞 범퍼 부분으로 충격한 사고에 대하여 B차량의 과실을 60%로 판단한 사례가 있는바(대법원 1994. 4. 29. 선고 94다4707 판결 참조), 참조하시기 바랍니다.

■ 여행 중 공동명의로 오토바이를 임차한 경우 운행자

> **Q.** 친구 네 명이 여행을 가서 오토바이를 빌리게 되었습니다. 2명씩 탑승하기로 한 뒤, A와 B가 두 개의 오토바이를 공동대여자로 빌렸는데, A와 C가 탄 오토바이가 사고가 발생하여 A가 사망하였습니다. 그런데 C의 보험사가 저(B)에게 위 사고 오토바이에 대한 운행자로서 책임이 있다고 주장하고 있습니다. 저는 그 오토바이를 타지도 않았는데, 저에게 배상책임이 있는 것인지요?

A. 「자동차손해배상 보장법」제3조 본문에 따르면 "자기를 위하여 자동차를 운행하는 자는 그 운행으로 다른 사람을 사망하게 하거나 부상하게 한 경우에는 그 손해를 배상할 책임을 진다."라고 규정되어 있는데, 여기서 '자기를 위하여 자동차를 운행하는 자'는 사회통념상 당해 자동차에 대한 운행을 지배하여 그 이익을 향수하는 책임주체로서의 지위에 있다고 할 수 있는 자를 말하고, 이 경우 운행지배는 현실적인 지배에 한하지 아니하고 간접지배 내지는 지배가능성이 있다고 볼 수 있는 경우도 포함합니다(대법원 2004. 4. 28. 선고 2003다24116 판결). 특히 이에 관한 자동차임차인의 운행자 해당여부에 관하여 판례는 "자동차손해배상 보장법 제3조에서 자동차 사고에 대한 손해배상책임을 지는 자로 규정하고 있는 '자기를 위하여 자동차를 운행하는 자'란 사회통념상 당해 자동차에 대한 운행을 지배하여 그 이익을 향수(享受)하는 책임주체로서의 지위에 있다고 할 수 있는 자를 말하고, 자동차의 임대차의 경우에는 특단의 사정이 없는 한 임차인이 임차한 자동차에 대하여 현실적으로 운행을 지배하여 그 운행이익을 향수하는 자이다."라고 하였습니다(대법원 1993. 6. 8. 선고 92다27782 판결, 1997. 4. 8. 선고 96다52724 판결, 2000. 7. 6. 선고 2000다560 판결). 사안의 경우, B는 단지 직접 탑승을 하지 않았을 뿐 여행의 동행자로서 사고 오토바이 탑승자들과 동반관계를 갖고 있었던 것이고, 따라서 B는 그 운행에 있어서도 사고 오토바이와 동반하여 주행하는 등 그 운행지배성이 인정될 여지가 큽니다. 따라서 B가 비록 사고 오토바이에 직접 탑승하진 않았더라도, 해당 오토바이에 대하여 임차한 자

로서 특단의 사정이 없는 한 운행자로서 책임을 지게 될 것으로 보입니다.

■ 도로 주행 중 이륜차의 끼어들기로 인한 사고의 경우 손해배상책임

Q. 도로 주행중에 오토바이가 갑자기 끼어들어 사고가 발생하였습니다. 이러한 경우 정상주행하였던 저에게도 책임이 있는지요?

A. 자동차사고에 있어서 과실비율 및 그에 따른 손해배상의 책임분배는 사건양태가 다양하고 복잡한 특수성상 일률적으로 이르기는 어렵고, 각 운전자의 주의의무위반의 정도 등 다양한 요소가 고려됩니다. 그러나 작성하신 내용만으로는 언급하신 내용에 관한 구체적인 자료 및 사실관계를 확인할 수 없어, 정확한 답변을 드리기 어려운 점 양해바랍니다. 다만 도로교통법 제38조에 따르면 모든 운전자는 진로변경 등의 경우 신호를 하여야 하고, 같은 법 제14조, 제15조, 제23조, 제22조 제2항 등에 따르면 차로변경시 뒤따라오는 차가 있는지 확인할 의무가 있는바, 사안의 경우 오토바이는 이러한 의무를 위반한 것으로 보입니다. 반면 같은 법 제19조에 따른 안전거리 확보에 관한 의무, 제20조에 따른 진로양보의 의무 등이 있는바, 귀하의 경우 이러한 의무위반이 인정될 수 있습니다. 따라서 단순히 오토바이가 진행중 끼어들기로 인하여 사고가 발생하였다고 하여, 일률적으로 오토바이 운전자에게 손해배상의 책임이 전부 있다고 일률적으로 말하기는 어렵습니다.

한편 주간에 편도 2차로의 도로에서 차량이 주변차량의 동태를 살피는 등의 안전운전의무를 태만한 채 1차로로 진행하던 중, 이륜차가 혈중알코올농도 0.083%의 술에 취한 채 위 도로 2차로에서 1차로로 차선 변경을 시도하다가 운전자의 몸 좌측부분이 차량의 우측 부분에 부딪혔고, 그로 인해 이륜차가 전도되어 운전자가 차량의 우측 뒷바퀴에 역과된 사안에서 차량의 과실을 15% 정도로 본 사례(울산지방법원 2012. 11. 16. 선고 2012나3647 판결), 주간에 신호등 있는 삼거리 교차로에서 버스가 교차로 통과 후 편도6차로에서 1~3차로가 하나의 도로로 합쳐져 편도4차로로 줄어드는 도로의 1차로(편도6차로 중 3차로)를 따라 직진하던 중, 위 도로 6차로에서부터 대각선 방향으로 도로를 가로질러 3차로로 진입하던 이륜차를 충격한 사안 버스에게 과실이 없다고 본 사례(서울중앙지방법원 2012. 2. 24. 선고 2011가단 125586 판결) 등이 있는바, 이를 참조하시기 바랍니다.

■ 가사도우미의 일실수입

Q. 만 60세 10개월가량의 여성으로 가사도우미로 근무하던 갑이 보행 중 교통사고를 당하여 3년간 한시적으로 노동능력 일부를 상실하는 상해를 입게 되자, 가해차량의 보험자인 을 보험회사를 상대로 노동능력 상실에 따른 일실수입의 배상을 구한 사안에서, 갑의 가동 연한을 만 65세라고 보아 일실수입을 산정 가능한지?

A. 자동차 사고로 인하여 손해배상을 청구하게 되는 경우 상해로 인한 치료비 청구, 정신적 손해에 대한 위자료 청구, 그리고 상해를 치료하는 동안의 일실수입의 청구 등이 가능합니다. 위 사안에서 판례는 만 60세 10개월가량의 여성으로 가사도우미로 근무하던 갑이 보행 중 교통사고를 당하여 3년간 한시적으로 노동능력 일부를 상실하는 상해를 입게 되자, 가해차량의 보험자인 을 보험회사를 상대로 노동능력 상실에 따른 일실수입의 배상을 구한 사안에서, 대법원 1989. 12. 26. 선고 88다카16867 전원합의체 판결 이후 일반 육체노동자의 가동 연한은 만 60세가 될 때까지라는 경험칙에 의한 추정이 확립되었지만, 위 판결 선고 후 약 26년이 지나는 동안 전체 인구의 평균 수명과 고령 인구의 경제활동참여율 및 고용률이 급격히 증가하였고, 이에 따라 노인에 대한 생계보장 지원제도 또한 점차 그 지원시기를 늦추는 방향으로 변화하고 있는 점 등 여러 사정에 비추어 위 판결에 따라 확립된 기존의 가동 연한에 관한 경험칙은 변경될 필요가 있고, 연령별 인구의 경제활동참가율과 고용률 및 각종 연금의 수령시기를 고려하면 일반 육체노동 또는 육체노동을 주된 내용으로 하는 생계활동의 가동 연한을 만 65세라고 봄이 타당하므로, 갑의 가동 연한을 만 65세라고 보아 일실수입을 산정하였습니다.(수원지방법원 2016. 12. 22. 선고 2015나44004, 44011 판결) 다만, 이 판례가 모든 직업의 경우에 적용되는 것이라 단정하기는 어려우나 만60세 이후에도 가동이 가능한 직업의 경우에는 만65세를 기준으로 일실수입을 산정할 수도 있을 것입니다.

■ 자동차전용도로에서 오토바이 사고에 대한 손해배상청구

Q. 저는 자동차 전용도로인 △△순환도로를 따라 귀가하다 ㅇㅇ시 ㅇㅇ교 근처에서 상대방 소유 대형화물차와 충돌해 상해를 입었습니다. 사고 지점은 오토바이의 통행이 금지된 자동차 전용도로이기는 하지만 갓길이 갑자기 줄어드는 곳이고, 두 개의 진입로가 있어 비록 불법이라고 하더라도 오토바이의 통행이 잦은 곳이었습니다. 저는 대형화물차 소유자에게 손해배상을 청구하고 싶은데 가능할까요?

A. 대법원은 원동기 장치 자전거의 통행이 금지된 자동차 전용도로이기는 하나 평소 원동기 장치 자전거의 출입이 잦은 곳이고 두개의 진·출입로와 버스정류장이 설치되어 있는 곳에서 대형 화물차량 운전자가 우측에서 근접하던 원동기 장치 자전거를 발견하지 못하고 그대로 진행하다가 사고를 낸 경우 그 운전자는 사고에 따른 손해배상 책임이 있다고 판시한 바 있습니다(대법원 2002. 10. 11. 선고 2002다43127 판결). 귀하의 경우 비록 자동차 전용도로에서 오토바이를 운전한 것이라 할지라도 전혀 손해배상을 받을 수 없다고 단정할 수는 없습니다. 당시 사고 지점의 상태, 상대방 자동차 운전자의 주의의무가 필요한 정도 및 위반여부 등에 따라 자동차 운전자에게 손해배상을 청구할 수도 있을 것입니다.

■ 교통사고의 손해배상청구 시 보험회사를 상대로 바로 할 수 있는지요?

> **Q.** 저는 교통사고를 당하여 치료를 끝낸 후 가해자를 상대로 손해배상청구소송을 제기하려고 하였으나 가해자가 주민등록지에 거주하지 아니하고, 소재도 파악이 안되고 있습니다. 이 경우 보험회사를 상대로 직접 소송을 제기하는 것이 가능한지요?

A. 「상법」 제724조 제2항은 "제3자는 피보험자가 책임을 질 사고로 입은 손해에 대하여 보험금액의 한도 내에서 보험자에게 직접 보상을 청구할 수 있다. 그러나 보험자는 피보험자가 그 사고에 관하여 가지는 항변으로써 제3자에게 대항할 수 있다."라고 규정하고 있습니다.

이러한 직접청구권의 법적 성질에 관하여 판례는 "상법 제724조 제2항에 의하여 피해자에게 인정되는 직접청구권의 법적 성질은 보험자가 피보험자의 피해자에 대한 손해배상채무를 병존적(並存的)으로 인수한 것으로서, 피해자가 보험자에 대하여 가지는 손해배상청구권이고 피보험자의 보험자에 대한 보험금청구권의 변형 내지는 이에 준하는 권리가 아니다."라고 하였습니다(대법원 1999. 2. 12. 선고 98다44956 판결, 2000. 6. 9. 선고 98다54397 판결).

또한, 위 규정의 취지가 법원이 보험회사가 보상하여야 할 손해액을 산정함에 있어서 자동차종합보험약관상의 지급기준(과실상계, 위자료, 장례비, 일실수입에 관한 기준)에 구속되는 것도 아니며(대법원 1994. 5. 27. 선고 94다6819 판결), 피보험자에게 지급할 보험금액에 관하여 확정판결에 의하여 피보험자가 피해자에게 배상하여야 할 지연손해금을 포함한 금액으로 규정하고 있는 자동차종합보험약관의 규정 취지에 비추어 보면, 보험자는 피해자와 피보험자 사이에 판결에 의하여 확정된 손해액은 그것이 피보험자에게 법률상 책임이 없는 부당한 손해라는 등의 특별한 사정이 없는 한 원본이든 지연손해금이든 모두 피보험자에게 지급할 의무가 있습니다(대법원 2000. 10. 13. 선고 2000다2542 판결).

따라서 위 사안에서도 귀하는 가해자가 가입한 보험회사를 상대로 직접 보험금을 청구할 수 있을 것입니다.

■ 주차중인 오토바이로 인해 발생한 사고에 대한 손해배상청구

> **Q.** 상대방은 보험회사로서 오토바이 소유자인 소외 갑과 그 오토바이에 대하여 자동차책임보험(대인보험 Ⅰ)계약을 체결하였는데 위 보험기간 중인 2001. 8. 초순경 갑은 오토바이를 자신의 주거지 앞 골목길 맞은편 건물 담벼락에 세워 놓은 뒤 더 이상 운행을 하지 않았습니다. 그러던 중 오토바이 앞·뒤 바퀴가 모두 터져 바람이 빠졌고 갑은 이를 알고도 그대로 방치하였습니다. 한편 위 골목길은 승용차 한 대

가 빠져나갈 정도의 좁은 길이었습니다. 그러던 중 제 아이가 위 오토바이에 올라 타다가 오토바이가 넘어지면서 이에 깔려 상해를 입었습니다. 저는 갑의 보험회사 에게 보험금지급을 청구하려고 하는데 가능한지 문의하고 싶습니다.

A. 대법원은 유사한 사례에서 오토바이의 앞·뒤 바퀴에 바람이 빠지는 바람에 외발이 받침대에 비하여 오토바이의 차체가 상대적으로 낮아져서 거의 수직으로 세워진 탓으로 오토바이가 쓰러질 위험성이 높아졌음에도 이를 그대로 방치하면서 매일 오토바이의 시동을 걸어주기만 하였다는 사실을 감안하면 이 사건 사고는 J가 오토바이를 소유, 사용, 관리함에 있어서 주차시킬 때에 지켜야 할 주의를 소홀히 한 것이 원인이 되어 발생한 것으로 볼 수 있고 이는 원고가 보험계약에 따라 보상책임을 부담하는 '이 사건 오토바이의 소유, 사용, 관리로 인한 사고'라고 보아야 할 것이라고 판시한 바 있어 보험회사의 보험금 지급을 인정한 바 있습니다(대법원 2003.9.23. 선고 2002다65936, 65943 판결). 귀하의 경우에도 상대방에게 자동차손해배상보장법에 따른 손해배상의 책임이 인정된다면 상대방 보험사에게 책임보험 약관에 따른 보험금 지급청구가 가능할 것입니다.

■ **자동차의 복수의 운행자 중 1인이 다른 운행자에게 교통사고에 따른 손해배상을 구할 수 있는지요?**

Q. 甲은 자동차 소유명의자인 乙로부터 사용허락을 받아 자동차를 운행하던 중 술을 마신 관계로 병에게 대리운전을 의뢰하였다가 丙이 자동차를 운전하다가 교통사고가 발생하였습니다. 甲은 乙이 가입한 보험회사로부터 책임보험금을 수령할 수 있는지요?

A. 자동차손해배상보장법 제3조에서는 " 자기를 위하여 자동차를 운행하는 자는 그 운행으로 다른 사람을 사망하게 하거나 부상하게 한 경우에는 그 손해를 배상할 책임을 진다"라고 규정하고 있습니다. 자동차손해배상 보장법 제3조 소정의 '다른 사람'이란 자기를 위하여 자동차를 운행하는 자 및 당해 자동차의 운전자를 제외한 그 이외의 자를 지칭하는 것이므로, 동일한 자동차에 대하여 복수로 존재하는 운행자 중 1인이 당해 자동차의 사고로 피해를 입은 경우에도 사고를 당한 그 운행자는 다른 운행자에 대하여 자신이 법 제3조 소정의 타인임을 주장할 수 없는 것이 원칙이고, 다만 사고를 당한 운행자의 운행지배 및 운행이익에 비하여 상대방의 그것이 보다 주도적이거나 직접적이고 구체적으로 나타나 있어 상대방이 용이하게 사고의 발생을 방지할 수 있었다고 보이는 경우에 한하여 비로소 자신이 타인임을 주장할 수 있을 뿐입니다(대법원 1997. 8. 29. 선고 97다12884 판결, 대법원 2000. 10. 6. 선고 2000다32840 판결 등 참조).

그런데 이 사건 사고는 甲이 乙로부터 이 사건 승용차를 빌린 다음 대리운전자인 丙으로 하여금 운전하게 하고 자신은 그 차량에 동승하였다가 발생한 것이므로, 甲은 사고 당시 이 사건 승용차에 대하여 현실적으로 운행을 지배하여 그 운행이익을 향수하는 자로서 자동차손해배상보장법 소정의 운행자라고 할 것이나, 공동운행자인 대리운전자와 甲 사이의 내부관계에 있어서는 단순한 동승자에 불과하므로 甲은 丙을 상대로 손해배상을 구할 수 있다 할 것이지만, 그러나 다른 한편, 乙 역시 이 사건 승용차의 보유자로서 운행자의 지위를 여전히 가지고 있다고 할 것이고, 이 사건 사고 당시 甲의 운행지배 및 운행이익에 비하여 이 사건 승용차에 동승하지도 아니한 乙의 그것이 보다 주도적이거나 직접적이고 구체적으로 나타나 있어 乙이 용이하게 사고의 발생을 방지할 수 있었다고는 보이지 아니하므로, 甲과 乙의 관계에서는 甲은 乙에 대하여 위 법 제3조 소정의 '다른 사람'임을 주장할 수 없다고 할 것이고, 따라서 을이 가입한 보험사는 甲에게 책임보험금을 지급할 의무를 부담하지 않는다고 할 것입니다.

■ 자동차손해배상보장법 제3조 '운행으로 인하여'의 판단기준

> Q. 甲은 乙의 차량에 동승하여 가던 중 乙의 차량이 교통사고가 발생하였고, 甲은 乙의 지시에 따라 후행차량들에 대한 수신호를 하던 중 후행차량에 충격당한 사고가 발생하였습니다. 甲은 乙의 자동차보험사로부터 보험금을 수령할 수 있는지요?

A. 자동차손해배상 보장법 제3조는 "자기를 위하여 자동차를 운행하는 자는 그 운행으로 인하여 다른 사람을 사망하게 하거나 부상하게 한 때에는 그 손해를 배상할 책임을 진다."라고 규정하고 있고, 위 법조에서 '운행으로 인하여'라 함은 운행과 사고 사이에 상당인과관계를 인정할 수 있는지의 여부에 따라 결정되어야 합니다(대법원 1997. 9. 30. 선고 97다24276 판결, 대법원 2006. 4. 13. 선고 2005다73280 판결 등 참조). 한편, 자동차의 운전자는 고장이나 그 밖의 사유로 고속도로나 자동차전용도로에서 그 자동차를 운행할 수 없게 된 때에는 도로교통법 시행규칙에 규정된 '고장 등 경우의 표지'를 그 자동차로부터 100m 이상의 뒤쪽 도로상에 하여야 하고, 특히 야간에는 위 표지와 함께 사방 500m 지점에서 식별할 수 있는 적색의 섬광신호·전기제등 또는 불꽃신호를 그 자동차로부터 200m 이상의 뒤쪽 도로상에 추가로 설치하여야 하며, 그 자동차를 고속도로 또는 자동차전용도로 외의 곳으로 이동하는 등의 필요한 조치를 하여야 합니다. 따라서 乙은 고속도로에는 자동차를 정차할 수 없으므로 다른 차량의 진행에 방해를 주지 않도록 즉시 피보험차를 안전한 장소로 이동시켰어야 함에도 그대로 방치하여 두었을 뿐만 아니라, 단순히 甲으로 하여금 후행차량에 대하여 수신호를 하도록 요구만 한 채 '고장 등 경우의 표지'를 해태하였으므로, 乙의 이러한 형태의 정차는 불법 정차에 해당한다 할 것이고, 따라서 乙로서는 후행차량들이 1차로에

정차한 피보험차를 충돌하고, 나아가 그 주변의 다른 차량이나 사람들을 충돌할 수도 있다는 것을 충분히 예상할 수 있었다고 할 것이므로, 결국 乙의 불법 정차와 이 사건 사고 사이에는 상당인과관계가 있다고 할 것이다.

결국 이 사건 사고는 乙의 차량 운행으로 인하여 발생한 사고이므로 을이 가입한 자동차보험사는 甲의 사고로 인한 보험금을 지급할 의무가 있다고 할 것입니다.

■ 교통사고로 인한 손해배상청구권 시효소멸기간의 진행시점

Q. 甲은 2006.경 교통사고로 상해를 입고 그에 따른 치료비 등을 받았으나, 약 11년후 예기치 못한 교통사고 후유증이 발생하였습니다. 이런 경우에도 손해배상청구가 가능한지요?

A. 불법행위로 인한 손해배상청구권은 민법 제766조 제1항 에 의하여 피해자나 그 법정대리인이 그 손해 및 가해자를 안 날로부터 3년간 행사하지 아니하면 시효로 인하여 소멸하게 됩니다. 그러나 여기에서 그 손해를 안다는 것은 손해의 발생사실을 알면 되는 것이고 그 손해의 정도나 액수를 구체적으로 알아야 하는 것은 아니므로, 통상의 경우 상해의 피해자는 상해를 입었을 때 그 손해를 알았다고 보아야 할 것이지만, 그 후 후유증 등으로 인하여 불법행위 당시에는 전혀 예견할 수 없었던 새로운 손해가 발생하였다거나 예상외로 손해가 확대된 경우에 있어서는 그러한 사유가 판명된 때에 새로이 발생 또는 확대된 손해를 알았다고 보아야 할 것이고, 이와 같이 새로이 발생 또는 확대된 손해 부분에 대하여는 그러한 사유가 판명된 때로부터 민법 제766조 제1항에 의한 시효소멸기간이 진행된다고 할 것입니다.

따라서 11년 후에 甲에게 발생한 후유증이 교통사고로 인한 것이고, 그 후유증이 교통사고 시점에 예측할 수 없었던 것이라면 그 후유증이 발생한 때부터 소멸시효기간이 진행된다고 할 것이므로 손해배상청구가 가능합니다.

■ 교통사고 합의의 효력

Q. 교통사고 이후 피해자와 가해자간 일정한 금액을 지급받고 나머지 청구를 포기하기로 하는 합의를 하였습니다. 그런데 합의 이후 예기치 못한 손해가 발생한 경우 그 합의의 효력은 어떻게 되나요?

A. 일반적으로 불법행위로 인한 손해배상에 관하여 가해자와 피해자 사이에 피해자가 일정한 금액을 지급받고 그 나머지 청구를 포기하기로 합의가 이루어진 때에는 그 후 그 이상의 손해가 발생하였다 하여 다시 그 배상을 청구할 수 없습니다. 그러나 그 합의가 손해의 범위를 정확히 확인하기 어려운 상황에서 이루어진 것이고, 후발손해가 합의 당시의 사정으로 보아 예상이 불가능한 것으로서, 당사자가 후발손해를 예상하였더라면 사회통념상 그 합의금액으로는 화해하지 않았을 것이라고 보는 것이 상당할 만큼 그 손

해가 중대한 것일 때에는 당사자의 의사가 이러한 손해에 대해서까지 그 배상청구권을 포기한 것이라고 볼 수 없으므로 다시 그 배상을 청구할 수 있다고 보아야 합니다.

■ 교통사고 피해자가 자살한 경우 손해배상청구 가능 여부

Q. 고등학교 1학년 여학생이 교통사고로 상해 피해를 입고 우울증에 시달리다 자살한 경우 자살에 따른 손해를 교통사고 가해자에게 구할 수 있는지요?

A. 법원은 "교통사고로 오른쪽 하퇴부에 광범위한 압궤상 및 연부조직 손상 등의 상해를 ○○고등학교 1학년 여학생이 사고 후 12개월 동안 병원에서 치료를 받았으나 다리부위에 보기 흉한 흉터가 남았고 목발을 짚고 걸어다녀야 했으며 치료도 계속하여 받아야 했는데 이로 인하여 사람들과의 접촉을 피하고 심한 우울증에 시달리다가 자신의 상태를 비관, 농약을 마시고 자살한 경우, 교통사고와 사망 사이에 상당인과관계가 있다(대법원 1999. 7. 13. 선고 99다19957 판결)"고 판시한 바 있습니다. 따라서 자살에 따른 손해배상청구는 가능할 것으로 보입니다. 다만 피해액이 감액될 가능성이 높습니다.

■ 미성년자가 교통사고를 낸 경우 부모에 대한 손해배상 청구 가능 여부

Q. 고등학교 1학년(만 16세)이 가해자가 무면허로 오토바이를 운전하다 사고를 낸 경우 부모에게 손해배상청구가 가능한지요?

A. 만 16세 ○○고등학교 1학년 학생이 무면허로 오토바이를 운전하다 사고를 낸 경우, 사고 당시의 연령과 수학정도 등에 비추어 불법행위에 대한 책임을 변식할 능력은 있었으나, 경제적인 면에서 전적으로 그의 부모에게 의존하며 그들의 보호·감독을 받고 있었으므로, 부모로서는 그 자에 대하여 면허 없이 오토바이를 운전하지 못하도록 하는 등 보호·감독을 철저히 하여야 할 주의의무가 있는데도 이를 게을리한 잘못이 있다고 하여 그 부모에게도 교통사고에 대한 손해배상책임이 있다할 것입니다. 다만 만 16세의 고등학생이 부모와 경제적으로 독립한 상태로 부모의 보호·감독을 받고 있지 않는 상태였다면 부모에 대한 손해배상청구가 인정되지 않을 수도 있습니다.

■ 교통사고 피해자가 손해배상청구 포기 약정을 한 경우, 피해자 부모의 위자료 청구권

Q. 교통사고 피해자 본인이 합의금을 수령하고 손해배상청구권 포기 약정을 한 경우, 그 효력이 부모들이 가지는 위자료 청구권에 미치는지요?

A. 교통사고의 경우, 피해자 본인과는 별도로 그의 부모들도 그 사고로 말미암아 그들이 입은 정신적 손해에 대하여 고유의 위자료청구권을 가진다 할 것이므로, 피해자 본인이 합의금을 수령하고 가해자측과 나머지 손해배상청구권을 포기하기로 하는 등의 약정을

맺었다 하더라도 그의 부모들이 합의 당사자인 피해자 본인과 가해자 사이에 합의가 성립되면 그들 자신은 별도로 손해배상을 청구하지 아니하고 손해배상청구권을 포기하겠다는 뜻을 명시적 혹은 묵시적으로 나타낸 바 있다는 등의 특별한 사정이 없는 한 위포기 등 약정의 효력이 당연히 고유의 손해배상청구권을 가지는 그의 부모들에게까지 미친다고는 할 수 없다 할 것입니다(대법원 1999. 6. 22. 선고 99다7046 판결 참조).

■ **불법행위로 훼손된 물건을 수리한 후에도 수리가 불가능한 부분이 남아있는 경우, 수리비 외에 수리불능으로 인한 교환가치의 감소액도 통상의 손해에 해당하는지요?**

Q. 甲은 乙의 과실로 발생한 교통사고로 자신의 자동차가 크게 파손되어 수리비가 2,000만원이 넘게 나왔고 현재 위 자동차의 시세는 1억 4,000만원 정도입니다. 甲은 乙이 가입한 보험사에 수리비와 시세 하락분 상당의 손해에 대해 손해배상청구를 하려고 하는데, 보험사에서는 시세 하락분에 대해서는 보상을 해주지 못하겠다고 합니다. 이 경우 시세 하락분 상당의 손해배상도 청구할 수 있는지요?

A. 위와 유사한 사안에서 판례는, "불법행위로 인하여 물건이 훼손되었을 때 통상의 손해액은 수리가 가능한 경우에는 그 수리비, 수리가 불가능한 경우에는 교환가치의 감소액이 되고, 수리를 한 후에도 일부 수리가 불가능한 부분이 남아있는 경우에는 수리비 외에 수리불능으로 인한 교환가치의 감소액도 통상의 손해에 해당한다(대법원 1992. 2. 11. 선고 91다28719 판결, 대법원 2001. 11. 13. 선고 2001다52889 판결 참조). 한편 자동차가 사고로 인하여 엔진이나 차체의 주요 골격 부위 등이 파손되는 중대한 손상을 입은 경우에는, 이를 수리하여 차량의 외관이나 평소의 운행을 위한 기능적·기술적인 복구를 마친다고 하더라도, 그로써 완전한 원상회복이 되었다고 보기 어려운 경우가 생긴다. 사고의 정도와 파손 부위 등에 따라서는 수리 후에도 외부의 충격을 흡수·분산하는 안정성이나 부식에 견디는 내식성이 저하되고, 차체 강도의 약화나 수리 부위의 부식 또는 소음·진동의 생성 등으로 사용기간이 단축되거나 고장발생률이 높아지는 등 사용상의 결함이나 장애가 잔존·잠복되어 있을 개연성이 있기 때문이다. 자동차관리법에서도 자동차매매업자가 자동차를 매매 또는 매매알선을 하는 경우에는 자동차성능·상태점검자가 해당 자동차의 구조·장치 등의 성능·상태를 점검한 내용 등을 그 자동차의 매수인에게 서면으로 고지하도록 하고 있고(제58조 제1항), 그에 따라 발급하는 중고자동차성능·상태점검기록부에는 사고유무를 표시하되, 단순수리(후드, 프론트 휀더, 도어, 트렁크리드 등 외판 부위 및 범퍼에 대한 판금, 용접수리 및 교환 포함)가 아니라 주요 골격 부위의 판금, 용접수리 및 교환이 있는 경우(쿼터패널, 루프패널, 사이드실패널 부위는 절단, 용접 시에만 해당)에는 사고전력이 있다는 사실 및 그 수리 부위 등을 반드시 표시하도록 하고 있

다(자동차관리법 시행규칙 제120조 제1항 , 별지 제82호 서식). 그러므로 자동차의 주요 골격 부위가 파손되는 등의 사유로 중대한 손상이 있는 사고가 발생한 경우에는, 기술적으로 가능한 수리를 마치더라도 특별한 사정이 없는 한 원상회복이 안 되는 수리 불가능한 부분이 남는다고 보는 것이 경험칙에 부합하고, 그로 인한 자동차 가격 하락의 손해는 통상의 손해에 해당한다고 보아야 한다. 이 경우 그처럼 잠재적 장애가 남는 정도의 중대한 손상이 있는 사고에 해당하는지 여부는 사고의 경위 및 정도, 파손 부위 및 경중, 수리방법, 자동차의 연식 및 주행거리, 사고 당시 자동차 가액에서 수리비가 차지하는 비율, 중고자동차 성능·상태점검기록부에 사고 이력으로 기재할 대상이 되는 정도의 수리가 있었는지 여부 등의 사정을 종합적으로 고려하여, 사회일반의 거래관념과 경험칙에 따라 객관적·합리적으로 판단하여야 하고, 이는 중대한 손상이라고 주장하는 당사자가 주장·증명하여야 한다"고 판시하였습니다(대법원 2017. 5. 17. 선고 2016다248806 판결). 따라서 위 사안에서 사고의 경위 및 정도, 파손 부위 및 경중, 수리방법, 자동차의 연식 및 주행거리, 사고 당시 자동차 가액에서 수리비가 차지하는 비율, 중고자동차 성능·상태점검기록부에 사고 이력으로 기재할 대상이 되는 정도의 수리가 있었는지 여부 등을 종합적으로 고려하여 중대한 손상이 있는 사고에 해당하는 사실이 입증될 경우 甲은 乙보이 가입한 보험사에 시세 하락분 상당의 손해배상도 청구할 수 있습니다.

■ 자동차를 운전하여야 할 지위에 있는 자가 법령상 또는 직무상 임무에 위배하여 운전무자격자인 타인에게 운전을 위탁하였고 그 타인이 자동차의 용법에 따른 사용행위를 실제로 한 경우 그 타인은 운전자 또는 운전보조자로서 자동차손해배상보장법상의 손해배상책임을 지는지요?

Q. 甲은 乙회사의 근로자로서 자신이 소유한 화물트럭으로 乙회사의 화물운송 및 하역작업을 수행하면서 乙회사 내에서 전기배선공 업무를 하던 다른 근로자 丙에게 위 화물트럭을 경사진 곳에 정차시키는 일을 맡겼습니다. 그런데 丙은 위 화물트럭의 조작에 능숙하지 않아 화물트럭을 지면에 안전하게 고정하지 못하였고 그 결과 하역작업 중에 화물트럭이 미끄러지면서 丙을 치어 丙은 그 자리에서 사망하였습니다. 이 경우 甲은 丙의 사망에 대해 자동차손해배상보장법상의 손해배상책임을 지는지요?

A. 이와 유사한 사례에서 판례는, "자동차손해배상 보장법(이하 '자동차손배법'이라고 한다)제3조 본문은 '자기를 위하여 자동차를 운행하는 자는 그 운행으로 인하여 다른 사람을 사망하게 하거나 부상하게 한 경우에는 그 손해를 배상할 책임을 진다'라고 규정하고 있다. 위 규정의 '다른 사람'이란 '자기를 위하여 자동차를 운행하는 자 및 해당 자동차의 운전자를 제외한 그 이외의 자'를 지칭하므로, 해당 자동차를 운전하거나

그 운전의 보조에 종사한 자는 자동차손배법 제3조에 규정된 '다른 사람'에 해당하지 않는다. 그런데 사고 당시 현실적으로 운전을 하지 않았더라도 해당 자동차를 운전하여야 할 지위에 있는 자가 법령상 또는 직무상의 임무에 위배하여 타인에게 운전을 위탁하였고 그 타인이 운전무자격자나 운전미숙자인 경우에는 그와 같이 운전을 위탁한 자는 여전히 운전자로서 위에서 말하는 '다른 사람'에 해당하지 않고(대법원 2000. 3. 28.선고 99다53827판결), 이때 위 타인이 해당 자동차의 용법에 따른 사용 행위를 실제 하였다고 하더라도 그는 특별한 사정이 없는 한 운전보조자에 해당할 수는 있으나 운전자에는 해당하지 않는다고 보아야 한다. 나아가 운전의 보조에 종사한 자에 해당하는지를 판단함에 있어서는, 업무로서 운전자의 운전행위에 참여한 것인지 여부, 운전자와의 관계, 운전행위에 대한 구체적인 참여 내용, 정도 및 시간, 사고 당시의 상황, 운전자의 권유 또는 자발적 의사에 따른 참여인지 여부, 참여에 따른 대가의 지급 여부 등 여러 사정을 종합적으로 고려하여야 하는데(대법원 2010. 5. 27.선고 2010다5175판결), 자신의 업무와 관계없이, 별도의 대가를 받지 않고 운전행위를 도운 것에 불과한 자는 특별한 사정이 없는 한 운전의 보조에 종사한 자에 해당하지 않는다"고 판시하였습니다(대법원 2016. 4. 28. 선고 2014다236830, 236847 판결). 따라서 이 사안에서 丙은 이 사건 작업장에서 전기배선공 업무를 맡던 자로서 운전무자격자나 운전미숙자로서 운전자에 해당하지 않습니다. 또한 丙은 전기배선공으로서의 자신의 업무와 관계 없이, 별도의 대가도 받지 않고 甲의 하역업무를 도운 것에 불과하므로 운전의 보조에 종사한 자에 해당하지도 않는다 할 것입니다. 즉 위 사안에서 丙은 자동차손해배상보장법 소정의 '다른 사람'에 해당하므로 甲은 丙의 사망에 대해 자동차손해배상법상의 손해배상책임을 진다 할 것입니다.

■ **불법행위에 따른 손해배상청구권의 소멸시효 완성 전에 가해자의 보험자가 피해자의 치료비를 자동차손해배상보장법에 따라 의료기관에 직접 지급한 경우, 보험자가 피해자에 대한 손해배상책임이 있음을 전제로 그 손해배상채무 전체를 승인한 것으로 볼 수 있는지요?**

Q. 甲은 2012. 9. 4. 교통사고를 입고 병원에 입원하였는데, 가해차량의 보험사 乙은 위 병원에 2013. 1. 25. 치료비를 지급하고, 다시 그로부터 3년 내인 2015. 9. 23. 치료비를 지급하였습니다. 甲은 위 교통사고일부터 3년이 훨씬 지난 2017. 9. 8. 乙에게 일실수입과 위자료를 청구하였습니다. 이에 乙은 치료비의 지급을 통해 채무를 승인한 것은 적극적 손해인 치료비에 한하므로 치료비 지급으로 인한 소멸시효 중단의 효력은 일실수입과 위자료에는 미치지 않아 일실수입과 위자료 청구권은 소멸시효 완성으로 소멸되었다며 지급을 거절하고 있습니다. 甲은 乙에게 일실수입, 위자료를 청구할 수 있는지요?

A. 이와 관련된 사례에서 판례는, "소멸시효 중단사유로서의 승인은 시효이익을 받을 당사자인 채무자가 소멸시효의 완성으로 권리를 상실하게 될 자 또는 그 대리인에 대하여 그 권리가 존재함을 인식하고 있다는 뜻을 표시함으로써 성립하는바, 그 표시의 방법은 아무런 형식을 요구하지 아니하고 또한 명시적이건 묵시적이건 불문하며, 묵시적인 승인의 표시는 채무자가 그 채무의 존재 및 액수에 대하여 인식하고 있음을 전제로 하여 그 표시를 대하는 상대방으로 하여금 채무자가 그 채무를 인식하고 있음을 그 표시를 통해 추단하게 할 수 있는 방법으로 행해지면 족하다(대법원 1992. 4. 14.선고 92다947판결, 대법원 2005. 2. 17. 선고 2004다59959판결 등 참조). 원심판결 이유에 의하면, 원심은 그 채용 증거를 종합하여,피고가 위와 같이 이 사건 손해배상청구권의 소멸시효가 진행되는 2002. 9. 4.부터 3년 이내인 2003. 1. 25. 과 같은 해 2. 28.에 치료비를 지급하였고, 다시 그로부터 3년 이내인 2005. 9. 23. 과 같은 해 9. 26.에 치료비를 지급하는 등 소멸시효 완성 전에 원고에 대한 치료비를 지급한 사실을 인정하고도, 원고가 이 사건 소송에서 구하는 손해배상금은 일실수입과 위자료로서 피고가 채무를 승인한 적극적 손해(치료비)와는 소송물을 달리한다는 이유로, 피고의 치료비 지급으로 인한 소멸시효 중단의 효력이 원고가 구하는 일실수입과 위자료에는 미치지 않는다고 판단하였다. 그러나 불법행위로 말미암아 신체의 상해를 입었음을 이유로 가해자에게 대하여 손해배상을 청구할 경우에 있어서는 그 소송물인 손해는 통상의 치료비와 같은 적극적 재산상 손해와 일실수익 상실에 따르는 소극적 재산상 손해 및 정신적 고통에 따르는 정신적 손해(위자료)의 3가지로 나누어진다고 볼 수 있으나(대법원 1976. 10. 12.선고 76다1313판결 등 참조), 원심이 인정한 바와 같이 피고가 소멸시효 완성 전에 이 사건 사고로 인한 원고의 치료비를 구 자동차손해배상보장법(2006. 12. 28.법률 제8127호로 일부개정되기 전의 것)제9조 제1항 단서, 제11조 등의 규정에 따라 의료기관에 직접 지급하였다면, 특별한 사정이 없는 한 원고에 대한 손해배상책임이 있음을 전제로 그 사고로 인한 손해배상채무 전체를 승인한 것으로 봄이 상당하고, 치료비와 같은 적극적 손해에 한정하여 채무를 승인한 것으로 볼 수는 없을 것이다"라고 판시하였습니다(대법원 2010. 4. 29. 선고 2009다99105 판결). 따라서 위 사안에서도 보험사 乙이 甲이 입원한 병원에 치료비를 지급한 것은 그 사고로 인한 손해배상채무 전체를 승인한 것으로 보아야 하고, 치료비를 마지막으로 지급한 2015. 9. 23. 전체 손해배상채권에 대해 소멸시효가 중단된다 할 것입니다. 甲이 일실수입과 위자료를 청구한 2017. 9. 8.은 위 시효중단일인 2015. 9. 23.부터 3년이 경과하기 전이므로 甲의 일실수입과 위자료에 대한 채권은 시효로 소멸하지 않아 청구할 수 있습니다.

■ 자동차의 소유자로부터 수리를 의뢰받은 수리업자가 다시 다른 수리업자에게 수리를 의뢰하여, 다른 수리업자가 자동차를 운전하여 자신의 작업장으로 돌아가던 중 교통사고를 일으킨 경우 원래의 수리업자도 다른 수리업자와 공동으로 손해배상책임을 지는지요?

Q. 카센터를 운영하는 甲은 乙로부터 자동차 수리를 의뢰받은 후 직접 수리하기가 곤란하자 乙의 의사를 확인하지 않은 채 다시 다른 수리업자인 丙에게 수리를 의뢰하였습니다. 丙은 甲의 카센터에 들러 위 자동차를 인도받아 자신의 작업장 방면으로 운행하다가 전방주시를 제대로 하지 않은 과실로 교통사고를 냈습니다. 이 경우 위 교통사고에 대해 甲도 손해배상책임을 지는지요?

A. 이와 유사한 사례에서 판례는, "피고는 위 김×현으로부터 이 사건 자동차의 수리를 의뢰받은 후 위 김×현의 의사를 확인하지 않은 채 다시 다른 수리업자인 소외 권병연에게 전화를 걸어 이 사건 승용차의 수리를 의뢰하였고, 이에 따라 피고가 운영하는 카센터에 도착한 위 윤☆이(위 권병연의 동업자이다)는 피고로부터 직접 이 사건 승용차를 건네받으며, 수리할 부분에 관한 설명과 지시를 받은 사실, 통상적으로 카센터에서 타 수리업자에게 수리를 의뢰할 경우 카센터 업자는 자신이 받은 수리비 중 소개비조로 일부를 공제한 후 나머지만을 타 수리업자에게 지급하는데, 이 사건 당시도 수리비용은 피고가 위 김×현으로부터 직접 받았던 사실을 알 수 있는바, 사정이 이와 같다면, 이 사건 사고 당시 피고는 이 사건 승용차의 운행지배를 완전히 상실하였다고 할 수는 없고, 다른 수리업자인 위 윤☆이와 공동으로 이 사건 승용차의 운행지배와 운행이익을 가지고 있었다고 보아야 할 것이다"라고 판시하였습니다(대법원 2005. 4. 14. 선고 2004다68175 판결). 위 사안에서 甲이 乙로부터 수리비용을 받았는지는 불명확하나, 乙의 의사를 확인하지 않은 채 다시 다른 수리업자인 丙에게 수리를 의뢰하였으므로 위 자동차에 대한 운행지배를 상실하였다고 볼 수 없고 丙과 공동으로 운행지배와 운행이익을 가진다고 보아야 할 것입니다. 따라서 甲은 위 교통사고에 대해 丙과 공동으로 자동차손해배상보장법상의 손해배생책임을 진다할 것입니다.

■ 구급차로 환자를 병원에 후송한 후 구급차에 비치된 들것(간이침대)으로 환자를 하차시키던 도중 들것을 잘못 조작하여 환자를 땅에 떨어뜨려 상해를 입게 한 경우, 이는 자동차의 운행으로 인하여 발생한 사고에 해당하는지요?

Q. 甲은 구급차로 환자 乙을 병원에 후송한 후 구급차에 비치된 들것(간이침대)으로 乙을 하차시키던 중 함께 들것을 잡고 있던 간병인과 협력이 제대로 이루어지지 않아 들것에 누워 있던 乙을 땅에 떨어뜨려 상해를 입게 하였습니다. 乙은 구급차가 가입된 보험사 丙에게 손해배상을 청구하였으나, 丙은 들것은 구급차에 계속적으로

고정된 장치로서 구급차의 구조상 설비된 장치가 아니라는 이유로 배상금 지급을 거절하였습니다. 乙은 丙에게 손해배상을 청구할 수 있는지요?

A. 이와 유사한 사례에서 판례는, "자동차손해배상보장법 제3조 본문 및 제2조 제2호에 의하면, 자기를 위하여 자동차를 운행하는 자는 그 운행으로 인하여 다른 사람을 사망하게 하거나 부상하게 한 때에는 그 손해를 배상할 책임을 지고, 그 '운행'이라 함은 사람 또는 물건의 운송 여부에 관계없이 자동차를 그 용법에 따라 사용 또는 관리하는 것을 말한다고 규정되어 있는바, 여기서 '자동차를 그 용법에 따라 사용한다.'는 것은 자동차의 용도에 따라 그 구조상 설비되어 있는 각종의 장치를 각각의 장치목적에 따라 사용하는 것을 말하는 것으로서, 자동차가 반드시 주행 상태에 있지 않더라도 주행의 전후단계로서 주·정차 상태에서 문을 열고 닫는 등 각종 부수적인 장치를 사용하는 것도 포함하는 것이다(대법원 1988. 9. 27. 선고 86다카2270 판결, 1999. 11. 12. 선고 98다30834 판결, 2003. 12. 26. 선고 2003다21865 판결 등 참조). 한편, 자동차의 용도에 따라 그 구조상 설비되어 있는 각종의 장치는 원칙적으로 당해 자동차에 계속적으로 고정되어 사용되는 것이지만 당해 자동차에서 분리하여야만 그 장치의 사용목적에 따른 사용이 가능한 경우에는, 그 장치가 평상시 당해 자동차에 고정되어 있는 것으로서 그 사용이 장치목적에 따른 것이고 당해 자동차의 운행목적을 달성하기 위한 필수적인 요소이며 시간적·공간적으로 당해 자동차의 사용에 밀접하게 관련된 것이라면 그 장치를 자동차에서 분리하여 사용하더라도 자동차를 그 용법에 따라 사용하는 것으로 볼 수 있다 할 것이다"고 설시하면서, "이 사건 들것과 같이 구급차에 장치되는 '간이침대'는 환자후송시 차량에 견고하게 부착된 상태에서 그 위에 누워 있는 환자를 띠로 고정하여 환자를 안전하게 후송하기 위한 목적과 아울러 보행이 불가능한 환자를 위 간이침대에 누워 있는 상태에서 그대로 승하차시키기 위한 목적을 가지고 있다 할 것인바, 원심이 그 채용 증거들에 의하여 적법하게 인정하고 있는 바와 같이 이 사건 사고는 백▼기가 병원 입구에서 보행이 불가능한 피고를 이 사건 들것(간이침대)에 누워있는 상태에서 그대로 구급차에서 내리기 위하여 이 사건 들것을 차 밖으로 빼내어 들것 밑에 달려 있는 접이식 다리가 모두 펴진 직후 방향전환을 하는 과정에서 들것을 잘못 조작하여 들것의 앞쪽 다리가 꺾이게 되어 피고가 땅에 떨어지게 됨으로써 발생한 것이므로, 이 사건 사고는 이 사건 들것을 그 장치목적인 하차작업에 사용하던 도중에 발생한 것으로 볼 것이다. 이와 같이 이 사건 들것은 평상시 이 사건 구급차에 고정되어 있는 것으로서 이 사건 당시 백▼기는 이 사건 들것을 그 장치목적에 따라 사용하고 있었고, 구급차에 들것을 장치하여 환자를 들것에 뉘어 후송하고 승하차시키는 것은 구급차의 사용목적을 달성하기 위한 필수적인 요소라 할 것이며, 이 사건 사고는 병원에

도착한 직후 이 사건 구급차에서 환자를 하차시키던 도중에 발생하여 시간적·공간적으로 이 사건 구급차의 사용과 밀접한 관계에 있었다고 볼 수 있으므로, 이 사건 들것이 이 사건 사고 당시 이 사건 구급차에서 분리되어 사용되었더라도 이는 자동차를 그 용법에 따라 사용한 것으로서 자동차손해배상보장법 제2조 제2호 소정의 운행에 해당한다고 할 것이고, 따라서 이 사건 사고는 이 사건 구급차의 운행으로 인하여 발생한 사고에 해당한다 할 것이다"고 판시하였습니다(대법원 2004. 7. 9. 선고 2004다20340 판결). 따라서 위 사안에서도 구급차에 비치된 들것으로 환자 乙을 하차시키던 중 들것을 잘못 조작하여 乙을 땅에 떨어뜨린 경우 이는 구급차를 그 용법에 따라 사용한 것으로서 자동차손해배상보장법 제2조 제2호 소정의 운행에 해당한다고 할 것이고, 乙은 구급차가 가입된 보험사 丙에게 자동차손해배상보장법상의 손해배상을 청구할 수 있습니다.

■ **골목길에 주차시킨 오토바이가 앞·뒤 바퀴에 바람이 빠져서 쓰러질 위험성이 높았음에도 오토바이 소유자가 그대로 방치하면서 매일 시동만 걸어준 경우, 위 오토바이 위에서 어린 아이가 놀다가 깔려 사망하였다면 자동차손해배상보장법 제3조 소정의 '운행으로 인한 사고'에 해당하는지요?**

> **Q.** 甲은 자신의 주거지 앞 골목길 담벼락에 오토바이의 왼쪽 하단에 있는 외발이 받침대를 지지대로 이용하여 오토바이를 세워놓고 그 이후 오토바이 운행을 하지 않았습니다. 그러던 중 위 오토바이의 앞, 뒤 바퀴에 구멍이 나서 바람이 빠졌는데도 甲은 오토바이를 그대로 방치하였습니다. 위 골목길에는 평소 유아들이 뛰어놀기도 하던 곳이었는데 어린아이인 乙이 그곳에서 혼자 놀던 중 위 오토바이에 올라갔다가 오토바이가 넘어지는 바람에 그 오토바이에 깔려 사망하였습니다. 乙의 유족은 위 오토바이가 가입된 보험사 丙에 손해배상을 청구하였으나 丙은 위 사고는 오토바이의 운행으로 인한 사고가 아니라며 거절하였습니다. 乙의 유족은 보험사 丙에게 손해배상을 청구할 수 있는지요?

A. 이와 유사한 사례에서 판례는, "이 사건 보험계약에 적용되는 보통약관에 의하면, 원고의 보상책임은 소외 1이 이 사건 오토바이의 소유, 사용, 관리로 인하여 남을 죽게 하거나 다치게 하여 자동차손해배상보장법 등에 의한 손해배상책임을 짐으로써 입은 손해를 보상하는 것으로 규정하고 있고, 자동차손해배상보장법은 제3조 본문에서 '자기를 위하여 자동차를 운행하는 자는 그 운행으로 인하여 다른 사람을 사망하게 하거나 부상하게 한 때에는 그 손해를 배상할 책임을 진다.'고 규정하고, 제2조 제2호에서 "운행"이라 함은 '사람 또는 물건의 운송 여부에 관계없이 자동차를 그 용법에 따라 사용 또는 관리하는 것을 말한다.'고 규정하고 있다. 그런데 위 제1항과 같은

원심의 인정 사실에다가 기록에 의하여 알 수 있는바와 같이 소외 1은 어린아이들이 뛰어놀기도 하는 골목길에 위 오토바이를 주차시킨 뒤, 그 오토바이의 앞·뒤 바퀴에 바람이 빠지는 바람에 외발이 받침대에 비하여 오토바이의 차체가 상대적으로 낮아져서 거의 수직으로 세워진 탓으로 오토바이가 쓰러질 위험성이 높아졌음에도 그러한 위험성을 깨닫지 못한 채 위 오토바이를 그대로 방치하면서 매일 오토바이의 시동을 걸어주기만 하였다는 사실을 감안하면, 이 사건 사고는 소외 1이 오토바이를 소유, 사용, 관리함에 있어서 주차시킬 때에 지켜야 할 주의를 소홀히 한 것이 원인이 되어 발생한 것으로 볼 수 있고, 이는 원고가 이 사건 보험계약에 따라 보상책임을 부담하는 '이 사건 오토바이의 소유, 사용, 관리로 인한 사고'라고 보아야 할 것이다"고 판시하였습니다(대법원 2003. 9. 23. 선고 2002다65936 판결). 따라서 위 사안에서도 위 오토바이가 넘어져 乙이 사망한 사고는 甲이 오토바이를 소유, 사용, 관리함에 있어서 주차시킬 때에 지켜야 할 주의를 소홀히 한 것이 원인이 되어 발생한 것으로 볼 수 있고, 이는 '이 사건 오토바이의 소유, 사용, 관리로 인한 사고'라고 보아야 하므로, 乙의 유족은 보험사 丙에게 자동차손해배상보장법상의 손해배상을 청구할 수 있습니다.

■ 신호대기를 위하여 정지하여 있는 자동차의 운전자의 후행 오토바이에 대한 주의의무

> **Q.** 甲은 승용차를 운전하여 편도 2차선 도로의 2차로를 진행하던 중 차량정지 신호를 받고 일시 정지하고 있었습니다. 乙은 위 승용차 후방에서 오토바이를 운전하여 진행하다가 신호대기 중인 위 승용차를 피하여 진행방향 우측에 있는 갓길로 진행하다가 전방에 물웅덩이를 발견하고 위 승용차의 진행로 앞으로 급히 진입하였습니다. 마침 甲은 진행신호에 따라 위 승용차를 출발하는 순간 우측에서 자신이 운전하는 승용차를 추월하는 위 오토바이를 보았으나 곧바로 위 승용차 앞부분으로 오토바이를 충격하여 乙이 상해를 입었습니다. 甲은 우측 갓길을 진행하는 오토바이가 갑자기 자신의 진행방향 앞으로 진입하리라는 것을 예상할 수 없었다며 억울해 하는데 乙은 甲에게 손해배상을 청구할 수 있는지요?

A. 이와 유사한 사례에서 판례는, "신뢰의 원칙은 상대방 교통관여자가 도로교통의 제반 법규를 지켜 도로교통에 임하리라고 신뢰할 수 없는 특별한 사정이 있는 경우에는 그 적용이 배제된다고 할 것이나(대법원 1984. 4. 10. 선고 84도79 판결 참조), 신호대기를 위하여 정지하여 있는 자동차의 운전자는 특별한 사정이 없는 한 뒤에서 오토바이가 진행하여 오는 것을 보았다고 하더라도 그 오토바이도 신호대기를 위하여 정지하리라고 신뢰하면 족한 것이지, 정지하지 아니하고 앞쪽의 신호대기중인 자동차를 피하여 오른쪽으로 진로를 변경하여 갓길을 따라 오던 속도 그대로 진행하다가 자동차 전방으로 갑자기 진로를 변경할 것까지 예상하여 진행신호가 들어온 경우

에도 출발을 하지 않고 정지하여 오토바이의 동태를 살핀다든가 하는 등의 안전조치를 취할 주의의무는 없다"고 판시하였습니다(대법원 2003. 4. 11. 선고 2003다3607, 3614 판결). 위 사안에서도 운전자인 甲으로서는 위 오토바이 운전자인 乙이 신뢰를 깨뜨리는 운행을 하는 것을 발견한 이후에는 그에 따른 적절한 안전조치를 취할 주의의무가 있다 할 것이나, 乙은 위 승용차에 못 미친 지점 갓길에서 전방의 물웅덩이를 보고 갑자기 핸들을 왼쪽으로 틀어 안전거리를 거의 두지 아니한 채 막 출발하려는 위 승용차 앞으로 진로를 변경하였던 것으로 보이므로, 甲은 그 당시 상황에서 급제동 조치를 취하였다 하더라도 충돌을 피할 수는 없었다고 할 것이어서 甲에게 과실이 있다고 할 수 없습니다. 따라서 乙은 甲에게 위 사고로 인한 상해에 대해 손해배상을 청구할 수 없을 것입니다.

■ 자동차의 수리의뢰와 운행지배권의 귀속 주체

Q. 甲은 자동차수리업자 乙에게 자신 소유의 자동차 수리를 맡기고 수리가 어느 정도 마쳐진 것으로 보이자 자동차를 돌려달라고 하였습니다. 이에 乙은 아직 점검이 끝나지 않았으니 시운전을 해보자며 甲을 조수석에 태워 시운전을 하였습니다. 시운전을 하는 과정에서 甲은 자신이 거주할 방을 알아보고자 한다며 공사 중의 이면도로로 무리하게 진입하다가 반대방향에서 오는 오토바이를 충격하여 오토바이 운전자 丙은 그 자리에서 사망하였습니다. 甲은 자신은 자동차 수리를 乙에게 맡겼고 乙이 시운전을 하다가 사고가 났으니 자신은 책임이 없다고 주장합니다. 丙의 유족은 甲에게 손해배상을 청구할 수 있는지요?

A. 이와 유사한 사례에서 판례는, "통상의 경우 자동차의 수리를 의뢰하는 것은 자동차수리업자에게 자동차의 수리와 관계되는 일체의 작업을 맡기는 것으로서, 여기에는 수리나 시운전에 필요한 범위 안에서의 운전행위도 포함되고, 자동차의 소유자는 수리를 의뢰하여 자동차를 수리업자에게 인도한 이상 수리완료 후 다시 인도받을 때까지는 자동차에 대하여 관리지배권을 갖지 않으므로, 그 운행지배권은 수리업자에게만 있는 것이지만, 자동차를 수리하거나 시운전하는 동안에 발생한 사고 당시 그 소유자가 자동차의 운행에 대한 운행지배와 운행이익을 완전히 상실하지 아니하였다고 볼 만한 특별한 사정이 있는 경우에는 달리 보아야 한다(대법원 1996. 6. 28. 선고 96다12887 판결, 2000. 4. 11. 선고 98다56645 판결 등 참조)고 설시하면서 자동차의 수리업자가 수리완료 여부를 확인하고자 시운전을 하면서 동시에 수리의뢰자나 자동차 소유자가 거주할 방을 알아보고자 운행한 경우 자동차 소유자와 수리업자의 공동으로 자동차에 대한 운행지배와 운행이익을 가진다고 판시하였습니다(대법원 2002. 12. 10. 선고 2002다53193 판결). 위 사안에서도 자동차 소유자 甲이 시운

전을 하던 수리업자 乙에게 자신의 방을 알아보고자 운행을 지시하다가 사고가 발생하였으므로 甲과 乙은 공동의 운행지배와 운행이익을 가지고, 丙의 유족은 甲에게 손해배상을 청구할 수 있습니다.

■ 지입차량의 소유권침해로 인한 손해배상청구권자

> **Q.** 지입차량이 사고로 인하여 차량수리비 등의 손해를 입었습니다. 이 경우 지입계약에 따라 자동차등록원부에 소유자로 등록된 지입회사가 손해배상청구권을 가지는 것인가요? 아니면 실질적으로 자동차를 소유하고 있는 차주가 손해배상청구권을 가지는 것인가요?

A. 판례는 "화물자동차운송사업면허를 가진 운송사업자와 실질적으로 자동차를 소유하고 있는 차주 간의 계약으로 외부적으로는 자동차를 운송사업자 명의로 등록하여 운송사업자에게 귀속시키고 내부적으로는 각 차주들이 독립된 관리 및 계산으로 영업을 하면서 운송사업자에게 지입료를 지불하는 운송사업형태(이른바 지입제)에 있어, 지입차량은 지입회사가 대외적으로는 소유자이므로 그 소유권침해로 인한 손해배상을 구하는 것은 대외적으로 소유권자인 지입회사의 권한에 속한다(대법원 1989. 9. 12. 선고 88다카18641 판결 참조)."고 판시한 바 있습니다(대법원 2007.1.25, 선고 2006다61055 판결). 그러므로 차주와 지입회사 간에 피해차량에 관하여 차주가 형식적인 소유권을, 지입회사는 실질적인 소유권을 갖기로 하는 내용의 지입계약을 체결하였다면, 위와 같은 지입계약에 따라 피해차량의 대외적인 소유권자는 지입회사이고, 따라서 특별한 사정이 없는한 피해차량이 사고로 인하여 차량수리비 등의 손해를 입은 경우에는 지입회사가 그 소유권을 침해받은 것이므로 지입회사가 피해차량의 소유권자로서 가해차량의 보험자 등을 상대로 하여 손해배상을 청구할 수 있다고 보입니다.

■ 수리비 외에 수리불능으로 인한 교환가치의 감소액도 통상의 손해에 해당하는지요?

> **Q.** 자동차의 주요 골격 부위가 파손되는 등의 사유로 중대한 손상이 있는 사고가 발생하였습니다. 이 경우 기술적으로 가능한 수리를 마친 후에도 원상회복이 안 되는 수리 불가능한 부분이 남는다고 보아야 하는가요? 또 이로 인한 자동차 가격 하락의 손해가 통상의 손해에 해당하는지 여부 및 이때 중대한 손상이 있는 사고에 해당하는지 판단하는 방법과 이에 대한 증명책임의 소재도 궁금합니다.

A. 판례는 "불법행위로 인하여 물건이 훼손되었을 때 통상의 손해액은 수리가 가능한 경우에는 그 수리비, 수리가 불가능한 경우에는 교환가치의 감소액이 되고, 수리를 한 후에도 일부 수리가 불가능한 부분이 남아있는 경우에는 수리비 외에 수리불능으로 인한 교환가치의 감소액도 통상의 손해에 해당한다(대법원 1992. 2. 11. 선고

91다28719 판결, 대법원 2001. 11. 13. 선고 2001다52889 판결 참조). 한편 자동차가 사고로 인하여 엔진이나 차체의 주요 골격 부위 등이 파손되는 중대한 손상을 입은 경우에는, 이를 수리하여 차량의 외관이나 평소의 운행을 위한 기능적·기술적인 복구를 마친다고 하더라도, 그로써 완전한 원상회복이 되었다고 보기 어려운 경우가 생긴다. 사고의 정도와 파손 부위 등에 따라서는 수리 후에도 외부의 충격을 흡수·분산하는 안정성이나 부식에 견디는 내식성이 저하되고, 차체 강도의 약화나 수리 부위의 부식 또는 소음·진동의 생성 등으로 사용기간이 단축되거나 고장발생률이 높아지는 등 사용상의 결함이나 장애가 잔존·잠복되어 있을 개연성이 있기 때문이다. 자동차관리법에서도 자동차매매업자가 자동차를 매매 또는 매매알선을 하는 경우에는 자동차성능·상태점검자가 해당 자동차의 구조·장치 등의 성능·상태를 점검한 내용 등을 그 자동차의 매수인에게 서면으로 고지하도록 하고 있고(제58조 제1항), 그에 따라 발급하는 중고자동차성능·상태점검기록부에는 사고 유무를 표시하되, 단순수리(후드, 프론트 휀더, 도어, 트렁크리드 등 외판 부위 및 범퍼에 대한 판금, 용접수리 및 교환 포함)가 아니라 주요 골격 부위의 판금, 용접수리 및 교환이 있는 경우(쿼터패널, 루프패널, 사이드실패널 부위는 절단, 용접 시에만 해당)에는 사고전력이 있다는 사실 및 그 수리 부위 등을 반드시 표시하도록 하고 있다(자동차관리법 시행규칙 제120조 제1항, 별지 제82호 서식). 그러므로 자동차의 주요 골격 부위가 파손되는 등의 사유로 중대한 손상이 있는 사고가 발생한 경우에는, 기술적으로 가능한 수리를 마치더라도 특별한 사정이 없는 한 원상회복이 안 되는 수리 불가능한 부분이 남는다고 보는 것이 경험칙에 부합하고, 그로 인한 자동차 가격 하락의 손해는 통상의 손해에 해당한다고 보아야 한다. 이 경우 그처럼 잠재적 장애가 남는 정도의 중대한 손상이 있는 사고에 해당하는지 여부는 사고의 경위 및 정도, 파손 부위 및 경중, 수리방법, 자동차의 연식 및 주행거리, 사고 당시 자동차 가액에서 수리비가 차지하는 비율, 중고자동차 성능·상태점검기록부에 사고 이력으로 기재할 대상이 되는 정도의 수리가 있었는지 여부 등의 사정을 종합적으로 고려하여, 사회일반의 거래관념과 경험칙에 따라 객관적·합리적으로 판단하여야 하고, 이는 중대한 손상이라고 주장하는 당사자가 주장·증명하여야 한다.” 라고 판시한 바 있습니다(대법원 2017. 5. 17. 선고 2016다248806 판결 참조). 그러므로 불법행위로 훼손된 물건을 수리한 후에도 수리가 불가능한 부분이 남아있는 경우, 수리비 외에 수리불능으로 인한 교환가치의 감소액도 통상의 손해에 해당할 가능성이 있고, 자동차의 주요 골격 부위가 파손되는 등의 사유로 중대한 손상이 있는 사고가 발생한 경우, 기술적으로 가능한 수리를 마친 후에도 원상회복이 안 되는 수리 불가능한 부분이 남는다고 보아야 할 수 있고, 이로 인한 자동차 가격 하락의 손해는 통상의 손해에 해당할 가능성이 높으며, 이때 중대한 손상이 있는 사고에 해당하는지에 대한 증명책임은 중

대한 손상이라고 주장하는 당사자에게 있을 것으로 보입니다.

■ 자동차사고로 승객이 사망한 경우 운행자는 자기에게 과실이 없음을 내세워 손해배상책임을 면할 수 있는지 여부 및 면제의 효력

> **Q.** 자동차사고로 승객이 사망한 경우 운행자는 자기에게 과실이 없음을 내세워 손해배상책임을 면할 수 있는가요? 또 위 사고에 책임이 있는 자 중 1인에 대한 채무면제가 다른 채무자에 대하여 효력이 미치는지도 궁금합니다.

A. 판례는 "자동차사고로 승객이 사망한 경우 운행자는 승객의 사망이 고의 또는 자살행위로 인한 것임을 주장, 입증하지 않는 한 운전상의 과실 유무를 가릴 것 없이 승객의 사망에 따른 손해를 배상할 책임이 있으므로 자기에게 과실이 없음을 내세워 손해배상책임을 면할 수 없다."고 판시한 바 있으며, 또한 "충돌사고로 승객이 피해를 입은 경우 가해자들이 피해자에 대하여 부담하는 각 손해배상책임은 서로 부진정연대채무관계에 있다고 볼 것이고, 이러한 부진정연대채무자 상호간에 있어서 채권의 목적을 달성시키는 변제와 같은 사유는 채무자 전원에 대하여 절대적 효력을 발생하지만 그 밖의 사유는 상대적 효력을 발생하는 데에 그치는 것이므로 피해자가 채무자 중의 1인에 대하여 손해배상에 관한 권리를 포기하거나 채무를 면제하는 의사표시를 하였다 하더라도 다른 채무자에 대하여 그 효력이 미친다고 볼 수는 없다 할 것이고, 이러한 법리는 채무자들 사이의 내부관계에 있어 1인이 피해자로부터 합의에 의하여 손해배상채무의 일부를 면제받고도 사후에 면제받은 채무액을 자신의 출재로 변제한 다른 채무자에 대하여 다시 그 부담부분에 따라 구상의무를 부담하게 된다하여 달리 볼 것은 아니다."라고 판시한 바 있습니다(대법원 1993. 5. 27. 선고 93다6560 판결 참조). 그러므로 특별한 사정이 없는 한 자동차사고로 승객이 사망한 경우 운행자는 자기에게 과실이 없음을 내세워 손해배상책임을 면할 수 없으며, 또한 위 사고에 책임이 있는 자 중 1인에 대한 채무면제가 다른 채무자에 대하여 효력이 미치지도 아니할 것으로 보입니다.

■ 경과실만 있는 공무원이 자동차의 운행자에 해당하는 경우

> **Q.** 공무원이 자동차를 운행하여 공무집행을 하던 중 사고로 다른 사람을 사망하게 하거나 부상하게 하여서 공무원 개인이 자동차손해배상보장법상의 손해배상책임을 지게 되는 경우에도 국가배상법 제2조에 따라 공무원에게 경과실만 있을 뿐인 때에는 공무원 개인은 결국 면책되는 것인지요?

A. 판례는 "우리 헌법 제29조 제1항 본문은 공무원이 직무수행 중 불법행위로 타인에게 손해를 입힌 경우에 국가 등이 국가배상책임을 부담함을 규정하면서 단서로 "이 경우

공무원 자신의 책임은 면제되지 아니한다."라고 규정하여 공무원 개인도 민사상 책임을 부담함을 분명히 선언하되 그 책임의 내용과 범위에 관하여는 헌법에 더 이상 규정하지 아니하고 있고, 이를 직접 명시적으로 규정한 법률도 없으나, 헌법 제29조 제1항 및 국가배상법 제2조를 그 각 입법취지에 비추어 합리적으로 해석하면 공무원이 공무집행상의 위법행위로 인하여 타인에게 손해를 입힌 경우에는 공무원에게 고의 또는 중과실이 있는 때에는 공무원 개인도 불법행위로 인한 손해배상책임을 진다고 할 것이지만 공무원에게 경과실뿐인 때에는 공무원 개인은 손해배상책임을 부담하지 아니한다고 할 것이다(당원 1996. 2. 15. 선고 95다38677 전원합의체 판결 참조). 그러나 공무원이 자동차를 운행하여 공무집행을 하던 중 사고로 다른 사람을 사망하게 하거나 부상하게 하여서 공무원 개인이 자동차손해배상보장법상의 손해배상책임을 지게 되는 경우는 이와 달리 보아야 할 것이다. 자동차손해배상보장법(이하 자배법이라 한다)은 자동차의 운행이란 사회적 위험성이 큰 요소로 인하여 발생하는 손해의 배상책임을 그 운행자에게 용이하게 귀속시킴으로써 피해자를 보호하고 자동차 운송의 건전한 발전을 도모하기 위하여(자배법 제1조) 그 법 제3조 본문에 자기를 위하여 자동차를 운행하는 자는 그 운행으로 말미암아 다른 사람을 사망하게 하거나 부상하게 한 때는 그 손해를 배상할 책임을 진다고 규정하고 있고, 위 법조항은 위 법의 취지로 보아 자동차의 운행이 사적인 용무를 위한 것이건 국가 등의 공무를 위한 것이건 구별하지 아니하고 민법이나 국가배상법에 우선하여 적용된다고 보아야 할 것이다. 따라서 일반적으로는 공무원의 공무집행상의 위법행위로 인한 공무원 개인 책임의 내용과 범위는 민법과 국가배상법의 규정과 해석에 따라 정하여질 것이지만, 자동차의 운행으로 말미암아 다른 사람을 사망하게 하거나 부상하게 함으로써 발생한 손해에 대한 공무원의 손해배상책임의 내용과 범위는 이와는 달리 자배법이 정하는 바에 의할 것이므로, 공무원이 직무상 자동차를 운전하다가 사고를 일으켜 다른 사람에게 위와 같은 손해를 입힌 경우에는 그 사고가 자동차를 운전한 공무원의 경과실에 의한 것인지 중과실 또는 고의에 의한 것인지를 가리지 않고, 그 공무원이 자배법 제3조 소정의 '자기를 위하여 자동차를 운행하는 자'에 해당하는 한 자배법상의 손해배상책임을 부담하는 것이라고 할 것이다(대법원 1987. 10. 28. 선고 87다카1388 판결, 1969. 6. 10. 선고 68다2071 판결, 1967. 9. 26. 선고 67다1695 판결 등 참조)"라고 판시한 바 있습니다(대법원 1996. 3. 8. 선고 94다23876 판결 참조). 그러므로 공무원이 자동차를 운행하여 공무집행을 하던 중 사고로 다른 사람을 사망하게 하거나 부상하게 하여서 공무원 개인이 자동차손해배상보장법상의 손해배상책임을 지게 되는 경우에는, 공무원에게 경과실만 있을 뿐인 때에도 공무원 개인이 손해배상책임을 지게 될 수 있습니다.

■ 자동차를 사용 대차한 경우 운행자성 여부

Q. 친한 친구에게 제 소유의 자동차를 무상으로 대여하였는데, 그 친구가 자동차사고를 일으키고 말았습니다. 이 경우에도 저는 자동차의 운행자로서 자동차손해배상보장법상의 책임을 지게 되는 것인지요?

A. 판례는 "자동차손해배상보장법 제3조 소정의 "자기를 위하여 자동차를 운행하는자"라 함은 일반적, 추상적으로 자동차의 운행을 지배하여 그 이익을 향수하는 책임주체의 지위에 있는 자를 말하므로, 자동차의 소유자가 그 친구 등 밀접한 인적관계에 있는 자에게 자동차를 무상으로 대여한 경우에도 특별한 사정이 없는 한 그 자동차에 대한 운행지배나 운행이익을 여전히 자동차 소유자에게 있고, 자동차를 빌린 자가 이를 이용했다는 사정만으로 그를 위 법조 소정의 "자기를 위하여 자동차를 운행하는 자"라고 볼 수는 없다." 라고 판시한 바 있습니다(대법원 1991. 5. 10. 선고 91다3918 판결 참조). 그러므로 친한 친구에게 자신 소유의 자동차를 무상으로 대여하였더라도, 그 친구가 자동차사고를 일으켰다면 차량의 소유자가 여전히 자동차의 운행자로서 자동차손해배상보장법상의 운행자책임을 지게 될 수 있습니다.

Chapter 4. 교통사고 합의에 대한 상담사례

■ 교통사고 합의 이후 예기치 못한 손해가 발생한 경우 그 합의의 효력은 어떻게 되나요?

Q. 교통사고 이후 피해자와 가해자간 일정한 금액을 지급받고 나머지 청구를 포기하기로 하는 합의를 하였습니다. 그런데 합의 이후 예기치 못한 손해가 발생한 경우 그 합의의 효력은 어떻게 되나요?

A. 일반적으로 불법행위로 인한 손해배상에 관하여 가해자와 피해자 사이에 피해자가 일정한 금액을 지급받고 그 나머지 청구를 포기하기로 합의가 이루어진 때에는 그 후 그 이상의 손해가 발생하였다 하여 다시 그 배상을 청구할 수 없습니다.

그러나 그 합의가 손해의 범위를 정확히 확인하기 어려운 상황에서 이루어진 것이고, 후발손해가 합의 당시의 사정으로 보아 예상이 불가능한 것으로서, 당사자가 후발손해를 예상하였더라면 사회통념상 그 합의금액으로는 화해하지 않았을 것이라고 보는 것이 상당할 만큼 그 손해가 중대한 것일 때에는 당사자의 의사가 이러한 손해에 대해서까지 그 배상청구권을 포기한 것이라고 볼 수 없으므로 다시 그 배상을 청구할 수 있다고 보아야 합니다.

■ 교통사고 과실비율에 대한 착오의 경우 합의를 취소할 수 있나요?

Q. 甲은 오토바이를 운전하다 승합차와 부딪혀 상해를 입었는데 甲을 대리하여 가족들이 보험회사를 상대로 하여 치료비를 포함한 손해배상금에 관해 합의를 하였습니다. 합의 당시에는 사고가 전적으로 甲의 과실로 발생한 것으로 알았는데, 사고 상대방의 과실도 경합하고 있다는 사실을 알게 되었습니다. 이 경우 합의를 취소하고 과실비율에 따라 손해를 전보 받을 수 있을까요?

A. 사고 상대방의 과실이 경합되어있음에도 이를 알지 못하고 甲의 전적인 잘못으로 생각하고 합의하였다면 합의에 착오가 있는 경우에 해당합니다.

그리고 민법상의 화해계약을 체결한 경우 당사자는 착오를 이유로 취소하지 못하고 다만 화해 당사자의 자격 또는 화해의 목적인 분쟁 이외의 사항에 착오가 있는 때에 한하여 이를 취소할 수 있으며, 여기서 '화해의 목적인 분쟁 이외의 사항'이라 함은 분쟁의 대상이 아니라 분쟁의 전제 또는 기초가 된 사항으로서, 쌍방 당사자가 예정한 것이어서 상호 양보의 내용으로 되지 않고 다툼이 없는 사실로 양해된 사항을 말하는 것입니다(1995. 12. 12. 선고 94다22453 판결). 따라서 과실비율이 상호 양보의 내용으로 되지 않고 다툼이 없는 사실로 양해된 사항이라면 착오를 이유로 한 취소가 가능합니다.

위와 같은 사실관계가 문제된 대법원 1997. 4. 11. 선고 95다48414 판결에서는 합의 당시 원고들은 이 사건 교통사고가 오로지 원고 1인의 과실로 인하여 발생한 것을 자인하고 치료비를 포함한 합의금으로 금 7,000,000원만을 받고 일체의 손해배상청구권을 포기하기로 합의하였는데, 이 사건 사고가 위 원고의 전적인 과실로 인하여 발생하였다는 사실은 쌍방 당사자 사이에 다툼이 없어 양보의 대상이 되지 않았던 사실로서 화해의 목적인 분쟁의 대상이 아니라 그 분쟁의 전제가 되는 사항에 해당하는 것이므로 원고들은 착오를 이유로 위 화해계약을 취소할 수 있다고 하였습니다(대법원1992. 7. 14. 선고 91다47208 판결).

그러므로 사안에서도 甲의 과실비율에 착오를 일으켜 합의한 것이므로 합의를 착오를 이유로 취소하고 실제 발생한 손해액을 증명하여 손해배상을 받을 수 있을 것입니다.

■ 교통사고 합의서에 인쇄된 '부제소 합의문구'의 효력은?

A. 저는 교통사고 직후 '甲'의 형 감면을 위하여 합의하였고 이때 합의서를 작성하였습니다. 합의서에는 미리 부동문자(不動文字)로 "민·형사상의 소송이나 그 밖의 어떠한 이의도 제기하지 아니한다."는 문구가 있었습니다. 이후 제가 가해차량의 보험회사인 乙보험회사에 후유증이나 장해에 관하여 배상을 청구했는데 부제소 합의를 이유로 거절하고 있습니다. 이것이 타당한가요?

A. 이러한 합의서 역시 일정 배상을 받고 손해배상을 포기하고자 하는 취지가 이루어진 문서로 처분문서라 할 것입니다. 이때, 대법원에 의하면 "처분문서의 기재 내용이 부동문자로 인쇄되어 있다면 인쇄된 예문에 지나지 아니하여 그 기재를 합의의 내용이라고 볼 수 없는 경우도 있으므로 처분문서라 하여 곧바로 당사자의 합의의 내용이라고 단정할 수는 없고 구체적 사안에 따라 당사자의 의사를 고려하여 그 계약 내용의 의미를 파악하고 그것이 예문에 불과한 것인지의 여부를 판단하여야 한다"고 합니다(대법원 1997. 11. 28. 선고 97다36231 판결).

사안과 유사한 사실관계에 있어서 대법원은 사고로 인한 손해배상에 관한 합의에 있어 원고측이 원고의 후유증을 예기하고 그에 상당한 금액을 받기로 하고 일체의 손해배상청구권을 포기하기로 한 것이라면 그 합의서상의 권리포기조항이 예문에 불과한 것으로는 볼 수 없다고 하여 그 효력을 인정한 경우도 있으나,(대법원 1979. 2. 13. 선고 78다2161 판결) 교통사고 피해자가 합의금을 수령하면서 민·형사상의 소송이나 그 밖의 어떠한 이의도 제기하지 아니한다는 내용의 부동문자로 인쇄된 합의서에 날인한 경우, 그 피해정도, 피해자의 학력, 피해자와 가해자의 관계, 합의에 이른 경위, 가해자가 다른 피해자와 합의한 내용 및 합의 후 단기간 내에 소송을 제기한 점 등 제반 사정에 비추어 위 합의서의 문구는 단순한 예문에 불과할 뿐 이를 손해

전부에 대한 배상청구권의 포기나 부제소(不提訴)의 합의로는 볼 수 없다고도 하였습니다(대법원 1999. 3. 23. 선고 98다64301 판결).

따라서 사안의 경우 구체적인 사실관계에 따라 결론이 달라질 수는 있으나 합의서의 효력을 부정하는 주장을 할 수는 있을 것입니다.

■ 교통사고 합의 후 국민건강보험공단에서 병원에 지급한 치료비 등을 부담하여야 한다는 말이 있는데 어떻게 되는지요?

> **Q.** 저는 甲이 운전하는 오토바이에 충격 당하여 전치 6주의 상해를 입었으나 甲이 치료비를 지급하지 않아 국민건강보험으로 치료를 받고 있습니다. 그런데 甲이 형사사건과 관련하여 합의하자고 하는바, 만일 제가 甲과 합의한다면 국민건강보험공단에서 병원에 지급한 치료비 등을 부담하여야 한다는 말이 있는데 어떻게 되는지요?

A. 「국민건강보험법」제58조는 공단은 제3자의 행위로 인한 보험급여사유가 발생하여 가입자에게 보험급여를 한 때에는 그 급여에 소요된 비용의 한도 내에서 그 제3자에 대한 손해배상청구의 권리를 얻으며, 이 경우에 있어 보험급여를 받은 자가 제3자로부터 이미 손해배상을 받은 때에는 공단은 그 배상액의 한도 내에서 보험급여를 하지 아니한다고 규정하고 있습니다.

그리고 국민건강보험공단의 위 구상권 취득시점에 관하여 판례는 "피보험자가 요양기관에서 치료를 받았을 때 현실적으로 보험급여가 이루어지므로 의료보험조합은 그 보험급여의 한도 내에서 제3자에 대한 구상권을 취득한다."라고 하였습니다(대법원 1989. 8. 8. 선고 89다2240 판결, 1994. 12. 9. 선고 94다46046 판결, 2010. 4. 29. 선고 2010다7294 판결).

또한,「국민건강보험법」상의 요양급여는 원칙적으로 보험자 또는 보험자단체가 지정한 요양취급기관에 의하여 질병 또는 부상이 치유되기까지 요양케 하는 현물급여의 형태로 이루어지므로, 피보험자가 요양취급기관에서 치료를 받았을 때 현실적으로 보험급여가 이루어지고 그때 국민건강보험공단은 그 보험급여의 한도 내에서 제3자에 대한 구상권을 취득한다고 보아야 할 것입니다.

그런데 위 사안에서 甲의 불법행위로 인하여 귀하가 상해를 입었으므로 국민건강보험으로 처리한 경우라 하여도 국민건강보험공단에서 구상권을 취득하는 범위는 '급여에 소요된 비용'에 대한 것이므로, 귀하의 본인 부담분 및 기타의 손해에 대하여는 귀하가 甲에게 청구할 수 있다 하겠습니다.

그러나 귀하가 보험급여를 지급 받은 후에 甲과 손해배상의 전부에 대하여 합의를 한다면 국민건강보험급여에 대하여는 귀하가 치료를 받았을 때 이미 공단이 구상권을 취득한 것이므로 甲은 무권리자인 귀하에게 변제한 것이 되므로 원칙적으로 그 변제는 무효이나(대법원 1997. 11. 11. 선고 97다37609 판결), 예외적으로 甲이 선의·무과실이면 채권의 준점유자에 대한 변제로서 유효가 될 수도 있을 것입니다(민법 제472조, 제470조). 그러한 경우에는 국민건강보험공단은 甲을 상대로 한 구상권을 상실하게 되고, 따라서 국민건강보험공단은 귀하에 대해 甲으로부터 귀하에게 이미 지급된 치료비 등의 보험급여를 환수하게 될 것으로 보입니다.

따라서 귀하는 甲과 합의할 때 해당 국민건강보험공단에 문의하여 확인한 후 국 민건강보험급여도 고려한 합의금액을 정하여 합의를 하여야 할 것입니다. 즉, 귀하는 귀하의 모든 손해액 중에서 국민건강보험공단에 문의하여 확인된 보험급여 부분을 뺀 본인부담금 및 기타의 손해에 대해서만 합의금을 수수하면 될 것이고, 이에 따라 이후 국민건강보험공단은 위 법 58조 제1항에 의해 제3자인 甲에 대해 보험급여 부분에 관한 손해배상을 청구하게 될 것입니다.

참고로 보험자가 피보험자를 상대로 보험자대위권침해를 이유로 부당이득반환 또는 손해배상청구를 하기 위한 요건과 그 입증책임에 관하여 판례는 "보험금을 지급한 보험자가 피보험자를 상대로 보험자대위권침해를 이유로 부당이득반환 또는 손해배상청구를 하기 위해서는 보험자가 피보험자에게 보험금을 지급한 사실, 피보험자가 보험금을 수령한 후 무권한자임에도 불구하고 제3자로부터 손해배상을 받은 사실(피보험자가 보험자로부터 받은 보험금이 실제 발생된 손해액에 미치지 못한 경우에는 피보험자는 그 차액부분에 관하여는 여전히 제3자에 대하여 자신의 권리를 가지고 있으므로 피보험자가 이를 초과하여 제3자로부터 손해배상을 받은 사실), 제3자의 피보험자에 대한 손해배상이 채권의 준점유자에 대한 변제로서 유효한 사실을 주장·입증하여야 할 것이고, 이 경우에 채권의 준점유자에 대한 변제가 유효하기 위한 요건으로서의 선의라 함은 준점유자에게 변제수령의 권한이 없음을 알지 못하는 것뿐만 아니라 적극적으로 진정한 권리자라고 믿었음을 요하는 것이고, 무과실이란 그렇게 믿는 데에 과실이 없음을 의미하므로, 제3자가 피보험자가 보험에 가입하여 보험금을 수령한 사실을 전혀 모르고 이 점에 대하여 과실이 없이 피보험자에게 손해배상을 한 경우, 또는 제3자가 피보험자가 보험에 가입하여 이미 보험금을 수령한 사실을 알고 있었던 경우에는 피보험자가 입은 손해액과 피보험자가 보험자로부터 보험금을 수령함으로써 보험자대위권의 대상이 된 금액을 살펴, 피보험자에게 아직도 자신에 대한 손해배상청구권이 남아 있다고 믿고 손해배상을 한 경우에만 선의·무과실에 해당된다고 할 수 있을 것이고, 위 요건의 주장·입증책임도 보험자에게 있다."라고 하였습니다(대법원 1999. 4. 27. 선고 98다61593 판결).

■ **교통사고 피해자가 가해자로부터 지급받은 합의금이 압류된 경우 압류금지 범위변경 신청을 통하여 위 압류를 다툴 수 있나요?**

Q. 甲은 교통사고 피해자로 가해자 乙로부터 손해배상 명목으로 합의금을 지급받았습니다. 위 합의금이 입금된 계좌에 대하여, 甲의 채권자 丙의 신청에 의하여 법원이 압류 및 추심명령을 하였다면, 甲은 압류금지 범위변경 신청을 통하여 위 압류를 다툴 수 있나요?

A. 자동차손해배상법 제10조에 따라, 보험가입자에게 손해배상책임이 발생할 경우 피해자는 보험회사 등에게 보험금의 지급을 직접 청구할 수 있고 이 보험금직접청구권은 자동차손해배상법 제40조에 따라 압류가 금지됩니다.

피해자가 가해자에 대해 갖는 손해배상청구권도 이에 근거하여 압류가 금지되는지에 대하여 판례는 "자동차손해배상보장법 제19조(법 개정 전의 조문) 소정의 압류가 금지되는 청구권은 피해자의 보험회사에 대한 직접청구권이나 가불금청구권에 한정되고 그밖에 피해자의 가해자에 대한 손해배상청구권은 이에 포함되지 아니한다."(대법원 1988. 2. 9. 선고 87다카2540 판결 참조)고 하여 피해자가 가해자에 대해 갖는 손해배상청구권은 압류금지의 효력이 미치지 않는다고 보고 있습니다.

따라서 위 합의금에 대하여 압류금지 내지는 압류취소 사유가 없으므로, 특별한 사정이 없는 한, 甲은 위 계좌에 대한 압류를 다툴 수 없습니다.

■ 교통사고 합의서양식에 인쇄된 부동문자(不動文字)로 "민·형사상의 소송이나 그 밖의 어떠한 이의도 제기하지 아니한다."는 문구의 효력은?

Q. 저는 교통사고 직후 그로 인한 손해배상에 관하여 구속된 가해자 甲이 형사처벌을 가볍게 받기를 원하여 甲의 대리인 아버지 乙과 합의를 하면서 소액의 합의금을 지급받고 후유증이나 장해에 관하여는 가해차량보험회사인 丙보험회사와 합의할 것을 당연하게 여기고 乙이 가져온 일반적인 교통사고 합의서양식에 따라 부동문자(不動文字)로 인쇄된 합의서에 날인해주었습니다. 그런데 제가 丙보험회사에 장해에 관한 보상을 요청하자 丙보험회사는 위 합의서에 부동문자(不動文字)로 "민·형사상의 소송이나 그 밖의 어떠한 이의도 제기하지 아니한다."는 문구가 있다는 이유로 장해에 대한 보상을 해줄 수 없다고 합니다. 丙보험회사의 이러한 주장이 타당한지요?

A. 「민법」 제105조에서 법률행위의 당사자가 법령중의 선량한 풍속 기타 사회질서에 관계없는 규정과 다른 의사를 표시한 때에는 그 의사에 의한다고 규정하고 있으므로, 위와 같은 합의서도 특별한 사정이 없는 한 그 계약문언대로 해석하여야 함이 원칙이나, 판례를 보면, 처분문서란 그에 의하여 증명하려고 하는 법률상의 행위가 그 문서에 의하여 이루어진 것을 의미하는데(대법원 1997. 5. 30. 선고 97다2986 판결), 처분문서의 기재내용이 부동문자로 인쇄되어 있다면 인쇄된 예문(例文; 그 본질은 계약의 초안)에 지나지

아니하여 그 기재를 합의의 내용이라고 볼 수 없는 경우도 있으므로 처분문서라 하여 곧 바로 당사자의 합의의 내용이라고 단정할 수는 없고 구체적 사안에 따라 당사자의 의사를 고려하여 그 계약내용의 의미를 파악하고 그것이 예문에 불과한 것인지의 여부를 판단하여야 한다고 하였습니다(대법원 1997. 11. 28. 선고 97다36231 판결).

그리고 교통사고 피해자가 합의금을 수령하면서 민·형사상의 소송이나 그 밖의 어떠한 이의도 제기하지 아니한다는 내용의 부동문자로 인쇄된 합의서에 날인한 경우에 관한 판례를 보면, 사고로 인한 손해배상에 관한 합의에 있어 원고측이 원고의 후유증을 예기하고 그에 상당한 금액을 받기로 하고 일체의 손해배상청구권을 포기하기로 한 것이라면 그 합의서상의 권리포기조항이 예문에 불과한 것으로는 볼 수 없다고 하였으나(대법원 1979. 2. 13. 선고 78다2161 판결), 교통사고 피해자가 합의금을 수령하면서 민·형사상의 소송이나 그 밖의 어떠한 이의도 제기하지 아니한다는 내용의 부동문자로 인쇄된 합의서에 날인한 경우, 그 피해정도, 피해자의 학력, 피해자와 가해자의 관계, 합의에 이른 경위, 가해자가 다른 피해자와 합의한 내용 및 합의 후 단기간 내에 소송을 제기한 점 등 제반 사정에 비추어 위 합의서의 문구는 단순한 예문에 불과할 뿐 이를 손해전부에 대한 배상청구권의 포기나 부제소(不提訴)의 합의로는 볼 수 없다고 하였습니다(대법원 1999. 3. 23. 선고 98다64301 판결).

따라서 위 사안에서도 귀하는 보험회사에 대하여 부동문자로 인쇄된 합의문구가 단순한 예문임을 주장하여 장해에 대한 손해배상 등을 청구해 볼 수 있을 것으로 보입니다.

참고로 불법행위로 인한 손해배상과 관련하여 당사자 사이에 피해자가 일정한 금액을 지급받고 나머지 청구를 포기하기로 하는 내용의 합의나 화해가 이루어진 경우, 그 목적이 된 사항에 관해서는 나중에 다시 배상을 청구할 수 없는 것이 원칙이므로, 합의나 화해당시의 여러 사정을 종합적으로 참작하여 이를 엄격하게 해석하여야 한다고 하였으며(대법원 2007. 3. 15. 선고 2004다64272 판결), 불법행위로 인한 손해배상에 관하여 가해자와 피해자 사이에 피해자가 일정한 금액을 지급받고 그 나머지 청구를 포기하기로 합의가 이루어진 때에는 그 후 그 이상의 손해가 발생하였더라도 그것이 그 합의당시 예상할 수 없었던 것이라는 등의 특별한 사정이 없는 한 다시 그 배상을 청구할 수 없다고 하였습니다(대법원 2010. 9. 9. 선고 2010다22439 판결).

■ 교통사고 치료비를 전액 부담할 것을 조건으로 합의서를 제출하였는데 치료비를 지급하지 않는 경우 처벌불원의사표시를 철회할 수 있는지요?

> Q. 甲이 자동차를 운행 중 乙을 충격하는 교통사고를 일으킨 후 甲이 교통사고 치료비를 전액 부담, 지급할 것을 조건으로 합의를 하고 乙이 합의서를 제출하였는데 그 후 甲이 치료비를 지급하지 않고 있습니다. 이 경우 乙이 처벌불원의사표시를 철회할 수 있는지요?

A. 합의서를 제출하여 처벌불원의 의사표시를 한 이상 나중에 이를 철회하는 것은 소송 행위의 형식적 확실성에 비추어 허용되지 않습니다.

판례도 "피해자가 피고인과 사이에 피고인이 교통사고로 인한 피해자의 치료비 전액을 부담하는 조건으로 민·형사상 문제삼지 아니하기로 합의하고 피고인으로부터 합의금 일부를 수령하면서 피고인에게 합의서를 작성·교부하고, 피고인이 그 합의서를 수사기관에 제출한 경우, 피해자는 그 합의서를 작성·교부함으로써 피고인에게 자신을 대리하여 자신의 처벌불원의사를 수사기관에 표시할 수 있는 권한을 수여하였고, 이에 따라 피고인이 그 합의서를 수사기관에 제출한 이상 피해자의 처벌불원의사가 수사기관에 적법하게 표시되었으며, 이후 피고인이 피해자에게 약속한 치료비 전액을 지급하지 아니한 경우에도 민사상 치료비에 관한 합의금지급채무가 남는 것은 별론으로 하고 처벌불원의사를 철회할 수 없다.(대법원 2001. 12. 14. 선고 2001도4283 판결)"고 판시한바 있습니다.

합의서를 제출하여 처벌불원의 의사표시를 한 이상 나중에 이를 철회하는 것은 소송 행위의 형식적 확실성에 비추어 허용되지 않습니다.

판례도 "피해자가 피고인과 사이에 피고인이 교통사고로 인한 피해자의 치료비 전액을 부담하는 조건으로 민·형사상 문제삼지 아니하기로 합의하고 피고인으로부터 합의금 일부를 수령하면서 피고인에게 합의서를 작성·교부하고, 피고인이 그 합의서를 수사기관에 제출한 경우, 피해자는 그 합의서를 작성·교부함으로써 피고인에게 자신을 대리하여 자신의 처벌불원의사를 수사기관에 표시할 수 있는 권한을 수여하였고, 이에 따라 피고인이 그 합의서를 수사기관에 제출한 이상 피해자의 처벌불원의사가 수사기관에 적법하게 표시되었으며, 이후 피고인이 피해자에게 약속한 치료비 전액을 지급하지 아니한 경우에도 민사상 치료비에 관한 합의금지급채무가 남는 것은 별론으로 하고 처벌불원의사를 철회할 수 없다.(대법원 2001. 12. 14. 선고 2001도4283 판결)"고 판시한바 있습니다.

■ 교통사고와 관련한 형사합의금이 손익상계의 대상이 되는지요?

> Q. 저는 횡단보도상에서 甲이 운전하는 자가용 승용차에 충격 당하여 요추부염좌 등으로 노동능력상실율 20%의 장해까지 예상되는 부상을 입었습니다. 甲은 구속되면서 저에게 합의를 간청하여 500만원을 지급받고 합의를 해주었습니다. 그런데 제가 위 차량이 가입된 종합보험회사에 손해배상을 청구할 경우 甲으로부터 형사사건과 관련하여 지급받은 500만원을 공제하여야 하는지요?

A. 판불법행위가 피해자에게 손해를 줌과 동시에 이익도 준 경우에는, 그 이익이 불법행위와 상당인과관계에 있는 한, 손익상계에 의하여 배상액에서 공제됩니다. 그런데 형

사사건과 관련하여 지급 받은 합의금이 위와 같은 손익상계의 대상이 되는가에 관하여는 그 합의금이 어떤 명목으로 지급되었느냐에 따라서 결론이 달라진다고 보아야 할 것입니다.

왜냐하면 손익상계는 재산적 손해에 대한 수액산정에 있어서의 문제로서 합의금이 위자료명목으로 지급된 것으로 본다면 손익상계의 대상이 될 수는 없고, 불법행위로 입은 정신적 고통에 대한 위자료 액수에 관하여는 사실심 법원이 제반 사정을 참작하여 그 직권에 속하는 재량에 의하여 이를 확정할 수 있기 때문에(대법원 1999. 4. 23. 선고 98다41377 판결, 2002. 11. 26. 선고 2002다43165 판결), 위자료산정의 참작사유로 될 뿐입니다. 판례도 "사망한 피해자의 유족인 원고들이 피고로부터 받은 위로금을 재산상 손해배상액에서 공제하지 않은 조치는 정당하다."라고 하였으며(대법원 1990. 12. 11. 선고 90다카28191 판결), 교통사고 가해자가 피해자의 유족에게 위로금조로 공탁한 금원을 위자료의 일부로 보아 재산상 손해배상금에서 공제하지 않고 위자료 액수의 산정에 있어서 참작한 사례가 있습니다(대법원 1999. 11. 26. 선고 99다34499 판결).

그런데 형사합의금의 성질에 관하여 판례는 "불법행위의 가해자에 대한 수사과정이나 형사재판과정에서 피해자가 가해자로부터 합의금 명목의 금원을 지급 받고 가해자에 대한 처벌을 원치 않는다는 내용의 합의를 한 경우, 그 합의 당시 지급받은 금원을 특히 위자료 명목으로 지급받은 것임을 명시하였다는 등의 특별한 사정이 없는 한, 그 금원은 재산상 손해배상금의 일부로 지급되었다고 봄이 상당하다."라고 하였는바(대법원 1996. 9. 20. 선고 95다53942 판결, 2001. 2. 23. 선고 2000다46894 판결), 형사합의를 하면서 '위로금조' 또는 '보험금과는 별도'라는 등의 표현으로 명시하고 있으면 이는 위자료산정의 참작사유가 될 뿐이고, 재산상 손해에서 공제할 것이 아닌 것으로 보고 있습니다.

그리고 형사합의서나 영수증에 합의금의 성격에 관하여 아무런 기재가 없는 경우에는 이를 어떻게 볼 것인가는 당사자의 의사해석의 문제로 결국은 형사합의를 둘러싼 여러 가지 정황을 종합적으로 고려하여 결정될 것이지만, 대체적으로 호의적, 동정적, 의례적인 금원의 수수(授受)로 인정되는 경우에는 위로금으로 보고, 그 외에 특히 고액인 경우 등은 재산상 손해배상금으로 보아야 할 것입니다(대법원 1991. 8. 31. 선고 91다18712 판결).

따라서 특별히 위자료 또는 위로금 명목으로 지급하였다고 볼 사정이 있는 경우를 제외하고는 형사합의금도 손익상계의 대상이 된다고 하겠습니다.

Chapter 5. 교통사고에 대한 각종 소장작성례

[서식 예] 약정금청구의 소(교통사고에 대한 합의금)

소   장

원   고   ○○○ (주민등록번호)
              ○○시 ○○구 ○○로 ○○(우편번호)
              전화·휴대폰번호:
              팩스번호, 전자우편(e-mail)주소:
피   고   ◇◇◇ (주민등록번호)
              ○○시 ○○구 ○○로 ○○(우편번호)
              전화·휴대폰번호:
              팩스번호, 전자우편(e-mail)주소:

약정금청구의 소

청 구 취 지

1. 피고는 원고에게 금 5,000,000원 및 이에 대한 20○○. ○○. ○○.부터 이 사건 소장부본 송달일까지는 연 5%의, 그 다음날부터 다 갚는 날까지는 연 12%의 각 비율에 의한 돈을 지급하라.
2. 소송비용은 피고가 부담한다.
3. 제1항은 가집행 할 수 있다.
라는 판결을 구합니다.

청 구 원 인

1. 사고발생의 경위
   20○○. ○. ○. 15:00경 피고는 오토바이를 운전하여 ○○시 ○○구 ○○로 정비단 지방면에서 ○○시 ○○구 ○○병원방면으로 편도 1차로를 따라 시속 약 20㎞ 속력으로 진행하다가 ○○시 ○○구 ○○로 ○○○에 이르러 전방주시를 게을리 하여 빗

길에 미끄러지면서 피고 소유의 오토바이 우측 앞부분으로 원고를 충격하여 원고는 요추부염좌 및 다발성좌상의 상해를 당하였습니다.

2. 원고와 피고의 합의

한편, 피고는 경찰에서 조사를 받는 과정에서 원고에게 합의를 요청하여 20○○. ○. ○.경 원고와 피고는 피고가 합의금 5,000,000원을 20○○. ○○. ○.까지 지급한다는 내용의 합의를 하고 합의서를 작성한 바 있습니다.

3. 피고의 약정불이행

그러나 피고는 합의서를 경찰에 제출한 후에는 마음이 변하여 지급기일이   경과한 현재에 이르기까지 위 합의금 5,000,000원을 지급하지 않고 있습니다.

4. 결론

따라서 원고는 피고로부터 위 합의금 5,000,000원 및 이에 대하여 위 합의금의 지급기일 다음날인 20○○. ○○. ○○.부터 이 사건 소장부본 송달일까지는 민법이 정한 연 5%의, 그 다음날부터 다 갚는 날까지는 소송촉진등에관한특례법에서 정한 연 12%의 각 비율에 의한 지연손해금을 지급 받기 위하여 이 사건 청구에 이른 것입니다.

입 증 방 법

1. 갑 제1호증   합의서

첨 부 서 류

1. 위 입증방법   1통
1. 소장부본   1통
1. 송달료납부서   1통

20○○. ○. ○.

위 원고   ○○○   (서명 또는 날인)

○○지방법원 ○○지원 귀중

[서식 예] 화해계약서(교통사고, 물적손해)

합 의 서

피해자 (갑) 주   소 : ○○시 ○○구 ○○길 ○○번지
　　　　　　성   명 : ○ ○ ○(주민등록번호)
　　　　　　전화번호 : ○○○-○○○-○○○○
가해자 (을) 주   소 : ○○시 ○○구 ○○길 ○○번지
　　　　　　성   명 : ○ ○ ○(주민등록번호)
　　　　　　전화번호 : ○○○-○○○-○○○○

제1조(사건발생 개요) 가해자 을은 20○○. ○. ○. 10:00경 을 소유의 자동차를 운전해서 ○○시 ○○구 ○○길 ○○번지 횡단보도를 접어들려고 할 때 갑자기 뛰어 든 성명불상의 무단횡단자를 피하려다 같은 방향으로 진행하던 피해자 갑 소유의 승용차의 옆면을 충돌하여 수리비 등 금○○○○원의 피해가 발생하였다.

제2조(손해배상금) 이에 을은 을의 과실을 인정하고 위 차량수리비 등의 물적피해에 대한 손해배상금 ○○○○원 중 ○○○원을 20○○. ○. ○.까지 갑에게 지급할 것을 약속한다.

제3조(청구의 포기) 위의 손해배상금은 갑 소유의 자동차 수리비등 일체의 손해를 포함하는 것으로 향후 물적피해에 대하여서는 상호 이의를 제기하지 않을 것을 확인한다. 단, 위 물적피해를 제외한 인적피해가 밝혀지는 경우에는 추후 별도로 갑과 을이 상호 협의를 통하여 해결하도록 한다.

20○○.   ○.   ○.

피해자	주 소					
	성 명		인	주민등록번호	-	전 화 번 호
가해자	주 소					
	성 명		인	주민등록번호	-	전 화 번 호
입회인	주 소					
	성 명		인	주민등록번호	-	전 화 번 호

[서식 예] 화해계약서(교통사고, 인적손해)

화해계약서

피 해 자(갑)　　○　○　○
가 해 자(을)　　○　○　○
사 용 자(병)　　○○주식회사
　　　　　　　　　대표이사　○　○　○

1. 사고발생일시　　　○○○○년 ○월 ○일 오후 ○시 ○○분경
2. 사 고 장 소　　　　○○시 ○○구 ○○길 ○○번지 ○○교차로 ○○미터 동쪽
3. 상해의 부위·정도　우상완 골절(右上腕 骨折), 좌하퇴 타박(左下腿 打撲)
　　　　　　　　　　　(사망사고인 경우는 생략)
4. 차 량 번 호　　　　○○차○○○○호

제1조(손해배상금)　위의 교통사고에 의하여 가해자 「을」과 그 사용자이며 자동차의 보
　유자인 「병」은 피해자 「갑」에게 손해배상으로 금 ○○만원을 연대하여 지급할 의
　무가 있다. 이에 「병」은 「갑」에게 위 금액을 지급하며「갑」은 이를 수령하였다.
제2조(청구의 포기)「갑」은「을」및「병」에게 그 나머지의 청구를 면제하여「갑」은 금후
　「을」및「병」에게 어떠한 청구도 하지 않을 것을 약속한다.

「갑」·「을」및「병」은 이상과 같이 합의한다.

20○○년 ○월 ○

피해자	주　소					
	성　명	인	주민등록번호	－	전화번호	
가해자	주　소					
	성　명	인	주민등록번호	－	전화번호	
사용자	주　소					
	성　명	인	주민등록번호	－	전화번호	

소　　　장

원　　고　　1. 박○○(주민등록번호)
　　　　　　2. 김○○(주민등록번호)
　　　　　　　원고들의 주소:○○시 ○○구 ○○길 ○○ (우편번호)
　　　　　　　전화·휴대폰번호:
　　　　　　　팩스번호, 전자우편(e-mail)주소:
피　　고　　전국화물자동차운송사업연합회
　　　　　　○○시 ○○구 ○○길 ○○(우편번호)
　　　　　　회장 ◇◇◇
　　　　　　전화·휴대폰번호:
　　　　　　팩스번호, 전자우편(e-mail)주소:

손해배상(자)청구의 소

청　구　취　지

1. 피고는 원고 박○○에게 금 ○○○○○원, 원고 김○○에게 금 ○○○○○원 및 각 이에 대하여 20○○. ○. ○.부터 이 사건 소장부본 송달일까지는 연 5%의, 그 다음 날부터 다 갚는 날까지는 연 12%의 각 비율에 의한 돈을 지급하라.

2. 소송비용은 피고의 부담으로 한다.

3. 위 제1항은 가집행할 수 있다.
라는 판결을 구합니다.

청　구　원　인

1. 당사자들의 지위
　가. 원고 박○○는 이 사건 교통사고로 사망한 소외 망 김◉◉의 처, 원고 김○○는 소외 망 김◉◉의 아들입니다.
　나. 피고는 이 사건 교통사고의 가해차량인 소외 ○○화물주식회사(다음부터 소외회사라고만 함) 소유의 ○○15타○○○○호 화물자동차에 관하여 공제계약을 체결한 공제사업자입니다.

2. 손해배상책임의 발생

   가. 소외 권◆◆는 소외회사의 운전원으로 재직하고 있는 사람으로서 20○○. ○. ○. 06:00경 소외회사 소유의 ○○15타○○○○호 화물자동차를 운전하여 ○○○○군 ○○면 ○○길 ○○마을 앞 편도 1차선 도로를 운행하던 중 졸음운전으로 인하여 중앙선을 넘어 마주 오던 반대차선의 소외 망 김◉◉이 운전하던 승용차를 들이받아 소외 망 김◉◉를 현장에서 사망케 하고 승용차를 손괴하는 사고를 발생시켰는바, 이는 전방주시를 철저히 하여 안전하게 운행하여야 할 주의의무가 있음에도 불구하고 이를 게을리한 채 졸음운전을 하였기 때문입니다.

   나. 따라서 소외회사는 자동차손해배상보장법 제3조의 "자기를 위하여 자동차를 운행한 자"에 해당하므로 같은 규정에 따라 이 사건 교통사고로 인한 피해자에 대한 모든 손해를 배상할 책임이 있다 할 것이며, 피고는 위 사고차량에 관한 공제계약에 따라 원고들의 위 모든 손해를 배상할 책임이 있습니다.

3. 손해배상책임의 범위

   가. 소외 망 김◉◉의 일실수입

   소외 망 김◉◉는 19○○. ○. ○. 출생한 신체 건강한 남자로서 이 사건 사고일인 20○○. ○. ○.현재 나이 ○○세로 통계청발행의 한국인표준생명표에 의하면 기대여명이 ○○년은 되므로 최소한 72세까지는 생존가능한 것으로 추정되고 적어도 같은 여명내의 만 60세가 되는 해인 20○○. ○. ○.까지 ○○년 ○개월은 더 일할 수 있었을 것입니다.

   위 망인은 위 교통사고로 사망할 때까지 약 30년간 각종 공사장에서 형틀목공으로 일해왔던 자로서 사고일에 가까운 20○○. ○.의 대한건설협회 발행의 월간거래가격에 따르면 형틀목공의 1일 평균임금은 금 ○○○원인바, 피해자가 사망하지 않았더라면 적어도 매월 22일씩 일하여 기대여명내인 60세까지 ○○년 ○개월 동안은 근로하여 소득을 얻을 수 있었을 것인데, 이 사건 교통사고로 인하여 사망함에 따라 그 소득을 매월 순차적으로 상실하게 되었습니다.

   따라서 위 망인이 상실한 위 소득을 이 사건 교통사고 당시를 기준으로 단리 월 5/12%의 중간이자를 공제하는 호프만식 계산법에 따라 그 현가를 계산하면 금 ○○○○○원{형틀목공 1일 시중노임 금 ○○○원×22일×60세까지 ○○○개월에 대한 단리연금현가표상 수치(호프만수치)}이 됩니다.

   여기서 위 망인의 생계비로 3분의 1정도를 공제하면 이 사건 교통사고로 인한 위 망인의 일실수입 총액은 금 ○○○○○원(위 현가 금 ○○○○○원×2/3, 원 미만 버림)이 됩니다.

나. 소외 망 김●●의 위자료

소외 망 김●●가 사망함에 있어 입은 정신적 고통에 대하여 피고는 이를 위자할 책임이 있다 할 것인데 위 망인의 학력과 경력 그리고 이 사건 사고의 내용 등 사정을 참작하면 위자료로 금 ○○○○원 정도가 상당하다고 할 것입니다.

다. 상속관계

피고의 소외 망 김●●에 대한 배상책임의 액수는 앞서와 같이 합계 금 ○○○○○원(일실수입 금 ○○○○○원+위자료 금 ○○○○원)이 되는바, 그와 같은 손해배상채권은 그의 재산상속인들인 원고 박○○에게 금 ○○○○○원(위 합계 금○○○○○원×3/5), 원고 김○○에게 금 ○○○○○원(위 합계 금○○○○○원×2/5)씩 귀속되었습니다.

라. 원고들의 위자료

소외 망 김●●가 사망함으로써 그의 처와 아들인 원고들이 심한 정신적 고통을 입었다 할 것이므로 피고는 이를 위자할 책임이 있고, 원고들의 경력·신분관계 등 사정을 참작하면 그의 처인 원고 박○○에 대한 위자료는 금 ○○○원, 그의 아들인 원고 김○○에 대한 위자료는 금 ○○○원 정도가 상당하다고 생각됩니다.

마. 소외 망 김●●의 장례비

원고 박○○은 망인의 처로서 그 장례를 치르면서 금 ○○○원을 지출하였는바, 이 또한 이 사건 교통사고로 인하여 원고 박○○가 입은 손해라 할 것이므로 피고로서는 이를 원고 박○○에게 배상하여야 할 책임이 있다 할 것입니다.

4. 결론

그렇다면 피고는 원고 박○○에게 금 ○○○○○원(상속분 금 ○○○○○원+위자료 금 ○○○원+장례비 금 ○○○원), 원고 김○○에게 금 ○○○○○원(상속분 금 ○○○○○원+위자료 금 ○○○원)씩을 지급하여 배상하여야 할 책임이 있다 할 것이므로, 원고들은 피고로부터 위 돈의 지급과 아울러 이에 대하여 피해자가 사망한 사고일부터 이 사건 소장부본 송달일까지는 민법에서 정한 연 5%의, 그 다음날부터 다 갚는 날까지는 소송촉진등에관한특례법에서 정한 연 12%의 각 비율에 의한 지연손해금의 지급을 받고자 이 사건 청구에 이른 것입니다.

입 증 방 법

1. 갑 제1호증   기본증명서
                        (단, 2007.12.31. 이전 사망한 경우 제적등본)

1. 갑 제2호증   가족관계증명서
                        (또는, 상속관계를 확인할 수 있는 제적등본)
1. 갑 제3호증   주민등록등본
1. 갑 제4호증   자동차등록원부
1. 갑 제5호증   교통사고사실확인원
1. 갑 제6호증   사망진단서
1. 갑 제7호증의 1, 2   월간거래가격표지 및 내용
1. 갑 제8호증의 1, 2   한국인표준생명표 표지 및 내용

첨 부 서 류

1. 위 입증방법   각 1통
1. 법인등기사항증명서   1통
1. 소장부본   1통
1. 송달료납부서   1통

                    20○○.   ○.   ○.
                위 원고   1. 박○○ (서명 또는 날인)
                          2. 김○○ (서명 또는 날인)

                    ○○지방법원   귀중

소 　 　 장

원　　고　　1. 한①○ (주민등록번호)

　　　　　　　　○○시 ○○구 ○○길 ○○(우편번호)

　　　　　　　　전화·휴대폰번호:

　　　　　　　　팩스번호, 전자우편(e-mail)주소:

　　　　　　　2. 한②○ (주민등록번호)

　　　　　　　　○○시 ○○구 ○○길 ○○(우편번호)

　　　　　　　　전화·휴대폰번호:

　　　　　　　　팩스번호, 전자우편(e-mail)주소:

피　　고　　전국버스운송사업조합연합회

　　　　　　　○○시 ○○구 ○○길 ○○(우편번호)

　　　　　　　회장 ◇◇◇

　　　　　　　전화·휴대폰번호:

　　　　　　　팩스번호, 전자우편(e-mail)주소:

손해배상(자)청구의 소

청 　 구 　 취 　 지

1. 피고는 원고 한①○, 원고 한②○에게 각 금 ○○○○원 및 각 이에 대하여 20○
　○. ○. ○.부터 이 사건 소장부본 송달일까지는 연 5%의, 그 다음날부터 다 갚
　는 날까지는 연 12%의 각 비율에 의한 돈을 지급하라.
2. 소송비용은 피고의 부담으로 한다.
3. 위 제1항은 가집행 할 수 있다.
라는 판결을 구합니다.

청 　 구 　 원 　 인

1. 당사자들의 지위

　가. 원고 한①○, 원고 한②○는 이 사건 교통사고로 사망한 소외 망 한●●의 아들

입니다.

나. 피고는 이 사건 교통사고의 가해차량인 소외 ◎◎버스회사 소유의 ○○12타○○○○호 시내버스에 관하여 공제계약을 체결한 공제사업자입니다.

2. 손해배상책임의 발생

가. 소외 조◆◆는 소외 ◎◎버스회사에 고용되어 소외 ◎◎버스회사 소유의 ○○12타○○○○호 시내버스의 운전사로서 200○. ○. ○. 19:00경 ○○시 ○○길 소재 ○○공장 앞 편도 2차선도로를 시속 약 70㎞의 속도로 운행 중 같은 방향으로 앞서가던 소외 망 한◉◉가 운전하는 경운기를 미처 발견하지 못하고 뒤에서 들이받아 같은 경운기가 넘어지도록 함으로써 이를 운전하던 피해자 소외 망 한◉◉를 사망에 이르게 하였는바, 소외 조◆◆는 버스운전자로서 당시 저녁시간으로 어두워 앞이 잘 보이지 않은 상태이고 제한속도가 시속 50㎞ 구간의 위험한 도로를 주행하고 있었으므로 제한속도를 지켜 앞에 장애물이 있는지 잘 살펴 운전해야 할 주의의무가 있음에도 불구하고 이를 게을리 한 채 과속으로 운전함으로써 이 사건 교통사고를 발생시켰습니다.

나. 이 경우 소외 ◎◎버스회사는 자동차손해배상보장법 제3조의 "자기를 위하여 자동차를 운행한 자"에 해당하므로 같은 규정에 따라 이 사건 교통사고로 인한 피해자에 대한 모든 손해를 배상할 책임이 있다 할 것이며, 피고는 위 사고차량에 관하여 공제계약을 체결한 공제사업자로서 손해배상책임이 있습니다.

3. 손해배상책임의 범위

가. 소외 망 한◉◉의 일실수입

소외 망 한◉◉는 190○. ○. ○.생으로 사망일 현재 만 58세 6개월 남짓한 신체 건강한 남자로서 한국인표준생명표에 의한 기대여명은 18.98년이므로 76세까지는 생존이 추정됩니다.

위 망인은 ○○ ○○군 ○○면 ○○길에서 태어나 이 사건 사고로 사망할 때지 평생동안 농사일을 하며 생계를 유지해왔는바, 만약 이 사건 사고가 발생하지 않았더라면 최소한 앞으로 65세까지 6년 6개월간(78개월) 더 일할 수 있습니다.

따라서 사망일에 가까운 200○. ○.의 농협조사월보에 의하면 200○. ○.현재 성인남자의 농촌일용노임은 금 ○○○원으로 매월 25일만 일하는 것으로 하여 위 가동연한까지 소득을 월 12분의 5%의 비율에 의한 중간이자를 단리할인법(호프만식 계산법)에 따라 공제하여 이 사건 사고 당시의 현가로 계산하면 금 ○○○○원{농촌일용노임 금 ○○○원×25일×65세까지 78개월에 대한 단리연금현가표상 수치(=호프만수치)}이 됩니다.

여기서 위 망인의 생계비로 3분의 1정도를 공제하면 이 사건 교통사고로 인한 위 망인의 일실수입 총액은 금 ○○○○원(위 현가 금 ○○○○원×2/3, 원 미만 버림)입니다.

나. 소외 망 한●●의 위자료

소외 망 한●●가 사망함에 있어 심한 정신적 고통을 입었으리라는 사정은 쉽게 짐작되는 바이므로 피고로서는 이를 위자할 책임이 있다 할 것인데, 망인의 학력과 경력 그리고 이 사건 사고의 경위 및 결과 등 여러 사정을 참작하면 위자료로 금 ○○○원 정도가 상당하다고 할 것입니다.

다. 상속관계

피고의 소외 망 한●●에 대한 배상책임의 액수는 앞서와 같이 합계 금 ○○○○원(일실수입 금 ○○○○원+위자료 금 ○○○원)이 되는바, 그와 같은 손해배상채권은 그의 재산상속인들인 원고 한①○, 원고 한②○에게 각 금 ○○○○원(위 합계 금 ○○○○원×1/2)씩 귀속되었습니다.

라. 원고들의 위자료

앞서와 같이 소외 망 한●●가 사망함으로써 그의 아들인 원고들이 심한 정신적 고통을 입었으리라는 것은 쉽게 짐작되는 바이므로 피고로서는 이를 위자할 책임이 있다 할 것인바, 원고들의 학력·경력·신분관계 등 여러 사정을 참작하면 원고 한①○, 원고 한②○에 대한 위자료는 각 금 ○○○원 정도가 상당하다고 생각됩니다.

마. 소외 망 한●●의 장례비

원고 한①○은 망인의 장남으로서 금 ○○○원 정도를 지출하여 그 장례를 치루었는바, 이러한 지출도 이 사건 교통사고로 인하여 원고 한①○가 입은 손해라 할 것이므로 피고로서는 이를 원고 한①○에게 배상하여야 할 책임이 있다 할 것입니다.

4. 결론

그렇다면 피고는 원고 한①○에게 금 ○○○○원(상속분 금 ○○○○원+위자료 금 ○○○원+장례비 금 ○○○원), 원고 한②○에게 금 ○○○○원(상속분 금 ○○○○원+위자료 금 ○○○원)씩을 지급하여 배상하여야 할 책임이 있다 할 것이므로 그 지급 및 이에 대한 민법과 소송촉진등에관한특례법에서 정한 각 비율에 의한 지연손해금의 지급을 구하고자 이 사건 청구에 이른 것입니다.

입 증 방 법

1. 갑 제1호증   기본증명서

(단, 2007.12.31. 이전 사망한 경우 제적등본)

1. 갑 제2호증   가족관계증명서

(또는, 상속관계를 확인할 수 있는 제적등본)

1. 갑 제3호증   주민등록등본
1. 갑 제4호증   자동차등록원부
1. 갑 제5호증   교통사고사실확인원
1. 갑 제6호증   사망진단서
1. 갑 제7호증의 1, 2   한국인표준생명표 표지 및 내용
1. 갑 제8호증의 1, 2   농협조사월보 표지 및 내용

첨 부 서 류

1. 위 입증서류   각 1통
1. 법인등기사항증명서   1통
1. 소장부본   1통
1. 송달료납부서   1통

20○○.　○.　○.

위 원고　1. 한①○　(서명 또는 날인)

2. 한②○　(서명 또는 날인)

○○지방법원　귀중

[서식 예] 손해배상(자)청구의 소(월급생활자 사망, 보험가입한 승용차)

소　　　장

원　　고　　1. 김○○(주민등록번호)
　　　　　　2. 박①○(주민등록번호)
　　　　　　3. 박②○(주민등록번호)
　　　　　　4. 최○○(주민등록번호)
　　　　　　　　원고 2, 3은 미성년자이므로 법정대리인 친권자 모 김○○
　　　　　　　　원고들의 주소:○○시 ○○구 ○○길 ○○ (우편번호)
　　　　　　　　전화·휴대폰번호:
　　　　　　　　팩스번호, 전자우편(e-mail)주소:
피　　고　　◇◇화재해상보험주식회사
　　　　　　○○시 ○○구 ○○길 ○○(우편번호)
　　　　　　대표이사 ◇◇◇
　　　　　　전화·휴대폰번호:
　　　　　　팩스번호, 전자우편(e-mail)주소:

손해배상(자)청구의 소

청　구　취　지

1. 피고는 원고 김○○에게 금 107,365,776원, 원고 박①○, 원고 박②○에게 각 금 68,577,184원, 원고 최○○에게 금 7,000,000원 및 각 이에 대한 2000. 6. 15.부터 이 사건 소장부본 송달일까지는 연 5%의, 그 다음날부터 다 갚는 날까지는 연 12%의 각 비율에 의한 돈을 지급하라.

2. 소송비용은 피고의 부담으로 한다.

3. 위 제1항은 가집행할 수 있다.

라는 판결을 구합니다.

청　구　원　인

1. 당사자들의 지위

　가. 원고 김○○는 이 사건 교통사고로 사망한 소외 망 박◉◉의 처, 원고 박①○, 원고 박②○는 소외 망 박◉◉의 자녀들로서 상속인이고, 원고 최○○는 소외 망 박◉◉의 어머니입니다.

　나. 피고 ◇◇화재해상보험주식회사는 이 사건 가해차량인 소외 이◈◈ 소유의 서울○○바○○○○호 승용차에 관하여 자동차보험계약을 체결한 보험자입니다.

2. 손해배상책임의 발생

　가. 교통사고의 발생

　　(1) 발생일시: 2000. 6. 15. 22:30경

　　(2) 발생장소: ○○시 ○○구 ○○길 ○○ ○○빌딩 앞 4차선도로상 횡단보도

　　(3) 사고차량: 서울○○바○○○○호 승용차

　　(4) 운전자 겸 소유자: 소외 이◈◈

　　(5) 피 해 자: 소외 망 박◉◉

　　(6) 피해상황: 위 도로에 설치된 횡단보도를 보행자신호에 따라 건너던 피해자 소외 망 박◉◉는 신호를 무시하고 달리는 소외 이◈◈가 운전하는 위 승용차가 충격 되어 뇌진탕 등의 상해를 입고 같은 날 23:50경 ○○병원에서 사망하였음.

　나. 피고의 손해배상책임

　　소외 이◈◈는 신호를 무시한 채 사고차량을 운전한 결과로 피해자 소외 망 박◉◉를 사망하게 하였으므로 민법 제750조에 의한 손해배상책임이 있는바, 피고는 위 사고차량에 대하여 자동차보험계약을 체결한 보험자로서 상법 제726조의2에 의하여 손해배상책임이 있습니다.

3. 손해배상책임의 범위

　가. 소외 망 박◉◉의 일실수입

　　소외 망 박◉◉가 이 사건 사고로 상실한 가동능력에 대한 금전적 총평가액 상당의 일실수입은 다음 (1)과 같은 사실을 기초로 하여 다음 (2)와 같은 월 5/12%의 비율로 계산한 중간이자를 공제하는 단리할인법(호프만식 계산법)에 따라 이 사건 사고 당시의 현가로 계산한 금 191,317,302원입니다.

　　(1)기초사실

　　　(가) 성별: 남자

　　　　생년월일: 1956. 10. 18.생

연령: 사고당시 43세 7개월 남짓

기대여명: 31.21년

(나) 직업 경력: 위 망인은 1990. 5. 15.부터 소외 ◎◎주식회사에서 근무하여 왔고, 사고 당시 영업과장으로 근무하고 있었음.

(다) 정년 및 가동연한: 위 망인의 소외 ◎◎주식회사에서의 정년은 만 55세가 되는 다음날이고, 그 다음날부터 위 망인이 만 60세가 되는 2016. 10. 17.까지는 도시일용노동에 종사하여 그 임금 상당의 수입을 얻을 수 있었을 것임.

(라) 가동능력에 대한 금전적 평가

- 정년시까지: 위 망인은 2000. 1. 1.부터 2000. 3. 31.까지 근로소득으로 합계 금 6,900,000원을 지급받았는바, 장차 승급에 따라 그 수입이 증가되리라고 예상되므로 위 망인은 적어도 2000. 1. 1.부터 2000. 3. 31.까지의 근로소득을 매월로 환산한 금 2,300,000원(금 6,900,000원÷3월) 상당의 월급여를 받을 수 있음.

- 정년 이후 가동연한까지: 대한건설협회 작성의 2003년 상반기 적용 건설업임금실태조사보고서 중 보통인부의 2003. 1월 현재 1일 시중노임단가 금 50,683원을 기초로 한 월급여 금 1,115,026원{금 50,683원(시중노임단가)×22일(월평균가동일수)} 상당을 얻을 수 있다고 봄이 상당함.

(마)생계비 : 수입의 1/3

(2) 기간 및 계산(계산의 편의상 월 미만과 원 미만은 버림. 다음부터 같음)

① 기간: 2000. 6. 15.부터 2011. 10. 19.까지(11년 4개월 남짓)

계산: 금 2,300,000원×2/3×107.5674(136개월에 대한 호프만수치)=금 164,936,679원

② 기간: 2011. 10. 20.부터 2016. 10. 17.까지(4년 11개월 남짓)

계산: 금 1,115,026원×2/3×35.4888{143.0562(사고시부터 60세까지 196개월에 대한 호프만수치)-107.5674(사고시부터 정년까지 136개월에 대한 호프만수치)=35.4888}=금 26,380,623원

③ 합계 : ①+②=금 191,317,302원

나. 일실퇴직금

소외 망 박◉◉의 이 사건 사고로 인한 일실퇴직금 손해는 다음 (1)과 같은 사실을 기초로 하여 다음 (2)와 같은 월 5/12%의 비율로 계산한 중간이자를 공제하는 단리할인법(호프만식 계산법)에 따라 이 사건 사고 당시의 현가로 계산한 금 8,202,844원입니다.

(1) 기초사실

(가) 입사일: 1990. 5. 25.

(나) 정년에 따른 퇴직예정일 및 근속기간 : 정년인 2011. 10. 19.까지 21년 4 개월 남짓

(다) 이 사건 사고로 인한 퇴직일 및 근속기간 : 2000. 6. 15.까지 10년 남짓

(라) 퇴직금의 근거와 산정방식 : 소외 ◎◎주식회사는 근로기준법의 규정에 따라 근속년수 1년에 1월분의 평균임금을 퇴직금으로 지급하고 있음.

(마) 보수월액: 금 2,300,000원(※원칙적으로는 퇴직 당시의 평균임금을 기초로 하여야 하나 편의상 보수월액으로 하였음)

(바) 사고시까지의 계산상 퇴직금 : 월급여 금 2,300,000원×(10+22/365)년 (1990. 5. 25.부터 2000. 6. 15.까지)=금 23,138,630원

(2) 계산

(가) 정년퇴직시 예상퇴직금 : 금 2,300,000원×(21+148/365)=금 49,232,602원

(나) 정년퇴직시 예상퇴직금의 사고당시 현가

금 49,232,602원×0.6366(사고시부터 정년퇴직시까지 11년 5월에 대한 호프만수치, 1/{1+0.05×(11+5/12)}=금 31,341,474원

(다) 사고시까지의 계산상 퇴직금공제 : 금 31,341,474원-금 23,138,630원=금 8,202,844원

라. 소외 망 박○○의 위자료

소외 망 박○○는 이 사건 사고로 사망하는 순간 견딜 수 없는 정신적 고통을 겪었을 것이므로 피고는 소외 망 박○○에게 위자료로 금 30,000,000원을 지급함이 상당하다 할 것입니다.

마. 상속관계

위와 같이 소외 망 박●●가 이 사건 사고로 입은 손해액은 합계 금 229,520,146원{금 191,317,302원(일실수입) + 금 8,202,844원(일실퇴직금)+ 금 30,000,000원(위자료)}인바, 이 손해배상채권은 위 망인의 처인 원고 김○○에게 금 98,365,776원(위 손해액×상속지분 3/7), 위 망인의 아들 원고 박①○, 망인의 딸 원고 박②○에게는 각 금 65,577,184원(위 손해액×상속지분 2/7)이 상속되었습니다.

바. 원고들의 위자료

원고들도 소외 망 박○○의 사망으로 인하여 크나큰 정신적 고통을 받았을 것임은 경험칙상 명백하므로 위 망인의 처인 원고 김●●에게 금 7,000,000원, 위 망인의 자녀인 원고 박①○, 원고 박②○에게 각 금 3,000,000원, 위 망인의 어머니인

원고 최○○에게 금 7,000,000원씩을 위자료로 지급함이 상당하다 할 것입니다.

사. 장례비 : 금 2,000,000원

　　지출자 : 원고 김○○

4. 결론

이와 같이 피고는 원고 김○○에게 금 107,365,776원(상속분 금 98,365,776원+위자료 금 7,000,000원+장례비 금 2,000,000원), 원고 박①○, 원고 박②○에게 각 금 68,577,184원(상속분 금 65,577,184원+위자료 금 3,000,000원), 원고 최○○에게 금 7,000,000원(위자료)씩을 지급할 책임이 있다 할 것인바, 원고들은 피고로부터 위 돈의 지급과 아울러 이에 대한 소외 망 박◉◉가 사망한 사고일인 2000. 6. 15.부터 이 사건 소장부본 송달일까지는 민법에서 정한 연 5%의, 그 다음날부터 다 갚는 날까지는 소송촉진등에관한특례법에서 정한 연 12%의 각 비율에 의한 지연손해금의 지급을 받고자 이 사건 청구에 이른 것입니다.

입 증 방 법

1. 갑 제1호증　　　　　　　　　기본증명서
　　　　　　(단, 2007.12.31. 이전 사망한 경우 제적등본)
1. 갑 제2호증　　　　　　　　　가족관계증명서
　　　　　　(또는, 상속관계를 확인할 수 있는 제적등본)
1. 갑 제3호증　　　　　　　　　주민등록등본
1. 갑 제4호증　　　　　　　　　자동차등록원부
1. 갑 제5호증　　　　　　　　　교통사고사실확인원
1. 갑 제6호증　　　　　　　　　사망진단서
1. 갑 제7호증　　　　　　　　　근로소득원천징수영수증
1. 갑 제8호증의 1, 2　　　　　　월간거래가격표지 및 내용
1. 갑 제9호증의 1, 2　　　　　　한국인표준생명표 표지 및 내용

첨 부 서 류

1. 위 입증방법　　　　　　　　　각 1통
1. 법인등기사항증명서　　　　　　1통
1. 소장부본　　　　　　　　　　　1통
1. 송달료납부서　　　　　　　　　1통

2000.　O.　O.

위 원고　1. 김OO(서명 또는 날인)
　　　　　2. 박①O
　　　　　3. 박②O
　　　　　4. 최OO(서명 또는 날인)
　　　　원고 2, 3은 미성년자이므로
　　법정대리인 친권자 모 김OO(서명 또는 날인)

OO지방법원　귀중

소　　장

원　　고　　1. 김◉◉ (주민등록번호)

　　　　　　2. 이◉◉ (주민등록번호)

　　　　　　3. 김◎◎ (주민등록번호)

　　　　　　　원고 김◎◎는 미성년자이므로

　　　　　　　법정대리인 친권자 부 김◉◉

　　　　　　　　　　　　　　　모 이◉◉

　　　　　　　원고들의 주소:○○시 ○○구 ○○길 ○○ (우편번호)

　　　　　　　전화·휴대폰번호:

　　　　　　　팩스번호, 전자우편(e-mail)주소:

피　　고　　◇◇화재해상보험주식회사

　　　　　　○○시 ○○구 ○○로 ○○(우편번호)

　　　　　　대표이사 ◇◇◇

　　　　　　전화·휴대폰번호:

　　　　　　팩스번호, 전자우편(e-mail)주소:

손해배상(자)청구의 소

청 구 취 지

1. 피고는 원고 김◉◉에게 금 90,711,520원, 원고 이◉◉에게 금 88,211,520원, 원고 김◎◎에게 금 4,000,000원 및 각 이에 대하여 2000. 8. 2.부터 이 사건 소장부본 송달일까지는 연 5%의, 그 다음날부터 다 갚는 날까지는 연 12%의 각 비율에 의한 돈을 각 지급하라.

2. 소송비용은 피고의 부담으로 한다.

3. 위 제1항은 가집행할 수 있다.

라는 판결을 구합니다.

청 구 원 인

1. 당사자들의 관계

  피고는 소외 ◆◆◆의 보험사업자이고, 원고 김◉◉는 소외 ◆◆◆의 교통사고에 의하여 사망한 소외 망 김○○의 아버지이고, 원고 이◉◉는 그 어머니이며, 원고 김◎◎는 그 동생입니다.

2. 손해배상책임의 발생

  소외 ◆◆◆는 광주○도○○○○호 세피아승용차의 운전업무에 종사하는 사람인바, 2000. 8. 2. 19:40경 위 차량을 운전하여 ○○시 ○○구 ○○길 소재 ◎◎약국 앞 도로상을 ○○동 방면에서 ◎◎경찰서 방면으로 시속 80㎞로 진행하게 함에 있어 전방주시의무를 게을리 하여 같은 방향으로 위 도로가장자리를 보행하던 소외 망 김○○(여, 18세)를 충격 하여 도로에 넘어지게 함으로써 소외 망 김○○가 현장에서 뇌진탕 등에 의하여 사망하게 한 것입니다.

  그렇다면 위 사고차량의 소유자인 소외 ◆◆◆는 자동차손해배상보장법 제3조에서 규정한 자기를 위하여 자동차를 운행하는 자로서 이 사건 사고의 피해자인 소외 망 김○○ 및 소외 망 김○○의 유족인 원고들이 입은 재산적, 정신적 손해를 배상할 책임이 있다 할 것인데, 위 가해 자동차는 피고회사의 자동차종합보험에 가입되어 있으므로 피고회사는 상법 제726조의2에 의하여 손해배상책임이 있다 할 것입니다.

3. 손해배상의 범위

  가. 원고 김○○의 일실수입

    (1) 산정요소

      (가) 성별: 여자

      (나) 생년월일: 1982. 7. 20.생

      (다) 사고당시 나이: 만 18세 남짓

      (라) 기대여명: 62.02년

      (마) 거주지: 도시지역

      (바) 소득실태(도시일용노임): 금 37,052원(2000년 하반기 시중노임단가)

      (사) 가동연한: 만 60세가 되는 2042. 7. 19.까지 월 22일씩 가동

      (자) 호프만 수치: 240[270.8755{사고일부터 만 60세가 되는 2042. 7. 19.까지 503개월(월 미만은 버림)해당분 호프만수치) - 22.8290(만 20세가 되는 2002. 7. 19.까지 24개월에 대한 호프만수치)=248.0465이나 240을 초과하므로 240으로 함

(아) 생계비공제 : 월수입의 1/3정도

(2) 【계산】

〔(37,052 × 22) × 240 × 2/3〕=130,423,040원(원 미만은 버림)

나. 소외 망 김○○의 위자료

소외 망 김○○는 이 사건 사고로 사망하는 순간 견딜 수 없는 고통과 여자고등학교 2학년에 재학 중인 학생으로서 부모를 앞에 둔 채 여명을 다하지 못하고 한을 품은 채 운명하였을 것이므로 피고는 소외 망 김○○에게 금 30,000,000원을 위자료로 지급함이 상당하다 할 것입니다.

다. 상속관계

소외 망 김○○의 재산적 손해 및 위자료를 합하면 금 160,423,040원(재산적 손해 금 130,423,040원 + 위자료 금 30,000,000원)인바, 소외 망 김○○의 부모인 원고 김◉◉ 원고 이◉◉에게 각 2분의 1씩 공동상속 되었다 할 것입니다.

라. 원고들의 위자료

원고들도 소외 망 김○○의 사망으로 인하여 크나큰 정신적 고통을 받았을 것임은 경험칙상 명백하므로 위 망인의 부모인 원고 김◉◉, 원고 이◉◉에게 각 금 8,000,000원, 위 망인의 동생인 원고 김◎◎에게 금 4,000,000원씩을 위자료로 지급함이 상당하다 할 것입니다.

마. 장례비

이 사건 사고를 당하여 원고 김◉◉는 소외 망 김○○의 장례를 위하여 장례비 및 장례를 위한 제반비용 등으로 금 2,500,000원을 지출하였으므로 피고는 원고 김◉◉에게 이를 배상할 책임이 있다 할 것입니다.

4. 결론

그렇다면 피고는 원고 김◉◉에게 금 90,711,520원(망인의 일실수익 및 위자료 상속분 금 80,211,520원 + 위자료 금 8,000,000원 + 장례비 금 2,500,000원), 원고 이◉◉에게 금 88,211,520원(망인의 일실수익 및 위자료 상속분 금 80,211,520원 + 위자료 금 8,000,000원), 원고 김◎◎에게 금 4,000,000원 및 각 이에 대하여 이 사건 불법행위일인 2000. 8. 22.부터 이 사건 소장부본 송달일까지는 민법에서 정한 연 5%의, 그 다음날부터 다 갚는 날까지는 소송촉진등에관한특례법에서 정한 연 12%의 각 비율에 의한 지연손해금을 지급할 의무가 있다 할 것이므로, 그 지급을 구하기 위하여 이 사건 청구에 이른 것입니다.

입 증 방 법

1. 갑 제1호증   제적등본
                (단, 2008. 1. 1. 이후 사망한 경우 기본증명서)
1. 갑 제2호증   상속관계를 확인할 수 있는 제적등본
                            (또는, 가족관계증명서)
1. 갑 제3호증   주민등록등본
1. 갑 제4호증   사망진단서
1. 갑 제5호증   사체검안서
1. 갑 제6호증   교통사고사실확인원
1. 갑 제7호증   자동차등록원부
1. 갑 제8호증의 1, 2   한국인표준생명표 표지 및 내용
1. 갑 제9호증의 1, 2   월간거래가격표지 및 내용

첨 부 서 류

1. 위 입증방법   각 1통
1. 법인등기사항증명서   1통
1. 소장부본   1통
1. 송달료납부서   1통

20○○.   ○.   ○.

위 원고 1. 김◉◉ (서명 또는 날인)
        2. 이◉◉ (서명 또는 날인)
        3. 김◎◎
원고 김◎◎는 미성년자이므로 법정대리인
    친권자 부 박◉◉ (서명 또는 날인)
            모 이◉◉ (서명 또는 날인)

○○지방법원 귀중

소   장

원   고   ○○○ (주민등록번호)
          ○○시 ○○구 ○○길 ○○(우편번호)
          전화·휴대폰번호:
          팩스번호, 전자우편(e-mail)주소:

피   고   ◇◇화재해상보험주식회사
          ○○시 ○○구 ○○로 ○○(우편번호)
          대표이사 ◇◇◇
          전화·휴대폰번호:
          팩스번호, 전자우편(e-mail)주소:

손해배상(자)청구의 소

청 구 취 지

1. 피고는 원고에게 금 15,964,090원 및 이에 대한 2000. 5. 26.부터 이 사건 소장부본 송달일까지는 연 5%의, 그 다음날부터 다 갚는 날까지 연 12%의 각 비율에 의한 돈을 지급하라

2. 소송비용은 피고의 부담으로 한다.

3. 위 제1항은 가집행할 수 있다.

라는 판결을 구합니다.

청 구 원 인

1. 당사자들의 지위
    원고는 이 사건 교통사고의 피해자 본인으로 ○○시 라○○○○호 오토바이 운전자이고, 피고 ◇◇화재해상보험주식회사는(다음부터 피고 보험회사라고 함) 이 사건 가해차량인 충남 ○○나○○○○호 승용차의 소유자인 소외 ◆◆주식회사가 피보험자로 하여 가입한 자동차종합보험회사입니다.

2. 손해배상책임의 발생

가. 사고경위

소외 박◆◆는 피보험자인 소외 ◆◆주식회사에 근무하는 직원으로, 위 승용차를 운전하여 2000. 5. 26. 11:40경 ○○ ○○시 ○○면 ○○ 소재 ○○삼거리로부터 500m 떨어진 지점을 ◎◎방면에서 ○○삼거리방면으로 진행 중에 다른 진행차량 여부를 잘 살펴 운전하여야 할 주의의무가 있음에도 불구하고 이를 게을리 한 채 그대로 위 차량을 운전한 과실로 갓길에 정차 중이던 원고의 위 오토바이 중앙부분을 충격 하여 원고로 하여금 방광파열 후부요도파열골반골절 및 혈종 등으로 장해가능성이 예상되는 상해를 입게 하였습니다.

나. 그렇다면 위 승용차의 소유자인 소외 ◆◆주식회사는 자동차손해배상보장법 제3조에서 규정한 자기를 위하여 자동차를 운행하는 자로서 이 사건 사고의 피해자인 원고가 입은 재산적, 정신적 손해를 배상할 책임이 있다 할 것이고, 또한 피고 보험회사는 소외 ◆◆주식회사가 피보험자인 자동차보험자로서 상법 제726조의2에 따라 위 사고로 입은 모든 손해를 지급할 책임이 있다 할 것입니다.

3. 손해배상책임의 범위

가. 일실수입

(1) 원고는 19○○. ○. ○.생으로서 위 사고 당시 34세 10월 남짓한 건강한 남자이고 그 평균여명은 33.56년입니다.

(2) 원고는 이 사건 사고 당시 도시일용노동에 종사하여 왔는데, 이 사건 사고로 말미암아 방광파열 후부요도파열골반골절 및 혈종 등의 상해를 입어 장해가능성이 예상되는바, 추후신체감정결과에 따라 정산하기로 하고 우선 금 1,000,000원만 청구합니다.

나. 기왕치료비

원고는 이 사건 사고로 말미암아 사고일인 2000. 5. 26.부터 이 사건 소제기시까지 ○○시 ○○동 소재 ○○재단 ○○병원에서 입원치료를 받으면서 그 치료비로 금 4,964,090원을 지급하였습니다.

다. 향후치료비

추후 신체감정결과에 따라 청구하겠습니다.

라. 위자료

원고는 이 사건 사고로 말미암아 방광파열 후부요도파열골반골절 및 혈종 등의 상해를 입어 장해가능성이 예상되므로 원고가 상당한 정신상 고통을 받았을 것임은 명백하고, 피고는 이를 금전적으로 위로하고 도와줄 의무가 있다 할 것이므로 금 10,000,000원을 위자료로 지급함이 상당하다 할 것입니다.

4. 결론

따라서 피고 보험회사는 원고에게 금 15,964,090원 및 이에 대하여 이 사건 불법행위일인 2000. 5. 26.부터 이 사건 소장부본 송달일까지는 민법에서 정한 연 5%의, 그 다음날부터 다 갚을 때까지는 소송촉진등에관한특례법에서 정한 연 12%의 각 비율에 의한 지연손해금을 지급할 의무가 있으므로, 원고는 피고 보험회사에 대하여 위 돈의 지급을 구하기 위하여 이 사건 청구에 이른 것입니다.

입 증 방 법

1. 갑 제1호증	교통사고사실확인원
1. 갑 제2호증	교통사고보고실황조사서
1. 갑 제3호증	진단서
1. 갑 제4호증의 1 내지 9	각 치료비영수증
1. 갑 제5호증	자동차등록원부
1. 갑 제6호증의 1, 2	한국인표준생명표 표지 및 내용

첨 부 서 류

1. 위 입증방법	각 1통
1. 법인등기사항증명서	1통
1. 소장부본	1통
1. 송달료납부서	1통

2000.   ○.   ○.

위 원고   ○○○   (서명 또는 날인)

○○지방법원   귀중

[서식 예] 손해배상(자)청구의 소(유아사망, 보험가입한 승용차)

소 장

원 고   1. 박◉◉ (주민등록번호)
          2. 이◉◉ (주민등록번호)
          3. 박◎◎ (주민등록번호)
            원고 박◎◎는 미성년자이므로
            법정대리인 친권자 부 박◉◉
                     모 이◉◉
            원고들의 주소:○○시 ○○구 ○○길 ○○ (우편번호)
            전화·휴대폰번호:
            팩스번호, 전자우편(e-mail)주소:
피 고   ◇◇화재해상보험주식회사
            ○○시 ○○구 ○○로 ○○(우편번호)
            대표이사 ◇◇◇
            전화·휴대폰번호:
            팩스번호, 전자우편(e-mail)주소:

손해배상(자)청구의 소

청 구 취 지

1. 피고는 원고 박◉◉에게 금 97,330,558원, 원고 이◉◉에게 금 72,330,558원, 원고 박◎◎에게 금 4,000,000원 및 각 이에 대하여 2000. 8. 22.부터 이 사건 소장부본 송달일까지는 연 5%의, 그 다음날부터 다 갚을 때까지는 연 12%의 각 비율에 의한 돈을 지급하라.

2. 소송비용은 피고의 부담으로 한다.

3. 위 제1항은 가집행할 수 있다.

라는 판결을 구합니다.

청 구 원 인

1. 당사자들의 지위

소외 망 박○○는 이 사건 사고로 사망한 사람인바, 원고 박◉◉, 원고 이◉◉는 위 소외 망 박○○의 부모이고, 원고 박◎◎는 소외 망 박○○의 오빠이고, 피고 ◇◇화재해상보험주식회사(다음부터 피고회사라고만 함)는 이 사건 가해차량의 자동차종합보험이 가입된 보험회사입니다.

2. 손해배상책임의 발생

가. 소외 정◆◆는 2000. 8. 22. 16:20경 소외 ○○관광(주) 소유인 충남 ○○바○ ○○○호 관광버스를 운전하고 ○○ ○○군 ○○면 ○○길 ○○아파트부근 소외 황◆◆의 집 앞길을 ○○방면에서 ○○아파트 방면으로 시속 약60㎞의 속도로 진행함에 있어서 그곳은 차선이 그려져 있지 않은 주택가 도로(국도나 지방도 아님)로 사람의 통행이 빈번하여 사고지점 50m 못 미쳐 과속방지턱이 설치되어 있는 도로이고, 당시 피해자 소외 망 박○○(여, 4세)가 다른 아이의 3륜자전거를 뒤에서 밀면서 놀고 있는 것을 보았으므로 이러한 경우 운전업무에 종사하는 사람은 속도를 줄이고 충분한 간격을 두고 피해가거나 일단 정지하여 사고를 미연에 방지하여야 할 업무상 주의의무가 있음에도 불구하고 이를 게을리 한 채 그대로 진행한 과실로 사고차량을 보고 도로 중앙에서 사고차량 진행방향 좌측으로 급히 달려 피하는 피해자 소외 망 박○○를 사고차량 앞 범퍼 좌측부분으로 들이받아 도로에 넘어뜨린 후 계속 진행하여 좌측 앞바퀴로 피해자 소외 망 박○○의 머리부위를 넘어가 피해자 소외 망 박○○로 하여금 두개골 파열에 의한 뇌출혈로 그 자리에서 사망에 이르게 한 것입니다.

나. 그렇다면 위 사고차량의 소유자인 소외 ○○관광(주)는 자동차손해배상보장법 제3조에서 규정한 자기를 위하여 자동차를 운행하는 자로서 이 사건 사고의 피해자인 소외 망 박○○ 및 소외 망 박○○의 유족인 원고들이 입은 재산적, 정신적 손해를 배상할 책임이 있다 할 것이고, 또한 위 가해자동차는 피고회사의 자동차종합보험에 가입되어 있으므로 상법 제726조의 2에 의하여 피고회사에 손해배상책임이 있다 할 것입니다.

3. 손해배상의 범위

가. 기대수입 상실액

1) 소외 망 박○○는 1996. 1. 5.생 신체 건강한 여자로서 이 사건 사고당시 만 4년 7개월 남짓한 정도이고, 그 기대여명은 75.79년이므로 특단의 사정

이 없는 한 79세까지는 생존이 가능하다 할 것입니다.

2) 소외 망 박○○는 미성년자로서 이 사건 사고가 아니었다면 성년이 되는 만 20세가 되는 2016. 1. 5.부터 위 기대여명 내 가동연한인 만 60세가 되는 2056. 1. 4.까지 최소한 도시일용노동자로서 종사하여 도시일용노임상당의 수입을 얻었을 것임에도 불구하고 이 사건 사고로 인하여 매월 순차적으로 이를 상실하였다고 할 것인데, 이를 사고당시를 기준하여 일시에 청구하므로 호프만식 계산법에 따라 월 12분의 5%의 중간이자를 공제하고 이 사건 사고 당시의 현가로 산정하면 아래와 같이 금 98,661,117원이 됩니다.

【계산】

[(37,052원×22일×2/3)×(317.9187-136.3659=181.5528)]=98,661,117원

(월 미만 및 원 미만은 버림)

*성별 : 여자

*생년월일 : 1996. 1. 5.생

*거주지역 : 도시지역

*가동연한 : 만 60세가 되는 2056. 1. 4.까지 월 22일씩 가동

*소득실태(도시일용노임) : 금 37,052원(2000년 하반기 시중노임단가)

*망인의 생계비공제 : 월수입의 1/3정도

*호프만수치 : 181.5528(=317.9187 - 136.3659)

- 317.9187(사고일부터 만 60세가 되는 2056.1.4.까지 664개월간 해당분)

- 136.3659(사고일부터 만 20세가 되는 2016.1.4.까지 184개월간 해당분)

나. 소외 망 박○○의 위자료

소외 망 박○○는 이 사건 사고로 사망하는 순간 견딜 수 없는 고통과 이제 4세의 어린 나이로 부모를 앞에 둔 채 여명을 다하지 못하고 한을 품은 채 운명하였을 것이므로 피고는 소외 망 박○○에게 금 30,000,000원을 위자료로 지급함이 상당하다 할 것입니다.

다. 상속관계

소외 망 박○○의 재산적 손해 및 위자료를 합하면 금 128,661,117원(재산적 손해 금 98,661,117원 + 위자료 금 30,000,000원)인바, 소외 망 박○○의 부모인 원고 박◉◉ 원고 이◉◉에게 각 2분의 1씩 공동상속 되었다 할 것입니다.

라. 위자료

원고들도 소외 망 박○○의 사망으로 인하여 크나큰 정신적 고통을 받았을 것임

은 경험칙상 명백하므로 위 망인의 부모인 원고 박●●, 원고 이●●에게 각 금 8,000,000원, 위 망인의 오빠인 원고 박◎◎에게 금 4,000,000원씩을 위자료로 지급함이 상당하다 할 것입니다.

마. 장례비

이 사건 사고를 당하여 원고 박●●는 소외 망 박○○의 장례를 위하여 장례비 및 장례를 위한 제반비용 등으로 금 2,500,000원을 지출하였으므로 피고는 원고 박●●에게 이를 배상할 책임이 있다 할 것입니다.

4. 결론

그렇다면 피고는 원고 박●●에게 금 97,330,558원(망인의 일실수익 및 위자료 상속분 금 64,330,558원 + 위자료 금 8,000,000원 + 장례비 금 2,500,000원), 원고 이●●에게 금 72,330,558원(망인의 일실수익 및 위자료 상속분 금 64,330,558원 + 위자료 금 8,000,000원), 원고 박◎◎에게 금 4,000,000원 및 각 이에 대하여 이 사건 불법행위일인 2000. 8. 22.부터 이 사건 소장부본 송달일까지는 민법에서 정한 연 5%의, 그 다음날부터 다 갚는 날까지는 소송촉진등에관한특례법에서 정한 연 12%의 각 비율에 의한 지연손해금을 지급할 의무가 있다 할 것이므로, 그 지급을 구하기 위하여 이 사건 청구에 이른 것입니다.

입 증 방 법

1. 갑 제1호증   기본증명서
(단, 2007.12.31. 이전 사망한 경우 제적등본)
1. 갑 제2호증   가족관계증명서
(또는, 상속관계를 확인할 수 있는 제적등본)
1. 갑 제3호증   주민등록등본
1. 갑 제4호증   사망진단서
1. 갑 제5호증   사체검안서
1. 갑 제6호증   교통사고사실확인원
1. 갑 제7호증   자동차등록원부
1. 갑 제8호증의 1, 2   한국인표준생명표 표지 및 내용
1. 갑 제9호증의 1, 2   월간거래가격표지 및 내용

첨 부 서 류

1. 위 입증방법   각 1통
1. 법인등기사항증명서   1통
1. 소장부본   1통
1. 송달료납부서   1통

20○○.   ○.   ○.

위 원고 1. 박◉◉   (서명 또는 날인)
        2. 이◉◉   (서명 또는 날인)
        3. 박◎◎
   원고 박◎◎는 미성년자이므로 법정대리인
   친권자 부 박◉◉   (서명 또는 날인)
        모 이◉◉   (서명 또는 날인)

○○지방법원   귀중

[서식 예] 손해배상(자)청구의 소(미성년 남자고등학생, 부상)

소   장

원   고   1. 박○○ (주민등록번호)

　　　　　2. 박◉◉ (주민등록번호)

　　　　　3. 이◉◉ (주민등록번호)

　　　　　4. 박◎◎ (주민등록번호)

　　　　　　원고 1, 4는 미성년자이므로

　　　　　　법정대리인 친권자 부 박◉◉

　　　　　　　　　　　　　모 이◉◉

　　　　　　원고들의 주소:○○시 ○○구 ○○길 ○○ (우편번호)

　　　　　　전화·휴대폰번호:

　　　　　　팩스번호, 전자우편(e-mail)주소:

피   고   ◇◇화재해상보험주식회사

　　　　　○○시 ○○구 ○○로 ○○(우편번호)

　　　　　대표이사 ◇◇◇

　　　　　전화·휴대폰번호:

　　　　　팩스번호, 전자우편(e-mail)주소:

손해배상(자)청구의 소

청 구 취 지

1. 피고는 원고 박○○에게 금 26,723,065원, 원고 박◉◉, 원고 이◉◉에게 각 금 2,000,000원, 원고 박◎◎에게 금 1,000,000원 및 각 이에 대하여 2000. 8. 29. 부터 이 사건 소장부본 송달일까지는 연 5%의, 그 다음날부터 다 갚는 날까지는 연 12%의 각 비율에 의한 돈을 지급하라.

2. 소송비용은 피고의 부담으로 한다.

3. 위 제1항은 가집행할 수 있다.

라는 판결을 구합니다.

청 구 원 인

1. 당사자의 지위

원고 박○○는 이 사건 사고로 인하여 부상을 입고 장해가 발생한 사람인바, 원고 박◉◉, 원고 이◉◉는 원고 박○○의 부모이고, 원고 박◎◎는 원고 박○○의 동생이며, 피고 ◇◇화재해상보험주식회사는 이 사건 가해차량의 자동차종합보험이 가입된 보험회사입니다.

2. 손해배상책임의 발생

가. 소외 정◆◆는 2000. 8. 29. 22:20경 그의 소유인 이 사건 사고차량인 서울 ○○고○○○○호 레간자 자가용승용차를 운전하여 서울 ○○구 ○○동 ○○교차로 방면에서 ○○방면으로 가변차선 편도 3차선 도로를 1차로를 따라 시속 약 40㎞로 진행 중 ○○시 ○○구 ○○길 ○○ 앞 노상에는 신호등 있는 횡단보도가 설치되어 있는 곳이므로 운전업무에 종사하는 사람으로서 신호에 따라 안전하게 진행함으로써 사고를 미연에 방지하여야 할 업무상 주의의무가 있음에도 불구하고 신호를 위반한 채 진행한 과실로 때마침 보행자신호에 따라 횡단보도를 건너는 원고 박○○를 충돌하여 그에게 우측대퇴골 경부골절, 경부 및 요부 염좌 등의 상해를 입혀 그 후유증으로 고관절 운동제한으로 노동능력상실이 예상되는 장해가 발생하도록 하였습니다.

나. 그렇다면 위 사고차량의 소유자인 소외 정◆◆는 자동차손해배상보장법 제3조에서 규정한 자기를 위하여 자동차를 운행하는 자로서 이 사건 원고들이 입은 재산적, 정신적 손해를 배상할 책임이 있다 할 것인데, 위 가해 자동차는 피고회사의 자동차종합보험에 가입되어 있으므로 피고회사는 상법 제726조의 2에 의하여 손해배상책임이 있다 할 것입니다.

3. 손해배상의 범위

가. 원고 박○○의 일실수입

　(1) 산정요소

　　(가) 성별: 남자

　　(나) 생년월일: 1983. 3. 21.생

　　(다) 사고당시 나이: 만 17세 5개월 남짓

　　(라) 기대여명: 55.54년

　　(마) 거주지: 도시지역

(바) 소득실태(도시일용노임):금 37,052원(2000년 하반기 시중노임단가)

(사) 가동연한: 만 60세가 되는 2043. 3. 20.까지 월 22일씩 가동

(아) 노동능력상실율 : 추후 신체감정결과에 의해 확정될 것이나 일응 12%로 예상됨.

(자) 호프만 수치: 222.0780(=273.1245 - 51.0465)

273.1245{사고일부터 만 60세가 되는 2043. 3. 20.까지 510개월간 해당분, (월미만은 버림. 다음부터 같음)}

51.0465(사고일부터 군복무 26개월을 마치는 2005. 5. 21.까지 57개월간 해당분)

(2) 【계산】

[(37,052원×22일×0.12)×(273.1254-51.0465=222.0780)]=21,723,065원 (월 미만 및 원 미만은 버림)

나. 향후치료비

향후 신체감정결과에 따라 청구하겠습니다.

다. 위자료

원고 박○○는 ○○고등학교 1학년에 재학 중인 학생으로서 이 사건 사고로 인하여 정상적인 수업을 받지 못하였을 뿐만 아니고, 노동력상실이 예상되는 장해를 입었으므로 감수성이 예민한 시기에 그 정신적 고통이 극심하였을 뿐만 아니라, 앞서 기재한 가족관계에 있는 나머지 원고들도 크나큰 정신적 고통을 받았을 것임은 경험칙상 명백하므로 피고는 그 위자료로서 원고 박○○에게 금 5,000,000원, 부모인 원고 박◉◉, 원고 이◉◉에게 각 금 2,000,000원, 동생인 원고 박◎◎에게 금 1,000,000원을 지급함이 상당합니다.

4. 결론

그렇다면 피고는 원고 박○○에게 금 26,723,065원(향후 신체감정결과에 따라 확장하겠음), 원고 박◉◉, 원고 이◉◉에게 각 금 2,000,000원, 원고 박◎◎에게 금 1,000,000원 및 각 이에 대하여 이 사건 사고일인 2000. 8. 29.부터 이 사건 소장부본 송달일까지는 민법에서 정한 연 5%의, 그 다음날부터 다 갚을 때까지는 소송촉진등에관한특례법에서 정한 연 12%의 각 비율에 의한 지연손해금을 지급할 의무가 있으므로 그 지급을 구하기 위해 이 사건 소제기에 이르렀습니다.

입 증 방 법

1. 갑 제1호증　　　　　　　　　　　　가족관계증명서

1. 갑 제2호증	교통사고사실확인원
1. 갑 제3호증	자동차등록원부
1. 갑 제4호증	진단서
1. 갑 제5호증	후유장해진단서
1. 갑 제6호증의 1, 2	한국인표준생명표 표지 및 내용
1. 갑 제7호증의 1, 2	월간거래가격표지 및 내용

첨 부 서 류

1. 위 입증방법	각 1통
1. 법인등기사항증명서	1통
1. 소장부본	1통
1. 송달료납부서	1통

20○○. ○. ○.

위 원고   1. 박○○
         2. 박◉◉ (서명 또는 날인)
         3. 이◉◉ (서명 또는 날인)
         4. 박◎◎
원고 1, 4는 미성년자이므로 법정대리인
   친권자 부 박◉◉ (서명 또는 날인)
          모 이◉◉ (서명 또는 날인)

○○지방법원 귀중

소　　　　장

원　　고　　1. 김○○ (주민등록번호)

　　　　　　　　○○시 ○○구 ○○길 ○○(우편번호)

　　　　　　　　전화·휴대폰번호:

　　　　　　　　팩스번호, 전자우편(e-mail)주소:

　　　　　　2. 이①○ (주민등록번호)

　　　　　　　　○○시 ○○구 ○○길 ○○(우편번호)

　　　　　　　　전화·휴대폰번호:

　　　　　　　　팩스번호, 전자우편(e-mail)주소:

　　　　　　3. 이②○ (주민등록번호)

　　　　　　　　○○시 ○○구 ○○길 ○○(우편번호)

　　　　　　　　전화·휴대폰번호:

　　　　　　　　팩스번호, 전자우편(e-mail)주소:

피　　고　　1. 김◇◇ (주민등록번호)

　　　　　　　　○○시 ○○구 ○○길 ○○(우편번호)

　　　　　　　　전화·휴대폰번호:

　　　　　　　　팩스번호, 전자우편(e-mail)주소:

　　　　　　2. 정◇◇ (주민등록번호)

　　　　　　　　○○시 ○○구 ○○길 ○○(우편번호)

　　　　　　　　전화·휴대폰번호:

　　　　　　　　팩스번호, 전자우편(e-mail)주소:

손해배상(자)청구의 소

청　구　취　지

1. 피고들은 각자 원고 김○○에게 금 54,148,911원, 원고 이①○, 원고 이②○에게 각 금 29,099,327원 및 각 이에 대하여 2000. 7. 22.부터 이 사건 소장부본 송달일까지는 연 5%의, 그 다음날부터 다 갚는 날까지는 연 12%의 각 비율에 의한 돈을 지급하라.

2. 소송비용은 피고들의 부담으로 한다.

3. 위 제1항은 가집행할 수 있다.

라는 판결을 구합니다.

청 구 원 인

1. 당사자들의 지위

소외 망 이◉◉는 이 사건 사고로 사망한 사람인바, 원고 김○○는 소외 망 이◉◉의 처이고, 원고 이①○, 원고 이②○는 소외 망 이◉◉의 아들이고, 피고 김◇◇는 이 사건 가해차량의 운전자, 정◇◇는 이 사건 가해차량의 소유자입니다.

2. 손해배상책임의 발생

가. 피고 김◇◇는 2000. 7. 22. 21:20경 소외 정◇◇ 소유인 서울 ○○고○○○○호 그랜져 승용차를 소외 정◇◇가 시동을 켜둔 채로 잠시 운전석을 이탈한 사이에 절취하여 운전하던 중 서울 ○○구 ○○길 ○○교차로 방면에서 ○○방면으로 편도 3차선 도로를 1차로를 따라 시속 약 80㎞로 진행하다가 신호등이 있는 횡단보도에서 보행자신호를 따라 횡단보도를 횡단하던 소외 망 이◉◉를 충돌하여 그 충격으로 소외 망 이◉◉가 뇌진탕으로 사고현장에서 사망에 이르게 한 것입니다.

나. 그렇다면 피고 김◇◇는 민법 제750조에 규정한 불법행위자로서 이 사건 사고의 피해자인 소외 망 이◉◉ 및 소외 망 이◉◉의 유족인 원고들이 입은 재산적, 정신적 손해를 배상할 책임이 있다 할 것이고, 피고 정◇◇는 시동을 켜둔 채로 운전석을 이탈함으로써 자동차보유자로서 차량 및 시동열쇠 관리상의 과실이 중대하고, 시간적으로도 피고 김◇◇가 가해차량을 절취한 직후 사고를 야기하였으므로 피고 정◇◇는 자동차손해배상보장법 제3조에서 규정한 자동차보유자로서 운행지배와 운행이익이 잔존하고 있다고 평가할 수 있는 경우에 해당된다고 보아야 할 것이므로 역시 이 사건 사고의 피해자인 소외 망 이◉◉ 및 소외 망 이◉◉의 유족인 원고들이 입은 재산적, 정신적 손해를 배상할 책임이 있다 할 것입니다.

3. 손해배상의 범위

가. 일실수입

소외 망 이◉◉가 이 사건 사고로 입은 일실수입 손해는 다음 (1)과 같은 인정

사실 및 평가내용을 기초로 하여, 다음 (2)와 같이 월 5/12%비율에 의한 중간 이자를 공제하는 단리할인법(호프만식 계산법)에 따라 이 사건 사고 당시의 현가로 계산한 금 57,847,646원입니다.

(1) 인정사실 및 평가내용

    (가) 성별 : 남자

        생년월일 : 1945. 3. 16.생

        연령(사고당시) : 55세 4개월 정도

        기대여명 : 21.26년

    (나) 직업 및 경력

        소외 망 이◉◉는 19○○. ○. ○○.부터 개인택시운송사업면허를 얻어 개인택시운송사업을 하고 있는 사람임.

    (다) 가동기간 : 개인택시운송사업자로서 적어도 만 62세가 될 때까지는 가동할 수 있을 것으로 예상됨.

    (라) 가동능력에 대한 금전적인 평가

        개인택시운송사업자인 소외 망 이◉◉는 월평균 20일간 영업하면서 1일 평균 금 85,800원씩 월평균 금 1,716,000(85,800원 × 20일) 상당의 총수입을 얻는데, 위 영업을 위하여 매월 평균적 감가상각비를 비롯한 차량유지비, 각종 검사비, 세금, 각종 보험료, 공과금 등의 경비로 매월 금 353,105원이 소요되므로 월간 순수입은 금 1,362,895원이고, 위 개인택시영업을 하기 위한 투하자본은 금 9,000,000원 정도이며, 그에 대한 자본수익율은 연 12%이므로, 위 월간순수입 금 1,362,895원에서 위 투하자본에 대한 자본수입금인 월 금 90,000원(9,000,000원×12/100×1/12)을 공제한 금 1,272,895원이 됩니다.

    (마) 생계비 : 수입의 1/3

(2) 계산

    (가) 호프만 수치: 68.1686{사고일인 2000. 7. 22.부터 만 62세가 되는 2007. 3. 15.까지 79개월간(월미만은 버림) 해당분}

    (나) 【계산】

        1,272,895원×2/3×68.1686=57,847,646원(원미만은 버림, 이하 같음)

나. 소외 망 이◉◉의 위자료

소외 망 이◉◉가 사망함에 있어 입은 정신적 고통에 대하여 피고는 이를 위자할 책임이 있다 할 것인데, 위 망인의 학력과 경력 그리고 이 사건 사고의 내용 등 사정을 참작하면 위자료로 금 30,000,000원 정도가 상당하다고 할 것입니다.

다. 상속관계
   (1) 재산상속인, 상속비율
      원고 김○○ : 3/7
      원고 이①○, 원고 이②○ : 각 2/7
   (2) 상속재산
      금 87,847,646원(재산상 손해 57,847,646원+위자료 30,000,000원)
   (3) 상속금액의 계산
      원고 김○○ : 금 37,648,911원(87,847,646원×3/7)
      원고 이①○, 원고 이②○ : 각 금 25,099,327원(87,847,646원×2/7)

라. 원고들의 위자료
   소외 망 이◉◉가 사망함으로써 그의 처와 아들인 원고들이 심한 정신적 고통을 입었다 할 것이므로 피고는 이를 위자할 책임이 있고, 원고들의 경력·신분관계 등 사정을 참작하면 위 망인의 처인 원고 김○○에 대한 위자료는 금 12,000,000원, 위 망인의 아들인 원고 이①○, 원고 이②○에게 각 금 4,000,000원씩을 위자료로 지급함이 상당하다 할 것입니다.

마. 장 례 비
   이 사건 사고를 당하여 원고 김○○는 소외 망 이◉◉의 장례를 위하여 장례비 및 장례를 위한 제반비용 등으로 금 4,500,000원을 지출하였으므로 피고들은 원고 김○○에게 이를 배상할 책임이 있다 할 것입니다.

4. 결론
   그렇다면 피고는 원고 김○○에게 금 54,148,911원(상속분 금 37,648,911원+본인 위자료 금 12,000,000원+장례비 금 4,500,000원), 원고 이①○, 원고 이②○에게 각 금 29,099,327원(상속분 금 25,099,327원+본인 위자료 금 4,000,000원) 및 각 이에 대하여 이 사건 사고일인 2000. 7. 22.부터 이 사건 소장부본 송달일까지는 민법에서 정한 연 5%의, 그 다음날부터 다 갚는 날까지는 소송촉진등에관한특례법에서 정한 연 12%의 각 비율에 의한 지연손해금을 지급 받고자 이 사건 청구에 이르게 되었습니다.

입 증 방 법

1. 갑 제1호증　　　　　　　　　　　기본증명서
   (단, 2007.12.31. 이전 사망한 경우 제적등본)

1. 갑 제2호증   가족관계증명서
(또는, 상속관계를 확인할 수 있는 제적등본)
1. 갑 제3호증   사망진단서
1. 갑 제4호증   사체검안서
1. 갑 제5호증   교통사고사실확인원
1. 갑 제6호증   자동차등록원부
1. 갑 제7호증의 1, 2   한국인표준생명표 표지 및 내용
1. 갑 제8호증   자동차운송사업면허증
1. 갑 제9호증   사업자등록증
1. 갑 제10호증의 1, 2   사실조회 회신 및 내용

첨 부 서 류

1. 위 입증방법   각 1통
1. 소장부본   2통
1. 송달료납부서   1통

20○○.   ○.   ○.

위 원고   1. 김○○   (서명 또는 날인)
          2. 이①○   (서명 또는 날인)
          3. 이②○   (서명 또는 날인)

○○지방법원   귀중

소   장

원   고   1. 박○○(주민등록번호)
         2. 김①○(주민등록번호)
         3. 김②○(주민등록번호)
            원고들의 주소:○○시 ○○구 ○○길 ○○ (우편번호)
            전화·휴대폰번호:
            팩스번호, 전자우편(e-mail)주소:
피   고   전국택시운송사업조합연합회
         ○○시 ○○구 ○○길 ○○(우편번호)
         회장 ◇◇◇
         전화·휴대폰번호:
         팩스번호, 전자우편(e-mail)주소:

손해배상(자)청구의 소

청 구 취 지

1. 피고는 원고 박○○에게 금 ○○○○원, 원고 김①○, 원고 김②○에게 각 금 ○○
   ○○원 및 각 이에 대하여 20○○. ○. ○.부터 이 사건 소장부본 송달일까지는 연
   5%의, 그 다음날부터 다 갚는 날까지는 연 12%의 각 비율에 의한 돈을 지급하라.

2. 소송비용은 피고의 부담으로 한다.

3. 위 제1항은 가집행할 수 있다.

라는 판결을 구합니다.

청 구 원 인

1. 당사자들의 지위

   가. 원고 박○○은 이 사건 교통사고로 사망한 소외 망 김◉◉의 처이고, 원고 김

①○, 원고 김②○는 각 소외 망 김◉◉의 아들입니다.

나. 피고는 이 사건 교통사고의 가해차량인 소외 ◎◎운수(주) 소유의 ○○32파○○○○호 영업용택시에 관하여 공제계약을 체결한 공제사업자입니다.

2. 손해배상책임의 발생

가. 소외 ◎◎운수(주)의 운전원으로 근무하는 소외 최◆◆는 20○○. ○. ○. 21:00경 소외 ◎◎운수(주) 소유의 ○○32파○○○○호 영업용택시를 운전하여 ○○방면에서 ○○방면으로 운행 중 ○○시 ○○구 ○○길 ○○은행 앞 노상에 이르렀는바, 이곳은 보행자의 통행이 빈번한 곳이므로 미리 속도를 줄이고 전방좌우를 잘 살펴 보행자가 있는지를 잘 확인한 후 안전하게 운행하여야 할 주의의무가 있음에도 불구하고 이를 게을리 한 채 진행한 과실로 때마침 위 가해차량의 진행방향의 우측에서 좌측으로 위 도로상을 건너던 피해자 소외 망 김◉◉를 그대로 치어 현장에서 사망케 하였습니다.

나. 이 경우 소외 ◎◎운수(주)는 자동차손해배상보장법 제3조의 "자기를 위하여 자동차를 운행한 자"에 해당하므로 같은 규정에 따라 이 사건 교통사고로 인한 피해자에 대한 모든 손해를 배상할 책임이 있다 할 것이며, 피고는 위 사고차량에 관한 공제계약에 따라 원고들의 위 모든 손해를 배상할 책임이 있습니다.

3. 손해배상책임의 범위

가. 소외 망 김◉◉의 일실수입

소외 망 김◉◉는 19○○. ○. ○.생의 신체 건강한 남자로서 통계청 발행의 한국인생명표에 의하면 사망일 현재 기대여명은 ○○년이므로 71세까지는 생존이 추정됩니다.

위 망인은 시골에서 중학교만 졸업하고 위 교통사고로 사망할 때까지 ○○시 ○○동에서 거주하면서 일용직 잡부로 막노동을 하며 생계를 이어온 사람으로 특별한 직업이나 기술은 없었고 일정한 소득을 확인할 수는 없으나 사망일에 가까운 20○○. ○.의 대한건설협회 발행의 월간거래가격에 따르면 평균 도시일용노임이 ○○○원인바, 피해자가 사망하지 않았더라면 도시일용노동자로서 적어도 매월 22일씩 일하여 기대여명내인 60세까지 ○○년 ○개월 동안은 근로하여 소득을 얻을 수 있었을 것인데 이 사건 교통사고로 인하여 사망함에 따라 그 소득을 매월 순차적으로 상실하게 되었습니다.

따라서 상실한 위 소득을 이 사건 교통사고 당시를 기준으로 단리 연 5%의 중간이자를 공제하는 호프만식 계산법으로 그 현가를 계산하면 금 ○○○○○원{도시일용노임 ○○○원×22일×60세까지 ○○○개월에 대한 단리연금현가표상 수치(호프만수치)}이 됩니다.

여기서 위 망인의 생계비로 3분의 1정도를 공제하면 이 사건 교통사고로 인한 소외 망 김◉◉의 일실수입의 총액은 금 ○○○○○원(위 현가 금 ○○○○○ ×2/3, 원미만 버림)이 됩니다.

나. 소외 망 김◉◉의 위자료

소외 망 김◉◉가 사망함에 있어 심한 정신적 고통을 입었으리라는 사정은 쉽게 짐작되는 바이므로, 피고로서는 이를 위자할 책임이 있다 할 것인데, 망인의 학력과 경력 그리고 이 사건 사고의 경위 및 결과 등 여러 사정을 참작하면 위자료로 금 ○○○○원 정도가 상당하다고 할 것입니다.

다. 상속관계

피고의 소외 망 김◉◉에 대한 배상책임의 액수는 앞서와 같이 합계 금 ○○ ○○○원(일실수입 금 ○○○○○원＋위자료 금 ○○○○원)이 되는바, 그와 같은 손해배상채권은 그의 재산상속인들인 원고 박○○에게 금○○○○원(위 합계 금○○○○○원×3/7), 원고 김①○, 원고 김②○에게 각 금 ○○○○원(위 합계 금○○○○○원×2/7)씩 귀속되었습니다.

라. 원고들의 위자료

앞서와 같이 소외 망 김◉◉가 사망함으로써 그의 처 또는 아들인 원고들이 심한 정신적 고통을 입었으리라는 것은 쉽게 짐작되는 바이므로 피고로서는 이를 위자할 책임이 있다 할 것인바, 원고들의 학력·경력·신분관계 등 여러 사정을 참작하면 그의 처인 원고 박○○에 대한 위자료는 금 ○○○, 그의 아들인 원고 김①○, 같은 김②○에 대한 위자료는 각 금 ○○○원 정도가 상당하다고 생각됩니다.

마. 소외 망 김◉◉의 장례비

원고 박○○은 위 망인의 처로서 금 ○○○원 정도를 지출하여 그 장례를 치루었는바, 이러한 지출도 이 사건 교통사고로 인하여 원고 박○○가 입은 손해라 할 것이므로 피고로서는 이를 원고 박○○에게 배상하여야 할 책임이 있다 할 것입니다.

4. 결론

그렇다면 피고는 원고 박○○에게 금 ○○○○원(상속분 금 ○○○○원＋위자료 금 ○○○원＋장례비 금 ○○○원), 원고 김①○, 원고 김②○에게 각 금 ○○○○원(상속분 금 ○○○○원 ＋ 위자료 각 금 ○○○원)씩을 지급하여 배상하여야 할 책임이 있다 할 것이므로 그 지급 및 이에 대한 민법과 소송촉진등에관한특례법에서 정한 각 비율에 의한 지연손해금의 지급을 구하고자 이 사건 청구에 이른 것입니다.

입 증 방 법

1. 갑 제1호증　　　　　　　　기본증명서
　　　　　　　　(단, 2007.12.31. 이전 사망한 경우 제적등본)
1. 갑 제2호증　　　　　　　　가족관계증명서
　　　　　　　　(또는, 상속관계를 확인할 수 있는 제적등본)
1. 갑 제3호증　　　　　　　　주민등록등본
1. 갑 제4호증　　　　　　　　자동차등록원부
1. 갑 제5호증　　　　　　　　교통사고사실확인원
1. 갑 제6호증　　　　　　　　사망진단서
1. 갑 제7호증의 1, 2　　　　월간거래가격표지 및 내용
1. 갑 제8호증의 1, 2　　　　한국인표준생명표 표지 및 내용

첨 부 서 류

1. 위 입증방법　　　　　　　각 1통
1. 법인등기사항증명서　　　　1통
1. 소장부본　　　　　　　　　1통
1. 송달료납부서　　　　　　　1통

20○○.　　○.　　○.

위 원고　　1. 박○○　(서명 또는 날인)
　　　　　　2. 김①○　(서명 또는 날인)
　　　　　　3. 김②○　(서명 또는 날인)

○○지방법원　귀중

[서식 예] 손해배상(자)청구의 소(군필자사망, 호프만수치 240넘는 경우)

소   장

원 고 1. 김●●
　　　　2. 이●●
　　　　3. 김◎◎
　　　　　　원고 김◎◎는 미성년자이므로
　　　　　　법정대리인 친권자 부 김●●
　　　　　　　　　　　　　　모 이●●
　　　　　　원고들의 주소:○○시 ○○구 ○○길 ○○ (우편번호)
　　　　　　전화·휴대폰번호:
　　　　　　팩스번호, 전자우편(e-mail)주소:
피 고 ◇◇화재해상보험주식회사
　　　　　○○시 ○○구 ○○로 ○○(우편번호)
　　　　　대표이사 ◇◇◇
　　　　　전화·휴대폰번호:
　　　　　팩스번호, 전자우편(e-mail)주소:

손해배상(자)청구의 소

청 구 취 지

1. 피고는 원고 김●●에게 금 91,211,520원, 원고 이●●에게 금 88,211,520원, 원고 김◎◎에게 금 4,000,000원 및 각 이에 대하여 2000. 8. 2.부터 이 사건 소장부본 송달일까지는 연 5%의, 그 다음날부터 다 갚는 날까지는 연 12%의 각 비율에 의한 돈을 각 지급하라.

2. 소송비용은 피고의 부담으로 한다.

3. 위 제1항은 가집행할 수 있다.

라는 판결을 구합니다.

청 구 원 인

1. 당사자들의 관계

   피고는 소외 ◆◆◆의 보험사업자이고, 원고 김◉◉는 소외 ◆◆◆의 교통사고에 의하여 사망한 소외 망 김○○의 아버지이고, 원고 이◉◉는 그 어머니이며, 원고 김◎◎는 그 동생입니다.

2. 손해배상책임의 발생

   소외 ◆◆◆는 광주○도○○○○호 세피아승용차의 운전업무에 종사하는 사람인바, 2000. 8. 2. 19:40경 위 차량을 운전하여 ○○시 ○○구 ○○길 소재 ◎◎약국 앞 도로상을 ○○동 방면에서 ◎◎경찰서 방면으로 시속 80㎞로 진행하게 함에 있어 전방주시의무를 게을리 하여 같은 방향으로 위 도로가장자리를 보행하던 소외 망 김○○(남, 23세)를 충격하여 도로에 넘어지게 함으로써 소외 망 김○○가 현장에서 뇌진탕 등에 의하여 사망하게 한 것입니다.

   그렇다면 위 사고차량의 소유자인 소외 ◆◆◆는 자동차손해배상보장법 제3조에서 규정한 자기를 위하여 자동차를 운행하는 자로서 이 사건 사고의 피해자인 소외 망 김○○ 및 소외 망 김○○의 유족인 원고들이 입은 재산적, 정신적 손해를 배상할 책임이 있다 할 것인데, 위 가해 자동차는 피고회사의 자동차종합보험에 가입되어 있으므로 피고회사는 상법 제726조의2에 의하여 손해배상책임이 있다 할 것입니다.

3. 손해배상의 범위

   가. 원고 김○○의 일실수입

      (1) 산정요소

         (가) 성별: 남자

         (나) 생년월일: 1977. 7. 2.생

         (다) 사고당시 나이: 만 23세 1개월

         (라) 기대여명: 49.81년

         (마) 거주지: 도시지역

         (바) 소득실태(도시일용노임): 금 37,052원(2000년 하반기 시중노임단가)

         (사) 가동연한: 만 60세가 되는 2037. 7. 2.까지 월 22일씩 가동

         (자) 호프만 수치: 240(사고일부터 만 60세가 되는 2037. 7. 2.까지 443개월(월 미만은 버림) 해당분 호프만수치는 250.6814이나 240을 초과하므로 240으로 함

         (아) 생계비공제: 월수입의 1/3정도

      (2) 【계산】

         〔(37,052 × 22) × 240 × 2/3〕=130,423,040원(원 미만은 버림)

나. 장례비

이 사건 사고를 당하여 원고 김◉◉는 소외 망 김○○의 장례를 위하여 장례비 및 장례를 위한 제반비용 등으로 금 3,000,000원을 지출하였으므로 피고는 원고 김◉◉에게 이를 배상할 책임이 있다 할 것입니다.

다. 위자료

소외 망 김○○는 이 사건 사고로 사망하는 순간 견딜 수 없는 고통과 부모를 앞에 둔 채 여명을 다하지 못하고 한을 품은 채 운명하였을 것이므로 피고는 소외 망 김○○ 및 앞서 본 가족관계가 인정되는 소외 망 김○○의 유족들을 위로하고 도와줄 의무가 있다 할 것인바, 소외 망 김○○에게 금 30,000,000원, 원고 김◉◉에게 금 8,000,000원, 원고 이◉◉에게 금 8,000,000원, 원고 김◎◎에게 금 4,000,000원씩을 위자료로 지급함이 상당하다 할 것입니다.

라. 상속관계

소외 망 김○○의 재산적 손해 및 위자료를 합하면 금 160,423,040원(재산적 손해 금 130,423,040원 + 위자료 금 30,000,000원)인바, 소외 망 김○○의 부모인 원고 김◉◉ 원고 이◉◉에게 각 2분의 1씩 공동상속 되었다 할 것입니다.

4. 결론

그렇다면 피고는 원고 김◉◉에게 금 91,211,520원(망인의 일실수입 및 위자료 상속분 금 80,211,520원 + 위자료 금 8,000,000원 + 장례비 금 3,000,000원), 원고 이◉◉에게 금 88,211,520원(망인의 일실수입 및 위자료 상속분 금 80,211,520원 + 위자료 금 8,000,000원), 원고 김◎◎에게 금 4,000,000원 및 각 이에 대하여 이 사건 불법행위일인 2000. 8. 22.부터 이 사건 소장부본 송달일까지는 민법에서 정한 연 5%의, 그 다음날부터 다 갚는 날까지는 소송촉진등에관한특례법에서 정한 연 12%의 각 비율에 의한 지연손해금을 각 지급할 의무가 있다 할 것이므로, 그 지급을 구하기 위하여 이 사건 청구에 이른 것입니다.

입 증 자 료

1. 갑 제1호증   가족관계증명서
1. 갑 제2호증   기본증명서
1. 갑 제2호증   주민등록초본
1. 갑 제3호증   사망진단서
1. 갑 제4호증   사체검안서
1. 갑 제5호증   교통사고사실확인원

1. 갑 제6호증   자동차등록원부
1. 갑 제7호증의 1, 2   한국인표준생명표 표지 및 내용
1. 갑 제8호증의 1, 2   월간거래가격표지 및 내용

첨 부 서 류

1. 위 입증방법   각 1통
1. 법인등기부등본   1통
1. 소장부본   1통
1. 송달료납부서   1통

2000.   ○.   ○.

위 원고 1. 김●● (서명 또는 날인)
      2. 이●● (서명 또는 날인)
      3. 김◎◎
원고 김◎◎는 미성년자이므로 법정대리인
    친권자 부 박●● (서명 또는 날인)
          모 이●● (서명 또는 날인)

○○지방법원 귀중

답 변 서

사   건   20○○가단○○○○ 손해배상(자)

원   고   ○○○

피   고   ◇◇보험주식회사

　위 사건에 관하여 피고는 원고의 청구에 대하여 아래와 같이 답변합니다.

청구취지에 대한 답변

1. 원고의 청구를 기각한다.

2. 소송비용은 원고의 부담으로 한다.

라는 재판을 구합니다.

청구원인에 대한 답변

1. 원고의 주장

　원고는 20○○. ○. ○. ○○:○○경 소외 ◆◆◆ 운전의 경남 ○고○○○○호 승용차가 ○○시 ○○구 ○○길 소재 ○○숯불갈비 앞에서 공사용 가드레일을 들이받아 그 파편이 원고에게 튕기면서 다발성 좌상, 미골탈구, 추간판탈출증 등의 상해를 입게 하였으므로 위 승용차의 보험자인 피고로서는 원고의 손해를 배상할 책임이 있다고 주장하고 있습니다.

2. 채무의 부존재

　가. 위와 같은 원고의 주장과는 달리 이 사건 사고로 인하여 원고가 입은 상해는 장기간의 치료를 요하거나 후유장해를 남기는 상해가 아니라 경미한 좌상에 불과하였습니다.

　나. 이에 피고는 이 사건 소제기 전에 원고의 치료요청에 따라 원고가 입은 손해의 전부인 치료비 전액 금 3,133,970원을 지급함으로써 이 사건 사고로 인한 배상책임을 모두 이행하였습니다.

(피고는 추후 신체감정 및 형사기록이 송부되는 대로 원고가 주장하고 있는 사고 발생 경위, 일실수입, 치료비 및 위자료에 대하여 적극적으로 다툴 예 정입니다)

3. 결어

피고는 그 지급책임이 있는 범위내의 모든 채무를 이행하였으므로 원고의 이 사건 청구는 마땅히 기각되어야 할 것입니다.

20○○. ○. ○.

위 피고   ◇◇보험주식회사

대표이사 ◇◇◇ (서명 또는 날인)

○○지방법원 제○○민사단독   귀중

답 변 서

사　　건　　20○○가단○○○ 손해배상(자)
원　　고　　○○○
피　　고　　◇◇◇

　　위 사건에 관하여 피고는 다음과 같이 답변합니다.

청구취지에 대한 답변

1. 원고의 청구를 기각한다.

2. 소송비용은 원고의 부담으로 한다.

라는 판결을 구합니다.

청구원인에 대한 답변

1. 원고의 주장사실 가운데 이 사건 사고발생사실과 원고가 교통사고로 상해를 입은 사실은 인정합니다.

2. 과실상계의 주장
　　원고는 오토바이를 무면허로 운전하였고, 안전모를 착용하지 않았으며 사고발생시 과속운전을 한 사실로 보아 이 사건 사고발생에 원고의 과실이 경합하여, 원고의 손해발생과 손해범위의 확대에 기여하였으므로 손해배상액산정에 있어서 원고의 과실부분은 참작되어야 할 것입니다.

3. 채무의 부존재
　　가. 원고의 주장과는 달리 이 사건 사고로 인하여 원고가 입은 상해는 장기간의 치료를 요하거나 후유장해를 남기는 상해가 아니라 단순 좌측 팔골절상에 불과하였습니다.
　　나. 이에 피고는 이 사건 소제기 전에 원고의 치료 요청에 따라 원고가 입은 손해의 전부인 치료비 전액 금 ○○○원 및 위자료로 금 ○○○원을 지급함으로써 이

사건 사고로 인한 배상책임을 모두 이행하였습니다.

(피고는 추후 신체감정 및 형사기록이 송부되는 대로 원고가 주장하고 있는 사고 발생 경위, 일실수입, 치료비 및 위자료에 대하여 적극적으로 다툴 예정입니다)

4. 결어

피고는 피고에게 지급책임이 있는 범위내의 모든 채무를 이행하였으므로 원고의 이 사건 청구는 마땅히 기각되어야 할 것입니다.

20○○. ○. ○.

위 피고   ◇◇◇ (서명 또는 날인)

○○지방법원 제○민사단독 귀중

[서식 예] 답변서{손해배상(자)}

답 변 서

사건번호   20○○가소○○○○ 손해배상(자)
원   고   ○○○
피   고   ◇◇◇

　　위 사건에 관하여 피고는 다음과 같이 답변합니다.

청구취지에 대한 답변

1. 원고의 청구를 기각한다.
2. 소송비용은 원고의 부담으로 한다.
라는 판결을 구합니다.

청구원인에 대한 답변

1. 기초사실관계
　　피고는 부산○○가○○○○호 승용차(다음부터 '이 사건 승용차'라고 함)의 소유자
　로서 20○○. ○. ○. ○○:○○경 ○○시 ○○구 ○○길 소재 교차로에서 원고 소
　유의 화물차량의 전면부분과 피고운전의 이 사건 승용차의 좌측 옆부분이 충돌되
　어 피고와 위 승용차의 탑승객인 소외 김◆◆가 부상당한 사실은 인정하고 나머지
　는 모두 부인합니다.

2. 사고의 경위 및 책임의 소재
　　이 사건 사고 당시 피고는 이 사건 승용차를 운전하여 진행하던 중 위 교차로에
　이르러 일단 정지한 뒤 좌우측에 주행하는 차량이 없음을 확인하고 진입, 통과하
　고 있었습니다.
　　이때 갑자기 피고 승용차의 진행방향 좌측에서 원고가 운전하던 차량이 위 승용차
　를 향하여 과속으로 돌진하여 승용차 좌측 옆부분을 충격 하였고, 그 충격으로 인
　해 피고 및 소외 김◆◆가 부상을 당하게 되었습니다.

이와 같은 사고경위를 살펴보면 사고 당시 피고운전의 승용차가 교차로에 선진입 하였던 것이고 그럴 경우 원고는 위 승용차가 지나가기를 기다린 뒤 안전하게 진행하여 사고를 미연에 방지할 의무가 있음에도 과속으로 교차로에 진입하다가 이 사건 사고를 일으킨 것이므로 손해배상의 전적인 책임이 있는 것입니다.

3. 따라서 피고는 이 사건에 대해 피해배상의 책임이 없으므로 원고 청구의 기각을 구하고자 합니다.

입 증 방 법

1. 을 제1호증　　　　　　　교통사고사실확인원

첨 부 서 류

1. 위 입증방법　　　　　　　1통

20○○.　　○.　　○.

위 피고　　◇◇◇ (서명 또는 날인)

○○지방법원 ○○지원 제○민사단독　귀중

[서식 예] 조정신청서{손해배상(자)청구}

조 정 신 청 서

접 수 인

신 청 일 20○○. ○○. ○○.
사 건 명 손해배상(자)
신 청 인 ○○○(주민등록번호)
　　　　　 ○○시○○구○○길○○(우편번호)

　　　 전화·휴대폰번호:

　　　 팩스번호, 전자우편(e-mail)주소:

피신청인 ◇◇◇(주민등록번호)
　　　　　 ○○시○○구○○길○○(우편번호)

　　　 전화·휴대폰번호:

　　　 팩스번호, 전자우편(e-mail)주소:

20 . . . :
조정기일소환장 통
위 서류를 영수함
20○○. ○. ○.
신청인　 ○○○(서명 또는 날인)

조정신청사항가액	금 3,736,876원	수 수 료	금 1,800원	송 달 료	금 32,500원
(인지첩부란)					

신 청 취 지

1. 피신청인은 신청인에게 금 3,736,876원 및 이에 대한 20○○. ○. ○.부터 이 사건 신청서부본 송달일까지는 연 5%의, 그 다음날부터 다 갚는 날까지는 연 12%의 각 비율에 의한 돈을 지급한다.

2. 조정비용은 피신청인의 부담으로 한다.

라는 조정을 구합니다.

신 청 원 인

1. 신분관계

신청인은 이 사건 교통사고의 직접 피해자이고, 피신청인은 울산○○다○○○○호 베스타 승합자동차의 소유자겸 이 사건 교통사고를 야기한 불법행위자입니다.

2. 손해배상책임의 발생

신청인은 ○○시 ○○구 ○○길 소재 올림피아호텔 뒤편 소방도로를 걸어가고 있을 즈음, 피신청인이 울산○○다○○○○호 베스타 승합차를 운행하여 위 호텔 주차장 쪽에서 호텔 뒤편 공터로 진행하게 되었는바, 이러한 경우 운전업무에 종사하는 피신청인으로서는 전후 좌우를 잘 살펴 안전하게 운전함으로써 사고를 미리 방지하여야 할 주의의무가 있음에도 불구하고 이를 게을리 한 채 운전한 과실로 위 차량 운전석 앞 백밀러 부위로 보행 중이던 신청인을 충격, 전도케 하여 신청인으로 하여금 염좌, 견관절, 좌상 등의 중상해를 입게 하였습니다.

그렇다면 피신청인은 자기를 위하여 자동차를 운행하는 자로서, 위 교통사고를 발생시킨 불법행위자로서 신청인이 입게 된 모든 손해를 배상할 책임이 있다 할 것입니다.

3. 손해배상의 범위

가. 일실수입

신청인은 이 사고로 치료를 위하여 통원치료 47일간 아무런 일에도 종사하지 못하여 금 1,736,876원의 일실손해를 입었습니다.

【계산】

20○○. 9.경. 도시일용노임(건설업보통인부): 금 50,683원

월평균 가동일수: 22일

47일의 호프만지수: 1.5577[=1개월의 호프만지수(0.9958)+{2개월의 호프만지수(1.9875) - 1개월의 호프만지수(0.9958)}×17/30]

금 1,736,876원[=금 50,683원×22일×1.5577, 원미만 버림]

나. 치료비

치료비는 피신청인이 가입한 책임보험회사에서 전액 지급하였으므로 향후 치료비 금 1,000,000원을 청구합니다.

다. 위자료

신청인의 나이, 이 사건 사고의 경위 및 그 결과, 치료기간 등 신청인의 모든 사정을 감안하여 금 1,000,000원은 지급되어야 할 것입니다.

4. 결론
그렇다면 피신청인은 신청인에게 금 3,736,876원(일실수입금 1,736,876원+향

후치료비 금 1,000,000원＋위자료 금 1,000,000원) 및 이에 대하여 이 사건 사고 발생일인 20○○. ○. ○.부터 이 사건 신청서부본 송달일까지는 민법에서 정한 연 5%의, 그 다음날부터 다 갚는 날까지는 소송촉진등에관한특례법에서 정한 연 12%의 각 비율에 의한 지연손해금을 지급할 의무가 있다 할 것이므로 이 사건 신청에 이른 것입니다.

입 증 방 법

1. 갑 제1호증   주민등록표등본
1. 갑 제2호증   진단서
1. 갑 제3호증   치료확인서
1. 갑 제4호증   향후치료비추정서
1. 갑 제5호증   자동차등록원부
1. 갑 제6호증의1, 2   월간거래가격표지 및 내용

첨 부 서 류

1. 위 입증방법   각 1통
1. 신청서부본   1통
1. 송달료납부서   1통

20○○. ○○. ○○.
위 신청인 ○○○ (서명 또는 날인)

○○지방법원 귀중

[서식 예] 준비서면{손해배상(자), 원고}

준 비 서 면

사　　건　20○○가단○○○○ 손해배상(자)
원　　고　황○○ 외 2
피　　고　◇◇화재해상보험주식회사

　위 사건에 관하여 원고들은 다음과 같이 변론을 준비합니다.

다　　　　　음

1. 원고 황○○의 과실이라고 주장하는 부분에 관하여
　피고는 '이 사건 교통사고에서 택시운전자 소외 김◆◆를 비롯하여 원고와 같이 택시에 승차하였던 소외 이◉◉, 소외 박◉◉ 등은 경미한 부상을 입은 점, 피해차량의 파손부분 등 대물손해가 손해인 점에도 불구하고 원고 황○○는 전치 4주간의 요추부 등의 수핵탈출증의 중상해를 입은 점에 비추어 볼 때 그 스스로의 안전을 게을리 하였다고 추정된다 할 것'이라고 주장하며 원고 황○○의 과실비율은 20%를 상회한다는 취지로 주장합니다.
　황○○의 전치 4주의 상해에 비해 소외 이◉◉의 전치 3주의 상해(갑 제7호증의 4 범죄인지보고 참조)가 도대체 어떠한 근거에서 경미한 부상이라고 주장하는지, 그리고 금 426,690원의 차량손괴가 어떠한 근거에서 소액이라는 것인지를 알 수 없다는 사실은 차치 하더라도, 피고의 위와 같은 주장은 탑승위치에 따라서 그 부상의 정도가 크게 차이가 날 수 있다는 사실을 알지 못하고, 만연이 원고 황○○의 상해정도가 다른 탑승인에 비해 심하다는 사실로부터 원고 황○○에게도 과실이 있다는 식으로 추론을 하여 버림으로서 그 추론에 있어서 논리적 과오를 범하고 있는 것입니다.

2. 손익공제 주장에 관하여 피고는 원고 황○○의 치료비로 ○○병원 등에 합계 금 13,848,270원을 지급하였으므로 이를 공제하여야 한다고 주장합니다.
　그러나 원고들은 그 치료비의 청구에 있어서 피고가 이미 지급한 치료비를 공제하고 원고들 자신이 지급한 치료비만을 청구하고 있으므로 피고의 위 주장은 이유 없는 주장이라 할 것입니다.

2000. ○. ○.

위 원고   1. 황○○ (서명 또는 날인)
           2. 정○○ (서명 또는 날인)
           3. 황①○ (서명 또는 날인)

○○지방법원 제○○민사단독   귀중

변 론 요 지 서

사　　　건　　20○○고단○○○ 도로교통법위반(음주운전)등
피 고 인　　○ ○ ○

위 사건에 관하여 피고인은 다음과 같이 변론요지를 진술합니다.

다　　　　　　　음

1. 이 사건 공소사실의 요지 및 피고인의 변론요지

　가. 이 사건 공소사실의 요지

　　　이 사건 공소사실의 요지는 20○○. ○. ○. 18:00경 피고인이 혈중알콜농도 0.174퍼센트의 주취 상태로 ○○다○○○○호 승용차를 운전하여 ○○시 ○○길에 있는 ○○주택 앞 도로상을 진행함에 전방 및 좌우를 잘 살펴 안전하게 운전하여야 할 업무상 주의의무가 있음에도 이를 게을리 한 채 그대로 진행한 과실로 도로 우측에 주차되어 있던 피해자 고○○ 소유의 승합차의 좌측 뒷부분을 위 차의 우측 앞 범퍼부분으로 들이받아 수리비 70,000원 상당이 들도록 위 승합차를 손괴하고도 즉시 정차하여 피해품을 확인하는 등 필요한 조치를 취하지 아니한 채 그대로 도주하였다는 것입니다.

　나. 피고인의 변소요지

　　　피고인은 운전중에 주차되어 있던 위 승합차에 부딪쳐 손괴한 후 즉시 필요한 조치를 취하지 않은 점에 관하여는 이를 인정합니다만, 혈중 알콜농도 0.174%의 주취 상태에서 운전하던 중에 위와 같은 사고를 일으켰다는 공소사실에 관하여는 당시 술에 취한 상태가 아니었으며 오히려 이 사건 이후에 술을 마셨는데 이 사건 이후 4시간이 지난 뒤 음주측정이 이루어져 이를 근거로 음주운전으로 기소된 것은 부당하다고 변소하고 있습니다.

2. 이 사건의 경위

　가. 사고일 오전의 상황

　　　피고인은 ○○아파트 관리원으로 근무하는 자인데, 20○○. ○. ○. 이 사건 당일 오전 08:00경에 위 근무지에서 퇴근을 하였습니다. 피고인은 전날 밤을 새

워 근무를 마치고 퇴근하는 길이었기 때문에 동료들과 집 근처 ○○수퍼에서 술을 마시게 되었습니다. 이 때 술자리를 같이 한 사람들이 김○○(일명 김○○)과 양○○이었습니다. 당시 그 곳에서 소주 3병 가량을 나누어 마시고 헤어지게 되었습니다.

나. 사고일 오후의 상황

피고인은 점심때가 지난 오후 경에 ○○아파트에 매월 지급 받는 식비수당을 받기 위하여 나갔다가 다시 집으로 돌아왔습니다. 피고인은 약 2년 전에 부인과 사별한 상태로 매월 음력 1일과 15일경에 부인의 산소를 찾아보곤 하였는데 이날도 부인의 산소에 가기 위해 위 자동차를 운전하여 집을 나섰습니다. 그리하여 한참을 운행하다가 자동차의 타이어에 이상이 있는 듯하여 위험을 느끼고 다시 집으로 되돌아오게 되었습니다. 피고인의 주장은 집으로 돌아오는 길에 ○○수퍼에 들러 담배 1갑을 산 일은 있지만, 그 곳에서 술을 마시지는 않았다는 것입니다. ○○수퍼는 집으로부터 약 50여미터 떨어진 곳인데 그 곳에서부터 피고인의 집 방향으로 차를 운전하여 약 20-30미터 떨어진 피해자 강○○의 집 앞에서 피해자 강○○의 차에 접촉사고를 일으키게 되었습니다.

다. 사고후의 합의과정

당시 사고 장소는 삼거리에 가까운 곳으로 주변에 도로구획 정리공사를 하고 있어 대형트럭들의 왕래가 많아 피고인이 사고장소에 자동차를 정차하는 것이 적절하지 않은 상황이었고, 동네사람으로 알고 있는 사람간에 일어난 사고이니까 먼저 바로 앞에 있는 피고인의 집 앞에 차를 세워놓고 사고 뒷처리를 할 생각으로 그 곳에서 20-30미터 떨어진 피고인의 집 앞에 차를 주차시켜 놓았습니다. 다만 피고인이 차를 주차시킨 후 곧바로 사고장소로 와서 피해자를 찾아 피해배상에 관한 합의를 하는 등의 필요한 조치를 취하지 아니하고 일단 집으로 들어갔는데 이 점이 피고인으로서는 잘못한 일이었습니다. 그리고 난후 접촉사고 사실을 전해듣고 온 피해자 강○○와 바로 사고가 난 장소의 자동차가 서있는 곳으로 가서 손괴부분에 관하여 협의하고 이를 배상하여 주기로 합의하였습니다. 합의를 할 때 피해자 강○○의 신고를 받고 온 순찰차가 현장에 도착하여 피고인의 손괴후 미조치의 부분에 관하여 문제삼으려 하였으나 피해자 강○○수와 피고인등이 동네사람들간의 일이고 합의도 되었으니 문제삼지 말라고 부탁하여 순찰차가 일단 다시 돌아가게 되었습니다.

라. 사건 후 음주한 사실

한편 피고인은 이 사건이 있은 후에 집에 들어와 있다가 저녁 식사겸으로 하여 집에 있는 술을 혼자 마시려고 하였는데, 앞집에 살며 농사를 짓는 고○○이 마을회관 앞 ○○수퍼에 나갔다가 피고인 자동차의 사고 소식을 듣고 무슨 일인가 하여 피고인의 집으로 찾아오게 되었습니다. 이 때가 해가 지기 직전인 저녁 7시경인데, 고○○이 피고인의 집으로 갔을 때 피고인이 혼자 술을 마시려고 하다가 고○○을 보고 마침 잘 왔다고 하면서 함께 술을 마시게 되었고 피고인은 고○○에게 사고가 난 얘기를 하면서 별일 아니라며 합의가 잘 되었다고 하기도 하였습니다. 그렇게 둘이서 함께 술을 마시다가 이후 평소 자주 어울리는 김○○, 강○○등이 찾아와 같이 술을 마시게 되었고 그들이 돌아간 후에 피고인은 술에 취하여 잠을 자게 되었습니다.

마. 경찰에 의한 음주측정

이후 ○○파출소의 경찰은 성명불상자의 제보에 의하여 그날 밤 21:30경에 피고인의 집으로 찾아와 자고 있는 피고인을 깨워 파출소로 연행하여 가고 피해자 강○○도 불러서 ○○파출소에서 21:57경에 피고인에 대하여 음주측정을 하여 혈중알콜농도 0.174%의 측정결과가 나오자 이를 증거로 삼아 수사를 진행하게 되었습니다.

3. 이 사건 발생 전 피고인이 술을 마신 시점에 관하여

가. 피고인, 수퍼주인 및 증인 김○○의 진술내용의 차이이 사건 발생전에 피고인이 술을 마신 시점에 관하여 피고인은 이 사건 당일 아침 08:00경 직장에서 퇴근하는 길에 동료들과 ○○수퍼에서 술을 마셨다고 진술하고 있는데 이에 관하여 참고인들의 진술은 엇갈리고 있습니다. 당일 술을 마신 장소인 ○○수퍼의 주인은 피고인과 일행이 오후 15:00시경에 소주 3-4병을 나누어 마셨다고 경찰에게 진술한 바 있지만(사법경찰리 작성의 수사보고서 참조), 그날 함께 술을 마신 김○○(일명 김○○)은 이 법정에서 당일 오전경에 피고인 및 김○○과 ○○수퍼에서 술을 마신 사실이 있고 그 때문에 점심경에 직장인 ○○아파트에 식대를 받으러 갔을 때 경비반장으로부터 '아무리 비번중이라도 술을 마시고 나왔다'는 취지로 혼이 난 사실도 있다고 진술하였고 다만 오후 위 ○○수퍼 주인이 주장하는 일시경에 피고인, 김○○와 다시 술을 마신 사실이 있는지에 관하여는 기억이 잘 나지 않는다고 하면서 이 법정에 나와 증언하기 위하여 수퍼주인과 김○○를 만나 사실관계를 정확히 확인하려 하였을 때 위 수퍼주인과 김○○는 오전이 아니라 오후 경에 술을 마신 것이라고 진술하여 자신은 곤란한 입장에 있다는 취지로 진술한 바 있습니다.

나. 증인 고○○, 강○○의 진술

한편 이 사건 이후 피고인과 함께 술을 마신 것으로 이 법정에서 진술한 증인 고○○이 법정에 출석하였을 때 검사의 반대신문과정에서 '이 사건에 관한 얘기

를 듣고 고○○이 피고인을 찾아갔을 때, 피고인이 이전에 술을 마신 것 같지는 않았고, 얼굴이 붉거나, 냄새가 나지는 않았다'고 진술하였고, 이 사건 피해자인 강○○ 역시 이 법정에서 사고 직후 합의를 위하여 피고인을 만났을 때 '당시 피고인이 술을 마시지는 않았다고 기억하느냐'는 변호인의 질문에 '기억이 잘 나지 않으나, 얼굴도 빨갛지 않았고, 미안하다고 하면서 같은 동네이고 월요일에 고쳐주겠다고 하여 그렇게 하자고 하였다'고 진술하였는데, 당시 사고 직후의 교통사고 피해자로서 가해자인 피고인이 음주한 상태였는지에 관하여 잘 알 수 있을 법한데도 '얼굴도 빨갛지 않았다'며 술 마신 기운을 발견할 수 없었다고 진술하고 있습니다.

다. 경찰들이 사고직후 처음 피고인을 만났을 때 왜 음주측정을 하지 않았는지 한편, 사고직후 피고인이 피해자와 합의할 때를 전후하여 순찰차가 왔었는데(피고인은 처음 순찰차가 왔을 때 피해자도 함께 있었다고 주장하고 있는데, 증인 강○○의 법정진술에 의하면 자신은 합의후 곧바로 집으로 들어 갔고, 순찰차가 왔다는 이야기만 들었다고 하였습니다), 이 때 왜 경찰이 피고인에 대하여 음주측정을 하지 않았는지가 의문입니다. 만일 피고인이 술에 취한 상태였다면, 그 것도 사고후 4시간이 지난 뒤의 음주측정결과가 0.174%였다면 사건 직후에는 이 보다 더하게 술이 취한 상태였다고 보아야 할 것인데 피고인을 만나 합의여부를 조사한 순찰차가 이를 알아보지 못했다는 것은 이해하기 어렵고, 오히려 이런 정황에 의하면 당시 피고인이 술에 취했다고 인정하기에는 의심이 있다고 여겨집니다.

4. 주취운전자적발보고서의 증명력

가. 이 사건 이후 피고인이 술을 마신 사실

피고인은 20○○. ○. ○. 이 사건으로 인하여 ○○경찰서에서 조사받을 때에도 이 사건 교통사고가 있은 이후에 집에서 술을 마신 것이라고 진술하면서 '함께 술을 마신 사람을 증인으로 세우겠다'고 하였지만 수사기관에서는 이에 관한 조사가 이루어지지 않았기 때문에, 이 법정에서 이 사건 이후 함께 술을 마신 사람으로 고○○을 증인으로 신청하였습니다. 증인 고○○은 이 법정에서 이 사고 당일 저녁 7시쯤 노인회관 앞에 마실을 나갔다가 피고인이 사고가 났다는 얘기를 전해듣고 평소 친하게 지내는 앞, 뒷집 사이라 피고인의 집으로 찾아갔고, 마침 피고인이 좋은 술이 있다며 술 한잔 하자기에 함께 술을 마신 사실이 있으며 이때 피고인이 많이 취하였다고 진술하였습니다.

나. 주취운전자적발보고서

(1) 이 사건 음주운전 부분에 관한 피해자 강○○ 작성의 교통사고관련자진술서는 이 사건 이후 4시간 가까이 지난 뒤 파출소에서 다시 조사를 받을 때 당시 음주측정 결과를 확인하였다는 내용일 뿐입니다. 그리고 ○○수퍼 주인의 언동에 관한 수사보고서는 위에서 본 바와 같이 술을 마신 시점에 관하여 당사자 및 참고인들 사이에 진술이 엇갈리고 있어 그 신빙성에 의심이 있고, 또한 신빙성이 인정되는 경우라고 할지라도 그 진술만으로 피고인이 이 사건 당시 혈중알콜농도 0.05%이상의 주취상태에서 운전하였다는 점을 증명할 수 있는 증거는 아닙니다. 그렇다면 피고인에게 음주운전에 관하여 유죄를 인정하기 위해서는 주취운전자적발보고서의 증거가치를 살펴야 할 것입니다.

(2) 피고인에 대한 음주측정은 이 사건이 발생한 때로부터 4시간 가까이 지난 21:57경에 이루어졌는데, 그렇다면 그 측정결과인 혈중알콜농도 0.174%는 이 사건 당시의 음주운전에 관한 증거로 직접 사용하기 어렵고, 다만 운전시점으로부터 4시간 가까이 지난 상태에서 측정이 이루어졌기 때문에 운전자의 체중이나 성별등의 요소를 고려하여 운전당시의 혈중알콜농도는 현재 측정결과 보다는 높을 것이라는 경험칙에 의해야지만 현재 측정결과가 혈중알콜농도 0.05%이상이라면 이를 음주운전의 증거로 할 수 있을 것입니다.

(3) 그렇다면, 피고인의 경우 운전당시에는 혈중알콜농도 0.174%보다 높은 수치의 주취상태에서 운전하였다는 추정이 필요합니다. 수사기관에서 이러한 경험칙에 의한 추정치를 계산한 수사결과는 제출되지 않았습니다. 또한 술을 마신 때로부터는 4시간 이상이 지난 뒤의 혈중알콜농도가 0.174% 이상이라면 운전할 때는 굉장히 만취한 상태였을 것이라는 점을 추정할 수 있는데, 가사 피고인이 당시 15:00경에 술을 마셨다고 하더라도 피고인을 포함하여 일행 3명이 소주 3병가량을 나누어 마신데다 일행중 김○○이 다른 사람에 비하여 술을 많이 마시는 편이라는 김○○의 법정진술, 그리고 사고 직후 피고인을 본 피해자 강○○나 이후 함께 술을 마신 증인 고○○의 피고인을 각각 봤을 당시 피고인이 술에 취한 것 같지는 않았다는 이 법정에서의 각 진술등에 비추어 볼 때 위 측정결과를 피고인에 대한 유죄의 증거로 하기에는 그 신빙성에 의심이 있다고 할 수 있습니다.

(4) 더구나 피고인이 교통사고후 음주측정전에 술을 마신 사실이 있는 경우에는 위와 같은 경험칙이 적용될 수 없을 것입니다. 즉, 운전후 4시간 가까이 지난 후의 음주측정결과는 교통사고후 음주측정전의 음주사실로 인하여 '운전당시'의 주취상태에 대한 증거로서의 합리적인 관련성을 잃게 되므로 이를 피고인이 운전당시 혈중알콜농도 0.05%이상의 주취상태였는지를 증명할 수 있는 증

거로 사용할 수는 없다고 할 것입니다. 그런데 이 사건 법정에서의 증인 고○○의 증언에 의하면 피고인은 증인 고○○과 이 사건 이후 술을 마신 사실이 있음을 인정할 수 있습니다. 피고인은 처음의 경찰 조사당시부터 이 사건 이후 술을 마신 사실이 있음을 주장하여 왔으며, 이 법정에 출석한 고○○은 당시 노인회관에 나갔다가 사고 소식을 듣고 나서 피고인을 찾아가 함께 술을 마셨고 뒤이어 김○○등 다른 사람들도 함께 하였다고 진술하여 이 사건 이후 술을 마셨다는 점을 증언하여 주고 있습니다.

다. 따라서 위 주취운전자적발보고서를 피고인의 음주운전에 관한 유죄의 증거로 할 수는 없다고 할 것입니다.

5. 소결론

피고인이 이 사건 오후에 술을 마셨다는 점에 관하여 당사자들의 진술이 엇갈리고 있을 뿐만 아니라 이 사건 음주측정결과는 위에서 살펴보았듯이 그 측정수치나, 피고인이 이 사건 이후 술을 마신 사실이 있다는 증언등에 비추어 이를 피고인에 대한 유죄 인정의 증거로 하기에는 신빙성에 의심이 많으므로 이를 증거로 할 수 없다고 여겨집니다. 그렇다면 피고인에 대한 이 사건 공소사실 중 음주운전부분에 관하여는 유죄의 증거가 없어 범죄사실의 증명이 없는 때에 해당하므로 형사소송법 제325조에 의하여 무죄를 선고하여 주시기를 바랍니다.

6. 정상론

가. 피고인이 운전중 피해차량을 손괴하는 사고를 낸 후에 사고장소로부터 20-30미터 떨어진 자신의 집앞에 차를 주차시키고 필요한 조치를 취하지 않은 점은 인정됩니다. 피고인 역시 이를 인정하고 깊이 반성하고 있습니다. 다만 피해정도가 중하지 아니하고 사고후 바로 얼마 뒤에 피해배상에 관한 합의가 이루어졌고 피해자도 피고인의 처벌을 원하지 않는 점 등을 참작하여 주시기를 바랍니다.

나. 또한 가사 피고인의 음주운전부분에 관하여 유죄가 인정되는 경우라도 위와 같은 사정과 함께 피고인이 아파트 경비원 생활을 하면서 어렵게 생활을 하고 있는 점등을 참작하시어 최대한의 관대한 처벌을 하여주시기를 바랍니다.

20○○.　○.　○.

피고인　○　○　○ (인)

Chapter 6. 교통사고 과실비율 산정방법

[1] 과실비율이란?

1. 과실의 개념

① 통상적인 사람을 기준으로 하여 마땅히 해야 할 의무를 게을리 하였거나, 또는 해서는 아니 될 의무를 행한 경우로써 행위자에게 부과된 주의의무위반을 말합니다.

② 교통사고에서의 과실은 자동차 운행과정에서 발생한 사고의 운전자 주의의무 위반에 대한 책임을 의미하며, 과실비율은 교통사고 가해자와 피해자의 책임정도를 나타내는 비율을 의미합니다.

2. 과실의 산정요인

① 객관적 자료: 판례, 법령(도로교통법 등), 보험업감독업무시행세칙, 분쟁조정사례 등

② 전문가(경찰, 보상직원, 사고감정사 등) 조사: 사고 주요 원인 등

③ 주관적 판단: 안전운전 불이행, 사고예측 가능성, 사고회피 가능성 등

③ 위 산정요인의 종합적인 판단에 의해 과실이 산정되며, 이를 최대한 반영하여 기준화 한 것이 「과실비율 인정기준」입니다.

3. 과실비율 산정 원칙

① 도로교통법의 우선권 여부에 따라 판단합니다.

② 교통강자의 위험부담의 원칙이 있습니다.(예: 자동차의 위험부담 〉 보행자의 위험부담)

③ 사고 당시의 구체적 상황(차량의 속도, 사고 현장의 교통량, 가시거리, 도로의 폭과 종류 및 상황, 교통정리 및 규제상황, 기후와 계절을 비롯한 자연 조건 등)을 고려합니다.

4. 가해자의 과실과 피해자의 과실

① 관련판례

- 가해자의 과실은 의무위반이란 강력한 과실인데 반하여 피해자의 과실을 따지는 과실상계에 있어서의 과실이란 가해자의 과실과는 달리 사회통념상, 신의성실의 원칙상, 공동생활상 요구되는 약한 부주의를 가리키는 것으로 보아야할 것임\(출처 : 대법원 1983. 12. 27. 선고 83다카644 판결)

- 피고에게 이 사건 불법행위에 있어 고의 또는 중대한 과실이 인정된다 할지라도

원고에게도 과실이 있다고 인정되는 이상 형평의 원칙에 비추어 손해배상의 범위를 정함에 있어 이를 참작하여 상계하여야 하고, 피고에게 고의 또는 중대한 과실이 인정되는 경우라 하여 과실상계를 할 수 없다는 법리는 있을 수 없음 (출처 : 대법원 1992. 11. 13. 선고 92다14687 판결)

- 피해자의 과실을 따지는 과실상계에서의 과실은 가해자의 과실과 달리 사회통념이나 신의성실의 원칙에 따라 공동생활에 있어 요구되는 약한 의미의 부주의를 가리키는 것으로 보아야 할 것임 (출처 : 대법원 1997. 12. 9. 선고 97다43086 판결)

② 과실은 잘못이라기보다 책임의 의미에 더 가깝다고 할 수 있습니다. 피해자라도 과실이 주어진다는 것은 피해자에게 잘못이 있었다는 것보다 사회통념이나 신의성실의 원칙에 따라 공동생활에 있어 요구되는 약한 의미의 부주의를 게을리 한 것에 대한 책임을 지는 것을 의미합니다.

③ 교통사고에 있어서 가해자의 과실은 사고의 주요 원인제공자로서 교통법규위반에 대한 형사상·행정상 처벌을 받는 강력한 과실임에 반해 피해자의 과실은 방어운전 등에 대한 민사상 책임을 지는 약한 과실입니다.

5. 과실분쟁의 발생이유

① 사고발생 당시 어느 한쪽의 잘못 인정을 이유로 다른 한쪽이 무과실을 주장하는 경우
"사고현장에서 무조건 잘못했다고 했었는데, 보험사를 통해서 나에게도 과실이 있다고 한다. 나는 인정할 수 없다."

② 상대편 운전자에 대한 감정악화로 상대 운전자에게 100% 또는 보다 많은 과실 책임을 주장하는 경우
"상대편 운전자가 잘못했는데 차에서 내리자마자 나를 협박하고 욕을 했다. 나쁜 사람이라서 100% 과실이 주어져야 한다."

③ 사고당사자가 도로교통법 등 올바른 운전방법에 대한 이해가 부족하거나 해석을 왜곡하여 과실을 인정하지 못하는 경우
"상대편 차량이 교차로에서 진로변경을 했다.(도로교통법 제22조 교차로에서는 진로변경이 아닌 추월이 금지되어 있음) 진로변경 금지구역에서 진로변경을 했으므로 중과실이고 가해자이다."

④ 사고당사자가 블랙박스 영상, 사고 사진을 등을 유리하게 해석하여 더 적은 과실을 주장하는 경우
"블랙박스 영상을 보면 상대편 차량이 갑자기 끼어든다. 상대편 차량을 회피할 수 없었으므로 과실이 더 적어야 한다."

⑤ 보험사의 설명 및 응대에 대한 불만으로 보험사가 제시하는 과실비율을 신뢰하지 못하는 경우

"보험사가 내 과실이 30%라고만 하고 왜 그렇게 결정되었는지 기준이나 근거를 설명하지 않았다. 내 보험사인데 내 주장은 듣지 않고 상대편 보험회사 주장만 듣는다."

⑥ 주변의 지인으로부터 잘못된 정보를 취득하여 사고 상황과 맞는 않는 과실 주장 및 민원 제기를 하는 경우

"내가 아는 사람이 똑같은 사고에서 무과실을 받았다. 나도 동일하게 무과실을 받아야 하는데 보험사에서 과실이 있다고 한다. 무과실 처리를 안하면 민원을 제기하겠다."

⑦ 보험사 및 과실비율에 대한 왜곡된 여론으로 보험사를 불신하는 경우

"내가 볼 때는 내가 무과실인 것 같은데 10% 과실이 있다고 보험사에서 제시한다. 이것이 언론에서 이야기 하던 보험사 나눠먹기인가 보다."

⑧ 실제론 사고에 대한 과실은 인정하고 있지만 보험료 할증을 이유로 무조건 피해자이거나 무과실을 주장하는 경우

"내가 피해자인데 상대편 잘못으로 왜 내 보험료가 할증되어야 하는가. 도저히 받아들일 수 없다."

[2] 과실상계 절차와 근거

1. 과실상계의 개념과 법적근거

① 과실상계(過失相計)란 채무불이행 또는 불법행위에 의해 손해가 발생한 경우 채무불이행 또는 불법행위의 성립 그 자체나 그로 인한 손해의 발생, 손해의 확대에 채권자 또는 피해자의 과실이 있는 경우 손해배상책임 및 그 금액을 정함에 있어 이를 참작하는 법리입니다(민법 제396조, 민법 제763조).

② 교통사고에 있어서 과실상계는 피해자에게 과실이 존재할 때 교통사고로 인해 상호 발생한 손해에 대하여 자신의 과실만큼 상대방의 손해를 배상하는 것입니다.

2. 과실상계 예시

구분	[가]차량 운전자		[나]차량 운전자	
과실비율	20%	A	80%	B
피해액	100만원	C	200만원	D
과실상계	[나]에게 보상하는 금액 = 40만원		[가]에게 보상하는 금액 = 80만원	
	A × D		B × C	

3. 과실상계의 이유와 조건

① 과실상계는 고의 또는 과실로 인한 손해에 대하여 책임을 진다는 과실책임주의와 가해자와 피해자간의 손해의 공평한 분담이라는 손해배상의 기본원칙을 이유로 합니다.

② 과실상계를 위해 피해자에게 과실이 존재해야 하며, 책임능력까지는 아니더라도 사리변식의 능력이 있어야 합니다(대법원 1971. 3.23. 선고 70다2986 판결). 뿐만 아니라 피해자의 과실과 손해의 발생 또는 확대가 상당인과관계가 있어야 합니다.

[3] 과실비율 Q&A

1. 피해자 과실

※ 사례 ①

> **Q.** 교통사고가 발생하면 무과실(0%과실)은 없다고 하던데 무과실(0%과실)을 받기 어려운가요?

A. - 2015년 대물사고가 약 340만건이 발생하였으며, 그 중에서 78%(약 260만건)가 100:0 종결처리 되었습니다. 따라서 교통사고가 나면 무과실이 없다는 것은 사실 무근의 소문에 불과합니다.

- 대부분 사고당사자간 원만한 합의로 100:0 종결되나 다음과 같은 경우 쌍방과실을 시작으로 과실협의를 할 수 밖에 없습니다.

  1. 가해자가 피해자의 과실을 주장하는 경우

  2. 가해자가 본인이 피해자로 주장하는 경우

  3. 피해자가 사고현장 및 과실협의 과정에서 과실이 일부 있음을 인정하는 경우

- 다만 상대방이 인정하지 않았다고 해서 최종 과실결정이 쌍방과실로 귀결되는 것은 아닙니다.

- 제출된 입증자료를 통해서 100:0의 사실관계가 명확한 경우, 보험사가 100:0 과실을 고객에게 안내하고 있으며, 상대편이 인정하지 않더라도 분쟁심의에서 100:0 과실이 주어지기도 합니다.(이는 소송에서도 동일합니다.)

※ 사례 ②

> **Q.** 상대편이 100% 과실을 인정하고 있어서 저는 무과실(0%과실)인 것 같은데 보험사에서 저에게 과실이 있다고 합니다. 보험사를 믿을 수 있을까요?

A. - 상대편에서 100%과실을 인정할 경우 본인의 보험사에서 고객에서 과실이 있다고 할 이유는 없습니다.

- 본인의 과실이 0%로 결정되면 본인의 보험사에서 지출되는 비용이 발생하지 않기 때문입니다. 또한 100:0 과실의 경우 과실상계 등을 생략하므로 행정적으로도 보험사의 업무량(사고조사, 구상, 치료, 정비 등)도 대폭 감축됩니다.

- 최초 100% 과실을 인정했던 상대편 운전자가 이후 변심하여 보험사를 통해 우회적으로 상대측도 과실이 있음을 주장하는 경우가 있을 수 있습니다. 이럴 경우 상대편이 100% 과실을 인정했다는 입증자료(녹취록, 합의서 등)를 보험사에 제시

하여 과실협의를 진행하시기 바랍니다.

※ 사례 ③

> **Q.** 교차로에서 사고가 발생했습니다. 제가 소로에서 진행하고 있어서 상대편보다 많은 과실이 주어지던데 교차로 통행방법에 따른 우선순위가 있나요?

A. - 교차로에서 사고가 발생한 경우에는 신호가 가장 우선됩니다. 그러나 신호가 없거나 신호로 우선할 수 없는 진행일 경우 다음과 같은 원칙과 우선순위가 있습니다.
[도로교통법 제25조, 제26조]

      1. 양차량 우회전시 우측차 우선

      2. 좌회전시 교차로 중심 안쪽으로 회전

      3. 추월 금지

      4. 꼬리물기 금지

      6. 일시정지 및 양보 표지판·노면표시 준수

      7. 선진입〉후진입 -〉 대로〉소로 -〉 우측직진〉좌측직진 순

  - 대로/소로 구분이 되는 교차로에서 직진차량간 사고가 발생하였을 경우, 다른 사실관계가 동일하다면 소로에서 주행한 차량에게 기본과실 70%가 주어집니다.

※ 사례 ④

> **Q.** 갑자기 상대편 차량이 제 앞에 끼어들어 도저히 피할 수 없었습니다. 그런데도 왜 내게 과실이 있다고 하는 걸까요?

A. - 끼어들기로 인한 사고(도표 252 참조)의 경우 피해자가 0%과실로 결정되기 위해선 상대가 100% 과실을 인정하거나 관련 입증자료(블랙박스 영상 등)를 가지고 과실 협의를 진행해야 합니다. 하지만 입증자료를 보유하고 있다는 것과 갑자기 끼어들어 회피할 수 없었음이 인정되는 것은 별개입니다.

  - "갑자기 끼어들어 회피할 수 없다."에 대한 판단은 주관적인 판단이므로, 본인이 영상을 보유하고 있어 영상을 상대방 및 보험사에 확인해 주었다고 해도 본인의 생각과 상대방 및 보험사의 생각이 다를 수 있습니다. 또한 분쟁심의위원회에서는 관련 판단을 위해 상당시간 사고전후의 차량진행 궤적, 주변차량의 정체상태 등을 고려하고 있어 단순 사고시점 장면만을 가지고 "갑자기 끼어들어 회피할 수 없다."를 판단하기 어렵습니다(이는 소송에서도 동일합니다). 단, 실선추월사고(도표 252-1),

정체중 급차로변경(도표 252-3) 등의 경우에는 일방과실로 기준을 두고 있습니다.

※ 사례 ⑤

> **Q.** 상대차량이 중앙선을 침범해서 사고가 발생했어요. 12대 중과실이라서 상대편 차량의 과실이 100%인 것 같은데 제게도 과실이 주어지나요?

A. - 일반적으로 중앙선을 침범한 차량에게 100% 과실이 주어지고 있습니다. 다만, 과실비율 인정기준 상 수정요소 또는 중앙선 침범이 불가피한 것이였는지에 따라 중앙선 침범 차량에 부딪힌 차량에도 과실이 주어지기도 합니다(불법주정차로 인해 중앙선을 넘어갈 수 밖에 없었고 이를 마주오는 차량이 확인할 수 있는 경우 등).

2. 가해자 과실

※ 사례 ①

> **Q.** 사거리(+자형) 교차로와 비교할 때 삼거리(T자형) 교차로에서는 회전차량에 대한 과실을 10% 가산하던데 왜 그런 건가요?

A. - 도표예시 : 과실비율 인정기준 도표 240도 삼거리 교차로에서 좌(우)회전차와 직진차의 사고를 예시로 하겠습니다.
  - 비교예시 : 동일폭 교차로에서 우회전차와 직진차의 동시진입 사고 비교입니다.
  - 도표 229(사거리) =〉 우회전 차량 60% : 직진 차량 40%
  - 도표 240(삼거리) =〉 우회전 차량 70% : 직진 차량 30%
  - 가산이유: 도로교통법에서는 교차로에서의 통행방법 등에 관하여 교차로 형태의 차이(사거리[+자형], 삼거리[T자형] 등) 에 따른 규제내용을 명확히 하고 있지는 않습니다. 그러나 통상 사거리 교차로에 들어가려는 좌(우)회전차는 교차로를 통행하는 차량뿐만 아니라 반대방향에서 진행해 오는 좌회전차량 등에게도 주의하여야 하는 데 반해, 막다른 길에서 삼거리 교차로로 진입하려는 좌(우)회전차는 직진도로를 통행하는 차량 등만 주의하면 충분하므로 사거리 교차로에서보다 주의하기가 더 쉽습니다(상대적인 의미입니다.).
  - 또한 삼거리 교차로에서 직진하는 차량도 막다른 길에서 교차로로 진입하는 차량이 서행 또는 주의할 것이라고 기대하는 것이 일반적이므로 예측성과 주의력이 떨어집니다(이 또한 상대적인 의미입니다).
  - 삼거리 교차로에서의 좌(우)회전차는 사거리 교차로에 비해 직진차의 통행을 주의하여 안전운전하기가 상대적으로 쉽지만, 직진차량은 회전차량의 진행을 인지하기

가 상대적으로 어려우므로, 사고 발생시 회전차량에게 주의의무를 소홀히 한 책임이 추가된다고 보아 기본과실 10%를 가산하는 것입니다.

※ 사례 ②

> **Q.** 무단횡단한 보행자와 사고가 났어요. 잘못은 무단횡단한 보행자에게 있는데 왜 제 과실이 더 많을까요?

A. - 과실 산정의 원칙에 우자(優者) 위험부담의 원칙이 있습니다.
- 강자에게 더 강한 주의의무가 있다는 것이며, 이로 인해 차량과 보행자간에는 보행자 우선의 원칙이 있다는 것입니다.
- 구체적인 사고상황에 따라 과실은 다르지만 횡단보도 근처 무단횡단 사고에서(도표 120 참조) 보행자는 도로의 횡단 법규(도로교통법 제10조)를 위반했고, 차량 운전자는 보행자의보호 법규(도로교통법 제27조)를 위반을 했습니다.
- 양쪽 모두 법규위반에 대한 과실의 책임이 있지만, 우자(優者) 위험부담의 원칙에 따라 강자인 차량에게 더 많은 과실이 주어지게 됩니다.(단, 구체적인 상황에 따라 다르게 판단될 수 있습니다.)

※ 사례 ③

> **Q.** 상대차량이 음주운전을 했다고 확인되었어도 저의 과실이 더 많게 결정되었어요. 음주운전은 벌금도 부과되는 범죄행위인데 그 이유가 뭔가요?

A. - 운전자의 법규위반 행위는 과실을 결정함에 있어 중요한 요인중 하나입니다. 그러나 그보다는 사고의 직접적인 원인이 되었던 사고 당시의 운전자의 행위가 더 중요합니다.
- 예를 들어, 정상속도로 직진 중인 음주운전차량과 진로변경차량간 사고의 경우 진로변경을 사고의 직접적인 원인으로 판단하여 진로변경차량을 가해자로 보게 됩니다.
- 이와는 별개로 음주운전자는 음주운전에 대한 형사 처벌 및 행정 처분을 받게 됩니다.

3. 분쟁해결절차

※ 사례 ①

> **Q.** 과실비율분쟁심의위원회 심의 대상에 어떤 조건이 있나요?

A. 과실비율분쟁심의위원회 심의청구 대상의 조건은 다음과 같습니다.

1. 보험사(또는 공제사)에 사고접수가 되어 있을 것
2. 자동차보험(공제) 담보에 해당할 것
3. 과실비율 및 구상금에 관한 분쟁일 것
4. 공제사에 대한 청구는 자동차상해담보가 아닐 것

※ 사례 ②

> **Q.** 과실비율분쟁심의위원회에서 심의하는 대상(분쟁)과 진행절차는 어떻게 되나요?

A. 과실비율분쟁심의위원회에서는 심의하는 대상은 다음과 같이 크게 두가지로 나눌 수 있습니다.
1. 구상금분쟁: 과실비율 미합의로 인해 자차담보(자동차상해, 대인담보 등)로 먼저 보상처리한 보험회사가 상대편 보험회사를 상대로 구상금을 청구하는 건으로, 3단계 절차(대표협의회-소심의위원회-재심의위원회)에 따라 심의를 진행합니다.
2. 구상금분쟁 외: 자차담보 미가입차량, 동일보험사 가입차량간 과실비율분쟁 건으로, 구상금분쟁과는 달리 단계별 절차가 없으며 과실비율에 대한 심의 의견을 1회 제공합니다.

※ 사례 ③

> **Q.** 보험사로부터 분쟁심의 최종결정을 해외출장 전에 안내 받았습니다. 1개월 후에 출장에서 복귀해서 불복한다는 의사표시를 했으나 이의신청기간이 지나서 수용해야 한다고 합니다. 다른 방법이 없나요?

A. - 분쟁심의의 이의신청 기간이 지나 다음단계의 심의를 진행할 수 없는 경우, 개인이 직접 소송을 통해서 결정을 받을 수 있습니다.
- 다만 보험회사(또는 공제사)가 보험금액을 지급한 경우에는 보험회사(또는 공제사)는 대위권(상법 제681조 내지 제682조)을 갖게 되는바, 보험회사(또는 공제사)의 보험금 지급에 의하여 고객 등의 상대편에 대한 권리는 보험회사(또는 공제사)에게 이전됩니다.
- 즉, 상대방에 대한 손해배상청구권은 고객이 보험회사(또는 공제사)로부터 보험금을 지급받음과 동시에 그 보험금액의 범위내에서 보험회사(또는 공제사)에게 당연히 이전되는 것이므로, 보험회사(또는 공제사)가 보험금액을 지급한 경우에는 손해배상 청구의 소 제기 등 소송진행의 권한은 보험사에 있습니다.
- 따라서 개인이 소송을 진행하고자 한다면 보험회사(또는 공제사)로부터 보험금액을 수령하지 않고 자비용 처리해야 합니다. 이런 경우 소송이 완료될 때까지 보상 처리가 지연되므로 소송비용 및 승률 등을 심사숙고하여 소송을 진행하시기 바랍니다.

※ 사례 ④

> **Q.** 과실 합의가 안되어 분쟁심의를 청구하고 싶은데 제가 자차담보가 가입되어 있지 않아서 보험사에서는 청구가 안된다고 합니다. 청구할 방법은 없는건가요?

A. - 교통사고가 발생하게 되면, 과실이 많은쪽에서 선처리 보상을 해준(대물) 후에 서로의 손해액에 대해서 과실상계를 합니다.
- 하지만 분쟁이 발생하면 보통의 선처리가 어려워지므로, 본인의 자동차보험으로 처리(자차)하고 과실상계하게 됩니다.
- 문의와 같이 자차 담보가 없으면 본인의 보험으로 선처리를 할 수 없으므로, 본인 보험사는 상대편에게 구상금을 청구할 수 없습니다.
- 그래서 구상금분쟁심의를 할 수 없습니다.(만약 과실합의 없이 대물로 선처리 한 경우 비채변제로 상대방에게 구상금을 청구할 수 없습니다.)
- 다만 인적피해가 있어 대인 또는 자기신체사고(또는 자동차상해)로 선처리한 경우, 이 부분에 대해 본인의 보험사는 상대편에게 구상금을 청구할 수 있으므로 구상금 분쟁심의 청구가 가능합니다.

※ 사례 ⑤

> **Q.** 오토바이를 운전하다 사고가 났습니다. 과실 합의가 안되어 분쟁심의를 청구하고 싶은데 제 보험사에서는 제 담보로는 청구가 안된다고 합니다. 청구할 방법은 없는 건가요?

A. - 교통사고가 발생하게 되면, 과실이 많은 쪽에서 선처리 보상을 해준(대물) 후에 서로의 손해액에 대해서 과실상계를 합니다.
- 하지만 분쟁이 발생하면 보통의 선처리가 어려워지므로, 본인의 자동차보험으로 처리(자차)하고 과실상계하게 됩니다.
- 이륜차 보험과 관련하여 자차 담보가 가입되지 않은 경우, 본인의 보험으로 선처리를 할 수 없으므로 본인 보험사는 상대편에게 구상금을 청구할 수 없습니다.
- 그래서 구상금분쟁심의를 할 수 없습니다.(만약 과실합의 없이 대물로 선처리 한 경우 비채변제로 상대방에게 구상금을 청구할 수 없습니다.)
- 다만 인적피해가 있어 대인 또는 자기신체사고(또는 자동차상해)로 선처리한 경우, 이부분에 대하여 본인의 보험사는 상대편에게 구상금을 청구할 수 있으므로 구상금 분쟁심의 청구가 가능합니다.

※ 사례 ⑥

Q. 과실비율분쟁심의 결정의 법적인 효력은 무엇인가요? 무조건 결정을 따라야 하나요?

A. - 과실비율분쟁심의위원회의 결정이 확정되면 보험사 및 공제사간에는 합의의 효력
이 있으므로 그에 따라야 합니다. 다만 개인에게는 법적 구속력이 없습니다.
- 자세한 내용은 홈페이지의 [과실비율분쟁심의위원회]->[심의효력]을 참고하여 주시
기 바랍니다.
[심의효력] 링크 → http://accident.knia.or.kr/system/

※ 사례 ⑦

Q. 과실비율분쟁심의 결정에 대하여 수용하기 어렵습니다. 어떻게 해야 하나요?

A. - 심의결정에 대하여 이의가 있는 경우에는 보험사를 통해 이의기간 내에 재심의 청
구 또는 소송을 제기하여야 합니다.
- 자세한 내용은 홈페이지의 [과실비율분쟁심의위원회]->[심의절차]를 참고하여 주시
기 바랍니다.
[심의절차] 링크 → http://accident.knia.or.kr/system/

※ 사례 ⑧

Q. 과실비율분쟁심의 결정에 대하여 설명을 듣고 싶습니다. 어떻게 해야 하나요?

A. - 보험사를 통해 심의사무국에 질의하시면 해당 심의위원의 답변을 받아보실 수 있
습니다.
- 심의위원은 공정하고 중립적인 위치에서 과실비율을 결정할 수 있어야 하므로, 어
느 한쪽의 부당한 개입이나 심의결정의 신뢰도 훼손을 방지하기 위해서 개인과 심
의위원간 직접 연결은 불가하오니 양해해 주시기 바랍니다.

※ 사례 ⑨

Q. 과실비율분쟁심의와 관련 의견과 자료를 직접 전달하고 싶습니다. 어떻게 해야 하나요?

A. - 과실비율분쟁심의위원회의 심의 절차는 심의사무국이 관리하는 심의프로그램에서 모든 과정
이 전산처리되고 있으며, 금융 보안망이 구축되지 않은 개인 PC에서는 접속 불가능합니다.

- 또한 상호협정상 심의의 청구인과 피청구인은 개인이 아닌 보험회사이므로, 절차상 개인이 직접 사무국에 심의 관련 자료를 제출하실 수 없습니다.
- 보험회사를 통해 심의청구와 관련된 의견이나 입증자료를 제출할 수 있사오니 보험사 담당직원에게 요청하시기 바랍니다.

※ 사례 ⑩

> Q. 과실비율분쟁심의가 완료되기까지 얼마나 소요되나요?

A. - 심의 절차가 완료되기까지 평균 80일이 소요됩니다.
  - 자세한 내용은 홈페이지의 [과실비율분쟁심의위원회]->[심의제도 소개]->[심의절차]를 참조하시기 바랍니다.
  [심의절차] 링크 → http://accident.knia.or.kr/system/

※ 사례 ⑪

> Q. 과실비율분쟁심의에 제출된 자료를 확인하고 싶습니다. 어떻게 해야 하나요?

A. - 과실비율분쟁심의의 청구인과 피청구인은 개인이 아닌 보험회사이므로, 절차상 심의위원회에 제출된 자료를 개인이 직접 확인하실 수 없습니다.
  - 다만 본인의 보험회사를 통해 심의에 제출된 자료를 확인하실 수 있으니 보험사 담당직원을 통해 확인하시기 바랍니다.

※ 사례 ⑫

> Q. 과실비율분쟁심의 진행상태와 결과를 알고 싶습니다. 어떻게 해야 하나요??

A. - 홈페이지에서 과실비율분쟁심의 진행 상태를 확인할 수 있습니다.
  - 먼저 보험사 담당직원에게 심의접수번호를 확인하신 후 홈페이지 메인화면에서 [나의 심의사건 조회]에 심의번호와 자동차번호를 입력하신 후 검색하면 심의진행상태를 확인할 수 있습니다.
  - 심의 결과와 이의신청(재심 청구, 소송)은 보험사 담당직원에게 문의해주시기 바랍니다.

※ 사례 ⑬

> Q. 보험사에서 소송 전에 과실비율분쟁심의위원회를 거쳐야 한다고 합니다. 과실비율분쟁심의를 거치지 않고 소송을 통해서 결정을 받고 싶습니다. 어떻게 해야 하나요?

A. - 보험사와 공제사간에는 과실비율분쟁 등의 심의에 관한 상호협정이 체결되어 있으며 상호협정 제18조에 따라 소송 전에 과실비율분쟁심의를 반드시 거치도록 되어 있습니다. 다만 심의제외 요건에 해당하는 경우에는 심의절차를 거치지 않고 소송을 진행할 수 있습니다.

- 보험회사(또는 공제사)는 고객에게 보험금액을 지급한 경우 대위권(상법 제681조 내지 제682조)을 갖게 됩니다. 즉, 고객이 보험회사(또는 공제사)로부터 보험금을 지급받음과 동시에 상대방에 대한 손해배상청구권은 그 보험금액의 범위내에서 보험회사(또는 공제사)에게 당연히 이전되므로, 보험회사(또는 공제사)는 손해배상청구의 소 제기 등 소송진행의 권한을 갖게 됩니다.

- 따라서 개인이 소송을 진행하고자 한다면 보험회사(또는 공제사)로부터 보험금액을 수령하지 않고 자비용 처리해야 합니다. 이 경우 소송이 완료될 때까지 보상 처리가 지연되므로 소송비용 및 승률 등을 심사숙고하여 소송을 진행하시기 바랍니다.

※ 사례 ⑭

> **Q.** 과실비율분쟁심의위원회에 심의를 청구하고 싶은데요. 어떻게 해야 하나요?

A. - 과실비율분쟁심의위원회는 보험회사(공제사 포함)간에 체결한 상호협정에 근거하여 과실비율분쟁을 심의하고 있습니다. 따라서 개인이 직접 심의를 청구할 수 없고 가입하신 보험회사가 상대편 보험회사를 상대로 심의를 청구해야 합니다.

- 보험사 담당직원에게 요청하시기 바랍니다.

※ 사례 ⑮

> **Q.** 상대편과 과실합의가 이루어지지 않고 있습니다. 보상처리가 늦어져 생계에 어려움을 겪고 있습니다. 강제적으로 과실을 결정받을 수 있는 방법이 있을까요?

A. - 과실비율분쟁은 법원 소송과 과실비율분쟁심의위원회를 통해 해결하실 수 있습니다.

- 자세한 내용은 홈페이지의 [과실비율의 이해]→[과실상계 절차와 근거]→[과실분쟁 해결절차]를 참고해주시기 바랍니다.
  [과실분쟁해결절차] 링크 → http://accident.knia.or.kr/process/

※ 사례 ⑯

> **Q.** 보험사에서 가해자라고 안내해준 과실비율을 인정하기 어렵습니다. 어떻게 해야 하나요?

A. - 일단 보험사에서 안내해준 것에 대하여 이해되지 않는다면, 다음과 같은 순서로

해결을 권장해 드립니다.

① 홈페이지(accident.knia.or.kr) 활용하기

보험회사에 적용 도표번호를 문의하신 후 안내해 준 도표번호를 검색하여 과실산정에 대한 근거, 법령, 판례 등을 확인하실 수 있습니다.

② 사고관할 경찰서 방문하기

- 사고관할 경찰서에 방문하여 가해자와 피해자 구분에 대한 상담을 받으실 수 있습니다.

- 만약 사고발생시 경찰 신고건이고 상담 경찰이 피해자라고 한다면, 교통사고사실확인원을 발급받아 보험사에 제출하는 것을 권장해 드립니다.

③ 전문변호사와 상담하기

- 가까운 법무법인의 변호사를 통해 과실비율을 상담하시고 설명을 받으실 수 있습니다.

- 다만 변호사가 제시해준 과실비율을 보험사와 상대편 운전자가 인정하는 것은 별개입니다.

④ 과실비율분쟁심의위원회 과실결정 받기

- 홈페이지의 [과실비율의 이해]->[과실상계 절차와 근거]->[과실분쟁해결절차]를 참고해주시기 바랍니다.

[과실분쟁해결절차]링크→http://accident.knia.or.kr/process/

4. 입증자료

※ 사례 ①

> Q. 사고당시의 블랙박스 영상과 사진을 보험사에 제출했습니다. 그럼에도 내가 피해자라는 주장을 보험사가 믿지 않아요. 어떻게 해야 하나요?

A. - 블랙박스 영상과 사진은 당시 사고상황을 설명하는 중요자료이지만, 중요자료를 제출했다고해서 피해자가 되는 것은 아닙니다.

- 중요자료를 해석하여 사고의 사실관계를 판단하는 기준이 서로 다를 수 있으므로 보험사 담당직원으로부터 과실비율 및 그 이유 등 자세한 설명을 받아보시기 바랍니다.

※ 사례 ②

> Q. 과실분쟁을 예방하기 위해서 사고발생시 해야 하는 조치는 무엇인가요?

A. - 사고발생 즉시 경찰 신고 및 보험사 사고접수를 통해 신속히 사고현장을 정리하는

것을 권장해 드립니다. 아울러, 사고현장에서 상대방의 잘못을 주장하여 서로 감정 및 신체적 다툼을 해서는 안됩니다. 이런 경우 합리적인 과실 산정 결과를 안내하여도 당사자간 합의가 안되는 경우가 많기 때문입니다.

- 상대방이 사실관계를 처음과 다르게 주장하지 않도록 사고당시의 증거를 확보해야 합니다.
- 예를 들어 블랙박스 영상, 사고현장 사진(충돌부위, 바퀴 자국, 바퀴 방향, 사고현장 전면), 목격자 및 상대편 운전자 진술 등이 주요 증거자료 입니다.
- 사고 이후의 중요 기록은 스마트폰의 영상촬영을 이용하시면 간편하게 증거를 확보하실 수 있습니다.

5. 사고접수

※ 사례 ①

> Q. 가해자가 보험회사에 사고접수를 하지 않고 손해보상을 해주지 않습니다. 이럴 경우 피해자가 직접 상대편 보험사에 보험금을 청구할 수 있나요?

A. - 자동차보험표준약관 제3편 제2장에 따라 상대편이 사고접수를 하지 않아 보상처리가 안되는 경우, 피해자가 직접 상대편 운전자의 보험사를 상대로 보험금을 청구할 수 있습니다.
- 다만 자동차보험표준약관 제31조의 필요서류를 제출해야 하는데 그 중 교통사고사실확인원의 경우 경찰에 신고 접수가 되어 있어야 발급받을 수 있으므로 주의하시기 바랍니다.

※ 사례 ②

> Q. 교통사고가 발생했습니다. 사고접수를 어떻게 해야 하나요?

A. 경찰 신고는 국번 없이 112로 하시면 됩니다. 보험사 사고접수는 보험사 대표번호(콜센터)로 하시면 됩니다.

6. 보험료 할증

※ 사례 ①

> Q. 교통사고가 발생해서 보험료가 할증된다고 하네요. 제가 피해자인데 제 잘못이 아니여도 보험료가 할증되나요?

A. – 교통사고 관련 보험료의 할인과 할증요율을 결정하는 요인은 2가지가 있습니다.
   – 첫 번째는 사고규모에 따라 우량할인/불량할증요율이 결정되며, 두 번째는 사고횟수에 따라 사고건수별 특성요율이 결정됩니다.
   – 사고가 발생하면 피해자도 우량할인/불량할증요율에 따른 보험료 할증이 적용됩니다.
   – 다만 피해자의 경우 사고건수별 특성요율에 따른 할증이 적용되지 않습니다.(2017.9.1 사고발생건부터 적용)

※ 사례 ②

> **Q.** 경미한 사고를 당했는데 제(보험사)측이 보상해야할 금액이 소액이라 보험료가 할증될 수도 있으니 자비로 처리하는 것이 좋겠다고 권유받았습니다. 맞는 말인가요?

A. – 교통사고 관련 보험료의 할인과 할증요율을 결정하는 요인은 2가지가 있습니다.
   – 첫 번째는 사고규모에 따라 우량할인/불량할증요율이 결정되며, 두 번째는 사고횟수에 따라 사고건수별 특성요율이 결정됩니다.
   – 사고가 발생하면 이 2가지 요율의 적용에 따라 다음 보험계약시 보험료가 할증됩니다.
   – [보상금액 〈 보험료 할증금액]인 경우에 자비용처리의 장점을 안내하고 있으며, 보험사 중에서 사고 건수에 따른 일부담보가입 인수를 거절하는 경우도 있으니 심사숙고해서 결정하시는 것이 좋습니다.

7. 보상처리절차

※ 사례 ①

> **Q.** 과실비율이 매우 늦게 합의되어 보험금 청구가 안된다고 합니다. 보험금 청구는 언제까지 할 수 있나요?

A. 보험금 청구에는 기한이 있습니다. 상법 제662조에서는 [보험금청구권은 3년간, 보험료 또는 적립금의 반환청구권은 3년간, 보험료청구권은 2년간 행사하지 아니하면 시효의 완성으로 소멸한다]고 규정되어 있으니 이를 참고하여 주시기 바랍니다.

※ 사례 ②

> **Q.** 처음에 안내된 가해자와 피해자의 과실이 바뀌어 결정되는 경우도 있나요?

A. 사실관계 여부에 따라 다음과 같이 처음에 안내된 가해자와 피해자 과실이 바뀔 수 있습니다.
   – 최초 가해자로 안내받은 자가 본인에게 유리하고 신뢰할 수 있는 자료를 추가 제

출한 경우(CCTV 영상, 블랙박스 영상, 목격자 진술 등)
- 최초 가해자로 안내받은 자의 경찰 사고 조사 신청으로 경찰 조사 후 교통사고사
실확인원상 피해자로 결정된 경우
- 사실관계 및 적용법규·기준의 오해로 과실을 반대로 산정한 경우

※ 사례 ③

> **Q.** 사고당시에 상대편 운전자와 출동했던 보상직원이 잘못을 인정했습니다. 얼마 후에 보험사에서 연락이 와서 상대편에서 저의 일부 과실을 주장한다고 하는데 어떻게 된 건가요?

A. - 과실비율은 양쪽의 진술과 입증자료를 종합적으로 판단해서 산정해야 하므로, 보험
사 및 공제사는 사고현장에서 과실비율을 안내하지 않도록 매뉴얼화 되어 있습니다.
또한 실제로 사고의 사실관계 확인과정에서 최초 과실이 변경되는 경우도 있습니다.
- 보험사와 계약되어 있는 긴급출동업체에서 사고장소를 방문한 경우 업체 직원이
경험상 과실비율을 이야기 하는 경우가 있는데, 계약에 따라 사고확인 및 견인 등
을 대행하고 있을뿐이며 보험사와 달리 전문적인 지식의 보유와 책임을 담보할 수
없으므로, 이 점 주의하시길 바랍니다.

※ 사례 ④

> **Q.** 보험사의 보상처리 관련 과실상계 절차가 어떻게 되나요?

A. - 자세한 내용은 홈페이지의 [과실비율의 이해->[과실비율상계 절차와 근거]-> [자동
차보험의 과실상계 절차] 참조하시기 바랍니다.
[자동차보험의과실상계절차]링크→ http://accident.knia.or.kr/process/

8. 과실판단

※ 사례 ①

> **Q.** 보험사 안내를 수용하는게 나을까요? 아니면 변호사에게 과실비율 상담을 받는게 나을까요?

A. - 보험사에서 안내한 과실비율에 대해 보다 더 전문적인 의견을 듣고 싶으신 경우
개인이 직접 변호사에게 과실비율 상담을 받아 보실 수 있습니다.
- 그러나 변호사가 제시한 과실비율은 변호사 개인의 의견이므로 과실 협의 시 참고
할 수 있을 뿐이며, 보험사나 상대방 운전자가 그에 따라야 하는 것은 아님을 주의
하셔야 합니다.

Q. 보험사에서 과실비율을 산정하고 합의를 대행해주는 근거는 무엇인가요?

A. 자동차보험표준약관 제36조에 따라 고객의 동의시 과실비율 합의 및 소송을 대행하고 있습니다. 또한 일반적으로 사고발생 후 보험금 청구시 청구서류에서 관련 동의 항목이 기재되어 있으므로 참고하시기 바랍니다.

※ 사례 ③

Q. 경찰서에 과실비율 판단을 문의할 수 없나요?

A. 경찰은 형사 처벌 및 행정 처분을 위해 교통사고를 조사할 수 있으나(도로교통법 제 54조 6항), 각 당사자의 확정적인 과실비율을 결정하지는 않습니다.

※ 사례 ④

Q. 과실비율 판단과 결정은 누가 하나요?

A. - 민법 및 민사소송법에 따라 과실비율의 최종판단과 결정은 법원의 판사가 하도록 되어 있습니다.
   - 과실비율의 산정은 법원의 재량에 속하고 당사자의 주장에 구애받지 않습니다.
   - 다만 모든 사고에 대하여 소송을 진행한다는 것은 비효율적이고 불필요한 사회적 비용이 발생하는 것으로 사고당사자간 합의시 소송을 하지 않더라도 과실이 결정될 수 있습니다.
   - 그러나 현실적으로 사고당사자간 합의가 쉽고 원활하게 이루어지는 경우는 적어 약관 및 대위권에 따라 보험사에서 과실 합의 및 소송을 대행하는 것입니다.
   - 이 외에도 과실은 법적인 판단으로 전문변호사에게 상담받을 수 있으며, 변호사가 아닌 자가 과실 합의를 알선 및 중재하거나 화해를 권고하는 경우, 변호사법 제 109조, 제112조의 위반 소지가 있으므로 주의하셔야 합니다.

9. 과실상식

※ 사례 ①

> **Q.** 간단한 접촉사고인데도 상대 운전자가 지나치게 많은 치료를 했습니다. 보험금 정산시 상대편 운전자의 치료비용은 제 보험금으로 지급되고, 과실비율과 관계없이 전액 보상한다고 합니다. 왜 그런 건가요?

A. - 교통사고가 발생하여 상대방이 부상을 당한 경우에는 입원비 등 치료관계비와 위자료, 휴업손해 등이 발생하게 됩니다. 나에게도 일부 과실이 있는 경우 이러한 상대방의 인적 손해는 내가 가입한 자동차보험 대인배상 1, 2 에서 부담하게 됩니다.
- 이 때, 상대방의 과실만큼 상계처리를 하고 보상하지만, 과실상계한 후의 금액이 치료관계비 해당액에 미달하는 경우에는 인명구조를 우선적으로 고려하여 치료관계비 해당액을 보상하고 있습니다. 이는 자동차보험 약관상 지급기준에 의한 것으로, 교통사고시 치료비 부담에 대한 분쟁 감소와 부상자의 신속한 구제 및 보호를 위해 자동차보험 약관에서만 특수하게 정하고 있는 규정입니다.

※ 사례 ②

> **Q.** 왜 우리나라는 과실에 따라서 손해배상이 결정되나요? 선진국은 자신의 보험사에서 모두 해결해주지 않나요?

A. - 우리나라는 순수과실상계의 손해배상법리를 채택하고 있습니다. 따라서 사고에 대해 일부라도 과실이 있다면 상대방의 손해액에서 대하여 그 과실 비율만큼 보상해야 합니다.
- 이는 우리나라뿐 아니라 미국(일부주 제외), 독일, 일본 등 대부분의 나라에서 채택하고 있는 법리입니다.
- 미국(일부 주)에서 운영하고 있는 노폴트 보험은 과실비율과 상관없이 본인의 사고는 본인의 보험사로부터 전부 보상받는 보험제도입니다. 과실비율에 따른 배상처리가 없어 대물 손해에 대한 과실분쟁은 매우 적으나, 사고시 보험료 할증이 크고 인적 손해 발생시 가해자로부터 손해배상이 이루어지지 않아 소송이 발생하는 경우가 많다는 단점이 있습니다.

※ 사례 ③

> **Q.** 제 사고에 대하여 여러 전문가들과 상담을 하였습니다만 다들 산정한 과실비율이 다릅니다. 왜 다를까요?

A. 실제 교통사고는 다양한 형태로 발생하기 때문에 한정된 증거자료로 판단 시 동일한 사고에 대해서도 서로 다른 사고도표를 적용할 수 있으며, 동일한 사고도표를 적용하는 경우에도 구체적인 상황을 고려하여 수정요소를 적용할 것인지 여부를 다르게 판단할 수 있기 때문입니다.

※ 사례 ④

> Q. 전에 동일한 장소에서 동일한 유형의 사고가 발생했는데 과실비율이 다르게 결정되었어요. 잘못된거 아닌가요?

A. 동일한 장소에서 동일한 유형의 사고가 발생했는데도 과실비율이 다르게 결정되는 경우는 다음과 같습니다.
   - 동일한 유형이라도 차량속도, 도로상태, 기상상태, 충돌부위, 충돌각도 등 세부적인 요인에 따라서 과실비율이 다르게 결정될 수 있습니다.
   - 동일한 유형이라도 상대차량은 동일차량의 동일운전자(또는 동일 보험사)가 아닙니다.
   - 기존에 결정된 사례가 있어도 상대편이 인정하지 않는다면 협의와 양보를 통해서 과실비율을 결정해야 합니다.

※ 사례 ⑤

> Q. 제 앞에 나타난 장해물(진로변경 또는 불법주차 차량, 적재물 낙하 등)을 피하려다 다른 차량과 사고가 났어요. 이럴 때 과실이 어떻게 주어지나요?

A. - 장해물과 접촉하지는 않았지만 장해물을 피하려다 다른 차량과 사고가 나는 경우는 비접촉 사고라고 합니다.
   - 공식적인 기준은 없지만 분쟁심의에서는 장해물과 사고의 인과관계를 인정 시 원인제공자에게 과실을 부과하고 있으며, 기본과실에서 장해물에 대하여 과실을 10~20% 감산하고 있습니다.
   - 장해물 또는 원인제공자는 비접촉을 이유로 무과실을 주장하지만 사고의 원인이 있으므로 과실을 부과하고 피해 경감의 측면을 고려하여 10~20% 감산하는 것입니다.

※ 사례 ⑥

> Q. 아파트 단지 내 도로에서 사고가 발생했어요. 일반도로와 달리 과실이 적용되는 부분이 있나요?

A. 아파트 단지 내 도로가 도로교통법의 적용되는 도로에 해당하지 않는다고 할지라도

과실비율을 판단함에 있어서 [도로교통법 제2조 1. 러]에 규정된 "그 밖에 현실적으로 불특정 다수의 사람 또는 차마가 통행할 수 있도록 공개된 장소로 안전하고 원활한 교통을 확보할 필요가 있는 장소"를 준용할 수 있는바, 만약 도로교통법상 규정된 운전자의 주의의무를 위반하여 아파트 단지 내 도로에서 사고가 발생한 경우에는 일반도로에서 사고가 발생한 경우와 마찬가지로 도로교통법상 주의의무 위반 사실을 과실비율 산정에 있어 참작할 수 있습니다.

※ 사례 ⑦

Q. 외제차량에 부딪혀서 사고가 발생했습니다. 외제차량의 과실이 더 많은데 왜 제 손해액보다 더 많은 금액을 외제차량에게 보상해 주어야 하나요?

A. - 우리나라는 순수과실상계의 손해배상법리를 채택하고 있습니다. 따라서 사고에 대해 일부라도 과실이 있다면 상대방의 손해액에서 대하여 그 과실 비율만큼 보상해야 합니다.
   - 외제차량은 부품값과 공임비 등 수리비용이 국내산 차량보다 훨씬 고가이므로 본인이 피해자라고 하더라도 본인 보험사에서 상대방에게 배상하는 금액이 상대방 보험사로부터 배상받는 금액보다 더 많을 수 있습니다.

※ 사례 ⑧

Q. 무보험 자동차에 의해 피해를 당했습니다. 보상 받을 수 있나요? 이럴 경우 과실상계도 해야 하나요?

A. - 무보험 자동차에 의한 차량피해는 본인 자동차보험의 자차 담보로 처리해야 합니다.
   - 그러나 인적피해는 정부가 자동차손해배상보장법에 근거하여 책임보험 지급기준에 따라 보상하고 있습니다.
   - 만약 자동차보험 중 "무보험자동차에 의한 상해"에 가입이 되어 있다면, 책임보험(대인보상1)을 초과하는 인적 피해도 해당 자동차보험에 의해 보상받을 수 있으며 (구체적인 보상 여부 및 한도는 개별 자동차보험상품약관에 따라 상이할 수 있음), 이 경우 과실상계를 적용합니다.

10. 과실비율 인정기준

※ 사례 ①

Q. 제가 홈페이지를 통해서 확인한 과실비율과 보험사가 안내해준 과실비율이 다르네요. 왜 그럴까요?

A. - 사고사실에 대한 접근이 달라 적용한 사고도표가 서로 다르거나, 도표가 같아도 수정요소의 적용에 있어 달리 판단할 수 있기 때문입니다.

- 보험사 담당직원에게 과실비율 산정시 적용한 사고도표와 이유를 문의하시기 바랍니다.

※ 사례 ②

Q. 수정요소는 1개만 적용되나요? 아니면 복수로도 적용될 수 있나요?

A. 수정요소는 복수적용이 가능합니다. 다만 다음과 같은 제한이 있습니다.

- 수정요소를 가산한 일방 차량의 최종 값이 100%를 넘을 수 없으며 반대로 0%보다 작을 수 없다. 또한 양자의 최종 과실비율의 합계는 언제나 100%가 되어야 한다.
- 현저한 과실과 중과실이 중복될 경우는 중과실의 수정요소만을 적용하는 것을 원칙으로 한다.
- 현저한 과실 내에서 여러 개가 중복되어도 최대 20%까지만 가산하는 것을 원칙으로 한다 (이러한 적용은 현저한 과실과 중과실의 차이를 엄격히 구분하고 현저한 과실의 취지를 충실히 반영하기 위해서이다).
- 도표에서 수정요소의 구분이 점선으로 되어 있는 경우는 하나를 선택해야 하며 중복되는 경우 과실비율이 더 큰 수정요소만을 적용하는 것을 원칙으로 한다.
- 중과실 내에서 여러 개가 중복되어도 또는 중과실과 현저한 과실이 아닌 다른 가산요소 여러 개가 중복되어도 특별한 사정이 없는 한, 최대 30%까지 가산할 수 있고, 가산한 최종 과실비율 값이 최대 100%를 초과하지 못한다(단, 피해자에게 회피가능성과 예측가능성이 있다면 10% 내에서 피해자에게 과실을 부여할 수 있다).
- 기본과실에 지나치게 큰 폭의 수정요소를 가산 또는 감산하거나 중복 적용하는 것은 양 사고당사자의 합의를 어렵게 만들고 사고에 대한 과실 예측력을 저하하므로, 객관적인 입증자료를 근거로 수정요소를 적용해야 합니다.

※ 사례 ③

Q. 통상적으로 어떤 경우에 20% 과실이 가중되는 건가요?

A. - 과실비율 인정기준에서는 다음과 같은 중대한 과실에 해당하는 경우 운전자에게 20% 과실을 가중하고 있습니다.

  1) 졸음운전
  2) 무면허운전
  3) 혈중알코올농도 0.03% 이상 음주운전

4) 20km/h 이상의 제한속도 위반

5) 마약 등의 약물운전

6) 공동위험행위(도로교통법 제46조)

- 다만 실제 적용에 있어 입증자료가 있어야 하며, 구체적인 사고상황에 따라 달리 적용될 수 있습니다.

※ 사례 ④

> **Q. 통상적으로 어떤 경우에 10% 과실이 가중되는 건가요?**

A. - 과실비율 인정기준에서는 다음과 같은 현저한 과실에 해당하는 경우 운전자에게 10% 과실을 가중하고 있습니다.

1) 한눈팔기 등 전방주시의무 위반이 현저한 경우

2) 혈중알코올농도 0.03% 미만 음주운전

3) 10km/h 이상 20km/h 미만의 제한속도 위반

4) 핸들 및 브레이크 조작이 현저히 부적절한 경우

5) 차량 유리의 암도가 높은 경우

6) 운전중 휴대전화 사용

7) 운전중 영상표시장치 시청,조작

- 다만 실제 적용에 있어 입증자료가 있어야 하며, 구체적인 사고상황에 따라 달리 적용될 수 있습니다.

※ 사례 ⑤

> **Q. 과실비율 인정기준의 효력은 무엇인가요?**

A. 자동차보험 표준약관 별표 3(보험업감독규정 시행세칙 별표 15)에 나와 있듯이 과실비율 인정기준은 과실비율을 산정할 때 사용하는 참고기준입니다. 해당사고에 대한 법원 판결이 있는 경우에는 판결이 우선하게 됩니다.

※ 사례 ⑥

> **Q. 과실비율 인정기준에 없는 사고는 어떻게 결정되나요?**

A. - 자동차보험 표준약관 별표 3(보험업감독규정 시행세칙 별표 15)에 나와 있듯이 사고유형이 기준에 없거나 적용이 곤란할 때 판결례를 참작하여 결정됩니다.

- 참고로 과실비율 인정기준에는 없지만 분쟁심의에서 적용되고 있는 과실기준에 대해서는 [비정형 과실비율]이란 코너에서 확인할 수 있습니다.

  [비정형 과실비율]링크→http://accident.knia.or.kr/special

※ 사례 ⑦

> **Q.** 보험사에서는 과실비율 인정기준을 참고해서 과실비율을 산정한다고 알고 있어요. 과실비율을 결정할 때 원칙이 있나요?

A. 다음과 같은 원칙에 따라 과실비율을 산정하게 됩니다.
- 도로교통법의 통행 우선권에 따라 판단합니다.
- 교통강자 위험부담의 원칙이 있습니다.(예 : 자동차의 위험부담 〉 보행자의 위험부담)
- 사고 당시의 구체적 상황(차량의 속도, 도로상황, 사고발생 지점의 도로구조, 사고 차량간 거리, 기타 관련된 교통상황 등)을 고려하여 사고 발생의 예견 내지 회피 가능한 요소를 살펴 정하게 됩니다.

※ 사례 ⑧

> **Q.** 과실비율 인정기준상 수정요소를 적용하면 제 과실은 0인데 왜 제 보험사와 상대편은 제게 과실이 있다고 하는걸까요?

A. 기본과실에 수정요소를 적용하는 것은 기본과실에서 설명되지 않은 사고의 주요 요인을 반영하여 양 당사자간 과실비율을 원활하게 조정하기 위함입니다. 수정요소 적용 여부는 객관적이고 분명한 입증자료를 근거로 하여야 하며, 무조건적인 수정요소의 적용보다는 사고 및 손해와 인과관계가 있는 주요 수정요소에 대해서 적용하여야 합니다.

[4] 교통사고 과실비율표

1. 보행자 횡단사고

기본요소			과실비율	
			사람	차
횡단 보도 상	신호등 있는 곳	푸른 신호등	0	100
		붉은 신호등	70	30
		횡단 중 붉은 신호등	20	80
	신호등 없는 곳	보행자가 좌우를 살핀 경우	0	100
		보행자가 좌우를 살피지 않은 경우	10	90
횡단 보도 밖	횡단용 시설물 (육교, 지하도 등) 없는 곳	횡단보도 근처(100m)	20	80
		간선도로(3차선 이상)	40	60
		일반도로	30	70
		횡단보도가 없는 지방도로	20	80
		교차로 및 부근	20	80
	횡단용시설물이 있는 부근		50	50

2. 보행자 사고

기본요소		과실비율	
		사람	차
인도·차도 구별 있는 곳	인도보행	0	100
	차도보행	20	80
인도·차도 구별 없는 곳	좌측통행	0	100
	우측통행	10	90
	단, 골목길의 경우	0	100
	도로 한가운데	20	80
노상에 누워 있는 사람	주간	40	60
	야간	60	40

3. 차량의 교차로 사고

기본요소		과실비율	
		"갑"차	"을"차
신호가 있는 곳	"갑"차 신호위반	100	0
신호가 없는 곳	회전금지된 곳 "갑"차 위반	85	15
	일단정지위반 "갑"차 위반	80	20
	일반통행위반 "갑"차 위반	80	20
	양보의무위반 "갑""을"차 동순위	50	50
	"갑"차 후순위	60	40

4. 끼어들기 사고

기본요소	과실비율	
	끼어든 차	추돌차
끼어들기 금지구역	100	0
끼어들기 금지구역 외 장소	70	30

5. 동승의 유형

동승의 유형		운행목적	감액비율
운전자(운행자)의 승낙이 없는 경우	강요동승 무단동승		100%
운전자의 승낙이 있는 경우	동승자의 요청	거의 전부 동승자에게	50%
		동승자가 주, 운전자가 종	40%
		동승자와 운전자에게 공존·평등	30%
		운전자가 주, 동승자가 종	20%
	상호의논 합의	동승자가 주, 운전자가 종	30%
		동승자와 운전자에게 공존·평등	20%
		운전자가 주, 동승자가 종	10%
	운전자의 권유	동승자가 주, 운전자는 종	20%
		동승자와 운전자에게 공존·평등	10%
		운전자가 주, 동승자는 종	5%
		거의 전부 운전자에게	0

※ 수정요소

수정요소	수정비율
동승자의 동승과정에 과실이 있는 경우	+10~20%

6. 교통사고 피해자 책임기준표

사고상황	피해자 책임
주택가 골목길·지방국도 무단횡단	20%
차도와 인도가 구분되고 차량이 많은 도로 무단횡단	25%기준으로 1차선마다 5%씩 가산
야간 또는 음주상태 무단횡단	사고상황에 따라 5%씩 가산
부모 감독소흘·어린이의 무단횡단	사고상황에 따라 5~10%씩 가산
노상유희상태에서의 사고	20%
차도에 내려 택시잡기	15%
신호등 없는 횡단보도 보행	10%

사고상황	피해자 책임
신호등 있는 횡단보도서 빨간불 무시	50%
안전벨트 또는 띠 미착용	앞좌석 10%, 뒷좌석 5%
오토바이 무면허 운전	10%
오토바이 야간운행	사고상황에 따라 10% 가산
오토바이를 정지차량 뒷부분에 들이받은 경우	60%

▣ 편 저 이창범 ▣

· 경희대 법정대학 법률학과 졸업
· 서울동대문경찰서 교통계 근무
· 광주지방경찰청 교통과 근무

저서

· 수사서류작성 실례집
· 진정서·탄원서·내용증명·고소장 사례실무
· 수사해법과 형벌사례 연구
· 바뀐형벌법
· 자동차 교통사고의 손해배상과 책임

▣ 감 수 김태균 ▣

· 1989 서울 용산고등학교 졸업
· 1993 고려대학교 철학과 졸업
· 2001 제43회 사법시험 합격
· 2004 사법연수원 수료(제33기)
· 2004 변호사 개업(인천회)
· 2004 법무법인 겨레 변호사
· 인천 소청 심사위원회 위원

판례, 해설, 상담사례와 함께 살펴 본
교통사고 처리 해법 총람

2025년 09월 10일 인쇄
2025년 09월 15일 발행

편 저 이창범
감 수 김태균
발행인 김현호
발행처 법문북스
공급처 법률미디어

주소 서울 구로구 경인로 54길4(구로동 636-62)
전화 02)2636-2911~2, 팩스 02)2636-3012
홈페이지 www.lawb.co.kr

등록일자 1979년 8월 27일
등록번호 제5-22호

ISBN 979-11-94820-28-4(13360)

정가 180,000원

이 도서의 국립중앙도서관 출판예정도서목록(CIP)은 서지정보유통지원시스템 홈페이지(http://seoji.nl.go.kr)와 국가
자료종합목록 구축시스템(http://kolis-net.nl.go.kr)에서 이용하실 수 있습니다.

홈페이지 www.lawb.co.kr
페이스북 www.facebook.com/bummun3011
인스타그램 www.instagram.com/bummun3011
네이버 블로그 blog.naver.com/bubmunk